Energierecht

dtv

Schnellübersicht

AnreizregulierungsV (ARegV) **20**
Ausgleichsmechanismus-AusführungsV (AusglMechAV) **40**
AusgleichsmechanismusV (AusglMechV) **39**
Biomassestrom-NachhaltigkeitsV (BioSt-NachV) **37**
Biomasseverordnung (BiomasseV) **35**
Bürgerliches Gesetzbuch (BGB) (Auszug) **23**
BundesnetzagenturG (BNetzAG) **2**
DatenerhebungsV 2020 (DEV 2020) **53**
Elektrizitätsbinnenmarktrichtlinie (EltRL) – RL 2009/72/EG **5**
Emissionshandels-VersteigerungsV 2012 (EHVV 2012) **54**
EnergiedienstleistungsG (EDL-G) **56**
Energieeffizienzrichtlinie (EEffizRL) – RL 2006/32/EG **55**
Energieeinsparungsgesetz (EnEG) **57**
EnergieeinsparV (EnEV) **58**
EnergieleitungsausbauG (EnLAG) **14**
EnergiesicherungsG (EnSG 1975) (Auszug) **10**
Energiesteuer-DurchführungsV (EnergieStV) **47**
Energiesteuergesetz (EnergieStG) **46**
Energie- und Klimafonds-Finanzierungsgesetz (EKFG) **41**
Energieverbrauchskennzeichnungsgesetz (EnVKG) **59**
Energiewirtschaftsgesetz (EnWG) **1**
EnergiewirtschaftskostenV (EnWG-KostV) **3**
ErdgaszugangsV (ErdgasZVO) – VO (EG) Nr. 715/2009 **21**
Erneuerbare-Energien-Gesetz (EEG) **34**
Erneuerbare-Energien-Gesetz 2000 (EEG 2000) **31**
Erneuerbare-Energien-Gesetz 2004 (EEG 2004) **32**
Erneuerbare-Energien-Gesetz 2009 (EEG 2009) **33**
Erneuerbare-Energien-Richtlinie (EERL) **36**
Erneuerbare-Energien-Wärmegesetz (EEWärmeG) **42**

Gasbinnenmarktrichtlinie (GasRL) – RL 2009/73/EG **6**
GasgrundversorgungsV (GasGVV) **26**
GashochdruckleitungsV (GasHDrLtgV) **27**
GasnetzentgeltV (GasNEV) **19**
GasnetzzugangsV(GasNZV) **18**
Gesetz gegen Wettbewerbsbeschränkungen (GWB) (Auszug) **11**
GruppenfreistellungsVO (Vertikal-GVO) – VO (EG) Nr. 330/2010 **13**
Infrastrukturrichtlinie (InfraRL) – RL 2005/89/EG **9**
KonzessionsabgabenV (KAV) **4**
Kraft-Wärme-Kopplungsgesetz (KWKG) **43**
Kraftwerks-NetzanschlussV (KraftNAV) **30**
Messzugangsverordnung (MessZV) **22**
Netzausbaubeschleunigungsgesetz Übertragungsnetz (NABEG) **15**
NiederdruckanschlussV (NDAV) **28**
NiederspannungsanschlussV (NAV) **25**
Projekt-Mechanismen-Gesetz (ProMechG) **49**
StromgrundversorgungsV (StromGVV) **24**
StromhandelzugangsVO (StromhandelZVO) – VO (EG) Nr. 714/2009 **8**
StromnetzentgeltV (StromNEV) **17**
StromnetzzugangsV (StromNZV) **16**
Stromsteuer-DurchführungsV (StromStV) **45**
Stromsteuergesetz (StromStG) **44**
SystemdienstleistungsV (SDLWindV) **38**
Treibhausgas-Emissionshandelsgesetz (TEHG) **48**
Verordnung über Allgemeine Bedingungen für die Versorgung mit Fernwärme (AVBFernwärmeV) **29**
Verordnung zur Gründung einer Agentur für die Zusammenarbeit der Energieregulierungsbehörden (ACERVO) **7**
Vertrag über die Arbeitsweise der Europäischen Union (AEUV) (Auszug) **12**
Zuteilungsgesetz 2012 (ZuG 2012) **50**
ZuteilungsV 2012 (ZuV 2012) **51**
ZuteilungsV 2020 (ZuV 2020) **52**

Energierecht

Energiewirtschaftsgesetz
Energiesicherungsgesetz
Erneuerbare-Energien-Gesetz
Erneuerbare-Energien-Wärmegesetz
Energieleitungsausbaugesetz
Netzausbaubeschleunigungsgesetz Übertragungsnetz
Anreizregulierungsverordnung
Grundversorgungsverordnungen
Anschlussverordnungen
Ausgleichsmechanismus-Verordnung
Energie- und Klimafonds-Finanzierungsgesetz
Energiedienstleistungsgesetz
Elektrizitätsbinnenmarktrichtlinie
Gasbinnenmarktrichtlinie

Textausgabe mit ausführlichem Sachverzeichnis
und einer Einführung von
Dr. Christiane Nill-Theobald, Rechtsanwältin, Berlin
und
Prof. Dr. Christian Theobald, Mag. rer. publ., Rechtsanwalt,
Berlin

10., überarbeitete Auflage
Stand: 23. August 2012

Deutscher Taschenbuch Verlag

www.dtv.de
www.beck.de

Sonderausgabe
Deutscher Taschenbuch Verlag GmbH & Co. KG,
Friedrichstraße 1 a, 80801 München
© 2012. Redaktionelle Verantwortung: Verlag C. H. Beck oHG
Gesamtherstellung: Druckerei C. H. Beck, Nördlingen
(Adresse der Druckerei: Wilhelmstraße 9, 80801 München)
Umschlagtypographie auf der Grundlage
der Gestaltung von Celestino Piatti
ISBN 978-3-423-05753-0 (dtv)
ISBN 978-3-406-64163-3 (C. H. Beck)

Inhaltsverzeichnis

Abkürzungsverzeichnis IX
Einführung XV
Chronologie der Entwicklung der deutschen Energiewirtschaft LIX

Erster Teil. Energierecht i. e. S.

1. Energiewirtschaftsgesetz (EnWG) 1
2. Gesetz über die Bundesnetzagentur für Elektrizität, Gas, Telekommunikation, Post und Eisenbahnen (BNetzAG) 132
3. Energiewirtschaftskostenverordnung (EnWGKostV) 138
4. Konzessionsabgabenverordnung (KAV) 142
5. Elektrizitätsbinnenmarktrichtlinie (EltRL) – RL 2009/72/EG 147
6. Gasbinnenmarktrichtlinie (GasRL) – RL 2009/73/EG 212
7. Verordnung zur Gründung einer Agentur für die Zusammenarbeit der Energieregulierungsbehörden (ACERVO) – VO (EG) Nr. 713/2009 282
8. Stromhandelzugangsverordnung (StromhandelZVO) – VO (EG) Nr. 714/2009 306
9. Infrastrukturrichtlinie (InfraRL) – RL 2005/89/EG 339
10. Energiesicherungsgesetz (EnSG 1975) (Auszug) 348

Zweiter Teil. Wettbewerbsrecht

11. Gesetz gegen Wettbewerbsbeschränkungen (GWB) (Auszug) 351
12. Vertrag über die Arbeitsweise der Europäischen Union (AEUV) (Auszug) 402
13. Gruppenfreistellungsverordnung (Vertikal-GVO) – VO (EU) Nr. 330/2010 414

Dritter Teil. Netznutzung

14. Energieleitungsausbaugesetz (EnLAG) 423
15. Netzausbaubeschleunigungsgesetz Übertragungsnetz (NABEG) .. 427
16. Verordnung über den Zugang zu Elektrizitätsversorgungsnetzen (StromNZV) 442
17. Verordnung über die Entgelte für den Zugang zu Elektrizitätsversorgungsnetzen (StromNEV) 459
18. Verordnung über den Zugang zu Gasversorgungsnetzen (GasNZV) 487
19. Verordnung über die Entgelte für den Zugang zu Gasversorgungsnetzen (GasNEV) 522
20. Verordnung über die Anreizregulierung der Energieversorgungsnetze (ARegV) 544

Inhaltsverzeichnis

21. Erdgaszugangsverordnung (ErdgasZVO) – VO (EG) Nr. 715/2009   572
22. Messzugangsverordnung (MessZV) 605

Vierter Teil. Recht des Verbraucherschutzes

23. Bürgerliches Gesetzbuch (BGB) (Auszug) 613
24. Stromgrundversorgungsverordnung (StromGVV) 621
25. Niederspannungsanschlussverordnung (NAV) 631
26. Gasgrundversorgungsverordnung (GasGVV) 647
27. Gashochdruckleitungsverordnung (GasHDrLtgV) 657
28. Niederdruckanschlussverordnung (NDAV) 669
29. Verordnung über Allgemeine Bedingungen für die Versorgung mit Fernwärme (AVBFernwärmeV) 684
30. Kraftwerks-Netzanschlussverordnung (KraftNAV) 699

Fünfter Teil. Umweltschutz

31. Erneuerbare-Energien-Gesetz 2000 (EEG 2000) 707
32. Erneuerbare-Energien-Gesetz 2004 (EEG 2004) 714
33. Erneuerbare-Energien-Gesetz 2009 (EEG 2009) 735
34. Erneuerbare-Energien-Gesetz (EEG) 783
35. Biomasseverordnung (BiomasseV) 859
36. Erneuerbare-Energien-Richtlinie (EERL) – RL 2009/28/EG ... 869
37. Biomassestrom-Nachhaltigkeitsverordnung (BioSt-NachV) 937
38. Systemdienstleistungsverordnung (SDLWindV) 982
39. Verordnung zur Weiterentwicklung des bundesweiten Ausgleichsmechanismus (AusglMechV) 998
40. Verordnung zur Ausführung der Verordnung zur Weiterentwicklung des bundesweiten Ausgleichsmechanismus (AusglMechAV)   1002
41. Energie- und Klimafonds-Finanzierungsgesetz (EKFG) 1011
42. Erneuerbare-Energien-Wärmegesetz (EEWärmeG) 1019
43. Kraft-Wärme-Kopplungsgesetz (KWKG) 1042
44. Stromsteuergesetz (StromStG) 1060
45. Stromsteuer-Durchführungsverordnung (StromStV) 1070
46. Energiesteuergesetz (EnergieStG) 1087
47. Energiesteuer-Durchführungsverordnung (EnergieStV) 1144
48. Treibhausgas-Emissionshandelsgesetz (TEHG) 1249
49. Projekt-Mechanismen-Gesetz (ProMechG) 1284
50. Zuteilungsgesetz 2012 (ZuG 2012) 1295
51. Zuteilungsverordnung 2012 (ZuV 2012) 1322
52. Zuteilungsverordnung 2020 (ZuV 2020) 1343
53. Datenerhebungsverordnung 2020 (DEV 2020) 1380
54. Emissionshandels-Versteigerungsverordnung 2012 (EHVV 2012) 1392

Inhaltsverzeichnis

55. Endenergieeffizienzrichtlinie (EEffizRL) – RL 2006/32/EG 1395
56. Gesetz über Energiedienstleistungen und andere Energieeffizienzmaßnahmen (EDL-G) 1423
57. Energieeinsparungsgesetz (EnEG) 1431
58. Energieeinsparverordnung (EnEV) 1438
59. Energieverbrauchskennzeichnungsgesetz (EnVKG) 1503

Sachverzeichnis 1517

Abkürzungsverzeichnis

ABl.	Amtsblatt
ABl. EU	Amtsblatt der Europäischen Union
Abs.	Absatz
ACERVO	Verordnung (EG) Nr. 7/3/2009 des Europäischen Parlaments und des Rates vom 13. Juli 2009 zur Gründung einer Agentur für die Zusammenarbeit der Energieregulierungsbehörden
a. E.	am Ende
AEUV	Vertrag über die Arbeitsweise der Europäischen Union
a. F.	alte Fassung
AGB	Allgemeine Geschäftsbedingungen
Amtl. Anm.	amtliche Anmerkung
ARegV	Anreizregulierungsverordnung
Art.	Artikel
AtG	Atomgesetz
AusglMechAV	Ausgleichsmechanismus-Ausführungsverordnung
AusglMechV	Ausgleichsmechanismus-Verordnung
AVB	Allgemeine Versorgungsbedingungen
AVBEltV	Verordnung über Allgemeine Versorgungsbedingungen für die Elektrizitätsversorgung von Tarifkunden
AVBFernwärmeV	Verordnung über Allgemeine Versorgungsbedingungen für die Fernwärmeversorgung von Tarifkunden
AVBGasV	Verordnung über Allgemeine Versorgungsbedingungen für die Gasversorgung von Tarifkunden
AVBWasserV	Verordnung über Allgemeine Versorgungsbedingungen für die Wasserversorgung von Tarifkunden
BAnz	Bundesanzeiger
BauGB	Baugesetzbuch
BDI	Bundesverband der Deutschen Industrie
BDEW	Bundesverband der Energie- und Wasserwirtschaft e.V.
BFStrG	Bundesfernstraßengesetz
BGB	Bürgerliches Gesetzbuch
BGBl. (I, II)	Bundesgesetzblatt (Teil I, Teil II)
BGW	Bundesverband der deutschen Gas- und Wasserwirtschaft e. V.
BImSchG	Bundes-Immissionsschutzgesetz
BiomasseV	Biomasseverordnung
BioSt-NachV	Biomassestrom-Nachhaltigkeitsverordnung
BMWi	Bundesministerium für Wirtschaft und Technologie
BNatSchG	Bundesnaturschutzgesetz
BNetzA	Bundesnetzagentur
BNetzAG	Bundesnetzagenturgesetz
BR-Drs.	Bundesrats-Drucksache
bspw.	beispielsweise
BT-Drs.	Bundestags-Drucksache
BTOElt	Bundestarifordnung Elektrizität

Abkürzungsverzeichnis

BTOGas	Bundestarifordnung Gas
BVerfG	Bundesverfassungsgericht
BVerwG	Bundesverwaltungsgericht
CDM	Clean Development Mechanism
CO_2	Kohlendioxid
ct/kWh	Cent pro Kilowattstunde
ct/l	Cent pro Liter
DEHSt	Deutsche Emissionshandelsstelle
DEV 2020	Datenerhebungsverordnung 2020
DGO	Deutsche Gemeindeordnung
d. h.	das heißt
DIHT	Deutscher Industrie- und Handelstag
€	Euro
EDL-G	Energiedienstleistungsgesetz
EEffizRL	Endenergieeffizienzrichtlinie
EEG	Erneuerbare-Energien-Gesetz
EE-RL	Richtlinie 2009/28/EG des Europäischen Parlaments und des Rates vom 23. April 2009 zur Förderung der Nutzung von Energie aus erneuerbaren Quellen und zur Änderung und anschließender Aufhebung der Richtlinien 2001/77/EG und 2003/30/EG
EEWärmeG	Erneuerbare-Energien-Wärmegesetz
EG	Europäische Gemeinschaft
EGKV	Gesetz zur Errichtung eines Sondervermögens „Energie- und Klimafonds"
EGV	Vertrag zur Gründung der Europäischen Gemeinschaft
EHVV 2012	Emissionshandels-Versteigerungsverordnung 2012
EltRL	Richtlinie 2009/72/EG des Europäischen Parlaments und des Rates vom 13. Juli 2009 über gemeinsame Vorschriften für den Elektrizitätsbinnenmarkt und zur Aufhebung der Richtlinie 2003/54/EG (Elektrizitätsbinnenmarktrichtlinie)
EnergieStDV	Energiesteuer-Durchführungsverordnung
EnergieStG	Energiesteuergesetz
EnergieStV	Verordnung zur Durchführung des Energiesteuergesetzes
EnEG	Energieeinsparungsgesetz
EnEV	Energieeinsparungsverordnung
EnSG	Energiesicherungsgesetz
EnVKG	Energieverbrauchskennzeichnungsgesetz
EnWG	Energiewirtschaftsgesetz
EnWGKostV	Energiewirtschaftskostenverordnung
ErdgasZVO	Verordnung (EG) Nr. 715/2009 des Europäischen Parlaments und des Rates vom 13. Juli 2009 über die Bedingungen für den Zugang zu den Erdgasfernleitungsnetzen und zur Aufhebung der Verordnung (EG) Nr. 1775/ 2005 (Erdgaszugangsverordnung)
etc.	et cetera
EU	Europäische Union

Abkürzungsverzeichnis

EUR	Euro
EVU	Energieversorgungsunternehmen
ff.	fortfolgend
GasGVV	Verordnung über Allgemeine Bedingungen für die Grundversorgung von Haushaltskunden und die Ersatzversorgung mit Gas aus dem Niederdrucknetz (Gasgrundversorgungsverordnung)
GasHDrLtgV	Verordnung über Gashochdruckleitungen
GasNEV	Verordnung über die Entgelte für den Zugang zu den Gasversorgungsnetzen (Gasnetzentgeltverordnung)
GasNZV	Verordnung über den Zugang zu den Gasversorgungsnetzen (Gasnetzzugangsverordnung)
GasRL	Richtlinie 2009/73/EG des Europäischen Parlaments und des Rates vom 13. Juli 2009 über gemeinsame Vorschriften für den Erdgasbinnenmarkt und zur Aufhebung der Richtlinie 2003/55/EG (Gasbinnenmarktrichtlinie)
GG	Grundgesetz für die Bundesrepublik Deutschland
GJ	Gigajoule
GVO	Gruppenfreistellungsverordnung
GWB	Gesetz gegen Wettbewerbsbeschränkungen
GWh	Gigawattstunde(n)
h/a	Stunde pro Jahr
$H_{o,n}$	Brennwert
H_o	Heizwert
HGB	Handelsgesetzbuch
HGÜ	Hochspannungs-Gleichstrom-Übertragung
i. d. F.	in der Fassung
i. e. S.	im engeren Sinne
i. H. v.	in Höhe von
IKE	Interessengemeinschaft kommunaler Elektrizitätswerke
InfraRL	Infrastrukturrichtlinie
i. S. d./v.	im Sinne des/von
ISO	Independent System Operator
ITU	Independent Transmission Operator
JI	Joint Implementation
KAE	Anordnung über die Zulässigkeit von Konzessionsabgaben der Unternehmen und Betriebe zur Versorgung mit Elektrizität, Gas und Wasser an Gemeinden und Gemeindeverbände
KAV	Konzessionsabgabenverordnung
kg	Kilogramm
km	Kilometer
KonTraG	Gesetz zur Kontrolle und Transparenz im Unternehmensbereich
KraftNAV	Kraftwerks-Netzanschlussverordnung
kV	Kilovolt

Abkürzungsverzeichnis

kW	Kilowatt
KWG	Kreditwesengesetz
kWh	Kilowattstunde
KWK	Kraft-Wärme-Kopplung
KWKG	Gesetz für die Erhaltung, die Modernisierung und den Ausbau der Kraft-Wärme-Kopplung (Kraft-Wärme-Kopplungsgesetz)
L	mittels Lastprofil ermittelte Stundenleistung
l	Liter
LBauO	Landesbauordnung
lit.	litera (Buchstabe)
MessZV	Messzugangsverordnung
mg/kg	Milligramm pro Kilogramm
Mio.	Million(en)
MinöStG	Mineralölsteuergesetz
Mrd.	Milliarde
MW	Megawatt
MWh	Megawattstunde
Nm^3	Normkubikmeter
NABEG	Netzausbaubeschleunigungsgesetz Übertragungsnetz
NAP	Nationaler Allokationsplan
NAV	Verordnung über Allgemeine Bedingungen für den Netzanschluss und dessen Nutzung für die Elektrizitätsversorgung in Niederspannung (Niederspannungsanschlussverordnung)
NDAV	Verordnung über Allgemeine Bedingungen für den Netzanschluss und dessen Nutzung für die Gasversorgung in Niederdruck (Niederdruckanschlussverordnung)
n. F.	neue Fassung
Nr.	Nummer
ÖkoStG	Ökosteuergesetz
OU	Ownership Unbundling
p. a.	per annum
ProMechG	Projekt-Mechanismen-Gesetz
RGBl. (I, II)	Reichsgesetzblatt (Teil I, II)
ROG	Raumordnungsgesetz
RVU	Regionalversorgungsunternehmen
S.	Seite, Satz
SDLWindV	Verordnung zu Systemdienstleistungen durch Windenergieanlagen – Systemdienstleistungsverordnung
sog.	so genannt
StrEG	Stromeinspeisungsgesetz
StromGVV	Verordnung über Allgemeine Bedingungen für die Grundversorgung von Haushaltskunden und die Er-

Abkürzungsverzeichnis

	satzversorgung aus dem Niederspannungsnetz (Stromgrundversorgungsverordnung)
StromhandelZVO ..	Verordnung (EG) Nr. 714/2009 des Europäischen Parlaments und des Rates vom 13. Juli 2009 über die Netzzugangsbedingungen für den grenzüberschreitenden Stromhandel und zur Aufhebung der Verordnung (EG), Nr. 1228/2003 (Stromhandelzugangsverordnung)
StromNEV	Verordnung über die Entgelte für den Zugang zu den Elektrizitätsversorgungsnetzen (Stromnetzentgeltverordnung)
StromNZV	Verordnung über den Zugang zu den Elektrizitätsversorgungsnetzen (Stromnetzzugangsverordnung)
StromStG	Stromsteuergesetz
StromStV	Verordnung zur Durchführung des Stromsteuergesetzes
t	Tonne
TEHG	Treibhausgas-Emissionshandelsgesetz
TPA	Third Party Access
TWh	Terrawattstunde
u.	und
u. a.	unter anderem
UCPTE	Union pour la Coordination de la Production et du Transport de l'Électricité
UCTE	Union for the Coordination of Transmission of Electricity
ÜNB	Übertragungsnetzbetreiber
UVPG	Gesetz über die Umweltverträglichkeitsprüfung
UWG	Gesetz gegen den unlauteren Wettbewerb
v.	vom
V_n	Normvolumen
VdEW	Vereinigung der Elektrizitätswerke
VDEW	Verband der Elektrizitätswirtschaft
VDN	Verband der Netzbetreiber
Vertikal-GVO	Gruppenfreistellungsverordnung
vgl.	vergleiche
VIK	Verband der Industriellen Energie- und Kraftwirtschaft e. V.
VKU	Verband kommunaler Unternehmen e. V.
VRE	Verband der Verbundunternehmen und Regionalen Energieversorger in Deutschland e. V.
VV	Verbändevereinbarung
VwVfG	Verwaltungsverfahrensgesetz
WärmeSchV	Wärmeschutzverordnung
WHG	Wasserhaushaltsgesetz
z. B.	zum Beispiel
ZuG	Zuteilungsgesetz
ZuV	Zuteilungsverordnung

Einführung

von Dr. Christiane Nill-Theobald, Rechtsanwältin, Berlin
und Prof. Dr. Christian Theobald, Mag. rer. publ., Rechtsanwalt, Berlin
und Honorarprofessor an der Deutschen Universität für Verwaltungswissenschaften, Speyer

I. Das neue Energiewirtschaftsrecht

1. Ziele und Mittel der Energierechtsnovelle

Nach über sechzig Jahren mehr oder weniger unveränderten Fortdauerns der gesetzlichen Rahmensetzung in der Energiewirtschaft ist das Gesetz über die Elektrizitäts- und Gasversorgung (Energiewirtschaftsgesetz bzw. EnWG) **(Nr. 1)** in mehreren Etappen grundlegend novelliert worden, zuerst zum 29. April 1998, dann zum 7. Juli 2005 und nunmehr zum 26. Juli 2011, zuletzt geändert durch Gesetz vom 16. Januar 2012. Das Zweite Gesetz zur Neuregelung des Energiewirtschaftsrechts vom 7. Juli 2005 enthielt in Art. 2 das Gesetz über die Bundesnetzagentur für Elektrizität, Gas, Telekommunikation, Post und Eisenbahnen (BNetzAG) **(Nr. 2),** zuletzt geändert durch Gesetz vom 26. Juli 2011, in dem Regelungen zu Aufgaben und Aufbau der im Jahre 2005 aus der vorherigen Regulierungsbehörde für Telekommunikation und Post (RegTP) hervorgegangenen neu für die Regulierung der Strom- und Gaswirtschaft zuständigen Bundesnetzagentur (BNetzA) festgeschrieben sind. Die Kosten für den Verwaltungsvollzug, insbesondere durch die Regulierungsbehörde, ergeben sich im Einzelnen aus der Energiewirtschaftskostenverordnung (EnWGKostV) **(Nr. 3),** zuletzt geändert am 10. Oktober 2011.

Das Phänomen der Leitungsgebundenheit macht für die Strom- und Gasversorgung eine Nutzung öffentlicher Wege und Straßen unabdingbar. Der Gebrauch von Bundesfernstraßen ist gesondert in dem Bundesfernstraßengesetz i. d. F. vom 28. Juni 2007 (FStrG) geregelt. Regelmäßig und ausweislich § 46 Abs. 1 S. 1 EnWG werden hierüber sog. Wegenutzungsverträge geschlossen. Spezielle Anforderungen an Wegenutzungsverträge für die Nutzung öffentlicher Wege und den Betrieb von Leitungen, die zu einem Energieversorgungsnetz der allgemeinen Versorgung im Gemeindegebiet gehören, statuiert § 46 Abs. 2 EnWG; hiernach ist im Falle eines Auslaufens eines Wegenutzungsvertrages „der bisher Netznutzungsberechtigte verpflichtet, seine für den Betrieb der Netze der allgemeinen Versorgung im Gemeindegebiet notwendigen Verteilungsanlagen dem neuen EVU gegen Zahlung einer wirtschaftlich angemessenen Vergütung zu überlassen"; in der Regel ist damit eine Verpflichtung zur Übertragung des Eigentums verbunden.

In der Vergangenheit, bis in die Anfänge des letzten Jahrhunderts zurückreichend, war die deutsche Landschaft der leitungsgebundenen Energieversorgung durch die Aneinanderreihung von Gebietsmonopolen gekennzeichnet. Jede Gemeinde, die kein eigenes Energieversorgungsunternehmen (EVU) betrieb, sah sich einem einzigen seine Versorgungsdienste anbietenden EVU gegenüber. Die Konzessionsverträge über die Nutzung der öffentlichen Wege

Einführung

zwischen der Gemeinde und dem jeweiligen EVU enthielten auf dessen Betreiben regelmäßig Ausschließlichkeitsklauseln, die kumulierende Wegenutzungen durch andere EVU verboten. Nach Vertragsende hatte die Gemeinde nur die Wahl, die Energieversorgung selbst zu übernehmen oder das bisherige EVU erneut hierzu zu berechtigen. Charakteristikum der alten (Monopol-)Ordnung war das Zusammenfallen von Netzbetrieb und Stromlieferung in ein und derselben Person. Aufgrund der Abschaffung der bis dahin für die Versorgung mit Elektrizität und Gas geltenden Ausnahmeregeln im GWB durch § 103 b GWB a. F. gilt das Kartellverbot der §§ 1, 14, 16 GWB n. F. jetzt auch für Gebietsabgrenzungsvereinbarungen entsprechender Versorger untereinander sowie für Verträge von Kommunen mit Versorgern, durch die die Kommunen dem jeweiligen Versorger exklusive Wegenutzungsrechte zugestehen.

Veranlasst durch ein Urteil des Bundesverwaltungsgerichts (BVerwG), wonach das in der ursprünglichen Konzessionsabgabenanordnung (KAE) enthaltene sog. Neueinführungs- und Erhöhungsverbot für verfassungswidrig befunden worden war, erließ das Bundesministerium für Wirtschaft und Technologie (BMWi) mit Zustimmung des Bundesrates am 9. Januar 1992 die heutige Konzessionsabgabenverordnung (KAV) **(Nr. 4),** zuletzt geändert durch Verordnung vom 1. November 2006. Ein wesentlicher Zweck der KAV, aber auch bereits der Vorläuferregelung, der KAE aus dem Jahr 1941, ist die Deckelung der Höhe der Konzessionsabgaben als Gegenleistung für die Wegenutzung. Der tatsächliche Wert der Wegenutzung liegt vielfach weit über den Höchstsätzen der KAV, wie insbesondere Vergleiche mit den Entgeltleistungen im Fall der Indienstnahme privater Grundstücke zeigen. Bedenken, dass der künftig grundsätzlich mögliche Abschluss mehrerer Konzessionsverträge Auswirkungen auf die Höhe der Abgabensätze haben könnte, sind unbegründet. Die Legaldefinitionen der § 48 Abs. 1 EnWG und § 1 Abs. 2 KAV stellen gerade nicht auf die Verleihung von Ausschließlichkeitsrechten ab. Dennoch gestattet § 46 Abs. 1 S. 2 EnWG den Gemeinden, die nach der KAV zulässigen Höchstbeträge zu fordern.

Die erste grundlegende Novellierung des EnWG im Jahr 1998 ist ihrerseits nicht ohne Auswirkungen auf die KAV geblieben. Vielmehr ist die KAV mit Wirkung zum 31. Juli 1999 den wettbewerblichen Erfordernissen angepasst worden (KAV i. d. F. der Änderung vom 22. Juli 1999, BGBl. I S. 1669). Grundsätzlich war im Falle eines bestehenden Konzessions- bzw. Wegenutzungsvertrages der Verteilungsnetzbetreiber auch dann zur Entrichtung von Konzessionsabgaben verpflichtet, wenn der Letztverbraucher von einem anderen EVU im Wege der Durchleitung beliefert wurde.

§ 48 Abs. 3 EnWG stellt klar, dass ausschließlicher Schuldner der Konzessionsabgabe dasjenige EVU ist, dem das Wegerecht nach § 46 Abs. 1 EnWG eingeräumt wurde, also unabhängig davon, wer die Kunden mit Elektrizität bzw. Gas beliefert.

Ein weiteres in Folge der Novellierungen des EnWG häufig auftretendes Phänomen ist die sog. Bündelkundenversorgung. Hierunter versteht man den Zusammenschluss auf der Nachfrageseite, d. h. mehrere Abnahmestellen eines Unternehmens oder zuvor rechtlich selbstständige natürliche oder juristische Personen werden von Brokern, Stromhändlern oder Energieberatern zur gemeinsamen Belieferung durch ein einziges EVU vereint. Typischerweise handelt es sich hierbei um bisherige Tarifkunden, die durch die Bündelung nunmehr zu Sonderkunden „mutieren", mit der Folge, dass nach der alten

Einführung

Rechtslage eine sehr viel niedrigere Konzessionsabgabe an die Gemeinde zu entrichten wäre. Dieser Problematik ist durch die Neufassung von § 2 Abs. 7 KAV Rechnung getragen worden; hiernach gelten Energielieferungen im Niederspannungsnetz grundsätzlich als Lieferungen an Tarifabnehmer, es sei denn, die gemessene Leistung überschreitet in mindestens zwei Monaten 30 kW und der Jahresverbrauch beträgt mehr als 30.000 kWh, wobei immer auf die einzelne Abnahmestelle abzustellen ist. Eine hiervon wiederum abweichende Variante ist die Zusammenfassung von Letztverbrauchern, die nicht mehr unter Benutzung öffentlicher Verkehrswege versorgt werden. Dies ist regelmäßig bei Wohnungsbaugesellschaften der Fall, welche zugleich als EVU tätig werden. Hier sieht der neu gefasste § 2 Abs. 8 KAV vor, dass auch dann Konzessionsabgaben zu entrichten sind, wenn ein Weiterverteiler, d. h. vorliegend bspw. eine Wohnungsbaugesellschaft, über öffentliche Verkehrswege beliefert wird und diese Energie ohne weitere Benutzung öffentlicher Verkehrswege an Netzverbraucher weiter geliefert wird.

Nachdem die Strom- und Gasversorgung insgesamt lange Zeit entsprechend der „Besonderheitenlehre" als natürliche Monopole angesehen wurden, ist die Sichtweise mittlerweile erheblich differenzierter. Nach ganz überwiegender Auffassung in den Wirtschaftswissenschaften weisen innerhalb der Wertschöpfungskette die Stufen der Produktion/Förderung und Handel/Verkauf – anders als die Transport- und die Verteilungsebene – keine Charakteristika eines natürlichen Monopols auf; speziell in der Netzökonomie werden mittlerweile mehrere Wettbewerbsalternativen unterschieden, die maßgeblich auch das Inhalte der Richtlinie 2009/72/EG vom 13. Juli 2009 betreffend gemeinsame Vorschriften für den Elektrizitätsbinnenmarkt (Elektrizitätsbinnenmarktrichtlinie bzw. EltRL 2009) **(Nr. 5)** und der Richtlinie 2009/73/EG vom 13. Juli 2009 betreffend gemeinsame Vorschriften für den Erdgasbinnenmarkt (Gasbinnenmarktrichtlinie bzw. GasRL 2009) **(Nr. 6)** sowie die nunmehr über die Verordnung (EG) Nr. 713/2009 vom 13. Juli 2009 zur Gründung einer Agentur für die Zusammenarbeit der Energieregulierungsbehörden (ACERVO) **(Nr. 7)** vorgebene Schaffung einer europäischen Energieregulierungsbehörde beeinflusst haben. Unterschieden wird insofern zwischen „Wettbewerb im Markt" einerseits und „Wettbewerb um den Markt" andererseits. Schon früh hat die Europäische Kommission u. a. darauf hingewiesen, dass der Anteil des grenzüberschreitenden Stromhandels der Gemeinschaft damit viel geringer ist als in anderen Wirtschaftszweigen, bspw. im Vergleich zur Telekommunikation, zu Finanzdienstleistungen oder Industrieerzeugnissen. Hieraus erklären sich die seinerzeitigen Bemühungen der Europäischen Kommission um eine weitere Öffnung der Strom- und Gasmärkte, denen die Richtlinienvorschläge zur Änderung der Elektrizitäts- und Gasbinnenmarktrichtlinie sowie der Neuvorschlag für eine Verordnung über die Netzzugangsbedingungen für den grenzüberschreitenden Stromhandel (StromhandelZVO (EG) Nr. 714/2009) **(Nr. 8)** dienen sollten. Diese Vorschläge hatten in der politischen Diskussion in Deutschland für erheblichen „Zündstoff" gesorgt, weil sie nicht nur das deutsche System des verhandelten Netzzugangs in Frage stellten, sondern auch weitreichende Anforderungen an das unternehmerische „Unbundling", den Speicherzugang und den Umgang mit Netzengpässen sowie nicht zuletzt die Auferlegung gemeinwirtschaftlicher Verpflichtungen vorsahen. Für andere Mitgliedstaaten, wie z. B. Frankreich, bedeutete die zeitlich vorgezogene Öffnung der nationalen Gas- und Strommärkte angesichts der ohnehin bisher nur defizitär erfolgten Richtlinienumsetzung mehr als nur eine Herausforderung.

XVII

Einführung

Im EnWG hat sich der bundesdeutsche Gesetzgeber für eine Kombination der beiden grundlegenden Wettbewerbsmodelle entschieden. In Bezug auf die Energielieferung und den Handel soll „Wettbewerb im Netz" gelten. Um dies zu ermöglichen, ist grundlegend in § 19 Abs. 4 Nr. 4 GWB die Verpflichtung der Netzöffnung für Dritte festgelegt. § 20 Abs. 1 S. 1 EnWG bestimmt, dass Betreiber von Energieversorgungsnetzen jedermann nach sachlich gerechtfertigten Kriterien diskriminierungsfrei Netzzugang zu gewähren sowie die Bedingungen, einschließlich Musterverträge, und Entgelte für diesen Netzzugang im Internet zu veröffentlichen haben.

Was die Verteilfunktion und damit den Netzbetrieb für die allgemeine Versorgung betrifft, so hat sich der Gesetzgeber in § 46 Abs. 2 (i. V. m. Abs. 3 und Abs. 4) EnWG für die zusätzliche Variante des „Wettbewerbs um den Markt", vorliegend den „Wettbewerb um das Netzgebiet", d. h. eine Form des periodischen Auktionsverfahrens, entschieden und die diesbezüglichen Vorgaben Schritt für Schritt 2005 und 2011 weiter verschärft.

Der Zielekatalog des EnWG entspricht in § 1 EnWG derjenigen Fassung von 1935 insoweit, als eine möglichst sichere und preisgünstige Energieversorgung bezweckt wird. Darüber hinaus wurden zunächst die Umweltverträglichkeit (1998) sowie Verbraucherfreundlichkeit und Effizienz (beide 2005) eingefügt. Die Sicherheit der Energieversorgung bedeutet hingegen unverändert zum einen, dass mengenmäßig ausreichende Versorgungskapazitäten verfügbar sein müssen, zum anderen muss die technische Sicherheit gewährleistet sein. Aufgrund der mangelnden (im Falle von Elektrizität) bzw. schwierigen Speicherbarkeit (im Falle von Gas) sind die Ressourcenschonung, die rationelle Energieverwendung sowie die Ausnutzung regenerativer Energien in besonderem Maße geboten. Aufgrund der Kostenintensität von Leitungsverlegungen wird es selten zu diesbezüglichen Duplizierungen kommen, sondern vielmehr weiterhin ein Monopol der Netze bestehen bleiben; folglich dürften die Investitionskosten eher gering sein. Günstige Verbraucherkosten werden sich insbesondere durch Energieeinsparmaßnahmen erzielen lassen.

Die umweltverträgliche Versorgung stellt keinen Widerspruch zur wettbewerblichen Steuerung der Energiewirtschaft dar. Vielmehr bedeutet die wettbewerbsrechtliche Ausrichtung des Ordnungsrahmens eine „Stärkung des Gestaltungsspielraums der Versorgungsunternehmen", der Voraussetzung für den Umweltschutz ist. Überdies schafft der Wettbewerb den Innovations- und Modernisierungsdruck, der eine Beschleunigung in der Entwicklung der Kraftwerkstechnik und damit ein wichtiges Instrument zur Umsetzung der „Energiewende" zur Folge hat. Hinzu kommt, dass eine zunehmende Zahl an Kunden nicht nur eine preiswerte und umfassende, sondern auch eine möglichst umweltverträgliche Versorgung erwartet. Der Wettbewerb zwingt die Unternehmen, das Wirtschaftlichkeitskriterium strikter zu beachten. Entscheidend ist deshalb die Sicherung des Umweltschutzes durch Änderung des Wettbewerbsrahmens und nicht durch Wettbewerbsausschluss. Die Verbesserung der Sicherheit bzw. der Umweltverträglichkeit führen unweigerlich zu höheren Kosten und Preisen. Insoweit stehen die Ziele Versorgungssicherheit, Preisgünstigkeit und Umweltverträglichkeit in einem Spannungsverhältnis; im Einzelfall muss deshalb praktische Konkordanz zwischen den jeweiligen Zielen herbeigeführt werden.

Bemerkenswerterweise sind bereits bei Verabschiedung der behandelten sog. ersten Beschleunigungsrichtlinien im Jahr 2003 deren Defizite und Gefahren erkannt worden, nämlich eine mögliche Schwächung der Versorgungs-

Einführung

sicherheit, weshalb zeitgleich ein Vorschlag für eine entsprechende Richtlinie zur Gewährleistung der Sicherheit (nur) der Elektrizitätsversorgung und von Infrastrukturinvestitionen (InfraRL) unterbreitet wurde. Im Ergebnis legt die InfraRL vom 18. Januar 2006 **(Nr. 9)** Maßnahmen fest, um einen angemessenen Umfang an Erzeugungskapazität, ein angemessenes Gleichgewicht zwischen Angebot und Nachfrage sowie einen angemessenen Grad der Zusammenschaltung zwischen Mitgliedstaaten zum Zwecke der Entwicklung des Binnenmarktes sicherzustellen.

Von den Novellierungen des EnWG weitgehend unberührt blieben einschlägige Gesetze wie das Energiesicherungsgesetz (EnSiG 1975) vom 20. Dezember 1974 i. d. F. vom 31. Oktober 2006 **(Nr. 10)**, zuletzt geändert durch Verordnung vom 31. Oktober 2006. Als wesentliche Neuerung der ersten Energierechtsnovelle im Jahre 1998 gilt hingegen die Modifizierung des bis 1998 gültigen Energiekartellrechts in den §§ 103, 103 a des Gesetzes gegen Wettbewerbsbeschränkungen (GWB) **(Nr. 11)** i. d. F. vom 15. Juli 2005, zuletzt geändert durch Gesetz vom 22. Dezember 2011. Aufgrund der besonderen Nichtigkeitsregelung des 1998 eingefügten § 103 b (vgl. § 131 Abs. 6 nach der 6. GWB-Novelle) ist die Elektrizitäts- und Gaswirtschaft ebenso wie alle anderen Wirtschaftszweige uneingeschränkt der Geltung des Kartellrechts unterworfen. Diese Gesetzeskonzeption wurde gewählt, um die Fortgeltung der Norm für die Wasserversorgung zu gewährleisten; eine schlichte Aufhebung des Freistellungstatbestandes war deshalb nicht möglich. Zugleich wird durch die Beseitigung der §§ 103, 103 a GWB im Hinblick auf die Versorgung mit Elektrizität und Gas eine Harmonisierung des nationalen mit dem europäischen Kartellrecht erreicht, das keine Kartellbildung ermöglicht. Dieses sieht in Art. 101 ff. des Vertrages über die Arbeitsweise der Europäischen Union (AEUV) **(Nr. 12)** keine Freistellung von grenzüberschreitenden Vereinbarungen aus dem Anwendungsbereich des europäischen Kartellrechts vor.

Das System der geschlossenen Versorgungsgebiete hat der deutsche Gesetzgeber aufgrund der eröffneten Anwendbarkeit der §§ 1, 15 und 18 (alt) bzw. §§ 1, 14, 16 (neu) GWB aufgehoben. Konsequenterweise sind Demarkationsverträge sowie Ausschließlichkeitsbindungen in Konzessionsverträgen nach § 134 BGB nichtig, soweit sie unter das Kartellverbot des § 1 GWB fallen. Die energiekartellrechtliche Missbrauchsaufsicht, die ehemals in § 103 Abs. 5 GWB a. F. geregelt war, richtet sich nunmehr nach dem durch die 6. GWB-Novelle neu gefassten § 19 Abs. 4 Nr. 4 GWB.

Konsequenz der Anwendbarkeit des deutschen als auch des europäischen Kartellrechts war bzw. ist die, vielerorts auch gerichtlich bestätigte, Unwirksamkeit der alten Strom- und Gasbezugsverträge, die regelmäßig sog. Gesamtbedarfsdeckungs-, Verwendungsbeschränkungs- und Gebietsabgrenzungsklauseln sowie Laufzeitregelungen von 10 bis 20 Jahren enthielten bzw. noch enthalten. In diesem Zusammenhang gewinnt das europäische Recht zusätzliches Gewicht durch die Verordnung (EG) Nr. 330/2010 vom 20. April 2010 über die Anwendung von Artikel 101 Absatz 3 des Vertrags über die Arbeitsweise der Europäischen Union auf Gruppen von vertikalen Vereinbarungen und abgestimmten Verhaltensweisen (Vertikal-GVO 2010) **(Nr. 13)**. Zentraler Baustein des Gesetzespaketes 2011 zur Einleitung der Energiewende ist die Novellierung des Atomgesetzes (AtG), das nunmehr den Ausstieg aus der friedlichen Nutzung der Kernenergie bis zum 31. Dezember 2022 vorsieht.

Mit dem Gesetz zur Beschleunigung des Ausbaus der Höchstspannungsnetze (Energieleitungsausbaugesetz – EnLAG) **(Nr. 14)**, zuletzt geändert mit Gesetz

Einführung

vom 7. März 2011, werden die Planungs- und Genehmigungsverfahren für 24 vordringliche Leitungsbauvorhaben im Höchstspannungs-Übertragungsnetz (380 kV) beschleunigt. Dabei wird auch im Rahmen von vier Pilotprojekten die Erdverkabelung von 380-kV-Leitungen getestet. Auf der 110-kV-Ebene werden Erdkabel nach Wirtschaftlichkeitskriterien gestattet. Ferner werden Regelungen zur Verstärkung und Optimierung bestehender Leitungen sowie zum Einsatz neuer Technologien wie der Hochspannungs-Gleichstrom-Übertragung (HGÜ) im Netz getroffen. Ergänzend ist nunmehr das sog. Netzausbaubeschleunigungsgesetz Übertragungsnetz (NABEG) **(Nr. 15)** am 5. August 2011 in Kraft getreten (Gesetz vom 28. Juli 2011), das dem erforderlichen Ausbau von Übertragungsnetzen u. a. zur Anbindung der Offshore-Anlagen im Norden an diverse Verbrauchszentren im Westen und Süden beschleunigen soll.

2. Marktzutritt und verhandelter Netzzugang

Vor dem eben geschilderten Hintergrund bildeten zu Beginn der Liberalisierung im Jahr 1998 die §§ 5–7 EnWG 1998 die zentralen wettbewerblichen Normen: Mit dem sog. verhandelten Netzzugang wurde Wettbewerbern des Netzbetreibers ein grundsätzlicher Anspruch auf Gestattung einer wettbewerbsbegründenden „Durchleitung" von Elektrizität bzw. Gas eingeräumt. Die Durchleitungsbedingungen mussten seit Mai 2003 zusätzlich guter fachlicher Praxis entsprechen und durften „nicht ungünstiger" sein, als die Netzbetreiber sich selbst „in vergleichbaren Fällen für Leistungen innerhalb ihres Unternehmens oder gegenüber verbundenen oder assoziierten Unternehmen tatsächlich oder kalkulatorisch in Rechnung stellen" (vgl. §§ 6 Abs. 1 S. 1, 6a Abs. 2 S. 1 EnWG 2003). Das Verhalten Dritten gegenüber wurde somit auch am Verhalten gegenüber sich selbst gemessen.

Ausnahmsweise durfte der Netzbetreiber ein Durchleitungsbegehren unter engen Voraussetzungen zurückweisen. Die Tatbestände der §§ 6 Abs. 1 S. 2, 6a Abs. 2 S. 2 EnWG 2003 nannten die Verweigerungsgründe der Unmöglichkeit und Unzumutbarkeit aus betriebsbedingten oder sonstigen Gründen unter Berücksichtigung der Zielvorgaben des § 1 EnWG.

3. Die Verbändevereinbarungen 1998–2003

In die konkrete Ausgestaltung der Netzzugangsbedingungen griff der Gesetzgeber in dieser Phase selbst noch nicht ein. Ergänzend zum EnWG hatten deshalb die Verbände VDEW, BDI, VIK, VDN, VRE und VKU (Strom) bzw. BGW, BDI, VIK und VKU (Gas) in Form von sog. Verbändevereinbarungen (VV) Rahmenrichtlinien für die Gestaltung des Netzzugangs und der Netzzugangsentgelte erarbeitet. Die VV verpflichteten die beteiligten Verbände nicht, die Berechnungsregelungen einzuhalten oder Sorge für die Einhaltung durch ihre Mitgliedsunternehmen zu tragen.

Nachdem die VV sich als rechtlich unverbindliche Musterregelungen der Berechnungsgrundlagen für die Entgeltermittlungen und damit zusammenhängender Konditionen darstellten und deshalb als „außergesetzliche Übertragungsregelungen" bewertet wurden, wurden sie durch die Neufassung des EnWG insofern zwischenzeitlich rechtlich aufgewertet, als gem. §§ 6 Abs. 1 S. 5, 6a Abs. 2 S. 5 EnWG 2003 bei Einhaltung der VV bis zum 31. Dezem-

Einführung

ber 2003 die Erfüllung der bereits angesprochenen Bedingungen guter fachlicher Praxis vermutet wurde.

Die VV Strom I vom 22. Mai 1998 war zunächst durch die VV Strom II vom 13. Dezember 1999, diese wiederum durch die VV Strom II Plus vom 13. Dezember 2001, abgelöst worden. Das transaktionsabhängige Durchleitungsmodell der VV Strom I wurde durch das Prinzip des transaktionsunabhängigen Netzpunkttarifs (Point of Connection Tariff) ersetzt.

Danach kaufte jeder Netznutzer die für seine Belieferung erforderliche Transportleistung, sozusagen als Abonnement, auf der 380-kV-Höchstspannungsebene. Dadurch wurde die konsequente Trennung zwischen Netznutzung einerseits und Stromlieferung andererseits möglich. Insoweit sah die VV Strom II Plus konsequenterweise auch getrennt von der Stromlieferung den Abschluss von Netzanschluss- und Netznutzungsverträgen vor. Die Trennung von Netzanschluss- und Netznutzungsverträgen war Voraussetzung für die freie Wahl und den beliebigen Wechsel des Lieferanten, den Strombezug von mehreren Lieferanten je Entnahmestelle, die Abwicklung von anonymen Strombörsengeschäften sowie die Schaffung von Transparenz bei Netznutzungs- und Strompreisen. Im Unterschied zur VV Strom II hat nach der VV Strom II Plus der Stromlieferant bei Vorlage eines sog. All-Inclusive-Vertrages zur Stromversorgung eines Einzelkunden Anspruch auf den zeitnahen Abschluss eines Netznutzungsvertrages mit dem Netzbetreiber. In diesem Fall entfiel der Abschluss eines Netznutzungsvertrages zwischen Netzbetreiber und Einzelkunden. Der Netzbetreiber sollte in begründeten Fällen für die Netznutzung vom Schuldner des Netznutzungsentgelts eine angemessene Sicherheitsleistung verlangen können.

Die wesentlichen Veränderungen erlaubten eine entbündelte Betrachtung von gelieferter Ware (elektrische Energie und Leistung) und Transportweg (Netz). Die Netznutzer sollten nur ein Netznutzungsentgelt zahlen, welches den Ausgleich der Übertragungsverluste, die Systemdienstleistungen, wie Frequenzhaltung, Spannungshaltung, Versorgungswiederaufbau und Betriebsführung sowie den Bilanzausgleich innerhalb von Standardtoleranzbändern enthält. Aus der Addition der genutzten Netzebenen sowie deren Umspannung (je eine Briefmarke) ergab sich das Entgelt. Das Höchstspannungsnetz diente sozusagen als Marktplatz, von dem der Netznutzer seine Energie bezieht, ohne dass dies Auswirkungen auf das Netznutzungsentgelt hat. Die vom 4. Juli 2000 datierende erste Konkretisierung von Netzzugangsregeln für einen liberalisierten deutschen Gasmarkt in Gestalt der VV Gas sowie eines 1. Nachtrags vom 15. März 2001 und eines 2. Nachtrags vom 21. September 2001 war zwischendurch durch die VV II Gas vom 3. Mai 2002 abgelöst worden.

Der Netzzugang erfolgte – wie noch in der ursprünglichen VV Strom I – grundsätzlich einzelfallbezogen, d. h. die Konditionen und Randbedingungen für den Netzzugang wurden individuell mit jedem betroffenen Netzbetreiber ausgehandelt. Nicht geregelt war, wer die Netzzugangsbedingungen aushandelt. Anders als bei der VV Strom II gab es keine Trennung zwischen Handelsgeschäft und Netznutzung. Die VV II Gas wurde insbesondere wegen des transaktionsabhängigen Netzzugangsmodells kritisiert. Die transaktionsbezogenen Einzelfallverhandlungen führten nämlich zu hohen Kosten und langwierigen Verhandlungsprozessen, die ein Kurzfrist- und Massengeschäft geradezu unmöglich machten. Auch die Entgeltberechnung auf der Grundlage eines internationalen Vergleichsmarktes vermochte nicht zu befriedigen. War das Konzept zwar vom Ansatz her zu begrüßen, so fehlten Regelungsinhalte

Einführung

bzw. Kalkulationsgrundlagen als auch eine eigenständige Kontrollinstanz für den Entgeltvergleich. Ferner fehlte es an den für die Gasdurchleitung elementaren Regelungen des Zugangs zu Gasspeichern.

In Umsetzung der nunmehr in den §§ 11 ff. EnWG geregelten Anforderungen an den Netzbetrieb war seinerzeit der sog. GridCode, später TransmissionCode erarbeitet worden.

In Anlehnung an den GridCode für das Übertragungsnetz hat der VDEW (nunmehr BDEW) im Mai 1999 einen sog. DistributionCode mit den Netz- und Anschlussregeln für das Verteilernetz (Weiterverteilungsebene) herausgegeben. Der DistributionCode 2003 war insbesondere für den Transport zur Belieferung von Tarifkunden und kleineren bis mittleren Sonderkunden von Bedeutung. Im Mittelpunkt standen dabei die Regelungen, die den Stromkunden zu einem gegenüber der Verbändevereinbarung vereinfachten Netzzugang verhelfen können. Eine wichtige Rolle spielten dabei die typisierten Lastprofile, mit denen sich teure Messtechnik vermeiden ließ. Der DistributionCode 2007 wurde an die neuen gesetzlichen Rahmenbedingungen angepasst bzw. weiterentwickelt und enthält Regeln für den Zugang zu Verteilungsnetzen. Gleichzeitig zum DistributionCode hatte der VDEW im Mai 1999 den MeteringCode veröffentlicht, der Regelungen für das Messverfahren und die Datenübertragung zwischen den Marktteilnehmern enthielt. Im Juli 2006 wurde der MeteringCode überarbeitet und an die Erfordernisse des EnWG sowie der StromNZV und StromNEV angepasst. Eine weitere Überarbeitung der Norm ist in Vorbereitung und soll in Kürze in Kraft treten.

4. Die Netzzugangs- und Netzentgeltverordnungen

Bemerkenswerterweise sieht seit der Novellierung im Jahre 2005 § 20 Abs. 1a EnWG vor, dass zur Ausgestaltung des Rechts auf Zugang zu Elektrizitätsversorgungsnetzen Letztverbraucher von Elektrizität oder Lieferanten Verträge mit denjenigen Versorgungsunternehmen abzuschließen haben, aus deren Netzen die Entnahme oder in deren Netze die Einspeisung von Elektrizität erfolgen soll (Netznutzungsvertrag). Vergleichbares gilt für den Zugang zu Gasversorgungsnetzen in § 20 Abs. 1b EnWG, der zusätzlich zur vertraglichen Abwicklung (Ein- und Ausspeisevertrag) das Netzzugangsbegehren vom Vorhandensein freier Kapazitäten abhängig macht. In diesen beiden Vorschriften sind auch die übrigen abzuschließenden Vertragstypen benannt. Der eigentliche Übergang vom verhandelten zum regulierten Netzzugang manifestiert sich neben den allgemeinen Zuständigkeiten der Regulierungsbehörde(n) insbesondere in der in § 24 EnWG geregelten Ermächtigung der Bundesregierung, durch Rechtsverordnungen mit Zustimmung des Bundesrates u. a. die Bedingungen für den Netzzugang einschließlich der Beschaffung und Erbringung von Ausgleichsleistungen oder Methoden zur Bestimmung dieser Bedingungen sowie Methoden zur Bestimmung der Entgelte für den Netzzugang gem. §§ 20–23 EnWG festzulegen. Von dieser Verordnungsermächtigung, welche die in § 23a EnWG geregelte Ex-ante-Genehmigung der Entgelte für den Netzzugang flankiert, hat der Verordnungsgeber nahezu zeitgleich mit dem Inkrafttreten des EnWG im Jahr 2005 Gebrauch gemacht: betreffend den Zugang zu Stromnetzen sind die Stromnetzzugangsverordnung (StromNZV) **(Nr. 16)**, zuletzt geändert durch Verordnung vom 30. April 2012, und die Stromnetzentgeltverordnung (StromNEV) **(Nr. 17)**, zuletzt

Einführung

geändert durch das Gesetz über Maßnahmen zur Beschleunigung des Netzausbaus Elektrizitätsnetze vom 28. Juli 2011. Der Gasnetzzugang wird durch die neu (am 3. September 2010) erlassene Gasnetzzugangsverordnung (GasNZV) **(Nr. 18)**, zuletzt geändert durch Verordnung vom 30. April 2012 und Gasnetzentgeltverordnung (GasNEV) **(Nr. 19)**, zuletzt geändert durch Verordnung vom 3. September 2010, geregelt. Alle vier Verordnungen sind (erstmals) am 29. Juli 2005 in Kraft getreten.

Hinzugekommen ist die sog. Anreizregulierungsverordnung (ARegV) **(Nr. 20)**, zuletzt geändert durch Verordnung vom 20. Juli 2012. Die Anreizregulierung hat zum 1. Januar 2009 begonnen.

In der Gaswirtschaft führte der regulierte Netzzugang nicht zur Aufgabe multilateraler Vereinbarungen zwischen den Netzbetreibern. § 20 Abs. 1 b S. 7 EnWG verpflichtet die Gasnetzbetreiber, gemeinsame Vertragsstandards („Musterverträge") zu entwickeln; deren Umsetzung erfolgte durch die Kooperationsvereinbarung (KoV IV), die 4. Änderungsfassung trat am 1. Oktober 2011 in Kraft. Auch für Strom sind die Netzbetreiber seit dem 4. August 2011, durch Änderung des § 20 Abs. 1 S. 1 EnWG, verpflichtet, entsprechend den Gasnetzbetreibern möglichst bundesweit einheitliche Musterverträge zu entwickeln.

5. Das sog. Unbundling gem. §§ 6 ff. EnWG

Conditio sine qua non einer Bewertung, inwieweit Benutzungsgebühren unter Berücksichtigung der Interessenlagen sowohl des Netzinhabers als auch des Zugangspetenten angemessen sind, ist die höchstmögliche Transparenz der Kostenzuordnung zu den einzelnen Marktstufen. Nur so kann das Ziel einer Verhinderung von Quersubventionierungen erreicht werden. An dieser Stelle setzen Legitimation und Funktionen der vertikalen Desintegration an, wenn der Netzbetrieb als fortwährendes natürliches Monopol zumindest in der Rechnungslegung aus der Wertschöpfungskette herausgelöst und von den vor- und nachgelagerten Märkten in Form der Erzeugung und des Einkaufs bzw. des Verkaufs abgetrennt wird.

Die EltRL 2003 und GasRL 2003 nennen als einen der Gründe für ihren Erlass, dass „die Rechnungslegung aller integrierten Unternehmen ein Höchstmaß an Transparenz aufweisen (muss), insbesondere im Hinblick auf die Feststellung von möglichen missbräuchlichen Ausnutzungen einer marktbeherrschenden Stellung, die z.B. in anormal hohen oder niedrigen Tarifen oder in der Anwendung unterschiedlicher Bedingungen bei gleichwertigen Leistungen bestehen könnten". Unbundling ist insofern eines der Instrumente der Marktmachtdisziplinierung und konkretisiert Art. 102 AEUV. Bezogen auf die leitungsgebundene Energieversorgung kann diese Disziplinierung dahingehend spezifiziert werden, als dass sich mit der im Rahmen der in den Wirtschaftswissenschaften mittlerweile etablierten Netzökonomie auf eine Beschränkung von Regulierungen auf natürliche Monopole, d.h. nicht angreifbare Netze, konzentriert wird.

Die Entflechtungstiefe kann unterschiedlich ausfallen. Sehr weitgehend ist eine organisatorische Desintegration mit gesellschaftsrechtlichen Implikationen mittels Bildung eigenständiger Rechtssubjekte. Als abgeschwächte Variante des organisatorischen Unbundlings kommt eine verwaltungstechnische in Form getrennter Abteilungen in Betracht. Am wenigsten intensiv ist eine buchhalterische Entflechtung im Wege separierter Kontenführung. Dass die praktische

Einführung

Umsetzung vertikaler Desintegration unterschiedlich ausfallen kann, zeigen die jüngsten Erfahrungen in anderen Bereichen netzgebundenen Austauschs von Gütern und Dienstleistungen. So erfolgte im Fall der Deutschen Bundesbahn eine Trennung von Fahrweg und Verkehrsabwicklung durch Schaffung eigenständiger Aktiengesellschaften für die Unternehmensbereiche Personen-(Nah- und Fern-)Verkehr, Güterverkehr und Fahrweg. Die Situation war hier insofern eine andere, als es der Staat selbst gewesen ist, der die Monopolstellung beim Netzbetrieb und auf den vor- und nachgelagerten Märkten inne hatte und sich daher, frei von einem etwaigen Grundrechtsschutz nach Art. 14 GG, sozusagen selbst „enteignen" konnte.

In Verschärfung zu den beiden Ausgangsrichtlinien Strom und Gas von 1996 bzw. 1998 sahen die zeitgleich 2003 neugefassten EltRL und GasRL gleichermaßen Verpflichtungen zum Unbundling von EVU in vier abgestuften Formen vor: Erstens die Verpflichtung zur Entflechtung und Transparenz der Rechnungslegung (Art. 18, 19 EltRL 2003, Art. 16, 17 GasRL 2003), zum zweiten die Verpflichtung zum informatorischen Unbundling (Art. 12, 16 EltRL 2003, Art. 10, 14 GasRL 2003) sowie unter bestimmten Voraussetzungen drittens zum operativen/operationellen Unbundling (Art. 15 Abs. 2 EltRL 2003, Art. 13 Abs. 2 GasRL 2003) und viertens auch zur rechtlichen Entflechtung (Art. 10 Abs. 1, 15 Abs. 1 EltRL 2003, Art. 9 Abs. 1, 13 Abs. 1 GasRL 2003). Durch die EnWG-Novelle 2011 sind in Umsetzung des 3. EU-Binnenmarktpakets weitere Verschärfungen für die Übertragungsnetzbetreiber (ÜNB), insbesondere die Verpflichtungen zum sog. Ownership Unbundling, allerdings mit etlichen Alternativen, vorgenommen worden (vgl. §§ 8–10e EnWG). Den Mitgliedstaaten wird weiterhin die Option eingeräumt, beim rechtlichen und operativen Unbundling solche Unternehmen auszunehmen, die weniger als 100.000 angeschlossene Kunden beliefern (Art. 26 Abs. 4 EltRL 2009, Art. 26 Abs. 4 GasRL 2009). Von dieser sog. De-minimis-Regelung hat der deutsche Gesetzgeber auch weiterhin in § 7 Abs. 2 und § 7a Abs. 7 EnWG 2011 Gebrauch gemacht.

II. Grundlagen und Entwicklung des Rechts der Energiewirtschaft

1. Regelungsgegenstand

Elektrische Energie lässt sich auch nach dem neuesten Stand der Technik, mit Ausnahme von Wasserkraftwerken, Pumpspeichern und Batteriespeichern, nicht konservieren. Elektrizität muss daher auf der Kraftwerksseite immer zeitgleich mit der Nachfrage bereitgestellt werden, d.h. das Angebot orientiert sich an der Nachfrage. Da Strom regelmäßig besonders kostengünstig in großen Blockeinheiten von über 300 MW erzeugt wird und die Auswahl der Kraftwerksstandorte nicht im Belieben des Betreibers steht, liegen Erzeugungs- und Verbraucherort häufig weit auseinander. Hieraus resultieren Transporte über größere Entfernungen, die eine hohe Übertragungsleistung notwendig machen. Außerdem entfällt im Stromsektor neben den angesprochenen fixen Kosten für das Leitungsnetz ein weiterer erheblicher Kostenbestandteil auf die Errichtung und Bereithaltung ausreichender Kraftwerkskapazität.

Die Eigenart, dass elektrische Energie nicht speicherbar ist, unterscheidet sie von den meisten anderen Waren und bewirkt die weitere Besonderheit,

Einführung

dass ein Transport nur mittels spezieller Leitungen erfolgen kann. In allen entwickelten Industrieländern existieren daher flächendeckende Leitungsnetze, an die gleichermaßen Erzeuger und Abnehmer von Strom angeschlossen sind. In den Anfängen entstanden in Deutschland die ersten Elektrizitätserzeugungsanlagen als Einzelanlagen zur Beleuchtung von Häusern. Diese Anlagen waren nur für eine enge räumliche Nähe gedacht. Der Antrieb der Gleichstromdynamos (Edison) erfolgte durch Dampfmaschinen. Einzelanlagen verbreiteten sich schnell in Deutschland in den Jahren 1878 bis 1884. Es folgten Blockanlagen, die technisch ähnlich wie Einzelanlagen ausgelegt, jedoch für größere Leistung konzipiert waren.

Als für die weitere Ausbreitung unabdingbar erwies sich die Notwendigkeit, für die Fortleitung des Stroms öffentliche Wege benutzen zu müssen. So war die Entstehung von Ortszentralen daher auch nur im Zusammenwirken mit den Gemeinden möglich, die über das Eigentum an den öffentlichen Wegen und Straßen verfügten. Diese konnten über eine Konzessionsvergabe auf die Gestaltung der Stromversorgung Einfluss nehmen oder die Stromversorgung auch in eigener Regie übernehmen. Die erste öffentliche Versorgung entstand im Jahre 1884 in Berlin im Wege der Konzessionsvergabe an ein privates Unternehmen. Die weitere Entwicklung war durch einen technischen Ausreifungsprozess bei gleichzeitigem Größenwachstum charakterisiert. Parallel dazu kam es durch die Einführung des Wechselstroms zu einer grundlegenden weiteren Innovation.

Die weitere Ausweitung ergab sich durch die Elektrifizierung der ländlichen Gebiete durch die sog. Überlandzentralen; die fortschreitende technische Entwicklung ermöglichte eine Vergrößerung der Kraftwerke bei sinkenden spezifischen Kosten. Ein wichtiges Moment in diesem Zusammenhang war der Übergang von Kolbendampfmaschinen auf Dampfturbinen. Bereits im Jahre 1916 wurde vorgeschlagen, ein Verbundsystem auf der Basis von 100 kV zu entwickeln und die Stromerzeugung auf wenige große leistungsfähige Kraftwerkseinheiten zu konzentrieren. Die Herstellung eines solchen Verbundsystems wurde insbesondere auch als eine politische Aufgabe gesehen; wie wir noch sehen werden, wird das heutige Verbundsystem von einer Reihe sog. Verbundunternehmen getragen, die jeweils für größere Teilräume in der Bundesrepublik zuständig sind.

Entlang der energiewirtschaftlichen Wertschöpfungskette lassen sich die zentralen Funktionen in der Strom- und Gaswirtschaft abbilden. Die erste Stufe bildet die Erzeugung/Förderung, es folgen der weiträumige Transport und die kleinräumigere Verteilung sowie schließlich der Verkauf bzw. der Verbrauch als letzte Stufe. Auf der ersten Stufe unterscheidet man zwischen der Erzeugung von Elektrizität bzw. der Förderung von Gas. Hinsichtlich der Erzeugung von Elektrizität kann man nochmals differenzieren zwischen mechanischer Energie (z. B. Wasserkraft, Windkraft), Wärmekraftwerken (bspw. fossile Energieträger, Kernenergie, Verbrennungskraftwerke, Kraft-Wärme-Kopplung), Sonnenenergie (Solarthermik, Photovoltaik) etc.

Die zweite und dritte Stufe, der Transport und die Verteilung von Strom und Gas, können auch als „Straßennetz der Energieversorgung" bezeichnet werden. Das Stromnetz eines Landes unterteilt sich in verschiedene, überlagerte Spannungsebenen. Die Einteilung des herkömmlichen Straßennetzes in ein Hierarchieverhältnis von Bundesautobahn, Bundes-, Landes- und Gemeindestraßen kann dabei durchaus als Illustration des Transport- bzw. Verteilungsnetzes der Strom- und Gasversorgung herangezogen werden:

Einführung

Jede Spannungsebene erfüllt eine unterschiedliche Funktion hinsichtlich der Übertragungsleistung und der Übertragungsentfernung. Die Übertragungsleistung ergibt sich aus der pro Zeiteinheit übertragenen elektrischen Energie und wird üblicherweise in kWh angegeben. Strom wird über nationale Entfernungen im Höchstspannungsnetz weiträumig verteilt, in Mittelspannung bis zu Werksanschlüssen und Straßenzügen geliefert, um dann bspw. auf der Niederspannungsebene an die Hausanschlüsse zu gelangen. Physikalisch fließen die Elektronen immer den kürzesten Weg bzw. den Weg des geringsten Widerstandes; genau genommen erhält ein Kunde also im freien Markt „den" Strom im Sinne einer Stückschuld nicht wirklich von „seinem" Lieferanten. Entscheidend ist vielmehr, dass der Lieferant irgendwo im Verbundnetz zeitgleich die entsprechende Stromenge selbst einspeist oder eine solche Menge seinerseits einkauft.

In Deutschland werden grundsätzlich folgende Spannungsebenen unterschieden: Höchstspannung, Hochspannung, Mittelspannung und Niederspannung. Die vier Spannungsebenen sind durch Umspannwerke miteinander verbunden. Insgesamt werden in Deutschland deshalb sieben Netzebenen unterschieden, da neben den vier Spannungsebenen auch die jeweiligen Umspannungen als jeweils eine Netzebene gelten.

Die 380- bzw. 220-kV-Höchstspannungsnetze dienen den großräumigen, europaweiten Energietransporten und dem Anschluss großer Kraftwerkseinheiten mit Leistungen von über 300 MW.

Die 110-kV-Hochspannungsnetze dienen dem regionalen Transport in meist ländliche Gebiete mit geringer Verbrauchsdichte und der innerstädtischen Verteilung in Ballungsgebiete. Die typischen Entfernungen von Hochspannungsnetzen betragen im ländlichen Bereich 50 bis 100 km, in Ballungsgebieten hingegen häufig nur zwischen 10 bis 20 km.

Die Mittelspannungsnetze bilden die Oberstufe der örtlichen Verteilnetze. Die typischen Übertragungsentfernungen betragen einige Kilometer. Unmittelbar an das Mittelspannungsnetz angeschlossen werden Abnehmer und Einspeiser mit einer Leistung zwischen 50 kW und einigen MW. Die vorherrschenden Betriebsspannungen von Mittelspannungsnetzen sind in Deutschland 20 kV und 10 kV.

Die überwiegende Anzahl der Abnehmer, d. h. Tarifkunden und kleinere Sonderkunden mit Abnahmemengen unter 100.000 kWh bzw. einer maximalen Leistung unter 50 bis 200 kW, ist an das Niederspannungsnetz angeschlossen. Die Übertragungsentfernungen ergeben sich in erster Linie aus der elektrischen Verbindung des Weges zwischen dem Einspeise- und dem Abnahmeort. Nur die höchste Spannungsebene des Netzes ist überregional ausgedehnt. Alle Netzebenen unterhalb des Höchstspannungsnetzes sind in mehr oder weniger große Teilnetze aufgetrennt. Es ergeben sich somit landesweit für eine Spannungsebene eine Vielzahl von Teilnetzen.

Entsprechend den verschiedenen Spannungsebenen ist zwischen verschiedenen Netzbetreibern zu unterscheiden, die entsprechend der Wertschöpfungskette verschiedene Aufgaben im Stromsystem übernehmen:

Die sog. Verbundunternehmen sind bzw. waren bis vor kurzem die Eigentümer und zugleich Betreiber der Höchstspannungsnetze (Verbundnetze). Im Einzelnen sind dies E.ON, RWE, EnBW und Vattenfall Europe. Die ersten drei haben jedenfalls mehrheitlich ihr jeweiliges Eigentum an ihren Übertragungsnetzen veräußert. Die Verbundunternehmen sind für die überregionale Reservevorhaltung sowie den regionalen und internationalen Stromaustausch verantwortlich.

Einführung

Die Regionalversorgungsunternehmen (RVU) sind Eigentümer und Betreiber der Mittelspannungsnetze. Innerhalb der Wertschöpfungskette übernehmen sie die Funktionen der Weiterverteilung sowie partiell der Endkundenbelieferung.

Örtliche Unternehmen bzw. kommunale Unternehmen sind vornehmlich in der Stromverteilung und im Verkauf, meist auch in der Erzeugung tätig.

Die aus den bereits angesprochenen vier Stufen der Erzeugung, Übertragung, Verteilung und des Verkaufs an Endverbraucher bzw. des Verbrauchs bestehende Hierarchie der Elektrizitätsversorgung ist ferner durch eine starke vertikale Integration in Form von Kapitalbeteiligungen bzw. langfristigen Lieferverträgen gekennzeichnet. D. h. in der Vergangenheit sind vielfältige Kooperationen entstanden, um ansonsten erforderliche Transaktionen auf den vor- und nachgelagerten Wertschöpfungsstufen nicht auf den jeweiligen Märkten mit wechselnden Vertragspartnern vornehmen zu müssen.

Auch in der Gaswirtschaft lassen sich verschiedene Stufen ausmachen. Die Einteilung erfolgt hier in Produktion bzw. Import, Transport bzw. Weiterverteilung und Endverteilung. Diese Unterteilung entspricht der Organisation der deutschen Erdgaswirtschaft, die in Produzenten, Ferngasgesellschaften und Regional- bzw. Ortsgasgesellschaften unterteilt ist. Die Lieferkette setzt sich aus den Ferngesellschaften, den Regionalversorgern und den Ortsgasversorgern (insbesondere den Stadtwerken) zusammen.

Die Ferngesellschaften sind über die Marktstufen Förderung, Transport, Verteilung und Verkauf vertikal integriert. Zudem importieren sie ausländisches Erdgas, speichern Gas in großen Mengen unter Tage und sind für die Sicherung der Gasqualität verantwortlich. Zur Vereinfachung des Zugangs zu den Transportnetzen bilden die Fernleitungsnetzbetreiber sog. Marktgebiete, eine rechtlich selbstständige, aber weitreichende Kooperation der Betreiber. Seit dem 1. Oktober 2011 bestehen in Deutschland nur noch zwei Marktgebiete, NetConnect Germany und Gaspool.

Auch die überregionalen Gasversorger transportieren Erdgas über große Distanzen in Hochdrucknetzen, verkaufen und verteilen Gas an Endabnehmer sowie an die nachgelagerten Regional- und Ortsgasversorger.

Den Regional- und Ortsgasversorgern kommt in erster Linie die Aufgabe zu, über das Mittel- und Niederdrucknetz Erdgas an kleinere Abnehmer zu verteilen. Gasspeicherung wird von diesen Versorgungsunternehmen, die häufig im Querverbund mit der Strom-, Fernwärme- und/oder Wasserversorgung sowie der Abfallentsorgung agieren, nur in kleinen Mengen vorgenommen; auf den Gastransport in Hochdrucknetzen verzichten sie vollständig.

2. Das Spannungsfeld unterschiedlicher Interessen in der Energiewirtschaft

Den Anforderungen an eine kurze „Einführung in das Recht der Energiewirtschaft" gerecht zu werden bedeutet neben einer bloßen rechtlichen Darstellung zuvorderst die Vorstellung der wesentlichen Gesetze, Verordnungen und sonstigen Rechtsquellen sowie die Offenlegung des in dieser Form einzigartigen Spannungsfeldes unterschiedlicher Interessen in der Energiewirtschaft. Bereits der Blick in das Ziele-Fünfeck des durch die Energierechtsnovelle neugefassten § 1 EnWG (Versorgungssicherheit, Preisgünstigkeit, Umweltverträglichkeit, Verbraucherfreundlichkeit, Effizienz) lässt die Un-

Einführung

möglichkeit einer gleichzeitigen Befriedigung aller fünf Ziele erkennen. Vielmehr kann es nur um eine Annäherung, d. h. eine Optimierung im Geflecht der vielfältigen Interessen, gehen.

Als die ersten, noch sehr kleinen, elektrischen Kraftanlagen im vierten Jahrzehnt des 19. Jahrhunderts in Betrieb genommen wurden, war Elektrifizierung ein besonderes Privileg. So kritisierte der Stadtverordnete Singer in der Berliner Stadtverordnetenversammlung am 24. Oktober 1889, dass die Elektrizität – und damit auch eine von der privaten Elektrizitätswerke AG der Stadt angebotene Preisermäßigung – „nur für den gut situierten Theil der Bevölkerung einen Nutzen habe" (Stenographische Berichte über die öffentlichen Sitzungen der Stadtverordnetenversammlung der Haupt- und Residenzstadt Berlin, 16. Jahrgang 1889, S. 283, 295). Fünfzehn Jahre nachdem sich bereits Lenin „von der Elektrifizierung den endgültigen Sieg der Revolution versprochen" hatte, trat im Jahr 1935 in Deutschland das EnWG (Gesetz vom 13. Dezember 1935, RGBl. I S. 1451; BGBl. III 752-1, Präambel) in Kraft, das im Zusammenhang mit der kriegsvorbereitenden Infrastruktur für den Aufbau einer flächendeckenden Energieversorgung von Bedeutung sein sollte. Das Bundesverfassungsgericht (BVerfG) schließlich hat die Sicherstellung der Energieversorgung als „ein Gemeinschaftsinteresse höchsten Ranges" herausgestellt. Es handele sich um ein „absolutes" Gemeinschaftsgut. Die Energieversorgung wird insofern als Bereich der Daseinsvorsorge bezeichnet, die „zur Sicherung einer menschenwürdigen Existenz unumgänglich ist".

Heute ist weniger die Energieversorgung an sich, sondern der Energiepreis ein maßgeblicher Faktor in der aktuellen Standortdebatte. Die Interessen der bundesdeutschen EVU sind herkömmlich gleichermaßen heterogen wie homogen: Der weitgehende Ausschluss von Wettbewerb hatte eine stabile dreigliedrige Akteursstruktur zur Folge: Neben den vier vertikal integrierten sog. VerbundEVU, d. h. EVU, die auf allen Stufen der Energieversorgung von der Erzeugung über Transport und Verteilung bis zur Endkundenbelieferung tätig waren bzw. sind, beschränken sich die RVU regelmäßig auf Strom- bzw. Gasverteilung. Auf der lokalen Ebene zeichnen sich vielerorts kommunale Unternehmen, Eigenbetriebe oder Stadtwerke für den Betrieb der örtlichen Verteilnetze und die Endkundenbelieferung, mitunter auch für eine begrenzte Eigenerzeugung verantwortlich. Die Unternehmen der erstgenannten Kategorie sind nunmehr die aus Fusionen hervorgegangenen Unternehmen RWE, E.ON, EnBW und Vattenfall Europe. Die Zahl der Stadtwerke bzw. kommunalen Unternehmen beläuft sich bei steigender Tendenz momentan auf mehr als 900.

Im Vergleich mit anderen Wirtschaftszweigen ist eine hohe Investitionsquote Kennzeichen der kapitalintensiven Strom- und Gaswirtschaft. Als Folge der Liberalisierung der Energiemärkte und der damit größeren Fungibilität der Handelswaren Strom und Gas hat das Geschäftsfeld Strom- bzw. Gashandel einen deutlichen Aufschwung erfahren. Die traditionellen EVU sehen sich durch eine Vielzahl neuer Akteure im Energiehandel erheblichen Herausforderungen ausgesetzt. Zuvorderst zu nennen sind Einzelhändler, Stromhandelskooperationen, Internet-Broker, Portfoliomanager, Risikomanager, Großhändler, Börsengesellschaften und -händler, Öko-Stromhändler sowie Broker. Das Beispiel der zwei Strombörsen LPX (Leipzig) und EEX (Frankfurt a. M.), die seit März 2002 zu einer Börse, der EEX, Leipzig, fusioniert sind, einer noch vor wenigen Jahren kaum vorstellbaren Akteursgruppe, belegt nachhaltig Chancen und Herausforderungen für die traditionellen EVU. Der Börsen-

Einführung

handel erfasst mittlerweile auch den Bereich Gas. Die EEX betreibt einen Spot- und Derivatehandel für Erdgas.

Die liberalisierungsbedingte Diversifizierung der EVU bedeutet eine ebensolche Vervielfältigung der Interessen. Insbesondere die meist ausschließlich im Strom- und Gashandel aktiven neuen Marktteilnehmer beklagten anfänglich Nachteile der bundesdeutschen Regelung des Netzzugangs. Als conditio sine qua non für die eigentlichen Handelsaktivitäten bedeutete der in §§ 6, 6a EnWG 1998/2003 geregelte sog. „verhandelte Netzzugang" neben immensen Transaktionskosten und Zeitverlusten in jedem Einzelfall vor allen Dingen eine erhebliche, das Wettbewerbsprinzip letztlich bedrohende Rechtsunsicherheit. Die Einführung des sog. regulierten Netzzugangs, vollzogen durch die BNetzA in Bonn sowie die Landesregulierungsbehörden u. a. über eine Ex-ante-Genehmigung der Netzentgelte, hat dieses Problem tatsächlich jedenfalls weitgehend gelöst; die erste „Netzentgelt-Genehmigungswelle" 2006 bis 2008 führte zu teilweise deutlichen Senkungen der Netzentgelte Strom. Regelmäßig gegenläufig zu den Interessen der eben genannten Unternehmensgruppen aus der Strom- und Gaswirtschaft ist die Perspektive der Berücksichtigung der Umweltbelange bzw. der Umweltökonomie. Natürliche Ressourcen, die der Allgemeinheit in gleicher Menge zum Konsum offen stehen („öffentliche Güter"), können nicht ohne weiteres effizient über den Markt gelenkt werden. Angestrebt wird deshalb eine „Internalisierung der externen Kosten" als rechtlicher Ausfluss des Verursacherprinzips. Auf der Emissions- bzw. Output-Seite dient der volkswirtschaftliche Schaden als Bemessungsgrundlage. So hat sich die Bundesregierung das anspruchsvolle Ziel gesetzt, die Treibhausgasemissionen der BRD bis 2020 um 40% gegenüber 1990 zu reduzieren. Zugleich bedeutet jede Steigerung des Energie-Inputs aus konventionellen Energieträgern einen zusätzlichen, die Umwelt belastenden Ressourcenverbrauch. Aus dieser Perspektive werden grundsätzlich höhere Strompreise – um entsprechende Stimulanz zur Ressourceneinsparung zu erzielen – gefordert, es sei denn, der Input erfolgt mittels Einsatzes regenerativer Energien.

Schließlich spielt die kommunale Ebene eine nicht unerhebliche Rolle, genannt seien die Stichworte „Rekommunalisierung" und „Dezentralisierung" der Energieversorgung; derzeit erfährt die Rekommunalisierung bundesweit eine regelrechte Renaissance, auch deshalb, weil aktuell sehr viele sog. Konzessionsverträge auslaufen und es nach einem Konzessionärswechsel zu Netzübernahmen i. S. v. § 46 EnWG kommt. Während in den Anfängen der Nutzung elektrischer Energie gegen Ende des vorletzten Jahrhunderts zunächst die größeren Städte die Initiative ergriffen hatten und als Großverbraucher zur Versorgung ihrer Einwohner und ihrer Kommunalbetriebe, vor allem der Straßenbahnen, eigene Stadtwerke zur Stromerzeugung und Stromverteilung errichteten, setzte sich in der Folgezeit bis heute zunehmend eine durch wirtschaftliche Gründe bedingte Aufgabenteilung durch. Danach oblagen typischerweise die Stromerzeugung und die Stromübertragung im großen Maßstab den überregional tätigen Verbundunternehmen sowie den regionalen EVU gemischtwirtschaftlicher oder privater Prägung; dagegen wird die Stromverteilung, in vielen Städten auch die örtliche Stromerzeugung, traditionell von den Kommunen wahrgenommen.

Die Liberalisierung der Energiemärkte und die Novellierung des bundesdeutschen Energierechts sollen nicht zuletzt den Verbraucherinteressen Rechnung tragen. Zum Ausdruck kommt dies bereits in der in § 1 geregelten

Einführung

Zielsetzung des EnWG, wenn dort die „Preisgünstigkeit" genannt ist. Per Saldo sanken für die kleinen Kunden, vor allem die Haushalte, die Strompreise um 10 bis 15% und in den ersten Jahren nach der Liberalisierung die Stromrechnungen um etwa 2,5 Mrd. Euro; seit März 2002 bewegen sich die Preise allerdings – insbesondere bedingt durch Neueinführung bzw. Erhöhung von Umweltabgaben und eine regelrechte Explosion bei den Erzeugerpreisen – deutlich über dem Ausgangsniveau von 1998. Neben dem Preis steht aber auch Markttransparenz im Vordergrund. Eine zunehmende Kundenzahl verlangt eingedenk der bislang als Interesse der Allgemeinheit wahrgenommenen Berücksichtigung der Belange des Umweltschutzes nach Möglichkeiten einer Individualisierung in Gestalt von „grünem Strom" bzw. Öko-Produkten. Ferner verlangt der Verbraucherschutz nach einfachen und den Vorgaben des sog. AGB-Rechts (geregelt in den §§ 305–310 BGB) entsprechenden vertraglichen Regelungen des Strombezugs sowie des Netzanschlusses und der Netznutzung. Die Vorgaben der sog. Energiewende werden ebenfalls strompreiserhöhend wirken, wenngleich das Ausmaß sehr umstritten ist.

3. Liberalisierung netzgebundener Güter und Dienstleistungen

Eine funktionsfähige Infrastruktur ist seit jeher Voraussetzung wirtschaftlicher und gesellschaftlicher Entwicklung. Als klassischer Anschauungsfall gilt der auf die Bedürfnisse der räumlichen Ausdehnung der Handelsbeziehungen ausgerichtete Ausbau des Verkehrs- und Transportwesens zur Zeit des römischen Imperiums. In der Epoche der mittelalterlichen Stadt- und Zunftwirtschaft im 15. und 16. Jahrhundert entfalteten sich in den Städten Handwerk und Handel zu eigenständigen Gewerbezweigen, die erste Maßnahmen einer öffentlichen Verwaltung der Wirtschaft erforderlich machten, welche nach dem Ende des 30-jährigen Krieges in die merkantilistisch-kameralistische Wirtschaftsverwaltung mündete. Neben der Vereinheitlichung von Maßen und Gewichten oder der Strukturierung des Münzwesens standen die Wiederherstellung der zerstörten Verkehrswege, der Land- wie Wasserstraßen und die räumliche Verdichtung der Postdienste im Mittelpunkt staatlicher Wirtschaftsstrukturpolitik.

Gerade Adam Smith bezeichnete – als eine von drei Ausnahmen der Güterallokation über den Markt – die Verantwortlichkeit für die wirtschaftliche Infrastruktur als Staatsaufgabe, wenn er ausführt, dass „die dritte und letzte Aufgabe des Staates (darin) besteht, solche öffentliche Anlagen und Einrichtungen aufzubauen und zu unterhalten, die, obwohl sie für ein großes Gemeinwesen höchst nützlich sind, ihrer ganzen Natur nach niemals einen Ertrag abwerfen, der hoch genug für eine oder mehrere Privatpersonen sein könnte, um die anfallenden Kosten zu decken, weshalb man von ihnen nicht erwarten kann, dass sie diese Aufgaben übernehmen". Auch in Zeiten der sog. postindustriellen Gesellschaft, in denen bereits von einer Quintärisierung der Gesamtwirtschaft gesprochen wird, erstreckt sich im Rahmen der Daseins- und Zukunftsvorsorge diese infrastrukturelle Verantwortlichkeit neben den Bereichen Verkehr, Information und Telekommunikation, Versorgung im Allgemeinen, Entsorgung, Bildung und Forschung, einheitliche Normierung, regionale Infrastrukturförderung, Geld- und Währungswesen in besonderem Maße auf die leitungsgebundene Strom- und Gasversorgung.

Einführung

Die meisten der eben genannten Bereiche haben im Verlauf des 20. Jahrhunderts einen derart rapiden Anstieg der Teilnehmerzahlen, der direkten und verzweigten Verbindungslinien und der Durchlaufgeschwindigkeiten der transportierten Güter und Dienste erfahren, dass nunmehr der Begriff des Netzes als spezieller Tatbestand der Infrastruktur charakteristisch ist. Netze werden allgemein bezeichnet als „raumübergreifende, komplex verzweigte Transport- und Logistiksysteme für Güter, Personen oder Informationen". Die Netznutzung bzw. die Frage des Netzzugangs hat über die historischen Anschauungsfälle hinaus mit der gesellschaftlichen und ökonomischen Ausdifferenzierung nicht nur korrelierend, sondern diese überhaupt maßgeblich fördernd, kontinuierlich an Bedeutung gewonnen. Man denke neben den physischen Netzen an solche immaterieller Prägung wie bspw. Internet und Intranet, Flug- bzw. Hotelreservierungs- sowie Kontobuchungssysteme. Diese Beispiele indizieren die Uferlosigkeit des Netzbegriffs; außerhalb des Europarechts, wo in Art. 170 AEUV von den transeuropäischen Netzen die Rede ist, ist „Netz" bislang kein bestimmter Rechtsbegriff.

Über Art. 170 ff. AEUV ist der Europäischen Union mittlerweile die Aufgabe zugewiesen worden, zum Aufbau und Ausbau transeuropäischer Netze für Verkehr, Telekommunikation und Energie beizutragen. Auf supranationaler Ebene sind hierbei insbesondere der Verbund, die Interoperabilität und der Zugang zu den Netzen zu fördern. Durch die Herstellung der physischen Voraussetzungen soll die Verwirklichung des Binnenmarktes flankiert werden. Die diesbezüglichen Kosten allein bis zum Jahr 1999 sind mit 220 Mrd. Euro für die Verkehrsinfrastruktur, 150 Mrd. Euro für die Telekommunikation und 30 Mrd. Euro für den Energietransport beziffert worden. Die Liberalisierung der traditionell vielerorts als (Staats-)Monopole geführten Netzindustrien des Bahnverkehrs, des Postwesens, der Telekommunikation und der Energieversorgung ist zwischenzeitlich durch weitere Gemeinschaftsinitiativen in Form von Richtlinien forciert worden.

III. Europarechtliche Vorgaben des Wettbewerbs in der Energiewirtschaft

Die Forderung nach einem „Binnenmarkt für Energie" wurde im Rat der Gemeinschaft erstmals im Jahr 1986 erhoben, im Anschluss daran erarbeitete die Europäische Kommission eine legislatorische Grundkonzeption, wonach in drei Schritten das Binnenmarktziel – die Errichtung grenzüberschreitender Energiemärkte – erreicht werden sollte. Im Einzelnen lauteten die Ziele-Trias wie folgt: Erstens soll durch die Verbesserung der Transparenz zur Feststellung von Versorgungsmängeln im Binnenmarkt der grenzüberschreitende Energieaustausch erleichtert werden, zweitens soll die Liberalisierung durch ein freies Spiel der Kräfte auf dem Binnenmarkt vorangetrieben werden und drittens soll aufgrund der gewonnenen Erfahrungen aus der zweiten Phase die Beseitigung der Wettbewerbsverzerrungen erfolgen.

1. Die EU-Binnenmarktrichtlinie Elektrizität vom 13. Juli 2009

Die EU-Binnenmarktrichtlinie Elektrizität (EltRL 2009) vom 13. Juli 2009 (die Nachfolgeregelung der EltRL vom 19. Dezember 1996 bzw. vom 26. Ju-

Einführung

ni 2003) bildet ein zentrales Produkt des Binnenmarktkonzeptes der Europäischen Kommission, welches sich an den Zielen der Verwirklichung der wirtschaftlichen Grundfreiheiten im Energiebereich, der Wettbewerbsfähigkeit und der Versorgungssicherheit orientiert. Die Europäische Kommission entwickelte hierfür ein mehrphasiges Konzept: Im Jahr 1988 legte sie ein Arbeitsdokument „Binnenmarkt für Energie" vor, dieses führte zur Verabschiedung der Preistransparenzrichtlinie vom 29. Juni 1990, welche die Einführung einer Berichtspflicht betreffend Strom- und Gaspreise zur Folge hatte; schließlich folgten die Richtlinien über den Transit von Elektrizität und Gas über große Netze vom 29. Oktober 1990.

Auf der Grundlage dieser Vorarbeiten wurde die EltRL vom 19. Dezember 1996 verabschiedet, die einen ersten Schritt in Richtung auf einen einheitlichen Binnenmarkt für Elektrizität darstellte; sie bezweckte vornehmlich die Schaffung eines wettbewerbsorientierten Elektrizitätsmarktes. Die EltRL 1996 kann als eine Kompromisslösung zwischen einer europaweiten Marktöffnung durch einen offenen Netzzugang (Third Party Access, TPA) einerseits und der Orientierung an Versorgungssicherheit, Umwelt- und Verbraucherschutz andererseits bezeichnet werden. Die Europäische Kommission machte seinerzeit ausdrücklich klar, dass „auch nach ihrer Durchführung Hemmnisse für den Elektrizitätshandel zwischen den Mitgliedstaaten fortbestehen."

Nach dem Inkrafttreten der EltRL 1996 im Februar 1997 waren die Mitgliedstaaten angehalten, diese bis zum 19. Februar 1999 in nationales Recht umzusetzen. Belgien, Irland und Griechenland wurde in Art. 27 Abs. 2 EltRL 1996 eine Fristverlängerung von jeweils einem, letzterenfalls von zwei Jahren eingeräumt. Einzig und allein Frankreich kam der fristgerechten Umsetzung der Richtlinie nicht nach; erst am 10. Februar 2000 erfolgte eine, zunächst aber noch nicht vollzugsfähige Umsetzung der EltRL 1996.

Der Inhalt der EltRL 2009 lässt sich im Anschluss an einen Definitionenkatalog in Art. 2 und einigen allgemeinen Vorschriften in Art. 3 entlang der eingangs beschriebenen energiewirtschaftlichen Wertschöpfungskette wie folgt skizzieren: Im Erzeugungsbereich wird gem. Art. 7 von den Mitgliedstaaten ein Genehmigungsverfahren für neue Kapazitäten beschlossen, deren Kriterien in Abs. 2 näher beschrieben werden. Nach Art. 8 tragen die Mitgliedstaaten Sorge für ein Ausschreibungsverfahren neuer Kapazitäten. Die zweite Stufe, der Betrieb des Übertragungsnetzes, ist in den Art. 9–23 normiert. Hervorhebenswert sind insbesondere die in Art. 9 geregelten Vorgaben zum sog. Ownership Unbundling, von denen abweichend als Alternativen der sog. Independent System Operator (ISO; Art. 13) bzw. Independent Transmission Operator (ITO; Art. 14) zugelassen sind. In den Art. 24 ff. sind die entsprechenden Anforderungen an die Verteilernetzbetreiber geregelt.

Art. 35 gibt den Mitgliedstaaten auf, eine oder mehrere zuständige Stellen mit der Aufgabe als Regulierungsbehörde zu betrauen. Ein solches Instrument existierte früher zunächst in Deutschland im Infrastrukturbereich für den Post- und Telekommunikationsbereich. Bis zum 1. April 2007 musste solch eine Behörde auch für den Energiebereich geschaffen werden. Diese Behörde muss von den Interessen der Elektrizitätswirtschaft vollkommen unabhängig sein. Sie soll die Aufgabe haben, Nichtdiskriminierung, echten Wettbewerb und ein effizientes Funktionieren des Marktes sicherzustellen Ziele, Aufgaben und Befugnisse der Regulierungsbehörden sind nunmehr ausführlich in den Art. 36 und 37 vorgegeben.

Einführung

Die Errichtung des Binnenmarktes Elektrizität setzt mehrere Schritte voraus: Zunächst die Umsetzung der EltRL 2009 in nationales Recht; dadurch wurden und wird ein neuer rechtlicher Rahmen für die Elektrizitätswirtschaft geschaffen bzw. weiterentwickelt. Ferner die Entstehung einer echten Wettbewerbswirtschaft.

Schließlich erfordert ein länderübergreifender Handel mit Elektrizität neben einem entsprechenden rechtlichen Rahmen das Vorhandensein gewisser technischer Voraussetzungen. Freilich findet ein grenzüberschreitender Handel mit Elektrizität nur dann statt, wenn die Elektrizität von einem nationalen Netz in das Netz eines anderen Staates „transportiert" werden kann. Die technischen Gegebenheiten der Elektrizitätsverteilung innerhalb der europäischen Mitgliedstaaten können die Realisierung eines Binnenmarktes grundsätzlich gewährleisten: Ein Blick auf die Einzelstaaten zeigt aber, dass hier noch immer gravierende Unterschiede bestehen. Während in Deutschland die übrigen europäischen Mitgliedstaaten im Wege der Durchleitung in der Lage sind, alle Entnahmepunkte zu beliefern, sind bspw. Irland und einige dänische Inseln noch nicht an das Netz angebunden. Hingegen sind England und Wales nur mit Frankreich, nicht aber mit dem übrigen kontinentaleuropäischen Verbundnetz verknüpft.

Technisch möglich wird der europäische Stromhandel durch das Verbundsystem der UCTE (Union for the Co-ordination of Transmission of Electricity), das die Mitgliedstaaten des europäischen Binnenmarktes durch ein Netz von grenzüberschreitenden Hochspannungsleitungen miteinander verbindet; schon in der Vergangenheit war der Stromaustausch der Mitgliedstaaten durch die UCTE möglich. Steht heute die Ermöglichung und Förderung eines grenzüberschreitenden Handels im Vordergrund, so diente das Netz der UCTE ursprünglich der Gewährleistung der Stromversorgung durch Vorhaltung gegenseitiger Reserven. Zum Zeitpunkt der Gründung fanden transnationale Elektrizitätslieferungen nur im Bedarfsfall statt, ansonsten blieb die Elektrizitätserzeugung und -versorgung den einzelnen Ländern vorbehalten, die ihre Stromerzeugung dem eigenen Verbrauch anpassten.

Seit Inkrafttreten der EltRL 2009 ist durch die Schaffung eines gesetzlichen Durchleitungstatbestandes und mit Hilfe des Verbundnetzes der UCTE der wettbewerbliche Handel mit Elektrizität zwischen den Mitgliedstaaten grundsätzlich möglich. Hierbei obliegt es der Verantwortung der Netzbetreiber sicherzustellen, dass fortwährend eine bestimmte gleichbleibende Spannung gehalten wird, wonach die Ein- und Ausspeisung an Strom im Gleichgewicht zu halten ist. Nicht nur von Seiten der Europäischen Kommission wird allerdings befürchtet, dass die Kapazitäten für den zu erwartenden Anstieg des grenzüberschreitenden Handels als nicht ausreichend bezeichnet und zunehmend Engpässe bei der Netzbenutzung geltend gemacht werden.

2. Die EU-Binnenmarktrichtlinie Gas vom 13. Juli 2009

Die EU-Binnenmarktrichtlinie Gas (GasRL 2009) **(Nr. 6)** vom 13. Juli 2009 (die Nachfolgeregelung der GasRL vom 22. Juni 1998 bzw. vom 26. Juni 2003) setzt die Verwirklichung eines wettbewerbsorientierten Gasmarktes als Bestandteil des Energiebinnenmarktes fort. Die GasRL 2009 folgt dabei in weiten Teilen dem Vorbild der EltRL 2009, so z. B. bei der Entflechtung, der grenzüberschreitenden Zusammenarbeit der Netzbetreiber

Einführung

oder dem Verbraucherschutz. Die Regelungsinhalte beziehen sich auf Fernleitungen, Verteilnetze und die Versorgung. Als Besonderheit kommt bei der GasRL 2009 hinzu, dass Regelungen über die Entflechtung von Fernleitungsnetzeigentümer und Speicheranlagenbetreiber getroffen werden (Art. 15 GasRL 2009). Auch wird in der GasRL 2009 der Zugang zu Speicheranlagen geregelt (Art. 33 GasRL 2009), wobei die Vorgängerregelung der GasRL 2003 nicht verschärft wurde und somit die Mitgliedstaaten weiterhin die Wahl zwischen verhandeltem und reguliertem Zugangsregime haben. Mit Blick auf große Infrastrukturprojekte in der EU, wie Nabucco, Nordstream oder Trans Adriatic, ist noch hervorzuheben, dass große neue Erdgasinfrastrukturen, namentlich Verbindungsleitungen, LNG- und Speicheranlagen, unter bestimmten Voraussetzungen von den Verpflichtungen zur Entflechtung sowie der Gewährung eines diskriminierungsfreien Drittzugangs ausgenommen werden können (Art. 36 GasRL 2009).

3. Die Erdgaszugangsverordnung vom 13. Juli 2009

Am 13. Juli 2009 ist ferner die Verordnung (EG) Nr. 715/2009 (ErdgasZVO 2009) **(Nr. 21)** über die Bedingungen für den Zugang zu den Erdgasfernleitungsnetzen und zur Aufhebung der Verordnung (EG) Nr. 1775/2005 erlassen worden und zum 3. September 2009 in Kraft getreten. Ihr Zweck ist, in Flankierung der GasRL 2009, die Grundprinzipien und Umsetzungsmaßnahmen betreffend den Zugang Dritter zu den Erdgasfernleitungsnetzen auszugestalten. Die ErdgasZVO wird sich zukünftig wachsender Bedeutung gegenübersehen. Zunächst wurde die Europäische Kommission ermächtigt, unter Beachtung des Komitologie-Verfahrens Leitlinien zu beschließen. Weiter wurde auf Grundlage der ErdgasZVO der Verband europäischer Fernleitungsnetzbetreiber ENTSO-G gegründet, der in Kooperation mit der EU-Agentur ACER und der Europäischen Kommission Netzkodizes entwickelt. Die Leitlinien und Netzkodizes könnten dabei zukünftig die nationalen Vereinbarungen (etwa die bestehenden Kooperationsvereinbarungen) zumindest zum Teil ersetzen. Darüber hinaus konkretisiert die Verordnung direkt die Verpflichtungen von Fernleitungsnetzbetreibern sowie von Betreibern von Speicher- und LNG-Anlagen bezüglich der Gewährung eines diskriminierungsfreien Drittzugangs.

4. Liberalisierung des Mess- und Zählerwesens und Einführung von Smart Metering

Am 8. September 2008 wurde das Gesetz zur Öffnung des Messwesens in den Bereichen Strom und Gas für den Wettbewerb im BGBl. veröffentlicht. Zum 9. September 2008 wurde damit zum einen § 21 b EnWG angepasst und die „Lücke" des § 40 EnWG geschlossen. Die Änderung des § 21 b EnWG ist insbesondere für Netzbetreiber und – um die neuen Begriffe zu verwenden – Messstellenbetreiber sowie Messdienstleister relevant. Obwohl bereits seit dem EnWG 2005 der Messstellenbetrieb (das „Hinhängen" des Zählers) liberalisiert ist und auf Wunsch des Anschlussnehmers durch einen Dritten durchgeführt werden kann, ist aus verschiedenen Gründen nach wie vor der Netzbetreiber nahezu flächendeckend in der Zuständigkeit. Dieser Zustand sollte sich nach dem Willen des Gesetzgebers ändern, insbesondere

Einführung

indem er die Anspruchsinhaberschaft auf den Anschlussnutzer (= belieferter Kunde, Mieter) konzentriert und zusätzlich die Messung (Ablesen der Messwerte und Übertragung an die Berechtigten) liberalisiert. Daneben sollte der Boden für die Umstellung auf das Smart Metering bereitet werden. Über § 21 b Abs. 3 a und 3 b EnWG 2005 waren Messstellenbetreiber verpflichtet, ab dem 1. Januar 2010 unter bestimmten Voraussetzungen Zähler anzubieten, die dem Anschlussnutzer seinen tatsächlichen Energieverbrauch und die tatsächliche Nutzungszeit widerspiegeln. Die diesbezügliche Messzugangsverordnung (MessZV) **(Nr. 22)**, zuletzt geändert durch Verordnung vom 30. April 2012, ist am 23. Oktober 2008 in Kraft getreten. Diese legt u. a. fest, dass die Aufnahme der Tätigkeit als dritter Messstellenbetreiber bzw. Messdienstleister notwendigerweise auf Grundlage eines Messstellen- und Messvertrages zu erfolgen hat, und welche Mindestinhalte diese Verträge haben müssen. Rahmenbedingungen werden auch für die Abwicklung des Wechsels des Messstellenbetreibers und des Messdienstleisters aufgestellt. Schließlich wird der BNetzA die Kompetenz zum Erlass einer Festlegung zugewiesen, über die regulierungsbehördlich vor allem zu den Inhalten des Messstellen- und Messvertrages sowie zu den Geschäftsprozessen und zum Datenaustausch detaillierte Bestimmungen getroffen werden können. Messstellen- und Messrahmenvertrag sind seit dem 9. September 2010 durch Festlegung der BNetzA standardisiert vorgegeben und müssen von den im Messmarkt tätigen Marktrollen wortgleich verwendet werden. Unter dem selben Datum hat die BNetzA auch die Festlegung Wechselprozesse im Messwesen (WiM) erlassen, die die zwischen Netzbetreibern, Messstellenbetreibern, Messdienstleistern und Lieferanten beim Wechsel der Zuständigkeit für Messstellenbetrieb und Messung relevanten Geschäftsprozesse standardisiert und Vorgaben für deren IT-gestützte automatisierte Abwicklung macht.

Das EnWG 2011 revolutioniert eine zweite Dimension des Mess- und Zählerwesens. Während die gesetzlichen Vorgaben bislang im Schwerpunkt die Frage betrafen, wer für Messstellenbetrieb und Messung zuständig ist, machen die neu eingefügten §§ 21 c bis 21 g EnWG Vorgaben dazu, welches Messsystem zu verwenden ist. Es ist insbesondere die Möglichkeit geschaffen worden, im Verordnungs- oder Festlegungswege Mindestanforderungen für die zukünftig zu verwendenden Messsysteme zu fixieren, damit im Bereich Smart Metering ein gemeinsamer Standard gilt. Daneben werden Vorgaben gemacht, wie das europäisch vorgegebene Ziel eines flächendeckenden Roll-Outs von Smart Metering (als notwendige Grundlage eines Smart Grids) zu erreichen ist. § 21 c EnWG legt für bestimmte Fälle Einbaupflichten für die neuen Messsysteme fest.

IV. Das Verhältnis der Energieversorgungsunternehmen zu Staat und Gemeinden

1. Die Genehmigung des Betriebes eines Energieversorgungsnetzes gem. § 4 EnWG

Nach § 4 EnWG bedarf künftig die Aufnahme des Betriebes eines Energieversorgungsnetzes einer Genehmigung der gem. § 55 Abs. 2 EnWG zuständigen Energieaufsichtsbehörde desjenigen Bundeslandes, in dem das Netz gele-

Einführung

gen ist. Nach § 95 Abs. 1 Nr. 1 EnWG liegt ein bußgeldbewehrtes Handeln vor, wenn die Netzbetriebstätigkeit ohne Genehmigung aufgenommen wird. Der Genehmigungsbescheid ist gebührenpflichtig. Nach bisherigen Erfahrungen bedarf eine Genehmigungserteilung vier bis sechs Wochen ab Antragstellung. Der Antrag erfolgt durch formlose Einreichung bei der Energieaufsichtsbehörde. Er sollte, dies verlangt die Praxis regelmäßig, mindestens die folgenden Angaben enthalten: Handelsregisterauszug, letzterstellte Gewinn- und Verlustrechnung und Bilanz (u. a. Geschäftsbericht), Nachweis der wirtschaftlichen Leistungsfähigkeit (Referenzliste), Organigramm mit der Übersicht zur Qualifikation der Mitarbeiter, Erklärung, ob die Genehmigung bundesweit beantragt wird, Aussagen zur Reserve- und Zusatzstromversorgung.

2. Die Anzeige der Energiebelieferung nach § 5 EnWG

Anders als bisher bedürfen EVU, die Haushaltskunden mit Energie beliefern, künftig keiner eigenständigen Versorgergenehmigung (bislang § 3 EnWG). Vielmehr müssen sie die Aufnahme und die Beendigung der Tätigkeit sowie Änderungen in ihrer Firma künftig lediglich bei der Regulierungsbehörde unverzüglich anzeigen. Die Regulierungsbehörde kann im Einzelfall die Ausübung der Tätigkeit jederzeit ganz oder teilweise untersagen, wenn die personelle, technische oder wirtschaftliche Leistungsfähigkeit oder Zuverlässigkeit nicht gewährleistet ist (§ 5 EnWG).

3. Zuständigkeit der Regulierungsbehörde(n)

Als neuer staatlicher Akteur tritt neben die bislang bereits zuständigen Kartell- und Energieaufsichtsbehörden die sog. Regulierungsbehörde, welche vielerorts im neuen EnWG die künftigen Vollzugsaufgaben übertragen erhält. Nach § 54 Abs. 1 EnWG werden die Aufgaben der Regulierungsbehörde durch die BNetzA wahrgenommen, es sei denn, dass gem. § 54 Abs. 2 EnWG die Landesregulierungsbehörden zuständig sind. Letztere sind immer dann zuständig, wenn es sich um EVU handelt, an deren Elektrizitäts- oder Gasverteilernetz jeweils weniger als 100.000 Kunden unmittelbar oder mittelbar angeschlossen sind (§ 54 Abs. 2 S. 1 EnWG). Darüber hinaus darf das jeweilige Elektrizitäts- oder Gasverteilernetz nicht über das Gebiet eines Bundeslandes hinausreichen (§ 54 Abs. 2 S. 2 EnWG). Daneben fallen auch diejenigen Regelungsgegenstände in den Zuständigkeitsbereich der BNetzA, die zur Wahrung gleichwertiger wirtschaftlicher Verhältnisse im Bundesgebiet bundeseinheitlich vorgegeben werden müssen (§ 54 Abs. 3 S. 2 und 3 EnWG). In Art. 2 ZwNeuregelungsG ist ein eigenes Gesetz über die Bundesnetzagentur für Elektrizität, Gas, Telekommunikation, Post und Eisenbahn (BNetzAG) mit insgesamt elf Paragraphen geregelt. Die Abstimmung zwischen BNetzA und Landesregulierungsbehörden ist insbesondere durch § 64a EnWG geregelt; hinzu tritt der Länderausschuss, der nach § 60a Abs. 3 EnWG u. a. berechtigt ist, im Zusammenhang mit dem Erlass von Allgemeinverfügungen Auskünfte und Stellungnahmen von der BNetzA einzuholen. Die Verfahrensfragen sind ausführlich in den §§ 65 ff. EnWG geregelt.

Einführung

V. Die Stellung des Verbrauchers in der Energiewirtschaft

1. Anwendung des AGB-Rechts (§§ 305–310 BGB)

Der Schutz von Privatkunden erfolgt über das Zivilrecht im Allgemeinen sowie über das sog. AGB-Recht **(Nr. 23)** im Besonderen. Letzteres ist durch die Anpassung an die europäische Richtlinie über missbräuchliche Klauseln in Verbraucherverträgen in seinem Anwendungsbereich erheblich ausgeweitet worden. Vorgelagert ist aber die Frage, inwieweit das AGB-Recht überhaupt zur Anwendung kommt: Bislang war gerade die Anwendung der §§ 308, 309 BGB (ex §§ 10, 11 AGBG) in der „echten" Sonderkundenversorgung aufgrund des § 310 Abs. 1 und 2 BGB (ex §§ 23 Abs. 2 Nr. 2, 24 AGBG) ausgeschlossen. Ob dieser Ausschluss jedoch für die neuen Sonderkunden (Privatkunden) gilt, die typischerweise der klassischen Tarifkundengruppe angehören, wird unter Verweis auf die verbraucherschützende Intention des AGB-Rechts zumindest bezweifelt.

Nach der europarechtlich indizierten Verschärfung werden nunmehr nicht nur vorgedruckte, sondern sämtliche vom Verwender regelmäßig verwendete Klauseln erfasst. Für Stromlieferverträge kann davon ausgegangen werden, dass sämtliche Bindungen, die über die StromGVV/GasGVV (dazu unten) zulasten des Verbrauchers hinausgehen, ungeachtet weiterer Nichtigkeitsgründe gemäß den Verbotskatalogen in den §§ 308, 309 BGB jedenfalls den Kunden überraschen oder unangemessen benachteiligen und somit nach § 305 c Abs. 1 BGB oder § 307 BGB nichtig sind.

2. Das „Aufbrechen" der sog. allgemeinen Anschluss- und Versorgungspflicht

Der Rechtsbegriff der allgemeinen Versorgung ist insofern von zentraler Bedeutung für die Anwendung des EnWG, als er bis 2005 zum einen in einer Reihe unterschiedlicher Regelungen des EnWG genannt war und hiermit Rechtsfolgen und -pflichten korrespondierten, er zum anderen aber im EnWG nicht näher bestimmt war. Mit dem Ziel der Rechtsklarheit und -sicherheit hatte sich der Arbeitskreis Energiepolitik der Landeswirtschaftsministerien am 22./23. März 1999 auf eine einheitliche Auslegung verständigt, wonach als „allgemeine Versorgung" nur sog. Gebietsversorgungen gelten sollten, welche auf der Grundlage eines Konzessionsvertrages erfolgen.

Mit dem EnWG 2005 ist das Auseinanderfallen der bislang integrierten allgemeinen Anschluss- und Versorgungspflicht erfolgt: Unter Teil 3. „Regulierung des Netzbetriebes" gibt es nun einen eigenständigen Abschnitt 2. „Netzanschluss"; dort regelt § 18 EnWG die sog. allgemeine Anschlusspflicht; in Abs. 3 ist zudem eine Verordnungsermächtigung enthalten, wonach die Bundesregierung mit Zustimmung des Bundesrates durch Rechtsverordnungen die Allgemeinen Bedingungen für den Netzanschluss und dessen Nutzung im Niederspannung bzw. Niederdruck im Einzelnen regeln kann (vgl. dazu sogleich die Erläuterungen zur NAV bzw. NDAV).

Demgegenüber ist die „Lieferkomponente" der bisherigen allgemeinen Anschluss- und Versorgungspflicht in Teil 4. „Energielieferung an Letztverbraucher" als sog. Grundversorgungspflicht in §§ 36 f. EnWG normiert. Grundversorger ist hiernach nicht mehr das seitens der Stadt bzw. Gemeinde

Einführung

konzessionierte EVU, sondern gem. § 36 Abs. 2 S. 1 EnWG jeweils „das EVU, das die meisten Haushaltskunden in einem Netzgebiet der allgemeinen Versorgung beliefert". Wer dies ist, wird alle drei Jahre neu ermittelt, erstmals zum 1. Juli 2006.

3. Die Allgemeinen Versorgungsbedingungen

Die Bedeutung einer sicheren und preisgünstigen Strom- und Gasversorgung für die Allgemeinheit und der Anspruch der Gewährleistung einer Grundversorgung mit strom- und gaswirtschaftlichen Dienstleistungen spiegeln sich in der bereits im EnWG von 1935 an zentraler Stelle in § 6 EnWG statuierten Anschluss- und Versorgungspflicht wider. Hiernach hatte ein EVU, welches ein bestimmtes Gebiet versorgt, Allgemeine Versorgungsbedingungen und Tarife öffentlich bekannt zu geben und zu diesen Bedingungen und Tarifpreisen jedermann an sein Versorgungsnetz anzuschließen und zu versorgen. Der Charakter der Grundversorgung als „soziales Auffangnetz" wird deutlich, da das Recht der Bürger auf standardisierte Mindestversorgung mit einer diesbezüglichen Begrenzung der Verpflichtung des jeweiligen EVU Hand in Hand geht. Sobald ein Abnehmer bspw. gegenüber den Tarifpreisen günstigere Konditionen vereinbart oder einen Anschluss nebst Belieferung außerhalb des die Tarifabnehmereigenschaft konstituierenden Niederspannungsbereichs erreichen möchte, besteht jedenfalls kein aus der allgemeinen Anschluss- und Versorgungspflicht resultierender Kontrahierungszwang. Vielmehr gilt der Kunde nunmehr als Sonderabnehmer, mit dem die Vertragsmodalitäten im Wege der Privatautonomie und zivilrechtlichen Dispositionsmaxime auszuhandeln sind. Eine gesetzliche Grenze unternehmerischer Willkür in diesem Kundensegment setzt aber das GWB, vornehmlich das Verbot des Missbrauchs einer marktbeherrschenden Stellung nach § 19 GWB sowie das Diskriminierungsverbot nach § 20 GWB.

Unter Beachtung der Trennung von Anschluss- und Versorgungspflicht sind die Allgemeinen Versorgungsbedingungen heute in Regelungen zum Netzanschluss (§ 18 EnWG) und zur Grundversorgung (§§ 36 f. EnWG) unterteilt. Dem folgend wurden auch die der Konkretisierung der Anschluss- und Versorgungspflicht dienenden und dringend novellierungsbedürftigen AVBEltV und AVBGasV von 1980 in 2006 schließlich ersetzt – durch die Niederspannungsanschlussverordnung vom 1. November 2006 (NAV) **(Nr. 25),** zuletzt geändert durch Verordnung vom 3. September 2010, und die Niederdruckanschlussverordnung vom 1. November 2006 (NDAV) **(Nr. 28),** zuletzt geändert durch Verordnung vom 3. September 2010 (bezüglich des Netzanschlusses) sowie durch die Stromgrundversorgungsverordnung vom 26. Oktober 2006 (StromGVV) **(Nr. 24),** zuletzt geändert durch Verordnung vom 30. April 2012 und die Gasgrundversorgungsverordnung vom 26. Oktober 2006 (GasGVV) **(Nr. 26),** zuletzt geändert durch Verordnung vom 30. April 2012 (bezüglich der Versorgung). Hingegen sind mangels Liberalisierung der Fernwärme- und Wasserversorgung die Verordnung über Allgemeine Bedingungen für die Versorgung mit Fernwärme (AVBFernwärmeV) **(Nr. 29),** zuletzt geändert durch Gesetz vom 4. November 2010, sowie die Verordnung über Allgemeine Bedingungen für die Versorgung mit Wasser (AVBWasserV), zuletzt geändert durch Verordnung vom 13. Januar 2010, beide vom 20. Juni 1980, grundsätzlich gleich geblieben.

Einführung

Die NAV und NDAV dienen der Umsetzung der allgemeinen Anschlusspflicht und enthalten Bedingungen zum Netzanschluss sowie der Nutzung des Anschlusses, die kraft Gesetzes Teil des Netzanschluss- bzw. des Anschlussnutzungsvertrages werden. Die StromGVV und GasGVV gestalten die Allgemeinen Preise und Bedingungen nach §§ 36, 38 EnWG, so dass eine Grundversorgung der Haushaltskunden nach einheitlichen und vorgegebenen Bedingungen gewährleistet ist. Von den Verordnungen abweichende Bestimmungen sind dabei nichtig. Werden allerdings abweichende Bestimmungen gewünscht, so wird kein Grundversorgungs-, sondern ein Sondervertrag geschlossen; der Haushaltskunde wird zum Sonderkunden, mit der Folge, dass die StromGVV und GasGVV keine Anwendung mehr finden. Darüber hinaus regeln die StromGVV und GasGVV die Bedingungen für die Ersatzversorgung, wenn der Kunde ohne Abschluss eines Grundversorgungsvertrages Strom oder Gas aus dem Netz entnimmt. Diese gleichen weitgehend den Bedingungen über die Grundversorgung.

4. Verbraucherschutz nach dem EnWG

Mit der EnWG-Novelle 2011 (Inkrafttreten am 4. August 2011) hat ein originär energiewirtschaftlicher Verbraucherschutz Einzug in das EnWG gehalten, der über grundsätzliche Bestrebungen, wie einer allgemeinen Versorgungspflicht, hinausgeht. Zuvor bestehende Regelungen zur Vertrags- und Rechnungsgestaltung wurden verschärft und einer umfassenden Regulierung durch die BNetzA unterworfen. In Umsetzung von EU-Vorgaben und um eine erhöhte Wechselbereitschaft der Endverbraucher zu erreichen, wurden neue Informationspflichten eingeführt und die Dauer des Lieferantenwechsels auf nunmehr drei Wochen beschränkt. Außergewöhnlich ist die Einführung eines die EVU verpflichtenden Verfahrens zur Behandlung von Beschwerden privater Letztverbraucher, das insbesondere auch die Errichtung einer deutschlandweiten, zentralen Schlichtungsstelle zur außergerichtlichen, für den Verbraucher kostenlosen Streitbeilegung vorsieht.

5. Der Netzanschluss von Kraftwerken

Im Laufe der letzten Jahre hat sich zunehmend herausgestellt, dass für den seit 2000 zu beobachtenden Strompreisanstieg nicht etwa gestiegene Netznutzungsentgelte, sondern vielmehr geradezu explodierende Erzeugerpreise verantwortlich sind. Strukturell problematisch ist insofern die Tatsache, dass nahezu 90% der bundesdeutschen Stromerzeugungskapazitäten auf die vier bundesdeutschen Verbundunternehmen entfallen. Umso wichtiger ist es, dass neue Kraftwerkskapazitäten durch neue Wettbewerber errichtet werden, wobei eine zentrale Voraussetzung ist, dass der jeweilige Netzanschluss des neu errichteten Kraftwerks auf der 380-kV-Ebene transparent und diskriminierungsfrei wiederum durch die vier bundesdeutschen Verbundunternehmen in ihrer Funktion als Übertragungsnetzbetreiber (ÜNB) erfolgt. Da dies in der Vergangenheit alles andere als reibungslos funktioniert hat, hat der Gesetzgeber in § 17 Abs. 1 EnWG Betreiber von Energieversorgungsnetzen explizit verpflichtet, u. a. Erzeugungsanlagen zu technischen und wirtschaftlichen Bedingungen an ihr Netz anzuschließen, die angemessen, diskriminierungsfrei, transparent und nicht ungünstiger sind, als sie von den Betreibern der Energieversorgungsnetze

Einführung

in vergleichbaren Fällen für Leistungen innerhalb ihres Unternehmens oder gegenüber verbundenen oder assoziierten Unternehmen angewendet werden. Deshalb ist die Bundesregierung gem. § 17 Abs. 3 EnWG ermächtigt worden, eine entsprechende Rechtsverordnung u. a. zum Anschluss von Erzeugungsanlagen an Energieversorgungsnetze zu erlassen. Von dieser Möglichkeit hat die Bundesregierung mit Zustimmung des Bundesrates mittlerweile Gebrauch gemacht und die Kraftwerks-Netzanschlussverordnung (KraftNAV) **(Nr. 30)** mit dem 26. Juni 2007 erlassen.

6. Die ehemalige Bundestarifaufsicht

Zu Zwecken der Vereinheitlichung und des Verbraucherschutzes hat der Gesetzgeber später auch das Tarifsystem geregelt, zunächst in der Stromwirtschaft durch Erlass der Bundestarifordnung Elektrizität (BTOElt) vom 10. Februar 1959, anschließend der Bundestarifordnung Gas (BTOGas) vom 26. November 1971. Die Grundfeste der allgemeinen Versorgung bzw. Grundversorgung einschließlich der Allgemeinen Bedingungen sowie der Bundestarifordnungen sind mit Ausnahme des Wegfalls der BTOGas durch die Novellierung des EnWG zum 24. bzw. 29. April 1998 nicht wesentlich erschüttert worden, allerdings sind insbesondere durch das Aufbrechen des einheitlichen, Netzanschluss und Belieferung umfassenden, Versorgungsbegriffs in Gestalt des Ansatzes des „Unbundling" eine Reihe von Auslegungsfragen virulent geworden. Mit der Novelle des EnWG 2005 vom 7. Juli 2005 ist die BTOElt am 1. Juli 2007 außer Kraft getreten. „Stattdessen" erlaubt der mit Wirkung zum 18. Dezember 2007 neu aufgenommene und bis zum 31. Dezember 2012 limitierte § 29 GWB eine vorübergehende spezielle kartellrechtliche Energiepreiskontrolle für Strom und Gas.

VI. Umweltverträglichkeit und Energiewirtschaft

1. Regelungen im EnWG

Das EnWG liefert weiterhin das rechtliche Instrumentarium, um eine umweltschonende Versorgung mit Strom und Gas sicherzustellen. Der Gesetzgeber hatte bereits in § 2 Abs. 5 EnWG 2003 die Legaldefinition des Begriffs „Umweltverträglichkeit" verankert und diesen nunmehr in § 3 Nr. 33 EnWG übernommen: „Umweltverträglichkeit bedeutet, dass die Energieversorgung den Erfordernissen eines rationellen und sparsamen Umgangs mit Energie genügt, eine schonende und dauerhafte Nutzung von Ressourcen gewährleistet ist und die Umwelt möglichst wenig belastet wird." Damit übernimmt das EnWG die seinerzeit in der BTOElt formulierten Einzelziele (§ 1 Abs. 1 BTOElt) und sichert als Rechtsgrundlage der Verordnungen die Berücksichtigung von Umweltaspekten. Auch in der EnWG-Novelle 2011 ist in § 1 Abs. 1 EnWG zusätzlich der Verweis auf eine Versorgung, die „zunehmend auf Erneuerbare Energien beruht", aufgenommen worden. Überdies trägt der Gesetzgeber dem Umweltschutz verschiedentlich Rechnung, indem er die Versorgung mit Erneuerbaren Energien und Kraft-Wärme-Kopplung (KWK) in § 2 Abs. 2 EnWG besonders hervorgehoben hat und diese im Gesetz an mehreren Stellen privilegiert. Des Weiteren wird das Ziel der Umweltverträglichkeit in § 1 EnWG als Abwägungsvorgang an verschiedenen Stellen im

Einführung

Gesetz vorgegeben; es findet eine Art Wechselwirkung zwischen technischem Fortschritt und den gesetzlichen Rahmenbedingungen statt. Das Ergebnis des Abwägungsvorgangs ist stets eine Frage des Einzelfalls; sie kann nicht generell entschieden werden.

2. Bauplanungsrechtliche Bestimmungen

Der Bau von Energieanlagen beinhaltet notwendigerweise das Recht der Anlagengenehmigung. Ausgehend vom Begriff der Energieanlagen nach § 3 Nr. 15 EnWG, der durch Abs. 1 auf Elektrizität und Gas klar beschränkt wird, beinhaltet das Recht für die Genehmigung von Energieanlagen „das Recht zur Erzeugung, Fortleitung oder Abgabe von Elektrizität oder Gas". Diese Definition umfasst Kraftwerke aller Typen, Umspannstationen, ober- und unterirdisch verlegte Elektrizitäts- und Gasrohrleitungen aller Spannungs- bzw. Druckstufen, Druckänderungsanlagen, Gasspeicher und die dazugehörigen Hilfsanlagen. Davon ausgenommen sind vorgelagerte Produktionsstufen der Energiegewinnung.

Der Begriff des Anlagengenehmigungsrechts betrifft aber nicht nur baurechtliche Vorgaben, sondern ist vielmehr eine interdisziplinäre Materie, die aufgrund von technischen und wirtschaftlichen Fragestellungen unterschiedliche Fachgesetze anspricht: Insbesondere das Bundes-Immissionsschutzgesetz (BImSchG), Atomgesetz (AtG), Wasserhaushaltsgesetz (WHG), Gesetz über die Umweltverträglichkeitsprüfung (UVPG), Bundesnaturschutzgesetz (BNatSchG) sowie landesrechtliche Vorschriften (wie z. B. das Bauordnungsrecht, LBauO).

Während es für die Errichtung von Kraftwerken bundeseinheitliche Fachgesetze betreffend der Genehmigung nach dem BImSchG und dem AtG gibt, wird man hinsichtlich der Errichtung von Energieleitungen nicht fündig. Als Motiv für diese Lücke wird vornehmlich das geringere Gefährdungspotential der Energieleitungen ins Feld geführt (Ausnahme: Gashochdruckleitungen, vgl. daher die Gashochdruckleitungsverordnung (GasHDrLtgV) vom 18. Mai 2011 **(Nr. 27)**). Regelungen für Energieleitungen, das Straßensystem des Energieflusses, finden sich deshalb in verschiedenen Gesetzen (Energiewirtschaftsrecht, Raumordnungs- und Landesplanungsrecht, Naturschutzrecht, Baurecht, Immissionsschutzrecht, Wege- und Luftverkehrsrecht sowie Schutzbereichsrecht).

Zu den traditionellen Steuerungsinstrumenten des Umweltschutzes gehören nach wie vor neben den ordnungsrechtlichen Instrumenten das deutsche Planungs- und Genehmigungsrecht. Im Planungsrecht werden verschiedene Planungsebenen unterschieden, die naturgemäß nicht isoliert nebeneinander stehen, sondern Wechselwirkungen entfalten. Das Planungsrecht für die Energiewirtschaft umfasst zum einen die landesweite Planung, zum anderen die kommunale Bauleitplanung.

Im Bereich der Energieversorgung bilden die Raumordnung und Landesplanung eine wichtige Grundlage für die Verwirklichung energiepolitischer Zielsetzungen und der Harmonisierung gesamträumlicher Ziele. Die Raumordnung befasst sich als überfachliche Planung bzw. „Querschnittsplanung" mit der Energieversorgung als „raumbeanspruchende Planung" und ist deshalb keine Energiewirtschaftsplanung. Unter Raumordnung wird allgemein die „zusammenfassende, überörtliche und überfachliche Ordnung des Raums

Einführung

aufgrund von vorgegebenen oder erst zu entwickelnden Leitvorstellungen verstanden". Die grundsätzlichen Ziele der Raumordnung werden in § 1 Abs. 1 S. 1 Raumordnungsgesetz (ROG) definiert, nämlich den Gesamtraum der Bundesrepublik Deutschland und seine Teilräume „durch zusammenfassende, übergeordnete Raumordnungspläne und durch Abstimmung raumbedeutsamer Planungen und Maßnahmen zu entwickeln, zu ordnen und zu sichern". Der materielle Kerninhalt der Raumordnungspläne ergibt sich aus § 7 Abs. 2 ROG; danach sollen die Raumordnungspläne insbesondere Regelungen zur anzustrebenden Siedlungsstruktur, Freiraumstruktur sowie zu den zu sichernden Standorten und Trassen für die Infrastruktur enthalten. Die Länder sind nach § 8 ROG zur Aufstellung eines zusammenfassenden und übergeordneten Plans verpflichtet.

Der auf die Energiewende zurückzuführende Bedarf eines umfangreichen Ausbaus der Stromnetze veranlasste den Gesetzgeber zu einem neuen Verfahren zur Ermittlung des notwendigen Netzausbaubedarfs. Der in den §§ 12a ff. EnWG vorgesehene sog. Netzentwicklungsplan für die Bundesrepublik Deutschland stellt hierbei einen wesentlichen Baustein für die Erreichung der hoch gesteckten Ziele dar. Die Übertragungsnetzbetreiber erarbeiten jährlich einen sog. gemeinsamen Szenariorahmen, der die Grundlage für den jährlich zum 3. März bei der Regulierungsbehörde einzureichenden nationalen Netzentwicklungsplan bildet. Die Regulierungsbehörde prüft diesen unter Beteiligung der Öffentlichkeit und der Behörden, deren Aufgabenbereich berührt wird. Nach umfassender Prüfung ist der Netzentwicklungsplan mindestens alle drei Jahre der Bundesregierung als Entwurf für einen Bundesbedarfsplan vorzulegen, der nach Erlass des Bundesbedarfsplans durch den Bundesgesetzgeber die darin enthaltenen Vorhaben als energiewirtschaftlich notwendig und als vordringlichen Bedarf feststellt. Dies entfaltet bindende Wirkung für die Planfeststellung und die Plangenehmigung nach den §§ 43 ff. EnWG und §§ 18 ff. NABEG.

Auf den Bereich der Energieversorgung übertragen, konkretisieren die Raumordnungspläne der Länder die vagen Zielbestimmungen des Bundesgesetzgebers. Im Wesentlichen enthalten die Länderprogramme Aussagen über den Kraftwerksbau nach Standort, Art und Auslegung des Vorhabens, über den Leitungsbau nach Linienführung, über Energietrassen und Energieverbund, über die Größe der Versorgungsgebiete und über die Unternehmensstruktur. Im Vordergrund der Landesprogramme steht die Standortsicherung für Kraftwerke. Die Ausweisung eines Kraftwerkstandorts in einem Fachplan stellt keinen Verwaltungsakt i. S. d. § 35 Verwaltungsverfahrensgesetz (VwVfG) dar. Deshalb sind weder die EVU noch Dritte durch die Landesplanung gebunden. In Betracht kommt lediglich eine mittelbare Bindung der Form, dass bei Zulassungsentscheidungen über einzelne Energievorhaben die Ziele der Raumordnung zu berücksichtigen sind.

Planungsinstrumente, eine umweltgerechte Energieversorgung betreffend, finden sich vornehmlich im Bauplanungsrecht, d. h. in dem Recht der Ortsplanung durch die Gemeinden und der Zulässigkeit der Nutzung des Grund und Bodens. Die bauplanungsrechtlichen Instrumente – wie der Bebauungsplan und der Flächennutzungsplan – tragen dem Umweltschutz verschiedentlich Rechnung. Des Weiteren katalogisieren diese den Einsatz regenerativer Energien mit der Folge, dass der Einsatz herkömmlicher Energieträger vermindert wird (z. B. mittels Anordnung von Gebäuden, Bepflanzungsgeboten oder der bauplanungsrechtlichen Zulassung von kleinen Windkraftanlagen).

Einführung

Der Gesetzgeber hat die Erneuerbaren Energien mehrfach explizit im Baugesetzbuch (BauGB) berücksichtigt: Ausdrücklich wurden die Erneuerbaren Energien als Abwägungsbelang im Rahmen des Bebauungsplans formuliert (§ 1 Abs. 5 S. 2 Nr. 7 BauGB). Konsequenterweise sind die Versorgungsanlagen – und damit auch die Anlagen aus regenerativen Energien – in dem dem Bebauungsplan vorausgehenden Flächennutzungsplan auch gesondert ausgewiesen (§ 5 Abs. 2 Nr. 4 BauGB). Ferner gestattet § 9 Abs. 1 Nr. 23 BauGB den Erlass eines „Stoffverwendungsverbots" zum Schutz vor schädlichen Umwelteinwirkungen; im Bebauungsplan werden die betreffenden Gebiete festgelegt und ausgewiesen. § 9 Abs. 1 Nr. 23 BauGB ist als bauplanungsrechtliches Instrument zu bewerten, mittels dessen Klimaschutzpolitik bzw. kommunale Energiepolitik durchgesetzt werden kann. Gerade auf dem Gebiet des Klimaschutzes ist ein Zusammenarbeiten der verschiedenen Entscheidungsebenen erforderlich: Es wäre verfehlt, wollte man die untersten Entscheidungsebenen – hier die Kommunen – von globaler Problemlösung freistellen und den Klimaschutz als alleinige Angelegenheit der Europäischen Union und des Bundesgesetzgebers abgehandelt wissen. Argumente dafür, dass § 9 Abs. 1 Nr. 23 BauGB nur Festsetzungen aus städtebaulichen Gründen erlaube und damit lediglich dem örtlichen Immissionsschutz und nicht dem globalen Ziel des Klimaschutzes diene, vermögen deshalb nicht zu überzeugen.

Auch der städtebauliche Vertrag i. S. v. § 11 BauGB dient neben dem „feingefächerten Instrumentarium zur Steuerung der städtebaulichen Entwicklung" und dem abschließenden Festsetzungskatalog des § 9 BauGB der Verwirklichung städtebaulicher Ziele. Folgt man dem modernen Aufgabenverständnis kommunaler Bauleitplanung, wonach diese einen Beitrag zum Klimaschutz leisten kann und die Instrumente der Bauleitplanung hierfür auch geeignete Mittel bieten, eröffnet der städtebauliche Vertrag bspw. konkrete Ansätze, KWK-Strom oder EEG-Strom zu fördern. So kann mit einem Bauträger bzw. mit den einzelnen Grunderwerbern und Grundbesitzern die ausschließliche Nutzung einer KWK-Anlage vertraglich geregelt werden. Aus denselben Gründen ist es auch möglich, im vorhabenbezogenen Bebauungsplan nach § 12 BauGB Festsetzungen zugunsten des Klimaschutzes und der Ressourcenschonung zu treffen.

3. Das Erneuerbare-Energien-Gesetz

Das Erneuerbare-Energien-Gesetz ist das zentrale Förderinstrument für Erneuerbare Energien im Bereich der Stromerzeugung. Die Bundesregierung hat am 28. September 2010 ein Konzept für eine langfristige Energieversorgung in Deutschland beschlossen. Ziel dieses Konzeptes ist es, eine zuverlässige, wirtschaftliche und umweltverträgliche Energieversorgung sicherzustellen. Die Erneuerbaren Energien sollen bis zum Jahr 2020 35% und bis zum Jahr 2050 80% der Stromversorgung am Bruttostromverbrauch bereitstellen. Der von der Bundesregierung im August 2010 vorgelegte Nationale Aktionsplan für Erneuerbare Energien geht für 2020 sogar von einem Anteil von 38,6% aus.

Schon 1991 hat der deutsche Gesetzgeber mit der Einführung des Stromeinspeisungsgesetzes (StrEG) dem Förderaspekt von Erneuerbaren Energien durch die Europäische Kommission Rechnung getragen. Abgelöst wurde das

Einführung

StrEG durch die sondergesetzliche Regelung des Gesetzes für den Vorrang Erneuerbarer Energien vom 29. März 2000 (EEG 2000) **(Nr. 31)**. Das ursprüngliche Ansinnen des Gesetzgebers, das StrEG in das EnWG zu integrieren, wurde somit aufgegeben. Das EEG 2000 übernimmt im Wesentlichen die Elemente des StrEG, enthält aber auch eine Reihe von Neuregelungen. Rein formell gesehen werden die sechs Paragraphen des StrEG durch zwölf Paragraphen des EEG 2000 ersetzt. Das Gesetz regelt die Abnahme- und Vergütungspflicht der Netzbetreiber gegenüber den Stromerzeugern aus Erneuerbaren Energien. Zusätzlich legt das Gesetz Mindestpreise fest, mit dem Ziel, die Verkäufer zulasten der Käufer zu begünstigen. Sinn und Zweck des Gesetzes ist die Förderung des Stroms aus Erneuerbaren Energien durch die Förderung von privatem Kapital. Das Gesetz verfolgt mehrere Absichten: Es sollen die Nachfrage nach Anlagen zur Erzeugung Erneuerbarer Energien angekurbelt sowie der Einstieg in die Serienproduktion ermöglicht werden. Vorrangiges Ziel ist die Verbesserung der wirtschaftlichen Konkurrenzfähigkeit des Einsatzes regenerativer Energien. Um Wettbewerbsnachteile stromintensiver Unternehmen zu vermeiden, wurde bereits im Vorgriff auf die EEG-Novellierung („große EEG-Novelle") eine Härtefallregelung nach § 11 a EEG eingeführt. Dieses Erste Gesetz zur Änderung des Erneuerbare-Energien-Gesetzes („kleine EEG-Novelle") ist am 16. Juli 2003 in Kraft getreten.

Das EEG vom 21. Juli 2004 i. d. F. vom 7. November 2006 (EEG 2004) **(Nr. 32)** stellt eine komplette Neufassung des bis dahin geltenden EEG dar. Im Vergleich mit dem bisher geltenden EEG hat das Gesetz nicht nur formell eine Erweiterung erfahren, sondern weist inhaltlich eine Reihe von wesentlichen Änderungen bzw. Neuerungen auf.

Am 1. Januar 2009 ist das Gesetz zur Neuregelung des Rechts der Erneuerbaren Energien im Strombereich und zur Änderung damit zusammenhängender Vorschriften (EEG 2009) **(Nr. 33)** in Kraft getreten. Ziel des neu gefassten EEG ist es, den Anteil Erneuerbarer Energie an der Stromversorgung bis zum Jahr 2020 auf 25 bis 30% zu steigern und kontinuierlich weiter zu erhöhen. Die Änderung des EEG 2009 zum 1. Mai 2011 geht auf das Europarechtsanpassungsgesetz Erneuerbare Energien (EAG EE) zurück. Dadurch wird zum einen die europäische Richtlinie 2009/28/EG **(Nr. 36)** umgesetzt und die Grundlage für die Einführung eines Herkunftsnachweisregisters geschaffen. Darüber hinaus enthält die Gesetzesänderung Vorgaben im Hinblick auf das Netzanschlussverfahren, eine Vertrauensschutzregelung beim Einsatz flüssiger Biomasse und eine strukturelle Änderung der Vergütungsvorschriften für Photovoltaikanlagen.

Am 1. Januar 2012 ist die Novelle des EEG 2009 (EEG 2012) **(Nr. 34)** in Kraft getreten und hat teils weitreichende Änderungen herbeigeführt. Die Vorschriften des EEG 2009, EEG 2004 und EEG 2000 sind allerdings zum Teil nach wie vor für Anlagen von Bedeutung, die unter Geltung des jeweiligen EEG in Betrieb gegangen sind. Aus diesem Grund sind in der vorliegenden Gesetzessammlung alle vier Fassungen des EEG abgedruckt.

Die „Zielmarke" wird im EEG 2012 auf nunmehr mindestens 35% Erneuerbare Energien an der Stromversorgung bis zum Jahr 2020 und auf mindestens 80% Erneuerbare Energien an der Stromversorgung bis zum Jahr 2050 angehoben. Die neu eingeführte Marktprämie soll Betreibern von EEG-Anlagen den Schritt auf den freien Markt (Direktvermarktung) erleichtern, indem die damit verbundenen finanziellen Risiken abgefedert werden: Neben der Differenz zwischen der „vollen" EEG-Vergütung und dem für den Strom erziel-

Einführung

baren Börsenpreis erhält der Betreiber einen Ausgleich für mit der Direktvermarktung verbundene Mehrkosten (Fahrplananmeldung, Ausgleichsenergie, Vermarktung etc.). Eine Flexibilitätsprämie für Strom aus Biogasanlagen setzt Anreize für eine bedarfsgerechte Einspeisung von direkt vermarktetem Strom. Betreiber von Biogasanlagen mit einer installierten Leistung von mehr als 750 kW, die nach dem 31. Dezember 2013 in Betrieb genommen werden, können die „volle" EEG-Vergütung nicht mehr beanspruchen. Diesen bleibt nur noch die Direktvermarktung, ggf. mit der Marktprämie. Das Einspeisemanagement wird weiterentwickelt und mit den Regelungen des EnWG harmonisiert. Zudem werden nunmehr auch „kleine" Photovoltaikanlagen in das Einspeisemanagement einbezogen. Neben diesen Neuregelungen sind die Anpassungen der EEG-Vergütungen zu erwähnen. Veränderungen sind insbesondere bei der Biomasse festzustellen. Wie bereits im EAG EE vorgesehen, wird die Befeiung von der EEG-Umlage beim sog. Grünstromprivileg nach wie vor auf maximal 2 ct/kWh begrenzt. Das bedeutet beispielsweise bei einer EEG-Umlage von 3,53 ct/kWh, dass der Letztversorger auch bei Erfüllung der Voraussetzungen noch eine EEG-Umlage von 1,53 ct/kWh entrichten muss. Darüber hinaus sind jedoch auch die Anforderungen an das Grünstromprivileg verschärft worden. Bemerkenswert sind zudem die Stärkung der Clearingstelle EEG und die zahlreichen Verordnungsermächtigungen.

Mit der nach langen Verhandlungen im Vermittlungsausschuss Ende Juni 2012 beschlossenen und rückwirkend zum 1. April 2012 in Kraft getretenen sog. Photovoltaik-Novelle wurde das EEG innerhalb weniger Monate abermals einer Neuregelung unterzogen. Neben einer einmaligen erheblichen Absenkung der Vergütungssätze und der Einführung einer Gesamtfördergrenze von 52 GW für Solarstrom sieht das Gesetz nunmehr eine u. a. monatliche Degression in diesem Bereich vor, die zusätzlich in Abhängigkeit der Überschreitung des festgelegten Zubaukorridors bestimmt wird. Zudem wird im Rahmen des sog. Marktintegrationsmodells bei Aufdach-Anlagen nur noch ein Teil des erzeugten Stroms vergütet. Für den Bereich der Biomasse ergeben sich u. a. Änderungen hinsichtlich der Nachweispflichten und Nachweiszeitpunkte. Energieträgerübergreifend wurde beispielsweise der Inbetriebnahmebegriff modifiziert.

Der bundesweite EEG-Ausgleichsmechanismus soll letztlich eine gleichmäßige Belastung aller Letztverbraucher gewährleisten, die sich aus den EEG-Vergütungszahlungen ergeben. Auf Basis des § 64 Abs. 3 EEG 2009 hat die Bundesregierung mit Zustimmung des Bundestags die Ausgleichsmechanismusverordnung (AusglMechV) **(Nr. 39)** erlassen. Diese ist zum 1. Januar 2010 in Kraft getreten. Der Ausgleich vollzieht sich in fünf Schritten: Auf der ersten Stufe wird der EEG-Strom in das Netz der allgemeinen Versorgung eingespeist. Der Verteilnetzbetreiber ist zur Aufnahme und Vergütung der Energie verpflichtet und leitet auf der zweiten Stufe den Strom an den Übertragungsnetzbetreiber (ÜNB) weiter, der ihn nach den §§ 16 bis 33 EEG vergütet, wobei noch die vermiedenen Netzentgelte des Verteilnetzbetreibers abzuziehen sind. Da die ÜNB in sehr unterschiedlichem Maße von Einspeisungen aus EEG-Anlagen betroffen sind, greift auf der dritten Stufe ein bundesweiter Ausgleich zwischen den vier ÜNB, der zu einer gleichen relativen Aufnahme von EEG-Strom durch alle ÜNB führen soll. Der EEG-Strom wird dann von den ÜNB an der Börse verkauft. Die Erlöse aus diesem Verkauf fließen bildlich gesprochen auf ein „EEG-Konto", aus dem u. a. auch die EEG-Vergütungszahlungen an die Anlagenbetreiber bestritten werden. Der Saldo

Einführung

aus diesem „EEG-Konto" wird – verkürzt gesagt – auf die insgesamt in der Bundesrepublik Deutschland an Kunden gelieferte Strommenge verteilt (sog. EEG-Umlage). Die EEG-Umlage wird am 15. Oktober eines jeden Jahres für das Folgejahr bekannt gegeben und bleibt für das jeweilige Kalenderjahr unverändert. Auf der vierten Stufe wird die EEG-Umlage vom Letztversorger auf das „EEG-Konto" gezahlt und letztlich auf der fünften Stufe, die gesetzlich nicht geregelt ist, üblicherweise auf den Strompreis des Letztverbrauchers aufgeschlagen. Weitere Regelungen bezüglich des bundesweiten EEG-Ausgleichsmechanismus finden sich im EEG 2012 und in der Ausgleichsmechanismus-Ausführungsverordnung (AusglMechAV) **(Nr. 40)**.

Die Biomasseverordnung (BiomasseV) **(Nr. 35)** vom 21. Juni 2001 basiert auf dem EEG 2000 und bestimmt, welche Stoffe als Biomasse gelten, welche technischen Verfahren zur Stromerzeugung aus Biomasse in den Anwendungsbereich des Gesetzes fallen und welche Umweltanforderungen bei der Stromerzeugung aus Biomasse einzuhalten sind. Biomasse im Sinne dieser Verordnung sind Energieträger aus Phyto- und Zoomasse. Dazu zählen z. B. Pflanzen und Pflanzenbestandteile, Abfälle und Nebenprodukte pflanzlicher und tierischer Herkunft aus der Land-, Forst- und Fischwirtschaft, Bioabfälle i. S. v. § 2 Nr. 1 der Bioabfallverordnung, Altholz und aus Altholz erzeugte Gase etc. (§ 2 BiomasseV).

Im Zuge der Änderung des EEG zum 1. Januar 2012 wurde u. a. der Anwendungsbereich der BiomasseV erweitert: Nunmehr regelt die Verordnung auch, für welche Stoffe eine zusätzliche einsatzstoffbezogene Vergütung nach § 27 Abs. 2 EEG 2012 in Anspruch genommen werden kann, welche energetischen Referenzwerte für die Berechnung dieser Vergütung anzuwenden sind und wie die einsatzstoffbezogene Vergütung zu berechnen ist.

Die Bundesregierung hat mit Zustimmung des Bundestages die Verordnung über Anforderungen an eine nachhaltige Herstellung von flüssiger Biomasse zur Stromerzeugung (Biomassestrom-Nachhaltigkeitsverordnung) vom 23. Juli 2009 (BioSt-NachV) **(Nr. 37),** zuletzt geändert durch Gesetz vom 22. Dezember 2011, verabschiedet. Darin werden Anforderungen für die Grundvergütung für Strom aus flüssiger Biomasse nach § 27 Abs. 1 EEG 2009 und den Nawaro-Bonus nach § 27 Abs. 4 Nr. 2 EEG 2009 aufgestellt. Die Verordnung ist nicht auf flüssige Biomasse anzuwenden, die vor dem 1. Januar 2011 zur Stromerzeugung eingesetzt wird.

Die Verordnung zu Systemdienstleistungen durch Windenergieanlagen (Systemdienstleistungsverordnung) vom 3. Juli 2009 (SDLWindV) **(Nr. 38),** zuletzt geändert durch Gesetz vom 28. Juli 2011, regelt die technischen und betrieblichen Vorgaben nach § 6 Nr. 2 EEG 2009, die Anforderungen an den Systemdienstleistungs-Bonus nach § 29 Abs. 2 EEG 2009 und die Anforderungen an den Systemdienstleistungs-Bonus nach § 66 Abs. 1 Nr. 6 EEG 2009. Diese Verordnung ist am 11. Juli 2009 in Kraft getreten. Ziel ist es, die Sicherheit und Stabilität der Stromnetze auch bei hohen Anteilen von Windenergie im Netz zu erhöhen, die technische Entwicklung auf diesem Gebiet voranzutreiben und so die Weichen für den weiteren Ausbau der Windenergie zu stellen. Im Rahmen der EEG-Novelle 2012 erfolgen auch hier Anpassungen.

4. Das Erneuerbare-Energien-Wärmegesetz

Das Erneuerbare-Energien-Wärmegesetz (EEWärmeG) **(Nr. 42)** ist am 1. Januar 2009 in Kraft getreten, zuletzt geändert durch Gesetz vom 22. De-

Einführung

zember 2011. Ziel des Gesetzes ist es, den Anteil Erneuerbarer Energien am Endenergieverbrauch für Wärme (Raum-, Kühl- und Prozesswärme sowie Warmwasser) bis zum Jahr 2020 auf 14% zu erhöhen. Die zwei Wege, auf denen dieses Ziel erreicht werden soll, lassen sich mit den Schlagworten „Fordern und Fördern" zusammenfassen: Zum einen sieht das Gesetz eine Nutzungspflicht für Erneuerbare Energien vor („Fordern"), zum anderen eine finanzielle Förderung für die Nutzung Erneuerbarer Energien zur Erzeugung von Wärme („Fördern").

Eigentümer von Gebäuden mit einer Nutzfläche von mehr als 50 m^2, die unter Einsatz von Energie beheizt oder gekühlt und nach dem 31. Dezember 2008 errichtet werden (Neubauten), müssen den Wärmeenergiebedarf durch eine anteilige Nutzung von Erneuerbaren Energien decken (Nutzungspflicht). Bestimmte im EEWärmeG aufgeführte Gebäude sind vom Geltungsbereich der Nutzungspflicht ausgenommen. Auch Gebäude, die am 1. Januar 2009 bereits errichtet sind, werden von der Nutzungspflicht nach dem EEWärmeG nicht erfasst. Allerdings können die Bundesländer für bereits errichtete Gebäude eine entsprechende Nutzungspflicht vorsehen, von dieser Möglichkeit hat das Land Baden-Württemberg bereits Gebrauch gemacht. In anderen Bundesländern sind entsprechende Gesetzesvorhaben geplant. Je nach eingesetzter Erneuerbarer Energie sieht das Gesetz bestimmte Anteile für den Wärmeenergiebedarf vor, die aus dieser Erneuerbaren Energie gedeckt werden müssen. Zudem sind im Einzelfall weitere Voraussetzungen zu beachten. Verpflichtete, deren Gebäude in räumlichem Zusammenhang stehen, können sich auch zusammenschließen und ihre Verpflichtungen gemeinschaftlich erfüllen (sog. quartiersbezogene Lösung). Die Nutzungspflicht gilt auch dann als erfüllt, wenn keine Erneuerbaren Energien eingesetzt werden, sondern bestimmte im Gesetz angeführte Maßnahmen ergriffen werden (Ersatzmaßnahmen). Erneuerbare Energien und Ersatzmaßnahmen können miteinander kombiniert werden. Unter bestimmten Voraussetzungen, z. B. wenn die Erfüllung einer öffentlich-rechtlichen Pflicht widerspricht, entfällt die Nutzungspflicht (Ausnahmen).

Die Nutzung Erneuerbarer Energien für die Erzeugung von Wärme wird durch den Bund bedarfsgerecht in den Jahren 2009 bis 2012 mit bis zu 500 Mio. Euro pro Jahr gefördert. Die Einzelheiten werden in Verwaltungsvorschriften geregelt. Grundsätzlich können solche Maßnahmen nicht gefördert werden, soweit sie der Erfüllung der Nutzungspflicht oder einer landesrechtlichen Pflicht dienen.

Durch das EAG EE, in Kraft getreten am 1. Mai 2011, wird die auf Bundesebene bislang nur für Neubauten bestehende Nutzungspflicht des EEWärmeG auf öffentliche Bestandsgebäude im Sinne einer Vorbildfunktion ausgedehnt. Erfasst werden nur solche Gebäude, die im Eigentum der öffentlichen Hand stehen oder künftig von der öffentlichen Hand angemietet werden. Dies gilt auch für von Kommunen genutzte öffentliche Gebäude. Kommunen, die sich in einer akuten Haushaltsnotlage befinden, sind von dieser Nutzungspflicht für Bestandsgebäude befreit.

5. Das Energie- und Klimafonds-Gesetz

Mit dem Gesetz zur Errichtung eines Sondervermögens „Energie- und Klimafonds" (EKFG) **(Nr. 41)** vom 8. Dezember 2010, zuletzt geändert am 29. Juli 2011, wurde zum 1. Januar 2011 ein Sondervermögen zur Finanzie-

Einführung

rung einer nachhaltigen Energie- und Klimapolitik errichtet. Mit dem Sondervermögen sollen Maßnahmen in den Bereichen Forschung in Erneuerbaren Energien, Entwicklung von Energiespeicher- und Netztechnologien, Energieeffizienz, energetische Gebäudesanierung sowie Förderung des nationalen und internationalen Klima- und Umweltschutzes finanziert werden.

Grundlage der Finanzierung sollten bislang die Mehreinnahmen aus der Abschöpfung der Zusatzgewinne aus der Laufzeitverlängerung sowie ab 2013 aus Einnahmen aus dem CO_2-Zertifikathandel sein. Nun sind durch die Verkürzung der Laufzeiten zukünftig keine weiteren Einnahmen aus der Abschöpfung von Zusatzgewinnen zu erwarten, so dass entsprechende Einnahmeausfälle zu kompensieren sind. Außerdem wurden durch den beschleunigten Ausstieg aus der Kernenergie in den nächsten Jahren erhebliche Investitions- und Forschungsmaßnahmen erforderlich, um die Energieversorgung in Deutschland sicherzustellen.

Am 30. Juli 2011 trat deshalb das EKFG-ÄndG (Gesetz zur Änderung des Gesetzes zur Errichtung eines Sondervermögens „Energie- und Klimafonds") in Kraft. Dem Sondervermögen werden nunmehr als Haupteinnahmequelle gem. § 4 Abs. 1 EKFG ab 2012 alle Einnahmen aus dem Emissionshandel zur Verfügung gestellt, soweit diese nicht zur Finanzierung der Deutschen Emissionshandelsstelle (DEHSt) benötigt werden. Dadurch werden die Einnahmen des Fonds erheblich erhöht.

Allerdings stehen den mit der Gesetzesänderung einhergehenden Mehreinnahmen neue Ausgaben gegenüber – so werden dem Fonds zwei zusätzliche Aufgaben übertragen. Nach § 2 Abs. 1 S. 1 EKFG werden die bisher auf vier Ressorteinzelpläne des Bundeshaushalts verteilten Programmausgaben zur Entwicklung des Zukunftsmarkts Elektromobilität künftig zentral im Wirtschaftsplan des Energie- und Klimafonds zusammengefasst. Ebenfalls sollen gem. § 2 Abs. 1 S. 4 EKFG ab 2013 aus dem Fonds Kompensationszahlungen an stromintensive Unternehmen zum Ausgleich von emissionshandelsbedingten Strompreiserhöhungen geleistet werden.

6. Das Kraft-Wärme-Kopplungs-Gesetz (KWKG)

KWK ist die gleichzeitige Umwandlung von eingesetzter Energie in elektrische Energie und Wärme in einer technischen Anlage (Legaldefinition in § 3 Abs. 1 KWKG). Die Förderung von KWK-Anlagen spielt schon deshalb eine wichtige Rolle, weil mit dem Prozess der Kraft-Wärme-Kopplung im Vergleich zur getrennten Erzeugung von Strom und Wärme eine Primärenergieeinsparung von 25 bis 30% erreicht werden kann. KWK ist auch eines der effizientesten Umweltinstrumente, weil es den Ausstoß des Treibhausgases CO_2 vermindert; denn je höher der Wirkungsgrad, desto weniger Kohle oder Gas muss verfeuert werden, um die gleiche Leistung zu erbringen. Der Ausbau der Elektrizitätserzeugung in KWK ist zudem eine wesentliche Maßnahme zur Umsetzung des Kyoto-Protokolls. Die Förderung der KWK wird deshalb durch die Europäischen Kommission stark forciert: Die Europäische Kommission legte bereits im Oktober 1997 eine Strategie zur Förderung von KWK-Strom vor, die eine 18%ige Steigerung des KWK-Anteils an der Stromerzeugung in der Europäischen Union bis zum Jahre 2010 vorsieht. Sie verspricht sich von einem solchen Ausbau von KWK eine Reduzierung des CO_2-Ausstoßes innerhalb von zehn Jahren um rund 150 Mio. t jährlich. Betrachtet

Einführung

man die Gesamtelektrizitätsleistung der KWK-Nutzung europaweit, nahm Deutschland mit einem KWK-Anteil von etwa 12,5% im Jahr 2008 einen mittleren Platz ein.

Das Gesetz zum Schutz der Stromerzeugung aus Kraft-Wärme-Kopplung (KWKG 2000) vom 12. Mai 2000 knüpfte an das EEG an. Beiden Regelungskomplexen liegt eine vergleichbare Gesetztechnik zugrunde: Die Anlagenbetreiber haben einen Anspruch auf Einspeisung von Stromerzeugung aus Erneuerbaren Energien bzw. KWK-Anlagen und deren Vergütung gegen den lokalen Netzbetreiber. In beiden Gesetzen ist eine Vergütungspflicht festgelegt, verbunden mit einem bundeseinheitlichen Entlastungsausgleich. Während dem EEG durch das StrEG eine Vorläuferregelung zugrunde liegt, stellte das KWKG 2000 als gesetzliches Regelwerk, das die Elektrizitätserzeugung in KWK-Anlagen gezielt unterstützt, eine Neuerung dar. Das EEG ist vom Gesetzgeber als abschließende bzw. endgültige Regelung betreffend die Einspeisung von aus regenerativen Energien erzeugtem Strom konzipiert; hingegen handelte es sich beim KWKG 2000 nach § 7 Abs. 2 ausdrücklich um eine vorläufige Regelung.

Das KWKG 2000 ist durch das am 1. April 2002 in Kraft getretene Gesetz für die Erhaltung, die Modernisierung und den Ausbau der Kraft-Wärme-Kopplung (KWKG 2009) i. d. F. vom 21. August 2009 abgelöst worden.

Der Gesetzeszweck des KWKG 2009 i. S. d. § 1 betraf den befristeten Schutz und die Modernisierung von KWK-Anlagen sowie den Ausbau der Stromerzeugung in kleinen KWK-Anlagen und die Markteinführung der Brennstoffzelle im Interesse der Energieeinsparung, des Umweltschutzes und der Erreichung der Klimaschutzziele der Bundesregierung. Neu ist seit dem 1. Januar 2009, dass nunmehr auch KWK-Anlagen gefördert werden, deren KWK-Strom nicht in Netze für die allgemeine Versorgung eingespeist wird. D. h. u. a. auch industrielle KWK-Anlagen werden genauso behandelt wie entsprechende Anlagen von Versorgungsunternehmen. Durch die Benennung der Brennstoffzellenförderung sollte die Markteinführung dieser Anlagen erleichtert und das hierbei genutzte technische Potential erschlossen werden.

§ 2 KWKG 2009 legte den Anwendungsbereich in sachlicher und persönlicher Hinsicht neu fest. Sachlich sollten diejenigen Kraftwerke dem Anwendungsbereich des Gesetzes unterfallen, die KWK-Anlagen sind und auf Basis von Steinkohle, Braunkohle, Abfall, Abwärme, Biomasse, gasförmigen oder flüssigen Brennstoffen betrieben werden. Dieser Anwendungsbereich wich insofern vom Anwendungsbereich des vormaligen KWKG 2000 (§ 2 Abs. 1 S. 1 KWKG 2000) ab, als er nur den reinen KWK-Strom, der in diesen Anlagen erzeugt wird, erfasste und als Brennstoffe statt Erdgas und Öl nunmehr generell gasförmige und flüssige Brennstoffe sowie Abwärme zulässt. Nicht vom Anwendungsbereich des Gesetzes erfasst wurde folglich Kondensationsstrom, d. h. Strom, der nicht in einem KWK-Prozess erzeugt wird. Ausdrücklich ausgenommen wurde die Förderung von KWK-Strom nach dem KWKG 2009, sofern der Strom nach dem EEG gefördert wird, so dass eine Doppelförderung vermieden wurde.

Der persönliche Anwendungsbereich des Gesetzes umfasste die Betreiber der Anlagen, die dem Gesetz nach § 2 KWKG 2009 unterfallen. Die Definition des Betreibers einer KWK-Anlage wurde in § 3 Abs. 10 KWKG aufgeführt. Im Gegensatz zum ursprünglichen KWKG 2000 enthielt das KWKG 2009 in § 3 eine Reihe von Begriffsdefinitionen und trug somit erheblich zur Rechtssicherheit bei. Definiert wurden die Begriffe Kraft-Wärme-Kopplung

XLIX

Einführung

(Abs. 1 S. 1), KWK-Strom (Abs. 4, 5 und 8) als rechnerisches Produkt aus Nutzwärme (Abs. 6) und Stromkennzahl (Abs. 7), Netzbetreiber (Abs. 9) sowie der Betreiber einer KWK-Anlage (Abs. 10).

Seit dem 1. Januar 2009 wurden außerdem Förderregelungen für den Neu- und Ausbau von Wärmenetzen (§§ 5 a, 6 a und 7 a) in das KWKG eingeführt. Der Gesetzgeber hat erkannt, dass der Ausbau von KWK-Kapazitäten insbesondere auch davon abhängt, dass die notwendige Infrastruktur zum Transport der Wärme vom Erzeugungsort zu den Verbrauchern zur Verfügung steht. U. a. wurde das KWKG 2009 durch das Gesetz zur Neuregelung energiewirtschaftlicher Vorschriften vom 3. August 2011 sowie durch das Gesetz zur Neuregelung des Rechtsrahmens für die Förderung der Stromerzeugung aus erneuerbaren Energien vom 4. August 2011 geändert. Dabei wurde der Förderzeitraum des KWKG 2009 um vier Jahre verlängert, so dass nunmehr KWK-Anlagen nach dem KWKG förderfähig wurden, wenn sie bis zum 31. Dezember 2020 den Dauerbetrieb aufgenommen haben. Darüber hinaus entfiel die Begrenzung der Förderung nach Betriebsjahren. Maßgeblich wurde allein die Zahl der geleisteten Vollbenutzungsstunden (§ 3 Abs. 12 KWKG 2009).

Erneut wurde das KWKG **(Nr. 43)** novelliert und ist am 14. Juli 2012 in Kraft getreten. Die Novelle (KWKG 2012) bezweckt nunmehr eine anteilige deutsche Stromerzeugung aus Kraft-Wärme-Kopplung in Höhe von 25% explizit für das Jahr 2020. Dazu werden neben dem Ausbau von hocheffizienten KWK-Anlagen sowie dem Bau von Wärmenetzen auch der Bau von Kältenetzen (§§ 5 a, 6 a, 7 a KWKG 2012) und Wärme- bzw. Kältespeichern (§§ 5 b, 6 b, 7 b KWKG 2012) mit Zuschlägen gefördert. Die Fördersystematik sowie der Förderdeckel von 750 Mio. Euro je Kalenderjahr bleiben erhalten.

Eine Reihe neuer Begriffsdefinitionen werden mit § 3 KWKG 2012 hinzugefügt. Die Legaldefinition der Kraft-Wärme-Kälte-Kopplung wird in Abs. 1 Satz 3 neu eingeführt. Der Begriff der KWK-Anlage wird in Abs. 3 Satz 2 näher konkretisiert. Danach werden mehrere unmittelbar miteinander verbundene kleine KWK-Anlagen an einem Standort, die zeitlich innerhalb von zwölf aufeinanderfolgenden Monaten in den Dauerbetrieb genommen worden sind, als eine KWK-Anlage fingiert (sog. Verklammerung von Anlagen). Ferner wurde der Begriff der Hauptbestandteile einer KWK-Anlage erstmals eingeführt (Abs. 3 a). Der Begriff des Wärmenetzbetreibers wurde zudem neu definiert (Abs. 14). Infolge der neu eingeführten Förderung von Speichern wurden die Begriffe des Wärme- und des Kältespeichers (Abs. 18 und 19) sowie des Speicherbetreibers (Abs. 20) in die Begriffsreihe des § 3 KWKG-E aufgenommen.

Neu ist in der Regelung des § 4 KWKG 2012, dass die Anschluss- und Annahmepflichten weitgehend an das EEG-Regime angeglichen werden. Neben der bestehenden mittelbaren KWK-Stromvermarktung des Anlagenbetreibers durch den Netzbetreiber wurde die in der Branche seit vielen Jahren praktizierte Direktvermarktung des KWK-Stroms eigens durch den Anlagenbetreiber explizit in das KWKG 2012 aufgenommen (§ 4 Abs. 2a KWKG 2012). Die Schwelle der förderfähigen Modernisierung ist auf 25% der Neuerrichtungskosten einer hocheffizienten KWK-Anlage abgesenkt worden, so dass erstmals Teilmodernisierungen möglich sind (§ 5 Abs. 3 KWKG 2012). Nachgerüstete hocheffiziente KWK-Anlagen werden in § 5 Abs. 4 KWKG 2012 als neue zuschlagsberechtigte Anlagenkategorie eingeführt. Die Förderung für kleine und sehr kleine KWK-Anlagen und Brennstoffzellen-Anla-

Einführung

gen wurden erleichtert (§§ 6, 7 Abs. 3 KWKG 2012), für den Bau von Wärmenetzen wurde die Förderung erhöht (§ 7 a Abs. 1 KWKG 2012). Neu ist auch die Erhöhung der Zuschläge für große KWK-Neuanlagen, die ab 2013 in Betrieb genommen werden und dem Emissionshandel unterliegen (§ 7 Abs. 4 KWKG 2012). Eine erneute Zwischenprüfung des Gesetzes durch das BMWi wird für das Jahr 2014 angesetzt (§ 12 KWKG 2012).

7. Das Energiesteuergesetz (EnergieStG) und das Stromsteuergesetz (StromStG)

Die Besteuerung von Energieerzeugnissen ist ein weiteres Steuerungsinstrument zur Förderung der Stromerzeugung aus Erneuerbaren Energien und KWK-Strom (einzuordnen als ein den Finanzierungsmechanismus betreffendes Fördermodell). Aus diesem Grund hat die Europäische Kommission die Besteuerung von umweltbegünstigenden Stromarten in den Mitgliedstaaten vorgeschlagen, aber zugleich klargestellt, dass gemäß dem Subsidiaritätsprinzip eine nationale Erhebung von Umweltabgaben dem gemeinschaftsrechtlichen Rechtsrahmen entsprechen muss. Ein Vergleich mit anderen europäischen Staaten zeigt, dass Deutschland mit der Verabschiedung des „Gesetzes zum Einstieg in die ökologische Steuerreform" (Ökosteuergesetz – ÖkoStG) am 1. April 1999 hinsichtlich der Energiebesteuerung eine „Nachzüglerfunktion" eingenommen hat. Ausgestaltet als Artikelgesetz sah es in Art. 1 die Einführung des Stromsteuergesetzes (StromStG) **(Nr. 44)** und in Art. 2 die Änderung des Mineralölsteuergesetzes (MinöStG) vor. Letzteres ist mit dem Gesetz zur Neuregelung der Besteuerung von Energieerzeugnissen und zur Änderung des Stromsteuergesetzes vom 15. Juli 2006 außer Kraft getreten bzw. durch das Energiesteuergesetz (EnergieStG) **(Nr. 46)** abgelöst worden. Hingegen bleibt das StromStG bestehen; es wurde jedoch in einigen Punkten geändert. Ergänzt werden die beiden Gesetze durch die Energiesteuer-Durchführungsverordnung (EnergieStV) **(Nr. 47)** vom 31. Juli 2006, zuletzt geändert am 24. Februar 2012, sowie die Stromsteuer-Durchführungsverordnung (StromStV) **(Nr. 45)** vom 31. Mai 2000, zuletzt geändert am 20. September 2011.

Der Kerngedanke des ÖkoStG umfasste nach dem Vorbild anderer Mitgliedstaaten (z. B. Dänemark oder Finnland) zwei Ziele: Erstens sollte der Energiepreis verteuert werden, um Anreize zur Ausschöpfung vorhandener Energiesparpotentiale zu setzen sowie den Ausbau der Stromerzeugung aus Erneuerbaren Energien und die Entwicklung ressourcenschonender Produkte und Produktionsverfahren voranzutreiben. Zweitens sollte mit den Überschüssen aus der Energiesteuer die Senkung der Lohnnebenkosten finanziert werden. Durch das zusätzliche Aufkommen aus der Stromsteuer und der Erhöhung der Mineralölsteuer sollen die Rentenversicherungsbeiträge um 0,8 Prozentpunkte gesenkt werden. Langfristiges Ziel ist es, den Anteil der Sozialversicherungsbeiträge auf unter 40% der Bruttolöhne zu erreichen. Eine stärkere Belastung des Faktors „Energieverbrauch" soll folglich die Entlastung des Faktors „Arbeit" bewirken. Kritische Stimmen bezweifeln, dass das StromStG eine umweltgerechte Finanzreform darstellt; vielmehr – so der Rat von Sachverständigen für Umweltfragen – solle quasi unter dem Deckmantel des Umweltschutzes eine Gegenfinanzierung zu der Beitragssenkung bei den Sozialversicherungsbeiträgen geschaffen werden.

Einführung

Mit dem EnergieStG wurde die europäische Energiesteuer-Richtlinie (Richtlinie 2003/96/EG des Rates vom 27. Oktober 2003 zur Restrukturierung der gemeinschaftlichen Rahmenvorschriften zur Besteuerung von Energieerzeugnissen und elektrischem Strom) in deutsches Recht umgesetzt. Eingeführt wurden u. a. die Steuerbefreiung des Energieeinsatzes zur Stromerzeugung (sog. Inputsteuerbefreiung) und die Kohlebesteuerung. Darüber hinaus wurde die Erdgassteuer neu geregelt, vor allem dadurch, dass die Letztverteiler – im EnergieStG bezeichnet als „Lieferer" (z. B. Stadtwerke) – Steuerschuldner werden.

Gasöle, Heizöle, Erdgas und Flüssiggas werden einheitlich bis Ende 2018 steuerlich begünstigt, wenn sie zum Verheizen oder als Kraftstoff zum Antrieb von Gasturbinen und Verbrennungsmotoren in bestimmten begünstigten Anlagen eingesetzt werden. Zu diesen begünstigten Anlagen zählen insbesondere ortsfeste Stromerzeugungsanlagen sowie KWK-Anlagen mit einem Jahresnutzungsgrad von mindestens 60%. Gasöle mit einem Schwefelgehalt von mehr als 50 mg/kg (nicht schwefelarme Gasöle) unterliegen jedoch seit dem 1. Januar 2009 einem erhöhten Steuersatz (die Steuerentlastung hingegen beschränkt sich auf den Betrag des geringeren Steuersatzes).

Reiner Biodiesel wird im Jahr 2010 mit 27 ct/l besteuert; der Steuersatz soll bis 2012 – durch eine stetige Verringerung der Steuerentlastung – auf 45 ct/l ansteigen. Die Entlastung soll jedoch nur beansprucht werden können, wenn der Biodiesel bestimmten Anforderungen an eine nachhaltige Flächenbewirtschaftung und eine bestimmte Treibhausgasminderung genügt. Die gesetzliche Beimischungsquote soll ebenfalls gesenkt werden. Sie soll zwischen 2010 und 2014 auf 6,25% „eingefroren" bleiben.

Eine Vielzahl der Prozesse, die bisher über den Heizerlass steuerfrei waren und durch die neue Definition des Verheizens zum 1. August 2006 in die Steuerpflicht gelangten, werden nun von der Energiesteuer auf Antrag vollständig entlastet (§ 51 EnergieStG). Die Steuerentlastung im EnergieStG für thermische Abfall- und Abluftbehandlung wurde unabhängig von der Zugehörigkeit des Unternehmens zum Produzierenden Gewerbe gestaltet (wichtig für kommunale oder als eigenständige Gesellschaft geführte Abfallverbrennungsanlagen). Die Besteuerung von Kohle als Heizstoff in privaten Haushalten (sog. Hausbrand) erfolgt erst seit dem Jahr 2010.

Das StromStG besteuert die Stromentnahme aus dem Versorgungsnetz. Der allgemeine Steuersatz beträgt 20,50 Euro/MWh. Steuerschuldner ist der Versorger, d. h. derjenige, der den Strom an Letztverbraucher leistet (bzw. der Eigenerzeuger bei einer Eigenerzeugung des Stroms).

Zentrale Norm für die umweltrechtliche Steuerung durch das StromStG ist § 9 StromStG. Er bestimmt in Abs. 1 drei Möglichkeiten der Stromsteuerbefreiung. Von der Steuer ist erstens Strom befreit, der aus Erneuerbaren Energien erzeugt wurde („grüner Strom") und aus einem ausschließlich mit Erneuerbaren Energien gespeisten Netz bzw. einer entsprechenden Leitung entnommen wird („grünes Netz"). Begünstigt wird damit die Stromquelle selbst, d. h. die Anlage zur Erzeugung von „Ökostrom". Unter Strom aus Erneuerbaren Energien fasst das StromStG den Strom, der ausschließlich aus Wasserkraft, Windkraft, Sonnenenergie, Erdwärme, Deponiegas, Klärgas oder aus Biomasse erzeugt wird, ausgenommen Strom aus Wasserkraftwerken mit einer installierten Generatorleistung von über 10 MW (§ 2 Nr. 7 StromStG).

Zudem ist von der Stromsteuer der Strom befreit, der zur Stromerzeugung entnommen wird. Ob der Strom zur Stromerzeugung im technischen Sinn

Einführung

oder zu anderen Zwecken entnommen wird, ist dabei im jeweiligen Einzelfall zu entscheiden.

Die dritte Möglichkeit der Stromsteuerbefreiung begünstigt die dezentrale Stromerzeugung in Anlagen mit einer elektrischen Nennleistung bis zu 2 MW. Dabei unterscheidet das Gesetz zwei Fallgruppen: Eine erste Fallgruppe begünstigt Anlagenbetreiber, die als Eigenerzeuger den Strom im räumlichen Zusammenhang zur Anlage zum Selbstverbrauch entnehmen. Die zweite Fallgruppe begünstigt Anlagenbetreiber, die den Strom an Letztverbraucher leisten, wenn die Letztverbraucher den Strom im räumlichen Zusammenhang zur Anlage entnehmen.

§ 9 Abs. 3 StromStG a. F., der einen ermäßigten Steuersatz von 12,30 Euro/MWh für die Entnahme von Strom durch ein Unternehmen des produzierenden Gewerbes oder der Land- und Forstwirtschaft für betriebliche Zwecke vorsah, ist durch das Haushaltsbegleitgesetz 2011 aufgehoben worden. Stattdessen wurde zum 1. Januar 2011 mit § 9 b StromStG für diese Unternehmen die Möglichkeit eingeführt, eine Steuerentlastung von 5,13 Euro/MWh zu beantragen. Um das sog. Nutzenergie-Contracting einzuschränken, setzt die neue Regelung zusätzlich voraus, dass die erzeugte Nutzenergie (Licht, Wärme, Kälte, Druckluft, mechanische Energie) durch ein Unternehmen des produzierenden Gewerbes oder der Land- und Forstwirtschaft genutzt wird. Weitere Möglichkeiten der Steuerentlastung regeln die §§ 9 a und 10 StromStG für bestimmte stromintensive Prozesse und Verfahren (§ 9 a StromStG) und für den sog. Spitzenausgleich (§ 10 StromStG). Die Regelung des § 9 a StromStG entlastet das Unternehmen vollständig von der Stromsteuer. § 10 StromStG ermöglicht eine Entlastung um bis zu 90 %, wobei seit dem 1. Januar 2011 im Falle der Erzeugung von Nutzenergie diese ebenfalls durch ein Unternehmen des produzierenden Gewerbes genutzt werden muss.

Mit dem Gesetz zur Änderung des Energiesteuer- und des Stromsteuergesetzes vom 1. März 2011 wurden weitere Steuererleichterungen eingeführt, u. a. für die landseitige Stromversorgung von Wasserfahrzeugen für die Schifffahrt (§ 9 Abs. 3 StromStG) und für die Herstellung von Industriegasen (§ 9 c StromStG).

8. Handel mit Treibhausgasemissionen

Eine zentrale gemeinsame europäische Maßnahme zur Umsetzung der mit dem Kyoto-Abkommen eingegangenen Klimaschutzverpflichtungen ist der Aufbau des europäischen Emissionshandelssystems für Unternehmen. Grundlage hierfür ist die europäische Richtlinie 2003/87/EG über das europäische Handelssystem mit Treibhausgas-Emissionsberechtigungen (Emissionshandelsrichtlinie – EmissH-RL). Das europaweite Handelssystem ist zum 1. Januar 2005 gestartet und ist in Handelsperioden unterteilt. Während der ersten Handelsperiode von 2005 bis 2007 sollte der Emissionshandel, beschränkt auf das Treibhausgas CO_2, in den Mitgliedstaaten „erprobt" werden. Die nunmehr laufende zweite Handelsperiode von 2008 bis 2012 deckt sich zeitlich mit dem Verpflichtungszeitraum des Kyoto-Protokolls und ist durch eine entsprechend strengere Budgetierung der CO_2-Emissionen gekennzeichnet. Mit der Richtlinie 2009/29/EG vom 23. April 2009 ist die Emissionshandelsrichtlinie im Jahr 2009 grundlegend überarbeitet worden. Die Neuregelungen betreffen vor allem die dritte Handelsperiode von 2013 bis 2020.

Einführung

Die Einführung des Emissionshandels in Deutschland hat die deutsche Umweltpolitik und das deutsche Umweltrecht um ein neues Instrument erweitert. Über den traditionellen ordnungsrechtlichen Ansatz hinaus steht mit dem Emissionshandel nun ein ökonomisch orientierter Ansatz zur Verminderung der Treibhausgasemissionen zur Verfügung. Anlagenbetreiber sollen durch eine flexible und dennoch ökologisch effektive Handhabung der gesetzlichen Verpflichtungen einen Anreiz erhalten, ihre Emissionen zu vermindern. Die Festlegung einer jährlichen Höchstmenge an CO_2-Ausstoß für alle dem Emissionshandel unterliegenden Anlagen dient der Begrenzung der Emissionen. Zuteilungsregelungen bestimmen, in welcher Höhe der einzelne Anlagenbetreiber eine staatliche Zuteilung kostenloser Emissionsberechtigungen erhält. Für die von der Anlage emittierten Treibhausgase besteht die Verpflichtung, eine entsprechende Anzahl von Emissionsberechtigungen abzugeben. Der Anlagenbetreiber muss sodann entscheiden, ob er durch die Einführung moderner Techniken oder durch einen Brennstoffwechsel seine CO_2-Emissionen senken und überschüssige Berechtigungen verkaufen will. Stattdessen kann er aber auch eine negative Abweichung seiner Zuteilung von seinem Bedarf durch den Erwerb zusätzlicher Berechtigungen ausgleichen. Die Tonne CO_2 erhält durch dieses System einen Wert, den der (Handels-)Markt bestimmt. In der Folge werden Emissionsminderungsmaßnahmen – so die Idee – dort durchgeführt, wo sie am kostengünstigsten sind. Unternehmen, die nicht in ausreichender Zahl Emissionsberechtigungen abgeben, müssen mit empfindlichen Sanktionen rechnen.

Die Umsetzung der Emissionshandelsrichtlinie erfolgte in Deutschland durch das Treibhausgas-Emissionshandelsgesetz (TEHG) vom 15. Juli 2004 und dessen novellierte Fassung vom 21. Juli 2011 **(Nr. 48),** zuletzt geändert durch Gesetz vom 22. Dezember 2011. Dieses bestimmt u. a. den Kreis der emissionshandelspflichtigen Anlagen und deren grundlegende Pflichten, vor allem die Pflicht zur Berichterstattung über Emissionen und zur Abgabe von Emissionsberechtigungen. Zudem sind die Behördenzuständigkeiten geregelt. Zentrale Behörde für die Administration des Emissionshandels ist hiernach die Deutsche Emissionshandelsstelle (DEHSt) beim Umweltbundesamt.

In der ersten und zweiten Handelsperiode wurde das Minderungsziel und die Verteilung der Zertifikate über Nationale Allokationspläne (NAP) festgelegt. Für die laufende zweite Handelsperiode wurde der NAP II vom Deutschen Bundestag im Zuteilungsgesetz 2012 (ZuG 2012) **(Nr. 50)** vom 7. August 2007, welches am 11. August 2007 in Kraft getreten ist, verankert. Konkretisierungen zum ZuG 2012 wurden von der Bundesregierung in der Zuteilungsverordnung 2012 (ZuV 2012) **(Nr. 51)** vom 13. August 2007, welche am 18. August 2007 in Kraft getreten ist, vorgenommen.

In der dritten Handelsperiode 2013 bis 2020 gibt es erstmals eine EU-weit festgelegte Menge CO_2, die durch alle dem Emissionshandel unterliegende Anlagen maximal emittiert werden darf.

Darüber hinaus werden – anders als in den ersten beiden Handelsperioden – die wesentlichen Vorgaben für die Zuteilung der Emissionsberechtigungen bereits auf europäischer Ebene geregelt, die Gestaltungsspielräume auf der Ebene der Mitgliedstaaten sind entsprechend eingeschränkt. Die konkreten Zuteilungsregeln für die kostenlose Ausgabe von Zertifikaten ergeben sich aus dem Beschluss 2011/278/EU der Europäischen Kommission vom 27. April 2011, den die Bundesregierung durch die Zuteilungsverordnung 2020 (ZuV 2020) **(Nr. 52)** vom 26. September 2011 in deutsches Recht transformiert

Einführung

hat. Kernpunkt der einheitlichen europäischen Zuteilungsregeln ist die deutliche Absenkung der kostenlosen Zuteilung an die Anlagenbetreiber. Ab dem Jahr 2013 müssen Anlagenbetreiber die für die Stromerzeugung benötigten Emissionsberechtigungen in regelmäßig stattfindenden Auktionen vollständig ersteigern. Für die Wärmeerzeugung und die Tätigkeiten anderer Sektoren soll es übergangsweise eine kostenlose Zuteilung geben, die auf produktbezogenen Benchmarks beruht. Diese orientieren sich jeweils an den 10% effizientesten Anlagen der Branche in Europa. Auch diese kostenlose Zuteilung soll bis 2027 auf Null zurückgefahren werden. 2013 werden noch 80% der Emissionsberechtigungen kostenlos zugeteilt, 2020 noch 30%. Ausnahmen von der Absenkung sind vorgesehen für die rund 170 Sektoren und Subsektoren der energieintensiven Industrie, die von einer Abwanderung aus dem europäischen Emissionshandelssystem bedroht sind.

Im Hinblick auf die zusätzlichen Möglichkeiten für Unternehmen, neben dem Handel untereinander, Emissionsgutschriften durch den Einsatz „Flexibler Mechanismen" des Kyoto-Protokolls aus Projekten mit Entwicklungsländern im „Clean Development Mechanism" (CDM) sowie Projekten mit anderen Industrieländern durch „Joint Implementation" (JI) zu erwerben, ergeben sich für die dritte Handelsperiode erhebliche Änderungen. Bisher schaffte das Projekt-Mechanismen-Gesetz (ProMechG) **(Nr. 49)** vom 22. September 2005, zuletzt geändert durch Gesetz vom 22. Dezember 2011, die erforderlichen nationalen Grundlagen zur Erzeugung von Gutschriften für Emissionsminderungen, die durch Projekte im Rahmen von JI und CDM erzielt wurden. Betreiber einer dem Emissionshandel unterliegenden Anlage können ihre Verpflichtung zur Abgabe von Berechtigungen teilweise auch durch Abgabe von Emissionsgutschriften aus derartigen Projekten erfüllen. Damit wurden die Vorgaben der europäischen Richtlinie 2004/101/EG umgesetzt, die die Verknüpfung der projektbasierten Mechanismen des Kyoto-Protokolls mit dem Emissionshandel vorsieht. Ab 2013 können Gutschriften aus den genannten Klimaschutzprojekten, sog. Zertifizierte Emissionsreduktionen (CERs) und Emissionsreduktionseinheiten (ERUs) nicht mehr zur Erfüllung der jährlichen Abgabepflicht eingesetzt werden. Es besteht lediglich die Möglichkeit eines eingeschränkten Umtauschs in EU-Emissionsberechtigungen bei der DEHSt.

Schließlich nimmt seit 2012 der Flugverkehr am europäischen Emissionshandel teil. Ab der dritten Handelsperiode sind weitere Branchen und Treibhausgase in das Handelssystem einbezogen. Am 25. Juli 2009 ist aufgrund der Verordnungsermächtigung des § 27 Abs. 2 TEHG eine Verordnung über die Erhebung von Daten zur Einbeziehung des Luftverkehrs sowie weiterer Tätigkeiten in den Emissionshandel (Datenerhebungsverordnung 2020 – DEV 2020) **(Nr. 53)** vom 22. Juli 2009 in Kraft getreten, zuletzt geändert durch Gesetz am 22. Dezember 2011. Die DEV 2020 setzt die Berichtspflichten um, die sich für Luftfahrzeugbetreiber aus den Art. 14, 15, 3 d Abs. 3 und Art. 3 e Abs. 1 EmissH-RL sowie für die Betreiber von Anlagen, die ab 2013 neu in den Emissionshandel einbezogen werden, aus Art. 9 a Abs. 2 EmissH-RL ergeben. Die Verordnung über die Versteigerung von Emissionsberechtigungen nach dem Zuteilungsgesetz 2012 (Emissionshandels-Versteigerungsverordnung 2012 – EHVV 2012) **(Nr. 54),** die am 23. Juli 2009 in Kraft getreten ist (zuletzt geändert durch Gesetz vom 21. Juli 2011), legt die zuständige Stelle sowie die Regeln für die Durchführung des Versteigerungsverfahrens von Emissionsberechtigungen fest. Die Veräußerung von Teilen der Gesamtzutei-

Einführung

lungsmenge erfolgte anfangs durch Verkauf an den Handelsplätzen für Berechtigungen. Dieser Verkauf ist aber mittlerweile gem. § 21 Abs. 1 S. 1 ZuG 2012 durch die Einführung eines Versteigerungsverfahrens abgelöst worden. Die Regelungen für die Versteigerung von Emissionsberechtigungen sind für die dritte Handelperiode durch die europäische Verordnung (EU) Nr. 1031/2010 vom 12. November 2010 (zuletzt geändert durch die Verordnung (EU) Nr. 1210/2011 vom 23. November 2011) harmonisiert worden. Art. 31 ff. der Verordnung eröffnen den Mitgliedstaaten aber die Möglichkeit, anstelle eines europaweit einheitlichen Systems eigene Plattformen mit der Auktionierung der Zertifikate zu beauftragen. Von dieser Möglichkeit macht die Bundesrepublik Deutschland Gebrauch. Die ordnungsgemäße Abwicklung wird durch eine europaweit einheitliche Auktionsaufsicht sichergestellt. Hinsichtlich der Führung von Emissionshandelskonten für die Verwaltung, Verbuchung und Übertragung von Emissionsberechtigungen ergeben sich ab der dritten Handelsperiode zudem weitere Neuerungen: Die Doppelstruktur aus nationalen Emissionshandelsregistern und gemeinschaftsweitem Register (CITL = Community Independent Transaction Log) wird gem. Art. 4 der neuen EU-Registerverordnung (Verordnung (EU) Nr. 1193/2011 der Kommission vom 18. 11. 2011) durch ein einheitliches europaweites Register (EUTL – European Transaction Log) abgelöst.

9. Energieeinsparung

Zurückgehend auf Stellungnahmen des Europäischen Wirtschafts- und Sozialausschusses sowie des Ausschusses der Regionen ist die Richtlinie 2006/32/EG über Endenergieeffizienz und Energiedienstleistungen (EEffizRL) am 5. April 2006 **(Nr. 55)** erlassen worden. Ausweislich ihrer Erwägungsgründe verfolgt sie das Ziel, über eine Verbesserung der Endenergieeffizienz sowohl zur Senkung des Primärenergieverbrauchs als auch des Ausstoßes von CO_2 und anderer Treibhausgase beizutragen. Zentrale Maßnahmen sind dabei die Festlegung der erforderlichen Richtziele und der erforderlichen Mechanismen, Anreize sowie institutionelle, finanzielle und rechtliche Rahmenbedingungen zur Beseitigung vorhandener Markthindernisse und -mängel, die einer effizienten Endenergienutzung entgegenstehen; ferner die Schaffung der Voraussetzungen für die Entwicklung und Förderung eines Marktes für Energiedienstleistungen und für die Erbringung von anderen Maßnahmen zur Verbesserung der Energieeffizienz für die Endverbraucher. Vor diesem Hintergrund richtet sich die EEffizRL im Wesentlichen an Anbieter von Energieeffizienzmaßnahmen, Verteilernetzbetreiber und Energieeinzelhandelsunternehmen sowie Endkunden.

Der Gesetzgeber hat eine Reihe weiterer staatlicher Programme zur Energieeinsparung etabliert, die einen weiteren Baustein innerhalb des Klimaschutzes darstellen. Zur staatlichen Förderung des Energiesparens stehen verschiedene Instrumente zur Auswahl. Im deutschen Recht überwiegen dabei ordnungsrechtliche Ansätze, welche die Nutzung bestimmter Einsparpotentiale zu verbindlichen Standards erheben, während Subventionen und die indirekte Förderung der Energieeinsparung durch Abgaben von nachgeordneter Bedeutung sind. Besonderes Augenmerk gilt den Bereichen mit den besonderen Einsparpotentialen, insbesondere der Industrie und dem produzierenden Gewerbe, der Gebäudeerwärmung samt Warmwasserbereitung und dem Verkehrssektor.

Einführung

Der Umsetzung der EEffizRL dient das Energiedienstleistungsgesetz (EDL-G) **(Nr. 56)** vom 4. November 2010. Ziel ist es u. a., dass Energieunternehmen ihre Kunden mindestens einmal jährlich über die Anbieter von Energiedienstleistungen, Energieaudits (Verfahren zur Bestimmung des Energieverbrauchs, des Einsparpotenzials und geeigneter Einsparmaßnahmen) oder Energieeffizienzmaßnahmen zu informieren haben. Bei der Bestimmung, ob in der Region ein ausreichendes Angebot von Energieaudits besteht, werden nicht nur regionale, sondern auch überregionale Anbieter genannt. Außerdem werden nicht nur von Energieunternehmen unabhängige, sondern alle potenziellen Anbieter aufgeführt.

Das Energieeinsparungsgesetz (EnEG) **(Nr. 57)** wurde am 22. Juli 1976 als Reaktion auf die Energiekrise der 1970er Jahre erlassen und bildet die Grundlage für die Wärmeschutz-, Heizungsanlagen- und Heizkostenverordnung; am 1. September 2005 wurde das Gesetz neu gefasst (zuletzt geändert durch Gesetz vom 28. März 2009). Das EnEG stellt Anforderungen an den Wärmeschutz, die heizungs- und raumlufttechnische Anlagen sowie an den Betrieb heizungs- und raumlufttechnischer Anlagen. Das EnEG schreibt vor, dass nur Investitionen verlangt werden dürfen, die sich durch eingesparte Energiekosten amortisieren.

Die Bundesregierung hat am 16. November 2001 eine entsprechende Rechtsverordnung, die Energieeinsparverordnung (EnEV) **(Nr. 58),** erlassen, die erstmalig am 1. Februar 2002 in Kraft getreten ist und zum 24. Juli 2007 novelliert wurde (zuletzt geändert durch Gesetz vom 29. April 2009). Die EnEV ersetzte damit die Wärmeschutzverordnung und die Heizungsanlagenverordnung, d. h. zum ersten Mal wurden die Anforderungen für den Energieverbrauch eines Gebäudes in einem Regelwerk zusammengefasst. Die Verordnung stellt deshalb einen Beitrag zur Rechtsvereinfachung in Deutschland dar. Gebäude werden in ihrer Gesamtheit energetisch bewertet, neue bauliche Anforderungen und Nachweise sind gefragt. Auf diese Weise sollen intelligentere Lösungen zur Reduzierung des Energiebedarfs von Gebäuden möglich werden. Der Spielraum der EnEV wird durch die Verordnungsermächtigung, das EnEG, begrenzt. Von Bedeutung ist vor allem die Grenze der wirtschaftlichen Vertretbarkeit der in der Verordnung zu stellenden Anforderungen, die gem. § 5 EnEG nur dann gegeben ist, wenn die erforderlichen Aufwendungen innerhalb der üblichen Nutzungsdauer durch eintretende Einsparungen erwirtschaftet werden können.

Das Energieverbrauchskennzeichnungsgesetz vom 30. Januar 2002 (EnVKG) **(Nr. 59),** zuletzt geändert durch Gesetzt vom 31. Oktober 2006, welches das bisherige Gesetz vom 1. Juli 1997 (BGBl. I S. 1632) ersetzt, dient ebenfalls der Minderung von CO_2-Emissionen und ist gleichzeitig ein weiterer Baustein, den internationalen Verpflichtungen der Europäischen Union und ihrer Mitgliedstaaten zum Klimaschutz nachzukommen. Die Neufassung des EnVKG war erforderlich, weil die bisherigen Regelungen zur Umsetzung zweier bereits ergangener europäischer Richtlinien und mehrerer in naher Zukunft zu erwartender Rechtsakte der Gemeinschaft in nationales Recht nicht ausreichend waren.

Einführung

VII. Ausblick

Hundert Jahre Monopolwirtschaft in der Energieversorgung lassen sich nicht mit einem Federstrich beseitigen. Dies belegen die ersten 14 Jahre der neuen Zeitrechnung seit dem 29. April 1998. Dass es bspw. speziell in der Gaswirtschaft lange nicht zu einem Durchleitungsautomatismus gekommen war, belegt die Schwierigkeit des verhandelten und damit dem freien Spiel der Kräfte überlassenen Netzzugangs. Der Gesetzgeber hat deshalb mit der Novelle des EnWG im Jahre 2005 einen Paradigmenwechsel hin zum sog. regulierten Netzzugang vorgenommen, einschließlich der vier einschlägigen Netzzugangs- und Netzentgeltverordnungen Strom und Gas. Die Einführung einer gesetzlich normierten Netzzugangsverordnung war sowohl aus Gründen des Verbraucherschutzes als auch eines fairen Wettbewerbs geboten; andernfalls drohen Marktneulinge rasch vom Markt zu verschwinden bzw. – genauer formuliert – bereits am Marktzutritt via erforderlicher, zeitnaher Netznutzung zu scheitern. Die Möglichkeit von Schadensersatzklagen vermochte insofern keinen gleichwertigen Ersatz zu bieten. Mittlerweile besteht allerdings die Sorge, dass das Pendel in die gegenseitige Richtung einer Überregulierung ausschlägt. Geboten ist eine Regulierung mit Augenmaß, die nicht dazu führen darf, dass kleinere Netzbetreiber durch unnötig hohe Regulierungskosten aus dem Netzbetriebsmarkt ausscheiden müssen und im Gewande von Regulierung das Gegenteil der Voraussetzungen von Wettbewerb verstärkt wird; eine ohnehin schon festzustellende Oligopolisierung der Energieversorgung. Dies gilt umso mehr, als eine nunmehr beschlossene Energiewende eine stärkere dezentrale Energiewirtschaft mit starken lokalen Akteuren erfordert. Auch deshalb dürfte sich der Trend zur Rekommunalisierung fortsetzen.

Auf den unterschiedlichsten Stufen der energiewirtschaftlichen Wertschöpfungskette ist ferner mit einem weiteren Anstieg der Spruchpraxis der (Regulierungs-)Behörden sowie der Rechtsprechung zu rechnen. Nach einer „ersten Welle" auf der Ebene der Netznutzung sind zunehmend Handel und Vertrieb von Strom und Gas erfasst worden. Das Verhältnis zwischen den Lieferanten untereinander einerseits und dasjenige zwischen Lieferant und Endverbraucher andererseits werden sich wechselseitig weiter bedingen: Fairer Wettbewerb auf der einen Seite wird sich als ebenso unerlässlich wie Transparenz und Rechtssicherheit als Entscheidungsgrundlage der Verbraucher auf der anderen Seite erweisen: Der Schutz des Wettbewerbs ist der effizienteste Verbraucherschutz. Nichtsdestotrotz ist von einer den anderen Bereichen des verbrauchernahen Massengeschäfts, bspw. des Banken- und Versicherungswesens, vergleichbaren Entwicklung einer sich zunehmend differenzierenden Rechtsprechung auszugehen; der Energiewirtschaft früher wenig vertraute Rechtsquellen wie die §§ 305–310 BGB (das sog. AGB-Recht), das Gesetz gegen den unlauteren Wettbewerb (UWG), das Kreditwesengesetz (KWG) oder das Gesetz zur Kontrolle und Transparenz im Unternehmensbereich (KonTraG) haben deutlich zunehmend an Bedeutung gewonnen. Gleiches gilt für den Bereich des Emissionshandels.

Chronologie der Entwicklung der deutschen Energiewirtschaft

1844	Erste Elektrische Kraftanlage in Birmingham
1879	Erfindung der Glühbirne (Edison)
1882	Erstes öffentliches amerikanisches Elektrokraftwerk
1885/86	Edison-Gesellschaft erhält Konzession für Bau und Betrieb eines Elektrizitätswerks in Berlin
1885–1889	Gründung erster staatlicher und privater EVU
1898	Rheinisch-Westfälische-Elektrizitätswerke AG (RWE)
1898	Vereinigung der Elektrizitätswerke (VdEW) bestehend aus 16 EVU
1900	Gesetz betreffend die Bestrafung der Entziehung elektrischer Energie v. 9. 4. 1900
1900	Deutschland: 652 EVU existieren
1919	Gesetz betreffend „Sozialisierung der Elektrizitätswirtschaft" v. 31. 12. 1919
1921	Gründung der Bayernwerk AG am 5. 4. 1921
1922	Verordnung über die schiedsgerichtliche Erhöhung von Preisen bei Lieferung von elektrischer Arbeit, Gas und Leitungswasser in der Fassung v. 16. 6. 1922
1924	Gründung der Aktiengesellschaft Sächsische Werke
1927	Gründung der Preußischen Elektrizitäts AG (PreußenElektra) durch Gesetz v. 24. 10. 1927
1928	AG zur Förderung der deutschen Elektrizitätswirtschaft
1929	Gründung der Interessengemeinschaft kommunaler Elektrizitätswerke (IKE)
1934	Verordnung über Mitteilungspflicht in der Energiewirtschaft v. 30. 7. 1934
1935	Deutsche Gemeindeordnung (DGO) v. 30. 1. 1935
1935	Gesetz zur Förderung der Energiewirtschaft (EnWG) v. 13. 12. 1935
1947	Gründung der Vereinigung Industrieller Kraftwirtschaft (VIK)
1949	Gründung der Deutschen Verbundgesellschaft (DVG) Gründung des Verbandes kommunaler Unternehmen (VkU)
1950	Gründung der Vereinigung deutscher Elektrizitätswerke (VDEW) als Nachfolgerin der VdEW
1950/1951	Sozialisierung des traditionell kommunalen Strom- und Gasvermögens in der DDR
1957	Gesetz gegen Wettbewerbsbeschränkungen (GWB) v. 27. 7. 1957
1959	Bundestarifordnung Gas (BTOGas) v. 10. 2. 1959 (aufgehoben 1998)
1960	Atomgesetz (AtG) v. 23. 12. 1959
1971	Bundestarifordnung Elektrizität (BTOElt) v. 26. 11. 1971 (aufgehoben 2005)
1975	Energiesicherungsgesetz (EnSG) v. 20. 12. 1974
1976	Energieeinsparungsgesetz (EnEG) v. 22. 7. 1976

Chronologie

1979	Verordnungen über die Allgemeinen Bedingungen für die Elektrizitätsversorgung von Tarifkunden (AVBEltV) sowie für die Gasversorgung von Tarifkunden (AVBGasV) v. 21. 6. 1979 (beide aufgehoben 2006)
1990	4. GWB-Novelle (Einführung des besonderen Energiekartellrechts und 20-Jahreslaufzeitregelung) v. 29. 4. 1980 Verordnung über Allgemeine Bedingungen für die Versorgung mit Fernwärme (AVBFernwärmeV) v. 20. 6. 1980
1990	5. GWB-Novelle (u. a. Fristenüberlappung) v. 20. 2. 1990 EU-Transitrichtlinie 90/547/EWG v. 29. 10. 1990 (aufgehoben 2004) EU-Preistransparenzrichtlinie 90/377/EWG v. 29. 6. 1990 Abschluss des sog. Stromvertrages am 22. 8. 1990 (Kapitalmehrheit an den Regionalversorgern in der DDR wird den Verbundunternehmen übertragen)
1990	Stromeinspeisungsgesetz (StrEG) v. 7. 12. 1990 (2000 ersetzt durch EEG 2000)
1991	Mineralölsteuergesetz (MinöStG) v. 21. 12. 1992 (aufgehoben 2006, neu geregelt durch EnergieStG) Konzessionsabgabenverordnung (KAV) v. 9. 1. 1992 Klage gegen den Stromvertrag und sog. Verständigungslösung vor dem BVerfG v. 22. 12. 1992
1997	EU-Elektrizitätsbinnenmarktrichtlinie (EltRL 1996) 96/92 EG v. 19. 12. 1996 (2003 ersetzt durch EltRL 2003)
1998	Gesetz zur Neuregelung des Energiewirtschaftsrechts (EnergieNeuRG) v. 24. 4. 1998: – Gesetz über die Elektrizitäts- und Gasversorgung (EnWG 1998) – Neuregelung des StrEG – Änderungen des GWB Verbändevereinbarung Strom I v. 22. 5. 1998 EU-Gasbinnenmarktrichtlinie (GasRL 1998) 98/30/EG v. 22. 6. 1998 (2003 ersetzt durch GasRL 2003)
1999	6. GWB-Novelle v. 26. 8. 1998 Gesetz zum Einstieg in die ökologische Steuerreform („Ökosteuergesetz" ÖkoStG) v. 24. 3. 1999: – Einführung des Stromsteuergesetzes (StromStG) v. 24. 3. 1999 – Änderungen des MinöStG EU-Gruppenfreistellungsverordnung vertikale Verträge (Vertikal-GVO) Nr. 2790/1999 v. 22. 12. 1999 Verbändevereinbarung Strom II v. 13. 12. 1999
2000	Gesetz für den Vorrang Erneuerbarer Energien (EEG 2000) v. 29. 3. 2000 (2004 ersetzt durch EEG 2004) Gesetz zum Schutz der Stromerzeugung aus Kraft-Wärme-Kopplung (KWKG 2000) v. 12. 5. 2000 (2002 ersetzt durch KWKG 2002) Verbändevereinbarung Gas v. 4. 7. 2000
2001	Biomasseverordnung (BiomasseV) v. 21. 6. 2001 Verbändevereinbarung Gas, 1. Nachtrag v. 15. 3. 2001 Verbändevereinbarung Gas, 2. Nachtrag v. 21. 9. 2001

Chronologie

	EU-Erneuerbare-Energien-Richtlinie (EE-RL 2001) Nr. 2001/77/EG (2009 ersetzt durch EE-RL 2009)
2002	Verbändevereinbarung Strom II Plus v. 13. 12. 2001
	Energieverbrauchskennzeichnungsgesetz (EnVKG) v. 30. 1. 2002
	Gesetz für die Erhaltung, die Modernisierung und den Ausbau der Kraft-Wärme-Kopplung (KWKG 2002) v. 19. 3. 2002
	Verbändevereinbarung Gas II v. 3. 5. 2002
	Verbändevereinbarung Gas II v. 3. 5. 2002
	Gesetz zur Änderung des Mineralölsteuergesetzes und anderer Gesetze v. 23. 7. 2002
	Gesetz zur Fortentwicklung der ökologischen Steuerreform v. 23. 12. 2002
2003	Erstes Gesetz zur Änderung des Gesetzes zur Neuregelung des Energiewirtschaftsrechts (EnWG 2003) v. 20. 5. 2003
	EU-Elektrizitätsbinnenmarktrichtlinie (EltRL) 2003/54/EG v. 26. 6. 2003 (2009 ersetzt durch EltRL 2009)
	EU-Gasbinnenmarktrichtlinie (GasRL) 2003/55/EG v. 26. 6. 2003 (2009 ersetzt durch EltRL 2009)
	EU-Stromhandelszugangsverordnung (StromhandelZVO) v. 26. 6. 2003 (2009 ersetzt durch StromhandelZVO 2009)
	EU-Stromhandelszugangsverordnung (StromhandelZVO) v. 26. 6. 2003 (2009 ersetzt durch StromhandelZVO 2009)
	EU-Emissionshandelsrichtlinie (EmissH-RL) 2003/87/EG v. 13. 10. 2003
	EU-Energiesteuerrichtlinie 2003/96/EG v. 27. 10. 2003)
2004	Gesetz zur Neuregelung des Rechts der Erneuerbaren Energien im Strombereich (EEG 2004) v. 21. 7. 2004 (2009 ersetzt durch EEG 2009)
	Treibhausgas-Emissionshandelsgesetz (TEHG) v. 8. 7. 2004 (Neufassung 2011)
	Zuteilungsgesetz 2007 (ZuG 2007) v. 26. 8. 2004 (2007 ersetzt durch ZuG 2012)
	Zuteilungsverordnung 2007 (ZuV 2007) v. 31. 8. 2004 (2007 ersetzt durch ZuV 2012)
	Emissionshandelskostenverordnung 2007 (EHKostV 2007) v. 31. 8. 2004
2005	Zweites Gesetz zur Neuregelung des Energiewirtschaftrechts (EnWG 2005) v. 7. 7. 2005
	Bundesnetzagenturgesetz (BNetzAG) v. 7. 7. 2005
	Verordnung über den Zugang zu den Elektrizitätsversorgungsnetzen (StromNZV) v. 25. 7. 2005
	Verordnung über die Entgelte für den Zugang zu den Elektrizitätsversorgungsnetzen (StromNEV) v. 25. 7. 2005
	Verordnung über den Zugang zu den Gasversorgungsnetzen (GasNZV) v. 25. 7. 2005 (Neufassung 2010)
	Verordnung über die Entgelte für den Zugang zu den Gasversorgungsnetzen (GasNEV) v. 25. 7. 2005
	Projekt-Mechanismen-Gesetz (ProMechG) v. 22. 9. 2005
	EU-Erdgaszugangsverordnung (ErdgasZVO) 1775/2005 v. 28. 9. 2005 (ersetzt durch VO 715/2009)

Chronologie

2006	EU-Infrastrukturrichtlinie (InfraRL) 2005/89/EG v. 18. 1. 2006
	Energiewirtschaftskostenverordnung (EnWGKostV) v. 14. 3. 2006
	EU-Energieeffizienzrichtlinie (EEffizRL) 2006/32/EG v. 5. 4. 2006
	Energiesteuergesetz (EnergieStG) v. 15. 7. 2006
	Stromgrundversorgungsverordnung (StromGVV) v. 26. 10. 2006
	Gasgrundversorgungsverordnung (GasGVV) v. 26. 10. 2006
	Niederspannungsanschlussverordnung (NAV) v. 1. 11. 2006
	Niederdruckanschlussverordnung (NDAV) v. 1. 11. 2006
2007	Kraftwerks-Netzanschlussverordnung (KraftNAV) v. 26. 6. 2007
	Energieeinsparverordnung (EnEV) v. 24. 7. 2007
	Zuteilungsgesetz 2012 (ZuG 2012) v. 7. 8. 2007
	Zuteilungsverordnung 2012 (ZuV 2012) v. 13. 8. 2007
	Anreizregulierungsverordnung (ARegV) v. 29. 10. 2007
2008	Erneuerbare-Energien-Wärmegesetz (EEWärmeG) v. 7. 8. 2008
	Messzugangsverordnung (MessZV) v. 17. 10. 2008
	Erneuerbare-Energien-Gesetz (EEG 2009) v. 25. 10. 2008
	Gesetz zur Förderung der Kraft-Wärme-Kopplung (KWKG 2009) v. 25. 10. 2008
2009	EU-Erneuerbare-Energien-Richtline (EE-RL 2009) 2009/28/EG v. 23. 4. 2009
	Systemdienstleistungsverordnung (SDLWindV) v. 3. 7. 2009
	EU-Elektrizitätsbinnenmarktrichtlinie (EltRL 2009) 2009/72/EG v. 13. 7. 2009
	EU-Gasbinnenmarktrichtlinie (GasRL 2009) 2009/73/EG v. 13. 7. 2009
	EU-Verordnung zur Schaffung der ACER (ACERVO) Nr. 713/2009 v. 13. 7. 2009
	EU-Stromhandelszugangsverordnung (StromhandelZVO 2009) Nr. 714/2009 v. 13. 7. 2009
	EU-Erdgaszugangsverordnung (ErdgasZVO 2009) Nr. 715/2009 v. 13. 7. 2009
	Ausgleichsmechanismus-Verordnung (AusglMechV) v. 17. 7. 2009
	Emissionshandels-Versteigerungsverordnung (EHVV 2012) v. 17. 7. 2009
	Datenerhebungsverordnung (DEV 2020) v. 22. 7. 2009
	Biomassestrom-Nachhaltigkeitsverordnung (BioSt-NachV) v. 23. 7. 2009
	Energieleitungsausbaugesetz (EnLAG) v. 21. 8. 2009
2010	Ausgleichsmechanismus-Ausführungsverordnung (AusglMechAV) v. 22. 2. 2010
	EU-Gruppenfreistellungsverordnung vertikale Verträge (Vertikal-GVO 2010) Nr. 330/2010 v. 20. 4. 2010
	Energiedienstleistungsgesetz (EDL-G) v. 4. 11. 2010

Chronologie

	Gesetz zur Errichtung eines Sondervermögens „Energie- und Klimafonds" (EKFG) v. 8. 12. 2010
2011	Gashochdruckleitungsverordnung (GasHDrLtgV) v. 18. 5. 2011

2011 Gesetz zur Errichtung eines Sondervermögens „Energie- und Klimafonds" (EKFG) v. 8. 12. 2010
Gashochdruckleitungsverordnung (GasHDrLtgV) v. 18. 5. 2011
Treibhausgas-Emissionshandelsgesetz (TEHG 2011) v. 21. 7. 2011
Gesetz zur Neuregelung energiewirtschaftlicher Vorschriften v. 26. 7. 2011
– Änderung EnWG (EnWG 2011)
– Änderungen BNetzAG, GWB, KWKG, WpHG, StromNEV
Gesetz zur Neuregelung des Rechtsrahmens für die Förderung der Stromerzeugung aus erneuerbaren Energien v. 28. 7. 2011
– Änderung EEG (EEG 2012)
– Änderungen AusglMechV, AusglMechAV, SDLWindV, BiomasseV, BioSt-NachV, EEWärmeG, EnWG, StromNEV, StromNZV, KWKG
Gesetz über Maßnahmen zur Beschleunigung des Netzausbaus Elektrizitätsnetze (NABEG) v. 28. 7. 2011
– Netzausbaubeschleunigungsgesetz Übertragungsnetz (NABEG)
– Änderungen EnWG, StromNEV, ARegV
Verordnung zur Änderung der Energiesteuer- und der Stromsteuer-Durchführungsverordnung v. 20. 9. 2011
– Änderung der EnergieStV
– Änderung der StromstV
Gesetz zur Novellierung des Finanzanlagenvermittler- und Vermögensanlagenrechts v. 6. 12. 2011
– Änderung u. a.: TEHG und KWG
Zweites Gesetz zur Neuregelung energiewirtschaftlicher Vorschriften v. 22. 12. 2011
– Änderung EnWG
– Änderung ARegV

2012 Neufassung des Erdölbevorratungsgesetzes, zur Änderung Mineralöldatengesetzes und zur Änderung des Energiewirtschaftsgesetzes v. 16. 1. 2012
– Neufassung ErdölBevG
– Änderung MinÖlDatG
– Änderung EnWG
Gesetz zur Neuordnung des Kreislaufwirtschafts- und Abfallrechts v. 24. 2. 2012
– Erstverkündung KrWG
– Änderungen u. a.: BImSchG, EnergieStV, AtG, AbwasserV, WHG, BiomasseV, 4. BImSchV, UVPG, VerpackV, BioAbfV, PCBAbfallV
– Aufhebung KrW-/AbfG
Verordnung zur Änderung der ARegV v. 14. 3. 2012
Verordnung zur Änderung von Verordnungen auf dem Gebiet des Energiewirtschaftsrechts v. 30. 4. 2012
– Änderung StromGVV, GasGVV, StromNZV, GasNZV, MessZV

Chronologie

Gesetz zur Änderung des Kraft-Wärme-Kopplungsgesetzes v. 12. 7. 2012
Verordnung zum Erlass der Systemstabilitätsverordnung und zur Änderung der Anreizregulierungsverordnung
Gesetz zur Änderung des Rechtsrahmens für Strom aus solarer Strahlungsenergie und zu weiteren Änderungen im Recht der erneuerbaren Energien v. 17. 8. 2012
– Änderung EEG, AusglMechV, AusglMechAV

weiterführende Literatur:

Altrock/Oschmann/Theobald:	„Erneuerbare-Energien-Gesetz", Kommentar, 3. Aufl., München 2011
Danner/Theobald:	„Energierecht, Lose-Blatt-Kommentar in 4 Bänden, München (Stand: 73. EL/2012)
Schneider/Theobald:	„Recht der Energiewirtschaft", 3. Aufl., München 2011
Theobald/Theobald:	„Grundzüge des Energiewirtschaftsrechts", 2. Aufl., München 2008
Theobald/Templin:	„Strom- und Gasverteilnetze im Wettbewerb", München 2011
Zenke/Ellwanger:	„Handel mit Energiederivaten", München 2003
Zenke/Schäfer:	„Energiehandel in Europa", 3. Aufl., München 2012
Zenke/Fuhr:	„Handel mit CO_2-Zertifikaten", München 2006

Periodika:

InfrastrukturRecht. Monatsschrift für Energie, Verkehr, Abfall, Wasser (www.IR.beck.de)

Schriftenreihe „Energie- und Infrastrukturrecht" hrsg. von Theobald/Britz/Held, München seit 2002 (mittlerweile in 19 Bänden)

Erster Teil. Energierecht i. e. S.

1. Gesetz über die Elektrizitäts- und Gasversorgung (Energiewirtschaftsgesetz – EnWG)[1)2)]

Vom 7. Juli 2005

(BGBl. I S. 1970, ber. S. 3621)

FNA 752-6

zuletzt geänd. durch Art. 3 G zur Neufassung des ErdölbevorratungsG, zur Änderung des MineralöldatenG und zur Änderung des EnergiewirtschaftsG v. 16. 1. 2012 (BGBl. I S. 74)

Inhaltsübersicht

§§

Teil 1. Allgemeine Vorschriften

Zweck des Gesetzes	1
Aufgaben der Energieversorgungsunternehmen	2
Begriffsbestimmungen	3
Verhältnis zum Eisenbahnrecht	3 a
Genehmigung des Netzbetriebs	4
Zertifizierung und Benennung des Betreibers eines Transportnetzes	4 a
Zertifizierung in Bezug auf Drittstaaten	4 b
Pflichten der Transportnetzbetreiber	4 c
Widerruf der Zertifizierung nach § 4a, nachträgliche Versehung mit Auflagen	4 d
Anzeige der Energiebelieferung	5
Speicherungspflichten, Veröffentlichung von Daten	5 a

Teil 2. Entflechtung

Abschnitt 1. Gemeinsame Vorschriften für Verteilernetzbetreiber und Transportnetzbetreiber

Anwendungsbereich und Ziel der Entflechtung	6
Verwendung von Informationen	6 a
Rechnungslegung und Buchführung	6 b
Ordnungsgeldvorschriften	6 c
Betrieb eines Kombinationsnetzbetreibers	6 d

Abschnitt 2. Entflechtung von Verteilernetzbetreibern und Betreibern von Speicheranlagen

Rechtliche Entflechtung von Verteilernetzbetreibern	7
Operationelle Entflechtung von Verteilernetzbetreibern	7 a
Entflechtung von Speicheranlagenbetreibern und Transportnetzeigentümern	7 b

---

[1)] **Amtl. Anm.:** Dieses Gesetz dient der Umsetzung der Richtlinie 2003/54/EG des Europäischen Parlaments und des Rates vom 26. Juni 2003 über gemeinsame Vorschriften für den Elektrizitätsbinnenmarkt und zur Aufhebung der Richtlinie 96/92/EG (ABl. EU Nr. L 176 S. 37), der Richtlinie 2003/55/EG des Europäischen Parlaments und des Rates vom 26. Juni 2003 über gemeinsame Vorschriften für den Erdgasbinnenmarkt und zur Aufhebung der Richtlinie 98/30/EG (ABl. EU Nr. L 176 S. 57), der Richtlinie 2004/67/EG des Rates vom 26. April 2004 über Maßnahmen zur Gewährleistung der sicheren Erdgasversorgung (ABl. EU Nr. L 127 S. 92) und der Richtlinie 2006/32/EG [Nr. **54**] des Europäischen Parlaments und des Rates vom 5. April 2006 über Endenergieeffizienz und Energiedienstleistungen und zur Aufhebung der Richtlinie 93/76/EWG des Rates (ABl. EU Nr. L 114 S. 64).
[2)] Verkündet als Art. 1 Zweites G zur Neuregelung des Energiewirtschaftsrechts v. 7. 7. 2005 (BGBl. I S. 1970); Inkrafttreten gem. Art. 5 Abs. 1 dieses G am 13. 7. 2005.

1 EnWG

1. Teil. Energierecht i.e.S.

§§

Abschnitt 3. Besondere Entflechtungsvorgaben für Transportnetzbetreiber

Eigentumsrechtliche Entflechtung	8
Unabhängiger Systembetreiber	9
Unabhängiger Transportnetzbetreiber	10
Vermögenswerte, Anlagen, Personalausstattung, Unternehmensidentität des Unabhängigen Transportnetzbetreibers	10 a
Rechte und Pflichten im vertikal integrierten Unternehmen	10 b
Unabhängigkeit des Personals und der Unternehmensleitung des Unabhängigen Transportnetzbetreibers	10 c
Aufsichtsrat des Unabhängigen Transportnetzbetreibers	10 d
Gleichbehandlungsprogramm und Gleichbehandlungsbeauftragter des Unabhängigen Transportnetzbetreibers	10 e

Teil 3. Regulierung des Netzbetriebs

Abschnitt 1. Aufgaben der Netzbetreiber

Betrieb von Energieversorgungsnetzen	11
Aufgaben der Betreiber von Übertragungsnetzen	12
Szenariorahmen für die Netzentwicklungsplanung	12 a
Erstellung des Netzentwicklungsplans durch die Betreiber von Übertragungsnetzen	12 b
Bestätigung des Netzentwicklungsplans durch die Regulierungsbehörde	12 c
Öffentlichkeitsbeteiligung bei Fortschreibung des Netzentwicklungsplans	12 d
Bundesbedarfsplan	12 e
Herausgabe von Daten	12 f
Schutz europäisch kritischer Anlagen, Verordnungsermächtigung	12 g
Systemverantwortung der Betreiber von Übertragungsnetzen	13
Aufgaben der Betreiber von Elektrizitätsverteilernetzen	14
Steuerung von unterbrechbaren Verbrauchseinrichtungen in Niederspannung	14 a
Aufgaben der Betreiber von Fernleitungsnetzen	15
Netzentwicklungsplan der Fernleitungsnetzbetreiber	15 a
Systemverantwortung der Betreiber von Fernleitungsnetzen	16
Aufgaben der Betreiber von Gasverteilernetzen	16 a

Abschnitt 2. Netzanschluss

Netzanschluss	17
Allgemeine Anschlusspflicht	18
Technische Vorschriften	19
Umstellung der Gasqualität	19 a

Abschnitt 3. Netzzugang

Zugang zu den Energieversorgungsnetzen	20
Lieferantenwechsel	20 a
Bedingungen und Entgelte für den Netzzugang	21
Regulierungsvorgaben für Anreize für eine effiziente Leistungserbringung	21 a
Messstellenbetrieb	21 b
Einbau von Messsystemen	21 c
Messsysteme	21 d
Allgemeine Anforderungen an Messsysteme zur Erfassung elektrischer Energie	21 e
Messeinrichtungen für Gas	21 f
Erhebung, Verarbeitung und Nutzung personenbezogener Daten	21 g
Informationspflichten	21 h
Rechtsverordnungen	21 i
Beschaffung der Energie zur Erbringung von Ausgleichsleistungen	22
Erbringung von Ausgleichsleistungen	23
Genehmigung der Entgelte für den Netzzugang	23 a
Regelungen zu den Netzzugangsbedingungen, Entgelten für den Netzzugang sowie zur Erbringung und Beschaffung von Ausgleichsleistungen	24
Ausnahmen vom Zugang zu den Gasversorgungsnetzen im Zusammenhang mit unbedingten Zahlungsverpflichtungen	25

Energiewirtschaftsgesetz **EnWG 1**

§§

Zugang zu den vorgelagerten Rohrleitungsnetzen und zu Speicheranlagen im Bereich der leitungsgebundenen Versorgung mit Erdgas 26
Zugang zu den vorgelagerten Rohrleitungsnetzen 27
Zugang zu Speicheranlagen 28
Neue Infrastrukturen.. 28 a

Abschnitt 4. Befugnisse der Regulierungsbehörde, Sanktionen

Verfahren zur Festlegung und Genehmigung.. 29
Missbräuchliches Verhalten eines Netzbetreibers 30
Besondere Missbrauchsverfahren der Regulierungsbehörde................................. 31
Unterlassungsanspruch, Schadensersatzpflicht... 32
Vorteilsabschöpfung durch die Regulierungsbehörde....................................... 33
(aufgehoben) 34
Monitoring.. 35

Teil 4. Energielieferung an Letztverbraucher

Grundversorgungspflicht... 36
Ausnahmen von der Grundversorgungspflicht... 37
Ersatzversorgung mit Energie.. 38
Allgemeine Preise und Versorgungsbedingungen... 39
(aufgehoben) 40
Energielieferverträge mit Haushaltskunden, Verordnungsermächtigung...................... 41
Stromkennzeichnung, Transparenz der Stromrechnungen, Verordnungsermächtigung........ 42

Teil 5. Planfeststellung, Wegenutzung

Erfordernis der Planfeststellung... 43
Anhörungsverfahren .... 43 a
Planfeststellungsbeschluss, Plangenehmigung... 43 b
Rechtswirkungen der Planfeststellung... 43 c
Planänderung vor Fertigstellung des Vorhabens .... 43 d
Rechtsbehelfe .... 43 e
Vorarbeiten 44
Veränderungssperre, Vorkaufsrecht .... 44 a
Vorzeitige Besitzeinweisung .... 44 b
Enteignung 45
Entschädigungsverfahren .... 45 a
Wegenutzungsverträge 46
(aufgehoben) 47
Konzessionsabgaben... 48

Teil 6. Sicherheit und Zuverlässigkeit der Energieversorgung

Anforderungen an Energieanlagen, Verordnungsermächtigung 49
Vorratshaltung zur Sicherung der Energieversorgung..................................... 50
Monitoring der Versorgungssicherheit 51
Meldepflichten bei Versorgungsstörungen 52
Ausschreibung neuer Erzeugungskapazitäten im Elektrizitätsbereich 53
Sicherstellung der Versorgung von Haushaltskunden mit Erdgas .... 53 a

Teil 7. Behörden

Abschnitt 1. Allgemeine Vorschriften

Allgemeine Zuständigkeit... 54
Zuständigkeiten gemäß der Verordnung (EU) Nr. 994/2010, Verordnungsermächtigung...... 54 a
Bundesnetzagentur, Landesregulierungsbehörde und nach Landesrecht zuständige Behörde ... 55
Tätigwerden der Bundesnetzagentur beim Vollzug des europäischen Rechts 56
Zusammenarbeit mit Regulierungsbehörden anderer Mitgliedstaaten, der Agentur für die Zusammenarbeit der Energieregulierungsbehörden und der Europäischen Kommission..... 57
Überprüfungsverfahren .... 57 a
Zusammenarbeit mit den Kartellbehörden... 58

Abschnitt 2. Bundesbehörden

	§§
Organisation	59
Aufgaben des Beirates	60
Aufgaben des Länderausschusses	60 a
Veröffentlichung allgemeiner Weisungen des Bundesministeriums für Wirtschaft und Technologie	61
Gutachten der Monopolkommission	62
Berichterstattung	63
Wissenschaftliche Beratung	64
Zusammenarbeit zwischen den Regulierungsbehörden	64 a

Teil 8. Verfahren und Rechtsschutz bei überlangen Gerichtsverfahren

Abschnitt 1. Behördliches Verfahren

Aufsichtsmaßnahmen	65
Einleitung des Verfahrens, Beteiligte	66
Vorabentscheidung über Zuständigkeit	66 a
Anhörung, mündliche Verhandlung	67
Ermittlungen	68
Auskunftsverlangen, Betretungsrecht	69
Beschlagnahme	70
Betriebs- oder Geschäftsgeheimnisse	71
Netzentgelte vorgelagerter Netzebenen	71 a
Vorläufige Anordnungen	72
Verfahrensabschluss, Begründung der Entscheidung, Zustellung	73
Veröffentlichung von Verfahrenseinleitungen und Entscheidungen	74

Abschnitt 2. Beschwerde

Zulässigkeit, Zuständigkeit	75
Aufschiebende Wirkung	76
Anordnung der sofortigen Vollziehung und der aufschiebenden Wirkung	77
Frist und Form	78
Beteiligte am Beschwerdeverfahren	79
Anwaltszwang	80
Mündliche Verhandlung	81
Untersuchungsgrundsatz	82
Beschwerdeentscheidung	83
Abhilfe bei Verletzung des Anspruchs auf rechtliches Gehör	83 a
Akteneinsicht	84
Geltung von Vorschriften des Gerichtsverfassungsgesetzes und der Zivilprozessordnung	85

Abschnitt 3. Rechtsbeschwerde

Rechtsbeschwerdegründe	86
Nichtzulassungsbeschwerde	87
Beschwerdeberechtigte, Form und Frist	88

Abschnitt 4. Gemeinsame Bestimmungen

Beteiligtenfähigkeit	89
Kostentragung und -festsetzung	90
Elektronische Dokumentenübermittlung	90 a
Gebührenpflichtige Handlungen	91
Beitrag	92
Mitteilung der Bundesnetzagentur	93

Abschnitt 5. Sanktionen, Bußgeldverfahren

Zwangsgeld	94
Bußgeldvorschriften	95
Zuständigkeit für Verfahren wegen der Festsetzung einer Geldbuße gegen eine juristische Person oder Personenvereinigung	96
Zuständigkeiten im gerichtlichen Bußgeldverfahren	97
Zuständigkeit des Oberlandesgerichts im gerichtlichen Verfahren	98

Energiewirtschaftsgesetz **§ 1 EnWG 1**

	§§
Rechtsbeschwerde zum Bundesgerichtshof	99
Wiederaufnahmeverfahren gegen Bußgeldbescheid	100
Gerichtliche Entscheidungen bei der Vollstreckung	101

Abschnitt 6. Bürgerliche Rechtsstreitigkeiten

Ausschließliche Zuständigkeit der Landgerichte	102
Zuständigkeit eines Landgerichts für mehrere Gerichtsbezirke	103
Benachrichtigung und Beteiligung der Regulierungsbehörde	104
Streitwertanpassung	105

Abschnitt 7. Gemeinsame Bestimmungen für das gerichtliche Verfahren

Zuständiger Senat beim Oberlandesgericht	106
Zuständiger Senat beim Bundesgerichtshof	107
Ausschließliche Zuständigkeit	108

Teil 9. Sonstige Vorschriften

Unternehmen der öffentlichen Hand, Geltungsbereich	109
Geschlossene Verteilernetze	110
Verhältnis zum Gesetz gegen Wettbewerbsbeschränkungen	111
Verbraucherbeschwerden	111 a
Schlichtungsstelle, Verordnungsermächtigung	111 b
Zusammentreffen von Schlichtungsverfahren und Missbrauchs- oder Aufsichtsverfahren	111 c

Teil 10. Evaluierung, Schlussvorschriften

Evaluierungsbericht	112
Bericht der Bundesnetzagentur zur Einführung einer Anreizregulierung	112 a
Laufende Wegenutzungsverträge	113
Wirksamwerden der Entflechtungsbestimmungen	114
Bestehende Verträge	115
Bisherige Tarifkundenverträge	116
Konzessionsabgaben für die Wasserversorgung	117
Regelung bei Stromeinspeisung in geringem Umfang	117 a
Übergangsregelungen	118
Übergangsregelung für den Reservebetrieb von Erzeugungsanlagen nach § 7 Absatz 1 e des Atomgesetzes	118 a
Übergangsregelungen für Vorschriften zum Messwesen	118 b

Teil 1. Allgemeine Vorschriften

§ 1 Zweck des Gesetzes. (1) Zweck des Gesetzes ist eine möglichst sichere, preisgünstige, verbraucherfreundliche, effiziente und umweltverträgliche leitungsgebundene Versorgung der Allgemeinheit mit Elektrizität und Gas, die zunehmend auf erneuerbaren Energien beruht.

(2) Die Regulierung der Elektrizitäts- und Gasversorgungsnetze dient den Zielen der Sicherstellung eines wirksamen und unverfälschten Wettbewerbs bei der Versorgung mit Elektrizität und Gas und der Sicherung eines langfristig angelegten leistungsfähigen und zuverlässigen Betriebs von Energieversorgungsnetzen.

(3) Zweck dieses Gesetzes ist ferner die Umsetzung und Durchführung des Europäischen Gemeinschaftsrechts auf dem Gebiet der leitungsgebundenen Energieversorgung.

1 EnWG §§ 2, 3 1. Teil. Energierecht i.e.S.

§ 2 Aufgaben der Energieversorgungsunternehmen. (1) Energieversorgungsunternehmen sind im Rahmen der Vorschriften dieses Gesetzes zu einer Versorgung im Sinne des § 1 verpflichtet.

(2) Die Verpflichtungen nach dem Erneuerbare-Energien-Gesetz[1]) und nach dem Kraft-Wärme-Kopplungsgesetz[2]) bleiben vorbehaltlich des § 13, auch in Verbindung mit § 14, unberührt.

§ 3 Begriffsbestimmungen. Im Sinne dieses Gesetzes bedeutet

1. Ausgleichsleistungen
   Dienstleistungen zur Bereitstellung von Energie, die zur Deckung von Verlusten und für den Ausgleich von Differenzen zwischen Ein- und Ausspeisung benötigt wird, zu denen insbesondere auch Regelenergie gehört,

1 a. Ausspeisekapazität
   im Gasbereich das maximale Volumen pro Stunde in Normkubikmeter, das an einem Ausspeisepunkt aus einem Netz oder Teilnetz insgesamt ausgespeist und gebucht werden kann,

1 b. Ausspeisepunkt
   ein Punkt, an dem Gas aus einem Netz oder Teilnetz eines Netzbetreibers entnommen werden kann,

2. Betreiber von Elektrizitätsversorgungsnetzen
   natürliche oder juristische Personen oder rechtlich unselbständige Organisationseinheiten eines Energieversorgungsunternehmens, die Betreiber von Übertragungs- oder Elektrizitätsverteilernetzen sind,

3. Betreiber von Elektrizitätsverteilernetzen
   natürliche oder juristische Personen oder rechtlich unselbständige Organisationseinheiten eines Energieversorgungsunternehmens, die die Aufgabe der Verteilung von Elektrizität wahrnehmen und verantwortlich sind für den Betrieb, die Wartung sowie erforderlichenfalls den Ausbau des Verteilernetzes in einem bestimmten Gebiet und gegebenenfalls der Verbindungsleitungen zu anderen Netzen,

4. Betreiber von Energieversorgungsnetzen
   Betreiber von Elektrizitätsversorgungsnetzen oder Gasversorgungsnetzen,

5. Betreiber von Fernleitungsnetzen
   Betreiber von Netzen, die Grenz- oder Marktgebietsübergangspunkte aufweisen, die insbesondere die Einbindung großer europäischer Importleitungen in das deutsche Fernleitungsnetz gewährleisten, oder natürliche oder juristische Personen oder rechtlich unselbstständige Organisationseinheiten eines Energieversorgungsunternehmens, die die Aufgabe der Fernleitung von Erdgas wahrnehmen und verantwortlich sind für den Betrieb, die Wartung sowie erforderlichenfalls den Ausbau eines Netzes,

   a) das der Anbindung der inländischen Produktion oder von LNG-Anlagen an das deutsche Fernleitungsnetz dient, sofern es sich hierbei nicht um ein vorgelagertes Rohrleitungsnetz im Sinne von Nummer 39 handelt, oder

---
[1]) Nr. **34**.
[2]) Nr. **43**.

b) das an Grenz- oder Marktgebietsübergangspunkten Buchungspunkte oder -zonen aufweist, für die Transportkunden Kapazitäten buchen können,

6. Betreiber von Gasversorgungsnetzen
natürliche oder juristische Personen oder rechtlich unselbständige Organisationseinheiten eines Energieversorgungsunternehmens, die Gasversorgungsnetze betreiben,

7. Betreiber von Gasverteilernetzen
natürliche oder juristische Personen oder rechtlich unselbständige Organisationseinheiten eines Energieversorgungsunternehmens, die die Aufgabe der Verteilung von Gas wahrnehmen und verantwortlich sind für den Betrieb, die Wartung sowie erforderlichenfalls den Ausbau des Verteilernetzes in einem bestimmten Gebiet und gegebenenfalls der Verbindungsleitungen zu anderen Netzen,

8. Betreiber von LNG-Anlagen
natürliche oder juristische Personen oder rechtlich unselbständige Organisationseinheiten eines Energieversorgungsunternehmens, die die Aufgabe der Verflüssigung von Erdgas oder der Einfuhr, Entladung und Wiederverdampfung von verflüssigtem Erdgas wahrnehmen und für den Betrieb einer LNG-Anlage verantwortlich sind,

9. Betreiber von Speicheranlagen
natürliche oder juristische Personen oder rechtlich unselbständige Organisationseinheiten eines Energieversorgungsunternehmens, die die Aufgabe der Speicherung von Erdgas wahrnehmen und für den Betrieb einer Speicheranlage verantwortlich sind,

10. Betreiber von Übertragungsnetzen
natürliche oder juristische Personen oder rechtlich unselbständige Organisationseinheiten eines Energieversorgungsunternehmens, die die Aufgabe der Übertragung von Elektrizität wahrnehmen und die verantwortlich sind für den Betrieb, die Wartung sowie erforderlichenfalls den Ausbau des Übertragungsnetzes in einem bestimmten Gebiet und gegebenenfalls der Verbindungsleitungen zu anderen Netzen,

10a. Bilanzkreis
im Elektrizitätsbereich innerhalb einer Regelzone die Zusammenfassung von Einspeise- und Entnahmestellen, die dem Zweck dient, Abweichungen zwischen Einspeisungen und Entnahmen durch ihre Durchmischung zu minimieren und die Abwicklung von Handelstransaktionen zu ermöglichen,

10b. Bilanzzone
im Gasbereich der Teil eines oder mehrerer Netze, in dem Ein- und Ausspeisepunkte einem bestimmten Bilanzkreis zugeordnet werden können,

10c. Biogas
Biomethan, Gas aus Biomasse, Deponiegas, Klärgas und Grubengas sowie Wasserstoff, der durch Wasserelektrolyse erzeugt worden ist, und synthetisch erzeugtes Methan, wenn der zur Elektrolyse eingesetzte Strom und das zur Methanisierung eingesetzte Kohlendioxid oder Kohlenmonoxid jeweils nachweislich weit überwiegend aus erneuerbaren Energiequellen

im Sinne der Richtlinie 2009/28/EG[1]) (ABl. L 140 vom 5. 6. 2009, S. 16) stammen,

11. dezentrale Erzeugungsanlage
eine an das Verteilernetz angeschlossene verbrauchs- und lastnahe Erzeugungsanlage,

12. Direktleitung
eine Leitung, die einen einzelnen Produktionsstandort mit einem einzelnen Kunden verbindet, oder eine Leitung, die einen Elektrizitätserzeuger und ein Elektrizitätsversorgungsunternehmen zum Zwecke der direkten Versorgung mit ihrer eigenen Betriebsstätte, Tochterunternehmen oder Kunden verbindet, oder eine zusätzlich zum Verbundnetz errichtete Gasleitung zur Versorgung einzelner Kunden,

13. Eigenanlagen
Anlagen zur Erzeugung von Elektrizität zur Deckung des Eigenbedarfs, die nicht von Energieversorgungsunternehmen betrieben werden,

13 a. Einspeisekapazität
im Gasbereich das maximale Volumen pro Stunde in Normkubikmeter, das an einem Einspeisepunkt in ein Netz oder Teilnetz eines Netzbetreibers insgesamt eingespeist werden kann,

13 b. Einspeisepunkt
ein Punkt, an dem Gas an einen Netzbetreiber in dessen Netz oder Teilnetz übergeben werden kann, einschließlich der Übergabe aus Speichern, Gasproduktionsanlagen, Hubs oder Misch- und Konversionsanlagen,

14. Energie
Elektrizität und Gas, soweit sie zur leitungsgebundenen Energieversorgung verwendet werden,

15. Energieanlagen
Anlagen zur Erzeugung, Speicherung, Fortleitung oder Abgabe von Energie, soweit sie nicht lediglich der Übertragung von Signalen dienen, dies schließt die Verteileranlagen der Letztverbraucher sowie bei der Gasversorgung auch die letzte Absperreinrichtung vor der Verbrauchsanlage ein,

15 a. Energiederivat
ein in Abschnitt C Nummer 5, 6 oder 7 des Anhangs I der Richtlinie 2004/39/EG des Europäischen Parlaments und des Rates vom 21. April 2004 über Märkte für Finanzinstrumente, zur Änderung der Richtlinien 85/611/EWG und 93/6/EWG des Rates und der Richtlinie 2000/12/EG des Europäischen Parlaments und des Rates und zur Aufhebung der Richtlinie 93/22/EWG des Rates (ABl. L 145 vom 30.4.2001, S. 1, ABl. L 45 vom 16.2.2005, S. 18) in der jeweils geltenden Fassung genanntes Finanzinstrument, sofern dieses Instrument auf Elektrizität oder Gas bezogen ist,

15 b. Energieeffizienzmaßnahmen
Maßnahmen zur Verbesserung des Verhältnisses zwischen Energieaufwand und damit erzieltem Ergebnis im Bereich von Energieumwandlung, Energietransport und Energienutzung,

---

[1]) Nr. 36.

Energiewirtschaftsgesetz § 3 EnWG 1

16. Energieversorgungsnetze
Elektrizitätsversorgungsnetze und Gasversorgungsnetze über eine oder mehrere Spannungsebenen oder Druckstufen mit Ausnahme von Kundenanlagen im Sinne der Nummern 24a und 24b,

17. Energieversorgungsnetze der allgemeinen Versorgung
Energieversorgungsnetze, die der Verteilung von Energie an Dritte dienen und von ihrer Dimensionierung nicht von vornherein nur auf die Versorgung bestimmter, schon bei der Netzerrichtung feststehender oder bestimmbarer Letztverbraucher ausgelegt sind, sondern grundsätzlich für die Versorgung jedes Letztverbrauchers offen stehen,

18. Energieversorgungsunternehmen
natürliche oder juristische Personen, die Energie an andere liefern, ein Energieversorgungsnetz betreiben oder an einem Energieversorgungsnetz als Eigentümer Verfügungsbefugnis besitzen; der Betrieb einer Kundenanlage oder einer Kundenanlage zur betrieblichen Eigenversorgung macht den Betreiber nicht zum Energieversorgungsunternehmen,

18a. Energieversorgungsvertrag
ein Vertrag über die Lieferung von Elektrizität oder Gas, mit Ausnahme von Energiederivaten,

18b. Erneuerbare Energien
Energie im Sinne des § 3 Nr. 3 des Erneuerbare-Energien-Gesetzes[1],

19. Fernleitung
der Transport von Erdgas durch ein Hochdruckfernleitungsnetz, mit Ausnahme von vorgelagerten Rohrleitungsnetzen, um die Versorgung von Kunden zu ermöglichen, jedoch nicht die Versorgung der Kunden selbst,

19a. Gas
Erdgas, Biogas, Flüssiggas im Rahmen der §§ 4 und 49 sowie, wenn sie in ein Gasversorgungsnetz eingespeist werden, Wasserstoff, der durch Wasserelektrolyse erzeugt worden ist, und synthetisch erzeugtes Methan, das durch wasserelektrolytisch erzeugten Wasserstoff und anschließende Methanisierung hergestellt worden ist,

19b. Gaslieferant
natürliche und juristische Personen, deren Geschäftstätigkeit ganz oder teilweise auf den Vertrieb von Gas zum Zwecke der Belieferung von Letztverbrauchern ausgerichtet ist,

20. Gasversorgungsnetze
alle Fernleitungsnetze, Gasverteilernetze, LNG-Anlagen oder Speicheranlagen, die für den Zugang zur Fernleitung, zur Verteilung und zu LNG-Anlagen erforderlich sind und die einem oder mehreren Energieversorgungsunternehmen gehören oder von ihm oder von ihnen betrieben werden, einschließlich Netzpufferung und seiner Anlagen, die zu Hilfsdiensten genutzt werden, und der Anlagen verbundener Unternehmen, ausgenommen sind solche Netzteile oder Teile von Einrichtungen, die für örtliche Produktionstätigkeiten verwendet werden,

---

[1] Nr. 34.

21. Großhändler
natürliche oder juristische Personen mit Ausnahme von Betreibern von Übertragungs-, Fernleitungs- sowie Elektrizitäts- und Gasverteilernetzen, die Energie zum Zwecke des Weiterverkaufs innerhalb oder außerhalb des Netzes, in dem sie ansässig sind, kaufen,

22. Haushaltskunden
Letztverbraucher, die Energie überwiegend für den Eigenverbrauch im Haushalt oder für den einen Jahresverbrauch von 10 000 Kilowattstunden nicht übersteigenden Eigenverbrauch für berufliche, landwirtschaftliche oder gewerbliche Zwecke kaufen,

23. Hilfsdienste
sämtliche zum Betrieb eines Übertragungs- oder Elektrizitätsverteilernetzes erforderlichen Dienste oder sämtliche für den Zugang zu und den Betrieb von Fernleitungs- oder Gasverteilernetzen oder LNG-Anlagen oder Speicheranlagen erforderlichen Dienste, einschließlich Lastausgleichs- und Mischungsanlagen, jedoch mit Ausnahme von Anlagen, die ausschließlich Betreibern von Fernleitungsnetzen für die Wahrnehmung ihrer Aufgaben vorbehalten sind,

24. Kunden
Großhändler, Letztverbraucher und Unternehmen, die Energie kaufen,

24 a. Kundenanlagen
Energieanlagen zur Abgabe von Energie,

a) die sich auf einem räumlich zusammengehörenden Gebiet befinden,

b) mit einem Energieversorgungsnetz oder mit einer Erzeugungsanlage verbunden sind,

c) für die Sicherstellung eines wirksamen und unverfälschten Wettbewerbs bei der Versorgung mit Elektrizität und Gas unbedeutend sind und

d) jedermann zum Zwecke der Belieferung der angeschlossenen Letztverbraucher im Wege der Durchleitung unabhängig von der Wahl des Energielieferanten diskriminierungsfrei und unentgeltlich zur Verfügung gestellt werden,

24 b. Kundenanlagen zur betrieblichen Eigenversorgung
Energieanlagen zur Abgabe von Energie,

a) die sich auf einem räumlich zusammengehörenden Betriebsgebiet befinden,

b) mit einem Energieversorgungsnetz oder mit einer Erzeugungsanlage verbunden sind,

c) fast ausschließlich dem betriebsnotwendigen Transport von Energie innerhalb des eigenen Unternehmens oder zu verbundenen Unternehmen oder fast ausschließlich dem der Bestimmung des Betriebs geschuldeten Abtransport in ein Energieversorgungsnetz dienen und

d) jedermann zum Zwecke der Belieferung der an sie angeschlossenen Letztverbraucher im Wege der Durchleitung unabhängig von der Wahl des Energielieferanten diskriminierungsfrei und unentgeltlich zur Verfügung gestellt werden,

Energiewirtschaftsgesetz §3 EnWG 1

25. Letztverbraucher
Natürliche oder juristische Personen, die Energie für den eigenen Verbrauch kaufen,

26. LNG-Anlage
eine Kopfstation zur Verflüssigung von Erdgas oder zur Einfuhr, Entladung und Wiederverdampfung von verflüssigtem Erdgas; darin eingeschlossen sind Hilfsdienste und die vorübergehende Speicherung, die für die Wiederverdampfung und die anschließende Einspeisung in das Fernleitungsnetz erforderlich sind, jedoch nicht die zu Speicherzwecken genutzten Teile von LNG-Kopfstationen,

26 a. Messstellenbetreiber ein Netzbetreiber oder ein Dritter, der die Aufgabe des Messstellenbetriebs wahrnimmt,

26 b. Messstellenbetrieb der Einbau, der Betrieb und die Wartung von Messeinrichtungen,

26 c. Messung die Ab- und Auslesung der Messeinrichtung sowie die Weitergabe der Daten an die Berechtigten,

27. Netzbetreiber
Netz- oder Anlagenbetreiber im Sinne der Nummern 2 bis 7 und 10,

28. Netznutzer
natürliche oder juristische Personen, die Energie in ein Elektrizitäts- oder Gasversorgungsnetz einspeisen oder daraus beziehen,

29. Netzpufferung
die Speicherung von Gas durch Verdichtung in Fernleitungs- und Verteilernetzen, ausgenommen sind Einrichtungen, die Betreibern von Fernleitungsnetzen bei der Wahrnehmung ihrer Aufgaben vorbehalten sind,

29 a. neue Infrastruktur
eine Infrastruktur, die nach dem 12. Juli 2005 in Betrieb genommen worden ist,

29 b. oberste Unternehmensleitung
Vorstand, Geschäftsführung oder ein Gesellschaftsorgan mit vergleichbaren Aufgaben und Befugnissen,

29 c. örtliches Verteilernetz
ein Netz, das überwiegend der Belieferung von Letztverbrauchern über örtliche Leitungen, unabhängig von der Druckstufe oder dem Durchmesser der Leitungen, dient; für die Abgrenzung der örtlichen Verteilernetze von den vorgelagerten Netzebenen wird auf das Konzessionsgebiet abgestellt, in dem ein Netz der allgemeinen Versorgung im Sinne des § 18 Abs. 1 und des § 46 Abs. 2 betrieben wird einschließlich von Leitungen, die ein örtliches Verteilernetz mit einem benachbarten örtlichen Verteilernetz verbinden,

30. Regelzone
im Bereich der Elektrizitätsversorgung das Netzgebiet, für dessen Primärregelung, Sekundärregelung und Minutenreserve ein Betreiber von Übertragungsnetzen im Rahmen der Union für die Koordinierung des Transports elektrischer Energie (UCTE) verantwortlich ist,

31. Speicheranlage
eine einem Gasversorgungsunternehmen gehörende oder von ihm betriebene Anlage zur Speicherung von Gas, einschließlich des zu Speicher-

zwecken genutzten Teils von LNG-Anlagen, jedoch mit Ausnahme des Teils, der für eine Gewinnungstätigkeit genutzt wird, ausgenommen sind auch Einrichtungen, die ausschließlich Betreibern von Leitungsnetzen bei der Wahrnehmung ihrer Aufgaben vorbehalten sind,

31 a. Teilnetz
im Gasbereich ein Teil des Transportgebiets eines oder mehrerer Netzbetreiber, in dem ein Transportkunde gebuchte Kapazitäten an Ein- und Ausspeisepunkten flexibel nutzen kann,

31 b. Transportkunde
im Gasbereich Großhändler, Gaslieferanten einschließlich der Handelsabteilung eines vertikal integrierten Unternehmens und Letztverbraucher,

31 c. Transportnetzbetreiber
jeder Betreiber eines Übertragungs- oder Fernleitungsnetzes,

31 d. Transportnetz
jedes Übertragungs- oder Fernleitungsnetz,

32. Übertragung
der Transport von Elektrizität über ein Höchstspannungs- und Hochspannungsverbundnetz einschließlich grenzüberschreitender Verbindungsleitungen zum Zwecke der Belieferung von Letztverbrauchern oder Verteilern, jedoch nicht die Belieferung der Kunden selbst,

33. Umweltverträglichkeit
dass die Energieversorgung den Erfordernissen eines nachhaltigen, insbesondere rationellen und sparsamen Umgangs mit Energie genügt, eine schonende und dauerhafte Nutzung von Ressourcen gewährleistet ist und die Umwelt möglichst wenig belastet wird, der Nutzung von Kraft-Wärme-Kopplung und erneuerbaren Energien kommt dabei besondere Bedeutung zu,

33 a. Unternehmensleitung
die oberste Unternehmensleitung sowie Personen, die mit Leitungsaufgaben für den Transportnetzbetreiber betraut sind und auf Grund eines Übertragungsaktes, dessen Eintragung im Handelsregister oder einem vergleichbaren Register eines Mitgliedstaates der Europäischen Union gesetzlich vorgesehen ist, berechtigt sind, den Transportnetzbetreiber gerichtlich und außergerichtlich zu vertreten,

34. Verbindungsleitungen
Anlagen, die zur Verbundschaltung von Elektrizitätsnetzen dienen, oder eine Fernleitung, die eine Grenze zwischen Mitgliedstaaten quert oder überspannt und einzig dem Zweck dient, die nationalen Fernleitungsnetze dieser Mitgliedstaaten zu verbinden,

35. Verbundnetz
eine Anzahl von Übertragungs- und Elektrizitätsverteilernetzen, die durch eine oder mehrere Verbindungsleitungen miteinander verbunden sind, oder eine Anzahl von Gasversorgungsnetzen, die miteinander verbunden sind,

36. Versorgung
die Erzeugung oder Gewinnung von Energie zur Belieferung von Kunden, der Vertrieb von Energie an Kunden und der Betrieb eines Energieversorgungsnetzes,

Energiewirtschaftsgesetz **§§ 3 a, 4 EnWG 1**

37. Verteilung
der Transport von Elektrizität mit hoher, mittlerer oder niederer Spannung über Elektrizitätsverteilernetze oder der Transport von Gas über örtliche oder regionale Leitungsnetze, um die Versorgung von Kunden zu ermöglichen, jedoch nicht die Belieferung der Kunden selbst; der Verteilung von Gas dienen auch solche Netze, die über Grenzkopplungspunkte verfügen, über die ausschließlich ein anderes, nachgelagertes Netz aufgespeist wird,

38. vertikal integriertes Energieversorgungsunternehmen
ein in der Europäischen Union im Elektrizitäts- oder Gasbereich tätiges Unternehmen oder eine Gruppe von Elektrizitäts- oder Gasunternehmen, die im Sinne des Artikels 3 Absatz 2 der Verordnung (EG) Nr. 139/2004 des Rates vom 20. Januar 2004 über die Kontrolle von Unternehmenszusammenschlüssen (ABl. L 24 vom 29. 1. 2004, S. 1) miteinander verbunden sind, wobei das betreffende Unternehmen oder die betreffende Gruppe in der Europäischen Union im Elektrizitätsbereich mindestens eine der Funktionen Übertragung oder Verteilung und mindestens eine der Funktionen Erzeugung oder Vertrieb von Elektrizität oder im Erdgasbereich mindestens eine der Funktionen Fernleitung, Verteilung, Betrieb einer LNG-Anlage oder Speicherung und gleichzeitig eine der Funktionen Gewinnung oder Vertrieb von Erdgas wahrnimmt,

39. vorgelagertes Rohrleitungsnetz
Rohrleitungen oder ein Netz von Rohrleitungen, deren Betrieb oder Bau Teil eines Öl- oder Gasgewinnungsvorhabens ist oder die dazu verwendet werden, Erdgas von einer oder mehreren solcher Anlagen zu einer Aufbereitungsanlage, zu einem Terminal oder zu einem an der Küste gelegenen Endanlandeterminal zu leiten, mit Ausnahme solcher Netzteile oder Teile von Einrichtungen, die für örtliche Produktionstätigkeiten verwendet werden.

§ 3 a Verhältnis zum Eisenbahnrecht. Dieses Gesetz gilt auch für die Versorgung von Eisenbahnen mit leitungsgebundener Energie, insbesondere Fahrstrom, soweit im Eisenbahnrecht nichts anderes geregelt ist.

§ 4 Genehmigung des Netzbetriebs. (1) [1] Die Aufnahme des Betriebs eines Energieversorgungsnetzes bedarf der Genehmigung durch die nach Landesrecht zuständige Behörde. [2] Über die Erteilung der Genehmigung entscheidet die nach Landesrecht zuständige Behörde innerhalb von sechs Monaten nach Vorliegen vollständiger Antragsunterlagen.

(2) [1] Die Genehmigung nach Absatz 1 darf nur versagt werden, wenn der Antragsteller nicht die personelle, technische und wirtschaftliche Leistungsfähigkeit und Zuverlässigkeit besitzt, um den Netzbetrieb entsprechend den Vorschriften dieses Gesetzes auf Dauer zu gewährleisten. [2] Unter den gleichen Voraussetzungen kann auch der Betrieb einer in Absatz 1 genannten Anlage untersagt werden, für dessen Aufnahme keine Genehmigung erforderlich war.

(3) Im Falle der Gesamtrechtsnachfolge oder der Rechtsnachfolge nach dem Umwandlungsgesetz oder in sonstigen Fällen der rechtlichen Entflechtung des Netzbetriebs nach § 7 geht die Genehmigung auf den Rechtsnachfolger über.

(4) Die nach Landesrecht zuständige Behörde kann bei einem Verstoß gegen Absatz 1 den Netzbetrieb untersagen oder den Netzbetreiber durch andere geeignete Maßnahmen vorläufig verpflichten, ein Verhalten abzustellen, das einen Versagungsgrund im Sinne des Absatzes 2 darstellen würde.

(5) Das Verfahren nach Absatz 1 kann über eine einheitliche Stelle abgewickelt werden.

§ 4 a Zertifizierung und Benennung des Betreibers eines Transportnetzes. (1) [1] Der Betrieb eines Transportnetzes bedarf der Zertifizierung durch die Regulierungsbehörde. [2] Das Zertifizierungsverfahren wird auf Antrag des Transportnetzbetreibers oder des Transportnetzeigentümers, auf begründeten Antrag der Europäischen Kommission oder von Amts wegen eingeleitet. [3] Transportnetzbetreiber oder Transportnetzeigentümer haben den Antrag auf Zertifizierung bis spätestens 3. März 2012 zu stellen.

(2) [1] Transportnetzbetreiber haben dem Antrag alle zur Prüfung des Antrags erforderlichen Unterlagen beizufügen. [2] Die Unterlagen sind der Regulierungsbehörde auf Anforderung auch elektronisch zur Verfügung zu stellen.

(3) Die Regulierungsbehörde erteilt die Zertifizierung des Transportnetzbetreibers, wenn der Transportnetzbetreiber nachweist, dass er entsprechend den Vorgaben der §§ 8 oder 9 oder der §§ 10 bis 10 e organisiert ist.

(4) Die Zertifizierung kann mit Nebenbestimmungen verbunden werden, soweit dies erforderlich ist, um zu gewährleisten, dass die Vorgaben der §§ 8 oder 9 oder der §§ 10 bis 10 e erfüllt werden.

(5) [1] Die Regulierungsbehörde erstellt innerhalb eines Zeitraums von vier Monaten ab Einleitung des Zertifizierungsverfahrens einen Entscheidungsentwurf und übersendet diesen unverzüglich der Europäischen Kommission zur Abgabe einer Stellungnahme. [2] Die Regulierungsbehörde hat der Europäischen Kommission mit der Übersendung des Entscheidungsentwurfs nach Satz 1 alle Antragsunterlagen nach Absatz 2 zur Verfügung zu stellen.

(6) [1] Die Regulierungsbehörde hat binnen zwei Monaten nach Zugang der Stellungnahme der Europäischen Kommission oder nach Ablauf der Frist des Artikels 3 Absatz 1 der Verordnung (EG) Nr. 714/2009[1]) des Europäischen Parlaments und des Rates vom 13. Juli 2009 über die Netzzugangsbedingungen für den grenzüberschreitenden Stromhandel und zur Aufhebung der Verordnung (EG) Nr. 1228/2003 (ABl. L 211 vom 14.8.2009, S. 15) oder des Artikels 3 Absatz 1 der Verordnung (EG) Nr. 715/2009[2]) des Europäischen Parlaments und des Rates vom 13. Juli 2009 über die Bedingungen für den Zugang zu den Erdgasfernleitungsnetzen und zur Aufhebung der Verordnung (EG) Nr. 1775/2005 (ABl. L 211 vom 14.8.2009, S. 36, L 229 vom 1.9.2009, S. 29), ohne dass der Regulierungsbehörde eine Stellungnahme der Europäischen Kommission zugegangen ist, eine Entscheidung zu treffen. [2] Hat die Europäische Kommission eine Stellungnahme übermittelt, berücksichtigt die Regulierungsbehörde diese so weit wie möglich in ihrer Entscheidung. [3] Die Entscheidung wird zusammen mit der Stellungnahme der Europäischen Kommission im Amtsblatt der Bundesnetzagentur in nicht personenbezogener Form bekannt gegeben. [4] Trifft die Regulierungsbehörde innerhalb der Frist

---
[1]) Nr. 8.
[2]) Nr. 21.

nach Satz 1 keine Entscheidung, gilt der betreffende Transportnetzbetreiber bis zu einer Entscheidung der Regulierungsbehörde als zertifiziert.

(7) [1] Mit der Bekanntgabe der Zertifizierung im Amtsblatt der Bundesnetzagentur ist der Antragsteller als Transportnetzbetreiber benannt. [2] Die Regulierungsbehörde teilt der Europäischen Kommission die Benennung mit. [3] Die Benennung eines Unabhängigen Systembetreibers im Sinne des § 9 erfordert die Zustimmung der Europäischen Kommission.

(8) Artikel 3 der Verordnung (EG) Nr. 714/2009 und Artikel 3 der Verordnung (EG) Nr. 715/2009 bleiben unberührt.

§ 4 b Zertifizierung in Bezug auf Drittstaaten. (1) [1] Beantragt ein Transportnetzbetreiber oder ein Transportnetzeigentümer, der von einer oder mehreren Personen aus einem oder mehreren Staaten, die nicht der Europäischen Union oder dem Europäischen Wirtschaftsraum angehören (Drittstaaten), allein oder gemeinsam kontrolliert wird, die Zertifizierung, teilt die Regulierungsbehörde dies der Europäischen Kommission mit. [2] Transportnetzbetreiber oder Transportnetzeigentümer haben den Antrag auf Zertifizierung bis spätestens 3. März 2013 bei der Regulierungsbehörde zu stellen.

(2) [1] Wird ein Transportnetzbetreiber oder ein Transportnetzeigentümer von einer oder mehreren Personen aus einem oder mehreren Drittstaaten allein oder gemeinsam kontrolliert, ist die Zertifizierung nur zu erteilen, wenn der Transportnetzbetreiber oder der Transportnetzeigentümer den Anforderungen der §§ 8 oder 9 oder der §§ 10 bis 10 e genügt und das Bundesministerium für Wirtschaft und Technologie feststellt, dass die Erteilung der Zertifizierung die Sicherheit der Elektrizitäts- oder Gasversorgung der Bundesrepublik Deutschland und der Europäischen Union nicht gefährdet. [2] Der Antragsteller hat mit der Antragstellung nach Absatz 1 zusätzlich beim Bundesministerium für Wirtschaft und Technologie die zur Beurteilung der Auswirkungen auf die Versorgungssicherheit erforderlichen Unterlagen einzureichen.

(3) [1] Das Bundesministerium für Wirtschaft und Technologie übermittelt der Regulierungsbehörde binnen drei Monaten nach Eingang der vollständigen erforderlichen Unterlagen nach Absatz 2 Satz 2 seine Bewertung, ob die Erteilung der Zertifizierung die Sicherheit der Elektrizitäts- oder Gasversorgung der Bundesrepublik Deutschland und der Europäischen Union gefährdet. [2] Bei seiner Bewertung der Auswirkungen auf die Versorgungssicherheit berücksichtigt das Bundesministerium für Wirtschaft und Technologie
1. die Rechte und Pflichten der Europäischen Union gegenüber diesem Drittstaat, die aus dem Völkerrecht, auch aus einem Abkommen mit einem oder mehreren Drittstaaten, dem die Union als Vertragpartei angehört und in dem Fragen der Energieversorgungssicherheit behandelt werden, erwachsen;
2. die Rechte und Pflichten der Bundesrepublik Deutschland gegenüber diesem Drittstaat, die aus einem mit diesem Drittstaat geschlossenen Abkommen erwachsen, soweit sie mit dem Unionsrecht in Einklang stehen, und
3. andere besondere Umstände des Einzelfalls und des betreffenden Drittstaats.

(4) Vor einer Entscheidung der Regulierungsbehörde über die Zertifizierung des Betriebs eines Transportnetzes bitten Regulierungsbehörde und Bundesministerium für Wirtschaft und Technologie die Europäische Kommis-

sion um Stellungnahme, ob der Transportnetzbetreiber oder der Transportnetzeigentümer den Anforderungen der §§ 8 oder 9 oder der §§ 10 bis 10 e genügt und eine Gefährdung der Energieversorgungssicherheit der Europäischen Union auf Grund der Zertifizierung ausgeschlossen ist.

(5) [1] Die Regulierungsbehörde hat innerhalb von zwei Monaten, nachdem die Europäische Kommission ihre Stellungnahme vorgelegt hat oder nachdem die Frist des Artikels 11 Absatz 6 der Richtlinie 2009/72/EG[1]) des Europäischen Parlaments und des Rates vom 13. Juli 2009 über gemeinsame Vorschriften für den Elektrizitätsbinnenmarkt und zur Aufhebung der Richtlinie 2009/54/EG (ABl. L 211 vom 14. 8. 2008, S. 94) oder des Artikels 11 Absatz 6 der Richtlinie 2009/73/EG[2]) des Europäischen Parlaments und des Rates vom 13. Juli 2009 über gemeinsame Vorschriften für den Erdgasbinnenmarkt und zur Aufhebung der Richtlinie 2003/55/EG (ABl. L 211 vom 14. 8. 2009, S. 55) abgelaufen ist, ohne dass die Europäische Kommission eine Stellungnahme vorgelegt hat, über den Antrag auf Zertifizierung zu entscheiden. [2] Die Regulierungsbehörde hat in ihrer Entscheidung der Stellungnahme der Europäischen Kommission so weit wie möglich Rechnung zu tragen. [3] Die Bewertung des Bundesministeriums für Wirtschaft und Technologie ist Bestandteil der Entscheidung der Regulierungsbehörde.

(6) Die Regulierungsbehörde hat der Europäischen Kommission unverzüglich die Entscheidung zusammen mit allen die Entscheidung betreffenden wichtigen Informationen mitzuteilen.

(7) [1] Die Regulierungsbehörde hat ihre Entscheidung zusammen mit der Stellungnahme der Europäischen Kommission im Amtsblatt der Bundesnetzagentur in nicht personenbezogener Form zu veröffentlichen. [2] Weicht die Entscheidung von der Stellungnahme der Europäischen Kommission ab, ist mit der Entscheidung die Begründung für diese Entscheidung mitzuteilen und zu veröffentlichen.

§ 4 c Pflichten der Transportnetzbetreiber.
[1] Die Transportnetzbetreiber haben der Regulierungsbehörde unverzüglich über alle geplanten Transaktionen und Maßnahmen sowie sonstige Umstände zu unterrichten, die eine Neubewertung der Zertifizierungsvoraussetzungen nach den §§ 4a und 4b erforderlich machen können. [2] Sie haben die Regulierungsbehörde insbesondere über Umstände zu unterrichten, in deren Folge eine oder mehrere Personen aus einem oder mehreren Drittstaaten allein oder gemeinsam die Kontrolle über den Transportnetzbetreiber erhalten. [3] Die Regulierungsbehörde hat das Bundesministerium für Wirtschaft und Technologie und die Europäische Kommission unverzüglich über Umstände nach Satz 2 zu informieren. [4] Das Bundesministerium für Wirtschaft und Technologie kann bei Vorliegen von Umständen nach Satz 2 seine Bewertung nach § 4b Absatz 1 widerrufen.

§ 4 d Widerruf der Zertifizierung nach § 4 a, nachträgliche Versehung mit Auflagen.
[1] Die Regulierungsbehörde kann eine Zertifizierung nach § 4a oder § 4b widerrufen oder erweitern oder eine Zertifizierung nachträglich mit Auflagen versehen sowie Auflagen ändern oder ergänzen, soweit

---
[1]) Nr. 5.
[2]) Nr. 6.

Energiewirtschaftsgesetz **§§ 5, 5 a EnWG 1**

auf Grund geänderter tatsächlicher Umstände eine Neubewertung der Zertifizierungsvoraussetzungen erforderlich wird. ²Die Regulierungsbehörde kann eine Zertifizierung auch nachträglich mit Auflagen versehen sowie Auflagen ändern oder ergänzen. ³Insbesondere kann sie dem Transportnetzbetreiber Maßnahmen aufgeben, die erforderlich sind, um zu gewährleisten, dass der Transportnetzbetreiber die Anforderungen der §§ 8 bis 10 e erfüllt. ⁴§ 65 bleibt unberührt.

§ 5 Anzeige der Energiebelieferung. ¹Energieversorgungsunternehmen, die Haushaltskunden mit Energie beliefern, müssen die Aufnahme und Beendigung der Tätigkeit sowie Änderungen ihrer Firma bei der Regulierungsbehörde unverzüglich anzeigen; ausgenommen ist die Belieferung von Haushaltskunden ausschließlich innerhalb einer Kundenanlage oder eines geschlossenen Verteilernetzes sowie über nicht auf Dauer angelegte Leitungen. ²Eine Liste der angezeigten Unternehmen wird von der Regulierungsbehörde laufend auf ihrer Internetseite veröffentlicht; veröffentlicht werden die Firma und die Adresse des Sitzes der angezeigten Unternehmen. ³Mit der Anzeige der Aufnahme der Tätigkeit ist das Vorliegen der personellen, technischen und wirtschaftlichen Leistungsfähigkeit sowie der Zuverlässigkeit der Geschäftsleitung darzulegen. ⁴Die Regulierungsbehörde kann die Ausübung der Tätigkeit jederzeit ganz oder teilweise untersagen, wenn die personelle, technische oder wirtschaftliche Leistungsfähigkeit oder Zuverlässigkeit nicht gewährleistet ist. ⁵Die Sätze 3 und 4 gelten nicht für Energieversorgungsunternehmen mit Sitz in einem anderen Mitgliedstaat der Europäischen Union, wenn das Energieversorgungsunternehmen von der zuständigen Behörde des Herkunftsmitgliedstaats ordnungsgemäß zugelassen worden ist.

§ 5 a Speicherungspflichten, Veröffentlichung von Daten. (1) ¹Energieversorgungsunternehmen, die Energie an Kunden verkaufen, haben die hierfür erforderlichen Daten über sämtliche mit Großhandelskunden und Transportnetzbetreibern sowie im Gasbereich mit Betreibern von Speicheranlagen und LNG-Anlagen im Rahmen von Energieversorgungsverträgen und Energiederivaten getätigte Transaktionen für die Dauer von fünf Jahren zu speichern und sie auf Verlangen der Regulierungsbehörde, dem Bundeskartellamt, den Landeskartellbehörden sowie der Europäischen Kommission zu übermitteln, soweit dies für deren jeweilige Aufgabenerfüllung erforderlich ist. ²Daten im Sinne des Satzes 1 sind genaue Angaben zu den Merkmalen der Transaktionen wie Laufzeit-, Liefer- und Abrechnungsbestimmungen, Menge, Datum und Uhrzeit der Ausführung, Transaktionspreise und Angaben zur Identifizierung des betreffenden Vertragspartners sowie entsprechende Angaben zu sämtlichen offenen Positionen und nicht abgerechneten Energieversorgungsverträgen und Energiederivaten.

(2) ¹Die Regulierungsbehörde kann Informationen nach Absatz 1 in nicht personenbezogener Form veröffentlichen, wenn damit keine wirtschaftlich sensiblen Daten über einzelne Marktakteure oder einzelne Transaktionen preisgegeben werden. ²Satz 1 gilt nicht für Informationen über Energiederivate. ³Die Regulierungsbehörde stellt vor der Veröffentlichung das Einvernehmen mit dem Bundeskartellamt her.

(3) Soweit sich aus dem
1. Wertpapierhandelsgesetz,

2. dem Artikel 7 oder 8 der Verordnung (EG) Nr. 1287/2006 der Kommission vom 10. August 2006 zur Durchführung der Richtlinie 2004/39/EG des Europäischen Parlaments und des Rates betreffend die Aufzeichnungspflichten für Wertpapierfirmen, die Meldung von Geschäften, die Markttransparenz, die Zulassung von Finanzinstrumenten zum Handel und bestimmte Begriffe im Sinne dieser Richtlinie (ABl. L 241 vom 2. 9. 2006, S. 1) oder

3. handels- oder steuerrechtlichen Bestimmungen Pflichten zur Aufbewahrung ergeben, die mit den Pflichten nach Absatz 1 vergleichbar sind, ist das Energieversorgungsunternehmen insoweit von den Pflichten zur Aufbewahrung gemäß Absatz 1 befreit.

Teil 2. Entflechtung

Abschnitt 1. Gemeinsame Vorschriften für Verteilernetzbetreiber und Transportnetzbetreiber

§ 6 Anwendungsbereich und Ziel der Entflechtung. [1] Vertikal integrierte Energieversorgungsunternehmen und rechtlich selbstständige Betreiber von Elektrizitäts- und Gasversorgungsnetzen, die im Sinne des § 3 Nummer 38 mit einem vertikal integrierten Energieversorgungsunternehmen verbunden sind, sind zur Gewährleistung von Transparenz sowie diskriminierungsfreier Ausgestaltung und Abwicklung des Netzbetriebs verpflichtet. [2] Um dieses Ziel zu erreichen, müssen sie die Unabhängigkeit der Netzbetreiber von anderen Tätigkeitsbereichen der Energieversorgung nach den §§ 6a bis 10e sicherstellen. [3] Die §§ 9 bis 10e sind nur auf solche Transportnetze anwendbar, die am 3. September 2009 im Eigentum eines vertikal integrierten Unternehmens standen.

§ 6a Verwendung von Informationen. (1) Unbeschadet gesetzlicher Verpflichtungen zur Offenbarung von Informationen haben vertikal integrierte Energieversorgungsunternehmen, Transportnetzeigentümer, Netzbetreiber, Speicheranlagenbetreiber sowie Betreiber von LNG-Anlagen sicherzustellen, dass die Vertraulichkeit wirtschaftlich sensibler Informationen, von denen sie in Ausübung ihrer Geschäftstätigkeit als Transportnetzeigentümer, Netzbetreiber, Speicheranlagenbetreiber sowie Betreiber von LNG-Anlagen Kenntnis erlangen, gewahrt wird.

(2) [1] Legen das vertikal integrierte Energieversorgungsunternehmen, Transportnetzeigentümer, Netzbetreiber, ein Speicheranlagenbetreiber oder ein Betreiber von LNG-Anlagen über die eigenen Tätigkeiten Informationen offen, die wirtschaftliche Vorteile bringen können, so stellen sie sicher, dass dies in nicht diskriminierender Weise erfolgt. [2] Sie stellen insbesondere sicher, dass wirtschaftlich sensible Informationen gegenüber anderen Teilen des Unternehmens vertraulich behandelt werden.

§ 6b Rechnungslegung und Buchführung. (1) [1] Energieversorgungsunternehmen haben ungeachtet ihrer Eigentumsverhältnisse und ihrer Rechtsform einen Jahresabschluss nach den für Kapitalgesellschaften geltenden Vorschriften des Ersten, Dritten und Vierten Unterabschnitts des Zweiten

Abschnitts des Dritten Buchs des Handelsgesetzbuchs aufzustellen, prüfen zu lassen und offenzulegen. ² Handelt es sich bei dem Energieversorgungsunternehmen um eine Personenhandelsgesellschaft oder das Unternehmen eines Einzelkaufmanns, dürfen das sonstige Vermögen der Gesellschafter oder des Einzelkaufmanns (Privatvermögen) nicht in die Bilanz und die auf das Privatvermögen entfallenden Aufwendungen und Erträge nicht in die Gewinn- und Verlustrechnung aufgenommen werden.

(2) Im Anhang zum Jahresabschluss sind die Geschäfte größeren Umfangs mit verbundenen oder assoziierten Unternehmen im Sinne von § 271 Absatz 2 oder § 311 des Handelsgesetzbuchs gesondert auszuweisen.

(3) ¹ Unternehmen, die im Sinne von § 3 Nummer 38 zu einem vertikal integrierten Energieversorgungsunternehmen verbunden sind, haben zur Vermeidung von Diskriminierung und Quersubventionierung in ihrer internen Rechnungslegung jeweils getrennte Konten für jede ihrer Tätigkeiten in den nachfolgend aufgeführten Bereichen so zu führen, wie dies erforderlich wäre, wenn diese Tätigkeiten von rechtlich selbstständigen Unternehmen ausgeführt würden:

1. Elektrizitätsübertragung;

2. Elektrizitätsverteilung;

3. Gasfernleitung;

4. Gasverteilung;

5. Gasspeicherung;

6. Betrieb von LNG-Anlagen.

² Tätigkeit im Sinne dieser Bestimmung ist auch jede wirtschaftliche Nutzung eines Eigentumsrechts an Elektrizitäts- oder Gasversorgungsnetzen, Gasspeichern oder LNG-Anlagen. ³ Für die anderen Tätigkeiten innerhalb des Elektrizitätssektors und innerhalb des Gassektors sind Konten zu führen, die innerhalb des jeweiligen Sektors zusammengefasst werden können. ⁴ Für Tätigkeiten außerhalb des Elektrizitäts- und Gassektors sind ebenfalls eigene Konten zu führen, die zusammengefasst werden können. ⁵ Soweit eine direkte Zuordnung von den einzelnen Tätigkeiten nicht möglich ist oder mit unvertretbarem Aufwand verbunden wäre, hat die Zuordnung durch Schlüsselung der Konten, die sachgerecht und für Dritte nachvollziehbar sein muss, zu erfolgen. ⁶ Mit der Erstellung des Jahresabschlusses ist für jeden der genannten Tätigkeitsbereiche jeweils eine den in Absatz 1 Satz 1 genannten Vorschriften entsprechende Bilanz und Gewinn- und Verlustrechnung (Tätigkeitsabschluss) aufzustellen. ⁷ Dabei sind in der Rechnungslegung die Regeln, einschließlich der Abschreibungsmethoden, anzugeben, nach denen die Gegenstände des Aktiv- und Passivvermögens sowie die Aufwendungen und Erträge den gemäß Satz 1 bis 4 geführten Konten zugeordnet worden sind.

(4) ¹ Die gesetzlichen Vertreter haben den Tätigkeitsabschluss unverzüglich, jedoch spätestens vor Ablauf des zwölften Monats des dem Abschlussstichtag nachfolgenden Geschäftsjahres, gemeinsam mit dem nach Absatz 1 Satz 1 in Verbindung mit § 325 des Handelsgesetzbuchs offenzulegenden Jahresabschluss beim Betreiber des Bundesanzeigers elektronisch einzureichen. ² Er ist unverzüglich im Bundesanzeiger bekannt machen zu lassen. ³ § 326 des Handelsgesetzbuchs ist insoweit nicht anzuwenden.

(5) ¹Die Prüfung des Jahresabschlusses gemäß Absatz 1 umfasst auch die Einhaltung der Pflichten zur Rechnungslegung nach Absatz 3. ²Dabei ist neben dem Vorhandensein getrennter Konten auch zu prüfen, ob die Wertansätze und die Zuordnung der Konten sachgerecht und nachvollziehbar erfolgt sind und der Grundsatz der Stetigkeit beachtet worden ist. ³Im Bestätigungsvermerk zum Jahresabschuss ist anzugeben, ob die Vorgaben nach Absatz 3 eingehalten worden sind.

(6) ¹Unbeschadet der besonderen Pflichten des Prüfers nach Absatz 4 kann die Regulierungsbehörde zusätzliche Bestimmungen treffen, die vom Prüfer im Rahmen der Jahresabschlussprüfung über die nach Absatz 1 anwendbaren Prüfungsvoraussetzungen hinaus zu berücksichtigen sind. ²Sie kann insbesondere zusätzliche Schwerpunkte für die Prüfungen festlegen.

(7) ¹Der Auftraggeber der Prüfung des Jahresabschlusses hat der Regulierungsbehörde unverzüglich eine Ausfertigung des geprüften Jahresabschlusses einschließlich des Anhangs sowie des Lageberichts zu übersenden. ²Der Jahresabschluss muss mit dem Bestätigungsvermerk oder einem Vermerk über die Versagung versehen sein. ³Die Bilanzen und Gewinn- und Verlustrechnungen für die einzelnen Tätigkeitsbereiche sind beizufügen und mit dem Jahresabschluss fest zu verbinden. ⁴Der Lagebericht muss auf die Tätigkeiten nach Absatz 3 eingehen. ⁵Der Abschlussprüfer hat den Bericht über die Prüfung des Jahresabschlusses (Prüfbericht) nebst Ergänzungsbänden unverzüglich nach Beendigung der Prüfung bei der Regulierungsbehörde einzureichen. ⁶Geschäftsberichte zu den in Absatz 3 Satz 1 aufgeführten Tätigkeitsbereichen sind von den Unternehmen auf ihren Internetseiten zu veröffentlichen. ⁷Die Verpflichtungen nach Satz 1 bis 5 gelten nicht für Unternehmen, die keine Tätigkeiten nach Absatz 3 ausüben; die Befugnisse der Regulierungsbehörde bleiben unberührt. ⁸Geschäftsberichte zu den Tätigkeitsbereichen, die nicht in Absatz 3 Satz 1 aufgeführt sind, hat die Regulierungsbehörde als Geschäftsgeheimnisse zu behandeln.

§ 6 c Ordnungsgeldvorschriften. (1) ¹Die Ordnungsgeldvorschriften des § 335 des Handelsgesetzbuchs sind auch auf die Verletzung von Pflichten nach § 6 b Absatz 1 Satz 1, Absatz 4 des vertretungsberechtigten Organs des Energieversorgungsunternehmens sowie auf das Energieversorgungsunternehmen selbst entsprechend anzuwenden, und zwar auch dann, wenn es sich bei diesem nicht um eine Kapitalgesellschaft oder eine Gesellschaft im Sinne des § 264 d des Handelsgesetzbuchs handelt. ²Offenlegung im Sinne des § 325 Absatz 1 Satz 1 des Handelsgesetzbuchs ist die Einreichung und Bekanntmachung des Jahresabschlusses einschließlich des Tätigkeitsabschlusses gemäß § 6 b Absatz 1 Satz 1, Absatz 4 dieses Gesetzes. ³§ 329 des Handelsgesetzbuchs ist entsprechend anzuwenden.

(2) Die nach § 54 Absatz 1 zuständige Regulierungsbehörde übermittelt dem Betreiber des Bundesanzeigers einmal pro Kalenderjahr Name und Anschrift der ihr bekannt werdenden Energieversorgungsunternehmen.

§ 6 d Betrieb eines Kombinationsnetzbetreibers. Der gemeinsame Betrieb eines Transport- sowie eines Verteilernetzes durch denselben Netzbetreiber ist zulässig, soweit dieser Netzbetreiber die Bestimmungen der §§ 8 oder 9 oder §§ 10 bis 10 e einhält.

Energiewirtschaftsgesetz §§ 7, 7a EnWG 1

Abschnitt 2. Entflechtung von Verteilernetzbetreibern und Betreibern von Speicheranlagen

§ 7 Rechtliche Entflechtung von Verteilernetzbetreibern. (1) Vertikal integrierte Energieversorgungsunternehmen haben sicherzustellen, dass Verteilernetzbetreiber, die mit ihnen im Sinne von § 3 Nummer 38 verbunden sind, hinsichtlich ihrer Rechtsform unabhängig von anderen Tätigkeitsbereichen der Energieversorgung sind.

(2) ¹Vertikal integrierte Energieversorgungsunternehmen, an deren Elektrizitätsverteilernetz weniger als 100 000 Kunden unmittelbar oder mittelbar angeschlossen sind, sind hinsichtlich der Betreiber von Elektrizitätsverteilernetzen, die mit ihnen im Sinne von § 3 Nummer 38 verbunden sind, von den Verpflichtungen nach Absatz 1 ausgenommen. ²Satz 1 gilt für Gasverteilernetze entsprechend.

§ 7a Operationelle Entflechtung von Verteilernetzbetreibern.

(1) Unternehmen nach § 6 Absatz 1 Satz 1 haben die Unabhängigkeit ihrer im Sinne von § 3 Nummer 38 verbundenen Verteilernetzbetreiber hinsichtlich der Organisation, der Entscheidungsgewalt und der Ausübung des Netzgeschäfts nach Maßgabe der folgenden Absätze sicherzustellen.

(2) Für Personen, die für den Verteilernetzbetreiber tätig sind, gelten zur Gewährleistung eines diskriminierungsfreien Netzbetriebs folgende Vorgaben:

1. Personen, die mit Leitungsaufgaben für den Verteilernetzbetreiber betraut sind oder die Befugnis zu Letztentscheidungen besitzen, die für die Gewährleistung eines diskriminierungsfreien Netzbetriebs wesentlich sind, müssen für die Ausübung dieser Tätigkeiten einer betrieblichen Einrichtung des Verteilernetzbetreibers angehören und dürfen keine Angehörigen von betrieblichen Einrichtungen des vertikal integrierten Energieversorgungsunternehmens sein, die direkt oder indirekt für den laufenden Betrieb in den Bereichen der Gewinnung, Erzeugung oder des Vertriebs von Energie an Kunden zuständig sind.

2. Personen, die in anderen Teilen des vertikal integrierten Energieversorgungsunternehmens sonstige Tätigkeiten des Netzbetriebs ausüben, sind insoweit den fachlichen Weisungen der Leitung des Verteilernetzbetreibers zu unterstellen.

(3) Unternehmen nach § 6 Absatz 1 Satz 1 haben geeignete Maßnahmen zu treffen, um die berufliche Handlungsunabhängigkeit der Personen zu gewährleisten, die mit Leitungsaufgaben des Verteilernetzbetreibers betraut sind.

(4) ¹Vertikal integrierte Energieversorgungsunternehmen haben zu gewährleisten, dass die Verteilernetzbetreiber tatsächliche Entscheidungsbefugnisse in Bezug auf die für den Betrieb, die Wartung und den Ausbau des Netzes erforderlichen Vermögenswerte des vertikal integrierten Energieversorgungsunternehmens besitzen und diese im Rahmen der Bestimmungen dieses Gesetzes unabhängig von der Leitung und den anderen betrieblichen Einrichtungen des vertikal integriertenEnergieversorgungsunternehmens ausüben können. ²Das vertikal integrierte Energieversorgungsunternehmen hat sicherzustellen, dass der Verteilernetzbetreiber über die erforderliche Ausstattung in materieller, personeller, technischer und finanzieller Hinsicht verfügt,

um tatsächliche Entscheidungsbefugnisse nach Satz 1 effektiv ausüben zu können. ³ Zur Wahrnehmung der wirtschaftlichen Befugnisse der Leitung des vertikal integrierten Energieversorgungsunternehmens und seiner Aufsichtsrechte über die Geschäftsführung des Verteilernetzbetreibers im Hinblick auf dessen Rentabilität ist die Nutzung gesellschaftsrechtlicher Instrumente der Einflussnahme und Kontrolle, unter anderem der Weisung, der Festlegung allgemeiner Verschuldungsobergrenzen und der Genehmigung jährlicher Finanzpläne oder gleichwertiger Instrumente, insoweit zulässig, als dies zur Wahrnehmung der berechtigten Interessen des vertikal integrierten Energieversorgungsunternehmens erforderlich ist. ⁴ Dabei ist die Einhaltung der §§ 11 bis 16a sicherzustellen. ⁵ Weisungen zum laufenden Netzbetrieb sind nicht erlaubt; ebenfalls unzulässig sind Weisungen im Hinblick auf einzelne Entscheidungen zu baulichen Maßnahmen an Energieanlagen, solange sich diese Entscheidungen im Rahmen eines vom vertikal integrierten Energieversorgungsunternehmen genehmigten Finanzplans oder gleichwertigen Instruments halten.

(5) ¹ Vertikal integrierte Energieversorgungsunternehmen sind verpflichtet, für die mit Tätigkeiten des Netzbetriebs befassten Mitarbeiter ein Programm mit verbindlichen Maßnahmen zur diskriminierungsfreien Ausübung des Netzgeschäfts (Gleichbehandlungsprogramm) festzulegen, den Mitarbeitern dieses Unternehmens und der Regulierungsbehörde bekannt zu machen und dessen Einhaltung durch eine natürliche oder juristische Person (Gleichbehandlungsbeauftragter) zu überwachen. ² Pflichten der Mitarbeiter und mögliche Sanktionen sind festzulegen. ³ Der Gleichbehandlungsbeauftragte legt der Regulierungsbehörde jährlich spätestens zum 31. März einen Bericht über die nach Satz 1 getroffenen Maßnahmen des vergangenen Kalenderjahres vor und veröffentlicht ihn in nicht personenbezogener Form. ⁴ Der Gleichbehandlungsbeauftragte des Verteilernetzbetreibers ist in seiner Aufgabenwahrnehmung vollkommen unabhängig. ⁵ Er hat Zugang zu allen Informationen, über die der Verteilernetzbetreiber und etwaige verbundene Unternehmen verfügen, soweit dies zu Erfüllung seiner Aufgaben erforderlich ist.

(6) Verteilernetzbetreiber, die Teil eines vertikal integrierten Energieversorgungsunternehmens sind, haben in ihrem Kommunikationsverhalten und ihrer Markenpolitik zu gewährleisten, dass eine Verwechslung zwischen Verteilernetzbetreiber und den Vertriebsaktivitäten des vertikal integrierten Energieversorgungsunternehmens ausgeschlossen ist.

(7) ¹ Vertikal integrierte Energieversorgungsunternehmen, an deren Elektrizitätsverteilernetz weniger als 100 000 Kunden unmittelbar oder mittelbar angeschlossen sind, sind hinsichtlich der Betreiber von Elektrizitätsverteilernetzen, die mit ihnen im Sinne von § 3 Nummer 38 verbunden sind, von den Verpflichtungen nach Absatz 1 bis 6 ausgenommen. ² Satz 1 gilt entsprechend für Gasverteilernetze.

§ 7b Entflechtung von Speicheranlagenbetreibern und Transportnetzeigentümern. Auf Transportnetzeigentümer, soweit ein Unabhängiger Systembetreiber im Sinne des § 9 benannt wurde, und auf Betreiber von Speicheranlagen, die Teil eines vertikal integrierten Energieversorgungsunternehmens sind und zu denen der Zugang technisch und wirtschaftlich erforderlich ist für einen effizienten Netzzugang im Hinblick auf die Belieferung von Kunden, sind § 7 Absatz 1 und § 7a Absatz 1 bis 5 entsprechend anwendbar.

Abschnitt 3. Besondere Entflechtungsvorgaben für Transportnetzbetreiber

§ 8 Eigentumsrechtliche Entflechtung. (1) Vertikal integrierte Energieversorgungsunternehmen haben sich nach Maßgabe der folgenden Absätze zu entflechten, soweit sie nicht von einer der in § 9 oder den §§ 10 bis 10 e enthaltenen Möglichkeiten Gebrauch machen.

(2) ¹Der Transportnetzbetreiber hat unmittelbar oder vermittelt durch Beteiligungen Eigentümer des Transportnetzes zu sein. ²Personen, die unmittelbar oder mittelbar die Kontrolle über ein Unternehmen ausüben, das eine der Funktionen Gewinnung, Erzeugung oder Vertrieb von Energie an Kunden wahrnimmt, sind nicht berechtigt, unmittelbar oder mittelbar Kontrolle über einen Betreiber eines Transportnetzes oder ein Transportnetz oder Rechte an einem Betreiber eines Transportnetzes oder einem Transportnetz auszuüben. ³Personen, die unmittelbar oder mittelbar die Kontrolle über einen Transportnetzbetreiber oder ein Transportnetz ausüben, sind nicht berechtigt, unmittelbar oder mittelbar Kontrolle über ein Unternehmen, das eine der Funktionen Gewinnung, Erzeugung oder Vertrieb von Energie an Kunden wahrnimmt, oder Rechte an einem solchen Unternehmen auszuüben. ⁴Personen, die unmittelbar oder mittelbar die Kontrolle über ein Unternehmen ausüben, das eine der Funktionen Gewinnung, Erzeugung oder Vertrieb von Energie an Kunden wahrnimmt, oder Rechte an einem solchen Unternehmen ausüben, sind nicht berechtigt, Mitglieder des Aufsichtsrates oder der zur gesetzlichen Vertretung berufenen Organe eines Betreibers von Transportnetzen zu bestellen. ⁵Personen, die Mitglied des Aufsichtsrates oder der zur gesetzlichen Vertretung berufenen Organe eines Unternehmens sind, das die Funktion der Gewinnung, Erzeugung oder Vertrieb von Energie an Kunden wahrnimmt, sind nicht berechtigt, Mitglied des Aufsichtsrates oder der zur gesetzlichen Vertretung berufenen Organe des Transportnetzbetreibers zu sein. ⁶Rechte im Sinne von Satz 2 bis 4 sind insbesondere:

1. die Befugnis zur Ausübung von Stimmrechten, soweit dadurch wesentliche Minderheitsrechte vermittelt werden, insbesondere in den in § 179 Absatz 2 des Aktiengesetzes, § 182 Absatz 1 des Aktiengesetzes sowie § 193 Absatz 1 des Aktiengesetzes geregelten oder vergleichbaren Bereichen,

2. die Befugnis, Mitglieder des Aufsichtsrates oder der zur gesetzlichen Vertretung berufenen Organe zu bestellen,

3. das Halten einer Mehrheitsbeteiligung.

⁷Die Verpflichtung nach Satz 1 gilt als erfüllt, wenn zwei oder mehr Unternehmen, die Eigentümer von Transportnetzen sind, ein Gemeinschaftsunternehmen gründen, das in zwei oder mehr Mitgliedstaaten als Betreiber für die betreffenden Transportnetze tätig ist. ⁸Ein anderes Unternehmen darf nur dann Teil des Gemeinschaftsunternehmens sein, wenn es nach den Vorschriften dieses Abschnitts entflochten und zertifiziert wurde. ⁹Transportnetzbetreiber haben zu gewährleisten, dass sie über die finanziellen, materiellen, technischen und personellen Mittel verfügen, die erforderlich sind, um die Aufgaben nach Teil 3 Abschnitt 1 bis 3 wahrzunehmen.

(3) Im unmittelbaren Zusammenhang mit einem Entflechtungsvorgang nach Absatz 1 dürfen weder wirtschaftlich sensible Informationen nach § 6 a, über die ein Transportnetzbetreiber verfügt, der Teil eines vertikal integrierten Unternehmens war, an Unternehmen übermittelt werden, die eine der Funk-

tionen Gewinnung, Erzeugung oder Vertrieb von Energie an Kunden wahrnehmen, noch ein Personalübergang vom Transportnetzbetreiber zu diesen Unternehmen stattfinden.

§ 9 Unabhängiger Systembetreiber. (1) ¹Stand ein Transportnetz am 3. September 2009 im Eigentum eines vertikal integrierten Unternehmens, kann ein Unabhängiger Systembetreiber nach Maßgabe dieser Vorschrift benannt werden. ²Unternehmen, die einen Antrag auf Zertifizierung des Betriebs eines Unabhängigen Systembetreibers stellen, haben die Unabhängigkeit des Transportnetzbetreibers nach Maßgabe der Absätze 2 bis 6 sicherzustellen.

(2) ¹Auf Unabhängige Systembetreiber findet § 8 Absatz 2 Satz 2 bis 5 entsprechend Anwendung. ²Er hat über die materiellen, finanziellen, technischen und personellen Mittel zu verfügen, die erforderlich sind, um die Aufgaben des Transportnetzbetreibers nach Teil 3 Abschnitt 1 bis 3 wahrzunehmen. ³Der Unabhängige Systembetreiber ist verpflichtet, den von der Regulierungsbehörde überwachten zehnjährigen Netzentwicklungsplan nach den §§ 12a bis 12f oder § 15a umzusetzen. ⁴Der Unabhängige Systembetreiber hat in der Lage zu sein, den Verpflichtungen, die sich aus der Verordnung (EG) Nr. 714/2009[1]) oder der Verordnung (EG) Nr. 715/2009[2]) ergeben, auch hinsichtlich der Zusammenarbeit der Übertragungs- oder Fernleitungsnetzbetreiber auf europäischer und regionaler Ebene, nachkommen zu können.

(3) ¹Der Unabhängige Systembetreiber hat den Netzzugang für Dritte diskriminierungsfrei zu gewähren und auszugestalten. ²Er hat insbesondere Netzentgelte zu erheben, Engpasserlöse einzunehmen, das Transportnetz zu betreiben, zu warten und auszubauen, sowie im Wege einer Investitionsplanung die langfristige Fähigkeit des Transportnetzes zur Befriedigung einer angemessenen Nachfrage zu gewährleisten. ³Der Unabhängige Systembetreiber hat im Elektrizitätsbereich neben den Aufgaben nach Satz 1 und 2 auch die Rechte und Pflichten, insbesondere Zahlungen, im Rahmen des Ausgleichsmechanismus zwischen Übertragungsnetzbetreibern nach Artikel 13 der Verordnung (EG) Nr. 714/2009 wahrzunehmen. ⁴Der Unabhängige Systembetreiber trägt die Verantwortung für Planung, einschließlich der Durchführung der erforderlichen Genehmigungsverfahren, Bau und Betrieb der Infrastruktur. ⁵Der Transportnetzeigentümer ist nicht nach Satz 1 bis 4 verpflichtet.

(4) ¹Der Eigentümer des Transportnetzes und das vertikal integrierte Energieversorgungsunternehmen haben im erforderlichen Umfang mit dem Unabhängigen Systembetreiber zusammenzuarbeiten und ihn bei der Wahrnehmung seiner Aufgaben, insbesondere durch Zurverfügungstellung der dafür erforderlichen Informationen, zu unterstützen. ²Sie haben die vom Unabhängigen Systembetreiber beschlossenen und im Netzentwicklungsplan nach den §§ 12a bis 12f oder § 15a für die folgenden drei Jahre ausgewiesenen Investitionen zu finanzieren oder ihre Zustimmung zur Finanzierung durch Dritte, einschließlich des Unabhängigen Systembetreibers, zu erteilen. ³Die Finanzierungsvereinbarungen sind von der Regulierungsbehörde zu genehmigen.

---
[1]) Nr. 8.
[2]) Nr. 21.

Energiewirtschaftsgesetz § 10 EnWG 1

⁴ Der Eigentümer des Transportnetzes und das vertikal integrierte Energieversorgungsunternehmen haben die notwendigen Sicherheitsleistungen, die zur Erleichterung der Finanzierung eines notwendigen Netzausbaus erforderlich sind, zur Verfügung zu stellen, es sei denn, der Eigentümer des Transportnetzes oder das vertikal integrierte Energieversorgungsunternehmen haben der Finanzierung durch einen Dritten, einschließlich dem Unabhängigen Systembetreiber, zugestimmt. ⁵ Der Eigentümer des Transportnetzes hat zu gewährleisten, dass er dauerhaft in der Lage ist, seinen Verpflichtungen nach Satz 1 bis 3 nachzukommen.

(5) Der Eigentümer des Transportnetzes und das vertikal integrierte Energieversorgungsunternehmen haben den Unabhängigen Systembetreiber von jeglicher Haftung für Sach-, Personen- und Vermögensschäden freizustellen, die durch das vom Unabhängigen Systembetreiber betriebenen Transportnetz verursacht werden, es sei denn, die Haftungsrisiken betreffen die Wahrnehmung der Aufgaben nach Absatz 3 durch den Unabhängigen Systembetreiber.

(6) Betreibt der Unabhängige Systembetreiber die Transportnetze mehrerer Eigentümer von Transportnetzen, sind die Voraussetzungen der Absätze 1 bis 5 im Verhältnis zwischen dem Unabhängigen Systembetreiber und dem jeweiligen Eigentümer von Transportnetzen oder dem jeweiligen vertikal integrierten Unternehmen jeweils zu erfüllen.

§ 10 Unabhängiger Transportnetzbetreiber. (1) ¹ Vertikal integrierte Energieversorgungsunternehmen können einen Unabhängigen Transportnetzbetreiber nach Maßgabe dieser Bestimmung sowie der §§ 10 a bis 10 e einrichten, wenn das Transportnetz am 3. September 2009 im Eigentum eines vertikal integrierten Energieversorgungsunternehmens stand. ² Der Unabhängige Transportnetzbetreiber hat neben den Aufgaben nach Teil 3 Abschnitt 1 bis 3 mindestens für folgende Bereiche verantwortlich zu sein:

1. die Vertretung des Unabhängigen Transportnetzbetreibers gegenüber Dritten und der Regulierungsbehörde,
2. die Vertretung des Unabhängigen Transportnetzbetreibers innerhalb des Europäischen Verbunds der Übertragungs- oder Fernleitungsnetzbetreiber,
3. die Erhebung aller transportnetzbezogenen Entgelte, einschließlich der Netzentgelte, sowie gegebenenfalls anfallender Entgelte für Hilfsdienste, insbesondere für Gasaufbereitung und die Beschaffung oder Bereitstellung von Ausgleichs- oder Verlustenergie,
4. die Einrichtung und den Unterhalt solcher Einrichtungen, die üblicherweise für mehrere Teile des vertikal integrierten Unternehmens tätig wären, insbesondere eine eigene Rechtsabteilung und eigene Buchhaltung sowie die Betreuung der beim Unabhängigen Transportnetzbetreiber vorhandenen Informationstechnologie-Infrastruktur,
5. die Gründung von geeigneten Gemeinschaftsunternehmen, auch mit anderen Transportnetzbetreibern, mit Energiebörsen und anderen relevanten Akteuren, mit dem Ziel die Entwicklung von regionalen Strom- oder Gasmärkten zu fördern, die Versorgungssicherheit zu gewährleisten oder den Prozess der Liberalisierung der Energiemärkte zu erleichtern.

(2) ¹ Vertikal integrierte Energieversorgungsunternehmen haben die Unabhängigkeit ihrer im Sinne von § 3 Nummer 38 verbundenen Unabhängigen Transportnetzbetreiber hinsichtlich der Organisation, der Entscheidungsgewalt

und der Ausübung des Transportnetzgeschäfts nach Maßgabe der §§ 10a bis 10e zu gewährleisten. ² Vertikal integrierte Energieversorgungsunternehmen haben den Unabhängigen Transportnetzbetreiber in einer der nach Artikel 1 der Richtlinie 2009/101/EG des Europäischen Parlaments und des Rates vom 16. September 2009 zur Koordinierung der Schutzbestimmungen, die in den Mitgliedstaaten Gesellschaften im Sinne des Artikels 48 Absatz 2 des Vertrags im Interesse der Gesellschafter sowie Dritter vorgeschrieben sind, um diese Bestimmungen gleichwertig zu gestalten (ABl. L 258 vom 1. 10. 2009, S. 11) zulässigen Rechtsformen zu organisieren.

§ 10a Vermögenswerte, Anlagen, Personalausstattung, Unternehmensidentität des Unabhängigen Transportnetzbetreibers. (1) ¹ Unabhängige Transportnetzbetreiber müssen über die finanziellen, technischen, materiellen und personellen Mittel verfügen, die zur Erfüllung der Pflichten aus diesem Gesetz und für den Transportnetzbetrieb erforderlich sind. ² Unabhängige Transportnetzbetreiber haben, unmittelbar oder vermittelt durch Beteiligungen, Eigentümer an allen für den Transportnetzbetrieb erforderlichen Vermögenswerten, einschließlich des Transportnetzes, zu sein.

(2) ¹ Personal, das für den Betrieb des Transportnetzes erforderlich ist, darf nicht in anderen Gesellschaften des vertikal integrierten Energieversorgungsunternehmens oder deren Tochtergesellschaften angestellt sein. ² Arbeitnehmerüberlassungen des Unabhängigen Transportnetzbetreibers an das vertikal integrierte Energieversorgungsunternehmen sowie des vertikal integrierten Energieversorgungsunternehmens an den Unabhängigen Transportnetzbetreiber sind unzulässig.

(3) ¹ Das vertikal integrierte Energieversorgungsunternehmen oder eines seiner Tochterunternehmen hat die Erbringung von Dienstleistungen durch eigene oder in seinem Auftrag handelnde Personen für den Unabhängigen Transportnetzbetreiber zu unterlassen. ² Die Erbringung von Dienstleistungen für das vertikal integrierte Energieversorgungsunternehmen durch den Unabhängigen Transportnetzbetreiber ist nur zulässig, soweit

1. die Dienstleistungen grundsätzlich für alle Nutzer des Transportnetzes diskriminierungsfrei zugänglich sind und der Wettbewerb in den Bereichen Erzeugung, Gewinnung und Lieferung weder eingeschränkt, verzerrt oder unterbunden wird;
2. die vertraglichen Bedingungen für die Erbringung der Dienstleistung durch den Unabhängigen Transportnetzbetreiber für das vertikal integrierte Energieversorgungsunternehmen der Regulierungsbehörde vorgelegt und von dieser geprüft wurden und
3. die Dienstleistungen weder die Abrechnung erbrachter Dienstleistungen gegenüber dem Kunden für das vertikal integrierte Unternehmen im Bereich der Funktionen Erzeugung, Gewinnung, Verteilung, Lieferung von Elektrizität oder Erdgas oder Speicherung von Erdgas noch andere Dienstleistungen umfasst, deren Wahrnehmung durch den Unabhängigen Transportnetzbetreiber geeignet ist, Wettbewerber des vertikal integrierten Unternehmens zu diskriminieren.

³ Die Befugnisse der Regulierungsbehörde nach § 65 bleiben unberührt.

(4) Der Unabhängige Transportnetzbetreiber hat sicherzustellen, dass hinsichtlich seiner Firma, seiner Kommunikation mit Dritten sowie seiner Mar-

Energiewirtschaftsgesetz § 10 b EnWG 1

kenpolitik und Geschäftsräume eine Verwechslung mit dem vertikal integrierten Energieversorgungsunternehmen oder einem seiner Tochterunternehmen ausgeschlossen ist.

(5) ¹ Unabhängige Transportnetzbetreiber müssen die gemeinsame Nutzung von Anwendungssystemen der Informationstechnologie mit dem vertikal integrierten Energieversorgungsunternehmen unterlassen, soweit diese Anwendungen der Informationstechnologie auf die unternehmerischen Besonderheiten des Unabhängigen Transportnetzbetreibers oder des vertikal integrierten Energieversorgungsunternehmens angepasst wurden. ² Unabhängige Transportnetzbetreiber haben die gemeinsame Nutzung von Infrastruktur der Informationstechnologie mit anderen Teilen des vertikal integrierten Energieversorgungsunternehmens zu unterlassen, es sei denn, die Infrastruktur

1. befindet sich außerhalb der Geschäftsräume des Unabhängigen Transportnetzbetreibers und des vertikal integrierten Unternehmens und
2. wird von Dritten zur Verfügung gestellt und betrieben.

³ Unabhängige Transportnetzbetreiber und vertikal integrierte Energieversorgungsunternehmen haben sicherzustellen, dass sie in Bezug auf Anwendungssysteme der Informationstechnologie und Infrastruktur der Informationstechnologie, die sich in Geschäfts- oder Büroräumen des Unabhängigen Transportnetzbetreibers oder des vertikal integrierten Energieversorgungsunternehmens befindet, nicht mit denselben Beratern oder externen Auftragnehmern zusammenarbeiten.

(6) Unabhängiger Transportnetzbetreiber und andere Teile des vertikal integrierten Energieversorgungsunternehmens haben die gemeinsame Nutzung von Büro- und Geschäftsräumen, einschließlich der gemeinsamen Nutzung von Zugangskontrollsystemen, zu unterlassen.

(7) ¹ Der Unabhängige Transportnetzbetreiber hat die Rechnungslegung von anderen Abschlussprüfern als denen prüfen zu lassen, die die Rechnungsprüfung beim vertikal integrierten Energieversorgungsunternehmen oder einem seiner Teile durchführen. ² Der Abschlussprüfer des vertikal integrierten Energieversorgungsunternehmens kann Einsicht in Teile der Bücher des Unabhängigen Transportnetzbetreibers nehmen, soweit dies zur Erteilung des Konzernbestätigungsvermerks im Rahmen der Vollkonsolidierung des vertikal integrierten Energieversorgungsunternehmens erforderlich ist. ³ Der Abschlussprüfer ist verpflichtet, aus der Einsicht in die Bücher des Unabhängigen Transportnetzbetreibers gewonnene Erkenntnisse und wirtschaftlich sensible Informationen vertraulich zu behandeln und sie insbesondere nicht dem vertikal integrierten Energieversorgungsunternehmen mitzuteilen.

§ 10 b Rechte und Pflichten im vertikal integrierten Unternehmen.

(1) ¹ Vertikal integrierte Energieversorgungsunternehmen müssen gewährleisten, dass Unabhängige Transportnetzbetreiber wirksame Entscheidungsbefugnisse in Bezug auf die für den Betrieb, die Wartung und den Ausbau des Netzes erforderlichen Vermögenswerte des vertikal integrierten Energieversorgungsunternehmens besitzen und diese im Rahmen der Bestimmungen dieses Gesetzes unabhängig von der Leitung und den anderen betrieblichen Einrichtungen des vertikal integrierten Energieversorgungsunternehmens ausüben können. ² Unabhängige Transportnetzbetreiber müssen insbesondere die Befugnis haben, sich zusätzliche Finanzmittel auf dem Kapitalmarkt durch

27

Aufnahme von Darlehen oder durch eine Kapitalerhöhung zu beschaffen.
³ Satz 1 und 2 gelten unbeschadet der Entscheidungen des Aufsichtsrates nach
§ 10 d.

(2) ¹ Struktur und Satzung des Unabhängigen Transportnetzbetreibers haben die Unabhängigkeit des Transportnetzbetreibers vom vertikal integrierten Unternehmen im Sinne der §§ 10 bis 10 e sicherzustellen. ² Vertikal integrierte Energieversorgungsunternehmen haben jegliche unmittelbare oder mittelbare Einflussnahme auf das laufende Geschäft des Unabhängigen Transportnetzbetreibers oder den Netzbetrieb zu unterlassen; sie unterlassen ebenfalls jede unmittelbare oder mittelbare Einflussnahme auf notwendige Tätigkeiten zur Erstellung des zehnjährigen Netzentwicklungsplans nach den §§ 12 a bis 12 f oder § 15 a durch den Unabhängigen Transportnetzbetreiber.

(3) ¹ Tochterunternehmen des vertikal integrierten Unternehmens, die die Funktionen Erzeugung, Gewinnung oder Vertrieb von Energie an Kunden wahrnehmen, dürfen weder direkt noch indirekt Anteile am Transportnetzbetreiber halten. ² Der Transportnetzbetreiber darf weder direkt oder indirekt Anteile an Tochterunternehmen des vertikal integrierten Unternehmens, die die Funktionen Erzeugung, Gewinnung oder Vertrieb von Energie an Kunden wahrnehmen, halten noch Dividenden oder andere finanzielle Zuwendungen von diesen Tochterunternehmen erhalten.

(4) Der Unabhängige Transportnetzbetreiber hat zu gewährleisten, dass er jederzeit über die notwendigen Mittel für die Errichtung, den Betrieb und den Erhalt eines sicheren, leistungsfähigen und effizienten Transportnetzes verfügt.

(5) ¹ Das vertikal integrierte Energieversorgungsunternehmen und der Unabhängige Transportnetzbetreiber haben bei zwischen ihnen bestehenden kommerziellen und finanziellen Beziehungen, einschließlich der Gewährung von Krediten an das vertikal integrierte Energieversorgungsunternehmen durch den Unabhängigen Transportnetzbetreiber, marktübliche Bedingungen einzuhalten. ² Der Transportnetzbetreiber hat alle kommerziellen oder finanziellen Vereinbarungen mit dem vertikal integrierten Energieversorgungsunternehmen der Regulierungsbehörde in der Zertifizierung zur Genehmigung vorzulegen. ³ Die Befugnisse der Behörde zur Überprüfung der Pflichten aus Teil 3 Abschnitt 3 bleiben unberührt. ⁴ Der Unabhängige Transportnetzbetreiber hat diese kommerziellen und finanziellen Beziehungen mit dem vertikal integrierten Energieversorgungsunternehmen umfassend zu dokumentieren und die Dokumentation der Regulierungsbehörde auf Verlangen zur Verfügung zu stellen.

(6) Die organschaftliche Haftung der Mitglieder von Organen des vertikal integrierten Unternehmens für Vorgänge in Bereichen, auf die diese Mitglieder nach diesem Gesetz keinen Einfluss ausüben durften und tatsächlich keinen Einfluss ausgeübt haben, ist ausgeschlossen.

§ 10 c Unabhängigkeit des Personals und der Unternehmensleitung des Unabhängigen Transportnetzbetreibers. (1) ¹ Der Unabhängige Transportnetzbetreiber hat der Regulierungsbehörde die Namen der Personen, die vom Aufsichtsrat als oberste Unternehmensleitung des Transportnetzbetreibers ernannt oder bestätigt werden, sowie die Regelungen hinsichtlich der Funktion, für die diese Personen vorgesehen sind, die Laufzeit der

Energiewirtschaftsgesetz **§ 10 c   EnWG 1**

Verträge mit diesen Personen, die jeweiligen Vertragsbedingungen sowie eine eventuelle Beendigung der Verträge mit diesen Personen unverzüglich mitzuteilen. ² Im Falle einer Vertragsbeendigung hat der Unabhängige Transportnetzbetreiber der Regulierungsbehörde die Gründe, aus denen die Vertragsbeendigung vorgesehen ist, vor der Entscheidung mitzuteilen. ³ Entscheidungen und Regelungen nach Satz 1 werden erst verbindlich, wenn die Regulierungsbehörde innerhalb von drei Wochen nach Zugang der Mitteilung des Unabhängigen Transportnetzbetreibers keine Einwände gegen die Entscheidung erhebt. ⁴ Die Regulierungsbehörde kann ihre Einwände gegen die Entscheidung nur darauf stützen, dass Zweifel bestehen an:

1. der beruflichen Unabhängigkeit einer ernannten Person der obersten Unternehmensleitung oder

2. der Berechtigung einer vorzeitigen Vertragsbeendigung.

(2) ¹ Die Mehrheit der Angehörigen der Unternehmensleitung des Transportnetzbetreibers darf in den letzten drei Jahren vor einer Ernennung nicht bei einem Unternehmen des vertikal integrierten Unternehmens, das im Elektrizitätsbereich eine der Funktionen Erzeugung, Verteilung, Lieferung oder Kauf von Elektrizität und im Erdgasbereich eine der Funktionen Gewinnung, Verteilung, Lieferung, Kauf oder Speicherung von Erdgas wahrnimmt oder kommerzielle, technische oder wartungsbezogene Aufgaben im Zusammenhang mit diesen Funktionen erfüllt, oder einem Mehrheitsanteilseigner dieser Unternehmen angestellt gewesen sein oder Interessen- oder Geschäftsbeziehungen zu einem dieser Unternehmen unterhalten haben. ² Die verbleibenden Angehörigen der Unternehmensleitung des Unabhängigen Transportnetzbetreibers dürfen in den letzten sechs Monaten vor einer Ernennung keine Aufgaben der Unternehmensleitung oder mit der Aufgabe beim Unabhängigen Transportnetzbetreiber vergleichbaren Aufgabe bei einem Unternehmen des vertikal integrierten Unternehmens, das im Elektrizitätsbereich eine der Funktionen Erzeugung, Verteilung, Lieferung oder Kauf von Elektrizität und im Erdgasbereich eine der Funktionen Gewinnung, Verteilung, Lieferung, Kauf oder Speicherung von Erdgas wahrnimmt oder kommerzielle, technische oder wartungsbezogene Aufgaben im Zusammenhang mit diesen Funktionen erfüllt, oder einem Mehrheitsanteilseigner dieser Unternehmen wahrgenommen haben. ³ Die Sätze 1 und 2 finden auf Ernennungen, die vor dem 3. März 2012 wirksam geworden sind, keine Anwendung.

(3) ¹ Der Unabhängige Transportnetzbetreiber hat sicherzustellen, dass seine Unternehmensleitung und seine Beschäftigten weder beim vertikal integrierten Energieversorgungsunternehmen oder einem seiner Teile, außer dem Unabhängigen Transportnetzbetreiber, angestellt sind noch Interessen- oder Geschäftsbeziehungen zum vertikal integrierten Energieversorgungsunternehmen oder einem dieser Teile unterhalten. ² Satz 1 umfasst nicht die zu marktüblichen Bedingungen erfolgende Belieferung von Energie für den privaten Verbrauch.

(4) ¹ Der Unabhängige Transportnetzbetreiber und das vertikal integrierte Energieversorgungsunternehmen haben zu gewährleisten, dass Personen der Unternehmensleitung und die übrigen Beschäftigten des Unabhängigen Transportnetzbetreibers nach dem 3. März 2012 keine Anteile des vertikal integrierten Energieversorgungsunternehmens oder eines seiner Unternehmensteile erwerben, es sei denn, es handelt sich um Anteile des Unabhängigen

Transportnetzbetreibers. ²Personen der Unternehmensleitung haben Anteile des vertikal integrierten Energieversorgungsunternehmens oder eines seiner Unternehmensteile, die vor dem 3. März 2012 erworben wurden, bis zum 31. März 2016 zu veräußern. ³Der Unabhängige Transportnetzbetreiber hat zu gewährleisten, dass die Vergütung von Personen, die der Unternehmensleitung angehören, nicht vom wirtschaftlichen Erfolg, insbesondere dem Betriebsergebnis, des vertikal integrierten Energieversorgungsunternehmens oder eines seiner Tochterunternehmen, mit Ausnahme des Unabhängigen Transportnetzbetreibers, abhängig ist.

(5) Personen der Unternehmensleitung des Unabhängigen Transportnetzbetreibers dürfen nach Beendigung des Vertragsverhältnisses zum Unabhängigen Transportnetzbetreiber für vier Jahre nicht bei anderen Unternehmen des vertikal integrierten Unternehmens, die im Elektrizitätsbereich eine der Funktionen Erzeugung, Verteilung, Lieferung oder Kauf von Elektrizität und im Erdgasbereich eine der Funktionen Gewinnung, Verteilung, Lieferung, Kauf oder Speicherung von Erdgas wahrnehmen oder kommerzielle, technische oder wartungsbezogene Aufgaben im Zusammenhang mit diesen Funktionen erfüllen, oder bei Mehrheitsanteilseignern dieser Unternehmen des vertikal integrierten Energieversorgungsunternehmens angestellt sein oder Interessens- oder Geschäftsbeziehungen zu diesen Unternehmen oder deren Mehrheitsanteilseignern unterhalten, es sei denn, das Vertragsverhältnis zum Unabhängigen Transportnetzbetreiber wurde vor dem 3. März 2012 beendet.

(6) Absatz 2 Satz 1 sowie Absatz 3 und 5 gelten für Personen, die der obersten Unternehmensleitung unmittelbar unterstellt und für Betrieb, Wartung oder Entwicklung des Netzes verantwortlich sind, entsprechend.

§ 10 d Aufsichtsrat des Unabhängigen Transportnetzbetreibers.

(1) Der Unabhängige Transportnetzbetreiber hat über einen Aufsichtsrat nach Abschnitt 2 des Teils 4 des Aktiengesetzes zu verfügen.

(2) ¹Entscheidungen, die Ernennungen, Bestätigungen, Beschäftigungsbedingungen für Personen der Unternehmensleitung des Unabhängigen Transportnetzbetreibers, einschließlich Vergütung und Vertragsbeendigung, betreffen, werden vom Aufsichtsrat getroffen. ²Der Aufsichtsrat entscheidet, abweichend von § 119 des Aktiengesetzes, auch über die Genehmigung der jährlichen und langfristigen Finanzpläne des Unabhängigen Transportnetzbetreibers, über die Höhe der Verschuldung des Unabhängigen Transportnetzbetreibers sowie die Höhe der an die Anteilseigner des Unabhängigen Transportnetzbetreibers auszuzahlenden Dividenden. ³Entscheidungen, die die laufenden Geschäfte des Transportnetzbetreibers, insbesondere den Netzbetrieb sowie die Aufstellung des zehnjährigen Netzentwicklungsplans nach den §§ 12a bis 12f oder nach § 15a betreffen, sind ausschließlich von der Unternehmensleitung des Unabhängigen Transportnetzbetreibers zu treffen.

(3) ¹§ 10c Absatz 1 bis 5 gilt für die Hälfte der Mitglieder des Aufsichtrats des Unabhängigen Transportnetzbetreibers abzüglich einem Mitglied entsprechend. ²§ 10c Absatz 1 Satz 1 und 2 sowie Satz 4 Nummer 2 gilt für die übrigen Mitglieder des Aufsichtsrates des Unabhängigen Transportnetzbetreibers entsprechend.

Energiewirtschaftsgesetz **§ 10 e EnWG 1**

§ 10 e Gleichbehandlungsprogramm und Gleichbehandlungsbeauftragter des Unabhängigen Transportnetzbetreibers. (1) ¹ Unabhängige Transportnetzbetreiber haben ein Programm mit verbindlichen Maßnahmen zur diskriminierungsfreien Ausübung des Betriebs des Transportnetzes festzulegen (Gleichbehandlungsprogramm), den Mitarbeitern bekannt zu machen und der Regulierungsbehörde zur Genehmigung vorzulegen. ² Im Programm sind Pflichten der Mitarbeiter und mögliche Sanktionen festzulegen.

(2) ¹ Unbeschadet der Befugnisse der Regulierungsbehörde wird die Einhaltung des Programms fortlaufend durch eine natürliche oder juristische Person (Gleichbehandlungsbeauftragter des Unabhängigen Transportnetzbetreibers) überwacht. ² Der Gleichbehandlungsbeauftragte des Unabhängigen Transportnetzbetreibers wird vom nach § 10 d gebildeten Aufsichtsrat des unabhängigen Transportnetzbetreibers ernannt. ³ § 10 c Absatz 1 bis 5 gilt für den Gleichbehandlungsbeauftragten des Unabhängigen Transportnetzbetreibers entsprechend, § 10 c Absatz 2 Satz 1 und 2 gilt nicht entsprechend, wenn der Unabhängige Transportnetzbetreiber eine natürliche Person zum Gleichbehandlungsbeauftragten des Unabhängigen Transportnetzbetreibers bestellt hat. ⁴ Der Gleichbehandlungsbeauftragte des Unabhängigen Transportnetzbetreibers ist der Leitung des Unabhängigen Transportnetzbetreibers unmittelbar zu unterstellen und in dieser Funktion weisungsfrei. ⁵ Er darf wegen der Erfüllung seiner Aufgaben nicht benachteiligt werden. ⁶ Der Unabhängige Transportnetzbetreiber hat dem Gleichbehandlungsbeauftragten des Unabhängigen Transportnetzbetreibers die zur Erfüllung seiner Aufgaben notwendigen Mittel zur Verfügung zu stellen. ⁷ Der Gleichbehandlungsbeauftragte des Unabhängigen Transportnetzbetreibers kann vom Unabhängigen Transportnetzbetreiber Zugang zu allen für die Erfüllung seiner Aufgaben erforderlichen Daten sowie, ohne Vorankündigung, zu den Geschäftsräumen des Unabhängigen Transportnetzbetreibers verlangen; der Unabhängige Transportnetzbetreiber hat diesem Verlangen des Gleichbehandlungsbeauftragten des Unabhängigen Transportnetzbetreibers zu entsprechen.

(3) ¹ Der Aufsichtsrat des Unabhängigen Transportnetzbetreibers hat die Ernennung des Gleichbehandlungsbeauftragten des Unabhängigen Transportnetzbetreibers der Regulierungsbehörde unverzüglich mitzuteilen. ² Die Ernennung nach Absatz 2 Satz 2 wird erst nach Zustimmung der Regulierungsbehörde wirksam. ³ Die Zustimmung zur Ernennung ist von der Regulierungsbehörde, außer im Falle fehlender Unabhängigkeit oder fehlender fachlicher Eignung der vom Unabhängigen Transportnetzbetreiber zur Ernennung vorgeschlagenen Person, zu erteilen. ⁴ Die Auftragsbedingungen oder Beschäftigungsbedingungen des Gleichbehandlungsbeauftragten des Unabhängigen Transportnetzbetreibers, einschließlich der Dauer seiner Bestellung, sind von der Regulierungsbehörde zu genehmigen.

(4) ¹ Der Gleichbehandlungsbeauftragte des Unabhängigen Transportnetzbetreibers hat der Regulierungsbehörde regelmäßig Bericht zu erstatten. ² Er erstellt einmal jährlich einen Bericht, in dem die Maßnahmen zur Durchführung des Gleichbehandlungsprogramms dargelegt werden, und legt ihn der Regulierungsbehörde spätestens zum 30. September eines Jahres vor. ³ Er unterrichtet die Regulierungsbehörde fortlaufend über erhebliche Verstöße bei der Durchführung des Gleichbehandlungsprogramms sowie über die finanziellen und kommerziellen Beziehungen, insbesondere deren Änderungen, zwischen dem vertikal integrierten Energieversorgungsunternehmen und dem

Unabhängigen Transportnetzbetreiber. ⁴Er berichtet dem Aufsichtsrat des Unabhängigen Transportnetzbetreibers und gibt der obersten Unternehmensleitung Empfehlungen zum Gleichbehandlungsprogramm und seiner Durchführung.

(5) ¹Der Gleichbehandlungsbeauftragte des Unabhängigen Transportnetzbetreibers hat der Regulierungsbehörde alle Entscheidungen zum Investitionsplan oder zu Einzelinvestitionen im Transportnetz spätestens dann zu übermitteln, wenn die Unternehmensleitung des Transportnetzbetreibers diese Entscheidungen dem Aufsichtsrat zuleitet. ²Der Gleichbehandlungsbeauftragte des Unabhängigen Transportnetzbetreibers hat die Regulierungsbehörde unverzüglich zu informieren, wenn das vertikal integrierte Unternehmen in der Gesellschafter- oder Hauptversammlung des Transportnetzbetreibers durch das Abstimmungsverhalten der von ihm ernannten Mitglieder einen Beschluss herbeigeführt oder die Annahme eines Beschlusses verhindert und auf Grund dessen Netzinvestitionen, die nach dem zehnjährigen Netzentwicklungsplan in den folgenden drei Jahren durchgeführt werden sollten, verhindert oder hinausgezögert werden.

(6) ¹Der Gleichbehandlungsbeauftragte des Unabhängigen Transportnetzbetreibers ist berechtigt, an allen Sitzungen der Unternehmensleitung, des Aufsichtsrats oder der Gesellschafter- oder Hauptversammlung teilzunehmen. ²In den Sitzungen des Aufsichtsrats ist dem Gleichbehandlungsbeauftragten des Unabhängigen Transportnetzbetreibers ein eigenes Rederecht einzuräumen. ³Der Gleichbehandlungsbeauftragte des Unabhängigen Transportnetzbetreibers hat an allen Sitzungen des Aufsichtsrates teilzunehmen, die folgende Fragen behandeln:

1. Netzzugangsbedingungen nach Maßgabe der Verordnung (EG) Nr. 714/2009[1]) (ABl. L 211 vom 14. 8. 2009, S. 15) und der Verordnung (EG) Nr. 715/2009[2]) (ABl. L 211 vom 14. 8. 2009, S. 36), insbesondere soweit die Beratungen Fragen zu Netzentgelten, Leistungen im Zusammenhang mit dem Zugang Dritter, der Kapazitätsvergabe und dem Engpassmanagement, Transparenz, Ausgleich von Energieverlusten und Sekundärmärkte betreffen,

2. Vorhaben für den Betrieb, die Wartung und den Ausbau des Transportnetzes, insbesondere hinsichtlich der notwendigen Investitionen für den Netzanschluss und Netzverbund, in neue Transportverbindungen, für die Kapazitätsausweitung und die Verstärkung vorhandener Kapazitäten oder

3. den Verkauf oder Erwerb von Energie, die für den Betrieb des Transportnetzes erforderlich ist.

(7) ¹Nach vorheriger Zustimmung der Regulierungsbehörde kann der Aufsichtsrat den Gleichbehandlungsbeauftragten des Unabhängigen Transportnetzbetreibers abberufen. ²Die Abberufung hat aus Gründen mangelnder Unabhängigkeit oder mangelnder fachlicher Eignung auf Verlangen der Regulierungsbehörde zu erfolgen.

---

[1]) Nr. 8.
[2]) Nr. 21.

Energiewirtschaftsgesetz §§ 11, 12 EnWG 1

Teil 3. Regulierung des Netzbetriebs

Abschnitt 1. Aufgaben der Netzbetreiber

§ 11 Betrieb von Energieversorgungsnetzen. (1) ¹ Betreiber von Energieversorgungsnetzen sind verpflichtet, ein sicheres, zuverlässiges und leistungsfähiges Energieversorgungsnetz diskriminierungsfrei zu betreiben, zu warten und bedarfsgerecht zu optimieren, zu verstärken und auszubauen, soweit es wirtschaftlich zumutbar ist. ² Sie haben insbesondere die Aufgaben nach den §§ 12 bis 16 a zu erfüllen. ³ Die Verpflichtung gilt auch im Rahmen der Wahrnehmung der wirtschaftlichen Befugnisse der Leitung des vertikal integrierten Energieversorgungsunternehmens und seiner Aufsichtsrechte nach § 8 Abs. 4 Satz 2.

(1 a) ¹ Der Betrieb eines sicheren Energieversorgungsnetzes umfasst insbesondere auch einen angemessenen Schutz gegen Bedrohungen für Telekommunikations- und elektronische Datenverarbeitungssysteme, die der Netzsteuerung dienen. ² Die Regulierungsbehörde erstellt hierzu im Benehmen mit dem Bundesamt für Sicherheit in der Informationstechnik einen Katalog von Sicherheitsanforderungen und veröffentlicht diesen. ³ Ein angemessener Schutz des Betriebs eines Energieversorgungsnetzes wird vermutet, wenn dieser Katalog der Sicherheitsanforderungen eingehalten und dies vom Betreiber dokumentiert worden ist. ⁴ Die Einhaltung kann von der Regulierungsbehörde überprüft werden. ⁵ Die Regulierungsbehörde kann durch Festlegung im Verfahren nach § 29 Absatz 1 nähere Bestimmungen zu Format, Inhalt und Gestaltung der Dokumentation nach Satz 3 treffen.

(2) ¹ In Rechtsverordnungen über die Regelung von Vertrags- und sonstigen Rechtsverhältnissen können auch Regelungen zur Haftung der Betreiber von Energieversorgungsnetzen aus Vertrag und unerlaubter Handlung für Sach- und Vermögensschäden, die ein Kunde durch Unterbrechung der Energieversorgung oder durch Unregelmäßigkeiten in der Energieversorgung erleidet, getroffen werden. ² Dabei kann die Haftung auf vorsätzliche oder grob fahrlässige Verursachung beschränkt und der Höhe nach begrenzt werden. ³ Soweit es zur Vermeidung unzumutbarer wirtschaftlicher Risiken des Netzbetriebs im Zusammenhang mit Verpflichtungen nach § 13 Abs. 2, auch in Verbindung mit § 14, und § 16 Abs. 2, auch in Verbindung mit § 16 a, erforderlich ist, kann die Haftung darüber hinaus vollständig ausgeschlossen werden.

§ 12 Aufgaben der Betreiber von Übertragungsnetzen. (1) ¹ Betreiber von Übertragungsnetzen haben die Energieübertragung durch das Netz unter Berücksichtigung des Austauschs mit anderen Verbundnetzen zu regeln und mit der Bereitstellung und dem Betrieb ihrer Übertragungsnetze im nationalen und internationalen Verbund zu einem sicheren und zuverlässigen Elektrizitätsversorgungssystem in ihrer Regelzone und damit zu einer sicheren Energieversorgung beizutragen. ² Betreiber von Übertragungsnetzen können vereinbaren, die Regelverantwortung für ihre Netze auf einen Betreiber von Übertragungsnetzen zu übertragen. ³ Mit der Übertragung der Regelverantwortung erhält der verantwortliche Netzbetreiber die Befugnisse des § 13.
⁴ Die Übertragung der Regelverantwortung ist der Regulierungsbehörde spä-

1 EnWG § 12

testens sechs Monate vorher anzuzeigen. ⁵ Die Regulierungsbehörde kann zur Verringerung des Aufwandes für Regelenergie und zur Förderung von einheitlichen Bedingungen bei der Gewährung des Netzzugangs durch Festlegung nach § 29 Absatz 1 die Betreiber von Übertragungsnetzen verpflichten, eine einheitliche Regelzone zu bilden.

(2) Betreiber von Übertragungsnetzen haben Betreibern eines anderen Netzes, mit dem die eigenen Übertragungsnetze technisch verbunden sind, die notwendigen Informationen bereitzustellen, um den sicheren und effizienten Betrieb, den koordinierten Ausbau und den Verbund sicherzustellen.

(3) ¹ Betreiber von Übertragungsnetzen haben dauerhaft die Fähigkeit des Netzes sicherzustellen, die Nachfrage nach Übertragung von Elektrizität zu befriedigen und insbesondere durch entsprechende Übertragungskapazität und Zuverlässigkeit des Netzes zur Versorgungssicherheit beizutragen. ² Dafür sollen sie im Rahmen des technisch Möglichen auch geeignete technische Anlagen etwa zur Bereitstellung von Blind- und Kurzschlussleistung nutzen, die keine Anlagen zur Erzeugung elektrischer Energie sind.

(3 a) ¹ Um die technische Sicherheit und die Systemstabilität zu gewährleisten, wird das Bundesministerium für Wirtschaft und Technologie ermächtigt, durch Rechtsverordnung technische Anforderungen an Anlagen zur Erzeugung elektrischer Energie, insbesondere an Anlagen nach dem Erneuerbare-Energien-Gesetz[1]) und dem Kraft-Wärme-Kopplungsgesetz[2]), vorzugeben sowie Netzbetreiber und Anlagenbetreiber zu verpflichten, Anlagen, die bereits vor dem 1. Januar 2012 in Betrieb genommen worden sind, entsprechend nachzurüsten und Regelungen zur Kostentragung zu treffen. ² Soweit Anlagen nach dem Erneuerbare-Energien-Gesetz oder dem Kraft-Wärme-Kopplungsgesetz betroffen sind, ergeht die Rechtsverordnung im Einvernehmen mit dem Bundesministerium für Umwelt, Naturschutz und Reaktorsicherheit.

(4) ¹ Betreiber von Erzeugungsanlagen, Betreiber von Elektrizitätsverteilernetzen, industrielle und gewerbliche Letztverbraucher und Lieferanten von Elektrizität sind verpflichtet, Betreibern von Übertragungsnetzen sowie vorgelagerten Betreibern von Elektrizitätsverteilernetzen auf Verlangen unverzüglich die Informationen bereitzustellen, die notwendig sind, damit die Übertragungsnetze sicher und zuverlässig betrieben, gewartet und ausgebaut werden können. ² Die übermittelten Informationen sollen die Betreiber von Übertragungsnetzen insbesondere in die Lage versetzen, einen Bericht zu erstellen, der die Leistungsbilanz für ihren Verantwortungsbereich als Prognose und Statistik enthält. ³ Die Regulierungsbehörde wird ermächtigt, nach § 29 Absatz 1 Festlegungen zu treffen zur Konkretisierung des Kreises der nach Satz 1 Verpflichteten, zum Inhalt und zur Methodik, zu Details der Datenweitergabe und zum Datenformat der Bereitstellung an den Betreiber von Übertragungsnetzen oder den vorgelagerten Betreiber von Verteilernetzen.

(5) Die Betreiber von Übertragungsnetzen haben den Bericht über die Leistungsbilanz nach Absatz 4 Satz 2 jeweils am 30. September eines Jahres an die Stelle zu übermitteln, die das Monitoring gemäß § 51 durchführt.

---

[1]) Nr. **34**.
[2]) Nr. **43**.

Energiewirtschaftsgesetz §§ 12 a, 12 b EnWG 1

§ 12 a Szenariorahmen für die Netzentwicklungsplanung. (1) ¹Die Betreiber von Übertragungsnetzen erarbeiten jährlich einen gemeinsamen Szenariorahmen, der Grundlage für die Erarbeitung des Netzentwicklungsplans nach § 12 b ist. ²Der Szenariorahmen umfasst mindestens drei Entwicklungspfade (Szenarien), die für die nächsten zehn Jahre die Bandbreite wahrscheinlicher Entwicklungen im Rahmen der mittel- und langfristigen energiepolitischen Ziele der Bundesregierung abdecken. ³Eines der Szenarien muss die wahrscheinliche Entwicklung für die nächsten zwanzig Jahre darstellen. ⁴Für den Szenariorahmen legen die Betreiber von Übertragungsnetzen angemessene Annahmen für die jeweiligen Szenarien zu Erzeugung, Versorgung, Verbrauch von Strom sowie dessen Austausch mit anderen Ländern zu Grunde und berücksichtigen geplante Investitionsvorhaben der europäischen Netzinfrastruktur.

(2) ¹Die Betreiber von Übertragungsnetzen legen der Regulierungsbehörde den Entwurf des Szenariorahmens vor. ²Die Regulierungsbehörde macht den Entwurf des Szenariorahmens auf ihrer Internetseite öffentlich bekannt und gibt der Öffentlichkeit, einschließlich tatsächlicher und potenzieller Netznutzer, den nachgelagerten Netzbetreibern, sowie den Trägern öffentlicher Belange Gelegenheit zur Äußerung.

(3) Die Regulierungsbehörde genehmigt den Szenariorahmen unter Berücksichtigung der Ergebnisse der Öffentlichkeitsbeteiligung.

§ 12 b Erstellung des Netzentwicklungsplans durch die Betreiber von Übertragungsnetzen. (1) ¹Die Betreiber von Übertragungsnetzen legen der Regulierungsbehörde jährlich zum 3. März, erstmalig aber erst zum 3. Juni 2012, auf der Grundlage des Szenariorahmens einen gemeinsamen nationalen Netzentwicklungsplan zur Bestätigung vor. ²Der gemeinsame nationale Netzentwicklungsplan muss alle wirksamen Maßnahmen zur bedarfsgerechten Optimierung, Verstärkung und zum Ausbau des Netzes enthalten, die in den nächsten zehn Jahren für einen sicheren und zuverlässigen Netzbetrieb erforderlich sind. Der Netzentwicklungsplan enthält darüber hinaus folgende Angaben:

1. alle Netzausbaumaßnahmen, die in den nächsten drei Jahren ab Feststellung des Netzentwicklungsplans durch die Regulierungsbehörde für einen sicheren und zuverlässigen Netzbetrieb erforderlich sind,
2. einen Zeitplan für alle Netzausbaumaßnahmen sowie
3. a) Netzausbaumaßnahmen als Pilotprojekte für eine verlustarme Übertragung hoher Leistungen über große Entfernungen sowie

   b) den Einsatz von Hochtemperaturleiterseilen als Pilotprojekt mit einer Bewertung ihrer technischen Durchführbarkeit und Wirtschaftlichkeit,
4. den Stand der Umsetzung des vorhergehenden Netzentwicklungsplans und im Falle von Verzögerungen, die dafür maßgeblichen Gründe der Verzögerungen,
5. Angaben zur zu verwendenden Übertragungstechnologie.

³Die Betreiber von Übertragungsnetzen nutzen bei der Erarbeitung des Netzentwicklungsplans eine geeignete und für einen sachkundigen Dritten nachvollziehbare Modellierung des deutschen Übertragungsnetzes. ⁴Der Netzentwicklungsplan berücksichtigt den gemeinschaftsweiten Netzentwicklungsplan

nach Artikel 8 Absatz 3 b der Verordnung (EG) Nr. 714/2009[1)] und vorhandene Offshore-Netzpläne.

(2) [1] Der Netzentwicklungsplan umfasst alle Maßnahmen, die nach den Szenarien des Szenariorahmens erforderlich sind, um die Anforderungen nach Absatz 1 Satz 2 zu erfüllen. [2] Dabei ist dem Erfordernis eines sicheren und zuverlässigen Netzbetriebs in besonderer Weise Rechnung zu tragen.

(3) [1] Die Betreiber von Übertragungsnetzen veröffentlichen den Entwurf des Netzentwicklungsplans vor Vorlage bei der Regulierungsbehörde auf ihren Internetseiten und geben der Öffentlichkeit, einschließlich tatsächlicher oder potenzieller Netznutzer, den nachgelagerten Netzbetreibern sowie den Trägern öffentlicher Belange und den Energieaufsichtsbehörden der Länder Gelegenheit zur Äußerung. [2] Dafür stellen sie den Entwurf des Netzentwicklungsplans und alle weiteren erforderlichen Informationen im Internet zur Verfügung. [3] Die Betreiber von Elektrizitätsverteilernetzen sind verpflichtet, mit den Betreibern von Übertragungsnetzen in dem Umfang zusammenzuarbeiten, der erforderlich ist, um eine sachgerechte Erstellung des Netzentwicklungsplans zu gewährleisten; sie sind insbesondere verpflichtet, den Betreibern von Übertragungsnetzen für die Erstellung des Netzentwicklungsplans notwendige Informationen auf Anforderung unverzüglich zur Verfügung zu stellen.

(4) Dem Netzentwicklungsplan ist eine zusammenfassende Erklärung beizufügen über die Art und Weise, wie die Ergebnisse der Beteiligungen nach § 12 a Absatz 2 Satz 2 und § 12 b Absatz 3 Satz 1 in dem Netzentwicklungsplan berücksichtigt wurden und aus welchen Gründen der Netzentwicklungsplan nach Abwägung mit den geprüften, in Betracht kommenden anderweitigen Planungsmöglichkeiten gewählt wurde.

(5) Die Betreiber von Übertragungsnetzen legen den Entwurf des Netzentwicklungsplans der Regulierungsbehörde unverzüglich vor.

§ 12 c Bestätigung des Netzentwicklungsplans durch die Regulierungsbehörde. (1) [1] Die Regulierungsbehörde prüft die Übereinstimmung des Netzentwicklungsplans mit den Anforderungen gemäß § 12 b Absatz 1, 2 und 4. [2] Sie kann Änderungen des Entwurfs des Netzentwicklungsplans durch die Übertragungsnetzbetreiber verlangen. [3] Die Betreiber von Übertragungsnetzen stellen der Regulierungsbehörde auf Verlangen die für ihre Prüfungen erforderlichen Informationen zur Verfügung. [4] Bestehen Zweifel, ob der Netzentwicklungsplan mit dem gemeinschaftsweit geltenden Netzentwicklungsplan in Einklang steht, konsultiert die Regulierungsbehörde die Agentur für die Zusammenarbeit der Energieregulierungsbehörden.

(2) [1] Zur Vorbereitung eines Bedarfsplans nach § 12 e erstellt die Regulierungsbehörde frühzeitig während des Verfahrens zur Erstellung des Netzentwicklungsplans einen Umweltbericht, der den Anforderungen des § 14 g des Gesetzes über die Umweltverträglichkeitsprüfung entsprechen muss. [2] Die Betreiber von Übertragungsnetzen stellen der Regulierungsbehörde die hierzu erforderlichen Informationen zur Verfügung.

(3) [1] Nach Abschluss der Prüfung nach Absatz 1 beteiligt die Regulierungsbehörde unverzüglich die Behörden, deren Aufgabenbereich berührt wird,

---

[1)] Nr. **8**.

Energiewirtschaftsgesetz **§§ 12 d, 12 e EnWG 1**

und die Öffentlichkeit. ²Maßgeblich sind die Bestimmungen des Gesetzes über die Umweltverträglichkeitsprüfung, soweit sich aus den nachfolgenden Vorschriften nicht etwas anderes ergibt. ³Gegenstand der Beteiligung ist der Entwurf des Netzentwicklungsplans und in den Fällen des § 12 e zugleich der Umweltbericht. ⁴Die Unterlagen für die Strategische Umweltprüfung sowie der Entwurf des Netzentwicklungsplans sind für eine Frist von sechs Wochen am Sitz der Regulierungsbehörde auszulegen und darüber hinaus auf ihrer Internetseite öffentlich bekannt zu machen. ⁵Die betroffene Öffentlichkeit kann sich zum Entwurf des Netzentwicklungsplans und zum Umweltbericht bis zwei Wochen nach Ende der Auslegung äußern.

(4) ¹Die Regulierungsbehörde bestätigt den jährlichen Netzentwicklungsplan unter Berücksichtigung des Ergebnisses der Behörden- und Öffentlichkeitsbeteiligung mit Wirkung für die Betreiber von Übertragungsnetzen. ²Die Bestätigung ist nicht selbstständig durch Dritte anfechtbar. ³Die Regulierungsbehörde kann bestimmen, welcher Betreiber von Übertragungsnetzen für die Durchführung einer im Netzentwicklungsplan enthaltenen Maßnahme verantwortlich ist.

(5) Die Betreiber von Übertragungsnetzen sind verpflichtet, den entsprechend Absatz 1 Satz 2 geänderten Netzentwicklungsplan der Regulierungsbehörde unverzüglich vorzulegen.

(6) Die Regulierungsbehörde kann durch Festlegung nähere Bestimmungen zu Inhalt und Verfahren der Erstellung des Netzentwicklungsplans sowie zur Ausgestaltung des nach Absatz 3, § 12 a Absatz 2 und § 12 b Absatz 3 durchzuführenden Verfahrens zur Beteiligung der Öffentlichkeit treffen.

§ 12 d Öffentlichkeitsbeteiligung bei Fortschreibung des Netzentwicklungsplans. ¹Nach der erstmaligen Bestätigung des Netzentwicklungsplans kann sich die Beteiligung der Öffentlichkeit, einschließlich tatsächlicher und potenzieller Netznutzer, der nachgelagerten Netzbetreiber sowie der Träger öffentlicher Belange nach § 12 a Absatz 2, § 12 b Absatz 3 und § 12 c Absatz 3 auf Änderungen des Szenariorahmens oder des Netzentwicklungsplans gegenüber dem Vorjahr beschränken. ²Ein vollständiges Verfahren nach den §§ 12 a bis 12 c muss mindestens alle drei Jahre sowie in den Fällen des § 12 e Absatz 1 Satz 3 durchgeführt werden.

§ 12 e Bundesbedarfsplan. (1) ¹Die Regulierungsbehörde übermittelt den Netzentwicklungsplan mindestens alle drei Jahre der Bundesregierung als Entwurf für einen Bundesbedarfsplan. ²Die Bundesregierung legt den Entwurf des Bundesbedarfsplans mindestens alle drei Jahre dem Bundesgesetzgeber vor. ³Die Regulierungsbehörde hat auch bei wesentlichen Änderungen des jährlichen Netzentwicklungsplans gemäß Satz 1 zu verfahren.

(2) ¹Die Regulierungsbehörde kennzeichnet in ihrem Entwurf für einen Bundesbedarfsplan die länderübergreifenden und grenzüberschreitenden Höchstspannungsleitungen sowie die Anbindungsleitungen von den Offshore-Windpark-Umspannwerken zu den Netzverknüpfungspunkten an Land. ²Dem Entwurf ist eine Begründung beizufügen. ³Die Vorhaben des Bundesbedarfsplans entsprechen den Zielsetzungen des § 1 dieses Gesetzes.

(3) ¹Im Bundesbedarfsplan kann vorgesehen werden, dass ein einzelnes Pilotprojekt nach § 12 b Absatz 1 Satz 3 Nummer 3 a auf einem technisch

und wirtschaftlich effizienten Teilabschnitt als Erdkabel errichtet und betrieben werden kann, wenn die Anforderungen nach § 2 Absatz 2 Satz 1 Nummer 1 oder 2 des Energieleitungsausbaugesetzes[1]) erfüllt sind. ²Auf Verlangen der für die Zulassung des Vorhabens zuständigen Behörde ist die Leitung auf einem technisch und wirtschaftlich effizienten Teilabschnitt als Erdkabel zu errichten und zu betreiben oder zu ändern, wenn die Anforderungen nach § 2 Absatz 2 Satz 1 Nummer 1 oder 2 des Energieleitungsausbaugesetzes erfüllt sind.

(4) ¹Mit Erlass des Bundesbedarfsplans durch den Bundesgesetzgeber wird für die darin enthaltenen Vorhaben die energiewirtschaftliche Notwendigkeit und der vordringliche Bedarf festgestellt. ²Die Feststellungen sind für die Betreiber von Übertragungsnetzen sowie für die Planfeststellung und die Plangenehmigung nach den §§ 43 bis 43 d und §§ 18 bis 24 des Netzausbaubeschleunigungsgesetzes Übertragungsnetz[2]) verbindlich.

(5) ¹Für die Änderung von Bundesbedarfsplänen gilt § 14d Satz 1 des Gesetzes über die Umweltverträglichkeitsprüfung. ²Soweit danach keine Pflicht zur Durchführung einer Strategischen Umweltprüfung besteht, findet § 12 c Absatz 2 keine Anwendung.

§ 12 f Herausgabe von Daten. (1) Die Regulierungsbehörde stellt dem Bundesministerium für Wirtschaft und Technologie, dem Bundesministerium für Umwelt, Naturschutz und Reaktorsicherheit sowie dem Umweltbundesamt Daten, die für digitale Netzberechnungen erforderlich sind, insbesondere Einspeise- und Lastdaten sowie Impedanzen und Kapazitäten von Leitungen und Transformatoren, einschließlich unternehmensbezogener Daten und Betriebs- und Geschäftsgeheimnisse zur Verfügung, soweit dies zur Erfüllung ihrer jeweiligen Aufgaben erforderlich ist.

(2) ¹Die Regulierungsbehörde gibt auf Antrag insbesondere netzknotenpunktscharfe Einspeise- und Lastdaten sowie Informationen zu Impedanzen und Kapazitäten von Leitungen und Transformatoren an Dritte heraus, die die Fachkunde zur Überprüfung der Netzplanung und ein berechtigtes Interesse gegenüber der Regulierungsbehörde nachweisen sowie die vertrauliche Behandlung der Informationen zusichern oder die Berechtigung zum Umgang mit Verschlusssachen mit einem Geheimhaltungsgrad nach § 12 g Absatz 4 in Verbindung mit § 4 des Sicherheitsüberprüfungsgesetzes haben. ²Die Daten sind in einem standardisierten, elektronisch verarbeitbaren Format zur Verfügung zu stellen. ³Daten, die Betriebs- und Geschäftsgeheimnisse darstellen, dürfen von der Regulierungsbehörde nicht herausgegeben werden. ⁴In diesem Fall hat die Regulierungsbehörde typisierte und anonymisierte Datensätze an den Antragsteller herauszugeben.

§ 12 g Schutz europäisch kritischer Anlagen, Verordnungsermächtigung. (1) ¹Zum Schutz des Übertragungsnetzes bestimmt die Regulierungsbehörde alle zwei Jahre diejenigen Anlagen oder Teile von Anlagen des Übertragungsnetzes, deren Störung oder Zerstörung erhebliche Auswirkungen in mindestens zwei Mitgliedstaaten der Europäischen Union haben kann (europäisch kritische Anlage). ²Die Bestimmung erfolgt durch Festlegung nach

---
[1]) Nr. 14.
[2]) Nr. 15.

Energiewirtschaftsgesetz § 13 EnWG 1

dem Verfahren des § 29. ³ Zur Vorbereitung der Festlegung haben die Betreiber von Übertragungsnetzen der Regulierungsbehörde einen Bericht vorzulegen, in dem Anlagen ihres Netzes, deren Störung oder Zerstörung erhebliche Auswirkungen in mindestens zwei Mitgliedstaaten haben kann, vorgeschlagen werden und dies begründet wird. ⁴ Der Bericht kann auch von allen Betreibern gemeinsam erstellt und vorgelegt werden.

(2) Betreiber von Übertragungsnetzen haben zum Schutz ihrer gemäß Absatz 1 Satz 1 bestimmten Anlagen Sicherheitspläne zu erstellen sowie Sicherheitsbeauftragte zu bestimmen und der Regulierungsbehörde nachzuweisen.

(3) Die Bundesregierung wird ermächtigt, durch Rechtsverordnung ohne Zustimmung des Bundesrates Einzelheiten zu dem Verfahren der Festlegung und zum Bericht gemäß Absatz 1 sowie zu den Sicherheitsplänen und Sicherheitsbeauftragten nach Absatz 2 zu regeln.

(4) Die für die Festlegung gemäß Absatz 1 Satz 2 erforderlichen Informationen, der Bericht der Betreiber nach Absatz 1 Satz 3 sowie die Sicherheitspläne nach Absatz 2 sind als Verschlusssache mit dem geeigneten Geheimhaltungsgrad im Sinne von § 4 des Sicherheitsüberprüfungsgesetzes einzustufen.

§ 13 Systemverantwortung der Betreiber von Übertragungsnetzen.

(1) Sofern die Sicherheit oder Zuverlässigkeit des Elektrizitätsversorgungssystems in der jeweiligen Regelzone gefährdet oder gestört ist, sind Betreiber von Übertragungsnetzen berechtigt und verpflichtet, die Gefährdung oder Störung durch

1. netzbezogene Maßnahmen, insbesondere durch Netzschaltungen, und

2. marktbezogene Maßnahmen, wie insbesondere den Einsatz von Regelenergie, vertraglich vereinbarte abschaltbare und zuschaltbare Lasten, Information über Engpässe und Management von Engpässen sowie Mobilisierung zusätzlicher Reserven

zu beseitigen.

(1 a) ¹ Für die Durchführung von Maßnahmen nach Absatz 1 Nummer 2 sind Betreiber von Anlagen zur Speicherung von elektrischer Energie und von Anlagen zur Erzeugung von elektrischer Energie (Erzeugungsanlagen) mit einer Nennleistung ab 50 Megawatt an Elektrizitätsversorgungsnetzen mit einer Spannung von mindestens 110 Kilovolt verpflichtet, auf Anforderung durch die Betreiber von Übertragungsnetzen und erforderlichenfalls in Abstimmung mit dem Betreiber desjenigen Netzes, in das die Erzeugungsanlage eingebunden ist, gegen angemessene Vergütung die Wirkleistungs- oder Blindleistungseinspeisung anzupassen. ² Eine Anpassung umfasst auch die Anforderung einer Einspeisung aus Erzeugungsanlagen, die derzeit nicht einspeisen und erforderlichenfalls erst betriebsbereit gemacht werden müssen oder die zur Erfüllung der Anforderung eine geplante Revision verschieben müssen. ³ Die Regulierungsbehörde wird ermächtigt, nach § 29 Absatz 1 Festlegungen zu treffen zur Konkretisierung des Adressatenkreises nach Satz 1, zu erforderlichen technischen Anforderungen, die gegenüber den Betreibern betroffener Erzeugungsanlagen aufzustellen sind, zu Methodik und Datenformat der Anforderung durch den Betreiber von Übertragungsnetzen sowie zu Kriterien für die Bestimmung der angemessenen Vergütung.

1 EnWG § 13 1. Teil. Energierecht i.e.S.

(2) ¹ Lässt sich eine Gefährdung oder Störung durch Maßnahmen nach Absatz 1 nicht oder nicht rechtzeitig beseitigen, so sind Betreiber von Übertragungsnetzen im Rahmen der Zusammenarbeit nach § 12 Abs. 1 berechtigt und verpflichtet, sämtliche Stromeinspeisungen, Stromtransite und Stromabnahmen in ihren Regelzonen den Erfordernissen eines sicheren und zuverlässigen Betriebs des Übertragungsnetzes anzupassen oder diese Anpassung zu verlangen. ² Bei einer erforderlichen Anpassung von Stromeinspeisungen und Stromabnahmen sind insbesondere die betroffenen Betreiber von Elektrizitätsverteilernetzen und Stromhändler soweit möglich vorab zu informieren.

(2 a) ¹ Bei Maßnahmen nach den Absätzen 1 und 2 sind die Verpflichtungen nach § 8 Absatz 1 des Erneuerbare-Energien-Gesetzes¹⁾ und nach § 4 Absatz 1 und 3 Satz 2 des Kraft-Wärme-Kopplungsgesetzes²⁾ einzuhalten. ² Bei Maßnahmen nach Absatz 1 Satz 1 Nummer 2 ist der Einsatz vertraglicher Vereinbarungen zur Einspeisung von nach Satz 1 vorrangberechtigter Elektrizität nach Ausschöpfung der vertraglichen Vereinbarungen zur Reduzierung der Einspeisung von nicht vorrangberechtigter Elektrizität zulässig, soweit die Bestimmungen des Erneuerbare-Energien-Gesetzes oder des Kraft-Wärme-Kopplungsgesetzes ein Abweichen von genannten Verpflichtungen auf Grund vertraglicher Vereinbarungen ausnahmsweise eröffnen. ³ Beruht die Gefährdung oder Störung auf einer Überlastung der Netzkapazität, so sind im Rahmen von Maßnahmen nach Absatz 2 die speziellen Anforderungen nach den §§ 11 und 12 des Erneuerbare-Energien-Gesetzes einzuhalten. ⁴ Soweit die Einhaltung der in diesem Absatz genannten Verpflichtungen die Beseitigung einer Gefährdung oder Störung verhindern würde, kann ausnahmsweise von ihnen abgewichen werden. ⁵ Ein solcher Ausnahmefall liegt insbesondere vor, soweit die Betreiber von Übertragungsnetzen zur Gewährleistung der Sicherheit und Zuverlässigkeit des Elektrizitätsversorgungssystems auf die Mindesteinspeisung aus bestimmten Anlagen angewiesen sind (netztechnisch erforderliches Minimum). ⁶ Ausnahmen nach den Sätzen 4 und 5 sind der Regulierungsbehörde unverzüglich anzuzeigen und die besonderen Gründe nachzuweisen. ⁷ Die Regulierungsbehörde kann Kriterien für die nach Satz 4 geltenden Ausnahmefälle durch Festlegung nach § 29 Absatz 1 bestimmen.

(3) Eine Gefährdung der Sicherheit und Zuverlässigkeit des Elektrizitätsversorgungssystems in der jeweiligen Regelzone liegt vor, wenn örtliche Ausfälle des Übertragungsnetzes oder kurzfristige Netzengpässe zu besorgen sind oder zu besorgen ist, dass die Haltung von Frequenz, Spannung oder Stabilität durch die Übertragungsnetzbetreiber nicht im erforderlichen Maße gewährleistet werden kann.

(4) ¹ Im Falle einer Anpassung nach Absatz 2 ruhen bis zur Beseitigung der Gefährdung oder Störung alle hiervon jeweils betroffenen Leistungspflichten. ² Soweit bei Vorliegen der Voraussetzungen nach Absatz 2 Maßnahmen getroffen werden, ist insoweit die Haftung für Vermögensschäden ausgeschlossen. ³ Im Übrigen bleibt § 11 Abs. 2 unberührt.

(4 a) ¹ Die Rechtsfolgen nach Absatz 4 treten nicht ein, soweit Betreiber von Übertragungsnetzen ihnen angebotene technisch und wirtschaftlich sinnvolle Vereinbarungen für freiwillige Ab- und Zuschaltungen mit Lasten nach Absatz 1 Satz 1 Nummer 2 ohne hinreichenden Grund im Vorfeld einer

---

¹⁾ Nr. **34**.
²⁾ Nr. **43**.

Energiewirtschaftsgesetz § 14 EnWG 1

Gefährdung oder Störung der Sicherheit oder Zuverlässigkeit des Elektrizitätsversorgungssystems in der jeweiligen Regelzone nicht abgeschlossen haben. ² Als wirtschaftlich sinnvoll gelten jeweils Vereinbarungen bis zur Dauer eines Jahres, bei denen die durch den Betreiber von Übertragungsnetzen zu zahlende Vergütung nicht die anteilig verhinderten potenziellen Kosten von Versorgungsunterbrechungen übersteigt. ³ Als technisch sinnvoll gelten Vereinbarungen, bei denen Ab- und Zuschaltungen für eine Mindestlastgröße von 50 Megawatt unverzögert herbeigeführt werden können, sicher verfügbar und geeignet sind, zur Sicherheit und Zuverlässigkeit des Elektrizitätsversorgungssystems in der jeweiligen Regelzone beizutragen. ⁴ Näheres insbesondere zu Ausgestaltung und Höhe der Vergütung kann durch Rechtsverordnung, die der Zustimmung des Deutschen Bundestages bedarf, geregelt werden. ⁵ Die Zustimmung gilt mit Ablauf der sechsten Sitzungswoche nach Zuleitung des Verordnungsentwurfs der Bundesregierung an den Deutschen Bundestag als erteilt.

(5) ¹ Über die Gründe von durchgeführten Anpassungen und Maßnahmen sind die hiervon unmittelbar Betroffenen und die Regulierungsbehörde unverzüglich zu informieren. ² Auf Verlangen sind die vorgetragenen Gründe zu belegen. ³ Die Regulierungsbehörde kann durch Festlegung nach § 29 Absatz 1 bestimmen, in welchem Umfang die Netzbetreiber Maßnahmen nach den Absätzen 1 und 2, Gründe und zugrunde liegende vertragliche Regelungen innerhalb bestimmter Frist und in einer bestimmten Form an sie mitteilen und auf einer gemeinsamen Internetplattform veröffentlichen.

(6) Reichen die Maßnahmen gemäß Absatz 2 nach Feststellung eines Betreibers von Übertragungsnetzen nicht aus, um eine Versorgungsstörung für lebenswichtigen Bedarf im Sinne des § 1 des Energiesicherungsgesetzes[1] abzuwenden, muss der Betreiber von Übertragungsnetzen unverzüglich die Regulierungsbehörde unterrichten.

(7) ¹ Zur Vermeidung schwerwiegender Versorgungsstörungen haben Betreiber von Übertragungsnetzen alle zwei Jahre eine Schwachstellenanalyse zu erarbeiten und auf dieser Grundlage notwendige Maßnahmen zu treffen. ² Das Personal in den Steuerstellen ist entsprechend zu unterweisen. ³ Über das Ergebnis der Schwachstellenanalyse und die notwendigen Maßnahmen hat der Übertragungsnetzbetreiber alle zwei Jahre jeweils zum 31. August der Regulierungsbehörde zu berichten.

§ 14 Aufgaben der Betreiber von Elektrizitätsverteilernetzen.

(1) ¹ Die §§ 12 und 13 gelten für Betreiber von Elektrizitätsverteilernetzen im Rahmen ihrer Verteilungsaufgaben entsprechend, soweit sie für die Sicherheit und Zuverlässigkeit der Elektrizitätsversorgung in ihrem Netz verantwortlich sind. ² § 13 Abs. 7 ist mit der Maßgabe anzuwenden, dass die Betreiber von Elektrizitätsverteilernetzen nur auf Anforderung der Regulierungsbehörde die Schwachstellenanalyse zu erstellen und über das Ergebnis zu berichten haben.

(1 a) ¹ Betreiber von Elektrizitätsverteilernetzen haben auf Verlangen der Regulierungsbehörde innerhalb von zwei Monaten einen Bericht über den Netzzustand und die Netzausbauplanung zu erstellen und ihr diesen vorzule-

---
[1] Nr. 10.

gen. ²Der Bericht zur Netzausbauplanung hat auch konkrete Maßnahmen zur Optimierung, zur Verstärkung und zum Ausbau des Netzes und den geplanten Beginn und das geplante Ende der Maßnahmen zu enthalten. ³Auf Verlangen der Regulierungsbehörde ist ihr innerhalb von zwei Monaten ein Bericht entsprechend den Sätzen 1 und 2 auch über bestimmte Teile des Elektrizitätsverteilernetzes vorzulegen. ⁴Betreiber von Elektrizitätsverteilernetzen einschließlich vertikal integrierter Energieversorgungsunternehmen, an deren Elektrizitätsverteilernetz weniger als 10 000 Kunden unmittelbar oder mittelbar angeschlossen sind, sind von den Verpflichtungen der Sätze 1 bis 3 ausgenommen. ⁵Die Regulierungsbehörde kann durch Festlegung nach § 29 Absatz 1 zum Inhalt des Berichts nähere Bestimmungen treffen.

(1 b) ¹Betreiber von Hochspannungsnetzen mit einer Nennspannung von 110 Kilovolt haben jährlich den Netzzustand ihres Netzes und die Auswirkungen des zu erwartenden Ausbaus von Einspeiseanlagen insbesondere zur Erzeugung von Strom aus erneuerbaren Energien auf ihr Netz in einem Bericht darzustellen und der zuständigen Regulierungsbehörde zur Prüfung vorzulegen. ²Der Bericht wird nach den Vorgaben erstellt, die die Regulierungsbehörde im Verfahren nach § 29 Absatz 1 zu Inhalt und Format festlegen kann. ³Kommt die Regulierungsbehörde zu dem Ergebnis, dass in dem Netz wesentlicher Bedarf zum Ausbau des Netzes in den nächsten zehn Jahren zu erwarten ist, haben die Netzbetreiber Netzentwicklungspläne zu erstellen und der Regulierungsbehörde innerhalb einer von ihr zu bestimmenden Frist vorzulegen. ⁴Die Anforderungen von den §§ 12 a bis 12 d sowie § 12 f gelten entsprechend.

(1 c) Die Betreiber von Elektrizitätsverteilernetzen sind verpflichtet, Maßnahmen des Betreibers von Übertragungsnetzen oder Maßnahmen eines nach Absatz 1 Satz 1 verantwortlichen Betreibers von Elektrizitätsverteilernetzen, in dessen Netz sie unmittelbar oder mittelbar technisch eingebunden sind, nach dessen Vorgaben und den dadurch begründeten Vorgaben eines vorgelagerten Betreibers von Elektrizitätsverteilernetzen durch eigene Maßnahmen zu unterstützen, soweit diese erforderlich sind, um Gefährdungen und Störungen in den Elektrizitätsversorgungsnetzen mit geringstmöglichen Eingriffen in die Versorgung zu vermeiden; dabei gelten die §§ 12 und 13 entsprechend.

(2) ¹Bei der Planung des Verteilernetzausbaus haben Betreiber von Elektrizitätsverteilernetzen die Möglichkeiten von Energieeffizienz- und Nachfragesteuerungsmaßnahmen und dezentralen Erzeugungsanlagen zu berücksichtigen. ²Die Bundesregierung wird ermächtigt, durch Rechtsverordnung ohne Zustimmung des Bundesrates allgemeine Grundsätze für die Berücksichtigung der in Satz 1 genannten Belange bei Planungen festzulegen.

§ 14 a Steuerung von unterbrechbaren Verbrauchseinrichtungen in Niederspannung. ¹Betreiber von Elektrizitätsverteilernetzen haben denjenigen Lieferanten und Letztverbrauchern im Bereich der Niederspannung, mit denen sie Netznutzungsverträge abgeschlossen haben, ein reduziertes Netzentgelt zu berechnen, wenn ihnen im Gegenzug die Steuerung von vollständig unterbrechbaren Verbrauchseinrichtungen, die über einen separaten Zählpunkt verfügen, zum Zweck der Netzentlastung gestattet wird. ²Als unterbrechbare Verbrauchseinrichtung im Sinne von Satz 1 gelten auch Elektromobile. ³Die Steuerung muss für die in Satz 1 genannten Letztverbraucher und Lieferanten zumutbar sein und kann direkt durch den Netzbetreiber oder indirekt durch Dritte auf Geheiß des Netzbetreibers erfolgen; Näheres regelt eine Rechtsverordnung nach § 21 i Absatz 1 Nummer 9.

§ 15 Aufgaben der Betreiber von Fernleitungsnetzen. (1) Betreiber von Fernleitungsnetzen haben den Gastransport durch ihr Netz unter Berücksichtigung der Verbindungen mit anderen Netzen zu regeln und mit der Bereitstellung und dem Betrieb ihrer Fernleitungsnetze im nationalen und internationalen Verbund zu einem sicheren und zuverlässigen Gasversorgungssystem in ihrem Netz und damit zu einer sicheren Energieversorgung beizutragen.

(2) Um zu gewährleisten, dass der Transport und die Speicherung von Erdgas in einer mit dem sicheren und effizienten Betrieb des Verbundnetzes zu vereinbarenden Weise erfolgen kann, haben Betreiber von Fernleitungsnetzen, Speicher- oder LNG-Anlagen jedem anderen Betreiber eines Gasversorgungsnetzes, mit dem die eigenen Fernleitungsnetze oder Anlagen technisch verbunden sind, die notwendigen Informationen bereitzustellen.

(3) Betreiber von Fernleitungsnetzen haben dauerhaft die Fähigkeit ihrer Netze sicherzustellen, die Nachfrage nach Transportdienstleistungen für Gas zu befriedigen und insbesondere durch entsprechende Transportkapazität und Zuverlässigkeit der Netze zur Versorgungssicherheit beizutragen.

§ 15 a Netzentwicklungsplan der Fernleitungsnetzbetreiber. (1) ¹Die Betreiber von Fernleitungsnetzen haben jährlich einen gemeinsamen nationalen Netzentwicklungsplan zu erstellen und der Regulierungsbehörde unverzüglich vorzulegen, erstmals zum 1. April 2012. ²Dieser muss alle wirksamen Maßnahmen zur bedarfsgerechten Optimierung, Verstärkung und zum bedarfsgerechten Ausbau des Netzes und zur Gewährleistung der Versorgungssicherheit enthalten, die in den nächsten zehn Jahren netztechnisch für einen sicheren und zuverlässigen Netzbetrieb erforderlich sind. ³Insbesondere ist in den Netzentwicklungsplan aufzunehmen, welche Netzausbaumaßnahmen in den nächsten drei Jahren durchgeführt werden müssen, und ein Zeitplan für die Durchführung aller Netzausbaumaßnahmen. ⁴Bei der Erarbeitung des Netzentwicklungsplans legen die Betreiber von Fernleitungsnetzen angemessene Annahmen über die Entwicklung der Gewinnung, der Versorgung, des Verbrauchs von Gas und seinem Austausch mit anderen Ländern zugrunde und berücksichtigen geplante Investitionsvorhaben in die regionale und gemeinschaftsweite Netzinfrastruktur sowie in Bezug auf Speicheranlagen und LNG-Wiederverdampfungsanlagen sowie die Auswirkungen denkbarer Störungen der Versorgung (Szenariorahmen). ⁵Der Netzentwicklungsplan berücksichtigt den gemeinschaftsweiten Netzentwicklungsplan nach Artikel 8 Absatz 3 b der Verordnung (EG) Nr. 715/2009[1]). ⁶Die Betreiber von Fernleitungsnetzen veröffentlichen den Szenariorahmen und geben der Öffentlichkeit und den nachgelagerten Netzbetreibern Gelegenheit zur Äußerung, sie legen den Entwurf des Szenariorahmens der Regulierungsbehörde vor. ⁷Die Regulierungsbehörde bestätigt den Szenariorahmen unter Berücksichtigung der Ergebnisse der Öffentlichkeitsbeteiligung.

(2) ¹Betreiber von Fernleitungsnetzen haben der Öffentlichkeit und den nachgelagerten Netzbetreibern vor der Vorlage des Entwurfs des Netzent-

---

¹⁾ Nr. 21.

wicklungsplans bei der Regulierungsbehörde Gelegenheit zur Äußerung zu geben. ²Hierzu stellen die Betreiber von Fernleitungsnetzen die erforderlichen Informationen auf ihrer Internetseite zur Verfügung. ³Betreiber von Fernleitungsnetzen nutzen bei der Erarbeitung des Netzentwicklungsplans eine geeignete und allgemein nachvollziehbare Modellierung der deutschen Fernleitungsnetze. ⁴Dem Netzentwicklungsplan ist eine zusammenfassende Erklärung beizufügen über die Art und Weise, wie die Ergebnisse der Öffentlichkeitsbeteiligung in dem Netzentwicklungsplan berücksichtigt wurden und aus welchen Gründen der Netzentwicklungsplan nach Abwägung mit den geprüften, in Betracht kommenden anderweitigen Planungsmöglichkeiten gewählt wurde. ⁵Der aktuelle Netzentwicklungsplan muss den Stand der Umsetzung des vorhergehenden Netzentwicklungsplans enthalten. ⁶Haben sich Maßnahmen verzögert, sind die Gründe der Verzögerung anzugeben.

(3) ¹Die Regulierungsbehörde hört zum Entwurf des Netzentwicklungsplans alle tatsächlichen und potenziellen Netznutzer an und veröffentlicht das Ergebnis. ²Personen und Unternehmen, die den Status potenzieller Netznutzer beanspruchen, müssen diesen Anspruch darlegen. ³Die Regulierungsbehörde ist befugt, von den Betreibern von Fernleitungsnetzen sämtliche Daten zu erheben, zu verarbeiten und zu nutzen, die zur Prüfung erforderlich sind, ob der Netzentwicklungsplan den Anforderungen nach Absatz 1 Satz 2 und 5 sowie nach Absatz 2 entspricht. ⁴Bestehen Zweifel, ob der Netzentwicklungsplan mit dem gemeinschaftsweit geltenden Netzentwicklungsplan in Einklang steht, konsultiert die Regulierungsbehörde die Agentur für die Zusammenarbeit der Energieregulierungsbehörden. ⁵Die Regulierungsbehörde kann innerhalb von drei Monaten nach Veröffentlichung des Konsultationsergebnisses von den Betreibern von Fernleitungsnetzen Änderungen des Netzentwicklungsplans verlangen, diese sind von den Betreibern von Fernleitungsnetzen innerhalb von drei Monaten umzusetzen. ⁶Die Regulierungsbehörde kann bestimmen, welcher Betreiber von Fernleitungsnetzen für die Durchführung einer Maßnahme aus dem Netzentwicklungsplan verantwortlich ist. ⁷Verlangt die Regulierungsbehörde keine Änderungen innerhalb der Frist nach Satz 3 und 4, ist der Netzentwicklungsplan für die Betreiber von Fernleitungsnetzen verbindlich.

(4) Betreiber von Gasverteilernetzen sind verpflichtet, mit den Betreibern von Fernleitungsnetzen in dem Umfang zusammenzuarbeiten, der erforderlich ist, um eine sachgerechte Erstellung der Netzentwicklungspläne zu gewährleisten; sie sind insbesondere verpflichtet, den Betreibern von Fernleitungsnetzen für die Erstellung des Netzentwicklungsplans erforderliche Informationen unverzüglich zur Verfügung zu stellen.

(5) Die Regulierungsbehörde kann durch Festlegung nach § 29 Absatz 1 zu Inhalt und Verfahren des Netzentwicklungsplans sowie zur Ausgestaltung der von den Fernleitungsnetzbetreibern durchzuführenden Konsultationsverfahren nähere Bestimmungen treffen.

(6) ¹Nach der erstmaligen Durchführung des Verfahrens nach Absatz 1 und 2 kann sich die Öffentlichkeitsbeteiligung auf Änderungen des Szenariorahmens oder des Netzentwicklungsplans gegenüber dem Vorjahr beschränken. ²Ein vollständiges Verfahren muss mindestens alle drei Jahre durchgeführt werden.

§ 16 Systemverantwortung der Betreiber von Fernleitungsnetzen.
(1) Sofern die Sicherheit oder Zuverlässigkeit des Gasversorgungssystems in dem jeweiligen Netz gefährdet oder gestört ist, sind Betreiber von Fernleitungsnetzen berechtigt und verpflichtet, die Gefährdung oder Störung durch
1. netzbezogene Maßnahmen und
2. marktbezogene Maßnahmen, wie insbesondere den Einsatz von Ausgleichsleistungen, vertragliche Regelungen über eine Abschaltung und den Einsatz von Speichern,

zu beseitigen.

(2) ¹Lässt sich eine Gefährdung oder Störung durch Maßnahmen nach Absatz 1 nicht oder nicht rechtzeitig beseitigen, so sind Betreiber von Fernleitungsnetzen im Rahmen der Zusammenarbeit nach § 15 Abs. 1 berechtigt und verpflichtet, sämtliche Gaseinspeisungen, Gastransporte und Gasausspeisungen in ihren Netzen den Erfordernissen eines sicheren und zuverlässigen Betriebs der Netze anzupassen oder diese Anpassung zu verlangen. ²Bei einer erforderlichen Anpassung von Gaseinspeisungen und Gasausspeisungen sind die betroffenen Betreiber von anderen Fernleitungs- und Gasverteilernetzen und Gashändler soweit möglich vorab zu informieren.

(3) ¹Im Falle einer Anpassung nach Absatz 2 ruhen bis zur Beseitigung der Gefährdung oder Störung alle hiervon jeweils betroffenen Leistungspflichten. ²Soweit bei Vorliegen der Voraussetzungen nach Absatz 2 Maßnahmen getroffen werden, ist insoweit die Haftung für Vermögensschäden ausgeschlossen. ³Im Übrigen bleibt § 11 Abs. 2 unberührt.

(4) ¹Über die Gründe von durchgeführten Anpassungen und Maßnahmen sind die hiervon unmittelbar Betroffenen und die Regulierungsbehörde unverzüglich zu informieren. ²Auf Verlangen sind die vorgetragenen Gründe zu belegen.

(5) ¹Zur Vermeidung schwerwiegender Versorgungsstörungen haben Betreiber von Fernleitungsnetzen jährlich eine Schwachstellenanalyse zu erarbeiten und auf dieser Grundlage notwendige Maßnahmen zu treffen. ²Über das Ergebnis der Schwachstellenanalyse und die Maßnahmen hat der Betreiber von Fernleitungsnetzen der Regulierungsbehörde auf Anforderung zu berichten.

§ 16 a Aufgaben der Betreiber von Gasverteilernetzen. ¹Die §§ 15 und 16 Abs. 1 bis 4 gelten für Betreiber von Gasverteilernetzen im Rahmen ihrer Verteilungsaufgaben entsprechend, soweit sie für die Sicherheit und Zuverlässigkeit der Gasversorgung in ihrem Netz verantwortlich sind. ² § 16 Abs. 5 ist mit der Maßgabe anzuwenden, dass die Betreiber von Gasverteilernetzen nur auf Anforderung der Regulierungsbehörde eine Schwachstellenanalyse zu erstellen und über das Ergebnis zu berichten haben.

Abschnitt 2. Netzanschluss

§ 17 Netzanschluss. (1) Betreiber von Energieversorgungsnetzen haben Letztverbraucher, gleich- oder nachgelagerte Elektrizitäts- und Gasversorgungsnetze sowie -leitungen, Erzeugungs- und Speicheranlagen sowie Anlagen zur Speicherung elektrischer Energie zu technischen und wirtschaftlichen Bedingungen an ihr Netz anzuschließen, die angemessen, diskriminierungsfrei, transparent und nicht ungünstiger sind, als sie von den Betreibern der Energieversorgungsnetze in vergleichbaren Fällen für Leistungen innerhalb ihres Unternehmens oder gegenüber verbundenen oder assoziierten Unternehmen angewendet werden.

(2) ¹Betreiber von Energieversorgungsnetzen können einen Netzanschluss nach Absatz 1 verweigern, soweit sie nachweisen, dass ihnen die Gewährung des Netzanschlusses aus betriebsbedingten oder sonstigen wirtschaftlichen oder technischen Gründen unter Berücksichtigung der Ziele des § 1 nicht möglich oder nicht zumutbar ist. ²Die Ablehnung ist in Textform zu begründen. ³Auf Verlangen der beantragenden Partei muss die Begründung im Falle eines Kapazitätsmangels auch aussagekräftige Informationen darüber enthalten, welche konkreten Maßnahmen und damit verbundene Kosten zum Ausbau des Netzes im Einzelnen erforderlich wären, um den Netzanschluss durchzuführen; die Begründung kann nachgefordert werden. ⁴Für die Begründung nach Satz 3 kann ein Entgelt, das die Hälfte der entstandenen Kosten nicht überschreiten darf, verlangt werden, sofern auf die Entstehung von Kosten zuvor hingewiesen worden ist.

(2a) ¹Betreiber von Übertragungsnetzen, in deren Regelzone die Netzanbindung von Offshore-Anlagen im Sinne des § 3 Nr. 9 des Erneuerbare-Energien-Gesetzes[1]) erfolgen soll, haben die Leitungen von dem Umspannwerk der Offshore-Anlagen bis zu dem technisch und wirtschaftlich günstigsten Verknüpfungspunkt des nächsten Übertragungs- oder Verteilernetzes zu errichten und zu betreiben; die Netzanbindungen müssen zu dem Zeitpunkt der Herstellung der technischen Betriebsbereitschaft der Offshore-Anlagen errichtet sein. ²Die Netzanbindungen sind in der Regel als Sammelanbindung auszuführen, die entsprechend der am Markt verfügbaren Kapazität die Anbindung von möglichst vielen Offshore-Anlagen ermöglicht, die über eine Genehmigung oder eine Zusicherung der zuständigen Genehmigungsbehörde verfügen und in einem räumlichen Zusammenhang stehen, der die gemeinsame Anbindung in technischer und wirtschaftlicher Hinsicht erlaubt. ³Das Bundesamt für Seeschifffahrt und Hydrografie erstellt im Einvernehmen mit der Bundesnetzagentur und in Abstimmung mit dem Bundesamt für Naturschutz und den Küstenländern jährlich einen Offshore-Netzplan für die ausschließliche Wirtschaftszone der Bundesrepublik Deutschland, in dem die Offshore-Anlagen identifiziert werden, die für eine Sammelanbindung nach Satz 2 geeignet sind. ⁴Der Offshore-Netzplan enthält auch die Festlegung der notwendigen Trassen für die Anbindungsleitungen, Standorte für die Konverterplattformen und grenzüberschreitende Stromleitungen sowie Darstellungen zu möglichen Verbindungen untereinander, die zur Gewährleistung der Systemsicherheit beitragen können und mit einem effizienten Netzausbau vereinbar sind. ⁵Eine Leitung nach Satz 1 gilt ab dem Zeitpunkt der Errichtung als Teil des Energieversorgungsnetzes. ⁶Betreiber von Übertragungsnetzen sind zum Ersatz der Aufwendungen verpflichtet, die die Betreiber von Offshore-Anlagen für die Planung und Genehmigung der Netzanschlussleitungen bis zum 17. Dezember 2006 getätigt haben, soweit diese Aufwendungen den Umständen nach für erforderlich anzusehen waren und den Anforderungen eines effizienten Netzbetriebs nach § 21 entsprechen. ⁷Die Betreiber von Übertragungsnetzen sind verpflichtet, den unterschiedlichen Umfang ihrer

---

[1]) Nr. **34**.

Kosten nach den Sätzen 1 und 3 über eine finanzielle Verrechnung untereinander auszugleichen; § 9 Abs. 3 des Kraft-Wärme-Kopplungsgesetzes[1]) findet entsprechende Anwendung.

(2 b) ¹Der Offshore-Netzplan entfaltet keine Außenwirkungen und ist nicht selbstständig durch Dritte anfechtbar. ²Die Bundesnetzagentur bestimmt durch Festlegung nach § 29 Absatz 1 Kriterien, die für die Errichtung von Netzanbindungen nach Absatz 2a Satz 1 und 2 erforderlich sind, die eine Realisierungswahrscheinlichkeit der Errichtung von Offshore-Anlagen ermitteln und eine diskriminierungsfreie Vergabe von Anbindungskapazitäten an Offshore-Anlagen ermöglichen.

(3) ¹Die Bundesregierung wird ermächtigt, durch Rechtsverordnung mit Zustimmung des Bundesrates

1. Vorschriften über die technischen und wirtschaftlichen Bedingungen für einen Netzanschluss nach Absatz 1 oder Methoden für die Bestimmung dieser Bedingungen zu erlassen und
2. zu regeln, in welchen Fällen und unter welchen Voraussetzungen die Regulierungsbehörde diese Bedingungen oder Methoden festlegen oder auf Antrag des Netzbetreibers genehmigen kann.

²Insbesondere können durch Rechtsverordnungen nach Satz 1 unter angemessener Berücksichtigung der Interessen der Betreiber von Energieversorgungsnetzen und der Anschlussnehmer

1. die Bestimmungen der Verträge einheitlich festgesetzt werden,
2. Regelungen über den Vertragsabschluss, den Gegenstand und die Beendigung der Verträge getroffen werden und
3. festgelegt sowie näher bestimmt werden, in welchem Umfang und zu welchen Bedingungen ein Netzanschluss nach Absatz 2 zumutbar ist; dabei kann auch das Interesse der Allgemeinheit an einer möglichst kostengünstigen Struktur der Energieversorgungsnetze berücksichtigt werden.

§ 18 Allgemeine Anschlusspflicht. (1) ¹Abweichend von § 17 haben Betreiber von Energieversorgungsnetzen für Gemeindegebiete, in denen sie Energieversorgungsnetze der allgemeinen Versorgung von Letztverbrauchern betreiben, allgemeine Bedingungen für den Netzanschluss von Letztverbrauchern in Niederspannung oder Niederdruck und für die Anschlussnutzung durch Letztverbraucher zu veröffentlichen sowie zu diesen Bedingungen jedermann an ihr Energieversorgungsnetz anzuschließen und die Nutzung des Anschlusses zur Entnahme von Energie zu gestatten. ²Diese Pflichten bestehen nicht, wenn der Anschluss oder die Anschlussnutzung für den Betreiber des Energieversorgungsnetzes aus wirtschaftlichen Gründen nicht zumutbar ist.

(2) ¹Wer zur Deckung des Eigenbedarfs eine Anlage zur Erzeugung von Elektrizität auch in Verbindung mit einer Anlage zur Speicherung elektrischer Energie betreibt oder sich von einem Dritten an das Energieversorgungsnetz anschließen lässt, kann sich nicht auf die allgemeine Anschlusspflicht nach Absatz 1 Satz 1 berufen. ²Er kann aber einen Netzanschluss unter den Voraussetzungen des § 17 verlangen. ³Satz 1 gilt nicht für die Deckung des Eigenbe-

---

[1]) Nr. 43.

darfs von Letztverbrauchern aus Anlagen der Kraft-Wärme-Kopplung bis 150 Kilowatt elektrischer Leistung und aus erneuerbaren Energien.

(3) ¹Die Bundesregierung kann durch Rechtsverordnung mit Zustimmung des Bundesrates die Allgemeinen Bedingungen für den Netzanschluss und dessen Nutzung bei den an das Niederspannungs- oder Niederdrucknetz angeschlossenen Letztverbrauchern angemessen festsetzen und hierbei unter Berücksichtigung der Interessen der Betreiber von Energieversorgungsnetzen und der Anschlussnehmer

1. die Bestimmungen über die Herstellung und Vorhaltung des Netzanschlusses sowie die Voraussetzungen der Anschlussnutzung einheitlich festsetzen,
2. Regelungen über den Vertragsabschluss und die Begründung des Rechtsverhältnisses der Anschlussnutzung, den Übergang des Netzanschlussvertrages im Falle des Überganges des Eigentums an der angeschlossenen Kundenanlage, den Gegenstand und die Beendigung der Verträge oder der Rechtsverhältnisse der Anschlussnutzung treffen und
3. die Rechte und Pflichten der Beteiligten einheitlich festlegen.

²Das Interesse des Anschlussnehmers an kostengünstigen Lösungen ist dabei besonders zu berücksichtigen. ³Die Sätze 1 und 2 gelten entsprechend für Bedingungen öffentlich-rechtlich gestalteter Versorgungsverhältnisse mit Ausnahme der Regelung des Verwaltungsverfahrens.

§ 19 Technische Vorschriften.

(1) Betreiber von Elektrizitätsversorgungsnetzen sind verpflichtet, unter Berücksichtigung der nach § 17 festgelegten Bedingungen für den Netzanschluss von Erzeugungsanlagen, Anlagen zur Speicherung elektrischer Energie, Elektrizitätsverteilernetzen, Anlagen direkt angeschlossener Kunden, Verbindungsleitungen und Direktleitungen technische Mindestanforderungen an deren Auslegung und deren Betrieb festzulegen und im Internet zu veröffentlichen.

(2) Betreiber von Gasversorgungsnetzen sind verpflichtet, unter Berücksichtigung der nach § 17 festgelegten Bedingungen für den Netzanschluss von LNG-Anlagen, dezentralen Erzeugungsanlagen und Speicheranlagen, von anderen Fernleitungs- oder Gasverteilernetzen und von Direktleitungen technische Mindestanforderungen an die Auslegung und den Betrieb festzulegen und im Internet zu veröffentlichen.

(3) ¹Die technischen Mindestanforderungen nach den Absätzen 1 und 2 müssen die Interoperabilität der Netze sicherstellen sowie sachlich gerechtfertigt und nichtdiskriminierend sein. ²Die Interoperabilität umfasst insbesondere die technischen Anschlussbedingungen und die Bedingungen für netzverträgliche Gasbeschaffenheiten unter Einschluss von Gas aus Biomasse oder anderen Gasarten, soweit sie technisch und ohne Beeinträchtigung der Sicherheit in das Gasversorgungsnetz eingespeist oder durch dieses Netz transportiert werden können. ³Für die Gewährleistung der technischen Sicherheit gilt § 49 Abs. 2 bis 4. ⁴Die Mindestanforderungen sind der Regulierungsbehörde mitzuteilen. ⁵Das Bundesministerium für Wirtschaft und Technologie unterrichtet die Europäische Kommission nach Artikel 8 der Richtlinie 98/34/EG des Europäischen Parlaments und des Rates vom 22. Juni 1998 über ein Informationsverfahren auf dem Gebiet der Normen und technischen Vorschriften und der Vorschriften für die Dienste der Informationsgesellschaft (ABl. EG Nr.

L 204 S. 37), geändert durch die Richtlinie 98/48/EG (ABl. EG Nr. L 217 S. 18).

(4) [1] Betreiber von Energieversorgungsnetzen, an deren Energieversorgungsnetz mehr als 100 000 Kunden unmittelbar oder mittelbar angeschlossen sind oder deren Netz über das Gebiet eines Landes hinausreicht, haben die technischen Mindestanforderungen rechtzeitig mit den Verbänden der Netznutzer zu konsultieren und diese nach Abschluss der Konsultation der Regulierungsbehörde vorzulegen. [2] Die Regulierungsbehörde kann Änderungen des vorgelegten Entwurfs der technischen Mindestanforderungen verlangen, soweit dies zur Erfüllung des Zwecks nach Absatz 3 Satz 1 erforderlich ist. [3] Die Regulierungsbehörde kann zu Grundsätzen und Verfahren der Erstellung technischer Mindestanforderungen, insbesondere zum zeitlichen Ablauf, im Verfahren nach § 29 Absatz 1 nähere Bestimmungen treffen.

§ 19 a Umstellung der Gasqualität. [1] Stellt der Betreiber eines Gasversorgungsnetzes die in seinem Netz einzuhaltende Gasqualität auf Grund eines vom marktgebietsaufspannenden Netzbetreiber oder Marktgebietsverantwortlichen veranlassten und netztechnisch erforderlichen Umstellungsprozesses dauerhaft von L-Gas auf H-Gas um, hat er die notwendigen technischen Anpassungen der Netzanschlüsse, Kundenanlagen und Verbrauchsgeräte, die von Haushaltskunden genutzt werden, auf eigene Kosten vorzunehmen. [2] Diese Kosten werden auf alle Gasversorgungsnetze innerhalb des Marktgebiets umgelegt, in dem das Gasversorgungsnetz liegt.

Abschnitt 3. Netzzugang

§ 20 Zugang zu den Energieversorgungsnetzen. (1) [1] Betreiber von Energieversorgungsnetzen haben jedermann nach sachlich gerechtfertigten Kriterien diskriminierungsfrei Netzzugang zu gewähren sowie die Bedingungen, einschließlich möglichst bundesweit einheitlicher Musterverträge, Konzessionsabgaben und unmittelbar nach deren Ermittlung, aber spätestens zum 15. Oktober eines Jahres für das Folgejahr Entgelte für diesen Netzzugang im Internet zu veröffentlichen. [2] Sind die Entgelte für den Netzzugang bis zum 15. Oktober eines Jahres nicht ermittelt, veröffentlichen die Betreiber von Energieversorgungsnetzen die Höhe der Entgelte, die sich voraussichtlich auf Basis der für das Folgejahr geltenden Erlösobergrenze ergeben wird. [3] Sie haben in dem Umfang zusammenzuarbeiten, der erforderlich ist, um einen effizienten Netzzugang zu gewährleisten. [4] Sie haben ferner den Netznutzern die für einen effizienten Netzzugang erforderlichen Informationen zur Verfügung zu stellen. [5] Die Netzzugangsregelung soll massengeschäftstauglich sein.

(1 a) [1] Zur Ausgestaltung des Rechts auf Zugang zu Elektrizitätsversorgungsnetzen nach Absatz 1 haben Letztverbraucher von Elektrizität oder Lieferanten Verträge mit denjenigen Energieversorgungsunternehmen abzuschließen, aus deren Netzen die Entnahme und in deren Netze die Einspeisung von Elektrizität erfolgen soll (Netznutzungsvertrag). [2] Werden die Netznutzungsverträge von Lieferanten abgeschlossen, so brauchen sie sich nicht auf bestimmte Entnahmestellen zu beziehen (Lieferantenrahmenvertrag). [3] Netznutzungsvertrag oder Lieferantenrahmenvertrag vermitteln den Zugang zum gesamten Elektrizitätsversorgungsnetz. [4] Alle Betreiber von Elektrizitätsversor-

gungsnetzen sind verpflichtet, in dem Ausmaß zusammenzuarbeiten, das erforderlich ist, damit durch den Betreiber von Elektrizitätsversorgungsnetzen, der den Netznutzungs- oder Lieferantenrahmenvertrag abgeschlossen hat, der Zugang zum gesamten Elektrizitätsversorgungsnetz gewährleistet werden kann. ⁵ Der Netzzugang durch die Letztverbraucher und Lieferanten setzt voraus, dass über einen Bilanzkreis, der in ein vertraglich begründetes Bilanzkreissystem nach Maßgabe einer Rechtsverordnung über den Zugang zu Elektrizitätsversorgungsnetzen einbezogen ist, ein Ausgleich zwischen Einspeisung und Entnahme stattfindet.

(1 b) ¹ Zur Ausgestaltung des Zugangs zu den Gasversorgungsnetzen müssen Betreiber von Gasversorgungsnetzen Einspeise- und Ausspeisekapazitäten anbieten, die den Netzzugang ohne Festlegung eines transaktionsabhängigen Transportpfades ermöglichen und unabhängig voneinander nutzbar und handelbar sind. ² Zur Abwicklung des Zugangs zu den Gasversorgungsnetzen ist ein Vertrag mit dem Netzbetreiber, in dessen Netz eine Einspeisung von Gas erfolgen soll, über Einspeisekapazitäten erforderlich (Einspeisevertrag). ³ Zusätzlich muss ein Vertrag mit dem Netzbetreiber, aus dessen Netz die Entnahme von Gas erfolgen soll, über Ausspeisekapazitäten abgeschlossen werden (Ausspeisevertrag). ⁴ Wird der Ausspeisevertrag von einem Lieferanten mit einem Betreiber eines Verteilernetzes abgeschlossen, braucht er sich nicht auf bestimmte Entnahmestellen zu beziehen. ⁵ Alle Betreiber von Gasversorgungsnetzen sind verpflichtet, untereinander in dem Ausmaß verbindlich zusammenzuarbeiten, das erforderlich ist, damit der Transportkunde zur Abwicklung eines Transports auch über mehrere, durch Netzkopplungspunkte miteinander verbundene Netze nur einen Einspeise- und einen Ausspeisevertrag abschließen muss, es sei denn, diese Zusammenarbeit ist technisch nicht möglich oder wirtschaftlich nicht zumutbar. ⁶ Sie sind zu dem in Satz 5 genannten Zweck verpflichtet, bei der Berechnung und dem Angebot von Kapazitäten, der Erbringung von Systemdienstleistungen und der Kosten- oder Entgeltwälzung eng zusammenzuarbeiten. ⁷ Sie haben gemeinsame Vertragsstandards für den Netzzugang zu entwickeln und unter Berücksichtigung von technischen Einschränkungen und wirtschaftlicher Zumutbarkeit alle Kooperationsmöglichkeiten mit anderen Netzbetreibern auszuschöpfen, mit dem Ziel, die Zahl der Netze oder Teilnetze sowie der Bilanzzonen möglichst gering zu halten. ⁸ Betreiber von über Netzkopplungspunkte verbundenen Netzen haben bei der Berechnung und Ausweisung von technischen Kapazitäten mit dem Ziel zusammenzuarbeiten, in möglichst hohem Umfang aufeinander abgestimmte Kapazitäten in den miteinander verbundenen Netzen ausweisen zu können. ⁹ Bei einem Wechsel des Lieferanten kann der neue Lieferant vom bisherigen Lieferanten die Übertragung der für die Versorgung des Kunden erforderlichen, vom bisherigen Lieferanten gebuchten Ein- und Ausspeisekapazitäten verlangen, wenn ihm die Versorgung des Kunden entsprechend der von ihm eingegangenen Lieferverpflichtung ansonsten nicht möglich ist und er dies gegenüber dem bisherigen Lieferanten begründet. ¹⁰ Betreiber von Fernleitungsnetzen sind verpflichtet, die Rechte an gebuchten Kapazitäten so auszugestalten, dass sie den Transportkunden berechtigen, Gas an jedem Einspeisepunkt für die Ausspeisung an jedem Ausspeisepunkt ihres Netzes oder, bei dauerhaften Engpässen, eines Teilnetzes bereitzustellen (entry-exit System). ¹¹ Betreiber eines örtlichen Verteilernetzes haben den Netzzugang nach Maßgabe einer Rechtsverordnung nach § 24 über den Zugang zu Gasversorgungs-

Energiewirtschaftsgesetz §§ 20 a, 21 EnWG 1

netzen durch Übernahme des Gases an Einspeisepunkten ihrer Netze für alle angeschlossenen Ausspeisepunkte zu gewähren.

(1 c) Verträge nach den Absätzen 1 a und 1 b dürfen das Recht aus § 21 b Absatz 2 weder behindern noch erschweren.

(1 d) ¹ Der Betreiber des Energieversorgungsnetzes, an das eine Kundenanlage oder Kundenanlage zur betrieblichen Eigenversorgung angeschlossen ist, hat die erforderlichen Zählpunkte zu stellen. ² Bei der Belieferung der Letztverbraucher durch Dritte findet erforderlichenfalls eine Verrechnung der Zählwerte über Unterzähler statt.

(2) ¹ Betreiber von Energieversorgungsnetzen können den Zugang nach Absatz 1 verweigern, soweit sie nachweisen, dass ihnen die Gewährung des Netzzugangs aus betriebsbedingten oder sonstigen Gründen unter Berücksichtigung der Ziele des § 1 nicht möglich oder nicht zumutbar ist. ² Die Ablehnung ist in Textform zu begründen und der Regulierungsbehörde unverzüglich mitzuteilen. ³ Auf Verlangen der beantragenden Partei muss die Begründung im Falle eines Kapazitätsmangels auch aussagekräftige Informationen darüber enthalten, welche Maßnahmen und damit verbundene Kosten zum Ausbau des Netzes erforderlich wären, um den Netzzugang zu ermöglichen; die Begründung kann nachgefordert werden. ⁴ Für die Begründung nach Satz 3 kann ein Entgelt, das die Hälfte der entstandenen Kosten nicht überschreiten darf, verlangt werden, sofern auf die Entstehung von Kosten zuvor hingewiesen worden ist.

§ 20 a Lieferantenwechsel. (1) Bei einem Lieferantenwechsel hat der neue Lieferant dem Letztverbraucher unverzüglich in Textform zu bestätigen, ob und zu welchem Termin er eine vom Letztverbraucher gewünschte Belieferung aufnehmen kann.

(2) ¹ Das Verfahren für den Wechsel des Lieferanten darf drei Wochen, gerechnet ab dem Zeitpunkt des Zugangs der Anmeldung zur Netznutzung durch den neuen Lieferanten bei dem Netzbetreiber, an dessen Netz die Entnahmestelle angeschlossen ist, nicht überschreiten. ² Der Netzbetreiber ist verpflichtet, den Zeitpunkt des Zugangs zu dokumentieren. ³ Eine von Satz 1 abweichende längere Verfahrensdauer ist nur zulässig, soweit die Anmeldung zur Netznutzung sich auf einen weiter in der Zukunft liegenden Liefertermin bezieht.

(3) Der Lieferantenwechsel darf für den Letztverbraucher mit keinen zusätzlichen Kosten verbunden sein.

(4) ¹ Erfolgt der Lieferantenwechsel nicht innerhalb der in Absatz 2 vorgesehenen Frist, so kann der Letztverbraucher von dem Lieferanten oder dem Netzbetreiber, der die Verzögerung zu vertreten hat, Schadensersatz nach den §§ 249 ff. des Bürgerlichen Gesetzbuchs[1]) verlangen. ² Der Lieferant oder der Netzbetreiber trägt die Beweislast, dass er die Verzögerung nicht zu vertreten hat.

§ 21 Bedingungen und Entgelte für den Netzzugang. (1) Die Bedingungen und Entgelte für den Netzzugang müssen angemessen, diskriminierungsfrei, transparent und dürfen nicht ungünstiger sein, als sie von den

---

[1]) Nr. 23.

Betreibern der Energieversorgungsnetze in vergleichbaren Fällen für Leistungen innerhalb ihres Unternehmens oder gegenüber verbundenen oder assoziierten Unternehmen angewendet und tatsächlich oder kalkulatorisch in Rechnung gestellt werden.

(2) ¹ Die Entgelte werden auf der Grundlage der Kosten einer Betriebsführung, die denen eines effizienten und strukturell vergleichbaren Netzbetreibers entsprechen müssen, unter Berücksichtigung von Anreizen für eine effiziente Leistungserbringung und einer angemessenen, wettbewerbsfähigen und risikoangepassten Verzinsung des eingesetzten Kapitals gebildet, soweit in einer Rechtsverordnung nach § 24 nicht eine Abweichung von der kostenorientierten Entgeltbildung bestimmt ist. ² Soweit die Entgelte kostenorientiert gebildet werden, dürfen Kosten und Kostenbestandteile, die sich ihrem Umfang nach im Wettbewerb nicht einstellen würden, nicht berücksichtigt werden.

(3) ¹ Um zu gewährleisten, dass sich die Entgelte für den Netzzugang an den Kosten einer Betriebsführung nach Absatz 2 orientieren, kann die Regulierungsbehörde in regelmäßigen zeitlichen Abständen einen Vergleich der Entgelte für den Netzzugang, der Erlöse oder der Kosten der Betreiber von Energieversorgungsnetzen durchführen (Vergleichsverfahren). ² Soweit eine kostenorientierte Entgeltbildung erfolgt und die Entgelte genehmigt sind, findet nur ein Vergleich der Kosten statt.

(4) ¹ Die Ergebnisse des Vergleichsverfahrens sind bei der kostenorientierten Entgeltbildung nach Absatz 2 zu berücksichtigen. ² Ergibt ein Vergleich, dass die Entgelte, Erlöse oder Kosten einzelner Betreiber von Energieversorgungsnetzen für das Netz insgesamt oder für einzelne Netz- oder Umspannebenen die durchschnittlichen Entgelte, Erlöse oder Kosten vergleichbarer Betreiber von Energieversorgungsnetzen überschreiten, wird vermutet, dass sie einer Betriebsführung nach Absatz 2 nicht entsprechen.

§ 21 a Regulierungsvorgaben für Anreize für eine effiziente Leistungserbringung. (1) Soweit eine kostenorientierte Entgeltbildung im Sinne des § 21 Abs. 2 Satz 1 erfolgt, können nach Maßgabe einer Rechtsverordnung nach Absatz 6 Satz 1 Nr. 1 Netzzugangsentgelte der Betreiber von Energieversorgungsnetzen abweichend von der Entgeltbildung nach § 21 Abs. 2 bis 4 auch durch eine Methode bestimmt werden, die Anreize für eine effiziente Leistungserbringung setzt (Anreizregulierung).

(2) ¹ Die Anreizregulierung beinhaltet die Vorgabe von Obergrenzen, die in der Regel für die Höhe der Netzzugangsentgelte oder die Gesamterlöse aus Netzzugangsentgelten gebildet werden, für eine Regulierungsperiode unter Berücksichtigung von Effizienzvorgaben. ² Die Obergrenzen und Effizienzvorgaben sind auf einzelne Netzbetreiber oder auf Gruppen von Netzbetreibern sowie entweder auf das gesamte Elektrizitäts- oder Gasversorgungsnetz, auf Teile des Netzes oder auf die einzelnen Netz- und Umspannebenen bezogen. ³ Dabei sind Obergrenzen mindestens für den Beginn und das Ende der Regulierungsperiode vorzusehen. ⁴ Vorgaben für Gruppen von Netzbetreibern setzen voraus, dass die Netzbetreiber objektiv strukturell vergleichbar sind.

(3) ¹ Die Regulierungsperiode darf zwei Jahre nicht unterschreiten und fünf Jahre nicht überschreiten. ² Die Vorgaben können eine zeitliche Staffelung der

Energiewirtschaftsgesetz § 21a EnWG 1

Entwicklung der Obergrenzen innerhalb einer Regulierungsperiode vorsehen. ³ Die Vorgaben bleiben für eine Regulierungsperiode unverändert, sofern nicht Änderungen staatlich veranlasster Mehrbelastungen auf Grund von Abgaben oder der Abnahme- und Vergütungspflichten nach dem Erneuerbare-Energien-Gesetz[1)] und dem Kraft-Wärme-Kopplungsgesetz[2)] oder anderer, nicht vom Netzbetreiber zu vertretender, Umstände eintreten. ⁴ Falls Obergrenzen für Netzzugangsentgelte gesetzt werden, sind bei den Vorgaben die Auswirkungen jährlich schwankender Verbrauchsmengen auf die Gesamterlöse der Netzbetreiber (Mengeneffekte) zu berücksichtigen.

(4) ¹ Bei der Ermittlung von Obergrenzen sind die durch den jeweiligen Netzbetreiber beeinflussbaren Kostenanteile und die von ihm nicht beeinflussbaren Kostenanteile zu unterscheiden. ² Der nicht beeinflussbare Kostenanteil an dem Gesamtentgelt wird nach § 21 Abs. 2 ermittelt; hierzu zählen insbesondere Kostenanteile, die auf nicht zurechenbaren strukturellen Unterschieden der Versorgungsgebiete, auf gesetzlichen Abnahme- und Vergütungspflichten, Konzessionsabgaben und Betriebssteuern beruhen. ³ Ferner gelten Mehrkosten für die Errichtung, den Betrieb oder die Änderung eines Erdkabels, das nach § 43 Satz 1 Nr. 3 und Satz 3 planfestgestellt worden ist, gegenüber einer Freileitung bei der Ermittlung von Obergrenzen nach Satz 1 als nicht beeinflussbare Kostenanteile. ⁴ Soweit sich Vorgaben auf Gruppen von Netzbetreibern beziehen, gelten die Netzbetreiber als strukturell vergleichbar, die unter Berücksichtigung struktureller Unterschiede einer Gruppe zugeordnet worden sind. ⁵ Der beeinflussbare Kostenanteil wird nach § 21 Abs. 2 bis 4 zu Beginn einer Regulierungsperiode ermittelt. ⁶ Effizienzvorgaben sind nur auf den beeinflussbaren Kostenanteil zu beziehen. ⁷ Die Vorgaben für die Entwicklung oder Festlegung der Obergrenze innerhalb einer Regulierungsperiode müssen den Ausgleich der allgemeinen Geldentwertung unter Berücksichtigung eines generellen sektoralen Produktivitätsfaktors vorsehen.

(5) ¹ Die Effizienzvorgaben für eine Regulierungsperiode werden durch Bestimmung unternehmensindividueller oder gruppenspezifischer Effizienzziele auf Grundlage eines Effizienzvergleichs unter Berücksichtigung insbesondere der bestehenden Effizienz des jeweiligen Netzbetriebs, objektiver struktureller Unterschiede, der inflationsbereinigten Produktivitätsentwicklung, der Versorgungsqualität und auf diese bezogener Qualitätsvorgaben sowie gesetzlicher Regelungen bestimmt. ² Qualitätsvorgaben werden auf der Grundlage einer Bewertung von Zuverlässigkeitskenngrößen oder Netzleistungsfähigkeitskenngrößen ermittelt, bei der auch Strukturunterschiede zu berücksichtigen sind. ³ Bei einem Verstoß gegen Qualitätsvorgaben können auch die Obergrenzen zur Bestimmung der Netzzugangsentgelte für ein Energieversorgungsunternehmen gesenkt werden. ⁴ Die Effizienzvorgaben müssen so gestaltet und über die Regulierungsperiode verteilt sein, dass der betroffene Netzbetreiber oder die betroffene Gruppe von Netzbetreibern die Vorgaben unter Nutzung der ihm oder ihnen möglichen und zumutbaren Maßnahmen erreichen und übertreffen kann. ⁵ Die Methode zur Ermittlung von Effizienzvorgaben muss so gestaltet sein, dass eine geringfügige Änderung einzelner Parameter der zugrunde gelegten Methode nicht zu einer, ins-

---

[1)] Nr. 34.
[2)] Nr. 43.

1 EnWG § 21 a

besondere im Vergleich zur Bedeutung, überproportionalen Änderung der Vorgaben führt.

(6) ¹Die Bundesregierung wird ermächtigt, durch Rechtsverordnung[1]) mit Zustimmung des Bundesrates

1. zu bestimmen, ob und ab welchem Zeitpunkt Netzzugangsentgelte im Wege einer Anreizregulierung bestimmt werden,
2. die nähere Ausgestaltung der Methode einer Anreizregulierung nach den Absätzen 1 bis 5 und ihrer Durchführung zu regeln sowie
3. zu regeln, in welchen Fällen und unter welchen Voraussetzungen die Regulierungsbehörde im Rahmen der Durchführung der Methoden Festlegungen treffen und Maßnahmen des Netzbetreibers genehmigen kann.

² Insbesondere können durch Rechtsverordnung nach Satz 1

1. Regelungen zur Festlegung der für eine Gruppenbildung relevanten Strukturkriterien und über deren Bedeutung für die Ausgestaltung von Effizienzvorgaben getroffen werden,
2. Anforderungen an eine Gruppenbildung einschließlich der dabei zu berücksichtigenden objektiven strukturellen Umstände gestellt werden, wobei für Betreiber von Übertragungsnetzen gesonderte Vorgaben vorzusehen sind,
3. Mindest- und Höchstgrenzen für Effizienz- und Qualitätsvorgaben vorgesehen und Regelungen für den Fall einer Unter- oder Überschreitung sowie Regelungen für die Ausgestaltung dieser Vorgaben einschließlich des Entwicklungspfades getroffen werden,
4. Regelungen getroffen werden, unter welchen Voraussetzungen die Obergrenze innerhalb einer Regulierungsperiode auf Antrag des betroffenen Netzbetreibers von der Regulierungsbehörde abweichend vom Entwicklungspfad angepasst werden kann,
5. Regelungen zum Verfahren bei der Berücksichtigung der Inflationsrate unter Einbeziehung der Besonderheiten der Einstandspreisentwicklung und des Produktivitätsfortschritts in der Netzwirtschaft getroffen werden,
6. nähere Anforderungen an die Zuverlässigkeit einer Methode zur Ermittlung von Effizienzvorgaben gestellt werden,
7. Regelungen getroffen werden, welche Kostenanteile dauerhaft oder vorübergehend als nicht beeinflussbare Kostenanteile gelten,
8. Regelungen getroffen werden, die eine Begünstigung von Investitionen vorsehen, die unter Berücksichtigung der Ziele des § 1 zur Verbesserung der Versorgungssicherheit dienen,
9. Regelungen für die Bestimmung von Zuverlässigkeitskenngrößen für den Netzbetrieb unter Berücksichtigung der Informationen nach § 51 und deren Auswirkungen auf die Regulierungsvorgaben getroffen werden, wobei auch Senkungen der Obergrenzen zur Bestimmung der Netzzugangsentgelte vorgesehen werden können, und
10. Regelungen zur Erhebung der für die Durchführung einer Anreizregulierung erforderlichen Daten durch die Regulierungsbehörde getroffen werden.

---

[1]) Siehe die AnreizregulierungsVO (Nr. 20).

Energiewirtschaftsgesetz § 21 b EnWG 1

(7) In der Rechtsverordnung nach Absatz 6 Satz 1 sind nähere Regelungen für die Berechnung der Mehrkosten von Erdkabeln nach Absatz 4 Satz 3 zu treffen.

§ 21 b Messstellenbetrieb. (1) Der Messstellenbetrieb ist Aufgabe des Betreibers von Energieversorgungsnetzen, soweit nicht eine anderweitige Vereinbarung nach Absatz 2 getroffen worden ist.

(2) [1] Auf Wunsch des betroffenen Anschlussnutzers kann anstelle des nach Absatz 1 verpflichteten Netzbetreibers von einem Dritten der Messstellenbetrieb durchgeführt werden, wenn der einwandfreie und den eichrechtlichen Vorschriften entsprechende Messstellenbetrieb, zu dem auch die Messung und Übermittlung der Daten an die berechtigten Marktteilnehmer gehört, durch den Dritten gewährleistet ist, so dass eine fristgerechte und vollständige Abrechnung möglich ist, und wenn die Voraussetzungen nach Absatz 4 Satz 2 Nummer 2 vorliegen. [2] Der Netzbetreiber ist berechtigt, den Messstellenbetrieb durch einen Dritten abzulehnen, sofern die Voraussetzungen nach Satz 1 nicht vorliegen. [3] Die Ablehnung ist in Textform zu begründen. [4] Der Dritte und der Netzbetreiber sind verpflichtet, zur Ausgestaltung ihrer rechtlichen Beziehungen einen Vertrag zu schließen. [5] Bei einem Wechsel des Messstellenbetreibers sind der bisherige und der neue Messstellenbetreiber verpflichtet, die für die Durchführung des Wechselprozesses erforderlichen Verträge abzuschließen und die dafür erforderlichen Daten unverzüglich gegenseitig zu übermitteln. [6] Soweit nicht Aufbewahrungsvorschriften etwas anderes bestimmen, hat der bisherige Messstellenbetreiber personenbezogene Daten unverzüglich zu löschen. [7] § 6 a Absatz 1 gilt entsprechend.

(3) In einer Rechtsverordnung nach § 21 i Absatz 1 Nummer 13 kann vorgesehen werden, dass solange und soweit eine Messstelle nicht mit einem Messsystem im Sinne von § 21 d Absatz 1 ausgestattet ist oder in ein solches eingebunden ist, auf Wunsch des betroffenen Anschlussnutzers in Abweichung von der Regel in Absatz 2 Satz 1 auch nur die Messdienstleistung auf einen Dritten übertragen werden kann; Absatz 2 gilt insoweit entsprechend.

(4) [1] Der Messstellenbetreiber hat einen Anspruch auf den Einbau von in seinem Eigentum stehenden Messeinrichtungen oder Messsystemen. [2] Beide müssen

1. den eichrechtlichen Vorschriften entsprechen und

2. den von dem Netzbetreiber einheitlich für sein Netzgebiet vorgesehenen technischen Mindestanforderungen und Mindestanforderungen in Bezug auf Datenumfang und Datenqualität genügen.

[3] Die Mindestanforderungen des Netzbetreibers müssen sachlich gerechtfertigt und nichtdiskriminierend sein.

(5) [1] Das in Absatz 2 genannte Auswahlrecht kann auch der Anschlussnehmer ausüben, solange und soweit dazu eine ausdrückliche Einwilligung des jeweils betroffenen Anschlussnutzers vorliegt. [2] Die Freiheit des Anschlussnutzers zur Wahl eines Lieferanten sowie eines Tarifs und zur Wahl eines Messstellenbetreibers darf nicht eingeschränkt werden. [3] Näheres kann in einer Rechtsverordnung nach § 21 i Absatz 1 Nummer 1 geregelt werden.

§ 21 c Einbau von Messsystemen. (1) Messstellenbetreiber haben

a) in Gebäuden, die neu an das Energieversorgungsnetz angeschlossen werden oder einer größeren Renovierung im Sinne der Richtlinie 2002/91/EG des Europäischen Parlaments und des Rates vom 16. Dezember 2002 über die Gesamtenergieeffizienz von Gebäuden (ABl. L 1 vom 4. 1. 2003, S. 65) unterzogen werden,

b) bei Letztverbrauchern mit einem Jahresverbrauch größer 6 000 Kilowattstunden,

c) bei Anlagenbetreibern nach dem Erneuerbare-Energien-Gesetz[1)] oder dem Kraft-Wärme-Koppelungsgesetz[2)] bei Neuanlagen mit einer installierten Leistung von mehr als 7 Kilowatt

jeweils Messsysteme einzubauen, die den Anforderungen nach § 21 d und § 21 e genügen, soweit dies technisch möglich ist,

d) in allen übrigen Gebäuden Messsysteme einzubauen, die den Anforderungen nach § 21 d und § 21 e genügen, soweit dies technisch möglich und wirtschaftlich vertretbar ist.

(2) [1] Technisch möglich ist ein Einbau, wenn Messsysteme, die den gesetzlichen Anforderungen genügen, am Markt verfügbar sind. [2] Wirtschaftlich vertretbar ist ein Einbau, wenn dem Anschlussnutzer für Einbau und Betrieb keine Mehrkosten entstehen oder wenn eine wirtschaftliche Bewertung des Bundesministeriums für Wirtschaft und Technologie, die alle langfristigen, gesamtwirtschaftlichen und individuellen Kosten und Vorteile prüft, und eine Rechtsverordnung im Sinne von § 21 i Absatz 1 Nummer 8 ihn anordnet.

(3) [1] Werden Zählpunkte mit einem Messsystem ausgestattet, haben Messstellenbetreiber nach dem Erneuerbare-Energien-Gesetz oder dem Kraft-Wärme-Kopplungsgesetz für eine Anbindung ihrer Erzeugungsanlagen an das Messsystem zu sorgen. [2] Die Verpflichtung gilt nur, soweit eine Anbindung technisch möglich und wirtschaftlich vertretbar im Sinne von Absatz 2 ist; Näheres regelt eine Rechtsverordnung nach § 21 i Absatz 1 Nummer 8.

(4) Der Anschlussnutzer ist nicht berechtigt, den Einbau eines Messsystems nach Absatz 1 und Absatz 2 oder die Anbindung seiner Erzeugungsanlagen an das Messsystem nach Absatz 3 zu verhindern oder nachträglich wieder abzuändern.

§ 21 d Messsysteme. (1) Ein Messsystem im Sinne dieses Gesetzes ist eine in ein Kommunikationsnetz eingebundene Messeinrichtung zur Erfassung elektrischer Energie, das den tatsächlichen Energieverbrauch und die tatsächliche Nutzungszeit widerspiegelt.

(2) Nähere Anforderungen an Funktionalität und Ausstattung von Messsystemen werden in einer Verordnung nach § 21 i Absatz 1 Nummer 3 festgeschrieben.

§ 21 e Allgemeine Anforderungen an Messsysteme zur Erfassung elektrischer Energie. (1) [1] Es dürfen nur Messsysteme verwendet werden, die den eichrechtlichen Vorschriften entsprechen. [2] Zur Gewährleistung von

---

[1)] Nr. 34.
[2)] Nr. 43.

Energiewirtschaftsgesetz § 21 f EnWG 1

Datenschutz, Datensicherheit und Interoperabilität haben Messsysteme den Anforderungen der Absätze 2 bis 4 zu genügen.

(2) Zur Datenerhebung, -verarbeitung, -speicherung, -prüfung, -übermittlung dürfen ausschließlich solche technischen Systeme und Bestandteile eingesetzt werden, die

1. den Anforderungen von Schutzprofilen nach der nach § 21 i zu erstellenden Rechtsverordnung entsprechen sowie
2. besonderen Anforderungen an die Gewährleistung von Interoperabilität nach der nach § 21 i Absatz 1 Nummer 3 und 12 zu erstellenden Rechtsverordnung genügen.

(3) [1] Die an der Datenübermittlung beteiligten Stellen haben dem jeweiligen Stand der Technik entsprechende Maßnahmen zur Sicherstellung von Datenschutz und Datensicherheit zu treffen, die insbesondere die Vertraulichkeit und Integrität der Daten sowie die Feststellbarkeit der Identität der übermittelnden Stelle gewährleisten. [2] Im Falle der Nutzung allgemein zugänglicher Kommunikationsnetze sind Verschlüsselungsverfahren anzuwenden, die dem jeweiligen Stand der Technik entsprechen. [3] Näheres wird in einer Rechtsverordnung nach § 21 i Absatz 1 Nummer 4 geregelt.

(4) [1] Es dürfen nur Messsysteme eingebaut werden, bei denen die Einhaltung der Anforderungen des Schutzprofils in einem Zertifizierungsverfahren zuvor festgestellt wurde, welches die Verlässlichkeit von außerhalb der Messeinrichtung aufbereiteten Daten, die Sicherheits- und die Interoperabilitätsanforderungen umfasst. [2] Zertifikate können befristet, beschränkt oder mit Auflagen versehen vergeben werden. [3] Einzelheiten zur Ausgestaltung des Verfahrens regelt die Rechtsverordnung nach § 21 i Absatz 1 Nummer 3 und 12.

(5) [1] Messsysteme, die den Anforderungen eines speziellen Schutzprofils nicht genügen, können noch bis zum 31. Dezember 2012 eingebaut werden und dürfen bis zum nächsten Ablauf der bestehenden Eichgültigkeit weiter genutzt werden, es sei denn, sie wären zuvor auf Grund eines Einbaus nach § 21 c auszutauschen oder ihre Weiterbenutzung ist mit unverhältnismäßigen Gefahren verbunden. [2] Näheres kann durch Rechtsverordnung nach § 21 i Absatz 1 Nummer 11 bestimmt werden.

§ 21 f Messeinrichtungen für Gas. (1) [1] Messeinrichtungen für Gas dürfen nur verbaut werden, wenn sie sicher mit einem Messsystem, das den Anforderungen von § 21 d und § 21 e genügt, verbunden werden können. [2] Sie dürfen ferner nur dann eingebaut werden, wenn sie auch die Anforderungen einhalten, die zur Gewährleistung des Datenschutzes, der Datensicherheit und Interoperabilität in Schutzprofilen und Technischen Richtlinien auf Grund einer Rechtsverordnung nach § 21 i Absatz 1 Nummer 3 und 12 sowie durch eine Rechtsverordnung im Sinne von § 21 i Absatz 1 Nummer 3 und 12 festgelegt werden können.

(2) [1] Bestandsgeräte, die den Anforderungen eines speziellen Schutzprofils nicht genügen, können noch bis zum 31. Dezember 2012 eingebaut werden und dürfen bis zum nächsten Ablauf der bestehenden Eichgültigkeit weiter genutzt werden, es sei denn, sie wären zuvor auf Grund eines Einbaus nach § 21 c auszutauschen oder ihre Weiterbenutzung ist mit unverhältnismäßigen

Gefahren verbunden. ²Näheres kann durch Rechtsverordnung nach § 21 i Absatz 1 Nummer 11 bestimmt werden.

§ 21 g Erhebung, Verarbeitung und Nutzung personenbezogener Daten. (1) Die Erhebung, Verarbeitung und Nutzung personenbezogener Daten aus dem Messsystem oder mit Hilfe des Messsystems darf ausschließlich durch zum Datenumgang berechtigte Stellen erfolgen und auf Grund dieses Gesetzes nur, soweit dies erforderlich ist für

1. das Begründen, inhaltliche Ausgestalten und Ändern eines Vertragsverhältnisses auf Veranlassung des Anschlussnutzers;
2. das Messen des Energieverbrauchs und der Einspeisemenge;
3. die Belieferung mit Energie einschließlich der Abrechnung;
4. das Einspeisen von Energie einschließlich der Abrechnung;
5. die Steuerung von unterbrechbaren Verbrauchseinrichtungen in Niederspannung im Sinne von § 14 a;
6. die Umsetzung variabler Tarife im Sinne von § 40 Absatz 5 einschließlich der Verarbeitung von Preis- und Tarifsignalen für Verbrauchseinrichtungen und Speicheranlagen sowie der Veranschaulichung des Energieverbrauchs und der Einspeiseleistung eigener Erzeugungsanlagen;
7. die Ermittlung des Netzzustandes in begründeten und dokumentierten Fällen;
8. das Aufklären oder Unterbinden von Leistungserschleichungen nach Maßgabe von Absatz 3.

(2) ¹Zum Datenumgang berechtigt sind der Messstellenbetreiber, der Netzbetreiber und der Lieferant sowie die Stelle, die eine schriftliche Einwilligung des Anschlussnutzers, die den Anforderungen des § 4 a des Bundesdatenschutzgesetzes genügt, nachweisen kann. ²Für die Einhaltung datenschutzrechtlicher Vorschriften ist die jeweils zum Datenumgang berechtigte Stelle verantwortlich.

(3) ¹Wenn tatsächliche Anhaltspunkte für die rechtswidrige Inanspruchnahme eines Messsystems oder seiner Dienste vorliegen, muss der nach Absatz 2 zum Datenumgang Berechtigte diese dokumentieren. ²Zur Sicherung seines Entgeltanspruchs darf er die Bestandsdaten und Verkehrsdaten verwenden, die erforderlich sind, um die rechtswidrige Inanspruchnahme des Messsystems oder seiner Dienste aufzudecken und zu unterbinden. ³Der nach Absatz 2 zum Datenumgang Berechtigte darf die nach Absatz 1 erhobenen Verkehrsdaten in der Weise verwenden, dass aus dem Gesamtbestand aller Verkehrsdaten, die nicht älter als sechs Monate sind, die Daten derjenigen Verbindungen mit dem Messsystem ermittelt werden, für die tatsächliche Anhaltspunkte den Verdacht der rechtswidrigen Inanspruchnahme des Messsystems und seiner Dienste begründen. ⁴Der nach Absatz 2 zum Datenumgang Berechtigte darf aus den nach Satz 2 erhobenen Verkehrsdaten und Bestandsdaten einen pseudonymisierten Gesamtdatenbestand bilden, der Aufschluss über die von einzelnen Teilnehmern erzielten Umsätze gibt und unter Zugrundelegung geeigneter Missbrauchskriterien das Auffinden solcher Verbindungen des Messsystems ermöglicht, bei denen der Verdacht einer missbräuchlichen Inanspruchnahme besteht. ⁵Die Daten anderer Verbindungen sind unverzüglich zu löschen. ⁶Die Bundesnetzagentur und der Bundesbeauftragte für den

Energiewirtschaftsgesetz §§ 21 h, 21 i EnWG 1

Datenschutz und die Informationsfreiheit sind über Einführung und Änderung eines Verfahrens nach Satz 2 unverzüglich in Kenntnis zu setzen.

(4) Messstellenbetreiber, Netzbetreiber und Lieferanten können als verantwortliche Stellen die Erhebung, Verarbeitung und Nutzung auch von personenbezogenen Daten durch einen Dienstleister in ihrem Auftrag durchführen lassen; § 11 des Bundesdatenschutzgesetzes ist einzuhalten und § 43 des Bundesdatenschutzgesetzes ist zu beachten.

(5) Personenbezogene Daten sind zu anonymisieren oder zu pseudonymisieren, soweit dies nach dem Verwendungszweck möglich ist und im Verhältnis zu dem angestrebten Schutzzweck keinen unverhältnismäßigen Aufwand erfordert.

(6) [1] Näheres ist in einer Rechtsverordnung nach § 21 i Absatz 1 Nummer 4 zu regeln. [2] Diese hat insbesondere Vorschriften zum Schutz personenbezogener Daten der an der Energieversorgung Beteiligten zu enthalten, welche die Erhebung, Verarbeitung und Nutzung dieser Daten regeln. [3] Die Vorschriften haben den Grundsätzen der Verhältnismäßigkeit, insbesondere der Beschränkung der Erhebung, Verarbeitung und Nutzung auf das Erforderliche, sowie dem Grundsatz der Zweckbindung Rechnung zu tragen. [4] Insbesondere darf die Belieferung mit Energie nicht von der Angabe personenbezogener Daten abhängig gemacht werden, die hierfür nicht erforderlich sind. [5] Fernwirken und Fernmessen dürfen nur vorgenommen werden, wenn der Letztverbraucher zuvor über den Verwendungszweck sowie über Art, Umfang und Zeitraum des Einsatzes unterrichtet worden ist und nach der Unterrichtung eingewilligt hat. [6] Die Vorschriften müssen dem Letztverbraucher Kontroll- und Einwirkungsmöglichkeiten für das Fernwirken und Fernmessen einräumen. [7] In der Rechtsverordnung sind Höchstfristen für die Speicherung festzulegen und insgesamt die berechtigten Interessen der Unternehmen und der Betroffenen angemessen zu berücksichtigen. [8] Die Eigenschaften und Funktionalitäten von Messsystemen sowie von Speicher- und Verarbeitungsmedien sind datenschutzgerecht zu regeln.

§ 21 h Informationspflichten. (1) Auf Verlangen des Anschlussnutzers hat der Messstellenbetreiber

1. ihm Einsicht in die im elektronischen Speicher- und Verarbeitungsmedium gespeicherten auslesbaren Daten zu gewähren und
2. in einem bestimmten Umfang Daten an diesen kostenfrei weiterzuleiten und diesen zur Nutzung zur Verfügung zu stellen.

(2) Wird bei einer zum Datenumgang berechtigten Stelle festgestellt, dass gespeicherte Vertrags- oder Nutzungsdaten unrechtmäßig gespeichert, verarbeitet oder übermittelt wurden oder auf sonstige Weise Dritten unrechtmäßig zur Kenntnis gelangt sind und drohen schwerwiegende Beeinträchtigungen für die Rechte oder schutzwürdigen Interessen des betroffenen Anschlussnutzers, gilt § 42 a des Bundesdatenschutzgesetzes entsprechend.

§ 21 i Rechtsverordnungen. (1) Die Bundesregierung wird ermächtigt, durch Rechtsverordnung mit Zustimmung des Bundesrates
1. die Bedingungen für den Messstellenbetrieb zu regeln und dabei auch zu bestimmen, unter welchen Voraussetzungen der Messstellenbetrieb von einem anderen als dem Netzbetreiber durchgeführt werden kann und

1 EnWG § 21i

welche weiteren Anforderungen an eine Ausübung des Wahlrechts aus § 21b Absatz 2 durch den Anschlussnehmer gemäß § 21b Absatz 5 zu stellen sind;

2. die Verpflichtung nach § 21c Absatz 1 und 3 näher auszugestalten;

3. die in § 21d, § 21e und § 21f genannten Anforderungen näher auszugestalten und weitere bundesweit einheitliche technische Mindestanforderungen sowie Eigenschaften, Ausstattungsumfang und Funktionalitäten von Messsystemen und Messeinrichtungen für Strom und Gas unter Beachtung der eichrechtlichen Vorgaben zu bestimmen;

4. den datenschutzrechtlichen Umgang mit den bei einer leitungsgebundenen Versorgung der Allgemeinheit mit Elektrizität oder Gas anfallenden personenbezogenen Daten nach Maßgabe von § 21g zu regeln;

5. zu regeln, in welchen Fällen und unter welchen Voraussetzungen die Regulierungsbehörde Anforderungen und Bedingungen nach den Nummern 1 bis 3 festlegen kann;

6. Sonderregelungen für Pilotprojekte und Modellregionen vorzusehen;

7. das Verfahren der Zählerstandsgangmessung als besondere Form der Lastgangmessung näher zu beschreiben;

8. im Anschluss an eine den Vorgaben der Richtlinien 2009/72/EG[1] und 2009/73/EG[2] genügende wirtschaftliche Betrachtung im Sinne von § 21c Absatz 2 den Einbau von Messsystemen im Sinne von § 21d und § 21e und Messeinrichtungen im Sinne von § 21f ausschließlich unter bestimmten Voraussetzungen und für bestimmte Fälle vorzusehen und für andere Fälle Verpflichtungen von Messstellenbetreibern zum Angebot von solchen Messsystemen und Messeinrichtungen vorzusehen sowie einen Zeitplan und Vorgaben für einen Rollout für Messsysteme im Sinne von § 21d und § 21e vorzusehen;

9. die Verpflichtung für Betreiber von Elektrizitätsverteilernetzen aus § 14a zu konkretisieren, insbesondere einen Rahmen für die Reduzierung von Netzentgelten und die vertragliche Ausgestaltung vorzusehen sowie Steuerungshandlungen zu benennen, die dem Netzbetreiber vorbehalten sind, und Steuerungshandlungen zu benennen, die Dritten, insbesondere dem Lieferanten, vorbehalten sind, wie auch Anforderungen an die kommunikative Einbindung der unterbrechbaren Verbrauchseinrichtung aufzustellen und vorzugeben, dass die Steuerung ausschließlich über Messsysteme im Sinne von § 21d und § 21e zu erfolgen hat;

10. Netzbetreibern oder Messstellenbetreibern in für Letztverbraucher wirtschaftlich zumutbarer Weise die Möglichkeit zu geben, aus Gründen des Systembetriebs und der Netzsicherheit in besonderen Fällen Messsysteme, die den Anforderungen von § 21d und § 21e genügen, oder andere technische Einrichtungen einzubauen und die Anforderungen dafür festzulegen;

11. den Bestandsschutz nach § 21e Absatz 5 und § 21f Absatz 2 inhaltlich und zeitlich näher zu bestimmen und damit gegebenenfalls auch eine

---
[1] Nr. 5.
[2] Nr. 6.

Energiewirtschaftsgesetz § 21 i EnWG 1

Differenzierung nach Gruppen und eine Verlängerung der genannten Frist vorzunehmen;

12. im Sinne des § 21 e Schutzprofile und Technische Richtlinien für Messsysteme im Sinne von § 21 d Absatz 1 sowie für einzelne Komponenten und Verfahren zur Gewährleistung von Datenschutz, Datensicherheit und Anforderungen zur Gewährleistung der Interoperabilität von Messsystemen und ihrer Teile vorzugeben sowie die verfahrensmäßige Durchführung in Zertifizierungsverfahren zu regeln;

13. dem Anschlussnutzer das Recht zuzubilligen und näher auszugestalten, im Falle der Ausstattung der Messstelle mit einer Messeinrichtung, die nicht im Sinne von § 21 d Absatz 1 in ein Kommunikationsnetz eingebunden ist, in Abweichung von der Regel in § 21 b Absatz 2 einem Dritten mit der Durchführung der Messdienstleistung zu beauftragen. Rechtsverordnungen nach den Nummern 3, 4 und 12 bedürfen der Zustimmung des Deutschen Bundestages. Die Zustimmung gilt mit Ablauf der sechsten Sitzungswoche nach Zuleitung des Verordnungsentwurfs der Bundesregierung an den Deutschen Bundestag als erteilt.

(2) In Rechtsverordnungen nach Absatz 1 können insbesondere

1. Regelungen zur einheitlichen Ausgestaltung der Rechte und Pflichten der Beteiligten, der Bestimmungen der Verträge nach § 21 b Absatz 2 Satz 4 und des Rechtsverhältnisses zwischen Netzbetreiber und Anschlussnutzer sowie über den Vertragsschluss, den Gegenstand und die Beendigung der Verfahren getroffen werden;

2. Bestimmungen zum Zeitpunkt der Übermittlung der Messdaten und zu den für die Übermittlung zu verwendenden bundeseinheitlichen Datenformaten getroffen werden;

3. die Vorgaben zur Dokumentation und Archivierung der relevanten Daten bestimmt werden;

4. die Haftung für Fehler bei Messung und Datenübermittlung geregelt werden;

5. die Vorgaben für den Wechsel des Dritten näher ausgestaltet werden;

6. das Vorgehen beim Ausfall des Dritten geregelt werden;

7. Bestimmungen aufgenommen werden, die

   a) für bestimmte Fall- und Haushaltsgruppen unterschiedliche Mindestanforderungen an Messsysteme, ihren Ausstattungs- und Funktionalitätsumfang vorgeben;

   b) vorsehen, dass ein Messsystem im Sinne von § 21 d aus mindestens einer elektronischen Messeinrichtung zur Erfassung elektrischer Energie und einer Kommunikationseinrichtung zur Verarbeitung, Speicherung und Weiterleitung dieser und weiterer Daten besteht;

   c) vorsehen, dass Messsysteme in Bezug auf die Kommunikation bidirektional auszulegen sind, Tarif- und Steuersignale verarbeiten können und offen für weitere Dienste sind;

   d) vorsehen, dass Messsysteme über einen geringen Eigenstromverbrauch verfügen, für die Anbindung von Stromeinspeise-, Gas-, Wasser-, Wärmezählern und Heizwärmemessgeräten geeignet sind, über die Fähigkeit zur Zweirichtungszählung verfügen, Tarifinformationen empfangen und variable Tarife im Sinne von § 40 Absatz 5 realisieren können, eine externe Tarifierung unter Beachtung der eichrechtlichen Vorgaben ermöglichen, über offen spezifizierte Standard-Schnittstellen verfügen, eine angemessene Fernbereichskommunikation sicherstellen und für mindestens eine weitere gleichwertige Art der Fernbereichskommunikation offen sind sowie für die Anbindung von häuslichen EEG- und KWKG-Anlagen in Niederspannung und Anlagen im Sinne von § 14 a Absatz 1 geeignet sind;

e) vorsehen, dass es erforderlich ist, dass Messsysteme es bewerkstelligen können, dem Netzbetreiber, soweit technisch möglich und wirtschaftlich vertretbar, unabhängig von seiner Position als Messstellenbetreiber neben abrechnungsrelevanten Verbrauchswerten bezogen auf den Netzanschluss auch netzbetriebsrelevante Daten wie insbesondere Frequenz-, Spannungs- und Stromwerte sowie Phasenwinkel, soweit erforderlich, unverzüglich zur Verfügung zu stellen und ihm Protokolle über Spannungsausfälle mit Datum und Zeit zu liefern;

f) vorsehen, dass Messsysteme eine Zählerstandsgangmessung ermöglichen können;

8. die Einzelheiten der technischen Anforderungen an die Speicherung von Daten sowie den Zugriffsschutz auf die im elektronischen Speicher- und Verarbeitungsmedium abgelegten Daten geregelt werden;

9. Bestimmungen dazu vorgesehen werden, dass die Einzelheiten zur Gewährleistung der Anforderungen an die Interoperabilität in Technischen Richtlinien des Bundesamtes für Sicherheit in der Informationstechnik oder in Festlegungen der Bundesnetzagentur geregelt werden;

10. dem Bundesamt für Sicherheit in der Informationstechnik, der Bundesnetzagentur und der Physikalisch-Technischen Bundesanstalt Kompetenzen im Zusammenhang mit der Entwicklung und Anwendung von Schutzprofilen und dem Erlass Technischer Richtlinien übertragen werden, wobei eine jeweils angemessene Beteiligung der Behörden über eine Einvernehmenslösung sicherzustellen ist;

11. die Einzelheiten von Zertifizierungsverfahren für Messsysteme bestimmt werden.

§ 22 Beschaffung der Energie zur Erbringung von Ausgleichsleistungen. (1) ¹Betreiber von Energieversorgungsnetzen haben die Energie, die sie zur Deckung von Verlusten und für den Ausgleich von Differenzen zwischen Ein- und Ausspeisung benötigen, nach transparenten, auch in Bezug auf verbundene oder assoziierte Unternehmen nichtdiskriminierenden und marktorientierten Verfahren zu beschaffen. ²Dem Ziel einer möglichst preisgünstigen Energieversorgung ist bei der Ausgestaltung der Verfahren, zum Beispiel durch die Nutzung untertäglicher Beschaffung, besonderes Gewicht beizumessen, sofern hierdurch nicht die Verpflichtungen nach den §§ 13, 16 und 16 a gefährdet werden.

(2) ¹Bei der Beschaffung von Regelenergie durch die Betreiber von Übertragungsnetzen ist ein diskriminierungsfreies und transparentes Ausschreibungsverfahren anzuwenden, bei dem die Anforderungen, die die Anbieter von Regelenergie für die Teilnahme erfüllen müssen, soweit dies technisch möglich ist, von den Betreibern von Übertragungsnetzen zu vereinheitlichen

Energiewirtschaftsgesetz §§ 23, 23 a EnWG 1

sind. ²Die Betreiber von Übertragungsnetzen haben für die Ausschreibung von Regelenergie eine gemeinsame Internetplattform einzurichten. ³Die Einrichtung der Plattform nach Satz 2 ist der Regulierungsbehörde anzuzeigen. ⁴Die Betreiber von Übertragungsnetzen sind unter Beachtung ihrer jeweiligen Systemverantwortung verpflichtet, zur Senkung des Aufwandes für Regelenergie unter Berücksichtigung der Netzbedingungen zusammenzuarbeiten. ⁵Die Regulierungsbehörde kann zur Verwirklichung einer effizienten Beschaffung und der in § 1 Absatz 1 genannten Zwecke durch Festlegung nach § 29 Absatz 1 abweichend von Satz 1 auch andere transparente, diskriminierungsfreie und marktorientierte Verfahren zur Beschaffung von Regelenergie vorsehen.

§ 23 Erbringung von Ausgleichsleistungen. ¹Sofern den Betreibern von Energieversorgungsnetzen der Ausgleich des Energieversorgungsnetzes obliegt, müssen die von ihnen zu diesem Zweck festgelegten Regelungen einschließlich der von den Netznutzern für Energieungleichgewichte zu zahlenden Entgelte sachlich gerechtfertigt, transparent, nichtdiskriminierend und dürfen nicht ungünstiger sein, als sie von den Betreibern der Energieversorgungsnetze in vergleichbaren Fällen für Leistungen innerhalb ihres Unternehmens oder gegenüber verbundenen oder assoziierten Unternehmen angewendet und tatsächlich oder kalkulatorisch in Rechnung gestellt werden. ²Die Entgelte sind auf der Grundlage einer Betriebsführung nach § 21 Abs. 2 kostenorientiert festzulegen und zusammen mit den übrigen Regelungen im Internet zu veröffentlichen.

§ 23 a Genehmigung der Entgelte für den Netzzugang. (1) Soweit eine kostenorientierte Entgeltbildung im Sinne des § 21 Abs. 2 Satz 1 erfolgt, bedürfen Entgelte für den Netzzugang nach § 21 einer Genehmigung, es sei denn, dass in einer Rechtsverordnung nach § 21 a Abs. 6 die Bestimmung der Entgelte für den Netzzugang im Wege einer Anreizregulierung durch Festlegung oder Genehmigung angeordnet worden ist.

(2) ¹Die Genehmigung ist zu erteilen, soweit die Entgelte den Anforderungen dieses Gesetzes und den auf Grund des § 24 erlassenen Rechtsverordnungen entsprechen. ²Die genehmigten Entgelte sind Höchstpreise und dürfen nur überschritten werden, soweit die Überschreitung ausschließlich auf Grund der Weitergabe nach Erteilung der Genehmigung erhöhter Kostenwälzungssätze einer vorgelagerten Netz- oder Umspannstufe erfolgt; eine Überschreitung ist der Regulierungsbehörde unverzüglich anzuzeigen.

(3) ¹Die Genehmigung ist mindestens sechs Monate vor dem Zeitpunkt schriftlich zu beantragen, an dem die Entgelte wirksam werden sollen. ²Dem Antrag sind die für eine Prüfung erforderlichen Unterlagen beizufügen; auf Verlangen der Regulierungsbehörde haben die Antragsteller Unterlagen auch elektronisch zu übermitteln. ³Die Regulierungsbehörde kann ein Muster und ein einheitliches Format für die elektronische Übermittlung vorgeben. ⁴Die Unterlagen müssen folgende Angaben enthalten:
1. eine Gegenüberstellung der bisherigen Entgelte sowie der beantragten Entgelte und ihrer jeweiligen Kalkulation,
2. die Angaben, die nach Maßgabe der Vorschriften über die Strukturklassen und den Bericht über die Ermittlung der Netzentgelte nach einer Rechts-

verordnung über die Entgelte für den Zugang zu den Energieversorgungsnetzen nach § 24 erforderlich sind, und

3. die Begründung für die Änderung der Entgelte unter Berücksichtigung der Regelungen nach § 21 und einer Rechtsverordnung über die Entgelte für den Zugang zu den Energieversorgungsnetzen nach § 24.

⁵ Die Regulierungsbehörde hat dem Antragsteller den Eingang des Antrags schriftlich zu bestätigen. ⁶ Sie kann die Vorlage weiterer Angaben oder Unterlagen verlangen, soweit dies zur Prüfung der Voraussetzungen nach Absatz 2 erforderlich ist; Satz 5 gilt für nachgereichte Angaben und Unterlagen entsprechend. ⁷ Das Bundesministerium für Wirtschaft und Technologie wird ermächtigt, durch Rechtsverordnung mit Zustimmung des Bundesrates das Verfahren und die Anforderungen an die nach Satz 4 vorzulegenden Unterlagen näher auszugestalten.

(4) ¹ Die Genehmigung ist zu befristen und mit einem Vorbehalt des Widerrufs zu versehen; sie kann unter Bedingungen erteilt und mit Auflagen verbunden werden. ² Trifft die Regulierungsbehörde innerhalb von sechs Monaten nach Vorliegen der vollständigen Unterlagen nach Absatz 3 keine Entscheidung, so gilt das beantragte Entgelt als unter dem Vorbehalt des Widerrufs für einen Zeitraum von einem Jahr genehmigt. ³ Satz 2 gilt nicht, wenn

1. das beantragende Unternehmen einer Verlängerung der Frist nach Satz 2 zugestimmt hat oder

2. die Regulierungsbehörde wegen unrichtiger Angaben oder wegen einer nicht rechtzeitig erteilten Auskunft nicht entscheiden kann und dies dem Antragsteller vor Ablauf der Frist unter Angabe der Gründe mitgeteilt hat.

(5) ¹ Ist vor Ablauf der Befristung oder vor dem Wirksamwerden eines Widerrufs nach Absatz 4 Satz 1 oder 2 eine neue Genehmigung beantragt worden, so können bis zur Entscheidung über den Antrag die bis dahin genehmigten Entgelte beibehalten werden. ² Ist eine neue Entscheidung nicht rechtzeitig beantragt, kann die Regulierungsbehörde unter Berücksichtigung der §§ 21 und 30 sowie der auf Grund des § 24 erlassenen Rechtsverordnungen ein Entgelt als Höchstpreis vorläufig festsetzen.

§ 24 Regelungen zu den Netzzugangsbedingungen, Entgelten für den Netzzugang sowie zur Erbringung und Beschaffung von Ausgleichsleistungen. ¹ Die Bundesregierung wird ermächtigt, durch Rechtsverordnung[1)] mit Zustimmung des Bundesrates

1. die Bedingungen für den Netzzugang einschließlich der Beschaffung und Erbringung von Ausgleichsleistungen oder Methoden zur Bestimmung dieser Bedingungen sowie Methoden zur Bestimmung der Entgelte für den Netzzugang gemäß den §§ 20 bis 23 festzulegen,

2. zu regeln, in welchen Fällen und unter welchen Voraussetzungen die Regulierungsbehörde diese Bedingungen oder Methoden festlegen oder auf Antrag des Netzbetreibers genehmigen kann,

---

[1)] Siehe die StromnetzzugangsVO (Nr. 16), die StromnetzentgeltVO (Nr. 17), die GasnetzzugangsVO (Nr. 18), die GasnetzentgeltVO (Nr. 19) und die AnreizregulierungsVO (Nr. 20).

Energiewirtschaftsgesetz § 24 EnWG 1

3. zu regeln, in welchen Sonderfällen der Netznutzung und unter welchen Voraussetzungen die Regulierungsbehörde im Einzelfall individuelle Entgelte für den Netzzugang genehmigen oder untersagen kann und

4. zu regeln, in welchen Fällen die Regulierungsbehörde von ihren Befugnissen nach § 65 Gebrauch zu machen hat.

²Insbesondere können durch Rechtsverordnungen nach Satz 1

1. die Betreiber von Energieversorgungsnetzen verpflichtet werden, zur Schaffung möglichst einheitlicher Bedingungen bei der Gewährung des Netzzugangs in näher zu bestimmender Weise, insbesondere unter gleichberechtigtem Einbezug der Netznutzer, zusammenzuarbeiten,

2. die Rechte und Pflichten der Beteiligten, insbesondere die Zusammenarbeit und Pflichten der Betreiber von Energieversorgungsnetzen, einschließlich des Austauschs der erforderlichen Daten und der für den Netzzugang erforderlichen Informationen, einheitlich festgelegt werden,

2 a. die Rechte der Verbraucher bei der Abwicklung eines Anbieterwechsels festgelegt werden,

3. die Art sowie Ausgestaltung des Netzzugangs und der Beschaffung und Erbringung von Ausgleichsleistungen einschließlich der hierfür erforderlichen Verträge und Rechtsverhältnisse und des Ausschreibungsverfahrens auch unter Abweichung von § 22 Abs. 2 Satz 2 festgelegt werden, die Bestimmungen der Verträge und die Ausgestaltung der Rechtsverhältnisse einheitlich festgelegt werden sowie Regelungen über das Zustandekommen und die Beendigung der Verträge und Rechtsverhältnisse getroffen werden,

3 a. im Rahmen der Ausgestaltung des Netzzugangs zu den Gasversorgungsnetzen für Anlagen zur Erzeugung von Biogas im Rahmen des Auswahlverfahrens bei drohenden Kapazitätsengpässen sowie beim Zugang zu örtlichen Verteilernetzen Vorrang gewährt werden,

3 b. die Regulierungsbehörde befugt werden, die Zusammenfassung von Teilnetzen, soweit dies technisch möglich und wirtschaftlich zumutbar ist, anzuordnen,

4. Regelungen zur Ermittlung der Entgelte für den Netzzugang getroffen werden, wobei vorgesehen werden kann, dass insbesondere Kosten des Netzbetriebs, die zuordenbar durch die Integration von dezentralen Anlagen zur Erzeugung aus erneuerbaren Energiequellen verursacht werden, bundesweit umgelegt werden können, und die Methode zur Bestimmung der Entgelte so zu gestalten ist, dass eine Betriebsführung nach § 21 Abs. 2 gesichert ist und die für die Betriebs- und Versorgungssicherheit sowie die Funktionsfähigkeit der Netze notwendigen Investitionen in die Netze gewährleistet sind und Anreize zu netzentlastender Energieeinspeisung und netzentlastendem Energieverbrauch gesetzt werden,

5. *(aufgehoben)*

6. Regelungen darüber getroffen werden, welche netzbezogenen und sonst für ihre Kalkulation erforderlichen Daten die Betreiber von Energieversorgungsnetzen erheben und über welchen Zeitraum sie diese aufbewahren müssen,

7. Regelungen für die Durchführung eines Vergleichsverfahrens nach § 21 Abs. 3 einschließlich der Erhebung der hierfür erforderlichen Daten getroffen werden.

³ Im Falle des Satzes 2 Nr. 1 und 2 ist das Interesse an der Ermöglichung eines effizienten und diskriminierungsfreien Netzzugangs im Rahmen eines möglichst transaktionsunabhängigen Modells unter Beachtung der jeweiligen Besonderheiten der Elektrizitäts- und Gaswirtschaft besonders zu berücksichtigen; die Zusammenarbeit soll dem Ziel des § 1 Abs. 2 dienen. ⁴ Regelungen nach Satz 2 Nr. 3 können auch weitere Anforderungen an die Zusammenarbeit der Betreiber von Übertragungsnetzen bei der Beschaffung von Regelenergie und zur Verringerung des Aufwandes für Regelenergie sowie in Abweichung von § 22 Absatz 2 Satz 1 Bedingungen und Methoden für andere effiziente, transparente, diskriminierungsfreie und marktorientierte Verfahren zur Beschaffung von Regelenergie vorsehen. ⁵ Regelungen nach Satz 2 Nr. 4 und 5 können vorsehen, dass Entgelte nicht nur auf der Grundlage von Ausspeisungen, sondern ergänzend auch auf der Grundlage von Einspeisungen von Energie berechnet und in Rechnung gestellt werden, wobei bei Einspeisungen von Elektrizität aus dezentralen Erzeugungsanlagen auch eine Erstattung eingesparter Entgelte für den Netzzugang in den vorgelagerten Netzebenen vorzusehen ist.

§ 25 Ausnahmen vom Zugang zu den Gasversorgungsnetzen im Zusammenhang mit unbedingten Zahlungsverpflichtungen. ¹ Die Gewährung des Zugangs zu den Gasversorgungsnetzen ist im Sinne des § 20 Abs. 2 insbesondere dann nicht zumutbar, wenn einem Gasversorgungsunternehmen wegen seiner im Rahmen von Gaslieferverträgen eingegangenen unbedingten Zahlungsverpflichtungen ernsthafte wirtschaftliche und finanzielle Schwierigkeiten entstehen würden. ² Auf Antrag des betroffenen Gasversorgungsunternehmens entscheidet die Regulierungsbehörde, ob die vom Antragsteller nachzuweisenden Voraussetzungen des Satzes 1 vorliegen. ³ Die Prüfung richtet sich nach Artikel 48 der Richtlinie 2009/73/EG[1]) (ABl. L 211 vom 14. 8. 2009, S. 94). ⁴ Das Bundesministerium für Wirtschaft und Technologie wird ermächtigt, durch Rechtsverordnung[2]), die nicht der Zustimmung des Bundesrates bedarf, die bei der Prüfung nach Artikel 48 der Richtlinie 2009/73/EG anzuwendenden Verfahrensregeln festzulegen. ⁵ In der Rechtsverordnung nach Satz 4 kann vorgesehen werden, dass eine Entscheidung der Regulierungsbehörde, auch abweichend von den Vorschriften dieses Gesetzes, ergehen kann, soweit dies in einer Entscheidung der Kommission der Europäischen Gemeinschaften vorgesehen ist.

§ 26 Zugang zu den vorgelagerten Rohrleitungsnetzen und zu Speicheranlagen im Bereich der leitungsgebundenen Versorgung mit Erdgas. Der Zugang zu den vorgelagerten Rohrleitungsnetzen und zu Speicheranlagen erfolgt abweichend von den §§ 20 bis 24 auf vertraglicher Grundlage nach Maßgabe der §§ 27 und 28.

---

[1]) Nr. **6**.
[2]) Siehe GasnetzzugangsVO (Nr. **18**).

Energiewirtschaftsgesetz §§ 27, 28 EnWG 1

§ 27 Zugang zu den vorgelagerten Rohrleitungsnetzen. [1] Betreiber von vorgelagerten Rohrleitungsnetzen haben anderen Unternehmen das vorgelagerte Rohrleitungsnetz für Durchleitungen zu Bedingungen zur Verfügung zu stellen, die angemessen und nicht ungünstiger sind, als sie von ihnen in vergleichbaren Fällen für Leistungen innerhalb ihres Unternehmens oder gegenüber verbundenen oder assoziierten Unternehmen tatsächlich oder kalkulatorisch in Rechnung gestellt werden. [2] Dies gilt nicht, soweit der Betreiber nachweist, dass ihm die Durchleitung aus betriebsbedingten oder sonstigen Gründen unter Berücksichtigung der Ziele des § 1 nicht möglich oder nicht zumutbar ist. [3] Die Ablehnung ist in Textform zu begründen. [4] Die Verweigerung des Netzzugangs nach Satz 2 ist nur zulässig, wenn einer der in Artikel 20 Abs. 2 Satz 3 Buchstabe a bis d der Richtlinie 2003/55/EG genannten Gründe vorliegt. [5] Das Bundesministerium für Wirtschaft und Technologie wird ermächtigt, durch Rechtsverordnung mit Zustimmung des Bundesrates die Bedingungen des Zugangs zu den vorgelagerten Rohrleitungsnetzen und die Methoden zur Berechnung der Entgelte für den Zugang zu den vorgelagerten Rohrleitungsnetzen unter Berücksichtigung der Ziele des § 1 festzulegen.

§ 28 Zugang zu Speicheranlagen. (1) [1] Betreiber von Speicheranlagen haben anderen Unternehmen den Zugang zu ihren Speicheranlagen und Hilfsdiensten zu angemessenen und diskriminierungsfreien technischen und wirtschaftlichen Bedingungen zu gewähren, sofern der Zugang für einen effizienten Netzzugang im Hinblick auf die Belieferung der Kunden technisch oder wirtschaftlich erforderlich ist. [2] Der Zugang zu einer Speicheranlage gilt als technisch oder wirtschaftlich erforderlich für einen effizienten Netzzugang im Hinblick auf die Belieferung von Kunden, wenn es sich bei der Speicheranlage um einen Untergrundspeicher, mit Ausnahme von unterirdischen Röhrenspeichern, handelt. [3] Der Zugang ist im Wege des verhandelten Zugangs zu gewähren.

(2) [1] Betreiber von Speicheranlagen können den Zugang nach Absatz 1 verweigern, soweit sie nachweisen, dass ihnen der Zugang aus betriebsbedingten oder sonstigen Gründen unter Berücksichtigung der Ziele des § 1 nicht möglich oder nicht zumutbar ist. [2] Die Ablehnung ist in Textform zu begründen.

(3) [1] Betreiber von Speicheranlagen sind verpflichtet, den Standort der Speicheranlage, Informationen über verfügbare Kapazitäten, darüber, zu welchen Speicheranlagen verhandelter Zugang zu gewähren ist, sowie ihre wesentlichen Geschäftsbedingungen für den Speicherzugang im Internet zu veröffentlichen. [2] Dies betrifft insbesondere die verfahrensmäßige Behandlung von Speicherzugangsanfragen, die Beschaffenheit des zu speichernden Gases, die nominale Arbeitsgaskapazität, die Ein- und Ausspeicherungsperiode, soweit für ein Angebot der Betreiber von Speicheranlagen erforderlich, sowie die technisch minimal erforderlichen Volumen für die Ein- und Ausspeicherung. [3] Die Betreiber von Speicheranlagen konsultieren bei der Ausarbeitung der wesentlichen Geschäftsbedingungen die Speichernutzer.

(4) Das Bundesministerium für Wirtschaft und Technologie wird ermächtigt, durch Rechtsverordnung mit Zustimmung des Bundesrates die technischen und wirtschaftlichen Bedingungen sowie die inhaltliche Gestaltung der Verträge über den Zugang zu den Speicheranlagen zu regeln.

§ 28 a Neue Infrastrukturen. (1) Verbindungsleitungen zwischen Deutschland und anderen Staaten oder LNG- und Speicheranlagen können von der Anwendung der §§ 8 bis 10 e sowie §§ 20 bis 28 befristet ausgenommen werden, wenn

1. durch die Investition der Wettbewerb bei der Gasversorgung und die Versorgungssicherheit verbessert werden,
2. es sich um größere neue Infrastrukturanlagen im Sinne des Artikel 36 Absatz 1 der Richtlinie 2009/73/EG[1]) handelt, bei denen insbesondere das mit der Investition verbundene Risiko so hoch ist, dass die Investition ohne eine Ausnahmegenehmigung nicht getätigt würde,
3. die Infrastruktur Eigentum einer natürlichen oder juristischen Person ist, die entsprechend der §§ 8 bis 10 e von den Netzbetreibern getrennt ist, in deren Netzen die Infrastruktur geschaffen wird,
4. von den Nutzern dieser Infrastruktur Entgelte erhoben werden und
5. die Ausnahme sich nicht nachteilig auf den Wettbewerb oder das effektive Funktionieren des Erdgasbinnenmarktes oder das effiziente Funktionieren des regulierten Netzes auswirkt, an das die Infrastruktur angeschlossen ist.

(2) Absatz 1 gilt auch für Kapazitätsaufstockungen bei vorhandenen Infrastrukturen, die insbesondere hinsichtlich ihres Investitionsvolumens und des zusätzlichen Kapazitätsvolumens bei objektiver Betrachtung wesentlich sind, und für Änderungen dieser Infrastrukturen, die die Erschließung neuer Gasversorgungsquellen ermöglichen.

(3) ¹ Auf Antrag des betroffenen Gasversorgungsunternehmens entscheidet die Regulierungsbehörde, ob die vom Antragsteller nachzuweisenden Voraussetzungen nach Absatz 1 oder 2 vorliegen. ² Die Prüfung und das Verfahren richten sich nach Artikel 36 Absatz 6 bis 9 der Richtlinie 2009/73/EG. ³ Soweit nach Artikel 36 Absatz 4 und 5 der Richtlinie 2009/73/EG eine Beteiligung der Agentur für die Zusammenarbeit der Energieregulierungsbehörden vorgesehen ist, leitet die Regulierungsbehörde dieses Verfahren ein. ⁴ Die Regulierungsbehörde hat eine Entscheidung über einen Antrag nach Satz 1 nach Maßgabe einer endgültigen Entscheidung der Kommission nach Artikel 36 Absatz 9 der Richtlinie 2009/73/EG zu ändern oder aufzuheben; die §§ 48 und 49 des Verwaltungsverfahrensgesetzes bleiben unberührt.

(4) Die Entscheidungen werden von der Regulierungsbehörde auf ihrer Internetseite veröffentlicht.

Abschnitt 4. Befugnisse der Regulierungsbehörde, Sanktionen

§ 29 Verfahren zur Festlegung und Genehmigung. (1) Die Regulierungsbehörde trifft Entscheidungen in den in diesem Gesetz benannten Fällen und über die Bedingungen und Methoden für den Netzanschluss oder den Netzzugang nach den in § 17 Abs. 3, § 21 a Abs. 6, § 21 b Abs. 4 und § 24 genannten Rechtsverordnungen durch Festlegung gegenüber einem Netzbetreiber, einer Gruppe von oder allen Netzbetreibern oder den sonstigen in der jeweiligen Vorschrift Verpflichteten oder durch Genehmigung gegenüber dem Antragsteller.

---

[1]) Nr. 6.

Energiewirtschaftsgesetz § 30 EnWG 1

(2) ¹ Die Regulierungsbehörde ist befugt, die nach Absatz 1 von ihr festgelegten oder genehmigten Bedingungen und Methoden nachträglich zu ändern, soweit dies erforderlich ist, um sicherzustellen, dass sie weiterhin den Voraussetzungen für eine Festlegung oder Genehmigung genügen. ² Die §§ 48 und 49 des Verwaltungsverfahrensgesetzes bleiben unberührt.

(3) ¹ Die Bundesregierung kann das Verfahren zur Festlegung oder Genehmigung nach Absatz 1 sowie das Verfahren zur Änderung der Bedingungen und Methoden nach Absatz 2 durch Rechtsverordnung[1] mit Zustimmung des Bundesrates näher ausgestalten. ² Dabei kann insbesondere vorgesehen werden, dass Entscheidungen der Regulierungsbehörde im Einvernehmen mit dem Bundeskartellamt ergehen.

§ 30 Missbräuchliches Verhalten eines Netzbetreibers. (1) ¹ Betreibern von Energieversorgungsnetzen ist ein Missbrauch ihrer Marktstellung verboten. ² Ein Missbrauch liegt insbesondere vor, wenn ein Betreiber von Energieversorgungsnetzen

1. Bestimmungen der Abschnitte 2 und 3 oder der auf Grund dieser Bestimmungen erlassenen Rechtsverordnungen nicht einhält,
2. andere Unternehmen unmittelbar oder mittelbar unbillig behindert oder deren Wettbewerbsmöglichkeiten ohne sachlich gerechtfertigten Grund erheblich beeinträchtigt,
3. andere Unternehmen gegenüber gleichartigen Unternehmen ohne sachlich gerechtfertigten Grund unmittelbar oder mittelbar unterschiedlich behandelt,
4. sich selbst oder mit ihm nach § 3 Nr. 38 verbundenen Unternehmen den Zugang zu seinen intern genutzten oder am Markt angebotenen Waren und Leistungen zu günstigeren Bedingungen oder Entgelten ermöglicht, als er sie anderen Unternehmen bei der Nutzung der Waren und Leistungen oder mit diesen in Zusammenhang stehenden Waren oder gewerbliche Leistungen einräumt, sofern der Betreiber des Energieversorgungsnetzes nicht nachweist, dass die Einräumung ungünstigerer Bedingungen sachlich gerechtfertigt ist,
5. ohne sachlich gerechtfertigten Grund Entgelte oder sonstige Geschäftsbedingungen für den Netzzugang fordert, die von denjenigen abweichen, die sich bei wirksamem Wettbewerb mit hoher Wahrscheinlichkeit ergeben würden; hierbei sind insbesondere die Verhaltensweisen von Unternehmen auf vergleichbaren Märkten und die Ergebnisse von Vergleichsverfahren nach § 21 zu berücksichtigen; Entgelte, die die Obergrenzen einer dem betroffenen Unternehmen erteilten Genehmigung nach § 23a nicht überschreiten, und im Falle der Durchführung einer Anreizregulierung nach § 21a Entgelte, die für das betroffene Unternehmen für eine Regulierungsperiode vorgegebene Obergrenzen nicht überschreiten, gelten als sachlich gerechtfertigt oder
6. ungünstigere Entgelte oder sonstige Geschäftsbedingungen fordert, als er sie selbst auf vergleichbaren Märkten von gleichartigen Abnehmern fordert, es sei denn, dass der Unterschied sachlich gerechtfertigt ist.

---

[1] Siehe die StromnetzzugangsVO (Nr. **16**), die StromnetzentgeltVO (Nr. **17**), die GasnetzzugangsVO (Nr. **18**), die GasnetzentgeltVO (Nr. **19**) und die AnreizregulierungsVO (Nr. **20**).

[3] Satz 2 Nr. 5 gilt auch für die Netze, in denen nach einer Rechtsverordnung nach § 24 Satz 2 Nr. 5 vom Grundsatz der Kostenorientierung abgewichen wird. [4] Besondere Rechtsvorschriften über den Missbrauch der Marktstellung in solchen Netzen bleiben unberührt.

(2) [1] Die Regulierungsbehörde kann einen Betreiber von Energieversorgungsnetzen, der seine Stellung missbräuchlich ausnutzt, verpflichten, eine Zuwiderhandlung gegen Absatz 1 abzustellen. [2] Sie kann den Unternehmen alle Maßnahmen aufgeben, die erforderlich sind, um die Zuwiderhandlung wirksam abzustellen. [3] Sie kann insbesondere

1. Änderungen verlangen, soweit die gebildeten Entgelte oder deren Anwendung sowie die Anwendung der Bedingungen für den Anschluss an das Netz und die Gewährung des Netzzugangs von der genehmigten oder festgelegten Methode oder den hierfür bestehenden gesetzlichen Vorgaben abweichen, oder
2. in Fällen rechtswidrig verweigerten Netzanschlusses oder Netzzugangs den Netzanschluss oder Netzzugang anordnen.

§ 31 Besondere Missbrauchsverfahren der Regulierungsbehörde.

(1) [1] Personen und Personenvereinigungen, deren Interessen durch das Verhalten eines Betreibers von Energieversorgungsnetzen erheblich berührt werden, können bei der Regulierungsbehörde einen Antrag auf Überprüfung dieses Verhaltens stellen. [2] Diese hat zu prüfen, inwieweit das Verhalten des Betreibers von Energieversorgungsnetzen mit den Vorgaben in den Bestimmungen der Abschnitte 2 und 3 oder der auf dieser Grundlage erlassenen Rechtsverordnungen sowie den nach § 29 Abs. 1 festgelegten oder genehmigten Bedingungen und Methoden übereinstimmt. [3] Soweit das Verhalten des Betreibers von Energieversorgungsnetzen nach § 23 a genehmigt ist, hat die Regulierungsbehörde darüber hinaus zu prüfen, ob die Voraussetzungen für eine Aufhebung der Genehmigung vorliegen. [4] Interessen der Verbraucherzentralen und anderer Verbraucherverbände, die mit öffentlichen Mitteln gefördert werden, werden im Sinne des Satzes 1 auch dann erheblich berührt, wenn sich die Entscheidung auf eine Vielzahl von Verbrauchern auswirkt und dadurch die Interessen der Verbraucher insgesamt erheblich berührt werden.

(2) [1] Ein Antrag nach Absatz 1 bedarf neben dem Namen, der Anschrift und der Unterschrift des Antragstellers folgender Angaben:
1. Firma und Sitz des betroffenen Netzbetreibers,
2. das Verhalten des betroffenen Netzbetreibers, das überprüft werden soll,
3. die im Einzelnen anzuführenden Gründe, weshalb ernsthafte Zweifel an der Rechtmäßigkeit des Verhaltens des Netzbetreibers bestehen und
4. die im Einzelnen anzuführenden Gründe, weshalb der Antragsteller durch das Verhalten des Netzbetreibers betroffen ist.

[2] Sofern ein Antrag nicht die Voraussetzungen des Satzes 1 erfüllt, weist die Regulierungsbehörde den Antrag als unzulässig ab.

(3) [1] Die Regulierungsbehörde entscheidet innerhalb einer Frist von zwei Monaten nach Eingang des vollständigen Antrags. [2] Diese Frist kann um zwei Monate verlängert werden, wenn die Regulierungsbehörde zusätzliche Informationen anfordert. [3] Mit Zustimmung des Antragstellers ist eine weitere Verlängerung dieser Frist möglich. [4] Betrifft ein Antrag nach Satz 1 die Ent-

gelte für den Anschluss größerer neuer Erzeugungsanlagen oder Anlagen zur Speicherung elektrischer Energie, so kann die Regulierungsbehörde die Fristen nach den Sätzen 1 und 2 verlängern.

(4) [1] Soweit ein Verfahren nicht mit einer den Beteiligten zugestellten Entscheidung nach § 73 Abs. 1 abgeschlossen wird, ist seine Beendigung den Beteiligten schriftlich oder elektronisch mitzuteilen. [2] Die Regulierungsbehörde kann die Kosten einer Beweiserhebung den Beteiligten nach billigem Ermessen auferlegen.

§ 32 Unterlassungsanspruch, Schadensersatzpflicht. (1) [1] Wer gegen eine Vorschrift der Abschnitte 2 und 3, eine auf Grund der Vorschriften dieser Abschnitte erlassene Rechtsverordnung oder eine auf Grundlage dieser Vorschriften ergangene Entscheidung der Regulierungsbehörde verstößt, ist dem Betroffenen zur Beseitigung einer Beeinträchtigung und bei Wiederholungsgefahr zur Unterlassung verpflichtet. [2] Der Anspruch besteht bereits dann, wenn eine Zuwiderhandlung droht. [3] Die Vorschriften der Abschnitte 2 und 3 dienen auch dann dem Schutz anderer Marktbeteiligter, wenn sich der Verstoß nicht gezielt gegen diese richtet. [4] Ein Anspruch ist nicht deswegen ausgeschlossen, weil der andere Marktbeteiligte an dem Verstoß mitgewirkt hat.

(2) Die Ansprüche aus Absatz 1 können auch von rechtsfähigen Verbänden zur Förderung gewerblicher oder selbständiger beruflicher Interessen geltend gemacht werden, soweit ihnen eine erhebliche Zahl von Unternehmen angehört, die Waren oder Dienstleistungen gleicher oder verwandter Art auf demselben Markt vertreiben, soweit sie insbesondere nach ihrer personellen, sachlichen und finanziellen Ausstattung imstande sind, ihre satzungsmäßigen Aufgaben der Verfolgung gewerblicher oder selbständiger beruflicher Interessen tatsächlich wahrzunehmen und soweit die Zuwiderhandlung die Interessen ihrer Mitglieder berührt.

(3) [1] Wer einen Verstoß nach Absatz 1 vorsätzlich oder fahrlässig begeht, ist zum Ersatz des daraus entstehenden Schadens verpflichtet. [2] Geldschulden nach Satz 1 hat das Unternehmen ab Eintritt des Schadens zu verzinsen. [3] Die §§ 288 und 289 Satz 1 des Bürgerlichen Gesetzbuchs[1]) finden entsprechende Anwendung.

(4) [1] Wird wegen eines Verstoßes gegen eine Vorschrift der Abschnitte 2 und 3 Schadensersatz begehrt, ist das Gericht insoweit an die Feststellung des Verstoßes gebunden, wie sie in einer bestandskräftigen Entscheidung der Regulierungsbehörde getroffen wurde. [2] Das Gleiche gilt für entsprechende Feststellungen in rechtskräftigen Gerichtsentscheidungen, die infolge der Anfechtung von Entscheidungen nach Satz 1 ergangen sind.

(5) [1] Die Verjährung eines Schadensersatzanspruchs nach Absatz 3 wird gehemmt, wenn die Regulierungsbehörde wegen eines Verstoßes im Sinne des Absatzes 1 ein Verfahren einleitet. [2] § 204 Abs. 2 des Bürgerlichen Gesetzbuchs gilt entsprechend.

§ 33 Vorteilsabschöpfung durch die Regulierungsbehörde. (1) Hat ein Unternehmen vorsätzlich oder fahrlässig gegen eine Vorschrift der Abschnitte 2 und 3, eine auf Grund der Vorschriften dieser Abschnitte erlassene

---

[1]) Nr. 23.

Rechtsverordnung oder eine auf Grundlage dieser Vorschriften ergangene Entscheidung der Regulierungsbehörde verstoßen und dadurch einen wirtschaftlichen Vorteil erlangt, kann die Regulierungsbehörde die Abschöpfung des wirtschaftlichen Vorteils anordnen und dem Unternehmen die Zahlung des entsprechenden Geldbetrags auferlegen.

(2) [1] Absatz 1 gilt nicht, sofern der wirtschaftliche Vorteil durch Schadensersatzleistungen oder durch die Verhängung der Geldbuße oder die Anordnung des Verfalls abgeschöpft ist. [2] Soweit das Unternehmen Leistungen nach Satz 1 erst nach der Vorteilsabschöpfung erbringt, ist der abgeführte Geldbetrag in Höhe der nachgewiesenen Zahlungen an das Unternehmen zurückzuerstatten.

(3) [1] Wäre die Durchführung der Vorteilsabschöpfung eine unbillige Härte, soll die Anordnung auf einen angemessenen Geldbetrag beschränkt werden oder ganz unterbleiben. [2] Sie soll auch unterbleiben, wenn der wirtschaftliche Vorteil gering ist.

(4) [1] Die Höhe des wirtschaftlichen Vorteils kann geschätzt werden. [2] Der abzuführende Geldbetrag ist zahlenmäßig zu bestimmen.

(5) Die Vorteilsabschöpfung kann nur innerhalb einer Frist von bis zu fünf Jahren seit Beendigung der Zuwiderhandlung und längstens für einen Zeitraum von fünf Jahren angeordnet werden.

§ 34 (aufgehoben)

§ 35 Monitoring.
(1) Die Regulierungsbehörde führt zur Wahrnehmung ihrer Aufgaben nach diesem Gesetz, insbesondere zur Herstellung von Markttransparenz, ein Monitoring durch über
1. die Regeln für das Management und die Zuweisung von Verbindungskapazitäten; dies erfolgt in Abstimmung mit der Regulierungsbehörde oder den Regulierungsbehörden der Mitgliedstaaten, mit denen ein Verbund besteht;
2. die Mechanismen zur Behebung von Kapazitätsengpässen im nationalen Elektrizitäts- und Gasversorgungsnetz und bei den Verbindungsleitungen;
3. die Zeit, die von Betreibern von Übertragungs-, Fernleitungs- und Verteilernetzen für die Herstellung von Anschlüssen und Reparaturen benötigt wird;
4. die Veröffentlichung angemessener Informationen über Verbindungsleitungen, Netznutzung und Kapazitätszuweisung für interessierte Parteien durch die Betreiber von Übertragungs-, Fernleitungs- und Verteilernetzen unter Berücksichtigung der Notwendigkeit, nicht statistisch aufbereitete Einzeldaten als Geschäftsgeheimnisse zu behandeln;
5. die technische Zusammenarbeit zwischen Betreibern von Übertragungsnetzen innerhalb und außerhalb der Europäischen Gemeinschaft;
6. die Bedingungen und Tarife für den Anschluss neuer Elektrizitätserzeuger unter besonderer Berücksichtigung der Kosten und der Vorteile der verschiedenen Technologien für Elektrizitätserzeugung aus erneuerbaren Energien, der dezentralen Erzeugung und der Kraft-Wärme-Kopplung;
7. die Bedingungen für den Zugang zu Speicheranlagen nach den §§ 26 und 28, und insbesondere über Veränderungen der Situation auf dem

Energiewirtschaftsgesetz § 36 EnWG 1

Speichermarkt, mit dem Ziel, dem Bundesministerium für Wirtschaft und Technologie eine Überprüfung der Regelungen im Hinblick auf den Zugang zu Speicheranlagen zu ermöglichen, sowie die Netzzugangsbedingungen für Anlagen zur Erzeugung von Biogas;
8. den Umfang, in dem die Betreiber von Übertragungs-, Fernleitungs- und Verteilernetzen ihren Aufgaben nach den §§ 11 bis 16a nachkommen;
9. die Erfüllung der Verpflichtungen nach § 42;
10. Preise für Haushaltskunden, einschließlich von Vorauszahlungssystemen, Lieferanten- und Produktwechsel, Unterbrechung der Versorgung gemäß § 19 der Stromgrundversorgungsverordnung oder der Gasgrundversorgungsverordnung, Beschwerden von Haushaltskunden, die Wirksamkeit und die Durchsetzung von Maßnahmen zum Verbraucherschutz im Bereich Elektrizität oder Gas, Wartungsdienste am Hausanschluss oder an Messeinrichtungen sowie die Dienstleistungsqualität der Netze;
11. das Ausmaß von Wettbewerb und die technische Entwicklung bei Messeinrichtungen einschließlich des Einsatzes moderner Messeinrichtungen, die Messung, das Angebot lastvariabler Tarife und, bundesweit einheitliche Mindestanforderungen an Messeinrichtungen sowie Datenumfang und Datenqualität nach § 21b Absatz 4 Satz 2 Nummer 2;
12. den Bestand und die geplanten Stilllegungen von Erzeugungskapazitäten, die Investitionen in die Erzeugungskapazitäten mit Blick auf die Versorgungssicherheit sowie den Bestand, die bereitgestellte Leistung, die gelieferte Strommenge sowie den voraussichtlichen Zeitpunkt der Außerbetriebnahme von Speichern mit einer Nennleistung von mehr als 10 Megawatt;
13. den Grad der Transparenz, auch der Großhandelspreise, sowie den Grad und die Wirksamkeit der Marktöffnung und den Umfang des Wettbewerbs auf Großhandels- und Endkundenebene sowie an Elektrizitäts- und Erdgasbörsen, soweit diese Aufgabe nicht durch Gesetz einer anderen Stelle übertragen wurde.

(2) Zur Durchführung des Monitoring gelten die Befugnisse nach § 69 entsprechend.

Teil 4. Energielieferung an Letztverbraucher

§ 36 Grundversorgungspflicht. (1) [1] Energieversorgungsunternehmen haben für Netzgebiete, in denen sie die Grundversorgung von Haushaltskunden durchführen, Allgemeine Bedingungen und Allgemeine Preise für die Versorgung in Niederspannung oder Niederdruck öffentlich bekannt zu geben und im Internet zu veröffentlichen und zu diesen Bedingungen und Preisen jeden Haushaltskunden zu versorgen. [2] Die Pflicht zur Grundversorgung besteht nicht, wenn die Versorgung für das Energieversorgungsunternehmen aus wirtschaftlichen Gründen nicht zumutbar ist.

(2) [1] Grundversorger nach Absatz 1 ist jeweils das Energieversorgungsunternehmen, das die meisten Haushaltskunden in einem Netzgebiet der allgemeinen Versorgung beliefert. [2] Betreiber von Energieversorgungsnetzen der allgemeinen Versorgung nach § 18 Abs. 1 sind verpflichtet, alle drei Jahre jeweils

zum 1. Juli, erstmals zum 1. Juli 2006, nach Maßgabe des Satzes 1 den Grundversorger für die nächsten drei Kalenderjahre festzustellen sowie dies bis zum 30. September des Jahres im Internet zu veröffentlichen und der nach Landesrecht zuständigen Behörde schriftlich mitzuteilen. [3] Die nach Landesrecht zuständige Behörde kann die zur Sicherstellung einer ordnungsgemäßen Durchführung des Verfahrens nach den Sätzen 1 und 2 erforderlichen Maßnahmen treffen. [4] Über Einwände gegen das Ergebnis der Feststellungen nach Satz 2, die bis zum 31. Oktober des jeweiligen Jahres bei der nach Landesrecht zuständigen Behörde einzulegen sind, entscheidet diese nach Maßgabe der Sätze 1 und 2. [5] Stellt der Grundversorger nach Satz 1 seine Geschäftstätigkeit ein, so gelten die Sätze 2 und 3 entsprechend.

(3) Im Falle eines Wechsels des Grundversorgers infolge einer Feststellung nach Absatz 2 gelten die von Haushaltskunden mit dem bisherigen Grundversorger auf der Grundlage des Absatzes 1 geschlossenen Energielieferverträge zu den im Zeitpunkt des Wechsels geltenden Bedingungen und Preisen fort.

(4) Die Absätze 1 bis 3 gelten nicht für geschlossene Verteilernetze.

§ 37 Ausnahmen von der Grundversorgungspflicht. (1) [1] Wer zur Deckung des Eigenbedarfs eine Anlage zur Erzeugung von Energie betreibt oder sich von einem Dritten versorgen lässt, hat keinen Anspruch auf eine Grundversorgung nach § 36 Abs. 1 Satz 1. [2] Er kann aber Grundversorgung im Umfang und zu Bedingungen verlangen, die für das Energieversorgungsunternehmen wirtschaftlich zumutbar sind. [3] Satz 1 gilt nicht für Eigenanlagen (Notstromaggregate), die ausschließlich der Sicherstellung des Energiebedarfs bei Aussetzen der öffentlichen Energieversorgung dienen, wenn sie außerhalb ihrer eigentlichen Bestimmung nicht mehr als 15 Stunden monatlich zur Erprobung betrieben werden, sowie für die Deckung des Eigenbedarfs von in Niederspannung belieferten Haushaltskunden aus Anlagen der Kraft-Wärme-Kopplung bis 50 Kilowatt elektrischer Leistung und aus erneuerbaren Energien.

(2) [1] Reserveversorgung ist für Energieversorgungsunternehmen im Sinne des Absatzes 1 Satz 2 nur zumutbar, wenn sie den laufenden durch Eigenanlagen gedeckten Bedarf für den gesamten Haushalt umfasst und ein fester, von der jeweils gebrauchten Energiemenge unabhängiger angemessener Leistungspreis mindestens für die Dauer eines Jahres bezahlt wird. [2] Hierbei ist von der Möglichkeit gleichzeitiger Inbetriebnahme sämtlicher an das Leitungsnetz des Energieversorgungsunternehmens angeschlossener Reserveanschlüsse auszugehen und der normale, im gesamten Niederspannungs- oder Niederdruckleitungsnetz des Energieversorgungsunternehmens vorhandene Ausgleich der Einzelbelastungen zugrunde zu legen.

(3) [1] Das Bundesministerium für Wirtschaft und Technologie kann durch Rechtsverordnung mit Zustimmung des Bundesrates regeln, in welchem Umfang und zu welchen Bedingungen Versorgung nach Absatz 1 Satz 2 wirtschaftlich zumutbar ist. [2] Dabei sind die Interessen der Energieversorgungsunternehmen und der Haushaltskunden unter Beachtung der Ziele des § 1 angemessen zu berücksichtigen.

§ 38 Ersatzversorgung mit Energie. (1) [1] Sofern Letztverbraucher über das Energieversorgungsnetz der allgemeinen Versorgung in Niederspannung oder Niederdruck Energie beziehen, ohne dass dieser Bezug einer Lieferung oder einem bestimmten Liefervertrag zugeordnet werden kann, gilt die Energie als von dem Unternehmen geliefert, das nach § 36 Abs. 1 berechtigt und verpflichtet ist. ²Die Bestimmungen dieses Teils gelten für dieses Rechtsverhältnis mit der Maßgabe, dass der Grundversorger berechtigt ist, für diese Energielieferung gesonderte Allgemeine Preise zu veröffentlichen und für die Energielieferung in Rechnung zu stellen. ³Für Haushaltskunden dürfen die Preise die nach § 36 Abs. 1 Satz 1 nicht übersteigen.

(2) ¹Das Rechtsverhältnis nach Absatz 1 endet, wenn die Energielieferung auf der Grundlage eines Energieliefervertrages des Kunden erfolgt, spätestens aber drei Monate nach Beginn der Ersatzenergieversorgung. ²Das Energieversorgungsunternehmen kann den Energieverbrauch, der auf die nach Absatz 1 bezogenen Energiemengen entfällt, auf Grund einer rechnerischen Abgrenzung schätzen und den ermittelten anteiligen Verbrauch in Rechnung stellen.

§ 39 Allgemeine Preise und Versorgungsbedingungen. (1) ¹Das Bundesministerium für Wirtschaft und Technologie kann im Einvernehmen mit dem Bundesministerium für Ernährung, Landwirtschaft und Verbraucherschutz durch Rechtsverordnung mit Zustimmung des Bundesrates die Gestaltung der Allgemeinen Preise nach § 36 Abs. 1 und § 38 Abs. 1 des Grundversorgers unter Berücksichtigung des § 1 Abs. 1 regeln. ²Es kann dabei Bestimmungen über Inhalt und Aufbau der Allgemeinen Preise treffen sowie die tariflichen Rechte und Pflichten der Elektrizitätsversorgungsunternehmen und ihrer Kunden regeln.

(2) ¹Das Bundesministerium für Wirtschaft und Technologie kann im Einvernehmen mit dem Bundesministerium für Ernährung, Landwirtschaft und Verbraucherschutz durch Rechtsverordnung mit Zustimmung des Bundesrates die allgemeinen Bedingungen für die Belieferung von Haushaltskunden in Niederspannung oder Niederdruck mit Energie im Rahmen der Grund- oder Ersatzversorgung angemessen gestalten und dabei die Bestimmungen der Verträge einheitlich festsetzen und Regelungen über den Vertragsabschluss, den Gegenstand und die Beendigung der Verträge treffen sowie Rechte und Pflichten der Vertragspartner festlegen. ²Hierbei sind die beiderseitigen Interessen angemessen zu berücksichtigen. ³Die Sätze 1 und 2 gelten entsprechend für Bedingungen öffentlich-rechtlich gestalteter Versorgungsverhältnisse mit Ausnahme der Regelung des Verwaltungsverfahrens.

§ 40 Strom- und Gasrechnungen, Tarife. (1) ¹Rechnungen für Energielieferungen an Letztverbraucher müssen einfach und verständlich sein. ²Die für Forderungen maßgeblichen Berechnungsfaktoren sind vollständig und in allgemein verständlicher Form auszuweisen.

(2) ¹Lieferanten sind verpflichtet, in ihren Rechnungen für Energielieferungen an Letztverbraucher
1. ihren Namen, ihre ladungsfähige Anschrift und das zuständige Registergericht sowie Angaben, die eine schnelle elektronische Kontaktaufnahme ermöglichen, einschließlich der Adresse der elektronischen Post,
2. die Vertragsdauer, die geltenden Preise, den nächstmöglichen Kündigungstermin und die Kündigungsfrist,
3. die für die Belieferung maßgebliche Zählpunktbezeichnung und die Codenummer des Netzbetreibers,

1 EnWG § 40 1. Teil. Energierecht i.e.S.

4. den ermittelten Verbrauch im Abrechnungszeitraum und bei Haushaltskunden Anfangszählerstand und den Endzählerstand des abgerechneten Zeitraums,
5. den Verbrauch des vergleichbaren Vorjahreszeitraums,
6. bei Haushaltskunden unter Verwendung von Grafiken darzustellen, wie sich der eigene Jahresverbrauch zu dem Jahresverbrauch von Vergleichskundengruppen verhält,
7. die Belastungen aus der Konzessionsabgabe und aus den Netzentgelten für Letztverbraucher und gegebenenfalls darin enthaltene Entgelte für den Messstellenbetrieb und die Messung beim jeweiligen Letztverbraucher sowie
8. Informationen über die Rechte der Haushaltskunden im Hinblick auf Streitbeilegungsverfahren, die ihnen im Streitfall zur Verfügung stehen, einschließlich der für Verbraucherbeschwerden nach § 111b einzurichtenden Schlichtungsstelle und deren Anschrift sowie die Kontaktdaten des Verbraucherservice der Bundesnetzagentur für den Bereich Elektrizität und Gas

gesondert auszuweisen. ² Wenn der Lieferant den Letztverbraucher im Vorjahreszeitraum nicht beliefert hat, ist der vormalige Lieferant verpflichtet, den Verbrauch des vergleichbaren Vorjahreszeitraums dem neuen Lieferanten mitzuteilen. ³ Soweit der Lieferant aus Gründen, die er nicht zu vertreten hat, den Verbrauch nicht ermitteln kann, ist der geschätzte Verbrauch anzugeben.

(3) ¹ Lieferanten sind verpflichtet, den Energieverbrauch nach ihrer Wahl monatlich oder in anderen Zeitabschnitten, die jedoch zwölf Monate nicht wesentlich überschreiten dürfen, abzurechnen. ² Lieferanten sind verpflichtet, Letztverbrauchern eine monatliche, vierteljährliche oder halbjährliche Abrechnung anzubieten. ³ Letztverbraucher, deren Verbrauchswerte über ein Messsystem im Sinne von § 21d Absatz 1 ausgelesen werden, ist eine monatliche Verbrauchsinformation, die auch die Kosten widerspiegelt, kostenfrei bereitzustellen.

(4) Lieferanten müssen sicherstellen, dass der Letztverbraucher die Abrechnung nach Absatz 3 spätestens sechs Wochen nach Beendigung des abzurechnenden Zeitraums und die Abschlussrechnung spätestens sechs Wochen nach Beendigung des Lieferverhältnisses erhält.

(5) ¹ Lieferanten haben, soweit technisch machbar und wirtschaftlich zumutbar, für Letztverbraucher von Elektrizität einen Tarif anzubieten, der einen Anreiz zu Energieeinsparung oder Steuerung des Energieverbrauchs setzt. ² Tarife im Sinne von Satz 1 sind insbesondere lastvariable oder tageszeitabhängige Tarife. ³ Lieferanten haben daneben stets mindestens einen Tarif anzubieten, für den die Datenaufzeichnung und -übermittlung auf die Mitteilung der innerhalb eines bestimmten Zeitraums verbrauchten Gesamtstrommenge begrenzt bleibt.

(6) Lieferanten haben für Letztverbraucher die für Forderungen maßgeblichen Berechnungsfaktoren in Rechnungen unter Verwendung standardisierter Begriffe und Definitionen auszuweisen.

(7) Die Bundesnetzagentur kann für Rechnungen für Energielieferungen an Letztverbraucher Entscheidungen über den Mindestinhalt nach den Absät-

zen 1 bis 5 sowie Näheres zum standardisierten Format nach Absatz 6 durch Festlegung gegenüber den Lieferanten treffen.

§ 41 Energielieferverträge mit Haushaltskunden, Verordnungsermächtigung. (1) ¹ Verträge über die Belieferung von Haushaltskunden mit Energie außerhalb der Grundversorgung müssen einfach und verständlich sein. ² Die Verträge müssen insbesondere Bestimmungen enthalten über

1. die Vertragsdauer, die Preisanpassung, Kündigungstermine und Kündigungsfristen sowie das Rücktrittsrecht des Kunden,
2. zu erbringende Leistungen einschließlich angebotener Wartungsdienste,
3. die Zahlungsweise,
4. Haftungs- und Entschädigungsregelungen bei Nichteinhaltung vertraglich vereinbarter Leistungen,
5. den unentgeltlichen und zügigen Lieferantenwechsel,
6. die Art und Weise, wie aktuelle Informationen über die geltenden Tarife und Wartungsentgelte erhältlich sind,
7. Informationen über die Rechte der Haushaltskunden im Hinblick auf Streitbeilegungsverfahren, die ihnen im Streitfall zur Verfügung stehen, einschließlich der für Verbraucherbeschwerden nach § 111 b einzurichtenden Schlichtungsstelle und deren Anschrift sowie die Kontaktdaten des Verbraucherservice der Bundesnetzagentur für den Bereich Elektrizität und Gas.

³ Die Informationspflichten gemäß Artikel 246 §§ 1 und 2 des Einführungsgesetzes zum Bürgerlichen Gesetzbuche bleiben unberührt.

(2) ¹ Dem Haushaltskunden sind vor Vertragsschluss verschiedene Zahlungsmöglichkeiten anzubieten. ² Wird eine Vorauszahlung vereinbart, muss sich diese nach dem Verbrauch des vorhergehenden Abrechnungszeitraums oder dem durchschnittlichen Verbrauch vergleichbarer Kunden richten. ³ Macht der Kunde glaubhaft, dass sein Verbrauch erheblich geringer ist, so ist dies angemessen zu berücksichtigen. ⁴ Eine Vorauszahlung wird nicht vor Beginn der Lieferung fällig.

(3) ¹ Lieferanten haben Letztverbraucher rechtzeitig, in jedem Fall jedoch vor Ablauf der normalen Abrechnungsperiode und auf transparente und verständliche Weise über eine beabsichtigte Änderung der Vertragsbedingungen und über ihre Rücktrittsrechte zu unterrichten. ² Ändert der Lieferant die Vertragsbedingungen einseitig, kann der Letztverbraucher den Vertrag ohne Einhaltung einer Kündigungsfrist kündigen.

(4) Energieversorgungsunternehmen sind verpflichtet, in oder als Anlage zu ihren Rechnungen an Haushaltskunden und in an diese gerichtetem Werbematerial sowie auf ihrer Website allgemeine Informationen zu den Bestimmungen nach Absatz 1 Satz 2 anzugeben.

(5) ¹ Das Bundesministerium für Wirtschaft und Technologie kann im Einvernehmen mit dem Bundesministerium für Ernährung, Landwirtschaft und Verbraucherschutz durch Rechtsverordnung mit Zustimmung des Bundesrates nähere Regelungen für die Belieferung von Haushaltskunden mit Energie außerhalb der Grundversorgung treffen, die Bestimmungen der Verträge einheitlich festsetzen und insbesondere Regelungen über den Vertragsabschluss, den Gegenstand und die Beendigung der Verträge treffen sowie Rechte und

Pflichten der Vertragspartner festlegen. ²Hierbei sind die beiderseitigen Interessen angemessen zu berücksichtigen. ³Die jeweils in Anhang I der Richtlinie 2009/72/EG[1] und der Richtlinie 2009/73/EG[2] vorgesehenen Maßnahmen sind zu beachten.

§ 42 Stromkennzeichnung, Transparenz der Stromrechnungen, Verordnungsermächtigung. (1) Elektrizitätsversorgungsunternehmen sind verpflichtet, in oder als Anlage zu ihren Rechnungen an Letztverbraucher und in an diese gerichtetem Werbematerial sowie auf ihrer Website für den Verkauf von Elektrizität anzugeben:

1. den Anteil der einzelnen Energieträger (Kernkraft, Kohle, Erdgas und sonstige fossile Energieträger, erneuerbare Energien, gefördert nach dem Erneuerbare-Energien-Gesetz[3], sonstige erneuerbare Energien) an dem Gesamtenergieträgermix, den der Lieferant im letzten oder vorletzten Jahr verwendet hat; spätestens ab 1. November eines Jahres sind jeweils die Werte des vorangegangenen Kalenderjahres anzugeben;
2. Informationen über die Umweltauswirkungen zumindest in Bezug auf Kohlendioxidemissionen (CO_2-Emissionen) und radioaktiven Abfall, die auf den in Nummer 1 genannten Gesamtenergieträgermix zur Stromerzeugung zurückzuführen sind.

(2) Die Informationen zu Energieträgermix und Umweltauswirkungen sind mit den entsprechenden Durchschnittswerten der Stromerzeugung in Deutschland zu ergänzen und verbraucherfreundlich und in angemessener Größe in grafisch visualisierter Form darzustellen.

(3) ¹Sofern ein Elektrizitätsversorgungsunternehmen im Rahmen des Verkaufs an Letztverbraucher eine Produktdifferenzierung mit unterschiedlichem Energieträgermix vornimmt, gelten für diese Produkte sowie für den verbleibenden Energieträgermix die Absätze 1 und 2 entsprechend. ²Die Verpflichtungen nach den Absätzen 1 und 2 bleiben davon unberührt.

(4) ¹Bei Strommengen, die nicht eindeutig erzeugungsseitig einem der in Absatz 1 Nummer 1 genannten Energieträger zugeordnet werden können, ist der ENTSO-E-Energieträgermix für Deutschland unter Abzug der nach Absatz 5 Nummer 1 und 2 auszuweisenden Anteile an Strom aus erneuerbaren Energien zu Grunde zu legen. ²Soweit mit angemessenem Aufwand möglich, ist der ENTSO-E-Mix vor seiner Anwendung so weit zu bereinigen, dass auch sonstige Doppelzählungen von Strommengen vermieden werden. ³Zudem ist die Zusammensetzung des nach Satz 1 und 2 berechneten Energieträgermixes aufgeschlüsselt nach den in Absatz 1 Nummer 1 genannten Kategorien zu benennen.

(5) Eine Verwendung von Strom aus erneuerbaren Energien zum Zweck der Stromkennzeichnung nach Absatz 1 Nummer 1 und Absatz 3 liegt nur vor, wenn das Elektrizitätsversorgungsunternehmen

1. Herkunftsnachweise für Strom aus erneuerbaren Energien verwendet, die durch die zuständige Behörde nach § 55 Absatz 4 des Erneuerbare-Energien-Gesetzes entwertet wurden,

---

[1] Nr. 5.
[2] Nr. 6.
[3] Nr. 34.

Energiewirtschaftsgesetz § 43   EnWG 1

2. Strom, der nach dem Erneuerbare-Energien-Gesetz gefördert wird, unter Beachtung der Vorschriften des Erneuerbare-Energien-Gesetzes ausweist oder
3. Strom aus erneuerbaren Energien als Anteil des nach Absatz 4 berechneten Energieträgermixes nach Maßgabe des Absatz 4 ausweist.

(6) Erzeuger und Vorlieferanten von Strom haben im Rahmen ihrer Lieferbeziehungen den nach Absatz 1 Verpflichteten auf Anforderung die Daten so zur Verfügung zu stellen, dass diese ihren Informationspflichten genügen können.

(7) [1] Elektrizitätsversorgungsunternehmen sind verpflichtet, einmal jährlich zur Überprüfung der Richtigkeit der Stromkennzeichnung die nach den Absätzen 1 bis 4 gegenüber den Letztverbrauchern anzugebenden Daten sowie die der Stromkennzeichnung zugrunde liegenden Strommengen der Bundesnetzagentur zu melden. [2] Die Bundesnetzagentur übermittelt die Daten, soweit sie den Anteil an erneuerbaren Energien betreffen, an das Umweltbundesamt. [3] Die Bundesnetzagentur kann Vorgaben zum Format, Umfang und Meldezeitpunkt machen. [4] Stellt sie Formularvorlagen bereit, sind die Daten in dieser Form elektronisch zu übermitteln.

(8) [1] Die Bundesregierung wird ermächtigt, durch Rechtsverordnung, die nicht der Zustimmung des Bundesrates bedarf, Vorgaben zur Darstellung der Informationen nach den Absätzen 1 bis 4, insbesondere für eine bundesweit vergleichbare Darstellung, und zur Bestimmung des Energieträgermixes für Strom, der nicht eindeutig erzeugungsseitig zugeordnet werden kann, abweichend von Absatz 4 sowie die Methoden zur Erhebung und Weitergabe von Daten zur Bereitstellung der Informationen nach den Absätzen 1 bis 4 festzulegen. [2] Solange eine Rechtsverordnung nicht erlassen wurde, ist die Bundesnetzagentur berechtigt, die Vorgaben nach Satz 1 durch Festlegung zu bestimmen.

Teil 5. Planfeststellung, Wegenutzung

§ 43 Erfordernis der Planfeststellung. [1] Die Errichtung und der Betrieb sowie die Änderung von

1. Hochspannungsfreileitungen, ausgenommen Bahnstromfernleitungen, mit einer Nennspannung von 110 Kilovolt oder mehr,
2. Gasversorgungsleitungen mit einem Durchmesser von mehr als 300 Millimeter,
3. Hochspannungsleitungen, die zur Netzanbindung von Offshore-Anlagen im Sinne des § 3 Nr. 9 des Erneuerbare-Energien-Gesetzes[1)] vom 25. Oktober 2008 (BGBl. I S. 2074) in der jeweils geltenden Fassung im Küstenmeer als Seekabel und landeinwärts als Freileitung oder Erdkabel bis zu dem technisch und wirtschaftlich günstigsten Verknüpfungspunkt des nächsten Übertragungs- oder Verteilernetzes verlegt werden sollen und
4. grenzüberschreitende Gleichstrom-Hochspannungsleitungen, die nicht unter Nummer 3 fallen und die im Küstenmeer als Seekabel verlegt werden

---

[1)] Nr. 34.

sollen, sowie deren Fortführung landeinwärts als Freileitung oder Erdkabel bis zu dem technisch und wirtschaftlich günstigsten Verknüpfungspunkt des nächsten Übertragungs- oder Verteilernetzes,
bedürfen der Planfeststellung durch die nach Landesrecht zuständige Behörde.
² Auf Antrag des Trägers des Vorhabens können die für den Betrieb von Energieleitungen notwendigen Anlagen, insbesondere die Umspannanlagen und Netzverknüpfungspunkte, in das Planfeststellungsverfahren integriert und durch Planfeststellung zugelassen werden. ³ Bei der Planfeststellung sind die von dem Vorhaben berührten öffentlichen und privaten Belange im Rahmen der Abwägung zu berücksichtigen. ⁴ Für Hochspannungsleitungen mit einer Nennspannung von 110 Kilovolt im Küstenbereich von Nord- und Ostsee, die in einem 20 Kilometer breiten Korridor, der längs der Küstenlinie landeinwärts verläuft, verlegt werden sollen, kann ergänzend zu Satz 1 Nr. 1. auch für die Errichtung und den Betrieb sowie die Änderung eines Erdkabels ein Planfeststellungsverfahren durchgeführt werden. ⁵ Küstenlinie ist die in der Seegrenzkarte Nr. 2920 „Deutsche Nordseeküste und angrenzende Gewässer", Ausgabe 1994, XII., und in der Seegrenzkarte Nr. 2921 „Deutsche Ostseeküste und angrenzende Gewässer", Ausgabe 1994, XII., des Bundesamtes für Seeschifffahrt und Hydrographie jeweils im Maßstab 1 : 375 000 dargestellte Küstenlinie. ⁶ Für das Planfeststellungsverfahren gelten die §§ 72 bis 78 des Verwaltungsverfahrensgesetzes nach Maßgabe dieses Gesetzes. ⁷ Auf Antrag des Trägers des Vorhabens können auch die Errichtung und der Betrieb sowie die Änderung eines Erdkabels mit einer Nennspannung von 110 Kilovolt, ausgenommen Bahnstromfernleitungen, planfestgestellt werden; dies gilt auch bei Abschnittsbildung, wenn die Erdverkabelung in unmittelbarem Zusammenhang mit dem beantragten Abschnitt einer Freileitung steht.
⁸ Die Maßgaben gelten entsprechend, soweit das Verfahren landesrechtlich durch ein Verwaltungsverfahrensgesetz geregelt ist.

§ 43 a Anhörungsverfahren. Für das Anhörungsverfahren gilt § 73 des Verwaltungsverfahrensgesetzes mit folgenden Maßgaben:

1. Die Auslegung nach § 73 Abs. 2 des Verwaltungsverfahrensgesetzes erfolgt in den Gemeinden, in denen sich das Vorhaben voraussichtlich auswirkt, innerhalb von zwei Wochen nach Zugang des Plans.

2. ¹ Die Anhörungsbehörde benachrichtigt innerhalb der Frist des § 73 Abs. 2 des Verwaltungsverfahrensgesetzes auch die vom Bund oder Land anerkannten Naturschutzvereinigungen sowie sonstige Vereinigungen, soweit diese sich für den Umweltschutz einsetzen und nach in anderen gesetzlichen Vorschriften zur Einlegung von Rechtsbehelfen in Umweltangelegenheiten vorgesehenen Verfahren anerkannt sind, (Vereinigungen) von der Auslegung des Plans und gibt ihnen Gelegenheit zur Stellungnahme. ² Die Benachrichtigung erfolgt durch die ortsübliche Bekanntmachung der Auslegung nach § 73 Abs. 5 Satz 1 des Verwaltungsverfahrensgesetzes in den Gemeinden nach Nummer 1. Unbeschadet davon bleibt die Beteiligung anderer Vereinigungen nach den allgemeinen Vorschriften.

3. ¹ Für Vereinigungen gilt § 73 Abs. 4 des Verwaltungsverfahrensgesetzes entsprechend. ² § 73 Abs. 6 des Verwaltungsverfahrensgesetzes gilt für Vereinigungen entsprechend, wenn sie fristgerecht Stellung genommen haben.
³ Sie sind von dem Erörterungstermin zu benachrichtigen.

Energiewirtschaftsgesetz § 43 a EnWG 1

4. Nicht ortsansässige Betroffene, deren Person und Aufenthalt bekannt sind, sollen auf Veranlassung der Anhörungsbehörde von der Auslegung in der Gemeinde mit dem Hinweis nach § 73 Abs. 5 Satz 2 des Verwaltungsverfahrensgesetzes benachrichtigt werden.

5. [1] Die Anhörungsbehörde hat die rechtzeitig erhobenen Einwendungen mit den Vorhabenträgern und denjenigen, die Einwendungen erhoben haben, mündlich zu erörtern. [2] Ein Erörterungstermin findet nicht statt, wenn

1. Einwendungen gegen das Vorhaben nicht oder nicht rechtzeitig erhoben worden sind,
2. die rechtzeitig erhobenen Einwendungen zurückgenommen worden sind,
3. ausschließlich Einwendungen erhoben worden sind, die auf privatrechtlichen Titeln beruhen, oder
4. alle Einwender auf einen Erörterungstermin verzichten.

[3] Die Anhörungsbehörde hat die Erörterung innerhalb von drei Monaten nach Ablauf der Einwendungsfrist abzuschließen. [4] Die Anhörungsbehörde gibt ihre Stellungnahme innerhalb eines Monats nach Abschluss der Erörterung ab und leitet sie innerhalb dieser Frist mit dem Plan, den Stellungnahmen der Behörden, den Stellungnahmen der Vereinigungen und den nicht erledigten Einwendungen der Planfeststellungsbehörde zu. [5] Findet keine Erörterung statt, so hat die Anhörungsbehörde ihre Stellungnahme innerhalb von sechs Wochen nach Ablauf der Einwendungsfrist abzugeben und zusammen mit den sonstigen in Satz 2 aufgeführten Unterlagen der Planfeststellungsbehörde zuzuleiten.

6. [1] Soll ein ausgelegter Plan geändert werden, so sind auch Vereinigungen entsprechend § 73 Abs. 8 Satz 1 des Verwaltungsverfahrensgesetzes zu beteiligen. [2] Für Vereinigungen, die sich nicht in der sich aus Nummer 3 in Verbindung mit § 73 Abs. 4 Satz 1 des Verwaltungsverfahrensgesetzes ergebenden Frist geäußert haben, und im Falle des § 73 Abs. 8 Satz 2 des Verwaltungsverfahrensgesetzes erfolgt die Benachrichtigung von der Planänderung und der Frist zur Stellungnahme in entsprechender Anwendung der Nummer 2 Satz 2. [3] Im Regelfall kann von der Erörterung im Sinne des § 73 Abs. 6 des Verwaltungsverfahrensgesetzes und des § 9 Abs. 1 Satz 3 des Gesetzes über die Umweltverträglichkeitsprüfung abgesehen werden.

7. [1] Einwendungen gegen den Plan oder – im Falle des § 73 Abs. 8 des Verwaltungsverfahrensgesetzes – dessen Änderung sind nach Ablauf der Einwendungsfrist ausgeschlossen. [2] Einwendungen und Stellungnahmen der Vereinigungen sind nach Ablauf der Äußerungsfrist nach den Nummern 3 und 6 ausgeschlossen. [3] Auf die Rechtsfolgen der Sätze 1 und 2 ist in der Bekanntmachung der Auslegung oder bei der Bekanntgabe der Einwendungs- oder Stellungnahmefrist sowie in der Benachrichtigung der Vereinigungen hinzuweisen. [4] Abweichend von § 73 Abs. 3 a Satz 2 des Verwaltungsverfahrensgesetzes können Stellungnahmen der Behörden, die nach Ablauf der Frist des § 73 Abs. 3 a Satz 1 des Verwaltungsverfahrensgesetzes eingehen, auch noch nach Fristablauf berücksichtigt werden; sie sind stets zu berücksichtigen, wenn später von einer Behörde vorgebrachte öffentliche Belange der Planfeststellungsbehörde auch ohne ihr Vorbringen bekannt sind oder hätten bekannt sein müssen oder für die Rechtmäßigkeit der Entscheidung von Bedeutung sind.

§ 43 b Planfeststellungsbeschluss, Plangenehmigung.

Für Planfeststellungsbeschluss und Plangenehmigung gilt § 74 des Verwaltungsverfahrensgesetzes mit folgenden Maßgaben:

1. Bei Planfeststellungen für Vorhaben im Sinne des § 43 Satz 1 wird

   a) für ein bis zum 31. Dezember 2010 beantragtes Vorhaben für die Errichtung und den Betrieb sowie die Änderung von Hochspannungsfreileitungen oder Gasversorgungsleitungen, das der im Hinblick auf die Gewährleistung der Versorgungssicherheit dringlichen Verhinderung oder Beseitigung längerfristiger Übertragungs-, Transport- oder Verteilungsengpässe dient,

   b) für ein Vorhaben, das in der Anlage zum Energieleitungsausbaugesetz[1] vom 21. August 2009 (BGBl. I S. 2870) in der jeweils geltenden Fassung aufgeführt ist,

   die Öffentlichkeit einschließlich der Vereinigungen im Sinne von § 43a Nr. 2 ausschließlich entsprechend § 9 Abs. 3 des Gesetzes über die Umweltverträglichkeitsprüfung mit der Maßgabe einbezogen, dass die Gelegenheit zur Äußerung einschließlich Einwendungen und Stellungnahmen innerhalb eines Monats nach der Einreichung des vollständigen Plans für eine Frist von sechs Wochen zu gewähren ist. Nach dieser Frist eingehende Äußerungen, Einwendungen und Stellungnahmen sind ausgeschlossen. Hierauf ist in der Bekanntmachung des Vorhabens hinzuweisen. § 43a Nr. 4 und 5 Satz 2 gilt entsprechend. Für die Stellungnahmen der Behörden gilt § 43a Nr. 7 Satz 4.

2. Abweichend von Nummer 1 und § 43 Satz 1 und 3 ist für ein Vorhaben, für das nach dem Gesetz über die Umweltverträglichkeitsprüfung eine Umweltverträglichkeitsprüfung nicht durchzuführen ist, auf Antrag des Trägers des Vorhabens, an Stelle des Planfeststellungsbeschlusses eine Plangenehmigung zu erteilen. Ergänzend zu § 74 Abs. 6 Satz 1 Nr. 1 des Verwaltungsverfahrensgesetzes kann eine Plangenehmigung auch dann erteilt werden, wenn Rechte anderer nur unwesentlich beeinträchtigt werden.

3. Die Plangenehmigung hat die Rechtswirkungen der Planfeststellung.

4. Verfahren zur Planfeststellung oder Plangenehmigung bei Vorhaben, deren Auswirkungen über das Gebiet eines Landes hinausgehen, sind zwischen den zuständigen Behörden der beteiligten Länder abzustimmen.

5. Planfeststellungsbeschluss und Plangenehmigung sind dem Träger des Vorhabens, den Vereinigungen, über deren Einwendungen und Stellungnahmen entschieden worden ist, und denjenigen, über deren Einwendungen entschieden worden ist, mit Rechtsbehelfsbelehrung zuzustellen.

§ 43 c Rechtswirkungen der Planfeststellung und Plangenehmigung.

Für die Rechtswirkungen der Planfeststellung und Plangenehmigung gilt § 75 des Verwaltungsverfahrensgesetzes mit folgenden Maßgaben:

1. Wird mit der Durchführung des Plans nicht innerhalb von zehn Jahren nach Eintritt der Unanfechtbarkeit begonnen, so tritt er außer Kraft, es sei denn, er wird vorher auf Antrag des Trägers des Vorhabens von der Planfeststellungsbehörde um höchstens fünf Jahre verlängert.

---

[1] Nr. 14.

Energiewirtschaftsgesetz **§§ 43 d, 43 e EnWG 1**

2. Vor der Entscheidung nach Nummer 1 ist eine auf den Antrag begrenzte Anhörung nach den für die Planfeststellung oder für die Plangenehmigung vorgeschriebenen Verfahren durchzuführen.

3. Für die Zustellung und Auslegung sowie die Anfechtung der Entscheidung über die Verlängerung sind die Bestimmungen über den Planfeststellungsbeschluss entsprechend anzuwenden.

4. Als Beginn der Durchführung des Plans gilt jede erstmals nach außen erkennbare Tätigkeit von mehr als nur geringfügiger Bedeutung zur plangemäßen Verwirklichung des Vorhabens; eine spätere Unterbrechung der Verwirklichung des Vorhabens berührt den Beginn der Durchführung nicht.

§ 43 d Planänderung vor Fertigstellung des Vorhabens. [1] Für die Planergänzung und das ergänzende Verfahren im Sinne des § 75 Abs. 1 a Satz 2 des Verwaltungsverfahrensgesetzes und für die Planänderung vor Fertigstellung des Vorhabens gilt § 76 des Verwaltungsverfahrensgesetzes mit der Maßgabe, dass im Falle des § 76 Abs. 1 des Verwaltungsverfahrensgesetzes von einer Erörterung im Sinne des § 73 Abs. 6 des Verwaltungsverfahrensgesetzes und des § 9 Abs. 1 Satz 3 des Gesetzes über die Umweltverträglichkeitsprüfung abgesehen werden kann. [2] Im Übrigen gelten für das neue Verfahren die Vorschriften dieses Gesetzes.

§ 43 e Rechtsbehelfe. (1) [1] Die Anfechtungsklage gegen einen Planfeststellungsbeschluss nach § 43, auch in Verbindung mit § 43 b Nr. 1, oder eine Plangenehmigung nach § 43 b Nr. 2 hat keine aufschiebende Wirkung. [2] Der Antrag auf Anordnung der aufschiebenden Wirkung der Anfechtungsklage gegen einen Planfeststellungsbeschluss oder eine Plangenehmigung nach § 80 Abs. 5 Satz 1 der Verwaltungsgerichtsordnung kann nur innerhalb eines Monats nach der Zustellung des Planfeststellungsbeschlusses oder der Plangenehmigung gestellt und begründet werden. [3] Darauf ist in der Rechtsbehelfsbelehrung hinzuweisen. [4] § 58 der Verwaltungsgerichtsordnung gilt entsprechend.

(2) [1] Treten später Tatsachen ein, die die Anordnung der aufschiebenden Wirkung rechtfertigen, so kann der durch den Planfeststellungsbeschluss oder die Plangenehmigung Beschwerte einen hierauf gestützten Antrag nach § 80 Abs. 5 Satz 1 der Verwaltungsgerichtsordnung innerhalb einer Frist von einem Monat stellen und begründen. [2] Die Frist beginnt mit dem Zeitpunkt, in dem der Beschwerte von den Tatsachen Kenntnis erlangt.

(3) [1] Der Kläger hat innerhalb einer Frist von sechs Wochen die zur Begründung seiner Klage dienenden Tatsachen und Beweismittel anzugeben. [2] § 87 b Abs. 3 der Verwaltungsgerichtsordnung gilt entsprechend.

(4) [1] Mängel bei der Abwägung der von dem Vorhaben berührten öffentlichen und privaten Belange sind nur erheblich, wenn sie offensichtlich und auf das Abwägungsergebnis von Einfluss gewesen sind. [2] Erhebliche Mängel bei der Abwägung oder eine Verletzung von Verfahrens- oder Formvorschriften führen nur dann zur Aufhebung des Planfeststellungsbeschlusses oder der Plangenehmigung, wenn sie nicht durch Planergänzung oder durch ein ergänzendes Verfahren behoben werden können; die §§ 45 und 46 des Verwal-

tungsverfahrensgesetzes[1]) und die entsprechenden landesrechtlichen Bestimmungen bleiben unberührt.

§ 43 f Unwesentliche Änderungen. [1] Unwesentliche Änderungen oder Erweiterungen können anstelle des Planfeststellungsverfahrens durch ein Anzeigeverfahren zugelassen werden. [2] Eine Änderung oder Erweiterung ist nur dann unwesentlich, wenn

1. es sich nicht um eine Änderung oder Erweiterung handelt, für die nach dem Gesetz über die Umweltverträglichkeitsprüfung eine Umweltverträglichkeitsprüfung durchzuführen ist,
2. andere öffentliche Belange nicht berührt sind oder die erforderlichen behördlichen Entscheidungen vorliegen und sie dem Plan nicht entgegenstehen und
3. Rechte anderer nicht beeinträchtigt werden oder mit den vom Plan Betroffenen entsprechende Vereinbarungen getroffen werden.

[3] Der Vorhabenträger zeigt gegenüber der nach Landesrecht zuständigen Behörde die von ihm geplante Maßnahme an. [4] Der Anzeige sind in ausreichender Weise Erläuterungen beizufügen, aus denen sich ergibt, dass die geplante Änderung unwesentlich ist. [5] Insbesondere bedarf es einer Darstellung zu den zu erwartenden Umweltauswirkungen. [6] Die nach Landesrecht zuständige Behörde entscheidet innerhalb eines Monats, ob anstelle der Anzeige ein Plangenehmigungs- oder Planfeststellungsverfahren durchzuführen ist oder die Maßnahme von einem förmlichen Verfahren freigestellt ist. [7] Die Entscheidung ist dem Vorhabenträger bekannt zu machen.

§ 43 g Projektmanager. [1] Die nach Landesrecht zuständige Behörde kann einen Dritten mit der Vorbereitung und Durchführung von Verfahrensschritten wie

1. der Erstellung von Verfahrensleitplänen unter Bestimmung von Verfahrensabschnitten und Zwischenterminen,
2. der Fristenkontrolle,
3. der Koordinierung von erforderlichen Sachverständigengutachten,
4. dem Entwurf eines Anhörungsberichtes,
5. der ersten Auswertung der eingereichten Stellungnahmen,
6. der organisatorischen Vorbereitung eines Erörterungstermins und
7. der Leitung des Erörterungstermins

auf Vorschlag oder mit Zustimmung des Trägers des Vorhabens und auf dessen Kosten beauftragen. [2] Die Entscheidung über den Planfeststellungsantrag liegt allein bei der zuständigen Behörde.

§ 43 h Ausbau des Hochspannungsnetzes. Hochspannungsleitungen auf neuen Trassen mit einer Nennspannung von 110 Kilovolt oder weniger sind als Erdkabel auszuführen, soweit die Gesamtkosten für Errichtung und Betrieb des Erdkabels die Gesamtkosten der technisch vergleichbaren Freileitung den Faktor 2,75 nicht überschreiten und naturschutzfachliche Belange nicht ent-

---

[1]) Nr. **1.**

gegenstehen; die für die Zulassung des Vorhabens zuständige Behörde kann auf Antrag des Vorhabenträgers die Errichtung als Freileitung zulassen, wenn öffentliche Interessen nicht entgegenstehen.

§ 44 Vorarbeiten. (1) ¹ Eigentümer und sonstige Nutzungsberechtigte haben zur Vorbereitung der Planung und der Baudurchführung eines Vorhabens oder von Unterhaltungsmaßnahmen notwendige Vermessungen, Boden- und Grundwasseruntersuchungen einschließlich der vorübergehenden Anbringung von Markierungszeichen sowie sonstige Vorarbeiten durch den Träger des Vorhabens oder von ihm Beauftragte zu dulden. ² Weigert sich der Verpflichtete, Maßnahmen nach Satz 1 zu dulden, so kann die nach Landesrecht zuständige Behörde auf Antrag des Trägers des Vorhabens gegenüber dem Eigentümer und sonstigen Nutzungsberechtigten die Duldung dieser Maßnahmen anordnen.

(2) Die Absicht, solche Arbeiten auszuführen, ist dem Eigentümer oder sonstigen Nutzungsberechtigten mindestens zwei Wochen vor dem vorgesehenen Zeitpunkt unmittelbar oder durch ortsübliche Bekanntmachung in den Gemeinden, in denen die Vorarbeiten durchzuführen sind, durch den Träger des Vorhabens bekannt zu geben.

(3) ¹ Entstehen durch eine Maßnahme nach Absatz 1 einem Eigentümer oder sonstigen Nutzungsberechtigten unmittelbare Vermögensnachteile, so hat der Träger des Vorhabens eine angemessene Entschädigung in Geld zu leisten. ² Kommt eine Einigung über die Geldentschädigung nicht zustande, so setzt die nach Landesrecht zuständige Behörde auf Antrag des Trägers des Vorhabens oder des Berechtigten die Entschädigung fest. ³ Vor der Entscheidung sind die Beteiligten zu hören.

§ 44 a Veränderungssperre, Vorkaufsrecht. (1) ¹ Vom Beginn der Auslegung der Pläne im Planfeststellungsverfahren oder von dem Zeitpunkt an, zu dem den Betroffenen Gelegenheit gegeben wird, den Plan einzusehen, dürfen auf den vom Plan betroffenen Flächen bis zu ihrer Inanspruchnahme wesentlich wertsteigernde oder die geplante Baumaßnahmen erheblich erschwerende Veränderungen nicht vorgenommen werden (Veränderungssperre). ² Veränderungen, die in rechtlich zulässiger Weise vorher begonnen worden sind, Unterhaltungsarbeiten und die Fortführung einer bisher ausgeübten Nutzung werden davon nicht berührt. ³ Unzulässige Veränderungen bleiben bei Anordnungen nach § 74 Abs. 2 Satz 2 des Verwaltungsverfahrensgesetzes und im Entschädigungsverfahren unberücksichtigt.

(2) ¹ Dauert die Veränderungssperre über vier Jahre, im Falle von Hochspannungsfreileitungen über fünf Jahre, können die Eigentümer für die dadurch entstandenen Vermögensnachteile Entschädigung verlangen. ² Sie können ferner die Vereinbarung einer beschränkt persönlichen Dienstbarkeit für die vom Plan betroffenen Flächen verlangen, wenn es ihnen mit Rücksicht auf die Veränderungssperre wirtschaftlich nicht zuzumuten ist, die Grundstücke in der bisherigen oder einer anderen zulässigen Art zu benutzen. ³ Kommt keine Vereinbarung nach Satz 2 zustande, so können die Eigentümer die entsprechende Beschränkung des Eigentums an den Flächen verlangen. ⁴ Im Übrigen gilt § 45.

(3) In den Fällen des Absatzes 1 Satz 1 steht dem Träger des Vorhabens an den betroffenen Flächen ein Vorkaufsrecht zu.

§ 44 b Vorzeitige Besitzeinweisung. (1) ¹ Ist der sofortige Beginn von Bauarbeiten geboten und weigert sich der Eigentümer oder Besitzer, den Besitz eines für den Bau, die Änderung oder Betriebsänderung von Hochspannungsfreileitungen, Erdkabeln oder Gasversorgungsleitungen im Sinne des § 43 benötigten Grundstücks durch Vereinbarung unter Vorbehalt aller Entschädigungsansprüche zu überlassen, so hat die Enteignungsbehörde den Träger des Vorhabens auf Antrag nach Feststellung des Plans oder Erteilung der Plangenehmigung in den Besitz einzuweisen. ² Der Planfeststellungsbeschluss oder die Plangenehmigung müssen vollziehbar sein. ³ Weiterer Voraussetzungen bedarf es nicht.

(1 a) ¹ Der Träger des Vorhabens kann verlangen, dass nach Abschluss des Anhörungsverfahrens gemäß § 43 a eine vorzeitige Besitzeinweisung durchgeführt wird. ² In diesem Fall ist der nach dem Verfahrensstand zu erwartende Planfeststellungsbeschluss dem vorzeitigen Besitzeinweisungsverfahren zugrunde zu legen. ³ Der Besitzeinweisungsbeschluss ist mit der aufschiebenden Bedingung zu erlassen, dass sein Ergebnis durch den Planfeststellungsbeschluss bestätigt wird. ⁴ Anderenfalls ist das vorzeitige Besitzeinweisungsverfahren auf der Grundlage des ergangenen Planfeststellungsbeschlusses zu ergänzen.

(2) ¹ Die Enteignungsbehörde hat spätestens sechs Wochen nach Eingang des Antrags auf Besitzeinweisung mit den Beteiligten mündlich zu verhandeln. ² Hierzu sind der Antragsteller und die Betroffenen zu laden. ³ Dabei ist den Betroffenen der Antrag auf Besitzeinweisung mitzuteilen. ⁴ Die Ladungsfrist beträgt drei Wochen. ⁵ Mit der Ladung sind die Betroffenen aufzufordern, etwaige Einwendungen gegen den Antrag vor der mündlichen Verhandlung bei der Enteignungsbehörde einzureichen. ⁶ Die Betroffenen sind außerdem darauf hinzuweisen, dass auch bei Nichterscheinen über den Antrag auf Besitzeinweisung und andere im Verfahren zu erledigende Anträge entschieden werden kann.

(3) ¹ Soweit der Zustand des Grundstücks von Bedeutung ist, hat die Enteignungsbehörde diesen bis zum Beginn der mündlichen Verhandlung in einer Niederschrift festzustellen oder durch einen Sachverständigen ermitteln zu lassen. ² Den Beteiligten ist eine Abschrift der Niederschrift oder des Ermittlungsergebnisses zu übersenden.

(4) ¹ Der Beschluss über die Besitzeinweisung ist dem Antragsteller und den Betroffenen spätestens zwei Wochen nach der mündlichen Verhandlung zuzustellen. ² Die Besitzeinweisung wird in dem von der Enteignungsbehörde bezeichneten Zeitpunkt wirksam. ³ Dieser Zeitpunkt soll auf höchstens zwei Wochen nach Zustellung der Anordnung über die vorzeitige Besitzeinweisung an den unmittelbaren Besitzer festgesetzt werden. ⁴ Durch die Besitzeinweisung wird dem Besitzer der Besitz entzogen und der Träger des Vorhabens Besitzer. ⁵ Der Träger des Vorhabens darf auf dem Grundstück das im Antrag auf Besitzeinweisung bezeichnete Bauvorhaben durchführen und die dafür erforderlichen Maßnahmen treffen.

(5) ¹ Der Träger des Vorhabens hat für die durch die vorzeitige Besitzeinweisung entstehenden Vermögensnachteile Entschädigung zu leisten, soweit die Nachteile nicht durch die Verzinsung der Geldentschädigung für die Entziehung oder Beschränkung des Eigentums oder eines anderen Rechts ausgeglichen werden. ² Art und Höhe der Entschädigung sind von der Enteignungsbehörde in einem Beschluss festzusetzen.

(6) ¹ Wird der festgestellte Plan oder die Plangenehmigung aufgehoben, so sind auch die vorzeitige Besitzeinweisung aufzuheben und der vorherige Besitzer wieder in den Besitz einzuweisen. ² Der Träger des Vorhabens hat für alle durch die Besitzeinweisung entstandenen besonderen Nachteile Entschädigung zu leisten.

(7) ¹ Ein Rechtsbehelf gegen eine vorzeitige Besitzeinweisung hat keine aufschiebende Wirkung. ² Der Antrag auf Anordnung der aufschiebenden Wirkung nach § 80 Abs. 5 Satz 1 der Verwaltungsgerichtsordnung kann nur innerhalb eines Monats nach der Zustellung des Besitzeinweisungsbeschlusses gestellt und begründet werden.

§ 45 Enteignung. (1) Die Entziehung oder die Beschränkung von Grundeigentum oder von Rechten am Grundeigentum im Wege der Enteignung ist zulässig, soweit sie zur Durchführung

1. eines Vorhabens nach § 43 oder § 43 b Nr. 1 oder 2, für das der Plan festgestellt oder genehmigt ist, oder

2. eines sonstigen Vorhabens zum Zwecke der Energieversorgung

erforderlich ist.

(2) ¹ Einer weiteren Feststellung der Zulässigkeit der Enteignung bedarf es in den Fällen des Absatzes 1 Nummer 1 nicht; der festgestellte oder genehmigte Plan ist dem Enteignungsverfahren zugrunde zu legen und für die Enteignungsbehörde bindend. ² Hat sich ein Beteiligter mit der Übertragung oder Beschränkung des Eigentums oder eines anderen Rechtes schriftlich einverstanden erklärt, kann das Entschädigungsverfahren unmittelbar durchgeführt werden. ³ Die Zulässigkeit der Enteignung in den Fällen des Absatzes 1 Nr. 2 stellt die nach Landesrecht zuständige Behörde fest.

(3) Das Enteignungsverfahren wird durch Landesrecht geregelt.

§ 45 a Entschädigungsverfahren. Soweit der Vorhabenträger auf Grund eines Planfeststellungsbeschlusses oder einer Plangenehmigung verpflichtet ist, eine Entschädigung in Geld zu leisten, und über die Höhe der Entschädigung keine Einigung zwischen dem Betroffenen und dem Träger des Vorhabens zustande kommt, entscheidet auf Antrag eines der Beteiligten die nach Landesrecht zuständige Behörde; für das Verfahren und den Rechtsweg gelten die Enteignungsgesetze der Länder entsprechend.

§ 45 b Parallelführung von Planfeststellungs- und Enteignungsverfahren. ¹ Der Träger des Vorhabens kann verlangen, dass nach Abschluss der Anhörung ein vorzeitiges Enteignungsverfahren durchgeführt wird. ² Dabei ist der nach dem Verfahrensstand zu erwartende Planfeststellungsbeschluss dem Enteignungsverfahren zugrunde zu legen. ³ Der Enteignungsbeschluss ist mit der aufschiebenden Bedingung zu erlassen, dass sein Ergebnis durch den Planfeststellungsbeschluss bestätigt wird. ⁴ Anderenfalls ist das Enteignungsverfahren auf der Grundlage des ergangenen Planfeststellungsbeschlusses zu ergänzen.

§ 46 Wegenutzungsverträge. (1) ¹ Gemeinden haben ihre öffentlichen Verkehrswege für die Verlegung und den Betrieb von Leitungen, einschließlich Fernwirkleitungen zur Netzsteuerung und Zubehör, zur unmittelbaren

Versorgung von Letztverbrauchern im Gemeindegebiet diskriminierungsfrei durch Vertrag zur Verfügung zu stellen. ²Unbeschadet ihrer Verpflichtungen nach Satz 1 können die Gemeinden den Abschluss von Verträgen ablehnen, solange das Energieversorgungsunternehmen die Zahlung von Konzessionsabgaben in Höhe der Höchstsätze nach § 48 Abs. 2 verweigert und eine Einigung über die Höhe der Konzessionsabgaben noch nicht erzielt ist.

(2) ¹Verträge von Energieversorgungsunternehmen mit Gemeinden über die Nutzung öffentlicher Verkehrswege für die Verlegung und den Betrieb von Leitungen, die zu einem Energieversorgungsnetz der allgemeinen Versorgung im Gemeindegebiet gehören, dürfen höchstens für eine Laufzeit von 20 Jahren abgeschlossen werden. ²Werden solche Verträge nach ihrem Ablauf nicht verlängert, so ist der bisher Nutzungsberechtigte verpflichtet, seine für den Betrieb der Netze der allgemeinen Versorgung im Gemeindegebiet notwendigen Verteilungsanlagen dem neuen Energieversorgungsunternehmen gegen Zahlung einer wirtschaftlich angemessenen Vergütung zu übereignen. ³Das neue Energieversorgungsunternehmen kann statt der Übereignung verlangen, dass ihm der Besitz hieran eingeräumt wird. ⁴Der bisherige Nutzungsberechtigte ist verpflichtet, der Gemeinde spätestens ein Jahr vor Bekanntmachung der Gemeinde nach Absatz 3 diejenigen Informationen über die technische und wirtschaftliche Situation des Netzes zur Verfügung zu stellen, die für eine Bewertung des Netzes im Rahmen einer Bewerbung um den Abschluss eines Vertrages nach Satz 1 erforderlich sind. ⁵Die Bundesnetzagentur kann im Einvernehmen mit dem Bundeskartellamt Entscheidungen über den Umfang und das Format der zur Verfügung zu stellenden Daten durch Festlegung gegenüber den Energieversorgungsunternehmen treffen.

(3) ¹Die Gemeinden machen spätestens zwei Jahre vor Ablauf von Verträgen nach Absatz 2 das Vertragsende und einen ausdrücklichen Hinweis auf die nach Absatz 2 Satz 3 von der Gemeinde in geeigneter Form zu veröffentlichenden Daten sowie den Ort der Veröffentlichung durch Veröffentlichung im Bundesanzeiger bekannt. ²Wenn im Gemeindegebiet mehr als 100 000 Kunden unmittelbar oder mittelbar an das Versorgungsnetz angeschlossen sind, hat die Bekanntmachung zusätzlich im Amtsblatt der Europäischen Union zu erfolgen. ³Beabsichtigen Gemeinden eine Verlängerung von Verträgen nach Absatz 2 vor Ablauf der Vertragslaufzeit, so sind die bestehenden Verträge zu beenden und die vorzeitige Beendigung sowie das Vertragsende öffentlich bekannt zu geben. ⁴Vertragsabschlüsse mit Unternehmen dürfen frühestens drei Monate nach der Bekanntgabe der vorzeitigen Beendigung erfolgen. ⁵Bei der Auswahl des Unternehmens ist die Gemeinde den Zielen des § 1 verpflichtet. ⁶Sofern sich mehrere Unternehmen bewerben, macht die Gemeinde bei Neuabschluss oder Verlängerung von Verträgen nach Absatz 2 ihre Entscheidung unter Angabe der maßgeblichen Gründe öffentlich bekannt.

(4) Die Absätze 2 und 3 finden für Eigenbetriebe der Gemeinden entsprechende Anwendung.

(5) Die Aufgaben und Zuständigkeiten der Kartellbehörden nach dem Gesetz gegen Wettbewerbsbeschränkungen[1] bleiben unberührt.

---

[1] Auszugsweise abgedruckt unter Nr. 11.

Energiewirtschaftsgesetz §§ 47–49 EnWG 1

§ 47 (aufgehoben)

§ 48 Konzessionsabgaben. (1) [1] Konzessionsabgaben sind Entgelte, die Energieversorgungsunternehmen für die Einräumung des Rechts zur Benutzung öffentlicher Verkehrswege für die Verlegung und den Betrieb von Leitungen, die der unmittelbaren Versorgung von Letztverbrauchern im Gemeindegebiet mit Energie dienen, entrichten. [2] Eine Versorgung von Letztverbrauchern im Sinne dieser Vorschrift liegt auch vor, wenn ein Weiterverteiler über öffentliche Verkehrswege mit Elektrizität oder Gas beliefert wird, der diese Energien ohne Benutzung solcher Verkehrswege an Letztverbraucher weiterleitet.

(2) [1] Die Bundesregierung kann durch Rechtsverordnung mit Zustimmung des Bundesrates die Zulässigkeit und Bemessung der Konzessionsabgaben regeln. [2] Es kann dabei jeweils für Elektrizität oder Gas, für verschiedene Kundengruppen und Verwendungszwecke und gestaffelt nach der Einwohnerzahl der Gemeinden unterschiedliche Höchstsätze in Cent je gelieferter Kilowattstunde festsetzen.

(3) Konzessionsabgaben sind in der vertraglich vereinbarten Höhe von dem Energieversorgungsunternehmen zu zahlen, dem das Wegerecht nach § 46 Abs. 1 eingeräumt wurde.

(4) Die Pflicht zur Zahlung der vertraglich vereinbarten Konzessionsabgaben besteht auch nach Ablauf des Wegenutzungsvertrages für ein Jahr fort, es sei denn, dass zwischenzeitlich eine anderweitige Regelung getroffen wird.

Teil 6. Sicherheit und Zuverlässigkeit der Energieversorgung

§ 49 Anforderungen an Energieanlagen. (1) [1] Energieanlagen sind so zu errichten und zu betreiben, dass die technische Sicherheit gewährleistet ist. [2] Dabei sind vorbehaltlich sonstiger Rechtsvorschriften die allgemein anerkannten Regeln der Technik zu beachten.

(2) [1] Die Einhaltung der allgemein anerkannten Regeln der Technik wird vermutet, wenn bei Anlagen zur Erzeugung, Fortleitung und Abgabe von

1. Elektrizität die technischen Regeln des Verbandes der Elektrotechnik Elektronik Informationstechnik e.V.,
2. Gas die technischen Regeln der Deutschen Vereinigung des Gas- und Wasserfaches e.V.

eingehalten worden sind. [2] Die Bundesnetzagentur kann zu Grundsätzen und Verfahren der Einführung technischer Sicherheitsregeln, insbesondere zum zeitlichen Ablauf, im Verfahren nach § 29 Absatz 1 nähere Bestimmungen treffen, soweit die technischen Sicherheitsregeln den Betrieb von Energieversorgungsnetzen betreffen. [3] Dabei hat die Bundesnetzagentur die Grundsätze des DIN Deutsches Institut für Normung e. V. zu berücksichtigen.

(3) [1] Bei Anlagen oder Bestandteilen von Anlagen, die nach den in einem anderen Mitgliedstaat der Europäischen Union oder in einem anderen Vertragsstaat des Abkommens über den Europäischen Wirtschaftsraum geltenden Regelungen oder Anforderungen rechtmäßig hergestellt und in den Verkehr gebracht wurden und die gleiche Sicherheit gewährleisten, ist davon auszuge-

hen, dass die Anforderungen nach Absatz 1 an die Beschaffenheit der Anlagen erfüllt sind. ²In begründeten Einzelfällen ist auf Verlangen der nach Landesrecht zuständigen Behörde nachzuweisen, dass die Anforderungen nach Satz 1 erfüllt sind.

(4) ¹Das Bundesministerium für Wirtschaft und Technologie wird ermächtigt, zur Gewährleistung der technischen Sicherheit sowie der technischen und betrieblichen Flexibilität von Energieanlagen durch Rechtsverordnung mit Zustimmung des Bundesrates und, soweit Anlagen zur Erzeugung von Strom aus erneuerbaren Energien im Sinne des Erneuerbare-Energien-Gesetzes[1]) betroffen sind, im Einvernehmen mit dem Bundesministerium für Umwelt, Naturschutz und Reaktorsicherheit,

1. Anforderungen an die technische Sicherheit dieser Anlagen, insbesondere an ihre Errichtung und ihren Betrieb, festzulegen;

2. das Verwaltungsverfahren zur Sicherstellung der Anforderungen nach Nummer 1 zu regeln, insbesondere zu bestimmen,

   a) dass und wo die Errichtung solcher Anlagen, ihre Inbetriebnahme, die Vornahme von Änderungen oder Erweiterungen und sonstige die Anlagen betreffenden Umstände angezeigt werden müssen,

   b) dass der Anzeige nach Buchstabe a bestimmte Nachweise beigefügt werden müssen und

   c) dass mit der Errichtung und dem Betrieb der Anlagen erst nach Ablauf bestimmter Prüffristen begonnen werden darf;

3. Prüfungen vor Errichtung und Inbetriebnahme und Überprüfungen der Anlagen vorzusehen und festzulegen, dass diese Prüfungen und Überprüfungen durch behördlich anerkannte Sachverständige zu erfolgen haben;

4. behördliche Anordnungsbefugnisse festzulegen, insbesondere die Befugnis, den Bau und den Betrieb von Energieanlagen zu untersagen, wenn das Vorhaben nicht den in der Rechtsverordnung geregelten Anforderungen entspricht;

5. zu bestimmen, welche Auskünfte die zuständige Behörde vom Betreiber der Energieanlage gemäß Absatz 6 Satz 1 verlangen kann;

6. die Einzelheiten des Verfahrens zur Anerkennung von Sachverständigen, die bei der Prüfung der Energieanlagen tätig werden, sowie der Anzeige der vorübergehenden Tätigkeit von Sachverständigen aus anderen Mitgliedstaaten der Europäischen Union oder eines Vertragsstaates des Abkommens über den Europäischen Wirtschaftsraum zu bestimmen;

7. Anforderungen sowie Meldepflichten festzulegen, die Sachverständige nach Nummer 6 und die Stellen, denen sie angehören, erfüllen müssen, insbesondere zur Gewährleistung ihrer fachlichen Qualifikation, Unabhängigkeit und Zuverlässigkeit;

8. Anforderungen an die technische und betriebliche Flexibilität neuer Anlagen zur Erzeugung von Energie zu treffen.

²Die Regelungen des Erneuerbare-Energien-Gesetzes und des Kraft-Wärme-Kopplungsgesetzes[2]) bleiben davon unberührt.

---

[1]) Nr. 34.
[2]) Nr. 43.

Energiewirtschaftsgesetz § 50 EnWG 1

(4 a) ¹ Das Bundesministerium für Wirtschaft und Technologie wird ermächtigt, durch Rechtsverordnung mit Zustimmung des Bundesrates einen Ausschuss zur Beratung in Fragen der technischen Sicherheit von Gasversorgungsnetzen und Gas-Direktleitungen einschließlich der dem Leitungsbetrieb dienenden Anlagen einzusetzen. ² Diesem Ausschuss kann insbesondere die Aufgabe übertragen werden, vorzuschlagen, welches Anforderungsprofil Sachverständige, die die technische Sicherheit dieser Energieanlagen prüfen, erfüllen müssen, um den in einer Verordnung nach Absatz 4 festgelegten Anforderungen zu genügen. ³ Das Bundesministerium für Wirtschaft und Technologie kann das Anforderungsprofil im Bundesanzeiger veröffentlichen. ⁴ In den Ausschuss sind sachverständige Personen zu berufen, insbesondere aus dem Kreis

1. der Sachverständigen, die bei der Prüfung der Energieanlagen tätig werden,

2. der Stellen, denen Sachverständige nach Nummer 1 angehören,

3. der zuständigen Behörden und

4. der Betreiber von Energieanlagen.

(5) Die nach Landesrecht zuständige Behörde kann im Einzelfall die zur Sicherstellung der Anforderungen an die technische Sicherheit von Energieanlagen erforderlichen Maßnahmen treffen.

(6) ¹ Die Betreiber von Energieanlagen haben auf Verlangen der nach Landesrecht zuständigen Behörde Auskünfte über technische und wirtschaftliche Verhältnisse zu geben, die zur Wahrnehmung der Aufgaben nach Absatz 5 erforderlich sind. ² Der Auskunftspflichtige kann die Auskunft auf solche Fragen verweigern, deren Beantwortung ihn selbst oder einen der in § 383 Abs. 1 Nr. 1 bis 3 der Zivilprozessordnung bezeichneten Angehörigen der Gefahr strafrechtlicher Verfolgung oder eines Verfahrens nach dem Gesetz über Ordnungswidrigkeiten aussetzen würde.

(7) Die von der nach Landesrecht zuständigen Behörde mit der Aufsicht beauftragten Personen sind berechtigt, Betriebsgrundstücke, Geschäftsräume und Einrichtungen der Betreiber von Energieanlagen zu betreten, dort Prüfungen vorzunehmen sowie die geschäftlichen und betrieblichen Unterlagen der Betreiber von Energieanlagen einzusehen, soweit dies zur Wahrnehmung der Aufgaben nach Absatz 5 erforderlich ist.

§ 50 Vorratshaltung zur Sicherung der Energieversorgung. Das Bundesministerium für Wirtschaft und Technologie wird ermächtigt, zur Sicherung der Energieversorgung durch Rechtsverordnung mit Zustimmung des Bundesrates

1. Vorschriften zu erlassen über die Verpflichtung von Energieversorgungsunternehmen sowie solcher Eigenerzeuger von Elektrizität, deren Kraftwerke eine elektrische Nennleistung von mindestens 100 Megawatt aufweisen, für ihre Anlagen zur Erzeugung von

   a) Elektrizität ständig diejenigen Mengen an Mineralöl, Kohle oder sonstigen fossilen Brennstoffen,

   b) Gas aus Flüssiggas ständig diejenigen Mengen an Flüssiggas

   als Vorrat zu halten, die erforderlich sind, um 30 Tage ihre Abgabeverpflichtungen an Elektrizität oder Gas erfüllen oder ihren eigenen Bedarf an Elektrizität decken zu können,

2. Vorschriften zu erlassen über die Freistellung von einer solchen Vorratspflicht und die zeitlich begrenzte Freigabe von Vorratsmengen, soweit dies erforderlich ist, um betriebliche Schwierigkeiten zu vermeiden oder die Brennstoffversorgung aufrechtzuerhalten,
3. den für die Berechnung der Vorratsmengen maßgeblichen Zeitraum zu verlängern, soweit dies erforderlich ist, um die Vorratspflicht an Rechtsakte der Europäischen Gemeinschaften über Mindestvorräte fossiler Brennstoffe anzupassen.

§ 51 Monitoring der Versorgungssicherheit. (1) Das Bundesministerium für Wirtschaft und Technologie führt ein Monitoring der Versorgungssicherheit im Bereich der leitungsgebundenen Versorgung mit Elektrizität und Erdgas durch.

(2) [1] Das Monitoring nach Absatz 1 betrifft insbesondere das Verhältnis zwischen Angebot und Nachfrage auf dem heimischen Markt, die erwartete Nachfrageentwicklung und das verfügbare Angebot, die in der Planung und im Bau befindlichen zusätzlichen Kapazitäten, die Qualität und den Umfang der Netzwartung, eine Analyse von Netzstörungen sowie Maßnahmen zur Bedienung von Nachfragespitzen und zur Bewältigung von Ausfällen eines oder mehrerer Versorger sowie im Erdgasbereich das verfügbare Angebot auch unter Berücksichtigung der Bevorratungskapazität und des Anteils von Einfuhrverträgen mit einer Lieferfrist von mehr als zehn Jahren (langfristiger Erdgasliefervertrag) sowie deren Restlaufzeit. [2] Bei der Durchführung des Monitoring hat das Bundesministerium für Wirtschaft und Technologie die Befugnisse nach den §§ 12a, 12b, 14 Absatz 1a und 1b, den §§ 68, 69 und 71. [3] Die §§ 73, 75 bis 89 und 106 bis 108 gelten entsprechend.

§ 52 Meldepflichten bei Versorgungsstörungen. [1] Betreiber von Energieversorgungsnetzen haben der Bundesnetzagentur bis zum 30. April eines Jahres über alle in ihrem Netz im letzten Kalenderjahr aufgetretenen Versorgungsunterbrechungen einen Bericht vorzulegen. [2] Dieser Bericht hat mindestens folgende Angaben für jede Versorgungsunterbrechung zu enthalten:

1. den Zeitpunkt und die Dauer der Versorgungsunterbrechung,
2. das Ausmaß der Versorgungsunterbrechung und
3. die Ursache der Versorgungsunterbrechung.

[3] In dem Bericht hat der Netzbetreiber die auf Grund des Störungsgeschehens ergriffenen Maßnahmen zur Vermeidung künftiger Versorgungsstörungen darzulegen. [4] Darüber hinaus ist in dem Bericht die durchschnittliche Versorgungsunterbrechung in Minuten je angeschlossenem Letztverbraucher für das letzte Kalenderjahr anzugeben. [5] Die Bundesnetzagentur kann Vorgaben zur formellen Gestaltung des Berichts machen sowie Ergänzungen und Erläuterungen des Berichts verlangen, soweit dies zur Prüfung der Versorgungszuverlässigkeit des Netzbetreibers erforderlich ist. [6] Sofortige Meldepflichten für Störungen mit überregionalen Auswirkungen richten sich nach § 13 Abs. 6.

§ 53 Ausschreibung neuer Erzeugungskapazitäten im Elektrizitätsbereich. Sofern die Versorgungssicherheit im Sinne des § 1 durch vorhandene Erzeugungskapazitäten oder getroffene Energieeffizienz- und Nachfragesteuerungsmaßnahmen allein nicht gewährleistet ist, kann die Bundesregierung durch Rechtsverordnung mit Zustimmung des Bundesrates ein Ausschreibungsverfahren oder ein diesem hinsichtlich Transparenz und Nichtdiskriminierung gleichwertiges Verfahren auf der Grundlage von Kriterien für neue Kapazitäten oder Energieeffizienz- und Nachfragesteuerungsmaßnahmen vorsehen, die das Bundesministerium für Wirtschaft und Technologie im Bundesanzeiger veröffentlicht.

§ 53 a Sicherstellung der Versorgung von Haushaltskunden mit Erdgas. [1] Gasversorgungsunternehmen, die Haushaltskunden oder Betreiber von gasbetriebenen Fernwärmeanlagen beliefern, haben zu gewährleisten, dass

1. die von ihnen direkt belieferten Haushaltskunden und
2. Fernwärmeanlagen, soweit sie Wärme an Haushaltskunden liefern, an ein Erdgasverteilernetz oder ein Fernleitungsnetz angeschlossen sind und keinen Brennstoffwechsel vornehmen können,

mindestens in den in Artikel 8 Absatz 1 der Verordnung (EU) Nr. 994/2010 des Europäischen Parlaments und des Rates vom 20. Oktober 2010 über Maßnahmen zur Gewährleistung der sicheren Erdgasversorgung und zur Aufhebung der Richtlinie 2004/67/EG des Rates (ABl. L 295 vom 12. 11. 2010, S. 1) genannten Fällen versorgt werden. [2] Darüber hinaus haben Gasversorgungsunternehmen im Falle einer teilweisen Unterbrechung der Versorgung mit Erdgas oder im Falle außergewöhnlich hoher Gasnachfrage Haushaltskunden sowie Fernwärmeanlagen im Sinne des Satzes 1 Nummer 2 mit Erdgas zu versorgen, solange die Versorgung aus wirtschaftlichen Gründen zumutbar ist. [3] Zur Gewährleistung einer sicheren Versorgung von Haushaltskunden mit Erdgas kann insbesondere auf die im Anhang II der Verordnung (EU) Nr. 994/2010 aufgeführten Instrumente zurückgegriffen werden.

Teil 7. Behörden

Abschnitt 1. Allgemeine Vorschriften

§ 54 Allgemeine Zuständigkeit. (1) Die Aufgaben der Regulierungsbehörde nehmen die Bundesnetzagentur für Elektrizität, Gas, Telekommunikation, Post und Eisenbahnen (Bundesnetzagentur) und nach Maßgabe des Absatzes 2 die Landesregulierungsbehörden wahr.

(2) [1] Den Landesregulierungsbehörden obliegt

1. die Genehmigung der Entgelte für den Netzzugang nach § 23 a,
2. die Genehmigung oder Festlegung im Rahmen der Bestimmung der Entgelte für den Netzzugang im Wege einer Anreizregulierung nach § 21 a,
3. die Genehmigung oder Untersagung individueller Entgelte für den Netzzugang, soweit diese in einer nach § 24 Satz 1 Nr. 3 erlassenen Rechtsverordnung vorgesehen sind,
4. die Überwachung der Vorschriften zur Entflechtung nach § 6 Abs. 1 in Verbindung mit den §§ 7 bis 10,
5. die Überwachung der Vorschriften zur Systemverantwortung der Betreiber von Energieversorgungsnetzen nach den §§ 14 bis 16 a,
6. die Überwachung der Vorschriften zum Netzanschluss nach den §§ 17 und 18 mit Ausnahme der Vorschriften zur Festlegung oder Genehmigung

der technischen und wirtschaftlichen Bedingungen für einen Netzanschluss oder die Methoden für die Bestimmung dieser Bedingungen durch die Regulierungsbehörde, soweit derartige Vorschriften in einer nach § 17 Abs. 3 Satz 1 Nr. 2 erlassenen Rechtsverordnung vorgesehen sind,

7. die Überwachung der technischen Vorschriften nach § 19,

8. die Missbrauchsaufsicht nach den §§ 30 und 31 sowie die Vorteilsabschöpfung nach § 33 und

9. die Entscheidung über das Vorliegen der Voraussetzungen nach § 110 Absatz 2 und 4,

soweit Energieversorgungsunternehmen betroffen sind, an deren Elektrizitäts- oder Gasverteilernetz jeweils weniger als 100 000 Kunden unmittelbar oder mittelbar angeschlossen sind. ²Satz 1 gilt nicht, wenn ein Elektrizitäts- oder Gasverteilernetz über das Gebiet eines Landes hinausreicht. ³Satz 1 Nummer 6, 7 und 8 gilt nicht, soweit die Erfüllung der Aufgaben mit dem Anschluss von Biogasanlagen im Zusammenhang steht. ⁴Für die Feststellung der Zahl der angeschlossenen Kunden sind die Verhältnisse am 13. Juli 2005 für das Jahr 2005 und das Jahr 2006 und danach diejenigen am 31. Dezember eines Jahres jeweils für die Dauer des folgenden Jahres maßgeblich. ⁵Begonnene behördliche oder gerichtliche Verfahren werden von der Behörde beendet, die zu Beginn des behördlichen Verfahrens zuständig war.

(3) ¹Weist eine Vorschrift dieses Gesetzes eine Zuständigkeit nicht einer bestimmten Behörde zu, so nimmt die Bundesnetzagentur die in diesem Gesetz der Behörde übertragenen Aufgaben und Befugnisse wahr. ²Ist zur Wahrung gleichwertiger wirtschaftlicher Verhältnisse im Bundesgebiet eine bundeseinheitliche Festlegung nach § 29 Absatz 1 erforderlich, so nimmt die Bundesnetzagentur die in diesem Gesetz oder auf Grund dieses Gesetzes vorgesehenen Festlegungsbefugnisse wahr. ³Sie ist insbesondere zuständig für die bundesweit einheitliche Festlegung von

1. Preisindizes nach den Verordnungen über die Entgelte für den Zugang zu Elektrizitäts- und Gasversorgungsnetzen nach § 24,

2. Eigenkapitalzinssätzen nach den Verordnungen über die Entgelte für den Zugang zu Elektrizitäts- und Gasversorgungsnetzen nach § 24 und

3. Vorgaben zur Erhebung von Vergleichsparametern zur Ermittlung der Effizienzwerte nach der Verordnung zur Anreizregulierung nach § 21a Absatz 6.

§ 54a Zuständigkeiten gemäß der Verordnung (EU) Nr. 994/2010, Verordnungsermächtigung. (1) ¹Das Bundesministerium für Wirtschaft und Technologie ist zuständige Behörde für die Durchführung der in der Verordnung (EU) Nr. 994/2010 festgelegten Maßnahmen. ²Die §§ 3, 4 und 16 des Energiesicherungsgesetzes 1975[1]) vom 20. Dezember 1974 (BGBl. I S. 3681), das zuletzt durch Artikel 164 der Verordnung vom 31. Oktober 2006 (BGBl. I S. 2407) geändert worden ist, und die §§ 5, 8 und 21 des Wirtschaftssicherstellungsgesetzes in der Fassung der Bekanntmachung vom 3. Oktober 1968 (BGBl. I S. 1069), das zuletzt durch Artikel 134 der Verord-

---

[1]) Nr. **10**.

Energiewirtschaftsgesetz **§ 55 EnWG 1**

nung vom 31. Oktober 2006 (BGBl. I S. 2407) geändert worden ist, bleiben hiervon unberührt.

(2) ¹ Folgende in der Verordnung (EU) Nr. 994/2010 bestimmte Aufgaben werden auf die Bundesnetzagentur übertragen:

1. die Durchführung der Risikoanalyse gemäß Artikel 9,
2. folgende Aufgaben betreffend den Ausbau bidirektionaler Lastflüsse: die Aufgaben im Rahmen des Verfahrens gemäß Artikel 7, die Überwachung der Erfüllung der Verpflichtung nach Artikel 6 Absatz 5, die Befugnis zur Forderung nach Erweiterung von Kapazitäten nach Artikel 6 Absatz 6, Aufgaben gemäß Artikel 6 Absatz 7 sowie
3. die in Artikel 6 Absatz 1 Satz 1, Absatz 4 und 9 Satz 1 genannten Aufgaben.

² Die Bundesnetzagentur nimmt diese Aufgaben unter der Aufsicht des Bundesministeriums für Wirtschaft und Technologie wahr. ³ Die Zuständigkeit des Bundesministeriums für Wirtschaft und Technologie gemäß Absatz 1 für Regelungen im Hinblick auf die in Artikel 6 Absatz 1 bis 3 und Artikel 8 in Verbindung mit Artikel 2 Absatz 1 der Verordnung (EU) Nr. 994/2010 genannten Standards bleibt hiervon unberührt.

(3) ¹ Die Bestimmung der wesentlichen Elemente, die im Rahmen der Risikoanalyse zu berücksichtigen und zu untersuchen sind, einschließlich der Szenarien, die gemäß Artikel 9 Absatz 1 Buchstabe c der Verordnung (EU) Nr. 994/2010 zu analysieren sind, bedarf der Zustimmung des Bundesministeriums für Wirtschaft und Technologie. ² Die Bundesnetzagentur kann durch Festlegung gemäß § 29 Einzelheiten zu Inhalt und Verfahren der Übermittlung von Informationen gemäß Artikel 9 Absatz 3, zum Verfahren gemäß Artikel 7 sowie zur Kostenaufteilung gemäß Artikel 6 Absatz 8 Satz 2 und 3 der Verordnung (EU) Nr. 994/2010 regeln.

(4) Das Bundesministerium für Wirtschaft und Technologie wird ermächtigt, durch Rechtsverordnung, die nicht der Zustimmung des Bundesrates bedarf:

1. zum Zwecke der Durchführung der Verordnung (EU) Nr. 994/2010 weitere Aufgaben an die Bundesnetzagentur zu übertragen,
2. Verfahren und Zuständigkeiten von Bundesbehörden bezüglich der Übermittlung von Daten gemäß Artikel 13 der Verordnung (EU) Nr. 994/2010 festzulegen sowie zu bestimmen, welchen Erdgasunternehmen die dort genannten Informationspflichten obliegen,
3. Verfahren und Inhalt der Berichtspflichten gemäß Artikel 10 Absatz 1 Buchstabe k der Verordnung (EU) Nr. 994/2010 festzulegen sowie
4. weitere Berichts- und Meldepflichten zu regeln, die zur Bewertung der Gasversorgungssicherheitslage erforderlich sind.

§ 55 Bundesnetzagentur, Landesregulierungsbehörde und nach Landesrecht zuständige Behörde. (1) ¹ Für Entscheidungen der Regulierungsbehörde nach diesem Gesetz gelten hinsichtlich des behördlichen und gerichtlichen Verfahrens die Vorschriften des Teiles 8, soweit in diesem Gesetz nichts anderes bestimmt ist. ² Leitet die Bundesnetzagentur ein Verfahren ein, führt sie Ermittlungen durch oder schließt sie ein Verfahren ab, so benachrichtigt sie gleichzeitig die Landesregulierungsbehörden, in deren Gebiet die betroffenen Unternehmen ihren Sitz haben.

(2) Leitet die nach Landesrecht zuständige Behörde ein Verfahren nach § 4 oder § 36 Abs. 2 ein, führt sie nach diesen Bestimmungen Ermittlungen durch oder schließt sie ein Verfahren ab, so benachrichtigt sie unverzüglich die Bundesnetzagentur, sofern deren Aufgabenbereich berührt ist.

§ 56 Tätigwerden der Bundesnetzagentur beim Vollzug des europäischen Rechts. [1] Die Bundesnetzagentur nimmt die Aufgaben wahr, die den Regulierungsbehörden der Mitgliedstaaten mit folgenden Rechtsakten übertragen sind:

1. Verordnung (EG) Nr. 714/2009[1]),
2. Verordnung (EG) Nr. 715/2009[2]),
3. Verordnung (EU) Nr. 994/2010.

[2] Zur Erfüllung dieser Aufgaben hat die Bundesnetzagentur die Befugnisse, die ihr auf Grund der in Satz 1 genannten Verordnungen und bei der Anwendung dieses Gesetzes zustehen. [3] Es gelten die Verfahrensvorschriften dieses Gesetzes.

§ 57 Zusammenarbeit mit Regulierungsbehörden anderer Mitgliedstaaten, der Agentur für die Zusammenarbeit der Energieregulierungsbehörden und der Europäischen Kommission. (1) Die Bundesnetzagentur arbeitet zum Zwecke der Anwendung energierechtlicher Vorschriften mit den Regulierungsbehörden anderer Mitgliedstaaten, der Agentur für die Zusammenarbeit der Energieregulierungsbehörden und der Europäischen Kommission zusammen.

(2) [1] Bei der Wahrnehmung der Aufgaben nach diesem Gesetz oder den auf Grund dieses Gesetzes erlassenen Verordnungen kann die Bundesnetzagentur Sachverhalte und Entscheidungen von Regulierungsbehörden anderer Mitgliedstaaten berücksichtigen, soweit diese Auswirkungen im Geltungsbereich dieses Gesetzes haben können. [2] Die Bundesnetzagentur kann auf Antrag eines Netzbetreibers und mit Zustimmung der betroffenen Regulierungsbehörden anderer Mitgliedstaaten von der Regulierung von Anlagen oder Teilen eines grenzüberschreitenden Energieversorgungsnetzes absehen, soweit dieses Energieversorgungsnetz zu einem weit überwiegenden Teil außerhalb des Geltungsbereichs dieses Gesetzes liegt und die Anlage oder der im Geltungsbereich dieses Gesetzes liegende Teil des Energieversorgungsnetzes keine hinreichende Bedeutung für die Energieversorgung im Inland hat. [3] Satz 2 gilt nur, soweit die Anlage oder der im Geltungsbereich dieses Gesetzes liegende Teil der Regulierung durch eine Regulierungsbehörde eines anderen Mitgliedstaates unterliegt und dies zu keiner wesentlichen Schlechterstellung der Betroffenen führt. [4] Ebenso kann die Bundesnetzagentur auf Antrag eines Netzbetreibers und mit Zustimmung der betroffenen Regulierungsbehörden anderer Mitgliedstaaten die Vorschriften dieses Gesetzes auf Anlagen oder Teile eines grenzüberschreitenden Energieversorgungsnetzes, die außerhalb des Geltungsbereichs dieses Gesetzes liegen und eine weit überwiegende

---

[1]) Nr. **8**.
[2]) Nr. **21**.

Bedeutung für die Energieversorgung im Inland haben, anwenden, soweit die betroffenen Regulierungsbehörden anderer Mitgliedstaaten von einer Regulierung absehen und dies zu keiner wesentlichen Schlechterstellung der Betroffenen führt.

(3) Um die Zusammenarbeit bei der Regulierungstätigkeit zu verstärken, kann die Bundesnetzagentur mit Zustimmung des Bundesministeriums für Wirtschaft und Technologie allgemeine Kooperationsvereinbarungen mit Regulierungsbehörden anderer Mitgliedstaaten schließen.

(4) [1] Die Bundesnetzagentur kann im Rahmen der Zusammenarbeit nach Absatz 1 den Regulierungsbehörden anderer Mitgliedstaaten, der Agentur für die Zusammenarbeit der Energieregulierungsbehörden und der Europäischen Kommission die für die Aufgabenerfüllung dieser Behörden aus dem Recht der Europäischen Union erforderlichen Informationen übermitteln, soweit dies erforderlich ist, damit diese Behörden ihre Aufgaben aus dem Recht der Europäischen Union erfüllen können. [2] Bei der Übermittlung von Informationen nach Satz 1 kennzeichnet die Bundesnetzagentur vertrauliche Informationen.

(5) [1] Soweit die Bundesnetzagentur im Rahmen der Zusammenarbeit nach Absatz 1 Informationen von den Regulierungsbehörden anderer Mitgliedstaaten, der Agentur für die Zusammenarbeit der Energieregulierungsbehörden oder der Europäischen Kommission erhält, stellt sie eine vertrauliche Behandlung aller als vertraulich gekennzeichneten Informationen sicher. [2] Die Bundesnetzagentur ist dabei an dasselbe Maß an Vertraulichkeit gebunden wie die übermittelnde Behörde oder die Behörde, welche die Informationen erhoben hat. [3] Die Regelungen über die Rechtshilfe in Strafsachen sowie Amts- und Rechtshilfeabkommen bleiben unberührt.

§ 57 a Überprüfungsverfahren. (1) Die Bundesnetzagentur kann die Agentur für die Zusammenarbeit der Energieregulierungsbehörden um eine Stellungnahme dazu ersuchen, ob eine von einer anderen nationalen Regulierungsbehörde getroffene Entscheidung im Einklang mit der Richtlinie 2009/72/EG[1], der Richtlinie 2009/73/EG[2], der Verordnung (EG) Nr. 714/2009[3], der Verordnung (EG) Nr. 715/2009[4] oder den nach diesen Vorschriften erlassenen Leitlinien steht.

(2) Die Bundesnetzagentur kann der Europäischen Kommission jede Entscheidung einer Regulierungsbehörde eines anderen Mitgliedstaates mit Belang für den grenzüberschreitenden Handel innerhalb von zwei Monaten ab dem Tag, an dem die fragliche Entscheidung ergangen ist, zur Prüfung vorlegen, wenn sie der Auffassung ist, dass die Entscheidung der anderen Regulierungsbehörde nicht mit den gemäß der Richtlinie 2009/72/EG, der Richtlinie 2009/73/EG, der Verordnung (EG) Nr. 714/2009 oder der Verordnung (EG) Nr. 715/2009 erlassenen Leitlinien in Einklang steht.

(3) [1] Die Bundesnetzagentur ist befugt, jede eigene Entscheidung nachträglich zu ändern, soweit dies erforderlich ist, um einer Stellungnahme der Agentur für die Zusammenarbeit der Energieregulierungsbehörden nach Ar-

---

[1] Nr. 5.
[2] Nr. 6.
[3] Nr. 8.
[4] Nr. 21.

tikel 39 Absatz 2 der Richtlinie 2009/72/EG oder Artikel 43 Absatz 2 der Richtlinie 2009/73/EG oder Artikel 7 Absatz 4 der Verordnung (EG) Nr. 713/2009[1]) zu genügen. ²Die §§ 48 und 49 des Verwaltungsverfahrensgesetzes bleiben unberührt.

(4) Die Bundesnetzagentur ist befugt, jede eigene Entscheidung auf das Verlangen der Europäischen Kommission nach Artikel 39 Absatz 6 Buchstabe b der Richtlinie 2009/72/EG oder Artikel 43 Absatz 6 Buchstabe b der Richtlinie 2009/73/EG nachträglich zu ändern oder aufzuheben.

(5) Die Regelungen über die Rechtshilfe in Strafsachen sowie Amts- und Rechtshilfeabkommen bleiben unberührt.

§ 58 Zusammenarbeit mit den Kartellbehörden. (1) ¹In den Fällen des § 65 in Verbindung mit den §§ 6 bis 10, des § 25 Satz 2, des § 28a Abs. 3 Satz 1, des § 56 in Verbindung mit Artikel 17 Absatz 1 Buchstabe a der Verordnung (EG) Nr. 714/2009[2]) und von Entscheidungen, die nach einer Rechtsverordnung nach § 24 Satz 1 Nr. 2 in Verbindung mit Satz 2 Nr. 5 vorgesehen sind, entscheidet die Bundesnetzagentur im Einvernehmen mit dem Bundeskartellamt, wobei jedoch hinsichtlich der Entscheidung nach § 65 in Verbindung mit den §§ 6 bis 9 das Einvernehmen nur bezüglich der Bestimmung des Verpflichteten und hinsichtlich der Entscheidung nach § 28a Abs. 3 Satz 1 das Einvernehmen nur bezüglich des Vorliegens der Voraussetzungen des § 28a Abs. 1 Nr. 1 erforderlich ist. ²Trifft die Bundesnetzagentur Entscheidungen nach den Bestimmungen des Teiles 3, gibt sie dem Bundeskartellamt und der Landesregulierungsbehörde, in deren Bundesland der Sitz des betroffenen Netzbetreibers belegen ist, rechtzeitig vor Abschluss des Verfahrens Gelegenheit zur Stellungnahme.

(2) Führt die nach dem Gesetz gegen Wettbewerbsbeschränkungen[3]) zuständige Kartellbehörde im Bereich der leitungsgebundenen Versorgung mit Elektrizität und Gas Verfahren nach den §§ 19, 20 und 29 des Gesetzes gegen Wettbewerbsbeschränkungen[4]), Artikel 102 des Vertrages über die Arbeitsweise der Europäischen Union[5]) oder nach § 40 Abs. 2 des Gesetzes gegen Wettbewerbsbeschränkungen[4]) durch, gibt sie der Bundesnetzagentur rechtzeitig vor Abschluss des Verfahrens Gelegenheit zur Stellungnahme.

(2a) Absatz 2 gilt entsprechend, wenn die Bundesanstalt für Finanzdienstleistungsaufsicht ein Verfahren im Bereich der leitungsgebundenen Versorgung mit Elektrizität oder Gas einleitet.

(2b) Die Bundesnetzagentur arbeitet mit der Europäischen Kommission bei der Durchführung von wettbewerblichen Untersuchungen durch die Europäische Kommission im Bereich der leitungsgebundenen Versorgung mit Elektrizität und Gas zusammen.

(3) Bundesnetzagentur und Bundeskartellamt wirken auf eine einheitliche und den Zusammenhang mit dem Gesetz gegen Wettbewerbsbeschränkungen[3]) wahrende Auslegung dieses Gesetzes hin.

---

[1]) Nr. **7**.
[2]) Nr. **8**.
[3]) Auszugsweise abgedruckt unter Nr. **11**.
[4]) Nr. **11**.
[5]) Nr. **12**.

Energiewirtschaftsgesetz §§ 59–60 a EnWG 1

(4) ¹ Die Regulierungsbehörden und die Kartellbehörden können unabhängig von der jeweils gewählten Verfahrensart untereinander Informationen einschließlich personenbezogener Daten und Betriebs- und Geschäftsgeheimnisse austauschen, soweit dies zur Erfüllung ihrer jeweiligen Aufgaben erforderlich ist, sowie diese in ihren Verfahren verwerten. ² Beweisverwertungsverbote bleiben unberührt.

Abschnitt 2. Bundesbehörden

§ 59 Organisation. (1) ¹ Die Entscheidungen der Bundesnetzagentur nach diesem Gesetz werden von den Beschlusskammern getroffen. ² Satz 1 gilt nicht für die Erstellung von Katalogen von Sicherheitsanforderungen nach § 11 Absatz 1 a Satz 2, Erhebung von Gebühren nach § 91, die Durchführung des Vergleichsverfahrens nach § 21 Absatz 3, die Datenerhebung zur Erfüllung von Berichtspflichten, Datenerhebungen zur Wahrnehmung der Aufgaben nach § 54 a Absatz 2, Entscheidungen im Zusammenhang mit dem Ausbau bidirektionaler Gasflüsse nach § 54 a Absatz 2 in Verbindung mit Artikel 7 und 6 Absatz 5 bis 7 der Verordnung (EU) Nr. 994/2010 sowie Festlegungen gemäß § 54 a Absatz 3 Satz 2 mit Ausnahme von Festlegungen zur Kostenaufteilung, Maßnahmen nach § 94, die Aufgaben nach den §§ 12 a bis 12 f und 15 a sowie die Vorgaben zu den Netzzustands- und Netzausbauberichten nach § 14 Absatz 1 a Satz 6. ³ Die Beschlusskammern werden nach Bestimmung des Bundesministeriums für Wirtschaft und Technologie gebildet.

(2) ¹ Die Beschlusskammern entscheiden in der Besetzung mit einem oder einer Vorsitzenden und zwei Beisitzenden. ² Vorsitzende und Beisitzende müssen Beamte sein und die Befähigung zum Richteramt oder für eine Laufbahn des höheren Dienstes haben.

(3) Die Mitglieder der Beschlusskammern dürfen weder ein Unternehmen der Energiewirtschaft innehaben oder leiten noch dürfen sie Mitglied des Vorstandes oder Aufsichtsrates eines Unternehmens der Energiewirtschaft sein oder einer Regierung oder einer gesetzgebenden Körperschaft des Bundes oder eines Landes angehören.

§ 60 Aufgaben des Beirates. ¹ Der Beirat nach § 5 des Gesetzes über die Bundesnetzagentur für Elektrizität, Gas, Telekommunikation, Post und Eisenbahnen[1]) hat die Aufgabe, die Bundesnetzagentur bei der Erstellung der Berichte nach § 63 Absatz 3 zu beraten. ² Er ist gegenüber der Bundesnetzagentur berechtigt, Auskünfte und Stellungnahmen einzuholen. ³ Die Bundesnetzagentur ist insoweit auskunftspflichtig.

§ 60 a Aufgaben des Länderausschusses. (1) Der Länderausschuss nach § 8 des Gesetzes über die Bundesnetzagentur für Elektrizität, Gas, Telekommunikation, Post und Eisenbahnen[1]) (Länderausschuss) dient der Abstimmung zwischen der Bundesnetzagentur und den Landesregulierungsbehörden mit dem Ziel der Sicherstellung eines bundeseinheitlichen Vollzugs.

(2) ¹ Vor dem Erlass von Allgemeinverfügungen, insbesondere von Festlegungen nach § 29 Abs. 1, und Verwaltungsvorschriften, Leitfäden und vergleichbaren informellen Regelungen durch die Bundesnetzagentur nach den

---

[1]) Nr. 2.

Teilen 2 und 3 ist dem Länderausschuss Gelegenheit zur Stellungnahme zu geben. ²In dringlichen Fällen können Allgemeinverfügungen erlassen werden, ohne dass dem Länderausschuss Gelegenheit zur Stellungnahme gegeben worden ist; in solchen Fällen ist der Länderausschuss nachträglich zu unterrichten.

(3) ¹Der Länderausschuss ist berechtigt, im Zusammenhang mit dem Erlass von Allgemeinverfügungen im Sinne des Absatzes 2 Auskünfte und Stellungnahmen von der Bundesnetzagentur einzuholen. ²Die Bundesnetzagentur ist insoweit auskunftspflichtig.

(4) ¹Der Bericht der Bundesnetzagentur nach § 112a Abs. 1 zur Einführung einer Anreizregulierung ist im Benehmen mit dem Länderausschuss zu erstellen. ²Der Länderausschuss ist zu diesem Zwecke durch die Bundesnetzagentur regelmäßig über Stand und Fortgang der Arbeiten zu unterrichten. ³Absatz 3 gilt entsprechend.

§ 61 Veröffentlichung allgemeiner Weisungen des Bundesministeriums für Wirtschaft und Technologie. Soweit das Bundesministerium für Wirtschaft und Technologie der Bundesnetzagentur allgemeine Weisungen für den Erlass oder die Unterlassung von Verfügungen nach diesem Gesetz erteilt, sind diese Weisungen mit Begründung im Bundesanzeiger zu veröffentlichen.

§ 62 Gutachten der Monopolkommission. (1) ¹Die Monopolkommission erstellt alle zwei Jahre ein Gutachten, in dem sie den Stand und die absehbare Entwicklung des Wettbewerbs und die Frage beurteilt, ob funktionsfähiger Wettbewerb auf den Märkten der leitungsgebundenen Versorgung mit Elektrizität und Gas in der Bundesrepublik Deutschland besteht, die Anwendung der Vorschriften dieses Gesetzes über die Regulierung und Wettbewerbsaufsicht würdigt und zu sonstigen aktuellen wettbewerbspolitischen Fragen der leitungsgebundenen Versorgung mit Elektrizität und Gas Stellung nimmt. ²Das Gutachten soll in dem Jahr abgeschlossen sein, in dem kein Hauptgutachten nach § 44 des Gesetzes gegen Wettbewerbsbeschränkungen[1]) vorgelegt wird. ³Die Monopolkommission kann Einsicht nehmen in die bei der Bundesnetzagentur geführten Akten einschließlich der Betriebs- und Geschäftsgeheimnisse, soweit dies zur ordnungsgemäßen Erfüllung ihrer Aufgaben erforderlich ist. ⁴Für den vertraulichen Umgang mit den Akten gilt § 46 Absatz 3 des Gesetzes gegen Wettbewerbsbeschränkungen[1]) entsprechend.

(2) ¹Die Monopolkommission leitet ihre Gutachten der Bundesregierung zu. ²Die Bundesregierung legt Gutachten nach Absatz 1 Satz 1 den gesetzgebenden Körperschaften unverzüglich vor und nimmt zu ihnen in angemessener Frist Stellung. ³Die Gutachten werden von der Monopolkommission veröffentlicht. ⁴Bei Gutachten nach Absatz 1 Satz 1 erfolgt dies zu dem Zeitpunkt, zu dem sie von der Bundesregierung der gesetzgebenden Körperschaft vorgelegt werden.

§ 63 Berichterstattung. (1) ¹Das Bundesministerium für Wirtschaft und Technologie berichtet der Bundesregierung bis zum 31. Dezember 2012 und dann jährlich über den Netzausbau, den Kraftwerkszubau und Ersatzinvesti-

---

[1]) Nr. 11.

Energiewirtschaftsgesetz § 64 EnWG 1

tionen sowie Energieeffizienz und die sich daraus ergebenden Herausforderungen. ²Auf Grundlage des Berichts nach Satz 1 und auf Grundlage des Berichts des Bundesministeriums für Umwelt, Naturschutz und Reaktorsicherheit nach § 65 a Absatz 1 Satz 1 des Erneuerbare-Energien-Gesetzes[1] berichtet die Bundesregierung dem Bundestag und legt erforderliche Handlungsempfehlungen vor. ³Bei der Erstellung des Berichts nach Satz 1 hat das Bundesministerium für Wirtschaft und Technologie die Befugnisse nach den §§ 12 a, 12 b, 14 Absatz 1 a und 1 b, den §§ 68, 69 und 71.

(1 a) Das Bundesministerium für Wirtschaft und Technologie veröffentlicht alle zwei Jahre spätestens zum 31. Juli einen Bericht über die bei dem Monitoring der Versorgungssicherheit nach § 51 im Bereich der leitungsgebundenen Elektrizitätsversorgung gewonnenen Erkenntnisse und etwaige getroffene oder geplante Maßnahmen und übermittelt ihn unverzüglich der Europäischen Kommission.

(2) Das Bundesministerium für Wirtschaft und Technologie veröffentlicht spätestens zum 31. Juli eines jeden Jahres einen Bericht über die bei dem Monitoring der Versorgungssicherheit nach § 51 im Bereich der leitungsgebundenen Erdgasversorgung gewonnenen Erkenntnisse und etwaige getroffene oder geplante Maßnahmen und übermittelt ihn unverzüglich der Europäischen Kommission.

(3) ¹Die Bundesnetzagentur veröffentlicht jährlich einen Bericht über ihre Tätigkeit sowie im Einvernehmen mit dem Bundeskartellamt, soweit wettbewerbliche Aspekte betroffen sind, über das Ergebnis ihrer Monitoring-Tätigkeit und legt ihn der Europäischen Kommission und der Europäischen Agentur für die Zusammenarbeit der Energieregulierungsbehörden vor. ²In den Bericht ist der vom Bundeskartellamt im Einvernehmen mit der Bundesnetzagentur, soweit Aspekte der Regulierung der Leitungsnetze betroffen sind, erstellte Bericht über das Ergebnis seiner Monitoring-Tätigkeit nach § 48 Absatz 3 in Verbindung mit § 53 Absatz 3 des Gesetzes gegen Wettbewerbsbeschränkungen[2] aufzunehmen. ³In den Bericht sind allgemeine Weisungen des Bundesministeriums für Wirtschaft und Technologie nach § 61 aufzunehmen.

(4) ¹Die Bundesnetzagentur kann in ihrem Amtsblatt oder auf ihrer Internetseite jegliche Information veröffentlichen, die für Haushaltskunden Bedeutung haben kann, auch wenn dies die Nennung von Unternehmensnamen beinhaltet. ²Sonstige Rechtsvorschriften, namentlich zum Schutz personenbezogener Daten und zum Presserecht, bleiben unberührt.

(5) Das Statistische Bundesamt unterrichtet die Europäische Kommission alle drei Monate über in den vorangegangenen drei Monaten getätigte Elektrizitätseinfuhren in Form physikalisch geflossener Energiemengen aus Ländern außerhalb der Europäischen Union.

§ 64 Wissenschaftliche Beratung. (1) ¹Die Bundesnetzagentur kann zur Vorbereitung ihrer Entscheidungen oder zur Begutachtung von Fragen der Regulierung wissenschaftliche Kommissionen einsetzen. ²Ihre Mitglieder müssen auf dem Gebiet der leitungsgebundenen Energieversorgung über

---
[1] Nr. 34.
[2] Nr. 11.

besondere volkswirtschaftliche, betriebswirtschaftliche, verbraucherpolitische, technische oder rechtliche Erfahrungen und über ausgewiesene wissenschaftliche Kenntnisse verfügen.

(2) ¹Die Bundesnetzagentur darf sich bei der Erfüllung ihrer Aufgaben fortlaufend wissenschaftlicher Unterstützung bedienen. ²Diese betrifft insbesondere

1. die regelmäßige Begutachtung der volkswirtschaftlichen, betriebswirtschaftlichen, technischen und rechtlichen Entwicklung auf dem Gebiet der leitungsgebundenen Energieversorgung,
2. die Aufbereitung und Weiterentwicklung der Grundlagen für die Gestaltung der Regulierung des Netzbetriebs, die Regeln über den Netzanschluss und -zugang sowie den Kunden- und Verbraucherschutz.

§ 64 a Zusammenarbeit zwischen den Regulierungsbehörden.

(1) ¹Die Bundesnetzagentur und die Landesregulierungsbehörden unterstützen sich gegenseitig bei der Wahrnehmung der ihnen nach § 54 obliegenden Aufgaben. ²Dies gilt insbesondere für den Austausch der für die Wahrnehmung der Aufgaben nach Satz 1 notwendigen Informationen.

(2) ¹Die Landesregulierungsbehörden unterstützen die Bundesnetzagentur bei der Wahrnehmung der dieser nach den §§ 35, 60, 63 und 64 obliegenden Aufgaben; soweit hierbei Aufgaben der Landesregulierungsbehörden berührt sind, gibt die Bundesnetzagentur den Landesregulierungsbehörden auf geeignete Weise Gelegenheit zur Mitwirkung. ²Dies kann auch über den Länderausschuss nach § 60 a erfolgen.

Teil 8. Verfahren und Rechtsschutz bei überlangen Gerichtsverfahren

Abschnitt 1. Behördliches Verfahren

§ 65 Aufsichtsmaßnahmen.
(1) ¹Die Regulierungsbehörde kann Unternehmen oder Vereinigungen von Unternehmen verpflichten, ein Verhalten abzustellen, das den Bestimmungen dieses Gesetzes sowie den auf Grund dieses Gesetzes ergangenen Rechtsvorschriften entgegensteht. ²Sie kann hierzu alle erforderlichen Abhilfemaßnahmen verhaltensorientierter oder struktureller Art vorschreiben, die gegenüber der festgestellten Zuwiderhandlung verhältnismäßig und für eine wirksame Abstellung der Zuwiderhandlung erforderlich sind. ³Abhilfemaßnahmen struktureller Art können nur in Ermangelung einer verhaltensorientierten Abhilfemaßnahme von gleicher Wirksamkeit festgelegt werden oder wenn letztere im Vergleich zu Abhilfemaßnahmen struktureller Art mit einer größeren Belastung für die beteiligten Unternehmen verbunden wäre.

(2) Kommt ein Unternehmen oder eine Vereinigung von Unternehmen seinen Verpflichtungen nach diesem Gesetz oder den auf Grund dieses Gesetzes erlassenen Rechtsverordnungen nicht nach, so kann die Regulierungsbehörde die Maßnahmen zur Einhaltung der Verpflichtungen anordnen.

(2 a) ¹Hat ein Betreiber von Transportnetzen aus anderen als zwingenden, von ihm nicht zu beeinflussenden Gründen eine Investition, die nach dem Netz-

Energiewirtschaftsgesetz **§§ 66–67 EnWG 1**

entwicklungsplan nach § 12 c Absatz 4 Satz 1 und 3 oder § 15 a in den folgenden drei Jahren nach Eintritt der Verbindlichkeit nach § 12 c Absatz 4 Satz 1 oder § 15 a Absatz 3 Satz 8 durchgeführt werden musste, nicht durchgeführt, fordert die Regulierungsbehörde ihn mit Fristsetzung zur Durchführung der betreffenden Investition auf, sofern die Investition unter Zugrundelegung des jüngsten Netzentwicklungsplans noch relevant ist. ² Die Regulierungsbehörde kann nach Ablauf der Frist nach Satz 1 ein Ausschreibungsverfahren zur Durchführung der betreffenden Investition durchführen. ³ Die Regulierungsbehörde kann durch Festlegung nach § 29 Absatz 1 zum Ausschreibungsverfahren nähere Bestimmungen treffen.

(3) Soweit ein berechtigtes Interesse besteht, kann die Regulierungsbehörde auch eine Zuwiderhandlung feststellen, nachdem diese beendet ist.

(4) § 30 Abs. 2 bleibt unberührt.

(5) Die Absätze 1 und 2 sowie die §§ 68, 69 und 71 sind entsprechend anzuwenden auf die Überwachung von Bestimmungen dieses Gesetzes und von auf Grund dieser Bestimmungen ergangenen Rechtsvorschriften durch die nach Landesrecht zuständige Behörde, soweit diese für die Überwachung der Einhaltung dieser Vorschriften zuständig ist und dieses Gesetz im Einzelfall nicht speziellere Vorschriften über Aufsichtsmaßnahmen enthält.

§ 66 Einleitung des Verfahrens, Beteiligte. (1) Die Regulierungsbehörde leitet ein Verfahren von Amts wegen oder auf Antrag ein.

(2) An dem Verfahren vor der Regulierungsbehörde sind beteiligt,

1. wer die Einleitung eines Verfahrens beantragt hat,

2. Unternehmen, gegen die sich das Verfahren richtet,

3. Personen und Personenvereinigungen, deren Interessen durch die Entscheidung erheblich berührt werden und die die Regulierungsbehörde auf ihren Antrag zu dem Verfahren beigeladen hat, wobei Interessen der Verbraucherzentralen und anderer Verbraucherverbände, die mit öffentlichen Mitteln gefördert werden, auch dann erheblich berührt werden, wenn sich die Entscheidung auf eine Vielzahl von Verbrauchern auswirkt und dadurch die Interessen der Verbraucher insgesamt erheblich berührt werden.

(3) An Verfahren vor den nach Landesrecht zuständigen Behörden ist auch die Regulierungsbehörde beteiligt.

§ 66 a Vorabentscheidung über Zuständigkeit. (1) ¹ Macht ein Beteiligter die örtliche oder sachliche Unzuständigkeit der Regulierungsbehörde geltend, so kann die Regulierungsbehörde über die Zuständigkeit vorab entscheiden. ² Die Verfügung kann selbständig mit der Beschwerde angefochten werden.

(2) Hat ein Beteiligter die örtliche oder sachliche Unzuständigkeit der Regulierungsbehörde nicht geltend gemacht, so kann eine Beschwerde nicht darauf gestützt werden, dass die Regulierungsbehörde ihre Zuständigkeit zu Unrecht angenommen hat.

§ 67 Anhörung, mündliche Verhandlung. (1) Die Regulierungsbehörde hat den Beteiligten Gelegenheit zur Stellungnahme zu geben.

(2) Vertretern der von dem Verfahren berührten Wirtschaftskreise kann die Regulierungsbehörde in geeigneten Fällen Gelegenheit zur Stellungnahme geben.

(3) ¹ Auf Antrag eines Beteiligten oder von Amts wegen kann die Regulierungsbehörde eine öffentliche mündliche Verhandlung durchführen. ² Für die Verhandlung oder für einen Teil davon ist die Öffentlichkeit auszuschließen, wenn sie eine Gefährdung der öffentlichen Ordnung, insbesondere der Sicherheit des Staates, oder die Gefährdung eines wichtigen Betriebs- oder Geschäftsgeheimnisses besorgen lässt.

(4) Die §§ 45 und 46 des Verwaltungsverfahrensgesetzes sind anzuwenden.

§ 68 Ermittlungen. (1) Die Regulierungsbehörde kann alle Ermittlungen führen und alle Beweise erheben, die erforderlich sind.

(2) ¹ Für den Beweis durch Augenschein, Zeugen und Sachverständige sind § 372 Abs. 1, §§ 376, 377, 378, 380 bis 387, 390, 395 bis 397, 398 Abs. 1, §§ 401, 402, 404, 404a, 406 bis 409, 411 bis 414 der Zivilprozessordnung sinngemäß anzuwenden; Haft darf nicht verhängt werden. ² Für die Entscheidung über die Beschwerde ist das Oberlandesgericht zuständig.

(3) ¹ Über die Zeugenaussage soll eine Niederschrift aufgenommen werden, die von dem ermittelnden Mitglied der Regulierungsbehörde und, wenn ein Urkundsbeamter zugezogen ist, auch von diesem zu unterschreiben ist. ² Die Niederschrift soll Ort und Tag der Verhandlung sowie die Namen der Mitwirkenden und Beteiligten ersehen lassen.

(4) ¹ Die Niederschrift ist dem Zeugen zur Genehmigung vorzulesen oder zur eigenen Durchsicht vorzulegen. ² Die erteilte Genehmigung ist zu vermerken und von dem Zeugen zu unterschreiben. ³ Unterbleibt die Unterschrift, so ist der Grund hierfür anzugeben.

(5) Bei der Vernehmung von Sachverständigen sind die Bestimmungen der Absätze 3 und 4 anzuwenden.

(6) ¹ Die Regulierungsbehörde kann das Amtsgericht um die Beeidigung von Zeugen ersuchen, wenn sie die Beeidigung zur Herbeiführung einer wahrheitsgemäßen Aussage für notwendig erachtet. ² Über die Beeidigung entscheidet das Gericht.

§ 69 Auskunftsverlangen, Betretungsrecht. (1) ¹ Soweit es zur Erfüllung der in diesem Gesetz der Regulierungsbehörde übertragenen Aufgaben erforderlich ist, kann die Regulierungsbehörde bis zur Bestandskraft ihrer Entscheidung

1. von Unternehmen und Vereinigungen von Unternehmen Auskunft über ihre technischen und wirtschaftlichen Verhältnisse sowie die Herausgabe von Unterlagen verlangen; dies umfasst auch allgemeine Marktstudien, die der Regulierungsbehörde bei der Erfüllung der ihr übertragenen Aufgaben, insbesondere bei der Einschätzung oder Analyse der Wettbewerbsbedingungen oder der Marktlage, dienen und sich im Besitz des Unternehmens oder der Vereinigung von Unternehmen befinden;

2. von Unternehmen und Vereinigungen von Unternehmen Auskunft über die wirtschaftlichen Verhältnisse von mit ihnen nach Artikel 3 Abs. 2 der Verordnung (EG) Nr. 139/2004 verbundenen Unternehmen sowie die

Herausgabe von Unterlagen dieser Unternehmen verlangen, soweit sie die Informationen zur Verfügung haben oder soweit sie auf Grund bestehender rechtlicher Verbindungen zur Beschaffung der verlangten Informationen über die verbundenen Unternehmen in der Lage sind;

3. bei Unternehmen und Vereinigungen von Unternehmen innerhalb der üblichen Geschäftszeiten die geschäftlichen Unterlagen einsehen und prüfen.

² Gegenüber Wirtschafts- und Berufsvereinigungen der Energiewirtschaft gilt Satz 1 Nr. 1 und 3 entsprechend hinsichtlich ihrer Tätigkeit, Satzung und Beschlüsse sowie Anzahl und Namen der Mitglieder, für die die Beschlüsse bestimmt sind.

(2) Die Inhaber der Unternehmen oder die diese vertretenden Personen, bei juristischen Personen, Gesellschaften und nichtrechtsfähigen Vereinen die nach Gesetz oder Satzung zur Vertretung berufenen Personen, sind verpflichtet, die verlangten Unterlagen herauszugeben, die verlangten Auskünfte zu erteilen, die geschäftlichen Unterlagen zur Einsichtnahme vorzulegen und die Prüfung dieser geschäftlichen Unterlagen sowie das Betreten von Geschäftsräumen und -grundstücken während der üblichen Geschäftszeiten zu dulden.

(3) Personen, die von der Regulierungsbehörde mit der Vornahme von Prüfungen beauftragt sind, dürfen Betriebsgrundstücke, Büro- und Geschäftsräume und Einrichtungen der Unternehmen und Vereinigungen von Unternehmen während der üblichen Geschäftszeiten betreten.

(4) ¹ Durchsuchungen können nur auf Anordnung des Amtsgerichts, in dessen Bezirk die Durchsuchung erfolgen soll, vorgenommen werden. ² Durchsuchungen sind zulässig, wenn zu vermuten ist, dass sich in den betreffenden Räumen Unterlagen befinden, die die Regulierungsbehörde nach Absatz 1 einsehen, prüfen oder herausverlangen darf. ³ Auf die Anfechtung dieser Anordnung finden die §§ 306 bis 310 und 311a der Strafprozessordnung entsprechende Anwendung. ⁴ Bei Gefahr im Verzuge können die in Absatz 3 bezeichneten Personen während der Geschäftszeit die erforderlichen Durchsuchungen ohne richterliche Anordnung vornehmen. ⁵ An Ort und Stelle ist eine Niederschrift über die Durchsuchung und ihr wesentliches Ergebnis aufzunehmen, aus der sich, falls keine richterliche Anordnung ergangen ist, auch die Tatsachen ergeben, die zur Annahme einer Gefahr im Verzuge geführt haben. ⁶ Das Grundrecht der Unverletzlichkeit der Wohnung (Artikel 13 Abs. 1 des Grundgesetzes) wird insoweit eingeschränkt.

(5) ¹ Gegenstände oder geschäftliche Unterlagen können im erforderlichen Umfang in Verwahrung genommen werden oder, wenn sie nicht freiwillig herausgegeben werden, beschlagnahmt werden. ² Dem von der Durchsuchung Betroffenen ist nach deren Beendigung auf Verlangen ein Verzeichnis der in Verwahrung oder Beschlag genommenen Gegenstände, falls dies nicht der Fall ist, eine Bescheinigung hierüber zu geben.

(6) ¹ Zur Auskunft Verpflichtete können die Auskunft auf solche Fragen verweigern, deren Beantwortung sie selbst oder in § 383 Abs. 1 Nr. 1 bis 3 der Zivilprozessordnung bezeichnete Angehörige der Gefahr strafrechtlicher Verfolgung oder eines Verfahrens nach dem Gesetz über Ordnungswidrigkeiten aussetzen würde. ² Die durch Auskünfte oder Maßnahmen nach Absatz 1 erlangten Kenntnisse und Unterlagen dürfen für ein Besteuerungsverfahren oder ein Bußgeldverfahren wegen einer Steuerordnungswidrigkeit oder einer

Devisenzuwiderhandlung sowie für ein Verfahren wegen einer Steuerstraftat oder einer Devisenstraftat nicht verwendet werden; die §§ 93, 97, 105 Abs. 1, § 111 Abs. 5 in Verbindung mit § 105 Abs. 1 sowie § 116 Abs. 1 der Abgabenordnung sind insoweit nicht anzuwenden. [3] Satz 2 gilt nicht für Verfahren wegen einer Steuerstraftat sowie eines damit zusammenhängenden Besteuerungsverfahrens, wenn an deren Durchführung ein zwingendes öffentliches Interesse besteht, oder bei vorsätzlich falschen Angaben der Auskunftspflichtigen oder der für sie tätigen Personen.

(7) [1] Die Bundesnetzagentur fordert die Auskünfte nach Absatz 1 Nr. 1 durch Beschluss, die Landesregulierungsbehörde fordert sie durch schriftliche Einzelverfügung an. [2] Darin sind die Rechtsgrundlage, der Gegenstand und der Zweck des Auskunftsverlangens anzugeben und eine angemessene Frist zur Erteilung der Auskunft zu bestimmen.

(8) [1] Die Bundesnetzagentur ordnet die Prüfung nach Absatz 1 Satz 1 Nr. 3 durch Beschluss mit Zustimmung des Präsidenten oder der Präsidentin, die Landesregulierungsbehörde durch schriftliche Einzelverfügung an. [2] In der Anordnung sind Zeitpunkt, Rechtsgrundlage, Gegenstand und Zweck der Prüfung anzugeben.

(9) Soweit Prüfungen einen Verstoß gegen Anordnungen oder Entscheidungen der Regulierungsbehörde ergeben haben, hat das Unternehmen der Regulierungsbehörde die Kosten für diese Prüfungen zu erstatten.

(10) [1] Lassen Umstände vermuten, dass der Wettbewerb im Anwendungsbereich dieses Gesetzes beeinträchtigt oder verfälscht ist, kann die Regulierungsbehörde die Untersuchung eines bestimmten Wirtschaftszweiges oder einer bestimmten Art von Vereinbarungen oder Verhalten durchführen. [2] Im Rahmen dieser Untersuchung kann die Regulierungsbehörde von den betreffenden Unternehmen die Auskünfte verlangen, die zur Durchsetzung dieses Gesetzes und der Verordnung (EG) Nr. 1228/2003 erforderlich sind und die dazu erforderlichen Ermittlungen durchführen. [3] Die Absätze 1 bis 9 sowie die §§ 68 und 71 sowie 72 bis 74 gelten entsprechend.

§ 70 Beschlagnahme. (1) [1] Die Regulierungsbehörde kann Gegenstände, die als Beweismittel für die Ermittlung von Bedeutung sein können, beschlagnahmen. [2] Die Beschlagnahme ist dem davon Betroffenen unverzüglich bekannt zu geben.

(2) Die Regulierungsbehörde hat binnen drei Tagen um die richterliche Bestätigung des Amtsgerichts, in dessen Bezirk die Beschlagnahme vorgenommen ist, nachzusuchen, wenn bei der Beschlagnahme weder der davon Betroffene noch ein erwachsener Angehöriger anwesend war oder wenn der Betroffene und im Falle seiner Abwesenheit ein erwachsener Angehöriger des Betroffenen gegen die Beschlagnahme ausdrücklich Widerspruch erhoben hat.

(3) [1] Der Betroffene kann gegen die Beschlagnahme jederzeit um die richterliche Entscheidung nachsuchen. [2] Hierüber ist er zu belehren. [3] Über den Antrag entscheidet das nach Absatz 2 zuständige Gericht.

(4) [1] Gegen die richterliche Entscheidung ist die Beschwerde zulässig. [2] Die §§ 306 bis 310 und 311 a der Strafprozessordnung gelten entsprechend.

Energiewirtschaftsgesetz §§ 71–73 EnWG 1

§ 71 Betriebs- oder Geschäftsgeheimnisse. ¹ Zur Sicherung ihrer Rechte nach § 30 des Verwaltungsverfahrensgesetzes haben alle, die nach diesem Gesetz zur Vorlage von Informationen verpflichtet sind, unverzüglich nach der Vorlage diejenigen Teile zu kennzeichnen, die Betriebs- oder Geschäftsgeheimnisse enthalten. ² In diesem Fall müssen sie zusätzlich eine Fassung vorlegen, die aus ihrer Sicht ohne Preisgabe von Betriebs- oder Geschäftsgeheimnissen eingesehen werden kann. ³ Erfolgt dies nicht, kann die Regulierungsbehörde von ihrer Zustimmung zur Einsicht ausgehen, es sei denn, ihr sind besondere Umstände bekannt, die eine solche Vermutung nicht rechtfertigen. ⁴ Hält die Regulierungsbehörde die Kennzeichnung der Unterlagen als Betriebs- oder Geschäftsgeheimnisse für unberechtigt, so muss sie vor der Entscheidung über die Gewährung von Einsichtnahme an Dritte die vorlegenden Personen hören.

§ 71 a Netzentgelte vorgelagerter Netzebenen. Soweit Entgelte für die Nutzung vorgelagerter Netzebenen im Netzentgelt des Verteilernetzbetreibers enthalten sind, sind diese von den Landesregulierungsbehörden zugrunde zu legen, soweit nicht etwas anderes durch eine sofort vollziehbare oder bestandskräftige Entscheidung der Bundesnetzagentur oder ein rechtskräftiges Urteil festgestellt worden ist.

§ 72 Vorläufige Anordnungen. Die Regulierungsbehörde kann bis zur endgültigen Entscheidung vorläufige Anordnungen treffen.

§ 73 Verfahrensabschluss, Begründung der Entscheidung, Zustellung. (1) ¹ Entscheidungen der Regulierungsbehörde sind zu begründen und mit einer Belehrung über das zulässige Rechtsmittel den Beteiligten nach den Vorschriften des Verwaltungszustellungsgesetzes zuzustellen. ² § 5 Abs. 4 des Verwaltungszustellungsgesetzes und § 178 Abs. 1 Nr. 2 der Zivilprozessordnung sind entsprechend anzuwenden auf Unternehmen und Vereinigungen von Unternehmen. ³ Entscheidungen, die gegenüber einem Unternehmen mit Sitz im Ausland ergehen, stellt die Regulierungsbehörde der Person zu, die das Unternehmen der Regulierungsbehörde als im Inland zustellungsbevollmächtigt benannt hat. ⁴ Hat das Unternehmen keine zustellungsbevollmächtigte Person im Inland benannt, so stellt die Regulierungsbehörde die Entscheidungen durch Bekanntmachung im Bundesanzeiger zu.

(1 a) ¹ Werden Entscheidungen der Bundesnetzagentur durch Festlegung nach § 29 Absatz 1 oder durch Änderungsbeschluss nach § 29 Absatz 2 gegenüber allen oder einer Gruppe von Netzbetreibern oder von sonstigen Verpflichteten einer Vorschrift getroffen, kann die Zustellung nach Absatz 1 Satz 1 durch öffentliche Bekanntmachung ersetzt werden. ² Die öffentliche Bekanntmachung wird dadurch bewirkt, dass der verfügende Teil der Festlegung oder des Änderungsbeschlusses, die Rechtsbehelfsbelehrung und ein Hinweis auf die Veröffentlichung der vollständigen Entscheidung auf der Internetseite der Bundesnetzagentur im Amtsblatt der Bundesnetzagentur bekannt gemacht werden. ³ Die Festlegung oder der Änderungsbeschluss gilt mit dem Tag als zugestellt, an dem seit dem Tag der Bekanntmachung im Amtsblatt der Bundesnetzagentur zwei Wochen verstrichen sind; hierauf ist in der Bekanntmachung hinzuweisen. ⁴ § 41 Absatz 2 Satz 2 des Verwaltungsverfahrensgesetzes gilt entsprechend. ⁵ Für Entscheidungen der Bundesnetz-

agentur in Auskunftsverlangen gegenüber einer Gruppe von Unternehmen gelten die Sätze 1 bis 5 entsprechend, soweit den Entscheidungen ein einheitlicher Auskunftszweck zugrunde liegt.

(2) Soweit ein Verfahren nicht mit einer Entscheidung abgeschlossen wird, die den Beteiligten nach Absatz 1 zugestellt wird, ist seine Beendigung den Beteiligten schriftlich mitzuteilen.

(3) Die Regulierungsbehörde kann die Kosten einer Beweiserhebung den Beteiligten nach billigem Ermessen auferlegen.

§ 74 Veröffentlichung von Verfahrenseinleitungen und Entscheidungen. [1] Die Einleitung von Verfahren nach § 29 Abs. 1 und 2 und Entscheidungen der Regulierungsbehörde auf der Grundlage des Teiles 3 sind auf der Internetseite und im Amtsblatt der Regulierungsbehörde zu veröffentlichen.
[2] Im Übrigen können Entscheidungen von der Regulierungsbehörde veröffentlicht werden.

Abschnitt 2. Beschwerde

§ 75 Zulässigkeit, Zuständigkeit. (1) [1] Gegen Entscheidungen der Regulierungsbehörde ist die Beschwerde zulässig. [2] Sie kann auch auf neue Tatsachen und Beweismittel gestützt werden.

(2) Die Beschwerde steht den am Verfahren vor der Regulierungsbehörde Beteiligten zu.

(3) [1] Die Beschwerde ist auch gegen die Unterlassung einer beantragten Entscheidung der Regulierungsbehörde zulässig, auf deren Erlass der Antragsteller einen Rechtsanspruch geltend macht. [2] Als Unterlassung gilt es auch, wenn die Regulierungsbehörde den Antrag auf Erlass der Entscheidung ohne zureichenden Grund in angemessener Frist nicht beschieden hat. [3] Die Unterlassung ist dann einer Ablehnung gleich zu achten.

(4) [1] Über die Beschwerde entscheidet ausschließlich das für den Sitz der Regulierungsbehörde zuständige Oberlandesgericht, in den Fällen des § 51 ausschließlich das für den Sitz der Bundesnetzagentur zuständige Oberlandesgericht, und zwar auch dann, wenn sich die Beschwerde gegen eine Verfügung des Bundesministeriums für Wirtschaft und Technologie richtet. [2] § 36 der Zivilprozessordnung gilt entsprechend.

§ 76 Aufschiebende Wirkung. (1) Die Beschwerde hat keine aufschiebende Wirkung, soweit durch die angefochtene Entscheidung nicht eine Entscheidung zur Durchsetzung der Verpflichtungen nach den §§ 7 und 8 getroffen wird.

(2) [1] Wird eine Entscheidung, durch die eine vorläufige Anordnung nach § 72 getroffen wurde, angefochten, so kann das Beschwerdegericht anordnen, dass die angefochtene Entscheidung ganz oder teilweise erst nach Abschluss des Beschwerdeverfahrens oder nach Leistung einer Sicherheit in Kraft tritt.
[2] Die Anordnung kann jederzeit aufgehoben oder geändert werden.

(3) [1] § 72 gilt entsprechend für das Verfahren vor dem Beschwerdegericht.
[2] Dies gilt nicht für die Fälle des § 77.

Energiewirtschaftsgesetz §§ 77, 78 EnWG 1

§ 77 Anordnung der sofortigen Vollziehung und der aufschiebenden Wirkung. (1) Die Regulierungsbehörde kann in den Fällen des § 76 Abs. 1 die sofortige Vollziehung der Entscheidung anordnen, wenn dies im öffentlichen Interesse oder im überwiegenden Interesse eines Beteiligten geboten ist.

(2) Die Anordnung nach Absatz 1 kann bereits vor der Einreichung der Beschwerde getroffen werden.

(3) [1] Auf Antrag kann das Beschwerdegericht die aufschiebende Wirkung ganz oder teilweise wiederherstellen, wenn

1. die Voraussetzungen für die Anordnung nach Absatz 1 nicht vorgelegen haben oder nicht mehr vorliegen oder

2. ernstliche Zweifel an der Rechtmäßigkeit der angefochtenen Verfügung bestehen oder

3. die Vollziehung für den Betroffenen eine unbillige, nicht durch überwiegende öffentliche Interessen gebotene Härte zur Folge hätte.

[2] In den Fällen, in denen die Beschwerde keine aufschiebende Wirkung hat, kann die Regulierungsbehörde die Vollziehung aussetzen. [3] Die Aussetzung soll erfolgen, wenn die Voraussetzungen des Satzes 1 Nr. 3 vorliegen. [4] Das Beschwerdegericht kann auf Antrag die aufschiebende Wirkung ganz oder teilweise anordnen, wenn die Voraussetzungen des Satzes 1 Nr. 2 oder 3 vorliegen.

(4) [1] Der Antrag nach Absatz 3 Satz 1 oder 4 ist schon vor Einreichung der Beschwerde zulässig. [2] Die Tatsachen, auf die der Antrag gestützt wird, sind vom Antragsteller glaubhaft zu machen. [3] Ist die Entscheidung der Regulierungsbehörde schon vollzogen, kann das Gericht auch die Aufhebung der Vollziehung anordnen. [4] Die Wiederherstellung und die Anordnung der aufschiebenden Wirkung können von der Leistung einer Sicherheit oder von anderen Auflagen abhängig gemacht werden. [5] Sie können auch befristet werden.

(5) Entscheidungen nach Absatz 3 Satz 1 und Beschlüsse über Anträge nach Absatz 3 Satz 4 können jederzeit geändert oder aufgehoben werden.

§ 78 Frist und Form. (1) [1] Die Beschwerde ist binnen einer Frist von einem Monat bei der Regulierungsbehörde schriftlich einzureichen. [2] Die Frist beginnt mit der Zustellung der Entscheidung der Regulierungsbehörde. [3] Es genügt, wenn die Beschwerde innerhalb der Frist bei dem Beschwerdegericht eingeht.

(2) Ergeht auf einen Antrag keine Entscheidung, so ist die Beschwerde an keine Frist gebunden.

(3) [1] Die Beschwerde ist zu begründen. [2] Die Frist für die Beschwerdebegründung beträgt einen Monat; sie beginnt mit der Einlegung der Beschwerde und kann auf Antrag von dem oder der Vorsitzenden des Beschwerdegerichts verlängert werden.

(4) Die Beschwerdebegründung muss enthalten

1. die Erklärung, inwieweit die Entscheidung angefochten und ihre Abänderung oder Aufhebung beantragt wird,

2. die Angabe der Tatsachen und Beweismittel, auf die sich die Beschwerde stützt.

(5) Die Beschwerdeschrift und die Beschwerdebegründung müssen durch einen Rechtsanwalt unterzeichnet sein; dies gilt nicht für Beschwerden der Regulierungsbehörde.

§ 79 Beteiligte am Beschwerdeverfahren. (1) An dem Verfahren vor dem Beschwerdegericht sind beteiligt
1. der Beschwerdeführer,
2. die Regulierungsbehörde,
3. Personen und Personenvereinigungen, deren Interessen durch die Entscheidung erheblich berührt werden und die die Regulierungsbehörde auf ihren Antrag zu dem Verfahren beigeladen hat.

(2) Richtet sich die Beschwerde gegen eine Entscheidung einer nach Landesrecht zuständigen Behörde, ist auch die Regulierungsbehörde an dem Verfahren beteiligt.

§ 80 Anwaltszwang. [1] Vor dem Beschwerdegericht müssen die Beteiligten sich durch einen Rechtsanwalt als Bevollmächtigten vertreten lassen. [2] Die Regulierungsbehörde kann sich durch ein Mitglied der Behörde vertreten lassen.

§ 81 Mündliche Verhandlung. (1) Das Beschwerdegericht entscheidet über die Beschwerde auf Grund mündlicher Verhandlung; mit Einverständnis der Beteiligten kann ohne mündliche Verhandlung entschieden werden.

(2) Sind die Beteiligten in dem Verhandlungstermin trotz rechtzeitiger Benachrichtigung nicht erschienen oder gehörig vertreten, so kann gleichwohl in der Sache verhandelt und entschieden werden.

§ 82 Untersuchungsgrundsatz. (1) Das Beschwerdegericht erforscht den Sachverhalt von Amts wegen.

(2) Der oder die Vorsitzende hat darauf hinzuwirken, dass Formfehler beseitigt, unklare Anträge erläutert, sachdienliche Anträge gestellt, ungenügende tatsächliche Angaben ergänzt, ferner alle für die Feststellung und Beurteilung des Sachverhalts wesentlichen Erklärungen abgegeben werden.

(3) [1] Das Beschwerdegericht kann den Beteiligten aufgeben, sich innerhalb einer zu bestimmenden Frist über aufklärungsbedürftige Punkte zu äußern, Beweismittel zu bezeichnen und in ihren Händen befindliche Urkunden sowie andere Beweismittel vorzulegen. [2] Bei Versäumung der Frist kann nach Lage der Sache ohne Berücksichtigung der nicht beigebrachten Unterlagen entschieden werden.

(4) [1] Wird die Anforderung nach § 69 Abs. 7 oder die Anordnung nach § 69 Abs. 8 mit der Beschwerde angefochten, hat die Regulierungsbehörde die tatsächlichen Anhaltspunkte glaubhaft zu machen. [2] § 294 Abs. 1 der Zivilprozessordnung findet Anwendung.

§ 83 Beschwerdeentscheidung. (1) [1] Das Beschwerdegericht entscheidet durch Beschluss nach seiner freien, aus dem Gesamtergebnis des Verfahrens

Energiewirtschaftsgesetz § 83 a EnWG 1

gewonnenen Überzeugung. ²Der Beschluss darf nur auf Tatsachen und Beweismittel gestützt werden, zu denen die Beteiligten sich äußern konnten. ³Das Beschwerdegericht kann hiervon abweichen, soweit Beigeladenen aus wichtigen Gründen, insbesondere zur Wahrung von Betriebs- oder Geschäftsgeheimnissen, Akteneinsicht nicht gewährt und der Akteninhalt aus diesen Gründen auch nicht vorgetragen worden ist. ⁴Dies gilt nicht für solche Beigeladene, die an dem streitigen Rechtsverhältnis derart beteiligt sind, dass die Entscheidung auch ihnen gegenüber nur einheitlich ergehen kann.

(2) ¹Hält das Beschwerdegericht die Entscheidung der Regulierungsbehörde für unzulässig oder unbegründet, so hebt es sie auf. ²Hat sich die Entscheidung vorher durch Zurücknahme oder auf andere Weise erledigt, so spricht das Beschwerdegericht auf Antrag aus, dass die Entscheidung der Regulierungsbehörde unzulässig oder unbegründet gewesen ist, wenn der Beschwerdeführer ein berechtigtes Interesse an dieser Feststellung hat.

(3) Hat sich eine Entscheidung nach den §§ 29 bis 31 wegen nachträglicher Änderung der tatsächlichen Verhältnisse oder auf andere Weise erledigt, so spricht das Beschwerdegericht auf Antrag aus, ob, in welchem Umfang und bis zu welchem Zeitpunkt die Entscheidung begründet gewesen ist.

(4) Hält das Beschwerdegericht die Ablehnung oder Unterlassung der Entscheidung für unzulässig oder unbegründet, so spricht es die Verpflichtung der Regulierungsbehörde aus, die beantragte Entscheidung vorzunehmen.

(5) Die Entscheidung ist auch dann unzulässig oder unbegründet, wenn die Regulierungsbehörde von ihrem Ermessen fehlsamen Gebrauch gemacht hat, insbesondere wenn sie die gesetzlichen Grenzen des Ermessens überschritten oder durch die Ermessensentscheidung Sinn und Zweck dieses Gesetzes verletzt hat.

(6) Der Beschluss ist zu begründen und mit einer Rechtsmittelbelehrung den Beteiligten zuzustellen.

§ 83 a Abhilfe bei Verletzung des Anspruchs auf rechtliches Gehör.

(1) ¹Auf die Rüge eines durch eine gerichtliche Entscheidung beschwerten Beteiligten ist das Verfahren fortzuführen, wenn

1. ein Rechtsmittel oder ein anderer Rechtsbehelf gegen die Entscheidung nicht gegeben ist und

2. das Gericht den Anspruch dieses Beteiligten auf rechtliches Gehör in entscheidungserheblicher Weise verletzt hat.

²Gegen eine der Entscheidung vorausgehende Entscheidung findet die Rüge nicht statt.

(2) ¹Die Rüge ist innerhalb von zwei Wochen nach Kenntnis von der Verletzung des rechtlichen Gehörs zu erheben; der Zeitpunkt der Kenntniserlangung ist glaubhaft zu machen. ²Nach Ablauf eines Jahres seit Bekanntgabe der angegriffenen Entscheidung kann die Rüge nicht mehr erhoben werden. ³Formlos mitgeteilte Entscheidungen gelten mit dem dritten Tage nach Aufgabe zur Post als bekannt gegeben. ⁴Die Rüge ist schriftlich oder zur Niederschrift des Urkundsbeamten der Geschäftsstelle bei dem Gericht zu erheben, dessen Entscheidung angegriffen wird. ⁵Die Rüge muss die angegriffene Entscheidung bezeichnen und das Vorliegen der in Absatz 1 Satz 1 Nr. 2 genannten Voraussetzungen darlegen.

(3) Den übrigen Beteiligten ist, soweit erforderlich, Gelegenheit zur Stellungnahme zu geben.

(4) ¹ Ist die Rüge nicht statthaft oder nicht in der gesetzlichen Form oder Frist erhoben, so ist sie als unzulässig zu verwerfen. ² Ist die Rüge unbegründet, weist das Gericht sie zurück. ³ Die Entscheidung ergeht durch unanfechtbaren Beschluss. ⁴ Der Beschluss soll kurz begründet werden.

(5) ¹ Ist die Rüge begründet, so hilft ihr das Gericht ab, indem es das Verfahren fortführt, soweit dies aufgrund der Rüge geboten ist. ² Das Verfahren wird in die Lage zurückversetzt, in der es sich vor dem Schluss der mündlichen Verhandlung befand. ³ Im schriftlichen Verfahren tritt an die Stelle des Schlusses der mündlichen Verhandlung der Zeitpunkt, bis zu dem Schriftsätze eingereicht werden können. ⁴ Für den Ausspruch des Gerichts ist § 343 der Zivilprozessordnung anzuwenden.

(6) § 149 Abs. 1 Satz 2 der Verwaltungsgerichtsordnung ist entsprechend anzuwenden.

§ 84 Akteneinsicht. (1) ¹ Die in § 79 Abs. 1 Nr. 1 und 2 und Abs. 2 bezeichneten Beteiligten können die Akten des Gerichts einsehen und sich durch die Geschäftsstelle auf ihre Kosten Ausfertigungen, Auszüge und Abschriften erteilen lassen. ² § 299 Abs. 3 der Zivilprozessordnung gilt entsprechend.

(2) ¹ Einsicht in Vorakten, Beiakten, Gutachten und Auskünfte sind nur mit Zustimmung der Stellen zulässig, denen die Akten gehören oder die die Äußerung eingeholt haben. ² Die Regulierungsbehörde hat die Zustimmung zur Einsicht in ihre Unterlagen zu versagen, soweit dies aus wichtigen Gründen, insbesondere zur Wahrung von Betriebs- oder Geschäftsgeheimnissen, geboten ist. ³ Wird die Einsicht abgelehnt oder ist sie unzulässig, dürfen diese Unterlagen der Entscheidung nur insoweit zugrunde gelegt werden, als ihr Inhalt vorgetragen worden ist. ⁴ Das Beschwerdegericht kann die Offenlegung von Tatsachen oder Beweismitteln, deren Geheimhaltung aus wichtigen Gründen, insbesondere zur Wahrung von Betriebs- oder Geschäftsgeheimnissen, verlangt wird, nach Anhörung des von der Offenlegung Betroffenen durch Beschluss anordnen, soweit es für die Entscheidung auf diese Tatsachen oder Beweismittel ankommt, andere Möglichkeiten der Sachaufklärung nicht bestehen und nach Abwägung aller Umstände des Einzelfalles die Bedeutung der Sache das Interesse des Betroffenen an der Geheimhaltung überwiegt. ⁵ Der Beschluss ist zu begründen. ⁶ In dem Verfahren nach Satz 4 muss sich der Betroffene nicht anwaltlich vertreten lassen.

(3) Den in § 79 Abs. 1 Nr. 3 bezeichneten Beteiligten kann das Beschwerdegericht nach Anhörung des Verfügungsberechtigten Akteneinsicht in gleichem Umfang gewähren.

§ 85 Geltung von Vorschriften des Gerichtsverfassungsgesetzes und der Zivilprozessordnung. Für Verfahren vor dem Beschwerdegericht gelten, soweit nicht anderes bestimmt ist, entsprechend

1. die Vorschriften der §§ 169 bis 201 des Gerichtsverfassungsgesetzes über Öffentlichkeit, Sitzungspolizei, Gerichtssprache, Beratung und Abstimmung sowie über den Rechtsschutz bei überlangen Gerichtsverfahren;

Energiewirtschaftsgesetz §§ 86, 87 EnWG 1

2. die Vorschriften der Zivilprozessordnung über Ausschließung und Ablehnung eines Richters, über Prozessbevollmächtigte und Beistände, über die Zustellung von Amts wegen, über Ladungen, Termine und Fristen, über die Anordnung des persönlichen Erscheinens der Parteien, über die Verbindung mehrerer Prozesse, über die Erledigung des Zeugen- und Sachverständigenbeweises sowie über die sonstigen Arten des Beweisverfahrens, über die Wiedereinsetzung in den vorigen Stand gegen die Versäumung einer Frist.

Abschnitt 3. Rechtsbeschwerde

§ 86 Rechtsbeschwerdegründe. (1) Gegen die in der Hauptsache erlassenen Beschlüsse der Oberlandesgerichte findet die Rechtsbeschwerde an den Bundesgerichtshof statt, wenn das Oberlandesgericht die Rechtsbeschwerde zugelassen hat.

(2) Die Rechtsbeschwerde ist zuzulassen, wenn

1. eine Rechtsfrage von grundsätzlicher Bedeutung zu entscheiden ist oder
2. die Fortbildung des Rechts oder die Sicherung einer einheitlichen Rechtsprechung eine Entscheidung des Bundesgerichtshofs erfordert.

(3) [1] Über die Zulassung oder Nichtzulassung der Rechtsbeschwerde ist in der Entscheidung des Oberlandesgerichts zu befinden. [2] Die Nichtzulassung ist zu begründen.

(4) Einer Zulassung zur Einlegung der Rechtsbeschwerde gegen Entscheidungen des Beschwerdegerichts bedarf es nicht, wenn einer der folgenden Mängel des Verfahrens vorliegt und gerügt wird:

1. wenn das beschließende Gericht nicht vorschriftsmäßig besetzt war,
2. wenn bei der Entscheidung ein Richter mitgewirkt hat, der von der Ausübung des Richteramtes kraft Gesetzes ausgeschlossen oder wegen Besorgnis der Befangenheit mit Erfolg abgelehnt war,
3. wenn einem Beteiligten das rechtliche Gehör versagt war,
4. wenn ein Beteiligter im Verfahren nicht nach Vorschrift des Gesetzes vertreten war, sofern er nicht der Führung des Verfahrens ausdrücklich oder stillschweigend zugestimmt hat,
5. wenn die Entscheidung auf Grund einer mündlichen Verhandlung ergangen ist, bei der die Vorschriften über die Öffentlichkeit des Verfahrens verletzt worden sind, oder
6. wenn die Entscheidung nicht mit Gründen versehen ist.

§ 87 Nichtzulassungsbeschwerde. (1) Die Nichtzulassung der Rechtsbeschwerde kann selbständig durch Nichtzulassungsbeschwerde angefochten werden.

(2) [1] Über die Nichtzulassungsbeschwerde entscheidet der Bundesgerichtshof durch Beschluss, der zu begründen ist. [2] Der Beschluss kann ohne mündliche Verhandlung ergehen.

(3) [1] Die Nichtzulassungsbeschwerde ist binnen einer Frist von einem Monat schriftlich bei dem Oberlandesgericht einzulegen. [2] Die Frist beginnt mit der Zustellung der angefochtenen Entscheidung.

(4) ¹ Für die Nichtzulassungsbeschwerde gelten die §§ 77, 78 Abs. 3, 4 Nr. 1 und Abs. 5, §§ 79, 80, 84 und 85 Nr. 2 dieses Gesetzes sowie die §§ 192 bis 201 des Gerichtsverfassungsgesetzes über die Beratung und Abstimmung sowie über den Rechtsschutz bei überlangen Gerichtsverfahren entsprechend. ² Für den Erlass einstweiliger Anordnungen ist das Beschwerdegericht zuständig.

(5) ¹ Wird die Rechtsbeschwerde nicht zugelassen, so wird die Entscheidung des Oberlandesgerichts mit der Zustellung des Beschlusses des Bundesgerichtshofs rechtskräftig. ² Wird die Rechtsbeschwerde zugelassen, so beginnt mit der Zustellung des Beschlusses des Bundesgerichtshofs der Lauf der Beschwerdefrist.

§ 88 Beschwerdeberechtigte, Form und Frist. (1) Die Rechtsbeschwerde steht der Regulierungsbehörde sowie den am Beschwerdeverfahren Beteiligten zu.

(2) Die Rechtsbeschwerde kann nur darauf gestützt werden, dass die Entscheidung auf einer Verletzung des Rechts beruht; die §§ 546, 547 der Zivilprozessordnung gelten entsprechend.

(3) ¹ Die Rechtsbeschwerde ist binnen einer Frist von einem Monat schriftlich bei dem Oberlandesgericht einzulegen. ² Die Frist beginnt mit der Zustellung der angefochtenen Entscheidung.

(4) Der Bundesgerichtshof ist an die in der angefochtenen Entscheidung getroffenen tatsächlichen Feststellungen gebunden, außer wenn in Bezug auf diese Feststellungen zulässige und begründete Rechtsbeschwerdegründe vorgebracht sind.

(5) ¹ Für die Rechtsbeschwerde gelten im Übrigen die §§ 76, 78 Abs. 3, 4 Nr. 1 und Abs. 5, §§ 79 bis 81 sowie §§ 83 bis 85 entsprechend. ² Für den Erlass einstweiliger Anordnungen ist das Beschwerdegericht zuständig.

Abschnitt 4. Gemeinsame Bestimmungen

§ 89 Beteiligtenfähigkeit. Fähig, am Verfahren vor der Regulierungsbehörde, am Beschwerdeverfahren und am Rechtsbeschwerdeverfahren beteiligt zu sein, sind außer natürlichen und juristischen Personen auch nichtrechtsfähige Personenvereinigungen.

§ 90 Kostentragung und -festsetzung. ¹ Im Beschwerdeverfahren und im Rechtsbeschwerdeverfahren kann das Gericht anordnen, dass die Kosten, die zur zweckentsprechenden Erledigung der Angelegenheit notwendig waren, von einem Beteiligten ganz oder teilweise zu erstatten sind, wenn dies der Billigkeit entspricht. ² Hat ein Beteiligter Kosten durch ein unbegründetes Rechtsmittel oder durch grobes Verschulden veranlasst, so sind ihm die Kosten aufzuerlegen. ³ Im Übrigen gelten die Vorschriften der Zivilprozessordnung über das Kostenfestsetzungsverfahren und die Zwangsvollstreckung aus Kostenfestsetzungsbeschlüssen entsprechend.

§ 90 a Elektronische Dokumentenübermittlung. ¹ Im Beschwerdeverfahren und im Rechtsbeschwerdeverfahren gelten § 130 a Abs. 1 und 3 sowie § 133 Abs. 1 Satz 2 der Zivilprozessordnung mit der Maßgabe entsprechend, dass die Beteiligten nach § 89 am elektronischen Rechtsverkehr teilnehmen können. ²Die Bundesregierung und die Landesregierungen bestimmen für ihren Bereich durch Rechtsverordnung den Zeitpunkt, von dem an elektronische Dokumente bei den Gerichten eingereicht werden können, sowie die für die Bearbeitung der Dokumente geeignete Form. ³Die Landesregierungen können die Ermächtigung durch Rechtsverordnung auf die Landesjustizverwaltungen übertragen. ⁴Die Zulassung der elektronischen Form kann auf einzelne Gerichte oder Verfahren beschränkt werden.

§ 91 Gebührenpflichtige Handlungen. (1) ¹Die Regulierungsbehörde erhebt Kosten (Gebühren und Auslagen) für folgende gebührenpflichtige Leistungen:

1. Zertifizierungen nach § 4a Absatz 1;
2. Untersagungen nach § 5 Satz 4;
3. Amtshandlungen auf Grund von § 33 Absatz 1 und § 36 Absatz 2 Satz 3;
4. Amtshandlungen auf Grund der §§ 21a, 23a, 28a Absatz 3, der §§ 29, 30 Absatz 2, § 57 Absatz 2 Satz 2 und 4, der §§ 65 und 110 Absatz 2 und 4 sowie Artikel 17 der Verordnung (EG) Nr. 714/2009[1]);
5. Amtshandlungen auf Grund des § 31 Absatz 2 und 3;
6. Amtshandlungen auf Grund einer Rechtsverordnung nach § 12g Absatz 3, der §§ 21i und 24 Satz 1 Nummer 3;
7. Amtshandlungen auf Grund der Verordnung (EG) Nr. 714/2009, Verordnung (EG) Nr. 715/2009[2]) sowie Verordnung (EU) Nr. 994/2010;
8. Erteilung von beglaubigten Abschriften aus den Akten der Regulierungsbehörde.

²Daneben werden als Auslagen die Kosten für weitere Ausfertigungen, Kopien und Auszüge sowie die in entsprechender Anwendung des Justizvergütungs- und -entschädigungsgesetzes zu zahlenden Beträge erhoben.

(2) ¹Gebühren und Auslagen werden auch erhoben, wenn ein Antrag auf Vornahme einer in Absatz 1 bezeichneten Amtshandlung abgelehnt wird. ²Wird ein Antrag zurückgenommen oder im Falle des Absatzes 1 Satz 1 Nummer 5 beiderseitig für erledigt erklärt, bevor darüber entschieden ist, so ist die Hälfte der Gebühr zu entrichten.

(3) ¹Die Gebührensätze sind so zu bemessen, dass die mit den Amtshandlungen verbundenen Kosten gedeckt sind. ²Darüber hinaus kann der wirtschaftliche Wert, den der Gegenstand der gebührenpflichtigen Handlung hat, berücksichtigt werden. ³Ist der Betrag nach Satz 1 im Einzelfall außergewöhnlich hoch, kann die Gebühr aus Gründen der Billigkeit ermäßigt werden.

(4) Zur Abgeltung mehrfacher gleichartiger Amtshandlungen können Pauschalgebührensätze, die den geringen Umfang des Verwaltungsaufwandes berücksichtigen, vorgesehen werden.

(5) Gebühren dürfen nicht erhoben werden
1. für mündliche und schriftliche Auskünfte und Anregungen;
2. wenn sie bei richtiger Behandlung der Sache nicht entstanden wären.

---
[1]) Nr. 8.
[2]) Nr. 21.

(6) ¹ Kostenschuldner ist
1. *(aufgehoben)*
2. in den Fällen des Absatzes 1 Satz 1 Nr. 1 bis 3, wer durch einen Antrag die Tätigkeit der Regulierungsbehörde veranlasst hat, oder derjenige, gegen den eine Verfügung der Regulierungsbehörde ergangen ist;
2 a. in den Fällen des Absatzes 1 Satz 1 Nummer 5 der Antragsteller, wenn der Antrag abgelehnt wird, oder der Netzbetreiber, gegen den eine Verfügung nach § 31 Absatz 3 ergangen ist; wird der Antrag teilweise abgelehnt, sind die Kosten verhältnismäßig zu teilen; einem Beteiligten können die Kosten ganz auferlegt werden, wenn der andere Beteiligte nur zu einem geringen Teil unterlegen ist; erklären die Beteiligten übereinstimmend die Sache für erledigt, tragen sie die Kosten zu gleichen Teilen;
3. in den Fällen des Absatzes 1 Satz 1 Nr. 4, wer die Herstellung der Abschriften veranlasst hat.

² Kostenschuldner ist auch, wer die Zahlung der Kosten durch eine vor der Regulierungsbehörde abgegebene oder ihr mitgeteilte Erklärung übernommen hat oder wer für die Kostenschuld eines anderen kraft Gesetzes haftet. ³ Mehrere Kostenschuldner haften als Gesamtschuldner.

(7) ¹ Eine Festsetzung von Kosten ist bis zum Ablauf des vierten Kalenderjahres nach Entstehung der Schuld zulässig (Festsetzungsverjährung). ² Wird vor Ablauf der Frist ein Antrag auf Aufhebung oder Änderung der Festsetzung gestellt, ist die Festsetzungsfrist so lange gehemmt, bis über den Antrag unanfechtbar entschieden wurde. ³ Der Anspruch auf Zahlung von Kosten verjährt mit Ablauf des fünften Kalenderjahres nach der Festsetzung (Zahlungsverjährung). ⁴ Im Übrigen gilt § 20 des Verwaltungskostengesetzes.

(8) ¹ Das Bundesministerium für Wirtschaft und Technologie wird ermächtigt, im Einvernehmen mit dem Bundesministerium der Finanzen durch Rechtsverordnung mit Zustimmung des Bundesrates die Gebührensätze und die Erhebung der Gebühren vom Gebührenschuldner in Durchführung der Vorschriften der Absätze 1 bis 6 sowie die Erstattung der Auslagen für die in § 73 Abs. 1 Satz 4 und § 74 Satz 1 bezeichneten Bekanntmachungen und Veröffentlichungen zu regeln, soweit es die Bundesnetzagentur betrifft. ² Hierbei kann geregelt werden, auf welche Weise der wirtschaftliche Wert des Gegenstandes der jeweiligen Amtshandlung zu ermitteln ist. ³ Des Weiteren können in der Verordnung auch Vorschriften über die Kostenbefreiung von juristischen Personen des öffentlichen Rechts, über die Verjährung sowie über die Kostenerhebung vorgesehen werden.

(8 a) Für die Amtshandlungen der Landesregulierungsbehörden werden die Bestimmungen nach Absatz 8 durch Landesrecht getroffen.

(9) Das Bundesministerium für Wirtschaft und Technologie wird ermächtigt, durch Rechtsverordnung mit Zustimmung des Bundesrates das Nähere über die Erstattung der durch das Verfahren vor der Regulierungsbehörde entstehenden Kosten nach den Grundsätzen des § 90 zu bestimmen.

§ 92 *(aufgehoben)*

§ 93 Mitteilung der Bundesnetzagentur. ¹ Die Bundesnetzagentur veröffentlicht einen jährlichen Überblick über ihre Verwaltungskosten und die

Energiewirtschaftsgesetz §§ 94, 95 EnWG 1

insgesamt eingenommenen Abgaben. ²Soweit erforderlich, werden Gebühren- und Beitragssätze in den Verordnungen nach § 91 Abs. 8 und § 92 Abs. 3 für die Zukunft angepasst.

Abschnitt 5. Sanktionen, Bußgeldverfahren

§ 94 Zwangsgeld. ¹Die Regulierungsbehörde kann ihre Anordnungen nach den für die Vollstreckung von Verwaltungsmaßnahmen geltenden Vorschriften durchsetzen. ²Die Höhe des Zwangsgeldes beträgt mindestens 1 000 Euro und höchstens zehn Millionen Euro.

§ 95 Bußgeldvorschriften. (1) Ordnungswidrig handelt, wer vorsätzlich oder fahrlässig

1. ohne Genehmigung nach § 4 Abs. 1 ein Energieversorgungsnetz betreibt,

1 a. ohne eine Zertifizierung nach § 4 a Absatz 1 Satz 1 ein Transportnetz betreibt,

1 b. entgegen § 4 c Satz 1 oder Satz 2 die Regulierungsbehörde nicht, nicht richtig, nicht vollständig oder nicht rechtzeitig unterrichtet,

1 c, d. *(aufgehoben)*

2. entgegen § 5 Satz 1 eine Anzeige nicht, nicht richtig, nicht vollständig oder nicht rechtzeitig erstattet,

2 a. *(aufgehoben)*

3. einer vollziehbaren Anordnung nach

   a) § 5 Satz 4, § 12 c Absatz 1 Satz 2, § 15 a Absatz 3 Satz 5, § 65 Abs. 1 oder 2 oder § 69 Abs. 7 Satz 1 oder Abs. 8 Satz 1 oder

   b) § 30 Abs. 2 zuwiderhandelt,

3 a. entgegen § 5 a Absatz 1 Satz 1 dort genannten Daten nicht, nicht richtig, nicht vollständig oder nicht rechtzeitig übermittelt,

3 b. entgegen § 12 b Absatz 5, § 12 c Absatz 5 oder § 15 a Absatz 1 Satz 1 einen Entwurf oder einen Netzentwicklungsplan nicht oder nicht rechtzeitig vorlegt,

3 c. entgegen § 12 g Absatz 1 Satz 3 in Verbindung mit einer Rechtsverordnung nach Absatz 3 einen Bericht nicht, nicht richtig, nicht vollständig oder nicht rechtzeitig vorlegt,

3 d. entgegen § 12 g Absatz 2 in Verbindung mit einer Rechtsverordnung nach Absatz 3 einen Sicherheitsplan nicht, nicht richtig, nicht vollständig oder nicht rechtzeitig erstellt oder einen Sicherheitsbeauftragten nicht oder nicht rechtzeitig bestimmt,

4. entgegen § 30 Abs. 1 Satz 1 eine Marktstellung missbraucht oder

5. einer Rechtsverordnung nach

   a) § 17 Abs. 3 Satz 1 Nr. 1, § 24 Satz 1 Nr. 1 oder § 27 Satz 5, soweit die Rechtsverordnung Verpflichtungen zur Mitteilung, Geheimhaltung, Mitwirkung oder Veröffentlichung enthält,

   b) § 17 Abs. 3 Satz 1 Nr. 2, § 21 a Abs. 6 Satz 1 Nr. 3, § 24 Satz 1 Nr. 2 oder 3 oder § 29 Abs. 3 oder

   c) einer Rechtsverordnung nach § 49 Abs. 4 oder § 50

oder einer vollziehbaren Anordnung auf Grund einer solchen Rechtsverordnung zuwiderhandelt, soweit die Rechtsverordnung für einen bestimmten Tatbestand auf diese Bußgeldvorschrift verweist.

(1 a) Ordnungswidrig handelt, wer vorsätzlich oder leichtfertig entgegen § 12 Abs. 5 einen Bericht nicht, nicht richtig, nicht vollständig oder nicht rechtzeitig übermittelt.

(2) ¹Die Ordnungswidrigkeit kann in den Fällen des Absatzes 1 Nummer 1 a, Nr. 3 Buchstabe b, Nr. 4 und 5 Buchstabe b mit einer Geldbuße bis zu einer Million Euro, über diesen Betrag hinaus bis zur dreifachen Höhe des durch die Zuwiderhandlung erlangten Mehrerlöses, in den Fällen des Absatzes 1 Nr. 5 Buchstabe a sowie des Absatzes 1 a mit einer Geldbuße bis zu zehntausend Euro und in den übrigen Fällen mit einer Geldbuße bis zu hunderttausend Euro geahndet werden. ²Die Höhe des Mehrerlöses kann geschätzt werden.

(3) Die Regulierungsbehörde kann allgemeine Verwaltungsgrundsätze über die Ausübung ihres Ermessens bei der Bemessung der Geldbuße festlegen.

(4) ¹Die Verjährung der Verfolgung von Ordnungswidrigkeiten nach Absatz 1 richtet sich nach den Vorschriften des Gesetzes über Ordnungswidrigkeiten. ²Die Verfolgung der Ordnungswidrigkeiten nach Absatz 1 Nr. 4 und 5 verjährt in fünf Jahren.

(5) Verwaltungsbehörde im Sinne des § 36 Abs. 1 Nr. 1 des Gesetzes über Ordnungswidrigkeiten ist die nach § 54 zuständige Behörde.

§ 96 Zuständigkeit für Verfahren wegen der Festsetzung einer Geldbuße gegen eine juristische Person oder Personenvereinigung.
¹Die Regulierungsbehörde ist für Verfahren wegen der Festsetzung einer Geldbuße gegen eine juristische Person oder Personenvereinigung (§ 30 des Gesetzes über Ordnungswidrigkeiten) in Fällen ausschließlich zuständig, denen

1. eine Straftat, die auch den Tatbestand des § 95 Abs. 1 Nr. 4 verwirklicht, oder
2. eine vorsätzliche oder fahrlässige Ordnungswidrigkeit nach § 130 des Gesetzes über Ordnungswidrigkeiten, bei der eine mit Strafe bedrohte Pflichtverletzung auch den Tatbestand des § 95 Abs. 1 Nr. 4 verwirklicht,

zugrunde liegt. ²Dies gilt nicht, wenn die Behörde das § 30 des Gesetzes über Ordnungswidrigkeiten betreffende Verfahren an die Staatsanwaltschaft abgibt.

§ 97 Zuständigkeiten im gerichtlichen Bußgeldverfahren.
¹Sofern die Regulierungsbehörde als Verwaltungsbehörde des Vorverfahrens tätig war, erfolgt die Vollstreckung der Geldbuße und des Geldbetrages, dessen Verfall angeordnet wurde, durch die Regulierungsbehörde als Vollstreckungsbehörde auf Grund einer von dem Urkundsbeamten der Geschäftsstelle des Gerichts zu erteilenden, mit der Bescheinigung der Vollstreckbarkeit versehenen beglaubigten Abschrift der Urteilsformel entsprechend den Vorschriften über die Vollstreckung von Bußgeldbescheiden. ²Die Geldbußen und die Geldbeträge, deren Verfall angeordnet wurde, fließen der Bundeskasse zu, die auch die der Staatskasse auferlegten Kosten trägt.

§ 98 Zuständigkeit des Oberlandesgerichts im gerichtlichen Verfahren.
(1) ¹Im gerichtlichen Verfahren wegen einer Ordnungswidrigkeit nach

Energiewirtschaftsgesetz **§§ 99–103 EnWG 1**

§ 95 entscheidet das Oberlandesgericht, in dessen Bezirk die zuständige Regulierungsbehörde ihren Sitz hat; es entscheidet auch über einen Antrag auf gerichtliche Entscheidung (§ 62 des Gesetzes über Ordnungswidrigkeiten) in den Fällen des § 52 Abs. 2 Satz 3 und des § 69 Abs. 1 Satz 2 des Gesetzes über Ordnungswidrigkeiten. ² § 140 Abs. 1 Nr. 1 der Strafprozessordnung in Verbindung mit § 46 Abs. 1 des Gesetzes über Ordnungswidrigkeiten findet keine Anwendung.

(2) Das Oberlandesgericht entscheidet in der Besetzung von drei Mitgliedern mit Einschluss des vorsitzenden Mitglieds.

§ 99 Rechtsbeschwerde zum Bundesgerichtshof. ¹ Über die Rechtsbeschwerde (§ 79 des Gesetzes über Ordnungswidrigkeiten) entscheidet der Bundesgerichtshof. ² Hebt er die angefochtene Entscheidung auf, ohne in der Sache selbst zu entscheiden, so verweist er die Sache an das Oberlandesgericht, dessen Entscheidung aufgehoben wird, zurück.

§ 100 Wiederaufnahmeverfahren gegen Bußgeldbescheid. Im Wiederaufnahmeverfahren gegen den Bußgeldbescheid der Regulierungsbehörde (§ 85 Abs. 4 des Gesetzes über Ordnungswidrigkeiten) entscheidet das nach § 98 zuständige Gericht.

§ 101 Gerichtliche Entscheidungen bei der Vollstreckung. Die bei der Vollstreckung notwendig werdenden gerichtlichen Entscheidungen (§ 104 des Gesetzes über Ordnungswidrigkeiten) werden von dem nach § 98 zuständigen Gericht erlassen.

Abschnitt 6. Bürgerliche Rechtsstreitigkeiten

§ 102 Ausschließliche Zuständigkeit der Landgerichte. (1) ¹ Für bürgerliche Rechtsstreitigkeiten, die sich aus diesem Gesetz ergeben, sind ohne Rücksicht auf den Wert des Streitgegenstandes die Landgerichte ausschließlich zuständig. ² Satz 1 gilt auch, wenn die Entscheidung eines Rechtsstreits ganz oder teilweise von einer Entscheidung abhängt, die nach diesem Gesetz zu treffen ist.

(2) Die Rechtsstreitigkeiten sind Handelssachen im Sinne der §§ 93 bis 114 des Gerichtsverfassungsgesetzes.

§ 103 Zuständigkeit eines Landgerichts für mehrere Gerichtsbezirke.

(1) ¹ Die Landesregierungen werden ermächtigt, durch Rechtsverordnung bürgerliche Rechtsstreitigkeiten, für die nach § 102 ausschließlich die Landgerichte zuständig sind, einem Landgericht für die Bezirke mehrerer Landgerichte zuzuweisen, wenn eine solche Zusammenfassung der Rechtspflege, insbesondere der Sicherung einer einheitlichen Rechtsprechung, dienlich ist. ² Die Landesregierungen können die Ermächtigung auf die Landesjustizverwaltungen übertragen.

(2) Durch Staatsverträge zwischen Ländern kann die Zuständigkeit eines Landgerichts für einzelne Bezirke oder das gesamte Gebiet mehrerer Länder begründet werden.

(3) Die Parteien können sich vor den nach den Absätzen 1 und 2 bestimmten Gerichten auch anwaltlich durch Personen vertreten lassen, die bei dem

Gericht zugelassen sind, vor das der Rechtsstreit ohne die Regelung nach den Absätzen 1 und 2 gehören würde.

§ 104 Benachrichtigung und Beteiligung der Regulierungsbehörde.
(1) ¹ Das Gericht hat die Regulierungsbehörde über alle Rechtsstreitigkeiten nach § 102 Abs. 1 zu unterrichten. ² Das Gericht hat der Regulierungsbehörde auf Verlangen Abschriften von allen Schriftsätzen, Protokollen, Verfügungen und Entscheidungen zu übersenden.

(2) ¹ Der Präsident oder die Präsidentin der Regulierungsbehörde kann, wenn er oder sie es zur Wahrung des öffentlichen Interesses als angemessen erachtet, aus den Mitgliedern der Regulierungsbehörde eine Vertretung bestellen, die befugt ist, dem Gericht schriftliche Erklärungen abzugeben, auf Tatsachen und Beweismittel hinzuweisen, den Terminen beizuwohnen, in ihnen Ausführungen zu machen und Fragen an Parteien, Zeugen und Sachverständige zu richten. ² Schriftliche Erklärungen der vertretenden Personen sind den Parteien von dem Gericht mitzuteilen.

§ 105 Streitwertanpassung.
(1) ¹ Macht in einer Rechtsstreitigkeit, in der ein Anspruch nach dem § 32 geltend gemacht wird, eine Partei glaubhaft, dass die Belastung mit den Prozesskosten nach dem vollen Streitwert ihre wirtschaftliche Lage erheblich gefährden würde, so kann das Gericht auf ihren Antrag anordnen, dass die Verpflichtung dieser Partei zur Zahlung von Gerichtskosten sich nach einem ihrer Wirtschaftslage angepassten Teil des Streitwerts bemisst. ² Das Gericht kann die Anordnung davon abhängig machen, dass die Partei glaubhaft macht, dass die von ihr zu tragenden Kosten des Rechtsstreits weder unmittelbar noch mittelbar von einem Dritten übernommen werden. ³ Die Anordnung hat zur Folge, dass die begünstigte Partei die Gebühren ihres Rechtsanwalts ebenfalls nur nach diesem Teil des Streitwerts zu entrichten hat. ⁴ Soweit ihr Kosten des Rechtsstreits auferlegt werden oder soweit sie diese übernimmt, hat sie die von dem Gegner entrichteten Gerichtsgebühren und die Gebühren seines Rechtsanwalts nur nach dem Teil des Streitwerts zu erstatten. ⁵ Soweit die außergerichtlichen Kosten dem Gegner auferlegt oder von ihm übernommen werden, kann der Rechtsanwalt der begünstigten Partei seine Gebühren von dem Gegner nach dem für diesen geltenden Streitwert beitreiben.

(2) ¹ Der Antrag nach Absatz 1 kann vor der Geschäftsstelle des Gerichts zur Niederschrift erklärt werden. ² Er ist vor der Verhandlung zur Hauptsache anzubringen. ³ Danach ist er nur zulässig, wenn der angenommene oder festgesetzte Streitwert später durch das Gericht heraufgesetzt wird. ⁴ Vor der Entscheidung über den Antrag ist der Gegner zu hören.

Abschnitt 7. Gemeinsame Bestimmungen für das gerichtliche Verfahren

§ 106 Zuständiger Senat beim Oberlandesgericht.
(1) Die nach § 91 des Gesetzes gegen Wettbewerbsbeschränkungen bei den Oberlandesgerichten gebildeten Kartellsenate entscheiden über die nach diesem Gesetz den Oberlandesgerichten zugewiesenen Rechtssachen sowie in den Fällen des § 102 über die Berufung gegen Endurteile und die Beschwerde gegen sonstige Entscheidungen in bürgerlichen Rechtsstreitigkeiten.

Energiewirtschaftsgesetz §§ 107–110 EnWG 1

(2) Die §§ 92 und 93 des Gesetzes gegen Wettbewerbsbeschränkungen gelten entsprechend.

§ 107 Zuständiger Senat beim Bundesgerichtshof. (1) Der nach § 94 des Gesetzes gegen Wettbewerbsbeschränkungen beim Bundesgerichtshof gebildete Kartellsenat entscheidet über folgende Rechtsmittel:

1. in Verwaltungssachen über die Rechtsbeschwerde gegen Entscheidungen der Oberlandesgerichte (§§ 86 und 88) und über die Nichtzulassungsbeschwerde (§ 87);
2. in Bußgeldverfahren über die Rechtsbeschwerde gegen Entscheidungen der Oberlandesgerichte (§ 99);
3. in bürgerlichen Rechtsstreitigkeiten, die sich aus diesem Gesetz ergeben,
    a) über die Revision einschließlich der Nichtzulassungsbeschwerde gegen Endurteile der Oberlandesgerichte,
    b) über die Sprungrevision gegen Endurteile der Landgerichte,
    c) über die Rechtsbeschwerde gegen Beschlüsse der Oberlandesgerichte in den Fällen des § 574 Abs. 1 der Zivilprozessordnung.

(2) § 94 Abs. 2 des Gesetzes gegen Wettbewerbsbeschränkungen gilt entsprechend.

§ 108 Ausschließliche Zuständigkeit. Die Zuständigkeit der nach diesem Gesetz zur Entscheidung berufenen Gerichte ist ausschließlich.

Teil 9. Sonstige Vorschriften

§ 109 Unternehmen der öffentlichen Hand, Geltungsbereich.

(1) Dieses Gesetz findet auch Anwendung auf Unternehmen, die ganz oder teilweise im Eigentum der öffentlichen Hand stehen oder die von ihr verwaltet oder betrieben werden.

(2) Dieses Gesetz findet Anwendung auf alle Verhaltensweisen, die sich im Geltungsbereich dieses Gesetzes auswirken, auch wenn sie außerhalb des Geltungsbereichs dieses Gesetzes veranlasst werden.

§ 110 Geschlossene Verteilernetze. (1) § 14 Absatz 1 b, die §§ 14 a, 18, 19, 21 a, 22 Absatz 1, die §§ 23 a und 32 Absatz 2, die §§ 33, 35 und 52 finden auf den Betrieb eines geschlossenen Verteilernetzes keine Anwendung.

(2) ¹Die Regulierungsbehörde stuft ein Energieversorgungsnetz, mit dem Energie zum Zwecke der Ermöglichung der Versorgung von Kunden in einem geografisch begrenzten Industrie- oder Gewerbegebiet oder einem Gebiet verteilt wird, in dem Leistungen gemeinsam genutzt werden, als geschlossenes Verteilernetz ein, wenn

1. die Tätigkeiten oder Produktionsverfahren der Anschlussnutzer dieses Netzes aus konkreten technischen oder sicherheitstechnischen Gründen verknüpft sind oder
2. mit dem Netz in erster Linie Energie an den Netzeigentümer oder -betreiber oder an mit diesen verbundene Unternehmen verteilt wird; maßgeblich

ist der Durchschnitt der letzten drei Kalenderjahre; gesicherte Erkenntnisse über künftige Anteile sind zu berücksichtigen.

²Die Einstufung erfolgt nur, wenn keine Letztverbraucher, die Energie für den Eigenverbrauch im Haushalt kaufen, über das Netz versorgt werden oder nur eine geringe Zahl von solchen Letztverbrauchern, wenn diese ein Beschäftigungsverhältnis oder eine vergleichbare Beziehung zum Eigentümer oder Betreiber des Netzes unterhalten.

(3) ¹Die Einstufung erfolgt auf Antrag des Netzbetreibers. ²Der Antrag muss folgende Angaben enthalten:

1. Firma und Sitz des Netzbetreibers und des Netzeigentümers,
2. Angaben nach § 27 Absatz 2 der Stromnetzentgeltverordnung[1]) oder § 27 Absatz 2 der Gasnetzentgeltverordnung[2]),
3. Anzahl der versorgten Haushaltskunden,
4. vorgelagertes Netz einschließlich der Spannung oder des Drucks, mit der oder dem das Verteilernetz angeschlossen ist,
5. weitere Verteilernetze, die der Netzbetreiber betreibt.

³Das Verteilernetz gilt ab vollständiger Antragstellung bis zur Entscheidung der Regulierungsbehörde als geschlossenes Verteilernetz.

(4) ¹Jeder Netznutzer eines geschlossenen Verteilernetzes kann eine Überprüfung der Entgelte durch die Regulierungsbehörde verlangen; § 31 findet insoweit keine Anwendung. ²Es wird vermutet, dass die Bestimmung der Netznutzungsentgelte den rechtlichen Vorgaben entspricht, wenn der Betreiber des geschlossenen Verteilernetzes kein höheres Entgelt fordert als der Betreiber des vorgelagerten Energieversorgungsnetzes für die Nutzung des an das geschlossene Verteilernetz angrenzenden Energieversorgungsnetzes der allgemeinen Versorgung auf gleicher Netz- oder Umspannebene; grenzen mehrere Energieversorgungsnetze der allgemeinen Versorgung auf gleicher Netz- oder Umspannebene an, ist das niedrigste Entgelt maßgeblich. ³ § 31 Absatz 1, 2 und 4 sowie § 32 Absatz 1 und 3 bis 5 finden entsprechend Anwendung.

§ 111 Verhältnis zum Gesetz gegen Wettbewerbsbeschränkungen.

(1) ¹Die §§ 19, 20 und 29 des Gesetzes gegen Wettbewerbsbeschränkungen[3]) sind nicht anzuwenden, soweit durch dieses Gesetz oder auf Grund dieses Gesetzes erlassener Rechtsverordnungen ausdrücklich abschließende Regelungen getroffen werden. ²Die Aufgaben und Zuständigkeiten der Kartellbehörden bleiben unberührt.

(2) Die Bestimmungen des Teiles 3 und die auf Grundlage dieser Bestimmungen erlassenen Rechtsverordnungen sind abschließende Regelungen im Sinne des Absatzes 1 Satz 1.

(3) In Verfahren der Kartellbehörden nach den §§ 19, 20 und 29 des Gesetzes gegen Wettbewerbsbeschränkungen[3]), die Preise von Energieversorgungsunternehmen für die Belieferung von Letztverbrauchern betreffen, deren tatsächlicher oder kalkulatorischer Bestandteil Netzzugangsentgelte im

---

[1]) Nr. 17.
[2]) Nr. 19.
[3]) Nr. 11.

Sinne des § 20 Abs. 1 sind, sind die von Betreibern von Energieversorgungsnetzen nach § 20 Abs. 1 veröffentlichten Netzzugangsentgelte als rechtmäßig zugrunde zu legen, soweit nicht ein anderes durch eine sofort vollziehbare oder bestandskräftige Entscheidung der Regulierungsbehörde oder ein rechtskräftiges Urteil festgestellt worden ist.

§ 111a Verbraucherbeschwerden. [1] Energieversorgungsunternehmen, Messstellenbetreiber und Messdienstleister (Unternehmen) sind verpflichtet, Beanstandungen von Verbrauchern im Sinne des § 13 des Bürgerlichen Gesetzbuchs[1]) (Verbraucher) insbesondere zum Vertragsabschluss oder zur Qualität von Leistungen des Unternehmens (Verbraucherbeschwerden), die den Anschluss an das Versorgungsnetz, die Belieferung mit Energie sowie die Messung der Energie betreffen, innerhalb einer Frist von vier Wochen ab Zugang beim Unternehmen zu beantworten. [2] Wird der Verbraucherbeschwerde durch das Unternehmen nicht abgeholfen, hat das Unternehmen die Gründe schriftlich oder elektronisch darzulegen und auf das Schlichtungsverfahren nach § 111b hinzuweisen. [3] Das mit der Beanstandung befasste Unternehmen hat andere Unternehmen, die an der Belieferung des beanstandenden Verbrauchers bezüglich des Anschlusses an das Versorgungsnetz, der Belieferung mit Energie oder der Messung der Energie beteiligt sind, über den Inhalt der Beschwerde zu informieren, wenn diese Unternehmen der Verbraucherbeschwerde abhelfen können.

§ 111b Schlichtungsstelle, Verordnungsermächtigung. (1) [1] Zur Beilegung von Streitigkeiten zwischen Unternehmen und Verbrauchern über den Anschluss an das Versorgungsnetz, die Belieferung mit Energie sowie die Messung der Energie kann die anerkannte oder beauftragte Schlichtungsstelle angerufen werden. [2] Sofern ein Verbraucher eine Schlichtung bei der Schlichtungsstelle beantragt, ist das Unternehmen verpflichtet, an dem Schlichtungsverfahren teilzunehmen. [3] Der Antrag des Verbrauchers auf Einleitung des Schlichtungsverfahrens ist erst zulässig, wenn das Unternehmen im Verfahren nach § 111a der Verbraucherbeschwerde nicht abgeholfen hat. [4] Die Schlichtungsstelle kann andere Unternehmen, die an der Belieferung des den Antrag nach Satz 2 stellenden Verbrauchers bezüglich des Anschlusses an das Versorgungsnetz, der Belieferung mit Energie oder der Messung der Energie beteiligt sind, als Beteiligte im Schlichtungsverfahren hinzuziehen. [5] Schlichtungsverfahren sollen regelmäßig innerhalb von drei Monaten abgeschlossen werden. [6] Das Recht der Beteiligten, die Gerichte anzurufen oder ein anderes Verfahren nach diesem Gesetz zu beantragen, bleibt unberührt.

(2) Sofern wegen eines Anspruchs, der durch das Schlichtungsverfahren betroffen ist, ein Mahnverfahren eingeleitet wurde, soll der das Mahnverfahren betreibende Beteiligte auf Veranlassung der Schlichtungsstelle das Ruhen des Mahnverfahrens bewirken.

(3) [1] Das Bundesministerium für Wirtschaft und Technologie kann im Einvernehmen mit dem Bundesministerium für Ernährung, Landwirtschaft und Verbraucherschutz eine privatrechtlich organisierte Einrichtung als zentrale Schlichtungsstelle zur außergerichtlichen Beilegung von Streitigkeiten nach

---

[1]) Nr. 23.

Absatz 1 anerkennen. ²Die Anerkennung ist im Bundesanzeiger bekannt zu machen.

(4) ¹Eine privatrechtlich organisierte Einrichtung kann nach Absatz 3 als Schlichtungsstelle anerkannt werden, wenn sie die Voraussetzungen der Empfehlung 98/257/EG der Kommission vom 30. März 1998 betreffend die Grundsätze für Einrichtungen, die für die außergerichtliche Beilegung von Verbraucherrechtsstreitigkeiten zuständig sind (ABl. L 115 vom 17.4.1998, S. 31), erfüllt. ²Dabei müssen insbesondere:
1. die Unabhängigkeit und Unparteilichkeit der Schlichter sichergestellt sein;
2. die Beteiligten rechtliches Gehör erhalten, insbesondere Tatsachen und Bewertungen vorbringen können;
3. die organisatorischen und fachlichen Voraussetzungen für die Durchführung des Schlichtungsverfahrens vorliegen;
4. Schlichtungsverfahren zügig durchgeführt werden können;
5. die Schlichter und Hilfspersonen die Vertraulichkeit der Informationen gewährleisten, von denen sie im Schlichtungsverfahren Kenntnis erhalten, und
6. die Verfahrensregeln für Interessierte zugänglich sein.

(5) ¹Die anerkannte Schlichtungsstelle ist verpflichtet, jeden Antrag auf Schlichtung nach Absatz 1 schriftlich oder elektronisch zu beantworten und zu begründen. ²Sie ist verpflichtet, jährlich einen Tätigkeitsbericht zu veröffentlichen. ³Sie soll regelmäßig Entscheidungen von allgemeinem Interesse für den Verbraucher auf ihrer Internetseite veröffentlichen.

(6) ¹Die anerkannte Schlichtungsstelle kann für ein Schlichtungsverfahren von den nach Absatz 1 Satz 2 und 4 beteiligten Unternehmen ein Entgelt erheben. ²Bei offensichtlich missbräuchlichen Anträgen nach Absatz 1 Satz 2 kann auch von dem Verbraucher ein Entgelt verlangt werden. ³Die Höhe des Entgelts muss im Verhältnis zum Aufwand der anerkannten Schlichtungsstelle angemessen sein.

(7) ¹Solange keine privatrechtlich organisierte Einrichtung als Schlichtungsstelle nach Absatz 4 anerkannt worden ist, hat das Bundesministerium für Wirtschaft und Technologie die Aufgaben der Schlichtungsstelle durch Rechtsverordnung im Einvernehmen mit dem Bundesministerium für Ernährung, Landwirtschaft und Verbraucherschutz ohne Zustimmung des Bundesrates einer Bundesoberbehörde oder Bundesanstalt (beauftragte Schlichtungsstelle) zuzuweisen und deren Verfahren sowie die Erhebung von Gebühren und Auslagen zu regeln. ²Die Absätze 4 und 5 sind entsprechend anzuwenden.

(8) Die Befugnisse der Regulierungsbehörden auf der Grundlage dieses Gesetzes sowie der Kartellbehörden auf Grundlage des Gesetzes gegen Wettbewerbsbeschränkungen[1]) bleiben unberührt.

§ 111 c Zusammentreffen von Schlichtungsverfahren und Missbrauchs- oder Aufsichtsverfahren. (1) Erhält die Schlichtungsstelle Kenntnis davon, dass gegen den Betreiber eines Energieversorgungsnetzes im Zusammenhang mit dem Sachverhalt, der einem Antrag auf Durchführung eines

---

¹) Auszugsweise abgedruckt unter Nr. 11.

Schlichtungsverfahrens nach § 111 b zugrunde liegt, ein Missbrauchsverfahren nach § 30 Absatz 2 oder ein besonderes Missbrauchsverfahren nach § 31 oder gegen ein Unternehmen (§ 111 a Satz 1) ein Aufsichtsverfahren nach § 65 eingeleitet worden ist, ist das Schlichtungsverfahren auszusetzen.

(2) Das nach Absatz 1 ausgesetzte Schlichtungsverfahren ist mit Abschluss des Missbrauchsverfahrens oder Aufsichtsverfahrens unverzüglich fortzusetzen.

(3) [1] Die Schlichtungsstelle und die Regulierungsbehörden können nach Maßgabe des Bundesdatenschutzgesetzes untereinander Informationen einschließlich personenbezogener Daten über anhängige Schlichtungs- und Missbrauchsverfahren austauschen, soweit dies zur Erfüllung ihrer jeweiligen Aufgaben erforderlich ist. [2] Es ist sicherzustellen, dass die Vertraulichkeit wirtschaftlich sensibler Daten im Sinne des § 6 a gewahrt wird.

Teil 10. Evaluierung, Schlussvorschriften

§ 112 Evaluierungsbericht. [1] Die Bundesregierung hat den gesetzgebenden Körperschaften bis zum 1. Juli 2007 einen Bericht über die Erfahrungen und Ergebnisse mit der Regulierung vorzulegen (Evaluierungsbericht). [2] Sofern sich aus dem Bericht die Notwendigkeit von gesetzgeberischen Maßnahmen ergibt, soll die Bundesregierung einen Vorschlag machen. [3] Der Bericht soll insbesondere

1. Vorschläge für Methoden der Netzregulierung enthalten, die Anreize zur Steigerung der Effizienz des Netzbetriebs setzen,
2. Auswirkungen der Regelungen dieses Gesetzes auf die Umweltverträglichkeit der Energieversorgung darlegen,
3. Auswirkungen der Netzregulierung sowie der Regelungen nach Teil 4 auf die Letztverbraucher untersuchen,
4. eine Prüfung beinhalten, ob für die Planung des Verteilernetzausbaus die Aufnahme einer Ermächtigung zum Erlass einer Rechtsverordnung notwendig wird um sicherzustellen, dass nachfragesteuernde und effizienzsteigernde Maßnahmen angemessen beachtet werden,
5. die Bedingungen der Beschaffung und des Einsatzes von Ausgleichsenergie darstellen sowie gegebenenfalls Vorschläge zur Verbesserung des Beschaffungsverfahrens, insbesondere der gemeinsamen regelzonenübergreifenden Ausschreibung, und zu einer möglichen Zusammenarbeit der Betreiber von Übertragungsnetzen zur weiteren Verringerung des Aufwandes für Regelenergie machen,
6. die Möglichkeit der Einführung eines einheitlichen Marktgebiets bei Gasversorgungsnetzen erörtern und Vorschläge zur Entwicklung eines netzübergreifenden Regelzonenmodells bei Elektrizitätsversorgungsnetzen prüfen sowie
7. den Wettbewerb bei Gasspeichern und die Netzzugangsbedingungen für Anlagen zur Erzeugung von Biogas prüfen.

§ 112 a Bericht der Bundesnetzagentur zur Einführung einer Anreizregulierung. (1) [1] Die Bundesnetzagentur hat der Bundesregierung bis zum 1. Juli 2006 einen Bericht zur Einführung der Anreizregulierung nach

§ 21a vorzulegen. ²Dieser Bericht hat ein Konzept zur Durchführung einer Anreizregulierung zu enthalten, das im Rahmen der gesetzlichen Vorgaben umsetzbar ist. ³Zur Vorbereitung und zur Erstellung des Berichts stehen der Bundesnetzagentur die Ermittlungsbefugnisse nach diesem Gesetz zu.

(2) ¹Die Bundesnetzagentur soll den Bericht unter Beteiligung der Länder, der Wissenschaft und der betroffenen Wirtschaftskreise erstellen sowie die internationalen Erfahrungen mit Anreizregulierungssystemen berücksichtigen. ²Sie gibt den betroffenen Wirtschaftskreisen nach der Erstellung eines Berichtsentwurfs Gelegenheit zur Stellungnahme; sie veröffentlicht die erhaltenen Stellungnahmen im Internet. ³Unterlagen der betroffenen Wirtschaftskreise zur Entwicklung einer Methodik der Anreizregulierung sowie der Stellungnahme nach Satz 2 sind von den Regelungen nach § 69 Abs. 1 Satz 1 Nr. 1 und 3 sowie Satz 2 ausgenommen.

(3) ¹Die Bundesnetzagentur hat der Bundesregierung zwei Jahre nach der erstmaligen Bestimmung von Netzzugangsentgelten im Wege einer Anreizregulierung nach § 21a einen Bericht über die Erfahrungen damit vorzulegen. ²Die Bundesregierung hat den Bericht binnen dreier Monate an den Deutschen Bundestag weiterzuleiten; sie kann ihm eine Stellungnahme hinzufügen.

§ 113 Laufende Wegenutzungsverträge. Laufende Wegenutzungsverträge, einschließlich der vereinbarten Konzessionsabgaben, bleiben unbeschadet ihrer Änderung durch die §§ 36, 46 und 48 im Übrigen unberührt.

§ 114 Wirksamwerden der Entflechtungsbestimmungen. ¹Auf Rechnungslegung und interne Buchführung findet § 10 erstmals zu Beginn des jeweils ersten vollständigen Geschäftsjahres nach Inkrafttreten dieses Gesetzes Anwendung. ²Bis dahin sind die §§ 9 und 9a des Energiewirtschaftsgesetzes vom 24. April 1998 (BGBl. I S. 730), das zuletzt durch Artikel 1 des Gesetzes vom 20. Mai 2003 (BGBl. I S. 686) geändert worden ist, weiter anzuwenden.

§ 115 Bestehende Verträge. (1) ¹Bestehende Verträge über den Netzanschluss an und den Netzzugang zu den Energieversorgungsnetzen mit einer Laufzeit bis zum Ablauf von sechs Monaten nach Inkrafttreten dieses Gesetzes bleiben unberührt. ²Verträge mit einer längeren Laufzeit sind spätestens sechs Monate nach Inkrafttreten einer zu diesem Gesetz nach den §§ 17, 18 oder 24 erlassenen Rechtsverordnung an die jeweils entsprechenden Vorschriften dieses Gesetzes und die jeweilige Rechtsverordnung nach Maßgabe dieser Rechtsverordnung anzupassen, soweit eine Vertragspartei dies verlangt. ³§ 20 Abs. 1 des Gesetzes gegen Wettbewerbsbeschränkungen[1)] findet nach Maßgabe des § 111 Anwendung.

(1a) Abweichend von Absatz 1 Satz 2 sind die dort genannten Verträge hinsichtlich der Entgelte, soweit diese nach § 23a zu genehmigen sind, unabhängig von einem Verlangen einer Vertragspartei anzupassen.

(2) ¹Bestehende Verträge über die Belieferung von Letztverbrauchern mit Energie im Rahmen der bis zum Inkrafttreten dieses Gesetzes bestehenden allgemeinen Versorgungspflicht mit einer Laufzeit bis zum Ablauf von sechs

---

[1)] Nr. 11.

Energiewirtschaftsgesetz   §§ 116–117a   EnWG 1

Monaten nach Inkrafttreten dieses Gesetzes bleiben unberührt. ²Bis dahin gelten die Voraussetzungen des § 310 Abs. 2 des Bürgerlichen Gesetzbuchs[1]) als erfüllt, sofern die bestehenden Verträge im Zeitpunkt des Inkrafttretens dieses Gesetzes diese Voraussetzungen erfüllt haben. ³Verträge mit einer längeren Laufzeit sind spätestens sechs Monate nach Inkrafttreten einer zu diesem Gesetz nach § 39 oder § 41 erlassenen Rechtsverordnung an die jeweils entsprechenden Vorschriften dieses Gesetzes und die jeweilige Rechtsverordnung nach Maßgabe dieser Rechtsverordnung anzupassen.

(3) ¹Bestehende Verträge über die Belieferung von Haushaltskunden mit Energie außerhalb der bis zum Inkrafttreten dieses Gesetzes bestehenden allgemeinen Versorgungspflicht mit einer Restlaufzeit von zwölf Monaten nach Inkrafttreten dieses Gesetzes bleiben unberührt. ²Bis dahin gelten die Voraussetzungen des § 310 Abs. 2 des Bürgerlichen Gesetzbuchs als erfüllt, sofern die bestehenden Verträge im Zeitpunkt des Inkrafttretens dieses Gesetzes diese Voraussetzungen erfüllt haben. ³Verträge mit einer längeren Laufzeit sind spätestens zwölf Monate nach Inkrafttreten einer zu diesem Gesetz nach § 39 oder § 41 erlassenen Rechtsverordnung an die entsprechenden Vorschriften dieses Gesetzes und die jeweilige Rechtsverordnung nach Maßgabe dieser Rechtsverordnung anzupassen. ⁴Sonstige bestehende Lieferverträge bleiben im Übrigen unberührt.

§ 116 Bisherige Tarifkundenverträge. ¹Unbeschadet des § 115 sind die §§ 10 und 11 des Energiewirtschaftsgesetzes vom 24. April 1998 (BGBl. I S. 730), das zuletzt durch Artikel 126 der Verordnung vom 25. November 2003 (BGBl. I S. 2304) geändert worden ist, sowie die Verordnung über Allgemeine Bedingungen für die Elektrizitätsversorgung von Tarifkunden vom 21. Juni 1979 (BGBl. I S. 684), zuletzt geändert durch Artikel 17 des Gesetzes vom 9. Dezember 2004 (BGBl. I S. 3214), und die Verordnung über Allgemeine Bedingungen für die Gasversorgung von Tarifkunden vom 21. Juni 1979 (BGBl. I S. 676), zuletzt geändert durch Artikel 18 des Gesetzes vom 9. Dezember 2004 (BGBl. I S. 3214), auf bestehende Tarifkundenverträge, die nicht mit Haushaltskunden im Sinne dieses Gesetzes abgeschlossen worden sind, bis zur Beendigung der bestehenden Verträge weiter anzuwenden. ²Bei Änderungen dieser Verträge und bei deren Neuabschluss gelten die Bestimmungen dieses Gesetzes sowie der auf Grund dieses Gesetzes erlassenen Rechtsverordnungen.

§ 117 Konzessionsabgaben für die Wasserversorgung. Für die Belieferung von Letztverbrauchern im Rahmen der öffentlichen Wasserversorgung gilt § 48 entsprechend.

§ 117a Regelung bei Stromeinspeisung in geringem Umfang. ¹Betreiber

1. von Anlagen im Sinne des § 3 Nr. 1 des Erneuerbare-Energien-Gesetzes[2]) mit einer elektrischen Leistung von bis zu 500 Kilowatt oder

---
[1]) Nr. 23.
[2]) Nr. 34.

2. von Anlagen im Sinne des § 3 Abs. 2 des Kraft-Wärme-Kopplungsgesetzes[1]) mit einer elektrischen Leistung von bis zu 500 Kilowatt,

die nur deswegen als Energieversorgungsunternehmen gelten, weil sie Elektrizität nach den Vorschriften des Erneuerbare-Energien-Gesetzes oder des Kraft-Wärme-Kopplungsgesetzes in ein Netz einspeisen oder gemäß § 33a des Erneuerbare-Energien-Gesetzes direkt vermarkten, sind hinsichtlich dieser Anlagen von den Bestimmungen des § 10 Abs. 1 ausgenommen. ²Mehrere Anlagen zur Erzeugung von Strom aus solarer Strahlungsenergie gelten unabhängig von den Eigentumsverhältnissen und ausschließlich zum Zweck der Ermittlung der elektrischen Leistung im Sinne des Satzes 1 Nummer 1 als eine Anlage, wenn sie sich auf demselben Grundstück oder sonst in unmittelbarer räumlicher Nähe befinden und innerhalb von zwölf aufeinanderfolgenden Kalendermonaten in Betrieb genommen worden sind. ³Satz 1 gilt nicht, wenn der Betreiber ein vertikal integriertes Unternehmen ist oder im Sinne des § 3 Nr. 38 mit einem solchen verbunden ist. ⁴Bilanzierungs-, Prüfungs- und Veröffentlichungspflichten aus sonstigen Vorschriften bleiben unberührt. ⁵Mehrere Anlagen im Sinne des Satzes 1 Nr. 1 und 2, die unmittelbar an einem Standort miteinander verbunden sind, gelten als eine Anlage, wobei die jeweilige elektrische Leistung zusammenzurechnen ist.

§ 117 b Verwaltungsvorschriften. Die Bundesregierung erlässt mit Zustimmung des Bundesrates allgemeine Verwaltungsvorschriften über die Durchführung der Verfahren nach den §§ 43 bis 43d sowie 43f und 43g, insbesondere über

1. die Vorbereitung des Verfahrens,

2. den behördlichen Dialog mit dem Vorhabenträger und der Öffentlichkeit,

3. die Festlegung des Prüfungsrahmens,

4. den Inhalt und die Form der Planunterlagen,

5. die Einfachheit, Zweckmäßigkeit und Zügigkeit der Verfahrensabläufe und der vorzunehmenden Prüfungen,

6. die Durchführung des Anhörungsverfahrens,

7. die Einbeziehung der Umweltverträglichkeitsprüfung in das Verfahren,

8. die Beteiligung anderer Behörden und

9. die Bekanntgabe der Entscheidung.

§ 118 Übergangsregelungen. (1) Die Bundesregierung soll unverzüglich nach Vorlage des Berichts nach § 112a Abs. 1 zur Einführung der Anreizregulierung den Entwurf einer Rechtsverordnung nach § 21a Abs. 6 vorlegen.

(2) § 6 Abs. 2 ist mit Wirkung vom 26. Juni 2003 anzuwenden.

(3) ¹Vor dem 17. Dezember 2006 beantragte Planfeststellungsverfahren oder Plangenehmigungsverfahren werden nach den Vorschriften dieses Gesetzes in der ab dem 17. Dezember 2006 geltenden Fassung zu Ende geführt. ² § 43c gilt auch für Planfeststellungsbeschlüsse und Plangenehmigungen, die

---

[1]) Nr. 43.

Energiewirtschaftsgesetz § 118 EnWG 1

vor dem 17. Dezember 2006 erlassen worden sind, soweit der Plan noch nicht außer Kraft getreten ist.

(4) [1] Vor dem 26. August 2009 beantragte Planfeststellungsverfahren und Plangenehmigungsverfahren jeweils für Hochspannungsleitungen mit einer Nennspannung von 220 Kilovolt oder mehr werden nach den bis dahin geltenden Vorschriften zu Ende geführt. [2] Sie werden nur dann als Planfeststellungsverfahren oder Plangenehmigungsverfahren in der ab dem 26. August 2009 geltenden Fassung dieses Gesetzes fortgeführt, wenn der Träger des Vorhabens dies beantragt. [3] Vor dem 26. August 2009 beantragte Planfeststellungsverfahren und Plangenehmigungsverfahren jeweils für Hochspannungsleitungen mit einer Nennspannung von unter 220 Kilovolt werden nach den Vorschriften dieses Gesetzes in der ab 26. August 2009 geltenden Fassung zu Ende geführt.

(5) [1] Vor dem 26. August 2009 beantragte Einzelgenehmigungen für Vorhaben, die ab dem 26. August 2009 der Planfeststellung oder Plangenehmigung nach § 43 Satz 1 Nr. 3 oder Satz 3 unterliegen, werden nach den bis dahin geltenden Vorschriften zu Ende geführt. [2] Die Durchführung eines Planfeststellungsverfahrens oder Plangenehmigungsverfahrens nach § 43 Satz 1 Nr. 3 oder Satz 3 in der ab dem 26. August 2009 geltenden Fassung dieses Gesetzes erfolgt nur dann, wenn der Träger des Vorhabens dies beantragt.

(6) [1] Nach dem 31. Dezember 2008 neu errichtete Anlagen zur Speicherung elektrischer Energie, die ab 4. August 2011, innerhalb von 15 Jahren in Betrieb genommen werden, sind für einen Zeitraum von 20 Jahren ab Inbetriebnahme hinsichtlich des Bezugs der zu speichernden elektrischen Energie von den Entgelten für den Netzzugang freigestellt. [2] Pumpspeicherkraftwerke, deren elektrische Pumpo- oder Turbinenleistung nachweislich um mindestens 15 Prozent und deren speicherbare Energiemenge nachweislich um mindestens 5 Prozent nach dem 4. August 2011 erhöht wurden, sind für einen Zeitraum von zehn Jahren ab Inbetriebnahme hinsichtlich des Bezugs der zu speichernden elektrischen Energie von den Entgelten für den Netzzugang freigestellt. [3] Die Freistellung nach Satz 1 wird nur für elektrische Energie gewährt, die tatsächlich elektrisch, chemisch, mechanisch oder physikalisch gespeichert worden ist, aus dem Netz der allgemeinen Versorgung entnommen wurde und zeitlich verzögert wieder in dasselbe Netz der allgemeinen Versorgung eingespeist wird. [4] Die Freistellung nach Satz 2 setzt voraus, dass auf Grund vorliegender oder prognostizierter Verbrauchsdaten oder auf Grund technischer oder vertraglicher Gegebenheiten offensichtlich ist, dass der Höchstlastbeitrag der Anlage vorhersehbar erheblich von der zeitgleichen Jahreshöchstlast aller Entnahmen aus dieser Netz- oder Umspannebene abweicht. [5] Sie erfolgt durch Genehmigung in entsprechender Anwendung der verfahrensrechtlichen Vorgaben nach § 19 Absatz 2 Satz 3 bis 5 und 8 bis 10 der Stromnetzentgeltverordnung[1]). [6] Als Inbetriebnahme gilt der erstmalige Bezug von elektrischer Energie für den Probebetrieb, bei bestehenden Pumpspeicherkraftwerken der erstmalige Bezug nach Abschluss der Maßnahme zur Erhöhung der elektrischen Pump- oder Turbinenleistung und der speicherbaren Energiemenge. [7] Satz 2 und 3 gelten nicht für Anlagen, in denen durch Wasserelektrolyse Wasserstoff erzeugt oder in denen Gas oder Biogas durch

---

[1]) Nr. 17.

wasserelektrolytisch erzeugten Wasserstoff und anschließende Methanisierung hergestellt worden ist. [8] Diese Anlagen sind zudem von den Einspeiseentgelten in das Gasnetz, an das sie angeschlossen sind, befreit.

(7) [1] Ausnahmen nach § 28 a, die vor dem 4. August 2011 erteilt werden, gelten bis zum Ende des genehmigten Ausnahmezeitraums auch für die §§ 8 bis 10 e sowie, im Umfang der bestehenden Ausnahmegenehmigung, für die §§ 20 bis 28 als erteilt. [2] Satz 1 gilt für erteilte Ausnahmen nach Artikel 7 der Verordnung (EG) Nr. 1228/2003 entsprechend, soweit sie vor dem 4. August 2011 erteilt wurden.

(8) § 91 ist auf Kostenschulden, die vor dem 4. August 2011 entstanden sind, in der bis zum 3. August 2011 geltenden Fassung anzuwenden.

(9) [1] Die Verpflichtung zur Meldung gemäß § 42 Absatz 7 und zur Verwendung von Herkunftsnachweisen zur Kennzeichnung von Strom aus erneuerbaren Energien gemäß § 42 Absatz 5 gilt ab dem Tag der Inbetriebnahme des Herkunftsnachweisregisters gemäß § 55 Absatz 3 des Erneuerbare-Energien-Gesetzes[1]). [2] Das Bundesministerium für Umwelt, Naturschutz und Reaktorsicherheit macht den Tag der Inbetriebnahme nach Satz 1 im Bundesanzeiger bekannt.

(10) Die §§ 20 a, 40 Absatz 2 Satz 1 Nummer 6 und 8, § 40 Absatz 3 Satz 2 sowie § 40 Absatz 4 und 6 finden erst sechs Monate nach Inkrafttreten dieses Gesetzes Anwendung.

(11) [1] Vor dem 5. August 2011 beantragte Planfeststellungsverfahren oder Plangenehmigungsverfahren für Hochspannungsleitungen mit einer Nennspannung von 110 Kilovolt werden nach den bisher geltenden Vorschriften zu Ende geführt. [2] Sie werden nur dann als Planfeststellungsverfahren oder Plangenehmigungsverfahren in der ab 5. August 2011 geltenden Fassung dieses Gesetzes fortgeführt, wenn der Träger des Vorhabens dies beantragt.

§ 118 a Übergangsregelung für den Reservebetrieb von Erzeugungsanlagen nach § 7 Absatz 1 e des Atomgesetzes. (1) [1] Sofern die Sicherheit oder Zuverlässigkeit des Elektrizitätsversorgungssystems in der jeweiligen Regelzone insbesondere auf Grund von Netzengpässen oder einer nicht mehr vertretbaren Unterschreitung des Spannungsniveaus gefährdet und gestört ist und die Störung nicht durch Maßnahmen nach § 13 Absatz 1 und 1 a beseitigt werden kann, können Betreiber von Übertragungsnetzen bis zum 31. März 2013 eine Einspeisung aus der gemäß § 7 Absatz 1 e Satz 1 des Atomgesetzes in Reservebetrieb befindlichen Erzeugungsanlage nach Maßgabe von Satz 2 und Satz 3 verlangen. [2] Betreiber von Übertragungsnetzen haben, wenn eine Gefährdung oder Störung nach Satz 1 absehbar ist, unverzüglich bei der Bundesnetzagentur eine Genehmigung dafür zu beantragen, dass sie die Einspeisung nach Satz 1 verlangen können. [3] Die Bundesnetzagentur entscheidet rechtzeitig über den Antrag.

(2) Der Reservebetrieb der gemäß § 7 Absatz 1 e Satz 1 des Atomgesetzes in Reservebetrieb befindlichen Erzeugungsanlage und die nach Absatz 1 Satz 1 verlangte Einspeisung sind dem Betreiber der Erzeugungsanlage in dem auf dessen Antrag bei der Bundesnetzagentur genehmigten Umfang durch den

---

[1]) Nr. 34.

Betreiber des Übertragungsnetzes, in dessen Regelzone sich die Erzeugungsanlage nach Satz 1 befindet, angemessen zu vergüten.

(3) Die Betreiber von Übertragungsnetzen sind verpflichtet, die nach Absatz 2 entstandenen Kosten über eine finanzielle Verrechnung untereinander auszugleichen; § 9 Absatz 3 des Kraft-Wärme-Kopplungsgesetzes[1] findet entsprechende Anwendung.

(4) Die Entscheidungen der Bundesnetzagentur nach den Absätzen 1 und 2 können auch nachträglich mit Nebenbestimmungen versehen werden.

§ 118 b Übergangsregelungen für Vorschriften zum Messwesen. Messeinrichtungen, die nach § 21 b Absatz 3 a in der Änderungsfassung vom 7. März 2011 (BGBl. I S. 338) des Energiewirtschaftsgesetzes vom 7. Juli 2005 (BGBl. I S. 1970) einzubauen sind, können in den dort genannten Fällen bis zum 31. Dezember 2012 weiter eingebaut werden.

---

[1] Nr. 43.

2. Gesetz über die Bundesnetzagentur für Elektrizität, Gas, Telekommunikation, Post und Eisenbahnen[1]

Vom 7. Juli 2005
(BGBl. I S. 1970)

FNA 200-6

zuletzt geänd. durch Art. 2 G zur Neuregelung energiewirtschaftsrechtl. Vorschriften v. 26. 7. 2011
(BGBl. I S. 1554)

§ 1 Rechtsform, Name. [1] Die auf der Grundlage des Zehnten Teils des Telekommunikationsgesetzes vom 25. Juli 1996 (BGBl. I S. 1120), das zuletzt durch Artikel 4 Abs. 73 des Gesetzes vom 5. Mai 2004 (BGBl. I S. 718) geändert worden ist, errichtete „Regulierungsbehörde für Telekommunikation und Post" wird in „Bundesnetzagentur für Elektrizität, Gas, Telekommunikation, Post und Eisenbahnen" (Bundesnetzagentur) umbenannt. [2] Sie ist eine selbständige Bundesoberbehörde im Geschäftsbereich des Bundesministeriums für Wirtschaft und Technologie mit Sitz in Bonn.

§ 2 Tätigkeiten, Aufgabendurchführung. (1) Die Bundesnetzagentur ist auf den Gebieten

1. des Rechts der leitungsgebundenen Versorgung mit Elektrizität und Gas, einschließlich des Rechts der erneuerbaren Energien im Strombereich,

2. des Telekommunikationsrechts,

3. des Postrechts sowie

4. des Rechts des Zuganges zur Eisenbahninfrastruktur nach Maßgabe des Bundeseisenbahnverkehrsverwaltungsgesetzes

tätig.

(2) Die Bundesnetzagentur nimmt im Rahmen der ihr nach Absatz 1 zugewiesenen Tätigkeiten die Verwaltungsaufgaben des Bundes wahr, die ihr durch Gesetz oder auf Grund eines Gesetzes zugewiesen sind.

§ 3 Organe. (1) [1] Die Bundesnetzagentur wird von einem Präsidenten oder einer Präsidentin geleitet. [2] Der Präsident oder die Präsidentin vertritt die Bundesnetzagentur gerichtlich und außergerichtlich und regelt die Verteilung und den Gang ihrer Geschäfte durch eine Geschäftsordnung; diese bedarf der Bestätigung durch das Bundesministerium für Wirtschaft und Technologie. [3] Bestimmungen in anderen Rechtsvorschriften über die Bildung von Beschlusskammern bleiben unberührt.

(2) Der Präsident oder die Präsidentin hat als ständige Vertretung zwei Vizepräsidenten oder Vizepräsidentinnen.

(3) [1] Der Präsident oder die Präsidentin und die zwei Vizepräsidenten oder Vizepräsidentinnen werden jeweils auf Vorschlag des Beirates von der Bundesregierung benannt. [2] Erfolgt trotz Aufforderung der Bundesregierung inner-

---

[1] Verkündet als Art. 2 Zweites G zur Neuregelung des EnergiewirtschaftsR v. 7. 7. 2005 (BGBl. I S. 1970); Inkrafttreten gem. Art. 5 dieses G am 13. 7. 2005.

Bundesnetzagentur-Gesetz § 4 **BNetzAG** 2

halb von vier Wochen kein Vorschlag des Beirates, erlischt das Vorschlagsrecht. ³ Findet ein Vorschlag des Beirates nicht die Zustimmung der Bundesregierung, kann der Beirat innerhalb von vier Wochen erneut einen Vorschlag unterbreiten. ⁴ Das Letztentscheidungsrecht der Bundesregierung bleibt von diesem Verfahren unberührt.

(4) Die Ernennung des Präsidenten oder der Präsidentin und der zwei Vizepräsidenten oder Vizepräsidentinnen erfolgt durch den Bundespräsidenten oder die Bundespräsidentin.

§ 4 Öffentlich-rechtliche Amtsverhältnisse. (1) Der Präsident oder die Präsidentin der Bundesnetzagentur steht in einem öffentlich-rechtlichen Amtsverhältnis zum Bund, das in der Regel auf fünf Jahre befristet ist; eine einmalige Verlängerung ist zulässig.

(2) ¹ Der Präsident oder die Präsidentin leistet vor dem Bundesminister für Wirtschaft und Technologie folgenden Eid:
„Ich schwöre, das Grundgesetz für die Bundesrepublik Deutschland und alle in der Bundesrepublik Deutschland geltenden Gesetze zu wahren und meine Amtspflichten gewissenhaft zu erfüllen, so wahr mir Gott helfe."
² Der Eid kann auch ohne religiöse Beteuerung geleistet werden.

(3) ¹ Der Präsident oder die Präsidentin darf neben seinem oder ihrem Amt kein anderes besoldetes Amt, kein Gewerbe und keinen Beruf ausüben und weder der Leitung eines auf Erwerb gerichteten Unternehmens noch einer Regierung oder einer gesetzgebenden Körperschaft des Bundes oder eines Landes angehören. ² Er oder sie darf nicht gegen Entgelt außergerichtliche Gutachten abgeben. ³ Für die Zugehörigkeit zu einem Aufsichtsrat, Verwaltungsrat oder Beirat eines auf Erwerb gerichteten Unternehmens ist die Einwilligung des Bundesministeriums für Wirtschaft und Technologie erforderlich; dieses entscheidet, inwieweit eine Vergütung abzuführen ist. ⁴ In Firmen, die Dienstleistungen im Sinne des Artikels 87 f des Grundgesetzes erbringen, ist seine oder ihre Zugehörigkeit zu den genannten Gremien untersagt. ⁵ Der Präsident oder die Präsidentin hat dem Bundesministerium für Wirtschaft und Technologie über Geschenke Mitteilung zu machen, die er oder sie in Bezug auf das Amt erhält. ⁶ Entsprechendes gilt für andere Vorteile, die ihm oder ihr in Bezug auf das Amt gewährt werden. ⁷ Das Bundesministerium für Wirtschaft und Technologie entscheidet über die Verwendung der Geschenke und den Ausgleich der Vorteile.

(4) ¹ Die Rechtsverhältnisse des Präsidenten oder der Präsidentin, insbesondere Gehalt, Ruhegehalt, Hinterbliebenenbezüge und Haftung, werden durch einen Vertrag geregelt, den das Bundesministerium für Wirtschaft und Technologie mit dem Präsidenten oder der Präsidentin schließt. ² Der Vertrag bedarf der Zustimmung der Bundesregierung.

(5) ¹ Der Präsident oder die Präsidentin ist auf sein oder ihr Verlangen zu entlassen. ² Auf Antrag des Bundesministeriums für Wirtschaft und Technologie, das zuvor den Beirat der Bundesnetzagentur zu hören hat, kann der Präsident oder die Präsidentin durch Beschluss der Bundesregierung aus wichtigem Grund entlassen werden. ³ Ein wichtiger Grund liegt vor, wenn der Präsident oder die Präsidentin nicht mehr die Voraussetzungen für die Ausübung des Amtes erfüllt, insbesondere wenn er oder sie sich eines erheblichen Fehlverhaltens schuldig gemacht hat. ⁴ Vor dem Antrag ist ihm oder ihr

Gelegenheit zur Stellungnahme zu geben. ⁵ Über die Beendigung des Amtsverhältnisses erhält der Präsident oder die Präsidentin eine von dem Bundespräsidenten oder der Bundespräsidentin zu vollziehende Urkunde. ⁶ Im Falle der Entlassung aus wichtigem Grund erhält der Präsident oder die Präsidentin zusätzlich von der Bundesregierung eine Begründung der Entlassung in Schriftform. ⁷ Die Entlassung auf Verlangen wird mit dem Tag der Aushändigung der Urkunde wirksam, wenn in ihr nicht ausdrücklich ein späterer Tag bestimmt ist. ⁸ Die Entlassung aus wichtigem Grund wird mit dem Vollzug des Beschlusses der Bundesregierung wirksam, wenn sie sie nicht ausdrücklich für einen späteren Tag beschließt. ⁹ Der Entlassungsbeschluss der Bundesregierung ist zum Zeitpunkt des Wirksamwerdens der Entlassung zu veröffentlichen. ¹⁰ Sofern der Präsident oder die Präsidentin dies verlangt, ist auch die Begründung der Bundesregierung zu der Entlassung zu veröffentlichen.

(6) ¹ Wird ein Bundesbeamter oder eine Bundesbeamtin zum Präsidenten oder zur Präsidentin ernannt, scheidet er oder sie mit Beginn des Amtsverhältnisses aus dem bisherigen Amt aus. ² Für die Dauer des Amtsverhältnisses ruhen die in dem Beamtenverhältnis begründeten Rechte und Pflichten mit Ausnahme der Pflicht zur Amtsverschwiegenheit und des Verbots der Annahme von Belohnungen oder Geschenken. ³ Bei unfallverletzten Beamten oder Beamtinnen bleiben die gesetzlichen Ansprüche auf das Heilverfahren und einen Unfallausgleich unberührt.

(7) ¹ Endet das Amtsverhältnis nach Absatz 1 und wird der oder die Betroffene nicht anschließend in ein anderes Amtsverhältnis bei der Bundesnetzagentur berufen, tritt ein Beamter oder eine Beamtin, wenn ihm oder ihr nicht innerhalb von drei Monaten unter den Voraussetzungen des § 28 Abs. 2 des Bundesbeamtengesetzes oder vergleichbarer landesgesetzlicher Regelungen ein anderes Amt übertragen wird, mit Ablauf dieser Frist aus seinem oder ihrem Dienstverhältnis als Beamter oder Beamtin in den einstweiligen Ruhestand, sofern er oder sie zu diesem Zeitpunkt noch nicht die gesetzliche Altersgrenze erreicht hat. ² Er oder sie erhält ein Ruhegehalt, das er oder sie in seinem oder ihrem früheren Amt unter Hinzurechnung der Zeit des öffentlich-rechtlichen Amtsverhältnisses erdient hätte. ³ Eine vertragliche Versorgungsregelung nach Absatz 4 bleibt unberührt. ⁴ Die Zeit im Amtsverhältnis ist auch ruhegehaltfähig, wenn dem Beamten oder der Beamtin nach Satz 1 ein anderes Amt im Beamtenverhältnis übertragen wird. ⁵ Die Absätze 6 und 7 gelten für Richter oder Richterinnen und für Berufssoldaten oder Berufssoldatinnen entsprechend.

(8) Die Absätze 1 bis 7 gelten entsprechend für die beiden Vizepräsidenten oder Vizepräsidentinnen mit der Maßgabe, dass die Benennung eines Vizepräsidenten oder einer Vizepräsidentin in der Regel nach Ablauf der halben Amtszeit des anderen Vizepräsidenten oder der anderen Vizepräsidentin erfolgen sollte.

§ 5 Beirat. (1) ¹ Die Bundesnetzagentur hat einen Beirat, der aus jeweils 16 Mitgliedern des Deutschen Bundestages und 16 Vertretern oder Vertreterinnen des Bundesrates besteht; die Vertreter oder Vertreterinnen des Bundesrates müssen Mitglied einer Landesregierung sein oder diese politisch vertreten. ² Die Mitglieder des Beirates und die stellvertretenden Mitglieder werden jeweils auf Vorschlag des Deutschen Bundestages und des Bundesrates von der Bundesregierung berufen.

(2) ¹Die vom Deutschen Bundestag vorgeschlagenen Mitglieder werden für die Dauer der Wahlperiode des Deutschen Bundestages in den Beirat berufen. ²Sie bleiben nach Beendigung der Wahlperiode des Deutschen Bundestages noch so lange im Amt, bis die neuen Mitglieder berufen worden sind. ³Die vom Bundesrat vorgeschlagenen Vertreter oder Vertreterinnen werden bis zur Berufung einer neuen Person berufen. ⁴Sie werden abberufen, wenn der Bundesrat an ihrer Stelle eine andere Person vorschlägt.

(3) ¹Die Mitglieder können gegenüber dem Bundesministerium für Wirtschaft und Technologie auf ihre Mitgliedschaft verzichten. ²Die Erklärung bedarf der Schriftform. ³Die vom Deutschen Bundestag vorgeschlagenen Mitglieder verlieren darüber hinaus ihre Mitgliedschaft mit dem Wegfall der Voraussetzungen ihrer Berufung.

(4) ¹Scheidet ein Mitglied aus, so ist unverzüglich an seiner Stelle ein neues Mitglied zu berufen. ²Bis zur Berufung eines neuen Mitgliedes und bei einer vorübergehenden Verhinderung des Mitgliedes nimmt das berufene stellvertretende Mitglied die Aufgaben des Mitgliedes wahr.

(5) Die Absätze 1 bis 4 gelten für die stellvertretenden Mitglieder entsprechend.

§ 6 Geschäftsordnung, Vorsitz, Sitzungen des Beirates. (1) Der Beirat gibt sich eine Geschäftsordnung, die der Genehmigung des Bundesministeriums für Wirtschaft und Technologie bedarf.

(2) ¹Der Beirat wählt nach Maßgabe seiner Geschäftsordnung aus seiner Mitte ein vorsitzendes und ein stellvertretendes vorsitzendes Mitglied. ²Gewählt ist, wer die Mehrheit der Stimmen erreicht. ³Wird im ersten Wahlgang die erforderliche Mehrheit nicht erreicht, entscheidet im zweiten Wahlgang die Mehrheit der abgegebenen Stimmen. ⁴Bei Stimmengleichheit im zweiten Wahlgang entscheidet das Los.

(3) ¹Der Beirat ist beschlussfähig, wenn mehr als die Hälfte der jeweils auf Vorschlag des Deutschen Bundestages und des Bundesrates berufenen Mitglieder anwesend ist; § 5 Abs. 4 Satz 2 ist zu beachten. ²Die Beschlüsse werden mit einfacher Mehrheit gefasst. ³Bei Stimmengleichheit ist ein Antrag abgelehnt.

(4) ¹Hält der oder die Vorsitzende die mündliche Beratung einer Vorlage für entbehrlich, so kann die Zustimmung oder die Stellungnahme (Beschluss) der Mitglieder im Wege der schriftlichen Umfrage eingeholt werden. ²Für das Zustandekommen des Beschlusses gilt Absatz 3 entsprechend. ³Die Umfrage soll so frühzeitig erfolgen, dass auf Antrag eines Mitgliedes oder der Bundesnetzagentur die Angelegenheit noch rechtzeitig in einer Sitzung beraten werden kann.

(5) ¹Der Beirat soll mindestens einmal im Vierteljahr zu einer Sitzung zusammentreten. ²Sitzungen sind anzuberaumen, wenn die Bundesnetzagentur oder mindestens drei Mitglieder die Einberufung schriftlich beantragen. ³Der oder die Vorsitzende des Beirates kann jederzeit eine Sitzung anberaumen.

(6) Die ordentlichen Sitzungen sind nicht öffentlich.

(7) ¹Der Präsident oder die Präsidentin der Bundesnetzagentur und seine oder ihre Beauftragten können an den Sitzungen teilnehmen. ²Sie müssen

jederzeit gehört werden. ³ Der Beirat kann die Anwesenheit des Präsidenten oder der Präsidentin der Bundesnetzagentur, im Verhinderungsfall einer stellvertretenden Person verlangen.

(8) Die Mitglieder oder die sie vertretenden Personen erhalten Ersatz von Reisekosten und ein angemessenes Sitzungsgeld, das das Bundesministerium für Wirtschaft und Technologie festsetzt.

§ 7 Aufgaben des Beirates. Der Beirat hat die ihm durch Gesetz oder auf Grund eines Gesetzes zugewiesenen Aufgaben.

§ 8 Länderausschuss. ¹ Bei der Bundesnetzagentur wird ein Länderausschuss gebildet, der sich aus Vertretern der für die Wahrnehmung der Aufgaben nach § 54 des Energiewirtschaftsgesetzes[1)] zuständigen Landesregulierungsbehörden zusammensetzt. ² Jede Landesregulierungsbehörde kann jeweils einen Vertreter in den Länderausschuss entsenden.

§ 9 Geschäftsordnung, Vorsitz, Sitzungen des Länderausschusses.

(1) Der Länderausschuss gibt sich eine Geschäftsordnung.

(2) ¹ Der Länderausschuss wählt nach Maßgabe seiner Geschäftsordnung aus seiner Mitte ein vorsitzendes und ein stellvertretendes vorsitzendes Mitglied. ² Gewählt ist, wer die Mehrheit der Stimmen erreicht. ³ Wird im ersten Wahlgang die erforderliche Mehrheit nicht erreicht, entscheidet im zweiten Wahlgang die Mehrheit der abgegebenen Stimmen. ⁴ Bei Stimmengleichheit im zweiten Wahlgang entscheidet das Los.

(3) ¹ Der Länderausschuss ist beschlussfähig, wenn mehr als die Hälfte seiner Mitglieder anwesend ist. ² Die Beschlüsse werden mit einfacher Mehrheit gefasst. ³ Bei Stimmengleichheit ist ein Antrag abgelehnt.

(4) ¹ Hält der oder die Vorsitzende die mündliche Beratung einer Vorlage für entbehrlich, so kann die Zustimmung oder die Stellungnahme (Beschluss) der Mitglieder im Wege der schriftlichen Umfrage eingeholt werden. ² Für das Zustandekommen des Beschlusses gilt Absatz 3 entsprechend. ³ Die Umfrage soll so frühzeitig erfolgen, dass auf Antrag eines Mitgliedes oder der Bundesnetzagentur die Angelegenheit noch rechtzeitig in einer Sitzung beraten werden kann.

(5) ¹ Der Länderausschuss soll mindestens einmal im halben Jahr zu einer Sitzung zusammentreten. ² Sitzungen sind anzuberaumen, wenn die Bundesnetzagentur oder mindestens drei Mitglieder die Einberufung schriftlich beantragen. ³ Der oder die Vorsitzende des Länderausschusses kann jederzeit eine Sitzung anberaumen.

(6) Die ordentlichen Sitzungen sind nicht öffentlich.

(7) ¹ Der Präsident oder die Präsidentin der Bundesnetzagentur und seine oder ihre Beauftragten können an den Sitzungen teilnehmen. ² Sie müssen jederzeit gehört werden. ³ Der Länderausschuss kann die Anwesenheit des Präsidenten oder der Präsidentin der Bundesnetzagentur, im Verhinderungsfall einer stellvertretenden Person verlangen.

[1)] Nr. 1.

§ 10 Aufgaben des Länderausschusses. Der Länderausschuss hat die ihm durch Gesetz oder auf Grund eines Gesetzes zugewiesenen Aufgaben.

§ 11 Übergangsvorschrift. Die Aufgaben des Beirates werden bis zu seiner Bildung nach § 5 durch den Beirat nach § 118 des Telekommunikationsgesetzes vom 22. Juni 2004 (BGBl. I S. 1190), das zuletzt durch Artikel 6 Nr. 8 des Gesetzes vom 14. März 2005 (BGBl. I S. 721) geändert worden ist, wahrgenommen.

3. Verordnung über die Gebühren und Auslagen für Amtshandlungen der Bundesnetzagentur nach dem Energiewirtschaftsgesetz (Energiewirtschaftskostenverordnung – EnWGKostV)

Vom 14. März 2006

(BGBl. I S. 540)

FNA 752-6-5

geänd. durch Art. 1 ÄndVO v. 10. 10. 2011 (BGBl. I S. 2084)

Auf Grund des § 91 Abs. 8 in Verbindung mit Abs. 3 Satz 1 und 2 des Energiewirtschaftsgesetzes[1] vom 7. Juli 2005 (BGBl. I S. 1970) in Verbindung mit dem 2. Abschnitt des Verwaltungskostengesetzes vom 23. Juni 1970 (BGBl. I S. 821) sowie mit § 1 Abs. 2 des Zuständigkeitsanpassungsgesetzes vom 16. August 2002 (BGBl. I S. 3165) und dem Organisationserlass vom 22. November 2005 (BGBl. I S. 3197) verordnet das Bundesministerium für Wirtschaft und Technologie im Einvernehmen mit dem Bundesministerium der Finanzen:

§ 1 Anwendungsbereich. Die Bundesnetzagentur erhebt für kostenpflichtige Amtshandlungen nach dem Energiewirtschaftsgesetz[1] Gebühren und Auslagen nach dieser Verordnung.

§ 2 Gebührenhöhe. Die Höhe einer zu erhebenden Gebühr richtet sich nach dem Gebührenverzeichnis in der Anlage.

§ 3 Übergangsregelung. ¹Diese Verordnung findet auch auf Verfahren Anwendung, die bereits vor ihrem Inkrafttreten begonnen haben, soweit dafür Gebühren oder Auslagen noch nicht erhoben wurden. ²Für Festlegungen nach § 29 Absatz 1 des Energiewirtschaftsgesetzes[1] in Verbindung mit der Gasnetzzugangsverordnung vom 25. Juli 2005 (BGBl. I S. 2210) findet die Anlage in der bis zum 27. Oktober 2011 geltenden Fassung Anwendung.

§ 4 Inkrafttreten. Diese Verordnung tritt am Tage nach der Verkündung[2] in Kraft.

Der Bundesrat hat zugestimmt.

---

[1] Nr. **1**.
[2] Verkündet am 22. 3. 2006.

Energiewirtschaftskostenverordnung **Anl. EnWGKostV 3**

Anlage
(zu § 2)

Gebührenverzeichnis

Nummer	Gebührentatbestand	Gebühr in Euro
1.	Untersagung nach § 5 EnWG[1]	800 – 10 000
2.	Anordnung der Abschöpfung des wirtschaftlichen Vorteils und Auferlegung der Zahlung des entsprechenden Geldbetrages gegenüber dem Unternehmen nach § 33 Abs. 1 EnWG[1]	2 500 – 75 000
3.	Genehmigung der Entgelte für den Netzzugang nach § 23 a EnWG[1]	1 000 – 50 000
4.	Entscheidungen nach § 29 Abs. 1 EnWG[1] über die Bedingungen und Methoden für den Netzanschluss oder den Netzzugang nach den in § 17 Abs. 3, § 21a Abs. 6 und § 24 EnWG[1] genannten Rechtsverordnungen – durch Festlegung gegenüber einem Netzbetreiber, einer Gruppe von oder gegenüber allen Netzbetreibern oder – durch Genehmigung gegenüber dem Antragsteller	
4.1	Festlegungen nach § 29 Abs. 1 EnWG[1] i. V. m. § 27 Abs. 1 StromNZV[2]	1 500 – 150 000
4.2	Festlegungen nach § 29 Abs. 1 EnWG[1] i. V. m. § 27 Abs. 2 StromNZV[2]	2 500 – 70 000
4.3	Festlegungen nach § 29 Abs. 1 EnWG[1] i. V. m. § 27 Abs. 3 StromNZV[2]	8 000 – 80 000
4.4	Festlegungen nach § 29 Abs. 1 EnWG[1] i. V. m. § 28 Abs. 1 bis 4 StromNZV[2]	20 000 – 150 000
4.5	Festlegungen nach § 29 Abs. 1 EnWG[1] i. V. m. § 50 Abs. 1 GasNZV[3]	10 000 – 180 000
4.6	Festlegungen nach § 29 Abs. 1 EnWG[1] i. V. m. § 50 Abs. 2 GasNZV[3]	10 000 – 175 000
4.7	Festlegungen nach § 29 Abs. 1 EnWG[1] i. V. m. § 50 Abs. 3 Satz 1 oder 2 GasNZV[3]	10 000 – 90 000
4.8	Festlegungen nach § 29 Abs. 1 EnWG[1] i. V. m. § 50 Abs. 4 GasNZV[3]	25 000 – 160 000
4.9	Festlegungen nach § 29 Abs. 1 EnWG[1] i. V. m. § 50 Abs. 5 GasNZV[3]	8 000 – 80 000
4.10	Genehmigungen nach § 29 Abs. 1 EnWG[1] i. V. m. § 19 Abs. 2 StromNEV[4]	500 – 15 000
4.11	Festlegungen nach § 29 Abs. 1 EnWG[1] i. V. m. § 29 StromNEV[4]	500 – 5 000

[1] Nr. **1**.
[2] Nr. **16**.
[3] Nr. **18**.
[4] Nr. **17**.

3 EnWGKostV Anl.

1. Teil. Energierecht i.e.S.

Nummer	Gebührentatbestand	Gebühr in Euro
4.12	Festlegungen nach § 29 Abs. 1 EnWG[1] i. V. m. § 30 Abs. 1 StromNEV[2]	1 000 – 15 000
4.13	Festlegungen nach § 29 Abs. 1 EnWG[1] i. V. m. § 30 Abs. 2 StromNEV[2]	1 000 – 15 000
4.14	Festlegungen nach § 29 Abs. 1 EnWG[1] i. V. m. § 30 Abs. 3 StromNEV[2]	1 000 – 15 000
4.15	Festlegungen nach § 29 Abs. 1 EnWG[1] i. V. m. § 29 GasNEV[3]	500 – 5 000
4.16	Festlegungen nach § 29 Abs. 1 EnWG[1] i. V. m. § 30 Abs. 1 GasNEV[3]	1 000 – 20 000
4.17	Festlegungen nach § 29 Abs. 1 EnWG[1] i. V. m. § 30 Abs. 2 GasNEV[3]	1 000 – 20 000
4.18	Festlegungen nach § 29 Abs. 1 EnWG[1] i. V. m. § 30 Abs. 3 GasNEV[3]	1 000 – 20 000
4.19	Festlegungen nach § 29 Abs. 1 EnWG[1] i. V. m. § 32 Abs. 1 Nr. 1 und § 4 Abs. 2 ARegV[4]	1 000 – 80 000
4.20	Genehmigungen nach § 29 Abs. 1 EnWG[1] i. V. m. § 32 Abs. 1 Nr. 1 und § 4 Abs. 4 ARegV[4]	500 – 40 000
4.21	Festlegungen und Genehmigungen nach § 29 Abs. 1 EnWG[1] i. V. m. § 32 Abs. 1 Nr. 1 und § 26 Abs. 2 ARegV[4]	500 – 50 000
4.22	Sonstige Festlegungen nach § 29 Abs. 1 EnWG[1] i. V. m. § 32 Abs. 1 Nr. 1 ARegV[4]	500 – 100 000
4.23	Festlegungen nach § 29 Abs. 1 EnWG[1] i. V. m. § 32 Abs. 1 Nr. 2 ARegV[4]	500 – 50 000
4.24	Festlegungen nach § 29 Abs. 1 EnWG[1] i. V. m. § 32 Abs. 1 Nr. 3 ARegV[4]	500 – 50 000
4.25	Festlegungen nach § 29 Abs. 1 EnWG[1] i. V. m. § 32 Abs. 1 Nr. 4 ARegV[4]	500 – 50 000
4.26	Festlegungen nach § 29 Abs. 1 EnWG[1] i. V. m. § 32 Abs. 1 Nr. 4 a ARegV[4]	1 000 – 100 000
4.27	Festlegungen nach § 29 Abs. 1 EnWG[1] i. V. m. § 32 Abs. 1 Nr. 5 ARegV[4]	500 – 50 000
4.28	Festlegungen nach § 29 Abs. 1 EnWG[1] i. V. m. § 32 Abs. 1 Nr. 6 ARegV[4]	500 – 100 000
4.29	Festlegungen nach § 29 Abs. 1 EnWG[1] i. V. m. § 32 Abs. 1 Nr. 7 ARegV[4]	500 – 50 000
4.30	Genehmigungen nach § 29 Abs. 1 EnWG[1] i. V. m. § 32 Abs. 1 Nr. 8 und § 23 ARegV[4]	500 – 80 000
4.31	Festlegungen nach § 29 Abs. 1 EnWG[1] i. V. m. § 32 Abs. 1 Nr. 8 ARegV[4]	500 – 100 000

---

[1] Nr. **1**.
[2] Nr. **17**.
[3] Nr. **19**.
[4] Nr. **20**.

Nummer	Gebührentatbestand	Gebühr in Euro
4.32	Festlegungen nach § 29 Abs. 1 EnWG[1] i. V. m. § 32 Abs. 1 Nr. 8 a ARegV[2]	1 000 – 100 000
4.33	Genehmigungen nach § 29 Abs. 1 EnWG[1] i. V. m. § 32 Abs. 1 Nr. 9 und § 24 Abs. 4 S. 3 ARegV[2]	500 – 10 000
4.34	Festlegungen nach § 29 Abs. 1 EnWG[1] i. V. m. § 32 Abs. 1 Nr. 9 ARegV[2]	1 000 – 50 000
4.35	Festlegungen nach § 29 Abs. 1 EnWG[1] i. V. m. § 32 Abs. 1 Nr. 10 ARegV[2]	500 – 100 000
4.36	Festlegungen nach § 29 Abs. 1 EnWG[1] i. V. m. § 32 Abs. 1 Nr. 11 ARegV[2]	500 – 100 000
4.37	Festlegungen nach § 29 Abs. 1 EnWG[1] i. V. m. § 32 Abs. 2 ARegV[2]	500 – 100 000
5.	Änderung einer Festlegung oder Genehmigung nach § 29 Abs. 2 EnWG[1]	1 000 – 180 000
6.	Verpflichtung, eine Zuwiderhandlung gegen § 30 Abs. 1 EnWG[1] abzustellen nach § 30 Abs. 2 EnWG[1]	2 500 – 180 000
7.	Ablehnung eines Antrages nach § 31 Abs. 2 EnWG[1]	50 – 5 000
8.	Entscheidungen der Regulierungsbehörde nach § 31 Abs. 3 EnWG[1]	500 – 180 000
9.	Aufsichtsmaßnahmen nach § 65 EnWG[1]	500 – 180 000
10.	Entscheidungen nach § 110 Abs. 4 EnWG[1]	500 – 30 000
11.	Erteilung von beglaubigten Abschriften nach § 91 Abs. 1 Satz 1 Nr. 4 EnWG[1]	15

---

[1] Nr. 1.
[2] Nr. 20.

4. Verordnung über Konzessionsabgaben für Strom und Gas (Konzessionsabgabenverordnung – KAV)

Vom 9. Januar 1992

(BGBl. I S. 12, ber. S. 407)

FNA 752-1-12

zuletzt geänd. durch Art. 3 Abs. 4 VO zum Erlass von Regelungen des Netzanschlusses von Letztverbrauchern in Niederspannung und Niederdruck v. 1. 11. 2006 (BGBl. I S. 2477)

Auf Grund des § 7 Abs. 1 und des § 12 des Energiewirtschaftsgesetzes[1]) in der im Bundesgesetzblatt III, Gliederungsnummer 752-1, veröffentlichten bereinigten Fassung in Verbindung mit Artikel 129 Abs. 1 des Grundgesetzes verordnet der Bundesminister für Wirtschaft:

§ 1 Anwendungsbereich. (1) Diese Verordnung regelt Zulässigkeit und Bemessung der Zahlung von Konzessionsabgaben der Energieversorgungsunternehmen im Sinne des § 3 Nr. 18 des Energiewirtschaftsgesetzes[1]) an Gemeinden und Landkreise (§ 7).

(2) Konzessionsabgaben sind Entgelte für die Einräumung des Rechts zur Benutzung öffentlicher Verkehrswege für die Verlegung und den Betrieb von Leitungen, die der unmittelbaren Versorgung von Letztverbrauchern im Gemeindegebiet mit Strom und Gas dienen.

(3) Tarifkunden im Sinne dieser Verordnung sind Kunden, die auf Grundlage von Verträgen nach den §§ 36 und 38 sowie § 115 Abs. 2 und § 116 des Energiewirtschaftsgesetzes beliefert werden; Preise und Tarife nach diesen Bestimmungen sind Tarife im Sinne dieser Verordnung.

(4) Sondervertragskunden im Sinne dieser Verordnung sind Kunden, die nicht Tarifkunden sind.

§ 2 Bemessung und zulässige Höhe der Konzessionsabgaben.

(1) Konzessionsabgaben dürfen nur in Centbeträge je gelieferter Kilowattstunde vereinbart werden.

(2) ¹Bei der Belieferung von Tarifkunden dürfen folgende Höchstbeträge je Kilowattstunde nicht überschritten werden:

1. a) bei Strom, der im Rahmen eines Schwachlasttarifs nach § 9 der Bundestarifordnung Elektrizität oder der dem Schwachlasttarif entsprechenden Zone eines zeitvariablen Tarifs (Schwachlaststrom) geliefert wird, 0,61 Cent,
   b) bei Strom, der nicht als Schwachlaststrom geliefert wird, in Gemeinden
      bis 25 000 Einwohner 1,32 Cent,
      bis 100 000 Einwohner 1,59 Cent,

---

[1]) Nr. 1.

Konzessionsabgabenverordnung § 2 KAV 4

bis	500 000 Einwohner	1,99 Cent,
über	500 000 Einwohner	2,39 Cent,

2. a) bei Gas ausschließlich für Kochen und Warmwasser in Gemeinden

bis	25 000 Einwohner	0,51 Cent,
bis	100 000 Einwohner	0,61 Cent,
bis	500 000 Einwohner	0,77 Cent,
über	500 000 Einwohner	0,93 Cent,

b) bei sonstigen Tariflieferungen in Gemeinden

bis	25 000 Einwohner	0,22 Cent,
bis	100 000 Einwohner	0,27 Cent,
bis	500 000 Einwohner	0,33 Cent,
über	500 000 Einwohner	0,40 Cent.

[2] Maßgeblich ist die jeweils vom statistischen Landesamt amtlich fortgeschriebene Einwohnerzahl.

(3) Bei der Belieferung von Sondervertragskunden dürfen folgende Höchstbeträge je Kilowattstunde nicht überschritten werden:

1. bei Strom 0,11 Cent,
2. bei Gas   0,03 Cent.

(4) [1] Bei Strom dürfen Konzessionsabgaben für Lieferungen an Sondervertragskunden nicht vereinbart oder gezahlt werden, deren Durchschnittspreis im Kalenderjahr je Kilowattstunde unter dem Durchschnittserlös je Kilowattstunde aus der Lieferung von Strom an alle Sondervertragskunden liegt.[1] [2] Maßgeblich ist der in der amtlichen Statistik des Bundes jeweils für das vorletzte Kalenderjahr veröffentlichte Wert ohne Umsatzsteuer. [3] Versorgungsunternehmen und Gemeinde können höhere Grenzpreise vereinbaren. [4] Der Grenzpreisvergleich wird für die Liefermenge eines jeden Lieferanten an der jeweiligen Betriebsstätte oder Abnahmestelle unter Einschluß des Netznutzungsentgelts durchgeführt.

(5) [1] Bei Gas dürfen Konzessionsabgaben für Lieferungen an Sondervertragskunden nicht vereinbart oder gezahlt werden,

1. die pro Jahr und Abnahmefall 5 Millionen Kilowattstunden übersteigen oder

2. deren Durchschnittspreis im Kalenderjahr unter 1,50 Cent je Kilowattstunde liegt, wobei dieser Preis im Verhältnis der Durchschnittserlöse des Versorgungsunternehmens aus der Belieferung von Sondervertragskunden im Jahr 1989 und im jeweiligen Kalenderjahr zu verändern ist. Für nach dem 1. Januar 1992 abgeschlossene Verträge ist der Durchschnittserlös je Kilowattstunde aus den Lieferungen von Gas an alle Letztverbraucher zugrunde zu legen und entsprechend zu verändern; maßgeblich ist der in der amtli-

---

[1] Die Grenzpreise betragen für die Jahre: 2000: 5,11 ct/kWh, 2001: 5,32 ct/kWh, 2002: 5,66 ct/kWh, 2003: 6,28 ct/kWh, 2004: 6,72 ct/kWh, 2005: 7,21 ct/kWh, 2006: 8,02 ct/kWh, 2007: 8,60 ct/kWh, 2008: 9,10 ct/kWh, 2009: 10,54 ct/kWh, 2010: 10,66 ct/kWh (abrufbar über Genesis-Online Datenbank des DESTATIS/Statistischen Bundesamtes).

chen Statistik des Bundes für das Jahr des Vertragsabschlusses veröffentlichte Wert ohne Umsatzsteuer.[1])

[2] Versorgungsunternehmen und Gemeinde können niedrigere Grenzmengen oder höhere Grenzpreise vereinbaren.

(6) [1] Liefern Dritte im Wege der Durchleitung Strom oder Gas an Letztverbraucher, so können im Verhältnis zwischen Netzbetreiber und Gemeinde für diese Lieferungen Konzessionsabgaben bis zu der Höhe vereinbart oder gezahlt werden, wie sie der Netzbetreiber in vergleichbaren Fällen für Lieferungen seines Unternehmens oder durch verbundene oder assoziierte Unternehmen in diesem Konzessionsgebiet zu zahlen hat. [2] Diese Konzessionsabgaben können dem Durchleitungsentgelt hinzugerechnet werden. [3] Macht der Dritte geltend, auf seine Lieferungen entfielen niedrigere Konzessionsabgaben als im Durchleitungsentgelt zugrunde gelegt, so kann er den Nachweis auch durch das Testat eines Wirtschaftsprüfers oder vereidigten Buchprüfers gegenüber dem Netzbetreiber erbringen.

(7) [1] Unbeschadet des § 1 Abs. 3 und 4 gelten Stromlieferungen aus dem Niederspannungsnetz (bis 1 Kilovolt) konzessionsabgabenrechtlich als Lieferungen an Tarifkunden, es sei denn, die gemessene Leistung des Kunden überschreitet in mindestens zwei Monaten des Abrechnungsjahres 30 Kilowatt und der Jahresverbrauch beträgt mehr als 30 000 Kilowattstunden. [2] Dabei ist auf die Belieferung der einzelnen Betriebsstätte oder Abnahmestelle abzustellen. [3] Bei der Ermittlung des Jahresverbrauchs werden Stromlieferungen nach §§ 7 und 9 der Bundestarifordnung Elektrizität sowie Stromlieferungen im Rahmen von Sonderabkommen für Lieferungen in lastschwachen Zeiten nicht berücksichtigt; für diese Lieferungen gelten § 2 Abs. 2 Nr. 1 a und Abs. 3. [4] Netzbetreiber und Gemeinde können niedrigere Leistungswerte und Jahresverbrauchsmengen vereinbaren.

(8) [1] Wird ein Weiterverteiler über öffentliche Verkehrswege mit Strom und Gas beliefert, der diese Energien ohne Benutzung solcher Verkehrswege an Letztverbraucher weiterleitet, so können für dessen Belieferung Konzessionsabgaben bis zu der Höhe vereinbart oder gezahlt werden, in der dies auch ohne seine Einschaltung zulässig wäre. [2] Absatz 6 Satz 2 und 3 gelten entsprechend.

§ 3 Andere Leistungen als Konzessionsabgaben. (1) [1] Neben oder anstelle von Konzessionsabgaben dürfen Versorgungsunternehmen und Gemeinde für einfache oder ausschließliche Wegerechte nur die folgenden Leistungen vereinbaren oder gewähren:

1. Preisnachlässe für den in Niederspannung oder in Niederdruck abgerechneten Eigenverbrauch der Gemeinde bis zu 10 vom Hundert des Rechnungsbetrages für den Netzzugang, sofern diese Preisnachlässe in der Rechnung offen ausgewiesen werden,

2. Vergütung notwendiger Kosten, die bei Bau- und Unterhaltungsmaßnahmen an öffentlichen Verkehrswegen der Gemeinden durch Versorgungsleitungen entstehen, die in oder über diesen Verkehrswegen verlegt sind,

---

[1]) Dieser Durchschnittspreis betrug in den Jahren: 2000: 3,00 ct/kWh, 2001: 3,90 ct/kWh, 2002: 3,62 ct/kWh, 2003: 3,79 ct/kWh, 2004: 3,89 ct/kWh, 2005: 4,39 ct/kWh, 2006: 5,18 ct/kWh, 2007: 5,20 ct/kWh, 2008: 5,69 ct/kWh, 2009: 5,65 ct/kWh, 2010: 4,92 ct/kWh (abrufbar über Genesis-Online Datenbank des DESTATIS/Statistischen Bundesamtes).

3. Verwaltungskostenbeiträge der Versorgungsunternehmen für Leistungen, die die Gemeinde auf Verlangen oder im Einvernehmen mit dem Versorgungsunternehmen zu seinem Vorteil erbringt.

² Für die Benutzung anderer als gemeindlicher öffentlicher Verkehrswege sowie für die Belieferung von Verteilerunternehmen und deren Eigenverbrauch dürfen ausschließlich die in Satz 1 Nr. 2 und 3 genannten Leistungen vereinbart oder gewährt werden.

(2) Nicht vereinbart oder gewährt werden dürfen insbesondere

1. sonstige Finanz- und Sachleistungen, die unentgeltlich oder zu einem Vorzugspreis gewährt werden; Leistungen der Versorgungsunternehmen bei der Aufstellung kommunaler oder regionaler Energiekonzepte oder für Maßnahmen, die dem rationellen und sparsamen sowie ressourcenschonenden Umgang mit der vertraglich vereinbarten Energieart dienen, bleiben unberührt, soweit sie nicht im Zusammenhang mit dem Abschluß oder der Verlängerung von Konzessionsverträgen stehen,

2. Verpflichtungen zur Übertragung von Versorgungseinrichtungen ohne wirtschaftlich angemessenes Entgelt.

§ 4 Tarifgestaltung. (1) ¹ Konzessionsabgaben sind in den Entgelten für den Netzzugang und allgemeinen Tarifen auszuweisen. ² Gelten die Entgelte für den Netzzugang und allgemeinen Tarifpreise für mehrere Gemeinden, genügt die Angabe der für sie maßgeblichen Höchstbeträge sowie der Hinweis auf den Vorrang von Vereinbarungen, daß keine oder niedrigere Konzessionsabgaben zu zahlen sind.

(2) Soweit bei Versorgungsgebieten mit mehreren Gemeinden das Versorgungsunternehmen und eine Gemeinde vereinbaren, daß für die Belieferung von Stromtarifabnehmern keine Konzessionsabgaben oder niedrigere als die nach den §§ 2 und 8 zulässigen Beträge gezahlt werden, sind die Entgelte für den Netzzugang und die allgemeinen Tarife in dieser Gemeinde entsprechend herabzusetzen.

(3) Bei Strom gelten die Verpflichtungen nach den Absätzen 1 und 2 erst von dem Zeitpunkt an, zu dem eine nach dem 1. Januar 1992 erteilte Tarifgenehmigung wirksam wird.

§ 5 Abschlagszahlungen, Vorauszahlungen. (1) ¹ Abschlagszahlungen auf Konzessionsabgaben sind nur für abgelaufene Zeitabschnitte zulässig. ² Eine Verzinsung findet außer im Fall des Verzuges nicht statt.

(2) Vorauszahlungen dürfen nicht geleistet werden.

§ 6 Aufsichtsrechte und -maßnahmen. (1) Die zuständige Behörde kann von Versorgungsunternehmen und Gemeinden die Auskünfte und Belege verlangen, die zur Überwachung der Einhaltung dieser Verordnung erforderlich sind.

(2) §§ 65 und 69 Energiewirtschaftsgesetz[1] findet entsprechende Anwendung.

---

[1] Nr. **1**.

§ 7 Landkreise.

[1] Landkreise können mit Versorgungsunternehmen Konzessionsabgaben vereinbaren, soweit die Landkreise aufgrund von Absprachen mit den Gemeinden die Rechte nach § 1 Abs. 2 zur Verfügung stellen können. [2] In diesen Fällen sowie für laufende Verträge zwischen Landkreisen und Versorgungsunternehmen finden die Vorschriften dieser Verordnung entsprechend Anwendung. [3] Für die Bestimmung der Höchstbeträge nach § 2 Abs. 2 sind die Einwohnerzahlen der jeweiligen Gemeinde des Landkreises maßgebend. [4] Diese Höchstbeträge sind auch einzuhalten, soweit Konzessionsabgaben sowohl mit Landkreisen als auch mit Gemeinden vereinbart sind.

§ 8 Übergangsvorschrift.

(1) [1] Soweit Konzessionsabgaben bereits für Lieferungen im Jahre 1991 vereinbart und gezahlt worden sind, sind diese Zahlungen spätestens zum 1. Januar 1993 auf Centbeträge je Kilowattstunde umzustellen. [2] Dabei ist, getrennt für Strom und Gas sowie für Tarif- und Sonderabnehmer, zu ermitteln, wie vielen Cents pro Kilowattstunde die zwischen Versorgungsunternehmen und Gemeinde vereinbarte Konzessionsabgabe 1990 entsprochen hätte. [3] Dieser Betrag ist, beginnend 1993, jährlich je Kilowattstunde wie folgt zu kürzen, bis die Höchstbeträge nach § 2 erreicht sind:

1. bei Strom für Lieferungen an Tarifabnehmer um 0,07 Cent, an Sonderabnehmer um 0,01 Cent,
2. bei Gas für Lieferungen an Tarifabnehmer um 0,03 Cent.

(2) Für die Lieferung von Stadtgas dürfen in den Bundesländern Brandenburg, Mecklenburg-Vorpommern, Sachsen, Sachsen-Anhalt und Thüringen vor dem 1. Januar 1999 keine Konzessionsabgaben vereinbart oder gezahlt werden.

§ 9 Inkrafttreten.

[1] Diese Verordnung tritt am 1. Januar 1992 in Kraft. [2] Gleichzeitig treten die Anordnung über die Zulässigkeit von Konzessionsabgaben der Unternehmen und Betriebe zur Versorgung mit Elektrizität, Gas und Wasser an Gemeinden und Gemeindeverbände (KAE) vom 4. März 1941 (RAnz. Nr. 57 und Nr. 120) in der Fassung vom 7. März 1975 (BAnz. Nr. 49), die Ausführungsanordnung zur Konzessionsabgabenanordnung (A/KAE) vom 27. Februar 1943 (RAnz. Nr. 75) und die Durchführungsbestimmungen zur Konzessionsabgabenanordnung und zu ihrer Ausführungsanordnung (D/KAE) vom 27. Februar 1943 (RAnz. Nr. 75) für Strom und Gas außer Kraft.

Der Bundesrat hat zugestimmt.

5. Richtlinie 2009/72/EG des Europäischen Parlaments und des Rates vom 13. Juli 2009 über gemeinsame Vorschriften für den Elektrizitätsbinnenmarkt und zur Aufhebung der Richtlinie 2003/54/EG

(ABl. Nr. L 211 S. 55)

EU-Dok.-Nr. 3 2009 L 0072

Nichtamtliche Inhaltsübersicht

Art.

Kapitel I. Gegenstand, Anwendungsbereich und Begriffsbestimmungen

Gegenstand und Anwendungsbereich	1
Begriffsbestimmungen	2

Kapitel II. Allgemeine Vorschriften für die Organisation des Sektors

Gemeinwirtschaftliche Verpflichtungen und Schutz der Kunden	3
Beobachtung der Versorgungssicherheit	4
Technische Vorschriften	5
Förderung der regionalen Zusammenarbeit	6

Kapitel III. Erzeugung

Genehmigungsverfahren für neue Kapazitäten	7
Ausschreibung neuer Kapazitäten	8

Kapitel IV. Betrieb des Übertragungsnetzes

Entflechtung der Übertragungsnetze und der Übertragungsnetzbetreiber	9
Benennung und Zertifizierung von Übertragungsnetzbetreibern	10
Zertifizierung in Bezug auf Drittländer	11
Aufgaben der Übertragungsnetzbetreiber	12
Unabhängige Netzbetreiber (ISO)	13
Entflechtung der Übertragungsnetzeigentümer	14
Inanspruchnahme und Ausgleich von Kapazitäten	15
Vertraulichkeitsanforderungen für Betreiber und Eigentümer von Übertragungsnetzen	16

Kapitel V. Unabhängiger Übertragungsnetzbetreiber (ITO)

Vermögenswerte, Anlagen, Personal und Unternehmensidentität	17
Unabhängigkeit des Übertragungsnetzbetreibers	18
Unabhängigkeit des Personals und der Unternehmensleitung des Übertragungsnetzbetreibers	19
Aufsichtsorgan	20
Gleichbehandlungsprogramm und Gleichbehandlungsbeauftragter	21
Netzausbau und Befugnis zum Erlass von Investitionsentscheidungen	22
Entscheidungsbefugnisse bezüglich des Anschlusses neuer Kraftwerke an das Übertragungsnetz	23

Kapitel VI. Betrieb des Verteilernetzes

Benennung von Verteilernetzbetreibern	24
Aufgaben der Verteilernetzbetreiber	25
Entflechtung von Verteilernetzbetreibern	26
Vertraulichkeitsanforderungen für Verteilernetzbetreiber	27
Geschlossene Verteilernetze	28
Kombinationsnetzbetreiber	29

Kapitel VII. Entflechtung und Transparenz der Rechnungslegung

Recht auf Einsichtnahme in die Rechnungslegung	30
Entflechtung der Rechnungslegung	31

	Art.

Kapitel VIII. Organisation des Netzzugangs

Zugang Dritter	32
Marktöffnung und Gegenseitigkeit	33
Direktleitungen	34

Kapitel IX. Nationale Regulierungsbehörden

Benennung und Unabhängigkeit der Regulierungsbehörden	35
Allgemeine Ziele der Regulierungsbehörde	36
Aufgaben und Befugnisse der Regulierungsbehörde	37
Regulierungssystem für grenzüberschreitende Aspekte	38
Einhaltung der Leitlinien	39
Aufbewahrungspflichten	40

Kapitel X. Endkundenmärkte

Endkundenmärkte	41

Kapitel XI. Schlussbestimmungen

Schutzmaßnahmen	42
Gleiche Ausgangsbedingungen	43
Ausnahmeregelungen	44
Überprüfungsverfahren	45
Ausschuss	46
Berichterstattung	47
Aufhebung von Rechtsvorschriften	48
Umsetzung	49
Inkrafttreten	50
Adressaten	51

Anhang I. Maßnahmen zum Schutz der Kunden
Anhang II. Entsprechungstabelle

DAS EUROPÄISCHE PARLAMENT UND DER RAT DER EUROPÄISCHEN UNION –

gestützt auf den Vertrag zur Gründung der Europäischen Gemeinschaft, insbesondere auf Artikel 47 Absatz 2 und die Artikel 55 und 95,

auf Vorschlag der Kommission,

nach Stellungnahme des Europäischen Wirtschafts- und Sozialausschusses[1],

nach Stellungnahme des Ausschusses der Regionen[2],

gemäß dem Verfahren des Artikels 251 des Vertrags[3],

in Erwägung nachstehender Gründe:

(1) Der Elektrizitätsbinnenmarkt, der seit 1999 in der Gemeinschaft schrittweise geschaffen wird, soll allen privaten und gewerblichen Verbrauchern in der Europäischen Union eine echte Wahl ermöglichen, neue Geschäftschancen für die Unternehmen eröffnen sowie den grenzüberschreitenden Handel fördern und auf diese Weise Effizienzgewinne, wettbewerbsfähige Preise und höhere Dienstleistungsstandards bewirken und zu mehr Versorgungssicherheit und Nachhaltigkeit beitragen.

---

[1] **Amtl. Anm.:** ABl. C 211 vom 19. 8. 2008, S. 23.
[2] **Amtl. Anm.:** ABl. C 172 vom 5. 7. 2008, S. 55.
[3] **Amtl. Anm.:** Stellungnahme des Europäischen Parlaments vom 18. Juni 2008 (noch nicht im Amtsblatt veröffentlicht), Gemeinsamer Standpunkt des Rates vom 9. Januar 2009 (ABl. C 70 E vom 24. 3. 2009, S. 1) und Standpunkt des Europäischen Parlaments vom 22. April 2009 (noch nicht im Amtsblatt veröffentlicht). Beschluss des Rates vom 25. Juni 2009.

EU-Elektrizitätsbinnenmarkt-RL **EltRL 5**

(2) Die Richtlinie 2003/54/EG des Europäischen Parlaments und des Rates vom 26. Juni 2003 über gemeinsame Vorschriften für den Elektrizitätsbinnenmarkt[1]) war ein wichtiger Beitrag zur Schaffung des Elektrizitätsbinnenmarktes.

(3) Die Freiheiten, die der Vertrag den Bürgern der Union garantiert – unter anderem der freie Warenverkehr, die Niederlassungsfreiheit und der freie Dienstleistungsverkehr –, sind nur in einem vollständig geöffneten Markt erreichbar, der allen Verbrauchern die freie Wahl ihrer Lieferanten und allen Anbietern die freie Belieferung ihrer Kunden gestattet.

(4) Derzeit gibt es jedoch Hindernisse für den Verkauf von Strom in der Gemeinschaft zu gleichen Bedingungen und ohne Diskriminierung oder Benachteiligung. Insbesondere gibt es noch nicht in allen Mitgliedstaaten einen nichtdiskriminierenden Netzzugang und eine gleichermaßen wirksame Regulierungsaufsicht.

(5) Eine gesicherte Stromversorgung ist für das Entstehen einer europäischen Gesellschaft, die Umsetzung einer nachhaltigen Strategie zur Bekämpfung des Klimawandels und die Förderung des Wettbewerbs auf dem Binnenmarkt von entscheidender Bedeutung. Aus diesem Grund sollten grenzüberschreitende Verbindungsleitungen weiter ausgebaut werden, damit den Verbrauchern und der Wirtschaft in der Gemeinschaft alle Energieträger zum wettbewerbsfähigsten Preis bereitgestellt werden können.

(6) Ein reibungslos funktionierender Elektrizitätsbinnenmarkt sollte die Erzeuger unter besonderer Beachtung der Länder und Regionen, die vom Energiemarkt der Gemeinschaft am stärksten isoliert sind, durch geeignete Anreize zu Investitionen in neue Energieerzeugung, einschließlich aus erneuerbaren Quellen, veranlassen. Ein reibungslos funktionierender Markt sollte auch die Verbraucher durch geeignete Maßnahmen zu einer effizienteren Nutzung der Energie motivieren, wofür eine gesicherte Energieversorgung Grundvoraussetzung ist.

(7) In der Mitteilung der Kommission vom 10. Januar 2007 mit dem Titel „Eine Energiepolitik für Europa" wurde dargelegt, wie wichtig es ist, den Elektrizitätsbinnenmarkt zu vollenden und für alle in der Gemeinschaft niedergelassenen Elektrizitätsunternehmen gleiche Bedingungen zu schaffen. Die Mitteilungen der Kommission vom 10. Januar 2007 mit den Titeln „Aussichten für den Erdgas- und den Elektrizitätsbinnenmarkt" und „Untersuchung der europäischen Gas- und Elektrizitätssektoren gemäß Artikel 17 der Verordnung (EG) Nr. 1/2003 (Abschlussbericht)" haben deutlich gemacht, dass der durch die derzeitigen Vorschriften und Maßnahmen vorgegebene Rahmen nicht ausreicht, um das Ziel eines gut funktionierenden Binnenmarktes zu verwirklichen.

(8) Um den Wettbewerb zu gewährleisten und die Stromversorgung zu den wettbewerbsfähigsten Preisen sicherzustellen, sollten die Mitgliedstaaten und die nationalen Regulierungsbehörden den grenzüberschreitenden Zugang sowohl für neue Stromversorger als auch für unterschiedliche Energiequellen als auch für Stromversorger, die innovative Erzeugungstechnologien anwenden, begünstigen.

(9) Ohne eine wirksame Trennung des Netzbetriebs von der Erzeugung und Versorgung („wirksame Entflechtung") besteht zwangsläufig die Gefahr einer Diskriminierung nicht nur in der Ausübung des Netzgeschäfts, sondern auch in Bezug auf die Schaffung von Anreizen für vertikal integrierte Unternehmen, ausreichend in ihre Netze zu investieren.

(10) Die Vorschriften für eine rechtliche und funktionale Entflechtung gemäß der Richtlinie 2003/ 54/EG haben jedoch nicht zu einer tatsächlichen Entflechtung der Übertragungsnetzbetreiber geführt. Daher hat der Europäische Rat die Kommission auf seiner Tagung vom 8. und 9. März 2007 aufgefordert, Legislativvorschläge für die „wirksame Trennung der Versorgung und Erzeugung vom Betrieb der Netze" auszuarbeiten.

(11) Nur durch Beseitigung der für vertikal integrierte Unternehmen bestehenden Anreize, Wettbewerber in Bezug auf den Netzzugang und auf Investitionen zu diskriminieren, kann eine tatsächliche Entflechtung gewährleistet werden. Eine eigentumsrechtliche Entflechtung, die darin besteht, dass der Netzeigentümer als Netzbetreiber benannt wird, und unabhängig von Versorgungs- und Erzeugungsinteressen ist, ist zweifellos ein wirksamer und stabiler Weg, um den inhärenten Interessenkonflikt zu lösen und die Versorgungssicherheit zu gewährleisten. Daher bezeichnete das Europäische Parlament in seiner Entschließung vom 10. Juli 2007 zu den Aussichten für den Erdgas- und den Elektrizitätsbinnenmarkt[2]) eine eigentumsrechtliche Entflechtung der Übertragungs- und Fernleitungsnetze als das wirksamste Instrument, um in

---

[1]) **Amtl. Anm.:** ABl. L 176 vom 15. 7. 2003, S. 37.
[2]) **Amtl. Anm.:** ABl. C 175 E vom 10. 7. 2008, S. 206.

nichtdiskriminierender Weise Investitionen in die Infrastrukturen, einen fairen Netzzugang für neue Anbieter und Transparenz des Marktes zu fördern. Im Rahmen der eigentumsrechtlichen Entflechtung sollten die Mitgliedstaaten daher dazu verpflichtet werden, zu gewährleisten, dass nicht ein und dieselbe(n) Person(en) die Kontrolle über ein Erzeugungs- oder Versorgungsunternehmen ausüben und gleichzeitig die Kontrolle über oder Rechte an einem Übertragungsnetzbetreiber oder einem Übertragungsnetz ausüben kann (können). Umgekehrt sollte die Kontrolle über ein Übertragungsnetz oder einen Übertragungsnetzbetreiber die Möglichkeit ausschließen, die Kontrolle über ein Erzeugungs- oder Versorgungsunternehmen oder Rechte an einem Erzeugungs- oder Versorgungsunternehmen auszuüben. Im Rahmen dieser Beschränkungen sollte ein Erzeugungs- oder Versorgungsunternehmen einen Minderheitsanteil an einem Übertragungsnetzbetreiber oder Übertragungsnetz halten dürfen.

(12) Jedes Entflechtungssystem sollte die Interessenkonflikte zwischen Erzeugern, Lieferanten und Fernleitungs- bzw. Übertragungsnetzbetreibern wirksam lösen, um Anreize für die notwendigen Investitionen zu schaffen und den Zugang von Markteinsteigern durch einen transparenten und wirksamen Rechtsrahmen zu gewährleisten, und den nationalen Regulierungsbehörden keine zu schwerfälligen Regulierungsvorschriften auferlegen.

(13) Die Definition des Begriffs „Kontrolle" wurde aus der Verordnung (EG) Nr. 139/2004 des Rates vom 20. Januar 2004 über die Kontrolle von Unternehmenszusammenschlüssen („EG-Fusionskontrollverordnung")[1] übernommen.

(14) Da die eigentumsrechtliche Entflechtung in einigen Fällen die Umstrukturierung von Unternehmen voraussetzt, sollte den Mitgliedstaaten, die sich für eine eigentumsrechtliche Entflechtung entscheiden, für die Umsetzung dieser Bestimmungen der Richtlinie mehr Zeit eingeräumt werden. Wegen der vertikalen Verbindungen zwischen dem Elektrizitätssektor und dem Erdgassektor sollten die Entflechtungsvorschriften für beide Sektoren gelten.

(15) Im Rahmen der eigentumsrechtlichen Entflechtung sollte, um die vollständige Unabhängigkeit des Netzbetriebs von Versorgungs- und Erzeugungsinteressen zu gewährleisten und den Austausch vertraulicher Informationen zu verhindern, ein und dieselbe Person nicht gleichzeitig Mitglied des Leitungsgremiums eines Übertragungsnetzbetreibers oder eines Übertragungsnetzes und eines Unternehmens sein, das eine der Funktionen Erzeugung oder Versorgung wahrnimmt. Aus demselben Grund sollte es nicht gestattet sein, dass ein und dieselbe Person Mitglieder des Leitungsgremiums eines Übertragungsnetzbetreibers oder eines Übertragungsnetzes bestellt und die Kontrolle über ein Erzeugungs- oder Versorgungsunternehmen oder Rechte daran ausübt.

(16) Die Einrichtung eines Netzbetreibers oder eines Übertragungsnetzbetreibers, der unabhängig von Versorgungs- und Erzeugungsinteressen ist, sollte es vertikal integrierten Unternehmen ermöglichen, Eigentümer der Vermögenswerte des Netzes zu bleiben und gleichzeitig eine wirksame Trennung der Interessen sicherzustellen, sofern dieser unabhängige Netzbetreiber oder dieser unabhängige Übertragungsnetzbetreiber sämtliche Funktionen eines Netzbetreibers wahrnimmt und sofern eine detaillierte Regulierung und umfassende Regulierungskontrollmechanismen gewährleistet sind.

(17) Ist das Unternehmen, das Eigentümer eines Übertragungsnetzes ist, am 3. September 2009 Teil eines vertikal integrierten Unternehmens, sollten die Mitgliedstaaten daher die Möglichkeit haben, zwischen einer eigentumsrechtlichen Entflechtung und der Einrichtung eines Netzbetreibers oder eines Übertragungsnetzbetreibers, der unabhängig von Versorgungs- und Erzeugungsinteressen ist, zu wählen.

(18) Damit die Interessen der Anteilseigner von vertikal integrierten Unternehmen in vollem Umfang gewahrt bleiben, sollten die Mitgliedstaaten wählen können zwischen einer eigentumsrechtlichen Entflechtung durch direkte Veräußerung und einer eigentumsrechtlichen Entflechtung durch Aufteilung der Anteile des integrierten Unternehmens in Anteile des Netzunternehmens und Anteile des verbleibenden Stromversorgungs- und Stromerzeugungsunternehmens, sofern die mit der eigentumsrechtlichen Entflechtung verbundenen Anforderungen erfüllt werden.

(19) Dabei sollte die volle Effektivität der Lösung in Form des unabhängigen Netzbetreibers (ISO) oder des unabhängigen Übertragungsnetzbetreibers (ITO) durch spezifische zusätzliche Vorschriften sichergestellt werden. Die Vorschriften für den unabhängigen Übertragungsnetzbetreiber bieten einen geeigneten Regelungsrahmen, der für einen gerechten Wettbewerb,

---

[1] **Amtl. Anm.:** ABl. L 24 vom 29. 1. 2004, S. 1.

hinreichende Investitionen, den Zugang neuer Marktteilnehmer und die Integration der Strommärkte sorgt. Eine wirksame Entflechtung mittels der Vorschriften für die unabhängigen Übertragungsnetzbetreiber sollte sich auf den Pfeiler der Maßnahmen zur Organisation und Verwaltung der Übertragungsnetzbetreiber und den Pfeiler der Maßnahmen im Bereich der Investitionen, des Netzanschlusses zusätzlicher Erzeugungskapazitäten und der Integration der Märkte durch regionale Zusammenarbeit stützen. Die Unabhängigkeit des Übertragungsnetzbetreibers sollte ferner unter anderem durch bestimmte „Karenzzeiten" sichergestellt werden, in denen in dem vertikal integrierten Unternehmen keine Leitungsfunktion ausgeübt wird oder keine sonstige wichtige Funktion wahrgenommen wird, die Zugang zu den gleichen Informationen wie eine leitende Position eröffnen. Das Modell der tatsächlichen Entflechtung unabhängiger Übertragungsnetzbetreiber entspricht den Vorgaben, die der Europäische Rat auf seiner Tagung vom 8. und 9. März 2007 festgelegt hat.

(20) Damit mehr Wettbewerb auf dem Elektrizitätsbinnenmarkt entsteht, sollten große Nichthaushaltskunden den Anbieter wählen und zur Deckung ihres Energiebedarfs Aufträge an mehrere Anbieter vergeben können. Die Verbraucher sollten vor vertraglichen Exklusivitätsklauseln geschützt werden, die bewirken, dass Angebote von Mitbewerbern oder ergänzende Angebote ausgeschlossen werden.

(21) Ein Mitgliedstaat hat das Recht, sich für eine vollständige eigentumsrechtliche Entflechtung in seinem Hoheitsgebiet zu entscheiden. Hat ein Mitgliedstaat dieses Recht ausgeübt, so ist ein Unternehmen nicht berechtigt, einen unabhängigen Netzbetreiber oder einen unabhängigen Fernleitungsnetzbetreiber zu errichten. Außerdem kann ein Unternehmen, das eine der Funktionen Erzeugung oder Versorgung wahrnimmt, nicht direkt oder indirekt die Kontrolle über einen Übertragungsnetzbetreiber aus einem Mitgliedstaat, der sich für die vollständige eigentumsrechtliche Entflechtung entschieden hat, oder Rechte an einem solchen Übertragungsnetzbetreiber ausüben.

(22) Nach der vorliegenden Richtlinie gibt es verschiedene Arten der Marktorganisation für den Energiebinnenmarkt. Die Maßnahmen, die dieser Mitgliedstaat gemäß dieser Richtlinie treffen kann, um gleiche Ausgangsbedingungen zu gewährleisten, sollten auf zwingenden Gründen des Allgemeininteresses beruhen. Die Kommission sollte zur Frage der Vereinbarkeit der Maßnahmen mit dem Vertrag und dem Gemeinschaftsrecht gehört werden.

(23) Bei der tatsächlichen Entflechtung sollte dem Grundsatz der Nichtdiskriminierung zwischen öffentlichem und privatem Sektor Rechnung getragen werden. Um dies zu erreichen, sollte nicht ein und dieselbe Person die Möglichkeit haben, allein oder zusammen mit anderen Personen unter Verletzung der eigentumsrechtlichen Entflechtung oder der Möglichkeit der Benennung eines unabhängigen Netzbetreibers die Kontrolle oder Rechte in Bezug auf die Zusammensetzung, das Abstimmungsverhalten oder die Beschlussfassung der Organe sowohl der Übertragungsnetzbetreiber oder Übertragungsnetze als auch der Erzeugungs- oder Versorgungsunternehmen auszuüben. Hinsichtlich der eigentumsrechtlichen Entflechtung und der Unabhängigkeit der Netzbetreibers sollte es, sofern der betreffende Mitgliedstaat nachweisen kann, dass diese Anforderung erfüllt ist, zulässig sein, dass zwei voneinander getrennte öffentliche Einrichtungen die Kontrolle über die Erzeugungs- und Versorgungsaktivitäten einerseits und die Übertragungsaktivitäten andererseits ausüben.

(24) Der Grundsatz der tatsächlichen Trennung der Netzaktivitäten von den Versorgungs- und Erzeugungsaktivitäten sollte in der gesamten Gemeinschaft sowohl für Gemeinschaftsunternehmen als auch für Nichtgemeinschaftsunternehmen gelten. Um sicherzustellen, dass die Netzaktivitäten und die Versorgungs- und Erzeugungsaktivitäten in der gesamten Gemeinschaft unabhängig voneinander bleiben, sollten die Regulierungsbehörden die Befugnis erhalten, Übertragungsnetzbetreibern, die die Entflechtungsvorschriften nicht erfüllen, eine Zertifizierung zu verweigern. Um eine kohärente, gemeinschaftsweite Anwendung dieser Vorschriften sicherzustellen, sollten die Regulierungsbehörden bei Entscheidungen über die Zertifizierung der Stellungnahme der Kommission so weit wie möglich Rechnung tragen. Um ferner die Einhaltung der internationalen Verpflichtungen der Gemeinschaft sowie die Solidarität und die Energiesicherheit in der Gemeinschaft zu gewährleisten, sollte die Kommission die Befugnis haben, eine Stellungnahme zur Zertifizierung in Bezug auf einen Übertragungsnetzeigentümer oder -betreiber, der von einer oder mehreren Personen aus einem oder mehreren Drittländern kontrolliert wird, abzugeben.

(25) Die Sicherheit der Energieversorgung ist ein Kernelement der öffentlichen Sicherheit und daher bereits von Natur aus direkt verbunden mit den effizienten Funktionieren des Elektrizitätsbinnenmarktes und der Integration der isolierten Strommärkte der Mitgliedstaaten. Die Versorgung der Bürger der Union mit Elektrizität kann nur über Netze erfolgen. Funktions-

fähige Strommärkte und im Besonderen Netze sowie andere mit der Stromversorgung verbundene Anlagen sind von wesentlicher Bedeutung für die öffentliche Sicherheit, die Wettbewerbsfähigkeit der Wirtschaft und das Wohl der Bürger der Union. Personen aus Drittländern sollte es daher nur dann gestattet sein, die Kontrolle über ein Übertragungsnetz oder einen Übertragungsnetzbetreiber auszuüben, wenn sie die innerhalb der Gemeinschaft geltenden Anforderungen einer tatsächlichen Trennung erfüllen. Unbeschadet der internationalen Verpflichtungen der Gemeinschaft ist die Gemeinschaft der Ansicht, dass der Stromübertragungsnetzsektor für die Gemeinschaft von großer Bedeutung ist und daher zusätzliche Schutzmaßnahmen hinsichtlich der Aufrechterhaltung der Energieversorgungssicherheit in der Gemeinschaft erforderlich sind, um eine Bedrohung der öffentlichen Ordnung und der öffentlichen Sicherheit in der Gemeinschaft und des Wohlergehens der Bürger der Union zu vermeiden. Die Energieversorgungssicherheit in der Gemeinschaft erfordert insbesondere eine Bewertung der Unabhängigkeit des Netzbetriebs, des Grades der Abhängigkeit der Gemeinschaft und einzelner Mitgliedstaaten von Energielieferungen aus Drittländern und der Frage, welche Bedingungen für Energiehandel und -investitionen von inländischer und ausländischer Seite in einem bestimmten Drittland herrschen. Die Versorgungssicherheit sollte daher unter Berücksichtigung der besonderen Umstände jedes Einzelfalls sowie der aus dem Völkerrecht – insbesondere aus den internationalen Abkommen zwischen der Gemeinschaft und dem betreffenden Drittland – erwachsenden Rechte und Pflichten bewertet werden. Gegebenenfalls wird die Kommission aufgefordert, Empfehlungen zur Aushandlung einschlägiger Abkommen mit Drittländern vorzulegen, in denen die Sicherheit der Energieversorgung der Gemeinschaft behandelt wird, oder zur Aufnahme der erforderlichen Aspekte in andere Verhandlungen mit diesen Drittländern.

(26) Ein nichtdiskriminierender Zugang zum Verteilernetz ist Voraussetzung für den nachgelagerten Zugang zu den Endkunden. In Bezug auf den Netzzugang und Investitionen Dritter stellt sich die Diskriminierungsproblematik dagegen weniger auf der Ebene der Verteilung als vielmehr auf der Ebene der Übertragung, wo Engpässe und der Einfluss von Erzeugungs- oder Versorgungsinteressen im Allgemeinen ausgeprägter sind als auf der Verteilerebene. Überdies wurde die rechtliche und funktionale Entflechtung der Verteilernetzbetreiber gemäß der Richtlinie 2003/54/EG erst am 1. Juli 2007 verpflichtend, und ihre Auswirkungen auf den Elektrizitätsbinnenmarkt müssen erst noch bewertet werden. Die geltenden Vorschriften für die rechtliche und funktionale Entflechtung können zu einer wirksamen Entflechtung führen, wenn sie klarer formuliert, ordnungsgemäß umgesetzt und genau überwacht werden. Mit Blick auf die Schaffung gleicher Bedingungen auf der Ebene der Endkunden sollten die Aktivitäten der Verteilernetzbetreiber überwacht werden, damit sie ihre vertikale Integration nicht dazu nutzen, ihre Wettbewerbsposition auf dem Markt, insbesondere bei Haushalts- und kleinen Nichthaushaltskunden, zu stärken.

(27) Die Mitgliedstaaten unterstützen die Modernisierung der Verteilernetze – beispielsweise durch Einführung intelligenter Netze –, die so gestaltet werden sollten, dass dezentrale Energieerzeugung und Energieeffizienz gefördert werden.

(28) Im Fall kleiner Netze kann es notwendig sein, dass die Hilfsdienste von Übertragungsnetzbetreibern bereitgestellt werden, die mit dem kleinen Netz einen Verbund bilden.

(29) Damit kleine Verteilernetzbetreiber finanziell und administrativ nicht unverhältnismäßig stark belastet werden, sollten die Mitgliedstaaten die Möglichkeit haben, die betroffenen Unternehmen erforderlichenfalls von den Vorschriften für die rechtliche Entflechtung der Verteilung auszunehmen.

(30) Wo im Interesse der optimalen Effizienz integrierter Energieversorgung ein geschlossenes Verteilernetz betrieben wird und besondere Betriebsnormen erforderlich sind oder ein geschlossenes Verteilernetz in erster Linie für die Zwecke des Netzeigentümers betrieben wird, sollte die Möglichkeit bestehen, den Verteilernetzbetreiber von Verpflichtungen zu befreien, die bei ihm aufgrund der besonderen Art der Beziehung zwischen dem Verteilernetzbetreiber und den Netzbenutzern – einen unnötigen Verwaltungsaufwand verursachen würden. Bei Industrie- oder Gewerbegebieten oder Gebieten, in denen Leistungen gemeinsam genutzt werden, wie Bahnhofsgebäuden, Flughäfen, Krankenhäusern, großen Campingplätzen mit integrierten Anlagen oder Standorten der Chemieindustrie können aufgrund der besonderen Art der Betriebsabläufe geschlossene Verteilernetze bestehen.

(31) Die Genehmigungsverfahren sollten nicht zu einem Verwaltungsaufwand führen, der in keinem Verhältnis zur Größe und zur möglichen Wirkung der Elektrizitätserzeuger steht. Unangemessen lange Genehmigungsverfahren können ein Zugangshindernis für neue Marktteilnehmer bilden.

EU-Elektrizitätsbinnenmarkt-RL EltRL 5

(32) Es sollten weitere Maßnahmen ergriffen werden, um sicherzustellen, dass die Tarife für den Netzzugang transparent und nichtdiskriminierend sind. Diese Tarife sollten auf nichtdiskriminierende Weise für alle Netzbenutzer gelten.

(33) Die Richtlinie 2003/54/EG verpflichtet die Mitgliedstaaten zur Einrichtung von Regulierungsbehörden mit spezifischen Zuständigkeiten. Die Erfahrung zeigt allerdings, dass die Effektivität der Regulierung vielfach aufgrund mangelnder Unabhängigkeit der Regulierungsbehörden von der Regierung sowie unzureichender Befugnisse und Ermessensfreiheit eingeschränkt wird. Daher hat der Europäische Rat die Kommission auf seiner Tagung vom 8. und 9. März 2007 aufgefordert, Legislativvorschläge auszuarbeiten, die eine weitere Harmonisierung der Befugnisse und eine Stärkung der Unabhängigkeit der nationalen Regulierungsbehörden vorsehen. Diese nationalen Regulierungsbehörden sollten sowohl den Elektrizitäts- als auch den Gassektor abdecken können.

(34) Damit der Elektrizitätsbinnenmarkt ordnungsgemäß funktionieren kann, müssen die Regulierungsbehörden Entscheidungen in allen relevanten Regulierungsangelegenheiten treffen können und völlig unabhängig von anderen öffentlichen oder privaten Interessen sein. Dies steht weder einer gerichtlichen Überprüfung noch einer parlamentarischen Kontrolle nach dem Verfassungsrecht der Mitgliedstaaten entgegen. Außerdem sollte die Zustimmung des nationalen Gesetzgebers zum Haushaltsplan der Regulierungsbehörden die Haushaltsautonomie nicht beeinträchtigen. Die Bestimmungen bezüglich der Autonomie bei der Ausführung des der Regulierungsbehörde zugewiesenen Haushalts sollten gemäß dem Rechtsrahmen der einzelstaatlichen Haushaltsvorschriften und -regeln angewandt werden. Die Mitgliedstaaten tragen zur Unabhängigkeit der nationalen Regulierungsbehörde von jeglicher Einflussnahme aus Politik oder Wirtschaft durch ein geeignetes Rotationsverfahren bei, sollten aber die Möglichkeit haben, der Verfügbarkeit personeller Ressourcen und der Größe des Gremiums jedoch gebührend Rechnung zu tragen.

(35) Zur Sicherstellung eines effektiven Marktzugangs für alle Marktteilnehmer, einschließlich neuer Marktteilnehmer, bedarf es nichtdiskriminierender, kostenorientierter Ausgleichsmechanismen. Sobald der Elektrizitätsmarkt einen ausreichenden Liquiditätsstand erreicht hat, sollte dies durch den Aufbau transparenter Marktmechanismen für die Lieferung und den Bezug von Elektrizität zur Deckung des Ausgleichsbedarfs realisiert werden. Solange derartige liquide Märkte fehlen, sollten die nationalen Regulierungsbehörden aktiv darauf hinwirken, dass die Tarife für Ausgleichsleistungen nichtdiskriminierend und kostenorientiert sind. Gleichzeitig sollten geeignete Anreize gegeben werden, um die Einspeisung und Abnahme von Elektrizität auszugleichen und das System nicht zu gefährden. Die Übertragungsnetzbetreiber sollten Endkunden und Akteuren, die Endkunden zusammenfassen, die Teilnahme an den Reserve- und Ausgleichsmärkten ermöglichen.

(36) Die nationalen Regulierungsbehörden sollten die Möglichkeit haben, die Tarife oder die Tarifberechnungsmethoden auf der Grundlage eines Vorschlags des Übertragungsnetzbetreibers oder des (der) Verteilernetzbetreiber(s) oder auf der Grundlage eines zwischen diesen Betreibern und den Netzbenutzern abgestimmten Vorschlags festzusetzen oder zu genehmigen. Dabei sollten die nationalen Regulierungsbehörden sicherstellen, dass die Tarife für die Übertragung und Verteilung nichtdiskriminierend und kostenorientiert sind und die langfristig durch dezentrale Elektrizitätserzeugung und Nachfragesteuerung vermiedenen Netzgrenzkosten berücksichtigen.

(37) Die Regulierungsbehörden sollten über die Befugnis verfügen, Entscheidungen zu erlassen, die für die Elektrizitätsunternehmen bindend sind, und wirksame, verhältnismäßige und abschreckende Sanktionen gegen Elektrizitätsunternehmen, die ihren Verpflichtungen nicht nachkommen, entweder selbst zu verhängen oder einem zuständigen Gericht die Verhängung solcher Sanktionen gegen solche Unternehmen vorzuschlagen. Auch sollte den Regulierungsbehörden die Befugnis zuerkannt werden, unabhängig von der Anwendung der Wettbewerbsregeln über geeignete Maßnahmen zu entscheiden, die durch Förderung eines wirksamen Wettbewerbs als Voraussetzung für einen ordnungsgemäß funktionierenden Energiebinnenmarkt Vorteile für die Kunden herbeiführen. Die Errichtung virtueller Kraftwerke – Programme zur Freigabe von Elektrizität, durch die Elektrizitätsunternehmen dazu verpflichtet werden, eine bestimmte Menge an Elektrizität entweder zu verkaufen oder zur Verfügung zu stellen oder interessierten Versorgern für einen bestimmten Zeitraum Zugang zu einem Teil ihrer Erzeugungskapazität zu gewähren –, ist eine der möglichen Maßnahmen, um auf einen wirksamen Wettbewerb hinzuwirken und das ordnungsgemäße Funktionieren des Marktes sicherzustellen. Die Regulierungsbehörden sollten ferner über die Befugnis verfügen, dazu beizutragen, hohe Standards bei der Gewährleistung der Grundversorgung und der Erfüllung gemein-

wirtschaftlicher Verpflichtungen in Übereinstimmung mit den Erfordernissen einer Marktöffnung, den Schutz benachteiligter Kunden und die volle Wirksamkeit der zum Schutz der Kunden ergriffenen Maßnahmen zu gewährleisten. Diese Vorschriften sollten weder die Befugnisse der Kommission bezüglich der Anwendung der Wettbewerbsregeln, einschließlich der Prüfung von Unternehmenszusammenschlüssen, die eine gemeinschaftliche Dimension aufweisen, noch die Binnenmarktregeln, etwa die Vorschriften zum freien Kapitalverkehr, berühren. Die unabhängige Stelle, bei der eine von einer Entscheidung einer nationalen Regulierungsbehörde betroffene Partei Rechtsbehelfe einlegen kann, kann ein Gericht oder eine andere gerichtliche Stelle sein, die ermächtigt ist, eine gerichtliche Überprüfung durchzuführen.

(38) Bei einer Harmonisierung der Befugnisse der nationalen Regulierungsbehörden sollte auch die Befugnis vorgesehen werden, Elektrizitätsunternehmen Anreize zu bieten sowie wirksame, verhältnismäßige und abschreckende Sanktionen gegen sie zu verhängen oder bei einem Gericht die Verhängung solcher Sanktionen vorzuschlagen. Darüber hinaus sollten die Regulierungsbehörden befugt sein, alle relevanten Informationen von Elektrizitätsunternehmen anzufordern, angemessene und ausreichende Untersuchungen vorzunehmen und Streitigkeiten zu schlichten.

(39) Dem Elektrizitätsbinnenmarkt mangelt es an Liquidität und Transparenz, was eine effiziente Ressourcenallokation, Risikoabsicherung und neue Markteintritte behindert. Die Verbesserung des Wettbewerbs und der Versorgungssicherheit durch leichteren Anschluss neuer Kraftwerke in das Elektrizitätsnetz in allen Mitgliedstaaten, insbesondere zugunsten neuer Marktteilnehmer, ist notwendig. Das Vertrauen in den Markt und in seine Liquidität und die Zahl der Marktteilnehmer müssen zunehmen, weshalb die Regulierungsaufsicht über Unternehmen, die in der Elektrizitätsversorgung tätig sind, ausgebaut werden muss. Anforderungen dieser Art sollten das bestehende Gemeinschaftsrecht im Bereich der Finanzmärkte nicht berühren und mit diesen vereinbar sein. Die Energieregulierungsbehörden und die Finanzmarktregulierungsbehörden müssen kooperieren, um einander zu befähigen, einen Überblick über die betroffenen Märkte zu bekommen.

(40) Bevor die Kommission Leitlinien zur Festlegung der Aufbewahrungsanforderungen erlässt, sollten die nach der Verordnung (EG) Nr. 713/2009[1]) des Europäischen Parlaments und des Rates vom 13. Juli 2009 zur Gründung einer Agentur für die Zusammenarbeit der Energieregulierungsbehörden[2]) errichtete Agentur (nachstehend „Agentur" genannt) und der durch den Beschluss 2009/77/EG der Kommission[3]) eingerichtete Ausschuss der europäischen Wertpapierregulierungsbehörden (CESR) den Inhalt der Leitlinien gemeinsam prüfen und die Kommission dazu beraten. Die Agentur und der Ausschuss der europäischen Wertpapierregulierungsbehörden sollten ferner zusammenarbeiten, um weiter zu untersuchen, ob Transaktionen mit Stromversorgungsverträgen und Stromderivaten Gegenstand von vor- und nachbörslichen Transparenzanforderungen sein sollten und, wenn ja, welchen Inhalt diese Anforderungen haben sollten, und um diesbezüglich beratend tätig zu sein.

(41) Die Mitgliedstaaten oder, sofern ein Mitgliedstaat dies vorsieht, die Regulierungsbehörde sollten die Ausarbeitung unterbrechbarer Lieferverträge fördern.

(42) Überall in der Gemeinschaft sollten Industrie und Handel, einschließlich der kleinen und mittleren Unternehmen, sowie die Bürger der Union, die von den wirtschaftlichen Vorteilen des Binnenmarktes profitieren, aus Gründen der Gerechtigkeit und der Wettbewerbsfähigkeit und indirekt zur Schaffung von Arbeitsplätzen auch ein hohes Verbraucherschutzniveau genießen können und insbesondere die Haushalte und, soweit die Mitgliedstaaten dies für angemessen halten, Kleinunternehmen in den Genuss gemeinwirtschaftlicher Leistungen kommen können, insbesondere hinsichtlich Versorgungssicherheit und angemessener Tarife. Darüber hinaus sollten diese Kunden ein Recht auf Wahlmöglichkeiten, Fairness, Interessenvertretung und die Inanspruchnahme eines Streitbeteiligungsverfahrens haben.

(43) Fast alle Mitgliedstaaten haben sich dafür entschieden, den Wettbewerb im Elektrizitätserzeugungsmarkt durch ein transparentes Genehmigungsverfahren zu gewährleisten. Die Mitgliedstaaten sollten jedoch die Möglichkeit vorsehen, zur Versorgungssicherheit durch eine Ausschreibung oder ein vergleichbares Verfahren für den Fall beizutragen, dass sich im Wege des Genehmigungsverfahrens keine ausreichenden Elektrizitätserzeugungskapazitäten schaffen lassen. Die Mitgliedstaaten sollten die Möglichkeit haben, im Interesse des Umweltschutzes und

---

[1]) Nr. 7.
[2]) **Amtl. Anm.:** Siehe Seite 1 dieses Amtsblatts. [**Red. Anm:** ABl. Nr. L 211.]
[3]) **Amtl. Anm.:** ABl. L 25 vom 29. 1. 2009, S. 18.

der Förderung neuer, noch nicht ausgereifter Technologien Kapazitäten auf der Grundlage veröffentlichter Kriterien auszuschreiben. Die neuen Kapazitäten schließen unter anderem Elektrizität aus erneuerbaren Energiequellen und Kraft-Wärme-Kopplung ein.

(44) Im Interesse der Versorgungssicherheit sollte das Gleichgewicht zwischen Angebot und Nachfrage in den einzelnen Mitgliedstaaten beobachtet und anschließend ein Gesamtbericht über die Versorgungssicherheit in der Gemeinschaft angefertigt werden, in dem die zwischen verschiedenen Gebieten bestehende Verbindungskapazität berücksichtigt wird. Die Beobachtung sollte so frühzeitig erfolgen, dass die geeigneten Maßnahmen getroffen werden können, wenn die Versorgungssicherheit gefährdet sein sollte. Der Aufbau und der Erhalt der erforderlichen Netzinfrastruktur einschließlich der Verbundmöglichkeiten sollten zu einer stabilen Elektrizitätsversorgung beitragen. Der Aufbau und der Erhalt der erforderlichen Netzinfrastruktur einschließlich der Verbundmöglichkeiten und der dezentralen Elektrizitätserzeugung sind wichtige Elemente, um eine stabile Elektrizitätsversorgung sicherzustellen.

(45) Die Mitgliedstaaten sollten dafür Sorge tragen, dass Haushalts-Kunden und, soweit die Mitgliedstaaten dies für angezeigt halten, Kleinunternehmen das Recht auf Versorgung mit Elektrizität einer bestimmten Qualität zu leicht vergleichbaren, transparenten und angemessenen Preisen haben. Damit gewährleistet ist, dass die Qualität gemeinwirtschaftlicher Leistungen in der Gemeinschaft weiterhin hohen Standards entspricht, sollten die Mitgliedstaaten die Kommission regelmäßig über alle zur Erreichung der Ziele dieser Richtlinie getroffenen Maßnahmen unterrichten. Die Kommission sollte regelmäßig einen Bericht veröffentlichen, in dem die Maßnahmen der Mitgliedstaaten zur Erreichung gemeinwirtschaftlicher Ziele untersucht und in ihrer Wirksamkeit verglichen werden, um Empfehlungen für Maßnahmen auszusprechen, die auf einzelstaatlicher Ebene zur Gewährleistung einer hohen Qualität der gemeinwirtschaftlichen Leistungen zu ergreifen sind. Die Mitgliedstaaten sollten die erforderlichen Maßnahmen zum Schutz benachteiligter Kunden auf dem Elektrizitätsbinnenmarkt treffen. Die Maßnahmen können nach den jeweiligen Gegebenheiten in den entsprechenden Mitgliedstaaten unterschiedlich sein und spezifische Maßnahmen für die Begleichung von Stromrechnungen oder allgemeinere Maßnahmen innerhalb des Sozialsicherungssystems beinhalten. Wird die Grundversorgung auch kleinen Unternehmen angeboten, so können die Maßnahmen zur Gewährleistung dieses Angebots unterschiedlich ausfallen, je nachdem, ob sie für Haushalts-Kunden und kleine Unternehmen gedacht sind.

(46) Die Erfüllung gemeinwirtschaftlicher Verpflichtungen ist eine grundlegende Anforderung dieser Richtlinie, und es ist wichtig, dass in dieser Richtlinie von allen Mitgliedstaaten einzuhaltende gemeinsame Mindestnormen festgelegt werden, die den Zielen des Verbraucherschutzes, der Versorgungssicherheit, des Umweltschutzes und einer gleichwertigen Wettbewerbsintensität in allen Mitgliedstaaten Rechnung tragen. Gemeinwirtschaftliche Verpflichtungen müssen unter Berücksichtigung der einzelstaatlichen Gegebenheiten aus nationaler Sicht ausgelegt werden können, wobei das Gemeinschaftsrecht einzuhalten ist.

(47) Es sollte den Mitgliedstaaten möglich sein, einen Versorger letzter Instanz zu benennen. Hierbei kann es sich um die Verkaufsabteilung eines vertikal integrierten Unternehmens handeln, das auch die Tätigkeit der Verteilung ausübt, sofern die Entflechtungsanforderungen erfüllt sind.

(48) Die von den Mitgliedstaaten zur Erreichung der Ziele des sozialen und wirtschaftlichen Zusammenhalts ergriffenen Maßnahmen können insbesondere die Schaffung geeigneter wirtschaftlicher Anreize, gegebenenfalls unter Einsatz aller auf einzelstaatlicher Ebene oder Gemeinschaftsebene vorhandenen Instrumente, umfassen. Zu solchen Instrumenten können auch Haftungsregelungen zur Absicherung der erforderlichen Investitionen zählen.

(49) Soweit die von den Mitgliedstaaten zur Erfüllung gemeinwirtschaftlicher Verpflichtungen getroffenen Maßnahmen staatliche Beihilfen nach Artikel 87 Absatz 1 des Vertrags darstellen, sind sie der Kommission gemäß Artikel 88 Absatz 3 des Vertrags mitzuteilen.

(50) Die gemeinwirtschaftlichen Verpflichtungen, auch jene zur Gewährleistung der Grundversorgung, und die daraus resultierenden gemeinsamen Mindeststandards müssen weiter gestärkt werden, damit sichergestellt werden kann, dass die Vorteile des Wettbewerbs und gerechter Preise allen Verbrauchern, vor allem schutzbedürftigen Verbrauchern, zugute kommen. Die gemeinwirtschaftlichen Verpflichtungen sollten auf nationaler Ebene, unter Berücksichtigung der nationalen Bedingungen und unter Wahrung des Gemeinschaftsrechts, festgelegt werden; das Gemeinschaftsrecht sollte jedoch von den Mitgliedstaaten beachtet werden. Die Unionsbürger und, soweit die Mitgliedstaaten dies für angezeigt halten, Kleinunternehmen sollten sich gerade hinsichtlich der Versorgungssicherheit und der Angemessenheit der Preise darauf verlassen können, dass die gemeinwirtschaftlichen Verpflichtungen erfüllt werden. Ein zentraler

Aspekt in der Versorgung der Kunden ist der Zugang zu objektiven und transparenten Verbrauchsdaten. Deshalb sollten die Verbraucher Zugang zu ihren Verbrauchsdaten und den damit verbundenen Preisen und Dienstleistungskosten haben, so dass sie die Wettbewerber auffordern können, ein Angebot auf der Grundlage dieser Daten zu unterbreiten. Auch sollten die Verbraucher Anspruch darauf haben, in angemessener Form über ihren Energieverbrauch informiert zu werden. Vorauszahlungen sollten den wahrscheinlichen Stromverbrauch widerspiegeln, und die unterschiedlichen Zahlungssysteme sollten diskriminierungsfrei sein. Sofern die Verbraucher ausreichend häufig über die Energiekosten informiert werden, schafft dies Anreize für Energieeinsparungen, da die Kunden auf diese Weise eine direkte Rückmeldung über die Auswirkungen von Investitionen in die Energieeffizienz wie auch von Verhaltensänderungen erhalten. In dieser Hinsicht wird die vollständige Umsetzung der Richtlinie 2006/32/EG[1]) des Europäischen Parlaments und des Rates vom 5. April 2006 über Endenergieeffizienz und Energiedienstleistungen[2]) den Verbrauchern helfen, ihre Energiekosten zu senken.

(51) Im Mittelpunkt dieser Richtlinie sollten die Belange der Verbraucher stehen, und die Gewährleistung der Dienstleistungsqualität sollte zentraler Bestandteil der Aufgaben von Elektrizitätsunternehmen sein. Die bestehenden Verbraucherrechte müssen gestärkt und abgesichert werden und sollten auch auf mehr Transparenz ausgerichtet sein. Durch den Verbraucherschutz sollte sichergestellt werden, dass allen Kunden im größeren Kontext der Gemeinschaft die Vorzüge eines Wettbewerbsmarktes zugute kommen. Die Rechte der Verbraucher sollten von den Mitgliedstaaten oder, sofern dies von einem Mitgliedstaat so vorgesehen ist, von den Regulierungsbehörden durchgesetzt werden.

(52) Die Verbraucher sollten klar und verständlich über ihre Rechte gegenüber dem Energiesektor informiert werden. Die Kommission sollte nach Absprache mit den relevanten Interessenträgern, einschließlich der Mitgliedstaaten, nationalen Regulierungsbehörden, Verbraucherorganisationen und Elektrizitätsunternehmen, eine verständliche, benutzerfreundliche Checkliste für Energieverbraucher erstellen, die praktische Informationen für die Verbraucher über ihre Rechte enthält. Diese Checkliste sollte allen Verbrauchern zur Verfügung gestellt und öffentlich zugänglich gemacht werden.

(53) Die Energiearmut ist in der Gemeinschaft ein wachsendes Problem. Mitgliedstaaten, die davon betroffen sind, sollten deshalb, falls dies noch nicht geschehen ist, nationale Aktionspläne oder einen anderen geeigneten Rahmen zur Bekämpfung der Energiearmut schaffen, die zum Ziel haben, die Zahl der darunter leidenden Menschen zu verringern. Die Mitgliedstaaten sollten in jedem Fall eine ausreichende Energieversorgung für schutzbedürftige Kunden gewährleisten. Dazu könnte auf ein umfassendes Gesamtkonzept, beispielsweise im Rahmen der Sozialpolitik, zurückgegriffen werden, und es könnten sozialpolitische Maßnahmen oder Maßnahmen zur Verbesserung der Energieeffizienz von Wohngebäuden getroffen werden. Zumindest sollte mit dieser Richtlinie die Möglichkeit dafür geschaffen werden, dass schutzbedürftige Kunden durch politische Maßnahmen auf nationaler Ebene begünstigt werden.

(54) Ein besserer Verbraucherschutz ist gewährleistet, wenn für alle Verbraucher ein Zugang zu wirksamen Streitbeilegungsverfahren besteht. Die Mitgliedstaaten sollten Verfahren zur schnellen und wirksamen Behandlung von Beschwerden einrichten.

(55) Die Einführung intelligenter Messsysteme sollte nach wirtschaftlichen Erwägungen erfolgen können. Führen diese Erwägungen zu dem Schluss, dass die Einführung solcher Messsysteme nur im Falle von Verbrauchern mit einem bestimmten Mindeststromverbrauch wirtschaftlich vernünftig und kostengünstig ist, sollten die Mitgliedstaaten dies bei der Einführung intelligenter Messsysteme berücksichtigen können.

(56) Die Marktpreise sollten die richtigen Impulse für den Ausbau des Netzes und für Investitionen in neue Stromerzeugungsanlagen setzen.

(57) Für die Mitgliedstaaten sollte es die oberste Priorität sein, den fairen Wettbewerb und einen freien Marktzugang für die einzelnen Versorger und die Entwicklung von Kapazitäten für neue Erzeugungsanlagen zu fördern, damit die Verbraucher die Vorzüge eines liberalisierten Elektrizitätsbinnenmarkts im vollen Umfang nutzen können.

(58) Zur Schaffung des Elektrizitätsbinnenmarktes sollten die Mitgliedstaaten die Integration ihrer nationalen Märkte und die Zusammenarbeit der Netzbetreiber auf Gemeinschafts- und regio-

---

[1]) Nr. 55.
[2]) **Amtl. Anm.:** ABl. L 114 vom 27. 4. 2006, S. 64.

naler Ebene fördern, wobei dies auch die in der Gemeinschaft nach wie vor bestehenden isolierte „Strominseln" bildenden Netze einschließen sollte.

(59) Eines der Hauptziele dieser Richtlinie sollte der Aufbau eines wirklichen Elektrizitätsbinnenmarktes auf der Grundlage eines gemeinschaftsweiten Verbundnetzes sein, und demnach sollten Regulierungsangelegenheiten, die grenzüberschreitende Verbindungsleitungen oder regionale Märkte betreffen, eine der Hauptaufgaben der Regulierungsbehörden sein, die sie gegebenenfalls in enger Zusammenarbeit mit der Agentur wahrnehmen.

(60) Auch die Sicherstellung gemeinsamer Regeln für einen wirklichen Elektrizitätsbinnenmarkt und eine umfassende, allgemein zugängliche Energieversorgung sollten zu den zentralen Zielen dieser Richtlinie gehören. Unverzerrte Marktpreise würden in diesem Zusammenhang einen Anreiz für den Aufbau grenzüberschreitender Verbindungsleitungen und für Investitionen in neue Erzeugungsanlagen bieten und dabei langfristig zu einer Konvergenz der Preise führen.

(61) Die Regulierungsbehörden sollten dem Markt auch Informationen zur Verfügung stellen, um es der Kommission zu ermöglichen, ihre Funktion der Überwachung und Beobachtung des Elektrizitätsbinnenmarktes und seiner kurz-, mittel- und langfristigen Entwicklung – einschließlich solcher Aspekte wie Erzeugungskapazität, verschiedene Elektrizitätserzeugungsquellen, Übertragungs- und Verteilungsinfrastrukturen, Dienstleistungsqualität, grenzüberschreitender Handel, Engpassmanagement, Investitionen, Großhandels- und Verbraucherpreise, Marktliquidität und ökologische Verbesserungen sowie Effizienzsteigerungen – wahrzunehmen. Die nationalen Regulierungsbehörden sollten den Wettbewerbsbehörden und der Kommission melden, in welchen Mitgliedstaaten die Preise den Wettbewerb und das ordnungsgemäße Funktionieren des Marktes beeinträchtigen.

(62) Da das Ziel dieser Richtlinie, nämlich die Schaffung eines voll funktionierenden Elektrizitätsbinnenmarktes, auf Ebene der Mitgliedstaaten nicht ausreichend verwirklicht werden kann und daher besser auf Gemeinschaftsebene zu verwirklichen ist, kann die Gemeinschaft im Einklang mit dem in Artikel 5 des Vertrags niedergelegten Subsidiaritätsprinzip tätig werden. Entsprechend dem in demselben Artikel genannten Grundsatz der Verhältnismäßigkeit geht diese Richtlinie nicht über das für die Erreichung dieses Ziels erforderliche Maß hinaus.

(63) Gemäß der Verordnung (EG) Nr. 714/2009[1]) des Europäischen Parlaments und des Rates vom 13. Juli 2009 über die Netzzugangsbedingungen für den grenzüberschreitenden Stromhandel[2]) kann die Kommission Leitlinien erlassen, um das erforderliche Maß an Harmonisierung zu bewirken. Solche Leitlinien, bei denen es sich um bindende Durchführungsmaßnahmen handelt, sind, auch im Hinblick auf bestimmte Bestimmungen der Richtlinie, ein nützliches Instrument, das im Bedarfsfall schnell angepasst werden kann.

(64) Die zur Durchführung dieser Richtlinie notwendigen Maßnahmen sollten gemäß dem Beschluss 1999/468/EG des Rates vom 28. Juni 1999 zur Festlegung der Modalitäten für die Ausübung der der Kommission übertragenen Durchführungsbefugnisse[3]) erlassen werden.

(65) Insbesondere sollte die Kommission die Befugnis erhalten, Leitlinien zu erlassen, die notwendig sind, um das zur Verwirklichung des Ziels dieser Richtlinie erforderliche Mindestmaß an Harmonisierung zu gewährleisten. Da es sich hierbei um Maßnahmen von allgemeiner Tragweite handelt, die eine Änderung nicht wesentlicher Bestimmungen dieser Richtlinie durch Ergänzung um neue nicht wesentliche Bestimmungen bewirken, sind diese Maßnahmen nach dem Regelungsverfahren mit Kontrolle des Artikels 5a des Beschlusses 1999/468/EG zu erlassen.

(66) Nach Nummer 34 der Interinstitutionellen Vereinbarung über bessere Rechtsetzung[4]) sind die Mitgliedstaaten aufgefordert, für ihre eigenen Zwecke und im Interesse der Gemeinschaft eigene Tabellen aufzustellen, aus denen im Rahmen des Möglichen die Entsprechungen zwischen dieser Richtlinie und den Umsetzungsmaßnahmen zu entnehmen sind, und diese zu veröffentlichen.

(67) Wegen des Umfangs der durch den vorliegenden Rechtsakt an der Richtlinie 2003/54/EG vorgenommenen Änderungen sollten die betreffenden Bestimmungen aus Gründen der Klarheit und der Vereinfachung in einem einzigen Text in einer neuen Richtlinie neu gefasst werden.

---

[1]) Nr. **8**.
[2]) **Amtl. Anm.:** Siehe Seite 15 dieses Amtsblatts.
[3]) **Amtl. Anm.:** ABl. L 184 vom 17. 7. 1999, S. 23.
[4]) **Amtl. Anm.:** ABl. C 321 vom 31. 12. 2003, S. 1.

(68) Die vorliegende Richtlinie respektiert die grundlegenden Rechte und beachtet die insbesondere in der Charta der Grundrechte der Europäischen Union verankerten Grundsätze –

HABEN FOLGENDE RICHTLINIE ERLASSEN:

Kapitel I. Gegenstand, Anwendungsbereich und Begriffsbestimmungen

Art. 1 Gegenstand und Anwendungsbereich. ¹Mit dieser Richtlinie werden gemeinsame Vorschriften für die Elektrizitätserzeugung, -übertragung, -verteilung und -versorgung sowie Vorschriften im Bereich des Verbraucherschutzes erlassen, um in der Gemeinschaft für die Verbesserung und Integration von durch Wettbewerb geprägte Strommärkte zu sorgen. ²Sie regelt die Organisation und Funktionsweise des Elektrizitätssektors, den freien Marktzugang, die Kriterien und Verfahren für Ausschreibungen und die Vergabe von Genehmigungen sowie den Betrieb der Netze. ³Darüber hinaus werden in der Richtlinie die Verpflichtungen zur Gewährleistung der Grundversorgung und die Rechte der Stromverbraucher festgelegt und die wettbewerbsrechtlichen Vorschriften klargestellt.

Art. 2 Begriffsbestimmungen. Im Sinne dieser Richtlinie bezeichnet der Ausdruck

1. „Erzeugung" die Produktion von Elektrizität;
2. „Erzeuger" eine natürliche oder juristische Person, die Elektrizität erzeugt;
3. „Übertragung" den Transport von Elektrizität über ein Höchstspannungs- und Hochspannungsverbundnetz zum Zwecke der Belieferung von Endkunden oder Verteilern, jedoch mit Ausnahme der Versorgung;
4. „Übertragungsnetzbetreiber" eine natürliche oder juristische Person, die verantwortlich ist für den Betrieb, die Wartung sowie erforderlichenfalls den Ausbau des Übertragungsnetzes in einem bestimmten Gebiet und gegebenenfalls der Verbindungsleitungen zu anderen Netzen sowie für die Sicherstellung der langfristigen Fähigkeit des Netzes, eine angemessene Nachfrage nach Übertragung von Elektrizität zu decken;
5. „Verteilung" den Transport von Elektrizität mit hoher, mittlerer oder niedriger Spannung über Verteilernetze zum Zwecke der Belieferung von Kunden, jedoch mit Ausnahme der Versorgung;
6. „Verteilernetzbetreiber" eine natürliche oder juristische Person, die verantwortlich ist für den Betrieb, die Wartung sowie erforderlichenfalls den Ausbau des Verteilernetzes in einem bestimmten Gebiet und gegebenenfalls der Verbindungsleitungen zu anderen Netzen sowie für die Sicherstellung der langfristigen Fähigkeit des Netzes, eine angemessene Nachfrage nach Verteilung von Elektrizität zu decken;
7. „Kunden" einen Großhändler oder Endkunden, die Elektrizität kaufen;
8. „Großhändler" eine natürliche oder juristische Person, die Elektrizität zum Zwecke des Weiterverkaufs innerhalb oder außerhalb des Netzes, in dem sie ansässig ist, kauft;

9. „Endkunden" einen Kunden, der Elektrizität für den eigenen Verbrauch kauft;
10. „Haushalts-Kunde" einen Kunden, der Elektrizität für den Eigenverbrauch im Haushalt kauft; dies schließt gewerbliche und berufliche Tätigkeiten nicht mit ein;
11. „Nichthaushaltskunde" eine natürliche oder juristische Person, die Elektrizität für andere Zwecke als den Eigenverbrauch im Haushalt kauft; hierzu zählen auch Erzeuger und Großhändler;
12. „zugelassener Kunde" einen Kunden, dem es gemäß Artikel 33 freisteht, Elektrizität von einem Lieferanten seiner Wahl zu kaufen;
13. „Verbindungsleitung" Anlage, die zur Verbundschaltung von Elektrizitätsnetzen dient;
14. „Verbundnetz" eine Anzahl von Übertragungs- und Verteilernetzen, die durch eine oder mehrere Verbindungsleitungen miteinander verbunden sind;
15. „Direktleitung" entweder eine Leitung, die einen einzelnen Produktionsstandort mit einem einzelnen Kunden verbindet, oder eine Leitung, die einen Elektrizitätserzeuger und ein Elektrizitätsversorgungsunternehmen zum Zwecke der direkten Versorgung mit ihrer eigenen Betriebsstätte, Tochterunternehmen und zugelassenen Kunden verbindet;
16. „wirtschaftlicher Vorrang" die Rangfolge der Elektrizitätsversorgungsquellen nach wirtschaftlichen Gesichtspunkten;
17. „Hilfsdienst" einen zum Betrieb eines Übertragungs- oder Verteilernetzes erforderlicher Dienst;
18. „Netzbenutzer" eine natürliche oder juristische Person, die Elektrizität in ein Übertragungs- oder Verteilernetz einspeisen oder daraus versorgt werden;
19. „Versorgung" den Verkauf einschließlich des Weiterverkaufs von Elektrizität an Kunden;
20. „integriertes Elektrizitätsunternehmen" ein vertikal oder horizontal integriertes Unternehmen;
21. „vertikal integriertes Unternehmen" ein Elektrizitätsunternehmen oder eine Gruppe von Elektrizitätsunternehmen, in der ein und dieselbe(n) Person(en) berechtigt ist (sind), direkt oder indirekt Kontrolle auszuüben, wobei das betreffende Unternehmen bzw. die betreffende Gruppe von Unternehmen mindestens eine der Funktionen Übertragung oder Verteilung und mindestens eine der Funktionen Erzeugung von oder Versorgung mit Elektrizität wahrnimmt;
22. „verbundenes Unternehmen" verbundenes Unternehmen im Sinne von Artikel 41 der Siebenten Richtlinie 83/349/EWG des Rates vom 13. Juni 1983 aufgrund von Artikel 44 Absatz 2 Buchstabe g[1]) des Vertrags über den konsolidierten Abschluss[2]) und/oder assoziierte Unternehmen im

---

[1]) **Amtl. Anm.:** Der Titel der Richtlinie 83/349/EWG wurde angepasst, um der gemäß Artikel 12 des Vertrags von Amsterdam vorgenommenen Umnummerierung des Vertrags zur Gründung der Europäischen Gemeinschaft Rechnung zu tragen; die ursprüngliche Bezugnahme betraf Artikel 54 Absatz 3 Buchstabe g.
[2]) **Amtl. Anm.:** ABl. L 193 vom 18. 7. 1983, S. 1.

Sinne von Artikel 33 Absatz 1 jener Richtlinie und/oder Unternehmen, die denselben Aktionären gehören;

23. „horizontal integriertes Unternehmen" ein Unternehmen, das mindestens eine der Funktionen kommerzielle Erzeugung, Übertragung, Verteilung von oder Versorgung mit Elektrizität wahrnimmt und das außerdem eine weitere Tätigkeit außerhalb des Elektrizitätsbereichs ausübt;

24. „Ausschreibungsverfahren" das Verfahren, durch das ein geplanter zusätzlicher Bedarf und geplante Ersatzkapazitäten durch Lieferungen aus neuen oder bestehenden Erzeugungsanlagen abgedeckt werden;

25. „langfristige Planung" die langfristige Planung des Bedarfs an Investitionen in Erzeugungs-, Übertragungs- und Verteilungskapazität zur Deckung der Elektrizitätsnachfrage des Netzes und zur Sicherung der Versorgung der Kunden;

26. „kleines, isoliertes Netz" ein Netz mit einem Verbrauch von weniger als 3000 GWh im Jahr 1996, das bis zu einem Wert von weniger als 5 % seines Jahresverbrauchs mit anderen Netzen in Verbund geschaltet werden kann;

27. „isoliertes Kleinstnetz" ein Netz mit einem Verbrauch von weniger als 500 GWh im Jahr 1996, das nicht mit anderen Netzen verbunden ist;

28. „Sicherheit" sowohl die Sicherheit der Elektrizitätsversorgung und -bereitstellung als auch die Betriebssicherheit;

29. „Energieeffizienz/Nachfragesteuerung" ein globales oder integriertes Konzept zur Steuerung der Höhe und des Zeitpunkts des Elektrizitätsverbrauchs, das den Primärenergieverbrauch senken und Spitzenlasten verringern soll, indem Investitionen zur Steigerung der Energieeffizienz oder anderen Maßnahmen wie unterbrechbaren Lieferverträgen Vorrang vor Investitionen zur Steigerung der Erzeugungskapazität eingeräumt wird, wenn sie unter Berücksichtigung der positiven Auswirkungen eines geringeren Energieverbrauchs auf die Umwelt und der damit verbundenen Aspekte einer größeren Versorgungssicherheit und geringerer Verteilungskosten die wirksamste und wirtschaftlichste Option darstellen;

30. „erneuerbare Energiequelle" eine erneuerbare, nichtfossile Energiequelle (Wind, Sonne, Erdwärme, Wellen und Gezeitenenergie, Wasserkraft, Biomasse, Deponiegas, Klärgas und Biogas);

31. „dezentrale Erzeugungsanlage" eine an das Verteilernetz angeschlossene Erzeugungsanlage;

32. „Elektrizitätsversorgungsvertrag" einen Vertrag über die Lieferung von Elektrizität, mit Ausnahme von Elektrizitätsderivaten;

33. „Elektrizitätsderivat" ein in Abschnitt C Nummern 5, 6 oder 7 des Anhangs I der Richtlinie 2004/39/EG des Europäischen Parlaments und des Rates vom 21. April 2004 über Märkte für Finanzinstrumente[1] genanntes Finanzinstrument, sofern dieses Instrument Elektrizität betrifft;

34. „Kontrolle" Rechte, Verträge oder andere Mittel, die einzeln oder zusammen unter Berücksichtigung aller tatsächlichen oder rechtlichen Umstände die Möglichkeit gewähren, einen bestimmenden Einfluss auf die Tätigkeit eines Unternehmens auszuüben, insbesondere durch

---

[1] **Amtl. Anm.:** ABl. L 145 vom 30. 4. 2004, S. 1.

EU-Elektrizitätsbinnenmarkt-RL   Art. 3   EltRL   5

a) Eigentums- oder Nutzungsrechte an der Gesamtheit oder an Teilen des Vermögens des Unternehmens;
b) Rechte oder Verträge, die einen bestimmenden Einfluss auf die Zusammensetzung, die Beratungen oder Beschlüsse der Organe des Unternehmens gewähren;

35. „Elektrizitätsunternehmen" eine natürliche oder juristische Person, die mindestens eine der Funktionen Erzeugung, Übertragung, Verteilung, Lieferung oder Kauf von Elektrizität wahrnimmt und die kommerzielle, technische und/oder wartungsbezogene Aufgaben im Zusammenhang mit diesen Funktionen erfüllt, mit Ausnahme der Endkunden.

Kapitel II. Allgemeine Vorschriften für die Organisation des Sektors

Art. 3 Gemeinwirtschaftliche Verpflichtungen und Schutz der Kunden. (1) Die Mitgliedstaaten gewährleisten entsprechend ihrem institutionellen Aufbau und unter Beachtung des Subsidiaritätsprinzips, dass Elektrizitätsunternehmen unbeschadet des Absatzes 2 nach den in dieser Richtlinie festgelegten Grundsätzen und im Hinblick auf die Errichtung eines wettbewerbsbestimmten, sicheren und unter ökologischen Aspekten nachhaltigen Elektrizitätsmarkts betrieben werden und dass diese Unternehmen hinsichtlich der Rechte und Pflichten nicht diskriminiert werden.

(2) [1] Die Mitgliedstaaten können unter uneingeschränkter Beachtung der einschlägigen Bestimmungen des Vertrags, insbesondere des Artikels 86, den Elektrizitätsunternehmen im allgemeinen wirtschaftlichen Interesse Verpflichtungen auferlegen, die sich auf Sicherheit, einschließlich Versorgungssicherheit, Regelmäßigkeit, Qualität und Preis der Versorgung sowie Umweltschutz, einschließlich Energieeffizienz, Energie aus erneuerbaren Quellen und Klimaschutz, beziehen können. [2] Solche Verpflichtungen müssen klar festgelegt, transparent, nichtdiskriminierend und überprüfbar sein und den gleichberechtigten Zugang von Elektrizitätsunternehmen der Gemeinschaft zu den nationalen Verbrauchern sicherstellen. [3] In Bezug auf die Versorgungssicherheit, die Energieeffizienz/Nachfragesteuerung sowie zur Erreichung der Umweltziele und der Ziele für die Energie aus erneuerbaren Quellen im Sinne dieses Absatzes können die Mitgliedstaaten eine langfristige Planung vorsehen, wobei die Möglichkeit zu berücksichtigen ist, dass Dritte Zugang zum Netz erhalten wollen.

(3) [1] Die Mitgliedstaaten gewährleisten, dass alle Haushalts-Kunden und, soweit die Mitgliedstaaten dies für angezeigt halten, Kleinunternehmen, nämlich Unternehmen, die weniger als 50 Personen beschäftigen und einen Jahresumsatz oder eine Jahresbilanzsumme von höchstens 10 Mio. EUR haben, in ihrem Hoheitsgebiet über eine Grundversorgung verfügen, also das Recht auf Versorgung mit Elektrizität einer bestimmten Qualität zu angemessenen, leicht und eindeutig vergleichbaren und transparenten und nichtdiskriminierenden Preisen haben. [2] Zur Gewährleistung der Bereitstellung der Grundversorgung können die Mitgliedstaaten einen Versorger letzter Instanz benennen. [3] Die Mitgliedstaaten erlegen Verteilerunternehmen die Verpflichtung auf, Kunden nach Modalitäten, Bedingungen und Tarifen an ihr Netz anzu-

schließen, die nach dem Verfahren des Artikels 37 Absatz 6 festgelegt worden sind. ⁴Diese Richtlinie hindert die Mitgliedstaaten nicht daran, die Marktstellung der privaten sowie der kleinen und mittleren Verbraucher zu stärken, indem sie die Möglichkeiten des freiwilligen Zusammenschlusses zur Vertretung dieser Verbrauchergruppe fördern.

Unterabsatz 1 wird in transparenter und nichtdiskriminierender Weise umgesetzt, wobei die Öffnung des Marktes gemäß Artikel 33 nicht behindert werden darf.

(4) ¹Die Mitgliedstaaten stellen sicher, dass alle Kunden das Recht haben, von einem Lieferanten – sofern dieser zustimmt – mit Strom versorgt zu werden, unabhängig davon, in welchem Mitgliedstaat dieser als Lieferant zugelassen ist, sofern der Lieferant die geltenden Regeln im Bereich Handel und Ausgleich einhält. ²In diesem Zusammenhang ergreifen die Mitgliedstaaten alle notwendigen Maßnahmen, damit durch die Verwaltungsverfahren keine Versorgungsunternehmen diskriminiert werden, die bereits in einem anderen Mitgliedstaat als Lieferant zugelassen sind.

(5) Die Mitgliedstaaten stellen sicher, dass

a) in den Fällen, in denen Kunden im Rahmen der Vertragsbedingungen beabsichtigen, den Lieferanten zu wechseln, die betreffenden Betreiber diesen Wechsel innerhalb von drei Wochen vornehmen, und

b) die Kunden das Recht haben, sämtliche sie betreffenden Verbrauchsdaten zu erhalten.

Die Mitgliedstaaten stellen sicher, dass die unter den Buchstaben a und b genannten Rechte allen Kunden ohne Diskriminierung bezüglich der Kosten, des Aufwands und der Dauer gewährt werden.

(6) Wenn ein Mitgliedstaat für die Erfüllung der Verpflichtungen nach den Absätzen 2 und 3 einen finanziellen Ausgleich, andere Arten von Gegenleistungen oder Alleinrechte gewährt, muss dies auf nichtdiskriminierende, transparente Weise geschehen.

(7) ¹Die Mitgliedstaaten ergreifen geeignete Maßnahmen zum Schutz der Endkunden und tragen insbesondere dafür Sorge, dass für schutzbedürftige Kunden ein angemessener Schutz besteht. ²In diesem Zusammenhang definiert jeder Mitgliedstaat das Konzept des „schutzbedürftigen Kunden", das sich auf Energiearmut sowie unter anderem auf das Verbot beziehen kann, solche Kunden in schwierigen Zeiten von der Energieversorgung auszuschließen. ³Die Mitgliedstaaten stellen sicher, dass die Rechte und Verpflichtungen im Zusammenhang mit schutzbedürftigen Kunden eingehalten werden. ⁴Insbesondere treffen sie Vorkehrungen, um Endkunden in abgelegenen Gebieten zu schützen. ⁵Die Mitgliedstaaten gewährleisten einen hohen Verbraucherschutz, insbesondere in Bezug auf die Transparenz der Vertragsbedingungen, allgemeine Informationen und Streitbeilegungsverfahren. ⁶Die Mitgliedstaaten stellen sicher, dass zugelassene Kunden tatsächlich leicht zu einem neuen Lieferanten wechseln können. ⁷Zumindest im Fall der Haushalts-Kunden schließen solche Maßnahmen die in Anhang I aufgeführten Maßnahmen ein.

(8) ¹Die Mitgliedstaaten ergreifen geeignete Maßnahmen, beispielsweise im Zusammenhang mit der Ausarbeitung nationaler energiepolitischer Aktionspläne oder mit Leistungen im Rahmen der sozialen Sicherungssysteme, um die notwendige Stromversorgung für schutzbedürftige Kunden zu ge-

währleisten oder Zuschüsse für Verbesserungen der Energieeffizienz zu gewähren sowie Energiearmut, sofern sie erkannt wurde, zu bekämpfen, auch im breiteren Kontext der Armut. ² Die Maßnahmen dürfen die in Artikel 33 geforderte Öffnung des Marktes oder das Funktionieren des Marktes nicht beeinträchtigen, und die Kommission ist erforderlichenfalls gemäß Absatz 15 dieses Artikels von ihnen in Kenntnis zu setzen. ³ Diese Mitteilung kann auch Maßnahmen innerhalb des allgemeinen Systems der sozialen Sicherheit enthalten.

(9) Die Mitgliedstaaten stellen sicher, dass Elektrizitätsversorgungsunternehmen auf oder als Anlage zu ihren Rechnungen und in an Endkunden gerichtetem Werbematerial Folgendes angeben:

a) den Anteil der einzelnen Energiequellen am Gesamtenergieträgermix, den der Lieferant im vorangegangenen Jahr verwendet hat, und zwar verständlich und in einer auf nationaler Ebene eindeutig vergleichbaren Weise;

b) zumindest Verweise auf bestehende Informationsquellen, wie Internetseiten, bei denen Informationen über die Umweltauswirkungen – zumindest in Bezug auf CO_2-Emissionen und radioaktiven Abfall aus der durch den Gesamtenergieträgermix des Lieferanten im vorangegangenen Jahr erzeugten Elektrizität – öffentlich zur Verfügung stehen;

c) Informationen über ihre Rechte im Hinblick auf Streitbeilegungsverfahren, die ihnen im Streitfall zur Verfügung stehen.

Hinsichtlich der Buchstaben a und b von Unterabsatz 1 können bei Elektrizitätsmengen, die über eine Strombörse bezogen oder von einem Unternehmen mit Sitz außerhalb der Gemeinschaft eingeführt werden, die von der Strombörse oder von dem betreffenden Unternehmen für das Vorjahr vorgelegten Gesamtzahlen zugrunde gelegt werden.

Die nationale Regulierungsbehörde oder eine andere zuständige nationale Behörde ergreift die notwendigen Maßnahmen, um dafür zu sorgen, dass die Informationen, die von den Versorgungsunternehmen gemäß diesem Artikel an ihre Kunden weitergegeben werden, verlässlich sind und so zur Verfügung gestellt werden, dass sie auf nationaler Ebene eindeutig vergleichbar sind.

(10) ¹ Die Mitgliedstaaten ergreifen Maßnahmen zur Erreichung der Ziele des sozialen und wirtschaftlichen Zusammenhalts sowie des Umweltschutzes, wozu gegebenenfalls auch Energieeffizienz-/Nachfragesteuerungsmaßnahmen und Maßnahmen zur Bekämpfung von Klimaveränderungen und Maßnahmen für Versorgungssicherheit gehören. ² Diese Maßnahmen können insbesondere die Schaffung geeigneter wirtschaftlicher Anreize für den Aufbau und den Erhalt der erforderlichen Netzinfrastruktur einschließlich der Verbindungsleitungskapazitäten gegebenenfalls unter Einsatz aller auf einzelstaatlicher Ebene oder auf Gemeinschaftsebene vorhandenen Instrumente umfassen.

(11) Um die Energieeffizienz zu fördern, empfehlen die Mitgliedstaaten oder, wenn dies von einem Mitgliedstaat vorgesehen ist, die Regulierungsbehörden nachdrücklich, dass die Elektrizitätsunternehmen den Stromverbrauch optimieren, indem sie beispielsweise Energiemanagementdienstleistungen anbieten, neuartige Preismodelle entwickeln oder gegebenenfalls intelligente Messsysteme oder intelligente Netze einführen.

(12) ¹ Die Mitgliedstaaten stellen sicher, dass zentrale Anlaufstellen eingerichtet werden, über die die Verbraucher alle notwendigen Informationen

über ihre Rechte, das geltende Recht und Streitbeilegungsverfahren, die ihnen im Streitfall zur Verfügung stehen, erhalten. [2] Diese Anlaufstellen können in allgemeinen Verbraucherinformationsstellen angesiedelt sein.

(13) Die Mitgliedstaaten gewährleisten, dass ein unabhängiger Mechanismus, beispielsweise ein unabhängiger Beauftragter für Energie oder eine Verbraucherschutzeinrichtung, geschaffen wird, um sicherzustellen, dass Beschwerden effizient behandelt und gütliche Einigungen herbeigeführt werden.

(14) [1] Die Mitgliedstaaten können beschließen, die Artikel 7, 8, 32 und/oder 34 nicht anzuwenden, soweit ihre Anwendung die Erfüllung der den Elektrizitätsunternehmen übertragenen gemeinwirtschaftlichen Verpflichtungen de jure oder de facto verhindern würde und soweit die Entwicklung des Handelsverkehrs nicht in einem Ausmaß beeinträchtigt wird, das den Interessen der Gemeinschaft zuwiderläuft. [2] Im Interesse der Gemeinschaft liegt unter anderem der Wettbewerb um zugelassene Kunden in Übereinstimmung mit dieser Richtlinie und Artikel 86 des Vertrags.

(15) [1] Bei der Umsetzung dieser Richtlinie unterrichten die Mitgliedstaaten die Kommission über alle Maßnahmen, die sie zur Gewährleistung der Grundversorgung und Erfüllung gemeinwirtschaftlicher Verpflichtungen, einschließlich des Verbraucher- und des Umweltschutzes, getroffen haben, und deren mögliche Auswirkungen auf den nationalen und internationalen Wettbewerb, und zwar unabhängig davon, ob für diese Maßnahmen eine Ausnahme von dieser Richtlinie erforderlich ist oder nicht. [2] Sie unterrichten die Kommission anschließend alle zwei Jahre über Änderungen der Maßnahmen unabhängig davon, ob für diese Maßnahmen eine Ausnahme von dieser Richtlinie erforderlich ist oder nicht.

(16) [1] Die Kommission erstellt in Absprache mit den relevanten Interessenträgern, einschließlich der Mitgliedstaaten, nationalen Regulierungsbehörden, Verbraucherorganisationen, Elektrizitätsunternehmen und, ausgehend von den bisher erzielten Fortschritten, Sozialpartnern, eine verständliche und kurz gefasste Checkliste der Energieverbraucher mit praktischen Informationen in Bezug auf die Rechte der Energieverbraucher. [2] Die Mitgliedstaaten stellen sicher, dass die Stromversorger oder Verteilernetzbetreiber in Zusammenarbeit mit der Regulierungsbehörde die erforderlichen Maßnahmen treffen, um den Verbrauchern eine Kopie der Checkliste zur Verfügung zu stellen, und gewährleisten, dass diese öffentlich zugänglich ist.

Art. 4 Beobachtung der Versorgungssicherheit. [1] Die Mitgliedstaaten sorgen für eine Beobachtung der Versorgungssicherheit. [2] Soweit die Mitgliedstaaten es für angebracht halten, können sie diese Aufgabe den in Artikel 35 genannten Regulierungsbehörden übertragen. [3] Diese Beobachtung betrifft insbesondere das Verhältnis zwischen Angebot und Nachfrage auf dem heimischen Markt, die erwartete Nachfrageentwicklung, die in der Planung und im Bau befindlichen zusätzlichen Kapazitäten, die Qualität und den Umfang der Netzwartung sowie Maßnahmen zur Bedienung von Nachfragespitzen und zur Bewältigung von Ausfällen eines oder mehrerer Versorger. [4] Die zuständigen Behörden veröffentlichen alle zwei Jahre bis 31. Juli einen Bericht über die bei der Beobachtung dieser Aspekte gewonnenen Erkenntnisse und etwaige getroffene oder geplante diesbezügliche Maßnahmen und übermitteln ihn unverzüglich der Kommission.

Art. 5 Technische Vorschriften. ¹Die Mitgliedstaaten oder, wenn die Mitgliedstaaten dies vorsehen, die Regulierungsbehörden gewährleisten, dass Kriterien für die technische Betriebssicherheit festgelegt und für den Netzanschluss von Erzeugungsanlagen, Verteilernetzen, Anlagen direkt angeschlossener Kunden, Verbindungsleitungen und Direktleitungen technische Vorschriften mit Mindestanforderungen an die Auslegung und den Betrieb ausgearbeitet und veröffentlicht werden. ²Diese technischen Vorschriften müssen die Interoperabilität der Netze sicherstellen sowie objektiv und nichtdiskriminierend sein. ³Die Agentur kann gegebenenfalls geeignete Empfehlungen abgeben, wie diese Vorschriften kompatibel gestaltet werden können. ⁴Diese Vorschriften werden der Kommission gemäß Artikel 8 der Richtlinie 98/34/EG des Europäischen Parlaments und des Rates vom 22. Juni 1998 über ein Informationsverfahren auf dem Gebiet der Normen und der technischen Vorschriften und der Vorschriften für Dienste der Informationsgesellschaft[1] mitgeteilt.

Art. 6 Förderung der regionalen Zusammenarbeit. (1) ¹Die Mitgliedstaaten sowie die Regulierungsbehörden arbeiten zusammen, um als ersten Schritt hin zu einem vollständig liberalisierten Binnenmarkt ihre nationalen Märkte auf einer oder mehreren regionalen Ebenen zu integrieren. ²Die Mitgliedstaaten oder, wenn von dem Mitgliedstaat vorgesehen, die Regulierungsbehörden fördern und vereinfachen insbesondere die Zusammenarbeit der Übertragungsnetzbetreiber auf regionaler Ebene, auch in grenzüberschreitenden Angelegenheiten, um einen Wettbewerbsbinnenmarkt für Elektrizität zu schaffen, fördern die Kohärenz ihrer Rechtsvorschriften, des Regulierungsrahmens und des technischen Rahmens und ermöglichen die Einbindung der isolierten Netze, zu denen die in der Gemeinschaft nach wie vor bestehenden „Strominseln" gehören. ³Diese geografischen Gebiete, auf die sich diese regionale Zusammenarbeit erstreckt, umfassen die gemäß Artikel 12 Absatz 3 der Verordnung (EG) Nr. 714/2009[2] festgelegten geografischen Gebiete. ⁴Die Zusammenarbeit kann sich zusätzlich auf andere geografische Gebiete erstrecken.

(2) ¹Die Agentur arbeitet mit nationalen Regulierungsbehörden und Übertragungsnetzbetreibern zusammen, um die Kompatibilität der regional geltenden Regulierungsrahmen und damit die Schaffung eines Wettbewerbsbinnenmarkts für Elektrizität zu gewährleisten. ²Ist die Agentur der Auffassung, dass verbindliche Regeln für eine derartige Zusammenarbeit erforderlich sind, spricht sie geeignete Empfehlungen aus.

(3) Die Mitgliedstaaten sorgen im Zuge der Umsetzung dieser Richtlinie dafür, dass die Übertragungsnetzbetreiber für Zwecke der Kapazitätsvergabe und der Überprüfung der Netzsicherheit auf regionaler Ebene über ein oder mehrere integrierte Systeme verfügen, die sich auf einen oder mehrere Mitgliedstaaten erstrecken.

(4) ¹Wirkt ein vertikal integrierter Übertragungsnetzbetreiber an einem zur Umsetzung dieser Zusammenarbeit geschaffenen gemeinsamen Unternehmen mit, so stellt dieses gemeinsame Unternehmen ein Gleichbehandlungsprogramm auf und führt es durch: darin sind die Maßnahmen aufgeführt, mit

---

[1] **Amtl. Anm.:** ABl. L 204 vom 21. 7. 1998, S. 37.
[2] Nr. 8.

denen sichergestellt wird, dass diskriminierende und wettbewerbswidrige Verhaltensweisen ausgeschlossen werden. ²In diesem Gleichbehandlungsprogramm ist festgelegt, welche besonderen Pflichten die Mitarbeiter im Hinblick auf die Erreichung des Ziels der Vermeidung diskriminierenden und wettbewerbswidrigen Verhaltens haben. ³Das Programm bedarf der Genehmigung durch die Agentur. ⁴Die Einhaltung des Programms wird durch die Gleichbehandlungsbeauftragten der vertikal integrierten Übertragungsnetzbetreiber kontrolliert.

Kapitel III. Erzeugung

Art. 7 Genehmigungsverfahren für neue Kapazitäten. (1) Für den Bau neuer Erzeugungsanlagen beschließen die Mitgliedstaaten ein Genehmigungsverfahren, das nach objektiven, transparenten und nichtdiskriminierenden Kriterien anzuwenden ist.

(2) ¹Die Mitgliedstaaten legen die Kriterien für die Erteilung von Genehmigungen zum Bau von Erzeugungsanlagen in ihrem Hoheitsgebiet fest. ²Bei der Festlegung geeigneter Kriterien tragen die Mitgliedstaaten folgenden Aspekten Rechnung:

a) Sicherheit und Sicherung des elektrischen Netzes der Anlagen und zugehörigen Ausrüstungen,

b) Schutz der Gesundheit der Bevölkerung und der öffentlichen Sicherheit,

c) Umweltschutz,

d) Flächennutzung und Standortwahl,

e) Gebrauch von öffentlichem Grund und Boden,

f) Energieeffizienz,

g) Art der Primärenergieträger,

h) spezifische Merkmale des Antragstellers, wie technische, wirtschaftliche und finanzielle Leistungsfähigkeit,

i) Einhaltung der nach Artikel 3 getroffenen Maßnahmen,

j) Beitrag der Erzeugungskapazitäten zum Erreichen des in Artikel 3 Absatz 1 der Richtlinie 2009/28/EG[1)] des Europäischen Parlaments und des Rates vom 23. April 2009 zur Förderung der Nutzung von Energie aus erneuerbaren Quellen[2)] genannten gemeinschaftlichen Ziels, bis 2020 mindestens 20 % des Bruttoendenergieverbrauchs der Gemeinschaft durch Energie aus erneuerbaren Quellen zu decken, und

k) Beitrag von Erzeugungskapazitäten zur Verringerung der Emissionen.

(3) Die Mitgliedstaaten gewährleisten, dass für kleine dezentrale und/oder an das Verteilernetz angeschlossene Erzeugungsanlagen besondere Genehmigungsverfahren gelten, die der begrenzten Größe und der möglichen Auswirkung dieser Anlagen Rechnung tragen.

¹Die Mitgliedstaaten können für dieses konkrete Genehmigungsverfahren Leitlinien festlegen. ²Die nationalen Regulierungsbehörden oder sonstige

---
[1)] Nr. 36.
[2)] **Amtl. Anm.:** ABl. L 140 vom 5. 6. 2009, S. 16.

zuständige nationale Behörden einschließlich der für die Planung zuständigen Stellen überprüfen diese Leitlinien und können Änderungen empfehlen.

Wo die Mitgliedstaaten gesonderte Genehmigungsverfahren für die Flächennutzung eingeführt haben, die für neue Großprojekte im Bereich Infrastruktur bei Erzeugungskapazitäten gelten, wenden die Mitgliedstaaten diese Verfahren gegebenenfalls auch auf die Errichtung neuer Erzeugungskapazitäten an, wobei die Verfahren diskriminierungsfrei und in einem angemessenen Zeitraum Anwendung finden müssen.

(4) ¹ Die Genehmigungsverfahren und die Kriterien werden öffentlich bekannt gemacht. ² Die Gründe für die Verweigerung einer Genehmigung sind dem Antragsteller mitzuteilen. ³ Diese Gründe müssen objektiv, nichtdiskriminierend, stichhaltig und hinreichend belegt sein. ⁴ Dem Antragsteller müssen Rechtsmittel zur Verfügung stehen.

Art. 8 Ausschreibung neuer Kapazitäten. (1) ¹ Die Mitgliedstaaten gewährleisten, dass neue Kapazitäten oder Energieeffizienz-/Nachfragesteuerungsmaßnahmen im Interesse der Versorgungssicherheit über ein Ausschreibungsverfahren oder ein hinsichtlich Transparenz und Nichtdiskriminierung gleichwertiges Verfahren auf der Grundlage veröffentlichter Kriterien bereitgestellt bzw. getroffen werden können. ² Diese Verfahren kommen jedoch nur in Betracht, wenn die Versorgungssicherheit durch die im Wege des Genehmigungsverfahrens geschaffenen Erzeugungskapazitäten bzw. die getroffenen Energieeffizienz-/Nachfragesteuerungsmaßnahmen allein nicht gewährleistet ist.

(2) ¹ Die Mitgliedstaaten können im Interesse des Umweltschutzes und der Förderung neuer Technologien, die sich in einem frühen Entwicklungsstadium befinden, die Möglichkeit dafür schaffen, dass neue Kapazitäten auf der Grundlage veröffentlichter Kriterien ausgeschrieben werden. ² Diese Ausschreibung kann sich sowohl auf neue Kapazitäten als auch auf Energieeffizienz-/Nachfragesteuerungsmaßnahmen erstrecken. ³ Ein Ausschreibungsverfahren kommt jedoch nur in Betracht, wenn die Erreichung der betreffenden Ziele durch die im Wege des Genehmigungsverfahrens geschaffenen Erzeugungskapazitäten bzw. die getroffenen Maßnahmen allein nicht gewährleistet ist.

(3) Die Einzelheiten des Ausschreibungsverfahrens für Erzeugungskapazitäten und Energieeffizienz-/Nachfragesteuerungsmaßnahmen werden mindestens sechs Monate vor Ablauf der Ausschreibungsfrist im *Amtsblatt der Europäischen Union* veröffentlicht.

Die Ausschreibungsbedingungen werden jedem interessierten Unternehmen, das seinen Sitz im Gebiet eines Mitgliedstaats hat, rechtzeitig zur Verfügung gestellt, damit es auf die Ausschreibung antworten kann.

¹ Zur Gewährleistung eines transparenten und nichtdiskriminierenden Verfahrens enthalten die Ausschreibungsbedingungen eine genaue Beschreibung der Spezifikationen des Auftrags und des von den Bietern einzuhaltenden Verfahrens sowie eine vollständige Liste der Kriterien für die Auswahl der Bewerber und die Auftragsvergabe, einschließlich der von der Ausschreibung erfassten Anreize wie z.B. Beihilfen. ² Die Spezifikationen können sich auch auf die in Artikel 7 Absatz 2 genannten Aspekte erstrecken.

(4) Im Falle einer Ausschreibung für benötigte Produktionskapazitäten müssen auch Angebote für langfristig garantierte Lieferungen von Elektrizität aus bestehenden Produktionseinheiten in Betracht gezogen werden, sofern damit eine Deckung des zusätzlichen Bedarfs möglich ist.

(5) [1] Die Mitgliedstaaten benennen eine Behörde oder eine von der Erzeugung, Übertragung und Verteilung von Elektrizität sowie von der Elektrizitätsversorgung unabhängige öffentliche oder private Stelle, bei der es sich um eine Regulierungsbehörde gemäß Artikel 35 handeln kann und die für die Durchführung, Beobachtung und Kontrolle des in den Absätzen 1 bis 4 dieses Artikels beschriebenen Ausschreibungsverfahrens zuständig ist. [2] Ist ein Übertragungsnetzbetreiber in seinen Eigentumsverhältnissen völlig unabhängig von anderen, nicht mit dem Übertragungsnetz zusammenhängenden Tätigkeitsbereichen, kann der Übertragungsnetzbetreiber als für die Durchführung, Beobachtung und Kontrolle des Ausschreibungsverfahrens zuständige Stelle benannt werden. [3] Diese Behörde oder Stelle trifft alle erforderlichen Maßnahmen, um die Vertraulichkeit der in den Angeboten gemachten Angaben zu gewährleisten.

Kapitel IV. Betrieb des Übertragungsnetzes

Art. 9 Entflechtung der Übertragungsnetze und der Übertragungsnetzbetreiber. (1) Die Mitgliedstaaten gewährleisten, dass ab 3. März 2012

a) jedes Unternehmen, das Eigentümer eines Übertragungsnetzes ist, als Übertragungsnetzbetreiber agiert;

b) ein und dieselbe(n) Person(en) weder berechtigt ist (sind),

i) direkt oder indirekt die Kontrolle über ein Unternehmen auszuüben, das eine der Funktionen Erzeugung oder Versorgung wahrnimmt, und direkt oder indirekt die Kontrolle über einen Übertragungsnetzbetreiber oder ein Übertragungsnetz auszuüben oder Rechte an einem Übertragungsnetzbetreiber oder einem Übertragungsnetz auszuüben, noch

ii) direkt oder indirekt die Kontrolle über einen Übertragungsnetzbetreiber oder ein Übertragungsnetz auszuüben und direkt oder indirekt die Kontrolle über ein Unternehmen auszuüben, das eine der Funktionen Erzeugung oder Versorgung wahrnimmt, oder Rechte an einem solchen Unternehmen auszuüben;

c) nicht ein und dieselbe(n) Person(en) berechtigt ist (sind), Mitglieder des Aufsichtsrates, des Verwaltungsrates oder der zur gesetzlichen Vertretung berufenen Organe eines Übertragungsnetzbetreibers oder eines Übertragungsnetzes zu bestellen und direkt oder indirekt die Kontrolle über ein Unternehmen auszuüben, das eine der Funktionen Erzeugung oder Versorgung wahrnimmt, oder Rechte an einem solchen Unternehmen auszuüben, und

d) nicht ein und dieselbe Person berechtigt ist, Mitglied des Aufsichtsrates, des Verwaltungsrates oder der zur gesetzlichen Vertretung berufenen Organe sowohl eines Unternehmens, das eine der Funktionen Erzeugung oder Versorgung wahrnimmt, als auch eines Übertragungsnetzbetreibers oder eines Übertragungsnetzes zu sein.

(2) Die in Absatz 1 Buchstaben b und c genannten Rechte schließen insbesondere Folgendes ein:

a) die Befugnis zur Ausübung von Stimmrechten,

b) die Befugnis, Mitglieder des Aufsichtsrates, des Verwaltungsrates oder der zur gesetzlichen Vertretung berufenen Organe zu bestellen oder

c) das Halten einer Mehrheitsbeteiligung.

(3) Für die Zwecke des Absatzes 1 Buchstabe b schließt der Begriff „Unternehmen, das eine der Funktionen Erzeugung oder Versorgung wahrnimmt" auch ein „Unternehmen, das eine der Funktionen Gewinnung und Versorgung wahrnimmt" im Sinne der Richtlinie 2009/73/EG[1] des Europäischen Parlaments und des Rates vom 13. Juli 2009 über gemeinsame Vorschriften für den Erdgasbinnenmarkt[2] und schließen die Begriffe „Übertragungsnetzbetreiber" und „Übertragungsnetz" auch „Fernleitungsnetzbetreiber" und „Fernleitungsnetz" im Sinne derselben Richtlinie ein.

(4) Die Mitgliedstaaten können bis zum 3. März 2013 Ausnahmen von den Bestimmungen des Absatzes 1 Buchstaben b und c zulassen, sofern die Übertragungsnetzbetreiber nicht Teil eines vertikal integrierten Unternehmens sind.

(5) ¹Die Verpflichtung des Absatzes 1 Buchstabe a gilt als erfüllt, wenn zwei oder mehr Unternehmen, die Eigentümer von Übertragungsnetzen sind, ein Joint Venture gründen, das in zwei oder mehr Mitgliedstaaten als Übertragungsnetzbetreiber für die betreffenden Übertragungsnetze tätig ist. ²Kein anderes Unternehmen darf Teil des Joint Venture sein, es sei denn, es wurde gemäß Artikel 13 als unabhängiger Netzbetreiber oder als unabhängiger Übertragungsnetzbetreiber für die Zwecke des Kapitels V zugelassen. ³Für die Umsetzung dieses Artikels gilt Folgendes:

(6) Handelt es sich bei einer in Absatz 1 Buchstaben b, c und d genannten Person um den Mitgliedstaat oder eine andere öffentlich-rechtliche Stelle, so gelten zwei von einander getrennte öffentlich-rechtliche Stellen, die einerseits die Kontrolle über einen Übertragungsnetzbetreiber oder über ein Übertragungsnetz und andererseits über ein Unternehmen, das eine der Funktionen Erzeugung oder Versorgung wahrnimmt, ausüben, nicht als ein und dieselbe (n) Person(en).

(7) Die Mitgliedstaaten stellen sicher, dass weder die in Artikel 16 genannten wirtschaftlich sensiblen Informationen, über die ein Übertragungsnetzbetreiber verfügt, der Teil eines vertikal integrierten Unternehmens war, noch sein Personal an Unternehmen weitergegeben werden, die eine der Funktionen Erzeugung oder Versorgung wahrnehmen.

(8) In den Fällen, in denen das Übertragungsnetz am 3. September 2009 einem vertikal integrierten Unternehmen gehört, kann ein Mitgliedstaat entscheiden, Absatz 1 nicht anzuwenden.

In diesem Fall muss der betreffende Mitgliedstaat entweder

a) einen unabhängigen Netzbetreiber gemäß Artikel 13 benennen oder

b) die Bestimmungen des Kapitels V einhalten.

---

[1] Nr. 6.
[2] **Amtl. Anm.:** Siehe Seite 94 dieses Amtsblatts. [**Red. Anm:** ABl. Nr. L 211.]

(9) In den Fällen, in denen das Übertragungsnetz am 3. September 2009 einem vertikal integrierten Unternehmen gehört und Regelungen bestehen, die eine wirksamere Unabhängigkeit des Übertragungsnetzbetreibers gewährleisten als die Bestimmungen des Kapitels V, kann ein Mitgliedstaat entscheiden, Absatz 1 nicht anzuwenden.

(10) Bevor ein Unternehmen als Übertragungsnetzbetreiber nach Absatz 9 des vorliegenden Artikels zugelassen und benannt wird, ist es nach den Verfahren des Artikels 10 Absätze 4, 5 und 6 der vorliegenden Richtlinie und des Artikels 3 der Verordnung (EG) Nr. 714/2009[1]) zu zertifizieren, wobei die Kommission überprüft, ob die bestehenden Regelungen eindeutig eine wirksamere Unabhängigkeit des Übertragungsnetzbetreibers gewährleisten als die Bestimmungen des Kapitels V.

(11) Vertikal integrierte Unternehmen, die ein Übertragungsnetz besitzen, können in keinem Fall daran gehindert werden, Schritte zur Einhaltung des Absatzes 1 zu unternehmen.

(12) Unternehmen, die eine der Funktionen Erzeugung oder Versorgung wahrnehmen, können in einem Mitgliedstaat, der Absatz 1 anwendet, unter keinen Umständen direkt oder indirekt die Kontrolle über einen entflochtenen Übertragungsnetzbetreiber übernehmen oder Rechte an diesem Übertragungsnetzbetreiber ausüben.

Art. 10 Benennung und Zertifizierung von Übertragungsnetzbetreibern. (1) Bevor ein Unternehmen als Übertragungsnetzbetreiber zugelassen und benannt wird, muss es gemäß den in den Absätzen 4, 5 und 6 des vorliegenden Artikels und in Artikel 3 der Verordnung (EG) Nr. 714/2009[1]) genannten Verfahren zertifiziert werden.

(2) [1] Unternehmen, die Eigentümer eines Übertragungsnetzes sind und denen von der nationalen Regulierungsbehörde gemäß dem unten beschriebenen Zertifizierungsverfahren bescheinigt wurde, dass sie den Anforderungen des Artikels 9 genügen, werden von den Mitgliedstaaten zugelassen und als Übertragungsnetzbetreiber benannt. [2] Die Benennung der Übertragungsnetzbetreiber wird der Kommission mitgeteilt und im *Amtsblatt der Europäischen Union* veröffentlicht.

(3) Die Übertragungsnetzbetreiber unterrichten die Regulierungsbehörde über alle geplanten Transaktionen, die eine Neubewertung erforderlich machen können, bei der festzustellen ist, ob sie die Anforderungen des Artikels 9 erfüllen.

(4) [1] Die Regulierungsbehörden beobachten die ständige Einhaltung des Artikels 9. [2] Um die Einhaltung der Anforderungen sicherzustellen, leiten sie ein Zertifizierungsverfahren ein

a) bei Erhalt einer Mitteilung eines Übertragungsnetzbetreibers gemäß Absatz 3;

b) aus eigener Initiative, wenn sie Kenntnis von einer geplanten Änderung bezüglich der Rechte an oder der Einflussnahme auf Übertragungsnetzeigentümer oder Übertragungsnetzbetreiber erlangen und diese Änderung zu einem Verstoß gegen Artikel 9 führen kann oder wenn sie Grund zu der

---

[1]) Nr. 8.

Annahme haben, dass es bereits zu einem derartigen Verstoß gekommen ist, oder

c) wenn die Kommission einen entsprechend begründeten Antrag stellt.

(5) ¹ Die Regulierungsbehörden entscheiden innerhalb eines Zeitraums von vier Monaten ab dem Tag der Mitteilung des Übertragungsnetzbetreibers oder ab Antragstellung durch die Kommission über die Zertifizierung eines Übertragungsnetzbetreibers. ² Nach Ablauf dieser Frist gilt die Zertifizierung als erteilt. ³ Die ausdrückliche oder stillschweigende Entscheidung der Regulierungsbehörde wird erst nach Abschluss des in Absatz 6 beschriebenen Verfahrens wirksam.

(6) ¹ Die ausdrückliche oder stillschweigende Entscheidung über die Zertifizierung eines Übertragungsnetzbetreibers wird der Kommission zusammen mit allen die Entscheidung betreffenden relevanten Informationen unverzüglich von der Regulierungsbehörde übermittelt. ² Die Kommission handelt nach dem Verfahren des Artikels 3 der Verordnung (EG) Nr. 714/2009.

(7) Die Regulierungsbehörden und die Kommission können Übertragungsnetzbetreiber und Unternehmen, die eine der Funktionen Erzeugung oder Versorgung wahrnehmen, um Bereitstellung sämtlicher für die Erfüllung ihrer Aufgaben gemäß diesem Artikel relevanten Informationen ersuchen.

(8) Die Regulierungsbehörden und die Kommission behandeln wirtschaftlich sensible Informationen vertraulich.

Art. 11 Zertifizierung in Bezug auf Drittländer. (1) Beantragt ein Übertragungsnetzeigentümer oder -betreiber, der von einer oder mehreren Personen aus einem oder mehreren Drittländern kontrolliert wird, eine Zertifizierung, so teilt die Regulierungsbehörde dies der Kommission mit.

Die Regulierungsbehörde teilt der Kommission ferner unverzüglich alle Umstände mit, die dazu führen würden, dass eine oder mehrere Personen aus einem oder mehreren Drittländern die Kontrolle über ein Übertragungsnetz oder einen Übertragungsnetzbetreiber erhalten.

(2) Der Übertragungsnetzbetreiber teilt der Regulierungsbehörde alle Umstände mit, die dazu führen würden, dass eine oder mehrere Personen aus einem oder mehreren Drittländern die Kontrolle über das Übertragungsnetz oder den Übertragungsnetzbetreiber erhalten.

(3) ¹ Die Regulierungsbehörde nimmt innerhalb von vier Monaten ab dem Tag der Mitteilung des Übertragungsnetzbetreibers einen Entwurf einer Entscheidung über die Zertifizierung des Übertragungsnetzbetreibers an. ² Sie verweigert die Zertifizierung, wenn nicht

a) nachgewiesen wird, dass die betreffende Rechtsperson den Anforderungen von Artikel 9 genügt und

b) der Regulierungsbehörde oder einer anderen vom Mitgliedstaat benannten zuständigen Behörde nachgewiesen wird, dass die Erteilung der Zertifizierung die Sicherheit der Energieversorgung des Mitgliedstaats und der Gemeinschaft nicht gefährdet. Bei der Prüfung dieser Frage berücksichtigt die Regulierungsbehörde oder die entsprechend benannte andere zuständige Behörde

i) die Rechte und Pflichten der Gemeinschaft gegenüber diesen Drittländern, die aus dem Völkerrecht – auch aus einem Abkommen mit einem oder mehreren Drittländern, dem die Gemeinschaft als Vertragspartei angehört und in dem Fragen der Energieversorgungssicherheit behandelt werden – erwachsen;

ii) die Rechte und Pflichten des Mitgliedstaats gegenüber diesem Drittland, die aus den mit diesem geschlossenen Abkommen erwachsen, soweit sie mit dem Gemeinschaftsrecht in Einklang stehen, und

iii) andere spezielle Gegebenheiten des Einzelfalls und des betreffenden Drittlands.

(4) Die Regulierungsbehörde teilt der Kommission unverzüglich die Entscheidung zusammen mit allen die Entscheidung betreffenden relevanten Informationen mit.

(5) Die Mitgliedstaaten schreiben vor, dass die Regulierungsbehörde und/oder die benannte zuständige Behörde gemäß Absatz 3 Buchstabe b vor der Annahme einer Entscheidung der Regulierungsbehörde über die Zertifizierung die Stellungnahme der Kommission zu der Frage einholt, ob

a) die betreffende Rechtsperson den Anforderungen von Artikel 9 genügt und

b) eine Gefährdung der Energieversorgungssicherheit der Gemeinschaft durch die Erteilung der Zertifizierung ausgeschlossen ist.

(6) [1] Die Kommission prüft den Antrag nach Absatz 5 unmittelbar nach seinem Eingang. [2] Innerhalb eines Zeitraums von zwei Monaten nach Eingang des Antrags übermittelt sie der nationalen Regulierungsbehörde – oder, wenn der Antrag von der benannten zuständigen Behörde gestellt wurde, dieser Behörde – ihre Stellungnahme.

[1] Zur Ausarbeitung der Stellungnahme kann die Kommission die Standpunkte der Agentur, des betroffenen Mitgliedstaats sowie interessierter Kreise einholen. [2] In diesem Fall verlängert sich die Zweimonatsfrist um zwei Monate.

Legt die Kommission innerhalb des in den Unterabsätzen 1 und 2 genannten Zeitraums keine Stellungnahme vor, so wird davon ausgegangen, dass sie keine Einwände gegen die Entscheidung der Regulierungsbehörde erhebt.

(7) Bei der Bewertung der Frage, ob die Kontrolle durch eine oder mehrere Personen aus einem oder mehreren Drittländern die Energieversorgungssicherheit in der Gemeinschaft nicht gefährden werden, berücksichtigt die Kommission Folgendes:

a) die besonderen Gegebenheiten des Einzelfalls und des/der betreffenden Drittlands/Drittländer sowie

b) die Rechte und Pflichten der Gemeinschaft gegenüber diesem/n Drittland/Drittländern, die aus dem Völkerrecht – auch aus einem Abkommen mit einem oder mehreren Drittländern, dem die Gemeinschaft als Vertragspartei angehört und durch das Fragen der Versorgungssicherheit geregelt werden – erwachsen.

(8) [1] Die nationale Regulierungsbehörde erlässt ihre endgültige Entscheidung über die Zertifizierung innerhalb von zwei Monaten nach Ablauf der in Absatz 6 genannten Frist. [2] Die nationale Regulierungsbehörde trägt in ihrer endgültigen Entscheidung der Stellungnahme der Kommission so weit wie möglich Rechnung.

EU-Elektrizitätsbinnenmarkt-RL **Art. 12 EltRL 5**

¹ Die Mitgliedstaaten haben in jedem Fall das Recht, die Zertifizierung abzulehnen, wenn die Erteilung der Zertifizierung die Sicherheit der Energieversorgung des jeweiligen Mitgliedstaats oder die eines anderen Mitgliedstaats gefährdet. ² Hat der Mitgliedstaat eine andere zuständige Behörde für die Bewertung nach Absatz 3 Buchstabe b benannt, so kann er vorschreiben, dass die nationale Regulierungsbehörde ihre endgültige Entscheidung in Einklang mit der Bewertung dieser zuständigen Behörde erlassen muss. ³ Die endgültige Entscheidung der nationalen Regulierungsbehörde wird zusammen mit der Stellungnahme der Kommission veröffentlicht. ⁴ Weicht die endgültige Entscheidung von der Stellungnahme der Kommission ab, so muss der betreffende Mitgliedstaat zusammen mit dieser Entscheidung die Begründung für diese Entscheidung mitteilen und veröffentlichen.

(9) Dieser Artikel berührt in keiner Weise das Recht der Mitgliedstaaten, in Einklang mit dem Gemeinschaftsrecht nationale rechtliche Kontrollen zum Schutz legitimer Interessen der öffentlichen Sicherheit durchzuführen.

(10) ¹ Die Kommission kann Leitlinien erlassen, in denen die Einzelheiten des Verfahrens für die Anwendung dieses Artikels festgelegt werden. ² Diese Maßnahmen zur Änderung nicht wesentlicher Bestimmungen dieser Richtlinie durch Ergänzung werden nach dem in Artikel 46 Absatz 2 genannten Regelungsverfahren mit Kontrolle erlassen.

(11) Dieser Artikel gilt mit Ausnahme von Absatz 3 Buchstabe a auch für die Mitgliedstaaten, für die nach Artikel 44 eine Ausnahmeregelung gilt.

Art. 12 Aufgaben der Übertragungsnetzbetreiber. Jeder Übertragungsnetzbetreiber ist dafür verantwortlich,

a) auf lange Sicht die Fähigkeit des Netzes sicherzustellen, eine angemessene Nachfrage nach Übertragung von Elektrizität zu befriedigen, unter wirtschaftlichen Bedingungen und unter gebührender Beachtung des Umweltschutzes sichere, zuverlässige und leistungsfähige Übertragungsnetze zu betreiben, zu warten und auszubauen;

b) zu gewährleisten, dass die zur Erfüllung der Dienstleistungsverpflichtungen erforderlichen Mittel vorhanden sind;

c) durch entsprechende Übertragungskapazität und Zuverlässigkeit des Netzes zur Versorgungssicherheit beizutragen;

d) die Übertragung von Elektrizität durch das Netz unter Berücksichtigung des Austauschs mit anderen Verbundnetzen zu regeln. Daher ist es Sache des Übertragungsnetzbetreibers, ein sicheres, zuverlässiges und effizientes Elektrizitätsnetz zu unterhalten und in diesem Zusammenhang die Bereitstellung aller notwendigen Hilfsdienste – einschließlich jener, die zur Befriedigung der Nachfrage geleistet werden – zu gewährleisten, sofern diese Bereitstellung unabhängig von jedwedem anderen Übertragungsnetz ist, mit dem das Netz einen Verbund bildet;

e) dem Betreiber eines anderen Netzes, mit dem sein eigenes Netz verbunden ist, ausreichende Informationen bereitzustellen, um den sicheren und effizienten Betrieb, den koordinierten Ausbau und die Interoperabilität des Verbundnetzes sicherzustellen;

f) sich jeglicher Diskriminierung von Netzbenutzern oder Kategorien von Netzbenutzern, insbesondere zugunsten der mit ihm verbundenen Unternehmen, zu enthalten;

g) den Netzbenutzern die Informationen zur Verfügung zu stellen, die sie für einen effizienten Netzzugang benötigen;

h) unter der Aufsicht der nationalen Regulierungsbehörden Engpasserlöse und Zahlungen im Rahmen des Ausgleichsmechanismus zwischen Übertragungsnetzbetreibern gemäß Artikel 13 der Verordnung (EG) Nr. 714/2009[1]) einzunehmen, Dritten Zugang zu gewähren und deren Zugang zu regeln sowie bei Verweigerung des Zugangs begründete Erklärungen abzugeben; bei der Ausübung ihrer im Rahmen dieses Artikels festgelegten Aufgaben haben die Übertragungsnetzbetreiber in erster Linie die Marktintegration zu erleichtern.

Art. 13 Unabhängige Netzbetreiber (ISO). (1) [1] In den Fällen, in denen das Übertragungsnetz am 3. September 2009 einem vertikal integrierten Unternehmen gehört, können die Mitgliedstaaten entscheiden, Artikel 9 Absatz 1 nicht anzuwenden und auf Vorschlag des Eigentümers des Übertragungsnetzes einen unabhängigen Netzbetreiber benennen. [2] Die Benennung bedarf der Zustimmung der Kommission.

(2) Ein Mitgliedstaat kann einen unabhängigen Netzbetreiber nur unter folgenden Bedingungen zulassen und benennen:

a) der Bewerber hat den Nachweis erbracht, dass er den Anforderungen des Artikels 9 Absatz 1 Buchstaben b, c und d genügt;

b) der Bewerber hat den Nachweis erbracht, dass er über die erforderlichen finanziellen, technischen, personellen und materielle Ressourcen verfügt, um die Aufgaben gemäß Artikel 12 wahrzunehmen;

c) der Bewerber hat sich verpflichtet, einen von der Regulierungsbehörde überwachten 10-jährigen Netzentwicklungsplan umzusetzen;

d) der Eigentümer des Übertragungsnetzes hat den Nachweis erbracht, dass er in der Lage ist, seinen Verpflichtungen gemäß Absatz 5 nachzukommen. Zu diesem Zweck legt er sämtliche mit dem Bewerberunternehmen und etwaigen anderen relevanten Rechtspersonen getroffenen vertraglichen Vereinbarungen im Entwurf vor; und

e) der Bewerber hat den Nachweis erbracht, dass er in der Lage ist, seinen Verpflichtungen gemäß der Verordnung (EG) Nr. 714/2009[1]), auch bezüglich der Zusammenarbeit der Übertragungsnetzbetreiber auf europäischer und regionaler Ebene, nachzukommen.

(3) [1] Unternehmen, denen von der nationalen Regulierungsbehörde bescheinigt wurde, dass sie den Anforderungen des Artikels 11 und Absatz 2 dieses Artikels genügen, werden von den Mitgliedstaaten zugelassen und als Übertragungsnetzbetreiber benannt. [2] Es gilt das Zertifizierungsverfahren des Artikels 10 dieser Richtlinie und des Artikels 3 der Verordnung (EG) Nr. 714/2009 oder des Artikels 11 dieser Richtlinie.

(4) [1] Jeder unabhängige Netzbetreiber ist verantwortlich für die Gewährung und Regelung des Zugangs Dritter, einschließlich der Erhebung von Zu-

---

[1]) Nr. 8.

gangsentgelten sowie der Einnahme von Engpasserlösen und Zahlungen im Rahmen des Ausgleichsmechanismus zwischen Übertragungsnetzbetreibern gemäß Artikel 13 der Verordnung (EG) Nr. 714/2009, für Betrieb, Wartung und Ausbau des Übertragungsnetzes sowie für die Gewährleistung der langfristigen Fähigkeit des Netzes, im Wege einer Investitionsplanung eine angemessene Nachfrage zu befriedigen. ² Beim Ausbau des Übertragungsnetzes ist der unabhängige Netzbetreiber für Planung (einschließlich Genehmigungsverfahren), Bau und Inbetriebnahme der neuen Infrastruktur verantwortlich. ³ Hierzu handelt der unabhängige Netzbetreiber als Übertragungsnetzbetreiber im Einklang mit den Bestimmungen dieses Kapitels. ⁴ Der Übertragungsnetzeigentümer darf weder für die Gewährung und Regelung des Zugangs Dritter noch für die Investitionsplanung verantwortlich sein.

(5) Wurde ein unabhängiger Netzbetreiber benannt, ist der Eigentümer des Übertragungsnetzes zu Folgendem verpflichtet:

a) Er arbeitet im erforderlichen Maße mit dem unabhängigen Netzbetreiber zusammen und unterstützt ihn bei der Wahrnehmung seiner Aufgaben, indem er insbesondere alle sachdienlichen Informationen liefert.

b) Er finanziert die vom unabhängigen Netzbetreiber beschlossenen und von der Regulierungsbehörde genehmigten Investitionen oder erteilt seine Zustimmung zur Finanzierung durch eine andere interessierte Partei, einschließlich des unabhängigen Netzbetreibers. Die einschlägigen Finanzierungsvereinbarungen unterliegen der Genehmigung durch die Regulierungsbehörde. Vor ihrer Genehmigung konsultiert die Regulierungsbehörde den Eigentümer des Übertragungsnetzes sowie die anderen interessierten Parteien.

c) Er sichert die Haftungsrisiken im Zusammenhang mit den Netzvermögenswerten ab, mit Ausnahme derjenigen Haftungsrisiken, die die Aufgaben des unabhängigen Netzbetreibers betreffen.

d) Er stellt die Garantien, die zur Erleichterung der Finanzierung eines etwaigen Netzausbaus erforderlich sind, mit Ausnahme derjenigen Investitionen, bei denen er gemäß Absatz b einer Finanzierung durch eine interessierte Partei, einschließlich des unabhängigen Netzbetreibers, zugestimmt hat.

(6) In enger Zusammenarbeit mit der Regulierungsbehörde wird die zuständige nationale Wettbewerbsbehörde mit sämtlichen maßgeblichen Befugnissen ausgestattet, die es ihr ermöglichen, wirksam zu beobachten, ob der Übertragungsnetzeigentümer seinen Verpflichtungen gemäß Absatz 5 nachkommt.

Art. 14 Entflechtung der Übertragungsnetzeigentümer. (1) Wurde ein unabhängiger Netzbetreiber benannt, müssen Übertragungsnetzeigentümer, die Teil eines vertikal integrierten Unternehmens sind, zumindest hinsichtlich ihrer Rechtsform, Organisation und Entscheidungsgewalt unabhängig von den übrigen Tätigkeiten sein, die nicht mit der Übertragung zusammenhängen.

(2) Um die Unabhängigkeit eines Übertragungsnetzeigentümers gemäß Absatz 1 sicherzustellen, sind die folgenden Mindestkriterien anzuwenden:

a) In einem integrierten Elektrizitätsunternehmen dürfen die für die Leitung des Übertragungsnetzeigentümers zuständigen Personen nicht betrieblichen Einrichtungen des integrierten Elektrizitätsunternehmens angehören, die direkt oder indirekt für den laufenden Betrieb in den Bereichen Elektrizitätserzeugung, -verteilung und -versorgung zuständig sind.

b) Es sind geeignete Maßnahmen zu treffen, damit die berufsbedingten Interessen der für die Leitung des Übertragungsnetzeigentümers zuständigen Personen so berücksichtigt werden, dass ihre Handlungsunabhängigkeit gewährleistet ist.

c) Der Übertragungsnetzeigentümer stellt ein Gleichbehandlungsprogramm auf, aus dem hervorgeht, welche Maßnahmen zum Ausschluss diskriminierenden Verhaltens getroffen werden, und gewährleistet die ausreichende Beobachtung der Einhaltung dieses Programms. In dem Gleichbehandlungsprogramm ist festgelegt, welche besonderen Pflichten die Mitarbeiter im Hinblick auf die Erreichung dieser Ziele haben. Die für die Beobachtung des Gleichbehandlungsprogramms zuständige Person oder Stelle legt der Regulierungsbehörde jährlich einen Bericht über die getroffenen Maßnahmen vor, der veröffentlicht wird.

(3) [1] Die Kommission kann Leitlinien erlassen, um sicherzustellen, dass der Übertragungsnetzeigentümer den Bestimmungen des Absatzes 2 dieses Artikels in vollem Umfang und wirksam nachkommt. [2] Diese Maßnahmen zur Änderung nicht wesentlicher Bestimmungen dieser Richtlinie durch Ergänzung werden nach dem in Artikel 46 Absatz 2 genannten Regelungsverfahren mit Kontrolle erlassen.

Art. 15 Inanspruchnahme und Ausgleich von Kapazitäten. (1) Unbeschadet der Elektrizitätslieferung aufgrund vertraglicher Verpflichtungen einschließlich der Verpflichtungen aus den Ausschreibungsbedingungen ist der Betreiber des Übertragungsnetzes verantwortlich für die Inanspruchnahme der Erzeugungsanlagen in seinem Gebiet und für die Nutzung der Verbindungsleitungen mit den anderen Netzen, soweit er diese Funktion hat.

(2) [1] Die Einspeisung aus den Erzeugungsanlagen und die Nutzung der Verbindungsleitungen erfolgen auf der Grundlage von Kriterien, die die nationalen Regulierungsbehörden, sofern sie dazu befugt sind, genehmigen, die objektiv und veröffentlicht sein sowie auf nichtdiskriminierende Weise angewandt werden müssen, damit ein einwandfreies Funktionieren des Elektrizitätsbinnenmarkts gewährleistet wird. [2] Bei den Kriterien werden der wirtschaftliche Vorrang von Elektrizität aus verfügbaren Erzeugungsanlagen oder aus dem Transfer aus Verbindungsleitungen sowie die sich für das Netz ergebenden technischen Beschränkungen berücksichtigt.

(3) [1] Ein Mitgliedstaat verpflichtet die Netzbetreiber dazu, dass sie bei der Inanspruchnahme von Erzeugungsanlagen auf der Grundlage erneuerbarer Energiequellen im Einklang mit Artikel 16 der Richtlinie 2009/28/EG[1]) handeln. [2] Die Mitgliedstaaten können dem Netzbetreiber auch zur Auflage machen, dass er bei der Inanspruchnahme von Erzeugungsanlagen solchen den Vorrang gibt, die nach dem Prinzip der Kraft-Wärme-Kopplung arbeiten.

(4) Ein Mitgliedstaat kann aus Gründen der Versorgungssicherheit anordnen, dass Elektrizität bis zu einer Menge, die 15 % der in einem Kalenderjahr zur Deckung des gesamten Elektrizitätsverbrauchs des betreffenden Mitgliedstaats notwendigen Primärenergie nicht überschreitet, vorrangig aus Erzeugungsanlagen abgerufen wird, die einheimische Primärenergieträger als Brennstoffe einsetzen.

---

[1]) Nr. 36.

(5) Die Mitgliedstaaten oder, wenn die Mitgliedstaaten dies so vorsehen, die Regulierungsbehörden machen den Fernleitungsnetzbetreibern zur Auflage, bei der Wartung und dem Ausbau des Fernleitungsnetzes einschließlich der Verbindungskapazitäten bestimmte Mindestanforderungen einzuhalten.

(6) Soweit sie diese Funktion haben, beschaffen sich die Übertragungsnetzbetreiber die Energie, die sie zur Deckung von Energieverlusten und Kapazitätsreserven in ihrem Netz verwenden, nach transparenten, nichtdiskriminierenden und marktorientierten Verfahren.

(7) [1] Die von den Übertragungsnetzbetreibern festgelegten Ausgleichsregelungen für das Elektrizitätsnetz müssen objektiv, transparent und nichtdiskriminierend sein, einschließlich der Regelungen über die von den Netzbenutzern für Energieungleichgewichte zu zahlenden Entgelte. [2] Die Bedingungen für die Erbringung dieser Leistungen durch die Übertragungsnetzbetreiber einschließlich Regelungen und Tarife werden gemäß einem mit Artikel 37 Absatz 6 zu vereinbarenden Verfahren in nichtdiskriminierender Weise und kostenorientiert festgelegt und veröffentlicht.

Art. 16 Vertraulichkeitsanforderungen für Betreiber und Eigentümer von Übertragungsnetzen. (1) [1] Unbeschadet des Artikels 30 und sonstiger rechtlicher Verpflichtungen zur Offenlegung von Informationen wahrt jeder Betreiber eines Übertragungsnetzes und jeder Eigentümer eines Übertragungsnetzes die Vertraulichkeit wirtschaftlich sensibler Informationen, von denen er bei der Ausübung seiner Geschäftstätigkeit Kenntnis erlangt, und verhindert, dass Informationen über seine eigenen Tätigkeiten, die wirtschaftliche Vorteile bringen können, in diskriminierender Weise offengelegt werden. [2] Insbesondere gibt er keine wirtschaftlich sensiblen Informationen an andere Teile des Unternehmens weiter, es sei denn, dies ist für die Durchführung einer Transaktion erforderlich. [3] Zur Gewährleistung der vollständigen Einhaltung der Regeln zur Informationsentflechtung stellen die Mitgliedstaaten ferner sicher, dass der Eigentümer des Fernleitungsnetzes und die übrigen Teile des Unternehmens – abgesehen von Einrichtungen rein administrativer Natur oder von IT-Diensten – keine gemeinsamen Einrichtungen wie z.B. gemeinsame Rechtsabteilungen in Anspruch nehmen.

(2) Übertragungsnetzbetreiber dürfen wirtschaftlich sensible Informationen, die sie von Dritten im Zusammenhang mit der Gewährung des Netzzugangs oder bei Verhandlungen hierüber erhalten, beim Verkauf oder Erwerb von Elektrizität durch verbundene Unternehmen nicht missbrauchen.

(3) [1] Die für einen wirksamen Wettbewerb und das tatsächliche Funktionieren des Marktes erforderlichen Informationen werden veröffentlicht. [2] Die Wahrung der Vertraulichkeit wirtschaftlich sensibler Informationen bleibt von dieser Verpflichtung unberührt.

Kapitel V. Unabhängiger Übertragungsnetzbetreiber (ITO)

Art. 17 Vermögenswerte, Anlagen, Personal und Unternehmensidentität. (1) Die Übertragungsnetzbetreiber müssen über alle personellen, technischen, materiellen und finanziellen Ressourcen verfügen, die zur Erfüllung ihrer Pflichten im Rahmen dieser Richtlinie und für die Geschäftstätigkeit der Elektrizitätsübertragung erforderlich sind; hierfür gilt insbesondere Folgendes:

a) Vermögenswerte, die für die Geschäftstätigkeit der Elektrizitätsübertragung erforderlich sind, einschließlich des Übertragungsnetzes, müssen Eigentum des Übertragungsnetzbetreibers sein.

b) Das Personal, das für die Geschäftstätigkeit der Elektrizitätsübertragung erforderlich ist, so auch für die Erfüllung aller Aufgaben des Unternehmens, muss beim Übertragungsnetzbetreiber angestellt sein.

c) Personalleasing und Erbringung von Dienstleistungen für bzw. durch andere Teile des vertikal integrierten Unternehmens sind untersagt. Der Übertragungsnetzbetreiber darf jedoch für das vertikal integrierte Unternehmen Dienstleistungen erbringen, sofern dabei

  i) die Nutzer nicht diskriminiert werden, die Dienstleistungen allen Nutzern unter den gleichen Vertragsbedingungen zugänglich sind und der Wettbewerb bei der Erzeugung und Lieferung nicht eingeschränkt, verzerrt oder unterbunden wird und

  ii) die dafür geltenden Vertragsbedingungen von der Regulierungsbehörde genehmigt werden.

d) Unbeschadet der Entscheidungen des Aufsichtsorgans nach Artikel 20 sind dem Übertragungsnetzbetreiber angemessene finanzielle Ressourcen für künftige Investitionsprojekte und/oder für den Ersatz vorhandener Vermögenswerte nach entsprechender Anforderung durch den Übertragungsnetzbetreiber rechtzeitig vom vertikal integrierten Unternehmen bereitzustellen.

(2) Die Geschäftstätigkeit der Elektrizitätsübertragung beinhaltet neben den in Artikel 12 aufgeführten Aufgaben mindestens die folgenden Tätigkeiten:

a) Vertretung des Übertragungsnetzbetreibers und Funktion des Ansprechpartners für Dritte und für die Regulierungsbehörden;

b) Vertretung des Übertragungsnetzbetreibers innerhalb des Europäischen Verbunds der Übertragungs- und Fernleitungsnetzbetreiber (nachstehend „ENTSO (Strom)" genannt);

c) Gewährung und Regelung des Zugangs Dritter nach dem Grundsatz der Nichtdiskriminierung zwischen Netzbenutzern oder Kategorien von Netzbenutzern;

d) Erhebung aller übertragungsnetzbezogenen Gebühren, einschließlich Zugangsentgelten, Ausgleichsentgelten für Hilfsdienste wie z.B. Erwerb von Leistungen (Ausgleichskosten, Energieverbrauch für Verluste);

e) Betrieb, Wartung und Ausbau eines sicheren, effizienten und wirtschaftlichen Übertragungsnetzes;

f) Investitionsplanung zur Gewährleistung der langfristigen Fähigkeit des Netzes, eine angemessene Nachfrage zu decken, und der Versorgungssicherheit;

g) Gründung geeigneter Gemeinschaftsunternehmen, auch mit einem oder mehreren Übertragungsnetzbetreibern, von Strombörsen und anderen relevanten Akteuren, mit dem Ziel, die Schaffung von Regionalmärkten zu fördern oder den Prozess der Liberalisierung zu erleichtern, und

h) alle unternehmensspezifischen Einrichtungen und Leistungen, unter anderem Rechtsabteilung, Buchhaltung und Ist-Dienste.

(3) Für Übertragungsnetzbetreiber gelten die in Artikel 1 der Richtlinie 68/151/EWG des Rates genannten Rechtsformen[1].

(4) Übertragungsnetzbetreiber müssen in Bezug auf ihre Unternehmensidentität, ihre Kommunikation, ihre Markenpolitik sowie ihre Geschäftsräume dafür Sorge tragen, dass eine Verwechslung mit der eigenen Identität des vertikal integrierten Unternehmens oder irgendeines Teils davon ausgeschlossen ist.

(5) Übertragungsnetzbetreiber unterlassen die gemeinsame Nutzung von IT-Systemen oder -Ausrüstung, Liegenschaften und Zugangskontrollsystemen mit jeglichem Unternehmensteil vertikal integrierter Unternehmen und gewährleisten, dass sie in Bezug auf IT-Systeme oder -Ausrüstung und Zugangskontrollsysteme nicht mit denselben Beratern und externen Auftragnehmern zusammenarbeiten.

(6) Die Rechnungslegung von Übertragungsnetzbetreibern ist von anderen Wirtschaftsprüfern als denen, die die Rechnungsprüfung beim vertikal integrierten Unternehmen oder bei dessen Unternehmensteilen vornehmen, zu prüfen.

Art. 18 Unabhängigkeit des Übertragungsnetzbetreibers. (1) Unbeschadet der Entscheidungen des Aufsichtsorgans nach Artikel 20 muss der Übertragungsnetzbetreiber

a) in Bezug auf Vermögenswerte oder Ressourcen, die für den Betrieb, die Wartung und den Ausbau des Übertragungsnetzes erforderlich sind, wirksame Entscheidungsbefugnisse haben, die er unabhängig von dem vertikal integrierten Unternehmen ausübt, und

b) die Befugnis haben, Geld auf dem Kapitalmarkt durch Aufnahme von Darlehen oder Kapitalerhöhung zu beschaffen.

(2) Der Übertragungsnetzbetreiber stellt sicher, dass er jederzeit über die Mittel verfügt, die er benötigt, um das Übertragungsgeschäft ordnungsgemäß und effizient zu führen und um ein leistungsfähiges, sicheres und wirtschaftliches Übertragungsnetz aufzubauen und aufrechtzuerhalten.

(3) [1] Tochterunternehmen des vertikal integrierten Unternehmens, die die Funktionen Erzeugung oder Versorgung wahrnehmen, dürfen weder direkt noch indirekt Anteile am Unternehmen des Übertragungsnetzbetreibers halten. [2] Der Übertragungsnetzbetreiber darf weder direkt noch indirekt Anteile an Tochterunternehmen des vertikal integrierten Unternehmens, die die Funktionen Erzeugung oder Versorgung wahrnehmen, halten und darf keine Dividenden oder andere finanzielle Zuwendungen von diesen Tochterunternehmen erhalten.

(4) [1] Die gesamte Verwaltungsstruktur und die Unternehmenssatzung des Übertragungsnetzbetreibers gewährleisten seine tatsächliche Unabhängigkeit gemäß diesem Kapitel. [2] Das vertikal integrierte Unternehmen darf das Wettbewerbsverhalten des Übertragungsnetzbetreibers in Bezug auf dessen laufende Geschäfte und die Netzverwaltung oder in Bezug auf die notwendigen

---

[1] **Amtl. Anm.:** Erste Richtlinie 68/151/EWG des Rates vom 9. März 1968 zur Koordinierung der Schutzbestimmungen, die in den Mitgliedstaaten den Gesellschaften im Sinne des Artikels 58 Absatz 2 des Vertrags im Interesse der Gesellschafter sowie Dritter vorgeschrieben sind, um diese Bestimmungen gleichwertig zu gestalten (ABl. L 65 vom 14. 3. 1968, S. 8).

Tätigkeiten zur Aufstellung des zehnjährigen Netzentwicklungsplans gemäß Artikel 22 weder direkt noch indirekt beeinflussen.

(5) Übertragungsnetzbetreiber gewährleisten bei der Wahrnehmung ihrer Aufgaben nach Artikel 12 und Artikel 17 Absatz 2 der vorliegenden Richtlinie und bei der Einhaltung der Artikel 14, 15 und 16 der Verordnung (EG) Nr. 714/2009[1]), dass sie weder Personen noch Körperschaften diskriminieren und dass sie den Wettbewerb bei der Erzeugung und Lieferung nicht einschränken, verzerren oder unterbinden.

(6) ¹ Für die kommerziellen und finanziellen Beziehungen zwischen dem vertikal integrierten Unternehmen und dem Übertragungsnetzbetreiber, einschließlich der Gewährung von Krediten durch den Übertragungsnetzbetreiber an das vertikal integrierte Unternehmen, sind die marktüblichen Bedingungen einzuhalten. ² Der Übertragungsnetzbetreiber führt ausführliche Aufzeichnungen über diese kommerziellen und finanziellen Beziehungen und stellt sie der Regulierungsbehörde auf Verlangen zur Verfügung.

(7) Der Übertragungsnetzbetreiber legt der Regulierungsbehörde sämtliche kommerziellen und finanziellen Vereinbarungen mit dem vertikal integrierten Unternehmen zur Genehmigung vor.

(8) Der Übertragungsnetzbetreiber meldet der Regulierungsbehörde die Finanzmittel gemäß Artikel 17 Absatz 1 Buchstabe d, die ihm für künftige Investitionsprojekte und/oder für den Ersatz vorhandener Vermögenswerte und Ressourcen zur Verfügung stehen.

(9) Das vertikal integrierte Unternehmen unterlässt jede Handlung, die die Erfüllung der Verpflichtungen des Übertragungsnetzbetreibers nach diesem Kapitel behindern oder gefährden würde, und verlangt vom Übertragungsnetzbetreiber nicht, bei der Erfüllung dieser Verpflichtungen die Zustimmung des vertikal integrierten Unternehmens einzuholen.

(10) ¹ Unternehmen, denen von der Regulierungsbehörde bescheinigt wurde, dass sie den Anforderungen dieses Kapitels genügen, werden von den betreffenden Mitgliedstaaten zugelassen und als Übertragungsnetzbetreiber benannt. ² Es gilt das Zertifizierungsverfahren des Artikels 10 der vorliegenden Richtlinie und des Artikels 3 der Verordnung (EG) Nr. 714/2009 oder des Artikels 11 der vorliegenden Richtlinie.

Art. 19 Unabhängigkeit des Personals und der Unternehmensleitung des Übertragungsnetzbetreibers. (1) Entscheidungen, die Ernennungen, Wiederernennungen, Beschäftigungsbedingungen einschließlich Vergütung und Vertragsbeendigung für Personen der Unternehmensleitung und/oder Mitglieder der Verwaltungsorgane des Übertragungsnetzbetreibers betreffen, werden von dem gemäß Artikel 20 ernannten Aufsichtsorgan des Übertragungsnetzbetreibers getroffen.

(2) ¹ Die Namen und die Regelungen in Bezug auf Funktion, Vertragslaufzeit und -beendigung für Personen, die vom Aufsichtsorgan als Personen der obersten Unternehmensleitung und/oder Mitglieder der Verwaltungsorgane des Übertragungsnetzbetreibers ernannt oder wiederernannt werden, und die Gründe für vorgeschlagene Entscheidungen zur Vertragsbeendigung sind der Regulierungsbehörde mitzuteilen. ² Die in Absatz 1 genannten Regelungen

---
[1]) Nr. 8.

und Entscheidungen werden erst verbindlich, wenn die Regulierungsbehörde innerhalb von drei Wochen nach der Mitteilung keine Einwände erhebt.

Die Regulierungsbehörde kann Einwände gegen die in Absatz 1 genannten Entscheidungen erheben,

a) wenn Zweifel an der beruflichen Unabhängigkeit einer ernannten Person der Unternehmensleitung und/oder eines ernannten Mitglieds der Verwaltungsorgane bestehen oder

b) wenn Zweifel an der Berechtigung einer vorzeitigen Vertragsbeendigung bestehen.

(3) Es dürfen in den letzten drei Jahren vor einer Ernennung von Führungskräften und/oder Mitglieder der Verwaltungsorgane des Übertragungsnetzbetreibers, die diesem Absatz unterliegen, bei dem vertikal integrierten Unternehmen, einem seiner Unternehmensteile oder bei anderen Mehrheitsanteilseignern als dem Übertragungsnetzbetreiber weder direkt noch indirekt berufliche Positionen bekleidet oder berufliche Aufgaben wahrgenommen noch Interessens- oder Geschäftsbeziehungen zu ihnen unterhalten werden.

(4) Die Personen der Unternehmensleitung und/oder Mitglieder der Verwaltungsorgane und die Beschäftigten des Übertragungsnetzbetreibers dürfen bei anderen Unternehmensteilen des vertikal integrierten Unternehmens oder bei deren Mehrheitsanteilseignern weder direkt noch indirekt berufliche Positionen bekleidet oder berufliche Aufgaben wahrnehmen oder Interessens- oder Geschäftsbeziehungen zu ihnen unterhalten.

(5) [1] Die Personen der Unternehmensleitung und/oder Mitglieder der Verwaltungsorgane und die Beschäftigten des Übertragungsnetzbetreibers dürfen weder direkt noch indirekt Beteiligungen an Unternehmensteilen des vertikal integrierten Unternehmens halten noch finanzielle Zuwendungen von diesen erhalten; ausgenommen hiervon sind Beteiligungen am und Zuwendungen vom Übertragungsnetzbetreiber. [2] Ihre Vergütung darf nicht an die Tätigkeiten oder Betriebsergebnisse vertikal integrierten Unternehmens, soweit sie nicht den Übertragungsnetzbetreiber betreffen, gebunden sein.

(6) Im Falle von Beschwerden von Personen der Unternehmensleitung und/oder Mitgliedern der Verwaltungsorgane des Übertragungsnetzbetreibers gegen vorzeitige Vertragsbeendigung ist die effektive Einlegung von Rechtsmitteln bei der Regulierungsbehörde zu gewährleisten.

(7) Nach Beendigung des Vertragsverhältnisses zum Übertragungsnetzbetreiber dürfen Personen der Unternehmensleitung und/oder Mitgliedern der Verwaltungsorgane für mindestens vier Jahre bei anderen Unternehmensteilen des vertikal integrierten Unternehmens als dem Übertragungsnetzbetreiber oder bei deren Mehrheitsanteilseignern keine beruflichen Positionen bekleiden oder beruflichen Aufgaben wahrnehmen oder Interessens- oder Geschäftsbeziehungen zu ihnen unterhalten.

(8) Absatz 3 gilt für die Mehrheit der Angehörigen der Unternehmensleitung und/oder Mitglieder der Verwaltungsorgane des Fernleitungsnetzbetreibers.

Die Angehörigen der Unternehmensleitung und/oder Mitglieder der Verwaltungsorgane des Übertragungsnetzbetreibers, für die Absatz 3 nicht gilt, dürfen in den letzten sechs Monaten vor ihrer Ernennung bei dem vertikal integrierten Unternehmen keine Führungstätigkeit oder andere einschlägige Tätigkeit ausgeübt haben.

Unterabsatz 1 dieses Absatzes und Absätze 4 bis 7 finden Anwendung auf alle Personen, die der obersten Unternehmensleitung angehören, sowie auf die ihnen unmittelbar unterstellten Personen, die mit dem Betrieb, der Wartung oder der Entwicklung des Netzes befasst sind.

Art. 20 Aufsichtsorgan. (1) [1] Der Übertragungsnetzbetreiber verfügt über ein Aufsichtsorgan, dessen Aufgabe es ist, Entscheidungen, die von erheblichem Einfluss auf den Wert der Vermögenswerte der Anteilseigner beim Übertragungsnetzbetreiber sind, insbesondere Entscheidungen im Zusammenhang mit der Genehmigung der jährlichen und der langfristigen Finanzpläne, der Höhe der Verschuldung des Übertragungsnetzbetreibers und der Höhe der an die Anteilseigner auszuzahlenden Dividenden, zu treffen. [2] Das Aufsichtsorgan hat keine Entscheidungsbefugnis in Bezug auf die laufenden Geschäfte des Übertragungsnetzbetreibers und die Netzverwaltung und in Bezug auf die notwendigen Tätigkeiten zur Aufstellung des zehnjährigen Netzentwicklungsplans gemäß Artikel 22.

(2) Das Aufsichtsorgan besteht aus Vertretern des vertikal integrierten Unternehmens, Vertretern von dritten Anteilseignern und, sofern die einschlägigen Rechtsvorschriften eines Mitgliedstaats dies vorsehen, Vertretern anderer Interessengruppen wie z.B. der Beschäftigten des Übertragungsnetzbetreibers.

(3) Artikel 19 Absatz 2 Unterabsatz 1 sowie Artikel 19 Absätze 3 bis 7 finden auf zumindest die Hälfte der Mitglieder des Aufsichtsorgans abzüglich ein Mitglied Anwendung.

Artikel 19 Absatz 2 Unterabsatz 2 Buchstabe b findet auf alle Mitglieder des Aufsichtsorgans Anwendung.

Art. 21 Gleichbehandlungsprogramm und Gleichbehandlungsbeauftragter. (1) [1] Die Mitgliedstaaten stellen sicher, dass die Übertragungsnetzbetreiber ein Gleichbehandlungsprogramm aufstellen und durchführen, in dem die Maßnahmen aufgeführt sind, mit denen sichergestellt wird, dass diskriminierende Verhaltensweisen ausgeschlossen werden und die Einhaltung des Programms angemessen überwacht wird. [2] In dem Gleichbehandlungsprogramm ist festgelegt, welche besonderen Pflichten die Mitarbeiter im Hinblick auf die Erreichung dieser Ziele haben. [3] Das Programm bedarf der Genehmigung durch die Regulierungsbehörde. [4] Die Einhaltung des Programms wird unbeschadet der Befugnisse der nationalen Regulierungsbehörde von einem Gleichbehandlungsbeauftragten unabhängig kontrolliert.

(2) [1] Der Gleichbehandlungsbeauftragte wird vom Aufsichtsorgan ernannt und unterliegt der Bestätigung durch die Regulierungsbehörde. [2] Die Regulierungsbehörde kann der Ernennung des Gleichbehandlungsbeauftragten ihre Bestätigung nur aus Gründen mangelnder Unabhängigkeit oder mangelnder fachlicher Eignung verweigern. [3] Der Gleichbehandlungsbeauftragte kann eine natürliche oder juristische Person sein. [4] Artikel 19 Absätze 2 bis 8 findet auf den Gleichbehandlungsbeauftragten Anwendung.

(3) Die Aufgaben des Gleichbehandlungsbeauftragten sind:
a) fortlaufende Kontrolle der Durchführung des Gleichbehandlungsprogramms;

b) Erarbeitung eines Jahresberichts, in dem die Maßnahmen zur Durchführung des Gleichbehandlungsprogramms dargelegt werden, und dessen Übermittlung an die Regulierungsbehörde;

c) Berichterstattung an das Aufsichtsorgan und Abgabe von Empfehlungen zum Gleichbehandlungsprogramm und seiner Durchführung;

d) Unterrichtung der Regulierungsbehörde über erhebliche Verstöße bei der Durchführung des Gleichbehandlungsprogramms und

e) Berichterstattung an die Regulierungsbehörde über kommerzielle und finanzielle Beziehungen zwischen dem vertikal integrierten Unternehmen und dem Übertragungsnetzbetreiber.

(4) ¹Der Gleichbehandlungsbeauftragte übermittelt die vorgeschlagenen Entscheidungen zum Investitionsplan oder zu Einzelinvestitionen im Netz an die Regulierungsbehörde. ²Dies erfolgt spätestens dann, wenn die Unternehmensleitung und/oder das zuständige Verwaltungsorgan des Übertragungsnetzbetreibers diese Unterlagen dem Aufsichtsorgan zuleiten.

(5) Hat das vertikal integrierte Unternehmen in der Hauptversammlung oder durch ein Votum der von ihm ernannten Mitglieder des Aufsichtsorgans die Annahme eines Beschlusses verhindert, wodurch Netzinvestitionen, die nach dem zehnjährigen Netzentwicklungsplan in den folgenden drei Jahren durchgeführt werden sollten, unterbunden oder hinausgezögert werden, so meldet der Gleichbehandlungsbeauftragte dies der Regulierungsbehörde, die dann gemäß Artikel 22 tätig wird.

(6) ¹Die Regelungen zum Mandat und zu den Beschäftigungsbedingungen des Gleichbehandlungsbeauftragten, einschließlich der Dauer seines Mandats, bedürfen der Genehmigung durch die Regulierungsbehörde. ²Diese Regelungen müssen die Unabhängigkeit des Gleichbehandlungsbeauftragten gewährleisten und entsprechend sicherstellen, dass ihm die zur Erfüllung seiner Aufgaben erforderlichen Ressourcen zur Verfügung stehen. ³Der Gleichbehandlungsbeauftragte darf während der Laufzeit seines Mandats bei Unternehmensteilen des vertikal integrierten Unternehmens oder deren Mehrheitsanteilseignern weder direkt noch indirekt berufliche Positionen bekleiden oder berufliche Aufgaben wahrnehmen oder Interessensbeziehungen zu ihnen unterhalten.

(7) Der Gleichbehandlungsbeauftragte erstattet der Regulierungsbehörde regelmäßig mündlich oder schriftlich Bericht und ist befugt, dem Aufsichtsorgan des Übertragungsnetzbetreibers regelmäßig mündlich oder schriftlich Bericht zu erstatten.

(8) ¹Der Gleichbehandlungsbeauftragte ist berechtigt, an allen Sitzungen der Unternehmensleitung oder der Verwaltungsorgane des Übertragungsnetzbetreibers sowie des Aufsichtsorgans und der Hauptversammlung teilzunehmen. ²Der Gleichbehandlungsbeauftragte nimmt an allen Sitzungen teil, in denen folgende Fragen behandelt werden:

a) Netzzugangsbedingungen nach Maßgabe der Verordnung (EG) Nr. 714/2009[1]), insbesondere Tarife, Leistungen im Zusammenhang mit dem Zugang Dritter, Kapazitätsvergabe und Engpassmanagement, Transparenz, Ausgleich und Sekundärmärkte;

---

[1]) Nr. 8.

b) Projekte für den Betrieb, die Wartung und den Ausbau des Übertragungsnetzes, einschließlich der Investitionen für den Netzanschluss und -verbund;
c) Verkauf oder Erwerb von Elektrizität für den Betrieb des Übertragungsnetzes.

(9) Der Gleichbehandlungsbeauftragte kontrolliert die Einhaltung des Artikels 16 durch den Übertragungsnetzbetreiber.

(10) Der Gleichbehandlungsbeauftragte hat Zugang zu allen einschlägigen Daten und zu den Geschäftsräumen des Übertragungsnetzbetreibers sowie zu allen Informationen, die er zur Erfüllung seiner Aufgaben benötigt.

(11) [1] Nach vorheriger Zustimmung der Regulierungsbehörde kann das Aufsichtsorgan den Gleichbehandlungsbeauftragten abberufen. [2] Die Abberufung erfolgt auf Verlangen der Regulierungsbehörde aus Gründen mangelnder Unabhängigkeit oder mangelnder fachlicher Eignung.

(12) Der Gleichbehandlungsbeauftragte erhält ohne Vorankündigung Zugang zu den Geschäftsräumen des Übertragungsnetzbetreibers.

Art. 22 Netzausbau und Befugnis zum Erlass von Investitionsentscheidungen. (1) [1] Die Übertragungsnetzbetreiber legen der Regulierungsbehörde jedes Jahr nach Konsultation aller einschlägigen Interessenträger einen zehnjährigen Netzentwicklungsplan vor, der sich auf die derzeitige Lage und die Prognosen im Bereich von Angebot und Nachfrage stützt. [2] Dieser Netzentwicklungsplan enthält wirksame Maßnahmen zur Gewährleistung der Angemessenheit des Netzes und der Versorgungssicherheit.

(2) Zweck des zehnjährigen Netzentwicklungsplans ist es insbesondere,
a) den Marktteilnehmern Angaben darüber zu liefern, welche wichtigen Übertragungsinfrastrukturen in den nächsten zehn Jahren errichtet oder ausgebaut werden müssen,
b) alle bereits beschlossenen Investitionen aufzulisten und die neuen Investitionen zu bestimmen, die in den nächsten drei Jahren durchgeführt werden müssen, und
c) einen Zeitplan für alle Investitionsprojekte vorzugeben.

(3) Bei der Erarbeitung des zehnjährigen Netzentwicklungsplans legt der Übertragungsnetzbetreiber angemessene Annahmen über die Entwicklung der Erzeugung, der Versorgung, des Verbrauchs und des Stromaustauschs mit anderen Ländern unter Berücksichtigung der Investitionspläne für regionale und gemeinschaftsweite Netze zugrunde.

(4) [1] Die Regulierungsbehörde führt offene und transparente Konsultationen zum zehnjährigen Netzentwicklungsplan mit allen tatsächlichen und potenziellen Netzbenutzern durch. [2] Personen und Unternehmen, die den Status potenzieller Netzbenutzer beanspruchen, können dazu verpflichtet werden, diesen Anspruch zu belegen. [3] Die Regulierungsbehörde veröffentlicht das Ergebnis der Konsultationen und verweist dabei insbesondere auf etwaigen Investitionsbedarf.

(5) [1] Die Regulierungsbehörde prüft, ob der zehnjährige Netzentwicklungsplan den gesamten im Zuge der Konsultationen ermittelten Investitionsbedarf erfasst und ob die Kohärenz mit dem gemeinschaftsweit geltenden nicht bindenden zehnjährigen Netzentwicklungsplan (gemeinschaftsweiter Netzentwicklungsplan) gemäß Artikel 8 Absatz 3 Buchstabe b der Verord-

nung (EG) Nr. 714/2009¹⁾ gewahrt ist. ²Bestehen Zweifel an der Kohärenz mit dem gemeinschaftsweit geltenden Netzentwicklungsplan, so konsultiert die Regulierungsbehörde die Agentur. ³Die Regulierungsbehörde kann vom Übertragungsnetzbetreiber die Änderung seines zehnjährigen Netzentwicklungsplans verlangen.

(6) Die Regulierungsbehörde überwacht und evaluiert die Durchführung des zehnjährigen Netzentwicklungsplans.

(7) Hat der Übertragungsnetzbetreiber aus anderen als zwingenden, von ihm nicht zu beeinflussenden Gründen eine Investition, die nach dem zehnjährigen Netzentwicklungsplan in den folgenden drei Jahren durchgeführt werden musste, nicht durchgeführt, so stellen die Mitgliedstaaten sicher, dass die Regulierungsbehörde verpflichtet ist, mindestens eine der folgenden Maßnahmen zu ergreifen, um die Durchführung der betreffenden Investition zu gewährleisten, sofern die Investition unter Zugrundelegung des jüngsten zehnjährigen Netzentwicklungsplans noch relevant ist:

a) Sie fordert den Übertragungsnetzbetreiber zur Durchführung der betreffenden Investition auf,

b) sie leitet ein Ausschreibungsverfahren zur Durchführung der betreffenden Investition ein, das allen Investoren offensteht, oder

c) sie verpflichtet den Übertragungsnetzbetreiber, einer Kapitalerhöhung im Hinblick auf die Finanzierung der notwendigen Investitionen zuzustimmen und unabhängigen Investoren eine Kapitalbeteiligung zu ermöglichen.

Macht die Regulierungsbehörde von ihren Befugnissen gemäß dem ersten Unterabsatz Buchstabe b Gebrauch, so kann sie den Übertragungsnetzbetreiber dazu verpflichten, eine oder mehrere der folgenden Maßnahmen zu akzeptieren:

a) Finanzierung durch Dritte,

b) Errichtung durch Dritte,

c) Errichtung der betreffenden neuen Anlagen durch diesen selbst,

d) Betrieb der betreffenden neuen Anlagen durch diesen selbst.

Der Übertragungsnetzbetreiber stellt den Investoren alle erforderlichen Unterlagen für die Durchführung der Investition zur Verfügung, stellt den Anschluss der neuen Anlagen an das Übertragungsnetz her und unternimmt alles, um die Durchführung des Investitionsprojekts zu erleichtern.

Die einschlägigen Finanzierungsvereinbarungen bedürfen der Genehmigung durch die Regulierungsbehörde.

(8) Macht die Regulierungsbehörde von ihren Befugnissen gemäß Absatz 7 Unterabsatz 1 Gebrauch, so werden die Kosten der betreffenden Investitionen durch die einschlägigen Tarifregelungen gedeckt.

Art. 23 Entscheidungsbefugnisse bezüglich des Anschlusses neuer Kraftwerke an das Übertragungsnetz. (1) ¹Der Übertragungsnetzbetreiber entwickelt und veröffentlicht transparente und effiziente Verfahren für einen nichtdiskriminierenden Anschluss neuer Kraftwerke in das Übertragungsnetz.

---

¹⁾ Nr. 8.

² Diese Verfahren bedürfen der Genehmigung durch die nationalen Regulierungsbehörden.

(2) ¹ Der Übertragungsnetzbetreiber hat nicht das Recht, den Anschluss eines neuen Kraftwerks unter Berufung auf mögliche künftige Einschränkungen der verfügbaren Netzkapazitäten, z.B. Engpässe in entlegenen Teilen des Übertragungsnetzes, abzulehnen. ² Der Übertragungsnetzbetreiber stellt die erforderlichen Unterlagen zur Verfügung.

(3) Der Übertragungsnetzbetreiber hat nicht das Recht, die Einrichtung eines neuen Anschlusspunktes mit der Begründung abzulehnen, dass hierdurch zusätzliche Kosten im Zusammenhang mit der notwendigen Kapazitätserhöhung für die in unmittelbarer Nähe des Anschlusspunktes befindlichen Netzteile entstehen würden.

Kapitel VI. Betrieb des Verteilernetzes

Art. 24 Benennung von Verteilernetzbetreibern. ¹ Die Mitgliedstaaten oder von diesen dazu aufgeforderte Unternehmen, die Eigentümer von Verteilernetzen sind oder die für sie verantwortlich sind, benennen für einen Zeitraum, den die Mitgliedstaaten unter Effizienzerwägungen und unter Berücksichtigung der wirtschaftlichen Verhältnisse festlegen, einen oder mehrere Verteilernetzbetreiber. ² Die Mitgliedstaaten gewährleisten, dass die Verteilernetzbetreiber die Artikel 25, 26 und 27 einhalten.

Art. 25 Aufgaben der Verteilernetzbetreiber. (1) Der Verteilernetzbetreiber trägt die Verantwortung dafür, auf lange Sicht die Fähigkeit des Netzes sicherzustellen, eine angemessene Nachfrage nach Verteilung von Elektrizität zu befriedigen und in seinem Gebiet unter wirtschaftlichen Bedingungen ein sicheres, zuverlässiges und effizientes Elektrizitätsverteilernetz unter gebührender Beachtung des Umweltschutzes und der Energieeffizienz zu betreiben, zu warten und auszubauen.

(2) Der Verteilernetzbetreiber unterlässt jegliche Diskriminierung von Netzbenutzern oder Kategorien von Netzbenutzern, insbesondere zum Vorteil der mit ihm verbundenen Unternehmen.

(3) Der Verteilernetzbetreiber stellt den Netzbenutzern die Informationen bereit, die sie für einen effizienten Netzzugang, einschließlich einer effizienten Nutzung des Netzes, benötigen.

(4) Ein Mitgliedstaat kann dem Verteilernetzbetreiber zur Auflage machen, dass er bei der Inanspruchnahme von Erzeugungsanlagen solchen den Vorrang gibt, in denen erneuerbare Energieträger oder Abfälle eingesetzt werden oder die nach dem Prinzip der Kraft-Wärme-Kopplung arbeiten.

(5) ¹ Soweit er diese Funktion hat, beschafft sich jeder Verteilernetzbetreiber die Energie, die er zur Deckung von Energieverlusten und Kapazitätsreserven in seinem Netz verwendet, nach transparenten, nichtdiskriminierenden und marktorientierten Verfahren. ² Durch diese Anforderung wird die Nutzung von Elektrizität, die auf der Grundlage von vor dem 1. Januar 2002 geschlossenen Verträgen erworben wurde, nicht berührt.

(6) ¹ Sofern einem Verteilernetzbetreiber der Ausgleich des Verteilernetzes obliegt, müssen die von ihm zu diesem Zweck festgelegten Regelungen

objektiv, transparent und nichtdiskriminierend sein, einschließlich der Regelungen über die von den Netzbenutzern für Energieungleichgewichte zu zahlenden Entgelte. ² Die Bedingungen für die Erbringung dieser Leistungen durch die Verteilernetzbetreiber einschließlich Regelungen und Tarife werden gemäß einem mit Artikel 37 Absatz 6 zu vereinbarenden Verfahren nichtdiskriminierend und kostenorientiert festgelegt und veröffentlicht.

(7) Bei der Planung des Verteilernetzausbaus berücksichtigt der Verteilernetzbetreiber Energieeffizienz-/Nachfragesteuerungsmaßnahmen oder dezentrale Erzeugungsanlagen, durch die sich die Notwendigkeit einer Nachrüstung oder eines Kapazitätsersatzes erübrigen könnte.

Art. 26 Entflechtung von Verteilernetzbetreibern. (1) ¹ Gehört der Verteilernetzbetreiber zu einem vertikal integrierten Unternehmen, so muss er zumindest hinsichtlich seiner Rechtsform, Organisation und Entscheidungsgewalt unabhängig von den übrigen Tätigkeitsbereichen sein, die nicht mit der Verteilung zusammenhängen. ² Diese Bestimmungen begründen keine Verpflichtung, eine Trennung in Bezug auf das Eigentum des vertikal integrierten Unternehmens an Vermögenswerten des Verteilernetzes vorzunehmen.

(2) ¹ Gehört der Verteilernetzbetreiber zu einem vertikal integrierten Unternehmen, so muss er zusätzlich zu den Anforderungen des Absatzes 1 hinsichtlich seiner Organisation und Entscheidungsgewalt unabhängig von den übrigen Tätigkeitsbereichen sein, die nicht mit der Verteilung zusammenhängen. ² Um dies zu erreichen, sind die folgenden Mindestkriterien anzuwenden:

a) In einem integrierten Elektrizitätsunternehmen dürfen die für die Leitung des Verteilernetzbetreibers zuständigen Personen nicht betrieblichen Einrichtungen des integrierten Elektrizitätsunternehmens angehören, die direkt oder indirekt für den laufenden Betrieb in den Bereichen Elektrizitätserzeugung, -übertragung und -versorgung zuständig sind.

b) Es sind geeignete Maßnahmen zu treffen, damit die berufsbedingten Interessen der für die Leitung des Verteilernetzbetreibers zuständigen Personen so berücksichtigt werden, dass ihre Handlungsunabhängigkeit gewährleistet ist.

c) Der Verteilernetzbetreiber hat in Bezug auf Vermögenswerte, die für den Betrieb, die Wartung oder den Ausbau des Netzes erforderlich sind, tatsächliche Entscheidungsbefugnisse, die er unabhängig von dem integrierten Elektrizitätsunternehmen ausübt. Um diese Aufgaben erfüllen zu können, muss der Verteilernetzbetreiber über die erforderlichen Ressourcen, einschließlich personeller, technischer, materieller und finanzieller Ressourcen, verfügen. Dies sollte geeigneten Koordinierungsmechanismen nicht entgegenstehen, mit denen sichergestellt wird, dass die wirtschaftlichen Befugnisse des Mutterunternehmens und seine Aufsichtsrechte über das Management im Hinblick auf die – gemäß Artikel 37 Absatz 6 indirekt geregelte – Rentabilität eines Tochterunternehmens geschützt werden. Dies ermöglicht es dem Mutterunternehmen insbesondere, den jährlichen Finanzplan oder ein gleichwertiges Instrument des Verteilernetzbetreibers zu genehmigen und generelle Grenzen für die Verschuldung seines Tochterunternehmens festzulegen. Dies erlaubt es dem Mutterunternehmen nicht, Weisungen bezüglich des laufenden Betriebs oder einzelner Entscheidungen über den Bau oder die Modernisierung von Verteilerleitungen zu erteilen, die über den Rahmen des genehmigten Finanzplans oder eines gleichwertigen Instruments nicht hinausgehen, und

d) der Verteilernetzbetreiber stellt ein Gleichbehandlungsprogramm auf, aus dem hervorgeht, welche Maßnahmen zum Ausschluss diskriminierenden Verhaltens getroffen werden, und gewährleistet die ausreichende Beobachtung der Einhaltung dieses Programms. In dem Programm ist festgelegt, welche besonderen Pflichten die Mitarbeiter im Hinblick auf die Erreichung dieses Ziels haben. Die für die Beobachtung des Gleichbehandlungsprogramms zuständige Person oder Stelle – der Gleichbehandlungsbeauftragte des Verteilernetzbetreibers – legt der in Artikel 35 Absatz 1 genannten Regulierungsbehörde jährlich einen Bericht über die getroffenen Maßnahmen vor, der veröffentlicht wird. Der Gleichbehandlungsbeauftragte des Verteilernetzbetreibers ist völlig unabhängig und hat Zugang zu allen Informationen, über die der Verteilernetzbetreiber und etwaige verbundene Unternehmen verfügen und die der Gleichbehandlungsbeauftragte benötigt, um seine Aufgabe zu erfüllen.

(3) [1] Ist der Verteilernetzbetreiber Teil eines vertikal integrierten Unternehmens, stellen die Mitgliedstaaten sicher, dass die Tätigkeiten des Verteilernetzbetreibers von den Regulierungsbehörden oder sonstigen zuständigen Stellen beobachtet werden, so dass er diesen Umstand nicht zur Verzerrung des Wettbewerbs nutzen kann. [2] Insbesondere müssen vertikal integrierte Verteilernetzbetreiber in ihren Kommunikationsaktivitäten und ihrer Markenpolitik dafür Sorge tragen, dass eine Verwechslung in Bezug auf die eigene Identität der Versorgungssparte des vertikal integrierten Unternehmens ausgeschlossen ist.

(4) Die Mitgliedstaaten können beschließen, die Absätze 1, 2 und 3 nicht auf integrierte Elektrizitätsunternehmen anzuwenden, die weniger als 100 000 angeschlossene Kunden oder kleine isolierte Netze beliefern.

Art. 27 Vertraulichkeitsanforderungen für Verteilernetzbetreiber.
Unbeschadet des Artikels 30 oder sonstiger gesetzlicher Verpflichtungen zur Offenlegung von Informationen wahrt der Verteilernetzbetreiber die Vertraulichkeit wirtschaftlich sensibler Informationen, von denen er bei der Ausübung seiner Geschäftstätigkeit Kenntnis erlangt, und verhindert, dass Informationen über seine eigenen Tätigkeiten, die wirtschaftliche Vorteile bringen können, in diskriminierender Weise offengelegt werden.

Art. 28 Geschlossene Verteilernetze.
(1) Die Mitgliedstaaten können veranlassen, dass ein Netz, mit dem in einem geographisch begrenzten Industrie- oder Gewerbegebiet oder Gebiet, in dem Leistungen gemeinsam genutzt werden, Strom verteilt wird, wobei – unbeschadet des Absatzes 4 – keine Haushaltskunden versorgt werden, von den nationalen Regulierungsbehörden oder sonstigen zuständigen Behörden als geschlossenes Netz eingestuft wird, wenn

a) die Tätigkeiten oder Produktionsverfahren der Benutzer dieses Netzes aus konkreten technischen oder sicherheitstechnischen Gründen verknüpft sind, oder

b) mit dem Netz in erster Linie Strom an den Netzeigentümer oder -betreiber oder an mit diesen verbundene Unternehmen verteilt wird.

(2) Die Mitgliedstaaten können veranlassen, dass der Betreiber eines geschlossenen Verteilernetzes von den nationalen Regulierungsbehörden freigestellt wird von

a) den nach Artikel 25 Absatz 5 geltenden Verpflichtungen zur Beschaffung der Energie zur Deckung von Energieverlusten und Kapazitätsreserven im Netz nach transparenten, nichtdiskriminierenden und marktorientierten Verfahren,

b) der nach Artikel 32 Absatz 1 geltenden Verpflichtung zur Genehmigung von Tarifen oder der Methoden zu ihrer Berechnung vor deren Inkrafttreten gemäß Artikel 37.

(3) Wird eine Befreiung nach Absatz 2 gewährt, werden die geltenden Tarife oder die Methoden zu ihrer Berechnung auf Verlangen eines Benutzers des geschlossenen Verteilernetzes gemäß Artikel 37 überprüft und genehmigt.

(4) Die gelegentliche Nutzung des Verteilernetzes durch eine geringe Anzahl von Haushalten, deren Personen ein Beschäftigungsverhältnis oder vergleichbare Beziehungen zum Eigentümer des Verteilernetzes unterhalten und die sich in dem durch ein geschlossenes Verteilernetz versorgten Gebiet befinden, steht der Gewährung der Freistellung gemäß Absatz 2 nicht entgegen.

Art. 29 Kombinationsnetzbetreiber. Artikel 26 Absatz 1 steht dem gemeinsamen Betrieb des Übertragungs- und Verteilernetzes durch einen Netzbetreiber nicht entgegen, sofern dieser Netzbetreiber den Artikel 9 Absatz 1 oder die Artikel 13 und 14 sowie die Bestimmungen des Kapitels V einhält oder in den Anwendungsbereich des Artikels 44 Absatz 2 fällt.

Kapitel VII. Entflechtung und Transparenz der Rechnungslegung

Art. 30 Recht auf Einsichtnahme in die Rechnungslegung. (1) Die Mitgliedstaaten oder jede von ihnen benannte zuständige Behörde, einschließlich der in Artikel 35 genannten Regulierungsbehörden, haben, soweit dies zur Wahrnehmung ihrer Aufgaben erforderlich ist, das Recht auf Einsichtnahme in die in Artikel 31 genannte Rechnungslegung der Elektrizitätsunternehmen.

(2) [1] Die Mitgliedstaaten und die von ihnen benannten zuständigen Behörden, einschließlich der Regulierungsbehörden, wahren die Vertraulichkeit wirtschaftlich sensibler Informationen. [2] Die Mitgliedstaaten können die Offenlegung derartiger Informationen vorsehen, wenn dies zur Wahrnehmung der Aufgaben der zuständigen Behörden erforderlich ist.

Art. 31 Entflechtung der Rechnungslegung. (1) Die Mitgliedstaaten treffen die erforderlichen Maßnahmen, um sicherzustellen, dass die Rechnungslegung der Elektrizitätsunternehmen gemäß den Absätzen 2 und 3 erfolgt.

(2) Ungeachtet ihrer Eigentumsverhältnisse oder ihrer Rechtsform erstellen und veröffentlichen die Elektrizitätsunternehmen ihre Jahresabschlüsse und

lassen diese überprüfen, und zwar gemäß den nationalen Rechtsvorschriften über die Jahresabschlüsse von Gesellschaften, die im Rahmen der Vierten Richtlinie 78/660/EWG des Rates vom 25. Juli 1978 aufgrund von Artikel 44 Absatz 2 Buchstabe g[1] des Vertrags über den Jahresabschluss von Gesellschaften bestimmter Rechtsformen erlassen worden sind[2].

Unternehmen, die zur Veröffentlichung ihrer Jahresabschlüsse gesetzlich nicht verpflichtet sind, halten in ihrer Hauptverwaltung eine Ausfertigung des Jahresabschlusses zur öffentlichen Einsichtnahme bereit.

(3) [1] Zur Vermeidung von Diskriminierung, Quersubventionen und Wettbewerbsverzerrungen führen Elektrizitätsunternehmen in ihrer internen Rechnungslegung jeweils getrennte Konten für ihre Übertragungs- und Verteilungstätigkeiten in derselben Weise, wie sie dies tun müssten, wenn die betreffenden Tätigkeiten von separaten Unternehmen ausgeführt würden. [2] Sie führen auch Konten für andere, nicht mit den Bereichen Übertragung und Verteilung zusammenhängende elektrizitätswirtschaftliche Tätigkeiten, wobei diese Konten konsolidiert sein können. [3] Bis zum 1. Juli 2007 führen sie jeweils getrennte Konten für die Versorgung zugelassener und nicht zugelassener Kunden. [4] Einnahmen aus dem Eigentum am Übertragungs- oder Verteilernetz weisen sie in den Konten gesondert aus. [5] Gegebenenfalls führen sie konsolidierte Konten für ihre Aktivitäten außerhalb des Elektrizitätsbereichs. [6] Diese interne Rechnungslegung schließt für jede Tätigkeit eine Bilanz sowie eine Gewinn- und Verlustrechnung ein.

(4) Bei der Überprüfung gemäß Absatz 2 wird insbesondere untersucht, ob die Verpflichtung zur Vermeidung von Diskriminierung und Quersubventionen gemäß Absatz 3 eingehalten wird.

Kapitel VIII. Organisation des Netzzugangs

Art. 32 Zugang Dritter. (1) [1] Die Mitgliedstaaten gewährleisten die Einführung eines Systems für den Zugang Dritter zu den Übertragungs- und Verteilernetzen auf der Grundlage veröffentlichter Tarife; die Zugangsregelung gilt für alle zugelassenen Kunden und wird nach objektiven Kriterien und ohne Diskriminierung zwischen den Netzbenutzern angewandt. [2] Die Mitgliedstaaten stellen sicher, dass diese Tarife oder die Methoden zu ihrer Berechnung vor deren Inkrafttreten gemäß Artikel 37 genehmigt werden und dass die Tarife und – soweit nur die Methoden einer Genehmigung unterliegen – die Methoden vor ihrem Inkrafttreten veröffentlicht werden.

(2) [1] Der Übertragungs- oder Verteilernetzbetreiber kann den Netzzugang verweigern, wenn er nicht über die nötige Kapazität verfügt. [2] Die Verweigerung ist hinreichend substanziiert zu begründen, insbesondere unter Berücksichtigung des Artikels 3, und muss auf objektiven und technisch und wirtschaftlich begründeten Kriterien beruhen. [3] Die Mitgliedstaaten oder, wenn die Mitgliedstaaten dies vorsehen, die Regulierungsbehörden gewährleisten,

---

[1] **Amtl. Anm.:** Der Titel der Richtlinie 78/660/EWG wurde angepasst, um der gemäß Artikel 12 des Vertrags von Amsterdam vorgenommenen Umnummerierung des Vertrags zur Gründung der Europäischen Gemeinschaft Rechnung zu tragen; die ursprüngliche Bezugnahme betraf Artikel 54 Absatz 3 Buchstabe g.
[2] **Amtl. Anm.:** ABl. L 222 vom 14. 8. 1978, S. 11.

dass diese Kriterien einheitlich Anwendung finden und die Netzbenutzer, denen der Netzzugang verweigert wurde, ein Streitbeilegungsverfahren in Anspruch nehmen können. ⁴Die nationalen Regulierungsbehörden stellen ferner gegebenenfalls sicher, dass der Übertragungs- bzw. Verteilernetzbetreiber bei einer Verweigerung des Netzzugangs aussagekräftige Informationen darüber bereitstellt, welche Maßnahmen zur Verstärkung des Netzes erforderlich wären. ⁵Der um solche Informationen ersuchenden Partei kann eine angemessene Gebühr in Rechnung gestellt werden, die die Kosten für die Bereitstellung dieser Informationen widerspiegelt.

Art. 33 Marktöffnung und Gegenseitigkeit. (1) Die Mitgliedstaaten stellen sicher, dass folgende Kunden zugelassene Kunden sind:

a) bis zum 1. Juli 2004 alle zugelassenen Kunden entsprechend Artikel 19 Absätze 1 bis 3 der Richtlinie 96/92/EG. Die Mitgliedstaaten veröffentlichen bis zum 31. Januar jedes Jahres die Kriterien für die Definition dieser zugelassenen Kunden;

b) ab dem 1. Juli 2004 alle Nichthaushaltskunden;

c) ab dem 1. Juli 2007 alle Kunden.

(2) Ungleichgewichte bei der Öffnung der Elektrizitätsmärkte werden wie folgt vermieden:

a) Elektrizitätslieferverträge mit einem zugelassenen Kunden aus dem Netz eines anderen Mitgliedstaats dürfen nicht untersagt werden, wenn der Kunde in beiden betreffenden Netzen als zugelassener Kunde betrachtet wird, und

b) wenn Geschäfte nach Buchstabe a mit der Begründung abgelehnt werden, dass der Kunde nur in einem der beiden Netze als zugelassener Kunde gilt, kann die Kommission auf Antrag des Mitgliedstaats, in dem der zugelassene Kunde ansässig ist, unter Berücksichtigung der Marktlage und des gemeinsamen Interesses der ablehnenden Partei auferlegen, die gewünschten Lieferungen auszuführen.

Art. 34 Direktleitungen. (1) Die Mitgliedstaaten treffen die erforderlichen Maßnahmen, damit

a) alle Elektrizitätserzeuger und alle Elektrizitätsversorgungsunternehmen, die in ihrem Hoheitsgebiet ansässig sind, ihre eigenen Betriebsstätten, Tochterunternehmen und zugelassenen Kunden über eine Direktleitung versorgen können; und

b) alle zugelassenen Kunden in ihrem Hoheitsgebiet von einem Erzeuger- und einem Versorgungsunternehmen über eine Direktleitung versorgt werden können.

(2) ¹Die Mitgliedstaaten legen die Kriterien für die Erteilung von Genehmigungen für den Bau von Direktleitungen in ihrem Hoheitsgebiet fest. ²Diese Kriterien müssen objektiv und nichtdiskriminierend sein.

(3) Die Möglichkeit der Elektrizitätsversorgung über eine Direktleitung gemäß Absatz 1 des vorliegenden Artikels berührt nicht die Möglichkeit, Elektrizitätslieferverträge gemäß Artikel 32 zu schließen.

(4) Die Mitgliedstaaten können die Genehmigung zur Errichtung einer Direktleitung entweder von der Verweigerung des Netzzugangs auf der

Grundlage – soweit anwendbar – des Artikels 32 oder von der Einleitung eines Streitbeilegungsverfahrens gemäß Artikel 37 abhängig machen.

(5) [1] Die Mitgliedstaaten können die Genehmigung zur Errichtung einer Direktleitung verweigern, wenn die Erteilung einer solchen Genehmigung den Bestimmungen des Artikels 3 zuwiderlaufen würde. [2] Die Verweigerung ist hinreichend substanziiert zu begründen.

Kapitel IX. Nationale Regulierungsbehörden

Art. 35 Benennung und Unabhängigkeit der Regulierungsbehörden.

(1) Jeder Mitgliedstaat benennt auf nationaler Ebene eine einzige nationale Regulierungsbehörde.

(2) Absatz 1 des vorliegenden Artikels lässt die Benennung anderer Regulierungsbehörden auf regionaler Ebene in einigen Mitgliedstaaten unberührt, sofern es für die Vertretung und als Ansprechpartner auf Gemeinschaftsebene innerhalb des Regulierungsrates der Agentur gemäß Artikel 14 Absatz 1 der Verordnung (EG) Nr. 713/2009[1]) nur einen einzigen ranghohen Vertreter gibt.

(3) [1] Abweichend von Absatz 1 des vorliegenden Artikels kann ein Mitgliedstaat Regulierungsbehörden für kleine Netze in einer geographisch eigenständigen Region benennen, deren Verbrauch im Jahr 2008 weniger als 3% des gesamten Verbrauchs des Mitgliedstaats, zu dem sie gehört, betragen hat. [2] Diese Ausnahmeregelung lässt die Benennung eines einzigen ranghohen Vertreters für die Vertretung und als Ansprechpartner auf Gemeinschaftsebene innerhalb des Regulierungsrates der Agentur gemäß Artikel 14 Absatz 1 der Verordnung (EG) Nr. 713/2009 unberührt.

(4) [1] Die Mitgliedstaaten gewährleisten die Unabhängigkeit der Regulierungsbehörde und gewährleisten, dass diese ihre Befugnisse unparteiisch und transparent ausübt. [2] Hierzu stellen die Mitgliedstaaten sicher, dass die Regulierungsbehörde bei der Wahrnehmung der ihr durch diese Richtlinie und zugehörige Rechtsvorschriften übertragenen Regulierungsaufgaben

a) rechtlich getrennt und funktional unabhängig von anderen öffentlichen und privaten Einrichtungen ist,

b) und sicherstellt, dass ihr Personal und ihr Management

　i) unabhängig von Marktinteressen handelt und

　ii) bei der Wahrnehmung der Regulierungsaufgaben keine direkten Weisungen von Regierungsstellen oder anderen öffentlichen oder privaten Einrichtungen einholt oder entgegennimmt. Eine etwaige enge Zusammenarbeit mit anderen zuständigen nationalen Behörden oder allgemeine politische Leitlinien der Regierung, die nicht mit den Regulierungsaufgaben und -befugnissen gemäß Artikel 37 im Zusammenhang stehen, bleiben hiervon unberührt.

(5) Zur Wahrung der Unabhängigkeit der Regulierungsbehörde stellen die Mitgliedstaaten insbesondere sicher,

---

[1]) Nr. 7.

a) dass die Regulierungsbehörde unabhängig von allen politischen Stellen selbständige Entscheidungen treffen kann und ihr jedes Jahr separate Haushaltsmittel zugewiesen werden, sodass sie den zugewiesenen Haushalt eigenverantwortlich ausführen kann und über eine für die Wahrnehmung ihrer Aufgaben angemessene personelle und finanzielle Ressourcenausstattung verfügt; und

b) dass die Mitglieder des Leitungsgremiums der Regulierungsbehörde oder, falls kein solches Gremium vorhanden ist, die Mitglieder des leitenden Managements der Regulierungsbehörde für eine Amtszeit von fünf bis sieben Jahren ernannt werden, die einmal verlängert werden kann.

[1] Was Buchstabe b Unterabsatz 1 betrifft, stellen die Mitgliedstaaten sicher, dass für das Leitungsgremium oder das leitende Management ein geeignetes Rotationsverfahren besteht. [2] Die Mitglieder des Leitungsgremiums der Regulierungsbehörde oder, falls kein solches Gremium vorhanden ist, die Mitglieder des leitenden Managements können während ihrer Amtszeit nur dann des Amtes enthoben werden, wenn sie nicht mehr die in diesem Artikel genannten Bedingungen erfüllen oder wenn sie sich eines Fehlverhaltens nach nationalem Recht schuldig gemacht haben.

Art. 36 Allgemeine Ziele der Regulierungsbehörde. Bei der Wahrnehmung der in dieser Richtlinie genannten Regulierungsaufgaben trifft die Regulierungsbehörde alle angemessenen Maßnahmen zur Erreichung folgender Ziele im Rahmen ihrer Aufgaben und Befugnisse gemäß Artikel 37, gegebenenfalls in engem Benehmen mit anderen einschlägigen nationalen Behörden, einschließlich der Wettbewerbsbehörden, und unbeschadet deren Zuständigkeiten:

a) Förderung – in enger Zusammenarbeit mit der Agentur, den Regulierungsbehörden der Mitgliedstaaten und der Kommission – eines wettbewerbsbestimmten, sicheren und ökologisch nachhaltigen Elektrizitätsbinnenmarktes in der Gemeinschaft und effektive Öffnung des Marktes für alle Kunden und Lieferanten in der Gemeinschaft, sowie Gewährleistung geeigneter Bedingungen, damit Elektrizitätsnetze unter Berücksichtigung der langfristigen Ziele wirkungsvoll und zuverlässig betrieben werden;

b) Entwicklung wettbewerbsbestimmter und gut funktionierender Regionalmärkte in der Gemeinschaft zur Verwirklichung des unter Buchstabe a genannten Ziels;

c) Aufhebung der bestehenden Beschränkungen des Elektrizitätshandels zwischen den Mitgliedstaaten, einschließlich des Aufbaus geeigneter grenzüberschreitender Übertragungskapazitäten im Hinblick auf die Befriedigung der Nachfrage und die Förderung der Integration der nationalen Märkte zur Erleichterung der Elektrizitätsflüsse innerhalb der Gemeinschaft;

d) Beiträge zur möglichst kostengünstigen Verwirklichung der angestrebten Entwicklung verbraucherorientierter, sicherer, zuverlässiger und effizienter nichtdiskriminierender Systeme sowie Förderung der Angemessenheit der Systeme und, im Einklang mit den allgemeinen Zielen der Energiepolitik, der Energieeffizienz sowie der Einbindung von Strom aus erneuerbaren Energiequellen und dezentraler Erzeugung im kleinen und großen Maßstab sowohl in Übertragungs- als auch in Verteilernetze;

e) Erleichterung des Anschlusses neuer Erzeugungsanlagen an das Netz, insbesondere durch Beseitigung von Hindernissen, die den Zugang neuer Marktteilnehmer und die Einspeisung von Strom aus erneuerbaren Energiequellen verhindern könnten;
f) Sicherstellung, dass für Netzbetreiber und Netznutzer kurzfristig wie langfristig angemessene Anreize bestehen, Effizienzsteigerungen bei der Netzleistung zu gewährleisten und die Marktintegration zu fördern;
g) Maßnahmen, die bewirken, dass die Kunden Vorteile aus dem effizienten Funktionieren des nationalen Marktes ziehen, Förderung eines effektiven Wettbewerbs und Beiträge zur Gewährleistung des Verbraucherschutzes;
h) Beiträge zur Verwirklichung hoher Standards bei der Gewährleistung der Grundversorgung und der Erfüllung gemeinwirtschaftlicher Verpflichtungen im Bereich der Stromversorgung, zum Schutz benachteiligter Kunden und im Interesse der Kompatibilität der beim Anbieterwechsel von Kunden erforderlichen Datenaustauschverfahren.

Art. 37 Aufgaben und Befugnisse der Regulierungsbehörde. (1) Die Regulierungsbehörde hat folgende Aufgaben:
a) Sie ist dafür verantwortlich, anhand transparenter Kriterien die Fernleitungs- oder Verteilungstarife bzw. die entsprechenden Methoden festzulegen oder zu genehmigen;
b) sie gewährleistet, dass Übertragungs- und Verteilernetzbetreiber – gegebenenfalls auch Netzeigentümer – sowie Elektrizitätsunternehmen ihren aus dieser Richtlinie und anderen einschlägigen gemeinschaftlichen Rechtsvorschriften erwachsenden Verpflichtungen nachkommen, auch in Bezug auf grenzüberschreitende Aspekte;
c) sie arbeitet mit der Regulierungsbehörde bzw. den Behörden der betroffenen Mitgliedstaaten und mit der Agentur in grenzüberschreitenden Angelegenheiten zusammen;
d) sie kommt allen einschlägigen rechtsverbindlichen Entscheidungen der Agentur und der Kommission nach und führt sie durch;
e) sie erstattet den maßgeblichen Behörden der Mitgliedstaaten, der Agentur und der Kommission jährlich Bericht über ihre Tätigkeit und die Erfüllung ihrer Aufgaben. In dem Bericht ist für jede einzelne der in diesem Artikel genannten Aufgaben darzulegen, welche Maßnahmen getroffen und welche Ergebnisse erzielt wurden;
f) sie gewährleistet, dass Quersubventionen zwischen den Übertragungs-, Verteilungs- und Versorgungstätigkeiten verhindert werden;
g) sie beobachtet die Investitionspläne der Übertragungsnetzbetreiber und legt mit ihrem Jahresbericht eine Beurteilung dieser Investitionspläne unter dem Gesichtspunkt ihrer Kohärenz mit dem gemeinschaftsweiten Netzentwicklungsplan gemäß Artikel 8 Absatz 3 Buchstabe b der Verordnung (EG) Nr. 714/2009[1]) vor, wobei diese Beurteilung Empfehlungen zur Änderung der Investitionspläne enthalten kann;
h) sie beobachtet die Einhaltung der Anforderungen und überprüft die bisherige Qualität in Bezug auf die Sicherheit und Zuverlässigkeit des

---

[1]) Nr. 8.

Netzes, legt für die Dienstleistungs- und Versorgungsqualität geltende Normen und Anforderungen fest oder genehmigt sie oder leistet hierzu gemeinsam mit anderen zuständigen Behörden einen Beitrag;

i) sie beobachtet den Grad der Transparenz, auch der Großhandelspreise, und gewährleistet, dass die Elektrizitätsunternehmen die Transparenzanforderungen erfüllen;

j) sie beobachtet den Grad und die Wirksamkeit der Marktöffnung und den Umfang des Wettbewerbs auf Großhandelsebene und Endkundenebene, einschließlich Strombörsen, Preise für Haushaltskunden, einschließlich Vorauszahlungssystemen, Versorgerwechselraten, Abschaltraten, Durchführung von Wartungsdiensten und dafür erhobene Gebühren, Beschwerden von Haushaltskunden sowie etwaige Wettbewerbsverzerrungen oder -beschränkungen, sie stellt relevante Informationen bereit und macht die zuständigen Wettbewerbsbehörden auf einschlägige Fälle aufmerksam;

k) sie beobachtet etwaige restriktive Vertragspraktiken einschließlich Exklusivitätsbestimmungen, die große gewerbliche Kunden daran hindern können, gleichzeitig mit mehreren Anbietern Verträge zu schließen, oder ihre Möglichkeiten dazu beschränken und setzen die nationalen Wettbewerbsbehörden gegebenenfalls von solchen Praktiken in Kenntnis;

l) sie erkennt die Vertragsfreiheit in Bezug auf unterbrechbare Lieferverträge und langfristige Verträge an, sofern diese mit dem geltenden Gemeinschaftsrecht vereinbar sind und mit der Politik der Gemeinschaft in Einklang stehen;

m) sie verfolgt, wie viel Zeit die Übertragungs- und Verteilernetzbetreiber für die Herstellung von Anschlüssen und für Reparaturen benötigen;

n) sie trägt zusammen mit anderen einschlägigen Behörden dazu bei, dass Maßnahmen zum Verbraucherschutz, einschließlich der in Anhang I festgelegten Maßnahmen, wirksam sind und durchgesetzt werden;

o) sie veröffentlicht mindestens einmal jährlich Empfehlungen zur Übereinstimmung der Versorgungstarife mit Artikel 3 und leitet sie gegebenenfalls an die Wettbewerbsbehörden weiter;

p) sie gewährleistet den Zugang zu den Verbrauchsdaten der Kunden, die Bereitstellung – bei fakultativer Verwendung – eines leicht verständlichen einheitlichen Formats auf nationaler Ebene für die Erfassung der Verbrauchsdaten und den unverzüglichen Zugang für alle Kunden zu diesen Daten gemäß Anhang I Buchstabe h;

q) sie beobachtet die Umsetzung der Vorschriften betreffend die Aufgaben und Verantwortlichkeiten der Übertragungsnetzbetreiber, Verteilernetzbetreiber, Versorgungsunternehmen und Kunden sowie anderer Marktteilnehmer gemäß der Verordnung (EG) Nr. 714/2009;

r) sie beobachtet die Investitionen in die Erzeugungskapazitäten mit Blick auf die Versorgungssicherheit;

s) sie beobachtet die technische Zusammenarbeit zwischen Übertragungsnetzbetreibern der Gemeinschaft und den Übertragungsnetzbetreibern von Drittländern;

t) sie beobachtet die Durchführung der Schutzmaßnahmen gemäß Artikel 42; und

u) sie trägt zur Kompatibilität der Datenaustauschverfahren für die wichtigsten Marktprozesse auf regionaler Ebene bei.

(2) ¹ Ist dies in einem Mitgliedstaat vorgesehen, so können die Beobachtungsaufgaben gemäß Absatz 1 von anderen Behörden als der Regulierungsbehörde durchgeführt werden. ² In diesem Fall müssen die Informationen, die aus der Beobachtung hervorgehen, der Regulierungsbehörde so schnell wie möglich zur Verfügung gestellt werden.

Bei der Wahrnehmung von Aufgaben gemäß Absatz 1 konsultiert die Regulierungsbehörde gegebenenfalls – unter Wahrung ihrer Unabhängigkeit und unbeschadet ihrer eigenen spezifischen Zuständigkeiten und im Einklang mit den Grundsätzen der besseren Regulierung – die Übertragungsnetzbetreiber und arbeiten gegebenenfalls eng mit anderen zuständigen nationalen Behörden zusammen.

Genehmigungen, die von einer Regulierungsbehörde oder der Agentur nach dieser Richtlinie erteilt werden, berühren weder die gebührend begründete künftige Ausübung ihrer Befugnisse nach diesem Artikel durch die Regulierungsbehörde noch etwaige Sanktionen, die von anderen zuständigen Behörden oder der Kommission verhängt werden.

(3) Wurde gemäß Artikel 13 ein unabhängiger Netzbetreiber benannt, so hat die Regulierungsbehörde zusätzlich zu den ihr gemäß Absatz 1 des vorliegenden Artikels übertragenen Aufgaben folgende Pflichten:

a) Sie beobachtet, ob der Eigentümer des Übertragungsnetzes und der unabhängige Netzbetreiber ihren aus diesem Artikel erwachsenden Verpflichtungen nachkommen, und verhängt gemäß Absatz 4 Buchstabe d Sanktionen für den Fall, dass den Verpflichtungen nicht nachgekommen wird.

b) Sie beobachtet die Beziehungen und die Kommunikation zwischen dem unabhängigen Netzbetreiber und dem Eigentümer des Übertragungsnetzes, um sicherzustellen, dass der unabhängige Netzbetreiber seinen Verpflichtungen nachkommt, und genehmigt insbesondere Verträge und fungiert im Falle von Beschwerden einer Partei gemäß Absatz 11 als Streitbeilegungsinstanz zwischen dem unabhängigen Netzbetreiber und dem Eigentümer des Übertragungsnetzes.

c) Unbeschadet des Verfahrens gemäß Artikel 13 Absatz 2 Buchstabe c genehmigt sie die vom unabhängigen Netzbetreiber jährlich vorzulegende Investitionsplanung für den ersten 10-jährigen Netzentwicklungsplan sowie den von ihm vorzulegenden mehrjährigen Netzentwicklungsplan.

d) Sie gewährleistet, dass die von unabhängigen Netzbetreibern erhobenen Netzzugangstarife ein Entgelt für den bzw. die Netzeigentümer enthalten, das eine angemessene Vergütung der Netzvermögenswerte und neuer Investitionen in das Netz ist, sofern diese wirtschaftlich und effizient getätigt werden.

e) Sie haben die Befugnis, in den Räumlichkeiten des Eigentümers des Übertragungsnetzes und des unabhängigen Netzbetreibers Kontrollen – auch ohne Ankündigung – durchzuführen, und

f) sie beobachten die Verwendung der vom unabhängigen Netzbetreiber gemäß Artikel 16 Absatz 6 der Verordnung (EG) Nr. 714/2009 eingenommenen Engpasserlöse.

(4) ¹ Die Mitgliedstaaten stellen sicher, dass die Regulierungsbehörden mit den erforderlichen Befugnissen ausgestattet werden, die es ihnen ermöglichen, die in den Absätzen 1, 3 und 6 genannten Aufgaben effizient und schnell zu erfüllen. ² Hierzu muss die Regulierungsbehörde unter anderem über folgende Befugnisse verfügen:

a) Erlass von Entscheidungen, die für Elektrizitätsunternehmen bindend sind;

b) Durchführung von Untersuchungen zum Funktionieren der Erdgasmärkte und Entscheidung über und Verhängung von notwendigen und verhältnismäßigen Maßnahmen zur Förderung eines wirksamen Wettbewerbs und zur Gewährleistung des ordnungsgemäßen Funktionierens des Marktes. Die Regulierungsbehörde erhält gegebenenfalls auch die Befugnis zur Zusammenarbeit mit der nationalen Wettbewerbsbehörde und den Finanzmarktregulierungsbehörden oder der Kommission bei der Durchführung einer wettbewerbsrechtlichen Untersuchung;

c) Einforderung der für die Wahrnehmung ihrer Aufgaben maßgeblichen Informationen bei den Elektrizitätsunternehmen einschließlich Begründungen für Verweigerungen des Zugangs Dritter und sonstiger Informationen über Maßnahmen zur Stabilisierung der Netze;

d) Verhängung wirksamer, verhältnismäßiger und abschreckender Sanktionen gegen Elektrizitätsunternehmen, die ihren aus dieser Richtlinie oder allen einschlägigen rechtsverbindlichen Entscheidungen der Regulierungsbehörde oder der Agentur erwachsenden Verpflichtungen nicht nachkommen, oder Vorschlag der Verhängung solcher Sanktionen bei einem zuständigen Gericht, derartige Sanktionen zu verhängen. Hierzu zählt auch die Befugnis, bei Nichteinhaltung der jeweiligen Verpflichtungen gemäß dieser Richtlinie gegen den Übertragungsnetzbetreiber bzw. das vertikal integrierte Unternehmen Sanktionen in Höhe von bis zu 10 % des Jahresumsatzes des Übertragungsnetzbetreibers bzw. des vertikal integrierten Unternehmens zu verhängen oder vorzuschlagen; und

e) ausreichende Untersuchungsrechte und entsprechende Anweisungsbefugnisse zur Streitbeilegung gemäß den Absätzen 11 und 12.

(5) Zusätzlich zu den Aufgaben und Befugnissen, die ihr gemäß den Absätzen 1 und 4 des vorliegenden Artikels übertragen werden, wird den Regulierungsbehörden für den Fall, dass ein Übertragungsnetzbetreiber gemäß Kapitel V benannt wurde, folgende Aufgaben und Befugnisse übertragen:

a) Verhängung von Sanktionen gemäß Absatz 4 Buchstabe d wegen diskriminierenden Verhaltens zugunsten des vertikal integrierten Unternehmens;

b) Überprüfung des Schriftverkehrs zwischen dem Übertragungsnetzbetreiber und dem vertikal integrierten Unternehmen, um sicherzustellen, dass der Übertragungsnetzbetreiber seinen Verpflichtungen nachkommt;

c) Streitbeilegung zwischen dem vertikal integrierten Unternehmen und dem Übertragungsnetzbetreiber bei Beschwerden gemäß Absatz 11;

d) fortlaufende Kontrolle der geschäftlichen und finanziellen Beziehungen, einschließlich Darlehen, zwischen dem vertikal integrierten Unternehmen und dem Übertragungsnetzbetreiber;

e) Genehmigung sämtlicher geschäftlicher und finanzieller Vereinbarungen zwischen dem vertikal integrierten Unternehmen und dem Übertragungsnetzbetreiber, sofern sie marktüblichen Bedingungen entsprechen;

f) Anforderung einer Begründung beim vertikal integrierten Unternehmen im Falle einer Meldung des Gleichbehandlungsbeauftragten nach Artikel 21 Absatz 4. Die Begründung muss insbesondere den Nachweis enthalten, dass kein diskriminierendes Verhalten zugunsten des vertikal integrierten Unternehmens vorgelegen hat;

g) Durchführung von – auch unangekündigten – Kontrollen in den Geschäftsräumen des vertikal integrierten Unternehmens und des Übertragungsnetzbetreibers, und

h) Übertragung aller oder bestimmter Aufgaben des Übertragungsnetzbetreibers an einen gemäß Artikel 13 benannten unabhängigen Netzbetreiber, falls der Übertragungsnetzbetreiber fortwährend gegen seine Verpflichtungen aus der Richtlinie verstößt, insbesondere im Falle eines wiederholten diskriminierenden Verhaltens zugunsten des vertikal integrierten Unternehmens.

(6) Den Regulierungsbehörden obliegt es, zumindest die Methoden zur Berechnung oder Festlegung folgender Bedingungen mit ausreichendem Vorlauf vor deren Inkrafttreten festzulegen oder zu genehmigen:

a) die Bedingungen für den Anschluss an und den Zugang zu den nationalen Netzen, einschließlich der Tarife für die Übertragung und die Verteilung oder ihrer Methoden. Diese Tarife oder Methoden sind so zu gestalten, dass die notwendigen Investitionen in die Netze so vorgenommen werden können, dass die Lebensfähigkeit der Netze gewährleistet ist.

b) die Bedingungen für die Erbringung von Ausgleichsleistungen, die möglichst wirtschaftlich sind und den Netzbenutzern geeignete Anreize bieten, die Einspeisung und Abnahme von Gas auszugleichen. Die Ausgleichsleistungen werden auf faire und nichtdiskriminierende Weise erbracht und auf objektive Kriterien gestützt; und

c) die Bedingungen für den Zugang zu grenzübergreifenden Infrastrukturen einschließlich der Verfahren der Kapazitätszuweisung und des Engpassmanagements;

(7) Die in Absatz 6 genannten Methoden oder die Bedingungen werden veröffentlicht.

(8) Bei der Festsetzung oder Genehmigung der Tarife oder Methoden und der Ausgleichsleistungen stellen die Regulierungsbehörden sicher, dass für die Übertragungs- und Verteilerbetreiber angemessene Anreize geschaffen werden, sowohl kurzfristig als auch langfristig die Effizienz zu steigern, die Marktintegration und die Versorgungssicherheit zu fördern und entsprechende Forschungsarbeiten zu unterstützen.

(9) [1] Die Regulierungsbehörden beobachten das Engpassmanagement in den nationalen Elektrizitätsnetzen – einschließlich der Verbindungsleitungen – und die Durchsetzung der Regeln für das Engpassmanagement. [2] Hierzu legen die Übertragungsnetzbetreiber oder Marktteilnehmer den nationalen Regulierungsbehörden ihre Regeln für das Engpassmanagement einschließlich der Kapazitätszuweisung vor. [3] Die nationalen Regulierungsbehörden können Änderungen dieser Regeln verlangen.

(10) [1] Die Regulierungsbehörden sind befugt, falls erforderlich von Betreibern von Übertragungsnetzen und Verteilernetzen zu verlangen, die in diesem Artikel genannten Vertragsbedingungen, einschließlich der Tarife oder Me-

thoden, zu ändern, um sicherzustellen, dass sie angemessen sind und nichtdiskriminierend angewendet werden. ² Verzögert sich die Festlegung von Übertragungs- und Verteilungstarifen, sind die Regulierungsbehörden befugt, vorläufig geltende Übertragungs- und Verteilungstarife oder die entsprechenden Methoden festzulegen oder zu genehmigen und über geeignete Ausgleichsmaßnahmen zu entscheiden, falls die endgültigen Übertragungs- und Verteilungstarife oder Methoden von diesen vorläufigen Tarifen oder Methoden abweichen.

(11) ¹ Jeder Betroffene, der in Bezug auf die von einem Betreiber im Rahmen dieser Richtlinie eingegangenen Verpflichtungen eine Beschwerde gegen einen Übertragungs- oder Verteilernetzbetreiber hat, kann damit die Regulierungsbehörde befassen, die als Streitbeilegungsstelle innerhalb eines Zeitraums von zwei Monaten nach Eingang der Beschwerde eine Entscheidung trifft. ² Diese Frist kann um zwei Monate verlängert werden, wenn die Regulierungsbehörde zusätzliche Informationen anfordert. ³ Mit Zustimmung des Beschwerdeführers ist eine weitere Verlängerung dieser Frist möglich. ⁴ Die Entscheidung der Regulierungsbehörde ist verbindlich, bis sie gegebenenfalls aufgrund eines Rechtsbehelfs aufgehoben wird.

(12) ¹ Jeder Betroffene, der hinsichtlich einer gemäß diesem Artikel getroffenen Entscheidung über die Methoden oder, soweit die Regulierungsbehörde eine Anhörungspflicht hat, hinsichtlich der vorgeschlagenen Tarife bzw. Methoden beschwerdeberechtigt ist, kann spätestens binnen zwei Monaten bzw. innerhalb einer von den Mitgliedstaaten festgelegten kürzeren Frist nach Veröffentlichung der Entscheidung bzw. des Vorschlags für eine Entscheidung eine Beschwerde im Hinblick auf die Überprüfung der Entscheidung einlegen. ² Eine Beschwerde hat keine aufschiebende Wirkung.

(13) ¹ Die Mitgliedstaaten schaffen geeignete und wirksame Mechanismen für die Regulierung, die Kontrolle und die Sicherstellung von Transparenz, um den Missbrauch einer marktbeherrschenden Stellung zum Nachteil insbesondere der Verbraucher sowie Verdrängungspraktiken zu verhindern. ² Diese Mechanismen tragen den Bestimmungen des Vertrags, insbesondere Artikel 82, Rechnung.

(14) Die Mitgliedstaaten gewährleisten, dass bei Verstößen gegen die in dieser Richtlinie vorgesehenen Geheimhaltungsvorschriften geeignete Maßnahmen, einschließlich der nach nationalem Recht vorgesehenen Verwaltungs- oder Strafverfahren, gegen die verantwortlichen natürlichen oder juristischen Personen ergriffen werden.

(15) Beschwerden nach den Absätzen 11 und 12 lassen die nach dem Gemeinschaftsrecht und/oder den nationalen Rechtsvorschriften möglichen Rechtsbehelfe unberührt.

(16) ¹ Die von den Regulierungsbehörden getroffenen Entscheidungen sind umfassend zu begründen, um eine gerichtliche Überprüfung zu ermöglichen. ² Die Entscheidungen sind der Öffentlichkeit unter Wahrung der Vertraulichkeit wirtschaftlich sensibler Informationen zugänglich zu machen.

(17) Die Mitgliedstaaten stellen sicher, dass auf nationaler Ebene geeignete Verfahren bestehen, die einer betroffenen Partei das Recht geben, gegen eine Entscheidung einer Regulierungsbehörde bei einer von den beteiligen Parteien und Regierungen unabhängigen Stelle Beschwerde einzulegen.

Art. 38 Regulierungssystem für grenzüberschreitende Aspekte.

(1) ¹Die Regulierungsbehörden konsultieren einander, arbeiten eng zusammen und übermitteln einander und der Agentur sämtliche für die Erfüllung ihrer Aufgaben gemäß dieser Richtlinie erforderlichen Informationen. ²Hinsichtlich des Informationsaustauschs ist die einholende Behörde an den gleichen Grad an Vertraulichkeit gebunden wie die Auskunft erteilende Behörde.

(2) Die Regulierungsbehörden arbeiten zumindest auf regionaler Ebene zusammen, um

a) netztechnische Regelungen zu fördern, die ein optimales Netzmanagement ermöglichen, gemeinsame Strombörsen zu fördern und grenzüberschreitende Kapazitäten zu vergeben und – u.a. durch neue Verbindungen – ein angemessenes Maß an Verbindungskapazitäten innerhalb der Region und zwischen den Regionen zu ermöglichen, damit sich ein effektiver Wettbewerb und eine bessere Versorgungssicherheit entwickeln kann, ohne dass es zu einer Diskriminierung von Versorgungsunternehmen in einzelnen Mitgliedstaaten kommt,

b) die Aufstellung aller Netzkodizes für die betroffenen Übertragungsnetzbetreiber und andere Marktteilnehmer zu koordinieren, und

c) die Ausarbeitung von Regeln für das Engpassmanagement zu koordinieren.

(3) Die nationalen Regulierungsbehörden sind berechtigt, untereinander Kooperationsvereinbarungen zu schließen, um die Zusammenarbeit bei der Regulierungstätigkeit zu verstärken.

(4) Die in Absatz 2 genannten Maßnahmen werden gegebenenfalls in engem Benehmen mit anderen einschlägigen nationalen Behörden und unbeschadet deren eigenen Zuständigkeiten durchgeführt.

(5) ¹Die Kommission kann Leitlinien erlassen, in denen festgelegt ist, in welchem Umfang die Regulierungsbehörden untereinander und mit der Agentur zusammenarbeiten. ²Diese Maßnahmen zur Änderung nicht wesentlicher Bestimmungen dieser Richtlinie durch Ergänzung werden nach dem in Artikel 46 Absatz 2 genannten Regelungsverfahren mit Kontrolle erlassen.

Art. 39 Einhaltung der Leitlinien.

(1) Jede Regulierungsbehörde wie auch die Kommission können die Agentur um eine Stellungnahme dazu ersuchen, ob eine von einer Regulierungsbehörde getroffene Entscheidung im Einklang mit den gemäß dieser Richtlinie oder der Verordnung (EG) Nr. 714/2009[1)] erlassenen Leitlinien steht.

(2) Die Agentur unterbreitet der anfragenden Regulierungsbehörde bzw. der Kommission sowie der Regulierungsbehörde, die die fragliche Entscheidung getroffen hat, innerhalb von drei Monaten nach dem Eingang des Ersuchens ihre Stellungnahme.

(3) Kommt die Regulierungsbehörde, die die Entscheidung getroffen hat, der Stellungnahme der Agentur nicht innerhalb von vier Monaten nach dem Eingang der Stellungnahme nach, so setzt die Agentur die Kommission davon in Kenntnis.

(4) Jede Regulierungsbehörde, die der Auffassung ist, dass eine von einer anderen Regulierungsbehörde getroffene Entscheidung von Belang für den

---

[1)] Nr. 8.

grenzüberschreitenden Handel nicht im Einklang mit den gemäß dieser Richtlinie oder der Verordnung (EG) Nr. 714/2009 erlassenen Leitlinien steht kann die Kommission innerhalb von zwei Monaten ab dem Tag, an dem die fragliche Entscheidung ergangen ist, davon in Kenntnis setzen.

(5) [1] Gelangt die Kommission innerhalb von zwei Monaten, nachdem sie gemäß Absatz 3 von der Agentur oder gemäß Absatz 4 von einer Regulierungsbehörde informiert wurde, oder innerhalb von drei Monaten nach dem Tag, an dem die Entscheidung getroffen wurde, von sich aus zu der Einschätzung, dass die Entscheidung einer Regulierungsbehörde ernsthafte Zweifel hinsichtlich ihrer Vereinbarkeit mit den gemäß dieser Richtlinie oder der Verordnung (EG) Nr. 714/2009, erlassenen Leitlinien begründet, kann die Kommission die weitere Prüfung des Falls beschließen. [2] In einem solchen Fall lädt sie die betreffende Regulierungsbehörde und die betroffenen Parteien zu dem Verfahren vor der Regulierungsbehörde, damit sie Stellung nehmen können.

(6) Hat die Kommission beschlossen, den Fall weiter zu prüfen, so erlässt sie innerhalb von vier Monaten nach dem Tag, an dem dieser Beschluss gefasst wurde, eine endgültige Entscheidung,

a) keine Einwände gegen die Entscheidung der Regulierungsbehörde zu erheben, oder

b) von der betreffenden Regulierungsbehörde einen Widerruf ihrer Entscheidung zu verlangen, weil den Leitlinien nicht nachgekommen wurde.

(7) Beschließt die Kommission nicht innerhalb der in den Absätzen 5 und 6 genannten Fristen, den Fall weiter zu prüfen oder eine endgültige Entscheidung zu erlassen, wird davon ausgegangen, dass sie keine Einwände gegen die Entscheidung der Regulierungsbehörde erhebt.

(8) Die Regulierungsbehörde kommt der Entscheidung der Kommission über den Widerruf der Entscheidung der Regulierungsbehörde innerhalb von zwei Monaten nach und setzt die Kommission davon in Kenntnis.

(9) [1] Die Kommission kann Leitlinien erlassen, in denen die Einzelheiten des Verfahrens für die Anwendung dieses Artikels festgelegt werden. [2] Diese Maßnahmen zur Änderung nicht wesentlicher Bestimmungen dieser Richtlinie durch Ergänzung werden nach dem in Artikel 46 Absatz 2 genannten Regelungsverfahren mit Kontrolle erlassen.

Art. 40 Aufbewahrungspflichten. (1) Die Mitgliedstaaten verlangen von den Versorgungsunternehmen, dass sie die relevanten Daten über sämtliche mit Großhandelskunden und Übertragungsnetzbetreibern getätigten Transaktionen mit Elektrizitätsversorgungsverträgen und Elektrizitätsderivaten für die Dauer von mindestens fünf Jahren aufbewahren und den nationalen Behörden einschließlich der nationalen Regulierungsbehörde, den nationalen Wettbewerbsbehörden und der Kommission zur Erfüllung ihrer Aufgaben bei Bedarf zur Verfügung stellen.

(2) Die Daten enthalten genaue Angaben zu den Merkmalen der relevanten Transaktionen, wie Laufzeit-, Liefer- und Abrechnungsbestimmungen, Menge, Datum und Uhrzeit der Ausführung, Transaktionspreise und Mittel zur Identifizierung des betreffenden Großhandelskunden sowie bestimmte Angaben zu sämtlichen nicht abgerechneten Elektrizitätsversorgungsverträgen und Elektrizitätsderivaten.

(3) [1] Die Regulierungsbehörde kann beschließen, bestimmte dieser Informationen den Marktteilnehmern zugänglich zu machen, vorausgesetzt, es werden keine wirtschaftlich sensiblen Daten über einzelne Marktakteure oder einzelne Transaktionen preisgegeben. [2] Dieser Absatz gilt nicht für Informationen über Finanzinstrumente, die unter die Richtlinie 2004/39/EG fallen.

(4) [1] Zur Gewährleistung der einheitlichen Anwendung dieses Artikels kann die Kommission Leitlinien erlassen, in denen die Methoden und Modalitäten der Datenaufbewahrung sowie Form und Inhalt der aufzubewahrenden Daten festgelegt werden. [2] Diese Maßnahmen zur Änderung nicht wesentlicher Bestimmungen dieser Richtlinie durch Ergänzung werden nach dem in Artikel 46 Absatz 2 genannten Regelungsverfahren mit Kontrolle erlassen.

(5) Für mit Großhandelskunden und Übertragungsnetzbetreibern getätigte Transaktionen mit Elektrizitätsderivaten von Versorgungsunternehmen gilt dieser Artikel nur, sobald die Kommission die Leitlinien gemäß Absatz 4 erlassen hat.

(6) Die Bestimmungen dieses Artikels begründen für Rechtspersonen, die unter die Richtlinie 2004/39/EG fallen, keine zusätzlichen Verpflichtungen gegenüber den in Absatz 1 genannten Behörden.

(7) Falls die in Absatz 1 genannten Behörden Zugang zu Daten haben müssen, die von Unternehmen aufbewahrt werden, die unter die Richtlinie 2004/39/EG fallen, übermitteln die nach jener Richtlinie zuständigen Behörden ihnen die erforderlichen Daten.

Kapitel X. Endkundenmärkte

Art. 41 Endkundenmärkte. Um das Entstehen gut funktionierender und transparenter Endkundenmärkte in der Gemeinschaft zu erleichtern, stellen die Mitgliedstaaten sicher, dass die Aufgaben und Zuständigkeiten der Übertragungsnetzbetreiber, Verteilernetzbetreiber, Versorgungsunternehmen und Kunden sowie gegebenenfalls anderer Marktteilnehmer hinsichtlich der vertraglichen Vereinbarungen, der Verpflichtungen gegenüber den Kunden, der Regeln für Datenaustausch und Abrechnung, des Eigentums an den Daten und der Zuständigkeit für die Verbrauchserfassung festgelegt werden.

Diese Regeln, die zu veröffentlichen sind, werden so konzipiert, dass sie den Zugang der Kunden und Versorger zu den Netzen erleichtern, und unterliegen der Nachprüfbarkeit durch die Regulierungsbehörden oder andere zuständige einzelstaatliche Behörden.

Große Nichthaushaltskunden haben das Recht, gleichzeitig mit mehreren Versorgungsunternehmen Verträge abzuschließen.

Kapitel XI. Schlussbestimmungen

Art. 42 Schutzmaßnahmen. Treten plötzliche Marktkrisen im Energiesektor auf oder ist die Sicherheit von Personen, Geräten oder Anlagen oder die Unversehrtheit des Netzes gefährdet, so kann ein Mitgliedstaat vorübergehend die notwendigen Schutzmaßnahmen treffen.

Diese Maßnahmen dürfen nur die geringst möglichen Störungen im Funktionieren des Binnenmarktes hervorrufen und nicht über das zur Behebung der plötzlich aufgetretenen Schwierigkeiten unbedingt erforderliche Maß hinausgehen.

Der betreffende Mitgliedstaat teilt diese Maßnahmen unverzüglich den anderen Mitgliedstaaten und der Kommission mit; diese kann beschließen, dass der betreffende Mitgliedstaat diese Maßnahmen zu ändern oder aufzuheben hat, soweit sie den Wettbewerb verfälschen und den Handel in einem Umfang beeinträchtigen, der dem gemeinsamen Interesse zuwiderläuft.

Art. 43 Gleiche Ausgangsbedingungen. (1) Maßnahmen, die die Mitgliedstaaten gemäß dieser Richtlinie treffen können, um gleiche Ausgangsbedingungen zu gewährleisten, müssen mit dem Vertrag, insbesondere Artikel 30, und dem Gemeinschaftsrecht vereinbar sein.

(2) [1] Die in Absatz 1 genannten Maßnahmen müssen verhältnismäßig, nichtdiskriminierend und transparent sein. [2] Diese Maßnahmen können erst wirksam werden, nachdem sie der Kommission mitgeteilt und von ihr gebilligt worden sind.

(3) [1] Die Kommission wird innerhalb von zwei Monaten nach Eingang der Mitteilung gemäß Absatz 2 tätig. [2] Diese Frist beginnt am Tag nach dem Eingang der vollständigen Informationen. [3] Wird die Kommission nicht innerhalb dieser Frist von zwei Monaten tätig, so wird davon ausgegangen, dass sie keine Einwände gegen die mitgeteilten Maßnahmen hat.

Art. 44 Ausnahmeregelungen. (1) [1] Die Mitgliedstaaten, die nach Inkrafttreten dieser Richtlinie nachweisen können, dass sich für den Betrieb ihrer kleinen, isolierten Netze erhebliche Probleme ergeben, können Ausnahmeregelungen zu den einschlägigen Bestimmungen der Kapitel IV, VI, VII und VIII sowie des Kapitels III im Falle von isolierten Kleinstnetzen, soweit die Umrüstung, Modernisierung und Erweiterung bestehender Kapazität betroffen ist, beantragen, die ihnen von der Kommission gewährt werden können. [2] Vor einer entsprechenden Entscheidung unterrichtet die Kommission die Mitgliedstaaten über diese Anträge unter Wahrung der Vertraulichkeit.
[3] Die Entscheidung wird im *Amtsblatt der Europäischen Union* veröffentlicht.

(2) [1] Artikel 9 gilt nicht für Zypern, Luxemburg und/oder Malta. [2] Ferner gelten die Artikel 26, 32 und 33 nicht für Malta.

Für die Zwecke von Artikel 9 Absatz 1 Buchstabe b schließt der Begriff „Unternehmen, das eine der Funktionen Erzeugung oder Versorgung wahrnimmt" keine Endkunden ein, die eine der Funktionen Stromerzeugung und/oder -versorgung entweder direkt oder über ein Unternehmen wahrnehmen, über das sie entweder einzeln oder gemeinsam die Kontrolle ausüben, sofern die Endkunden einschließlich der Anteile des in den kontrollierten Unternehmen erzeugten Stroms im Jahresdurchschnitt Stromnettoverbraucher sind und der wirtschaftliche Wert des Stroms, den sie an Dritte verkaufen, gemessen an ihren anderen Geschäftstätigkeiten unbedeutend ist.

Art. 45 Überprüfungsverfahren. Falls die Kommission in dem Bericht nach Artikel 47 Absatz 6 feststellt, dass aufgrund der effektiven Verwirklichung des Netzzugangs in einem Mitgliedstaat, die in jeder Hinsicht einen tatsächlichen, nichtdiskriminierenden und ungehinderten Netzzugang bewirkt, bestimmte in dieser Richtlinie vorgesehene Vorschriften für Unternehmen (einschließlich der Vorschriften für die rechtliche Entflechtung von Verteilernetzbetreibern) nicht in einem ausgewogenen Verhältnis zum verfolgten Ziel stehen, kann der betreffende Mitgliedstaat bei der Kommission einen Antrag auf Freistellung von der Einhaltung der betreffenden Vorschrift einreichen.

Der Mitgliedstaat übermittelt den Antrag unverzüglich der Kommission zusammen mit allen relevanten Angaben, die für den Nachweis erforderlich sind, dass die in dem Bericht getroffene Feststellung, wonach ein tatsächlicher Netzzugang sichergestellt ist, auch weiterhin zutreffen wird.

[1] Innerhalb von drei Monaten nach Erhalt einer Mitteilung nimmt die Kommission zu dem Antrag des betreffenden Mitgliedstaats Stellung und legt dem Europäischen Parlament und dem Rat gegebenenfalls Vorschläge zur Änderung der betreffenden Bestimmungen der Richtlinie vor. [2] Die Kommission kann in den Vorschlägen zur Änderung der Richtlinie vorschlagen, den betreffenden Mitgliedstaat von spezifischen Anforderungen auszunehmen, sofern dieser Mitgliedstaat erforderlichenfalls Maßnahmen durchführt, die in gleicher Weise wirksam sind.

Art. 46 Ausschuss. (1) Die Kommission wird von einem Ausschuss unterstützt.

(2) Wird auf diesen Absatz Bezug genommen, so gelten Artikel 5a Absätze 1 bis 4 und Artikel 7 des Beschlusses 1999/468/EG unter Beachtung von dessen Artikel 8.

Art. 47 Berichterstattung. (1) [1] Die Kommission beobachtet und überprüft die Anwendung dieser Richtlinie und legt dem Europäischen Parlament und dem Rat zum ersten Mal am 4. August 2004 und danach jedes Jahr einen Gesamtbericht über die erzielten Fortschritte vor. [2] In diesem Fortschrittsbericht wird mindestens Folgendes behandelt:

a) die bei der Schaffung eines vollendeten und einwandfrei funktionierenden Elektrizitätsbinnenmarktes gesammelten Erfahrungen und erzielten Fortschritte sowie die noch bestehenden Hindernisse, einschließlich der Aspekte Marktbeherrschung, Marktkonzentration, Verdrängungspraktiken oder wettbewerbsfeindliches Verhalten und ihre Auswirkung unter dem Aspekt der Marktverzerrung;

b) die Frage, inwieweit sich die Entflechtungs- und Tarifierungsbestimmungen dieser Richtlinie als geeignet erwiesen haben, einen gerechten und nichtdiskriminierenden Zugang zum Elektrizitätsnetz der Gemeinschaft und eine gleichwertige Wettbewerbsintensität zu gewährleisten, und welche wirtschaftlichen, umweltbezogenen und sozialen Auswirkungen die Öffnung des Elektrizitätsmarktes auf die Kunden hat;

c) eine Untersuchung der Fragen, die mit der Kapazität des Elektrizitätsnetzes und der Sicherheit der Stromversorgung in der Gemeinschaft und insbesondere mit dem bestehenden und erwarteten Gleichgewicht zwischen Angebot und Nachfrage zusammenhängen, unter Berücksichtigung der zwischen verschiedenen Gebieten bestehenden realen Austauschkapazitäten des Netzes;

d) besondere Aufmerksamkeit wird den Maßnahmen der Mitgliedstaaten zur Bedienung von Nachfragespitzen und zur Bewältigung von Ausfällen eines oder mehrerer Versorger gewidmet;

e) die Anwendung der Ausnahme nach Artikel 26 Absatz 4 im Hinblick auf eine etwaige Überprüfung der Schwelle;

f) eine allgemeine Bewertung der Fortschritte in den bilateralen Beziehungen zu Drittländern, die Elektrizität erzeugen und exportieren oder durchleiten, einschließlich der Fortschritte bei Marktintegration, sozialen und umweltbezogenen Auswirkungen des Elektrizitätshandels und Zugang zu den Netzen dieser Drittländer;

g) die Frage, ob ein Harmonisierungsbedarf besteht, der nicht mit den Bestimmungen dieser Richtlinie zusammenhängt, und

h) die Frage, wie die Mitgliedstaaten die Bestimmungen des Artikels 3 Absatz 9 zur Energiekennzeichnung in die Praxis umgesetzt haben und wie etwaige Empfehlungen der Kommission hierzu berücksichtigt wurden.

Gegebenenfalls kann dieser Fortschrittsbericht auch Empfehlungen enthalten, insbesondere zur Tragweite und den Modalitäten der Kennzeichnungsvorschriften, einschließlich beispielsweise der Art und Weise, wie auf bestehende Referenzquellen und den Inhalt dieser Quellen Bezug genommen wird, und insbesondere über die Art und Weise, in der Informationen über die Umweltauswirkungen zumindest unter dem Aspekt der bei der Elektrizitätserzeugung aus verschiedenen Energieträgern entstehenden CO_2-Emissionen und radioaktiven Abfälle in transparenter, leicht zugänglicher und vergleichbarer Weise in der gesamten Gemeinschaft verfügbar gemacht werden könnten, sowie über die Art und Weise, in der die in den Mitgliedstaaten ergriffenen Maßnahmen, um die Richtigkeit der von den Versorgungsunternehmen gemachten Angaben zu kontrollieren, vereinfacht werden könnten, und darüber, welche Maßnahmen den negativen Auswirkungen von Marktbeherrschung und Marktkonzentration entgegenwirken könnten.

(2) [1] Alle zwei Jahre werden in dem Fortschrittsbericht nach Absatz 1 ferner die verschiedenen in den Mitgliedstaaten zur Erfüllung gemeinwirtschaftlicher Verpflichtungen getroffenen Maßnahmen analysiert und auf ihre Wirksamkeit und insbesondere ihre Auswirkungen auf den Wettbewerb auf dem Elektrizitätsmarkt untersucht. [2] Gegebenenfalls kann der Bericht Empfehlungen für Maßnahmen enthalten, die auf einzelstaatlicher Ebene zur Gewährleistung eines hohen Standards der gemeinwirtschaftlichen Leistungen oder zur Verhinderung einer Marktabschottung zu ergreifen sind.

(3) Die Kommission legt dem Europäischen Parlament und dem Rat bis 3. März 2013 als Teil der allgemeinen Überprüfung einen ausführlichen konkreten Bericht vor, in dem sie darlegt, inwieweit es mit den Entflechtungsvorschriften gemäß Kapitel V gelungen ist, die volle, effektive Unabhängigkeit der Übertragungsnetzbetreiber sicherzustellen; dabei wird die effektive und effiziente Entflechtung als Maßstab zugrunde gelegt.

(4) Für ihre Einschätzung gemäß Absatz 3 zieht die Kommission insbesondere folgende Kriterien heran: fairer und nichtdiskriminierender Netzzugang, wirksame Regulierung, an den Marktbedürfnissen ausgerichtete Netzentwicklung, wettbewerbsneutrale Investitionsanreize, Entwicklung der Verbindungsinfrastruktur, effektiver Wettbewerb auf den Energiemärkten der Gemeinschaft und Versorgungssicherheit in der Gemeinschaft.

(5) Ist die sachgerecht, insbesondere wenn aus dem ausführlichen konkreten Bericht gemäß Absatz 3 hervorgeht, dass die praktische Umsetzung der Bedingungen gemäß Absatz 4 nicht gewährleistet wurde, legt die Kommission dem Europäischen Parlament und dem Rat Vorschläge vor, um die in jeder Hinsicht effektive Unabhängigkeit der Übertragungsnetzbetreiber bis zum 3. März 2014 sicherzustellen.

(6) [1] Die Kommission legt dem Europäischen Parlament und dem Rat spätestens bis zum 1. Januar 2006 einen detaillierten Bericht über die Fortschritte bei der Schaffung des Elektrizitätsbinnenmarktes vor. [2] In dem Bericht wird insbesondere Folgendes geprüft:

- das Bestehen eines nichtdiskriminierenden Netzzugangs,

- die Wirksamkeit der Regulierung,

- die Entwicklung der Verbindungsinfrastruktur und der Stand der Versorgungssicherheit in der Gemeinschaft,

- die Frage, inwieweit der volle Nutzen der Marktöffnung Kleinunternehmen und Haushaltskunden zugute kommt, insbesondere im Hinblick auf die Qualitätsstandards der gemeinwirtschaftlichen Leistungen und der Grundversorgung,

- die Frage, inwieweit der volle Nutzen der Marktöffnung Kleinunternehmen und Haushaltskunden zugute kommt, insbesondere im Hinblick auf die Qualitätsstandards der gemeinwirtschaftlichen Leistungen und der Grundversorgung,

- die Frage, inwieweit die Kunden tatsächlich den Versorger wechseln und die Tarife neu aushandeln,

- die Preisentwicklungen, auch bei den Endkundenpreisen, im Verhältnis zum Grad der Marktöffnung, und

- die bei der Anwendung dieser Richtlinie gewonnenen Erfahrungen, was die tatsächliche Unabhängigkeit von Netzbetreibern in vertikal integrierten Unternehmen betrifft, sowie die Frage, ob neben der funktionalen Unabhängigkeit und der Trennung der Rechnungslegung weitere Maßnahmen konzipiert wurden, die in ihrer Wirkung der rechtlichen Entflechtung gleichkommen.

Gegebenenfalls unterbreitet die Kommission dem Europäischen Parlament und dem Rat Vorschläge insbesondere mit dem Ziel, hohe Qualitätsstandards der gemeinwirtschaftlichen Leistungen zu gewährleisten.

[1] Gegebenenfalls unterbreitet die Kommission dem Europäischen Parlament und dem Rat Vorschläge insbesondere mit dem Ziel, die uneingeschränkte und tatsächliche Unabhängigkeit von Verteilernetzbetreibern bis zum 1. Juli 2007 sicherzustellen. [2] Falls erforderlich, beziehen sich diese Vorschläge in Übereinstimmung mit dem Wettbewerbsrecht auch auf Maßnahmen zur Behandlung von Problemen der Marktbeherrschung, Marktkonzentration, Verdrängungspraktiken oder des wettbewerbsfeindlichen Verhaltens.

Art. 48 Aufhebung von Rechtsvorschriften. [1] Die Richtlinie 2003/54/EG wird zum 3. März 2011 aufgehoben; die Verpflichtungen der Mitgliedstaaten hinsichtlich der Fristen für ihre Umsetzung und Anwendung werden davon nicht berührt. [2] Verweisungen auf die aufgehobene Richtlinie gelten als

Verweisungen auf die vorliegende Richtlinie und sind nach der Entsprechungstabelle in Anhang II zu lesen.

Art. 49 Umsetzung. (1) ¹Die Mitgliedstaaten setzen die Rechts- und Verwaltungsvorschriften in Kraft, die erforderlich sind, um dieser Richtlinie spätestens am 3. März 2011 nachzukommen. ²Sie setzen die Kommission unverzüglich davon in Kenntnis.

Sie wenden diese Vorschriften ab 3. März 2011 an, mit Ausnahme von Artikel 11, den sie ab 3. März 2013 anwenden.

¹Bei Erlass dieser Vorschriften nehmen die Mitgliedstaaten in den Vorschriften selbst oder durch einen Hinweis bei der amtlichen Veröffentlichung auf diese Richtlinie Bezug. ²Die Mitgliedstaaten regeln die Einzelheiten der Bezugnahme.

(2) Die Mitgliedstaaten teilen der Kommission den Wortlaut der wichtigsten innerstaatlichen Rechtsvorschriften mit, die sie auf dem unter diese Richtlinie fallenden Gebiet erlassen.

Art. 50 Inkrafttreten. Diese Richtlinie tritt am zwanzigsten Tag nach ihrer Veröffentlichung[1] im *Amtsblatt der Europäischen Union* in Kraft.

Art. 51 Adressaten. Diese Richtlinie ist an die Mitgliedstaaten gerichtet.

Anhang I
Maßnahmen zum Schutz der Kunden

(1) Unbeschadet der Verbraucherschutzvorschriften der Gemeinschaft, insbesondere der Richtlinien 97/7/EG des Europäischen Parlaments und des Rates vom 20. Mai 1997 über den Verbraucherschutz bei Vertragsabschlüssen im Fernabsatz[2] und 93/13/EWG des Rates vom 5. April 1993 über missbräuchliche Klauseln in Verbraucherverträgen[3] soll mit den in Artikel 3 genannten Maßnahmen sichergestellt werden, dass die Kunden

a) Anspruch auf einen Vertrag mit ihren Anbietern von Elektrizitätsdienstleistungen haben, in dem Folgendes festgelegt ist:
 – Name und Anschrift des Anbieters,
 – erbrachte Leistungen und angebotene Qualitätsstufen sowie Zeitpunkt für den Erstanschluss,
 – die Art der angebotenen Wartungsdienste,
 – Art und Weise, wie aktuelle Informationen über alle geltenden Tarife und Wartungsentgelte erhältlich sind,
 – Vertragsdauer, Bedingungen für eine Verlängerung und Beendigung der Leistungen und des Vertragsverhältnisses, die Frage, ob ein kostenfreier Rücktritt vom Vertrag zulässig ist,

---

[1] Veröffentlicht am 14. 8. 2009.
[2] **Amtl. Anm.:** ABl. L 144 vom 4. 6. 1997, S. 19.
[3] **Amtl. Anm.:** ABl. L 95 vom 21. 4. 1993, S. 29.

- etwaige Entschädigungs- und Erstattungsregelungen bei Nichteinhaltung der vertraglich vereinbarten Leistungsqualität, einschließlich ungenauer und verspäteter Abrechnung,
- Vorgehen zur Einleitung von Streitbeilegungsverfahren gemäß Buchstabe f,
- Bereitstellung eindeutiger Informationen zu den Verbraucherrechten, auch zur Behandlung von Beschwerden und einschließlich aller in diesem Buchstaben genannten Informationen, im Rahmen der Abrechnung sowie auf der Website des Elektrizitätsunternehmens.

Die Bedingungen müssen gerecht und im Voraus bekannt sein. Diese Informationen sollten in jedem Fall vor Abschluss oder Bestätigung des Vertrags bereitgestellt werden. Auch bei Abschluss des Vertrags durch Vermittler müssen die in diesem Buchstaben genannten Informationen vor Vertragsabschluss bereitgestellt werden;

b) rechtzeitig über eine beabsichtigte Änderung der Vertragsbedingungen und dabei über ihr Rücktrittsrecht unterrichtet werden. Die Dienstleister teilen ihren Kunden direkt und auf transparente und verständliche Weise jede Gebührenerhöhung mit angemessener Frist mit, auf jeden Fall jedoch vor Ablauf der normalen Abrechnungsperiode, die auf die Gebührenerhöhung folgt. Die Mitgliedstaaten stellen sicher, dass es den Kunden freisteht, den Vertrag zu lösen, wenn sie die neuen Bedingungen nicht akzeptieren, die ihnen ihr Elektrizitätsdienstleister mitgeteilt hat;

c) transparente Informationen über geltende Preise und Tarife sowie über die Standardbedingungen für den Zugang zu Elektrizitätsdienstleistungen und deren Inanspruchnahme erhalten;

d) über ein breites Spektrum an Zahlungsmodalitäten verfügen können, durch die sie nicht unangemessen benachteiligt werden. Alle Vorauszahlungssysteme sind fair und spiegeln den wahrscheinlichen Verbrauch angemessen wider. Die Unterschiede in den Vertragsbedingungen spiegeln die Kosten wider, die dem Lieferanten durch die unterschiedlichen Zahlungssysteme entstehen. Die allgemeinen Vertragsbedingungen müssen fair und transparent sein. Sie müssen klar und verständlich abgefasst sein und dürfen keine außervertraglichen Hindernisse enthalten, durch die die Kunden an der Ausübung ihrer Rechte gehindert werden, zum Beispiel eine übermäßige Zahl an Vertragsunterlagen. Die Kunden müssen gegen unfaire oder irreführende Verkaufsmethoden geschützt sein;

e) den Lieferanten ohne Berechnung von Gebühren wechseln können;

f) transparente, einfache und kostengünstige Verfahren zur Behandlung ihrer Beschwerden in Anspruch nehmen können. Insbesondere haben alle Verbraucher Anspruch auf eine gute Qualität der Dienstleistung und die Behandlung ihrer Beschwerden durch ihren Anbieter von Elektrizitätsdienstleistungen. Diese Verfahren zur außergerichtlichen Einigung müssen eine gerechte und zügige Beilegung von Streitfällen, vorzugsweise innerhalb von drei Monaten, ermöglichen und für berechtigte Fälle ein Erstattungs- und/oder Entschädigungssystem vorsehen. Sie sollten, soweit möglich, den in der Empfehlung 98/257/EG der

Kommission vom 30. März 1998 betreffend die Grundsätze für Einrichtungen, die für die außergerichtliche Beilegung von Verbraucherrechtsstreitigkeiten zuständig sind[1], dargelegten Grundsätzen folgen;

g) beim Zugang zur Grundversorgung gemäß den von den Mitgliedstaaten nach Artikel 3 Absatz 3 erlassenen Bestimmungen über ihre Rechte in Bezug auf die Grundversorgung informiert werden;

h) über ihre Verbrauchsdaten verfügen können und durch ausdrückliche Zustimmung und gebührenfrei einem beliebigen registrierten Lieferanten Zugang zu ihren Messdaten gewähren können. Die für die Datenverwaltung zuständige Stelle ist verpflichtet, diese Daten an das betreffende Unternehmen weiterzugeben. Die Mitgliedstaaten legen ein Format für die Erfassung der Daten fest sowie ein Verfahren, um Versorgern und Kunden Zugang zu den Daten zu verschaffen. Den Kunden dürfen dafür keine zusätzlichen Kosten in Rechnung gestellt werden;

i) häufig genug in angemessener Form über ihren tatsächlichen Stromverbrauch und ihre Stromkosten informiert werden, um ihren eigenen Stromverbrauch regulieren zu können. Die Angaben werden in einem ausreichenden Zeitrahmen erteilt, der der Kapazität der Messvorrichtungen des Kunden und dem betreffenden Stromprodukt Rechnung trägt. Die Kostenwirksamkeit dieser Maßnahmen wird gebührend berücksichtigt. Den Kunden dürfen dafür keine zusätzlichen Kosten in Rechnung gestellt werden;

j) spätestens sechs Wochen nach einem Wechsel des Stromversorgers eine Abschlussrechnung erhalten.

(2) Die Mitgliedstaaten gewährleisten, dass intelligente Messsysteme eingeführt werden, durch die die aktive Beteiligung der Verbraucher am Stromversorgungsmarkt unterstützt wird. Die Einführung dieser Messsysteme kann einer wirtschaftlichen Bewertung unterliegen, bei der alle langfristigen Kosten und Vorteile für den Markt und die einzelnen Verbraucher geprüft werden sowie untersucht wird, welche Art des intelligenten Messens wirtschaftlich vertretbar und kostengünstig ist und in welchem zeitlichen Rahmen die Einführung praktisch möglich ist.
Entsprechende Bewertungen finden bis 3. September 2012 statt.
Anhand dieser Bewertung erstellen die Mitgliedstaaten oder eine von ihnen benannte zuständige Behörde einen Zeitplan mit einem Planungsziel von 10 Jahren für die Einführung der intelligenten Messsysteme.
Wird die Einführung intelligenter Zähler positiv bewertet, so werden mindestens 80 % der Verbraucher bis 2020 mit intelligenten Messsystemen ausgestattet.
Die Mitgliedstaaten oder die von ihnen benannten zuständigen Behörden sorgen für die Interoperabilität der Messsysteme, die in ihrem Hoheitsgebiet eingesetzt werden, und tragen der Anwendung der entsprechenden Normen und bewährten Verfahren sowie der großen Bedeutung, die dem Ausbau des Elektrizitätsbinnenmarkts zukommt, gebührend Rechnung.

---

[1] **Amtl. Anm.:** ABl. L 115 vom 17. 4. 1998, S. 31.

Anhang II
Entsprechungstabelle

Richtlinie 2003/54/EG	Vorliegende Richtlinie
Artikel 1	Artikel 1
Artikel 2	Artikel 2
Artikel 3	Artikel 3
Artikel 4	Artikel 4
Artikel 5	Artikel 5
–	Artikel 6
Artikel 6	Artikel 7
Artikel 7	Artikel 8
Artikel 10	Artikel 9
Artikel 8	Artikel 10
–	Artikel 11
Artikel 9	Artikel 12
–	Artikel 13
–	Artikel 14
Artikel 11	Artikel 15
Artikel 12	Artikel 16
–	Artikel 17
–	Artikel 18
–	Artikel 19
–	Artikel 20
–	Artikel 21
–	Artikel 22
–	Artikel 23
Artikel 13	Artikel 24
Artikel 14	Artikel 25
Artikel 15	Artikel 26
Artikel 16	Artikel 27
Artikel 17	Artikel 29
Artikel 18	Artikel 30
Artikel 19	Artikel 31
Artikel 20	Artikel 32
Artikel 21	Artikel 33
Artikel 22	Artikel 34
Artikel 23 Absatz 1 (Sätze 1 und 2)	Artikel 35

Richtlinie 2003/54/EG	Vorliegende Richtlinie
–	Artikel 36
Artikel 23 (rest)	Artikel 37
–	Artikel 38
–	Artikel 39
–	Artikel 40
–	Artikel 41
Artikel 24	Artikel 42
–	Artikel 43
Artikel 25	–
Artikel 26	Artikel 44
Artikel 27	Artikel 45
–	Artikel 46
Artikel 28	Artikel 47
Artikel 29	Artikel 48
Artikel 30	Artikel 49
Artikel 31	Artikel 50
Artikel 32	Artikel 51
Anhang A	Anhang I

6. Richtlinie 2009/73/EG des Europäischen Parlaments und des Rates vom 13. Juli 2009 über gemeinsame Vorschriften für den Erdgasbinnenmarkt und zur Aufhebung der Richtlinie 2003/55/EG

(ABl. Nr. L 211 S. 94)

EU-Dok.-Nr. 3 2009 L 0073

DAS EUROPÄISCHE PARLAMENT UND DER RAT DER EUROPÄISCHEN UNION –

gestützt auf den Vertrag zur Gründung der Europäischen Gemeinschaft, insbesondere auf Artikel 47 Absatz 2 und die Artikel 55 und 95,

auf Vorschlag der Kommission,

nach Stellungnahme des Europäischen Wirtschafts- und Sozialausschusses[1],

nach Stellungnahme des Ausschusses der Regionen[2],

gemäß dem Verfahren des Artikels 251 des Vertrags[3],

in Erwägung nachstehender Gründe:

(1) Der Erdgasbinnenmarkt, der seit 1999 in der Gemeinschaft schrittweise geschaffen wird, soll allen privaten und gewerblichen Verbrauchern in der Europäischen Union eine echte Wahl ermöglichen, neue Geschäftschancen für die Unternehmen eröffnen sowie den grenzüberschreitenden Handel fördern und auf diese Weise Effizienzgewinne, wettbewerbsfähige Preise und höhere Dienstleistungsstandards bewirken und zu mehr Versorgungssicherheit und Nachhaltigkeit beitragen.

(2) Die Richtlinie 2003/55/EG des Europäischen Parlaments und des Rates vom 26. Juni 2003 über gemeinsame Vorschriften für den Erdgasbinnenmarkt[4] war ein wichtiger Beitrag zur Schaffung des Erdgasbinnenmarktes.

(3) Die Freiheiten, die der Vertrag den Bürgern der Union garantiert unter anderem der freie Warenverkehr, die Niederlassungsfreiheit und der freie Dienstleistungsverkehr, sind nur in einem vollständig geöffneten Markt erreichbar, der allen Verbrauchern die freie Wahl ihrer Lieferanten und allen Anbietern die freie Belieferung ihrer Kunden gestattet.

(4) Derzeit gibt es jedoch Hindernisse für den Verkauf von Erdgas in der Gemeinschaft zu gleichen Bedingungen und ohne Diskriminierung oder Benachteiligung. Insbesondere gibt es noch nicht in allen Mitgliedstaaten einen nichtdiskriminierenden Netzzugang und eine gleichermaßen wirksame Regulierungsaufsicht.

(5) In der Mitteilung der Kommission vom 10. Januar 2007 mit dem Titel „Eine Energiepolitik für Europa" wurde dargelegt, wie wichtig es ist, den Erdgasbinnenmarkt zu vollenden und für alle in der Gemeinschaft niedergelassenen Erdgasunternehmen gleiche Bedingungen zu schaffen. Die Mitteilungen der Kommission vom 10. Januar 2007 mit den Titeln „Aussichten für den Erdgas- und den Elektrizitätsbinnenmarkt" und „Untersuchung der europäischen Gas- und Elektrizitätssektoren gemäß Artikel 17 der Verordnung (EG) Nr. 1/2003 (Abschlussbericht)" haben deutlich gemacht, dass der durch die derzeit bestehenden Vorschriften und Maßnahmen

---

[1] **Amtl. Anm.:** ABl. C 211 vom 19. 8. 2008, S. 23.
[2] **Amtl. Anm.:** ABl. C 172 vom 5. 7. 2008, S. 55.
[3] **Amtl. Anm.:** Stellungnahme des Europäischen Parlaments vom 9. Juli 2008 (noch nicht im Amtsblatt veröffentlicht), Gemeinsamer Standpunkt des Rates vom 9. Januar 2009 (ABl. C 70 E vom 24. 3. 2009, S. 37) und Standpunkt des Europäischen Parlaments vom 22. April 2009 (noch nicht im Amtsblatt veröffentlicht). Beschluss des Rates vom 25. Juni 2009.
[4] **Amtl. Anm.:** ABl. L 176 vom 15. 7. 2003, S. 57.

vorgegebene Rahmen nicht ausreicht, um das Ziel eines gut funktionierenden Binnenmarktes zu verwirklichen.

(6) Ohne eine wirksame Trennung des Netzbetriebs von der Gewinnung und Versorgung („wirksame Entflechtung") besteht die Gefahr einer Diskriminierung nicht nur in der Ausübung des Netzgeschäfts, sondern auch in Bezug auf die Schaffung von Anreizen für vertikal integrierte Unternehmen, ausreichend in ihre Netze zu investieren.

(7) Die Vorschriften für eine rechtliche und funktionale Entflechtung gemäß der Richtlinie 2003/55/EG haben jedoch nicht zu einer tatsächlichen Entflechtung der Fernleitungsnetzbetreiber geführt. Daher hat der Europäische Rat die Kommission auf seiner Tagung vom 8. und 9. März 2007 aufgefordert, Legislativvorschläge für die „wirksame Trennung der Versorgung und Erzeugung vom Betrieb der Netze" auszuarbeiten.

(8) Nur durch die Beseitigung der für vertikal integrierte Unternehmen bestehenden Anreize, Wettbewerber in Bezug auf den Netzzugang und auf Investitionen zu diskriminieren, kann eine wirksame Entflechtung gewährleistet werden. Eine eigentumsrechtliche Entflechtung, die darin besteht, dass der Netzeigentümer als Netzbetreiber benannt wird und von Versorgungs- und Erzeugungsinteressen unabhängig ist, ist zweifellos ein einfacher und stabiler Weg, um den inhärenten Interessenkonflikt zu lösen und die Versorgungssicherheit zu gewährleisten. Daher bezeichnete auch das Europäische Parlament in seiner Entschließung vom 10. Juli 2007 zu den Aussichten für den Erdgas- und den Elektrizitätsbinnenmarkt[1] eine eigentumsrechtliche Entflechtung der Übertragungs- und Fernleitungsnetze als das wirksamste Instrument, um nichtdiskriminierend Investitionen in die Infrastrukturen, einen fairen Netzzugang für neue Anbieter und die Transparenz des Marktes zu fördern. Im Rahmen der eigentumsrechtlichen Entflechtung sollten die Mitgliedstaaten daher dazu verpflichtet werden, zu gewährleisten, dass nicht ein und dieselbe(n) Person(en) die Kontrolle über ein Erzeugungs- bzw. Gewinnungs- oder Versorgungsunternehmen ausüben (können) und gleichzeitig die Kontrolle über oder Rechte an einem Fernleitungsnetzbetreiber oder einem Fernleitungsnetz ausübt (ausüben). Umgekehrt sollte die Kontrolle über ein Fernleitungsnetz oder einen Fernleitungsnetzbetreiber die Möglichkeit ausschließen, die Kontrolle über ein Gewinnungs- oder Versorgungsunternehmen oder Rechte an einem Gewinnungs- oder Versorgungsunternehmen auszuüben. Im Rahmen dieser Beschränkungen sollte ein Gewinnungs- oder Versorgungsunternehmen einen Minderheitsanteil an einem Fernleitungsnetzbetreiber oder Fernleitungsnetz halten dürfen.

(9) Jedes Entflechtungssystem sollte die Interessenkonflikte zwischen Erzeugern, Lieferanten und Fernleitungsnetzbetreibern wirksam lösen, um Anreize für die notwendigen Investitionen zu schaffen und den Zugang von Markteinsteigern durch einen transparenten und wirksamen Rechtsrahmen zu gewährleisten, und den nationalen Regulierungsbehörden keine zu schwerfälligen Regulierungsvorschriften auferlegen.

(10) Die Definition des Begriffs „Kontrolle" wurde aus der Verordnung (EG) Nr. 139/2004 des Rates vom 20. Januar 2004 über die Kontrolle von Unternehmenszusammenschlüssen („EG-Fusionskontrollverordnung")[2] übernommen.

(11) Da die eigentumsrechtliche Entflechtung in einigen Fällen die Umstrukturierung von Unternehmen voraussetzt, sollte den Mitgliedstaaten, die sich für eine eigentumsrechtliche Entflechtung entscheiden, für die Umsetzung dieser Bestimmungen der Richtlinie mehr Zeit eingeräumt werden. Wegen der vertikalen Verbindungen zwischen dem Elektrizitätssektor und dem Erdgassektor sollten die Entflechtungsvorschriften für beide Sektoren gelten.

(12) Im Rahmen der eigentumsrechtlichen Entflechtung sollte, um die vollständige Unabhängigkeit des Netzbetriebs von Versorgungs- und Gewinnungsinteressen zu gewährleisten und den Austausch vertraulicher Informationen zu verhindern, ein und dieselbe Person nicht gleichzeitig Mitglied des Leitungsgremiums eines Fernleitungsnetzbetreibers oder eines Fernleitungsnetzes und eines Unternehmens sein, das eine der beiden Funktionen der Gewinnung oder der Versorgung wahrnimmt. Aus demselben Grund sollte es nicht gestattet sein, dass ein und dieselbe Person Mitglieder des Leitungsgremiums eines Fernleitungsnetzbetreibers oder eines Fernleitungsnetzes bestellt und die Kontrolle über ein Gewinnungs- oder Versorgungsunternehmen oder Rechte daran ausübt.

(13) Die Einrichtung eines Netzbetreibers (ISO) oder eines Fernleitungsnetzbetreibers (ITO), der unabhängig von Versorgungs- und Gewinnungsinteressen ist, sollte es vertikal integrierten

---

[1] **Amtl. Anm.:** ABl. C 175 E vom 10. 7. 2008, S. 206.
[2] **Amtl. Anm.:** ABl. L 24 vom 29. 1. 2004, S. 1.

Unternehmen ermöglichen, Eigentümer der Vermögenswerte des Netzes zu bleiben und gleichzeitig eine wirksame Trennung der Interessen sicherzustellen, sofern der unabhängige Netzbetreiber oder der unabhängige Fernleitungsnetzbetreiber sämtliche Funktionen eines Netzbetreibers wahrnimmt und sofern eine detaillierte Regulierung und umfassende Regulierungskontrollmechanismen gewährleistet sind.

(14) Ist das Unternehmen, das Eigentümer eines Fernleitungsnetzes ist, am 3. September 2009 Teil eines vertikal integrierten Unternehmens, sollten die Mitgliedstaaten daher die Möglichkeit haben, zwischen einer eigentumsrechtlichen Entflechtung und der Einrichtung eines Netzbetreibers- oder eines Fernleitungsnetzbetreibern, der unabhängig von Versorgungs- und Gewinnungsinteressen ist, zu wählen.

(15) Damit die Interessen der Anteilseigner von vertikal integrierten Unternehmen in vollem Umfang gewahrt bleiben, sollten die Mitgliedstaaten wählen können zwischen einer eigentumsrechtlichen Entflechtung durch direkte Veräußerung und einer eigentumsrechtlichen Entflechtung durch Aufteilung der Anteile des integrierten Unternehmens in Anteile des Netzunternehmens und Anteile des verbleibenden Gasversorgungs- und Gasgewinnungsunternehmens, sofern die sich aus der eigentumsrechtlichen Entflechtung ergebenden Anforderungen erfüllt werden.

(16) Dabei sollte die Effektivität der Lösung in Form des unabhängigen Netzbetreibers oder des unabhängigen Fernleitungsnetzbetreibers durch besondere zusätzliche Vorschriften sichergestellt werden. Die Vorschriften für den unabhängigen Fernleitungsnetzbetreiber bieten einen geeigneten Regelungsrahmen, der für einen gerechten Wettbewerb, hinreichende Investitionen, den Zugang neuer Marktteilnehmer und die Integration der Erdgasmärkte sorgt. Eine wirksame Entflechtung mittels der Vorschriften für die unabhängigen Fernleitungsnetzbetreiber sollte sich auf den Pfeiler der Maßnahmen zur Organisation und Verwaltung der Fernleitungsnetzbetreiber und den Pfeiler der Maßnahmen im Bereich der Investitionen, des Netzanschlusses zusätzlicher Erzeugungskapazitäten und der Integration der Märkte durch regionale Zusammenarbeit stützen. Die Unabhängigkeit des Fernleitungsnetzbetreibers sollte unter anderem auch durch bestimmte „Karenzzeiten" sichergestellt werden, in denen in dem vertikal integrierten Unternehmen keine Leitungsfunktion ausgeübt wird oder keine sonstige wichtige Funktion wahrgenommen wird, die Zugang zu den gleichen Informationen wie eine leitende Position eröffnen. Das Modell der tatsächlichen Entflechtung unabhängiger Fernleitungsnetzbetreiber entspricht den Vorgaben, die der Europäische Rat auf seiner Tagung vom 8. und 9. März 2007 festgelegt hat.

(17) Damit mehr Wettbewerb auf dem Erdgasbinnenmarkt entsteht, sollten große Nichthaushaltskunden ihre Gasversorger wählen und sich zur Deckung ihres Gasbedarfs von mehreren Gasversorgern beliefern lassen können. Die Kunden sollten vor vertraglichen Exklusivitätsklauseln geschützt werden, die bewirken, dass Angebote von Mitbewerbern oder ergänzende Angebote ausgeschlossen werden.

(18) Ein Mitgliedstaat hat das Recht, sich für eine vollständige eigentumsrechtliche Entflechtung in seinem Hoheitsgebiet zu entscheiden. Hat ein Mitgliedstaat dieses Recht ausgeübt, so ist ein Unternehmen nicht berechtigt, einen unabhängigen Netzbetreiber oder einen unabhängigen Fernleitungsnetzbetreiber zu errichten. Außerdem sollte es einem Unternehmen, das eine der Funktionen der Gewinnung oder der Versorgung wahrnimmt, nicht gestattet sein, direkt oder indirekt die Kontrolle über einen Fernleitungsnetzbetreiber aus einem Mitgliedstaat, der sich für die vollständige eigentumsrechtliche Entflechtung entschieden hat, oder Rechte an einem solchen Fernleitungsnetzbetreiber auszuüben.

(19) Gemäß der vorliegenden Richtlinie gibt es verschiedene Arten der Marktorganisation für den Erdgasbinnenmarkt. Die Maßnahmen, die die Mitgliedstaaten gemäß dieser Richtlinie treffen könnten, um gleiche Ausgangsbedingungen zu gewährleisten, sollten auf zwingenden Gründen des Allgemeininteresses beruhen. Die Kommission sollte zur Frage der Vereinbarkeit der Maßnahmen mit dem Vertrag und dem Gemeinschaftsrecht gehört werden.

(20) Bei der Entflechtung sollte dem Grundsatz der Nichtdiskriminierung zwischen öffentlichem und privatem Sektor Rechnung getragen werden. Daher sollte nicht ein und dieselbe Person die Möglichkeit haben, allein oder zusammen mit anderen Personen unter Verletzung der Regeln der eigentumsrechtlichen Entflechtung oder der Lösung des unabhängigen Netzbetreibers die Kontrolle oder Rechte in Bezug auf die Zusammensetzung, das Abstimmungsverhalten oder die Beschlussfassung der Organe sowohl der Fernleitungsnetzbetreiber oder Fernleitungsnetze als auch der Gewinnungs- oder Versorgungsunternehmen auszuüben. Hinsichtlich der eigentumsrechtlichen Entflechtung und der Unabhängigkeit des Netzbetreibers sollte es, sofern

der betreffende Mitgliedstaat nachweisen kann, dass diese Anforderung erfüllt ist, zulässig sein, dass zwei voneinander getrennte öffentliche Einrichtungen die Kontrolle über die Gewinnungs- und Versorgungsaktivitäten einerseits und die Fernleitungsaktivitäten andererseits ausüben.

(21) Der Grundsatz der tatsächlichen Trennung der Netzaktivitäten von den Versorgungs- und Gewinnungsaktivitäten sollte in der gesamten Gemeinschaft sowohl für Gemeinschaftsunternehmen als auch für Nichtgemeinschaftsunternehmen gelten. Um sicherzustellen, dass die Netzaktivitäten und die Versorgungs- und Gewinnungsaktivitäten in der gesamten Gemeinschaft unabhängig voneinander sind, sollten die Regulierungsbehörden die Befugnis erhalten, Fernleitungsnetzbetreibern, die die Entflechtungsvorschriften nicht erfüllen, die Zertifizierung zu verweigern. Um eine kohärente, gemeinschaftsweite Anwendung der Entflechtungsvorschriften sicherzustellen, sollten die Regulierungsbehörden bei Entscheidungen über die Zertifizierung der Stellungnahme der Kommission so weit wie möglich Rechnung tragen. Um ferner die Einhaltung der internationalen Verpflichtungen der Gemeinschaft sowie die Solidarität und Energieversorgungssicherheit in der Gemeinschaft zu gewährleisten, sollte die Kommission die Befugnis haben, eine Stellungnahme zur Zertifizierung in Bezug auf einen Fernleitungsnetzeigentümer oder -betreiber, der von einer oder mehreren Personen aus einem oder mehreren Drittländern kontrolliert wird, abzugeben.

(22) Die Sicherheit der Energieversorgung ist ein Kernelement der öffentlichen Sicherheit und daher bereits von Natur aus direkt verbunden mit dem effizienten Funktionieren des Erdgasbinnenmarktes und der Integration der isolierten Gasmärkte der Mitgliedstaaten. Die Versorgung der Bürger der Union mit Erdgas kann nur über Netze erfolgen. Funktionsfähige offene Erdgasmärkte und im Besonderen die Netze und andere mit der Erdgasversorgung verbundene Anlagen sind von wesentlichen Bedeutung für die öffentliche Sicherheit, die Wettbewerbsfähigkeit der Wirtschaft und das Wohl der Bürger der Union. Personen aus Drittländern sollte es daher nur dann gestattet sein, die Kontrolle über ein Fernleitungsnetz oder einen Fernleitungsnetzbetreiber auszuüben, wenn sie die innerhalb der Gemeinschaft geltenden Anforderungen einer tatsächlichen Trennung erfüllen. Unbeschadet der internationalen Verpflichtungen der Gemeinschaft ist die Gemeinschaft der Ansicht, dass der Erdgas-Fernleitungsnetzsektor für die Gemeinschaft von großer Bedeutung ist und daher zusätzliche Schutzmaßnahmen hinsichtlich der Aufrechterhaltung der Energieversorgungssicherheit in der Gemeinschaft erforderlich sind, um eine Bedrohung der öffentlichen Ordnung und der öffentlichen Sicherheit in der Gemeinschaft und des Wohlergehens der Bürger der Union zu vermeiden. Die Energieversorgungssicherheit in der Gemeinschaft erfordert insbesondere eine Bewertung der Unabhängigkeit des Netzbetriebs, des Grades der Abhängigkeit der Gemeinschaft und einzelner Mitgliedstaaten von Energielieferungen aus Drittländern und der Frage, wie inländischer und ausländischer Energiehandel sowie inländische und ausländische Energieinvestitionen in einem bestimmten Drittland behandelt werden. Die Versorgungssicherheit sollte daher unter Berücksichtigung der besonderen Umstände jedes Einzelfalls sowie der aus dem Völkerrecht – insbesondere aus den internationalen Abkommen zwischen der Gemeinschaft und dem betreffenden Drittland – erwachsenden Rechte und Pflichten bewertet werden. Soweit angezeigt, wird die Kommission aufgefordert, Empfehlungen zur Aushandlung einschlägiger Abkommen mit Drittländern vorzulegen, in denen die Sicherheit der Energieversorgung der Gemeinschaft behandelt wird, oder zur Aufnahme der erforderlichen Aspekte in andere Verhandlungen mit diesen Drittländern.

(23) Es sollten weitere Maßnahmen ergriffen werden, um sicherzustellen, dass die Tarife für den Zugang zu Fernleitungen transparent und nichtdiskriminierend sind. Diese Tarife sollten auf alle Benutzer in nichtdiskriminierender Weise angewangt werden. Werden Speicheranlagen, Netzpufferung oder Hilfsdienste in einem bestimmten Gebiet auf einem ausreichend wettbewerbsoffenen Markt betrieben, so könnte der Zugang nach transparenten, nichtdiskriminierenden und marktorientierten Verfahren zugelassen werden.

(24) Es ist erforderlich, die Unabhängigkeit der Speicheranlagenbetreiber zu gewährleisten, damit der Zugang Dritter zu Speicheranlagen verbessert wird, die technisch und/oder wirtschaftlich notwendig sind, um einen effizienten Zugang zum System für die Versorgung der Verbraucher zu ermöglichen. Daher ist es zweckdienlich, dass Speicheranlagen von eigenständigen Rechtspersonen betrieben werden, die tatsächliche Entscheidungsbefugnisse in Bezug auf die für Betrieb, Wartung und Ausbau der Speicheranlagen notwendigen Vermögenswerte besitzen. Auch ist es erforderlich, die Transparenz in Bezug auf die Dritten angebotenen Speicherkapazitäten zu verbessern, indem die Mitgliedstaaten verpflichtet werden, einen nichtdiskriminierenden, klaren Rahmen zu definieren und zu veröffentlichen, der ein geeignetes Regulierungssystem für Speicheranlagen festlegt. Diese Verpflichtung sollte keine neue Entscheidung

über Zugangsregelungen erforderlich machen, sondern die Transparenz der Zugangsregelungen für Speicheranlagen verbessern. Bestimmungen über die Vertraulichkeit wirtschaftlich sensibler Informationen sind besonders wichtig, wenn strategische Daten betroffen sind oder wenn eine Speicheranlage nur einen einzigen Nutzer hat.

(25) Ein nichtdiskriminierender Zugang zum Verteilernetz ist Voraussetzung für den nachgelagerten Zugang zu den Endkunden. In Bezug auf den Netzzugang Dritter und Investitionen stellt sich die Diskriminierungsproblematik dagegen weniger auf der Ebene der Verteilung als vielmehr auf der Ebene der Fernleitung, wo Engpässe und der Einfluss von Gewinnungsinteressen im Allgemeinen ausgeprägter sind als auf der Verteilerebene. Überdies wurde die rechtliche und funktionale Entflechtung der Verteilernetzbetreiber gemäß der Richtlinie 2003/55/EG erst am 1. Juli 2007 verpflichtend und ihre Auswirkungen auf den Gasbinnenmarkt müssen erst noch bewertet werden. Die geltenden Vorschriften für die rechtliche und funktionale Entflechtung können zu einer wirksamen Entflechtung führen, wenn sie klarer formuliert, ordnungsgemäß umgesetzt und genauestens überwacht werden. Zur Schaffung gleicher Bedingungen auf der Ebene der Endkunden sollten die Aktivitäten der Verteilernetzbetreiber daher überwacht werden, um zu verhindern, dass diese ihre vertikale Integration dazu nutzen, ihre Wettbewerbsposition auf dem Markt, insbesondere bei Haushalts- und kleinen Nichthaushaltskunden, zu stärken.

(26) Die Mitgliedstaaten sollten konkrete Maßnahmen zur umfassenderen Nutzung von Biogas und Gas aus Biomasse ergreifen und deren Erzeugern gleichberechtigten Zugang zum Gasnetz gewährleisten, sofern ein solcher Zugang mit den geltenden technischen Vorschriften und Sicherheitsstandards dauerhaft vereinbar ist.

(27) Damit kleine Verteilernetzbetreiber finanziell und administrativ nicht unverhältnismäßig stark belastet werden, sollten die Mitgliedstaaten die Möglichkeit haben, die betroffenen Unternehmen erforderlichenfalls von den Vorschriften für die rechtliche Entflechtung der Verteilung auszunehmen.

(28) Wo im Interesse der optimalen Effizienz integrierter Energieversorgung ein geschlossenes Verteilernetz betrieben wird und besondere Betriebsnormen erforderlich sind oder ein geschlossenes Verteilernetz in erster Linie für die Zwecke des Netzeigentümers betrieben wird, sollte die Möglichkeit bestehen, den Verteilernetzbetreiber von Verpflichtungen zu befreien, die bei ihm – aufgrund der besonderen Art der Beziehung zwischen dem Verteilernetzbetreiber und den Netzbenutzern – einen unnötigen Verwaltungsaufwand verursachen würden. Bei Industrie- oder Gewerbegebieten oder Gebieten, in denen Leistungen gemeinsam genutzt werden, wie Bahnhofsgebäuden, Flughäfen, Krankenhäusern, großen Campingplätzen mit integrierten Anlagen oder Standorten der Chemieindustrie können aufgrund der besonderen Art der Betriebsabläufe geschlossene Verteilernetze bestehen.

(29) Die Richtlinie 2003/55/EG verpflichtet die Mitgliedstaaten zur Einrichtung von Regulierungsbehörden mit spezifischen Zuständigkeiten. Die Erfahrung zeigt allerdings, dass die Effektivität der Regulierung vielfach aufgrund mangelnder Unabhängigkeit der Regulierungsbehörden von der Regierung sowie unzureichender Befugnisse und Ermessensfreiheit eingeschränkt wird. Daher forderte der Europäische Rat die Kommission auf seiner Tagung vom 8. und 9. März 2007 auf, Legislativvorschläge auszuarbeiten, die eine weitere Harmonisierung der Befugnisse und eine Stärkung der Unabhängigkeit der nationalen Regulierungsstellen für den Energiebereich vorsehen. Diese nationalen Regulierungsbehörden sollten sowohl den Elektrizitäts- als auch den Gassektor abdecken können.

(30) Damit der Erdgasbinnenmarkt ordnungsgemäß funktionieren kann, müssen die Energieregulierungsbehörden Entscheidungen in allen relevanten Regulierungsangelegenheiten treffen können und völlig unabhängig von anderen öffentlichen oder privaten Interessen sein. Dies steht weder einer gerichtlichen Überprüfung, noch einer parlamentarischen Kontrolle nach dem Verfassungsrecht der Mitgliedstaaten entgegen. Außerdem sollte die Zustimmung des nationalen Gesetzgebers zum Haushaltsplan der Regulierungsbehörde die Haushaltsautonomie nicht beeinträchtigen. Die Bestimmungen bezüglich der Autonomie bei der Ausführung des der Regulierungsbehörde zugewiesenen Haushalts sollten in den Rechtsrahmen der einzelstaatlichen Haushaltsvorschriften und -regeln aufgenommen werden. Die Bestimmungen über die Autonomie bei der Durchführung des der Regulierungsbehörde zugewiesenen Haushalts sollten in den Rechtsrahmen der einzelstaatlichen Haushaltsvorschriften und -regeln aufgenommen werden. Die Mitgliedstaaten tragen zur Unabhängigkeit der nationalen Regulierungsbehörde von jeglicher Einflussnahme aus Politik oder Wirtschaft durch ein geeignetes Rotationsverfahren bei, sollten aber die Möglichkeit haben, der Verfügbarkeit personeller Ressourcen und der Größe des Gremiums gebührend Rechnung zu tragen.

(31) Zur Sicherstellung eines effektiven Marktzugangs für alle Marktteilnehmer, einschließlich neuer Marktteilnehmer, bedarf es nichtdiskriminierender und kostenorientierter Ausgleichsmechanismen. Dies sollte durch den Aufbau transparenter Marktmechanismen für die Lieferung und den Bezug von Erdgas zur Deckung des Ausgleichsbedarfs realisiert werden. Die nationalen Regulierungsbehörden sollten aktiv darauf hinwirken, dass die Tarife für Ausgleichsleistungen nichtdiskriminierend und kostenorientiert sind. Gleichzeitig sollten geeignete Anreize gegeben werden, um die Einspeisung und Abnahme von Gas auszugleichen und das System nicht zu gefährden.

(32) Die nationalen Regulierungsbehörden sollten die Möglichkeit haben, die Tarife oder die Tarifberechnungsmethoden auf der Grundlage eines Vorschlags des Fernleitungsnetzbetreibers, des der Verteilernetzbetreiber oder des Betreibers einer Flüssiggas-(LNG)-Anlage oder auf der Grundlage eines zwischen diesen Betreibern und den Netzbenutzern abgestimmten Vorschlags festzusetzen oder zu genehmigen. Dabei sollten die nationalen Regulierungsbehörden sicherstellen, dass die Tarife für die Fernleitung und Verteilung nichtdiskriminierend und kostenorientiert sind und die langfristig durch Nachfragesteuerung vermiedenen Netzgrenzkosten berücksichtigen.

(33) Die Energieregulierungsbehörden sollten über die Befugnis verfügen, Entscheidungen zu erlassen, die für die Erdgasunternehmen bindend sind, und wirksame, verhältnismäßige und abschreckende Sanktionen gegen Gasunternehmen, die ihren Verpflichtungen nicht nachkommen, entweder selbst zu verhängen, oder einem zuständigen Gericht die Verhängung solcher Sanktionen gegen diese vorzuschlagen. Auch sollte den Energieregulierungsbehörden die Befugnis zuerkannt werden, unabhängig von der Anwendung der Wettbewerbsregeln über geeignete Maßnahmen zur Förderung eines wirksamen Wettbewerbs als Voraussetzung für einen ordnungsgemäß funktionierenden Erdgasbinnenmarkt zu entscheiden, um Vorteile für die Kunden herbeizuführen. Die Einrichtung von Programmen zur Freigabe von Gaskapazitäten ist eine der möglichen Maßnahmen zur Förderung eines wirksamen Wettbewerbs und zur Gewährleistung des ordnungsgemäßen Funktionierens des Marktes. Die Energieregulierungsbehörden sollten ferner über die Befugnis verfügen, dazu beizutragen, hohe Standards bei der Erfüllung gemeinwirtschaftlicher Verpflichtungen in Übereinstimmung mit den Erfordernissen der Marktöffnung, den Schutz benachteiligter Kunden und die volle Wirksamkeit der zum Schutz der Kunden ergriffenen Maßnahmen zu gewährleisten. Diese Vorschriften sollten weder die Befugnisse der Kommission bezüglich der Anwendung der Wettbewerbsregeln, einschließlich der Prüfung von Unternehmenszusammenschlüssen, die eine gemeinschaftliche Dimension aufweisen, noch die Binnenmarktregeln, etwa der Vorschriften zum freien Kapitalverkehr, berühren. Die unabhängige Stelle, bei der eine von einer Entscheidung einer nationalen Regulierungsbehörde betroffene Partei Rechtsbehelfe einlegen kann, kann ein Gericht oder eine andere gerichtliche Stelle sein, die ermächtigt ist, eine gerichtliche Überprüfung durchzuführen.

(34) Bei einer Harmonisierung der Befugnisse der nationalen Regulierungsbehörden sollte auch die Möglichkeit vorgesehen sein, Erdgasunternehmen Anreize zu bieten sowie wirksame, verhältnismäßige und abschreckende Sanktionen gegen sie zu verhängen oder einem zuständigen Gericht die Verhängung solcher Sanktionen vorzuschlagen. Darüber hinaus sollten die Regulierungsbehörden befugt sein, alle relevanten Daten von Erdgasunternehmen anzufordern, angemessene und ausreichende Untersuchungen vorzunehmen und Streitigkeiten zu schlichten.

(35) Investitionen in neue Großinfrastrukturen sollten stark gefördert werden, wobei es gleichzeitig das ordnungsgemäße Funktionieren des Erdgasbinnenmarktes sicherzustellen gilt. Zur Verstärkung der positiven Auswirkungen von Infrastrukturvorhaben, für die eine Ausnahme gilt, auf Wettbewerb und Versorgungssicherheit sollten in der Projektplanungsphase das Marktinteresse geprüft und Regeln für das Engpassmanagement festgelegt werden. Erstreckt sich eine Infrastruktur über das Gebiet mehr als eines Mitgliedstaats, so sollte die mit der Verordnung (EG) Nr. 713/2009[1]) des Europäischen Parlaments und des Rates vom 13. Juli 2009 zur Gründung einer Agentur für die Zusammenarbeit der Energieregulierungsbehörden[2]) errichtete Agentur für die Zusammenarbeit der Energieregulierungsbehörden („Agentur") als letztes Mittel den Antrag auf Gewährung einer Ausnahme bearbeiten, damit den grenzübergreifenden Implikationen besser Rechnung getragen werden kann und die administrative Abwicklung erleichtert wird. Wegen des besonderen Risikoprofils solcher Großinfrastrukturvorhaben, für die eine

---

[1]) Nr. **7**.
[2]) **Amtl. Anm.**: Siehe Seite 1 dieses Amtsblatts.

Ausnahme gilt, sollte es möglich sein, Unternehmen, die Versorgungs- und Gewinnungsinteressen haben, vorübergehend für die betreffenden Vorhaben teilweise Ausnahmen von den Entflechtungsvorschriften zu gewähren. Die Möglichkeit einer vorübergehenden Ausnahme sollte, insbesondere aus Gründen der Versorgungssicherheit, für neue Rohrleitungen in der Gemeinschaft gelten, über die Gas aus Drittländern in die Gemeinschaft befördert wird. Die gemäß der Richtlinie 2003/55/EG gewährten Ausnahmen gelten bis zu dem Ablaufdatum weiter, das in der Entscheidung über die Gewährung einer Ausnahme festgelegt wurde.

(36) Dem Erdgasbinnenmarkt mangelt es an Liquidität und Transparenz, was eine effiziente Ressourcenallokation, Risikoabsicherung und neue Markteintritte behindert. Das Vertrauen in den Markt und in seine Liquidität und die Zahl der Marktteilnehmer müssen zunehmen, weshalb die Regulierungsaufsicht über Unternehmen, die in der Gasversorgung tätig sind, ausgebaut werden muss. Anforderungen dieser Art sollten die bestehenden Rechtsvorschriften der Gemeinschaft auf dem Gebiet der Finanzmärkte nicht berühren und sie sollten mit diesen vereinbar sein. Die Energieregulierungsbehörden und die Finanzmarktregulierungsbehörden müssen kooperieren, um einen Überblick über die betreffenden Märkte zu bekommen.

(37) Erdgas wird überwiegend und in zunehmendem Maße aus Drittstaaten in die Gemeinschaft importiert. Im Gemeinschaftsrecht sollte den Besonderheiten des Erdgasmarkts, beispielsweise bestimmten strukturellen Verkrustungen aufgrund der Konzentration der Versorger, langfristiger Lieferverträge oder der mangelnden Liquidität nachgelagerter Strukturen, Rechnung getragen werden. Deshalb ist mehr Transparenz erforderlich, und zwar auch bei der Preisbildung.

(38) Bevor die Kommission Leitlinien zur Präzisierung der Aufbewahrungsanforderungen erlässt, sollten die Agentur und der durch den Beschluss der Kommission 2009/77/EG[1] eingerichtete Ausschuss der europäischen Wertpapierregulierungsbehörden (CESR) den Inhalt der Leitlinien gemeinsam prüfen und die Kommission dazu beraten. Die Agentur und der Ausschuss der europäischen Wertpapierregulierungsbehörden sollten ferner zusammenarbeiten, um weiter zu untersuchen, ob Transaktionen mit Gasversorgungsverträgen und Gasderivaten Gegenstand von vor- und/oder nachbörslichen Transparenzanforderungen sein sollten und, wenn ja, welchen Inhalt diese Anforderungen haben sollten, um diesbezüglich beratend tätig zu sein.

(39) Die Mitgliedstaaten oder, sofern ein Mitgliedstaat dies vorsieht, die Regulierungsbehörde sollten die Ausarbeitung unterbrechbarer Lieferverträge fördern.

(40) Im Interesse der Versorgungssicherheit sollte das Gleichgewicht zwischen Angebot und Nachfrage in den einzelnen Mitgliedstaaten beobachtet und anschließend ein Gesamtbericht über die Versorgungssicherheit in der Gemeinschaft angefertigt werden, in dem die zwischen verschiedenen Gebieten bestehende Verbindungskapazität berücksichtigt wird. Die Beobachtung sollte so frühzeitig erfolgen, dass die geeigneten Maßnahmen getroffen werden können, wenn die Versorgungssicherheit gefährdet sein sollte. Der Aufbau und der Erhalt der erforderlichen Netzinfrastruktur einschließlich der Verbundmöglichkeiten sollten zu einer stabilen Erdgasversorgung beitragen.

(41) Die Mitgliedstaaten sollten unter Berücksichtigung der erforderlichen Qualitätsanforderungen sicherstellen, dass Biogas, Gas aus Biomasse und andere Gasarten einen nichtdiskriminierenden Zugang zum Gasnetz erhalten, vorausgesetzt, dieser Zugang ist dauerhaft mit den einschlägigen technischen Vorschriften und Sicherheitsnormen vereinbar. Diese Vorschriften und Normen sollten gewährleisten, dass es technisch machbar ist, diese Gase sicher in das Erdgasnetz einzuspeisen und durch dieses Netz zu transportieren, und sollten sich auch auf die chemischen Eigenschaften dieser Gase erstrecken.

(42) Ein großer Teil der Gasversorgung der Mitgliedstaaten wird nach wie vor durch langfristige Verträge gesichert werden, weshalb diese als Möglichkeit für die Gasversorgungsunternehmen erhalten bleiben sollten, sofern sie die Ziele dieser Richtlinie nicht unterlaufen und mit dem Vertrag, einschließlich der darin festgelegten Wettbewerbsregeln, vereinbar sind. Die langfristigen Verträge müssen deshalb bei der Planung der Versorgungs- und Transportkapazitäten von Erdgasunternehmen berücksichtigt werden.

(43) Damit gewährleistet ist, dass die Qualität gemeinwirtschaftlicher Leistungen in der Gemeinschaft weiterhin hohen Standards entspricht, sollten die Mitgliedstaaten der Kommission regelmäßig über alle zur Erreichung der Ziele dieser Richtlinie getroffenen Maßnahmen unterrichten. Die Kommission sollte regelmäßig einen Bericht veröffentlichen, in dem die Maßnahmen der Mitgliedstaaten zur Erreichung gemeinwirtschaftlicher Ziele untersucht und in

---

[1] **Amtl. Anm.**: ABl. L 25 vom 29. 1. 2009, S. 18.

EU-ErdgasbinnenmarktRL GasRL 6

ihrer Wirksamkeit verglichen werden, um Empfehlungen für Maßnahmen auszusprechen, die auf einzelstaatlicher Ebene zur Gewährleistung einer hohen Qualität der gemeinwirtschaftlichen Leistungen zu ergreifen sind. Die Mitgliedstaaten sollten gewährleisten, dass die Kunden, wenn sie an das Gasnetz angeschlossen werden, über ihr Recht auf Versorgung mit Erdgas einer bestimmten Qualität zu angemessenen Preisen unterrichtet werden. Die von den Mitgliedstaaten zum Schutz der Endkunden ergriffenen Maßnahmen können unterschiedlich ausfallen, je nachdem, ob sie für Haushaltskunden oder kleine und mittlere Unternehmen gedacht sind.

(44) Die Erfüllung gemeinwirtschaftlicher Verpflichtungen ist eine grundlegende Anforderung dieser Richtlinie, und es ist wichtig, dass in dieser Richtlinie von allen Mitgliedstaaten einzuhaltende gemeinsame Mindestnormen festgelegt werden, die den Zielen des Verbraucherschutzes, der Versorgungssicherheit, des Umweltschutzes und einer gleichwertigen Wettbewerbsintensität in allen Mitgliedstaaten Rechnung tragen. Gemeinwirtschaftliche Verpflichtungen müssen unter Berücksichtigung der einzelstaatlichen Gegebenheiten aus nationaler Sicht ausgelegt werden können, wobei das Gemeinschaftsrecht einzuhalten ist.

(45) Die von den Mitgliedstaaten zur Erreichung der Ziele des sozialen und wirtschaftlichen Zusammenhalts ergriffenen Maßnahmen können insbesondere die Schaffung geeigneter wirtschaftlicher Anreize, gegebenenfalls unter Einsatz aller auf nationaler Ebene oder Gemeinschaftsebene vorhandenen Instrumente, umfassen. Zu diesen Instrumenten können auch Haftungsregelungen zur Absicherung der erforderlichen Investitionen zählen.

(46) Soweit die von den Mitgliedstaaten zur Erfüllung gemeinwirtschaftlicher Verpflichtungen getroffenen Maßnahmen staatliche Beihilfen nach Artikel 87 Absatz 1 des Vertrags darstellen, sind sie der Kommission gemäß Artikel 88 Absatz 3 des Vertrags mitzuteilen.

(47) Die gemeinwirtschaftlichen Verpflichtungen und die sich daraus ergebenden gemeinsamen Mindeststandards müssen weiter gestärkt werden, damit sichergestellt werden kann, dass die Vorteile des Wettbewerbs und gerechter Preise allen Verbrauchern, und insbesondere schutzbedürftigen Verbrauchern, zugute kommen. Die gemeinwirtschaftlichen Verpflichtungen sollten auf nationaler Ebene, unter Berücksichtigung der nationalen Bedingungen, festgelegt werden; das Gemeinschaftsrecht sollte jedoch von den Mitgliedstaaten beachtet werden. Die Bürger der Union und, sowie die Mitgliedstaaten dies für angezeigt halten, die Kleinunternehmen sollten sich gerade hinsichtlich der Versorgungssicherheit und der Angemessenheit der Tarifsätze darauf verlassen können, dass die gemeinwirtschaftlichen Verpflichtungen erfüllt werden. Ein zentraler Aspekt in der Versorgung der Verbraucher ist der Zugang zu objektiven und transparenten Verbrauchsdaten. Deshalb sollten die Verbraucher Zugang zu ihren Verbrauchsdaten und den damit verbundenen Preisen und Dienstleistungskosten haben, so dass sie die Wettbewerber auffordern können, ein Angebot auf der Grundlage dieser Daten zu unterbreiten. Auch sollten die Verbraucher Anspruch darauf haben, in angemessener Form über ihren Energieverbrauch informiert zu werden. Vorauszahlungen sollten sich nach dem wahrscheinlichen Erdgasverbrauch richten, und die unterschiedlichen Zahlungssysteme sollten nichtdiskriminierend sein. Sofern die Verbraucher ausreichend häufig über die Energiekosten informiert werden, schafft dies Anreize für Energieeinsparungen, da die Kunden auf diese Weise eine direkte Rückmeldung über die Auswirkungen der Investitionen in die Energieeffizienz und der Verhaltensänderungen erhalten.

(48) Im Mittelpunkt dieser Richtlinie sollten die Belange der Verbraucher stehen, und die Gewährleistung der Dienstleistungsqualität sollte zentraler Bestandteil der Aufgaben von Erdgasunternehmen sein. Die bestehenden Verbraucherrechte müssen gestärkt und abgesichert werden und sollten auch auf mehr Transparenz ausgerichtet sein. Durch den Verbraucherschutz sollte sichergestellt werden, dass allen Kunden im größeren Kontext der Gemeinschaft die Vorzüge eines Wettbewerbsmarktes zugute kommen. Die Rechte der Verbraucher sollten von den Mitgliedstaaten oder, sofern ein Mitgliedstaat dies vorgesehen hat, von den Regulierungsbehörden durchgesetzt werden.

(49) Die Verbraucher sollten klar und verständlich über ihre Rechte gegenüber dem Energiesektor informiert werden. Die Kommission sollte nach Absprache mit den relevanten Interessenträgern, einschließlich der Mitgliedstaaten, der nationalen Regulierungsbehörden, der Verbraucherorganisationen und der Erdgasunternehmen, eine verständliche, benutzerfreundliche Checkliste für Energieverbraucher erstellen, die praktische Informationen für die Verbraucher über ihre Rechte enthält. Diese Checkliste für Energieverbraucher sollte allen Verbrauchern zur Verfügung gestellt und öffentlich zugänglich gemacht werden.

(50) Die Energiearmut wird in der Gemeinschaft zu einem immer größeren Problem. Mitgliedstaaten, die davon betroffen sind, sollten deshalb, falls dies noch nicht geschehen ist, nationale

Aktionspläne oder einen anderen geeigneten Rahmen zur Bekämpfung der Energiearmut schaffen, die zum Ziel haben, die Zahl der darunter leidenden Menschen zu verringern. Die Mitgliedstaaten sollten in jedem Fall eine ausreichende Energieversorgung für schutzbedürftige Kunden gewährleisten. Dazu könnte auf ein umfassendes Gesamtkonzept, beispielsweise im Rahmen der Sozialpolitik, zurückgegriffen werden, und es könnten sozialpolitische Maßnahmen oder Maßnahmen zur Verbesserung der Energieeffizienz von Wohngebäuden getroffen werden. Zuallermindest sollte mit dieser Richtlinie die Möglichkeit dafür geschaffen werden, dass schutzbedürftige Kunden durch politische Maßnahmen auf nationaler Ebene begünstigt werden.

(51) Ein besserer Verbraucherschutz ist gewährleistet, wenn für alle Verbraucher ein Zugang zu wirksamen Streitbeilegungsverfahren besteht. Die Mitgliedstaaten sollten Verfahren zur schnellen und wirksamen Behandlung von Beschwerden einrichten.

(52) Die Einführung intelligenter Messsysteme sollte nach wirtschaftlichen Erwägungen erfolgen können. Führen diese Erwägungen zu dem Schluss, dass die Einführung solcher Messsysteme nur im Fall von Verbrauchern mit einem bestimmten Mindestverbrauch an Erdgas wirtschaftlich vernünftig und kostengünstig ist, sollten die Mitgliedstaaten die Möglichkeit haben, dies bei der Einführung intelligenter Messsysteme zu berücksichtigen.

(53) Mit den Marktpreisen sollten die richtigen Impulse für den Ausbau des Netzes gesetzt werden.

(54) Für die Mitgliedstaaten sollte es oberste Priorität haben, den fairen Wettbewerb und einen freien Marktzugang für die einzelnen Versorger zu fördern, damit die Verbraucher die Vorzüge eines liberalisierten Erdgasbinnenmarkts im vollen Umfang nutzen können.

(55) Zur Erhöhung der Versorgungssicherheit und im Geiste der Solidarität zwischen den Mitgliedstaaten, insbesondere im Fall einer Energieversorgungskrise, ist es wichtig, im Geiste der Solidarität einen Rahmen für eine regionale Kooperation zu schaffen. Bei dieser Kooperation kann, falls die Mitgliedstaaten dies beschließen, in allererster Linie auf marktbasierte Mechanismen zurückgegriffen werden, mit dem Ziel, die regionale und bilaterale Solidarität zu fördern. Durch die Kooperation mit dem Ziel, die regionale und bilaterale Solidarität zu fördern sollte den Marktteilnehmern kein unverhältnismäßig hoher Verwaltungsaufwand auferlegt werden, und sie sollten nicht diskriminiert werden.

(56) Zur Schaffung des Erdgasbinnenmarktes sollten die Mitgliedstaaten die Integration ihrer nationalen Märkte und die Zusammenarbeit der Netzbetreiber auf Gemeinschafts- und regionaler Ebene fördern, die auch die nach wie vor in der Gemeinschaft bestehenden, isolierte „Erdgasinseln" bildenden Netze umfasst.

(57) Eines der Hauptziele dieser Richtlinie sollte der Aufbau eines wirklichen Erdgasbinnenmarktes durch ein in der ganzen Gemeinschaft verbundenes Netz sein, und demnach sollten Regulierungsangelegenheiten, die grenzüberschreitende Verbindungsleitungen oder regionale Märkte betreffen, eine der Hauptaufgaben der Regulierungsbehörden sein, die sie gegebenenfalls in enger Zusammenarbeit mit der zuständigen Agentur wahrnehmen.

(58) Auch die Sicherstellung gemeinsamer Regeln für einen wirklichen Binnenmarkt und eine umfassende Gasversorgung sollten zu den zentralen Zielen dieser Richtlinie gehören. Unverzerrte Marktpreise bieten in diesem Zusammenhang einen Anreiz für den Aufbau grenzüberschreitender Verbindungsleitungen, und sie werden langfristig konvergierende Preise bewirken.

(59) Die Regulierungsbehörden sollten dem Markt Informationen zur Verfügung stellen, auch um es der Kommission zu ermöglichen, ihre Funktion der Beobachtung und Überwachung des Gasbinnenmarktes und seiner kurz-, mittel- und langfristigen Entwicklung – einschließlich solcher Aspekte wie Angebot und Nachfrage, Fernleitungs- und Verteilungsinfrastrukturen, Dienstleistungsqualität, grenzüberschreitender Handel, Engpassmanagement, Investitionen, Großhandels- und Verbraucherpreise, Marktliquidität, ökologische Verbesserungen und Effizienzsteigerungen – wahrzunehmen. Die nationalen Regulierungsbehörden sollten den Wettbewerbsbehörden und der Kommission melden, in welchen Mitgliedstaaten die Preise den Wettbewerb und das ordnungsgemäße Funktionieren des Marktes beeinträchtigen.

(60) Da das Ziel dieser Richtlinie, nämlich die Schaffung eines voll funktionierenden Erdgasbinnenmarktes, auf Ebene der Mitgliedstaaten nicht ausreichend verwirklicht werden kann und daher besser auf Gemeinschaftsebene zu verwirklichen ist, kann die Gemeinschaft im Einklang mit dem in Artikel 5 des Vertrags niedergelegten Subsidiaritätsprinzip tätig werden. Entsprechend dem in demselben Artikel genannten Grundsatz der Verhältnismäßigkeit geht diese Richtlinie nicht über das für die Erreichung dieses Ziels erforderliche Maß hinaus.

(61) Gemäß der Verordnung (EG) Nr. 715/2009[1] des Europäischen Parlaments und des Rates vom 13. Juli 2009 über die Bedingungen für den Zugang zu den Erdgasfernleitungsnetzen[2] kann die Kommission Leitlinien erlassen, um das erforderliche Maß an Harmonisierung zu bewirken. Solche Leitlinien, bei denen es sich um bindende Durchführungsmaßnahmen handelt, sind, auch im Hinblick auf bestimmte Bestimmungen der Richtlinie, ein nützliches Instrument, das im Bedarfsfall rasch angepasst werden kann.

(62) Die zur Durchführung dieser Richtlinie erforderlichen Maßnahmen sollten gemäß dem Beschluss 1999/468/EG des Rates vom 28. Juni 1999 zur Festlegung der Modalitäten für die Ausübung der Kommission[3] übertragenen Durchführungsbefugnisse erlassen werden.

(63) Insbesondere sollte die Kommission die Befugnis erhalten, die Leitlinien zu erlassen, die notwendig sind, um das zur Verwirklichung des Ziels dieser Richtlinie erforderliche Mindestmaß an Harmonisierung zu gewährleisten. Da es sich hierbei um Maßnahmen von allgemeiner Tragweite handelt, die eine Änderung nicht wesentlicher Bestimmungen dieser Richtlinie durch Ergänzung um neue nicht wesentliche Bestimmungen bewirken, sind diese Maßnahmen nach dem Regelungsverfahren mit Kontrolle des Artikels 5a des Beschlusses 1999/468/EG zu erlassen.

(64) Nach Nummer 34 der Interinstitutionellen Vereinbarung über bessere Rechtsetzung[4] sind die Mitgliedstaaten aufgefordert, für ihre eigenen Zwecke und im Interesse der Gemeinschaft eigene Tabellen aufzustellen, aus denen im Rahmen des Möglichen die Entsprechungen zwischen dieser Richtlinie und den Umsetzungsmaßnahmen zu entnehmen sind, und diese zu veröffentlichen.

(65) Wegen des Umfangs der durch den vorliegenden Rechtsakt an der Richtlinie 2003/55/EG vorgenommenen Änderungen sollten die betreffenden Bestimmungen aus Gründen der Klarheit und der Vereinfachung in einem einzigen Text in einer neuen Richtlinie neu gefasst werden.

(66) Die vorliegende Richtlinie respektiert die grundlegenden Rechte und beachtet die insbesondere in der Charta der Grundrechte der Europäischen Union verankerten Grundsätze −

HABEN FOLGENDE RICHTLINIE ERLASSEN:

Kapitel I. Gegenstand, Anwendungsbereich und Begriffsbestimmungen

Art. 1 Gegenstand und Anwendungsbereich. (1) ¹Mit dieser Richtlinie werden gemeinsame Vorschriften für die Fernleitung, die Verteilung, die Lieferung und die Speicherung von Erdgas erlassen. ²Die Richtlinie regelt die Organisation und Funktionsweise des Erdgassektors, den Marktzugang, die Kriterien und Verfahren für die Erteilung von Fernleitungs-, Verteilungs-, Liefer- und Speichergenehmigungen für Erdgas sowie den Betrieb der Netze.

(2) Die mit dieser Richtlinie erlassenen Vorschriften für Erdgas, einschließlich verflüssigtem Erdgas (LNG), gelten auch in nichtdiskriminierender Weise für Biogas und Gas aus Biomasse oder anderen Gasarten, soweit es technisch und ohne Beeinträchtigung der Sicherheit möglich ist, diese Gase in das Erdgasnetz einzuspeisen und durch dieses Netz zu transportieren.

Art. 2 Begriffsbestimmungen. Im Sinne dieser Richtlinie bezeichnet der Ausdruck

---
[1] Nr. 21.
[2] **Amtl. Anm.:** Siehe Seite 36 dieses Amtsblatts.
[3] **Amtl. Anm.:** ABl. L 184 vom 17. 7. 1999, S. 23.
[4] **Amtl. Anm.:** ABl. C 321 vom 31. 12. 2003, S. 1.

1. „Erdgasunternehmen" eine natürliche oder juristische Person, die mindestens eine der Funktionen Gewinnung, Fernleitung, Verteilung, Lieferung, Kauf oder Speicherung von Erdgas, einschließlich verflüssigtem Erdgas, wahrnimmt und die kommerzielle, technische und/oder wartungsbezogene Aufgaben im Zusammenhang mit diesen Funktionen erfüllt, mit Ausnahme der Endkunden;
2. „vorgelagertes Rohrleitungsnetz" Rohrleitungen oder ein Netz von Rohrleitungen, deren Betrieb und/oder Bau Teil eines Öl- oder Gasgewinnungsvorhabens ist oder die dazu verwendet werden, Erdgas von einer oder mehreren solcher Anlagen zu einer Aufbereitungsanlage, zu einem Terminal oder zu einem an der Küste gelegenen Endanlandeterminal zu leiten;
3. „Fernleitung" den Transport von Erdgas durch ein hauptsächlich Hochdruckfernleitungen umfassendes Netz, mit Ausnahme von vorgelagerten Rohrleitungsnetzen und des in erster Linie im Zusammenhang mit der lokalen Erdgasverteilung benutzten Teils von Hochdruckfernleitungen, zum Zweck der Belieferung von Kunden, jedoch mit Ausnahme der Versorgung;
4. „Fernleitungsnetzbetreiber" eine natürliche oder juristische Person, die die Funktion der Fernleitung wahrnimmt und verantwortlich ist für den Betrieb, die Wartung sowie erforderlichenfalls den Ausbau des Fernleitungsnetzes in einem bestimmten Gebiet und gegebenenfalls der Verbindungsleitungen zu anderen Netzen sowie für die Sicherstellung der langfristigen Fähigkeit des Netzes, eine angemessene Nachfrage nach Transport von Gas zu befriedigen;
5. „Verteilung" den Transport von Erdgas über örtliche oder regionale Leitungsnetze zum Zweck der Belieferung von Kunden, jedoch mit Ausnahme der Versorgung;
6. „Verteilernetzbetreiber" eine natürliche oder juristische Person, die die Funktion der Verteilung wahrnimmt und verantwortlich ist für den Betrieb, die Wartung sowie erforderlichenfalls den Ausbau des Verteilernetzes in einem bestimmten Gebiet und gegebenenfalls der Verbindungsleitungen zu anderen Netzen sowie für die Sicherstellung der langfristigen Fähigkeit des Netzes, eine angemessene Nachfrage nach Verteilung von Gas zu befriedigen;
7. „Versorgung" (bzw. „Lieferung") den Verkauf einschließlich des Weiterverkaufs von Erdgas, einschließlich verflüssigtem Erdgas, an Kunden;
8. „Versorgungsunternehmen" eine natürliche oder juristische Person, die die Funktion der Versorgung wahrnimmt;
9. „Speicheranlage" eine einem Erdgasunternehmen gehörende und/oder von ihm betriebene Anlage zur Speicherung von Erdgas, einschließlich des zu Speicherzwecken genutzten Teils von LNG-Anlagen, jedoch mit Ausnahme des Teils, der für eine Gewinnungstätigkeit genutzt wird; ausgenommen sind auch Einrichtungen, die ausschließlich Fernleitungsnetzbetreibern bei der Wahrnehmung ihrer Funktionen vorbehalten sind;
10. „Betreiber einer Speicheranlage" eine natürliche oder juristische Person, die die Funktion der Speicherung wahrnimmt und für den Betrieb einer Speicheranlage verantwortlich ist;

11. „LNG-Anlage" eine Kopfstation zur Verflüssigung von Erdgas oder zur Einfuhr, Entladung und Wiederverdampfung von verflüssigtem Erdgas; darin eingeschlossen sind Hilfsdienste und die vorübergehende Speicherung, die für die Wiederverdampfung und die anschließende Einspeisung in das Fernleitungsnetz erforderlich sind, jedoch nicht die zu Speicherzwecken genutzten Teile von LNG-Kopfstationen;

12. „Betreiber einer LNG-Anlage" eine natürliche oder juristische Person, die die Funktion der Verflüssigung von Erdgas oder der Einfuhr, Entladung und Wiederverdampfung von verflüssigtem Erdgas wahrnimmt und für den Betrieb einer LNG-Anlage verantwortlich ist;

13. „Netz" alle Fernleitungsnetze, Verteilernetze, LNG-Anlagen und/oder Speicheranlagen, die einem Erdgasunternehmen gehören und/oder von ihm betrieben werden, einschließlich Netzpufferung und seiner Anlagen, die zu Hilfsdiensten genutzt werden, und der Anlagen verbundener Unternehmen, die für den Zugang zur Fernleitung, zur Verteilung und zu LNG-Anlagen erforderlich sind;

14. „Hilfsdienste" sämtliche für den Zugang zu und den Betrieb von Fernleitungsnetzen, Verteilernetzen, LNG-Anlagen und/oder Speicheranlagen erforderlichen Dienste und Einrichtungen, einschließlich Lastausgleichs-, Mischungs- und Inertgaseinblasanlagen, jedoch mit Ausnahme von Anlagen, die ausschließlich Fernleitungsnetzbetreibern für die Wahrnehmung ihrer Aufgaben vorbehalten sind;

15. „Netzpufferung" die Speicherung von Gas durch Verdichtung in Erdgasfernleitungs- und Erdgasverteilernetzen; ausgenommen sind Einrichtungen, die Fernleitungsnetzbetreibern bei der Wahrnehmung ihrer Funktionen vorbehalten sind;

16. „Verbundnetz" eine Anzahl von Netzen, die miteinander verbunden sind;

17. „Verbindungsleitung" eine Fernleitung, die eine Grenze zwischen Mitgliedstaaten quert oder überspannt und einzig dem Zweck dient, die nationalen Fernleitungsnetze dieser Mitgliedstaaten zu verbinden;

18. „Direktleitung" eine zusätzlich zum Verbundnetz errichtete Erdgasleitung;

19. „integriertes Erdgasunternehmen" ein vertikal oder horizontal integriertes Unternehmen;

20. „vertikal integriertes Unternehmen" ein Erdgasunternehmen oder eine Gruppe von Unternehmen, in der ein und dieselbe(n) Person(en) berechtigt ist (sind), direkt oder indirekt Kontrolle auszuüben, wobei das betreffende Unternehmen bzw. die betreffende Gruppe von Unternehmen mindestens eine der Funktionen Fernleitung, Verteilung, LNG oder Speicherung und mindestens eine der Funktionen Gewinnung oder Lieferung von Erdgas wahrnimmt;

21. „horizontal integriertes Unternehmen" ein Unternehmen, das mindestens eine der Funktionen Gewinnung, Fernleitung, Verteilung, Lieferung oder Speicherung von Erdgas wahrnimmt und das außerdem eine weitere Tätigkeit außerhalb des Gasbereichs ausübt;

22. „verbundenes Unternehmen" ein verbundenes Unternehmen im Sinne von Artikel 41 der Siebenten Richtlinie 83/349/EWG des Rates vom

13. Juni 1983 aufgrund von Artikel 44 Absatz 2 Buchstabe g[1] des Vertrags über den konsolidierten Abschluss[2], und/oder ein assoziiertes Unternehmen im Sinne von Artikel 33 Absatz 1 jener Richtlinie und/oder Unternehmen, die denselben Aktionären gehören;

23. „Netzbenutzer" eine natürliche oder juristische Person, die in das Netz einspeist oder daraus versorgt wird;

24. „Kunde" einen Erdgasgroßhändler, -endkunde oder -unternehmen, der Erdgas kauft;

25. „Haushaltskunde" einen Kunden, der Erdgas für den Eigenverbrauch im Haushalt kauft;

26. „Nichthaushaltskunde" einen Kunden, der Erdgas für andere Zwecke als den Eigenverbrauch im Haushalt kauft;

27. „Endkunde" einen Kunden, der Erdgas für den Eigenbedarf kauft;

28. „zugelassener Kunde" einen Kunden, dem es gemäß Artikel 37 frei steht, Gas von einem Lieferanten seiner Wahl zu kaufen;

29. „Großhändler" eine natürliche und juristische Person mit Ausnahme von Fernleitungs- und Verteilernetzbetreibern, die Erdgas zum Zweck des Weiterverkaufs innerhalb oder außerhalb des Netzes, in dem sie ansässig ist, kauft;

30. „langfristige Planung" die langfristige Planung der Versorgungs- und Transportkapazität von Erdgasunternehmen zur Deckung der Erdgasnachfrage des Netzes, zur Diversifizierung der Versorgungsquellen und zur Sicherung der Versorgung der Kunden;

31. „entstehender Markt" einen Mitgliedstaat, in dem die erste kommerzielle Lieferung aufgrund seines ersten langfristigen Erdgasliefervertrags nicht mehr als zehn Jahre zurückliegt;

32. „Sicherheit" sowohl die Sicherheit der Versorgung mit Erdgas als auch die Betriebssicherheit.

33. „neue Infrastruktur" eine Infrastruktur, die bis 4. August 2003 nicht fertig gestellt worden ist;

34. „Gasversorgungsvertrag" einen Vertrag über die Lieferung von Erdgas, mit Ausnahme von Gasderivaten;

35. „Gasderivat" ein in Abschnitt C Nummern 5, 6 oder 7 des Anhangs I der Richtlinie 2004/39/EG des Europäischen Parlaments und des Rates vom 21. April 2004 über Märkte für Finanzinstrumente genanntes Finanzinstrument[3], sofern dieses Instrument Erdgas betrifft;

36. „Kontrolle" Rechte, Verträge oder andere Mittel, die einzeln oder zusammen unter Berücksichtigung aller tatsächlichen oder rechtlichen Umstände die Möglichkeit gewähren, einen bestimmenden Einfluss auf die Tätigkeit eines Unternehmens auszuüben, insbesondere durch

---

[1] **Amtl. Anm.:** Der Titel der Richtlinie 83/349/EWG wurde angepasst, um der gemäß Artikel 12 des Vertrags von Amsterdam vorgenommenen Umnummerierung des Vertrags zur Gründung der Europäischen Gemeinschaft Rechnung zu tragen; die ursprüngliche Bezugnahme betraf Artikel 54 Absatz 3 Buchstabe g.
[2] **Amtl. Anm.:** ABl. L 193 vom 18. 7. 1983, S. 1.
[3] **Amtl. Anm.:** ABl. L 145 vom 30. 4. 2004, S. 1.

a) Eigentums- oder Nutzungsrechte an der Gesamtheit oder an Teilen des Vermögens des Unternehmens;
b) Rechte oder Verträge, die einen bestimmenden Einfluss auf die Zusammensetzung, die Beratungen oder Beschlüsse der Organe des Unternehmens gewähren.

Kapitel II. Allgemeine Vorschriften für die Organisation des Sektors

Art. 3 Gemeinwirtschaftliche Verpflichtungen und Schutz der Kunden. (1) Die Mitgliedstaaten gewährleisten entsprechend ihrem institutionellen Aufbau und unter Beachtung des Subsidiaritätsprinzips, dass Erdgasunternehmen unbeschadet des Absatzes 2 nach den in dieser Richtlinie festgelegten Grundsätzen und im Hinblick auf die Errichtung eines wettbewerbsbestimmten, sicheren und unter ökologischen Aspekten nachhaltigen Erdgasmarkts betrieben werden und dass diese Unternehmen hinsichtlich der Rechte und Pflichten nicht diskriminiert werden.

(2) [1] Die Mitgliedstaaten können unter uneingeschränkter Beachtung der einschlägigen Bestimmungen des Vertrags, insbesondere des Artikels 86, den im Gassektor tätigen Unternehmen im allgemeinen wirtschaftlichen Interesse Verpflichtungen auferlegen, die sich auf Sicherheit, einschließlich Versorgungssicherheit, Regelmäßigkeit, Qualität und Preis der Versorgung sowie Umweltschutz, einschließlich Energieeffizienz, Energie aus erneuerbaren Quellen und Klimaschutz, beziehen können. [2] Solche Verpflichtungen müssen klar festgelegt, transparent, nichtdiskriminierend und überprüfbar sein und den gleichberechtigten Zugang von Erdgasunternehmen der Gemeinschaft zu den nationalen Verbrauchern sicherstellen. [3] In Bezug auf die Versorgungssicherheit, die Energieeffizienz/Nachfragesteuerung sowie zur Erreichung der Umweltziele und der Ziele für die Energie aus erneuerbaren Quellen im Sinne dieses Absatzes können die Mitgliedstaaten eine langfristige Planung vorsehen, wobei die Möglichkeit zu berücksichtigen ist, dass Dritte Zugang zum Netz erhalten wollen.

(3) [1] Die Mitgliedstaaten ergreifen geeignete Maßnahmen zum Schutz der Endkunden und tragen insbesondere dafür Sorge, dass für schutzbedürftige Kunden ein angemessener Schutz besteht. [2] In diesem Zusammenhang definiert jeder Mitgliedstaat ein Konzept des „schutzbedürftigen Kunden", das sich auf Energiearmut sowie unter anderem auf das Verbot beziehen kann, solche Kunden in schwierigen Zeiten von der Versorgung auszuschließen. [3] Die Mitgliedstaaten stellen sicher, dass die Rechte und Verpflichtungen im Zusammenhang mit schutzbedürftigen Kunden eingehalten werden. [4] Insbesondere treffen sie geeignete Maßnahmen zum Schutz von Endkunden in abgelegenen Gebieten, die an das Erdgasnetz angeschlossen sind. [5] Sie können für an das Erdgasnetz angeschlossene Kunden einen Versorger letzter Instanz benennen. [6] Sie gewährleisten einen hohen Verbraucherschutz, insbesondere in Bezug auf die Transparenz der Vertragsbedingungen, allgemeine Informationen und Streitbeilegungsverfahren. [7] Die Mitgliedstaaten stellen sicher, dass zugelassene Kunden tatsächlich problemlos zu einem neuen Lieferanten wechseln können. [8] Zumindest im Fall der Haushaltskunden schließen solche Maßnahmen die in Anhang I aufgeführten Maßnahmen ein.

(4) ¹ Die Mitgliedstaaten ergreifen geeignete Maßnahmen, beispielsweise in Form von nationalen energiepolitischen Aktionsplänen oder Leistungen der Systeme der sozialen Sicherheit, um die notwendige Gasversorgung für schutzbedürftige Kunden oder die Förderung von Verbesserungen der Energieeffizienz zu gewährleisten, damit die Energiearmut, soweit sie festgestellt wurde, bekämpft wird, auch im Zusammenhang mit der Armut insgesamt. ² Die Maßnahmen dürfen die in Artikel 37 vorgesehene Öffnung des Marktes und dessen Funktionieren nicht beeinträchtigen und sind der Kommission erforderlichenfalls gemäß Absatz 11 dieses Artikels mitzuteilen. ³ Diese Mitteilung betrifft nicht Maßnahmen innerhalb des allgemeinen Systems der sozialen Sicherheit.

(5) ¹ Die Mitgliedstaaten stellen sicher, dass alle an das Gasnetz angeschlossenen Kunden das Recht haben, von einem Lieferanten – sofern dieser zustimmt – mit Erdgas versorgt zu werden, unabhängig davon, in welchem Mitgliedstaat er als Lieferant registriert ist, sofern der Lieferant die geltenden Regeln im Bereich Handel und Ausgleich einhält, und vorbehaltlich der Anforderungen in Bezug auf die Versorgungssicherheit. ² In diesem Zusammenhang ergreifen die Mitgliedstaaten alle notwendigen Maßnahmen, damit die Verwaltungsverfahren kein Hindernis für Versorgungsunternehmen bilden, die bereits in einem anderen Mitgliedstaat als Lieferant registriert sind.

(6) Die Mitgliedstaaten sorgen dafür, dass

a) in den Fällen, in denen Kunden unter Einhaltung der Vertragsbedingungen beabsichtigen, den Lieferanten zu wechseln, die betreffenden Betreiber diesen Wechsel innerhalb von drei Wochen vornehmen, und

b) die Kunden das Recht haben, sämtliche sie betreffenden Verbrauchsdaten zu erhalten.

Die Mitgliedstaaten stellen sicher, dass die in Unterabsatz 1 Buchstaben a und b genannten Rechte Kunden ohne Diskriminierung bezüglich der Kosten, des Aufwands und der Dauer gewährt werden.

(7) ¹ Die Mitgliedstaaten ergreifen geeignete Maßnahmen zur Erreichung der Ziele des sozialen und wirtschaftlichen Zusammenhalts sowie des Umweltschutzes, wozu auch Maßnahmen zur Bekämpfung von Klimaveränderungen gehören können, und der Versorgungssicherheit. ² Diese Maßnahmen können insbesondere die Schaffung geeigneter wirtschaftlicher Anreize für den Aufbau und den Erhalt der erforderlichen Netzinfrastruktur einschließlich der Verbindungsleitungskapazitäten gegebenenfalls unter Einsatz aller auf einzelstaatlicher Ebene oder auf Gemeinschaftsebene vorhandenen Instrumente umfassen.

(8) Um die Energieeffizienz zu fördern, empfehlen die Mitgliedstaaten oder, wenn ein Mitgliedstaat dies vorsieht, die Regulierungsbehörden nachdrücklich, dass die Erdgasunternehmen den Erdgasverbrauch optimieren, indem sie beispielsweise Energiemanagementdienstleistungen anbieten, neuartige Preismodelle entwickeln oder gegebenenfalls intelligente Messsysteme oder intelligente Netze einführen.

(9) ¹ Die Mitgliedstaaten stellen sicher, dass zentrale Anlaufstellen eingerichtet werden, über die die Verbraucher alle notwendigen Informationen über ihre Rechte, das geltende Recht und Streitbeilegungsverfahren, die ihnen im Streitfall zur Verfügung stehen, erhalten. ² Diese Anlaufstellen können in allgemeinen Verbraucherinformationsstellen angesiedelt sein.

Die Mitgliedstaaten sorgen dafür, dass ein unabhängiger Mechanismus, beispielsweise ein unabhängiger Bürgerbeauftragter oder eine Verbraucherschutzeinrichtung für den Energiesektor eingerichtet wird, um Beschwerden wirksam zu behandeln und gütliche Einigungen herbeizuführen.

(10) [1] Die Mitgliedstaaten können beschließen, Artikel 4 nicht auf die Verteilung anzuwenden, soweit eine Anwendung die Erfüllung der den Erdgasunternehmen im allgemeinen wirtschaftlichen Interesse auferlegten Verpflichtungen de jure oder de facto verhindern würde, und soweit die Entwicklung des Handelsverkehrs nicht in einem Ausmaß beeinträchtigt wird, das den Interessen der Gemeinschaft zuwiderläuft. [2] Im Interesse der Gemeinschaft liegt insbesondere der Wettbewerb um zugelassene Kunden in Übereinstimmung mit dieser Richtlinie und mit Artikel 86 des Vertrags.

(11) [1] Bei der Umsetzung dieser Richtlinie unterrichten die Mitgliedstaaten die Kommission über alle Maßnahmen, die sie zur Erfüllung gemeinwirtschaftlicher Verpflichtungen einschließlich des Verbraucher- und des Umweltschutzes getroffen haben, und über deren mögliche Auswirkungen auf den nationalen und internationalen Wettbewerb, und zwar unabhängig davon, ob für diese Maßnahmen eine Ausnahme von dieser Richtlinie erforderlich ist oder nicht. [2] Sie unterrichten die Kommission anschließend alle zwei Jahre über Änderungen der Maßnahmen, unabhängig davon, ob für diese Maßnahmen eine Ausnahme von dieser Richtlinie erforderlich ist oder nicht.

(12) [1] Die Kommission erstellt in Absprache mit den relevanten Interessenträgern, einschließlich Mitgliedstaaten, nationale Regulierungsbehörden, Verbraucherorganisationen und Erdgasunternehmen, eine verständliche und kurz gefasste Checkliste mit praktischen Informationen in Bezug auf die Rechte der Energieverbraucher. [2] Die Mitgliedstaaten sorgen dafür, dass die Erdgasversorger und Verteilernetzbetreiber in Zusammenarbeit mit der Regulierungsbehörde die erforderlichen Maßnahmen treffen, um den Verbrauchern eine Kopie der Checkliste zukommen zu lassen, und gewährleisten, dass diese öffentlich zugänglich ist.

Art. 4 Genehmigungsverfahren. (1) [1] In Fällen, in denen eine Genehmigung (z.B. eine Lizenz, Erlaubnis, Konzession, Zustimmung oder Zulassung) für den Bau oder den Betrieb von Erdgasanlagen erforderlich ist, erteilen die Mitgliedstaaten oder eine von ihnen benannte zuständige Behörde nach den Absätzen 2 bis 4 Genehmigungen zum Bau und/oder Betrieb derartiger Anlagen, Leitungen und dazugehöriger Einrichtungen in ihrem Hoheitsgebiet. [2] Die Mitgliedstaaten oder eine von ihnen benannte zuständige Behörde können auf derselben Grundlage ferner Genehmigungen für die Lieferung von Erdgas, auch an Großhändler, erteilen.

(2) [1] Mitgliedstaaten, die über ein Genehmigungssystem verfügen, legen objektive und nichtdiskriminierende Kriterien fest, die ein Unternehmen erfüllen muss, das eine Genehmigung für den Bau und/oder den Betrieb von Erdgasanlagen oder eine Genehmigung für die Versorgung mit Erdgas beantragt. [2] Die nichtdiskriminierenden Kriterien und Verfahren für die Erteilung von Genehmigungen werden veröffentlicht. [3] Die Mitgliedstaaten stellen sicher, dass im Rahmen der Genehmigungsverfahren für Anlagen, Rohrleitungen und die zugehörige Ausrüstung gegebenenfalls die Bedeutung des betreffenden Vorhabens für den Erdgasbinnenmarkt berücksichtigt wird.

(3) ¹Die Mitgliedstaaten gewährleisten, dass die Gründe für die Verweigerung einer Genehmigung objektiv und nichtdiskriminierend sind und dem Antragsteller bekannt gegeben werden. ²Die Begründung der Verweigerung wird der Kommission zur Unterrichtung mitgeteilt. ³Die Mitgliedstaaten führen ein Verfahren ein, das dem Antragsteller die Möglichkeit gibt, gegen eine Verweigerung Rechtsmittel einzulegen.

(4) Bei der Erschließung neu in die Versorgung einbezogener Gebiete und allgemein im Interesse eines effizienten Betriebs können die Mitgliedstaaten es unbeschadet des Artikels 38 ablehnen, eine weitere Genehmigung für den Bau und den Betrieb von Verteilerleitungsnetzen in einem bestimmten Gebiet zu erteilen, wenn in diesem Gebiet bereits solche Leitungsnetze gebaut wurden oder in Planung sind und die bestehenden oder geplanten Kapazitäten nicht ausgelastet sind.

Art. 5 Beobachtung der Versorgungssicherheit. ¹Die Mitgliedstaaten sorgen für eine Beobachtung der Versorgungssicherheit. ²Soweit die Mitgliedstaaten es für angebracht halten, können sie diese Aufgabe den in Artikel 39 Absatz 1 genannten Regulierungsbehörden übertragen. ³Diese Beobachtung betrifft insbesondere das Verhältnis zwischen Angebot und Nachfrage auf dem heimischen Markt, die erwartete Nachfrageentwicklung und das verfügbare Angebot, in der Planung und im Bau befindliche zusätzliche Kapazitäten, die Qualität und den Umfang der Netzwartung sowie Maßnahmen zur Bedienung von Nachfragespitzen und zur Bewältigung von Ausfällen eines oder mehrerer Versorger. ⁴Die zuständigen Behörden veröffentlichen bis 31. Juli eines jeden Jahres einen Bericht über die bei der Beobachtung dieser Aspekte gewonnenen Erkenntnisse und etwaige getroffene oder geplante diesbezügliche Maßnahmen und übermitteln ihn unverzüglich der Kommission.

Art. 6 Regionale Solidarität. (1) Zur Gewährleistung der Versorgungssicherheit auf dem Erdgasbinnenmarkt arbeiten die Mitgliedstaaten mit dem Ziel zusammen, die regionale und bilaterale Solidarität zu fördern.

(2) ¹Diese Zusammenarbeit betrifft Situationen, die kurzfristig zu einer gravierenden Unterbrechung der Versorgung eines Mitgliedstaats führen oder führen können. ²Die Zusammenarbeit umfasst unter anderem folgende Aspekte:

a) Koordinierung nationaler Notfallmaßnahmen im Sinne von Artikel 8 der Richtlinie 2004/67/EG des Rates vom 26. April 2004 über Maßnahmen zur Gewährleistung der sicheren Erdgasversorgung[1];

b) Ermittlung und – soweit erforderlich – Auf- oder Ausbau von Strom- und Erdgasverbindungsleitungen; und

c) Bedingungen und praktische Modalitäten einer gegenseitigen Unterstützung.

(3) Die Kommission und die anderen Mitgliedstaaten werden regelmäßig über diese Zusammenarbeit unterrichtet.

(4) ¹Die Kommission kann Leitlinien für die regionale Kooperation im Geiste der Solidarität erlassen. ²Diese Maßnahmen zur Änderung nicht wesentlicher Bestimmungen dieser Richtlinie durch Ergänzung werden nach dem in Artikel 51 Absatz 3 genannten Regelungsverfahren mit Kontrolle erlassen.

---

[1] **Amtl. Anm.:** ABl. L 127 vom 29. 4. 2004, S. 92.

Art. 7 Förderung der regionalen Zusammenarbeit. (1) ¹ Die Mitgliedstaaten und die Regulierungsbehörden arbeiten zusammen, um als ersten Schritt hin zur Schaffung eines vollständig liberalisierten Binnenmarktes ihre nationalen Märkte zumindest auf einer oder mehreren regionalen Ebenen zu integrieren. ² Die Mitgliedstaaten oder, wenn die Mitgliedstaaten dies so vorgesehen haben, die Regulierungsbehörden fördern und vereinfachen insbesondere die Zusammenarbeit der Fernleitungsnetzbetreiber auf regionaler Ebene, auch in grenzüberschreitenden Angelegenheiten, um einen Wettbewerbsbinnenmarkt für Erdgas zu schaffen, fördern die Kohärenz ihrer Rechtsvorschriften, des Regulierungsrahmens und des technischen Rahmens und ermöglichen die Einbindung der isolierten Netze, zu denen die in der Gemeinschaft nach wie vor bestehenden „Erdgasinseln" gehören. ³ Die geografischen Gebiete, auf die sich diese regionale Zusammenarbeit erstreckt, umfassen die gemäß Artikel 12 Absatz 3 der Verordnung (EG) Nr. 715/2009[1)] festgelegten geografischen Gebiete. ⁴ Diese Zusammenarbeit kann sich zusätzlich auf andere geografische Gebiete erstrecken.

(2) ¹ Die Agentur arbeitet mit nationalen Regulierungsbehörden und Fernleitungsnetzbetreibern zusammen, um die Kompatibilität der regional geltenden Regulierungsrahmen und damit die Schaffung eines Wettbewerbsbinnenmarkts zu gewährleisten. ² Ist die Agentur der Auffassung, dass verbindliche Regeln für eine derartige Zusammenarbeit erforderlich sind, spricht sie geeignete Empfehlungen aus.

(3) Die Mitgliedstaaten gewährleisten im Zuge der Umsetzung dieser Richtlinie, dass die Fernleitungsnetzbetreiber für Zwecke der Kapazitätszuweisung und der Überprüfung der Netzsicherheit auf regionaler Ebene über ein oder mehrere integrierte Systeme verfügen, die sich auf zwei oder mehr Mitgliedstaaten erstrecken.

(4) ¹ Wirken vertikal integrierte Fernleitungsnetzbetreiber an einem zur Umsetzung der Zusammenarbeit errichteten gemeinsamen Unternehmen mit, so stellt dieses gemeinsame Unternehmen ein Gleichbehandlungsprogramm auf und führt es durch; darin sind die Maßnahmen aufgeführt, mit denen sichergestellt wird, dass diskriminierende und wettbewerbswidrige Verhaltensweisen ausgeschlossen werden. ² In dem Gleichbehandlungsprogramm ist festgelegt, welche besonderen Pflichten die Mitarbeiter im Hinblick auf die Erreichung des Ziels der Vermeidung diskriminierenden und wettbewerbswidrigen Verhaltens haben. ³ Das Programm bedarf der Genehmigung durch die Agentur. ⁴ Die Einhaltung des Programms wird durch die Gleichbehandlungsbeauftragten der vertikal integrierten Fernleitungsnetzbetreiber unabhängig kontrolliert.

Art. 8 Technische Vorschriften. ¹ Die Mitgliedstaaten oder, wenn die Mitgliedstaaten dies so vorgesehen haben, die Regulierungsbehörden gewährleisten, dass Kriterien für die technische Betriebssicherheit festgelegt und für den Netzanschluss von LNG-Anlagen, Speicheranlagen, sonstigen Fernleitungs- oder Verteilersystemen sowie Direktleitungen technische Vorschriften mit Mindestanforderungen an die Auslegung und den Betrieb ausgearbeitet und veröffentlicht werden. ² Diese technischen Vorschriften müssen die Interoperabilität der Netze sicherstellen sowie objektiv und nichtdiskriminierend

---

[1)] Nr. 21.

sein. ³ Die Agentur kann gegebenenfalls geeignete Empfehlungen abgeben, wie diese Vorschriften kompatibel gestaltet werden können. ⁴ Diese Vorschriften werden der Kommission gemäß Artikel 8 der Richtlinie 98/34/EG des Europäischen Parlaments und des Rates vom 22. Juni 1998 über ein Informationsverfahren auf dem Gebiet der Normen und technischen Vorschriften und der Vorschriften für die Dienste der Informationsgesellschaft[1] mitgeteilt.

Kapitel III. Fernleitung, Speicherung und LNG

Art. 9 Entflechtung der Fernleitungsnetze und der Fernleitungsnetzbetreiber. (1) Die Mitgliedstaaten gewährleisten, dass ab dem 3. März 2012

a) jedes Unternehmen, das Eigentümer eines Fernleitungsnetzes ist, als Fernleitungsnetzbetreiber agiert;

b) nicht ein und dieselbe(n) Person(en) berechtigt ist (sind),

   i) direkt oder indirekt die Kontrolle über ein Unternehmen auszuüben, das eine der Funktionen der Gewinnung oder der Versorgung wahrnimmt, und direkt oder indirekt die Kontrolle über einen Fernleitungsnetzbetreiber oder ein Fernleitungsnetz auszuüben oder Rechte an einem Fernleitungsnetzbetreiber oder einem Fernleitungsnetz auszuüben oder

   ii) direkt oder indirekt die Kontrolle über einen Fernleitungsnetzbetreiber oder ein Fernleitungsnetz auszuüben und direkt oder indirekt die Kontrolle über ein Unternehmen auszuüben, das eine der Funktionen Gewinnung oder Versorgung wahrnimmt, oder Rechte an einem Unternehmen, das eine dieser Funktionen wahrnimmt, auszuüben;

c) nicht ein und dieselbe(n) Person(en) berechtigt ist (sind), Mitglieder des Aufsichtsrates, des Verwaltungsrates oder der zur gesetzlichen Vertretung berufenen Organe eines Fernleitungsnetzbetreibers oder eines Fernleitungsnetzes zu bestellen und direkt oder indirekt die Kontrolle über ein Unternehmen auszuüben, das eine der Funktionen Gewinnung oder Versorgung wahrnimmt, oder Rechte an einem Unternehmen, das eine dieser Funktionen wahrnimmt, auszuüben, und

d) nicht ein und dieselbe(n) Person(en) berechtigt ist (sind), Mitglied des Aufsichtsrates, des Verwaltungsrates oder der zur gesetzlichen Vertretung berufenen Organe sowohl eines Unternehmens, das eine der Funktionen Gewinnung oder Versorgung wahrnimmt, als auch eines Fernleitungsnetzbetreibers oder eines Fernleitungsnetzes zu sein.

(2) Die in Absatz 1 Buchstaben b und c genannten Rechte schließen insbesondere Folgendes ein:

a) die Befugnis zur Ausübung von Stimmrechten oder

b) die Befugnis, Mitglieder des Aufsichtsrates, des Verwaltungsrates oder der zur gesetzlichen Vertretung berufenen Organe zu bestellen, oder

c) das Halten einer Mehrheitsbeteiligung.

(3) Für die Zwecke des Absatzes 1 Buchstabe b schließt der Begriff „Unternehmen, das eine der Funktionen Gewinnung oder Versorgung wahrnimmt" auch ein „Unternehmen, das eine der Funktionen Erzeugung und Versorgung

---

[1] **Amtl. Anm.:** ABl. L 204 vom 21. 7. 1998, S. 37.

wahrnimmt" im Sinne der Richtlinie 2009/72/EG[1]) des Europäischen Parlaments und des Rates vom 13. Juli 2009 über gemeinsame Vorschriften für den Elektrizitätsbinnenmarkt[2]) ein und schließen die Begriffe „Fernleitungsnetzbetreiber" und „Fernleitungsnetz" auch „Übertragungsnetzbetreiber" und „Übertragungsnetz" im Sinne der genannten Richtlinie ein.

(4) Die Mitgliedstaaten können bis zum 3. März 2013 Ausnahmen von den Bestimmungen des Absatzes 1 Buchstaben b und c zulassen, sofern die Fernleitungsnetzbetreiber nicht Teil eines vertikal integrierten Unternehmens sind.

(5) ¹ Die Verpflichtung des Absatzes 1 Buchstabe a des vorliegenden Artikels gilt als erfüllt, wenn zwei oder mehr Unternehmen, die Eigentümer von Fernleitungsnetzen sind, ein Gemeinschaftsunternehmen gründen, das in zwei oder mehr Mitgliedstaaten als Fernleitungsnetzbetreiber für die betreffenden Fernleitungsnetze tätig ist. ² Kein anderes Unternehmen darf Teil des Gemeinschaftsunternehmens sein, es sei denn, es wurde gemäß Artikel 14 als unabhängiger Netzbetreiber oder als ein unabhängiger Fernleitungsnetzbetreiber für die Zwecke des Kapitels IV zugelassen.

(6) Für die Umsetzung dieses Artikels gilt Folgendes: Handelt es sich bei der in Absatz 1 Buchstaben b, c und d genannten Person um den Mitgliedstaat oder eine andere öffentliche Stelle, so gelten zwei von einander getrennte öffentlich-rechtliche Stellen, die einerseits die Kontrolle über einen Fernleitungsnetzbetreiber oder über ein Fernleitungsnetz und andererseits über ein Unternehmen, das eine der Funktionen Gewinnung oder Versorgung wahrnimmt, ausüben, nicht als ein und dieselbe(n) Person(en).

(7) Die Mitgliedstaaten stellen sicher, dass weder die in Artikel 16 genannten wirtschaftlich sensiblen Informationen, über die ein Fernleitungsnetzbetreiber verfügt, der Teil eines vertikal integrierten Unternehmens war, noch sein Personal an Unternehmen weitergegeben werden, die eine der Funktionen der Gewinnung oder der Versorgung wahrnehmen.

(8) In den Fällen, in denen das Fernleitungsnetz am 3. September 2009 einem vertikal integrierten Unternehmen gehört, kann ein Mitgliedstaat entscheiden, Absatz 1 nicht anzuwenden.

In diesem Fall muss der betreffende Mitgliedstaat entweder

a) einen unabhängigen Netzbetreiber gemäß Artikel 14 benennen oder

b) die Bestimmungen des Kapitels IV einhalten.

(9) In den Fällen, in denen das Fernleitungsnetz am 3. September 2009 einem vertikal integrierten Unternehmen gehört und Regelungen bestehen, die eine wirksamere Unabhängigkeit des Fernleitungsnetzbetreibers gewährleisten als die Bestimmungen des Kapitels IV, kann ein Mitgliedstaaten entscheiden, Absatz 1 nicht anzuwenden.

(10) Bevor ein Unternehmen als Fernleitungsnetzbetreiber nach Absatz 9 des vorliegenden Artikels zugelassen und benannt wird, ist es nach den Verfahren des Artikels 10 Absätze 4, 5 und 6 der vorliegenden Richtlinie und des Artikels 3 der Verordnung (EG) Nr. 715/2009[3]) zu zertifizieren, wobei die Kommission überprüft, ob die bestehenden Regelungen eindeutig eine wirk-

---

[1]) Nr. **5**.
[2]) **Amtl. Anm.**: Siehe Seite 55 dieses Amtsblatts.
[3]) Nr. **21**.

samere Unabhängigkeit des Fernleitungsnetzbetreibers gewährleisten als die Bestimmungen des Kapitels IV.

(11) Vertikal integrierte Unternehmen, die ein Fernleitungsnetz besitzen, können in keinem Fall daran gehindert werden, Schritte zur Einhaltung des Absatzes 1 zu unternehmen.

(12) Unternehmen, die eine der Funktionen der Gewinnung oder der Versorgung wahrnehmen, können in einem Mitgliedstaat, der Absatz 1 anwendet, unter keinen Umständen direkt oder indirekt die Kontrolle über einen entflochtenen Fernleitungsnetzbetreiber übernehmen oder Rechte an diesem Fernleitungsnetzbetreiber ausüben.

Art. 10 Benennung und Zertifizierung von Fernleitungsnetzbetreibern. (1) Bevor ein Unternehmen als Fernleitungsnetzbetreiber zugelassen und benannt wird, muss es gemäß den in den Absätzen 4, 5 und 6 des vorliegenden Artikels und in Artikel 3 der Verordnung (EG) Nr. 715/2009[1]) genannten Verfahren zertifiziert werden.

(2) [1] Unternehmen, die Eigentümer eines Fernleitungsnetzes sind und denen von der nationalen Regulierungsbehörde gemäß dem unten beschriebenen Zertifizierungsverfahren bescheinigt wurde, dass sie den Anforderungen des Artikels 9 genügen, werden von den Mitgliedstaaten zugelassen und als Fernleitungsnetzbetreiber benannt. [2] Die Benennung der Fernleitungsnetzbetreiber wird der Kommission mitgeteilt und im *Amtsblatt der Europäischen Union* veröffentlicht.

(3) Die Fernleitungsnetzbetreiber unterrichten die Regulierungsbehörde über alle geplanten Transaktionen, die eine Neubewertung erforderlich machen können, bei der festzustellen ist, ob sie die Anforderungen des Artikels 9 erfüllen.

(4) [1] Die Regulierungsbehörden beobachten die ständige Einhaltung des Artikels 9. [2] Um die Einhaltung der Anforderungen sicherzustellen, leiten sie ein Zertifizierungsverfahren ein

a) bei Erhalt einer Mitteilung eines Fernleitungsnetzbetreibers gemäß Absatz 3;

b) aus eigener Initiative, wenn sie Kenntnis von einer geplanten Änderung bezüglich der Rechte an oder der Einflussnahme auf Fernleitungsnetzeigentümer oder Fernleitungsnetzbetreiber erlangen und diese Änderung zu einem Verstoß gegen Artikel 9 führen kann oder wenn sie Grund zu der Annahme haben, dass es bereits zu einem derartigen Verstoß gekommen ist, oder

c) wenn die Kommission einen entsprechend begründeten Antrag stellt.

(5) [1] Die Regulierungsbehörden entscheiden innerhalb eines Zeitraums von vier Monaten ab dem Tag der Mitteilung des Fernleitungsnetzbetreibers oder ab Antragstellung durch die Kommission über die Zertifizierung eines Fernleitungsnetzbetreibers. [2] Nach Ablauf dieser Frist gilt die Zertifizierung als erteilt. [3] Die ausdrückliche oder stillschweigende Entscheidung der Regulierungsbehörde wird erst nach Abschluss des in Absatz 6 beschriebenen Verfahrens wirksam.

---

[1]) Nr. 21.

(6) ¹ Die ausdrückliche oder stillschweigende Entscheidung über die Zertifizierung eines Fernleitungsnetzbetreibers wird der Kommission zusammen mit allen die Entscheidung betreffenden relevanten Informationen unverzüglich von der Regulierungsbehörde übermittelt. ² Die Kommission handelt nach dem Verfahren des Artikels 3 der Verordnung (EG) Nr. 715/2009.

(7) Die Regulierungsbehörden und die Kommission können Fernleitungsnetzbetreiber und Unternehmen, die eine der Funktionen Gewinnung oder Versorgung wahrnehmen, um Bereitstellung sämtlicher für die Erfüllung ihrer Aufgaben gemäß diesem Artikel relevanten Informationen ersuchen.

(8) Die Regulierungsbehörden und die Kommission behandeln wirtschaftlich sensible Informationen vertraulich.

Art. 11 Zertifizierung in Bezug auf Drittländer. (1) Beantragt ein Fernleitungsnetzeigentümer oder -betreiber, der von einer oder mehreren Personen aus einem oder mehreren Drittländern kontrolliert wird, eine Zertifizierung, so teilt die Regulierungsbehörde dies der Kommission mit.

Die Regulierungsbehörde teilt der Kommission ferner unverzüglich alle Umstände mit, die dazu führen würden, dass eine oder mehrere Personen aus einem oder mehreren Drittländern die Kontrolle über ein Fernleitungsnetz oder einen Fernleitungsnetzbetreiber erhalten.

(2) Der Fernleitungsnetzbetreiber teilt der Regulierungsbehörde alle Umstände mit, die dazu führen würden, dass eine oder mehrere Personen aus einem oder mehreren Drittländern die Kontrolle über das Fernleitungsnetz oder den Fernleitungsnetzbetreiber erhalten.

(3) ¹ Die Regulierungsbehörde nimmt innerhalb von vier Monaten ab dem Tag der Mitteilung des Fernleitungsnetzbetreibers einen Entwurf einer Entscheidung über die Zertifizierung eines Fernleitungsnetzbetreibers an. ² Sie verweigert die Zertifizierung, wenn nicht

a) nachgewiesen wird, dass die betreffende Rechtsperson den Anforderungen von Artikel 9 genügt, und

b) der Regulierungsbehörde oder einer anderen vom Mitgliedstaat benannten zuständigen Behörde nachgewiesen wird, dass die Erteilung der Zertifizierung die Sicherheit der Energieversorgung des Mitgliedstaats und der Gemeinschaft nicht gefährdet. Bei der Prüfung dieser Frage berücksichtigt die Regulierungsbehörde oder die entsprechend benannte andere zuständige Behörde

  i) die Rechte und Pflichten der Gemeinschaft gegenüber diesem Drittland, die aus dem Völkerrecht – auch aus einem Abkommen mit einem oder mehreren Drittländern, dem die Gemeinschaft als Vertragspartei angehört und in dem Fragen der Energieversorgungssicherheit behandelt werden – erwachsen;

  ii) die Rechte und Pflichten des Mitgliedstaats gegenüber diesem Drittland, die aus den mit diesem geschlossenen Abkommen erwachsen, soweit sie mit dem Gemeinschaftsrecht in Einklang stehen, und

  iii) andere spezielle Gegebenheiten des Einzelfalls und des betreffenden Drittlands.

(4) Die Regulierungsbehörde teilt der Kommission unverzüglich die Entscheidung zusammen mit allen die Entscheidung betreffenden relevanten Informationen mit.

(5) Die Mitgliedstaaten schreiben vor, dass die Regulierungsbehörde und/oder die benannte zuständige Behörde gemäß Absatz 3 Buchstabe b vor der Annahme einer Entscheidung der Regulierungsbehörde über die Zertifizierung die Stellungnahme der Kommission zu der Frage einholt, ob

a) die betreffende Rechtsperson den Anforderungen von Artikel 9 genügt und

b) eine Gefährdung der Energieversorgungssicherheit der Gemeinschaft durch die Erteilung der Zertifizierung ausgeschlossen ist.

(6) [1] Die Kommission prüft den Antrag nach Absatz 5 unmittelbar nach seinem Eingang. [2] Innerhalb eines Zeitraums von zwei Monaten nach Eingang des Antrags übermittelt sie der nationalen Regulierungsbehörde – oder, wenn der Antrag von der benannten zuständigen Behörde gestellt wurde, dieser Behörde – ihre Stellungnahme.

[1] Zur Ausarbeitung der Stellungnahme kann die Kommission die Standpunkte der Agentur, des betroffenen Mitgliedstaats sowie interessierter Kreise einholen. [2] In diesem Fall verlängert sich die Zweimonatsfrist um zwei Monate.

Legt die Kommission innerhalb des in den Unterabsätzen 1 und 2 genannten Zeitraums keine Stellungnahme vor, so wird davon ausgegangen, dass sie keine Einwände gegen die Entscheidung der Regulierungsbehörde erhebt.

(7) Bei der Bewertung der Frage, ob die Kontrolle durch eine oder mehrere Personen aus einem oder mehreren Drittländern die Energieversorgungssicherheit der Gemeinschaft nicht gefährden werden, berücksichtigt die Kommission Folgendes:

a) die besonderen Gegebenheiten des Einzelfalls und des/der betreffenden Drittlands/Drittländer sowie

b) die Rechte und Pflichten der Gemeinschaft gegenüber diesem/n Drittland/Drittländern, die aus dem Völkerrecht – auch aus einem Abkommen mit einem oder mehreren Drittländern, dem die Gemeinschaft als Vertragspartei angehört und durch das Fragen der Versorgungssicherheit geregelt werden – erwachsen.

(8) [1] Die nationale Regulierungsbehörde erlässt ihre endgültige Entscheidung über die Zertifizierung innerhalb von zwei Monaten nach Ablauf der in Absatz 6 genannten Frist. [2] Die nationale Regulierungsbehörde trägt in ihrer endgültigen Entscheidung der Stellungnahme der Kommission so weit wie möglich Rechnung. [3] Die Mitgliedstaaten haben in jedem Fall das Recht, die Zertifizierung abzulehnen, wenn die Erteilung der Zertifizierung die Sicherheit der Energieversorgung des jeweiligen Mitgliedstaats oder die eines anderen Mitgliedstaats gefährdet. [4] Hat der Mitgliedstaat eine andere zuständige Behörde für die Bewertung nach Absatz 3 Buchstabe b benannt, so kann er vorschreiben, dass die nationale Regulierungsbehörde ihre endgültige Entscheidung in Einklang mit der Bewertung dieser zuständigen Behörde erlassen muss. [5] Die endgültige Entscheidung der Regulierungsbehörde wird zusammen mit der Stellungnahme der Kommission veröffentlicht. [6] Weicht die endgültige Entscheidung von der Stellungnahme der Kommission ab, so muss

der betreffende Mitgliedstaat zusammen mit dieser Entscheidung die Begründung für diese Entscheidung mitteilen und veröffentlichen.

(9) Dieser Artikel berührt in keiner Weise das Recht der Mitgliedstaaten, in Einklang mit dem Gemeinschaftsrecht nationale rechtliche Kontrollen zum Schutz legitimer Interessen der öffentlichen Sicherheit durchzuführen.

(10) [1] Die Kommission kann Leitlinien erlassen, in denen die Einzelheiten des Verfahrens für die Anwendung dieses Artikels festgelegt werden. [2] Diese Maßnahmen zur Änderung nicht wesentlicher Bestimmungen dieser Richtlinie durch Ergänzung werden nach dem in Artikel 51 Absatz 3 genannten Regelungsverfahren mit Kontrolle erlassen.

(11) Dieser Artikel gilt mit Ausnahme von Absatz 3 Buchstabe a auch für die Mitgliedstaaten, für die nach Artikel 49 eine Ausnahmeregelung gilt.

Art. 12 Benennung der Betreiber von Speicheranlagen und LNG-Anlagen. Die Mitgliedstaaten oder von diesen dazu aufgeforderte Erdgasunternehmen, die Eigentümer von Speicheranlagen oder LNG-Anlagen sind, benennen für einen Zeitraum, den die Mitgliedstaaten unter Effizienzerwägungen und unter Berücksichtigung des wirtschaftlichen Gleichgewichts festlegen, einen oder mehrere Betreiber von Speicheranlagen oder LNG.

Art. 13 Aufgaben der Fernleitungs-, der Speicherungs- und/oder LNG-Anlagenbetreiber. (1) Jeder Betreiber von Fernleitungsnetzen, Speicheranlagen und/oder LNG-Anlagen ist verantwortlich,

a) zur Gewährleistung eines offenen Marktes unter wirtschaftlichen Bedingungen und unter gebührender Beachtung des Umweltschutzes sichere, zuverlässige und leistungsfähige Fernleitungsnetze, Speicheranlagen und/oder LNG-Anlagen zu betreiben, zu warten und auszubauen, wobei gewährleistet wird, dass die zur Erfüllung der Dienstleistungsverpflichtungen erforderlichen Mittel vorhanden sind;

b) sich jeglicher Diskriminierung von Netzbenutzern oder Kategorien von Netzbenutzern, insbesondere zugunsten der mit ihm verbundenen Unternehmen, zu enthalten;

c) anderen Fernleitungsnetzbetreibern, Speicheranlagenbetreibern oder LNG-Anlagenbetreibern und/oder einem Verteilernetzbetreiber ausreichende Informationen bereitzustellen, damit der Transport und die Speicherung von Erdgas so erfolgen kann, dass der sichere und effiziente Betrieb des Verbundnetzes sichergestellt ist und

d) den Netzbenutzern die Informationen zur Verfügung zu stellen, die sie für einen effizienten Netzzugang benötigen.

(2) Jeder Fernleitungsnetzbetreiber baut ausreichende grenzüberschreitende Kapazitäten für die Integration der europäischen Fernleitungsinfrastruktur auf, um die gesamte wirtschaftlich sinnvolle und technisch zu bewältigende Kapazitätsnachfrage zu befriedigen, wobei der Erdgasversorgungssicherheit Rechnung getragen wird.

(3) [1] Die von den Fernleitungsnetzbetreibern festgelegten Ausgleichsregelungen für das Gasfernleitungsnetz müssen objektiv, transparent und nichtdiskriminierend sein, einschließlich der Regelungen über die von den Netzbenutzern für Energieungleichgewichte zu zahlenden Entgelte. [2] Die

Bedingungen für die Erbringung dieser Leistungen durch die Fernleitungsnetzbetreiber einschließlich Regelungen und Tarife werden gemäß einem mit Artikel 41 Absatz 6 zu vereinbarenden Verfahren in nichtdiskriminierender Weise und kostenorientiert festgelegt und veröffentlicht.

(4) Die Mitgliedstaaten oder, wenn die Mitgliedstaaten dies vorgesehen haben, die Regulierungsbehörden können den Fernleitungsnetzbetreibern zur Auflage machen, bei der Wartung und dem Ausbau des Fernleitungsnetzes einschließlich der Verbindungskapazitäten bestimmte Mindestnormen einzuhalten.

(5) Die Fernleitungsnetzbetreiber beschaffen sich die Energie, die sie zur Wahrnehmung ihrer Aufgaben verwenden, nach transparenten, nichtdiskriminierenden und marktorientierten Verfahren.

Art. 14 Unabhängige Netzbetreiber (ISO). (1) ¹In den Fällen, in denen das Fernleitungsnetz am 3. September 2009 einem vertikal integrierten Unternehmen gehört, können die Mitgliedstaaten entscheiden, Artikel 9 Absatz 1 nicht anzuwenden, und auf Vorschlag des Eigentümers des Fernleitungsnetzes einen unabhängigen Netzbetreiber benennen. ²Die Benennung bedarf der Zustimmung der Kommission.

(2) Ein Mitgliedstaat kann einen unabhängigen Netzbetreiber nur unter folgenden Bedingungen zulassen und benennen:

a) Der Bewerber hat den Nachweis erbracht, dass er den Anforderungen des Artikels 9 Absatz 1 Buchstaben b, c und d genügt.

b) Der Bewerber hat den Nachweis erbracht, dass er über die erforderlichen finanziellen, technischen und personellen Ressourcen verfügt, um die Aufgaben gemäß Artikel 13 wahrzunehmen.

c) Der Bewerber hat sich verpflichtet, einen von der Regulierungsbehörde beobachteten zehnjährigen Netzentwicklungsplan umzusetzen.

d) Der Eigentümer des Fernleitungsnetzes hat den Nachweis erbracht, dass er in der Lage ist, seinen Verpflichtungen gemäß Absatz 5 nachzukommen. Zu diesem Zweck legt er sämtliche mit dem Bewerberunternehmen und etwaigen anderen relevanten Rechtspersonen getroffene vertraglichen Vereinbarungen im Entwurf vor.

e) Der Bewerber hat den Nachweis erbracht, dass er in der Lage ist, seinen Verpflichtungen gemäß der Verordnung (EG) Nr. 715/2009[1], auch bezüglich der Zusammenarbeit der Fernleitungsnetzbetreiber auf europäischer und regionaler Ebene, nachzukommen.

(3) ¹Unternehmen, denen von der nationalen Regulierungsbehörde bescheinigt wurde, dass sie den Anforderungen des Artikels 11 und Absatz 2 dieses Artikels genügen, werden von den Mitgliedstaaten zugelassen und als Fernleitungsnetzbetreiber benannt. ²Es gilt das Zertifizierungsverfahren des Artikels 10 der vorliegenden Richtlinie und des Artikels 3 der Verordnung (EG) Nr. 715/2009 oder des Artikels 11 der vorliegenden Richtlinie.

(4) ¹Jeder unabhängige Netzbetreiber ist verantwortlich für die Gewährung und Regelung des Zugangs Dritter, einschließlich der Erhebung von Zugangsentgelten sowie der Einnahme von Engpasserlösen, für Betrieb, Wartung

---

[1] Nr. 21.

und Ausbau des Fernleitungsnetzes sowie für die Gewährleistung der langfristigen Fähigkeit des Netzes, im Wege einer Investitionsplanung eine angemessene Nachfrage zu befriedigen. ² Beim Ausbau des Fernleitungsnetzes ist der unabhängige Netzbetreiber für Planung (einschließlich Genehmigungsverfahren), Bau und Inbetriebnahme der neuen Infrastruktur verantwortlich. ³ Hierzu handelt der unabhängige Netzbetreiber als Fernleitungsnetzbetreiber im Einklang mit den Bestimmungen dieses Kapitels. ⁴ Fernleitungsnetzbetreiber dürfen weder für die Gewährung und Regelung des Zugangs Dritter noch für die Investitionsplanung verantwortlich sein.

(5) Wurde ein unabhängiger Netzbetreiber benannt, ist der Eigentümer des Fernleitungsnetzes zu Folgendem verpflichtet:

a) Er arbeitet im erforderlichen Maße mit dem unabhängigen Fernleitungsnetzbetreiber zusammen und unterstützt ihn bei der Wahrnehmung seiner Aufgaben, indem er insbesondere alle relevanten Informationen liefert.

b) Er finanziert die vom unabhängigen Netzbetreiber beschlossenen und von der Regulierungsbehörde genehmigten Investitionen oder erteilt seine Zustimmung zur Finanzierung durch eine andere interessierte Partei, einschließlich des unabhängigen Netzbetreibers. Die einschlägigen Finanzierungsvereinbarungen unterliegen der Genehmigung durch die Regulierungsbehörde. Vor ihrer Genehmigung konsultiert die Regulierungsbehörde den Eigentümer des Fernleitungsnetzes sowie die anderen interessierten Parteien.

c) Er sichert die Haftungsrisiken im Zusammenhang mit den Netzvermögenswerten ab; hiervon ausgenommen sind diejenigen Haftungsrisiken, die die Aufgaben des unabhängigen Netzbetreibers betreffen, und

d) Er stellt die Garantien, die zur Erleichterung der Finanzierung eines etwaigen Netzausbaus erforderlich sind, mit Ausnahme derjenigen Investitionen, bei denen er gemäß Absatz b einer Finanzierung durch eine interessierte Partei, einschließlich des unabhängigen Netzbetreibers, zugestimmt hat.

(6) In enger Zusammenarbeit mit der Regulierungsbehörde wird die zuständige nationale Wettbewerbsbehörde mit sämtlichen maßgeblichen Befugnissen ausgestattet, die es ihr ermöglichen, wirksam zu beobachten, ob der Fernleitungsnetzeigentümer seinen Verpflichtungen gemäß Absatz 5 nachkommt.

Art. 15 Entflechtung der Fernleitungsnetzeigentümer und Speicheranlagenbetreiber. (1) Fernleitungsnetzeigentümer − falls ein unabhängiger Netzbetreiber benannt wurde − und Speicheranlagenbetreiber, die Teil eines vertikal integrierten Unternehmens sind, müssen zumindest hinsichtlich ihrer Rechtsform, Organisation und Entscheidungsgewalt unabhängig von den übrigen Tätigkeiten sein, die nicht mit der Fernleitung, Verteilung und Speicherung zusammenhängen.

Dieser Artikel gilt nur für Speicheranlagen, die technisch und/oder wirtschaftlich erforderlich sind, um einen effizienten Zugang zum System für die Versorgung der Kunden gemäß Artikel 33 zu gewährleisten.

(2) Um die Unabhängigkeit des Fernleitungsnetzeigentümers und des Speicheranlagenbetreibers gemäß Absatz 1 sicherzustellen, sind die folgenden Mindestkriterien anzuwenden:

a) Die für die Leitung des Fernleitungsnetzeigentümers und des Speicheranlagenbetreibers zuständigen Personen dürfen nicht betrieblichen Einrichtungen des integrierten Erdgasunternehmens angehören, die direkt oder indirekt für den laufenden Betrieb in den Bereichen Erdgasgewinnung, -verteilung und -versorgung zuständig sind.

b) Es sind geeignete Maßnahmen zu treffen, damit die berufsbedingten Interessen der für die Leitung des Fernleitungsnetzeigentümers und des Speicheranlagenbetreibers zuständigen Personen so berücksichtigt werden, dass ihre Handlungsunabhängigkeit gewährleistet ist.

c) Der Speicheranlagenbetreiber hat in Bezug auf Vermögenswerte, die für Betrieb, Wartung oder Ausbau der Speicheranlagen erforderlich sind, tatsächliche Entscheidungsbefugnisse, die er unabhängig von dem integrierten Gasunternehmen ausübt. Dies darf geeigneten Koordinierungsmechanismen nicht entgegenstehen, mit denen sichergestellt wird, dass die wirtschaftlichen Befugnisse des Mutterunternehmens und seine Aufsichtsrechte über das Management im Hinblick auf die – gemäß Artikel 41 Absatz 6 indirekt geregelte – Rentabilität eines Tochterunternehmens geschützt werden. Dies ermöglicht es dem Mutterunternehmen insbesondere, den jährlichen Finanzplan oder ein gleichwertiges Instrument des Speicheranlagenbetreibers zu genehmigen und generelle Grenzen für die Verschuldung seines Tochterunternehmens festzulegen. Dies erlaubt es dem Mutterunternehmen nicht, Weisungen bezüglich des laufenden Betriebs oder einzelner Entscheidungen über den Bau oder die Modernisierung von Speicheranlagen zu erteilen, die über den Rahmen des genehmigten Finanzplans oder eines gleichwertigen Instruments nicht hinausgehen.

d) Der Fernleitungsnetzeigentümer und der Speicheranlagenbetreiber stellen ein Gleichbehandlungsprogramm auf, aus dem hervorgeht, welche Maßnahmen zum Ausschluss diskriminierenden Verhaltens getroffen werden, und gewährleisten die ausreichende Beobachtung der Einhaltung dieses Programms. In dem Gleichbehandlungsprogramm ist festgelegt, welche besonderen Pflichten die Mitarbeiter im Hinblick auf die Erreichung dieser Ziele haben. Die für die Beobachtung des Gleichbehandlungsprogramms zuständige Person oder Stelle legt der Regulierungsbehörde jährlich einen Bericht über die getroffenen Maßnahmen vor, der veröffentlicht wird.

(3) [1] Die Kommission kann Leitlinien erlassen, um sicherzustellen, dass der Fernleitungsnetzeigentümer und der Speicheranlagenbetreiber den Bestimmungen des Absatzes 2 dieses Artikels in vollem Umfang und wirksam nachkommen. [2] Diese Maßnahmen zur Änderung nicht wesentlicher Bestimmungen dieser Richtlinie durch Ergänzung werden nach dem in Artikel 51 Absatz 3 genannten Regelungsverfahren mit Kontrolle erlassen.

Art. 16 Vertraulichkeitsanforderungen für Betreiber und Eigentümer von Fernleitungsnetzen. (1) [1] Unbeschadet des Artikels 30 und sonstiger rechtlicher Verpflichtungen zur Offenlegung von Informationen wahrt jeder Betreiber eines Fernleitungsnetzes, einer Speicheranlage und/oder einer LNG-Anlage und jeder Eigentümer eines Fernleitungsnetzes die Vertraulichkeit wirtschaftlich sensibler Informationen, von denen er bei der Ausübung seiner Geschäftstätigkeit Kenntnis erlangt, und verhindert, dass Informationen über seine eigenen Tätigkeiten, die wirtschaftliche Vorteile bringen können, in diskriminierender Weise offen gelegt werden. [2] Insbesondere gibt er keine wirtschaftlich sensiblen Informationen an andere Teile des Unternehmens weiter, es sei denn, dies ist für die Durchführung einer Transaktion erforderlich. ³ Zur Gewährleistung der vollständigen Einhaltung der Regeln zur Informationsentflechtung stellen die Mitgliedstaaten sicher, dass der Eigentümer des Fernleitungsnetzes – wenn es sich um einen Kombinationsnetzbetreiber handelt, auch der Verteilernetzbetreiber – und die übrigen Teile des Unternehmens – abgesehen von Einrichtungen rein administrativer Natur oder von IT-Diensten – keine gemeinsamen Einrichtungen wie z.B. gemeinsame Rechtsabteilungen in Anspruch nehmen.

(2) Betreiber von Fernleitungsnetzen, Speicheranlagen und/oder LNG-Anlagen dürfen wirtschaftlich sensible Informationen, die sie von Dritten im Zusammenhang mit der Gewährung des Netzzugangs oder bei Verhandlungen hierüber erhalten, beim Verkauf oder Erwerb von Erdgas durch verbundene Unternehmen nicht missbrauchen.

(3) ¹ Die für einen wirksamen Wettbewerb und das tatsächliche Funktionieren des Marktes erforderlichen Informationen werden veröffentlicht. ² Der Schutz wirtschaftlich sensibler Daten bleibt von dieser Verpflichtung unberührt.

Kapitel IV. Unabhängiger Fernleitungsnetzbetreiber (ITO)

Art. 17 Vermögenswerte, Anlagen, Personal und Unternehmensidentität. (1) Die Fernleitungsnetzbetreiber müssen über alle personellen, technischen, materiellen und finanziellen Ressourcen verfügen, die zur Erfüllung ihrer Pflichten im Rahmen dieser Richtlinie und für die Geschäftstätigkeit der Gasfernleitung erforderlich sind; hierfür gilt insbesondere Folgendes:

a) Vermögenswerte, die für die Geschäftstätigkeit der Gasfernleitung erforderlich sind, einschließlich des Fernleitungsnetzes, müssen Eigentum des Fernleitungsnetzbetreibers sein.

b) Das Personal, das für die Geschäftstätigkeit der Gasfernleitung erforderlich ist, so auch für die Erfüllung aller Aufgaben des Unternehmens, muss beim Fernleitungsnetzbetreiber angestellt sein.

c) Personalleasing und Erbringung von Dienstleistungen für bzw. durch andere Teile des vertikal integrierten Unternehmens sind untersagt. Ein Fernleitungsnetzbetreiber darf jedoch für das vertikal integrierte Unternehmen Dienstleistungen erbringen, sofern dabei

  i) nicht zwischen Nutzern diskriminiert wird, die Dienstleistungen allen Nutzern unter den gleichen Vertragsbedingungen zugänglich sind und der Wettbewerb bei der Gewinnung und Lieferung nicht eingeschränkt, verzerrt oder unterbunden wird und

  ii) die dafür geltenden Vertragsbedingungen von der Regulierungsbehörde genehmigt werden.

d) Unbeschadet der Entscheidungen des Aufsichtsorgans nach Artikel 20 sind dem Fernleitungsnetzbetreiber angemessene finanzielle Ressourcen für künftige Investitionsprojekte und/oder für den Ersatz vorhandener Vermögenswerte nach entsprechender Anforderung durch den Fernleitungsnetzbetreiber rechtzeitig vom vertikal integrierten Unternehmen bereitzustellen.

(2) Die Geschäftstätigkeit der Gasfernleitung beinhaltet neben den in Artikel 13 aufgeführten Aufgaben mindestens die folgenden Tätigkeiten:

a) die Vertretung des Fernleitungsnetzbetreibers und die Funktion des Ansprechpartners für Dritte und für die Regulierungsbehörden;

b) die Vertretung des Fernleitungsnetzbetreibers innerhalb des Europäischen Verbunds der Fernleitungsnetzbetreiber („ENTSO (Gas)");

c) die Gewährung und Regelung des Zugangs Dritter nach dem Grundsatz der Nichtdiskriminierung zwischen Netzbenutzern oder Kategorien von Netzbenutzern;

d) die Erhebung aller Fernleitungsnetzbezogenen Gebühren, einschließlich Zugangsentgelten, Ausgleichsentgelten für Hilfsdienste wie z.B. Gasaufbereitung, Erwerb von Leistungen (Ausgleichskosten, Energieverbrauch für Verluste);

e) den Betrieb, die Wartung und den Ausbau eines sicheren, effizienten und wirtschaftlichen Fernleitungsnetzes;

f) die Investitionsplanung zur Gewährleistung der langfristigen Fähigkeit des Netzes, eine angemessene Nachfrage zu decken, und der Versorgungssicherheit;

g) die Gründung geeigneter Gemeinschaftsunternehmen, auch mit einem oder mehreren Fernleitungsnetzbetreibern, Gasbörsen und anderen relevanten Akteuren, mit dem Ziel, die Schaffung von Regionalmärkten zu fördern oder den Prozess der Liberalisierung zu erleichtern, und

h) alle unternehmensspezifischen Einrichtungen und Leistungen, unter anderem Rechtsabteilung, Buchhaltung und IT-Dienste.

(3) Für Fernleitungsnetzbetreiber gelten die in Artikel 1 der Richtlinie 68/151/EWG des Rates[1] genannten Rechtsformen.

(4) Fernleitungsnetzbetreiber müssen in Bezug auf ihre Unternehmensidentität, ihre Kommunikation, ihre Markenpolitik sowie ihre Geschäftsräume dafür Sorge tragen, dass eine Verwechslung mit der eigenen Identität des vertikal integrierten Unternehmens oder irgendeines Teils davon ausgeschlossen ist.

(5) Fernleitungsnetzbetreiber unterlassen die gemeinsame Nutzung von IT-Systemen oder -Ausrüstung, Liegenschaften und Zugangskontrollsystemen mit jeglichem Unternehmensteil vertikal integrierter Unternehmen und gewährleisten, dass sie in Bezug auf IT-Systeme oder -Ausrüstung und Zugangskontrollsysteme nicht mit denselben Beratern und externen Auftragnehmern zusammenarbeiten.

(6) Die Rechnungslegung von Fernleitungsnetzbetreibern ist von anderen Wirtschaftsprüfern als denen, die die Rechnungsprüfung beim vertikal integrierten Unternehmen oder bei dessen Unternehmensteilen vornehmen, zu prüfen.

---

[1] **Amtl. Anm.:** Erste Richtlinie 68/151/EWG des Rates vom 9. März 1968 zur Koordinierung der Schutzbestimmungen, die in den Mitgliedstaaten den Gesellschaften im Sinne des Artikels 58 Absatz 2 des Vertrags im Interesse der Gesellschafter sowie Dritter vorgeschrieben sind, um diese Bestimmungen gleichwertig zu gestalten (ABl. L 65 vom 14. 3. 1968, S. 8).

Art. 18 Unabhängigkeit des Fernleitungsnetzbetreibers. (1) Unbeschadet der Entscheidungen des Aufsichtsorgans nach Artikel 20 muss der Fernleitungsnetzbetreiber

a) in Bezug auf Vermögenswerte oder Ressourcen, die für den Betrieb, die Wartung und den Ausbau des Fernleitungsnetzes erforderlich sind, wirksame Entscheidungsbefugnisse haben, die er unabhängig von dem vertikal integrierten Unternehmen ausübt, und

b) die Befugnis haben, Geld auf dem Kapitalmarkt insbesondere durch Aufnahme von Darlehen oder Kapitalerhöhung zu beschaffen.

(2) Der Fernleitungsnetzbetreiber stellt sicher, dass er jederzeit über die Mittel verfügt, die er benötigt, um das Fernleitungsgeschäft ordnungsgemäß und effizient zu führen und um ein leistungsfähiges, sicheres und wirtschaftliches Fernleitungsnetz aufzubauen und aufrechtzuerhalten.

(3) [1] Tochterunternehmen des vertikal integrierten Unternehmens, die die Funktionen Gewinnung oder Versorgung wahrnehmen, dürfen weder direkt noch indirekt Anteile an Unternehmen des Fernleitungsnetzbetreibers halten. [2] Der Fernleitungsnetzbetreiber darf weder direkt noch indirekt Anteile an Tochterunternehmen des vertikal integrierten Unternehmens, die die Funktionen Gewinnung oder Versorgung wahrnehmen, halten und darf keine Dividenden oder andere finanzielle Zuwendungen von diesen Tochterunternehmen erhalten.

(4) [1] Die gesamte Verwaltungsstruktur und die Unternehmenssatzung des Fernleitungsnetzbetreibers gewährleisten seine tatsächliche Unabhängigkeit gemäß diesem Kapitel. [2] Das vertikal integrierte Unternehmen darf das Wettbewerbsverhalten des Fernleitungsnetzbetreibers in Bezug auf dessen laufende Geschäfte und die Netzverwaltung oder in Bezug auf die notwendigen Tätigkeiten zur Aufstellung des zehnjährigen Netzentwicklungsplans gemäß Artikel 22 weder direkt noch indirekt beeinflussen.

(5) Fernleitungsnetzbetreiber gewährleisten bei der Wahrnehmung ihrer Aufgaben nach Artikel 13 und Artikel 17 Absatz 2 der vorliegenden Richtlinie und bei der Einhaltung von Artikel 13 Absatz 1, Artikel 14 Absatz 1 Buchstabe a, Artikel 16 Absätze 2, 3 und 5, Artikel 18 Absatz 6 und Artikel 21 Absatz 1 der Verordnung (EG) Nr. 715/2009[1]), dass sie weder Personen noch Körperschaften diskriminieren und dass sie den Wettbewerb bei der Gewinnung und Lieferung nicht einschränken, verzerren oder unterbinden.

(6) [1] Für die kommerziellen und finanziellen Beziehungen zwischen dem vertikal integrierten Unternehmen und dem Fernleitungsnetzbetreiber, einschließlich der Gewährung von Krediten durch den Fernleitungsnetzbetreiber an das vertikal integrierte Unternehmen, sind die marktüblichen Bedingungen einzuhalten. [2] Der Fernleitungsnetzbetreiber führt ausführliche Aufzeichnungen über diese kommerziellen und finanziellen Beziehungen und stellt sie der Regulierungsbehörde auf Verlangen zur Verfügung.

(7) Der Fernleitungsnetzbetreiber legt der Regulierungsbehörde sämtliche kommerziellen und finanziellen Vereinbarungen mit dem vertikal integrierten Unternehmen zur Genehmigung vor.

---

[1]) Nr. 21.

(8) Der Fernleitungsnetzbetreiber meldet der Regulierungsbehörde die Finanzmittel gemäß Artikel 17 Absatz 1 Buchstabe d, die ihm für künftige Investitionsprojekte und/oder für den Ersatz vorhandener Vermögenswerte und Ressourcen zur Verfügung stehen.

(9) Das vertikal integrierte Unternehmen unterlässt jede Handlung, die die Erfüllung der Verpflichtungen des Fernleitungsnetzbetreibers nach diesem Kapitel behindern oder gefährden würde, und verlangt vom Fernleitungsnetzbetreiber nicht, bei der Erfüllung dieser Verpflichtungen die Zustimmung des vertikal integrierten Unternehmens einzuholen.

(10) [1] Unternehmen, denen von der Regulierungsbehörde bescheinigt wurde, dass sie den Anforderungen dieses Kapitels genügen, werden von den betreffenden Mitgliedstaaten zugelassen und als Fernleitungsnetzbetreiber benannt. [2] Es gilt das Zertifizierungsverfahren des Artikels 10 der vorliegenden Richtlinie und des Artikels 3 der Verordnung (EG) Nr. 715/2009 oder des Artikels 11 der vorliegenden Richtlinie.

Art. 19 Unabhängigkeit des Personals und der Unternehmensleitung des Fernleitungsnetzbetreibers. (1) Entscheidungen, die Ernennungen, Wiederernennungen, Beschäftigungsbedingungen einschließlich Vergütung und Vertragsbeendigung für Personen der Unternehmensleitung und/oder Mitglieder der Verwaltungsorgane des Fernleitungsnetzbetreibers betreffen, werden von dem gemäß Artikel 20 ernannten Aufsichtsorgan des Fernleitungsnetzbetreibers getroffen.

(2) [1] Die Namen und die Regelungen in Bezug auf Funktion, Vertragslaufzeit und -beendigung für Personen, die vom Aufsichtsorgan als Personen der obersten Unternehmensleitung und/oder Mitglieder der Verwaltungsorgane des Fernleitungsnetzbetreibers ernannt oder wiederernannt werden, und die Gründe für vorgeschlagene Entscheidungen zur Vertragsbeendigung sind der Regulierungsbehörde mitzuteilen. [2] Die in Absatz 1 genannten Regelungen und Entscheidungen werden erst verbindlich, wenn die Regulierungsbehörde innerhalb von drei Wochen nach der Mitteilung keine Einwände erhebt.

Die Regulierungsbehörde kann Einwände gegen die in Absatz 1 genannte Entscheidung erheben,

a) wenn Zweifel an der beruflichen Unabhängigkeit einer ernannten Person der Unternehmensleitung und/oder eines ernannten Mitglieds der Verwaltungsorgane bestehen oder

b) wenn Zweifel an der Berechtigung einer vorzeitigen Vertragsbeendigung bestehen.

(3) Es dürfen in den letzten drei Jahren vor einer Ernennung von Personen der Unternehmensleitung und/oder Mitglieder der Verwaltungsorgane des Fernleitungsnetzbetreibers, die diesem Absatz unterliegen, bei dem vertikal integrierten Unternehmen, einem seiner Unternehmensteile oder bei anderen Mehrheitsanteilseignern als dem Fernleitungsnetzbetreiber weder direkt noch indirekt berufliche Positionen bekleidet oder berufliche Aufgaben wahrgenommen noch Interessens- oder Geschäftsbeziehungen zu ihnen unterhalten werden.

(4) Die Personen der Unternehmensleitung und/oder Mitglieder der Verwaltungsorgane und die Beschäftigten des Fernleitungsnetzbetreibers dürfen bei anderen Unternehmensteilen des vertikal integrierten Unternehmens oder

bei deren Mehrheitsanteilseignern weder direkt noch indirekt berufliche Positionen bekleiden oder berufliche Aufgaben wahrnehmen oder Interessens- oder Geschäftsbeziehungen zu ihnen unterhalten.

(5) ¹ Die Personen der Unternehmensleitung und/oder Mitglieder der Verwaltungsorgane und die Beschäftigten des Fernleitungsnetzbetreibers dürfen – mit Ausnahme des Fernleitungsnetzbetreibers – weder direkt noch indirekt Beteiligungen an Unternehmensteilen des vertikal integrierten Unternehmens halten noch finanzielle Zuwendungen von diesen erhalten. ² Ihre Vergütung darf nicht an die Tätigkeiten oder Betriebsergebnisse des vertikal integrierten Unternehmens, soweit sie nicht den Fernleitungsnetzbetreiber betreffen, gebunden sein.

(6) Im Falle von Beschwerden von Personen der Unternehmensleitung und/oder Mitgliedern der Verwaltungsorgane des Fernleitungsnetzbetreibers gegen vorzeitige Vertragsbeendigung ist die effektive Einlegung von Rechtsmitteln bei der Regulierungsbehörde zu gewährleisten.

(7) Nach Beendigung des Vertragsverhältnisses zum Fernleitungsnetzbetreiber dürfen Personen der Unternehmensleitung und/oder Mitgliedern der Verwaltungsorgane für mindestens vier Jahre bei anderen Unternehmensteilen des vertikal integrierten Unternehmens als dem Fernleitungsnetzbetreiber oder bei deren Mehrheitsanteilseignern keine beruflichen Positionen bekleiden oder berufliche Aufgaben wahrnehmen oder Interessens- oder Geschäftsbeziehungen zu ihnen unterhalten.

(8) Absatz 3 gilt für die Mehrheit der Angehörigen der Unternehmensleitung und/oder Mitglieder der Verwaltungsorgane des Fernleitungsnetzbetreibers.

Die Angehörigen der Unternehmensleitung und/oder Mitglieder der Verwaltungsorgane des Fernleitungsnetzbetreibers, für die Absatz 3 nicht gilt, dürfen in den letzten sechs Monaten vor ihrer Ernennung bei dem vertikal integrierten Unternehmen keine Führungstätigkeit oder andere einschlägige Tätigkeit ausgeübt haben.

Unterabsatz 1 sowie die Absätze 4 bis 7 finden Anwendung auf alle Personen, die der obersten Unternehmensleitung angehören, sowie auf die ihnen unmittelbar unterstellten Personen, die mit dem Betrieb, der Wartung oder der Entwicklung des Netzes befasst sind.

Art. 20 Aufsichtsorgan. (1) ¹ Der Fernleitungsnetzbetreiber verfügt über ein Aufsichtsorgan, dessen Aufgabe es ist, Entscheidungen, die von erheblichem Einfluss auf den Wert der Vermögenswerte der Anteilseigner beim Fernleitungsnetzbetreiber sind, insbesondere Entscheidungen im Zusammenhang mit der Genehmigung der jährlichen und der langfristigen Finanzpläne, der Höhe der Verschuldung des Fernleitungsnetzbetreibers und der Höhe der an die Anteilseigner auszuzahlenden Dividenden, zu treffen. ² Das Aufsichtsorgan hat keine Entscheidungsbefugnis in Bezug auf die laufenden Geschäfte des Fernleitungsnetzbetreibers und die Netzverwaltung und in Bezug auf die notwendigen Tätigkeiten zur Aufstellung des zehnjährigen Netzentwicklungsplans gemäß Artikel 22.

(2) Das Aufsichtsorgan besteht aus Vertretern des vertikal integrierten Unternehmens, Vertretern von dritten Anteilseignern und, sofern die einschlägi-

gen Rechtsvorschriften eines Mitgliedstaats dies vorsehen, Vertretern anderer Interessengruppen wie z.B. der Beschäftigten des Fernleitungsnetzbetreibers.

(3) Artikel 19 Absatz 2 Unterabsatz 1 sowie Artikel 19 Absätze 3 bis 7 finden auf zumindest die Hälfte der Mitglieder des Aufsichtsorgans abzüglich ein Mitglied Anwendung.

Artikel 19 Absatz 2 Unterabsatz 2 Buchstabe b findet auf alle Mitglieder des Aufsichtsorgans Anwendung.

Art. 21 Gleichbehandlungsprogramm und Gleichbehandlungsbeauftragter. (1) [1] Die Mitgliedstaaten stellen sicher, dass die Fernleitungsnetzbetreiber ein Gleichbehandlungsprogramm aufstellen und durchführen, in dem die Maßnahmen aufgeführt sind, mit denen sichergestellt wird, dass diskriminierende Verhaltensweisen ausgeschlossen werden und die Einhaltung des Programms angemessen überwacht wird. [2] In dem Gleichbehandlungsprogramm ist festgelegt, welche besonderen Pflichten die Mitarbeiter im Hinblick auf die Erreichung dieser Ziele haben. [3] Das Programm bedarf der Genehmigung durch die Regulierungsbehörde. [4] Die Einhaltung des Programms wird unbeschadet der Befugnisse der nationalen Regulierungsbehörde von einem Gleichbehandlungsbeauftragten unabhängig kontrolliert.

(2) [1] Der Gleichbehandlungsbeauftragte wird vom Aufsichtsorgan ernannt, vorbehaltlich der Bestätigung durch die Regulierungsbehörde. [2] Die Regulierungsbehörde kann der Ernennung des Gleichbehandlungsbeauftragten ihre Bestätigung nur aus Gründen mangelnder Unabhängigkeit oder mangelnder fachlicher Eignung verweigern. [3] Der Gleichbehandlungsbeauftragte kann eine natürliche oder juristische Person sein. [4] Artikel 19 Absätze 2 bis 8 findet auf den Gleichbehandlungsbeauftragten Anwendung.

(3) Die Aufgaben des Gleichbehandlungsbeauftragten sind:
a) fortlaufende Kontrolle der Durchführung des Gleichbehandlungsprogramms;
b) Erarbeitung eines Jahresberichts, in dem die Maßnahmen zur Durchführung des Gleichbehandlungsprogramms dargelegt werden, und dessen Übermittlung an die Regulierungsbehörde;
c) Berichterstattung an das Aufsichtsorgan und Abgabe von Empfehlungen zum Gleichbehandlungsprogramm und seiner Durchführung;
d) Unterrichtung der Regulierungsbehörde über erhebliche Verstöße bei der Durchführung des Gleichbehandlungsprogramms, und
e) Berichterstattung an die Regulierungsbehörde über kommerzielle und finanzielle Beziehungen zwischen dem vertikal integrierten Unternehmen und dem Fernleitungsnetzbetreiber.

(4) [1] Der Gleichbehandlungsbeauftragte übermittelt die vorgeschlagenen Entscheidungen zum Investitionsplan oder zu Einzelinvestitionen im Netz an die Regulierungsbehörde. [2] Dies erfolgt spätestens dann, wenn die Unternehmensleitung und/oder das zuständige Verwaltungsorgan des Fernleitungsnetzbetreibers diese Unterlagen dem Aufsichtsorgan zuleitet.

(5) Hat das vertikal integrierte Unternehmen in der Hauptversammlung oder durch ein Votum der von ihm ernannten Mitglieder des Aufsichtsorgans die Annahme eines Beschlusses verhindert, wodurch Netzinvestitionen, die nach dem zehnjährigen Netzentwicklungsplan in den folgenden drei Jahren

durchgeführt werden sollten, unterbunden oder hinausgezögert werden, so meldet der Gleichbehandlungsbeauftragte dies der Regulierungsbehörde, die dann gemäß Artikel 22 tätig wird.

(6) ¹ Die Regelungen zum Mandat und zu den Beschäftigungsbedingungen des Gleichbehandlungsbeauftragten, einschließlich der Dauer seines Mandats, bedürfen der Genehmigung durch die Regulierungsbehörde. ² Diese Regelungen müssen die Unabhängigkeit des Gleichbehandlungsbeauftragten gewährleisten und entsprechend sicherstellen, dass ihm die zur Erfüllung seiner Aufgaben erforderlichen Ressourcen zur Verfügung stehen. ³ Der Gleichbehandlungsbeauftragte darf während der Laufzeit seines Mandats bei Unternehmensteilen des vertikal integrierten Unternehmens oder deren Mehrheitsanteilseignern weder direkt noch indirekt berufliche Positionen bekleiden oder berufliche Aufgaben wahrnehmen oder Interessensbeziehungen zu ihnen unterhalten.

(7) Der Gleichbehandlungsbeauftragte erstattet der Regulierungsbehörde regelmäßig mündlich oder schriftlich Bericht und ist befugt, dem Aufsichtsorgan des Fernleitungsnetzbetreibers regelmäßig mündlich oder schriftlich Bericht zu erstatten.

(8) ¹ Der Gleichbehandlungsbeauftragte ist berechtigt, an allen Sitzungen der Unternehmensleitung oder der Verwaltungsorgane des Fernleitungsnetzbetreibers sowie des Aufsichtsorgans und der Hauptversammlung teilzunehmen. ² Der Gleichbehandlungsbeauftragte nimmt an allen Sitzungen teil, in denen folgende Fragen behandelt werden:

a) Netzzugangsbedingungen nach Maßgabe der Verordnung (EG) Nr. 715/ 2009[1]), insbesondere Tarife, Leistungen im Zusammenhang mit dem Zugang Dritter, Kapazitätszuweisung und Engpassmanagement, Transparenz, Ausgleich und Sekundärmärkte;

b) Projekte für den Betrieb, die Wartung und den Ausbau des Fernleitungsnetzes, einschließlich der Investitionen in neue Transportverbindungen, in die Kapazitätsausweitung und in die Optimierung der vorhandenen Kapazität;

c) Verkauf oder Erwerb von Energie für den Betrieb des Fernleitungsnetzes.

(9) Der Gleichbehandlungsbeauftragte kontrolliert die Einhaltung des Artikels 16 durch den Fernleitungsnetzbetreiber.

(10) Der Gleichbehandlungsbeauftragte hat Zugang zu allen einschlägigen Daten und zu den Geschäftsräumen des Fernleitungsnetzbetreibers sowie zu allen Informationen, die er zur Erfüllung seiner Aufgaben benötigt.

(11) ¹ Nach vorheriger Zustimmung der Regulierungsbehörde kann das Aufsichtsorgan den Gleichbehandlungsbeauftragten abberufen. ² Die Abberufung erfolgt auf Verlangen der Regulierungsbehörde aus Gründen mangelnder Unabhängigkeit oder mangelnder fachlicher Eignung.

(12) Der Gleichbehandlungsbeauftragte erhält ohne Vorankündigung Zugang zu den Geschäftsräumen des Fernleitungsnetzbetreibers.

Art. 22 Netzausbau und Befugnis zum Erlass von Investitionsentscheidungen. (1) ¹ Die Fernleitungsnetzbetreiber legen der Regulierungs-

---

[1]) Nr. 21.

behörde jedes Jahr nach Konsultation aller einschlägigen Interessenträger einen zehnjährigen Netzentwicklungsplan vor, der sich auf die derzeitige Lage und die Prognosen im Bereich von Angebot und Nachfrage stützt. ²Der Netzentwicklungsplan enthält wirksame Maßnahmen zur Gewährleistung der Angemessenheit des Netzes und der Versorgungssicherheit.

(2) Zweck des zehnjährigen Netzentwicklungsplans ist es insbesondere,

a) den Marktteilnehmern Angaben darüber zu liefern, welche wichtigen Übertragungsinfrastrukturen in den nächsten zehn Jahren errichtet oder ausgebaut werden müssen;

b) alle bereits beschlossenen Investitionen aufzulisten und die neuen Investitionen zu bestimmen, die in den nächsten zehn Jahren durchgeführt werden müssen, und

c) einen Zeitplan für alle Investitionsprojekte vorzugeben.

(3) Bei der Erarbeitung des zehnjährigen Netzentwicklungsplans legt der Fernleitungsnetzbetreiber angemessene Annahmen über die Entwicklung der Gewinnung, der Versorgung, des Verbrauchs und des Gasaustauschs mit anderen Ländern unter Berücksichtigung der Investitionspläne für regionale und gemeinschaftsweite Netze sowie der Investitionspläne für Speicheranlagen und LNG-Wiederverdampfungsanlagen zugrunde.

(4) ¹Die Regulierungsbehörde führt offene und transparente Konsultationen zum zehnjährigen Netzentwicklungsplan mit allen tatsächlichen und potenziellen Netzbenutzern durch. ²Personen und Unternehmen, die den Status potenzieller Netzbenutzer beanspruchen, müssen diesen Anspruch belegen. ³Die Regulierungsbehörde veröffentlicht das Ergebnis der Konsultationen und verweist dabei insbesondere auf etwaigen Investitionsbedarf.

(5) ¹Die Regulierungsbehörde prüft, ob der zehnjährige Netzentwicklungsplan den gesamten im Zuge der Konsultationen ermittelten Investitionsbedarf erfasst und ob die Kohärenz mit dem gemeinschaftsweit geltenden nicht bindenden zehnjährigen Netzentwicklungsplan („gemeinschaftsweiter Netzentwicklungsplan") gemäß Artikel 8 Absatz 3 Buchstabe b der Verordnung (EG) Nr. 715/2009[1]) gewahrt ist. ²Bestehen Zweifel an der Kohärenz mit dem gemeinschaftsweit geltenden nicht bindenden zehnjährigen Netzentwicklungsplan, so konsultiert die Regulierungsbehörde die Agentur. ³Die Regulierungsbehörde kann vom Fernleitungsnetzbetreiber die Änderung seines zehnjährigen Netzentwicklungsplans verlangen.

(6) Die Regulierungsbehörde überwacht und evaluiert die Durchführung des zehnjährigen Netzentwicklungsplans.

(7) Hat der Fernleitungsnetzbetreiber aus Gründen, die keine zwingenden, von ihm nicht zu beeinflussenden Gründe darstellen, eine Investition, die nach dem zehnjährigen Netzentwicklungsplan in den folgenden drei Jahren durchgeführt werden musste, nicht durchgeführt, so stellen die Mitgliedstaaten sicher, dass die Regulierungsbehörde verpflichtet ist, mindestens eine der folgenden Maßnahmen zu ergreifen, um die Durchführung der betreffenden Investition zu gewährleisten, sofern die Investition unter Zugrundelegung des jüngsten zehnjährigen Netzentwicklungsplans noch relevant ist:

---

[1]) Nr. 21.

a) Sie fordert den Fernleitungsnetzbetreiber zur Durchführung der betreffenden Investition auf, oder

b) sie leitet ein Ausschreibungsverfahren zur Durchführung der betreffenden Investition ein, das allen Investoren offen steht, oder

c) sie verpflichtet den Fernleitungsnetzbetreiber, einer Kapitalaufstockung im Hinblick auf die Finanzierung der notwendigen Investitionen zuzustimmen und unabhängigen Investoren eine Kapitalbeteiligung zu ermöglichen.

Macht die Regulierungsbehörde von ihren Befugnissen gemäß Unterabsatz 1 Buchstabe b Gebrauch, so kann sie den Fernleitungsnetzbetreiber dazu verpflichten, eine oder mehrere der folgenden Maßnahmen zu akzeptieren:

a) Finanzierung durch Dritte;

b) Errichtung durch Dritte;

c) Errichtung der betreffenden neuen Anlagen durch diesen selbst;

d) Betrieb der betreffenden neuen Anlagen durch diesen selbst.

Der Fernleitungsnetzbetreiber stellt den Investoren alle erforderlichen Unterlagen für die Durchführung der Investition zur Verfügung, stellt den Anschluss der neuen Anlagen an das Fernleitungsnetz her und unternimmt alles, um die Durchführung des Investitionsprojekts zu erleichtern.

Die einschlägigen Finanzierungsvereinbarungen bedürfen der Genehmigung durch die Regulierungsbehörde.

(8) Macht die Regulierungsbehörde von ihren Befugnissen gemäß Absatz 7 Unterabsatz 1 Gebrauch, so werden die Kosten der betreffenden Investitionen durch die einschlägigen Tarifregelungen gedeckt.

Art. 23 Entscheidungsbefugnisse bezüglich des Anschlusses von Speicheranlagen, LNG-Wiederverdampfungsanlagen und Industriekunden an das Fernleitungsnetz. (1) ¹Die Fernleitungsnetzbetreiber sind verpflichtet, transparente und effiziente Verfahren und Tarife für den nichtdiskriminierenden Anschluss von Speicheranlagen, LNG-Wiederverdampfungsanlagen und Industriekunden an das Fernleitungsnetz festzulegen und zu veröffentlichen. ²Die Verfahren bedürfen der Genehmigung durch die Regulierungsbehörden.

(2) ¹Die Fernleitungsnetzbetreiber haben nicht das Recht, den Anschluss von neuen Speicheranlagen, LNG-Wiederverdampfungsanlagen und Industriekunden unter Berufung auf mögliche künftige Einschränkungen der verfügbaren Netzkapazitäten oder auf zusätzliche Kosten im Zusammenhang mit der notwendigen Kapazitätsaufstockung abzulehnen. ²Der Fernleitungsnetzbetreiber gewährleistet für den neuen Anschluss eine ausreichende Einspeise- und Ausspeisekapazität.

Kapitel V. Verteilung und Versorgung

Art. 24 Benennung von Verteilernetzbetreibern. Die Mitgliedstaaten oder von diesen dazu aufgeforderte Unternehmen, die Eigentümer von Verteilernetzen sind oder die für sie verantwortlich sind, benennen für einen Zeitraum, den die Mitgliedstaaten unter Effizienzerwägungen und unter Berücksichtigung des wirtschaftlichen Gleichgewichts festlegen, einen oder mehrere Verteilernetzbetreiber und gewährleisten, dass diese Betreiber die Artikel 25, 26 und 27 einhalten.

Art. 25 Aufgaben der Verteilernetzbetreiber. (1) Jeder Verteilernetzbetreiber trägt die Verantwortung dafür, auf lange Sicht die Fähigkeit des Netzes sicherzustellen, eine angemessene Nachfrage nach Verteilung von Erdgas zu befriedigen sowie unter wirtschaftlichen Bedingungen und unter gebührender Beachtung des Umweltschutzes und der Energieeffizienz in seinem Gebiet ein sicheres, zuverlässiges und leistungsfähiges Netz zu betreiben, zu warten und auszubauen.

(2) Der Verteilernetzbetreiber hat sich jeglicher Diskriminierung von Netzbenutzern oder Kategorien von Netzbenutzern, insbesondere zugunsten der mit ihm verbundenen Unternehmen, zu enthalten.

(3) Jeder Verteilernetzbetreiber hat jedem anderen Betreiber eines Verteilernetzes, eines Fernleitungsnetzes, einer LNG-Anlage und/oder einer Speicheranlage ausreichende Informationen zu liefern, um zu gewährleisten, dass der Transport und die Speicherung von Erdgas in einer mit dem sicheren und effizienten Betrieb des Verbundnetzes zu vereinbarenden Weise erfolgt.

(4) Der Verteilernetzbetreiber stellt den Netzbenutzern die Informationen bereit, die sie für einen effizienten Netzzugang einschließlich der Nutzung des Netzes benötigen.

(5) [1] Sofern einem Verteilernetzbetreiber der Ausgleich des Erdgasverteilernetzes obliegt, müssen die von ihm zu diesem Zweck festgelegten Regelungen objektiv, transparent und nichtdiskriminierend sein, einschließlich der Regelungen über die von den Netzbenutzern für Energieungleichgewichte zu zahlenden Entgelte. [2] Die Bedingungen für die Erbringung dieser Leistungen durch die Netzbetreiber einschließlich Regelungen und Tarife werden gemäß einem mit Artikel 41 Absatz 6 zu vereinbarenden Verfahren in nichtdiskriminierender Weise und kostenorientiert festgelegt und veröffentlicht.

Art. 26 Entflechtung von Verteilernetzbetreibern. (1) [1] Gehört der Verteilernetzbetreiber zu einem vertikal integrierten Unternehmen, so muss er zumindest hinsichtlich seiner Rechtsform, Organisation und Entscheidungsgewalt unabhängig von den übrigen Tätigkeitsbereichen sein, die nicht mit der Verteilung zusammenhängen. [2] Diese Bestimmungen begründen keine Verpflichtung, eine Trennung in Bezug auf das Eigentum des vertikal integrierten Unternehmens an Vermögenswerten des Verteilernetzes vorzunehmen.

(2) [1] Gehört der Verteilernetzbetreiber zu einem vertikal integrierten Unternehmen, so muss er zusätzlich zu den Anforderungen des Absatzes 1 hinsichtlich seiner Organisation und Entscheidungsgewalt unabhängig von den übrigen Tätigkeitsbereichen sein, die nicht mit der Verteilung zusammenhängen. [2] Um dies zu erreichen, sind die folgenden Mindestkriterien anzuwenden:

a) In einem integrierten Erdgasunternehmen dürfen die für die Leitung des Verteilernetzbetreibers zuständigen Personen nicht betrieblichen Einrichtungen des integrierten Erdgasunternehmens angehören, die direkt oder indirekt für den laufenden Betrieb in den Bereichen Erdgasgewinnung, -übertragung und -versorgung zuständig sind.

b) Es sind geeignete Maßnahmen zu treffen, damit die berufsbedingten Interessen der für die Leitung des Verteilernetzbetreibers zuständigen Personen so berücksichtigt werden, dass ihre Handlungsunabhängigkeit gewährleistet ist.

c) Der Verteilernetzbetreiber hat in Bezug auf Vermögenswerte, die für den Betrieb, die Wartung oder den Ausbau des Netzes erforderlich sind, tatsächliche Entscheidungsbefugnisse, die er unabhängig von dem integrierten Erdgasunternehmen ausübt. Um diese Aufgaben erfüllen zu können, muss der Verteilernetzbetreiber über die erforderlichen Ressourcen, einschließlich personeller, technischer, materieller und finanzieller Ressourcen, verfügen. Dies sollte geeigneten Koordinierungsmechanismen nicht entgegenstehen, mit denen sichergestellt wird, dass die wirtschaftlichen Befugnisse des Mutterunternehmens und seine Aufsichtsrechte über das Management im Hinblick auf die – gemäß Artikel 41 Absatz 6 indirekt geregelte – Rentabilität eines Tochterunternehmens geschützt werden. Dies ermöglicht es dem Mutterunternehmen insbesondere, den jährlichen Finanzplan oder ein gleichwertiges Instrument des Verteilernetzbetreibers zu genehmigen und generelle Grenzen für die Verschuldung seines Tochterunternehmens festzulegen. Dies erlaubt es dem Mutterunternehmen nicht, Weisungen bezüglich des laufenden Betriebs oder einzelner Entscheidungen über den Bau oder die Modernisierung von Verteilerleitungen zu erteilen, die über den Rahmen des genehmigten Finanzplans oder eines gleichwertigen Instruments nicht hinausgehen, und

d) der Verteilernetzbetreiber stellt ein Gleichbehandlungsprogramm auf, aus dem hervorgehen muss, welche Maßnahmen zum Ausschluss diskriminierenden Verhaltens getroffen werden, und gewährleistet die ausreichende Beobachtung der Einhaltung dieses Programms. In dem Gleichbehandlungsprogramm ist festgelegt, welche besonderen Pflichten die Mitarbeiter im Hinblick auf die Erreichung dieses Ziels haben. Die für die Beobachtung des Gleichbehandlungsprogramms zuständige Person oder Stelle, der Gleichbehandlungsbeauftragte des Verteilernetzbetreibers, legt der in Artikel 39 Absatz 1 genannten Regulierungsbehörde jährlich einen Bericht über die getroffenen Maßnahmen vor, der veröffentlicht wird. Der Gleichbehandlungsbeauftragte des Verteilernetzbetreibers ist völlig unabhängig und hat Zugang zu allen Informationen, über die der Verteilernetzbetreiber und etwaige verbundene Unternehmen verfügen und die der Gleichbehandlungsbeauftragte benötigt, um seine Aufgabe zu erfüllen.

(3) [1] Ist der Verteilernetzbetreiber Teil eines vertikal integrierten Unternehmens, stellen die Mitgliedstaaten sicher, dass die Tätigkeiten des Verteilernetzbetreibers von den Regulierungsbehörden oder sonstigen zuständigen Stellen beobachtet werden, so dass er diesen Umstand nicht zur Verzerrung des Wettbewerbs nutzen kann. [2] Insbesondere müssen vertikal integrierte Verteilernetzbetreiber in ihren Kommunikations- und Branding-Aktivitäten dafür Sorge tragen, dass eine Verwechslung in Bezug auf die eigene Identität der Versorgungssparte des vertikal integrierten Unternehmens ausgeschlossen ist.

(4) Die Mitgliedstaaten können beschließen, die Absätze 1, 2 und 3 nicht auf integrierte Erdgasunternehmen anzuwenden, die weniger als 100 000 angeschlossene Kunden beliefern.

Art. 27 Vertraulichkeitspflichten von Verteilernetzbetreibern. (1) Unbeschadet des Artikels 30 oder sonstiger gesetzlicher Verpflichtungen zur Offenlegung von Informationen wahrt der Verteilernetzbetreiber die Vertraulichkeit wirtschaftlich sensibler Informationen, von denen er bei der Ausübung seiner Geschäftstätigkeit Kenntnis erlangt, und verhindert, dass Informationen über seine eigenen Tätigkeiten, die wirtschaftliche Vorteile bringen können, in diskriminierender Weise offen gelegt werden.

(2) Verteilernetzbetreiber dürfen wirtschaftlich sensible Informationen, die sie von Dritten im Zusammenhang mit der Gewährung eines Netzzugangs oder mit Verhandlungen hierüber erhalten, beim Verkauf oder Erwerb von Erdgas durch verbundene Unternehmen nicht missbrauchen.

Art. 28 Geschlossene Verteilernetze. (1) Die Mitgliedstaaten können veranlassen, dass ein Netz, über das in einem begrenzten Industrie- oder Gewerbegebiet oder einem Gebiet, in dem Leistungen gemeinsam genutzt werden, Erdgas verteilt wird, wobei – unbeschadet des Absatzes 4 – keine Haushaltskunden versorgt werden, von den nationalen Regulierungsbehörden oder sonstigen zuständigen Behörden als geschlossenes Netz eingestuft wird, wenn

a) die Tätigkeiten oder Produktionsverfahren der Benutzer dieses Netzes aus konkreten technischen oder sicherheitstechnischen Gründen verknüpft sind, oder

b) Erdgas über das Netz in erster Linie an den Netzeigentümer oder -betreiber oder an von dem Netzeigentümer oder -betreiber abhängige Unternehmen verteilt wird.

(2) Die Mitgliedstaaten können veranlassen, dass die nationalen Regulierungsbehörden den Betreiber eines geschlossenen Verteilernetzes von der Verpflichtung gemäß Artikel 32 Absatz 1 freistellen, wonach Tarife oder die Methoden zu ihrer Berechnung vor dem Inkrafttreten der Tarife gemäß Artikel 41 genehmigt werden.

(3) Wenn eine Freistellung nach Absatz 2 gewährt wird, werden die geltenden Tarife oder die Methoden zu ihrer Berechnung auf Verlangen eines Benutzers des geschlossenen Verteilernetzes gemäß Artikel 41 überprüft und genehmigt.

(4) Die gelegentliche Nutzung des Verteilernetzes durch eine geringe Anzahl von Haushalten, deren Personen ein Beschäftigungsverhältnis oder vergleichbare Beziehungen zum Eigentümer des Verteilernetzes unterhalten und die sich in dem durch ein geschlossenes Verteilernetz versorgten Gebiet befinden, steht der Gewährung der Freistellung nach Absatz 2 nicht entgegen.

Art. 29 Kombinationsnetzbetreiber. Artikel 26 Absatz 1 steht dem gleichzeitigen Betrieb eines Fernleitungsnetzes, einer LNG-Anlage, einer Speicheranlage und eines Verteilernetzes durch einen Betreiber nicht entgegen, sofern dieser Betreiber Artikel 9 Absatz 1 oder die Artikel 14 und 15 oder die Vorschriften des Kapitels IV, einhält oder in den Anwendungsbereich des Artikels 49 Absatz 6 fällt.

Kapitel VI. Entflechtung und Transparenz der Rechnungslegung

Art. 30 Recht auf Einsichtnahme in die Rechnungslegung. (1) Die Mitgliedstaaten oder jede von ihnen benannte zuständige Behörde, einschließlich der in Artikel 39 Absatz 1 genannten Regulierungsbehörden und der in Artikel 34 Absatz 3 genannten Stellen zur Beilegung von Streitigkeiten, haben, soweit dies zur Wahrnehmung ihrer Aufgaben erforderlich ist, das Recht auf Einsichtnahme in die in Artikel 31 genannte Rechnungslegung der Erdgasunternehmen.

(2) ¹Die Mitgliedstaaten und die von ihnen benannten zuständigen Behörden, einschließlich der in Artikel 39 Absatz 1 genannten Regulierungsbehörden und der Stellen zur Beilegung von Streitigkeiten, wahren die Vertraulichkeit wirtschaftlich sensibler Informationen. ²Die Mitgliedstaaten können die Offenlegung derartiger Informationen vorsehen, wenn dies zur Wahrnehmung der Aufgaben der zuständigen Behörden erforderlich ist.

Art. 31 Entflechtung der Rechnungslegung. (1) ¹Die Mitgliedstaaten treffen die erforderlichen Maßnahmen, um sicherzustellen, dass die Rechnungslegung der Erdgasunternehmen gemäß den Absätzen 2 bis 5 des vorliegenden Artikels erfolgt. ²Erdgasunternehmen, die aufgrund von Artikel 49 Absätze 2 und 4 von dieser Bestimmung ausgenommen sind, haben zumindest ihre interne Rechnungslegung in Übereinstimmung mit diesem Artikel zu führen.

(2) Ungeachtet ihrer Eigentumsverhältnisse oder ihrer Rechtsform erstellen und veröffentlichen die Erdgasunternehmen ihre Jahresabschlüsse und lassen diese überprüfen, und zwar gemäß den nationalen Rechtsvorschriften über die Jahresabschlüsse von Gesellschaften, die im Rahmen der Vierten Richtlinie 78/660/EWG des Rates vom 25. Juli 1978 aufgrund von Artikel 44 Absatz 2 Buchstabe g[1]) des Vertrags über den Jahresabschluss von Gesellschaften bestimmter Rechtsformen[2]) erlassen worden sind.

Unternehmen, die zur Veröffentlichung ihrer Jahresabschlüsse gesetzlich nicht verpflichtet sind, halten in ihrer Hauptverwaltung eine Ausfertigung ihres Jahresabschlusses für die Öffentlichkeit zur Verfügung.

(3) ¹Zur Vermeidung von Diskriminierungen, Quersubventionen und Wettbewerbsverzerrungen führen Erdgasunternehmen in ihrer internen Rechnungslegung getrennte Konten für jede ihrer Tätigkeiten in den Bereichen Fernleitung, Verteilung, LNG und Speicherung in derselben Weise, wie sie dies tun müssten, wenn die betreffenden Tätigkeiten von separaten Unternehmen ausgeführt würden. ²Sie führen auch Konten für andere, nicht mit den Bereichen Fernleitung, Verteilung, LNG und Speicherung zusammenhängende Tätigkeiten im Erdgasbereich, wobei diese Konten konsolidiert sein können. ³Bis zum 1. Juli 2007 führen sie getrennte Konten für die Versorgung zugelassener Kunden bzw. nicht zugelassener Kunden. ⁴Einnahmen aus dem

---

[1]) **Amtl. Anm.:** Der Titel der Richtlinie 78/660/EWG wurde angepasst, um der gemäß Artikel 12 des Vertrags von Amsterdam vorgenommenen Umnummerierung des Vertrags zur Gründung der Europäischen Gemeinschaft Rechnung zu tragen; die ursprüngliche Bezugnahme betraf Artikel 54 Absatz 3 Buchstabe g.
[2]) **Amtl. Anm.:** ABl. L 222 vom 14. 8. 1978, S. 11.

Eigentum am Fernleitungs- oder Verteilernetz weisen sie in den Konten gesondert aus. ⁵ Gegebenenfalls führen sie konsolidierte Konten für ihre anderen Tätigkeiten außerhalb des Erdgasbereichs. ⁶ Die interne Rechnungslegung schließt für jede Tätigkeit eine Bilanz sowie eine Gewinn- und Verlustrechnung ein.

(4) Bei der Überprüfung gemäß Absatz 2 wird insbesondere untersucht, ob die Verpflichtung zur Vermeidung von Diskriminierung und Quersubventionen gemäß Absatz 3 eingehalten wird.

(5) ¹ Unbeschadet der innerstaatlich anwendbaren Vorschriften für die Rechnungslegung geben die Unternehmen in der internen Rechnungslegung die Regeln, einschließlich der Abschreibungsregeln, an, nach denen die Gegenstände des Aktiv- und Passivvermögens sowie die ausgewiesenen Aufwendungen und Erträge den gemäß Absatz 3 separat geführten Konten zugewiesen werden. ² Änderungen dieser internen Regeln sind nur in Ausnahmefällen zulässig. ³ Diese Änderungen müssen erwähnt und ordnungsgemäß begründet werden.

(6) Im Anhang zum Jahresabschluss sind die Geschäfte größeren Umfangs, die mit verbundenen Unternehmen getätigt worden sind, gesondert aufzuführen.

Kapitel VII. Organisation des Netzzugangs

Art. 32 Zugang Dritter. (1) ¹ Die Mitgliedstaaten gewährleisten die Einführung eines Systems für den Zugang Dritter zum Fernleitungs- und Verteilernetz und zu den LNG-Anlagen auf der Grundlage veröffentlichter Tarife; die Zugangsregelung gilt für alle zugelassenen Kunden, einschließlich Versorgungsunternehmen, und wird nach objektiven Kriterien und ohne Diskriminierung von Netzbenutzern angewandt. ² Die Mitgliedstaaten stellen sicher, dass diese Tarife oder die Methoden zu ihrer Berechnung gemäß Artikel 41 von einer in Artikel 39 Absatz 1 genannten Regulierungsbehörde vor deren Inkrafttreten genehmigt werden und dass die Tarife und – soweit nur die Methoden einer Genehmigung unterliegen – die Methoden vor ihrem Inkrafttreten veröffentlicht werden.

(2) Die Betreiber der Fernleitungsnetze erhalten zur Wahrnehmung ihrer Aufgaben, auch im Zusammenhang mit der grenzüberschreitenden Fernleitung, gegebenenfalls Zugang zu den Fernleitungsnetzen anderer Betreiber.

(3) Die Bestimmungen dieser Richtlinie stehen dem Abschluss von langfristigen Verträgen nicht entgegen, sofern diese mit den Wettbewerbsregeln der Gemeinschaft im Einklang stehen.

Art. 33 Zugang zu Speicheranlagen. (1) ¹ Für den Zugang zu Speicheranlagen und Netzpufferung, der für einen effizienten Netzzugang im Hinblick auf die Versorgung der Kunden technisch und/oder wirtschaftlich erforderlich ist, sowie für den Zugang zu Hilfsdiensten können die Mitgliedstaaten eines der in den Absätzen 3 und 4 vorgesehenen Verfahren oder beide Verfahren wählen. ² Diese Verfahren werden nach objektiven, transparenten und nichtdiskriminierenden Kriterien angewandt.

EU-ErdgasbinnenmarktRL   Art. 33   GasRL 6

¹ Die Mitgliedstaaten oder, wenn die Mitgliedstaaten dies vorgesehen haben, die Regulierungsbehörden definieren und veröffentlichen Kriterien, anhand deren beurteilt werden kann, welche Regelung auf den Zugang zu Speicheranlagen und Netzpufferung angewandt wird. ² Sie machen öffentlich bekannt, welche Speicheranlagen oder welche Teile der Speicheranlagen und welche Netzpufferungen nach den verschiedenen in den Absätzen 3 und 4 genannten Verfahren angeboten werden, oder verpflichten die Speicheranlagen- und Fernleitungsnetzbetreiber, die entsprechenden Informationen öffentlich bekannt zu machen.

Die Verpflichtung in Unterabsatz 2 Satz 2 gilt unbeschadet des den Mitgliedstaaten im ersten Unterabsatz gewährten Rechts auf Wahl des Verfahrens.

(2) Absatz 1 gilt bei LNG-Anlagen nicht für Hilfsdienste und die vorübergehende Speicherung, die für die Wiederverdampfung und die anschließende Einspeisung in das Fernleitungsnetz erforderlich sind.

(3) ¹ Beim Zugang auf Vertragsbasis treffen die Mitgliedstaaten oder, wenn die Mitgliedstaaten dies vorsehen, die Regulierungsbehörden die erforderlichen Maßnahmen, damit die Erdgasunternehmen und die zugelassenen Kunden, die sich innerhalb oder außerhalb des Verbundnetzgebiets befinden, einen Zugang zu Speicheranlagen und Netzpufferung aushandeln können, wenn dieser Zugang für einen effizienten Netzzugang sowie für den Zugang zu anderen Hilfsdiensten technisch und/oder wirtschaftlich erforderlich ist. ² Die Parteien sind verpflichtet, den Zugang zu Speicheranlagen, Netzpufferung und anderen Hilfsdiensten nach dem Grundsatz von Treu und Glauben auszuhandeln.

¹ Die Verträge über den Zugang zu Speicheranlagen, Netzpufferung und anderen Hilfsdiensten werden mit dem Betreiber der betreffenden Speicheranlage oder den betreffenden Erdgasunternehmen ausgehandelt. ² Die Mitgliedstaaten oder, wenn die Mitgliedstaaten dies vorsehen, die Regulierungsbehörden verlangen von den Betreibern der Speicheranlagen und den Erdgasunternehmen, bis zum 1. Januar 2005 und in der Folge einmal jährlich ihre wesentlichen Geschäftsbedingungen für die Nutzung von Speicheranlagen, Netzpufferung und anderen Hilfsdiensten zu veröffentlichen.

Bei der Ausarbeitung dieser in Unterabsatz 2 genannten Geschäftsbedingungen konsultieren die Betreiber der Speicheranlagen und die Erdgasunternehmen die Netzbenutzer.

(4) ¹ Im Fall eines geregelten Netzzugangs treffen die Mitgliedstaaten oder, wenn die Mitgliedstaaten dies vorsehen, die Regulierungsbehörden die erforderlichen Maßnahmen, damit die Erdgasunternehmen und die zugelassenen Kunden, die sich innerhalb oder außerhalb des Verbundnetzgebiets befinden, ein Recht auf Zugang zu Speicheranlagen, Netzpufferung und anderen Hilfsdiensten auf der Grundlage veröffentlichter Tarife und/oder sonstiger Bedingungen und Verpflichtungen für die Nutzung dieser Speicheranlagen und Netzpufferung haben, wenn dieser Zugang für einen effizienten Netzzugang sowie für den Zugang zu anderen Hilfsdiensten technisch und/oder wirtschaftlich erforderlich ist. ² Die Mitgliedstaaten oder, wenn die Mitgliedstaaten dies vorsehen, die Regulierungsbehörden konsultieren die Netzbenutzer bei der Ausarbeitung dieser Tarife oder der entsprechenden Methoden. ³ Dieses Recht auf Zugang kann den zugelassenen Kunden dadurch gewährt werden, dass es ihnen ermöglicht wird, Versorgungsverträge mit anderen konkurrie-

renden Erdgasunternehmen als dem Eigentümer und/oder Betreiber des Netzes oder einem verbundenen Unternehmen zu schließen.

Art. 34 Zugang zu den vorgelagerten Rohrleitungsnetzen. (1) ¹ Die Mitgliedstaaten treffen die erforderlichen Maßnahmen, um sicherzustellen, dass die Erdgas-Unternehmen und die zugelassenen Kunden ungeachtet ihres Standorts bzw. Wohnsitzes im Einklang mit diesem Artikel Zugang erhalten können zu den vorgelagerten Rohrleitungsnetzen, einschließlich der Einrichtungen, die die mit einem derartigen Zugang verbundenen technischen Dienstleistungen erbringen, jedoch mit Ausnahme der Netz- und Einrichtungsteile, die für örtliche Gewinnungstätigkeiten auf einem Gasfeld benutzt werden. ² Diese Maßnahmen werden der Kommission gemäß Artikel 54 mitgeteilt.

(2) ¹ Der Mitgliedstaat legt entsprechend den einschlägigen Rechtsinstrumenten fest, in welcher Weise der Zugang gemäß Absatz 1 zu ermöglichen ist. ² Die Mitgliedstaaten legen dabei folgende Ziele zugrunde: offener Zugang zu gerechten Bedingungen, Schaffung eines wettbewerbsbestimmten Erdgasmarkts und Vermeidung des Missbrauchs einer marktbeherrschenden Stellung, wobei einer gesicherten und regelmäßigen Versorgung, den bestehenden Kapazitäten und den Kapazitäten, die nach vernünftigem Ermessen verfügbar gemacht werden können, sowie dem Umweltschutz Rechnung getragen wird.
³ Folgendes kann berücksichtigt werden:

a) die Notwendigkeit, den Zugang zu verweigern, wenn technische Spezifikationen nicht unter zumutbaren Bedingungen miteinander in Einklang zu bringen sind;

b) die Notwendigkeit der Vermeidung von nicht auf zumutbare Art und Weise zu überwindenden Schwierigkeiten, die die Effizienz der laufenden und der künftigen Kohlenwasserstoffgewinnung, auch bei Feldern mit geringer wirtschaftlicher Rentabilität, beeinträchtigen könnten;

c) die Notwendigkeit der Anerkennung gebührend belegter und angemessener Erfordernisse, die der Eigentümer oder Betreiber des vorgelagerten Rohrleitungsnetzes für Erdgastransport und -aufbereitung geltend macht, und der Wahrung der Interessen aller anderen möglicherweise betroffenen Benutzer des vorgelagerten Rohrleitungsnetzes oder der einschlägigen Aufbereitungs- oder Umschlagseinrichtungen; und

d) die Notwendigkeit der Anwendung der einzelstaatlichen Rechtsvorschriften und Verwaltungsverfahren zur Erteilung von Genehmigungen für Gewinnungstätigkeiten oder vorgelagerte Entwicklungstätigkeiten in Übereinstimmung mit dem Gemeinschaftsrecht.

(3) Die Mitgliedstaaten gewährleisten eine Streitbeilegungsregelung – zu der auch eine von den Parteien unabhängige Stelle gehört, die zu allen einschlägigen Informationen Zugang hat –, mit der Streitigkeiten im Zusammenhang mit dem Zugang zu vorgelagerten Rohrleitungsnetzen zügig beigelegt werden können, wobei den in Absatz 2 genannten Kriterien und der Zahl der Parteien, die möglicherweise an der Verhandlung über den Zugang zu derartigen Netzen beteiligt sind, Rechnung zu tragen ist.

(4) ¹ Bei grenzüberschreitenden Streitigkeiten gilt die Streitbeilegungsregelung des Mitgliedstaats, der für das vorgelagerte Rohrleitungsnetz, das den Zugang verweigert, zuständig ist. ² Sind bei grenzübergreifenden Streitigkei-

ten mehrere Mitgliedstaaten für das betreffende Netz zuständig, so gewährleisten diese Mitgliedstaaten in gegenseitigem Benehmen, dass die vorliegende Richtlinie übereinstimmend angewandt wird.

Art. 35 Verweigerung des Zugangs. (1) [1] Erdgasunternehmen können den Netzzugang verweigern, wenn sie nicht über die nötige Kapazität verfügen oder der Netzzugang sie daran hindern würde, die ihnen auferlegten gemeinwirtschaftlichen Verpflichtungen gemäß Artikel 3 Absatz 2 zu erfüllen, oder wenn in Bezug auf die in Artikel 47 festgelegten Kriterien und Verfahren und die von dem Mitgliedstaat gemäß Artikel 48 Absatz 1 gewählte Alternative aufgrund von Verträgen mit unbedingter Zahlungsverpflichtung ernsthafte wirtschaftliche und finanzielle Schwierigkeiten bestehen. [2] Die Verweigerung ist ordnungsgemäß zu begründen.

(2) [1] Die Mitgliedstaaten können die erforderlichen Maßnahmen ergreifen, um zu gewährleisten, dass Erdgasunternehmen, die den Netzzugang aufgrund unzureichender Kapazität oder eines mangelnden Netzverbunds verweigern, für den erforderlichen Ausbau Sorge tragen, soweit dies wirtschaftlich vertretbar ist oder wenn ein potenzieller Kunde bereit ist, hierfür zu zahlen. [2] Wenden die Mitgliedstaaten Artikel 4 Absatz 4 an, so ergreifen sie diese Maßnahmen.

Art. 36 Neue Infrastruktur. (1) Große neue Erdgasinfrastrukturen, d.h. Verbindungsleitungen, LNG- und Speicheranlagen, können auf Antrag für einen bestimmten Zeitraum von den Bestimmungen der Artikel 9, 32, 33 und 34 sowie des Artikels 41 Absätze 6, 8 und 10 unter folgenden Voraussetzungen ausgenommen werden:

a) durch die Investition werden der Wettbewerb bei der Gasversorgung und die Versorgungssicherheit verbessert;

b) das mit der Investition verbundene Risiko ist so hoch, dass die Investition ohne eine Ausnahmegenehmigung nicht getätigt würde;

c) die Infrastruktur muss Eigentum einer natürlichen oder juristischen Person sein, die zumindest der Rechtsform nach von den Netzbetreibern getrennt ist, in deren Netzen die Infrastruktur geschaffen wird;

d) von den Nutzern dieser Infrastruktur werden Gebühren erhoben; und

e) die Ausnahme wirkt sich nicht nachteilig auf den Wettbewerb oder das effektive Funktionieren des Erdgasbinnenmarktes oder das effiziente Funktionieren des regulierten Netzes aus, an das die Infrastruktur angeschlossen ist.

(2) Absatz 1 gilt auch für erhebliche Kapazitätsaufstockungen bei vorhandenen Infrastrukturen und für Änderungen dieser Infrastrukturen, die die Erschließung neuer Gasversorgungsquellen ermöglichen.

(3) Die in Kapitel VIII genannte Regulierungsbehörde kann von Fall zu Fall über Ausnahmen nach den Absätzen 1 und 2 befinden.

(4) Erstreckt sich die betreffende Infrastruktur über das Hoheitsgebiet von mehr als einem Mitgliedstaat, kann die Agentur den Regulierungsbehörden der betroffenen Mitgliedstaaten innerhalb von zwei Monaten ab dem Tag, an dem die letzte dieser Regulierungsbehörden den Antrag auf eine Ausnahme

erhalten hat, eine Stellungnahme übermitteln, die die Grundlage für die Entscheidung der Regulierungsbehörden sein könnte.

Haben alle betroffenen Regulierungsbehörden innerhalb von sechs Monaten ab dem Tag, an dem die letzte Regulierungsbehörde den Antrag erhalten hat eine Einigung über die Entscheidung zur Gewährung einer Ausnahme erzielt, informieren sie die Agentur über diese Entscheidung.

Die der Regulierungsbehörde des betroffenen Mitgliedstaats durch diesen Artikel übertragenen Aufgaben werden von der Agentur wahrgenommen,

a) wenn alle betreffenden nationalen Regulierungsbehörden innerhalb eines Zeitraums von sechs Monaten ab dem Tag, an dem die letzte dieser Regulierungsbehörden den Antrag auf eine Ausnahme erhalten hat, keine Einigung erzielen konnten, oder

b) wenn ein gemeinsames Ersuchen der betreffenden nationalen Regulierungsbehörden vorliegt.

Alle betreffenden Regulierungsbehörden können in einem gemeinsamen Ersuchen beantragen, dass die unter Unterabsatz 3 Buchstabe a genannte Frist um bis zu drei Monate verlängert wird.

(5) Vor ihrer Entscheidung erfolgt eine Anhörung der zuständigen Regulierungsbehörden und der Antragsteller durch die Agentur.

(6) Eine Ausnahme kann sich auf die gesamte Kapazität der neuen Infrastruktur oder der vorhandenen Infrastruktur, deren Kapazität erheblich vergrößert wurde, oder bestimmte Teile der Infrastruktur erstrecken.

[1] Bei der Entscheidung über die Gewährung einer Ausnahme wird in jedem Einzelfall der Notwendigkeit Rechnung getragen, Bedingungen für die Dauer der Ausnahme und den nichtdiskriminierenden Zugang zu der neuen Infrastruktur aufzuerlegen. [2] Bei der Entscheidung über diese Bedingungen werden insbesondere die neu zu schaffende Kapazität oder die Änderung der bestehenden Kapazität, der Zeithorizont des Vorhabens und die einzelstaatlichen Gegebenheiten berücksichtigt.

[1] Vor der Gewährung einer Ausnahme entscheidet die Regulierungsbehörde über die Regeln und Mechanismen für das Kapazitätsmanagement und die Kapazitätszuweisung. [2] Nach diesen Regeln werden alle potenziellen Nutzer der Infrastruktur dazu aufgefordert, ihr Interesse an der Kontrahierung von Kapazität zu bekunden, bevor Kapazität für die neue Infrastruktur, auch für den Eigenbedarf, vergeben wird. [3] Die Regulierungsbehörde macht zur Auflage, in den Regeln für das Engpassmanagement vorzusehen, dass ungenutzte Kapazitäten auf dem Markt anzubieten sind und dass Nutzer der Infrastruktur das Recht haben, ihre kontrahierten Kapazitäten auf dem Sekundärmarkt zu handeln. [4] Bei ihrer Bewertung der in Absatz 1 Buchstaben a, b und e genannten Kriterien berücksichtigt die Regulierungsbehörde die Ergebnisse des Verfahrens für die Kapazitätszuweisung.

Die Entscheidung zur Gewährung einer Ausnahme – einschließlich der in Unterabsatz 2 des vorliegenden Absatzes genannten Bedingungen – ist ordnungsgemäß zu begründen und zu veröffentlichen.

(7) [1] Unbeschadet des Absatzes 3 können die Mitgliedstaaten jedoch vorsehen, dass die Regulierungsbehörde bzw. die Agentur ihre Stellungnahme zu dem Antrag auf Gewährung einer Ausnahme der zuständigen Stelle des Mit-

gliedstaats zur förmlichen Entscheidung vorzulegen hat. ²Diese Stellungnahme wird zusammen mit der Entscheidung veröffentlicht.

(8) ¹Die Regulierungsbehörde übermittelt der Kommission eine Kopie aller Anträge auf Gewährung einer Ausnahme unverzüglich nach ihrem Eingang. ²Die zuständige Behörde teilt der Kommission unverzüglich die Entscheidung zusammen mit allen für die Entscheidung bedeutsamen Informationen mit. ³Diese Informationen können der Kommission in einer Zusammenfassung übermittelt werden, die der Kommission eine fundierte Entscheidung ermöglicht. ⁴Die Informationen enthalten insbesondere Folgendes:

a) eine ausführliche Begründung der durch die Regulierungsbehörde oder den Mitgliedstaat gewährten oder abgelehnten Ausnahme unter genauem Verweis auf Absatz 1 und den oder die Buchstaben jenes Absatzes, der der Entscheidung zugrunde liegt, einschließlich finanzieller Informationen, die die Notwendigkeit der Ausnahme rechtfertigen;

b) eine Untersuchung bezüglich der Auswirkungen der Gewährung der Ausnahme auf den Wettbewerb und das effektive Funktionieren des Erdgasbinnenmarkts;

c) eine Begründung der Geltungsdauer der Ausnahme sowie des Anteils an der Gesamtkapazität der Gasinfrastruktur, für die die Ausnahme gewährt wird;

d) sofern sich die Ausnahme auf eine Verbindungsleitung bezieht, das Ergebnis der Konsultation der betroffenen Regulierungsbehörden; und

e) Angaben dazu, welchen Beitrag die Infrastruktur zur Diversifizierung der Gasversorgung leistet.

(9) ¹Die Kommission kann innerhalb eines Zeitraums von zwei Monaten ab dem Tag nach dem Eingang einer Meldung beschließen, von der Regulierungsbehörde die Änderung oder den Widerruf der Entscheidung über die Gewährung der Ausnahme zu verlangen. ²Die Zweimonatsfrist kann um weitere zwei Monate verlängert werden, wenn die Kommission zusätzliche Informationen anfordert. ³Diese weitere Frist beginnt am Tag nach dem Eingang der vollständigen Informationen. ⁴Auch die erste Zweimonatsfrist kann mit Zustimmung der Kommission und der Regulierungsbehörde verlängert werden.

Wenn die angeforderten Informationen nicht innerhalb der in der Aufforderung festgesetzten Frist vorgelegt werden, gilt die Mitteilung als widerrufen, es sei denn, diese Frist wurde mit Zustimmung der Kommission und der Regulierungsbehörde vor ihrem Ablauf verlängert oder die Regulierungsbehörde hat die Kommission vor Ablauf der festgesetzten Frist in einer ordnungsgemäß begründeten Erklärung darüber unterrichtet, dass sie die Mitteilung als vollständig betrachtet.

Die Regulierungsbehörde kommt dem Beschluss der Kommission zur Änderung oder zum Widerruf der Entscheidung über die Gewährung einer Ausnahme innerhalb von einem Monat nach und setzt die Kommission davon in Kenntnis.

Die Kommission behandelt wirtschaftlich sensible Informationen vertraulich.

Die durch die Kommission erfolgte Genehmigung einer Entscheidung zur Gewährung einer Ausnahme wird zwei Jahre nach ihrer Erteilung unwirksam, wenn mit dem Bau der Infrastruktur noch nicht begonnen wurde, und wird fünf Jahre nach ihrer Erteilung unwirksam, wenn die Infrastruktur nicht in Betrieb genommen wurde, es sei denn, die Kommission entscheidet, dass die

Verzögerung auf Umstände zurückzuführen ist, auf die die Person, der die Ausnahme gewährt wurde, keinen Einfluss hat.

(10) ¹Die Kommission kann Leitlinien für die Anwendung der in Absatz 1 dieses Artikels genannten Bedingungen und für die Festlegung des zur Anwendung der Absätze 3, 5, 7 und 8 dieses Artikels einzuhaltenden Verfahrens erlassen. ²Diese Maßnahmen zur Änderung nicht wesentlicher Bestimmungen dieser Richtlinie durch Ergänzung werden nach dem in Artikel 51 Absatz 3 genannten Regelungsverfahren mit Kontrolle erlassen.

Art. 37 Marktöffnung und Gegenseitigkeit. (1) Die Mitgliedstaaten stellen sicher, dass folgende Kunden zugelassene Kunden sind:

a) bis zum 1. Juli 2004 alle zugelassenen Kunden entsprechend Artikel 18 der Richtlinie 98/30/EG des Europäischen Parlaments und des Rates vom 22. Juni 1998 betreffend gemeinsame Vorschriften für den Erdgasbinnenmarkt[1]. Die Mitgliedstaaten veröffentlichen bis zum 31. Januar jedes Jahres die Kriterien für die Definition dieser zugelassenen Kunden;

b) ab dem 1. Juli 2004 alle Nichthaushaltskunden;

c) ab dem 1. Juli 2007 alle Kunden.

(2) Ungleichgewichte bei der Öffnung der Gasmärkte werden wie folgt vermieden:

a) Lieferverträge mit einem zugelassenen Kunden aus dem Netz eines anderen Mitgliedstaats dürfen nicht untersagt werden, wenn der Kunde in beiden betreffenden Netzen als zugelassener Kunde betrachtet wird, und

b) werden Geschäfte nach Buchstabe a mit der Begründung abgelehnt, dass der Kunde nur in einem der beiden Netze als zugelassener Kunde gilt, so kann die Kommission auf Antrag eines der Mitgliedstaaten, in denen sich die beiden Netze befinden, unter Berücksichtigung der Marktlage und des gemeinsamen Interesses der ablehnenden Partei auferlegen, die gewünschten Lieferungen auszuführen.

Art. 38 Direktleitungen. (1) Die Mitgliedstaaten treffen die erforderlichen Maßnahmen, damit

a) in ihrem Hoheitsgebiet ansässige Erdgasunternehmen die zugelassenen Kunden über eine Direktleitung versorgen können, und

b) jeder zugelassene Kunde in ihrem Hoheitsgebiet von Erdgasunternehmen über eine Direktleitung versorgt werden kann.

(2) ¹In Fällen, in denen eine Genehmigung (z.B. eine Lizenz, Erlaubnis, Konzession, Zustimmung oder Zulassung) für den Bau oder den Betrieb von Direktleitungen erforderlich ist, legen die Mitgliedstaaten oder eine von ihnen benannte zuständige Behörde die Kriterien für die Genehmigung des Baus oder des Betriebs einer Direktleitung in ihrem Hoheitsgebiet fest. ²Diese Kriterien müssen objektiv, transparent und nichtdiskriminierend sein.

(3) Die Mitgliedstaaten können die Genehmigung zur Errichtung einer Direktleitung entweder von der Verweigerung des Netzzugangs auf der Grundlage des Artikels 35 oder von der Einleitung eines Streitbeilegungsverfahrens gemäß Artikel 41 abhängig machen.

---

[1] **Amtl. Anm.:** ABl. L 204 vom 21. 7. 1998, S. 1.

Kapitel VIII. Nationale Regulierungsbehörden

Art. 39 Benennung und Unabhängigkeit der Regulierungsbehörden.
(1) Jeder Mitgliedstaat benennt auf nationaler Ebene eine einzige nationale Regulierungsbehörde.

(2) Absatz 1 des vorliegenden Artikels lässt die Benennung anderer Regulierungsbehörden auf regionaler Ebene in den Mitgliedstaaten unberührt, sofern es für Vertretungszwecke und als Ansprechpartner auf Gemeinschaftsebene innerhalb des Regulierungsrates der Agentur gemäß Artikel 14 Absatz 1 der Verordnung (EG) Nr. 713/2009[1]) einen einzigen ranghohen Vertreter gibt.

(3) [1] Abweichend von Absatz 1 des vorliegenden Artikels kann ein Mitgliedstaat Regulierungsbehörden für kleine Netze in einer geografisch eigenständigen Region benennen, deren Verbrauch im Jahr 2008 weniger als 3 % des gesamten Verbrauchs des Mitgliedstaats, zu dem sie gehört, betragen hat.
[2] Diese Ausnahmeregelung lässt die Benennung eines einzigen ranghohen Vertreters für Vertretungszwecke und als Ansprechpartner auf Gemeinschaftsebene innerhalb des Regulierungsrates der Agentur für die Zusammenarbeit der Energieregulierungsbehörden gemäß Artikel 14 Absatz 1 der Verordnung (EG) Nr. 713/2009 unberührt.

(4) [1] Die Mitgliedstaaten gewährleisten die Unabhängigkeit der Regulierungsbehörde und sorgen dafür, dass diese ihre Befugnisse unparteiisch und transparent ausübt. [2] Hierzu stellen die Mitgliedstaaten sicher, dass die Regulierungsbehörde bei der Wahrnehmung der ihr durch diese Richtlinie und zugehörige Rechtsvorschriften übertragenen Regulierungsaufgaben

a) rechtlich getrennt und funktional unabhängig von anderen öffentlichen und privaten Einrichtungen ist,

b) und sicherstellt, dass ihr Personal und ihr Management

  i) unabhängig von Marktinteressen handelt und

  ii) bei der Wahrnehmung der Regulierungsaufgaben keine direkten Weisungen von Regierungsstellen oder anderen öffentlichen oder privaten Einrichtungen einholt oder entgegennimmt. Eine etwaige enge Zusammenarbeit mit anderen zuständigen nationalen Behörden oder allgemeine politische Leitlinien der Regierung, die nicht mit den Regulierungsaufgaben und -befugnissen nach Artikel 41 zusammenhängen, bleiben hiervon unberührt.

(5) Zur Wahrung der Unabhängigkeit der Regulierungsbehörde stellen die Mitgliedstaaten insbesondere sicher,

a) dass die Regulierungsbehörde unabhängig von allen politischen Stellen selbständige Entscheidungen treffen kann und ihr jedes Jahr separate Haushaltsmittel zugewiesen werden, damit sie den zugewiesenen Haushalt eigenverantwortlich ausführen kann und über eine für die Wahrnehmung ihrer Aufgaben angemessene personelle und finanzielle Ressourcenausstattung verfügt; und

---

[1]) Nr. 7.

b) dass die Mitglieder des Leitungsgremiums der Regulierungsbehörde oder, falls kein solches Gremium vorhanden ist, die Mitglieder des leitenden Managements der Regulierungsbehörde für eine Amtszeit von fünf bis sieben Jahren ernannt werden, die einmal verlängert werden kann.

[1] Was Buchstabe b Unterabsatz 1 betrifft, stellen die Mitgliedstaaten sicher, dass für das Leitungsgremium oder das leitende Management ein geeignetes Rotationsverfahren besteht. [2] Die Mitglieder des Leitungsgremiums der Regulierungsbehörde oder, falls kein solches vorhanden ist, die Mitglieder des leitenden Managements können während ihrer Amtszeit nur dann des Amtes enthoben werden, wenn sie nicht mehr die in diesem Artikel genannten Bedingungen erfüllen oder wenn sie sich eines Fehlverhaltens nach einzelstaatlichem Recht schuldig gemacht haben.

Art. 40 Allgemeine Ziele der Regulierungsbehörde. Bei der Wahrnehmung der in dieser Richtlinie genannten Regulierungsaufgaben trifft die Regulierungsbehörde alle zweckdienlichen Maßnahmen zur Erreichung folgender Ziele im Rahmen ihrer Aufgaben und Befugnisse gemäß Artikel 41, gegebenenfalls in engem Benehmen mit anderen relevanten nationalen Behörden einschließlich der Wettbewerbsbehörden und unbeschadet deren Zuständigkeiten:

a) Förderung – in enger Zusammenarbeit mit der Agentur, den Regulierungsbehörden der Mitgliedstaaten und der Kommission – eines wettbewerbsbestimmten, sicheren und ökologisch nachhaltigen Erdgasbinnenmarktes in der Gemeinschaft und effektive Öffnung des Marktes für alle Lieferanten und Kunden in der Gemeinschaft; sowie Sicherstellung geeigneter Bedingungen dafür, dass Gasnetze unter Berücksichtigung der langfristigen Ziele wirkungsvoll und zuverlässig betrieben werden;

b) Entwicklung wettbewerbsbestimmter und gut funktionierender Regionalmärkte in der Gemeinschaft zur Verwirklichung des unter Buchstabe a genannten Ziels;

c) Aufhebung der bestehenden Beschränkungen des Erdgashandels zwischen den Mitgliedstaaten, einschließlich des Aufbaus geeigneter grenzüberschreitender Fernleitungskapazitäten im Hinblick auf die Befriedigung der Nachfrage und die Förderung der Integration der nationalen Märkte zur Erleichterung der Erdgasflüsse innerhalb der Gemeinschaft;

d) Beiträge zur möglichst kostengünstigen Verwirklichung der angestrebten Entwicklung verbraucherorientierter, sicherer, zuverlässiger und effizienter nichtdiskriminierender Systeme, Förderung der Angemessenheit der Systeme und, in Einklang mit den allgemeinen Zielen der Energiepolitik, der Energieeffizienz sowie der Einbindung von Gas aus erneuerbaren Energieträgern und dezentraler Erzeugung in großem und kleinem Maßstab sowohl in Fernleitungs- als auch in Verteilernetze;

e) Erleichterung der Aufnahme neuer Gewinnungsanlagen in das Netz, insbesondere durch Beseitigung von Hindernissen, die den Zugang neuer Marktteilnehmer und die Einspeisung von Gas aus erneuerbaren Energiequellen verhindern könnten;

f) Schaffung der entsprechenden Voraussetzungen, damit für Netzbetreiber und Netznutzer kurzfristig wie langfristig angemessene Anreize bestehen,

Effizienzsteigerungen bei der Netzleistung zu gewährleisten und die Marktintegration zu fördern;

g) Gewährleistung von Vorteilen für die Kunden durch ein effizientes Funktionieren des nationalen Marktes, Förderung eines effektiven Wettbewerbs und Beiträge zur Sicherstellung des Verbraucherschutzes;

h) Beiträge zur Verwirklichung hoher Standards bei der Erfüllung gemeinwirtschaftlicher Verpflichtungen im Bereich Erdgas, zum Schutz benachteiligter Kunden und im Interesse der Kompatibilität der beim Anbieterwechsel von Kunden erforderlichen Datenaustauschverfahren.

Art. 41 Aufgaben und Befugnisse der Regulierungsbehörde. (1) Die Regulierungsbehörde hat folgende Aufgaben:

a) Sie ist dafür verantwortlich, anhand transparenter Kriterien die Fernleitungs- oder Verteilungstarife bzw. die entsprechenden Methoden festzulegen oder zu genehmigen.

b) Sie gewährleistet, dass Fernleitungs- und Verteilernetzbetreiber – gegebenenfalls auch Netzeigentümer – sowie Erdgasunternehmen ihren aus dieser Richtlinie und anderen einschlägigen gemeinschaftlichen Rechtsvorschriften erwachsenden Verpflichtungen nachkommen, auch in Bezug auf Fragen grenzüberschreitender Natur.

c) Sie arbeitet mit der Regulierungsbehörde bzw. den Behörden der betroffenen Mitgliedstaaten und mit der Agentur in grenzüberschreitenden Angelegenheiten zusammen.

d) Sie kommen allen einschlägigen rechtsverbindlichen Entscheidungen der Agentur und der Kommission nach und führen sie durch.

e) Sie erstattet den zuständigen Behörden der Mitgliedstaaten, der Agentur und der Kommission jährlich Bericht über ihre Tätigkeit und die Erfüllung ihrer Aufgaben. In diesen Berichten ist für jede einzelne der in diesem Artikel genannten Aufgaben darzulegen, welche Maßnahmen getroffen und welche Ergebnisse erzielt wurden.

f) Sie sorgt dafür, dass Quersubventionen zwischen den Fernleitungs-, Verteilungs-, Speicher-, LNG- und Versorgungstätigkeiten verhindert werden.

g) Sie überwacht die Investitionspläne der Fernleitungsnetzbetreiber und legt mit ihrem Jahresbericht eine Beurteilung dieser Investitionspläne unter dem Gesichtspunkt ihrer Kohärenz mit dem gemeinschaftsweiten Netzentwicklungsplan gemäß Artikel 8 Absatz 3 Buchstabe b der Verordnung (EG) Nr. 715/2009[1]) vor, wobei diese Beurteilung Empfehlungen zur Änderung dieser Investitionspläne enthalten kann.

h) Sie überwacht die Einhaltung der Anforderungen und überprüft die bisherige Qualität in Bezug auf die Sicherheit und Zuverlässigkeit des Netzes, legt für die Dienstleistungs- und Versorgungsqualität geltende Normen und Anforderungen fest oder genehmigt sie oder leistet hierzu gemeinsam mit anderen zuständigen Behörden einen Beitrag.

---

[1]) Nr. 21.

i) Sie überwacht den Grad der Transparenz – auch im Fall der Großhandelspreise – und gewährleistet, dass die Erdgasunternehmen die Transparenzanforderungen erfüllen.

j) Sie überwacht den Grad und die Wirksamkeit der Marktöffnung und den Umfang des Wettbewerbs auf Großhandels- und Endkundenebene, einschließlich Erdgasbörsen, Preise für Haushaltskunden (einschließlich Vorauszahlungssysteme), Versorgerwechselraten, Abschaltraten, Gebühren für Wartungsdienste, Durchführung von Wartungsdiensten und Beschwerden von Haushaltskunden, sowie etwaige Wettbewerbsverzerrungen oder -beschränkungen, sie stellt relevante Informationen bereit und bringt einschlägige Fälle vor die zuständigen Wettbewerbsbehörden.

k) Sie überwacht etwaige restriktive Vertragspraktiken einschließlich Exklusivitätsbestimmungen, die große Nichthaushaltskunden daran hindern können, gleichzeitig mit mehreren Anbietern Verträge zu schließen, oder ihre Möglichkeiten dazu beschränken, und setzt gegebenenfalls die nationalen Wettbewerbsbehörden von solchen Praktiken in Kenntnis.

l) Sie erkennt die Vertragsfreiheit in Bezug auf unterbrechbare Lieferverträge und langfristige Verträge an, sofern diese mit dem geltenden Gemeinschaftsrecht vereinbar sind und mit der Politik der Gemeinschaft in Einklang stehen.

m) Sie verfolgt, wie viel Zeit die Fernleitungs- und Verteilernetzbetreiber für die Herstellung von Anschlüssen und für Reparaturen benötigen.

n) Sie überwacht und überprüft die Bedingungen für den Zugang zu Speicheranlagen, Netzpufferung und anderen Hilfsdiensten gemäß Artikel 33. Wird die Regelung für den Zugang zu Speicheranlagen gemäß Artikel 33 Absatz 3 festgelegt, ist die Überprüfung der Tarife nicht Bestandteil dieser Aufgabe.

o) Sie trägt zusammen mit anderen einschlägigen Behörden dazu bei, dass Maßnahmen zum Verbraucherschutz, einschließlich der in Anhang I festgelegten Maßnahmen, wirksam sind und durchgesetzt werden.

p) Sie veröffentlicht mindestens einmal jährlich Empfehlungen dafür, wie die Versorgungstarife Artikel 3 genügen sollen, und leitet sie gegebenenfalls an die Wettbewerbsbehörden weiter.

q) Sie gewährleistet den Zugang zu den Verbrauchsdaten der Kunden, die Bereitstellung – bei fakultativer Verwendung – eines leicht verständlichen einheitlichen Formats auf nationaler Ebene für die Erfassung der Verbrauchsdaten und den unverzüglichen Zugang für alle Verbraucher zu diesen Daten gemäß Anhang I Buchstabe h.

r) Sie überwacht die Umsetzung der Vorschriften betreffend die Aufgaben und Verantwortlichkeiten der Fernleitungsnetzbetreiber, Verteilernetzbetreiber, Versorgungsunternehmen und Kunden sowie anderer Marktteilnehmer gemäß der Verordnung (EG) Nr. 715/2009.

s) Sie überwacht die korrekte Anwendung der Kriterien, anhand deren beurteilt wird, ob eine Speicheranlage unter Artikel 33 Absatz 3 oder Artikel 32 Absatz 4 fällt, und

t) sie überwacht die Durchführung der Schutzmaßnahmen gemäß Artikel 46.

u) Sie trägt zur Kompatibilität der Datenaustauschverfahren für die wichtigsten Marktprozesse auf regionaler Ebene bei.

(2) ¹ Ist dies in einem Mitgliedstaat vorgesehen, so können die Beobachtungsaufgaben gemäß Absatz 1 von anderen Behörden als der Regulierungsbehörde durchgeführt werden. ² In diesem Fall müssen die Informationen, die aus der Beobachtung hervorgehen, der Regulierungsbehörde so schnell wie möglich zur Verfügung gestellt werden.

Bei der Wahrnehmung der Aufgaben gemäß Absatz 1 konsultiert die Regulierungsbehörde gegebenenfalls – unter Wahrung ihrer Unabhängigkeit und unbeschadet ihrer eigenen spezifischen Zuständigkeiten und im Einklang mit den Grundsätzen der besseren Rechtsetzung – die Fernleitungsnetzbetreiber und arbeiten gegebenenfalls eng mit anderen zuständigen nationalen Behörden zusammen.

Genehmigungen, die durch eine Regulierungsbehörde oder durch die Agentur nach dieser Richtlinie erteilt werden, berühren nicht die gebührend begründete künftige Ausübung ihrer Befugnisse nach diesem Artikel durch die Regulierungsbehörde oder etwaige Sanktionen, die von anderen zuständigen Behörden oder der Kommission verhängt werden.

(3) Wurde gemäß Artikel 14 ein unabhängiger Netzbetreiber benannt, so hat die Regulierungsbehörde zusätzlich zu den ihr gemäß Absatz 1 des vorliegenden Artikels übertragenen Aufgaben folgende Pflichten:

a) Sie beobachtet, ob der Eigentümer des Fernleitungsnetzes und der unabhängige Netzbetreiber ihren aus diesem Artikel erwachsenden Verpflichtungen nachkommen, und verhängt gemäß Absatz 4 Buchstabe d Sanktionen für den Fall, dass den Verpflichtungen nicht nachgekommen wird.

b) Sie beobachtet die Beziehungen und die Kommunikation zwischen dem unabhängigen Netzbetreiber und dem Eigentümer des Fernleitungsnetzes, um sicherzustellen, dass der unabhängige Netzbetreiber seinen Verpflichtungen nachkommt, und genehmigt insbesondere Verträge und fungiert im Falle von Beschwerden einer Partei gemäß Absatz 11 als Streitbeilegungsinstanz zwischen dem unabhängigen Netzbetreiber und dem Eigentümer des Fernleitungsnetzes.

c) Unbeschadet des Verfahrens gemäß Artikel 14 Absatz 2 Buchstabe c genehmigt sie die vom unabhängigen Netzbetreiber jährlich vorzulegende Investitionsplanung für den ersten zehnjährigen Netzentwicklungsplan sowie den von ihm vorzulegenden mehrjährigen Netzentwicklungsplan.

d) Sie gewährleistet, dass die von unabhängigen Netzbetreibern erhobenen Netzzugangstarife ein Entgelt für den bzw. die Netzeigentümer enthalten, das für die Nutzung der Netzvermögenswerte und mit Blick auf etwaige neue Investitionen in das Netz angemessen ist, sofern diese wirtschaftlich und effizient getätigt werden, und

e) sie verfügt über die Befugnis, in den Räumlichkeiten des Eigentümers des Fernleitungsnetzes und des unabhängigen Netzbetreibers auch ohne Ankündigung Kontrollen durchzuführen.

(4) ¹ Die Mitgliedstaaten stellen sicher, dass die Regulierungsbehörden mit den erforderlichen Befugnissen ausgestattet werden, die es ihnen ermöglichen, die in den Absätzen 1, 3 und 6 genannten Aufgaben effizient und rasch zu

erfüllen. [2] Hierzu muss die Regulierungsbehörde unter anderem über folgende Befugnisse verfügen:

a) Erlass von Entscheidungen, die für Gasunternehmen bindend sind;

b) Durchführung von Untersuchungen zum Funktionieren der Erdgasmärkte und Entscheidung über und Verhängung von notwendigen und verhältnismäßigen Maßnahmen zur Förderung eines wirksamen Wettbewerbs und zur Gewährleistung des ordnungsgemäßen Funktionierens des Marktes. Die Regulierungsbehörde erhält gegebenenfalls auch die Befugnis zur Zusammenarbeit mit der nationalen Wettbewerbsbehörde und Finanzmarktregulierungsbehörden oder der Kommission bei der Durchführung einer wettbewerbsrechtlichen Untersuchung;

c) Anforderung der für die Wahrnehmung ihrer Aufgaben maßgeblichen Informationen bei den Erdgasunternehmen, einschließlich Begründungen für Verweigerungen des Zugangs Dritter und sonstiger Informationen über Maßnahmen zur Stabilisierung der Netze;

d) Verhängung wirksamer, verhältnismäßiger und abschreckender Sanktionen gegen Erdgasunternehmen, die ihren aus dieser Richtlinie oder allen einschlägigen rechtsverbindlichen Entscheidungen der Regulierungsbehörde oder der Agentur erwachsenden Verpflichtungen nicht nachkommen, oder Vorschlag an ein zuständiges Gericht, derartige Sanktionen zu verhängen. Dies schließt die Befugnis ein, bei Nichteinhaltung der jeweiligen Verpflichtungen gemäß dieser Richtlinie gegen den Fernleitungsnetzbetreiber bzw. das vertikal integrierte Unternehmen Sanktionen in Höhe von bis zu 10 % des Jahresumsatzes des Fernleitungsnetzbetreibers bzw. des vertikal integrierten Unternehmens zu verhängen oder vorzuschlagen, und

e) ausreichende Untersuchungsrechte und entsprechende Anweisungsbefugnisse mit Blick auf die Streitbeilegung gemäß den Absätzen 11 und 12.

(5) Zusätzlich zu den Aufgaben und Befugnissen, die ihr gemäß den Absätzen 1 und 4 des vorliegenden Artikels übertragen wurden, werden der Regulierungsbehörde für den Fall, dass ein Fernleitungsnetzbetreiber gemäß Kapitel IV benannt wurde, folgende Aufgaben und Befugnisse übertragen:

a) Verhängung von Sanktionen gemäß Absatz 4 Buchstabe d wegen diskriminierenden Verhaltens zugunsten des vertikal integrierten Unternehmens;

b) Überprüfung des Schriftverkehrs zwischen dem Fernleitungsnetzbetreiber und dem vertikal integrierten Unternehmen, um sicherzustellen, dass der Fernleitungsnetzbetreiber seinen Verpflichtungen nachkommt;

c) als Streitbeilegungsstelle für Streitigkeiten zwischen dem vertikal integrierten Unternehmen und dem Fernleitungsnetzbetreiber bei Beschwerden gemäß Absatz 11 zu fungieren;

d) fortlaufende Kontrolle der geschäftlichen und finanziellen Beziehungen, einschließlich Darlehen, zwischen dem vertikal integrierten Unternehmen und dem Fernleitungsnetzbetreiber;

e) Genehmigung sämtlicher geschäftlichen und finanziellen Vereinbarungen zwischen dem vertikal integrierten Unternehmen und dem Fernleitungsnetzbetreiber, sofern sie marktüblichen Bedingungen entsprechen;

f) Anforderung einer Begründung beim vertikal integrierten Unternehmen im Falle einer Meldung des Gleichbehandlungsbeauftragten nach Artikel 21 Absatz 4. Die Begründung muss insbesondere den Nachweis enthalten, dass kein diskriminierendes Verhalten zugunsten des vertikal integrierten Unternehmens vorgelegen hat;

g) Durchführung von – auch unangekündigten – Kontrollen in den Geschäftsräumen des vertikal integrierten Unternehmens und des Fernleitungsnetzbetreibers, und

h) Übertragung aller oder bestimmter Aufgaben des Fernleitungsnetzbetreibers an einen gemäß Artikel 14 benannten unabhängigen Netzbetreiber, falls der Fernleitungsnetzbetreiber fortwährend gegen seine Verpflichtungen aus der Richtlinie verstößt, insbesondere im Falle eines wiederholten diskriminierenden Verhaltens zugunsten des vertikal integrierten Unternehmens.

(6) Den Regulierungsbehörden obliegt es, zumindest die Methoden zur Berechnung oder Festlegung folgender Bedingungen mit ausreichendem Vorlauf vor deren Inkrafttreten festzulegen oder zu genehmigen:

a) Anschluss und Zugang zu den nationalen Netzen, einschließlich Fernleitungs- und Verteilungstarife, und Bedingungen und Tarife für den Zugang zu LNG-Anlagen. Diese Tarife oder Methoden sind so zu gestalten, dass die notwendigen Investitionen in die Netze und LNG-Anlagen so vorgenommen werden können, dass die Lebensfähigkeit der Netze und LNG-Anlagen gewährleistet ist;

b) die Bedingungen für die Erbringung von Ausgleichsleistungen, die möglichst wirtschaftlich sind und den Netzbenutzern geeignete Anreize bieten, die Einspeisung und Abnahme von Gas auszugleichen. Die Ausgleichsleistungen werden auf faire und nichtdiskriminierende Weise erbracht und stützen sich auf objektive Kriterien, und

c) die Bedingungen für den Zugang zu grenzübergreifenden Infrastrukturen einschließlich der Verfahren für Kapazitätsvergabe und Engpassmanagement.

(7) Die in Absatz 6 genannten Methoden oder die Bedingungen werden veröffentlicht.

(8) Bei der Festsetzung oder Genehmigung der Tarife oder Methoden und der Ausgleichsleistungen stellt die Regulierungsbehörde sicher, dass für die Fernleitungs- und Verteilerbetreiber angemessene Anreize geschaffen werden, sowohl kurzfristig als auch langfristig die Effizienz zu steigern, die Marktintegration und die Versorgungssicherheit zu fördern und entsprechende Forschungsarbeiten zu unterstützen.

(9) [1] Die Regulierungsbehörden beobachten das Engpassmanagement in den nationalen Erdgasfernleitungsnetzen einschließlich der Verbindungsleitungen und die Durchsetzung der Regeln für das Engpassmanagement. [2] Hierzu legen die Übertragungsnetzbetreiber und Marktteilnehmer den nationalen Regulierungsbehörden ihre Regeln für das Engpassmanagement sowie für die Kapazitätsvergabe vor. [3] Die nationalen Regulierungsbehörden können Änderungen dieser Regeln verlangen.

(10) [1] Die Regulierungsbehörden sind befugt, falls erforderlich von Betreibern von Fernleitungsnetzen, Speicheranlagen, LNG-Anlagen und Verteilernetzen zu verlangen, die in diesem Artikel genannten Bedingungen, einschließlich der Tarife, zu ändern, um sicherzustellen, dass sie angemessen sind und nichtdiskriminierend angewendet werden. [2] Wird die Regelung für den Zugang zu Speicheranlagen gemäß Artikel 33 Absatz 3 festgelegt, so ist die

Überprüfung der Tarife nicht Bestandteil dieser Aufgabe. ³ Verzögert sich die Festlegung von Übertragungs- und Verteilungstarifen, sind die Regulierungsbehörden befugt, vorläufig geltende Übertragungs- und Verteilungstarife oder die entsprechenden Methoden festzulegen oder zu genehmigen und über geeignete Ausgleichsmaßnahmen zu entscheiden, falls die endgültigen Übertragungs- und Verteilungstarife oder Methoden von diesen vorläufigen Tarifen oder Methoden abweichen.

(11) ¹ Jeder Betroffene, der in Bezug auf die von einem Betreiber im Rahmen dieser Richtlinie eingegangenen Verpflichtungen eine Beschwerde gegen einen Fernleitungs- oder Verteilernetzbetreiber oder den Betreiber einer Speicher- oder LNG-Anlage hat, kann damit die Regulierungsbehörde befassen, die als Streitbeilegungsstelle innerhalb eines Zeitraums von zwei Monaten nach Eingang der Beschwerde eine Entscheidung trifft. ² Diese Frist kann um zwei Monate verlängert werden, wenn die Regulierungsbehörde zusätzliche Informationen anfordert. ³ Mit Zustimmung des Beschwerdeführers ist eine weitere Verlängerung dieser Frist möglich. ⁴ Die Entscheidung der Regulierungsbehörde ist verbindlich, bis sie gegebenenfalls aufgrund eines Rechtsbehelfs aufgehoben wird.

(12) ¹ Jeder Betroffene, der hinsichtlich einer gemäß diesem Artikel getroffenen Entscheidung über die Methoden oder, soweit die Regulierungsbehörde eine Anhörungspflicht hat, hinsichtlich der vorgeschlagenen Tarife bzw. Methoden beschwerdeberechtigt ist, kann längstens binnen zwei Monaten bzw. innerhalb einer von den Mitgliedstaaten festgelegten kürzeren Frist nach Veröffentlichung der Entscheidung bzw. des Vorschlags für eine Entscheidung eine Beschwerde im Hinblick auf die Überprüfung der Entscheidung einlegen. ² Eine Beschwerde hat keine aufschiebende Wirkung.

(13) ¹ Die Mitgliedstaaten schaffen geeignete und wirksame Mechanismen für die Regulierung, die Kontrolle und die Sicherstellung der Transparenz, um den Missbrauch einer marktbeherrschenden Stellung zum Nachteil insbesondere der Verbraucher sowie Verdrängungspraktiken zu verhindern. ² Diese Mechanismen tragen den Bestimmungen des Vertrags, insbesondere Artikel 82, Rechnung.

(14) Die Mitgliedstaaten gewährleisten, dass bei Verstößen gegen die in dieser Richtlinie vorgesehenen Geheimhaltungsvorschriften geeignete Maßnahmen, einschließlich der nach nationalem Recht vorgesehenen Verwaltungs- oder Strafverfahren, gegen die verantwortlichen natürlichen oder juristischen Personen ergriffen werden.

(15) Beschwerden nach den Absätzen 11 und 12 lassen die nach dem Gemeinschaftsrecht und/oder dem nationalen Recht möglichen Rechtsbehelfe unberührt.

(16) ¹ Die von den Regulierungsbehörden getroffenen Entscheidungen sind im Hinblick auf die gerichtliche Überprüfung in vollem Umfang zu begründen. ² Die Entscheidung ist der Öffentlichkeit unter Wahrung der Vertraulichkeit wirtschaftlich sensibler Informationen zugänglich zu machen.

(17) Die Mitgliedstaaten stellen sicher, dass auf nationaler Ebene geeignete Mechanismen bestehen, in deren Rahmen eine von einer Entscheidung der Regulierungsbehörde betroffene Partei das Recht hat, bei einer von den beteiligen Parteien und Regierungen unabhängigen Stelle Beschwerde einzulegen.

Art. 42 Regulierungssystem für grenzüberschreitende Aspekte. (1) ¹ Die Regulierungsbehörden konsultieren einander und arbeiten eng zusammen, und sie übermitteln einander und der Agentur sämtliche für die Erfüllung ihrer Aufgaben gemäß dieser Richtlinie erforderlichen Informationen. ² Hinsichtlich des Informationsaustauschs ist die einholende Behörde an den gleichen Grad an Vertraulichkeit gebunden wie die Auskunft erteilende Behörde.

(2) Die Regulierungsbehörden arbeiten zumindest auf regionaler Ebene zusammen,

a) um netztechnische Regelungen zu fördern, die ein optimales Netzmanagement ermöglichen, gemeinsame Strombörsen zu fördern und grenzüberschreitende Kapazitäten zuzuweisen und – u.a. durch neue Verbindungen – ein angemessenes Maß an Verbindungskapazitäten innerhalb der Region und zwischen den Regionen zu ermöglichen, damit sich ein effektiver Wettbewerb und eine bessere Versorgungssicherheit entwickeln können, ohne dass es zu einer Diskriminierung von Versorgungsunternehmen in einzelnen Mitgliedstaaten kommt,

b) um die Aufstellung aller Netzkodizes für die betroffenen Fernleitungsnetzbetreiber und andere Marktteilnehmer zu koordinieren, und

c) um die Ausarbeitung von Regeln für das Engpassmanagement zu koordinieren.

(3) Die nationalen Regulierungsbehörden sind berechtigt, untereinander Kooperationsvereinbarungen zu schließen, um die Zusammenarbeit bei der Regulierungstätigkeit zu verstärken.

(4) Die in Absatz 2 genannten Maßnahmen werden gegebenenfalls in engem Benehmen mit anderen einschlägigen nationalen Behörden und unbeschadet deren eigenen Zuständigkeiten durchgeführt.

(5) ¹ Die Kommission kann Leitlinien erlassen, in denen festgelegt ist, in welchem Umfang die Regulierungsbehörden untereinander und mit der Agentur zusammenarbeiten. ² Diese Maßnahmen zur Änderung nicht wesentlicher Bestimmungen dieser Richtlinie durch Ergänzung werden nach dem in Artikel 51 Absatz 3 genannten Regelungsverfahren mit Kontrolle erlassen.

Art. 43 Einhaltung der Leitlinien. (1) Jede Regulierungsbehörde wie auch die Kommission können die Agentur um eine Stellungnahme dazu ersuchen, ob eine von einer Regulierungsbehörde getroffene Entscheidung im Einklang mit den gemäß dieser Richtlinie oder der Verordnung (EG) Nr. 715/2009[1]).

(2) Die Agentur unterbreitet der anfragenden Regulierungsbehörde bzw. der Kommission sowie der Regulierungsbehörde, die die fragliche Entscheidung getroffen hat, innerhalb von drei Monaten nach dem Eingang des Ersuchens ihre Stellungnahme.

(3) Kommt die Regulierungsbehörde, die die Entscheidung getroffen hat, der Stellungnahme der Agentur nicht innerhalb von vier Monaten nach dem Eingang der Stellungnahme nach, so unterrichtet die Agentur die Kommission entsprechend.

---

[1]) Nr. 21.

(4) Jede Regulierungsbehörde, die der Auffassung ist, dass eine von einer anderen Regulierungsbehörde getroffene Entscheidung von Belang für den grenzüberschreitenden Handel nicht im Einklang mit den gemäß dieser Richtlinie oder der Verordnung (EG) Nr. 715/2009 erlassenen Leitlinien steht, kann die Kommission innerhalb von zwei Monaten ab dem Tag, an dem die fragliche Entscheidung ergangen ist, davon in Kenntnis setzen.

(5) [1] Gelangt die Kommission innerhalb von zwei Monaten, nachdem sie gemäß Absatz 3 von der Agentur oder gemäß Absatz 4 von einer Regulierungsbehörde informiert wurde, oder innerhalb von drei Monaten nach dem Tag, an dem die Entscheidung getroffen wurde, von sich aus zu der Einschätzung, dass die Entscheidung einer Regulierungsbehörde ernsthafte Zweifel hinsichtlich ihrer Vereinbarkeit mit den gemäß dieser Richtlinie oder der Verordnung (EG) Nr. 715/2009 erlassenen Leitlinien begründet, kann die Kommission die weitere Prüfung des Falls beschließen. [2] In einem solchen Fall lädt sie die betreffende Regulierungsbehörde und die betroffenen Parteien zu dem Verfahren vor der Regulierungsbehörde, damit sie Stellung nehmen können.

(6) Beschließt die Kommission, den Fall weiter zu prüfen, so erlässt sie innerhalb von vier Monaten nach dem Tag, an dem dieser Beschluss gefasst wurde, die endgültige Entscheidung,

a) keine Einwände gegen die Entscheidung der Regulierungsbehörde zu erheben oder

b) von der betreffenden Regulierungsbehörde einen Widerruf ihrer Entscheidung zu verlangen, weil die Leitlinien nicht eingehalten wurden.

(7) Beschließt die Kommission nicht innerhalb der in den Absätzen 5 und 6 genannten Fristen, den Fall weiter zu prüfen oder eine endgültige Entscheidung zu erlassen, wird davon ausgegangen, dass sie keine Einwände gegen die Entscheidung der Regulierungsbehörde erhebt.

(8) Die Regulierungsbehörde kommt der Entscheidung der Kommission über den Widerruf der Entscheidung der Regulierungsbehörde innerhalb von zwei Monaten nach und setzt die Kommission davon in Kenntnis.

(9) [1] Die Kommission kann Leitlinien zur Festlegung der Modalitäten des Verfahrens erlassen, das von den Regulierungsbehörden, der Agentur und der Kommission bei der Prüfung der Vereinbarkeit von Entscheidungen der Regulierungsbehörden mit den in diesem Artikel genannten Leitlinien anzuwenden ist. [2] Diese Maßnahmen zur Änderung nicht wesentlicher Bestimmung dieser Richtlinie durch Ergänzung werden nach dem in Artikel 51 Absatz 3 genannten Regelungsverfahren mit Kontrolle erlassen.

Art. 44 Aufbewahrungspflichten. (1) Die Mitgliedstaaten verlangen von den Versorgungsunternehmen, dass sie die relevanten Daten über sämtliche mit Großhandelskunden und Fernleitungsnetzbetreibern sowie mit Betreibern von Speicheranlagen und LNG-Anlagen im Rahmen von Gasversorgungsverträgen und Gasderivaten getätigten Transaktionen für die Dauer von mindestens fünf Jahren aufbewahren und den nationalen Behörden einschließlich der Regulierungsbehörde, der nationalen Wettbewerbsbehörden und der Kommission zur Erfüllung ihrer Aufgaben bei Bedarf zur Verfügung stellen.

(2) Die Daten enthalten genaue Angaben zu den Merkmalen der relevanten Transaktionen wie Laufzeit-, Liefer- und Abrechnungsbestimmungen, Menge, Datum und Uhrzeit der Ausführung, Transaktionspreise und Formen der

Identifizierung des betreffenden Großhandelskunden sowie bestimmte Angaben zu sämtlichen offenen Positionen in nicht abgerechneten Gasversorgungsverträgen und Gasderivaten.

(3) ¹ Die Regulierungsbehörde kann beschließen, bestimmte dieser Informationen den Marktteilnehmern zugänglich zu machen, vorausgesetzt, es werden keine wirtschaftlich sensiblen Daten über einzelne Marktakteure oder einzelne Transaktionen preisgegeben. ² Dieser Absatz gilt nicht für Informationen über Finanzinstrumente, die unter die Richtlinie 2004/39/EG fallen.

(4) ¹ Zur Gewährleistung der einheitlichen Anwendung dieses Artikels kann die Kommission Leitlinien erlassen, in denen die Methoden und Regelungen der Datenaufbewahrung sowie Form und Inhalt der aufzubewahrenden Daten festgelegt werden. ² Diese Maßnahmen zur Änderung nicht wesentlicher Bestimmungen dieser Richtlinie durch Ergänzung werden nach dem in Artikel 51 Absatz 3 genannten Regelungsverfahren mit Kontrolle erlassen.

(5) Für mit Großhandelskunden und Fernleitungsnetzbetreibern sowie Betreibern von Speicheranlagen und LNG-Anlagen getätigte Transaktionen mit Gasderivaten von Versorgungsunternehmen gilt dieser Artikel nur, sobald die Kommission die Leitlinien gemäß Absatz 4 erlassen hat.

(6) Die Bestimmungen dieses Artikels begründen für Rechtspersonen, die unter die Richtlinie 2004/39/EG fallen, keine zusätzlichen Verpflichtungen gegenüber den in Absatz 1 genannten Behörden.

(7) Müssen die in Absatz 1 genannten Behörden Zugang zu Daten haben, die von Unternehmen aufbewahrt werden, die unter die Richtlinie 2004/39/EG fallen, übermitteln die nach jener Richtlinie zuständigen Behörden ihnen die erforderlichen Daten.

Kapitel IX. Endkundenmärkte

Art. 45 Endkundenmärkte. Um das Entstehen gut funktionierender und transparenter Endkundenmärkte in der Gemeinschaft zu erleichtern, stellen die Mitgliedstaaten sicher, dass die Aufgaben und Zuständigkeiten der Fernleitungsnetzbetreiber, Verteilernetzbetreiber, Versorgungsunternehmen und Kunden sowie gegebenenfalls anderer Marktteilnehmer hinsichtlich der vertraglichen Vereinbarungen, der Verpflichtungen gegenüber den Kunden, der Regeln für Datenaustausch und Abrechnung, des Eigentums an den Daten und der Zuständigkeit für die Verbrauchserfassung festgelegt werden.

Diese Regeln, die zu veröffentlichen sind, werden so konzipiert, dass sie den Zugang der Kunden und Versorger zu den Netzen erleichtern, und unterliegen der Nachprüfbarkeit durch die Regulierungsbehörden oder andere zuständige einzelstaatliche Behörden.

Kapitel X. Schlussbestimmungen

Art. 46 Schutzmaßnahmen. (1) Treten plötzliche Marktkrisen im Energiesektor auf oder ist die Sicherheit von Personen, Geräten oder Anlagen oder die Unversehrtheit des Netzes gefährdet, so kann ein Mitgliedstaat vorübergehend die notwendigen Schutzmaßnahmen treffen.

(2) Diese Maßnahmen dürfen nur die geringstmöglichen Störungen im Funktionieren des Binnenmarktes hervorrufen und nicht über das zur Behebung der plötzlich aufgetretenen Schwierigkeiten unbedingt erforderliche Maß hinausgehen.

(3) Der betreffende Mitgliedstaat teilt diese Maßnahmen unverzüglich den anderen Mitgliedstaaten und der Kommission mit; diese kann beschließen, dass der betreffende Mitgliedstaat diese Maßnahmen zu ändern oder aufzuheben hat, soweit sie den Wettbewerb verzerren und den Handel in einem Umfang beeinträchtigen, der dem gemeinsamen Interesse zuwiderläuft.

Art. 47 Gleiche Ausgangsbedingungen. (1) Maßnahmen, die die Mitgliedstaaten gemäß dieser Richtlinie treffen können, um gleiche Ausgangsbedingungen zu gewährleisten, müssen mit dem Vertrag, insbesondere Artikel 30, und den Rechtsvorschriften der Gemeinschaft vereinbar sein.

(2) [1] Die in Absatz 1 genannten Maßnahmen müssen verhältnismäßig, nichtdiskriminierend und transparent sein. [2] Diese Maßnahmen können erst angewendet werden, nachdem sie der Kommission mitgeteilt und von ihr gebilligt wurden.

(3) [1] Die Kommission wird innerhalb von zwei Monaten nach Eingang der Mitteilung gemäß Absatz 2 tätig. [2] Diese Frist beginnt am Tag nach dem Eingang der vollständigen Informationen. [3] Wird die Kommission nicht innerhalb dieser Frist von zwei Monaten tätig, so wird davon ausgegangen, dass sie keine Einwände gegen die mitgeteilten Maßnahmen hat.

Art. 48 Ausnahmen im Zusammenhang mit unbedingten Zahlungsverpflichtungen. (1) [1] Entstehen einem Erdgasunternehmen aufgrund eines oder mehrerer Gaslieferverträge mit unbedingter Zahlungsverpflichtung ernsthafte wirtschaftliche und finanzielle Schwierigkeiten oder werden solche Schwierigkeiten befürchtet, so kann es bei dem betreffenden Mitgliedstaat oder der benannten zuständigen Behörde eine befristete Ausnahme von Artikel 32 beantragen. [2] Die Anträge sind in jedem einzelnen Fall je nach Wahl des Mitgliedstaats entweder vor oder nach der Verweigerung des Netzzugangs zu stellen. [3] Die Mitgliedstaaten können es dem Erdgasunternehmen auch freistellen, ob es einen Antrag vor oder nach der Verweigerung des Netzzugangs stellen möchte. [4] Hat ein Erdgasunternehmen den Zugang verweigert, ist der Antrag unverzüglich zu stellen. [5] Den Anträgen sind alle sachdienlichen Angaben über die Art und den Umfang des Problems und die von dem Erdgasunternehmen zu dessen Lösung unternommenen Anstrengungen beizufügen.

Stehen nach vernünftigem Ermessen keine Alternativlösungen zur Verfügung, so kann der Mitgliedstaat oder die benannte zuständige Behörde unter Beachtung des Absatzes 3 eine Ausnahme gewähren.

(2) [1] Der Mitgliedstaat oder die benannte zuständige Behörde übermittelt der Kommission unverzüglich ihre Entscheidung über die Gewährung einer Ausnahme zusammen mit allen einschlägigen Informationen zu der betreffenden Ausnahme. [2] Diese Informationen können der Kommission in einer Zusammenfassung übermittelt werden, anhand deren die Kommission eine fundierte Entscheidung treffen kann. [3] Die Kommission kann binnen acht Wochen nach Eingang der Mitteilung verlangen, dass der betreffende Mit-

gliedstaat bzw. die betreffende benannte zuständige Behörde die Entscheidung über die Gewährung einer Ausnahme ändert oder widerruft.

Kommt der betreffende Mitgliedstaat bzw. die betreffende benannte zuständige Behörde der Aufforderung nicht binnen vier Wochen nach, so wird nach dem in Artikel 51 Absatz 2 genannten Beratungsverfahren umgehend eine endgültige Entscheidung getroffen.

Die Kommission behandelt wirtschaftlich sensible Informationen vertraulich.

(3) Der Mitgliedstaat oder die benannte zuständige Behörde und die Kommission berücksichtigen bei der Entscheidung über die Ausnahmen nach Absatz 1 insbesondere folgende Kriterien:

a) das Ziel der Vollendung eines wettbewerbsbestimmten Gasmarktes;

b) die Notwendigkeit, gemeinwirtschaftliche Verpflichtungen zu erfüllen und die Versorgungssicherheit zu gewährleisten;

c) die Stellung des Erdgasunternehmens auf dem Gasmarkt und die tatsächliche Wettbewerbslage auf diesem Markt;

d) die Schwere der aufgetretenen wirtschaftlichen und finanziellen Schwierigkeiten von Erdgasunternehmen und Fernleitungsunternehmen bzw. zugelassenen Kunden;

e) den Zeitpunkt der Unterzeichnung sowie die Bedingungen des betreffenden Vertrags oder der betreffenden Verträge und inwieweit diese Marktänderungen berücksichtigen;

f) die zur Lösung des Problems unternommenen Anstrengungen;

g) inwieweit das Unternehmen beim Eingehen der betreffenden unbedingten Zahlungsverpflichtungen unter Berücksichtigung dieser Richtlinie vernünftigerweise mit dem wahrscheinlichen Auftreten von ernsten Schwierigkeiten hätte rechnen können;

h) das Ausmaß, in dem das Netz mit anderen Netzen verbunden ist, sowie den Grad an Interoperabilität dieser Netze, und

i) die Auswirkungen, die die Genehmigung einer Ausnahme für die korrekte Anwendung dieser Richtlinie in Bezug auf das einwandfreie Funktionieren des Erdgasbinnenmarktes haben würde.

[1] Eine Entscheidung über einen Ausnahmeantrag in Bezug auf Verträge mit unbedingter Zahlungsverpflichtung, die vor dem 4. August 2003 geschlossen worden sind, sollte nicht zu einer Lage führen, in der es unmöglich ist, wirtschaftlich tragfähige Absatzalternativen zu finden. [2] Auf jeden Fall wird davon ausgegangen, dass keine ernsthaften Schwierigkeiten vorliegen, wenn die Erdgasverkäufe nicht unter die in Gaslieferverträgen mit unbedingter Zahlungsverpflichtung vereinbarte garantierte Mindestabnahmemenge sinken oder sofern der betreffende Gasliefervertrag mit unbedingter Zahlungsverpflichtung angepasst werden oder das Erdgasunternehmen Absatzalternativen finden kann.

(4) [1] Erdgasunternehmen, die keine Ausnahmegenehmigung nach Absatz 1 des vorliegenden Artikels erhalten haben, dürfen den Netzzugang wegen im Rahmen eines Gasliefervertrags eingegangener unbedingter Zahlungsverpflichtungen nicht bzw. nicht länger verweigern. [2] Die Mitgliedstaaten stellen

sicher, dass alle einschlägigen Bestimmungen der Artikel 32 bis 44, eingehalten werden.

(5) [1] Die im Rahmen der obigen Bestimmungen genehmigten Ausnahmen müssen ordnungsgemäß begründet werden. [2] Die Kommission veröffentlicht die Entscheidung im *Amtsblatt der Europäischen Union*.

(6) Die Kommission legt bis zum 4. August 2008 einen Bericht über die bei der Anwendung dieses Artikels gemachten Erfahrungen vor, damit das Europäische Parlament und der Rat zu gegebener Zeit prüfen können, ob dieser Artikel angepasst werden muss.

Art. 49 Entstehende und isolierte Märkte. (1) [1] Mitgliedstaaten, die nicht direkt an das Verbundnetz eines anderen Mitgliedstaats angeschlossen sind und nur einen externen Hauptlieferanten haben, können von den Artikeln 4, 9, 37 und/oder 38 abweichen. [2] Als Hauptlieferant gilt ein Versorgungsunternehmen mit einem Marktanteil von mehr als 75 %. [3] Eine Ausnahme endet automatisch, sobald mindestens eine der in diesem Unterabsatz genannten Bedingungen nicht mehr gegeben ist. [4] Alle derartigen Ausnahmen sind der Kommission mitzuteilen.

[1] Zypern kann von den Artikeln 4, 9, 37 und/oder 38 abweichen. [2] Diese Ausnahme endet, sobald Zypern nicht mehr als isolierter Markt anzusehen ist.

[1] Die Artikel 4, 9, 37 und/oder 38 gelten für Estland, Lettland und/oder Finnland erst ab dem Zeitpunkt, zu dem einer dieser Mitgliedstaaten direkt an das Verbundnetz eines anderen Mitgliedstaats mit Ausnahme von Estland, Lettland, Litauen und Finnland angeschlossen ist. [2] Ausnahmen gemäß Unterabsatz 1 dieses Absatzes bleiben von diesem Unterabsatz unberührt.

(2) [1] Ein als entstehender Markt eingestufter Mitgliedstaat, der durch die Anwendung dieser Richtlinie in erhebliche Schwierigkeiten geriete, kann von Artikel 4, Artikel 9, Artikel 13 Absätze 1 und 3, Artikel 14, Artikel 24, Artikel 25 Absatz 5, Artikel 26, Artikel 31, Artikel 32, Artikel 37 Absatz 1 und/oder Artikel 38 abweichen. [2] Diese Ausnahme endet automatisch, sobald der betreffende Mitgliedstaat nicht mehr als entstehender Markt anzusehen ist. [3] Alle derartigen Ausnahmen sind der Kommission mitzuteilen.

[1] Zypern kann von den Artikeln 4 und 9, Artikel 13 Absätze 1 und 3, den Artikeln 14 und 24, Artikel 25 Absatz 5, den Artikeln 26, 31 und 32, Artikel 37 Absatz 1 und/oder Artikel 38 abweichen. [2] Diese Ausnahme endet, sobald Zypern nicht mehr als entstehender Markt anzusehen ist.

(3) [1] Zu dem Zeitpunkt, zu dem die in Absatz 2 Unterabsatz 1 genannte Ausnahme endet, muss die Definition der zugelassenen Kunden eine Marktöffnung bewirken, die sich auf mindestens 33 % des jährlichen Gesamterdgasverbrauchs auf dem innerstaatlichen Erdgasmarkt erstreckt. [2] Zwei Jahre nach diesem Zeitpunkt gilt Artikel 37 Absatz 1 Buchstabe b und drei Jahre nach diesem Zeitpunkt gilt Artikel 37 Absatz 1 Buchstabe c. [3] Bis zum Beginn der Anwendung des Artikels 37 Absatz 1 Buchstabe b können die in Absatz 2 des vorliegenden Artikels genannten Mitgliedstaaten beschließen, Artikel 32 nicht anzuwenden, soweit es sich um Hilfsdienste und die vorübergehende Speicherung für die Wiederverdampfung und die anschließende Einspeisung in das Fernleitungsnetz handelt.

(4) Falls die Anwendung dieser Richtlinie in einem begrenzten Gebiet eines Mitgliedstaats, insbesondere hinsichtlich des Ausbaus der Fernleitungsinfra-

struktur und größerer Verteilungsinfrastrukturen, erhebliche Schwierigkeiten verursachen würde, kann der Mitgliedstaat zur Förderung von Investitionen bei der Kommission für Entwicklungen in diesem Gebiet eine befristete Ausnahme von den Artikeln 4 und 9, Artikel 13 Absätze 1 und 3, den Artikeln 14 und 24, Artikel 25 Absatz 5, den Artikeln 26, 31 und 32, sowie von Artikel 37 Absatz 1 und/oder Artikel 38 beantragen.

(5) Die Kommission kann die in Absatz 4 genannte Ausnahme unter Berücksichtigung insbesondere der nachstehenden Kriterien genehmigen:

– Bedarf an Infrastrukturinvestitionen, die in einem wettbewerbsbestimmten Marktumfeld nicht rentabel wären;

– Umfang der erforderlichen Investitionen und Amortisationsaussichten;

– Größe und Entwicklungsstand des Gasnetzes in dem betreffenden Gebiet;

– Aussichten für den betreffenden Gasmarkt;

– geografische Größe und Merkmale des betreffenden Gebiets oder der betreffenden Region sowie sozioökonomische und demografische Faktoren.

[1] Im Falle einer Gasinfrastruktur, bei der es sich nicht um eine Verteilerinfrastruktur handelt, darf eine Ausnahme nur genehmigt werden, wenn in diesem Gebiet noch keine Gasinfrastruktur errichtet worden ist oder die Errichtung einer derartigen Infrastruktur weniger als zehn Jahre zurückliegt. [2] Die befristete Ausnahme darf nicht für einen Zeitraum von mehr als zehn Jahren ab der ersten Versorgung mit Gas in dem betreffenden Gebiet gewährt werden.

Im Falle einer Verteilerinfrastruktur kann eine Ausnahme für einen Zeitraum von höchstens 20 Jahren ab dem Zeitpunkt genehmigt werden, zu dem in dem betreffenden Gebiet erstmalig Gas über die genannte Infrastruktur geliefert wurde.

(6) Artikel 9 gilt nicht für Zypern, Luxemburg und/oder Malta.

(7) [1] Vor einer Entscheidung nach Absatz 5 unterrichtet die Kommission die Mitgliedstaaten unter Wahrung der Vertraulichkeit über die gemäß Absatz 4 gestellten Anträge. [2] Diese Entscheidung sowie die Ausnahmen nach den Absätzen 1 und 2 werden im *Amtsblatt der Europäischen Union* veröffentlicht.

(8) Griechenland darf hinsichtlich Aufbau und Alleinnutzung von Verteilernetzen in bestimmten geografischen Gebieten von den Artikeln 4, 24, 25, 26, 32, 37 und/oder 38 dieser Richtlinie in Bezug auf die geografischen Gebiete und Zeiträume abweichen, die in den von Griechenland vor dem 15. März 2002 gemäß der Richtlinie 98/30/EG ausgestellten Genehmigungen angegeben sind.

Art. 50 Überprüfungsverfahren. Falls die Kommission in dem Bericht nach Artikel 52 Absatz 6 feststellt, dass aufgrund der effektiven Verwirklichung des Netzzugangs in einem Mitgliedstaat, die in jeder Hinsicht einen tatsächlichen, nichtdiskriminierenden und ungehinderten Netzzugang bewirkt, bestimmte in dieser Richtlinie vorgesehene Vorschriften für Unternehmen (einschließlich der Vorschriften für die rechtliche Entflechtung von Verteilernetzbetreibern) nicht in einem ausgewogenen Verhältnis zum verfolgten Ziel stehen, kann der betreffende Mitgliedstaat bei der Kommission einen

Antrag auf Freistellung von der Einhaltung der betreffenden Vorschrift einreichen.

Der Mitgliedstaat übermittelt den Antrag unverzüglich der Kommission zusammen mit allen relevanten Angaben, die für den Nachweis erforderlich sind, dass die in dem Bericht getroffene Feststellung, wonach ein tatsächlicher Netzzugang sichergestellt ist, auch weiterhin zutreffen wird.

[1] Innerhalb von drei Monaten nach Erhalt einer Mitteilung nimmt die Kommission zu dem Antrag des betreffenden Mitgliedstaats Stellung und legt dem Europäischen Parlament und dem Rat gegebenenfalls Vorschläge zur Änderung der betreffenden Bestimmungen der Richtlinie vor. [2] Die Kommission kann in den Vorschlägen zur Änderung der Richtlinie vorschlagen, den betreffenden Mitgliedstaat von spezifischen Anforderungen auszunehmen, sofern dieser Mitgliedstaat erforderlichenfalls Maßnahmen durchführt, die in gleicher Weise wirksam sind.

Art. 51 Ausschuss. (1) Die Kommission wird von einem Ausschuss unterstützt.

(2) Wird auf diesen Absatz Bezug genommen, so gelten die Artikel 3 und 7 des Beschlusses 1999/468/EG unter Beachtung von dessen Artikel 8.

(3) Wird auf diesen Absatz Bezug genommen, so gelten Artikel 5a Absätze 1 bis 4 und Artikel 7 des Beschlusses 1999/468/EG unter Beachtung von dessen Artikel 8.

Art. 52 Berichterstattung. (1) [1] Die Kommission überwacht und überprüft die Anwendung dieser Richtlinie und legt dem Europäischen Parlament und dem Rat zum ersten Mal bis 31. Dezember 2004 und danach jedes Jahr einen Gesamtfortschrittsbericht über die erzielten Fortschritte vor. [2] In diesem Fortschrittsbericht wird mindestens Folgendes behandelt:
a) die bei der Schaffung eines vollendeten und einwandfrei funktionierenden Erdgasbinnenmarkts gewonnenen Erfahrungen und erzielten Fortschritte sowie die noch bestehenden Hindernisse, einschließlich der Aspekte Marktbeherrschung, Marktkonzentration, Verdrängungspraktiken oder wettbewerbsfeindliches Verhalten;
b) die im Rahmen dieser Richtlinie genehmigten Ausnahmen, einschließlich der Anwendung der Ausnahme nach Artikel 26 Absatz 4 im Hinblick auf eine etwaige Überprüfung der Schwelle;
c) die Frage, inwieweit sich die Entflechtungs- und Tarifierungsbestimmungen dieser Richtlinie als geeignet erwiesen haben, einen gerechten und nichtdiskriminierenden Zugang zum Erdgasnetz der Gemeinschaft und eine gleichwertige Wettbewerbsintensität zu gewährleisten, und welche wirtschaftlichen, umweltbezogenen und sozialen Auswirkungen die Öffnung des Erdgasmarkts auf die Kunden hat;
d) eine Untersuchung der Fragen, die mit der Kapazität des Erdgasnetzes und der Sicherheit der Erdgasversorgung in der Gemeinschaft und insbesondere mit dem bestehenden und dem erwarteten Gleichgewicht zwischen Angebot und Nachfrage zusammenhängen, unter Berücksichtigung der zwischen verschiedenen Gebieten bestehenden realen Austauschkapazitäten des Netzes und des Ausbaus von Speicherkapazitäten (einschließlich der Frage der Verhältnismäßigkeit der Marktregulierung in diesem Bereich);

e) besondere Aufmerksamkeit wird den Maßnahmen der Mitgliedstaaten zur Bedienung von Nachfragespitzen und zur Bewältigung von Ausfällen eines oder mehrerer Versorger gewidmet;

f) eine allgemeine Bewertung der Fortschritte in den bilateralen Beziehungen zu Drittländern, die Erdgas gewinnen und exportieren oder transportieren, einschließlich der Fortschritte bei Marktintegration, Handel und Zugang zu den Netzen dieser Drittländer;

g) die Frage, ob ein Harmonisierungsbedarf besteht, der nicht mit den Bestimmungen dieser Richtlinie zusammenhängt.

Gegebenenfalls kann dieser Fortschrittsbericht auch Empfehlungen und Maßnahmen enthalten, um negativen Auswirkungen von Marktbeherrschung und Marktkonzentration entgegenzuwirken.

Ferner kann die Kommission in dem Bericht in Konsultation mit dem ENTSO (Gas) prüfen, ob die Schaffung eines einzigen europäischen Fernleitungsnetzbetreibers durch die Fernleitungsnetzbetreiber möglich ist.

(2) [1] Alle zwei Jahre werden in dem Fortschrittsbericht nach Absatz 1 ferner die verschiedenen in den Mitgliedstaaten zur Erfüllung gemeinwirtschaftlicher Verpflichtungen getroffenen Maßnahmen analysiert und auf ihre Wirksamkeit und insbesondere ihre Auswirkungen auf den Wettbewerb auf dem Erdgasmarkt untersucht. [2] Gegebenenfalls kann der Bericht Empfehlungen für Maßnahmen enthalten, die auf einzelstaatlicher Ebene zur Gewährleistung eines hohen Standards der gemeinwirtschaftlichen Leistungen oder zur Verhinderung einer Marktabschottung zu ergreifen sind.

(3) Die Kommission legt dem Europäischen Parlament und dem Rat bis 3. März 2013 als Teil der allgemeinen Überprüfung einen ausführlichen konkreten Bericht vor, in dem sie darlegt, inwieweit es mit den Entflechtungsvorschriften gemäß Kapitel IV gelungen ist, die volle, effektive Unabhängigkeit der Fernleitungsnetzbetreiber sicherzustellen; dabei wird die effektive und effiziente Entflechtung als Maßstab zugrunde gelegt.

(4) Für ihre Einschätzung gemäß Absatz 3 zieht die Kommission insbesondere folgende Kriterien heran: fairer und nichtdiskriminierender Netzzugang, wirksame Regulierung, an den Marktbedürfnissen ausgerichtete Netzentwicklung, wettbewerbsneutrale Investitionsanreize, Entwicklung der Verbindungsinfrastruktur, effektiver Wettbewerb auf den Energiemärkten der Gemeinschaft und Versorgungssicherheit in der Gemeinschaft.

(5) Sollte aus dem ausführlichen konkreten Bericht gemäß Absatz 3 gegebenenfalls hervorgehen, dass die praktische Umsetzung der Bedingungen gemäß Absatz 4 nicht gewährleistet wurde, so legt die Kommission dem Europäischen Parlament und dem Rat Vorschläge vor, um die in jeder Hinsicht effektive Unabhängigkeit der Fernleitungsnetzbetreiber bis zum 3. März 2014 sicherzustellen.

(6) [1] Die Kommission legt dem Europäischen Parlament und dem Rat spätestens am 1. Januar 2006 einen detaillierten Bericht über die Fortschritte bei der Schaffung des Erdgasbinnenmarktes vor. [2] In dem Bericht wird insbesondere Folgendes geprüft:

– das Bestehen eines nichtdiskriminierenden Netzzugangs,

– die Wirksamkeit der Regulierung,

- die Entwicklung der Verbindungsinfrastruktur, die Transitbedingungen und der Stand der Versorgungssicherheit in der Gemeinschaft,
- die Frage, inwieweit der volle Nutzen der Marktöffnung Kleinunternehmen und Haushaltskunden zugute kommt, insbesondere im Hinblick auf die Qualitätsstandards der gemeinwirtschaftlichen Leistungen,
- die Frage, inwieweit die Märkte in der Praxis tatsächlich wettbewerbsoffen sind, einschließlich der Aspekte Marktbeherrschung, Marktkonzentration, Verdrängungspraktiken oder wettbewerbsfeindliches Verhalten,
- die Frage, inwieweit die Kunden tatsächlich den Versorger wechseln und die Tarife neu aushandeln,
- die Preisentwicklungen, auch bei den Beschaffungspreisen, gemessen am Grad der Marktöffnung,
- die Frage, ob Dritten effektiver und nichtdiskriminierender Zugang zur Gasspeicherung gewährt wird, der für einen effizienten Netzzugang technisch und/oder wirtschaftlich erforderlich ist,
- die bei der Anwendung dieser Richtlinie gewonnenen Erfahrungen, was die tatsächliche Unabhängigkeit von Netzbetreibern in vertikal integrierten Unternehmen betrifft, sowie die Frage, ob neben der funktionalen Unabhängigkeit und der Trennung der Rechnungslegung weitere Maßnahmen konzipiert wurden, die in ihrer Wirkung der rechtlichen Entflechtung gleichkommen.

Gegebenenfalls unterbreitet die Kommission dem Europäischen Parlament und dem Rat Vorschläge insbesondere mit dem Ziel, hohe Qualitätsstandards der gemeinwirtschaftlichen Leistungen zu gewährleisten.

[1] Gegebenenfalls unterbreitet die Kommission dem Europäischen Parlament und dem Rat Vorschläge insbesondere mit dem Ziel, die uneingeschränkte und tatsächliche Unabhängigkeit von Verteilernetzbetreibern bis zum 1. Juli 2007 sicherzustellen. [2] Falls erforderlich, beziehen sich diese Vorschläge in Übereinstimmung mit dem Wettbewerbsrecht auch auf Maßnahmen zur Behandlung von Problemen der Marktbeherrschung, Marktkonzentration, Verdrängungspraktiken oder des wettbewerbsfeindlichen Verhaltens.

Art. 53 Aufhebung von Rechtsvorschriften. [1] Die Richtlinie 2003/55/EG wird zum 3. März 2011 aufgehoben; die Verpflichtungen der Mitgliedstaaten hinsichtlich der Fristen für ihre Umsetzung und Anwendung werden davon nicht berührt. [2] Verweisungen auf die aufgehobene Richtlinie gelten als Verweisungen auf die vorliegende Richtlinie und sind nach Maßgabe der Entsprechungstabelle in Anhang II zu lesen.

Art. 54 Umsetzung. (1) [1] Die Mitgliedstaaten setzen die Rechts- und Verwaltungsvorschriften in Kraft, die erforderlich sind, um dieser Richtlinie spätestens am 3. März 2011 nachzukommen. [2] Sie setzen die Kommission unverzüglich davon in Kenntnis.

Sie wenden diese Vorschriften ab 3. März 2011 an, mit Ausnahme von Artikel 11, den sie ab 3. März 2013 anwenden.

[1] Wenn die Mitgliedstaaten diese Vorschriften erlassen, nehmen sie in den Vorschriften selbst oder durch einen Hinweis bei der amtlichen Veröffent-

lichung auf diese Richtlinie Bezug. ²Die Mitgliedstaaten regeln die Einzelheiten der Bezugnahme.

(2) Die Mitgliedstaaten teilen der Kommission den Wortlaut der wichtigsten innerstaatlichen Rechtsvorschriften mit, die sie auf dem unter diese Richtlinie fallenden Gebiet erlassen.

Art. 55 Inkrafttreten. Diese Richtlinie tritt am zwanzigsten Tag nach ihrer Veröffentlichung[1] im *Amtsblatt der Europäischen Union* in Kraft.

Art. 56 Adressaten. Diese Richtlinie ist an die Mitgliedstaaten gerichtet.

Anhang I. Maßnahmen zum Schutz der Kunden

(1) Unbeschadet der Verbraucherschutzvorschriften der Gemeinschaft, insbesondere der Richtlinie 97/7/EG des Europäischen Parlaments und des Rates vom 20. Mai 1997 über den Verbraucherschutz bei Vertragsabschlüssen im Fernabsatz[2] und der Richtlinie 93/13/EG des Rates vom 5. April 1993 über missbräuchliche Klauseln in Verbraucherverträgen[3], soll mit den in Artikel 3 genannten Maßnahmen sichergestellt werden, dass die Kunden

a) Anspruch auf einen Vertrag mit ihren Anbietern von Gasdienstleistungen haben, in dem Folgendes festgelegt ist:

– Name und Anschrift des Anbieters,

– erbrachte Leistungen und angebotene Leistungs-Qualitätsstufen sowie Zeitbedarf für den Erstanschluss,

– die Art der angebotenen Wartungsdienste,

– Art und Weise, wie aktuelle Informationen über alle geltenden Tarife und Wartungsentgelte erhältlich sind,

– Vertragsdauer, Bedingungen für eine Verlängerung und Beendigung der Leistungen und des Vertragsverhältnisses sowie Zulässigkeit eines kostenfreien Rücktritts vom Vertrag,

– etwaige Entschädigungs- und Erstattungsregelungen bei Nichteinhaltung der vertraglich vereinbarten Leistungsqualität einschließlich fehlerhafter und verspäteter Rechnungserstellung,

– Vorgehen zur Einleitung von Streitbeilegungsverfahren gemäß Buchstabe f und

– Informationen über Verbraucherrechte, einschließlich der Behandlung von Beschwerden und der in diesem Buchstaben genannten Informationen, auf der Website des Rechnungs- und Erdgasunternehmen.

Die Bedingungen müssen gerecht und im Voraus bekannt sein. Diese Informationen sollten in jedem Fall vor Abschluss oder Bestätigung des Vertrags übermittelt werden. Auch bei Abschluss des Vertrags durch

---

[1] Veröffentlicht am 14. 8. 2009.
[2] **Amtl. Anm.:** ABl. L 144 vom 4. 6. 1997, S. 19.
[3] **Amtl. Anm.:** ABl. L 95 vom 21. 4. 1993, S. 29.

Vermittler müssen die in diesem Buchstaben genannten Informationen vor Vertragsabschluss bereitgestellt werden;

b) rechtzeitig über eine beabsichtigte Änderung der Vertragsbedingungen und dabei über ihr Rücktrittsrecht unterrichtet werden. Die Dienstleister teilen ihren Kunden direkt und in transparenter und verständlicher Weise jede Gebührenerhöhung mit angemessener Frist mit, auf jeden Fall jedoch vor Ablauf der normalen Abrechnungsperiode, die auf die Gebührenerhöhung folgt. Die Mitgliedstaaten stellen sicher, dass es den Kunden freisteht, den Vertrag zu lösen, wenn sie die neuen Bedingungen nicht akzeptieren, die ihnen ihr Gasdienstleister mitgeteilt hat;

c) transparente Informationen über geltende Preise und Tarife sowie über die Standardbedingungen für den Zugang zu Gasdienstleistungen und deren Inanspruchnahme erhalten;

d) über ein breites Spektrum an Zahlungsmodalitäten verfügen können, durch die sie nicht unangemessen benachteiligt werden. Die Vorauszahlungssysteme sind fair und spiegeln den wahrscheinlichen Verbrauch angemessen wider. Die Unterschiede in den Vertragsbedingungen spiegeln die Kosten wider, die dem Lieferanten durch die unterschiedlichen Zahlungssysteme entstehen. Die allgemeinen Vertragsbedingungen müssen fair und transparent sein. Sie müssen klar und verständlich abgefasst sein und dürfen keine außervertraglichen Hindernisse enthalten, durch die die Kunden an der Ausübung ihrer Rechte gehindert werden, zum Beispiel eine übermäßige Zahl an Vertragsunterlagen. Die Kunden müssen gegen unfaire oder irreführende Verkaufsmethoden geschützt sein;

e) den Lieferanten ohne Berechnung von Gebühren wechseln können;

f) transparente, einfache und kostengünstige Verfahren zur Behandlung ihrer Beschwerden in Anspruch nehmen können. Insbesondere haben alle Kunden Anspruch auf eine gute Qualität der Dienstleistung und die Behandlung ihrer Beschwerden durch ihren Gasversorger. Diese Verfahren zur außergerichtlichen Einigung müssen eine gerechte und zügige Beilegung von Streitfällen, vorzugsweise innerhalb von drei Monaten ermöglichen und für berechtigte Fälle ein Erstattungs- und/oder Entschädigungssystem vorsehen. Sie sollten, soweit möglich, den in der Empfehlung 98/257/EG der Kommission vom 30. März 1998 betreffend die Grundsätze für Einrichtungen, die für die außergerichtliche Beilegung von Verbraucherrechtsstreitigkeiten[1] zuständig sind, dargelegten Grundsätzen entsprechen;

g) soweit sie an das Gasnetz angeschlossen sind, über ihre gemäß dem einschlägigen einzelstaatlichen Recht bestehenden Rechte auf Versorgung mit Erdgas einer bestimmten Qualität zu angemessenen Preisen informiert werden;

h) Zugang zu ihren Verbrauchsdaten haben und durch ausdrückliche Zustimmung und gebührenfrei einem beliebigen registrierten Lieferanten Zugang zu ihren Messdaten gewähren können. Die für die Datenverwaltung zuständige Stelle ist verpflichtet, diese Daten an das betreffende Unternehmen weiterzugeben. Die Mitgliedstaaten legen ein Format für

---

[1] **Amtl. Anm.:** ABl. L 115 vom 17. 4. 1998, S. 31.

die Erfassung der Daten fest sowie ein Verfahren, um Versorgern und Kunden Zugang zu den Daten zu verschaffen; den Kunden dürfen dafür keine zusätzlichen Kosten in Rechnung gestellt werden;
i) häufig genug in angemessener Form über ihren tatsächlichen Gasverbrauch und ihre Gaskosten informiert werden, um ihren eigenen Gasverbrauch regulieren zu können. Die Angaben werden in einem ausreichenden Zeitrahmen erteilt, der der Kapazität der Messvorrichtungen des Kunden Rechnung trägt. Die Kostenwirksamkeit dieser Maßnahmen wird gebührend berücksichtigt. Den Kunden dürfen dafür keine zusätzlichen Kosten in Rechnung gestellt werden;
j) spätestens sechs Wochen nach einem Wechsel des Erdgasversorgers eine Abschlussrechnung erhalten.

(2) Die Mitgliedstaaten sorgen dafür, dass intelligente Messsysteme eingeführt werden, durch die die aktive Beteiligung der Kunden am Gasversorgungsmarkt unterstützt wird. Die Einführung dieser Messsysteme kann einer wirtschaftlichen Bewertung unterliegen, bei der alle langfristigen Kosten und Vorteile für den Markt und die einzelnen Kunden geprüft werden sowie untersucht wird, welche Art des intelligenten Messens wirtschaftlich vertretbar und kostengünstig ist und in welchem zeitlichen Rahmen die Einführung praktisch möglich ist.

Diese Bewertung erfolgt bis 3. September 2012.

Anhand dieser Bewertung erstellen die Mitgliedstaaten oder die von ihnen benannten zuständigen Behörden einen Zeitplan für die Einführung intelligenter Messsysteme.

Die Mitgliedstaaten oder die von ihnen benannten zuständigen Behörden sorgen für die Interoperabilität der Messsysteme, die in ihrem Hoheitsgebiet eingesetzt werden sollen, und tragen der Anwendung geeigneter Normen und bewährter Verfahren sowie der großen Bedeutung, die dem Ausbau des Erdgasbinnenmarkts zukommt, gebührend Rechnung.

Anhang II. Entsprechungstabelle

Richtlinie 2003/55/EG	Vorliegende Richtlinie
Artikel 1	Artikel 1
Artikel 2	Artikel 2
Artikel 3	Artikel 3
Artikel 4	Artikel 4
Artikel 5	Artikel 5
–	Artikel 6
–	Artikel 7
Artikel 6	Artikel 8
Artikel 9	Artikel 9
Artikel 7	Artikel 10
–	Artikel 11

Richtlinie 2003/55/EG	Vorliegende Richtlinie
Artikel 7	Artikel 12
Artikel 8	Artikel 13
–	Artikel 14
–	Artikel 15
Artikel 10	Artikel 16
–	Artikel 17
–	Artikel 18
–	Artikel 19
–	Artikel 20
–	Artikel 21
–	Artikel 22
–	Artikel 23
Artikel 11	Artikel 24
Artikel 12	Artikel 25
Artikel 13	Artikel 26
Artikel 14	Artikel 27
Artikel 15	Artikel 29
Artikel 16	Artikel 30
Artikel 17	Artikel 31
Artikel 18	Artikel 32
Artikel 19	Artikel 33
Artikel 20	Artikel 34
Artikel 21	Artikel 35
Artikel 22	Artikel 36
Artikel 23	Artikel 37
Artikel 24	Artikel 38
Artikel 25 Absatz 1 (Sätze 1 und 2)	Artikel 39
–	Artikel 40
Artikel 25 (Rest)	Artikel 41
–	Artikel 42
–	Artikel 43
–	Artikel 44
–	Artikel 45
Artikel 26	Artikel 46
–	Artikel 47
Artikel 27	Artikel 48
Artikel 28	Artikel 49

EU-ErdgasbinnenmarktRL Anh. II GasRL 6

Richtlinie 2003/55/EG	Vorliegende Richtlinie
Artikel 29	Artikel 50
Artikel 30	Artikel 51
Artikel 31	Artikel 52
Artikel 32	Artikel 53
Artikel 33	Artikel 54
Artikel 34	Artikel 55
Artikel 35	Artikel 56
Anhang A	Anhang I

7. Verordnung (EG) Nr. 713/2009 des Europäischen Parlaments und des Rates vom 13. Juli 2009 zur Gründung einer Agentur für die Zusammenarbeit der Energieregulierungsbehörden

(Text von Bedeutung für den EWR)

(ABl. Nr. L 211 S. 1)
EU-Dok.-Nr. 3 2009 R 0713

Nichtamtliche Inhaltsübersicht

Art.

Kapitel I. Gründung und Rechtsstellung

Gegenstand	1
Rechtsstellung	2
Zusammensetzung	3
Tätigkeiten der Agentur	4

Kapitel II. Aufgaben

Allgemeine Aufgaben	5
Aufgaben im Zusammenhang mit der Zusammenarbeit zwischen den Übertragungs-/Fernleitungsnetzbetreibern	6
Aufgaben im Zusammenhang mit den nationalen Regulierungsbehörden	7
Aufgaben in Bezug auf die Modalitäten für den Zugang zu grenzüberschreitenden Infrastrukturen und für deren Betriebssicherheit	8
Sonstige Aufgaben	9
Konsultationen und Transparenz	10
Beobachtung und Berichterstattung auf dem Strom- und dem Erdgassektor	11

Kapitel III. Organisation

Verwaltungsrat	12
Aufgaben des Verwaltungsrates	13
Regulierungsrat	14
Aufgaben des Regulierungsrates	15
Direktor	16
Aufgaben des Direktors	17
Beschwerdeausschuss	18
Beschwerden	19
Klagen vor dem Gericht erster Instanz und vor dem Gerichtshof	20

Kapitel IV. Finanzvorschriften

Haushaltsplan der Agentur	21
Gebühren	22
Aufstellung des Haushaltsplans	23
Ausführung und Kontrolle des Haushaltsplans	24
Finanzregelung	25
Betrugsbekämpfungsmaßnahmen	26

Kapitel V. Allgemeine Bestimmungen

Vorrechte und Befreiungen	27
Personal	28
Haftung der Agentur	29
Zugang zu Dokumenten	30

VO (EG) 713/2009 ACERVO 7

	Art.
Beteiligung von Drittländern	31
Ausschuss	32
Sprachenregelung	33

Kapitel VI. Schlussbestimmungen

Bewertung	34
Inkrafttreten und Übergangsmaßnahmen	35

DAS EUROPÄISCHE PARLAMENT UND DER RAT DER EUROPÄISCHEN UNION –

gestützt auf den Vertrag zur Gründung der Europäischen Gemeinschaft, insbesondere auf Artikel 95,

auf Vorschlag der Kommission,

nach Stellungnahme des Europäischen Wirtschafts- und Sozialausschusses[1],

nach Stellungnahme des Ausschusses der Regionen[2],

gemäß dem Verfahren des Artikels 251 des Vertrags[3],

in Erwägung nachstehender Gründe:

(1) In der Mitteilung der Kommission vom 10. Januar 2007 mit dem Titel „Eine Energiepolitik für Europa" wurde dargelegt, wie wichtig es ist, den Elektrizitäts- und den Erdgasbinnenmarkt zu verwirklichen. Als eine zentrale Maßnahme zur Verwirklichung dieses Ziels wird die Verbesserung des Regulierungsrahmens auf Gemeinschaftsebene genannt.

(2) Mit dem Beschluss 2003/796/EG[4] der Kommission wurde eine beratende unabhängige Gruppe für Elektrizität und Erdgas, die „Gruppe der europäischen Regulierungsbehörden für Elektrizität und Erdgas" („ERGEG"), eingesetzt, um die Konsultation, Koordination und Kooperation zwischen den nationalen Regulierungsbehörden sowie zwischen diesen Behörden und der Kommission zu erleichtern und damit den Elektrizitäts- und den Erdgasbinnenmarkt zu festigen. Diese Gruppe setzt sich aus Vertretern der nationalen Regulierungsbehörden zusammen, die gemäß der Richtlinie 2003/54/EG des Europäischen Parlaments und des Rates vom 26. Juni 2003 über gemeinsame Vorschriften für den Elektrizitätsbinnenmarkt[5] und gemäß der Richtlinie 2003/55/EG des Europäischen Parlaments und des Rates vom 26. Juni 2003 über gemeinsame Vorschriften für den Erdgasbinnenmarkt[6] eingerichtet wurden.

(3) Seit ihrer Einsetzung hat die ERGEG mit ihrer Arbeit einen positiven Beitrag zur Verwirklichung des Elektrizitäts- und des Erdgasbinnenmarkts geleistet. Innerhalb des Sektors wird es jedoch weithin für wünschenswert erachtet und auch von der ERGEG selbst vorgeschlagen, die freiwillige Zusammenarbeit zwischen den nationalen Regulierungsbehörden nun auf die Ebene einer Gemeinschaftsstruktur mit klaren Kompetenzen und der Befugnis für Einzelfallentscheidungen in spezifischen Fällen zu verlagern.

(4) Der Europäische Rat vom 8. und 9. März 2007 hat die Kommission aufgefordert, Maßnahmen zur Einrichtung eines unabhängigen Mechanismus für die Zusammenarbeit zwischen den nationalen Regulierungsbehörden vorzuschlagen.

(5) Die Mitgliedstaaten sollten zum Erreichen der Ziele der Energiepolitik der Gemeinschaft eng zusammenarbeiten und die Hemmnisse für den grenzüberschreitenden Austausch von Elektrizität und Erdgas aus dem Weg räumen. Aus einer Folgenabschätzung zum Ressourcenbedarf für eine zentrale Stelle geht hervor, dass eine unabhängige zentrale Stelle gegenüber anderen Optionen langfristig eine Reihe von Vorteilen bietet. Eine Agentur für die Zusammenarbeit

---

[1] **Amtl. Anm.:** ABl. C 211 vom 19. 8. 2008, S. 23.
[2] **Amtl. Anm.:** ABl. C 172 vom 5. 7. 2008, S. 55.
[3] **Amtl. Anm.:** Stellungnahme des Europäischen Parlaments vom 18. Juni 2008 (noch nicht im Amtsblatt veröffentlicht), Gemeinsamer Standpunkt des Rates vom 9. Januar 2009 (ABl. C 75 E vom 31. 3. 2009, S. 1) und Standpunkt des Europäischen Parlaments vom 22. April 2009 (noch nicht im Amtsblatt veröffentlicht). Beschluss des Rates vom 25. Juni 2009.
[4] **Amtl. Anm.:** ABl. L 296 vom 14. 11. 2003, S. 34.
[5] **Amtl. Anm.:** ABl. L 176 vom 15. 7. 2003, S. 37.
[6] **Amtl. Anm.:** ABl. L 176 vom 15. 7. 2003, S. 57.

der Energieregulierungsbehörden („Agentur") sollte eingerichtet werden, um die Regulierungslücke auf Gemeinschaftsebene zu füllen und zu einem wirksamen Funktionieren des Elektrizitäts- und des Erdgasbinnenmarkts beizutragen. Die Agentur soll außerdem die nationalen Regulierungsbehörden in die Lage versetzen, ihre Zusammenarbeit auf Gemeinschaftsebene zu verstärken und auf der Grundlage der Gegenseitigkeit an der Wahrnehmung von Aufgaben mit gemeinschaftlicher Dimension teilzunehmen.

(6) Die Agentur sollte gewährleisten, dass die Regulierungsaufgaben, die gemäß der Richtlinie 2009/72/EG[1]) des Europäischen Parlaments und des Rates vom 13. Juli 2009 über gemeinsame Vorschriften für den Elektrizitätsbinnenmarkt[2]) und der Richtlinie 2009/73/EG[3]) des Europäischen Parlaments und des Rates vom 13. Juli 2009 über gemeinsame Vorschriften für den Erdgasbinnenmarkt[4]) von den nationalen Regulierungsbehörden wahrgenommen werden, gut koordiniert und - soweit erforderlich - auf Gemeinschaftsebene ergänzt werden. Daher gilt es, die Unabhängigkeit der Agentur von öffentlichen wie auch den privaten Strom- und Gaserzeugern und Übertragungs-/Fernleitungsnetzbetreibern und Verteilernetzbetreibern und den Verbrauchern sicherzustellen und dafür zu sorgen, dass die Agentur im Einklang mit dem Gemeinschaftsrecht handelt, über die erforderlichen technischen Kapazitäten und Regulierungskapazitäten verfügt sowie transparent, unter demokratischer Kontrolle und effizient arbeitet.

(7) Die Agentur sollte die regionale Zusammenarbeit zwischen den Übertragungs-/Fernleitungsnetzbetreibern im Elektrizitäts- und im Gassektor sowie die Ausführung der Aufgaben des Europäischen Verbunds der Übertragungsnetzbetreiber („ENTSO (Strom)") sowie des Europäischen Verbunds der Fernleitungsnetzbetreiber („ENTSO (Gas)") beobachten. Die Beteiligung der Agentur ist unabdingbar für die Gewährleistung von Effizienz und Transparenz bei der Zusammenarbeit der Übertragungs-/Fernleitungsnetzbetreiber zum Nutzen des Elektrizitäts- und des Erdgasbinnenmarkts.

(8) Die Agentur sollte in Zusammenarbeit mit der Kommission, den Mitgliedstaaten und den zuständigen nationalen Behörden den Elektrizitäts- und den Erdgasbinnenmarkt beobachten und das Europäische Parlament, die Kommission und die nationalen Behörden gegebenenfalls über ihre Feststellungen informieren. Diese Beobachtungsfunktion der Agentur sollte nicht zusätzlich zur Beobachtung durch die Kommission oder die nationalen Behörden, insbesondere die nationalen Wettbewerbsbehörden, erfolgen, noch sollte sie diese behindern.

(9) Der Agentur kommt bei der Ausarbeitung der nicht bindenden Rahmenleitlinien („Rahmenleitlinien"), denen die Netzkodizes entsprechen müssen, eine bedeutende Rolle zu. Die Agentur sollte entsprechend ihrer Zweckbestimmung ferner an der Prüfung der Netzkodizes (sowohl bei der Erstellung als auch bei Änderungen) beteiligt werden, um zu gewährleisten, dass die Netzkodizes den Rahmenleitlinien entsprechen, bevor sie diese der Kommission gegebenenfalls zur Annahme empfiehlt.

(10) Es sollte ein integrierter Rahmen für die Beteiligung und Zusammenarbeit der nationalen Regulierungsbehörden geschaffen werden. Dieser Rahmen sollte die einheitliche Anwendung der Rechtsvorschriften zum Elektrizitäts- und zum Erdgasbinnenmarkt in der ganzen Gemeinschaft erleichtern. In Fällen, in denen mehr als ein Mitgliedstaat betroffen ist, sollte die Agentur die Befugnis erhalten, Einzelfallentscheidungen zu treffen. Diese Befugnis sollte sich unter bestimmten Bedingungen auf technische Fragen erstrecken, auf die Regulierungsmechanismen für Elektrizitäts- und Erdgasinfrastrukturen, die mindestens zwei Mitgliedstaaten verbinden oder verbinden könnten, sowie in letzter Instanz auf Ausnahmen von den Binnenmarktvorschriften für neue Elektrizitäts-Verbindungsleitungen und für neue Erdgasinfrastrukturen, die in mehr als einem Mitgliedstaat gelegen sind.

(11) Da die Agentur einen Überblick über die nationalen Regulierungsbehörden hat, sollte sie auch eine Beratungsfunktion gegenüber der Kommission, anderen Gemeinschaftsorganen und nationalen Regulierungsbehörden in Fragen im Zusammenhang mit den Zwecken, für die sie eingerichtet wurde, wahrnehmen. Sie sollte ferner verpflichtet sein, die Kommission zu unterrichten, wenn sie feststellt, dass die Zusammenarbeit zwischen Übertragungs-/Fernleitungsnetzbetreibern nicht die gebotenen Ergebnisse liefert oder dass eine nationale Regulierungs-

---
[1]) Nr. 5.
[2]) **Amtl. Anm.:** Siehe Seite 55 dieses Amtsblatts. [**Red. Anm.:** ABl. 2009 Nr. L 211.]
[3]) Nr. 6.
[4]) **Amtl. Anm.:** Siehe Seite 94 dieses Amtsblatts. [**Red. Anm.:** ABl. 2009 Nr. L 211.]

behörde, deren Entscheidung nicht den Leitlinien entspricht, die Stellungnahme, Empfehlung oder Entscheidung der Agentur nicht angemessen umsetzt.

(12) Ferner sollte die Agentur die Möglichkeit haben, Empfehlungen auszusprechen, um die Regulierungsbehörden und Marktteilnehmer beim Austausch bewährter Verfahren zu unterstützen.

(13) Die Agentur sollte gegebenenfalls die Betroffenen konsultieren und ihnen eine angemessene Möglichkeit geben, zu den vorgeschlagenen Maßnahmen, wie Netzkodizes und -regeln, Stellung zu nehmen.

(14) Die Agentur sollte zur Anwendung der Leitlinien für die transeuropäischen Energienetze gemäß der Entscheidung Nr. 1364/2006/EG des Europäischen Parlaments und des Rates vom 6. September 2006 zur Festlegung von Leitlinien für die transeuropäischen Energienetze[1] beitragen, namentlich im Zusammenhang mit der Vorlage ihrer Stellungnahme zu den nicht bindenden gemeinschaftsweiten zehnjährigen Netzentwicklungsplänen („gemeinschaftsweite Netzentwicklungspläne") gemäß Artikel 6 Absatz 3 dieser Verordnung.

(15) Die Agentur sollte zu den Bemühungen zur Verbesserung der Energieversorgungssicherheit beitragen.

(16) Die Struktur der Agentur sollte an die spezifischen Bedürfnisse der Regulierung im Energiebereich angepasst sein. Insbesondere muss der spezifischen Rolle der nationalen Regulierungsbehörden in vollem Umfang Rechnung getragen und ihre Unabhängigkeit sichergestellt werden.

(17) Der Verwaltungsrat sollte die notwendigen Befugnisse zur Aufstellung des Haushaltsplans, zur Kontrolle seiner Ausführung, zur Erstellung der Geschäftsordnung, zum Erlass der Finanzregelung und zur Ernennung eines Direktors erhalten. Für die Ersetzung der vom Rat ernannten Mitglieder des Verwaltungsrates sollte ein Rotationssystem verwendet werden, damit langfristig eine ausgewogene Beteiligung der Mitgliedstaaten gewährleistet ist. Der Verwaltungsrat sollte unabhängig und in objektiver Weise im Allgemeininteresse handeln und sollte keine politischen Weisungen einholen oder befolgen.

(18) Die Agentur sollte über die erforderlichen Befugnisse verfügen, um ihre Regulierungsaufgaben effizient, transparent, auf tragfähige Gründe gestützt und vor allem unabhängig zu erfüllen. Die Unabhängigkeit der Regulierungsbehörde gegenüber den Elektrizitäts- und Gaserzeugern sowie den Übertragungs-/Fernleitungsnetzbetreibern und Verteilernetzbetreibern ist nicht nur ein zentrales Prinzip einer guten Verwaltungspraxis und die grundlegende Voraussetzung für die Gewährleistung des Marktvertrauens. Unbeschadet dessen, dass seine Mitglieder im Namen ihrer jeweiligen nationalen Behörde handeln, sollte der Regulierungsrat daher unabhängig von Marktinteressen handeln, Interessenkonflikte vermeiden und weder Weisungen von Regierungen der Mitgliedstaaten, der Kommission oder anderen öffentlichen oder privaten Stellen einholen oder befolgen noch Empfehlungen von ihnen annehmen. Gleichzeitig sollten die Entscheidungen des Regulierungsrats im Einklang mit dem Gemeinschaftsrecht auf den Gebieten der Energie, wie dem Energiebinnenmarkt, der Umwelt und dem Wettbewerb stehen. Der Regulierungsrat sollte den Gemeinschaftsorganen über seine Stellungnahmen, Empfehlungen und Beschlüsse Bericht erstatten.

(19) In Bezug auf die Entscheidungsbefugnisse der Agentur sollten die Betroffenen im Interesse eines reibungslosen Verfahrensablaufs das Recht erhalten, einen Beschwerdeausschuss anzurufen, der Teil der Agentur sein sollte, aber von der Verwaltungs- und Regulierungsstruktur der Agentur unabhängig sein sollte. Im Interesse der Kontinuität sollte der Beschwerdeausschuss bei einer Ernennung von Mitgliedern bzw. der Verlängerung ihres Mandats auch teilweise neu besetzt werden können. Die Entscheidungen des Beschwerdeausschusses sollten vor dem Gerichtshof der Europäischen Gemeinschaften anfechtbar sein.

(20) Die Agentur sollte in erster Linie aus dem Gesamthaushaltsplan der Europäischen Union, aus Gebühren und aus freiwilligen Beiträgen finanziert werden. Insbesondere sollten die derzeit von den Regulierungsbehörden für die Zusammenarbeit auf Gemeinschaftsebene bereitgestellten Ressourcen weiterhin für die Agentur zur Verfügung stehen. Das gemeinschaftliche Haushaltsverfahren sollte insoweit gelten, als Zuschüsse aus dem Gesamthaushaltsplan der Europäischen Union betroffen sind. Die Rechnungsprüfung sollte gemäß Artikel 91 der Verordnung (EG, Euratom) Nr. 2343/2002 der Kommission vom 19. November 2002 betreffend die Rahmenfinanzregelung für Einrichtungen gemäß Artikel 185 der Verordnung (EG, Euratom)

---

[1] **Amtl. Anm.:** ABl. L 262 vom 22. 9. 2006, S. 1.

Nr. 1605/2002 des Rates über die Haushaltsordnung für den Gesamthaushaltsplan der Europäischen Gemeinschaften[1] vom Rechnungshof durchgeführt werden.

(21) Nach Einrichtung der Agentur sollte ihr Haushalt von der Haushaltsbehörde kontinuierlich mit Blick auf ihre Arbeitsbelastung und Leistung bewertet werden. Die Haushaltsbehörde sollte Sorge dafür tragen, dass die höchsten Effizienznormen erfüllt werden.

(22) Das Personal der Agentur sollte hohen fachlichen Anforderungen genügen. Insbesondere sollte die Agentur von der Kompetenz und Erfahrung der von den nationalen Regulierungsbehörden, der Kommission und den Mitgliedstaaten abgestellten Mitarbeiter profitieren. Für das Personal der Agentur sollten das Statut der Beamten der Europäischen Gemeinschaften („Statut") und die Beschäftigungsbedingungen für die sonstigen Bediensteten der Europäischen Gemeinschaften („Beschäftigungsbedingungen"), wie sie in der Verordnung (EWG, Euratom, EGKS) Nr. 259/68[2] niedergelegt sind, sowie die von den Gemeinschaftsorganen einvernehmlich erlassenen Regelungen für die Anwendung dieser Bestimmungen gelten. Der Verwaltungsrat sollte im Einvernehmen mit der Kommission geeignete Durchführungsbestimmungen erlassen.

(23) Die Agentur sollte die allgemeinen Regeln über den Zugang der Öffentlichkeit zu Dokumenten im Besitz der Gemeinschaftseinrichtungen anwenden. Der Verwaltungsrat sollte die praktischen Maßnahmen zum Schutz wirtschaftlich sensibler Daten sowie personenbezogener Daten festlegen.

(24) Die Agentur sollte gegebenenfalls dem Europäischen Parlament, dem Rat und der Kommission gegenüber rechenschaftspflichtig sein.

(25) Länder, die nicht der Gemeinschaft angehören, sollten sich an den Arbeiten der Agentur im Einklang mit den entsprechenden von der Gemeinschaft zu schließenden Vereinbarungen beteiligen können.

(26) Die zur Durchführung dieser Verordnung erforderlichen Maßnahmen sollten gemäß dem Beschluss 1999/468/EG des Rates vom 28. Juni 1999 zur Festlegung der Modalitäten für die Ausübung der der Kommission übertragenen Durchführungsbefugnisse[3] erlassen werden.

(27) Insbesondere sollte die Kommission die Befugnis erhalten, die Leitlinien zu erlassen, die in Situationen notwendig sind, in denen die Agentur zuständig ist, über die Modalitäten für den Zugang zu grenzüberschreitender Infrastruktur und über deren Betriebssicherheit zu entscheiden. Da es sich hierbei um Maßnahmen von allgemeiner Tragweite handelt, die eine Änderung nicht wesentlicher Bestimmungen dieser Verordnung durch Ergänzung um neue nicht wesentliche Bestimmungen bewirken, sind diese Maßnahmen nach dem Regelungsverfahren mit Kontrolle des Artikels 5 a des Beschlusses 1999/468/EG zu erlassen.

(28) Die Kommission sollte dem Europäischen Parlament und dem Rat spätestens drei Jahre, nachdem der erste Direktor sein Amt angetreten hat, und danach alle vier Jahre einen Bericht über die spezifischen Aufgaben der Agentur und die erzielten Ergebnisse sowie geeignete Vorschläge vorlegen. In diesem Bericht sollte die Kommission Vorschläge zu zusätzlichen Aufgaben für die Agentur unterbreiten.

(29) Da die Ziele dieser Verordnung, nämlich die Mitwirkung und die Zusammenarbeit der nationalen Regulierungsbehörden auf Gemeinschaftsebene, auf Ebene der Mitgliedstaaten nicht ausreichend verwirklicht werden können und daher besser auf Gemeinschaftsebene zu verwirklichen sind, kann die Gemeinschaft im Einklang mit dem in Artikel 5 des Vertrags niedergelegten Subsidiaritätsprinzip tätig werden. Entsprechend dem in demselben Artikel genannten Grundsatz der Verhältnismäßigkeit geht diese Verordnung nicht über das zur Erreichung dieser Ziele erforderliche Maß hinaus –

HABEN FOLGENDE VERORDNUNG ERLASSEN:

---

[1] **Amtl. Anm.:** ABl. L 357 vom 31. 12. 2002, S. 72.
[2] **Amtl. Anm.:** ABl. L 56 vom 4. 3. 1968, S. 1.
[3] **Amtl. Anm.:** ABl. L 184 vom 17. 7. 1999, S. 23.

Kapitel I. Gründung und Rechtsstellung

Art. 1 Gegenstand. (1) Es wird eine Agentur für die Zusammenarbeit der Energieregulierungsbehörden gegründet („Agentur").

(2) Zweck dieser Agentur ist, die in Artikel 35 der Richtlinie 2009/72/EG[1)] des Europäischen Parlaments und des Rates vom 13. Juli 2009 über gemeinsame Vorschriften für den Elektrizitätsbinnenmarkt[2)] und in Artikel 39 der Richtlinie 2009/73/EG[3)] des Europäischen Parlaments und des Rates vom 13. Juli 2009 über gemeinsame Vorschriften für den Erdgasbinnenmarkt[4)] genannten Regulierungsbehörden dabei zu unterstützen, die in den Mitgliedstaaten wahrgenommenen Regulierungsaufgaben auf Gemeinschaftsebene zu erfüllen und – soweit erforderlich – die Maßnahmen dieser Behörden zu koordinieren.

(3) Bis die Räumlichkeiten der Agentur verfügbar sind, wird sie in den Räumlichkeiten der Kommission untergebracht.

Art. 2 Rechtsstellung. (1) Die Agentur ist eine Gemeinschaftseinrichtung mit eigener Rechtspersönlichkeit.

(2) [1] Die Agentur verfügt in allen Mitgliedstaaten über die weitestreichende Rechtsfähigkeit, die juristischen Personen nach dem jeweiligen nationalen Recht zuerkannt wird. [2] Sie kann insbesondere bewegliches und unbewegliches Vermögen erwerben und veräußern und ist vor Gericht parteifähig.

(3) Die Agentur wird von ihrem Direktor vertreten.

Art. 3 Zusammensetzung. Die Agentur besteht aus

a) einem Verwaltungsrat, der die in Artikel 13 vorgesehenen Aufgaben wahrnimmt,

b) einem Regulierungsrat, der die in Artikel 15 vorgesehenen Aufgaben wahrnimmt,

c) einem Direktor, der die in Artikel 17 vorgesehenen Aufgaben wahrnimmt, und

d) einem Beschwerdeausschuss, der die in Artikel 19 vorgesehenen Aufgaben wahrnimmt.

Art. 4 Tätigkeiten der Agentur. Die Agentur

a) gibt Stellungnahmen und Empfehlungen ab, die an die Übertragungs-/Fernleitungsnetzbetreiber gerichtet sind;

b) gibt Stellungnahmen und Empfehlungen ab, die an die Regulierungsbehörden gerichtet sind;

c) gibt Stellungnahmen und Empfehlungen ab, die an das Europäische Parlament, den Rat oder die Kommission gerichtet sind;

[1)] Nr. 5.
[2)] **Amtl. Anm.:** Siehe Seite 55 dieses Amtsblatts. [**Red. Anm.:** ABl. 2009 Nr. L 211.]
[3)] Nr. 6.
[4)] **Amtl. Anm.:** Siehe Seite 94 dieses Amtsblatts. [**Red. Anm.:** ABl. 2009 Nr. L 211.]

d) trifft in den in den Artikeln 7, 8 und 9 genannten spezifischen Fällen Einzelfallentscheidungen und

e) legt der Kommission nicht bindende Rahmenleitlinien („Rahmenleitlinien") gemäß Artikel 6 der Verordnung (EG) Nr. 714/2009[1)] der Europäischen Parlaments und des Rates vom 13. Juli 2009 über die Netzzugangsbedingungen für den grenzüberschreitenden Stromhandel[2)] und Artikel 6 der Verordnung (EG) Nr. 715/2009[3)] des Europäischen Parlaments und des Rates vom 13. Juli 2009 über die Bedingungen für den Zugang zu den Erdgasfernleitungsnetzen[4)] vor.

Kapitel II. Aufgaben

Art. 5 Allgemeine Aufgaben. Die Agentur kann auf Verlangen des Europäischen Parlaments, des Rates oder der Kommission oder von sich aus Stellungnahmen oder Empfehlungen zu allen Fragen im Zusammenhang mit den Aufgaben, für die sie eingerichtet wurde, an das Europäische Parlament, den Rat und die Kommission richten.

Art. 6 Aufgaben im Zusammenhang mit der Zusammenarbeit zwischen den Übertragungs-/Fernleitungsnetzbetreibern. (1) Die Agentur unterbreitet der Kommission eine Stellungnahme zum Entwurf der Satzung, zur Liste der Mitglieder und zum Entwurf der Geschäftsordnung des ENTSO (Strom) gemäß Artikel 5 Absatz 2 der Verordnung (EG) Nr. 714/2009[1)] sowie zum Entwurf der Satzung, zur Liste der Mitglieder und zum Entwurf der Geschäftsordnung des ENTSO (Gas) gemäß Artikel 5 Absatz 2 der Verordnung (EG) Nr. 715/2009[3)].

(2) Die Agentur beobachtet die Ausführung der Aufgaben des ENTSO (Strom) gemäß Artikel 9 der Verordnung (EG) Nr. 714/2009 und des ENTSO (Gas) gemäß Artikel 9 der Verordnung (EG) Nr. 715/2009.

(3) Die Agentur unterbreitet folgende Stellungnahmen:

a) gemäß Artikel 8 Absatz 2 der Verordnung (EG) Nr. 714/2009 dem ENTSO (Strom) und gemäß Artikel 8 Absatz 2 der Verordnung (EG) Nr. 715/2009 dem ENTSO (Gas) zum Entwurf der Netzkodizes und

b) gemäß Artikel 9 Absatz 2 Unterabsatz 1 der Verordnung (EG) Nr. 714/2009 dem ENTSO (Strom) und gemäß Artikel 9 Absatz 2 Unterabsatz 1 der Verordnung (EG) Nr. 715/2009 dem ENTSO (Gas) zum Entwurf des Jahresarbeitsprogramms, zum Entwurf des gemeinschaftsweiten Netzentwicklungsplans und zu anderen einschlägigen Dokumenten gemäß Artikel 8 Absatz 3 der Verordnung (EG) Nr. 714/2009 und Artikel 8 Absatz 3 der Verordnung (EG) Nr. 715/2009 unter Berücksichtigung der Ziele der Nichtdiskriminierung, des wirksamen Wettbewerbs und des effizienten und sicheren Funktionierens des Elektrizitäts- und des Erdgasbinnenmarkts.

[1)] Nr. 8.
[2)] **Amtl. Anm.:** Siehe Seite 15 dieses Amtsblatts. [**Red. Anm.:** ABl. 2009 Nr. L 211.]
[3)] Nr. 21.
[4)] **Amtl. Anm.:** Siehe Seite 36 dieses Amtsblatts. [**Red. Anm.:** ABl. 2009 Nr. L 211.]

(4) Die Agentur richtet, gestützt auf tatsächliche Umstände, eine ordnungsgemäß begründete Stellungnahme sowie Empfehlungen an den ENTSO (Strom), den ENTSO (Gas), das Europäische Parlament, den Rat und die Kommission, wenn sie der Auffassung ist, dass der Entwurf des Jahresarbeitsprogramms oder der gemeinschaftsweite Netzentwicklungsplan, der ihr gemäß Artikel 9 Absatz 2 Unterabsatz 2 der Verordnung (EG) Nr. 714/2009 und Artikel 9 Absatz 2 Unterabsatz 2 der Verordnung (EG) Nr. 715/2009 vorgelegt werden, keinen ausreichenden Beitrag zur Nichtdiskriminierung, zu einem wirksamen Wettbewerb und dem effizienten Funktionieren des Marktes oder einem ausreichenden Maß an grenzüberschreitenden Verbindungsleitungen, die Dritten offen stehen, leisten oder nicht im Einklang stehen mit den einschlägigen Bestimmungen der Richtlinie 2009/72/EG[1]) und der Verordnung (EG) Nr. 714/2009 oder der Richtlinie 2009/73/EG[2]) und der Verordnung (EG) Nr. 715/2009.

Gemäß Artikel 6 der Verordnung (EG) Nr. 714/2009 und Artikel 6 der Verordnung (EG) Nr. 715/2009 wirkt die Agentur bei der Entwicklung von Netzkodizes mit.

[1] Die Agentur legt der Kommission eine nicht bindende Rahmenleitlinie vor, wenn sie gemäß Artikel 6 Absatz 2 der Verordnung (EG) Nr. 714/2009 oder Artikel 6 Absatz 2 der Verordnung (EG) Nr. 715/2009 dazu aufgefordert wird. [2] Die Agentur überarbeitet die nicht bindende Rahmenleitlinie und legt sie erneut der Kommission vor, wenn sie gemäß Artikel 6 Absatz 4 der Verordnung (EG) Nr. 714/2009 oder Artikel 6 Absatz 4 der Verordnung (EG) Nr. 715/2009 dazu aufgefordert wird.

Die Agentur richtet gemäß Artikel 6 Absatz 7 der Verordnung (EG) Nr. 714/2009 oder Artikel 6 Absatz 7 der Verordnung (EG) Nr. 715/2009 eine begründete Stellungnahme zu dem Netzkodex an den ENTSO (Strom) oder den ENTSO (Gas).

[1] Die Agentur legt der Kommission gemäß Artikel 6 Absatz 9 der Verordnung (EG) Nr. 714/2009 oder Artikel 6 Absatz 9 der Verordnung (EG) Nr. 715/2009 den Entwurf eines Netzkodex vor und kann dessen Annahme empfehlen. [2] Die Agentur arbeitet den Entwurf eines Netzkodex aus und legt ihn der Kommission vor, wenn sie gemäß Artikel 6 Absatz 10 der Verordnung (EG) Nr. 714/2009 oder Artikel 6 Absatz 10 der Verordnung (EG) Nr. 715/2009 dazu aufgefordert wird.

(5) Die Agentur richtet gemäß Artikel 9 Absatz 1 der Verordnung (EG) Nr. 714/2009 oder Artikel 9 Absatz 1 der Verordnung (EG) Nr. 715/2009 eine ordnungsgemäß begründete Stellungnahme an die Kommission, wenn der ENTSO (Strom) oder der ENTSO (Gas) einen gemäß Artikel 8 Absatz 2 der Verordnung (EG) Nr. 714/2009 oder Artikel 8 Absatz 2 der Verordnung (EG) Nr. 715/2009 ausgearbeiteten Netzkodex oder einen Netzkodex, der nach Artikel 6 Absätze 1 bis 10 der genannten Verordnungen erstellt wurde, aber nicht von der Kommission nach Artikel 6 Absatz 11 der genannten Verordnungen angenommen wurde, nicht umgesetzt hat.

(6) Die Agentur beobachtet und analysiert die Umsetzung der Kodizes und der von der Kommission gemäß Artikel 6 Absatz 11 der Verordnung (EG) Nr.

---

[1]) Nr. 5.
[2]) Nr. 6.

714/2009 und Artikel 6 Absatz 11 der Verordnung (EG) Nr. 715/2009 erlassenen Leitlinien und ihre Auswirkungen auf die Harmonisierung der geltenden Regeln zur Förderung der Marktintegration sowie auf Nichtdiskriminierung, wirksamen Wettbewerb und das effiziente Funktionieren des Marktes und erstattet der Kommission Bericht.

(7) Die Agentur beobachtet, wie die Durchführung der Projekte zur Schaffung neuer Verbindungsleitungskapazitäten voranschreitet.

(8) ¹Die Agentur beobachtet die Umsetzung der gemeinschaftsweiten Netzentwicklungspläne. ² Stellt sie Widersprüche zwischen einem Plan und seiner Durchführung fest, so erforscht sie die Gründe dieser Widersprüche und gibt den betreffenden Übertragungs-/Fernleitungsnetzbetreibern nationalen Regulierungsbehörden bzw. anderen zuständigen Einrichtungen Empfehlungen zur Durchführung der Investitionen im Einklang mit den gemeinschaftsweiten Netzentwicklungsplänen.

(9) Die Agentur beobachtet die regionale Zusammenarbeit der Übertragungs-/Fernleitungsnetzbetreiber gemäß Artikel 12 der Verordnung (EG) Nr. 714/2009 und Artikel 12 der Verordnung (EG) Nr. 715/2009 und trägt dem Ergebnis dieser Zusammenarbeit bei der Ausarbeitung ihrer Stellungnahmen, Empfehlungen und Beschlüsse gebührend Rechnung.

Art. 7 Aufgaben im Zusammenhang mit den nationalen Regulierungsbehörden. (1) Die Agentur trifft Einzelfallentscheidungen in technischen Fragen, soweit dies in der Richtlinie 2009/72/EG[1], der Richtlinie 2009/73/EG[2], der Verordnung (EG) Nr. 714/2009[3] oder der Verordnung (EG) Nr. 715/2009[4] vorgesehen ist.

(2) Die Agentur kann nach Maßgabe ihres Arbeitsprogramms oder auf Verlangen der Kommission Empfehlungen aussprechen, um Regulierungsbehörden und Marktteilnehmer beim Austausch zu bewährten Verfahren zu unterstützen.

(3) ¹Die Agentur schafft einen Rahmen für die Zusammenarbeit der nationalen Regulierungsbehörden. ²Sie fördert die Zusammenarbeit zwischen den nationalen Regulierungsbehörden und zwischen den Regulierungsbehörden auf regionaler und auf Gemeinschaftsebene und trägt dem Ergebnis dieser Zusammenarbeit bei der Ausarbeitung ihrer Stellungnahmen, Empfehlungen und Beschlüsse gebührend Rechnung. ³Ist die Agentur der Auffassung, dass verbindliche Regeln für eine derartige Zusammenarbeit erforderlich sind, so richtet sie entsprechende Empfehlungen an die Kommission.

(4) Die Agentur gibt auf Antrag einer Regulierungsbehörde oder der Kommission eine auf tatsächliche Umstände gestützte Stellungnahme zu der Frage ab, ob eine von einer Regulierungsbehörde getroffene Entscheidung den gemäß der Richtlinie 2009/72/EG, der Richtlinie 2009/73/EG, der Verordnung (EG) Nr. 714/2009 oder der Verordnung (EG) Nr. 715/2009 festgelegten Leitlinien oder anderen einschlägigen Bestimmungen dieser Richtlinien oder Verordnungen entspricht.

---

[1] Nr. 5.
[2] Nr. 6.
[3] Nr. 8.
[4] Nr. 21.

(5) Kommt eine nationale Regulierungsbehörde der gemäß Absatz 4 abgegebenen Stellungnahme der Agentur nicht innerhalb von vier Monaten nach dem Tag des Eingangs der Stellungnahme nach, so unterrichtet die Agentur die Kommission und die betreffenden Mitgliedstaaten entsprechend.

(6) ¹ Bereitet einer nationalen Regulierungsbehörde die Anwendung der gemäß der Richtlinie 2009/72/EG, der Richtlinie 2009/73/EG, der Verordnung (EG) Nr. 714/2009 oder der Verordnung (EG) Nr. 715/2009 festgelegten Leitlinien in einem spezifischen Fall Schwierigkeiten, so kann sie bei der Agentur eine Stellungnahme beantragen. ² Die Agentur gibt ihre Stellungnahme nach Konsultation der Kommission innerhalb von drei Monaten nach Eingang des Antrags ab.

(7) Die Agentur entscheidet gemäß Artikel 8 über die Modalitäten für den Zugang zu den Strom- und Gasinfrastrukturen, die mindestens zwei Mitgliedstaaten verbinden oder verbinden könnten („grenzüberschreitende Infrastrukturen"), und die Betriebssicherheit dieser Infrastrukturen.

Art. 8 Aufgaben in Bezug auf die Modalitäten für den Zugang zu grenzüberschreitenden Infrastrukturen und für deren Betriebssicherheit. (1) Bei grenzüberschreitenden Infrastrukturen entscheidet die Agentur über die Regulierungsfragen, die in die Zuständigkeit der nationalen Regulierungsbehörden fallen und zu denen die Modalitäten für den Zugang und die Betriebssicherheit gehören können, nur,

a) wenn die zuständigen nationalen Regulierungsbehörden innerhalb eines Zeitraums von sechs Monaten ab dem Tag, an dem die letzte dieser Regulierungsbehörden mit der Angelegenheit befasst wurde, keine Einigung erzielen konnten oder

b) auf gemeinsamen Antrag der zuständigen nationalen Regulierungsbehörden.

Die zuständigen nationalen Regulierungsbehörden können gemeinsam beantragen, dass die unter Buchstabe a genannte Frist um bis zu sechs Monate verlängert wird.

Bei der Vorbereitung ihrer Entscheidung konsultiert die Agentur die nationalen Regulierungsbehörden und die betroffenen Übertragungs-/Fernleitungsnetzbetreiber, und sie wird über die Vorschläge und Bemerkungen aller betroffenen Übertragungs-/Fernleitungsnetzbetreiber unterrichtet.

(2) Die Modalitäten für den Zugang zu den grenzüberschreitenden Infrastrukturen beinhalten

a) ein Verfahren für die Kapazitätsvergabe,

b) einen Zeitrahmen der Vergabe,

c) die Verteilung von Engpasseinnahmen und

d) die von den Nutzern der Infrastruktur verlangten Entgelte gemäß Artikel 17 Absatz 1 Buchstabe d der Verordnung (EG) Nr. 714/2009[1]) oder Artikel 36 Absatz 1 Buchstabe d der Richtlinie 2009/73/EG[2]).

---

[1]) Nr. 8.
[2]) Nr. 6.

(3) Wird die Agentur gemäß Absatz 1 mit einem Fall befasst, so
a) legt sie ihre Entscheidung innerhalb eines Zeitraums von sechs Monaten ab dem Tag nach der Befassung vor und
b) kann sie falls erforderlich eine Zwischenentscheidung erlassen, damit die Versorgungssicherheit oder die Betriebssicherheit der fraglichen Infrastruktur sichergestellt ist.

(4) [1] Die Kommission kann Leitlinien erlassen, in denen festgelegt ist, in welchen Situationen die Agentur dafür zuständig ist, über die Modalitäten für den Zugang zu den grenzüberschreitenden Infrastrukturen und für deren Betriebssicherheit zu entscheiden. [2] Diese Maßnahmen zur Änderung nicht wesentlicher Bestimmungen der Verordnung durch Ergänzung werden nach dem in Artikel 32 Absatz 2 genannten Regelungsverfahren mit Kontrolle erlassen.

(5) Schließen die in Absatz 1 genannten Regulierungsangelegenheiten Ausnahmen im Sinne von Artikel 17 der Verordnung (EG) Nr. 714/2009 oder Artikel 36 der Richtlinie 2009/73/EG ein, so werden die in dieser Verordnung festgelegten Fristen nicht mit den in jenen Vorschriften genannten Fristen kumuliert.

Art. 9 Sonstige Aufgaben. (1) [1] Die Agentur kann über Ausnahmen gemäß Artikel 17 Absatz 5 der Verordnung (EG) Nr. 714/2009[1]) entscheiden. [2] Darüber hinaus kann sie über Ausnahmen gemäß Artikel 36 Absatz 4 der Richtlinie 2009/73/EG[2]) entscheiden, wenn sich die betreffende Infrastruktur im Hoheitsgebiet von mehr als einem Mitgliedstaat befindet.

(2) Die Agentur gibt auf Antrag der Kommission eine Stellungnahme gemäß Artikel 3 Absatz 1 Unterabsatz 2 der Verordnung (EG) Nr. 714/2009 bzw. Artikel 3 Absatz 1 Unterabsatz 2 der Verordnung (EG) Nr. 715/2009[3]) über die Zertifizierungsentscheidungen der nationalen Regulierungsbehörden ab.

Die Agentur kann unter Voraussetzungen, die von der Kommission in Leitlinien gemäß Artikel 18 der Verordnung (EG) Nr. 714/2009 oder Artikel 23 der Verordnung (EG) Nr. 715/2009 klar festgelegt werden, und zu Fragen im Zusammenhang mit den Zwecken, für die sie geschaffen wurde, mit zusätzlichen Aufgaben betraut werden, die keine Entscheidungsbefugnisse umfassen.

Art. 10 Konsultationen und Transparenz. (1) Bei der Wahrnehmung ihrer Aufgaben, insbesondere bei der Ausarbeitung der Rahmenleitlinien gemäß Artikel 6 der Verordnung (EG) Nr. 714/2009[1]) und Artikel 6 der Verordnung (EG) Nr. 715/2009[3]) sowie bei der Vorlage von Vorschlägen von Änderungen der Netzkodizes gemäß Artikel 7 einer dieser Verordnungen, konsultiert die Agentur ausführlich und frühzeitig sowie auf offene und transparente Art und Weise die Marktteilnehmer, die Übertragungs-/Fernleitungsnetzbetreiber, die Verbraucher, die Endnutzer und gegebenenfalls die Wettbewerbsbehörden, und zwar unbeschadet ihrer jeweiligen Zuständigkeit, insbesondere wenn ihre Aufgaben die Übertragungs-/Fernleitungsnetzbetreiber betreffen.

---

[1]) Nr. **8**.
[2]) Nr. **6**.
[3]) Nr. **21**.

(2) Die Agentur stellt sicher, dass die Öffentlichkeit sowie sämtliche interessierten Parteien objektive, zuverlässige und leicht zugängliche Informationen, insbesondere über die Ergebnisse der Arbeit der Agentur, erhalten, sofern dies angezeigt ist.

Alle Dokumente und Protokolle von Konsultationssitzungen, die im Rahmen der Ausarbeitung der Rahmenleitlinien gemäß Artikel 6 der Verordnung (EG) Nr. 714/2009 oder Artikel 6 der Verordnung (EG) Nr. 715/2009 oder im Rahmen der Änderung von Netzkodizes gemäß Artikel 7 einer dieser Verordnungen durchgeführt werden, werden veröffentlicht.

(3) Vor der Annahme der Rahmenleitlinien gemäß Artikel 6 der Verordnung (EG) Nr. 714/2009 oder Artikel 6 der Verordnung (EG) Nr. 715/2009 oder vor der Unterbreitung von Vorschlägen zur Änderung von Netzkodizes gemäß Artikel 7 einer dieser Verordnungen gibt die Agentur an, wie den bei den Konsultationen gemachten Beobachtungen Rechnung getragen wurde, und gibt eine Begründung ab, wenn diese Beobachtungen nicht berücksichtigt wurden.

(4) Die Agentur veröffentlicht auf ihrer Internetseite mindestens die Tagesordnung, die Hintergrund-Papiere sowie gegebenenfalls die Protokolle der Sitzungen des Verwaltungsrates, des Regulierungsrates und des Beschwerdeausschusses.

Art. 11 Beobachtung und Berichterstattung auf dem Strom- und dem Erdgassektor. (1) Die Agentur beobachtet in enger Zusammenarbeit mit der Kommission, den Mitgliedstaaten und den zuständigen nationalen Behörden einschließlich der nationalen Regulierungsbehörden und unbeschadet der Zuständigkeiten der Wettbewerbsbehörden den Strom- und Erdgassektor, insbesondere die Endkundenpreise von Strom und Erdgas, den Zugang zu den Netzen, einschließlich des Zugangs für den Strom aus erneuerbaren Energiequellen, und die Einhaltung der in der Richtlinie 2009/72/EG[1]) und der Richtlinie 2009/73/EG[2]) festgelegten Verbraucherrechte.

(2) [1] Die Agentur veröffentlicht einen Jahresbericht über die Ergebnisse ihrer Beobachtung gemäß Absatz 1. [2] In diesem Bericht legt sie auch die Hemmnisse für die Vollendung des Elektrizitäts- und des Erdgasbinnenmarktes dar.

(3) Bei der Veröffentlichung dieses Jahresberichts kann die Agentur dem Europäischen Parlament und der Kommission eine Stellungnahme zu möglichen Maßnahmen zum Abbau der in Absatz 2 genannten Hemmnisse vorlegen.

Kapitel III. Organisation

Art. 12 Verwaltungsrat. (1) [1] Der Verwaltungsrat besteht aus neun Mitgliedern. [2] Jedes Mitglied hat einen Stellvertreter. [3] Zwei Mitglieder und ihre Stellvertreter werden von der Kommission, zwei Mitglieder und ihre Stellvertreter werden vom Europäischen Parlament und fünf Mitglieder und ihre

---
[1]) Nr. 5.
[2]) Nr. 6.

Stellvertreter werden vom Rat ernannt. ⁴ Kein Mitglied des Europäischen Parlaments darf gleichzeitig Mitglied des Verwaltungsrates sein. ⁵ Die Amtszeit der Mitglieder des Verwaltungsrates sowie ihrer Stellvertreter beträgt vier Jahre und kann einmal verlängert werden. ⁶ Für die Hälfte der Mitglieder des Verwaltungsrates und ihre Stellvertreter beträgt die erste Amtszeit sechs Jahre.

(2) ¹ Der Verwaltungsrat wählt aus dem Kreis seiner Mitglieder einen Vorsitzenden und einen stellvertretenden Vorsitzenden. ² Der stellvertretende Vorsitzende vertritt automatisch den Vorsitzenden, wenn dieser seine Aufgaben nicht wahrnehmen kann. ³ Die Amtszeit des Vorsitzenden und des stellvertretenden Vorsitzenden beträgt zwei Jahre und kann einmal verlängert werden. ⁴ Die Amtzeit des Vorsitzenden und des stellvertretenden Vorsitzenden endet, sobald sie dem Verwaltungsrat nicht mehr als Mitglieder angehören.

(3) ¹ Der Vorsitzende beruft die Sitzungen des Verwaltungsrates ein. ² Der Vorsitzende des Regulierungsrates oder der designierte Vertreter aus dem Regulierungsrat und der Direktor nehmen, sofern der Verwaltungsrat bezüglich des Direktors nicht anders entscheidet, ohne Stimmrecht an den Beratungen teil. ³ Der Verwaltungsrat tritt mindestens zweimal jährlich zu einer ordentlichen Sitzung zusammen. ⁴ Darüber hinaus tritt er auf Initiative seines Vorsitzenden, auf Wunsch der Kommission oder auf Antrag von mindestens einem Drittel seiner Mitglieder zusammen. ⁵ Der Verwaltungsrat kann Personen, deren Auffassung möglicherweise relevant ist, als Beobachter zu seinen Sitzungen einladen. ⁶ Die Mitglieder des Verwaltungsrates können vorbehaltlich seiner Geschäftsordnung von Beratern oder Sachverständigen unterstützt werden. ⁷ Die Sekretariatsgeschäfte des Verwaltungsrates werden von der Agentur wahrgenommen.

(4) ¹ Die Beschlüsse des Verwaltungsrates werden, soweit in dieser Verordnung nicht anders geregelt, mit einer Zweidrittelmehrheit der anwesenden Mitglieder angenommen. ² Jedes Mitglied des Verwaltungsrates bzw. sein Stellvertreter hat eine Stimme.

(5) Die Geschäftsordnung legt Folgendes im Einzelnen fest:

a) die Abstimmungsregeln, insbesondere die Bedingungen, unter denen ein Mitglied im Namen eines anderen Mitglieds abstimmen kann, sowie gegebenenfalls die Bestimmungen über das Quorum und

b) die Regelungen über das Rotationssystem für die Ersetzung der vom Rat ernannten Mitglieder des Verwaltungsrates, damit langfristig eine ausgewogene Beteiligung der Mitgliedstaaten gewährleistet ist.

(6) Ein Mitglied des Verwaltungsrates kann nicht zugleich Mitglied des Regulierungsrates sein.

(7) ¹ Die Mitglieder des Verwaltungsrates verpflichten sich, im öffentlichen Interesse unabhängig und objektiv zu handeln und keine politischen Weisungen einzuholen oder zu befolgen. ² Hierzu gibt jedes Mitglied eine schriftliche Verpflichtungserklärung sowie eine schriftliche Interessenerklärung ab, aus der entweder hervorgeht, dass keinerlei Interessen bestehen, die als seine Unabhängigkeit beeinträchtigend angesehen werden könnten, oder dass unmittelbare oder mittelbare Interessen vorhanden sind, die als seine Unabhängigkeit beeinträchtigend angesehen werden könnten. ³ Diese Erklärungen werden jedes Jahr öffentlich bekannt gemacht.

Art. 13 Aufgaben des Verwaltungsrates. (1) Der Verwaltungsrat ernennt nach Konsultation des Regulierungsrates und nach dessen befürwortender Stellungnahme gemäß Artikel 15 Absatz 2 den Direktor gemäß Artikel 16 Absatz 2.

(2) Der Verwaltungsrat ernennt förmlich die Mitglieder des Regulierungsrates gemäß Artikel 14 Absatz 1.

(3) Der Verwaltungsrat ernennt förmlich die Mitglieder des Beschwerdeausschusses gemäß Artikel 18 Absätze 1 und 2.

(4) Der Verwaltungsrat gewährleistet, dass die Agentur ihren Auftrag erfüllt und die ihr zugewiesenen Aufgaben im Einklang mit dieser Verordnung wahrnimmt.

(5) [1] Vor dem 30. September eines jeden Jahres legt der Verwaltungsrat nach Konsultation der Kommission und nach Genehmigung durch den Regulierungsrat gemäß Artikel 15 Absatz 3 das Arbeitsprogramm der Agentur für das darauf folgende Jahr fest und übermittelt es dem Europäischen Parlament, dem Rat und der Kommission. [2] Das Arbeitsprogramm wird unbeschadet des jährlichen Haushaltsverfahrens festgelegt und öffentlich bekannt gemacht.

(6) [1] Der Verwaltungsrat legt ein Mehrjahresprogramm fest und überarbeitet dieses erforderlichenfalls. [2] Diese Überarbeitung erfolgt auf der Grundlage eines Bewertungsberichts, der von einem unabhängigen externen Experten auf Verlangen des Verwaltungsrates erstellt wird. [3] Diese Dokumente werden öffentlich bekannt gemacht.

(7) Der Verwaltungsrat übt seine Haushaltsbefugnisse in Übereinstimmung mit den Artikeln 21 bis 24 aus.

(8) [1] Der Verwaltungsrat beschließt, nachdem er die Zustimmung der Kommission eingeholt hat, über die Annahme von Legaten, Schenkungen oder Zuschüssen aus anderen Quellen der Gemeinschaft oder etwaigen freiwillig geleisteten Beiträgen der Mitgliedstaaten oder der Regulierungsbehörden. [2] Der Verwaltungsrat geht in seiner Stellungnahme gemäß Artikel 24 Absatz 5 ausdrücklich auf die in diesem Absatz genannten Finanzierungsquellen ein.

(9) Der Verwaltungsrat übt in Abstimmung mit dem Regulierungsrat die Disziplinargewalt über den Direktor aus.

(10) Der Verwaltungsrat legt – soweit erforderlich – die Durchführungsbestimmungen der Agentur zum Statut gemäß Artikel 28 Absatz 2 fest.

(11) Der Verwaltungsrat erlässt gemäß Artikel 30 die praktischen Maßnahmen zum Recht auf Zugang zu den Dokumenten der Agentur.

(12) [1] Der Verwaltungsrat nimmt auf der Grundlage des Entwurfs des Jahresberichts gemäß Artikel 17 Absatz 8 den Jahresbericht über die Tätigkeiten der Agentur an und veröffentlicht diesen; er übermittelt ihn bis zum 15. Juni eines jeden Jahres dem Europäischen Parlament, dem Rat, der Kommission, dem Rechnungshof, dem Europäischen Wirtschafts- und Sozialausschuss sowie dem Ausschuss der Regionen. [2] Dieser Jahresbericht über die Tätigkeiten der Agentur enthält einen separaten, vom Regulierungsrat zu billigenden Teil über die Regulierungstätigkeit der Agentur im Berichtsjahr.

(13) Der Verwaltungsrat gibt sich eine Geschäftsordnung und veröffentlicht diese.

Art. 14 Regulierungsrat. (1) Der Regulierungsrat setzt sich zusammen aus
a) ranghohen Vertretern der Regulierungsbehörden gemäß Artikel 35 Absatz 1 der Richtlinie 2009/72/EG[1] und Artikel 39 Absatz 1 der Richtlinie 2009/73/EG[2] und einem Stellvertreter pro Mitgliedstaat, die aus den derzeitigen Führungskräften dieser Behörden ausgewählt werden,
b) einem nicht stimmberechtigten Vertreter der Kommission.

Pro Mitgliedstaat wird nur ein Vertreter der nationalen Regulierungsbehörde im Regulierungsrat zugelassen.

Jede nationale Regulierungsbehörde ist dafür zuständig, das stellvertretende Mitglied aus den Reihen ihrer jeweiligen Mitarbeiter zu ernennen.

(2) [1] Der Regulierungsrat wählt aus dem Kreis seiner Mitglieder einen Vorsitzenden und einen stellvertretenden Vorsitzenden. [2] Der stellvertretende Vorsitzende vertritt den Vorsitzenden, wenn dieser seine Pflichten nicht wahrnehmen kann. [3] Die Amtszeit des Vorsitzenden und des stellvertretenden Vorsitzenden beträgt zweieinhalb Jahre und kann verlängert werden. [4] Die Amtszeit des Vorsitzenden und des stellvertretenden Vorsitzenden endet jedoch, sobald sie dem Regulierungsrat nicht mehr als Mitglieder angehören.

(3) [1] Der Regulierungsrat beschließt mit einer Mehrheit von zwei Dritteln seiner anwesenden Mitglieder. [2] Jedes Mitglied bzw. stellvertretende Mitglied hat eine Stimme.

(4) [1] Der Regulierungsrat erlässt und veröffentlicht seine Geschäftsordnung, die die Abstimmungsmodalitäten im Einzelnen festlegt, insbesondere die Bedingungen, unter denen ein Mitglied im Namen eines anderen Mitglieds abstimmen kann, sowie gegebenenfalls die Bestimmungen über das Quorum. [2] Die Geschäftsordnung kann spezifische Arbeitsmethoden zur Erörterung von Fragen im Rahmen der regionalen Initiativen für Zusammenarbeit vorsehen.

(5) Bei der Wahrnehmung der ihm durch diese Verordnung übertragenen Regulierungsaufgaben und unbeschadet dessen, dass seine Mitglieder im Namen ihrer jeweiligen Regulierungsbehörde handeln, handelt der Regulierungsrat unabhängig und holt keine Weisungen von der Regierung eines Mitgliedstaats, von der Kommission oder von einer anderen öffentlichen oder privaten Stelle ein noch befolgt er solche.

(6) Die Sekretariatsgeschäfte des Regulierungsrates werden von der Agentur wahrgenommen.

Art. 15 Aufgaben des Regulierungsrates. (1) [1] Der Regulierungsrat unterbreitet dem Direktor Stellungnahmen zu den Stellungnahmen, Empfehlungen und Beschlüssen gemäß den Artikeln 5, 6, 7, 8 und 9, deren Annahme in Erwägung gezogen wird. [2] Darüber hinaus leitet der Regulierungsrat innerhalb seines Zuständigkeitsbereichs den Direktor bei der Wahrnehmung seiner Aufgaben an.

(2) [1] Der Regulierungsrat gibt dem Verwaltungsrat eine Stellungnahme zu dem Bewerber, der gemäß Artikel 13 Absatz 1 und Artikel 16 Absatz 2 zum Direktor ernannt werden soll. [2] Für die Beschlussfassung ist eine Mehrheit von drei Vierteln der Mitglieder des Regulierungsrates erforderlich.

---

[1] Nr. 5.
[2] Nr. 6.

(3) Der Regulierungsrat genehmigt gemäß Artikel 13 Absatz 5 sowie Artikel 17 Absatz 6 – und in Übereinstimmung mit dem nach Artikel 23 Absatz 1 aufgestellten vorläufigen Entwurf des Haushaltsplans – das Arbeitsprogramm der Agentur für das kommende Jahr und legt dieses bis zum 1. September eines jeden Jahres dem Verwaltungsrat zur Genehmigung vor.

(4) Der Regulierungsrat billigt den die Regulierungstätigkeit betreffenden separaten Teil des Jahresberichts gemäß Artikel 13 Absatz 12 und Artikel 17 Absatz 8.

(5) Das Europäische Parlament kann den Vorsitzenden des Regulierungsrats oder seinen Stellvertreter unter Achtung ihrer Unabhängigkeit auffordern, vor dem zuständigen Ausschuss des Europäischen Parlaments eine Erklärung abzugeben und Fragen der Mitglieder des Ausschusses zu beantworten.

Art. 16 Direktor. (1) [1] Die Agentur wird von ihrem Direktor geleitet, der sein Amt im Einklang mit der Anleitung gemäß Artikel 15 Absatz 1 Satz 2 und – sofern in dieser Verordnung vorgesehen – den Stellungnahmen des Regulierungsrates ausübt. [2] Unbeschadet der jeweiligen Befugnisse des Verwaltungsrates und des Regulierungsrates in Bezug auf die Aufgaben des Direktors holt der Direktor weder Weisungen von Regierungen, von der Kommission oder von anderen öffentlichen oder privaten Stellen ein noch befolgt er solche.

(2) [1] Der Direktor wird vom Verwaltungsrat nach einer befürwortenden Stellungnahme des Regulierungsrates aus einer Liste von mindestens drei Bewerbern ernannt, die von der Kommission im Anschluss an einen öffentlichen Aufruf zur Interessenbekundung vorgeschlagen werden; Kriterien sind die erworbenen Verdienste sowie Qualifikation und Erfahrung von Relevanz für den Energiesektor. [2] Vor der Ernennung kann der vom Verwaltungsrat ausgewählte Bewerber aufgefordert werden, sich vor dem zuständigen Ausschuss des Europäischen Parlaments zu äußern und Fragen der Mitglieder des Ausschusses zu beantworten.

(3) [1] Die Amtszeit des Direktors beträgt fünf Jahre. [2] In den letzten neun Monaten vor Ablauf dieses Zeitraums nimmt die Kommission eine Bewertung vor. [3] In dieser Beurteilung bewertet die Kommission insbesondere

a) die Leistung des Direktors,

b) die Aufgaben und Erfordernisse der Agentur in den kommenden Jahren.

Die Bewertung zu Buchstabe b wird mit der Unterstützung eines unabhängigen externen Experten durchgeführt.

(4) Der Verwaltungsrat kann auf Vorschlag der Kommission nach Prüfung und unter möglichst weitgehender Berücksichtigung der Bewertung sowie der Stellungnahme des Regulierungsrates zu dieser Bewertung und nur in Fällen, wo dies durch die Aufgaben und Erfordernisse der Agentur zu rechtfertigen ist, die Amtszeit des Direktors einmalig um höchstens drei Jahre verlängern.

(5) [1] Der Verwaltungsrat unterrichtet das Europäische Parlament über seine Absicht, die Amtszeit des Direktors zu verlängern. [2] Innerhalb eines Monats vor der Verlängerung seiner Amtszeit kann der Direktor aufgefordert werden, sich vor dem zuständigen Ausschuss des Parlaments zu äußern und Fragen der Mitglieder dieses Ausschusses zu beantworten.

(6) Wird die Amtszeit nicht verlängert, so bleibt der Direktor bis zur Ernennung seines Nachfolgers im Amt.

(7) ¹Der Direktor kann seines Amtes nur aufgrund eines Beschlusses des Verwaltungsrates nach einer befürwortenden Stellungnahme des Regulierungsrates enthoben werden. ²Für die Beschlussfassung ist eine Mehrheit von drei Vierteln der Mitglieder des Verwaltungsrates erforderlich.

(8) ¹Das Europäische Parlament und der Rat können den Direktor auffordern, einen Bericht über die Wahrnehmung seiner Aufgaben vorzulegen. ²Das Europäische Parlament kann den Direktor auch auffordern, eine Erklärung vor dem zuständigen Ausschuss des Europäischen Parlaments abzugeben und Fragen der Mitglieder des Ausschusses zu beantworten.

Art. 17 Aufgaben des Direktors. (1) Der Direktor ist der bevollmächtigte Vertreter der Agentur und mit ihrer Verwaltung beauftragt.

(2) ¹Der Direktor bereitet die Arbeiten des Verwaltungsrates vor. ²Er nimmt an den Arbeiten des Verwaltungsrates teil, besitzt jedoch kein Stimmrecht.

(3) Der Direktor nimmt die Stellungnahmen, Empfehlungen und Beschlüsse gemäß den Artikeln 5, 6, 7, 8 und 9 an, zu denen der Regulierungsrat eine befürwortende Stellungnahme abgegeben hat, und veröffentlicht diese.

(4) Der Direktor ist für die Durchführung des Jahresarbeitsprogramms der Agentur verantwortlich, wobei der Regulierungsrat eine Beratungs- und Lenkungsfunktion übernimmt und der Verwaltungsrat die administrative Kontrolle ausübt.

(5) Der Direktor trifft die erforderlichen Maßnahmen, insbesondere im Hinblick auf den Erlass interner Verwaltungsanweisungen und die Veröffentlichung von Mitteilungen, um die ordnungsgemäße Arbeitsweise der Agentur gemäß dieser Verordnung zu gewährleisten.

(6) Der Direktor erstellt jedes Jahr den Entwurf des Arbeitsprogramms der Agentur für das darauf folgende Jahr und unterbreitet diesen bis zum 30. Juni des laufenden Jahres dem Regulierungsrat, dem Europäischen Parlament und der Kommission.

(7) Der Direktor erstellt einen Vorentwurf des Haushaltsplans der Agentur gemäß Artikel 23 Absatz 1 und führt den Haushaltsplan der Agentur gemäß Artikel 24 aus.

(8) Jedes Jahr erstellt der Direktor den Entwurf des Jahresberichts, der einen separaten Teil über die Regulierungstätigkeiten der Agentur und einen Teil über finanzielle und administrative Angelegenheiten enthält.

(9) Gegenüber den Bediensteten der Agentur übt der Direktor die in Artikel 28 Absatz 3 vorgesehenen Befugnisse aus.

Art. 18 Beschwerdeausschuss. (1) ¹Der Beschwerdeausschuss besteht aus sechs Mitgliedern und sechs stellvertretenden Mitgliedern, die aus dem Kreis der derzeitigen oder früheren leitenden Mitarbeiter der nationalen Regulierungsbehörden, Wettbewerbsbehörden oder anderer nationaler oder gemeinschaftlicher Einrichtungen mit einschlägiger Erfahrung im Energiesektor ausgewählt werden. ²Der Beschwerdeausschuss ernennt seinen Vorsitzenden.
³Die Beschlüsse des Beschwerdeausschusses werden mit einer qualifizierten

VO (EG) 713/2009 Art. 19 ACERVO 7

Mehrheit von mindestens vier von sechs Mitgliedern gefasst. ⁴ Der Beschwerdeausschuss wird bei Bedarf einberufen.

(2) Die Mitglieder des Beschwerdeausschusses werden auf Vorschlag der Kommission im Anschluss an einen öffentlichen Aufruf zur Interessenbekundung und nach Konsultation des Regulierungsrates vom Verwaltungsrat förmlich ernannt.

(3) ¹ Die Amtszeit der Mitglieder des Beschwerdeausschusses beträgt fünf Jahre. ² Sie kann verlängert werden. ³ Die Mitglieder des Beschwerdeausschusses sind in ihrer Beschlussfassung unabhängig. ⁴ Sie sind an keinerlei Weisungen gebunden. ⁵ Sie dürfen keine anderen Aufgaben innerhalb der Agentur, in deren Verwaltungsrat oder in deren Regulierungsrat wahrnehmen. ⁶ Ein Mitglied des Beschwerdeausschusses kann während der Laufzeit seines Mandats nur dann seines Amtes enthoben werden, wenn es sich eines schweren Fehlverhaltens schuldig gemacht hat und wenn der Verwaltungsrat nach Konsultation des Regulierungsrates einen entsprechenden Beschluss gefasst hat.

(4) Die Mitglieder des Beschwerdeausschusses dürfen nicht an einem Beschwerdeverfahren mitwirken, wenn dieses Verfahren ihre persönlichen Interessen berührt, wenn sie vorher als Vertreter eines Verfahrensbeteiligten tätig gewesen sind oder wenn sie an der Entscheidung mitgewirkt haben, gegen die Beschwerde eingelegt wurde.

(5) ¹ Ist ein Mitglied des Beschwerdeausschusses aus einem der in Absatz 4 genannten Gründe oder aus einem sonstigen Grund der Ansicht, dass ein anderes Mitglied nicht an einem Beschwerdeverfahren mitwirken sollte, so teilt es dies dem Beschwerdeausschuss mit. ² Jeder am Beschwerdeverfahren Beteiligte kann die Mitwirkung eines Mitglieds des Beschwerdeausschusses aus einem der in Absatz 4 genannten Gründe oder wegen des Verdachts der Befangenheit ablehnen. ³ Eine solche Ablehnung ist unzulässig, wenn sie auf die Staatsangehörigkeit eines Mitglieds gestützt wird oder wenn der am Beschwerdeverfahren Beteiligte eine andere Verfahrenshandlung als die Ablehnung der Zusammensetzung des Beschwerdeausschusses vorgenommen hat, obwohl er den Ablehnungsgrund kannte.

(6) ¹ Der Beschwerdeausschuss entscheidet über das Vorgehen in den in den Absätzen 4 und 5 genannten Fällen ohne Mitwirkung des betroffenen Mitglieds. ² Das betroffene Mitglied wird bei dieser Entscheidung durch seinen Stellvertreter im Beschwerdeausschuss vertreten. ³ Wenn sich der Stellvertreter in einer ähnlichen Situation befindet wie das Mitglied, benennt der Vorsitzende eine Person aus dem Kreis der verfügbaren Stellvertreter.

(7) ¹ Die Mitglieder des Beschwerdeausschusses verpflichten sich, unabhängig und im öffentlichen Interesse zu handeln. ² Zu diesem Zweck geben sie eine schriftliche Verpflichtungserklärung sowie eine schriftliche Interessenerklärung ab, aus der entweder hervorgeht, dass keinerlei Interessen bestehen, die als ihre Unabhängigkeit beeinträchtigend angesehen werden könnten, oder dass unmittelbare oder mittelbare Interessen vorhanden sind, die als ihre Unabhängigkeit beeinträchtigend angesehen werden könnten. ³ Diese Erklärungen werden jedes Jahr öffentlich bekannt gemacht.

Art. 19 Beschwerden. (1) Jede natürliche oder juristische Person einschließlich der nationalen Regulierungsbehörden kann gegen gemäß den Artikeln 7, 8 oder 9 an sie gerichtete Entscheidungen sowie gegen Entscheidungen, die an eine andere Person gerichtet sind, sie aber unmittelbar und individuell betreffen, Beschwerde einlegen.

(2) ¹ Die Beschwerde ist zusammen mit der Begründung innerhalb von zwei Monaten nach dem Tag der Bekanntgabe der Entscheidung an die betreffende Person oder, sofern eine solche Bekanntgabe nicht erfolgt ist, innerhalb von zwei Monaten ab dem Tag, an dem die Agentur ihre Entscheidung bekannt gegeben hat, schriftlich bei der Agentur einzulegen. ² Der Beschwerdeausschuss entscheidet über Beschwerden innerhalb von zwei Monaten nach deren Einreichung.

(3) ¹ Eine Beschwerde nach Absatz 1 hat keine aufschiebende Wirkung. ² Der Beschwerdeausschuss kann jedoch, wenn die Umstände dies nach seiner Auffassung erfordern, den Vollzug der angefochtenen Entscheidung aussetzen.

(4) ¹ Ist die Beschwerde zulässig, so prüft der Beschwerdeausschuss, ob sie begründet ist. ² Er fordert die am Beschwerdeverfahren Beteiligten so oft wie erforderlich auf, innerhalb bestimmter Fristen eine Stellungnahme zu seinen Bescheiden oder zu den Schriftsätzen der anderen am Beschwerdeverfahren Beteiligten einzureichen. ³ Die am Beschwerdeverfahren Beteiligten haben das Recht, mündliche Erklärungen abzugeben.

(5) ¹ Der Beschwerdeausschuss wird entweder auf der Grundlage dieses Artikels im Rahmen der Zuständigkeit der Agentur tätig oder verweist die Angelegenheit an die zuständige Stelle der Agentur zurück. ² Diese ist an die Entscheidung des Beschwerdeausschusses gebunden.

(6) Der Beschwerdeausschuss gibt sich eine Geschäftsordnung und veröffentlicht diese.

(7) Die Entscheidungen des Beschwerdeausschusses werden von der Agentur veröffentlicht.

Art. 20 Klagen vor dem Gericht erster Instanz und vor dem Gerichtshof. (1) Beim Gericht erster Instanz oder dem Gerichtshof kann gemäß Artikel 230 des Vertrags Klage gegen eine Entscheidung des Beschwerdeausschusses oder – wenn der Beschwerdeausschuss nicht zuständig ist – der Agentur erhoben werden.

(2) Unterlässt es die Agentur, eine Entscheidung zu treffen, so kann vor dem Gericht erster Instanz oder vor dem Gerichtshof Untätigkeitsklage nach Artikel 232 des Vertrags erhoben werden.

(3) Die Agentur ergreift die Maßnahmen, die sich aus dem Urteil des Gerichts erster Instanz oder des Gerichtshofs ergeben.

Kapitel IV. Finanzvorschriften

Art. 21 Haushaltsplan der Agentur. (1) Die Einnahmen der Agentur bestehen insbesondere aus

a) einem Zuschuss der Gemeinschaft aus dem Gesamthaushaltsplan der Europäischen Union (Einzelplan Kommission),
b) von der Agentur gemäß Artikel 22 erhobenen Gebühren,
c) freiwillig geleisteten Beiträgen der Mitgliedstaaten oder der Regulierungsbehörden gemäß Artikel 13 Absatz 8 und
d) Legaten, Schenkungen oder Zuschüssen gemäß Artikel 13 Absatz 8.

(2) Die Ausgaben der Agentur umfassen die Ausgaben für Personal-, Verwaltungs-, Infrastruktur- und Betriebsaufwendungen.

(3) Einnahmen und Ausgaben der Agentur müssen ausgeglichen sein.

(4) Für jedes Haushaltsjahr – wobei ein Haushaltsjahr einem Kalenderjahr entspricht – sind sämtliche Einnahmen und Ausgaben der Agentur zu veranschlagen und in den Haushaltsplan einzustellen.

Art. 22 Gebühren. (1) Bei Beantragung einer Entscheidung über die Gewährung einer Ausnahme gemäß Artikel 9 Absatz 1 wird von der Agentur eine Gebühr erhoben.

(2) Die Höhe der Gebühr nach Absatz 1 wird von der Kommission festgesetzt.

Art. 23 Aufstellung des Haushaltsplans. (1) [1] Bis zum 15. Februar eines jeden Jahres erstellt der Direktor einen Vorentwurf des Haushaltsplans mit den Betriebsaufwendungen sowie dem Arbeitsprogramm für das folgende Haushaltsjahr und legt diesen Vorentwurf des Haushaltsplans zusammen mit einem vorläufigen Stellenplan dem Verwaltungsrat vor. [2] Auf der Grundlage des vom Direktor erstellten Vorentwurfs des Haushaltsplans stellt der Verwaltungsrat jährlich den Voranschlag der Einnahmen und Ausgaben der Agentur für das folgende Haushaltsjahr auf. [3] Dieser Voranschlag, der auch einen Entwurf des Stellenplans umfasst, wird der Kommission bis zum 31. März vom Verwaltungsrat zugeleitet. [4] Vor Annahme des Voranschlags wird der vom Direktor erstellte Entwurf dem Regulierungsrat übermittelt, der dazu eine begründete Stellungnahme abgeben kann.

(2) Die Kommission übermittelt den in Absatz 1 genannten Voranschlag zusammen mit dem Vorentwurf des Gesamthaushaltsplans der Europäischen Union dem Europäischen Parlament und dem Rat („Haushaltsbehörde").

(3) Auf der Grundlage des Voranschlags stellt die Kommission die mit Blick auf den Stellenplan für erforderlich erachteten Mittel und den Betrag des aus dem Gesamthaushaltsplan der Europäischen Union gemäß Artikel 272 des Vertrags zu zahlenden Zuschusses in den Vorentwurf des Gesamthaushaltsplans der Europäischen Union ein.

(4) Die Haushaltsbehörde stellt den Stellenplan der Agentur fest.

(5) [1] Der Haushaltsplan der Agentur wird vom Verwaltungsrat festgestellt. [2] Er wird endgültig, wenn der Gesamthaushaltsplan der Europäischen Union endgültig festgestellt ist. [3] Gegebenenfalls wird er entsprechend angepasst.

(6) [1] Der Verwaltungsrat unterrichtet die Haushaltsbehörde unverzüglich über alle von ihm geplanten Vorhaben, die erhebliche finanzielle Auswirkungen auf die Finanzierung des Haushaltsplans der Agentur haben könnten, was insbesondere für Immobilienvorhaben wie die Anmietung oder den Erwerb von Gebäuden gilt. [2] Der Verwaltungsrat informiert auch die Kommission über seine Vorhaben. [3] Beabsichtigt ein Teil der Haushaltsbehörde, eine Stellungnahme abzugeben, so teilt er dies der Agentur innerhalb von zwei Wochen ab Erhalt der Information über das Vorhaben mit. [4] Bleibt eine Antwort aus, so kann die Agentur das geplante Vorhaben weiterführen.

Art. 24 Ausführung und Kontrolle des Haushaltsplans. (1) Der Direktor führt als Anweisungsbefugter den Haushaltsplan der Agentur aus.

(2) ¹ Nach Abschluss eines Haushaltsjahres übermittelt der Rechnungsführer der Agentur dem Rechnungsführer der Kommission und dem Rechnungshof bis zum 1. März die vorläufigen Rechnungen und den Bericht über die Haushaltsführung und das Finanzmanagement für das abgeschlossene Haushaltsjahr. ² Der Rechnungsführer der Agentur übermittelt den Bericht über die Haushaltsführung und das Finanzmanagement außerdem bis zum 31. März des folgenden Jahres dem Europäischen Parlament und dem Rat. ³ Der Rechnungsführer der Kommission konsolidiert anschließend die vorläufigen Rechnungen der Organe und dezentralisierten Einrichtungen gemäß Artikel 128 der Verordnung (EG, Euratom) Nr. 1605/2002 des Rates vom 25. Juni 2002 über die Haushaltsordnung für den Gesamthaushaltsplan der Europäischen Gemeinschaften[1] ("Haushaltsordnung").

(3) ¹ Nach dem Ende des Haushaltsjahres übermittelt der Rechnungsführer der Kommission dem Rechnungshof bis zum 31. März die vorläufigen Rechnungen der Agentur und den Bericht über die Haushaltsführung und das Finanzmanagement für das abgeschlossene Haushaltsjahr. ² Der Bericht über die Haushaltsführung und das Finanzmanagement für das Haushaltsjahr wird auch dem Europäischen Parlament und dem Rat übermittelt.

(4) Nach Übermittlung der Anmerkungen des Rechnungshofs zu den vorläufigen Rechnungen der Agentur gemäß Artikel 129 der Haushaltsordnung erstellt der Direktor in eigener Verantwortung den endgültigen Jahresabschluss der Agentur und übermittelt diesen dem Verwaltungsrat zur Stellungnahme.

(5) Der Verwaltungsrat gibt eine Stellungnahme zum endgültigen Jahresabschluss der Agentur ab.

(6) Der Direktor übermittelt den endgültigen Jahresabschluss zusammen mit der Stellungnahme des Verwaltungsrates bis zum 1. Juli nach Ende des Haushaltsjahres dem Europäischen Parlament, dem Rat, der Kommission und dem Rechnungshof.

(7) Der endgültige Jahresabschluss wird veröffentlicht.

(8) ¹ Der Direktor übermittelt dem Rechnungshof bis zum 15. Oktober eine Antwort auf seine Bemerkungen. ² Dem Verwaltungsrat und der Kommission übermittelt er eine Kopie der Antwort.

(9) Der Direktor unterbreitet dem Europäischen Parlament auf dessen Anfrage gemäß Artikel 146 Absatz 3 der Haushaltsordnung alle Informationen, die für die ordnungsgemäße Durchführung des Entlastungsverfahrens für das betreffende Haushaltsjahr erforderlich sind.

(10) Auf Empfehlung des Rates, der mit qualifizierter Mehrheit beschließt, erteilt das Europäische Parlament dem Direktor vor dem 15. Mai des Jahres n + 2 Entlastung für die Ausführung des Haushaltsplans für das Haushaltsjahr n.

Art. 25 Finanzregelung. ¹ Der Verwaltungsrat erlässt nach Anhörung der Kommission die für die Agentur geltende Finanzregelung. ² Diese Regelung darf von der Verordnung (EG, Euratom) Nr. 2343/2002 dann abweichen, wenn die besonderen Erfordernisse der Arbeitsweise der Agentur dies verlangen und sofern die Kommission zuvor ihre Zustimmung erteilt hat.

---

[1] **Amtl. Anm.:** ABl. L 248 vom 16. 9. 2002, S. 1.

Art. 26 Betrugsbekämpfungsmaßnahmen. (1) Zur Bekämpfung von Betrug, Korruption und sonstigen rechtswidrigen Handlungen wird die Verordnung (EG) Nr. 1073/1999 des Europäischen Parlaments und des Rates vom 25. Mai 1999 über die Untersuchungen des Europäischen Amtes für Betrugsbekämpfung (OLAF)[1] ohne Einschränkung auf die Agentur angewendet.

(2) Die Agentur tritt der zwischen dem Europäischen Parlament, dem Rat der Europäischen Union und der Kommission der Europäischen Gemeinschaften geschlossenen Interinstitutionellen Vereinbarung vom 25. Mai 1999 über die internen Untersuchungen des Europäischen Amtes für Betrugsbekämpfung (OLAF)[2] bei und erlässt unverzüglich die entsprechenden Vorschriften, die Geltung für sämtliche Mitarbeiter der Agentur haben.

(3) Die Finanzierungsbeschlüsse und Vereinbarungen sowie die entsprechenden Umsetzungsinstrumente sehen ausdrücklich vor, dass der Rechnungshof und OLAF bei Bedarf bei den Empfängern der von der Agentur ausgezahlten Gelder sowie bei den für die Vergabe dieser Gelder Verantwortlichen Kontrollen vor Ort durchführen können.

Kapitel V. Allgemeine Bestimmungen

Art. 27 Vorrechte und Befreiungen. Auf die Agentur findet das Protokoll über die Vorrechte und Befreiungen der Europäischen Gemeinschaften Anwendung.

Art. 28 Personal. (1) Für das Personal der Agentur, einschließlich ihres Direktors, gelten das Statut und die Beschäftigungsbedingungen sowie die von den Gemeinschaftsorganen einvernehmlich erlassenen Regelungen für die Anwendung des Statuts und der Beschäftigungsbedingungen.

(2) Der Verwaltungsrat beschließt im Einvernehmen mit der Kommission und im Einklang mit Artikel 110 des Statuts geeignete Durchführungsbestimmungen.

(3) In Bezug auf ihr Personal übt die Agentur die Befugnisse aus, die der Anstellungsbehörde durch das Statut und der vertragsschließenden Behörde durch die Beschäftigungsbedingungen übertragen wurden.

(4) Der Verwaltungsrat kann Vorschriften erlassen, nach denen nationale Sachverständige aus den Mitgliedstaaten als Beschäftigte der Agentur abgeordnet werden können.

Art. 29 Haftung der Agentur. (1) ¹Im Bereich der außervertraglichen Haftung ersetzt die Agentur den durch sie oder ihre Bediensteten in Ausübung ihrer Amtstätigkeit verursachten Schaden nach den allgemeinen Rechtsgrundsätzen, die den Rechtsordnungen der Mitgliedstaaten gemeinsam sind. ²Der Gerichtshof ist für Entscheidungen in Schadensersatzstreitigkeiten zuständig.

---

[1] **Amtl. Anm.:** ABl. L 136 vom 31. 5. 1999, S. 1.
[2] **Amtl. Anm.:** ABl. L 136 vom 31. 5. 1999, S. 15.

(2) Für die persönliche finanzielle und disziplinarische Haftung des Personals der Agentur gegenüber der Agentur gelten die einschlägigen Vorschriften für das Personal der Agentur.

Art. 30 Zugang zu Dokumenten. (1) Für die Dokumente der Agentur gilt die Verordnung (EG) Nr. 1049/2001 des Europäischen Parlaments und des Rates vom 30. Mai 2001 über den Zugang der Öffentlichkeit zu Dokumenten des Europäischen Parlaments, des Rates und der Kommission[1].

(2) Der Verwaltungsrat erlässt bis zum 3. März 2010 praktische Maßnahmen zur Anwendung der Verordnung (EG) Nr. 1049/2001.

(3) Gegen die Beschlüsse der Agentur gemäß Artikel 8 der Verordnung (EG) Nr. 1049/2001 kann beim Bürgerbeauftragten Beschwerde eingelegt oder nach Maßgabe von Artikel 195 bzw. Artikel 230 des Vertrags beim Gerichtshof Klage erhoben werden.

Art. 31 Beteiligung von Drittländern. (1) An der Agentur können sich auch Drittländer beteiligen, die mit der Gemeinschaft Abkommen geschlossen haben, nach denen sie das Gemeinschaftsrecht im Bereich der Energie sowie gegebenenfalls in den Bereichen der Umwelt und des Wettbewerbs übernommen haben und anwenden.

(2) Im Rahmen der einschlägigen Bestimmungen dieser Abkommen werden die Modalitäten festgelegt, insbesondere was Art und Umfang der Beteiligung dieser Länder an der Arbeit der Agentur und die verfahrenstechnischen Aspekte anbelangt, einschließlich Bestimmungen betreffend Finanzbeiträge und Personal.

Art. 32 Ausschuss. (1) Die Kommission wird von einem Ausschuss unterstützt.

(2) Wird auf diesen Absatz Bezug genommen, so gelten Artikel 5a Absätze 1 bis 4 und Artikel 7 des Beschlusses 1999/468/EG unter Beachtung von dessen Artikel 8.

Art. 33 Sprachenregelung. (1) Für die Agentur gelten die Bestimmungen der Verordnung Nr. 1 vom 15. April 1958 zur Regelung der Sprachenfrage für die Europäische Wirtschaftsgemeinschaft[2].

(2) Der Verwaltungsrat entscheidet über die interne Sprachenregelung der Agentur.

(3) Die für die Arbeit der Behörde erforderlichen Übersetzungsdienste werden vom Übersetzungszentrum für die Einrichtungen der Europäischen Union erbracht.

Kapitel VI. Schlussbestimmungen

Art. 34 Bewertung. (1) [1] Die Kommission nimmt mit Unterstützung eines unabhängigen externen Experten eine Bewertung der Tätigkeiten der Agen-

---

[1] **Amtl. Anm.:** ABl. L 145 vom 31. 5. 2001, S. 43.
[2] **Amtl. Anm.:** ABl. 17 vom 6. 10. 1958, S. 385.

tur vor. ²Gegenstand dieser Bewertung sind die von der Agentur erzielten Ergebnisse und ihre Arbeitsmethoden, gemessen an Zielen, Mandat und Aufgaben der Agentur, wie sie in dieser Verordnung und in ihrem Jahresarbeitsprogramm festgelegt sind. ³Die Bewertung beruht auf einer umfassenden Konsultation gemäß Artikel 10.

(2) ¹Die Kommission übermittelt die in Absatz 1 genannte Bewertung dem Regulierungsrat der Agentur. ²Der Regulierungsrat legt der Kommission Empfehlungen für Änderungen dieser Verordnung, der Agentur und von deren Arbeitsmethoden vor, die diese Empfehlungen zusammen mit ihrer Stellungnahme und gegebenenfalls mit geeigneten Vorschlägen dem Europäischen Parlament und dem Rat übermitteln kann.

(3) ¹Drei Jahre nachdem der erste Direktor sein Amt angetreten hat, legt die Kommission dem Europäischen Parlament und dem Rat die erste Bewertung vor. ²Danach legt die Kommission mindestens alle vier Jahre eine Bewertung vor.

Art. 35 Inkrafttreten und Übergangsmaßnahmen. (1) Diese Verordnung tritt am zwanzigsten Tag nach ihrer Veröffentlichung[1] im *Amtsblatt der Europäischen Union* in Kraft.

(2) Die Artikel 5 bis 11 gelten ab dem 3. März 2011.

Diese Verordnung ist in allen ihren Teilen verbindlich und gilt unmittelbar in jedem Mitgliedstaat.

---

[1] Veröffentlicht am 14. 8. 2009

8. Verordnung (EG) Nr. 714/2009 des Europäischen Parlaments und des Rates vom 13. Juli 2009 über die Netzzugangsbedingungen für den grenzüberschreitenden Stromhandel und zur Aufhebung der Verordnung (EG) Nr. 1228/2003

(Text von Bedeutung für den EWR)

(ABl. Nr. L 211 S. 15)
EU-Dok.-Nr. 3 2009 R 0714

Nichtamtliche Inhaltsübersicht

	Art.
Gegenstand und Anwendungsbereich	1
Begriffsbestimmungen	2
Zertifizierung von Übertragungsnetzbetreibern	3
Europäisches Netz der Übertragungsnetzbetreiber (Strom)	4
Gründung des ENTSO (Strom)	5
Festlegung der Netzkodizes	6
Änderung von Netzkodizes	7
Aufgaben des ENTSO (Strom)	8
Beobachtung durch die Agentur	9
Konsultationen	10
Kosten	11
Regionale Zusammenarbeit der Übertragungsnetzbetreiber	12
Ausgleichsmechanismus zwischen Übertragungsnetzbetreibern	13
Netzzugangsentgelte	14
Bereitstellung von Informationen	15
Allgemeine Grundsätze für das Engpassmanagement	16
Neue Verbindungsleitungen	17
Leitlinien	18
Regulierungsbehörden	19
Übermittlung von Informationen und Vertraulichkeit	20
Recht der Mitgliedstaaten, detailliertere Maßnahmen vorzusehen	21
Sanktionen	22
Ausschussverfahren	23
Bericht der Kommission	24
Aufhebung	25
Inkrafttreten	26

Anhang I. Leitlinien für das Management und die Vergabe verfügbarer Übertragungskapazitäten auf Verbindungsleitungen zwischen nationalen Netzen
Anhang II. Entsprechungstabelle

DAS EUROPÄISCHE PARLAMENT UND DER RAT DER EUROPÄISCHEN UNION –

gestützt auf den Vertrag zur Gründung der Europäischen Gemeinschaft, insbesondere auf Artikel 95,
auf Vorschlag der Kommission,
nach Stellungnahme des Europäischen Wirtschafts- und Sozialausschusses[1],

---

[1] **Amtl. Anm.:** ABl. C 211 vom 19. 8. 2008, S. 23.

nach Stellungnahme des Ausschusses der Regionen[1],

gemäß dem Verfahren des Artikels 251 des Vertrags[2],

in Erwägung nachstehender Gründe:

(1) Der Elektrizitätsbinnenmarkt, der seit 1999 schrittweise geschaffen wird, soll allen privaten und gewerblichen Verbrauchern in der Gemeinschaft eine echte Wahl ermöglichen, neue Geschäftschancen für die Unternehmen eröffnen sowie den grenzüberschreitenden Handel fördern und auf diese Weise Effizienzgewinne, wettbewerbsfähige Preise und höhere Dienstleistungsstandards bewirken und zu mehr Versorgungssicherheit und Nachhaltigkeit beitragen.

(2) Die Richtlinie 2003/54/EG des Europäischen Parlaments und des Rates vom 26. Juni 2003 über gemeinsame Vorschriften für den Elektrizitätsbinnenmarkt[3] und die Verordnung (EG) Nr. 1228/2003 des Europäischen Parlaments und des Rates vom 26. Juni 2003 über die Netzzugangsbedingungen für den grenzüberschreitenden Stromhandel[4] waren ein wichtiger Beitrag zur Schaffung des Elektrizitätsbinnenmarkts.

(3) Derzeit gibt es jedoch Hindernisse für den Verkauf von Strom in der Gemeinschaft zu gleichen Bedingungen und ohne Diskriminierung oder Benachteiligung. Insbesondere gibt es noch nicht in allen Mitgliedstaaten einen diskriminierungsfreien Netzzugang und eine gleichermaßen wirksame Regulierungsaufsicht, und es bestehen immer noch isolierte Märkte.

(4) In der Mitteilung der Kommission vom 10. Januar 2007 mit dem Titel „Eine Energiepolitik für Europa" wurde dargelegt, wie wichtig es ist, den Elektrizitätsbinnenmarkt zu vollenden und für alle Elektrizitätsunternehmen in der Gemeinschaft gleiche Ausgangsbedingungen zu schaffen. Die Mitteilung der Kommission vom 10. Januar 2007 mit dem Titel „Aussichten für den Erdgas- und den Elektrizitätsbinnenmarkt" und die Mitteilung der Kommission mit dem Titel „Untersuchung der europäischen Gas- und Elektrizitätssektoren gemäß Artikel 17 der Verordnung (EG) Nr. 1/2003 (Abschlussbericht)" haben deutlich gemacht, dass die derzeitigen Vorschriften und Maßnahmen weder einen ausreichenden Rahmen noch die Schaffung der notwendigen Verbindungskapazitäten vorsehen, um das Ziel eines gut funktionierenden, effizienten und offenen Binnenmarkts zu verwirklichen.

(5) Über eine gründliche Umsetzung des bestehenden Regulierungsrahmens hinaus sollte der in der Verordnung (EG) Nr. 1228/2003 festgelegte Regulierungsrahmen für den Elektrizitätsbinnenmarkt im Einklang mit diesen Mitteilungen angepasst werden.

(6) Es ist insbesondere eine stärkere Zusammenarbeit und Koordinierung zwischen den Übertragungsnetzbetreibern erforderlich, um Netzkodizes für die Bereitstellung und die Handhabung des konkreten und transparenten Zugangs zu den Übertragungsnetzen über die Grenzen hinweg zu schaffen und eine abgestimmte, ausreichend zukunftsorientierte Planung und solide technische Entwicklung des Übertragungsnetzes in der Gemeinschaft, einschließlich der Schaffung von Verbindungskapazitäten, unter gebührender Berücksichtigung der Umwelt sicherzustellen. Diese Netzkodizes sollten den Rahmenleitlinien entsprechen, die ohne bindende Wirkung sind („Rahmenleitlinien") und die von der durch die Verordnung (EG) Nr. 713/2009[5] des Europäischen Parlaments und des Rates vom 13. Juli 2009 zur Gründung einer Agentur für die Zusammenarbeit der Energieregulierungsbehörden[6] eingerichteten Agentur für die Zusammenarbeit der Energieregulierungsbehörden („Agentur") ausgearbeitet wurden. Die Agentur sollte bei der auf tatsächliche Umstände gestützten Prüfung der Entwürfe von Netzkodizes – einschließlich der Frage, ob die Netzkodizes den Rahmenleitlinien entsprechen – mitwirken und diese der Kommission zur Annahme empfehlen können. Die Agentur sollte geplante Änderungen der Netzkodizes prüfen und diese der Kommission zur Annahme empfehlen können. Die Übertragungsnetzbetreiber sollten ihre Netze nach diesen Netzkodizes betreiben.

---

[1] **Amtl. Anm.**: ABl. C 172 vom 5. 7. 2008, S. 55.
[2] **Amtl. Anm.**: Stellungnahme des Europäischen Parlaments vom 18. Juni 2008 (noch nicht im Amtsblatt veröffentlicht), Gemeinsamer Standpunkt des Rates vom 9. Januar 2009 (ABl. C 75 E vom 31. 3. 2009, S. 16) und Standpunkt des Europäischen Parlaments vom 22. April 2009 (noch nicht im Amtsblatt veröffentlicht). Beschluss des Rates vom 25. Juni 2009.
[3] **Amtl. Anm.**: ABl. L 176 vom 15. 7. 2003, S. 37.
[4] **Amtl. Anm.**: ABl. L 176 vom 15. 7. 2003, S. 1.
[5] Nr. **7**.
[6] **Amtl. Anm.**: Siehe Seite 1 dieses Amtsblatts.

(7) Um die optimale Verwaltung des Elektrizitätsübertragungsnetzes zu gewährleisten und den grenzüberschreitenden Handel und die grenzüberschreitende Stromversorgung von Endkunden in der Gemeinschaft zu ermöglichen, sollte ein Europäischer Verbund der Übertragungsnetzbetreiber (Strom) („ENTSO (Strom)") gegründet werden. Die Aufgaben des ENTSO (Strom) sollten unter Einhaltung der Wettbewerbsvorschriften der Gemeinschaft ausgeführt werden, die für die Entscheidungen des ENTSO (Strom) weiter gelten. Die Aufgaben des ENTSO (Strom) sollten genau definiert werden, und seine Arbeitsmethode sollte so konzipiert sein, dass sie Effizienz, Transparenz und die repräsentative Natur des ENTSO (Strom) und Transparenz gewährleistet. Die vom ENTSO (Strom) ausgearbeiteten Netzkodizes sollten die für rein inländische Angelegenheiten erforderlichen nationalen Netzkodizes nicht ersetzen. Da durch einen Ansatz, der auf die regionale Ebene abstellt, wirksamere Fortschritte erzielt werden können, sollten die Übertragungsnetzbetreiber innerhalb der Gesamtstruktur, die der Zusammenarbeit dient, regionale Strukturen schaffen und gleichzeitig sicherstellen, dass die auf regionaler Ebene erzielten Ergebnisse mit den auf Gemeinschaftsebene festgelegten Netzkodizes und nicht verbindlichen zehnjährigen Netzentwicklungsplänen vereinbar sind. Die Mitgliedstaaten sollten die Zusammenarbeit fördern und die Wirksamkeit des Netzes auf regionaler Ebene beobachten. Die Zusammenarbeit auf regionaler Ebene sollte mit den Fortschritten bei der Schaffung eines wettbewerbsbestimmten und effizienten Elektrizitätsbinnenmarkts vereinbar sein.

(8) Alle Marktteilnehmer haben ein Interesse an der Arbeit, die vom ENTSO (Strom) erwartet wird. Effektive Konsultationen sind daher unerlässlich, und vorhandene Einrichtungen, die zur Erleichterung und zur Straffung des Konsultationsprozesses geschaffen wurden, z.B. die Union für die Koordinierung des Transports elektrischer Energie, die nationalen Regulierungsbehörden oder die Agentur, sollten eine wichtige Rolle spielen.

(9) Um eine größere Transparenz beim gesamten Elektrizitätsübertragungsnetz in der Gemeinschaft zu gewährleisten, sollte der ENTSO (Strom) einen nicht bindenden gemeinschaftsweiten zehnjährigen Netzentwicklungsplan („gemeinschaftsweiter Netzentwicklungsplan") erstellen, veröffentlichen und regelmäßig aktualisieren. In diesem Netzentwicklungsplan sollten realisierbare Elektrizitätsübertragungsnetze und die für den Handel und die Versorgungssicherheit notwendigen regionalen Verbindungen verzeichnet sein.

(10) In dieser Verordnung sollten die Grundsätze der Tarifierung und Kapazitätsvergabe festgelegt und gleichzeitig der Erlass von Leitlinien vorgesehen werden, die die einschlägigen Grundsätze und Methoden näher ausführen, um eine rasche Anpassung an veränderte Gegebenheiten zu ermöglichen.

(11) In einem offenen, von Wettbewerb geprägten Markt sollten Übertragungsnetzbetreiber für die Kosten, die durch grenzüberschreitende Stromflüsse über ihre Netze entstehen, von den Betreibern der Übertragungsnetze, aus denen die grenzüberschreitenden Stromflüsse stammen, und der Netze, in denen diese Stromflüsse enden, einen Ausgleich erhalten.

(12) Die zum Ausgleich zwischen den Übertragungsnetzbetreibern geleisteten Zahlungen und verbuchten Einnahmen sollten bei der Festsetzung der nationalen Netztarife berücksichtigt werden.

(13) Der für den Zugang zu einem jenseits der Grenze bestehenden System tatsächlich zu zahlende Betrag kann je nach den beteiligten Übertragungsnetzbetreibern und infolge der unterschiedlich gestalteten Tarifierungssysteme der Mitgliedstaaten erheblich variieren. Eine gewisse Harmonisierung ist daher zur Vermeidung von Handelsverzerrungen erforderlich.

(14) Es ist ein geeignetes System langfristiger standortbezogener Preissignale erforderlich, das auf dem Grundsatz beruht, dass sich die Höhe der Netzungsentgelte nach dem Verhältnis zwischen Erzeugung und Verbrauch in der betroffenen Region richten sollte, was durch eine Differenzierung der von den Erzeugern und/oder Verbrauchern zu entrichtenden Netzzugangsentgelte auszuführen ist.

(15) Entfernungsabhängige Tarife oder, soweit geeignete standortbezogene Preissignale vorhanden sind, ein spezieller, nur von Exporteuren oder Importeuren zu zahlender Tarif, der zusätzlich zu dem generellen Entgelt für den Zugang zum nationalen Netz verlangt wird, wären nicht zweckmäßig.

(16) Voraussetzung für einen funktionierenden Wettbewerb im Elektrizitätsbinnenmarkt sind nichtdiskriminierende und transparente Entgelte für die Netznutzung einschließlich der Verbindungsleitungen im Übertragungsnetz. Auf diesen Leitungen sollte unter Einhaltung der Sicherheitsstandards für einen sicheren Netzbetrieb eine möglichst große Kapazität zur Verfügung stehen.

(17) Es ist wichtig, zu verhindern, dass unterschiedliche Sicherheits-, Betriebs- und Planungsstandards, die von Übertragungsnetzbetreibern in den Mitgliedstaaten verwendet werden, zu einer Wettbewerbsverzerrung führen. Darüber hinaus sollten verfügbare Übertragungskapazitäten und die Sicherheits-, Planungs- und Betriebsstandards, die sich auf die verfügbaren Übertragungskapazitäten auswirken, für die Marktteilnehmer transparent sein.

(18) Die Marktbeobachtung, die die nationalen Regulierungsbehörden und die Kommission in den letzten Jahren durchgeführt haben, hat gezeigt, dass die derzeit geltenden Transparenzanforderungen und Regeln für den Infrastrukturzugang nicht dazu ausreichen, einen echten, gut funktionierenden, offenen und effizienten Elektrizitätsbinnenmarkt zu schaffen.

(19) Damit alle Marktteilnehmer die gesamte Angebots- und Nachfragesituation bewerten und die Gründe für Änderungen des Großhandelspreises nachvollziehen können, ist ein gleicher Zugang zu Informationen über den physischen Zustand und die Effizienz des Systems erforderlich. Dieser umfasst genauere Informationen über Stromerzeugung, Angebot und Nachfrage einschließlich Prognosen, Netz- und Verbindungsleitungskapazität, Stromflüsse und Wartungsarbeiten, Austausch von Ausgleichsenergie und Reservekapazität.

(20) Zur Stärkung des Vertrauens in den Markt müssen die Marktteilnehmer sicher sein, dass missbräuchliches Verhalten mit wirksamen, verhältnismäßigen und abschreckenden Sanktionen geahndet werden kann. Die zuständigen Behörden sollten die Befugnis erhalten, Fälle von behauptetem Marktmissbrauch wirksam zu untersuchen. Hierzu ist es erforderlich, dass die zuständigen Behörden Zugang zu Daten haben, die Aufschluss über betriebliche Entscheidungen der Versorgungsunternehmen geben. Auf dem Elektrizitätsmarkt werden viele wichtige Entscheidungen von den Erzeugern getroffen, die die diesbezüglichen Informationen den zuständigen Behörden in leicht zugänglicher Form für einen bestimmten Zeitraum zur Verfügung halten sollten. Außerdem sollten die zuständigen Behörden die Einhaltung der Regeln durch die Übertragungsnetzbetreiber regelmäßig beobachten. Kleine Erzeuger ohne die reale Fähigkeit, Marktverzerrungen herbeizuführen, sollten von dieser Verpflichtung ausgenommen werden.

(21) Die Verwendung von Einnahmen aus einem Engpassmanagement sollte nach bestimmten Regeln erfolgen, es sei denn, die spezifische Art der betreffenden Verbindungsleitung rechtfertigt eine Ausnahme von diesen Regeln.

(22) Die Bewältigung von Engpässen sollte den Übertragungsnetzbetreibern und Marktteilnehmern die richtigen wirtschaftlichen Signale geben und auf Marktmechanismen beruhen.

(23) Investitionen in neue Großinfrastrukturen sollten stark gefördert werden, wobei es das ordnungsgemäße Funktionieren des Elektrizitätsbinnenmarkts sicherzustellen gilt. Zur Förderung der positiven Wirkung von Gleichstrom-Verbindungsleitungen, für die eine Ausnahme gilt, auf den Wettbewerb und die Versorgungssicherheit sollte das Marktinteresse in der Projektplanungsphase geprüft werden und sollten Regeln für das Engpassmanagement erlassen werden. Befinden sich die Gleichstrom-Verbindungsleitungen im Hoheitsgebiet von mehr als einem Mitgliedstaat, sollte die Agentur in letzter Instanz den Antrag auf Gewährung einer Ausnahme bearbeiten, damit seine grenzüberschreitenden Auswirkungen besser berücksichtigt werden und seine administrative Bearbeitung erleichtert wird. Wegen des außergewöhnlichen Risikoprofils solcher Großinfrastrukturvorhaben, für die eine Ausnahme gilt, sollten Unternehmen, die Versorgungs- und Erzeugungsinteressen haben, vorübergehend von der vollständigen Anwendung der Entflechtungsvorschriften ausgenommen werden können, soweit es um die betreffenden Vorhaben geht. Die Ausnahmen gemäß der Verordnung (EG) Nr. 1228/2003 gelten bis zu dem in der entsprechenden Entscheidung vorgesehenen Ablaufdatum weiter.

(24) Für das reibungslose Funktionieren des Elektrizitätsbinnenmarkts sollten Verfahren vorgesehen werden, nach denen die Kommission Entscheidungen und Leitlinien unter anderem für die Tarifierung und Kapazitätsvergabe erlassen kann und die gleichzeitig die Beteiligung der Regulierungsbehörden der Mitgliedstaaten an diesem Prozess – gegebenenfalls durch ihren europäischen Verband – gewährleisten. Den Regulierungsbehörden kommt, zusammen mit anderen einschlägigen Behörden der Mitgliedstaaten, im Hinblick auf ihren Beitrag zum reibungslosen Funktionieren des Elektrizitätsbinnenmarkts eine wichtige Rolle zu.

(25) Die nationalen Regulierungsbehörden sollten die Einhaltung dieser Verordnung und der auf ihrer Grundlage erlassenen Leitlinien gewährleisten.

(26) Die Mitgliedstaaten und die zuständigen nationalen Behörden sollten dazu verpflichtet sein, der Kommission einschlägige Informationen zu liefern. Diese Informationen sollten von der Kommission vertraulich behandelt werden. Soweit erforderlich, sollte die Kommission die Möglich-

keit haben, einschlägige Informationen unmittelbar von den betreffenden Unternehmen anzufordern, vorausgesetzt, dass die zuständigen nationalen Behörden informiert sind.

(27) Die Mitgliedstaaten sollten festlegen, welche Sanktionen bei einem Verstoß gegen diese Verordnung zu verhängen sind, und für ihre Durchsetzung sorgen. Die Sanktionen müssen wirksam, verhältnismäßig und abschreckend sein.

(28) Die zur Durchführung dieser Verordnung erforderlichen Maßnahmen sollten gemäß dem Beschluss 1999/468/EG des Rates vom 28. Juni 1999 zur Festlegung der Modalitäten für die Ausübung der Kommission übertragenen Durchführungsbefugnisse erlassen werden[1].

(29) Insbesondere sollte die Kommission die Befugnis erhalten, Leitlinien festzulegen oder zu erlassen, die notwendig sind, um das zur Verwirklichung des Ziels dieser Verordnung erforderliche Mindestmaß an Harmonisierung zu gewährleisten. Da es sich hierbei um Maßnahmen von allgemeiner Tragweite handelt, die eine Änderung nicht wesentlicher Bestimmungen dieser Verordnung durch Ergänzung um neue nicht wesentliche Bestimmungen bewirken, sind diese Maßnahmen nach dem Regelungsverfahren mit Kontrolle des Artikels 5a des Beschlusses 1999/468/EG zu erlassen.

(30) Da das Ziel der Verordnung, nämlich die Schaffung eines harmonisierten Rahmens für den grenzüberschreitenden Stromhandel, auf der Ebene der Mitgliedstaaten nicht ausreichend verwirklicht werden kann und daher besser auf Gemeinschaftsebene zu verwirklichen ist, kann die Gemeinschaft im Einklang mit dem in Artikel 5 des Vertrags niedergelegten Subsidiaritätsprinzip tätig werden. Entsprechend dem in demselben Artikel genannten Grundsatz der Verhältnismäßigkeit geht diese Verordnung nicht über das für die Erreichung dieses Ziels erforderliche Maß hinaus.

(31) Wegen des Umfangs der durch den vorliegenden Rechtsakt an der Verordnung (EG) Nr. 1228/2003 vorgenommenen Änderungen sollten die betreffenden Bestimmungen aus Gründen der Klarheit und der Vereinfachung in einem einzigen Text in einer neuen Verordnung neu gefasst werden –

HABEN FOLGENDE VERORDNUNG ERLASSEN:

Art. 1 Gegenstand und Anwendungsbereich. Ziel dieser Verordnung ist:

a) die Festlegung gerechter Regeln für den grenzüberschreitenden Stromhandel und somit eine Verbesserung des Wettbewerbs auf dem Elektrizitätsbinnenmarkt unter Berücksichtigung der besonderen Merkmale nationaler und regionaler Märkte. Dies umfasst die Schaffung eines Ausgleichsmechanismus für grenzüberschreitende Stromflüsse und die Festlegung harmonisierter Grundsätze für die Entgelte für die grenzüberschreitende Übertragung und für die Vergabe der auf den Verbindungsleitungen zwischen nationalen Übertragungsnetzen verfügbaren Kapazitäten;

b) das Entstehen eines reibungslos funktionierenden und transparenten Großhandelsmarkts mit einem hohen Maß an Stromversorgungssicherheit zu erleichtern. Diese Verordnung enthält Mechanismen zur Harmonisierung der Regeln für den grenzüberschreitenden Stromhandel.

Art. 2 Begriffsbestimmungen. (1) Für die Zwecke dieser Verordnung gelten die in Artikel 2 der Richtlinie 2009/72/EG[2] des Europäischen Parlaments und des Rates vom 13. Juli 2009 über gemeinsame Vorschriften für den Elektrizitätsbinnenmarkt[3] aufgeführten Begriffsbestimmungen mit Ausnahme der Bestimmung des Begriffs „Verbindungsleitung", der durch folgende Begriffsbestimmung ersetzt wird:

---

[1] **Amtl. Anm.:** ABl. L 184 vom 17. 7. 1999, S. 23.
[2] Nr. 5.
[3] **Amtl. Anm.:** Siehe Seite 55 dieses Amtsblatts.

– „Verbindungsleitung" bezeichnet eine Übertragungsleitung, die eine Grenze zwischen Mitgliedstaaten überquert oder überspannt und die nationalen Übertragungsnetze der Mitgliedstaaten verbindet.

(2) Es gelten die folgenden Begriffsbestimmungen:

a) „Regulierungsbehörden" sind die in Artikel 35 Absatz 1 der Richtlinie 2009/72/EG genannten Regulierungsbehörden;

b) „grenzüberschreitender Stromfluss" bezeichnet das physikalische Durchströmen einer elektrischen Energiemenge durch ein Übertragungsnetz eines Mitgliedstaats aufgrund der Auswirkungen der Tätigkeit von Erzeugern und/oder Verbrauchern außerhalb dieses Mitgliedstaats auf dessen Übertragungsnetz;

c) „Engpass" ist eine Situation, in der eine Verbindung zwischen nationalen Übertragungsnetzen wegen unzureichender Kapazität der Verbindungsleitungen und/oder der betreffenden nationalen Übertragungsnetze nicht alle Stromflüsse im Rahmen des von den Marktteilnehmern gewünschten internationalen Handels bewältigen kann;

d) „deklarierte Ausfuhr" ist die Einspeisung von Strom in einem Mitgliedstaat auf der Grundlage einer vertraglichen Vereinbarung, wonach dessen gleichzeitige entsprechende Entnahme („deklarierte Einfuhr") in einem anderen Mitgliedstaat oder einem Drittland erfolgt;

e) „deklarierter Transit" bezeichnet den Fall, dass eine „deklarierte Ausfuhr" von Strom stattfindet und der angegebene Transaktionspfad ein Land einbezieht, in dem weder die Einspeisung noch die gleichzeitige entsprechende Entnahme des Stroms erfolgt;

f) „deklarierte Einfuhr" bezeichnet die Entnahme von Strom in einem Mitgliedstaat oder einem Drittland bei gleichzeitiger Einspeisung von Strom („deklarierte Ausfuhr") in einem anderen Mitgliedstaat;

g) „neue Verbindungsleitung" bezeichnet eine Verbindungsleitung, die nicht bis zum 4. August 2003 fertig gestellt war.

¹ Gehören Übertragungsnetze von zwei oder mehr Mitgliedstaaten ganz oder teilweise als Teil zu einem einzigen Regelblock, so wird ausschließlich für die Zwecke des Ausgleichsmechanismus zwischen Übertragungsnetzbetreibern im Sinne des Artikels 13 der Regelblock in seiner Gesamtheit als Teil des Übertragungsnetzes eines der betreffenden Mitgliedstaaten angesehen, um zu verhindern, dass Stromflüsse innerhalb von Regelblöcken als grenzüberschreitende Stromflüsse gemäß Unterabsatz 1 Buchstabe b dieses Absatzes angesehen werden und Ausgleichszahlungen gemäß Artikel 13 auslösen. ² Die Regulierungsbehörden der betroffenen Mitgliedstaaten können beschließen, als Teil welches betroffenen Mitgliedstaats der Regelblock in seiner Gesamtheit angesehen wird.

Art. 3 Zertifizierung von Übertragungsnetzbetreibern. (1) ¹ Die Kommission prüft die Mitteilung über die Zertifizierung eines Übertragungsnetzbetreibers nach Artikel 10 Absatz 6 der Richtlinie 2009/72/EG[1]) unmittelbar nach ihrem Eingang. ² Die Kommission übermittelt der zuständigen nationalen Regulierungsbehörde innerhalb von zwei Monaten ab dem Eingang der

---

¹⁾ Nr. 5.

Mitteilung ihre Stellungnahme bezüglich der Vereinbarkeit mit Artikel 10 Absatz 2 oder Artikel 11 sowie mit Artikel 9 der Richtlinie 2009/72/EG.

[1] Für die Erarbeitung der in Unterabsatz 1 genannten Stellungnahme kann die Kommission die Stellungnahme der Agentur zur Entscheidung der nationalen Regulierungsbehörde beantragen. [2] In diesem Fall wird die in Unterabsatz 1 genannte Zweimonatsfrist um weitere zwei Monate verlängert.

Legt die Kommission innerhalb der in den Unterabsätzen 1 und 2 genannten Fristen keine Stellungnahme vor, so wird davon ausgegangen, dass sie keine Einwände gegen die Entscheidung der Regulierungsbehörde erhebt.

(2) [1] Innerhalb von zwei Monaten nach Eingang einer Stellungnahme der Kommission trifft die nationale Regulierungsbehörde ihre endgültige Entscheidung bezüglich der Zertifizierung des Übertragungsnetzbetreibers, wobei sie die Stellungnahme der Kommission so weit wie möglich berücksichtigt. [2] Die Entscheidung der Regulierungsbehörde wird zusammen mit der Stellungnahme der Kommission veröffentlicht.

(3) Die Regulierungsbehörden und/oder die Kommission können zu jedem Zeitpunkt des Verfahrens von einem Übertragungsnetzbetreiber und/oder Unternehmen, der/das eine der Funktionen der Erzeugung oder Versorgung wahrnimmt, die Vorlage sämtlicher für die Erfüllung ihrer Aufgaben gemäß diesem Artikel relevanten Informationen verlangen.

(4) Die Regulierungsbehörden und die Kommission behandeln wirtschaftlich sensible Informationen vertraulich.

(5) [1] Die Kommission kann Leitlinien erlassen, in denen die Einzelheiten des Verfahrens für die Anwendung der Absätze 1 und 2 des vorliegenden Artikels festgelegt werden. [2] Diese Maßnahme zur Änderung nicht wesentlicher Bestimmungen dieser Verordnung durch Ergänzung wird nach dem in Artikel 23 Absatz 2 genannten Regelungsverfahren mit Kontrolle erlassen.

(6) [1] Hat die Kommission eine Meldung über die Zertifizierung eines Übertragungsnetzbetreibers gemäß Artikel 9 Absatz 10 der Richtlinie 2009/72/EG erhalten, so trifft sie eine Entscheidung zu der Zertifizierung. [2] Die Regulierungsbehörde kommt der Entscheidung der Kommission nach.

Art. 4 Europäisches Netz der Übertragungsnetzbetreiber (Strom). Alle Übertragungsnetzbetreiber arbeiten auf Gemeinschaftsebene im Rahmen des ENTSO (Strom) zusammen, um die Vollendung und das Funktionieren des Elektrizitätsbinnenmarkts und des grenzüberschreitenden Handels zu fördern und die optimale Verwaltung, den koordinierten Betrieb und die sachgerechte technische Weiterentwicklung des europäischen Stromübertragungsnetzes zu gewährleisten.

Art. 5 Gründung des ENTSO (Strom). (1) Spätestens bis zum 3. März 2011 legen die Stromübertragungsnetzbetreiber der Kommission und der Agentur den Entwurf der Satzung, eine Liste der Mitglieder und den Entwurf der Geschäftsordnung – einschließlich der Verfahrensregeln für die Konsultation anderer Akteure – des zu gründenden ENTSO (Strom) vor.

(2) Binnen zwei Monaten ab dem Tag des Eingangs der Unterlagen übermittelt die Agentur nach der förmlichen Anhörung der alle Akteure, insbesondere die Netzbenutzer einschließlich der Kunden, vertretenden Organi-

sationen der Kommission eine Stellungnahme zum Entwurf der Satzung, zur Mitgliederliste und zum Entwurf der Geschäftsordnung.

(3) Binnen drei Monaten nach dem Tag des Eingangs der Stellungnahme der Agentur gibt die Kommission unter Berücksichtigung der in Absatz 2 vorgesehenen Stellungnahme der Agentur eine Stellungnahme zum Entwurf der Satzung, zur Mitgliederliste und zum Entwurf der Geschäftsordnung ab.

(4) Binnen drei Monaten nach dem Tag des Eingangs der Stellungnahme der Kommission gründen die Übertragungsnetzbetreiber den ENTSO (Strom) und verabschieden und veröffentlichen dessen Satzung und Geschäftsordnung.

Art. 6 Festlegung der Netzkodizes. (1) Die Kommission stellt nach Anhörung der Agentur, des ENTSO (Strom) und der anderen betroffenen Akteure eine jährliche Prioritätenliste auf, in der die in Artikel 8 Absatz 6 genannten Bereiche aufgeführt werden; die Liste ist in die Ausarbeitung der Netzkodizes einzubeziehen.

(2) [1] Die Kommission beantragt bei der Agentur, ihr innerhalb einer angemessenen Frist von höchstens sechs Monaten eine nicht bindende Rahmenleitlinie („Rahmenleitlinie") vorzulegen, die entsprechend Artikel 8 Absatz 7 präzise und objektive Grundsätze für die Entwicklung von Netzkodizes für die in der Prioritätenliste aufgeführten Bereiche enthält. [2] Jede Rahmenleitlinie muss zur Nichtdiskriminierung, zu einem echten Wettbewerb und zum effizienten Funktionieren des Marktes beitragen. [3] Auf einen mit Gründen versehenen Antrag der Agentur hin kann die Kommission diese Frist verlängern.

(3) Die Agentur führt über einen Zeitraum von mindestens zwei Monaten eine offene und transparente förmliche Anhörung des ENTSO (Strom) und anderer betroffener Akteure zu der Rahmenleitlinie durch.

(4) Trägt die Rahmenleitlinie nach Auffassung der Kommission nicht zur Nichtdiskriminierung, zu einem echten Wettbewerb und zum effizienten Funktionieren des Marktes bei, so kann sie die Agentur auffordern, die Rahmenleitlinie innerhalb einer angemessenen Frist zu überarbeiten und erneut der Kommission vorzulegen.

(5) Legt die Agentur nicht innerhalb der von der Kommission nach Absatz 2 bzw. Absatz 4 gesetzten Frist eine Rahmenleitlinie erstmals oder erneut vor, so arbeitet die Kommission die betreffende Rahmenleitlinie aus.

(6) Die Kommission fordert den ENTSO (Strom) auf, der Agentur innerhalb einer angemessenen Frist von höchstens zwölf Monaten einen Netzkodex vorzulegen, der der einschlägigen Rahmenleitlinie entspricht.

(7) Die Agentur übermittelt dem ENTSO (Strom) innerhalb von drei Monaten nach Eingang des Netzkodex eine mit Gründen versehene Stellungnahme zu dem Netzkodex; innerhalb dieses Zeitraums kann die Agentur eine förmliche Anhörung der betroffenen Akteure durchführen.

(8) Der ENTSO (Strom) kann den Netzkodex unter Berücksichtigung der Stellungnahme der Agentur ändern und erneut der Agentur vorlegen.

(9) [1] Sobald sich die Agentur davon überzeugt hat, dass der Netzkodex den einschlägigen Rahmenleitlinien entspricht, legt sie den Netzkodex der Kommission vor und kann ihr dessen Annahme innerhalb einer angemessenen Zeitspanne empfehlen. [2] Nimmt die Kommission den Netzkodex nicht an, so gibt sie die Gründe dafür an.

(10) ¹ Ist der ENTSO (Strom) außerstande, innerhalb der von der Kommission nach Absatz 6 gesetzten Frist einen Netzkodex auszuarbeiten, so kann die Kommission die Agentur auffordern, auf der Grundlage der einschlägigen Rahmenleitlinie den Entwurf eines Netzkodex auszuarbeiten. ² Die Agentur kann, während sie diesen Entwurf ausarbeitet, eine weitere Anhörung einleiten. ³ Die Agentur legt den nach diesem Absatz ausgearbeiteten Entwurf eines Netzkodex der Kommission vor und kann ihr dessen Annahme empfehlen.

(11) Die Kommission kann von sich aus, wenn der ENTSO (Strom) keinen Netzkodex ausgearbeitet hat oder die Agentur keinen Entwurf eines Netzkodex gemäß Absatz 10 des vorliegenden Artikels ausgearbeitet hat, oder auf Empfehlung der Agentur gemäß Absatz 9 des vorliegenden Artikels einen oder mehrere Netzkodizes für die in Artikel 8 Absatz 6 aufgeführten Bereiche erlassen.

¹ Plant die Kommission, von sich aus einen Netzkodex zu erlassen, so konsultiert sie die Agentur, den ENTSO (Strom) und alle betroffenen Akteure innerhalb eines Zeitraums von mindestens zwei Monaten zu dem Entwurf eines Kodex. ² Diese Maßnahmen zur Änderung nicht wesentlicher Bestimmungen dieser Verordnung durch Ergänzung werden nach dem in Artikel 23 Absatz 2 genannten Regelungsverfahren mit Kontrolle erlassen.

(12) Dieser Artikel berührt nicht das Recht der Kommission, die Leitlinien gemäß Artikel 18 zu erlassen und zu ändern.

Art. 7 Änderung von Netzkodizes. (1) ¹ Entwürfe zur Änderung eines gemäß Artikel 6 angenommenen Netzkodex können der Agentur von Personen vorgeschlagen werden, die wahrscheinlich ein Interesse an diesem Netzkodex haben, unter anderem der ENTSO (Strom), Übertragungsnetzbetreiber, Netznutzer und Verbraucher. ² Auch die Agentur kann von sich aus Änderungen vorschlagen.

(2) ¹ Die Agentur konsultiert alle Interessenträger in Übereinstimmung mit Artikel 10 der Verordnung (EG) Nr. 713/2009[1]. ² Im Anschluss an dieses Verfahren kann die Agentur der Kommission mit Gründen versehene Änderungsvorschläge unterbreiten, wobei zu erläutern ist, inwieweit die Vorschläge mit den Zielen der Netzkodizes nach Artikel 6 Absatz 2 übereinstimmen.

(3) ¹ Die Kommission kann Änderungen der nach Artikel 6 angenommenen Netzkodizes vornehmen, wobei sie den Vorschlägen der Agentur Rechnung trägt. ² Diese Maßnahmen, durch die nicht wesentliche Bestimmungen dieser Verordnung durch deren Ergänzung geändert werden sollen, werden nach dem Regelungsverfahren mit Kontrolle gemäß Artikel 23 Absatz 2 erlassen.

(4) ¹ Die Prüfung der vorgeschlagenen Änderungen nach dem Verfahren des Artikels 23 Absatz 2 beschränkt sich auf die Aspekte, die mit der vorgeschlagenen Änderung im Zusammenhang stehen. ² Diese vorgeschlagenen Änderungen erfolgen unbeschadet anderer Änderungen, die die Kommission gegebenenfalls vorschlägt.

---

[1] Nr. 7.

Art. 8 Aufgaben des ENTSO (Strom). (1) Der ENTSO (Strom) arbeitet auf Aufforderung durch die Kommission gemäß Artikel 6 Absatz 6 Netzkodizes für die in Absatz 6 des vorliegenden Artikels genannten Bereiche aus.

(2) [1] Der ENTSO (Strom) kann in den in Absatz 6 benannten Bereichen, um die in Artikel 4 genannten Ziele zu erreichen, Netzkodizes ausarbeiten, wenn diese Netzkodizes nicht die Bereiche betreffen, für die die Kommission eine Aufforderung an das Netz gerichtet hat. [2] Diese Netzkodizes werden der Agentur zur Stellungnahme zugeleitet. [3] Der ENTSO (Strom) trägt dieser Stellungnahme gebührend Rechnung.

(3) Der ENTSO (Strom) verabschiedet Folgendes:
a) gemeinsame Instrumente zum Netzbetrieb zur Koordinierung des Netzbetriebs im Normalbetrieb und in Notfällen – einschließlich eines gemeinsamen Systems zur Einstufung von Störfällen – sowie Forschungspläne;
b) alle zwei Jahre einen nicht bindenden gemeinschaftsweiten zehnjährigen Netzentwicklungsplan („gemeinschaftsweiter Netzentwicklungsplan"), einschließlich einer europäischen Prognose zur Angemessenheit der Stromerzeugung;
c) Empfehlungen zur Koordinierung der technischen Zusammenarbeit zwischen der Gemeinschaft und den Übertragungsnetzbetreibern in Drittstaaten;
d) ein Jahresarbeitsprogramm;
e) einen Jahresbericht;
f) jährliche Sommer- und Winterprognosen zur Angemessenheit der Stromerzeugung.

(4) [1] Die europäische Prognose zur Angemessenheit der Stromerzeugung gemäß Absatz 3 Buchstabe b erstreckt sich auf die Gesamtangemessenheit des Stromsystems zur Deckung des bestehenden und des für die nächsten Fünfjahreszeitraum sowie des für den Zeitraum zwischen 5 und 15 Jahren nach dem Berichtsdatum zu erwartenden Bedarfs. [2] Diese Europäische Prognose zur Angemessenheit der europäischen Stromerzeugung beruht auf den von den einzelnen Übertragungsnetzbetreibern aufgestellten Prognosen für die Angemessenheit der jeweiligen nationalen Stromerzeugung.

(5) Das in Absatz 3 Buchstabe d genannte Jahresarbeitsprogramm enthält eine Auflistung und eine Beschreibung der auszuarbeitenden Netzkodizes, einen Plan für die Koordinierung des Netzbetriebs sowie Forschungs- und Entwicklungstätigkeiten, die in dem jeweiligen Jahr zu erfolgen haben, und einen vorläufigen Zeitplan.

(6) Die Netzkodizes gemäß den Absätzen 1 und 2 erstrecken sich auf die folgenden Bereiche, wobei gegebenenfalls besondere regionale Merkmale zu berücksichtigen sind:
a) Regeln für Netzsicherheit und -zuverlässigkeit einschließlich der Regeln für technische Übertragungsreservekapazitäten zur Sicherstellung der Netzbetriebssicherheit;
b) Regeln für den Netzanschluss;
c) Regeln für den Netzzugang Dritter;
d) Regeln für den Datenaustausch und die Abrechnung;
e) Regeln für die Interoperabilität;

f) operative Verfahren bei Notfällen;

g) Regeln für Kapazitätsvergabe und Engpassmanagement;

h) Regeln für den Handel in Bezug auf die technische und operative Bereitstellung der Netzzugangsdienste und den Austausch von Ausgleichsenergie zwischen Netzen;

i) Transparenzregeln;

j) Regeln für den Austausch von Ausgleichsenergie, einschließlich netzbezogener Regeln für die Reserveleistung;

k) Regeln für harmonisierte Übertragungsentgeltstrukturen, die ortsabhängige Preissignale einbeziehen, und Regeln für den Ausgleich zwischen den Übertragungsnetzbetreibern;

l) Energieeffizienz bei Stromnetzen.

(7) Die Netzkodizes gelten für Angelegenheiten der grenzüberschreitenden Netze und der Marktintegration und berühren nicht das Recht der Mitgliedstaaten, für Angelegenheiten, die nicht den grenzüberschreitenden Handel betreffen, nationale Netzkodizes aufzustellen.

(8) [1] Der ENTSO (Strom) beobachtet und analysiert die Umsetzung der Netzkodizes und der von der Kommission nach Artikel 6 Absatz 11 angenommenen Leitlinien und deren Wirkung auf die Harmonisierung der geltenden Regeln zur Förderung der Marktintegration. [2] Der ENTSO (Strom) meldet seine Erkenntnisse der Agentur und nimmt die Ergebnisse der Analyse in den in Absatz 3 Buchstabe e des vorliegenden Artikels genannten Jahresbericht auf.

(9) Der ENTSO (Strom) stellt alle Informationen zur Verfügung, die die Agentur benötigt, um ihre Aufgaben gemäß Artikel 9 Absatz 1 zu erfüllen.

(10) [1] Der ENTSO (Strom) verabschiedet und veröffentlicht alle zwei Jahre einen gemeinschaftsweiten Netzentwicklungsplan. [2] Der gemeinschaftsweite Netzentwicklungsplan beinhaltet die Modellierung des integrierten Netzes, die Entwicklung von Szenarien, eine europäische Prognose zur Angemessenheit der Stromerzeugung und eine Bewertung der Belastbarkeit des Systems.

Der gemeinschaftsweite Netzentwicklungsplan erfüllt insbesondere folgende Anforderungen:

a) Er beruht auf den nationalen Investitionsplänen – unter Berücksichtigung der in Artikel 12 Absatz 1 genannten regionalen Investitionspläne – und gegebenenfalls auf den gemeinschaftlichen Aspekten der Netzplanung einschließlich der Leitlinien für die transeuropäischen Energienetze gemäß der Entscheidung Nr. 1364/2006/EG des Europäischen Parlaments und des Rates[1].

b) Hinsichtlich der grenzüberschreitenden Verbindungsleitungen beruht er auch auf den angemessenen Bedürfnissen verschiedener Netznutzer und schließt langfristige Verpflichtungen von Investoren nach Artikel 8 sowie den Artikeln 13 und 22 der Richtlinie 2009/72/EG[2] ein.

c) Er zeigt Investitionslücken auf, insbesondere in Bezug auf grenzüberschreitende Kapazitäten.

---

[1] **Amtl. Anm.:** ABl. L 262 vom 22. 9. 2006, S. 1.
[2] Nr. 5.

Hinsichtlich Unterabsatz 1 Buchstabe c kann eine Analyse der Hemmnisse für die Erhöhung der grenzüberschreitenden Netzkapazitäten infolge unterschiedlicher Genehmigungsverfahren oder -praktiken dem gemeinschaftsweiten Netzentwicklungsplan beigefügt werden.

(11) [1] Die Agentur legt eine Stellungnahme zu den nationalen zehnjährigen Netzentwicklungsplänen vor, um deren Vereinbarkeit mit dem gemeinschaftsweiten Netzentwicklungsplan zu begutachten. [2] Stellt die Agentur Unvereinbarkeiten zwischen einem nationalen zehnjährigen Netzentwicklungsplan und einem gemeinschaftsweiten Netzentwicklungsplan fest, so empfiehlt sie die Änderung des nationalen zehnjährigen Netzentwicklungsplans oder gegebenenfalls des Gemeinschaftsweiten. [3] Falls ein solcher nationaler zehnjähriger Netzentwicklungsplan gemäß Artikel 22 der Richtlinie 2009/72/EG ausgearbeitet wird, empfiehlt die Agentur der zuständigen nationalen Regulierungsbehörde die Änderung des nationalen Zehnjahresnetzentwicklungsplans nach Maßgabe von Artikel 22 Absatz 7 der genannten Richtlinie und unterrichtet die Kommission davon.

(12) Auf Ersuchen der Kommission übermittelt der ENTSO (Strom) der Kommission seine Stellungnahme zu dem Erlass von Leitlinien nach Artikel 18.

Art. 9 Beobachtung durch die Agentur. (1) Die Agentur beobachtet die Durchführung der in Artikel 8 Absätze 1, 2 und 3 genannten Aufgaben des ENTSO (Strom) und erstattet der Kommission Bericht.

[1] Die Agentur beobachtet die Umsetzung der Netzkodizes durch den ENTSO (Strom), die gemäß Artikel 8 Absatz 2 ausgearbeitet wurden, und der Netzkodizes, die gemäß Artikel 6 Absätze 1 bis 10 ausgearbeitet wurden, aber von der Kommission nicht gemäß Artikel 6 Absatz 11 angenommen wurden. [2] Falls der ENTSO (Strom) solche Netzkodizes nicht umgesetzt hat, fordert die Agentur vom ENTSO (Strom) eine ordnungsgemäße Erklärung der Gründe dieser Nichtumsetzung. [3] Die Agentur informiert die Kommission über diese Erklärung und legt ihre Stellungnahme dazu vor.

Die Agentur beobachtet und analysiert die Umsetzung der Netzkodizes und der von der Kommission nach Artikel 6 Absatz 11 erlassenen Leitlinien sowie deren Auswirkungen auf die Harmonisierung der geltenden Regeln zur Förderung der Marktintegration sowie auf Nichtdiskriminierung, wirksamen Wettbewerb und effizientes Funktionieren des Marktes und erstattet der Kommission Bericht.

(2) Der ENTSO (Strom) unterbreitet der Agentur den Entwurf des gemeinschaftsweiten Netzentwicklungsplans und den Entwurf des Jahresarbeitsprogramms einschließlich der Informationen zum Konsultationsverfahren und anderer in Artikel 8 Absatz 3 genannter Unterlagen zur Stellungnahme.

Innerhalb von zwei Monaten ab dem Tag des Eingangs der Unterlagen gibt die Agentur eine ordnungsgemäß mit Gründen versehene Stellungnahme ab und richtet Empfehlungen an das ENTSO (Strom) und an die Kommission, falls ihres Erachtens der Entwurf des Jahresarbeitsprogramms oder der Entwurf des gemeinschaftsweiten Netzentwicklungsplans, die vom ENTSO (Strom) vorgelegt wurden, nicht zur Nichtdiskriminierung, zum wirksamen Wettbewerb, zum effizienten Funktionieren des Marktes oder zu einem ausreichenden Maß an grenzüberschreitenden Verbindungsleitungen, zu denen Dritte Zugang haben, beiträgt.

Art. 10 Konsultationen. (1) [1] Der ENTSO (Strom) konsultiert gemäß der in Artikel 5 Absatz 1 genannten Geschäftsordnung im Rahmen der Ausarbeitung der Netzkodizes, des Entwurfs des gemeinschaftsweiten Netzentwicklungsplans und des Jahresarbeitsprogramms nach Artikel 8 Absätze 1, 2 und 3 umfassend, frühzeitig und auf offene und transparente Weise alle betroffenen Marktteilnehmer, insbesondere die Organisationen, die alle Akteure vertreten. [2] Bei den Konsultationen werden die nationalen Regulierungsbehörden und andere nationale Behörden, Versorgungs- und Erzeugungsunternehmen, Netznutzer, einschließlich der Kunden, Verteilernetzbetreiber sowie die relevanten Branchenverbände, technischen Gremien und Foren der Interessengruppen einbezogen. [3] Dabei wird das Ziel verfolgt, während des Entscheidungsprozesses die Standpunkte und Vorschläge aller relevanten Kreise einzuholen.

(2) Alle Unterlagen und Sitzungsprotokolle zu den in Absatz 1 genannten Konsultationen werden der Öffentlichkeit zugänglich gemacht.

(3) [1] Vor der Verabschiedung des Jahresarbeitsprogramms sowie der in Artikel 8 Absätze 1, 2 und 3 genannten Netzkodizes teilt der ENTSO (Strom) mit, wie die im Rahmen der Konsultationen erhaltenen Stellungnahmen berücksichtigt wurden. [2] Wurden Stellungnahmen nicht berücksichtigt, so gibt der ENTSO (Strom) eine Begründung ab.

Art. 11 Kosten. [1] Die Kosten im Zusammenhang mit den in den Artikeln 4 bis 12 genannten Tätigkeiten des ENTSO (Strom) werden von den Übertragungsnetzbetreibern getragen und bei der Entgeltberechnung berücksichtigt. [2] Die Regulierungsbehörden genehmigen diese Kosten nur dann, wenn sie angemessen und verhältnismäßig sind.

Art. 12 Regionale Zusammenarbeit der Übertragungsnetzbetreiber.
(1) [1] Die Übertragungsnetzbetreiber etablieren innerhalb des ENTSO (Strom) eine regionale Zusammenarbeit, um zu den in Artikel 8 Absätzen 1, 2 und 3 genannten Tätigkeiten beizutragen. [2] Sie veröffentlichen insbesondere alle zwei Jahre einen regionalen Investitionsplan und können auf der Grundlage des regionalen Investitionsplans Investitionsentscheidungen treffen.

(2) Die Übertragungsnetzbetreiber fördern netztechnische Vereinbarungen, um eine optimale Netzführung zu gewährleisten, und fördern die Entwicklung von Energiebörsen, die koordinierte Vergabe grenzüberschreitender Kapazitäten durch nichtdiskriminierende marktorientierte Lösungen, wobei sie die spezifischen Vorteile von impliziten Auktionen für die kurzfristige Vergabe gebührend berücksichtigen, und die Einbeziehung von Mechanismen für den Austausch von Ausgleichsenergie und für die Reserveleistung.

(3) [1] Zur Erreichung der in den Absätzen 1 und 2 genannten Ziele kann das geografische Gebiet, auf das sich die einzelnen Strukturen der regionalen Zusammenarbeit erstrecken, von der Kommission festgelegt werden, wobei bestehenden Strukturen der regionalen Zusammenarbeit Rechnung getragen wird. [2] Jeder Mitgliedstaat kann die Zusammenarbeit in mehr als einem geografischen Gebiet fördern. [3] Diese Maßnahme zur Änderung nicht wesentli-

cher Bestimmungen dieser Verordnung durch Ergänzung wird nach dem in Artikel 23 Absatz 2 genannten Regelungsverfahren mit Kontrolle erlassen. Zu diesem Zweck konsultiert die Kommission die Agentur und den ENTSO (Strom).

Art. 13 Ausgleichsmechanismus zwischen Übertragungsnetzbetreibern. (1) Übertragungsnetzbetreiber erhalten einen Ausgleich für die Kosten, die durch grenzüberschreitende Stromflüsse über ihre Netze entstehen.

(2) Den in Absatz 1 genannten Ausgleich leisten die Betreiber der nationalen Übertragungsnetze, aus denen die grenzüberschreitenden Stromflüsse stammen, und der Netze, in denen diese Stromflüsse enden.

(3) [1] Die Ausgleichszahlungen werden regelmäßig für einen bestimmten Zeitraum in der Vergangenheit geleistet. [2] Die Zahlungen werden, wenn nötig, nachträglich den tatsächlich entstandenen Kosten angepasst.

Der erste Zeitraum, für den Ausgleichszahlungen zu leisten sind, wird in den Leitlinien nach Artikel 18 festgesetzt.

(4) [1] Die Kommission entscheidet über die Höhe der zu leistenden Ausgleichszahlungen. [2] Diese Maßnahme zur Änderung nicht wesentlicher Bestimmungen dieser Verordnung durch Ergänzung wird nach dem in Artikel 23 Absatz 2 genannten Regelungsverfahren mit Kontrolle erlassen.

(5) Die Größe der durchgeleiteten grenzüberschreitenden Stromflüsse und die Größe der als aus nationalen Übertragungsnetzen stammend und/oder dort endend festgestellten grenzüberschreitenden Stromflüsse werden auf der Grundlage der in einem bestimmten Zeitraum tatsächlich gemessenen materiellen Leistungsflüsse bestimmt.

(6) [1] Die infolge der Durchleitung grenzüberschreitender Stromflüsse entstandenen Kosten werden auf der Grundlage der zu erwartenden langfristigen durchschnittlichen Inkrementalkosten ermittelt, wobei Verluste, Investitionen in neue Infrastrukturen und ein angemessener Teil der Kosten der vorhandenen Infrastruktur zu berücksichtigen sind, soweit diese Infrastruktur zur Übertragung grenzüberschreitender Stromflüsse genutzt wird, wobei insbesondere zu berücksichtigen ist, dass die Versorgungssicherheit zu gewährleisten ist. [2] Bei der Ermittlung der entstandenen Kosten werden anerkannte Standardkostenberechnungsverfahren verwendet. [3] Nutzen, der in einem Netz infolge der Durchleitung grenzüberschreitender Stromflüsse entsteht, ist zur Verringerung des erhaltenen Ausgleichs zu berücksichtigen.

Art. 14 Netzzugangsentgelte. (1) [1] Die Entgelte, die die Netzbetreiber für den Zugang zu den Netzen berechnen, müssen transparent sein, der Notwendigkeit der Netzsicherheit Rechnung tragen und die tatsächlichen Kosten insofern widerspiegeln, als sie denen eines effizienten und strukturell vergleichbaren Netzbetreibers entsprechen, und ohne Diskriminierung angewandt werden. [2] Diese Entgelte dürfen nicht entfernungsabhängig sein.

(2) Gegebenenfalls müssen von der Höhe der den Erzeugern und/oder Verbrauchern berechneten Tarife standortbezogene Preissignale auf Gemeinschaftsebene ausgehen, und diese Tarife müssen dem Umfang der verursachten Netzverluste und Engpässe und Investitionskosten für Infrastrukturen Rechnung tragen.

8 StromhandelZVO Art. 15

(3) Bei der Festsetzung der Netzzugangsentgelte ist Folgendes zu berücksichtigen:

a) die im Rahmen des Ausgleichsmechanismus zwischen Übertragungsnetzbetreibern geleisteten Zahlungen und verbuchten Einnahmen;

b) die tatsächlich geleisteten und eingegangenen Zahlungen sowie die für künftige Zeiträume erwarteten Zahlungen, die auf der Grundlage vergangener Zeiträume geschätzt werden.

(4) Die Festsetzung der Netzzugangsentgelte gilt unbeschadet etwaiger Entgelte für deklarierte Ausfuhren und deklarierte Einfuhren aufgrund des in Artikel 16 genannten Engpassmanagements.

(5) Für einzelne Transaktionen für deklarierten Stromtransit wird kein besonderes Netzentgelt verlangt.

Art. 15 Bereitstellung von Informationen. (1) Die Übertragungsnetzbetreiber richten Verfahren für die Koordinierung und den Informationsaustausch ein, um die Netzsicherheit im Rahmen des Engpassmanagements zu gewährleisten.

(2) [1] Die von den Übertragungsnetzbetreibern verwendeten Sicherheits-, Betriebs- und Planungsstandards werden öffentlich bekannt gemacht. [2] Zu den veröffentlichten Informationen gehört ein allgemeines Modell für die Berechnung der Gesamtübertragungskapazität und der Sicherheitsmarge, das auf den elektrischen und physikalischen Netzmerkmalen beruht. [3] Derartige Modelle müssen durch die Regulierungsbehörden genehmigt werden.

(3) [1] Die Übertragungsnetzbetreiber veröffentlichen die für jeden Tag geschätzte verfügbare Übertragungskapazität unter Angabe etwaiger bereits reservierter Kapazitäten. [2] Diese Veröffentlichungen erfolgen zu bestimmten Zeitpunkten vor dem Übertragungstag und umfassen auf jeden Fall Schätzungen für die nächste Woche und den nächsten Monat sowie quantitative Angaben darüber, wie verlässlich die verfügbare Kapazität voraussichtlich bereitgestellt werden kann.

(4) [1] Die Übertragungsnetzbetreiber veröffentlichen relevante Daten über die aggregierte Prognose und über die tatsächliche Nachfrage, über die Verfügbarkeit und die tatsächliche Nutzung der Erzeugungskapazität und der Lasten, über die Verfügbarkeit und die Nutzung des Netzes und der Verbindungsleitungen und über den Ausgleichsstrom und die Reservekapazität. [2] In Bezug auf die Verfügbarkeit und die tatsächliche Verwendung kleiner Stromerzeugungs- und Lasteinheiten können aggregierte Schätzwerte verwendet werden.

(5) Die betreffenden Marktteilnehmer stellen den Übertragungsnetzbetreibern die relevanten Daten zur Verfügung.

(6) [1] Erzeugungsunternehmen, die Eigentümer oder Betreiber von Erzeugungsanlagen sind, von denen zumindest eine über eine installierte Kapazität von mindestens 250 MW verfügt, halten für die nationale Regulierungsbehörde, die nationale Wettbewerbsbehörde und die Kommission fünf Jahre lang für jede Anlage alle Stundendaten zur Verfügung, die zur Überprüfung aller betrieblichen Einsatzentscheidungen und des Bieterverhaltens an Strombörsen, bei Auktionen für die Verbindungskapazität, auf den Reserveleistungsmärkten und auf den außerbörslichen Märkten erforderlich sind. [2] Zu den pro

Anlage und pro Stunde zu speichernden Daten gehören unter anderem Daten über die zum Zeitpunkt des Gebots und der Erzeugung verfügbare Erzeugungskapazität und die gebundenen Reservekapazitäten, einschließlich Daten über die Vergabe dieser gebundenen Reservekapazitäten pro Anlage.

Art. 16 Allgemeine Grundsätze für das Engpassmanagement.

(1) [1] Netzengpässen wird mit nichtdiskriminierenden marktorientierten Lösungen begegnet, von denen wirksame wirtschaftliche Signale an die Marktteilnehmer und beteiligten Übertragungsnetzbetreiber ausgehen. [2] Netzengpässe werden vorzugsweise durch nichttransaktionsbezogene Methoden bewältigt, d.h. durch Methoden, die keinen Unterschied zwischen den Verträgen einzelner Marktteilnehmer machen.

(2) [1] Transaktionen dürfen nur in Notfällen eingeschränkt werden, in denen der Übertragungsnetzbetreiber schnell handeln muss und ein Redispatching oder Countertrading nicht möglich ist. [2] Jedes diesbezügliche Verfahren muss nichtdiskriminierend angewendet werden.

Abgesehen von Fällen höherer Gewalt werden Marktteilnehmer, denen Kapazitäten zugewiesen wurden, für jede Einschränkung entschädigt.

(3) Den Marktteilnehmern wird unter Beachtung der Sicherheitsstandards für den sicheren Netzbetrieb die maximale Kapazität der Verbindungsleitungen und/oder der die grenzüberschreitenden Stromflüsse betreffenden Übertragungsnetze zur Verfügung gestellt.

(4) [1] Die Marktteilnehmer teilen den betreffenden Übertragungsnetzbetreibern rechtzeitig vor dem jeweiligen Betriebszeitraum mit, ob sie die zugewiesene Kapazität zu nutzen gedenken. [2] Zugewiesene Kapazitäten, die nicht in Anspruch genommen werden, gehen nach einem offenen, transparenten und nichtdiskriminierenden Verfahren an den Markt zurück.

(5) [1] Die Übertragungsnetzbetreiber saldieren, soweit technisch möglich, die auf der überlasteten Verbindungsleitung in gegenläufiger Richtung beanspruchten Kapazitäten, um diese Leitung bis zu ihrer maximalen Kapazität zu nutzen. [2] Unter vollständiger Berücksichtigung der Netzsicherheit dürfen Transaktionen, die mit einer Entlastung verbunden sind, in keinem Fall abgelehnt werden.

(6) Einnahmen aus der Vergabe von Verbindungen sind für folgende Zwecke zu verwenden:

a) Gewährleistung der tatsächlichen Verfügbarkeit der vergebenen Kapazität und/oder

b) Erhaltung oder Ausbau von Verbindungskapazitäten insbesondere durch Investitionen in die Netze, insbesondere in neue Verbindungsleitungen.

Können die Einnahmen nicht effizient für die in Unterabsatz 1 Buchstaben a und/oder b genannten Zwecke verwendet werden, so dürfen sie vorbehaltlich der Genehmigung durch die Regulierungsbehörden der betroffenen Mitgliedstaaten bis zu einem von diesen Regulierungsbehörden festzusetzenden Höchstbetrag als Einkünfte verwendet werden, die von den Regulierungsbehörden bei der Genehmigung der Berechnungsmethode für die Netztarife und/oder bei der Festlegung der Netztarife zu berücksichtigen sind.

¹ Die übrigen Einnahmen sind auf ein gesondertes internes Konto zu übertragen, bis sie für die in Unterabsatz 1 Buchstaben a und/oder b genannten Zwecke verwendet werden können. ² Die Regulierungsbehörde unterrichtet die Agentur von der in Unterabsatz 2 genannten Genehmigung.

Art. 17 Neue Verbindungsleitungen. (1) Neue Gleichstrom-Verbindungsleitungen können auf Antrag für eine begrenzte Dauer von den Bestimmungen des Artikels 16 Absatz 6 dieser Verordnung und der Artikel 9, 32 und des Artikels 37 Absätze 6 und 10 der Richtlinie 2009/72/EG[1]) unter folgenden Voraussetzungen ausgenommen werden:

a) Durch die Investition wird der Wettbewerb in der Stromversorgung verbessert;

b) das mit der Investition verbundene Risiko ist so hoch, dass die Investition ohne die Gewährung einer Ausnahme nicht getätigt würde;

c) die Verbindungsleitung muss Eigentum einer natürlichen oder juristischen Person sein, die zumindest der Rechtsform nach von den Netzbetreibern getrennt ist, in deren Netzen die entsprechende Verbindungsleitung gebaut wird;

d) von den Nutzern dieser Verbindungsleitung werden Entgelte verlangt;

e) seit der teilweisen Marktöffnung gemäß Artikel 19 der Richtlinie 96/92/EG des Europäischen Parlaments und des Rates vom 19. Dezember 1996 betreffend gemeinsame Vorschriften für den Elektrizitätsbinnenmarkt[2]) dürfen keine Anteile der Kapital- oder Betriebskosten der Verbindungsleitung über irgendeine Komponente der Entgelte für die Nutzung der Übertragungs- oder Verteilernetze, die durch diese Verbindungsleitung miteinander verbunden werden, gedeckt worden sein; und

f) die Ausnahme darf sich nicht nachteilig auf den Wettbewerb oder das effektive Funktionieren des Elektrizitätsbinnenmarkts oder das effiziente Funktionieren des regulierten Netzes auswirken, an das die Verbindungsleitung angeschlossen ist.

(2) Absatz 1 gilt in Ausnahmefällen auch für Wechselstrom-Verbindungsleitungen, sofern die Kosten und die Risiken der betreffenden Investition im Vergleich zu den Kosten und Risiken, die normalerweise bei einer Verbindung zweier benachbarter nationaler Übertragungsnetze durch eine Wechselstrom-Verbindungsleitung auftreten, besonders hoch sind.

(3) Absatz 1 gilt auch für erhebliche Kapazitätserhöhungen bei vorhandenen Verbindungsleitungen.

(4) ¹ Die Entscheidung über Ausnahmen nach den Absätzen 1, 2 und 3 wird in jedem Einzelfall von den Regulierungsbehörden der betreffenden Mitgliedstaaten getroffen. ² Eine Ausnahme kann sich auf die Gesamtkapazität oder nur einen Teil der Kapazität der neuen Verbindungsleitung oder der vorhandenen Verbindungsleitung mit erheblich erhöhter Kapazität erstrecken.

Binnen zwei Monaten ab der Einreichung des Antrags auf eine Ausnahme durch die letzte betroffene Regulierungsbehörde kann die Agentur den ge-

---
[1]) Nr. 5.
[2]) **Amtl. Anm.:** ABl. L 27 vom 30. 1. 1997, S. 20.

nannten Regulierungsbehörden eine beratende Stellungnahme übermitteln, die als Grundlage für deren Entscheidung dienen könnte.

[1] Bei der Entscheidung über die Gewährung einer Ausnahme wird in jedem Einzelfall der Notwendigkeit Rechnung getragen, Bedingungen für die Dauer der Ausnahme und die diskriminierungsfreie Gewährung des Zugangs zu der Verbindungsleitung aufzuerlegen. [2] Bei der Entscheidung über diese Bedingungen werden insbesondere die neu zu schaffende Kapazität oder die Änderung der bestehenden Kapazität, der Zeitrahmen des Vorhabens und die nationalen Gegebenheiten berücksichtigt.

[1] Vor der Gewährung einer Ausnahme entscheiden die Regulierungsbehörden der betroffenen Mitgliedstaaten über die Regeln und Mechanismen für das Kapazitätsmanagement und die Kapazitätsvergabe. [2] Die Regeln für das Engpassmanagement müssen die Verpflichtung einschließen, ungenutzte Kapazitäten auf dem Markt anzubieten, und die Nutzer der Infrastruktur müssen das Recht erhalten, ihre kontrahierten Kapazitäten auf dem Sekundärmarkt zu handeln. [3] Bei der Bewertung der in Absatz 1 Buchstaben a, b und f genannten Kriterien werden die Ergebnisse des Kapazitätsvergabeverfahrens berücksichtigt.

Haben alle betroffenen Regulierungsbehörden binnen sechs Monaten Einigung über die Entscheidung zur Gewährung einer Ausnahme erzielt, unterrichten sie die Agentur von dieser Entscheidung.

Die Entscheidung zur Gewährung einer Ausnahme – einschließlich der in Unterabsatz 2 genannten Bedingungen – ist ordnungsgemäß zu begründen und zu veröffentlichen.

(5) Die in Absatz 4 genannten Entscheidungen werden von der Agentur getroffen,

a) wenn alle betroffenen nationalen Regulierungsbehörden innerhalb von sechs Monaten ab dem Tag, an dem die letzte dieser Regulierungsbehörden mit dem Antrag auf eine Ausnahme befasst wurde, keine Einigung erzielen konnten oder

b) wenn ein gemeinsames Ersuchen der betroffenen nationalen Regulierungsbehörden vorliegt.

Vor ihrer Entscheidung konsultiert die Agentur die betroffenen Regulierungsbehörden und die Antragsteller.

(6) [1] Ungeachtet der Absätze 4 und 5 können die Mitgliedstaaten jedoch vorsehen, dass die Regulierungsbehörde bzw. die Agentur ihre Stellungnahme zu dem Antrag auf Gewährung einer Ausnahme der zuständigen Stelle des Mitgliedstaats zur förmlichen Entscheidung vorzulegen hat. [2] Diese Stellungnahme wird zusammen mit der Entscheidung veröffentlicht.

(7) [1] Eine Abschrift aller Anträge auf Ausnahme wird von den Regulierungsbehörden unverzüglich nach ihrem Eingang der Agentur und der Kommission zur Unterrichtung übermittelt. [2] Die Entscheidung wird zusammen mit allen für die Entscheidung bedeutsamen Informationen von den betreffenden Regulierungsbehörden oder der Agentur („meldende Stellen") der Kommission gemeldet. [3] Diese Informationen können der Kommission in Form einer Zusammenfassung übermittelt werden, die der Kommission eine fundierte Entscheidung ermöglicht. [4] Die Informationen müssen insbesondere Folgendes enthalten:

a) eine ausführliche Angabe der Gründe, aus denen die Ausnahme gewährt oder abgelehnt wurde, einschließlich der finanziellen Informationen, die die Notwendigkeit der Ausnahme rechtfertigen;

b) eine Untersuchung bezüglich der Auswirkungen der Gewährung der Ausnahme auf den Wettbewerb und das effektive Funktionieren des Elektrizitätsbinnenmarkts;

c) eine Begründung der Geltungsdauer der Ausnahme sowie des Anteils an der Gesamtkapazität der betreffenden Verbindungsleitung, für den die Ausnahme gewährt wird, und

d) das Ergebnis der Konsultation der betroffenen Regulierungsbehörden.

(8) ¹Die Kommission kann innerhalb eines Zeitraums von zwei Monaten ab dem Tag nach dem Eingang einer Meldung gemäß Absatz 7 beschließen, von den meldenden Stellen die Änderung oder den Widerruf der Entscheidung über die Gewährung der Ausnahme zu verlangen. ²Die Zweimonatsfrist kann um weitere zwei Monate verlängert werden, wenn die Kommission zusätzliche Informationen anfordert. ³Diese weitere Frist beginnt am Tag nach dem Eingang der vollständigen Informationen. ⁴Die ursprüngliche Zweimonatsfrist kann ferner mit Zustimmung sowohl der Kommission als auch der meldenden Stellen verlängert werden.

Wenn die angeforderten Informationen nicht innerhalb der in der Aufforderung festgesetzten Frist vorgelegt werden, gilt die Meldung als widerrufen, es sei denn, diese Frist wird mit Zustimmung sowohl der Kommission als auch der meldenden Stellen vor ihrem Ablauf verlängert oder die meldenden Stellen unterrichten die Kommission vor Ablauf der festgesetzten Frist in einer ordnungsgemäß mit Gründen versehenen Erklärung davon, dass sie die Meldung als vollständig betrachten.

Die meldenden Stellen kommen einem Beschluss der Kommission zur Änderung oder zum Widerruf der Entscheidung über die Gewährung einer Ausnahme innerhalb eines Monats nach und setzen die Kommission davon in Kenntnis.

Die Kommission behandelt wirtschaftlich sensible Informationen vertraulich.

Die von der Kommission erteilte Genehmigung einer Entscheidung zur Gewährung einer Ausnahme wird zwei Jahre nach ihrer Erteilung unwirksam, wenn mit dem Bau der Verbindungsleitung zu diesem Zeitpunkt noch nicht begonnen worden ist, und sie wird fünf Jahre nach ihrer Erteilung unwirksam, wenn die Verbindungsleitung zu diesem Zeitpunkt nicht in Betrieb genommen worden ist, es sei denn, die Kommission entscheidet, dass eine Verzögerung auf schwerwiegende administrative Hindernisse zurückzuführen ist, auf die die Person, die von der Ausnahme begünstigt ist, keinen Einfluss hat.

(9) ¹Die Kommission kann Leitlinien für die Anwendung der Bedingungen gemäß Absatz 1 und für die Festlegung des zur Anwendung der Absätze 4, 7 und 8 einzuhaltenden Verfahrens erlassen. ²Diese Maßnahmen zur Änderung nicht wesentlicher Bestimmungen dieser Verordnung durch Ergänzung werden nach dem in Artikel 23 Absatz 2 genannten Regelungsverfahren mit Kontrolle erlassen.

Art. 18 Leitlinien. (1) Gegebenenfalls regeln Leitlinien für den Ausgleichsmechanismus zwischen Übertragungsnetzbetreibern entsprechend den in den Artikeln 13 und 14 niedergelegten Grundsätzen Folgendes:

a) Einzelheiten des Verfahrens zur Ermittlung der zu Ausgleichszahlungen für grenzüberschreitende Stromflüsse verpflichteten Übertragungsnetzbetreiber, einschließlich der Aufteilung zwischen den Betreibern von nationalen Übertragungsnetzen, aus denen grenzüberschreitende Stromflüsse stammen, und von Netzen, in denen diese Stromflüsse enden, gemäß Artikel 13 Absatz 2;

b) Einzelheiten des einzuhaltenden Zahlungsverfahrens einschließlich der Festlegung des ersten Zeitraums, für den Ausgleichszahlungen zu leisten sind, gemäß Artikel 13 Absatz 3 Unterabsatz 2;

c) Einzelheiten der Methoden für die Bestimmung der durchgeleiteten grenzüberschreitenden Stromflüsse, für die nach Artikel 13 Ausgleichszahlungen zu leisten sind, sowohl hinsichtlich der Mengen als auch der Art der Flüsse, und die Feststellung der Größe dieser Flüsse als aus Übertragungsnetzen einzelner Mitgliedstaaten stammend und/oder dort endend gemäß Artikel 13 Absatz 5;

d) Einzelheiten der Methode für die Ermittlung des Nutzens und der Kosten, die infolge der Durchleitung grenzüberschreitender Stromflüsse entstanden sind, gemäß Artikel 13 Absatz 6;

e) Einzelheiten der Behandlung von Stromflüssen, die aus Ländern außerhalb des Europäischen Wirtschaftsraums stammen oder in diesen Ländern enden, im Rahmen des Ausgleichsmechanismus zwischen Übertragungsnetzbetreibern; und

f) Beteiligung nationaler, durch Gleichstromleitungen miteinander verbundener Netze gemäß Artikel 13.

(2) Die Leitlinien können ferner geeignete Regeln enthalten für eine schrittweise Harmonisierung der zugrunde liegenden Grundsätze für die Festsetzung der nach den nationalen Tarifsystemen von Erzeugern und Verbrauchern (Last) zu zahlenden Entgelte, einschließlich der Einbeziehung des Ausgleichsmechanismus zwischen Übertragungsnetzbetreibern in die nationalen Netzentgelte und der Vermittlung geeigneter und wirksamer standortbezogener Preissignale, nach den in Artikel 14 dargelegten Grundsätzen.

Die Leitlinien sehen geeignete und wirksame harmonisierte standortbezogene Preissignale auf Gemeinschaftsebene vor.

Eine Harmonisierung hindert die Mitgliedstaaten nicht daran, bestimmte Mechanismen anzuwenden, um sicherzustellen, dass die von den Verbrauchern (Last) zu tragenden Netzzugangsentgelte in ihrem gesamten Hoheitsgebiet vergleichbar sind.

(3) Gegebenenfalls wird in Leitlinien, die das zum Erreichen der Ziele dieser Verordnung erforderliche Mindestmaß an Harmonisierung bewirken, überdies Folgendes geregelt:

a) Einzelheiten zur Bereitstellung von Informationen gemäß den in Artikel 15 dargelegten Grundsätzen;

b) Einzelheiten der Regeln für den Stromhandel;

c) Einzelheiten der Regeln für Investitionsanreize für Verbindungsleitungskapazitäten einschließlich ortsabhängiger Preissignale;
d) Einzelheiten zu den in Artikel 8 Absatz 6 aufgeführten Bereichen.

Hierzu konsultiert die Kommission die Agentur und den ENTSO (Strom).

(4) Leitlinien für die Verwaltung und Vergabe der verfügbaren Übertragungskapazität von Verbindungsleitungen zwischen nationalen Netzen sind in Anhang I niedergelegt.

(5) ¹ Die Kommission kann Leitlinien zu den in den Absätzen 1, 2 und 3 aufgeführten Aspekten erlassen. ² Sie kann die in Absatz 4 genannten Leitlinien nach den Grundsätzen der Artikel 15 und 16 ändern, insbesondere um detaillierte Leitlinien für alle in der Praxis angewandten Kapazitätsvergabemethoden einzubeziehen und um sicherzustellen, dass sich die Weiterentwicklung der Engpassmanagement-Mechanismen im Einklang mit den Zielen des Binnenmarkts vollzieht. ³ Gegebenenfalls werden im Rahmen solcher Änderungen gemeinsame Regeln über Mindestsicherheits- und -betriebsstandards für die Netznutzung und den Netzbetrieb nach Artikel 15 Absatz 2 festgelegt. ⁴ Diese Maßnahmen zur Änderung nicht wesentlicher Bestimmungen dieser Verordnung durch Ergänzung werden nach dem in Artikel 23 Absatz 2 genannten Regelungsverfahren mit Kontrolle erlassen.

Bei Erlass oder Änderung von Leitlinien trägt die Kommission dafür Sorge, dass
a) diese Leitlinien das Mindestmaß an Harmonisierung bewirken, das zur Erreichung der Ziele dieser Verordnung erforderlich ist, und nicht über das für diesen Zweck erforderliche Maß hinausgehen, und
b) sie bei Erlass oder Änderung von Leitlinien angibt, welche Maßnahmen sie hinsichtlich der Übereinstimmung der Regeln in Drittländern, die Teil des gemeinschaftlichen Stromnetzes sind, mit den betreffenden Leitlinien ergriffen hat.

Beim erstmaligen Erlass von Leitlinien gemäß diesem Artikel trägt die Kommission dafür Sorge, dass sie in einem einzigen Entwurf einer Maßnahme zumindest die in Absatz 1 Buchstaben a und d und in Absatz 2 aufgeführten Aspekte erfassen.

Art. 19 Regulierungsbehörden. ¹ Bei der Wahrnehmung ihrer Aufgaben sorgen die Regulierungsbehörden für die Einhaltung dieser Verordnung und der gemäß Artikel 18 festgelegten Leitlinien. ² Soweit dies zur Verwirklichung der Ziele dieser Verordnung angebracht ist, arbeiten die Regulierungsbehörden untereinander, mit der Kommission und mit der Agentur gemäß Kapitel IX der Richtlinie 2009/72/EG[1)] zusammen.

Art. 20 Übermittlung von Informationen und Vertraulichkeit. (1) Die Mitgliedstaaten und die Regulierungsbehörden übermitteln der Kommission auf Anforderung alle für die Zwecke des Artikels 13 Absatz 4 und des Artikels 18 erforderlichen Informationen.

Insbesondere übermitteln die Regulierungsbehörden für die Zwecke des Artikels 13 Absätze 4 und 6 regelmäßig Informationen über die den nationalen Übertragungsnetzbetreibern tatsächlich entstandenen Kosten sowie die

---

[1)] Nr. 5.

Daten und alle relevanten Informationen zu den Stromflüssen in den Netzen der Übertragungsnetzbetreiber und zu den Netzkosten.

Unter Berücksichtigung der Komplexität der angeforderten Informationen und der Dringlichkeit, mit der sie benötigt werden, setzt die Kommission eine angemessene Frist für die Übermittlung der Informationen.

(2) Wenn der betroffene Mitgliedstaat oder die betroffene Regulierungsbehörde die in Absatz 1 genannten Informationen nicht innerhalb der Frist gemäß Absatz 1 des vorliegenden Artikels übermittelt, kann die Kommission alle Informationen, die für die Zwecke des Artikels 13 Absatz 4 und des Artikels 18 erforderlich sind, unmittelbar von den jeweiligen Unternehmen anfordern.

Fordert die Kommission von einem Unternehmen Informationen an, so übermittelt sie den Regulierungsbehörden des Mitgliedstaats, in dessen Hoheitsgebiet sich der Sitz des Unternehmens befindet, gleichzeitig eine Abschrift dieser Anforderung.

(3) [1] In ihrer Anforderung nach Absatz 1 gibt die Kommission die Rechtsgrundlage, die Frist für die Übermittlung der Informationen, den Zweck der Anforderung sowie die in Artikel 22 Absatz 2 für den Fall der Erteilung unrichtiger, unvollständiger oder irreführender Auskünfte vorgesehenen Sanktionen an. [2] Die Kommission setzt dabei eine angemessene Frist unter Berücksichtigung der Komplexität der angeforderten Informationen und der Dringlichkeit, mit der sie benötigt werden.

(4) [1] Die Inhaber der Unternehmen oder ihre Vertreter und bei juristischen Personen die nach Gesetz oder Satzung zu ihrer Vertretung bevollmächtigten Personen erteilen die verlangten Auskünfte. [2] Wenn ordnungsgemäß bevollmächtigte Rechtsanwälte die Auskünfte im Auftrag ihrer Mandanten erteilen, haften die Mandanten in vollem Umfang, falls die erteilten Auskünfte unvollständig, unrichtig oder irreführend sind.

(5) [1] Wird eine von einem Unternehmen verlangte Auskunft innerhalb einer von der Kommission gesetzten Frist nicht oder nicht vollständig erteilt, so kann die Kommission die Information durch Entscheidung anfordern. [2] In dieser Entscheidung werden die angeforderten Informationen bezeichnet und eine angemessene Frist für ihre Übermittlung bestimmt. [3] Sie enthält einen Hinweis auf die in Artikel 22 Absatz 2 vorgesehenen Sanktionen. [4] Sie enthält ferner einen Hinweis auf das Recht, vor dem Gerichtshof der Europäischen Gemeinschaften gegen die Entscheidung Klage zu erheben.

Die Kommission übermittelt den Regulierungsbehörden des Mitgliedstaats, in dessen Hoheitsgebiet die Person ihren Wohnsitz oder das Unternehmen seinen Sitz hat, gleichzeitig eine Abschrift ihrer Entscheidung.

(6) Die in den Absätzen 1 und 2 genannten Informationen werden nur für die Zwecke des Artikels 13 Absatz 4 und des Artikels 18 verwendet.

Die Kommission darf die Informationen, die sie im Rahmen dieser Verordnung erhalten hat und die ihrem Wesen nach unter das Geschäftsgeheimnis fallen, nicht offenlegen.

Art. 21 Recht der Mitgliedstaaten, detailliertere Maßnahmen vorzusehen. Diese Verordnung berührt nicht die Rechte der Mitgliedstaaten, Maßnahmen beizubehalten oder einzuführen, die detailliertere Bestimmungen als diese Verordnung und die Leitlinien nach Artikel 18 enthalten.

Art. 22 Sanktionen. (1) ¹Die Mitgliedstaaten legen unbeschadet des Absatzes 2 fest, welche Sanktionen bei einem Verstoß gegen die Bestimmungen dieser Verordnung zu verhängen sind, und treffen alle zur Durchsetzung dieser Bestimmungen erforderlichen Maßnahmen. ²Die Sanktionen müssen wirksam, verhältnismäßig und abschreckend sein. ³Die Mitgliedstaaten teilen der Kommission bis zum 1. Juli 2004 die Bestimmungen, die den Bestimmungen der Verordnung (EG) Nr. 1228/2003 entsprechen, mit und teilen der Kommission unverzüglich spätere Änderungen mit, die diese betreffen. ⁴Sie teilen der Kommission diese Bestimmungen ohne Bezug zu den Bestimmungen der Verordnung (EG) Nr. 1228/2003 bis zum 3. März 2011 mit und teilen der Kommission unverzüglich spätere Änderungen mit, die diese betreffen.

(2) Die Kommission kann Unternehmen durch Entscheidung Geldbußen bis zu einem Höchstbetrag von 1 % des im vorausgegangenen Geschäftsjahr erzielten Gesamtumsatzes auferlegen, wenn sie vorsätzlich oder fahrlässig bei der Erteilung einer nach Artikel 20 Absatz 3 verlangten Auskunft unrichtige, unvollständige oder irreführende Angaben oder die Angaben nicht innerhalb der in einer Entscheidung nach Artikel 20 Absatz 5 Unterabsatz 1 gesetzten Frist machen.

Bei der Festsetzung der Höhe der Geldbuße berücksichtigt die Kommission die Schwere der Nichteinhaltung der Anforderungen des Unterabsatzes 1.

(3) Sanktionen nach Absatz 1 und Entscheidungen nach Absatz 2 sind nicht strafrechtlicher Art.

Art. 23 Ausschussverfahren. (1) Die Kommission wird von dem durch Artikel 46 der Richtlinie 2009/72/EG[1)] eingesetzten Ausschuss unterstützt.

(2) Wird auf diesen Absatz Bezug genommen, so gelten Artikel 5a Absätze 1 bis 4 und Artikel 7 des Beschlusses 1999/468/EG unter Beachtung von dessen Artikel 8.

Art. 24 Bericht der Kommission. ¹Die Kommission beobachtet die Anwendung dieser Verordnung. ²In ihrem Bericht nach Artikel 47 Absatz 6 der Richtlinie 2009/72/EG[1)] berichtet die Kommission auch über die Erfahrungen bei der Anwendung dieser Verordnung. ³In dem Bericht ist insbesondere zu analysieren, in welchem Umfang diese Verordnung gewährleisten konnte, dass der grenzüberschreitende Stromhandel unter nichtdiskriminierenden und kostenorientierten Netzzugangsbedingungen stattfindet und somit zur Angebotsvielfalt für die Kunden in einem gut funktionierenden Elektrizitätsbinnenmarkt und zur langfristigen Versorgungssicherheit beiträgt, und inwieweit wirksame standortbezogene Preissignale vorhanden sind. ⁴Der Bericht kann erforderlichenfalls geeignete Vorschläge und/oder Empfehlungen enthalten.

Art. 25 Aufhebung. ¹Die Verordnung (EG) Nr. 1228/2003 wird ab dem 3. März 2011 aufgehoben. ²Verweisungen auf die aufgehobene Verordnung gelten als Verweisungen auf die vorliegende Verordnung und sind nach der Entsprechungstabelle in Anhang II zu lesen.

[1)] Nr. 5.

Art. 26 Inkrafttreten. Diese Verordnung tritt am zwanzigsten Tag nach ihrer Veröffentlichung[1] im *Amtsblatt der Europäischen Union* in Kraft.

Sie gilt ab dem 3. März 2011.

Diese Verordnung ist in allen ihren Teilen verbindlich und gilt unmittelbar in jedem Mitgliedstaat.

Anhang I. Leitlinien für das Management und die Vergabe verfügbarer Übertragungskapazitäten auf Verbindungsleitungen zwischen nationalen Netzen

1. Allgemeine Bestimmungen

1.1. Die Übertragungsnetzbetreiber (ÜNB) setzen alle verfügbaren Mittel ein, um alle kommerziellen Transaktionen, einschließlich Transaktionen zum Zwecke des grenzüberschreitenden Handels, anzunehmen.

1.2. Besteht kein Engpass, darf der Netzzugang für den grenzüberschreitenden Handel nicht beschränkt werden. Wo üblicherweise keine Engpässe auftreten, ist kein ständiges, allgemeines Engpassmanagementverfahren erforderlich.

1.3. Soweit fahrplanmäßige kommerzielle Transaktionen mit dem sicheren Netzbetrieb nicht vereinbar sind, wirken die ÜNB dem Engpass im Einklang mit den Anforderungen an den sicheren Netzbetrieb entgegen und setzen entsprechende Maßnahmen ein, um sicherzustellen, dass die damit verbundenen Kosten ein ökonomisch effizientes Niveau nicht überschreiten. Falls kostengünstigere Maßnahmen nicht angewandt werden können, ist ein Redispatching oder Countertrading als Abhilfemaßnahme in Betracht zu ziehen.

1.4. Falls strukturelle Engpässe auftreten, müssen die ÜNB unverzüglich geeignete, im Voraus festgelegte und vereinbarte Regeln und Vereinbarungen für das Engpassmanagement anwenden. Die Engpassmanagementmethoden gewährleisten, dass die mit der zugewiesenen Übertragungskapazität verbundenen physikalischen Stromflüsse mit den Netzsicherheitsstandards übereinstimmen.

1.5. Die für das Engpassmanagement angewandten Methoden senden effiziente ökonomische Signale an die Marktteilnehmer und ÜNB aus, fördern den Wettbewerb und sind für eine regionale und gemeinschaftsweite Anwendung geeignet.

1.6. Beim Engpassmanagement werden keine Unterschiede aufgrund der unterschiedlichen Transaktion gemacht. Ein Antrag auf Netzzugang für den grenzüberschreitenden Handel darf nur dann verweigert werden, wenn alle folgenden Voraussetzungen vorliegen:

a) Die zusätzlichen physikalischen Stromflüsse, die aus der Annahme dieses Antrags resultieren, lassen eine Situation entstehen, in der der sichere Betrieb des Stromversorgungsnetzes möglicherweise nicht mehr gewährleistet werden kann, und

---

[1] Veröffentlicht am 14. 8. 2009.

b) der monetäre Wert dieses Antrags ist im Engpassmanagementverfahren niedriger als der aller anderen Anträge, die für dieselbe Leistung und zu denselben Bedingungen angenommen werden sollen.

1.7. Bei der Bestimmung der Netzgebiete, in denen und zwischen denen Engpassmanagement betrieben werden soll, lassen sich die ÜNB von den Grundsätzen der Rentabilität und der Minimierung negativer Auswirkungen auf den Elektrizitätsbinnenmarkt leiten. Insbesondere dürfen die ÜNB die Verbindungskapazität, außer aus Gründen der Betriebssicherheit, nicht beschränken, um einen Engpass innerhalb der eigenen Regelzone zu beheben, es sei denn aus den oben genannten Gründen und aus Gründen der Betriebssicherheit[1]. Falls eine solche Situation eintritt, wird sie von den ÜNB beschrieben und allen Netznutzern in transparenter Weise dargelegt. Eine solche Situation kann nur so lange geduldet werden, bis eine langfristige Lösung gefunden wird. Die Methodik und die Projekte, durch die eine langfristige Lösung erreicht werden soll, werden von den ÜNB beschrieben und allen Netznutzern in transparenter Weise dargelegt.

1.8. Beim Einsatz von netztechnischen Maßnahmen und von Redispatching im Betrieb des Übertragungsnetzes in der eigenen Regelzone berücksichtigt der ÜNB die Auswirkungen dieser Maßnahmen auf benachbarte Regelzonen.

1.9. Bis zum 1. Januar 2008 werden koordinierte Mechanismen für das „intra-day"-Engpassmanagement eingeführt, um die Handelsmöglichkeiten zu maximieren und den grenzüberschreitenden Austausch von Ausgleichsenergie zu ermöglichen.

1.10. Die nationalen Regulierungsbehörden bewerten die Engpassmanagementmethoden in regelmäßigen Abständen unter besonderer Berücksichtigung der Einhaltung der in dieser Verordnung und diesen Leitlinien festgelegten Grundsätze und Regeln sowie der von den Regulierungsbehörden gemäß diesen Grundsätzen und Regeln festgelegten Modalitäten und Bedingungen. Eine solche Bewertung umfasst die Konsultation aller Marktteilnehmer und einschlägige Studien.

2. Engpassmanagementmethoden

2.1. Die Engpassmanagementmethoden sind marktorientiert, um einen effizienten grenzüberschreitenden Handel zu erleichtern. Zu diesem Zweck erfolgt die Kapazitätsvergabe nur durch explizite (Kapazitäts-)Auktionen oder durch implizite (Kapazitäts- und Energie-)Auktionen. Beide Methoden können für ein und dieselbe Verbindungsleitung gleichzeitig bestehen. Für den „intra-day"-Handel kann ein fortlaufendes Handelssystem verwendet werden.

2.2. In Abhängigkeit von den Wettbewerbsbedingungen müssen die Engpassmanagementmechanismen unter Umständen sowohl eine kurz- als auch eine langfristige Kapazitätsvergabe ermöglichen.

---

[1] **Amtl. Anm.:** Betriebssicherheit bedeutet, dass „das Übertragungsnetz innerhalb der vereinbarten Sicherheitsgrenzen gehalten wird".

2.3. Bei jedem Kapazitätsvergabeverfahren werden ein festgeschriebener Anteil der verfügbaren Verbindungskapazität, etwaige verbleibende, nicht zuvor zugewiesene Kapazitäten und Kapazitäten, die Kapazitätsinhaber aus früheren Vergaben freigegeben haben, zugewiesen.

2.4. Die ÜNB optimieren die Verlässlichkeit der Kapazitätsbereitstellung unter Berücksichtigung der Rechte und Pflichten der beteiligten ÜNB und der Rechte und Pflichten der Marktteilnehmer, um einen wirksamen und effizienten Wettbewerb zu erleichtern. Ein angemessener Anteil der Kapazitäten kann dem Markt mit einem geringeren Verbindlichkeitsgrad angeboten werden, die genauen Bedingungen für die Übertragung über grenzüberschreitende Leitungen müssen den Marktteilnehmern jedoch immer bekannt gegeben werden.

2.5. Die mit lang- und mittelfristigen Vergaben verbundenen Kapazitätsrechte müssen verbindliche Übertragungskapazitätsrechte sein. Für sie gilt zum Zeitpunkt der Nominierung der „use-it-or-lose-it"-Grundsatz oder der „use-it-or-sell-it"-Grundsatz.

2.6. Die ÜNB legen eine zweckmäßige Struktur für die Kapazitätsvergabe für die einzelnen Zeitraster fest. Hierzu kann die Option gehören, einen Mindestprozentsatz der Verbindungskapazität für die täglich oder mehrmals täglich erfolgende Vergabe zu reservieren. Diese Vergabestruktur wird von den jeweiligen Regulierungsbehörden überprüft. Bei der Erstellung ihrer Vorschläge berücksichtigen die ÜNB

a) die Merkmale der Märkte,

b) die Betriebsbedingungen, z.B. die Auswirkungen der Saldierung verbindlich angemeldeter Fahrpläne,

c) den Grad der Harmonisierung der Prozentsätze und der Zeitraster, die für die verschiedenen bestehenden Kapazitätsvergabemechanismen festgelegt wurden.

2.7. Bei der Kapazitätsvergabe dürfen Marktteilnehmer, die grenzüberschreitende Lieferungen durch die Nutzung bilateraler Verträge realisieren, und Marktteilnehmer, die ihre grenzüberschreitenden Lieferungen über die Strombörsen realisieren, nicht diskriminiert werden. Die höchsten Gebote, ob implizite oder explizite Gebote für ein bestimmtes Zeitraster, erhalten den Zuschlag.

2.8. In Regionen, in denen Terminstrommärkte gut entwickelt sind und sich als effizient erwiesen haben, kann die gesamte Verbindungskapazität durch implizite Auktionen vergeben werden.

2.9. Außer bei neuen Verbindungsleitungen, für die eine Ausnahme nach Artikel 7 der Verordnung (EG) Nr. 1228/2003 oder nach Artikel 17 der vorliegenden Verordnung gilt, dürfen bei den Kapazitätsvergabemethoden keine Mindestpreise festgesetzt werden.

2.10. Grundsätzlich dürfen alle potenziellen Marktteilnehmer uneingeschränkt am Vergabeverfahren teilnehmen. Um zu vermeiden, dass Probleme im Zusammenhang mit der potenziellen Nutzung der marktbeherrschenden Stellung eines Marktteilnehmers entstehen oder verschärft werden, können die jeweiligen Regulierungs- und/oder Wettbewerbsbehörden gegebenenfalls allgemeine oder für ein einzelnes

Unternehmen geltende Beschränkungen aufgrund der Machtmarkt verhängen.

2.11. Die Marktteilnehmer nominieren ihre Kapazitätsnutzung bis zu einem für die einzelnen Zeitraster festgelegten Termin verbindlich bei den ÜNB. Der Termin ist so festzusetzen, dass die ÜNB in der Lage sind, ungenutzte Kapazitäten für eine Neuvergabe im nächsten relevanten Zeitraster, einschließlich „intra-day", neu einzustellen.

2.12. Die Kapazität ist auf sekundärer Basis frei handelbar, sofern der ÜNB ausreichend rechtzeitig unterrichtet wird. Lehnt ein ÜNB den Sekundärhandel (Sekundärtransaktionen) ab, muss der ÜNB dies allen Marktteilnehmern in deutlicher und transparenter Form mitteilen und erklären und der Regulierungsbehörde melden.

2.13. Die finanziellen Folgen, die sich aus der Nichteinhaltung der mit der Kapazitätsvergabe verbundenen Verpflichtungen ergeben, werden denjenigen angelastet, die für diese Nichteinhaltung verantwortlich sind. Nutzen Marktteilnehmer die Kapazität, zu deren Nutzung sie sich verpflichtet haben, nicht, oder handeln sie diese im Falle einer durch eine explizite Auktion erworbenen Kapazität nicht auf sekundärer Basis oder geben sie die Kapazität nicht rechtzeitig zurück, verlieren sie ihren Anspruch auf diese Kapazität und zahlen ein kostenorientiertes Entgelt. Die kostenorientierte Entgelte für die Nichtnutzung von Kapazität müssen gerechtfertigt und angemessen sein. Ebenso muss ein ÜNB, der seiner Verpflichtung nicht nachkommt, den Marktteilnehmer für den Verlust von Kapazitätsrechten entschädigen. Folgeverluste werden dabei nicht berücksichtigt. Die zentralen Konzepte und Methoden zur Bestimmung der Haftungsansprüche aus der Nichteinhaltung von Verpflichtungen sind, was die finanziellen Konsequenzen betrifft, im Voraus festzulegen und von der jeweiligen nationalen Regulierungsbehörde bzw. den jeweiligen nationalen Regulierungsbehörden zu überprüfen.

3. Koordinierung

3.1. Die Kapazitätsvergabe auf einer Verbindungsleitung wird mit Hilfe gemeinsamer Vergabeverfahren der beteiligten ÜNB koordiniert und vorgenommen. In Fällen, in denen damit zu rechnen ist, dass der kommerzielle Handel zwischen ÜNB aus zwei Ländern erhebliche Auswirkungen auf die physikalischen Lastflüsse in einem ÜNB aus einem Drittland haben wird, werden die Engpassmanagementmethoden zwischen allen auf diese Weise betroffenen ÜNB durch ein gemeinsames Verfahren für das Engpassmanagement koordiniert. Die nationalen Regulierungsbehörden und die ÜNB gewährleisten, dass es nicht zu einer einseitigen Anwendung eines Engpassmanagementverfahrens kommt, das erhebliche Auswirkungen auf die physikalischen Stromflüsse in anderen Netzen hat.

3.2. Bis 1. Januar 2007 werden zwischen den Ländern in den folgenden Regionen eine gemeinsame, koordinierte Methode für das Engpassmanagement und ein gemeinsames, koordiniertes Verfahren, durch das dem Markt auf mindestens jährlicher, monatlicher und vortäglicher Grundlage Kapazitäten zugewiesen werden, angewandt:

a) Nordeuropa (d.h. Dänemark, Schweden, Finnland, Deutschland und Polen),

b) Nordwesteuropa (d.h. Benelux, Deutschland und Frankreich),

c) Nordgrenzen Italiens (d.h. Italien, Frankreich, Deutschland, Österreich, Slowenien und Griechenland),

d) Mittelosteuropa (d.h. Deutschland, Polen, Tschechische Republik, Ungarn, Österreich und Slowenien),

e) Südwesteuropa (d.h. Spanien, Portugal und Frankreich),

f) Vereinigtes Königreich, Irland und Frankreich,

g) Baltische Staaten (d.h. Estland, Lettland und Litauen).

Bei einer Verbindungsleitung, die Länder betrifft, die mehr als einer Region angehören, kann die jeweils angewandte Engpassmanagementmethode verschieden sein, um die Vereinbarkeit mit den in den anderen Regionen, zu denen diese Länder gehören, angewandten Methoden zu gewährleisten. In diesem Fall schlagen die maßgeblichen ÜNB die Methode vor, die von den jeweiligen Regulierungsbehörden überprüft wird.

3.3. In Regionen, auf die unter Nummer 2.8 Bezug genommen wird, kann die gesamte Verbindungskapazität durch eine Vergabe für den Folgetag zugewiesen werden.

3.4. In allen genannten sieben Regionen sind miteinander kompatible Engpassmanagementverfahren im Hinblick auf die Bildung eines wirklich integrierten Elektrizitätsbinnenmarkts festzulegen. Die Marktteilnehmer dürfen sich nicht regionalen Netzen gegenüber sehen, die miteinander nicht kompatibel sind.

3.5. Mit Blick auf die Förderung eines fairen und effizienten Wettbewerbs und des grenzüberschreitenden Handels umfasst die Koordinierung zwischen den ÜNB innerhalb der unter Nummer 3.2 genannten Regionen alle Stufen von der Kapazitätsberechnung und der Vergabeoptimierung bis zum sicheren Netzbetrieb, wobei die Verantwortlichkeiten klar zugeordnet sind. Zu einer solchen Koordinierung gehören insbesondere

a) die Verwendung eines gemeinsamen Übertragungsnetzmodells, das auf effiziente Weise mit voneinander abhängigen physikalischen Ringflüssen umgeht und Abweichungen zwischen den physikalischen und den kommerziellen Lastflüssen berücksichtigt;

b) die Vergabe und die Nominierung von Kapazität für einen effizienten Umgang mit voneinander abhängigen physikalischen Ringflüssen;

c) identische Verpflichtungen der Kapazitätsinhaber zur Bereitstellung von Informationen über ihre beabsichtigte Kapazitätsnutzung, z.B. die Nominierung von Kapazität (für explizite Auktionen);

d) einheitliche Zeitraster und Termine für die letzte Mitteilung von Fahrplänen;

e) eine hinsichtlich der Zeitraster (z.B. 1 Tag, 3 Stunden, 1 Woche usw.) und der verkauften Kapazitätsblöcke (Leistung in MW, Energie in MWh usw.) einheitliche Struktur für die Kapazitätsvergabe;

f) ein einheitlicher Rahmen für die Verträge mit den Marktteilnehmern;

g) die Überprüfung von Stromflüssen, um die Anforderungen an die Netzsicherheit für die Betriebsplanung und für den Echtzeitbetrieb einzuhalten;

h) Rechnungslegung und Bezahlung von Maßnahmen des Engpassmanagements.

3.6. Die Koordinierung umfasst auch den Informationsaustausch zwischen ÜNB. Art, Zeitpunkt und Häufigkeit des Informationsaustauschs müssen mit den in Nummer 3.5 genannten Tätigkeiten und mit dem Funktionieren der Elektrizitätsmärkte vereinbar sein. Dieser Informationsaustausch muss es insbesondere den ÜNB ermöglichen, die bestmöglichen Prognosen zur allgemeinen Netzsituation zu erstellen, um die Stromflüsse in ihrem Netz und die verfügbaren Verbindungskapazitäten zu bewerten. Ein ÜNB, der Informationen im Auftrag anderer ÜNB kompiliert, meldet den beteiligten ÜNB die Ergebnisse der Datenerhebung zurück.

4. Zeitplan für den Marktbetrieb

4.1. Die Vergabe der verfügbaren Übertragungskapazität erfolgt mit ausreichendem Vorlauf. Vor jeder Vergabe veröffentlichen die beteiligten ÜNB gemeinsam die zuzuweisende Kapazität, wobei sie gegebenenfalls die aus etwaigen verbindlichen Übertragungsrechten frei gewordene Kapazität und, sofern relevant, die damit verbundenen saldierten Nominierungen sowie alle Zeiträume, in denen die Kapazität (z.B. aus Wartungsgründen) reduziert wird oder nicht zur Verfügung steht, berücksichtigen.

4.2. Unter umfassender Berücksichtigung der Netzsicherheit erfolgt die Nominierung von Übertragungsrechten mit ausreichendem Vorlauf vor den vortäglichen Sitzungen aller relevanten organisierten Märkte und vor der Veröffentlichung der Kapazität, die nach dem Mechanismus der am Folgetag oder „intra-day" erfolgenden Vergabe zugewiesen werden soll. Nominierungen von Übertragungsrechten in gegenläufiger Richtung werden saldiert, um die Verbindungsleitung effizient zu nutzen.

4.3. Sukzessive, mehrmals täglich („intra-day") stattfindende Vergaben der verfügbaren Übertragungskapazität für den Tag d erfolgen an den Tagen d-1 und d nach der Veröffentlichung der prognostizierten oder der tatsächlichen Erzeugungsfahrpläne für den Folgetag.

4.4. Bei der Vorbereitung des Netzbetriebs für den Folgetag tauschen die ÜNB Informationen mit den benachbarten ÜNB aus, darunter Informationen über ihre prognostizierte Netztopologie, die Verfügbarkeit und die prognostizierte Erzeugung von Erzeugungseinheiten und Lastflüsse, um die Nutzung des gesamten Netzes durch betriebliche Maßnahmen im Einklang mit den Regeln für den sicheren Netzbetrieb zu optimieren.

5. Transparenz

5.1. Die ÜNB veröffentlichen alle relevanten Daten, die die Netzverfügbarkeit, den Netzzugang und die Netznutzung betreffen, einschließlich eines Berichts, in dem die Engpässe und die Gründe dafür, die für das Engpassmanagement angewandten Methoden und die Pläne für das künftige Engpassmanagement dargelegt werden.

5.2. Die ÜNB veröffentlichen auf der Grundlage der elektrischen und physikalischen Netzgegebenheiten eine allgemeine Beschreibung der einzelnen, in Abhängigkeit von den jeweiligen Rahmenbedingungen zur Maximierung der dem Markt zur Verfügung stehenden Kapazität angewandten Methoden für das Engpassmanagement und ein allgemeines Modell für die Berechnung der Verbindungskapazität für die verschiedenen Zeitraster. Ein derartiges Modell unterliegt der Überprüfung durch die Regulierungsbehörden der betroffenen Mitgliedstaaten.

5.3. Die angewandten Engpassmanagement- und Kapazitätsvergabeverfahren sowie die Zeiten und Verfahren für die Beantragung von Kapazitäten, eine Beschreibung der angebotenen Produkte und der Rechte und Pflichten sowohl der ÜNB als auch der Partei, die die Kapazität bezieht, einschließlich der Haftungsansprüche aus der Nichteinhaltung von Verpflichtungen, werden von den ÜNB ausführlich dargelegt und allen potenziellen Netznutzern in transparenter Weise zugänglich gemacht.

5.4. Die Betriebs- und Planungsstandards sind fester Bestandteil der Informationen, die die Übertragungsnetzbetreiber in öffentlich zugänglichen Unterlagen veröffentlichen. Auch diese Unterlagen werden von den nationalen Regulierungsbehörden überprüft.

5.5. Die ÜNB veröffentlichen alle relevanten Daten, die den grenzüberschreitenden Handel betreffen, ausgehend von der bestmöglichen Prognose. Um dieser Verpflichtung nachzukommen, stellen die betroffenen Marktteilnehmer den ÜNB die relevanten Daten zur Verfügung. Die Art und Weise, in der solche Informationen veröffentlicht werden, wird von den Regulierungsbehörden überprüft. Die ÜNB veröffentlichen mindestens folgende Angaben:

a) jährlich: Informationen über die langfristige Entwicklung der Übertragungsinfrastruktur und ihre Auswirkungen auf die grenzüberschreitende Übertragungskapazität;

b) monatlich: Prognosen über die dem Markt im Folgemonat und im Folgejahr zur Verfügung stehende Übertragungskapazität unter Berücksichtigung aller dem ÜNB zum Zeitpunkt der Prognoseberechnung vorliegenden relevanten Informationen (z.B. Auswirkungen der Sommer- und der Wintersaison auf die Leitungskapazität, Netzwartungsarbeiten, Verfügbarkeit von Erzeugungseinheiten usw.);

c) wöchentlich: Prognosen über die dem Markt in der Folgewoche zur Verfügung stehende Übertragungskapazität unter Berücksichtigung aller dem ÜNB zum Zeitpunkt der Prognoseberechnung vorliegenden relevanten Informationen wie Wetterprognose, geplante Netzwartungsarbeiten, Verfügbarkeit von Erzeugungseinheiten usw.;

d) täglich: die dem Markt je Marktzeiteinheit am Folgetag und „intraday" zur Verfügung stehende Übertragungskapazität unter Berücksichtigung aller saldierten Nominierungen für den Folgetag, aller saldierten Erzeugungsfahrpläne für den Folgetag, aller Nachfrageprognosen und geplanten Netzwartungsarbeiten;

e) die bereits zugewiesene Gesamtkapazität je Marktzeiteinheit und alle relevanten Bedingungen, die für die Nutzung dieser Kapazität gelten (z.B. Auktionsgleichgewichtspreis, Auflagen bezüglich der Art der Kapazitätsnutzung usw.), um etwaige verbleibende Kapazitäten zu ermitteln;

f) möglichst bald nach jeder Vergabe die zugewiesene Kapazität und Angaben zu den gezahlten Preisen;

g) unmittelbar nach der Nominierung die genutzte Gesamtkapazität je Marktzeiteinheit;

h) möglichst echtzeitnah: die aggregierten realisierten kommerziellen Lastflüsse und die tatsächlichen physikalischen Lastflüsse je Marktzeiteinheit, einschließlich einer Beschreibung etwaiger Korrekturmaßnahmen, die von den ÜNB zur Behebung von Netz- oder Systemschwierigkeiten vorgenommen wurden (z.B. Einschränkung der Transaktionen);

i) Ex-ante-Informationen über geplante Ausfälle und auf den Vortag bezogene Ex-post-Informationen über planmäßige und unplanmäßige Ausfälle von Stromerzeugungseinheiten mit mehr als 100 MW.

5.6. Alle relevanten Informationen müssen dem Markt rechtzeitig für das Aushandeln aller Transaktionen (z.B. rechtzeitig für das Aushandeln jährlicher Lieferverträge für Industriekunden oder für die Einsendung von Geboten an organisierte Märkte) zur Verfügung stehen.

5.7. Die ÜNB veröffentlichen die relevanten Informationen über die prognostizierte Nachfrage und Erzeugung entsprechend den unter Nummer 5.5 und Nummer 5.6 angegebenen Zeitrastern. Die ÜNB veröffentlichen auch die relevanten Informationen, die für den grenzüberschreitenden Ausgleichsmarkt erforderlich sind.

5.8. Für die Veröffentlichung von Prognosen gilt, dass in Bezug auf die prognostizierten Informationen auch die ex post tatsächlich realisierten Werte in dem auf die Prognose folgenden Zeitraum oder spätestens am Folgetag (d+1) zu veröffentlichen sind.

5.9. Sämtliche von den ÜNB veröffentlichten Informationen werden in leicht zugänglicher Form unentgeltlich zur Verfügung gestellt. Ferner müssen alle Daten über adäquate und standardisierte Mittel des Datenaustauschs, die in enger Zusammenarbeit mit den Marktteilnehmern festzulegen sind, zugänglich sein. Zu den Daten gehören u.a. Informationen über vergangene Zeiträume – mindestens über die letzten zwei Jahre –, damit neu in den Markt eintretende Unternehmen auch Zugang zu solchen Daten haben.

5.10. Die ÜNB tauschen regelmäßig einen Satz ausreichend genauer Netz- und Lastflussdaten aus, um dem ÜNB in ihrem jeweiligen Gebiet die Berechnung von Lastflüssen zu ermöglichen. Der gleiche Datensatz ist den Regulierungsbehörden und der Kommission auf Anfrage zur Verfügung zu stellen. Die Regulierungsbehörden und die Kommission gewährleisten, dass sie und jedweder Berater, der für sie auf der Grundlage dieser Daten analytische Arbeiten durchführt, diesen Datensatz vertraulich behandeln.

6. Verwendung von Engpasserlösen

6.1. Außer bei neuen Verbindungsleitungen, die eine Ausnahmeregelung nach Artikel 7 der Verordnung (EG) Nr. 1228/2003 oder nach Artikel 17 der vorliegenden Verordnung in Anspruch nehmen können, dürfen Engpassmanagementverfahren, die für ein vorher festgelegtes Zeitraster gelten, Erlöse nur aus Engpässen erzielen, die in Bezug auf dieses Zeitraster entstehen. Das Verfahren für die Verteilung dieser Erlöse wird von den Regulierungsbehörden überprüft und darf weder die Vergabe zugunsten einer Kapazität oder Energie nachfragenden Partei verzerren noch einen Negativanreiz für die Verringerung von Engpässen darstellen.

6.2. Die nationalen Regulierungsbehörden müssen hinsichtlich der Verwendung der Erlöse aus der Vergabe von Verbindungskapazität Transparenz walten lassen.

6.3. Die Engpasserlöse teilen sich die beteiligten ÜNB gemäß den zwischen den beteiligten ÜNB vereinbarten und von den jeweiligen Regulierungsbehörden überprüften Kriterien.

6.4. Die ÜNB legen im Voraus genau fest, wie sie etwaige Engpasserlöse verwenden werden, und erstatten über die tatsächliche Verwendung dieser Erlöse Bericht. Die Regulierungsbehörden prüfen, ob die Verwendung mit dieser Verordnung und diesen Leitlinien übereinstimmt und ob die Gesamterlöse aus der Vergabe von Verbindungskapazität für mindestens einen der drei in Artikel 16 Absatz 6 dieser Verordnung genannten Zwecke bestimmt sind.

6.5. Die Regulierungsbehörden veröffentlichen jährlich bis zum 31. Juli eines jeden Jahres einen Bericht, in dem die Erlöse für den Zeitraum von 12 Monaten bis zum 30. Juni desselben Jahres und die Verwendung der betreffenden Erlöse dargelegt werden, sowie das Prüfergebnis, dem zufolge die Verwendung mit dieser Verordnung und diesen Leitlinien übereinstimmt und die gesamten Engpasserlöse für mindestens einen der drei vorgeschriebenen Zwecke bestimmt sind.

6.6. Die Verwendung von Engpasserlösen für die Erhaltung oder den Ausbau der Verbindungskapazität ist vorzugsweise für spezielle, im Voraus festgelegte Projekte bestimmt, die zur Behebung des jeweiligen Engpasses beitragen und auch, insbesondere hinsichtlich des Genehmigungsverfahrens, innerhalb eines vernünftigen zeitlichen Rahmens verwirklicht werden können.

Anhang II. Entsprechungstabelle

Verordnung (EG) Nr. 1228/2003	Vorliegende Verordnung
Artikel 1	Artikel 1
Artikel 2	Artikel 2
–	Artikel 3
–	Artikel 4
–	Artikel 5
–	Artikel 6
–	Artikel 7
–	Artikel 8
–	Artikel 9
–	Artikel 10
–	Artikel 11
–	Artikel 12
Artikel 3	Artikel 13
Artikel 4	Artikel 14
Artikel 5	Artikel 15
Artikel 6	Artikel 16
Artikel 7	Artikel 17
Artikel 8	Artikel 18
Artikel 9	Artikel 19
Artikel 10	Artikel 20
Artikel 11	Artikel 21
Artikel 12	Artikel 22
Artikel 13	Artikel 23
Artikel 14	Artikel 24
–	Artikel 25
Artikel 15	Artikel 26
Anhang	Anhang I

9. Richtlinie 2005/89/EG des Europäischen Parlaments und des Rates vom 18. Januar 2006 über Maßnahmen zur Gewährleistung der Sicherheit der Elektrizitätsversorgung und von Infrastrukturinvestitionen[1)]

(ABl. Nr. L 33 S. 22)

EU-Dok.-Nr. 3 2005 L 0089

Nichtamtliche Inhaltsübersicht

	§§
Anwendungsbereich	1
Begriffsbestimmungen	2
Allgemeine Bestimmungen	3
Betriebssicherheit der Netze	4
Erhaltung des Gleichgewichts zwischen Angebot und Nachfrage	5
Netzinvestitionen	6
Berichterstattung	7
Umsetzung	8
Berichterstattung	9
Inkrafttreten	10
Adressaten	11

DAS EUROPÄISCHE PARLAMENT UND DER RAT DER EUROPÄISCHEN UNION –

gestützt auf den Vertrag zur Gründung der Europäischen Gemeinschaft, insbesondere auf Artikel 95,

auf Vorschlag der Kommission,

nach Stellungnahme des Europäischen Wirtschafts- und Sozialausschusses[2)],

nach Anhörung des Ausschusses der Regionen,

gemäß dem Verfahren des Artikels 251 des Vertrags[3)],

in Erwägung nachstehender Gründe:

(1) Die Richtlinie 2003/54/EG des Europäischen Parlaments und des Rates vom 26. Juni 2003 über gemeinsame Vorschriften für den Elektrizitätsbinnenmarkt[4)] war ein äußerst wichtiger Beitrag zur Schaffung des Elektrizitätsbinnenmarktes. Die Gewährleistung einer hohen Sicherheit der Elektrizitätsversorgung ist eine Grundvoraussetzung für das erfolgreiche Funktionieren des Binnenmarktes; nach der genannten Richtlinie können die Mitgliedstaaten den Elektrizitätsunternehmen gemeinwirtschaftliche Verpflichtungen auferlegen, unter anderem im Hinblick auf die Versorgungssicherheit. Diese gemeinwirtschaftlichen Verpflichtungen sollten so genau und präzise wie möglich definiert werden und sollten nicht zur Schaffung von Erzeugungskapazitäten in einem Umfang führen, der über das zur Verhinderung unzumutbarer Unterbrechungen der Elektrizitätsversorgung der Endverbraucher notwendige Maß hinausgeht.

[1)] **Amtl. Anm.:** Text von Bedeutung für den EWR
[2)] **Amtl. Anm.:** ABl. C 120 vom 20. 5. 2005, S. 119.
[3)] **Amtl. Anm.:** Stellungnahme des Europäischen Parlaments vom 5. Juli 2005 (noch nicht im Amtsblatt veröffentlicht) und Beschluss des Rates vom 1. Dezember 2005.
[4)] **Amtl. Anm.:** ABl. L 176 vom 15. 7. 2003, S. 37. Geändert durch die Richtlinie 2004/85/EG des Rates (ABl. L 236 vom 7. 7. 2004, S. 10).

9 InfraRL
1. Teil. Energierecht i.e.S.

(2) Die Nachfrage nach Elektrizität wird im Allgemeinen auf der Grundlage von Szenarien, die von den Übertragungsnetzbetreibern oder anderen hierfür befähigten Stellen auf Ersuchen eines Mitgliedstaats erstellt werden, mittelfristig prognostiziert.

(3) Ein wettbewerbsorientierter Elektrizitätsbinnenmarkt in der Europäischen Union erfordert transparente und diskriminierungsfreie Politiken für die Sicherheit der Elektrizitätsversorgung, die mit den Erfordernissen eines solchen Marktes vereinbar ist. Das Fehlen einer entsprechenden Politik in einzelnen Mitgliedstaaten oder das Bestehen erheblicher Unterschiede zwischen den Politiken verschiedener Mitgliedstaaten würde Wettbewerbsverzerrungen nach sich ziehen. Die Festlegung klarer Rollen und Zuständigkeiten für die zuständigen Behörden und die Mitgliedstaaten selbst sowie für alle betroffenen Marktteilnehmer ist daher von wesentlicher Bedeutung, um die Sicherheit der Elektrizitätsversorgung und ein reibungsloses Funktionieren des Binnenmarkts zu gewährleisten sowie gleichzeitig die Entstehung von Hindernissen für neue Marktteilnehmer, wie etwa Elektrizitätserzeugungs- oder Versorgungsunternehmen in einem Mitgliedstaat, die vor kurzem ihre Tätigkeit in diesem Mitgliedstaat aufgenommen haben und von Verzerrungen im Elektrizitätsbinnenmarkt sowie ernster Schwierigkeiten für Marktteilnehmer einschließlich Unternehmen mit geringen Marktanteilen wie etwa Erzeugungs- oder Versorgungsunternehmen mit einem sehr geringen Anteil am jeweiligen Gemeinschaftsmarkt zu verhindern.

(4) Die Entscheidung Nr. 1229/2003/EG des Europäischen Parlaments und des Rates[1] legt eine Reihe von Leitlinien für die Gemeinschaftspolitik über die transeuropäischen Netze im Energiebereich fest. Die Verordnung (EG) Nr. 1228/2003 des Europäischen Parlaments und des Rates vom 26. Juni 2003 über die Netzzugangsbedingungen für den grenzüberschreitenden Stromhandel[2] enthält unter anderem allgemeine Grundsätze und detaillierte Vorschriften für das Engpassmanagement.

(5) Sofern es aus technischen Gründen erforderlich ist, ist bei der Förderung der Elektrizitätserzeugung aus erneuerbaren Energiequellen sicherzustellen, dass die damit verbundene Reservekapazität zur Erhaltung der Zuverlässigkeit und Sicherheit des Netzes zur Verfügung steht.

(6) Um den umweltpolitischen Verpflichtungen der Gemeinschaft nachzukommen und ihre Abhängigkeit von importierter Energie zu mindern, ist es wichtig, die Langzeitwirkungen der steigenden Elektrizitätsnachfrage zu berücksichtigen.

(7) Die Zusammenarbeit zwischen nationalen Übertragungssystembetreibern in Fragen der Netzsicherheit sowie bei der Festlegung von Übertragungskapazitäten, der Bereitstellung von Informationen und der Netzmodellierung ist von ausschlaggebender Bedeutung für die Entwicklung eines gut funktionierenden Binnenmarktes und könnte weiter verbessert werden. Mangelnde Koordinierung bei der Netzsicherheit beeinträchtigt die Entwicklung gleicher Wettbewerbsbedingungen.

(8) Der vorrangige Zweck der einschlägigen technischen Regeln und Empfehlungen, wie etwa derjenigen des Betriebshandbuchs der UCTE (Union for the Coordination of Transmission of Electricity), und ähnlicher Regeln und Empfehlungen, die von NORDEL, dem Baltic Grid Code und für die Systeme des Vereinigten Königreichs und Irlands entwickelt worden sind, besteht darin, den technischen Betrieb der zusammen geschalteten Netze zu unterstützen und somit dazu beizutragen, den notwendigen unterbrechungsfreien Betrieb des Netzes bei einem Systemausfall an einer oder mehreren Stellen im Netz aufrechtzuerhalten und die durch das Auffangen einer solchen Versorgungsunterbrechung entstehenden Kosten auf ein Minimum zu beschränken.

(9) Die Übertragungs- und Verteilernetzbetreiber sollten verpflichtet sein, in Bezug auf die Häufigkeit und Dauer von Versorgungsunterbrechungen hochwertige Dienstleistungen für den Endverbraucher zu erbringen.

(10) Etwaige Maßnahmen, mit denen gewährleistet werden soll, dass angemessene Erzeugungskapazitätsreserven vorgehalten werden, sollten marktorientiert und nicht diskriminierend sein; diese Maßnahmen könnten vertragliche Garantien und Vereinbarungen, kapazitätsbezogene Optionen oder kapazitätsbezogene Verpflichtungen einschließen. Diese Maßnahmen könnten auch durch andere nicht diskriminierende Instrumente wie Kapazitätszahlungen ergänzt werden.

---

[1] **Amtl. Anm.**: ABl. L 176 vom 15. 7. 2003, S. 11.
[2] **Amtl. Anm.**: ABl. L 176 vom 15. 7. 2003, S. 1. Geändert durch die Verordnung (EG) Nr. 1223/2004 des Rates (ABl. L 233 vom 2. 7. 2004, S. 3).

Infrastrukturrichtlinie Art. 1 InfraRL 9

(11) Um zu gewährleisten, dass angemessene Vorabinformationen zur Verfügung stehen, sollten die Mitgliedstaaten Maßnahmen veröffentlichen, die ergriffen werden, um ein Gleichgewicht zwischen Angebot und Nachfrage bei den tatsächlichen und potenziellen Investoren im Erzeugungssektor und bei den Elektrizitätsverbrauchern aufrechtzuerhalten.

(12) Unbeschadet der Artikel 86, 87 und 88 des Vertrags ist es wichtig, dass die Mitgliedstaaten einen klaren, angemessenen und stabilen Rahmen schaffen, der die Sicherheit der Elektrizitätsversorgung erleichtert und zu Investitionen in Erzeugungskapazität und Bedarfssteuerungstechniken führt. Daneben ist es wichtig, dass geeignete Maßnahmen zur Gewährleistung eines gesetzlichen Rahmens getroffen werden, der Anreize für Investitionen in neue Verbindungsleitungen insbesondere zwischen den Mitgliedstaaten schafft.

(13) Der Europäische Rat von Barcelona am 15. und 16. März 2002 hat einen Verbundgrad zwischen den Mitgliedstaaten vereinbart. Geringe Verbundgrade führen zu einer Fragmentierung des Marktes und behindern die Entwicklung des Wettbewerbs. Das Bestehen angemessener physikalischer Verbindungsleitungskapazität – unabhängig davon, ob sie grenzüberschreitend ist oder nicht – ist eine notwendige, aber nicht ausreichende Voraussetzung für die volle Entfaltung des Wettbewerbs. Im Interesse der Endverbraucher sollten die potenziellen Vorteile neuer Verbundvorhaben und die Kosten dieser Vorhaben in einem angemessenen Verhältnis zueinander stehen.

(14) Es ist wichtig, die maximal vorhandenen Übertragungskapazitäten zu bestimmen, die ohne Verstoß gegen die Sicherheitsanforderungen des Netzbetriebs möglich sind; es ist auch wichtig, beim Verfahren der Kapazitätsberechnung und -zuteilung volle Transparenz zu gewährleisten. So könnte die bestehende Kapazität besser genutzt werden und es würden keine falschen Knappheitssignale an den Markt gesandt, was zur Verwirklichung eines voll wettbewerbsfähigen Binnenmarkts im Sinne der Richtlinie 2003/54/EG beitragen wird.

(15) Die Übertragungs- und Verteilernetzbetreiber bedürfen für ihre Investitionsentscheidungen sowie für die Wartung und Erneuerung der Netze eines sachgerechten und stabilen gesetzlichen Rahmens.

(16) Gemäß Artikel 4 der Richtlinie 2003/54/EG müssen die Mitgliedstaaten die Sicherheit der Elektrizitätsversorgung überwachen und einen Bericht darüber vorlegen; Dieser Bericht sollte die für die Versorgungssicherheit relevanten kurz-, mittel- und langfristigen Aspekte umfassen, einschließlich der Absicht der Übertragungsnetzbetreiber, in das Netz zu investieren. Bei der Erstellung dieses Berichts wird von den Mitgliedstaaten erwartet, dass sich auf Informationen und Beurteilungen stützen, die von den Übertragungsnetzbetreibern sowohl einzeln als auch kollektiv – auch auf europäischer Ebene – schon erstellt wurden.

(17) Die Mitgliedstaaten sollten die wirksame Durchführung dieser Richtlinie gewährleisten.

(18) Da die Ziele dieser Richtlinie, nämlich eine sichere Elektrizitätsversorgung auf der Grundlage eines fairen Wettbewerbs und die Schaffung eines voll funktionsfähigen Elektrizitätsbinnenmarkts, auf Ebene der Mitgliedstaaten nicht ausreichend erreicht werden können und daher wegen des Umfangs und der Wirkung der Maßnahme besser auf Gemeinschaftsebene zu erreichen sind, kann die Gemeinschaft im Einklang mit dem in Artikel 5 des Vertrags niedergelegten Subsidiaritätsprinzip tätig werden. Entsprechend dem in demselben Artikel genannten Verhältnismäßigkeitsgrundsatz geht diese Richtlinie nicht über das für die Erreichung dieser Ziele erforderliche Maß hinaus –

HABEN FOLGENDE RICHTLINIE ERLASSEN:

Art. 1 Anwendungsbereich. (1) In dieser Richtlinie werden Maßnahmen zur Gewährleistung der Sicherheit der Elektrizitätsversorgung festgelegt, um das ordnungsgemäße Funktionieren des Elektrizitätsbinnenmarktes sicherzustellen sowie

a) einen angemessenen Umfang an Erzeugungskapazität,

b) ein angemessenes Gleichgewicht zwischen Angebot und Nachfrage, und

c) einen angemessenen Grad der Zusammenschaltung zwischen Mitgliedstaaten zum Zwecke der Entwicklung des Binnenmarktes.

(2) Die Richtlinie gibt einen Rahmen vor, in dem die Mitgliedstaaten transparente, stabile und diskriminierungsfreie Politiken für die Sicherheit der Elektrizitätsversorgung erstellen, die mit den Erfordernissen eines wettbewerbsorientierten Elektrizitätsbinnenmarktes vereinbar sind.

Art. 2 Begriffsbestimmungen. [1] Für die Zwecke dieser Richtlinie gelten die Begriffsbestimmungen des Artikels 2 der Richtlinie 2003/54/EG. [2] Darüber hinaus bezeichnet der Ausdruck

a) „Regulierungsbehörde" die gemäß Artikel 23 der Richtlinie 2003/54/EG benannten Regulierungsbehörden in den Mitgliedstaaten;

b) „Sicherheit der Elektrizitätsversorgung" die Fähigkeit eines Elektrizitätssystems, die Endverbraucher gemäß dieser Richtlinie mit Elektrizität zu versorgen;

c) „Betriebssicherheit des Netzes" den unterbrechungsfreien Betrieb des Übertragungs- und gegebenenfalls des Verteilungsnetzes unter vorhersehbaren Bedingungen;

d) „Gleichgewicht zwischen Angebot und Nachfrage" die Deckung des vorhersehbaren Bedarfs der Endverbraucher an Elektrizität, ohne dass Maßnahmen zur Senkung des Verbrauchs durchgesetzt werden müssen.

Art. 3 Allgemeine Bestimmungen. (1) [1] Die Mitgliedstaaten gewährleisten eine hohe Sicherheit der Elektrizitätsversorgung, indem sie die zur Förderung eines stabilen Investitionsklimas erforderlichen Maßnahmen ergreifen, die Aufgaben und Zuständigkeiten der zuständigen Behörden gegebenenfalls einschließlich der Regulierungsbehörden und aller relevanten Marktteilnehmer festlegen und entsprechende Informationen veröffentlichen. [2] Zu den relevanten Marktteilnehmern gehören unter anderem die Betreiber von Übertragungs- und Verteilungsnetzen, die Elektrizitätserzeuger, die Versorgungsunternehmen und die Endverbraucher.

(2) Bei der Durchführung der in Absatz 1 genannten Maßnahmen berücksichtigen die Mitgliedstaaten folgende Aspekte:

a) die Bedeutung der Gewährleistung einer unterbrechungsfreien Elektrizitätsversorgung,

b) die Bedeutung eines transparenten und stabilen gesetzlichen Rahmens,

c) den Binnenmarkt und die Möglichkeiten einer grenzüberschreitenden Zusammenarbeit im Hinblick auf die Sicherheit der Elektrizitätsversorgung,

d) die Notwendigkeit einer regelmäßigen Wartung und erforderlichenfalls Erneuerung der Übertragungs- und Verteilungsnetze zur Erhaltung der Leistungsfähigkeit des Netzes,

e) die Bedeutung der Sicherstellung der ordnungsgemäßen Umsetzung der Richtlinie 2001/77/EG des Europäischen Parlaments und des Rates vom 27. September 2001 zur Förderung der Stromerzeugung aus erneuerbaren Energiequellen im Elektrizitätsbinnenmarkt[1] und der Richtlinie 2004/8/EG des Europäischen Parlaments und des Rates vom 11. Februar 2004 über die Förderung einer am Nutzwärmebedarf orientierten Kraft-Wärme-

---

[1] **Amtl. Anm.:** ABl. L 283 vom 27. 10. 2001, S. 33. Geändert durch die Beitrittsakte von 2003.

Kopplung im Energiebinnenmarkt[1]), soweit sich deren Bestimmungen auf die Sicherheit der Elektrizitätsversorgung beziehen,

f) die Notwendigkeit der Gewährleistung ausreichender Übertragungs- und Erzeugungskapazitätsreserven für einen stabilen Betrieb, und

g) die Bedeutung der Förderung der Schaffung von liquiden Großhandelsmärkten.

(3) Bei der Durchführung der in Absatz 1 genannten Maßnahmen können die Mitgliedstaaten ferner folgende Aspekte berücksichtigen:

a) das Ausmaß der Diversifizierung bei der Elektrizitätserzeugung auf der nationalen oder relevanten regionalen Ebene,

b) die Bedeutung der Reduzierung der Langzeitwirkungen einer steigenden Elektrizitätsnachfrage,

c) die Bedeutung der Förderung der Energieeffizienz und die Einführung neuer Technologien, insbesondere für die Bedarfssteuerung, zur Nutzung erneuerbarer Energietechnologien sowie für die dezentrale Erzeugung, und

d) die Bedeutung der Beseitigung administrativer Hürden für Investitionen in Infrastruktur und Erzeugungskapazität.

(4) [1] Die Mitgliedstaaten stellen sicher, dass die gemäß dieser Richtlinie getroffenen Maßnahmen nicht diskriminierend sind und keine unzumutbare Belastung für die Marktteilnehmer einschließlich neuer Marktteilnehmer und Unternehmen mit geringen Marktanteilen darstellen. [2] Daneben berücksichtigen die Mitgliedstaaten – noch vor ihrer Annahme – die Auswirkungen der Maßnahmen auf die Kosten von Elektrizität für den Endverbraucher.

(5) Bei der Gewährleistung eines angemessenen Grades der Zusammenschaltung zwischen Mitgliedstaaten im Sinne des Artikels 1 Absatz 1 Buchstabe c ist folgenden Aspekten besondere Aufmerksamkeit zu widmen:

a) der spezifischen geografischen Lage jedes Mitgliedstaats,

b) der Aufrechterhaltung eines angemessenen Gleichgewichts zwischen den Kosten für den Bau neuer Verbindungsleitungen und dem Nutzen für die Endverbraucher, und

c) der Sicherstellung einer besonders effizienten Nutzung bestehender Verbindungsleitungen.

Art. 4 Betriebssicherheit der Netze. (1)

a) Die Mitgliedstaaten oder die zuständigen Behörden stellen sicher, dass die Übertragungsnetzbetreiber Mindestbetriebsregeln und -verpflichtungen für die Netzsicherheit festlegen.
Vor der Festlegung dieser Regeln und Verpflichtungen halten sie Rücksprache mit den betreffenden Akteuren in den jeweiligen Ländern, mit denen eine Zusammenschaltung besteht.

---

[1]) **Amtl. Anm.:** ABl. L 52 vom 21. 2. 2004, S. 50.

b) Ungeachtet des Buchstabens a Unterabsatz 1 können die Mitgliedstaaten von den Übertragungsnetzbetreibern verlangen, den zuständigen Behörden solche Regeln und Verpflichtungen zur Genehmigung vorzulegen.

c) Die Mitgliedstaaten stellen sicher, dass die Übertragungs- und gegebenenfalls Verteilungsnetzbetreiber die Mindestbetriebsregeln und -verpflichtungen für die Netzsicherheit einhalten.

d) Die Mitgliedstaaten verpflichten die Übertragungsnetzbetreiber, einen angemessenen Grad der Betriebssicherheit des Netzes aufrechtzuerhalten.
Zu diesem Zweck halten die Übertragungsnetzbetreiber angemessene technische Übertragungskapazitätsreserven zur Gewährleistung der Betriebssicherheit des Netzes vor und arbeiten mit den betreffenden Übertragungsnetzbetreibern, mit denen sie zusammengeschaltet sind, zusammen.
Das Maß an vorhersehbaren Umständen, unter denen die Sicherheit aufrechtzuerhalten ist, ist in den Vorschriften für die Betriebssicherheit des Netzes festgelegt.

e) Die Mitgliedstaaten gewährleisten insbesondere, dass zusammengeschaltete Übertragungs- und gegebenenfalls Verteilernetzbetreiber gemäß den Mindestbetriebsregeln rechtzeitig und effizient Informationen über den Betrieb der Netze austauschen. Die gleichen Regeln gelten gegebenenfalls für Übertragungs- und Verteilernetzbetreiber, die mit Netzbetreibern außerhalb der Gemeinschaft zusammengeschaltet sind.

(2) ¹Die Mitgliedstaaten oder die zuständigen Behörden gewährleisten, dass die Übertragungs- und gegebenenfalls Verteilungsnetzbetreiber Leistungsziele für die Versorgungsqualität und die Netzsicherheit festlegen und einhalten. ²Diese Ziele bedürfen der Genehmigung durch die Mitgliedstaaten oder die zuständigen Behörden;[1] die deren Verwirklichung überwachen. ³Die Ziele müssen objektiv, transparent und nicht diskriminierend sein und werden veröffentlicht.

(3) Ergreifen die Mitgliedstaaten die in Artikel 24 der Richtlinie 2003/54/EG und in Artikel 6 der Verordnung (EG) Nr. 1228/2003 genannten Schutzmaßnahmen, so unterscheiden sie nicht zwischen grenzüberschreitenden und nationalen Verträgen.

(4) ¹Die Mitgliedstaaten gewährleisten, dass Versorgungskürzungen in Notfällen anhand von im Voraus festgelegten Kriterien für das Auffangen von Schwankungen durch Übertragungsnetzbetreiber erfolgen. ²Sicherungsmaßnahmen werden in enger Abstimmung mit anderen relevanten Übertragungsnetzbetreibern ergriffen, wobei einschlägige bilaterale Vereinbarungen, einschließlich Vereinbarungen über den Austausch von Informationen, einzuhalten sind.

Art. 5 Erhaltung des Gleichgewichts zwischen Angebot und Nachfrage. (1) Die Mitgliedstaaten treffen geeignete Maßnahmen zur Aufrechterhaltung des Gleichgewichts zwischen der Elektrizitätsnachfrage und der vorhandenen Erzeugungskapazität.

---

[1] Zeichensetzung amtlich.

Insbesondere sind die Mitgliedstaaten gehalten,

a) unbeschadet der besonderen Erfordernisse kleiner isolierter Netze die Schaffung eines Marktrahmens für Großabnehmer zu fördern, von dem geeignete Preissignale für Erzeugung und Verbrauch ausgehen,

b) die Übertragungsnetzbetreiber zu verpflichten, die Verfügbarkeit angemessener Erzeugungskapazitätsreserven für Ausgleichszwecke zu gewährleisten und/oder gleichwertige marktgestützte Maßnahmen zu beschließen.

(2) Unbeschadet der Artikel 87 und 88 des Vertrags können die Mitgliedstaaten auch die folgenden, nicht erschöpfenden Maßnahmen treffen:

a) Vorschriften, die neue Erzeugungskapazitäten und den Markteintritt neuer Marktteilnehmer fördern,

b) Abbau von Hindernissen für die Anwendung von Verträgen mit Unterbrechungsklauseln,

c) Abbau von Hindernissen für den Abschluss von Verträgen variierender Länge für Erzeuger und Kunden,

d) Förderung der Einführung von Technologien im Bereich der Echtzeit-Nachfragesteuerung wie etwa fortschrittliche Messsysteme,

e) Förderung von Energieeinsparungsmaßnahmen,

f) Ausschreibungsverfahren oder hinsichtlich Transparenz und Nichtdiskriminierung gleichwertige Verfahren nach Artikel 7 Absatz 1 der Richtlinie 2003/54/EG.

(3) Die Mitgliedstaaten veröffentlichen die gemäß diesem Artikel getroffenen Maßnahmen und sorgen für eine möglichst weit reichende Bekanntmachung.

Art. 6 Netzinvestitionen. (1) Die Mitgliedstaaten schaffen einen gesetzlichen Rahmen,

a) von dem sowohl für Übertragungsnetzbetreiber als auch für Verteilernetzbetreiber Investitionssignale ausgehen, die diese Betreiber dazu veranlassen, ihre Netze auszubauen, um die vorhersehbare Marktnachfrage zu decken;

b) der die Instandhaltung und erforderlichenfalls die Erneuerung ihrer Netze erleichtert.

(2) Unbeschadet der Verordnung (EG) Nr. 1228/2003 können die Mitgliedstaaten auch Händler-Investitionen in Verbindungsleitungen ermöglichen.

Die Mitgliedstaaten sorgen dafür, dass Entscheidungen über Investitionen in Verbindungsleitungen in enger Abstimmung zwischen den relevanten Übertragungsnetzbetreibern getroffen werden.

Art. 7 Berichterstattung. (1) Die Mitgliedstaaten gewährleisten, dass der in Artikel 4 der Richtlinie 2003/54/EG genannte Bericht darauf eingeht, inwieweit das Elektrizitätssystem die gegenwärtige und die prognostizierte Nachfrage nach Elektrizität abdecken kann, und auch folgende Aspekte umfasst:

a) Betriebssicherheit der Netze,

b) prognostiziertes Verhältnis zwischen Angebot und Nachfrage für den nächsten Fünfjahreszeitraum,

c) prognostizierte Sicherheit der Elektrizitätsversorgung für den Zeitraum von 5 bis 15 Jahren nach dem Datum des Berichts, und

d) bekannte Investitionsabsichten der Übertragungsnetzbetreiber oder aller anderen Parteien für die nächsten fünf Kalenderjahre oder länger im Hinblick auf die Bereitstellung von grenzüberschreitender Verbindungsleitungskapazität.

(2) ¹Die Mitgliedstaaten oder die zuständigen Behörden erstellen den Bericht in enger Zusammenarbeit mit den Übertragungsnetzbetreibern. ²Die Übertragungsnetzbetreiber beraten sich erforderlichenfalls mit angrenzenden Übertragungsnetzbetreibern.

(3) Das in Absatz 1 Buchstabe d genannte Kapitel des Berichts, das sich auf die Investitionen in Verbindungsleitungen bezieht, trägt Folgendem Rechnung:

a) den Grundsätzen des Engpassmanagements gemäß der Verordnung (EG) Nr. 1228/2003,

b) vorhandenen und geplanten Übertragungsleitungen,

c) der erwarteten Entwicklung bei Erzeugung, Lieferung, grenzüberschreitendem Handel und Verbrauch unter Berücksichtigung von Bedarfssteuerungsmaßnahmen, sowie

d) den regionalen, nationalen und europäischen Zielen für die nachhaltige Entwicklung, einschließlich der Projekte im Rahmen der Achsen für vorrangige Vorhaben in Anhang I der Entscheidung Nr. 1229/2003/EG.

Die Mitgliedstaaten sorgen dafür, dass die Übertragungsnetzbetreiber Informationen über ihre Investitionsabsichten oder die ihnen bekannten Investitionsabsichten anderer Parteien hinsichtlich der Bereitstellung grenzüberschreitender Verbindungskapazität bereitstellen.

Die Mitgliedstaaten können zudem die Übertragungsnetzbetreiber verpflichten, Informationen über mit dem Bau innerstaatlicher Leitungen zusammenhängende Investitionen zu übermitteln, die sich materiell auf die Bereitstellung grenzüberschreitender Verbindungsleitungen auswirken.

(4) Die Mitgliedstaaten oder die zuständigen Behörden stellen sicher, dass den Übertragungsnetzbetreibern und/oder den zuständigen Behörden der erforderliche Zugang zu den einschlägigen Daten bei der Durchführung dieser Aufgabe erleichtert wird.

Es ist zu gewährleisten, dass vertrauliche Informationen nicht weitergegeben werden.

(5) Auf der Grundlage der in Absatz 1 Buchstabe d genannten Informationen, die sie von den zuständigen Behörden erhält, erstattet die Kommission den Mitgliedstaaten, den zuständigen Behörden und der durch den Beschluss 2003/796/EG der Kommission[1] eingesetzten Gruppe der europäischen Regulierungsbehörden für Elektrizität und Erdgas Bericht über die geplanten Investitionen und ihren Beitrag zu dem in Artikel 1 Absatz 1 dargelegten Zielen.

---

[1] **Amtl. Anm.:** ABl. L 296 vom 14. 11. 2003, S. 34.

Dieser Bericht kann mit der in Artikel 28 Absatz 1 Buchstabe c der Richtlinie 2003/54/EG vorgesehenen Berichterstattung kombiniert werden und ist zu veröffentlichen.

Art. 8 Umsetzung. (1) [1] Die Mitgliedstaaten setzen die Rechts- und Verwaltungsvorschriften in Kraft, die erforderlich sind, um dieser Richtlinie spätestens am 24. Februar 2008 nachzukommen. [2] Sie unterrichten die Kommission unverzüglich davon.

[1] Bei Erlass dieser Vorschriften nehmen die Mitgliedstaaten in den Vorschriften selbst oder durch einen Hinweis bei der amtlichen Veröffentlichung auf diese Richtlinie Bezug. [2] Die Mitgliedstaaten regeln die Einzelheiten dieser Bezugnahme.

(2) Die Mitgliedstaaten teilen der Kommission bis zum 1. Dezember 2007 den Wortlaut der innerstaatlichen Rechtsvorschriften mit, die sie auf dem unter diese Richtlinie fallenden Gebiet erlassen.

Art. 9 Berichterstattung. Die Kommission beaufsichtigt und überprüft die Anwendung dieser Richtlinie und legt dem Europäischen Parlament und dem Rat spätestens am 24. Februar 2010 einen Fortschrittsbericht vor.

Art. 10 Inkrafttreten. Diese Richtlinie tritt am zwanzigsten Tag nach ihrer Veröffentlichung[1] im *Amtsblatt der Europäischen Union* in Kraft.

Art. 11 Adressaten. Diese Richtlinie ist an die Mitgliedstaaten gerichtet.

---

[1] Veröffentlicht am 4. 2. 2006.

10. Gesetz zur Sicherung der Energieversorgung (Energiesicherungsgesetz 1975)

Vom 20. Dezember 1974
(BGBl. I S. 3681)
FNA 754-3
zuletzt geänd. durch Art. 164 Neunte ZuständigkeitsanpassungsVO v. 31. 10. 2006 (BGBl. I S. 2407)

– Auszug –

§ 1 Sicherung der Energieversorgung. (1) [1] Um die Deckung des lebenswichtigen Bedarfs an Energie für den Fall zu sichern, daß die Energieversorgung unmittelbar gefährdet oder gestört und die Gefährdung oder Störung der Energieversorgung durch marktgerechte Maßnahmen nicht, nicht rechtzeitig oder nur mit unverhältnismäßigen Mitteln zu beheben ist, können durch Rechtsverordnung Vorschriften über

1. die Produktion, den Transport, die Lagerung, die Verteilung, die Abgabe, den Bezug, die Verwendung sowie Höchstpreise von Erdöl und Erdölerzeugnissen, von sonstigen festen, flüssigen und gasförmigen Energieträgern, von elektrischer Energie und sonstigen Energien (Gütern),
2. Buchführungs-, Nachweis- und Meldepflichten über die in Nummer 1 genannten wirtschaftlichen Vorgänge, über Mengen und Preise sowie über sonstige Marktverhältnisse bei diesen Gütern und
3. die Herstellung, die Instandhaltung, die Abgabe, die Verbringung und die Verwendung von Produktionsmitteln der gewerblichen Wirtschaft, soweit diese Produktionsmittel der Versorgung mit elektrischer Energie und Erdgas dienen, sowie über Werkleistungen von Unternehmen der gewerblichen Wirtschaft zur Instandhaltung, Instandsetzung, Herstellung und Veränderung von Bauwerken und technischen Anlagen, die der Versorgung mit elektrischer Energie und Erdgas dienen.[1]

erlassen werden. [2] Als lebenswichtig gilt auch der Bedarf zur Erfüllung öffentlicher Aufgaben und internationaler Verpflichtungen.

(2) Absatz 1 ist auch anzuwenden, soweit die Güter für nichtenergetische Zwecke bestimmt sind.

(3) In Rechtsverordnungen nach Absatz 1 kann insbesondere vorgesehen werden, daß die Abgabe, der Bezug oder die Verwendung der Güter zeitlich, örtlich oder mengenmäßig beschränkt oder nur für bestimmte vordringliche Versorgungszwecke vorgenommen werden darf; die Benutzung von Motorfahrzeugen aller Art kann nach Ort, Zeit, Strecke, Geschwindigkeit und Benutzerkreis sowie Erforderlichkeit der Benutzung eingeschränkt werden.

(4) [1] Die Rechtsverordnungen sind auf das Maß zu beschränken, das zur Behebung der Gefährdung oder Störung der Energieversorgung unbedingt

---

[1] Zeichensetzung amtlich.

erforderlich ist. ² Sie sind insbesondere so zu gestalten, daß in die Freiheit des einzelnen und der wirtschaftlichen Betätigung so wenig wie möglich eingegriffen und die Leistungsfähigkeit der Gesamtwirtschaft möglichst wenig beeinträchtigt wird.

§ 2 Internationale Verpflichtungen. (1) ¹ Soweit es zur Erfüllung der Verpflichtungen aus dem Übereinkommen vom 18. November 1974 über ein Internationales Energieprogramm erforderlich ist, können für Erdöl und Erdölerzeugnisse durch Rechtsverordnung Vorschriften über die Beschränkung der Einfuhren, die Verpflichtung zu Ausfuhren und die Abgabe sowie Vorschriften des im § 1 Abs. 3 genannten Inhalts erlassen werden. ² Rechtsverordnungen nach Satz 1 können erst erlassen werden, wenn das Bundesgesetz in Kraft getreten ist, durch welches die gesetzgebenden Körperschaften nach Artikel 59 Abs. 2 Satz 1 des Grundgesetzes dem genannten Übereinkommen ihre Zustimmung erteilt haben, und wenn die Erfüllung der Verpflichtungen durch marktgerechte Maßnahmen nicht, nicht rechtzeitig oder nur mit unverhältnismäßigen Mitteln zu erreichen ist. ³ § 1 Abs. 4 Satz 2 gilt entsprechend.

(2) Rechtsverordnungen, nach denen Einfuhren von Erdöl und Erdölerzeugnissen aus Mitgliedstaaten der Europäischen Gemeinschaften beschränkt werden können oder zu Ausfuhren und Abgabe in diese Staaten verpflichtet werden kann, können nur erlassen werden, wenn die Bundesrepublik Deutschland hierzu gemeinschaftsrechtlich ermächtigt ist.

(3) Rechtsverordnungen nach § 1 können auch erlassen werden, wenn die Energieversorgung durch die Beschränkung der Einfuhren oder die Verpflichtung zu Ausfuhren von Erdöl und Erdölerzeugnissen gefährdet oder gestört wird.

§ 3 Erlaß von Rechtsverordnungen. (1) ¹ Rechtsverordnungen nach den §§ 1 und 2 erläßt die Bundesregierung. ² Sie kann diese Befugnis durch Rechtsverordnung ohne Zustimmung des Bundesrates auf das Bundesministerium für Wirtschaft und Technologie sowie in Bezug auf die leitungsgebundene Versorgung mit Elektrizität und Erdgas auf die Bundesnetzagentur für Elektrizität, Gas, Telekommunikation, Post und Eisenbahnen übertragen, wenn die Energieversorgung im Sinne des § 1 Abs. 1 gefährdet oder gestört ist. ³ Rechtsverordnungen des Bundesministeriums für Wirtschaft und Technologie, die der Zollverwaltung Aufgaben übertragen, werden im Einvernehmen mit dem Bundesministerium der Finanzen erlassen.

(2) ¹ Rechtsverordnungen, die nach Eintritt einer Gefährdung oder Störung der Energieversorgung im Sinne des § 1 Abs. 1 erlassen werden und deren Geltungsdauer sich auf nicht mehr als sechs Monate erstreckt, bedürfen nicht der Zustimmung des Bundesrates. ² Ihre Geltungsdauer darf nur mit Zustimmung des Bundesrates verlängert werden.

(3) ¹ Werden Rechtsverordnungen nach § 1 erlassen, bevor die Energieversorgung im Sinne des § 1 Abs. 1 oder des § 2 Abs. 3 gefährdet oder gestört ist, so ist ihre Anwendung von der Feststellung der Bundesregierung abhängig zu machen, daß eine solche Gefährdung oder Störung eingetreten ist. ² Die Feststellung erfolgt durch Rechtsverordnung der Bundesregierung ohne Zustimmung des Bundesrates. ³ Die Bundesregierung kann die Befugnis nach Satz 2 in Bezug auf die leitungsgebundene Versorgung mit Elektrizität und Erdgas durch Rechtsverordnung ohne Zustimmung des Bundesrates auf die Bundes-

netzagentur für Elektrizität, Gas, Telekommunikation, Post und Eisenbahnen übertragen. [4] Satz 1 gilt nicht für Rechtsverordnungen über

1. Meldepflichten über getätigte oder beabsichtigte Einfuhren und Ausfuhren sowie über Produktion, Transport, Lagerung und Abgabe,
2. Buchführungs-, Nachweis- und Meldepflichten zur Vorbereitung der Ausführung von Rechtsverordnungen nach § 1 Abs. 3

bei Erdöl, Erdölerzeugnissen elektrischer Energie und Erdgas.

(4) [1] Die Anwendung der Rechtsverordnungen kann, auch solange die Energieversorgung im Sinne des § 1 Abs. 1 und des § 2 Abs. 3 gefährdet oder gestört ist, durch Rechtsverordnung ohne Zustimmung des Bundesrates ausgesetzt und wieder hergestellt werden. [2] Der Lauf der in Absatz 2 Satz 1 festgelegten Frist wird durch eine Aussetzung der Anwendung nicht unterbrochen. [3] Die Rechtsverordnungen nach § 1 sind unverzüglich aufzuheben oder außer Anwendung zu setzen, wenn keine Gefährdung oder Störung der Energieversorgung im Sinne des § 1 Abs. 1 und des § 2 Abs. 3 mehr vorliegt oder wenn Bundestag und Bundesrat dies verlangen.

(5) [1] Rechtsverordnungen nach § 2 Abs. 1 dürfen erst angewendet werden, wenn dies zur Erfüllung der dort genannten Verpflichtungen erforderlich ist. [2] Sie sind unverzüglich aufzuheben oder außer Anwendung zu setzen, wenn die Voraussetzungen des Satzes 1 nicht mehr vorliegen.

§§ 4–18 *(vom Abdruck wurde abgesehen)*

Zweiter Teil. Wettbewerbsrecht

11. Gesetz gegen Wettbewerbsbeschränkungen (GWB)

In der Fassung der Bekanntmachung vom 15. Juli 2005[1)]
(BGBl. I S. 2114, ber. 2009 I S. 3850)

FNA 703-5

zuletzt geänd. durch Art. 2 Abs. 62 G zur Änd. von Vorschriften über Verkündung und Bekanntmachungen sowie der ZPO, des EGZPO und der AO v. 22. 12. 2011 (BGBl. I S. 3044)

– Auszug –

Nichtamtliche Inhaltsübersicht

§§

Erster Teil. Wettbewerbsbeschränkungen

Erster Abschnitt. Wettbewerbsbeschränkende Vereinbarungen, Beschlüsse und abgestimmte Verhaltensweisen

Verbot wettbewerbsbeschränkender Vereinbarungen	1
Freigestellte Vereinbarungen	2
Mittelstandskartelle	3
(weggefallen)	4–18

Zweiter Abschnitt. Marktbeherrschung, wettbewerbsbeschränkendes Verhalten

Missbrauch einer marktbeherrschenden Stellung	19
Diskriminierungsverbot, Verbot unbilliger Behinderung	20
Boykottverbot, Verbot sonstigen wettbewerbsbeschränkenden Verhaltens	21

Dritter Abschnitt. Anwendung des europäischen Wettbewerbsrechts

(vom Abdruck wurde abgesehen)	22
(weggefallen)	23

Vierter Abschnitt. Wettbewerbsregeln

Begriff, Antrag auf Anerkennung	24
Stellungnahme Dritter	25
Anerkennung	26
Veröffentlichung von Wettbewerbsregeln, Bekanntmachungen	27

Fünfter Abschnitt. Sonderregeln für bestimmte Wirtschaftsbereiche

(vom Abdruck wurde abgesehen)	28
Energiewirtschaft	29
(vom Abdruck wurde abgesehen)	30
(weggefallen)	31

Sechster Abschnitt. Befugnisse der Kartellbehörden, Sanktionen

Abstellung und nachträgliche Feststellung von Zuwiderhandlungen	32
Einstweilige Maßnahmen	32 a
Verpflichtungszusagen	32 b
Kein Anlass zum Tätigwerden	32 c
Entzug der Freistellung	32 d
Untersuchungen einzelner Wirtschaftszweige und einzelner Arten von Vereinbarungen	32 e
Unterlassungsanspruch, Schadensersatzpflicht	33

[1)] Neubekanntmachung des GWB idF der Bek. v. 26. 8. 1998 (BGBl. I S. 2546) in der ab 13. 7. 2005 geltenden Fassung.

11 GWB 2. Teil. Wettbewerbsrecht

	§§
Vorteilsabschöpfung durch die Kartellbehörde	34
Vorteilsabschöpfung durch Verbände	34 a

Siebenter Abschnitt. Zusammenschlusskontrolle

Geltungsbereich der Zusammenschlusskontrolle	35
Grundsätze für die Beurteilung von Zusammenschlüssen	36
Zusammenschluss	37
Berechnung der Umsatzerlöse und der Marktanteile	38
Anmelde- und Anzeigepflicht	39
Verfahren der Zusammenschlusskontrolle	40
Vollzugsverbot, Entflechtung	41
Ministererlaubnis	42
Bekanntmachungen	43

Achter Abschnitt. Monopolkommission

Aufgaben	44
Mitglieder	45
Beschlüsse, Organisation, Rechte und Pflichten der Mitglieder	46
Übermittlung statistischer Daten	47

Zweiter Teil. Kartellbehörden

Erster Abschnitt. Allgemeine Vorschriften

Zuständigkeit	48
Bundeskartellamt und oberste Landesbehörde	49
Vollzug des europäischen Rechts	50
Zusammenarbeit im Netzwerk der europäischen Wettbewerbsbehörden	50 a
Sonstige Zusammenarbeit mit ausländischen Wettbewerbsbehörden	50 b
Behördenzusammenarbeit	50 c

Zweiter Abschnitt. Bundeskartellamt

Sitz, Organisation	51
Veröffentlichung allgemeiner Weisungen	52
Tätigkeitsbericht	53

Dritter Teil. Verfahren und Rechtsschutz bei überlangen Gerichtsverfahren

Erster Abschnitt. Verwaltungssachen

I. Verfahren vor den Kartellbehörden

Einleitung des Verfahrens, Beteiligte	54
Vorabentscheidung über Zuständigkeit	55
Anhörung, mündliche Verhandlung	56
Ermittlungen, Beweiserhebung	57
Beschlagnahme	58
Auskunftsverlangen	59
Einstweilige Anordnungen	60
Verfahrensabschluss, Begründung der Verfügung, Zustellung	61
Bekanntmachung von Verfügungen	62

II. Beschwerde

Zulässigkeit, Zuständigkeit	63
Aufschiebende Wirkung	64
Anordnung der sofortigen Vollziehung	65
Frist und Form	66
(vom Abdruck wurde abgesehen)	67

Zweiter Abschnitt. Bußgeldverfahren

Bußgeldvorschriften	81
(vom Abdruck wurde abgesehen)	82–86

	§§

Dritter Abschnitt. Vollstreckung

(vom Abdruck wurde abgesehen) .... 86 a

Vierter Abschnitt. Bürgerliche Rechtsstreitigkeiten

(vom Abdruck wurde abgesehen) .... 87–89 a

Fünfter Abschnitt. Gemeinsame Bestimmungen

(vom Abdruck wurde abgesehen) 90–95
(weggefallen) 96

Vierter Teil. Vergabe öffentlicher Aufträge

Erster Abschnitt. Vergabeverfahren

Allgemeine Grundsätze 97
Auftraggeber 98
Öffentliche Aufträge 99
Anwendungsbereich 100
Besondere Ausnahmen für nicht sektorspezifische und nicht verteidigungs- und sicherheitsrelevante Aufträge .... 100 a
Besondere Ausnahmen im Sektorenbereich .... 100 b
Besondere Ausnahmen in den Bereichen Verteidigung und Sicherheit .... 100 c
Arten der Vergabe 101
Informations- und Wartepflicht .... 101 a
Unwirksamkeit .... 101 b

Zweiter Abschnitt. Nachprüfungsverfahren

I. Nachprüfungsbehörden

Grundsatz 102
(aufgehoben) 103
Vergabekammern 104
(vom Abdruck wurde abgesehen) 105

III. Sofortige Beschwerde

Zulässigkeit, Zuständigkeit 116
Frist, Form 117
Wirkung 118
Beteiligte am Beschwerdeverfahren 119
Verfahrensvorschriften 120
Vorabentscheidung über den Zuschlag 121
Ende des Vergabeverfahrens nach Entscheidung des Beschwerdegerichts 122
Beschwerdeentscheidung 123
Bindungswirkung und Vorlagepflicht 124

Dritter Abschnitt. Sonstige Regelungen

(vom Abdruck wurde abgesehen) 125
Kosten des Verfahrens vor der Vergabekammer 128
Korrekturmechanismus der Kommission 129
Unterrichtungspflichten der Nachprüfungsinstanzen .... 129 a
Regelung für Auftraggeber nach dem Bundesberggesetz .... 129 b

Fünfter Teil. Anwendungsbereich des Gesetzes

Unternehmen der öffentlichen Hand, Geltungsbereich 130

Sechster Teil. Übergangs- und Schlussbestimmungen

Übergangsbestimmungen 131

Anlage

Erster Teil. Wettbewerbsbeschränkungen

Erster Abschnitt. Wettbewerbsbeschränkende Vereinbarungen, Beschlüsse und abgestimmte Verhaltensweisen

§ 1 Verbot wettbewerbsbeschränkender Vereinbarungen. Vereinbarungen zwischen Unternehmen, Beschlüsse von Unternehmensvereinigungen und aufeinander abgestimmte Verhaltensweisen, die eine Verhinderung, Einschränkung oder Verfälschung des Wettbewerbs bezwecken oder bewirken, sind verboten.

§ 2 Freigestellte Vereinbarungen. (1) Vom Verbot des § 1 freigestellt sind Vereinbarungen zwischen Unternehmen, Beschlüsse von Unternehmensvereinigungen oder aufeinander abgestimmte Verhaltensweisen, die unter angemessener Beteiligung der Verbraucher an dem entstehenden Gewinn zur Verbesserung der Warenerzeugung oder -verteilung oder zur Förderung des technischen oder wirtschaftlichen Fortschritts beitragen, ohne dass den beteiligten Unternehmen

1. Beschränkungen auferlegt werden, die für die Verwirklichung dieser Ziele nicht unerlässlich sind, oder
2. Möglichkeiten eröffnet werden, für einen wesentlichen Teil der betreffenden Waren den Wettbewerb auszuschalten.

(2) [1] Bei der Anwendung von Absatz 1 gelten die Verordnungen des Rates oder der Kommission der Europäischen Gemeinschaft über die Anwendung von Artikel 81 Abs. 3 des Vertrages zur Gründung der Europäischen Gemeinschaft auf bestimmte Gruppen von Vereinbarungen, Beschlüsse von Unternehmensvereinigungen und aufeinander abgestimmte Verhaltensweisen (Gruppenfreistellungsverordnungen) entsprechend. [2] Dies gilt auch, soweit die dort genannten Vereinbarungen, Beschlüsse und Verhaltensweisen nicht geeignet sind, den Handel zwischen den Mitgliedstaaten der Europäischen Gemeinschaft zu beeinträchtigen.

§ 3 Mittelstandskartelle. (1) Vereinbarungen zwischen miteinander im Wettbewerb stehenden Unternehmen und Beschlüsse von Unternehmensvereinigungen, die die Rationalisierung wirtschaftlicher Vorgänge durch zwischenbetriebliche Zusammenarbeit zum Gegenstand haben, erfüllen die Voraussetzungen des § 2 Abs. 1, wenn

1. dadurch der Wettbewerb auf dem Markt nicht wesentlich beeinträchtigt wird und
2. die Vereinbarung oder der Beschluss dazu dient, die Wettbewerbsfähigkeit kleiner oder mittlerer Unternehmen zu verbessern.

(2) [1] Unternehmen oder Unternehmensvereinigungen haben, sofern nicht die Voraussetzungen nach Artikel 81 Abs. 1 des Vertrages zur Gründung der Europäischen Gemeinschaft erfüllt sind, auf Antrag einen Anspruch auf eine Entscheidung nach § 32 c, wenn sie ein erhebliches rechtliches oder wirtschaftliches Interesse an einer solchen Entscheidung darlegen. [2] Diese Regelung tritt am 30. Juni 2009 außer Kraft.

§§ 4 bis 18 (weggefallen)

Zweiter Abschnitt. Marktbeherrschung, wettbewerbsbeschränkendes Verhalten

§ 19 Missbrauch einer marktbeherrschenden Stellung. (1) Die missbräuchliche Ausnutzung einer marktbeherrschenden Stellung durch ein oder mehrere Unternehmen ist verboten.

(2) [1] Ein Unternehmen ist marktbeherrschend, soweit es als Anbieter oder Nachfrager einer bestimmten Art von Waren oder gewerblichen Leistungen auf dem sachlich und räumlich relevanten Markt

1. ohne Wettbewerber ist oder keinem wesentlichen Wettbewerb ausgesetzt ist oder

2. eine im Verhältnis zu seinen Wettbewerbern überragende Marktstellung hat; hierbei sind insbesondere sein Marktanteil, seine Finanzkraft, sein Zugang zu den Beschaffungs- oder Absatzmärkten, Verflechtungen mit anderen Unternehmen, rechtliche oder tatsächliche Schranken für den Marktzutritt anderer Unternehmen, der tatsächliche oder potentielle Wettbewerb durch innerhalb oder außerhalb des Geltungsbereichs dieses Gesetzes ansässige Unternehmen, die Fähigkeit, sein Angebot oder seine Nachfrage auf andere Waren oder gewerbliche Leistungen umzustellen, sowie die Möglichkeit der Marktgegenseite, auf andere Unternehmen auszuweichen, zu berücksichtigen.

[2] Zwei oder mehr Unternehmen sind marktbeherrschend, soweit zwischen ihnen für eine bestimmte Art von Waren oder gewerblichen Leistungen ein wesentlicher Wettbewerb nicht besteht und soweit sie in ihrer Gesamtheit die Voraussetzungen des Satzes 1 erfüllen. [3] Der räumlich relevante Markt im Sinne dieses Gesetzes kann weiter sein als der Geltungsbereich dieses Gesetzes.

(3) [1] Es wird vermutet, dass ein Unternehmen marktbeherrschend ist, wenn es einen Marktanteil von mindestens einem Drittel hat. [2] Eine Gesamtheit von Unternehmen gilt als marktbeherrschend, wenn sie

1. aus drei oder weniger Unternehmen besteht, die zusammen einen Marktanteil von 50 vom Hundert erreichen, oder

2. aus fünf oder weniger Unternehmen besteht, die zusammen einen Marktanteil von zwei Dritteln erreichen,

es sei denn, die Unternehmen weisen nach, dass die Wettbewerbsbedingungen zwischen ihnen wesentlichen Wettbewerb erwarten lassen oder die Gesamtheit der Unternehmen im Verhältnis zu den übrigen Wettbewerbern keine überragende Marktstellung hat.

(4) Ein Missbrauch liegt insbesondere vor, wenn ein marktbeherrschendes Unternehmen als Anbieter oder Nachfrager einer bestimmten Art von Waren oder gewerblichen Leistungen

1. die Wettbewerbsmöglichkeiten anderer Unternehmen in einer für den Wettbewerb auf dem Markt erheblichen Weise ohne sachlich gerechtfertigten Grund beeinträchtigt;

2. Entgelte oder sonstige Geschäftsbedingungen fordert, die von denjenigen abweichen, die sich bei wirksamem Wettbewerb mit hoher Wahrscheinlichkeit ergeben würden; hierbei sind insbesondere die Verhaltensweisen von

Unternehmen auf vergleichbaren Märkten mit wirksamem Wettbewerb zu berücksichtigen;

3. ungünstigere Entgelte oder sonstige Geschäftsbedingungen fordert, als sie das marktbeherrschende Unternehmen selbst auf vergleichbaren Märkten von gleichartigen Abnehmern fordert, es sei denn, dass der Unterschied sachlich gerechtfertigt ist;

4. sich weigert, einem anderen Unternehmen gegen angemessenes Entgelt Zugang zu den eigenen Netzen oder anderen Infrastruktureinrichtungen zu gewähren, wenn es dem anderen Unternehmen aus rechtlichen oder tatsächlichen Gründen ohne die Mitbenutzung nicht möglich ist, auf dem vor- oder nachgelagerten Markt als Wettbewerber des marktbeherrschenden Unternehmens tätig zu werden; dies gilt nicht, wenn das marktbeherrschende Unternehmen nachweist, dass die Mitbenutzung aus betriebsbedingten oder sonstigen Gründen nicht möglich oder nicht zumutbar ist.

§ 20 Diskriminierungsverbot, Verbot unbilliger Behinderung.

(1) Marktbeherrschende Unternehmen, Vereinigungen von miteinander im Wettbewerb stehenden Unternehmen im Sinne der §§ 2, 3 und 28 Abs. 1 und Unternehmen, die Preise nach § 28 Abs. 2 oder § 30 Abs. 1 Satz 1 binden, dürfen ein anderes Unternehmen in einem Geschäftsverkehr, der gleichartigen Unternehmen üblicherweise zugänglich ist, weder unmittelbar noch mittelbar unbillig behindern oder gegenüber gleichartigen Unternehmen ohne sachlich gerechtfertigten Grund unmittelbar oder mittelbar unterschiedlich behandeln.

(2) [1] Absatz 1 gilt auch für Unternehmen und Vereinigungen von Unternehmen, soweit von ihnen kleine oder mittlere Unternehmen als Anbieter oder Nachfrager einer bestimmten Art von Waren oder gewerblichen Leistungen in der Weise abhängig sind, dass ausreichende und zumutbare Möglichkeiten, auf andere Unternehmen auszuweichen, nicht bestehen. [2] Es wird vermutet, dass ein Anbieter einer bestimmten Art von Waren oder gewerblichen Leistungen von einem Nachfrager abhängig im Sinne des Satzes 1 ist, wenn dieser Nachfrager bei ihm zusätzlich zu den verkehrsüblichen Preisnachlässen oder sonstigen Leistungsentgelten regelmäßig besondere Vergünstigungen erlangt, die gleichartigen Nachfragern nicht gewährt werden.

(3)[1)] [1] Marktbeherrschende Unternehmen und Vereinigungen von Unternehmen im Sinne des Absatzes 1 dürfen ihre Marktstellung nicht dazu ausnutzen, andere Unternehmen im Geschäftsverkehr dazu aufzufordern oder zu veranlassen, ihnen ohne sachlich gerechtfertigten Grund Vorteile zu gewähren. [2] Satz 1 gilt auch für Unternehmen und Vereinigungen von Unternehmen im Verhältnis zu den von ihnen abhängigen Unternehmen.

(4)[2)] [1] Unternehmen mit gegenüber kleinen und mittleren Wettbewerbern überlegener Marktmacht dürfen ihre Marktmacht nicht dazu ausnutzen, sol-

---

[1)] Abs. 3 Satz 2 erhält gem. Art. 1a Nr. 1 G v. 18. 12. 2007 (BGBl. I S. 2966) **mWv 1. 1. 2013** wieder folgende Fassung: „Satz 1 gilt auch für Unternehmen und Vereinigungen von Unternehmen im Sinne des Absatzes 2 Satz 1 im Verhältnis zu den von ihnen abhängigen Unternehmen."

[2)] Abs. 4 Sätze 2–4 werden gem. Art. 1a Nr. 2 G v. 18. 12. 2007 (BGBl. I S. 2966) **mWv 1. 1. 2013** durch folgenden Satz 2 ersetzt: „Eine unbillige Behinderung im Sinne des Satzes 1 liegt insbesondere vor, wenn ein Unternehmen Waren oder gewerbliche Leistungen nicht nur gelegentlich unter Einstandspreis anbietet, es sei denn, dies ist sachlich gerechtfertigt."

che Wettbewerber unmittelbar oder mittelbar unbillig zu behindern. ²Eine unbillige Behinderung im Sinne des Satzes 1 liegt insbesondere vor, wenn ein Unternehmen
1. Lebensmittel im Sinne des § 2 Abs. 2 des Lebensmittel- und Futtermittelgesetzbuches unter Einstandspreis oder
2. andere Waren oder gewerbliche Leistungen nicht nur gelegentlich unter Einstandspreis oder
3. von kleinen oder mittleren Unternehmen, mit denen es auf dem nachgelagerten Markt beim Vertrieb von Waren oder gewerblichen Leistungen im Wettbewerb steht, für deren Lieferung einen höheren Preis fordert, als es selbst auf diesem Markt

anbietet, es sei denn, dies ist jeweils sachlich gerechtfertigt. ³Das Anbieten von Lebensmitteln unter Einstandspreis ist sachlich gerechtfertigt, wenn es geeignet ist, den Verderb oder die drohende Unverkäuflichkeit der Waren beim Händler durch rechtzeitigen Verkauf zu verhindern sowie in vergleichbar schwerwiegenden Fällen. ⁴Werden Lebensmittel an gemeinnützige Einrichtungen zur Verwendung im Rahmen ihrer Aufgaben abgegeben, liegt keine unbillige Behinderung vor.

(5) Ergibt sich auf Grund bestimmter Tatsachen nach allgemeiner Erfahrung der Anschein, dass ein Unternehmen seine Marktmacht im Sinne des Absatzes 4 ausgenutzt hat, so obliegt es diesem Unternehmen, den Anschein zu widerlegen und solche anspruchsbegründenden Umstände aus seinem Geschäftsbereich aufzuklären, deren Aufklärung dem betroffenen Wettbewerber oder einem Verband nach § 33 Abs. 2 nicht möglich, dem in Anspruch genommenen Unternehmen aber leicht möglich und zumutbar ist.

(6) Wirtschafts- und Berufsvereinigungen sowie Gütezeichengemeinschaften dürfen die Aufnahme eines Unternehmens nicht ablehnen, wenn die Ablehnung eine sachlich nicht gerechtfertigte ungleiche Behandlung darstellen und zu einer unbilligen Benachteiligung des Unternehmens im Wettbewerb führen würde.

§ 21 Boykottverbot, Verbot sonstigen wettbewerbsbeschränkenden Verhaltens. (1) Unternehmen und Vereinigungen von Unternehmen dürfen nicht ein anderes Unternehmen oder Vereinigungen von Unternehmen in der Absicht, bestimmte Unternehmen unbillig zu beeinträchtigen, zu Liefersperren oder Bezugssperren auffordern.

(2) Unternehmen und Vereinigungen von Unternehmen dürfen anderen Unternehmen keine Nachteile androhen oder zufügen und keine Vorteile versprechen oder gewähren, um sie zu einem Verhalten zu veranlassen, das nach diesem Gesetz oder nach einer auf Grund dieses Gesetzes ergangenen Verfügung der Kartellbehörde nicht zum Gegenstand einer vertraglichen Bindung gemacht werden darf.

(3) Unternehmen und Vereinigungen von Unternehmen dürfen andere Unternehmen nicht zwingen,
1. einer Vereinbarung oder einem Beschluss im Sinne der §§ 2, 3 oder 28 Abs. 1 beizutreten oder
2. sich mit anderen Unternehmen im Sinne des § 37 zusammenzuschließen oder

3. in der Absicht, den Wettbewerb zu beschränken, sich im Markt gleichförmig zu verhalten.

(4) Es ist verboten, einem anderen wirtschaftlichen Nachteil zuzufügen, weil dieser ein Einschreiten der Kartellbehörde beantragt oder angeregt hat.

Dritter Abschnitt. Anwendung des europäischen Wettbewerbsrechts

§ 22 *(vom Abdruck wurde abgesehen)*

§ 23 (weggefallen)

Vierter Abschnitt. Wettbewerbsregeln

§ 24 Begriff, Antrag auf Anerkennung. (1) Wirtschafts- und Berufsvereinigungen können für ihren Bereich Wettbewerbsregeln aufstellen.

(2) Wettbewerbsregeln sind Bestimmungen, die das Verhalten von Unternehmen im Wettbewerb regeln zu dem Zweck, einem den Grundsätzen des lauteren oder der Wirksamkeit eines leistungsgerechten Wettbewerbs zuwiderlaufenden Verhalten im Wettbewerb entgegenzuwirken und ein diesen Grundsätzen entsprechendes Verhalten im Wettbewerb anzuregen.

(3) Wirtschafts- und Berufsvereinigungen können bei der Kartellbehörde die Anerkennung von Wettbewerbsregeln beantragen.

(4) [1] Der Antrag auf Anerkennung von Wettbewerbsregeln hat zu enthalten:
1. Name, Rechtsform und Anschrift der Wirtschafts- oder Berufsvereinigung;
2. Name und Anschrift der Person, die sie vertritt;
3. die Angabe des sachlichen und örtlichen Anwendungsbereichs der Wettbewerbsregeln;
4. den Wortlaut der Wettbewerbsregeln.

[2] Dem Antrag sind beizufügen:
1. die Satzung der Wirtschafts- oder Berufsvereinigung;
2. der Nachweis, dass die Wettbewerbsregeln satzungsmäßig aufgestellt sind;
3. eine Aufstellung von außenstehenden Wirtschafts- oder Berufsvereinigungen und Unternehmen der gleichen Wirtschaftsstufe sowie der Lieferanten- und Abnehmervereinigungen und der Bundesorganisationen der beteiligten Wirtschaftsstufen des betreffenden Wirtschaftszweiges.

[3] In dem Antrag dürfen keine unrichtigen oder unvollständigen Angaben gemacht oder benutzt werden, um für den Antragsteller oder einen anderen die Anerkennung einer Wettbewerbsregel zu erschleichen.

(5) Änderungen und Ergänzungen anerkannter Wettbewerbsregeln sind der Kartellbehörde mitzuteilen.

§ 25 Stellungnahme Dritter. [1] Die Kartellbehörde hat nichtbeteiligten Unternehmen der gleichen Wirtschaftsstufe, Wirtschafts- und Berufsvereinigungen der durch die Wettbewerbsregeln betroffenen Lieferanten und Abnehmer sowie den Bundesorganisationen der beteiligten Wirtschaftsstufen Gelegenheit zur Stellungnahme zu geben. [2] Gleiches gilt für Verbraucherzentralen und andere Verbraucherverbände, die mit öffentlichen Mitteln gefördert werden, wenn die Interessen der Verbraucher erheblich berührt sind. [3] Die Kartellbehörde kann eine öffentliche mündliche Verhandlung über den Antrag auf Anerkennung durchführen, in der es jedermann freisteht, Einwendungen gegen die Anerkennung zu erheben.

§ 26 Anerkennung. (1) [1] Die Anerkennung erfolgt durch Verfügung der Kartellbehörde. [2] Sie hat zum Inhalt, dass die Kartellbehörde von den ihr nach dem Sechsten Abschnitt zustehenden Befugnissen keinen Gebrauch machen wird.

(2) Soweit eine Wettbewerbsregel gegen das Verbot des § 1 verstößt und nicht nach den §§ 2 und 3 freigestellt ist oder andere Bestimmungen dieses Gesetzes, des Gesetzes gegen den unlauteren Wettbewerb oder eine andere Rechtsvorschrift verletzt, hat die Kartellbehörde den Antrag auf Anerkennung abzulehnen.

(3) Wirtschafts- und Berufsvereinigungen haben die Außerkraftsetzung von ihnen aufgestellter, anerkannter Wettbewerbsregeln der Kartellbehörde mitzuteilen.

(4) Die Kartellbehörde hat die Anerkennung zurückzunehmen oder zu widerrufen, wenn sie nachträglich feststellt, dass die Voraussetzungen für die Ablehnung der Anerkennung nach Absatz 2 vorliegen.

§ 27 Veröffentlichung von Wettbewerbsregeln, Bekanntmachungen.

(1) Anerkannte Wettbewerbsregeln sind im Bundesanzeiger zu veröffentlichen.

(2) Im Bundesanzeiger sind bekannt zu machen
1. die Anträge nach § 24 Abs. 3;
2. die Anberaumung von Terminen zur mündlichen Verhandlung nach § 25 Satz 3;
3. die Anerkennung von Wettbewerbsregeln, ihrer Änderungen und Ergänzungen;
4. die Ablehnung der Anerkennung nach § 26 Abs. 2, die Rücknahme oder der Widerruf der Anerkennung von Wettbewerbsregeln nach § 26 Abs. 4.

(3) Mit der Bekanntmachung der Anträge nach Absatz 2 Nr. 1 ist darauf hinzuweisen, dass die Wettbewerbsregeln, deren Anerkennung beantragt ist, bei der Kartellbehörde zur öffentlichen Einsichtnahme ausgelegt sind.

(4) Soweit die Anträge nach Absatz 2 Nr. 1 zur Anerkennung führen, genügt für die Bekanntmachung der Anerkennung eine Bezugnahme auf die Bekanntmachung der Anträge.

(5) Die Kartellbehörde erteilt zu anerkannten Wettbewerbsregeln, die nicht nach Absatz 1 veröffentlicht worden sind, auf Anfrage Auskunft über die Angaben nach § 24 Abs. 4 Satz 1.

Fünfter Abschnitt. Sonderregeln für bestimmte Wirtschaftsbereiche

§ 28 *(vom Abdruck wurde abgesehen)*

§ 29[1]**) Energiewirtschaft.** ¹ Einem Unternehmen ist es verboten, als Anbieter von Elektrizität oder leitungsgebundenem Gas (Versorgungsunternehmen) auf einem Markt, auf dem es allein oder zusammen mit anderen Versorgungsunternehmen eine marktbeherrschende Stellung hat, diese Stellung missbräuchlich auszunutzen, indem es

1. Entgelte oder sonstige Geschäftsbedingungen fordert, die ungünstiger sind als diejenigen anderer Versorgungsunternehmen oder von Unternehmen auf vergleichbaren Märkten, es sei denn, das Versorgungsunternehmen weist nach, dass die Abweichung sachlich gerechtfertigt ist, wobei die Umkehr der Darlegungs- und Beweislast nur in Verfahren vor den Kartellbehörden gilt, oder
2. Entgelte fordert, die die Kosten in unangemessener Weise überschreiten.

² Kosten, die sich ihrem Umfang nach im Wettbewerb nicht einstellen würden, dürfen bei der Feststellung eines Missbrauchs im Sinne des Satzes 1 nicht berücksichtigt werden. ³ Die §§ 19 und 20 bleiben unberührt.

§ 30 *(vom Abdruck wurde abgesehen)*

§ 31 (weggefallen)

Sechster Abschnitt. Befugnisse der Kartellbehörden, Sanktionen

§ 32 Abstellung und nachträgliche Feststellung von Zuwiderhandlungen. (1) Die Kartellbehörde kann Unternehmen oder Vereinigungen von Unternehmen verpflichten, eine Zuwiderhandlung gegen eine Vorschrift dieses Gesetzes oder gegen Artikel 81 oder 82 des Vertrages zur Gründung der Europäischen Gemeinschaft abzustellen.

(2) Sie kann hierzu den Unternehmen oder Vereinigungen von Unternehmen alle Maßnahmen aufgeben, die für eine wirksame Abstellung der Zuwiderhandlung erforderlich und gegenüber dem festgestellten Verstoß verhältnismäßig sind.

(3) Soweit ein berechtigtes Interesse besteht, kann die Kartellbehörde auch eine Zuwiderhandlung feststellen, nachdem diese beendet ist.

§ 32 a Einstweilige Maßnahmen. (1) Die Kartellbehörde kann in dringenden Fällen, wenn die Gefahr eines ernsten, nicht wieder gutzumachenden Schadens für den Wettbewerb besteht, von Amts wegen einstweilige Maßnahmen anordnen.

(2) ¹ Die Anordnung gemäß Absatz 1 ist zu befristen. ² Die Frist kann verlängert werden. ³ Sie soll insgesamt ein Jahr nicht überschreiten.

§ 32 b Verpflichtungszusagen. (1) ¹ Bieten Unternehmen im Rahmen eines Verfahrens nach § 32 an, Verpflichtungen einzugehen, die geeignet sind, die ihnen von der Kartellbehörde nach vorläufiger Beurteilung mitgeteilten Bedenken auszuräumen, so kann die Kartellbehörde für diese Unternehmen die Verpflichtungszusagen durch Verfügung für bindend erklären. ² Die Verfügung hat zum Inhalt, dass die Kartellbehörde vorbehaltlich des Absatzes 2

---

[1]) § 29 ist nach dem 31. 12. 2012 nicht mehr anzuwenden, vgl. § 131 Abs. 7.

von ihren Befugnissen nach den §§ 32 und 32 a keinen Gebrauch machen wird. ³ Sie kann befristet werden.

(2) Die Kartellbehörde kann die Verfügung nach Absatz 1 aufheben und das Verfahren wieder aufnehmen, wenn

1. sich die tatsächlichen Verhältnisse in einem für die Verfügung wesentlichen Punkt nachträglich geändert haben,
2. die beteiligten Unternehmen ihre Verpflichtungen nicht einhalten oder
3. die Verfügung auf unvollständigen, unrichtigen oder irreführenden Angaben der Parteien beruht.

§ 32 c Kein Anlass zum Tätigwerden. ¹ Sind die Voraussetzungen für ein Verbot nach den §§ 1, 19 bis 21 und 29, nach Artikel 81 Abs. 1 oder Artikel 82 des Vertrages zur Gründung der Europäischen Gemeinschaft nach den der Kartellbehörde vorliegenden Erkenntnissen nicht gegeben, so kann sie entscheiden, dass für sie kein Anlass besteht, tätig zu werden. ² Die Entscheidung hat zum Inhalt, dass die Kartellbehörde vorbehaltlich neuer Erkenntnisse von ihren Befugnissen nach den §§ 32 und 32 a keinen Gebrauch machen wird. ³ Sie hat keine Freistellung von einem Verbot im Sinne des Satzes 1 zum Inhalt.

§ 32 d Entzug der Freistellung. Haben Vereinbarungen, Beschlüsse von Unternehmensvereinigungen oder aufeinander abgestimmte Verhaltensweisen, die unter eine Gruppenfreistellungsverordnung fallen, in einem Einzelfall Wirkungen, die mit § 2 Abs. 1 oder mit Artikel 81 Abs. 3 des Vertrages zur Gründung der Europäischen Gemeinschaft unvereinbar sind und auf einem Gebiet im Inland auftreten, das alle Merkmale eines gesonderten räumlichen Marktes aufweist, so kann die Kartellbehörde den Rechtsvorteil der Gruppenfreistellung in diesem Gebiet entziehen.

§ 32 e Untersuchungen einzelner Wirtschaftszweige und einzelner Arten von Vereinbarungen. (1) Lassen starre Preise oder andere Umstände vermuten, dass der Wettbewerb im Inland möglicherweise eingeschränkt oder verfälscht ist, können das Bundeskartellamt und die obersten Landesbehörden die Untersuchung eines bestimmten Wirtschaftszweiges oder – Sektor übergreifend – einer bestimmten Art von Vereinbarungen durchführen.

(2) ¹ Im Rahmen dieser Untersuchung können das Bundeskartellamt und die obersten Landesbehörden die zur Anwendung dieses Gesetzes oder des Artikels 81 oder 82 des Vertrages zur Gründung der Europäischen Gemeinschaft erforderlichen Ermittlungen durchführen. ² Sie können dabei von den betreffenden Unternehmen und Vereinigungen Auskünfte verlangen, insbesondere die Unterrichtung über sämtliche Vereinbarungen, Beschlüsse und aufeinander abgestimmte Verhaltensweisen.

(3) Das Bundeskartellamt und die obersten Landesbehörden können einen Bericht über die Ergebnisse der Untersuchung nach Absatz 1 veröffentlichen und Dritte um Stellungnahme bitten.

(4) Die §§ 57 und 59 bis 62 gelten entsprechend.

§ 33 Unterlassungsanspruch, Schadensersatzpflicht. (1) ¹ Wer gegen eine Vorschrift dieses Gesetzes, gegen Artikel 81 oder 82 des Vertrages zur

Gründung der Europäischen Gemeinschaft oder eine Verfügung der Kartellbehörde verstößt, ist dem Betroffenen zur Beseitigung und bei Wiederholungsgefahr zur Unterlassung verpflichtet. ² Der Anspruch auf Unterlassung besteht bereits dann, wenn eine Zuwiderhandlung droht. ³ Betroffen ist, wer als Mitbewerber oder sonstiger Marktbeteiligter durch den Verstoß beeinträchtigt ist.

(2) Die Ansprüche aus Absatz 1 können auch geltend gemacht werden von rechtsfähigen Verbänden zur Förderung gewerblicher oder selbständiger beruflicher Interessen, soweit ihnen eine erhebliche Zahl von Unternehmen angehört, die Waren oder Dienstleistungen gleicher oder verwandter Art auf demselben Markt vertreiben, soweit sie insbesondere nach ihrer personellen, sachlichen und finanziellen Ausstattung imstande sind, ihre satzungsmäßigen Aufgaben der Verfolgung gewerblicher oder selbständiger beruflicher Interessen tatsächlich wahrzunehmen und soweit die Zuwiderhandlung die Interessen ihrer Mitglieder berührt.

(3) ¹ Wer einen Verstoß nach Absatz 1 vorsätzlich oder fahrlässig begeht, ist zum Ersatz des daraus entstehenden Schadens verpflichtet. ² Wird eine Ware oder Dienstleistung zu einem überteuerten Preis bezogen, so ist der Schaden nicht deshalb ausgeschlossen, weil die Ware oder Dienstleistung weiterveräußert wurde. ³ Bei der Entscheidung über den Umfang des Schadens nach § 287 der Zivilprozessordnung kann insbesondere der anteilige Gewinn, den das Unternehmen durch den Verstoß erlangt hat, berücksichtigt werden. ⁴ Geldschulden nach Satz 1 hat das Unternehmen ab Eintritt des Schadens zu verzinsen. ⁵ Die §§ 288 und 289 Satz 1 des Bürgerlichen Gesetzbuchs finden entsprechende Anwendung.

(4) ¹ Wird wegen eines Verstoßes gegen eine Vorschrift dieses Gesetzes oder Artikel 81 oder 82 des Vertrages zur Gründung der Europäischen Gemeinschaft Schadensersatz begehrt, ist das Gericht insoweit an die Feststellung des Verstoßes gebunden, wie sie in einer bestandskräftigen Entscheidung der Kartellbehörde, der Kommission der Europäischen Gemeinschaft oder der Wettbewerbsbehörde oder des als solche handelnden Gerichts in einem anderen Mitgliedstaat der Europäischen Gemeinschaft getroffen wurde. ² Das Gleiche gilt für entsprechende Feststellungen in rechtskräftigen Gerichtsentscheidungen, die infolge der Anfechtung von Entscheidungen nach Satz 1 ergangen sind. ³ Entsprechend Artikel 16 Abs. 1 Satz 4 der Verordnung (EG) Nr. 1/2003 gilt diese Verpflichtung unbeschadet der Rechte und Pflichten nach Artikel 234 des Vertrages zur Gründung der Europäischen Gemeinschaft.

(5) ¹ Die Verjährung eines Schadensersatzanspruchs nach Absatz 3 wird gehemmt, wenn die Kartellbehörde wegen eines Verstoßes im Sinne des Absatzes 1 oder die Kommission der Europäischen Gemeinschaft oder die Wettbewerbsbehörde eines anderen Mitgliedstaats der Europäischen Gemeinschaft wegen eines Verstoßes gegen Artikel 81 oder 82 des Vertrages zur Gründung der Europäischen Gemeinschaft ein Verfahren einleitet. ² § 204 Abs. 2 des Bürgerlichen Gesetzbuchs gilt entsprechend.

§ 34[1]) **Vorteilsabschöpfung durch die Kartellbehörde.** (1) Hat ein Unternehmen vorsätzlich oder fahrlässig gegen eine Vorschrift dieses Gesetzes,

---

[1]) Beachte die Übergangsregelung in § 131 Abs. 4.

gegen Artikel 81 oder 82 des Vertrages zur Gründung der Europäischen Gemeinschaft oder eine Verfügung der Kartellbehörde verstoßen und dadurch einen wirtschaftlichen Vorteil erlangt, kann die Kartellbehörde die Abschöpfung des wirtschaftlichen Vorteils anordnen und dem Unternehmen die Zahlung eines entsprechenden Geldbetrags auferlegen.

(2) [1] Absatz 1 gilt nicht, sofern der wirtschaftliche Vorteil durch Schadensersatzleistungen oder durch die Verhängung der Geldbuße oder die Anordnung des Verfalls abgeschöpft ist. [2] Soweit das Unternehmen Leistungen nach Satz 1 erst nach der Vorteilsabschöpfung erbringt, ist der abgeführte Geldbetrag in Höhe der nachgewiesenen Zahlungen an das Unternehmen zurückzuerstatten.

(3) [1] Wäre die Durchführung der Vorteilsabschöpfung eine unbillige Härte, soll die Anordnung auf einen angemessenen Geldbetrag beschränkt werden oder ganz unterbleiben. [2] Sie soll auch unterbleiben, wenn der wirtschaftliche Vorteil gering ist.

(4) [1] Die Höhe des wirtschaftlichen Vorteils kann geschätzt werden. [2] Der abzuführende Geldbetrag ist zahlenmäßig zu bestimmen.

(5) [1] Die Vorteilsabschöpfung kann nur innerhalb einer Frist von bis zu fünf Jahren seit Beendigung der Zuwiderhandlung und längstens für einen Zeitraum von fünf Jahren angeordnet werden. [2] § 81 Abs. 9 gilt entsprechend.

§ 34 a[1)] **Vorteilsabschöpfung durch Verbände.** (1) Wer einen Verstoß im Sinne des § 34 Abs. 1 vorsätzlich begeht und hierdurch zu Lasten einer Vielzahl von Abnehmern oder Anbietern einen wirtschaftlichen Vorteil erlangt, kann von den gemäß § 33 Abs. 2 zur Geltendmachung eines Unterlassungsanspruchs Berechtigten auf Herausgabe dieses wirtschaftlichen Vorteils an den Bundeshaushalt in Anspruch genommen werden, soweit nicht die Kartellbehörde die Abschöpfung des wirtschaftlichen Vorteils durch Verhängung einer Geldbuße, durch Verfall oder nach § 34 Abs. 1 anordnet.

(2) [1] Auf den Anspruch sind Leistungen anzurechnen, die das Unternehmen auf Grund des Verstoßes erbracht hat. [2] § 34 Abs. 2 Satz 2 gilt entsprechend.

(3) Beanspruchen mehrere Gläubiger die Vorteilsabschöpfung, gelten die §§ 428 bis 430 des Bürgerlichen Gesetzbuchs entsprechend.

(4) [1] Die Gläubiger haben dem Bundeskartellamt über die Geltendmachung von Ansprüchen nach Absatz 1 Auskunft zu erteilen. [2] Sie können vom Bundeskartellamt Erstattung der für die Geltendmachung des Anspruchs erforderlichen Aufwendungen verlangen, soweit sie vom Schuldner keinen Ausgleich erlangen können. [3] Der Erstattungsanspruch ist auf die Höhe des an den Bundeshaushalt abgeführten wirtschaftlichen Vorteils beschränkt.

(5) § 33 Abs. 4 und 5 ist entsprechend anzuwenden.

Siebenter Abschnitt. Zusammenschlusskontrolle

§ 35 Geltungsbereich der Zusammenschlusskontrolle. (1) Die Vorschriften über die Zusammenschlusskontrolle finden Anwendung, wenn im letzten Geschäftsjahr vor dem Zusammenschluss

---

[1)] Beachte die Übergangsregelung in § 131 Abs. 4.

11 GWB §§ 36, 37 2. Teil. Wettbewerbsrecht

1. die beteiligten Unternehmen insgesamt weltweit Umsatzerlöse von mehr als 500 Millionen Euro und
2. im Inland mindestens ein beteiligtes Unternehmen Umsatzerlöse von mehr als 25 Millionen Euro und ein anderes beteiligtes Unternehmen Umsatzerlöse von mehr als 5 Millionen Euro

erzielt haben.

(2) [1] Absatz 1 gilt nicht,
1. soweit sich ein Unternehmen, das nicht im Sinne des § 36 Abs. 2 abhängig ist und im letzten Geschäftsjahr weltweit Umsatzerlöse von weniger als zehn Millionen Euro erzielt hat, mit einem anderen Unternehmen zusammenschließt oder
2. soweit ein Markt betroffen ist, auf dem seit mindestens fünf Jahren Waren oder gewerbliche Leistungen angeboten werden und auf dem im letzten Kalenderjahr weniger als 15 Millionen Euro umgesetzt wurden.

[2] Soweit durch den Zusammenschluss der Wettbewerb beim Verlag, bei der Herstellung oder beim Vertrieb von Zeitungen oder Zeitschriften oder deren Bestandteilen beschränkt wird, gilt nur Satz 1 Nr. 2.

(3) Die Vorschriften dieses Gesetzes finden keine Anwendung, soweit die Kommission der Europäischen Gemeinschaft nach der Verordnung (EG) Nr. 139/2004 des Rates vom 20. Januar 2004 über die Kontrolle von Unternehmenszusammenschlüssen in ihrer jeweils geltenden Fassung ausschließlich zuständig ist.

§ 36 Grundsätze für die Beurteilung von Zusammenschlüssen.

(1) Ein Zusammenschluss, von dem zu erwarten ist, dass er eine marktbeherrschende Stellung begründet oder verstärkt, ist vom Bundeskartellamt zu untersagen, es sei denn, die beteiligten Unternehmen weisen nach, dass durch den Zusammenschluss auch Verbesserungen der Wettbewerbsbedingungen eintreten und dass diese Verbesserungen die Nachteile der Marktbeherrschung überwiegen.

(2) [1] Ist ein beteiligtes Unternehmen ein abhängiges oder herrschendes Unternehmen im Sinne des § 17 des Aktiengesetzes oder ein Konzernunternehmen im Sinne des § 18 des Aktiengesetzes, sind die so verbundenen Unternehmen als einheitliches Unternehmen anzusehen. [2] Wirken mehrere Unternehmen derart zusammen, dass sie gemeinsam einen beherrschenden Einfluss auf ein anderes Unternehmen ausüben können, gilt jedes von ihnen als herrschendes.

(3) Steht einer Person oder Personenvereinigung, die nicht Unternehmen ist, die Mehrheitsbeteiligung an einem Unternehmen zu, gilt sie als Unternehmen.

§ 37 Zusammenschluss. (1) Ein Zusammenschluss liegt in folgenden Fällen vor:
1. Erwerb des Vermögens eines anderen Unternehmens ganz oder zu einem wesentlichen Teil;
2. Erwerb der unmittelbaren oder mittelbaren Kontrolle durch ein oder mehrere Unternehmen über die Gesamtheit oder Teile eines oder mehrerer anderer Unternehmen. Die Kontrolle wird durch Rechte, Verträge oder

andere Mittel begründet, die einzeln oder zusammen unter Berücksichtigung aller tatsächlichen und rechtlichen Umstände die Möglichkeit gewähren, einen bestimmenden Einfluss auf die Tätigkeit eines Unternehmens auszuüben, insbesondere durch

a) Eigentums- oder Nutzungsrechte an einer Gesamtheit oder an Teilen des Vermögens des Unternehmens,

b) Rechte oder Verträge, die einen bestimmenden Einfluss auf die Zusammensetzung, die Beratungen oder Beschlüsse der Organe des Unternehmens gewähren;

3. Erwerb von Anteilen an einem anderen Unternehmen, wenn die Anteile allein oder zusammen mit sonstigen, dem Unternehmen bereits gehörenden Anteilen

a) 50 vom Hundert oder

b) 25 vom Hundert

des Kapitals oder der Stimmrechte des anderen Unternehmens erreichen. Zu den Anteilen, die dem Unternehmen gehören, rechnen auch die Anteile, die einem anderen für Rechnung dieses Unternehmens gehören und, wenn der Inhaber des Unternehmens ein Einzelkaufmann ist, auch die Anteile, die sonstiges Vermögen des Inhabers sind. Erwerben mehrere Unternehmen gleichzeitig oder nacheinander Anteile im vorbezeichneten Umfang an einem anderen Unternehmen, gilt dies hinsichtlich der Märkte, auf denen das andere Unternehmen tätig ist, auch als Zusammenschluss der sich beteiligenden Unternehmen untereinander;

4. jede sonstige Verbindung von Unternehmen, auf Grund deren ein oder mehrere Unternehmen unmittelbar oder mittelbar einen wettbewerblich erheblichen Einfluss auf ein anderes Unternehmen ausüben können.

(2) Ein Zusammenschluss liegt auch dann vor, wenn die beteiligten Unternehmen bereits vorher zusammengeschlossen waren, es sei denn, der Zusammenschluss führt nicht zu einer wesentlichen Verstärkung der bestehenden Unternehmensverbindung.

(3) [1] Erwerben Kreditinstitute, Finanzinstitute oder Versicherungsunternehmen Anteile an einem anderen Unternehmen zum Zwecke der Veräußerung, gilt dies nicht als Zusammenschluss, solange sie das Stimmrecht aus den Anteilen nicht ausüben und sofern die Veräußerung innerhalb eines Jahres erfolgt. [2] Diese Frist kann vom Bundeskartellamt auf Antrag verlängert werden, wenn glaubhaft gemacht wird, dass die Veräußerung innerhalb der Frist unzumutbar war.

§ 38 Berechnung der Umsatzerlöse und der Marktanteile. (1) [1] Für die Ermittlung der Umsatzerlöse gilt § 277 Abs. 1 des Handelsgesetzbuchs. [2] Umsatzerlöse aus Lieferungen und Leistungen zwischen verbundenen Unternehmen (Innenumsatzerlöse) sowie Verbrauchsteuern bleiben außer Betracht.

(2) Für den Handel mit Waren sind nur drei Viertel der Umsatzerlöse in Ansatz zu bringen.

(3) Für den Verlag, die Herstellung und den Vertrieb von Zeitungen, Zeitschriften und deren Bestandteilen, die Herstellung, den Vertrieb und die Veranstaltung von Rundfunkprogrammen und den Absatz von Rundfunkwerbezeiten ist das Zwanzigfache der Umsatzerlöse in Ansatz zu bringen.

(4) ¹ An die Stelle der Umsatzerlöse tritt bei Kreditinstituten, Finanzinstituten, Bausparkassen sowie bei Kapitalanlagegesellschaften im Sinne des § 2 Abs. 6 des Investmentgesetzes der Gesamtbetrag der in § 34 Abs. 2 Satz 1 Nr. 1 Buchstabe a bis e der Kreditinstituts-Rechnungslegungsverordnung in der jeweils geltenden Fassung genannten Erträge abzüglich der Umsatzsteuer und sonstiger direkt auf diese Erträge erhobener Steuern. ² Bei Versicherungsunternehmen sind die Prämieneinnahmen des letzten abgeschlossenen Geschäftsjahres maßgebend. ³ Prämieneinnahmen sind die Einnahmen aus dem Erst- und Rückversicherungsgeschäft einschließlich der in Rückdeckung gegebenen Anteile.

(5) Beim Erwerb des Vermögens eines anderen Unternehmens ist für die Berechnung der Marktanteile und der Umsatzerlöse des Veräußerers nur auf den veräußerten Vermögensteil abzustellen.

§ 39 Anmelde- und Anzeigepflicht. (1) Zusammenschlüsse sind vor dem Vollzug beim Bundeskartellamt gemäß den Absätzen 2 und 3 anzumelden.

(2) Zur Anmeldung sind verpflichtet:
1. die am Zusammenschluss beteiligten Unternehmen,
2. in den Fällen des § 37 Abs. 1 Nr. 1 und 3 auch der Veräußerer.

(3) ¹ In der Anmeldung ist die Form des Zusammenschlusses anzugeben. ² Die Anmeldung muss ferner über jedes beteiligte Unternehmen folgende Angaben enthalten:
1. die Firma oder sonstige Bezeichnung und den Ort der Niederlassung oder den Sitz;
2. die Art des Geschäftsbetriebes;
3. die Umsatzerlöse im Inland, in der Europäischen Union und weltweit; anstelle der Umsatzerlöse sind bei Kreditinstituten, Finanzinstituten, Bausparkassen sowie bei Kapitalanlagegesellschaften im Sinne des § 2 Abs. 6 des Investmentgesetzes der Gesamtbetrag der Erträge gemäß § 38 Abs. 4, bei Versicherungsunternehmen die Prämieneinnahmen anzugeben;
4. die Marktanteile einschließlich der Grundlagen für ihre Berechnung oder Schätzung, wenn diese im Geltungsbereich dieses Gesetzes oder in einem wesentlichen Teil desselben für die beteiligten Unternehmen zusammen mindestens 20 vom Hundert erreichen;
5. beim Erwerb von Anteilen an einem anderen Unternehmen die Höhe der erworbenen und der insgesamt gehaltenen Beteiligung;
6. eine zustellungsbevollmächtigte Person im Inland, sofern sich der Sitz des Unternehmens nicht im Geltungsbereich dieses Gesetzes befindet.

³ In den Fällen des § 37 Abs. 1 Nr. 1 oder 3 sind die Angaben nach Satz 2 Nr. 1 und 6 auch für den Veräußerer zu machen. ⁴ Ist ein beteiligtes Unternehmen ein verbundenes Unternehmen, sind die Angaben nach Satz 2 Nr. 1 und 2 auch über die verbundenen Unternehmen und die Angaben nach Satz 2 Nr. 3 und Nr. 4 über jedes am Zusammenschluss beteiligte Unternehmen und die mit ihm verbundenen Unternehmen insgesamt zu machen sowie die Konzernbeziehungen, Abhängigkeits- und Beteiligungsverhältnisse zwischen den verbundenen Unternehmen mitzuteilen. ⁵ In der Anmeldung dürfen keine unrichtigen oder unvollständigen Angaben gemacht oder benutzt

werden, um die Kartellbehörde zu veranlassen, eine Untersagung nach § 36 Abs. 1 oder eine Mitteilung nach § 40 Abs. 1 zu unterlassen.

(4) [1] Eine Anmeldung ist nicht erforderlich, wenn die Kommission der Europäischen Gemeinschaft einen Zusammenschluss an das Bundeskartellamt verwiesen hat und dem Bundeskartellamt die nach Absatz 3 erforderlichen Angaben in deutscher Sprache vorliegen. [2] Das Bundeskartellamt teilt den beteiligten Unternehmen unverzüglich den Zeitpunkt des Eingangs der Verweisungsentscheidung mit und unterrichtet sie zugleich darüber, inwieweit die nach Absatz 3 erforderlichen Angaben in deutscher Sprache vorliegen.

(5) Das Bundeskartellamt kann von jedem beteiligten Unternehmen Auskunft über Marktanteile einschließlich der Grundlagen für die Berechnung oder Schätzung sowie über den Umsatzerlös bei einer bestimmten Art von Waren oder gewerblichen Leistungen verlangen, den das Unternehmen im letzten Geschäftsjahr vor dem Zusammenschluss erzielt hat.

(6) Die am Zusammenschluss beteiligten Unternehmen haben dem Bundeskartellamt den Vollzug des Zusammenschlusses unverzüglich anzuzeigen.

§ 40 Verfahren der Zusammenschlusskontrolle. (1) [1] Das Bundeskartellamt darf einen Zusammenschluss, der ihm angemeldet worden ist, nur untersagen, wenn es den anmeldenden Unternehmen innerhalb einer Frist von einem Monat seit Eingang der vollständigen Anmeldung mitteilt, dass es in die Prüfung des Zusammenschlusses (Hauptprüfverfahren) eingetreten ist. [2] Das Hauptprüfverfahren soll eingeleitet werden, wenn eine weitere Prüfung des Zusammenschlusses erforderlich ist.

(2) [1] Im Hauptprüfverfahren entscheidet das Bundeskartellamt durch Verfügung, ob der Zusammenschluss untersagt oder freigegeben wird. [2] Wird die Verfügung nicht innerhalb von vier Monaten nach Eingang der vollständigen Anmeldung den anmeldenden Unternehmen zugestellt, gilt der Zusammenschluss als freigegeben. [3] Die Verfahrensbeteiligten sind unverzüglich über den Zeitpunkt der Zustellung der Verfügung zu unterrichten. [4] Dies gilt nicht, wenn

1. die anmeldenden Unternehmen einer Fristverlängerung zugestimmt haben,
2. das Bundeskartellamt wegen unrichtiger Angaben oder wegen einer nicht rechtzeitig erteilten Auskunft nach § 39 Abs. 5 oder § 59 die Mitteilung nach Absatz 1 oder die Untersagung des Zusammenschlusses unterlassen hat,
3. eine zustellungsbevollmächtigte Person im Inland entgegen § 39 Abs. 3 Satz 2 Nr. 6 nicht mehr benannt ist.

(3) [1] Die Freigabe kann mit Bedingungen und Auflagen verbunden werden. [2] Diese dürfen sich nicht darauf richten, die beteiligten Unternehmen einer laufenden Verhaltenskontrolle zu unterstellen.

(3 a) [1] Die Freigabe kann widerrufen oder geändert werden, wenn sie auf unrichtigen Angaben beruht, arglistig herbeigeführt worden ist oder die beteiligten Unternehmen einer mit ihr verbundenen Auflage zuwiderhandeln. [2] Im Falle der Nichterfüllung einer Auflage gilt § 41 Abs. 4 entsprechende.

(4) Vor einer Untersagung ist den obersten Landesbehörden, in deren Gebiet die beteiligten Unternehmen ihren Sitz haben, Gelegenheit zur Stellungnahme zu geben.

(5) Die Fristen nach den Absätzen 1 und 2 Satz 2 beginnen in den Fällen des § 39 Abs. 4 Satz 1, wenn die Verweisungsentscheidung beim Bundeskartellamt eingegangen ist und die nach § 39 Abs. 3 erforderlichen Angaben in deutscher Sprache vorliegen.

(6) Wird eine Freigabe des Bundeskartellamts durch gerichtlichen Beschluss rechtskräftig ganz oder teilweise aufgehoben, beginnt die Frist nach Absatz 2 Satz 2 mit Eintritt der Rechtskraft von neuem.

§ 41 Vollzugsverbot, Entflechtung. (1) [1] Die Unternehmen dürfen einen Zusammenschluss, der vom Bundeskartellamt nicht freigegeben ist, nicht vor Ablauf der Fristen nach § 40 Abs. 1 Satz 1 und Abs. 2 Satz 2 vollziehen oder am Vollzug dieses Zusammenschlusses mitwirken. [2] Rechtsgeschäfte, die gegen dieses Verbot verstoßen, sind unwirksam. [3] Dies gilt nicht für Verträge über Grundstücksgeschäfte, sobald sie durch Eintragung in das Grundbuch rechtswirksam geworden sind, sowie für Verträge über die Umwandlung, Eingliederung oder Gründung eines Unternehmens und für Unternehmensverträge im Sinne der §§ 291 und 292 des Aktiengesetzes, sobald sie durch Eintragung in das zuständige Register rechtswirksam geworden sind.

(2) [1] Das Bundeskartellamt kann auf Antrag Befreiungen vom Vollzugsverbot erteilen, wenn die beteiligten Unternehmen hierfür wichtige Gründe geltend machen, insbesondere um schweren Schaden von einem beteiligten Unternehmen oder von Dritten abzuwenden. [2] Die Befreiung kann jederzeit, auch vor der Anmeldung, erteilt und mit Bedingungen und Auflagen verbunden werden. [3] § 40 Abs. 3a gilt entsprechend.

(3) [1] Ein vollzogener Zusammenschluss, der die Untersagungsvoraussetzungen nach § 36 Abs. 1 erfüllt, ist aufzulösen, wenn nicht der Bundesminister für Wirtschaft und Technologie nach § 42 die Erlaubnis zu dem Zusammenschluss erteilt. [2] Das Bundeskartellamt ordnet die zur Auflösung des Zusammenschlusses erforderlichen Maßnahmen an. [3] Die Wettbewerbsbeschränkung kann auch auf andere Weise als durch Wiederherstellung des früheren Zustands beseitigt werden.

(4) Zur Durchsetzung seiner Anordnung kann das Bundeskartellamt insbesondere

1. (weggefallen)
2. die Ausübung des Stimmrechts aus Anteilen an einem beteiligten Unternehmen, die einem anderen beteiligten Unternehmen gehören oder ihm zuzurechnen sind, untersagen oder einschränken,
3. einen Treuhänder bestellen, der die Auflösung des Zusammenschlusses herbeiführt.

§ 42 Ministererlaubnis. (1) [1] Der Bundesminister für Wirtschaft und Technologie erteilt auf Antrag die Erlaubnis zu einem vom Bundeskartellamt untersagten Zusammenschluss, wenn im Einzelfall die Wettbewerbsbeschränkung von gesamtwirtschaftlichen Vorteilen des Zusammenschlusses aufgewogen wird oder der Zusammenschluss durch ein überragendes Interesse der Allgemeinheit gerechtfertigt ist. [2] Hierbei ist auch die Wettbewerbsfähigkeit der beteiligten Unternehmen auf Märkten außerhalb des Geltungsbereichs dieses Gesetzes zu berücksichtigen. [3] Die Erlaubnis darf nur erteilt werden, wenn durch das Ausmaß der Wettbewerbsbeschränkung die marktwirtschaftliche Ordnung nicht gefährdet wird.

(2) [1] Die Erlaubnis kann mit Bedingungen und Auflagen verbunden werden. [2] § 40 Abs. 3 und 3a gilt entsprechend.

(3) [1] Der Antrag ist innerhalb einer Frist von einem Monat seit Zustellung der Untersagung beim Bundesministerium für Wirtschaft und Technologie schriftlich zu stellen. [2] Wird die Untersagung angefochten, beginnt die Frist in dem Zeitpunkt, in dem die Untersagung unanfechtbar wird.

(4) [1] Der Bundesminister für Wirtschaft und Technologie soll über den Antrag innerhalb von vier Monaten entscheiden. [2] Vor der Entscheidung ist eine Stellungnahme der Monopolkommission einzuholen und den obersten Landesbehörden, in deren Gebiet die beteiligten Unternehmen ihren Sitz haben, Gelegenheit zur Stellungnahme zu geben.

§ 43 Bekanntmachungen. (1) Die Einleitung des Hauptprüfverfahrens durch das Bundeskartellamt nach § 40 Abs. 1 Satz 1 und der Antrag auf Erteilung einer Ministererlaubnis sind unverzüglich im Bundesanzeiger bekannt zu machen.

(2) Im Bundesanzeiger sind bekannt zu machen

1. die Verfügung des Bundeskartellamts nach § 40 Abs. 2,
2. die Ministererlaubnis, deren Ablehnung und Änderung,
3. die Rücknahme und der Widerruf der Freigabe des Bundeskartellamts oder der Ministererlaubnis,
4. die Auflösung eines Zusammenschlusses und die sonstigen Anordnungen des Bundeskartellamts nach § 41 Abs. 3 und 4.

(3) Bekannt zu machen nach Absatz 1 und 2 sind jeweils die Angaben nach § 39 Abs. 3 Satz 1 sowie Satz 2 Nr. 1 und 2.

Achter Abschnitt. Monopolkommission

§ 44 Aufgaben. (1) [1] Die Monopolkommission erstellt alle zwei Jahre ein Gutachten, in dem sie den Stand und die absehbare Entwicklung der Unternehmenskonzentration in der Bundesrepublik Deutschland beurteilt, die Anwendung der Vorschriften über die Zusammenschlusskontrolle würdigt sowie zu sonstigen aktuellen wettbewerbspolitischen Fragen Stellung nimmt. [2] Das Gutachten soll die Verhältnisse in den letzten beiden abgeschlossenen Kalenderjahren einbeziehen und bis zum 30. Juni des darauf folgenden Jahres abgeschlossen sein. [3] Die Bundesregierung kann die Monopolkommission mit der Erstattung zusätzlicher Gutachten beauftragen. [4] Darüber hinaus kann die Monopolkommission nach ihrem Ermessen Gutachten erstellen.

(2) [1] Die Monopolkommission ist nur an den durch dieses Gesetz begründeten Auftrag gebunden und in ihrer Tätigkeit unabhängig. [2] Vertritt eine Minderheit bei der Abfassung der Gutachten eine abweichende Auffassung, so kann sie diese in dem Gutachten zum Ausdruck bringen.

(3) [1] Die Monopolkommission leitet ihre Gutachten der Bundesregierung zu. [2] Die Bundesregierung legt Gutachten nach Absatz 1 Satz 1 den gesetzgebenden Körperschaften unverzüglich vor und nimmt zu ihnen in angemessener Frist Stellung. [3] Die Gutachten werden von der Monopolkommission

veröffentlicht. [4] Bei Gutachten nach Absatz 1 Satz 1 erfolgt dies zu dem Zeitpunkt, zu dem sie von der Bundesregierung der gesetzgebenden Körperschaft vorgelegt werden.

§ 45 Mitglieder. (1) [1] Die Monopolkommission besteht aus fünf Mitgliedern, die über besondere volkswirtschaftliche, betriebswirtschaftliche, sozialpolitische, technologische oder wirtschaftsrechtliche Kenntnisse und Erfahrungen verfügen müssen. [2] Die Monopolkommission wählt aus ihrer Mitte einen Vorsitzenden.

(2) [1] Die Mitglieder der Monopolkommission werden auf Vorschlag der Bundesregierung durch den Bundespräsidenten für die Dauer von vier Jahren berufen. [2] Wiederberufungen sind zulässig. [3] Die Bundesregierung hört die Mitglieder der Kommission an, bevor sie neue Mitglieder vorschlägt. [4] Die Mitglieder sind berechtigt, ihr Amt durch Erklärung gegenüber dem Bundespräsidenten niederzulegen. [5] Scheidet ein Mitglied vorzeitig aus, so wird ein neues Mitglied für die Dauer der Amtszeit des ausgeschiedenen Mitglieds berufen.

(3) [1] Die Mitglieder der Monopolkommission dürfen weder der Regierung oder einer gesetzgebenden Körperschaft des Bundes oder eines Landes noch dem öffentlichen Dienst des Bundes, eines Landes oder einer sonstigen juristischen Person des öffentlichen Rechts, es sei denn als Hochschullehrer oder als Mitarbeiter eines wissenschaftlichen Instituts, angehören. [2] Ferner dürfen sie weder einen Wirtschaftsverband noch eine Arbeitgeber- oder Arbeitnehmerorganisation repräsentieren oder zu diesen in einem ständigen Dienst- oder Geschäftsbesorgungsverhältnis stehen. [3] Sie dürfen auch nicht während des letzten Jahres vor der Berufung zum Mitglied der Monopolkommission eine derartige Stellung innegehabt haben.

§ 46 Beschlüsse, Organisation, Rechte und Pflichten der Mitglieder.
(1) Die Beschlüsse der Monopolkommission bedürfen der Zustimmung von mindestens drei Mitgliedern.

(2) [1] Die Monopolkommission hat eine Geschäftsordnung und verfügt über eine Geschäftsstelle. [2] Diese hat die Aufgabe, die Monopolkommission wissenschaftlich, administrativ und technisch zu unterstützen.

(2 a) Die Monopolkommission kann Einsicht in die von der Kartellbehörde geführten Akten einschließlich Betriebs- und Geschäftsgeheimnisse und personenbezogener Daten nehmen, soweit dies zur ordnungsgemäßen Erfüllung ihrer Aufgaben erforderlich ist.

(3) [1] Die Mitglieder der Monopolkommission und die Angehörigen der Geschäftsstelle sind zur Verschwiegenheit über die Beratungen und die von der Monopolkommission als vertraulich bezeichneten Beratungsunterlagen verpflichtet. [2] Die Pflicht zur Verschwiegenheit bezieht sich auch auf Informationen, die der Monopolkommission gegeben und als vertraulich bezeichnet werden oder die gemäß Absatz 2 a erlangt worden sind.

(4) [1] Die Mitglieder der Monopolkommission erhalten eine pauschale Entschädigung sowie Ersatz ihrer Reisekosten. [2] Diese werden vom Bundesministerium für Wirtschaft und Technologie im Einvernehmen mit dem Bundesministerium des Innern festgesetzt. [3] Die Kosten der Monopolkommission trägt der Bund.

§ 47 Übermittlung statistischer Daten.

(1) ¹ Für die Begutachtung der Entwicklung der Unternehmenskonzentration werden der Monopolkommission vom Statistischen Bundesamt aus Wirtschaftsstatistiken (Statistik im Produzierenden Gewerbe, Handwerksstatistik, Außenhandelsstatistik, Steuerstatistik, Verkehrsstatistik, Statistik im Handel und Gastgewerbe, Dienstleistungsstatistik) und dem Statistikregister zusammengefasste Einzelangaben über die Vomhundertanteile der größten Unternehmen, Betriebe oder fachlichen Teile von Unternehmen des jeweiligen Wirtschaftsbereichs

a) am Wert der zum Absatz bestimmten Güterproduktion,

b) am Umsatz,

c) an der Zahl der tätigen Personen,

d) an den Lohn- und Gehaltssummen,

e) an den Investitionen,

f) am Wert der gemieteten und gepachteten Sachanlagen,

g) an der Wertschöpfung oder dem Rohertrag,

h) an der Zahl der jeweiligen Einheiten

übermittelt. ² Satz 1 gilt entsprechend für die Übermittlung von Angaben über die Vomhundertanteile der größten Unternehmensgruppen. ³ Für die Zuordnung der Angaben der Unternehmensgruppen übermittelt die Monopolkommission dem Statistischen Bundesamt Namen und Anschriften der Unternehmen, deren Zugehörigkeit zu einer Unternehmensgruppe sowie Kennzeichen zur Identifikation. ⁴ Die zusammengefassten Einzelangaben dürfen nicht weniger als drei Unternehmensgruppen, Unternehmen, Betriebe oder fachliche Teile von Unternehmen betreffen. ⁵ Durch Kombination oder zeitliche Nähe mit anderen übermittelten oder allgemein zugänglichen Angaben darf kein Rückschluss auf zusammengefasste Angaben von weniger als drei Unternehmensgruppen, Unternehmen, Betrieben oder fachlichen Teile von Unternehmen möglich sein. ⁶ Für die Berechnung von summarischen Konzentrationsmaßen, insbesondere Herfindahl-Indizes und Gini-Koeffizienten, gilt dies entsprechend. ⁷ Die statistischen Ämter der Länder stellen die hierfür erforderlichen Einzelangaben dem Statistischen Bundesamt zur Verfügung.

(2) ¹ Personen, die zusammengefasste Einzelangaben nach Absatz 1 erhalten sollen, sind vor der Übermittlung zur Geheimhaltung besonders zu verpflichten, soweit sie nicht Amtsträger oder für den öffentlichen Dienst besonders Verpflichtete sind, § 1 Abs. 2, 3 und 4 Nr. 2 des Verpflichtungsgesetzes gilt entsprechend. ² Personen, die nach Satz 1 besonders verpflichtet worden sind, stehen für die Anwendung der Vorschriften des Strafgesetzbuches über die Verletzung von Privatgeheimnissen (§ 203 Abs. 2, 4, 5; §§ 204, 205) und des Dienstgeheimnisses (§ 353b Abs. 1) den für den öffentlichen Dienst besonders Verpflichteten gleich.

(3) ¹ Die zusammengefassten Einzelangaben dürfen nur für die Zwecke verwendet werden, für die sie übermittelt wurden. ² Sie sind zu löschen, sobald der in Absatz 1 genannte Zweck erfüllt ist.

(4) Bei der Monopolkommission muss durch organisatorische und technische Maßnahmen sichergestellt sein, dass nur Amtsträger, für den öffentlichen Dienst besonders Verpflichtete oder Verpflichtete nach Absatz 2 Satz 1 Empfänger von zusammengefassten Einzelangaben sind.

(5) ¹Die Übermittlungen sind nach Maßgabe des § 16 Abs. 9 des Bundesstatistikgesetzes aufzuzeichnen. ²Die Aufzeichnungen sind mindestens fünf Jahre aufzubewahren.

(6) Bei der Durchführung der Wirtschaftsstatistiken nach Absatz 1 sind die befragten Unternehmen schriftlich zu unterrichten, dass die zusammengefassten Einzelangaben nach Absatz 1 der Monopolkommission übermittelt werden dürfen.

Zweiter Teil. Kartellbehörden

Erster Abschnitt. Allgemeine Vorschriften

§ 48 Zuständigkeit. (1) Kartellbehörden sind das Bundeskartellamt, das Bundesministerium für Wirtschaft und Technologie und die nach Landesrecht zuständigen obersten Landesbehörden.

(2) ¹Weist eine Vorschrift dieses Gesetzes eine Zuständigkeit nicht einer bestimmten Kartellbehörde zu, so nimmt das Bundeskartellamt die in diesem Gesetz der Kartellbehörde übertragenen Aufgaben und Befugnisse wahr, wenn die Wirkung des wettbewerbsbeschränkenden oder diskriminierenden Verhaltens oder einer Wettbewerbsregel über das Gebiet eines Landes hinausreicht. ²In allen übrigen Fällen nimmt diese Aufgaben und Befugnisse die nach Landesrecht zuständige oberste Landesbehörde wahr.

(3) ¹Das Bundeskartellamt führt ein Monitoring durch über den Grad der Transparenz, auch der Großhandelspreise, sowie den Grad und die Wirksamkeit der Marktöffnung und den Umfang des Wettbewerbs auf Großhandels- und Endkundenebene auf den Strom- und Gasmärkten sowie an Elektrizitäts- und Gasbörsen. ²Das Bundeskartellamt wird die beim Monitoring gewonnenen Daten der Bundesnetzagentur unverzüglich zur Verfügung stellen.

§ 49 Bundeskartellamt und oberste Landesbehörde. (1) ¹Leitet das Bundeskartellamt ein Verfahren ein oder führt es Ermittlungen durch, so benachrichtigt es gleichzeitig die oberste Landesbehörde, in deren Gebiet die betroffenen Unternehmen ihren Sitz haben. ²Leitet eine oberste Landesbehörde ein Verfahren ein oder führt sie Ermittlungen durch, so benachrichtigt sie gleichzeitig das Bundeskartellamt.

(2) ¹Die oberste Landesbehörde hat eine Sache an das Bundeskartellamt abzugeben, wenn nach § 48 Abs. 2 Satz 1 die Zuständigkeit des Bundeskartellamts begründet ist. ²Das Bundeskartellamt hat eine Sache an die oberste Landesbehörde abzugeben, wenn nach § 48 Abs. 2 Satz 2 die Zuständigkeit der obersten Landesbehörde begründet ist.

(3) ¹Auf Antrag des Bundeskartellamts kann die oberste Landesbehörde eine Sache, für die nach § 48 Abs. 2 Satz 2 ihre Zuständigkeit begründet ist, an das Bundeskartellamt abgeben, wenn dies auf Grund der Umstände der Sache angezeigt ist. ²Mit der Abgabe wird das Bundeskartellamt zuständige Kartellbehörde.

(4) ¹Auf Antrag der obersten Landesbehörde kann das Bundeskartellamt eine Sache, für die nach § 48 Abs. 2 Satz 1 seine Zuständigkeit begründet ist, an die oberste Landesbehörde abgeben, wenn dies auf Grund der Umstände

der Sache angezeigt ist. ²Mit der Abgabe wird die oberste Landesbehörde zuständige Kartellbehörde. ³Vor der Abgabe benachrichtigt das Bundeskartellamt die übrigen betroffenen obersten Landesbehörden. ⁴Die Abgabe erfolgt nicht, sofern ihr eine betroffene oberste Landesbehörde innerhalb einer vom Bundeskartellamt zu setzenden Frist widerspricht.

§ 50 Vollzug des europäischen Rechts. (1) Soweit ihre Zuständigkeit nach den §§ 48 und 49 begründet ist, sind das Bundeskartellamt und die obersten Landesbehörden für die Anwendung der Artikel 81 und 82 des Vertrages zur Gründung der Europäischen Gemeinschaft zuständige Wettbewerbsbehörden im Sinne des Artikels 35 Abs. 1 der Verordnung (EG) Nr. 1/2003.

(2) ¹Wenden die obersten Landesbehörden die Artikel 81 und 82 des Vertrages zur Gründung der Europäischen Gemeinschaft an, erfolgt der Geschäftsverkehr mit der Kommission der Europäischen Gemeinschaft oder den Wettbewerbsbehörden der anderen Mitgliedstaaten der Europäischen Gemeinschaft über das Bundeskartellamt. ²Das Bundeskartellamt kann den obersten Landesbehörden Hinweise zur Durchführung des Geschäftsverkehrs geben. ³Das Bundeskartellamt nimmt auch in diesen Fällen die Vertretung im Beratenden Ausschuss für Kartell- und Monopolfragen nach Artikel 14 Abs. 2 Satz 1 und Abs. 7 der Verordnung (EG) Nr. 1/2003 wahr.

(3) ¹Für die Mitwirkung an Verfahren der Kommission der Europäischen Gemeinschaft oder der Wettbewerbsbehörden der anderen Mitgliedstaaten der Europäischen Gemeinschaft zur Anwendung der Artikel 81 und 82 des Vertrages zur Gründung der Europäischen Gemeinschaft ist ausschließlich das Bundeskartellamt zuständige Wettbewerbsbehörde. ²Es gelten die bei der Anwendung dieses Gesetzes maßgeblichen Verfahrensvorschriften.

(4) Das Bundeskartellamt kann den Bediensteten der Wettbewerbsbehörde eines Mitgliedstaats der Europäischen Gemeinschaft und anderen von dieser ermächtigten Begleitpersonen gestatten, bei Durchsuchungen nach Artikel 22 Abs. 1 der Verordnung (EG) Nr. 1/2003 dessen Bedienstete zu begleiten.

(5) ¹In anderen als in den Absätzen 1 bis 4 bezeichneten Fällen nimmt das Bundeskartellamt die Aufgaben wahr, die den Behörden der Mitgliedstaaten der Europäischen Gemeinschaft in den Artikeln 84 und 85 des Vertrages zur Gründung der Europäischen Gemeinschaft sowie in Verordnungen nach Artikel 83 des Vertrages zur Gründung der Europäischen Gemeinschaft, auch in Verbindung mit anderen Ermächtigungsgrundlagen des Vertrages zur Gründung der Europäischen Gemeinschaft, übertragen sind. ²Absatz 3 Satz 2 gilt entsprechend.

§ 50 a Zusammenarbeit im Netzwerk der europäischen Wettbewerbsbehörden. (1) ¹Die Kartellbehörde ist gemäß Artikel 12 Abs. 1 der Verordnung (EG) Nr. 1/2003 befugt, zum Zweck der Anwendung der Artikel 81 und 82 des Vertrages zur Gründung der Europäischen Gemeinschaft der Kommission der Europäischen Gemeinschaft und den Wettbewerbsbehörden der anderen Mitgliedstaaten der Europäischen Gemeinschaft tatsächliche und rechtliche Umstände einschließlich vertraulicher Angaben, insbesondere Betriebs- und Geschäftsgeheimnisse, mitzuteilen, entsprechende Dokumente und Daten zu übermitteln, diese Wettbewerbsbehörden um die Übermittlung solcher Informationen zu ersuchen, diese zu empfangen und als Beweismittel zu verwenden. ² § 50 Abs. 2 gilt entsprechend.

(2) ¹ Die Kartellbehörde darf die empfangenen Informationen nur zum Zweck der Anwendung von Artikel 81 oder 82 des Vertrages zur Gründung der Europäischen Gemeinschaft sowie in Bezug auf den Untersuchungsgegenstand als Beweismittel verwenden, für den sie von der übermittelnden Behörde erhoben wurden. ² Werden Vorschriften dieses Gesetzes jedoch nach Maßgabe des Artikels 12 Abs. 2 Satz 2 der Verordnung (EG) Nr. 1/2003 angewandt, so können nach Absatz 1 ausgetauschte Informationen auch für die Anwendung dieses Gesetzes verwendet werden.

(3) ¹ Informationen, die die Kartellbehörde nach Absatz 1 erhalten hat, können zum Zweck der Verhängung von Sanktionen gegen natürliche Personen nur als Beweismittel verwendet werden, wenn das Recht der übermittelnden Behörde ähnlich geartete Sanktionen in Bezug auf Verstöße gegen Artikel 81 oder 82 des Vertrages zur Gründung der Europäischen Gemeinschaft vorsieht. ² Falls die Voraussetzungen des Satzes 1 nicht erfüllt sind, ist eine Verwendung als Beweismittel auch dann möglich, wenn die Informationen in einer Weise erhoben worden sind, die hinsichtlich der Wahrung der Verteidigungsrechte natürlicher Personen das gleiche Schutzniveau wie nach dem für die Kartellbehörde geltenden Recht gewährleistet. ³ Das Beweisverwertungsverbot nach Satz 1 steht einer Verwendung der Beweise gegen juristische Personen oder Personenvereinigungen nicht entgegen. ⁴ Die Beachtung verfassungsrechtlich begründeter Verwertungsverbote bleibt unberührt.

§ 50 b Sonstige Zusammenarbeit mit ausländischen Wettbewerbsbehörden. (1) Das Bundeskartellamt hat die in § 50a Abs. 1 genannten Befugnisse auch in anderen Fällen, in denen es zum Zweck der Anwendung kartellrechtlicher Vorschriften mit der Kommission der Europäischen Gemeinschaft oder den Wettbewerbsbehörden anderer Staaten zusammenarbeitet.

(2) ¹ Das Bundeskartellamt darf Informationen nach § 50a Abs. 1 nur unter dem Vorbehalt übermitteln, dass die empfangende Wettbewerbsbehörde

1. die Informationen nur zum Zweck der Anwendung kartellrechtlicher Vorschriften sowie in Bezug auf den Untersuchungsgegenstand als Beweismittel verwendet, für den sie das Bundeskartellamt erhoben hat, und
2. den Schutz vertraulicher Informationen wahrt und diese nur an Dritte übermittelt, wenn das Bundeskartellamt der Übermittlung zustimmt; das gilt auch für die Offenlegung von vertraulichen Informationen in Gerichts- oder Verwaltungsverfahren.

² Vertrauliche Angaben, einschließlich Betriebs- und Geschäftsgeheimnisse, aus Verfahren der Zusammenschlusskontrolle dürfen durch das Bundeskartellamt nur mit Zustimmung des Unternehmens übermittelt werden, das diese Angaben vorgelegt hat.

(3) Die Regelungen über die Rechtshilfe in Strafsachen sowie Amts- und Rechtshilfeabkommen bleiben unberührt.

§ 50 c Behördenzusammenarbeit. (1) ¹ Die Kartellbehörden, Regulierungsbehörden sowie die zuständigen Behörden im Sinne des § 2 des EG-Verbraucherschutzdurchsetzungsgesetzes können unabhängig von der jeweils gewählten Verfahrensart untereinander Informationen einschließlich personenbezogener Daten und Betriebs- und Geschäftsgeheimnisse austauschen, soweit dies zur Erfüllung ihrer jeweiligen Aufgaben erforderlich ist, sowie diese in ihren Verfahren verwerten. ²Beweisverwertungsverbote bleiben unberührt.

(2) ¹Die Kartellbehörden arbeiten im Rahmen der Erfüllung ihrer Aufgaben mit der Bundesanstalt für Finanzdienstleistungsaufsicht, der Deutschen Bundesbank und den Landesmedienanstalten zusammen. ²Die Kartellbehörden können mit den in Satz 1 genannten Behörden auf Anfrage gegenseitig Erkenntnisse austauschen, soweit dies für die Erfüllung ihrer jeweiligen Aufgaben erforderlich ist. ³Dies gilt nicht

1. für vertrauliche Informationen, insbesondere Betriebs- und Geschäftsgeheimnisse sowie
2. für Informationen, die nach § 50a oder nach Artikel 12 der Verordnung (EG) Nr. 1/2003 erlangt worden sind.

⁴Satz 2 und 3 Nr. 1 lassen die Regelungen des Wertpapiererwerbs- und Übernahmegesetzes sowie des Gesetzes über den Wertpapierhandel über die Zusammenarbeit mit anderen Behörden unberührt.

(3) ¹Das Bundeskartellamt kann Angaben der an einem Zusammenschluss beteiligten Unternehmen, die ihm nach § 39 Abs. 3 gemacht worden sind, an andere Behörden übermitteln, soweit dies zur Verfolgung der in § 7 Abs. 1 Nr. 1 und Abs. 2 Nr. 6 des Außenwirtschaftsgesetzes genannten Zwecke erforderlich ist. ²Bei Zusammenschlüssen mit gemeinschaftsweiter Bedeutung im Sinne des Artikels 1 Abs. 1 der Verordnung (EG) Nr. 139/2004 des Rates vom 20. Januar 2004 über die Kontrolle von Unternehmenszusammenschlüssen in ihrer jeweils geltenden Fassung steht dem Bundeskartellamt die Befugnis nach Satz 1 nur hinsichtlich solcher Angaben zu, welche von der Europäischen Kommission nach Artikel 4 Abs. 3 dieser Verordnung veröffentlicht worden sind.

Zweiter Abschnitt. Bundeskartellamt

§ 51 Sitz, Organisation. (1) ¹Das Bundeskartellamt ist eine selbständige Bundesoberbehörde mit dem Sitz in Bonn. ²Es gehört zum Geschäftsbereich des Bundesministeriums für Wirtschaft und Technologie.

(2) ¹Die Entscheidungen des Bundeskartellamts werden von den Beschlussabteilungen getroffen, die nach Bestimmung des Bundesministeriums für Wirtschaft und Technologie gebildet werden. ²Im Übrigen regelt der Präsident die Verteilung und den Gang der Geschäfte des Bundeskartellamts durch eine Geschäftsordnung; sie bedarf der Bestätigung durch das Bundesministerium für Wirtschaft und Technologie.

(3) Die Beschlussabteilungen entscheiden in der Besetzung mit einem oder einer Vorsitzenden und zwei Beisitzenden.

(4) Vorsitzende und Beisitzende der Beschlussabteilungen müssen Beamte auf Lebenszeit sein und die Befähigung zum Richteramt oder zum höheren Verwaltungsdienst haben.

(5) Die Mitglieder des Bundeskartellamts dürfen weder ein Unternehmen innehaben oder leiten noch dürfen sie Mitglied des Vorstandes oder des

Aufsichtsrates eines Unternehmens, eines Kartells oder einer Wirtschafts- oder Berufsvereinigung sein.

§ 52 Veröffentlichung allgemeiner Weisungen. Soweit das Bundesministerium für Wirtschaft und Technologie dem Bundeskartellamt allgemeine Weisungen für den Erlass oder die Unterlassung von Verfügungen nach diesem Gesetz erteilt, sind diese Weisungen im Bundesanzeiger zu veröffentlichen.

§ 53 Tätigkeitsbericht. (1) [1] Das Bundeskartellamt veröffentlicht alle zwei Jahre einen Bericht über seine Tätigkeit sowie über die Lage und Entwicklung auf seinem Aufgabengebiet. [2] In den Bericht sind die allgemeinen Weisungen des Bundesministeriums für Wirtschaft und Technologie nach § 52 aufzunehmen. [3] Es veröffentlicht ferner fortlaufend seine Verwaltungsgrundsätze.

(2) Die Bundesregierung leitet den Bericht des Bundeskartellamts dem Bundestag unverzüglich mit ihrer Stellungnahme zu.

(3) Das Bundeskartellamt erstellt einen Bericht über seine Monitoringtätigkeit nach § 48 Absatz 3 im Einvernehmen mit der Bundesnetzagentur, soweit Aspekte der Regulierung der Leitungsnetze betroffen sind, und leitet ihn der Bundesnetzagentur zu.

Dritter Teil. Verfahren und Rechtsschutz bei überlangen Gerichtsverfahren

Erster Abschnitt. Verwaltungssachen

I. Verfahren vor den Kartellbehörden

§ 54 Einleitung des Verfahrens, Beteiligte. (1) [1] Die Kartellbehörde leitet ein Verfahren von Amts wegen oder auf Antrag ein. [2] Die Kartellbehörde kann auf entsprechendes Ersuchen zum Schutz eines Beschwerdeführers ein Verfahren von Amts wegen einleiten.

(2) An dem Verfahren vor der Kartellbehörde sind beteiligt,

1. wer die Einleitung eines Verfahrens beantragt hat;
2. Kartelle, Unternehmen, Wirtschafts- oder Berufsvereinigungen, gegen die sich das Verfahren richtet;
3. Personen und Personenvereinigungen, deren Interessen durch die Entscheidung erheblich berührt werden und die die Kartellbehörde auf ihren Antrag zu dem Verfahren beigeladen hat; Interessen der Verbraucherzentralen und anderer Verbraucherverbände, die mit öffentlichen Mitteln gefördert werden, werden auch dann erheblich berührt, wenn sich die Entscheidung auf eine Vielzahl von Verbrauchern auswirkt und dadurch die Interessen der Verbraucher insgesamt erheblich berührt werden;
4. in den Fällen des § 37 Abs. 1 Nr. 1 oder 3 auch der Veräußerer.

(3) An Verfahren vor obersten Landesbehörden ist auch das Bundeskartellamt beteiligt.

§ 55 Vorabentscheidung über Zuständigkeit. (1) [1] Macht ein Beteiligter die örtliche oder sachliche Unzuständigkeit der Kartellbehörde geltend, so kann die Kartellbehörde über die Zuständigkeit vorab entscheiden. ²Die Verfügung kann selbständig mit der Beschwerde angefochten werden; die Beschwerde hat aufschiebende Wirkung.

(2) Hat ein Beteiligter die örtliche oder sachliche Unzuständigkeit der Kartellbehörde nicht geltend gemacht, so kann eine Beschwerde nicht darauf gestützt werden, dass die Kartellbehörde ihre Zuständigkeit zu Unrecht angenommen hat.

§ 56 Anhörung, mündliche Verhandlung. (1) Die Kartellbehörde hat den Beteiligten Gelegenheit zur Stellungnahme zu geben.

(2) Vertretern der von dem Verfahren berührten Wirtschaftskreise kann die Kartellbehörde in geeigneten Fällen Gelegenheit zur Stellungnahme geben.

(3) ¹Auf Antrag eines Beteiligten oder von Amts wegen kann die Kartellbehörde eine öffentliche mündliche Verhandlung durchführen. ²Für die Verhandlung oder für einen Teil davon ist die Öffentlichkeit auszuschließen, wenn sie eine Gefährdung der öffentlichen Ordnung, insbesondere der Staatssicherheit, oder die Gefährdung eines wichtigen Geschäfts- oder Betriebsgeheimnisses besorgen lässt. ³In den Fällen des § 42 hat das Bundesministerium für Wirtschaft und Technologie eine öffentliche mündliche Verhandlung durchzuführen; mit Einverständnis der Beteiligten kann ohne mündliche Verhandlung entschieden werden.

(4) Die §§ 45 und 46 des Verwaltungsverfahrensgesetzes sind anzuwenden.

§ 57 Ermittlungen, Beweiserhebung. (1) Die Kartellbehörde kann alle Ermittlungen führen und alle Beweise erheben, die erforderlich sind.

(2) ¹Für den Beweis durch Augenschein, Zeugen und Sachverständige sind § 372 Abs. 1, §§ 376, 377, 378, 380 bis 387, 390, 395 bis 397, 398 Abs. 1, §§ 401, 402, 404, 404a, 406 bis 409, 411 bis 414 der Zivilprozessordnung sinngemäß anzuwenden; Haft darf nicht verhängt werden. ²Für die Entscheidung über die Beschwerde ist das Oberlandesgericht zuständig.

(3) ¹Über die Zeugenaussage wird eine Niederschrift aufgenommen werden, die von dem ermittelnden Mitglied der Kartellbehörde und, wenn ein Urkundsbeamter zugezogen ist, auch von diesem zu unterschreiben ist. ²Die Niederschrift soll Ort und Tag der Verhandlung sowie die Namen der Mitwirkenden und Beteiligten ersehen lassen.

(4) ¹Die Niederschrift ist dem Zeugen zur Genehmigung vorzulesen oder zur eigenen Durchsicht vorzulegen. ²Die erteilte Genehmigung ist zu vermerken und von dem Zeugen zu unterschreiben. ³Unterbleibt die Unterschrift, so ist der Grund hierfür anzugeben.

(5) Bei der Vernehmung von Sachverständigen sind die Bestimmungen der Absätze 3 und 4 entsprechend anzuwenden.

(6) ¹Die Kartellbehörde kann das Amtsgericht um die Beeidigung von Zeugen ersuchen, wenn sie die Beeidigung zur Herbeiführung einer wahrheitsgemäßen Aussage für notwendig erachtet. ²Über die Beeidigung entscheidet das Gericht.

§ 58 Beschlagnahme. (1) ¹Die Kartellbehörde kann Gegenstände, die als Beweismittel für die Ermittlung von Bedeutung sein können, beschlagnahmen. ²Die Beschlagnahme ist dem davon Betroffenen unverzüglich bekannt zu machen.

(2) Die Kartellbehörde hat binnen drei Tagen die richterliche Bestätigung des Amtsgerichts, in dessen Bezirk die Beschlagnahme vorgenommen ist, nachzusuchen, wenn bei der Beschlagnahme weder der davon Betroffene noch ein erwachsener Angehöriger anwesend war oder wenn der Betroffene und im Falle seiner Abwesenheit ein erwachsener Angehöriger des Betroffenen gegen die Beschlagnahme ausdrücklich Widerspruch erhoben hat.

(3) ¹Der Betroffene kann gegen die Beschlagnahme jederzeit die richterliche Entscheidung nachsuchen. ²Hierüber ist er zu belehren. ³Über den Antrag entscheidet das nach Absatz 2 zuständige Gericht.

(4) ¹Gegen die richterliche Entscheidung ist die Beschwerde zulässig. ²Die §§ 306 bis 310 und 311a der Strafprozessordnung gelten entsprechend.

§ 59 Auskunftsverlangen. (1) ¹Soweit es zur Erfüllung der in diesem Gesetz der Kartellbehörde übertragenen Aufgaben erforderlich ist, kann die Kartellbehörde bis zum Eintritt der Bestandskraft ihrer Entscheidung

1. von Unternehmen und Vereinigungen von Unternehmen Auskunft über ihre wirtschaftlichen Verhältnisse sowie die Herausgabe von Unterlagen verlangen; dies umfasst auch allgemeine Marktstudien, die der Einschätzung oder Analyse der Wettbewerbsbedingungen oder der Marktlage dienen und sich im Besitz des Unternehmens oder der Unternehmensvereinigung befinden;
2. von Unternehmen und Vereinigungen von Unternehmen Auskunft über die wirtschaftlichen Verhältnisse von mit ihnen nach § 36 Abs. 2 verbundenen Unternehmen sowie die Herausgabe von Unterlagen dieser Unternehmen verlangen, soweit sie die Informationen zur Verfügung haben oder soweit sie auf Grund bestehender rechtlicher Verbindungen zur Beschaffung der verlangten Informationen über die verbundenen Unternehmen in der Lage sind;
3. bei Unternehmen und Vereinigungen von Unternehmen innerhalb der üblichen Geschäftszeiten die geschäftlichen Unterlagen einsehen und prüfen.

²Gegenüber Wirtschafts- und Berufsvereinigungen gilt Satz 1 Nr. 1 und 3 entsprechend hinsichtlich ihrer Tätigkeit, Satzung, Beschlüsse sowie Anzahl und Namen der Mitglieder, für die die Beschlüsse bestimmt sind.

(2) Die Inhaber der Unternehmen und ihre Vertretung, bei juristischen Personen, Gesellschaften und nicht rechtsfähigen Vereinen die nach Gesetz oder Satzung zur Vertretung berufenen Personen sind verpflichtet, die verlangten Unterlagen herauszugeben, die verlangten Auskünfte zu erteilen, die geschäftlichen Unterlagen zur Einsichtnahme und Prüfung vorzulegen und die Prüfung dieser geschäftlichen Unterlagen sowie das Betreten von Geschäftsräumen und -grundstücken zu dulden.

(3) ¹Personen, die von der Kartellbehörde mit der Vornahme von Prüfungen beauftragt werden, dürfen die Räume der Unternehmen und Vereinigungen von Unternehmen betreten. ²Das Grundrecht des Artikels 13 des Grundgesetzes wird insoweit eingeschränkt.

(4) ¹Durchsuchungen können nur auf Anordnung des Amtsrichters, in dessen Bezirk die Durchsuchung erfolgen soll, vorgenommen werden. ²Durchsuchungen sind zulässig, wenn zu vermuten ist, dass sich in den betreffenden Räumen Unterlagen befinden, die die Kartellbehörde nach Absatz 1 einsehen, prüfen oder herausverlangen darf. ³Das Grundrecht der Unverletzlichkeit der Wohnung (Artikel 13 Abs. 1 des Grundgesetzes) wird insoweit eingeschränkt. ⁴Auf die Anfechtung dieser Anordnung finden die §§ 306 bis 310 und 311 a der Strafprozessordnung entsprechende Anwendung. ⁵Bei Gefahr im Verzuge können die in Absatz 3 bezeichneten Personen während der Geschäftszeit die erforderlichen Durchsuchungen ohne richterliche Anordnung vornehmen. ⁶An Ort und Stelle ist eine Niederschrift über die Durchsuchung und ihr wesentliches Ergebnis aufzunehmen, aus der sich, falls keine richterliche Anordnung ergangen ist, auch die Tatsachen ergeben, die zur Annahme einer Gefahr im Verzuge geführt haben.

(5) Zur Auskunft Verpflichtete können die Auskunft auf solche Fragen verweigern, deren Beantwortung sie selbst oder Angehörige, die in § 383 Abs. 1 Nr. 1 bis 3 der Zivilprozessordnung bezeichnet sind, der Gefahr strafgerichtlicher Verfolgung oder eines Verfahrens nach dem Gesetz über Ordnungswidrigkeiten aussetzen würde.

(6) ¹Das Bundesministerium für Wirtschaft und Technologie oder die oberste Landesbehörde fordern die Auskunft durch schriftliche Einzelverfügung, das Bundeskartellamt fordert sie durch Beschluss an. ²Darin sind die Rechtsgrundlage, der Gegenstand und der Zweck des Auskunftsverlangens anzugeben und eine angemessene Frist zur Erteilung der Auskunft zu bestimmen.

(7) ¹Das Bundesministerium für Wirtschaft und Technologie oder die oberste Landesbehörde ordnen die Prüfung durch schriftliche Einzelverfügung, das Bundeskartellamt ordnet sie durch Beschluss mit Zustimmung des Präsidenten an. ²In der Anordnung sind Zeitpunkt, Rechtsgrundlage, Gegenstand und Zweck der Prüfung anzugeben.

§ 60 Einstweilige Anordnungen.
Die Kartellbehörde kann bis zur endgültigen Entscheidung über

1. eine Verfügung nach § 40 Abs. 2, § 41 Abs. 3 oder einen Widerruf oder eine Änderung einer Freigabe nach § 40 Abs. 3 a,
2. eine Erlaubnis nach § 42 Abs. 1, ihren Widerruf oder ihre Änderung nach § 42 Abs. 2 Satz 2,
3. eine Verfügung nach § 26 Abs. 4, § 30 Abs. 3 oder § 34 Abs. 1

einstweilige Anordnungen zur Regelung eines einstweiligen Zustandes treffen.

§ 61 Verfahrensabschluss, Begründung der Verfügung, Zustellung.

(1) ¹Verfügungen der Kartellbehörde sind zu begründen und mit einer Belehrung über das zulässige Rechtsmittel den Beteiligten nach den Vorschriften des Verwaltungszustellungsgesetzes zuzustellen. ²§ 5 Abs. 4 des Verwaltungszustellungsgesetzes und § 178 Abs. 1 Nr. 2 der Zivilprozessordnung sind auch auf Unternehmen und Vereinigungen von Unternehmen sowie auf Auftraggeber im Sinn von § 98 entsprechend anzuwenden. ³Verfügungen, die gegenüber einem Unternehmen mit Sitz außerhalb des Geltungsbereichs dieses

Gesetzes ergehen, stellt die Kartellbehörde der Person zu, die das Unternehmen dem Bundeskartellamt als zustellungsbevollmächtigt benannt hat. [4] Hat das Unternehmen keine zustellungsbevollmächtigte Person benannt, so stellt die Kartellbehörde die Verfügungen durch Bekanntmachung im Bundesanzeiger zu.

(2) Soweit ein Verfahren nicht mit einer Verfügung abgeschlossen wird, die den Beteiligten nach Absatz 1 zugestellt wird, ist seine Beendigung den Beteiligten schriftlich mitzuteilen.

§ 62 Bekanntmachung von Verfügungen. [1] Verfügungen der Kartellbehörde nach § 30 Abs. 3, §§ 32 bis 32 b und 32 d sind im Bundesanzeiger bekannt zu machen. [2] Entscheidungen nach § 32 c können von der Kartellbehörde bekannt gemacht werden.

II. Beschwerde

§ 63 Zulässigkeit, Zuständigkeit. (1) [1] Gegen Verfügungen der Kartellbehörde ist die Beschwerde zulässig. [2] Sie kann auch auf neue Tatsachen und Beweismittel gestützt werden.

(2) Die Beschwerde steht den am Verfahren vor der Kartellbehörde Beteiligten (§ 54 Abs. 2 und 3) zu.

(3) [1] Die Beschwerde ist auch gegen die Unterlassung einer beantragten Verfügung der Kartellbehörde zulässig, auf deren Vornahme der Antragsteller ein Recht zu haben behauptet. [2] Als Unterlassung gilt es auch, wenn die Kartellbehörde den Antrag auf Vornahme der Verfügung ohne zureichenden Grund in angemessener Frist nicht beschieden hat. [3] Die Unterlassung ist dann einer Ablehnung gleichzuachten.

(4) [1] Über die Beschwerde entscheidet ausschließlich das für den Sitz der Kartellbehörde zuständige Oberlandesgericht, in den Fällen der §§ 35 bis 42 ausschließlich das für den Sitz des Bundeskartellamts zuständige Oberlandesgericht, und zwar auch dann, wenn sich die Beschwerde gegen eine Verfügung des Bundesministeriums für Wirtschaft und Technologie richtet. [2] § 36 der Zivilprozessordnung gilt entsprechend.

§ 64 Aufschiebende Wirkung. (1) Die Beschwerde hat aufschiebende Wirkung, soweit durch die angefochtene Verfügung

1. *(aufgehoben)*

2. eine Verfügung nach § 26 Abs. 4, § 30 Abs. 3 oder § 34 Abs. 1 getroffen oder

3. eine Erlaubnis nach § 42 Abs. 2 Satz 2 widerrufen oder geändert wird.

(2) [1] Wird eine Verfügung, durch die eine einstweilige Anordnung nach § 60 getroffen wurde, angefochten, so kann das Beschwerdegericht anordnen, dass die angefochtene Verfügung ganz oder teilweise erst nach Abschluss des Beschwerdeverfahrens oder nach Leistung einer Sicherheit in Kraft tritt. [2] Die Anordnung kann jederzeit aufgehoben oder geändert werden.

(3) [1] § 60 gilt entsprechend für das Verfahren vor dem Beschwerdegericht. [2] Dies gilt nicht für die Fälle des § 65.

§ 65 Anordnung der sofortigen Vollziehung. (1) Die Kartellbehörde kann in den Fällen des § 64 Abs. 1 die sofortige Vollziehung der Verfügung anordnen, wenn dies im öffentlichen Interesse oder im überwiegenden Interesse eines Beteiligten geboten ist.

(2) Die Anordnung nach Absatz 1 kann bereits vor der Einreichung der Beschwerde getroffen werden.

(3) [1] Auf Antrag kann das Beschwerdegericht die aufschiebende Wirkung ganz oder teilweise wiederherstellen, wenn

1. die Voraussetzungen für die Anordnung nach Absatz 1 nicht vorgelegen haben oder nicht mehr vorliegen oder
2. ernstliche Zweifel an der Rechtmäßigkeit der angefochtenen Verfügung bestehen oder
3. die Vollziehung für den Betroffenen eine unbillige, nicht durch überwiegende öffentliche Interessen gebotene Härte zur Folge hätte.

[2] In den Fällen, in denen die Beschwerde keine aufschiebende Wirkung hat, kann die Kartellbehörde die Vollziehung aussetzen; die Aussetzung soll erfolgen, wenn die Voraussetzungen des Satzes 1 Nr. 3 vorliegen. [3] Das Beschwerdegericht kann auf Antrag die aufschiebende Wirkung ganz oder teilweise anordnen, wenn die Voraussetzungen des Satzes 1 Nr. 2 oder 3 vorliegen. [4] Hat ein Dritter Beschwerde gegen eine Verfügung nach § 40 Abs. 2 eingelegt, ist der Antrag des Dritten auf Erlass einer Anordnung nach Satz 3 nur zulässig, wenn dieser geltend macht, durch die Verfügung in seinen Rechten verletzt zu sein.

(4) [1] Der Antrag nach Absatz 3 Satz 1 oder 3 ist schon vor Einreichung der Beschwerde zulässig. [2] Die Tatsachen, auf die der Antrag gestützt wird, sind vom Antragsteller glaubhaft zu machen. [3] Ist die Verfügung im Zeitpunkt der Entscheidung schon vollzogen, kann das Gericht auch die Aufhebung der Vollziehung anordnen. [4] Die Wiederherstellung und die Anordnung der aufschiebenden Wirkung können von der Leistung einer Sicherheit oder von anderen Auflagen abhängig gemacht werden. [5] Sie können auch befristet werden.

(5) Beschlüsse über Anträge nach Absatz 3 können jederzeit geändert oder aufgehoben werden.

§ 66 Frist und Form. (1) [1] Die Beschwerde ist binnen einer Frist von einem Monat bei der Kartellbehörde, deren Verfügung angefochten wird, schriftlich einzureichen. [2] Die Frist beginnt mit der Zustellung der Verfügung der Kartellbehörde. [3] Wird in den Fällen des § 36 Abs. 1 Antrag auf Erteilung einer Erlaubnis nach § 42 gestellt, so beginnt die Frist für die Beschwerde gegen die Verfügung des Bundeskartellamts mit der Zustellung der Verfügung des Bundesministeriums für Wirtschaft und Technologie. [4] Es genügt, wenn die Beschwerde innerhalb der Frist bei dem Beschwerdegericht eingeht.

(2) Ergeht auf einen Antrag keine Verfügung (§ 63 Abs. 3 Satz 2), so ist die Beschwerde an keine Frist gebunden.

(3) [1] Die Beschwerde ist innerhalb von zwei Monaten nach Zustellung der angefochtenen Verfügung zu begründen. [2] Im Fall des Absatzes 1 Satz 3 beginnt die Frist mit der Zustellung der Verfügung des Bundesministeriums für Wirtschaft und Technologie. [3] Wird diese Verfügung angefochten, beginnt

die Frist zu dem Zeitpunkt, zu dem die Untersagung unanfechtbar wird. [4] Im Fall des Absatzes 2 beträgt die Frist einen Monat; sie beginnt mit der Einlegung der Beschwerde. [5] Die Frist kann auf Antrag von dem oder der Vorsitzenden des Beschwerdegerichts verlängert werden.

(4) Die Beschwerdebegründung muss enthalten

1. die Erklärung, inwieweit die Verfügung angefochten und ihre Abänderung oder Aufhebung beantragt wird,
2. die Angabe der Tatsachen und Beweismittel, auf die sich die Beschwerde stützt.

(5) Die Beschwerdeschrift und die Beschwerdebegründung müssen durch einen Rechtsanwalt unterzeichnet sein; dies gilt nicht für Beschwerden der Kartellbehörden.

§§ 67–80 *(vom Abdruck wurde abgesehen)*

Zweiter Abschnitt. Bußgeldverfahren

§ 81 Bußgeldvorschriften. (1) Ordnungswidrig handelt, wer gegen den Vertrag über die Arbeitsweise der Europäischen Union in der Fassung der Bekanntmachung vom 9. Mai 2008 (ABl. C 115 vom 9.5.2008, S. 47) verstößt, indem er vorsätzlich oder fahrlässig

1. entgegen Artikel 101 Absatz 1 eine Vereinbarung trifft, einen Beschluss fasst oder Verhaltensweisen aufeinander abstimmt oder
2. entgegen Artikel 102 Satz 1 eine beherrschende Stellung missbräuchlich ausnutzt.

(2) Ordnungswidrig handelt, wer vorsätzlich oder fahrlässig

1. einer Vorschrift der §§ 1, 19 Abs. 1, § 20 Abs. 1, auch in Verbindung mit Abs. 2 Satz 1, § 20 Abs. 3 Satz 1, auch in Verbindung mit Satz 2, § 20 Abs. 4 Satz 1 oder Abs. 6, § 21 Abs. 3 oder 4, § 29 Satz 1 oder § 41 Abs. 1 Satz 1 über das Verbot einer dort genannten Vereinbarung, eines dort genannten Beschlusses, einer aufeinander abgestimmten Verhaltensweise, der missbräuchlichen Ausnutzung einer marktbeherrschenden Stellung, einer Marktstellung oder einer überlegenen Marktmacht, einer unbilligen Behinderung oder unterschiedlichen Behandlung, der Ablehnung der Aufnahme eines Unternehmens, der Ausübung eines Zwangs, der Zufügung eines wirtschaftlichen Nachteils oder des Vollzugs eines Zusammenschlusses zuwiderhandelt,
2. einer vollziehbaren Anordnung nach
   a) § 30 Abs. 3, § 32 Abs. 1, § 32a Abs. 1, § 32b Abs. 1 Satz 1 oder § 41 Abs. 4 Nr. 2, auch in Verbindung mit § 40 Abs. 3a Satz 2, auch in Verbindung mit § 41 Abs. 2 Satz 3 oder § 42 Abs. 2 Satz 2, oder § 60 oder
   b) § 39 Abs. 5
   zuwiderhandelt,
3. entgegen § 39 Abs. 1 einen Zusammenschluss nicht richtig oder nicht vollständig anmeldet,

4. entgegen § 39 Abs. 6 eine Anzeige nicht, nicht richtig, nicht vollständig oder nicht rechtzeitig erstattet,

5. einer vollziehbaren Auflage nach § 40 Abs. 3 Satz 1 oder § 42 Abs. 2 Satz 1 zuwiderhandelt oder

6. entgegen § 59 Abs. 2 eine Auskunft nicht, nicht richtig, nicht vollständig oder nicht rechtzeitig erteilt, Unterlagen nicht, nicht vollständig oder nicht rechtzeitig herausgibt, geschäftliche Unterlagen nicht, nicht vollständig oder nicht rechtzeitig zur Einsichtnahme und Prüfung vorlegt oder die Prüfung dieser geschäftlichen Unterlagen sowie das Betreten von Geschäftsräumen und -grundstücken nicht duldet.

(3) Ordnungswidrig handelt, wer

1. entgegen § 21 Abs. 1 zu einer Liefersperre oder Bezugssperre auffordert,

2. entgegen § 21 Abs. 2 einen Nachteil androht oder zufügt oder einen Vorteil verspricht oder gewährt oder

3. entgegen § 24 Abs. 4 Satz 3 oder § 39 Abs. 3 Satz 5 eine Angabe macht oder benutzt.

(4) [1] Die Ordnungswidrigkeit kann in den Fällen des Absatzes 1, des Absatzes 2 Nr. 1, 2 Buchstabe a und Nr. 5 und des Absatzes 3 mit einer Geldbuße bis zu einer Million Euro geahndet werden. [2] Gegen ein Unternehmen oder eine Unternehmensvereinigung kann über Satz 1 hinaus eine höhere Geldbuße verhängt werden; die Geldbuße darf 10 vom Hundert des im der Behördenentscheidung vorausgegangenen Geschäftsjahr erzielten Gesamtumsatzes des Unternehmens oder der Unternehmensvereinigung nicht übersteigen. [3] Bei der Ermittlung des Gesamtumsatzes ist der weltweite Umsatz aller natürlichen und juristischen Personen zugrunde zu legen, die als wirtschaftliche Einheit operieren. [4] Die Höhe des Gesamtumsatzes kann geschätzt werden. [5] In den übrigen Fällen kann die Ordnungswidrigkeit mit einer Geldbuße bis zu hunderttausend Euro geahndet werden. [6] Bei der Festsetzung der Höhe der Geldbuße ist sowohl die Schwere der Zuwiderhandlung als auch deren Dauer zu berücksichtigen.

(5) [1] Bei der Zumessung der Geldbuße findet § 17 Abs. 4 des Gesetzes über Ordnungswidrigkeiten mit der Maßgabe Anwendung, dass der wirtschaftliche Vorteil, der aus der Ordnungswidrigkeit gezogen wurde, durch die Geldbuße nach Absatz 4 abgeschöpft werden kann. [2] Dient die Geldbuße allein der Ahndung, ist dies bei der Zumessung entsprechend zu berücksichtigen.

(6) [1] Im Bußgeldbescheid festgesetzte Geldbußen gegen juristische Personen und Personenvereinigungen sind zu verzinsen; die Verzinsung beginnt zwei Wochen nach Zustellung des Bußgeldbescheides. [2] § 288 Abs. 1 Satz 2 und § 289 Satz 1 des Bürgerlichen Gesetzbuchs sind entsprechend anzuwenden.

(7) Das Bundeskartellamt kann allgemeine Verwaltungsgrundsätze über die Ausübung seines Ermessens bei der Bemessung der Geldbuße, insbesondere für die Feststellung der Bußgeldhöhe als auch für die Zusammenarbeit mit ausländischen Wettbewerbsbehörden, festlegen.

(8) [1] Die Verjährung der Verfolgung von Ordnungswidrigkeiten nach den Absätzen 1 bis 3 richtet sich nach den Vorschriften des Gesetzes über Ordnungswidrigkeiten auch dann, wenn die Tat durch Verbreiten von Druck-

schriften begangen wird. ²Die Verfolgung der Ordnungswidrigkeiten nach Absatz 1, Absatz 2 Nr. 1 und Absatz 3 verjährt in fünf Jahren.

(9) Ist die Europäische Kommission oder sind die Wettbewerbsbehörden anderer Mitgliedstaaten der Europäischen Union auf Grund einer Beschwerde oder von Amts wegen mit einem Verfahren wegen eines Verstoßes gegen Artikel 101 oder 102 des Vertrages über die Arbeitsweise der Europäischen Union gegen dieselbe Vereinbarung, denselben Beschluss oder dieselbe Verhaltensweise wie die Kartellbehörde befasst, wird für Ordnungswidrigkeiten nach Absatz 1 die Verjährung durch die den § 33 Absatz 1 des Gesetzes über Ordnungswidrigkeiten entsprechenden Handlungen dieser Wettbewerbsbehörden unterbrochen.

(10) Verwaltungsbehörde im Sinne des § 36 Abs. 1 Nr. 1 des Gesetzes über Ordnungswidrigkeiten ist die nach § 48, auch in Verbindung mit § 49 Abs. 3 und 4, oder § 50 zuständige Behörde.

§§ 82–86 *(vom Abdruck wurde abgesehen)*

Dritter Abschnitt. Vollstreckung

§ 86 a *(vom Abdruck wurde abgesehen)*

Vierter Abschnitt. Bürgerliche Rechtsstreitigkeiten

§§ 87–89 a *(vom Abdruck wurde abgesehen)*

Fünfter Abschnitt. Gemeinsame Bestimmungen

§§ 90–95 *(vom Abdruck wurde abgesehen)*

§ 96 (weggefallen)

Vierter Teil. Vergabe öffentlicher Aufträge

Erster Abschnitt. Vergabeverfahren

§ 97 Allgemeine Grundsätze. (1) Öffentliche Auftraggeber beschaffen Waren, Bau- und Dienstleistungen nach Maßgabe der folgenden Vorschriften im Wettbewerb und im Wege transparenter Vergabeverfahren.

(2) Die Teilnehmer an einem Vergabeverfahren sind gleich zu behandeln, es sei denn, eine Benachteiligung ist auf Grund dieses Gesetzes ausdrücklich geboten oder gestattet.

(3) ¹Mittelständische Interessen sind bei der Vergabe öffentlicher Aufträge vornehmlich zu berücksichtigen. Leistungen sind in der Menge aufgeteilt (Teillose) und getrennt nach Art oder Fachgebiet (Fachlose) zu vergeben. ²Mehrere Teil- oder Fachlose dürfen zusammen vergeben werden, wenn wirtschaftliche oder technische Gründe dies erfordern. ³Wird ein Unternehmen, das nicht öffentlicher Auftraggeber ist, mit der Wahrnehmung oder Durchführung einer öffentlichen Aufgabe betraut, verpflichtet der Auftraggeber das

Unternehmen, sofern es Unteraufträge an Dritte vergibt, nach den Sätzen 1 bis 3 zu verfahren.

(4) ¹ Aufträge werden an fachkundige, leistungsfähige sowie gesetzestreue und zuverlässige Unternehmen vergeben. ² Für die Auftragsausführung können zusätzliche Anforderungen an Auftragnehmer gestellt werden, die insbesondere soziale, umweltbezogene oder innovative Aspekte betreffen, wenn sie im sachlichen Zusammenhang mit dem Auftragsgegenstand stehen und sich aus der Leistungsbeschreibung ergeben. ³ Andere oder weitergehende Anforderungen dürfen an Auftragnehmer nur gestellt werden, wenn dies durch Bundes- oder Landesgesetz vorgesehen ist.

(4 a) Auftraggeber können Präqualifikationssysteme einrichten oder zulassen, mit denen die Eignung von Unternehmen nachgewiesen werden kann.

(5) Der Zuschlag wird auf das wirtschaftlichste Angebot erteilt.

(6) Die Bundesregierung wird ermächtigt, durch Rechtsverordnung mit Zustimmung des Bundesrates nähere Bestimmungen über das bei der Vergabe einzuhaltende Verfahren zu treffen, insbesondere über die Bekanntmachung, den Ablauf und die Arten der Vergabe, über die Auswahl und Prüfung der Unternehmen und Angebote, über den Abschluss des Vertrages und sonstige Fragen des Vergabeverfahrens.

(7) Die Unternehmen haben Anspruch darauf, dass der Auftraggeber die Bestimmungen über das Vergabeverfahren einhält.

§ 98 Auftraggeber. Öffentliche Auftraggeber im Sinne dieses Teils sind:

1. Gebietskörperschaften sowie deren Sondervermögen,
2. andere juristische Personen des öffentlichen und des privaten Rechts, die zu dem besonderen Zweck gegründet wurden, im Allgemeininteresse liegende Aufgaben nichtgewerblicher Art zu erfüllen, wenn Stellen, die unter Nummer 1 oder 3 fallen, sie einzeln oder gemeinsam durch Beteiligung oder auf sonstige Weise überwiegend finanzieren oder über ihre Leitung die Aufsicht ausüben oder mehr als die Hälfte der Mitglieder eines ihrer zur Geschäftsführung oder zur Aufsicht berufenen Organe bestimmt haben. Das Gleiche gilt dann, wenn die Stelle, die einzeln oder gemeinsam mit anderen eine überwiegende Finanzierung gewährt oder die Mehrheit der Mitglieder eines zur Geschäftsführung oder Aufsicht berufenen Organs bestimmt hat, unter Satz fällt,
3. Verbände, deren Mitglieder unter Nummer 1 oder 2 fallen,
4. natürliche oder juristische Personen des privaten Rechts, die auf dem Gebiet der Trinkwasser- oder Energieversorgung oder des Verkehrs tätig sind, wenn diese Tätigkeiten auf der Grundlage von besonderen oder ausschließlichen Rechten ausgeübt werden, die von einer zuständigen Behörde gewährt wurden, oder wenn Auftraggeber, die unter Nummern 1 bis 3 fallen, auf diese Personen einzeln oder gemeinsam einen beherrschenden Einfluss ausüben können; besondere oder ausschließliche Rechte sind Rechte, die dazu führen, dass die Ausübung dieser Tätigkeiten einem oder mehreren Unternehmen vorbehalten wird und dass die Möglichkeit anderer Unternehmen, diese Tätigkeit auszuüben, erheblich beeinträchtigt wird. Tätigkeiten auf dem Gebiet der Trinkwasser- und Energieversorgung sowie des Verkehrs sind solche, die in der Anlage aufgeführt sind,

5. natürliche oder juristische Personen des privaten Rechts sowie juristische Personen des öffentlichen Rechts, soweit sie nicht unter Nummer 2 fallen, in den Fällen, in denen sie für Tiefbaumaßnahmen, für die Errichtung von Krankenhäusern, Sport-, Erholungs- oder Freizeiteinrichtungen, Schul-, Hochschul- oder Verwaltungsgebäuden oder für damit in Verbindung stehende Dienstleistungen und Auslobungsverfahren von Stellen, die unter Nummern 1 bis 3 fallen, Mittel erhalten, mit denen diese Vorhaben zu mehr als 50 vom Hundert finanziert werden,
6. natürliche oder juristische Personen des privaten Rechts, die mit Stellen, die unter die Nummern 1 bis 3 fallen, einen Vertrag über eine Baukonzession abgeschlossen haben, hinsichtlich der Aufträge an Dritte.

§ 99 Öffentliche Aufträge. (1) Öffentliche Aufträge sind entgeltliche Verträge von öffentlichen Auftraggebern mit Unternehmen über die Beschaffung von Leistungen, die Liefer-, Bau- oder Dienstleistungen zum Gegenstand haben, Baukonzessionen und Auslobungsverfahren, die zu Dienstleistungsaufträgen führen sollen.

(2) [1] Lieferaufträge sind Verträge zur Beschaffung von Waren, die insbesondere Kauf oder Ratenkauf oder Leasing, Miet- oder Pachtverhältnisse mit oder ohne Kaufoption betreffen. [2] Die Verträge können auch Nebenleistungen umfassen.

(3) Bauaufträge sind Verträge über die Ausführung oder die gleichzeitige Planung und Ausführung eines Bauvorhabens oder eines Bauwerkes für den öffentlichen Auftraggeber, das Ergebnis von Tief- oder Hochbauarbeiten ist und eine wirtschaftliche oder technische Funktion erfüllen soll, oder einer dem Auftraggeber unmittelbar wirtschaftlich zugutekommenden Bauleistung durch Dritte gemäß den vom Auftraggeber genannten Erfordernissen.

(4) Als Dienstleistungsaufträge gelten die Verträge über die Erbringung von Leistungen, die nicht unter Absatz 2 oder Absatz 3 fallen.

(5) Auslobungsverfahren im Sinne dieses Teils sind nur solche Auslobungsverfahren, die dem Auftraggeber auf Grund vergleichender Beurteilung durch ein Preisgericht mit oder ohne Verteilung von Preisen zu einem Plan verhelfen sollen.

(6) Eine Baukonzession ist ein Vertrag über die Durchführung eines Bauauftrags, bei dem die Gegenleistung für die Bauarbeiten statt in einem Entgelt in dem befristeten Recht auf Nutzung der baulichen Anlage, gegebenenfalls zuzüglich der Zahlung eines Preises besteht.

(7) Verteidigungs- oder sicherheitsrelevante Aufträge sind Aufträge, deren Auftragsgegenstand mindestens eine der in den nachfolgenden Nummern 1 bis 4 genannten Leistungen umfasst:
1. die Lieferung von Militärausrüstung im Sinne des Absatzes 8, einschließlich dazugehöriger Teile, Bauteile oder Bausätze;
2. die Lieferung von Ausrüstung, die im Rahmen eines Verschlusssachenauftrags im Sinne des Absatzes 9 vergeben wird, einschließlich der dazugehörigen Teile, Bauteile oder Bausätze;
3. Bauleistungen, Lieferungen und Dienstleistungen in unmittelbarem Zusammenhang mit der in den Nummern 1 und 2 genannten Ausrüstung in allen Phasen des Lebenszyklus der Ausrüstung;

4. Bau- und Dienstleistungen speziell für militärische Zwecke oder Bau- und Dienstleistungen, die im Rahmen eines Verschlusssachenauftrags im Sinne des Absatzes 9 vergeben wird.

(8) Militärausrüstung ist jede Ausrüstung, die eigens zu militärischen Zwecken konzipiert oder für militärische Zwecke angepasst wird und zum Einsatz als Waffe, Munition oder Kriegsmaterial bestimmt ist.

(9) Ein Verschlusssachenauftrag ist ein Auftrag für Sicherheitszwecke,

1. bei dessen Erfüllung oder Erbringung Verschlusssachen nach § 4 des Gesetzes über die Voraussetzungen und das Verfahren von Sicherheitsüberprüfungen des Bundes oder nach den entsprechenden Bestimmungen der Länder verwendet werden oder

2. der Verschlusssachen im Sinne der Nummer 1 erfordert oder beinhaltet.

(10) ¹Ein öffentlicher Auftrag, der sowohl den Einkauf von Waren als auch die Beschaffung von Dienstleistungen zum Gegenstand hat, gilt als Dienstleistungsauftrag, wenn der Wert der Dienstleistungen den Wert der Waren übersteigt. ²Ein öffentlicher Auftrag, der neben Dienstleistungen Bauleistungen umfasst, die im Verhältnis zum Hauptgegenstand Nebenarbeiten sind, gilt als Dienstleistungsauftrag.

(11) Für einen Auftrag zur Durchführung mehrerer Tätigkeiten gelten die Bestimmungen für die Tätigkeit, die den Hauptgegenstand darstellt.

(12) ¹Ist für einen Auftrag zur Durchführung von Tätigkeiten auf dem Gebiet der Trinkwasser- oder Energieversorgung, des Verkehrs oder des Bereichs der Auftraggeber nach dem Bundesberggesetz und von Tätigkeiten von Auftraggebern nach § 98 Nr. 1 bis 3 nicht feststellbar, welche Tätigkeit den Hauptgegenstand darstellt, ist der Auftrag nach den Bestimmungen zu vergeben, die für Auftraggeber nach § 98 Nr. 1 bis 3 gelten. ²Betrifft eine der Tätigkeiten, deren Durchführung der Auftrag bezweckt, sowohl eine Tätigkeit auf dem Gebiet der Trinkwasser- oder Energieversorgung, des Verkehrs oder des Bereichs der Auftraggeber nach dem Bundesberggesetz als auch eine Tätigkeit, die nicht in die Bereiche von Auftraggebern nach § 98 Nr. 1 bis 3 fällt, und ist nicht feststellbar, welche Tätigkeit den Hauptgegenstand darstellt, so ist der Auftrag nach denjenigen Bestimmungen zu vergeben, die für Auftraggeber mit einer Tätigkeit auf dem Gebiet der Trinkwasser- und Energieversorgung sowie des Verkehrs oder des Bundesberggesetzes gelten.

(13) ¹Ist bei einem Auftrag über Bauleistungen, Lieferungen oder Dienstleistungen ein Teil der Leistung verteidigungs- oder sicherheitsrelevant, wird dieser Auftrag einheitlich gemäß den Bestimmungen für verteidigungs- und sicherheitsrelevante Aufträge vergeben, sofern die Beschaffung in Form eines einheitlichen Auftrags aus objektiven Gründen gerechtfertigt ist. ²Ist bei einem Auftrag über Bauleistungen, Lieferungen oder Dienstleistungen ein Teil der Leistung verteidigungs- oder sicherheitsrelevant und fällt der andere Teil weder in diesen Bereich noch unter die Vergaberegeln der Sektorenverordnung oder der Vergabeverordnung, unterliegt die Vergabe dieses Auftrags nicht dem Vierten Teil dieses Gesetzes, sofern die Beschaffung in Form eines einheitlichen Auftrags aus objektiven Gründen gerechtfertigt ist.

§ 100 Anwendungsbereich. (1) ¹Dieser Teil gilt für Aufträge, deren Auftragswert den jeweils festgelegten Schwellenwert erreicht oder überschreitet. ²Der Schwellenwert ergibt sich für Aufträge, die

11 GWB § 100

1. von Auftraggebern im Sinne des § 98 Nummer 1 bis 3, 5 und 6 vergeben werden und nicht unter Nummer 2 oder 3 fallen, aus § 2 der Vergabeverordnung,
2. von Auftraggebern im Sinne des § 98 Nummer 1 bis 4 vergeben werden und Tätigkeiten auf dem Gebiet des Verkehrs, der Trinkwasser- oder Energieversorgung umfassen, aus § 1 der Sektorenverordnung,
3. von Auftraggebern im Sinne des § 98 vergeben werden und verteidigungs- oder sicherheitsrelevant im Sinne des § 99 Absatz 7 sind, aus der nach § 127 Nummer 3 erlassenen Verordnung.

(2) Dieser Teil gilt nicht für die in den Absätzen 3 bis 6 und 8 sowie die in den §§ 100 a bis 100 c genannten Fälle.

(3) Dieser Teil gilt nicht für Arbeitsverträge.

(4) Dieser Teil gilt nicht für die Vergabe von Aufträgen, die Folgendes zum Gegenstand haben:

1. Schiedsgerichts- und Schlichtungsleistungen oder
2. Forschungs- und Entwicklungsdienstleistungen, es sei denn, ihre Ergebnisse werden ausschließlich Eigentum des Auftraggebers für seinen Gebrauch bei der Ausübung seiner eigenen Tätigkeit und die Dienstleistung wird vollständig durch den Auftraggeber vergütet.

(5) Dieser Teil gilt ungeachtet ihrer Finanzierung nicht für Verträge über

1. den Erwerb von Grundstücken oder vorhandenen Gebäuden oder anderem unbeweglichen Vermögen,
2. Mietverhältnisse für Grundstücke oder vorhandene Gebäude oder anderes unbewegliches Vermögen oder
3. Rechte an Grundstücken oder vorhandenen Gebäuden oder anderem unbeweglichen Vermögen.

(6) Dieser Teil gilt nicht für die Vergabe von Aufträgen,

1. bei denen die Anwendung dieses Teils den Auftraggeber dazu zwingen würde, im Zusammenhang mit dem Vergabeverfahren oder der Auftragsausführung Auskünfte zu erteilen, deren Preisgabe seiner Ansicht nach wesentlichen Sicherheitsinteressen der Bundesrepublik Deutschland im Sinne des Artikels 346 Absatz 1 Buchstabe a des Vertrages über die Arbeitsweise der Europäischen Union[1]) widerspricht,
2. die dem Anwendungsbereich des Artikels 346 Absatz 1 Buchstabe b des Vertrages über die Arbeitsweise der Europäischen Union unterliegen.

(7) Wesentliche Sicherheitsinteressen im Sinne des Absatzes 6, die die Nichtanwendung dieses Teils rechtfertigen, können betroffen sein beim Betrieb oder Einsatz der Streitkräfte, bei der Umsetzung von Maßnahmen der Terrorismusbekämpfung oder bei der Beschaffung von Informationstechnik oder Telekommunikationsanlagen.

(8) Dieser Teil gilt nicht für die Vergabe von Aufträgen, die nicht nach § 99 Absatz 7 verteidigungs- oder sicherheitsrelevant sind und

1. in Übereinstimmung mit den inländischen Rechts- und Verwaltungsvorschriften für geheim erklärt werden,

---

[1]) Nr. **12**.

2. deren Ausführung nach den in Nummer 1 genannten Vorschriften besondere Sicherheitsmaßnahmen erfordert,
3. bei denen die Nichtanwendung des Vergaberechts geboten ist zum Zweck des Einsatzes der Streitkräfte, zur Umsetzung von Maßnahmen der Terrorismusbekämpfung oder bei der Beschaffung von Informationstechnik oder Telekommunikationsanlagen zum Schutz wesentlicher nationaler Sicherheitsinteressen,
4. die vergeben werden auf Grund eines internationalen Abkommens zwischen der Bundesrepublik Deutschland und einem oder mehreren Staaten, die nicht Vertragsparteien des Übereinkommens über den Europäischen Wirtschaftsraum sind, für ein von den Unterzeichnerstaaten gemeinsam zu verwirklichendes und zu tragendes Projekt, für das andere Verfahrensregeln gelten,
5. die auf Grund eines internationalen Abkommens im Zusammenhang mit der Stationierung von Truppen vergeben werden und für die besondere Verfahrensregeln gelten oder
6. die auf Grund des besonderen Verfahrens einer internationalen Organisation vergeben werden.

§ 100 a Besondere Ausnahmen für nicht sektorspezifische und nicht verteidigungs- und sicherheitsrelevante Aufträge. (1) Im Fall des § 100 Absatz 1 Satz 2 Nummer 1 gilt dieser Teil über die in § 100 Absatz 3 bis 6 und 8 genannten Fälle hinaus auch nicht für die in den Absätzen 2 bis 4 genannten Aufträge.

(2) Dieser Teil gilt nicht für die Vergabe von Aufträgen, die Folgendes zum Gegenstand haben:
1. den Kauf, die Entwicklung, die Produktion oder Koproduktion von Programmen, die zur Ausstrahlung durch Rundfunk- oder Fernsehanstalten bestimmt sind, sowie die Ausstrahlung von Sendungen oder
2. finanzielle Dienstleistungen im Zusammenhang mit Ausgabe, Verkauf, Ankauf oder Übertragung von Wertpapieren oder anderen Finanzinstrumenten, insbesondere Geschäfte, die der Geld- oder Kapitalbeschaffung der Auftraggeber dienen, sowie Dienstleistungen der Zentralbanken.

(3) Dieser Teil gilt nicht für die Vergabe von Dienstleistungsaufträgen an eine Person, die ihrerseits Auftraggeber nach § 98 Nummer 1, 2 oder 3 ist und ein auf Gesetz oder Verordnung beruhendes ausschließliches Recht hat, die Leistung zu erbringen.

(4) Dieser Teil gilt nicht für Aufträge, die hauptsächlich den Zweck haben, dem Auftraggeber die Bereitstellung oder den Betrieb öffentlicher Telekommunikationsnetze oder die Bereitstellung eines oder mehrerer Telekommunikationsdienste für die Öffentlichkeit zu ermöglichen.

§ 100 b Besondere Ausnahmen im Sektorenbereich. (1) Im Fall des § 100 Absatz 1 Satz 2 Nummer 2 gilt dieser Teil über die in § 100 Absatz 3 bis 6 und 8 genannten Fälle hinaus auch nicht für die in den Absätzen 2 bis 9 genannten Aufträge.

(2) Dieser Teil gilt nicht für die Vergabe von Aufträgen, die Folgendes zum Gegenstand haben:

1. finanzielle Dienstleistungen im Zusammenhang mit Ausgabe, Verkauf, Ankauf oder Übertragung von Wertpapieren oder anderen Finanzinstrumenten, insbesondere Geschäfte, die der Geld- oder Kapitalbeschaffung der Auftraggeber dienen, sowie Dienstleistungen der Zentralbanken,
2. bei Tätigkeiten auf dem Gebiet der Trinkwasserversorgung die Beschaffung von Wasser oder
3. bei Tätigkeiten auf dem Gebiet der Energieversorgung die Beschaffung von Energie oder von Brennstoffen zur Energieerzeugung.

(3) Dieser Teil gilt nicht für die Vergabe von Dienstleistungsaufträgen an eine Person, die ihrerseits Auftraggeber nach § 98 Nummer 1, 2 oder 3 ist und ein auf Gesetz oder Verordnung beruhendes ausschließliches Recht hat, die Leistung zu erbringen.

(4) Dieser Teil gilt nicht für die Vergabe von Aufträgen, die

1. von Auftraggebern nach § 98 Nummer 4 vergeben werden, soweit sie anderen Zwecken dienen als der Sektorentätigkeit,
2. zur Durchführung von Tätigkeiten auf dem Gebiet der Trinkwasser- oder Energieversorgung oder des Verkehrs außerhalb des Gebiets der Europäischen Union vergeben werden, wenn sie nicht mit der tatsächlichen Nutzung eines Netzes oder einer Anlage innerhalb dieses Gebietes verbunden sind,
3. zum Zweck der Weiterveräußerung oder Vermietung an Dritte vergeben werden, wenn

    a) dem Auftraggeber kein besonderes oder ausschließliches Recht zum Verkauf oder zur Vermietung des Auftragsgegenstandes zusteht und

    b) andere Unternehmen die Möglichkeit haben, diese Waren unter gleichen Bedingungen wie der betreffende Auftraggeber zu verkaufen oder zu vermieten, oder

4. der Ausübung einer Tätigkeit auf dem Gebiet der Trinkwasser- oder Energieversorgung oder des Verkehrs dienen, soweit die Europäische Kommission nach Artikel 30 der Richtlinie 2004/17/EG des Europäischen Parlaments und des Rates vom 31. März 2004 zur Koordinierung der Zuschlagserteilung durch Auftraggeber im Bereich der Wasser-, Energie- und Verkehrsversorgung sowie der Postdienste (ABl. L 7 vom 7.1.2005, S. 7) festgestellt hat, dass diese Tätigkeit in Deutschland auf Märkten mit freiem Zugang unmittelbar dem Wettbewerb ausgesetzt ist und dies durch das Bundesministerium für Wirtschaft und Technologie im Bundesanzeiger bekannt gemacht worden ist.

(5) Dieser Teil gilt nicht für die Vergabe von Baukonzessionen zum Zweck der Durchführung von Tätigkeiten auf dem Gebiet der Trinkwasser- oder Energieversorgung oder des Verkehrs.

(6) Dieser Teil gilt vorbehaltlich des Absatzes 7 nicht für die Vergabe von Aufträgen,

1. die an ein Unternehmen, das mit dem Auftraggeber verbunden ist, vergeben werden oder
2. die von einem gemeinsamen Unternehmen, das mehrere Auftraggeber, die auf dem Gebiet der Trinkwasser- oder Energieversorgung oder des Verkehrs tätig sind, ausschließlich zur Durchführung dieser Tätigkeiten gebildet ha-

ben, an ein Unternehmen vergeben werden, das mit einem dieser Auftraggeber verbunden ist.

(7) ¹ Absatz 6 gilt nur, wenn mindestens 80 Prozent des von dem verbundenen Unternehmen während der letzten drei Jahre in der Europäischen Union erzielten durchschnittlichen Umsatzes im entsprechenden Liefer- oder Bau- oder Dienstleistungssektor aus der Erbringung dieser Lieferungen oder Leistungen für die mit ihm verbundenen Auftraggeber stammen. ² Sofern das Unternehmen noch keine drei Jahre besteht, gilt Absatz 6, wenn zu erwarten ist, dass in den ersten drei Jahren seines Bestehens wahrscheinlich mindestens 80 Prozent erreicht werden. ³ Werden die gleichen oder gleichartige Lieferungen oder Bau- oder Dienstleistungen von mehr als einem mit dem Auftraggeber verbundenen Unternehmen erbracht, wird die Prozentzahl unter Berücksichtigung des Gesamtumsatzes errechnet, den diese verbundenen Unternehmen mit der Erbringung der Lieferung oder Leistung erzielen. ⁴ § 36 Absatz 2 und 3 gilt entsprechend.

(8) Dieser Teil gilt vorbehaltlich des Absatzes 9 nicht für die Vergabe von Aufträgen, die

1. ein gemeinsames Unternehmen, das mehrere Auftraggeber, die auf dem Gebiet der Trinkwasser- oder Energieversorgung oder des Verkehrs tätig sind, ausschließlich zur Durchführung von diesen Tätigkeiten gebildet haben, an einen dieser Auftraggeber vergibt, oder

2. ein Auftraggeber an ein gemeinsames Unternehmen im Sinne der Nummer 1, an dem er beteiligt ist, vergibt.

(9) Absatz 8 gilt nur, wenn

1. das gemeinsame Unternehmen errichtet wurde, um die betreffende Tätigkeit während eines Zeitraumes von mindestens drei Jahren durchzuführen, und

2. in dem Gründungsakt festgelegt wird, dass die dieses Unternehmen bildenden Auftraggeber dem Unternehmen zumindest während des gleichen Zeitraumes angehören werden.

§ 100 c Besondere Ausnahmen in den Bereichen Verteidigung und Sicherheit. (1) Im Fall des § 100 Absatz 1 Satz 2 Nummer 3 gilt dieser Teil über die in § 100 Absatz 3 bis 6 genannten Fälle hinaus auch nicht für die in den Absätzen 2 bis 4 genannten Aufträge.

(2) Dieser Teil gilt nicht für die Vergabe von Aufträgen, die

1. Finanzdienstleistungen mit Ausnahme von Versicherungsdienstleistungen zum Gegenstand haben,

2. zum Zweck nachrichtendienstlicher Tätigkeiten vergeben werden,

3. im Rahmen eines Kooperationsprogramms vergeben werden, das

   a) auf Forschung und Entwicklung beruht und

   b) mit mindestens einem anderen EU-Mitgliedstaat für die Entwicklung eines neuen Produkts und gegebenenfalls die späteren Phasen des gesamten oder eines Teils des Lebenszyklus dieses Produkts durchgeführt wird,

4. die Bundesregierung, eine Landesregierung oder eine Gebietskörperschaft an eine andere Regierung oder an eine Gebietskörperschaft eines anderen Staates vergibt und die Folgendes zum Gegenstand haben:

a) die Lieferung von Militärausrüstung oder die Lieferung von Ausrüstung, die im Rahmen eines Verschlusssachenauftrags im Sinne des § 99 Absatz 9 vergeben wird,

b) Bau- und Dienstleistungen, die in unmittelbarem Zusammenhang mit dieser Ausrüstung stehen,

c) Bau- und Dienstleistungen speziell für militärische Zwecke oder

d) Bau- und Dienstleistungen, die im Rahmen eines Verschlusssachenauftrags im Sinne des § 99 Absatz 9 vergeben werden.

(3) [1] Dieser Teil gilt nicht für die Vergabe von Aufträgen, die in einem Land außerhalb der Europäischen Union vergeben werden; zu diesen Aufträgen gehören auch zivile Beschaffungen im Rahmen des Einsatzes von Streitkräften oder von Polizeien des Bundes oder der Länder außerhalb des Gebiets der Europäischen Union, wenn der Einsatz es erfordert, dass sie mit im Einsatzgebiet ansässigen Unternehmen geschlossen werden. [2] Zivile Beschaffungen sind Beschaffungen nicht militärischer Produkte und Bau- oder Dienstleistungen für logistische Zwecke.

(4) Dieser Teil gilt nicht für die Vergabe von Aufträgen, die besonderen Verfahrensregeln unterliegen,

1. die sich aus einem internationalen Abkommen oder einer internationalen Vereinbarung ergeben, das oder die zwischen einem oder mehreren Mitgliedstaaten und einem oder mehreren Drittstaaten, die nicht Vertragsparteien des Übereinkommens über den Europäischen Wirtschaftsraum sind, geschlossenen wurde,

2. die sich aus einem internationalen Abkommen oder einer internationalen Vereinbarung im Zusammenhang mit der Stationierung von Truppen ergeben, das oder die Unternehmen eines Mitgliedstaats oder eines Drittstaates betrifft, oder

3. die für eine internationale Organisation gelten, wenn diese für ihre Zwecke Beschaffungen tätigt oder wenn ein Mitgliedstaat Aufträge nach diesen Regeln vergeben muss.

§ 101 Arten der Vergabe. (1) Die Vergabe von öffentlichen Liefer-, Bau- und Dienstleistungsaufträgen erfolgt in offenen Verfahren, in nicht offenen Verfahren, in Verhandlungsverfahren oder im wettbewerblichen Dialog.

(2) Offene Verfahren sind Verfahren, in denen eine unbeschränkte Anzahl von Unternehmen öffentlich zur Abgabe von Angeboten aufgefordert wird.

(3) Bei nicht offenen Verfahren wird öffentlich zur Teilnahme, aus dem Bewerberkreis sodann eine beschränkte Anzahl von Unternehmen zur Angebotsabgabe aufgefordert.

(4) [1] Ein wettbewerblicher Dialog ist ein Verfahren zur Vergabe besonders komplexer Aufträge durch Auftraggeber nach § 98 Nr. 1 bis 3, soweit sie nicht auf dem Gebiet der Trinkwasser- oder Energieversorgung oder des Verkehrs tätig sind, und § 98 Nr. 5. [2] In diesem Verfahren erfolgen eine Aufforderung zur Teilnahme und anschließend Verhandlungen mit ausgewählten Unternehmen über alle Einzelheiten des Auftrags.

(5) Verhandlungsverfahren sind Verfahren, bei denen sich der Auftraggeber mit oder ohne vorherige öffentliche Aufforderung zur Teilnahme an aus-

gewählte Unternehmen wendet, um mit einem oder mehreren über die Auftragsbedingungen zu verhandeln.

(6) [1] Eine elektronische Auktion dient der elektronischen Ermittlung des wirtschaftlichsten Angebotes. [2] Ein dynamisches elektronisches Verfahren ist ein zeitlich befristetes ausschließlich elektronisches offenes Vergabeverfahren zur Beschaffung marktüblicher Leistungen, bei denen die allgemein auf dem Markt verfügbaren Spezifikationen den Anforderungen des Auftraggebers genügen.

(7) [1] Öffentliche Auftraggeber haben das offene Verfahren anzuwenden, es sei denn, auf Grund dieses Gesetzes ist etwas anderes gestattet. [2] Auftraggebern stehen, soweit sie auf dem Gebiet der Trinkwasser- oder Energieversorgung oder des Verkehrs tätig sind, das offene Verfahren, das nicht offene Verfahren und das Verhandlungsverfahren nach ihrer Wahl zur Verfügung. [3] Bei der Vergabe von verteidigungs- und sicherheitsrelevanten Aufträgen können öffentliche Auftraggeber zwischen dem nicht offenen Verfahren und dem Verhandlungsverfahren wählen.

§ 101 a Informations- und Wartepflicht. (1) [1] Der Auftraggeber hat die betroffenen Bieter, deren Angebote nicht berücksichtigt werden sollen, über den Namen des Unternehmens, dessen Angebot angenommen werden soll, über die Gründe der vorgesehenen Nichtberücksichtigung ihres Angebots und über den frühesten Zeitpunkt des Vertragsschlusses unverzüglich in Textform zu informieren. [2] Dies gilt auch für Bewerber, denen keine Information über die Ablehnung ihrer Bewerbung zur Verfügung gestellt wurde, bevor die Mitteilung über die Zuschlagsentscheidung an die betroffenen Bieter ergangen ist. [3] Ein Vertrag darf erst 15 Kalendertage nach Absendung der Information nach den Sätzen 1 und 2 geschlossen werden. [4] Wird die Information per Fax oder auf elektronischem Weg versendet, verkürzt sich die Frist auf zehn Kalendertage. [5] Die Frist beginnt am Tag nach der Absendung der Information durch den Auftraggeber; auf den Tag des Zugangs beim betroffenen Bieter und Bewerber kommt es nicht an.

(2) Die Informationspflicht entfällt in Fällen, in denen das Verhandlungsverfahren ohne vorherige Bekanntmachung wegen besonderer Dringlichkeit gerechtfertigt ist.

§ 101 b Unwirksamkeit. (1) Ein Vertrag ist von Anfang an unwirksam, wenn der Auftraggeber

1. gegen § 101 a verstoßen hat oder
2. einen öffentlichen Auftrag unmittelbar an ein Unternehmen erteilt, ohne andere Unternehmen am Vergabeverfahren zu beteiligen und ohne dass dies aufgrund Gesetzes gestattet ist

und dieser Verstoß in einem Nachprüfungsverfahren nach Absatz 2 festgestellt worden ist.

(2) [1] Die Unwirksamkeit nach Absatz 1 kann nur festgestellt werden, wenn sie im Nachprüfungsverfahren innerhalb von 30 Kalendertagen ab Kenntnis des Verstoßes, jedoch nicht später als sechs Monate nach Vertragsschluss geltend gemacht worden ist. [2] Hat der Auftraggeber die Auftragsvergabe im Amtsblatt der Europäischen Union bekannt gemacht, endet die Frist zur Geltendmachung der Unwirksamkeit 30 Kalendertage nach Veröffentlichung der Bekanntmachung der Auftragsvergabe im Amtsblatt der Europäischen Union.

Zweiter Abschnitt. Nachprüfungsverfahren

I. Nachprüfungsbehörden

§ 102 Grundsatz. Unbeschadet der Prüfungsmöglichkeiten von Aufsichtsbehörden unterliegt die Vergabe öffentlicher Aufträge der Nachprüfung durch die Vergabekammern.

§ 103 *(aufgehoben)*

§ 104 Vergabekammern. (1) Die Nachprüfung der Vergabe öffentlicher Aufträge nehmen die Vergabekammern des Bundes für die dem Bund zuzurechnenden Aufträge, die Vergabekammern der Länder für die diesen zuzurechnenden Aufträge wahr.

(2) Rechte aus § 97 Abs. 7 sowie sonstige Ansprüche gegen öffentliche Auftraggeber, die auf die Vornahme oder das Unterlassen einer Handlung in einem Vergabeverfahren gerichtet sind, können nur vor den Vergabekammern und dem Beschwerdegericht geltend gemacht werden.

(3) Die Zuständigkeit der ordentlichen Gerichte für die Geltendmachung von Schadensersatzansprüchen und die Befugnisse der Kartellbehörden zur Verfolgung von Verstößen insbesondere gegen §§ 19 und 20 bleiben unberührt.

§§ 105–115 a *(vom Abdruck wurde abgesehen)*

III. Sofortige Beschwerde

§ 116 Zulässigkeit, Zuständigkeit. (1) [1] Gegen Entscheidungen der Vergabekammer ist die sofortige Beschwerde zulässig. [2] Sie steht den am Verfahren vor der Vergabekammer Beteiligten zu.

(2) Die sofortige Beschwerde ist auch zulässig, wenn die Vergabekammer über einen Antrag auf Nachprüfung nicht innerhalb der Frist des § 113 Abs. 1 entschieden hat; in diesem Fall gilt der Antrag als abgelehnt.

(3) [1] Über die sofortige Beschwerde entscheidet ausschließlich das für den Sitz der Vergabekammer zuständige Oberlandesgericht. [2] Bei den Oberlandesgerichten wird ein Vergabesenat gebildet.

(4) [1] Rechtssachen nach den Absätzen 1 und 2 können von den Landesregierungen durch Rechtsverordnung anderen Oberlandesgerichten oder dem Obersten Landesgericht zugewiesen werden. [2] Die Landesregierungen können die Ermächtigung auf die Landesjustizverwaltungen übertragen.

§ 117 Frist, Form. (1) Die sofortige Beschwerde ist binnen einer Notfrist von zwei Wochen, die mit der Zustellung der Entscheidung, im Fall des § 116 Abs. 2 mit dem Ablauf der Frist beginnt, schriftlich bei dem Beschwerdegericht einzulegen.

(2) [1] Die sofortige Beschwerde ist zugleich mit ihrer Einlegung zu begründen. [2] Die Beschwerdebegründung muss enthalten:
1. die Erklärung, inwieweit die Entscheidung der Vergabekammer angefochten und eine abweichende Entscheidung beantragt wird,

2. die Angabe der Tatsachen und Beweismittel, auf die sich die Beschwerde stützt.

(3) [1] Die Beschwerdeschrift muss durch einen Rechtsanwalt unterzeichnet sein. [2] Dies gilt nicht für Beschwerden von juristischen Personen des öffentlichen Rechts.

(4) Mit der Einlegung der Beschwerde sind die anderen Beteiligten des Verfahrens vor der Vergabekammer vom Beschwerdeführer durch Übermittlung einer Ausfertigung der Beschwerdeschrift zu unterrichten.

§ 118 Wirkung. (1) [1] Die sofortige Beschwerde hat aufschiebende Wirkung gegenüber der Entscheidung der Vergabekammer. [2] Die aufschiebende Wirkung entfällt zwei Wochen nach Ablauf der Beschwerdefrist. [3] Hat die Vergabekammer den Antrag auf Nachprüfung abgelehnt, so kann das Beschwerdegericht auf Antrag des Beschwerdeführers die aufschiebende Wirkung bis zur Entscheidung über die Beschwerde verlängern.

(2) [1] Das Gericht lehnt den Antrag nach Absatz 1 Satz 3 ab, wenn unter Berücksichtigung aller möglicherweise geschädigten Interessen die nachteiligen Folgen einer Verzögerung der Vergabe bis zur Entscheidung über die Beschwerde die damit verbundenen Vorteile überwiegen. [2] Bei der Abwägung ist das Interesse der Allgemeinheit an einer wirtschaftlichen Erfüllung der Aufgaben des Auftraggebers zu berücksichtigen; bei verteidigungs- oder sicherheitsrelevanten Aufträgen im Sinne des § 99 Absatz 7 sind zusätzlich besondere Verteidigungs- und Sicherheitsinteressen zu berücksichtigen. [3] Das Gericht berücksichtigt bei seiner Entscheidung auch die Erfolgsaussichten der Beschwerde, die allgemeinen Aussichten des Antragstellers im Vergabeverfahren, den Auftrag zu erhalten, und das Interesse der Allgemeinheit an einem raschen Abschluss des Vergabeverfahrens.

(3) Hat die Vergabekammer dem Antrag auf Nachprüfung durch Untersagung des Zuschlags stattgegeben, so unterbleibt dieser, solange nicht das Beschwerdegericht die Entscheidung der Vergabekammer nach § 121 oder § 123 aufhebt.

§ 119 Beteiligte am Beschwerdeverfahren. An dem Verfahren vor dem Beschwerdegericht beteiligt sind die an dem Verfahren vor der Vergabekammer Beteiligten.

§ 120 Verfahrensvorschriften. (1) [1] Vor dem Beschwerdegericht müssen sich die Beteiligten durch einen Rechtsanwalt als Bevollmächtigten vertreten lassen. [2] Juristische Personen des öffentlichen Rechts können sich durch Beamte oder Angestellte mit Befähigung zum Richteramt vertreten lassen.

(2) Die §§ 69, 70 Abs. 1 bis 3, § 71 Abs. 1 und 6, §§ 71a, 72, 73, mit Ausnahme der Verweisung auf § 227 Abs. 3 der Zivilprozessordnung, die §§ 78, 111 und 113 Abs. 2 Satz 1 finden entsprechende Anwendung.

§ 121 Vorabentscheidung über den Zuschlag. (1) [1] Auf Antrag des Auftraggebers oder auf Antrag des Unternehmens, das nach § 101a vom Auftraggeber als das Unternehmen benannt ist, das den Zuschlag erhalten soll, kann das Gericht den weiteren Fortgang des Vergabeverfahrens und den Zuschlag gestatten, wenn unter Berücksichtigung aller möglicherweise geschädigten

Interessen die nachteiligen Folgen einer Verzögerung der Vergabe bis zur Entscheidung über die Beschwerde die damit verbundenen Vorteile überwiegen. ²Bei der Abwägung ist das Interesse der Allgemeinheit an einer wirtschaftlichen Erfüllung der Aufgaben des Auftraggebers zu berücksichtigen; bei verteidigungs- oder sicherheitsrelevanten Aufträgen im Sinne des § 99 Absatz 7 sind zusätzlich besondere Verteidigungs- und Sicherheitsinteressen zu berücksichtigen. ³Das Gericht berücksichtigt bei seiner Entscheidung auch die Erfolgsaussichten der sofortigen Beschwerde, die allgemeinen Aussichten des Antragstellers im Vergabeverfahren, den Auftrag zu erhalten, und das Interesse der Allgemeinheit an einem raschen Abschluss des Vergabeverfahrens.

(2) ¹Der Antrag ist schriftlich zu stellen und gleichzeitig zu begründen. ²Die zur Begründung des Antrags vorzutragenden Tatsachen sowie der Grund für die Eilbedürftigkeit sind glaubhaft zu machen. ³Bis zur Entscheidung über den Antrag kann das Verfahren über die Beschwerde ausgesetzt werden.

(3) ¹Die Entscheidung ist unverzüglich längstens innerhalb von fünf Wochen nach Eingang des Antrags zu treffen und zu begründen; bei besonderen tatsächlichen oder rechtlichen Schwierigkeiten kann der Vorsitzende im Ausnahmefall die Frist durch begründete Mitteilung an die Beteiligten um den erforderlichen Zeitraum verlängern. ²Die Entscheidung kann ohne mündliche Verhandlung ergehen. ³Ihre Begründung erläutert Rechtmäßigkeit oder Rechtswidrigkeit des Vergabeverfahrens. ⁴§ 120 findet Anwendung.

(4) Gegen eine Entscheidung nach dieser Vorschrift ist ein Rechtsmittel nicht zulässig.

§ 122 Ende des Vergabeverfahrens nach Entscheidung des Beschwerdegerichts. Ist der Auftraggeber mit einem Antrag nach § 121 vor dem Beschwerdegericht unterlegen, gilt das Vergabeverfahren nach Ablauf von 10 Tagen nach Zustellung der Entscheidung als beendet, wenn der Auftraggeber nicht die Maßnahmen zur Herstellung der Rechtmäßigkeit des Verfahrens ergreift, die sich aus der Entscheidung ergeben; das Verfahren darf nicht fortgeführt werden.

§ 123 Beschwerdeentscheidung. ¹Hält das Gericht die Beschwerde für begründet, so hebt es die Entscheidung der Vergabekammer auf. ²In diesem Fall entscheidet das Gericht in der Sache selbst oder spricht die Verpflichtung der Vergabekammer aus, unter Berücksichtigung der Rechtsauffassung des Gerichts über die Sache erneut zu entscheiden. ³Auf Antrag stellt es fest, ob das Unternehmen, das die Nachprüfung beantragt hat, durch den Auftraggeber in seinen Rechten verletzt ist. ⁴§ 114 Abs. 2 gilt entsprechend.

§ 124 Bindungswirkung und Vorlagepflicht. (1) Wird wegen eines Verstoßes gegen Vergabevorschriften Schadensersatz begehrt und hat ein Verfahren vor der Vergabekammer stattgefunden, ist das ordentliche Gericht an die bestandskräftige Entscheidung der Vergabekammer und die Entscheidung des Oberlandesgerichts sowie gegebenenfalls des nach Absatz 2 angerufenen Bundesgerichtshofs über die Beschwerde gebunden.

(2) ¹Will ein Oberlandesgericht von einer Entscheidung eines anderen Oberlandesgerichts oder des Bundesgerichtshofs abweichen, so legt es die Sache dem Bundesgerichtshof vor. ²Der Bundesgerichtshof entscheidet anstelle des Oberlandesgerichts. ³Der Bundesgerichtshof kann sich auf die Ent-

scheidung der Divergenzfrage beschränken und dem Beschwerdegericht die Entscheidung in der Hauptsache übertragen, wenn dies nach dem Sach- und Streitstand des Beschwerdeverfahrens angezeigt scheint. [4] Die Vorlagepflicht gilt nicht im Verfahren nach § 118 Abs. 1 Satz 3 und nach § 121.

Dritter Abschnitt. Sonstige Regelungen

§§ 125-127 *(vom Abdruck wurde abgesehen)*

§ 128 Kosten des Verfahrens vor der Vergabekammer. (1) [1] Für Amtshandlungen der Vergabekammern werden Kosten (Gebühren und Auslagen) zur Deckung des Verwaltungsaufwandes erhoben. [2] Das Verwaltungskostengesetz findet Anwendung.

(2) [1] Die Gebühr beträgt mindestens 2 500 Euro; dieser Betrag kann aus Gründen der Billigkeit bis auf ein Zehntel ermäßigt werden. [2] Die Gebühr soll den Betrag von 50 000 Euro nicht überschreiten; sie kann im Einzelfall, wenn der Aufwand oder die wirtschaftliche Bedeutung außergewöhnlich hoch sind, bis zu einem Betrag von 100 000 Euro erhöht werden.

(3) [1] Soweit ein Beteiligter im Verfahren unterliegt, hat er die Kosten zu tragen. [2] Mehrere Kostenschuldner haften als Gesamtschuldner. [3] Kosten, die durch Verschulden eines Beteiligten entstanden sind, können diesem auferlegt werden. [4] Hat sich der Antrag vor Entscheidung der Vergabekammer durch Rücknahme oder anderweitig erledigt, hat der Antragsteller die Hälfte der Gebühr zu entrichten. [5] Die Entscheidung, wer die Kosten zu tragen hat, erfolgt nach billigem Ermessen. [6] Aus Gründen der Billigkeit kann von der Erhebung von Gebühren ganz oder teilweise abgesehen werden.

(4) [1] Soweit ein Beteiligter im Nachprüfungsverfahren unterliegt, hat er die zur zweckentsprechenden Rechtsverfolgung oder Rechtsverteidigung notwendigen Aufwendungen des Antragsgegners zu tragen. [2] Die Aufwendungen der Beigeladenen sind nur erstattungsfähig, soweit sie die Vergabekammer aus Billigkeit der unterlegenen Partei auferlegt. [3] Nimmt der Antragsteller seinen Antrag zurück, hat er die zur zweckentsprechenden Rechtsverfolgung notwendigen Aufwendungen des Antragsgegners und der Beigeladenen zu erstatten. [4] § 80 Abs. 1, 2 und 3 Satz 2 des Verwaltungsverfahrensgesetzes und die entsprechenden Vorschriften der Verwaltungsverfahrensgesetze der Länder gelten entsprechend. [5] Ein gesondertes Kostenfestsetzungsverfahren findet nicht statt.

§ 129 Korrekturmechanismus der Kommission. (1) Erhält die Bundesregierung im Laufe eines Vergabeverfahrens vor Abschluss des Vertrages eine Mitteilung der Kommission der Europäischen Gemeinschaften, dass diese der Auffassung ist, es liege ein schwerer Verstoß gegen das Gemeinschaftsrecht im Bereich der öffentlichen Aufträge vor, der zu beseitigen sei, teilt das Bundesministerium für Wirtschaft und Technologie dies dem Auftraggeber mit.

(2) Der Auftraggeber ist verpflichtet, innerhalb von 14 Kalendertagen nach Eingang dieser Mitteilung dem Bundesministerium für Wirtschaft und Technologie eine umfassende Darstellung des Sachverhaltes zu geben und darzulegen, ob der behauptete Verstoß beseitigt wurde, oder zu begründen, warum er nicht beseitigt wurde, ob das Vergabeverfahren Gegenstand eines Nachprüfungsverfahrens ist oder aus sonstigen Gründen ausgesetzt wurde.

(3) Ist das Vergabeverfahren Gegenstand eines Nachprüfungsverfahrens oder wurde es ausgesetzt, so ist der Auftraggeber verpflichtet, das Bundesministerium für Wirtschaft und Technologie unverzüglich über den Ausgang des Nachprüfungsverfahrens zu informieren.

§ 129 a Unterrichtungspflichten der Nachprüfungsinstanzen. Die Vergabekammern und die Oberlandesgerichte unterrichten das Bundesministerium für Wirtschaft und Technologie bis zum 31. Januar eines jeden Jahres über die Anzahl der Nachprüfungsverfahren des Vorjahres und deren Ergebnisse.

§ 129 b Regelung für Auftraggeber nach dem Bundesberggesetz.

(1) ¹ Auftraggeber, die nach dem Bundesberggesetz berechtigt sind, Erdöl, Gas, Kohle oder andere Festbrennstoffe aufzusuchen oder zu gewinnen, müssen bei der Vergabe von Liefer-, Bau- oder Dienstleistungsaufträgen oberhalb der in Artikel 16 der Richtlinie 2004/17/EG des Europäischen Parlaments und des Rates vom 31. März 2004 zur Koordinierung der Zuschlagserteilung durch Auftraggeber im Bereich der Wasser-, Energie- und Verkehrsversorgung sowie der Postdienste (ABl. EU Nr. L 134 S. 1), die zuletzt durch die Verordnung (EG) Nr. 1422/2007 der Kommission vom 4. Dezember 2007 (ABl. EU Nr. L 317 S. 34) geändert worden ist, festgelegten Schwellenwerte zur Durchführung der Aufsuchung oder Gewinnung von Erdöl, Gas, Kohle oder anderen Festbrennstoffen den Grundsatz der Nichtdiskriminierung und der wettbewerbsorientierten Auftragsvergabe beachten. ² Insbesondere müssen sie Unternehmen, die ein Interesse an einem solchen Auftrag haben können, ausreichend informieren und bei der Auftragsvergabe objektive Kriterien zugrunde legen. ³ Dies gilt nicht für die Vergabe von Aufträgen, deren Gegenstand die Beschaffung von Energie oder Brennstoffen zur Energieerzeugung ist.

(2) ¹ Die Auftraggeber nach Absatz 1 erteilen der Europäischen Kommission über das Bundesministerium für Wirtschaft und Technologie Auskunft über die Vergabe der unter diese Vorschrift fallenden Aufträge nach Maßgabe der Entscheidung 93/327/EWG der Kommission vom 13. Mai 1993 zur Festlegung der Voraussetzungen, unter denen die öffentlichen Auftraggeber, die geographisch abgegrenzte Gebiete zum Zwecke der Aufsuchung oder Förderung von Erdöl, Gas, Kohle oder anderen Festbrennstoffen nutzen, der Kommission Auskunft über die von ihnen vergebenen Aufträge zu erteilen haben (ABl. EG Nr. L 129 S. 25). ² Sie können über das Verfahren gemäß der Rechtsverordnung nach § 127 Nr. 9 unter den dort geregelten Voraussetzungen eine Befreiung von der Pflicht zur Anwendung dieser Bestimmung erreichen.

Fünfter Teil. Anwendungsbereich des Gesetzes

§ 130 Unternehmen der öffentlichen Hand, Geltungsbereich.

(1) ¹ Dieses Gesetz findet auch Anwendung auf Unternehmen, die ganz oder teilweise im Eigentum der öffentlichen Hand stehen oder die von ihr verwaltet oder betrieben werden. ² Die Vorschriften des Ersten bis Dritten Teils dieses Gesetzes finden keine Anwendung auf die Deutsche Bundesbank und die Kreditanstalt für Wiederaufbau.

(2) Dieses Gesetz findet Anwendung auf alle Wettbewerbsbeschränkungen, die sich im Geltungsbereich dieses Gesetzes auswirken, auch wenn sie außerhalb des Geltungsbereichs dieses Gesetzes veranlasst werden.

(3) Die Vorschriften des Energiewirtschaftsgesetzes[1] stehen der Anwendung der §§ 19, 20 und 29 nicht entgegen, soweit in § 111 des Energiewirtschaftsgesetzes keine andere Regelung getroffen ist.

Sechster Teil. Übergangs- und Schlussbestimmungen

§ 131 Übergangsbestimmungen. (1) [1] Freistellungen von Vereinbarungen und Beschlüssen nach § 4 Abs. 2 und § 9 Abs. 3 Satz 1 und 4, und Freistellungen von Mittelstandsempfehlungen nach § 22 Abs. 2 in der am 30. Juni 2005 geltenden Fassung werden am 31. Dezember 2007 unwirksam. [2] Bis dahin sind § 11 Abs. 1, §§ 12 und 22 Abs. 6 in der am 30. Juni 2005 geltenden Fassung weiter anzuwenden.

(2) [1] Verfügungen der Kartellbehörde, durch die Vereinbarungen und Beschlüsse nach § 10 Abs. 1 in der am 30. Juni 2005 geltenden Fassung freigestellt sind, und Freistellungen von Lizenzverträgen nach § 17 Abs. 3 in der am 30. Juni 2005 geltenden Fassung werden am 31. Dezember 2007 unwirksam. [2] Ist die Freistellungsverfügung der Kartellbehörde kürzer befristet, bleibt es dabei. [3] Bis zum in Satz 1 genannten Zeitpunkt sind § 11 Abs. 1 und § 12 in der am 30. Juni 2005 geltenden Fassung weiter anzuwenden.

(3) Absatz 2 Satz 1 gilt entsprechend für Verfügungen der Kartellbehörde, durch die Wettbewerbsregeln nach § 26 Abs. 1 und 2 Satz 1 in der am 30. Juni 2005 geltenden Fassung freigestellt sind.

(4) Auf einen Verstoß gegen eine wettbewerbsrechtliche Vorschrift oder eine Verfügung der Kartellbehörde, der bis zum 30. Juni 2005 begangen worden ist, ist anstelle der §§ 34 und 34a nur § 34 in der am 30. Juni 2005 geltenden Fassung anzuwenden.

(5) [1] § 82a Abs. 1 findet auf Verfahren Anwendung, in denen das Gericht bis zum Inkrafttreten dieses Gesetzes noch keine mündliche Verhandlung terminiert hat. [2] § 82a Abs. 2 gilt für alle Urteile, die nach dem 30. Juni 2009 ergangen sind.

(6) [1] Soweit sie die öffentliche Versorgung mit Wasser regeln, sind die §§ 103, 103a und 105 sowie die auf sie verweisenden anderen Vorschriften des Gesetzes gegen Wettbewerbsbeschränkungen in der Fassung der Bekanntmachung vom 20. Februar 1990 (BGBl. I S. 235), zuletzt geändert durch Artikel 2 Abs. 3 des Gesetzes vom 26. August 1998 (BGBl. I S. 2512), weiter anzuwenden. [2] Das gilt insoweit auch für die Vorschriften, auf welche die genannten Vorschriften verweisen.

(7) § 29 ist nach dem 31. Dezember 2012 nicht mehr anzuwenden.

(8) Vergabeverfahren, die vor dem 24. April 2009 begonnen haben, einschließlich der sich an diese anschließenden Nachprüfungsverfahren sowie am 24. April 2009 anhängige Nachprüfungsverfahren sind nach den hierfür bisher geltenden Vorschriften zu beenden.

---

[1] Nr. 1.

(9) Vergabeverfahren, die vor dem 14. Dezember 2011 begonnen haben, sind nach den für sie bisher geltenden Vorschriften zu beenden; dies gilt auch für Nachprüfungsverfahren, die sich an diese Vergabeverfahren anschließen, und für am 14. Dezember 2011 anhängige Nachprüfungsverfahren.

Anlage
(zu § 98 Nr. 4)

Tätigkeiten auf dem Gebiet der Trinkwasser- oder Energieversorgung oder des Verkehrs sind:

1. **Trinkwasserversorgung:**
   Das Bereitstellen und Betreiben fester Netze zur Versorgung der Allgemeinheit im Zusammenhang mit der Gewinnung, dem Transport oder der Verteilung von Trinkwasser sowie die Versorgung dieser Netze mit Trinkwasser; dies gilt auch, wenn diese Tätigkeit mit der Ableitung und Klärung von Abwässern oder mit Wasserbauvorhaben sowie Vorhaben auf dem Gebiet der Bewässerung und der Entwässerung im Zusammenhang steht, sofern die zur Trinkwasserversorgung bestimmte Wassermenge mehr als 20 Prozent der mit dem Vorhaben oder den Bewässerungs- oder Entwässerungsanlagen zur Verfügung gestellten Gesamtwassermenge ausmacht; bei Auftraggebern nach § 98 Nr. 4 ist es keine Tätigkeit der Trinkwasserversorgung, sofern die Gewinnung von Trinkwasser für die Ausübung einer anderen Tätigkeit als der Trinkwasser- oder Energieversorgung oder des Verkehrs erforderlich ist, die Lieferung an das öffentliche Netz vom Eigenverbrauch des Auftraggebers nach § 98 Nr. 4 abhängt und unter Zugrundelegung des Mittels der letzten drei Jahre einschließlich des laufenden Jahres nicht mehr als 30 Prozent der gesamten Trinkwassergewinnung des Auftraggebers nach § 98 Nr. 4 ausmacht;

2. **Elektrizitäts- und Gasversorgung:**
   Das Bereitstellen und Betreiben fester Netze zur Versorgung der Allgemeinheit im Zusammenhang mit der Erzeugung, dem Transport oder der Verteilung von Strom oder der Gewinnung von Gas sowie die Versorgung dieser Netze mit Strom oder Gas; die Tätigkeit von Auftraggebern nach § 98 Nr. 4 gilt nicht als eine Tätigkeit der Elektrizitäts- und Gasversorgung, sofern die Erzeugung von Strom oder Gas für die Ausübung einer anderen Tätigkeit als der Trinkwasser- oder Energieversorgung oder des Verkehrs erforderlich ist, die Lieferung von Strom oder Gas an das öffentliche Netz nur vom Eigenverbrauch abhängt, bei der Lieferung von Gas auch nur darauf abzielt, diese Erzeugung wirtschaftlich zu nutzen, wenn unter Zugrundelegung des Mittels der letzten drei Jahre einschließlich des laufenden Jahres bei der Lieferung von Strom nicht mehr als 30 Prozent der gesamten Energieerzeugung des Auftraggebers nach § 98 Nr. 4 ausmacht, bei der Lieferung von Gas nicht mehr als 20 Prozent des Umsatzes des Auftraggebers nach § 98 Nr. 4;

G gegen Wettbewerbsbeschränkungen **Anl. GWB 11**

3. **Wärmeversorgung:**
   Das Bereitstellen und Betreiben fester Netze zur Versorgung der Allgemeinheit im Zusammenhang mit der Erzeugung, dem Transport oder der Verteilung von Wärme sowie die Versorgung dieser Netze mit Wärme; die Tätigkeit gilt nicht als eine Tätigkeit der Wärmeversorgung, sofern die Erzeugung von Wärme durch Auftraggeber nach § 98 Nr. 4 sich zwangsläufig aus der Ausübung einer anderen Tätigkeit als auf dem Gebiet der Trinkwasser- oder Energieversorgung oder des Verkehrs ergibt, die Lieferung an das öffentliche Netz nur darauf abzielt, diese Erzeugung wirtschaftlich zu nutzen und unter Zugrundelegung des Mittels der letzten drei Jahre einschließlich des laufenden Jahres nicht mehr als 20 Prozent des Umsatzes des Auftraggebers nach § 98 Nr. 4 ausmacht;

4. **Verkehr:**
   Die Bereitstellung und der Betrieb von Flughäfen zum Zwecke der Versorgung von Beförderungsunternehmen im Luftverkehr durch Flughafenunternehmen, die insbesondere eine Genehmigung nach § 38 Abs. 2 Nr. 1 der Luftverkehrs-Zulassungs-Ordnung in der Fassung der Bekanntmachung vom 10. Juli 2008 (BGBl. I S. 1229) erhalten haben oder einer solchen bedürfen;

   die Bereitstellung und der Betrieb von Häfen oder anderen Verkehrsendeinrichtungen zum Zwecke der Versorgung von Beförderungsunternehmen im See- oder Binnenschiffsverkehr;

   das Erbringen von Verkehrsleistungen, die Bereitstellung oder das Betreiben von Infrastruktureinrichtungen zur Versorgung der Allgemeinheit im Eisenbahn-, Straßenbahn- oder sonstigen Schienenverkehr, mit Seilbahnen sowie mit automatischen Systemen, im öffentlichen Personenverkehr im Sinne des Personenbeförderungsgesetzes auch mit Kraftomnibussen und Oberleitungsbussen.

12. Vertrag über die Arbeitsweise der Europäischen Union[1)2)3)]

In der Fassung der Bekanntmachung vom 9. Mai 2008[4)]

(ABl. Nr. C 115 S. 47)

EU-Dok.-Nr. 1 1957 E

zuletzt geänd. durch Art. 2 ÄndBeschl. 2012/419/EU v. 11. 7. 2012 (ABl. Nr. L 204 S. 131)

– Auszug –

Erster Teil. Grundsätze

Art. 1 [Regelungsbereich] (1) Dieser Vertrag regelt die Arbeitsweise der Union und legt die Bereiche, die Abgrenzung und die Einzelheiten der Ausübung ihrer Zuständigkeiten fest.

(2) ¹Dieser Vertrag und der Vertrag über die Europäische Union bilden die Verträge, auf die sich die Union gründet. ²Diese beiden Verträge, die rechtlich gleichrangig sind, werden als „die Verträge" bezeichnet.

Titel I. Arten und Bereiche der Zuständigkeit der Union

Art. 2 [Arten von Zuständigkeiten] (1) Übertragen die Verträge der Union für einen bestimmten Bereich eine ausschließliche Zuständigkeit, so kann nur die Union gesetzgeberisch tätig werden und verbindliche Rechtsakte erlassen; die Mitgliedstaaten dürfen in einem solchen Fall nur tätig werden, wenn sie von der Union hierzu ermächtigt werden, oder um Rechtsakte der Union durchzuführen.

(2) ¹Übertragen die Verträge der Union für einen bestimmten Bereich eine mit den Mitgliedstaaten geteilte Zuständigkeit, so können die Union und die Mitgliedstaaten in diesem Bereich gesetzgeberisch tätig werden und verbindliche Rechtsakte erlassen. ²Die Mitgliedstaaten nehmen ihre Zuständigkeit wahr, sofern und soweit die Union ihre Zuständigkeit nicht ausgeübt hat.

[1)] Vertragsparteien sind Belgien, Bulgarien, Dänemark, Deutschland, Estland, Finnland, Frankreich, Griechenland, Großbritannien, Irland, Italien, Lettland, Litauen, Luxemburg, Malta, die Niederlande, Österreich, Polen, Portugal, Rumänien, Schweden, Slowakei, Slowenien, Spanien, Tschechien, Ungarn und Zypern.

[2)] Die Artikelfolge und Verweise/Bezugnahmen auf Vorschriften des EUV sind gemäß Art. 5 des Vertrags von Lissabon iVm den Übereinstimmungstabellen zum EUV bzw. AEUV an die neue Nummerierung angepasst worden.

[3)] Zu den Assoziationsregelungen und sonstigen Vereinbarungen und Vorschriften, die sich auf den EU-Arbeitsweisevertrag beziehen, vgl. den jährlich zum 31. 12. abgeschlossenen Fundstellennachweis B der geltenden völkerrechtlichen Vereinbarungen der Bundesrepublik Deutschland unter dem Datum 25. 3. 1957.

[4)] Konsolidierte Fassung des Vertrags zur Gründung der Europäischen Gemeinschaft v. 25. 3. 1957 (BGBl. II S. 766). Die Bundesrepublik Deutschland hat dem Vertrag von Lissabon mit G. v. 8. 10. 2008 (BGBl. II S. 1038) zugestimmt; Inkrafttreten am **1. 12. 2009**, siehe Bek. v. 13. 11. 2009 (BGBl. II S. 1223).

³ Die Mitgliedstaaten nehmen ihre Zuständigkeit erneut wahr, sofern und soweit die Union entschieden hat, ihre Zuständigkeit nicht mehr auszuüben.

(3) Die Mitgliedstaaten koordinieren ihre Wirtschafts- und Beschäftigungspolitik im Rahmen von Regelungen nach Maßgabe dieses Vertrags, für deren Festlegung die Union zuständig ist.

(4) Die Union ist nach Maßgabe des Vertrags über die Europäische Union dafür zuständig, eine gemeinsame Außen- und Sicherheitspolitik einschließlich der schrittweisen Festlegung einer gemeinsamen Verteidigungspolitik zu erarbeiten und zu verwirklichen.

(5) In bestimmten Bereichen ist die Union nach Maßgabe der Verträge dafür zuständig, Maßnahmen zur Unterstützung, Koordinierung oder Ergänzung der Maßnahmen der Mitgliedstaaten durchzuführen, ohne dass dadurch die Zuständigkeit der Union für diese Bereiche an die Stelle der Zuständigkeit der Mitgliedstaaten tritt.

Die verbindlichen Rechtsakte der Union, die aufgrund der diese Bereiche betreffenden Bestimmungen der Verträge erlassen werden, dürfen keine Harmonisierung der Rechtsvorschriften der Mitgliedstaaten beinhalten.

(6) Der Umfang der Zuständigkeiten der Union und die Einzelheiten ihrer Ausübung ergeben sich aus den Bestimmungen der Verträge zu den einzelnen Bereichen.

Art. 3 [Ausschließliche Zuständigkeiten] (1) Die Union hat ausschließliche Zuständigkeit in folgenden Bereichen:

a) Zollunion,

b) Festlegung der für das Funktionieren des Binnenmarkts erforderlichen Wettbewerbsregeln,

c) Währungspolitik für die Mitgliedstaaten, deren Währung der Euro ist,

d) Erhaltung der biologischen Meeresschätze im Rahmen der gemeinsamen Fischereipolitik,

e) gemeinsame Handelspolitik.

(2) Die Union hat ferner die ausschließliche Zuständigkeit für den Abschluss internationaler Übereinkünfte, wenn der Abschluss einer solchen Übereinkunft in einem Gesetzgebungsakt der Union vorgesehen ist, wenn er notwendig ist, damit sie ihre interne Zuständigkeit ausüben kann, oder soweit er gemeinsame Regeln beeinträchtigen oder deren Tragweite verändern könnte.

Art. 4 [Geteilte Zuständigkeiten] (1) Die Union teilt ihre Zuständigkeit mit den Mitgliedstaaten, wenn ihr die Verträge außerhalb der in den Artikeln 3 und 6 genannten Bereiche eine Zuständigkeit übertragen.

(2) Die von der Union mit den Mitgliedstaaten geteilte Zuständigkeit erstreckt sich auf die folgenden Hauptbereiche:

a) Binnenmarkt,

b) Sozialpolitik hinsichtlich der in diesem Vertrag genannten Aspekte,

c) wirtschaftlicher, sozialer und territorialer Zusammenhalt,

d) Landwirtschaft und Fischerei, ausgenommen die Erhaltung der biologischen Meeresschätze,

e) Umwelt,

f) Verbraucherschutz,

g) Verkehr,

h) transeuropäische Netze,

i) Energie,

j) Raum der Freiheit, der Sicherheit und des Rechts,

k) gemeinsame Sicherheitsanliegen im Bereich der öffentlichen Gesundheit hinsichtlich der in diesem Vertrag genannten Aspekte.

(3) In den Bereichen Forschung, technologische Entwicklung und Raumfahrt erstreckt sich die Zuständigkeit der Union darauf, Maßnahmen zu treffen, insbesondere Programme zu erstellen und durchzuführen, ohne dass die Ausübung dieser Zuständigkeit die Mitgliedstaaten hindert, ihre Zuständigkeit auszuüben.

(4) In den Bereichen Entwicklungszusammenarbeit und humanitäre Hilfe erstreckt sich die Zuständigkeit der Union darauf, Maßnahmen zu treffen und eine gemeinsame Politik zu verfolgen, ohne dass die Ausübung dieser Zuständigkeit die Mitgliedstaaten hindert, ihre Zuständigkeit auszuüben.

Titel II. Allgemein geltende Bestimmungen

Art. 8 [Gleichstellung; Querschnittsklausel] Bei allen ihren Tätigkeiten wirkt die Union darauf hin, Ungleichheiten zu beseitigen und die Gleichstellung von Männern und Frauen zu fördern.

Art. 11 [Umweltschutz; Querschnittsklausel] Die Erfordernisse des Umweltschutzes müssen bei der Festlegung und Durchführung der Unionspolitiken und -maßnahmen insbesondere zur Förderung einer nachhaltigen Entwicklung einbezogen werden.

Art. 14 [Dienste von allgemeinem wirtschaftlichen Interesse] [1] Unbeschadet des Artikels 4 des Vertrags über die Europäische Union und der Artikel 93, 106 und 107 dieses Vertrags und in Anbetracht des Stellenwerts, den Dienste von allgemeinem wirtschaftlichen Interesse innerhalb der gemeinsamen Werte der Union einnehmen, sowie ihrer Bedeutung bei der Förderung des sozialen und territorialen Zusammmenhalts tragen die Union und die Mitgliedstaaten im Rahmen ihrer jeweiligen Befugnisse im Anwendungsbereich der Verträge dafür Sorge, dass die Grundsätze und Bedingungen, insbesondere jene wirtschaftlicher und finanzieller Art, für das Funktionieren dieser Dienste so gestaltet sind, dass diese ihren Aufgaben nachkommen können. [2] Diese Grundsätze und Bedingungen werden vom Europäischen Parlament und vom Rat durch Verordnungen gemäß dem ordentlichen Gesetzgebungsverfahren festgelegt, unbeschadet der Zuständigkeit der Mitgliedstaaten, diese Dienste im Einklang mit den Verträgen zur Verfügung zu stellen, in Auftrag zu geben und zu finanzieren.

Zweiter Teil. Nichtdiskriminierung und Unionsbürgerschaft

Art. 18 [Diskriminierungsverbot] Unbeschadet besonderer Bestimmungen der Verträge ist in ihrem Anwendungsbereich jede Diskriminierung aus Gründen der Staatsangehörigkeit verboten.

Das Europäische Parlament und der Rat können gemäß dem ordentlichen Gesetzgebungsverfahren Regelungen für das Verbot solcher Diskriminierungen treffen.

Art. 19 [Antidiskriminierungsmaßnahmen] (1) Unbeschadet der sonstigen Bestimmungen der Verträge kann der Rat im Rahmen der durch die Verträge auf die Union übertragenen Zuständigkeiten gemäß einem besonderen Gesetzgebungsverfahren und nach Zustimmung des Europäischen Parlaments einstimmig geeignete Vorkehrungen treffen, um Diskriminierungen aus Gründen des Geschlechts, der Rasse, der ethnischen Herkunft, der Religion oder der Weltanschauung, einer Behinderung, des Alters oder der sexuellen Ausrichtung zu bekämpfen.

(2) Abweichend von Absatz 1 können das Europäische Parlament und der Rat gemäß dem ordentlichen Gesetzgebungsverfahren die Grundprinzipien für Fördermaßnahmen der Union unter Ausschluss jeglicher Harmonisierung der Rechts- und Verwaltungsvorschriften der Mitgliedstaaten zur Unterstützung der Maßnahmen festlegen, die die Mitgliedstaaten treffen, um zur Verwirklichung der in Absatz 1 genannten Ziele beizutragen.

Dritter Teil. Die internen Politiken und Maßnahmen der Union

Titel I. Der Binnenmarkt

Art. 26 [Verwirklichung des Binnenmarkts] (1) Die Union erlässt die erforderlichen Maßnahmen, um nach Maßgabe der einschlägigen Bestimmungen der Verträge den Binnenmarkt zu verwirklichen beziehungsweise dessen Funktionieren zu gewährleisten.

(2) Der Binnenmarkt umfasst einen Raum ohne Binnengrenzen, in dem der freie Verkehr von Waren, Personen, Dienstleistungen und Kapital gemäß den Bestimmungen der Verträge gewährleistet ist.

(3) Der Rat legt auf Vorschlag der Kommission die Leitlinien und Bedingungen fest, die erforderlich sind, um in allen betroffenen Sektoren einen ausgewogenen Fortschritt zu gewährleisten.

Titel II. Der freie Warenverkehr

Art. 28 [Zollunion] (1) Die Union umfasst eine Zollunion, die sich auf den gesamten Warenaustausch erstreckt; sie umfasst das Verbot, zwischen den Mitgliedstaaten Ein- und Ausfuhrzölle und Abgaben gleicher Wirkung zu erheben, sowie die Einführung eines Gemeinsamen Zolltarifs gegenüber dritten Ländern.

(2) Artikel 30 und Kapitel 3 dieses Titels gelten für die aus den Mitgliedstaaten stammenden Waren sowie für diejenigen Waren aus dritten Ländern, die sich in den Mitgliedstaaten im freien Verkehr befinden.

Art. 29 [Freier Verkehr von Waren aus dritten Ländern] Als im freien Verkehr eines Mitgliedstaats befindlich gelten diejenigen Waren aus dritten Ländern, für die in dem betreffenden Mitgliedstaat die Einfuhrförmlichkeiten erfüllt sowie die vorgeschriebenen Zölle und Abgaben gleicher Wirkung erhoben und nicht ganz oder teilweise rückvergütet worden sind.

Kapitel 3. Verbot von mengenmäßigen Beschränkungen zwischen den Mitgliedstaaten

Art. 34 [Verbot von Einfuhrbeschränkungen] Mengenmäßige Einfuhrbeschränkungen sowie alle Maßnahmen gleicher Wirkung sind zwischen den Mitgliedstaaten verboten.

Art. 35 [Verbot von Ausfuhrbeschränkungen] Mengenmäßige Ausfuhrbeschränkungen sowie alle Maßnahmen gleicher Wirkung sind zwischen den Mitgliedstaaten verboten.

Art. 36 [Ausnahmen] [1] Die Bestimmungen der Artikel 34 und 35 stehen Einfuhr-, Ausfuhr- und Durchfuhrverboten oder -beschränkungen nicht entgegen, die aus Gründen der öffentlichen Sittlichkeit, Ordnung und Sicherheit, zum Schutze der Gesundheit und des Lebens von Menschen, Tieren oder Pflanzen, des nationalen Kulturguts von künstlerischem, geschichtlichem oder archäologischem Wert oder des gewerblichen und kommerziellen Eigentums gerechtfertigt sind. [2] Diese Verbote oder Beschränkungen dürfen jedoch weder ein Mittel zur willkürlichen Diskriminierung noch eine verschleierte Beschränkung des Handels zwischen den Mitgliedstaaten darstellen.

Art. 37 [Staatliche Handelsmonopole] (1) Die Mitgliedstaaten formen ihre staatlichen Handelsmonopole derart um, dass jede Diskriminierung in den Versorgungs- und Absatzbedingungen zwischen den Angehörigen der Mitgliedstaaten ausgeschlossen ist.

[1] Dieser Artikel gilt für alle Einrichtungen, durch die ein Mitgliedstaat unmittelbar oder mittelbar die Einfuhr oder die Ausfuhr zwischen den Mitgliedstaaten rechtlich oder tatsächlich kontrolliert, lenkt oder merklich beeinflusst. [2] Er gilt auch für die von einem Staat auf andere Rechtsträger übertragenen Monopole.

(2) Die Mitgliedstaaten unterlassen jede neue Maßnahme, die den in Absatz 1 genannten Grundsätzen widerspricht oder die Tragweite der Artikel über das Verbot von Zöllen und mengenmäßigen Beschränkungen zwischen den Mitgliedstaaten einengt.

(3) Ist mit einem staatlichen Handelsmonopol eine Regelung zur Erleichterung des Absatzes oder der Verwertung landwirtschaftlicher Erzeugnisse verbunden, so sollen bei der Anwendung dieses Artikels gleichwertige Sicherheiten für die Beschäftigung und Lebenshaltung der betreffenden Erzeuger gewährleistet werden.

Titel III. Die Landwirtschaft und die Fischerei

Art. 44 [Ausgleichsabgaben] Besteht in einem Mitgliedstaat für ein Erzeugnis eine innerstaatliche Marktordnung oder Regelung gleicher Wirkung und wird dadurch eine gleichartige Erzeugung in einem anderen Mitgliedstaat in ihrer Wettbewerbslage beeinträchtigt, so erheben die Mitgliedstaaten bei der Einfuhr des betreffenden Erzeugnisses aus dem Mitgliedstaat, in dem die genannte Marktordnung oder Regelung besteht, eine Ausgleichsabgabe, es sei denn, dass dieser Mitgliedstaat eine Ausgleichsabgabe bei der Ausfuhr erhebt.

Die Kommission setzt diese Abgaben in der zur Wiederherstellung des Gleichgewichts erforderlichen Höhe fest; sie kann auch andere Maßnahmen genehmigen, deren Bedingungen und Einzelheiten sie festlegt.

Titel IV. Die Freizügigkeit, der freie Dienstleistungs- und Kapitalverkehr

Kapitel 3. Dienstleistungen

Art. 56 [Dienstleistungsfreiheit] Die Beschränkungen des freien Dienstleistungsverkehrs innerhalb der Union für Angehörige der Mitgliedstaaten, die in einem anderen Mitgliedstaat als demjenigen des Leistungsempfängers ansässig sind, sind nach Maßgabe der folgenden Bestimmungen verboten.

Das Europäische Parlament und der Rat können gemäß dem ordentlichen Gesetzgebungsverfahren beschließen, dass dieses Kapitel auch auf Erbringer von Dienstleistungen Anwendung findet, welche die Staatsangehörigkeit eines dritten Landes besitzen und innerhalb der Union ansässig sind.

Titel VII. Gemeinsame Regeln betreffend Wettbewerb, Steuerfragen und Angleichung der Rechtsvorschriften

Kapitel 1. Wettbewerbsregeln

Abschnitt 1. Vorschriften für Unternehmen

Art. 101 [Kartellverbot] (1) Mit dem Binnenmarkt unvereinbar und verboten sind alle Vereinbarungen zwischen Unternehmen, Beschlüsse von Unternehmensvereinigungen und aufeinander abgestimmte Verhaltensweisen, welche den Handel zwischen Mitgliedstaaten zu beeinträchtigen geeignet sind und eine Verhinderung, Einschränkung oder Verfälschung des Wettbewerbs innerhalb des Binnenmarkts bezwecken oder bewirken, insbesondere

a) die unmittelbare oder mittelbare Festsetzung der An- oder Verkaufspreise oder sonstiger Geschäftsbedingungen;

b) die Einschränkung oder Kontrolle der Erzeugung, des Absatzes der technischen Entwicklung oder der Investitionen;

c) die Aufteilung der Märkte oder Versorgungsquellen;

d) die Anwendung unterschiedlicher Bedingungen bei gleichwertigen Leistungen gegenüber Handelspartnern, wodurch diese im Wettbewerb benachteiligt werden;

e) die an den Abschluss von Verträgen geknüpfte Bedingung, dass die Vertragspartner zusätzliche Leistungen annehmen, die weder sachlich noch nach Handelsbrauch in Beziehung zum Vertragsgegenstand stehen.

(2) Die nach diesem Artikel verbotenen Vereinbarungen oder Beschlüsse sind nichtig.

(3) Die Bestimmungen des Absatzes 1 können für nicht anwendbar erklärt werden auf

– Vereinbarungen oder Gruppen von Vereinbarungen zwischen Unternehmen,

– Beschlüsse oder Gruppen von Beschlüssen von Unternehmensvereinigungen,

– aufeinander abgestimmte Verhaltensweisen oder Gruppen von solchen,

die unter angemessener Beteiligung der Verbraucher an dem entstehenden Gewinn zur Verbesserung der Warenerzeugung oder -verteilung oder zur Förderung des technischen oder wirtschaftlichen Fortschritts beitragen, ohne dass den beteiligten Unternehmen

a) Beschränkungen auferlegt werden, die für die Verwirklichung dieser Ziele nicht unerlässlich sind, oder

b) Möglichkeiten eröffnet werden, für einen wesentlichen Teil der betreffenden Waren den Wettbewerb auszuschalten.

Art. 102 [Missbrauch einer marktbeherrschenden Stellung] Mit dem Binnenmarkt unvereinbar und verboten ist die missbräuchliche Ausnutzung einer beherrschenden Stellung auf dem Binnenmarkt oder auf einem wesentlichen Teil desselben durch ein oder mehrere Unternehmen, soweit dies dazu führen kann, den Handel zwischen Mitgliedstaaten zu beeinträchtigen.

Dieser Missbrauch kann insbesondere in Folgendem bestehen:

a) der unmittelbaren oder mittelbaren Erzwingung von unangemessenen Einkaufs- oder Verkaufspreisen oder sonstigen Geschäftsbedingungen;

b) der Einschränkung der Erzeugung, des Absatzes oder der technischen Entwicklung zum Schaden der Verbraucher;

c) der Anwendung unterschiedlicher Bedingungen bei gleichwertigen Leistungen gegenüber Handelspartnern, wodurch diese im Wettbewerb benachteiligt werden;

d) der an den Abschluss von Verträgen geknüpften Bedingung, dass die Vertragspartner zusätzliche Leistungen annehmen, die weder sachlich noch nach Handelsbrauch in Beziehung zum Vertragsgegenstand stehen.

Art. 103 [Erlass von Verordnungen und Richtlinien] (1) Die zweckdienlichen Verordnungen oder Richtlinien zur Verwirklichung der in den Artikeln 101 und 102 niedergelegten Grundsätze werden vom Rat auf Vorschlag der Kommission und nach Anhörung des Europäischen Parlaments beschlossen.

(2) Die in Absatz 1 vorgesehenen Vorschriften bezwecken insbesondere,

a) die Beachtung der in Artikel 101 Absatz 1 und Artikel 102 genannten Verbote durch die Einführung von Geldbußen und Zwangsgeldern zu gewährleisten;

b) die Einzelheiten der Anwendung des Artikels 101 Absatz 3 festzulegen; dabei ist dem Erfordernis einer wirksamen Überwachung bei möglichst einfacher Verwaltungskontrolle Rechnung zu tragen;

c) gegebenenfalls den Anwendungsbereich der Artikel 101 und 102 für die einzelnen Wirtschaftszweige näher zu bestimmen;

d) die Aufgaben der Kommission und des Gerichtshofs der Europäischen Union bei der Anwendung der in diesem Absatz vorgesehenen Vorschriften gegeneinander abzugrenzen;

e) das Verhältnis zwischen den innerstaatlichen Rechtsvorschriften einerseits und den in diesem Abschnitt enthaltenen oder aufgrund dieses Artikels getroffenen Bestimmungen andererseits festzulegen.

Art. 104 [Übergangsbestimmung] Bis zum Inkrafttreten der gemäß Artikel 103 erlassenen Vorschriften entscheiden die Behörden der Mitgliedstaaten im Einklang mit ihren eigenen Rechtsvorschriften und den Bestimmungen der Artikel 101, insbesondere Absatz 3, und 102 über die Zulässigkeit von Vereinbarungen, Beschlüssen und aufeinander abgestimmten Verhaltensweisen sowie über die missbräuchliche Ausnutzung einer beherrschenden Stellung auf dem Binnenmarkt.

Art. 105 [Wettbewerbsaufsicht] (1) [1] Unbeschadet des Artikels 104 achtet die Kommission auf die Verwirklichung der in den Artikeln 101 und 102 niedergelegten Grundsätze. [2] Sie untersucht auf Antrag eines Mitgliedstaats oder von Amts wegen in Verbindung mit den zuständigen Behörden der Mitgliedstaaten, die ihr Amtshilfe zu leisten haben, die Fälle, in denen Zuwiderhandlungen gegen diese Grundsätze vermutet werden. [3] Stellt sie eine Zuwiderhandlung fest, so schlägt sie geeignete Mittel vor, um diese abzustellen.

(2) [1] Wird die Zuwiderhandlung nicht abgestellt, so trifft die Kommission in einem mit Gründen versehenen Beschluss die Feststellung, dass eine derartige Zuwiderhandlung vorliegt. [2] Sie kann den Beschluss veröffentlichen und die Mitgliedstaaten ermächtigen, die erforderlichen Abhilfemaßnahmen zu treffen, deren Bedingungen und Einzelheiten sie festlegt.

(3) Die Kommission kann Verordnungen zu den Gruppen von Vereinbarungen erlassen, zu denen der Rat nach Artikel 103 Absatz 2 Buchstabe b eine Verordnung oder Richtlinie erlassen hat.

Art. 106 [Öffentliche Unternehmen; Dienstleistungen von allgemeinem wirtschaftlichem Interesse] (1) Die Mitgliedstaaten werden in Bezug auf öffentliche Unternehmen und auf Unternehmen, denen sie besondere oder ausschließliche Rechte gewähren, keine den Verträgen und insbesondere den Artikeln 18 und 101 bis 109 widersprechende Maßnahmen treffen oder beibehalten.

(2) [1] Für Unternehmen, die mit Dienstleistungen von allgemeinem wirtschaftlichem Interesse betraut sind oder den Charakter eines Finanzmonopols haben, gelten die Vorschriften der Verträge, insbesondere die Wettbewerbsregeln, soweit die Anwendung dieser Vorschriften nicht die Erfüllung der ihnen übertragenen besonderen Aufgabe rechtlich oder tatsächlich verhindert. [2] Die Entwicklung des Handelsverkehrs darf nicht in einem Ausmaß beeinträchtigt werden, das dem Interesse der Union zuwiderläuft.

(3) Die Kommission achtet auf die Anwendung dieses Artikels und richtet erforderlichenfalls geeignete Richtlinien oder Beschlüsse an die Mitgliedstaaten.

Abschnitt 2. Staatliche Beihilfen

Art. 107 [Beihilfeverbot; Ausnahmen] (1) Soweit in den Verträgen nicht etwas anderes bestimmt ist, sind staatliche oder aus staatlichen Mitteln gewährte Beihilfen gleich welcher Art, die durch die Begünstigung bestimmter Unternehmen oder Produktionszweige den Wettbewerb verfälschen oder zu verfälschen drohen, mit dem Binnenmarkt unvereinbar, soweit sie den Handel zwischen Mitgliedstaaten beeinträchtigen.

(2) Mit dem Binnenmarkt vereinbar sind:

a) Beihilfen sozialer Art an einzelne Verbraucher, wenn sie ohne Diskriminierung nach der Herkunft der Waren gewährt werden;

b) Beihilfen zur Beseitigung von Schäden, die durch Naturkatastrophen oder sonstige außergewöhnliche Ereignisse entstanden sind;

c) Beihilfen für die Wirtschaft, bestimmter durch die Teilung Deutschlands betroffener Gebiete der Bundesrepublik Deutschland, soweit sie zum Ausgleich der durch die Teilung verursachten wirtschaftlichen Nachteile erforderlich sind. Der Rat kann fünf Jahre nach dem Inkrafttreten des Vertrags von Lissabon auf Vorschlag der Kommission einen Beschluss erlassen, mit dem dieser Buchstabe aufgehoben wird.

(3) Als mit dem Binnenmarkt vereinbar können angesehen werden:

a) Beihilfen zur Förderung der wirtschaftlichen Entwicklung von Gebieten, in denen die Lebenshaltung außergewöhnlich niedrig ist oder eine erhebliche Unterbeschäftigung herrscht, sowie der in Artikel 349 genannten Gebiete unter Berücksichtigung ihrer strukturellen, wirtschaftlichen und sozialen Lage;

b) Beihilfen zur Förderung wichtiger Vorhaben von gemeinsamem europäischem Interesse oder zur Behebung einer beträchtlichen Störung im Wirtschaftsleben eines Mitgliedstaats;

c) Beihilfen zur Förderung der Entwicklung gewisser Wirtschaftszweige oder Wirtschaftsgebiete, soweit sie die Handelsbedingungen nicht in einer Weise verändern, die dem gemeinsamen Interesse zuwiderläuft;

d) Beihilfen zur Förderung der Kultur und der Erhaltung des kulturellen Erbes, soweit sie die Handels- und Wettbewerbsbedingungen in der Union nicht in einem Maß beeinträchtigen, das dem gemeinsamen Interesse zuwiderläuft;

e) sonstige Arten von Beihilfen, die der Rat durch einen Beschluss auf Vorschlag der Kommission bestimmt.

Art. 108 [Beihilfeaufsicht] (1) [1] Die Kommission überprüft fortlaufend in Zusammenarbeit mit den Mitgliedstaaten die in diesen bestehenden Beihilferegelungen. [2] Sie schlägt ihnen die zweckdienlichen Maßnahmen vor, welche die fortschreitende Entwicklung und das Funktionieren des Binnenmarkts erfordern.

EU-Arbeitsweisevertrag (Auszug)

(2) Stellt die Kommission fest, nachdem sie den Beteiligten eine Frist zur Äußerung gesetzt hat, dass eine von einem Staat oder aus staatlichen Mitteln gewährte Beihilfe mit dem Binnenmarkt nach Artikel 107 unvereinbar ist oder dass sie missbräuchlich angewandt wird, so beschließt sie, dass der betreffende Staat sie binnen einer von ihr bestimmten Frist aufzuheben oder umzugestalten hat.

Kommt der betreffende Staat diesem Beschluss innerhalb der festgesetzten Frist nicht nach, so kann die Kommission oder jeder betroffene Staat in Abweichung von den Artikeln 258 und 259 den Gerichtshof der Europäischen Union unmittelbar anrufen.

[1] Der Rat kann einstimmig auf Antrag eines Mitgliedstaats beschließen, dass eine von diesem Staat gewährte oder geplante Beihilfe in Abweichung von Artikel 107 oder von den nach Artikel 109 erlassenen Verordnungen als mit dem Binnenmarkt vereinbar gilt, wenn außergewöhnliche Umstände einen solchen Beschluss rechtfertigen. [2] Hat die Kommission bezüglich dieser Beihilfe das in Unterabsatz 1 dieses Absatzes vorgesehene Verfahren bereits eingeleitet, so bewirkt der Antrag des betreffenden Staates an den Rat die Aussetzung dieses Verfahrens, bis der Rat sich geäußert hat.

Äußert sich der Rat nicht binnen drei Monaten nach Antragstellung, so beschliesst die Kommission.

(3) [1] Die Kommission wird von jeder beabsichtigten Einführung oder Umgestaltung von Beihilfen so rechtzeitig unterrichtet, dass sie sich dazu äußern kann. [2] Ist sie der Auffassung, dass ein derartiges Vorhaben nach Artikel 107 mit dem Binnenmarkt unvereinbar ist, so leitet sie unverzüglich das in Absatz 2 vorgesehene Verfahren ein. [3] Der betreffende Mitgliedstaat darf die beabsichtigte Maßnahme nicht durchführen, bevor die Kommission einen abschließenden Beschluss erlassen hat.

(4) Die Kommission kann Verordnungen zu den Arten von staatlichen Beihilfen erlassen, für die der Rat nach Artikel 109 festgelegt hat, dass sie von dem Verfahren nach Absatz 3 ausgenommen werden können.

Art. 109 [Erlass von Durchführungsverordnungen] Der Rat kann auf Vorschlag der Kommission nach Anhörung des Europäischen Parlaments alle zweckdienlichen Durchführungsverordnungen zu den Artikeln 107 und 108 erlassen und insbesondere die Bedingungen für die Anwendung des Artikels 108 Absatz 3 sowie diejenigen Arten von Beihilfen festlegen, die von diesem Verfahren ausgenommen sind.

Titel VIII. Die Wirtschafts- und Währungspolitik

Art. 119 [Europäische Wirtschaftsverfassung; Grundsätze] (1) Die Tätigkeit der Mitgliedstaaten und der Union im Sinne des Artikels 3 des Vertrags über die Europäische Union umfasst nach Maßgabe der Verträge die Einführung einer Wirtschaftspolitik, die auf einer engen Koordinierung der Wirtschaftspolitik der Mitgliedstaaten, dem Binnenmarkt und der Festlegung gemeinsamer Ziele beruht und dem Grundsatz einer offenen Marktwirtschaft mit freiem Wettbewerb verpflichtet ist.

(2) Parallel dazu umfasst diese Tätigkeit nach Maßgabe der Verträge und der darin vorgesehenen Verfahren eine einheitliche Währung, den Euro, sowie die

Festlegung und Durchführung einer einheitlichen Geld- sowie Wechselkurspolitik, die beide vorrangig das Ziel der Preisstabilität verfolgen und unbeschadet dieses Zieles die allgemeine Wirtschaftspolitik in der Union unter Beachtung des Grundsatzes einer offenen Marktwirtschaft mit freiem Wettbewerb unterstützen sollen.

(3) Diese Tätigkeit der Mitgliedstaaten und der Union setzt die Einhaltung der folgenden richtungsweisenden Grundsätze voraus: stabile Preise, gesunde öffentliche Finanzen und monetäre Rahmenbedingungen sowie eine dauerhaft finanzierbare Zahlungsbilanz.

Titel XVI. Transeuropäische Netze

Art. 170 [Beitrag der Union zur Interoperabilität] (1) Um einen Beitrag zur Verwirklichung der Ziele der Artikel 26 und 174 zu leisten und den Bürgern der Union, den Wirtschaftsbeteiligten sowie den regionalen und lokalen Gebietskörperschaften in vollem Umfang die Vorteile zugute kommen zu lassen, die sich aus der Schaffung eines Raumes ohne Binnengrenzen ergeben, trägt die Union zum Auf- und Ausbau transeuropäischer Netze in den Bereichen der Verkehrs-, Telekommunikations- und Energieinfrastruktur bei.

(2) [1] Die Tätigkeit der Union zielt im Rahmen eines Systems offener und wettbewerbsorientierter Märkte auf die Förderung des Verbunds und der Interoperabilität der einzelstaatlichen Netze sowie des Zugangs zu diesen Netzen ab. [2] Sie trägt insbesondere der Notwendigkeit Rechnung, insulare, eingeschlossene und am Rande gelegene Gebiete mit den zentralen Gebieten der Union zu verbinden.

Art. 171 [Handlungsinstrumente der Union] (1) Zur Erreichung der Ziele des Artikels 170 geht die Union wie folgt vor:
- Sie stellt eine Reihe von Leitlinien auf, in denen die Ziele, die Prioritäten und die Grundzüge der im Bereich der transeuropäischen Netze in Betracht gezogenen Aktionen erfasst werden; in diesen Leitlinien werden Vorhaben von gemeinsamem Interesse ausgewiesen;
- sie führt jede Aktion durch, die sich gegebenenfalls als notwendig erweist, um die Interoperabilität der Netze zu gewährleisten, insbesondere im Bereich der Harmonisierung der technischen Normen;
- sie kann von den Mitgliedstaaten unterstützte Vorhaben von gemeinsamem Interesse, die im Rahmen der Leitlinien gemäß dem ersten Gedankenstrich ausgewiesen sind, insbesondere in Form von Durchführbarkeitsstudien, Anleihebürgschaften oder Zinszuschüssen unterstützen; die Union kann auch über den nach Artikel 177 errichteten Kohäsionsfonds zu spezifischen Verkehrsinfrastrukturvorhaben in den Mitgliedstaaten finanziell beitragen.

Die Union berücksichtigt bei ihren Maßnahmen die potentielle wirtschaftliche Lebensfähigkeit der Vorhaben.

(2) [1] Die Mitgliedstaaten koordinieren untereinander in Verbindung mit der Kommission die einzelstaatlichen Politiken, die sich erheblich auf die Verwirklichung der Ziele des Artikels 170 auswirken können. [2] Die Kommission kann in enger Zusammenarbeit mit den Mitgliedstaaten alle Initiativen ergreifen, die dieser Koordinierung förderlich sind.

(3) Die Union kann beschließen, mit dritten Ländern zur Förderung von Vorhaben von gemeinsamem Interesse sowie zur Sicherstellung der Interoperabilität der Netze zusammenzuarbeiten.

Titel XXI. Energie

Art. 194 [Europäische Energiepolitik; Ziele und Maßnahmen]

(1) Die Energiepolitik der Union verfolgt im Geiste der Solidarität zwischen den Mitgliedstaaten im Rahmen der Verwirklichung oder des Funktionierens des Binnenmarkts und unter Berücksichtigung der Notwendigkeit der Erhaltung und Verbesserung der Umwelt folgende Ziele:

a) Sicherstellung des Funktionierens des Energiemarkts;

b) Gewährleistung der Energieversorgungssicherheit in der Union;

c) Förderung der Energieeffizienz und von Energieeinsparungen sowie Entwicklung neuer und erneuerbarer Energiequellen und

d) Förderung der Interkonnektion der Energienetze.

(2) [1] Unbeschadet der Anwendung anderer Bestimmungen der Verträge erlassen das Europäische Parlament und der Rat gemäß dem ordentlichen Gesetzgebungsverfahren die Maßnahmen, die erforderlich sind, um die Ziele nach Absatz 1 zu verwirklichen. [2] Der Erlass dieser Maßnahmen erfolgt nach Anhörung des Wirtschafts- und Sozialausschusses und des Ausschusses der Regionen.

Diese Maßnahmen berühren unbeschadet des Artikels 192 Absatz 2 Buchstabe c nicht das Recht eines Mitgliedstaats, die Bedingungen für die Nutzung seiner Energieressourcen, seine Wahl zwischen verschiedenen Energiequellen und die allgemeine Struktur seiner Energieversorgung zu bestimmen.

(3) Abweichend von Absatz 2 erlässt der Rat die darin genannten Maßnahmen gemäß einem besonderen Gesetzgebungsverfahren einstimmig nach Anhörung des Europäischen Parlaments, wenn sie überwiegend steuerlicher Art sind.

13. Verordnung (EU) Nr. 330/2010 der Kommission vom 20. April 2010 über die Anwendung von Artikel 101 Absatz 3 des Vertrags über die Arbeitsweise der Europäischen Union auf Gruppen von vertikalen Vereinbarungen und abgestimmten Verhaltensweisen

(Text von Bedeutung für den EWR)

(ABl. Nr. L 102 S. 1)

EU-Dok.-Nr. 3 2010 R 0330

Nichtamtliche Inhaltsübersicht

	Art.
Begriffsbestimmungen	1
Freistellung	2
Marktanteilsschwelle	3
Beschränkungen, die zum Ausschluss des Rechtsvorteils der Gruppenfreistellung führen – Kernbeschränkungen	4
Nicht freigestellte Beschränkungen	5
Nichtanwendung dieser Verordnung	6
Anwendung der Marktanteilsschwelle	7
Anwendung der Umsatzschwelle	8
Übergangszeitraum	9
Geltungsdauer	10

DIE EUROPÄISCHE KOMMISSION –

gestützt auf den Vertrag über die Arbeitsweise der Europäischen Union[1],

gestützt auf die Verordnung Nr. 19/65/EWG des Rates vom 2. März 1965 über die Anwendung von Artikel 85 Absatz 3 des Vertrages auf Gruppen von Vereinbarungen und aufeinander abgestimmten Verhaltensweisen[2], insbesondere auf Artikel 1,

nach Veröffentlichung des Entwurfs dieser Verordnung,

nach Anhörung des Beratenden Ausschusses für Kartell- und Monopolfragen,

in Erwägung nachstehender Gründe:

(1) Nach der Verordnung Nr. 19/65/EWG ist die Kommission ermächtigt, Artikel 101 Absatz 3 des Vertrages über die Arbeitsweise der Europäischen Union[3] durch Verordnung auf Gruppen von vertikalen Vereinbarungen und entsprechenden abgestimmten Verhaltensweisen anzuwenden, die unter Artikel 101 Absatz 1 AEUV[1] fallen.

(2) Verordnung (EG) Nr. 2790/1999 der Kommission vom 22. Dezember 1999 über die Anwendung von Artikel 81 Absatz 3 des Vertrages auf Gruppen von vertikalen Vereinbarungen und

---

[1] Nr. 12.
[2] **Amtl. Anm.:** ABl. 36 vom 6.3.1965, S. 533.
[3] **Amtl. Anm.:** Mit Wirkung vom 1. Dezember 2009 ist an die Stelle des Artikels 81 EG-Vertrag der Artikel 101 des Vertrags über die Arbeitsweise der Europäischen Union (AEUV) getreten. Artikel 81 EG-Vertrag und Artikel 101 AEUV sind im Wesentlichen identisch. Im Rahmen dieser Verordnung sind Bezugnahmen auf Artikel 101 AEUV als Bezugnahmen auf Artikel 81 EG-Vertrag zu verstehen, wo dies angebracht ist.

aufeinander abgestimmten Verhaltensweisen[1] definiert eine Gruppe von vertikalen Vereinbarungen, die nach Auffassung der Kommission in der Regel die Voraussetzungen des Artikels 101 Absatz 3 AEUV[2] erfüllen. Angesichts der insgesamt positiven Erfahrungen mit der Anwendung der genannten Verordnung, die am 31. Mai 2010 außer Kraft tritt und angesichts der seit ihrem Erlass gesammelten Erfahrungen sollte eine neue Gruppenfreistellungsverordnung erlassen werden.

(3) Die Gruppe von Vereinbarungen, die in der Regel die Voraussetzungen des Artikels 101 Absatz 3 AEUV[2] erfüllen, umfasst vertikale Vereinbarungen über den Bezug oder Verkauf von Waren oder Dienstleistungen, die zwischen nicht miteinander im Wettbewerb stehenden Unternehmen, zwischen bestimmten Wettbewerbern sowie von bestimmten Vereinigungen des Wareneinzelhandels geschlossen werden; diese Gruppe umfasst ferner vertikale Vereinbarungen, die Nebenabreden über die Übertragung oder Nutzung von Rechten des geistigen Eigentums enthalten. Der Begriff „vertikale Vereinbarungen" sollte entsprechende abgestimmte Verhaltensweisen umfassen.

(4) Für die Anwendung von Artikel 101 Absatz 3 AEUV[2] durch Verordnung ist es nicht erforderlich, die vertikalen Vereinbarungen zu definieren, die unter Artikel 101 Absatz 1 AEUV[2] fallen können. Bei der Prüfung einzelner Vereinbarungen nach Artikel 101 Absatz 1 AEUV[2] sind mehrere Faktoren, insbesondere die Marktstruktur auf der Angebots- und Nachfrageseite, zu berücksichtigen.

(5) Die durch diese Verordnung bewirkte Gruppenfreistellung sollte nur vertikalen Vereinbarungen zugute kommen, von denen mit hinreichender Sicherheit angenommen werden kann, dass sie die Voraussetzungen des Artikels 101 Absatz 3 AEUV[2] erfüllen.

(6) Bestimmte Arten von vertikalen Vereinbarungen können die wirtschaftliche Effizienz innerhalb einer Produktions- oder Vertriebskette erhöhen, weil sie eine bessere Koordinierung zwischen den beteiligten Unternehmen ermöglichen. Insbesondere können sie dazu beitragen, die Transaktions- und Vertriebskosten der beteiligten Unternehmen zu verringern und deren Umsätze und Investitionen zu optimieren.

(7) Die Wahrscheinlichkeit, dass derartige effizienzsteigernde Auswirkungen stärker ins Gewicht fallen als etwaige von Beschränkungen in vertikalen Vereinbarungen ausgehende wettbewerbswidrige Auswirkungen, hängt von der Marktmacht der an der Vereinbarung beteiligten Unternehmen ab und somit von dem Ausmaß, in dem diese Unternehmen dem Wettbewerb anderer Anbieter von Waren oder Dienstleistungen ausgesetzt sind, die von ihren Kunden aufgrund ihrer Produkteigenschaften, ihrer Preise und ihres Verwendungszwecks als austauschbar oder substituierbar angesehen werden.

(8) Solange der auf jedes an der Vereinbarung beteiligten Unternehmen entfallende Anteil am relevanten Markt jeweils 30 % nicht überschreitet, kann davon ausgegangen werden, dass vertikale Vereinbarungen, die nicht bestimmte Arten schwerwiegender Wettbewerbsbeschränkungen enthalten, im Allgemeinen zu einer Verbesserung der Produktion oder des Vertriebs und zu einer angemessenen Beteiligung der Verbraucher an dem daraus entstehenden Gewinn führen.

(9) Oberhalb dieser Marktanteilsschwelle von 30 % kann nicht davon ausgegangen werden, dass vertikale Vereinbarungen, die unter Artikel 101 Absatz 1 AEUV[2] fallen, immer objektive Vorteile mit sich bringen, die in Art und Umfang ausreichen, um die Nachteile auszugleichen, die sie für den Wettbewerb mit sich bringen. Es kann allerdings auch nicht davon ausgegangen werden, dass diese vertikalen Vereinbarungen entweder unter Artikel 101 Absatz 1 AEUV[2] fallen oder die Voraussetzungen des Artikels 101 Absatz 3 AEUV[2] nicht erfüllen.

(10) Diese Verordnung sollte keine vertikalen Vereinbarungen freistellen, die Beschränkungen enthalten, die wahrscheinlich den Wettbewerb beschränken und den Verbrauchern schaden oder die für die Herbeiführung der effizienzsteigernden Auswirkungen nicht unerlässlich sind; insbesondere vertikale Vereinbarungen, die bestimmte Arten schwerwiegender Wettbewerbsbeschränkungen enthalten, wie die Festsetzung von Mindest- oder Festpreisen für den Weiterverkauf oder bestimmte Arten des Gebietsschutzes, sollten daher ohne Rücksicht auf den Marktanteil der beteiligten Unternehmen von dem mit dieser Verordnung gewährten Rechtsvorteil der Gruppenfreistellung ausgeschlossen werden.

---

[1] **Amtl. Anm.:** ABl. L 336 vom 29.12.1999, S. 21.
[2] Nr. 12.

(11) Die Gruppenfreistellung sollte an bestimmte Bedingungen geknüpft werden, die den Zugang zum relevanten Markt gewährleisten und Kollusion auf diesem Markt vorbeugen. Zu diesem Zweck sollte die Freistellung von Wettbewerbsverboten auf Verbote mit einer bestimmten Höchstdauer beschränkt werden. Aus demselben Grund sollten alle unmittelbaren oder mittelbaren Verpflichtungen, die die Mitglieder eines selektiven Vertriebssystems veranlassen, die Marken bestimmter konkurrierender Anbieter nicht zu führen, vom Rechtsvorteil dieser Verordnung ausgeschlossen werden.

(12) Durch die Begrenzung des Marktanteils, den Ausschluss bestimmter vertikaler Vereinbarungen von der Gruppenfreistellung und die nach dieser Verordnung zu erfüllenden Voraussetzungen ist in der Regel sichergestellt, dass Vereinbarungen, auf die die Gruppenfreistellung Anwendung findet, den beteiligten Unternehmen keine Möglichkeiten eröffnen, den Wettbewerb für einen wesentlichen Teil der betreffenden Produkte auszuschalten.

(13) Nach Artikel 29 Absatz 1 der Verordnung (EG) Nr. 1/2003 des Rates vom 16. Dezember 2002 zur Durchführung der in den Artikeln 81 und 82 des Vertrags niedergelegten Wettbewerbsregeln[1] kann die Kommission den Rechtsvorteil der Gruppenfreistellung entziehen, wenn sie in einem bestimmten Fall feststellt, dass eine Vereinbarung, für die die Gruppenfreistellung nach dieser Verordnung gilt, dennoch Wirkungen hat, die mit Artikel 101 Absatz 3 AEUV[2] unvereinbar sind.

(14) Die mitgliedstaatlichen Wettbewerbsbehörden können, nach Artikel 29 Absatz 2 der Verordnung (EG) Nr. 1/2003 den aus dieser Verordnung erwachsenden Rechtsvorteil für das Hoheitsgebiet des betreffenden Mitgliedstaats oder einen Teil dieses Hoheitsgebiets entziehen, wenn in einem bestimmten Fall eine Vereinbarung, für die die Gruppenfreistellung nach dieser Verordnung gilt, dennoch im Hoheitsgebiet des betreffenden Mitgliedstaats oder in einem Teil dieses Hoheitsgebiets, das alle Merkmale eines gesonderten räumlichen Marktes aufweist, Wirkungen hat, die mit Artikel 101 Absatz 3 AEUV[2] unvereinbar sind.

(15) Bei der Entscheidung, ob der aus dieser Verordnung erwachsende Rechtsvorteil nach Artikel 29 der Verordnung (EG) Nr. 1/2003 entzogen werden sollte, sind die wettbewerbsbeschränkenden Wirkungen, die sich daraus ergeben, dass der Zugang zu einem relevanten Markt oder der Wettbewerb auf diesem Markt durch gleichartige Auswirkungen paralleler Netze vertikaler Vereinbarungen erheblich eingeschränkt werden, von besonderer Bedeutung. Derartige kumulative Wirkungen können sich etwa aus selektiven Vertriebssystemen oder aus Wettbewerbsverboten ergeben.

(16) Um die Überwachung paralleler Netze vertikaler Vereinbarungen zu verstärken, die gleichartige wettbewerbsbeschränkende Auswirkungen haben und mehr als 50 % eines Marktes abdecken, kann die Kommission durch Verordnung erklären, dass diese Verordnung auf vertikale Vereinbarungen, die bestimmte auf den betroffenen Markt bezogene Beschränkungen enthalten, keine Anwendung findet, und dadurch die volle Anwendbarkeit von Artikel 101 AEUV[2] auf diese Vereinbarungen wiederherstellen –

HAT FOLGENDE VERORDNUNG ERLASSEN:

Art. 1 Begriffsbestimmungen.

(1) Für die Zwecke dieser Verordnung gelten folgende Begriffsbestimmungen:

a) „vertikale Vereinbarung" ist eine Vereinbarung oder abgestimmte Verhaltensweise, die zwischen zwei oder mehr Unternehmen, von denen jedes für die Zwecke der Vereinbarung oder der abgestimmten Verhaltensweise auf einer anderen Ebene der Produktions- oder Vertriebskette tätig ist, geschlossen wird und die die Bedingungen betrifft, zu denen die beteiligten Unternehmen Waren oder Dienstleistungen beziehen, verkaufen oder weiterverkaufen dürfen;

b) „vertikale Beschränkung" ist eine Wettbewerbsbeschränkung in einer vertikalen Vereinbarung, die unter Artikel 101 Absatz 1 AEUV[2] fällt;

---
[1] **Amtl. Anm.**: ABl. L 1 vom 4.1.2003, S. 1.
[2] Nr. **12**.

c) „Wettbewerber" ist ein tatsächlicher oder potenzieller Wettbewerber; ein „tatsächlicher Wettbewerber" ist ein Unternehmen, das auf demselben relevanten Markt tätig ist; ein „potenzieller Wettbewerber" ist ein Unternehmen, bei dem realistisch und nicht nur hypothetisch davon ausgegangen werden kann, dass es ohne die vertikale Vereinbarung als Reaktion auf einen geringen, aber anhaltenden Anstieg der relativen Preise wahrscheinlich innerhalb kurzer Zeit die zusätzlichen Investitionen tätigen oder sonstigen Umstellungskosten auf sich nehmen würde, die erforderlich wären, um in den relevanten Markt einzutreten;

d) „Wettbewerbsverbot" ist eine unmittelbare oder mittelbare Verpflichtung, die den Abnehmer veranlasst, keine Waren oder Dienstleistungen herzustellen, zu beziehen, zu verkaufen oder weiterzuverkaufen, die mit den Vertragswaren oder -dienstleistungen im Wettbewerb stehen, oder eine unmittelbare oder mittelbare Verpflichtung des Abnehmers, auf dem relevanten Markt mehr als 80 % seines Gesamtbezugs an Vertragswaren oder -dienstleistungen und ihren Substituten, der anhand des Werts des Bezugs oder, falls in der Branche üblich, anhand des bezogenen Volumens im vorangehenden Kalenderjahr berechnet wird, vom Anbieter oder von einem anderen vom Anbieter benannten Unternehmen zu beziehen;

e) „selektive Vertriebssysteme" sind Vertriebssysteme, in denen sich der Anbieter verpflichtet, die Vertragswaren oder -dienstleistungen unmittelbar oder mittelbar nur an Händler zu verkaufen, die anhand festgelegter Merkmale ausgewählt werden, und in denen sich diese Händler verpflichten, die betreffenden Waren oder Dienstleistungen nicht an Händler zu verkaufen, die innerhalb des vom Anbieter für den Betrieb dieses Systems festgelegten Gebiets nicht zum Vertrieb zugelassen sind;

f) „Rechte des geistigen Eigentums" umfassen unter anderem gewerbliche Schutzrechte, Know-how, Urheberrechte und verwandte Schutzrechte;

g) „Know-how" ist eine Gesamtheit nicht patentgeschützter praktischer Kenntnisse, die der Anbieter durch Erfahrung und Erprobung gewonnen hat und die geheim, wesentlich und identifiziert sind; in diesem Zusammenhang bedeutet „geheim", dass das Know-how nicht allgemein bekannt oder leicht zugänglich ist; „wesentlich" bedeutet, dass das Know-how für den Abnehmer bei der Verwendung, dem Verkauf oder dem Weiterverkauf der Vertragswaren oder -dienstleistungen bedeutsam und nützlich ist; „identifiziert" bedeutet, dass das Know-how so umfassend beschrieben ist, dass überprüft werden kann, ob es die Merkmale „geheim" und „wesentlich" erfüllt;

h) „Abnehmer" ist auch ein Unternehmen, das auf der Grundlage einer unter Artikel 101 Absatz 1 AEUV fallenden Vereinbarung Waren oder Dienstleistungen für Rechnung eines anderen Unternehmens verkauft;

i) „Kunde des Abnehmers" ist ein nicht an der Vereinbarung beteiligtes Unternehmen, das die Vertragswaren oder -dienstleistungen von einem an der Vereinbarung beteiligten Abnehmer bezieht.

(2) Für die Zwecke dieser Verordnung schließen die Begriffe „Unternehmen", „Anbieter" und „Abnehmer" die jeweils mit diesen verbundenen Unternehmen ein.

„Verbundene Unternehmen" sind:

a) Unternehmen, in denen ein an der Vereinbarung beteiligtes Unternehmen unmittelbar oder mittelbar
   i) die Befugnis hat, mehr als die Hälfte der Stimmrechte auszuüben, oder
   ii) die Befugnis hat, mehr als die Hälfte der Mitglieder des Leitungs- oder Aufsichtsorgans oder der zur gesetzlichen Vertretung berufenen Organe zu bestellen, oder
   iii) das Recht hat, die Geschäfte des Unternehmens zu führen;
b) Unternehmen, die in einem an der Vereinbarung beteiligten Unternehmen unmittelbar oder mittelbar die unter Buchstabe a aufgeführten Rechte oder Befugnisse haben;
c) Unternehmen, in denen ein unter Buchstabe b genanntes Unternehmen unmittelbar oder mittelbar die unter Buchstabe a aufgeführten Rechte oder Befugnisse hat;
d) Unternehmen, in denen ein an der Vereinbarung beteiligtes Unternehmen gemeinsam mit einem oder mehreren der unter den Buchstaben a, b und c genannten Unternehmen oder in denen zwei oder mehr der zuletzt genannten Unternehmen gemeinsam die unter Buchstabe a aufgeführten Rechte oder Befugnisse haben;
e) Unternehmen, in denen die folgenden Unternehmen gemeinsam die unter Buchstabe a aufgeführten Rechte oder Befugnisse haben:
   i) an der Vereinbarung beteiligte Unternehmen oder mit ihnen jeweils verbundene Unternehmen im Sinne der Buchstaben a bis d, oder
   ii) eines oder mehrere der an der Vereinbarung beteiligten Unternehmen oder eines oder mehrere der mit ihnen verbundenen Unternehmen im Sinne der Buchstaben a bis d und ein oder mehrere dritte Unternehmen.

Art. 2 Freistellung. (1) Nach Artikel 101 Absatz 3 AEUV[1]) und nach Maßgabe dieser Verordnung gilt Artikel 101 Absatz 1 AEUV nicht für vertikale Vereinbarungen.

Diese Freistellung gilt, soweit solche Vereinbarungen vertikale Beschränkungen enthalten.

(2) [1] Die Freistellung nach Absatz 1 gilt nur dann für vertikale Vereinbarungen zwischen einer Unternehmensvereinigung und ihren Mitgliedern oder zwischen einer solchen Vereinigung und ihren Anbietern, wenn alle Mitglieder der Vereinigung Wareneinzelhändler sind und wenn keines ihrer Mitglieder zusammen mit seinen verbundenen Unternehmen einen jährlichen Gesamtumsatz von mehr als 50 Mio. EUR erwirtschaftet. [2] Vertikale Vereinbarungen solcher Vereinigungen werden von dieser Verordnung unbeschadet der Anwendbarkeit von Artikel 101 AEUV auf horizontale Vereinbarungen zwischen den Mitgliedern einer solchen Vereinigung sowie auf Beschlüsse der Vereinigung erfasst.

(3) [1] Die Freistellung nach Absatz 1 gilt für vertikale Vereinbarungen, die Bestimmungen enthalten, die die Übertragung von Rechten des geistigen Eigentums auf den Abnehmer oder die Nutzung solcher Rechte durch den

---

[1]) Nr. 12.

Abnehmer betreffen, sofern diese Bestimmungen nicht Hauptgegenstand der Vereinbarung sind und sofern sie sich unmittelbar auf die Nutzung, den Verkauf oder den Weiterverkauf von Waren oder Dienstleistungen durch den Abnehmer oder seine Kunden beziehen. ² Die Freistellung gilt unter der Voraussetzung, dass diese Bestimmungen für die Vertragswaren oder -dienstleistungen keine Wettbewerbsbeschränkungen enthalten, die denselben Zweck verfolgen wie vertikale Beschränkungen, die durch diese Verordnung nicht freigestellt sind.

(4) ¹ Die Freistellung nach Absatz 1 gilt nicht für vertikale Vereinbarungen zwischen Wettbewerbern. ² Sie findet jedoch Anwendung, wenn Wettbewerber eine nicht gegenseitige vertikale Vereinbarung treffen und

a) der Anbieter zugleich Hersteller und Händler von Waren ist, der Abnehmer dagegen Händler, jedoch kein Wettbewerber auf der Herstellungsebene; oder

b) der Anbieter ein auf mehreren Handelsstufen tätiger Dienstleister ist, der Abnehmer dagegen Waren oder Dienstleistungen auf der Einzelhandelsstufe anbietet und auf der Handelsstufe, auf der er die Vertragsdienstleistungen bezieht, kein Wettbewerber ist.

(5) Diese Verordnung gilt nicht für vertikale Vereinbarungen, deren Gegenstand in den Geltungsbereich einer anderen Gruppenfreistellungsverordnung fällt, es sei denn, dies ist in einer solchen Verordnung vorgesehen.

Art. 3 Marktanteilsschwelle. (1) Die Freistellung nach Artikel 2 gilt nur, wenn der Anteil des Anbieters an dem relevanten Markt, auf dem er die Vertragswaren oder -dienstleistungen anbietet, und der Anteil des Abnehmers an dem relevanten Markt, auf dem er die Vertragswaren oder -dienstleistungen bezieht, jeweils nicht mehr als 30 % beträgt.

(2) Bezieht ein Unternehmen im Rahmen einer Mehrparteienvereinbarung die Vertragswaren oder -dienstleistungen von einer Vertragspartei und verkauft es sie anschließend an eine andere Vertragspartei, so gilt die Freistellung nach Artikel 2 nur, wenn es die Voraussetzungen des Absatzes 1 als Abnehmer wie auch als Anbieter erfüllt.

Art. 4 Beschränkungen, die zum Ausschluss des Rechtsvorteils der Gruppenfreistellung führen – Kernbeschränkungen. Die Freistellung nach Artikel 2 gilt nicht für vertikale Vereinbarungen, die unmittelbar oder mittelbar, für sich allein oder in Verbindung mit anderen Umständen unter der Kontrolle der Vertragsparteien Folgendes bezwecken:

a) Die Beschränkung der Möglichkeit des Abnehmers, seinen Verkaufspreis selbst festzusetzen; dies gilt unbeschadet der Möglichkeit des Anbieters, Höchstverkaufspreise festzusetzen oder Preisempfehlungen auszusprechen, sofern sich diese nicht infolge der Ausübung von Druck oder der Gewährung von Anreizen durch eines der beteiligten Unternehmen tatsächlich wie Fest- oder Mindestverkaufspreise auswirken;

b) die Beschränkung des Gebiets oder der Kundengruppe, in das oder an die ein an der Vereinbarung beteiligter Abnehmer, vorbehaltlich einer etwaigen Beschränkung in Bezug auf den Ort seiner Niederlassung, Vertragswaren oder -dienstleistungen verkaufen darf, mit Ausnahme

i) der Beschränkung des aktiven Verkaufs in Gebiete oder an Kundengruppen, die der Anbieter sich selbst vorbehalten oder ausschließlich einem anderen Abnehmer zugewiesen hat, sofern dadurch der Verkauf durch die Kunden des Abnehmers nicht beschränkt wird,
ii) der Beschränkung des Verkaufs an Endverbraucher durch Abnehmer, die auf der Großhandelsstufe tätig sind,
iii) der Beschränkung des Verkaufs an nicht zugelassene Händler durch die Mitglieder eines selektiven Vertriebssystems innerhalb des vom Anbieter für den Betrieb dieses Systems festgelegten Gebiets,
iv) der Beschränkung der Möglichkeit des Abnehmers, Teile, die zur Weiterverwendung geliefert werden, an Kunden zu verkaufen, die diese Teile für die Herstellung derselben Art von Waren verwenden würden, wie sie der Anbieter herstellt;

c) die Beschränkung des aktiven oder passiven Verkaufs an Endverbraucher durch auf der Einzelhandelsstufe tätige Mitglieder eines selektiven Vertriebssystems; dies gilt unbeschadet der Möglichkeit, Mitgliedern des Systems zu untersagen, Geschäfte von nicht zugelassenen Niederlassungen aus zu betreiben;

d) die Beschränkung von Querlieferungen zwischen Händlern innerhalb eines selektiven Vertriebssystems, auch wenn diese auf verschiedenen Handelsstufen tätig sind;

e) die zwischen einem Anbieter von Teilen und einem Abnehmer, der diese Teile weiterverwendet, vereinbarte Beschränkung der Möglichkeit des Anbieters, die Teile als Ersatzteile an Endverbraucher oder an Reparaturbetriebe oder andere Dienstleister zu verkaufen, die der Abnehmer nicht mit der Reparatur oder Wartung seiner Waren betraut hat.

Art. 5 Nicht freigestellte Beschränkungen. (1) Die Freistellung nach Artikel 2 gilt nicht für die folgenden, in vertikalen Vereinbarungen enthaltenen Verpflichtungen:

a) unmittelbare oder mittelbare Wettbewerbsverbote, die für eine unbestimmte Dauer oder für eine Dauer von mehr als fünf Jahren vereinbart werden;

b) unmittelbare oder mittelbare Verpflichtungen, die den Abnehmer veranlassen, Waren oder Dienstleistungen nach Beendigung der Vereinbarung nicht herzustellen, zu beziehen, zu verkaufen oder weiterzuverkaufen;

c) unmittelbare oder mittelbare Verpflichtungen, die die Mitglieder eines selektiven Vertriebssystems veranlassen, Marken bestimmter konkurrierender Anbieter nicht zu verkaufen.

Für die Zwecke des Unterabsatz 1 Buchstabe a gelten Wettbewerbsverbote, deren Dauer sich über den Zeitraum von fünf Jahren hinaus stillschweigend verlängert, als für eine unbestimmte Dauer vereinbart.

(2) Abweichend von Absatz 1 Buchstabe a gilt die Begrenzung auf fünf Jahre nicht, wenn die Vertragswaren oder -dienstleistungen vom Abnehmer in Räumlichkeiten und auf Grundstücken verkauft werden, die im Eigentum des Anbieters stehen oder von diesem von nicht mit dem Abnehmer verbundenen Dritten gemietet oder gepachtet worden sind und das Wettbewerbsverbot nicht über den Zeitraum hinausreicht, in dem der Abnehmer diese Räumlichkeiten und Grundstücke nutzt.

(3) In Abweichung von Absatz 1 Buchstabe b gilt die Freistellung nach Artikel 2 für unmittelbare oder mittelbare Verpflichtungen, die den Abnehmer veranlassen, Waren oder Dienstleistungen nach Beendigung der Vereinbarung nicht herzustellen, zu beziehen, zu verkaufen oder weiterzuverkaufen, wenn die folgenden Bedingungen erfüllt sind:

a) die Verpflichtungen beziehen sich auf Waren oder Dienstleistungen, die mit den Vertragswaren oder -dienstleistungen im Wettbewerb stehen;

b) die Verpflichtungen beschränken sich auf Räumlichkeiten und Grundstücke, von denen aus der Abnehmer während der Vertragslaufzeit seine Geschäfte betrieben hat;

c) die Verpflichtungen sind unerlässlich, um dem Abnehmer vom Anbieter übertragenes Know-how zu schützen;

d) die Dauer der Verpflichtungen ist auf höchstens ein Jahr nach Beendigung der Vereinbarung begrenzt.

Absatz 1 Buchstabe b gilt unbeschadet der Möglichkeit, Nutzung und Offenlegung von nicht allgemein zugänglichem Know-how unbefristeten Beschränkungen zu unterwerfen.

Art. 6 Nichtanwendung dieser Verordnung. Nach Artikel 1a der Verordnung Nr. 19/65/EWG kann die Kommission durch Verordnung erklären, dass in Fällen, in denen mehr als 50 % des relevanten Marktes von parallelen Netzen gleichartiger vertikaler Beschränkungen abgedeckt werden, die vorliegende Verordnung auf vertikale Vereinbarungen, die bestimmte Beschränkungen des Wettbewerbs auf diesem Markt enthalten, keine Anwendung findet.

Art. 7 Anwendung der Marktanteilsschwelle. Für die Anwendung der Marktanteilsschwellen im Sinne des Artikels 3 gelten folgende Vorschriften:

a) Der Marktanteil des Anbieters wird anhand des Absatzwerts und der Marktanteil des Abnehmers anhand des Bezugswerts berechnet. Liegen keine Angaben über den Absatz- bzw. Bezugswert vor, so können zur Ermittlung des Marktanteils des betreffenden Unternehmens Schätzungen vorgenommen werden, die auf anderen verlässlichen Marktdaten unter Einschluss der Absatz- und Bezugsmengen beruhen;

b) Die Marktanteile werden anhand der Angaben für das vorangegangene Kalenderjahr ermittelt;

c) Der Marktanteil des Anbieters schließt Waren oder Dienstleistungen ein, die zum Zweck des Verkaufs an vertikal integrierte Händler geliefert werden;

d) Beträgt ein Marktanteil ursprünglich nicht mehr als 30 % und überschreitet er anschließend diese Schwelle, jedoch nicht 35 %, so gilt die Freistellung nach Artikel 2 im Anschluss an das Jahr, in dem die Schwelle von 30 % erstmals überschritten wurde, noch für zwei weitere Kalenderjahre;

e) Beträgt ein Marktanteil ursprünglich nicht mehr als 30 % und überschreitet er anschließend 35 %, so gilt die Freistellung nach Artikel 2 im Anschluss an das Jahr, in dem die Schwelle von 35 % erstmals überschritten wurde, noch für ein weiteres Kalenderjahr;

f) Die unter den Buchstaben d und e genannten Rechtsvorteile dürfen nicht in der Weise miteinander verbunden werden, dass ein Zeitraum von zwei Kalenderjahren überschritten wird;
g) Der Marktanteil der in Artikel 1 Absatz 2 Unterabsatz 2 Buchstabe e genannten Unternehmen wird zu gleichen Teilen jedem Unternehmen zugerechnet, das die in Artikel 1 Absatz 2 Unterabsatz 2 Buchstabe a aufgeführten Rechte oder Befugnisse hat.

Art. 8 Anwendung der Umsatzschwelle. (1) [1] Für die Berechnung des jährlichen Gesamtumsatzes im Sinne des Artikels 2 Absatz 2 sind die Umsätze zu addieren, die das jeweilige an der vertikalen Vereinbarung beteiligte Unternehmen und die mit ihm verbundenen Unternehmen im letzten Geschäftsjahr mit allen Waren und Dienstleistungen ohne Steuern und sonstige Abgaben erzielt haben. [2] Dabei werden Umsätze zwischen dem an der vertikalen Vereinbarung beteiligten Unternehmen und den mit ihm verbundenen Unternehmen oder zwischen den mit ihm verbundenen Unternehmen nicht mitgerechnet.

(2) Die Freistellung nach Artikel 2 bleibt bestehen, wenn der jährliche Gesamtumsatz im Zeitraum von zwei aufeinanderfolgenden Geschäftsjahren die Schwelle um nicht mehr als 10 % überschreitet.

Art. 9 Übergangszeitraum. Das Verbot nach Artikel 101 Absatz 1 AEUV[1] gilt in der Zeit vom 1. Juni 2010 bis zum 31. Mai 2011 nicht für bereits am 31. Mai 2010 in Kraft befindliche Vereinbarungen, die zwar die Freistellungskriterien dieser Verordnung nicht erfüllen, aber am 31. Mai 2010 die Freistellungskriterien der Verordnung (EG) Nr. 2790/1999 erfüllt haben.

Art. 10 Geltungsdauer. Diese Verordnung tritt am 1. Juni 2010 in Kraft.
Sie gilt bis zum 31. Mai 2022.

Diese Verordnung ist in allen ihren Teilen verbindlich und gilt unmittelbar in jedem Mitgliedstaat.

---

[1] Nr. 12.

Dritter Teil. Netznutzung

14. Gesetz zum Ausbau von Energieleitungen (Energieleitungsausbaugesetz – EnLAG)[1)]

Vom 21. August 2009
(BGBl. I S. 2870)

geänd. durch Art. 5 G zur Ums. der DienstleistungsRL im EichG sowie im Geräte- und ProduktsicherheitsG und zur Änd. des VerwaltungskostenG, des EnergiewirtschaftsG und des EnergieleitungsausbauG v. 7. 3. 2011 (BGBl. I S. 338)

§ 1 [Vorhaben, Bedarfsplan] (1) Für Vorhaben nach § 43 Satz 1 des Energiewirtschaftsgesetzes[2)] im Bereich der Höchstspannungsnetze mit einer Nennspannung von 380 Kilovolt oder mehr, die der Anpassung, Entwicklung und dem Ausbau der Übertragungsnetze zur Einbindung von Elektrizität aus erneuerbaren Energiequellen, zur Interoperabilität der Elektrizitätsnetze innerhalb der Europäischen Union, zum Anschluss neuer Kraftwerke oder zur Vermeidung struktureller Engpässe im Übertragungsnetz dienen und für die daher ein vordringlicher Bedarf besteht, ist ein Bedarfsplan diesem Gesetz als Anlage beigefügt.

(2) ¹Die in den Bedarfsplan aufgenommenen Vorhaben entsprechen den Zielsetzungen des § 1 des Energiewirtschaftsgesetzes. ²Für diese Vorhaben stehen damit die energiewirtschaftliche Notwendigkeit und der vordringliche Bedarf fest. ³Diese Feststellungen sind für die Planfeststellung und die Plangenehmigung nach den §§ 43 bis 43 d des Energiewirtschaftsgesetzes verbindlich.

(3) Für die in den Bedarfsplan aufgenommenen Vorhaben gilt § 50 Abs. 1 Nr. 6 der Verwaltungsgerichtsordnung.

(4) Zu den Vorhaben gehören auch die für den Betrieb von Energieleitungen notwendigen Anlagen und die notwendigen Änderungen an den Netzverknüpfungspunkten.

(5) Energieleitungen beginnen und enden jeweils an den Netzverknüpfungspunkten, an denen sie mit dem bestehenden Übertragungsnetz verbunden sind.

§ 2 [Erdkabel] (1) Um den Einsatz von Erdkabeln auf der Höchstspannungsebene im Übertragungsnetz als Pilotvorhaben zu testen, können folgende der in der Anlage zu diesem Gesetz genannten Leitungen nach Maßgabe des Absatzes 2 als Erdkabel errichtet und betrieben oder geändert werden:

1. Abschnitt Ganderkesee – St. Hülfe der Leitung Ganderkesee – Wehrendorf,
2. Leitung Diele – Niederrhein,
3. Leitung Wahle – Mecklar,
4. Abschnitt Altenfeld – Redwitz der Leitung Lauchstädt – Redwitz.

[1)] Verkündet als Art. 1 G zur Beschleunigung des Ausbaus der Höchstspannungsnetze v. 21. 8. 2009 (BGBl. I S. 2870); Inkrafttreten gem. Art. 7 dieses G am 26. 8. 2009.
[2)] Nr. **1**.

(2) ¹Im Falle des Neubaus ist auf Verlangen der für die Zulassung des Vorhabens zuständigen Behörde bei den Vorhaben nach Absatz 1 eine Höchstspannungsleitung auf einem technisch und wirtschaftlich effizienten Teilabschnitt als Erdkabel zu errichten und zu betreiben oder zu ändern, wenn die Leitung

1. in einem Abstand von weniger als 400 m zu Wohngebäuden errichtet werden soll, die im Geltungsbereich eines Bebauungsplans oder im unbeplanten Innenbereich im Sinne des § 34 des Baugesetzbuchs liegen, falls diese Gebiete vorwiegend dem Wohnen dienen, oder

2. in einem Abstand von weniger als 200 m zu Wohngebäuden errichtet werden soll, die im Außenbereich im Sinne des § 35 des Baugesetzbuchs liegen.

²Zusätzlich ist auf Verlangen der für die Zulassung des Vorhabens zuständigen Behörde im Fall des Absatzes 1 Nr. 4 im Naturpark Thüringer Wald (Verordnung über den Naturpark Thüringer Wald vom 27. Juni 2001, GVBl für den Freistaat Thüringen S. 300) bei der Querung des Rennsteigs eine Höchstspannungsleitung auf einem technisch und wirtschaftlich effizienten Teilabschnitt als Erdkabel zu errichten und zu betreiben oder zu ändern.

(3) Für die Vorhaben nach Absatz 1 kann ergänzend zu § 43 Satz 1 Nr. 1 des Energiewirtschaftsgesetzes[1)] ein Planfeststellungsverfahren auch für die Errichtung und den Betrieb sowie die Änderung eines Erdkabels nach Maßgabe des Teils 5 des Energiewirtschaftsgesetzes durchgeführt werden.

(4) ¹Die Übertragungsnetzbetreiber ermitteln die Mehrkosten für die Errichtung, den Betrieb und die Änderung von Erdkabeln im Sinne des Absatzes 1, die in dem Übertragungsnetz des jeweiligen Übertragungsnetzbetreibers in einem Kalenderjahr anfallen. ²Die Mehrkosten sind pauschal auf der Grundlage von Standardkostenansätzen im Vergleich zu einer Freileitung auf derselben Trasse zu ermitteln. ³Die nach Satz 1 und 2 ermittelten Mehrkosten aller Übertragungsnetzbetreiber werden addiert, soweit sie einem effizienten Netzbetrieb entsprechen. ⁴Die so ermittelten Gesamtkosten für Erdkabel sind anteilig auf alle Übertragungsnetzbetreiber rechnerisch umzulegen. ⁵Der Anteil an den Gesamtkosten, der rechnerisch von dem einzelnen Übertragungsnetzbetreiber zu tragen ist, bestimmt sich entsprechend § 9 Abs. 3 des Kraft-Wärme-Kopplungsgesetzes[2)]. ⁶Soweit die tatsächlichen Mehrkosten eines Übertragungsnetzbetreibers für die Errichtung, den Betrieb und die Änderung von Erdkabeln im Sinne des Absatzes 1 seinen rechnerischen Anteil an den Gesamtkosten übersteigen, ist diese Differenz finanziell auszugleichen. ⁷Die Zahlungspflicht trifft die Übertragungsnetzbetreiber, deren tatsächliche Kosten unter dem rechnerisch auf sie entfallenden Anteil an den Gesamtkosten liegen, jedoch nur bis zu der Höhe des auf sie jeweils rechnerisch entfallenden Anteils an den Gesamtkosten. ⁸Die Übertragungsnetzbetreiber ermitteln den Saldo zum 30. November eines Kalenderjahres.

§ 3 [Überprüfung des Bedarfsplans] ¹Nach Ablauf von jeweils drei Jahren prüft das Bundesministerium für Wirtschaft und Technologie im Einvernehmen mit dem Bundesministerium für Umwelt, Naturschutz und Reaktorsi-

---

[1)] Nr. **1**.
[2)] Nr. **43**.

Energieleitungsausbaugesetz   **Anl. EnLAG 14**

cherheit sowie dem Bundesministerium für Verkehr, Bau und Stadtentwicklung, ob der Bedarfsplan der Entwicklung der Elektrizitätsversorgung anzupassen ist und legt dem Deutschen Bundestag hierüber einen Bericht, erstmalig zum 1. Oktober 2012, vor. [2] Dabei sind unter Berücksichtigung der Zielsetzungen nach § 1 des Energiewirtschaftsgesetzes[1)] auch notwendige Optimierungsmaßnahmen zu prüfen. [3] In diesem Bericht sind auch die Erfahrungen mit dem Einsatz von Erdkabeln nach § 2 darzustellen.

Anlage

Vorhaben nach § 1 Abs. 1, für die ein vordringlicher Bedarf besteht:

Nr.	Vorhaben
1	Neubau Höchstspannungsleitung Kassø (DK) – Hamburg Nord – Dollern, Nennspannung 380 kV
2	Neubau Höchstspannungsleitung Ganderkesee – Wehrendorf, Nennspannung 380 kV
3	Neubau Höchstspannungsleitung Neuenhagen – Bertikow/Vierraden – Krajnik (PL), Nennspannung 380 kV
4	Neubau Höchstspannungsleitung Lauchstädt – Redwitz (als Teil der Verbindung Halle/Saale – Schweinfurt), Nennspannung 380 kV
5	Neubau Höchstspannungsleitung Diele – Niederrhein, Nennspannung 380 kV
6	Neubau Höchstspannungsleitung Wahle – Mecklar, Nennspannung 380 kV
7	Zubeseilung Höchstspannungsleitung Bergkamen – Gersteinwerk, Nennspannung 380 kV
8	Zubeseilung Höchstspannungsleitung Kriftel – Eschborn, Nennspannung 380 kV
9	Neubau Höchstspannungsleitung Hamburg/Krümmel – Schwerin, Nennspannung 380 kV
10	Umrüstung der Höchstspannungsleitung Redwitz – Grafenrheinfeld von 220 kV auf 380 kV (als Teil der Verbindung Halle/Saale – Schweinfurt)
11	Neubau Höchstspannungsleitung Neuenhagen – Wustermark (als 1. Teil des Berliner Rings), Nennspannung 380 kV
12	Neubau Interkonnektor Eisenhüttenstadt – Baczyna (PL), Nennspannung 380 kV
13	Neubau Höchstspannungsleitung Niederrhein/Wesel – Landesgrenze NL (Richtung Doetinchem), Nennspannung 380 kV
14	Neubau Höchstspannungsleitung Niederrhein – Utfort – Osterath, Nennspannung 380 kV
15	Neubau Höchstspannungsleitung Osterath – Weißenthurm, Nennspannung 380 kV
16	Neubau Höchstspannungsleitung Wehrendorf – Gütersloh, Nennspannung 380 kV
17	Neubau Höchstspannungsleitung Gütersloh – Bechterdissen, Nennspannung 380 kV
18	Neubau Höchstspannungsleitung Lüstringen – Westerkappeln, Nennspannung 380 kV
19	Neubau Höchstspannungsleitung Kruckel – Dauersberg, Nennspannung 380 kV
20	Neubau Höchstspannungsleitung Dauersberg – Hünfelden, Nennspannung 380 kV
21	Neubau Höchstspannungsleitung Marxheim – Kelsterbach, Nennspannung 380 kV

[1)] Nr. 1.

14 EnLAG Anl.

Nr.	Vorhaben
22	Umrüstung der Hochspannungsleitung Weier – Villingen von Nennspannung 110 kV auf Nennspannung 380 kV
23	Umrüstung der Höchstspannungsleitung Neckarwestheim – Mühlhausen von Nennspannung 220 kV auf Nennspannung 380 kV
24	Neubau Höchstspannungsleitung Bünzwangen – Lindach, Nennspannung 380 kV sowie Umrüstung der Hochspannungsleitung Lindach – Goldshöfe von Nennspannung 110 kV auf Nennspannung 380 kV

15. Netzausbaubeschleunigungsgesetz Übertragungsnetz (NABEG)[1)]

Vom 28. Juli 2011
(BGBl. I S. 1690)
FNA 752-8

Inhaltsübersicht

Abschnitt 1. Allgemeine Vorschriften

Grundsatz	1
Anwendungsbereich, Verordnungsermächtigung	2
Begriffsbestimmungen	3

Abschnitt 2. Bundesfachplanung

Zweck der Bundesfachplanung	4
Inhalt der Bundesfachplanung	5
Antrag auf Bundesfachplanung	6
Festlegung des Untersuchungsrahmens	7
Unterlagen	8
Behörden- und Öffentlichkeitsbeteiligung	9
Erörterungstermin	10
Vereinfachtes Verfahren	11
Abschluss der Bundesfachplanung	12
Bekanntgabe und Veröffentlichung der Entscheidung	13
Einwendungen der Länder	14
Bindungswirkung der Bundesfachplanung	15
Veränderungssperren	16
Bundesnetzplan	17

Abschnitt 3. Planfeststellung

Erfordernis einer Planfeststellung	18
Antrag auf Planfeststellungsbeschluss	19
Antragskonferenz, Festlegung des Untersuchungsrahmens	20
Einreichung des Plans und der Unterlagen	21
Anhörungsverfahren	22
Umweltverträglichkeitsprüfung	23
Planfeststellungsbeschluss	24
Unwesentliche Änderungen	25
Zusammentreffen mehrerer Vorhaben	26
Vorzeitige Besitzeinweisung und Enteignungsverfahren	27
Durchführung eines Raumordnungsverfahrens	28

Abschnitt 4. Gemeinsame Vorschriften

Projektmanager	29
Kostenpflichtige Amtshandlungen	30

Abschnitt 5. Behörden und Gremien

Zuständige Behörde	31
Bundesfachplanungsbeirat	32

[1)] Verkündet als Art. 1 G v. 28. 7. 2011 (BGBl. I S. 1690); Inkrafttreten gem. Art. 7 dieses G am 5. 8. 2011.

Abschnitt 6. Sanktions- und Schlussvorschriften

Bußgeldvorschriften 33
Zwangsgeld 34
Übergangsvorschriften 35

Abschnitt 1. Allgemeine Vorschriften

§ 1 Grundsatz. ¹Die Beschleunigung des Ausbaus der länderübergreifenden und grenzüberschreitenden Höchstspannungsleitungen im Sinne des § 12 e Absatz 2 Satz 1 des Energiewirtschaftsgesetzes[1]) vom 7. Juli 2005 (BGBl. I S. 1970), der durch Artikel 1 des Gesetzes vom 26. Juli 2011 (BGBl. I S. 1554) eingefügt worden ist, erfolgt nach Maßgabe dieses Gesetzes. ²Dieses Gesetz schafft die Grundlage für einen rechtssicheren, transparenten, effizienten und umweltverträglichen Ausbau des Übertragungsnetzes sowie dessen Ertüchtigung. ³Die Realisierung der Stromleitungen, die in den Geltungsbereich dieses Gesetzes fallen, ist aus Gründen eines überragenden öffentlichen Interesses erforderlich.

§ 2 Anwendungsbereich, Verordnungsermächtigung. (1) Dieses Gesetz gilt nur für die Errichtung oder Änderung von länderübergreifenden oder grenzüberschreitenden Höchstspannungsleitungen, die in einem Gesetz über den Bundesbedarfsplan nach § 12 e Absatz 4 Satz 1 des Energiewirtschaftsgesetzes[1]) als solche gekennzeichnet sind.

(2) Die Bundesregierung wird ermächtigt, in einer Rechtsverordnung mit Zustimmung des Bundesrates für Leitungen nach Absatz 1 festzulegen, dass die Planfeststellungsverfahren nach Abschnitt 3 von der Bundesnetzagentur durchgeführt werden.

(3) Die Vorschriften dieses Gesetzes gelten außerdem für den Neubau von Hochspannungsleitungen mit einer Nennspannung von mindestens 110 Kilovolt sowie für Bahnstromfernleitungen, sofern diese Leitungen zusammen mit einer Höchstspannungsleitung nach Absatz 1 auf einem Mehrfachgestänge geführt werden können und die Planungen so rechtzeitig beantragt werden, dass die Einbeziehung ohne wesentliche Verfahrensverzögerung für die Bundesfachplanung oder Planfeststellung möglich ist.

(4) Dieses Gesetz gilt nicht für Vorhaben, die im Energieleitungsausbaugesetz aufgeführt sind.

§ 3 Begriffsbestimmungen. (1) Trassenkorridore im Sinne dieses Gesetzes sind die als Entscheidung der Bundesfachplanung auszuweisenden Gebietsstreifen, innerhalb derer die Trasse einer Stromleitung verläuft und für die die Raumverträglichkeit festgestellt werden soll oder festgestellt ist.

(2) Vereinigungen im Sinne dieses Gesetzes sind nach § 3 des Umwelt-Rechtsbehelfsgesetzes vom 7. Dezember 2006 (BGBl. I S. 2816), das zuletzt durch Artikel 11 a des Gesetzes vom 11. August 2010 (BGBl. I S. 1163) geändert worden ist, anerkannte Umweltvereinigungen, die in ihrem satzungsgemäßen Aufgabenbereich berührt sind.

---

[1]) Nr. 1.

(3) Vorhabenträger ist der nach § 12 c Absatz 4 Satz 3 des Energiewirtschaftsgesetzes[1)] verantwortliche Betreiber von Übertragungsnetzen.

Abschnitt 2. Bundesfachplanung

§ 4 Zweck der Bundesfachplanung. [1] Für die in einem Gesetz über den Bundesbedarfsplan nach § 12 e Absatz 4 Satz 1 des Energiewirtschaftsgesetzes[1)] als länderübergreifend oder grenzüberschreitend gekennzeichneten Höchstspannungsleitungen werden durch die Bundesfachplanung Trassenkorridore bestimmt. [2] Diese sind die Grundlage für die nachfolgenden Planfeststellungsverfahren.

§ 5 Inhalt der Bundesfachplanung. (1) [1] Die Bundesnetzagentur bestimmt in der Bundesfachplanung zur Erfüllung der in § 1 Absatz 1 des Energiewirtschaftsgesetzes[1)] genannten Zwecke Trassenkorridore von im Bundesbedarfsplan aufgeführten Höchstspannungsleitungen. [2] Die Bundesnetzagentur prüft, ob der Verwirklichung des Vorhabens in einem Trassenkorridor überwiegende öffentliche oder private Belange entgegenstehen. [3] Sie prüft insbesondere die Übereinstimmung mit den Erfordernissen der Raumordnung im Sinne von § 3 Absatz 1 Nummer 1 des Raumordnungsgesetzes vom 22. Dezember 2008 (BGBl. I S. 2986), das zuletzt durch Artikel 9 des Gesetzes vom 31. Juli 2009 (BGBl. I S. 2585) geändert worden ist, und die Abstimmung mit anderen raumbedeutsamen Planungen und Maßnahmen im Sinne von § 3 Absatz 1 Nummer 6 des Raumordnungsgesetzes. [4] Gegenstand der Prüfung sind auch etwaige ernsthaft in Betracht kommende Alternativen von Trassenkorridoren.

(2) Für die Bundesfachplanung ist nach den Bestimmungen des Gesetzes über die Umweltverträglichkeitsprüfung in der Fassung der Bekanntmachung vom 24. Februar 2010 (BGBl. I S. 94), das zuletzt durch Artikel 6 des Gesetzes vom 28. Juli 2011 (BGBl. I S. 1690) geändert worden ist, eine Strategische Umweltprüfung durchzuführen.

(3) [1] Die Bundesnetzagentur darf die Bundesfachplanung in einzelnen Abschnitten der Trassenkorridore durchführen. [2] Dies gilt auch, wenn der Vorhabenträger keinen entsprechenden Antrag gestellt hat.

§ 6 Antrag auf Bundesfachplanung. [1] Die Bundesfachplanung beginnt mit dem Antrag des Vorhabenträgers. [2] Die Bundesnetzagentur kann nach Aufnahme eines Vorhabens in den Bundesbedarfsplan die nach den §§ 11 und 12 des Energiewirtschaftsgesetzes[1)] verpflichteten Vorhabenträger durch Bescheid auffordern, innerhalb einer zu bestimmenden angemessenen Frist den erforderlichen Antrag zu stellen. [3] Die für die Raumordnung zuständigen Behörden der Länder, auf deren Gebiet ein Trassenkorridor verläuft, sind über die Frist zu benachrichtigen. [4] Der Antrag kann zunächst auf einzelne angemessene Abschnitte von Trassenkorridoren beschränkt werden. [5] Der Antrag soll Angaben enthalten, die die Festlegung des Untersuchungsrahmens nach § 7 ermöglichen, und hat daher in allgemein verständlicher Form das geplante Vorhaben darzustellen. [6] Der Antrag muss enthalten

---
[1)] Nr. 1.

1. einen Vorschlag für den beabsichtigten Verlauf des für die Ausbaumaßnahme erforderlichen Trassenkorridors sowie eine Darlegung der in Frage kommenden Alternativen,
2. Erläuterungen zur Auswahl zwischen den in Frage kommenden Alternativen unter Berücksichtigung der erkennbaren Umweltauswirkungen und der zu bewältigenden raumordnerischen Konflikte und,
3. soweit ein vereinfachtes Verfahren der Bundesfachplanung nach § 11 für die gesamte Ausbaumaßnahme oder für einzelne Streckenabschnitte durchgeführt werden soll, die Darlegung der dafür erforderlichen Voraussetzungen.

§ 7 Festlegung des Untersuchungsrahmens. (1) [1] Die Bundesnetzagentur führt unverzüglich nach Einreichung des Antrags eine Antragskonferenz durch. [2] In der Antragskonferenz sollen Gegenstand und Umfang der für die Trassenkorridore vorzunehmenden Bundesfachplanung erörtert werden. [3] Insbesondere soll erörtert werden, inwieweit Übereinstimmung der beantragten Trassenkorridore mit den Erfordernissen der Raumordnung der betroffenen Länder besteht oder hergestellt werden kann und in welchem Umfang und Detaillierungsgrad Angaben in den Umweltbericht nach § 14 g des Gesetzes über die Umweltverträglichkeitsprüfung aufzunehmen sind. [4] Die Antragskonferenz ist zugleich die Besprechung im Sinne des § 14 f Absatz 4 Satz 2 des Gesetzes über die Umweltverträglichkeitsprüfung.

(2) [1] Der Vorhabenträger und die betroffenen Träger öffentlicher Belange, deren Aufgabenbereich berührt ist, insbesondere die für die Landesplanung zuständigen Landesbehörden, sowie die Vereinigungen werden von der Bundesnetzagentur zur Antragskonferenz geladen, die Vereinigungen und die Träger öffentlicher Belange mittels Zusendung des Antrags nach § 6. [2] Ladung und Übersendung des Antrags können elektronisch erfolgen. [3] Die Antragskonferenz ist öffentlich; die Unterrichtung der Öffentlichkeit erfolgt auf der Internetseite der Bundesnetzagentur und über örtliche Tageszeitungen, die in dem Gebiet verbreitet sind, auf das sich der beantragte Trassenkorridor voraussichtlich auswirken wird.

(3) [1] Länder, auf deren Gebiet ein Trassenkorridor voraussichtlich verlaufen wird, können Vorschläge im Sinne von § 6 Satz 6 Nummer 1 machen. [2] Die Bundesnetzagentur ist an den Antrag des Vorhabenträgers und die Vorschläge der Länder nicht gebunden.

(4) Die Bundesnetzagentur legt auf Grund der Ergebnisse der Antragskonferenz einen Untersuchungsrahmen für die Bundesfachplanung nach pflichtgemäßem Ermessen fest und bestimmt den erforderlichen Inhalt der nach § 8 einzureichenden Unterlagen.

(5) Die Festlegungen sollen innerhalb einer Frist von zwei Monaten nach Antragstellung abgeschlossen sein.

(6) Die Rechtsvorschriften über Geheimhaltung und Datenschutz bleiben unberührt.

(7) Eine Antragskonferenz kann unterbleiben, wenn die Voraussetzungen für ein vereinfachtes Verfahren nach § 11 vorliegen.

§ 8 Unterlagen. [1] Der Vorhabenträger legt der Bundesnetzagentur auf Grundlage der Ergebnisse der Antragskonferenz in einer von der Bundesnetzagentur festzusetzenden angemessenen Frist die für die raumordnerische Beurteilung und die Strategische Umweltprüfung der Trassenkorridore erforderlichen Unterlagen vor. ²§ 14g Absatz 3 und 4 des Gesetzes über die Umweltverträglichkeitsprüfung ist entsprechend anzuwenden. ³Soweit Unterlagen Betriebs- oder Geschäftsgeheimnisse enthalten, sind sie zu kennzeichnen. ⁴Die Regelungen zum Schutz personenbezogener Daten sind zu beachten. ⁵Den Unterlagen ist eine Erläuterung beizufügen, die unter Wahrung der in Satz 4 genannten Aspekte so ausführlich sein muss, dass Dritte abschätzen können, ob und in welchem Umfang sie von den raumbedeutsamen Auswirkungen des Vorhabens betroffen sein können. ⁶Die Bundesnetzagentur prüft die Vollständigkeit der Unterlagen.

§ 9 Behörden- und Öffentlichkeitsbeteiligung. (1) Spätestens zwei Wochen nach Vorlage der vollständigen Unterlagen beteiligt die Bundesnetzagentur die anderen Behörden nach § 14h des Gesetzes über die Umweltverträglichkeitsprüfung nach Maßgabe der folgenden Absätze.

(2) ¹Die Bundesnetzagentur fordert die Träger öffentlicher Belange innerhalb einer von ihr zu setzenden Frist, die drei Monate nicht überschreiten darf, zur Stellungnahme auf. ²Die Abgabe der Stellungnahmen kann schriftlich oder elektronisch erfolgen. ³Nach Ablauf der Frist nach Satz 1 eingehende Stellungnahmen werden nicht mehr berücksichtigt, es sei denn, die vorgebrachten Belange sind für die Rechtmäßigkeit der Bundesfachplanung von Bedeutung.

(3) ¹Spätestens zwei Wochen nach Zugang der vollständigen Unterlagen führt die Bundesnetzagentur eine Beteiligung der Öffentlichkeit nach § 14i des Gesetzes über die Umweltverträglichkeitsprüfung mit der Maßgabe durch, dass die nach § 14i Absatz 2 des Gesetzes über die Umweltverträglichkeitsprüfung auszulegenden Unterlagen für die Dauer von einem Monat am Sitz der Bundesnetzagentur und in den Außenstellen der Bundesnetzagentur, die den Trassenkorridoren nächstgelegen sind, ausgelegt werden. ²Finden sich keine Außenstellen in einer für die Betroffenen zumutbaren Nähe, so soll die Auslegung bei weiteren geeigneten Stellen erfolgen. ³Die Auslegung ist auf der Internetseite und im Amtsblatt der Bundesnetzagentur und den örtlichen Tageszeitungen, die in dem Gebiet verbreitet sind, auf das sich das Vorhaben voraussichtlich auswirken wird, bekannt zu machen. ⁴Die Bekanntmachung soll spätestens eine Woche vor Beginn der Auslegung erfolgen und muss dem Planungsstand entsprechende Angaben über den Verlauf der Trassenkorridore und den Vorhabenträger enthalten sowie Informationen, wo und wann die Unterlagen zur Einsicht ausgelegt sind, und Hinweise auf die Einwendungsfrist unter Angabe des jeweils ersten und letzten Tages.

(4) ¹Die Unterlagen sind zeitgleich mit der Auslegung für die Dauer von einem Monat im Internet zu veröffentlichen. ²Die Veröffentlichung im Internet ist entsprechend dem Absatz 3 Satz 3 und 4 bekannt zu machen.

(5) Die Rechtsvorschriften über Geheimhaltung und Datenschutz bleiben unberührt.

(6) ¹Jede Person, einschließlich Vereinigungen, kann sich innerhalb von einem Monat nach Ablauf der Veröffentlichungsfrist schriftlich oder zur Niederschrift bei einer Auslegungsstelle nach Absatz 3 Satz 1 und 2 zu den beabsichtigten Trassenkorridoren äußern. ²Absatz 2 Satz 3 gilt entsprechend.

³ Rechtsansprüche werden durch die Einbeziehung der Öffentlichkeit nicht begründet; die Verfolgung von Rechten im nachfolgenden Zulassungsverfahren bleibt unberührt.

(7) Ein Verfahren nach den Absätzen 1 bis 6 kann unterbleiben, wenn die Voraussetzungen für ein vereinfachtes Verfahren nach § 11 vorliegen.

§ 10 Erörterungstermin. ¹ Die Bundesnetzagentur erörtert mündlich die rechtzeitig erhobenen Einwendungen mit dem Vorhabenträger und denjenigen, die Einwendungen erhoben haben. ² Ein Erörterungstermin findet nicht statt, wenn

1. Einwendungen gegen das Vorhaben nicht oder nicht rechtzeitig erhoben worden sind oder
2. die rechtzeitig erhobenen Einwendungen zurückgenommen worden sind oder
3. ausschließlich Einwendungen erhoben worden sind, die auf privatrechtlichen Titeln beruhen, oder
4. alle Einwender auf einen Erörterungstermin verzichten.

§ 11 Vereinfachtes Verfahren. (1) ¹ Die Bundesfachplanung kann in einem vereinfachten Verfahren durchgeführt werden, soweit nach § 14 d Satz 1 des Gesetzes über die Umweltverträglichkeitsprüfung eine Strategische Umweltprüfung nicht erforderlich ist und die Ausbaumaßnahme

1. in der Trasse einer bestehenden Hoch- oder Höchstspannungsleitung erfolgt und die Bestandsleitung ersetzt oder ausgebaut werden soll oder
2. unmittelbar neben der Trasse einer bestehenden Hoch- oder Höchstspannungsleitung errichtet werden soll oder
3. innerhalb eines Trassenkorridors verlaufen soll, der in einem Raumordnungsplan im Sinne von § 3 Absatz 1 Nummer 7 des Raumordnungsgesetzes oder im Bundesnetzplan ausgewiesen ist.

² Das vereinfachte Verfahren kann auf einzelne Trassenabschnitte beschränkt werden.

(2) In dem vereinfachten Verfahren stellt die Bundesnetzagentur im Benehmen mit den zuständigen Landesbehörden fest, ob die Ausbaumaßnahme raumverträglich ist.

(3) ¹ Das vereinfachte Verfahren ist binnen drei Monaten nach Vorliegen der vollständigen Unterlagen bei der Bundesnetzagentur abzuschließen. ² Hat eine Behörden- und Öffentlichkeitsbeteiligung nach § 9 stattgefunden, beträgt die Frist nach Satz 1 vier Monate.

§ 12 Abschluss der Bundesfachplanung. (1) Die Bundesfachplanung ist binnen sechs Monaten nach Vorliegen der vollständigen Unterlagen bei der Bundesnetzagentur abzuschließen.

(2) ¹ Die Entscheidung der Bundesnetzagentur über die Bundesfachplanung enthält

1. den Verlauf eines raumverträglichen Trassenkorridors, der Teil des Bundesnetzplans wird, sowie die an Landesgrenzen gelegenen Länderübergangspunkte; der Trassenkorridor und die Länderübergangspunkte sind in geeigneter Weise kartografisch auszuweisen;

2. eine Bewertung sowie eine zusammenfassende Erklärung der Umweltauswirkungen gemäß den §§ 14k und 141 des Gesetzes über die Umweltverträglichkeitsprüfung des in den Bundesnetzplan aufzunehmenden Trassenkorridors;
3. das Ergebnis der Prüfung von alternativen Trassenkorridoren.

²Der Entscheidung ist eine Begründung beizufügen, in der die Raumverträglichkeit im Einzelnen darzustellen ist. ³Die Bundesnetzagentur ist berechtigt, nach Abschluss der Bundesfachplanung den nach den §§ 11 und 12 des Energiewirtschaftsgesetzes[1)] verpflichteten Vorhabenträger durch Bescheid aufzufordern, innerhalb einer zu bestimmenden angemessenen Frist den erforderlichen Antrag auf Planfeststellung zu stellen. ⁴Die zuständigen obersten Landesbehörden der Länder, auf deren Gebiet ein Trassenkorridor verläuft, sind von der Frist zu benachrichtigen.

(3) Abweichend von Absatz 2 sind bei der Durchführung eines vereinfachten Verfahrens keine Trassenkorridore aufzunehmen, sondern nur die bestehenden Trassen im Sinne des § 11 Absatz 1 Satz 1 Nummer 1 oder 2 oder das Ergebnis eines Raumordnungsplans oder der Bundesfachplanung im Sinne von § 11 Absatz 1 Satz 1 Nummer 3.

§ 13 Bekanntgabe und Veröffentlichung der Entscheidung. (1) Die Entscheidung nach § 12 Absatz 2 und 3 ist den Beteiligten nach § 9 Absatz 1 schriftlich oder elektronisch zu übermitteln.

(2) ¹Die Entscheidung ist an den Auslegungsorten gemäß § 9 Absatz 3 sechs Wochen zur Einsicht auszulegen und auf der Internetseite der Bundesnetzagentur zu veröffentlichen. ²Für die Veröffentlichung gilt § 9 Absatz 4 entsprechend. ³Die Bundesnetzagentur macht die Auslegung und Veröffentlichung nach Satz 1 mindestens eine Woche vorher in örtlichen Tageszeitungen, die in dem Gebiet verbreitet sind, auf das sich die Ausbaumaßnahme voraussichtlich auswirken wird, im Amtsblatt der Bundesnetzagentur und auf ihrer Internetseite bekannt.

(3) Die Rechtsvorschriften über Geheimhaltung und Datenschutz bleiben unberührt.

§ 14 Einwendungen der Länder. ¹Jedes Land, das von der Entscheidung nach § 12 Absatz 2 und 3 betroffen ist, ist berechtigt, innerhalb einer Frist von einem Monat nach Übermittlung der Entscheidung Einwendungen zu erheben. ²Die Einwendungen sind zu begründen. ³Die Bundesnetzagentur hat innerhalb einer Frist von einem Monat nach Eingang der Einwendungen dazu Stellung zu nehmen.

§ 15 Bindungswirkung der Bundesfachplanung. (1) ¹Die Entscheidung nach § 12 ist für die Planfeststellungsverfahren nach §§ 18ff. verbindlich. ²Bundesfachplanungen haben grundsätzlich Vorrang vor Landesplanungen.

(2) ¹Die Geltungsdauer der Entscheidung nach § 12 Absatz 2 ist auf zehn Jahre befristet. ²Die Frist kann durch die Bundesnetzagentur um weitere fünf Jahre verlängert werden. ³Die Fristverlängerung soll erfolgen, wenn sich die

---

[1)] Nr. 1.

für die Beurteilung maßgeblichen rechtlichen und tatsächlichen Verhältnisse nicht verändert haben.

(3) ¹Die Entscheidung nach § 12 hat keine unmittelbare Außenwirkung und ersetzt nicht die Entscheidung über die Zulässigkeit der Ausbaumaßnahme. ²Sie kann nur im Rahmen des Rechtsbehelfsverfahrens gegen die Zulassungsentscheidung für die jeweilige Ausbaumaßnahme überprüft werden.

§ 16 Veränderungssperren. (1) ¹Die Bundesnetzagentur kann mit dem Abschluss der Bundesfachplanung oder nachträglich für einzelne Abschnitte der Trassenkorridore Veränderungssperren erlassen, soweit für diese Leitungen ein vordringlicher Bedarf im Sinne des Bundesbedarfs festgestellt wird. ²Die Veränderungssperre bewirkt,

1. dass keine Vorhaben oder baulichen Anlagen verwirklicht werden dürfen, die einer Verwirklichung der jeweiligen Stromleitung entgegenstehen, und

2. dass keine sonstigen erheblichen oder wesentlich wertsteigernden Veränderungen am Grundstück oder an baulichen Anlagen auf dem Grundstück durchgeführt werden dürfen.

³Die Veränderungssperre ist auf einen Zeitraum von fünf Jahren zu befristen. ⁴Die Bundesnetzagentur kann die Frist um weitere fünf Jahre verlängern, wenn besondere Umstände dies erfordern.

(2) ¹Die Veränderungssperre ist aufzuheben, wenn die auf dem Trassenkorridor vorgesehene Ausbaumaßnahme anderweitig verwirklicht oder endgültig nicht mehr verwirklicht wird. ²Die Veränderungssperre ist auf Antrag aufzuheben, wenn überwiegende Belange von Betroffenen entgegenstehen.

§ 17 Bundesnetzplan. ¹Die durch die Bundesfachplanung bestimmten Trassenkorridore werden nachrichtlich in den Bundesnetzplan aufgenommen. ²Der Bundesnetzplan wird bei der Bundesnetzagentur geführt. ³Der Bundesnetzplan ist von der Bundesnetzagentur einmal pro Kalenderjahr im Bundesanzeiger zu veröffentlichen.

Abschnitt 3. Planfeststellung

§ 18 Erfordernis einer Planfeststellung. (1) Die Errichtung und der Betrieb sowie die Änderung von Leitungen im Sinne von § 2 Absatz 1 bedürfen der Planfeststellung durch die zuständige Behörde.

(2) Auf Antrag des Vorhabenträgers können die für den Betrieb von Energieleitungen notwendigen Anlagen, insbesondere die Umspannanlagen und Netzverknüpfungspunkte, in das Planfeststellungsverfahren integriert und durch Planfeststellung zugelassen werden.

(3) ¹Bei der Planfeststellung sind die von dem Vorhaben berührten öffentlichen und privaten Belange im Rahmen der Abwägung zu berücksichtigen. ²Sofern dieses Gesetz keine abweichenden Regelungen enthält, gelten für das Planfeststellungsverfahren und daran anknüpfende Verfahren die Bestimmungen in Teil 5 des Energiewirtschaftsgesetzes entsprechend.

§ 19 Antrag auf Planfeststellungsbeschluss. [1] Die Planfeststellung beginnt mit dem Antrag des Vorhabenträgers. [2] Der Antrag kann zunächst auf einzelne angemessene Abschnitte der Trasse beschränkt werden. [3] Der Antrag soll auch Angaben enthalten, die die Festlegung des Untersuchungsrahmens nach § 20 ermöglichen, und hat daher in allgemein verständlicher Form das geplante Vorhaben darzustellen. [4] Der Antrag muss enthalten

1. einen Vorschlag für den beabsichtigten Verlauf der Trasse sowie eine Darlegung zu in Frage kommenden Alternativen und

2. Erläuterungen zur Auswahl zwischen den in Frage kommenden Alternativen unter Berücksichtigung der erkennbaren Umweltauswirkungen und,

3. soweit es sich bei der gesamten Ausbaumaßnahme oder für einzelne Streckenabschnitte nur um unwesentliche Änderungen nach § 25 handelt, die Darlegung der dafür erforderlichen Voraussetzungen.

§ 20 Antragskonferenz, Festlegung des Untersuchungsrahmens.

(1) [1] Die Planfeststellungsbehörde führt unverzüglich nach Einreichung des Antrags eine Antragskonferenz mit dem Vorhabenträger sowie den betroffenen Trägern öffentlicher Belange und Vereinigungen durch. [2] Die Antragskonferenz soll sich auf Gegenstand, Umfang und Methoden der Unterlagen nach § 6 des Gesetzes über die Umweltverträglichkeitsprüfung sowie sonstige für die Planfeststellung erhebliche Fragen erstrecken.

(2) [1] Der Vorhabenträger, Vereinigungen sowie die Träger öffentlicher Belange werden zur Antragskonferenz geladen, die Vereinigungen und Träger öffentlicher Belange mittels Zusendung des Antrags. [2] Ladung und Übersendung des Antrags können elektronisch erfolgen. [3] Die Antragskonferenz ist öffentlich; die Unterrichtung der Öffentlichkeit erfolgt im amtlichen Verkündungsblatt und über die Internetseite der Planfeststellungsbehörde und in örtlichen Tageszeitungen, die in dem Gebiet verbreitet sind, auf das sich das Vorhaben voraussichtlich auswirken wird.

(3) [1] Die Planfeststellungsbehörde legt auf Grund der Ergebnisse der Antragskonferenz einen Untersuchungsrahmen für die Planfeststellung fest und bestimmt den erforderlichen Inhalt der nach § 21 einzureichenden Unterlagen. [2] Die Festlegungen sollen innerhalb einer Frist von zwei Monaten nach Antragstellung abgeschlossen sein.

(4) Die Rechtsvorschriften über Geheimhaltung und Datenschutz bleiben unberührt.

(5) Eine Antragskonferenz kann unterbleiben, wenn die Voraussetzungen des § 25 vorliegen.

§ 21 Einreichung des Plans und der Unterlagen. (1) Der Vorhabenträger reicht den auf Grundlage der Ergebnisse der Antragskonferenz nach § 20 Absatz 3 bearbeiteten Plan bei der Planfeststellungsbehörde zur Durchführung des Anhörungsverfahrens ein.

(2) Der Plan besteht aus den Zeichnungen und Erläuterungen, die das Vorhaben, seinen Anlass und die von dem Vorhaben betroffenen Grundstücke und Anlagen erkennen lassen.

(3) [1] Die Planfeststellungsbehörde kann vom Vorhabenträger die Vorlage von Gutachten verlangen oder Gutachten einholen. [2] Soweit Unterlagen Be-

triebs- oder Geschäftsgeheimnisse enthalten, sind sie zu kennzeichnen; die Regelungen des Datenschutzes sind zu beachten.

(4) Für die nach § 6 des Gesetzes über die Umweltverträglichkeitsprüfung vorzulegenden Unterlagen soll nach Maßgabe der §§ 5 und 14 f Absatz 3 des Gesetzes über die Umweltverträglichkeitsprüfung auf die in der Bundesfachplanung eingereichten Unterlagen Bezug genommen werden.

(5) [1] Die Planfeststellungsbehörde hat die eingereichten Unterlagen innerhalb eines Monats nach Eingang auf ihre Vollständigkeit hin zu überprüfen. [2] Die Vollständigkeitsprüfung beinhaltet die Prüfung der formellen Vollständigkeit sowie eine Plausibilitätskontrolle der Unterlagen. [3] Sind die Unterlagen nicht vollständig, hat die Planfeststellungsbehörde den Vorhabenträger unverzüglich aufzufordern, die Unterlagen innerhalb einer angemessenen Frist zu ergänzen. [4] Nach Abschluss der Vollständigkeitsprüfung hat die Planfeststellungsbehörde dem Vorhabenträger die Vollständigkeit der Unterlagen schriftlich zu bestätigen.

§ 22 Anhörungsverfahren. (1) Innerhalb von zwei Wochen nach Vorlage der vollständigen Unterlagen nach § 21 übermittelt die Planfeststellungsbehörde die Unterlagen schriftlich oder elektronisch an

1. die Träger öffentlicher Belange, die von dem beantragten Vorhaben berührt sind, und

2. die Vereinigungen.

(2) [1] Die Planfeststellungsbehörde fordert die Träger öffentlicher Belange, einschließlich der Raumordnungsbehörden der Länder, die von dem Vorhaben berührt sind, zur Stellungnahme innerhalb einer von ihr zu setzenden Frist auf, die drei Monate nicht überschreiten darf. [2] Die Möglichkeit, Stellungnahmen nach Satz 1 abzugeben, erstreckt sich nicht auf die Gegenstände, welche die Bundesfachplanung betreffen und zu denen bereits in der Bundesfachplanung Stellung genommen werden konnte. [3] Die Stellungnahmen können schriftlich oder elektronisch abgegeben werden. [4] Nach Ablauf der Frist nach Satz 1 eingehende Stellungnahmen werden nicht mehr berücksichtigt, es sei denn, die vorgebrachten Belange sind für die Rechtmäßigkeit der Entscheidung von Bedeutung.

(3) [1] Innerhalb von zwei Wochen nach Vorlage der vollständigen Unterlagen nach § 21 veranlasst die Planfeststellungsbehörde für die Dauer von einem Monat zum Zwecke der Öffentlichkeitsbeteiligung die Auslegung der Unterlagen gemäß § 43 a Nummer 1 des Energiewirtschaftsgesetzes[1]). [2] Die Auslegung ist im amtlichen Verkündungsblatt und über die Internetseite der Planfeststellungsbehörde sowie den örtlichen Tageszeitungen, die in dem Gebiet verbreitet sind, auf das sich das Vorhaben voraussichtlich auswirken wird, bekannt zu machen. [3] Die Bekanntmachung soll eine Woche vor Beginn der Auslegung erfolgen und muss dem Planungsstand entsprechende Angaben über den Verlauf der Trassenkorridore und den Vorhabenträger enthalten, Informationen darüber, wo und wann die Unterlagen zur Einsicht ausgelegt werden, sowie Hinweise auf die Einwendungsfrist unter Angabe des jeweils ersten und letzten Tages.

---

[1]) Nr. 1.

(4) ¹Der Plan ist zeitgleich mit der Auslegung für die Dauer von einem Monat im Internet zu veröffentlichen. ²Die Veröffentlichung ist entsprechend Absatz 3 Satz 2 und 3 bekannt zu machen.

(5) Die Rechtsvorschriften über Geheimhaltung und Datenschutz bleiben unberührt.

(6) ¹Jede Person, deren Belange durch das Vorhaben berührt werden, kann innerhalb von zwei Wochen nach Ablauf der Auslegungsfrist nach Absatz 3 Satz 1 schriftlich bei der Planfeststellungsbehörde oder zur Niederschrift bei einer Auslegungsstelle Einwendungen gegen den Plan erheben. ²Satz 1 gilt entsprechend für Vereinigungen.

(7) ¹Die Planfeststellungsbehörde führt einen Erörterungstermin durch. ²Insoweit gelten die Bestimmungen des § 73 Absatz 6 Satz 1 bis 5 des Verwaltungsverfahrensgesetzes entsprechend.

(8) Anhörungsverfahren und Erörterungstermin können unterbleiben, wenn die Voraussetzungen des § 25 vorliegen.

§ 23 Umweltverträglichkeitsprüfung. Die Prüfung der Umweltverträglichkeit nach den Bestimmungen des Gesetzes über die Umweltverträglichkeitsprüfung kann auf Grund der in der Bundesfachplanung bereits durchgeführten Strategischen Umweltprüfung auf zusätzliche oder andere erhebliche Umweltauswirkungen der beantragten Stromleitung beschränkt werden.

§ 24 Planfeststellungsbeschluss. (1) Die Planfeststellungsbehörde stellt den Plan fest (Planfeststellungsbeschluss).

(2) ¹Der Planfeststellungsbeschluss wird dem Vorhabenträger, den bekannten Betroffenen sowie denjenigen, über deren Einwendungen entschieden worden ist, zugestellt. ²Es findet § 74 Absatz 5 des Verwaltungsverfahrensgesetzes Anwendung.

(3) ¹Eine Ausfertigung des Beschlusses ist mit einer Rechtsbehelfsbelehrung am Sitz der Planfeststellungsbehörde sowie an den Auslegungsorten zwei Wochen zur Einsicht auszulegen. ²Der Ort und die Zeit der Auslegung sind in örtlichen Tageszeitungen, die in dem Gebiet verbreitet sind, auf das sich das Vorhaben voraussichtlich auswirken wird, im amtlichen Verkündungsblatt und auf der Internetseite der Planfeststellungsbehörde bekannt zu machen. ³Der Planfeststellungsbeschluss ist zeitgleich mit der Auslegung im Internet zu veröffentlichen. ⁴Für die Veröffentlichung gilt § 22 Absatz 3 entsprechend.

(4) Die Rechtsvorschriften über Geheimhaltung und Datenschutz bleiben unberührt.

§ 25 Unwesentliche Änderungen. ¹Unwesentliche Änderungen oder Erweiterungen können ohne Planfeststellungsverfahren durch ein Anzeigeverfahren zugelassen werden. ²Eine Änderung oder Erweiterung ist nur dann unwesentlich, wenn

1. es sich nicht um eine Änderung oder Erweiterung handelt, für die nach dem Gesetz über die Umweltverträglichkeitsprüfung eine Umweltverträglichkeitsprüfung durchzuführen ist, und

2. andere öffentliche Belange nicht berührt sind oder die erforderlichen behördlichen Entscheidungen vorliegen und diese dem Plan nicht entgegenstehen und
3. Rechte anderer nicht beeinträchtigt werden oder mit den vom Plan Betroffenen entsprechende Vereinbarungen getroffen werden.
³ Der Vorhabenträger zeigt gegenüber der Planfeststellungsbehörde die von ihm geplante Maßnahme an. ⁴ Der Anzeige sind in ausreichender Weise Erläuterungen beizufügen, aus denen sich ergibt, dass die geplante Änderung unwesentlich ist. ⁵ Insbesondere bedarf es einer Darstellung der zu erwartenden Umweltauswirkungen. ⁶ Die Planfeststellungsbehörde entscheidet innerhalb eines Monats, ob anstelle der Anzeige ein Plangenehmigungs- oder Planfeststellungsverfahren durchzuführen ist oder die Maßnahme von einem förmlichen Verfahren freigestellt ist. ⁷ Die Entscheidung ist dem Vorhabenträger bekannt zu machen.

§ 26 Zusammentreffen mehrerer Vorhaben. ¹ In Planfeststellungsverfahren für in den Bundesnetzplan aufgenommene Höchstspannungsleitungen kann eine einheitliche Entscheidung für die Errichtung, den Betrieb sowie die Änderung von Hochspannungsfreileitungen mit einer Nennspannung von 110 Kilovolt oder mehr, die nicht im Bundesnetzplan aufgeführt sind, sowie von Bahnstromfernleitungen beantragt werden, sofern diese Leitungen mit einer Leitung nach § 2 Absatz 2 auf einem Mehrfachgestänge geführt werden. ² § 78 des Verwaltungsverfahrensgesetzes bleibt unberührt. ³ Die Planfeststellungsverfahren richten sich nach den Vorgaben dieses Gesetzes. ⁴ Ist danach eine andere Behörde als die Bundesnetzagentur zuständig, wendet diese die Vorgaben des dritten Abschnitts an.

§ 27 Vorzeitige Besitzeinweisung und Enteignungsverfahren. (1) ¹ Der Vorhabenträger kann verlangen, dass nach Abschluss des Anhörungsverfahrens gemäß § 22 eine vorzeitige Besitzeinweisung durchgeführt wird. ² § 44b des Energiewirtschaftsgesetzes findet mit der Maßgabe Anwendung, dass der nach dem Verfahrensstand zu erwartende Planfeststellungsbeschluss dem vorzeitigen Besitzeinweisungsverfahren zugrunde zu legen ist. ³ Der Besitzeinweisungsbeschluss ist mit der aufschiebenden Bedingung zu erlassen, dass sein Ergebnis durch den Planfeststellungsbeschluss bestätigt wird. ⁴ Anderenfalls ist das vorzeitige Besitzeinweisungsverfahren auf der Grundlage des ergangenen Planfeststellungsbeschlusses zu ergänzen.

(2) ¹ Der Vorhabenträger kann verlangen, dass nach Abschluss des Anhörungsverfahrens gemäß § 22 ein vorzeitiges Enteignungsverfahren durchgeführt wird. ² § 45 des Energiewirtschaftsgesetzes findet mit der Maßgabe Anwendung, dass der nach dem Verfahrensstand zu erwartende Planfeststellungsbeschluss dem Enteignungsverfahren zugrunde zu legen ist. ³ Der Enteignungsbeschluss ist mit der aufschiebenden Bedingung zu erlassen, dass sein Ergebnis durch den Planfeststellungsbeschluss bestätigt wird. ⁴ Anderenfalls ist das Enteignungsverfahren auf der Grundlage des ergangenen Planfeststellungsbeschlusses zu ergänzen.

§ 28 Durchführung eines Raumordnungsverfahrens. ¹ Abweichend von § 15 Absatz 1 des Raumordnungsgesetzes in Verbindung mit § 1 Satz 2 Nummer 14 der Raumordnungsverordnung vom 13. Dezember 1990

(BGBl. I S. 2766), die zuletzt durch Artikel 21 des Gesetzes vom 31. Juli 2009 (BGBl. I S. 2585) geändert worden ist, findet ein Raumordnungsverfahren für die Errichtung oder die Änderung von Höchstspannungsleitungen, für die im Bundesnetzplan Trassenkorridore oder Trassen ausgewiesen sind, nicht statt. ² Dies gilt nicht nach Ablauf der Geltungsdauer gemäß § 15 Absatz 2.

Abschnitt 4. Gemeinsame Vorschriften

§ 29 Projektmanager. ¹ Die zuständige Behörde kann einen Dritten mit der Vorbereitung und Durchführung von Verfahrensschritten wie

1. der Erstellung von Verfahrensleitplänen unter Bestimmung von Verfahrensabschnitten und Zwischenterminen,

2. der Fristenkontrolle,

3. der Koordinierung von erforderlichen Sachverständigengutachten,

4. dem Entwurf eines Anhörungsberichtes,

5. der ersten Auswertung der eingereichten Stellungnahmen,

6. der organisatorischen Vorbereitung eines Erörterungstermins und

7. der Leitung des Erörterungstermins

auf Vorschlag oder mit Zustimmung des Vorhabenträgers und auf dessen Kosten beauftragen. ² Die Entscheidung der Bundesfachplanung nach § 12 Absatz 2 und über den Planfeststellungsantrag nach § 24 Absatz 1 liegt allein bei der zuständigen Behörde.

§ 30 Kostenpflichtige Amtshandlungen. (1) ¹ Die Bundesnetzagentur erhebt für folgende Amtshandlungen nach diesem Gesetz kostendeckende Gebühren und Auslagen:

1. Feststellung der Raumverträglichkeit im vereinfachten Verfahren nach § 11 Absatz 2,

2. Entscheidungen nach § 12 Absatz 2 Satz 1,

3. Planfeststellungen nach § 24 Absatz 1 und

4. Entscheidungen nach § 25 Satz 6.

² Wird ein Antrag auf eine der in Absatz 1 genannten Amtshandlungen nach Beginn der sachlichen Bearbeitung zurückgenommen, ist derjenige Teil der für die gesamte Amtshandlung vorgesehenen Gebühr zu erheben, der dem Fortschritt der Bearbeitung entspricht. ³ Für einen Antrag, der aus anderen Gründen als der Unzuständigkeit der Behörde abgelehnt wird, ist die volle Gebühr zu erheben. ⁴ Die Gebühr kann ermäßigt werden oder es kann von der Erhebung abgesehen werden, wenn dies der Billigkeit entspricht.

(2) ¹ Die Höhe der Gebühr richtet sich nach der Länge der zu planenden Trasse. ² Bei der Durchführung der Bundesfachplanung ist die geographische Entfernung der durch eine Trasse zu verbindenden Orte (Luftlinie) maßgeblich. ³ Die Gebühr für Amtshandlungen nach Absatz 1 Nummer 2 beträgt 30 000 Euro je angefangenem Kilometer. ⁴ Für die Durchführung der Planfeststellung richtet sich die Gebühr nach der mittleren Länge des im Rahmen der Bundesfachplanung festgelegten Korridors. ⁵ Für Amtshandlungen nach Absatz 1 Nummer 3 beträgt die Gebühr 50 000 Euro je angefangenem Kilo-

meter. ⁶ Bei Entscheidungen nach Absatz 1 Nummer 1 und 4 beträgt die Gebühr 10 000 Euro je angefangenem Kilometer.

(3) ¹ Die Gebühren für Amtshandlungen nach Absatz 1 Nummer 2 und 3 werden in mehreren Teilbeträgen erhoben. ² Von der Gebühr für die Amtshandlung nach Absatz 1 Nummer 2 sind ein Drittel innerhalb eines Monats ab Antragstellung zu entrichten, ein zweites Drittel innerhalb eines Jahres ab Antragstellung und das letzte Drittel mit Abschluss des Verfahrens. ³ Von der Gebühr für die Amtshandlung nach Absatz 1 Nummer 3 sind ein Fünftel innerhalb eines Monats ab Antragstellung, das zweite, dritte und vierte Fünftel jeweils ein halbes Jahr später, spätestens jedoch zugleich mit dem fünften Fünftel bei Abschluss des Verfahrens zu entrichten.

(4) Die Gebühren für Amtshandlungen zuständiger Landesbehörden richten sich nach den Verwaltungskostengesetzen der Länder.

Abschnitt 5. Behörden und Gremien

§ 31 Zuständige Behörde. (1) Die Aufgaben nach diesem Gesetz nehmen die Bundesnetzagentur für Elektrizität, Gas, Telekommunikation, Post und Eisenbahnen (Bundesnetzagentur) und nach Maßgabe des Absatzes 2 die zuständigen Landesbehörden wahr.

(2) Den nach Landesrecht zuständigen Behörden obliegt die Durchführung des Planfeststellungsverfahrens nach den Regelungen des Abschnitts 3 für alle Vorhaben im Anwendungsbereich dieses Gesetzes, die nicht durch die Rechtsverordnung nach § 2 Absatz 2 auf die Bundesnetzagentur übertragen worden sind.

(3) Die Bundesnetzagentur ist verpflichtet, dem Bundesministerium für Wirtschaft und Technologie sowie dem Bundesministerium für Umwelt, Naturschutz und Reaktorsicherheit regelmäßig in nicht personenbezogener Form über den Verfahrensstand zur Bundesfachplanung und zur Planfeststellung zu berichten.

§ 32 Bundesfachplanungsbeirat. (1) ¹ Bei der Bundesnetzagentur wird ein ständiger Bundesfachplanungsbeirat gebildet. ² Der Beirat besteht aus Vertretern der Bundesnetzagentur, Vertretern der Länder und Vertretern der Bundesregierung.

(2) ¹ Der Bundesfachplanungsbeirat hat die Aufgabe, die Bundesnetzagentur in Grundsatzfragen zur Bundesfachplanung und zur Aufstellung des Bundesnetzplans sowie zu den Grundsätzen der Planfeststellung zu beraten. ² Er ist gegenüber der Bundesnetzagentur berechtigt, allgemeine Auskünfte und Stellungnahmen einzuholen. ³ Die Bundesnetzagentur und die zuständigen Landesbehörden sind insoweit in nicht personenbezogener Form gegenseitig auskunftspflichtig.

(3) ¹ Der Beirat soll regelmäßig zusammentreten. ² Sitzungen sind anzuberaumen, wenn die Bundesnetzagentur oder mindestens zwei Länder die Einberufung schriftlich verlangen. ³ Die ordentlichen Sitzungen sind nicht öffentlich.

(4) Der Beirat gibt sich eine Geschäftsordnung.

Abschnitt 6. Sanktions- und Schlussvorschriften

§ 33 Bußgeldvorschriften. (1) Ordnungswidrig handelt, wer vorsätzlich oder leichtfertig

1. entgegen § 8 Satz 1 eine Unterlage nicht richtig vorlegt,
2. ohne festgestellten Plan nach § 18 Absatz 1 eine Leitung errichtet, betreibt oder ändert,
3. entgegen § 21 Absatz 1 einen dort genannten Plan nicht richtig einreicht oder
4. ohne Zulassung nach § 25 Satz 6 eine unwesentliche Änderung oder Erweiterung vornimmt.

(2) Die Ordnungswidrigkeit kann mit einer Geldbuße bis zu einhunderttausend Euro geahndet werden.

(3) Verwaltungsbehörden im Sinne des § 36 Absatz 1 Nummer 1 des Gesetzes über Ordnungswidrigkeiten sind die Bundesnetzagentur und die zuständigen Planfeststellungsbehörden der Länder.

§ 34 Zwangsgeld. [1] Die Bundesnetzagentur kann ihre Anordnungen, insbesondere Fristsetzungen zur Antragstellung nach § 6 Satz 2 und § 12 Absatz 2 Satz 2, nach den für die Vollstreckung von Verwaltungsmaßnahmen geltenden Vorschriften durchsetzen. [2] Die Höhe des Zwangsgeldes beträgt mindestens 1 000 Euro und höchstens 250 000 Euro.

§ 35 Übergangsvorschriften. Bestehende Genehmigungen und Planfeststellungsbeschlüsse sowie laufende Planfeststellungsverfahren bleiben unberührt.

16. Verordnung über den Zugang zu Elektrizitätsversorgungsnetzen (Stromnetzzugangsverordnung – StromNZV)

Vom 25. Juli 2005

(BGBl. I S. 2243)

FNA 752-6-4

zuletzt geänd. durch Art. 3 VO zur Änd. von VO auf dem Gebiet des Energiewirtschaftsrechts v. 30. 4. 2012 (BGBl. I S. 1002)

Auf Grund des § 21 b Abs. 3 Satz 1 in Verbindung mit Satz 3, des § 24 Satz 1 Nr. 1 und 2 in Verbindung mit Satz 2 Nr. 1, 2 und 3 sowie Satz 3, Satz 1 Nr. 1 auch in Verbindung mit § 21 b Abs. 3 Satz 1 und 3, und des § 29 Abs. 3 des Energiewirtschaftsgesetzes[1] vom 7. Juli 2005 (BGBl. I S. 1970) verordnet die Bundesregierung:

Inhaltsübersicht

	§§
Teil 1. Allgemeine Bestimmungen	
Anwendungsbereich	1
Begriffsbestimmungen	2
Grundlagen des Netzzugangs	3
Teil 2. Zugang zu Übertragungsnetzen	
Abschnitt 1. Bilanzkreissystem	
Bilanzkreise	4
Grundsätze der Fahrplanabwicklung und untertäglicher Handel	5
Abschnitt 2. Ausgleichsleistungen	
Grundsätze der Beschaffung von Regelenergie	6
Erbringung von Regelenergie	7
Abrechnung von Regelenergie	8
Transparenz der Ausschreibung, Beschaffung und Inanspruchnahme von Regelenergie	9
Verlustenergie	10
Bilanzkreis für Energien nach dem Erneuerbare-Energien-Gesetz	11
Teil 3. Zugang zu Elektrizitätsverteilernetzen	
Standardisierte Lastprofile	12
Jahresmehr- und Jahresmindermengen	13
Teil 4. Sonstige Pflichten der Betreiber von Elektrizitätsversorgungsnetzen	
Lieferantenwechsel	14
Engpassmanagement	15
Allgemeine Zusammenarbeitspflichten	16
Veröffentlichungspflichten der Betreiber von Elektrizitätsversorgungsnetzen	17
Messung	18
Messung der von Haushaltskunden entnommenen Elektrizität	18 a
Messung auf Vorgabe des Netznutzers	18 b

---

[1] Nr. 1.

	§§
Betrieb von Mess- und Steuereinrichtungen	19
Nachprüfung von Messeinrichtungen	20
Vorgehen bei Messfehlern	21
Datenaustausch	22

Teil 5. Vertragsbeziehungen

Vertragliche Ausgestaltung des Netzzugangs	23
Netznutzungsvertrag	24
Lieferantenrahmenvertrag	25
Haftung bei Störung der Netznutzung	25 a
Bilanzkreisvertrag	26

Teil 6. Befugnisse der Regulierungsbehörde

Festlegungen der Regulierungsbehörde	27
Standardangebote	28

Teil 7. Sonstige Bestimmungen

Ordnungswidrigkeiten	29
Übergangsregelungen	30
Inkrafttreten	31

Teil 1. Allgemeine Bestimmungen

§ 1 Anwendungsbereich. [1] Diese Verordnung regelt die Bedingungen für Einspeisungen von elektrischer Energie in Einspeisestellen der Elektrizitätsversorgungsnetze und die damit verbundene zeitgleiche Entnahme von elektrischer Energie an räumlich davon entfernt liegenden Entnahmestellen der Elektrizitätsversorgungsnetze. [2] Die Regelungen der Verordnung sind abschließend im Sinne des § 111 Abs. 2 Nr. 2 des Energiewirtschaftsgesetzes[1]).

§ 2 Begriffsbestimmungen. Im Sinne dieser Verordnung bedeutet

1. Fahrplan
   die Angabe, wie viel elektrische Leistung in jeder Zeiteinheit zwischen den Bilanzkreisen ausgetauscht wird oder an einer Einspeise- oder Entnahmestelle eingespeist oder entnommen wird;
2. Jahresmehr- und Jahresmindermengen
   Arbeitsmengendifferenzen zwischen der von Lastprofilkunden eines Lieferanten tatsächlich entnommenen elektrischen Arbeit und der Prognose des Jahresverbrauchs für diese Kunden;
3. Lastgang
   die Gesamtheit aller Leistungsmittelwerte, die über eine ganzzahlige Anzahl von Messperioden gemessen wird;
4. Lastprofil
   eine Zeitreihe, die für jede Abrechnungsperiode einen Leistungsmittelwert festlegt;
5. Lieferant
   ein Unternehmen, dessen Geschäftstätigkeit auf den Vertrieb von Elektrizität gerichtet ist;

---

[1]) Nr. 1.

6. Minutenreserve
die Regelleistung, mit deren Einsatz eine ausreichende Sekundärregelreserve innerhalb von 15 Minuten wiederhergestellt werden kann;
7. Netznutzungsvertrag
der in § 20 Abs. 1 a des Energiewirtschaftsgesetzes[1] genannte Vertrag;
8. Primärregelung
die im Sekundenbereich automatisch wirkende stabilisierende Wirkleistungsregelung der synchron betriebenen Verbundnetze durch Aktivbeitrag der Kraftwerke bei Frequenzänderungen und Passivbeitrag der von der Frequenz abhängigen Lasten;
9. Regelenergie
diejenige Energie, die zum Ausgleich von Leistungsungleichgewichten in der jeweiligen Regelzone eingesetzt wird;
10. Sekundärregelung
die betriebsbezogene Beeinflussung von zu einem Versorgungssystem gehörigen Einheiten zur Einhaltung des gewollten Energieaustausches der jeweiligen Regelzonen mit den übrigen Verbundnetzen bei gleichzeitiger, integraler Stützung der Frequenz;
11. Unterbilanzkreis
ein Bilanzkreis, der nicht für den Ausgleich der Abweichungen gegenüber dem Betreiber von Übertragungsnetzen verantwortlich ist;
12. Verlustenergie
die zum Ausgleich physikalisch bedingter Netzverluste benötigte Energie;
13. Zählpunkt
der Netzpunkt, an dem der Energiefluss zähltechnisch erfasst wird.

§ 3 Grundlagen des Netzzugangs. (1) [1] Netznutzungsvertrag oder Lieferantenrahmenvertrag vermitteln den Zugang zum gesamten Elektrizitätsversorgungsnetz. [2] Der Anspruch auf Netznutzung wird begrenzt durch die jeweiligen Kapazitäten der Elektrizitätsversorgungsnetze. [3] Betreiber von Elektrizitätsversorgungsnetzen werden durch Netznutzungs- und Lieferantenrahmenverträge nicht gehindert, Änderungen an der Ausgestaltung ihrer Netze vorzunehmen. [4] Die §§ 14 und 17 bleiben unberührt.

(2) Die Netznutzung durch die Letztverbraucher und Lieferanten setzt voraus, dass der Bilanzkreis in ein nach § 26 vertraglich begründetes Bilanzkreissystem einbezogen ist.

Teil 2. Zugang zu Übertragungsnetzen

Abschnitt 1. Bilanzkreissystem

§ 4 Bilanzkreise. (1) [1] Innerhalb einer Regelzone sind von einem oder mehreren Netznutzern Bilanzkreise zu bilden. [2] Bilanzkreise müssen aus mindestens einer Einspeise- oder einer Entnahmestelle bestehen. [3] Abweichend davon können Bilanzkreise auch für Geschäfte, die nicht die Belieferung von Letztverbrauchern zum Gegenstand haben, gebildet werden. [4] Die Zuordnung

---

[1] Nr. 1.

eines Bilanzkreises als Unterbilanzkreis zu einem anderen Bilanzkreis ist zulässig. ⁵ Die Salden eines Bilanzkreises können mit Zustimmung der betroffenen Bilanzkreisverantwortlichen bei der Abrechnung einem anderen Bilanzkreis zugeordnet werden, wobei auch dieser Bilanzkreis die Funktion eines Unterbilanzkreises haben kann.

(2) ¹ Für jeden Bilanzkreis ist von den bilanzkreisbildenden Netznutzern gegenüber dem Betreiber des jeweiligen Übertragungsnetzes ein Bilanzkreisverantwortlicher zu benennen. ² Der Bilanzkreisverantwortliche ist verantwortlich für eine ausgeglichene Bilanz zwischen Einspeisungen und Entnahmen in einem Bilanzkreis in jeder Viertelstunde und übernimmt als Schnittstelle zwischen Netznutzern und Betreibern von Übertragungsnetzen die wirtschaftliche Verantwortung für Abweichungen zwischen Einspeisungen und Entnahmen eines Bilanzkreises.

(3) ¹ Jede Einspeise- oder Entnahmestelle ist einem Bilanzkreis zuzuordnen. ² Ein Netznutzer darf nur einem Bilanzkreis, dessen Bilanzkreisverantwortlicher die Verantwortung nach Absatz 2 Satz 2 trägt, zugeordnet werden.

(4) ¹ Die Betreiber von Elektrizitätsversorgungsnetzen sind verpflichtet, dem Bilanzkreisverantwortlichen und anderen Betreibern von Elektrizitätsversorgungsnetzen die zur Abrechnung und Verminderung der Bilanzkreisabweichungen erforderlichen Daten in elektronischer Form unverzüglich zu übermitteln. ² Bilanzkreisverantwortliche haben die ihnen übermittelten Daten rechtzeitig zu prüfen, insbesondere im Hinblick auf die Verwendung für die Bilanzkreisabrechnung, und Einwände gegen die Vollständigkeit oder Richtigkeit unverzüglich dem zuständigen Betreiber von Elektrizitätsversorgungsnetzen in elektronischer Form mitzuteilen.

§ 5 Grundsätze der Fahrplanabwicklung und untertäglicher Handel.

(1) ¹ Die Abwicklung von Lieferungen elektrischer Energie zwischen Bilanzkreisen erfolgt auf Grundlage von Fahrplänen. ² Betreiber von Übertragungsnetzen sind berechtigt, Bilanzkreisverantwortliche dazu zu verpflichten, ihnen Fahrpläne gemäß den nach § 27 Abs. 1 Nr. 16 von der Regulierungsbehörde festgelegten Regelungen mitzuteilen. ³ Fahrpläne für den Zeitraum des folgenden Tages bis zum nächsten Werktag sind den Betreibern von Übertragungsnetzen bis spätestens 14.30 Uhr mitzuteilen, sofern die Betreiber von Übertragungsnetzen nicht die Mitteilung zu einem späteren Zeitpunkt zugelassen haben oder die Regulierungsbehörde nach § 27 Abs. 1 Nr. 16 eine abweichende Regelung getroffen hat. ⁴ Rechtzeitig im Sinne der Absätze 2 bis 4 dem Betreiber von Übertragungsnetzen mitgeteilte Fahrpläne und Fahrplanänderungen sind von diesem der Bilanzierung des jeweiligen Bilanzkreises und der Regelzone zu Grunde zu legen, es sei denn, Netzengpässe wurden nach § 15 Abs. 4 veröffentlicht und begründet. ⁵ Die Fahrpläne müssen vollständig sein, eine ausgeglichene Bilanz des Bilanzkreises und damit eine ausgeglichene Bilanz der jeweiligen Regelzone ermöglichen.

(2) ¹ Fahrpläne innerhalb einer Regelzone und regelzonenübergreifende Fahrpläne können mit einem zeitlichen Vorlauf von mindestens einer Viertelstunde zu jeder Viertelstunde eines Tages geändert werden, soweit die Bundesnetzagentur nicht kürzere Vorlaufzeiten durch Festlegung nach § 27 Absatz 1 Nummer 16 bestimmt hat. ² Der Betreiber von Übertragungsnetzen hat das Recht, Änderungen von regelzonenübergreifenden Fahrplänen abzuleh-

16 StromNZV § 6 3. Teil. Netznutzung

nen, wenn durch die Anwendung der geänderten Fahrpläne ein Engpass entstehen würde. ³Die Ablehnung ist zu begründen. ⁴Fahrplanänderungen müssen nach Maßgabe der von der Regulierungsbehörde nach § 27 Abs. 1 Nr. 16 erlassenen Regelungen dem Betreiber von Übertragungsnetzen mitgeteilt werden.

(3) ¹Nachträgliche Fahrplanänderungen regelzoneninterner Fahrpläne können bis 16 Uhr des auf den Erfüllungstag folgenden Werktags erfolgen. ²Der Betreiber von Übertragungsnetzen veröffentlicht hierfür auf seiner Internetseite einen Kalender, dem die Werktage zu entnehmen sind.

(4) ¹Das durch ungeplante Kraftwerksausfälle entstehende Ungleichgewicht zwischen Einspeisungen und Entnahmen ist vom Betreiber von Übertragungsnetzen für vier Viertelstunden einschließlich der Viertelstunde, in der der Ausfall aufgetreten ist, auszugleichen. ²Für die Zeit nach Ablauf dieser vier Viertelstunden ist der Bilanzkreisverantwortliche zum Ausgleich der ausgefallenen Leistung verpflichtet. ³Hierzu kann er abweichend von Absatz 2 Satz 1 seine Fahrpläne mit einer Vorlaufzeit von 15 Minuten zum Beginn einer jeden Viertelstunde ändern. ⁴Der Betreiber von Übertragungsnetzen kann nach der Fahrplanänderung vom Bilanzkreisverantwortlichen einen Nachweis darüber verlangen, dass ein ungeplanter Kraftwerksausfall vorliegt.

Abschnitt 2. Ausgleichsleistungen

§ 6 Grundsätze der Beschaffung von Regelenergie. (1) Die Betreiber von Übertragungsnetzen sind verpflichtet, die jeweilige Regelenergieart im Rahmen einer gemeinsamen regelzonenübergreifenden anonymisierten Ausschreibung über eine Internetplattform zu beschaffen.

(2) Abweichend von Absatz 1 sind die Betreiber von Übertragungsnetzen zum Zweck der Erfüllung ihrer Verpflichtungen nach § 12 Abs. 1 und 3 sowie § 13 Abs. 1 des Energiewirtschaftsgesetzes[1)] berechtigt, einen technisch notwendigen Anteil an Regelenergie aus Kraftwerken in ihrer Regelzone auszuschreiben, soweit dies zur Gewährleistung der Versorgungssicherheit in ihrer jeweiligen Regelzone, insbesondere zur Aufrechterhaltung der Versorgung im Inselbetrieb nach Störungen, erforderlich ist.

(3) ¹Die Primärregelung ist als zusätzliche Einspeisung oder Reduzierung des Bezugs oder Reduzierung der Einspeisung (positive oder negative Primärregelung) auszuschreiben. ²Die Sekundärregelung, Minutenreserve sowie weitere Regelenergieprodukte sind getrennt nach positivem und negativem Regelenergiebedarf auszuschreiben.

(4) ¹Betreiber von Übertragungsnetzen sind berechtigt, Mindestangebote festzulegen. ²Die Anbieter sind berechtigt, zeitlich und mengenmäßig Teilleistungen anzubieten. ³Dabei dürfen die Teilleistungen nicht das jeweilige Mindestangebot unterschreiten. ⁴Die Bildung einer Anbietergemeinschaft ist auch zur Erreichung der Mindestangebote zulässig.

(5) ¹Potenzielle Anbieter von Regelenergieprodukten haben den Nachweis zu erbringen, dass sie die zur Gewährleistung der Versorgungssicherheit erforderlichen Anforderungen für die Erbringung der unterschiedlichen Regelenergiearten erfüllen. ²Nachzuweisen sind insbesondere die notwendigen

---

[1)] Nr. 1.

technischen Fähigkeiten und die ordnungsgemäße Erbringung der Regelleistung unter betrieblichen Bedingungen.

(6) Bei der Anwendung der §§ 6 bis 9 sind nach § 22 Absatz 2 Satz 5 des Energiewirtschaftsgesetzes getroffene Festlegungen der Bundesnetzagentur zu beachten.

§ 7 Erbringung von Regelenergie. [1] Die Regelenergiearten Primärregelung, Sekundärregelung und Minutenreserve sowie sonstige beschaffte und eingesetzte Regelenergieprodukte sind entsprechend den Ausschreibungsergebnissen auf Grundlage der Angebotskurven beginnend mit dem jeweils günstigsten Angebot von den jeweiligen Betreibern von Übertragungsnetzen einzusetzen. [2] Bei Netzeinschränkungen kann von den Angebotskurven abgewichen werden, wenn die Netzeinschränkungen begründet dargelegt werden können.

§ 8 Abrechnung von Regelenergie. (1) [1] Betreiber von Übertragungsnetzen haben die Kosten für Primärregelleistung und -arbeit, für die Vorhaltung von Sekundärregelleistung und Minutenreserveleistung sowie weiterer beschaffter und eingesetzter Regelenergieprodukte als eigenständige Systemdienstleistungen den Nutzern der Übertragungsnetze in Rechnung zu stellen. [2] Für jedes Angebot, das zum Zuge kommt, bemisst sich die zu zahlende Vergütung nach dem im jeweiligen Angebot geforderten Preis.

(2) [1] Die einzelnen Betreiber von Übertragungsnetzen sind verpflichtet, innerhalb ihrer jeweiligen Regelzone auf 15-Minutenbasis die Mehr- und Mindereinspeisungen aller Bilanzkreise zu saldieren. [2] Sie haben die Kosten der Beschaffung von positiver Sekundärregelarbeit und positiver Minutenreservearbeit als Ausgleichsenergie den Bilanzkreisverantwortlichen auf Grundlage einer viertelstündlichen Abrechnung in Rechnung zu stellen. [3] Sofern negative Sekundärregelarbeit und negative Minutenreservearbeit beschafft wird, erfolgt die Abrechnung der Ausgleichsenergie auf Grundlage der erzielten Preise. [4] Die Preise, die je Viertelstunde ermittelt werden, müssen für Bilanzkreisüberspeisungen und Bilanzkreisunterspeisungen identisch sein. [5] Die Abrechnung des Betreibers von Übertragungsnetzen gegenüber den Bilanzkreisverantwortlichen hat spätestens zwei Monate nach dem jeweiligen Abrechnungsmonat zu erfolgen. [6] Diese Frist kann auf Antrag des Betreibers von Übertragungsnetzen von der Regulierungsbehörde verlängert werden.

§ 9 Transparenz der Ausschreibung, Beschaffung und Inanspruchnahme von Regelenergie. (1) [1] Betreiber von Übertragungsnetzen sind verpflichtet, die Ausschreibungsergebnisse in einem einheitlichen Format getrennt nach Primärregelung, Sekundärregelung und Minutenreserve sowie der sonstigen Regelenergieprodukte der Regulierungsbehörde auf Anforderung unverzüglich zur Verfügung zu stellen sowie nach Ablauf von zwei Wochen auf ihrer Internetseite in anonymisierter Form zu veröffentlichen und dort für drei Jahre verfügbar zu halten. [2] Hierbei ist insbesondere der Preis des Grenzanbieters zu veröffentlichen.

(2) Die Betreiber von Übertragungsnetzen haben auf ihrer gemeinsamen Internetplattform für jede Ausschreibung eine gemeinsame Angebotskurve zu veröffentlichen.

§ 10 Verlustenergie. (1) ¹Die Betreiber von Elektrizitätsversorgungsnetzen sind verpflichtet, Verlustenergie in einem marktorientierten, transparenten und diskriminierungsfreien Verfahren zu beschaffen. ²Dabei sind Ausschreibungsverfahren durchzuführen, soweit nicht wesentliche Gründe entgegenstehen. ³Ein wesentlicher Grund kann insbesondere dann vorliegen, wenn die Kosten der Ausschreibungsverfahren in einem unangemessenen Verhältnis zu deren Nutzen stehen. ⁴Von der Verpflichtung nach Satz 2 sind Netzbetreiber ausgenommen, an deren Verteilernetz weniger als 100 000 Kunden unmittelbar oder mittelbar angeschlossen sind.

(2) ¹Die Betreiber von Elektrizitätsversorgungsnetzen sind verpflichtet, einen Bilanzkreis zu führen, der ausschließlich den Ausgleich von Verlustenergie umfasst. ²Von der Verpflichtung nach Satz 1 sind Netzbetreiber ausgenommen, an deren Verteilernetz weniger als 100 000 Kunden unmittelbar oder mittelbar angeschlossen sind.

§ 11 Bilanzkreis für Energien nach dem Erneuerbare-Energien-Gesetz. ¹Die Betreiber von Elektrizitätsversorgungsnetzen sind verpflichtet, einen Bilanzkreis zu führen, der ausschließlich Energien, die nach dem Erneuerbare-Energien-Gesetz[1]) vergütet und nicht nach § 33a des Erneuerbare-Energien-Gesetzes direkt vermarktet werden, von Einspeisern im Netzgebiet zur Durchleitung an den Bilanzkreis für Energien nach dem Erneuerbare-Energien-Gesetz der Betreiber von Übertragungsnetzen aufweist. ²Von der Verpflichtung nach Satz 1 sind Netzbetreiber ausgenommen, an deren Verteilernetz weniger als 100 000 Kunden unmittelbar oder mittelbar angeschlossen sind.

Teil 3. Zugang zu Elektrizitätsverteilernetzen

§ 12 Standardisierte Lastprofile. (1) ¹Die Betreiber von Elektrizitätsverteilernetzen haben im Niederspannungsnetz für die Abwicklung der Stromlieferung an Letztverbraucher mit einer jährlichen Entnahme von bis zu 100 000 Kilowattstunden vereinfachte Methoden (standardisierte Lastprofile) anzuwenden, die eine registrierende Lastgangmessung nicht erfordern. ²Die Betreiber von Elektrizitätsverteilernetzen können in begründeten Fällen Lastprofile auch für Verbrauchsgruppen mit einer jährlichen Entnahme festlegen, die über den in Satz 1 genannten Wert hinausgeht.

(2) ¹Standardisierte Lastprofile müssen sich am typischen Abnahmeprofil jeweils folgender Gruppen von Letztverbrauchern orientieren:

1. Gewerbe;
2. Haushalte;
3. Landwirtschaft;
4. Bandlastkunden;
5. unterbrechbare Verbrauchseinrichtungen;
6. Heizwärmespeicher.

---

[1]) Nr. 34.

² Die Grenzen für die Anwendung von standardisierten Lastprofilen sind auf alle Letztverbraucher einer Lastprofilgruppe gleichermaßen anzuwenden. ³ Der Netznutzer ist berechtigt, soweit nicht durch eine Bestimmung nach § 10 Abs. 3 Satz 1 der Messzugangsverordnung[1]) vom 17. Oktober 2008 (BGBl. I S. 2006) etwas anderes verlangt wird, mit dem Betreiber von Elektrizitätsverteilernetzen im Einzelfall eine niedrigere Grenze zu vereinbaren.

(3) ¹ Betreiber von Elektrizitätsverteilernetzen sind verpflichtet, einen Differenzbilanzkreis zu führen, der ausschließlich die Abweichungen der Gesamtheit der Letztverbraucher mit einer jährlichen Entnahme von bis zu 100 000 Kilowattstunden oder einer individuell festgelegten anderen Grenze nach den Absätzen 1 und 2 von dem prognostizierten Verbrauch dieser Letztverbraucher erfasst. ² In dem Differenzbilanzkreis dürfen keine Letztverbraucher bilanziert werden. ³ Die Betreiber von Elektrizitätsversorgungsnetzen sind verpflichtet, die Ergebnisse der Differenzbilanzierung jährlich auf ihrer Internetseite zu veröffentlichen. ⁴ Von der Verpflichtung nach Satz 1 sind Netzbetreiber ausgenommen, an deren Verteilernetz weniger als 100 000 Kunden unmittelbar oder mittelbar angeschlossen sind.

§ 13 Jahresmehr- und Jahresmindermengen. (1) ¹ Die Betreiber von Elektrizitätsverteilernetzen sind verpflichtet, für jeden Lastprofilkunden des Lieferanten eine Prognose über den Jahresverbrauch festzulegen, die in der Regel auf dem Vorjahresverbrauch basiert. ² Die Prognose ist dem Lieferanten oder Netznutzer mitzuteilen. ³ Dieser kann unplausiblen Prognosen widersprechen und dem Betreiber des Elektrizitätsverteilernetzes eine eigene Prognose unterbreiten. ⁴ Kommt keine Einigung zustande, legt der Betreiber von Elektrizitätsverteilernetzen die Prognose über den Jahresverbrauch fest. ⁵ In begründeten Ausnahmefällen kann die Jahresverbrauchsprognose vom Lieferanten und dem Betreiber von Elektrizitätsverteilernetzen gemeinsam auch unterjährig angepasst werden.

(2) Jahresmehr- und Jahresmindermengen zwischen der bei Entnahmestellen ohne registrierende Viertelstunden-Lastgangzählung (Standard-Lastprofilkunde) gemessenen oder auf sonstige Weise ermittelten elektrischen Arbeit und der sich aus den prognostizierten Lastprofilen ergebenden elektrischen Arbeit gelten als vom Netzbetreiber geliefert oder abgenommen.

(3) ¹ Unterschreitet die Summe der in einem Zeitraum ermittelten elektrischen Arbeit die Summe der Arbeit, die den bilanzierten Lastprofilen zu Grunde gelegt wurde (ungewollte Mehrmenge), so vergütet der Netzbetreiber dem Lieferanten oder dem Kunden diese Differenzmenge. ² Überschreitet die Summe der in einem Zeitraum ermittelten elektrischen Arbeit die Summe der Arbeit, die den bilanzierten Lastprofilen zu Grunde gelegt wurde (ungewollte Mindermenge), stellt der Netzbetreiber die Differenzmenge dem Lieferanten oder dem Kunden in Rechnung. ³ Die Abrechnung der Jahresmehr- und Jahresmindermengen erfolgt nach Ablauf des jeweiligen Abrechnungsjahres zwischen Lieferanten und Netzbetreiber oder zwischen Kunden und Netzbetreiber. ⁴ Der Betreiber von Elektrizitätsverteilernetzen berechnet für Jahresmehr- und Jahresmindermengen auf Grundlage der monatlichen Marktpreise einen einheitlichen Preis. ⁵ Dieser Preis ist auf der jeweiligen Internetseite des Betreibers von Elektrizitätsverteilernetzen zu veröffentlichen.

---

[1]) Nr. 22.

Teil 4. Sonstige Pflichten der Betreiber von Elektrizitätsversorgungsnetzen

§ 14 Lieferantenwechsel. (1) [1] Die Netzbetreiber sind verpflichtet, für die Durchführung des Lieferantenwechsels für Letztverbraucher sowie für die Zuordnung von Einspeiseanlagen zu Händlern und Bilanzkreisen bundesweit einheitliche, massengeschäftstaugliche Verfahren anzuwenden. [2] Für den elektronischen Datenaustausch mit den Netznutzern ist ein einheitliches Datenformat zu verwenden. [3] Die Netzbetreiber sind verpflichtet, die elektronische Übermittlung und Bearbeitung von Kundendaten in massengeschäftstauglicher Weise zu organisieren, sodass die Kundendaten in vollständig automatisierter Weise übermittelt und bearbeitet werden können. [4] Die Verbände der Netznutzer sind an der Entwicklung der Verfahren und Formate für den Datenaustausch angemessen zu beteiligen.

(2) Der bisherige Lieferant ist verpflichtet, unverzüglich

1. dem Netzbetreiber die Abmeldung seines Kunden mitzuteilen und

2. dem neuen Lieferanten in einem einheitlichen Format elektronisch eine Kündigungsbestätigung zu übersenden, soweit der neue Lieferant die Kündigung in Vertretung für den Kunden ausgesprochen hat.

(3) [1] Eine Entnahmestelle ist anhand von nicht mehr als drei mitgeteilten Daten zu identifizieren. [2] Es soll eine der folgenden Datenkombinationen mitgeteilt werden:

1. Zählpunkt oder Zählpunkt-Aggregation und Name oder Firma des Kunden sowie Straße, Postleitzahl und Ort der Entnahmestelle,

2. Zählernummer und Name oder Firma des Kunden sowie Straße, Postleitzahl und Ort der Entnahmestelle oder

3. Name des bisherigen Lieferanten, Kundennummer des bisherigen Lieferanten und Name oder Firma des Kunden sowie Straße, Postleitzahl und Ort der Entnahmestelle.

[3] Wenn der neue Lieferant keine der in Satz 2 aufgeführten Datenkombinationen vollständig dem Betreiber von Elektrizitätsversorgungsnetzen mitteilt, darf der Betreiber von Elektrizitätsversorgungsnetzen die Meldung nur zurückweisen, wenn die Entnahmestelle nicht eindeutig identifizierbar ist. [4] In diesem Fall ist die Meldung für diese Entnahmestelle unwirksam. [5] Änderungen wesentlicher Kundendaten sind wechselseitig unverzüglich mitzuteilen. [6] § 27 Absatz 1 Nummer 18 bleibt unberührt.

(4) [1] Betreiber von Elektrizitätsversorgungsnetzen dürfen den Lieferantenwechsel nicht von anderen Bedingungen als den in den Absätzen 1 bis 3 genannten abhängig machen. [2] § 27 Abs. 1 Nr. 17 bleibt unberührt.

§ 15 Engpassmanagement. (1) Betreiber von Übertragungsnetzen haben im Rahmen des wirtschaftlich Zumutbaren das Entstehen von Engpässen in ihren Netzen und an den Kuppelstellen zu benachbarten Netzen mit Hilfe von netzbezogenen und marktbezogenen Maßnahmen zu verhindern, die auch die Zusammenarbeit der Betreiber von Übertragungsnetzen einschließen kann.

(2) Lässt sich die Entstehung eines Engpasses mit Hilfe von Maßnahmen nach Absatz 1 nicht vermeiden, so sind Betreiber von Übertragungsnetzen verpflichtet, die verfügbaren Leitungskapazitäten nach marktorientierten und transparenten Verfahren diskriminierungsfrei zu bewirtschaften.

(3) [1] Die Erlöse, die Netzbetreiber aus der Durchführung der Engpassbewirtschaftung erzielen, sind unverzüglich für Maßnahmen zur Beseitigung von Engpässen zu verwenden, hierfür zurückzustellen oder entgeltmindernd in den Netzentgelten zu berücksichtigen. [2] Die Erlöse, die Netzbetreiber aus der Durchführung der Engpassbewirtschaftung erzielen, sind von den Betreibern von Übertragungsnetzen zu dokumentieren. [3] Die Dokumentation ist der Regulierungsbehörde vorzulegen.

(4) [1] Betreiber von Übertragungsnetzen sind verpflichtet, Engpässe in ihrem Netz unverzüglich und in geeigneter Form, zumindest aber auf ihrer Internetseite, zu veröffentlichen und den betroffenen Bilanzkreisverantwortlichen soweit möglich unverzüglich elektronisch mitzuteilen. [2] Die Veröffentlichung und Mitteilung müssen enthalten:

1. die zur Verfügung stehende Gesamtkapazität,
2. die Übertragungsrichtung, in der der Engpass auftritt, und
3. die prognostizierte Dauer.

(5) Die Absätze 1 bis 4 gelten auch für Betreiber von Elektrizitätsverteilernetzen.

§ 16 Allgemeine Zusammenarbeitspflichten.
(1) Betreiber von Elektrizitätsversorgungsnetzen sind verpflichtet, gemeinsam mit den anderen Netzbetreibern einheitliche Bedingungen des Netzzugangs zu schaffen, um die Transaktionskosten des Zugangs zum gesamten Elektrizitätsversorgungsnetz so gering wie möglich zu halten.

(2) Betreiber von Elektrizitätsversorgungsnetzen sind verpflichtet, untereinander die zur effizienten Organisation des Netzzugangs erforderlichen Verträge abzuschließen und die notwendigen Daten unverzüglich auszutauschen.

§ 17 Veröffentlichungspflichten der Betreiber von Elektrizitätsversorgungsnetzen.
(1) Betreiber von Übertragungsnetzen sind verpflichtet, folgende netzrelevanten Daten unverzüglich und in geeigneter Weise, zumindest auf ihrer Internetseite, zu veröffentlichen und zwei Jahre verfügbar zu halten:

1. die Summe aller Stromabgaben aus dem Übertragungsnetz über direkt angeschlossene Transformatoren und Leitungen an Elektrizitätsverteilernetze und Letztverbraucher (vertikale Netzlast) stundenscharf in Megawattstunden pro Stunde,
2. die Jahreshöchstlast und den Lastverlauf als viertelstündige Leistungsmessung,
3. die Netzverluste,
4. den viertelstündigen Regelzonensaldo in Megawattstunden pro Viertelstunde sowie die tatsächlich abgerufene Minutenreserve,
5. die grenzüberschreitenden Lastflüsse zusammengefasst je Kuppelstelle inklusive einer Vorschau auf die Kapazitätsvergabe,

6. die marktrelevanten Ausfälle und Planungen für Revisionen der Übertragungsnetze,
7. die Mengen und Preise der Verlustenergie und
8. Daten zur vorgesehenen Einspeisung von Windenergie auf Grundlage der Prognosen, die auch die Betreiber von Übertragungsnetzen verwenden, und zur tatsächlichen Einspeisung anhand der Daten, die die Betreiber von Übertragungsnetzen untereinander verrechnen (in Megawattstunden pro Stunde).

(2) Betreiber von Elektrizitätsverteilernetzen sind verpflichtet, folgende netzrelevanten Daten unverzüglich in geeigneter Weise, zumindest im Internet, zu veröffentlichen:
1. die Jahreshöchstlast und den Lastverlauf als viertelstündige Leistungsmessung,
2. die Netzverluste,
3. die Summenlast der nicht leistungsgemessenen Kunden und die Summenlast der Netzverluste,
4. die Summenlast der Fahrplanprognosen für Lastprofilkunden und die Restlastkurve der Lastprofilkunden bei Anwendung des analytischen Verfahrens,
5. die Höchstentnahmelast und der Bezug aus der vorgelagerten Netzebene,
6. die Summe aller Einspeisungen pro Spannungsebene und im zeitlichen Verlauf und
7. die Mengen und Preise der Verlustenergie.

§ 18 Messung. (1) [1] Die Messung erfolgt nach § 10 der Messzugangsverordnung[1]). [2] Handelt es sich nicht um Kunden im Sinne des § 12, erfolgt die Messung durch eine viertelstündige registrierende Leistungsmessung. [3] Bei öffentlichen Verbrauchseinrichtungen kann die abgenommene Elektrizität auch rechnerisch ermittelt oder geschätzt werden, wenn die Kosten der Messung außer Verhältnis zur Höhe des Verbrauchs stehen.

(2) Sofern der Netzbetreiber der Messstellenbetreiber ist, stehen die Messeinrichtungen in seinem Eigentum.

§ 18 a Messung der von Haushaltskunden entnommenen Elektrizität. (1) Bei der Messung der von grundversorgten Haushaltskunden entnommenen Elektrizität werden die Messeinrichtungen nach den Vorgaben des Grundversorgers möglichst in gleichen Zeitabständen, die zwölf Monate nicht wesentlich überschreiten dürfen, abgelesen.

(2) [1] Im Falle eines Lieferantenwechsels nach § 14 ist für die Ermittlung des Verbrauchswertes im Zeitpunkt des Lieferantenwechsels ein einheitliches Verfahren zugrunde zu legen. [2] Die Abrechnung kann auf Grundlage einer Messung nach § 18 Abs. 1 oder, sofern kein Ableseergebnis vorliegt, durch Schätzung des Netzbetreibers erfolgen. [3] Im Falle einer Schätzung ist der Verbrauch zeitanteilig zu berechnen; jahreszeitliche Verbrauchsschwankungen sind auf der Grundlage der für Haushaltskunden maßgeblichen Erfahrungswerte angemessen zu berücksichtigen.

---

[1]) Nr. 22.

§ 18b Messung auf Vorgabe des Netznutzers. Liegt eine Vereinbarung nach § 40 Absatz 3 Satz 2 des Energiewirtschaftsgesetzes[1]) vor, sind die hieraus folgenden Vorgaben des Netznutzers zu den Zeitabständen der Messung zu beachten.

§ 19 Betrieb von Mess- und Steuereinrichtungen. (1) Für den Betrieb der Mess- und Steuereinrichtungen gelten § 8 Abs. 1 und § 9 Abs. 3 der Messzugangsverordnung[2]).

(2) [1] Der Kunde haftet für das Abhandenkommen und die Beschädigung von Mess- und Steuereinrichtungen, soweit ihn daran ein Verschulden trifft. [2] Er hat den Verlust, Beschädigungen und Störungen dieser Einrichtungen dem Messstellenbetreiber unverzüglich mitzuteilen.

§ 20 Nachprüfung von Messeinrichtungen. (1) [1] Der Netznutzer kann jederzeit die Nachprüfung der Messeinrichtungen durch eine Eichbehörde oder eine staatlich anerkannte Prüfstelle im Sinne des § 2 Abs. 4 des Eichgesetzes verlangen. [2] Stellt der Netznutzer den Antrag auf Nachprüfung nicht bei dem Messstellenbetreiber, so hat er diesen zugleich mit der Antragstellung zu benachrichtigen.

(2) Die Kosten der Nachprüfung fallen dem Messstellenbetreiber zur Last, falls die Nachprüfung ergibt, dass die Messeinrichtung nicht verwendet werden darf, sonst dem Netznutzer.

§ 21 Vorgehen bei Messfehlern. Ergibt eine Prüfung der Messeinrichtungen eine Überschreitung der eichrechtlichen Verkehrsfehlergrenzen und ist die Größe des Fehlers nicht einwandfrei festzustellen oder zeigt eine Messeinrichtung nicht an, so ermittelt der Netzbetreiber die Daten für die Zeit seit der letzten fehlerfreien Ablesung aus dem Durchschnittsverbrauch des ihr vorhergehenden und des der Beseitigung des Fehlers nachfolgenden Ablesezeitraumes oder auf Grund des Vorjahreswertes durch Schätzung, soweit aus Parallelmessungen vorhandene Messwerte keine ausreichende Verlässlichkeit bieten.

§ 22 Datenaustausch. [1] Der Datenaustausch zur Anbahnung und zur Abwicklung der Netznutzung zwischen Betreibern von Elektrizitätsversorgungsnetzen, Messstellenbetreibern, Messdienstleistern und Netznutzern erfolgt elektronisch. [2] Der Datentransfer hat unverzüglich in dem von der Regulierungsbehörde vorgegebenen, bundesweit einheitlichen Format zu erfolgen. [3] Die Betreiber von Elektrizitätsversorgungsnetzen stellen sicher, dass der Datenaustausch in einheitlichen Prozessen erfolgt, die eine größtmögliche Automatisierung ermöglichen.

Teil 5. Vertragsbeziehungen

§ 23 Vertragliche Ausgestaltung des Netzzugangs. (1) [1] Der Netzzugangsberechtigte fordert spätestens durch Anmeldung der ersten Kunden-

---
[1]) Nr. 1.
[2]) Nr. 22.

entnahmestelle zur Netznutzung ein verbindliches Angebot zum Abschluss eines Lieferantenrahmenvertrages oder Netznutzungsvertrages beim Betreiber eines Elektrizitätsversorgungsnetzes an. ²Dieser ist verpflichtet, innerhalb einer Frist von sieben Arbeitstagen nach Eingang der Anforderung ein vollständiges und bindendes Angebot abzugeben.

(2) ¹Die Betreiber von Elektrizitätsversorgungsnetzen sind berechtigt, die von ihnen geschlossenen Verträge aus wichtigem Grund fristlos zu kündigen. ²Sie können in begründeten Fällen vom Netznutzer eine Sicherheitsleistung verlangen.

§ 24 Netznutzungsvertrag. (1) ¹Netznutzer haben einen Anspruch auf Abschluss eines Netznutzungsvertrages. ²Wird der Netznutzungsvertrag von einem Lieferanten abgeschlossen, so darf der Betreiber von Elektrizitätsversorgungsnetzen den Netzzugang nicht von dem gleichzeitigen Abschluss eines Netznutzungsvertrages zwischen ihm und dem Letztverbraucher abhängig machen.

(2) Der Vertrag muss unter Beachtung der Vorschriften des Energiewirtschaftsgesetzes[1] und dieser Verordnung mindestens Regelungen zu folgenden Gegenständen enthalten:

1. Vertragsgegenstand;
2. Voraussetzungen der Netznutzung;
3. Leistungsmessung und Lastprofilverfahren;
4. Zuordnung von Einspeise- oder Entnahmestellen zu Bilanzkreisen;
5. Abrechnung;
6. Datenverarbeitung;
7. Haftungsbestimmungen;
8. Voraussetzungen für die Erhebung einer Sicherheitsleistung in begründeten Fällen;
9. Kündigungsrechte.

§ 25 Lieferantenrahmenvertrag. (1) Lieferanten haben gegen die Netzbetreiber einen Anspruch auf Abschluss eines Lieferantenrahmenvertrages über die Abwicklung der Belieferung ihrer Kunden mit elektrischer Energie.

(2) Der Vertrag muss unter Beachtung der Vorschriften des Energiewirtschaftsgesetzes[1] und dieser Verordnung mindestens Regelungen zu folgenden Gegenständen enthalten:

1. Vertragsgegenstand;
2. Regelungen zur Netznutzung;
3. Datenaustausch zwischen Netznutzern und Betreibern von Elektrizitätsversorgungsnetzen;
4. Voraussetzung der Belieferung;
5. An- und Abmeldung eines Kunden zu einem Bilanzkreis;
6. Leistungsmessung oder Lastprofilverfahren;
7. Abrechnung;

---

[1] Nr. 1.

8. Ansprechpartner und Erreichbarkeit;
9. Haftungsbestimmungen;
10. Voraussetzungen für die Erhebung einer Sicherheitsleistung in begründeten Fällen;
11. Kündigungsrechte.

§ 25 a Haftung bei Störungen der Netznutzung. § 18 der Niederspannungsanschlussverordnung[1] gilt entsprechend.

§ 26 Bilanzkreisvertrag. (1) Zwischen dem Bilanzkreisverantwortlichen und dem Betreiber von Übertragungsnetzen muss ein Vertrag über die Führung, Abwicklung und Abrechnung von Bilanzkreisen (Bilanzkreisvertrag) geschlossen werden.

(2) Der Vertrag muss unter Berücksichtigung der Vorschriften des Energiewirtschaftsgesetzes[2] und dieser Verordnung mindestens Regelungen zu folgenden Gegenständen enthalten:
1. Vertragsgegenstand;
2. Rechte, Pflichten und Leistungen des Betreibers von Übertragungsnetzen;
3. Rechte und Pflichten des Bilanzkreisverantwortlichen;
4. Datenaustausch zwischen dem Betreiber von Übertragungsnetzen und dem Bilanzkreisverantwortlichen;
5. Haftungsbestimmungen;
6. Voraussetzungen für die Erhebung einer Sicherheitsleistung in begründeten Fällen;
7. Kündigungsrechte der Vertragsparteien.

(3) In den Bilanzkreisverträgen ist sicherzustellen, dass die Bilanzkreisverantwortlichen gegen angemessenes Entgelt ihren Bilanzkreis für Fahrplangeschäfte öffnen, die der Bereitstellung von Minutenreserve dienen, die ein Bereitsteller des eigenen Bilanzkreises über einen anderen Bilanzkreis abwickeln will.

Teil 6. Befugnisse der Regulierungsbehörde

§ 27 Festlegungen der Regulierungsbehörde. (1) Zur Verwirklichung eines effizienten Netzzugangs und der in § 1 Abs. 1 des Energiewirtschaftsgesetzes[2] genannten Zwecke kann die Regulierungsbehörde unter Beachtung der Anforderungen eines sicheren Netzbetriebs Entscheidungen durch Festlegungen nach § 29 Abs. 1 des Energiewirtschaftsgesetzes treffen
1. zu bilanziellen Abgrenzungsproblemen zwischen Bilanzkreisen im Einzelfall, die im Zusammenhang mit der Bündelung von Regelenergie auftreten;
2. zu Verfahren zur Ausschreibung von Regelenergie, insbesondere zu Mindestangebotsgrößen, Ausschreibungszeiträumen und Ausschreibungszeit-

---
[1] Nr. 25.
[2] Nr. 1.

scheiben, zum technisch notwendigen Anteil nach § 6 Abs. 2 und zu einheitlichen Bedingungen, die Anbieter von Regelenergie erfüllen müssen;
3. zum Einsatz von Regelenergie;
3 a. zur Bildung einer einheitlichen Regelzone;
4. zu Kriterien für missbräuchliche Über- oder Unterspeisung von Bilanzkreisen und deren Abrechnung;
5. zum Bilanzkreis für Energien nach dem Erneuerbare-Energien-Gesetz[1] und zu den bilanziellen Maßnahmen, die erforderlich sind, um sicherzustellen, dass Energien nach dem Erneuerbare-Energien-Gesetz separiert werden von sonstigen Energiearten;
6. zum Ausschreibungsverfahren für Verlustenergie nach § 10 und zum Verfahren zur Bestimmung der Netzverluste;
7. zu Standardlastprofilen für einzelne Verbrauchsgruppen, Lastprofilen für unterbrechbare Verbrauchseinrichtungen, sonstigen Abwicklungsregelungen für das synthetische Verfahren und zu einheitlichen Anwendungssystemen für das analytische Verfahren;
8. zur Bestimmung des einheitlichen Preises und zum Abrechnungsverfahren nach § 13 Abs. 3;
9. zur Abwicklung der Netznutzung bei Lieferbeginn und Lieferende;
10. zur Bewirtschaftung von Engpässen nach § 15 Abs. 2 und zu deren Veröffentlichung nach § 15 Abs. 4;
11. zu bundeseinheitlichen Regelungen zum Datenaustausch zwischen den betroffenen Marktteilnehmern, insbesondere hinsichtlich Fristen, Formaten sowie Prozessen, die eine größtmögliche Automatisierung ermöglichen;
12. über die Veröffentlichung weiterer Daten;
13. zu den Anforderungen an den Betrieb von Mess- und Steuereinrichtungen nach § 19 Abs. 1;
14. zum Vorgehen bei Messfehlern nach § 21;
15. zu den Inhalten der Verträge nach den §§ 24 bis 26, sofern nicht ein Standardangebot festgelegt ist;
16. zu Verfahren zur Handhabung und Abwicklung sowie zur Änderung von Fahrplänen nach § 5 durch die Betreiber von Übertragungsnetzen; hierbei kann sie von den Regelungen des § 5 Absatz 1, 2 und 3 abweichen;
17. zur Abwicklung des Lieferantenwechsels;
18. zu den Kriterien für die Identifizierung von Entnahmestellen; hierbei kann sie von § 14 Absatz 3 abweichen;
19. zur Verwaltung und Übermittlung der Stammdaten, die für den massengeschäftstauglichen Netzzugang relevant sind;
20. zu Geschäftsprozessen und zum Datenaustausch für die massengeschäftstaugliche Abwicklung der Zuordnung von Einspeiseanlagen zu Händlern und zu Bilanzkreisen;

---

[1] Nr. 34.

21. zu Preisbildungsmechanismen für Ausgleichsenergiepreise nach § 8 Absatz 2; dabei kann sie insbesondere von den Grundsätzen der Kostenverrechnung, von der Symmetrie der Ausgleichsenergiepreise für Bilanzkreisunterspeisung und Bilanzkreisüberspeisung sowie von den Fristen für die Bilanzkreisabrechnung abweichen.

(2) Die Regulierungsbehörde soll festlegen, dass Betreiber von Übertragungsnetzen im Zusammenhang mit der Beschaffung und dem Einsatz von Regelenergie weitere Daten veröffentlichen müssen, wenn dadurch die Angebotsbedingungen für Regelenergie durch Erhöhung der Markttransparenz verbessert werden oder die höhere Transparenz geeignet ist, die Vorhaltung oder den Einsatz von Regelenergie zu vermindern.

(3) Die Regulierungsbehörde kann abweichend von § 12 Abs. 1 Satz 1 im Einzelfall abweichende Grenzwerte für standardisierte Lastprofile festlegen, wenn der Betreiber von Elektrizitätsverteilernetzen nachweist, dass bei Beachtung der in § 12 Abs. 1 Satz 1 genannten Grenzwerte ein funktionierender Netzbetrieb technisch nicht zu gewährleisten ist.

(4) Die Regulierungsbehörde kann Entscheidungen nach den Absätzen 1 bis 3 in ihrem Amtsblatt öffentlich bekannt machen.

§ 28 Standardangebote. (1) ¹Zur Verwirklichung eines effizienten Netzzugangs und der in § 1 Abs. 1 des Energiewirtschaftsgesetzes[1]) genannten Zwecke kann die Regulierungsbehörde weitere Festlegungen gegenüber Betreibern von Elektrizitätsversorgungsnetzen zur Vereinheitlichung der Vertragspflichten aus den in den §§ 23 bis 26 genannten Verträgen treffen. ²Die Regulierungsbehörde kann Betreiber von Elektrizitätsversorgungsnetzen auffordern, ihr innerhalb einer von der Regulierungsbehörde bestimmten, angemessenen Frist einen Vorschlag für ein Standardangebot für Verträge nach den §§ 23 bis 26 vorzulegen. ³Sie kann in dieser Aufforderung Vorgaben für die Ausgestaltung einzelner Bedingungen machen. ⁴Das Standardangebot muss so umfassend sein, dass es von den einzelnen Nachfragern ohne weitere Verhandlungen angenommen werden kann.

(2) Die Regulierungsbehörde prüft die vorgelegten Standardangebote und gibt tatsächlichen oder potenziellen Nachfragern sowie Betreibern von Elektrizitätsversorgungsnetzen in geeigneter Form Gelegenheit zur Stellungnahme.

(3) ¹Sie kann unter Berücksichtigung der Stellungnahmen Änderungen der Standardangebote vornehmen, insbesondere soweit Vorgaben für einzelne Bedingungen nicht umgesetzt worden sind. ²Sie kann Standardangebote mit einer Mindestlaufzeit versehen.

(4) ¹Die Regulierungsbehörde macht die Festlegungsentscheidungen in ihrem Amtsblatt öffentlich bekannt und veröffentlicht sie im Internet. ²Im Übrigen gelten die Verfahrensbestimmungen des Energiewirtschaftsgesetzes.

(5) Für Änderungen des Standardangebotes nach § 29 Abs. 2 des Energiewirtschaftsgesetzes gelten die Absätze 1 bis 4 entsprechend.

---

[1]) Nr. 1.

Teil 7. Sonstige Bestimmungen

§ 29 Ordnungswidrigkeiten. (1) Ordnungswidrig im Sinne des § 95 Abs. 1 Nr. 5 Buchstabe a des Energiewirtschaftsgesetzes[1] handelt, wer vorsätzlich oder fahrlässig einer vollziehbaren Anordnung nach § 65 Abs. 2 des Energiewirtschaftsgesetzes in Verbindung mit § 17 Abs. 1 oder 2 zuwiderhandelt.

(2) Ordnungswidrig im Sinne des § 95 Abs. 1 Nr. 5 Buchstabe b des Energiewirtschaftsgesetzes handelt, wer vorsätzlich oder fahrlässig einer vollziehbaren Anordnung nach § 27 Abs. 1 Nr. 1, 3, 7, 9, 15, 16, 17 oder 18 oder § 28 Abs. 1 Satz 2 zuwiderhandelt.

§ 30 Übergangsregelungen. (1) § 11 ist erst ab dem 1. Oktober 2005 anzuwenden.

(2) § 6 Abs. 1 ist für Minutenreserve erst ab dem 1. Januar 2006 und für die Primär- und Sekundärregelenergie erst ab dem 1. Juli 2006 anzuwenden.

§ 31 Inkrafttreten. Die Verordnung tritt am Tage nach der Verkündung[2] in Kraft.

---

[1] Nr. 1.
[2] Verkündet am 28. 7. 2005.

17. Verordnung über die Entgelte für den Zugang zu Elektrizitätsversorgungsnetzen (Stromnetzentgeltverordnung – StromNEV)

Vom 25. Juli 2005
(BGBl. I S. 2225)
FNA 752-6-3

zuletzt geänd. durch Art. 4 G über Maßnahmen zur Beschleunigung des Netzausbaus Elektrizitätsnetze v. 28. 7. 2011 (BGBl. I S. 1690)

Auf Grund des § 24 Satz 1 Nr. 1 bis 3 in Verbindung mit Satz 2 Nr. 1, 2, 4, 6 und 7 sowie Satz 3 und 5 und des § 29 Abs. 3 des Energiewirtschaftsgesetzes[1]) vom 7. Juli 2005 (BGBl. I S. 1970) verordnet die Bundesregierung:

Inhaltsübersicht

§§

Teil 1. Allgemeine Bestimmungen

Anwendungsbereich	1
Begriffsbestimmungen	2
Grundsätze der Entgeltbestimmung	3

Teil 2. Methode zur Ermittlung der Netzentgelte

Abschnitt 1. Kostenartenrechnung

Grundsätze der Netzkostenermittlung	4
Aufwandsgleiche Kostenpositionen	5
Kalkulatorische Abschreibungen	6
Kalkulatorische Eigenkapitalverzinsung	7
Kalkulatorische Steuern	8
Kostenmindernde Erlöse und Erträge	9
Behandlung von Netzverlusten	10
Periodenübergreifende Saldierung	11

Abschnitt 2. Kostenstellenrechnung

Grundsätze der Kostenverteilung	12
Kostenstellen	13
Kostenwälzung	14

Abschnitt 3. Kostenträgerrechnung

Grundsätze der Entgeltermittlung	15
Gleichzeitigkeitsgrad	16
Ermittlung der Netzentgelte	17
Entgelt für dezentrale Einspeisung	18
Sonderformen der Netznutzung	19
Verprobung	20
Änderungen der Netzentgelte	21

Teil 3. Vergleichsverfahren

Verfahren	22
Vergleich	23

---

[1]) Nr. 1.

	§§
Strukturklassen	24
Kostenstruktur	25
Mitteilungspflichten gegenüber der Regulierungsbehörde	26

Teil 4. Pflichten der Netzbetreiber

Veröffentlichungspflichten	27
Dokumentation	28
Mitteilungen gegenüber der Regulierungsbehörde	29

Teil 5. Sonstige Bestimmungen

Festlegungen der Regulierungsbehörde	30
Ordnungswidrigkeiten	31
Übergangsregelungen	32
Inkrafttreten	33

Teil 1. Allgemeine Bestimmungen

§ 1 Anwendungsbereich. Diese Verordnung regelt die Festlegung der Methode zur Bestimmung der Entgelte für den Zugang zu den Elektrizitätsübertragungs- und Elektrizitätsverteilernetzen (Netzentgelte) einschließlich der Ermittlung der Entgelte für dezentrale Einspeisungen.

§ 2 Begriffsbestimmungen. Im Sinne dieser Verordnung bedeutet

1. Absatzstruktur
Struktur und Menge der aus einer Netz- oder Umspannebene entnommenen elektrischen Leistung und Arbeit;

2. Benutzungsdauer
Quotient aus pro Jahr entnommener oder eingespeister elektrischer Arbeit und der in diesem Jahr höchsten Last der Entnahme oder Einspeisung;

3. Entnahmestelle
Ort der Entnahme elektrischer Energie aus einer Netz- oder Umspannebene durch Letztverbraucher, Weiterverteiler oder die jeweils nachgelagerte Netz- oder Umspannebene;

4. Jahreshöchstlast
höchster Leistungswert einer oder mehrerer Entnahmen aus einer Netz- oder Umspannebene oder einer oder mehrerer Einspeisungen im Verlauf eines Jahres;

5. Kalkulationsperiode
das Geschäftsjahr des Betreibers eines Elektrizitätsübertragungs- oder Elektrizitätsverteilernetzes;

6. Netzebene
Bereiche von Elektrizitätsversorgungsnetzen, in welchen elektrische Energie in Höchst-, Hoch-, Mittel- oder Niederspannung übertragen oder verteilt wird;

7. Umspannebene
Bereiche von Elektrizitätsversorgungsnetzen, in welchen die Spannung elektrischer Energie von Höchst- zu Hochspannung, Hoch- zu Mittelspannung oder Mittel- zu Niederspannung geändert wird;

8. zeitgleiche Jahreshöchstlast
höchste zeitgleiche Summe der Leistungswerte einer Anzahl von Entnahmen aus einer Netz- oder Umspannebene oder einer Anzahl von Einspeisungen in eine Netz- oder Umspannebene im Verlauf eines Jahres.

§ 3 Grundsätze der Entgeltbestimmung. (1) ¹Für die Ermittlung der Netzentgelte sind die Netzkosten nach den §§ 4 bis 11 zusammenzustellen. ²Die ermittelten Netzkosten sind anschließend nach § 13 vollständig den dort aufgeführten Hauptkostenstellen, welche die Struktur der Elektrizitätsübertragungs- und Elektrizitätsverteilernetze widerspiegeln, zuzuordnen. ³Danach sind die Hauptkostenstellen im Wege der Kostenwälzung nach § 14 den Kostenträgern zuzuordnen. ⁴Unter Verwendung einer Gleichzeitigkeitsfunktion nach § 16 sind die Netzentgelte für jede Netz- und Umspannebene zu bestimmen. ⁵Die Ermittlung der Kosten und der Netzentgelte erfolgt auf der Basis der Daten des letzten abgeschlossenen Geschäftsjahres; gesicherte Erkenntnisse über das Planjahr können dabei berücksichtigt werden. ⁶Soweit hinsichtlich der Kostenermittlung keine besonderen Regelungen getroffen werden, sind die Leitsätze für die Preisermittlung auf Grund von Selbstkosten nach der Anlage zur Verordnung PR Nr. 30/53 vom 21. November 1953 (BAnz. Nr. 244 vom 18. Dezember 1953), zuletzt geändert durch Artikel 289 der Verordnung vom 25. November 2003 (BGBl. I S. 2304), heranzuziehen.

(2) Mit der Entrichtung des Netzentgelts wird die Nutzung der Netz- oder Umspannebene des jeweiligen Betreibers des Elektrizitätsversorgungsnetzes, an die der Netznutzer angeschlossen ist, und aller *vorlagerten*[1] Netz- und Umspannebenen abgegolten.

Teil 2. Methode zur Ermittlung der Netzentgelte

Abschnitt 1. Kostenartenrechnung

§ 4 Grundsätze der Netzkostenermittlung. (1) Bilanzielle und kalkulatorische Kosten des Netzbetriebs sind nur insoweit anzusetzen, als sie den Kosten eines effizienten und strukturell vergleichbaren Netzbetreibers entsprechen.

(2) ¹Ausgehend von den Gewinn- und Verlustrechnungen für die Elektrizitätsübertragung und Elektrizitätsverteilung des letzten abgeschlossenen Geschäftsjahres nach § 10 Abs. 3 des Energiewirtschaftsgesetzes[2] ist zur Bestimmung der Netzkosten eine kalkulatorische Rechnung zu erstellen. ²Die Netzkosten setzen sich unter Beachtung von Absatz 1 aus den aufwandsgleichen Kosten nach § 5, den kalkulatorischen Abschreibungen nach § 6, der kalkulatorischen Eigenkapitalverzinsung nach § 7 sowie den kalkulatorischen Steuern nach § 8 unter Abzug der kostenmindernden Erlöse und Erträge nach § 9 zusammen. ³Netzverluste sind nach § 10 zu berücksichtigen.

(3) ¹Bis zur erstmaligen Erstellung der jeweiligen Gewinn- und Verlustrechnung nach § 10 Abs. 3 des Energiewirtschaftsgesetzes ist abweichend von Absatz 2 der Bestimmung der Netzkosten jeweils eine auf die Tätigkeitsberei-

---

[1] Richtig wohl: „vorgelagerten".
[2] Nr. 1.

che Elektrizitätsübertragung und Elektrizitätsverteilung beschränkte und nach handelsrechtlichen Grundsätzen ermittelte Gewinn- und Verlustrechnung des letzten abgeschlossenen Geschäftsjahres zu Grunde zu legen. ²Soweit Betreiber von Elektrizitätsversorgungsnetzen nicht nach § 10 Abs. 3 des Energiewirtschaftsgesetzes verpflichtet sind, haben diese der Entgeltbildung jeweils eine auf die Tätigkeitsbereiche Elektrizitätsübertragung und Elektrizitätsverteilung beschränkte und nach handelsrechtlichen Grundsätzen ermittelte Gewinn- und Verlustrechnung des letzten abgeschlossenen Geschäftsjahres zu erstellen und zu Grunde zu legen.

(4) ¹Einzelkosten des Netzes sind dem Netz direkt zuzuordnen. ²Kosten des Netzes, die sich nicht oder nur mit unvertretbar hohem Aufwand als Einzelkosten direkt zurechnen lassen, sind als Gemeinkosten über eine verursachungsgerechte Schlüsselung dem Elektrizitätsübertragungs- oder Elektrizitätsverteilernetz zuzuordnen. ³Die zu Grunde gelegten Schlüssel müssen sachgerecht sein und den Grundsatz der Stetigkeit beachten. ⁴Die Schlüssel sind für sachkundige Dritte nachvollziehbar und vollständig zu dokumentieren. ⁵Änderungen eines Schlüssels sind nur zulässig, sofern diese sachlich geboten sind. ⁶Die hierfür maßgeblichen Gründe sind nachvollziehbar und vollständig zu dokumentieren.

(5) ¹Kosten oder Kostenbestandteile, die auf Grund einer Überlassung betriebsnotwendiger Anlagegüter anfallen, können nur in der Höhe als Kosten anerkannt werden, wie sie anfielen, wenn der Betreiber Eigentümer der Anlagen wäre. ²Der Betreiber des Elektrizitätsversorgungsnetzes hat die erforderlichen Nachweise zu führen.

(5 a) ¹Betreiber von Stromversorgungsnetzen können Kosten oder Kostenbestandteile, die auf Grund von Dienstleistungen durch Dritte anfallen, maximal in der Höhe ansetzen, wie sie anfielen, wenn sie die Leistungen selbst erbringen würden. ²Der Betreiber des Stromversorgungsnetzes hat die erforderlichen Nachweise zu führen.

(6) Soweit außerordentliche Aufwendungen und Erträge die Netzkosten einer Kalkulationsperiode beeinflussen, sind diese der Regulierungsbehörde unverzüglich anzuzeigen.

§ 5 Aufwandsgleiche Kostenpositionen. (1) Aufwandsgleiche Kostenpositionen sind den nach § 10 Abs. 3 des Energiewirtschaftsgesetzes[1]) oder nach § 4 Abs. 3 erstellten Gewinn- und Verlustrechnungen für die Elektrizitätsübertragung und Elektrizitätsverteilung zu entnehmen und nach Maßgabe des § 4 Abs. 1 bei der Bestimmung der Netzkosten zu berücksichtigen.

(2) Fremdkapitalzinsen sind in ihrer tatsächlichen Höhe einzustellen, höchstens jedoch in der Höhe kapitalmarktüblicher Zinsen für vergleichbare Kreditaufnahmen.

(3) Soweit Betreiber von Elektrizitätsverteilernetzen nach § 18 Zahlungen an Betreiber dezentraler Erzeugungsanlagen entrichten, sind die Zahlungen des letzten abgeschlossenen Geschäftsjahres als Kostenposition bei der Bestimmung der Netzkosten nach § 4 zu berücksichtigen.

(4) ¹Soweit Betreiber von Elektrizitätsversorgungsnetzen auf Grundlage einer Vereinbarung mit Städten oder Gemeinden oder Interessenverbänden

---

[1]) Nr. 1.

der Städte und Gemeinden Zahlungen an Städte oder Gemeinden, auf deren Gebiet eine Freileitung auf neuer Trasse errichtet wird, entrichtet[1], sind die Zahlungen des letzten abgeschlossenen Geschäftsjahres nach Maßgabe des Satzes 2 als Kostenposition bei der Bestimmung der Netzkosten nach § 4 zu berücksichtigen. ²Eine Berücksichtigung nach Satz 1 ist nur für die Fälle des § 43 Nummer 1 des Energiewirtschaftsgesetzes bei tatsächlicher Inbetriebnahme der Leitung und nur bis zu der angegebenen Höhe einmalig möglich:

1. Höchstspannungsfreileitungen ab 380 Kilovolt 40 000 Euro pro Kilometer;
2. Gleichstrom-Hochspannungsfreileitungen ab 300 Kilovolt 40 000 Euro pro Kilometer.

§ 6 Kalkulatorische Abschreibungen. (1) ¹Zur Gewährleistung eines langfristig angelegten leistungsfähigen und zuverlässigen Netzbetriebs ist die Wertminderung der betriebsnotwendigen Anlagegüter nach den Absätzen 2 bis 7 als Kostenposition bei der Ermittlung der Netzkosten in Ansatz zu bringen (kalkulatorische Abschreibungen). ²Die kalkulatorischen Abschreibungen treten insoweit in der kalkulatorischen Kosten- und Erlösrechnung an die Stelle der entsprechenden bilanziellen Abschreibungen der Gewinn- und Verlustrechnung. ³Bei der Ermittlung der kalkulatorischen Abschreibungen ist jeweils zu unterscheiden nach Anlagegütern, die vor dem 1. Januar 2006 aktiviert wurden (Altanlage), und Anlagegütern, die ab dem 1. Januar 2006 aktiviert werden (Neuanlage).

(2) ¹Die kalkulatorischen Abschreibungen der Altanlagen sind unter Berücksichtigung der Eigenkapitalquote nach der linearen Abschreibungsmethode zu ermitteln. ²Für die Ermittlung der kalkulatorischen Abschreibungen

1. des eigenfinanzierten Anteils der Altanlagen ist die Summe aller anlagenspezifisch und ausgehend von dem jeweiligen Tagesneuwert nach Absatz 3 Satz 1 und 2 ermittelten Abschreibungsbeträge aller Altanlagen zu bilden und anschließend mit der Eigenkapitalquote zu multiplizieren;
2. des fremdfinanzierten Anteils der Altanlagen ist die Summe aller anlagenspezifisch und ausgehend von den jeweiligen, im Zeitpunkt ihrer Errichtung erstmalig aktivierten Anschaffungs- und Herstellungskosten (historische Anschaffungs- und Herstellungskosten) ermittelten Abschreibungsbeträge aller Altanlagen zu bilden und anschließend mit der Fremdkapitalquote zu multiplizieren.

³Die Eigenkapitalquote ergibt sich rechnerisch als Quotient aus dem betriebsnotwendigen Eigenkapital und den kalkulatorisch ermittelten Restwerten des betriebsnotwendigen Vermögens zu historischen Anschaffungs- und Herstellungskosten. ⁴Die anzusetzende Eigenkapitalquote wird kalkulatorisch für die Berechnung der Netzentgelte auf höchstens 40 Prozent begrenzt. ⁵Die Fremdkapitalquote ist die Differenz zwischen 100 Prozent und der Eigenkapitalquote.

(3) ¹Der Tagesneuwert ist der unter Berücksichtigung der technischen Entwicklung maßgebliche Anschaffungswert zum jeweiligen Bewertungszeitpunkt. ²Die Umrechnung der historischen Anschaffungs- und Herstellungskosten der betriebsnotwendigen Anlagegüter auf Tagesneuwerte zum jeweiligen Stichtag erfolgt unter Verwendung anlagenspezifischer oder anlagengrup-

---

[1] Richtig wohl: „entrichten".

penspezifischer Preisindizes, die auf den Indexreihen des Statistischen Bundesamtes beruhen (Veröffentlichungen des Statistischen Bundesamtes „Preise und Preisindizes", Fachserie 16 und 17)[1]). ³ Im Falle der Elektrizitätsversorgungsnetze in Berlin, Brandenburg, Mecklenburg-Vorpommern, Sachsen, Sachsen-Anhalt und Thüringen können für jene Anlagegüter, deren Errichtung zeitlich vor ihrer erstmaligen Bewertung in Deutscher Mark liegt, die Anschaffungs- und Herstellungskosten unter Verwendung zeitnaher üblicher Anschaffungs- und Herstellungskosten und einer Rückrechnung mittels der anwendbaren Preisindizes ermittelt werden.

(4) Die kalkulatorischen Abschreibungen der Neuanlagen sind ausgehend von den jeweiligen historischen Anschaffungs- und Herstellungskosten nach der linearen Abschreibungsmethode zu ermitteln.

(5) ¹ Die kalkulatorischen Abschreibungen sind für jede Anlage jährlich auf Grundlage der jeweiligen betriebsgewöhnlichen Nutzungsdauern nach Anlage 1 vorzunehmen. ² Die jeweils für eine Anlage in Anwendung gebrachte betriebsgewöhnliche Nutzungsdauer ist für die Restdauer ihrer kalkulatorischen Abschreibung unverändert zu lassen. ³ Die kalkulatorischen Abschreibungen sind jahresbezogen zu ermitteln. ⁴ Dabei ist jeweils ein Zugang des Anlagegutes zum 1. Januar des Anschaffungsjahres zugrunde zu legen.

(6) ¹ Der kalkulatorische Restwert eines Anlageguts beträgt nach Ablauf des ursprünglich angesetzten Abschreibungszeitraums Null. ² Ein Wiederaufleben kalkulatorischer Restwerte ist unzulässig. ³ Bei Veränderung der ursprünglichen Abschreibungsdauer während der Nutzung ist sicherzustellen, dass keine Erhöhung der Kalkulationsgrundlage erfolgt. ⁴ In einem solchen Fall bildet der jeweilige Restwert des Wirtschaftsguts zum Zeitpunkt der Abschreibungsdauerumstellung die Grundlage der weiteren Abschreibung. ⁵ Der neue Abschreibungsbetrag ergibt sich aus der Division des Restwertes durch die Restabschreibungsdauer. ⁶ Es erfolgt keine Abschreibung unter Null.

(7) Das Verbot von Abschreibungen unter Null gilt ungeachtet der Änderung von Eigentumsverhältnissen oder der Begründung von Schuldverhältnissen.

§ 7 Kalkulatorische Eigenkapitalverzinsung. (1) ¹ Die Verzinsung des von Betreibern von Elektrizitätsversorgungsnetzen eingesetzten Eigenkapitals erfolgt im Wege einer kalkulatorischen Eigenkapitalverzinsung auf Grundlage des betriebsnotwendigen Eigenkapitals. ² Das betriebsnotwendige Eigenkapital ergibt sich aus der Summe der

1. kalkulatorischen Restwerte des Sachanlagevermögens der betriebsnotwendigen Altanlagen bewertet zu historischen Anschaffungs- und Herstellungskosten und multipliziert mit der Fremdkapitalquote nach § 6 Abs. 2,

2. kalkulatorischen Restwerte des Sachanlagevermögens der betriebsnotwendigen Altanlagen bewertet zu Tagesneuwerten und multipliziert mit der Eigenkapitalquote nach § 6 Abs. 2,

3. kalkulatorischen Restwerte des Sachanlagevermögens der betriebsnotwendigen Neuanlagen bewertet zu historischen Anschaffungs- und Herstellungskosten und

---

[1]) **Amtl. Anm.:** Zu beziehen beim Statistischen Bundesamt, Wiesbaden.

4. Bilanzwerte der betriebsnotwendigen Finanzanlagen und Bilanzwerte des betriebsnotwendigen Umlaufvermögens unter Abzug des Steueranteils der Sonderposten mit Rücklageanteil

und unter Abzug des Abzugskapitals und des verzinslichen Fremdkapitals.
³ Grundstücke sind zu Anschaffungskosten anzusetzen. ⁴ Es ist jeweils der Mittelwert aus Jahresanfangs- und Jahresendbestand anzusetzen. ⁵ Soweit das nach Satz 2 ermittelte betriebsnotwendige Eigenkapital einen Anteil von 40 Prozent des sich aus der Summe der Werte nach Satz 2 Nr. 1 bis 4 ergebenden betriebsnotwendigen Vermögens übersteigt, ist der übersteigende Anteil dieses Eigenkapitals nominal wie Fremdkapital zu verzinsen.

(2) ¹ Als Abzugskapital ist das zinslos zur Verfügung stehende Kapital zu behandeln. ² Es ist jeweils der Mittelwert aus Jahresanfangs- und Jahresendbestand der folgenden Positionen anzusetzen:

1. Rückstellungen;
2. erhaltene Vorauszahlungen und Anzahlungen von Kunden;
3. unverzinsliche Verbindlichkeiten aus Lieferungen und Leistungen;
4. erhaltene Baukostenzuschüsse einschließlich passivierter Leistungen der Anschlussnehmer zur Erstattung von Netzanschlusskosten;
5. sonstige Verbindlichkeiten, soweit die Mittel dem Betreiber von Elektrizitätsversorgungsnetzen zinslos zur Verfügung stehen.

(3) ¹ Zur Festlegung der Basis für die Eigenkapitalverzinsung ist das betriebsnotwendige Eigenkapital auf Neu- und Altanlagen aufzuteilen. ² Der auf die Neuanlagen entfallende Anteil bestimmt sich nach dem Anteil, den der Restwert der Neuanlagen nach Absatz 1 Satz 2 Nr. 3 an der Summe der Restwerte des Sachanlagevermögens nach Absatz 1 Satz 2 Nr. 1 bis 3 hat. ³ Der auf die Altanlagen entfallende Anteil bestimmt sich nach dem Anteil, den die Summe der Restwerte der Altanlagen nach Absatz 1 Satz 2 Nr. 1 und 2 an der Summe der Restwerte des Sachanlagevermögens nach Absatz 1 Satz 2 Nr. 1 bis 3 hat.

(4) ¹ Der auf das betriebsnotwendige Eigenkapital, das auf Neuanlagen entfällt, anzuwendende Eigenkapitalzinssatz darf den auf die letzten zehn abgeschlossenen Kalenderjahre bezogenen Durchschnitt der von der Deutschen Bundesbank veröffentlichten Umlaufsrenditen festverzinslicher Wertpapiere inländischer Emittenten zuzüglich eines angemessenen Zuschlags zur Abdeckung netzbetriebsspezifischer unternehmerischer Wagnisse nach Absatz 5 nicht überschreiten. ² Der auf das betriebsnotwendige Eigenkapital, das auf Altanlagen entfällt, anzuwendende Eigenkapitalzinssatz ist zusätzlich um den auf die letzten zehn abgeschlossenen Kalenderjahre bezogenen Durchschnitt der Preisänderungsrate gemäß dem vom Statistischen Bundesamt veröffentlichten Verbraucherpreisgesamtindex zu ermäßigen.

(5) Die Höhe des Zuschlags zur Abdeckung netzbetriebsspezifischer unternehmerischer Wagnisse ist insbesondere unter Berücksichtigung folgender Umstände zu ermitteln:

1. Verhältnisse auf den nationalen und internationalen Kapitalmärkten und die Bewertung von Betreibern von Elektrizitätsversorgungsnetzen auf diesen Märkten;
2. durchschnittliche Verzinsung des Eigenkapitals von Betreibern von Elektrizitätsversorgungsnetzen auf ausländischen Märkten;
3. beobachtete und quantifizierbare unternehmerische Wagnisse.

(6) [1] Über die Eigenkapitalzinssätze nach § 21 Abs. 2 des Energiewirtschaftsgesetzes[1] entscheidet die Regulierungsbehörde in Anwendung der Absätze 4 und 5 vor Beginn einer Regulierungsperiode nach § 3 der Anreizregulierungsverordnung[2], erstmals zum 1. Januar 2009, durch Festlegung nach § 29 Abs. 1 des Energiewirtschaftsgesetzes. [2] Die Festlegung nach Satz 1 erfolgt jeweils für die Dauer einer Regulierungsperiode nach § 3 der Anreizregulierungsverordnung. [3] Bis zur erstmaligen Festlegung durch die Regulierungsbehörde beträgt der Eigenkapitalzinssatz bei Neuanlagen 7,91 Prozent vor Steuern und bei Altanlagen 6,5 Prozent vor Steuern.

§ 8 Kalkulatorische Steuern. [1] Im Rahmen der Ermittlung der Netzkosten kann die dem Netzbereich sachgerecht zuzuordnende Gewerbesteuer als kalkulatorische Kostenposition in Ansatz gebracht werden. [2] Bei der Ermittlung der Gewerbesteuer ist die Abzugsfähigkeit der Gewerbesteuer bei sich selbst zu berücksichtigen.

§ 9 Kostenmindernde Erlöse und Erträge. (1) [1] Sonstige Erlöse und Erträge sind, soweit sie sachlich dem Netzbetrieb zuzurechnen und insbesondere den Positionen

1. aktivierte Eigenleistungen,

2. Zins- und Beteiligungserträge,

3. Netzanschlusskosten,

4. Baukostenzuschüsse oder

5. sonstige Erträge und Erlöse

der netzbezogenen Gewinn- und Verlustrechnung zu entnehmen sind, von den Netzkosten in Abzug zu bringen. [2] Die von stromverbrauchenden Anschlussnehmern entrichteten Baukostenzuschüsse sind über eine Dauer von 20 Jahren linear aufzulösen und jährlich netzkostenmindernd anzusetzen.

(2) Baukostenzuschüsse, die im Zusammenhang mit der Errichtung eines Anschlusses für die Einspeisung elektrischer Energie entrichtet wurden, sind anschlussindividuell über die Dauer von 20 Jahren linear aufzulösen.

(3) Einnahmen aus der Zuweisung der auf den Verbindungsleitungen zwischen nationalen Übertragungsnetzen verfügbaren Kapazitäten sowie die Verwendung dieser Einnahmen sind durch den jeweiligen Übertragungsnetzbetreiber schriftlich zu dokumentieren.

§ 10 Behandlung von Netzverlusten. (1) [1] Die Kosten der Beschaffung von Energie zum Ausgleich physikalisch bedingter Netzverluste (Verlustenergie) können bei der Ermittlung der Netzkosten in Ansatz gebracht werden. [2] Die Kostenposition ergibt sich aus den tatsächlichen Kosten der Beschaffung der entsprechenden Verlustenergie im abgelaufenen Kalenderjahr.

(2) Die Höhe der Durchschnittsverluste je Netz- und Umspannebene des Vorjahres sowie die durchschnittlichen Beschaffungskosten der Verlustenergie im Vorjahr in Cent pro Kilowattstunde sind von Betreibern von Elektrizitäts-

---

[1] Nr. 1.
[2] Nr. 20.

versorgungsnetzen zum 1. April eines Jahres auf ihrer Internetseite zu veröffentlichen.

§ 11 Periodenübergreifende Saldierung. [1] Betreiber von Elektrizitätsversorgungsnetzen sind verpflichtet, nach Abschluss einer Kalkulationsperiode die Differenz zwischen

1. den in dieser Kalkulationsperiode aus Netzentgelten erzielten Erlösen und
2. den für diese Kalkulationsperiode nach Abschnitt 1 des Teils 2 zu Grunde gelegten Netzkosten

zu ermitteln. [2] Liegen die Erlöse nach Satz 1 Nr. 1 über den Kosten nach Satz 1 Nr. 2, ist der Differenzbetrag zuzüglich einer Verzinsung des durchschnittlich gebundenen Betrages mit einem angemessenen Zinssatz kostenmindernd in Ansatz zu bringen. [3] Liegen die Erlöse nach Satz 1 Nr. 1 unter den Kosten nach Satz 1 Nr. 2, kann der Differenzbetrag zuzüglich einer Verzinsung des durchschnittlichen Differenzbetrages mit einem angemessenen Zinssatz kostenerhöhend in Ansatz gebracht werden. [4] Eine Saldierung erfolgt jeweils über die drei folgenden Kalkulationsperioden. [5] Der durchschnittlich gebundene Betrag nach Satz 2 ist die Hälfte der Differenz aus den erzielten Erlösen nach Satz 1 Nr. 1 und den zu deckenden Kosten nach Satz 1 Nr. 2. [6] Der durchschnittliche Differenzbetrag nach Satz 3 ist die Hälfte der Differenz aus den zu deckenden Kosten nach Satz 1 Nr. 2 und den erzielten Erlösen nach Satz 1 Nr. 1.

Abschnitt 2. Kostenstellenrechnung

§ 12 Grundsätze der Kostenverteilung. [1] Die nach § 4 ermittelten Netzkosten sind soweit möglich direkt den Hauptkostenstellen nach § 13 zuzuordnen. [2] Soweit eine direkte Zuordnung von Kosten nicht oder nur mit unvertretbar hohem Aufwand möglich ist, sind diese zunächst geeigneten Hilfskostenstellen zuzuordnen. [3] Die Aufteilung dieser Netzkosten auf die Hauptkostenstellen hat verursachungsgerecht über eine angemessene Schlüsselung zu erfolgen. [4] Die gewählten Schlüssel müssen sachgerecht sein und sind für sachkundige Dritte nachvollziehbar und vollständig schriftlich zu dokumentieren. [5] Insbesondere sind die Schlüssel stetig anzuwenden. [6] Änderungen eines Schlüssels sind nur zulässig, sofern diese sachlich geboten sind. [7] Die sachlichen Gründe für diese Änderungen sind in einer für sachkundige Dritte nachvollziehbaren Weise und vollständig schriftlich zu dokumentieren.

§ 13 Kostenstellen. [1] Für die Ermittlung der Netzentgelte haben Betreiber von Elektrizitätsversorgungsnetzen als Maßgrößen der Kostenverursachung Haupt- und Nebenkostenstellen nach Anlage 2 zu bilden. [2] Die Netzkosten nach § 4 sind vollständig auf die Kostenstellen nach Anlage 2 zu verteilen. [3] Die Bildung von Hilfskostenstellen ist zulässig.

§ 14 Kostenwälzung. (1) [1] Die Kosten der Netz- und Umspannebenen werden, beginnend bei der Höchstspannung, jeweils anteilig auf die nachgelagerte Netz- oder Umspannebene verteilt (Kostenwälzung), soweit diese Kosten nicht der Entnahme von Letztverbrauchern und Weiterverteilern aus der jeweiligen Netz- oder Umspannebene zuzuordnen sind. [2] Die Kostenwälzung lässt das Zahlungsausfallrisiko der Netzbetreiber für die jeweils in ihren Netzen anfallenden Kosten unberührt.

(2) [1] Die Kosten werden entsprechend der von der vorgelagerten Netz- oder Umspannebene bezogenen und zeitgleich über alle Übergabepunkte gemessenen höchsten Leistung unter Berücksichtigung des Gleichzeitigkeitsgrades nach § 16 auf die nachgelagerte Netz- oder Umspannebene verteilt. [2] An eine Netz- oder Umspannebene angeschlossene Letztverbraucher und Weiterverteiler sowie die nachgeordnete Netz- oder Umspannebene werden als Netzkunden der jeweiligen Netz- oder Umspannebene angesehen und gleichbehandelt. [3] Führt dies bei Betreibern von Elektrizitätsversorgungsnetzen der allgemeinen Versorgung, die direkt miteinander verbundene Netze der gleichen Netz- oder Umspannebene betreiben, zu einer unbilligen Härte oder sind diese Netze so miteinander vermascht, dass sie nur gemeinsam sicher betrieben werden können, sind in Zusammenarbeit der Netzbetreiber sachgerechte Sonderregelungen zu treffen. [4] Das Vorliegen der Voraussetzungen nach Satz 3 sowie die getroffenen Sonderregelungen sind in dem Bericht nach § 28 darzustellen.

(3) [1] Ausgangspunkt der Zuordnung der Kosten auf die Kostenträger ist die Kostenstellenrechnung nach § 13. [2] Die Kostenträger haben sich an den vorhandenen Netz- und Umspannebenen des Betreibers von Elektrizitätsversorgungsnetzen zu orientieren und sind im Einzelnen nach Anlage 3 zu bilden.

(4) [1] Kostenträger der Kostenstellen Messung und Abrechnung sind die jeweiligen Netz- und Umspannebenen. [2] Soweit sich Kosten dieser Kostenstellen nicht direkt einer Netz- oder Umspannebene zuordnen lassen, sind diese Kosten verursachungsgerecht zuzuordnen.

Abschnitt 3. Kostenträgerrechnung

§ 15 Grundsätze der Entgeltermittlung. (1) [1] Grundlage des Systems der Entgeltbildung für den Netzzugang ist ein transaktionsunabhängiges Punktmodell. [2] Die nach § 4 ermittelten Netzkosten werden über ein jährliches Netzentgelt gedeckt. [3] Für die Einspeisung elektrischer Energie sind keine Netzentgelte zu entrichten.

(2) Die Kalkulation der Netzentgelte ist so durchzuführen, dass nach dem Ende einer bevorstehenden Kalkulationsperiode die Differenz zwischen den aus Netzentgelten tatsächlich erzielten Erlösen und den nach § 4 ermittelten und in der bevorstehenden Kalkulationsperiode zu deckenden Netzkosten möglichst gering ist.

§ 16 Gleichzeitigkeitsgrad. (1) [1] Die Zuteilung der Kosten einer Netz- oder Umspannebene auf die aus dieser Netz- oder Umspannebene entnehmenden Netznutzer hat möglichst verursachungsgerecht zu erfolgen. [2] Zu diesem Zweck werden zunächst für alle Netz- und Umspannebenen die spezifischen Jahreskosten gebildet. [3] Die spezifischen Jahreskosten ergeben sich aus dem Quotienten aus den Jahreskosten einer Netz- oder Umspannebene nach § 14 Abs. 2 und der zeitgleichen Jahreshöchstlast aller Entnahmen aus dieser Netz- oder Umspannebene.

(2) Für die verursachungsgerechte Zuteilung der spezifischen Jahreskosten einer Netz- oder Umspannebene auf die Netzkunden dieser Netz- oder

Umspannebene wird für alle Netz- und Umspannebenen jeweils eine Gleichzeitigkeitsfunktion nach Anlage 4 ermittelt.

§ 17 Ermittlung der Netzentgelte. (1) ¹ Die von Netznutzern zu entrichtenden Netzentgelte sind ihrer Höhe nach unabhängig von der räumlichen Entfernung zwischen dem Ort der Einspeisung elektrischer Energie und dem Ort der Entnahme. ² Die Netzentgelte richten sich nach der Anschlussnetzebene der Entnahmestelle, den jeweils vorhandenen Messvorrichtungen an der Entnahmestelle sowie der jeweiligen Benutzungsstundenzahl der Entnahmestelle.

(2) ¹ Das Netzentgelt pro Entnahmestelle besteht aus einem Jahresleistungspreis in Euro pro Kilowatt und einem Arbeitspreis in Cent pro Kilowattstunde. ² Das Jahresleistungsentgelt ist das Produkt aus dem jeweiligen Jahresleistungspreis und der Jahreshöchstleistung in Kilowatt der jeweiligen Entnahme im Abrechnungsjahr. ³ Das Arbeitsentgelt ist das Produkt aus dem jeweiligen Arbeitspreis und der im Abrechnungsjahr jeweils entnommenen elektrischen Arbeit in Kilowattstunden.

(3) Zur Ermittlung der jeweiligen Netzentgelte einer Netz- oder Umspannebene in Form von Leistungs- und Arbeitspreisen werden die nach § 16 Abs. 1 ermittelten leistungsbezogenen Gesamtjahreskosten mit den Parametern der nach Anlage 4 ermittelten Geradengleichungen des Gleichzeitigkeitsgrades nach § 16 Abs. 2 multipliziert.

(4) Die abschnittsweise festgelegten Jahresleistungspreise einer Netz- oder Umspannebene eines Betreibers von Elektrizitätsversorgungsnetzen in Euro pro Kilowatt ergeben sich jeweils als Produkt der Gesamtjahreskosten und der jeweiligen Anfangswerte der Geradengleichungen des Gleichzeitigkeitsgrades.

(5) Die abschnittsweise festgelegten Arbeitspreise einer Netz- oder Umspannebene eines Betreibers von Elektrizitätsversorgungsnetzen in Cent pro Kilowattstunde ergeben sich jeweils als Produkt der Gesamtjahreskosten und der jeweiligen Steigung der Geradengleichungen der Gleichzeitigkeitsfunktion.

(6) ¹ Für Entnahmen ohne Leistungsmessung mittels Lastgangmessung im Niederspannungsnetz ist anstelle des Leistungs- und Arbeitspreises ein Arbeitspreis in Cent pro Kilowattstunde festzulegen. ² Soweit zusätzlich ein monatlicher Grundpreis in Euro pro Monat festgelegt wird, haben Grundpreis und Arbeitspreis in einem angemessenen Verhältnis zueinander zu stehen. ³ Das sich aus Grundpreis und Arbeitspreis ergebende Entgelt hat in einem angemessenen Verhältnis zu jenem Entgelt zu stehen, das bei einer leistungsgemessenen Entnahme im Niederspannungsnetz auf der Grundlage der Arbeits- und Leistungswerte nach dem Standardlastprofil des Netznutzers entstehen würde.

(7) ¹ Ferner ist für jede Entnahmestelle und getrennt nach Netz- und Umspannebenen jeweils ein Entgelt für den Messstellenbetrieb, ein Entgelt für die Messung und ein Entgelt für die Abrechnung festzulegen, wobei die nach § 14 Abs. 4 auf die Netz- und Umspannebenen verteilten Kosten jeweils vollständig durch die Summe der pro Entnahmestelle entrichteten Entgelte der jeweiligen Netz- oder Umspannebene zu decken sind. ² Die Entgelte nach Satz 1 sind jeweils für jede Entnahmestelle einer Netz- oder Umspannebene zu erheben. ³ In der Niederspannung sind davon abweichend jeweils Entgelte für leistungs- und für nicht leistungsgemessene Entnahmestellen zu bilden.

(8) Andere als in dieser Verordnung genannte Entgelte sind nicht zulässig.

17 StromNEV § 18

§ 18 Entgelt für dezentrale Einspeisung. (1) ¹Betreiber von dezentralen Erzeugungsanlagen erhalten vom Betreiber des Elektrizitätsverteilernetzes, in dessen Netz sie einspeisen, ein Entgelt. ²Dieses Entgelt muss den gegenüber den vorgelagerten Netz- oder Umspannebenen durch die jeweilige Einspeisung vermiedenen Netzentgelten entsprechen. ³Das Entgelt nach Satz 1 wird nicht gewährt, wenn die Stromeinspeisung

1. nach § 16 des Erneuerbare-Energien-Gesetzes[1] vergütet oder in den Formen des § 33b Nummer 1 oder Nummer 2 des Erneuerbare-Energien-Gesetzes direkt vermarktet wird oder

2. nach § 4 Abs. 3 Satz 1 des Kraft-Wärme-Kopplungsgesetzes[2] vergütet wird und in dieser Vergütung vermiedene Netzentgelte enthalten sind.

Netzbetreiber sind den Betreibern dezentraler Erzeugungsanlagen gleichzustellen, sofern sie in ein vorgelagertes Netz einspeisen und dort Netzentgelte in weiter vorgelagerten Netzebenen vermeiden.

(2) ¹Die dem Entgelt für dezentrale Einspeisung zu Grunde liegenden vermiedenen gewälzten Kosten der vorgelagerten Netz- oder Umspannebenen werden für jede Netz- und Umspannebene einzeln ermittelt. ²Maßgeblich sind die tatsächliche Vermeidungsarbeit in Kilowattstunden, die tatsächliche Vermeidungsleistung in Kilowatt und die Netzentgelte der vorgelagerten Netz- oder Umspannebene. ³Die Vermeidungsarbeit ist unter Berücksichtigung der Netzverluste der jeweiligen Netz- oder Umspannebene die Differenz zwischen der durch Letztverbraucher, Weiterverteiler und nachgelagerte Netz- oder Umspannebene entnommenen elektrischen Energie in Kilowattstunden und der aus der vorgelagerten Netz- oder Umspannebene entnommenen elektrischen Energie in Kilowattstunden. ⁴Die Vermeidungsleistung ist die Differenz zwischen der zeitgleichen Jahreshöchstlast aller Entnahmen aus der Netz- oder Umspannebene und der maximalen Bezugslast dieses Jahres aus der vorgelagerten Netz- oder Umspannebene in Kilowatt.

(3) ¹Die Aufteilung der nach Absatz 2 ermittelten vermiedenen Kosten der jeweils vorgelagerten Netz- oder Umspannebenen auf die einzelnen dezentralen Einspeisungen hat sachgerecht nach individueller Vermeidungsarbeit und Vermeidungsleistung zu erfolgen. ²Betreiber, die aus dezentralen Erzeugungsanlagen einspeisen, welche keinen überwiegenden Anteil an der Vermeidungsleistung haben, können zwischen einer Berechnung auf Basis ihrer tatsächlichen Vermeidungsleistung und einem alternativen Verfahren, welches ihre Vermeidungsleistung verstetigt, wählen. ³Bei dezentralen Einspeisungen ohne Lastgangmessung ist grundsätzlich nur die Vermeidungsarbeit zu berücksichtigen.

(4) ¹Betreiber von Elektrizitätsverteilernetzen sind verpflichtet, nach Abschluss einer Kalkulationsperiode die Differenz zwischen den an die Betreiber dezentraler Erzeugungsanlagen in Summe erstatteten Entgelten und den sich nach Absatz 2 rechnerisch ergebenden vermiedenen Kosten der vorgelagerten Netz- oder Umspannebene zu ermitteln. ²Der Differenzbetrag ist zuzüglich einer angemessenen Verzinsung in der nächsten Kalkulationsperiode in Ansatz zu bringen.

---

[1] Nr. 34.
[2] Nr. 43.

§ 19 Sonderformen der Netznutzung. (1) Für Letztverbraucher mit einer zeitlich begrenzten hohen Leistungsaufnahme, der in der übrigen Zeit eine deutlich geringere oder keine Leistungsaufnahme gegenübersteht, haben Betreiber von Elektrizitätsversorgungsnetzen, an deren Netz der jeweilige Letztverbraucher angeschlossen ist, neben dem Jahresleistungspreissystem eine Abrechnung auf der Grundlage von Monatsleistungspreisen anzubieten.

(2) [1] Ist auf Grund vorliegender oder prognostizierter Verbrauchsdaten oder auf Grund technischer oder vertraglicher Gegebenheiten offensichtlich, dass der Höchstlastbeitrag eines Letztverbrauchers vorhersehbar erheblich von der zeitgleichen Jahreshöchstlast aller Entnahmen aus dieser Netz- oder Umspannebene abweicht, so haben Betreiber von Elektrizitätsversorgungsnetzen diesem Letztverbraucher in Abweichung von § 16 ein individuelles Netzentgelt anzubieten, das dem besonderen Nutzungsverhalten des Netzkunden angemessen Rechnung zu tragen hat und nicht weniger als 20 Prozent des veröffentlichten Netzentgelts betragen darf. [2] Erreicht die Stromabnahme aus dem Netz der allgemeinen Versorgung für den eigenen Verbrauch an einer Abnahmestelle die Benutzungsstundenzahl von mindestens 7 000 Stunden und übersteigt der Stromverbrauch an dieser Abnahmestelle 10 Gigawattstunden, soll der Letztverbraucher insoweit grundsätzlich von den Netzentgelten befreit werden. [3] Die Vereinbarung eines individuellen Netzentgelts nach Satz 1 wie auch die Befreiung nach Satz 2 bedürfen der Genehmigung der Regulierungsbehörde. [4] Der Antrag kann auch durch den Letztverbraucher gestellt werden. [5] Der Netzbetreiber hat der Regulierungsbehörde unverzüglich alle zur Beurteilung der Voraussetzungen der Sätze 1 und 2 erforderlichen Unterlagen vorzulegen. [6] Die Betreiber von Übertragungsnetzen sind verpflichtet, entgangene Erlöse, die aus individuellen Netzentgelten nach Satz 1 und Befreiungen von Netzentgelten nach Satz 2 resultieren, nachgelagerten Betreibern von Elektrizitätsverteilernetzen zu erstatten. [7] Sie haben diese Zahlungen sowie eigene entgangene Erlöse durch individuelle Netzentgelte nach Satz 1 und Befreiungen von den Netzentgelten nach Satz 2 über eine finanzielle Verrechnung untereinander auszugleichen; § 9 des Kraft-Wärme-Kopplungsgesetzes[1)] findet entsprechende Anwendung. [8] § 20 gilt entsprechend. [9] Die Vereinbarung eines individuellen Netzentgelts wie auch die Befreiung von den Netzentgelten erfolgen unter dem Vorbehalt, dass die jeweiligen Voraussetzungen nach den Sätzen 1 und 2 tatsächlich eintreten. [10] Ist dies nicht der Fall, erfolgt die Abrechnung der Netznutzung nach den allgemein gültigen Netzentgelten.

(3) [1] Sofern ein Netznutzer sämtliche in einer Netz- oder Umspannebene von ihm genutzten Betriebsmittel ausschließlich selbst nutzt, ist zwischen dem Betreiber dieser Netz- oder Umspannebene und dem Netznutzer für diese singulär genutzten Betriebsmittel gesondert ein angemessenes Entgelt festzulegen. [2] Das Entgelt orientiert sich an den individuell zurechenbaren Kosten der singulär genutzten Betriebsmittel dieser Netz- oder Umspannebene unter Beachtung der in § 4 dargelegten Grundsätze. [3] Diese Kosten sind auf Verlangen des Netznutzers durch den Netzbetreiber nachzuweisen. [4] Der Letztverbraucher ist bezüglich seines Entgelts im Übrigen so zu stellen, als sei er direkt an die vorgelagerte Netz- oder Umspannebene angeschlossen.

[1)] Nr. 43.

17 StromNEV §§ 20–23

§ 20 Verprobung. (1) ¹Netzbetreiber haben im Rahmen der Ermittlung der Netzentgelte und vor der Veröffentlichung nach § 21 sicherzustellen, dass ein zur Veröffentlichung anstehendes Entgeltsystem geeignet ist, die nach § 4 ermittelten Kosten zu decken. ²Im Einzelnen ist sicherzustellen, dass die Anwendung

1. des Entgeltsystems auf die prognostizierte Absatzstruktur in ihrem Netzgebiet einen prognostizierten Erlös ergibt, welcher der Höhe nach den zu deckenden Kosten entspricht, und
2. der Entgelte für Messstellenbetrieb, für Messung und für Abrechnung auf die jeweiligen Entnahmestellen einen prognostizierten Erlös ergibt, der den zu deckenden Kosten der Messung und der Abrechnung nach § 13 entspricht.

(2) Die Verprobungen nach Absatz 1 sind vom Netzbetreiber in einer für sachkundige Dritte nachvollziehbaren Weise schriftlich zu dokumentieren und in den Bericht nach § 28 aufzunehmen.

§ 21 Änderungen der Netzentgelte. Ist ein Antrag nach § 23a Abs. 3 des Energiewirtschaftsgesetzes[1)] gestellt worden, hat der betreffende Betreiber von Elektrizitätsversorgungsnetzen dies unverzüglich auf seiner Internetseite bekannt zu geben.

Teil 3. Vergleichsverfahren

§ 22 Verfahren. (1) ¹Die Regulierungsbehörde kann Vergleichsverfahren nach § 21 Abs. 3 des Energiewirtschaftsgesetzes[1)] in regelmäßigen zeitlichen Abständen für jede Netz- und Umspannebene durchführen. ²Diese Vergleichsverfahren können sich nach Maßgabe des § 23 auf die von Betreibern von Elektrizitätsversorgungsnetzen erhobenen Netzentgelte, die Erlöse oder Kosten beziehen. ³Die Regulierungsbehörde macht die Ergebnisse der Vergleichsverfahren in ihrem Amtsblatt öffentlich bekannt.

(2) ¹Einzubeziehen in die Vergleichsverfahren sind alle Betreiber von Elektrizitätsversorgungsnetzen, soweit die in § 24 Abs. 4 aufgeführten Daten in der angegebenen Form der Regulierungsbehörde vorliegen. ²Zur Sicherstellung eines sachgerechten Vergleichs sind die Betreiber von Elektrizitätsversorgungsnetzen zunächst Strukturklassen zuzuordnen, die jedenfalls die in § 24 Abs. 1 bis 3 benannten Strukturmerkmale berücksichtigen.

(3) Die Regulierungsbehörde kann zur Vorbereitung einer Entscheidung nach § 30 Abs. 3 auch Feststellungen treffen über die Erlöse oder Kosten von Betreibern von Elektrizitätsversorgungsnetzen in anderen Mitgliedstaaten der Europäischen Union.

§ 23 Vergleich. (1) Der Vergleich nach § 22 hat getrennt nach Netz- und Umspannebenen zu erfolgen und die folgenden Grundsätze einzuhalten:
1. Im Falle eines Vergleichs der Netzentgelte ist sicherzustellen, dass dem Vergleich jeweils das durchschnittliche, mengengewichtete Netzentgelt der betrachteten Netz- oder Umspannebene zu Grunde liegt; ferner ist zu

---

[1)] Nr. 1.

gewährleisten, dass das zu vergleichende Netzentgelt um jenen Anteil bereinigt ist, der infolge des Kostenwälzungsprinzips nach § 14 die Höhe des Netzentgelts der jeweiligen Netz- oder Umspannebene beeinflusst; einer unterschiedlichen Auslastung der verglichenen Netz- oder Umspannebenen ist Rechnung zu tragen.

2. Bei einem Vergleich der Erlöse aus Netzentgelten sind diese Erlöse um jenen Anteil zu bereinigen, der infolge des Kostenwälzungsprinzips nach § 14 die Höhe der Erlöse beeinflusst; ferner ist bei einem Vergleich der insoweit bereinigten Erlöse einer Netzebene insbesondere das Verhältnis dieser Erlöse zu der Stromkreislänge der jeweiligen Netzebene zu berücksichtigen; bei einem Vergleich der Erlöse einer Umspannebene ist insbesondere das Verhältnis der Erlöse zur installierten Leistung zu berücksichtigen.

3. Bei einem Vergleich der Kosten einer Netzebene ist insbesondere das Verhältnis der Kosten zu der Stromkreislänge der jeweiligen Netzebene zu berücksichtigen; bei einem Vergleich der Kosten der Umspannebenen ist insbesondere das Verhältnis der Kosten zur installierten Leistung zu berücksichtigen.

(2) Die nach Absatz 1 Satz 1 Nr. 1 und 2 erforderliche Bereinigung der Netzentgelte und der Erlöse um jenen Anteil, der infolge des Kostenwälzungsprinzips die Höhe des Netzentgelts oder der Erlöse beeinflusst, kann durch den Prozentsatz erfolgen, der sich aus dem Quotienten Kosten der Netz- oder Umspannebene nach § 13 geteilt durch Erlös der Netz- oder Umspannebene ergibt.

§ 24 Strukturklassen. (1) [1] Für jede Netz- und Umspannebene ab Hochspannung abwärts sind jeweils sechs Strukturklassen zu bilden. [2] Diese Strukturklassen richten sich

1. nach hoher, mittlerer und niedriger Absatzdichte einer Netz- oder Umspannebene und

2. nach der Belegenheit des Netzes in Berlin, Brandenburg, Mecklenburg-Vorpommern, Sachsen, Sachsen-Anhalt oder Thüringen (Strukturklasse Ost) oder den übrigen Ländern (Strukturklasse West).

[3] Über die Abgrenzung zwischen hoher, mittlerer und niedriger Absatzdichte nach Satz 2 Nr. 1 entscheidet die Regulierungsbehörde. [4] Soweit dies sachlich geboten ist, soll die Regulierungsbehörde ferner über die zeitliche Befristung der Anwendung der Strukturklassen Ost und West nach Satz 2 Nr. 2 entscheiden. [5] Eine solche Entscheidung darf frühestens nach Ablauf von drei Regulierungsperioden nach § 21a Abs. 3 Satz 1 des Energiewirtschaftsgesetzes[1]) ergehen.

(2) [1] Die Absatzdichte einer Netz- oder Umspannebene ist der Quotient aus der Gesamtentnahme eines Jahres aus dieser Netz- oder Umspannebene in Kilowattstunden und der versorgten Fläche in Quadratkilometer. [2] Die versorgte Fläche ist in der Niederspannung die aus der amtlichen Statistik zur Bodenfläche nach Art der tatsächlichen Nutzung der Statistischen Landesämter ermittelbare Fläche. [3] In der Mittel- und Hochspannung ist als versorgte Fläche die geographische Fläche des Netzgebietes zu Grunde zu legen.

---

[1]) Nr. 1.

(3) ¹ Ist die Belegenheit des Netzes im Hinblick auf dessen Zuordnung zu der Strukturklasse Ost nicht eindeutig, ist das Netzgebiet dieser Strukturklasse zuzuordnen, wenn mehr als 50 Prozent der Stromkreislänge geographisch auf dem Gebiet dieser Strukturklasse liegen. ² Andernfalls ist das Netzgebiet der Strukturklasse West zuzuteilen.

(4) Betreiber von Elektrizitätsversorgungsnetzen haben der Regulierungsbehörde jeweils jährlich zum 1. April getrennt nach Netz- und Umspannebenen folgende Angaben zu übermitteln:

1. die Kosten nach § 13 des letzten abgeschlossenen Geschäftsjahres,
2. die Erlöse aus Netzentgelten des Vorjahres,
3. die im Vorjahr entnommene Jahresarbeit in Kilowattstunden, getrennt nach Abgabe an Entnahmestellen inklusive Weiterverteilern und Abgabe an die nachgelagerte Netz- oder Umspannebene,
4. die Daten nach § 27 Abs. 2 Nr. 1 bis 7,
5. die zeitgleiche Jahreshöchstlast aller Entnahmen in Megawatt für jede Netz- und Umspannebene, die Spannungsebene dieser Entnahme und den Zeitpunkt des jeweiligen Auftretens und
6. die höchste zeitgleiche Entnahmelast des Vorjahres aus dem vorgelagerten Netz in Kilowatt und den Zeitpunkt des Auftretens.

Die Frist nach Satz 1 kann im Einzelfall auf Antrag des Betreibers von Elektrizitätsversorgungsnetzen von der Regulierungsbehörde um bis zu drei Monate verlängert werden.

§ 25 Kostenstruktur.
¹ Die Regulierungsbehörde kann im Rahmen von Vergleichen ermitteln, ob der Anteil der auf die Tätigkeiten Elektrizitätsübertragung und Elektrizitätsverteilung entfallenden Gemeinkosten des Gesamtunternehmens an den Kosten nach § 4 Abs. 1 sachgerecht ist. ² Die Regulierungsbehörde kann insbesondere überprüfen, ob die in Anwendung gebrachten Schlüssel sachgerecht sind.

§ 26 Mitteilungspflichten gegenüber der Regulierungsbehörde.

(1) ¹ Im Rahmen der Vergleichsverfahren nach § 21 Abs. 3 des Energiewirtschaftsgesetzes[1)] sind Betreiber von Elektrizitätsversorgungsnetzen verpflichtet, der Regulierungsbehörde auf Verlangen

1. die nach § 4 Abs. 4 und § 12 dokumentierten Schlüssel mitzuteilen,
2. die Höhe der Einnahmen nach § 9 Abs. 3 sowie deren Verwendung mitzuteilen,
3. die für die Beurteilung eines angemessenen Verhältnisses von Gemeinkosten zu Einzelkosten des Netzes nach § 25 erforderlichen Auskünfte zur Verfügung zu stellen,
4. den Bericht nach § 28 vorzulegen und
5. in dem Bericht nach § 28 dokumentierte Informationen mitzuteilen.

² Die Regulierungsbehörde kann weitere Auskünfte verlangen, soweit dies zur Durchführung des Vergleichsverfahrens erforderlich ist.

[1)] Nr. 1.

(2) Betreiber von Elektrizitätsversorgungsnetzen sind verpflichtet, die für ihr Netz geltenden Netzentgelte und deren Änderungen der Regulierungsbehörde unverzüglich mitzuteilen.

Teil 4. Pflichten der Netzbetreiber

§ 27 Veröffentlichungspflichten. (1) [1] Betreiber von Elektrizitätsversorgungsnetzen sind verpflichtet, die für ihr Netz geltenden Netzentgelte auf ihren Internetseiten zu veröffentlichen und auf Anfrage jedermann unverzüglich in Textform mitzuteilen. [2] Werden individuelle Netzentgelte nach § 19 gebildet, sind diese in die Veröffentlichung der Netzentgelte aufzunehmen und der Regulierungsbehörde unverzüglich anzuzeigen.

(2) Betreiber von Elektrizitätsversorgungsnetzen haben ferner jeweils zum 1. April eines Jahres folgende Strukturmerkmale ihres Netzes auf ihrer Internetseite zu veröffentlichen:

1. die Stromkreislänge jeweils der Kabel- und Freileitungen in der Niederspannungs-, Mittelspannungs-, Hoch- und Höchstspannungsebene zum 31. Dezember des Vorjahres,
2. die installierte Leistung der Umspannebenen zum 31. Dezember des Vorjahres,
3. die im Vorjahr entnommene Jahresarbeit in Kilowattstunden pro Netz- und Umspannebene,
4. die Anzahl der Entnahmestellen jeweils für alle Netz- und Umspannebenen,
5. die Einwohnerzahl im Netzgebiet von Betreibern von Elektrizitätsversorgungsnetzen der Niederspannungsebene zum 31. Dezember des Vorjahres,
6. die versorgte Fläche nach § 24 Abs. 2 Satz 2 und 3 zum 31. Dezember des Vorjahres und
7. die geographische Fläche des Netzgebietes zum 31. Dezember des Vorjahres.

§ 28 Dokumentation. (1) [1] Betreiber von Elektrizitätsversorgungsnetzen haben einen Bericht über die Ermittlung der Netzentgelte zu erstellen. [2] Der Bericht muss enthalten:

1. eine Darlegung der Kosten- und Erlöslage der abgeschlossenen Kalkulationsperiode,
2. eine vollständige Darstellung der Grundlagen und des Ablaufs der Ermittlung der Netzentgelte nach § 3 sowie sonstiger Aspekte, die aus Sicht des Betreibers von Elektrizitätsversorgungsnetzen für die Netzentgelte von Relevanz sind,
3. die Höhe der von Betreibern von Elektrizitätsversorgungsnetzen entrichteten Konzessionsabgaben jeweils pro Gemeinde und in Summe,
4. einen Anhang und
5. den vollständigen Prüfungsbericht des Wirtschaftsprüfers zum Jahresabschluss nebst allen zugehörigen Ergänzungsbänden.

³ Die Angaben nach Satz 2 Nr. 1 und 2 müssen einen sachkundigen Dritten in die Lage versetzen, ohne weitere Informationen die Ermittlung der Netzentgelte vollständig nachzuvollziehen. ⁴ Der Bericht ist zehn Jahre aufzubewahren.

(2) Der zu dem Bericht nach Absatz 1 Satz 2 Nr. 4 zu erstellende Anhang muss enthalten:

1. die nach § 4 Abs. 4 dokumentierten Schlüssel sowie deren Änderung,
2. die Einnahmen nach § 9 Abs. 3 sowie deren Verwendung,
3. die nach § 11 errechneten Differenzbeträge,
4. die nach § 12 dokumentierten Schlüssel sowie deren Änderung,
5. die Höhe der Entgelte für dezentrale Einspeisung nach § 18,
6. die Absatzstruktur des Netzgebietes nach Anlage 5,
7. den Betriebsabrechnungsbogen des Netzbetriebs,
8. den im Vorjahr an Betreiber dezentraler Erzeugungsanlagen entrichteten Gesamtbetrag und
9. die im Vorjahr nach § 35 Abs. 2 des Erneuerbare-Energien-Gesetzes[1]) in Abzug gebrachten Netzentgelte.

§ 29 Mitteilungen gegenüber der Regulierungsbehörde. Die Regulierungsbehörde kann zur Vereinfachung des Verfahrens durch Festlegung nach § 29 Abs. 1 des Energiewirtschaftsgesetzes[2]) Entscheidungen treffen zu Umfang, Zeitpunkt und Form der ihr zu übermittelnden Informationen, insbesondere zu den zulässigen Datenträgern und Übertragungswegen.

Teil 5. Sonstige Bestimmungen

§ 30 Festlegungen der Regulierungsbehörde. (1) Zur Verwirklichung eines effizienten Netzzugangs und der in § 1 Abs. 1 des Energiewirtschaftsgesetzes[2]) genannten Zwecke kann die Regulierungsbehörde unter Beachtung der Anforderungen eines sicheren Netzbetriebs Entscheidungen durch Festlegung nach § 29 Abs. 1 des Energiewirtschaftsgesetzes treffen über

1. die Schlüsselung der Gemeinkosten nach § 4 Abs. 4,
2. die Aufschlüsselung der Positionen der Gewinn- und Verlustrechnungen nach § 5,
3. eine einheitliche und von sachkundigen Dritten nachvollziehbare Ermittlung der Gleichzeitigkeitsfunktion auch abweichend von § 16,
4. die weitere Unterteilung der Entgelte nach § 17,
5. eine möglichst einheitliche Handhabung von Gemeinkostenzuordnungen nach § 25,
6. zusätzliche Anforderungen an die Struktur und den Inhalt des Berichts nach § 28 und dessen Anhang,
7. die Gewährleistung einer sachgerechten und einheitlichen Ermittlung von Entgelten für Netzreservekapazität und

---

[1]) Nr. **34**.
[2]) Nr. **1**.

Stromnetzentgeltverordnung   § 31 StromNEV 17

8. die Höhe der sich aus dem Belastungsausgleich nach § 9 Abs. 7 des Kraft-Wärme-Kopplungsgesetzes[1] je Kalenderjahr ergebenden Zuschläge.

(2) Die Regulierungsbehörde kann ferner Festlegungen treffen zur Gewährleistung

1. der Zulässigkeit außerordentlicher Aufwendungen und Erträge sowie einer sachgerechten Verteilung dieser außerordentlichen Aufwendungen und Erträge auf mehrere Kalkulationsperioden nach § 4 Abs. 6, falls diese Aufwendungen und Erträge die Kosten der nächsten Kalkulationsperiode spürbar beeinflussen würden,

2. einer sachgerechten Ermittlung der Tagesneuwerte nach § 6 Abs. 3 in Bezug auf die in Anwendung zu bringenden Preisindizes oder die den Preisindizes zu Grunde liegenden Indexreihen und deren Gewichtung, die Bildung von Anlagengruppen sowie den zu Grunde zu legenden Zinssatz,

3. einer sachgerechten Ermittlung der kalkulatorischen Steuern nach § 8,

4. der Angemessenheit des Zinssatzes nach den §§ 11 und 18 Abs. 4,

5. der sachlichen Angemessenheit des Verhältnisses von Arbeits- und Grundpreis nach § 17 Abs. 6 in Bezug auf das zulässige Verhältnis beider Preise,

6. sachgerechter Entgelte in Abweichung von § 17 Abs. 8,

7. einer sachgerechten Ermittlung der Entgelte für dezentrale Einspeisung nach § 18 sowie individueller Entgelte nach § 19 Abs. 2 und

8. sachgerechter Anlagengruppen und Abschreibungszeiträume in Abweichung von Anlage 1.

(3) Die Absätze 1 und 2 gelten für die Durchführung eines Vergleichsverfahrens entsprechend.

§ 31 Ordnungswidrigkeiten. Ordnungswidrig im Sinne des § 95 Abs. 1 Nr. 5 Buchstabe a des Energiewirtschaftsgesetzes[2] handelt, wer vorsätzlich oder fahrlässig

1. einer vollziehbaren Anordnung nach § 65 Abs. 2 des Energiewirtschaftsgesetzes in Verbindung mit § 4 Abs. 4 Satz 4 oder 6, § 9 Abs. 3, § 12 Satz 4 oder 7 oder § 20 Abs. 2 zuwiderhandelt,

2. entgegen § 24 Abs. 4 eine dort genannte Angabe nicht, nicht richtig, nicht vollständig, nicht in der vorgeschriebenen Weise oder nicht rechtzeitig übermittelt,

3. einer vollziehbaren Anordnung nach § 26 Abs. 1 zuwiderhandelt,

4. einer vollziehbaren Anordnung nach § 65 Abs. 2 des Energiewirtschaftsgesetzes in Verbindung mit § 26 Abs. 2 zuwiderhandelt,

5. einer vollziehbaren Anordnung nach § 65 Abs. 2 des Energiewirtschaftsgesetzes in Verbindung mit § 27 Abs. 1 Satz 1 oder Abs. 2 zuwiderhandelt oder

6. einer vollziehbaren Anordnung nach § 65 Abs. 2 des Energiewirtschaftsgesetzes in Verbindung mit § 28 Abs. 1 Satz 1 zuwiderhandelt.

---
[1] Nr. 43.
[2] Nr. 1.

17 StromNEV § 32   3. Teil. Netznutzung

§ 32 Übergangsregelungen. (1) Betreiber von Elektrizitätsversorgungsnetzen haben der Regulierungsbehörde spätestens bis zum 1. November 2005 getrennt nach Netz- und Umspannebenen die Angaben nach § 24 Abs. 4 Nr. 1 bis 6 zu übermitteln.

(2) [1] Betreiber von Elektrizitätsversorgungsnetzen haben ihre Netzentgelte spätestens ab dem für sie maßgeblichen Zeitpunkt nach § 118 Abs. 1 b Satz 1 des Energiewirtschaftsgesetzes[1]) auf der Grundlage dieser Verordnung zu bestimmen. [2] § 21 findet bei der erstmaligen Bildung nach Satz 1 keine Anwendung. [3] § 118 Abs. 1 b Satz 2 des Energiewirtschaftsgesetzes bleibt unberührt.

(3) [1] Zur erstmaligen Ermittlung der Netzentgelte nach Absatz 2 sind die kalkulatorischen Restwerte des Sachanlagevermögens für den eigenfinanzierten Anteil auf Tagesneuwertbasis nach § 6 Abs. 3, für den fremdfinanzierten Anteil anschaffungsorientiert zu bestimmen und anlagenscharf zu dokumentieren. [2] Dabei sind die seit Inbetriebnahme der Sachanlagegüter der kalkulatorischen Abschreibung tatsächlich zu Grunde gelegten Nutzungsdauern heranzuziehen. [3] Soweit vor dem Inkrafttreten dieser Verordnung bei der Stromtarifbildung nach der Bundestarifordnung Elektrizität Kosten des Elektrizitätsversorgungsnetzes zu berücksichtigen waren und von Dritten gefordert wurden, wird vermutet, dass die nach den Verwaltungsvorschriften der Länder zur Darstellung der Kosten- und Erlöslage im Tarifgenehmigungsverfahren jeweils zulässigen Nutzungsdauern der Ermittlung der Kosten zu Grunde gelegt worden sind. [4] Soweit vor dem Inkrafttreten dieser Verordnung keine kostenbasierten Preise im Sinne des Satzes 3 gefordert worden sind, wird vermutet, dass der kalkulatorischen Abschreibung des Sachanlagevermögens die unteren Werte der in Anlage 1 genannten Spannen von Nutzungsdauern zu Grunde gelegt worden sind, es sei denn, der Betreiber des Elektrizitätsversorgungsnetzes weist etwas anderes nach.

(4) § 11 ist nicht mehr anzuwenden, sobald die Netzentgelte im Wege der Anreizregulierung nach § 21 a des Energiewirtschaftsgesetzes bestimmt werden.

(5) Netzbetreiber, die am vereinfachten Verfahren nach § 24 der Anreizregulierungsverordnung[2]) teilnehmen können, den hierzu erforderlichen Antrag rechtzeitig gestellt haben und die für das letzte der Anreizregulierung vorangehende Kalenderjahr keine Erhöhung der Netzentgelte beantragen, müssen in ihrem Genehmigungsantrag für das letzte der Anreizregulierung vorangehende Kalenderjahr keine zusätzlichen oder neuen Unterlagen zu ihrem letzten geprüften Genehmigungsantrag vorlegen.

(6) [1] Soweit individuelle Netzentgelte im Sinne des § 19 Abs. 2 Satz 2 für das Kalenderjahr 2008 von der Regulierungsbehörde genehmigt worden und die in § 19 Abs. 2 Satz 2 genannten Voraussetzungen im Kalenderjahr 2008 auch tatsächlich eingetreten sind, kann auf Antrag die Geltungsdauer dieser Genehmigung bis zum 31. Dezember 2010 verlängert werden. [2] In diesem Falle gelten für den Verlängerungszeitraum die Voraussetzungen des § 19 Abs. 2 Satz 2 und 3 ohne erneute Prüfung als erfüllt; § 19 Abs. 2 Satz 10

---

[1]) Nr. **1**.
[2]) Nr. **20**.

findet insoweit keine Anwendung. [3] § 19 Abs. 2 Satz 4 findet für den Verlängerungszeitraum in seiner ab dem 26. August 2009 geltenden Fassung Anwendung.

§ 33 Inkrafttreten. Die Verordnung tritt am Tage nach der Verkündung[1] in Kraft.

Anlage 1
(zu § 6 Abs. 5 Satz 1)

Betriebsgewöhnliche Nutzungsdauern

	Anlagengruppen	Spanne (Jahre)
I.	**Allgemeine Anlagen**	
1.	Grundstücke	0
2.	Grundstücksanlagen, Bauten für Transportwesen	25–35
3.	Betriebsgebäude	50–60
4.	Verwaltungsgebäude	60–70
5.	Gleisanlagen, Eisenbahnwagen	23–27
6.	Geschäftsausstattung (ohne EDV, Werkzeuge/Geräte); Vermittlungseinrichtungen	8–10
7.	Werkzeuge/Geräte	14–18
8.	Lagereinrichtung	14–25
9.	EDV-Anlagen	
	– Hardware	4–8
	– Software	3–5
10.	Fahrzeuge	
	– Leichtfahrzeuge	5
	– Schwerfahrzeuge	8
II.	**Erzeugungsanlagen**	
1.	Dampfkraftwerksanlagen	20–25
2.	Kernkraftwerksanlagen	20–25
3.	Wasserkraftwerksanlagen	
	– Staustrecken	50–70
	– Wehranlagen, Einlaufbecken	40–50
	– Bauten für Transportwesen	30–35
	– Maschinen und Generatoren	20–25
	– Kraftwerksnetzanlagen	20–25
	– sonstige Anlagen der Wasserbauten	25–30
4.	Notstromaggregate	13–17
5.	andere Kraftwerksanlagen	20–25
6.	nachträglich eingebaute Umweltschutzanlagen	10–15

[1] Verkündet am 28. 7. 2005.

Anlagengruppen	Spanne (Jahre)

III. Fortleitungs- und Verteilungsanlagen

1. Netzanlagen für Hochspannungsübertragung
   - 1.1 Leitungsnetze
     - Freileitung 110–380 kV — 40–50
     - Kabel 220 kV — 40–50
     - Kabel 110 kV — 40–50
   - 1.2 Stationseinrichtungen und Hilfsanlagen inklusive Trafo und Schalter — 35–45
   - 1.3 Schutz-, Mess- und Überspannungsschutzeinrichtungen, Fernsteuer-, Fernmelde-, Fernmess- und Automatikanlagen sowie Rundsteueranlagen einschließlich Kopplungs-, Trafo- und Schaltanlagen — 25–30
   - 1.4 Sonstiges — 20–30
2. Netzanlagen des Verteilungsbetriebs
   - 2.1 Mittelspannungsnetz
     - Kabel — 40–45
     - Freileitungen — 30–40
   - 2.2 Niederspannungsnetz
     - Kabel 1 kV — 40–45
     - Freileitungen 1 kV — 30–40
   - 2.3 Stationen mit elektrischen Einrichtungen:
     - 380/220/110/30/10 kV-Stationen — 25–35
     - Hauptverteilerstationen — 25–35
     - Ortsnetzstationen — 30–40
     - Kundenstationen — 30–40
     - Stationsgebäude — 30–50
     - Allgemeine Stationseinrichtungen, Hilfsanlagen — 25–30
     - ortsfeste Hebezeuge und Lastenaufzüge einschließlich Laufschienen, Außenbeleuchtung in Umspann- und Schaltanlagen — 25–30
     - Schalteinrichtungen — 30–35
     - Rundsteuer-, Fernsteuer-, Fernmelde-, Fernmess-, Automatikanlagen, Strom- und Spannungswandler, Netzschutzeinrichtungen — 25–30
   - 2.4 Abnehmeranschlüsse
     - Kabel — 35–45
     - Freileitungen — 30–35
   - 2.5 Ortsnetz-Transformatoren, Kabelverteilerschränke — 30–35
   - 2.6 Zähler, Messeinrichtungen, Uhren, TFR-Empfänger — 20–25
   - 2.7 Fernsprechleitungen — 30–40
   - 2.8 Fahrbare Stromaggregate — 15–25

Stromnetzentgeltverordnung **Anl. 2 StromNEV 17**

Anlage 2
(zu § 13)

Haupt- und Nebenkostenstellen

1. Hauptkostenstelle „Systemdienstleistungen"

    1.1 Nebenkostenstelle „Regelenergie": Kosten für Primärregelleistung und -arbeit sowie für die Vorhaltung von Sekundärregelleistung und Minutenreserveleistung;

    1.2 Nebenkostenstelle „Systemführung": Kosten der Betriebsführung der Regelzone (einschließlich Messung und Abrechnung zwischen Betreibern von Elektrizitätsversorgungsnetzen), soweit sie nicht direkt den Bilanzkreisverantwortlichen in Rechnung gestellt werden können.

2. Hauptkostenstelle „Höchstspannungsnetz 380 und 220 Kilovolt"

    2.1 Nebenkostenstelle „Höchstspannungsleitungsnetz": Kosten der Höchstspannungsleitungen;

    2.2 Nebenkostenstelle „Höchstspannungsanlagen": Kosten der Schaltanlagen der Höchstspannung in den Umspannwerken; Kosten der 380/220-Kilovolt-Umspannung; anteilige Berücksichtigung der zu den Schaltanlagen gehörigen Sekundärtechnik, Gebäude und Grundstücke.

3. Hauptkostenstelle „Umspannung 380/110 Kilovolt bzw. 220/110 Kilovolt": Kosten der Umspanner 380/110 Kilovolt bzw. 220/110 Kilovolt einschließlich der ober- und unterspannungsseitigen Transformatorschaltfelder in den Schaltanlagen; anteilige Berücksichtigung der zu den Schaltanlagen gehörigen Sekundärtechnik, Gebäude und Grundstücke.

4. Hauptkostenstelle „Hochspannungsnetz 110 Kilovolt"

    4.1 Nebenkostenstelle „Hochspannungsleitungen": Kosten der Hochspannungsleitungen;

    4.2 Nebenkostenstelle „Hochspannungsanlagen": Kosten der Schaltanlagen der Hochspannung in den Umspannwerken; anteilige Berücksichtigung der zu den Schaltanlagen gehörigen Sekundärtechnik, Gebäude und Grundstücke; Kosten aus dem Betrieb von Ladestrom-, Erdschlussspulen oder Strombegrenzungsdrosseln.

5. Hauptkostenstelle „Umspannung 110 Kilovolt/Mittelspannung": Kosten der Umspanner 110 Kilovolt/Mittelspannung einschließlich der Transformatorschaltfelder in den Schaltanlagen; anteilige Berücksichtigung der zu den Schaltanlagen gehörigen Sekundärtechnik, Gebäude und Grundstücke.

6. Hauptkostenstelle „Mittelspannungsnetz"

    6.1 Nebenkostenstelle „Mittelspannungsleitungen": Kosten der Mittelspannungsleitungen;

    6.2 Nebenkostenstelle „Mittelspannungsanlagen": Kosten der Schaltanlagen in Schwerpunktstationen der Mittelspannung; anteilige Berücksichtigung der zu den Schaltanlagen gehörigen Sekundärtechnik, Ge-

bäude und Grundstücke; Kosten des Betriebs von Erdschlussspulen; Kosten der Schalt- bzw. Schwerpunktstationen.
7. Hauptkostenstelle „Umspannung Mittel-/Niederspannung": Kosten der Ortsnetzstationen und - soweit in der Kostensphäre des Betreibers von Elektrizitätsversorgungsnetzen - der Kundenstationen inklusive der Kosten der in den Stationen installierten Mittelspannungs- bzw. Niederspannungsschaltgeräte; Kosten der in Ortsnetzstationen installierten Niederspannungsanlagen.
8. Hauptkostenstelle „Niederspannungsnetz"

    8.1 Nebenkostenstelle „Niederspannungsleitungen": Kosten der Niederspannungsleitungen ohne Anlagen der Straßenbeleuchtung;

    8.2 Nebenkostenstelle „Anlagen der Straßenbeleuchtung": Kosten der Anlagen der Straßenbeleuchtung.
9. Hauptkostenstelle „Hausanschlussleitungen und Hausanschlüsse": Kosten der Erstellung von Hausanschlüssen und Hausanschlussleitungen.
10. Hauptkostenstelle „Messung":

    10.1 Nebenkostenstelle „Messung Höchstspannungsnetz";

    10.2 Nebenkostenstelle „Messung Umspannung 380/110 Kilovolt bzw. 220/110 Kilovolt";

    10.3 Nebenkostenstelle „Messung Hochspannungsnetz 110 Kilovolt";

    10.4 Nebenkostenstelle „Messung Umspannung 110 Kilovolt/Mittelspannung";

    10.5 Nebenkostenstelle „Messung Mittelspannung";

    10.6 Nebenkostenstelle „Messung Umspannung Mittel-/Niederspannung";

    10.7 Nebenkostenstelle „Messung Niederspannung".
10 a. Hauptkostenstelle „Messstellenbetrieb"

    10 a.1 Nebenkostenstelle „Messstellenbetrieb Höchstspannungsnetz";

    10 a.2 Nebenkostenstelle „Messstellenbetrieb Umspannung 380/110 Kilovolt bzw. 220/110 Kilovolt";

    10 a.3 Nebenkostenstelle „Messstellenbetrieb Hochspannungsnetz 110 Kilovolt";

    10 a.4 Nebenkostenstelle „Messstellenbetrieb Umspannung 110 Kilovolt/Mittelspannung";

    10 a.5 Nebenkostenstelle „Messstellenbetrieb Mittelspannung";

    10 a.6 Nebenkostenstelle „Messstellenbetrieb Umspannung Mittel-/Niederspannung";

    10 a.7 Nebenkostenstelle „Messstellenbetrieb Niederspannung".
11. Hauptkostenstelle „Abrechnung": Kosten der kaufmännischen Bearbeitung der Zählerdaten; Kosten der Beibringung fälliger Entgelte für die Netznutzung und Abrechnung;

    11.1 Nebenkostenstelle „Abrechnung Höchstspannungsnetz";

    11.2 Nebenkostenstelle „Abrechnung Umspannung 380/110 Kilovolt bzw. 220/110 Kilovolt";

    11.3 Nebenkostenstelle „Abrechnung Hochspannungsnetz 110 Kilovolt";

11.4 Nebenkostenstelle „Abrechnung Umspannung 110 Kilovolt/Mittelspannung";
11.5 Nebenkostenstelle „Abrechnung Mittelspannung";
11.6 Nebenkostenstelle „Abrechnung Umspannung Mittel-/Niederspannung";
11.7 Nebenkostenstelle „Abrechnung Niederspannung".

Anlage 3
(zu § 14 Abs. 3)

Kostenträger

1. Die Kosten der Höchstspannungsebene umfassen die Kosten der Hauptkostenstellen „Systemdienstleistungen" und „Höchstspannungsnetz 380 und 220 Kilovolt".
2. Die Kosten der Umspannung Höchst- zu Hochspannungsebene umfassen die gewälzten anteiligen Kosten der Höchstspannungsebene sowie die Kosten der Hauptkostenstelle „Umspannung 380/110 Kilovolt bzw. 220/110 Kilovolt".
3. Die Kosten der Hochspannungsebene umfassen die gewälzten anteiligen Kosten der Umspannung Höchst- zu Hochspannung sowie die Kosten der Hauptkostenstelle „Hochspannungsnetz 110 Kilovolt".
4. Die Kosten der Umspannung Hoch- zu Mittelspannungsebene umfassen die gewälzten anteiligen Kosten der Hochspannungsebene sowie die Kosten der Hauptkostenstelle „Umspannung 110 Kilovolt/Mittelspannung".
5. Die Kosten der Mittelspannungsebene umfassen die gewälzten anteiligen Kosten der Umspannung Hoch- zu Mittelspannungsebene sowie die Kosten der Hauptkostenstelle „Mittelspannungsnetz".
6. Die Kosten der Umspannung Mittel- zu Niederspannungsebene umfassen die gewälzten anteiligen Kosten der Mittelspannungsebene sowie die Kosten der Hauptkostenstelle „Umspannung Mittel-/Niederspannung".
7. Die Kosten der Niederspannungsebene umfassen die gewälzten anteiligen Kosten der Umspannung Mittel- zu Niederspannungsebene sowie die Kosten der Hauptkostenstellen „Niederspannungsnetz" und „Hausanschlussleitungen und Hausanschlüsse" abzüglich der Kosten der Nebenkostenstelle „Anlagen der Straßenbeleuchtung".

Anlage 4
(zu § 16 Abs. 2)

Gleichzeitigkeitsfunktion und -grad

1. Die Gleichzeitigkeitsfunktion ordnet jeder Einzelentnahme [i] exakt einen Gleichzeitigkeitsgrad $[g_i]$, welcher zwischen 0 und 1 liegen muss, zu. Dabei

ist die Gleichzeitigkeitsfunktion so zu gestalten, dass der individuelle Gleichzeitigkeitsgrad einer Einzelentnahme mit der Wahrscheinlichkeit, dass diese Einzelentnahme einen hohen Beitrag zur Jahreshöchstlast der Netz- oder Umspannebene leistet, steigt. Solchen Einzelentnahmen, die mit einer hohen Wahrscheinlichkeit einen geringen Beitrag zur Jahreshöchstlast der Netzebene leisten, wird ein niedriger Gleichzeitigkeitsgrad zugeordnet. Damit ist dem Umstand Rechnung getragen, dass die Einzelentnahmen die von einem Betreiber von Elektrizitätsversorgungsnetzen vorzuhaltende Netzkapazität in unterschiedlicher Weise beeinflussen.

2. Der Gleichzeitigkeitsgrad einer Einzelentnahme ist definiert als durchschnittlicher, im Rahmen einer Gruppenkalkulation ermittelter Anteil der Höchstlast dieser Einzelentnahme an der Höchstlast des Netzes. Die Gruppenkalkulation umfasst alle Entnahmestellen der jeweiligen Netz- oder Umspannebene und muss der Bedingung genügen, wonach die zeitgleiche Jahreshöchstleistung aller Entnahmen dieser Netz- oder Umspannebene gleich der Summe aller zeitungleichen Jahreshöchstleistungen der Einzelentnahmen jeweils multipliziert mit dem Gleichzeitigkeitsgrad der Einzelentnahme ist.

3. Zur Bestimmung des Gleichzeitigkeitsgrades einer Entnahme aus einer Netz- oder Umspannebene ist ein abschnittsweise linearer Zusammenhang zwischen dem Gleichzeitigkeitsgrad und der Jahresbenutzungsdauer der Entnahme zu unterstellen. Die Jahresbenutzungsdauer ist der Quotient aus der in einem Abrechnungsjahr aus dem Netz entnommenen Arbeit und der in diesem Abrechnungsjahr in Anspruch genommenen Jahreshöchstleistung. Der abschnittsweise lineare Zusammenhang zwischen dem Gleichzeitigkeitsgrad und der Jahresbenutzungsdauer der Entnahme ist durch jeweils eine Geradengleichung für Jahresbenutzungsdauern unterhalb und oberhalb einer gegebenen Grenze (Knickpunkt) zu beschreiben.

4. Der untere Benutzungsdauerbereich der Gleichzeitigkeitsfunktion liegt zwischen 0 und 2500 Jahresbenutzungsstunden. Der obere Benutzungsdauerbereich beginnt bei 2500 Jahresbenutzungsstunden und endet bei 8760 Jahresbenutzungsstunden. Der Betreiber von Elektrizitätsversorgungsnetzen legt die Koeffizienten der Geradengleichungen für die beiden Benutzungsdauerbereiche auf Basis der Entnahmeverhältnisse in seinem Netz sachgerecht fest. Dabei sind folgende Randbedingungen einzuhalten:

– der Gleichzeitigkeitsgrad bei einer Jahresbenutzungsdauer von null Stunden beträgt maximal 0,2;

– die beiden Geraden, die den Gleichzeitigkeitsgrad beschreiben, schneiden sich in einem Punkt, der durch die Jahresbenutzungsdauer 2500 Stunden definiert ist;

– der Gleichzeitigkeitsgrad bei einer Jahresbenutzungsdauer von 8760 Stunden beträgt 1.

Stromnetzentgeltverordnung Anl. 5 StromNEV 17

Anlage 5
(zu § 28 Abs. 2 Nr. 6)

Absatzstruktur

	< 2500 h/a			> 2500 h/a		
	Summe der zeitungleichen Jahreshöchstleistungen über alle Entnahmen (Letztverbraucher und Weiterverteiler)	Anzahl der Entnahmestellen	Gesamtabgabe an Letztverbraucher und Weiterverteiler	Summe der zeitungleichen Jahreshöchstleistungen über alle Entnahmen (Letztverbraucher und Weiterverteiler)	Anzahl der Entnahmestellen	Gesamtabgabe an Letztverbraucher und Weiterverteiler
Netz- oder Umspannebene	kW		kWh	kW		kWh
HöS						
HöS/HS						
HS						
HS/MS						
MS						
MS/NS						
NS mit LM						
NS ohne LM						
NS (mit und ohne LM)						

	nachgelagerte Netz- bzw. Umspannebenen		Gesamtabgabe und -last	
	Abgabe an eigene nachgelagerte Netz- oder Umspannebene	zeitgleiche Jahreshöchstlast	Gesamtabgabe aus der Netz- oder Umspannebene	zeitgleiche Jahreshöchstlast
Netz- oder Umspannebene	kWh	kW	kWh	kW
HöS				
HöS/HS				
HS				
HS/MS				
MS				
MS/NS				
NS mit LM				
NS ohne LM				
NS (mit und ohne LM)				

eigene Entnahme aus vorgelagertem Netz	zeitgleiche Jahreshöchstlast
kWh	kW

18. Verordnung über den Zugang zu Gasversorgungsnetzen (Gasnetzzugangsverordnung – GasNZV)[1]

Vom 3. September 2010
(BGBl. I S. 1261)
FNA 752-6-13

geänd. durch Art. 4 VO zur Änd. von VO auf dem Gebiet des Energiewirtschaftsrechts v. 30. 4. 2012 (BGBl. I S. 1002)

Inhaltsübersicht

§§

Teil 1. Allgemeine Bestimmungen

Anwendungsbereich	1
Begriffsbestimmungen	2

Teil 2. Vertragliche Ausgestaltung des Netzzugangs

Verträge für den Netzzugang	3
Mindestanforderungen an die Allgemeinen Geschäftsbedingungen	4
Haftung bei Störung der Netznutzung	5
Registrierung	6

Teil 3. Abwicklung des Netzzugangs

Netzkopplungsvertrag	7
Abwicklung des Netzzugangs	8
Ermittlung technischer Kapazitäten	9
Zusatzmenge; Rückkaufsverfahren	10
Kapazitätsprodukte	11
Kapazitätsplattformen	12
Zuteilung von Ein- und Ausspeisekapazität	13
Vertragslaufzeiten	14
Nominierung und Nominierungsersatzverfahren	15
Freigabepflicht ungenutzter Kapazitäten	16
Ermittlung des langfristigen Kapazitätsbedarfs	17
Reduzierung der Kapazität nach Buchung	18
Gasbeschaffenheit	19

Teil 4. Kooperation der Netzbetreiber

Marktgebiete	20
Reduzierung der Anzahl der Marktgebiete	21

Teil 5. Bilanzierung und Regelenergie

Abschnitt 1. Bilanzierung

Grundsätze der Bilanzierung	22
Bilanzkreisabrechnung	23
Standardlastprofile	24
Mehr- oder Mindermengenabrechnung	25
Datenbereitstellung	26

---

[1] Verkündet als Art. 1 VO 3. 9. 2010 (BGBl. I S. 1261); Inkrafttreten gem. Art. 9 Satz 1 dieser VO am 9. 9. 2010.

Abschnitt 2. Regelenergie

	§§
Einsatz von Regelenergie	27
Beschaffung externer Regelenergie	28
Regelenergiekosten und -erlöse; Kosten und Erlöse bei der Erbringung von Ausgleichsleistungen	29
Evaluierung des Ausgleichs- und Regelenergiesystems	30

Teil 6. Biogas

Zweck der Regelung	31
Begriffsbestimmungen	32
Netzanschlusspflicht	33
Vorrangiger Netzzugang für Transportkunden von Biogas	34
Erweiterter Bilanzausgleich	35
Qualitätsanforderungen für Biogas	36
Monitoring	37

Teil 7. Besondere Regelungen für Betreiber von Speicher-, LNG- und Produktionsanlagen sowie Gaskraftwerken

Kapazitätsreservierung für Betreiber von Speicher-, LNG- und Produktionsanlagen sowie Gaskraftwerken	38
Kapazitätsausbauanspruch für Betreiber von Gaskraftwerken sowie Speicher-, LNG- und Produktionsanlagen	39

Teil 8. Veröffentlichungs- und Informationspflichten

Veröffentlichungspflichten	40

Teil 9. Wechsel des Gaslieferanten

Lieferantenwechsel	41
Rucksackprinzip	42
Elektronischer Datenaustausch	42 a

Teil 10. Messung

Messung	43
Messung des von Haushaltskunden entnommenen Gases	44
Messung nach Vorgabe des Transportkunden	45
Betrieb von Mess- und Steuereinrichtungen	46
Nachprüfung von Messeinrichtungen	47
Vorgehen bei Messfehlern	48

Teil 11. Verweigerung des Netzzugangs nach § 25 des Energiewirtschaftsgesetzes

Verfahren zur Verweigerung des Netzzugangs nach § 25 des Energiewirtschaftsgesetzes	49

Teil 12. Befugnisse der Regulierungsbehörde

Festlegungen	50

Teil 13. Sonstige Bestimmungen

Ordnungswidrigkeiten	51

Teil 1. Allgemeine Bestimmungen

§ 1 Anwendungsbereich. [1] Diese Verordnung regelt die Bedingungen, zu denen die Netzbetreiber den Netzzugangsberechtigten im Sinne des § 20 Absatz 1 des Energiewirtschaftsgesetzes Zugang zu ihren Leitungsnetzen gewähren, einschließlich der Einspeisung von Biogas sowie den Anschluss von Biogasanlagen an die Leitungsnetze, die Bedingungen für eine effiziente Kapazitätsausnutzung mit dem Ziel, den Netzzugangsberechtigten diskriminierungsfreien Netzzugang zu gewähren, sowie die Verpflichtungen der Netzbetreiber, zur Erreichung dieses Ziels zusammenzuarbeiten. ²Die Vorschriften dieser Verordnung sind abschließend im Sinne des § 111 Absatz 1 des Energiewirtschaftsgesetzes[1]).

§ 2 Begriffsbestimmungen. Für diese Verordnung gelten die folgenden Begriffsbestimmungen:
1. „Allokation" ist die Zuordnung von Gasmengen zu einem Bilanzkreis;
2. „Ausgleichsenergie" ist die Energiemenge, die zum Ausgleich des Saldos aller Ein- und Ausspeisungen in einem Bilanzkreis am Ende der Bilanzierungsperiode rechnerisch benötigt wird;
3. „Ausspeiseleistung" ist die vom Netzbetreiber an einem Ausspeisepunkt für den Transportkunden vorgehaltene maximale Leistung in Kilowattstunde pro Stunde;
4. „Bilanzkreis" ist die Zusammenfassung von Einspeise- und Ausspeisepunkten, die dem Zweck dient, Einspeisemengen und Ausspeisemengen zu saldieren und die Abwicklung von Handelstransaktionen zu ermöglichen;
5. „Bilanzkreisverantwortlicher" ist eine natürliche oder juristische Person, die gegenüber dem Marktgebietsverantwortlichen für die Abwicklung des Bilanzkreises verantwortlich ist;
6. „Buchung" ist das Erwerben von Kapazitätsrechten;
7. „Brennwert „$H_{s,n}$" " ist die nach DIN EN ISO 6976 (Ausgabe: September 2005)[2]) bei vollständiger Verbrennung freiwerdende Wärme in Kilowattstunde pro Normkubikmeter oder in Megajoule pro Normkubikmeter;
8. „Einspeiser von Biogas" ist jede juristische oder natürliche Person, die am Einspeisepunkt im Sinne von § 3 Nummer 13b des Energiewirtschaftsgesetzes[1]) Biogas in ein Netz oder Teilnetz eines Netzbetreibers einspeist;
9. „Einspeiseleistung" ist die vom Netzbetreiber an einem Einspeisepunkt für den Transportkunden vorgehaltene maximale Leistung in Kilowattstunde pro Stunde;
10. „Marktgebiet" ist die Zusammenfassung gleichgelagerter und nachgelagerter Netze, in denen Transportkunden gebuchte Kapazitäten frei zuordnen, Gas an Letztverbraucher ausspeisen und in andere Bilanzkreise übertragen können;
11. „Marktgebietsverantwortlicher" ist die von den Fernleitungsnetzbetreibern bestimmte natürliche oder juristische Person, die in einem Marktgebiet Leistungen erbringt, die zur Verwirklichung einer effizienten Abwicklung des Gasnetzzugangs in einem Marktgebiet durch eine Person zu erbringen sind;
12. „Regelenergie" sind die Gasmengen, die vom Netzbetreiber zur Gewährleistung der Netzstabilität eingesetzt werden;
13. „Technische Kapazität" ist das Maximum an fester Kapazität, das der Netzbetreiber unter Berücksichtigung der Systemintegrität und der Erfordernisse des Netzbetriebs Transportkunden anbieten kann;

---

[1]) Nr. 1.
[2]) **Amtl. Anm.:** Amtlicher Hinweis: Zu beziehen bei Beuth-Verlag GmbH, Berlin; archivmäßig gesichert niedergelegt beim Deutschen Patent- und Markenamt.

14. „Verfügbare Kapazität" ist die Differenz zwischen technischer Kapazität und der Summe der gebuchten Kapazitäten für den jeweiligen Ein- oder Ausspeisepunkt;

15. „Virtueller Handelspunkt" ist ein Punkt im Marktgebiet, an dem Gas zwischen Bilanzkreisen übertragen werden kann, der jedoch keinem physischen Ein- oder Ausspeisepunkt im Marktgebiet entspricht;

16. „Werktage" sind die Tage Montag bis Freitag, mit Ausnahme der bundeseinheitlichen gesetzlichen Feiertage sowie des 24. und des 31. Dezembers.

Teil 2. Vertragliche Ausgestaltung des Netzzugangs

§ 3 Verträge für den Netzzugang. (1) ¹ Transportkunden sind nach Maßgabe dieser Verordnung gegenüber dem Ein- oder Ausspeisenetzbetreiber berechtigt und verpflichtet, einen Einspeise- oder Ausspeisevertrag abzuschließen; in diesem sind die Rechte und Pflichten, die den Netzzugang betreffen, einschließlich des zu entrichtenden Entgelts zu regeln. ² Beabsichtigt ein Transportkunde ausschließlich den Handel mit Gas am Virtuellen Handelspunkt eines Marktgebiets, ist er berechtigt und verpflichtet, wenigstens einen Bilanzkreisvertrag mit dem Marktgebietsverantwortlichen abzuschließen. ³ Bilanzkreisverantwortliche sind gegenüber dem Marktgebietsverantwortlichen eines Marktgebiets berechtigt und verpflichtet, einen Bilanzkreisvertrag abzuschließen.

(2) ¹ Marktgebietsverantwortliche haben Bilanzkreisverantwortlichen standardisierte Bilanzkreisverträge anzubieten. ² Der Bilanzkreisvertrag regelt die Einrichtung eines Bilanzkreises sowie die Erfassung, den Ausgleich und die Abrechnung von Abweichungen zwischen allokierten Gasmengen.

(3) ¹ Fernleitungsnetzbetreiber haben Transportkunden standardisierte Ein- und Ausspeiseverträge anzubieten, durch die Kapazitätsrechte des Transportkunden an Ein- und Ausspeisepunkten begründet werden. ² Der Einspeisevertrag berechtigt den Transportkunden zur Nutzung des Netzes vom Einspeisepunkt bis zum Virtuellen Handelspunkt; der Ausspeisevertrag berechtigt den Transportkunden zur Nutzung des Netzes vom Virtuellen Handelspunkt bis zum Ausspeisepunkt beim Letztverbraucher, zu einem Grenzübergangs- oder Marktgebietsübergangspunkt oder zu einer Speicheranlage im Sinne des § 3 Nummer 31 des Energiewirtschaftsgesetzes[1]).

(4) ¹ Betreiber von örtlichen Gasverteilernetzen haben Transportkunden Ausspeiseverträge in Form von standardisierten Lieferantenrahmenverträgen anzubieten. ² Der Lieferantenrahmenvertrag berechtigt Transportkunden in einem Marktgebiet zur Nutzung der Netze ab dem Virtuellen Handelspunkt und zur Ausspeisung von Gas an Ausspeisepunkten der örtlichen Gasverteilernetze.

(5) Netzbetreiber und Marktgebietsverantwortliche haben ihren Ein- und Ausspeise- oder Bilanzkreisverträgen allgemeine Geschäftsbedingungen zugrunde zu legen, die die Mindestangaben nach § 4 enthalten.

(6) Netzbetreiber haben die Verträge und Geschäftsbedingungen für die Einspeisung von Biogas so auszugestalten, dass ein transparenter, diskriminie-

---

[1]) Nr. 1.

Gasnetzzugangsverordnung § 4 GasNZV 18

rungsfreier und effizienter Netzzugang zu angemessenen Bedingungen ermöglicht wird.

§ 4 Mindestanforderungen an die Allgemeinen Geschäftsbedingungen. (1) [1] Die allgemeinen Geschäftsbedingungen für Ein- oder Ausspeiseverträge müssen Mindestangaben enthalten über:

1. die Nutzung der Ein- oder Ausspeisepunkte;
2. die Abwicklung des Netzzugangs, der Buchung von Kapazitäten und der Nominierung, insbesondere über den Zeitpunkt, bis zu dem eine Nominierung vorgenommen werden muss und inwieweit nachträgliche Änderungen der Nominierungen möglich sind, sowie über ein Nominierungsersatzverfahren;
3. die Gasbeschaffenheit und Drücke des Gases im Netz;
4. die Leistungsmessung oder über ein Standardlastprofilverfahren;
5. den Daten- und Informationsaustausch zwischen Transportkunden und Netzbetreibern sowie Marktgebietsverantwortlichen, die bei elektronischem Datenaustausch auch die dafür zu verwendenden Formate und Verfahren festlegen;
6. die Messung und Ablesung des Gasverbrauchs;
7. mögliche Störungen der Netznutzung und Haftung für Störungen;
8. die Voraussetzungen für die Registrierung als Transportkunde;
9. die Kündigung des Vertrags durch den Netzbetreiber oder den Transportkunden;
10. den Umgang mit Daten, die vom Transportkunden im Rahmen des Vertrags übermittelt wurden;
11. die Abrechnung;
12. die Ansprechpartner beim Netzbetreiber für Fragen zu Ein- und Ausspeiseverträgen und ihre Erreichbarkeit;
13. die Voraussetzungen für die Erhebung einer Sicherheitsleistung in begründeten Fällen;
14. Regelungen betreffend die Freigabe von Kapazitäten nach § 16.

[2] Ein Lieferantenrahmenvertrag nach § 3 Absatz 4 sowie Ausspeiseverträge im örtlichen Verteilernetz müssen Bestimmungen nach Satz 1 Nummer 2 nur insoweit enthalten, als deren Gegenstand die Abwicklung des Netzzugangs ist. [3] Für Messstellen, die von einem Dritten betrieben werden und den Gasverbrauch eines Letztverbrauchers messen, ist Satz 1 Nummer 6 nicht anzuwenden. [4] Wird der Ausspeisevertrag in Form eines Lieferantenrahmenvertrages gemäß § 3 Absatz 4 abgeschlossen, sind Angaben nach Satz 1 Nummer 2 nicht erforderlich.

(2) Die allgemeinen Geschäftsbedingungen für Bilanzkreisverträge müssen Mindestangaben enthalten über:

1. die bei der Bilanzierung anzuwendenden Prozesse;
2. die Abrechnung der Bilanzkreise, insbesondere über die Ermittlung der Zu- und Abschläge nach § 23 Absatz 3, sowie zur Abrechnung von Mehr- und Mindermengen;

3. den Daten- und Informationsaustausch zwischen Netzbetreibern, Marktgebietsverantwortlichen und Bilanzkreisverantwortlichen, die bei elektronischem Datenaustausch auch die dafür vorgesehenen Formate und Verfahren festlegen;
4. die Haftung des Marktgebietsverantwortlichen und des Bilanzkreisverantwortlichen;
5. die Voraussetzungen für die Registrierung als Bilanzkreisverantwortlicher;
6. die Kündigung des Vertrags durch den Marktgebietsverantwortlichen oder den Bilanzkreisverantwortlichen;
7. den Umgang mit Daten, die vom Bilanzkreisverantwortlichen im Rahmen des Vertrags übermittelt wurden;
8. Ansprechpartner beim Marktgebietsverantwortlichen für Fragen zum Bilanzierungsvertrag und ihre Erreichbarkeit;
9. Voraussetzungen für die Erhebung einer Sicherheitsleistung in begründeten Fällen.

§ 5 Haftung bei Störung der Netznutzung. § 18 der Niederdruckanschlussverordnung[1]) gilt für die Haftung bei Störungen der Netznutzung entsprechend.

§ 6 Registrierung. (1) ¹Transportkunden haben sich bei den Netzbetreibern, mit denen sie Verträge gemäß § 3 abschließen wollen, zu registrieren. ²Dabei kann der Netzbetreiber die Angabe der Anschrift des Transportkunden oder eines Vertreters fordern.

(2) ¹Bilanzkreisverantwortliche haben sich beim Marktgebietsverantwortlichen, in dessen Marktgebiet sie Bilanzkreisverträge abschließen wollen, zu registrieren, es sei denn, sie sind bereits als Transportkunde bei einem Netzbetreiber im jeweiligen Marktgebiet registriert. ²Der Marktgebietsverantwortliche kann für die Registrierung die Angabe der Anschrift des Bilanzkreisverantwortlichen oder eines Vertreters fordern.

Teil 3. Abwicklung des Netzzugangs

§ 7 Netzkopplungsvertrag. (1) ¹Netzbetreiber sind verpflichtet, mit Netzbetreibern, mit deren Netzen sie über einen Netzkopplungspunkt verbunden sind, Netzkopplungsverträge abzuschließen. ²Die Regelungen sind so zu gestalten, dass die Vertraulichkeit wirtschaftlich sensibler Daten oder Informationen gewahrt ist. ³Netzkopplungsverträge müssen mindestens Regelungen zu Folgendem enthalten:
1. die notwendigen Informationspflichten der Netzbetreiber untereinander zur Abwicklung von Transporten;
2. die technischen Kriterien des Netzkopplungspunkts, insbesondere Druck, Gasbeschaffenheit und technische Leistung des Netzkopplungspunkts;
3. den Datenaustausch zwischen den Netzbetreibern;
4. die Messung und die Bereitstellung der Messergebnisse;

---

[1]) Nr. 28.

5. die Nominierung oder alternative Verfahren;
6. die Bedingungen für die Einstellung oder Reduzierung der Gasbereitstellung oder Gasübernahme.

(2) ¹Die Netzbetreiber richten untereinander Netzkopplungskonten an ihren Netzkopplungspunkten ein, die gewährleisten, dass für Stationsstillstandszeiten sowie bei Gasflussrichtungswechsel, minimalem Gasfluss oder Messungenauigkeiten die Transportverträge unterbrechungsfrei erfüllt werden. ²Die Netzkopplungskonten können auch zur Bereitstellung und Entgegennahme von interner Regelenergie genutzt werden. ³Ein Netzkopplungskonto umfasst zumindest drei Stundenmengen der Stationskapazität.

§ 8 Abwicklung des Netzzugangs. (1) ¹Die Netzbetreiber sind verpflichtet, von Transportkunden bereitgestellte Gasmengen an den vom Transportkunden benannten Einspeisepunkten des Marktgebiets zu übernehmen und an den vom Transportkunden benannten Ausspeisepunkten des Marktgebiets mit demselben Energiegehalt zu übergeben. ²Die Nämlichkeit des Gases braucht bei der Ausspeisung nicht gewahrt zu bleiben.

(2) ¹Fernleitungsnetzbetreiber haben frei zuordenbare Kapazitäten anzubieten, die es ermöglichen, gebuchte Ein- und Ausspeisekapazitäten ohne Festlegung eines Transportpfads zu nutzen. ²Transportkunden ist es zu ermöglichen, Ein- und Ausspeisekapazitäten unabhängig voneinander, in unterschiedlicher Höhe und zeitlich voneinander abweichend zu buchen. ³Die Rechte an gebuchten Kapazitäten (Kapazitätsrechte) berechtigen den Transportkunden, im Rahmen dieser Kapazitätsrechte Gas an jedem gebuchten Einspeisepunkt für die Ausspeisung an jedem gebuchten Ausspeisepunkt des betreffenden Marktgebiets bereitzustellen. ⁴§ 9 Absatz 3 Satz 2 Nummer 2 und 3 bleibt unberührt.

(3) ¹Nachgelagerte Netzbetreiber bestellen bei den ihrem Netz unmittelbar vorgelagerten Fernleitungsnetzbetreibern feste Ausspeisekapazitäten an den Netzkopplungspunkten (interne Bestellung), um insbesondere die dauerhafte Versorgung von Letztverbrauchern mit Gas im eigenen und in den nachgelagerten Netzen zu gewährleisten. ²§ 9 Absatz 4 und die §§ 10 bis 18 finden auf interne Bestellungen keine Anwendung.

(4) ¹Die kapazitätsbezogene Abwicklung von Transporten zwischen örtlichen Verteilernetzen erfolgt nach der Inanspruchnahme des vorgelagerten örtlichen Verteilernetzes durch das nachgelagerte örtliche Verteilernetz. ²Der nachgelagerte örtliche Verteilernetzbetreiber hat dem vorgelagerten örtlichen Verteilernetzbetreiber die zur Abwicklung von Transporten erforderliche Vorhalteleistung rechtzeitig anzumelden.

(5) Für Letztverbraucher mit registrierender Lastgangmessung und einem in der Regel nicht planbaren, extrem hohen und extrem schwankenden Gasverbrauch kann der Ausspeisenetzbetreiber technische Ausspeisemeldungen und die Einhaltung technischer Grenzen verlangen, soweit dies für die Systemintegrität des Ausspeisenetzes erforderlich ist und entsprechend vereinbart wurde.

(6) ¹Zur Abwicklung netzübergreifender Transporte haben die Netzbetreiber eine Kooperationsvereinbarung bis zum 1. Juli 2011 abzuschließen, in der sie die Einzelheiten ihrer Zusammenarbeit regeln, die notwendig sind, um einen transparenten, diskriminierungsfreien, effizienten und massengeschäfts-

tauglichen Netzzugang zu angemessenen Bedingungen zu gewähren. ²Die Regelungen dieser Kooperationsvereinbarung treten mit Beginn des neuen Gaswirtschaftsjahrs zum 1. Oktober 2011 in Kraft.

§ 9 Ermittlung technischer Kapazitäten. (1) ¹Fernleitungsnetzbetreiber sind verpflichtet, die technischen Kapazitäten im Sinne des § 8 Absatz 2 zu ermitteln. ²Sie ermitteln für alle Einspeisepunkte die Einspeisekapazitäten und für alle Ausspeisepunkte die Ausspeisekapazitäten.

(2) ¹Die erforderlichen Berechnungen von Ein- und Ausspeisekapazitäten in einem Marktgebiet erfolgen auf der Grundlage von Lastflusssimulationen nach dem Stand der Technik, die auch netz- und marktgebietsüberschreitende Lastflüsse berücksichtigen. ²Die Fernleitungsnetzbetreiber berücksichtigen dabei insbesondere die historische und prognostizierte Auslastung der Kapazitäten sowie die historische und prognostizierte Nachfrage nach Kapazitäten sowie Gegenströmungen auf Basis der wahrscheinlichen und realistischen Lastflüsse. ³Die Fernleitungsnetzbetreiber und die Betreiber nachgelagerter Netze haben bei der Kapazitätsberechnung und der Durchführung von Lastflusssimulationen mit dem Ziel zusammenzuarbeiten, die technischen Kapazitäten zu maximieren. ⁴Hierzu haben sie sich unverzüglich gegenseitig alle erforderlichen Informationen zur Verfügung zu stellen.

(3) ¹Führt die Berechnung der Ein- und Ausspeisekapazitäten nach Absatz 1 und 2 zu dem Ergebnis, dass sie nicht in ausreichendem Maß frei zuordenbar angeboten werden können, haben Fernleitungsnetzbetreiber wirtschaftlich zumutbare Maßnahmen zu prüfen, die das Angebot frei zuordenbarer Kapazitäten erhöhen. ²Sie haben insbesondere folgende Maßnahmen in der nachstehenden Reihenfolge zu prüfen:

1. vertragliche Vereinbarungen mit Dritten, die bestimmte Lastflüsse zusichern sowie geeignet und erforderlich sind, die Ausweisbarkeit frei zuordenbarer Ein- und Ausspeisekapazitäten zu erhöhen (Lastflusszusagen); der Umfang von Lastflusszusagen ist so gering wie möglich zu halten;
2. das Angebot von Ein- und Ausspeisekapazitäten, die abweichend von § 8 Absatz 2 mit bestimmten Zuordnungsauflagen verknüpft sind; diese Vorgaben sind so gering wie möglich zu halten;
3. den Ausschluss einzelner Ein- und Ausspeisepunkte von der freien Zuordenbarkeit; diese Vorgaben sind so gering wie möglich zu halten.

³Dienstleistungen nach Satz 2 sind in diskriminierungsfreien und transparenten Verfahren unter angemessenen Bedingungen zu beschaffen. ⁴Ergibt die Prüfung, dass wirtschaftlich zumutbare Maßnahmen nach Satz 2 möglich und geeignet sind, das Angebot frei zuordenbarer Kapazitäten zu erhöhen, sind sie vom Fernleitungsnetzbetreiber in der in Satz 2 genannten Reihenfolge zu ergreifen. ⁵Bei der Prüfung wirtschaftlich zumutbarer Maßnahmen zur Erhöhung des Angebots frei zuordenbarer Kapazitäten haben Netzbetreiber mit dem Ziel zusammenzuarbeiten, die Anwendung von Maßnahmen nach Satz 2 möglichst gering zu halten.

(4) ¹Die Regulierungsbehörde genehmigt die Höhe der von den Fernleitungsnetzbetreibern nach Absatz 1 bis 3 ermittelten technischen Kapazität, bevor die Fernleitungsnetzbetreiber Verfahren nach § 10 Absatz 1 einführen. ²Bei der Genehmigung hat die Regulierungsbehörde insbesondere die in den Vorjahren ermittelte technische Kapazität und die in den Vorjahren ausgewie-

senen Zusatzmengen im Sinne des § 10 Absatz 1 zu berücksichtigen. ³ Die Fernleitungsnetzbetreiber haben der Regulierungsbehörde alle für eine Überprüfung der Ermittlung der technischen Kapazität erforderlichen Informationen, insbesondere zu den bei der Ermittlung der technischen Kapazität verwendeten Annahmen, zur Verfügung zu stellen und ihr Zugang zu den Kapazitätsberechnungssystemen zu gewähren. ⁴ Die zur Verfügung gestellten Daten müssen einen sachkundigen Dritten in die Lage versetzen, die Ermittlung der technischen Kapazität ohne weitere Informationen vollständig nachvollziehen zu können.

§ 10 Zusatzmenge; Rückkaufsverfahren. (1) ¹ Um das verfügbare Angebot frei zuordenbarer Kapazitäten über das nach § 9 Absatz 4 genehmigte Maß hinaus zu erhöhen, können die Fernleitungsnetzbetreiber Verfahren einführen, nach denen sie über die bereits ausgewiesene technische Kapazität hinaus feste frei zuordenbare kurzfristige Kapazitäten anbieten (Zusatzmenge). ² Sie können insbesondere feste Kapazitätsrechte von den Transportkunden zurückkaufen, soweit dies zur Aufrechterhaltung eines technisch sicheren Netzbetriebs erforderlich ist (Rückkaufsverfahren). ³ Die sichere Versorgung von Letztverbrauchern mit Gas muss bei der Anwendung von Rückkaufsverfahren gewährleistet bleiben. ⁴ Weisen die Fernleitungsnetzbetreiber Zusatzmengen aus, sind sie verpflichtet, diese bezogen auf einzelne Ein- oder Ausspeisepunkte oder Ein- und Ausspeisezonen an Grenzen zu anderen Staaten oder Marktgebieten zu ermitteln.

(2) ¹ Die bei Anwendung der Verfahren nach Absatz 1 Satz 1 und 2 erzielten Einnahmen haben die Fernleitungsnetzbetreiber zunächst zur Deckung der Kosten dieser Verfahren zu verwenden. ² Übersteigen die Einnahmen aus den Verfahren nach Absatz 1 Satz 1 und 2 nach Deckung der Kosten am Ende eines Kalenderjahres weiterhin die Kosten dieser Verfahren, werden 50 Prozent dieser Differenz auf dem Regulierungskonto nach § 5 der Anreizregulierungsverordnung[1]) verbucht, die restlichen 50 Prozent dieser Differenz verbleiben bei den Fernleitungsnetzbetreibern. ³ Reichen die Einnahmen aus den Verfahren nach Absatz 1 Satz 1 und 2 am Ende eines Kalenderjahres nicht aus, um die Kosten dieser Verfahren zu decken, hat der Fernleitungsnetzbetreiber 50 Prozent dieser Differenz zu tragen; die restlichen 50 Prozent dieser Differenz werden auf dem Regulierungskonto nach § 5 der Anreizregulierungsverordnung verbucht. ⁴ Soweit die Kosten der Verfahren nach Absatz 1 Satz 1 und 2 in einem Kalenderjahr nicht durch die erzielten Einnahmen gedeckt werden konnten, hat der Fernleitungsnetzbetreiber die angebotene Zusatzmenge im Folgejahr angemessen zu reduzieren.

§ 11 Kapazitätsprodukte. (1) ¹ Fernleitungsnetzbetreiber haben Transportkunden sowohl feste als auch unterbrechbare Kapazitäten anzubieten, und zwar mindestens auf Jahres-, Monats-, Quartals- und Tagesbasis. ² Fernleitungsnetzbetreiber haben bei der Ausgestaltung der Kapazitätsprodukte in dem Ausmaß zusammenzuarbeiten, das erforderlich ist, um aufeinander abgestimmte Kapazitätsprodukte in möglichst großem Umfang anzubieten.

(2) ¹ Fernleitungsnetzbetreiber haben Einspeisekapazitäten an unterschiedlichen Einspeisepunkten zu Einspeisezonen zusammenzufassen, die es ermögli-

---

[1]) Nr. 20.

chen, eine Einspeisung von Gas auf der Basis einer Einspeisekapazitätsbuchung an einem einzigen Einspeisepunkt vorzunehmen, soweit dies strömungsmechanisch möglich ist. ² Satz 1 ist auf Ausspeisekapazitäten entsprechend anwendbar. ³ Ist insbesondere aus Gründen der Strömungsmechanik ein Angebot nach Satz 1 und 2 nicht möglich, haben die Fernleitungsnetzbetreiber in dem Umfang zusammenzuarbeiten, der erforderlich ist, um ein Angebot nach Satz 1 und 2 zu ermöglichen. ⁴ Die Verpflichtung nach § 9 Absatz 2 Satz 3 und 4 bleibt unberührt.

§ 12 Kapazitätsplattformen. (1) ¹ Fernleitungsnetzbetreiber haben spätestens bis zum 1. August 2011 für die Vergabe von Ein- und Ausspeisekapazitäten eine gemeinsame Plattform einzurichten und zu betreiben, über die die Kapazitäten nach § 13 vergeben werden (Primärkapazitätsplattform). ² Die Kosten für die Einrichtung und den Betrieb der Primärkapazitätsplattform sind von den beteiligten Netzbetreibern anteilig zu tragen und können auf die Netzentgelte umgelegt werden.

(2) ¹ Transportkunden dürfen Ein- und Ausspeisekapazitäten an Dritte weiterveräußern oder diesen zur Nutzung überlassen. ² Die Weiterveräußerung oder Nutzungsüberlassung erfolgt ausschließlich unter Nutzung der gemeinsamen von Fernleitungsnetzbetreibern eingerichteten Handelsplattform zur Überlassung von Transportkapazität (Sekundärkapazitätsplattform). ³ Die Kosten für die Einrichtung und den Betrieb der Sekundärkapazitätsplattform sind von den beteiligten Fernleitungsnetzbetreibern anteilig zu tragen und können auf die Netzentgelte umgelegt werden. ⁴ Die Entgelte für gehandelte Ein- und Ausspeisekapazitäten dürfen die ursprünglich für die entsprechende Primärkapazität an den Fernleitungsnetzbetreiber zu zahlenden Entgelte nicht wesentlich überschreiten.

(3) ¹ Auf der Primär- sowie der Sekundärkapazitätsplattform sind alle Angebote gleichartiger Kapazitäten und Nachfragen nach gleichartigen Kapazitäten für die Transportkunden transparent zu machen. ² Die Anonymität des Handelsvorgangs gegenüber Anbietenden, Nachfragenden und Dritten muss gewährleistet sein. ³ Transportkunden müssen nach § 6 registriert sein, um am Handel auf den Kapazitätsplattformen teilzunehmen.

(4) Die Betreiber der Plattformen nach Absatz 1 und 2 haben einen gemeinsamen Internetauftritt einzurichten, um Transportkunden eine massengeschäftstaugliche Abwicklung des Erwerbs von Primär- und Sekundärkapazität zu ermöglichen.

§ 13 Zuteilung von Ein- und Ausspeisekapazität. (1) ¹ Fernleitungsnetzbetreiber haben feste Ein- und Ausspeisekapazitäten über die Primärkapazitätsplattform in einem transparenten und diskriminierungsfreien Verfahren, erstmalig rechtzeitig vor dem 1. Oktober 2011, zu versteigern. ² Der Zuschlag bei der Kapazitätsversteigerung erfolgt nach dem Markträumungspreis. ³ Werden Kapazitäten in der Versteigerung nicht entsprechend dem Umfang der Anfrage zugeteilt, gilt der Netzzugang in dem Umfang der nicht zugeteilten Kapazität als verweigert. ⁴ Untertägige Kapazitäten sowie unterbrechbare Kapazitäten werden vom Ein- oder Ausspeisenetzbetreiber nach der zeitlichen Reihenfolge ihrer jeweiligen Buchung vergeben.

(2) ¹ Inhaber unterbrechbarer Kapazitäten können bei einer Versteigerung fester Kapazitäten Gebote abgeben, um die unterbrechbaren Kapazitäten in

feste Kapazitäten umzuwandeln. ²Ist der Inhaber unterbrechbarer Kapazitäten bei der Versteigerung nicht erfolgreich, behält er seine unterbrechbare Kapazität.

(3) ¹Absatz 1 und 2 werden nicht angewendet auf Ausspeisekapazitäten zur Ausspeisung zu Letztverbrauchern und Speicheranlagen sowie auf Einspeisekapazitäten zur Einspeisung aus Speicher-, Produktions- oder LNG-Anlagen sowie aus Anlagen im Sinne des Teils 6 zur Einspeisung von Biogas in das Fernleitungsnetz. ²Diese Kapazitäten werden in der zeitlichen Reihenfolge der Anfragen vergeben. ³Sie können vom angeschlossenen Letztverbraucher oder vom Betreiber von Speicher-, Produktions- oder LNG-Anlagen oder von Anlagen im Sinne des Teils 6 zur Einspeisung von Biogas gebucht werden.

(4) ¹Erlöse aus den Versteigerungen nach Absatz 1 sind in dem Umfang, in dem sie das in Übereinstimmung mit § 17 Absatz 1 der Anreizregulierungsverordnung[1]) gebildete Entgelt übersteigen, von den Fernleitungsnetzbetreibern unverzüglich für Maßnahmen zur Beseitigung von dauerhaften Engpässen zu verwenden oder hierfür zurückzustellen. ²Liegt ein vorübergehender Engpass vor, können die Erlöse aus den Versteigerungen nach Absatz 1 Satz 1 in dem Umfang, in dem sie das in Übereinstimmung mit § 17 der Anreizregulierungsverordnung gebildete Entgelt übersteigen, abweichend von Satz 1 von den Fernleitungsnetzbetreibern für Maßnahmen zur Kapazitätserhöhung zurückgestellt oder entgeltmindernd in den Netzentgelten berücksichtigt werden. ³Die erzielten Versteigerungserlöse und ihre Verwendung sind von den Fernleitungsnetzbetreibern zu dokumentieren. ⁴Aus der Dokumentation muss erkennbar werden, in welchem Umfang die Erlöse das regulierte Entgelt übersteigen. ⁵Die Dokumentation ist der Regulierungsbehörde vorzulegen.

§ 14 Vertragslaufzeiten. (1) ¹An Grenzen zu anderen Staaten und Marktgebieten sind 20 Prozent der technischen Jahreskapazität eines Einspeisepunkts für Kapazitätsprodukte reserviert, die mit Vertragslaufzeiten von bis zu zwei Jahren einschließlich vergeben werden. ²65 Prozent der technischen Jahreskapazität eines Einspeisepunkts dürfen mit Vertragslaufzeiten von mehr als vier Jahren vergeben werden. ³Satz 1 und 2 gelten an Grenzen zu anderen Staaten und Marktgebieten für die technische Jahreskapazität von Ausspeisepunkten entsprechend.

(2) Bei Punkten, die nach § 11 Absatz 2 zu Ein- oder Ausspeisezonen zusammengefasst wurden, gilt Absatz 1 entsprechend für die Jahreskapazität der Ein- oder Ausspeisezone.

(3) ¹Die Bundesnetzagentur berichtet der Bundesregierung spätestens zum 1. Oktober 2013 zu den Erfahrungen mit der Anwendung von § 14. ²Die Bundesnetzagentur hat in dem Bericht insbesondere dazu Stellung zu nehmen, ob eine Absenkung des prozentualen Anteils der technischen Jahreskapazität, der an Ein- und Ausspeisepunkten an Grenzen zu anderen Staaten oder Marktgebieten mit Vertragslaufzeiten von mehr als vier Jahren vergeben werden kann, zur Förderung des Wettbewerbs geeignet und erforderlich ist.

---

[1]) Nr. **20**.

§ 15 Nominierung und Nominierungsersatzverfahren. (1) ¹Der Transportkunde hat die beabsichtigte Inanspruchnahme von Ein- und Ausspeisekapazitäten nach Stundenmengen in Kilowattstunden pro Stunde beim Fernleitungsnetzbetreiber anzumelden (Nominierung). ²Ausspeisenominierungen sind nur in den folgenden Fällen notwendig:

1. bei der Ausspeisung aus einer Speicheranlage, soweit der betreffende Ausspeisepunkt nicht nach § 13 Absatz 3 Satz 3 vom Betreiber der Speicheranlage gebucht wurde,
2. bei der Überspeisung in ein anderes Marktgebiet oder einen angrenzenden Staat, sowie
3. bei der Buchung von Transportkapazität an demselben Ausspeisepunkt durch mehrere Transportkunden, sofern dieser Ausspeisepunkt unterschiedlichen Bilanzkreisen zugeordnet ist.

³Satz 2 Nummer 3 gilt entsprechend, wenn der Transportkunde denselben Ausspeisepunkt in unterschiedliche Bilanzkreise eingebracht hat.

(2) ¹Transportkunden können einen Dritten mit der Nominierung beauftragen. ²Dieser nominiert im Namen der ihn beauftragenden Transportkunden beim Fernleitungsnetzbetreiber. ³Die vertraglichen Verpflichtungen zwischen Transportkunde und Fernleitungsnetzbetreiber bleiben hiervon unberührt.

(3) ¹Fernleitungsnetzbetreiber haben Transportkunden neben dem Standardnominierungsverfahren nach Absatz 1 ein Nominierungsersatzverfahren anzubieten, soweit dies technisch möglich und wirtschaftlich zumutbar ist. ²Das Angebot muss diskriminierungsfrei sein. ³Ist dem Fernleitungsnetzbetreiber ein solches Angebot technisch nicht möglich oder wirtschaftlich nicht zumutbar, hat er dies schlüssig zu begründen.

§ 16 Freigabepflicht ungenutzter Kapazitäten. (1) ¹Transportkunden sind bis zum Nominierungszeitpunkt verpflichtet, vollständig oder teilweise ungenutzte feste Kapazitäten unverzüglich als Sekundärkapazitäten auf der in § 12 Absatz 2 vorgesehenen Sekundärhandelsplattform anzubieten oder dem Fernleitungsnetzbetreiber für den Zeitraum und im Umfang der Nichtnutzung zur Verfügung zu stellen. ²Fernleitungsnetzbetreiber können finanzielle Anreize zur Freigabe von ungenutzten Kapazitätsrechten vorsehen.

(2) ¹Soweit der Transportkunde von ihm gebuchte feste Kapazitäten zum Nominierungszeitpunkt nicht oder nicht vollständig nominiert, ist der Fernleitungsnetzbetreiber verpflichtet, diese Kapazitäten in dem nicht in Anspruch genommenen Umfang unter Berücksichtigung bestehender Renominierungsrechte für den Folgetag als feste Kapazitäten anzubieten. ²Die Verpflichtung des Fernleitungsnetzbetreibers nach § 11 Absatz 1 zum Angebot unterbrechbarer Kapazitäten bleibt unberührt. ³Der Transportkunde, dessen Kapazitäten durch den Fernleitungsnetzbetreiber nach Satz 1 angeboten wurden, bleibt zur Zahlung der Einspeise- oder Ausspeiseentgelte verpflichtet.

(3) ¹Der Fernleitungsnetzbetreiber hat bei Vorliegen vertraglicher Engpässe die festen gebuchten Kapazitäten mit einer Laufzeit von mindestens einem Jahr in dem Umfang zu entziehen, in dem der Transportkunde seine festen gebuchten Kapazitäten während drei Monaten innerhalb des zurückliegenden Kalenderjahres dauerhaft nicht in Anspruch genommen hat. ²Einer dieser drei

Monate muss der Monat Oktober, November, Dezember, Januar, Februar oder März gewesen sein.

(4) ¹ Der Transportkunde kann der Entziehung widersprechen, wenn er

1. nachweist, dass er die Kapazitäten in Übereinstimmung mit § 16 Absatz 1 auf dem Sekundärmarkt angeboten oder dem Fernleitungsnetzbetreiber für den Zeitraum und im Umfang der Nichtnutzung zur Verfügung gestellt hat,
2. unverzüglich schriftlich schlüssig darlegt, dass er die Kapazitäten in vollem Umfang weiterhin benötigt, um bestehende vertragliche Verpflichtungen, insbesondere aus Gasbezugs- oder Gasliefervertägen, zu erfüllen, oder
3. unverzüglich schriftlich schlüssig darlegt, dass er über verschiedene vertragliche Gasbeschaffungsalternativen verfügt, für die Kapazitäten an unterschiedlichen Einspeisepunkten gebucht sind, die von ihm alternativ genutzt werden, und dass er die nicht benötigten Kapazitäten für den Zeitraum der Nichtnutzung im Umfang der Nichtnutzung auf dem Sekundärmarkt oder dem Fernleitungsnetzbetreiber für den Zeitraum und im Umfang der Nichtnutzung zur Verfügung gestellt hat.

² Fernleitungsnetzbetreiber haben Informationen nach Satz 1 sowie Absatz 2 und 3 über einen Zeitraum von zwei Jahren aufzubewahren und der Regulierungsbehörde auf Anforderung zur Verfügung zu stellen. ³ Auf Anforderung erbringt der Transportkunde den Nachweis nach Satz 1 Nummer 2 und 3 gegenüber der Regulierungsbehörde durch Vorlage von Kopien der entsprechenden vertraglichen Vereinbarungen. ⁴ Transportkunden, denen Ein- und Ausspeisekapazität verweigert wurde, sind vom Fernleitungsnetzbetreiber auf Verlangen die Informationen nach Satz 1 unter Wahrung von Betriebs- und Geschäftsgeheimnissen Dritter zur Verfügung zu stellen.

§ 17 Ermittlung des langfristigen Kapazitätsbedarfs. (1) ¹ Fernleitungsnetzbetreiber sind verpflichtet, marktgebietsweit, jährlich zum 1. April den langfristigen Kapazitätsbedarf in einem netzbetreiberübergreifenden, transparenten und diskriminierungsfreien Verfahren zu ermitteln. ² Dabei berücksichtigen die Fernleitungsnetzbetreiber insbesondere:

1. ihre Erwartungen über die Entwicklung des Verhältnisses von Angebot und Nachfrage,
2. vorliegende Erkenntnisse aus durchgeführten Marktabfragen zum langfristig verbindlich benötigten Kapazitätsbedarf,
3. vorliegende Erkenntnisse aus Lastflusssimulationen nach § 9 Absatz 2 Satz 1,
4. Erkenntnisse über bestehende oder prognostizierte physische Engpässe im Netz,
5. Ergebnisse des Kapazitätsvergabeverfahrens nach § 13 Absatz 1,
6. Erkenntnisse aus Verweigerungen des Netzzugangs nach § 25 Satz 1 und 2 des Energiewirtschaftsgesetzes[1],
7. Möglichkeiten zur Kapazitätserhöhung durch Zusammenarbeit mit angrenzenden Fernleitungs- oder Verteilernetzbetreibern,

---

[1] Nr. 1.

8. vorliegende Erkenntnisse über Kapazitätsbedarf, der sich aus Zusammenlegungen von Marktgebieten nach § 21 ergibt,
9. vorliegende Erkenntnisse aus den gemeinschaftsweiten Netzentwicklungsplänen nach Artikel 8 Absatz 3 Buchstabe b der Verordnung (EG) Nr. 715/2009 des Europäischen Parlaments und des Rates vom 13. Juli 2009 über die Bedingungen für den Zugang zu den Erdgasfernleitungsnetzen und zur Aufhebung der Verordnung (EG) Nr. 1775/2005 (ABl. L 211 vom 14. 8. 2009, S. 36, L 229 vom 1. 9. 2009, S. 29), sowie
10. vorliegende sowie abgelehnte Kapazitätsreservierungen nach § 38 sowie Anschlussbegehren nach § 39.

³ Fernleitungsnetzbetreiber sollen bei der Kapazitätsbedarfsermittlung mit den Betreibern angrenzender ausländischer Fernleitungsnetze zusammenarbeiten und nach Möglichkeit die Verfahren grenzüberschreitend durchführen. ⁴ Fernleitungsnetzbetreiber sind verpflichtet, den ermittelten Kapazitätsbedarf auf ihrer Internetseite zu veröffentlichen.

(2) Fernleitungsnetzbetreiber sind verpflichtet, auf der Grundlage der Ergebnisse des Kapazitätsermittlungsverfahrens den dauerhaft erforderlichen Netzausbau gemäß § 11 des Energiewirtschaftsgesetzes durchzuführen.

§ 18 Reduzierung der Kapazität nach Buchung. ¹ Soweit sich die Kapazitäten nach Abschluss des Ein- oder Ausspeisevertrags aus technischen Gründen vermindern, reduzieren sich die gebuchten Kapazitäten anteilig im Verhältnis der von den Transportkunden gebuchten Kapazitäten. ² Die Gründe sind dem Transportkunden unverzüglich mitzuteilen.

§ 19 Gasbeschaffenheit. (1) Der Transportkunde hat sicherzustellen, dass das zur Einspeisung anstehende Gas den allgemein anerkannten Regeln der Technik im Sinne des § 49 Absatz 2 und 3 des Energiewirtschaftsgesetzes[1] entspricht und kompatibel im Sinne des Absatzes 2 ist.

(2) Die Kompatibilität des zur Einspeisung anstehenden Gases ist gegeben, wenn der Transportkunde das Gas an dem Einspeisepunkt mit einer Spezifikation entsprechend dem Zeitpunkt der Einspeisung auf der Internetseite des Netzbetreibers veröffentlichten Eigenschaften des sich im aufnehmenden Netz befindlichen Gases zur Übergabe anstellt.

(3) ¹ Sind ungeachtet der Erfüllung der Kompatibilitätsanforderungen nach Absatz 2 für die Übernahme des Gases in den relevanten Netzteilen Maßnahmen zum Druckausgleich oder zur Umwandlung des Gases zur Anpassung an die jeweiligen Gegebenheiten und Verhältnisse auch aus Gründen der Anwendungstechnik erforderlich, so hat der Netzbetreiber diese zu ergreifen. ² Der Netzbetreiber trägt die Kosten für Maßnahmen nach Satz 1.

(4) ¹ Ist die Kompatibilität im Sinne des Absatz 2 des zur Einspeisung anstehenden Gases nicht gegeben, hat der Netzbetreiber, soweit technisch möglich und zumutbar, dem Transportkunden ein Angebot zur Herstellung der Kompatibilität zu Bedingungen zu unterbreiten, die den Anforderungen nach § 21 Absatz 2 des Energiewirtschaftsgesetzes entsprechen. ² Ist dem Netzbetreiber ein solches Angebot unmöglich oder unzumutbar, muss der Netzbetreiber dies begründen.

---

[1] Nr. 1.

Teil 4. Kooperation der Netzbetreiber

§ 20 Marktgebiete. (1) ¹ Die Fernleitungsnetzbetreiber bilden Marktgebiete. ² Für jedes gebildete Marktgebiet ist ein Marktgebietsverantwortlicher zu benennen. ³ Der Marktgebietsverantwortliche hat insbesondere folgende Aufgaben:
1. den Betrieb des Virtuellen Handelspunkts eines Marktgebiets;
2. die Bilanzkreisabwicklung, insbesondere Vertragsabwicklung, Datenübermittlung und -veröffentlichung sowie Abrechnung der Bilanzkreise, sowie
3. die Beschaffung und die Steuerung des Einsatzes von Regelenergie.

⁴ Fernleitungsnetzbetreiber können die Marktgebietsverantwortlichen mit der Wahrnehmung weiterer Aufgaben des Netzbetriebs beauftragen.

(2) ¹ Jeder Ein- und Ausspeisepunkt muss durch die Transportkunden zu jedem Zeitpunkt eindeutig einem Marktgebiet zugeordnet werden können. ² Dazu haben die Netzbetreiber alle Netzbereiche vor- und nachgelagerter Netzbetreiber einem Marktgebiet zuzuordnen. ³ Die Zuordnung eines Netzbereichs zu mehreren Marktgebieten ist zulässig, soweit dies aus netztechnischen Gründen erforderlich ist.

§ 21 Reduzierung der Anzahl der Marktgebiete. (1) ¹ Die Fernleitungsnetzbetreiber, die Marktgebiete nach § 20 bilden, haben mit dem Ziel zusammenzuarbeiten, die Liquidität des Gasmarktes zu erhöhen. ² Bis 1. April 2011 haben die Fernleitungsnetzbetreiber die Zahl der Marktgebiete für L-Gas auf höchstens eins und die Zahl der Marktgebiete für H-Gas auf höchstens zwei zu reduzieren. ³ Ein Marktgebiet gilt als H-Gasmarktgebiet, wenn es überwiegend Erdgas in H-Gasqualität enthält. ⁴ Die Fernleitungsnetzbetreiber haben bis zum 1. Oktober 2012 die mit einer Marktgebietszusammenlegung durch Kapazitätsausbau oder Anwendung von kapazitätserhöhenden Maßnahmen nach § 9 Absatz 2 verbundenen Kosten und den mit solchen Maßnahmen verbundenen Nutzen zu evaluieren. ⁵ Sie haben im Rahmen dieser Kosten-Nutzen-Analyse die wirtschaftlichen Auswirkungen des Vorgehens nach Satz 4 mit anderen Maßnahmen, insbesondere einer Kopplung der Virtuellen Handelspunkte in den H-Gasmarktgebieten und die Einbeziehung des L-Gasmarktgebiets in eins oder beide der H-Gasmarktgebiete, zu vergleichen. ⁶ Auf Grundlage dieser Analyse sind die Fernleitungsnetzbetreiber verpflichtet, bis zum 1. August 2013 die Maßnahme umzusetzen, die am Geeignetsten und Wirtschaftlichsten ist, um höchstens zwei Marktgebiete in Deutschland zu erreichen. ⁷ Die Fernleitungsnetzbetreiber haben der Regulierungsbehörde die Analyse nach Satz 4 bis zum 1. Oktober 2012 zu übermitteln. ⁸ Die Bundesnetzagentur gibt den berührten Wirtschaftskreisen zu der Kosten-Nutzen-Analyse der Fernleitungsnetzbetreiber rechtzeitig Gelegenheit zur Stellungnahme. ⁹ Die Analyse muss die Regulierungsbehörde in die Lage versetzen, die Wirtschaftlichkeit und Eignung der Maßnahmen überprüfen zu können. ¹⁰ Die Fernleitungsnetzbetreiber haben der Regulierungsbehörde im Einzelfall Zugang zu weiteren Systemen, insbesondere zu Lastflusssimulationssystemen, zu gewähren, soweit dies für die Überprüfung der Analyse nach Satz 4 und 5 erforderlich ist.

(2) [1] Die Regulierungsbehörde prüft, ob die Verpflichtungen nach Absatz 1 Satz 2 und 6 erfüllt wurden. [2] Stellt sie fest, dass dies nicht der Fall ist, hat sie von ihren Befugnissen nach § 65 des Energiewirtschaftsgesetzes[1)] Gebrauch zu machen. [3] Die Marktgebietsverantwortlichen haben die Analyse nach Satz 4 unter Wahrung von Betriebs- und Geschäftsgeheimnissen Dritter auf Verlangen auch Transportkunden zur Verfügung zu stellen, soweit eine Marktgebietszusammenlegung nicht erfolgt.

Teil 5. Bilanzierung und Regelenergie

Abschnitt 1. Bilanzierung

§ 22 Grundsätze der Bilanzierung. (1) [1] Abweichungen zwischen Ein- und Ausspeisemengen eines oder mehrerer Transportkunden werden in einem Bilanzkreis ausgeglichen. [2] Der Marktgebietsverantwortliche eines Marktgebiets führt das Bilanzkreissystem. [3] Er hat den Bilanzausgleich für alle Transportkunden diskriminierungsfrei durchzuführen. [4] Transportkunden ordnen jeden von ihnen genutzten Ein- und Ausspeisepunkt eindeutig einem Bilanzkreis zu. [5] Der Virtuelle Handelspunkt des Marktgebiets ist Bestandteil jedes Bilanzkreises des Marktgebiets. [6] Für die Nutzung des Virtuellen Handelspunkts dürfen keine Gebühren erhoben werden.

(2) [1] Für jeden Bilanzkreis ist ein Bilanzkreisverantwortlicher gegenüber dem Marktgebietsverantwortlichen zu benennen. [2] Die Zuordnung eines Bilanzkreises als Unterbilanzkreis zu einem anderen Bilanzkreis ist zulässig. [3] Mehrere Bilanzkreisverantwortliche können ihre Bilanzkreise zum Zwecke der Saldierung und einheitlichen Abrechnung verbinden.

(3) [1] Bilanzkreisverantwortliche haben bei den ihrem Bilanzkreis zugeordneten Ein- und Ausspeisemengen durch geeignete Maßnahmen innerhalb der Bilanzperiode für eine ausgeglichene Bilanz zu sorgen. [2] Der Bilanzkreisverantwortliche trägt gegenüber dem Marktgebietsverantwortlichen die wirtschaftliche Verantwortung für Abweichungen zwischen allokierten Ein- und Ausspeisemengen des Bilanzkreises.

§ 23 Bilanzkreisabrechnung. (1) [1] Die Bilanzierungsperiode ist der Gastag. [2] Der Gastag beginnt um 6.00 Uhr und endet um 6.00 Uhr des folgenden Tages.

(2) [1] Die Marktgebietsverantwortlichen legen der Abrechnung eines Bilanzkreises den Saldo des Bilanzkontos zugrunde, der sich aus den in der Bilanzierungsperiode in den jeweiligen Bilanzkreis allokierten Ein- und Ausspeisemengen in Energieeinheiten ergibt. [2] Dieser Saldo wird um 5 Prozent der an Letztverbraucher ohne Standardlastprofil und ohne Nominierungsersatzverfahren gelieferten Mengen vermindert (Toleranzmenge). [3] Dieser so ermittelte Saldo wird vom Marktgebietsverantwortlichen unverzüglich dem Bilanzkreisverantwortlichen gemeldet und als Ausgleichsenergie abgerechnet. [4] Die Toleranzmenge ist in die übernächste Bilanzierungsperiode zu übertragen und in der Bilanz des Bilanzkreisverantwortlichen auszugleichen. [5] Die Abrechnung

---

[1)] Nr. 1.

nach Satz 1 erfolgt spätestens zwei Monate nach dem jeweiligen Abrechnungsmonat.

(3) ¹ Der Marktgebietsverantwortliche kann bei der Ermittlung der Entgelte für die Abrechnung nach Absatz 2 Satz 3 angemessene Zu- und Abschläge auf diese Entgelte erheben, wenn und soweit dies erforderlich und angemessen ist, um die Netzstabilität zu sichern oder eine missbräuchliche Ausnutzung des Bilanzierungssystems zu vermeiden. ² Die Entgelte sollen den Bilanzkreisverantwortlichen insbesondere angemessene Anreize zur Vermeidung von Bilanzungleichgewichten setzen.

(4) Die Verpflichtung zur Bilanzkreisabrechnung unter Beachtung der Vorgaben in Absatz 2 Satz 2 bis 4 und Absatz 3 bei der Bilanzkreisabrechnung besteht ab dem 1. Oktober 2011.

§ 24 Standardlastprofile. (1) Verteilnetzbetreiber wenden für die Allokation der Ausspeisemengen von Letztverbrauchern bis zu einer maximalen stündlichen Ausspeiseleistung von 500 Kilowattstunden pro Stunde und bis zu einer maximalen jährlichen Entnahme von 1,5 Millionen Kilowattstunden vereinfachte Methoden (Standardlastprofile) an.

(2) ¹ Die Verteilnetzbetreiber können Lastprofile auch für Letztverbraucher mit höheren maximalen Ausspeiseleistungen oder höheren jährlichen Entnahmen als die in Absatz 1 genannten Grenzwerte festlegen. ² Darüber hinaus können die Verteilnetzbetreiber abweichend von Absatz 1 auch niedrigere Grenzwerte festlegen, wenn bei Berücksichtigung der in Absatz 1 genannten Grenzwerte ein funktionierender Netzbetrieb technisch nicht zu gewährleisten ist oder die Festlegung niedrigerer Grenzwerte im Einzelfall mit einem Transportkunden vereinbart ist. ³ Höhere oder niedrigere Grenzwerte kann der Verteilnetzbetreiber lediglich für einzelne Gruppen von Letztverbrauchern festlegen. ⁴ Innerhalb einer solchen Lastprofilgruppe sind die Grenzwerte jedoch einheitlich auf alle Letztverbraucher anzuwenden. ⁵ Legt der Verteilnetzbetreiber höhere oder niedrigere Grenzwerte fest, hat er dies der Regulierungsbehörde unverzüglich anzuzeigen.

(3) ¹ Standardlastprofile müssen sich am typischen Abnahmeprofil verschiedener Gruppen von Letztverbrauchern orientieren, insbesondere von:

1. Gewerbebetrieben,

2. Kochgaskunden,

3. Heizgaskunden.

² Bei der Entwicklung und Anwendung der Standardlastprofile haben Verteilnetzbetreiber darauf zu achten, dass der Einsatz von Regelenergie möglichst reduziert wird. ³ Die Anwendung eines Standardlastprofils für Kochgaskunden hat ab dem 1. Oktober 2011 zu erfolgen.

(4) ¹ Örtliche Verteilnetzbetreiber sind verpflichtet, für jeden Lastprofilkunden des Transportkunden eine Prognose über den Jahresverbrauch festzulegen, die in der Regel auf dem Vorjahresverbrauch basiert. ² Die Prognose ist dem Transportkunden mitzuteilen. ³ Dieser kann unplausiblen Prognosen widersprechen und dem örtlichen Verteilnetzbetreiber eine eigene Prognose unterbreiten. ⁴ Kommt keine Einigung zustande, legt der örtliche Verteilnetzbetreiber die Prognose über den Jahresverbrauch fest. ⁵ In begründeten Ausnahmefällen kann die Jahresverbrauchsprognose vom Transportkunden und dem

örtlichen Gasverteilnetzbetreiber gemeinsam auch unterjährig angepasst werden.

§ 25 Mehr- oder Mindermengenabrechnung. (1) [1] Die Mehr- und Mindermengen, die durch Abweichungen zwischen allokierten Mengen und der tatsächlichen Ausspeisung beim Letztverbraucher entstehen, gelten als vom Ausspeisenetzbetreiber bereitgestellt oder entgegengenommen und werden von diesem mit den Transportkunden abgerechnet. [2] Diese Abrechnung erfolgt mindestens jährlich oder am Ende des Vertragszeitraums auf der Basis der in den Bilanzkreis des Transportkunden allokierten Ausspeisungen sowie der gemessenen Werte für die Letztverbraucher.

(2) Nimmt der Ausspeisenetzbetreiber innerhalb des betreffenden Abrechnungszeitraums Mehrmengen entgegen oder liefert der Ausspeisenetzbetreiber innerhalb des betreffenden Abrechnungszeitraums Mindermengen, so hat er dem Transportkunden einen Arbeitspreis zu vergüten oder in Rechnung zu stellen.

(3) Der Ausspeisenetzbetreiber rechnet Ausgaben und Einnahmen aus der Mehr- und Mindermengenabrechnung mit dem Marktgebietsverantwortlichen ab, der die Regelenergie bereitstellt.

§ 26 Datenbereitstellung. (1) Netzbetreiber und Marktgebietsverantwortliche haben sich gegenseitig sowie den Transportkunden und den Bilanzkreisverantwortlichen unverzüglich alle Informationen zur Verfügung zu stellen, die zur Vermeidung, zum Ausgleich und zur Abrechnung von Bilanzungleichgewichten erforderlich sind.

(2) [1] Zur Anbahnung und zur Abwicklung der Netznutzung sowie zur Abwicklung der Bilanzierung und der Mehr- und Mindermengenabrechnung werden die Daten zwischen dem Marktgebietsverantwortlichen, dem Netzbetreiber, dem Transportkunden sowie dem Bilanzkreisverantwortlichen elektronisch ausgetauscht. [2] Der Datenaustausch erfolgt in einem bundesweit einheitlichen Format sowie in einheitlichen Prozessen, die eine vollständige Automatisierung des Datenaustauschs ermöglichen. [3] Die Netzbetreiber haben die Transportkunden und Bilanzkreisverantwortlichen an der Entwicklung des Verfahrens und der Datenformate angemessen zu beteiligen.

Abschnitt 2. Regelenergie

§ 27 Einsatz von Regelenergie. (1) [1] Regelenergie wird im Rahmen des technisch Erforderlichen zum Ausgleich von Schwankungen der Netzlast mit dem Ziel eingesetzt, einen technisch sicheren und effizienten Netzbetrieb im Marktgebiet zu gewährleisten. [2] Der Marktgebietsverantwortliche steuert den Einsatz der Regelenergie, die von den Netzbetreibern im Marktgebiet benötigt wird. [3] Schwankungen der Netzlast werden zunächst durch folgende Maßnahmen ausgeglichen (interne Regelenergie):
1. Nutzung der Speicherfähigkeit des Netzes;
2. Einsatz des Teils von Anlagen zur Speicherung von Gas im Sinne des § 3 Nummer 31 des Energiewirtschaftsgesetzes[1]), der ausschließlich Betreibern

---

[1]) Nr. 1.

Gasnetzzugangsverordnung §§ 28–30 GasNZV 18

von Leitungsnetzen bei der Wahrnehmung ihrer Aufgaben vorbehalten ist (netzzugehöriger Speicher) und der der Regulierungsbehörde vom Netzbetreiber angezeigt worden ist;
3. Nutzung der Speicherfähigkeit der an das betroffene Netz angrenzenden Netze sowie netzzugehöriger Speicher in anderen Netzen innerhalb und außerhalb des Marktgebiets.

(2) [1] Können Schwankungen der Netzlast nicht durch Maßnahmen nach Absatz 1 ausgeglichen werden, kommen Dienstleistungen Dritter zum Einsatz, bei denen von Transportkunden oder Speicherbetreibern Gasmengen aus dem Marktgebiet entnommen oder zur Verfügung gestellt werden (externe Regelenergie). [2] Die Marktgebietsverantwortlichen sind verpflichtet, den gegenläufigen Einsatz externer Regelenergie in angrenzenden Marktgebieten im Rahmen des technisch Möglichen und wirtschaftlich Zumutbaren zu vermeiden.

§ 28 Beschaffung externer Regelenergie. (1) [1] Externe Regelenergie wird vom Marktgebietsverantwortlichen für die in seinem Marktgebiet gelegenen Netzbetreiber beschafft. [2] Die Marktgebietsverantwortlichen vereinheitlichen die zur Beschaffung externer Regelenergie anzuwendenden Verfahren und Produkte.

(2) [1] Marktgebietsverantwortliche sind berechtigt, bei der Beschaffung von Regelenergie Mindestangebote festzulegen. [2] Die Anbieter externer Regelenergie sind berechtigt, zeitlich, räumlich und mengenmäßig Teilleistungen anzubieten; dabei dürfen die Teilleistungen das jeweilige Mindestangebot nicht unterschreiten. [3] Die Bildung einer Anbietergemeinschaft zur Erreichung der Mindestangebote ist zulässig.

§ 29 Regelenergiekosten und -erlöse; Kosten und Erlöse bei der Erbringung von Ausgleichsleistungen. [1] Der Saldo aus Kosten und Erlösen für die Beschaffung und den Einsatz von externer Regelenergie ist vorrangig mit den Erlösen des Marktgebietsverantwortlichen aus der Bilanzierung zu decken; dies umfasst insbesondere die Entgelte nach § 23 Absatz 3 und die Zahlungen im Rahmen der Mehr- und Mindermengenabrechnung nach § 25 Absatz 3. [2] Reichen die Erlöse im Sinne des Satzes 1 für die Beschaffung und den Einsatz von externer Regelenergie nicht aus, werden die verbleibenden Kosten diskriminierungsfrei auf die Bilanzkreisverantwortlichen im Marktgebiet umgelegt. [3] Erlöse, die nach Deckung der Kosten für externe Regelenergie verbleiben, sind diskriminierungsfrei zugunsten der Bilanzkreisverantwortlichen zu berücksichtigen. [4] Die Marktgebietsverantwortlichen sind berechtigt, von den Bilanzkreisverantwortlichen Abschlagszahlungen zur Deckung der voraussichtlichen Kosten für Regelenergie zu verlangen.

§ 30 Evaluierung des Ausgleichs- und Regelenergiesystems. [1] Die Bundesnetzagentur legt zum 1. April 2011 einen Bericht an das Bundesministerium für Wirtschaft und Technologie mit einer Evaluierung der wirtschaftlichen Wirkungen des Ausgleichs- und Regelenergiesystems vor. [2] Sie kann Vorschläge zu einer Weiterentwicklung des Ausgleichs- und Regelenergiesystems und Handlungsvorschläge machen. [3] Die Bundesnetzagentur soll den Bericht nach Satz 1 unter Beteiligung der Länder sowie der betroffenen Wirtschaftskreise erstellen und internationale Erfahrungen mit Bilanzierungssystemen berücksichtigen. ⁴ Sie gibt den betroffenen Wirtschaftskreisen Gelegenheit zur Stellungnahme.

Teil 6. Biogas

§ 31 Zweck der Regelung. Ziel der Regelungen des Teils 6 ist es, die Einspeisung des in Deutschland bestehenden Biogaspotenzials von 6 Milliarden Kubikmetern jährlich bis 2020 und 10 Milliarden Kubikmetern jährlich bis zum Jahr 2030 in das Erdgasnetz zu ermöglichen.

§ 32 Begriffsbestimmungen. Für diesen Verordnungsteil gelten die folgenden Begriffsbestimmungen:

1. „Anschlussnehmer" ist jede juristische oder natürliche Person, die als Projektentwicklungsträger, Errichter oder Betreiber einer Anlage, mit der Biogas im Sinne von § 3 Nummer 10c des Energiewirtschaftsgesetzes[1]) auf Erdgasqualität aufbereitet wird, den Netzanschluss dieser Anlage beansprucht;
2. „Netzanschluss" ist die Herstellung der Verbindungsleitung, die die Biogasaufbereitungsanlage mit dem bestehenden Gasversorgungsnetz verbindet, die Verknüpfung mit dem Anschlusspunkt des bestehenden Gasversorgungsnetzes, die Gasdruck-Regel-Messanlage sowie die Einrichtungen zur Druckerhöhung und die eichfähige Messung des einzuspeisenden Biogases;
3. „Anlage" ist die Anlage zur Aufbereitung von Biogas auf Erdgasqualität.

§ 33 Netzanschlusspflicht. (1) ¹ Netzbetreiber haben Anlagen auf Antrag eines Anschlussnehmers vorrangig an die Gasversorgungsnetze anzuschließen. ² Die Kosten für den Netzanschluss sind vom Netzbetreiber zu 75 Prozent zu tragen. ³ Der Anschlussnehmer trägt die verbleibenden 25 Prozent der Netzanschlusskosten, bei einem Netzanschluss einschließlich Verbindungsleitung mit einer Länge von bis zu einem Kilometer höchstens aber 250 000 Euro. ⁴ Soweit eine Verbindungsleitung eine Länge von zehn Kilometern überschreitet, hat der Anschlussnehmer die Mehrkosten zu tragen. ⁵ Der Netzanschluss steht im Eigentum des Netzbetreibers. ⁶ Kommen innerhalb von zehn Jahren nach dem Netzanschluss weitere Anschlüsse hinzu, so hat der Netzbetreiber die Kosten so aufzuteilen, wie sie bei gleichzeitigem Netzanschluss verursacht worden wären, und Anschlussnehmern einen zu viel gezahlten Betrag zu erstatten.

(2) ¹ Der Netzbetreiber hat die Verfügbarkeit des Netzanschlusses dauerhaft, mindestens aber zu 96 Prozent, sicherzustellen und ist für die Wartung und den Betrieb des Netzanschlusses verantwortlich. ² Er trägt hierfür die Kosten. ³ Soweit es für die Prüfung der technischen Einrichtungen und der Messeinrichtungen erforderlich ist, hat der Netzbetreiber dem Anschlussnehmer oder seinem Beauftragten Zutritt zu den Räumen zu gestatten. ⁴ Der Anschlussnehmer und der Netzbetreiber können vertraglich weitere Rechte und Pflichten, insbesondere Dienstleistungen, vereinbaren und sich diese gegenseitig vergüten.

---

[1]) Nr. 1.

Gasnetzzugangsverordnung **§ 33 GasNZV 18**

(3) Netzbetreiber haben für den Netzanschluss neben den in § 19 Absatz 2 des Energiewirtschaftsgesetzes[1)] aufgeführten Angaben auf ihrer Internetseite folgende Angaben zu machen:
1. die für die Prüfung des Netzanschlussbegehrens mindestens erforderlichen Angaben,
2. standardisierte Bedingungen für den Netzanschluss sowie
3. eine laufend aktualisierte, übersichtliche Darstellung der Netzauslastung in ihrem gesamten Netz einschließlich der Kennzeichnung tatsächlicher oder zu erwartender Engpässe.

(4) [1] Richtet ein Anschlussnehmer ein Netzanschlussbegehren an den Netzbetreiber, so hat dieser dem Anschlussnehmer innerhalb von zwei Wochen nach Eingang des Netzanschlussbegehrens darzulegen, welche Prüfungen zur Vorbereitung einer Entscheidung über das Netzanschlussbegehren notwendig sind und welche erforderlichen Kosten diese Prüfungen verursachen werden. [2] Soweit zusätzliche Angaben erforderlich sind, hat der Netzbetreiber diese vollständig innerhalb von einer Woche nach Antragseingang vom Anschlussnehmer anzufordern. [3] In diesem Fall beginnt die in Satz 1 genannte Frist mit dem Eingang der vollständigen zusätzlichen Angaben beim Netzbetreiber.

(5) [1] Nach Eingang einer Vorschusszahlung des Anschlussnehmers in Höhe von 25 Prozent der nach Absatz 4 dargelegten Kosten der Prüfung ist der Netzbetreiber verpflichtet, unverzüglich die für eine Anschlusszusage notwendigen Prüfungen durchzuführen. [2] Soweit erforderlich, sind andere Netzbetreiber zur Mitwirkung bei der Prüfung verpflichtet. [3] Der Anschlussnehmer kann verlangen, dass der Netzbetreiber auch Prüfungen unter Zugrundelegung von Annahmen des Anschlussnehmers durchführt. [4] Das Ergebnis der Prüfungen ist dem Anschlussnehmer unverzüglich, spätestens aber drei Monate nach Eingang der Vorschusszahlung mitzuteilen. [5] Der Anschlussnehmer trägt die notwendigen Kosten der Prüfung.

(6) [1] Der Netzbetreiber ist an ein positives Prüfungsergebnis für die Dauer von drei Monaten gebunden. [2] Die Frist beginnt mit dem Zeitpunkt der Mitteilung nach Absatz 4. [3] Innerhalb dieser Frist muss der Netzbetreiber dem Anschlussnehmer ein verbindliches Vertragsangebot vorlegen. [4] Das Vertragsangebot umfasst die Zusicherung einer bestimmten garantierten Mindesteinspeisekapazität. [5] Die Wirksamkeit des Netzanschlussvertrags steht unter der aufschiebenden Bedingung, dass innerhalb von 18 Monaten mit dem Bau der Anlage begonnen wird. [6] Zeiträume, in denen der Anschlussnehmer ohne sein Verschulden gehindert ist, mit dem Bau der Anlage zu beginnen, werden nicht eingerechnet.

(7) [1] Nach Abschluss des Netzanschlussvertrags hat der Netzbetreiber in Zusammenarbeit mit dem Anschlussnehmer unverzüglich die Planung des Netzanschlusses durchzuführen. [2] Die hierbei entstehenden Kosten sind Teil der Kosten des Netzanschlusses nach Absatz 1. [3] Der Netzbetreiber stellt den Netzanschluss auf Grundlage der gemeinsamen Planung unverzüglich selbst oder durch einen Dritten her. [4] Zu diesem Zweck vereinbaren Netzbetreiber und Anschlussnehmer zusammen mit dem Netzanschlussvertrag einen Plan über Inhalt, zeitliche Abfolge und Verantwortlichkeit von Netzbetreiber und Anschlussnehmer für die einzelnen Schritte zur Herstellung des Netzanschlus-

---

[1)] Nr. 1.

ses und der gesicherten Einspeisekapazität, einschließlich der Rückspeisung in vorgelagerte Netze (Realisierungsfahrplan). [5] Der Realisierungsfahrplan muss angemessene Folgen bei Nichteinhaltung der wesentlichen, insbesondere zeitlichen, Vorgaben vorsehen. [6] Soweit es veränderte tatsächliche Umstände erfordern, hat jeder der Beteiligten einen Anspruch auf Anpassung des Realisierungsfahrplans. [7] Im Realisierungsfahrplan müssen Zeitpunkte festgelegt werden, zu denen wesentliche Schritte zur Verwirklichung des Netzanschlusses abgeschlossen sein müssen. [8] Derartige Schritte können insbesondere sein, es sei denn Netzbetreiber und Anschlussnehmer vereinbaren etwas Abweichendes:

1. der Erwerb dinglicher Rechte oder langfristiger schuldrechtlicher Ansprüche, die die Nutzung der für das Netzanschlussvorhaben benötigten Grundstücke ermöglichen,

2. die Beantragung der für den Netzanschluss erforderlichen behördlichen Genehmigungen,

3. die Freigabe der Netzanschlussarbeiten durch den Anschlussnehmer,

4. das Bestellen der erforderlichen Anschlusstechnik,

5. der Beginn der Baumaßnahmen,

6. die Fertigstellung der Baumaßnahmen sowie

7. der Zeitpunkt der Inbetriebnahme des Netzanschlusses.

[9] Der Netzbetreiber hat den Realisierungsfahrplan unverzüglich der Regulierungsbehörde vorzulegen. [10] Der Netzbetreiber hat dem Anschlussnehmer die Kosten für Planung und Bau offenzulegen. [11] Bei Bau und Betrieb sind die Grundsätze der effizienten Leistungserbringung zu beachten. [12] Wird der im Realisierungsfahrplan vorgesehene Zeitpunkt der Inbetriebnahme der Anlage aus vom Netzbetreiber zu vertretenden Gründen überschritten, erlischt der Anspruch des Netzbetreibers auf den vom Anschlussnehmer nach Absatz 1 zu tragenden Kostenanteil für den Netzanschluss einschließlich einer Verbindungsleitung mit einer Länge von bis zu einem Kilometer; die daraus resultierenden Kosten des Netzbetreibers dürfen nicht auf die Netzentgelte umgelegt werden. [13] Hat der Anschlussnehmer bereits Vorschusszahlungen geleistet, sind diese ihm vom Netzbetreiber zu erstatten.

(8) [1] Lehnt der Netzbetreiber den Antrag auf Anschluss ab, hat er das Vorliegen der Gründe nach § 17 Absatz 2 des Energiewirtschaftsgesetzes nachzuweisen. [2] Ein Netzanschluss kann nicht unter Hinweis darauf verweigert werden, dass in einem mit dem Anschlusspunkt direkt oder indirekt verbundenen Netz Kapazitätsengpässe vorliegen, soweit die technisch-physikalische Aufnahmefähigkeit des Netzes gegeben ist.

(9) Wird der Anschluss an dem begehrten Anschlusspunkt verweigert, so hat der Netzbetreiber dem Anschlussnehmer gleichzeitig einen anderen Anschlusspunkt vorzuschlagen, der im Rahmen des wirtschaftlich Zumutbaren die geäußerten Absichten des Anschlussnehmers bestmöglich verwirklicht.

(10) Der Netzbetreiber ist verpflichtet, die erforderlichen Maßnahmen zu ergreifen, um seiner Pflicht nach § 34 Absatz 2 Satz 3 nachzukommen, es sei denn, die Durchführung der Maßnahmen ist wirtschaftlich unzumutbar.

§ 34 Vorrangiger Netzzugang für Transportkunden von Biogas.

(1) ¹ Netzbetreiber sind verpflichtet, Einspeiseverträge und Ausspeiseverträge vorrangig mit Transportkunden von Biogas abzuschließen und Biogas vorrangig zu transportieren, soweit diese Gase netzkompatibel im Sinne von § 36 Absatz 1 sind. ² Der Netzbetreiber meldet unverzüglich die Einspeisemengen in Energieeinheiten, die er vom Transportkunden übernommen hat, an den betreffenden Anschlussnehmer, den Bilanzkreisverantwortlichen sowie an vom Anschlussnehmer benannte Dritte.

(2) ¹ Netzbetreiber können die Einspeisung von Biogas verweigern, falls diese technisch unmöglich oder wirtschaftlich unzumutbar ist. ² Die Einspeisung kann nicht mit dem Hinweis darauf verweigert werden, dass in einem mit dem Anschlusspunkt direkt oder indirekt verbundenen Netz Kapazitätsengpässe vorliegen, soweit die technisch-physikalische Aufnahmefähigkeit des Netzes gegeben ist. ³ Der Netzbetreiber muss alle wirtschaftlich zumutbaren Maßnahmen zur Erhöhung der Kapazität im Netz durchführen, um die ganzjährige Einspeisung zu gewährleisten sowie die Fähigkeit seines Netzes sicherzustellen, die Nachfrage nach Transportkapazitäten für Biogas zu befriedigen. ⁴ Davon umfasst ist auch die Sicherstellung der ausreichenden Fähigkeit zur Rückspeisung von Biogas in vorgelagerte Netze einschließlich der gegebenenfalls erforderlichen Einrichtungen, zum Beispiel zur Deodorierung und Trocknung des Biogases. ⁵ § 17 Absatz 2 gilt entsprechend. ⁶ Der Netzbetreiber hat zu prüfen, inwieweit die Einspeisung von Biogas ohne oder mit verminderter Flüssiggasbeimischung zu gesamtwirtschaftlich günstigen Bedingungen unter Berücksichtigung der zukünftigen Biogaseinspeisung realisiert werden kann.

§ 35 Erweiterter Bilanzausgleich.
(1) Marktgebietsverantwortliche innerhalb eines Marktgebiets haben für die Ein- und Ausspeisung von Biogas einen erweiterten Bilanzausgleich anzubieten.

(2) ¹ Marktgebietsverantwortliche bieten den erweiterten Bilanzausgleich für Bilanzkreisverträge an, in die der Bilanzkreisverantwortliche ausschließlich Biogasmengen einbringt (besonderer Biogas-Bilanzkreisvertrag). ² Der Austausch von Gasmengen zwischen Bilanzkreisen nach § 22 sowie eine Verrechnung von Differenzmengen erfolgt zwischen besonderen Biogas-Bilanzkreisverträgen. ³ Eine Übertragung von Mengen in Erdgasbilanzkreise ist möglich, jedoch keine Übertragung von Mengen aus Erdgasbilanzkreisen in Biogas-Bilanzkreise.

(3) ¹ Ein besonderer Biogas-Bilanzkreisvertrag beinhaltet neben einem Bilanzausgleich von zwölf Monaten (Bilanzierungszeitraum) einen Flexibilitätsrahmen in Höhe von 25 Prozent. ² Der Flexibilitätsrahmen bezieht sich auf die kumulierte Abweichung der eingespeisten von der ausgespeisten Menge innerhalb des Bilanzierungszeitraums. ³ Der Marktgebietsverantwortliche und der Bilanzkreisverantwortliche können abweichend von Satz 1 einen ersten Bilanzierungszeitraum von weniger als zwölf Monaten vereinbaren (Rumpfbilanzierungszeitraum). ⁴ § 22 Absatz 2 gilt entsprechend; für verbundene Biogas-Bilanzkreise gilt einheitlich der Flexibilitätsrahmen nach Satz 1.

(4) Vor Beginn eines jeden Bilanzierungszeitraums informiert der Bilanzkreisverantwortliche den Marktgebietsverantwortlichen über die voraussichtli-

chen Ein- und Ausspeisemengen sowie deren zeitlich geplante Verteilung für den Bilanzierungszeitraum.

(5) [1] Der Bilanzkreisverantwortliche hat sicherzustellen, dass die Ein- und Ausspeisemengen innerhalb des Flexibilitätsrahmens verbleiben und am Ende des Bilanzierungszeitraums ausgeglichen sind. [2] Der Bilanzkreisverantwortliche ist nicht an die nach Absatz 4 abgegebene Prognose des zeitlichen Verlaufs der Ein- und Ausspeisemengen gebunden.

(6) [1] Wird der Bilanzkreis für Biogas über einen anschließenden Bilanzierungszeitraum weitergeführt, können positive Endsalden eines vorhergehenden auf den nachfolgenden Bilanzierungszeitraum übertragen werden. [2] Hierbei ist der Flexibilitätsrahmen des besonderen Biogas-Bilanzkreisvertrags einzuhalten.

(7) [1] Nach Ablauf eines Bilanzierungszeitraums sind die einem Bilanzkreis des besonderen Biogas-Bilanzkreises zugeordneten Differenzen zwischen den tatsächlichen Ein- und Ausspeisemengen, die den Flexibilitätsrahmen übersteigen, auszugleichen. [2] Dabei ist ein transparentes, diskriminierungsfreies und an den tatsächlichen effizienten Kosten für die Lieferung von Ausgleichsenergie orientiertes Verfahren anzuwenden. [3] Es dürfen nur die Kosten anteilig in Rechnung gestellt werden, die zum Ausgleich der Differenzmengen erforderlich sind, die nach Saldierung aller bei einem Marktgebietsverantwortlichen geführten Bilanzkreise verbleiben.

(8) [1] Bilanzkreisverantwortliche eines besonderen Biogas-Bilanzkreisvertrags zahlen an den Marktgebietsverantwortlichen ein Entgelt für den erweiterten Bilanzausgleich in Höhe von 0,001 Euro je Kilowattstunde für die Nutzung des tatsächlich in Anspruch genommenen Flexibilitätsrahmens. [2] Die Höhe des pauschalierten Entgelts und die damit verbundene Anreizwirkung werden im Zuge des Monitoring nach § 37 überprüft.

(9) Die §§ 22, 23 sowie 25 finden keine Anwendung.

§ 36 Qualitätsanforderungen für Biogas. (1) [1] Der Einspeiser von Biogas hat ausschließlich sicherzustellen, dass das Gas am Einspeisepunkt und während der Einspeisung den Voraussetzungen der Arbeitsblätter G 260 und G 262 des Deutschen Vereins des Gas- und Wasserfachs e.V. (Stand 2007)[1]) entspricht. [2] Der Einspeiser trägt hierfür die Kosten. [3] Der Einspeiser muss gegenüber dem Netzbetreiber zum Zeitpunkt des Netzanschlusses durch einen geeigneten, von einer staatlich zugelassenen Stelle erstellten oder bestätigten Nachweis für die individuelle Anlage oder den Anlagentyp belegen, dass bei regelmäßigem Betrieb der Anlage bei der Aufbereitung des Biogases auf Erdgasqualität die maximalen Methanemissionen in die Atmosphäre den Wert von 0,5 Prozent bis zum 30. April 2012 nicht übersteigen. [4] Danach darf die maximale Methanemission den Wert von 0,2 Prozent nicht übersteigen. [5] Abweichend von den Anforderungen nach Satz 1 kann das Biogas mit einem höheren Vordruck an den Netzbetreiber übergeben werden.

(2) Abweichend von Absatz 1 trägt der Netzbetreiber die angemessenen Kosten für die notwendige technische Anpassung der Anlage, die dem Ein-

---

[1]) **Amtl. Anm.**: Amtlicher Hinweis: Zu beziehen bei Wirtschafts- und Verlagsgesellschaft Gas und Wasser mit beschränkter Haftung, Bonn, archivmäßig niedergelegt beim Deutschen Verein des Gas- und Wasserfachs e.V.

speiser auf Grund einer Umstellung des Netzes auf eine andere Gasqualität entstehen.

(3) ¹Der Netzbetreiber ist dafür verantwortlich, dass das Gas am Ausspeisepunkt den eichrechtlichen Vorgaben des Arbeitsblattes G 685 des Deutschen Vereins des Gas- und Wasserfachs e.V. (Stand 2007)[1] entspricht. ²Der Netzbetreiber trägt hierfür die Kosten.

(4) ¹Der Netzbetreiber ist für die Odorierung und die Messung der Gasbeschaffenheit verantwortlich. ²Der Netzbetreiber trägt hierfür die Kosten.

§ 37 Monitoring. ¹Die Auswirkungen der Sonderregelungen für die Einspeisung von Biogas in das Erdgasnetz nach Teil 6 werden von der Bundesregierung geprüft. ²Die Bundesnetzagentur legt hierzu erstmals bis zum 31. Mai 2011 und anschließend jährlich einen Bericht vor. ³Darin werden das Erreichen der Ziele nach § 31, die Kostenstruktur für die Einspeisung von Biogas, die erzielbaren Erlöse, die Kostenbelastung der Netze und Speicher sowie die Notwendigkeit von Musterverträgen untersucht.

Teil 7. Besondere Regelungen für Betreiber von Speicher-, LNG- und Produktionsanlagen sowie Gaskraftwerken

§ 38 Kapazitätsreservierung für Betreiber von Speicher-, LNG- und Produktionsanlagen sowie Gaskraftwerken. (1) ¹Betreiber von Speicher-, LNG- und Produktionsanlagen sowie Betreiber von Gaskraftwerken, die nach Inkrafttreten dieser Verordnung an ein Fernleitungsnetz angeschlossen werden sollen oder deren Anschlusskapazität an ein Fernleitungsnetz durch eine Erweiterung vergrößert werden soll, können im Rahmen der technischen Kapazität des Netzes, an das sie angeschlossen werden sollen, Ausspeisekapazität im Fernleitungsnetz reservieren, es sei denn, die Reservierung führt unter Berücksichtigung des bereits gebuchten Anteils der technischen Kapazität des betreffenden Fernleitungsnetzes zu einer Überschreitung der vom Fernleitungsnetzbetreiber ausgewiesenen technischen Kapazität. ²Satz 1 gilt entsprechend für Einspeisepunkte zur Einspeisung von Gas aus Speicher-, LNG- oder Produktionsanlagen in das betreffende Fernleitungsnetz. ³Reservierte Kapazität kann bereits vor dem Ende des Reservierungszeitraums nach Absatz 3 Satz 7 fest gebucht werden. ⁴Die Regelungen der §§ 33 und 34 bleiben unberührt.

(2) Für die Reservierung sind durch den Betreiber von Anlagen nach Absatz 1 folgende Voraussetzungen zu erfüllen und gegenüber dem Fernleitungsnetzbetreiber nachzuweisen:

1. Kurzbeschreibung des Anlagenkonzepts, der Erweiterungsmaßnahmen,
2. Kurzdarstellung des aktuellen Stands des Genehmigungsverfahrens sowie
3. Benennung des Zeitpunkts der ersten Gasabnahme.

(3) ¹Der Fernleitungsnetzbetreiber ist verpflichtet, dem Betreiber von Anlagen im Sinne des Absatzes 1 innerhalb von zwei Wochen nach Eingang der

---

[1] **Amtl. Anm.:** Amtlicher Hinweis: Zu beziehen bei Wirtschafts- und Verlagsgesellschaft Gas und Wasser mit beschränkter Haftung, Bonn, archivmäßig niedergelegt beim Deutschen Verein des Gas- und Wasserfachs e.V.

Anfrage mitzuteilen, welche Unterlagen er für die weitere Prüfung der Anfrage benötigt und welche Kosten mit der Prüfung verbunden sind. ²Der Betreiber der Anlage teilt dem Fernleitungsnetzbetreiber innerhalb von zwei Wochen nach Eingang des Prüfungsergebnisses mit, ob der Fernleitungsnetzbetreiber die notwendigen Prüfungen durchführen soll. ³Nach Eingang der vollständigen Unterlagen beim Fernleitungsnetzbetreiber hat dieser die Anfrage des Betreibers innerhalb von zwei Monaten zu prüfen und ihm das Ergebnis der Prüfung mitzuteilen. ⁴Ergibt die Prüfung, dass eine Reservierung von Kapazität auf Grund von nicht ausreichender technischer Kapazität im Fernleitungsnetz nicht möglich ist, hat der Betreiber einer Anlage im Sinne des Absatzes 1 keinen Anspruch auf Kapazitätsreservierung für den angefragten Ein- oder Ausspeisepunkt. ⁵Ist die Reservierung im Rahmen der technischen Kapazität des Fernleitungsnetzes möglich, wird dem Betreiber der Anlage entsprechend seiner Anfrage Kapazität im Netz reserviert. ⁶Die Reservierung wird mit Zahlung der Reservierungsgebühr wirksam. ⁷Die Kapazitätsreservierung verfällt, wenn der Ausspeisepunkt nicht innerhalb von drei Jahren nach Zugang der Reservierungserklärung beim Fernleitungsnetzbetreiber fest gebucht wurde.

(4) ¹Für die Reservierung zahlt der Betreiber einer Anlage im Sinne des Absatzes 1 eine Reservierungsgebühr an den Fernleitungsnetzbetreiber. ²Wird die Reservierung für ein Gaskraftwerk im Sinne des Absatzes 1 vorgenommen, beträgt die Reservierungsgebühr 0,50 Euro pro Kilowattstunde pro Stunde pro Jahr. ³Wird die Reservierung für eine Speicher-, LNG- oder Produktionsanlage im Sinne des Absatzes 1 vorgenommen, beträgt die Reservierungsgebühr 0,40 Euro pro Kilowattstunde pro Stunde pro Jahr. ⁴Die vom Betreiber einer Anlage im Sinne des Absatzes 1 zu entrichtende Reservierungsgebühr wird auf das Entgelt angerechnet, das nach der festen Buchung der Kapazitäten an den Fernleitungsnetzbetreiber zu zahlen ist.

(5) Verfällt die Reservierungsgebühr nach Absatz 3, werden Erlöse aus den Reservierungsgebühren auf dem Regulierungskonto nach § 5 der Anreizregulierungsverordnung[1] verbucht.

§ 39 Kapazitätsausbauanspruch für Betreiber von Gaskraftwerken sowie Speicher-, LNG- und Produktionsanlagen. (1) ¹Betreiber von Speicher-, LNG- oder Produktionsanlagen sowie Gaskraftwerken, deren Reservierungsanfrage nach § 38 wegen fehlender Kapazität im Fernleitungsnetz nicht berücksichtigt werden konnte (Anschlusswillige), haben Anspruch darauf, dass die an der Speicher-, LNG- oder Produktionsanlage oder dem Gaskraftwerk benötigte Ein- oder Ausspeisekapazität im Rahmen des Kapazitätsausbaus, dessen Erforderlichkeit sich auf Grundlage des nach § 17 Absatz 1 ermittelten Kapazitätsbedarfs ergibt, bereitgestellt wird, es sei denn, die Durchführung des erforderlichen Kapazitätsausbaus ist dem Fernleitungsnetzbetreiber wirtschaftlich nicht zumutbar. ²Die wirtschaftliche Zumutbarkeit eines Kapazitätsausbaus wird vermutet, wenn die an der Speicher-, LNG- oder Produktionsanlage oder dem Gaskraftwerk benötigte Ein- oder Ausspeisekapazität spätestens 18 Monate vor dem im Realisierungsfahrplan nach Absatz 2 Satz 2 vorgesehenen Zeitpunkt der Fertigstellung der neuen oder erweiterten Speicher-, LNG- oder Produktionsanlage oder des neuen oder

---

[1] Nr. 20.

erweiterten Gaskraftwerks verbindlich langfristig beim Fernleitungsnetzbetreiber gebucht wird.

(2) [1] Nach Abschluss des Verfahrens nach § 17 Absatz 1 haben der Fernleitungsnetzbetreiber und der Anschlusswillige unverzüglich einen verbindlichen Realisierungsfahrplan zu erarbeiten, auf dessen Grundlage der Ausbau erfolgen soll. [2] Dieser Realisierungsfahrplan hat auch den geplanten Zeitpunkt des Baubeginns sowie der Fertigstellung der neuen oder erweiterten Speicher-, LNG- oder Produktionsanlage oder des neuen oder erweiterten Gaskraftwerks zu enthalten. [3] Der Fernleitungsnetzbetreiber hat Anspruch auf Anpassung des Realisierungsfahrplans, sofern dies auf Grund von ihm nicht zu vertretender Umstände erforderlich ist. [4] Satz 3 gilt für den Anschlusswilligen entsprechend.

(3) [1] Der Anschlusswillige ist in dem Zeitraum zwischen Abschluss des Verfahrens zur Kapazitätsbedarfsermittlung nach § 17 und dem Zeitpunkt der verbindlichen langfristigen Buchung der Kapazität an der neuen oder erweiterten Speicher-, LNG- oder Produktionsanlage oder dem neuen oder erweiterten Gaskraftwerk (Planungsphase) verpflichtet, sich an den Planungskosten des Fernleitungsnetzbetreibers mit einer Planungspauschale zu beteiligen. [2] Die Planungspauschale beträgt für neue oder erweiterte Gaskraftwerke 0,50 Euro pro Kilowattstunde pro Stunde pro Jahr und für neue oder erweiterte Speicher-, LNG- oder Produktionsanlagen 0,40 Euro pro Kilowattstunde pro Stunde pro Jahr. [3] Die vom Anschlusswilligen gezahlte Planungspauschale ist vom Fernleitungsnetzbetreiber nach einer verbindlichen langfristigen Buchung der Kapazität mit dem Ein- oder Ausspeiseentgelt, das für die Kapazität zu zahlen ist, zu verrechnen. [4] Wird die Kapazität vom Anschlusswilligen nicht verbindlich langfristig gebucht, verfällt die vom Anschlusswilligen gezahlte Planungspauschale, es sei denn, die Kapazität, die für die Anlage benötigt worden wäre, wird verbindlich langfristig von einem Dritten benötigt. [5] In diesem Fall ist der Fernleitungsnetzbetreiber verpflichtet, dem Anschlusswilligen die gezahlte Planungspauschale zu erstatten. [6] Eine Reservierungsgebühr nach § 38 darf vom Fernleitungsnetzbetreiber zusätzlich zur Planungspauschale nicht verlangt werden.

Teil 8. Veröffentlichungs- und Informationspflichten

§ 40 Veröffentlichungspflichten. (1) [1] Netzbetreiber sind verpflichtet, auf ihren Internetseiten regelmäßig, beginnend mit dem 1. Oktober 2011, folgende aktualisierte Angaben in einem gängigen Datenformat zu veröffentlichen:

1. im Fernleitungsnetz eine unter Betreibern angrenzender Netze abgestimmte einheitliche Bezeichnung für Netzkopplungspunkte oder Ein- oder Ausspeisezonen, unter denen dort Kapazität gebucht werden kann,
2. im Fernleitungsnetz mindestens einmal jährlich Angaben über Termine von Versteigerungen nach § 13 Absatz 1 Satz 1, mindestens für die nächsten fünf Jahre im Voraus,
3. im Fernleitungsnetz, zumindest für den Folgetag, die Zusatzmenge nach § 10 Absatz 1 Satz 1,

4. im Fernleitungsnetz Angaben über die bei der Lastflusssimulation nach § 9 Absatz 2 verwendete Methode,

5. im Fernleitungsnetz mindestens einmal jährlich eine Dokumentation der nach § 9 Absatz 3 durchgeführten kapazitätserhöhenden Maßnahmen und ihrer jeweiligen Kosten,

6. im Fernleitungsnetz Angaben zu den Erlösen aus der Kapazitätsvergabe nach § 13 Absatz 1 und deren Verwendung nach § 13 Absatz 4,

7. im Verteilnetz die Gasbeschaffenheit bezüglich des Brennwerts „$H_{s,n}$" sowie am zehnten Werktag des Monats den Abrechnungsbrennwert des Vormonats an allen Ein- und Ausspeisepunkten,

8. im Verteilnetz Regeln für den Anschluss anderer Anlagen und Netze an das vom Netzbetreiber betriebene Netz sowie den Zugang solcher Anlagen und Netze zu dem vom Netzbetreiber betriebenen Netz,

9. im örtlichen Verteilnetz die zur Anwendung kommenden Standardlastprofile,

10. die Zuordenbarkeit jeder Entnahmestelle zu einem oder mehreren Marktgebieten,

11. die „Mindestanforderungen an die Allgemeinen Geschäftsbedingungen" nach § 4 sowie die Vereinbarung nach § 8 Absatz 6 sowie

12. Ansprechpartner im Unternehmen für Netzzugangsfragen.

[2] Diese Angaben sind bei Änderungen unverzüglich anzupassen, mindestens monatlich oder, falls es die Verfügbarkeit kurzfristiger Dienstleistungen erfordert, täglich. [3] Die Veröffentlichungspflichten der Fernleitungsnetzbetreiber nach Anhang I zur Verordnung (EG) Nr. 715/2009 bleiben unberührt. [4] Die Veröffentlichung der Angaben nach Satz 1 hat in einem gängigen Format zu erfolgen, das eine automatisierte Auslesung der veröffentlichten Daten von der Internetseite des Fernleitungsnetzbetreibers ermöglicht. [5] Die Angaben werden in deutscher Sprache veröffentlicht. [6] Fernleitungsnetzbetreiber veröffentlichen sie auf ihrer Internetseite zusätzlich in englischer Sprache. [7] Örtliche Verteilnetzbetreiber stellen darüber hinaus auf ihrer Internetseite eine Karte bereit, auf der schematisch erkennbar ist, welche Bereiche in einem Gemeindegebiet an das örtliche Gasverteilernetz angeschlossen sind.

(2) Marktgebietsverantwortliche veröffentlichen auf ihrer Internetseite:

1. die Methoden, nach denen die Ausgleichs- und Regelenergieentgelte berechnet werden;

2. unverzüglich nach der Bilanzierungsperiode die verwendeten Entgelte für Ausgleichsenergie sowie

3. jeweils am Folgetag des Einsatzes der Regelenergie und mindestens für die zwölf zurückliegenden Monate, Informationen über den Einsatz interner und externer Regelenergie. Bei externer Regelenergie haben die Marktgebietsverantwortlichen zwischen externen Flexibilitäten und externen Gasmengen zu unterscheiden. Sie haben auch anzugeben, welcher Anteil der externen Regelenergie auf Grund lokaler oder räumlich begrenzter Ungleichgewichte eingesetzt wurde.

Gasnetzzugangsverordnung §§ 41, 42 GasNZV 18

Teil 9. Wechsel des Gaslieferanten

§ 41 Lieferantenwechsel. (1) ¹Die Netzbetreiber sind verpflichtet, für die Durchführung des Lieferantenwechsels bundesweit einheitliche, massengeschäftstaugliche Verfahren anzuwenden. ²Für den elektronischen Datenaustausch mit den Transportkunden ist ein einheitliches Datenformat zu verwenden. ³Die Netzbetreiber sind verpflichtet, die elektronische Übermittlung und Bearbeitung von Kundendaten in massengeschäftstauglicher Weise zu organisieren, so dass deren Übermittlung und Bearbeitung vollständig automatisiert erfolgen können. ⁴Die Verbände der Transportkunden sind an der Entwicklung der Verfahren und Formate für den Datenaustausch angemessen zu beteiligen.

(2) Der bisherige Lieferant ist verpflichtet, unverzüglich

1. dem Netzbetreiber die Abmeldung seines Kunden mitzuteilen;
2. dem neuen Lieferanten in einem einheitlichen Format elektronisch eine Kündigungsbestätigung zu übersenden, soweit der neue Lieferant die Kündigung in Vertretung für den Kunden ausgesprochen hat.

(3) ¹Eine Entnahmestelle ist anhand von nicht mehr als drei mitgeteilten Daten zu identifizieren. ²Es soll eine der folgenden Datenkombinationen mitgeteilt werden:

1. Zählpunkt oder Zählpunkt-Aggregation und Name oder Firma des Kunden sowie Straße, Postleitzahl und Ort der Entnahmestelle,
2. Zählernummer und Name oder Firma des Kunden sowie Straße, Postleitzahl und Ort der Entnahmestelle oder
3. Name des bisherigen Lieferanten, Kundennummer des bisherigen Lieferanten und Name oder Firma des Kunden sowie Straße, Postleitzahl und Ort der Entnahmestelle.

³Wenn der neue Lieferant keine der in Satz 2 aufgeführten Datenkombinationen vollständig dem Netzbetreiber mitteilt, darf der Netzbetreiber die Meldung nur zurückweisen, wenn die Entnahmestelle nicht eindeutig identifizierbar ist. ⁴In diesem Fall ist die Meldung für diese Entnahmestelle unwirksam. ⁵Änderungen wesentlicher Kundendaten sind wechselseitig unverzüglich mitzuteilen. ⁶§ 50 Absatz 1 Nummer 15 bleibt unberührt.

(4) ¹Betreiber von Gasversorgungsnetzen dürfen den Lieferantenwechsel nur von Bedingungen abhängig machen, die in den Absätzen 1 bis 3 genannt sind. ²§ 50 Absatz 1 Nummer 14 bleibt unberührt.

§ 42 Rucksackprinzip. ¹Bei einem Wechsel des Lieferanten kann der neue Lieferant vom bisherigen Lieferanten die Übertragung der für die Versorgung des Kunden erforderlichen, vom bisherigen Lieferanten gebuchten Ein- und Ausspeisekapazitäten verlangen, wenn ihm die Versorgung des Kunden entsprechend der von ihm eingegangenen Lieferverpflichtung ansonsten nicht möglich ist und er dies gegenüber dem bisherigen Lieferanten begründet. ²Als erforderlich gilt die vom Kunden abgenommene Höchstmenge des vorangegangenen Abnahmejahres, soweit eine entsprechende Höchstabnahmemenge auch weiterhin zu vermuten ist.

§ 42 a Elektronischer Datenaustausch. [1] Der Datenaustausch zur Anbahnung und Abwicklung der Netznutzung zwischen Betreibern von Gasversorgungsnetzen, Marktgebietsverantwortlichen, Messstellenbetreibern, Messdienstleistern und Netznutzern erfolgt elektronisch. [2] Für den Datenaustausch ist das von der Bundesnetzagentur vorgegebene, bundesweit einheitliche Format zu verwenden. [3] Die Marktbeteiligten stellen sicher, dass für den Datenaustausch einheitliche Prozesse verwendet werden, die eine größtmögliche Automatisierung ermöglichen.

Teil 10. Messung

§ 43 Messung. [1] Der Messstellenbetreiber oder gegebenenfalls der Messdienstleister nimmt die Messung von Gasmengen vor. [2] Der Netzbetreiber kann, soweit dies zur Erfüllung seiner Aufgaben zwingend erforderlich ist, Kontrollablesungen durchführen. [3] Die Messung erfolgt nach § 11 der Messzugangsverordnung[1]).

§ 44 Messung des von Haushaltskunden entnommenen Gases. (1) Bei der Messung des von grundversorgten Haushaltskunden entnommenen Gases werden die Messeinrichtungen nach den Vorgaben des Grundversorgers möglichst in gleichen Zeitabständen, die zwölf Monate nicht wesentlich überschreiten dürfen, abgelesen.

(2) [1] Im Falle eines Lieferantenwechsels nach § 41 ist für die Ermittlung des Verbrauchswerts im Zeitpunkt des Lieferantenwechsels ein einheitliches Verfahren zugrunde zu legen. [2] Die Abrechnung kann auf Grundlage einer Messung nach § 43 oder, sofern kein Ableseergebnis vorliegt, durch Schätzung des Netzbetreibers erfolgen. [3] Im Falle einer Schätzung ist der Verbrauch zeitanteilig zu berechnen; jahreszeitliche Verbrauchsschwankungen sind auf der Grundlage der für Haushaltskunden maßgeblichen Erfahrungswerte angemessen zu berücksichtigen.

§ 45 Messung nach Vorgabe des Transportkunden. Liegt eine Vereinbarung nach § 40 Absatz 3 Satz 2 des Energiewirtschaftsgesetzes[2]) vor, sind die hieraus folgenden Vorgaben zu den Zeitabständen der Messung zu beachten.

§ 46 Betrieb von Mess- und Steuereinrichtungen. (1) Für den Betrieb der Mess- und Steuereinrichtungen gelten § 8 Absatz 1 und § 9 Absatz 3 der Messzugangsverordnung[1]).

(2) [1] Der Anschlussnehmer haftet für das Abhandenkommen und die Beschädigung von Mess- und Steuereinrichtungen, soweit ihn daran ein Verschulden trifft. [2] Er hat den Verlust, Beschädigungen und Störungen dieser Einrichtungen dem Messstellenbetreiber unverzüglich mitzuteilen.

§ 47 Nachprüfung von Messeinrichtungen. (1) [1] Der Transportkunde kann jederzeit die Nachprüfung der Messeinrichtungen durch eine Eichbehörde oder eine staatlich anerkannte Prüfstelle im Sinne des § 2 Absatz 4 des

---

[1]) Nr. 22.
[2]) Nr. 1.

Gasnetzzugangsverordnung §§ 48–50 GasNZV 18

Eichgesetzes verlangen. ² Stellt der Transportkunde den Antrag auf Nachprüfung nicht bei dem Messstellenbetreiber, so hat er diesen zugleich mit der Antragstellung zu benachrichtigen.

(2) Die Kosten der Nachprüfung fallen dem Messstellenbetreiber zur Last, falls die Abweichung die eichrechtlichen Verkehrsfehlergrenzen überschreitet, sonst dem Transportkunden.

§ 48 Vorgehen bei Messfehlern. Ergibt eine Prüfung der Messeinrichtungen eine Überschreitung der gesetzlichen Verkehrsfehlergrenzen und ist die Größe des Fehlers nicht einwandfrei festzustellen oder zeigt eine Messeinrichtung nicht an (Messfehler), so hat der Netzbetreiber die Daten für die Zeit seit der letzten fehlerfreien Ablesung aus dem Durchschnittsverbrauch des ihr vorhergehenden und des der Beseitigung des Fehlers nachfolgenden Ablesezeitraums oder auf Grund des Vorjahreswertes durch Schätzung zu ermitteln.

Teil 11. Verweigerung des Netzzugangs nach § 25 des Energiewirtschaftsgesetzes

§ 49 Verfahren zur Verweigerung des Netzzugangs nach § 25 des Energiewirtschaftsgesetzes. (1) ¹ Gasversorgungsunternehmen haben den Antrag nach § 25 Satz 2 des Energiewirtschaftsgesetzes[1]) bei der Regulierungsbehörde spätestens bis zum Juni eines Jahres zu stellen. ² Eine spätere Antragstellung ist nur zulässig, wenn der Netzzugangsverweigerungsgrund nach dem in Satz 1 genannten Zeitpunkt entstanden ist. ³ Dem Antrag sind alle für die Prüfung erforderlichen Angaben über die Art und den Umfang der Unzumutbarkeit und die von dem Gasversorgungsunternehmen zu deren Abwendung unternommenen Anstrengungen beizufügen.

(2) ¹ Soweit nach Artikel 27 Absatz 2 der Richtlinie 2003/55/EG des Europäischen Parlaments und des Rates vom 26. Juni 2003 über gemeinsame Vorschriften für den Erdgasbinnenmarkt und zur Aufhebung der Richtlinie 98/30/EG (ABl. L 176 vom 15. 7. 2003, S. 57) die Beteiligung der Kommission der Europäischen Gemeinschaften (EG-Beteiligungsverfahren) vorgesehen ist, leitet die Regulierungsbehörde dieses Verfahren ein. ² Die Regulierungsbehörde hat eine Entscheidung über einen Antrag nach Absatz 1 Satz 1 nach Maßgabe einer endgültigen Entscheidung der Kommission nach Artikel 27 Absatz 2 in Verbindung mit Artikel 30 Absatz 2 der Richtlinie 2003/55/EG zu ändern oder aufzuheben; die §§ 48 und 49 des Verwaltungsverfahrensgesetzes bleiben unberührt.

Teil 12. Befugnisse der Regulierungsbehörde

§ 50 Festlegungen. (1) Zur Verwirklichung eines effizienten Netzzugangs und der in § 1 Absatz 1 des Energiewirtschaftsgesetzes[1]) genannten Zwecke kann die Regulierungsbehörde unter Beachtung der Anforderungen eines

---

[1]) Nr. 1.

sicheren Netzbetriebs Entscheidungen durch Festlegungen nach § 29 Absatz 1 des Energiewirtschaftsgesetzes treffen:

1. zu den Verträgen nach den §§ 3, 7 und 33 sowie den Geschäftsbedingungen nach § 3 Absatz 6, den §§ 4 und 33 Absatz 3 Nummer 2, sofern nicht ein Standardangebot angewendet wird;
2. zu den Voraussetzungen und Grenzen für technische Ausspeisemeldungen nach § 8 Absatz 5;
3. zu Verfahren und Anforderungen an eine Registrierung des Transportkunden beim Netzbetreiber oder des Bilanzkreisverantwortlichen beim Marktgebietsverantwortlichen nach § 6, insbesondere zu Fristen, die bei der Registrierung einzuhalten sind, soweit dies erforderlich ist, um die Diskriminierungsfreiheit der Registrierung zu gewährleisten;
4. zu Ermittlung und Angebot von Kapazitäten nach § 9, insbesondere zum Verfahren zur Beschaffung von Maßnahmen nach § 9 Absatz 3 Satz 2 Nummer 1 bis 3, sowie zu Kapazitätsprodukten nach § 11;
5. zum prozentualen Anteil, zu dem Kosten und Erlöse beim Fernleitungsnetzbetreiber verbleiben, in Abweichung zu § 10 Absatz 2 Satz 1 und 2, soweit dies erforderlich ist, um eine nachfragegerechte Maximierung des Kapazitätsangebots im Sinne des § 9 durch die Fernleitungsnetzbetreiber zu gewährleisten; um eine nachfragegerechte Maximierung des Kapazitätsangebots im Sinne des § 9 durch die Fernleitungsnetzbetreiber zu gewährleisten, kann die Regulierungsbehörde auch einen Höchstbetrag festlegen, zu dem Erlöse und Kosten aus Verfahren nach § 10 beim Fernleitungsnetzbetreiber verbleiben;
6. zu den Kapazitätsplattformen nach § 12; sie kann insbesondere festlegen, dass ein Anteil kurzfristiger Kapazitäten in anderer Weise, insbesondere durch implizite Auktionen, zugewiesen werden kann, wenn dies erforderlich ist, um insbesondere durch eine Kopplung der Märkte die Liquidität des Gasmarkts zu erhöhen;
7. zum Verfahren für die Beschaffung, den Einsatz und die Abrechnung von Regelenergie nach Teil 5 Abschnitt 2 dieser Verordnung, insbesondere zu den Mindestangebotsgrößen, Ausschreibungszeiträumen, und den einheitlichen Bedingungen, die Anbieter von Regelenergie erfüllen müssen;
8. zum System und der Beschaffenheit des Netzanschlusses von Anlagen zur Aufbereitung von Biogas an das Gasversorgungsnetz, der Einspeisung von Biogas in das Erdgasnetz, zur Vereinheitlichung von technischen Anforderungen für Anlagen und Netzanschluss, einschließlich Abweichungen von den Vorgaben in § 36 Absatz 1, der Arbeitsblätter G 260, G 262 und G 685 des Deutschen Vereins des Gas- und Wasserfachs e.V. (Stand 2007)[1] sowie des Netzzugangs und der Bilanzierung von Transportkunden von Biogas;
9. zum Bilanzierungssystem nach Teil 5 Abschnitt 1 dieser Verordnung, um berechtigte Bedürfnisse des Marktes angemessen zu berücksichtigen, sowie insbesondere zu einer von § 23 Absatz 1 Satz 1 abweichenden Länge der Bilanzierungsperiode, zu einer von § 23 Absatz 2 Satz 2 abweichenden

---

[1] **Amtl. Anm.:** Amtlicher Hinweis: Zu beziehen bei Wirtschafts- und Verlagsgesellschaft Gas und Wasser mit beschränkter Haftung, Bonn, archivmäßig niedergelegt beim Deutschen Verein des Gas- und Wasserfachs e.V.

Bemessung der Toleranzmenge, zu den Anforderungen an und den zu verwendenden Datenformaten für den Informationsaustausch im Rahmen der Bilanzierung, zu Inhalten sowie den Fristen im Zusammenhang mit der Datenübermittlung und zu den Methoden, nach denen die Entgelte nach § 23 Absatz 2 Satz 3 gebildet werden; sie hat dabei zu beachten, dass ein Bilanzausgleichssystem einen effizienten Netzzugang ermöglicht und, soweit erforderlich, auch Anreize gegen eine missbräuchliche Nutzung der Bilanzausgleichsdienstleistungen enthalten soll;

10. zu Entgelten und Gebühren für die Nutzung des Virtuellen Handelspunkts in Abweichung von § 22 Absatz 1 Satz 6;

11. zu Anreizen und Pönalen für die Transportkunden, soweit dies zur Durchsetzung der Verpflichtung der Transportkunden zum Angebot von Kapazitäten auf dem Sekundärmarkt oder zum Zurverfügungstellen von Kapazitäten an den Fernleitungsnetzbetreiber nach § 16 Absatz 1 erforderlich ist;

12. zur Vereinheitlichung des Nominierungsverfahrens nach § 15; insbesondere kann sie Festlegungen treffen zum Zeitpunkt, bis zu dem eine Nominierung erfolgen muss, und zum Umfang der Möglichkeiten für nachträgliche Änderungen der Nominierung;

13. zu Beginn und Ende des Gastags in Abweichung von § 23 Absatz 1 Satz 2, wenn dies der Erreichung der Ziele des § 1 des Energiewirtschaftsgesetzes dient;

14. zur Abwicklung des Lieferantenwechsels nach § 41, insbesondere zu den Anforderungen und dem Format des elektronischen Datenaustauschs;

15. zu den Kriterien für die Identifizierung von Entnahmestellen; hierbei kann sie von § 41 Absatz 3 abweichen;

16. zur Verwaltung und Übermittlung der Stammdaten, die für den massengeschäftstauglichen Netzzugang relevant sind;

17. zur Abwicklung der Netznutzung bei Lieferbeginn und Lieferende;

18. zu bundeseinheitlichen Regelungen zum Datenaustausch zwischen den betroffenen Marktbeteiligten, insbesondere zu Fristen und Formaten sowie zu Prozessen, die eine größtmögliche Automatisierung ermöglichen.

(2) ¹Die Regulierungsbehörde kann die Ausgestaltung der Versteigerungsverfahren nach § 13 für Kapazitätsrechte festlegen; diese muss diskriminierungsfrei sein. ²Die Regulierungsbehörde kann insbesondere die Art und Weise der Bekanntmachung sowie die Zeitpunkte der Versteigerungstermine durch die Fernleitungsnetzbetreiber festlegen; dies umfasst auch die zeitliche Reihenfolge, in der langfristige und kurzfristige Kapazitätsrechte vergeben werden.

(3) ¹Die Regulierungsbehörde kann von Amts wegen Festlegungen treffen, mit denen die prozentuale Aufteilung der technischen Jahreskapazität auf unterschiedliche Kapazitätsprodukte abweichend von § 14 festgelegt wird, soweit dies zur Erreichung der Ziele des § 1 des Energiewirtschaftsgesetzes erforderlich ist. ²Sie hat auf Antrag eines Gasversorgungsunternehmens eine abweichende prozentuale Aufteilung der technischen Jahreskapazität eines Ein- oder Ausspeisepunkts oder einer Ein- oder Ausspeisezone festzulegen, soweit das Gasversorgungsunternehmen nachweist, dass dies zur Erfüllung von Mindestabnahmeverpflichtungen aus Lieferverträgen erforderlich ist, die am

1. Oktober 2009 bestanden. ³ Der im Rahmen langfristiger Kapazitätsverträge zu vergebende Anteil der technischen Jahreskapazität eines Ein- oder Ausspeisepunkts oder einer Ein- oder Ausspeisezone darf jedoch 65 Prozent der technischen Jahreskapazität eines Ein- oder Ausspeisepunkts oder einer Ein- oder Ausspeisezone nicht unterschreiten. ⁴ Bei einer Festlegung von Amts wegen hat die Regulierungsbehörde zuvor die Verbände der Netzbetreiber und die Verbände der Transportkunden anzuhören.

(4) ¹ Die Regulierungsbehörde kann zu Standardlastprofilen nach § 24 und deren Anwendung nach Anhörung der Verbände der Netzbetreiber und der Verbände der Transportkunden Festlegungen treffen, insbesondere zur Behandlung der Messeinrichtungen im Sinne des § 21 b Absatz 3 a und 3 b des Energiewirtschaftsgesetzes oder vergleichbaren Messeinrichtungen und zur Behandlung der ausgelesenen Messwerte im Rahmen des Netzzugangs sowie zur Erarbeitung von Lastprofilen für bestimmte Verbrauchergruppen. ² Sie kann für die Erarbeitung von Lastprofilen für bestimmte Verbrauchergruppen terminliche Vorgaben machen. ³ Dabei sind die Erfahrungen der Marktteilnehmer angemessen zu berücksichtigen.

(5) ¹ Festlegungen können die Netzbetreiber auch verpflichten, über die Angaben in § 40 hinaus weitere Informationen zu veröffentlichen, die für den Wettbewerb im Gashandel oder bei der Belieferung von Kunden erforderlich sind. ² Festlegungen können die Netzbetreiber und Transportkunden verpflichten, bei der Erfüllung von Veröffentlichungs- und Datenübermittlungspflichten aus dieser Verordnung oder aus Festlegungsentscheidungen auf der Grundlage dieser Verordnung bestimmte einheitliche Formate einzuhalten.

(6) Die Regulierungsbehörde macht Festlegungsentscheidungen in ihrem Amtsblatt öffentlich bekannt und veröffentlicht sie kostenfrei im Internet in druckbarer Form.

(7) ¹ Anstelle einer Festlegungsentscheidung kann die Regulierungsbehörde in den Fällen des Absatzes 1 Satz 1 Nummer 1 die Netzbetreiber auffordern, ihr innerhalb einer bestimmten, angemessenen Frist ein Standardangebot für Geschäftsbedingungen nach § 4 und für die Ausgestaltung der Kapazitätsprodukte nach § 11 vorzulegen, insbesondere in Bezug auf die Möglichkeit zur nachträglichen Änderung der Nominierung sowie auf standardisierte Bedingungen nach § 33 Absatz 3 Nummer 2. ² Sie kann in dieser Aufforderung Vorgaben für die Ausgestaltung einzelner Bedingungen machen, insbesondere in Bezug auf Diskriminierungsfreiheit und Angemessenheit. ³ Sie gibt den Verbänden der Netzbetreiber und den Verbänden der Transportkunden in geeigneter Form Gelegenheit zur Stellungnahme und kann unter Berücksichtigung der Stellungnahmen durch Festlegung Änderungen der Standardangebote vornehmen, insbesondere soweit einzelne Vorgaben nicht umgesetzt worden sind.

(8) ¹ Die Regulierungsbehörde kann Netzbetreiber und Marktgebietsverantwortliche verpflichten, innerhalb einer bestimmten, angemessenen Frist ein Standardangebot zu den in Absatz 1 Nummer 9 genannten Teilen des Bilanzierungssystems vorzulegen. ² Sie kann in dieser Aufforderung Vorgaben für die Ausgestaltung einzelner Bedingungen machen, insbesondere in Bezug auf standardisierte Geschäftsprozesse der Bilanzierung wie für den elektronischen Datenaustausch im Rahmen der Bilanzierung, soweit dies einer effizienten Abwicklung der Bilanzierung dient. ³ Sie gibt den Verbänden der

Netzbetreiber und den Verbänden der Transportkunden in geeigneter Form Gelegenheit zur Stellungnahme und kann unter Berücksichtigung der Stellungnahmen durch Festlegung Änderungen der Standardangebote vornehmen, insbesondere soweit einzelne Vorgaben nicht umgesetzt worden sind.

Teil 13. Sonstige Bestimmungen

§ 51 Ordnungswidrigkeiten. (1) Ordnungswidrig im Sinne des § 95 Absatz 1 Nummer 5 Buchstabe a des Energiewirtschaftsgesetzes[1] handelt, wer vorsätzlich oder fahrlässig

1. entgegen § 9 Absatz 2 Satz 3 oder Absatz 3 Satz 5 nicht zusammenarbeitet,
2. entgegen § 9 Absatz 2 Satz 4 oder § 26 Absatz 1 eine Information nicht oder nicht rechtzeitig zur Verfügung stellt,
3. entgegen § 33 Absatz 2 Satz 1 die Verfügbarkeit des Netzanschlusses nicht sicherstellt,
4. entgegen § 33 Absatz 4 Satz 1 eine dort genannte Angabe nicht, nicht richtig, nicht vollständig oder nicht rechtzeitig darlegt,
5. entgegen § 33 Absatz 4 Satz 2 eine Angabe nicht oder nicht rechtzeitig anfordert,
6. entgegen § 33 Absatz 5 Satz 4 eine Mitteilung nicht, nicht richtig, nicht vollständig oder nicht rechtzeitig macht,
7. entgegen § 33 Absatz 6 Satz 3 ein Vertragsangebot nicht oder nicht rechtzeitig vorlegt,
8. entgegen § 40 Absatz 1 Nummer 2 oder § 40 Absatz 2 Nummer 2 oder Nummer 3 Satz 1 eine Veröffentlichung nicht, nicht richtig, nicht vollständig oder nicht rechtzeitig vornimmt oder
9. einer vollziehbaren Anordnung nach § 50 Absatz 5 zuwiderhandelt.

(2) Ordnungswidrig im Sinne des § 95 Absatz 1 Nummer 5 Buchstabe b des Energiewirtschaftsgesetzes handelt, wer vorsätzlich oder fahrlässig einer vollziehbaren Anordnung nach § 50 Absatz 1, 2, 3 Satz 1 oder Satz 2, Absatz 4 Satz 1 oder Satz 2, Absatz 7 oder Absatz 8 zuwiderhandelt.

---

[1] Nr. 1.

19. Verordnung über die Entgelte für den Zugang zu Gasversorgungsnetzen (Gasnetzentgeltverordnung – GasNEV)

Vom 25. Juli 2005

(BGBl. I S. 2197)

FNA 752-6-1

zuletzt geänd. durch Art. 5 VO zur NF und Änd. von Vorschriften auf dem Gebiet des Energiewirtschaftsrechts sowie des Bergrechts v. 3. 9. 2010 (BGBl. I S. 1261)

Auf Grund des § 24 Satz 1 Nr. 1, 2 und 4 in Verbindung mit Satz 2 Nr. 1, 2, 4, 5, 6 und 7 sowie Satz 3 und 5 und des § 29 Abs. 3 des Energiewirtschaftsgesetzes[1] vom 7. Juli 2005 (BGBl. I S. 1970) verordnet die Bundesregierung:

Inhaltsübersicht

§§

Teil 1. Allgemeine Bestimmungen

Anwendungsbereich	1
Begriffsbestimmungen	2
Grundsätze der Entgeltbestimmung	3

Teil 2. Methode zur Ermittlung der Netzentgelte

Abschnitt 1. Kostenartenrechnung

Grundsätze der Netzkostenermittlung	4
Aufwandsgleiche Kostenpositionen	5
Kalkulatorische Abschreibungen	6
Kalkulatorische Eigenkapitalverzinsung	7
Kalkulatorische Steuern	8
Kostenmindernde Erlöse und Erträge	9
Periodenübergreifende Saldierung	10

Abschnitt 2. Kostenstellenrechnung

Grundsätze der Kostenverteilung	11
Kostenstellen	12

Abschnitt 3. Kostenträgerrechnung

Grundsätze der Entgeltermittlung	13
Teilnetze	14
Ermittlung der Netzentgelte	15
Verprobung	16
Änderungen der Netzentgelte	17
Besondere Regeln für örtliche Verteilernetze	18
Besondere Regeln für Fernleitungsnetze	19
Sonderformen der Netznutzung	20

Teil 3. Vergleichsverfahren

Abschnitt 1. Vergleichsverfahren bei kostenorientierter Ermittlung der Netzentgelte

Verfahren	21

[1] Nr. **1**.

Gasnetzentgeltverordnung §§ 1–3 GasNEV 19

	§§
Vergleich	22
Strukturklassen	23
Kostenstruktur	24
Mitteilungspflichten gegenüber der Regulierungsbehörde	25

Abschnitt 2. Vergleichsverfahren bei der Ermittlung der Netzentgelte gemäß § 20

Vergleich der Fernleitungsnetzbetreiber 26

Teil 4. Pflichten der Netzbetreiber

Veröffentlichungspflichten	27
Dokumentation	28
Mitteilungen gegenüber der Regulierungsbehörde	29

Teil 5. Sonstige Bestimmungen

Festlegungen der Regulierungsbehörde	30
Ordnungswidrigkeiten	31
Übergangsregelungen	32
Inkrafttreten	33

Teil 1. Allgemeine Bestimmungen

§ 1 Anwendungsbereich. Diese Verordnung regelt die Festlegung der Methode zur Bestimmung der Entgelte für den Zugang zu den Gasfernleitungs- und Gasverteilernetzen (Netzentgelte).

§ 2 Begriffsbestimmungen. [1] Im Sinne dieser Verordnung bedeutet

1. Gaswirtschaftsjahr
   der Zeitraum vom 1. Oktober, 6.00 Uhr, eines Kalenderjahres bis zum 1. Oktober, 6.00 Uhr, des folgenden Kalenderjahres;

2. Kalkulationsperiode
   das Geschäftsjahr des Betreibers eines Gasfernleitungs- oder Gasverteilernetzes;

3. Überregionales Gasfernleitungsnetz
   ein Fernleitungsnetz, in das Gas an der Grenze zur Bundesrepublik Deutschland oder an einem Übergabepunkt aus einer inländischen Produktionsleitung eingespeist wird und das

   a) dem Transport des Gases zu einem Ausspeisepunkt an der Grenze der Bundesrepublik Deutschland dient oder

   b) ausschließlich oder überwiegend dem Import von Erdgas oder dem Transport von im Inland produzierten Erdgas dient und aus dem im Inland ganz oder überwiegend Gas in nachgelagerte Gasverteilernetze eingespeist wird.

[2] Im Übrigen finden die Begriffsbestimmungen der Gasnetzzugangsverordnung entsprechende Anwendung.

§ 3 Grundsätze der Entgeltbestimmung. (1) [1] Für die Ermittlung der Netzentgelte sind die Netzkosten nach den §§ 4 bis 10 zusammenzustellen. [2] Die ermittelten Netzkosten sind anschließend nach § 12 vollständig den dort aufgeführten Hauptkostenstellen zuzuordnen. [3] Die Netzentgelte für die Gasfernleitung und Gasverteilung sind nach Maßgabe der §§ 13 bis 18 und 20 zu

523

bestimmen. ⁴ Die Ermittlung der Kosten und der Netzentgelte erfolgt auf der Basis der Daten des abgelaufenen Geschäftsjahres; gesicherte Erkenntnisse über das Planjahr können dabei berücksichtigt werden. ⁵ Soweit hinsichtlich der Kostenermittlung keine besonderen Regelungen getroffen werden, sind die Leitsätze für die Preisermittlung auf Grund von Selbstkosten nach der Anlage zur Verordnung PR Nr. 30/53 über die Preise bei öffentlichen Aufträgen vom 21. November 1953 (BAnz Nr. 244), zuletzt geändert durch Artikel 289 der Verordnung vom 25. November 2003 (BGBl. I S. 2304), heranzuziehen.

(2) ¹ Betreiber von überregionalen Gasfernleitungsnetzen können die Entgelte für die Nutzung der Fernleitungsnetze abweichend von den §§ 4 bis 18 nach Maßgabe des § 19 bilden, wenn das Fernleitungsnetz zu einem überwiegenden Teil wirksamem bestehenden oder potenziellen Leitungswettbewerb ausgesetzt ist. ² Voraussetzung für die Feststellung von wirksamem bestehenden oder potenziellen Wettbewerb ist zumindest, dass

1. die überwiegende Zahl der Ausspeisepunkte dieses Netzes in Gebieten liegt, die auch über überregionale Gasfernleitungsnetze Dritter erreicht werden oder unter kaufmännisch sinnvollen Bedingungen erreicht werden können, oder

2. die überwiegende Menge des transportierten Erdgases in Gebieten ausgespeist wird, die auch über überregionale Gasfernleitungsnetze Dritter erreicht werden oder unter kaufmännisch sinnvollen Bedingungen erreicht werden können.

(3) ¹ Betreiber von Fernleitungsnetzen, die die Entgelte nach Absatz 2 bilden, haben dies unverzüglich der Regulierungsbehörde schriftlich anzuzeigen sowie das Vorliegen der in Absatz 2 genannten Voraussetzungen nachzuweisen. ² Weitere Anzeigen nach Satz 1 sind jeweils zwei Jahre vor Beginn einer Regulierungsperiode nach § 3 der Anreizregulierungsverordnung[1]), erstmals vor Beginn der zweiten Regulierungsperiode bei der Regulierungsbehörde einzureichen. ³ Die Regulierungsbehörde hat zu prüfen, ob die Voraussetzungen nach Absatz 2 Satz 1 und 2 vorliegen. ⁴ Stellt sie fest, dass dies nicht der Fall ist, hat sie von ihren Befugnissen nach § 65 des Energiewirtschaftsgesetzes[2]) Gebrauch zu machen. ⁴ Bis zu einer Entscheidung nach Satz 4 können Entgelte in jedem Fall nach Absatz 2 Satz 1 gebildet werden.

Teil 2. Methode zur Ermittlung der Netzentgelte

Abschnitt 1. Kostenartenrechnung

§ 4 Grundsätze der Netzkostenermittlung. (1) Bilanzielle und kalkulatorische Kosten des Netzbetriebs sind nur insoweit anzusetzen, als sie den Kosten eines effizienten und strukturell vergleichbaren Netzbetreibers entsprechen.

(2) ¹ Ausgehend von den Gewinn- und Verlustrechnungen für die Gasversorgung des letzten abgeschlossenen Geschäftsjahres nach § 10 Abs. 3 des Energiewirtschaftsgesetzes[2]) ist zur Bestimmung der Netzkosten eine kalkulatorische Rechnung zu erstellen. ² Die Netzkosten setzen sich unter Beachtung

---

[1]) Nr. 20.
[2]) Nr. 1.

Gasnetzentgeltverordnung § 5 GasNEV 19

von Absatz 1 aus den aufwandsgleichen Kosten nach § 5, den kalkulatorischen Abschreibungen nach § 6, der kalkulatorischen Eigenkapitalverzinsung nach § 7 sowie den kalkulatorischen Steuern nach § 8 unter Abzug der kostenmindernden Erlöse und Erträge nach § 9 zusammen.

(3) [1] Bis zur erstmaligen Erstellung der jeweiligen Gewinn- und Verlustrechnung nach § 10 Abs. 3 des Energiewirtschaftsgesetzes ist abweichend von Absatz 2 der Bestimmung der Netzkosten jeweils eine auf den Tätigkeitsbereich Gasfernleitung und Gasverteilung beschränkte und nach handelsrechtlichen Grundsätzen ermittelte Gewinn- und Verlustrechnung des letzten abgeschlossenen Geschäftsjahres zu Grunde zu legen. [2] Soweit Betreiber von Gasfernleitungs- oder Gasverteilernetzen nicht unter die Verpflichtungen nach § 10 Abs. 3 des Energiewirtschaftsgesetzes fallen, haben diese jeweils eine auf die Tätigkeitsbereiche Gasfernleitung und Gasverteilung beschränkte und nach handelsrechtlichen Grundsätzen ermittelte Gewinn- und Verlustrechnung des letzten abgeschlossenen Geschäftsjahres zu erstellen und zu Grunde zu legen.

(4) [1] Einzelkosten des Netzes sind dem Netz direkt zuzuordnen. [2] Kosten des Netzes, die sich nicht oder nur mit unvertretbar hohem Aufwand als Einzelkosten direkt zurechnen lassen, sind als Gemeinkosten über eine verursachungsgerechte Schlüsselung dem Gasversorgungsnetz zuzuordnen. [3] Die zu Grunde gelegten Schlüssel müssen sachgerecht sein und den Grundsatz der Stetigkeit beachten. [4] Betreiber eines Gasfernleitungs- oder Gasverteilernetzes haben diese Schlüssel für sachkundige Dritte nachvollziehbar und vollständig zu dokumentieren. [5] Änderungen eines Schlüssels sind nur zulässig, sofern diese sachlich geboten sind. [6] Die hierfür maßgeblichen Gründe sind von Betreibern eines Gasfernleitungs- oder Gasverteilernetzes für sachkundige Dritte nachvollziehbar und vollständig zu dokumentieren.

(5) [1] Betreiber von Gasversorgungsnetzen können Kosten oder Kostenbestandteile, die anfallen auf Grund einer Überlassung betriebsnotwendiger Anlagegüter durch Dritte, nur in der Höhe ansetzen, wie sie anfielen, wenn der Betreiber Eigentümer der Anlagen wäre. [2] Der Betreiber des Gasversorgungsnetzes hat die erforderlichen Nachweise zu führen.

(5 a) [1] Betreiber von Gasversorgungsnetzen können Kosten oder Kostenbestandteile, die auf Grund von Dienstleistungen durch Dritte anfallen, maximal in der Höhe ansetzen, wie sie anfielen, wenn sie die Leistungen selbst erbringen würden. [2] Der Betreiber des Gasversorgungsnetzes hat die erforderlichen Nachweise zu führen.

(6) Sofern Leistungen nach § 9 Absatz 3 Satz 2 Nummer 1 der Gasnetzzugangsverordnung[1)] beschafft werden, können Betreiber von Gasversorgungsnetzen die hierdurch verursachten Kosten nach Maßgabe des § 4 Abs. 1 bei der Ermittlung der Netzkosten in Ansatz bringen.

(7) Soweit außerordentliche Aufwendungen und Erträge die Netzkosten einer Kalkulationsperiode beeinflussen, sind diese der Regulierungsbehörde unverzüglich anzuzeigen.

§ 5 Aufwandsgleiche Kostenpositionen. (1) Aufwandsgleiche Kostenpositionen sind den nach § 10 Abs. 3 des Energiewirtschaftsgesetzes[2)] erstell-

---
[1)] Nr. 18.
[2)] Nr. 1.

ten Gewinn- und Verlustrechnung für die Gasfernleitung und Gasverteilung zu entnehmen und nach Maßgabe des § 4 Abs. 1 bei der Bestimmung der Netzkosten zu berücksichtigen.

(2) Fremdkapitalzinsen sind in ihrer tatsächlichen Höhe einzustellen, höchstens jedoch in der Höhe kapitalmarktüblicher Zinsen für vergleichbare Kreditaufnahmen.

§ 6 Kalkulatorische Abschreibungen. (1) [1] Zur Gewährleistung eines langfristig angelegten leistungsfähigen und zuverlässigen Netzbetriebs ist die Wertminderung der betriebsnotwendigen Anlagegüter nach den Absätzen 2 bis 7 als Kostenposition bei der Ermittlung der Netzkosten in Ansatz zu bringen (kalkulatorische Abschreibungen). [2] Die kalkulatorischen Abschreibungen treten insoweit in der kalkulatorischen Kosten- und Erlösrechnung an die Stelle der entsprechenden bilanziellen Abschreibungen der Gewinn- und Verlustrechnung. [3] Bei der Ermittlung der kalkulatorischen Abschreibungen ist jeweils zu unterscheiden nach Anlagegütern, die vor dem 1. Januar 2006 aktiviert wurden (Altanlage), und Anlagegütern, die ab dem 1. Januar 2006 aktiviert werden (Neuanlage).

(2) [1] Die kalkulatorischen Abschreibungen der Altanlagen sind unter Berücksichtigung der Eigenkapitalquote nach der linearen Abschreibungsmethode zu ermitteln. [2] Für die Ermittlung der kalkulatorischen Abschreibungen

1. des eigenfinanzierten Anteils der Altanlagen ist die Summe aller anlagenspezifisch und ausgehend von dem jeweiligen Tagesneuwert nach Absatz 3 Satz 1 und 2 ermittelten Abschreibungsbeträge aller Altanlagen zu bilden und anschließend mit der Eigenkapitalquote zu multiplizieren;

2. des fremdfinanzierten Anteils der Altanlagen ist die Summe aller anlagenspezifisch und ausgehend von den jeweiligen, im Zeitpunkt ihrer Errichtung erstmalig aktivierten Anschaffungs- und Herstellungskosten (historische Anschaffungs- und Herstellungskosten) ermittelten Abschreibungsbeträge aller Altanlagen zu bilden und anschließend mit der Fremdkapitalquote zu multiplizieren.

[3] Die Eigenkapitalquote ergibt sich rechnerisch als Quotient aus dem betriebsnotwendigen Eigenkapital und den kalkulatorisch ermittelten Restwerten des betriebsnotwendigen Vermögens zu historischen Anschaffungs- und Herstellungskosten. [4] Die anzusetzende Eigenkapitalquote wird kalkulatorisch für die Berechnung der Netzentgelte auf höchstens 40 Prozent begrenzt. [5] Die Fremdkapitalquote ist die Differenz zwischen 100 Prozent und der Eigenkapitalquote.

(3) [1] Der Tagesneuwert ist der unter Berücksichtigung der technischen Entwicklung maßgebliche Anschaffungswert zum jeweiligen Bewertungszeitpunkt. [2] Die Umrechnung der historischen Anschaffungs- und Herstellungskosten der betriebsnotwendigen Anlagegüter auf Tagesneuwerte zum jeweiligen Stichtag erfolgt unter Verwendung anlagenspezifischer oder anlagengruppenspezifischer Preisindizes, die auf den Indexreihen des Statistischen Bundesamtes beruhen (Veröffentlichungen des Statistischen Bundesamtes „Preise und Preisindizes", Fachserie 16 und 17)[1]. [3] Im Falle der Gasversorgungsnetze in Berlin, Brandenburg, Mecklenburg-Vorpommern, Sachsen,

---

[1] **Amtl. Anm.:** Zu beziehen beim Statistischen Bundesamt, Wiesbaden.

Sachsen-Anhalt und Thüringen können für jene Anlagegüter, deren Errichtung zeitlich vor ihrer erstmaligen Bewertung in Deutscher Mark liegt, die Anschaffungs- und Herstellungskosten unter Verwendung zeitnaher üblicher Anschaffungs- und Herstellungskosten und einer Rückrechnung mittels der anwendbaren Preisindizes ermittelt werden.

(4) Die kalkulatorischen Abschreibungen der Neuanlagen sind ausgehend von den jeweiligen historischen Anschaffungs- und Herstellungskosten nach der linearen Abschreibungsmethode zu ermitteln.

(5) [1] Die kalkulatorischen Abschreibungen sind für jede Anlage jährlich auf Grundlage der jeweiligen betriebsgewöhnlichen Nutzungsdauern nach Anlage 1 vorzunehmen. [2] Die jeweils für eine Anlage in Anwendung gebrachte betriebsgewöhnliche Nutzungsdauer ist für die Restdauer ihrer kalkulatorischen Abschreibung unverändert zu lassen. [3] Die kalkulatorischen Abschreibungen sind jahresbezogen zu ermitteln. [4] Dabei ist jeweils ein Zugang des Anlagegutes zum 1. Januar des Anschaffungsjahres zugrunde zu legen.

(6) [1] Der kalkulatorische Restwert eines Anlageguts beträgt nach Ablauf des ursprünglich angesetzten Abschreibungszeitraums Null. [2] Ein Wiederaufleben kalkulatorischer Restwerte ist unzulässig. [3] Bei Veränderung der ursprünglichen Abschreibungsdauer während der Nutzung ist sicherzustellen, dass keine Erhöhung der Kalkulationsgrundlage erfolgt. [4] In einem solchen Fall bildet der jeweilige Restwert des Wirtschaftsguts zum Zeitpunkt der Abschreibungsdauerumstellung die Grundlage der weiteren Abschreibung. [5] Der neue Abschreibungsbetrag ergibt sich aus der Division des Restwertes durch die Restabschreibungsdauer. [6] Es erfolgt keine Abschreibung unter Null.

(7) Das Verbot von Abschreibungen unter Null gilt ungeachtet der Änderung von Eigentumsverhältnissen oder der Begründung von Schuldverhältnissen.

§ 7 Kalkulatorische Eigenkapitalverzinsung. (1) [1] Die Verzinsung des von Betreibern von Gasversorgungsnetzen eingesetzten Eigenkapitals erfolgt im Wege einer kalkulatorischen Eigenkapitalverzinsung auf Grundlage des betriebsnotwendigen Eigenkapitals. [2] Das betriebsnotwendige Eigenkapital ergibt sich aus der Summe der

1. kalkulatorischen Restwerte des Sachanlagevermögens der betriebsnotwendigen Altanlagen bewertet zu historischen Anschaffungs- und Herstellungskosten und multipliziert mit der Fremdkapitalquote nach § 6 Abs. 2,

2. kalkulatorischen Restwerte des Sachanlagevermögens der betriebsnotwendigen Altanlagen bewertet zu Tagesneuwerten und multipliziert mit der Eigenkapitalquote nach § 6 Abs. 2,

3. kalkulatorischen Restwerte des Sachanlagevermögens der betriebsnotwendigen Neuanlagen bewertet zu historischen Anschaffungs- und Herstellungskosten und

4. Bilanzwerte der betriebsnotwendigen Finanzanlagen und Bilanzwerte des betriebsnotwendigen Umlaufvermögens unter Abzug des Steueranteils der Sonderposten mit Rücklageanteil

und unter Abzug des Abzugskapitals und des verzinslichen Fremdkapitals. [3] Grundstücke sind zu Anschaffungskosten anzusetzen. [4] Es ist jeweils der Mittelwert aus Jahresanfangs- und Jahresendbestand anzusetzen. [5] Soweit das nach Satz 2 ermittelte betriebsnotwendige Eigenkapital einen Anteil von 40 Prozent des sich aus der Summe der Werte nach Satz 2 Nr. 1 bis 4 ergebenden betriebsnotwendigen Vermögens übersteigt, ist der übersteigende Anteil dieses Eigenkapitals nominal wie Fremdkapital zu verzinsen.

(2) [1] Als Abzugskapital ist das zinslos zur Verfügung stehende Kapital zu behandeln. [2] Es ist jeweils der Mittelwert aus Jahresanfangs- und Jahresendbestand der folgenden Positionen anzusetzen:

1. Rückstellungen;
2. erhaltene Vorauszahlungen und Anzahlungen von Kunden;
3. unverzinsliche Verbindlichkeiten aus Lieferungen und Leistungen;
4. erhaltene Baukostenzuschüsse einschließlich passivierter Leistungen der Anschlussnehmer zur Erstattung von Netzanschlusskosten;
5. sonstige Verbindlichkeiten, soweit die Mittel dem Betreiber von Gasversorgungsnetzen zinslos zur Verfügung stehen.

(3) [1] Zur Festlegung der Basis für die Eigenkapitalverzinsung ist das betriebsnotwendige Eigenkapital auf Neu- und Altanlagen aufzuteilen. [2] Der auf die Neuanlagen entfallende Anteil bestimmt sich nach dem Anteil, den der Restwert der Neuanlagen nach Absatz 1 Satz 2 Nr. 3 an der Summe der Restwerte des Sachanlagevermögens nach Absatz 1 Satz 2 Nr. 1 bis 3 hat. [3] Der auf die Altanlagen entfallende Anteil bestimmt sich nach dem Anteil, den die Summe der Restwerte der Altanlagen nach Absatz 1 Satz 2 Nr. 1 und 2 an der Summe der Restwerte des Sachanlagevermögens nach Absatz 1 Satz 2 Nr. 1 bis 3 hat.

(4) [1] Der auf das betriebsnotwendige Eigenkapital, das auf Neuanlagen entfällt, anzuwendende Eigenkapitalzinssatz darf den auf die letzten zehn abgeschlossenen Kalenderjahre bezogenen Durchschnitt der von der Deutschen Bundesbank veröffentlichten Umlaufsrenditen festverzinslicher Wertpapiere inländischer Emittenten zuzüglich eines angemessenen Zuschlags zur Abdeckung netzbetriebsspezifischer unternehmerischer Wagnisse nach Absatz 5 nicht überschreiten. [2] Der auf das betriebsnotwendige Eigenkapital, das auf Altanlagen entfällt, anzuwendende Eigenkapitalzinssatz ist zusätzlich um den auf die letzten zehn abgeschlossenen Kalenderjahre bezogenen Durchschnitt der Preisänderungsrate gemäß dem vom Statistischen Bundesamt veröffentlichten Verbraucherpreisgesamtindex zu ermäßigen.

(5) Die Höhe des Zuschlags zur Abdeckung netzbetriebsspezifischer unternehmerischer Wagnisse ist insbesondere unter Berücksichtigung folgender Umstände zu ermitteln:

1. Verhältnisse auf den nationalen und internationalen Kapitalmärkten und die Bewertung von Betreibern von Gasversorgungsnetzen auf diesen Märkten;
2. durchschnittliche Verzinsung des Eigenkapitals von Betreibern von Gasversorgungsnetzen auf ausländischen Märkten;
3. beobachtete und quantifizierbare unternehmerische Wagnisse.

(6) [1] Über die Eigenkapitalzinssätze nach § 21 Abs. 2 des Energiewirtschaftsgesetzes[1)] entscheidet die Regulierungsbehörde in Anwendung der Absätze 4 und 5 vor Beginn einer Regulierungsperiode nach § 3 der Anreiz-

---

[1)] Nr. 1.

regulierungsverordnung, erstmals zum 1. Januar 2009, durch Festlegung nach § 29 Abs. 1 des Energiewirtschaftsgesetzes. ²Die Festlegung nach Satz 1 erfolgt jeweils für die Dauer einer Regulierungsperiode nach § 3 der Anreizregulierungsverordnung[1]). ³Bis zur erstmaligen Festlegung durch die Regulierungsbehörde beträgt der Eigenkapitalzinssatz bei Neuanlagen 9,21 Prozent vor Steuern und bei Altanlagen 7,8 Prozent vor Steuern.

§ 8 Kalkulatorische Steuern. ¹Im Rahmen der Ermittlung der Netzkosten kann die dem Netzbereich sachgerecht zuzuordnende Gewerbesteuer als kalkulatorische Kostenposition in Ansatz gebracht werden. ²Bei der Ermittlung der Gewerbesteuer ist die Abzugsfähigkeit der Gewerbesteuer bei sich selbst zu berücksichtigen.

§ 9 Kostenmindernde Erlöse und Erträge. (1) ¹Sonstige Erlöse und Erträge sind, soweit sie sachlich dem Netzbetrieb zuzurechnen und insbesondere den Positionen

1. aktivierte Eigenleistungen,

2. Zins- und Beteiligungserträge,

3. Netzanschlusskosten,

4. Baukostenzuschüsse oder

5. sonstige Erträge und Erlöse

der netzbezogenen Gewinn- und Verlustrechnung zu entnehmen sind, von den Netzkosten in Abzug zu bringen. ²Die von gasverbrauchenden Anschlussnehmern entrichteten Baukostenzuschüsse sind über eine Dauer von 20 Jahren linear aufzulösen und jährlich netzkostenmindernd anzusetzen.

(2) Baukostenzuschüsse, die im Zusammenhang mit der Errichtung eines Anschlusses für die Einspeisung von Gas entrichtet wurden, sind anschlussindividuell über die Dauer von 20 Jahren linear aufzulösen.

§ 10 Periodenübergreifende Saldierung. ¹Betreiber von Gasversorgungsnetzen sind verpflichtet, nach Abschluss einer Kalkulationsperiode die Differenz zwischen

1. den in dieser Kalkulationsperiode aus Netzentgelten erzielten Erlösen und

2. den für diese Kalkulationsperiode nach Abschnitt 1 des Teils 2 zu Grunde gelegten Netzkosten

zu ermitteln. ²Liegen die Erlöse nach Satz 1 Nr. 1 über den Kosten nach Satz 1 Nr. 2, ist der Differenzbetrag zuzüglich einer Verzinsung des durchschnittlich gebundenen Betrages mit einem angemessenen Zinssatz kostenmindernd in Ansatz zu bringen. ³Liegen die Erlöse nach Satz 1 Nr. 1 unter den Kosten nach Satz 1 Nr. 2, kann der Differenzbetrag zuzüglich einer Verzinsung des durchschnittlichen Differenzbetrages mit einem angemessenen Zinssatz kostenerhöhend in Ansatz gebracht werden. ⁴Eine Saldierung erfolgt jeweils über die drei folgenden Kalkulationsperioden. ⁵Der durchschnittlich gebundene Betrag ist der Mittelwert der Differenz aus den erzielten Erlösen und den zu deckenden Kosten. ⁶Der durchschnittliche Differenzbetrag ist der Mittelwert der Differenz aus den zu deckenden Kosten und den erzielten Erlösen.

---

[1]) Nr. 20.

Abschnitt 2. Kostenstellenrechnung

§ 11 Grundsätze der Kostenverteilung. ¹ Die nach § 4 ermittelten Netzkosten sind soweit möglich direkt den Hauptkostenstellen nach § 12 zuzuordnen. ² Soweit eine direkte Zuordnung von Kosten nicht oder nur mit unvertretbar hohem Aufwand möglich ist, sind diese zunächst geeigneten Hilfskostenstellen zuzuordnen. ³ Die Aufteilung dieser Netzkosten auf die Hauptkostenstellen hat verursachungsgerecht über eine angemessene Schlüsselung zu erfolgen. ⁴ Die gewählten Schlüssel müssen sachgerecht sein und sind von Betreibern eines Gasfernleitungs- oder Gasverteilernetzes für sachkundige Dritte nachvollziehbar und vollständig schriftlich zu dokumentieren. ⁵ Insbesondere sind die Schlüssel stetig anzuwenden. ⁶ Änderungen eines Schlüssels sind nur zulässig, sofern diese sachlich geboten sind. ⁷ Die sachlichen Gründe für diese Änderungen sind von Betreibern eines Gasfernleitungs- oder Gasverteilernetzes in einer für sachkundige Dritte nachvollziehbaren Weise und vollständig schriftlich zu dokumentieren. ⁸ Diese Dokumentationen sind der Regulierungsbehörde auf Verlangen zu übermitteln.

§ 12 Kostenstellen. ¹ Für die Ermittlung der Netzentgelte haben Betreiber von Gasversorgungsnetzen als Maßgrößen der Kostenverursachung Haupt- und Nebenkostenstellen nach Anlage 2 zu bilden. ² Betreiber von örtlichen Verteilernetzen sind verpflichtet, jede Haupt- und Nebenkostenstelle zusätzlich nach Ortstransportleitungen und Ortsverteilernetz zu unterteilen. ³ Die Netzkosten nach § 4 sind vollständig auf die Kostenstellen nach Anlage 2 zu verteilen. ⁴ Die Bildung von Hilfskostenstellen ist zulässig.

Abschnitt 3. Kostenträgerrechnung

§ 13 Grundsätze der Entgeltermittlung. (1) Grundlage des Systems der Entgeltbildung für den Netzzugang ist das Netzzugangsmodell nach § 20 Abs. 1 b des Energiewirtschaftsgesetzes[1]).

(2) ¹ Die Ein- und Ausspeiseentgelte sind als Kapazitätsentgelte in Euro pro Kubikmeter pro Stunde pro Zeiteinheit oder in Kilowatt pro Zeiteinheit auszuweisen. ² Die Entgelte beziehen sich dabei in der Regel auf zwölf aufeinanderfolgende Monate. ³ Darüber hinaus haben die Betreiber von Gasversorgungsnetzen Entgelte für monatliche, wöchentliche und tägliche Verträge sowie Jahresverträge mit abweichendem Laufzeitbeginn auf ihrer Internetseite zu veröffentlichen. ⁴ Für die Umrechnung der Jahresleistungspreise in Leistungspreise für unterjährige Kapazitätsrechte (Monats-, Wochen- und Tagesleistungspreise) gilt § 50 Absatz 1 Nummer 4 der Gasnetzzugangsverordnung[2]) entsprechend.

(3) ¹ Die Unternehmen weisen Entgelte für feste und unterbrechbare Kapazitäten aus. ² Die Entgelte für unterbrechbare Kapazitäten müssen bei der Buchung die Wahrscheinlichkeit einer Unterbrechung angemessen widerspiegeln. ³ Die Entgelte für sämtliche erforderliche Systemdienstleistungen sind in den Entgelten nach Absatz 1 enthalten. ⁴ Entgelte für den Messstellenbetrieb, die Messung und die Abrechnung werden separat erhoben. ⁵ Betreiber von

---
[1]) Nr. 1.
[2]) Nr. 18.

Gasnetzentgeltverordnung **§§ 14, 15 GasNEV 19**

Gasversorgungsnetzen sind verpflichtet, auf den Kundenrechnungen für die Netznutzung jenen Anteil in Prozent auszuweisen, den die Gesamtkosten für Systemdienstleistungen nach Satz 3 an den Netzkosten nach § 4 ausmachen.

(4) Die Netzbetreiber haben die Vorgehensweise bei der Bildung der Ein- und Ausspeiseentgelte zu dokumentieren; diese Dokumentation ist auf Verlangen der Regulierungsbehörde vorzulegen.

§ 14 Teilnetze. (1) [1] Soweit ein Betreiber von Gasversorgungsnetzen nach § 6 Abs. 5 der Gasnetzzugangsverordnung[1)] Teilnetze gebildet hat, hat er die nach § 4 ermittelten Netzkosten zunächst den einzelnen Teilnetzen zuzuordnen. [2] Die Zuordnung kann durch eine sachgerechte Schlüsselung erfolgen und ist zu dokumentieren.

(2) [1] Die Ermittlung der Netzentgelte nach § 15 erfolgt getrennt für die einzelnen Teilnetze auf Basis der diesen Teilnetzen zugewiesenen Kosten. [2] Nur einmal erbrachte Systemdienstleistungen nach § 5 Abs. 2 der Gasnetzzugangsverordnung dürfen bei der Nutzung mehrerer Teilnetze eines Netzbetreibers nicht mehrfach berechnet werden.

§ 15 Ermittlung der Netzentgelte. (1) [1] Die Netzkosten sind möglichst verursachungsgerecht zunächst in die Beträge aufzuteilen, die durch Einspeiseentgelte einerseits und Ausspeiseentgelte andererseits zu decken sind. [2] Es ist eine angemessene Aufteilung der Gesamtkosten zwischen den Ein- und Ausspeisepunkten zu gewährleisten. [3] Die Aufteilung der Kosten und Änderung der Aufteilung haben Betreiber von Gasversorgungsnetzen der Regulierungsbehörde jeweils unverzüglich anzuzeigen und ihr in einer für sachkundige Dritte nachvollziehbaren Weise zu begründen.

(2) [1] Die Bildung der Einspeiseentgelte erfolgt durch den Netzbetreiber möglichst verursachungsgerecht nach anerkannten betriebswirtschaftlichen Verfahren, soweit die Regulierungsbehörde nach § 30 Abs. 2 Nr. 7 nicht ein oder mehrere derartige Verfahren vorgibt. [2] Dabei sind folgende Anforderungen zu erfüllen:

1. Gewährleistung der Versorgungssicherheit und des sicheren Betriebs der Netze,
2. Beachtung der Diskriminierungsfreiheit,
3. Setzen von Anreizen für eine effiziente Nutzung der vorhandenen Kapazitäten im Leitungsnetz.

[3] Zur Ermittlung von Anreizmöglichkeiten im Sinne des Satzes 2 Nr. 3 hat der Netzbetreiber in Vorbereitung der Entgeltbildung für die Einspeisepunkte eine Lastflusssimulation nach dem Stand der Technik durchzuführen, bei der insbesondere die unterschiedliche Belastung der Kapazitäten im Leitungsnetz durch die Nutzung alternativer Einspeisepunkte simuliert wird. [4] Die Ergebnisse dieser Simulation sind vom Netzbetreiber zu dokumentieren; die Dokumentation ist der Regulierungsbehörde auf Verlangen vorzulegen.

(3) [1] Die Bildung der Ausspeiseentgelte erfolgt möglichst verursachungsgerecht durch den Netzbetreiber auf Grundlage der nach Absatz 1 auf die Ausspeisepunkte umzulegenden Netzkosten nach anerkannten betriebswirt-

---

[1)] Nr. 18.

schaftlichen Verfahren. ²Dabei können auch die Lage der Ausspeisepunkte, deren Entfernung zu den Einspeisepunkten und die Druckstufe im Ausspeisepunkt Berücksichtigung finden. ³Im Übrigen gelten die Anforderungen nach Absatz 2 Satz 2 Nr. 1 bis 3 entsprechend.

(4) ¹Die Entgelte für die einzelnen Ein- und Ausspeisepunkte werden grundsätzlich unabhängig voneinander gebildet. ²Die Entgelte an den einzelnen Ausspeisepunkten sollen in angemessenem Verhältnis zueinander stehen. ³Unbeschadet dieser Regelung sind für Gruppen von Ein- oder Ausspeisepunkten einheitliche Entgelte zu bilden, soweit die Kapazitätsnutzung an unterschiedlichen Punkten innerhalb dieser Gruppe nicht zu erheblichen Unterschieden in der Belastung des Leitungsnetzes führt.

(5) ¹Die Kalkulation der Netzentgelte ist so durchzuführen, dass nach dem Ende einer bevorstehenden Kalkulationsperiode die Differenz zwischen den aus den Netzentgelten tatsächlich erzielten Erlösen und den nach § 4 ermittelten und in der bevorstehenden Kalkulationsperiode zu deckenden Netzkosten möglichst gering ist. ²Dabei ist das Buchungsverhalten der Netznutzer, insbesondere hinsichtlich unterbrechbarer und unterjähriger Kapazitätsprodukte, zu berücksichtigen.

(6) ¹Abweichend von den Absätzen 3 und 4 kann der Netzbetreiber auf Grundlage der nach Absatz 1 auf die Ausspeisepunkte umzulegenden Netzkosten einheitliche Ausspeiseentgelte bilden. ²Es kann dabei nach der Druckstufe oder dem Leitungsdurchmesser differenziert werden.

(7) ¹Für leistungsgemessene Ausspeisepunkte sind jeweils getrennt nach Hoch-, Mittel- und Niederdruck ein Entgelt für den Messstellenbetrieb, ein Entgelt jeweils für die Messung und ein Entgelt für die Abrechnung festzulegen. ²Für Ausspeisepunkte ohne Leistungsmessung ist ebenfalls ein Entgelt für den Messstellenbetrieb, ein Entgelt für die Messung und ein Entgelt für die Abrechnung festzulegen. ³Die Entgelte sind jeweils für jeden Ausspeisepunkt zu erheben. ⁴Die Mess- und Abrechnungsentgelte richten sich nach den Kosten, die den jeweiligen Kostenstellen zugeordnet sind und der Anzahl der entsprechenden Ausspeisepunkte.

(8) Andere als in dieser Verordnung genannte Entgelte sind nicht zulässig.

§ 16 Verprobung. (1) ¹Netzbetreiber haben im Rahmen der Ermittlung der Netzentgelte sicherzustellen, dass ein zur Veröffentlichung stehendes Entgeltsystem geeignet ist, die nach § 4 ermittelten Kosten zu decken. ²Im Einzelnen ist sicherzustellen, dass die Anwendung des Entgeltsystems einen prognostizierten Erlös ergibt, welcher der Höhe nach den zu deckenden Kosten nach Satz 1 entspricht.

(2) Die Verprobungen nach Absatz 1 sind vom Netzbetreiber in einer für sachkundige Dritte nachvollziehbaren Weise schriftlich zu dokumentieren und in den Bericht nach § 28 aufzunehmen.

§ 17 Änderungen der Netzentgelte. Ist ein Antrag nach § 23 a Abs. 3 des Energiewirtschaftsgesetzes[1] gestellt worden, hat der betreffende Betreiber von Gasversorgungsnetzen dies unverzüglich auf seiner Internetseite bekannt zu geben.

---

[1] Nr. 1.

Gasnetzentgeltverordnung   §§ 18, 19   GasNEV 19

§ 18 Besondere Regeln für örtliche Verteilernetze. (1) [1] Grundlage des Systems der Entgeltbildung für den Netzzugang zu örtlichen Verteilernetzen ist abweichend von den §§ 14 bis 16 ein transaktionsunabhängiges Punktmodell. [2] Die für das jeweilige Verteilernetz nach § 4 ermittelten Netzkosten werden über ein jährliches Netzentgelt gedeckt. [3] Für die Einspeisung von Gas in das örtliche Verteilernetz sind keine Netzentgelte zu entrichten.

(2) [1] Die von den Netznutzern zu entrichtenden Netzentgelte sind ihrer Höhe nach unabhängig von der Druckstufe und von der räumlichen Entfernung zwischen dem Ort der Einspeisung des Gases und dem Ort der Entnahme. [2] Sie sind verursachungsgerecht zu bilden.

(3) [1] Das Netzentgelt pro Ausspeisepunkt besteht aus einem Jahresleistungspreis in Euro pro Kilowatt und einem Arbeitspreis in Cent pro Kilowattstunde. [2] Das Jahresleistungsentgelt ist das Produkt aus dem jeweiligen Jahresleistungspreis und der Jahreshöchstleistung in Kilowatt der jeweiligen Entnahme im Abrechnungsjahr. [3] Das Arbeitsentgelt ist das Produkt aus dem jeweiligen Arbeitspreis und der im Abrechnungsjahr jeweils entnommenen gaswirtschaftlichen Arbeit in Kilowattstunden.

(4) [1] Für Entnahmen ohne Leistungsmessung ist anstelle des Leistungs- und Arbeitspreises ein Arbeitspreis in Cent pro Kilowattstunde festzulegen. [2] Soweit zusätzlich ein monatlicher Grundpreis in Euro pro Monat festgelegt wird, haben Grundpreis und Arbeitspreis in angemessenem Verhältnis zueinander zu stehen. [3] Das sich aus dem Grundpreis und dem Arbeitspreis ergebende Entgelt hat in einem angemessenen Verhältnis zu jenem Entgelt zu stehen, das bei einer leistungsgemessenen Entnahme auf Grundlage der Arbeits- und Leistungswerte nach dem Standardlastprofil des Netznutzers entstehen würde.

(5) [1] Die Bildung der Netzentgelte erfolgt auf Grundlage der ermittelten Netzkosten verursachungsgerecht jeweils durch jeden Betreiber eines Gasverteilernetzes. [2] Dabei sind die Kosten in einem angemessenen Verhältnis auf Leistung und Arbeit aufzuteilen. [3] Die Leistungspreise können von der Jahreshöchstleistung und die Arbeitspreise von der Jahresarbeit abhängen.

(6) Die Kalkulation der Netzentgelte ist so durchzuführen, dass nach dem Ende einer bevorstehenden Kalkulationsperiode die Differenz zwischen den aus den Netzentgelten tatsächlich erzielten Erlösen und den nach § 4 ermittelten und in der bevorstehenden Kalkulationsperiode zu deckenden Netzkosten möglichst gering ist.

(7) Die Netzbetreiber haben die Vorgehensweise bei der Bildung der Netzentgelte vollständig und in für sachkundige Dritte nachvollziehbarer Weise zu dokumentieren und die Dokumentation auf Verlangen der Regulierungsbehörde vorzulegen.

§ 19 Besondere Regeln für Fernleitungsnetze. (1) [1] Bei Fernleitungsnetzen im Sinne des § 2 Nr. 3 erfolgt die Bildung der Ein- und Ausspeiseentgelte auf der Grundlage eines von der Regulierungsbehörde durchzuführenden Vergleichsverfahrens nach Maßgabe des § 26. [2] Bis zur erstmaligen Bildung der Netzentgelte nach Satz 1 haben die Netzbetreiber die bis zum Inkrafttreten dieser Verordnung von ihnen angewandten Entgelte zu Grunde zu legen. [3] Für die Einspeisung von Biogas ins Fernleitungsnetz sind keine Einspeiseentgelte zu entrichten.

(2) ¹Bei der Bildung der Ein- und Ausspeiseentgelte sind die Anforderungen des § 15 Abs. 2 Satz 2 Nr. 1 bis 3 zu beachten. ²Die §§ 13 und 15 Abs. 4 finden entsprechende Anwendung.

(3) Ergibt der von der Regulierungsbehörde nach § 26 durchgeführte Vergleich, dass die Netzentgelte die Entgelte anderer strukturell vergleichbarer Netze oder Teilnetze in der Europäischen Union überschreiten, ohne dass dieses sachlich gerechtfertigt ist, ist der Netzbetreiber verpflichtet, seine Entgelte unverzüglich entsprechend anzupassen.

§ 20 Sonderformen der Netznutzung. (1) Netzbetreiber können für bestimmte Ein- und Ausspeisepunkte neben den Ein- und Ausspeiseentgelten separate Kurzstreckenentgelte ausweisen, wenn hierdurch eine bessere Auslastung des Leitungsnetzes erreicht oder gesichert werden kann.

(2) ¹Abweichend von § 18 kann der Betreiber eines Verteilernetzes in Einzelfällen zur Vermeidung eines Direktleitungsbaus ein gesondertes Netzentgelt auf Grundlage der konkret erbrachten gaswirtschaftlichen Leistung berechnen. ²Das gesonderte Netzentgelt nach Satz 1 ist der Regulierungsbehörde unverzüglich mitzuteilen.

(3) Die Vorgehensweise nach den Absätzen 1 und 2 ist vom Netzbetreiber in für sachkundige Dritte nachvollziehbarer Weise zu dokumentieren; die Dokumentation ist der Regulierungsbehörde auf Verlangen vorzulegen.

§ 20a [Pauschales Entgelt für Transportkunden von Biogas] ¹Transportkunden von Biogas erhalten vom Netzbetreiber, in dessen Netz sie unmittelbar Biogas einspeisen, ein pauschales Entgelt in Höhe von 0,007 Euro je Kilowattstunde eingespeisten Biogases für vermiedene Netzkosten für zehn Jahre ab Inbetriebnahme des jeweiligen Netzanschlusses für die Einspeisung von Biogas. ²Dies gilt unabhängig von der Netzebene, in die eingespeist wird. ³Die Höhe des pauschalierten Entgelts wird im Zuge des Monitorings nach § 37 der Gasnetzzugangsverordnung[1]) überprüft.

§ 20b [Kosten] Die Kosten

- für den effizienten Netzanschluss sowie für die Wartung und den Betrieb gemäß § 33 Absatz 2, die Maßnahmen gemäß § 33 Absatz 10 sowie die Maßnahmen gemäß § 34 Absatz 2 der Gasnetzzugangsverordnung[1]),
- für den erweiterten Bilanzausgleich gemäß § 35 der Gasnetzzugangsverordnung abzüglich der vom Bilanzkreisverantwortlichen gemäß § 35 Absatz 8 der Gasnetzzugangsverordnung zu zahlenden Pauschale,
- gemäß § 36 Absatz 3 und 4 der Gasnetzzugangsverordnung,
- für die vom Netzbetreiber gemäß § 20a an den Transportkunden von Biogas zu zahlenden Entgelte für vermiedene Netzkosten

werden auf alle Netze innerhalb des Marktgebiets umgelegt, in dem das Netz liegt.

---

[1]) Nr. **18**.

Teil 3. Vergleichsverfahren

Abschnitt 1. Vergleichsverfahren bei kostenorientierter Ermittlung der Netzentgelte

§ 21 Verfahren. (1) ¹Die Regulierungsbehörde kann Vergleichsverfahren nach § 21 Abs. 3 des Energiewirtschaftsgesetzes[1]) in regelmäßigen zeitlichen Abständen für Gasversorgungsnetze durchführen. ²Die Regulierungsbehörde macht die Ergebnisse der Vergleichsverfahren in ihrem Amtsblatt und auf ihrer Internetseite öffentlich bekannt.

(2) ¹Die Vergleichsverfahren können sich nach Maßgabe des § 22 auf die von Betreibern von Gasversorgungsnetzen erhobenen Netzentgelte, deren Erlöse oder Kosten beziehen. ²Einzubeziehen in die Vergleichsverfahren sind alle Betreiber von Gasversorgungsnetzen, soweit die in § 23 Abs. 4 aufgeführten Daten in der angegebenen Form der Regulierungsbehörde vorliegen. ³Zur Sicherstellung eines sachgerechten Vergleichs sind die Betreiber von Gasversorgungsnetzen zunächst Strukturklassen nach § 23 Abs. 1 zuzuordnen.

(3) Die Regulierungsbehörde kann zur Vorbereitung einer Entscheidung nach § 30 Abs. 3 auch Feststellungen treffen über die Erlöse oder Kosten von Betreibern von Gasversorgungsnetzen in anderen Mitgliedstaaten der Europäischen Union.

§ 22 Vergleich. Der Vergleich ist nach folgenden Grundsätzen durchzuführen:

1. Im Falle eines Vergleichs von Entgelten ist in Abhängigkeit der verglichenen Gasversorgungsnetze sicherzustellen, dass dem Vergleich stets das durchschnittliche, vollständig mengengewichtete Entgelt zu Grunde liegt, wobei dieses bei separaten Ein- und Ausspeiseentgelten über alle Ein- und Ausspeisepunkte zu bilden ist; einer unterschiedlichen Auslastung der verglichenen Netze ist jeweils Rechnung zu tragen.
2. Bei einem Vergleich der Erlöse aus Netzentgelten eines Gasversorgungsnetzes ist insbesondere das Verhältnis dieser Erlöse zu der Länge des Gasnetzes in den verschiedenen Druckstufen zu berücksichtigen.
3. Bei einem Vergleich der Kosten einer Druckstufe eines Versorgungsnetzes ist insbesondere das Verhältnis der Kosten zu der Länge des Gasnetzes der jeweiligen Druckstufe zu berücksichtigen.

§ 23 Strukturklassen. (1) ¹Für den Vergleich sind sechs Strukturklassen zu bilden. ²Diese Strukturklassen richten sich nach

1. hoher, mittlerer und niedriger Absatzdichte,
2. der Belegenheit des Netzes in Berlin, Brandenburg, Mecklenburg-Vorpommern, Sachsen, Sachsen-Anhalt oder Thüringen (Strukturklasse Ost) oder den übrigen Ländern (Strukturklasse West).

³Über die Abgrenzung zwischen hoher, mittlerer und niedriger Absatzdichte nach Satz 2 Nr. 1 entscheidet die Regulierungsbehörde. ⁴Soweit dies sachlich geboten ist, soll die Regulierungsbehörde ferner über die zeitliche Befristung

---

[1]) Nr. 1.

der Anwendung der Strukturklassen Ost und West nach Satz 2 Nr. 2 entscheiden. [5] Eine solche Entscheidung darf frühestens nach Ablauf von drei Regulierungsperioden nach § 21a Abs. 3 Satz 1 des Energiewirtschaftsgesetzes[1]) ergehen.

(2) Die Absatzdichte eines Gasversorgungsnetzes ist der Quotient aus der Gesamtentnahme eines Jahres in Kilowattstunden aus diesem Netz und der Länge des Netzes in Kilometern.

(3) [1] Ist die Belegenheit des Netzes im Hinblick auf dessen Zuordnung zu der Strukturklasse Ost nicht eindeutig, ist das Netzgebiet dieser Strukturklasse zuzuordnen, wenn mehr als 50 Prozent der Länge des Gasnetzes geographisch auf dem Gebiet dieser Strukturklasse liegen. [2] Andernfalls ist das Netzgebiet der Strukturklasse West zuzuteilen.

(4) [1] Betreiber von Gasversorgungsnetzen haben der Regulierungsbehörde, jeweils jährlich zum 1. April für jedes Gasversorgungsnetz getrennt, folgende Angaben zu übermitteln:
1. die Kosten nach § 12 des letzten abgeschlossenen Geschäftsjahres,
2. die Erlöse aus Netzentgelten des Vorjahres,
3. die im Vorjahr durch Weiterverteiler und Letztverbraucher entnommene Jahresarbeit in Kilowattstunden und
4. die Daten nach § 27 Abs. 2 Nr. 1 bis 5.

[2] Die Frist nach Satz 1 kann im Einzelfall auf Antrag des Betreibers von Gasversorgungsnetzen von der Regulierungsbehörde um bis zu drei Monate verlängert werden.

§ 24 Kostenstruktur. [1] Die Regulierungsbehörde kann im Rahmen von Vergleichen ermitteln, ob der Anteil der auf den Netzbetrieb entfallenden Gemeinkosten des Gesamtunternehmens an den Kosten nach § 4 Abs. 1 angemessen ist. [2] Die Regulierungsbehörde kann insbesondere die Angemessenheit der in Anwendung gebrachten Schlüssel überprüfen.

§ 25 Mitteilungspflichten gegenüber der Regulierungsbehörde.

(1) [1] Zur Durchführung der Vergleichsverfahren sind Betreiber von Gasversorgungsnetzen verpflichtet, der Regulierungsbehörde auf Verlangen
1. die nach § 4 Abs. 4 und § 12 dokumentierten Schlüssel mitzuteilen,
2. die für die Beurteilung eines angemessenen Verhältnisses von Gemeinkosten zu Einzelkosten des Netzes nach § 24 erforderlichen Auskünfte zur Verfügung zu stellen,
3. den Bericht nach § 28 vorzulegen und
4. in dem Bericht nach § 28 dokumentierte Informationen mitzuteilen.

[2] Die Regulierungsbehörde kann weitere Auskünfte verlangen, soweit dies zur Durchführung des Vergleichsverfahrens erforderlich ist.

(2) Betreiber von Gasversorgungsnetzen sind verpflichtet, die für ihr Netz geltenden Netzentgelte und deren Änderungen der Regulierungsbehörde unverzüglich mitzuteilen.

---

[1]) Nr. 1.

Abschnitt 2. Vergleichsverfahren bei der Ermittlung der Netzentgelte gemäß § 20

§ 26 Vergleich der Fernleitungsnetzbetreiber. (1) Für den Vergleich der Fernleitungsnetzbetreiber, die die Entgelte nach § 19 bilden, sind abweichend von den §§ 21 bis 25 nur § 21 Abs. 1 und 3, § 22 Nr. 1 und 2, § 23 Abs. 4 Nr. 2 bis 4 sowie § 25 Abs. 1 Nr. 3 und 4 und Abs. 2 anzuwenden.

(2) [1] Der Vergleich der Fernleitungsnetzbetreiber, die ihre Entgelte nach § 19 bilden, soll von der Regulierungsbehörde jährlich durchgeführt werden. [2] Die Regulierungsbehörde kann in ihrem Vergleich Netzbetreiber in anderen Mitgliedstaaten der Europäischen Union heranziehen.

Teil 4. Pflichten der Netzbetreiber

§ 27 Veröffentlichungspflichten. (1) [1] Betreiber von Gasversorgungsnetzen sind verpflichtet, die für ihr Netz geltenden Netzentgelte auf ihren Internetseiten zu veröffentlichen und auf Anfrage jedermann unverzüglich in Textform mitzuteilen. [2] Werden individuelle Netzentgelte nach § 20 gebildet, sind diese in die Veröffentlichung der Netzentgelte aufzunehmen und der Regulierungsbehörde unverzüglich anzuzeigen.

(2) Betreiber von Gasversorgungsnetzen haben ferner jeweils zum 1. April eines Jahres folgende Strukturmerkmale ihres Netzes auf ihrer Internetseite zu veröffentlichen:

1. die Länge des Gasleitungsnetzes jeweils getrennt für die Niederdruck-, Mitteldruck- und Hochdruckebene zum 31. Dezember des Vorjahres,
2. die Länge des Gasleitungsnetzes in der Hochdruckebene nach Leitungsdurchmesserklassen,
3. die im Vorjahr durch Weiterverteiler und Letztverbraucher entnommene Jahresarbeit in Kilowattstunden oder in Kubikmetern,
4. die Anzahl der Ausspeisepunkte jeweils für alle Druckstufen und
5. die zeitgleiche Jahreshöchstlast aller Entnahmen in Megawatt oder Kubikmetern pro Stunde und den Zeitpunkt des jeweiligen Auftretens.

§ 28 Dokumentation. (1) [1] Betreiber von Gasversorgungsnetzen haben unverzüglich einen Bericht über die Ermittlung der Netzentgelte nach den Sätzen 2 und 3 zu erstellen. [2] Der Bericht muss enthalten:

1. eine Darlegung der Kosten- und Erlöslage der abgeschlossenen Kalkulationsperiode,
2. eine vollständige Darstellung der Grundlagen und des Ablaufs der Ermittlung der Netzentgelte nach § 3 sowie sonstiger Aspekte, die aus Sicht des Betreibers von Gasversorgungsnetzen für die Netzentgelte von Relevanz sind,
3. die Höhe der von Betreibern von Gasversorgungsnetzen entrichteten Konzessionsabgaben jeweils pro Gemeinde und in Summe,
4. einen Anhang und
5. den vollständigen Prüfungsbericht des Wirtschaftsprüfers zum Jahresabschluss nebst allen Ergänzungsbänden.

19 GasNEV §§ 29, 30 3. Teil. Netznutzung

³ Die Angaben nach Satz 2 Nr. 1 und 2 müssen einen sachkundigen Dritten in die Lage versetzen, ohne weitere Informationen die Ermittlung der Netzentgelte vollständig nachzuvollziehen. ⁴ Der Bericht ist zehn Jahre aufzubewahren.

(2) Der zu dem Bericht nach Absatz 1 Satz 2 Nr. 4 zu erstellende Anhang muss enthalten:

1. die für die Abrechnung der Netzentgelte relevante Absatzstruktur des Netzgebietes,
2. den Betriebsabrechnungsbogen des Netzbetriebs,
3. die nach § 4 Abs. 4 dokumentierten Schlüssel sowie deren Änderung,
4. die nach § 10 errechneten Differenzbeträge und
5. die nach § 11 dokumentierten Schlüssel sowie deren Änderung.

(3) Für Betreiber von Fernleitungsnetzen, die ihre Entgelte nach § 19 bilden, gelten abweichend von den Absätzen 1 und 2 nur Absatz 1 Satz 2 Nr. 1 im Hinblick auf die Erlöslage der abgeschlossenen Kalkulationsperiode und Nummer 2.

§ 29 Mitteilungen gegenüber der Regulierungsbehörde. Die Regulierungsbehörde kann zur Vereinfachung des Verfahrens durch Festlegung nach § 29 Abs. 1 des Energiewirtschaftsgesetzes[1]) Entscheidungen treffen zu Umfang, Zeitpunkt und Form der ihr zu übermittelnden Informationen, insbesondere zu den zulässigen Datenträgern und Übertragungswegen.

Teil 5. Sonstige Bestimmungen

§ 30 Festlegungen der Regulierungsbehörde. (1) Zur Verwirklichung eines effizienten Netzzugangs und der in § 1 Abs. 1 des Energiewirtschaftsgesetzes[1]) genannten Zwecke kann die Regulierungsbehörde unter Beachtung der Anforderungen eines sicheren Netzbetriebs Entscheidungen durch Festlegung nach § 29 Abs. 1 des Energiewirtschaftsgesetzes treffen über

1. die Schlüsselung der Gemeinkosten nach § 4 Abs. 4 sowie die Schlüsselung bei der Bildung von Teilnetzen nach § 14 Abs. 1,
2. die Aufschlüsselung der Positionen der Gewinn- und Verlustrechnungen nach § 5,
3. eine möglichst einheitliche Handhabung von Gemeinkostenzuordnungen nach § 25 und
4. zusätzliche Anforderungen an die Struktur und Inhalt des Berichts nach § 28 und dessen Anhang.

(2) Die Regulierungsbehörde kann ferner Festlegungen treffen zur Gewährleistung

1. der Zulässigkeit außerordentlicher Aufwendungen und Erträge sowie einer sachgerechten Verteilung dieser außerordentlichen Aufwendungen und Erträge auf mehrere Kalkulationsperioden nach § 4 Abs. 7, falls diese Aufwendungen und Erträge die Kosten der nächsten Kalkulationsperiode spürbar beeinflussen würden,

---

[1]) Nr. 1.

Gasnetzentgeltverordnung §§ 31, 32 GasNEV

2. einer sachgerechten Ermittlung der Tagesneuwerte nach § 6 Abs. 3 in Bezug auf die in Anwendung zu bringenden Preisindizes oder die den Preisindizes zu Grunde liegenden Indexreihen und deren Gewichtung, die Bildung von Anlagengruppen sowie des zu Grunde zu legenden Zinssatzes,
3. einer sachgerechten Ermittlung der kalkulatorischen Steuern nach § 8,
4. der Angemessenheit des Zinssatzes nach § 10,
5. sachgerechter Kostenstellen nach § 12 in Abweichung von Anlage 2,
6. einer sachgerechten Aufteilung der Kosten auf Ein- und Ausspeiseentgelte nach § 15 Abs. 1,
7. einer sachgerechten Ermittlung der Netzentgelte nach § 15 Abs. 2 bis 7, einschließlich anzuwendender betriebswirtschaftlicher Verfahren, nach § 18 Abs. 2 bis 5 und nach § 20 Abs. 1 und 2,
8. sachgerechter Entgelte in Abweichung von § 15 Abs. 8,
9. sachgerechter Anlagengruppen und Abschreibungszeiträume in Abweichung von Anlage 1 und
10. einer sachgerechten Durchführung der Kosten- oder Entgeltwälzung.

(3) Die Absätze 1 und 2 gelten für die Durchführung eines Vergleichsverfahrens entsprechend.

§ 31 Ordnungswidrigkeiten. Ordnungswidrig im Sinne des § 95 Abs. 1 Nr. 5 Buchstabe a des Energiewirtschaftsgesetzes[1)] handelt, wer vorsätzlich oder fahrlässig

1. entgegen § 4 Abs. 4 Satz 4 oder 6, § 11 Satz 4 oder 7 oder § 16 Abs. 2 eine Dokumentation nicht, nicht richtig, nicht vollständig oder nicht in der vorgeschriebenen Weise vornimmt,
2. entgegen § 23 Abs. 4 eine dort genannte Angabe nicht, nicht richtig, nicht vollständig, nicht in der vorgeschriebenen Weise oder nicht rechtzeitig übermittelt,
3. einer vollziehbaren Anordnung nach § 25 Abs. 1 zuwiderhandelt,
4. entgegen § 25 Abs. 2 eine Mitteilung nicht, nicht richtig, nicht vollständig oder nicht rechtzeitig macht,
5. entgegen § 27 Abs. 1 Satz 1 oder Abs. 2 dort genannte Daten nicht, nicht richtig, nicht vollständig oder nicht rechtzeitig veröffentlicht oder
6. entgegen § 28 Abs. 1 Satz 1 einen Bericht nicht, nicht richtig, nicht vollständig oder nicht rechtzeitig erstellt.

§ 32 Übergangsregelungen. (1) Betreiber von Gasversorgungsnetzen haben der Regulierungsbehörde spätestens bis zum 1. November 2005 getrennt nach Netzebenen die Angaben nach § 23 Abs. 4 Nr. 1 bis 4 zu übermitteln.

(2) [1] Betreiber von Gasversorgungsnetzen haben ihre Netzentgelte spätestens ab dem für sie maßgeblichen Zeitpunkt nach § 118 Abs. 1 b Satz 1 des Energiewirtschaftsgesetzes[1)] auf der Grundlage dieser Verordnung zu bestimmen. [2] § 21 findet bei der erstmaligen Bildung nach Satz 1 keine Anwendung. [3] § 118 Abs. 1 b Satz 2 des Energiewirtschaftsgesetzes bleibt unberührt.

[1)] Nr. 1.

19 GasNEV § 33, Anl. 1

(3) ¹ Zur erstmaligen Ermittlung der Netzentgelte nach Absatz 2 sind die kalkulatorischen Restwerte des Sachanlagevermögens für den eigenfinanzierten Anteil auf Tagesneuwertbasis nach § 6 Abs. 3, für den fremdfinanzierten Anteil anschaffungsorientiert zu bestimmen und anlagenscharf zu dokumentieren. ² Dabei sind die seit Inbetriebnahme der Sachanlagegüter der kalkulatorischen Abschreibung tatsächlich zu Grunde gelegten Nutzungsdauern heranzuziehen. ³ Soweit vor dem Inkrafttreten dieser Verordnung keine kostenbasierten Preise gefordert worden sind, wird vermutet, dass der kalkulatorischen Abschreibung des Sachanlagevermögens die unteren Werte der in Anlage 1 genannten Spannen von Nutzungsdauern zu Grunde gelegt worden sind, es sei denn, der Betreiber des Gasversorgungsnetzes weist etwas anderes nach.

(4) § 10 ist nicht mehr anzuwenden, sobald die Netzentgelte im Wege der Anreizregulierung nach § 21 a des Energiewirtschaftsgesetzes bestimmt werden.

(5) § 3 Abs. 3 ist erst ab dem 1. Januar 2006 anzuwenden.

(6) Die Regulierungsbehörde kann beim Genehmigungsantrag für das letzte der Anreizregulierung vorangehende Kalenderjahr auf zusätzliche oder neue Unterlagen gegenüber dem letzten geprüften Antrag verzichten, wenn Netzbetreiber, die am vereinfachten Verfahren nach § 24 der Anreizregulierungsverordnung[1]) teilnehmen können, den hierzu erforderlichen Antrag rechtzeitig gestellt haben und für das letzte der Anreizregulierung vorangehende Kalenderjahr keine Erhöhung der Netzentgelte begehren.

§ 33 Inkrafttreten. Die Verordnung tritt am Tage nach der Verkündung[2]) in Kraft.

Anlage 1
(zu § 6 Abs. 5 Satz 1)

Betriebsgewöhnliche Nutzungsdauern von Anlagegütern in der Gasversorgung

Anlagengruppen	Jahre
I. Allgemeine Anlagen	
1. Grundstücke	–
2. Grundstücksanlagen, Bauten für Transportwesen	25–35
3. Betriebsgebäude	50–60
4. Verwaltungsgebäude	60–70
5. Gleisanlagen, Eisenbahnwagen	23–27
6. Geschäftsausstattung (ohne EDV, Werkzeuge/Geräte); Vermittlungseinrichtungen	8–10
7. Werkzeuge/Geräte	14–18

[1]) Nr. **20**.
[2]) Verkündet am 28. 7. 2005.

Gasnetzentgeltverordnung Anl. 1 GasNEV

Anlagengruppen	Jahre
8. Lagereinrichtung	14-25
9. EDV-Anlagen	
9.1 Hardware	4-8
9.2 Software	3-5
10. Fahrzeuge	
10.1 Leichtfahrzeuge	5
10.2 Schwerfahrzeuge	8

II. Gasbehälter — 45-55

III. Erdgasverdichteranlagen
1. Erdgasverdichtung — 25
2. Gasreinigungsanlage — 25
3. Piping und Armaturen — 25
4. Gasmessanlage — 25
5. Sicherheitseinrichtungen — 25
6. Leit- und Energietechnik — 20
7. Nebenanlagen — 25
8. Gebäude, Verkehrswege — siehe I.2 und I.3

IV. Rohrleitungen/Hausanschlussleitungen
1. Stahlleitungen
   1.1 PE ummantelt — 45-55
   1.2 kathodisch geschützt — 55-65
   1.3 bituminiert — 45-55
2. Grauguss (> DN 150) — 45-55
3. Duktiler Guss — 45-55
4. Polyethylen (PE-HD) — 45-55
5. Polyvinylchlorid (PVC) — 30-40
6. Armaturen/Armaturenstationen — 45
7. Molchschleusen — 45
8. Sicherheitseinrichtungen — 45

V. Mess-, Regel- und Zähleranlagen
1. Gaszähler der Verteilung — 8-16
2. Hausdruckregler/Zählerregler — 15-25
3. Messeinrichtung — 45
4. Regeleinrichtung — 45
5. Sicherheitseinrichtungen — 20-30
6. Leit- und Energietechnik — 10-30
7. Verdichter in Gasmischanlagen je nach Einsatzdauer — 15-30
8. Nebenanlagen — 15-30
9. Gebäude — 60

VI. Fernwirkanlagen — 15-20

Anlage 2
(zu § 12 Satz 1)

Haupt- und Nebenkostenstellen

1. Hauptkostenstelle „Systemdienstleistungen"
2. Hauptkostenstelle „Hochdrucknetz"
   2.1 Nebenkostenstelle „Hochdruckleitungsnetz": Kosten der Hochdruckleitungen;

   2.2 Nebenkostenstelle „Hochdruckanlagen": Kosten der Hochdruck-Übernahmestationen und -Regleranlagen, der Reduzier- und Verteilerstationen; anteilige Berücksichtigung der zu diesen Anlagen zugehörigen Sekundärtechnik, Gebäude und Grundstücke;

   2.3 Nebenkostenstelle „Verdichteranlagen": Kosten der Verdichteranlagen; anteilige Berücksichtigung der zu diesen Anlagen zugehörigen Sekundärtechnik, Gebäude und Grundstücke.
3. Hauptkostenstelle „Mitteldrucknetz"
   3.1 Nebenkostenstelle „Mitteldruckleitungsnetz": Kosten der Mitteldruckleitungen;

   3.2 Nebenkostenstelle „Mitteldruckanlagen": Kosten der Mitteldruck-Übernahmestationen und -Regleranlagen, der Reduzier- und Verteilerstationen; anteilige Berücksichtigung der zu diesen Anlagen zugehörigen Sekundärtechnik, Gebäude und Grundstücke;

   3.3 Nebenkostenstelle „Verdichteranlagen": Kosten der Verdichteranlagen; anteilige Berücksichtigung der zu diesen Anlagen zugehörigen Sekundärtechnik, Gebäude und Grundstücke.
4. Hauptkostenstelle „Niederdrucknetz"
   4.1 Nebenkostenstelle „Niederdruckleitungsnetz": Kosten der Niederdruckleitungen;

   4.2 Nebenkostenstelle „Niederdruckanlagen": Kosten der Niederdruck-Übernahmestationen und -Regleranlagen, der Reduzier- und Verteilerstationen; anteilige Berücksichtigung der zu diesen Anlagen zugehörigen Sekundärtechnik, Gebäude und Grundstücke;

   4.3 Nebenkostenstelle „Anlagen der Öffentlichen Beleuchtung": Kosten der Anlagen der öffentlichen Beleuchtung;

   4.4 Nebenkostenstelle „Hausanschlussleitungen und Hausanschlüsse": Kosten der Erstellung von Hausanschlüssen und Hausanschlussleitungen.
5. Hauptkostenstelle „Messung"
   5.1 Nebenkostenstelle „Messung Hochdruckleitungsnetz";

   5.2 Nebenkostenstelle „Messung Mitteldruckleitungsnetz";

   5.3 Nebenkostenstelle „Messung Niederdruckleitungsnetz".

5 a. Hauptkostenstelle „Messstellenbetrieb"
   5 a.1 Nebenkostenstelle „Messstellenbetrieb Hochdruckleitungsnetz";

5 a.2 Nebenkostenstelle „Messstellenbetrieb Mitteldruckleitungsnetz";
5 a.3 Nebenkostenstelle „Messstellenbetrieb Niederdruckleitungsnetz".
6. Hauptkostenstelle „Abrechnung": Kosten der kaufmännischen Bearbeitung der Zählerdaten; Kosten der Beibringung fälliger Entgelte für die Netznutzung und Abrechnung;
6.1 Nebenkostenstelle „Abrechnung Hochdruckleitungsnetz";
6.2 Nebenkostenstelle „Abrechnung Mitteldruckleitungsnetz";
6.3 Nebenkostenstelle „Abrechnung Niederdruckleitungsnetz".

20. Verordnung über die Anreizregulierung der Energieversorgungsnetze (Anreizregulierungsverordnung – ARegV)[1)]

Vom 29. Oktober 2007
(BGBl. I S. 2529)
FNA 752-6-11
zuletzt geänd. durch Art. 2 ÄndVO v. 20. 7. 2012 (BGBl. I S. 1635)

Inhaltsübersicht

§§

Teil 1. Allgemeine Vorschriften

Anwendungsbereich	1
Beginn des Verfahrens	2

Teil 2. Allgemeine Vorschriften zur Anreizregulierung

Abschnitt 1. Regulierungsperioden

Beginn und Dauer der Regulierungsperioden	3

Abschnitt 2. Allgemeine Vorgaben zur Bestimmung der Erlösobergrenzen

Erlösobergrenzen	4
Regulierungskonto	5
Bestimmung des Ausgangsniveaus der Erlösobergrenze	6
Regulierungsformel	7
Allgemeine Geldwertentwicklung	8
Genereller sektoraler Produktivitätsfaktor	9
Erweiterungsfaktor	10
Beeinflussbare und nicht beeinflussbare Kostenanteile	11
Effizienzvergleich	12
Parameter für den Effizienzvergleich	13
Bestimmung der Kosten zur Durchführung des Effizienzvergleichs	14
Ermittlung der Ineffizienzen	15
Effizienzvorgaben	16

Abschnitt 3. Ermittlung der Netzentgelte

Netzentgelte	17

Abschnitt 4. Qualitätsvorgaben

Qualitätsvorgaben	18
Qualitätselement in der Regulierungsformel	19
Bestimmung des Qualitätselements	20
Bericht zum Investitionsverhalten	21

Teil 3. Besondere Vorschriften zur Anreizregulierung

Abschnitt 1. Betreiber von Übertragungs- und Fernleitungsnetzen

Sondervorschriften für den Effizienzvergleich	22
Investitionsmaßnahmen	23

[1)] Verkündet als Art. 1 VO v. 29. 10. 2007 (BGBl. I S. 2529); Inkrafttreten gem. Art. 4 dieser VO am 6. 11. 2007.

Anreizregulierungsverordnung **§§ 1–3 ARegV 20**

§§

Abschnitt 2. Besondere Vorschriften für kleine Netzbetreiber
Vereinfachtes Verfahren 24

Abschnitt 3. Pauschalierter Investitionszuschlag
Pauschalierter Investitionszuschlag... 25

Abschnitt 4. Übergang von Netzen, Netzzusammenschlüsse und -aufspaltungen
Übergang von Netzen, Netzzusammenschlüsse und -aufspaltungen........................... 26

Teil 4. Sonstige Bestimmungen

Datenerhebung... 27
Mitteilungspflichten 28
Übermittlung von Daten... 29
Fehlende oder unzureichende Daten 30
Veröffentlichung von Daten.. 31
Festlegungen oder Genehmigungen der Regulierungsbehörde 32
Evaluierung und Berichte der Bundesnetzagentur.. 33

Teil 5. Schlussvorschriften

Übergangsregelungen 34

Anlage 1 (zu § 7)
Anlage 2 (zu § 10)
Anlage 3 (zu § 12)

Teil 1. Allgemeine Vorschriften

§ 1 Anwendungsbereich. (1) ¹Diese Rechtsverordnung regelt die Bestimmung der Entgelte für den Zugang zu den Energieversorgungsnetzen im Wege der Anreizregulierung. ²Netzentgelte werden ab dem 1. Januar 2009 im Wege der Anreizregulierung bestimmt.

(2) ¹Diese Rechtsverordnung findet auf einen Netzbetreiber, für den noch keine kalenderjährliche Erlösobergrenze nach § 4 Absatz 1 bestimmt worden ist, für eine Übergangszeit bis zum Ende der laufenden Regulierungsperiode keine Anwendung. ²Die Rechtsverordnung bleibt bis zum Abschluss der darauf folgenden Regulierungsperiode unangewendet, wenn bei der nächsten Kostenprüfung nach § 6 Absatz 1 für diesen Netzbetreiber noch keine hinreichenden Daten für das Basisjahr vorliegen.

§ 2 Beginn des Verfahrens. Das Verfahren zur Bestimmung von Erlösobergrenzen wird von Amts wegen eingeleitet.

Teil 2. Allgemeine Vorschriften zur Anreizregulierung

Abschnitt 1. Regulierungsperioden

§ 3 Beginn und Dauer der Regulierungsperioden. (1) ¹Die erste Regulierungsperiode beginnt am 1. Januar 2009. ²Die nachfolgenden Regulierungsperioden beginnen jeweils am 1. Januar des auf das letzte Kalenderjahr der vorangegangenen Regulierungsperiode folgenden Kalenderjahres.

(2) Eine Regulierungsperiode dauert fünf Jahre.

Abschnitt 2. Allgemeine Vorgaben zur Bestimmung der Erlösobergrenzen

§ 4 Erlösobergrenzen. (1) Die Obergrenzen der zulässigen Gesamterlöse eines Netzbetreibers aus den Netzentgelten (Erlösobergrenze) werden nach Maßgabe der §§ 5 bis 16, 19, 22, 24 und 25 bestimmt.

(2) [1] Die Erlösobergrenze ist für jedes Kalenderjahr der gesamten Regulierungsperiode zu bestimmen. [2] Eine Anpassung der Erlösobergrenze während der laufenden Regulierungsperiode erfolgt nach Maßgabe der Absätze 3 bis 5.

(3) [1] Eine Anpassung der Erlösobergrenze erfolgt jeweils zum 1. Januar eines Kalenderjahres bei einer Änderung

1. des Verbraucherpreisgesamtindexes nach § 8,

2. von nicht beeinflussbaren Kostenanteilen nach § 11 Absatz 2 Satz 1 Nummer 1 bis 11, 13 und 14, Satz 2 und 3; abzustellen ist dabei auf die jeweils im vorletzten Kalenderjahr entstandenen Kosten; bei Kostenanteilen nach § 11 Absatz 2 Satz 1 Nummer 4 bis 6 und 8 ist auf das Kalenderjahr abzustellen, auf das die Erlösobergrenze Anwendung finden soll,

3. von volatilen Kostenanteilen nach § 11 Absatz 5; abzustellen ist dabei auf das Kalenderjahr, auf das die Erlösobergrenze Anwendung finden soll.

[2] Einer erneuten Festlegung der Erlösobergrenze bedarf es in diesen Fällen nicht. [3] Satz 1 gilt nicht im ersten Jahr der jeweiligen Regulierungsperiode.

(4) [1] Auf Antrag des Netzbetreibers

1. erfolgt eine Anpassung der Erlösobergrenze nach Maßgabe des § 10;

2. kann eine Anpassung der Erlösobergrenze erfolgen, wenn auf Grund des Eintritts eines unvorhersehbaren Ereignisses im Falle der Beibehaltung der Erlösobergrenze eine nicht zumutbare Härte für den Netzbetreiber entstehen würde.

[2] Der Antrag auf Anpassung nach Satz 1 Nr. 1 kann einmal jährlich zum 30. Juni des Kalenderjahres gestellt werden; die Anpassung erfolgt zum 1. Januar des folgenden Kalenderjahres.

(5) [1] Erfolgt eine Bestimmung des Qualitätselements nach Maßgabe des § 19, so hat die Regulierungsbehörde von Amts wegen die Erlösobergrenze entsprechend anzupassen. [2] Die Anpassung nach Satz 1 erfolgt höchstens einmal jährlich zum 1. Januar des folgenden Kalenderjahres.

§ 5 Regulierungskonto. (1) [1] Die Differenz zwischen den nach § 4 zulässigen Erlösen und den vom Netzbetreiber unter Berücksichtigung der tatsächlichen Mengenentwicklung erzielbaren Erlösen wird jährlich auf einem Regulierungskonto verbucht. [2] Gleiches gilt für die Differenz zwischen den für das Kalenderjahr tatsächlich entstandenen Kosten nach § 11 Absatz 2 Satz 1 Nummer 4 bis 6 und 8 sowie den im jeweiligen Kalenderjahr entstandenen Kosten nach § 11 Absatz 5, soweit dies in einer Festlegung nach § 32 Absatz 1 Nummer 4 a vorgesehen ist, und den in der Erlösobergrenze diesbezüglich enthaltenen Ansätzen. [3] Darüber hinaus wird zusätzlich die Differenz zwischen den für das Kalenderjahr bei effizienter Leistungserbringung entstehenden Kosten des Messstellenbetriebs oder der Messung und den in der Erlösobergrenze diesbezüglich enthaltenen Ansätzen in das Regulierungskonto einbezogen, soweit diese Differenz durch Änderungen der Zahl der Anschluss-

Anreizregulierungsverordnung § 6 **ARegV 20**

nutzer, bei denen Messstellenbetrieb oder Messung durch den Netzbetreiber durchgeführt wird, oder Maßnahmen nach § 21 b Abs. 3 a und 3 b des Energiewirtschaftsgesetzes[1]) sowie nach § 18 b der Stromnetzzugangsverordnung[2]) und § 44 der Gasnetzzugangsverordnung[3]) verursacht wird. ⁴Das Regulierungskonto wird von der Regulierungsbehörde geführt.

(2) ¹Die nach Absatz 1 verbuchten Differenzen sind in Höhe des im jeweiligen Kalenderjahr durchschnittlich gebundenen Betrags zu verzinsen. ²Der durchschnittlich gebundene Betrag ergibt sich aus dem Mittelwert von Jahresanfangs- und Jahresendbestand. ³Die Verzinsung nach Satz 1 richtet sich nach dem auf die letzten zehn abgeschlossenen Kalenderjahre bezogenen Durchschnitt der von der Deutschen Bundesbank veröffentlichten Umlaufrendite festverzinslicher Wertpapiere inländischer Emittenten.

(3) ¹Übersteigen die tatsächlich erzielten Erlöse die nach § 4 zulässigen Erlöse des letzten abgeschlossenen Kalenderjahres um mehr als 5 Prozent, so ist der Netzbetreiber verpflichtet, seine Netzentgelte nach Maßgabe des § 17 anzupassen. ²Bleiben die tatsächlich erzielten Erlöse um mehr als 5 Prozent hinter den nach § 4 zulässigen Erlösen des letzten abgeschlossenen Kalenderjahres zurück, so ist der Netzbetreiber dazu berechtigt, seine Netzentgelte nach Maßgabe des § 17 anzupassen.

(4) ¹Die Regulierungsbehörde ermittelt den Saldo des Regulierungskontos im letzten Jahr der Regulierungsperiode für die vorangegangenen fünf Kalenderjahre. ²Der Ausgleich des Saldos auf dem Regulierungskonto erfolgt durch gleichmäßig über die folgende Regulierungsperiode verteilte Zu- oder Abschläge. ³Die Zu- und Abschläge sind nach Absatz 2 Satz 3 zu verzinsen. ⁴Eine Anpassung der Erlösobergrenzen innerhalb der Regulierungsperiode auf Grund der Änderung der jährlich verbuchten Differenzen nach Absatz 1 findet nicht statt.

§ 6 Bestimmung des Ausgangsniveaus der Erlösobergrenze. (1) ¹Die Regulierungsbehörde ermittelt das Ausgangsniveau für die Bestimmung der Erlösobergrenzen durch eine Kostenprüfung nach den Vorschriften des Teils 2 Abschnitt 1 der Gasnetzentgeltverordnung[4]) und des Teils 2 Abschnitt 1 der Stromnetzentgeltverordnung[5]). ²Die §§ 28 bis 30 der Gasnetzentgeltverordnung sowie die §§ 28 bis 30 der Stromnetzentgeltverordnung gelten entsprechend. ³Die Kostenprüfung erfolgt im vorletzten Kalenderjahr vor Beginn der Regulierungsperiode auf der Grundlage der Daten des letzten abgeschlossenen Geschäftsjahres. ⁴Das Kalenderjahr, in dem das der Kostenprüfung zugrunde liegende Geschäftsjahr endet, gilt als Basisjahr im Sinne dieser Verordnung. ⁵Als Basisjahr für die erste Regulierungsperiode gilt 2006.

(2) Als Ausgangsniveau für die erste Regulierungsperiode ist das Ergebnis der Kostenprüfung der letzten Genehmigung der Netzentgelte nach § 23 a des Energiewirtschaftsgesetzes[1]) vor Beginn der Anreizregulierung, die auf der Datengrundlage des Geschäftsjahres 2006 oder eines früheren Geschäftsjahres basiert, heranzuziehen.

---
[1]) Nr. 1.
[2]) Nr. 16.
[3]) Nr. 18.
[4]) Nr. 19.
[5]) Nr. 17.

(3) [1] Soweit Kosten dem Grunde oder der Höhe nach auf einer Besonderheit des Geschäftsjahres beruhen, auf das sich die Kostenprüfung bezieht, bleiben sie bei der Ermittlung des Ausgangsniveaus unberücksichtigt. [2] § 3 Absatz 1 Satz 4 zweiter Halbsatz der Gasnetzentgeltverordnung sowie § 3 Absatz 1 Satz 5 zweiter Halbsatz der Stromnetzentgeltverordnung finden keine Anwendung.

§ 7 Regulierungsformel. Die Bestimmung der Erlösobergrenzen für die Netzbetreiber erfolgt in Anwendung der Regulierungsformel in Anlage 1.

§ 8 Allgemeine Geldwertentwicklung. [1] Der Wert für die allgemeine Geldwertentwicklung ergibt sich aus dem durch das Statistische Bundesamt veröffentlichten Verbraucherpreisgesamtindex. [2] Für die Bestimmung der Erlösobergrenze nach § 4 Abs. 1 wird der Verbraucherpreisgesamtindex des vorletzten Kalenderjahres vor dem Jahr, für das die Erlösobergrenze gilt, verwendet. [3] Dieser wird ins Verhältnis gesetzt zum Verbraucherpreisgesamtindex für das Basisjahr.

§ 9 Genereller sektoraler Produktivitätsfaktor. (1) Der generelle sektorale Produktivitätsfaktor wird ermittelt aus der Abweichung des netzwirtschaftlichen Produktivitätsfortschritts vom gesamtwirtschaftlichen Produktivitätsfortschritt und der gesamtwirtschaftlichen Einstandspreisentwicklung von der netzwirtschaftlichen Einstandspreisentwicklung.

(2) In der ersten Regulierungsperiode beträgt der generelle sektorale Produktivitätsfaktor für Gas- und Stromnetzbetreiber jährlich 1,25 Prozent, in der zweiten Regulierungsperiode jährlich 1,5 Prozent.

(3) [1] Die Bundesnetzagentur hat den generellen sektoralen Produktivitätsfaktor ab der dritten Regulierungsperiode jeweils vor Beginn der Regulierungsperiode für die gesamte Regulierungsperiode nach Maßgabe von Methoden, die dem Stand der Wissenschaft entsprechen, zu ermitteln. [2] Die Ermittlung hat unter Einbeziehung der Daten von Netzbetreibern aus dem gesamten Bundesgebiet für einen Zeitraum von mindestens vier Jahren zu erfolgen. [3] Die Bundesnetzagentur kann jeweils einen Wert für Stromversorgungsnetze und für Gasversorgungsnetze ermitteln.

(4) Die Landesregulierungsbehörden können bei der Bestimmung der Erlösobergrenzen den durch die Bundesnetzagentur nach Absatz 3 ermittelten generellen sektoralen Produktivitätsfaktor anwenden.

(5) Die Einbeziehung des generellen sektoralen Produktivitätsfaktors in die Erlösobergrenzen erfolgt durch Potenzierung der Werte nach den Absätzen 2 und 3 mit dem jeweiligen Jahr der Regulierungsperiode.

§ 10 Erweiterungsfaktor. (1) [1] Ändert sich während der Regulierungsperiode die Versorgungsaufgabe des Netzbetreibers nachhaltig, wird dies bei der Bestimmung der Erlösobergrenze durch einen Erweiterungsfaktor berücksichtigt. [2] Die Ermittlung des Erweiterungsfaktors erfolgt nach der Formel in Anlage 2.

(2) [1] Die Versorgungsaufgabe bestimmt sich nach der Fläche des versorgten Gebietes und den von den Netzkunden bestimmten Anforderungen an die Versorgung mit Strom und Gas, die sich auf die Netzgestaltung unmittelbar auswirken. [2] Eine nachhaltige Änderung der Versorgungsaufgabe im Sinne des Absatz 1 Satz 1 liegt vor, wenn sich einer oder mehrere der Parameter

Anreizregulierungsverordnung § 11 ARegV 20

1. Fläche des versorgten Gebietes,
2. Anzahl der Anschlusspunkte in Stromversorgungsnetzen und der Ausspeisepunkte in Gasversorgungsnetzen,
3. Jahreshöchstlast oder
4. sonstige von der Regulierungsbehörde nach § 32 Abs. 1 Nr. 3 festgelegte Parameter

im Antragszeitpunkt dauerhaft und in erheblichem Umfang geändert haben. [3] Von einer Änderung in erheblichem Umfang nach Satz 2 ist in der Regel auszugehen, wenn sich dadurch die Gesamtkosten des Netzbetreibers nach Abzug der dauerhaft nicht beeinflussbaren Kostenanteile um mindestens 0,5 Prozent erhöhen.

(3) [1] Die Parameter nach Absatz 2 Satz 2 Nr. 4 dienen insbesondere der Berücksichtigung des unterschiedlichen Erschließungs- und Anschlussgrades von Gasversorgungsnetzen. [2] Sie müssen hinsichtlich ihrer Aussagekraft mit denjenigen nach Absatz 2 Satz 2 Nr. 1 bis 3 vergleichbar sein. [3] Bei ihrer Auswahl ist § 13 Abs. 3 entsprechend anzuwenden.

(4) Die Absätze 1 bis 3 finden bei Betreibern von Übertragungs- und Fernleitungsnetzen keine Anwendung.

§ 11 Beeinflussbare und nicht beeinflussbare Kostenanteile. (1) Als nicht beeinflussbare Kostenanteile gelten dauerhaft nicht beeinflussbare Kostenanteile und vorübergehend nicht beeinflussbare Kostenanteile.

(2) [1] Als dauerhaft nicht beeinflussbare Kostenanteile gelten Kosten oder Erlöse aus

1. gesetzlichen Abnahme- und Vergütungspflichten,
2. Konzessionsabgaben,
3. Betriebssteuern,
4. erforderlicher Inanspruchnahme vorgelagerter Netzebenen,
5. der Nachrüstung von Wechselrichtern nach § 10 Absatz 1 der Systemstabilitätsverordnung,
6. genehmigten Investitionsmaßnahmen nach § 23, soweit sie dem Inhalt der Genehmigung nach durchgeführt wurden sowie in der Regulierungsperiode kostenwirksam sind und die Genehmigung nicht aufgehoben worden ist,
6a. der Auflösung des Abzugsbetrags nach § 23 Absatz 2a,
7. Mehrkosten für die Errichtung, den Betrieb und die Änderung von Erdkabeln nach § 43 Satz 1 Nr. 3 und Satz 3 des Energiewirtschaftsgesetzes[1], soweit diese nicht nach Nummer 6 berücksichtigt werden und soweit die Kosten bei effizientem Netzbetrieb entstehen,
8. vermiedenen Netzentgelten im Sinne von § 18 der Stromnetzentgeltverordnung[2], § 35 Absatz 2 des Erneuerbare-Energien-Gesetzes[3] und § 4 Absatz 3 des Kraft-Wärme-Kopplungsgesetzes[4],

---

[1] Nr. 1.
[2] Nr. 17.
[3] Nr. 34.
[4] Nr. 43.

8 a. dem erweiterten Bilanzausgleich gemäß § 35 der Gasnetzzugangsverordnung[1] vom 3. September 2010 (BGBl. I S. 1261) in der jeweils geltenden Fassung, abzüglich der vom Einspeiser von Biogas zu zahlenden Pauschale,
 – erforderliche Maßnahmen des Netzbetreibers gemäß § 33 Absatz 10, § 34 Absatz 2 und § 36 Absatz 3 und 4 der Gasnetzzugangsverordnung,
 – die Kosten für den effizienten Netzanschluss sowie für die Wartung gemäß § 33 Absatz 1 der Gasnetzzugangsverordnung,
 – Entgelte für vermiedene Netzkosten, die vom Netzbetreiber gemäß § 20 a der Gasnetzentgeltverordnung[2] vom 25. Juli 2005 (BGBl. I S. 2197), die zuletzt durch Artikel 5 der Verordnung vom 3. September 2010 (BGBl. I S. 1261) geändert worden ist, in der jeweils geltenden Fassung, an den Transportkunden von Biogas zu zahlen sind,
 in der Höhe, in der die Kosten unter Berücksichtigung der Umlage nach § 20 b der Gasnetzentgeltverordnung beim Netzbetreiber verbleiben.
8 b. Zahlungen an Städte oder Gemeinden nach Maßgabe von § 5 Absatz 4 der Stromnetzentgeltverordnung,
9. betrieblichen und tarifvertraglichen Vereinbarungen zu Lohnzusatz- und Versorgungsleistungen, soweit diese in der Zeit vor dem 31. Dezember 2008 abgeschlossen worden sind,
10. der im gesetzlichen Rahmen ausgeübten Betriebs- und Personalratstätigkeit,
11. der Berufsausbildung und Weiterbildung im Unternehmen und von Betriebskindertagesstätten für Kinder der im Netzbereich beschäftigten Betriebsangehörigen,
12. pauschalierten Investitionszuschlägen nach Maßgabe des § 25,
13. der Auflösung von Netzanschlusskostenbeiträgen und Baukostenzuschüssen nach § 9 Abs. 1 Satz 1 Nr. 3 und 4 in Verbindung mit Satz 2 der Stromnetzentgeltverordnung und § 9 Abs. 1 Satz 1 Nr. 3 und 4 in Verbindung mit Satz 2 der Gasnetzentgeltverordnung,
14. dem bundesweiten Ausgleichsmechanismus nach § 2 Abs. 4 des Energieleitungsausbaugesetzes[3] vom 21. August 2009 (BGBl. I S. 2870) in der jeweils geltenden Fassung.

² Als dauerhaft nicht beeinflussbare Kostenanteile gelten bei Stromversorgungsnetzen auch solche Kosten oder Erlöse, die sich aus Maßnahmen des Netzbetreibers ergeben, die einer wirksamen Verfahrensregulierung nach der Stromnetzzugangsverordnung[4] oder der Verordnung (EG) Nr. 1228/2003 des Europäischen Parlaments und des Rates vom 26. Juni 2003 über die Netzzugangsbedingungen für den grenzüberschreitenden Stromhandel (ABl. EU Nr. L 176 S. 1), zuletzt geändert durch den Beschluss Nr. 2006/770/EG der Kommission vom 9. November 2006 zur Änderung des Anhangs der Verordnung (EG) Nr. 1228/2003 über die Netzzugangsbedingungen für den grenzüberschreitenden Stromhandel (ABl. EU Nr. L 312 S. 59), unterliegen, insbesondere

---

[1] Nr. 18.
[2] Nr. 19.
[3] Nr. 14.
[4] Nr. 16.

Anreizregulierungsverordnung § 12 ARegV 20

1. Kompensationszahlungen im Rahmen des Ausgleichsmechanismus nach Artikel 3 der Verordnung (EG) Nr. 1228/2003,
2. Erlöse aus dem Engpassmanagement nach Artikel 6 der Verordnung (EG) Nr. 1228/2003 oder nach § 15 der Stromnetzzugangsverordnung, soweit diese entgeltmindernd nach Artikel 6 Abs. 6 Buchstabe c der Verordnung (EG) Nr. 1228/2003 oder § 15 Abs. 3 Satz 1 der Stromnetzzugangsverordnung geltend gemacht werden, und
3. Kosten für die Beschaffung der Energie zur Erbringung von Ausgleichsleistungen, einschließlich der Kosten für die lastseitige Beschaffung.

³Bei Gasversorgungsnetzen gelten als dauerhaft nicht beeinflussbare Kosten auch solche Kosten oder Erlöse, die sich aus Maßnahmen des Netzbetreibers ergeben, die einer wirksamen Verfahrensregulierung nach der Gasnetzzugangsverordnung oder der Verordnung (EG) Nr. 1775/2005 des Europäischen Parlaments und des Rates vom 28. September 2005 über die Bedingungen für den Zugang zu den Erdgasfernleitungsnetzen (ABl. EU Nr. L 289 S. 1) unterliegen. ⁴Eine wirksame Verfahrensregulierung im Sinne der Sätze 2 und 3 liegt vor, soweit eine umfassende Regulierung des betreffenden Bereichs durch vollziehbare Entscheidungen der Regulierungsbehörden oder freiwillige Selbstverpflichtungen der Netzbetreiber erfolgt ist, die Regulierungsbehörde dies nach § 32 Abs. 1 Nr. 4 festgelegt hat und es sich nicht um volatile Kostenanteile nach § 11 Absatz 5 handelt.

(3) ¹Als vorübergehend nicht beeinflussbare Kostenanteile gelten die mit dem nach § 15 ermittelten bereinigten Effizienzwert multiplizierten Gesamtkosten nach Abzug der dauerhaft nicht beeinflussbaren Kostenanteile. ²In diesen sind die auf nicht zurechenbaren strukturellen Unterschieden der Versorgungsgebiete beruhenden Kostenanteile enthalten.

(4) Als beeinflussbare Kostenanteile gelten alle Kostenanteile, die nicht dauerhaft oder vorübergehend nicht beeinflussbare Kostenanteile sind.

(5) ¹Als volatile Kostenanteile gelten Kosten für die Beschaffung von Treibenergie. ²Andere beeinflussbare oder vorübergehend nicht beeinflussbare Kostenanteile, insbesondere Kosten für die Beschaffung von Verlustenergie, deren Höhe sich in einem Kalenderjahr erheblich von der Höhe des jeweiligen Kostenanteils im vorhergehenden Kalenderjahr unterscheiden kann, gelten als volatile Kostenanteile, soweit die Regulierungsbehörde dies nach § 32 Absatz 1 Nummer 4a festgelegt hat. ³Kapitalkosten oder Fremdkapitalkosten gelten nicht als volatile Kostenanteile.

§ 12 Effizienzvergleich. (1) ¹Die Bundesnetzagentur führt vor Beginn der Regulierungsperiode mit den in Anlage 3 aufgeführten Methoden, unter Berücksichtigung der in Anlage 3 genannten Vorgaben sowie nach Maßgabe der Absätze 2 bis 4 und der §§ 13 und 14 jeweils einen bundesweiten Effizienzvergleich für die Betreiber von Elektrizitätsverteilernetzen und Gasverteilernetzen mit dem Ziel durch, die Effizienzwerte für diese Netzbetreiber zu ermitteln. ²Bei der Ausgestaltung der in Anlage 3 aufgeführten Methoden durch die Bundesnetzagentur sind Vertreter der betroffenen Wirtschaftskreise und der Verbraucher rechtzeitig zu hören. ³Ergeben sich auf Grund rechtskräftiger gerichtlicher Entscheidungen nachträgliche Änderungen in dem nach § 6 ermittelten Ausgangsniveau, so bleibt der Effizienzvergleich von diesen nachträglichen Änderungen unberührt.

(2) Der Effizienzwert ist als Anteil der Gesamtkosten nach Abzug der dauerhaft nicht beeinflussbaren Kostenanteile in Prozent auszuweisen.

(3) Weichen die im Effizienzvergleich mit den nach Anlage 3 zugelassenen Methoden ermittelten Effizienzwerte eines Netzbetreibers voneinander ab, so ist der höhere Effizienzwert zu verwenden.

(4) [1] Hat der Effizienzvergleich für einen Netzbetreiber einen Effizienzwert von weniger als 60 Prozent ergeben, so ist der Effizienzwert mit 60 Prozent anzusetzen. [2] Satz 1 gilt auch, wenn für einzelne Netzbetreiber keine Effizienzwerte ermittelt werden konnten, weil diese ihren Mitwirkungspflichten zur Mitteilung von Daten nicht nachgekommen sind.

(4 a) [1] Zusätzlich werden Effizienzvergleiche durchgeführt, bei denen der Aufwandsparameter nach § 13 Abs. 1 für alle Netzbetreiber durch den Aufwandsparameter ersetzt wird, der sich ohne Berücksichtigung der Vergleichbarkeitsrechnung nach § 14 Abs. 1 Nr. 3, Abs. 2 und 3 ergibt. [2] Die nach § 13 Abs. 3 und 4 ermittelten Vergleichsparameter bleiben unverändert. [3] Weicht der so ermittelte Effizienzwert von dem nach Absatz 1 ermittelten Effizienzwert ab, so ist für den jeweils betrachteten Netzbetreiber der höhere Effizienzwert zu verwenden.

(5) [1] Die Bundesnetzagentur übermittelt bis zum 1. Juli des Kalenderjahres vor Beginn der Regulierungsperiode den Landesregulierungsbehörden die von ihr nach den Absätzen 1 bis 3 ermittelten Effizienzwerte für die nach § 54 Abs. 2 des Energiewirtschaftsgesetzes[1]) in die Zuständigkeit der jeweiligen Behörde fallenden Netzbetreiber. [2] Die Mitteilung hat die Ausgangsdaten nach den §§ 13 und 14, die einzelnen Rechenschritte und die jeweiligen Ergebnisse der nach Anlage 3 zugelassenen Methoden zu enthalten. [3] Soweit für einzelne Netzbetreiber keine Effizienzwerte aus dem bundesweiten Effizienzvergleich ermittelt werden konnten, teilt die Bundesnetzagentur dies den Landesregulierungsbehörden begründet mit.

(6) [1] Die Landesregulierungsbehörden führen zur Bestimmung von Effizienzwerten einen Effizienzvergleich nach den Absätzen 1 bis 3 durch, soweit sie nicht die Ergebnisse des Effizienzvergleichs der Bundesnetzagentur verwenden. [2] Zur Sicherstellung der Belastbarkeit der Ergebnisse des Effizienzvergleichs sind auch Netzbetreiber, die nicht in ihre Zuständigkeit nach § 54 Abs. 2 des Energiewirtschaftsgesetzes fallen, in den Effizienzvergleich einzubeziehen.

§ 13 Parameter für den Effizienzvergleich.

(1) Die Regulierungsbehörde hat im Effizienzvergleich Aufwandsparameter und Vergleichsparameter zu berücksichtigen.

(2) Als Aufwandsparameter sind die nach § 14 ermittelten Kosten anzusetzen.

(3) [1] Vergleichsparameter sind Parameter zur Bestimmung der Versorgungsaufgabe und der Gebietseigenschaften, insbesondere die geografischen, geologischen oder topografischen Merkmale und strukturellen Besonderheiten der Versorgungsaufgabe auf Grund demografischen Wandels des versorgten Gebietes. [2] Die Parameter müssen geeignet sein, die Belastbarkeit des Effizienzvergleichs zu stützen. [3] Dies ist insbesondere dann anzunehmen, wenn sie

---

[1]) Nr. 1.

Anreizregulierungsverordnung § 14 ARegV 20

messbar oder mengenmäßig erfassbar, nicht durch Entscheidungen des Netzbetreibers bestimmbar und nicht in ihrer Wirkung ganz oder teilweise wiederholend sind, insbesondere nicht bereits durch andere Parameter abgebildet werden. [4] Vergleichsparameter können insbesondere sein

1. die Anzahl der Anschlusspunkte in Stromversorgungsnetzen und der Ausspeisepunkte in Gasversorgungsnetzen,
2. die Fläche des versorgten Gebietes,
3. die Leitungslänge,
4. die Jahresarbeit,
5. die zeitgleiche Jahreshöchstlast oder
6. die dezentralen Erzeugungsanlagen in Stromversorgungsnetzen, insbesondere die Anzahl und Leistung von Anlagen zur Erzeugung von Strom aus Wind- und solarer Strahlungsenergie.

[5] Bei der Bestimmung von Parametern zur Beschreibung geografischer, geologischer oder topografischer Merkmale und struktureller Besonderheiten der Versorgungsaufgabe auf Grund demografischen Wandels des versorgten Gebietes können flächenbezogene Durchschnittswerte gebildet werden. [6] Die Vergleichsparameter können bezogen auf die verschiedenen Netzebenen von Strom- und Gasversorgungsnetzen verwendet werden; ein Vergleich einzelner Netzebenen findet nicht statt. [7] Die Auswahl der Vergleichsparameter hat mit qualitativen, analytischen oder statistischen Methoden zu erfolgen, die dem Stand der Wissenschaft entsprechen. [8] Durch die Auswahl der Vergleichsparameter soll die strukturelle Vergleichbarkeit möglichst weitgehend gewährleistet sein. [9] Dabei sind die Unterschiede zwischen Strom- und Gasversorgungsnetzen zu berücksichtigen, insbesondere der unterschiedliche Erschließungs- und Anschlussgrad von Gasversorgungsnetzen. [10] Bei der Auswahl der Vergleichsparameter sind Vertreter der betroffenen Wirtschaftskreise und der Verbraucher rechtzeitig zu hören.

(4) [1] In der ersten und zweiten Regulierungsperiode hat die Regulierungsbehörde die Vergleichsparameter

1. Anzahl der Anschlusspunkte in Stromversorgungsnetzen und der Ausspeisepunkte in Gasversorgungsnetzen,
2. Fläche des versorgten Gebietes,
2 a. Leitungslänge (Systemlänge) und
3. zeitgleiche Jahreshöchstlast

zu verwenden. [2] Darüber hinaus können weitere Parameter nach Maßgabe des Absatzes 3 verwendet werden.

§ 14 Bestimmung der Kosten zur Durchführung des Effizienzvergleichs. (1) Die im Rahmen des Effizienzvergleichs als Aufwandsparameter anzusetzenden Kosten werden nach folgenden Maßgaben ermittelt:

1. Die Gesamtkosten des Netzbetreibers werden nach Maßgabe der zur Bestimmung des Ausgangsniveaus anzuwendenden Kostenprüfung nach § 6 ermittelt.
2. Von den so ermittelten Gesamtkosten sind die nach § 11 Abs. 2 dauerhaft nicht beeinflussbaren Kostenanteile abzuziehen.

3. Die Kapitalkosten zur Durchführung des Effizienzvergleichs sollen so bestimmt werden, dass ihre Vergleichbarkeit möglichst gewährleistet ist und Verzerrungen berücksichtigt werden, wie sie insbesondere durch unterschiedliche Altersstruktur der Anlagen, Abschreibungs- und Aktivierungspraktiken entstehen können; hierzu ist eine Vergleichbarkeitsrechnung zur Ermittlung von Kapitalkostenannuitäten nach Maßgabe des Absatzes 2 durchzuführen; dabei umfassen die Kapitalkosten die Kostenpositionen nach § 5 Abs. 2 sowie den §§ 6 und 7 der Stromnetzentgeltverordnung[1]) und § 5 Abs. 2 sowie den §§ 6 und 7 der Gasnetzentgeltverordnung[2]).

(2) [1] Die Vergleichbarkeitsrechnung nach Absatz 1 Nr. 3 erfolgt auf der Grundlage der Tagesneuwerte des Anlagevermögens des Netzbetreibers. [2] Für die Ermittlung von einheitlichen Nutzungsdauern für jede Anlagengruppe sind die unteren Werte der betriebsgewöhnlichen Nutzungsdauern in Anlage 1 der Gasnetzentgeltverordnung und Anlage 1 der Stromnetzentgeltverordnung zu verwenden. [3] Der zu verwendende Zinssatz bestimmt sich als gewichteter Mittelwert aus Eigenkapitalzinssatz und Fremdkapitalzinssatz, wobei der Eigenkapitalzinssatz mit 40 Prozent und der Fremdkapitalzinssatz mit 60 Prozent zu gewichten ist. [4] Von den 60 Prozent des Fremdkapitalzinssatzes entfallen 25 Prozentpunkte auf unverzinsliches Fremdkapital. [5] Es sind die nach § 7 Abs. 6 der Gasnetzentgeltverordnung und § 7 Abs. 6 der Stromnetzentgeltverordnung für Neuanlagen geltenden Eigenkapitalzinssätze anzusetzen. [6] Für das verzinsliche Fremdkapital richtet sich die Verzinsung nach dem auf die letzten zehn abgeschlossenen Kalenderjahre bezogenen Durchschnitt der von der Deutschen Bundesbank veröffentlichten Umlaufrendite festverzinslicher Wertpapiere inländischer Emittenten. [7] Die Eigenkapitalzinssätze und der Fremdkapitalzinssatz sind um den auf die letzten zehn abgeschlossenen Kalenderjahre bezogenen Durchschnitt der Preisänderungsrate nach dem vom Statistischen Bundesamt veröffentlichten Verbraucherpreisgesamtindex zu ermäßigen.

§ 15 Ermittlung der Ineffizienzen.

(1) [1] Weist ein Netzbetreiber nach, dass Besonderheiten seiner Versorgungsaufgabe bestehen, die im Effizienzvergleich durch die Auswahl der Parameter nach § 13 Abs. 3 und 4 nicht hinreichend berücksichtigt wurden, und dies die erhöht nach § 14 Abs. 1 Nr. 1 und 2 ermittelten Kosten um mindestens 3 Prozent erhöht, so hat die Regulierungsbehörde einen Aufschlag auf den nach §§ 12 bis 14 oder 22 ermittelten Effizienzwert anzusetzen (bereinigter Effizienzwert). [2] Ist der Effizienzwert nach § 12 Abs. 4 angesetzt worden, hat der Netzbetreiber die erforderlichen Nachweise zu erbringen, dass die Besonderheiten seiner Versorgungsaufgabe einen zusätzlichen Aufschlag nach Satz 1 rechtfertigen.

(2) Die Landesregulierungsbehörden können zur Ermittlung der bereinigten Effizienzwerte nach Absatz 1 die von der Bundesnetzagentur im bundesweiten Effizienzvergleich nach den §§ 12 bis 14 ermittelten Effizienzwerte zugrunde legen.

(3) [1] Aus dem nach §§ 12 bis 14, 22 oder 24 ermittelten Effizienzwert oder dem bereinigten Effizienzwert werden die Ineffizienzen ermittelt. [2] Die Ineffizienzen ergeben sich aus der Differenz zwischen den Gesamtkosten nach

---
[1]) Nr. 17.
[2]) Nr. 19.

Abzug der dauerhaft nicht beeinflussbaren Kostenanteile und den mit dem in Satz 1 genannten Effizienzwert multiplizierten Gesamtkosten nach Abzug der dauerhaft nicht beeinflussbaren Kosten.

§ 16 Effizienzvorgaben. (1) [1] Die Festlegung der Erlösobergrenzen durch die Regulierungsbehörde hat so zu erfolgen, dass die nach den §§ 12 bis 15 ermittelten Ineffizienzen unter Anwendung eines Verteilungsfaktors rechnerisch innerhalb einer oder mehrerer Regulierungsperioden gleichmäßig abgebaut werden (individuelle Effizienzvorgabe). [2] Für die erste Regulierungsperiode wird die individuelle Effizienzvorgabe dahingehend bestimmt, dass der Abbau der ermittelten Ineffizienzen nach zwei Regulierungsperioden abgeschlossen ist. [3] Für die folgenden Regulierungsperioden wird die individuelle Effizienzvorgabe so bestimmt, dass der Abbau der ermittelten Ineffizienzen jeweils zum Ende der Regulierungsperiode abgeschlossen ist.

(2) [1] Soweit ein Netzbetreiber nachweist, dass er die für ihn festgelegte individuelle Effizienzvorgabe unter Nutzung aller ihm möglichen und zumutbaren Maßnahmen nicht erreichen und übertreffen kann, hat die Regulierungsbehörde die Effizienzvorgabe abweichend von Absatz 1 zu bestimmen. [2] Bei der Bewertung der Zumutbarkeit ist zu berücksichtigen, inwieweit der Effizienzwert nach § 12 Abs. 4 angesetzt worden ist. [3] Unzumutbar sind auch Maßnahmen, die dazu führen, dass die wesentlichen Arbeitsbedingungen, die in dem nach dem Energiewirtschaftsgesetz[1] regulierten Bereich üblich sind, erheblich unterschritten werden. [4] Eine Berücksichtigung struktureller Besonderheiten erfolgt ausschließlich nach Maßgabe des § 15 Abs. 1.

Abschnitt 3. Ermittlung der Netzentgelte

§ 17 Netzentgelte. (1) [1] Die nach § 32 Abs. 1 Nr. 1 festgelegten Erlösobergrenzen werden in Entgelte für den Zugang zu den Energieversorgungsnetzen umgesetzt. [2] Dies erfolgt entsprechend der Vorschriften des Teils 2 Abschnitt 2 und 3 der Gasnetzentgeltverordnung[2] und des Teils 2 Abschnitt 2 und 3 der Stromnetzentgeltverordnung[3]. [3] Die §§ 16, 27 und 28 der Gasnetzentgeltverordnung sowie die §§ 20, 27 und 28 der Stromnetzentgeltverordnung gelten entsprechend. [4] § 30 der Gasnetzentgeltverordnung und § 30 der Stromnetzentgeltverordnung bleiben unberührt.

(2) [1] Der Netzbetreiber ist verpflichtet, bei einer Anpassung der Erlösobergrenze nach § 4 Abs. 3 und 5 die Netzentgelte anzupassen, soweit sich daraus nach Absatz 1 eine Absenkung der Netzentgelte ergibt. [2] Im Übrigen ist er im Falle einer Anpassung der Erlösobergrenze nach § 4 Abs. 3 bis 5 zur Anpassung der Netzentgelte berechtigt.

(3) [1] Die Anpassung der Netzentgelte nach Absatz 2 erfolgt zum 1. Januar eines Kalenderjahres. [2] Vorgelagerte Netzbetreiber haben die Höhe der geplanten Anpassung der Netzentgelte den nachgelagerten Netzbetreibern rechtzeitig vor dem Zeitpunkt nach Satz 1 mitzuteilen.

---

[1] Nr. 1.
[2] Nr. 19.
[3] Nr. 17.

Abschnitt 4. Qualitätsvorgaben

§ 18 Qualitätsvorgaben. [1] Qualitätsvorgaben dienen der Sicherung eines langfristig angelegten, leistungsfähigen und zuverlässigen Betriebs von Energieversorgungsnetzen. [2] Hierzu dienen Qualitätselemente nach den §§ 19 und 20 und die Berichtspflichten nach § 21.

§ 19 Qualitätselement in der Regulierungsformel. (1) [1] Auf die Erlösobergrenzen können Zu- oder Abschläge vorgenommen werden, wenn Netzbetreiber hinsichtlich der Netzzuverlässigkeit oder der Netzleistungsfähigkeit von Kennzahlenvorgaben abweichen (Qualitätselement). [2] Die Kennzahlenvorgaben sind nach Maßgabe des § 20 unter Heranziehung der Daten von Netzbetreibern aus dem gesamten Bundesgebiet zu ermitteln und in Zu- und Abschläge umzusetzen. [3] Dabei ist zwischen Gasverteilernetzen und Stromverteilernetzen zu unterscheiden.

(2) [1] Über den Beginn der Anwendung des Qualitätselements, der bei Stromversorgungsnetzen zur zweiten Regulierungsperiode zu erfolgen hat, entscheidet die Regulierungsbehörde. [2] Er soll bereits zur oder im Laufe der ersten Regulierungsperiode erfolgen, soweit der Regulierungsbehörde hinreichend belastbare Datenreihen vorliegen. [3] Abweichend von Satz 1 soll der Beginn der Anwendung des Qualitätselements bei Gasversorgungsnetzen zur oder im Laufe der zweiten Regulierungsperiode erfolgen, soweit der Regulierungsbehörde hinreichend belastbare Datenreihen vorliegen.

(3) [1] Die Netzzuverlässigkeit beschreibt die Fähigkeit des Energieversorgungsnetzes, Energie möglichst unterbrechungsfrei und unter Einhaltung der Produktqualität zu transportieren. [2] Die Netzleistungsfähigkeit beschreibt die Fähigkeit des Energieversorgungsnetzes, die Nachfrage nach Übertragung von Energie zu befriedigen.

§ 20 Bestimmung des Qualitätselements. (1) [1] Zulässige Kennzahlen für die Bewertung der Netzzuverlässigkeit nach § 19 sind insbesondere die Dauer der Unterbrechung der Energieversorgung, die Häufigkeit der Unterbrechung der Energieversorgung, die Menge der nicht gelieferten Energie und die Höhe der nicht gedeckten Last. [2] Eine Kombination und Gewichtung dieser Kennzahlen ist möglich. [3] Für die ausgewählten Kennzahlen sind Kennzahlenwerte der einzelnen Netzbetreiber zu ermitteln.

(2) [1] Aus den Kennzahlenwerten nach Absatz 1 sind Kennzahlenvorgaben als gewichtete Durchschnittswerte zu ermitteln. [2] Bei der Ermittlung der Kennzahlenvorgaben sind gebietsstrukturelle Unterschiede zu berücksichtigen. [3] Dies kann durch Gruppenbildung erfolgen.

(3) Für die Gewichtung der Kennzahlen oder der Kennzahlenwerte sowie die Bewertung der Abweichungen in Geld zur Ermittlung der Zu- und Abschläge auf die Erlöse nach § 19 Abs. 1 (monetäre Bewertung) können insbesondere die Bereitschaft der Kunden, für eine Änderung der Netzzuverlässigkeit niedrigere oder höhere Entgelte zu zahlen, als Maßstab herangezogen werden, analytische Methoden, insbesondere analytische Kostenmodelle, die dem Stand der Wissenschaft entsprechen müssen, oder eine Kombination von beiden Methoden verwendet werden.

(4) Die Landesregulierungsbehörden können bei der Bestimmung von Qualitätselementen die von der Bundesnetzagentur ermittelten Kennzahlen-

vorgaben, deren Kombination, Gewichtung oder monetäre Bewertung verwenden.

(5) ¹ Auch für die Bewertung der Netzleistungsfähigkeit können Kennzahlen herangezogen werden. ² Dies gilt nur, soweit der Regulierungsbehörde hierfür hinreichend belastbare Datenreihen vorliegen. ³ Kennzahlen nach Satz 1 können insbesondere die Häufigkeit und Dauer von Maßnahmen zur Bewirtschaftung von Engpässen und die Häufigkeit und Dauer des Einspeisemanagements nach dem Erneuerbare-Energien-Gesetz[1]) sein. ⁴ Die Absätze 1 bis 4 finden in diesem Fall entsprechende Anwendung, wobei bei Befragungen nach Absatz 3 nicht auf die Kunden, sondern auf die Netznutzer, die Energie einspeisen, abzustellen ist. ⁵ Die Bundesnetzagentur nimmt eine Evaluierung nach § 33 Abs. 3 Satz 2 vor, inwieweit die Verwendung von Kennzahlen nach den Sätzen 1 und 3 der Erfüllung der unter § 1 des Energiewirtschaftsgesetzes[2]) genannten Zwecke dient.

§ 21 Bericht zum Investitionsverhalten. ¹ Die Netzbetreiber sind verpflichtet, auf Anforderung der Regulierungsbehörde einen Bericht zu ihrem Investitionsverhalten zu erstellen und der Regulierungsbehörde zu übermitteln. ² Der Bericht dient insbesondere dazu, festzustellen, ob die Anreizregulierung in Hinblick auf die in § 1 des Energiewirtschaftsgesetzes[2]) genannten Zwecke keine nachteiligen Auswirkungen auf das Investitionsverhalten der Netzbetreiber hat. ³ Aus dem Bericht muss sich ergeben, inwieweit die jährlichen Investitionen der Netzbetreiber in einem angemessenen Verhältnis zu Alter und Zustand ihrer Anlagen, ihren jährlichen Abschreibungen und ihrer Versorgungsqualität stehen. ⁴ Die Regulierungsbehörde kann Ergänzungen und Erläuterungen des Berichts verlangen.

Teil 3. Besondere Vorschriften zur Anreizregulierung

Abschnitt 1. Betreiber von Übertragungs- und Fernleitungsnetzen

§ 22 Sondervorschriften für den Effizienzvergleich. (1) ¹ Bei Betreibern von Übertragungsnetzen ist vor Beginn der Regulierungsperiode zur Ermittlung der Effizienzwerte ein Effizienzvergleich unter Einbeziehung von Netzbetreibern in anderen Mitgliedstaaten der Europäischen Union (internationaler Effizienzvergleich) durchzuführen. ² Der internationale Effizienzvergleich erfolgt mittels der in Anlage 3 genannten Methoden. ³ Stehen für die Durchführung einer stochastischen Effizienzgrenzanalyse nicht die Daten einer hinreichenden Anzahl von Netzbetreibern zur Verfügung, findet ausschließlich die Dateneinhüllungsanalyse Anwendung. ⁴ Bei der Durchführung des internationalen Effizienzvergleichs ist die strukturelle Vergleichbarkeit der zum Vergleich herangezogenen Unternehmen sicherzustellen, insbesondere auch durch Berücksichtigung nationaler Unterschiede wie unterschiedlicher technischer und rechtlicher Vorgaben oder von Unterschieden im Lohnniveau. ⁵ § 12 Abs. 2 bis 4 und § 13 Abs. 1 und 3 Satz 2, 3, 7 und 9 finden entsprechend Anwendung.

---

[1]) Nr. 34.
[2]) Nr. 1.

20 ARegV § 23 3. Teil. Netznutzung

(2) ¹ Ist die Belastbarkeit des internationalen Effizienzvergleichs nach Absatz 1 für einzelne oder alle Betreiber von Übertragungsnetzen nicht gewährleistet, so ist stattdessen für den oder die betreffenden Netzbetreiber eine relative Referenznetzanalyse durchzuführen, die dem Stand der Wissenschaft entspricht. ² Die relative Referenznetzanalyse kann auch ergänzend zum internationalen Effizienzvergleich durchgeführt werden, um die Belastbarkeit der Ergebnisse zu verbessern. ³ Die Referenznetzanalyse ist ein Optimierungsverfahren zur Ermittlung von modellhaften Netzstrukturen und Anlagenmengengerüsten, die unter den bestehenden Randbedingungen, insbesondere der Notwendigkeit des Betriebs eines technisch sicheren Netzes, ein optimales Verhältnis von Kosten und netzwirtschaftlichen Leistungen aufweisen (Referenznetz). ⁴ In der relativen Referenznetzanalyse werden durch einen Vergleich mehrerer Netzbetreiber relative Abweichungen der den tatsächlichen Anlagenmengen entsprechenden Kosten von den Kosten eines Referenznetzes ermittelt. ⁵ Der Netzbetreiber mit den geringsten Abweichungen vom Referenznetz bildet den Effizienzmaßstab für die Ermittlung der Effizienzwerte; der Effizienzwert dieses Netzbetreibers beträgt 100 Prozent.

(3) ¹ Bei Betreibern von Fernleitungsnetzen werden die Effizienzwerte mittels eines nationalen Effizienzvergleichs mit den in Anlage 3 genannten Methoden ermittelt. ² Stehen für die Durchführung einer stochastischen Effizienzgrenzenanalyse nicht die Daten einer hinreichenden Anzahl an Netzbetreibern zur Verfügung, findet ausschließlich die Dateneinhüllungsanalyse Anwendung. ³ § 12 Abs. 2 bis 4, § 13 Abs. 1 und 3 und § 14 finden entsprechend Anwendung. ⁴ Stehen für die Durchführung eines nationalen Effizienzvergleichs nach Satz 1 nicht die Daten einer hinreichenden Anzahl von Netzbetreibern zur Verfügung, ist stattdessen ein internationaler Effizienzvergleich nach Absatz 1 durchzuführen.

(4) ¹ Ist die Belastbarkeit des internationalen Effizienzvergleichs nach Absatz 3 Satz 4 für einzelne oder alle Betreiber von Fernleitungsnetzen nicht gewährleistet, so ist stattdessen für den oder die betreffenden Netzbetreiber eine relative Referenznetzanalyse nach Absatz 2 durchzuführen. ² Die relative Referenznetzanalyse kann auch ergänzend zum internationalen Effizienzvergleich nach Absatz 3 Satz 4 durchgeführt werden, um die Belastbarkeit der Ergebnisse zu verbessern.

§ 23 Investitionsmaßnahmen. (1) ¹ Die Bundesnetzagentur genehmigt Investitionsmaßnahmen für Erweiterungs- und Umstrukturierungsinvestitionen in die Übertragungs- und Fernleitungsnetze, soweit diese Investitionen zur Stabilität des Gesamtsystems, für die Einbindung in das nationale oder internationale Verbundnetz oder für einen bedarfsgerechten Ausbau des Energieversorgungsnetzes nach § 11 des Energiewirtschaftsgesetzes[1]) notwendig sind. ² Dies umfasst insbesondere Investitionen, die vorgesehen sind für

1. Netzausbaumaßnahmen, die dem Anschluss von Stromerzeugungsanlagen nach § 17 Abs. 1 des Energiewirtschaftsgesetzes dienen,
2. die Integration von Anlagen, die dem Erneuerbare-Energien-Gesetz[2]) und dem Kraft-Wärme-Kopplungsgesetz[3]) unterfallen,

---
[1]) Nr. 1.
[2]) Nr. 34.
[3]) Nr. 43.

Anreizregulierungsverordnung § 23 **AReg V 20**

3. den Ausbau von Verbindungskapazitäten nach Artikel 16 Absatz 6 Buchstabe b der Verordnung (EG) Nr. 714/2009[1] (ABl. L 211 vom 14. 8. 2009, S. 15),
4. den Ausbau von Gastransportkapazitäten zwischen Marktgebieten, soweit dauerhaft technisch bedingte Engpässe vorliegen und diese nicht durch andere, wirtschaftlich zumutbare Maßnahmen beseitigt werden können,
5. Leitungen zur Netzanbindung von Offshore-Anlagen nach § 17 Abs. 2 a und § 43 Satz 1 Nr. 3 des Energiewirtschaftsgesetzes,
6. Erweiterungsinvestitionen zur Errichtung von Hochspannungsleitungen auf neuen Trassen mit einer Nennspannung von 110 Kilovolt als Erdkabel, soweit die Gesamtkosten für Errichtung und Betrieb des Erdkabels die Gesamtkosten der technisch vergleichbaren Freileitung den Faktor 2,75 nicht überschreiten und noch kein Planfeststellungs- oder Plangenehmigungsverfahren für die Errichtung einer Freileitung eingeleitet wurde, sowie Erdkabel nach § 43 Satz 3 des Energiewirtschaftsgesetzes und § 2 Abs. 1 des Energieleitungsausbaugesetzes[2],
7. grundlegende, mit erheblichen Kosten verbundene Umstrukturierungsmaßnahmen, die erforderlich sind, um die technischen Standards zur Gewährleistung der technischen Sicherheit des Netzes umzusetzen, die auf Grund einer behördlichen Anordnung nach § 49 Abs. 5 des Energiewirtschaftsgesetzes erforderlich werden oder deren Notwendigkeit von der nach Landesrecht zuständigen Behörde bestätigt wird,
8. den Einsatz des Leiterseil-Temperaturmonitorings und von Hochtemperatur-Leiterseilen oder
9. Hochspannungsgleichstrom-Übertragungssysteme zum Ausbau der Stromübertragungskapazitäten und neue grenzüberschreitende Hochspannungsgleichstrom-Verbindungsleitungen jeweils als Pilotprojekte, die im Rahmen der Ausbauplanung für einen effizienten Netzbetrieb erforderlich sind.

³ Als Kosten einer genehmigten Investitionsmaßnahme können Betriebs- und Kapitalkosten geltend gemacht werden. ⁴ Als Betriebskosten können jährlich pauschal 0,8 Prozent der für die Investitionsmaßnahme ansetzbaren Anschaffungs- und Herstellungskosten geltend gemacht werden, soweit die Bundesnetzagentur nicht gemäß § 32 Absatz 1 Nummer 8 a für bestimmte Anlagegüter etwas Abweichendes festgelegt hat.

(2) ¹ Erlöse aus dem Engpassmanagement nach Artikel 16 der Verordnung (EG) Nr. 714/2009 oder nach § 15 der Stromnetzzugangsverordnung[3], soweit diese für Maßnahmen zur Beseitigung von Engpässen nach Artikel 16 Abs. 6 Buchstabe b der Verordnung (EG) Nr. 714/2009 oder § 15 Abs. 3 Satz 1 der Stromnetzzugangsverordnung verwendet werden, sind bei der Ermittlung der aus genehmigten Investitionsmaßnahmen resultierenden Kosten in Abzug zu bringen. ² Satz 1 gilt entsprechend für Erlöse aus dem Engpassmanagement nach Artikel 16 der Verordnung (EG) Nr. 715/2009[4] (ABl. L 211 vom 14. 8. 2009, S. 36) oder § 17 Absatz 4 der Gasnetzzugangsverord-

---

[1] Nr. **8**.
[2] Nr. **14**.
[3] Nr. **16**.
[4] Nr. **21**.

nung[1]), soweit diese für Maßnahmen zur Beseitigung von Engpässen nach Artikel 16 der Verordnung (EG) Nr. 715/2009 (ABl. L 211 vom 14. 8. 2009, S. 36) oder § 17 Absatz 4 der Gasnetzzugangsverordnung verwendet werden.

(2 a) ¹ Die in den letzten drei Jahren der Genehmigungsdauer der Investitionsmaßnahme entstandenen Betriebs- und Kapitalkosten, die auf Grund der Regelung nach § 4 Absatz 3 Satz 1 Nummer 2 sowohl im Rahmen der genehmigten Investitionsmaßnahme als auch in der Erlösobergrenze gemäß § 4 Absatz 1 der folgenden Regulierungsperiode berücksichtigt werden, sind als Abzugsbetrag zu berücksichtigen. ² Die Betriebs- und Kapitalkosten nach Satz 1 sind bis zum Ende der Genehmigungsdauer aufzuzinsen. ³ Für die Verzinsung gilt § 5 Absatz 2 Satz 3 entsprechend. ⁴ Die Auflösung des nach den Sätzen 1 bis 3 ermittelten Abzugsbetrags erfolgt gleichmäßig über 20 Jahre, beginnend mit dem Jahr nach Ablauf der Genehmigungsdauer der Investitionsmaßnahme.

(3) ¹ Der Antrag auf Genehmigung von Investitionsmaßnahmen ist spätestens neun Monate vor Beginn des Kalenderjahres, in dem die Investition erstmals ganz oder teilweise kostenwirksam werden soll, bei der Bundesnetzagentur zu stellen. ² Der Antrag muss eine Analyse des nach Absatz 1 ermittelten Investitionsbedarfs enthalten. ³ Diese soll insbesondere auf Grundlage der Angaben der Übertragungsnetzbetreiber in den Netzzustands- und Netzausbauberichten nach § 12 Abs. 3 a des Energiewirtschaftsgesetzes erstellt werden; bei Fernleitungsnetzbetreibern soll der Antrag entsprechende Angaben enthalten. ⁴ Der Antrag hat Angaben zu enthalten, ab wann, in welcher Höhe und für welchen Zeitraum die Investitionen erfolgen und kostenwirksam werden sollen. ⁵ Der Zeitraum der Kostenwirksamkeit muss sich hierbei an der betriebsgewöhnlichen Nutzungsdauer der jeweiligen Anlagengruppe orientieren. ⁶ Die betriebsgewöhnlichen Nutzungsdauern der jeweiligen Anlagengruppen ergeben sich aus Anlage 1 der Gasnetzentgeltverordnung[2]) und Anlage 1 der Stromnetzentgeltverordnung[3]). ⁷ Der Antrag kann für mehrere Regulierungsperioden gestellt werden. ⁸ Die Angaben im Antrag müssen einen sachkundigen Dritten in die Lage versetzen, ohne weitere Informationen das Vorliegen der Genehmigungsvoraussetzungen prüfen und eine Entscheidung treffen zu können.

(4) Bei der Prüfung der Voraussetzungen nach Absatz 1 sollen Referenznetzanalysen nach § 22 Abs. 2 Satz 3 angewendet werden, die dem Stand der Wissenschaft entsprechen; die Erstellung der Referenznetze erfolgt auf der Grundlage der bestehenden Netze.

(5) ¹ Die Genehmigung ist mit einem Widerrufsvorbehalt für den Fall zu versehen, dass die Investition nicht der Genehmigung entsprechend durchgeführt wird. ² Sie kann mit weiteren Nebenbestimmungen versehen werden. ³ Insbesondere können durch Nebenbestimmungen finanzielle Anreize geschaffen werden, die Kosten der genehmigten Investitionsmaßnahme zu unterschreiten.

(6) ¹ Betreibern von Verteilernetzen können Investitionsmaßnahmen durch die Regulierungsbehörde für solche Erweiterungs- und Umstrukturierungs-

---

[1]) Nr. **18**.
[2]) Nr. **19**.
[3]) Nr. **17**.

investitionen genehmigt werden, die durch die Integration von Anlagen nach dem Erneuerbare-Energien-Gesetz oder dem Kraft-Wärme-Kopplungsgesetz, zur Durchführung von Maßnahmen im Sinne des Absatzes 1 Satz 2 Nr. 6 bis 8 sowie für Netzausbaumaßnahmen, die dem Anschluss von Stromerzeugungsanlagen nach § 17 Abs. 1 des Energiewirtschaftsgesetzes dienen, notwendig werden und die nicht durch den Erweiterungsfaktor nach § 10 berücksichtigt werden. [2] Investitionsmaßnahmen nach Satz 1 sind nur für solche Maßnahmen zu genehmigen, die mit erheblichen Kosten verbunden sind. [3] Von erheblichen Kosten nach Satz 2 ist in der Regel auszugehen, wenn sich durch die Maßnahmen die Gesamtkosten des Netzbetreibers nach Abzug der dauerhaft nicht beeinflussbaren Kostenanteile um mindestens 0,5 Prozent erhöhen. [4] Absatz 1 Satz 3 und 4 sowie die Absätze 2 a bis 5 gelten entsprechend.

Abschnitt 2. Besondere Vorschriften für kleine Netzbetreiber

§ 24 Vereinfachtes Verfahren. (1) Netzbetreiber, an deren Gasverteilernetz weniger als 15 000 Kunden oder an deren Elektrizitätsverteilernetz weniger als 30 000 Kunden unmittelbar oder mittelbar angeschlossen sind, können bezüglich des jeweiligen Netzes statt des Effizienzvergleichs zur Ermittlung von Effizienzwerten nach den §§ 12 bis 14 die Teilnahme an dem vereinfachten Verfahren nach Maßgabe des Absatzes 2 wählen.

(2) [1] Für die Teilnehmer am vereinfachten Verfahren beträgt der Effizienzwert in der ersten Regulierungsperiode 87,5 Prozent. [2] Ab der zweiten Regulierungsperiode wird der Effizienzwert als gewichteter durchschnittlicher Wert aller in dem bundesweiten Effizienzvergleich nach den §§ 12 bis 14 für die vorangegangene Regulierungsperiode ermittelten und nach § 15 Abs. 1 bereinigten Effizienzwerte (gemittelter Effizienzwert) gebildet. [3] Im vereinfachten Verfahren gelten 45 Prozent der nach § 14 Abs. 1 Nr. 1 ermittelten Gesamtkosten als dauerhaft nicht beeinflussbare Kostenanteile nach § 11 Abs. 2. Bei der Ermittlung der Gesamtkosten bleiben die Konzessionsabgabe und der Zuschlag aus dem Kraft-Wärme-Kopplungsgesetz[1)] unberücksichtigt. [4] Die Bundesnetzagentur übermittelt den Landesregulierungsbehörden die von ihr nach Satz 2 ermittelten Werte. [5] Die Landesregulierungsbehörden ermitteln einen gemittelten Effizienzwert nach Maßgabe des Satzes 2, soweit sie nicht die von der Bundesnetzagentur ermittelten Werte verwenden.

(3) § 4 Abs. 3 Satz 1 Nr. 2 mit Ausnahme von § 4 Abs. 3 Satz 1 Nr. 2 in Verbindung mit § 11 Abs. 2 Satz 1 Nr. 4, 5 und 8, § 15 Abs. 1 und 2 sowie die §§ 19, 21, 23 Abs. 6 und § 25 finden im vereinfachten Verfahren keine Anwendung.

(4) [1] Netzbetreiber, die an dem vereinfachten Verfahren teilnehmen wollen, haben dies bei der Regulierungsbehörde jeweils bis zum 30. Juni des vorletzten der Regulierungsperiode vorangehenden Kalenderjahres zu beantragen; abweichend hiervon ist der Antrag für die erste Regulierungsperiode zum 15. Dezember 2007 zu stellen. [2] Der Antrag nach Satz 1 muss die notwendigen Angaben zum Vorliegen der Voraussetzungen des Absatzes 1 enthalten. [3] Die Regulierungsbehörde genehmigt die Teilnahme am vereinfachten Verfahren innerhalb von vier Wochen nach Eingang des vollständigen Antrags,

---

[1)] Nr. 43.

wenn die Voraussetzungen des Absatzes 1 vorliegen. ⁴Der Netzbetreiber ist an das gewählte Verfahren für die Dauer einer Regulierungsperiode gebunden. ⁵Die Regulierungsbehörde veröffentlicht den von ihr nach Absatz 2 ermittelten gemittelten Effizienzwert spätestens zum 1. Januar des vorletzten der Regulierungsperiode vorangehenden Kalenderjahres. ⁶Die Bundesnetzagentur ist über die Entscheidung über den Antrag durch die Landesregulierungsbehörde zu unterrichten.

Abschnitt 3. Pauschalierter Investitionszuschlag

§ 25 Pauschalierter Investitionszuschlag. (1) In die Erlösobergrenze ist vor Beginn der Regulierungsperiode bei der Festlegung nach § 32 Abs. 1 Nr. 1 auf Verlangen des Netzbetreibers ein pauschalierter Investitionszuschlag nach Maßgabe der Absätze 2 bis 5 einzubeziehen.

(2) Der pauschalierte Investitionszuschlag darf pro Kalenderjahr 1 Prozent der nach § 14 Abs. 1 Nr. 3 in Verbindung mit Abs. 2 bestimmten Kapitalkosten nicht überschreiten.

(3) ¹Lagen die Kapitalkosten aus den tatsächlich erfolgten Investitionen des Netzbetreibers nach § 28 Nr. 7 zweiter Halbsatz, unter Anwendung des § 14 Abs. 1 Nr. 3 in Verbindung mit Abs. 2, in der Regulierungsperiode pro jeweiligem Kalenderjahr unter dem Wert nach Absatz 2, so erfolgt in der folgenden Regulierungsperiode ein Ausgleich der Differenz. ²§ 5 Abs. 4 Satz 2 bis 4 und § 34 Abs. 2 gelten entsprechend. ³Lagen die Kapitalkosten nach Satz 1 über dem Wert nach Absatz 2, findet kein Ausgleich statt.

(4) Das Verlangen nach Absatz 1 ist vom Netzbetreiber zum 31. März des der Regulierungsperiode vorangehenden Kalenderjahres bei der Regulierungsbehörde geltend zu machen.

(5) Die Absätze 1 bis 4 finden auf Betreiber von Übertragungs- und Fernleitungsnetzen keine Anwendung.

Abschnitt 4. Übergang von Netzen, Netzzusammenschlüsse und -aufspaltungen

§ 26 Übergang von Netzen, Netzzusammenschlüsse und -aufspaltungen. (1) ¹Wird ein Energieversorgungsnetz oder werden mehrere Energieversorgungsnetze, für das oder die jeweils eine oder mehrere Erlösobergrenzen nach § 32 Abs. 1 Nr. 1 festgelegt sind, vollständig von einem Netzbetreiber auf einen anderen Netzbetreiber übertragen, so geht die Erlösobergrenze oder gehen die Erlösobergrenzen insgesamt auf den übernehmenden Netzbetreiber über. ²Satz 1 gilt entsprechend bei Zusammenschlüssen von mehreren Energieversorgungsnetzen.

(2) ¹Bei einem teilweisen Übergang eines Energieversorgungsnetzes auf einen anderen Netzbetreiber und bei Netzaufspaltungen sind die Erlösobergrenzen auf Antrag der beteiligten Netzbetreiber nach § 32 Abs. 1 Nr. 1 neu festzulegen. ²Im Antrag ist anzugeben und zu begründen, welcher Erlösanteil dem übergehenden und dem verbleibenden Netzteil zuzurechnen ist. ³Die Summe beider Erlösanteile darf die für dieses Netz insgesamt festgelegte Erlösobergrenze nicht überschreiten.

Anreizregulierungsverordnung §§ 27, 28 ARegV 20

Teil 4. Sonstige Bestimmungen

§ 27 Datenerhebung. (1) ¹Die Regulierungsbehörde ermittelt die zur Bestimmung der Erlösobergrenzen nach Teil 2 und 3 notwendigen Tatsachen. ²Hierzu erhebt sie bei den Netzbetreibern die notwendigen Daten

1. zur Durchführung der Kostenprüfung nach § 6,
2. zur Ermittlung des generellen sektoralen Produktivitätsfaktors nach § 9,
3. zur Ermittlung der Effizienzwerte nach den §§ 12 bis 14,
4. zur Bestimmung des Qualitätselements nach § 19 und
5. zur Durchführung der Effizienzvergleiche und relativen Referenznetzanalysen für Betreiber von Übertragungs- und Fernleitungsnetzen nach § 22;

die Netzbetreiber sind insoweit zur Auskunft verpflichtet. ³Im Übrigen ermittelt sie insbesondere die erforderlichen Tatsachen

1. zur Anpassung der Erlösobergrenze nach § 4 Abs. 4,
2. zur Ausgestaltung des Erweiterungsfaktors nach § 10,
3. zur Ermittlung der bereinigten Effizienzwerte nach § 15 und der individuellen Effizienzvorgaben nach § 16,
4. zu den Anforderungen an die Berichte nach § 21 und
5. zur Genehmigung von Investitionsmaßnahmen nach § 23.

(2) Die Bundesnetzagentur kann darüber hinaus die zur Evaluierung des Anreizregulierungssystems und zur Erstellung der Berichte nach § 33 notwendigen Daten erheben.

§ 28 Mitteilungspflichten. Die Netzbetreiber teilen der Regulierungsbehörde mit

1. die Anpassungen der Erlösobergrenzen nach § 4 Abs. 3 sowie die den Anpassungen zugrunde liegenden Änderungen von nicht beeinflussbaren Kostenanteilen nach § 4 Abs. 3 Satz 1 Nr. 2 und die den Anpassungen zugrunde liegenden Änderungen von Kostenanteilen nach § 4 Absatz 3 Satz 1 Nummer 3, jeweils zum 1. Januar des Kalenderjahres,
2. die zur Führung des Regulierungskontos nach § 5 notwendigen Daten, insbesondere die nach § 4 zulässigen und die tatsächlich erzielten Erlöse des abgelaufenen Kalenderjahres, jeweils zum 30. Juni des darauf folgenden Kalenderjahres,
3. die zur Überprüfung der Netzentgelte nach § 17 notwendigen Daten, insbesondere die in dem Bericht nach § 28 in Verbindung mit § 16 Abs. 2 der Gasnetzentgeltverordnung[1] und § 28 in Verbindung mit § 20 Abs. 2 der Stromnetzentgeltverordnung[2] enthaltenen Daten,
4. die Anpassung der Netzentgelte auf Grund von geänderten Erlösobergrenzen nach § 17 Abs. 2 jährlich zum 1. Januar,
5. Abweichungen von den Kennzahlvorgaben nach den §§ 19 und 20,

---
[1] Nr. 19.
[2] Nr. 17.

6. Angaben dazu, inwieweit die den Investitionsmaßnahmen nach § 23 zugrunde liegenden Investitionen tatsächlich durchgeführt und kostenwirksam werden sollen, sowie die entsprechende Anpassung der Erlösobergrenze nach § 4 Absatz 3 Satz 1 Nummer 2 und inwieweit die den Investitionsmaßnahmen nach § 23 zugrunde liegenden Investitionen im Vorjahr tatsächlich durchgeführt wurden und kostenwirksam geworden sind, jeweils jährlich zum 1. Januar eines Kalenderjahres,
7. die Differenz nach § 25 Abs. 3 Satz 1; außerdem eine für einen sachkundigen Dritten nachvollziehbare Darstellung der in der Regulierungsperiode zur Ausschöpfung des beantragten pauschalierten Investitionszuschlags tatsächlich erfolgten Investitionen und ihrer Kostenwirksamkeit und
8. den Übergang von Netzen, Netzzusammenschlüsse und -aufspaltungen nach § 26, insbesondere den Übergang oder die Addition von Erlösobergrenzen nach § 26 Abs. 1.

§ 29 Übermittlung von Daten. (1) ¹Die Bundesnetzagentur und die Landesregulierungsbehörden übermitteln einander die zur Durchführung ihrer Aufgaben nach den Vorschriften dieser Verordnung notwendigen Daten einschließlich personenbezogener Daten und Betriebs- und Geschäftsgeheimnisse. ²Insbesondere übermitteln die Landesregulierungsbehörden der Bundesnetzagentur die nach § 14 Abs. 1 Nr. 1 in Verbindung mit § 6 ermittelten Gesamtkosten zur Durchführung des bundesweiten Effizienzvergleichs nach § 12 bis zum 31. März des der Regulierungsperiode vorangehenden Kalenderjahres. ³Liegen die Daten nach Satz 2 nicht rechtzeitig vor, so führt die Bundesnetzagentur den bundesweiten Effizienzvergleich ausschließlich mit den vorhandenen Daten durch.

(2) ¹Die Bundesnetzagentur übermittelt die von ihr nach § 27 Abs. 1 und 2 erhobenen und die ihr nach Absatz 1 übermittelten Daten auf Ersuchen den Landesregulierungsbehörden, soweit dies zur Erfüllung von deren Aufgaben erforderlich ist. ²Die Bundesnetzagentur erstellt mit den von ihr nach § 27 Abs. 1 und 2 erhobenen und mit den nach Absatz 1 durch die Landesregulierungsbehörden übermittelten Daten eine bundesweite Datenbank. ³Die Landesregulierungsbehörden haben Zugriff auf diese Datenbank. ⁴Der Zugriff beschränkt sich auf die Daten, die zur Aufgabenerfüllung der Landesregulierungsbehörden erforderlich sind.

§ 30 Fehlende oder unzureichende Daten. ¹Soweit die für die Bestimmung der Erlösobergrenze nach § 4 Abs. 1, insbesondere für die Anwendung der Regulierungsformel nach § 7 und zur Durchführung des Effizienzvergleichs nach den §§ 12 bis 14 notwendigen Daten vor Beginn der Regulierungsperiode nicht rechtzeitig vorliegen, können die Daten für das letzte verfügbare Kalenderjahr verwendet werden. ²Soweit keine oder offenkundig unzutreffende Daten vorliegen, kann die Regulierungsbehörde die fehlenden Daten durch Schätzung oder durch eine Referenznetzanalyse unter Verwendung von bei der Regulierungsbehörde vorhandenen oder ihr bekannten Daten bestimmen. ³§ 12 Abs. 4 Satz 2 und § 14 Abs. 3 Satz 4 und 5 bleiben unberührt.

§ 31 Veröffentlichung von Daten. (1) ¹Die Regulierungsbehörde veröffentlicht die nach den §§ 12 bis 15 ermittelten Effizienzwerte netzbetreiberbezogen in nicht anonymisierter Form in ihrem Amtsblatt und auf ihrer Internetseite. ²Sie veröffentlicht weiterhin den nach § 9 ermittelten generellen sektoralen Produktivitätsfaktor, die nach den §§ 19 und 20 ermittelten Kennzahlenvorgaben sowie die Abweichungen der Netzbetreiber von diesen Vorgaben und den nach § 24 ermittelten gemittelten Effizienzwert.

(2) Die Bundesnetzagentur veröffentlicht in nicht anonymisierter Form die nach § 22 ermittelten Effizienzwerte in ihrem Amtsblatt und auf ihrer Internetseite.

(3) Eine Veröffentlichung von Betriebs- und Geschäftsgeheimnissen erfolgt nicht.

§ 32 Festlegungen oder Genehmigungen der Regulierungsbehörde.

(1) Zur Verwirklichung eines effizienten Netzzugangs und der in § 1 Abs. 1 des Energiewirtschaftsgesetzes[1]) genannten Zwecke kann die Regulierungsbehörde Entscheidungen durch Festlegungen oder Genehmigungen nach § 29 Abs. 1 des Energiewirtschaftsgesetzes treffen

1. zu den Erlösobergrenzen nach § 4, insbesondere zur Bestimmung der Höhe nach § 4 Abs. 1 und 2, zur Anpassung nach Abs. 3 bis 5, zu Form und Inhalt der Anträge auf Anpassung nach Abs. 4,
2. zu Ausgestaltung und Ausgleich des Regulierungskontos nach § 5,
3. zur Verwendung anderer Parameter zur Ermittlung des Erweiterungsfaktors nach § 10 Abs. 2 Satz 2 Nr. 4,
4. zu den Bereichen, die nach § 11 Abs. 2 Satz 2 bis 4 einer wirksamen Verfahrensregulierung unterliegen; die Festlegung erfolgt für die Dauer der gesamten Regulierungsperiode,
4 a. zu volatilen Kostenanteilen gemäß § 11 Absatz 5, insbesondere zum Verfahren, mit dem den Netzbetreibern oder einer Gruppe von Netzbetreibern Anreize gesetzt werden, die gewährleisten, dass volatile Kostenanteile nur in effizientem Umfang in der Erlösobergrenze berücksichtigt werden, sowie zu den Voraussetzungen, unter denen Kostenanteile als volatile Kostenanteile im Sinne des § 11 Absatz 5 gelten.
4 b. zu der Geltendmachung der Kosten nach § 10 Absatz 1 der Systemstabilitätsverordnung gemäß § 11 Absatz 2 Satz 1 Nummer 5, einschließlich der Verpflichtung zur Anpassung pauschaler Kostensätze,
5. zur Durchführung einer Vergleichbarkeitsrechnung nach § 14 Abs. 1 Nr. 3,
6. über den Beginn der Anwendung, die nähere Ausgestaltung und das Verfahren der Bestimmung des Qualitätselements nach den §§ 19 und 20,
7. zu formeller Gestaltung, Inhalt und Struktur des Berichts zum Investitionsverhalten nach § 21,
8. zu Investitionsmaßnahmen nach § 23, einschließlich der formellen Gestaltung, Inhalt und Struktur des Antrags sowie zu finanziellen Anreizen nach § 23 Abs. 5 Satz 3, wobei auch die Zusammenfassung von Vorhaben verlangt werden kann, sowie zur Durchführung, näheren Ausgestaltung und zum Verfahren der Referenznetzanalyse,

---

[1]) Nr. 1.

8a. zur Berechnung der sich aus genehmigten Investitionsmaßnahmen ergebenden Kapital- und Betriebskosten sowie zu einer von § 23 Absatz 1 Satz 3 abweichenden Höhe der Betriebskostenpauschale für bestimmte Anlagegüter, soweit dies erforderlich ist, um strukturelle Besonderheiten von Investitionen, für die Investitionsmaßnahmen genehmigt werden können, angemessen zu berücksichtigen,
9. zur Teilnahme am vereinfachten Verfahren nach § 24 und zu Umfang, Zeitpunkt und Form des Antrags nach § 24 Abs. 4,
10. zu formeller Gestaltung, Inhalt und Struktur des Antrags nach § 26 Abs. 2 und
11. zu Umfang, Zeitpunkt und Form der nach den §§ 27 und 28 zu erhebenden und mitzuteilenden Daten, insbesondere zu den zulässigen Datenträgern und Übertragungswegen.

(2) Die Bundesnetzagentur kann ferner Festlegungen treffen zur Durchführung, näheren Ausgestaltung und zu den Verfahren des Effizienzvergleichs und der relativen Referenznetzanalyse für Betreiber von Übertragungs- und Fernleitungsnetzen nach § 22.

§ 33 Evaluierung und Berichte der Bundesnetzagentur. (1) [1] Die Bundesnetzagentur legt dem Bundesministerium für Wirtschaft und Technologie zum 1. Januar 2016 einen Bericht mit einer Evaluierung und Vorschlägen zur weiteren Ausgestaltung der Anreizregulierung vor. [2] Sie kann im Rahmen der Evaluierung insbesondere Vorschläge machen

1. zur Verwendung weiterer als der in Anlage 3 aufgeführten Vergleichsmethoden und zu ihrer sachgerechten Kombination,
2. zur Verwendung monetär bewerteter Kennzahlen der Netzzuverlässigkeit als Aufwandsparameter im Effizienzvergleich,
3. zur Vermeidung von Investitionshemmnissen und
4. zu einem neuen oder weiterentwickelten Konzept für eine Anreizregulierung.

(2) [1] Die Bundesnetzagentur soll den Bericht nach Absatz 1 unter Beteiligung der Länder, der Wissenschaft und der betroffenen Wirtschaftskreise erstellen sowie internationale Erfahrungen mit Anreizregulierungssystemen berücksichtigen. [2] Sie gibt den betroffenen Wirtschaftskreisen Gelegenheit zur Stellungnahme und veröffentlicht die erhaltenen Stellungnahmen im Internet.

(3) [1] Zwei Jahre vor Beginn der zweiten Regulierungsperiode legt die Bundesnetzagentur einen Bericht zu Notwendigkeit, Zweckdienlichkeit, Inhalt und Umfang eines technisch-wirtschaftlichen Anlagenregisters nach § 32 Abs. 1 Nr. 5 vor. [2] Ein Jahr vor Beginn der zweiten Regulierungsperiode legt sie einen Bericht zur Berücksichtigung von Kennzahlen nach § 20 Abs. 5 sowie von Kennzahlen zur Berücksichtigung der Vorsorge für eine langfristige Sicherung der Netzqualität im Rahmen des Qualitätselements vor. [3] Sie hat zur Erstellung dieser Berichte die Vertreter von Wirtschaft und Verbrauchern zu hören sowie internationale Erfahrungen zu berücksichtigen.

(4) Die Bundesnetzagentur legt zum 30. Juni 2013 einen Bericht zur Entwicklung des Investitionsverhaltens der Netzbetreiber und zur Notwendigkeit weiterer Maßnahmen zur Vermeidung von Investitionshemmnissen vor.

Teil 5. Schlussvorschriften

§ 34 Übergangsregelungen. (1) ¹ Mehr- oder Mindererlöse nach § 10 der Gasnetzentgeltverordnung[1]) oder § 11 der Stromnetzentgeltverordnung[2]) werden in der ersten Regulierungsperiode als Kosten oder Erlöse nach § 11 Abs. 2 behandelt. ² Der Ausgleich dieser Mehr- oder Mindererlöse erfolgt entsprechend § 10 der Gasnetzentgeltverordnung und § 11 der Stromnetzentgeltverordnung über die erste Regulierungsperiode verteilt. ³ Die Verzinsung dieser Mehr- oder Mindererlöse erfolgt entsprechend § 10 der Gasnetzentgeltverordnung und § 11 der Stromnetzentgeltverordnung.

(1 a) Absatz 1 gilt im vereinfachten Verfahren nach § 24 entsprechend.

(1 b) ¹ Abweichend von § 3 Abs. 2 beträgt die Dauer der ersten Regulierungsperiode für Gas vier Jahre. ² Die Netzentgelte der Gasnetzbetreiber werden unter anteiliger Berücksichtigung der Effizienzvorgaben für die erste Regulierungsperiode bestimmt.

(2) Abweichend von § 5 Abs. 4 ermittelt die Regulierungsbehörde im letzten Jahr der ersten Regulierungsperiode für Gas den Saldo des Regulierungskontos für die ersten drei, für Strom für die ersten vier Kalenderjahre der ersten Regulierungsperiode.

(3) ¹ § 6 findet bei Netzbetreibern, welche die Teilnahme am vereinfachten Verfahren nach § 24 wählen, vor der ersten Regulierungsperiode keine Anwendung, soweit die Netzbetreiber im Rahmen der Genehmigung der Netzentgelte nach § 6 Abs. 2 keine Erhöhung der Netzentgelte auf der Datengrundlage des Jahres 2006 beantragt haben. ² In diesem Fall ergibt sich das Ausgangsniveau für die Bestimmung der Erlösobergrenzen aus den Kosten, die im Rahmen der letzten Genehmigung der Netzentgelte nach § 23 a des Energiewirtschaftsgesetzes[3]) anerkannt worden sind. ³ Diese sind für die Jahre 2005 und 2006 um einen jährlichen Inflationsfaktor in Höhe von 1,7 Prozent anzupassen. ⁴ Wurde die letzte Genehmigung auf der Datengrundlage des Jahres 2005 erteilt, erfolgt nur eine Anpassung um einen Inflationsfaktor in Höhe von 1,7 Prozent für das Jahr 2006.

(3 a) Abweichend von § 24 Abs. 2 Satz 3 gelten hinsichtlich der Betreiber von Gasverteilernetzen im vereinfachten Verfahren 20 Prozent der nach § 14 Abs. 1 Nr. 1 ermittelten Gesamtkosten als dauerhaft nicht beeinflussbare Kostenanteile, solange keine Kostenwälzung zu vorgelagerten Netzebenen erfolgt.

(4) ¹ § 25 ist nur bis zum 31. Dezember 2013 anzuwenden. ² § 4 Absatz 3 Satz 3 ist nur in der ersten Regulierungsperiode anzuwenden.

(5) ¹ Netzentgelte der Betreiber überregionaler Fernleitungsnetze, die nach einer Anordnung der Bundesnetzagentur im Sinne des § 3 Abs. 3 Satz 4 der Gasnetzentgeltverordnung kostenorientiert gebildet werden müssen, werden in der ersten Regulierungsperiode nur dann im Wege der Anreizregulierung zum 1. Januar 2009 bestimmt, wenn die Anordnung der Bundesnetzagentur bis zum 1. Oktober 2007 dem Betreiber gegenüber ergangen ist. ² Im Falle

---
[1]) Nr. 19.
[2]) Nr. 17.
[3]) Nr. 1.

20 ARegV Anl. 1   3. Teil. Netznutzung

einer späteren Anordnung werden die Netzentgelte dieser Betreiber zum 1. Januar 2010 im Wege der Anreizregulierung unter anteiliger Berücksichtigung der Effizienzvorgaben für die erste Regulierungsperiode bestimmt.
³ § 23 a Abs. 5 des Energiewirtschaftsgesetzes gilt entsprechend mit der Maßgabe, dass die Bundesnetzagentur ein Entgelt nach den Grundsätzen kostenorientierter Entgeltbildung auch dann vorläufig festsetzen kann, wenn ein Netzbetreiber die zur Bestimmung der Erlösobergrenze erforderlichen Daten nicht innerhalb einer von der Bundesnetzagentur gesetzten Frist vorlegt.

(6) ¹ Bei einer Änderung von nicht beeinflussbaren Kostenanteilen nach § 11 Absatz 2 Satz 1 Nummer 6 in der bis zum 22. März 2012 geltenden Fassung wegen Kosten und Erlösen, die in den Jahren 2010 oder 2011 entstanden sind, werden die Erlösobergrenzen nach dieser Verordnung in ihrer bis zum 22. März 2012 geltenden Fassung angepasst, wobei zuzüglich ein barwertneutraler Ausgleich berücksichtigt wird. ² Auf Investitionsbudgets, die bis zum 30. Juni 2011 gemäß § 23 Absatz 3 in der bis zum 22. März 2012 geltenden Fassung beantragt wurden und die im Jahr 2012 kostenwirksam werden sollen, findet diese Verordnung in der ab dem 22. März 2012 geltenden Fassung entsprechende Anwendung.

Anlage 1
(zu § 7)

Die Festsetzung der Erlösobergrenze nach den §§ 4 bis 16 erfolgt in der ersten Regulierungsperiode nach der folgenden Formel:

$$EO_t = KA_{dnb,t} + (KA_{vnb,0} + (1 - V_t) \cdot KA_{b,0}) \cdot (VPI_t/VPI_0 - PF_t) \cdot EF_t + Q_t + (VK_t - VK_0).$$

Ab der zweiten Regulierungsperiode erfolgt die Festsetzung der Erlösobergrenze nach den §§ 4 bis 16 nach der folgenden Formel:

$$EO_t = KA_{dnb,t} + (KA_{vnb,0} + (1 - V_t) \cdot KA_{b,0}) \cdot (VPI_t/VPI_0 - PF_t) \cdot EF_t + Q_t + (VK_t - VK_0) + S_t.$$

Dabei ist:

EO_t	Erlösobergrenze aus Netzentgelten, die im Jahr t der jeweiligen Regulierungsperiode nach Maßgabe des § 4 Anwendung findet.
$KA_{dnb,t}$	Dauerhaft nicht beeinflussbarer Kostenanteil nach § 11 Absatz 2, der für das Jahr t der jeweiligen Regulierungsperiode unter Berücksichtigung der Änderungen nach § 4 Absatz 3 Satz 1 Nummer 2 Anwendung findet.
$KA_{vnb,0}$	Vorübergehend nicht beeinflussbarer Kostenanteil nach § 11 Absatz 3 im Basisjahr.
V_t	Verteilungsfaktor für den Abbau der Ineffizienzen, der im Jahr t der jeweiligen Regulierungsperiode nach Maßgabe des § 16 Anwendung findet.
$KA_{b,0}$	Beeinflussbarer Kostenanteil nach § 11 Absatz 4 im Basisjahr. Er entspricht den Ineffizienzen nach § 15 Absatz 3.
VPI_t	Verbraucherpreisindex, der nach Maßgabe des § 8 Satz 2 für das Jahr t der jeweiligen Regulierungsperiode Anwendung findet.
VPI_0	Durch das Statistische Bundesamt veröffentlichter Verbraucherpreisgesamtindex für das Basisjahr.
PF_t	Genereller sektoraler Produktivitätsfaktor nach Maßgabe des § 9, der die Veränderungen des generellen sektoralen Produktivitätsfaktors für das Jahr t der jeweiligen Regulierungsperiode im Verhältnis zum ersten Jahr der Regulierungsperiode wiedergibt. In Analogie zum Term VPI_t/VPI_0 ist PF_t dabei durch Multiplikation der einzelnen Jahreswerte einer Regulierungsperiode zu bilden.
EF_t	Erweiterungsfaktor nach Maßgabe des § 10 für das Jahr t der jeweiligen Regulierungsperiode.

Anreizregulierungsverordnung **Anl. 2, Anl. 3 ARegV 20**

Q$_t$ Zu- und Abschläge auf die Erlösobergrenze nach Maßgabe des § 19 im Jahr t der jeweiligen Regulierungsperiode.

S$_t$ Im letzten Jahr einer Regulierungsperiode wird nach Maßgabe des § 5 Absatz 4 der Saldo (S) des Regulierungskontos inklusive Zinsen ermittelt. Da nach § 5 Absatz 4 Satz 2 der Ausgleich des Saldos durch gleichmäßig über die folgende Regulierungsperiode verteilte Zu- oder Abschläge zu erfolgen hat, wird im Jahr t jeweils 1/5 des Saldos in Ansatz gebracht (S$_t$).

VK$_t$ volatiler Kostenanteil, der nach § 11 Absatz 5 im Jahr t der jeweiligen Regulierungsperiode Anwendung findet.

VK$_0$ volatiler Kostenanteil nach § 11 Absatz 5 im Basisjahr.

Das Basisjahr bestimmt sich jeweils nach Maßgabe des § 6 Absatz 1.

Anlage 2
(zu § 10)

Die Ermittlung eines Erweiterungsfaktors nach § 10 erfolgt nach der folgenden Formel: Für die Spannungsebenen Hochspannung, Mittelspannung und Niederspannung (Strom) oder die Ebene der Gesamtheit aller Leitungsnetze unabhängig von Druckstufen (Gas) ist:

$$EF_{t,Ebene\,i} = 1 + \frac{1}{2} \cdot \max\left(\frac{F_{t,i} - F_{0,i}}{F_{0,i}}; 0\right) + \frac{1}{2} \cdot \max\left(\frac{AP_{t,i} - AP_{0,i}}{AP_{0,i}}; 0\right)$$

Für die Umspannebenen Hochspannung/Mittelspannung und Mittelspannung/Niederspannung (Strom) oder die Ebene der Gesamtheit aller Regelanlagen unabhängig von der Druckstufe (Gas) ist:

$$EF_{t,Ebene\,i} = 1 + \max\left(\frac{L_{t,i} - L_{0,i}}{L_{0,i}}; 0\right)$$

Dabei ist:

EF$_{t,\,Ebene\,i}$ Erweiterungsfaktor der Ebene i im Jahr t der jeweiligen Regulierungsperiode.

F$_{t,i}$ Fläche des versorgten Gebietes der Ebene i im Jahr t der jeweiligen Regulierungsperiode.

F$_{0,i}$ Fläche des versorgten Gebietes der Ebene i im Basisjahr.

AP$_{t,i}$ Anzahl der Anschlusspunkte in der Ebene i im Jahr t der jeweiligen Regulierungsperiode.

AP$_{0,i}$ Anzahl der Anschlusspunkte in der Ebene i im Basisjahr.

L$_{t,i}$ Höhe der Last in der Ebene i im Jahr t der jeweiligen Regulierungsperiode.

L$_{0,i}$ Höhe der Last in der Ebene i im Basisjahr.

Der Erweiterungsfaktor für das gesamte Netz ist der gewichtete Mittelwert über alle Netzebenen.

Anlage 3
(zu § 12)

1. Die anzuwendenden Methoden bei der Durchführung des Effizienzvergleichs nach § 12 sind die

a) Dateneinhüllungsanalyse (Data Envelopment Analysis – DEA) und
b) Stochastische Effizienzgrenzenanalyse (Stochastic Frontier Analysis – SFA).

DEA im Sinne dieser Verordnung ist eine nicht-parametrische Methode, in der die optimalen Kombinationen von Aufwand und Leistung aus einem linearen Optimierungsproblem resultieren. Durch die DEA erfolgt die Bestimmung einer Effizienzgrenze aus den Daten aller in den Effizienzvergleich einzubeziehenden Unternehmen und die Ermittlung der relativen Positionen der einzelnen Unternehmen gegenüber dieser Effizienzgrenze.

Die SFA ist eine parametrische Methode, die einen funktionalen Zusammenhang zwischen Aufwand und Leistung in Form einer Kostenfunktion herstellt. Im Rahmen der SFA werden die Abweichungen zwischen den tatsächlichen und den regressionsanalytisch geschätzten Kosten in einen symmetrisch verteilten Störterm und eine positiv verteilte Restkomponente zerlegt. Die Restkomponente ist Ausdruck von Ineffizienz. Es wird somit von einer schiefen Verteilung der Restkomponente ausgegangen.

2. Die Effizienzgrenze wird von den Netzbetreibern mit dem besten Verhältnis zwischen netzwirtschaftlicher Leistungserbringung und Aufwand gebildet. Für Netzbetreiber, die im Effizienzvergleich als effizient ausgewiesen werden, gilt ein Effizienzwert in Höhe von 100 Prozent, für alle anderen Netzbetreiber ein entsprechend niedrigerer Wert.

3. Die Ermittlung der Effizienzwerte im Effizienzvergleich erfolgt unter Einbeziehung aller Druckstufen oder Netzebenen. Es erfolgt keine Ermittlung von Teileffizienzen für die einzelnen Druckstufen oder Netzebenen.

4. Bei der Durchführung einer DEA sind nicht-fallende Skalenerträge zu unterstellen.

5. Die Regulierungsbehörde führt für die parametrische Methode und für die nicht-parametrische Methode Analysen zur Identifikation von extremen Effizienzwerten (Ausreißern) durch, die dem Stand der Wissenschaft entsprechen müssen. Ermittelte Ausreißer in dem Sinne, dass sie eine besonders hohe Effizienz aufweisen, werden mit einem Effizienzwert von 100 Prozent festgesetzt. Ausreißer in dem Sinne, dass sie eine besonders niedrige Effizienz aufweisen, erhalten den Mindesteffizienzwert nach § 12 Abs. 4 Satz 1. Bei der nicht-parametrischen Methode gilt ein Wert dann als Ausreißer, wenn er für einen überwiegenden Teil des Datensatzes als Effizienzmaßstab gelten würde. Zur Ermittlung von Ausreißern sind statistische Tests durchzuführen. Dabei ist die mittlere Effizienz aller Netzbetreiber einschließlich der potenziellen Ausreißer mit der mittleren Effizienz der Netzbetreiber zu vergleichen, die sich bei Ausschluss der potenziellen Ausreißer ergeben würde. Der dabei festgestellte Unterschied ist mit einer Vertrauenswahrscheinlichkeit von mindestens 95 Prozent zu identifizieren. Die auf diese Weise festgestellten Ausreißer sind aus dem Datensatz zu entfernen. Ergänzend ist eine Analyse der Supereffizienzwerte durchzuführen. Dabei sind diejenigen Ausreißer aus dem Datensatz zu entfernen, deren Effizienzwerte den oberen Quartilswert um mehr als den 1,5 fachen Quartilsabstand übersteigen. Der Quartilsabstand ist dabei definiert als die Spannweite der zentralen 50 Prozent eines Datensatzes.

Bei der parametrischen Methode gilt ein Wert dann als Ausreißer, wenn er die Lage der ermittelten Regressionsgerade zu einem erheblichen Maß beeinflusst. Zur Ermittlung des erheblichen Einflusses sind statistische Tests durchzuführen, mit denen ein numerischer Wert für den Einfluss zu ermitteln ist. Liegt der ermittelte Wert über einem methodisch angemessenen kritischen Wert, so ist der Ausreißer aus dem Datensatz zu entfernen. Methoden, die zur Anwendung kommen können, sind insbesondere Cooks-Distance, DFBETAS, DFFITS, Covariance-Ratio oder Robuste Regression.

21. Verordnung (EG) Nr. 715/2009 des Europäischen Parlaments und des Rates vom 13. Juli 2009 über die Bedingungen für den Zugang zu den Erdgasfernleitungsnetzen und zur Aufhebung der Verordnung (EG) Nr. 1775/2005

(ABl. Nr. L 211 S. 36, ber. ABl. Nr. L 229 S. 29 und ABl. Nr. L 309 S. 87)

Celex-Nr. 3 2009 L 0715

geänd. durch Art. 1 ÄndB 2010/685/EU v. 10. 11. 2010 (ABl. Nr. L 293 S. 67)

Nichtamtliche Inhaltsübersicht

	Art.
Gegenstand und Anwendungsbereich	1
Begriffsbestimmungen	2
Zertifizierung von Fernleitungsnetzbetreibern	3
Europäisches Netz der Fernleitungsnetzbetreiber (Gas)	4
Gründung des ENTSO (Gas)	5
Festlegung der Netzkodizes	6
Änderung von Netzkodizes	7
Aufgaben des ENTSO (Gas)	8
Beobachtung durch die Agentur	9
Konsultationen	10
Kosten	11
Regionale Zusammenarbeit der Fernleitungsnetzbetreiber	12
Tarife für den Netzzugang	13
Fernleitungsnetzbetreiber betreffende Dienstleistungen für den Zugang Dritter	14
Speicheranlagen und LNG-Anlagen betreffende Dienstleistungen für den Zugang Dritter	15
Fernleitungsnetzbetreiber betreffende Grundsätze der Kapazitätszuweisungsmechanismen und der Verfahren für das Engpassmanagement	16
Speicheranlagen und LNG-Anlagen betreffende Grundsätze der Kapazitätszuweisungsmechanismen und Verfahren für das Engpassmanagement	17
Fernleitungsnetzbetreiber betreffende Transparenzanforderungen	18
Speicheranlagen und LNG-Anlagen betreffende Transparenzanforderungen	19
Aufbewahrungspflichten für Netz- und Anlagenbetreiber	20
Ausgleichsregeln und Ausgleichsentgelte	21
Handel mit Kapazitätsrechten	22
Leitlinien	23
Regulierungsbehörden	24
Übermittlung von Informationen	25
Recht der Mitgliedstaaten, detailliertere Maßnahmen vorzusehen	26
Sanktionen	27
Ausschussverfahren	28
Bericht der Kommission	29
Ausnahmeregelungen	30
Aufhebung	31
Inkrafttreten	32

Anhang I. Leitlinien für
Anhang II. Entsprechungstabelle

DAS EUROPÄISCHE PARLAMENT UND DER RAT DER EUROPÄISCHEN UNION –

gestützt auf den Vertrag zur Gründung der Europäischen Gemeinschaft, insbesondere auf Artikel 95, auf Vorschlag der Kommission,

Erdgaszugangsverordnung **ErdgasZVO 21**

nach Stellungnahme des Europäischen Wirtschafts- und Sozialausschusses[1],
nach Stellungnahme des Ausschusses der Regionen[2],
gemäß dem Verfahren des Artikels 251 des Vertrags[3],
in Erwägung nachstehender Gründe:

(1) Der Erdgasbinnenmarkt, der seit 1999 schrittweise geschaffen wird, soll allen privaten und gewerblichen Verbrauchern in der Gemeinschaft eine echte Wahl ermöglichen, neue Geschäftschancen für die Unternehmen eröffnen sowie den grenzüberschreitenden Handel fördern und auf diese Weise Effizienzgewinne, wettbewerbsfähige Preise und höhere Dienstleistungsstandards bewirken und zu mehr Versorgungssicherheit und Nachhaltigkeit beitragen.

(2) Die Richtlinie 2003/55/EG des Europäischen Parlaments und des Rates vom 26. Juni 2003 über gemeinsame Vorschriften für den Erdgasbinnenmarkt[4] und die Verordnung (EG) Nr. 1775/2005 des Europäischen Parlaments und des Rates vom 28. September 2005 über die Bedingungen für den Zugang zu den Erdgasfernleitungsnetzen[5] waren ein wichtiger Beitrag zur Schaffung des Erdgasbinnenmarkts.

(3) Die Erfahrung mit der Umsetzung und Beobachtung des ersten Pakets von Leitlinien für die gute Praxis, das 2002 vom Europäischen Erdgasregulierungsforum (Madrider Forum) angenommen wurde, zeigt, dass diese rechtlich durchsetzbar sein müssen, damit die vollständige Umsetzung der in den Leitlinien festgelegten Regeln in allen Mitgliedstaaten gewährleistet ist und damit in der Praxis eine Mindestgarantie für gleiche Marktzugangsbedingungen gegeben ist.

(4) Ein zweites Paket gemeinsamer Regeln mit dem Titel „Zweite Leitlinien für die gute Praxis" wurde auf der Tagung des Madrider Forums vom 24. und 25. September 2003 angenommen; das Ziel der vorliegenden Verordnung ist, auf der Grundlage jener Leitlinien Grundprinzipien und Regeln für den Netzzugang und für Dienstleistungen für den Zugang Dritter, für das Engpassmanagement, die Transparenz, den Ausgleich von Mengenabweichungen und den Handel mit Kapazitätsrechten festzulegen.

(5) Die Richtlinie 2009/73/EG[6] des Europäischen Parlaments und des Rates vom 13. Juli 2009 über gemeinsame Vorschriften für den Erdgasbinnenmarkt[7] gestattet den gleichzeitigen Betrieb eines Fernleitungsnetzes und eines Verteilernetzes durch ein und denselben Betreiber. Die in dieser Verordnung festgelegten Regeln machen somit keine Neuorganisation der nationalen Fernleitungs- und Verteilernetze erforderlich, die den einschlägigen Bestimmungen jener Richtlinie entsprechen.

(6) Hochdruckfernleitungen, die lokale Verteiler an das Erdgasnetz anschließen und nicht in erster Linie im Zusammenhang mit der lokalen Erdgasverteilung benutzt werden, fallen in den Anwendungsbereich dieser Verordnung.

(7) Die Kriterien für die Festlegung der Tarife für den Netzzugang müssen angegeben werden, um sicherzustellen, dass sie dem Grundsatz der Nichtdiskriminierung und den Erfordernissen eines gut funktionierenden Binnenmarktes vollständig entsprechen, die erforderliche Netzintegrität in vollem Umfang berücksichtigen und die Ist-Kosten widerspiegeln, soweit diese Kosten denen eines effizienten und strukturell vergleichbaren Netzbetreibers entsprechen, transparent sind und gleichzeitig eine angemessene Kapitalrendite umfassen, sowie gegebenenfalls die Tarifvergleiche der Regulierungsbehörden berücksichtigen.

(8) Bei der Berechnung der Tarife für den Netzzugang müssen die Ist-Kosten, soweit diese Kosten denen eines effizienten und strukturell vergleichbaren Netzbetreibers entsprechen und transparent sind, sowie die Notwendigkeit, angemessene Kapitalrenditen und Anreize für den Bau neuer Infrastrukturen zu bieten, einschließlich einer besonderen Regulierung neuer Investitionen gemäß der Richtlinie 2009/73/EG[6] berücksichtigt werden. In dieser Hinsicht und

---

[1] **Amtl. Anm.**: ABl. C 211 vom 19. 8. 2008, S. 23.
[2] **Amtl. Anm.**: ABl. C 172 vom 5. 7. 2008, S. 55.
[3] **Amtl. Anm.**: Stellungnahme des Europäischen Parlaments vom 9. Juli 2008 (noch nicht im Amtsblatt veröffentlicht), Gemeinsamer Standpunkt des Rates vom 9. Januar 2009 (ABl. C 75 E vom 31. 3. 2009, S. 38) und Standpunkt des Europäischen Parlaments vom 22. April 2009 (noch nicht im Amtsblatt veröffentlicht). Beschluss des Rates vom 25. Juni 2009.
[4] **Amtl. Anm.**: ABl. L 176 vom 15. 7. 2003, S. 57.
[5] **Amtl. Anm.**: ABl. L 289 vom 3. 11. 2005, S. 1.
[6] Nr. 6.
[7] **Amtl. Anm.**: Siehe Seite 94 dieses Amtsblatts.

insbesondere, wenn ein tatsächlicher Leitungswettbewerb zwischen verschiedenen Fernleitungen gegeben ist, sind Tarifvergleiche durch die Regulierungsbehörden als relevante Methode zu berücksichtigen.

(9) Die Verwendung von marktorientierten Verfahren, wie etwa Versteigerungen, zur Festlegung von Tarifen muss mit den Bestimmungen der Richtlinie 2009/73/EG[1]) vereinbar sein.

(10) Ein gemeinsamer Mindestbestand an Dienstleistungen für den Zugang Dritter ist nötig, damit in der Praxis in der gesamten Gemeinschaft ein gemeinsamer Mindeststandard für den Netzzugang gegeben und sichergestellt ist, dass die Dienstleistungen für den Zugang Dritter in ausreichendem Umfang kompatibel sind, und damit die aus einem gut funktionierenden Erdgasbinnenmarkt resultierenden Nutzeffekte ausgeschöpft werden können.

(11) Derzeit gibt es jedoch Hindernisse für den Verkauf von Erdgas in der Gemeinschaft zu gleichen Bedingungen und ohne Diskriminierung oder Benachteiligung. Insbesondere gibt es noch nicht in allen Mitgliedstaaten einen nichtdiskriminierenden Netzzugang und eine gleichermaßen wirksame Regulierungsaufsicht, und es bestehen immer noch isolierte Märkte.

(12) Zur Vollendung des Erdgasbinnenmarkts sollte für ausreichende grenzüberschreitende Gasfernleitungskapazitäten gesorgt und die Marktintegration gefördert werden.

(13) In der Mitteilung der Kommission vom 10. Januar 2007 mit dem Titel „Eine Energiepolitik für Europa" wurde dargelegt, wie wichtig es ist, den Erdgasbinnenmarkt zu vollenden und für alle Erdgasunternehmen in der Gemeinschaft gleiche Bedingungen zu schaffen. Die Mitteilung der Kommission an das Europäische Parlament und den Rat mit dem Titel „Aussichten für den Erdgas- und den Elektrizitätsbinnenmarkt" und die Mitteilung der Kommission mit dem Titel „Untersuchung der europäischen Gas- und Elektrizitätssektoren gemäß Artikel 17 der Verordnung (EG) Nr. 1/2003 (Abschlussbericht)" haben deutlich gemacht, dass die derzeitigen Vorschriften und Maßnahmen weder den notwendigen Rahmen bieten noch die Schaffung von Verbindungskapazitäten gewährleisten, die erforderlich sind, um das Ziel eines gut funktionierenden, effizienten und offenen Binnenmarktes zu verwirklichen.

(14) Über eine gründliche Umsetzung des bestehenden Regulierungsrahmens hinaus sollte der in der Verordnung (EG) Nr. 1775/2005 festgelegte Regulierungsrahmen für den Erdgasbinnenmarkt im Einklang mit diesen Mitteilungen angepasst werden.

(15) Es ist insbesondere eine stärkere Zusammenarbeit und Koordinierung zwischen den Fernleitungsnetzbetreibern erforderlich, um Netzkodizes für die Bereitstellung und die Handhabung des konkreten und transparenten Zugangs zu den Fernleitungsnetzen über die Grenzen hinweg zu schaffen und eine abgestimmte, ausreichend zukunftsorientierte Planung und solide technische Entwicklung des Fernleitungsnetzes in der Gemeinschaft, einschließlich der Schaffung von Verbindungskapazitäten, unter gebührender Berücksichtigung der Umwelt sicherzustellen. Die Netzkodizes sollten den von der durch die Verordnung (EG) Nr. 713/2009[2]) des Europäischen Parlaments und des Rates vom 13. Juli 2009 zur Gründung einer Agentur für die Zusammenarbeit der Energieregulierungsbehörden[3]) eingerichteten Agentur für die Zusammenarbeit der Energieregulierungsbehörden („Agentur") entwickelten Rahmenleitlinien, die ihrem Wesen nach nicht bindend sind (Rahmenleitlinien), folgen. Die Agentur sollte bei der auf tatsächliche Umstände gestützten Prüfung der Entwürfe von Netzkodizes – einschließlich der Frage, ob die Netzkodizes den Rahmenleitlinien entsprechen – mitwirken und diese der Kommission zur Annahme empfehlen können. Die Agentur sollte ferner geplante Änderungen der Netzkodizes begutachten und diese der Kommission zur Annahme empfehlen können. Die Fernleitungsnetzbetreiber sollten ihre Netze nach diesen Netzkodizes betreiben.

(16) Um die optimale Verwaltung des Erdgasfernleitungsnetzes in der Gemeinschaft zu gewährleisten, sollte ein Europäischer Verbund der Fernleitungsnetzbetreiber für Gas („ENTSO (Gas)") gegründet werden. Die Aufgaben des ENTSO (Gas) sollten unter Einhaltung der Wettbewerbsvorschriften der Gemeinschaft durchgeführt werden, die für die Entscheidungen des ENTSO (Gas) weiter gelten. Die Aufgaben des ENTSO (Gas) sollten genau definiert werden, und seine Arbeitsmethode sollte so konzipiert sein, dass sie Effizienz, Transparenz und die repräsentative Natur des ENTSO (Gas) gewährleistet. Die vom ENTSO (Gas) ausgearbeiteten Netzkodizes sollen die für rein inländische Angelegenheiten erforderlichen nationalen Netzkodizes nicht ersetzen. Da durch einen Ansatz, der auf die regionale Ebene abstellt,

---

[1]) Nr. **6**.
[2]) Nr. **7**.
[3]) **Amtl. Anm.:** Siehe Seite 1 dieses Amtsblatts.

wirksamere Fortschritte erzielt werden können, sollten die Fernleitungsnetzbetreiber innerhalb der Gesamtstruktur, die der Zusammenarbeit dient, regionale Strukturen schaffen und gleichzeitig sicherstellen, dass die auf regionaler Ebene erzielten Ergebnisse mit den auf Gemeinschaftsebene festgelegten Netzkodizes und nicht bindenden zehnjährigen Netzentwicklungsplänen vereinbar sind. Die Zusammenarbeit innerhalb solcher regionalen Strukturen setzt die effektive Trennung der Netztätigkeiten von den Erzeugungs- und Versorgungstätigkeiten voraus. Fehlt eine solche Trennung, so kann es bei der regionalen Zusammenarbeit zwischen den Übertragungsnetzbetreibern zu wettbewerbswidrigem Verhalten kommen. Die Mitgliedstaaten sollten auf regionaler Ebene die Zusammenarbeit fördern und die Effektivität des Netzes beobachten. Die Zusammenarbeit auf regionaler Ebene sollte mit den Fortschritten bei der Schaffung eines wettbewerbsbestimmten und effizienten Erdgasbinnenmarkts vereinbar sein.

(17) Alle Marktteilnehmer haben ein Interesse an der Arbeit, die vom ENTSO (Gas) erwartet wird. Effektive Konsultationen sind daher unerlässlich und vorhandene Einrichtungen, die zur Erleichterung und zur Straffung des Konsultationsprozesses geschaffen wurden, z.B. die Europäische Gesellschaft zur Vereinfachung/Harmonisierung des Gashandels, nationale Regulierungsbehörden oder die Agentur, sollten eine wichtige Rolle spielen.

(18) Um größere Transparenz beim Aufbau des Erdgasfernleitungsnetzes in der Gemeinschaft zu gewährleisten, sollte der ENTSO (Gas) einen nicht bindenden gemeinschaftsweiten zehnjährigen Netzentwicklungsplan („gemeinschaftsweiter Netzentwicklungsplan") erstellen, veröffentlichen und regelmäßig aktualisieren. Praktikable Erdgasfernleitungsnetze und erforderliche regionale Netzverbindungen, die aus wirtschaftlicher Sicht oder im Hinblick auf die Versorgungssicherheit relevant sind, sollten in diesem Netzentwicklungsplan enthalten sein.

(19) Für die Verbesserung des Wettbewerbs durch liquide Großhandelsgasmärkte ist von entscheidender Bedeutung, dass Gas unabhängig davon, wo es sich im Netz befindet, gehandelt werden kann. Dies lässt sich nur dadurch erreichen, dass den Netznutzern die Möglichkeit eingeräumt wird, Ein- und Ausspeisekapazitäten unabhängig voneinander zu buchen, was zur Folge hat, dass der Gastransport durch Zonen erfolgt, statt Vertragswegen zu folgen. Bereits auf dem 6. Madrider Forum am 30./31. Oktober 2002 haben die meisten Interessengruppen ihre Präferenz für Einspeise-/Ausspeisesysteme zur Förderung des Wettbewerbs geäußert. Die Tarife sollten nicht von der Transportroute abhängig sein. Der für einen oder mehrere Einspeisepunkte festgelegte Tarif sollte daher nicht mit dem für einen oder mehrere Ausspeisepunkte festgelegten Tarif verknüpft sein und umgekehrt.

(20) Im Kontext des nichtdiskriminierenden Netzzugangs für Fernleitungsnetzbetreiber ist unter harmonisierten Transportverträgen nicht zu verstehen, dass die Bedingungen in den Transportverträgen eines bestimmten Fernleitungsnetzbetreibers eines Mitgliedstaats mit den Bedingungen in den Transportverträgen eines anderen Fernleitungsnetzbetreibers dieses oder eines anderen Mitgliedstaats identisch sein müssen, es sei denn, dass Mindestanforderungen festgelegt sind, denen alle Transportverträge genügen müssen.

(21) In den Gasnetzen bestehen erhebliche vertraglich bedingte Engpässe. Die Grundsätze des Engpassmanagements und der Kapazitätszuweisung bei neuen oder neu verhandelten Verträgen beruhen daher auf der Freigabe ungenutzter Kapazitäten, wobei es den Netznutzern ermöglicht wird, kontrahierte Kapazität zu verpachten oder weiter zu verkaufen, und auf der Verpflichtung der Fernleitungsnetzbetreiber, dem Markt ungenutzte Kapazität zumindest für den folgenden Gastag (auf „Day-ahead"-Basis) und als unterbrechbare Kapazität anzubieten. Angesichts des hohen Anteils von Altverträgen und der Notwendigkeit, gleiche Wettbewerbsbedingungen für die Nutzer neuer Kapazitäten und für die Nutzer vorhandener Kapazitäten zu schaffen, sollten die genannten Grundsätze auf die gesamte kontrahierte Kapazität, auch auf Altverträge, Anwendung finden.

(22) Wenngleich physische Netzengpässe in der Gemeinschaft derzeit selten ein Problem sind, könnten sie in der Zukunft zu einem solchen werden. Daher müssen Grundprinzipien dafür festgelegt werden, wie in solchen Fällen die Kapazitäten auf überlasteten Netzen zugewiesen werden.

(23) Die Marktbeobachtung, die die nationalen Regulierungsbehörden und die Kommission in den letzten Jahren durchgeführt haben, hat gezeigt, dass die derzeit geltenden Transparenzanforderungen und Regeln für den Infrastrukturzugang nicht ausreichen, um einen echten, gut funktionierenden, offenen und effizienten Erdgasbinnenmarkt sicherzustellen.

(24) Damit alle Marktteilnehmer die gesamte Angebots- und Nachfragesituation bewerten und die Gründe für Änderungen des Großhandelspreises nachvollziehen können, ist ein gleicher Zugang zu Informationen über den physischen Zustand und die Effizienz des Netzes erforderlich. Dieser umfasst genauere Informationen über Angebot und Nachfrage, Netzkapazität, Lastflüsse

und Wartungsarbeiten, Ausgleich von Mengenabweichungen und Verfügbarkeit und Zugang zu Speicheranlagen. Die Bedeutung dieser Informationen für das Funktionieren des Marktes setzt voraus, dass die aus Gründen der Vertraulichkeit für die Veröffentlichung bestehenden Einschränkungen abgeschwächt werden.

(25) Die Vertraulichkeitserfordernisse für wirtschaftlich sensible Informationen sind jedoch besonders wichtig, wenn geschäftsstrategische Daten des Unternehmens betroffen sind, wenn es nur einen Nutzer einer Speicheranlage gibt oder wenn Daten zu Ausspeisepunkten innerhalb eines Netzes oder Teilnetzes betroffen sind, die nicht mit einem anderen Fernleitungs- oder Verteilernetz, sondern mit einem einzigen Industriekunden verbunden sind, so dass durch die Veröffentlichung dieser Daten vertrauliche Informationen über den Produktionsprozess dieses Kunden offenbart würden.

(26) Zur Stärkung des Vertrauens in den Markt müssen die Marktteilnehmer sicher sein, dass missbräuchliches Verhalten mit wirksamen, verhältnismäßigen und abschreckenden Sanktionen belegt werden kann. Die zuständigen Behörden sollten die Befugnis erhalten, Fälle von behauptetem Marktmissbrauch wirksam zu untersuchen. Hierzu ist es erforderlich, dass die zuständigen Behörden Zugang zu Daten haben, die Aufschluss über betriebliche Entscheidungen der Versorgungsunternehmen geben. Auf dem Gasmarkt werden alle diese Entscheidungen den Netzbetreibern in Form von Kapazitätsreservierungen, Kapazitätsnominierungen und erfolgten Lastflüssen mitgeteilt. Die Netzbetreiber sollten solche Informationen den zuständigen Behörden in leicht zugänglicher Weise eine bestimmte Zeit lang zur Verfügung halten. Die zuständigen Behörden sollten zudem die Einhaltung der Regeln durch die Fernleitungsnetzbetreiber regelmäßig beobachten.

(27) Der Zugang zu Gasspeicheranlagen und zu Anlagen für verflüssigtes Erdgas („LNG-Anlagen") ist in einigen Mitgliedstaaten unzureichend, weshalb die Umsetzung der geltenden Regelungen verbessert werden muss. Die Gruppe der europäischen Regulierungsbehörden für Elektrizität und Erdgas kam nach ihrer Marktbeobachtung zu dem Schluss, dass die freiwilligen Leitlinien für die gute Praxis in Bezug auf den Zugang Dritter für Betreiber von Speicheranlagen, die von allen Interessengruppen im Rahmen des Madrider Forums vereinbart wurden, unzureichend angewandt werden und daher verbindlich gemacht werden müssen.

(28) Von den Fernleitungsnetzbetreibern betriebene, nichtdiskriminierende und transparente Ausgleichssysteme für Erdgas sind wichtige Mechanismen, insbesondere für neue Marktteilnehmer, die möglicherweise größere Schwierigkeiten als bereits in einem relevanten Markt etablierte Unternehmen haben, ihr gesamtes Verkaufsportfolio auszugleichen. Daher müssen Regeln festgelegt werden, die gewährleisten, dass die Fernleitungsnetzbetreiber solche Mechanismen in einer Weise handhaben, die mit nichtdiskriminierenden, transparenten und effektiven Netzzugangsbedingungen vereinbar sind.

(29) Der Handel mit primären Kapazitätsrechten spielt bei der Entwicklung eines wettbewerbsoffenen Marktes und für die Entstehung von Liquidität eine wichtige Rolle. Diese Verordnung sollte daher Grundregeln hierfür festlegen.

(30) Die nationalen Regulierungsbehörden sollten die Einhaltung dieser Verordnung und der gemäß dieser Verordnung erlassenen Leitlinien gewährleisten.

(31) In den Leitlinien im Anhang dieser Verordnung sind spezielle, ausführliche Umsetzungsregeln festgelegt, die auf den Zweiten Leitlinien für die gute Praxis beruhen. Diese Regeln werden im Laufe der Zeit unter Berücksichtigung der Besonderheiten der nationalen Erdgasnetze gegebenenfalls weiterzuentwickeln sein.

(32) Wenn die Kommission Änderungen der Leitlinien im Anhang dieser Verordnung vorschlägt, sollte sie sicherstellen, dass alle von diesen Leitlinien betroffenen und durch Fachverbände vertretenen einschlägigen Kreise und die Mitgliedstaaten zuvor im Rahmen des Madrider Forums angehört werden.

(33) Die Mitgliedstaaten und die zuständigen nationalen Behörden sollten dazu verpflichtet sein, der Kommission einschlägige Informationen zur Verfügung zu stellen. Informationen dieser Art sollten von der Kommission vertraulich behandelt werden.

(34) Diese Verordnung und die gemäß dieser Verordnung erlassenen Leitlinien berühren nicht die Anwendung der Wettbewerbsvorschriften der Gemeinschaft.

(35) Die zur Durchführung dieser Verordnung erforderlichen Maßnahmen sollten gemäß dem Beschluss 1999/468/EG des Rates vom 28. Juni 1999 zur Festlegung der Modalitäten für die Ausübung der der Kommission übertragenen Durchführungsbefugnisse[1]) erlassen werden.

---

[1]) **Amtl. Anm.:** ABl. L 184 vom 17. 7. 1999, S. 23.

(36) Insbesondere sollte die Kommission die Befugnis erhalten, Leitlinien festzulegen oder zu erlassen, die notwendig sind, um das zur Verwirklichung des Ziels dieser Verordnung erforderliche Mindestmaß an Harmonisierung zu gewährleisten. Da es sich hierbei um Maßnahmen von allgemeiner Tragweite handelt, die eine Änderung nicht wesentlicher Bestimmungen dieser Verordnung durch Hinzufügung neuer nicht wesentlicher Bestimmungen bewirken, sind diese Maßnahmen nach dem Regelungsverfahren mit Kontrolle gemäß Artikel 5a des Beschlusses 1999/468/EG zu erlassen.

(37) Da das Ziel dieser Verordnung, nämlich die Festlegung gerechter Regeln für die Bedingungen für den Zugang zu Erdgasfernleitungsnetzen, Speicheranlagen und LNG-Anlagen auf Ebene der Mitgliedstaaten nicht ausreichend verwirklicht werden kann und daher besser auf Gemeinschaftsebene zu verwirklichen ist, kann die Gemeinschaft im Einklang mit dem in Artikel 5 des Vertrags niedergelegten Subsidiaritätsprinzip tätig werden. Entsprechend dem in demselben Artikel genannten Grundsatz der Verhältnismäßigkeit geht diese Verordnung nicht über das zur Erreichung dieses Ziels erforderliche Maß hinaus.

(38) Wegen des Umfangs der durch den vorliegenden Rechtsakt an der Verordnung (EG) Nr. 1775/2005 vorgenommenen Änderungen sollten die betreffenden Bestimmungen aus Gründen der Klarheit und der Vereinfachung in einem einzigen Text in einer neuen Verordnung neu gefasst werden –

HABEN FOLGENDE VERORDNUNG ERLASSEN:

Art. 1 Gegenstand und Anwendungsbereich. Ziel dieser Verordnung ist

a) die Festlegung nichtdiskriminierender Regeln für die Bedingungen für den Zugang zu Erdgasfernleitungsnetzen unter Berücksichtigung der besonderen Merkmale nationaler und regionaler Märkte, um das reibungslose Funktionieren des Erdgasbinnenmarkts sicherzustellen;

b) die Festlegung nichtdiskriminierender Regeln für die Bedingungen für den Zugang zu LNG-Anlagen und Speicheranlagen unter Berücksichtigung der besonderen Merkmale der nationalen und regionalen Märkte und

c) die Förderung des Entstehens eines reibungslos funktionierenden und transparenten Großhandelsmarkts mit einem hohen Grad an Gasversorgungssicherheit sowie die Schaffung von Mechanismen zur Harmonisierung der Regeln über den Netzzugang für den grenzüberschreitenden Gashandel.

Das in Unterabsatz 1 genannte Ziel umfasst die Festlegung von harmonisierten Grundsätzen für die Tarife oder für die bei ihrer Berechnung zugrunde gelegten Methoden, für den Zugang zum Netz, jedoch nicht zu Speicheranlagen, die Einrichtung von Dienstleistungen für den Zugang Dritter und harmonisierte Grundsätze für die Kapazitätszuweisung und das Engpassmanagement, die Festlegung der Transparenzanforderungen, Regeln für den Ausgleich von Mengenabweichungen und Ausgleichsentgelte sowie die Erleichterung des Kapazitätshandels.

Diese Verordnung gilt mit Ausnahme des Artikels 19 Absatz 4 nur für Speicheranlagen, die unter Artikel 33 Absatz 3 oder Absatz 4 der Richtlinie 2009/73/EG[1)] fallen.

[1] Die Mitgliedstaaten können in Einklang mit der Richtlinie 2009/73/EG eine Rechtspersönlichkeit oder Stelle einrichten, die eine oder mehrere dem normalerweise dem Fernleitungsnetzbetreiber zugewiesenen Funktionen übernimmt, der die Anforderungen dieser Verordnung zu erfüllen hat. [2] Diese Rechtspersönlichkeit oder Stelle unterliegt der Zertifizierung gemäß Artikel 3

[1)] Nr. 6.

dieser Verordnung sowie der Benennung gemäß Artikel 10 der Richtlinie 2009/73/EG.

Art. 2 Begriffsbestimmungen. (1) Im Sinne dieser Verordnung bezeichnet der Ausdruck

1. „Fernleitung" den Transport von Erdgas durch ein hauptsächlich Hochdruckfernleitungen umfassendes Netz, mit Ausnahme von vorgelagerten Rohrleitungsnetzen und des in erster Linie im Zusammenhang mit der lokalen Erdgasverteilung benutzten Teils von Hochdruckfernleitungen, zum Zweck der Belieferung von Kunden, jedoch mit Ausnahme der Versorgung;
2. „Transportvertrag" einen Vertrag, den der Fernleitungsnetzbetreiber mit einem Netznutzer im Hinblick auf die Durchführung der Fernleitung geschlossen hat;
3. „Kapazität" den maximalen Lastfluss, der in Norm-Kubikmetern pro Zeiteinheit oder in Energieeinheiten pro Zeiteinheit ausgedrückt wird, auf den der Netznutzer gemäß den Bestimmungen des Transportvertrags Anspruch hat;
4. „nicht genutzte Kapazität" eine verbindliche Kapazität, die ein Netznutzer im Rahmen eines Transportvertrags zwar erworben, aber zum Zeitpunkt des vertraglich festgelegten Fristablaufs nicht nominiert hat;
5. „Engpassmanagement" das Management des Kapazitätsportfolios des Fernleitungsnetzbetreibers zur optimalen und maximalen Nutzung der technischen Kapazität und zur rechtzeitigen Feststellung künftiger Engpass- und Sättigungsstellen;
6. „Sekundärmarkt" den Markt für die auf andere Weise als auf dem Primärmarkt gehandelte Kapazität;
7. „Nominierung" die vorherige Meldung des tatsächlichen Lastflusses, den der Netznutzer in das Netz ein- oder aus diesem ausspeisen will, an den Fernleitungsnetzbetreiber;
8. „Renominierung" die nachträgliche Meldung einer korrigierten Nominierung;
9. „Netzintegrität" jedwede auf ein Fernleitungsnetz, einschließlich der erforderlichen Fernleitungsanlagen, bezogene Situation, in der Erdgasdruck und Erdgasqualität innerhalb der von dem Fernleitungsnetzbetreiber festgelegten Mindest- und Höchstgrenzen bleiben, so dass der Erdgasferntransport technisch gewährleistet ist;
10. „Ausgleichsperiode" den Zeitraum, innerhalb dessen jeder Netznutzer die Entnahme einer in Energieeinheiten ausgedrückten Erdgasmenge durch die Einspeisung der gleichen Erdgasmenge in das Fernleitungsnetz gemäß dem Transportvertrag oder dem Netzcode ausgleichen muss;
11. „Netznutzer" einen Kunden oder potenziellen Kunden eines Fernleitungsnetzbetreibers und Fernleitungsnetzbetreiber selbst, sofern diese ihre Funktionen im Zusammenhang mit der Fernleitung wahrnehmen müssen;
12. „unterbrechbare Dienstleistungen" Dienstleistungen, die der Fernleitungsnetzbetreiber in Bezug auf unterbrechbare Kapazität anbietet;

13. „unterbrechbare Kapazität" die Erdgasfernleitungskapazität, die von dem Fernleitungsnetzbetreiber gemäß den im Transportvertrag festgelegten Bedingungen unterbrochen werden kann;
14. „langfristige Dienstleistungen" Dienstleistungen, die der Fernleitungsnetzbetreiber für eine Dauer von einem Jahr oder mehr anbietet;
15. „kurzfristige Dienstleistungen" Dienstleistungen, die der Fernleitungsnetzbetreiber für eine Dauer von weniger als einem Jahr anbietet;
16. „verbindliche Kapazität" Erdgasfernleitungskapazität, die von dem Fernleitungsnetzbetreiber vertraglich als nicht unterbrechbare Kapazität zugesichert wurde;
17. „verbindliche Dienstleistungen" Dienstleistungen, die der Fernleitungsnetzbetreiber in Bezug auf verbindliche Kapazität anbietet;
18. „technische Kapazität" die verbindliche Höchstkapazität, die der Fernleitungsnetzbetreiber den Netznutzern unter Berücksichtigung der Netzintegrität und der betrieblichen Anforderungen des Fernleitungsnetzes anbieten kann;
19. „kontrahierte Kapazität" die Kapazität, die der Fernleitungsnetzbetreiber einem Netznutzer durch einen Transportvertrag zugewiesen hat;
20. „verfügbare Kapazität" den Teil der technischen Kapazität, die nicht zugewiesen wurde und dem Netz aktuell noch zur Verfügung steht;
21. „vertraglich bedingter Engpass" eine Situation, in der das Ausmaß der Nachfrage nach verbindlicher Kapazität die technische Kapazität übersteigt;
22. „Primärmarkt" den Markt für die vom Fernleitungsnetzbetreiber direkt gehandelte Kapazität;
23. „physischer Engpass" eine Situation, in der das Ausmaß der Nachfrage nach tatsächlichen Lieferungen die technische Kapazität zu einem bestimmten Zeitpunkt übersteigt;
24. „Kapazität einer LNG-Anlage" die Kapazität einer LNG-Kopfstation zur Verflüssigung von Erdgas oder zur Einfuhr, Entladung, vorübergehenden Speicherung und Wiederverdampfung von verflüssigtem Erdgas und entsprechende Hilfsdienste;
25. „Volumen" die Gasmenge, zu deren Speicherung der Nutzer einer Speicheranlage berechtigt ist;
26. „Ausspeicherleistung" die Rate, mit der der Speichernutzer zur Ausspeisung von Gas aus der Speicheranlage berechtigt ist;
27. „Einspeicherleistung" die Rate, mit der der Speichernutzer zur Einspeisung von Gas in die Speicheranlage berechtigt ist;
28. „Speicherkapazität" eine beliebige Kombination von Volumen, Einspeicherleistung und Ausspeicherleistung.

(2) Unbeschadet der Begriffsbestimmungen des Absatzes 1 dieses Artikels gelten auch die Begriffsbestimmungen des Artikels 2 der Richtlinie 2009/73/EG[1], die für die Anwendung dieser Verordnung relevant sind, mit Ausnahme der Bestimmung des Begriffs „Fernleitung" in Nummer 3 jenes Artikels.

---

[1] Nr. 6.

Die die Fernleitung betreffenden Begriffsbestimmungen in Absatz 1 Nummern 3 bis 23 gelten analog für Speicheranlagen und LNG-Anlagen.

Art. 3 Zertifizierung von Fernleitungsnetzbetreibern. (1) [1]Wenn die Kommission die Mitteilung über die Zertifizierung eines Fernleitungsnetzbetreibers nach Artikel 10 Absatz 6 der Richtlinie 2009/73/EG[1)] erhalten hat, prüft sie diese Mitteilung unmittelbar nach ihrem Eingang. [2]Die Kommission übermittelt der zuständigen nationalen Regulierungsbehörde innerhalb von zwei Monaten nach dem Tag des Eingangs der Mitteilung ihre Stellungnahme bezüglich der Vereinbarkeit mit Artikel 10 Absatz 2 oder Artikel 11 sowie mit Artikel 9 der Richtlinie 2009/73/EG.

[1]Für die Erarbeitung der in Unterabsatz 1 genannten Stellungnahme kann die Kommission die Stellungnahme der Agentur zur Entscheidung der nationalen Regulierungsbehörde beantragen. [2]In diesem Fall wird die in Unterabsatz 1 genannte Zweimonatsfrist um weitere zwei Monate verlängert.

Legt die Kommission innerhalb der in den Unterabsätzen 1 und 2 genannten Fristen keine Stellungnahme vor, so wird davon ausgegangen, dass sie keine Einwände gegen die Entscheidung der Regulierungsbehörde erhebt.

(2) [1]Innerhalb von zwei Monaten nach Eingang der Stellungnahme der Kommission trifft die Regulierungsbehörde ihre endgültige Entscheidung bezüglich der Zertifizierung des Fernleitungsnetzbetreibers, wobei sie die Stellungnahme der Kommission so weit wie möglich berücksichtigt. [2]Die Entscheidung wird zusammen mit der Stellungnahme der Kommission veröffentlicht.

(3) Die Regulierungsbehörden und/oder die Kommission können zu jedem Zeitpunkt des Verfahrens von Fernleitungsnetzbetreibern und/oder Unternehmen, die eine der Funktionen Gewinnung oder Versorgung wahrnehmen, die Vorlage sämtlicher für die Erfüllung ihrer Aufgaben gemäß diesem Artikel relevanten Informationen verlangen.

(4) Die Regulierungsbehörden und die Kommission behandeln wirtschaftlich sensible Informationen vertraulich.

(5) [1]Die Kommission kann Leitlinien erlassen, in denen die Einzelheiten des Verfahrens für die Anwendung der Absätze 1 bis 2 des vorliegenden Artikels festgelegt werden. [2]Diese Maßnahme, durch die nicht wesentliche Bestimmungen dieser Verordnung durch ihre Ergänzung geändert werden sollen, wird nach dem Regelungsverfahren mit Kontrolle gemäß Artikel 28 Absatz 2 erlassen.

(6) [1]Wenn die Kommission eine Meldung über die Zertifizierung eines Fernleitungsnetzbetreibers gemäß Artikel 9 Absatz 10 der Richtlinie 2009/73/EG erhalten hat, trifft sie eine Entscheidung nach diesem Absatz. [2]Die Regulierungsbehörde kommt der Entscheidung der Kommission nach.

Art. 4 Europäisches Netz der Fernleitungsnetzbetreiber (Gas). Alle Fernleitungsnetzbetreiber arbeiten auf Gemeinschaftsebene im Rahmen des ENTSO (Gas) zusammen, um die Vollendung und das Funktionieren des Erdgasbinnenmarkts sowie den grenzüberschreitenden Handel zu fördern und

---

[1)] Nr. 6.

die optimale Verwaltung, den koordinierten Betrieb und die sachgerechte technische Weiterentwicklung des Erdgasfernleitungsnetzes zu gewährleisten.

Art. 5 Gründung des ENTSO (Gas). (1) Spätestens bis zum 3. März 2011 legen die Gasfernleitungsnetzbetreiber der Kommission und der Agentur den Entwurf der Satzung, eine Liste der Mitglieder und den Entwurf der Geschäftsordnung – einschließlich der Verfahrensregeln für die Konsultation anderer Akteure – des zu gründenden ENTSO (Gas) vor.

(2) Binnen zwei Monaten ab dem Tag des Eingangs der Unterlagen übermittelt die Agentur nach einer förmlichen Konsultation der alle Akteure, insbesondere die Netznutzer und Kunden, vertretenden Organisationen der Kommission eine Stellungnahme zum Entwurf der Satzung, zur Mitgliederliste und zum Entwurf der Geschäftsordnung.

(3) Binnen drei Monaten nach dem Tag des Eingangs der Stellungnahme der Agentur gibt die Kommission eine Stellungnahme zum Entwurf der Satzung, zur Mitgliederliste und zum Entwurf der Geschäftsordnung ab, wobei sie die Stellungnahme der Agentur gemäß Absatz 2 berücksichtigt.

(4) Binnen drei Monaten ab dem Tag des Eingangs der Stellungnahme der Kommission gründen die Fernleitungsnetzbetreiber den ENTSO (Gas) und verabschieden und veröffentlichen dessen Satzung und Geschäftsordnung.

Art. 6 Festlegung der Netzkodizes. (1) Die Kommission stellt nach Konsultation der Agentur, des ENTSO (Gas) und der anderen betroffenen Akteure eine jährliche Prioritätenliste auf, in der die in Artikel 8 Absatz 6 genannten Bereiche aufgeführt werden; die Liste ist in die Entwicklung der Netzkodizes einzubeziehen.

(2) [1] Die Kommission beantragt bei der Agentur, ihr innerhalb einer angemessenen Frist von höchstens sechs Monaten eine nicht bindende Rahmenleitlinie („Rahmenleitlinie") vorzulegen, die entsprechend Artikel 8 Absatz 7 präzise und objektive Grundsätze für die Ausarbeitung von Netzkodizes für die in der Prioritätenliste aufgeführten Bereiche enthält. [2] Jede Rahmenleitlinie muss zur Nichtdiskriminierung, zu einem echten Wettbewerb und zum effizienten Funktionieren des Marktes beitragen. [3] Auf einen mit Gründen versehenen Antrag der Agentur hin kann die Kommission diese Frist verlängern.

(3) Die Agentur führt über einen Zeitraum von mindestens zwei Monaten eine offene und transparente förmliche Konsultation des ENTSO (Gas) und anderer betroffener Akteure zu der Rahmenleitlinie durch.

(4) Trägt die Rahmenleitlinie nach Auffassung der Kommission nicht zur Nichtdiskriminierung, zu einem echten Wettbewerb und zum effizienten Funktionieren des Marktes bei, so kann sie die Agentur auffordern, die Rahmenleitlinie innerhalb einer angemessenen Frist zu überarbeiten und erneut der Kommission vorzulegen.

(5) Legt die Agentur nicht innerhalb der von der Kommission nach Absatz 2 bzw. Absatz 4 gesetzten Frist eine Rahmenleitlinie erstmalig oder erneut vor, so arbeitet die Kommission die betreffende Rahmenleitlinie aus.

(6) Die Kommission fordert den ENTSO (Gas) auf, der Agentur innerhalb einer angemessenen Frist von höchstens 12 Monaten einen Netzkodex vorzulegen, der der einschlägigen Rahmenleitlinie entspricht.

(7) Die Agentur übermittelt dem ENTSO (Gas) innerhalb von drei Monaten nach Eingang des Netzkodex eine mit Gründen versehene Stellungnahme zu dem Netzkodex; innerhalb dieses Zeitraums kann die Agentur eine förmliche Konsultation der betroffenen Akteure durchführen.

(8) Der ENTSO (Gas) kann den Netzkodex unter Berücksichtigung der Stellungnahme der Agentur ändern und erneut der Agentur vorlegen.

(9) [1] Sobald sich die Agentur davon überzeugt hat, dass der Netzkodex den einschlägigen Rahmenleitlinien entspricht, legt sie den Netzkodex der Kommission vor und kann ihr dessen Annahme innerhalb einer angemessenen Frist empfehlen. [2] Nimmt die Kommission diesen Netzkodex nicht an, so gibt sie die Gründe dafür an.

(10) [1] Arbeitet der ENTSO (Gas) nicht innerhalb der von der Kommission nach Absatz 6 gesetzten Frist einen Netzkodex aus, so kann die Kommission die Agentur auffordern, auf der Grundlage der einschlägigen Rahmenleitlinie den Entwurf eines Netzkodex auszuarbeiten. [2] Die Agentur kann, während sie diesen Entwurf ausarbeitet, eine weitere Konsultation einleiten. [3] Die Agentur legt den nach diesem Absatz ausgearbeiteten Entwurf eines Netzkodex der Kommission vor und kann ihr dessen Erlass empfehlen.

(11) Die Kommission kann von sich aus, wenn der ENTSO (Gas) oder die Agentur keinen Netzkodex gemäß Absatz 10 des vorliegenden Artikels ausgearbeitet hat, oder auf Empfehlung der Agentur gemäß Absatz 9 des vorliegenden Artikels einen oder mehrere Netzkodizes für die in Artikel 8 Absatz 6 aufgeführten Bereiche erlassen.

[1] Plant die Kommission, von sich aus einen Kodex zu erlassen, so konsultiert sie die Agentur, den ENTSO (Gas) und alle einschlägigen Akteure innerhalb eines Zeitraums von mindestens zwei Monaten zu dem Entwurf eines Kodex.
[2] Diese Maßnahmen zur Änderung nicht wesentlicher Bestimmungen dieser Verordnung durch Ergänzung werden nach dem in Artikel 28 Absatz 2 genannten Regelungsverfahren mit Kontrolle erlassen.

(12) Dieser Artikel berührt nicht das Recht der Kommission, die Leitlinien gemäß Artikel 23 zu erlassen und zu ändern.

Art. 7 Änderung von Netzkodizes. (1) [1] Entwürfe zur Änderung eines gemäß Artikel 6 angenommenen Netzkodex können der Agentur von Personen vorgeschlagen werden, die ein Interesse an diesem Netzkodex haben können, unter anderem den ENTSO (Gas), Fernleitungsnetzbetreiber, Netznutzer und Verbraucher. [2] Auch die Agentur kann von sich aus Änderungen vorschlagen.

(2) [1] Die Agentur konsultiert alle Interessengruppen gemäß Artikel 10 der Verordnung (EG) Nr. 713/2009[1]. [2] Im Anschluss an dieses Verfahren kann die Agentur der Kommission mit Gründen versehene Änderungsvorschläge unterbreiten, wobei zu erläutern ist, inwieweit die Vorschläge mit den Zielen der Netzkodizes nach Artikel 6 Absatz 2 der vorliegenden Verordnung übereinstimmen.

(3) [1] Die Kommission kann Änderungen der nach Artikel 6 angenommenen Netzkodizes vornehmen, wobei sie den Vorschlägen der Agentur

---

[1] Nr. 7.

Erdgaszugangsverordnung **Art. 8 ErdgasZVO 21**

Rechnung trägt. ²Diese Maßnahmen zur Änderung nicht wesentlicher Bestimmungen dieser Verordnung durch Ergänzung werden nach dem in Artikel 28 Absatz 2 genannten Regelungsverfahren mit Kontrolle erlassen.

(4) ¹Die Prüfung der vorgeschlagenen Änderungen nach dem Verfahren des Artikels 28 Absatz 2 beschränkt sich auf die Aspekte, die mit der vorgeschlagenen Änderung im Zusammenhang stehen. ²Diese vorgeschlagenen Änderungen erfolgen unbeschadet anderer Änderungen, die die Kommission gegebenenfalls vorschlägt.

Art. 8 Aufgaben des ENTSO (Gas). (1) Der ENTSO (Gas) arbeitet auf Aufforderung durch die Kommission gemäß Artikel 6 Absatz 6 Netzkodizes für die in Absatz 6 des vorliegenden Artikels genannten Bereiche aus.

(2) ¹Der ENTSO (Gas) kann für die in Absatz 6 genannten Bereiche Netzkodizes ausarbeiten, um die in Artikel 4 genannten Ziele zu erreichen, soweit diese Netzkodizes nicht die Bereiche betreffen, für die die Kommission eine Aufforderung an das Netz gerichtet hat. ²Diese Netzkodizes werden der Agentur zur Stellungnahme zugeleitet. ³Die Stellungnahme wird durch den ENTSO (Gas) gebührend berücksichtigt.

(3) Der ENTSO verabschiedet Folgendes:

a) gemeinsame netztechnische Instrumente zur Sicherstellung der Koordinierung des Netzbetriebs unter normalen Bedingungen und im Notfall, einschließlich eines gemeinsamen Systems zur Einstufung von Störfällen, und Forschungspläne;

b) alle zwei Jahre einen nicht bindenden gemeinschaftsweiten zehnjährigen Netzentwicklungsplan („gemeinschaftsweiter Netzentwicklungsplan"); dieser enthält eine Europäische Prognose zur Angemessenheit des Angebots;

c) Empfehlungen zur Koordinierung der technischen Zusammenarbeit zwischen Fernleitungsnetzbetreibern in der Gemeinschaft und in Drittstaaten;

d) ein Jahresarbeitsprogramm;

e) einen Jahresbericht;

f) jährliche Sommer- und Winterversorgungsprognosen.

(4) ¹Die Europäische Prognose zur Angemessenheit des Angebots gemäß Absatz 3 Buchstabe b erstreckt sich auf die Gesamtangemessenheit des Gasnetzes zur Deckung des bestehenden und des für den nächsten Fünfjahreszeitraum sowie des für den Zeitraum zwischen 5 und 10 Jahren nach dem Berichtsdatum zu erwartenden Bedarfs. ²Diese Europäische Prognose zur Angemessenheit des Angebots beruht auf den von den einzelnen Fernleitungsnetzbetreibern aufgestellten Prognosen für die Angemessenheit der jeweiligen nationalen Gasversorgung.

(5) Das in Absatz 3 Buchstabe d genannte Jahresarbeitsprogramm enthält eine Auflistung und eine Beschreibung der auszuarbeitenden Netzkodizes, einen Plan für die Koordinierung des Netzbetriebs und für Forschungs- und Entwicklungstätigkeiten, die in dem jeweiligen Jahr zu erfolgen haben, und einen vorläufigen Zeitplan.

(6) Die Netzkodizes gemäß den Absätzen 1 und 2 erstrecken sich auf die folgenden Bereiche, wobei gegebenenfalls regionale besondere Merkmale zu berücksichtigen sind:

a) Regeln für Netzsicherheit und -zuverlässigkeit;
b) Regeln für Netzanschluss;
c) Regeln für den Zugang Dritter;
d) Regeln für Datenaustausch und Abrechnung;
e) Regeln für die Interoperabilität;
f) betriebliche Verfahren bei Notfällen;
g) Regeln für Kapazitätszuweisung und Engpassmanagement;
h) Regeln für den Handel in Bezug auf die technische und operative Bereitstellung der Netzzugangsdienste und den Austausch von Ausgleichsgas zwischen Netzen;
i) Transparenzregeln;
j) Regeln für den Ausgleich von Mengenabweichungen, einschließlich netzbezogener Regeln für Nominierungsverfahren, Regeln für Ausgleichsentgelte und Regeln für den netztechnischen Ausgleich von Mengenabweichungen zwischen den Netzen der Fernleitungsnetzbetreiber;
k) Regeln für harmonisierte Fernleitungsentgeltstrukturen;
l) Energieeffizienz bei Gasnetzen.

(7) Die Netzkodizes gelten für grenzüberschreitende Netzangelegenheiten und Angelegenheiten der Marktintegration und berühren nicht das Recht der Mitgliedstaaten, nationale Netzkodizes aufzustellen, die den grenzüberschreitenden Handel nicht betreffen.

(8) [1] Der ENTSO (Gas) beobachtet und analysiert die Umsetzung der Kodizes und der von der Kommission nach Artikel 6 Absatz 11 angenommenen Leitlinien und deren Wirkung auf die Harmonisierung der geltenden Regeln zur Förderung der Marktintegration. [2] Der ENTSO (Gas) meldet seine Erkenntnisse der Agentur und nimmt die Ergebnisse der Analyse in den in Absatz 3 Buchstabe e des vorliegenden Artikels genannten Jahresbericht auf.

(9) Der ENTSO (Gas) stellt alle Informationen zur Verfügung, die die Agentur benötigt, um ihre Aufgaben gemäß Artikel 9 Absatz 1 zu erfüllen.

(10) [1] Der ENTSO (Gas) verabschiedet alle zwei Jahre einen gemeinschaftsweiten Netzentwicklungsplan nach Absatz 3 Buchstabe b und veröffentlicht diesen. [2] Der gemeinschaftsweite Netzentwicklungsplan beinhaltet die Modellierung des integrierten Netzes, die Entwicklung von Szenarien, eine Europäische Prognose zur Angemessenheit des Angebots und eine Bewertung der Belastbarkeit des Netzes.

Der gemeinschaftsweite Netzentwicklungsplan muss insbesondere

a) auf den nationalen Investitionsplänen unter Berücksichtigung der in Artikel 12 Absatz 1 genannten regionalen Investitionspläne und gegebenenfalls der gemeinschaftlichen Aspekte der Netzplanung einschließlich der Leitlinien für die transeuropäischen Energienetze gemäß der Entscheidung Nr. 1364/2006/EG des Europäischen Parlaments und des Rates[1]) aufbauen;
b) hinsichtlich der grenzüberschreitenden Verbindungsleitungen auch auf den angemessenen Bedürfnissen verschiedener Netznutzer beruhen und lang-

---

[1]) **Amtl. Anm.:** ABl. L 262 vom 22. 9. 2006, S. 1.

Erdgaszugangsverordnung **Art. 9 ErdgasZVO 21**

fristige Verpflichtungen von Investoren gemäß den Artikeln 14 und 22 der Richtlinie 2009/73/EG[1]) einschließen und

c) Investitionslücken – insbesondere in Bezug auf grenzüberschreitende Kapazitäten – aufzeigen.

Hinsichtlich Unterabsatz 2 Buchstabe c kann dem gemeinschaftsweiten Netzentwicklungsplan als Anlage eine Übersicht über die Hemmnisse, die den Ausbau der grenzüberschreitenden Kapazitäten des Netzes aufgrund unterschiedlicher Genehmigungsverfahren oder einer unterschiedlichen Genehmigungspraxis erschweren, beigefügt werden.

(11) ¹ Die Agentur überprüft die nationalen zehnjährigen Netzentwicklungspläne unter dem Gesichtspunkt ihrer Kohärenz mit dem gemeinschaftsweiten Netzentwicklungsplan. ² Stellt sie Widersprüche zwischen einem nationalen zehnjährigen Netzentwicklungsplan und dem gemeinschaftsweiten zehnjährigen Netzentwicklungsplan fest, empfiehlt sie je nach Sachlage eine Änderung des nationalen zehnjährigen Netzentwicklungsplans oder des gemeinschaftsweiten Netzentwicklungsplans. ³ Wird ein solcher nationaler zehnjähriger Netzentwicklungsplan gemäß Artikel 22 der Richtlinie 2009/73/EG ausgearbeitet, empfiehlt die Agentur der zuständigen nationalen Regulierungsbehörde, den nationalen zehnjährigen Netzentwicklungsplan gemäß Artikel 22 Absatz 7 der genannten Richtlinie zu ändern und setzt die Kommission hiervon in Kenntnis.

(12) Auf Antrag der Kommission übermittelt der ENTSO (Gas) der Kommission seine Stellungnahme zu dem Erlass von Leitlinien nach Artikel 23.

Art. 9 Beobachtung durch die Agentur. (1) Die Agentur beobachtet die Durchführung der in Artikel 8 Absätze 1, 2 und 3 genannten Aufgaben des ENTSO (Gas) und erstattet der Kommission Bericht.

¹ Die Agentur beobachtet die Umsetzung folgender Netzkodizes durch den ENTSO (Gas): der Netzkodizes, die gemäß Artikel 8 Absatz 2 entwickelt wurden, und der Netzkodizes, die gemäß Artikel 6 Absätze 1 bis 10 festgelegt, aber von der Kommission nicht gemäß Artikel 6 Absatz 11 angenommen wurden. ² Falls der ENTSO (Gas) keinen solchen Netzkodex umgesetzt hat, fordert die Agentur den ENTSO (Gas) auf, eine ordnungsgemäß begründete Erklärung vorzulegen, warum es dies nicht getan hat. ³ Die Agentur setzt die Kommission von dieser Erklärung in Kenntnis und gibt eine Stellungnahme dazu ab.

Die Agentur beobachtet und analysiert die Umsetzung der Netzkodizes und der von der Kommission nach Artikel 6 Absatz 11 erlassenen Leitlinien und ihre Auswirkungen auf die Harmonisierung der geltenden Regeln zur Förderung der Marktintegration sowie auf Nichtdiskriminierung, echten Wettbewerb und effizientes Funktionieren des Marktes und erstattet der Kommission Bericht.

(2) Der ENTSO (Gas) unterbreitet der Agentur den Entwurf des gemeinschaftsweiten Netzentwicklungsplans, den Entwurf des Jahresarbeitsprogramms einschließlich der Informationen zum Konsultationsverfahren und der anderen in Artikel 8 Absatz 3 genannten Dokumente zur Stellungnahme.

---

[1]) Nr. 6.

Innerhalb von zwei Monaten ab dem Tag des Eingangs der Unterlagen gibt die Agentur eine ordnungsgemäß begründete Stellungnahme ab und richtet Empfehlungen an den ENTSO (Gas) und an die Kommission, falls ihres Erachtens der Entwurf des Jahresarbeitsprogramms oder der Entwurf des gemeinschaftsweiten Netzentwicklungsplans, die vom ENTSO (Gas) vorgelegt wurden, nicht zur Nichtdiskriminierung, zum echten Wettbewerb, zum effizienten Funktionieren des Marktes oder zu einem ausreichenden Maß an grenzüberschreitenden Verbindungsleitungen, die Dritten offen stehen, beiträgt.

Art. 10 Konsultationen. (1) [1] Der ENTSO (Gas) konsultiert im Rahmen der Ausarbeitung der Netzkodizes, des Entwurfs des gemeinschaftsweiten Netzentwicklungsplans und des Jahresarbeitsprogramms nach Artikel 8 Absätze 1, 2 und 3 umfassend, frühzeitig und auf offene und transparente Weise alle einschlägigen Marktteilnehmer, insbesondere die Organisationen, die alle Akteure vertreten gemäß der in Artikel 5 Absatz 1 genannten Geschäftsordnung. [2] Bei den Konsultationen werden die nationalen Regulierungsbehörden und andere nationale Behörden, Versorgungs- und Gewinnungsunternehmen, Netznutzer einschließlich der Kunden, Verteilernetzbetreiber sowie die relevanten (Branchen-)Verbände, technischen Gremien und Foren der Interessengruppen einbezogen. [3] Dabei verfolgt sie das Ziel, die Standpunkte und Vorschläge aller für den Entscheidungsprozess relevanten Kreise einzuholen.

(2) Alle Unterlagen und Sitzungsprotokolle zu den in Absatz 1 genannten Aspekten werden veröffentlicht.

(3) [1] Vor der Verabschiedung des Jahresarbeitsprogramms sowie der in Artikel 8 Absätze 1, 2 und 3 genannten Netzkodizes teilt dem ENTSO (Gas) mit, welche Stellungnahmen im Rahmen der Konsultation eingegangen sind und berücksichtigt wurden. [2] Wurden Stellungnahmen nicht berücksichtigt, so gibt der ENTSO (Gas) eine Begründung ab.

Art. 11 Kosten. [1] Die Kosten im Zusammenhang mit den in den Artikeln 4 bis 12 genannten Tätigkeiten des ENTSO (Gas) werden von den Fernleitungsnetzbetreibern getragen und bei der Tarifberechnung berücksichtigt. [2] Die Regulierungsbehörden stimmen diesen Kosten nur dann zu, wenn sie angemessen und verhältnismäßig sind.

Art. 12 Regionale Zusammenarbeit der Fernleitungsnetzbetreiber.

(1) [1] Die Fernleitungsnetzbetreiber etablieren innerhalb des ENTSO (Gas) eine regionale Zusammenarbeit, um zu den in Artikel 8 Absätzen 1, 2 und 3 genannten Aufgaben beizutragen. [2] Sie veröffentlichen insbesondere alle zwei Jahre einen regionalen Investitionsplan und können auf der Grundlage des regionalen Investitionsplans Investitionsentscheidungen treffen.

(2) Die Fernleitungsnetzbetreiber fördern netztechnische Vereinbarungen, um ein optimales Netzmanagement zu gewährleisten, und fördern die Entwicklung von Energiebörsen, die koordinierte grenzüberschreitende Kapazitätszuweisung durch nichtdiskriminierende marktorientierte Lösungen, wobei sie die spezifischen Vorteile von impliziten Auktionen für kurzfristige Zuweisungen gebührend berücksichtigen, und die Einbeziehung von Mechanismen für den Ausgleich von Mengenabweichungen.

Erdgaszugangsverordnung Art. 13 ErdgasZVO 21

(3) ¹Um die in den Absätzen 1 und 2 genannten Ziele zu erreichen, kann das geografische Gebiet, auf das sich die einzelnen Strukturen der regionalen Zusammenarbeit erstrecken, von der Kommission festgelegt werden, wobei bestehenden Strukturen der regionalen Zusammenarbeit Rechnung getragen wird. ²Jeder Mitgliedstaat kann die Zusammenarbeit in mehr als einem geografischen Gebiet fördern. ³Die Maßnahme nach Satz 1 zur Änderung nicht wesentlicher Bestimmungen dieser Verordnung durch Ergänzung wird nach dem in Artikel 28 Absatz 2 genannten Regelungsverfahren mit Kontrolle erlassen.

Hierzu konsultiert die Kommission die Agentur und den ENTSO (Gas).

Art. 13 Tarife für den Netzzugang. (1) ¹Die von den Regulierungsbehörden gemäß Artikel 41 Absatz 6 der Richtlinie 2009/73/EG[1]) genehmigten Tarife oder Methoden zu ihrer Berechnung, die die Fernleitungsnetzbetreiber anwenden, sowie die gemäß Artikel 32 Absatz 1 der genannten Richtlinie veröffentlichten Tarife müssen transparent sein, der Notwendigkeit der Netzintegrität und deren Verbesserung Rechnung tragen, die Ist-Kosten widerspiegeln, soweit diese Kosten denen eines effizienten und strukturell vergleichbaren Netzbetreibers entsprechen, transparent sind und gleichzeitig eine angemessene Kapitalrendite umfassen, sowie gegebenenfalls die Tarifvergleiche der Regulierungsbehörden berücksichtigen. ²Die Tarife oder die Methoden zu ihrer Berechnung müssen auf nichtdiskriminierende Weise angewandt werden.

Die Mitgliedstaaten können beschließen, dass die Tarife auch mittels marktorientierter Verfahren wie Versteigerungen festgelegt werden können, vorausgesetzt, dass diese Verfahren und die damit verbundenen Einkünfte von der Regulierungsbehörde genehmigt werden.

Die Tarife oder die Methoden zu ihrer Berechnung müssen den effizienten Gashandel und Wettbewerb erleichtern, während sie gleichzeitig Quersubventionen zwischen den Netznutzern vermeiden und Anreize für Investitionen und zur Aufrechterhaltung oder Herstellung der Interoperabilität der Fernleitungsnetze bieten.

¹Die Tarife für die Netznutzer müssen nichtdiskriminierend sein und werden pro Einspeisepunkt in das Fernleitungsnetz oder pro Ausspeisepunkt aus dem Fernleitungsnetz getrennt voneinander festgelegt. ²Kostenaufteilungsmechanismen und Ratenfestlegungsmethoden bezüglich der Ein- und Ausspeisepunkte werden von den nationalen Regulierungsbehörden gebilligt. ³Ab dem 3. September 2011 stellen die Mitgliedstaaten sicher, dass nach einer Übergangsfrist keine Netzentgelte auf der Grundlage von Vertragspfaden erhoben werden.

(2) ¹Durch die Tarife für den Netzzugang darf weder die Marktliquidität eingeschränkt noch der Handel über die Grenzen verschiedener Fernleitungsnetze hinweg verzerrt werden. ²Hemmen Unterschiede der Tarifstrukturen oder der Ausgleichsmechanismen den Handel zwischen Fernleitungsnetzen, so arbeiten die Fernleitungsnetzbetreiber unbeschadet des Artikels 41 Absatz 6 der Richtlinie 2009/73/EG in enger Zusammenarbeit mit den einschlägigen nationalen Behörden aktiv auf die Konvergenz der Tarifstrukturen und der Entgelterhebungsgrundsätze hin, auch im Zusammenhang mit Ausgleichsregelungen.

---
[1]) Nr. 6.

Art. 14 Fernleitungsnetzbetreiber betreffende Dienstleistungen für den Zugang Dritter. (1) Die Fernleitungsnetzbetreiber

a) stellen sicher, dass sie allen Netznutzern Dienstleistungen ohne Diskriminierung anbieten;

b) stellen sowohl verbindliche als auch unterbrechbare Dienstleistungen für den Zugang Dritter bereit. Der Preis der unterbrechbaren Kapazität spiegelt die Wahrscheinlichkeit einer Unterbrechung wider;

c) bieten den Netznutzern sowohl lang- als auch kurzfristige Dienstleistungen an.

Hinsichtlich Unterabsatz 1 Buchstabe a legt ein Fernleitungsnetzbetreiber, der verschiedenen Kunden dieselbe Dienstleistung anbietet, dabei gleichwertige vertragliche Bedingungen zugrunde, indem er entweder harmonisierte Transportverträge oder einen gemeinsamen Netzcode benutzt, die von der zuständigen Behörde nach dem in Artikel 41 der Richtlinie 2009/73/EG[1)] genannten Verfahren genehmigt worden sind.

(2) Transportverträge, die mit unüblichen Anfangsterminen oder mit einer kürzeren Laufzeit als der eines Jahresstandardtransportvertrags unterzeichnet werden, dürfen nicht zu willkürlich höheren oder niedrigeren Tarifen führen, die nicht gemäß den Grundsätzen des Artikels 13 Absatz 1 den Marktwert der Dienstleistung widerspiegeln.

(3) [1] Gegebenenfalls können Dienstleistungen für den Zugang Dritter unter dem Vorbehalt angemessener Garantien der Netznutzer bezüglich ihrer Kreditwürdigkeit erbracht werden. [2] Diese Garantien dürfen keine ungerechtfertigten Marktzugangshemmnisse darstellen und müssen nichtdiskriminierend, transparent und verhältnismäßig sein.

Art. 15 Speicheranlagen und LNG-Anlagen betreffende Dienstleistungen für den Zugang Dritter. (1) Die Betreiber von LNG-Anlagen und von Speicheranlagen

a) stellen sicher, dass sie allen Netznutzern Dienstleistungen, die die Marktnachfrage befriedigen, diskriminierungsfrei anbieten; bieten Betreiber von LNG-Anlagen oder von Speicheranlagen verschiedenen Kunden dieselbe Dienstleistung an, so legen sie dabei gleichwertige vertragliche Bedingungen zugrunde;

b) bieten Dienstleistungen an, die mit der Nutzung der verbundenen Gastransportnetze kompatibel sind, und erleichtern den Zugang durch die Zusammenarbeit mit dem Fernleitungsnetzbetreiber;

c) veröffentlichen innerhalb eines zeitlichen Rahmens, der mit den vertretbaren kommerziellen Erfordernissen der Nutzer der Speicheranlagen und der LNG-Anlagen vereinbar ist, relevante Informationen, insbesondere Daten über die Nutzung und die Verfügbarkeit der Dienstleistungen, wobei diese Veröffentlichung von der nationalen Regulierungsbehörde beobachtet wird.

[1)] Nr. 6.

(2) Die Betreiber von Speicheranlagen

a) stellen sowohl verbindliche als auch unterbrechbare Dienstleistungen für den Zugang Dritter bereit; der Preis der unterbrechbaren Kapazität spiegelt die Wahrscheinlichkeit einer Unterbrechung wider;

b) bieten den Speicheranlagennutzern sowohl lang- als auch kurzfristige Dienstleistungen an und

c) bieten den Speicheranlagennutzern hinsichtlich Speichervolumen, Einspeicherleistung und Ausspeicherleistung sowohl kombinierte als auch einzelne Dienstleistungen an.

(3) Verträge für LNG-Anlagen und Speicheranlagen dürfen nicht zu willkürlich höheren Tarifen führen, wenn sie

a) mit unüblichen Anfangsterminen außerhalb eines Erdgasjahres unterzeichnet werden oder

b) mit einer kürzeren Laufzeit als der eines Standardvertrags für LNG-Anlagen und Speicheranlagen auf Jahresbasis unterzeichnet werden.

(4) [1] Gegebenenfalls können Dienstleistungen für den Zugang Dritter unter dem Vorbehalt angemessener Garantien der Netznutzer bezüglich ihrer Kreditwürdigkeit erbracht werden. [2] Diese Garantien dürfen keine ungerechtfertigten Marktzugangshemmnisse darstellen und müssen nichtdiskriminierend, transparent und verhältnismäßig sein.

(5) Vertragliche Begrenzungen der erforderlichen Mindestkapazität von LNG-Anlagen und Speicheranlagen müssen durch technische Sachzwänge begründet sein und kleineren Speichernutzern den Zugang zu Speicherdienstleistungen ermöglichen.

Art. 16 Fernleitungsnetzbetreiber betreffende Grundsätze der Kapazitätszuweisungsmechanismen und der Verfahren für das Engpassmanagement.

(1) Den Marktteilnehmern wird in allen in Artikel 18 Absatz 3 genannten maßgeblichen Punkten die größtmögliche Kapazität zur Verfügung gestellt, wobei auf die Netzintegrität und einen effizienten Netzbetrieb geachtet wird.

(2) Die Fernleitungsnetzbetreiber veröffentlichen nichtdiskriminierende und transparente Kapazitätszuweisungsmechanismen und setzen diese um; diese müssen

a) angemessene ökonomische Signale für die effiziente und maximale Nutzung der technischen Kapazität liefern, Investitionen in neue Infrastruktur erleichtern und den grenzüberschreitenden Erdgashandel erleichtern;

b) kompatibel mit den Marktmechanismen einschließlich Spotmärkten und „Trading Hubs" sein und gleichzeitig flexibel und in der Lage sein, sich einem geänderten Marktumfeld anzupassen, und

c) mit den Netzzugangsregelungen der Mitgliedstaaten kompatibel sein.

(3) Die Fernleitungsnetzbetreiber wenden nichtdiskriminierende, transparente Verfahren für das Engpassmanagement an, die den grenzüberschreitenden Erdgashandel ohne Diskriminierung erleichtern, und veröffentlichen diese; die Verfahren beruhen auf folgenden Grundsätzen:

a) Im Falle vertraglich bedingter Engpässe bietet der Fernleitungsnetzbetreiber ungenutzte Kapazität auf dem Primärmarkt zumindest auf „Day-ahead"-Basis (für den folgenden Gastag) und als unterbrechbare Kapazität an, und
b) Netznutzer, die ihre ungenutzte, kontrahierte Kapazität auf dem Sekundärmarkt weiterverkaufen oder verpachten wollen, sind hierzu berechtigt.

Hinsichtlich Unterabsatz 1 Buchstabe b können die Mitgliedstaaten eine Benachrichtigung oder Unterrichtung des Fernleitungsnetzbetreibers durch die Netznutzer verlangen.

(4) Im Falle physischer Engpässe wenden die Fernleitungsnetzbetreiber oder gegebenenfalls die Regulierungsbehörden nichtdiskriminierende, transparente Kapazitätszuweisungsmechanismen an.

(5) [1] Fernleitungsnetzbetreiber bewerten regelmäßig die Marktnachfrage nach neuen Investitionen. [2] Bei der Planung neuer Investitionen bewerten die Fernleitungsnetzbetreiber die Marktnachfrage und berücksichtigen die Versorgungssicherheit.

Art. 17 Speicheranlagen und LNG-Anlagen betreffende Grundsätze der Kapazitätszuweisungsmechanismen und Verfahren für das Engpassmanagement. (1) Den Marktteilnehmern wird die größtmögliche Speicheranlagen- und LNG-Anlagenkapazität zur Verfügung gestellt, wobei auf die Netzintegrität und einen effizienten Netzbetrieb geachtet wird.

(2) Die Betreiber von LNG-Anlagen und von Speicheranlagen veröffentlichen nichtdiskriminierende, transparente Kapazitätszuweisungsmechanismen und setzen diese um; diese müssen

a) angemessene ökonomische Signale für die effiziente und maximale Nutzung der Kapazität geben und Investitionen in neue Infrastruktur erleichtern;
b) die Kompatibilität mit den Marktmechanismen einschließlich Spotmärkten und „Trading Hubs" sicherstellen und gleichzeitig flexibel und in der Lage sein, sich einem geänderten Marktumfeld anzupassen, und
c) mit den angeschlossenen Netzzugangssystemen kompatibel sein.

(3) LNG-Anlagen- und Speicheranlagenverträge enthalten Maßnahmen zur Vermeidung des Hortens von Kapazität, wobei in Fällen vertraglich bedingter Engpässe folgende Grundsätze zu beachten sind:

a) Der Anlagenbetreiber bietet ungenutzte LNG-Anlagenkapazität und ungenutzte Speicherkapazität unverzüglich auf dem Primärmarkt an; im Falle von Speicheranlagen erfolgt dies zumindest auf „Day-ahead"-Basis (für den folgenden Gastag) und als unterbrechbare Kapazität;
b) LNG-Anlagen- und Speicheranlagennutzer, die ihre ungenutzte kontrahierte Kapazität auf dem Sekundärmarkt weiterverkaufen wollen, sind hierzu berechtigt.

Art. 18 Fernleitungsnetzbetreiber betreffende Transparenzanforderungen. (1) Die Fernleitungsnetzbetreiber veröffentlichen ausführliche Informationen über die von ihnen angebotenen Dienstleistungen und die einschlägigen Bedingungen sowie die technischen Informationen, die die Netznutzer für den tatsächlichen Netzzugang benötigen.

(2) Zur Sicherstellung transparenter, objektiver, nichtdiskriminierender Tarife und zur Erleichterung einer effizienten Nutzung des Erdgasnetzes ver-

öffentlichen die Fernleitungsnetzbetreiber oder die zuständigen nationalen Behörden angemessen und ausreichend detaillierte Informationen über die Tarifbildung, die entsprechenden Methoden und die Tarifstruktur.

(3) Hinsichtlich der angebotenen Dienstleistungen veröffentlicht jeder Fernleitungsnetzbetreiber für alle maßgeblichen Punkte, einschließlich Ein- und Ausspeisepunkte, regelmäßig und kontinuierlich und in einer nutzerfreundlichen, standardisierten Weise numerische Informationen über die technischen, kontrahierten und verfügbaren Kapazitäten.

(4) Die maßgeblichen Punkte eines Fernleitungsnetzes, zu denen Informationen zu veröffentlichen sind, sind von den zuständigen Behörden nach Konsultation der Netznutzer zu genehmigen.

(5) Die Fernleitungsnetzbetreiber machen die durch diese Verordnung vorgeschriebenen Informationen in sinnvoller, quantifizierbar deutlicher und leicht zugänglicher Weise ohne Diskriminierung bekannt.

(6) [1] Die Fernleitungsnetzbetreiber veröffentlichen ex ante und ex post Informationen über Angebot und Nachfrage auf der Grundlage von Nominierungen, Prognosen und tatsächlichen Lastflüssen in das und aus dem Netz. [2] Die nationale Regulierungsbehörde stellt sicher, dass alle diese Informationen veröffentlicht werden. [3] Der Detaillierungsgrad der veröffentlichten Informationen spiegelt die dem Fernleitungsnetzbetreiber vorliegenden Informationen wider.

Die Fernleitungsnetzbetreiber veröffentlichen die für den Netzausgleich getroffenen Maßnahmen, die dadurch entstandenen Kosten und erzielten Erlöse.

Die betroffenen Marktteilnehmer stellen den Fernleitungsnetzbetreibern die in diesem Artikel genannten Daten zur Verfügung.

Art. 19 Speicheranlagen und LNG-Anlagen betreffende Transparenzanforderungen. (1) Die Betreiber von LNG-Anlagen und von Speicheranlagen veröffentlichen ausführliche Informationen über die von ihnen angebotenen Dienstleistungen und die einschlägigen Bedingungen sowie die technischen Informationen, die die Nutzer von LNG-Anlagen und von Speicheranlagen für den tatsächlichen Zugang zu den LNG-Anlagen und Speicheranlagen benötigen.

(2) Hinsichtlich der angebotenen Dienstleistungen veröffentlichen die LNG-Anlagen- und Speicheranlagenbetreiber regelmäßig und kontinuierlich und in einer nutzerfreundlichen, standardisierten Weise numerische Informationen über die kontrahierten und verfügbaren LNG-Anlagen- und Speicheranlagenkapazitäten.

(3) Die LNG-Anlagen- und Speicheranlagenbetreiber machen die durch diese Verordnung vorgeschriebenen Informationen in sinnvoller, quantifizierbar deutlicher und leicht zugänglicher Weise ohne Diskriminierung bekannt.

(4) [1] Die LNG-Anlagen- und Speicheranlagenbetreiber veröffentlichen Folgendes: die Gasmengen in den einzelnen LNG-Anlagen oder Speicheranlagen oder Gruppen von Speicheranlagen, falls dies der Art entspricht, in der Anlagennutzern der Zugang angeboten wird, die ein- und ausgespeisten Mengen und die verfügbare Kapazität der LNG-Anlagen und Speicheranlagen, und zwar auch für die Anlagen, die vom Zugang Dritter ausgenommen

sind. ²Die Informationen werden auch dem Fernleitungsnetzbetreiber mitgeteilt, der sie pro Netz oder Teilnetz, die durch die maßgeblichen Punkte bestimmt werden, in zusammengefasster Form veröffentlicht. ³Die Informationen werden mindestens einmal täglich aktualisiert.

¹In Fällen, in denen ein Speicheranlagennutzer der einzige Nutzer einer Speicheranlage ist, kann der Speicheranlagennutzer bei der nationalen Regulierungsbehörde einen begründeten Antrag auf vertrauliche Behandlung der in Unterabsatz 1 genannten Daten stellen. ²Gelangt die nationale Regulierungsbehörde unter Berücksichtigung insbesondere der Notwendigkeit, die legitimen Interessen des Schutzes von Geschäftsgeheimnissen, deren Offenlegung der wirtschaftlichen Gesamtstrategie des Speicheranlagennutzers schaden würde, und das Ziel der Schaffung eines wettbewerbsbestimmten Erdgasbinnenmarktes gegeneinander abzuwägen, zu dem Schluss, dass der Antrag gerechtfertigt ist, kann sie dem Speicheranlagenbetreiber gestatten, die in Unterabsatz 1 genannten Daten für die Dauer von bis zu einem Jahr nicht zu veröffentlichen.

Unterabsatz 2 gilt unbeschadet der in Unterabsatz 1 genannten Pflicht des Fernleitungsnetzbetreibers zur Mitteilung und Veröffentlichung, außer wenn die aggregierten Daten mit den individuellen Speicheranlagendaten, deren Nichtveröffentlichung die nationale Regulierungsbehörde gestattet hat, identisch sind.

(5) Um für transparente, objektive und nichtdiskriminierende Tarife zu sorgen und die effiziente Nutzung der Infrastrukturen zu erleichtern, veröffentlichen die LNG-Anlagenbetreiber und Speicheranlagenbetreiber oder die zuständigen Regulierungsbehörden ausreichend detaillierte Informationen über die Tarifbildung, die Methoden der Tariffestlegung und die Tarifstruktur für Infrastrukturen, für die der regulierte Zugang Dritter vorgesehen ist.

Art. 20 Aufbewahrungspflichten für Netz- und Anlagenbetreiber. Fernleitungsnetz-, Speicheranlagen- und LNG-Anlagenbetreiber bewahren alle Informationen, auf die in den Artikeln 18 und 19 und in Teil 3 des Anhangs I Bezug genommen wird, für die Dauer von fünf Jahren auf und stellen sie den nationalen Behörden, einschließlich der nationalen Regulierungsbehörde, der nationalen Wettbewerbsbehörde und der Kommission bei Bedarf zur Verfügung.

Art. 21 Ausgleichsregeln und Ausgleichsentgelte. (1) ¹Die Ausgleichsregeln werden auf gerechte, nichtdiskriminierende und transparente Weise konzipiert und beruhen auf objektiven Kriterien. ²Die Ausgleichsregeln spiegeln die tatsächlichen Netzerfordernisse unter Berücksichtigung der dem Fernleitungsnetzbetreiber zur Verfügung stehenden Ressourcen wider. ³Die Ausgleichsregeln sind marktorientiert.

(2) Damit die Netznutzer rechtzeitig Abhilfemaßnahmen ergreifen können, stellen die Fernleitungsnetzbetreiber ausreichende, rechtzeitige und zuverlässige Online-Informationen über den Ausgleichsstatus der Netznutzer bereit.

Die bereitgestellten Informationen spiegeln den Informationsstand, über den die Fernleitungsnetzbetreiber verfügen, und den Abrechnungszeitraum, für den Ausgleichsentgelte berechnet werden, wider.

Die Bereitstellung von Informationen gemäß diesem Absatz erfolgt unentgeltlich.

(3) ¹Die Ausgleichsentgelte sind nach Möglichkeit kostenorientiert und bieten angemessene Anreize für die Netznutzer, ihre Ein- und Ausspeisung von Erdgas auszugleichen. ²Sie vermeiden Quersubventionen zwischen den Netznutzern und behindern nicht den Markteintritt neuer Marktteilnehmer.

Die Methoden zur Berechnung der Ausgleichsentgelte sowie die endgültigen Tarife werden von den zuständigen Behörden oder gegebenenfalls vom Fernleitungsnetzbetreiber veröffentlicht.

(4) Die Mitgliedstaaten stellen sicher, dass sich die Fernleitungsnetzbetreiber bemühen, die Ausgleichssysteme zu harmonisieren und die Struktur und Staffelung der Ausgleichsentgelte zu vereinfachen, um den Erdgashandel zu erleichtern.

Art. 22 Handel mit Kapazitätsrechten. ¹Jeder Fernleitungsnetz-, Speicheranlagen- und LNG-Anlagenbetreiber ergreift angemessene Maßnahmen, damit Kapazitätsrechte frei gehandelt werden können und dieser Handel auf transparente und nichtdiskriminierende Weise erleichtert wird. ²Jeder dieser Betreiber entwickelt auf dem Primärmarkt harmonisierte Transport-, LNG-Anlagen- und Speicherverträge und entsprechende Verfahren, um den sekundären Kapazitätshandel zu erleichtern, und anerkennt den Transfer primärer Kapazitätsrechte, sofern dieser durch die Netznutzer mitgeteilt wurde.

Die harmonisierten Transport-, LNG-Anlagen- und Speicherverträge und die entsprechenden Verfahren werden den Regulierungsbehörden mitgeteilt.

Art. 23 Leitlinien. (1) Gegebenenfalls regeln Leitlinien, die für das zur Erreichung des Ziels dieser Verordnung erforderliche Mindestmaß an Harmonisierung sorgen, Folgendes:

a) Einzelheiten zu den Dienstleistungen für den Zugang Dritter gemäß den Artikeln 14 und 15, einschließlich der Art und Dauer der Dienstleistungen und anderer Anforderungen an diese;

b) Einzelheiten zu den Grundsätzen der Kapazitätszuweisungsmechanismen und der Anwendung von Engpassmanagementverfahren bei vertraglich bedingten Engpässen gemäß den Artikeln 16 und 17;

c) Einzelheiten zur Übermittlung von Informationen, zur Festlegung der technischen Informationen, die die Netznutzer für den tatsächlichen Netzzugang benötigen, und zur Bestimmung aller für die Transparenzanforderungen maßgeblichen Punkte gemäß den Artikeln 18 und 19, einschließlich der für alle maßgeblichen Punkte zu veröffentlichenden Informationen und des Zeitplans für die Veröffentlichung dieser Informationen;

d) Einzelheiten zu den Tarifberechnungsmethoden im Zusammenhang mit dem grenzüberschreitenden Erdgashandel gemäß Artikel 13;

e) Einzelheiten zu den in Artikel 8 Absatz 6 aufgeführten Bereichen.

Hierzu konsultiert die Kommission die Agentur und den ENTSO (Gas).

(2) Leitlinien zu den in Absatz 1 Buchstaben a, b und c aufgeführten Punkten sind, was die Fernleitungsnetzbetreiber betrifft, im Anhang enthalten.

¹Die Kommission kann Leitlinien zu den in Absatz 1 des vorliegenden Artikels aufgeführten Punkten erlassen und die in Absatz 1 Buchstaben a, b, und c genannten Leitlinien ändern. ²Diese Maßnahmen zur Änderung nicht wesentlicher Bestimmungen dieser Verordnung, auch durch Ergänzung, wer-

den nach dem in Artikel 28 Absatz 2 genannten Regelungsverfahren mit Kontrolle erlassen.

(3) ¹Die Anwendung und Änderung von Leitlinien, die gemäß dieser Verordnung angenommen wurden, spiegelt die Unterschiede zwischen den nationalen Erdgasnetzen wider und erfordert daher keine einheitlichen detaillierten Bedingungen für den Zugang Dritter auf Gemeinschaftsebene. ²Es können jedoch Mindestanforderungen festgelegt werden, um nichtdiskriminierende und transparente Netzzugangsbedingungen zu erreichen, die für einen Erdgasbinnenmarkt erforderlich sind und die dann unter Berücksichtigung der Unterschiede zwischen den nationalen Erdgasnetzen entsprechend angewandt werden können.

Art. 24 Regulierungsbehörden. Bei der Wahrnehmung ihrer Aufgaben aufgrund dieser Verordnung gewährleisten die Regulierungsbehörden die Einhaltung dieser Verordnung und der gemäß Artikel 23 angenommenen Leitlinien.

Gegebenenfalls arbeiten sie untereinander, mit der Kommission und mit der Agentur gemäß Kapitel VIII der Richtlinie 2009/73/EG[1)] zusammen.

Art. 25 Übermittlung von Informationen. Die Mitgliedstaaten und die Regulierungsbehörden übermitteln der Kommission auf Anforderung alle für die Zwecke des Artikels 23 erforderlichen Informationen.

Unter Berücksichtigung der Komplexität der angeforderten Informationen und der Dringlichkeit, mit der sie benötigt werden, setzt die Kommission eine angemessene Frist für die Übermittlung der Informationen.

Art. 26 Recht der Mitgliedstaaten, detailliertere Maßnahmen vorzusehen. Diese Verordnung berührt nicht die Rechte der Mitgliedstaaten, Maßnahmen beizubehalten oder einzuführen, die detailliertere Bestimmungen als diese Verordnung oder die in Artikel 23 genannten Leitlinien enthalten.

Art. 27 Sanktionen. (1) ¹Die Mitgliedstaaten legen die Regeln für Sanktionen bei Verstößen gegen diese Verordnung fest und treffen die erforderlichen Maßnahmen für deren Anwendung. ²Die Sanktionen müssen wirksam, verhältnismäßig und abschreckend sein. ³Die Mitgliedstaaten teilen der Kommission bis zum 1. Juli 2006 die Bestimmungen in Bezug auf die Vorschriften der Verordnung (EG) Nr. 1775/2005 mit und teilen der Kommission unverzüglich spätere Änderungen mit, die diese betreffen. ⁴Sie teilen der Kommission die Bestimmungen ohne Bezug auf die Vorschriften der Verordnung (EG) Nr. 1775/2005 bis zum 3. März 2011 mit und teilen der Kommission unverzüglich spätere Änderungen mit, die diese betreffen.

(2) Sanktionen nach Absatz 1 sind nicht strafrechtlicher Art.

Art. 28 Ausschussverfahren. (1) Die Kommission wird von dem durch Artikel 51 der Richtlinie 2009/73/EG[1)] eingesetzten Ausschuss unterstützt.

(2) Wird auf diesen Absatz Bezug genommen, so gelten Artikel 5a Absätze 1 bis 4 und Artikel 7 des Beschlusses 1999/468/EG unter Beachtung von dessen Artikel 8.

[1)] Nr. **6.**

Art. **29** Bericht der Kommission. ¹Die Kommission beobachtet die Anwendung dieser Verordnung. ²In ihrem Bericht nach Artikel 52 Absatz 6 der Richtlinie 2009/73/EG¹⁾ berichtet die Kommission auch über die Erfahrungen bei der Anwendung dieser Verordnung. ³In dem Bericht wird insbesondere geprüft, in welchem Umfang die Verordnung nichtdiskriminierende und kostenorientierte Bedingungen für den Zugang zu Erdgasfernleitungsnetzen gewährleistet, um einen Beitrag zur Angebotsvielfalt für die Kunden in einem gut funktionierenden Binnenmarkt und zur langfristigen Versorgungssicherheit zu leisten. ⁴Der Bericht kann erforderlichenfalls geeignete Vorschläge und/oder Empfehlungen enthalten.

Art. **30** Ausnahmeregelungen. Diese Verordnung gilt nicht für

a) in den Mitgliedstaaten liegende Erdgasfernleitungsnetze für die Dauer der gemäß Artikel 49 der Richtlinie 2009/73/EG¹⁾ gewährten Ausnahmen;

b) die in Artikel 36 Absätze 1 und 2 der Richtlinie 2009/73/EG genannten größeren neuen Infrastrukturen, nämlich Verbindungsleitungen, LNG-Anlagen und Speicheranlagen und erhebliche Kapazitätsaufstockungen bei vorhandenen Infrastrukturen und Änderungen dieser Infrastrukturen, die die Erschließung neuer Gasversorgungsquellen ermöglichen, die von den Bestimmungen der Artikel 9, 14, 32, 33, 34 oder Artikel 41 Absätze 6, 8 und 10 der genannten Richtlinie ausgenommen sind, solange sie von den in diesem Absatz genannten Bestimmungen ausgenommen bleiben, mit Ausnahme des Artikels 19 Absatz 4 dieser Verordnung, oder

c) Erdgasfernleitungsnetze, für die Ausnahmen gemäß Artikel 48 der Richtlinie 2009/73/EG gewährt worden sind.

Hinsichtlich 1 Buchstabe a können Mitgliedstaaten, denen gemäß Artikel 49 der Richtlinie 2009/73/EG Ausnahmen gewährt wurden, bei der Kommission eine zeitweilige Ausnahmeregelung in Bezug auf die Anwendung dieser Verordnung beantragen, und zwar für einen Zeitraum von bis zu zwei Jahren, beginnend ab dem Zeitpunkt, zu dem die Ausnahme gemäß dem genannten Buchstaben ausläuft.

Art. **31** Aufhebung. ¹Die Verordnung (EG) Nr. 1775/2005 wird zum 3. März 2011 aufgehoben. ²Verweisungen auf die aufgehobene Verordnung gelten als Verweisungen auf die vorliegende Verordnung und sind nach Maßgabe der Entsprechungstabelle in Anhang II zu lesen.

Art. **32** Inkrafttreten. Diese Verordnung tritt am zwanzigsten Tag nach ihrer Veröffentlichung²⁾ im *Amtsblatt der Europäischen Union* in Kraft.

Sie gilt ab dem 3. März 2011.

Diese Verordnung ist in allen ihren Teilen verbindlich und gilt unmittelbar in jedem Mitgliedstaat.

---

¹⁾ Nr. 6.
²⁾ Veröffentlicht am 14. 8. 2009.

Anhang I
Leitlinien für

1. **Fernleitungsnetzbetreiber betreffende Dienstleistungen für den Zugang Dritter**
   1. Die Fernleitungsnetzbetreiber bieten verbindliche und unterbrechbare Dienstleistungen bis hin zu einer Mindestperiode von einem Tag an.
   2. Harmonisierte Transportverträge und gemeinsame Netzkodizes werden so konzipiert, dass der Handel und die Wiederverwendung von Kapazitäten, die von den Netznutzern kontrahiert wurden, erleichtert werden, ohne dass die Kapazitätsfreigabe behindert wird.
   3. Die Fernleitungsnetzbetreiber konzipieren Netzkodizes und harmonisierte Verträge im Anschluss an eine angemessene Konsultation der Netznutzer.
   4. Die Fernleitungsnetzbetreiber führen standardisierte Verfahren für die Nominierung und Renominierung ein. Sie entwickeln Informationssysteme und elektronische Kommunikationsmittel, um den Netznutzern geeignete Daten bereitzustellen und Transaktionen, wie z.B. Nominierungen, die Kapazitätskontrahierung und die Übertragung von Kapazitätsrechten zwischen Netznutzern, zu vereinfachen.
   5. Die Fernleitungsnetzbetreiber harmonisieren formalisierte Anfrageverfahren und Antwortzeiten gemäß der besten Branchenpraxis, um die Antwortzeiten zu minimieren. Sie stellen spätestens ab dem 1. Juli 2006 nach Konsultation der maßgeblichen Netznutzer bildschirmgestützte Online-Kapazitätsbuchungs- und -bestätigungssysteme sowie Nominierungs- und Renominierungsverfahren bereit.
   6. Die Fernleitungsnetzbetreiber stellen den Netznutzern keine separaten Gebühren für Informationsanfragen und für Transaktionen in Rechnung, die mit ihren Transportverträgen zusammenhängen und gemäß Standardregeln und -verfahren durchgeführt werden.
   7. Informationsanfragen, bei denen außergewöhnliche oder übermäßige Kosten anfallen, etwa für Durchführbarkeitsstudien, können separat in Rechnung gestellt werden, sofern die Aufwendungen ordnungsgemäß nachgewiesen werden können.
   8. Die Fernleitungsnetzbetreiber arbeiten mit anderen Fernleitungsnetzbetreibern bei der Koordinierung der Wartung ihrer jeweiligen Netze zusammen, um Unterbrechungen der Fernleitungsdienstleistungen für die Netznutzer und die Fernleitungsnetzbetreiber in anderen Gebieten möglichst gering zu halten und um hinsichtlich der Versorgungssicherheit, einschließlich des Transits, gleiche Nutzeffekte zu gewährleisten.
   9. Die Fernleitungsnetzbetreiber veröffentlichen mindestens einmal jährlich bis zu einem vorher festgelegten Termin alle geplanten Wartungszeiträume, die sich auf die aus den Transportverträgen resultierenden Rechte der Netznutzer auswirken könnten, und die entsprechenden betriebsbezogenen Informationen mit einer angemessener

Vorlaufzeit. Dazu gehört die zügige und diskriminierungsfreie Veröffentlichung von Änderungen der geplanten Wartungszeiträume und die Bekanntgabe ungeplanter Wartungsarbeiten, sobald der Fernleitungsnetzbetreiber von diesen Kenntnis hat. Während der Wartungszeiträume veröffentlichen die Fernleitungsnetzbetreiber regelmäßig aktualisierte Informationen über die Einzelheiten der Wartungsarbeiten, ihre voraussichtliche Dauer und Auswirkung.

10. Die Fernleitungsnetzbetreiber führen ein Tagesprotokoll über die tatsächlichen Wartungsarbeiten und die eingetretenen Lastflussunterbrechungen, das sie der zuständigen Behörde auf Anfrage zur Verfügung stellen. Auf Anfrage werden Informationen auch den von einer Unterbrechung Betroffenen zur Verfügung gestellt.

2. Fernleitungsnetzbetreiber betreffende Grundsätze der Kapazitätszuweisungsmechanismen und Engpassmanagementverfahren und ihre Anwendung bei vertraglich bedingten Engpässen

2.1. Fernleitungsnetzbetreiber betreffende Grundsätze der Kapazitätszuweisungsmechanismen und der Engpassmanagementverfahren

1. Kapazitätszuweisungsmechanismen und Engpassmanagementverfahren erleichtern die Entwicklung des Wettbewerbs und den liquiden Kapazitätshandel und sind mit Marktmechanismen, einschließlich der Spotmärkte und Trading Hubs, vereinbar. Sie sind flexibel und können sich an sich verändernde Marktgegebenheiten anpassen.

2. Diese Mechanismen und Verfahren berücksichtigen die Integrität des jeweiligen Netzes und die Versorgungssicherheit.

3. Diese Mechanismen und Verfahren dürfen weder den Markteintritt neuer Marktteilnehmer behindern noch übermäßige Markteintrittshindernisse schaffen. Sie hindern Marktteilnehmer, einschließlich neuer Marktteilnehmer und Unternehmen mit kleinem Marktanteil, nicht am wirksamen Wettbewerb.

4. Von den Mechanismen und Verfahren gehen geeignete ökonomische Signale im Hinblick auf die effiziente Nutzung technischer Kapazitäten in möglichst großem Umfang aus, und sie erleichtern Investitionen in neue Infrastruktur.

5. Die Netznutzer werden darauf hingewiesen, welche Art von Umständen die Verfügbarkeit kontrahierter Kapazität beeinträchtigen könnte. Die Unterrichtung über Unterbrechungen sollte dem Informationsstand entsprechen, den die Fernleitungsnetzbetreiber haben.

6. Ergeben sich aus Gründen der Netzintegrität Schwierigkeiten bei der Erfüllung vertraglicher Lieferverpflichtungen, so sollten die Fernleitungsnetzbetreiber unverzüglich die Netznutzer unterrichten und eine nichtdiskriminierende Lösung anstreben.
Die Fernleitungsnetzbetreiber konsultieren die Netznutzer zu den Verfahren vor deren Anwendung und vereinbaren die Verfahren mit der Regulierungsbehörde.

2.2. Engpassmanagementverfahren bei vertraglich bedingten Engpässen

1. Falls die kontrahierte Kapazität nicht genutzt wird, stellen die Fernleitungsnetzbetreiber diese Kapazität auf dem Primärmarkt auf unterbrechbarer Basis durch Verträge mit unterschiedlicher Laufzeit zur Verfügung, sofern sie nicht vom jeweiligen Netznutzer zu einem angemessenen Preis auf dem Sekundärmarkt angeboten wird.
2. Die Einnahmen aus der freigegebenen, unterbrechbaren Kapazität werden nach Regeln aufgeteilt, die von der jeweiligen Regulierungsbehörde festgelegt oder genehmigt worden sind. Diese Regeln sind mit dem Erfordernis einer effektiven und effizienten Netznutzung vereinbar.
3. Die Regulierungsbehörden können unter Berücksichtigung der vorherrschenden speziellen Gegebenheiten einen angemessenen Preis für die freigegebene unterbrechbare Kapazität festlegen.
4. Die Fernleitungsnetzbetreiber bemühen sich gegebenenfalls in angemessener Weise, dem Markt zumindest Teile der nicht genutzten Kapazität als verbindliche Kapazität anzubieten.

3. Definition der technischen Informationen, die die Netznutzer für den tatsächlichen Netzzugang benötigen, Definition aller für die Transparenzanforderungen maßgeblichen Punkte, einschließlich der für alle maßgeblichen Punkte zu veröffentlichenden Informationen und des Zeitplans für die Veröffentlichung dieser Informationen

3.1. Definition der technischen Informationen, die die Netznutzer für den tatsächlichen Netzzugang benötigen

3.1.1. Form der Veröffentlichung

1. Die Fernleitungsnetzbetreiber stellen alle unter Punkt 3.1.2 und Punkt 3.3 Nummern 1 bis 5 genannten Informationen wie folgt bereit:

a) auf einer öffentlichen und unentgeltlich zugänglichen Internetseite, für die weder eine Registrierung beim Fernleitungsnetzbetreiber noch eine Anmeldung auf andere Weise erforderlich ist;

b) regelmäßig/kontinuierlich; die Häufigkeit hängt von den eintretenden Änderungen und von der Dauer der Dienstleistung ab;

c) in einer nutzerfreundlichen Weise;

d) in klarer Form sowie auf quantifizierbare, leicht zugängliche Weise und ohne Diskriminierung;

e) in einem herunterladbaren Format, das quantitative Analysen ermöglicht;

f) in gleichbleibenden Einheiten, wobei insbesondere kWh (mit einer Verbrennungsreferenztemperatur von 298,15 K) die Einheit für den Energiegehalt und m^3 (bei 273,15 K und 1,01325 bar) die Einheit für das Volumen ist. Der konstante Konversionsfaktor für den Energiegehalt ist anzugeben. Für die Veröffentlichung können auch andere als die vorstehend genannten Einheiten verwendet werden;

g) in der (den) Amtssprache(n) des Mitgliedstaats und auf Englisch.

2. Die Fernleitungsnetzbetreiber teilen Einzelheiten zu tatsächlichen Änderungen der unter Punkt 3.1.2 und Punkt 3.3 Nummern 1 bis 5 genannten Informationen rechtzeitig mit, sobald sie von ihnen Kenntnis haben.

3.1.2. Inhalt der Veröffentlichung

Die Fernleitungsnetzbetreiber veröffentlichen mindestens die folgenden Informationen über ihre Netze und Dienstleistungen:

a) eine ausführliche und umfassende Beschreibung der verschiedenen angebotenen Dienstleistungen und der entsprechenden Entgelte;
b) die verschiedenen Arten von Transportverträgen für diese Dienstleistungen;
c) den Netzkodex und/oder die Standardbedingungen, in denen die Rechte und Pflichten aller Netznutzer beschrieben werden, einschließlich
   1. harmonisierter Transportverträge und anderer maßgeblicher Unterlagen;
   2. sofern für den Netzzugang relevant: der Angabe der relevanten Gasqualitätsparameter für alle unter Punkt 3.2 dieses Anhangs definierten maßgeblichen Punkte, einschließlich mindestens des Bruttobrennwerts und des Wobbe-Indexes und der Verantwortlichkeit oder der Kosten der Netznutzer für die Konversion des Gases, falls das Gas diesen Angaben nicht entspricht;
   3. sofern für den Netzzugang relevant: Informationen über die Druckanforderungen für alle maßgeblichen Punkte;
   4. des Verfahrens für den Fall einer Unterbrechung der unterbrechbaren Kapazität, einschließlich gegebenenfalls des Zeitpunkts, des Umfangs und der Rangfolge der einzelnen Unterbrechungen (z.B. anteilsmäßig oder nach dem Prinzip ‚first-come-last-interrupted');
d) die harmonisierten Verfahren, die bei der Nutzung des Fernleitungsnetzes angewandt werden, einschließlich der Definition von Schlüsselbegriffen;
e) Bestimmungen über die Verfahren für die Kapazitätszuweisung, das Engpassmanagement, die Verhütung der Kapazitätshortung und für die Wiederverwendung;
f) die Regeln für den Kapazitätshandel auf dem Sekundärmarkt gegenüber dem Fernleitungsnetzbetreiber;
g) Regeln für den Ausgleich von Mengenabweichungen und die Methodik für die Berechnung der Ausgleichsentgelte;
h) gegebenenfalls die Flexibilitäts- und Toleranzwerte, die im Transport und in den anderen Dienstleistungen ohne separates Entgelt enthalten sind, und die darüber hinaus angebotene Flexibilität mit den entsprechenden Entgelten;
i) eine ausführliche Beschreibung des Gasnetzes des Fernleitungsnetzbetreibers und aller unter Punkt 3.2 dieses Anhangs definierten maßgeblichen Kuppelstellen sowie die Namen der Betreiber der verbundenen Systeme oder Anlagen;
j) die Regeln für den Anschluss an das vom Fernleitungsnetzbetreiber betriebene Netz;

k) Informationen über Notfall-Mechanismen, soweit der Fernleitungsnetzbetreiber für diese verantwortlich ist, etwa über Maßnahmen, die zur Trennung von Kundengruppen vom Netz führen können, und über sonstige allgemeine Haftungsregelungen, die für den Fernleitungsnetzbetreiber gelten;

l) die von den Fernleitungsnetzbetreibern für Kuppelstellen vereinbarten und die Interoperabilität des Netzes betreffenden Verfahren, die für den Zugang der Netznutzer zu den betreffenden Fernleitungsnetzen relevant sind, die Verfahren für die Nominierung und das Matching und sonstige Verfahren, die Regelungen für die Allokation der Lastflüsse und den Ausgleich von Mengenabweichungen, einschließlich der verwendeten Methoden, enthalten;

m) die Fernleitungsnetzbetreiber veröffentlichen eine ausführliche und umfassende Beschreibung der Methodik und des Verfahrens, die für die Berechnung der technischen Kapazität verwendet werden, einschließlich Informationen über die zugrunde gelegten Parameter und wichtigsten Annahmen.

3.2. Definition aller für die Transparenzanforderungen maßgeblichen Punkte

1. Zu den maßgeblichen Punkten gehören mindestens

a) alle Ein- und Ausspeisepunkte eines von einem Fernleitungsnetzbetreiber betriebenen Fernleitungsnetzes mit Ausnahme der Ausspeisepunkte, an denen ein einziger Endkunde verbunden ist, und mit Ausnahme der Einspeisepunkte, die unmittelbar mit der Produktionsanlage eines einzelnen, in der EU ansässigen Produzenten verbunden sind;

b) alle Ein- und Ausspeisepunkte, die die Bilanzzonen von Fernleitungsnetzbetreibern verbinden;

c) alle Punkte, die das Netz eines Fernleitungsnetzbetreibers mit einer LNG-Anlage, physischen Erdgashubs, Speicher- und Produktionsanlagen verbinden, es sei denn, diese Produktionsanlagen sind gemäß Buchstabe a ausgenommen;

d) alle Punkte, die das Netz eines bestimmten Fernleitungsnetzbetreibers mit der Infrastruktur verbinden, die für die Erbringung von Hilfsdiensten gemäß der Definition des Artikels 2 Nummer 14 der Richtlinie 2009/73/EG erforderlich ist.

2. Informationen für einzelne Endkunden und Produktionsanlagen, die nicht unter die Definition der maßgeblichen Punkte unter 3.2 Nummer 1 Buchstabe a fallen, werden in aggregierter Form zumindest pro Bilanzzone veröffentlicht. Für die Anwendung dieses Anhangs werden die aggregierten Informationen, die einzelne Endkunden und Produktionsanlagen betreffen, die gemäß Punkt 3.2 Nummer 1 Buchstabe a von der Definition der maßgeblichen Punkte ausgenommen sind, als ein maßgeblicher Punkt betrachtet.

3. Werden Punkte zwischen zwei oder mehr Fernleitungsnetzbetreibern nur von den betroffenen Netzbetreibern ohne jegliche vertragliche oder operative Beteiligung der Netznutzer verwaltet oder verbinden Punkte ein Fernleitungsnetz mit einem Verteilernetz, ohne dass es an diesen Punkten zu einem vertraglich bedingten Engpass kommt, sind die Fernleitungsnetz-

betreiber in Bezug auf diese Punkte von der Verpflichtung ausgenommen, die Anforderungen gemäß Punkt 3.3 dieses Anhangs zu veröffentlichen. Die nationale Regulierungsbehörde kann die Fernleitungsnetzbetreiber verpflichten, die Anforderungen gemäß Punkt 3.3 dieses Anhangs für Gruppen der ausgenommenen Punkte oder für alle diese Punkte zu veröffentlichen. In einem solchen Fall werden die Informationen, sofern sie dem Fernleitungsnetzbetreiber vorliegen, auf einer sinnvollen Ebene in aggregierter Form zumindest pro Bilanzzone veröffentlicht. Für die Anwendung dieses Anhangs werden diese die Punkte betreffenden aggregierten Informationen als ein maßgeblicher Punkt betrachtet.

3.3. Für alle maßgeblichen Punkte zu veröffentlichende Informationen und Zeitplan für die Veröffentlichung dieser Informationen

1. Die Fernleitungsnetzbetreiber veröffentlichen für alle maßgeblichen Punkte die unter den Buchstaben a bis g angegebenen Informationen für alle erbrachten Dienstleistungen und Hilfsdienste (insbesondere Informationen zur Mischung, Beimischung und Konversion). Diese Informationen werden in numerischer Form in stündlichen oder täglichen Perioden veröffentlicht, die der kleinsten Referenzperiode für die Kapazitätsbuchung und (Re-) Nominierung und dem kleinsten Abrechnungszeitraum, für den Ausgleichsentgelte berechnet werden, entsprechen. Weicht die kleinste Referenzperiode von der täglichen Periode ab, werden die unter a bis g angegebenen Informationen auch für die tägliche Periode zur Verfügung gestellt. Diese Informationen und Aktualisierungen werden veröffentlicht, sobald sie dem Netzbetreiber vorliegen ('nahezu in Echtzeit'):

   a) die technische Kapazität für Lastflüsse in beide Richtungen;

   b) die gesamte kontrahierte verbindliche und unterbrechbare Kapazität in beide Richtungen;

   c) die Nominierungen und Renominierungen in beide Richtungen;

   d) die verfügbare verbindliche und unterbrechbare Kapazität in beide Richtungen;

   e) die tatsächlichen Lastflüsse;

   f) die geplante und tatsächliche Unterbrechung der unterbrechbaren Kapazität;

   g) die geplanten und ungeplanten Unterbrechungen verbindlicher Dienstleistungen sowie Informationen zur Wiederaufnahme der verbindlichen Dienstleistungen (u.a. Netzwartungsarbeiten und voraussichtliche Dauer einer wartungsbedingten Unterbrechung). Geplante Unterbrechungen werden mindestens 42 Tage im Voraus veröffentlicht.

2. Die Informationen unter Punkt 3.3 Nummer 1 Buchstaben a, b und d werden für alle maßgeblichen Punkte mindestens 18 Monate im Voraus veröffentlicht.

3. Die Fernleitungsnetzbetreiber veröffentlichen für alle maßgeblichen Punkte historische Informationen über die Anforderungen von Punkt 3.3 Nummer 1 Buchstaben a bis g auf einer kontinuierlichen Basis für die letzten fünf Jahre.

4. Die Fernleitungsnetzbetreiber veröffentlichen den gemessenen Brennwert oder den Wobbe-Index für alle maßgeblichen Punkte täglich. Vorläufige

Zahlen werden spätestens drei Tage nach dem jeweiligen Gastag veröffentlicht. Endgültige Zahlen werden innerhalb von drei Monaten nach Ende des jeweiligen Monats veröffentlicht.

5. Die Fernleitungsnetzbetreiber veröffentlichen für alle maßgeblichen Punkte die verfügbare, die gebuchte und die technische Kapazität auf jährlicher Basis für alle Jahre, in denen die Kapazität kontrahiert ist, plus ein Jahr, und mindestens für die nächsten zehn Jahre. Diese Informationen werden mindestens monatlich aktualisiert oder häufiger, falls neue Informationen vorliegen. Die Veröffentlichung spiegelt den Zeitraum wider, für den die Kapazität dem Markt angeboten wird.

3.4. Zu veröffentlichende Informationen über das Fernleitungsnetz und Zeitplan für die Veröffentlichung dieser Informationen

1. Die Fernleitungsnetzbetreiber stellen sicher, dass die aggregierte Kapazität, die auf dem Sekundärmarkt angeboten und kontrahiert wird (d.h. von einem Netznutzer an einen anderen Netznutzer verkauft wird), täglich veröffentlicht und aktualisiert wird, sofern diese Informationen dem Fernleitungsnetzbetreiber vorliegen. Diese Informationen beinhalten die folgenden Angaben:

a) die Kuppelstelle, an der die Kapazität verkauft wird;

b) die Art der Kapazität, z.B. Einspeisekapazität, Ausspeisekapazität, verbindliche oder unterbrechbare Kapazität;

c) die Menge und Laufzeit der Kapazitätsnutzungsrechte;

d) die Art des Verkaufs, z.B. Nutzungsüberlassung oder Übertragung;

e) die Gesamtzahl der Transaktionen/Nutzungsüberlassungen;

f) alle sonstigen unter Punkt 3.3 genannten Bedingungen, die dem Fernleitungsnetzbetreiber bekannt sind.

Werden solche Informationen von einem Dritten bereitgestellt, sind die Fernleitungsnetzbetreiber von dieser Bestimmung ausgenommen.

2. Die Fernleitungsnetzbetreiber veröffentlichen harmonisierte Bedingungen, zu denen sie Kapazitätstransaktionen (z.B. Nutzungsüberlassungen und Übertragungen) akzeptieren. Diese Bedingungen müssen mindestens Folgendes beinhalten:

a) eine Beschreibung standardisierter Produkte, die auf dem Sekundärmarkt verkauft werden können;

b) die Vorlaufzeit für die Durchführung/Annahme/Registrierung von Sekundärmarkttransaktionen. Im Falle von Verspätungen müssen die Gründe dafür veröffentlicht werden;

c) die Mitteilung des Namens des Verkäufers und des Käufers und der Kapazitätsangaben gemäß Punkt 3.4 Nummer 1 durch den Verkäufer oder den unter Punkt 3.4 Nummer 1 genannten Dritten an den Fernleitungsnetzbetreiber.

Werden solche Informationen von einem Dritten bereitgestellt, sind die Fernleitungsnetzbetreiber von dieser Bestimmung ausgenommen.

3. Hinsichtlich der Ausgleichsdienstleistungen seines Netzes gibt jeder Fernleitungsnetzbetreiber spätestens einen Monat nach dem Ende der Ausgleichsperiode jedem Netznutzer für jede Ausgleichsperiode dessen spezifische

Erdgaszugangsverordnung **Anh. I   ErdgasZVO 21**

vorläufige Mengenabweichungen und die Kosten pro Netznutzer bekannt. Die endgültigen Daten zu den gemäß standardisierten Lastprofilen belieferten Kunden können bis zu 14 Monate später bereitgestellt werden. Werden solche Informationen von einem Dritten bereitgestellt, sind die Fernleitungsnetzbetreiber von dieser Bestimmung ausgenommen. Bei der Bereitstellung dieser Informationen wird die Vertraulichkeit wirtschaftlich sensibler Informationen gewahrt.

4. Falls Dritten andere Flexibilitätsdienste als Toleranzen angeboten werden, veröffentlichen die Fernleitungsnetzbetreiber täglich auf ‚Day-ahead'-Basis Prognosen über die maximale Flexibilität, die gebuchte Flexibilität und die für den Markt am folgenden Gastag verfügbare Flexibilität. Außerdem veröffentlichen die Fernleitungsnetzbetreiber am Ende eines jeden Gastages Ex-post-Informationen über die aggregierte Inanspruchnahme der einzelnen Flexibilitätsdienste. Ist die nationale Regulierungsbehörde davon überzeugt, dass diese Informationen von den Netznutzern missbraucht werden könnten, kann sie beschließen, den Fernleitungsnetzbetreiber von dieser Verpflichtung auszunehmen.

5. Die Fernleitungsnetzbetreiber veröffentlichen pro Bilanzzone das zu Beginn eines jeden Gastages im Fernleitungsnetz befindliche Gasvolumen und die Prognose für das am Ende eines jeden Gastages im Fernleitungsnetz befindliche Gasvolumen. Das für das Ende des Gastages prognostizierte Gasvolumen wird während des gesamten Gastages stündlich aktualisiert. Werden Ausgleichsentgelte auf stündlicher Basis berechnet, veröffentlicht der Fernleitungsnetzbetreiber das im Fernleitungsnetz befindliche Gasvolumen stündlich. Als Alternative dazu können die Fernleitungsnetzbetreiber pro Bilanzzone den aggregierten Ausgleichsstatus aller Nutzer zu Beginn einer jeden Ausgleichsperiode und den prognostizierten aggregierten Ausgleichsstatus aller Nutzer am Ende eines jeden Gastages veröffentlichen. Ist die nationale Regulierungsbehörde davon überzeugt, dass diese Informationen von den Netznutzern missbraucht werden könnten, kann sie beschließen, den Fernleitungsnetzbetreiber von dieser Verpflichtung auszunehmen.

6. Die Fernleitungsnetzbetreiber stellen nutzerfreundliche Instrumente für die Tarifberechnung bereit.

7. Die Fernleitungsnetzbetreiber bewahren ordnungsgemäße Aufzeichnungen über alle Kapazitätsverträge und alle sonstigen relevanten Informationen im Zusammenhang mit der Berechnung und der Bereitstellung des Zugangs zu verfügbaren Kapazitäten, insbesondere im Zusammenhang mit einzelnen Nominierungen und Unterbrechungen, für eine Dauer von mindestens fünf Jahren auf und stellen sie den maßgeblichen nationalen Behörden bei Bedarf zur Verfügung. Die Fernleitungsnetzbetreiber müssen eine Dokumentation zu allen unter Punkt 3.3 Nummern 4 und 5 genannten relevanten Informationen für eine Dauer von mindestens fünf Jahren aufbewahren und sie der Regulierungsbehörde bei Bedarf zur Verfügung stellen. Beide Parteien wahren das Geschäftsgeheimnis.

Anhang II
Entsprechungstabelle

Verordnung (EG) Nr. 1775/2005	Vorliegende Verordnung
Artikel 1	Artikel 1
Artikel 2	Artikel 2
–	Artikel 3
–	Artikel 4
–	Artikel 5
–	Artikel 6
–	Artikel 7
–	Artikel 8
–	Artikel 9
–	Artikel 10
–	Artikel 11
–	Artikel 12
Artikel 3	Artikel 13
Artikel 4	Artikel 14
–	Artikel 15
Artikel 5	Artikel 16
–	Artikel 17
Artikel 6	Artikel 18
–	Artikel 19
–	Artikel 20
Artikel 7	Artikel 21
Artikel 8	Artikel 22
Artikel 9	Artikel 23
Artikel 10	Artikel 24
Artikel 11	Artikel 25
Artikel 12	Artikel 26
Artikel 13	Artikel 27
Artikel 14	Artikel 28
Artikel 15	Artikel 29
Artikel 16	Artikel 30
–	Artikel 31
Artikel 17	Artikel 32
Anhang	Anhang I

22. Verordnung über Rahmenbedingungen für den Messstellenbetrieb und die Messung im Bereich der leitungsgebundenen Elektrizitäts- und Gasversorgung (Messzugangsverordnung – MessZV)[1)]

Vom 17. Oktober 2008
(BGBl. I S. 2006)

FNA 752-6-12

zuletzt geänd. durch Art. 5 VO zur Änd. von VO auf dem Gebiet des Energiewirtschaftsrechts v. 30. 4. 2012 (BGBl. I S. 1002)

Inhaltsübersicht

§§

Teil 1. Allgemeine Bestimmungen

Anwendungsbereich	1
Vertragliche Grundlagen	2
Messstellenvertrag und Messvertrag	3
Inhalt der Verträge zwischen Netzbetreiber und Messstellenbetreiber oder Messdienstleister	4
Wechsel des Messstellenbetreibers und des Messdienstleisters	5
Durchführung des Übergangs	6
Ausfall des Messstellenbetreibers oder des Messdienstleisters	7

Teil 2. Messstellenbetrieb und Messung

Messstellenbetrieb	8
Messung	9
Art der Messung beim Stromnetzzugang	10
Art der Messung beim Gasnetzzugang	11
Datenaustausch und Nachprüfung der Messeinrichtung	12

Teil 3. Festlegungen der Bundesnetzagentur, Übergangsregelungen

Festlegungen der Bundesnetzagentur	13
Übergangsregelungen	14

Teil 1. Allgemeine Bestimmungen

§ 1 Anwendungsbereich. Diese Verordnung regelt Voraussetzungen und Bedingungen des Messstellenbetriebs und der Messung von Energie.

§ 2 Vertragliche Grundlagen. (1) Die Durchführung des Messstellenbetriebs und der Messung durch einen vom Anschlussnutzer beauftragten Dritten im Sinne des § 21 b des Energiewirtschaftsgesetzes[2)] erfolgen aufgrund eines Vertrages zwischen dem Netzbetreiber und dem Dritten.

[1)] Verkündet als Art. 1 VO v. 17. 10. 2008 (BGBl. I S. 2006); Inkrafttreten gem. Art. 3 dieser VO am 23. 10. 2008.
Diese VO wurde erlassen auf Grund von § 21b Abs. 4 in Verbindung mit § 29 Abs. 3 sowie § 24 Satz 1 Nr. 1 und 2 in Verbindung mit Satz 2 Nr. 1 und 2 des Energiewirtschaftsgesetzes vom 7. Juli 2005 (BGBl. I S. 1970, 3621).
[2)] Nr. 1.

(2) Der Netzbetreiber ist verpflichtet, unter Beachtung des Energiewirtschaftsgesetzes und dieser Verordnung sowie der auf dieser Grundlage ergangenen vollziehbaren Entscheidungen der Regulierungsbehörde allgemeine Bedingungen für diese Verträge (Messstellenverträge und Messverträge) im Internet zu veröffentlichen und zu diesen Bedingungen mit Dritten Verträge abzuschließen.

§ 3 Messstellenvertrag und Messvertrag. (1) ¹Der Messstellenvertrag zwischen dem Netzbetreiber und dem Dritten regelt die Durchführung des Messstellenbetriebs durch den Dritten in Bezug auf die Messstelle, die in dem Vertrag bestimmt ist. ²Er regelt in den Fällen des § 9 Abs. 1 auch die Durchführung der Messung.

(2) Im Falle des § 9 Abs. 2 regelt der Messvertrag zwischen dem Netzbetreiber und dem Dritten die Durchführung der Messung durch den Dritten in Bezug auf die in dem Vertrag bestimmte Messstelle.

(3) ¹Der Dritte ist berechtigt, von dem Netzbetreiber zu verlangen, dass die Verträge über den Messstellenbetrieb und die Messung als Rahmenvertrag abgeschlossen werden (Messstellenrahmenvertrag und Messrahmenvertrag). ²Der Rahmenvertrag regelt die Durchführung der Aufgabe in einem Netzgebiet für Anschlussnutzer, die nach dem Vertragsschluss im Rahmen der Durchführung des Vertrages benannt werden können.

§ 4 Inhalt der Verträge zwischen Netzbetreiber und Messstellenbetreiber oder Messdienstleister. (1) Die Verträge nach § 3 müssen mindestens Folgendes regeln:

1. Bedingungen des Messstellenbetriebs und der Messung, soweit Vertragsgegenstand,
2. Regelungen zum Messstellenbetrieb und zur Messung einschließlich des Vorgehens bei Mess- und Übertragungsfehlern, soweit Vertragsgegenstand,
3. Mindestanforderungen nach § 21 b Abs. 3 Satz 2 Nr. 2 des Energiewirtschaftsgesetzes[1)],
4. Verpflichtung der Parteien zur gegenseitigen Datenübermittlung sowie gegebenenfalls die Datenübermittlung an Energielieferanten, Netznutzer, Anschlussnutzer und von dem Anschlussnutzer in seinem Rechtsverhältnis mit dem Messstellenbetreiber oder Messdienstleister Benannte, die dabei zu verwendenden Datenformate und Inhalte sowie die hierfür geltenden Fristen,
5. Haftungsbestimmungen,
6. Kündigung und sonstige Beendigung des Vertrages einschließlich der Pflichten des Dritten bei der Beendigung des Vertrages,
7. im Falle eines Rahmenvertrages die An- und Abmeldung einer Messstelle zu diesem Vertrag.

(2) In den Verträgen ist insbesondere zu regeln, dass die Vertragsparteien sich verpflichten,

---

[1)] Nr. 1.

Messzugangsverordnung § 4 MessZV 22

1. mit dem Anschlussnutzer anlässlich des Messstellenbetriebs oder der Messung durch Dritte keine Regelungen zu vereinbaren, die dessen Lieferantenwechsel behindern,
2. im Falle des Übergangs des Messstellenbetriebs
   a) dem neuen Messstellenbetreiber die zur Messung vorhandenen technischen Einrichtungen, insbesondere die Messeinrichtung selbst, Wandler, vorhandene Telekommunikationseinrichtung und bei Gasentnahmemessung Druck- und Temperaturmesseinrichtungen, vollständig oder einzelne dieser Einrichtungen, soweit möglich, gegen angemessenes Entgelt zum Kauf oder zur Nutzung anzubieten,
   b) soweit der neue Messstellenbetreiber von dem Angebot nach Buchstabe a keinen Gebrauch macht, die vorhandenen technischen Einrichtungen zu einem von dem neuen Messstellenbetreiber zu bestimmenden Zeitpunkt unentgeltlich zu entfernen oder den Ausbau der Einrichtungen durch den neuen Messstellenbetreiber zu dulden, wenn dieser dafür Sorge trägt, dass die ausgebauten Einrichtungen dem bisherigen Messstellenbetreiber auf dessen Wunsch zur Verfügung gestellt werden.

(3) [1] Der Dritte ist verpflichtet, die von ihm ab- oder ausgelesenen Messdaten an den Netzbetreiber zu den Zeitpunkten zu übermitteln, die dieser zur Erfüllung eigener Verpflichtungen unter Beachtung von Festlegungen nach § 13 vorgibt. [2] § 18 a Abs. 1 der Stromnetzzugangsverordnung[1)] vom 25. Juli 2005 (BGBl. I S. 2243), die durch Artikel 3 Abs. 1 der Verordnung vom 1. November 2006 (BGBl. I S. 2477) geändert worden ist, und § 44 Absatz 1 der Gasnetzzugangsverordnung[2)] gelten entsprechend. [3] Die Anforderungen, die sich aus Vereinbarungen nach § 40 Absatz 3 Satz 2 des Energiewirtschaftsgesetzes ergeben, sind zu beachten. [4] Verpflichtungen des Dritten zur Datenübermittlung aus seinem Rechtsverhältnis mit dem Anschlussnutzer bleiben unberührt.

(4) [1] Der Netzbetreiber ist verpflichtet,
1. die Zählpunkte zu verwalten,
2. durch ihn aufbereitete abrechnungsrelevante Messdaten an den Netznutzer zu übermitteln sowie
3. die übermittelten Daten für den im Rahmen des Netzzugangs erforderlichen Zeitraum zu archivieren.

[2] Der Netzbetreiber ist nicht verpflichtet, Inkassoleistungen für den Dritten zu erbringen.

(5) [1] Im Falle des Wechsels des bisherigen Anschlussnutzers ist der Dritte auf Wunsch des Netzbetreibers für einen Übergangszeitraum von längstens drei Monaten verpflichtet, den Messstellenbetrieb oder die Messung gegen ein vom Netzbetreiber zu entrichtendes angemessenes Entgelt fortzuführen, bis der Messstellenbetrieb oder die Messung auf Grundlage eines Auftrages des neuen Anschlussnutzers im Sinne des § 5 Abs. 1 Satz 1 erfolgt. [2] Andernfalls gilt § 7 Abs. 1.

(6) [1] Der Netzbetreiber ist berechtigt, zur Erfüllung gesetzlicher Verpflichtungen, insbesondere zur Durchführung einer Unterbrechung nach den §§ 17

[1)] Nr. 16.
[2)] Nr. 18.

und 24 der Niederspannungsanschlussverordnung[1]) vom 1. November 2006 (BGBl. I S. 2477) oder den §§ 17 und 24 der Niederdruckanschlussverordnung[2]) vom 1. November 2006 (BGBl. I S. 2477, 2485), vom Dritten die notwendigen Handlungen an den Messeinrichtungen zu verlangen. ²In diesen Fällen ist der Netzbetreiber verpflichtet, den Dritten von sämtlichen Schadensersatzansprüchen freizustellen, die sich aus einer unberechtigten Handlung ergeben können.

(7) ¹Der Dritte ist berechtigt, zur Messdatenübertragung gegen angemessenes und diskriminierungsfreies Entgelt Zugang zum Elektrizitätsverteilungsnetz des Netzbetreibers zu erhalten, soweit und für den Teil des Netzes, in dem der Netzbetreiber selbst eine solche Messdatenübertragung durchführt oder zulässt. ²Dies gilt nicht, solange der Netzbetreiber die Messdatenübertragung für einen eng befristeten Zeitraum ausschließlich zu technischen Testzwecken durchführt.

§ 5 Wechsel des Messstellenbetreibers und des Messdienstleisters.

(1) ¹Ein Anschlussnutzer hat gegenüber dem Netzbetreiber in Textform zu erklären, dass er beabsichtigt, nach § 21b des Energiewirtschaftsgesetzes[3]) einen Dritten mit dem Messstellenbetrieb oder der Messung zu beauftragen. ²Die Erklärung nach Satz 1 muss Angaben enthalten über

1. die Identität des Anschlussnutzers (Name, Adresse sowie bei im Handelsregister eingetragenen Firmen Registergericht und Registernummer),
2. die Entnahmestelle (Adresse, Zählernummer) oder den Zählpunkt (Adresse, Nummer),
3. den Dritten, der aufgrund des Auftrages des Anschlussnutzers den Messstellenbetrieb oder die Messung durchführen soll (Name, Adresse sowie bei im Handelsregister eingetragenen Firmen Registergericht und Registernummer), und
4. den Zeitpunkt, ab dem der Messstellenbetrieb oder die Messdienstleistung durchgeführt werden soll.

³Die Erklärung kann auch gegenüber dem Dritten abgegeben werden. ⁴In diesem Fall genügt die Übersendung einer Kopie als elektronisches Dokument an den Netzbetreiber.

(2) Sobald die erforderliche Erklärung des Anschlussnutzers und die erforderlichen Angaben des Dritten vorliegen, hat der Netzbetreiber dem Dritten

1. in den Fällen des § 3 Abs. 1 oder 2 innerhalb eines Monats mitzuteilen, ob er dessen Angebot zum Abschluss eines Vertrages annimmt,
2. bei einem Rahmenvertrag nach § 3 Abs. 3 innerhalb von zwei Wochen nach der Anmeldung nach § 4 Abs. 1 Nr. 7 mitzuteilen, ob er die Benennung einer hinzukommenden Messstelle zurückweist.

(3) Für den Wechsel des Messstellenbetreibers oder des Messdienstleisters darf kein gesondertes Entgelt erhoben werden.

(4) Die Bestimmungen in den Absätzen 1 bis 3 gelten entsprechend für die Beziehungen zwischen Messstellenbetreibern und Messdienstleistern, wenn

---

[1]) Nr. 25.
[2]) Nr. 28.
[3]) Nr. 1.

Messzugangsverordnung §§ 6–8 MessZV 22

die Aufgabe des Messstellenbetreibers oder der Messung nicht an den Netzbetreiber zurückfällt.

§ 6 Durchführung des Übergangs. Der Netzbetreiber ist verpflichtet, dem Netznutzer, bezogen auf die betroffene Messstelle,

1. den Zeitpunkt des Übergangs des Messstellenbetriebs oder der Messung auf einen neuen Messstellenbetreiber oder Messdienstleister und
2. die Identität des neuen Messstellenbetreibers oder Messdienstleisters

unverzüglich mitzuteilen.

§ 7 Ausfall des Messstellenbetreibers oder des Messdienstleisters.

(1) ¹ Endet der Messstellenbetrieb oder der Messbetrieb eines Dritten oder fällt der Messstellenbetreiber oder der Messdienstleister aus, ohne dass zum Zeitpunkt der Beendigung ein anderer Dritter den Messstellenbetrieb oder die Messung übernimmt, ist der Netzbetreiber berechtigt und verpflichtet, unverzüglich die Aufgabe des Messstellenbetriebs oder der Messung zu übernehmen. ² Dem Anschlussnutzer dürfen hierfür keine gesonderten Entgelte in Rechnung gestellt werden.

(2) Soweit erforderliche Messdaten nicht vorliegen, ist der Netzbetreiber berechtigt, den Verbrauch für diesen Zeitraum nach Maßgabe des § 21 der Stromnetzzugangsverordnung[1]) und des § 48 der Gasnetzzugangsverordnung[2]) zu bestimmen.

Teil 2. Messstellenbetrieb und Messung

§ 8 Messstellenbetrieb. (1) ¹ Der Messstellenbetreiber bestimmt Art, Zahl und Größe von Mess- und Steuereinrichtungen; die Bestimmung muss unter Berücksichtigung energiewirtschaftlicher Belange zur Höhe des Verbrauchs und zum Verbrauchsverhalten in einem angemessenen Verhältnis stehen. ² In den Fällen des § 14 Abs. 3 der Stromgrundversorgungsverordnung[3]) vom 26. Oktober 2006 (BGBl. I S. 2391) und des § 14 Abs. 3 der Gasgrundversorgungsverordnung[4]) vom 26. Oktober 2006 (BGBl. I S. 2391, 2396) hat der Messstellenbetreiber eine vom Grundversorger verlangte Messeinrichtung einzubauen und zu betreiben.

(2) ¹ Mess- und Steuereinrichtungen müssen den eichrechtlichen Vorschriften entsprechen und eine Messung nach den §§ 10 und 11 ermöglichen. ² Die Möglichkeit, zusätzliche Messfunktionen vorzusehen, bleibt unberührt.

(3) ¹ Ein Dritter, der den Messstellenbetrieb durchführt, ist für den ordnungsgemäßen Messstellenbetrieb verantwortlich. ² Er hat den Verlust, die Beschädigung und Störungen der Mess- und Steuereinrichtungen unverzüglich dem Netzbetreiber in Textform mitzuteilen und zu beheben.

(4) ¹ Sofern auf eine Messstelle wegen baulicher Veränderungen oder einer Änderung des Verbrauchsverhaltens des Anschlussnutzers oder Änderungen

---

[1]) Nr. 16.
[2]) Nr. 18.
[3]) Nr. 24.
[4]) Nr. 26.

des Netznutzungsvertrages andere Mindestanforderungen nach § 4 Abs. 1 Nr. 3 anzuwenden sind, ist der Netzbetreiber berechtigt, von dem Messstellenbetreiber mit einer Frist von zwei Monaten eine Anpassung zu verlangen. [2] Erfolgt keine Anpassung an die anzuwendenden Mindestanforderungen, ist der Netzbetreiber berechtigt, den Vertrag nach § 3 für diese Messstelle bei einer wesentlichen Abweichung von den Mindestanforderungen zu beenden.

(5) In den Fällen des § 9 Abs. 2 darf der Messstellenbetreiber eine elektronisch ausgelesene Messeinrichtung nur einbauen, sofern Anschlussnutzer und Netzbetreiber ihr Rechtsverhältnis mit dem Messdienstleister für diese Messstelle beendet haben.

§ 9 Messung. (1) Der Messstellenbetreiber führt, soweit nichts anderes vereinbart ist, auch die Messung durch.

(2) [1] Die Durchführung der Messung kann auf Wunsch des Anschlussnutzers einem anderen als dem Messstellenbetreiber übertragen werden (Messdienstleister), sofern die Messeinrichtung nicht elektronisch ausgelesen wird. [2] Als elektronisch ausgelesen gelten auch Messeinrichtungen, die elektronisch vor Ort ausgelesen werden.

(3) [1] Wer die Messung durchführt, hat dafür Sorge zu tragen, dass eine einwandfreie Messung der entnommenen Energie sowie die form- und fristgerechte Datenübertragung gewährleistet sind. [2] Er kann unter diesen Voraussetzungen auch Messungen durchführen, die über die in den §§ 10 und 11 vorgeschriebenen hinausgehen.

§ 10 Art der Messung beim Stromnetzzugang. (1) Die Messung der entnommenen Elektrizität erfolgt bei Letztverbrauchern im Sinne des § 12 der Stromnetzzugangsverordnung[1]) durch Erfassung der entnommenen elektrischen Arbeit sowie gegebenenfalls durch Registrierung der Lastgänge am Zählpunkt oder durch Feststellung der maximalen Leistungsaufnahme.

(2) Handelt es sich nicht um Letztverbraucher im Sinne des § 12 der Stromnetzzugangsverordnung, erfolgt die Messung durch eine viertelstündige registrierende Leistungsmessung.

(3) [1] Ein Letztverbraucher im Sinne des § 12 der Stromnetzzugangsverordnung ist als Anschlussnutzer berechtigt, im Einvernehmen mit seinem Lieferanten von dem Messstellenbetreiber eine Messung nach Absatz 2 zu verlangen, sofern der Lieferant mit dem Netzbetreiber die Anwendung des Lastgangzählverfahrens vereinbart hat. [2] Netzbetreiber und Messstellenbetreiber sind im Falle eines solchen Verlangens zur Aufnahme entsprechender Vereinbarungen in den Verträgen nach § 3 verpflichtet.

§ 11 Art der Messung beim Gasnetzzugang. (1) [1] Die Messung des entnommenen Gases erfolgt
1. durch eine kontinuierliche Erfassung der entnommenen Gasmenge sowie,
2. soweit es sich nicht um Letztverbraucher im Sinne des § 24 der Gasnetzzugangsverordnung[2]) handelt, für die Lastprofile gelten, durch eine stündliche registrierende Leistungsmessung.

---

[1]) Nr. **16**.
[2]) Nr. **18**.

² In den Fällen des Satzes 1 Nr. 2 sind für die Messung Datenübertragungssysteme einzurichten, die die stündlich registrierten Ausspeisewerte in maschinenlesbarer Form an Transportkunden nach § 3 Nr. 31 b des Energiewirtschaftsgesetzes[1]), an die an der Erbringung von Ausgleichsleistungen beteiligten Netzbetreiber und auf Verlangen an den Ausspeisenetzbetreiber übermitteln.

(2) ¹ Ein Letztverbraucher im Sinne des § 24 der Gasnetzzugangsverordnung ist als Anschlussnutzer berechtigt, im Einvernehmen mit seinem Lieferanten von dem Messstellenbetreiber eine Messung nach Absatz 1 zu verlangen, sofern der Lieferant mit dem Netzbetreiber die Anwendung des Lastgangzählverfahrens vereinbart hat. ² Netzbetreiber und Messstellenbetreiber sind im Falle eines solchen Verlangens zur Aufnahme entsprechender Vereinbarungen in den Verträgen nach § 3 verpflichtet.

§ 12 Datenaustausch und Nachprüfung der Messeinrichtung.

(1)[2]) ¹ Der Netzbetreiber hat einen elektronischen Datenaustausch in einem einheitlichen Format zu ermöglichen. ² Soweit Mess- oder Stammdaten betroffen sind, muss das Format die vollautomatische Weiterverarbeitung im Rahmen der Prozesse für den Datenaustausch zwischen den Beteiligten ermöglichen, insbesondere auch für den Wechsel des Lieferanten. ³ Der Dritte ist verpflichtet, die vom Netzbetreiber geschaffenen Möglichkeiten zum Datenaustausch nach den Sätzen 1 und 2 zu nutzen.

(2) Ein Dritter, der die Messung durchführt, ist verpflichtet, dem Netzbetreiber die Messdaten fristgerecht entsprechend den Vorgaben nach Absatz 1 oder den Festlegungen der Regulierungsbehörden nach § 13 elektronisch zu übermitteln.

(3) ¹ Sofern ein Dritter den Messstellenbetrieb durchführt, kann der Netzbetreiber jederzeit eine Nachprüfung der Messeinrichtung durch eine Befundprüfung nach § 32 Abs. 1, 1 a und 3 der Eichordnung vom 12. August 1988 (BGBl. I S. 1657), die zuletzt durch Artikel 3 § 14 des Gesetzes vom 13. Dezember 2007 (BGBl. I S. 2390) geändert worden ist, durch eine Eichbehörde oder eine staatlich anerkannte Prüfstelle im Sinne des § 2 Abs. 4 des Eichgesetzes verlangen. ² Ergibt die Befundprüfung, dass das Messgerät nicht verwendet werden darf, so trägt der Messstellenbetreiber die Kosten der Nachprüfung, sonst der Netzbetreiber. ³ Die sonstigen Möglichkeiten zur Durchführung einer Befundprüfung nach § 32 Abs. 2 der Eichordnung bleiben unberührt.

Teil 3. Festlegungen der Bundesnetzagentur, Übergangsregelungen

§ 13 Festlegungen der Bundesnetzagentur. Zur Verwirklichung einer effizienten Öffnung des Messstellenbetriebs und des Messbetriebs für den Wettbewerb sowie zur bundesweiten Vereinheitlichung der Bedingungen für den Messstellenbetrieb und die Messung durch einen Dritten oder der Mindestanforderungen im Sinne des § 21 b Abs. 3 des Energiewirtschaftsgesetzes[1])

---

[1]) Nr. 1.
[2]) § 12 Abs. 1 ist gem. § 14 Abs. 2 erst ab dem 1. 4. 2010 anzuwenden.

kann die Bundesnetzagentur unter Beachtung der eichrechtlichen Vorgaben Entscheidungen durch Festlegungen nach § 29 Abs. 1 des Energiewirtschaftsgesetzes treffen

1. zu den zulässigen personellen, wirtschaftlichen oder technischen Mindestanforderungen, die Netzbetreiber gegenüber Dritten im Sinne des § 2 Abs. 1 an die Durchführung des Messstellenbetriebs und der Messung stellen können,
2. zu den Inhalten der Verträge nach den §§ 3 und 4, insbesondere auch zu den bei einem Wechsel des Messstellenbetreibers oder des Messdienstleisters einzuhaltenden Fristen,
3. zur Anpassung der Fristen nach § 5 Abs. 2,
4. zu den Zeiträumen für eine Übermittlung nach § 11 Satz 2,
5. zu den Fristen für eine Datenübertragung nach § 12 Abs. 2,
6. zu Geschäftsprozessen, die bundesweit von Netzbetreibern gegenüber Dritten im Sinne des § 2 Abs. 1 bei der Durchführung von Messstellenbetrieb und Messung zur Förderung einer größtmöglichen Automatisierung einzuhalten sind, sowie zu bundeseinheitlichen Regelungen, um den Datenaustausch und die Datenkonsistenz nach § 12 zu ermöglichen.

§ 14 Übergangsregelungen. (1) Diese Verordnung gilt nicht für Verträge nach § 21 b Abs. 2 des Energiewirtschaftsgesetzes[1], die bis zum 9. September 2008 geschlossen worden sind.

(2) § 12 Abs. 1 ist ab dem 1. April 2010 anzuwenden.

---

[1] Nr. 1.

Vierter Teil. Recht des Verbraucherschutzes

23. Bürgerliches Gesetzbuch (BGB)[1]

In der Fassung der Bekanntmachung vom 2. Januar 2002[2]
(BGBl. I S. 42, ber. S. 2909 und BGBl. 2003 I S. 738)

FNA 400-2

zuletzt geänd. durch Art. 1 G zur Änd. des BGB zum besseren Schutz der Verbraucherinnen und Verbraucher vor Kostenfallen im elektronischen Geschäftsverkehr und zur Änd. des WohnungseigentumsG v. 10. 5. 2012 (BGBl. I S. 1084)

– Auszug –

Buch 2.[3][4] Recht der Schuldverhältnisse

Abschnitt 2.[5] Gestaltung rechtsgeschäftlicher Schuldverhältnisse durch Allgemeine Geschäftsbedingungen[6]

§ 305 Einbeziehung Allgemeiner Geschäftsbedingungen in den Vertrag. (1) ¹Allgemeine Geschäftsbedingungen sind alle für eine Vielzahl von Verträgen vorformulierten Vertragsbedingungen, die eine Vertragspartei (Verwender) der anderen Vertragspartei bei Abschluss eines Vertrags stellt. ² Gleichgültig ist, ob die Bestimmungen einen äußerlich gesonderten Bestandteil des Vertrags bilden oder in die Vertragsurkunde selbst aufgenommen werden, welchen Umfang sie haben, in welcher Schriftart sie verfasst sind und welche Form der Vertrag hat. ³ Allgemeine Geschäftsbedingungen liegen nicht vor, soweit die Vertragsbedingungen zwischen den Vertragsparteien im Einzelnen ausgehandelt sind.

(2) Allgemeine Geschäftsbedingungen werden nur dann Bestandteil eines Vertrags, wenn der Verwender bei Vertragsschluss

---

[1] Wegen der Übergangsregelung zum Inkrafttreten des SchuldrechtsmodernisierungsG beachte Art. 229 §§ 5–7 EGBGB idF der Bek. v. 21. 9. 1994 (BGBl. I S. 2494, ber. 1997 S. 1061), zuletzt geänd. durch G v. 27. 7. 2011 (BGBl. I S. 1600).
[2] Neubekanntmachung des BGB v. 18. 8. 1896 (RGBl. S. 195) in der ab 1. 1. 2002 geltenden Fassung.
[3] Wegen des aufgrund des Gesetzes zur Modernisierung des Schuldrechts geltenden Übergangsrechts zum Recht der Schuldverhältnisse beachte Art. 229 § 5 EGBGB idF der Bek. v. 21. 9. 1994 (BGBl. I S. 2494, ber. 1997 S. 1061), zuletzt geänd. durch G v. 27. 7. 2011 (BGBl. I S. 1600).
[4] Wegen der für das Gebiet der ehem. DDR zum Recht der Schuldverhältnisse geltenden Übergangsrechts beachte Art. 232 EGBGB idF der Bek. v. 21. 9. 1994 (BGBl. I S. 2494, ber. 1997 S. 1061), zuletzt geänd. durch G v. 27. 7. 2011 (BGBl. I S. 1600).
[5] **Amtl. Anm.:** Dieser Abschnitt dient auch der Umsetzung der Richtlinie 93/13/EWG des Rates vom 5. April 1993 über missbräuchliche Klauseln in Verbraucherverträgen (ABl. EG Nr. L 95 S. 29).
[6] Beachte hierzu auch Gesetz über Unterlassungsklagen bei Verbraucherrechts- und anderen Verstößen (Unterlassungsklagengesetz – UKlaG) idF der Bek. v. 27. 8. 2002 (BGBl. I S. 3422, ber. 4346), zuletzt geänd. durch G v. 6. 2. 2012 (BGBl. I S. 146).

1. die andere Vertragspartei ausdrücklich oder, wenn ein ausdrücklicher Hinweis wegen der Art des Vertragsschlusses nur unter unverhältnismäßigen Schwierigkeiten möglich ist, durch deutlich sichtbaren Aushang am Orte des Vertragsschlusses auf sie hinweist und

2. der anderen Vertragspartei die Möglichkeit verschafft, in zumutbarer Weise, die auch eine für den Verwender erkennbare körperliche Behinderung der anderen Vertragspartei angemessen berücksichtigt, von ihrem Inhalt Kenntnis zu nehmen,

und wenn die andere Vertragspartei mit ihrer Geltung einverstanden ist.

(3) Die Vertragsparteien können für eine bestimmte Art von Rechtsgeschäften die Geltung bestimmter Allgemeiner Geschäftsbedingungen unter Beachtung der in Absatz 2 bezeichneten Erfordernisse im Voraus vereinbaren.

§ 305 a Einbeziehung in besonderen Fällen. Auch ohne Einhaltung der in § 305 Abs. 2 Nr. 1 und 2 bezeichneten Erfordernisse werden einbezogen, wenn die andere Vertragpartei mit ihrer Geltung einverstanden ist,

1. die mit Genehmigung der zuständigen Verkehrsbehörde oder auf Grund von internationalen Übereinkommen erlassenen Tarife und Ausführungsbestimmungen der Eisenbahnen und die nach Maßgabe des Personenbeförderungsgesetzes genehmigten Beförderungsbedingungen der Straßenbahnen, Obusse und Kraftfahrzeuge im Linienverkehr in den Beförderungsvertrag,

2. die im Amtsblatt der Bundesnetzagentur für Elektrizität, Gas, Telekommunikation, Post und Eisenbahnen veröffentlichten und in den Geschäftsstellen des Verwenders bereitgehaltenen Allgemeinen Geschäftsbedingungen

  a) in Beförderungsverträge, die außerhalb von Geschäftsräumen durch den Einwurf von Postsendungen in Briefkästen abgeschlossen werden,

  b) in Verträge über Telekommunikations-, Informations- und andere Dienstleistungen, die unmittelbar durch Einsatz von Fernkommunikationsmitteln und während der Erbringung einer Telekommunikationsdienstleistung in einem Mal erbracht werden, wenn die Allgemeinen Geschäftsbedingungen der anderen Vertragspartei nur unter unverhältnismäßigen Schwierigkeiten vor dem Vertragsschluss zugänglich gemacht werden können.

§ 305 b Vorrang der Individualabrede. Individuelle Vertragsabreden haben Vorrang vor Allgemeinen Geschäftsbedingungen.

§ 305 c Überraschende und mehrdeutige Klauseln. (1) Bestimmungen in Allgemeinen Geschäftsbedingungen, die nach den Umständen, insbesondere nach dem äußeren Erscheinungsbild des Vertrags, so ungewöhnlich sind, dass der Vertragspartner des Verwenders mit ihnen nicht zu rechnen braucht, werden nicht Vertragsbestandteil.

(2) Zweifel bei der Auslegung Allgemeiner Geschäftsbedingungen gehen zu Lasten des Verwenders.

Bürgerliches Gesetzbuch §§ 306–308 BGB 23

§ 306 Rechtsfolgen bei Nichteinbeziehung und Unwirksamkeit.

(1) Sind Allgemeine Geschäftsbedingungen ganz oder teilweise nicht Vertragsbestandteil geworden oder unwirksam, so bleibt der Vertrag im Übrigen wirksam.

(2) Soweit die Bestimmungen nicht Vertragsbestandteil geworden oder unwirksam sind, richtet sich der Inhalt des Vertrags nach den gesetzlichen Vorschriften.

(3) Der Vertrag ist unwirksam, wenn das Festhalten an ihm auch unter Berücksichtigung der nach Absatz 2 vorgesehenen Änderung eine unzumutbare Härte für eine Vertragspartei darstellen würde.

§ 306 a Umgehungsverbot. Die Vorschriften dieses Abschnitts finden auch Anwendung, wenn sie durch anderweitige Gestaltungen umgangen werden.

§ 307 Inhaltskontrolle. (1) [1] Bestimmungen in Allgemeinen Geschäftsbedingungen sind unwirksam, wenn sie den Vertragspartner des Verwenders entgegen den Geboten von Treu und Glauben unangemessen benachteiligen. [2] Eine unangemessene Benachteiligung kann sich auch daraus ergeben, dass die Bestimmung nicht klar und verständlich ist.

(2) Eine unangemessene Benachteiligung ist im Zweifel anzunehmen, wenn eine Bestimmung

1. mit wesentlichen Grundgedanken der gesetzlichen Regelung, von der abgewichen wird, nicht zu vereinbaren ist oder
2. wesentliche Rechte oder Pflichten, die sich aus der Natur des Vertrags ergeben, so einschränkt, dass die Erreichung des Vertragszwecks gefährdet ist.

(3) [1] Die Absätze 1 und 2 sowie die §§ 308 und 309 gelten nur für Bestimmungen in Allgemeinen Geschäftsbedingungen, durch die von Rechtsvorschriften abweichende oder diese ergänzende Regelungen vereinbart werden. [2] Andere Bestimmungen können nach Absatz 1 Satz 2 in Verbindung mit Absatz 1 Satz 1 unwirksam sein.

§ 308 Klauselverbote mit Wertungsmöglichkeit. In Allgemeinen Geschäftsbedingungen ist insbesondere unwirksam

1. (Annahme- und Leistungsfrist)
eine Bestimmung, durch die sich der Verwender unangemessen lange oder nicht hinreichend bestimmte Fristen für die Annahme oder Ablehnung eines Angebots oder die Erbringung einer Leistung vorbehält; ausgenommen hiervon ist der Vorbehalt, erst nach Ablauf der Widerrufs- oder Rückgabefrist nach § 355 Abs. 1 bis 3 und § 356 zu leisten;

2. (Nachfrist)
eine Bestimmung, durch die sich der Verwender für die von ihm zu bewirkende Leistung abweichend von Rechtsvorschriften eine unangemessen lange oder nicht hinreichend bestimmte Nachfrist vorbehält;

3. (Rücktrittsvorbehalt)
die Vereinbarung eines Rechts des Verwenders, sich ohne sachlich gerechtfertigten und im Vertrag angegebenen Grund von seiner Leistungspflicht zu lösen; dies gilt nicht für Dauerschuldverhältnisse;
4. (Änderungsvorbehalt)
die Vereinbarung eines Rechts des Verwenders, die versprochene Leistung zu ändern oder von ihr abzuweichen, wenn nicht die Vereinbarung der Änderung oder Abweichung unter Berücksichtigung der Interessen des Verwenders für den anderen Vertragsteil zumutbar ist;
5. (Fingierte Erklärungen)
eine Bestimmung, wonach eine Erklärung des Vertragspartners des Verwenders bei Vornahme oder Unterlassung einer bestimmten Handlung als von ihm abgegeben oder nicht abgegeben gilt, es sei denn, dass
   a) dem Vertragspartner eine angemessene Frist zur Abgabe einer ausdrücklichen Erklärung eingeräumt ist und
   b) der Verwender sich verpflichtet, den Vertragspartner bei Beginn der Frist auf die vorgesehene Bedeutung seines Verhaltens besonders hinzuweisen;
6. (Fiktion des Zugangs)
eine Bestimmung, die vorsieht, dass eine Erklärung des Verwenders von besonderer Bedeutung dem anderen Vertragsteil als zugegangen gilt;
7. (Abwicklung von Verträgen)
eine Bestimmung, nach der der Verwender für den Fall, dass eine Vertragspartei vom Vertrag zurücktritt oder den Vertrag kündigt,
   a) eine unangemessen hohe Vergütung für die Nutzung oder den Gebrauch einer Sache oder eines Rechts oder für erbrachte Leistungen oder
   b) einen unangemessen hohen Ersatz von Aufwendungen verlangen kann;
8. (Nichtverfügbarkeit der Leistung)
die nach Nummer 3 zulässige Vereinbarung eines Vorbehalts des Verwenders, sich von der Verpflichtung zur Erfüllung des Vertrags bei Nichtverfügbarkeit der Leistung zu lösen, wenn sich der Verwender nicht verpflichtet,
   a) den Vertragspartner unverzüglich über die Nichtverfügbarkeit zu informieren und
   b) Gegenleistungen des Vertragspartners unverzüglich zu erstatten.

§ 309 Klauselverbote ohne Wertungsmöglichkeit. Auch soweit eine Abweichung von den gesetzlichen Vorschriften zulässig ist, ist in Allgemeinen Geschäftsbedingungen unwirksam
1. (Kurzfristige Preiserhöhungen)
eine Bestimmung, welche die Erhöhung des Entgelts für Waren oder Leistungen vorsieht, die innerhalb von vier Monaten nach Vertragsschluss geliefert oder erbracht werden sollen; dies gilt nicht bei Waren oder Leistungen, die im Rahmen von Dauerschuldverhältnissen geliefert oder erbracht werden;
2. (Leistungsverweigerungsrechte)
eine Bestimmung, durch die
   a) das Leistungsverweigerungsrecht, das dem Vertragspartner des Verwenders nach § 320 zusteht, ausgeschlossen oder eingeschränkt wird oder

b) ein dem Vertragspartner des Verwenders zustehendes Zurückbehaltungsrecht, soweit es auf demselben Vertragsverhältnis beruht, ausgeschlossen oder eingeschränkt, insbesondere von der Anerkennung von Mängeln durch den Verwender abhängig gemacht wird;

3. (Aufrechnungsverbot)
eine Bestimmung, durch die dem Vertragspartner des Verwenders die Befugnis genommen wird, mit einer unbestrittenen oder rechtskräftig festgestellten Forderung aufzurechnen;

4. (Mahnung, Fristsetzung)
eine Bestimmung, durch die der Verwender von der gesetzlichen Obliegenheit freigestellt wird, den anderen Vertragsteil zu mahnen oder ihm eine Frist für die Leistung oder Nacherfüllung zu setzen;

5. (Pauschalierung von Schadensersatzansprüchen)
die Vereinbarung eines pauschalierten Anspruchs des Verwenders auf Schadensersatz oder Ersatz einer Wertminderung, wenn

    a) die Pauschale den in den geregelten Fällen nach dem gewöhnlichen Lauf der Dinge zu erwartenden Schaden oder die gewöhnlich eintretende Wertminderung übersteigt oder

    b) dem anderen Vertragsteil nicht ausdrücklich der Nachweis gestattet wird, ein Schaden oder eine Wertminderung sei überhaupt nicht entstanden oder wesentlich niedriger als die Pauschale;

6. (Vertragsstrafe)
eine Bestimmung, durch die dem Verwender für den Fall der Nichtabnahme oder verspäteten Abnahme der Leistung, des Zahlungsverzugs oder für den Fall, dass der andere Vertragsteil sich vom Vertrag löst, Zahlung einer Vertragsstrafe versprochen wird;

7. (Haftungsausschluss bei Verletzung von Leben, Körper, Gesundheit und bei grobem Verschulden)

    a) (Verletzung von Leben, Körper, Gesundheit)
    ein Ausschluss oder eine Begrenzung der Haftung für Schäden aus der Verletzung des Lebens, des Körpers oder der Gesundheit, die auf einer fahrlässigen Pflichtverletzung des Verwenders oder einer vorsätzlichen oder fahrlässigen Pflichtverletzung eines gesetzlichen Vertreters oder Erfüllungsgehilfen des Verwenders beruhen;

    b) (Grobes Verschulden)
    ein Ausschluss oder eine Begrenzung der Haftung für sonstige Schäden, die auf einer grob fahrlässigen Pflichtverletzung des Verwenders oder auf einer vorsätzlichen oder grob fahrlässigen Pflichtverletzung eines gesetzlichen Vertreters oder Erfüllungsgehilfen des Verwenders beruhen;

    die Buchstaben a und b gelten nicht für Haftungsbeschränkungen in den nach Maßgabe des Personenbeförderungsgesetzes genehmigten Beförderungsbedingungen und Tarifvorschriften der Straßenbahnen, Obusse und Kraftfahrzeuge im Linienverkehr, soweit sie nicht zum Nachteil des Fahrgasts von der Verordnung über die Allgemeinen Beförderungsbedingungen für den Straßenbahn- und Obusverkehr sowie den Linienverkehr mit Kraftfahrzeugen vom 27. Februar 1970 abweichen; Buchstabe b gilt nicht für Haftungsbeschränkungen für staatlich genehmigte Lotterie- oder Ausspielverträge;

8. (Sonstige Haftungsausschlüsse bei Pflichtverletzung)
   a) (Ausschluss des Rechts, sich vom Vertrag zu lösen)
      eine Bestimmung, die bei einer vom Verwender zu vertretenden, nicht in einem Mangel der Kaufsache oder des Werkes bestehenden Pflichtverletzung das Recht des anderen Vertragsteils, sich vom Vertrag zu lösen, ausschließt oder einschränkt; dies gilt nicht für die in der Nummer 7 bezeichneten Beförderungsbedingungen und Tarifvorschriften unter den dort genannten Voraussetzungen;
   b) (Mängel)
      eine Bestimmung, durch die bei Verträgen über Lieferungen neu hergestellter Sachen und über Werkleistungen
      aa) (Ausschluss und Verweisung auf Dritte)
          die Ansprüche gegen den Verwender wegen eines Mangels insgesamt oder bezüglich einzelner Teile ausgeschlossen, auf die Einräumung von Ansprüchen gegen Dritte beschränkt oder von der vorherigen gerichtlichen Inanspruchnahme Dritter abhängig gemacht werden;
      bb) (Beschränkung auf Nacherfüllung)
          die Ansprüche gegen den Verwender insgesamt oder bezüglich einzelner Teile auf ein Recht auf Nacherfüllung beschränkt werden, sofern dem anderen Vertragsteil nicht ausdrücklich das Recht vorbehalten wird, bei Fehlschlagen der Nacherfüllung zu mindern oder, wenn nicht eine Bauleistung Gegenstand der Mängelhaftung ist, nach seiner Wahl vom Vertrag zurückzutreten;
      cc) (Aufwendungen bei Nacherfüllung)
          die Verpflichtung des Verwenders ausgeschlossen oder beschränkt wird, die zum Zwecke der Nacherfüllung erforderlichen Aufwendungen, insbesondere Transport-, Wege-, Arbeits- und Materialkosten, zu tragen;
      dd) (Vorenthalten der Nacherfüllung)
          der Verwender die Nacherfüllung von der vorherigen Zahlung des vollständigen Entgelts oder eines unter Berücksichtigung des Mangels unverhältnismäßig hohen Teils des Entgelts abhängig macht;
      ee) (Ausschlussfrist für Mängelanzeige)
          der Verwender dem anderen Vertragsteil für die Anzeige nicht offensichtlicher Mängel eine Ausschlussfrist setzt, die kürzer ist als die nach dem Doppelbuchstaben ff zulässige Frist;
      ff) (Erleichterung der Verjährung)
          die Verjährung von Ansprüchen gegen den Verwender wegen eines Mangels in den Fällen des § 438 Abs. 1 Nr. 2 und des § 634a Abs. 1 Nr. 2 erleichtert oder in den sonstigen Fällen eine weniger als ein Jahr betragende Verjährungsfrist ab dem gesetzlichen Verjährungsbeginn erreicht wird;
9. (Laufzeit bei Dauerschuldverhältnissen)
   bei einem Vertragsverhältnis, das die regelmäßige Lieferung von Waren oder die regelmäßige Erbringung von Dienst- oder Werkleistungen durch den Verwender zum Gegenstand hat,

a) eine den anderen Vertragsteil länger als zwei Jahre bindende Laufzeit des Vertrags,

b) eine den anderen Vertragsteil bindende stillschweigende Verlängerung des Vertragsverhältnisses um jeweils mehr als ein Jahr oder

c) zu Lasten des anderen Vertragsteils eine längere Kündigungsfrist als drei Monate vor Ablauf der zunächst vorgesehenen oder stillschweigend verlängerten Vertragsdauer;

dies gilt nicht für Verträge über die Lieferung als zusammengehörig verkaufter Sachen, für Versicherungsverträge sowie für Verträge zwischen den Inhabern urheberrechtlicher Rechte und Ansprüche und Verwertungsgesellschaften im Sinne des Gesetzes über die Wahrnehmung von Urheberrechten und verwandten Schutzrechten;

10. (Wechsel des Vertragspartners)
eine Bestimmung, wonach bei Kauf-, Darlehens-, Dienst- oder Werkverträgen ein Dritter anstelle des Verwenders in die sich aus dem Vertrag ergebenden Rechte und Pflichten eintritt oder eintreten kann, es sei denn, in der Bestimmung wird

a) der Dritte namentlich bezeichnet oder

b) dem anderen Vertragsteil das Recht eingeräumt, sich vom Vertrag zu lösen;

11. (Haftung des Abschlussvertreters)
eine Bestimmung, durch die der Verwender einem Vertreter, der den Vertrag für den anderen Vertragsteil abschließt,

a) ohne hierauf gerichtete ausdrückliche und gesonderte Erklärung eine eigene Haftung oder Einstandspflicht oder

b) im Falle vollmachtsloser Vertretung eine über § 179 hinausgehende Haftung

auferlegt;

12. (Beweislast)
eine Bestimmung, durch die der Verwender die Beweislast zum Nachteil des anderen Vertragsteils ändert, insbesondere indem er

a) diesem die Beweislast für Umstände auferlegt, die im Verantwortungsbereich des Verwenders liegen, oder

b) den anderen Vertragsteil bestimmte Tatsachen bestätigen lässt;

Buchstabe b gilt nicht für Empfangsbekenntnisse, die gesondert unterschrieben oder mit einer gesonderten qualifizierten elektronischen Signatur versehen sind;

13. (Form von Anzeigen und Erklärungen)
eine Bestimmung, durch die Anzeigen oder Erklärungen, die dem Verwender oder einem Dritten gegenüber abzugeben sind, an eine strengere Form als die Schriftform oder an besondere Zugangserfordernisse gebunden werden.

§ 310 Anwendungsbereich. (1) [1] § 305 Abs. 2 und 3 und die §§ 308 und 309 finden keine Anwendung auf Allgemeine Geschäftsbedingungen, die gegenüber einem Unternehmer, einer juristischen Person des öffentlichen Rechts oder einem öffentlich-rechtlichen Sondervermögen verwendet werden. ²§ 307 Abs. 1 und 2 findet in den Fällen des Satzes 1 auch insoweit Anwendung, als dies zur Unwirksamkeit von in den §§ 308 und 309 genannten Vertragsbestimmungen führt; auf die im Handelsverkehr geltenden Gewohnheiten und Gebräuche ist angemessen Rücksicht zu nehmen. ³ In den Fällen des Satzes 1 findet § 307 Abs. 1 und 2 auf Verträge, in die die Vergabe- und Vertragsordnung für Bauleistungen Teil B (VOB/B) in der jeweils zum Zeitpunkt des Vertragsschlusses geltenden Fassung ohne inhaltliche Abweichungen insgesamt einbezogen ist, in Bezug auf eine Inhaltskontrolle einzelner Bestimmungen keine Anwendung.

(2) ¹ Die §§ 308 und 309 finden keine Anwendung auf Verträge der Elektrizitäts-, Gas-, Fernwärme- und Wasserversorgungsunternehmen über die Versorgung von Sonderabnehmern mit elektrischer Energie, Gas, Fernwärme und Wasser aus dem Versorgungsnetz, soweit die Versorgungsbedingungen nicht zum Nachteil der Abnehmer von Verordnungen über Allgemeine Bedingungen für die Versorgung von Tarifkunden mit elektrischer Energie, Gas, Fernwärme und Wasser abweichen. ² Satz 1 gilt entsprechend für Verträge über die Entsorgung von Abwasser.

(3) Bei Verträgen zwischen einem Unternehmer und einem Verbraucher (Verbraucherverträge) finden die Vorschriften dieses Abschnitts mit folgenden Maßgaben Anwendung:
1. Allgemeine Geschäftsbedingungen gelten als vom Unternehmer gestellt, es sei denn, dass sie durch den Verbraucher in den Vertrag eingeführt wurden;
2. § 305c Abs. 2 und die §§ 306 und 307 bis 309 dieses Gesetzes[1]) sowie Artikel 46b des Einführungsgesetzes zum Bürgerlichen Gesetzbuche finden auf vorformulierte Vertragsbedingungen auch dann Anwendung, wenn diese nur zur einmaligen Verwendung bestimmt sind und soweit der Verbraucher auf Grund der Vorformulierung auf ihren Inhalt keinen Einfluss nehmen konnte;
3. bei der Beurteilung der unangemessenen Benachteiligung nach § 307 Abs. 1 und 2 sind auch die den Vertragsschluss begleitenden Umstände zu berücksichtigen.

(4) ¹ Dieser Abschnitt findet keine Anwendung bei Verträgen auf dem Gebiet des Erb-, Familien- und Gesellschaftsrechts sowie auf Tarifverträge, Betriebs- und Dienstvereinbarungen. ² Bei der Anwendung auf Arbeitsverträge sind die im Arbeitsrecht geltenden Besonderheiten angemessen zu berücksichtigen; § 305 Abs. 2 und 3 ist nicht anzuwenden. ³ Tarifverträge, Betriebs- und Dienstvereinbarungen stehen Rechtsvorschriften im Sinne von § 307 Abs. 3 gleich.

---

[1]) Nr. **23**.

24. Verordnung über Allgemeine Bedingungen für die Grundversorgung von Haushaltskunden und die Ersatzversorgung mit Elektrizität aus dem Niederspannungsnetz (Stromgrundversorgungsverordnung – StromGVV)[1)]

Vom 26. Oktober 2006

(BGBl. I S. 2391)

FNA 752-6-8

zuletzt geänd. durch Art. 1 VO zur Änd. von VO auf dem Gebiet des Energiewirtschaftsrechts v. 30. 4. 2012 (BGBl. I S. 1002)

Inhaltsübersicht

§§

Teil 1. Allgemeine Bestimmungen

Anwendungsbereich, Begriffsbestimmungen	1
Vertragsschluss	2
Ersatzversorgung	3

Teil 2. Versorgung

Bedarfsdeckung	4
Art der Versorgung	5
Umfang der Grundversorgung	6
Erweiterung und Änderung von Anlagen und Verbrauchsgeräten; Mitteilungspflichten	7

Teil 3. Aufgaben und Rechte des Grundversorgers

Messeinrichtungen	8
Zutrittsrecht	9
Vertragsstrafe	10

Teil 4. Abrechnung der Energielieferung

Ablesung	11
Abrechnung	12
Abschlagszahlungen	13
Vorauszahlungen	14
Sicherheitsleistung	15
Rechnungen und Abschläge	16
Zahlung, Verzug	17
Berechnungsfehler	18

Teil 5. Beendigung des Grundversorgungsverhältnisses

Unterbrechung der Versorgung	19
Kündigung	20
Fristlose Kündigung	21

Teil 6. Schlussbestimmungen

Gerichtsstand	22
Übergangsregelung	23

[1)] Verkündet als Art. 1 VO v. 26. 10. 2006 (BGBl. I S. 2391); Inkrafttreten gem. Art. 3 dieser VO am 8. 11. 2006.

Teil 1. Allgemeine Bestimmungen

§ 1 Anwendungsbereich, Begriffsbestimmungen. (1) ¹Diese Verordnung regelt die Allgemeinen Bedingungen, zu denen Elektrizitätsversorgungsunternehmen Haushaltskunden in Niederspannung im Rahmen der Grundversorgung nach § 36 Abs. 1 des Energiewirtschaftsgesetzes[1]) zu Allgemeinen Preisen mit Elektrizität zu beliefern haben. ²Die Bestimmungen dieser Verordnung sind Bestandteil des Grundversorgungsvertrages zwischen Grundversorgern und Haushaltskunden. ³Diese Verordnung regelt zugleich die Bedingungen für die Ersatzversorgung nach § 38 Abs. 1 des Energiewirtschaftsgesetzes. ⁴Sie gilt für alle nach dem 12. Juli 2005 abgeschlossenen Versorgungsverträge, soweit diese nicht vor dem 8. November 2006 beendet worden sind.

(2) Kunden im Sinne dieser Verordnung sind der Haushaltskunde und im Rahmen der Ersatzversorgung der Letztverbraucher.

(3) Grundversorger im Sinne dieser Verordnung ist ein Elektrizitätsversorgungsunternehmen, das nach § 36 Abs. 1 des Energiewirtschaftsgesetzes in einem Netzgebiet die Grundversorgung mit Elektrizität durchführt.

§ 2 Vertragsschluss. (1) ¹Der Grundversorgungsvertrag soll in Textform abgeschlossen werden. ²Ist er auf andere Weise zustande gekommen, so hat der Grundversorger den Vertragsschluss dem Kunden unverzüglich in Textform zu bestätigen.

(2) ¹Kommt der Grundversorgungsvertrag dadurch zustande, dass Elektrizität aus dem Elektrizitätsversorgungsnetz der allgemeinen Versorgung entnommen wird, über das der Grundversorger die Grundversorgung durchführt, so ist der Kunde verpflichtet, dem Grundversorger die Entnahme von Elektrizität unverzüglich in Textform mitzuteilen. ²Die Mitteilungspflicht gilt auch, wenn die Belieferung des Kunden durch ein Elektrizitätsversorgungsunternehmen endet und der Kunde kein anschließendes Lieferverhältnis mit einem anderen Elektrizitätsversorgungsunternehmen begründet hat.

(3) ¹Ein Grundversorgungsvertrag oder die Bestätigung des Vertrages muss alle für einen Vertragsschluss notwendigen Angaben enthalten, insbesondere auch:

1. Angaben zum Kunden (Firma, Registergericht und Registernummer oder Familienname und Vorname sowie Adresse und Kundennummer),
2. Angaben über die Anlagenadresse und die Bezeichnung des Zählers oder den Aufstellungsort des Zählers,
3. Angaben zum Grundversorger (Firma, Registergericht, Registernummer und Adresse),
4. Angaben zum Netzbetreiber, in dessen Netzgebiet die Grundversorgung durchgeführt wird (Firma, Registergericht, Registernummer und Adresse) und
5. Angaben zu den Allgemeinen Preisen nach § 36 Absatz 1 des Energiewirtschaftsgesetzes[1]).

---

[1]) Nr. 1.

² Wenn dem Grundversorger die Angaben nach Satz 1 Nummer 1 nicht vorliegen, ist der Kunde verpflichtet, sie dem Grundversorger auf Anforderung mitzuteilen. ³ Zusätzlich ist in dem Vertrag oder der Vertragsbestätigung hinzuweisen auf
1. die Allgemeinen Bedingungen und auf diese ergänzende Bedingungen,
2. die Möglichkeit des Kunden, Ansprüche wegen Versorgungsstörungen gegen den Netzbetreiber nach § 6 Absatz 3 Satz 1 geltend zu machen und
3. das Recht des Kunden nach § 111 b Absatz 1 Satz 1 des Energiewirtschaftsgesetzes eine Schlichtungsstelle anzurufen und die Anschrift der zuständigen Schlichtungsstelle sowie auf den Verbraucherservice der Bundesnetzagentur für den Bereich Elektrizität und Gas und dessen Anschrift.
⁴ Die Hinweise nach Satz 3 Nummer 3 hat der Grundversorger auch auf seiner Internetseite zu veröffentlichen.

(4) ¹ Der Grundversorger ist verpflichtet, jedem Neukunden rechtzeitig vor Vertragsschluss und in den Fällen des Absatzes 1 Satz 2 mit der Bestätigung des Vertragsschlusses sowie auf Verlangen den übrigen Kunden die Allgemeinen Bedingungen unentgeltlich auszuhändigen. ² Satz 1 gilt entsprechend für die ergänzenden Bedingungen; diese hat der Grundversorger öffentlich bekannt zu geben und auf seiner Internetseite zu veröffentlichen.

(5) Der Abschluss eines Grundversorgungsvertrages darf nicht davon abhängig gemacht werden, dass Zahlungsrückstände eines vorherigen Anschlussnutzers beglichen werden.

§ 3 Ersatzversorgung. (1) Für die Ersatzversorgung nach § 38 des Energiewirtschaftsgesetzes[1]) gelten die §§ 4 bis 8, 10 bis 19 und 22 sowie für die Beendigung der Ersatzversorgung nach § 38 Abs. 2 Satz 1 des Energiewirtschaftsgesetzes § 20 Abs. 3 entsprechend; § 11 Abs. 2 gilt mit der Maßgabe, dass der Grundversorger den Energieverbrauch aufgrund einer rechnerischen Abgrenzung schätzen und den anteiligen Verbrauch in Rechnung stellen darf.

(2) ¹ Der Grundversorger hat dem Kunden unverzüglich nach Kenntnisnahme den Zeitpunkt des Beginns und des Endes der Ersatzversorgung in Textform mitzuteilen. ² Dabei hat er ebenfalls mitzuteilen, dass spätestens nach dem Ende der Ersatzversorgung zur Fortsetzung des Elektrizitätsbezugs der Abschluss eines Bezugsvertrages durch den Kunden erforderlich ist; auf § 2 Abs. 2 ist hinzuweisen.

Teil 2. Versorgung

§ 4 Bedarfsdeckung. ¹ Der Kunde ist für die Dauer des Grundversorgungsvertrages verpflichtet, seinen gesamten leitungsgebundenen Elektrizitätsbedarf aus den Elektrizitätslieferungen des Grundversorgers zu decken. ² Ausgenommen ist die Bedarfsdeckung durch Eigenanlagen der Kraft-Wärme-Kopplung bis 50 Kilowatt elektrischer Leistung und aus Erneuerbaren Energien; ferner durch Eigenanlagen, die ausschließlich der Sicherstellung des Elektrizitätsbedarfs bei Aussetzen der Grundversorgung dienen (Notstromaggregate).

---

[1]) Nr. 1.

³ Notstromaggregate dürfen außerhalb ihrer eigentlichen Bestimmungen nicht mehr als 15 Stunden monatlich zur Erprobung betrieben werden.

§ 5 Art der Versorgung. (1) Welche Stromart (Drehstrom oder Wechselstrom) und Spannungsart für das Vertragsverhältnis maßgebend sein sollen, ergibt sich aus der Stromart und Spannung des jeweiligen Elektrizitätsversorgungsnetzes der allgemeinen Versorgung, an das die Anlage, über die der Kunde Strom entnimmt, angeschlossen ist.

(2) ¹ Änderungen der Allgemeinen Preise und der ergänzenden Bedingungen werden jeweils zum Monatsbeginn und erst nach öffentlicher Bekanntgabe wirksam, die mindestens sechs Wochen vor der beabsichtigten Änderung erfolgen muss. ² Der Grundversorger ist verpflichtet, zu den beabsichtigten Änderungen zeitgleich mit der öffentlichen Bekanntgabe eine briefliche Mitteilung an den Kunden zu versenden und die Änderungen auf seiner Internetseite zu veröffentlichen.

(3) ¹ Im Fall einer Änderung der Allgemeinen Preise oder ergänzenden Bedingungen hat der Kunde das Recht, den Vertrag ohne Einhaltung einer Kündigungsfrist zum Zeitpunkt des Wirksamwerdens der Änderungen zu kündigen. ² Änderungen der Allgemeinen Preise und der ergänzenden Bedingungen werden gegenüber demjenigen Kunden nicht wirksam, der bei einer Kündigung des Vertrages mit dem Grundversorger die Einleitung eines Wechsels des Versorgers durch entsprechenden Vertragsschluss innerhalb eines Monats nach Zugang der Kündigung nachweist.

§ 6 Umfang der Grundversorgung. (1) ¹ Der Grundversorger ist im Interesse des Kunden verpflichtet, die für die Durchführung der Grundversorgung erforderlichen Verträge mit Netzbetreibern abzuschließen. ² Er hat die ihm möglichen Maßnahmen zu treffen, um dem Kunden am Ende des Netzanschlusses, zu dessen Nutzung der Kunde nach der Niederspannungsanschlussverordnung[1]) berechtigt ist, zu den jeweiligen Allgemeinen Preisen und Bedingungen Elektrizität zur Verfügung zu stellen. ³ Die Elektrizität wird im Rahmen der Grundversorgung für die Zwecke des Letztverbrauchs geliefert.

(2) ¹ Der Grundversorger ist verpflichtet, den Elektrizitätsbedarf des Kunden im Rahmen des § 36 des Energiewirtschaftsgesetzes[2]) zu befriedigen und für die Dauer des Grundversorgungsvertrages im vertraglich vorgesehenen Umfang nach Maßgabe des Absatzes 1 jederzeit Elektrizität zur Verfügung zu stellen. ² Dies gilt nicht,

1. soweit die Allgemeinen Preise oder Allgemeinen Bedingungen zeitliche Beschränkungen vorsehen,
2. soweit und solange der Netzbetreiber den Netzanschluss und die Anschlussnutzung nach § 17 der Niederspannungsanschlussverordnung oder § 24 Abs. 1, 2 und 5 der Niederspannungsanschlussverordnung unterbrochen hat oder
3. soweit und solange der Grundversorger an der Erzeugung, dem Bezug oder der vertragsgemäßen Lieferung von Elektrizität durch höhere Gewalt oder

---

[1]) Nr. 25.
[2]) Nr. 1.

sonstige Umstände, deren Beseitigung ihm nicht möglich ist oder im Sinne des § 36 Abs. 1 Satz 2 des Energiewirtschaftsgesetzes wirtschaftlich nicht zugemutet werden kann, gehindert ist.

(3) ¹Bei einer Unterbrechung oder bei Unregelmäßigkeiten in der Elektrizitätsversorgung ist, soweit es sich um Folgen einer Störung des Netzbetriebs einschließlich des Netzanschlusses handelt, der Grundversorger von der Leistungspflicht befreit. ²Satz 1 gilt nicht, soweit die Unterbrechung auf nicht berechtigten Maßnahmen des Grundversorgers nach § 19 beruht. ³Der Grundversorger ist verpflichtet, seinen Kunden auf Verlangen unverzüglich über die mit der Schadensverursachung durch den Netzbetreiber zusammenhängenden Tatsachen insoweit Auskunft zu geben, als sie ihm bekannt sind oder von ihm in zumutbarer Weise aufgeklärt werden können.

§ 7 Erweiterung und Änderung von Anlagen und Verbrauchsgeräten; Mitteilungspflichten. ¹Erweiterungen und Änderungen von Kundenanlagen sowie die Verwendung zusätzlicher Verbrauchsgeräte sind dem Grundversorger mitzuteilen, soweit sich dadurch preisliche Bemessungsgrößen ändern. ²Nähere Einzelheiten über den Inhalt der Mitteilung kann der Grundversorger in ergänzenden Bedingungen regeln.

Teil 3. Aufgaben und Rechte des Grundversorgers

§ 8 Messeinrichtungen. (1) Die vom Grundversorger gelieferte Elektrizität wird durch die Messeinrichtungen nach § 21b des Energiewirtschaftsgesetzes[1]) festgestellt.

(2) ¹Der Grundversorger ist verpflichtet, auf Verlangen des Kunden jederzeit eine Nachprüfung der Messeinrichtungen durch eine Eichbehörde oder eine staatlich anerkannte Prüfstelle im Sinne des § 2 Abs. 4 des Eichgesetzes beim Messstellenbetreiber zu veranlassen. ²Stellt der Kunde den Antrag auf Prüfung nicht bei dem Grundversorger, so hat er diesen zugleich mit der Antragstellung zu benachrichtigen. ³Die Kosten der Prüfung fallen dem Grundversorger zur Last, falls die Abweichung die gesetzlichen Verkehrsfehlergrenzen überschreitet, sonst dem Kunden.

§ 9 Zutrittsrecht. ¹Der Kunde hat nach vorheriger Benachrichtigung dem mit einem Ausweis versehenen Beauftragten des Netzbetreibers, des Messstellenbetreibers oder des Grundversorgers den Zutritt zu seinem Grundstück und zu seinen Räumen zu gestatten, soweit dies zur Ermittlung preislicher Bemessungsgrundlagen oder zur Ablesung der Messeinrichtungen nach § 11 erforderlich ist. ²Die Benachrichtigung kann durch Mitteilung an die jeweiligen Kunden oder durch Aushang an oder im jeweiligen Haus erfolgen. ³Sie muss mindestens eine Woche vor dem Betretungstermin erfolgen; mindestens ein Ersatztermin ist anzubieten. ⁴Der Kunde hat dafür Sorge zu tragen, dass die Messeinrichtungen zugänglich sind.

§ 10 Vertragsstrafe. (1) ¹Verbraucht der Kunde Elektrizität unter Umgehung, Beeinflussung oder vor Anbringung der Messeinrichtungen oder nach

---

[1]) Nr. 1.

Unterbrechung der Grundversorgung, so ist der Grundversorger berechtigt, eine Vertragsstrafe zu verlangen. ²Diese ist für die Dauer des unbefugten Gebrauchs, längstens aber für sechs Monate auf der Grundlage einer täglichen Nutzung der unbefugt verwendeten Verbrauchsgeräte von bis zu zehn Stunden nach dem für den Kunden geltenden Allgemeinen Preis zu berechnen.

(2) ¹Eine Vertragsstrafe kann auch verlangt werden, wenn der Kunde vorsätzlich oder grob fahrlässig die Verpflichtung verletzt, die zur Preisbildung erforderlichen Angaben zu machen. ²Die Vertragsstrafe beträgt das Zweifache des Betrages, den der Kunde bei Erfüllung seiner Verpflichtung nach dem für ihn geltenden allgemeinen Preis zusätzlich zu zahlen gehabt hätte. ³Sie darf längstens für einen Zeitraum von sechs Monaten verlangt werden.

(3) Ist die Dauer des unbefugten Gebrauchs oder der Beginn der Mitteilungspflicht nicht festzustellen, so kann die Vertragsstrafe in entsprechender Anwendung der Absätze 1 und 2 für einen geschätzten Zeitraum, der längstens sechs Monate betragen darf, erhoben werden.

Teil 4. Abrechnung der Energielieferung

§ 11 Ablesung. (1) Der Grundversorger ist berechtigt, für Zwecke der Abrechnung die Ablesedaten zu verwenden, die er vom Netzbetreiber oder vom Messstellenbetreiber oder von dem die Messung durchführenden Dritten erhalten hat.

(2) ¹Der Grundversorger kann die Messeinrichtungen selbst ablesen oder verlangen, dass diese vom Kunden abgelesen werden, wenn dies

1. zum Zwecke einer Abrechnung nach § 12 Abs. 1,
2. anlässlich eines Lieferantenwechsels oder
3. bei einem berechtigten Interesse des Grundversorgers an einer Überprüfung der Ablesung

erfolgt. ²Der Kunde kann einer Selbstablesung im Einzelfall widersprechen, wenn diese ihm nicht zumutbar ist. ³Der Grundversorger darf bei einem berechtigten Widerspruch nach Satz 2 für eine eigene Ablesung kein gesondertes Entgelt verlangen.

(3) ¹Wenn der Netzbetreiber oder der Grundversorger das Grundstück und die Räume des Kunden nicht zum Zwecke der Ablesung betreten kann, darf der Grundversorger den Verbrauch auf der Grundlage der letzten Ablesung oder bei einem Neukunden nach dem Verbrauch vergleichbarer Kunden unter angemessener Berücksichtigung der tatsächlichen Verhältnisse schätzen. ²Dasselbe gilt, wenn der Kunde eine vereinbarte Selbstablesung nicht oder verspätet vornimmt.

§ 12 Abrechnung. (1) Der Elektrizitätsverbrauch wird nach Maßgabe des § 40 Absatz 3 des Energiewirtschaftsgesetzes[1] abgerechnet.

(2) ¹Ändern sich innerhalb eines Abrechnungszeitraums die verbrauchsabhängigen Preise, so wird der für die neuen Preise maßgebliche Verbrauch zeitanteilig berechnet; jahreszeitliche Verbrauchsschwankungen sind auf der

---

[1] Nr. 1.

Grundlage der für Haushaltskunden maßgeblichen Erfahrungswerte angemessen zu berücksichtigen. ²Entsprechendes gilt bei Änderung des Umsatzsteuersatzes und erlösabhängiger Abgabensätze.

(3) Im Falle einer Belieferung nach § 2 Abs. 2 ist entsprechend Absatz 2 Satz 1 eine pauschale zeitanteilige Berechnung des Verbrauchs zulässig, es sei denn, der Kunde kann einen geringeren als den von dem Grundversorger angesetzten Verbrauch nachweisen.

§ 13 Abschlagszahlungen. (1) ¹Wird der Verbrauch für mehrere Monate abgerechnet, so kann der Grundversorger für die nach der letzten Abrechnung verbrauchte Elektrizität eine Abschlagszahlung verlangen. ²Diese ist anteilig für den Zeitraum der Abschlagszahlung entsprechend dem Verbrauch im zuletzt abgerechneten Zeitraum zu berechnen. ³Ist eine solche Berechnung nicht möglich, so bemisst sich die Abschlagszahlung nach dem durchschnittlichen Verbrauch vergleichbarer Kunden. ⁴Macht der Kunde glaubhaft, dass sein Verbrauch erheblich geringer ist, so ist dies angemessen zu berücksichtigen.

(2) Ändern sich die Allgemeinen Preise, so können die nach der Preisänderung anfallenden Abschlagszahlungen mit dem Vomhundertsatz der Preisänderung entsprechend angepasst werden.

(3) ¹Ergibt sich bei der Abrechnung, dass zu hohe Abschlagszahlungen verlangt wurden, so ist der übersteigende Betrag unverzüglich zu erstatten, spätestens aber mit der nächsten Abschlagsforderung zu verrechnen. ²Nach Beendigung des Versorgungsverhältnisses sind zuviel gezahlte Abschläge unverzüglich zu erstatten.

§ 14 Vorauszahlungen. (1) ¹Der Grundversorger ist berechtigt, für den Elektrizitätsverbrauch eines Abrechnungszeitraums Vorauszahlung zu verlangen, wenn nach den Umständen des Einzelfalles Grund zu der Annahme besteht, dass der Kunde seinen Zahlungsverpflichtungen nicht oder nicht rechtzeitig nachkommt. ²Bei Verlangen einer Vorauszahlung ist der Kunde hierüber ausdrücklich und in verständlicher Form zu unterrichten. ³Hierbei sind mindestens der Beginn, die Höhe und die Gründe der Vorauszahlung sowie die Voraussetzungen für ihren Wegfall anzugeben.

(2) ¹Die Vorauszahlung bemisst sich nach dem Verbrauch des vorhergehenden Abrechnungszeitraums oder dem durchschnittlichen Verbrauch vergleichbarer Kunden. ²Macht der Kunde glaubhaft, dass sein Verbrauch erheblich geringer ist, so ist dies angemessen zu berücksichtigen. ³Erstreckt sich der Abrechnungszeitraum über mehrere Monate und erhebt der Grundversorger Abschlagszahlungen, so kann er die Vorauszahlung nur in ebenso vielen Teilbeträgen verlangen. ⁴Die Vorauszahlung ist bei der nächsten Rechnungserteilung zu verrechnen.

(3) Statt eine Vorauszahlung zu verlangen, kann der Grundversorger beim Kunden einen Bargeld- oder Chipkartenzähler oder sonstige vergleichbare Vorkassensysteme einrichten.

§ 15 Sicherheitsleistung. (1) Ist der Kunde zur Vorauszahlung nach § 14 nicht bereit oder nicht in der Lage, kann der Grundversorger in angemessener Höhe Sicherheit verlangen.

(2) Barsicherheiten werden zum jeweiligen Basiszinssatz nach § 247 des Bürgerlichen Gesetzbuchs[1]) verzinst.

(3) [1] Ist der Kunde in Verzug und kommt er nach erneuter Zahlungsaufforderung nicht unverzüglich seinen Zahlungsverpflichtungen aus dem Grundversorgungsverhältnis nach, so kann der Grundversorger die Sicherheit verwerten. [2] Hierauf ist in der Zahlungsaufforderung hinzuweisen. [3] Kursverluste beim Verkauf von Wertpapieren gehen zu Lasten des Kunden.

(4) Die Sicherheit ist unverzüglich zurückzugeben, wenn keine Vorauszahlung mehr verlangt werden kann.

§ 16 Rechnungen und Abschläge. (1) [1] Vordrucke für Rechnungen und Abschläge müssen einfach verständlich sein. [2] Die für die Forderung maßgeblichen Berechnungsfaktoren sind vollständig und in allgemein verständlicher Form auszuweisen.

(2) Der Grundversorger hat in den ergänzenden Bedingungen mindestens zwei mögliche Zahlungsweisen anzugeben.

§ 17 Zahlung, Verzug. (1) [1] Rechnungen und Abschläge werden zu dem vom Grundversorger angegebenen Zeitpunkt, frühestens jedoch zwei Wochen nach Zugang der Zahlungsaufforderung fällig. [2] Einwände gegen Rechnungen und Abschlagsberechnungen berechtigen gegenüber dem Grundversorger zum Zahlungsaufschub oder zur Zahlungsverweigerung nur,

1. soweit die ernsthafte Möglichkeit eines offensichtlichen Fehlers besteht oder
2. sofern
    a) der in einer Rechnung angegebene Verbrauch ohne ersichtlichen Grund mehr als doppelt so hoch wie der vergleichbare Verbrauch im vorherigen Abrechnungszeitraum ist und
    b) der Kunde eine Nachprüfung der Messeinrichtung verlangt
    und solange durch die Nachprüfung nicht die ordnungsgemäße Funktion des Messgeräts festgestellt ist.

[3] § 315 des Bürgerlichen Gesetzbuchs[1]) bleibt von Satz 2 unberührt.

(2) [1] Bei Zahlungsverzug des Kunden kann der Grundversorger, wenn er erneut zur Zahlung auffordert oder den Betrag durch einen Beauftragten einziehen lässt, die dadurch entstandenen Kosten für strukturell vergleichbare Fälle pauschal berechnen; die pauschale Berechnung muss einfach nachvollziehbar sein. [2] Die Pauschale darf die nach dem gewöhnlichen Lauf der Dinge zu erwartenden Kosten nicht übersteigen. [3] Auf Verlangen des Kunden ist die Berechnungsgrundlage nachzuweisen.

(3) Gegen Ansprüche des Grundversorgers kann vom Kunden nur mit unbestrittenen oder rechtskräftig festgestellten Gegenansprüchen aufgerechnet werden.

§ 18 Berechnungsfehler. (1) [1] Ergibt eine Prüfung der Messeinrichtungen eine Überschreitung der Verkehrsfehlergrenzen oder werden Fehler in der Ermittlung des Rechnungsbetrages festgestellt, so ist die Überzahlung vom

---

[1]) Nr. 23.

Grundversorger zurückzuzahlen oder der Fehlbetrag vom Kunden nachzuentrichten. ² Ist die Größe des Fehlers nicht einwandfrei festzustellen oder zeigt eine Messeinrichtung nicht an, so ermittelt der Grundversorger den Verbrauch für die Zeit seit der letzten fehlerfreien Ablesung aus dem Durchschnittsverbrauch des ihr vorhergehenden und des der Feststellung des Fehlers nachfolgenden Ablesezeitraums oder auf Grund des vorjährigen Verbrauchs durch Schätzung; die tatsächlichen Verhältnisse sind angemessen zu berücksichtigen. ³ Bei Berechnungsfehlern auf Grund einer nicht ordnungsgemäßen Funktion einer Messeinrichtung ist der vom Messstellenbetreiber ermittelte und dem Kunden mitgeteilte korrigierte Verbrauch der Nachberechnung zu Grunde zu legen.

(2) Ansprüche nach Absatz 1 sind auf den der Feststellung des Fehlers vorhergehenden Ablesezeitraum beschränkt, es sei denn, die Auswirkung des Fehlers kann über einen größeren Zeitraum festgestellt werden; in diesem Fall ist der Anspruch auf längstens drei Jahre beschränkt.

Teil 5. Beendigung des Grundversorgungsverhältnisses

§ 19 Unterbrechung der Versorgung. (1) Der Grundversorger ist berechtigt, die Grundversorgung ohne vorherige Androhung durch den Netzbetreiber unterbrechen zu lassen, wenn der Kunde dieser Verordnung in nicht unerheblichem Maße schuldhaft zuwiderhandelt und die Unterbrechung erforderlich ist, um den Gebrauch von elektrischer Arbeit unter Umgehung, Beeinflussung oder vor Anbringung der Messeinrichtungen zu verhindern.

(2) ¹ Bei anderen Zuwiderhandlungen, insbesondere bei der Nichterfüllung einer Zahlungsverpflichtung trotz Mahnung, ist der Grundversorger berechtigt, die Grundversorgung vier Wochen nach Androhung unterbrechen zu lassen und den zuständigen Netzbetreiber nach § 24 Abs. 3 der Niederspannungsanschlussverordnung[1]) mit der Unterbrechung der Grundversorgung zu beauftragen. ² Dies gilt nicht, wenn die Folgen der Unterbrechung außer Verhältnis zur Schwere der Zuwiderhandlung stehen oder der Kunde darlegt, dass hinreichende Aussicht besteht, dass er seinen Verpflichtungen nachkommt. ³ Der Grundversorger kann mit der Mahnung zugleich die Unterbrechung der Grundversorgung androhen, sofern dies nicht außer Verhältnis zur Schwere der Zuwiderhandlung steht. ⁴ Wegen Zahlungsverzuges darf der Grundversorger eine Unterbrechung unter den in den Sätzen 1 bis 3 genannten Voraussetzungen nur durchführen lassen, wenn der Kunde nach Abzug etwaiger Anzahlungen mit Zahlungsverpflichtungen von mindestens 100 Euro in Verzug ist. ⁵ Bei der Berechnung der Höhe des Betrages nach Satz 4 bleiben diejenigen nicht titulierten Forderungen außer Betracht, die der Kunde form- und fristgerecht sowie schlüssig begründet beanstandet hat. ⁶ Ferner bleiben diejenigen Rückstände außer Betracht, die wegen einer Vereinbarung zwischen Versorger und Kunde noch nicht fällig sind oder die aus einer streitigen und noch nicht rechtskräftig entschiedenen Preiserhöhung des Grundversorgers resultieren.

(3) Der Beginn der Unterbrechung der Grundversorgung ist dem Kunden drei Werktage im Voraus anzukündigen.

---

[1]) Nr. 25.

(4) ¹Der Grundversorger hat die Grundversorgung unverzüglich wiederherstellen zu lassen, sobald die Gründe für ihre Unterbrechung entfallen sind und der Kunde die Kosten der Unterbrechung und Wiederherstellung der Belieferung ersetzt hat. ²Die Kosten können für strukturell vergleichbare Fälle pauschal berechnet werden; die pauschale Berechnung muss einfach nachvollziehbar sein. ³Die Pauschale darf die nach dem gewöhnlichen Lauf der Dinge zu erwartenden Kosten nicht übersteigen. ⁴Auf Verlangen des Kunden ist die Berechnungsgrundlage nachzuweisen. ⁵Der Nachweis geringerer Kosten ist dem Kunden zu gestatten.

§ 20 Kündigung. (1) ¹Der Grundversorgungsvertrag kann mit einer Frist von zwei Wochen gekündigt werden. ²Eine Kündigung durch den Grundversorger ist nur möglich, soweit eine Pflicht zur Grundversorgung nach § 36 Abs. 1 Satz 2 des Energiewirtschaftsgesetzes[1]) nicht besteht.

(2) ¹Die Kündigung bedarf der Textform. ²Der Grundversorger soll eine Kündigung des Kunden unverzüglich nach Eingang in Textform bestätigen.

(3) Der Grundversorger darf keine gesonderten Entgelte für den Fall einer Kündigung des Vertrages, insbesondere wegen eines Wechsels des Lieferanten, verlangen.

§ 21 Fristlose Kündigung. ¹Der Grundversorger ist in den Fällen des § 19 Abs. 1 berechtigt, das Vertragsverhältnis fristlos zu kündigen, wenn die Voraussetzungen zur Unterbrechung der Grundversorgung wiederholt vorliegen. ²Bei wiederholten Zuwiderhandlungen nach § 19 Abs. 2 ist der Grundversorger zur fristlosen Kündigung berechtigt, wenn sie zwei Wochen vorher angedroht wurde; § 19 Abs. 2 Satz 2 und 3 gilt entsprechend.

Teil 6. Schlussbestimmungen

§ 22 Gerichtsstand. Gerichtsstand für die beiderseitigen Verpflichtungen aus dem Grundversorgungsvertrag ist der Ort der Elektrizitätsabnahme durch den Kunden.

§ 23 Übergangsregelungen. (1) ¹Der Grundversorger ist verpflichtet, die Kunden durch öffentliche Bekanntgabe und Veröffentlichung auf seiner Internetseite über die Vertragsanpassung nach § 115 Abs. 2 Satz 3 des Energiewirtschaftsgesetzes[1]) zu informieren. ²Die Anpassung erfolgt, soweit die Frist nach § 115 Abs. 2 Satz 3 des Energiewirtschaftsgesetzes noch nicht abgelaufen ist, durch die öffentliche Bekanntgabe nach Satz 1 mit Wirkung vom auf die Bekanntmachung folgenden Tag.

(2) Abweichend von § 5 Abs. 2 Satz 1 werden bis zum 1. Juli 2007 Änderungen der Allgemeinen Preise und der ergänzenden Bedingungen am Tage nach der öffentlichen Bekanntgabe wirksam, soweit es sich um Änderungen handelt, die nach § 12 Abs. 1 der Bundestarifordnung Elektrizität genehmigt worden sind.

---

[1]) Nr. 1.

25. Verordnung über Allgemeine Bedingungen für den Netzanschluss und dessen Nutzung für die Elektrizitätsversorgung in Niederspannung (Niederspannungsanschlussverordnung – NAV)[1)]

Vom 1. November 2006
(BGBl. I S. 2477)

FNA 752-6-6

zuletzt geänd. durch Art. 4 VO zur NF und Änd. von Vorschriften auf dem Gebiet des Energiewirtschaftsrechts sowie des Bergrechts v. 3. 9. 2010 (BGBl. I S. 1261)

Inhaltsübersicht

§§

Teil 1. Allgemeine Vorschriften

Anwendungsbereich, Begriffsbestimmungen	1
Netzanschlussverhältnis	2
Anschlussnutzungsverhältnis	3
Inhalt des Vertrages und der Bestätigung des Netzbetreibers	4

Teil 2. Netzanschluss

Netzanschluss	5
Herstellung des Netzanschlusses	6
Art des Netzanschlusses	7
Betrieb des Netzanschlusses	8
Kostenerstattung für die Herstellung oder Änderung des Netzanschlusses	9
Transformatorenanlage	10
Baukostenzuschüsse	11
Grundstücksbenutzung	12
Elektrische Anlage	13
Inbetriebsetzung der elektrischen Anlage	14
Überprüfung der elektrischen Anlage	15

Teil 3. Anschlussnutzung

Nutzung des Anschlusses	16
Unterbrechung der Anschlussnutzung	17
Haftung bei Störungen der Anschlussnutzung	18

Teil 4. Gemeinsame Vorschriften

Abschnitt 1. Anlagenbetrieb und Rechte des Netzbetreibers

Betrieb von elektrischen Anlagen und Verbrauchsgeräten, Eigenerzeugung	19
Technische Anschlussbedingungen	20
Zutrittsrecht	21
Mess- und Steuereinrichtungen	22

Abschnitt 2. Fälligkeit, Folge von Zuwiderhandlungen, Beendigung der Rechtsverhältnisse

Zahlung, Verzug	23
Unterbrechung des Anschlusses und der Anschlussnutzung	24
Kündigung des Netzanschlussverhältnisses	25

[1)] Verkündet als Art. 1 VO zum Erlass von Regelungen des Netzanschlusses von Letztverbrauchern in Niederspannung und Niederdruck v. 1. 11. 2006 (BGBl. I S. 2477); Inkrafttreten gem. Art. 4 Satz 1 dieser VO am 8. 11. 2006.

	§§
Beendigung des Anschlussnutzungsverhältnisses	26
Fristlose Kündigung oder Beendigung	27

Teil 5. Schlussbestimmungen

Gerichtsstand	28
Übergangsregelung	29

Teil 1. Allgemeine Vorschriften

§ 1 Anwendungsbereich, Begriffsbestimmungen. (1) [1] Diese Verordnung regelt die Allgemeinen Bedingungen, zu denen Netzbetreiber nach § 18 Abs. 1 des Energiewirtschaftsgesetzes[1)] jedermann an ihr Niederspannungsnetz anzuschließen und den Anschluss zur Entnahme von Elektrizität zur Verfügung zu stellen haben. [2] Diese sind Bestandteil der Rechtsverhältnisse über den Netzanschluss an das Elektrizitätsversorgungsnetz der allgemeinen Versorgung (Netzanschluss) und die Anschlussnutzung, soweit sie sich nicht ausdrücklich allein auf eines dieser Rechtsverhältnisse beziehen. [3] Die Verordnung gilt für alle nach dem 12. Juli 2005 abgeschlossenen Netzanschlussverhältnisse und ist auch auf alle Anschlussnutzungsverhältnisse anzuwenden, die vor ihrem Inkrafttreten entstanden sind. [4] Sie gilt nicht für den Netzanschluss von Anlagen zur Erzeugung von Strom aus Erneuerbaren Energien und aus Grubengas.

(2) Anschlussnehmer ist jedermann im Sinne des § 18 Abs. 1 Satz 1 des Energiewirtschaftsgesetzes, in dessen Auftrag ein Grundstück oder Gebäude an das Niederspannungsnetz angeschlossen wird oder im Übrigen jeder Eigentümer oder Erbbauberechtigte eines Grundstücks oder Gebäudes, das an das Niederspannungsnetz angeschlossen ist.

(3) Anschlussnutzer ist jeder Letztverbraucher, der im Rahmen eines Anschlussnutzungsverhältnisses einen Anschluss an das Niederspannungsnetz zur Entnahme von Elektrizität nutzt.

(4) Netzbetreiber im Sinne dieser Verordnung ist der Betreiber eines Elektrizitätsversorgungsnetzes der allgemeinen Versorgung im Sinne des § 18 Abs. 1 Satz 1 des Energiewirtschaftsgesetzes.

§ 2 Netzanschlussverhältnis. (1) [1] Das Netzanschlussverhältnis umfasst den Anschluss der elektrischen Anlage über den Netzanschluss und dessen weiteren Betrieb. [2] Es besteht zwischen dem Anschlussnehmer und dem Netzbetreiber.

(2) [1] Das Netzanschlussverhältnis entsteht durch Vertrag erstmalig mit dem Anschlussnehmer, der die Herstellung des Netzanschlusses in Auftrag gibt. [2] Bei Herstellung eines Netzanschlusses ist der Netzanschlussvertrag schriftlich abzuschließen.

(3) Anschlussnehmer, die nicht Grundstückseigentümer oder Erbbauberechtigte sind, haben die schriftliche Zustimmung des Grundstückseigentümers zur Herstellung und Änderung des Netzanschlusses unter Anerkennung

---

[1)] Nr. 1.

der für den Anschlussnehmer und ihn damit verbundenen Verpflichtungen beizubringen.

(4) ¹ Bei angeschlossenen Grundstücken oder Gebäuden entsteht das Netzanschlussverhältnis mit dem Eigentumserwerb an der Kundenanlage zwischen dem jeweiligen Eigentümer und dem Netzbetreiber, sofern der bisherige Eigentümer der Anschlussnehmer gewesen ist. ² Zu diesem Zeitpunkt erlischt das Netzanschlussverhältnis mit dem bisherigen Anschlussnehmer, sofern dieser Eigentümer der Kundenanlage gewesen ist; hinsichtlich bis dahin begründeter Zahlungsansprüche und Verbindlichkeiten bleibt der bisherige Anschlussnehmer berechtigt und verpflichtet. ³ Den Eigentumsübergang und die Person des neuen Anschlussnehmers hat der bisherige Anschlussnehmer dem Netzbetreiber unverzüglich in Textform anzuzeigen. ⁴ Der bisherige Anschlussnehmer hat dem neuen Anschlussnehmer die Angaben nach § 4 Abs. 1 Nr. 4 zu übermitteln.

(5) ¹ Der Netzbetreiber hat dem neuen Anschlussnehmer den Vertragsschluss oder die Anzeige nach Absatz 4 Satz 3 unverzüglich in Textform zu bestätigen. ² Im Vertrag nach Absatz 2 oder in der Bestätigung nach Satz 1 ist auf die Allgemeinen Bedingungen einschließlich der ergänzenden Bedingungen des Netzbetreibers hinzuweisen.

§ 3 Anschlussnutzungsverhältnis. (1) ¹ Inhalt der Anschlussnutzung ist das Recht zur Nutzung des Netzanschlusses zur Entnahme von Elektrizität. ² Die Anschlussnutzung umfasst weder die Belieferung des Anschlussnutzers mit Elektrizität noch den Zugang zu den Elektrizitätsversorgungsnetzen im Sinne des § 20 des Energiewirtschaftsgesetzes[1]. ³ Das Anschlussnutzungsverhältnis besteht zwischen dem jeweiligen Anschlussnutzer und dem Netzbetreiber.

(2) ¹ Das Anschlussnutzungsverhältnis kommt dadurch zustande, dass über den Netzanschluss Elektrizität aus dem Verteilernetz entnommen wird, wenn

1. der Anschlussnutzer spätestens im Zeitpunkt der erstmaligen Entnahme einen Vertrag über den Bezug von Elektrizität abgeschlossen hat oder die Voraussetzungen einer Ersatzversorgung nach § 38 des Energiewirtschaftsgesetzes vorliegen und

2. dem Anschlussnutzer oder dessen Lieferanten ein Recht auf Netzzugang nach § 20 des Energiewirtschaftsgesetzes zusteht.

² Bei Kenntnis über den Wegfall der Voraussetzungen nach Satz 1 Nr. 2 ist der Netzbetreiber verpflichtet, den Anschlussnutzer und den Grundversorger hierüber unverzüglich in Textform zu unterrichten und den Anschlussnutzer auf die Grundversorgung nach § 36 des Energiewirtschaftsgesetzes und die Ersatzversorgung nach § 38 des Energiewirtschaftsgesetzes hinzuweisen.

(3) ¹ Der Anschlussnutzer ist verpflichtet, dem Netzbetreiber die Aufnahme der Nutzung des Netzanschlusses zur Entnahme von Elektrizität unverzüglich mitzuteilen. ² Der Netzbetreiber hat dem Anschlussnutzer die Mitteilung unverzüglich in Textform zu bestätigen. ³ In der Bestätigung ist auf die Allgemeinen Bedingungen einschließlich der ergänzenden Bedingungen des Netzbetreibers und auf die Haftung des Netzbetreibers nach § 18 hinzuweisen.

---

[1] Nr. 1.

§ 4 Inhalt des Vertrages und der Bestätigung des Netzbetreibers.

(1) ¹ Der Netzanschlussvertrag und die Bestätigung des Netzbetreibers in Textform nach § 2 Abs. 5 Satz 1 und § 3 Abs. 3 Satz 2 sollen eine zusammenhängende Aufstellung aller für den Vertragsschluss nach § 2 Abs. 2 oder die Anschlussnutzung nach § 3 notwendigen Angaben enthalten, insbesondere

1. Angaben zum Anschlussnehmer- oder nutzer (Firma, Registergericht, Registernummer, Familienname, Vorname, Geburtstag, Adresse, Kundennummer),

2. Anlagenadresse und Bezeichnung des Zählers oder des Aufstellungsorts des Zählers,

3. Angaben zum Netzbetreiber (Firma, Registergericht, Registernummer und Adresse) und

4. gegenüber dem Anschlussnehmer auch die am Ende des Netzanschlusses vorzuhaltende Leistung.

² Soweit die Angaben nach Satz 1 Nr. 1 nicht vorliegen, ist der Anschlussnehmer oder -nutzer verpflichtet, diese dem Netzbetreiber auf Anforderung mitzuteilen.

(2) ¹ Der Netzbetreiber ist verpflichtet, jedem Neukunden bei Entstehen des Netzanschlussverhältnisses oder des Anschlussnutzungsverhältnisses und auf Verlangen den übrigen Kunden die Allgemeinen Bedingungen unentgeltlich auszuhändigen. ² Er hat die Allgemeinen Bedingungen auf seiner Internetseite zu veröffentlichen.

(3) Änderungen der ergänzenden Bedingungen, zu denen auch die Technischen Anschlussbedingungen nach § 20 gehören, und Kostenerstattungsregelungen des Netzbetreibers werden jeweils zum Monatsbeginn erst nach öffentlicher Bekanntgabe und im Falle der Technischen Anschlussbedingungen erst nach zusätzlicher Mitteilung an die Regulierungsbehörde wirksam.

Teil 2. Netzanschluss

§ 5 Netzanschluss.
¹ Der Netzanschluss verbindet das Elektrizitätsversorgungsnetz der allgemeinen Versorgung mit der elektrischen Anlage des Anschlussnehmers. ² Er beginnt an der Abzweigstelle des Niederspannungsnetzes und endet mit der Hausanschlusssicherung, es sei denn, dass eine abweichende Vereinbarung getroffen wird; in jedem Fall sind auf die Hausanschlusssicherung die Bestimmungen über den Netzanschluss anzuwenden.

§ 6 Herstellung des Netzanschlusses.
(1) ¹ Netzanschlüsse werden durch den Netzbetreiber hergestellt. ² Die Herstellung des Netzanschlusses soll vom Anschlussnehmer schriftlich in Auftrag gegeben werden; auf Verlangen des Netzbetreibers ist ein von diesem zur Verfügung gestellter Vordruck zu verwenden. ³ Der Netzbetreiber hat dem Anschlussnehmer den voraussichtlichen Zeitbedarf für die Herstellung des Netzanschlusses mitzuteilen.

(2) ¹ Art, Zahl und Lage der Netzanschlüsse werden nach Beteiligung des Anschlussnehmers und unter Wahrung seiner berechtigten Interessen vom Netzbetreiber nach den anerkannten Regeln der Technik bestimmt. ² Das

Interesse des Anschlussnehmers an einer kostengünstigen Errichtung der Netzanschlüsse ist dabei besonders zu berücksichtigen.

(3) ¹ Auf Wunsch des Anschlussnehmers hat der Netzbetreiber die Errichter weiterer Anschlussleitungen sowie der Telekommunikationslinien im Sinne des § 3 Nr. 26 des Telekommunikationsgesetzes im Hinblick auf eine gemeinsame Verlegung der verschiedenen Gewerke zu beteiligen. ² Er führt die Herstellung oder Änderungen des Netzanschlusses entweder selbst oder mittels Nachunternehmer durch. ³ Wünsche des Anschlussnehmers bei der Auswahl des durchführenden Nachunternehmers sind vom Netzbetreiber angemessen zu berücksichtigen. ⁴ Der Anschlussnehmer ist berechtigt, die für die Herstellung des Netzanschlusses erforderlichen Erdarbeiten auf seinem Grundstück im Rahmen des technisch Möglichen und nach den Vorgaben des Netzbetreibers durchzuführen oder durchführen zu lassen. ⁵ Der Anschlussnehmer hat die baulichen Voraussetzungen für die sichere Errichtung des Netzanschlusses zu schaffen; für den Hausanschlusskasten oder die Hauptverteiler ist ein nach den anerkannten Regeln der Technik geeigneter Platz zur Verfügung zu stellen; die Einhaltung der anerkannten Regeln der Technik wird insbesondere vermutet, wenn die Anforderungen der DIN 18012 (Ausgabe: November 2000)¹⁾ eingehalten sind.

§ 7 Art des Netzanschlusses. ¹ Die Spannung beträgt am Ende des Netzanschlusses bei Drehstrom etwa 400 oder 230 Volt und bei Wechselstrom etwa 230 Volt. ² Die Frequenz beträgt etwa 50 Hertz. ³ Welche Stromart und Spannung für das Vertragsverhältnis maßgebend sein sollen, ergibt sich daraus, an welche Stromart und Spannung die Anlage des Anschlussnehmers angeschlossen ist oder angeschlossen werden soll. ⁴ Bei der Wahl der Stromart sind die Belange des Anschlussnehmers im Rahmen der jeweiligen technischen Möglichkeiten angemessen zu berücksichtigen.

§ 8 Betrieb des Netzanschlusses. (1) ¹ Netzanschlüsse gehören zu den Betriebsanlagen des Netzbetreibers. ² Er hat sicherzustellen, dass sie in seinem Eigentum stehen oder ihm zur wirtschaftlichen Nutzung überlassen werden; soweit erforderlich, ist der Anschlussnehmer insoweit zur Mitwirkung verpflichtet. ³ Netzanschlüsse werden ausschließlich vom Netzbetreiber unterhalten, erneuert, geändert, abgetrennt und beseitigt. ⁴ Sie müssen zugänglich und vor Beschädigungen geschützt sein. ⁵ Der Anschlussnehmer darf keine Einwirkungen auf den Netzanschluss vornehmen oder vornehmen lassen.

(2) Jede Beschädigung des Netzanschlusses, insbesondere ein Schaden an der Hausanschlusssicherung oder das Fehlen von Plomben, ist dem Netzbetreiber unverzüglich mitzuteilen.

(3) Änderungen des Netzanschlusses werden nach Anhörung des Anschlussnehmers und unter Wahrung seiner berechtigten Interessen vom Netzbetreiber bestimmt.

§ 9 Kostenerstattung für die Herstellung oder Änderung des Netzanschlusses. (1) ¹ Der Netzbetreiber ist berechtigt, vom Anschlussnehmer die Erstattung der bei wirtschaftlich effizienter Betriebsführung notwendigen Kosten für

---

¹⁾ **Amtl. Anm.:** Zu beziehen beim Beuth Verlag GmbH, Berlin.

25 NAV §§ 10, 11   4. Teil. Recht des Verbraucherschutzes

1. die Herstellung des Netzanschlusses,
2. die Änderungen des Netzanschlusses, die durch eine Änderung oder Erweiterung der Kundenanlage erforderlich oder aus anderen Gründen vom Anschlussnehmer veranlasst werden,

zu verlangen. ²Die Kosten können auf der Grundlage der durchschnittlich für vergleichbare Fälle entstehenden Kosten pauschal berechnet werden. ³Im Falle einer pauschalierten Kostenberechnung sind Eigenleistungen des Anschlussnehmers angemessen zu berücksichtigen. ⁴Die Netzanschlusskosten sind so darzustellen, dass der Anschlussnehmer die Anwendung des pauschalierten Berechnungsverfahrens einfach nachvollziehen kann; wesentliche Berechnungsbestandteile sind auszuweisen.

(2) ¹Der Netzbetreiber ist berechtigt, für die Herstellung oder Änderungen des Netzanschlusses Vorauszahlung zu verlangen, wenn nach den Umständen des Einzelfalles Grund zu der Annahme besteht, dass der Anschlussnehmer seinen Zahlungsverpflichtungen nicht oder nicht rechtzeitig nachkommt. ²Werden von einem Anschlussnehmer mehrere Netzanschlüsse beauftragt, ist der Netzbetreiber berechtigt, angemessene Abschlagszahlungen zu verlangen.

(3) Kommen innerhalb von zehn Jahren nach Herstellung des Netzanschlusses weitere Anschlüsse hinzu und wird der Netzanschluss dadurch teilweise zum Bestandteil des Verteilernetzes, so hat der Netzbetreiber die Kosten neu aufzuteilen und dem Anschlussnehmer einen zu viel gezahlten Betrag zu erstatten.

§ 10 Transformatorenanlage. (1) ¹Muss zum Netzanschluss eines Grundstücks eine besondere Transformatorenanlage aufgestellt werden, so kann der Netzbetreiber verlangen, dass der Anschlussnehmer einen geeigneten Raum oder Platz unentgeltlich für die Dauer des Netzanschlussverhältnisses zur Verfügung stellt. ²Der Netzbetreiber darf die Transformatorenanlage auch für andere Zwecke benutzen, soweit dies für den Anschlussnehmer zumutbar ist.

(2) Wird das Netzanschlussverhältnis für das Grundstück beendet, so hat der Anschlussnehmer die Transformatorenanlage noch drei Jahre unentgeltlich zu dulden, es sei denn, dass ihm dies nicht zugemutet werden kann.

(3) ¹Der Anschlussnehmer kann die Verlegung der Einrichtungen an eine andere geeignete Stelle verlangen, wenn ihm ihr Verbleiben an der bisherigen Stelle nicht mehr zugemutet werden kann. ²Die Kosten der Verlegung hat der Netzbetreiber zu tragen; dies gilt nicht, soweit die Anlage ausschließlich dem Netzanschluss des Grundstücks dient.

§ 11 Baukostenzuschüsse. (1) ¹Der Netzbetreiber kann von dem Anschlussnehmer einen angemessenen Baukostenzuschuss zur teilweisen Deckung der bei wirtschaftlich effizienter Betriebsführung notwendigen Kosten für die Erstellung oder Verstärkung der örtlichen Verteileranlagen des Niederspannungsnetzes einschließlich Transformatorenstationen verlangen, soweit sich diese Anlagen ganz oder teilweise dem Versorgungsbereich zuordnen lassen, in dem der Anschluss erfolgt. ²Baukostenzuschüsse dürfen höchstens 50 vom Hundert dieser Kosten abdecken.

(2) ¹Der von dem Anschlussnehmer als Baukostenzuschuss zu übernehmende Kostenanteil bemisst sich nach dem Verhältnis, in dem die an seinem Netzanschluss vorzuhaltende Leistung zu der Summe der Leistungen steht, die

Niederspannungsanschlussverordnung **§ 12 NAV 25**

in den im betreffenden Versorgungsbereich erstellten Verteileranlagen oder auf Grund der Verstärkung insgesamt vorgehalten werden können. ²Der Durchmischung der jeweiligen Leistungsanforderungen ist Rechnung zu tragen. ³Der Baukostenzuschuss kann auf der Grundlage der durchschnittlich für vergleichbare Fälle entstehenden Kosten pauschal berechnet werden.

(3) Ein Baukostenzuschuss darf nur für den Teil der Leistungsanforderung erhoben werden, der eine Leistungsanforderung von 30 Kilowatt übersteigt.

(4) ¹Der Netzbetreiber ist berechtigt, von dem Anschlussnehmer einen weiteren Baukostenzuschuss zu verlangen, wenn der Anschlussnehmer seine Leistungsanforderung erheblich über das der ursprünglichen Berechnung zugrunde liegende Maß hinaus erhöht. ²Der Baukostenzuschuss ist nach den Absätzen 1 und 2 zu bemessen.

(5) Der Baukostenzuschuss und die in § 9 geregelten Netzanschlusskosten sind getrennt zu errechnen und dem Anschlussnehmer aufgegliedert auszuweisen.

(6) § 9 Abs. 2 gilt entsprechend.

§ 12 Grundstücksbenutzung. (1) ¹Anschlussnehmer, die Grundstückseigentümer sind, haben für Zwecke der örtlichen Versorgung (Niederspannungs- und Mittelspannungsnetz) das Anbringen und Verlegen von Leitungen zur Zu- und Fortleitung von Elektrizität über ihre im Gebiet des Elektrizitätsversorgungsnetzes der allgemeinen Versorgung liegenden Grundstücke, ferner das Anbringen von Leitungsträgern und sonstigen Einrichtungen sowie erforderliche Schutzmaßnahmen unentgeltlich zuzulassen. ²Diese Pflicht betrifft nur Grundstücke,

1. die an das Elektrizitätsversorgungsnetz angeschlossen sind,
2. die vom Eigentümer in wirtschaftlichem Zusammenhang mit einem an das Netz angeschlossenen Grundstück genutzt werden oder
3. für die die Möglichkeit des Netzanschlusses sonst wirtschaftlich vorteilhaft ist.

³Sie besteht nicht, wenn die Inanspruchnahme der Grundstücke den Eigentümer mehr als notwendig oder in unzumutbarer Weise belasten würde; insbesondere ist die Inanspruchnahme des Grundstücks zwecks Anschlusses eines anderen Grundstücks an das Elektrizitätsversorgungsnetz grundsätzlich verwehrt, wenn der Anschluss über das eigene Grundstück des anderen Anschlussnehmers möglich und dem Netzbetreiber zumutbar ist.

(2) Der Anschlussnehmer ist rechtzeitig über Art und Umfang der beabsichtigten Inanspruchnahme des Grundstücks zu benachrichtigen.

(3) ¹Der Grundstückseigentümer kann die Verlegung der Einrichtungen verlangen, wenn sie an der bisherigen Stelle für ihn nicht mehr zumutbar sind. ²Die Kosten der Verlegung hat der Netzbetreiber zu tragen; dies gilt nicht, soweit die Einrichtungen ausschließlich dem Anschluss des Grundstücks dienen.

(4) Wird die Anschlussnutzung eingestellt, so hat der Eigentümer die auf seinen Grundstücken befindlichen Einrichtungen noch drei Jahre unentgeltlich zu dulden, es sei denn, dass ihm dies nicht zugemutet werden kann.

(5) Die Absätze 1 bis 4 gelten nicht für öffentliche Verkehrswege und Verkehrsflächen sowie für Grundstücke, die durch Planfeststellung für den Bau von öffentlichen Verkehrswegen und Verkehrsflächen bestimmt sind.

§ 13 Elektrische Anlage. (1) [1] Für die ordnungsgemäße Errichtung, Erweiterung, Änderung und Instandhaltung der elektrischen Anlage hinter der Hausanschlusssicherung (Anlage) ist der Anschlussnehmer gegenüber dem Netzbetreiber verantwortlich. [2] Satz 1 gilt nicht für die Messeinrichtungen, die nicht im Eigentum des Anschlussnehmers stehen. [3] Hat der Anschlussnehmer die Anlage ganz oder teilweise einem Dritten vermietet oder sonst zur Benutzung überlassen, so bleibt er verantwortlich.

(2) [1] Unzulässige Rückwirkungen der Anlage sind auszuschließen. [2] Um dies zu gewährleisten, darf die Anlage nur nach den Vorschriften dieser Verordnung, nach anderen anzuwendenden Rechtsvorschriften und behördlichen Bestimmungen sowie nach den allgemein anerkannten Regeln der Technik errichtet, erweitert, geändert und instand gehalten werden. [3] In Bezug auf die allgemein anerkannten Regeln der Technik gilt § 49 Abs. 2 Nr. 1 des Energiewirtschaftsgesetzes[1)] entsprechend. [4] Die Arbeiten dürfen außer durch den Netzbetreiber nur durch ein in ein Installateurverzeichnis eines Netzbetreibers eingetragenes Installationsunternehmen durchgeführt werden; im Interesse des Anschlussnehmers darf der Netzbetreiber eine Eintragung in das Installateurverzeichnis nur von dem Nachweis einer ausreichenden fachlichen Qualifikation für die Durchführung der jeweiligen Arbeiten abhängig machen. [5] Mit Ausnahme des Abschnitts zwischen Hausanschlusssicherung und Messeinrichtung einschließlich der Messeinrichtung gilt Satz 4 nicht für Instandhaltungsarbeiten. [6] Es dürfen nur Materialien und Geräte verwendet werden, die entsprechend § 49 des Energiewirtschaftsgesetzes unter Beachtung der allgemein anerkannten Regeln der Technik hergestellt wurden. [7] Die Einhaltung der Voraussetzungen des Satzes 6 wird vermutet, wenn die vorgeschriebene CE-Kennzeichnung vorhanden ist. [8] Sofern die CE-Kennzeichnung nicht vorgeschrieben ist, wird dies auch vermutet, wenn die Materialien oder Geräte das Zeichen einer akkreditierten Stelle tragen, insbesondere das VDE-Zeichen oder das GS-Zeichen. [9] Materialien und Geräte, die in einem anderen Mitgliedstaat der Europäischen Union oder der Türkei oder einem Mitgliedstaat der Europäischen Freihandelsassoziation, der Vertragspartei des Abkommens über den Europäischen Wirtschaftsraum ist, rechtmäßig hergestellt oder in den Verkehr gebracht worden sind und die den technischen Spezifikationen der Zeichen im Sinne des Satzes 8 nicht entsprechen, werden einschließlich der von den vorgenannten Staaten durchgeführten Prüfungen und Überwachungen als gleichwertig behandelt, wenn mit ihnen das geforderte Schutzniveau gleichermaßen dauerhaft erreicht wird. [10] Der Netzbetreiber ist berechtigt, die Ausführung der Arbeiten zu überwachen.

(3) [1] Anlagenteile, in denen nicht gemessene elektrische Energie fließt, können vom Netzbetreiber plombiert werden. [2] Die dafür erforderliche Ausstattung der Anlage ist nach den Angaben des Netzbetreibers vom Anschlussnehmer zu veranlassen.

[1)] Nr. 1.

(4) In den Leitungen zwischen dem Ende des Hausanschlusses und dem Zähler darf der Spannungsfall unter Zugrundelegung der Nennstromstärke der vorgeschalteten Sicherung nicht mehr als 0,5 vom Hundert betragen.

§ 14 Inbetriebsetzung der elektrischen Anlage. (1) [1] Der Netzbetreiber oder dessen Beauftragter hat die Anlage über den Netzanschluss an das Verteilernetz anzuschließen und den Netzanschluss in Betrieb zu nehmen. [2] Die Anlage hinter dem Netzanschluss bis zu der in den Technischen Anschlussbedingungen definierten Trennvorrichtung für die Inbetriebsetzung der nachfolgenden Anlage, anderenfalls bis zu den Haupt- oder Verteilungssicherungen, darf nur durch den Netzbetreiber oder mit seiner Zustimmung durch das Installationsunternehmen (§ 13 Abs. 2 Satz 2) in Betrieb genommen werden. [3] Die Anlage hinter dieser Trennvorrichtung darf nur durch das Installationsunternehmen in Betrieb gesetzt werden.

(2) [1] Jede Inbetriebsetzung, die nach Maßgabe des Absatzes 1 Satz 1 und 2 von dem Netzbetreiber vorgenommen werden soll, ist bei ihm von dem Unternehmen, das nach § 13 Abs. 2 die Arbeiten an der Anlage ausgeführt hat, in Auftrag zu geben. [2] Auf Verlangen des Netzbetreibers ist ein von diesem zur Verfügung gestellter Vordruck zu verwenden.

(3) [1] Der Netzbetreiber kann für die Inbetriebsetzung vom Anschlussnehmer Kostenerstattung verlangen; die Kosten können auf der Grundlage der durchschnittlich für vergleichbare Fälle entstehenden Kosten pauschal berechnet werden. [2] Die Kosten sind so darzustellen, dass der Anschlussnehmer die Anwendung des pauschalierten Berechnungsverfahrens einfach nachvollziehen kann.

§ 15 Überprüfung der elektrischen Anlage. (1) [1] Der Netzbetreiber ist berechtigt, die Anlage vor und, um unzulässige Rückwirkungen auf Einrichtungen des Netzbetreibers oder Dritter auszuschließen, auch nach ihrer Inbetriebsetzung zu überprüfen. [2] Er hat den Anschlussnehmer auf erkannte Sicherheitsmängel aufmerksam zu machen und kann deren Beseitigung verlangen.

(2) Werden Mängel festgestellt, welche die Sicherheit gefährden oder erhebliche Störungen erwarten lassen, so ist der Netzbetreiber berechtigt, den Anschluss zu verweigern oder die Anschlussnutzung zu unterbrechen; bei Gefahr für Leib oder Leben ist er hierzu verpflichtet.

(3) [1] Durch Vornahme oder Unterlassung der Überprüfung der Anlage sowie durch deren Anschluss an das Verteilernetz übernimmt der Netzbetreiber keine Haftung für die Mängelfreiheit der Anlage. [2] Dies gilt nicht, wenn er bei einer Überprüfung Mängel festgestellt hat, die eine Gefahr für Leib oder Leben darstellen.

Teil 3. Anschlussnutzung

§ 16 Nutzung des Anschlusses. (1) [1] Der Netzbetreiber ist bei Bestehen eines Anschlussnutzungsverhältnisses verpflichtet, dem Anschlussnutzer in dem im Netzanschlussverhältnis vorgesehenen Umfang die Nutzung des Netzanschlusses jederzeit zu ermöglichen. [2] Dies gilt nicht, soweit und solange der Netzbetreiber hieran durch höhere Gewalt oder sonstige Umstände, deren Beseitigung ihm im Sinne des § 18 Abs. 1 Satz 2 des Energiewirtschaftsgesetzes[1]) aus wirtschaftlichen Gründen nicht zugemutet werden kann, gehindert ist.

(2) ¹ Die Anschlussnutzung hat zur Voraussetzung, dass der Gebrauch der Elektrizität mit einem Verschiebungsfaktor zwischen $\cos \varphi = 0{,}9$ kapazitiv und $0{,}9$ induktiv erfolgt. ² Anderenfalls kann der Netzbetreiber den Einbau ausreichender Kompensationseinrichtungen verlangen.

(3) ¹ Der Netzbetreiber hat Spannung und Frequenz möglichst gleich bleibend zu halten. ² Allgemein übliche Verbrauchsgeräte und Stromerzeugungsanlagen müssen einwandfrei betrieben werden können. ³ Stellt der Anschlussnutzer Anforderungen an die Stromqualität, die über die Verpflichtungen nach den Sätzen 1 und 2 hinausgehen, so obliegt es ihm selbst, innerhalb seines Bereichs Vorkehrungen zum störungsfreien Betrieb seiner Geräte und Anlagen zu treffen.

(4) Zwischen Anschlussnutzer und Netzbetreiber gelten die §§ 7, 8, 12 und 13 Abs. 1 und 2, § 14 Abs. 1 Satz 1, Abs. 2 und 3 sowie § 15 entsprechend.

§ 17 Unterbrechung der Anschlussnutzung.

(1) ¹ Die Anschlussnutzung kann unterbrochen werden, soweit dies zur Vornahme betriebsnotwendiger Arbeiten oder zur Vermeidung eines drohenden Netzzusammenbruchs erforderlich ist. ² Der Netzbetreiber hat jede Unterbrechung oder Unregelmäßigkeit unverzüglich zu beheben. ³ Eine notwendige Unterbrechung wegen eines vom Anschlussnutzer veranlassten Austauschs der Messeinrichtung durch einen Dritten nach § 21 b des Energiewirtschaftsgesetzes[1]) hat der Netzbetreiber nicht zu vertreten.

(2) ¹ Der Netzbetreiber hat die Anschlussnutzer bei einer beabsichtigten Unterbrechung der Anschlussnutzung rechtzeitig in geeigneter Weise zu unterrichten. ² Bei kurzen Unterbrechungen ist er zur Unterrichtung nur gegenüber Anschlussnutzern verpflichtet, die zur Vermeidung von Schäden auf eine ununterbrochene Stromzufuhr angewiesen sind und dies dem Netzbetreiber unter Angabe von Gründen schriftlich mitgeteilt haben. ³ Die Pflicht zur Benachrichtigung entfällt, wenn die Unterrichtung

1. nach den Umständen nicht rechtzeitig möglich ist und der Netzbetreiber dies nicht zu vertreten hat oder
2. die Beseitigung von bereits eingetretenen Unterbrechungen verzögern würde.

⁴ In den Fällen des Satzes 3 ist der Netzbetreiber verpflichtet, dem Anschlussnutzer auf Nachfrage nachträglich mitzuteilen, aus welchem Grund die Unterbrechung vorgenommen worden ist.

§ 18 Haftung bei Störungen der Anschlussnutzung.

(1) ¹ Soweit der Netzbetreiber für Schäden, die ein Anschlussnutzer durch Unterbrechung oder durch Unregelmäßigkeiten in der Anschlussnutzung erleidet, aus Vertrag, Anschlussnutzungsverhältnis oder unerlaubter Handlung haftet und dabei Ver-

---

¹⁾ Nr. 1.

Niederspannungsanschlussverordnung § 18 NAV 25

schulden des Unternehmens oder eines Erfüllungs- oder Verrichtungsgehilfen vorausgesetzt wird, wird

1. hinsichtlich eines Vermögensschadens widerleglich vermutet, dass Vorsatz oder grobe Fahrlässigkeit vorliegt,
2. hinsichtlich der Beschädigung einer Sache widerleglich vermutet, dass Vorsatz oder Fahrlässigkeit vorliegt.

²Bei Vermögensschäden nach Satz 1 Nr. 1 ist die Haftung für sonstige Fahrlässigkeit ausgeschlossen.

(2) ¹Bei weder vorsätzlich noch grob fahrlässig verursachten Sachschäden ist die Haftung des Netzbetreibers gegenüber seinen Anschlussnutzern auf jeweils 5 000 Euro begrenzt. ²Die Haftung für nicht vorsätzlich verursachte Sachschäden ist je Schadensereignis insgesamt begrenzt auf

1. 2,5 Millionen Euro bei bis zu 25 000 an das eigene Netz angeschlossenen Anschlussnutzern;
2. 10 Millionen Euro bei 25 001 bis zu 100 000 an das eigene Netz angeschlossenen Anschlussnutzern;
3. 20 Millionen Euro bei 100 001 bis 200 000 an das eigene Netz angeschlossenen Anschlussnutzern;
4. 30 Millionen Euro bei 200 001 bis einer Million an das eigene Netz angeschlossenen Anschlussnutzern;
5. 40 Millionen Euro bei mehr als einer Million an das eigene Netz angeschlossenen Anschlussnutzern.

³In diese Höchstgrenzen werden auch Schäden von Anschlussnutzern in vorgelagerten Spannungsebenen einbezogen, wenn die Haftung ihnen gegenüber im Einzelfall entsprechend Satz 1 begrenzt ist.

(3) ¹Die Absätze 1 und 2 sind auch auf Ansprüche von Anschlussnutzern anzuwenden, die diese gegen einen dritten Netzbetreiber im Sinne des § 3 Nr. 27 des Energiewirtschaftsgesetzes[1]) aus unerlaubter Handlung geltend machen. ²Die Haftung dritter Netzbetreiber im Sinne des § 3 Nr. 27 des Energiewirtschaftsgesetzes ist je Schadensereignis insgesamt auf das Dreifache des Höchstbetrages, für den sie nach Absatz 2 Satz 2 eigenen Anschlussnutzern gegenüber haften. ³Hat der dritte Netzbetreiber im Sinne des § 3 Nr. 27 des Energiewirtschaftsgesetzes keine eigenen an das Netz angeschlossenen Anschlussnutzer im Sinne dieser Verordnung, so ist die Haftung insgesamt auf 200 Millionen Euro begrenzt. ⁴In den Höchstbetrag nach den Sätzen 2 und 3 können auch Schadensersatzansprüche von nicht unter diese Verordnung fallenden Kunden einbezogen werden, die diese gegen das dritte Unternehmen aus unerlaubter Handlung geltend machen, wenn deren Ansprüche im Einzelfall entsprechend Absatz 2 Satz 1 begrenzt sind. ⁵Der Netzbetreiber ist verpflichtet, seinen Anschlussnutzern auf Verlangen über die mit der Schadensverursachung durch einen dritten Netzbetreiber im Sinne des § 3 Nr. 27 des Energiewirtschaftsgesetzes zusammenhängenden Tatsachen insoweit Auskunft zu geben, als sie ihm bekannt sind oder von ihm in zumutbarer Weise aufgeklärt werden können und ihre Kenntnis zur Geltendmachung des Schadensersatzes erforderlich ist.

---

[1]) Nr. 1.

(4) ¹ Bei grob fahrlässig verursachten Vermögensschäden ist die Haftung des Netzbetreibers, an dessen Netz der Anschlussnutzer angeschlossen ist, oder eines dritten Netzbetreibers, gegen den der Anschlussnutzer Ansprüche geltend macht, gegenüber seinen Anschlussnutzern auf jeweils 5 000 Euro sowie je Schadensereignis insgesamt auf 20 vom Hundert der in Absatz 2 Satz 2 sowie Absatz 3 Satz 2 und 3 genannten Höchstbeträge begrenzt. ² Absatz 2 Satz 3 sowie Absatz 3 Satz 1, 4 und 5 gelten entsprechend.

(5) ¹ Übersteigt die Summe der Einzelschäden die jeweilige Höchstgrenze, so wird der Schadensersatz in dem Verhältnis gekürzt, in dem die Summe aller Schadensersatzansprüche zur Höchstgrenze steht. ² Sind nach Absatz 2 Satz 3 oder nach Absatz 3 Satz 4, jeweils auch in Verbindung mit Absatz 4, Schäden von nicht unter diese Verordnung fallenden Kunden in die Höchstgrenze einbezogen worden, so sind sie auch bei der Kürzung nach Satz 1 entsprechend einzubeziehen. ³ Bei Ansprüchen nach Absatz 3 darf die Schadensersatzquote nicht höher sein als die Quote der Kunden des dritten Netzbetreibers.

(6) Die Ersatzpflicht entfällt für Schäden unter 30 Euro, die weder vorsätzlich noch grob fahrlässig verursacht worden sind.

(7) Der geschädigte Anschlussnutzer hat den Schaden unverzüglich dem Netzbetreiber oder, wenn dieses feststeht, dem ersatzpflichtigen Unternehmen mitzuteilen.

Teil 4. Gemeinsame Vorschriften

Abschnitt 1. Anlagenbetrieb und Rechte des Netzbetreibers

§ 19 Betrieb von elektrischen Anlagen und Verbrauchsgeräten, Eigenerzeugung. (1) Anlage und Verbrauchsgeräte sind vom Anschlussnehmer oder -nutzer so zu betreiben, dass Störungen anderer Anschlussnehmer oder -nutzer und störende Rückwirkungen auf Einrichtungen des Netzbetreibers oder Dritter ausgeschlossen sind.

(2) ¹ Erweiterungen und Änderungen von Anlagen sowie die Verwendung zusätzlicher Verbrauchsgeräte sind dem Netzbetreiber mitzuteilen, soweit sich dadurch die vorzuhaltende Leistung erhöht oder mit Netzrückwirkungen zu rechnen ist. ² Nähere Einzelheiten über den Inhalt der Mitteilung kann der Netzbetreiber regeln.

(3) ¹ Vor der Errichtung einer Eigenanlage hat der Anschlussnehmer oder -nutzer dem Netzbetreiber Mitteilung zu machen. ² Der Anschlussnehmer oder -nutzer hat durch geeignete Maßnahmen sicherzustellen, dass von seiner Eigenanlage keine schädlichen Rückwirkungen in das Elektrizitätsversorgungsnetz möglich sind. ³ Der Anschluss von Eigenanlagen ist mit dem Netzbetreiber abzustimmen. ⁴ Dieser kann den Anschluss von der Einhaltung der von ihm nach § 20 festzulegenden Maßnahmen zum Schutz vor Rückspannungen abhängig machen.

§ 20 Technische Anschlussbedingungen. ¹ Der Netzbetreiber ist berechtigt, in Form von Technischen Anschlussbedingungen weitere technische Anforderungen an den Netzanschluss und andere Anlagenteile sowie an den Betrieb der Anlage einschließlich der Eigenanlage festzulegen, soweit dies aus

Gründen der sicheren und störungsfreien Versorgung, insbesondere im Hinblick auf die Erfordernisse des Verteilernetzes, notwendig ist. [2] Diese Anforderungen müssen den allgemein anerkannten Regeln der Technik entsprechen. [3] Der Anschluss bestimmter Verbrauchsgeräte kann in den Technischen Anschlussbedingungen von der vorherigen Zustimmung des Netzbetreibers abhängig gemacht werden. [4] Die Zustimmung darf nur verweigert werden, wenn der Anschluss eine sichere und störungsfreie Versorgung gefährden würde.

§ 21 Zutrittsrecht. [1] Der Anschlussnehmer oder -nutzer hat nach vorheriger Benachrichtigung dem mit einem Ausweis versehenen Beauftragten des Netzbetreibers, des Messstellenbetreibers oder des Messdienstleisters den Zutritt zum Grundstück und zu seinen Räumen zu gestatten, soweit dies für die Prüfung der technischen Einrichtungen und Messeinrichtungen, zum Austausch der Messeinrichtung, auch anlässlich eines Wechsels des Messstellenbetreibers, zur Ablesung der Messeinrichtung oder zur Unterbrechung des Anschlusses und der Anschlussnutzung erforderlich ist. [2] Die Benachrichtigung kann durch Mitteilung an die jeweilige Anschlussnehmer oder -nutzer oder durch Aushang an oder im jeweiligen Haus erfolgen. [3] Im Falle der Ablesung der Messeinrichtungen muss die Benachrichtigung mindestens drei Wochen vor dem Betretungstermin erfolgen; mindestens ein Ersatztermin ist anzubieten. [4] Eine vorherige Benachrichtigung ist in den Fällen des § 24 Abs. 1 nicht erforderlich.

§ 22 Mess- und Steuereinrichtungen. (1) Für Mess- und Steuereinrichtungen hat der Anschlussnehmer Zählerplätze nach den anerkannten Regeln der Technik unter Beachtung der technischen Anforderungen nach § 20 vorzusehen.

(2) [1] Der Netzbetreiber bestimmt den Anbringungsort von Mess- und Steuereinrichtungen. [2] Bei der Wahl des Aufstellungsorts ist die Möglichkeit einer Fernauslesung der Messdaten zu berücksichtigen. [3] Soweit dies technisch machbar und wirtschaftlich zumutbar ist, sind in Gebäuden, die neu an das Energieversorgungsnetz angeschlossen oder einer größeren Renovierung im Sinne der Richtlinie 2002/91/EG des Europäischen Parlaments und des Rates vom 16. Dezember 2002 über die Gesamtenergieeffizienz von Gebäuden (ABl. EU Nr. L 1 S. 65) unterzogen werden, die baulichen Voraussetzungen für den Einbau von Messeinrichtungen zu schaffen, die dem jeweiligen Anschlussnutzer den tatsächlichen Energieverbrauch und die tatsächliche Nutzungszeit widerspiegeln. [4] Der Netzbetreiber hat den Anschlussnehmer anzuhören und dessen berechtigte Interessen zu wahren. [5] Er ist verpflichtet, auf Verlangen des Anschlussnehmers einer Verlegung der Mess- und Steuereinrichtungen zuzustimmen, wenn dies ohne Beeinträchtigung einer einwandfreien Messung möglich ist. [6] Der Anschlussnehmer hat die Kosten einer Verlegung der Mess- und Steuereinrichtungen nach Satz 4 zu tragen.

(3) [1] Der Anschlussnehmer oder -nutzer hat dafür Sorge zu tragen, dass die Mess- und Steuereinrichtungen zugänglich sind. [2] Er hat den Verlust, Beschädigungen und Störungen von Mess- und Steuereinrichtungen dem Netzbetreiber und dem Messstellenbetreiber unverzüglich mitzuteilen.

Abschnitt 2. Fälligkeit, Folge von Zuwiderhandlungen, Beendigung der Rechtsverhältnisse

§ 23 Zahlung, Verzug. (1) ¹Rechnungen werden zu dem vom Netzbetreiber angegebenen Zeitpunkt, frühestens jedoch zwei Wochen nach Zugang der Zahlungsaufforderung fällig. ²Einwände gegen Rechnungen berechtigen gegenüber dem Netzbetreiber zum Zahlungsaufschub oder zur Zahlungsverweigerung nur, soweit die ernsthafte Möglichkeit eines offensichtlichen Fehlers besteht. ³§ 315 des Bürgerlichen Gesetzbuchs[1]) bleibt von Satz 2 unberührt.

(2) ¹Bei Zahlungsverzug des Anschlussnehmers oder -nutzers kann der Netzbetreiber, wenn er erneut zur Zahlung auffordert oder den Betrag durch einen Beauftragten einziehen lässt, die dadurch entstandenen Kosten für strukturell vergleichbare Fälle auch pauschal berechnen; die pauschale Berechnung muss einfach nachvollziehbar sein. ²Die Pauschale darf die nach dem gewöhnlichen Lauf der Dinge zu erwartenden Kosten nicht übersteigen. ³Auf Verlangen des Kunden ist die Berechnungsgrundlage nachzuweisen.

(3) Gegen Ansprüche des Netzbetreibers kann vom Anschlussnehmer oder -nutzer nur mit unbestrittenen oder rechtskräftig festgestellten Gegenansprüchen aufgerechnet werden.

§ 24 Unterbrechung des Anschlusses und der Anschlussnutzung.

(1) ¹Der Netzbetreiber ist berechtigt, den Netzanschluss und die Anschlussnutzung ohne vorherige Androhung zu unterbrechen, wenn der Anschlussnehmer oder -nutzer dieser Verordnung zuwiderhandelt und die Unterbrechung erforderlich ist, um

1. eine unmittelbare Gefahr für die Sicherheit von Personen oder Sachen von erheblichem Wert abzuwenden,
2. die Anschlussnutzung unter Umgehung, Beeinflussung oder vor Anbringung der Messeinrichtungen zu verhindern oder
3. zu gewährleisten, dass Störungen anderer Anschlussnehmer oder -nutzer oder störende Rückwirkungen auf Einrichtungen des Netzbetreibers oder Dritter ausgeschlossen sind.

²Der Netzbetreiber ist verpflichtet, dem Anschlussnehmer oder -nutzer auf Nachfrage mitzuteilen, aus welchem Grund die Unterbrechung vorgenommen worden ist.

(2) ¹Bei anderen Zuwiderhandlungen, insbesondere bei Nichterfüllung einer Zahlungsverpflichtung trotz Mahnung, ist der Netzbetreiber berechtigt, den Netzanschluss und die Anschlussnutzung vier Wochen nach Androhung zu unterbrechen. ²Dies gilt nicht, wenn die Folgen der Unterbrechung außer Verhältnis zur Schwere der Zuwiderhandlung stehen oder der Anschlussnehmer oder -nutzer darlegt, dass hinreichende Aussicht besteht, dass er seinen Verpflichtungen nachkommt.

(3) Der Netzbetreiber ist berechtigt, auf Anweisung des Lieferanten des Anschlussnutzers die Anschlussnutzung zu unterbrechen, soweit der Lieferant dem Anschlussnutzer gegenüber hierzu vertraglich berechtigt ist und der Lieferant das Vorliegen der Voraussetzungen für die Unterbrechung gegenüber dem Netzbetreiber glaubhaft versichert und den Netzbetreiber von sämtlichen

---

[1]) Nr. 23.

Schadensersatzansprüchen freistellt, die sich aus einer unberechtigten Unterbrechung ergeben können; dabei ist auch glaubhaft zu versichern, dass dem Anschlussnutzer keine Einwendungen oder Einreden zustehen, die die Voraussetzungen der Unterbrechung der Anschlussnutzung entfallen lassen.

(4) ¹ In den Fällen des Absatzes 2 ist der Beginn der Unterbrechung des Netzanschlusses und der Anschlussnutzung dem Anschlussnutzer drei Werktage im Voraus anzukündigen. ² Dies gilt nicht, soweit der Lieferant zu einer entsprechenden Ankündigung verpflichtet ist.

(5) ¹ Der Netzbetreiber hat die Unterbrechung des Netzanschlusses und der Anschlussnutzung unverzüglich aufzuheben, sobald die Gründe für die Unterbrechung entfallen sind und der Anschlussnehmer oder -nutzer oder im Falle des Absatzes 3 der Lieferant oder der Anschlussnutzer die Kosten der Unterbrechung und Wiederherstellung des Anschlusses und der Anschlussnutzung ersetzt hat. ² Die Kosten können für strukturell vergleichbare Fälle pauschal berechnet werden; die pauschale Berechnung muss einfach nachvollziehbar sein. ³ Die Pauschale darf die nach dem gewöhnlichen Lauf der Dinge zu erwartenden Kosten nicht übersteigen. ⁴ Auf Verlangen des Kunden ist die Berechnungsgrundlage nachzuweisen. ⁵ Der Nachweis geringerer Kosten ist dem Kunden zu gestatten.

§ 25 Kündigung des Netzanschlussverhältnisses. (1) ¹ Das Netzanschlussverhältnis kann mit einer Frist von einem Monat auf das Ende eines Kalendermonats gekündigt werden. ² Eine Kündigung durch den Netzbetreiber ist nur möglich, soweit eine Pflicht zum Netzanschluss nach § 18 Abs. 1 Satz 2 des Energiewirtschaftsgesetzes¹⁾ nicht besteht.

(2) ¹ Tritt an Stelle des bisherigen Netzbetreibers ein anderes Unternehmen in die sich aus dem Netzanschlussverhältnis ergebenden Rechte und Pflichten ein, so bedarf es hierfür nicht der Zustimmung des Anschlussnehmers. ² Der Wechsel des Netzbetreibers ist öffentlich bekannt zu machen und auf der Internetseite des Netzbetreibers zu veröffentlichen.

(3) Die Kündigung bedarf der Textform.

§ 26 Beendigung des Anschlussnutzungsverhältnisses. (1) ¹ Das Anschlussnutzungsverhältnis besteht, bis der Anschlussnutzer die Anschlussnutzung einstellt. ² Er ist verpflichtet, dies dem Netzbetreiber unverzüglich mitzuteilen.

(2) Im Falle einer Kündigung des Netzanschlussvertrages nach § 25 oder § 27 endet das Anschlussnutzungsverhältnis mit der Beendigung des Netzanschlussvertrages.

§ 27 Fristlose Kündigung oder Beendigung. ¹ Der Netzbetreiber ist in den Fällen des § 24 Abs. 1 berechtigt, das Netzanschlussverhältnis fristlos zu kündigen oder die Anschlussnutzung fristlos zu beenden, wenn die Voraussetzungen zur Unterbrechung des Netzanschlusses und der Anschlussnutzung wiederholt vorliegen. ² Bei wiederholten Zuwiderhandlungen nach § 24 Abs. 2 ist der Netzbetreiber zur fristlosen Kündigung berechtigt, wenn sie zwei Wochen vorher angedroht wurde; § 24 Abs. 2 Satz 2 gilt entsprechend.

---

¹⁾ Nr. 1.

Teil 5. Schlussbestimmungen

§ 28 Gerichtsstand. Gerichtsstand ist der Ort des Netzanschlusses und der Anschlussnutzung.

§ 29 Übergangsregelung. (1) [1] Der Netzbetreiber ist verpflichtet, die Anschlussnehmer durch öffentliche Bekanntgabe und Veröffentlichung im Internet über die Möglichkeit einer Anpassung nach § 115 Abs. 1 Satz 2 des Energiewirtschaftsgesetzes[1]) zu informieren. [2] Die Anpassung ist in Textform zu verlangen. [3] Der Netzbetreiber kann die Anpassung gegenüber allen Anschlussnehmern auch in der in Satz 1 genannten Weise verlangen. [4] Im Falle des Satzes 3 erfolgt die Anpassung mit Wirkung vom auf die Bekanntmachung folgenden Tag. [5] Von der Anpassung ausgenommen ist § 4 Abs. 1.

(2) [1] Die Frist nach § 10 Abs. 2 und nach § 12 Abs. 4 beginnt mit dem 8. November 2006. [2] Läuft jedoch die in den § 10 Abs. 6 und § 11 Abs. 2 der Verordnung über Allgemeine Bedingungen für die Elektrizitätsversorgung von Tarifkunden vom 21. Juni 1979 (BGBl. I S. 684), zuletzt geändert durch Artikel 17 des Gesetzes vom 9. Dezember 2004 (BGBl. I S. 3214), bestimmte Frist früher als die gemäß Satz 1 bestimmte Frist ab, bleibt es dabei.

(3) [1] Wird vor dem 1. Juli 2007 ein Anschluss an eine Verteileranlage hergestellt, die vor dem 8. November 2006 errichtet oder mit deren Errichtung vor dem 8. November 2006 begonnen worden ist und ist der Anschluss ohne Verstärkung der Verteileranlage möglich, so kann der Netzbetreiber abweichend von § 11 Abs. 1 bis 3 einen Baukostenzuschuss nach Maßgabe der für die Verteileranlage bisher verwendeten Berechnungsmaßstäbe verlangen. [2] Der nach Satz 1 berechnete Baukostenzuschuss ist auf den Wert nach § 11 Abs. 1 Satz 2 zu kürzen.

---

[1]) Nr. 1.

26. Verordnung über Allgemeine Bedingungen für die Grundversorgung von Haushaltskunden und die Ersatzversorgung mit Gas aus dem Niederdrucknetz (Gasgrundversorgungsverordnung – GasGVV)[1)]

Vom 26. Oktober 2006
(BGBl. I S. 2391)

FNA 752-6-9

zuletzt geänd. durch Art. 2 VO zur Änd. von VO auf dem Gebiet des Energiewirtschaftsrechts v. 30. 4. 2012 (BGBl. I S. 1002)

Inhaltsübersicht

§§

Teil 1. Allgemeine Bestimmungen

Anwendungsbereich, Begriffsbestimmungen	1
Vertragsschluss	2
Ersatzversorgung	3

Teil 2. Versorgung

Bedarfsdeckung	4
Art der Versorgung	5
Umfang der Grundversorgung	6
Erweiterung und Änderung von Anlagen und Verbrauchsgeräten; Mitteilungspflichten	7

Teil 3. Aufgaben und Rechte des Grundversorgers

Messeinrichtungen	8
Zutrittsrecht	9
Vertragsstrafe	10

Teil 4. Abrechnung der Energielieferung

Ablesung	11
Abrechnung	12
Abschlagszahlungen	13
Vorauszahlungen	14
Sicherheitsleistung	15
Rechnungen und Abschläge	16
Zahlung, Verzug	17
Berechnungsfehler	18

Teil 5. Beendigung des Grundversorgungsverhältnisses

Unterbrechung der Versorgung	19
Kündigung	20
Fristlose Kündigung	21

Teil 6. Schlussbestimmungen

Gerichtsstand	22
Übergangsregelung	23

[1)] Verkündet als Art. 2 VO zum Erlass von Regelungen für die Grundversorgung von Haushaltskunden und die Ersatzversorgung im Energiebereich v. 26. 10. 2006 (BGBl. I S. 2391); Inkrafttreten gem. Art. 3 dieser VO am 8. 11. 2006.

Teil 1. Allgemeine Bestimmungen

§ 1 Anwendungsbereich, Begriffsbestimmungen. (1) [1] Diese Verordnung regelt die Allgemeinen Bedingungen, zu denen Gasversorgungsunternehmen Haushaltskunden in Niederdruck im Rahmen der Grundversorgung nach § 36 Abs. 1 des Energiewirtschaftsgesetzes[1)] zu Allgemeinen Preisen mit Gas zu beliefern haben. [2] Die Bestimmungen dieser Verordnung sind Bestandteil des Grundversorgungsvertrages zwischen Grundversorgern und Haushaltskunden. [3] Diese Verordnung regelt zugleich die Bedingungen für die Ersatzversorgung nach § 38 Abs. 1 des Energiewirtschaftsgesetzes. [4] Sie gilt für alle nach dem 12. Juli 2005 abgeschlossenen Versorgungsverträge, soweit diese nicht vor dem 8. November 2006 beendet worden sind.

(2) Kunden im Sinne dieser Verordnung sind der Haushaltskunde und im Rahmen der Ersatzversorgung der Letztverbraucher.

(3) Grundversorger im Sinne dieser Verordnung ist ein Gasversorgungsunternehmen, das nach § 36 Abs. 1 des Energiewirtschaftsgesetzes in einem Netzgebiet die Grundversorgung mit Gas durchführt.

§ 2 Vertragsschluss. (1) [1] Der Grundversorgungsvertrag soll in Textform abgeschlossen werden. [2] Ist er auf andere Weise zustande gekommen, so hat der Grundversorger den Vertragsschluss dem Kunden unverzüglich in Textform zu bestätigen.

(2) [1] Kommt der Grundversorgungsvertrag dadurch zustande, dass Gas aus dem Gasversorgungsnetz der allgemeinen Versorgung entnommen wird, über das der Grundversorger die Grundversorgung durchführt, so ist der Kunde verpflichtet, dem Grundversorger die Entnahme von Gas unverzüglich in Textform mitzuteilen. [2] Die Mitteilungspflicht gilt auch, wenn die Belieferung des Kunden durch ein Gasversorgungsunternehmen endet und der Kunde kein anschließendes Lieferverhältnis mit einem anderen Gasversorgungsunternehmen begründet hat.

(3) [1] Ein Grundversorgungsvertrag oder die Bestätigung des Vertrages muss alle für einen Vertragsschluss notwendigen Angaben enthalten, insbesondere auch:

1. Angaben zum Kunden (Firma, Registergericht und Registernummer oder Familienname und Vorname sowie Adresse und Kundennummer),
2. Angaben über die Anlagenadresse und die Bezeichnung des Zählers oder den Aufstellungsort des Zählers,
3. Angaben über Gasart, Brennwert, Druck,
4. Angaben über unterschiedliche Nutzenergie der Kilowattstunde Gas zur Kilowattstunde Strom, soweit der Gasverbrauch nach Kilowattstunden abgerechnet wird,
5. Angaben zum Grundversorger (Firma, Registergericht, Registernummer und Adresse),

---

[1)] Nr. 1.

6. Angaben zum Netzbetreiber, in dessen Netzgebiet die Grundversorgung durchgeführt wird (Firma, Registergericht, Registernummer und Adresse) und

7. Angaben zu den Allgemeinen Preisen nach § 36 Absatz 1 des Energiewirtschaftsgesetzes[1].

²Wenn dem Grundversorger die Angaben nach Satz 1 Nummer 1 nicht vorliegen, ist der Kunde verpflichtet, sie dem Grundversorger auf Anforderung mitzuteilen. ³Zusätzlich ist in dem Vertrag oder der Vertragsbestätigung hinzuweisen auf

1. die Allgemeinen Bedingungen und auf diese ergänzende Bedingungen,

2. die Möglichkeit des Kunden, Ansprüche wegen Versorgungsstörungen gegen den Netzbetreiber nach § 6 Absatz 3 Satz 1 geltend zu machen und

3. das Recht des Kunden nach § 111 b Absatz 1 Satz 1 des Energiewirtschaftsgesetzes eine Schlichtungsstelle anzurufen und die Anschrift der zuständigen Schlichtungsstelle sowie auf den Verbraucherservice der Bundesnetzagentur für den Bereich Elektrizität und Gas und dessen Anschrift.

⁴Die Hinweise nach Satz 3 Nummer 3 hat der Grundversorger auch auf seiner Internetseite zu veröffentlichen.

(4) ¹Der Grundversorger ist verpflichtet, jedem Neukunden rechtzeitig vor Vertragsschluss und in den Fällen des Absatzes 1 Satz 2 mit der Bestätigung des Vertragsschlusses sowie auf Verlangen den übrigen Kunden die allgemeinen Bedingungen unentgeltlich auszuhändigen. ²Satz 1 gilt entsprechend für die ergänzenden Bedingungen; diese hat der Grundversorger öffentlich bekannt zu geben und auf seiner Internetseite zu veröffentlichen.

(5) Der Abschluss eines Grundversorgungsvertrages darf nicht davon abhängig gemacht werden, dass Zahlungsrückstände eines vorherigen Anschlussnutzers beglichen werden.

§ 3 Ersatzversorgung. (1) Für die Ersatzversorgung nach § 38 des Energiewirtschaftsgesetzes[1] gelten die §§ 4 bis 8, 10 bis 19 und 22 sowie für die Beendigung der Ersatzversorgung nach § 38 Abs. 2 Satz 1 des Energiewirtschaftsgesetzes § 20 Abs. 3 entsprechend; § 11 Abs. 2 gilt mit der Maßgabe, dass der Grundversorger den Energieverbrauch auf Grund einer rechnerischen Abgrenzung schätzen und den anteiligen Verbrauch in Rechnung stellen darf.

(2) ¹Der Grundversorger hat dem Kunden unverzüglich nach Kenntnisnahme den Zeitpunkt des Beginns und des Endes der Ersatzversorgung in Textform mitzuteilen. ²Dabei hat er ebenfalls mitzuteilen, dass spätestens nach dem Ende der Ersatzversorgung zur Fortsetzung des Gasbezugs der Abschluss eines Bezugsvertrages durch den Kunden erforderlich ist; auf § 2 Abs. 2 ist hinzuweisen.

Teil 2. Versorgung

§ 4 Bedarfsdeckung. ¹Der Kunde ist für die Dauer des Grundversorgungsvertrages verpflichtet, seinen gesamten leitungsgebundenen Gasbedarf aus den

---

[1] Nr. 1.

Gaslieferungen des Grundversorgers zu decken. ²Ausgenommen ist die Bedarfsdeckung durch Eigenanlagen zur Nutzung regenerativer Energiequellen.

§ 5 Art der Versorgung. (1) ¹Welche Gasart für das Vertragsverhältnis maßgebend sein soll, ergibt sich aus der Gasart des jeweiligen Gasversorgungsnetzes der allgemeinen Versorgung, an das die Anlage, über die der Kunde Gas entnimmt, angeschlossen ist. ²Der Brennwert mit der sich aus den Erzeugungs- oder Bezugsverhältnissen ergebenden Schwankungsbreite sowie der für die Belieferung des Kunden maßgebende Ruhedruck des Gases ergeben sich aus den ergänzenden Bestimmungen des Netzbetreibers zu den allgemeinen Netzanschlussbedingungen der Anlage, über die der Kunde Gas entnimmt.

(2) ¹Änderungen der Allgemeinen Preise und der ergänzenden Bedingungen werden jeweils zum Monatsbeginn und erst nach öffentlicher Bekanntgabe wirksam, die mindestens sechs Wochen vor der beabsichtigten Änderung erfolgen muss. ²Der Grundversorger ist verpflichtet, zu den beabsichtigten Änderungen zeitgleich mit der öffentlichen Bekanntgabe eine briefliche Mitteilung an den Kunden zu versenden und die Änderungen auf seiner Internetseite zu veröffentlichen.

(3) ¹Im Fall einer Änderung der Allgemeinen Preise oder ergänzenden Bedingungen hat der Kunde das Recht, den Vertrag ohne Einhaltung einer Kündigungsfrist zum Zeitpunkt des Wirksamwerdens der Änderungen zu kündigen. ²Änderungen der Allgemeinen Preise und der ergänzenden Bedingungen werden gegenüber demjenigen Kunden nicht wirksam, der bei einer Kündigung des Vertrages mit dem Grundversorger die Einleitung eines Wechsels des Versorgers durch entsprechenden Vertragsschluss innerhalb eines Monats nach Zugang der Kündigung nachweist.

§ 6 Umfang der Grundversorgung. (1) ¹Der Grundversorger ist im Interesse des Kunden verpflichtet, die für die Durchführung der Grundversorgung erforderlichen Verträge mit Netzbetreibern abzuschließen. ²Er hat die ihm möglichen Maßnahmen zu treffen, um dem Kunden am Ende des Netzanschlusses, zu dessen Nutzung der Kunde nach der Niederdruckanschlussverordnung[1] berechtigt ist, zu den jeweiligen Allgemeinen Preisen und Bedingungen Gas zur Verfügung zu stellen. ³Das Gas wird im Rahmen der Grundversorgung für die Zwecke des Letztverbrauchs geliefert.

(2) ¹Der Grundversorger ist verpflichtet, den Gasbedarf des Kunden im Rahmen des § 36 des Energiewirtschaftsgesetzes[2] zu befriedigen und für die Dauer des Grundversorgungsvertrages im vertraglich vorgesehenen Umfang nach Maßgabe des Absatzes 1 jederzeit Gas zur Verfügung zu stellen. ²Dies gilt nicht,
1. soweit die Allgemeinen Preise oder Allgemeinen Bedingungen zeitliche Beschränkungen vorsehen,
2. soweit und solange der Netzbetreiber den Netzanschluss und die Anschlussnutzung nach § 17 der Niederdruckanschlussverordnung oder § 24 Abs. 1, 2 und 5 der Niederdruckanschlussverordnung unterbrochen hat oder

---
[1] Nr. **28**.
[2] Nr. **1**.

3. soweit und solange der Grundversorger an dem Bezug oder der vertragsgemäßen Lieferung von Gas durch höhere Gewalt oder sonstige Umstände, deren Beseitigung ihm nicht möglich ist oder im Sinne des § 36 Abs. 1 Satz 2 des Energiewirtschaftsgesetzes wirtschaftlich nicht zugemutet werden kann, gehindert ist.

(3) ¹ Bei einer Unterbrechung oder bei Unregelmäßigkeiten in der Gasversorgung ist, soweit es sich um Folgen einer Störung des Netzbetriebs handelt, der Grundversorger von der Leistungspflicht befreit. ² Satz 1 gilt nicht, soweit die Unterbrechung auf nicht berechtigten Maßnahmen des Grundversorgers nach § 19 beruht. ³ Der Grundversorger ist verpflichtet, seinen Kunden auf Verlangen unverzüglich über die mit der Schadensverursachung durch den Netzbetreiber zusammenhängenden Tatsachen insoweit Auskunft zu geben, als sie ihm bekannt sind oder von ihm in zumutbarer Weise aufgeklärt werden können.

§ 7 Erweiterung und Änderung von Anlagen und Verbrauchsgeräten; Mitteilungspflichten. ¹ Erweiterungen und Änderungen von Kundenanlagen sowie die Verwendung zusätzlicher Gasgeräte sind dem Grundversorger mitzuteilen, soweit sich dadurch preisliche Bemessungsgrößen ändern. ² Nähere Einzelheiten über den Inhalt der Mitteilung kann der Grundversorger in ergänzenden Bedingungen regeln.

Teil 3. Aufgaben und Rechte des Grundversorgers

§ 8 Messeinrichtungen. (1) Das vom Grundversorger gelieferte Gas wird durch die Messeinrichtungen nach § 21 b des Energiewirtschaftsgesetzes[1] festgestellt.

(2) ¹ Der Grundversorger ist verpflichtet, auf Verlangen des Kunden jederzeit eine Nachprüfung der Messeinrichtungen durch eine Eichbehörde oder eine staatlich anerkannte Prüfstelle im Sinne des § 2 Abs. 4 des Eichgesetzes zu veranlassen. ² Stellt der Kunde den Antrag auf Prüfung nicht bei dem Grundversorger, so hat er diesen zugleich mit der Antragstellung zu benachrichtigen. ³ Die Kosten der Prüfung nach Satz 1 fallen dem Grundversorger zur Last, falls die Abweichung die gesetzlichen Verkehrsfehlergrenzen überschreitet, sonst dem Kunden.

§ 9 Zutrittsrecht. ¹ Der Kunde hat nach vorheriger Benachrichtigung dem mit einem Ausweis versehenen Beauftragten des Netzbetreibers, des Messstellenbetreibers oder des Grundversorgers den Zutritt zu seinem Grundstück und zu seinen Räumen zu gestatten, soweit dies zur Ermittlung preislicher Bemessungsgrundlagen oder zur Ablesung der Messeinrichtungen nach § 11 erforderlich ist. ² Die Benachrichtigung kann durch Mitteilung an die jeweiligen Kunden oder durch Aushang an oder im jeweiligen Haus erfolgen. ³ Sie muss mindestens eine Woche vor dem Betretungstermin erfolgen; mindestens ein Ersatztermin ist anzubieten. ⁴ Der Kunde hat dafür Sorge zu tragen, dass die Messeinrichtungen zugänglich sind.

---

[1] Nr. 1.

§ 10 Vertragsstrafe. (1) ¹Verbraucht der Kunde Gas unter Umgehung, Beeinflussung oder vor Anbringung der Messeinrichtungen oder nach Unterbrechung der Grundversorgung, so ist der Grundversorger berechtigt, eine Vertragsstrafe zu verlangen. ²Diese ist für die Dauer des unbefugten Gebrauchs, längstens aber für sechs Monate, auf der Grundlage einer täglichen Nutzung der unbefugt verwendeten Geräte von bis zu zehn Stunden nach dem für den Kunden geltenden Allgemeinen Preis zu berechnen.

(2) ¹Eine Vertragsstrafe kann auch verlangt werden, wenn der Kunde vorsätzlich oder grob fahrlässig die Verpflichtung verletzt, die zur Preisbildung erforderlichen Angaben zu machen. ²Die Vertragsstrafe beträgt das Zweifache des Betrages, den der Kunde bei Erfüllung seiner Verpflichtung nach dem für ihn geltenden Allgemeinen Preis zusätzlich zu zahlen gehabt hätte. ³Sie darf längstens für einen Zeitraum von sechs Monaten verlangt werden.

(3) Ist die Dauer des unbefugten Gebrauchs oder der Beginn der Mitteilungspflicht nicht festzustellen, so kann die Vertragsstrafe in entsprechender Anwendung der Absätze 1 und 2 über einen geschätzten Zeitraum, der längstens sechs Monate betragen darf, erhoben werden.

Teil 4. Abrechnung der Energielieferung

§ 11 Ablesung. (1) Der Grundversorger ist berechtigt, für Zwecke der Abrechnung die Ablesedaten zu verwenden, die er vom Netzbetreiber oder vom Messstellenbetreiber oder von dem die Messung durchführenden Dritten erhalten hat.

(2) ¹Der Grundversorger kann die Messeinrichtungen selbst ablesen oder verlangen, dass diese vom Kunden abgelesen werden, wenn dies
1. zum Zwecke einer Abrechnung nach § 12 Abs. 1,
2. anlässlich eines Lieferantenwechsels oder
3. bei einem berechtigten Interesse des Grundversorgers an einer Überprüfung der Ablesung

erfolgt. ²Der Kunde kann einer Selbstablesung im Einzelfall widersprechen, wenn diese ihm nicht zumutbar ist. ³Der Grundversorger darf bei einem berechtigten Widerspruch nach Satz 2 für eine eigene Ablesung kein gesondertes Entgelt verlangen.

(3) ¹Wenn der Netzbetreiber oder der Grundversorger das Grundstück und die Räume des Kunden nicht zum Zwecke der Ablesung betreten kann, darf der Grundversorger den Verbrauch auf der Grundlage der letzten Ablesung oder bei einem Neukunden nach dem Verbrauch vergleichbarer Kunden unter angemessener Berücksichtigung der tatsächlichen Verhältnisse schätzen. ²Dasselbe gilt, wenn der Kunde eine vereinbarte Selbstablesung nicht oder verspätet vornimmt.

§ 12 Abrechnung. (1) Der Gasverbrauch wird nach Maßgabe des § 40 Absatz 3 des Energiewirtschaftsgesetzes[1]) abgerechnet.

---

[1]) Nr. 1.

(2) ¹ Ändern sich innerhalb eines Abrechnungszeitraums die verbrauchsabhängigen Preise, so wird der für die neuen Preise maßgebliche Verbrauch zeitanteilig berechnet; jahreszeitliche Verbrauchsschwankungen sind auf der Grundlage der für Haushaltskunden maßgeblichen Erfahrungswerte angemessen zu berücksichtigen. ² Entsprechendes gilt bei Änderung des Umsatzsteuersatzes und erlösabhängiger Abgabensätze.

(3) Im Falle einer Belieferung nach § 2 Abs. 2 ist entsprechend Absatz 2 Satz 1 eine pauschale zeitanteilige Berechnung des Verbrauchs zulässig, es sei denn, der Kunde kann einen geringeren als den von dem Grundversorger angesetzten Verbrauch nachweisen.

§ 13 Abschlagszahlungen. (1) ¹ Wird der Verbrauch für mehrere Monate abgerechnet, so kann der Grundversorger für das nach der letzten Abrechnung verbrauchte Gas eine Abschlagszahlung verlangen. ² Diese ist anteilig für den Zeitraum der Abschlagszahlung entsprechend dem Verbrauch im zuletzt abgerechneten Zeitraum zu berechnen. ³ Ist eine solche Berechnung nicht möglich, so bemisst sich die Abschlagszahlung nach dem durchschnittlichen Verbrauch vergleichbarer Kunden. ⁴ Macht der Kunde glaubhaft, dass sein Verbrauch erheblich geringer ist, so ist dies angemessen zu berücksichtigen.

(2) Ändern sich die Allgemeinen Preise, so können die nach der Preisänderung anfallenden Abschlagszahlungen mit dem Vomhundertsatz der Preisänderung entsprechend angepasst werden.

(3) ¹ Ergibt sich bei der Abrechnung, dass zu hohe Abschlagszahlungen verlangt wurden, so ist der übersteigende Betrag unverzüglich zu erstatten, spätestens aber mit der nächsten Abschlagsforderung zu verrechnen. ² Nach Beendigung des Versorgungsverhältnisses sind zu viel gezahlte Abschläge unverzüglich zu erstatten.

§ 14 Vorauszahlungen. (1) ¹ Der Grundversorger ist berechtigt, für den Gasverbrauch eines Abrechnungszeitraums Vorauszahlung zu verlangen, wenn nach den Umständen des Einzelfalles Grund zu der Annahme besteht, dass der Kunde seinen Zahlungsverpflichtungen nicht oder nicht rechtzeitig nachkommt. ² Bei Verlangen einer Vorauszahlung ist der Kunde hierüber ausdrücklich und in verständlicher Form zu unterrichten. ³ Hierbei sind mindestens der Beginn, die Höhe und die Gründe der Vorauszahlung sowie die Voraussetzungen für ihren Wegfall anzugeben.

(2) ¹ Die Vorauszahlung bemisst sich nach dem Verbrauch des vorhergehenden Abrechnungszeitraums oder dem durchschnittlichen Verbrauch vergleichbarer Kunden. ² Macht der Kunde glaubhaft, dass sein Verbrauch erheblich geringer ist, so ist dies angemessen zu berücksichtigen. ³ Erstreckt sich der Abrechnungszeitraum über mehrere Monate und erhebt der Grundversorger Abschlagszahlungen, so kann er die Vorauszahlung nur in ebenso vielen Teilbeträgen verlangen. ⁴ Die Vorauszahlung ist bei der nächsten Rechnungserteilung zu verrechnen.

(3) Statt eine Vorauszahlung zu verlangen, kann der Grundversorger beim Kunden einen Bargeld- oder Chipkartenzähler oder sonstige vergleichbare Vorkassensysteme einrichten.

§ 15 Sicherheitsleistung. (1) Ist der Kunde zur Vorauszahlung nach § 14 nicht bereit oder nicht in der Lage, kann der Grundversorger in angemessener Höhe Sicherheit verlangen.

(2) Barsicherheiten werden zum jeweiligen Basiszinssatz nach § 247 des Bürgerlichen Gesetzbuchs[1] verzinst.

(3) [1] Ist der Kunde in Verzug und kommt er nach erneuter Zahlungsaufforderung nicht unverzüglich seinen Zahlungsverpflichtungen aus dem Grundversorgungsverhältnis nach, so kann der Grundversorger die Sicherheit verwerten. [2] Hierauf ist in der Zahlungsaufforderung hinzuweisen. [3] Kursverluste beim Verkauf von Wertpapieren gehen zu Lasten des Kunden.

(4) Die Sicherheit ist unverzüglich zurückzugeben, wenn keine Vorauszahlung mehr verlangt werden kann.

§ 16 Rechnungen und Abschläge. (1) [1] Vordrucke für Rechnungen und Abschläge müssen einfach verständlich sein. [2] Die für die Forderung maßgeblichen Berechnungsfaktoren sind vollständig und in allgemein verständlicher Form auszuweisen.

(2) Der Grundversorger hat in den ergänzenden Bedingungen mindestens zwei mögliche Zahlungsweisen anzugeben.

§ 17 Zahlung, Verzug. (1) [1] Rechnungen und Abschläge werden zu dem vom Grundversorger angegebenen Zeitpunkt, frühestens jedoch zwei Wochen nach Zugang der Zahlungsaufforderung fällig. [2] Einwände gegen Rechnungen und Abschlagsberechnungen berechtigen gegenüber dem Grundversorger zum Zahlungsaufschub oder zur Zahlungsverweigerung nur,

1. soweit die ernsthafte Möglichkeit eines offensichtlichen Fehlers besteht oder
2. sofern
   a) der in einer Rechnung angegebene Verbrauch ohne ersichtlichen Grund mehr als doppelt so hoch wie der vergleichbare Verbrauch im vorherigen Abrechnungszeitraum ist und
   b) der Kunde eine Nachprüfung der Messeinrichtung verlangt
   und solange durch die Nachprüfung nicht die ordnungsgemäße Funktion des Messgeräts festgestellt ist.

[3] § 315 des Bürgerlichen Gesetzbuchs[1] bleibt von Satz 2 unberührt.

(2) [1] Bei Zahlungsverzug des Kunden kann der Grundversorger, wenn er erneut zur Zahlung auffordert oder den Betrag durch einen Beauftragten einziehen lässt, die dadurch entstandenen Kosten für strukturell vergleichbare Fälle pauschal berechnen; die pauschale Berechnung muss einfach nachvollziehbar sein. [2] Die Pauschale darf die nach dem gewöhnlichen Lauf der Dinge zu erwartenden Kosten nicht übersteigen. [3] Auf Verlangen des Kunden ist die Berechnungsgrundlage nachzuweisen.

(3) Gegen Ansprüche des Grundversorgers kann vom Kunden nur mit unbestrittenen oder rechtskräftig festgestellten Gegenansprüchen aufgerechnet werden.

---

[1] Nr. 23.

§ 18 Berechnungsfehler. (1) ¹ Ergibt eine Prüfung der Messeinrichtungen eine Überschreitung der Verkehrsfehlergrenzen oder werden Fehler in der Ermittlung des Rechnungsbetrages festgestellt, so ist die Überzahlung vom Grundversorger zurückzuzahlen oder der Fehlbetrag vom Kunden nachzuentrichten. ² Ist die Größe des Fehlers nicht einwandfrei festzustellen oder zeigt eine Messeinrichtung nicht an, so ermittelt der Grundversorger den Verbrauch für die Zeit seit der letzten fehlerfreien Ablesung aus dem Durchschnittsverbrauch des ihr vorhergehenden und des der Feststellung des Fehlers nachfolgenden Ablesezeitraums oder auf Grund des vorjährigen Verbrauchs durch Schätzung; die tatsächlichen Verhältnisse sind angemessen zu berücksichtigen.
³ Bei Berechnungsfehlern auf Grund einer nicht ordnungsgemäßen Funktion einer Messeinrichtung ist der vom Messstellenbetreiber ermittelte und dem Kunden mitgeteilte korrigierte Verbrauch der Nachberechnung zu Grunde zu legen.

(2) Ansprüche nach Absatz 1 sind auf den der Feststellung des Fehlers vorhergehenden Ablesezeitraum beschränkt, es sei denn, die Auswirkung des Fehlers kann über einen größeren Zeitraum festgestellt werden; in diesem Fall ist der Anspruch auf längstens drei Jahre beschränkt.

Teil 5. Beendigung des Grundversorgungsverhältnisses

§ 19 Unterbrechung der Versorgung. (1) Der Grundversorger ist berechtigt, die Grundversorgung ohne vorherige Androhung durch den Netzbetreiber unterbrechen zu lassen, wenn der Kunde dieser Verordnung in nicht unerheblichem Maße schuldhaft zuwiderhandelt und die Unterbrechung erforderlich ist, um den Gebrauch von Gas unter Umgehung, Beeinflussung oder vor Anbringung der Messeinrichtungen zu verhindern.

(2) ¹ Bei anderen Zuwiderhandlungen, insbesondere bei der Nichterfüllung einer Zahlungsverpflichtung trotz Mahnung, ist der Grundversorger berechtigt, die Grundversorgung vier Wochen nach Androhung unterbrechen zu lassen und den zuständigen Netzbetreiber nach § 24 Abs. 3 der Niederdruckanschlussverordnung[1]) mit der Unterbrechung der Grundversorgung zu beauftragen. ² Dies gilt nicht, wenn die Folgen der Unterbrechung außer Verhältnis zur Schwere der Zuwiderhandlung stehen oder der Kunde darlegt, dass hinreichende Aussicht besteht, dass er seinen Verpflichtungen nachkommt.
³ Der Grundversorger kann mit der Mahnung zugleich die Unterbrechung der Grundversorgung androhen, sofern dies nicht außer Verhältnis zur Schwere der Zuwiderhandlung steht.

(3) Der Beginn der Unterbrechung der Grundversorgung ist dem Kunden drei Werktage im Voraus anzukündigen.

(4) ¹ Der Grundversorger hat die Grundversorgung unverzüglich wiederherstellen zu lassen, sobald die Gründe für ihre Unterbrechung entfallen sind und der Kunde die Kosten der Unterbrechung und Wiederherstellung der Belieferung ersetzt hat. ² Die Kosten können für strukturell vergleichbare Fälle pauschal berechnet werden; die pauschale Berechnung muss einfach nachvollziehbar sein. ³ Die Pauschale darf die nach dem gewöhnlichen Lauf der Dinge

---

[1]) Nr. 28.

zu erwartenden Kosten nicht übersteigen. ⁴ Auf Verlangen des Kunden ist die Berechnungsgrundlage nachzuweisen. ⁵ Der Nachweis geringerer Kosten ist dem Kunden zu gestatten.

§ 20 Kündigung. (1) ¹ Der Grundversorgungsvertrag kann mit einer Frist von zwei Wochen gekündigt werden. ² Eine Kündigung durch den Grundversorger ist nur möglich, soweit eine Pflicht zur Grundversorgung nach § 36 Abs. 1 Satz 2 des Energiewirtschaftsgesetzes[1]) nicht besteht.

(2) ¹ Die Kündigung bedarf der Textform. ² Der Grundversorger soll eine Kündigung des Kunden unverzüglich nach Eingang in Textform bestätigen.

(3) Der Grundversorger darf keine gesonderten Entgelte für den Fall einer Kündigung des Vertrages, insbesondere wegen eines Wechsels des Lieferanten, verlangen.

§ 21 Fristlose Kündigung. ¹ Der Grundversorger ist in den Fällen des § 19 Abs. 1 berechtigt, das Vertragsverhältnis fristlos zu kündigen, wenn die Voraussetzungen zur Unterbrechung der Grundversorgung wiederholt vorliegen. ² Bei wiederholten Zuwiderhandlungen nach § 19 Abs. 2 ist der Grundversorger zur fristlosen Kündigung berechtigt, wenn sie zwei Wochen vorher angedroht wurde; § 19 Abs. 2 Satz 2 und 3 gilt entsprechend.

Teil 6. Schlussbestimmungen

§ 22 Gerichtsstand. Gerichtsstand für die beiderseitigen Verpflichtungen aus dem Grundversorgungsvertrag ist der Ort der Gasabnahme durch den Kunden.

§ 23 Übergangsregelung. ¹ Der Grundversorger ist verpflichtet, die Kunden durch öffentliche Bekanntgabe und Veröffentlichung auf seiner Internetseite über die Vertragsanpassung nach § 115 Abs. 2 Satz 3 des Energiewirtschaftsgesetzes[1]) zu informieren. ² Die Anpassung erfolgt, soweit die Frist nach § 115 Abs. 2 Satz 3 des Energiewirtschaftsgesetzes noch nicht abgelaufen ist, durch die öffentliche Bekanntgabe nach Satz 1 mit Wirkung vom auf die Bekanntmachung folgenden Tag.

---

[1]) Nr. 1.

27. Verordnung über Gashochdruckleitungen (Gashochdruckleitungsverordnung – GasHDrLtgV)

Vom 18. Mai 2011

(BGBl. I S. 928)

FNA 7102-50

Auf Grund des § 49 Absatz 4 des Energiewirtschaftsgesetzes[1], der durch Artikel 4 Nummer 2 Buchstabe a des Gesetzes vom 7. März 2011 (BGBl. I S. 338) neu gefasst worden ist, verordnet das Bundesministerium für Wirtschaft und Technologie:

§ 1 Geltungsbereich. (1) Diese Verordnung gilt für die Errichtung und den Betrieb von Gashochdruckleitungen, die als Energieanlagen im Sinne des Energiewirtschaftsgesetzes[1] der Versorgung mit Gas dienen und die für einen maximal zulässigen Betriebsdruck von mehr als 16 bar ausgelegt sind.

(2) Zu den Gashochdruckleitungen gehören alle dem Leitungsbetrieb dienenden Einrichtungen, insbesondere Verdichter-, Entspannungs-, Regel- und Messanlagen, sowie Leitungen oder Leitungssysteme zur Optimierung des Gasbezuges und der Gasdarbietung.

(3) [1] Diese Verordnung gilt nicht für Gashochdruckleitungen, die dem bergrechtlichen Betriebsplanverfahren unterliegen. [2] Sie gilt ferner nicht für Rohrfernleitungsanlagen zum Befördern von Stoffen im Sinne der Rohrfernleitungsverordnung vom 27. September 2002 (BGBl. I S. 3777, 3809), die zuletzt durch Artikel 10 der Verordnung vom 9. November 2010 (BGBl. I S. 1504) geändert worden ist.

§ 2 Allgemeine Anforderungen. (1) Gashochdruckleitungen müssen den Anforderungen der §§ 3 und 4 entsprechen und nach dem Stand der Technik so errichtet und betrieben werden, dass die Sicherheit der Umgebung nicht beeinträchtigt wird und schädliche Einwirkungen auf den Menschen und die Umwelt vermieden werden.

(2) [1] Es wird vermutet, dass Errichtung und Betrieb dem Stand der Technik entsprechen, wenn das Regelwerk des Deutschen Vereins des Gas- und Wasserfaches e.V. eingehalten wird. [2] Sofern fortschrittlichere Verfahren, Einrichtungen und Betriebsweisen vorhanden sind, die nach herrschender Auffassung führender Fachleute besser gewährleisten, dass die Sicherheit der Umgebung nicht beeinträchtigt wird und schädliche Einwirkungen auf den Menschen und die Umwelt vermieden werden, und die im Betrieb bereits mit Erfolg erprobt wurden, kann die zuständige Behörde im Einzelfall deren Einhaltung fordern.

(3) Die zuständige Behörde kann Ausnahmen von den Vorschriften der §§ 3 und 4 und Abweichungen vom Stand der Technik zulassen, soweit die gleiche Sicherheit auf andere Weise gewährleistet ist.

---

[1] Nr. 1.

(4) ¹ Soweit Gashochdruckleitungen oder Teile davon auch Vorschriften unterliegen, die Rechtsakte der Europäischen Union umsetzen, gelten hinsichtlich ihrer Beschaffenheit die dort festgelegten Anforderungen; die Übereinstimmung mit diesen Anforderungen muss gemäß den in diesen Vorschriften festgelegten Verfahren festgestellt und bestätigt sein. ² Insoweit entfällt eine erneute Überprüfung der Erfüllung der dort vorgesehenen Beschaffenheitsanforderungen im Rahmen der Prüfungen vor Bau und Inbetriebnahme nach den §§ 5 und 6, auch in Verbindung mit § 8 Absatz 1.

§ 3 Anforderungen bei Errichtung. (1) ¹ Gashochdruckleitungen müssen so beschaffen sein, dass sie den zu erwartenden Beanspruchungen sicher standhalten und dicht bleiben. ² Sie sind gegen Außenkorrosion und soweit erforderlich gegen Innenkorrosion zu schützen. ³ Bei Leitungen in Bergbaugebieten ist die Gefahr, die von Bodenbewegungen ausgeht, zu berücksichtigen.

(2) ¹ Gashochdruckleitungen sind zur Sicherung ihres Bestandes und ihres Betriebes in einem Schutzstreifen zu verlegen. ² Der Verlauf der Gashochdruckleitung und die Lage der für den Betrieb notwendigen Armaturen sind durch Schilder, Pfähle oder Merksteine zu kennzeichnen.

(3) ¹ Gashochdruckleitungen sind gegen äußere Einwirkungen zu schützen. ² Bei unterirdischer Verlegung muss die Höhe der Erddeckung den örtlichen Verhältnissen angepasst werden. ³ Insbesondere muss gesichert sein, dass die Leitungen durch die im Schutzstreifen zulässige Nutzung nicht gefährdet werden. ⁴ Die Erddeckung muss dauernd erhalten bleiben.

(4) ¹ Gashochdruckleitungen müssen ausgerüstet sein mit:
1. Sicherheitseinrichtungen, die unzulässig hohe Drücke während des Betriebs und der Förderpause verhindern,
2. Einrichtungen, welche die Betriebsdrücke an wesentlichen Betriebspunkten laufend messen und anzeigen sowie
3. Absperrorganen und Anschlüssen für Ausblaseinrichtungen an zugänglichen Stellen, um die Gasleitung jederzeit schnell und gefahrlos außer Betrieb nehmen zu können.

² Die Zahl und die Art der Einrichtungen müssen der Betriebsweise der Gashochdruckleitung und den örtlichen Verhältnissen angepasst sein.

(5) ¹ Werden Gashochdruckleitungen mit anderen Leitungen in einer gemeinsamen Trasse verlegt, sind Vorkehrungen zu treffen, die eine gegenseitige Beeinträchtigung der Sicherheit der Leitungen ausschließen. ² Dies gilt entsprechend, wenn Gashochdruckleitungen andere Leitungen kreuzen.

(6) In Bereichen, in denen mit einer Ansammlung von Gasen gerechnet werden muss, insbesondere in Schächten, Verdichter-, Entspannungs-, Messund Regelanlagen, sind Vorkehrungen zum Schutz gegen die gefährlichen Eigenschaften der Gase zu treffen.

§ 4 Anforderungen beim Betrieb. (1) ¹ Der Betreiber einer Gashochdruckleitung hat sicherzustellen, dass diese in ordnungsgemäßem Zustand erhalten sowie überwacht und überprüft wird. ² Er hat notwendige Instandhaltungsmaßnahmen unverzüglich vorzunehmen und die den Umständen nach erforderlichen Sicherheitsmaßnahmen zu treffen. ³ Hierzu sind insbesondere folgende Maßnahmen erforderlich:

1. Die Trasse der Gashochdruckleitung ist in regelmäßigen Abständen zu überprüfen, insbesondere zu begehen, zu befahren oder zu befliegen. Bei der Festlegung der Zeitabstände sind die örtlichen Verhältnisse zu berücksichtigen. Es sind mindestens die im Arbeitsblatt G 466-1 des Deutschen Vereins des Gas- und Wasserfaches e.V. (Stand April 2002)[1] festgelegten Zeiträume zu beachten.

2. Für den Betrieb von Gashochdruckleitungen sind Betriebsstellen einzurichten, die ständig bereit sind, Meldungen entgegenzunehmen, und die unverzüglich die zur Beseitigung einer Störung erforderlichen Maßnahmen einleiten können.

3. Zur Beseitigung von Störungen und zur Schadensbekämpfung ist ständig ein Bereitschaftsdienst zu unterhalten. Er ist fachlich so zusammenzusetzen und auszurüsten, dass er in der Lage ist, Folgeschäden zu verhindern oder zu beseitigen, notwendige Ausbesserungen sofort vorzunehmen und erforderliche Maßnahmen, insbesondere zum Schutz von Menschen, sofort zu ergreifen.

(2) Wesentliche Betriebsvorgänge, die regelmäßige Überprüfung und die Instandhaltung der Gashochdruckleitung sind zu dokumentieren.

(3) ¹ Der Betreiber einer Gashochdruckleitung muss zur Gewährleistung der technischen Sicherheit als Bestandteil der Betriebsführung über ein Managementsystem verfügen, das mindestens Folgendes umfasst:

1. eine eindeutige Betriebsorganisation mit einer Festlegung der Zuständigkeiten und Verantwortlichkeiten auf allen hierarchischen Ebenen,

2. Regelungen für eine reibungslose Abwicklung aller Tätigkeiten einschließlich eines Systems zur Ermittlung und zum Management von Risiken während des bestimmungsgemäßen Betriebs der Gashochdruckleitung und bei einer Störung des Betriebs,

3. Regelungen zur Überwachung der Gashochdruckleitung gemäß Absatz 1 und zur Dokumentation der Betriebsvorgänge und Überwachungsdaten gemäß Absatz 2,

4. Regelungen zur regelmäßigen Schulung des Personals.

² Der Betreiber hat die für den bestimmungsgemäßen Betrieb, für Betriebsstörungen und für die Überwachung erforderlichen Anordnungen schriftlich festzulegen, regelmäßig zu aktualisieren und allen Mitarbeitern und beauftragten Personen zugänglich zu machen.

(4) Es wird vermutet, dass der Betreiber der Gashochdruckleitung die Anforderungen nach Absatz 3 erfüllt, wenn er das Technische Sicherheitsmanagementsystem des Deutschen Vereins des Gas- und Wasserfaches e.V oder ein vergleichbares System anwendet und dessen Einhaltung durch eine unparteiische, externe Stelle überprüft worden ist.

---

[1] **Amtl. Anm.:** Amtlicher Hinweis: Zu beziehen bei Wirtschafts- und Verlagsgesellschaft Gas und Wasser mit beschränkter Haftung, Bonn, archivmäßig niedergelegt beim Deutschen Verein des Gas- und Wasserfaches e.V.

§ 5 Verfahren zur Prüfung von Leitungsvorhaben. (1) Wer die Errichtung einer Gashochdruckleitung beabsichtigt, hat

1. das Vorhaben mindestens acht Wochen vor dem geplanten Beginn der Errichtung der zuständigen Behörde unter Beifügung aller für die Beurteilung der Sicherheit erforderlichen Unterlagen schriftlich anzuzeigen und zu beschreiben,
2. der Anzeige die gutachterliche Äußerung eines Sachverständigen beizufügen, aus der hervorgeht, dass die angegebene Beschaffenheit der Gashochdruckleitung den Anforderungen der §§ 2 und 3 entsprechen.

(2) Die zuständige Behörde kann das Vorhaben innerhalb einer Frist von acht Wochen beanstanden, wenn die angegebene Beschaffenheit der Gashochdruckleitung nicht den Anforderungen der §§ 2 und 3 entspricht.

(3) [1] Die Frist nach Absatz 2 beginnt, sobald die vollständigen Unterlagen und die gutachterliche Äußerung der zuständigen Behörde vorliegen. [2] Die Frist kann einmal um vier Wochen verlängert werden, wenn dies zur Prüfung des Vorhabens zwingend erforderlich ist. [3] Die Fristen, die für ein Planfeststellungs- oder Plangenehmigungsverfahren nach § 43 Satz 1 Nummer 2 oder § 43b Satz 1 Nummer 2 des Energiewirtschaftsgesetzes[1]) gelten, bleiben hiervon unberührt.

(4) [1] Mit der Errichtung der Gashochdruckleitung darf erst nach Ablauf der Frist nach Absatz 2 oder nach Eingang der Mitteilung, dass keine Beanstandung erfolgt, begonnen werden. [2] Bei einer fristgerechten Beanstandung darf erst nach Behebung des Mangels begonnen werden. [3] Dies gilt nicht für Teile der Gashochdruckleitung, die nicht beanstandet wurden.

(5) [1] Die Absätze 1 bis 4 gelten nicht für Gashochdruckleitungen unter 1 000 Meter Länge. [2] Werden solche Leitungen errichtet, sind dem Sachverständigen die Unterlagen nach Absatz 1 Nummer 1 vor Beginn der Prüfung nach § 6 Absatz 1 Nummer 1 zu überlassen. [3] Der Sachverständige hat die Unterlagen der Vorabbescheinigung nach § 6 Absatz 1 Nummer 1 beizufügen. [4] Die Unterlagen sind der zuständigen Behörde zusammen mit der Vorabbescheinigung gemäß § 6 Absatz 3 Satz 1 zu übersenden.

§ 6 Inbetriebnahme und Untersagung des Betriebs. (1) Die Gashochdruckleitung darf erst in Betrieb genommen werden,

1. wenn ein Sachverständiger auf Grund einer Prüfung hinsichtlich der Dichtheit und Festigkeit und des Vorhandenseins der notwendigen Sicherheitseinrichtungen sowie der Wechselwirkung mit anderen Leitungen, einschließlich der Wechselwirkung mit verbundenen Leitungen, festgestellt hat, dass gegen die Inbetriebnahme der Gashochdruckleitung keine sicherheitstechnischen Bedenken bestehen, und er hierüber eine Bescheinigung (Vorabbescheinigung) erteilt hat. § 2 Absatz 4 bleibt unberührt;
2. wenn der Betreiber gegenüber der zuständigen Behörde nachgewiesen hat, dass er die Anforderungen nach § 4 Absatz 1 Nummer 2 und 3 und Absatz 3 erfüllt. In verfahrensrechtlicher Hinsicht gelten für die Prüfung der Nachweise § 5 Absatz 2 und 3 Satz 1 und Absatz 4 Satz 1 und 2 entsprechend.

---

[1]) Nr. 1.

Gashochdruckleitungsverordnung **§§ 7, 8   GasHDrLtgV 27**

(2) ¹ Die Gashochdruckleitung ist binnen einer angemessenen Frist nach Erteilung der Vorabbescheinigung abschließend durch den Sachverständigen daraufhin zu prüfen, ob sie den Anforderungen nach den §§ 2 und 3 entspricht. ² Die Frist kann von der zuständigen Behörde festgesetzt werden und sollte in der Regel zwölf Monate nicht überschreiten. ³ Der Sachverständige erteilt über die Prüfung eine Schlussbescheinigung. ⁴ Sie enthält Angaben über Art, Umfang und Ergebnis der einzelnen durchgeführten Prüfungen sowie eine gutachterliche Äußerung darüber, ob die Gashochdruckleitung den Anforderungen nach den §§ 2 und 3 entspricht.

(3) ¹ Eine Abschrift der Vorab- und der Schlussbescheinigung ist unverzüglich der zuständigen Behörde zu übersenden. ² Die Inbetriebnahme der Gashochdruckleitung ist der zuständigen Behörde anzuzeigen.

(4) ¹ Die zuständige Behörde kann den Betrieb der Gashochdruckleitung untersagen oder von Bedingungen und Auflagen abhängig machen, wenn durch die Vorab- oder der Schlussbescheinigung des Sachverständigen nicht nachgewiesen ist, dass die Gashochdruckleitung den jeweils zu prüfenden Anforderungen entspricht. ² Das Gleiche gilt, wenn sich nachträglich herausstellt, dass die Beschaffenheit der Gashochdruckleitung oder ihre Betriebsweise einschließlich des Betriebsmanagementsystems nach § 4 Absatz 3 nicht oder nicht mehr den Anforderungen der Verordnung entspricht, es sei denn, der Betreiber weist nach, dass die Sicherheit der Gashochdruckleitung dadurch nicht gefährdet ist.

§ 7 Druckabsenkung, Betriebseinstellung und Stilllegung. (1) ¹ Ist eine Gashochdruckleitung nicht in ordnungsgemäßem Zustand und entstehen hierdurch Gefahren, muss, soweit erforderlich, der Druck unverzüglich abgesenkt oder der Betrieb der Leitung unverzüglich eingestellt werden. ² Das Gleiche gilt, wenn an einer in Betrieb befindlichen Gashochdruckleitung Arbeiten vorgenommen werden oder sonstige Umstände eintreten, durch die die Sicherheit der Leitung gefährdet wird.

(2) Der Betreiber hat alle zur Gewährleistung der Sicherheit notwendigen Druckabsenkungen und Betriebseinstellungen, die nicht lediglich durch Instandhaltungsarbeiten an oder Überprüfungen der Leitung bedingt sind, sowie alle Stilllegungen unverzüglich der zuständigen Behörde anzuzeigen.

(3) Hält ein Sachverständiger wegen erheblicher Mängel oder aus sonstigen Gründen die Einstellung des Betriebs oder die Stilllegung der Gashochdruckleitung zur Abwendung von Gefahren für erforderlich, so hat er dies der zuständigen Behörde unverzüglich mitzuteilen.

§ 8 Wesentliche Änderungen und Arbeiten an in Betrieb befindlichen Gashochdruckleitungen. (1) ¹ Soll eine Gashochdruckleitung oder ein Leitungsabschnitt wesentlich geändert oder erweitert werden, so gelten die §§ 2 bis 6 entsprechend. ² Als wesentliche Änderung im Sinne dieser Verordnung ist jede Änderung anzusehen, die die Sicherheit der Gashochdruckleitung beeinträchtigen kann. ³ Die Auswechslung von Teilen der Gashochdruckleitung ist nicht als wesentliche Änderung anzusehen, wenn die neuen Teile die Sicherheitsanforderungen in mindestens gleichwertiger Weise erfüllen.

(2) ¹ Sollen an einer in Betrieb befindlichen Gashochdruckleitung Arbeiten vorgenommen werden, so ist vor Durchführung der Arbeiten ein Sachver-

ständiger zu hören. ²Eine vorherige Anhörung ist nicht erforderlich, wenn durch die Arbeiten die Sicherheit der Gashochdruckleitung nicht beeinträchtigt werden kann oder wenn eine drohende Gefahr ein sofortiges Eingreifen erfordert. ³Die Anhörung ist in diesen Fällen unverzüglich nachzuholen.

§ 9 Auskunfts- und Anzeigepflicht. (1) Wer eine Gashochdruckleitung betreibt, hat der zuständigen Behörde unverzüglich Folgendes anzuzeigen:

1. jeden Unfall im Zusammenhang mit dem Betrieb der Gashochdruckleitung, bei dem ein Mensch getötet oder erheblich verletzt worden ist,
2. jeden Schadensfall, bei dem die Gashochdruckleitung in einem die Sicherheit der Umgebung gefährdenden Ausmaß undicht geworden ist oder bei dem nicht unwesentliche Sach- oder Umweltschäden eingetreten sind,
3. jeden sich bei der Überwachung gemäß § 4 Absatz 1 ergebenden Umstand, der in nicht unerheblichem Maße Personen, Sachen oder die Umwelt konkret gefährdet.

(2) Die zuständige Behörde ist berechtigt, von dem Anzeigepflichtigen Auskünfte über Art und Ursache des Unfalles, des Schadensfalles oder der konkreten Gefährdung sowie über die Behebung der Ursache zu verlangen.

(3) Die zuständige Behörde ist berechtigt, vom Betreiber Auskünfte über Maßnahmen nach § 4 Absatz 1 Satz 3 und Maßnahmen der Überwachung nach § 4 Absatz 1 Satz 1 und deren Ergebnis zu verlangen.

§ 10 Erneute und wiederkehrende Prüfungen von Gashochdruckleitungen. (1) Die zuständige Behörde kann anordnen, dass Gashochdruckleitungen zu überprüfen sind, wenn hierfür ein besonderer Anlass besteht, insbesondere wenn ein Schadensfall eingetreten ist.

(2) Die zuständige Behörde kann wiederkehrende Überprüfungen von Gashochdruckleitungen anordnen, wenn ihre Erkenntnisse gemäß § 9 dieser Verordnung oder gemäß § 49 Absatz 6 oder 7 des Energiewirtschaftsgesetzes[1] dies erfordern.

(3) ¹Die Überprüfungen nach den Absätzen 1 und 2 sind durch einen von der zuständigen Behörde ausgewählten Sachverständigen vornehmen zu lassen. ²Art und Umfang der Prüfungen richten sich nach dem sie auslösenden Anlass. ³Unter gleichwertigen Prüfverfahren ist dasjenige auszuwählen, bei dessen Anwendung die Versorgung am wenigsten beeinträchtigt wird.

§ 11 Anerkennung von Sachverständigen.[2] (1) Sachverständige im Sinne dieser Verordnung sind Personen, die von der zuständigen Behörde für die Überprüfung der technischen Sicherheit von Gashochdruckleitungen auf Grund eines schriftlichen Antrags nach dieser Verordnung anerkannt worden sind.

---

[1] Nr. 1.
[2] **Amtl. Anm.:** Die §§ 11 bis 14, 16 und 18 dienen der Umsetzung der Richtlinie 2005/36/EG des Europäischen Parlaments und des Rates vom 7. September 2005 über die Anerkennung von Berufsqualifikationen (ABl. L 255 vom 30. 9. 2005, S. 22) und der Richtlinie 2006/123/EG des Europäischen Parlaments und des Rates vom 12. Dezember 2006 über Dienstleistungen im Binnenmarkt (ABl. L 376 vom 27. 12. 2006, S. 36).

(2) [1] Für das Anerkennungsverfahren gilt § 42a des Verwaltungsverfahrensgesetzes. [2] Das Anerkennungsverfahren kann über eine einheitliche Stelle nach den Vorschriften des Verwaltungsverfahrensgesetzes abgewickelt werden.

§ 12 Voraussetzungen für die Anerkennung von Sachverständigen.

(1) [1] Sachverständige sind anzuerkennen, wenn sie die erforderliche Sachkunde, Zuverlässigkeit und Unabhängigkeit besitzen. [2] Hierfür ist Folgendes nachzuweisen:

1. der erfolgreiche Abschluss eines einschlägigen technischen oder naturwissenschaftlichen Studiums an einer Universität, Hochschule oder Fachhochschule,
2. die konkrete fachliche Qualifikation für die vorzunehmenden technischen Prüfungen, insbesondere die Kenntnisse des Stands der Technik, des technischen Regelwerks und der einschlägigen Rechtsvorschriften,
3. Zugriff auf alle Prüfmittel, die für die Durchführung der Überprüfungen notwendig sind; sofern der Sachverständige nicht über eigene Mittel verfügt, sondern sich der des Auftraggebers oder Dritter bedient, genügt es, dass der Sachverständige in der Lage ist, die Prüfmittel und den Prüfaufbau auf ihre Eignung und Konformität mit den anwendbaren gesetzlichen Vorschriften und technischen Regeln zu überprüfen,
4. dass die Tätigkeit eigenverantwortlich und unabhängig vom Auftraggeber und von Dritten, insbesondere von Personen, die an der Planung oder Errichtung, dem Vertrieb, dem Betrieb oder der Instandhaltung der zu prüfenden Gashochdruckleitungen beteiligt oder in anderer Weise von den Ergebnissen der Prüfung oder Bescheinigung abhängig sind, ausgeübt wird; der Sachverständige darf keine Aufgaben übernehmen, deren Erledigung berechtigte Zweifel an der Unparteilichkeit entstehen lassen könnten,
5. dass die antragstellende Person auf Grund ihrer persönlichen Eigenschaften und Fähigkeiten sowie ihres Verhaltens zuverlässig ist, das heißt die Gewähr für die ordnungsgemäße Erfüllung der ihr obliegenden Aufgaben bietet.

(2) Sachverständige haben ihre Tätigkeit regelmäßig auszuüben; sie haben sich regelmäßig entsprechend dem Stand der Technik weiterzubilden und regelmäßig an einem Erfahrungsaustausch teilzunehmen.

(3) [1] Gutachterliche Äußerungen gemäß § 6 Absatz 1 Nummer 1 und Absatz 2 sind außer bei Verdichter-, Mess- und Regelanlagen den Sachverständigen von akkreditierten Inspektionsstellen im Sinne des § 13 Absatz 1 Nummer 1 vorbehalten. [2] Satz 1 gilt nicht zugunsten von Sachverständigen von Inspektionsstellen, die Teil eines Unternehmens sind, das eine Gashochdruckleitung betreibt, und die Überprüfungen im eigenen Unternehmen vornehmen.

§ 13 Nachweis der Qualifikation und Ausrüstung. (1) Die Erfüllung der Voraussetzungen nach § 12 Absatz 1 Satz 2 Nummer 1 bis 3 wird vermutet, wenn die antragstellende Person einen der folgenden Nachweise vorlegt:

1. den Nachweis über die Zugehörigkeit zu einer Konformitätsbewertungsstelle im Sinne von Artikel 2 Nummer 13 der Verordnung (EG) Nr. 765/2008 des Europäischen Parlaments und des Rates vom 9. Juli 2008 über die Vorschriften für die Akkreditierung und Marktüberwachung im Zusam-

menhang mit der Vermarktung von Produkten und zur Aufhebung der Verordnung (EWG) Nr. 339/93 des Rates (ABl. L 218 vom 13. 8. 2008, S. 30), die als Stelle für die Überprüfung der technischen Sicherheit von Gashochdruckleitungen nach dieser Verordnung gemäß Artikel 5 Absatz 1 der Verordnung (EG) Nr. 765/2008 akkreditiert ist (Inspektionsstelle),
2. ein gültiges Zertifikat einer Konformitätsbewertungsstelle im Sinne von Artikel 2 Nummer 13 der Verordnung (EG) Nr. 765/2008, die für die Zertifizierung von Personen für die Überprüfung der technischen Sicherheit von Gashochdruckleitungen nach dieser Verordnung gemäß Artikel 5 Absatz 1 der Verordnung (EG) Nr. 765/2008 akkreditiert ist (Zertifizierungsstelle). Das Zertifikat darf höchstens fünf Jahre gültig sein.

(2) Die Vermutung des Absatzes 1 Nummer 1 gilt nur für die in der Akkreditierungsurkunde aufgeführten Überprüfungstätigkeiten; die Vermutung gemäß Absatz 1 Nummer 2 gilt nur für die von der Zertifizierung erfassten Tätigkeiten.

(3) Die Vermutung gemäß Absatz 1 gilt nur, wenn und solange
1. die Inspektionsstelle oder Zertifizierungsstelle regelmäßig, mindestens jährlich überprüft, dass der Sachverständige den Anforderungen nach § 12 Absatz 1 Satz 2 Nummer 2 und Absatz 2 genügt,
2. im Falle des Absatzes 1 Nummer 1 die Inspektionsstelle und ihr mit der Leitung oder Durchführung der Prüfungen beauftragtes Personals unabhängig ist von Dritten, insbesondere von Personen, die an der Planung oder Errichtung, dem Vertrieb, dem Betrieb oder der Instandhaltung der zu prüfenden Gashochdruckleitungen beteiligt oder in anderer Weise von den Ergebnissen der Prüfung oder Bescheinigung abhängig sind.

(4) Sofern die Stelle Teil eines Unternehmens ist, das Gashochdruckleitungen betreibt, ist eine Unabhängigkeit im Sinne des Absatzes 3 Nummer 2 nur gegeben, wenn
1. die Stelle organisatorisch abgegrenzt ist,
2. sie innerhalb des Unternehmens, zu dem sie gehört, über Berichtsverfahren verfügt, die ihre Unparteilichkeit sicherstellen und belegen,
3. die Stelle und die dort angestellten Sachverständigen nicht für die Planung, die Errichtung, den Vertrieb, den Betrieb oder die Instandhaltung der Gashochdruckleitung verantwortlich sind,
4. die Stelle sowie die dort angestellten Sachverständigen keinen Tätigkeiten nachgehen, die mit der Unabhängigkeit ihrer Beurteilung und ihrer Zuverlässigkeit im Rahmen ihrer Überprüfungsarbeiten in Konflikt kommen können.

(5) Endet die Akkreditierung einer Inspektionsstelle oder Zertifizierungsstelle durch Zeitablauf, Widerruf oder auf sonstige Art und Weise, so endet damit auch die Vermutung nach Absatz 1 zugunsten des Sachverständigen, der dieser Stelle angehört oder durch sie zertifiziert ist.

§ 14 Nachweis der Zuverlässigkeit des Sachverständigen. (1) Die erforderliche Zuverlässigkeit gemäß § 12 Absatz 1 Satz 2 Nummer 5 ist in der Regel nicht gegeben, wenn die antragstellende Person
1. die Fähigkeit, öffentliche Ämter zu bekleiden, gemäß § 45 des Strafgesetzbuchs nicht mehr besitzt,

2. in einem Strafverfahren wegen einer vorsätzlichen Tat rechtskräftig zu einer Freiheitsstrafe von mehr als sechs Monaten oder zu einer Geldstrafe von mehr als 180 Tagessätzen verurteilt worden ist und wenn sich aus dem der Verurteilung zugrunde liegenden Sachverhalt ergibt, dass sie zur Erfüllung der Sachverständigenaufgaben nicht geeignet ist,
3. ihre Pflichten im Rahmen der Sachverständigentätigkeit bei einer Überprüfung der technischen Sicherheit im Gasbereich nach dieser Verordnung oder nach anderen Vorschriften grob fahrlässig oder vorsätzlich verletzt hat.

(2) Zum Nachweis der Zuverlässigkeit ist ein Führungszeugnis, das nicht älter als drei Monate ist, vorzulegen.

§ 15 Übergangsvorschriften. [1] Die Anforderungen nach § 12 Absatz 1 Satz 2 Nummer 2 bis 5 und Absatz 2 sowie die §§ 13 und 14 gelten auch für Sachverständige, die vor Inkrafttreten dieser Verordnung anerkannt wurden. [2] Anerkennungen sind innerhalb von 24 Monaten ab Inkrafttreten der Verordnung an das neue Recht anzupassen. [3] Sofern hierfür zusätzliche oder neue Nachweise erforderlich sind, sind diese innerhalb von 22 Monaten ab Inkrafttreten der Verordnung bei der zuständigen Behörde vorzulegen.

§ 16 Anerkennung gleichwertiger Nachweise aus anderen Mitgliedstaaten. (1) [1] Bei der Prüfung eines Antrags auf Anerkennung stehen Nachweise über die Erfüllung von Anforderungen nach den §§ 12 bis 14, die in einem anderen Mitgliedstaat der Europäischen Union oder in einem anderen Vertragsstaat des Abkommens über den Europäischen Wirtschaftsraum ausgestellt worden sind, inländischen Nachweisen gleich, wenn sie mit diesen gleichwertig sind oder aus ihnen hervorgeht, dass die Anforderungen nach den §§ 12 bis 14 erfüllt sind. [2] Dabei sind auch Nachweise anzuerkennen, aus denen hervorgeht, dass die antragstellende Person im Ausstellungsstaat bereits gleichwertigen oder auf Grund ihrer Zielsetzung im Wesentlichen vergleichbaren Anforderungen und Kontrollen unterworfen ist.

(2) [1] Eine Gleichwertigkeit im Sinne des Absatzes 1 wird vermutet, wenn zum Nachweis der fachlichen Qualifikation des Sachverständigen gemäß § 12 Absatz 1 Satz 2 Nummer 1 mindestens ein Diplom gemäß Artikel 11 Buchstabe c der Richtlinie 2005/36/EG des Europäischen Parlaments und des Rates vom 7. September 2005 über die Anerkennung von Berufsqualifikationen (ABl. L 255 vom 30. 9. 2005, S. 22) vorgelegt wird, das von einer zuständigen Behörde eines anderen Mitgliedstaats der Europäischen Union oder eines Vertragsstaats des Abkommens über den Europäischen Wirtschaftsraum ausgestellt worden ist und das in dem ausstellenden Staat erforderlich ist, um als Sachverständiger für die Überprüfung der technischen Sicherheit von Gashochdruckleitungen tätig zu werden. [2] Sofern die Tätigkeit als Sachverständiger im Niederlassungsstaat nicht durch eine Rechts- oder Verwaltungsvorschrift an den Besitz bestimmter Berufsqualifikationen gebunden ist, gilt dasselbe, wenn die antragstellende Person zusätzlich in den letzten zehn Jahren vor Antragstellung mindestens zwei Jahre als Sachverständiger für die Überprüfung von Gashochdruckleitungen tätig gewesen ist.

(3) Den in Absatz 2 genannten Nachweisen gleichgestellt sind Nachweise, die in einem Drittland ausgestellt wurden, sofern diese Nachweise in einem der in Absatz 2 Satz 1 genannten Staaten anerkannt worden sind und dieser Staat dem Inhaber der Nachweise bescheinigt, in seinem Hoheitsgebiet min-

destens drei Jahre Berufserfahrung als Sachverständiger für die Überprüfung von Gashochdruckleitungen zu haben.

(4) ¹ Unterscheiden sich die den Nachweisen nach Absatz 1 bis 3 zugrunde liegenden Ausbildungsinhalte wesentlich von den Anforderungen nach § 12 Absatz 1 Satz 2 Nummer 1 und 2 und § 13 und gleichen die von der antragstellenden Person in der Berufspraxis erworbenen Kenntnisse diese wesentlichen Unterschiede nicht aus, so kann die zuständige Behörde der antragstellenden Person nach deren Wahl einen Anpassungslehrgang oder eine Eignungsprüfung auferlegen. ² Anpassungslehrgang und Eignungsprüfung sollen sich auf den Ausgleich der festgestellten Defizite beschränken. ³ Diese Maßnahme kann insbesondere die Kenntnisse des Standes der Technik, des technischen Regelwerkes und der einschlägigen Rechtsvorschriften betreffen.

(5) ¹ Die Nachweise sind im Original oder in Kopie vorzulegen. ² Die Behörde kann verlangen, dass die Unterlagen in beglaubigter Kopie und beglaubigter deutscher Übersetzung vorgelegt werden.

(6) Werden im Herkunftsstaat Unterlagen, die dem gemäß § 14 Absatz 2 vorzulegenden Führungszeugnis gleichwertig sind, nicht ausgestellt, so können sie durch eine Versicherung an Eides statt oder eine nach dem Recht des Herkunftsstaats vergleichbare Handlung ersetzt werden.

§ 17 Meldepflichten. (1) Der Sachverständige hat wesentliche Änderungen der für die Anerkennung relevanten Umstände der zuständigen Behörde unverzüglich mitzuteilen, insbesondere eine Änderung der Zugehörigkeit zu einer Inspektionsstelle im Sinne des § 13 Absatz 1 Nummer 1, den Entzug oder das Erlöschen einer Zertifizierung im Sinne des § 13 Absatz 1 Nummer 2 oder einen Wechsel des Arbeitgebers.

(2) ¹ Inspektionsstellen teilen der zuständigen Behörde mit, wenn die Zugehörigkeit eines anerkannten Sachverständigen zu dieser Stelle endet. ² Zertifizierungsstellen teilen der zuständigen Behörde den Entzug oder das Erlöschen der von ihnen erteilten Zertifizierungen im Sinne des § 13 Absatz 1 Nummer 2 mit.

(3) Die zuständige Behörde meldet dem Bundesministerium für Wirtschaft und Technologie und den zuständigen Behörden der anderen Bundesländer einmal jährlich zum 15. Januar die anerkannten Sachverständigen.

§ 18 Anzeige der vorübergehenden grenzüberschreitenden Tätigkeit von Sachverständigen. (1) ¹ Wer als Staatsangehöriger eines Mitgliedstaats der Europäischen Union oder eines Vertragsstaats des Abkommens über den Europäischen Wirtschaftsraum als Sachverständiger für die Überprüfung der technischen Sicherheit von Gashochdruckleitungen in einem dieser Staaten rechtmäßig niedergelassen ist und in Deutschland nur vorübergehend tätig werden will, hat dies der zuständigen Behörde vor der erstmaligen Tätigkeit schriftlich anzuzeigen. ² Dabei sind folgende Unterlagen vorzulegen:

1. ein Nachweis der Staatsangehörigkeit,
2. ein Nachweis der rechtmäßigen Niederlassung zur Ausübung der Tätigkeiten als Sachverständiger für die Überprüfung der technischen Sicherheit von Gashochdruckleitungen in einem der in Satz 1 genannten Staaten,
3. der Nachweis, dass die Ausübung der Tätigkeiten nach Nummer 2 nicht, auch nicht vorübergehend, untersagt ist,

4. sofern der Beruf oder die Ausbildung hierzu im Niederlassungsstaat durch Rechts- und Verwaltungsvorschriften an den Besitz bestimmter beruflicher Qualifikationen gebunden ist, ein Nachweis dieser Berufsqualifikation; andernfalls sind vorhandene Ausbildungs- oder Befähigungsnachweise sowie der Nachweis vorzulegen, dass die Tätigkeit im Niederlassungsstaat während der vorhergehenden zehn Jahre mindestens zwei Jahre lang ausgeübt worden ist.

(2) [1] Die zuständige Behörde überprüft, ob ein wesentlicher Unterschied zwischen der Berufsqualifikation des Sachverständigen und der im Inland nach § 12 erforderlichen Qualifikation besteht, durch den eine Beeinträchtigung der öffentlichen Gesundheit oder Sicherheit zu erwarten ist. [2] Ist dies der Fall, so gibt die zuständige Behörde dem Sachverständigen innerhalb eines Monats nach der Unterrichtung über das Ergebnis der Nachprüfung Gelegenheit, die für eine ausreichende berufliche Qualifikation erforderlichen Kenntnisse und Fähigkeiten insbesondere durch eine Eignungsprüfung nachzuweisen.

(3) [1] § 13 a Absatz 2 Satz 3 bis 5 und Absatz 6 der Gewerbeordnung gelten entsprechend. [2] Trifft die zuständige Behörde innerhalb der in § 13 a Absatz 2 Satz 3 und 5 genannten Fristen keine Entscheidung, so darf der Sachverständige tätig werden.

§ 19 Ordnungswidrigkeiten. Ordnungswidrig im Sinne des § 95 Absatz 1 Nummer 5 des Energiewirtschaftsgesetzes[1]) handelt, wer vorsätzlich oder fahrlässig

1. entgegen § 4 Absatz 1 Satz 1 nicht sicherstellt, dass die Gashochdruckleitung in ordnungsgemäßem Zustand erhalten, überwacht oder überprüft wird,
2. entgegen § 4 Absatz 1 Satz 2 und 3 eine dort genannte Maßnahme nicht oder nicht rechtzeitig vornimmt,
3. entgegen § 5 Absatz 1, auch in Verbindung mit § 8 Absatz 1 Satz 1 eine Anzeige nicht, nicht richtig, nicht vollständig, nicht in der vorgeschriebenen Form oder nicht rechtzeitig erstattet,
4. entgegen § 6 Absatz 1, auch in Verbindung mit § 8 Absatz 1 Satz 1 eine Gashochdruckleitung in Betrieb nimmt,
5. entgegen § 7 Absatz 1 den Druck nicht oder nicht rechtzeitig absenkt oder den Betrieb der Leitung nicht oder nicht rechtzeitig einstellt,
6. entgegen § 7 Absatz 2 oder § 9 Absatz 1 eine Anzeige nicht, nicht richtig, nicht vollständig oder nicht rechtzeitig erstattet oder
7. entgegen § 7 Absatz 3 eine Mitteilung nicht oder nicht rechtzeitig macht.

§ 20 Bestehende Gashochdruckleitungen. Die zuständige Behörde kann verlangen, dass Gashochdruckleitungen, die bei Inkrafttreten dieser Verordnung bereits errichtet sind, den Vorschriften dieser Verordnung entsprechend angepasst werden, wenn
1. sie erweitert, umgebaut oder geändert werden oder
2. Gefahren zu befürchten sind.

---

[1]) Nr. 1.

27 GasHDrLtgV § 21

§ 21 Inkrafttreten, Außerkrafttreten. ¹Diese Verordnung tritt am Tag nach der Verkündung[1]) in Kraft. ²Gleichzeitig tritt die Verordnung über Gashochdruckleitungen vom 17. Dezember 1974 (BGBl. I S. 3591), die zuletzt durch Artikel 380 der Verordnung vom 31. Oktober 2006 (BGBl. I S. 2407) geändert worden ist, außer Kraft.

---

[1]) Verkündet am 27. 5. 2011.

28. Verordnung über Allgemeine Bedingungen für den Netzanschluss und dessen Nutzung für die Gasversorgung in Niederdruck (Niederdruckanschlussverordnung – NDAV)[1)]

Vom 1. November 2006
(BGBl. I S. 2477)
FNA 752-6-7

zuletzt geänd. durch Art. 3 VO zur NF und Änd. von Vorschriften auf dem Gebiet des Energiewirtschaftsrechts sowie des Bergrechts v. 3. 9. 2010 (BGBl. I S. 1261)

Inhaltsübersicht

§§

Teil 1. Allgemeine Vorschriften

Anwendungsbereich, Begriffsbestimmungen	1
Netzanschlussverhältnis	2
Anschlussnutzungsverhältnis	3
Inhalt des Vertrages und der Bestätigung des Netzbetreibers	4

Teil 2. Netzanschluss

Netzanschluss	5
Herstellung des Netzanschlusses	6
Art des Netzanschlusses	7
Betrieb des Netzanschlusses	8
Kostenerstattung für die Herstellung oder Änderung des Netzanschlusses	9
Druckregelgeräte, besondere Einrichtungen	10
Baukostenzuschüsse	11
Grundstücksbenutzung	12
Gasanlage	13
Inbetriebsetzung der Gasanlage	14
Überprüfung der Gasanlage	15

Teil 3. Anschlussnutzung

Nutzung des Anschlusses	16
Unterbrechung der Anschlussnutzung	17
Haftung bei Störungen der Anschlussnutzung	18

Teil 4. Gemeinsame Vorschriften

Abschnitt 1. Anlagenbetrieb und Rechte des Netzbetreibers

Betrieb von Gasanlagen und Verbrauchsgeräten, Eigenerzeugung	19
Technische Anschlussbedingungen	20
Zutrittsrecht	21
Messeinrichtungen	22

Abschnitt 2. Fälligkeit, Folgen von Zuwiderhandlungen, Beendigung der Rechtsverhältnisse

Zahlung, Verzug	23
Unterbrechung des Anschlusses und der Anschlussnutzung	24
Kündigung des Netzanschlussverhältnisses	25

[1)] Verkündet als Art. 2 VO zum Erlass von Regelungen des Netzanschlusses von Letztverbrauchern in Niederspannung und Niederdruck v. 1. 11. 2006 (BGBl. I S. 2477); Inkrafttreten gem. Art. 4 Satz 1 dieser VO am 8. 11. 2006.

	§§
Beendigung des Anschlussnutzungsverhältnisses	26
Fristlose Kündigung oder Beendigung	27

Teil 5. Schlussbestimmungen

Gerichtsstand	28
Übergangsregelung	29

Teil 1. Allgemeine Vorschriften

§ 1 Anwendungsbereich, Begriffsbestimmungen. (1) [1] Diese Verordnung regelt die Allgemeinen Bedingungen, zu denen Netzbetreiber nach § 18 Abs. 1 des Energiewirtschaftsgesetzes[1]) jedermann in Niederdruck an ihr Gasversorgungsnetz der allgemeinen Versorgung anzuschließen und den Anschluss zur Entnahme von Gas zur Verfügung zu stellen haben. [2] Diese sind Bestandteil der Rechtsverhältnisse über den Netzanschluss an das Gasversorgungsnetz der allgemeinen Versorgung (Netzanschluss) und die Anschlussnutzung, soweit sie sich nicht ausdrücklich allein auf eines dieser Rechtsverhältnisse beziehen. [3] Die Verordnung gilt für alle nach dem 12. Juli 2005 abgeschlossenen Netzanschlussverhältnisse und ist auch auf alle Anschlussnutzungsverhältnisse anzuwenden, die vor ihrem Inkrafttreten entstanden sind.

(2) Anschlussnehmer ist jedermann im Sinne des § 18 Abs. 1 Satz 1 des Energiewirtschaftsgesetzes, in dessen Auftrag ein Grundstück oder Gebäude an das Niederdrucknetz angeschlossen wird, oder im Übrigen jeder Eigentümer oder Erbbauberechtigte eines Grundstücks oder Gebäudes, das an das Niederdrucknetz angeschlossen ist.

(3) Anschlussnutzer ist jeder Letztverbraucher, der im Rahmen eines Anschlussnutzungsverhältnisses einen Anschluss an das Niederdrucknetz zur Entnahme von Gas nutzt.

(4) Netzbetreiber im Sinne dieser Verordnung ist der Betreiber eines Gasversorgungsnetzes der allgemeinen Versorgung im Sinne des § 18 Abs. 1 Satz 1 des Energiewirtschaftsgesetzes.

§ 2 Netzanschlussverhältnis. (1) [1] Das Netzanschlussverhältnis umfasst den Anschluss der Gasanlage über den Netzanschluss und dessen weiteren Betrieb. [2] Es besteht zwischen dem Anschlussnehmer und dem Netzbetreiber.

(2) [1] Das Netzanschlussverhältnis entsteht durch Vertrag erstmalig mit dem Anschlussnehmer, der die Herstellung des Netzanschlusses in Auftrag gibt. [2] Bei Herstellung eines Netzanschlusses ist der Netzanschlussvertrag schriftlich abzuschließen.

(3) Anschlussnehmer, die nicht Grundstückseigentümer oder Erbbauberechtigte sind, haben die schriftliche Zustimmung des Grundstückseigentümers zur Herstellung und Änderung des Netzanschlusses unter Anerkennung der für den Anschlussnehmer und ihn damit verbundenen Verpflichtungen beizubringen.

(4) [1] Bei angeschlossenen Grundstücken oder Gebäuden entsteht das Netzanschlussverhältnis mit dem Eigentumserwerb an der Kundenanlage zwischen

---

[1]) Nr. **1**.

dem jeweiligen Eigentümer und dem Netzbetreiber, sofern der bisherige Eigentümer der Anschlussnehmer gewesen ist. ²Zu diesem Zeitpunkt erlischt das Netzanschlussverhältnis mit dem bisherigen Anschlussnehmer, sofern dieser Eigentümer der Kundenanlage gewesen ist; hinsichtlich bis dahin begründeter Zahlungsansprüche und Verbindlichkeiten bleibt der bisherige Anschlussnehmer berechtigt und verpflichtet. ³Der Eigentumsübergang und die Person des neuen Anschlussnehmers hat der bisherige Anschlussnehmer dem Netzbetreiber unverzüglich in Textform anzuzeigen. ⁴Der bisherige Anschlussnehmer hat dem neuen Anschlussnehmer die Angaben nach § 4 Abs. 1 Nr. 4 zu übermitteln.

(5) ¹Der Netzbetreiber hat dem neuen Anschlussnehmer den Vertragsschluss oder die Anzeige nach Absatz 4 Satz 3 unverzüglich in Textform zu bestätigen. ²Im Vertrag nach Absatz 2 oder in der Bestätigung nach Satz 1 ist auf die Allgemeinen Bedingungen einschließlich der ergänzenden Bedingungen des Netzbetreibers hinzuweisen.

§ 3 Anschlussnutzungsverhältnis. (1) ¹Inhalt der Anschlussnutzung ist das Recht zur Nutzung des Netzanschlusses zur Entnahme von Gas. ²Die Anschlussnutzung umfasst weder die Belieferung des Anschlussnutzers mit Gas noch den Zugang zu den Gasversorgungsnetzen im Sinne des § 20 des Energiewirtschaftsgesetzes[1]). ³Das Anschlussnutzungsverhältnis besteht zwischen dem jeweiligen Anschlussnutzer und dem Netzbetreiber.

(2) ¹Das Anschlussnutzungsverhältnis kommt dadurch zustande, dass über den Netzanschluss Gas aus dem Verteilernetz entnommen wird, wenn

1. der Anschlussnutzer spätestens im Zeitpunkt der erstmaligen Entnahme einen Vertrag über den Bezug von Gas abgeschlossen hat oder die Voraussetzungen einer Ersatzversorgung nach § 38 des Energiewirtschaftsgesetzes vorliegen und

2. dem Anschlussnutzer oder dessen Lieferanten ein Recht auf Netzzugang nach § 20 des Energiewirtschaftsgesetzes zusteht.

²Bei Kenntnis über den Wegfall der Voraussetzungen nach Satz 1 Nr. 2 ist der Netzbetreiber verpflichtet, den Anschlussnutzer und den Grundversorger hierüber unverzüglich in Textform zu unterrichten und den Anschlussnutzer auf die Grundversorgung nach § 36 des Energiewirtschaftsgesetzes und die Ersatzversorgung nach § 38 des Energiewirtschaftsgesetzes hinzuweisen.

(3) ¹Der Anschlussnutzer ist verpflichtet, dem Netzbetreiber die Aufnahme der Nutzung des Netzanschlusses zur Entnahme von Gas unverzüglich in Textform mitzuteilen. ²Der Netzbetreiber hat dem Anschlussnutzer die Mitteilung unverzüglich in Textform zu bestätigen. ³In der Bestätigung ist auf die Allgemeinen Bedingungen einschließlich der ergänzenden Bedingungen und auf die Haftung des Netzbetreibers nach § 18 hinzuweisen.

§ 4 Inhalt des Vertrages und der Bestätigung des Netzbetreibers.

(1) ¹Der Netzanschlussvertrag und die Bestätigung des Netzbetreibers in Textform nach § 2 Abs. 5 Satz 1 und § 3 Abs. 3 Satz 2 sollen eine zusammenhängende Aufstellung aller für den Vertragsschluss nach § 2 Abs. 2 oder die Anschlussnutzung nach § 3 notwendigen Angaben enthalten, insbesondere

---

[1]) Nr. 1.

1. Angaben zum Anschlussnehmer oder -nutzer (Firma, Registergericht, Registernummer, Familienname, Vorname, Geburtstag, Adresse, Kundennummer),
2. Anlagenadresse und Bezeichnung des Zählers oder des Aufstellungsorts des Zählers,
3. Angaben zum Netzbetreiber (Firma, Registergericht, Registernummer und Adresse) und
4. gegenüber dem Anschlussnehmer auch die am Ende des Netzanschlusses vorzuhaltende Leistung.

[2] Soweit die Angaben nach Satz 1 Nr. 1 nicht vorliegen, ist der Anschlussnehmer oder -nutzer verpflichtet, diese dem Netzbetreiber auf Anforderung mitzuteilen.

(2) [1] Der Netzbetreiber ist verpflichtet, jedem Neukunden bei Entstehen des Netzanschlussverhältnisses oder des Anschlussnutzungsverhältnisses und auf Verlangen den übrigen Kunden die Allgemeinen Bedingungen unentgeltlich auszuhändigen. [2] Er hat die Allgemeinen Bedingungen auf seiner Internetseite zu veröffentlichen.

(3) [1] Änderungen der ergänzenden Bedingungen, zu denen auch die Technischen Anschlussbedingungen nach § 20 gehören, und Kostenerstattungsregelungen des Netzbetreibers werden jeweils zum Monatsbeginn erst nach öffentlicher Bekanntgabe und im Falle der Technischen Anschlussbedingungen erst nach zusätzlicher Mitteilung an die Regulierungsbehörde wirksam. [2] Der Netzbetreiber ist verpflichtet, die Änderungen am Tage der öffentlichen Bekanntgabe auf seiner Internetseite zu veröffentlichen.

Teil 2. Netzanschluss

§ 5 Netzanschluss. [1] Der Netzanschluss verbindet das Gasversorgungsnetz der allgemeinen Versorgung mit der Gasanlage des Anschlussnehmers, gerechnet von der Versorgungsleitung bis zu den Innenleitungen der Gebäude und Grundstücke. [2] Er besteht aus der Netzanschlussleitung, einer gegebenenfalls vorhandenen Absperreinrichtung außerhalb des Gebäudes, Isolierstück, Hauptabsperreinrichtung und gegebenenfalls Haus-Druckregelgerät. [3] Auf ein Druckregelgerät sind die Bestimmungen über den Netzanschluss auch dann anzuwenden, wenn es hinter dem Ende des Netzanschlusses innerhalb des Bereichs der Kundenanlage eingebaut ist.

§ 6 Herstellung des Netzanschlusses. (1) [1] Netzanschlüsse werden durch den Netzbetreiber hergestellt. [2] Die Herstellung des Netzanschlusses soll vom Anschlussnehmer schriftlich in Auftrag gegeben werden; auf Verlangen des Netzbetreibers ist ein von diesem zur Verfügung gestellter Vordruck zu verwenden. [3] Der Netzbetreiber hat dem Anschlussnehmer den voraussichtlichen Zeitbedarf für die Herstellung des Netzanschlusses mitzuteilen.

(2) [1] Art, Zahl und Lage der Netzanschlüsse werden nach Beteiligung des Anschlussnehmers und unter Wahrung seiner berechtigten Interessen vom Netzbetreiber nach den anerkannten Regeln der Technik bestimmt. [2] Das Interesse des Anschlussnehmers an einer kostengünstigen Errichtung der Netzanschlüsse ist dabei besonders zu berücksichtigen.

(3) [1] Auf Wunsch des Anschlussnehmers hat der Netzbetreiber die Errichter weiterer Anschlussleitungen sowie der Telekommunikationslinien im Sinne des § 3 Nr. 26 des Telekommunikationsgesetzes im Hinblick auf eine gemeinsame Verlegung der verschiedenen Gewerke zu beteiligen. [2] Er führt die Herstellung oder Änderungen des Netzanschlusses entweder selbst oder mittels Nachunternehmer durch. [3] Wünsche des Anschlussnehmers bei der Auswahl des durchführenden Nachunternehmers sind vom Netzbetreiber angemessen zu berücksichtigen. [4] Der Anschlussnehmer ist berechtigt, die für die Herstellung des Netzanschlusses erforderlichen Erdarbeiten auf seinem Grundstück im Rahmen des technisch Möglichen und nach den Vorgaben des Netzbetreibers durchzuführen oder durchführen zu lassen. [5] Der Anschlussnehmer hat die baulichen Voraussetzungen für die sichere Errichtung des Netzanschlusses zu schaffen; für die Hauptabsperreinrichtung ist ein nach den anerkannten Regeln der Technik geeigneter Platz zur Verfügung zu stellen.

§ 7 Art des Netzanschlusses. (1) Der Brennwert mit der sich aus den Erzeugungs- oder Bezugsverhältnissen ergebenden Schwankungsbreite sowie der für die Versorgung des Kunden maßgebende Ruhedruck des Gases ergeben sich aus den ergänzenden Bedingungen des Netzbetreibers zu den Allgemeinen Netzanschlussbedingungen.

(2) [1] Der Netzbetreiber kann den Brennwert und Druck sowie die Gasart ändern, falls dies in besonderen Fällen aus wirtschaftlichen oder technischen Gründen zwingend notwendig ist. [2] Der Kunde ist davon unverzüglich zu unterrichten. [3] Bei der Umstellung der Gasart sind die Belange des Kunden, soweit möglich, angemessen zu berücksichtigen.

§ 8 Betrieb des Netzanschlusses. (1) [1] Netzanschlüsse gehören zu den Betriebsanlagen des Netzbetreibers. [2] Er hat sicherzustellen, dass sie in seinem Eigentum stehen oder ihm zur wirtschaftlichen Nutzung überlassen werden; soweit erforderlich, ist der Anschlussnehmer insoweit zur Mitwirkung verpflichtet. [3] Netzanschlüsse werden ausschließlich von dem Netzbetreiber unterhalten, erneuert, geändert, abgetrennt und beseitigt. [4] Sie müssen zugänglich und vor Beschädigungen geschützt sein. [5] Der Anschlussnehmer darf keine Einwirkungen auf den Netzanschluss vornehmen oder vornehmen lassen.

(2) Jede Beschädigung des Netzanschlusses, insbesondere undichte Absperreinrichtungen oder Druckregelgeräte sowie das Fehlen von Plomben, ist dem Netzbetreiber unverzüglich mitzuteilen.

(3) Änderungen des Netzanschlusses werden nach Anhörung des Anschlussnehmers und unter Wahrung seiner berechtigten Interessen vom Netzbetreiber bestimmt.

§ 9 Kostenerstattung für die Herstellung oder Änderung des Netzanschlusses. (1) [1] Der Netzbetreiber ist berechtigt, vom Anschlussnehmer die Erstattung der bei wirtschaftlich effizienter Betriebsführung notwendigen Kosten für
1. die Herstellung des Netzanschlusses,
2. die Änderungen des Netzanschlusses, die durch eine Änderung oder Erweiterung der Kundenanlage erforderlich oder aus anderen Gründen vom Anschlussnehmer veranlasst werden,

zu verlangen. ²Die Kosten können auf der Grundlage der durchschnittlich für vergleichbare Fälle entstehenden Kosten pauschal berechnet werden. ³Im Falle einer pauschalierten Kostenberechnung sind Eigenleistungen des Anschlussnehmers angemessen zu berücksichtigen. ⁴Die Netzanschlusskosten sind so darzustellen, dass der Anschlussnehmer die Anwendung des pauschalierten Berechnungsverfahrens einfach nachvollziehen kann; wesentliche Berechnungsbestandteile sind auszuweisen.

(2) ¹Der Netzbetreiber ist berechtigt, für die Herstellung oder Änderungen des Netzanschlusses Vorauszahlung zu verlangen, wenn nach den Umständen des Einzelfalles Grund zu der Annahme besteht, dass der Anschlussnehmer seinen Zahlungsverpflichtungen nicht oder nicht rechtzeitig nachkommt. ²Werden von einem Anschlussnehmer mehrere Netzanschlüsse beauftragt, ist der Netzbetreiber berechtigt, angemessene Abschlagszahlungen zu verlangen.

(3) Kommen innerhalb von zehn Jahren nach Herstellung des Netzanschlusses weitere Anschlüsse hinzu und wird der Netzanschluss dadurch teilweise zum Bestandteil des Verteilernetzes, so hat der Netzbetreiber die Kosten neu aufzuteilen und dem Anschlussnehmer einen zu viel gezahlten Betrag zu erstatten.

§ 10 Druckregelgeräte, besondere Einrichtungen.
(1) ¹Muss zum Netzanschluss eines Grundstücks ein besonderes Druckregelgerät oder eine besondere Einrichtung angebracht werden, so kann der Netzbetreiber verlangen, dass der Anschlussnehmer einen geeigneten Raum oder Platz unentgeltlich für die Dauer des Netzanschlussverhältnisses des Grundstücks zur Verfügung stellt. ²Der Netzbetreiber darf die Einrichtungen auch für andere Zwecke benutzen, soweit dies für den Anschlussnehmer zumutbar ist.

(2) Wird der Netzanschlussverhältnis für das Grundstück beendet, so hat der Anschlussnehmer die Einrichtung noch drei Jahre unentgeltlich zu dulden, es sei denn, das ihm dies nicht zugemutet werden kann.

(3) ¹Der Anschlussnehmer kann die Verlegung der Einrichtungen an eine andere geeignete Stelle verlangen, wenn ihm ihr Verbleiben an der bisherigen Stelle nicht mehr zugemutet werden kann. ²Die Kosten der Verlegung hat der Netzbetreiber zu tragen; dies gilt nicht, soweit die Anlage ausschließlich der Anschlussnutzung des Grundstücks dient.

§ 11 Baukostenzuschüsse.
(1) ¹Der Netzbetreiber kann von dem Anschlussnehmer einen angemessenen Baukostenzuschuss zur Deckung der bei wirtschaftlich effizienter Betriebsführung notwendigen Kosten für die Erstellung oder Verstärkung der örtlichen Verteileranlagen verlangen, soweit sich diese Anlagen ganz oder teilweise dem Versorgungsbereich zuordnen lassen, in dem der Anschluss erfolgt. ²Baukostenzuschüsse dürfen höchstens 50 vom Hundert dieser Kosten betragen.

(2) ¹Der von dem Anschlussnehmer als Baukostenzuschuss zu übernehmende Kostenanteil bemisst sich nach dem Verhältnis, in dem die an seinem Netzanschluss vorzuhaltende Leistung zu der Summe der Leistungen steht, die in den im betreffenden Versorgungsbereich erstellten Verteileranlagen oder auf Grund der Verstärkung insgesamt vorgehalten werden können. ²Der Durchmischung der jeweiligen Leistungsanforderungen ist Rechnung zu tragen.

³ Der Baukostenzuschuss kann auf der Grundlage der durchschnittlich für vergleichbare Fälle entstehenden Kosten pauschal berechnet werden.

(3) ¹ Der Netzbetreiber ist berechtigt, von dem Anschlussnehmer einen weiteren Baukostenzuschuss zu verlangen, wenn der Anschlussnehmer seine Leistungsanforderung erheblich über das der ursprünglichen Berechnung zugrunde liegende Maß hinaus erhöht. ² Der Baukostenzuschuss ist nach den Absätzen 1 und 2 zu bemessen.

(4) Der Baukostenzuschuss und die in § 9 geregelten Netzanschlusskosten sind getrennt zu errechnen und dem Anschlussnehmer aufgegliedert auszuweisen.

(5) § 9 Abs. 2 gilt entsprechend.

§ 12 Grundstücksbenutzung. (1) ¹ Anschlussnehmer, die Grundstückseigentümer sind, haben für Zwecke der örtlichen Versorgung das Anbringen und Verlegen von Leitungen nebst Zubehör, insbesondere Verteilungsanlagen, über ihre im Gebiet des Gasversorgungsnetzes der allgemeinen Versorgung liegenden Grundstücke sowie erforderliche Schutzmaßnahmen unentgeltlich zuzulassen. ² Diese Pflicht betrifft nur Grundstücke,

1. die an das Gasversorgungsnetz angeschlossen sind,
2. die vom Eigentümer in wirtschaftlichem Zusammenhang mit einem an das Netz angeschlossenen Grundstück genutzt werden oder
3. für die die Möglichkeit des Netzanschlusses sonst wirtschaftlich vorteilhaft ist.

³ Sie besteht nicht, wenn die Inanspruchnahme der Grundstücke den Eigentümer mehr als notwendig oder in unzumutbarer Weise belasten würde; insbesondere ist die Inanspruchnahme des Grundstücks zwecks Anschlusses eines anderen Grundstücks an das Gasversorgungsnetz grundsätzlich verwehrt, wenn der Anschluss über das eigene Grundstück des anderen Anschlussnehmers möglich und dem Netzbetreiber zumutbar ist.

(2) Der Anschlussnehmer ist rechtzeitig über Art und Umfang der beabsichtigten Inanspruchnahme des Grundstücks zu benachrichtigen.

(3) ¹ Der Grundstückseigentümer kann die Verlegung der Einrichtungen verlangen, wenn sie an der bisherigen Stelle für ihn nicht mehr zumutbar sind. ² Die Kosten der Verlegung hat der Netzbetreiber zu tragen; dies gilt nicht, soweit die Einrichtungen ausschließlich dem Anschluss des Grundstücks dienen.

(4) Wird die Anschlussnutzung eingestellt, so hat der Eigentümer die auf seinen Grundstücken befindlichen Einrichtungen noch drei Jahre unentgeltlich zu dulden, es sei denn, dass ihm dies nicht zugemutet werden kann.

(5) Die Absätze 1 bis 4 gelten nicht für öffentliche Verkehrswege und Verkehrsflächen sowie für Grundstücke, die durch Planfeststellung für den Bau von öffentlichen Verkehrswegen und Verkehrsflächen bestimmt sind.

§ 13 Gasanlage. (1) ¹ Für die ordnungsgemäße Errichtung, Erweiterung, Änderung und Instandhaltung der Gasanlage hinter der Hauptabsperreinrichtung (Anlage), mit Ausnahme des Druckregelgerätes und der Messeinrichtungen, die nicht in seinem Eigentum stehen, ist der Anschlussnehmer verantwortlich. ² Satz 1 gilt nicht für die Messeinrichtungen, die nicht im Eigentum des Anschlussnehmers stehen. ³Hat der Anschlussnehmer die Anlage ganz oder teilweise einem Dritten vermietet oder sonst zur Benutzung überlassen, so bleibt er verantwortlich.

(2) ¹Die Anlage darf nur nach den Vorschriften dieser Verordnung, nach anderen anzuwendenden Rechtsvorschriften und behördlichen Bestimmungen sowie nach den anerkannten Regeln der Technik errichtet, erweitert, geändert und instand gehalten werden. ²In Bezug auf die allgemein anerkannten Regeln der Technik gilt § 49 Abs. 2 Nr. 2 des Energiewirtschaftsgesetzes[1]) entsprechend. ³Die Arbeiten dürfen außer durch den Netzbetreiber nur durch ein in ein Installateurverzeichnis eines Netzbetreibers eingetragenes Installationsunternehmen durchgeführt werden; im Interesse des Anschlussnehmers darf der Netzbetreiber eine Eintragung in das Installateurverzeichnis nur von dem Nachweis einer ausreichenden fachlichen Qualifikation für die Durchführung der jeweiligen Arbeiten abhängig machen. ⁴Es dürfen nur Materialien und Gasgeräte verwendet werden, die entsprechend § 49 des Energiewirtschaftsgesetzes unter Beachtung der allgemein anerkannten Regeln der Technik hergestellt wurden. ⁵Die Einhaltung der Voraussetzungen des Satzes 4 wird vermutet, wenn die vorgeschriebene CE-Kennzeichnung vorhanden ist. ⁶Sofern die CE-Kennzeichnung nicht vorgeschrieben ist, wird dies auch vermutet, wenn die Materialien oder Gasgeräte das Zeichen einer akkreditierten Stelle tragen, insbesondere das DVGW-Zeichen. ⁷Materialien und Gasgeräte, die

1. in einem anderen Mitgliedstaat der Europäischen Union oder der Türkei rechtmäßig hergestellt oder in den Verkehr gebracht worden sind oder
2. in einem anderen Vertragsstaat des Abkommens über den Europäischen Wirtschaftsraum rechtmäßig hergestellt worden sind

und die den technischen Spezifikationen der Zeichen im Sinne des Satzes 6 nicht entsprechen, werden einschließlich der von den vorgenannten Staaten durchgeführten Prüfungen und Überwachungen als gleichwertig behandelt, wenn mit ihnen das geforderte Schutzniveau gleichermaßen dauerhaft erreicht wird. ⁸Der Netzbetreiber ist berechtigt, die Ausführung der Arbeiten zu überwachen.

(3) ¹Anlagenteile, die sich vor den Messeinrichtungen befinden, können vom Netzbetreiber plombiert werden. ²Die dafür erforderliche Ausstattung der Anlage ist nach den Angaben des Netzbetreibers vom Anschlussnehmer zu veranlassen.

§ 14 Inbetriebsetzung der Gasanlage. (1) ¹Der Netzbetreiber oder dessen Beauftragter hat die Anlage über den Netzanschluss an das Verteilernetz anzuschließen und in Betrieb zu nehmen, indem er nach erfolgtem Einbau der Messeinrichtung und gegebenenfalls des Druckregelgerätes durch Öffnung der Absperreinrichtungen die Gaszufuhr freigibt. ²Die Anlage hinter diesen Einrichtungen hat das Installationsunternehmen in Betrieb zu setzen.

(2) ¹Jede Inbetriebsetzung der Anlage ist beim Netzbetreiber von dem Unternehmen, das nach § 13 Abs. 2 die Arbeiten an der Anlage ausgeführt hat, in Auftrag zu geben. ²Auf Verlangen des Netzbetreibers ist ein von diesem zur Verfügung gestellter Vordruck zu verwenden.

---

[1]) Nr. 1.

Niederdruckanschlussverordnung §§ 15–17 NDAV 28

(3) [1] Der Netzbetreiber kann für die Inbetriebsetzung vom Anschlussnehmer Kostenerstattung verlangen. [2] Die Kosten können auf der Grundlage der durchschnittlich für vergleichbare Fälle entstehenden Kosten pauschal berechnet werden. [3] Die Kosten sind so darzustellen, dass der Anschlussnehmer die Anwendung des pauschalierten Berechnungsverfahrens einfach nachvollziehen kann.

§ 15 Überprüfung der Gasanlage. (1) [1] Der Netzbetreiber ist berechtigt, die Anlage vor und, um unzulässige Rückwirkungen auf Einrichtungen des Netzbetreibers oder Dritter auszuschließen, nach ihrer Inbetriebsetzung zu überprüfen. [2] Er hat den Anschlussnehmer auf erkannte Sicherheitsmängel aufmerksam zu machen und kann deren Beseitigung verlangen.

(2) Werden Mängel festgestellt, welche die Sicherheit gefährden oder erhebliche Störungen erwarten lassen, so ist der Netzbetreiber berechtigt, den Anschluss zu verweigern oder die Anschlussnutzung zu unterbrechen; bei Gefahr für Leib oder Leben ist er hierzu verpflichtet.

(3) [1] Durch Vornahme oder Unterlassung der Überprüfung der Anlage sowie durch deren Anschluss an das Verteilernetz übernimmt der Netzbetreiber keine Haftung für die Mängelfreiheit der Anlage. [2] Dies gilt nicht, wenn er bei einer Überprüfung Mängel festgestellt hat, die eine Gefahr für Leib oder Leben darstellen.

Teil 3. Anschlussnutzung

§ 16 Nutzung des Anschlusses. (1) [1] Der Netzbetreiber ist bei Bestehen eines Anschlussnutzungsverhältnisses verpflichtet, dem Anschlussnutzer in dem im Netzanschlussverhältnis vorgesehenen Umfang die Nutzung des Netzanschlusses jederzeit zu ermöglichen. [2] Dies gilt nicht, soweit und solange der Netzbetreiber hieran durch höhere Gewalt oder sonstige Umstände, deren Beseitigung ihm im Sinne des § 18 Abs. 1 Satz 2 des Energiewirtschaftsgesetzes[1)] aus wirtschaftlichen Gründen nicht zugemutet werden kann, gehindert ist.

(2) [1] Der Netzbetreiber hat Brennwert und Druck möglichst gleichbleibend zu halten. [2] Allgemein übliche Gasgeräte müssen einwandfrei betrieben werden können. [3] Stellt der Anschlussnutzer Anforderungen an die Gasqualität, die über die Verpflichtungen nach den Sätzen 1 und 2 hinausgehen, so obliegt es ihm selbst, innerhalb seines Bereichs Vorkehrungen zum störungsfreien Betrieb seiner Geräte und Anlagen zu treffen.

(3) Zwischen Anschlussnutzer und Netzbetreiber gelten die §§ 7, 8, 12 und 13 Abs. 1 und 2, § 14 Abs. 1 Satz 1, Abs. 2 und 3 sowie § 15 entsprechend.

§ 17 Unterbrechung der Anschlussnutzung. (1) [1] Die Anschlussnutzung kann unterbrochen werden, soweit dies zur Vornahme betriebsnotwendiger Arbeiten oder zur Vermeidung eines drohenden Netzzusammenbruchs erforderlich ist. [2] Der Netzbetreiber hat jede Unterbrechung oder Unregelmäßigkeit unverzüglich zu beheben. [3] Eine notwendige Unterbrechung wegen eines vom Anschlussnutzer veranlassten Austauschs der Messeinrichtung durch ei-

---

[1)] Nr. 1.

nen Dritten nach § 21 b des Energiewirtschaftsgesetzes[1]) hat der Netzbetreiber nicht zu vertreten.

(2) ¹Der Netzbetreiber hat die Anschlussnutzer bei einer beabsichtigten Unterbrechung der Anschlussnutzung rechtzeitig in geeigneter Weise zu unterrichten. ²Die Pflicht zur Benachrichtigung entfällt, wenn die Unterrichtung
1. nach den Umständen nicht rechtzeitig möglich ist und der Netzbetreiber dies nicht zu vertreten hat oder
2. die Beseitigung von bereits eingetretenen Unterbrechungen verzögern würde.

³In den Fällen des Satzes 3 ist der Netzbetreiber verpflichtet, dem Anschlussnutzer auf Nachfrage nachträglich mitzuteilen, aus welchem Grund die Unterbrechung vorgenommen worden ist.

§ 18 Haftung bei Störungen der Anschlussnutzung. (1) ¹Soweit der Netzbetreiber für Schäden, die ein Anschlussnutzer durch Unterbrechung oder durch Unregelmäßigkeiten in der Anschlussnutzung erleidet, aus Vertrag, Anschlussnutzungsverhältnis oder unerlaubter Handlung haftet und dabei Verschulden des Unternehmens oder eines Erfüllungs- oder Verrichtungsgehilfen vorausgesetzt wird, wird
1. hinsichtlich eines Vermögensschadens widerleglich vermutet, dass Vorsatz oder grobe Fahrlässigkeit vorliegt,
2. hinsichtlich der Beschädigung einer Sache widerleglich vermutet, dass Vorsatz oder Fahrlässigkeit vorliegt.

²Bei Vermögensschäden nach Satz 1 Nr. 1 ist die Haftung für sonstige Fahrlässigkeit ausgeschlossen.

(2) ¹Bei weder vorsätzlich noch grob fahrlässig verursachten Sachschäden ist die Haftung des Netzbetreibers gegenüber seinen Anschlussnutzern auf jeweils 5 000 Euro begrenzt. ²Die Haftung für nicht vorsätzlich verursachte Sachschäden ist je Schadensereignis insgesamt begrenzt auf
1. 2,5 Millionen Euro bei bis zu 25 000 an das eigene Netz angeschlossenen Anschlussnutzern;
2. 10 Millionen Euro bei 25 001 bis 100 000 an das eigene Netz angeschlossenen Anschlussnutzern;
3. 20 Millionen Euro bei 100 001 bis 200 000 an das eigene Netz angeschlossenen Anschlussnutzern;
4. 30 Millionen Euro bei 200 001 bis einer Million an das eigene Netz angeschlossenen Anschlussnutzern;
5. 40 Millionen Euro bei mehr als einer Million an das eigene Netz angeschlossene Anschlussnutzern.

³In diese Höchstgrenzen werden auch Schäden von Anschlussnutzern in Mittel- und Hochdruck einbezogen, wenn die Haftung ihnen gegenüber im Einzelfall entsprechend Satz 1 begrenzt ist.

(3) ¹Die Absätze 1 und 2 sind auch auf Ansprüche von Anschlussnutzern anzuwenden, die diese gegen einen dritten Netzbetreiber im Sinne des § 3

---

[1]) Nr. 1.

Nr. 27 des Energiewirtschaftsgesetzes[1)] aus unerlaubter Handlung geltend machen. ²Die Haftung dritter Netzbetreiber im Sinne des § 3 Nr. 27 des Energiewirtschaftsgesetzes ist je Schadensereignis insgesamt begrenzt auf das Dreifache des Höchstbetrages, für den sie nach Absatz 2 Satz 2 eigenen Anschlussnutzern gegenüber haften. ³Hat der dritte Netzbetreiber im Sinne des § 3 Nr. 27 des Energiewirtschaftsgesetzes keine eigenen an das Netz angeschlossenen Anschlussnutzer im Sinne dieser Verordnung, so ist die Haftung insgesamt auf 200 Millionen Euro begrenzt. ⁴In den Höchstbetrag nach den Sätzen 2 und 3 können auch Schadensersatzansprüche von nicht unter diese Verordnung fallenden Kunden einbezogen werden, die diese gegen das dritte Unternehmen aus unerlaubter Handlung geltend machen, wenn deren Ansprüche im Einzelfall entsprechend Absatz 2 Satz 1 begrenzt sind. ⁵Der Netzbetreiber ist verpflichtet, seinen Anschlussnutzern auf Verlangen über die mit der Schadensverursachung durch einen dritten Netzbetreiber im Sinne des § 3 Nr. 27 des Energiewirtschaftsgesetzes zusammenhängenden Tatsachen insoweit Auskunft zu geben, als sie ihm bekannt sind oder von ihm in zumutbarer Weise aufgeklärt werden können und ihre Kenntnis zur Geltendmachung des Schadensersatzes erforderlich ist.

(4) ¹Bei grob fahrlässig verursachten Vermögensschäden ist die Haftung des Netzbetreibers, an dessen Netz der Anschlussnutzer angeschlossen ist, oder eines dritten Netzbetreibers, gegen den der Anschlussnutzer Ansprüche geltend macht, gegenüber seinen Anschlussnutzern auf jeweils 5 000 Euro sowie je Schadensereignis insgesamt auf 20 vom Hundert der in Absatz 2 Satz 2 sowie Absatz 3 Satz 2 und 3 genannten Höchstbeträge begrenzt. ²Absatz 2 Satz 3 sowie Absatz 3 Satz 1, 4 und 5 gelten entsprechend.

(5) ¹Übersteigt die Summe der Einzelschäden die jeweilige Höchstgrenze, so wird der Schadensersatz in dem Verhältnis gekürzt, in dem die Summe aller Schadensersatzansprüche zur Höchstgrenze steht. ²Sind nach Absatz 2 Satz 3 oder nach Absatz 3 Satz 4, jeweils auch in Verbindung mit Absatz 4, Schäden von nicht unter diese Verordnung fallenden Kunden in die Höchstgrenze einbezogen worden, so sind sie auch bei der Kürzung nach Satz 1 entsprechend einzubeziehen. ³Bei Ansprüchen nach Absatz 3 darf die Schadensersatzquote nicht höher sein als die Quote der Kunden des dritten Netzbetreibers.

(6) Die Ersatzpflicht entfällt für Schäden unter 30 Euro, die weder vorsätzlich noch grob fahrlässig verursacht worden sind.

(7) Der geschädigte Anschlussnutzer hat den Schaden unverzüglich dem Netzbetreiber oder, wenn dieses feststeht, dem ersatzpflichtigen Unternehmen mitzuteilen.

Teil 4. Gemeinsame Vorschriften

Abschnitt 1. Anlagenbetrieb und Rechte des Netzbetreibers

§ 19 Betrieb von Gasanlagen und Verbrauchsgeräten, Eigenerzeugung. (1) Anlage und Gasgeräte sind vom Anschlussnehmer oder -nutzer so zu betreiben, dass Störungen anderer Anschlussnehmer oder -nutzer und

---

[1)] Nr. 1.

störende Rückwirkungen auf Einrichtungen des Netzbetreibers oder Dritter ausgeschlossen sind.

(2) ¹ Erweiterungen und Änderungen von Anlagen sowie die Verwendung zusätzlicher Gasgeräte sind dem Netzbetreiber mitzuteilen, soweit sich dadurch die vorzuhaltende Leistung erhöht oder mit Netzrückwirkungen zu rechnen ist. ² Nähere Einzelheiten über den Inhalt der Mitteilung kann der Netzbetreiber regeln.

(3) ¹ Vor der Errichtung einer Eigenanlage hat der Anschlussnehmer oder -nutzer dem Netzbetreiber Mitteilung zu machen. ² Der Anschlussnehmer oder -nutzer hat durch geeignete Maßnahmen sicherzustellen, dass von seiner Eigenanlage keine schädlichen Rückwirkungen in das Gasversorgungsnetz möglich sind. ³ Der Anschluss von Eigenanlagen ist mit dem Netzbetreiber abzustimmen. ⁴ Dieser kann den Anschluss von der Einhaltung der von ihm nach § 20 festzulegenden Maßnahmen zum Schutz vor Rückwirkungen abhängig machen.

§ 20 Technische Anschlussbedingungen. ¹ Der Netzbetreiber ist berechtigt, in Form von Technischen Anschlussbedingungen weitere technische Anforderungen an den Netzanschluss und andere Anlagenteile sowie an den Betrieb der Anlage einschließlich der Eigenanlage festzulegen, soweit dies aus Gründen der sicheren und störungsfreien Versorgung, insbesondere im Hinblick auf die Erfordernisse des Verteilernetzes, notwendig ist. ² Diese Anforderungen müssen den allgemein anerkannten Regeln der Technik entsprechen. ³ Der Anschluss bestimmter Verbrauchsgeräte kann von der vorherigen Zustimmung des Netzbetreibers abhängig gemacht werden. ⁴ Die Zustimmung darf nur verweigert werden, wenn der Anschluss eine sichere und störungsfreie Versorgung gefährden würde.

§ 21 Zutrittsrecht. ¹ Der Anschlussnehmer oder -nutzer hat nach vorheriger Benachrichtigung dem mit einem Ausweis versehenen Beauftragten des Netzbetreibers, des Messstellenbetreibers oder des Messdienstleisters den Zutritt zum Grundstück und zu seinen Räumen zu gestatten, soweit dies für die Prüfung der technischen Einrichtungen und Messeinrichtungen, zum Austausch der Messeinrichtung, auch anlässlich eines Wechsels des Messstellenbetreibers, zur Ablesung der Messeinrichtung oder zur Unterbrechung des Anschlusses und der Anschlussnutzung erforderlich ist. ² Die Benachrichtigung kann durch Mitteilung an die jeweiligen Anschlussnehmer oder -nutzer oder durch Aushang an oder im jeweiligen Haus erfolgen. ³ Im Falle der Ablesung der Messeinrichtungen muss die Benachrichtigung mindestens drei Wochen vor dem Betretungstermin erfolgen; mindestens ein Ersatztermin ist anzubieten. ⁴ Eine vorherige Benachrichtigung ist in den Fällen des § 24 Abs. 1 nicht erforderlich.

§ 22 Messeinrichtungen. (1) Für Messeinrichtungen hat der Anschlussnehmer Zählerplätze nach den anerkannten Regeln der Technik unter Verwendung der vom Netzbetreiber vorgesehenen DIN-Typen vorzusehen.

(2) ¹ Der Netzbetreiber bestimmt den Aufstellungsort der Messeinrichtungen und die Zählerplätze. ² Bei der Wahl des Aufstellungsorts ist die Möglichkeit einer Fernauslesung der Messdaten zu berücksichtigen. ³ Soweit dies technisch machbar und wirtschaftlich zumutbar ist, sind in Gebäuden, die neu an

das Energieversorgungsnetz angeschlossen oder einer größeren Renovierung im Sinne der Richtlinie 2002/91/EG des Europäischen Parlaments und des Rates vom 16. Dezember 2002 über die Gesamtenergieeffizienz von Gebäuden (ABl. EU Nr. L 1 S. 65) unterzogen werden, die baulichen Voraussetzungen für den Einbau von Messeinrichtungen zu schaffen, die dem jeweiligen Anschlussnutzer den tatsächlichen Energieverbrauch und die tatsächliche Nutzungszeit widerspiegeln. [4] Er hat den Anschlussnehmer anzuhören und dessen berechtigte Interessen zu wahren. [5] Er ist verpflichtet, auf Verlangen des Anschlussnehmers einer Verlegung der Messeinrichtungen zuzustimmen, wenn dies ohne Beeinträchtigung einer einwandfreien Messung möglich ist. [6] Der Anschlussnehmer hat die Kosten einer Verlegung der Messeinrichtungen nach Satz 4 zu tragen.

(3) [1] Der Anschlussnehmer oder -nutzer hat dafür Sorge zu tragen, dass die Mess- und Steuereinrichtungen zugänglich sind. [2] Er hat den Verlust, Beschädigungen und Störungen von Messeinrichtungen dem Netzbetreiber und dem Messstellenbetreiber unverzüglich mitzuteilen.

Abschnitt 2. Fälligkeit, Folgen von Zuwiderhandlungen, Beendigung der Rechtsverhältnisse

§ 23 Zahlung, Verzug. (1) [1] Rechnungen werden zu dem vom Netzbetreiber angegebenen Zeitpunkt, frühestens jedoch zwei Wochen nach Zugang der Zahlungsaufforderung fällig. [2] Einwände gegen Rechnungen berechtigen gegenüber dem Netzbetreiber zum Zahlungsaufschub oder zur Zahlungsverweigerung nur, soweit die ernsthafte Möglichkeit eines offensichtlichen Fehlers besteht. [3] § 315 des Bürgerlichen Gesetzbuchs[1]) bleibt von Satz 2 unberührt.

(2) [1] Bei Zahlungsverzug des Anschlussnehmers oder -nutzers kann der Netzbetreiber, wenn er erneut zur Zahlung auffordert oder den Betrag durch einen Beauftragten einziehen lässt, die dadurch entstandenen Kosten für strukturell vergleichbare Fälle auch pauschal berechnen; die pauschale Berechnung muss einfach nachvollziehbar sein. [2] Die Pauschale darf die nach dem gewöhnlichen Lauf der Dinge zu erwartenden Kosten nicht übersteigen. [3] Auf Verlangen des Kunden ist die Berechnungsgrundlage nachzuweisen.

(3) Gegen Ansprüche des Netzbetreibers kann vom Anschlussnehmer oder -nutzer nur mit unbestrittenen oder rechtskräftig festgestellten Gegenansprüchen aufgerechnet werden.

§ 24 Unterbrechung des Anschlusses und der Anschlussnutzung.

(1) [1] Der Netzbetreiber ist berechtigt, den Netzanschluss und die Anschlussnutzung ohne vorherige Androhung zu unterbrechen, wenn der Anschlussnehmer oder -nutzer dieser Verordnung zuwiderhandelt und die Unterbrechung erforderlich ist, um

1. eine unmittelbare Gefahr für die Sicherheit von Personen oder Sachen von erheblichem Wert abzuwenden,
2. die Anschlussnutzung unter Umgehung, Beeinflussung oder vor Anbringung der Messeinrichtungen zu verhindern oder

---

[1]) Nr. 23.

3. zu gewährleisten, dass Störungen anderer Anschlussnehmer oder -nutzer oder störende Rückwirkungen auf Einrichtungen des Netzbetreibers oder Dritter ausgeschlossen sind.

²Der Netzbetreiber ist verpflichtet, dem Anschlussnehmer oder -nutzer auf Nachfrage mitzuteilen, aus welchem Grund die Unterbrechung vorgenommen worden ist.

(2) ¹Bei anderen Zuwiderhandlungen, insbesondere bei Nichterfüllung einer Zahlungsverpflichtung trotz Mahnung, ist der Netzbetreiber berechtigt, den Netzanschluss und die Anschlussnutzung vier Wochen nach Androhung zu unterbrechen. ²Dies gilt nicht, wenn die Folgen der Unterbrechung außer Verhältnis zur Schwere der Zuwiderhandlung stehen oder der Anschlussnehmer oder -nutzer darlegt, dass hinreichende Aussicht besteht, dass er seinen Verpflichtungen nachkommt.

(3) Der Netzbetreiber ist berechtigt, auf Anweisung des Lieferanten des Anschlussnutzers die Anschlussnutzung zu unterbrechen, soweit der Lieferant dem Anschlussnutzer gegenüber hierzu vertraglich berechtigt ist und der Lieferant das Vorliegen der Voraussetzungen für die Unterbrechung der Anschlussnutzung gegenüber dem Netzbetreiber glaubhaft versichert und den Netzbetreiber von sämtlichen Schadensersatzansprüchen freistellt, die sich aus einer unberechtigten Unterbrechung ergeben können; dabei ist auch glaubhaft zu versichern, dass dem Anschlussnutzer keine Einwendungen oder Einreden zustehen, die die Voraussetzungen der Unterbrechung der Anschlussnutzung entfallen lassen.

(4) ¹In den Fällen des Absatzes 2 ist der Beginn der Unterbrechung des Netzanschlusses und der Anschlussnutzung dem Anschlussnutzer drei Werktage im Voraus anzukündigen. ²Dies gilt nicht, soweit der Lieferant zu einer entsprechenden Ankündigung verpflichtet ist.

(5) ¹Der Netzbetreiber hat die Unterbrechung des Netzanschlusses und der Anschlussnutzung unverzüglich aufzuheben, sobald die Gründe für die Unterbrechung entfallen sind und der Anschlussnehmer oder -nutzer oder im Falle des Absatzes 3 der Lieferant oder der Anschlussnutzer die Kosten der Unterbrechung und Wiederherstellung des Anschlusses und der Anschlussnutzung ersetzt hat. ²Die Kosten können für strukturell vergleichbare Fälle pauschal berechnet werden; die pauschale Berechnung muss einfach nachvollziehbar sein. ³Die Pauschale darf die nach dem gewöhnlichen Lauf der Dinge zu erwartenden Kosten nicht übersteigen. ⁴Auf Verlangen des Kunden ist die Berechnungsgrundlage nachzuweisen. ⁵Der Nachweis geringerer Kosten ist dem Kunden zu gestatten.

§ 25 Kündigung des Netzanschlussverhältnisses. (1) ¹Das Netzanschlussverhältnis kann mit einer Frist von einem Monat auf das Ende eines Kalendermonats gekündigt werden. ²Eine Kündigung durch den Netzbetreiber ist nur möglich, soweit eine Pflicht zum Netzanschluss nach § 18 Abs. 1 Satz 2 des Energiewirtschaftsgesetzes[1]) nicht besteht.

(2) ¹Tritt an Stelle des bisherigen Netzbetreibers ein anderes Unternehmen in die sich aus dem Netzanschlussverhältnis ergebenden Rechte und Pflichten ein, so bedarf es hierfür nicht der Zustimmung des Anschlussnehmers. ²Der

---

[1]) Nr. 1.

Wechsel des Netzbetreibers ist öffentlich bekannt zu machen und den Anschlussnehmern mitzuteilen.

(3) Die Kündigung bedarf der Textform.

§ 26 Beendigung des Anschlussnutzungsverhältnisses. (1) [1]Das Anschlussnutzungsverhältnis besteht, bis der Anschlussnutzer die Anschlussnutzung einstellt. [2] Er ist verpflichtet, dies dem Netzbetreiber unverzüglich mitzuteilen.

(2) Im Falle einer Kündigung des Netzanschlussvertrages nach § 25 oder § 27 endet das Anschlussnutzungsverhältnis mit der Beendigung des Netzanschlussvertrages.

§ 27 Fristlose Kündigung oder Beendigung. [1]Der Netzbetreiber ist in den Fällen des § 24 Abs. 1 berechtigt, das Netzanschlussverhältnis fristlos zu kündigen oder die Anschlussnutzung fristlos zu beenden, wenn die Voraussetzungen zur Unterbrechung des Netzanschlusses und der Anschlussnutzung wiederholt vorliegen. [2] Bei wiederholten Zuwiderhandlungen nach § 24 Abs. 2 ist der Netzbetreiber zur fristlosen Kündigung berechtigt, wenn sie zwei Wochen vorher angedroht wurde; § 24 Abs. 2 Satz 2 gilt entsprechend.

Teil 5. Schlussbestimmungen

§ 28 Gerichtsstand. Gerichtsstand ist der Ort des Netzanschlusses und der Anschlussnutzung.

§ 29 Übergangsregelung. (1) [1]Der Netzbetreiber ist verpflichtet, die Anschlussnehmer durch öffentliche Bekanntgabe und Veröffentlichung im Internet über die Möglichkeit einer Anpassung nach § 115 Abs. 1 Satz 2 des Energiewirtschaftsgesetzes[1]) zu informieren. [2] Die Anpassung ist in Textform zu verlangen. [3] Der Netzbetreiber kann die Anpassung gegenüber allen Anschlussnehmern auch in der in Satz 1 genannten Weise verlangen. [4] Im Falle des Satzes 3 erfolgt die Anpassung mit Wirkung vom auf die Bekanntmachung folgenden Tag. [5] Von der Anpassung ausgenommen ist § 4 Abs. 1.

(2) [1]Die Frist nach § 10 Abs. 2 und nach § 12 Abs. 4 beginnt mit dem 8. November 2006. [2] Läuft jedoch die in § 10 Abs. 6 und § 11 Abs. 2 der Verordnung über Allgemeine Bedingungen für die Gasversorgung von Tarifkunden vom 21. Juni 1979 (BGBl. I S. 676), zuletzt geändert durch Artikel 18 des Gesetzes vom 9. Dezember 2004 (BGBl. I S. 3214), bestimmte Frist früher als die gemäß Satz 1 bestimmte Frist ab, bleibt es dabei.

(3) [1]Wird vor dem 1. Juli 2007 ein Anschluss an eine Verteileranlage hergestellt, die vor dem 8. November 2006 errichtet oder mit deren Errichtung vor dem 8. November 2006 begonnen worden ist und ist der Anschluss ohne Verstärkung der Verteileranlage möglich, so kann der Netzbetreiber abweichend von § 11 Abs. 1 und 2 einen Baukostenzuschuss nach Maßgabe der für die Verteileranlage bisher verwendeten Berechnungsmaßstäbe verlangen. [2] Der nach Satz 1 berechnete Baukostenzuschuss ist auf den Wert nach § 11 Abs. 1 Satz 2 zu kürzen.

---

[1]) Nr. 1.

29. Verordnung über Allgemeine Bedingungen für die Versorgung mit Fernwärme (AVBFernwärmeV)

Vom 20. Juni 1980

(BGBl. I S. 742)

FNA 754-7

zuletzt geänd. durch Art. 5 G zur Ums. der RL des Europäischen Parlaments und des Rates über Endenergieeffizienz und Energiedienstleistungen v. 4. 11. 2010 (BGBl. I S. 1483)

Nichtamtliche Inhaltsübersicht

	§§
Gegenstand der Verordnung	1
Vertragsabschluss	2
Bedarfsdeckung	3
Art der Versorgung	4
Umfang der Versorgung, Benachrichtigung bei Versorgungsunterbrechungen	5
Haftung bei Versorgungsstörungen	6
(aufgehoben)	7
Grundstücksbenutzung	8
Baukostenzuschüsse	9
Hausanschluss	10
Übergabestation	11
Kundenanlage	12
Inbetriebsetzung der Kundenanlage	13
Überprüfung der Kundenanlage	14
Betrieb, Erweiterung und Änderung von Kundenanlage und Verbrauchseinrichtungen; Mitteilungspflichten	15
Zutrittsrecht	16
Technische Anschlussbedingungen	17
Messung	18
Nachprüfung von Messeinrichtungen	19
Ablesung	20
Berechnungsfehler	21
Verwendung der Wärme	22
Vertragsstrafe	23
Abrechnung, Preisänderungsklauseln	24
Abschlagszahlungen	25
Vordrucke für Rechnungen und Abschläge	26
Zahlung, Verzug	27
Vorauszahlungen	28
Sicherheitsleistung	29
Zahlungsverweigerung	30
Aufrechnung	31
Laufzeit des Versorgungsvertrages, Kündigung	32
Einstellung der Versorgung, fristlose Kündigung	33
Gerichtsstand	34
Öffentlich-rechtliche Versorgung mit Fernwärme	35
Berlin-Klausel	36
Inkrafttreten	37

Auf Grund des § 27 des Gesetzes zur Regelung des Rechts der Allgemeinen Geschäftsbedingungen vom 9. Dezember 1976 (BGBl. I S. 3317) wird mit Zustimmung des Bundesrates verordnet:

§ 1 Gegenstand der Verordnung. (1) ¹Soweit Fernwärmeversorgungsunternehmen für den Anschluß an die Fernwärmeversorgung und für die Versorgung mit Fernwärme Vertragsmuster oder Vertragsbedingungen verwenden, die für eine Vielzahl von Verträgen vorformuliert sind (allgemeine Versorgungsbedingungen), gelten die §§ 2 bis 34. ²Diese sind, soweit Absatz 3 und § 35 nichts anderes vorsehen, Bestandteil des Versorgungsvertrages.

(2) Die Verordnung gilt nicht für den Anschluß und die Versorgung von Industrieunternehmen.

(3) ¹Der Vertrag kann auch zu allgemeinen Versorgungsbedingungen abgeschlossen werden, die von den §§ 2 bis 34 abweichen, wenn das Fernwärmeversorgungsunternehmen einen Vertragsabschluß zu den allgemeinen Bedingungen dieser Verordnung angeboten hat und der Kunde mit den Abweichungen ausdrücklich einverstanden ist. ²Auf die abweichenden Bedingungen sind die §§ 3 bis 11 des *Gesetzes zur Regelung des Rechts der Allgemeinen Geschäftsbedingungen*[1]) anzuwenden. ³Von der in § 18 enthaltenen Verpflichtung, zur Ermittlung des verbrauchsabhängigen Entgelts Meßeinrichtungen zu verwenden, darf nicht abgewichen werden.

(4) Das Fernwärmeversorgungsunternehmen hat seine allgemeinen Versorgungsbedingungen, soweit sie in dieser Verordnung nicht abschließend geregelt sind oder nach Absatz 3 von den §§ 2 bis 34 abweichen, einschließlich der dazugehörenden Preisregelungen und Preislisten in geeigneter Weise öffentlich bekanntzugeben.

§ 2 Vertragsabschluß. (1) ¹Der Vertrag soll schriftlich abgeschlossen werden. ²Ist er auf andere Weise zustande gekommen, so hat das Fernwärmeversorgungsunternehmen den Vertragsabschluß dem Kunden unverzüglich schriftlich zu bestätigen. ³Wird die Bestätigung mit automatischen Einrichtungen ausgefertigt, bedarf es keiner Unterschrift. ⁴Im Vertrag oder in der Vertragsbestätigung ist auf die allgemeinen Versorgungsbedingungen hinzuweisen.

(2) ¹Kommt der Vertrag dadurch zustande, daß Fernwärme aus dem Verteilungsnetz des Fernwärmeversorgungsunternehmens entnommen wird, so ist der Kunde verpflichtet, dies dem Unternehmen unverzüglich mitzuteilen. ²Die Versorgung erfolgt zu den für gleichartige Versorgungsverhältnisse geltenden Preisen.

(3) Das Fernwärmeversorgungsunternehmen ist verpflichtet, jedem Neukunden bei Vertragsabschluß sowie den übrigen Kunden auf Verlangen die dem Vertrag zugrunde liegenden allgemeinen Versorgungsbedingungen einschließlich der dazugehörenden Preisregelungen und Preislisten unentgeltlich auszuhändigen.

§ 3 Bedarfsdeckung. ¹Das Fernwärmeversorgungsunternehmen hat dem Kunden im Rahmen des wirtschaftlich Zumutbaren die Möglichkeit einzuräumen, den Bezug auf den von ihm gewünschten Verbrauchszweck oder auf einen Teilbedarf zu beschränken. ²Der Kunde ist verpflichtet, seinen Wärmebedarf im vereinbarten Umfange aus dem Verteilungsnetz des Fern-

---

[1]) Aufgeh. mWv 1. 1. 2002 durch G v. 26. 11. 2001 (BGBl. I S. 3138); siehe jetzt die §§ 305–310 BGB (Nr. 23).

wärmeversorgungsunternehmens zu decken. ³ Er ist berechtigt, Vertragsanpassung zu verlangen, soweit er den Wärmebedarf unter Nutzung regenerativer Energiequellen decken will; Holz ist eine regenerative Energiequelle im Sinne dieser Bestimmung.

§ 4 Art der Versorgung. (1) Das Fernwärmeversorgungsunternehmen stellt zu den jeweiligen allgemeinen Versorgungsbedingungen Dampf, Kondensat oder Heizwasser als Wärmeträger zur Verfügung.

(2) Änderungen der allgemeinen Versorgungsbedingungen werden erst nach öffentlicher Bekanntgabe wirksam.

(3) ¹ Für das Vertragsverhältnis ist der vereinbarte Wärmeträger maßgebend. ² Das Fernwärmeversorgungsunternehmen kann mittels eines anderen Wärmeträgers versorgen, falls dies in besonderen Fällen aus wirtschaftlichen oder technischen Gründen zwingend notwendig ist. ³ Die Eigenschaften des Wärmeträgers insbesondere in bezug auf Temperatur und Druck ergeben sich aus den technischen Anschlußbedingungen. ⁴ Sie müssen so beschaffen sein, daß der Wärmebedarf des Kunden in dem vereinbarten Umfang gedeckt werden kann. ⁵ Zur Änderung technischer Werte ist das Unternehmen nur berechtigt, wenn die Wärmebedarfsdeckung des Kunden nicht beeinträchtigt wird oder die Versorgung aus technischen Gründen anders nicht aufrecht erhalten werden kann oder dies gesetzlich oder behördlich vorgeschrieben wird.

(4) Stellt der Kunde Anforderungen an die Wärmelieferung und an die Beschaffenheit des Wärmeträgers, die über die vorgenannten Verpflichtungen hinausgehen, so obliegt es ihm selbst, entsprechende Vorkehrungen zu treffen.

§ 5 Umfang der Versorgung, Benachrichtigung bei Versorgungsunterbrechungen. (1) ¹ Das Fernwärmeversorgungsunternehmen ist verpflichtet, Wärme im vereinbarten Umfang jederzeit an der Übergabestelle zur Verfügung zu stellen. ² Dies gilt nicht,

1. soweit zeitliche Beschränkungen vertraglich vorbehalten sind,
2. soweit und solange das Unternehmen an der Erzeugung, dem Bezug oder der Fortleitung des Wärmeträgers durch höhere Gewalt oder sonstige Umstände, deren Beseitigung ihm wirtschaftlich nicht zugemutet werden kann, gehindert ist.

(2) ¹ Die Versorgung kann unterbrochen werden, soweit dies zur Vornahme betriebsnotwendiger Arbeiten erforderlich ist. ² Das Fernwärmeversorgungsunternehmen hat jede Unterbrechung oder Unregelmäßigkeit unverzüglich zu beheben.

(3) ¹ Das Fernwärmeversorgungsunternehmen hat die Kunden bei einer nicht nur für kurze Dauer beabsichtigten Unterbrechung der Versorgung rechtzeitig in geeigneter Weise zu unterrichten. ² Die Pflicht zur Benachrichtigung entfällt, wenn die Unterrichtung

1. nach den Umständen nicht rechtzeitig möglich ist und das Unternehmen dies nicht zu vertreten hat oder
2. die Beseitigung von bereits eingetretenen Unterbrechungen verzögern würde.

§ 6 Haftung bei Versorgungsstörungen. (1) ¹ Für Schäden, die ein Kunde durch Unterbrechung der Fernwärmeversorgung oder durch Unregelmäßigkeiten in der Belieferung erleidet, haftet das ihn beliefernde Fernwärmeversorgungsunternehmen aus Vertrag oder unerlaubter Handlung im Falle

1. der Tötung oder Verletzung des Körpers oder der Gesundheit des Kunden, es sei denn, daß der Schaden von dem Unternehmen oder einem Erfüllungs- oder Verrichtungsgehilfen weder vorsätzlich noch fahrlässig verursacht worden ist,
2. der Beschädigung einer Sache, es sei denn, daß der Schaden weder durch Vorsatz noch durch grobe Fahrlässigkeit des Unternehmens oder eines Erfüllungs- oder Verrichtungsgehilfen verursacht worden ist,
3. eines Vermögensschadens, es sei denn, daß dieser weder durch Vorsatz noch durch grobe Fahrlässigkeit des Inhabers des Unternehmens oder eines vertretungsberechtigten Organs oder Gesellschafters verursacht worden ist.

² § 831 Abs. 1 Satz 2 des Bürgerlichen Gesetzbuches[1]) ist nur bei vorsätzlichem Handeln von Verrichtungsgehilfen anzuwenden.

(2) ¹ Absatz 1 ist auch auf Ansprüche von Kunden anzuwenden, die diese gegen ein drittes Fernwärmeversorgungsunternehmen aus unerlaubter Handlung geltend machen. ² Das Fernwärmeversorgungsunternehmen ist verpflichtet, seinen Kunden auf Verlangen über die mit der Schadensverursachung durch ein drittes Unternehmen zusammenhängenden Tatsachen insoweit Auskunft zu geben, als sie ihm bekannt sind oder von ihm in zumutbarer Weise aufgeklärt werden können und ihre Kenntnis zur Geltendmachung des Schadensersatzes erforderlich ist.

(3) Die Ersatzpflicht entfällt für Schäden unter 15 Euro.

(4) Ist der Kunde berechtigt, die gelieferte Wärme an einen Dritten weiterzuleiten, und erleidet dieser durch Unterbrechung der Fernwärmeversorgung oder durch Unregelmäßigkeiten in der Belieferung einen Schaden, so haftet das Fernwärmeversorgungsunternehmen dem Dritten gegenüber in demselben Umfange wie dem Kunden aus dem Versorgungsvertrag.

(5) ¹ Leitet der Kunde die gelieferte Wärme an einen Dritten weiter, so hat er im Rahmen seiner rechtlichen Möglichkeiten sicherzustellen, daß dieser aus unerlaubter Handlung keine weitergehenden Schadensersatzansprüche erheben kann, als sie in den Absätzen 1 bis 3 vorgesehen sind. ² Das Fernwärmeversorgungsunternehmen hat den Kunden hierauf bei Abschluß des Vertrages besonders hinzuweisen.

(6) ¹ Der Kunde hat den Schaden unverzüglich dem ihn beliefernden Fernwärmeversorgungsunternehmen oder, wenn dieses feststeht, dem ersatzpflichtigen Unternehmen mitzuteilen. ² Leitet der Kunde die gelieferte Wärme an einen Dritten weiter, so hat er diese Verpflichtung auch dem Dritten aufzuerlegen.

§ 7 *(aufgehoben)*

§ 8 Grundstücksbenutzung. (1) ¹ Kunden und Anschlußnehmer, die Grundstückseigentümer sind, haben für Zwecke der örtlichen Versorgung das

---

[1]) Nr. 23.

Anbringen und Verlegen von Leitungen zur Zu- und Fortleitung von Fernwärme über ihre im gleichen Versorgungsgebiet liegenden Grundstücke und in ihren Gebäuden, ferner das Anbringen sonstiger Verteilungsanlagen und von Zubehör sowie erforderliche Schutzmaßnahmen unentgeltlich zuzulassen. [2] Diese Pflicht betrifft nur Grundstücke, die an die Fernwärmeversorgung angeschlossen sind, die vom Eigentümer in wirtschaftlichem Zusammenhang mit der Fernwärmeversorgung eines angeschlossenen Grundstücks genutzt werden oder für die die Möglichkeit der Fernwärmeversorgung sonst wirtschaftlich vorteilhaft ist. [3] Sie entfällt, wenn die Inanspruchnahme der Grundstücke den Eigentümer mehr als notwendig oder in unzumutbarer Weise belasten würde.

(2) Der Kunde oder Anschlußnehmer ist rechtzeitig über Art und Umfang der beabsichtigten Inanspruchnahme von Grundstück und Gebäude zu benachrichtigen.

(3) [1] Der Grundstückseigentümer kann die Verlegung der Einrichtungen verlangen, wenn sie an der bisherigen Stelle für ihn nicht mehr zumutbar sind. [2] Die Kosten der Verlegung hat das Fernwärmeversorgungsunternehmen zu tragen; dies gilt nicht, soweit die Einrichtungen ausschließlich der Versorgung des Grundstücks dienen.

(4) Wird der Fernwärmebezug eingestellt, so hat der Grundstückseigentümer die Entfernung der Einrichtungen zu gestatten oder sie auf Verlangen des Unternehmens noch fünf Jahre unentgeltlich zu dulden, es sei denn, daß ihm dies nicht zugemutet werden kann.

(5) Kunden und Anschlußnehmer, die nicht Grundstückseigentümer sind, haben auf Verlangen des Fernwärmeversorgungsunternehmens die schriftliche Zustimmung des Grundstückseigentümers zur Benutzung des zu versorgenden Grundstücks und Gebäudes im Sinne der Absätze 1 und 4 beizubringen.

(6) Hat der Kunde oder Anschlußnehmer zur Sicherung der dem Fernwärmeversorgungsunternehmen nach Absatz 1 einzuräumenden Rechte vor Inkrafttreten dieser Verordnung die Eintragung einer Dienstbarkeit bewilligt, so bleibt die der Bewilligung zugrunde liegende Vereinbarung unberührt.

(7) Die Absätze 1 bis 6 gelten nicht für öffentliche Verkehrswege und Verkehrsflächen sowie für Grundstücke, die durch Planfeststellung für den Bau von öffentlichen Verkehrswegen und Verkehrsflächen bestimmt sind.

§ 9 Baukostenzuschüsse. (1) [1] Das Fernwärmeversorgungsunternehmen ist berechtigt, von den Anschlußnehmern einen angemessenen Baukostenzuschuß zur teilweisen Abdeckung der bei wirtschaftlicher Betriebsführung notwendigen Kosten für die Erstellung oder Verstärkung von der örtlichen Versorgung dienenden Verteilungsanlagen zu verlangen, soweit sie sich ausschließlich dem Versorgungsbereich zuordnen lassen, in dem der Anschluß erfolgt. [2] Baukostenzuschüsse dürfen höchstens 70 vom Hundert dieser Kosten abdecken.

(2) [1] Der von den Anschlußnehmern als Baukostenzuschuß zu übernehmende Kostenanteil bemißt sich nach dem Verhältnis, in dem die von an seinem Hausanschluß vorzuhaltende Leistung zu der Summe der Leistungen steht, die in den im betreffenden Versorgungsbereich erstellten Verteilungsanlagen oder auf Grund der Verstärkung insgesamt vorgehalten werden können. [2] Der

Durchmischung der jeweiligen Leistungsanforderungen ist Rechnung zu tragen.

(3) ¹ Ein weiterer Baukostenzuschuß darf nur dann verlangt werden, wenn der Anschlußnehmer seine Leistungsanforderung wesentlich erhöht. ² Er ist nach Absatz 2 zu bemessen.

(4) Wird ein Anschluß an eine Verteilungsanlage hergestellt, die vor Inkrafttreten dieser Verordnung errichtet worden oder mit deren Errichtung vor diesem Zeitpunkt begonnen worden ist, und ist der Anschluß ohne Verstärkung der Anlage möglich, so kann das Fernwärmeversorgungsunternehmen abweichend von den Absätzen 1 und 2 einen Baukostenzuschuß nach Maßgabe der für die Anlage bisher verwendeten Berechnungsmaßstäbe verlangen.

(5) Der Baukostenzuschuß und die in § 10 Abs. 5 geregelten Hausanschlußkosten sind getrennt zu errechnen und dem Anschlußnehmer aufgegliedert auszuweisen.

§ 10 Hausanschluß. (1) ¹ Der Hausanschluß besteht aus der Verbindung des Verteilungsnetzes mit der Kundenanlage. ² Er beginnt an der Abzweigstelle des Verteilungsnetzes und endet mit der Übergabestelle, es sei denn, daß eine abweichende Vereinbarung getroffen ist.

(2) Die Herstellung des Hausanschlusses soll auf einem Vordruck beantragt werden.

(3) Art, Zahl und Lage der Hausanschlüsse sowie deren Änderung werden nach Anhörung des Anschlußnehmers und unter Wahrung seiner berechtigten Interessen vom Fernwärmeversorgungsunternehmen bestimmt.

(4) ¹ Hausanschlüsse gehören zu den Betriebsanlagen des Fernwärmeversorgungsunternehmens und stehen in dessen Eigentum, es sei denn, daß eine abweichende Vereinbarung getroffen ist. ² Sie werden ausschließlich von diesem hergestellt, unterhalten, erneuert, geändert, abgetrennt und beseitigt, müssen zugänglich und vor Beschädigungen geschützt sein. ³ Soweit das Versorgungsunternehmen die Erstellung des Hausanschlusses oder Veränderungen des Hausanschlusses nicht selbst sondern durch Nachunternehmer durchführen läßt, sind Wünsche des Anschlußnehmers bei der Auswahl der Nachunternehmer zu berücksichtigen. ⁴ Der Anschlußnehmer hat die baulichen Voraussetzungen für die sichere Errichtung des Hausanschlusses zu schaffen. ⁵ Er darf keine Einwirkungen auf den Hausanschluß vornehmen oder vornehmen lassen.

(5) ¹ Das Fernwärmeversorgungsunternehmen ist berechtigt, vom Anschlußnehmer die Erstattung der bei wirtschaftlicher Betriebsführung notwendigen Kosten für

1. die Erstellung des Hausanschlusses,
2. die Veränderungen des Hausanschlusses, die durch eine Änderung oder Erweiterung seiner Anlage erforderlich oder aus anderen Gründen von ihm veranlaßt werden,

zu verlangen. ² Die Kosten können pauschal berechnet werden. ³ § 18 Abs. 5 Satz 1 bleibt unberührt.

(6) Kommen innerhalb von fünf Jahren nach Herstellung des Hausanschlusses weitere Anschlüsse hinzu und wird der Hausanschluß dadurch teilweise zum Bestandteil des Verteilungsnetzes, so hat das Fernwärmeversorgungs-

unternehmen die Kosten neu aufzuteilen und dem Anschlußnehmer den etwa zuviel gezahlten Betrag zu erstatten.

(7) Jede Beschädigung des Hausanschlusses, insbesondere das Undichtwerden von Leitungen sowie sonstige Störungen sind dem Fernwärmeversorgungsunternehmen unverzüglich mitzuteilen.

(8) Kunden und Anschlußnehmer, die nicht Grundstückseigentümer sind, haben auf Verlangen des Fernwärmeversorgungsunternehmens die schriftliche Zustimmung des Grundstückseigentümers zur Herstellung des Hausanschlusses unter Anerkennung der damit verbundenen Verpflichtungen beizubringen.

§ 11 Übergabestation. (1) [1] Das Fernwärmeversorgungsunternehmen kann verlangen, daß der Anschlußnehmer unentgeltlich einen geeigneten Raum oder Platz zur Unterbringung von Meß-, Regel- und Absperreinrichtungen, Umformern und weiteren technischen Einrichtungen zur Verfügung stellt, soweit diese zu seiner Versorgung erforderlich sind. [2] Das Unternehmen darf die Einrichtungen auch für andere Zwecke benutzen, soweit dies für den Anschlußnehmer zumutbar ist.

(2) § 8 Abs. 3 und 4 sowie § 10 Abs. 8 gelten entsprechend.

§ 12 Kundenanlage. (1) [1] Für die ordnungsgemäße Errichtung, Erweiterung, Änderung und Unterhaltung der Anlage hinter dem Hausanschluß, mit Ausnahme der Meß- und Regeleinrichtungen des Fernwärmeversorgungsunternehmens, ist der Anschlußnehmer verantwortlich. [2] Hat er die Anlage oder Anlagenteile einem Dritten vermietet oder sonst zur Benutzung überlassen, so ist er neben diesem verantwortlich.

(2) [1] Die Anlage darf nur unter Beachtung der Vorschriften dieser Verordnung und anderer gesetzlicher oder behördlicher Bestimmungen sowie nach den anerkannten Regeln der Technik errichtet, erweitert, geändert und unterhalten werden. [2] Das Fernwärmeversorgungsunternehmen ist berechtigt, die Ausführung der Arbeiten zu überwachen.

(3) [1] Anlagenteile, die sich vor den Meßeinrichtungen befinden, können plombiert werden. [2] Ebenso können Anlagenteile, die zur Kundenanlage gehören, unter Plombenverschluß genommen werden, um eine einwandfreie Messung zu gewährleisten. [3] Die dafür erforderliche Ausstattung der Anlage ist nach den Angaben des Fernwärmeversorgungsunternehmens zu veranlassen.

(4) [1] Es dürfen nur Materialien und Geräte verwendet werden, die entsprechend den anerkannten Regeln der Technik beschaffen sind. [2] Das Zeichen einer amtlich anerkannten Prüfstelle bekundet, daß diese Voraussetzungen erfüllt sind.

§ 13 Inbetriebsetzung der Kundenanlage. (1) Das Fernwärmeversorgungsunternehmen oder dessen Beauftragte schließen die Anlage an das Verteilungsnetz an und setzen sie in Betrieb.

(2) [1] Jede Inbetriebsetzung der Anlage ist beim Fernwärmeversorgungsunternehmen zu beantragen. [2] Dabei ist das Anmeldeverfahren des Unternehmens einzuhalten.

(3) Das Fernwärmeversorgungsunternehmen kann für die Inbetriebsetzung vom Kunden Kostenerstattung verlangen; die Kosten können pauschal berechnet werden.

§ 14 Überprüfung der Kundenanlage. (1) ¹Das Fernwärmeversorgungsunternehmen ist berechtigt, die Kundenanlage vor und nach ihrer Inbetriebsetzung zu überprüfen. ²Es hat den Kunden auf erkannte Sicherheitsmängel aufmerksam zu machen und kann deren Beseitigung verlangen.

(2) Werden Mängel festgestellt, welche die Sicherheit gefährden oder erhebliche Störungen erwarten lassen, so ist das Fernwärmeversorgungsunternehmen berechtigt, den Anschluß oder die Versorgung zu verweigern; bei Gefahr für Leib oder Leben ist es hierzu verpflichtet.

(3) ¹Durch Vornahme oder Unterlassung der Überprüfung der Anlage sowie durch deren Anschluß an das Verteilungsnetz übernimmt das Fernwärmeversorgungsunternehmen keine Haftung für die Mängelfreiheit der Anlage. ²Dies gilt nicht, wenn es bei einer Überprüfung Mängel festgestellt hat, die eine Gefahr für Leib oder Leben darstellen.

§ 15 Betrieb, Erweiterung und Änderung von Kundenanlage und Verbrauchseinrichtungen; Mitteilungspflichten. (1) Anlage und Verbrauchseinrichtungen sind so zu betreiben, daß Störungen anderer Kunden und störende Rückwirkungen auf Einrichtungen des Fernwärmeversorgungsunternehmens oder Dritter ausgeschlossen sind.

(2) ¹Erweiterungen und Änderungen der Anlage sowie die Verwendung zusätzlicher Verbrauchseinrichtungen sind dem Fernwärmeversorgungsunternehmen mitzuteilen, soweit sich dadurch preisliche Bemessungsgrößen ändern oder sich die vorzuhaltende Leistung erhöht. ²Nähere Einzelheiten über den Inhalt der Mitteilung kann das Unternehmen regeln.

§ 16 Zutrittsrecht. Der Kunde hat dem mit einem Ausweis versehenen Beauftragten des Fernwärmeversorgungsunternehmens den Zutritt zu seinen Räumen zu gestatten, soweit dies für die Prüfung der technischen Einrichtungen, zur Wahrnehmung sonstiger Rechte und Pflichten nach dieser Verordnung, insbesondere zur Ablesung, oder zur Ermittlung preislicher Bemessungsgrundlagen erforderlich und vereinbart ist.

§ 17 Technische Anschlußbedingungen. (1) ¹Das Fernwärmeversorgungsunternehmen ist berechtigt, weitere technische Anforderungen an den Hausanschluß und andere Anlagenteile sowie an den Betrieb der Anlage festzulegen, soweit dies aus Gründen der sicheren und störungsfreien Versorgung, insbesondere im Hinblick auf die Erfordernisse des Verteilungsnetzes und der Erzeugungsanlagen notwendig ist. ²Diese Anforderungen dürfen den anerkannten Regeln der Technik nicht widersprechen. ³Der Anschluß bestimmter Verbrauchseinrichtungen kann von der vorherigen Zustimmung des Versorgungsunternehmens abhängig gemacht werden. ⁴Die Zustimmung darf nur verweigert werden, wenn der Anschluß eine sichere und störungsfreie Versorgung gefährden würde.

(2) ¹Das Fernwärmeversorgungsunternehmen hat die weiteren technischen Anforderungen der zuständigen Behörde anzuzeigen. ²Die Behörde kann sie beanstanden, wenn sie mit Inhalt und Zweck dieser Verordnung nicht zu vereinbaren sind.

§ 18 Messung. (1) ¹Zur Ermittlung des verbrauchsabhängigen Entgelts hat das Fernwärmeversorgungsunternehmen Meßeinrichtungen zu verwenden, die den eichrechtlichen Vorschriften entsprechen müssen. ²Die gelieferte Wärmemenge ist durch Messung festzustellen (Wärmemessung). ³Anstelle der Wärmemessung ist auch die Messung der Wassermenge ausreichend (Ersatzverfahren), wenn die Einrichtungen zur Messung der Wassermenge vor dem 30. September 1989 installiert worden sind. ⁴Der anteilige Wärmeverbrauch mehrerer Kunden kann mit Einrichtungen zur Verteilung von Heizkosten (Hilfsverfahren) bestimmt werden, wenn die gelieferte Wärmemenge

1. an einem Hausanschluß, von dem aus mehrere Kunden versorgt werden, oder
2. an einer sonstigen verbrauchsnah gelegenen Stelle für einzelne Gebäudegruppen, die vor dem 1. April 1980 an das Verteilungsnetz angeschlossen worden sind,

festgestellt wird. ⁵Das Unternehmen bestimmt das jeweils anzuwendende Verfahren; es ist berechtigt, dieses während der Vertragslaufzeit zu ändern.

(2) Dient die gelieferte Wärme ausschließlich der Deckung des eigenen Bedarfs des Kunden, so kann vereinbart werden, daß das Entgelt auf andere Weise als nach Absatz 1 ermittelt wird.

(3) Erfolgt die Versorgung aus Anlagen der Kraft-Wärme-Kopplung oder aus Anlagen zur Verwertung von Abwärme, so kann die zuständige Behörde im Interesse der Energieeinsparung Ausnahmen von Absatz 1 zulassen.

(4) ¹Das Fernwärmeversorgungsunternehmen hat dafür Sorge zu tragen, daß eine einwandfreie Anwendung der in Absatz 1 genannten Verfahren gewährleistet ist. ²Es bestimmt Art, Zahl und Größe sowie Anbringungsort von Meß- und Regeleinrichtungen. ³Ebenso ist die Lieferung, Anbringung, Überwachung, Unterhaltung und Entfernung der Meß- und Regeleinrichtungen Aufgabe des Unternehmens. ⁴Es hat den Kunden und den Anschlußnehmer anzuhören und deren berechtigte Interessen zu wahren. ⁵Es ist verpflichtet, auf Verlangen des Kunden oder des Hauseigentümers Meß- oder Regeleinrichtungen zu verlegen, wenn dies ohne Beeinträchtigung einer einwandfreien Messung oder Regelung möglich ist.

(5) ¹Die Kosten für die Meßeinrichtungen hat das Fernwärmeversorgungsunternehmen zu tragen; die Zulässigkeit von Verrechnungspreisen bleibt unberührt. ²Die im Falle des Absatzes 4 Satz 5 entstehenden Kosten hat der Kunde oder der Hauseigentümer zu tragen.

(6) ¹Der Kunde haftet für das Abhandenkommen und die Beschädigung von Meß- und Regeleinrichtungen, soweit ihn hieran ein Verschulden trifft. ²Er hat den Verlust, Beschädigungen und Störungen dieser Einrichtungen dem Fernwärmeversorgungsunternehmen unverzüglich mitzuteilen.

(7) Bei der Abrechnung der Lieferung von Fernwärme und Fernwarmwasser sind die Bestimmungen der Verordnung über Heizkostenabrechnung in der Fassung der Bekanntmachung vom 5. April 1984 (BGBl. I S. 592), geändert durch Artikel 1 der Verordnung vom 19. Januar 1989 (BGBl. I S. 109), zu beachten.

§ 19 Nachprüfung von Meßeinrichtungen. (1) ¹Der Kunde kann jederzeit die Nachprüfung der Meßeinrichtungen verlangen. ²Bei Meßeinrichtungen, die den eichrechtlichen Vorschriften entsprechen müssen, kann er die Nachprüfung durch eine Eichbehörde oder eine staatlich anerkannte Prüfstelle im Sinne des § 6 Abs. 2 des Eichgesetzes verlangen. ³ Stellt der Kunde den Antrag auf Prüfung nicht bei dem Fernwärmeversorgungsunternehmen, so hat er dieses vor Antragstellung zu benachrichtigen.

(2) ¹ Die Kosten der Prüfung fallen dem Unternehmen zur Last, falls eine nicht unerhebliche Ungenauigkeit festgestellt wird, sonst dem Kunden. ² Bei Meßeinrichtungen, die den eichrechtlichen Vorschriften entsprechen müssen, ist die Ungenauigkeit dann nicht unerheblich, wenn sie die gesetzlichen Verkehrsfehlergrenzen überschreitet.

§ 20 Ablesung. (1) ¹ Die Meßeinrichtungen werden vom Beauftragten des Fernwärmeversorgungsunternehmens möglichst in gleichen Zeitabständen oder auf Verlangen des Unternehmens vom Kunden selbst abgelesen. ² Dieser hat dafür Sorge zu tragen, daß die Meßeinrichtungen leicht zugänglich sind.

(2) Solange der Beauftragte des Unternehmens die Räume des Kunden nicht zum Zwecke der Ablesung betreten kann, darf das Unternehmen den Verbrauch auf der Grundlage der letzten Ablesung schätzen; die tatsächlichen Verhältnisse sind angemessen zu berücksichtigen.

§ 21 Berechnungsfehler. (1) ¹ Ergibt eine Prüfung der Meßeinrichtungen eine nicht unerhebliche Ungenauigkeit oder werden Fehler in der Ermittlung des Rechnungsbetrages festgestellt, so ist der zuviel oder zuwenig berechnete Betrag zu erstatten oder nachzuentrichten. ² Ist die Größe des Fehlers nicht einwandfrei festzustellen oder zeigt eine Meßeinrichtung nicht an, so ermittelt das Fernwärmeversorgungsunternehmen den Verbrauch für die Zeit seit der letzten fehlerfreien Ablesung aus dem Durchschnittsverbrauch des ihr vorhergehenden und des der Feststellung des Fehlers nachfolgenden Ablesezeitraums oder auf Grund des vorjährigen Verbrauchs durch Schätzung; die tatsächlichen Verhältnisse sind angemessen zu berücksichtigen.

(2) Ansprüche nach Absatz 1 sind auf den der Feststellung des Fehlers vorhergehenden Ablesezeitraum beschränkt, es sei denn, die Auswirkung des Fehlers kann über einen größeren Zeitraum festgestellt werden; in diesem Fall ist der Anspruch auf längstens zwei Jahre beschränkt.

§ 22 Verwendung der Wärme. (1) ¹ Die Wärme wird nur für die eigenen Zwecke des Kunden und seiner Mieter zur Verfügung gestellt. ² Die Weiterleitung an sonstige Dritte ist nur mit schriftlicher Zustimmung des Fernwärmeversorgungsunternehmens zulässig. ³ Diese muß erteilt werden, wenn dem Interesse an der Weiterleitung nicht überwiegende versorgungswirtschaftliche Gründe entgegenstehen.

(2) ¹ Dampf, Kondensat oder Heizwasser dürfen den Anlagen, soweit nichts anderes vereinbart ist, nicht entnommen werden. ² Sie dürfen weder verändert noch verunreinigt werden.

§ 23 Vertragsstrafe. (1) ¹ Entnimmt der Kunde Wärme unter Umgehung, Beeinflussung oder vor Anbringung der Meßeinrichtungen oder nach Einstellung der Versorgung, so ist das Fernwärmeversorgungsunternehmen berechtigt, eine Vertragsstrafe zu verlangen. ² Diese bemißt sich nach der Dauer der unbefugten Entnahme und darf das Zweifache des für diese Zeit bei höchstmöglichem Wärmeverbrauch zu zahlenden Entgelts nicht übersteigen.

(2) Ist die Dauer der unbefugten Entnahme nicht festzustellen, so kann die Vertragsstrafe über einen festgestellten Zeitraum hinaus für längstens ein Jahr erhoben werden.

§ 24 Abrechnung, Preisänderungsklauseln. (1) [1] Der Energieverbrauch ist nach Wahl des Fernwärmeversorgungsunternehmens monatlich oder in anderen Zeitabschnitten, die jedoch zwölf Monate nicht wesentlich überschreiten dürfen, abzurechnen. [2] Sofern der Kunde dies wünscht, ist das Fernwärmeversorgungsunternehmen verpflichtet, eine monatliche, vierteljährliche oder halbjährliche Abrechnung zu vereinbaren.

(2) [1] Fernwärmeversorgungsunternehmen sind verpflichtet, in ihren Rechnungen für Lieferungen an Kunden die geltenden Preise, den ermittelten Verbrauch im Abrechnungszeitraum und den Verbrauch im vergleichbaren Abrechnungszeitraum des Vorjahres anzugeben. [2] Sofern das Fernwärmeversorgungsunternehmen aus Gründen, die es nicht zu vertreten hat, den Verbrauch nicht ermitteln kann, ist der geschätzte Verbrauch anzugeben.

(3) [1] Ändern sich innerhalb eines Abrechnungszeitraumes die Preise, so wird der für die neuen Preise maßgebliche Verbrauch zeitanteilig berechnet; jahreszeitliche Verbrauchsschwankungen sind auf der Grundlage der für die jeweilige Abnehmergruppe maßgeblichen Erfahrungswerte angemessen zu berücksichtigen. [2] Entsprechendes gilt bei Änderung des Umsatzsteuersatzes.

(4) [1] Preisänderungsklauseln dürfen nur so ausgestaltet sein, daß sie sowohl die Kostenentwicklung bei Erzeugung und Bereitstellung der Fernwärme durch das Unternehmen als auch die jeweiligen Verhältnisse auf dem Wärmemarkt angemessen berücksichtigen. [2] Sie müssen die maßgeblichen Berechnungsfaktoren vollständig und in allgemein verständlicher Form ausweisen. [3] Bei Anwendung der Preisänderungsklauseln ist der prozentuale Anteil des die Brennstoffkosten abdeckenden Preisfaktors an der jeweiligen Preisänderung gesondert auszuweisen.

§ 25 Abschlagszahlungen. (1) [1] Wird der Verbrauch für mehrere Monate abgerechnet, so kann das Fernwärmeversorgungsunternehmen für die nach der letzten Abrechnung verbrauchte Fernwärme sowie für deren Bereitstellung und Messung Abschlagszahlung verlangen. [2] Die Abschlagszahlung auf das verbrauchsabhängige Entgelt ist entsprechend dem Verbrauch im zuletzt abgerechneten Zeitraum anteilig zu berechnen. [3] Ist eine solche Berechnung nicht möglich, so bemißt sich die Abschlagszahlung nach dem durchschnittlichen Verbrauch vergleichbarer Kunden. [4] Macht der Kunde glaubhaft, daß sein Verbrauch erheblich geringer ist, so ist dies angemessen zu berücksichtigen.

(2) Ändern sich die Preise, so können die nach der Preisänderung anfallenden Abschlagszahlungen mit dem Vomhundertsatz der Preisänderung entsprechend angepaßt werden.

(3) [1] Ergibt sich bei der Abrechnung, daß zu hohe Abschlagszahlungen verlangt wurden, so ist der übersteigende Betrag unverzüglich zu erstatten, spätestens aber mit der nächsten Abschlagsforderung zu verrechnen. [2] Nach Beendigung des Versorgungsverhältnisses sind zuviel gezahlte Abschläge unverzüglich zu erstatten.

§ **26 Vordrucke für Rechnungen und Abschläge.** [1] Vordrucke für Rechnungen und Abschläge müssen verständlich sein. [2] Die für die Forderung maßgeblichen Berechnungsfaktoren sind vollständig und in allgemein verständlicher Form auszuweisen.

§ **27 Zahlung, Verzug.** (1) Rechnungen und Abschläge werden zu dem vom Fernwärmeversorgungsunternehmen angegebenen Zeitpunkt, frühestens jedoch zwei Wochen nach Zugang der Zahlungsaufforderung fällig.

(2) Bei Zahlungsverzug des Kunden kann das Fernwärmeversorgungsunternehmen, wenn es erneut zur Zahlung auffordert oder den Betrag durch einen Beauftragten einziehen läßt, die dadurch entstandenen Kosten auch pauschal berechnen.

§ **28 Vorauszahlungen.** (1) Das Fernwärmeversorgungsunternehmen ist berechtigt, für den Wärmeverbrauch eines Abrechnungszeitraums Vorauszahlung zu verlangen, wenn nach den Umständen des Einzelfalles zu besorgen ist, daß der Kunde seinen Zahlungsverpflichtungen nicht oder nicht rechtzeitig nachkommt.

(2) [1] Die Vorauszahlung bemißt sich nach dem Verbrauch des vorhergehenden Abrechnungszeitraumes oder dem durchschnittlichen Verbrauch vergleichbarer Kunden. [2] Macht der Kunde glaubhaft, daß sein Verbrauch erheblich geringer ist, so ist dies angemessen zu berücksichtigen. [3] Erstreckt sich der Abrechnungszeitraum über mehrere Monate und erhebt das Fernwärmeversorgungsunternehmen Abschlagszahlungen, so kann es die Vorauszahlung nur in ebenso vielen Teilbeträgen verlangen. [4] Die Vorauszahlung ist bei der nächsten Rechnungserteilung zu verrechnen.

(3) Unter den Voraussetzungen des Absatzes 1 kann das Fernwärmeversorgungsunternehmen auch für die Erstellung oder Veränderung des Hausanschlusses Vorauszahlung verlangen.

§ **29 Sicherheitsleistung.** (1) Ist der Kunde oder Anschlußnehmer zur Vorauszahlung nicht in der Lage, so kann das Fernwärmeversorgungsunternehmen in angemessener Höhe Sicherheitsleistung verlangen.

(2) Barsicherheiten werden zum jeweiligen Basiszinssatz nach § 247 des Bürgerlichen Gesetzbuchs[1] verzinst.

(3) [1] Ist der Kunde oder Anschlußnehmer in Verzug und kommt er nach erneuter Zahlungsaufforderung nicht unverzüglich seinen Zahlungsverpflichtungen aus dem Versorgungsverhältnis nach, so kann sich das Fernwärmeversorgungsunternehmen aus der Sicherheit bezahlt machen. [2] Hierauf ist in der Zahlungsaufforderung hinzuweisen. [3] Kursverluste beim Verkauf von Wertpapieren gehen zu Lasten des Kunden oder Anschlußnehmers.

(4) Die Sicherheit ist zurückzugeben, wenn ihre Voraussetzungen weggefallen sind.

§ **30 Zahlungsverweigerung.** Einwände gegen Rechnungen und Abschlagsberechnungen berechtigen zum Zahlungsaufschub oder zur Zahlungsverweigerung nur,

---

[1] Nr. 23.

1. soweit sich aus den Umständen ergibt, daß offensichtliche Fehler vorliegen, und
2. wenn der Zahlungsaufschub oder die Zahlungsverweigerung innerhalb von zwei Jahren nach Zugang der fehlerhaften Rechnung oder Abschlagsberechnung geltend gemacht wird.

§ 31 Aufrechnung. Gegen Ansprüche des Fernwärmeversorgungsunternehmens kann nur mit unbestrittenen oder rechtskräftig festgestellten Gegenansprüchen aufgerechnet werden.

§ 32 Laufzeit des Versorgungsvertrages, Kündigung. (1) [1] Die Laufzeit von Versorgungsverträgen beträgt höchstens zehn Jahre. [2] Wird der Vertrag nicht von einer der beiden Seiten mit einer Frist von neun Monaten vor Ablauf der Vertragsdauer gekündigt, so gilt eine Verlängerung um jeweils weitere fünf Jahre als stillschweigend vereinbart.

(2) Ist der Mieter der mit Wärme zu versorgenden Räume Vertragspartner, so kann er aus Anlaß der Beendigung des Mietverhältnisses den Versorgungsvertrag jederzeit mit zweimonatiger Frist kündigen.

(3) [1] Tritt anstelle des bisherigen Kunden ein anderer Kunde in die sich aus dem Vertragsverhältnis ergebenden Rechte und Pflichten ein, so bedarf es hierfür nicht der Zustimmung des Fernwärmeversorgungsunternehmens. [2] Der Wechsel des Kunden ist dem Unternehmen unverzüglich mitzuteilen. [3] Das Unternehmen ist berechtigt, das Vertragsverhältnis aus wichtigem Grund mit zweiwöchiger Frist auf das Ende des der Mitteilung folgenden Monats zu kündigen.

(4) [1] Ist der Kunde Eigentümer der mit Wärme zu versorgenden Räume, so ist er bei der Veräußerung verpflichtet, das Fernwärmeversorgungsunternehmen unverzüglich zu unterrichten. [2] Erfolgt die Veräußerung während der ausdrücklich vereinbarten Vertragsdauer, so ist der Kunde verpflichtet, dem Erwerber den Eintritt in den Versorgungsvertrag aufzuerlegen. [3] Entsprechendes gilt, wenn der Kunde Erbbauberechtigter, Nießbraucher oder Inhaber ähnlicher Rechte ist.

(5) [1] Tritt anstelle des bisherigen Fernwärmeversorgungsunternehmens ein anderes Unternehmen in die sich aus dem Vertragsverhältnis ergebenden Rechte und Pflichten ein, so bedarf es hierfür nicht der Zustimmung des Kunden. [2] Der Wechsel des Fernwärmeversorgungsunternehmens ist öffentlich bekanntzugeben. [3] Der Kunde ist berechtigt, das Vertragsverhältnis aus wichtigem Grund mit zweiwöchiger Frist auf das Ende des der Bekanntgabe folgenden Monats zu kündigen.

(6) Die Kündigung bedarf der Schriftform.

§ 33 Einstellung der Versorgung, fristlose Kündigung. (1) Das Fernwärmeversorgungsunternehmen ist berechtigt, die Versorgung fristlos einzustellen, wenn der Kunde den allgemeinen Versorgungsbedingungen zuwiderhandelt und die Einstellung erforderlich ist, um
1. eine unmittelbare Gefahr für die Sicherheit von Personen oder Anlagen abzuwenden,
2. den Verbrauch von Fernwärme unter Umgehung, Beeinflussung oder vor Anbringung der Meßeinrichtungen zu verhindern oder

Fernwärme-Versorgungsbedingungen V §§ 34–37 AVBFernwärmeV 29

3. zu gewährleisten, daß Störungen anderer Kunden oder störende Rückwirkungen auf Einrichtungen des Unternehmens oder Dritter ausgeschlossen sind.

(2) ¹Bei anderen Zuwiderhandlungen, insbesondere bei Nichterfüllung einer Zahlungsverpflichtung trotz Mahnung, ist das Fernwärmeversorgungsunternehmen berechtigt, die Versorgung zwei Wochen nach Androhung einzustellen. ²Dies gilt nicht, wenn der Kunde darlegt, daß die Folgen der Einstellung außer Verhältnis zur Schwere der Zuwiderhandlung stehen, und hinreichende Aussicht besteht, daß der Kunde seinen Verpflichtungen nachkommt. ³Das Fernwärmeversorgungsunternehmen kann mit der Mahnung zugleich die Einstellung der Versorgung androhen.

(3) ¹Das Fernwärmeversorgungsunternehmen hat die Versorgung unverzüglich wieder aufzunehmen, sobald die Gründe für ihre Einstellung entfallen sind und der Kunde die Kosten der Einstellung und Wiederaufnahme der Versorgung ersetzt hat. ²Die Kosten können pauschal berechnet werden.

(4) ¹Das Fernwärmeversorgungsunternehmen ist in den Fällen des Absatzes 1 berechtigt, das Vertragsverhältnis fristlos zu kündigen, in den Fällen der Nummern 1 und 3 jedoch nur, wenn die Voraussetzungen zur Einstellung der Versorgung wiederholt vorliegen. ²Bei wiederholten Zuwiderhandlungen nach Absatz 2 ist das Unternehmen zur fristlosen Kündigung berechtigt, wenn sie zwei Wochen vorher angedroht wurde; Absatz 2 Satz 2 und 3 gilt entsprechend.

§ 34 Gerichtsstand. (1) Der Gerichtsstand für Kaufleute, die nicht zu den in § 4 des Handelsgesetzbuchs bezeichneten Gewerbetreibenden gehören, juristische Personen des öffentlichen Rechts und öffentlich-rechtliche Sondervermögen ist am Sitz der für den Kunden zuständigen Betriebsstelle des Fernwärmeversorgungsunternehmens.

(2) Das gleiche gilt,
1. wenn der Kunde keinen allgemeinen Gerichtsstand im Inland hat oder
2. wenn der Kunde nach Vertragsschluß seinen Wohnsitz oder gewöhnlichen Aufenthaltsort aus dem Geltungsbereich dieser Verordnung verlegt oder sein Wohnsitz oder gewöhnlicher Aufenthalt im Zeitpunkt der Klageerhebung nicht bekannt ist.

§ 35 Öffentlich-rechtliche Versorgung mit Fernwärme. (1) Rechtsvorschriften, die das Versorgungsverhältnis öffentlich-rechtlich regeln, sind den Bestimmungen dieser Verordnung entsprechend zu gestalten; unberührt bleiben die Regelungen des Verwaltungsverfahrens sowie gemeinderechtliche Vorschriften zur Regelung des Abgabenrechts.

(2) Bei Inkrafttreten dieser Verordnung geltende Rechtsvorschriften, die das Versorgungsverhältnis öffentlich-rechtlich regeln, sind bis zum 1. Januar 1982 anzupassen.

§ 36 Berlin-Klausel. *(gegenstandslos)*

§ 37 Inkrafttreten. (1) Diese Verordnung tritt mit Wirkung vom 1. April 1980 in Kraft.

29 AVBFernwärmeV § 37

(2) ¹Die §§ 2 bis 34 gelten auch für Versorgungsverträge, die vor dem 1. April 1980 zustande gekommen sind, unmittelbar. ²Das Fernwärmeversorgungsunternehmen ist verpflichtet, die Kunden in geeigneter Weise hierüber zu unterrichten. ³ § 32 Absatz 1 in der Fassung vom 12. November 2010 ist auch auf bestehende Versorgungsverträge anzuwenden, die vor dem 1. April 1980 geschlossen wurden. ⁴Vor dem 1. April 1980 geschlossene Versorgungsverträge, deren vereinbarte Laufzeit am 12. November 2010 noch nicht beendet ist, bleiben wirksam. ⁵Sie können ab dem 12. November 2010 mit einer Frist von neun Monaten gekündigt werden, solange sich der Vertrag nicht nach § 32 Absatz 1 Satz 2 verlängert hat.

30. Verordnung zur Regelung des Netzanschlusses von Anlagen zur Erzeugung von elektrischer Energie (Kraftwerks-Netzanschlussverordnung – KraftNAV)[1)]

Vom 26. Juni 2007
(BGBl. I S. 1187)
FNA 752-6-10

Auf Grund des § 17 Abs. 3 Satz 1 in Verbindung mit Satz 2, des § 24 Satz 1 Nr. 1 in Verbindung mit Satz 2 Nr. 2 und 3 sowie Satz 3 und des § 29 Abs. 3 des Energiewirtschaftsgesetzes[2)] vom 7. Juli 2005 (BGBl. I S. 1970) verordnet die Bundesregierung:

Inhaltsübersicht

§§

Teil 1. Allgemeine Vorschriften

Anwendungsbereich	1
Begriffsbestimmungen	2
Verfahren	3
Anschlusszusage und Netzanschlussvertrag	4
Informationspflichten des Netzbetreibers	5
Netzanschluss	6
Netzzugang bei Engpässen	7
Kostentragung	8

Teil 2. Sonstige Bestimmungen

Kraftwerksanschluss-Register	9
Festlegungen der Regulierungsbehörde	10

Teil 3. Schlussvorschriften

Inkrafttreten	11

Teil 1. Allgemeine Vorschriften

§ 1 Anwendungsbereich. (1) Diese Verordnung regelt Bedingungen für den Netzanschluss von Anlagen zur Erzeugung von elektrischer Energie (Erzeugungsanlagen) mit einer Nennleistung ab 100 Megawatt an Elektrizitätsversorgungsnetze mit einer Spannung von mindestens 110 Kilovolt.

(2) ¹Die Regelungen dieser Verordnung sind hinsichtlich der Pflichten der Netzbetreiber abschließend im Sinne des § 111 Abs. 2 Nr. 2 des Energiewirt-

---

[1)] **Amtl. Anm.:** Diese Verordnung dient u.a. der Umsetzung der Richtlinie 2005/89/EG [Nr. **9**] des Europäischen Parlaments und des Rates vom 18. Januar 2006 über Maßnahmen zur Gewährleistung der Sicherheit der Elektrizitätsversorgung und von Infrastrukturinvestitionen (ABl. EU Nr. L 33 S. 22).
[2)] Nr. **1**.

schaftsgesetzes[1]. ²Die Vorschriften des Erneuerbare-Energien-Gesetzes[2] sowie des Kraft-Wärme-Kopplungsgesetzes[3] bleiben unberührt.

§ 2 Begriffsbestimmungen. Im Sinne dieser Verordnung
1. ist Anschlussnehmer derjenige, der als Projektentwicklungsträger, Errichter oder Betreiber die Herstellung des Anschlusses an ein Elektrizitätsversorgungsnetz mit einer Spannung von mindestens 110 Kilovolt für eine Erzeugungsanlage beansprucht,
2. ist Netzanschluss die Herstellung der elektrischen Leitung, die Erzeugungsanlage und Anschlusspunkt verbindet, und ihre Verknüpfung mit dem Anschlusspunkt,
3. sind Netzbetreiber die Betreiber von Elektrizitätsversorgungsnetzen mit einer Spannung von 110 Kilovolt oder darüber,
4. ist Netzschemaplan ein schematischer Netzplan mit allen Stromkreisen, Schaltanlagen, Sammelschienen und Umspannwerken.

§ 3 Verfahren. (1) Der Netzbetreiber hat auf seiner Internetseite folgende Angaben zu veröffentlichen:
1. die für die Prüfung eines Netzanschlussbegehrens und einer Prognose der für eine entsprechende Anschlussnutzung verfügbaren Leitungskapazitäten mindestens erforderlichen Angaben;
2. standardisierte Bedingungen für einen Netzanschlussvertrag;
3. eine laufend aktualisierte, übersichtliche Darstellung des Netzschemaplans sowie der Netzauslastung im gesamten Netz einschließlich der Kennzeichnung tatsächlicher oder zu erwartender Engpässe.

(2) ¹Richtet der Anschlussnehmer ein Netzanschlussbegehren an den Netzbetreiber, so hat dieser unverzüglich, spätestens nach Ablauf von zwei Wochen, dem Anschlussnehmer darzulegen, welche Prüfungen zur Vorbereitung einer Entscheidung über das Netzanschlussbegehren und einer Prognose der für eine entsprechende Anschlussnutzung verfügbaren Leitungskapazitäten notwendig sind und welche Kosten diese Prüfungen verursachen werden. ²Soweit zusätzliche Angaben erforderlich sind, hat der Netzbetreiber diese vollständig innerhalb von einer Woche von dem Anschlussnehmer anzufordern. ³Im Fall des Satzes 2 gilt Satz 1 mit der Maßgabe, dass die Darlegung des Netzbetreibers eine Woche nach Eingang der zusätzlichen Angaben erfolgen muss.

(3) ¹Nach Eingang einer Vorschusszahlung des Anschlussnehmers in Höhe von 25 vom Hundert der erwarteten Kosten im Sinne von Absatz 2 ist der Netzbetreiber verpflichtet, umgehend die für eine Anschlusszusage und für eine Prognose der für eine entsprechende Anschlussnutzung verfügbaren Leitungskapazitäten notwendigen Prüfungen, insbesondere zu Anschlusspunkt, Anschlussleitungen sowie Lastflüssen und sonstigen Wirkungen auf das Netz, durchzuführen. ²Soweit erforderlich, sind Betreiber anderer betroffener Elektrizitätsversorgungsnetze zur Mitwirkung bei der Prüfung verpflichtet. ³Der Anschlussnehmer kann verlangen, dass der Netzbetreiber auch Prüfungen

---
[1] Nr. 1.
[2] Nr. 34.
[3] Nr. 43.

unter Zugrundelegung von Annahmen des Anschlussnehmers durchführt. ⁴ Der Anschlussnehmer ist über Verlauf und Ergebnis der Prüfungen angemessen und zeitnah zu unterrichten. ⁵ Das Ergebnis der Prüfungen ist dem Anschlussnehmer unverzüglich, spätestens drei Monate nach Eingang der Vorschusszahlung mitzuteilen, es sei denn, der Netzbetreiber weist nach, dass zusätzliche Prüfungswünsche des Anschlussnehmers nach Satz 3 oder sonstige außergewöhnliche, nicht vom Netzbetreiber zu vertretende Umstände einen erhöhten Zeitbedarf verursacht haben.

(4) Der Anschlussnehmer trägt die Kosten der Prüfungen nach Absatz 3.

§ 4 Anschlusszusage und Netzanschlussvertrag. (1) ¹ Der Netzbetreiber hat dem Anschlussnehmer zusammen mit dem Prüfungsergebnis nach § 3 Abs. 3 eine Anschlusszusage zu erteilen, soweit er nicht den Anschluss verweigern darf. ² Haben Anschlussnehmer für einen Anschlusspunkt mehrere Anschlussbegehren an den Netzbetreiber gerichtet und beeinflussen sich die Anschlussbegehren gegenseitig in der Weise, dass nicht alle begehrten Anschlüsse hergestellt werden können, so ist auf diejenigen Netzanschlussbegehren vorrangig eine Anschlusszusage zu erteilen, die einschließlich der Angaben, die nach § 3 Abs. 1 und 2 notwendig sind, zeitlich früher beim Netzbetreiber eingegangen sind. ³ Die Anschlusszusage beinhaltet die verbindliche Reservierung von Netzanschlussleistung an einem bestimmten Netzanschlusspunkt unbeschadet des Zustandekommens der weiteren erforderlichen vertraglichen Regelungen zu Netzanschluss (Netzanschlussvertrag) und Anschlussnutzung. ⁴ Die Anschlusszusage wird wirksam, wenn der Anschlussnehmer innerhalb von einem Monat nach Erteilung der Anschlusszusage eine Reservierungsgebühr in Höhe von 1000 Euro pro Megawatt Netzanschlussleistung und die Kosten der Prüfung nach § 3 Abs. 3 zahlt. ⁵ Die Reservierungsgebühr ist bei Herstellung des Netzanschlusses vom Netzbetreiber auf Kostenersatzforderungen wegen der Herstellung des Netzanschlusses anzurechnen oder sie ist zurückzuzahlen, wenn eine Anrechnung nicht möglich oder der Netzanschluss aus Gründen nicht hergestellt wird, die der Anschlussnehmer nicht zu vertreten hat. ⁶ Im Fall des Absatzes 3 Satz 1 ist die Reservierungsgebühr entgeltmindernd in der Kalkulation der Netzentgelte durch den Netzbetreiber zu berücksichtigen.

(2) ¹ Netzbetreiber und Anschlussnehmer haben mit dem Ziel der zügigen Vorbereitung eines Netzanschlussvertrages zusammenzuarbeiten. ² Soweit es für die Verwirklichung des in Satz 1 genannten Ziels erforderlich ist, sind Betreiber anderer betroffener Elektrizitätsversorgungsnetze zur Mitwirkung verpflichtet. ³ Die Pflicht nach Satz 1 umfasst insbesondere das Aufstellen eines Plans, in dem Fristen für die Verhandlungen zum Abschluss des Netzanschlussvertrages (Verhandlungsfahrplan) vereinbart werden und der einen Vertragsabschluss in der Regel innerhalb von höchstens zwölf Monaten vorsieht. ⁴ Der Verhandlungsfahrplan soll sich insbesondere auf die in Absatz 4 genannten Vertragsgegenstände beziehen. ⁵ Der Anschlussnehmer kann verlangen, dass der Netzbetreiber ihm alle für das Aufstellen des Verhandlungsfahrplans erforderlichen Angaben übermittelt. ⁶ Kommt eine Einigung über den Verhandlungsfahrplan nicht innerhalb von drei Monaten zustande, so ist der Anschlussnehmer verpflichtet, den Verhandlungsfahrplan unverzüglich einseitig aufzustellen.

(3) ¹Die Reservierung des Netzanschlusspunktes verfällt, wenn

1. der Anschlussnehmer das Zustandekommen des Netzanschlussvertrages in der vereinbarten Frist nach Absatz 2 Satz 3 durch ausschließlich oder überwiegend von ihm zu vertretende Nichteinhaltung des Verhandlungsfahrplans vereitelt oder
2. ein Netzanschlussvertrag drei Monate nach dem im Verhandlungsfahrplan vorgesehenen Zeitpunkt nicht zustande gekommen ist und weder Anschlussnehmer noch Netzbetreiber einen Antrag nach § 31 des Energiewirtschaftsgesetzes[1)] bei der Regulierungsbehörde gestellt haben.

²Der Netzbetreiber hat im Rahmen des Zumutbaren durch rechtzeitige eigene Vorleistungen zum zügigen Abschluss eines Netzanschlussvertrages beizutragen.

(4) Der Netzanschlussvertrag muss unter Beachtung der Vorschriften des Energiewirtschaftsgesetzes und dieser Verordnung mindestens Regelungen zu folgenden Gegenständen enthalten:

1. Beschreibung von Kraftwerks- und Netzanschlusskonzept,
2. Bereitstellung der Netzanschlussleistung,
3. Veränderungen der Netzanschlussleistung,
4. Eigentumsgrenzen,
5. technische Spezifikation und Dokumentation,
6. Übergabezählung,
7. Zutrittsrechte,
8. Störungen und Unterbrechungen,
9. Anforderungen an den Informationsaustausch,
10. notwendige Anforderungen an das Kraftwerk,
11. Eigenbedarfskonzept,
12. Haftung,
13. Laufzeit und Kündigung,
14. Rechtsnachfolge.

(5) ¹Netzbetreiber und Anschlussnehmer haben zusammen mit dem Netzanschlussvertrag einen Plan zu vereinbaren über Inhalt, zeitliche Abfolge und Verantwortlichkeit von Netzbetreiber oder Anschlussnehmer für die einzelnen Schritte zur Errichtung des Kraftwerkes, zur Herstellung des Netzanschlusses und, soweit erforderlich, Maßnahmen zur Ertüchtigung des Netzanschlusspunktes oder zum Ausbau des Netzes bis zum nächsten Netzknoten (Realisierungsfahrplan). ²Der Realisierungsfahrplan muss angemessene Folgen bei Nichteinhaltung der wesentlichen, insbesondere zeitlichen Vorgaben, vorsehen. ³Soweit es veränderte tatsächliche Umstände erfordern, hat jeder der Beteiligten Anspruch auf eine Anpassung des Realisierungsfahrplans.

(6) Richtet ein Anschlussnehmer für einen Anschlusspunkt, für den bereits eine oder mehrere Anschlusszusagen erteilt worden sind, ein Anschlussbegehren an den Netzbetreiber und beeinflussen sich die Anschlussbegehren gegenseitig in der Weise, dass nur die Realisierung der bereits zugesagten Anschlüsse möglich ist, und wird zusammen mit dem Netzanschlussvertrag der Realisie-

---

[1)] Nr. 1.

rungsfahrplan nicht aufgestellt oder nicht eingehalten und ist dies ausschließlich oder überwiegend vom Anschlussnehmer zu vertreten, so können sich der oder diejenigen Anschlussnehmer, denen bereits eine Anschlusszusage erteilt worden ist, nicht auf einen Vorrang vor dem zeitlich nachfolgenden Anschlussbegehren oder, auch im Verhältnis zum Netzbetreiber, nicht auf das Bestehen eines Netzanschlussvertrages berufen.

(7) ¹ Im Realisierungsfahrplan müssen Zeitpunkte, bis zu denen die wesentlichen Schritte zur Verwirklichung des Netzanschlussvorhabens eingeleitet oder abgeschlossen sein müssen, festgelegt sein. ² Derartige Schritte können insbesondere sein

1. der Erwerb dinglicher Rechte oder langfristiger schuldrechtlicher Ansprüche, die die Nutzung der für das Netzanschlussvorhaben benötigten Grundstücke ermöglichen,
2. die Beantragung der für das Vorhaben erforderlichen behördlichen Genehmigungen,
3. der Abschluss von Verträgen über die Lieferung der wesentlichen notwendigen Kraftwerkstechnik oder entsprechende vertragliche Optionen,
4. die Freigabe der Netzanschlussarbeiten durch den Anschlussnehmer,
5. der Beginn von Baumaßnahmen.

³ Der Anschlussnehmer hat den Verhandlungsfahrplan und den Realisierungsfahrplan der Regulierungsbehörde unverzüglich vorzulegen.

§ 5 Informationspflichten des Netzbetreibers. (1) ¹ Der Netzbetreiber ist im Rahmen seiner Prüfung nach § 3 Abs. 3 Satz 1 verpflichtet, auf Antrag dem Anschlussnehmer die Netzdaten unverzüglich in geeigneter Weise zur Verfügung zu stellen, die erforderlich sind, um eigene Bewertungen der zukünftigen Netznutzungssituation vorzunehmen. ² Die erforderlichen Netzdaten umfassen insbesondere

1. eine Dokumentation der durch den Netzbetreiber durchgeführten Lastflussberechnungen in vereinfachter Form, aus denen die zu Grunde gelegten Annahmen zu

   a) den einzelnen Kraftwerken, nach Primärenergieträgern,

   b) der aggregierten Netzbelastung,

   c) den Lastflüssen aus den und in die angrenzenden Regelzonen,

   d) den Kuppelstellen zu ausländischen Netzbetreibern,

   e) den Einspeisungen und Entnahmen und

   f) den Transiten

   für die vom Antragsteller bezeichneten und für das Anschlussbegehren relevanten Netzbereiche hervorgehen, jeweils für das Netz im Ist-Zustand und für den angegebenen Zeitpunkt der Inbetriebnahme der anzuschließenden Erzeugungsanlage; im Fall von Netzengpässen müssen die Ergebnisse zu Häufigkeit, Höhe und Dauer an den jeweiligen Netzengpassstellen dokumentiert werden sowie der erforderliche Netzausbau zur dauerhaften Beseitigung des Netzengpasses;

2. eine Dokumentation des verwendeten Netzmodells anhand eines 1-poligen Ersatzschaltbildes mit den Auslegungsdaten der Netzbetriebsmittel für den Ist-Zustand und den geplanten Netzausbau;

3. eine Dokumentation der durch den Netzbetreiber durchgeführten Lastflussberechnungen für die vom Antragsteller bezeichneten und für das Anschlussbegehren relevanten Netzbereiche, aus denen die Netzbelastungen aller Betriebsmittel im (n-0)-Fall sowie in kritischen (n-1)-Fällen sowie die angenommenen Knoteneinspeisungen, Knotenlasten sowie Transite der Lastflussberechnung erkennbar sein müssen;
4. eine Darstellung der zu Grunde gelegten Annahmen zur Entwicklung der Einspeisung durch privilegierte Anlagen mit Einspeisevorrang und aus Erzeugungsanlagen mit einer Gesamtleistung von mehr als 100 Megawatt;
5. den letzten jeweils für die betroffene Regelzone, in der die Anlage angeschlossen werden soll, nach § 12 Abs. 3a Satz 1 und 2 des Energiewirtschaftsgesetzes[1]) erstellten Bericht.

(2) Die Netzdaten müssen in Form und Inhalt geeignet sein, um sachkundigen Dritten als Entscheidungsgrundlage zu dienen.

(3) [1] Die Informationspflicht hinsichtlich der Netzdaten nach Absatz 1 Satz 2 Nr. 2 bis 5 kann in der Weise erfüllt werden, dass diese einem sachverständigen Dritten übergeben werden (Gutachter). [2] Der Gutachter ist im Einvernehmen mit dem Anschlussnehmer zu bestimmen. [3] Der Gutachter führt im Auftrag des Anschlussnehmers die erforderlichen Lastflussberechnungen durch und dokumentiert für diesen die Ergebnisse in geeigneter und nachvollziehbarer Form. [4] Die Kosten des Gutachters trägt der Anschlussnehmer.

(4) Der Gutachter sowie die von ihm im Zusammenhang mit der Erfüllung seiner Aufgaben beauftragten Dritten sind auch nach Beendigung ihrer Tätigkeit verpflichtet, die Verschwiegenheit über die ihnen bekannt gewordenen Netzdaten nach Absatz 1 zu wahren.

§ 6 Netzanschluss. (1) [1] Die Gewährung des Netzanschlusses nach § 17 Abs. 2 des Energiewirtschaftsgesetzes[1]) ist insbesondere dann unzumutbar, wenn der begehrte Netzanschlusspunkt technisch nicht zur Aufnahme des erzeugten Stroms geeignet ist und die Eignung nicht durch dem Netzbetreiber mögliche und zumutbare Maßnahmen zur Ertüchtigung des Netzanschlusspunktes oder zum Ausbau des Netzes bis zum nächsten Netzknoten hergestellt werden kann. [2] Eine fehlende Eignung ist insbesondere dann anzunehmen, wenn trotz zumutbarer Maßnahmen nach Satz 1 der Anschlusspunkt nicht über
1. eine ausreichende Kurzschlussleistung oder
2. einen ausreichenden Abfuhrquerschnitt
verfügt.

(2) Ein Netzanschluss kann nicht mit dem Hinweis darauf verweigert werden, dass in einem mit dem Anschlusspunkt direkt oder indirekt verbundenen Netz Kapazitätsengpässe auftreten oder auftreten werden.

(3) Wird der Anschluss an dem begehrten Anschlusspunkt verweigert, so hat der Netzbetreiber dem Anschlussnehmer gleichzeitig einen anderen Anschlusspunkt vorzuschlagen, der im Rahmen des wirtschaftlich Zumutbaren die geäußerten Absichten des Anschlussnehmers bestmöglich verwirklicht.

---

[1]) Nr. 1.

(4) Der Anschlussnehmer kann den Netzanschluss von einem fachkundigen Dritten oder dem Netzbetreiber vornehmen lassen.

§ 7 Netzzugang bei Engpässen. (1) Anschlussnehmern steht nach Maßgabe der Absätze 2 und 3 ein Anspruch auf bevorzugten Netzzugang im Fall von Engpässen im deutschen Übertragungsnetz zu.

(2) Berechtigt sind Anschlussnehmer,
1. die bis zum 31. Dezember 2007 ein Netzanschlussbegehren mit vollständigen Angaben nach § 3 Abs. 1 Nr. 1 an den Netzbetreiber gerichtet haben und
2. deren Erzeugungsanlage in der Zeit vom 1. Januar 2007 bis zum 31. Dezember 2012 an das Netz angeschlossen wird oder ausschließlich aufgrund von Umständen, die sie nicht zu vertreten haben, erst zu einem späteren Zeitpunkt an das Netz angeschlossen werden kann.

(3) [1] Der Anspruch auf bevorzugten Netzzugang nach Absatz 1 ist auf zehn Jahre ab dem Datum der ersten Netzeinspeisung, spätestens jedoch ab dem 31. Dezember 2012, befristet. [2] Er hat zum Inhalt, dass abweichend von § 15 Abs. 2 der Stromnetzzugangsverordnung[1)] von dem Netzbetreiber im Fall eines Engpasses die Bereitstellung von Leitungskapazität ohne die Erhebung von zusätzlichen Entgelten verlangt werden kann. [3] Würde durch die Ausübung von Rechten nach Absatz 1 mehr als die Hälfte der verfügbaren Leitungskapazität in Anspruch genommen, so sind die bevorzugten Netzzugangsrechte anteilig zu kürzen.

§ 8 Kostentragung. (1) Der Anschlussnehmer trägt die Kosten für die Verbindung zwischen der Erzeugungsanlage und dem Netzanschlusspunkt.

(2) [1] Vorbehaltlich des Satzes 3 hat der Anschlussnehmer Kosten, die im Zuge einer erforderlichen Ertüchtigung des Netzanschlusspunktes anfallen, insoweit zu tragen, als sie durch ausschließlich vom Anschlussnehmer genutzte Betriebsmittel verursacht sind. [2] Satz 1 gilt für Kosten von Maßnahmen zum Ausbau des Netzes bis zum nächsten Netzknoten im Sinne von § 6 Abs. 1 Satz 1 entsprechend. [3] Anschaffungs- und Herstellungskosten von Betriebsmitteln, die in das Eigentum des Netzbetreibers oder von Dritten übergehen, hat der Anschlussnehmer nicht zu tragen.

(3) Kosten zur Verstärkung des Netzes sowie einen Baukostenzuschuss hat der Anschlussnehmer nicht zu tragen.

Teil 2. Sonstige Bestimmungen

§ 9 Kraftwerksanschluss-Register. [1] Die Netzbetreiber haben ein gemeinsames Register aller Erzeugungsanlagen, die bestehen oder für die ein Netzanschlussbegehren nach § 3 Abs. 2 vorliegt, und eine übersichtliche Darstellung des Netzschemaplans und der Netzauslastung, einschließlich der Kennzeichnung bestehender oder erwarteter Engpässe zu führen. [2] In diesem Register sind auch die Standorte nicht nur vorübergehend stillgelegter oder endgültig aufgegebener Erzeugungsanlagen zu erfassen und jeweils mit einer

---
[1)] Nr. 16.

geeigneten Kennzeichnung zu versehen. ³Die Daten sind Anschlussnehmern sowie auf Anforderung den Energieaufsichtsbehörden und Regulierungsbehörden in geeigneter Form zur Verfügung zu stellen.

§ 10 Festlegungen der Regulierungsbehörde. ¹Zur Verwirklichung eines effizienten Anschlusses von Erzeugungsanlagen an das Netz und der in § 1 Abs. 1 des Energiewirtschaftsgesetzes[1]) genannten Zwecke kann die Regulierungsbehörde Entscheidungen durch Festlegung nach § 29 Abs. 1 des Energiewirtschaftsgesetzes zur näheren Ausgestaltung des zwischen Anschlussnehmern und Netzbetreibern einzuhaltenden Verfahrens im Zuge der Beantragung und Gewährung eines Netzanschlusses treffen. ²Dies umfasst insbesondere die Ausgestaltung und den Inhalt der gegenseitigen Informationspflichten, Vorleistungspflichten, Fristenregelungen sowie der standardisierten Bedingungen für einen Netzanschlussvertrag nach § 3 Abs. 1 Nr. 2.

Teil 3. Schlussvorschriften

§ 11 Inkrafttreten. Die Verordnung tritt am Tage nach der Verkündung[2]) in Kraft.

---

[1]) Nr. 1.
[2]) Verkündet am 29. 6. 2007.

Fünfter Teil. Umweltschutz

31. Gesetz für den Vorrang Erneuerbarer Energien (Erneuerbare-Energien-Gesetz – EEG)[1)][2)]

Vom 29. März 2000
(BGBl. I S. 305)
FNA 754-15
zuletzt geänd. durch Art. 4 Satz 2 Erneuerbare Energien-NeuregelungsG v. 21. 7. 2004 (BGBl. I S. 1918)

Nichtamtliche Inhaltsübersicht

	§§
Ziel des Gesetzes	1
Anwendungsbereich	2
Abnahme- und Vergütungspflicht	3
Vergütung für Strom aus Wasserkraft, Deponiegas, Grubengas und Klärgas	4
Vergütung für Strom aus Biomasse	5
Vergütung für Strom aus Geothermie	6
Vergütung für Strom aus Windkraft	7
Vergütung für Strom aus solarer Strahlungsenergie	8
Gemeinsame Vorschriften	9
Netzkosten	10
Bundesweite Ausgleichsregelung	11
(aufgehoben)	11 a
Erfahrungsbericht	12
Übergangsvorschriften	13
Anhang	

§ 1 Ziel des Gesetzes. Ziel dieses Gesetzes ist es, im Interesse des Klima- und Umweltschutzes eine nachhaltige Entwicklung der Energieversorgung zu ermöglichen und den Beitrag Erneuerbarer Energien an der Stromversorgung deutlich zu erhöhen, um entsprechend den Zielen der Europäischen Union und der Bundesrepublik Deutschland den Anteil Erneuerbarer Energien am gesamten Energieverbrauch bis zum Jahr 2010 mindestens zu verdoppeln.

§ 2 Anwendungsbereich. *(1)* ¹Dieses Gesetz regelt die Abnahme und die Vergütung von Strom, der ausschließlich aus Wasserkraft, Windkraft, solarer Strahlungsenergie, Geothermie, Deponiegas, Klärgas, Grubengas oder aus Biomasse im Geltungsbereich dieses Gesetzes oder in der deutschen ausschließlichen Wirtschaftszone gewonnen wird, durch Elektrizitätsversorgungsunternehmen, die Netze für die allgemeine Versorgung betreiben (Netzbetreiber). ²Das Bundesministerium für Umwelt, Naturschutz und Reaktorsicherheit wird ermächtigt, im Einvernehmen mit dem Bundesministerium für Verbraucherschutz, Ernährung und Landwirtschaft sowie dem Bundesministerium für Wirtschaft und Technologie durch Rechtsverordnung[3)], die der Zustim-

---

[1)] Verkündet als Art. 1 Erneuerbare-EnergienG-EinführungsG v. 29. 3. 2000 (BGBl. I S. 305); Inkrafttreten gem. Art. 4 Abs. 1 Satz 1 dieses G am 1. 4. 2000.
[2)] **Aufgehoben mWv 1. 8. 2004** durch G v. 21. 7. 2004 (BGBl. I S. 1918); siehe jetzt das Erneuerbare-Energien-G (Nr. **34**).
[3)] Siehe die BiomasseVO (Nr. **35**).

mung des Bundestages bedarf, Vorschriften zu erlassen, welche Stoffe und technischen Verfahren bei Biomasse in den Anwendungsbereich des Gesetzes fallen, und welche Umweltanforderungen einzuhalten sind.

(2) Nicht erfasst wird Strom

1. *aus Wasserkraftwerken, Deponiegas- oder Klärgasanlagen mit einer installierten elektrischen Leistung über fünf Megawatt oder aus Anlagen, in denen der Strom aus Biomasse gewonnen wird, mit einer installierten elektrischen Leistung über 20 Megawatt sowie*

2. *aus Anlagen, die zu über 25 Prozent der Bundesrepublik Deutschland oder einem Land gehören.*

(3) [1] Neuanlagen sind Anlagen, die nach dem 1. April 2000 in Betrieb genommen worden sind. [2] Reaktivierte oder erneuerte Anlagen gelten als Neuanlagen, wenn die Anlage in wesentlichen Teilen erneuert worden ist. [3] Eine wesentliche Erneuerung liegt vor, wenn die Kosten der Erneuerung mindestens 50 vom Hundert der Kosten einer Neuinvestition der gesamten Anlage betragen. [4] Altanlagen sind Anlagen, die vor dem 1. April 2000 in Betrieb genommen worden sind.

§ 3 *Abnahme- und Vergütungspflicht.* (1) [1] *Netzbetreiber sind verpflichtet, Anlagen zur Erzeugung von Strom nach § 2 an ihr Netz anzuschließen, den gesamten angebotenen Strom aus diesen Anlagen vorrangig abzunehmen und den eingespeisten Strom nach §§ 4 bis 8 zu vergüten.* [2] *Die Verpflichtung trifft den Netzbetreiber, zu dessen technisch für die Aufnahme geeignetem Netz die kürzeste Entfernung zum Standort der Anlage besteht.* [3] *Ein Netz gilt auch dann als technisch geeignet, wenn die Abnahme des Stroms unbeschadet des Vorrangs nach Satz 1 erst durch einen wirtschaftlich zumutbaren Ausbau des Netzes möglich wird; in diesem Fall ist der Netzbetreiber auf Verlangen des Einspeisewilligen zu dem unverzüglichen Ausbau verpflichtet.* [4] *Soweit es für die Planung des Netzbetreibers und des Einspeisewilligen sowie für die Feststellung der Eignung erforderlich ist, sind Netzdaten und Anlagedaten offen zu legen.*

(2) [1] Der vorgelagerte Übertragungsnetzbetreiber ist zur Abnahme und Vergütung der von dem Netzbetreiber nach Absatz 1 aufgenommenen Energiemenge entsprechend §§ 4 bis 8 verpflichtet. [2] Wird im Netzbereich des abgabeberechtigten Netzbetreibers kein inländisches Übertragungsnetz betrieben, so trifft die Pflicht zur Abnahme und Vergütung nach Satz 1 den nächstgelegenen inländischen Übertragungsnetzbetreiber.

§ 4 *Vergütung für Strom aus Wasserkraft, Deponiegas, Grubengas und Klärgas.* [1] *Für Strom aus Wasserkraft, Deponiegas, Grubengas und Klärgas beträgt die Vergütung mindestens 7,67 Cent pro Kilowattstunde.* [2] *Bei Anlagen mit einer elektrischen Leistung über 500 Kilowatt gilt dies nur für den Teil des eingespeisten Stroms des jeweiligen Abrechnungsjahres, der dem Verhältnis von 500 Kilowatt zur Leistung der Anlage in Kilowatt entspricht; dabei bemisst sich die Leistung nach dem Jahresmittel der in den einzelnen Monaten gemessenen mittleren elektrischen Wirkleistung.* [3] *Der Preis für sonstigen Strom beträgt mindestens 6,65 Cent pro Kilowattstunde.*

§ 5 *Vergütung für Strom aus Biomasse.* (1) [1] *Für Strom aus Biomasse beträgt die Vergütung für Anlagen*

1. *bis einschließlich einer installierten elektrischen Leistung von 500 Kilowatt mindestens 10,23 Cent pro Kilowattstunde,*

2. *bis einschließlich einer installierten elektrischen Leistung von fünf Megawatt mindestens 9,21 Cent pro Kilowattstunde und*

3. *ab einer installierten elektrischen Wirkleistung von fünf Megawatt mindestens 8,70 Cent pro Kilowattstunde; dies gilt jedoch erst ab dem Tag des Inkrafttretens der Verordnung nach § 2 Abs. 1 Satz 2.*
² *§ 4 Satz 2 erster Halbsatz findet entsprechende Anwendung.*

(2) Die Mindestvergütungen nach Absatz 1 werden beginnend ab dem 1. Januar 2002 jährlich jeweils für mit diesem Zeitpunkt neu in Betrieb genommene Anlagen um jeweils eins vom Hundert gesenkt; die Beträge sind auf eine Stelle hinter dem Komma zu runden.

§ 6 Vergütung für Strom aus Geothermie. ¹ *Für Strom aus Geothermie beträgt die Vergütung*

1. *bis einschließlich einer installierten elektrischen Leistung von 20 Megawatt mindestens 8,95 Cent pro Kilowattstunde und*

2. *ab einer installierten elektrischen Leistung von 20 Megawatt mindestens 7,16 Cent pro Kilowattstunde.*

² *§ 4 Satz 2 erster Halbsatz findet entsprechende Anwendung.*

§ 7 Vergütung für Strom aus Windkraft. *(1)* ¹ *Für Strom aus Windkraft beträgt die Vergütung mindestens 9,10 Cent pro Kilowattstunde für die Dauer von fünf Jahren, gerechnet ab dem Zeitpunkt der Inbetriebnahme.* ² *Danach beträgt die Vergütung für Anlagen, die in dieser Zeit 150 vom Hundert des errechneten Ertrages der Referenzanlage (Referenzertrag) gemäß dem Anhang zu diesem Gesetz erzielt haben, mindestens 6,19 Cent pro Kilowattstunde.* ³ *Für sonstige Anlagen verlängert sich die Frist des Satzes 1 für jedes 0,75 vom Hundert des Referenzertrages, um den ihr Ertrag 150 vom Hundert des Referenzertrages unterschreitet, um zwei Monate.* ⁴ *Soweit der Strom in Anlagen erzeugt wird, die in einer Entfernung von mindestens drei Seemeilen, gemessen von den zur Begrenzung der Hoheitsgewässer dienenden Basislinien aus seewärts, errichtet und bis einschließlich des 31. Dezember 2006 in Betrieb genommen worden sind, beträgt die Frist des Satzes 1 sowie der Zeitraum des Satzes 2 neun Jahre.*

(2) ¹ *Für Altanlagen gilt als Zeitpunkt der Inbetriebnahme im Sinne von Absatz 1 Satz 1 der 1. April 2000.* ² *Für diese Anlagen verringert sich die Frist im Sinne von Absatz 1 Satz 1 bis 3 um die Hälfte der bis zum 1. April 2000 zurückgelegten Betriebszeit; sie läuft jedoch in jedem Fall mindestens vier Jahre, gerechnet vom 1. April 2000.* ³ *Soweit für solche Anlagen eine Leistungskennlinie nicht ermittelt wurde, kann an ihre Stelle eine auf der Basis der Konstruktionsunterlagen des Anlagentyps vorgenommene entsprechende Berechnung einer gemäß Anhang berechtigten Institution treten.*

(3) Die Mindestvergütungen nach Absatz 1 werden beginnend mit dem 1. Januar 2002 jährlich jeweils für ab diesem Zeitpunkt neu in Betrieb genommene Anlagen um jeweils 1,5 vom Hundert gesenkt; die Beträge sind auf eine Stelle hinter dem Komma zu runden.

(4) Das Bundesministerium für Umwelt, Naturschutz und Reaktorsicherheit wird ermächtigt, zur Durchführung des Absatzes 1 in einer Rechtsverordnung Vorschriften zur Ermittlung des Referenzertrages zu erlassen.

§ 8 Vergütung für Strom aus solarer Strahlungsenergie. *(1) Für Strom aus Anlagen zur Erzeugung von Strom aus solarer Strahlungsenergie beträgt die Vergütung mindestens 45,7 Cent pro Kilowattstunde.*

(2) ¹ *Wenn die Anlage ausschließlich an oder auf einem Gebäude oder einer Lärmschutzwand angebracht ist, erhöht sich die Vergütung*
1. *bis einschließlich einer Leistung von 30 Kilowatt um mindestens 11,7 Cent pro Kilowattstunde,*
2. *ab einer Leistung von 30 Kilowatt um mindestens 8,9 Cent pro Kilowattstunde und*
3. *ab einer Leistung von 100 Kilowatt um mindestens 8,3 Cent pro Kilowattstunde.*
² *Die Mindestvergütungen nach Satz 1 erhöhen sich um jeweils weitere 5,0 Cent pro Kilowattstunde, wenn die Anlage nicht auf dem Dach oder als Dach des Gebäudes angebracht ist und einen wesentlichen Bestandteil des Gebäudes bildet.* ³ *§ 4 Satz 2 erster Halbsatz findet entsprechend Anwendung.*

(3) Wenn die Anlage nicht an oder auf einer baulichen Anlage angebracht ist, die vorrangig zu anderen Zwecken als der Erzeugung von Strom aus solarer Strahlungsenergie errichtet worden ist, ist der Netzbetreiber nur zur Vergütung verpflichtet, wenn die Anlage vor dem 1. Januar 2015
1. *im Geltungsbereich eines Bebauungsplans im Sinne des § 30 des Baugesetzbuches oder*
2. *auf einer Fläche, für die ein Verfahren nach § 38 Satz 1 des Baugesetzbuches durchgeführt worden ist,*
in Betrieb genommen worden ist.

(4) Für Strom aus einer Anlage nach Absatz 3, die im Geltungsbereich eines Bebauungsplans errichtet wurde, der zumindest auch zu diesem Zweck nach dem 1. September 2003 aufgestellt oder geändert worden ist, ist der Netzbetreiber nur zur Vergütung verpflichtet, wenn sie sich
1. *auf Flächen befindet, die zum Zeitpunkt des Beschlusses über die Aufstellung oder Änderung des Bebauungsplans bereits versiegelt waren,*
2. *auf Konversionsflächen aus wirtschaftlicher oder militärischer Nutzung oder*
3. *auf Grünflächen befindet, die zur Errichtung dieser Anlagen im Bebauungsplan ausgewiesen sind und zum Zeitpunkt des Beschlusses über die Aufstellung oder Änderung des Bebauungsplans als Ackerland genutzt wurden.*

(5) Die Mindestvergütungen werden beginnend mit dem 1. Januar 2005 jährlich für jeweils ab diesem Zeitpunkt neu in Betrieb genommene Anlagen um jeweils 5 vom Hundert gesenkt; der Betrag der Vergütung ist auf zwei Stellen hinter dem Komma zu runden.

(6) Mehrere Fotovoltaikanlagen, die sich entweder an oder auf demselben Gebäude befinden und innerhalb von sechs aufeinander folgenden Kalendermonaten in Betrieb genommen worden sind, gelten zum Zweck der Ermittlung der Vergütungshöhe nach Absatz 2 für die jeweils zuletzt in Betrieb genommene Anlage als eine Anlage.

§ 9 *Gemeinsame Vorschriften.* (1) ¹ *Die Mindestvergütungen nach §§ 4 bis 8 sind für neu in Betrieb genommene Anlagen jeweils für die Dauer von 20 Jahren ohne Berücksichtigung des Inbetriebnahmejahres zu zahlen, soweit es sich nicht um Anlagen zur Erzeugung von Strom aus Wasserkraft handelt.* ² *Für Anlagen, die vor Inkrafttreten des Gesetzes in Betrieb genommen worden sind, gilt als Inbetriebnahmejahr das Jahr 2000.*

(2) ¹ *Wird Strom aus mehreren Anlagen über eine gemeinsame Messeinrichtung abgerechnet, so ist für die Berechnung der Höhe differenzierter Vergütungen die maximale Wirkleistung jeder einzelnen Anlage maßgeblich.* ² *Soweit es sich um Strom*

aus mehreren Windkraftanlagen handelt, sind abweichend von Satz 1 für die Berechnung die kumulierten Werte dieser Anlagen maßgeblich.

§ 10 *Netzkosten.* (1) ¹ Die notwendigen Kosten des Anschlusses von Anlagen nach § 2 an den technisch und wirtschaftlich günstigsten Verknüpfungspunkt des Netzes trägt der Anlagenbetreiber. ² Die Ausführung des Anschlusses muss den im Einzelfall notwendigen technischen Anforderungen des Netzbetreibers und dem § 16 des Energiewirtschaftsgesetzes[1]) vom 24. April 1998 (BGBl. I S. 730) entsprechen. ³ Der Anlagenbetreiber kann den Anschluss von dem Netzbetreiber oder einem fachkundigen Dritten vornehmen lassen.

(2) ¹ Die notwendigen Kosten eines nur infolge neu anzuschließender Anlagen nach § 2 erforderlichen Ausbaus des Netzes für die allgemeine Versorgung zur Aufnahme und Weiterleitung der eingespeisten Energie trägt der Netzbetreiber, bei dem der Ausbau erforderlich wird. ² Der Netzbetreiber muss die konkret erforderlichen Investitionen unter Angabe ihrer Kosten im Einzelnen darlegen. ³ Die Netzbetreiber können den auf sie entfallenden Kostenanteil bei der Ermittlung des Netznutzungsentgelts in Ansatz bringen.

(3) Zur Klärung von Streitigkeiten wird eine Clearingstelle bei dem Bundesministerium für Umwelt, Naturschutz und Reaktorsicherheit errichtet, an der die betroffenen Kreise zu beteiligen sind.

§ 11 *Bundesweite Ausgleichsregelung.* (1) Die Übertragungsnetzbetreiber sind verpflichtet, den unterschiedlichen Umfang der nach § 3 abzunehmenden Energiemengen und Vergütungszahlungen zu erfassen und nach Maßgabe des Absatzes 2 untereinander auszugleichen.

(2) ¹ Die Übertragungsnetzbetreiber ermitteln bis zum 31. März eines jeden Jahres die Energiemenge, die sie im Vorjahr nach § 3 abgenommen haben, und den Anteil dieser Menge an der gesamten Energiemenge, die sie unmittelbar oder mittelbar über nachgelagerte Netze an Letztverbraucher abgegeben haben. ² Übertragungsnetzbetreiber, die größere Mengen abzunehmen hatten als es diesem durchschnittlichen Anteil entspricht, haben gegen die anderen Übertragungsnetzbetreiber einen Anspruch auf Abnahme und Vergütung nach §§ 3 bis 8, bis auch diese Netzbetreiber eine Energiemenge abnehmen, die dem Durchschnittswert entspricht.

(3) Auf die zu erwartenden Ausgleichsmengen und -vergütungen sind monatliche Abschläge zu leisten.

(4) ¹ Elektrizitätsversorgungsunternehmen, die Strom an Letztverbraucher liefern, sind verpflichtet, den von dem für sie regelverantwortlichen Übertragungsnetzbetreiber nach Absatz 2 abgenommenen Strom anteilig abzunehmen und zu vergüten. ² Satz 1 gilt nicht für Elektrizitätsversorgungsunternehmen, die, bezogen auf die gesamte von ihnen gelieferte Strommenge, zu mindestens 50 vom Hundert Strom im Sinne des § 2 Absatz 1 in Verbindung mit Absatz 2 liefern. ³ Der nach Satz 1 abzunehmende Anteil wird bezogen auf die von dem jeweiligen Elektrizitätsversorgungsunternehmen gelieferte Strommenge und ist so zu bestimmen, dass jedes Elektrizitätsversorgungsunternehmen einen relativ gleichen Anteil erhält. ⁴ Der Umfang der Abnahmepflicht (Anteil) bemisst sich nach dem Verhältnis des nach § 3 insgesamt eingespeisten Stroms zu dem insgesamt an Letztverbraucher abgesetzten Strom, von dem die Strommenge abzuziehen ist, die von Elektrizitätsversorgungsunternehmen im Sinne von Satz 2

---

[1]) Nr. 1.

geliefert wird. ⁵ *Die Vergütung im Sinne von Satz 1 errechnet sich aus dem Durchschnitt der nach § 3 von der Gesamtheit der Netzbetreiber je Kilowattstunde in dem vorvergangenen Quartal gezahlten Vergütungen.* ⁶ *Der nach Satz 1 abgenommene Strom darf nicht unter der nach Satz 5 gezahlten Vergütung verkauft werden, soweit er als Strom im Sinne des § 2 oder als diesem vergleichbarer Strom vermarktet wird.*

(5) ¹ *Jeder Netzbetreiber ist verpflichtet, den anderen Netzbetreibern die für die Berechnungen nach den Absätzen 1 und 2 erforderlichen Daten rechtzeitig zur Verfügung zu stellen.* ² *Jeder Netzbetreiber kann verlangen, dass die anderen ihre Angaben durch einen im gegenseitigen Einvernehmen bestellten Wirtschaftsprüfer oder vereidigten Buchprüfer testieren lassen.* ³ *Ist ein Einvernehmen nicht erzielbar, so bestimmt der Präsident des zuständigen Oberlandesgerichts am Sitz des ausgleichsberechtigten Netzbetreibers den Wirtschaftsprüfer oder vereidigten Buchprüfer.*

§ 11 a *(aufgehoben)*

§ 12 Erfahrungsbericht.
Das Bundesministerium für Umwelt, Naturschutz und Reaktorsicherheit hat dem Bundestag bis zum 30. Juni jedes zweiten auf das Inkrafttreten dieses Gesetzes folgenden Jahres im Einvernehmen mit dem Bundesministerium für Wirtschaft und Arbeit sowie dem Bundesministerium für Verbraucherschutz, Ernährung und Landwirtschaft über den Stand der Markteinführung und der Kostenentwicklung von Anlagen zur Erzeugung von Strom im Sinne des § 2 zu berichten, sowie gegebenenfalls zum 1. Januar des jeweils übernächsten Jahres eine Anpassung der Höhe der Vergütungen nach den §§ 4 bis 8 und der Degressionssätze entsprechend der technologischen und Marktentwicklung für Neuanlagen sowie eine Verlängerung des Zeitraums für die Berechnung des Ertrages einer Windkraftanlage gemäß dem Anhang in Abhängigkeit von den Erfahrungen mit dem nach diesem Gesetz festgelegten Berechnungszeitraum vorzuschlagen.

§ 13 Übergangsvorschriften.
¹ *Für Strom aus Anlagen zur Erzeugung von Strom aus solarer Strahlungsenergie, die bis zum 31. Dezember 2003 in Betrieb genommen worden sind, gelten die bisherigen Vorschriften mit der Maßgabe, dass ab dem 1. Januar 2004 § 8 Abs. 1, 2, 5 und 6 anzuwenden ist, sofern die Anlage nach dem 31. Dezember 2003 in Betrieb genommen worden ist.* ² *§ 8 Abs. 3 und 4 ist nur für Strom aus einer Anlage anzuwenden, die nach dem 30. Juni 2004 in Betrieb genommen worden ist.*

Anhang

1. *Referenzanlage ist eine Windkraftanlage eines bestimmten Typs, für die sich entsprechend ihrer von einer dazu berechtigten Institution vermessenen Leistungskennlinie an dem Referenzstandort ein Ertrag in Höhe des Referenzertrages errechnet.*
2. *Der Referenzertrag ist die für jeden Typ einer Windkraftanlage einschließlich der jeweiligen Nabenhöhe bestimmte Strommenge, die dieser Typ bei Errichtung an dem Referenzstandort rechnerisch auf Basis einer vermessenen Leistungskennlinie in fünf Betriebsjahren erbringen würde.*
3. *Der Typ einer Windkraftanlage ist bestimmt durch die Typenbezeichnung, die Rotorkreisfläche, die Nennleistung und die Nabenhöhe gemäß den Angaben des Herstellers.*

4. *Referenzstandort ist ein Standort, der bestimmt wird durch eine Rayleigh-Verteilung mit einer mittleren Jahreswindgeschwindigkeit von 5,5 Metern je Sekunde in einer Höhe von 30 Metern über Grund, einem logarithmischen Höhenprofil und der Rauigkeitslänge von 0,1 Metern.*

5. *Die Leistungskennlinie ist der für jeden Typ einer Windkraftanlage ermittelte Zusammenhang zwischen Windgeschwindigkeit und Leistungsabgabe unabhängig von der Nabenhöhe. Die Leistungskennlinie ist zu ermitteln nach dem einheitlichen Verfahren gemäß den Technischen Richtlinien für Windenergieanlagen, Revision 13, Stand: 1. Januar 2000, herausgegeben von der Fördergesellschaft Windenergie e.V. (FGW) mit Sitz in Hamburg, oder der technischen Richtlinie Power Performance Measurement Procedure Version 1 vom September 1997 des Network of European Measuring Institutes (MEASNET) mit Sitz in Brüssel, Belgien. Soweit die Leistungskennlinie nach einem vergleichbaren Verfahren vor dem 1. Januar 2000 ermittelt wurde, kann diese anstelle der nach Satz 2 ermittelten Leistungskennlinie herangezogen werden, soweit nach dem 31. Dezember 2001 nicht mehr mit der Errichtung von Anlagen des Typs, für die sie gelten, im Geltungsbereich dieses Gesetzes begonnen wird.*

6. *Zur Vermessung der Leistungskennlinien und Berechnung der Referenzerträge von Anlagentypen am Referenzstandort sind für die Zwecke dieses Gesetzes die Institutionen berechtigt, die entsprechend der technischen Richtlinie „Allgemeine Kriterien zum Betreiben von Prüflaboratorien" (DIN EN 45 001), Ausgabe Mai 1990, für die Vermessung der Leistungskennlinien im Sinne von Nummer 5 akkreditiert sind. Das Bundesministerium für Umwelt, Naturschutz und Reaktorsicherheit veröffentlicht diese Institutionen nachrichtlich im Bundesanzeiger.*

32. Gesetz für den Vorrang Erneuerbarer Energien (Erneuerbare-Energien-Gesetz – EEG)[1)2)]

Vom 21. Juli 2004
(BGBl. I S. 1918)
FNA 754-19

zuletzt geänd. durch Art. 7 Satz 2 G zur Neuregelung des Rechts der Erneuerbaren Energien im Strombereich und zur Änd. damit zusammenhängender Vorschriften v. 25. 10. 2008 (BGBl. I S. 2074)

Nichtamtliche Inhaltsübersicht

	§§
Zweck des Gesetzes	1
Anwendungsbereich	2
Begriffsbestimmungen	3
Abnahme- und Übertragungspflicht	4
Vergütungspflicht	5
Vergütung für Strom aus Wasserkraft	6
Vergütung für Strom aus Deponiegas, Klärgas und Grubengas	7
Vergütung für Strom aus Biomasse	8
Vergütung für Strom aus Geothermie	9
Vergütung für Strom aus Windenergie	10
Vergütung für Strom aus solarer Strahlungsenergie	11
Gemeinsame Vorschriften für Abnahme, Übertragung und Vergütung	12
Netzkosten	13
Bundesweite Ausgleichsregelung	14
Mitteilungs- und Veröffentlichungspflichten	14a
Transparenz	15
Besondere Ausgleichsregelung	16
Herkunftsnachweis	17
Doppelvermarktungsverbot	18
Clearingstelle	19
Aufgaben der Bundesnetzagentur	19a
Bußgeldvorschriften	19b
Erfahrungsbericht	20
Übergangsbestimmungen	21

§ 1 Zweck des Gesetzes. *(1) Zweck dieses Gesetzes ist es, insbesondere im Interesse des Klima-, Natur- und Umweltschutzes eine nachhaltige Entwicklung der Energieversorgung zu ermöglichen, die volkswirtschaftlichen Kosten der Energieversorgung auch durch die Einbeziehung langfristiger externer Effekte zu verringern, Natur und Umwelt zu schützen, einen Beitrag zur Vermeidung von Konflikten um fossile Energieressourcen zu leisten und die Weiterentwicklung von Technologien zur Erzeugung von Strom aus Erneuerbaren Energien zu fördern.*

(2) Zweck dieses Gesetzes ist ferner, dazu beizutragen, den Anteil Erneuerbarer Energien an der Stromversorgung bis zum Jahr 2010 auf mindestens 12,5 Prozent und bis zum Jahr 2020 auf mindestens 20 Prozent zu erhöhen.

[1)] Verkündet als Art. 1 Erneuerbare Energien-NeuregelungsG v. 21. 7. 2004 (BGBl. I S. 1918); Inkrafttreten gem. Art. 4 Satz 1 dieses G am 1. 8. 2004.
[2)] **Aufgehoben mWv 1. 1. 2009** durch Art. 7 Satz 2 G v. 25. 10. 2008 (BGBl. I S. 2074); siehe jetzt das Erneuerbare-Energien-Gesetz (Nr. **34**). Beachte die Übergangsvorschriften in § 66.

§ 2 Anwendungsbereich. *(1) Dieses Gesetz regelt*

1. *den vorrangigen Anschluss von Anlagen zur Erzeugung von Strom aus Erneuerbaren Energien und aus Grubengas im Bundesgebiet einschließlich der deutschen ausschließlichen Wirtschaftszone (Geltungsbereich des Gesetzes) an die Netze für die allgemeine Versorgung mit Elektrizität,*
2. *die vorrangige Abnahme, Übertragung und Vergütung dieses Stroms durch die Netzbetreiber und*
3. *den bundesweiten Ausgleich des abgenommenen und vergüteten Stroms.*

(2) Dieses Gesetz findet keine Anwendung auf Anlagen, die zu über 25 Prozent der Bundesrepublik Deutschland oder einem Land gehören und die bis zum 31. Juli 2004 in Betrieb genommen worden sind.

§ 3 Begriffsbestimmungen. *(1) Erneuerbare Energien sind Wasserkraft einschließlich der Wellen-, Gezeiten-, Salzgradienten- und Strömungsenergie, Windenergie, solare Strahlungsenergie, Geothermie, Energie aus Biomasse einschließlich Biogas, Deponiegas und Klärgas sowie aus dem biologisch abbaubaren Anteil von Abfällen aus Haushalten und Industrie.*

(2) [1] Anlage ist jede selbständige technische Einrichtung zur Erzeugung von Strom aus Erneuerbaren Energien oder aus Grubengas. [2] Mehrere Anlagen zur Erzeugung von Strom aus gleichartigen Erneuerbaren Energien oder aus Grubengas, die im Geltungsbereich des Gesetzes errichtet und mit gemeinsamen für den Betrieb technisch erforderlichen Einrichtungen oder baulichen Anlagen unmittelbar verbunden sind, gelten als eine Anlage, soweit sich nicht aus den §§ 6 bis 12 etwas anderes ergibt; nicht für den Betrieb technisch erforderlich sind dabei insbesondere Wechselrichter, Wege, Netzanschlüsse, Mess-, Verwaltungs- und Überwachungseinrichtungen.

(3) Anlagenbetreiber ist, wer unbeschadet des Eigentums die Anlage zum Zwecke der Erzeugung von Strom aus Erneuerbaren Energien oder aus Grubengas nutzt.

(4) Inbetriebnahme ist die erstmalige Inbetriebsetzung der Anlage nach Herstellung ihrer technischen Betriebsbereitschaft oder nach ihrer Erneuerung, sofern die Kosten der Erneuerung mindestens 50 Prozent der Kosten einer Neuherstellung der gesamten Anlage einschließlich sämtlicher technisch für den Betrieb erforderlicher Einrichtungen und baulicher Anlagen betragen.

(5) [1] Leistung einer Anlage ist die elektrische Wirkleistung, die die Anlage bei bestimmungsgemäßem Betrieb ungeachtet kurzfristiger geringfügiger Abweichungen ohne zeitliche Einschränkung technisch erbringen kann. [2] Bei der Feststellung der für die Vergütungshöhe maßgebenden Leistung bleibt die nur zur Reserve genutzte Leistung unberücksichtigt.

(6) Netz ist die Gesamtheit der miteinander verbundenen technischen Einrichtungen zur Übertragung und Verteilung von Elektrizität für die allgemeine Versorgung.

(7) [1] Netzbetreiber sind die Betreiber von Netzen aller Spannungsebenen für die allgemeine Versorgung mit Elektrizität. [2] Übertragungsnetzbetreiber sind die regelverantwortlichen Netzbetreiber von Hoch- und Höchstspannungsnetzen, die der überregionalen Übertragung von Elektrizität zu nachgeordneten Netzen dienen.

§ 4 Abnahme- und Übertragungspflicht. *(1) [1] Netzbetreiber sind verpflichtet, Anlagen zur Erzeugung von Strom aus Erneuerbaren Energien oder aus Grubengas unverzüglich vorrangig an ihr Netz anzuschließen und den gesamten aus diesen Anlagen angebotenen Strom aus Erneuerbaren Energien oder aus Grubengas vorrangig* *abzunehmen und zu übertragen.* ² *Die Verpflichtung zur Abnahme nach Satz 1 besteht nach Einrichtung des Anlagenregisters nach § 15 Abs. 3 nur, wenn der Anlagenbetreiber die Eintragung der Anlage in das Register beantragt hat.* ³ *Unbeschadet des § 12 Abs. 1 können Anlagenbetreiber und Netzbetreiber vertraglich vereinbaren, vom Abnahmevorrang abzuweichen, wenn dies der besseren Integration der Anlage in das Netz dient.* ⁴ *Netzbetreiber können infolge der Vereinbarung nach Satz 3 entstehende Kosten im nachgewiesenen Umfang bei der Ermittlung des Netznutzungsentgelts in Ansatz bringen.*

(2) ¹ *Die Verpflichtung nach Absatz 1 Satz 1 trifft den Netzbetreiber, zu dessen technisch für die Aufnahme geeignetem Netz die kürzeste Entfernung zum Standort der Anlage besteht, wenn nicht ein anderes Netz einen technisch und wirtschaftlich günstigeren Verknüpfungspunkt aufweist.* ² *Ein Netz gilt auch dann als technisch geeignet, wenn die Abnahme des Stroms unbeschadet des Vorrangs nach Absatz 1 Satz 1 erst durch einen wirtschaftlich zumutbaren Ausbau des Netzes möglich wird; in diesem Fall ist der Netzbetreiber auf Verlangen des Einspeisewilligen zum unverzüglichen Ausbau verpflichtet.* ³ *Wenn die Anlage einer Genehmigung nach anderen Rechtsvorschriften bedarf, besteht die Verpflichtung zum Ausbau nach Satz 2 nur, wenn der Anlagenbetreiber eine Genehmigung, eine Teilgenehmigung oder einen Vorbescheid vorlegt.* ⁴ *Die Pflicht zum Ausbau erstreckt sich auf sämtliche für den Betrieb des Netzes notwendigen technischen Einrichtungen sowie die im Eigentum des Netzbetreibers stehenden oder in sein Eigentum übergehenden Anschlussanlagen.*

(3) ¹ *Die Verpflichtung zum vorrangigen Anschluss nach Absatz 1 Satz 1 besteht auch dann, wenn das Netz oder ein Netzbereich zeitweise vollständig durch Strom aus Erneuerbaren Energien oder Grubengas ausgelastet ist, es sei denn, die Anlage ist nicht mit einer technischen Einrichtung zur Reduzierung der Einspeiseleistung bei Netzüberlastung ausgestattet.* ² *Die Verpflichtung nach Absatz 1 Satz 1 zur vorrangigen Abnahme des in diesen Anlagen erzeugten Stroms besteht nur, soweit das Netz oder der Netzbereich nicht durch Strom aus zeitlich vor diesen Anlagen angeschlossenen Anlagen zur Erzeugung von Strom aus Erneuerbaren Energien oder Grubengas vollständig ausgelastet ist; die Verpflichtung zum unverzüglichen Ausbau nach Absatz 2 Satz 2 bleibt unberührt.* ³ *Der Netzbetreiber ist auf Verlangen des Anlagenbetreibers verpflichtet, bei Nichtabnahme des Stroms das Vorliegen der Voraussetzungen nach Satz 2 innerhalb von vier Wochen schriftlich unter Vorlage nachprüfbarer Berechnungen nachzuweisen.*

(4) Soweit es für die Planung des Netzbetreibers oder des Einspeisewilligen sowie für die Feststellung der Eignung des Netzes erforderlich ist, sind auf Antrag die für eine nachprüfbare Netzverträglichkeitsprüfung erforderlichen Netzdaten und Anlagendaten innerhalb von acht Wochen vorzulegen.

(5) Die Verpflichtung zur vorrangigen Abnahme und Übertragung nach Absatz 1 Satz 1 besteht auch dann, wenn die Anlage an das Netz des Anlagenbetreibers oder eines Dritten, der nicht Netzbetreiber im Sinne von § 3 Abs. 7 ist, angeschlossen und der Strom mittels kaufmännisch-bilanzieller Durchleitung durch dieses Netz in ein Netz nach § 3 Abs. 6 angeboten wird.

(6) ¹ *Der vorgelagerte Übertragungsnetzbetreiber ist zur vorrangigen Abnahme und Übertragung der von dem Netzbetreiber nach Absatz 1 oder 5 aufgenommenen Energiemenge verpflichtet.* ² *Wird im Netzbereich des abgabeberechtigten Netzbetreibers kein inländisches Übertragungsnetz betrieben, so trifft die Pflicht zur Abnahme und Übertragung nach Satz 1 den nächstgelegenen inländischen Übertragungsnetzbetreiber.* ³ *Satz 1 gilt für sonstige Netzbetreiber entsprechend.*

§ 5 Vergütungspflicht. *(1)* ¹ Netzbetreiber sind verpflichtet, Strom, der in Anlagen gewonnen wird, die ausschließlich Erneuerbare Energien oder Grubengas einsetzen und den sie nach § 4 Abs. 1 oder Abs. 5 abgenommen haben, nach Maßgabe der §§ 6 bis 12 zu vergüten. ² Die Verpflichtung nach Satz 1 besteht bei Anlagen mit einer Leistung ab 500 Kilowatt nur, soweit eine registrierende Leistungsmessung erfolgt.

(2) ¹ Der vorgelagerte Übertragungsnetzbetreiber ist zur Vergütung der von dem Netzbetreiber nach § 4 Abs. 6 abgenommenen und von diesem nach Absatz 1 vergüteten Energiemenge entsprechend den §§ 6 bis 12 verpflichtet. ² Von den Vergütungen sind die nach § 18 Abs. 2 der Stromnetzentgeltverordnung ermittelten vermiedenen Netzentgelte in Abzug zu bringen. ³ § 4 Abs. 6 Satz 2 gilt entsprechend.

§ 6 Vergütung für Strom aus Wasserkraft. *(1)* ¹ Für Strom aus Wasserkraftanlagen mit einer Leistung bis einschließlich 5 Megawatt beträgt die Vergütung

1. bis einschließlich einer Leistung von 500 Kilowatt mindestens 9,67 Cent pro Kilowattstunde und

2. bis einschließlich einer Leistung von 5 Megawatt mindestens 6,65 Cent pro Kilowattstunde.

² Satz 1 findet auf Laufwasserkraftanlagen mit einer Leistung von bis zu 500 Kilowatt, die nach dem 31. Dezember 2007 genehmigt worden sind, nur Anwendung, wenn sie

1. im räumlichen Zusammenhang mit einer ganz oder teilweise bereits bestehenden oder vorrangig zu anderen Zwecken als der Erzeugung von Strom aus Wasserkraft neu errichteten Staustufe oder Wehranlage oder

2. ohne durchgehende Querverbauung

errichtet worden sind und dadurch nachweislich ein guter ökologischer Zustand erreicht oder der ökologische Zustand gegenüber dem vorherigen Zustand wesentlich verbessert worden ist.

(2) ¹ Strom aus Wasserkraftanlagen mit einer Leistung ab 5 Megawatt bis einschließlich 150 Megawatt wird nach den Vorschriften dieses Gesetzes nur vergütet, wenn

1. die Anlage zwischen dem 1. August 2004 und dem 31. Dezember 2012 erneuert worden ist,

2. die Erneuerung zu einer Erhöhung des elektrischen Arbeitsvermögens um mindestens 15 Prozent geführt hat sowie

3. nach der Erneuerung nachweislich ein guter ökologischer Zustand erreicht oder der ökologische Zustand gegenüber dem vorherigen Zustand wesentlich verbessert ist.

² Abweichend von § 3 Abs. 4 gelten Wasserkraftanlagen mit einer Leistung ab 5 Megawatt mit Erfüllung der Voraussetzungen des Satzes 1 als neu in Betrieb genommen. ³ Als Erneuerung im Sinn von Satz 1 gilt auch die erstmalige Inbetriebnahme einer Anlage im räumlichen Zusammenhang mit einer bereits bestehenden Staustufe oder Wehranlage. ⁴ Vergütet wird nur die zusätzliche Strommenge, die der Erneuerung zuzurechnen ist. ⁵ Die Vergütung beträgt

1. bis einschließlich einer Leistungserhöhung von 500 Kilowatt mindestens 7,67 Cent pro Kilowattstunde,

2. bis einschließlich einer Leistungserhöhung von 10 Megawatt mindestens 6,65 Cent pro Kilowattstunde,

3. bis einschließlich einer Leistungserhöhung von 20 Megawatt mindestens 6,10 Cent pro Kilowattstunde,

4. bis einschließlich einer Leistungserhöhung von 50 Megawatt mindestens 4,56 Cent pro Kilowattstunde und

5. ab einer Leistungserhöhung von 50 Megawatt mindestens 3,70 Cent pro Kilowattstunde.

[6] *Wenn die Anlage vor dem 1. August 2004 eine Leistung bis einschließlich 5 Megawatt aufwies, wird der diesem Leistungsanteil entsprechende Strom zusätzlich nach Absatz 1 vergütet.*

(3) Als Nachweis der Erreichung eines guten ökologischen Zustands oder der wesentlichen Verbesserung des ökologischen Zustands gegenüber dem vorherigen Zustand im Sinne von Absatz 1 Satz 2 und Absatz 2 Satz 1 Nr. 3 gilt die Vorlage der behördlichen wasserrechtlichen Zulassung der Anlage.

(4) Die Mindestvergütungen nach Absatz 2 werden beginnend mit dem 1. Januar 2005 jährlich jeweils für nach diesem Zeitpunkt neu in Betrieb genommene Anlagen um jeweils ein Prozent des für die im Vorjahr neu in Betrieb genommenen Anlagen maßgeblichen Wertes gesenkt und auf zwei Stellen hinter dem Komma gerundet.

(5) Die Absätze 1 bis 4 finden keine Anwendung auf Strom, der durch Speicherkraftwerke gewonnen wird.

§ 7 Vergütung für Strom aus Deponiegas, Klärgas und Grubengas. *(1)* [1] *Für Strom aus Deponiegas-, Klärgas- und Grubengasanlagen beträgt die Vergütung*

1. bis einschließlich einer Leistung von 500 Kilowatt mindestens 7,67 Cent pro Kilowattstunde und

2. bis einschließlich einer Leistung von 5 Megawatt mindestens 6,65 Cent pro Kilowattstunde.

[2] *Für Strom aus Grubengasanlagen mit einer Leistung ab 5 Megawatt beträgt die Vergütung 6,65 Cent pro Kilowattstunde.* [3] *Aus einem Gasnetz entnommenes Gas gilt als Deponie-, Klär- oder Grubengas, soweit die Menge des entnommenen Gases im Wärmeäquivalent der Menge von an anderer Stelle im Geltungsbereich des Gesetzes in das Gasnetz eingespeistem Deponie-, Klär- oder Grubengas entspricht.*

(2) [1] *Die Mindestvergütungssätze nach Absatz 1 erhöhen sich um jeweils 2,0 Cent pro Kilowattstunde, wenn das nach Absatz 1 Satz 3 eingespeiste Gas auf Erdgasqualität aufbereitet worden ist oder der Strom mittels Brennstoffzellen, Gasturbinen, Dampfmotoren, Organic-Rankine-Anlagen, Mehrstoffgemisch-Anlagen, insbesondere Kalina-Cycle-Anlagen, oder Stirling-Motoren gewonnen wird.* [2] *Zum Zweck der Anpassung dieser Vorschrift an den Stand der Technik wird das Bundesministerium für Umwelt, Naturschutz und Reaktorsicherheit ermächtigt, im Einvernehmen mit dem Bundesministerium für Ernährung, Landwirtschaft und Verbraucherschutz sowie dem Bundesministerium für Wirtschaft und Technologie durch Rechtsverordnung weitere Verfahren oder Techniken im Sinne von Satz 1 zu benennen oder einzelne der genannten Verfahren oder Techniken vom Anwendungsbereich des Satzes 1 auszunehmen.*

(3) Die Mindestvergütungen nach Absatz 1 werden beginnend mit dem 1. Januar 2005 jährlich jeweils für nach diesem Zeitpunkt neu in Betrieb genommene Anlagen um jeweils 1,5 Prozent des für die im Vorjahr neu in Betrieb genommenen Anlagen maßgeblichen Wertes gesenkt und auf zwei Stellen hinter dem Komma gerundet.

§ 8 Vergütung für Strom aus Biomasse. *(1)* [1] *Für Strom, der in Anlagen mit einer Leistung bis einschließlich 20 Megawatt gewonnen wird, die ausschließlich Biomasse im Sinne der nach Absatz 7 erlassenen Rechtsverordnung einsetzen, beträgt die Vergütung*

1. bis einschließlich einer Leistung von 150 Kilowatt mindestens 11,5 Cent pro Kilowattstunde,
2. bis einschließlich einer Leistung von 500 Kilowatt mindestens 9,9 Cent pro Kilowattstunde,
3. bis einschließlich einer Leistung von 5 Megawatt mindestens 8,9 Cent pro Kilowattstunde und
4. ab einer Leistung von 5 Megawatt mindestens 8,4 Cent pro Kilowattstunde.

[2] Abweichend von Satz 1 beträgt die Vergütung 3,9 Cent pro Kilowattstunde, wenn die Anlage auch Altholz der Altholzkategorie A III und A IV im Sinne der Altholzverordnung vom 15. August 2002 (BGBl. I S. 3302) einsetzt. [3] Aus einem Gasnetz entnommenes Gas gilt als Biomasse, soweit die Menge des entnommenen Gases im Wärmeäquivalent der Menge von an anderer Stelle im Geltungsbereich des Gesetzes in das Gasnetz eingespeistem Gas aus Biomasse entspricht.

(2) [1] Die Mindestvergütungen nach Absatz 1 Satz 1 Nr. 1 und 2 erhöhen sich um jeweils 6,0 Cent pro Kilowattstunde und die Mindestvergütungen nach Absatz 1 Satz 1 Nr. 3 um 4,0 Cent pro Kilowattstunde, wenn

1. der Strom ausschließlich

   a) aus Pflanzen oder Pflanzenbestandteilen, die in landwirtschaftlichen, forstwirtschaftlichen oder gartenbaulichen Betrieben oder im Rahmen der Landschaftspflege anfallen und die keiner weiteren als der zur Ernte, Konservierung oder Nutzung in der Biomasseanlage erfolgten Aufbereitung oder Veränderung unterzogen wurden,

   b) aus Gülle im Sinne der Verordnung (EG) Nr. 1774/2002 des Europäischen Parlaments und des Rates vom 3. Oktober 2002 mit Hygienevorschriften für nicht für den menschlichen Verzehr bestimmte Nebenprodukte (ABl. EG Nr. L 273 S. 1), geändert durch die Verordnung (EG) Nr. 808/2003 der Kommission vom 12. Mai 2003 (ABl. EU Nr. L 117 S. 1), oder aus in einer landwirtschaftlichen Brennerei im Sinne des § 25 des Gesetzes über das Branntweinmonopol in der im Bundesgesetzblatt Teil III, Gliederungsnummer 612-7, veröffentlichten bereinigten Fassung, das zuletzt durch Artikel 2 des Gesetzes vom 23. Dezember 2003 (BGBl. I S. 2924) geändert worden ist, angefallener Schlempe, für die keine anderweitige Verwertungspflicht nach § 25 Abs. 2 Nr. 3 oder Abs. 3 Nr. 3 des Gesetzes über das Branntweinmonopol besteht, oder

   c) aus beiden Stoffgruppen gewonnen wird,

2. die Biomasseanlage ausschließlich für den Betrieb mit Stoffen nach Nummer 1 genehmigt ist oder, soweit eine solche Genehmigung nicht vorliegt, der Anlagenbetreiber durch ein Einsatzstoff-Tagebuch mit Angaben und Belegen über Art, Menge und Herkunft der eingesetzten Stoffe den Nachweis führt, dass keine anderen Stoffe eingesetzt werden und

3. auf demselben Betriebsgelände keine Biomasseanlagen betrieben werden, in denen Strom aus sonstigen Stoffen gewonnen wird.

[2] Abweichend von Satz 1 erhöhen sich die Mindestvergütungen nach Absatz 1 Satz 1 Nr. 3 um 2,5 Cent pro Kilowattstunde, wenn der Strom durch die Verbrennung von Holz gewonnen wird. [3] Die Verpflichtung zur erhöhten Mindestvergütung nach Satz 1 besteht ab dem Zeitpunkt, von dem an die Voraussetzungen des Satzes 1 erfüllt sind. [4] Sobald die Voraussetzungen des Satzes 1 nicht mehr erfüllt sind, entfällt der Anspruch auf erhöhte Vergütung endgültig.

(3) ¹ Die Mindestvergütungen nach Absatz 1 Satz 1 erhöhen sich um jeweils 2,0 Cent pro Kilowattstunde, soweit es sich um Strom im Sinne von § 3 Abs. 4 des Kraft-Wärme-Kopplungsgesetzes handelt und dem Netzbetreiber ein entsprechender Nachweis nach dem von der Arbeitsgemeinschaft für Wärme und Heizkraftwirtschaft – AGFW – e.V. herausgegebenen Arbeitsblatt FW 308 – Zertifizierung von KWK-Anlagen – Ermittlung des KWK-Stromes vom November 2002 (BAnz. Nr. 218 a vom 22. November 2002) vorgelegt wird. ² Anstelle des Nachweises nach Satz 1 können für serienmäßig hergestellte KWK-Anlagen mit einer Leistung von bis zu 2 Megawatt geeignete Unterlagen des Herstellers vorgelegt werden, aus denen die thermische und elektrische Leistung sowie die Stromkennzahl hervorgehen.

(4) ¹ Die Mindestvergütungen nach Absatz 1 Satz 1 Nr. 1 bis 3 erhöhen sich um jeweils weitere 2,0 Cent pro Kilowattstunde, wenn der Strom in Anlagen gewonnen wird, die auch in Kraft-Wärme-Kopplung betrieben werden, und die Biomasse durch thermochemische Vergasung oder Trockenfermentation umgewandelt, das zur Stromerzeugung eingesetzte Gas aus Biomasse auf Erdgasqualität aufbereitet worden ist oder der Strom mittels Brennstoffzellen, Gasturbinen, Dampfmotoren, Organic-Rankine-Anlagen, Mehrstoffgemisch-Anlagen, insbesondere Kalina-Cycle-Anlagen, oder Stirling-Motoren gewonnen wird. ² Zum Zweck der Anpassung dieser Vorschrift an den Stand der Technik wird das Bundesministerium für Umwelt, Naturschutz und Reaktorsicherheit ermächtigt, im Einvernehmen mit dem Bundesministerium für Ernährung, Landwirtschaft und Verbraucherschutz sowie dem Bundesministerium für Wirtschaft und Technologie durch Rechtsverordnung weitere Verfahren oder Techniken im Sinne von Satz 1 zu benennen oder einzelne der genannten Verfahren oder Techniken vom Anwendungsbereich des Satzes 1 auszunehmen.

(5) Die Mindestvergütungen nach Absatz 1 werden beginnend mit dem 1. Januar 2005 jährlich jeweils für ab diesem Zeitpunkt neu in Betrieb genommene Anlagen um jeweils 1,5 Prozent des für die im Vorjahr neu in Betrieb genommenen Anlagen maßgeblichen Wertes gesenkt und auf zwei Stellen hinter dem Komma gerundet.

(6) ¹ Die Pflicht zur Vergütung entfällt für Strom aus Anlagen, die nach dem 31. Dezember 2006 in Betrieb genommen worden sind, wenn für Zwecke der Zünd- und Stützfeuerung nicht ausschließlich Biomasse im Sinne der Rechtsverordnung nach Absatz 7 oder Pflanzenölmethylester verwendet wird. ² Bei Anlagen, die vor dem 1. Januar 2007 in Betrieb genommen worden sind, gilt der Anteil, der der notwendigen fossilen Zünd- und Stützfeuerung zuzurechnen ist, auch nach dem 31. Dezember 2006 als Strom aus Biomasse.

(7) Das Bundesministerium für Umwelt, Naturschutz und Reaktorsicherheit wird ermächtigt, im Einvernehmen mit dem Bundesministerium für Ernährung, Landwirtschaft und Verbraucherschutz und dem Bundesministerium für Wirtschaft und Technologie durch Rechtsverordnung, die der Zustimmung des Bundestages bedarf, Vorschriften darüber zu erlassen, welche Stoffe als Biomasse im Sinne dieser Vorschrift gelten, welche technischen Verfahren zur Stromerzeugung angewandt werden dürfen und welche Umweltanforderungen dabei einzuhalten sind.

§ 9 *Vergütung für Strom aus Geothermie.* (1) Für Strom aus Geothermieanlagen beträgt die Vergütung

1. bis einschließlich einer Leistung von 5 Megawatt mindestens 15 Cent pro Kilowattstunde,
2. bis einschließlich einer Leistung von 10 Megawatt mindestens 14 Cent pro Kilowattstunde,

3. bis einschließlich einer Leistung von 20 Megawatt mindestens 8,95 Cent pro Kilowattstunde und

4. ab einer Leistung von 20 Megawatt mindestens 7,16 Cent pro Kilowattstunde.

(2) Die Mindestvergütungen nach Absatz 1 werden beginnend mit dem 1. Januar 2010 jährlich jeweils für ab diesem Zeitpunkt neu in Betrieb genommene Anlagen um jeweils 1 Prozent des für die im Vorjahr neu in Betrieb genommenen Anlagen maßgeblichen Wertes gesenkt und auf zwei Stellen hinter dem Komma gerundet.

§ 10 *Vergütung für Strom aus Windenergie. (1) [1] Für Strom aus Windenergieanlagen beträgt die Vergütung vorbehaltlich des Absatzes 3 mindestens 5,5 Cent pro Kilowattstunde. [2] Für die Dauer von fünf Jahren gerechnet ab dem Zeitpunkt der Inbetriebnahme erhöht sich die Vergütung nach Satz 1 um 3,2 Cent pro Kilowattstunde für Strom aus Anlagen, die in dieser Zeit 150 Prozent des errechneten Ertrages der Referenzanlage (Referenzertrag) nach Maßgabe der Bestimmungen der Anlage zu diesem Gesetz erzielt haben. [3] Für sonstige Anlagen verlängert sich diese Frist um zwei Monate je 0,75 Prozent des Referenzertrages, um den ihr Ertrag 150 Prozent des Referenzertrages unterschreitet.*

(2) Abweichend von Absatz 1 Satz 3 verlängert sich die Frist nach Absatz 1 Satz 2 für Strom aus Anlagen, die

1. *im selben Landkreis bestehende Anlagen, die bis zum 31. Dezember 1995 in Betrieb genommen worden sind, ersetzen oder erneuern und*

2. *die installierte Leistung mindestens um das Dreifache erhöhen (Repowering-Anlagen)*

um zwei Monate je 0,6 Prozent des Referenzertrages, um den ihr Ertrag 150 Prozent des Referenzertrages unterschreitet.

(3) [1] Für Strom aus Windenergieanlagen, die in einer Entfernung von mindestens drei Seemeilen gemessen von der Küstenlinie aus seewärts errichtet worden sind (Offshore-Anlagen), beträgt die Vergütung mindestens 6,19 Cent pro Kilowattstunde. [2] Als Küstenlinie gilt die in der Karte Nr. 2920 „Deutsche Nordseeküste und angrenzende Gewässer", Ausgabe 1994, XII., sowie in der Karte Nr. 2921 „Deutsche Ostseeküste und angrenzende Gewässer", Ausgabe 1994, XII., des Bundesamts für Seeschifffahrt und Hydrographie im Maßstab 1 : 375 000[1]) dargestellte Küstenlinie. [3] Für Strom aus Anlagen, die bis einschließlich des 31. Dezember 2010 in Betrieb genommen worden sind, erhöht sich für die Dauer von zwölf Jahren gerechnet ab dem Zeitpunkt der Inbetriebnahme die Vergütung nach Satz 1 um 2,91 Cent pro Kilowattstunde. [4] Diese Frist verlängert sich für Strom aus Anlagen, die in einer Entfernung von mindestens zwölf Seemeilen und in einer Wassertiefe von mindestens 20 Metern errichtet worden sind, für jede über zwölf Seemeilen hinausgehende volle Seemeile Entfernung um 0,5 Monate und für jeden zusätzlichen vollen Meter Wassertiefe um 1,7 Monate.

(4) [1] Abweichend von § 5 Abs. 1 sind Netzbetreiber nicht verpflichtet, Strom aus Anlagen zu vergüten, für die nicht vor Inbetriebnahme nachgewiesen ist, dass sie an dem geplanten Standort mindestens 60 Prozent des Referenzertrages erzielen können. [2] Der Anlagenbetreiber hat den Nachweis gegenüber dem Netzbetreiber durch Vorlage eines nach Maßgabe der Bestimmungen der Anlage zu diesem Gesetz erstellten Gutachtens eines im Einvernehmen mit dem Netzbetreiber beauftragten Sachverständigen zu führen. [3] Erteilt der Netzbetreiber sein Einvernehmen nicht innerhalb von vier

---

[1]) **Amtl. Anm.:** *Zu beziehen beim Bundesamt für Seeschifffahrt und Hydrographie, 20359 Hamburg.*

Wochen nach Aufforderung des Anlagenbetreibers, bestimmt das Umweltbundesamt den Sachverständigen nach Anhörung der Fördergesellschaft Windenergie e.V. (FGW).
[4] Die Kosten des Gutachtens tragen Anlagen- und Netzbetreiber jeweils zur Hälfte.

(5) Die Mindestvergütungen nach Absatz 1 werden beginnend mit dem 1. Januar 2005 und die Mindestvergütungen nach Absatz 3 beginnend mit dem 1. Januar 2008 jährlich jeweils für nach diesem Zeitpunkt neu in Betrieb genommene Anlagen um jeweils 2 Prozent des für die im Vorjahr neu in Betrieb genommenen Anlagen maßgeblichen Wertes gesenkt und auf zwei Stellen hinter dem Komma gerundet.

(6) Das Bundesministerium für Umwelt, Naturschutz und Reaktorsicherheit wird ermächtigt, zur Durchführung der Absätze 1 bis 4 durch Rechtsverordnung Vorschriften zur Ermittlung und Anwendung des Referenzertrages zu erlassen.

(7) [1] Die Absätze 1 bis 6 finden keine Anwendung auf Strom aus Windenergieanlagen, deren Errichtung nach dem 1. Januar 2005 in einem Gebiet der deutschen ausschließlichen Wirtschaftszone oder des Küstenmeeres genehmigt worden ist, das nach § 38 in Verbindung mit § 33 Abs. 2 des Bundesnaturschutzgesetzes oder nach Landesrecht zu einem geschützten Teil von Natur und Landschaft erklärt worden ist. [2] Satz 1 gilt bis zur Unterschutzstellung auch für solche Gebiete, die das Bundesministerium für Umwelt, Naturschutz und Reaktorsicherheit der Kommission der Europäischen Gemeinschaften als Gebiete von gemeinschaftlicher Bedeutung oder als europäische Vogelschutzgebiete benannt hat.

§ 11 Vergütung für Strom aus solarer Strahlungsenergie. (1) Für Strom aus Anlagen zur Erzeugung von Strom aus solarer Strahlungsenergie beträgt die Vergütung mindestens 45,7 Cent pro Kilowattstunde.

(2) [1] Wenn die Anlage ausschließlich an oder auf einem Gebäude oder einer Lärmschutzwand angebracht ist, beträgt die Vergütung

1. bis einschließlich einer Leistung von 30 Kilowatt mindestens 57,4 Cent pro Kilowattstunde,

2. ab einer Leistung von 30 Kilowatt mindestens 54,6 Cent pro Kilowattstunde und

3. ab einer Leistung von 100 Kilowatt mindestens 54,0 Cent pro Kilowattstunde.

[2] Die Mindestvergütungen nach Satz 1 erhöhen sich um jeweils weitere 5,0 Cent pro Kilowattstunde, wenn die Anlage nicht auf dem Dach oder als Dach des Gebäudes angebracht ist und wenn sie einen wesentlichen Bestandteil des Gebäudes bildet. [3] Gebäude sind selbständig benutzbare, überdeckte bauliche Anlagen, die von Menschen betreten werden können und geeignet oder bestimmt sind, dem Schutz von Menschen, Tieren oder Sachen zu dienen.

(3) Wenn die Anlage nicht an oder auf einer baulichen Anlage angebracht ist, die vorrangig zu anderen Zwecken als der Erzeugung von Strom aus solarer Strahlungsenergie errichtet worden ist, ist der Netzbetreiber nur zur Vergütung verpflichtet, wenn die Anlage vor dem 1. Januar 2015

1. im Geltungsbereich eines Bebauungsplans im Sinne des § 30 des Baugesetzbuches oder

2. auf einer Fläche, für die ein Verfahren nach § 38 Satz 1 des Baugesetzbuches durchgeführt worden ist,

in Betrieb genommen worden ist.

(4) Für Strom aus einer Anlage nach Absatz 3, die im Geltungsbereich eines Bebauungsplans errichtet wurde, der zumindest auch zu diesem Zweck nach dem

1. September 2003 aufgestellt oder geändert worden ist, ist der Netzbetreiber nur zur Vergütung verpflichtet, wenn sie sich

1. auf Flächen befindet, die zum Zeitpunkt des Beschlusses über die Aufstellung oder Änderung des Bebauungsplans bereits versiegelt waren,
2. auf Konversionsflächen aus wirtschaftlicher oder militärischer Nutzung befindet oder
3. auf Grünflächen befindet, die zur Errichtung dieser Anlage im Bebauungsplan ausgewiesen sind und zum Zeitpunkt des Beschlusses über die Aufstellung oder Änderung des Bebauungsplans als Ackerland genutzt wurden.

(5) [1] Die Mindestvergütungen nach Absatz 1 und Absatz 2 Satz 1 werden beginnend mit dem 1. Januar 2005 jährlich jeweils für nach diesem Zeitpunkt neu in Betrieb genommene Anlagen um jeweils fünf Prozent des für die im Vorjahr neu in Betrieb genommenen Anlagen maßgeblichen Wertes gesenkt und auf zwei Stellen hinter dem Komma gerundet. [2] Beginnend mit dem 1. Januar 2006 erhöht sich der nach Satz 1 maßgebliche Prozentsatz für Anlagen nach Absatz 1 auf 6,5 Prozent.

(6) Abweichend von § 3 Abs. 2 Satz 2 gelten mehrere Fotovoltaikanlagen, die sich entweder an oder auf demselben Gebäude befinden und innerhalb von sechs aufeinanderfolgenden Kalendermonaten in Betrieb genommen worden sind, zum Zweck der Ermittlung der Vergütungshöhe nach Absatz 2 für die jeweils zuletzt in Betrieb genommene Anlage auch dann als eine Anlage, wenn sie nicht mit gemeinsamen für den Betrieb technisch erforderlichen Einrichtungen oder baulichen Anlagen unmittelbar verbunden sind.

§ 12 Gemeinsame Vorschriften für Abnahme, Übertragung und Vergütung.

(1) Netzbetreiber dürfen die Erfüllung ihrer Verpflichtungen aus den §§ 4 und 5 nicht vom Abschluss eines Vertrages abhängig machen.

(2) [1] Soweit die §§ 6 bis 11 in Abhängigkeit von der Leistung der Anlage unterschiedliche Mindestvergütungssätze festlegen, bestimmt sich die Höhe der Vergütung jeweils anteilig nach der Leistung der Anlage im Verhältnis zu dem jeweils anzuwendenden Schwellenwert. [2] Als Leistung im Sinne von Satz 1 gilt für die Zuordnung zu den Schwellenwerten der §§ 6 bis 9 abweichend von § 3 Abs. 5 der Quotient aus der Summe der im jeweiligen Kalenderjahr nach § 4 Abs. 1 oder Abs. 5 abzunehmenden Kilowattstunden und der Summe der vollen Zeitstunden des jeweiligen Kalenderjahres abzüglich der vollen Stunden vor Inbetriebnahme und nach endgültiger Stilllegung der Anlage.

(3) [1] Die Mindestvergütungen sind vom Zeitpunkt der Inbetriebnahme an jeweils für die Dauer von 20 Kalenderjahren zuzüglich des Inbetriebnahmejahres zu zahlen. [2] Abweichend von Satz 1 sind die Mindestvergütungen für Strom aus Anlagen nach § 6 Abs. 1 für die Dauer von 30 Jahren und für Strom aus Anlagen nach § 6 Abs. 2 für die Dauer von 15 Jahren jeweils zuzüglich des Inbetriebnahmejahres zu zahlen.

(4) [1] Die Aufrechnung von Vergütungsansprüchen der Anlagenbetreiber nach § 5 mit einer Forderung des Netzbetreibers ist nur zulässig, soweit die Forderung unbestritten oder rechtskräftig festgestellt ist. [2] Das Aufrechnungsverbot des § 31 der Verordnung über Allgemeine Bedingungen für die Elektrizitätsversorgung von Tarifkunden vom 21. Juni 1979 (BGBl. I S. 684), die zuletzt durch Artikel 1 Abs. 1 Nr. 11 der Verordnung vom 5. April 2002 (BGBl. I S. 1250) geändert worden ist, findet keine Anwendung, soweit mit Ansprüchen aus diesem Gesetz aufgerechnet wird.

(5) ¹ *Auf Antrag des Anlagenbetreibers kann das für die Hauptsache zuständige Gericht unter Berücksichtigung der Umstände des Einzelfalles nach billigem Ermessen durch einstweilige Verfügung regeln, dass der Schuldner der in den §§ 4 und 5 bezeichneten Ansprüche die Anlage vorläufig anzuschließen und den Strom abzunehmen sowie hierfür einen als billig und gerecht zu erachtenden Betrag als Abschlagszahlung zu leisten hat.* ² *Die einstweilige Verfügung kann erlassen werden, auch wenn die in den §§ 935, 940 der Zivilprozessordnung bezeichneten Voraussetzungen nicht zutreffen.*

(6) ¹ *Strom aus mehreren Anlagen kann über eine gemeinsame Messeinrichtung abgerechnet werden.* ² *In diesem Fall ist für die Berechnung der Höhe differenzierter Mindestvergütungen die Leistung jeder einzelnen Anlage maßgeblich.* ³ *Wenn Strom aus mehreren Windenergieanlagen, für die sich unterschiedliche Mindestvergütungshöhen errechnen, über eine gemeinsame Messeinrichtung abgerechnet wird, erfolgt die Zuordnung der Strommengen zu den Windenergieanlagen im Verhältnis der jeweiligen Referenzerträge.*

(7) *In den Mindestvergütungen nach den §§ 6 bis 11 ist die Umsatzsteuer nicht enthalten.*

§ 13 Netzkosten. (1) ¹ *Die notwendigen Kosten des Anschlusses von Anlagen zur Erzeugung von Strom aus Erneuerbaren Energien oder aus Grubengas an den technisch und wirtschaftlich günstigsten Verknüpfungspunkt des Netzes sowie der notwendigen Messeinrichtungen zur Erfassung der gelieferten und der bezogenen elektrischen Arbeit trägt der Anlagenbetreiber.* ² *Bei einer oder mehreren Anlagen mit einer Leistung von insgesamt bis zu 30 Kilowatt, die sich auf einem Grundstück mit bereits bestehendem Netzanschluss befinden, gilt der Verknüpfungspunkt des Grundstücks mit dem Netz als günstigster Verknüpfungspunkt; weist der Netzbetreiber den Anlagen einen anderen Verknüpfungspunkt zu, ist er verpflichtet, die daraus resultierenden Mehrkosten zu tragen.* ³ *Die Ausführung des Anschlusses und die übrigen für die Sicherheit des Netzes notwendigen Einrichtungen müssen den im Einzelfall notwendigen technischen Anforderungen des Netzbetreibers und § 49 des Energiewirtschaftsgesetzes entsprechen.* ⁴ *Der Anlagenbetreiber kann den Anschluss der Anlagen sowie die Errichtung und den Betrieb der Messeinrichtungen von dem Netzbetreiber oder einem fachkundigen Dritten vornehmen lassen.*

(2) ¹ *Die notwendigen Kosten eines nur infolge neu anzuschließender, reaktivierter, erweiterter oder in sonstiger Weise erneuerter Anlagen zur Erzeugung von Strom aus Erneuerbaren Energien oder aus Grubengas erforderlichen Ausbaus des Netzes im Sinne von § 4 Abs. 2 zur Abnahme und Übertragung des Stroms aus Erneuerbaren Energien trägt der Netzbetreiber, bei dem der Ausbau erforderlich wird.* ² *Er muss die konkret erforderlichen Investitionen unter Angabe ihrer Kosten im Einzelnen darlegen.* ³ *Der Netzbetreiber kann die auf ihn entfallenden Kosten bei der Ermittlung des Netznutzungsentgelts in Ansatz bringen.*

§ 14 Bundesweite Ausgleichsregelung. (1) *Die Übertragungsnetzbetreiber sind verpflichtet, den unterschiedlichen Umfang, den zeitlichen Verlauf der nach § 5 Abs. 2 vergüteten Energiemengen und die Vergütungszahlungen zu erfassen, die Energiemengen unverzüglich untereinander vorläufig auszugleichen sowie die Energiemengen und die Vergütungszahlungen nach Maßgabe von Absatz 2 abzurechnen.*

(2) ¹ *Die Übertragungsnetzbetreiber ermitteln bis zum 30. September eines jeden Jahres die Energiemenge, die sie im vorangegangenen Kalenderjahr nach § 5 abgenommen und vergütet sowie nach Absatz 1 vorläufig ausgeglichen haben, und den Anteil dieser Menge an der gesamten Energiemenge, die Elektrizitätsversorgungsunter-*

nehmen im Bereich des jeweiligen Übertragungsnetzbetreibers im vorangegangenen Kalenderjahr an Letztverbraucher geliefert haben. ² *Übertragungsnetzbetreiber, die größere Mengen abzunehmen hatten, als es diesem durchschnittlichen Anteil entspricht, haben gegen die anderen Übertragungsnetzbetreiber einen Anspruch auf Abnahme und Vergütung nach den §§ 6 bis 12, bis auch diese Netzbetreiber eine Energiemenge abnehmen, die dem Durchschnittswert entspricht.*

(3) ¹*Elektrizitätsversorgungsunternehmen, die Strom an Letztverbraucher liefern, sind verpflichtet, den von dem für sie regelverantwortlichen Übertragungsnetzbetreiber nach Absatz 1 und 2 abgenommenen Strom anteilig nach Maßgabe eines rechtzeitig bekannt gegebenen, der tatsächlichen Stromabnahme nach § 5 angenäherten Profils abzunehmen und zu vergüten.* ² *Satz 1 gilt nicht für Elektrizitätsversorgungsunternehmen, die, bezogen auf die gesamte von ihnen gelieferte Strommenge, mindestens 50 Prozent Strom im Sinne der §§ 6 bis 11 liefern.* ³ *Der nach Satz 1 abzunehmende Anteil wird bezogen auf die von dem jeweiligen Elektrizitätsversorgungsunternehmen gelieferte Strommenge und ist so zu bestimmen, dass jedes Elektrizitätsversorgungsunternehmen einen relativ gleichen Anteil erhält.* ⁴ *Der Umfang der Abnahmepflicht (Anteil) bemisst sich nach dem Verhältnis des nach § 5 Abs. 2 insgesamt vergüteten Stroms zu dem insgesamt an Letztverbraucher abgesetzten Strom.* ⁵ *Die Vergütung im Sinne von Satz 1 errechnet sich aus dem voraussichtlichen Durchschnitt der nach § 5 von der Gesamtheit der Netzbetreiber pro Kilowattstunde in dem vorvergangenen Quartal gezahlten Vergütungen abzüglich der nach § 5 Abs. 2 Satz 2 vermiedenen Netznutzungsentgelte.* ⁶ *Die Übertragungsnetzbetreiber sind verpflichtet, Ansprüche gegen Elektrizitätsversorgungsunternehmen nach Satz 1, die infolge des Ausgleichs nach Absatz 2 entstehen, bis zum 31. Oktober des auf die Einspeisung folgenden Jahres geltend zu machen.* ⁷ *Der tatsächliche Ausgleich der Energiemengen und Vergütungszahlungen erfolgt im Folgejahr bis zum 30. September in monatlichen Raten.* ⁸ *Der nach Satz 1 abgenommene Strom darf nicht unter der nach Satz 5 gezahlten Vergütung verkauft werden, soweit er als Strom aus Erneuerbaren Energien oder als diesem vergleichbarer Strom vermarktet wird.*

(4) Ergeben sich durch eine rechtskräftige Gerichtsentscheidung im Hauptsacheverfahren, die erst nach der Abrechnung nach Absatz 2 Satz 1 oder Absatz 3 ergangen ist, Änderungen der abzurechnenden Energiemengen oder Vergütungszahlungen, sind diese Änderungen bei der jeweils nächsten Abrechnung zu berücksichtigen.

(5) Auf die zu erwartenden Ausgleichsvergütungen sind monatliche Abschläge zu leisten.

(6) (aufgehoben)

(7) Letztverbraucher, die Strom nicht von einem Elektrizitätsversorgungsunternehmen, sondern von einem Dritten beziehen, stehen Elektrizitätsversorgungsunternehmen im Sinne der Absätze 2 und 3 gleich.

(8) Das Bundesministerium für Umwelt, Naturschutz und Reaktorsicherheit wird ermächtigt, im Einvernehmen mit dem Bundesministerium für Wirtschaft und Technologie durch Rechtsverordnung Vorschriften zur

1. *organisatorischen und zeitlichen Abwicklung des Ausgleichs nach Absatz 1, insbesondere zur Bestimmung des dafür Verantwortlichen und zur Sicherstellung bestmöglicher und gleicher Prognosemöglichkeiten hinsichtlich der auszugleichenden Energiemengen und Lastverläufe,*

2. *Festlegung oder Ermittlung eines einheitlichen Profils nach Absatz 3, zum Zeitpunkt einschließlich des zeitlichen Vorlaufs und zur Art und Weise der Bekanntgabe dieses Profils und der zugrunde liegenden Daten sowie*

3. näheren Bestimmung der nach Absatz 6 erforderlichen Daten und zur Art und Weise der Bereitstellung dieser Daten

zu erlassen.

§ 14 a *Mitteilungs- und Veröffentlichungspflichten.* (1) Anlagenbetreiber, Netzbetreiber und Elektrizitätsversorgungsunternehmen sind verpflichtet, einander die für den bundesweiten Ausgleich nach § 5 Abs. 2 und nach § 14 jeweils erforderlichen Daten, insbesondere die in den Absätzen 2 bis 5 genannten, zur Verfügung zu stellen.

(2) Anlagenbetreiber sind verpflichtet, dem Netzbetreiber

1. den Standort und die Leistung der Anlage mitzuteilen,

2. bei Biomasseanlagen nach § 8 Abs. 1 Satz 1 die Einsatzstoffe nach § 8 Abs. 2 und die Angaben hinsichtlich der eingesetzten Technologien nach § 8 Abs. 3 und 4 mitzuteilen und

3. bis zum 28. Februar eines Jahres die für die Endabrechnung des Vorjahres erforderlichen Daten zur Verfügung zu stellen.

(3) [1] Netzbetreiber, die nicht Übertragungsnetzbetreiber sind, sind verpflichtet, die von den Anlagenbetreibern erhaltenen Angaben nach Absatz 2, die tatsächlich geleisteten Vergütungszahlungen sowie die sonstigen für den bundesweiten Ausgleich erforderlichen Angaben dem vorgelagerten Übertragungsnetzbetreiber

1. unverzüglich, nachdem sie verfügbar sind, aggregiert mitzuteilen und

2. bis zum 30. April eines Jahres mittels der auf deren Internetseiten zur Verfügung gestellten Formularvorlagen in elektronischer Form die Endabrechnung für das Vorjahr für jede einzelne Anlage und aggregiert vorzulegen; § 12 Abs. 6 gilt entsprechend.

[2] Für die Ermittlung der auszugleichenden Energiemengen und Vergütungszahlungen nach Satz 1 erforderlich sind insbesondere

1. die Angabe der Spannungsebene, an die die Anlage angeschlossen ist,

2. die Höhe der vermiedenen Netzentgelte nach § 5 Abs. 2 Satz 2,

3. die Angabe, inwieweit der Netzbetreiber die Energiemengen von einem nachgelagerten Netz abgenommen hat, und

4. die Angabe, inwieweit der Netzbetreiber die Energiemengen nach Nummer 3 an Letztverbraucherinnen, Letztverbraucher, Netzbetreiber oder Elektrizitätsversorgungsunternehmen abgegeben oder sie selbst verbraucht hat.

[3] Für Übertragungsnetzbetreiber gelten die Sätze 1 und 2 entsprechend mit der Maßgabe, dass die Angaben und die Endabrechnung nach Satz 1 für Anlagen, die unmittelbar oder mittelbar nach § 4 Abs. 5 an ihr Netz angeschlossen sind, auf ihrer Internetseite zu veröffentlichen sind.

(4) [1] Übertragungsnetzbetreiber sind über die Verpflichtungen nach Absatz 3 hinaus verpflichtet,

1. den Elektrizitätsversorgungsunternehmen, für die sie regelverantwortlich sind, unverzüglich, nachdem sie verfügbar sind, die auf der Grundlage der tatsächlich geleisteten Vergütungszahlungen nach § 14 abzunehmenden und zu vergütenden Energiemengen mitzuteilen, und

2. den Elektrizitätsversorgungsunternehmen, für die sie regelverantwortlich sind, bis zum 30. September eines Jahres die Endabrechnung für das Vorjahr vorzulegen.

[2] Absatz 3 Satz 2 gilt entsprechend.

(5) Elektrizitätsversorgungsunternehmen sind verpflichtet, ihrem regelverantwortlichen Übertragungsnetzbetreiber unverzüglich ihren Strombezug und die an Letztverbraucherinnen oder Letztverbraucher gelieferte Energiemenge mitzuteilen und bis zum 30. April die Endabrechnung für das Vorjahr vorzulegen.

(6) § 14 Abs. 4 gilt entsprechend.

(7) Netzbetreiber und Elektrizitätsversorgungsunternehmen können verlangen, dass die Endabrechnungen nach Absatz 3 Satz 1 Nr. 2 und Absatz 5 bis zum 30. Juni eines Jahres und nach Absatz 4 Satz 1 Nr. 2 bis zum 31. Oktober eines Jahres durch einen Wirtschaftsprüfer oder vereidigten Buchprüfer bescheinigt werden.

(8) Netzbetreiber sind verpflichtet, die Endabrechnungen nach Absatz 3 Satz 1 Nr. 2 und Absatz 4 Satz 1 Nr. 2 zum Ablauf der jeweiligen Fristen der Bundesnetzagentur mittels der auf dessen Internetseiten zur Verfügung gestellten Formularvorlagen in elektronischer Form vorzulegen; für Elektrizitätsversorgungsunternehmen gilt dies hinsichtlich der Angaben nach Absatz 5 und ihrer durchschnittlichen Strombezugskosten pro Kilowattstunde entsprechend.

§ 15 Transparenz. *(1) [1] Netzbetreiber und Elektrizitätsversorgungsunternehmen, die Strom an Letztverbraucher liefern, sowie deren Zusammenschlüsse sind berechtigt, die Differenz zwischen den nach § 14 Abs. 3 Satz 1 und 5 gezahlten Vergütungen und ihren durchschnittlichen Strombezugskosten pro Kilowattstunde oder den durchschnittlichen Strombezugskosten pro Kilowattstunde der an ihr Netz angeschlossenen Elektrizitätsversorgungsunternehmen im letzten abgeschlossenen Geschäftsjahr (Differenzkosten) gegenüber Dritten anzuzeigen, wenn sie diese durch eine zu veröffentlichende Bescheinigung eines Wirtschaftsprüfers oder vereidigten Buchprüfers nachweisen. [2] Bei der Anzeige von Differenzkosten ist gleichzeitig die der Berechnung nach Satz 1 zugrunde liegende Anzahl der Kilowattstunden Strom aus Erneuerbaren Energien und aus Grubengas in der gleichen Art und Weise anzuzeigen. [3] Kosten, die bei den Netznutzungsentgelten in Ansatz gebracht werden können, dürfen nicht gesondert angezeigt werden.*

(2) [1] Netzbetreiber und Elektrizitätsversorgungsunternehmen sind verpflichtet, auf ihren Internetseiten

1. *die Angaben nach § 14 a Abs. 1 bis 5 unverzüglich nach ihrer Übermittlung und*
2. *einen Bericht über die Ermittlung der von ihnen nach § 14 a mitgeteilten Daten unverzüglich nach dem 30. September eines Jahres*

zu veröffentlichen und bis zum Ablauf des Folgejahres vorzuhalten; § 14 a Abs. 3 Satz 3 bleibt unberührt. [2] Die Angaben und der Bericht müssen einen sachkundigen Dritten in die Lage versetzen, ohne weitere Informationen die ausgeglichenen Energiemengen und Vergütungszahlungen vollständig nachvollziehen zu können; sie können für die Berichterstattung nach § 20 genutzt werden.

(3) [1] Zum Zweck der Erhöhung der Transparenz sowie zur Vereinfachung des bundesweiten Ausgleichmechanismus kann durch Rechtsverordnung nach Satz 3 ein öffentliches Register errichtet werden, in dem Anlagen zur Erzeugung von Strom aus Erneuerbaren Energien und aus Grubengas registriert werden müssen (Anlagenregister). [2] Für die Registrierung können Gebühren nach Maßgabe der Rechtsverordnung nach Satz 3 erhoben werden. [3] Das Bundesministerium für Umwelt, Naturschutz und Reaktorsicherheit wird ermächtigt, durch Rechtsverordnung die Führung des Anlagenregisters einer nachgeordneten Bundesbehörde zuzuweisen oder einer juristischen Person des Privatrechts zu übertragen sowie das Nähere über die Ausgestaltung des Anlagenregisters, die zu registrierenden Informationen, das Verfahren zur Registrierung, den

Datenschutz, die Veröffentlichung der Daten und die gebührenpflichtigen Amtshandlungen sowie die Gebührensätze zu bestimmen.

§ 16 *Besondere Ausgleichsregelung.* (1) *Das Bundesamt für Wirtschaft und Ausfuhrkontrolle begrenzt auf Antrag für eine Abnahmestelle den Anteil der Strommenge nach § 14 Abs. 3 Satz 1, der von Elektrizitätsversorgungsunternehmen an Letztverbraucher, die Unternehmen des produzierenden Gewerbes oder Schienenbahnen sind, weitergegeben wird, um dadurch die sich aus der Weitergabe der Strommenge für diese Unternehmen ergebenden Kosten zu verringern, soweit hierdurch die Ziele des Gesetzes nicht gefährdet werden und die Begrenzung mit den Interessen der Gesamtheit der Stromverbraucher vereinbar ist.*

(2) [1] *Die Begrenzung darf bei einem Unternehmen des produzierenden Gewerbes nur erfolgen, soweit es nachweist, dass und inwieweit im letzten abgeschlossenen Geschäftsjahr*

1. *der von einem Elektrizitätsversorgungsunternehmen nach § 14 Abs. 3 Satz 1 bezogene und selbst verbrauchte Strom an einer Abnahmestelle 10 Gigawattstunden überstiegen hat,*

2. *das Verhältnis der Stromkosten zur Bruttowertschöpfung des Unternehmens nach der Definition des Statistischen Bundesamtes, Fachserie 4, Reihe 4.3 vom Juni 2003*[1]) *15 Prozent überschritten hat,*

3. *die Strommenge nach § 14 Abs. 3 Satz 1 anteilig an das Unternehmen weitergereicht und von diesem selbst verbraucht worden ist und*

4. *das Unternehmen hierfür Differenzkosten im Sinne von § 15 Abs. 1 entrichtet hat.*

[2] *Elektrizitätsversorgungsunternehmen sind auf Antrag des Unternehmens verpflichtet, dem Bundesamt für Wirtschaft und Ausfuhrkontrolle unverzüglich die anteilig weitergereichte Strommenge und die Differenzkosten einschließlich der für die Berechnung der Differenzkosten zugrunde gelegten Daten durch Vorlage einer Bescheinigung eines Wirtschaftsprüfers oder vereidigten Buchprüfers für das letzte abgeschlossene Geschäftsjahr nachzuweisen; die Kosten für die Bescheinigung hat das letztverbrauchende Unternehmen zu tragen.* [3] *Der Nachweis der Voraussetzungen von Satz 1 Nr. 3 sowie der Differenzkosten erfolgt durch Vorlage der Bescheinigung; der Nachweis der übrigen Voraussetzungen von Satz 1 durch Vorlage der Stromlieferungsverträge und die Stromrechnungen für das letzte abgeschlossene Geschäftsjahr sowie Gutachten eines Wirtschaftsprüfers oder vereidigten Buchprüfers auf Grundlage des Jahresabschlusses für das letzte abgeschlossene Geschäftsjahr.* [4] *Abnahmestelle sind alle räumlich zusammenhängenden elektrischen Einrichtungen des Unternehmens auf einem Betriebsgelände, das über einen oder mehrere Entnahmepunkte mit dem Netz des Netzbetreibers verbunden ist.* [5] *Die Sätze 1 bis 4 gelten für selbständige Teile des Unternehmens entsprechend.*

(3) *Für Schienenbahnen gilt Absatz 2 Satz 1 Nr. 1, 3 und 4 sowie Satz 2 bis 4 entsprechend mit folgenden Maßgaben:*

1. *Es sind nur diejenigen Strommengen zu berücksichtigen, die unmittelbar für den Fahrbetrieb im Schienenbahnverkehr verbraucht werden.*

2. *Abnahmestelle ist die Summe der Verbrauchsstellen für den Fahrbetrieb im Schienenbahnverkehr des Unternehmens.*

(4) [1] *Zur Begrenzung der anteilig weitergereichten Strommenge wird mit Wirkung für die Abnahmestelle nach Absatz 2 Satz 1 Nr. 1 oder Absatz 3 Nr. 2 ein bestimm-*

---

[1]) **Amtl. Anm.:** *Zu beziehen beim Statistischen Bundesamt, 65180 Wiesbaden.*

Erneuerbare-Energien-Gesetz 2004 § 17 EEG 2004 32

ter Prozentsatz festgesetzt. ² Der Prozentsatz ist so zu bestimmen, dass die Differenzkosten für die anteilig weitergereichte Strommenge unter Zugrundelegung der nach § 14 Abs. 3 Satz 1 und 5 zu erwartenden Vergütung 0,05 Cent je Kilowattstunde betragen. ³ Für Unternehmen, deren Strombezug im Sinne von Absatz 2 Satz 1 Nr. 1 unter 100 Gigawattstunden oder deren Verhältnis der Stromkosten zur Bruttowertschöpfung unter 20 Prozent lag, sowie für Schienenbahnen gilt dies nur hinsichtlich des gesamten über 10 Prozent des im letzten abgeschlossenen Geschäftsjahr an der betreffenden Abnahmestelle nach Absatz 2 Satz 1 Nr. 3 oder Absatz 3 Nr. 2 bezogenen und selbst verbrauchten Stroms hinaus; der Nachweis des Überschreitens der Werte ist in entsprechender Anwendung von Absatz 2 Satz 3 zu führen. ⁴ Wird das Unternehmen im Zeitpunkt des Nachweises nach Absatz 2 Satz 2 von mehreren Elektrizitätsversorgungsunternehmen beliefert, gilt die Beschränkung des Satzes 1 für jedes dieser Elektrizitätsversorgungsunternehmen anteilig nach Maßgabe des Umfangs, in dem sie im Vergleich zueinander diesen Letztverbraucher an dieser Abnahmestelle beliefern; das Unternehmen hat den Elektrizitätsversorgungsunternehmen die für die Anteilsberechnung erforderlichen Informationen zur Verfügung zu stellen.

(5) (aufgehoben)

(6) ¹ Der Antrag einschließlich der vollständigen Antragsunterlagen nach Absatz 2 oder 3 und der Angabe des Elektrizitätsversorgungsunternehmens und des regelverantwortlichen Übertragungsnetzbetreibers ist jeweils zum 30. Juni des laufenden Jahres zu stellen (Ausschlussfrist). ² Die Entscheidung ergeht mit Wirkung gegenüber dem Antragsteller, dem Elektrizitätsversorgungsunternehmen und dem regelverantwortlichen Übertragungsnetzbetreiber. ³ Sie wird zum 1. Januar des Folgejahres mit einer Geltungsdauer von einem Jahr wirksam. ⁴ Die durch eine vorangegangene Entscheidung hervorgerufenen Wirkungen bleiben bei der Berechnung des Verhältnisses der Stromkosten zur Bruttowertschöpfung nach Absatz 2 Satz 1 Nr. 2 und Absatz 4 Satz 3 außer Betracht.

(7) Das Bundesamt für Wirtschaft und Ausfuhrkontrolle untersteht bei Wahrnehmung der durch dieses Gesetz übertragenen Aufgaben der Fachaufsicht des Bundesministeriums für Umwelt, Naturschutz und Reaktorsicherheit.

(8) Der Anspruch des für den antragstellenden Letztverbraucher an der betreffenden Abnahmestelle regelverantwortlichen Übertragungsnetzbetreibers aus § 14 Abs. 3 Satz 1 gegenüber den betreffenden Elektrizitätsversorgungsunternehmen wird entsprechend der Entscheidung des Bundesamtes für Wirtschaft und Ausfuhrkontrolle nach den Absätzen 1 bis 6 begrenzt; die Übertragungsnetzbetreiber haben diese Begrenzungen im Rahmen von § 14 Abs. 2 zu berücksichtigen.

(9) Die Anwendung der Absätze 1 bis 8 ist Gegenstand des Erfahrungsberichts nach § 20.

§ 17 Herkunftsnachweis. (1) Anlagenbetreiber können sich für Strom aus Erneuerbaren Energien von einer Person oder Organisation, die nach dem Umweltauditgesetz für den Bereich Elektrizitätserzeugung als Umweltgutachter oder Umweltgutachterorganisation tätig werden darf, einen Herkunftsnachweis ausstellen lassen.

(2) Der Herkunftsnachweis muss Angaben enthalten über

1. die zur Stromerzeugung eingesetzten Energien nach Art und wesentlichen Bestandteilen einschließlich der Angabe, inwieweit es sich um Strom aus Erneuerbaren Energien im Sinne der Richtlinie 2001/77/EG des Europäischen Parlaments und des Rates vom 27. September 2001 zur Förderung der Stromerzeugung aus erneuerbaren Energiequellen im Elektrizitätsbinnenmarkt (ABl. EG Nr. L 283 S. 33),

729

zuletzt geändert durch die Beitrittsakte vom 16. April 2003 (ABl. EU Nr. L 236 S. 586), handelt,

2. *bei Einsatz von Biomasse, ob es sich ausschließlich um Biomasse im Sinne der Rechtsverordnung nach § 8 Abs. 7 handelt,*
3. *Name und Anschrift des Anlagenbetreibers,*
4. *die in der Anlage erzeugte Strommenge, den Zeitraum, in dem der Strom erzeugt wurde, und inwieweit der Strom nach den §§ 5 bis 12 vergütet worden ist sowie*
5. *den Standort, die Leistung und den Zeitpunkt der Inbetriebnahme der Anlage.*

(3) Der Herkunftsnachweis darf nur unter vollständiger Angabe der nach Absatz 2 erforderlichen Angaben verwendet werden.

§ 18 *Doppelvermarktungsverbot.* *(1) Strom aus Erneuerbaren Energien und aus Grubengas sowie in ein Gasnetz eingespeistes Deponie-, Klär- oder Grubengas sowie Gas aus Biomasse dürfen nicht mehrfach verkauft oder anderweitig überlassen werden.*

(2) ¹Anlagenbetreiber, die die Vergütung nach den §§ 5 bis 12 in Anspruch nehmen, dürfen Nachweise für Strom aus Erneuerbaren Energien und aus Grubengas nicht weitergeben. ² Gibt ein Anlagenbetreiber einen Nachweis für Strom aus Erneuerbaren Energien oder aus Grubengas weiter, darf für diesen Strom keine Vergütung nach den §§ 5 bis 12 in Anspruch genommen werden.

§ 19 *Clearingstelle.* *Zur Klärung von Streitigkeiten und Anwendungsfragen dieses Gesetzes kann das Bundesministerium für Umwelt, Naturschutz und Reaktorsicherheit eine Clearingstelle[1] errichten, an der die betroffenen Kreise beteiligt werden können.*

§ 19 a *Aufgaben der Bundesnetzagentur.* *(1) Die Bundesnetzagentur hat die Aufgabe zu überwachen, dass*

1. *den Elektrizitätsversorgungsunternehmen nur die nach § 5 Abs. 2 gezahlten Vergütungen abzüglich der vermiedenen Netzentgelte berechnet werden,*
2. *die Daten nach § 15 Abs. 2 veröffentlicht sowie nach § 14 a Abs. 8 vorgelegt werden und*
3. *Dritten nur die tatsächlichen Differenzkosten nach § 15 Abs. 1 Satz 1 angezeigt werden.*

(2) Für die Wahrnehmung der Aufgaben nach Absatz 1 gelten die Vorschriften des Teils 8 des Energiewirtschaftsgesetzes mit Ausnahme von § 69 Abs. 1 Satz 2, Abs. 10, der §§ 91, 92 und 95 bis 101 sowie des Abschnitts 6 entsprechend.

(3) Die Entscheidungen der Bundesnetzagentur nach Absatz 2 werden von den Beschlusskammern getroffen; § 59 Abs. 1 Satz 2 und 3 und Abs. 2 und 3 und § 60 des Energiewirtschaftsgesetzes gelten entsprechend.

(4) ¹Die Bundesnetzagentur erhebt Kosten (Gebühren und Auslagen) für Amtshandlungen nach Absatz 2 in Verbindung mit § 65 des Energiewirtschaftsgesetzes. ² Das Bundesministerium für Wirtschaft und Technologie wird ermächtigt, im Einvernehmen mit dem Bundesministerium der Finanzen und dem Bundesministerium für Umwelt, Naturschutz und Reaktorsicherheit durch Rechtsverordnung ohne Zustimmung des Bundesrates die Gebührensätze zu regeln.

---

[1] *Am 15. 10. 2007 hat die Clearingstelle EEG, Charlottenstr. 65, 10117 Berlin, Tel.: 030 2061416 0, ihre Arbeit aufgenommen.*

Erneuerbare-Energien-Gesetz 2004 §§ 19 b–21 EEG 2004 32

§ 19 b *Bußgeldvorschriften.* (1) Ordnungswidrig handelt, wer vorsätzlich oder fahrlässig einer vollziehbaren Anordnung nach § 19 a Abs. 2 in Verbindung mit § 65 Abs. 1 oder 2 oder § 69 Abs. 7 Satz 1 oder Abs. 8 Satz 1 des Energiewirtschaftsgesetzes zuwiderhandelt.

(2) Die Ordnungswidrigkeit kann mit einer Geldbuße bis zu hunderttausend Euro geahndet werden.

(3) Verwaltungsbehörde im Sinne des § 36 Abs. 1 Nr. 1 des Gesetzes über Ordnungswidrigkeiten ist die Bundesnetzagentur

§ 20 *Erfahrungsbericht.* (1) [1] Das Bundesministerium für Umwelt, Naturschutz und Reaktorsicherheit hat dem Deutschen Bundestag bis zum 31. Dezember 2007 und dann alle vier Jahre im Einvernehmen mit dem Bundesministerium für Ernährung, Landwirtschaft und Verbraucherschutz und dem Bundesministerium für Wirtschaft und Technologie über den Stand der Markteinführung von Anlagen zur Erzeugung von Strom aus Erneuerbaren Energien und aus Grubengas sowie die Entwicklung der Stromgestehungskosten in diesen Anlagen zu berichten sowie gegebenenfalls eine Anpassung der Höhe der Vergütungen nach den §§ 6 bis 12 und der Degressionssätze entsprechend der technologischen und Marktentwicklung für nach diesem Zeitpunkt in Betrieb genommene Anlagen vorzuschlagen. [2] Gegenstand des Erfahrungsberichts sind auch Speichertechnologien sowie die ökologische Bewertung der von der Nutzung Erneuerbarer Energien ausgehenden Auswirkungen auf Natur und Landschaft. [3] Inhalt des Berichts ist ferner die Tätigkeit der Bundesnetzagentur nach § 19 a.

(2) [1] Anlagenbetreiber, deren Anlagen ab dem 1. August 2004 in Betrieb genommen worden sind und die eine Vergütung nach den §§ 5 bis 12 in Anspruch genommen haben, sowie Netzbetreiber sind zum Zweck der stichprobenartigen Ermittlung der Stromgestehungskosten im Sinne von Absatz 1 sowie der Sicherstellung der Funktionsfähigkeit des Ausgleichsmechanismus nach § 14 verpflichtet, dem Bundesministerium für Umwelt, Naturschutz und Reaktorsicherheit und seinen Beauftragten auf Verlangen wahrheitsgemäß Auskunft über sämtliche Tatsachen zu geben, die für die Ermittlung der Stromgestehungskosten sowie der ausgeglichenen Energiemengen und Vergütungszahlungen nach § 14 erheblich sein können. [2] Soweit es sich bei den Anlagen- und Netzbetreibern um Kaufleute im Sinne des Handelsgesetzbuches handelt, sind darüber hinaus auf Verlangen die Handelsbücher offen zu legen, soweit sie Aufschluss über Tatsachen geben können, die für die Ermittlung der Stromgestehungskosten sowie der ausgeglichenen Energiemengen und Vergütungszahlungen erheblich sein können. [3] Die Grundsätze des Datenschutzes sind zu beachten.

§ 21 *Übergangsbestimmungen.* (1) Für Strom aus Anlagen, die bis zum 31. Juli 2004 in Betrieb genommen worden sind, sind die bisherigen Vorschriften über die Vergütungssätze, über die Dauer des Vergütungsanspruches und über die Bereitstellung von Messdaten mit folgenden Maßgaben anzuwenden:

1. für Strom aus Wasserkraftanlagen gilt die bisherige Regelung nur bei einer Leistung bis einschließlich 5 Megawatt;
2. für Strom aus Laufwasserkraftanlagen, die vor dem 1. August 2004 eine Leistung bis einschließlich 5 Megawatt aufwiesen, gilt § 6, wenn die Anlage modernisiert wurde und nach der Modernisierung nachweislich ein guter ökologischer Zustand erreicht oder der ökologische Zustand gegenüber dem vorherigen Zustand wesentlich

verbessert ist. § 6 Abs. 3 gilt entsprechend. Abweichend von § 3 Abs. 4 gelten diese Anlagen mit Abschluss der Modernisierung als neu in Betrieb genommen;

3. *für Strom aus Biomasseanlangen, die nach dem 31. Dezember 2003 in Betrieb genommen worden sind, gelten ab dem 1. August 2004 die Vergütungssätze des § 8 dieses Gesetzes;*

4. *für Strom aus Biomasseanlagen, die vor dem 1. Januar 2004 in Betrieb gegangen sind, erhöht sich die Mindestvergütung nach Maßgabe des § 8 Abs. 2 dieses Gesetzes;*

5. *für Strom aus Biomasseanlagen, die vor dem 1. August 2004 in Betrieb genommen worden sind, findet § 8 Abs. 6 Satz 2 dieses Gesetzes Anwendung;*

6. *für Strom aus Windenergieanlagen, die nach dem 31. März 2000 in Betrieb genommen worden sind, gilt für die Berechnung des Referenzertrages die Anlage zu § 10 Abs. 1 dieses Gesetzes;*

7. *für Strom aus Anlagen zur Erzeugung von Strom aus solarer Strahlungsenergie, die vor dem 1. Januar 2004 in Betrieb gegangen sind, ist § 8 des Erneuerbare-Energien-Gesetzes vom 29. März 2000 (BGBl. I S. 305), das zuletzt durch das Gesetz vom 22. Dezember 2003 (BGBl. I S. 3074) geändert worden ist, in der am 22. Juli 2003 geltenden Fassung anzuwenden;*

8. *für Strom aus Anlagen zur Erzeugung von Strom aus solarer Strahlungsenergie, die nach dem 31. Dezember 2003 in Betrieb gegangen sind, ist § 8 des Erneuerbare-Energien-Gesetzes vom 29. März 2000 (BGBl. I S. 305), das zuletzt durch das Gesetz vom 22. Dezember 2003 (BGBl. I S. 3074) geändert worden ist, in der am 1. Januar 2004 geltenden Fassung anzuwenden, wobei dessen Absätze 3 und 4 nur für Strom aus einer Anlage anzuwenden sind, die nach dem 30. Juni 2004 in Betrieb genommen worden ist.*

(2) [1] § 4 Abs. 1 Satz 2 gilt nur für Strom aus Anlagen, die drei Monate nach Bekanntgabe der Einrichtung des Anlagenregisters im Bundesanzeiger in Betrieb genommen worden sind. [2] Für Strom aus sonstigen Anlagen gilt § 4 Abs. 1 Satz 2 drei Monate nach gesonderter schriftlicher Aufforderung durch den Netzbetreiber unter Angabe der Kontaktdaten des Anlagenregisters und unter Hinweis auf die Rechtsfolgen einer fehlenden Beantragung.

(3) Für Strom aus Biomasseanlagen, die auch Altholz der Altholzkategorie A III und A IV im Sinne der Altholzverordnung vom 15. August 2002 (BGBl. I S. 3302) einsetzen und die vor dem 30. Juni 2006 in Betrieb genommen worden sind, ist anstelle von § 8 Abs. 1 Satz 2 § 8 Abs. 1 Satz 1 anzuwenden.

(4) § 10 Abs. 4 gilt nur für Anlagen, die nach dem 31. Juli 2005 in Betrieb genommen worden sind.

(5) [1] Bis zum Erlass einer Rechtsverordnung nach § 8 Abs. 7 tritt, soweit in diesem Gesetz auf diese Rechtsverordnung verwiesen wird, an deren Stelle die Biomasseverordnung vom 21. Juni 2001 (BGBl. I S. 1234). [2] § 8 Abs. 6 bleibt unberührt.

(6) [1] Abweichend von § 16 Abs. 6 Satz 1 ist der Antrag im Jahr 2004 zum 31. August zu stellen. [2] Anträge auf Begrenzung des Anteils der Strommenge im Rahmen der Besonderen Ausgleichsregelung nach dem Erneuerbare-Energien-Gesetz vom 29. März 2000 (BGBl. I S. 305), zuletzt geändert durch das Gesetz vom 22. Dezember 2003 (BGBl. I S. 3074), die vor dem 1. August 2004 gestellt worden sind, sind nach den hierfür bisher geltenden Vorschriften zu behandeln und zu entscheiden, soweit sie nicht von Unternehmen gestellt worden sind, für die der Anteil der Strommenge bereits über den 1. August 2004 hinaus begrenzt ist. [3] Entscheidun-

Erneuerbare-Energien-Gesetz 2004 **Anl. EEG 2004 32**

gen des Bundesamtes für Wirtschaft und Ausfuhrkontrolle über die Begrenzung des Anteils der Strommenge in Anwendung der in Satz 2 bezeichneten Vorschriften, die vor dem 1. August 2004 dem Antragsteller bekannt gegeben worden sind, werden unbeschadet des Satzes 4 bis zum 31. Dezember 2004 verlängert. ⁴ Entscheidungen im Sinne des Satzes 3, die über den 31. Dezember 2004 hinaus gelten, werden ab dem 1. Januar 2005 unwirksam, wenn das Unternehmen vor dem 1. September 2004 einen Antrag nach § 16 Abs. 1 dieses Gesetzes stellt und dieser Antrag nicht unanfechtbar abgelehnt worden ist.

(7) Bescheide des Bundesamts für Wirtschaft und Ausfuhrkontrolle über die Begrenzung des Anteils der Strommenge nach § 16 für das Jahr 2006 sind, soweit § 16 Abs. 4 Satz 2 und 3 Anwendung findet, unbeschadet der sonstigen Regelungen des § 16 mit Wirkung zum 1. Januar 2006 von Amts wegen abzuändern.

Anlage
(zu § 10 Abs. 1 und 4)

1. *Referenzanlage ist eine Windenergieanlage eines bestimmten Typs, für die sich entsprechend ihrer von einer dazu berechtigten Institution vermessenen Leistungskennlinie an dem Referenzstandort ein Ertrag in Höhe des Referenzertrages errechnet.*
2. *Der Referenzertrag ist die für jeden Typ einer Windenergieanlage einschließlich der jeweiligen Nabenhöhe bestimmte Strommenge, die dieser Typ bei Errichtung an dem Referenzstandort rechnerisch auf Basis einer vermessenen Leistungskennlinie in fünf Betriebsjahren erbringen würde. Der Referenzertrag ist nach den allgemein anerkannten Regeln der Technik zu ermitteln; die Einhaltung der allgemein anerkannten Regeln der Technik wird vermutet, wenn die in den Technischen Richtlinien für Windenergieanlagen, Teil 5, der Fördergesellschaft Windenergie e.V. (FGW) in der zum Zeitpunkt der Ermittlung des Referenzertrags jeweils geltenden Fassung[1]) enthaltenen Verfahren, Grundlagen und Rechenmethoden verwendet worden sind.*
3. *Der Typ einer Windenergieanlage ist bestimmt durch die Typenbezeichnung, die Rotorkreisfläche, die Nennleistung und die Nabenhöhe gemäß den Angaben des Herstellers.*
4. *Referenzstandort ist ein Standort, der bestimmt wird durch eine Rayleigh-Verteilung mit einer mittleren Jahreswindgeschwindigkeit von 5,5 Metern je Sekunde in einer Höhe von 30 Metern über Grund, einem logarithmischen Höhenprofil und der Rauhigkeitslänge von 0,1 Metern.*
5. *Die Leistungskennlinie ist der für jeden Typ einer Windenergieanlage ermittelte Zusammenhang zwischen Windgeschwindigkeit und Leistungsabgabe unabhängig von der Nabenhöhe. Die Leistungskennlinie ist nach den allgemein anerkannten Regeln der Technik zu ermitteln; die Einhaltung der allgemein anerkannten Regeln der Technik wird vermutet, wenn die in den Technischen Richtlinien für Windenergieanlagen, Teil 2, der Fördergesellschaft Windenergie e.V. (FGW) in der zum Zeitpunkt der Ermittlung der Leistungskennlinie jeweils geltenden Fassung[1]) enthaltenen Verfahren, Grundlagen und Rechenmethoden verwendet worden sind. Soweit die Leistungskennlinie nach einem vergleichbaren Verfahren vor dem 1. Januar 2000 ermittelt wurde, kann diese anstelle der nach Satz 2 ermittelten Leistungs-*

---

[1]) **Amtl. Anm.:** *Zu beziehen bei der Fördergesellschaft Windenergie e.V., Stresemannplatz 4, 24103 Kiel.*

kennlinie herangezogen werden, soweit nach dem 31. Dezember 2001 nicht mehr mit der Errichtung von Anlagen des Typs, für den sie gelten, im Geltungsbereich dieses Gesetzes begonnen wird.

6. Gutachten nach § 10 Abs. 4 zum Nachweis, dass Anlagen am geplanten Standort mindestens 60 Prozent des Referenzertrages erzielen können, müssen physikalische Standortbeschreibungen enthalten, standortspezifische Windmessungen oder extrapolierbare Betriebsdaten eines benachbarten Windparks zu Grunde legen und diese für eine prognostische Bewertung in einen Langzeitbezug zu vorhandenen Winddatenbanken setzen. Maßgeblich für die Energieertragsberechnung ist die freie Anströmung der Windenergieanlage.

7. Zur Vermessung der Leistungskennlinien nach Nummer 5 und zur Berechnung der Referenzerträge von Anlagentypen am Referenzstandort nach Nummer 2 sowie zur Bestimmung der erzielbaren Energieerträge am geplanten Standort nach Nummer 6 sind für die Zwecke dieses Gesetzes die Institutionen berechtigt, die entsprechend der technischen Richtlinie „Allgemeine Anforderungen an die Kompetenz von Prüf- und Kalibrierlaboratorien" (DIN EN ISO/IEC 17025), Ausgabe April 2000[1]), entsprechend von einer staatlich anerkannten oder unter Beteiligung staatlicher Stellen evaluierten Akkreditierungsstelle akkreditiert sind.

---

[1]) **Amtl. Anm.:** *Zu beziehen bei Beuth Verlag GmbH, 10772 Berlin.*

33. Gesetz für den Vorrang Erneuerbarer Energien (Erneuerbare-Energien-Gesetz – EEG)[1)2)]

Vom 25. Oktober 2008
(BGBl. I S. 2074, ber. S. 2255)
FNA 754-22

zuletzt geänd. durch Art. 1 G zur Neuregelung des Rechtsrahmens für die Förderung der Stromerzeugung aus erneuerbaren Energien v. 28. 7. 2011 (BGBl. I S. 1634)

Inhaltsübersicht

§§

Teil 1. Allgemeine Vorschriften

Zweck des Gesetzes	1
Anwendungsbereich	2
Begriffsbestimmungen	3
Gesetzliches Schuldverhältnis	4

Teil 2. Anschluss, Abnahme, Übertragung und Verteilung

Abschnitt 1. Allgemeine Vorschriften

Anschluss	5
Technische und betriebliche Vorgaben	6
Ausführung und Nutzung des Anschlusses	7
Abnahme, Übertragung und Verteilung	8

Abschnitt 2. Kapazitätserweiterung und Einspeisemanagement

Erweiterung der Netzkapazität	9
Schadensersatz	10
Einspeisemanagement	11
Härtefallregelung	12

Abschnitt 3. Kosten

Netzanschluss	13
Kapazitätserweiterung	14
Vertragliche Vereinbarung	15

Teil 3. Vergütung

Abschnitt 1. Allgemeine Vergütungsvorschriften

Vergütungsanspruch	16
Direktvermarktung	17
Vergütungsberechnung	18
Vergütung für Strom aus mehreren Anlagen	19
Absenkung von Vergütungen und Boni	20
Vergütungsbeginn und -dauer	21
Aufrechnung	22

Abschnitt 2. Besondere Vergütungsvorschriften

Wasserkraft	23
Deponiegas	24

[1)] Verkündet als Art. 1 G v. 25. 10. 2008 (BGBl. I S. 2074); Inkrafttreten gem. Art. 7 Satz 1 dieses G am 1. 1. 2009.
[2)] Die Änderungen durch G v. 28. 7. 2011 (BGBl. I S. 1634) traten zum größten Teil **mWv 1. 1. 2012 in Kraft** und sind in dieser Fassung insoweit **nicht berücksichtigt**. Berücksichtigt sind sie im EEG (Nr. **34**).

	§§
Klärgas	25
Grubengas	26
Biomasse	27
Geothermie	28
Windenergie	29
Windenergie Repowering	30
Windenergie Offshore	31
Solare Strahlungsenergie	32
Solare Strahlungsenergie an oder auf Gebäuden	33

Teil 4. Ausgleichsmechanismus

Abschnitt 1. Bundesweiter Ausgleich

Weitergabe an den Übertragungsnetzbetreiber	34
Vergütung durch den Übertragungsnetzbetreiber	35
Ausgleich zwischen den Übertragungsnetzbetreibern	36
Weitergabe an die Lieferanten	37
Nachträgliche Korrekturen	38
Abschlagszahlungen	39

Abschnitt 2. Besondere Ausgleichsregelung für stromintensive Unternehmen und Schienenbahnen

Grundsatz	40
Unternehmen des produzierenden Gewerbes	41
Schienenbahnen	42
Antragsfrist und Entscheidungswirkung	43
Auskunftspflicht	44

Teil 5. Transparenz

Abschnitt 1. Mitteilungs- und Veröffentlichungspflichten

Grundsatz	45
Anlagenbetreiberinnen und -betreiber	46
Netzbetreiber	47
Übertragungsnetzbetreiber	48
Elektrizitätsversorgungsunternehmen	49
Testierung	50
Information der Bundesnetzagentur	51
Information der Öffentlichkeit	52

Abschnitt 2. Differenzkosten

Anzeige	53
Ausweisung der EEG-Umlage	53
Stromkennzeichnung entsprechend der EEG-Umlage	54

Abschnitt 3. Herkunftsnachweis und Doppelvermarktungsverbot

Herkunftsnachweis	55
Doppelvermarktungsverbot	56

Teil 6. Rechtsschutz und behördliches Verfahren

Clearingstelle	57
Verbraucherschutz	58
Einstweiliger Rechtsschutz	59
Nutzung von Seewasserstraßen	60
Aufgaben der Bundesnetzagentur	61
Bußgeldvorschriften	62
Fachaufsicht	63
Gebühren und Auslagen	63 a

Teil 7. Verordnungsermächtigung, Erfahrungsbericht, Übergangsbestimmungen

Verordnungsermächtigung	64
Erfahrungsbericht	65
Übergangsbestimmungen	66

Erneuerbare-Energien-Gesetz 2009 §§ 1–3 EEG 2009

Anlagen

Anlage 1: Technologie-Bonus
Anlage 2: Bonus für Strom aus nachwachsenden Rohstoffen
Anlage 3: KWK-Bonus
Anlage 4: Wärmenutzungs-Bonus
Anlage 5: Referenzertrag

Teil 1. Allgemeine Vorschriften

§ 1 Zweck des Gesetzes. (1) Zweck dieses Gesetzes ist es, insbesondere im Interesse des Klima- und Umweltschutzes eine nachhaltige Entwicklung der Energieversorgung zu ermöglichen, die volkswirtschaftlichen Kosten der Energieversorgung auch durch die Einbeziehung langfristiger externer Effekte zu verringern, fossile Energieressourcen zu schonen und die Weiterentwicklung von Technologien zur Erzeugung von Strom aus Erneuerbaren Energien zu fördern.

(2) Um den Zweck des Absatzes 1 zu erreichen, verfolgt dieses Gesetz das Ziel, den Anteil Erneuerbarer Energien an der Stromversorgung bis zum Jahr 2020 auf mindestens 30 Prozent und danach kontinuierlich weiter zu erhöhen.

§ 2 Anwendungsbereich. Dieses Gesetz regelt

1. den vorrangigen Anschluss von Anlagen zur Erzeugung von Strom aus Erneuerbaren Energien und aus Grubengas im Bundesgebiet einschließlich der deutschen ausschließlichen Wirtschaftszone (Geltungsbereich des Gesetzes) an die Netze für die allgemeine Versorgung mit Elektrizität,

2. die vorrangige Abnahme, Übertragung, Verteilung und Vergütung dieses Stroms durch die Netzbetreiber und

3. den bundesweiten Ausgleich des abgenommenen und vergüteten Stroms.

§ 3 Begriffsbestimmungen. Im Sinne dieses Gesetzes ist

1. „Anlage" jede Einrichtung zur Erzeugung von Strom aus Erneuerbaren Energien oder aus Grubengas. Als Anlagen zur Erzeugung von Strom aus Erneuerbaren Energien oder aus Grubengas gelten auch solche Einrichtungen, die zwischengespeicherte Energie, die ausschließlich aus Erneuerbaren Energien oder aus Grubengas stammt, aufnehmen und in elektrische Energie umwandeln,

2. „Anlagenbetreiberin oder Anlagenbetreiber", wer unabhängig vom Eigentum die Anlage für die Erzeugung von Strom aus Erneuerbaren Energien oder aus Grubengas nutzt,

3. „Erneuerbare Energien" Wasserkraft einschließlich der Wellen-, Gezeiten-, Salzgradienten- und Strömungsenergie, Windenergie, solare Strahlungsenergie, Geothermie, Energie aus Biomasse einschließlich Biogas, Deponiegas und Klärgas sowie aus dem biologisch abbaubaren Anteil von Abfällen aus Haushalten und Industrie,

4. „Generator" jede technische Einrichtung, die mechanische, chemische, thermische oder elektromagnetische Energie direkt in elektrische Energie umwandelt,

4 a. „Herkunftsnachweis" ein elektronisches Dokument, das ausschließlich dazu dient, gegenüber einem Endkunden im Rahmen der Stromkennzeichnung nach § 42 Absatz 1 Nummer 1 des Energiewirtschaftsgesetzes[1] nachzuweisen, dass ein bestimmter Anteil oder eine bestimmte Menge des Stroms aus Erneuerbaren Energien erzeugt wurde,

5. „Inbetriebnahme" die erstmalige Inbetriebsetzung der Anlage nach Herstellung ihrer technischen Betriebsbereitschaft, unabhängig davon, ob der Generator der Anlage mit Erneuerbaren Energien, Grubengas oder sonstigen Energieträgern in Betrieb gesetzt wurde,

6. „Leistung einer Anlage" die elektrische Wirkleistung, die die Anlage bei bestimmungsgemäßem Betrieb ohne zeitliche Einschränkungen unbeschadet kurzfristiger geringfügiger Abweichungen technisch erbringen kann,

7. „Netz" die Gesamtheit der miteinander verbundenen technischen Einrichtungen zur Abnahme, Übertragung und Verteilung von Elektrizität für die allgemeine Versorgung,

8. „Netzbetreiber" die Betreiber von Netzen aller Spannungsebenen für die allgemeine Versorgung mit Elektrizität,

9. „Offshore-Anlage" eine Windenergieanlage, die in einer Entfernung von mindestens drei Seemeilen gemessen von der Küstenlinie aus seewärts errichtet worden ist. Als Küstenlinie gilt die in der Karte Nummer 2920 Deutsche Nordseeküste und angrenzende Gewässer, Ausgabe 1994, XII., sowie in der Karte Nummer 2921 Deutsche Ostseeküste und angrenzende Gewässer, Ausgabe 1994, XII., des Bundesamtes für Seeschifffahrt und Hydrographie im Maßstab 1: 375000[2] dargestellte Küstenlinie,

10. „Strom aus Kraft-Wärme-Kopplung" Strom im Sinne von § 3 Abs. 4 des Kraft-Wärme-Kopplungsgesetzes[3] vom 19. März 2002 (BGBl. I S. 1092), das zuletzt durch Artikel 170 der Verordnung vom 31. Oktober 2006 (BGBl. I S. 2407) geändert worden ist, der in Anlagen im Sinne des § 5 des Kraft-Wärme-Kopplungsgesetzes erzeugt wird.

11. „Übertragungsnetzbetreiber" der regelverantwortliche Netzbetreiber von Hoch- und Höchstspannungsnetzen, die der überregionalen Übertragung von Elektrizität zu nachgeordneten Netzen dienen,

12. „Umweltgutachterin oder Umweltgutachter" eine Person oder Organisation, die nach dem Umweltauditgesetz in der Fassung der Bekanntmachung vom 4. September 2002 (BGBl. I S. 3490), das zuletzt durch Artikel 11 des Gesetzes vom 17. März 2008 (BGBl. I S. 399) geändert worden ist, in der jeweils geltenden Fassung, als Umweltgutachterin, Umweltgutachter oder Umweltgutachterorganisation tätig werden darf.

---

[1] Nr. 1.
[2] **Amtl. Anm.:** Amtlicher Hinweis: Zu beziehen beim Bundesamt für Seeschifffahrt und Hydrographie, 20359 Hamburg.
[3] Nr. 43.

§ 4 Gesetzliches Schuldverhältnis. (1) Netzbetreiber dürfen die Erfüllung ihrer Verpflichtungen aus diesem Gesetz nicht vom Abschluss eines Vertrages abhängig machen.

(2) Von den Bestimmungen dieses Gesetzes darf unbeschadet des § 8 Abs. 3 nicht zu Lasten der Anlagenbetreiberin oder des Anlagenbetreibers und des Netzbetreibers abgewichen werden.

Teil 2. Anschluss, Abnahme, Übertragung und Verteilung

Abschnitt 1. Allgemeine Vorschriften

§ 5 Anschluss. (1) [1] Netzbetreiber sind verpflichtet, Anlagen zur Erzeugung von Strom aus Erneuerbaren Energien und aus Grubengas unverzüglich vorrangig an der Stelle an ihr Netz anzuschließen (Verknüpfungspunkt), die im Hinblick auf die Spannungsebene geeignet ist, und die in der Luftlinie kürzeste Entfernung zum Standort der Anlage aufweist, wenn nicht ein anderes Netz einen technisch und wirtschaftlich günstigeren Verknüpfungspunkt aufweist. [2] Bei einer oder mehreren Anlagen mit einer Leistung von insgesamt bis zu 30 Kilowatt, die sich auf einem Grundstück mit bereits bestehendem Netzanschluss befinden, gilt der Verknüpfungspunkt des Grundstücks mit dem Netz als günstigster Verknüpfungspunkt.

(2) Anlagenbetreiberinnen und -betreiber sind berechtigt, einen anderen Verknüpfungspunkt dieses oder eines anderen im Hinblick auf die Spannungsebene geeigneten Netzes zu wählen.

(3) [1] Der Netzbetreiber ist abweichend von den Absätzen 1 und 2 berechtigt, der Anlage einen anderen Verknüpfungspunkt zuzuweisen. [2] Dies gilt nicht, wenn die Abnahme des Stroms aus der betroffenen Anlage nach § 8 Abs. 1 nicht sichergestellt wäre.

(4) Die Pflicht zum Netzanschluss besteht auch dann, wenn die Abnahme des Stroms erst durch die Optimierung, die Verstärkung oder den Ausbau des Netzes nach § 9 möglich wird.

(5) [1] Netzbetreiber sind verpflichtet, Einspeisewilligen nach Eingang eines Netzanschlussbegehrens unverzüglich einen genauen Zeitplan für die Bearbeitung des Netzanschlussbegehrens zu übermitteln. [2] In diesem Zeitplan ist anzugeben:

1. in welchen Arbeitsschritten das Netzanschlussbegehren bearbeitet wird und
2. welche Informationen die Einspeisewilligen aus ihrem Verantwortungsbereich den Netzbetreibern übermitteln müssen, damit die Netzbetreiber den Verknüpfungspunkt ermitteln oder ihre Planungen nach § 9 durchführen können.

(6) [1] Netzbetreiber sind verpflichtet, Einspeisewilligen nach Eingang der erforderlichen Informationen unverzüglich, spätestens aber innerhalb von acht Wochen, Folgendes zu übermitteln:

1. einen Zeitplan für die unverzügliche Herstellung des Netzanschlusses mit allen erforderlichen Arbeitsschritten,
2. alle Informationen, die Einspeisewillige für die Prüfung des Verknüpfungspunktes benötigen, sowie auf Antrag die für eine Netzverträglichkeitsprüfung erforderlichen Netzdaten,

3. einen nachvollziehbaren und detaillierten Voranschlag der Kosten, die den Anlagenbetreiberinnen oder Anlagenbetreibern durch den Netzanschluss entstehen; dieser Kostenvoranschlag umfasst nur die Kosten, die durch die technische Herstellung des Netzanschlusses entstehen, und insbesondere nicht die Kosten für die Gestattung der Nutzung fremder Grundstücke für die Verlegung der Netzanschlussleitung.

²Das Recht der Anlagenbetreiberinnen oder Anlagenbetreiber nach § 7 Absatz 1 bleibt auch dann unberührt, wenn der Netzbetreiber den Kostenvoranschlag nach Satz 1 Nummer 3 übermittelt hat.

§ 6 Technische und betriebliche Vorgaben. Anlagenbetreiberinnen und -betreiber sind verpflichtet,

1. Anlagen, deren Leistung 100 Kilowatt übersteigt, mit einer technischen oder betrieblichen Einrichtung

    a) zur ferngesteuerten Reduzierung der Einspeiseleistung bei Netzüberlastung und

    b) zur Abrufung der jeweiligen Ist-Einspeisung

    auszustatten, auf die der Netzbetreiber zugreifen darf, und

2. sicherzustellen, dass eine Windenergieanlage am Verknüpfungspunkt mit dem Netz einzeln oder gemeinsam mit anderen Anlagen die Anforderungen der Verordnung nach § 64 Abs. 1 Satz 1 Nr. 1 erfüllt.

§ 7 Ausführung und Nutzung des Anschlusses. (1) Anlagenbetreiberinnen und -betreiber sind berechtigt, den Anschluss der Anlagen sowie die Einrichtung und den Betrieb der Messeinrichtungen einschließlich der Messung von dem Netzbetreiber oder einer fachkundigen dritten Person vornehmen zu lassen.

(2) Die Ausführung des Anschlusses und die übrigen für die Sicherheit des Netzes notwendigen Einrichtungen müssen den im Einzelfall notwendigen technischen Anforderungen des Netzbetreibers und § 49 des Energiewirtschaftsgesetzes[1]) vom 7. Juli 2005 (BGBl. I S. 1970, 3621), das zuletzt durch Artikel 2 des Gesetzes vom 18. Dezember 2007 (BGBl. I S. 2966) geändert worden ist, entsprechen.

(3) Bei der Einspeisung von Strom aus Erneuerbaren Energien oder Grubengas gilt zugunsten der Anlagenbetreiberin oder des Anlagenbetreibers § 18 Abs. 2 der Niederspannungsanschlussverordnung[2]) vom 1. November 2006 (BGBl. I S. 2477) entsprechend.

§ 8 Abnahme, Übertragung und Verteilung. (1) Netzbetreiber sind vorbehaltlich des § 11 verpflichtet, den gesamten angebotenen Strom aus Erneuerbaren Energien und aus Grubengas unverzüglich vorrangig abzunehmen, zu übertragen und zu verteilen.

(2) Die Verpflichtungen nach Absatz 1 bestehen auch, wenn die Anlage an das Netz der Anlagenbetreiberin, des Anlagenbetreibers oder einer dritten Person, die nicht Netzbetreiber im Sinne von § 3 Nr. 8 ist, angeschlossen ist

---

[1]) Nr. 1.
[2]) Nr. 25.

und der Strom mittels kaufmännisch-bilanzieller Weitergabe durch dieses Netz in ein Netz nach § 3 Nr. 7 angeboten wird.

(3) Die Verpflichtungen nach Absatz 1 bestehen nicht, soweit Anlagenbetreiberinnen oder -betreiber und Netzbetreiber unbeschadet des § 12 zur besseren Integration der Anlage in das Netz ausnahmsweise vertraglich vereinbaren, vom Abnahmevorrang abzuweichen.

(4) Die Verpflichtungen zur vorrangigen Abnahme, Übertragung und Verteilung treffen im Verhältnis zum aufnehmenden Netzbetreiber, der nicht Übertragungsnetzbetreiber ist,

1. den vorgelagerten Übertragungsnetzbetreiber,
2. den nächstgelegenen inländischen Übertragungsnetzbetreiber, wenn im Netzbereich des abgabeberechtigten Netzbetreibers kein inländisches Übertragungsnetz betrieben wird, oder,
3. insbesondere im Fall der Weitergabe nach Absatz 2, jeden sonstigen Netzbetreiber.

Abschnitt 2. Kapazitätserweiterung und Einspeisemanagement

§ 9 Erweiterung der Netzkapazität. (1) [1] Netzbetreiber sind auf Verlangen der Einspeisewilligen verpflichtet, unverzüglich ihre Netze entsprechend dem Stand der Technik zu optimieren, zu verstärken und auszubauen, um die Abnahme, Übertragung und Verteilung des Stroms aus Erneuerbaren Energien oder Grubengas sicherzustellen. [2] Sie müssen Anlagenbetreiberinnen und -betreiber unverzüglich unterrichten, sobald die Gefahr besteht, dass ihre Anlage nach § 11 Abs. 1 Satz 1 geregelt wird; dabei sind der zu erwartende Zeitpunkt, der Umfang und die Dauer der Regelung mitzuteilen. [3] Der Netzbetreiber veröffentlicht die Informationen nach Satz 2 unverzüglich auf seiner Internetseite und bezeichnet dabei die betroffenen Netzregionen und den Grund für die Gefahr.

(2) Die Pflicht erstreckt sich auf sämtliche für den Betrieb des Netzes notwendigen technischen Einrichtungen sowie die im Eigentum des Netzbetreibers stehenden oder in sein Eigentum übergehenden Anschlussanlagen.

(3) Der Netzbetreiber ist nicht zur Optimierung, zur Verstärkung und zum Ausbau seines Netzes verpflichtet, soweit dies wirtschaftlich unzumutbar ist.

(4) Die Verpflichtungen nach § 4 Abs. 6 des Kraft-Wärme-Kopplungsgesetzes[1)] sowie nach § 12 Abs. 3 des Energiewirtschaftsgesetzes[2)] bleiben unberührt.

§ 10 Schadensersatz. (1) [1] Verletzt der Netzbetreiber seine Verpflichtungen aus § 9 Abs. 1, können Einspeisewillige Ersatz des hierdurch entstandenen Schadens verlangen. [2] Die Ersatzpflicht tritt nicht ein, wenn der Netzbetreiber die Pflichtverletzung nicht zu vertreten hat.

(2) [1] Liegen Tatsachen vor, die die Annahme begründen, dass der Netzbetreiber seine Pflicht aus § 9 Abs. 1 nicht erfüllt hat, können Anlagenbetreiberinnen und -betreiber Auskunft von dem Netzbetreiber darüber verlangen,

---

[1)] Nr. 43.
[2)] Nr. 1.

ob und inwieweit der Netzbetreiber seiner Verpflichtung zur Optimierung, zur Verstärkung und zum Ausbau des Netzes nachgekommen ist. ²Die Auskunft kann verweigert werden, wenn sie zur Feststellung, ob ein Anspruch nach Absatz 1 vorliegt, nicht erforderlich ist.

§ 11 Einspeisemanagement. (1) ¹Netzbetreiber sind unbeschadet ihrer Pflicht nach § 9 ausnahmsweise berechtigt, an ihr Netz angeschlossene Anlagen mit einer Leistung über 100 Kilowatt zur Erzeugung von Strom aus Erneuerbaren Energien, Kraft-Wärme-Kopplung oder Grubengas zu regeln, soweit

1. andernfalls die Netzkapazität im jeweiligen Netzbereich durch diesen Strom überlastet wäre,
2. sie sichergestellt haben, dass insgesamt die größtmögliche Strommenge aus Erneuerbaren Energien und aus Kraft-Wärme-Kopplung abgenommen wird, und
3. sie die Daten über die Ist-Einspeisung in der jeweiligen Netzregion abgerufen haben.

²Die Regelung der Anlagen nach Satz 1 darf nur während einer Übergangszeit bis zum Abschluss von Maßnahmen im Sinne des § 9 erfolgen.

(2) Die Rechte aus den § 13 Abs. 1 und § 14 Abs. 1 des Energiewirtschaftsgesetzes[1]) vom 7. Juli 2005 bestehen gegenüber Betreibern von Anlagen zur Erzeugung von Strom aus Erneuerbaren Energien, Kraft-Wärme-Kopplung oder Grubengas fort, soweit die Maßnahmen nach Absatz 1 nicht ausreichen, um die Sicherheit und Zuverlässigkeit des Elektrizitätsversorgungssystems zu gewährleisten.

(3) ¹Netzbetreiber sind verpflichtet, auf Anfrage denjenigen Anlagenbetreiberinnen und -betreibern, deren Anlagen von Maßnahmen nach Absatz 1 betroffen waren, innerhalb von 4 Wochen Nachweise über die Erforderlichkeit der Maßnahme vorzulegen. ²Die Nachweise müssen eine sachkundige dritte Person in die Lage versetzen, ohne weitere Informationen die Erforderlichkeit der Maßnahmen vollständig nachvollziehen zu können; zu diesem Zweck sind insbesondere die nach Absatz 1 Satz 1 Nr. 3 erhobenen Daten vorzulegen.

§ 12 Härtefallregelung. (1) ¹Der Netzbetreiber, in dessen Netz die Ursache für die Notwendigkeit der Regelung nach § 11 Abs. 1 liegt, ist verpflichtet, Anlagenbetreiberinnen und -betreibern, die aufgrund von Maßnahmen nach § 11 Abs. 1 Strom nicht einspeisen konnten, in einem vereinbarten Umfang zu entschädigen. ²Ist eine Vereinbarung nicht getroffen, sind die entgangenen Vergütungen und Wärmeerlöse abzüglich der ersparten Aufwendungen zu leisten.

(2) ¹Der Netzbetreiber kann die Kosten nach Absatz 1 bei der Ermittlung der Netzentgelte in Ansatz bringen, soweit die Maßnahme erforderlich war und er sie nicht zu vertreten hat. ²Der Netzbetreiber hat sie insbesondere zu vertreten, soweit er nicht alle Möglichkeiten zur Optimierung, zur Verstärkung und zum Ausbau des Netzes ausgeschöpft hat.

---

[1]) Nr. 1.

(3) Schadensersatzansprüche von Anlagenbetreiberinnen und -betreibern gegen den Netzbetreiber bleiben unberührt.

Abschnitt 3. Kosten

§ 13 Netzanschluss. (1) Die notwendigen Kosten des Anschlusses von Anlagen zur Erzeugung von Strom aus Erneuerbaren Energien oder aus Grubengas an den Verknüpfungspunkt nach § 5 Abs. 1 oder 2 sowie der notwendigen Messeinrichtungen zur Erfassung des gelieferten und des bezogenen Stroms trägt die Anlagebetreiberin oder der Anlagenbetreiber.

(2) Weist der Netzbetreiber den Anlagen nach § 5 Abs. 3 einen anderen Verknüpfungspunkt zu, muss er die daraus resultierenden Mehrkosten tragen.

§ 14 Kapazitätserweiterung. Die Kosten der Optimierung, der Verstärkung und des Ausbaus des Netzes trägt der Netzbetreiber.

§ 15 Vertragliche Vereinbarung. (1) Netzbetreiber können infolge der Vereinbarung nach § 8 Abs. 3 entstandene Kosten im nachgewiesenen Umfang bei der Ermittlung des Netzentgelts in Ansatz bringen.

(2) Die Kosten unterliegen der Prüfung auf Effizienz durch die Regulierungsbehörde nach Maßgabe der Vorschriften des Energiewirtschaftsgesetzes[1].

Teil 3. Vergütung

Abschnitt 1. Allgemeine Vergütungsvorschriften

§ 16 Vergütungsanspruch. (1) Netzbetreiber müssen Anlagenbetreiberinnen und -betreibern Strom aus Anlagen, die ausschließlich Erneuerbare Energien oder Grubengas einsetzen, mindestens nach Maßgabe der §§ 18 bis 33 vergüten.

(2) [1]Die Verpflichtung zur Vergütung des Stroms besteht nach Einrichtung des Anlagenregisters nach § 64 Abs. 1 Satz 1 Nr. 9 nur, wenn die Anlagenbetreiberin oder der Anlagenbetreiber die Eintragung der Anlage in das Anlagenregister beantragt hat. [2]Für Strom aus Anlagen nach den §§ 32 und 33 besteht die Verpflichtung zur Vergütung abweichend von Satz 1 nur, wenn die Anlagenbetreiberin oder der Anlagenbetreiber den Standort und die Leistung der Anlage der Bundesnetzagentur gemeldet hat; § 51 Abs. 3 Satz 1 gilt entsprechend.

(3) Die Verpflichtung nach Absatz 1 besteht auch dann, wenn der Strom zwischengespeichert worden ist.

(4) Anlagenbetreiberinnen und -betreiber, die den Vergütungsanspruch für Strom aus einer Anlage geltend machen, sind verpflichtet, ab diesem Zeitpunkt den gesamten in dieser Anlage erzeugten Strom,
a) für den dem Grunde nach ein Vergütungsanspruch besteht,
b) der nicht von ihnen selbst verbraucht wird und

---

[1] Nr. 1.

c) der nicht von Dritten verbraucht wird, die unmittelbar an ein Netz des Anlagenbetreibers angeschlossen sind, das kein Netz für die allgemeine Versorgung ist,

in das Netz einzuspeisen und dem Netzbetreiber zur Verfügung zu stellen.

(5) Die Verpflichtung nach den Absätzen 1 und 3 besteht gegenüber Anlagenbetreiberinnen oder -betreibern, die Strom direkt vermarktet haben, nur, wenn sie ihrer Verpflichtung nach § 17 Abs. 2 oder 3 nachgekommen sind.

(6) Solange eine Anlagenbetreiberin oder ein Anlagenbetreiber die Verpflichtungen nach § 6 nicht erfüllt, besteht kein Anspruch auf Vergütung.

§ 17 Direktvermarktung. (1) [1] Anlagenbetreiberinnen und -betreiber können den in der Anlage erzeugten Strom kalendermonatlich an Dritte veräußern (Direktvermarktung), wenn sie dies dem Netzbetreiber vor Beginn des jeweils vorangegangenen Kalendermonats angezeigt haben. [2] Der Vergütungsanspruch nach § 16 entfällt im gesamten Kalendermonat für den gesamten in der Anlage erzeugten Strom. [3] Der Zeitraum, in dem Strom direkt vermarktet wird, wird auf die Vergütungsdauer nach § 21 Abs. 2 angerechnet.

(2) Abweichend von Absatz 1 Satz 2 können Anlagenbetreiberinnen und -betreiber einen bestimmten Prozentsatz des in der Anlage erzeugten Stroms kalendermonatlich direkt vermarkten und für den verbleibenden Anteil die Vergütung nach § 16 beanspruchen, wenn sie

1. dem Netzbetreiber den direkt zu vermarktenden Prozentsatz vor Beginn des jeweils vorangegangenen Kalendermonats angezeigt und

2. diesen Prozentsatz nachweislich jederzeit eingehalten haben.

(3) Anlagenbetreiberinnen und -betreiber, die Strom nach Absatz 1 direkt vermarktet haben, können den Vergütungsanspruch nach § 16 im folgenden Kalendermonat wieder geltend machen, wenn sie dies dem verpflichteten Netzbetreiber vor Beginn des jeweils vorangegangenen Kalendermonats anzeigen.

§ 18 Vergütungsberechnung. (1) Die Höhe der Vergütung für Strom, der in Abhängigkeit von der Leistung der Anlage vergütet wird, bestimmt sich jeweils anteilig nach der Leistung der Anlage im Verhältnis zu dem jeweils anzuwendenden Schwellenwert.

(2) Als Leistung im Sinne von Absatz 1 gilt für die Zuordnung zu den Schwellenwerten der §§ 23 bis 28 abweichend von § 3 Nr. 6 der Quotient aus der Summe der im jeweiligen Kalenderjahr nach § 8 abgenommenen Kilowattstunden und der Summe der vollen Zeitstunden des jeweiligen Kalenderjahres abzüglich der vollen Stunden vor der erstmaligen Erzeugung von Strom aus Erneuerbaren Energien durch die Anlage und nach endgültiger Stilllegung der Anlage.

(3) In den Vergütungen ist die Umsatzsteuer nicht enthalten.

§ 19 Vergütung für Strom aus mehreren Anlagen. (1) Mehrere Anlagen gelten unabhängig von den Eigentumsverhältnissen und ausschließlich zum Zweck der Ermittlung der Vergütung für den jeweils zuletzt in Betrieb gesetzten Generator als eine Anlage, wenn

1. sie sich auf demselben Grundstück oder sonst in unmittelbarer räumlicher Nähe befinden,

Erneuerbare-Energien-Gesetz 2009 § 20 EEG 2009 33

2. sie Strom aus gleichartigen Erneuerbaren Energien erzeugen,

3. der in ihnen erzeugte Strom nach den Regelungen dieses Gesetzes in Abhängigkeit von der Leistung der Anlage vergütet wird und

4. sie innerhalb von zwölf aufeinander folgenden Kalendermonaten in Betrieb gesetzt worden sind.

(2) [1] Anlagenbetreiberinnen und -betreiber können Strom aus mehreren Generatoren, die gleichartige Erneuerbare Energien einsetzen, über eine gemeinsame Messeinrichtung abrechnen. [2] In diesem Fall ist für die Berechnung der Vergütungen vorbehaltlich des Absatzes 1 die Leistung jeder einzelnen Anlage maßgeblich.

(3) Wenn Strom aus mehreren Windenergieanlagen, für die sich unterschiedliche Vergütungshöhen errechnen, über eine gemeinsame Messeinrichtung abgerechnet wird, erfolgt die Zuordnung der Strommengen zu den Windenergieanlagen im Verhältnis der jeweiligen Referenzerträge.

§ 20 Absenkung von Vergütungen und Boni. (1) [1] Die Vergütungen und Boni nach den §§ 23 bis 33 gelten unbeschadet des § 66 für Anlagen, die vor dem 1. Januar 2010 in Betrieb genommen wurden. [2] Für Anlagen, die in den folgenden Kalenderjahren in Betrieb genommen wurden, sinken sie jährlich degressiv nach Maßgabe der Absätze 2, 3 und 5. [3] Die sich im jeweiligen Kalenderjahr nach Satz 2 errechnenden Vergütungen und Boni gelten für die gesamte Vergütungsdauer nach § 21.

(2) Der Prozentsatz, um den die Vergütungen und Boni jährlich sinken (Degression), beträgt für Strom aus

1. Wasserkraft aus Anlagen mit einer Leistung über 5 Megawatt (§ 23 Abs. 3): 1,0 Prozent,

2. Deponiegas (§ 24): 1,5 Prozent,

3. Klärgas (§ 25): 1,5 Prozent,

4. Grubengas (§ 26): 1,5 Prozent,

5. Biomasse (§ 27): 1,0 Prozent,

6. Geothermie (§ 28): 1,0 Prozent,

7. Windenergie

 a) aus Offshore-Anlagen (§ 31) ab dem Jahr 2015: 5,0 Prozent und

 b) aus sonstigen Anlagen (§ 29): 1,0 Prozent sowie

8. solarer Strahlungsenergie (§§ 32 und 33) ab dem Jahr 2012: 9,0 Prozent.

(3) [1] Der Prozentsatz nach Absatz 2 Nummer 8

1. erhöht sich ab dem Jahr 2012, sobald die Leistung der bei der Bundesnetzagentur zum 30. September des jeweiligen Vorjahres innerhalb der vorangegangenen zwölf Monate nach § 16 Absatz 2 Satz 2 registrierten Anlagen

 a) 3 500 Megawatt überschreitet, um 3,0 Prozentpunkte,

 b) 4 500 Megawatt überschreitet, um 6,0 Prozentpunkte,

 c) 5 500 Megawatt überschreitet, um 9,0 Prozentpunkte,

 d) 6 500 Megawatt überschreitet, um 12,0 Prozentpunkte oder

 e) 7 500 Megawatt überschreitet, um 15,0 Prozentpunkte;

2. verringert sich ab dem Jahr 2012, sobald die Leistung der bei der Bundesnetzagentur zum 30. September des jeweiligen Vorjahres innerhalb der vorangegangenen zwölf Monate nach § 16 Absatz 2 Satz 2 registrierten Anlagen

a) 2 500 Megawatt unterschreitet, um 2,5 Prozentpunkte,

b) 2 000 Megawatt unterschreitet, um 5,0 Prozentpunkte oder

c) 1 500 Megawatt unterschreitet, um 7,5 Prozentpunkte.

[2] Die Bundesnetzagentur veröffentlicht im Einvernehmen mit dem Bundesministerium für Umwelt, Naturschutz und Reaktorsicherheit sowie dem Bundesministerium für Wirtschaft und Technologie den nach Satz 1 in Verbindung mit Absatz 2 Nummer 8 für das Folgejahr geltenden Prozentsatz und die daraus resultierenden Vergütungssätze jeweils zum 31. Oktober eines Jahres im Bundesanzeiger.

(4) [1] Die Vergütung für Strom aus Anlagen nach § 32, die nach dem 31. August 2011 und vor dem 1. Januar 2012 in Betrieb genommen wurden, und aus Anlagen nach § 33, die nach dem 30. Juni 2011 und vor dem 1. Januar 2012 in Betrieb genommen wurden, sinkt gegenüber der am 30. Juni 2011 geltenden Vergütung, wenn die Leistung der bei der Bundesnetzagentur nach dem 28. Februar 2011 und vor dem 1. Juni 2011 nach § 16 Absatz 2 Satz 2 registrierten Anlagen mit dem Faktor 4 multipliziert

1. 3 500 Megawatt überschreitet, um 3,0 Prozent,

2. 4 500 Megawatt überschreitet, um 6,0 Prozent,

3. 5 500 Megawatt überschreitet, um 9,0 Prozent,

4. 6 500 Megawatt überschreitet, um 12,0 Prozent oder

5. 7 500 Megawatt überschreitet, um 15,0 Prozent.

[2] Die Bundesnetzagentur veröffentlicht im Einvernehmen mit dem Bundesministerium für Umwelt, Naturschutz und Reaktorsicherheit sowie dem Bundesministerium für Wirtschaft und Technologie den nach Satz 1 ermittelten Prozentsatz und die daraus resultierenden Vergütungssätze zum 30. Juni 2011 im Bundesanzeiger.

(5) Die jährlichen Vergütungen und Boni werden nach der Berechnung gemäß den Absätzen 1, 2 und 4 auf zwei Stellen hinter dem Komma gerundet.

§ 21 Vergütungsbeginn und -dauer. (1) Die Vergütungen sind ab dem Zeitpunkt zu zahlen, ab dem der Generator erstmals Strom ausschließlich aus Erneuerbaren Energien oder Grubengas erzeugt und in das Netz nach § 8 Abs. 1 oder Abs. 2 eingespeist hat oder der Strom erstmals nach § 33 Abs. 2 verbraucht worden ist.

(2) [1] Die Vergütungen sind jeweils für die Dauer von 20 Kalenderjahren zuzüglich des Inbetriebnahmejahres zu zahlen. [2] Abweichend von Satz 1 sind die Vergütungen für Strom aus Anlagen nach § 23 Abs. 3 für die Dauer von 15 Jahren zuzüglich des Inbetriebnahmejahres zu zahlen. [3] Beginn der Frist nach Satz 1 oder 2 ist der Zeitpunkt der Inbetriebnahme des Generators, unabhängig davon, ob er mit Erneuerbaren Energien, Grubengas oder sonstigen Energieträgern in Betrieb genommen wurde.

(3) Der Austausch des Generators oder sonstiger technischer oder baulicher Teile führt nicht zu einem Neubeginn oder einer Verlängerung der Frist nach Absatz 2 Satz 1, soweit sich aus den nachfolgenden Vorschriften nichts anderes ergibt.

§ 22 Aufrechnung. (1) Die Aufrechnung von Vergütungsansprüchen der Anlagenbetreiberin oder des Anlagenbetreibers nach § 16 mit einer Forderung des Netzbetreibers ist nur zulässig, soweit die Forderung unbestritten oder rechtskräftig festgestellt ist.

(2) Das Aufrechnungsverbot des § 23 Abs. 3 der Niederspannungsanschlussverordnung[1)] gilt nicht, soweit mit Ansprüchen aus diesem Gesetz aufgerechnet wird.

Abschnitt 2. Besondere Vergütungsvorschriften

§ 23 Wasserkraft. (1) Für Strom aus Wasserkraft, der in Anlagen mit einer Leistung bis einschließlich 5 Megawatt erzeugt wird, beträgt die Vergütung

1. bis einschließlich einer Leistung von 500 Kilowatt 12,67 Cent pro Kilowattstunde,
2. bis einschließlich einer Leistung von 2 Megawatt 8,65 Cent pro Kilowattstunde und
3. bis einschließlich einer Leistung von 5 Megawatt 7,65 Cent pro Kilowattstunde.

(2) [1] Für Strom aus Wasserkraft, der in Anlagen mit einer Leistung bis einschließlich 5 Megawatt erzeugt wird, die vor dem 1. Januar 2009 in Betrieb genommen und nach dem 31. Dezember 2008 modernisiert worden sind, beträgt die Vergütung

1. bis einschließlich einer Leistung von 500 Kilowatt 11,67 Cent pro Kilowattstunde,
2. bis einschließlich einer Leistung von 5 Megawatt 8,65 Cent pro Kilowattstunde.

[2] Der Anspruch auf die Vergütung nach Satz 1 besteht für die Dauer von 20 Jahren zuzüglich des Jahres, in dem die Modernisierung abgeschlossen worden ist.

(3) Für Strom aus Wasserkraft, der in Anlagen mit einer Leistung über 5 Megawatt erzeugt wird, beträgt die Vergütung

1. bis einschließlich einer Leistung von 500 Kilowatt 7,29 Cent pro Kilowattstunde,
2. bis einschließlich einer Leistung von 10 Megawatt 6,32 Cent pro Kilowattstunde,
3. bis einschließlich einer Leistung von 20 Megawatt 5,8 Cent pro Kilowattstunde,
4. bis einschließlich einer Leistung von 50 Megawatt 4,34 Cent pro Kilowattstunde und
5. ab einer Leistung von 50 Megawatt 3,5 Cent pro Kilowattstunde.

[1)] Nr. 25.

(4) [1]Für Strom aus Wasserkraft, der in Anlagen mit einer Leistung über 5 Megawatt erzeugt wird, die vor dem 1. Januar 2009 in Betrieb genommen und nach dem 31. Dezember 2008 modernisiert worden sind und nach der Modernisierung eine höhere Leistung aufweisen, gelten Absatz 2 Satz 2 und Absatz 3 entsprechend für den Strom, der der Leistungserhöhung zuzurechnen ist. [2]Wenn die Anlage vor dem 1. Januar 2009 eine Leistung bis einschließlich 5 Megawatt aufwies, besteht für den Strom, der diesem Leistungsanteil entspricht, weiterhin Anspruch auf Vergütung nach der bislang geltenden Regelung.

(5) [1]Die Absätze 1 bis 4 gelten nur, wenn

1. der Strom unbeschadet des § 16 Abs. 3 nicht durch Speicherkraftwerke gewonnen worden ist und

2. nach der Errichtung oder Modernisierung der Anlage nachweislich ein guter ökologischer Zustand erreicht oder der ökologische Zustand gegenüber dem vorherigen Zustand wesentlich verbessert worden ist. Eine wesentliche Verbesserung des ökologischen Zustandes liegt in der Regel vor, wenn

a) die Stauraumbewirtschaftung,

b) die biologische Durchgängigkeit,

c) der Mindestwasserabfluss,

d) die Feststoffbewirtschaftung oder

e) die Uferstruktur

wesentlich verbessert worden oder Flachwasserzonen angelegt oder Gewässeralt- oder Seitenarme angebunden worden sind, soweit die betreffenden Maßnahmen einzeln oder in Kombination unter Beachtung der jeweiligen Bewirtschaftungsziele erforderlich sind, um einen guten ökologischen Zustand zu erreichen.

[2]Als Nachweis der Voraussetzungen des Satzes 1 Nr. 2 in Verbindung mit Satz 2 gilt

1. für Anlagen nach den Absätzen 1 und 3 die Vorlage der Zulassung der Wasserkraftnutzung und

2. für Anlagen nach den Absätzen 2 und 4 die Vorlage einer Bescheinigung der zuständigen Wasserbehörde oder einer Umweltgutachterin oder eines Umweltgutachters mit einer Zulassung für den Bereich Elektrizitätserzeugung aus Wasserkraft; machte die Modernisierung eine neue Zulassung der Wasserkraftnutzung erforderlich, gilt diese als Nachweis.

(6) Die Absätze 1 und 3 gelten ferner nur, wenn die Anlage

1. im räumlichen Zusammenhang mit einer ganz oder teilweise bereits bestehenden oder vorrangig zu anderen Zwecken als der Erzeugung von Strom aus Wasserkraft neu zu errichtenden Staustufe oder Wehranlage oder

2. ohne durchgehende Querverbauung

errichtet worden ist.

§ 24 Deponiegas. (1) Für Strom aus Deponiegas beträgt die Vergütung

1. bis einschließlich einer Anlagenleistung von 500 Kilowatt 9,0 Cent pro Kilowattstunde und

2. bis einschließlich einer Anlagenleistung von 5 Megawatt 6,16 Cent pro Kilowattstunde.

(2) Aus einem Gasnetz entnommenes Gas gilt als Deponiegas, soweit die Menge des entnommenen Gases im Wärmeäquivalent am Ende eines Kalenderjahres der Menge von Deponiegas entspricht, das an anderer Stelle im Geltungsbereich des Gesetzes in das Gasnetz eingespeist worden ist.

(3) Die Vergütungen nach Absatz 1 erhöhen sich für Strom, der durch innovative Technologien nach Maßgabe der Anlage 1 erzeugt wird (Technologie-Bonus).

§ 25 Klärgas. (1) Für Strom aus Klärgas beträgt die Vergütung

1. bis einschließlich einer Anlagenleistung von 500 Kilowatt 7,11 Cent pro Kilowattstunde und
2. bis einschließlich einer Anlagenleistung von 5 Megawatt 6,16 Cent pro Kilowattstunde.

(2) Aus einem Gasnetz entnommenes Gas gilt als Klärgas, soweit die Menge des entnommenen Gases im Wärmeäquivalent am Ende eines Kalenderjahres der Menge von Klärgas entspricht, das an anderer Stelle im Geltungsbereich des Gesetzes in das Gasnetz eingespeist worden ist.

(3) Die Vergütungen nach Absatz 1 erhöhen sich für Strom, der durch innovative Technologien nach Maßgabe der Anlage 1 erzeugt wird (Technologie-Bonus).

§ 26 Grubengas. (1) Für Strom aus Grubengas beträgt die Vergütung

1. bis einschließlich einer Anlagenleistung von 1 Megawatt 7,16 Cent pro Kilowattstunde,
2. bis einschließlich einer Anlagenleistung von 5 Megawatt 5,16 Cent pro Kilowattstunde und
3. ab einer Anlagenleistung von über 5 Megawatt 4,16 Cent pro Kilowattstunde.

(2) Die Pflicht zur Vergütung besteht nur, wenn das Grubengas aus Bergwerken des aktiven oder stillgelegten Bergbaus stammt.

(3) Die Vergütungen nach Absatz 1 erhöhen sich für Strom, der durch innovative Technologien nach Maßgabe der Anlage 1 erzeugt wird (Technologie-Bonus).

§ 27 Biomasse. (1) [1] Für Strom aus Biomasse im Sinne der nach § 64 Abs. 1 Satz 1 Nr. 2 erlassenen Biomasseverordnung[1)] beträgt die Vergütung

1. bis einschließlich einer Anlagenleistung von 150 Kilowatt 11,67 Cent pro Kilowattstunde,
2. bis einschließlich einer Anlagenleistung von 500 Kilowatt 9,18 Cent pro Kilowattstunde,
3. bis einschließlich einer Anlagenleistung von 5 Megawatt 8,25 Cent pro Kilowattstunde und

---

[1)] Nr. 35.

4. bis einschließlich einer Anlagenleistung von 20 Megawatt 7,79 Cent pro Kilowattstunde.

²Pflanzenölmethylester gilt in dem Umfang, der zur Anfahr-, Zünd- und Stützfeuerung notwendig ist, als Biomasse.

(2) Aus einem Gasnetz entnommenes Gas gilt als Biomasse, soweit die Menge des entnommenen Gases im Wärmeäquivalent am Ende eines Kalenderjahres der Menge von Gas aus Biomasse entspricht, das an anderer Stelle im Geltungsbereich des Gesetzes in das Gasnetz eingespeist worden ist.

(3) Der Anspruch auf Vergütung besteht für Strom

1. aus Anlagen mit einer Leistung über 5 Megawatt nur, soweit der Strom in Kraft-Wärme-Kopplung nach Maßgabe der Anlage 3 zu diesem Gesetz erzeugt wird,

2. aus Anlagen, die neben Biomasse im Sinne der nach § 64 Abs. 1 Satz 1 Nr. 2 erlassenen Biomasseverordnung auch sonstige Biomasse einsetzen, nur, wenn die Anlagenbetreiberin oder der Anlagenbetreiber durch ein Einsatzstoff-Tagebuch mit Angaben und Belegen über Art, Menge und Einheit, Herkunft sowie den unteren Heizwert pro Einheit der eingesetzten Stoffe den Nachweis führt, welche Biomasse eingesetzt wird, und

3. aus Anlagen, die aus einem Gasnetz entnommenes Gas im Sinne von Absatz 2 einsetzen, nur, soweit der Strom in Kraft-Wärme-Kopplung nach Maßgabe der Anlage 3 zu diesem Gesetz erzeugt wird.

(4) Die Vergütungen erhöhen sich für Strom nach Absatz 1,

1. der durch innovative Technologien nach Maßgabe der Anlage 1 erzeugt wird (Technologie-Bonus),

2. der aus nachwachsenden Rohstoffen oder Gülle nach Maßgabe der Anlage 2 zu diesem Gesetz erzeugt wird (Bonus für nachwachsende Rohstoffe) und

3. der in Kraft-Wärme-Kopplung nach Maßgabe der Anlage 3 zu diesem Gesetz erzeugt wird, um jeweils 3,0 Cent pro Kilowattstunde (KWK-Bonus).

(5) ¹Für Strom aus nach dem Bundes-Immissionsschutzgesetz genehmigungsbedürftigen Anlagen, die durch anaerobe Vergärung gewonnenes Gas (Biogas) einsetzen, erhöht sich die Vergütung nach Absatz 1 Nr. 1 und 2 um jeweils 1,0 Cent pro Kilowattstunde, wenn die dem Emissionsminimierungsgebot der Technischen Anleitung zur Reinhaltung der Luft – TA Luft – vom 24. Juli 2002 (GMBl S. 511) entsprechenden Formaldehydgrenzwerte eingehalten werden und dies durch eine Bescheinigung der zuständigen Behörde nachgewiesen wird. ²Dies gilt nicht für Anlagen, die aus dem Gasnetz entnommenes Gas im Sinne von Absatz 2 einsetzen.

§ 28 Geothermie. (1) Für Strom aus Geothermie beträgt die Vergütung

1. bis einschließlich einer Anlagenleistung von 10 Megawatt 16,0 Cent pro Kilowattstunde und

2. ab einer Anlagenleistung von 10 Megawatt 10,5 Cent pro Kilowattstunde.

(1 a) Die Vergütungen erhöhen sich für Strom nach Absatz 1 aus Anlagen, die vor dem 1. Januar 2016 in Betrieb genommen worden sind, um jeweils 4,0 Cent pro Kilowattstunde.

(2) Die Vergütungen erhöhen sich für Strom nach Absatz 1 Nr. 1, der in Kombination mit einer Wärmenutzung nach Anlage 4 erzeugt wird, um jeweils 3,0 Cent pro Kilowattstunde (Wärmenutzungs-Bonus).

(3) Die Vergütungen erhöhen sich für Strom nach Absatz 1 Nr. 1, der auch durch Nutzung petrothermaler Techniken erzeugt wird, um jeweils 4,0 Cent pro Kilowattstunde.

§ 29 Windenergie. (1) Für Strom aus Windenergieanlagen beträgt die Vergütung 5,02 Cent pro Kilowattstunde (Grundvergütung).

(2) [1] Abweichend von Absatz 1 beträgt die Vergütung in den ersten fünf Jahren ab der Inbetriebnahme der Anlage 9,2 Cent pro Kilowattstunde (Anfangsvergütung). [2] Diese Frist verlängert sich um zwei Monate je 0,75 Prozent des Referenzertrages, um den der Ertrag der Anlage 150 Prozent des Referenzertrages unterschreitet. [3] Referenzertrag ist der errechnete Ertrag der Referenzanlage nach Maßgabe der Anlage 5 zu diesem Gesetz. [4] Die Anfangsvergütung erhöht sich für Strom aus Windenergieanlagen, die vor dem 1. Januar 2014 in Betrieb genommen worden sind, um 0,5 Cent pro Kilowattstunde (Systemdienstleistungs-Bonus), wenn sie ab dem Zeitpunkt der Inbetriebnahme die Anforderungen der Verordnung nach § 64 Abs. 1 Satz 1 Nr. 1 nachweislich erfüllen.

(3) Abweichend von § 16 Abs. 1 und 3 ist der Netzbetreiber nicht verpflichtet, Strom aus Anlagen mit einer installierten Leistung über 50 Kilowatt zu vergüten, für die die Anlagenbetreiberin oder der Anlagenbetreiber gegenüber dem Netzbetreiber nicht vor Inbetriebnahme nachgewiesen hat, dass sie an dem geplanten Standort mindestens 60 Prozent des Referenzertrages erzielen können.

(4) [1] Der Nachweis nach Absatz 3 ist durch Vorlage eines gemäß den Bestimmungen der Anlage 5 zu diesem Gesetz erstellten Sachverständigengutachtens zu führen, das im Einvernehmen mit dem Netzbetreiber in Auftrag gegeben worden ist. [2] Erteilt der Netzbetreiber sein Einvernehmen nicht innerhalb von vier Wochen nach Aufforderung der Anlagenbetreiberin oder des Anlagenbetreibers, bestimmt die Clearingstelle nach § 57 die Sachverständige oder den Sachverständigen nach Anhörung der Fördergesellschaft Windenergie e.V. (FGW). [3] Die Kosten des Gutachtens tragen Anlagenbetreiberinnen und -betreiber sowie Netzbetreiber jeweils zur Hälfte.

§ 30 Windenergie Repowering. [1] Für Strom aus Windenergieanlagen, die im selben oder in einem angrenzenden Landkreis eine oder mehrere bestehende Anlagen endgültig ersetzen (Repowering-Anlagen),

1. die mindestens zehn Jahre nach den ersetzten Anlagen in Betrieb genommen worden sind und

2. deren Leistung mindestens das Zweifache und maximal das Fünffache der ersetzten Anlagen beträgt,

erhöht sich die Anfangsvergütung um 0,5 Cent pro Kilowattstunde. [2] Im Übrigen gilt § 29 entsprechend; die Nachweispflicht des § 29 Abs. 3 gilt nicht für Anlagen, die an demselben Standort Anlagen ersetzen, für die bereits ein entsprechender Nachweis geführt worden ist. [3] § 21 Abs. 2 bleibt unberührt.

§ 31 Windenergie Offshore. (1) Für Strom aus Offshore-Anlagen beträgt die Vergütung 3,5 Cent pro Kilowattstunde (Grundvergütung).

(2) [1] In den ersten zwölf Jahren ab der Inbetriebnahme der Anlage beträgt die Vergütung 13,0 Cent pro Kilowattstunde (Anfangsvergütung). [2] Für Anlagen, die vor dem 1. Januar 2016 in Betrieb genommen worden sind, erhöht sich die Anfangsvergütung nach Satz 1 um 2,0 Cent pro Kilowattstunde. [3] Der Zeitraum der Anfangsvergütung nach den Sätzen 1 und 2 verlängert sich für Strom aus Anlagen, die in einer Entfernung von mindestens zwölf Seemeilen und in einer Wassertiefe von mindestens 20 Metern errichtet worden sind, für jede über zwölf Seemeilen hinausgehende volle Seemeile Entfernung um 0,5 Monate und für jeden zusätzlichen vollen Meter Wassertiefe um 1,7 Monate.

(3) [1] Die Absätze 1 und 2 gelten nicht für Strom aus Offshore-Anlagen, deren Errichtung nach dem 31. Dezember 2004 in einem Gebiet der deutschen ausschließlichen Wirtschaftszone oder des Küstenmeeres genehmigt worden ist, das nach § 57 in Verbindung mit § 32 Absatz 2 des Bundesnaturschutzgesetzes oder nach Landesrecht zu einem geschützten Teil von Natur und Landschaft erklärt worden ist. [2] Satz 1 gilt bis zur Unterschutzstellung auch für solche Gebiete, die das Bundesministerium für Umwelt, Naturschutz und Reaktorsicherheit der Kommission der Europäischen Gemeinschaften als Gebiete von gemeinschaftlicher Bedeutung oder als Europäische Vogelschutzgebiete benannt hat.

§ 32 Solare Strahlungsenergie. (1) Für Strom aus Anlagen zur Erzeugung von Strom aus solarer Strahlungsenergie beträgt die Vergütung 21,11 Cent pro Kilowattstunde.

(2) Sofern die Anlage nicht an oder auf einer baulichen Anlage angebracht ist, die vorrangig zu anderen Zwecken als der Erzeugung von Strom aus solarer Strahlungsenergie errichtet worden ist, besteht die Vergütungspflicht des Netzbetreibers nur, wenn die Anlage

1. im Geltungsbereich eines Bebauungsplans im Sinne des § 30 des Baugesetzbuches in der Fassung der Bekanntmachung vom 23. September 2004 (BGBl. I S. 2414), das zuletzt durch Artikel 1 des Gesetzes vom 21. Dezember 2006 (BGBl. I S. 3316) geändert worden ist, in der jeweils geltenden Fassung oder
2. auf einer Fläche, für die ein Verfahren nach § 38 Satz 1 des Baugesetzbuches durchgeführt worden ist,

errichtet worden ist.

(3) [1] Für Strom aus einer Anlage nach Absatz 2, die im Geltungsbereich eines Bebauungsplans errichtet wurde, der zumindest auch zu diesem Zweck nach dem 1. September 2003 aufgestellt oder geändert worden ist, besteht die Vergütungspflicht des Netzbetreibers nur, wenn sich die Anlage

1. auf Flächen befindet, die zum Zeitpunkt des Beschlusses über die Aufstellung oder Änderung des Bebauungsplans bereits versiegelt waren,
2. auf Konversionsflächen aus wirtschaftlicher, verkehrlicher, wohnungsbaulicher oder militärischer Nutzung befindet,
3. auf Grünflächen befindet, die zur Errichtung dieser Anlage in einem vor dem 25. März 2010 beschlossenen Bebauungsplan ausgewiesen sind und zum Zeitpunkt des Beschlusses über die Aufstellung oder Änderung des

Bebauungsplans in den drei vorangegangenen Jahren als Ackerland genutzt wurden, und sie vor dem 1. Januar 2011 in Betrieb genommen wurde oder

4. auf Flächen befindet, die längs von Autobahnen oder Schienenwegen liegen, und sie in einer Entfernung bis zu 110 Metern, gemessen vom äußeren Rand der befestigten Fahrbahn, errichtet wurde.

² Satz 1 findet keine Anwendung, wenn sich die Anlage auf einer Fläche befindet, die bereits vor dem 1. Januar 2010 als Gewerbe- oder Industriegebiet im Sinne des § 8 oder des § 9 der Baunutzungsverordnung in der Fassung der Bekanntmachung vom 23. Januar 1990 (BGBl. I S. 132), die zuletzt durch Artikel 3 des Gesetzes vom 22. April 1993 (BGBl. I S. 466) geändert worden ist, festgesetzt war. ³ Satz 2 gilt entsprechend bei einem vorhabenbezogenen Bebauungsplan nach § 12 Baugesetzbuch, der zulässige bauliche Nutzungen entsprechend § 8 oder § 9 der Baunutzungsverordnung festgesetzt hat. ⁴ Für Strom aus Anlagen, die auf Flächen im Sinne von Satz 1 Nummer 1 und 2 errichtet werden, beträgt die Vergütung abweichend von Absatz 1 22,07 Cent pro Kilowattstunde.

§ 33 Solare Strahlungsenergie an oder auf Gebäuden. (1) Für Strom aus Anlagen zur Erzeugung von Strom aus solarer Strahlungsenergie, die ausschließlich an oder auf einem Gebäude oder einer Lärmschutzwand angebracht sind, beträgt die Vergütung

1. bis einschließlich einer Leistung von 30 Kilowatt 28,74 Cent pro Kilowattstunde,

2. bis einschließlich einer Leistung von 100 Kilowatt 27,33 Cent pro Kilowattstunde,

3. bis einschließlich einer Leistung von 1 Megawatt 25,86 Cent pro Kilowattstunde und

4. ab einer Leistung von über 1 Megawatt 21,56 Cent pro Kilowattstunde.

(2) ¹ Für Strom aus Anlagen nach Absatz 1 mit einer Leistung bis einschließlich 500 Kilowatt, die vor dem 1. Januar 2012 in Betrieb genommen wurden, besteht ein Anspruch auf Vergütung, soweit die Anlagenbetreiberin, der Anlagenbetreiber oder Dritte den Strom in unmittelbarer räumlicher Nähe zur Anlage selbst verbrauchen und dies nachweisen. ² Für diesen Strom verringert sich die Vergütung nach Absatz 1

1. um 16,38 Cent pro Kilowattstunde für den Anteil dieses Stroms, der 30 Prozent der im selben Jahr durch die Anlage erzeugten Strommenge nicht übersteigt, und

2. um 12 Cent pro Kilowattstunde für den Anteil dieses Stroms, der 30 Prozent der im selben Jahr durch die Anlage erzeugten Strommenge übersteigt.

(3) Gebäude sind selbständig benutzbare, überdeckte bauliche Anlagen, die von Menschen betreten werden können und vorrangig dazu bestimmt sind, dem Schutz von Menschen, Tieren oder Sachen zu dienen.

Teil 4. Ausgleichsmechanismus

Abschnitt 1. Bundesweiter Ausgleich

§ 34 Weitergabe an den Übertragungsnetzbetreiber. Netzbetreiber sind verpflichtet, den nach § 16 vergüteten Strom unverzüglich an den vorgelagerten Übertragungsnetzbetreiber weiterzugeben.

§ 35 Vergütung durch den Übertragungsnetzbetreiber. (1) Der vorgelagerte Übertragungsnetzbetreiber ist zur Vergütung der von dem Netzbetreiber nach § 16 vergüteten Strommenge entsprechend den §§ 18 bis 33 verpflichtet.

(2) ¹ Von den Vergütungen sind die nach § 18 Abs. 2 und 3 der Stromnetzentgeltverordnung[1]) vom 25. Juli 2005 (BGBl. I S. 2225), die zuletzt durch Artikel 3a der Verordnung vom 8. April 2008 (BGBl. I S. 693) geändert worden ist, in der jeweils geltenden Fassung ermittelten vermiedenen Netzentgelte abzuziehen. ² § 8 Abs. 4 Nr. 2 gilt entsprechend.

§ 36 Ausgleich zwischen den Übertragungsnetzbetreibern. (1) Die Übertragungsnetzbetreiber sind verpflichtet, den unterschiedlichen Umfang und den zeitlichen Verlauf der nach § 16 vergüteten Strommengen sowie die Vergütungszahlungen zu erfassen, die Strommengen unverzüglich untereinander vorläufig auszugleichen sowie die Strommengen und die Vergütungszahlungen nach Maßgabe von Absatz 2 abzurechnen.

(2) Die Übertragungsnetzbetreiber ermitteln bis zum 31. Juli eines jeden Jahres die Strommenge, die sie im vorangegangenen Kalenderjahr nach § 8 oder § 34 abgenommen und nach § 16 oder § 35 vergütet sowie nach Absatz 1 vorläufig ausgeglichen haben, und den Anteil dieser Menge an der gesamten Strommenge, die Elektrizitätsversorgungsunternehmen im Bereich des jeweiligen Übertragungsnetzbetreibers im vorangegangenen Kalenderjahr an Letztverbraucher geliefert haben.

(3) Übertragungsnetzbetreiber, die größere Mengen abzunehmen hatten, als es diesem durchschnittlichen Anteil entspricht, haben gegen die anderen Übertragungsnetzbetreiber einen Anspruch auf Abnahme und Vergütung nach den §§ 16 bis 33, bis auch diese Netzbetreiber eine Strommenge abnehmen, die dem Durchschnittswert entspricht.

(4) Die Übertragungsnetzbetreiber sind verpflichtet, den Strom an die ihnen nachgelagerten Elektrizitätsversorgungsunternehmen durchzuleiten.

§ 37 Weitergabe an die Lieferanten. (1) ¹ Elektrizitätsversorgungsunternehmen, die Strom an Letztverbraucher liefern, sind verpflichtet, den von dem für sie regelverantwortlichen Übertragungsnetzbetreiber nach § 35 abgenommenen und vergüteten Strom anteilig gemäß einem rechtzeitig bekannt gegebenen, der tatsächlichen Stromabnahme nach § 8 in Verbindung mit § 16 angenäherten Profil abzunehmen und zu vergüten. ² Die Pflicht zur Vergütung nach Satz 1 verringert sich um höchstens 2,0 Cent pro Kilowattstunde für Elektrizitätsversorgungsunternehmen, die, bezogen auf die gesamte von ihnen

---
[1]) Nr. 17.

gelieferte Strommenge, mindestens 50 Prozent Strom im Sinne der §§ 23 bis 33 liefern.

(2) ¹Der nach Absatz 1 abzunehmende Anteil wird bezogen auf die von dem jeweiligen Elektrizitätsversorgungsunternehmen gelieferte Strommenge und ist so zu bestimmen, dass jedes Elektrizitätsversorgungsunternehmen einen relativ gleichen Anteil erhält. ²Der Anteil bemisst sich nach dem Verhältnis des nach § 16 insgesamt vergüteten Stroms zu dem insgesamt an Letztverbraucher gelieferten Strom.

(3) Die Vergütung im Sinne von Absatz 1 errechnet sich aus dem voraussichtlichen Durchschnitt der nach § 16 von der Gesamtheit der Netzbetreiber pro Kilowattstunde in dem vorletzten Quartal gezahlten Vergütungen abzüglich der nach § 35 Abs. 2 vermiedenen Netzentgelte.

(4) ¹Die Übertragungsnetzbetreiber sind verpflichtet, Ansprüche gegen Elektrizitätsversorgungsunternehmen nach Absatz 1, die infolge des Ausgleichs nach § 36 entstehen, bis zum 31. August des auf die Einspeisung folgenden Jahres geltend zu machen. ²Der tatsächliche Ausgleich der Strommenge und Vergütungszahlungen erfolgt im Folgejahr bis zum 30. September in monatlichen Raten.

(5) Der nach Absatz 1 abgenommene Strom darf nicht unter der nach Absatz 3 gezahlten Vergütung verkauft werden, soweit er als Strom aus Erneuerbaren Energien oder als diesem vergleichbarer Strom vermarktet wird.

(6) Letztverbraucher, die Strom nicht von einem Elektrizitätsversorgungsunternehmen beziehen, sondern von einer dritten Person, stehen Elektrizitätsversorgungsunternehmen gleich.

§ 38 Nachträgliche Korrekturen. Ergeben sich durch eine rechtskräftige Gerichtsentscheidung im Hauptsacheverfahren oder einen anderen vollstreckbaren Titel, der erst nach der Abrechnung nach § 36 Abs. 1 oder § 37 Abs. 4 ergangen ist, Änderungen der abzurechnenden Strommenge oder Vergütungszahlungen, sind diese Änderungen bei der jeweils nächsten Abrechnung zu berücksichtigen.

§ 39 Abschlagszahlungen. Auf die zu erwartenden Ausgleichsvergütungen sind monatliche Abschläge in angemessenem Umfang zu leisten.

Abschnitt 2. Besondere Ausgleichsregelung für stromintensive Unternehmen und Schienenbahnen

§ 40 Grundsatz. (1) ¹Das Bundesamt für Wirtschaft und Ausfuhrkontrolle begrenzt auf Antrag für eine Abnahmestelle den Anteil der Strommenge nach § 37, der von Elektrizitätsversorgungsunternehmen an Letztverbraucher, die stromintensive Unternehmen des produzierenden Gewerbes mit hohem Stromverbrauch oder Schienenbahnen sind, weitergegeben wird. ²Die Begrenzung erfolgt, um die Stromkosten dieser Unternehmen zu senken und so ihre internationale und intermodale Wettbewerbsfähigkeit zu erhalten, soweit hierdurch die Ziele des Gesetzes nicht gefährdet werden und die Begrenzung mit den Interessen der Gesamtheit der Stromverbraucher vereinbar ist.

(2) ¹Zur Begrenzung der anteilig weitergereichten Strommenge wird mit Wirkung für die Abnahmestelle ein bestimmter Prozentsatz festgesetzt. ²Der

Prozentsatz ist für alle Antragsteller einheitlich so zu bestimmen, dass das Produkt aus dem Prozentsatz und der Differenz zwischen der für das Folgejahr zu erwartenden Vergütung nach § 37 Abs. 3 und den für das Folgejahr zu erwartenden durchschnittlichen Strombezugskosten 0,05 Cent je Kilowattstunde beträgt. ³ Als durchschnittlich zu erwartende Stromkosten gelten insbesondere die durchschnittlichen Strombezugskosten auf dem Terminmarkt.

§ 41 Unternehmen des produzierenden Gewerbes. (1) Bei einem Unternehmen des produzierenden Gewerbes erfolgt die Begrenzung nur, soweit es nachweist, dass und inwieweit im letzten abgeschlossenen Geschäftsjahr

1. der von einem Elektrizitätsversorgungsunternehmen nach § 37 Abs. 1 bezogene und selbst verbrauchte Strom an einer Abnahmestelle 10 Gigawattstunden überstiegen hat,
2. das Verhältnis der Stromkosten zur Bruttowertschöpfung des Unternehmens nach der Definition des Statistischen Bundesamtes, Fachserie 4, Reihe 4.3, Wiesbaden 2007[1]), 15 Prozent überschritten hat,
3. die Strommenge nach § 37 anteilig an das Unternehmen weitergereicht und von diesem selbst verbraucht worden ist und
4. eine Zertifizierung erfolgt ist, mit der der Energieverbrauch und die Potenziale zur Verminderung des Energieverbrauchs erhoben und bewertet worden sind.

(2) ¹ Die Voraussetzungen nach Absatz 1 Nr. 1 bis 3 sind durch die Stromlieferungsverträge und die Stromrechnungen für das letzte abgeschlossene Geschäftsjahr sowie der Bescheinigung einer Wirtschaftsprüferin, eines Wirtschaftsprüfers, einer vereidigten Buchprüferin oder eines vereidigten Buchprüfers auf Grundlage des Jahresabschlusses für das letzte abgeschlossene Geschäftsjahr nachzuweisen. ² Die Voraussetzung nach Absatz 1 Nr. 4 ist durch die Bescheinigung der Zertifizierungsstelle nachzuweisen.

(2 a) ¹ Unternehmen, die nach dem 30. Juni des Vorjahres neu gegründet wurden, können abweichend von Absatz 1 Daten über ein Rumpfgeschäftsjahr vorlegen. ² Absatz 2 gilt entsprechend. ³ Neu gegründete Unternehmen sind nur solche, die nicht durch Umwandlung entstanden sind. ⁴ Als Zeitpunkt der Neugründung gilt der Zeitpunkt, an dem erstmalig Strom zu Produktions- oder Fahrbetriebszwecken abgenommen wird.

(3) ¹ Für Unternehmen, deren Strombezug im Sinne von Absatz 1 Nr. 1 unter 100 Gigawattstunden oder deren Verhältnis der Stromkosten zur Bruttowertschöpfung unter 20 Prozent lag, erfolgt die Begrenzung nach § 40 nur hinsichtlich des gesamten über 10 Prozent des im letzten abgeschlossenen Geschäftsjahr an der betreffenden Abnahmestelle bezogenen und selbst verbrauchten Stroms hinaus; der Nachweis ist in entsprechender Anwendung des Absatzes 2 zu führen. ² Wird das Unternehmen im Begünstigungszeitraum von mehreren Elektrizitätsversorgungsunternehmen beliefert, gilt die Begrenzung nach § 40 Abs. 2 für jedes Elektrizitätsversorgungsunternehmen anteilig gemäß dem Umfang, in dem sie diesen Letztverbraucher an dieser Abnahmestelle beliefern; das Unternehmen hat den Elektrizitätsversorgungs-

---

¹⁾ **Amtl. Anm.**: Amtlicher Hinweis: Zu beziehen beim Statistischen Bundesamt, 65180 Wiesbaden.

unternehmen die für die Anteilsberechnung erforderlichen Informationen zur Verfügung zu stellen.

(4) Abnahmestelle sind alle räumlich zusammenhängenden elektrischen Einrichtungen des Unternehmens auf einem Betriebsgelände, das über einen oder mehrere Entnahmepunkte mit dem Netz des Netzbetreibers verbunden ist.

(5) Die Absätze 1 bis 4 gelten für selbständige Teile des Unternehmens entsprechend.

§ **42 Schienenbahnen.** Für Schienenbahnen gilt § 41 Abs. 1 Nr. 1 und 3 sowie Absatz 2, 2a und 3 entsprechend mit folgender Maßgabe:

1. Es sind nur diejenigen Strommengen zu berücksichtigen, die unmittelbar für den Fahrbetrieb im Schienenbahnverkehr verbraucht werden.
2. Schienenbahnen gelten als Unternehmen, deren Verbrauch unter 100 Gigawattstunden lag.
3. Abnahmestelle ist die Summe der Verbrauchsstellen für den Fahrbetrieb im Schienenbahnverkehr des Unternehmens.

§ **43 Antragsfrist und Entscheidungswirkung.** (1) [1]Der Antrag nach § 40 Abs. 1 in Verbindung mit § 41 oder § 42 einschließlich der vollständigen Antragsunterlagen ist jeweils zum 30. Juni des laufenden Jahres zu stellen (Ausschlussfrist). [2]Die Entscheidung ergeht mit Wirkung gegenüber der antragstellenden Person, dem Elektrizitätsversorgungsunternehmen und dem regelverantwortlichen Übertragungsnetzbetreiber. [3]Sie wird zum 1. Januar des Folgejahres mit einer Geltungsdauer von einem Jahr wirksam. [4]Die durch eine vorangegangene Entscheidung hervorgerufenen Wirkungen bleiben bei der Berechnung des Verhältnisses der Stromkosten zur Bruttowertschöpfung nach § 41 Abs. 1 Nr. 2 und Abs. 3 außer Betracht.

(2) [1]Neu gegründete Unternehmen im Sinne des § 41 Abs. 2a können den Antrag abweichend von Absatz 1 Satz 1 bis zum 30. September des laufenden Jahres stellen. [2]Satz 1 gilt für Schienenbahnunternehmen entsprechend.

(3) Der Anspruch des an der betreffenden Abnahmestelle regelverantwortlichen Übertragungsnetzbetreibers aus § 37 gegenüber den betreffenden Elektrizitätsversorgungsunternehmen wird entsprechend der Entscheidung des Bundesamtes für Wirtschaft und Ausfuhrkontrolle begrenzt; die Übertragungsnetzbetreiber haben diese Begrenzungen im Rahmen von § 36 zu berücksichtigen.

§ **44 Auskunftspflicht.** [1]Die Begünstigten der Entscheidung nach § 40 haben dem Bundesministerium für Umwelt, Naturschutz und Reaktorsicherheit und seinen Beauftragten auf Verlangen Auskunft über alle Tatsachen zu geben, die für die Beurteilung erforderlich sind, ob die Ziele des § 40 Abs. 1 Satz 2 erreicht werden. [2]Betriebs- und Geschäftsgeheimnisse werden gewahrt.

Teil 5. Transparenz

Abschnitt 1. Mitteilungs- und Veröffentlichungspflichten

§ 45 Grundsatz. ¹ Anlagenbetreiberinnen, Anlagenbetreiber, Netzbetreiber und Elektrizitätsversorgungsunternehmen sind verpflichtet, einander die für den bundesweiten Ausgleich nach den §§ 34 bis 39 jeweils erforderlichen Daten, insbesondere die in den §§ 46 bis 50 genannten, unverzüglich zur Verfügung zu stellen. ² § 38 gilt entsprechend. ³ Daten, die von dem nach § 64 Abs. 1 Satz 1 Nr. 9 einzurichtenden Anlagenregister erfasst und veröffentlicht werden, sind ab dem Zeitpunkt der Veröffentlichung der Daten nicht mehr nach den §§ 45 bis 52 zu übermitteln.

§ 46 Anlagenbetreiberinnen und -betreiber. Anlagenbetreiberinnen und -betreiber sind verpflichtet, dem Netzbetreiber

1. den Standort und die Leistung der Anlage sowie die Strommenge nach § 33 Abs. 2 mitzuteilen,

2. bei Biomasseanlagen nach § 27 Abs. 1 die Einsatzstoffe nach § 27 Abs. 3 Nr. 2 und Abs. 4 Nr. 2 sowie die Angaben zu den eingesetzten Technologien nach § 27 Abs. 4 Nr. 1 und 3 mitzuteilen und

3. bis zum 28. Februar eines Jahres die für die Endabrechnung des Vorjahres erforderlichen Daten zur Verfügung zu stellen.

§ 47 Netzbetreiber. (1) Netzbetreiber, die nicht Übertragungsnetzbetreiber sind, sind verpflichtet,

1. die von den Anlagenbetreiberinnen und -betreibern erhaltenen Angaben nach § 46, die tatsächlich geleisteten Vergütungszahlungen sowie die sonstigen für den bundesweiten Ausgleich erforderlichen Angaben dem vorgelagerten Übertragungsnetzbetreiber unverzüglich, nachdem sie verfügbar sind, zusammengefasst mitzuteilen und

2. bis zum 31. Mai eines Jahres mittels Formularvorlagen, die der Übertragungsnetzbetreiber auf seiner Internetseite zur Verfügung stellt, in elektronischer Form die Endabrechnung für das Vorjahr sowohl für jede einzelne Anlage als auch zusammengefasst vorzulegen; § 19 Abs. 2 und 3 gilt entsprechend.

(2) Für die Ermittlung der auszugleichenden Energiemengen und Vergütungszahlungen nach Absatz 1 sind insbesondere erforderlich

1. die Angabe der Spannungsebene, an die die Anlage angeschlossen ist,

2. die Höhe der vermiedenen Netzentgelte nach § 35 Abs. 2,

3. die Angabe, inwieweit der Netzbetreiber die Energiemengen von einem nachgelagerten Netz abgenommen hat, und

4. die Angabe, inwieweit der Netzbetreiber die Energiemengen nach Nummer 3 an Letztverbraucherinnen, Letztverbraucher, Netzbetreiber oder Elektrizitätsversorgungsunternehmen abgegeben oder sie selbst verbraucht hat.

§ 48 Übertragungsnetzbetreiber. (1) Für Übertragungsnetzbetreiber gilt § 47 entsprechend mit der Maßgabe, dass die Angaben und die Endabrechnung nach § 47 Abs. 1 für Anlagen, die unmittelbar oder mittelbar nach § 8 Abs. 2 an ihr Netz angeschlossen sind, auf ihrer Internetseite zu veröffentlichen sind.

(2) Übertragungsnetzbetreiber sind darüber hinaus verpflichtet,

1. den Elektrizitätsversorgungsunternehmen, für die sie regelverantwortlich sind, unverzüglich, nachdem sie verfügbar sind, die auf der Grundlage der tatsächlich geleisteten Vergütungszahlungen abzunehmenden und nach § 37 Abs. 3 zu vergütenden Energiemengen mitzuteilen und

2. den Elektrizitätsversorgungsunternehmen, für die sie regelverantwortlich sind, bis zum 31. Juli eines Jahres die Endabrechnung für das Vorjahr vorzulegen. § 47 Abs. 2 gilt entsprechend.

§ 49 Elektrizitätsversorgungsunternehmen. Elektrizitätsversorgungsunternehmen sind verpflichtet, ihrem regelverantwortlichen Übertragungsnetzbetreiber unverzüglich die an Letztverbraucherinnen oder Letztverbraucher gelieferte Energiemenge elektronisch mitzuteilen und bis zum 31. Mai die Endabrechnung für das Vorjahr vorzulegen.

§ 50 Testierung. Netzbetreiber und Elektrizitätsversorgungsunternehmen können verlangen, dass die Endabrechnungen nach § 47 Abs. 1 Nr. 2, den §§ 48 und 49 bei Vorlage durch eine Wirtschaftsprüferin, einen Wirtschaftsprüfer, eine vereidigte Buchprüferin oder einen vereidigten Buchprüfer bescheinigt werden.

§ 51 Information der Bundesnetzagentur. (1) Netzbetreiber sind verpflichtet, die Angaben, die sie nach § 46 von den Anlagenbetreiberinnen oder -betreibern erhalten, die Angaben nach § 47 Abs. 2 Nr. 1 und die Endabrechnungen nach § 47 Abs. 1 Nr. 2 sowie § 48 Abs. 2 Nr. 2 einschließlich der zu ihrer Überprüfung erforderlichen Daten zum Ablauf der jeweiligen Fristen der Bundesnetzagentur in elektronischer Form vorzulegen; für Elektrizitätsversorgungsunternehmen gilt dies hinsichtlich der Angaben nach § 49 und, soweit sie Differenzkosten nach Maßgabe des § 54 Abs. 1 abrechnen, der jeweils in Ansatz zu bringenden Strombezugskosten pro Kilowattstunde entsprechend.

(2) Anlagenbetreiberinnen und -betreiber, die für Strom aus Erneuerbaren Energien keine Vergütung nach den Vorschriften dieses Gesetzes beanspruchen, sondern ihn an Dritte veräußern, sind verpflichtet, der Bundesnetzagentur bis zum 31. Mai die Menge dieses Stroms in elektronischer Form mitzuteilen.

(3) [1] Soweit die Bundesnetzagentur Formularvorlagen bereitstellt, sind Netzbetreiber, Elektrizitätsversorgungsunternehmen, Anlagenbetreiberinnen und -betreiber verpflichtet, die Daten in dieser Form zu übermitteln. [2] Die Daten nach den Absätzen 1 und 2 mit Ausnahme der Strombezugskosten werden dem Bundesministerium für Umwelt, Naturschutz und Reaktorsicherheit und dem Bundesministerium für Wirtschaft und Technologie von der Bundesnetzagentur für statistische Zwecke sowie die Evaluation des Gesetzes und die Berichterstattung nach § 65 zur Verfügung gestellt.

§ 52 Information der Öffentlichkeit. (1) Netzbetreiber und Elektrizitätsversorgungsunternehmen sind verpflichtet, auf ihren Internetseiten

1. die Angaben nach den §§ 45 bis 49 unverzüglich nach ihrer Übermittlung und
2. einen Bericht über die Ermittlung der von ihnen nach den §§ 45 bis 49 mitgeteilten Daten unverzüglich nach dem 30. September eines Jahres

zu veröffentlichen und bis zum Ablauf des Folgejahres vorzuhalten; § 48 Abs. 1 bleibt unberührt.

(2) Die Angaben und der Bericht müssen eine sachkundige dritte Person in die Lage versetzen, ohne weitere Informationen die ausgeglichenen Energiemengen und Vergütungszahlungen vollständig nachvollziehen zu können.

Abschnitt 2. Differenzkosten

§ 53 Anzeige. (1) Elektrizitätsversorgungsunternehmen, die Strom an Letztverbraucher liefern, sind berechtigt, die Differenz zwischen den § 37 Abs. 3 im jeweils betrachteten Abrechnungszeitraum zu erwartenden Vergütungen und den Strombezugskosten pro Kilowattstunde (Differenzkosten) gegenüber Dritten anzuzeigen.

(2) [1] Bei der Anzeige von Differenzkosten ist deutlich sichtbar und in gut lesbarer Schrift anzugeben, wie viele Kilowattstunden Strom aus Erneuerbaren Energien und aus Grubengas für die Berechnung der Differenzkosten zu Grunde gelegt wurden. [2] Die Berechnung der Differenzkosten ist so zu begründen, dass sie ohne weitere Informationen nachvollziehbar ist.

(3) Kosten, die bei den Netznutzungsentgelten in Ansatz gebracht werden können, dürfen nicht als Differenzkosten angezeigt werden.

§ 54 Stromkennzeichnung entsprechend der EEG-Umlage. (1) Elektrizitätsversorgungsunternehmen sind verpflichtet, gegenüber Letztverbraucherinnen und Letztverbrauchern im Rahmen der Stromkennzeichnung nach § 42 des Energiewirtschaftsgesetzes[1] den nach Absatz 2 berechneten Wert als Anteil in Prozent für „Erneuerbare Energien, gefördert nach dem Erneuerbare-Energien-Gesetz" auszuweisen.

(2) [1] Der nach Absatz 1 gegenüber ihren Letztverbraucherinnen und Letztverbrauchern auszuweisende Anteil berechnet sich in Prozent, indem die EEG-Umlage, die das Elektrizitätsversorgungsunternehmen tatsächlich für die an ihre Letztverbraucherinnen und Letztverbraucher gelieferte Strommenge in einem Jahr gezahlt hat,
1. mit dem EEG-Quotienten nach Absatz 3 multipliziert,
2. danach durch die gesamte in diesem Jahr an ihre Letztverbraucherinnen und Letztverbraucher gelieferte Strommenge dividiert und
3. anschließend mit Hundert multipliziert

wird. [2] Der nach Absatz 1 auszuweisende Anteil ist unmittelbarer Bestandteil der gelieferten Strommenge und kann nicht getrennt ausgewiesen oder weiter vermarktet werden.

---

[1] Nr. 1.

(3) [1] Der EEG-Quotient ist das Verhältnis der Summe der Strommenge, für die in dem vergangenen Kalenderjahr eine Vergütung nach § 16 in Anspruch genommen wurde, und der Strommenge, die in der Form des § 33 b Nummer 1 direkt vermarktet wurde, zu den gesamten durch die Übertragungsnetzbetreiber erhaltenen Einnahmen aus der EEG-Umlage für die von den Elektrizitätsversorgungsunternehmen im vergangenen Kalenderjahr gelieferten Strommengen an Letztverbraucherinnen und Letztverbraucher. [2] Die Übertragungsnetzbetreiber veröffentlichen auf einer gemeinsamen Internetplattform in einheitlichem Format bis zum 30. September 2011 und in den folgenden Jahren bis zum 31. Juli den EEG-Quotienten in nicht personenbezogener Form für das jeweils vorangegangene Kalenderjahr.

(4) Die Anteile der nach § 42 Absatz 1 Nummer 1 und Absatz 3 des Energiewirtschaftsgesetzes anzugebenden Energieträger sind mit Ausnahme des Anteils für Strom aus „Erneuerbare Energien, gefördert nach dem Erneuerbare-Energien-Gesetz" entsprechend anteilig für die jeweilige Letztverbraucherin oder den jeweiligen Letztverbraucher um den nach Absatz 1 auszuweisenden Prozentsatz zu reduzieren.

(5) [1] Elektrizitätsversorgungsunternehmen sind verpflichtet, gegenüber Letztverbraucherinnen und Letztverbrauchern, deren Pflicht zur Zahlung der EEG-Umlage nach den §§ 40 bis 43 begrenzt ist, zusätzlich zu dem Gesamtenergieträgermix einen gesonderten nach den Sätzen 3 und 4 zu berechnenden „Energieträgermix für nach dem Erneuerbare-Energien-Gesetz privilegierte Unternehmen" auszuweisen. [2] In diesem Energieträgermix sind die Anteile nach § 42 Absatz 1 Nummer 1 des Energiewirtschaftsgesetzes auszuweisen. [3] Der Anteil in Prozent für „Erneuerbare Energien, gefördert nach dem Erneuerbare-Energien-Gesetz" berechnet sich abweichend von Absatz 2, indem die EEG-Umlage, die das Elektrizitätsversorgungsunternehmen tatsächlich für die in einem Jahr an die jeweilige Letztverbraucherin oder den jeweiligen Letztverbraucher gelieferte Strommenge gezahlt hat,

1. mit dem EEG-Quotienten nach Absatz 3 multipliziert,
2. danach durch die gesamte an die jeweilige Letztverbraucherin oder den jeweiligen Letztverbraucher gelieferte Strommenge dividiert und
3. anschließend mit Hundert multipliziert

wird. [4] Die Anteile der anderen nach § 42 Absatz 1 Nummer 1 des Energiewirtschaftsgesetzes anzugebenden Energieträger sind entsprechend anteilig für die jeweilige Letztverbraucherin oder den jeweiligen Letztverbraucher um den nach Satz 3 berechneten Prozentsatz zu reduzieren.

Abschnitt 3. Herkunftsnachweis und Doppelvermarktungsverbot

§ 55 Herkunftsnachweise. (1) [1] Die zuständige Behörde stellt Anlagenbetreiberinnen und Anlagenbetreibern auf Antrag Herkunftsnachweise für Strom aus Erneuerbaren Energien aus. [2] Sie überträgt oder entwertet Herkunftsnachweise auf Antrag. [3] Ausstellung, Übertragung und Entwertung erfolgen elektronisch und nach Maßgabe der Rechtsverordnung nach § 64 Absatz 4; sie müssen vor Missbrauch geschützt sein.

(2) [1] Die zuständige Behörde erkennt auf Antrag nach Maßgabe der Rechtsverordnung nach § 64 Absatz 4 Herkunftsnachweise für Strom aus Erneuerbaren Energien an, die ein anderer Mitgliedstaat der Europäischen Union oder

ein anderer Vertragsstaat des Abkommens über den Europäischen Wirtschaftsraum ausgestellt hat. ²Das gilt nur für Herkunftsnachweise, die nach Artikel 15 der Richtlinie 2009/28/EG[1]) des Europäischen Parlaments und des Rates vom 23. April 2009 zur Förderung der Nutzung von Energie aus erneuerbaren Quellen und zur Änderung und anschließenden Aufhebung der Richtlinien 2001/77/EG und 2003/30/EG (ABl. L 140 vom 5. 6. 2009, S. 16) ausgestellt worden sind.

(3) Die zuständige Behörde richtet eine elektronische Datenbank ein, in der die Ausstellung, Anerkennung, Übertragung und Entwertung von Herkunftsnachweisen registriert werden (Herkunftsnachweisregister).

(4) Zuständige Behörde im Sinne der Absätze 1 bis 3 ist das Umweltbundesamt.

§ 56 Doppelvermarktungsverbot. (1) Strom aus Erneuerbaren Energien und aus Grubengas sowie in ein Gasnetz eingespeistes Deponie- oder Klärgas sowie Gas aus Biomasse dürfen nicht mehrfach verkauft, anderweitig überlassen werden oder entgegen § 34 oder § 36 Abs. 4 an eine dritte Person veräußert werden.

(2) ¹Anlagenbetreiberinnen oder -betreiber, die eine gesetzliche Vergütung für Strom aus Erneuerbaren Energien oder aus Grubengas in Anspruch nehmen, dürfen Herkunftsnachweise oder sonstige Nachweise, die die Herkunft des Stroms belegen, für diesen Strom nicht weitergeben. ²Gibt eine Anlagenbetreiberin oder ein Anlagenbetreiber einen Herkunftsnachweis oder sonstigen Nachweis, der die Herkunft des Stroms belegt, für Strom aus Erneuerbaren Energien oder aus Grubengas weiter, darf für diesen Strom keine gesetzliche Vergütung in Anspruch genommen werden.

(3) Solange im Rahmen einer gemeinsamen Projektumsetzung nach dem Projekt-Mechanismen-Gesetz[2]) vom 22. September 2005 (BGBl. I S. 2826), zuletzt geändert durch Artikel 3 des Gesetzes vom 7. August 2007 (BGBl. I S. 1788), in der jeweils geltenden Fassung für die Emissionsminderungen der Anlage Emissionsreduktionseinheiten erzeugt werden können, darf der Strom aus der betreffenden Anlage nicht nach den §§ 16 bis 33 vergütet werden.

Teil 6. Rechtsschutz und behördliches Verfahren

§ 57 Clearingstelle. Zur Klärung von Streitigkeiten und Anwendungsfragen dieses Gesetzes kann das Bundesministerium für Umwelt, Naturschutz und Reaktorsicherheit eine Clearingstelle errichten.

§ 58 Verbraucherschutz. Die §§ 8 bis 14 des Gesetzes gegen den unlauteren Wettbewerb gelten für Verstöße gegen die §§ 16 bis 33 entsprechend.

§ 59 Einstweiliger Rechtsschutz. (1) Auf Antrag der Anlagenbetreiberin oder des Anlagenbetreibers kann das für die Hauptsache zuständige Gericht bereits vor Errichtung der Anlage unter Berücksichtigung der Umstände des

---

[1]) Nr. 36.
[2]) Nr. 49.

Einzelfalles durch einstweilige Verfügung regeln, dass die Schuldnerin oder der Schuldner der in den §§ 5, 8, 9 und 16 bezeichneten Ansprüche Auskunft zu erteilen, die Anlage vorläufig anzuschließen, sein Netz unverzüglich zu optimieren, zu verstärken oder auszubauen, den Strom abzunehmen und hierfür einen als billig und gerecht zu erachtenden Betrag als Abschlagszahlung zu leisten hat.

(2) Die einstweilige Verfügung kann erlassen werden, auch wenn die in den §§ 935, 940 der Zivilprozessordnung bezeichneten Voraussetzungen nicht vorliegen.

§ 60 Nutzung von Seewasserstraßen. Solange Anlagenbetreiberinnen oder -betreiber den Vergütungsanspruch nach § 16 geltend machen, können sie die deutsche ausschließliche Wirtschaftszone oder das Küstenmeer unentgeltlich für den Betrieb der Anlagen nutzen.

§ 61 Aufgaben der Bundesnetzagentur. (1) [1] Die Bundesnetzagentur hat die Aufgabe, zu überwachen, dass

1. den Elektrizitätsversorgungsunternehmen nur die nach § 35 gezahlten Vergütungen abzüglich der vermiedenen Netzentgelte berechnet werden,
2. die Daten nach § 51 vorgelegt sowie nach § 52 veröffentlicht werden und
3. Dritten Differenzkosten nur nach Maßgabe der §§ 53 und 54 angezeigt werden.

[2] Sie unterstützt das Bundesministerium für Umwelt, Naturschutz und Reaktorsicherheit bei der Evaluierung dieses Gesetzes und der Erstellung des Erfahrungsberichts.

(2) Für die Wahrnehmung der Aufgaben nach Absatz 1 gelten die Vorschriften des Teils 8 des Energiewirtschaftsgesetzes[1)] mit Ausnahme von § 69 Abs. 1 Satz 2, Abs. 10, der §§ 91, 92 und 95 bis 101 sowie des Abschnitts sechs entsprechend.

(3) Die Entscheidungen der Bundesnetzagentur nach Absatz 2 werden von den Beschlusskammern getroffen; § 59 Abs. 1 Satz 2 und 3, Abs. 2 und 3 sowie § 60 des Energiewirtschaftsgesetzes gelten entsprechend.

§ 62 Bußgeldvorschriften. (1) Ordnungswidrig handelt, wer vorsätzlich oder fahrlässig

1. entgegen § 56 Abs. 1 Strom oder Gas mehrfach verkauft, anderweitig überlässt an eine dritte Person veräußert,
2. einer vollziehbaren Anordnung nach § 61 Abs. 2 in Verbindung mit § 65 Abs. 1 oder 2 oder § 69 Abs. 7 Satz 1 oder Abs. 8 Satz 1 des Energiewirtschaftsgesetzes[1)] zuwiderhandelt oder
3. einer Rechtsverordnung nach
   a) § 64 Absatz 2 Satz 1 Nummer 3,
   b) § 64 Absatz 4 Satz 1 Nummer 1 oder
   c) § 64 Absatz 4 Satz 1 Nummer 3 oder Nummer 4

[1)] Nr. 1.

oder einer vollziehbaren Anordnung auf Grund einer solchen Rechtsverordnung zuwiderhandelt, soweit die Rechtsverordnung für einen bestimmten Tatbestand auf diese Bußgeldvorschrift verweist.

(2) Die Ordnungswidrigkeit kann in den Fällen des Absatzes 1 Nummer 3 Buchstabe c mit einer Geldbuße bis zu fünfzigtausend Euro und in den übrigen Fällen mit einer Geldbuße bis zu hunderttausend Euro geahndet werden.

(3) Verwaltungsbehörde im Sinne des § 36 Absatz 1 Nummer 1 des Gesetzes über Ordnungswidrigkeiten ist

1. in den Fällen des Absatzes 1 Nummer 1 und 2 die Bundesnetzagentur,
2. in den Fällen des Absatzes 1 Nummer 3 Buchstabe a die Bundesanstalt für Landwirtschaft und Ernährung,
3. in den Fällen des Absatzes 1 Nummer 3 Buchstabe b und c das Umweltbundesamt.

§ 63 Fachaufsicht. [1] Soweit Bundesbehörden Aufgaben nach diesem Gesetz wahrnehmen, unterliegen sie der Fachaufsicht des Bundesministeriums für Umwelt, Naturschutz und Reaktorsicherheit. [2] Dies gilt nicht für die Fachaufsicht über die Bundesnetzagentur.

§ 63a Gebühren und Auslagen. (1) [1] Für Amtshandlungen nach diesem Gesetz und den auf diesem Gesetz beruhenden Rechtsverordnungen werden zur Deckung des Verwaltungsaufwands Gebühren und Auslagen erhoben. [2] Die gebührenpflichtigen Tatbestände und die Gebührensätze sind durch Rechtsverordnung ohne Zustimmung des Bundesrates zu bestimmen. [3] Dabei können feste Sätze, auch in Form von Zeitgebühren, oder Rahmensätze vorgesehen und die Erstattung von Auslagen auch abweichend vom Verwaltungskostengesetz geregelt werden.

(2) Zum Erlass von Rechtsverordnungen nach Absatz 1 Satz 2 und 3 sind ermächtigt

1. das Bundesministerium für Wirtschaft und Technologie für Amtshandlungen der Bundesnetzagentur nach § 61 Absatz 2 oder 3 in Verbindung mit § 65 des Energiewirtschaftsgesetzes[1]),
2. das Bundesministerium für Ernährung, Landwirtschaft und Verbraucherschutz im Einvernehmen mit dem Bundesministerium für Umwelt, Naturschutz und Reaktorsicherheit und dem Bundesministerium der Finanzen für Amtshandlungen der Bundesanstalt für Landwirtschaft und Ernährung im Zusammenhang mit der Anerkennung von Systemen oder mit der Anerkennung und Überwachung einer unabhängigen Kontrollstelle nach der Rechtsverordnung auf Grund des § 64 Absatz 2,
3. das Bundesministerium für Umwelt, Naturschutz und Reaktorsicherheit für Amtshandlungen der zuständigen Behörde im Zusammenhang mit der Ausstellung, Anerkennung, Übertragung oder Entwertung von Herkunftsnachweisen nach der Rechtsverordnung auf Grund des § 64 Absatz 4. Das Bundesministerium für Umwelt, Naturschutz und Reaktorsicherheit kann die Ermächtigung durch Rechtsverordnung ohne Zustimmung des Bundesrates auf das Umweltbundesamt übertragen.

---

[1]) Nr. 1.

Teil 7. Verordnungsermächtigung, Erfahrungsbericht, Übergangsbestimmungen

§ 64 Verordnungsermächtigung. (1) ¹Die Bundesregierung wird ermächtigt, durch Rechtsverordnung[1] ohne Zustimmung des Bundesrates zu regeln:

1. Anforderungen nach § 6 Nr. 2, § 29 Abs. 2 Satz 4 und § 66 Abs. 1 Nr. 6 an Windenergieanlagen zur Verbesserung der Netzintegration und zur Befeuerung (Systemdienstleistungs-Bonus). Die Verordnung nach Satz 1 soll insbesondere folgende Anforderungen enthalten, soweit die Umsetzung wirtschaftlich zumutbar ist:

   a) für Anlagen nach § 29 Abs. 2 Satz 4
   - an das Verhalten der Anlagen im Fehlerfall,
   - an die Spannungshaltung und Blindleistungsbereitstellung,
   - an die Frequenzhaltung,
   - an das Nachweisverfahren,
   - an den Versorgungswiederaufbau und
   - bei der Erweiterung bestehender Windparks,

   b) für Anlagen nach § 66 Abs. 1 Nr. 6
   - an das Verhalten der Anlagen im Fehlerfall,
   - an die Frequenzhaltung,
   - an das Nachweisverfahren,
   - an den Versorgungswiederaufbau und
   - bei der Nachrüstung von Altanlagen in bestehenden Windparks;

2. im Anwendungsbereich des § 27, welche Stoffe als Biomasse gelten, welche technischen Verfahren zur Stromerzeugung angewandt werden dürfen und welche Umweltanforderungen dabei einzuhalten sind;

3. ergänzend zu Anlage 1 Verfahren oder Techniken, für die der Anspruch auf den Technologiebonus besteht oder nicht mehr besteht, um sicherzustellen, dass nur innovative Technologien auf dem neuesten Stand der Technik den Bonus erhalten einschließlich der technischen und rechtlichen Bedingungen für die Nutzung des Gasnetzes und der Anerkennung von Gas, das aus dem Gasnetz entnommen worden ist, als Deponie-, Klär- und Biogas;

4. ergänzend zu den Anlagen 3 und 4 zugelassene oder nicht zugelassene Wärmenutzungen;

5. ergänzend zu der Definition in Anlage 5 Vorschriften zur Ermittlung und Anwendung des Referenzertrages;

6. zur verbesserten Integration des Stroms aus Erneuerbaren Energien insbesondere:

   a) finanzielle Anreize einschließlich deren Anspruchsvoraussetzungen, Ausgestaltung und Abrechnungsmodalitäten, insbesondere für die Versteti-

---

[1] Siehe die SystemdienstleistungsVO (Nr. **38**) und die Biomassestrom-NachhaltigkeitsVO (Nr. **37**).

gung, bedarfsgerechte Einspeisung sowie für die verbesserte Netz- und Marktintegration von Strom aus Erneuerbaren Energien und

b) die Voraussetzungen für die Teilnahme am Regelenergiemarkt;

7. ergänzend zu den §§ 45 bis 52 Anforderungen an die Art und Aufbereitung der zu liefernden Daten, soweit dies erforderlich ist, um den bundesweiten Ausgleich nachvollziehbar zu machen;

8. technische Anforderungen an Anlagen, um die technische Sicherheit und die Systemstabilität zu gewährleisten;

9. zur weiteren Erhöhung der Transparenz und zur Vereinfachung des bundesweiten Ausgleichsmechanismus, insbesondere

   a) die Einrichtung eines öffentlichen Verzeichnisses, bei dem Anlagen zu registrieren sind (Anlagenregister),

   b) die Ausgestaltung des Anlagenregisters, die zu übermittelnden Informationen, die zu der Übermittlung Verpflichteten,

   c) Regelungen zum Datenschutz, sowie die Erhebung von Gebühren, die gebührenpflichtigen Amtshandlungen und Gebührensätze.

[2] Die Verordnungen nach Satz 1 Nr. 2, 5 und 6 bedürfen der Zustimmung des Deutschen Bundestages.

(2) [1] Das Bundesministerium für Umwelt, Naturschutz und Reaktorsicherheit wird ermächtigt, im Einvernehmen mit dem Bundesministerium für Ernährung, Landwirtschaft und Verbraucherschutz durch Rechtsverordnung ohne Zustimmung des Bundesrates

1. zu regeln, dass der Anspruch auf die Vergütung oder die Boni für Strom aus Biomasse nur besteht, wenn die zur Stromerzeugung eingesetzte Biomasse folgende Anforderungen erfüllt:

   a) bestimmte ökologische Anforderungen an einen nachhaltigen Anbau, insbesondere zum Schutz natürlicher Lebensräume oder Flächen, die als Kohlenstoffspeicher dienen,

   b) bestimmte ökologische und soziale Anforderungen an eine nachhaltige Herstellung,

   c) ein bestimmtes Treibhausgas-Minderungspotenzial, das bei der Stromerzeugung mindestens erreicht werden muss;

   hierbei können abweichend von Nummer VII.2 Satz 1 der Anlage 2 zu diesem Gesetz auch Fälle geregelt werden, in denen die Nichteinhaltung dieser Anforderungen nicht dazu führt, dass der Anspruch auf den Bonus für Strom aus nachwachsenden Rohstoffen endgültig entfällt,

2. die Anforderungen nach Nummer 1 einschließlich der Vorgaben zur Ermittlung des Treibhausgas-Minderungspotenzials nach Nummer 1 Buchstabe c zu regeln,

3. festzulegen, wie Anlagenbetreiberinnen und Anlagenbetreiber die Einhaltung der Anforderungen nach den Nummern 1 und 2 nachweisen müssen; dies schließt Regelungen ein

   a) zum Inhalt, der Form und der Gültigkeitsdauer dieser Nachweise,

   b) zur Einbeziehung von Systemen und unabhängigen Kontrollstellen in die Nachweisführung und

c) zu den Anforderungen an die Anerkennung von Systemen und unabhängigen Kontrollstellen sowie zu den Maßnahmen zu ihrer Überwachung einschließlich erforderlicher Auskunfts-, Einsichts-, Probenentnahme- und Weisungsrechte sowie des Rechts der zuständigen Behörde oder unabhängiger Kontrollstellen, während der Geschäfts- oder Betriebszeit Grundstücke, Geschäfts-, Betriebs- und Lagerräume sowie Transportmittel zu betreten, soweit dies für die Überwachung oder Kontrolle erforderlich ist,

4. mit der Wahrnehmung von Aufgaben nach Nummer 3 die Bundesanstalt für Landwirtschaft und Ernährung zu betrauen; im Falle einer solchen Betrauung verbleibt die Fachaufsicht über die Bundesanstalt für Landwirtschaft und Ernährung abweichend von § 63 Satz 1 bei dem Bundesministerium für Ernährung, Landwirtschaft und Verbraucherschutz.

[2] Die Rechtsverordnung nach Satz 1 bedarf der Zustimmung des Bundestages. [3] Änderungen dieser Rechtsverordnung bedürfen nicht der Zustimmung des Bundestages, soweit die Änderungen der Umsetzung von verbindlichen Beschlüssen der Europäischen Kommission nach Artikel 17 Absatz 3 Unterabsatz 2, Artikel 18 Absatz 3 Unterabsatz 3 und Absatz 4 Unterabsatz 1 bis 4 sowie Artikel 19 Absatz 7 und 8 der Richtlinie 2009/28/EG[1]) dienen. [4] Bis zum Erlass einer Rechtsverordnung nach Satz 1 ist die Biomassestrom-Nachhaltigkeitsverordnung[2]) vom 23. Juli 2009 (BGBl. I S. 2174), die zuletzt durch Artikel 5 des Gesetzes vom 12. April 2011 (BGBl. I S. 619) geändert worden ist, in der jeweils geltenden Fassung anzuwenden, soweit in diesem Gesetz auf diese Rechtsverordnung verwiesen wird.

(3) Die Bundesregierung wird ermächtigt, eine Rechtsverordnung[3]) mit Zustimmung des Deutschen Bundestages und ohne Zustimmung des Bundesrates zur Weiterentwicklung des bundesweiten Ausgleichsmechanismus insbesondere mit folgendem Inhalt zu erlassen:

1. Die Übertragungsnetzbetreiber werden von der Verpflichtung entbunden, den Strom nach § 36 Abs. 4 an die ihnen nachgelagerten Elektrizitätsversorgungsunternehmen durchzuleiten.

2. Die Übertragungsnetzbetreiber werden verpflichtet, den Strom effizient zu vermarkten.

3. Die Übertragungsnetzbetreiber werden verpflichtet, insbesondere zur Verrechnung der Verkaufserlöse, der notwendigen Transaktionskosten und der Vergütungszahlungen, ein gemeinsames transparentes EEG-Konto zu führen.

4. Die Elektrizitätsversorgungsunternehmen, die Strom an Letztverbraucher liefern, werden von der Verpflichtung entbunden, den Strom nach § 37 Abs. 1 Satz 1 anteilig abzunehmen und zu vergüten.

5. Die Übertragungsnetzbetreiber werden verpflichtet, gemeinsam auf Grundlage der prognostizierten Strommengen aus Erneuerbaren Energien und Grubengas für das folgende Kalenderjahr, der voraussichtlichen Kosten und Erlöse für das folgende Kalenderjahr und unter Verrechnung des Saldos des

---
[1]) Nr. 36.
[2]) Nr. 37.
[3]) Siehe die VO zur Weiterentwicklung des bundesweiten Ausgleichsmechanismus (Nr. 39) und die Ausgleichsmechanismus-AusführungsVO (Nr. 40).

EEG-Kontos für das folgende Kalenderjahr eine bundesweit einheitliche EEG-Umlage zu ermitteln und zu veröffentlichen.

6. Die Elektrizitätsversorgungsunternehmen, die Strom an Letztverbraucher liefern, werden verpflichtet, die jeweils maßgebliche EEG-Umlage zu zahlen; dabei sind Abschläge zu leisten.

7. Die Übertragung der Aufgaben der Übertragungsnetzbetreiber auf Dritte; Regelungen für das hierfür durchzuführende Verfahren einschließlich der Ausschreibung der von den Übertragungsnetzbetreibern im Rahmen des bundesweiten Ausgleichs erbrachten Dienstleistung oder der EEG-Strommengen, Vorgaben für die Vermarktung einschließlich der Möglichkeit, die Vergütungszahlungen und Transaktionskosten durch finanzielle Anreize abzugelten, die Überwachung der Vermarktung, Anforderungen an die Vermarktung, Kontoführung und Ermittlung der EEG-Umlage einschließlich von Veröffentlichungs- und Transparenzpflichten, Fristen und Übergangsregelungen für den finanziellen Ausgleich, einschließlich der Ermächtigung der Bundesnetzagentur, im Einvernehmen mit dem Bundesministerium für Umwelt, Naturschutz und Reaktorsicherheit und dem Bundesministerium für Wirtschaft und Technologie die entsprechenden Festlegungen zu treffen.

8. Die erforderlichen Anpassungen an die Regelungen der Direktvermarktung sowie die erforderlichen Anpassungen der besonderen Augleichsregelung für stromintensive Unternehmen und Schienenbahnen, der Regelung zur nachträglichen Korrekturmöglichkeit, der Befugnisse der Bundesnetzagentur, der Mitteilungs- und Veröffentlichungspflichten sowie der Differenzkostenregelungen an den weiter entwickelten Ausgleichsmechanismus.

(4) [1]Das Bundesministerium für Umwelt, Naturschutz und Reaktorsicherheit wird ermächtigt, im Einvernehmen mit dem Bundesministerium für Wirtschaft und Technologie durch Rechtsverordnung ohne Zustimmung des Bundesrates

1. die Anforderungen zu regeln an

   a) die Ausstellung, Übertragung und Entwertung von Herkunftsnachweisen nach § 55 Absatz 1,

   b) die Anerkennung, Übertragung und Entwertung von Herkunftsnachweisen, die vor der Inbetriebnahme des Herkunftsnachweisregisters ausgestellt worden sind, sowie

   c) die Anerkennung von Herkunftsnachweisen nach § 55 Absatz 2;
   hierbei kann als Anforderung auch festgelegt werden, dass für Strom, der gesetzlich vergütet worden ist oder werden soll, keine Herkunftsnachweise ausgestellt werden dürfen,

2. den Inhalt, die Form und die Gültigkeitsdauer der Herkunftsnachweise festzulegen,

3. das Verfahren für die Ausstellung, Anerkennung, Übertragung und Entwertung von Herkunftsnachweisen zu regeln sowie festzulegen, wie Antragstellerinnen und Antragsteller dabei die Einhaltung der Anforderungen nach Nummer 1 nachweisen müssen,

4. die Ausgestaltung des Herkunftsnachweisregisters nach § 55 Absatz 3 zu regeln sowie festzulegen, welche Angaben an das Herkunftsnachweisregister

übermittelt werden müssen und wer zur Übermittlung verpflichtet ist; dies schließt Regelungen zum Schutz personenbezogener Daten ein,

5. abweichend von § 55 Absatz 4 eine juristische Person des öffentlichen Rechts mit den Aufgaben nach § 55 Absatz 1 bis 3, insbesondere mit der Errichtung und dem Betrieb des Herkunftsnachweisregisters sowie mit der Ausstellung, Anerkennung, Übertragung oder Entwertung von Herkunftsnachweisen einschließlich der Vollstreckung der hierzu ergehenden Verwaltungsakte zu betrauen oder in entsprechendem Umfang eine juristische Person des Privatrechts zu beleihen und hierzu die Einzelheiten, einschließlich der Rechts- und Fachaufsicht durch das Umweltbundesamt, zu regeln.

²Das Bundesministerium für Umwelt, Naturschutz und Reaktorsicherheit kann die Ermächtigung nach Satz 1 Nummer 1 bis 5 durch Rechtsverordnung ohne Zustimmung des Bundesrates unter Sicherstellung der Einvernehmensregelung auf das Umweltbundesamt übertragen.

(5) ¹Soweit Rechtsverordnungen nach Absatz 1, 2 oder 3 der Zustimmung des Bundestages bedürfen, kann diese Zustimmung davon abhängig gemacht werden, ob Änderungswünsche übernommen werden. ²Übernimmt der Verordnungsgeber die Änderungen, ist eine erneute Beschlussfassung durch den Bundestag nicht erforderlich. ³Hat sich der Bundestag nach Ablauf von sechs Sitzungswochen seit Eingang der Rechtsverordnung nicht mit ihr befasst, gilt seine Zustimmung zu der unveränderten Rechtsverordnung als erteilt.

§ 65 Erfahrungsbericht. Die Bundesregierung evaluiert dieses Gesetz und legt dem Deutschen Bundestag bis zum 31. Dezember 2011 und dann alle vier Jahre einen Erfahrungsbericht vor.

§ 66 Übergangsbestimmungen. (1) ¹Für Strom aus Anlagen, die vor dem 1. Januar 2009 in Betrieb genommen worden sind, sind anstelle der §§ 6, 20 Abs. 2, § 21 Abs. 2, § 23 Abs. 1 und 3, der §§ 24 bis 26 Abs. 1, der §§ 27, 28 Abs. 1, § 29 Abs. 1 und 2, der §§ 30, 32, 33 sowie der Anlagen 1 und 3 die Vorschriften des Erneuerbare-Energien-Gesetzes[1] vom 21. Juli 2004 (BGBl. I S. 1918) in der am 31. Dezember 2008 geltenden Fassung mit folgenden Maßgaben anzuwenden:

1. Die technischen und betrieblichen Vorgaben des § 6 Nr. 1 müssen ab dem 1. Januar 2011 eingehalten werden.

2. Für Strom aus Biomasseanlagen gilt § 27 Abs. 1 Nr. 1 und Abs. 2. Im Rahmen der Anlage 2 gelten nicht
   a) Nummern I.2, I.4 und
   b) Nummer IV.8, soweit es sich um Schlempe aus einer landwirtschaftlichen Brennerei im Sinne des § 25 des Gesetzes über das Branntweinmonopol in der im Bundesgesetzblatt Teil III, Gliederungsnummer 612-7, veröffentlichten bereinigten Fassung, das zuletzt durch Artikel 7 des Gesetzes vom 13. Dezember 2007 (BGBl. I S. 2897) geändert worden ist, handelt, für die keine andere Verwertungspflicht nach § 25 Abs. 2 Nr. 3 oder Abs. 3 Nr. 3 des Gesetzes über das Branntweinmonopol besteht.

---

[1] Nr. 32.

3. Für Strom aus Biomasseanlagen, der nach dem 31. Dezember 2008 erstmals in Kraft-Wärme-Kopplung nach Maßgabe der Anlage 3 erzeugt worden ist, erhöht sich die Vergütung um jeweils 3,0 Cent pro Kilowattstunde (KWK-Bonus). § 20 Abs. 1, 2 Nr. 5 und Absatz 5 gilt entsprechend. Für Strom aus sonstigen Biomasseanlagen, der in Kraft-Wärme-Kopplung nach Maßgabe der Anlage 3 erzeugt worden ist, erhöht sich die Vergütung bis einschließlich einer Leistung von 500 Kilowatt um jeweils 3,0 Cent pro Kilowattstunde.

4. Der Anspruch auf Vergütung für Strom aus Biomasse im Sinne der nach § 64 Abs. 1 Satz 1 Nr. 2 erlassenen Biomasseverordnung[1] besteht auch für Strom aus Anlagen, die neben Biomasse im Sinne der Biomasseverordnung sonstige Biomasse einsetzen, soweit die Anlagenbetreiberin oder der Anlagenbetreiber durch ein Einsatzstoff-Tagebuch mit Angaben und Belegen über Art, Menge und Einheit, Herkunft sowie unteren Heizwert pro Einheit der eingesetzten Stoffe den Nachweis führt, welche Biomasse eingesetzt wird.

4a. Für Strom aus Biomasseanlagen, die durch anaerobe Vergärung der Biomasse gewonnenes Gas (Biogas) einsetzen, erhöht sich die Vergütung bis einschließlich einer Leistung von 500 Kilowatt um jeweils 1,0 Cent pro Kilowattstunde, wenn die dem Emissionsminimierungsgebot der Technischen Anleitung zur Reinhaltung der Luft – TA Luft – entsprechenden Formaldehydgrenzwerte eingehalten werden und dies durch eine Bescheinigung der zuständigen Behörde nachgewiesen wird. Dies gilt nicht für Anlagen, die aus einem Gasnetz entnommenes Gas im Sinne von § 27 Abs. 2 einsetzen.

5. Für Strom, der in Anlagen mit einer installierten Leistung über 20 Megawatt gewonnen wird, die

a) zu mindestens 75 Prozent bezogen auf den unteren Heizwert Schwarzlauge einsetzen,

b) einen KWK-Anteil an der Stromerzeugung im Sinne von § 3 Abs. 4 des Kraft-Wärme-Kopplungsgesetzes[2] von mindestens 70 Prozent erreichen,

c) mindestens 5000 Volllastbenutzungsstunden im Jahr aufweisen und

d) vor dem 1. August 2004 in Betrieb gegangen sind,

besteht für die Differenz zwischen dem in der Anlage erzeugten Strom und dem zur Erzeugung des Zellstoffs, bei dessen Produktion die Schwarzlauge entsteht, eingesetzten Strom Anspruch auf die Mindestvergütung auch ab einer Leistung von 20 Megawatt. Die Vergütung beträgt 7,0 Cent pro Kilowattstunde. Die Voraussetzungen nach Satz 1 Buchstabe a bis c und der zu vergütenden Strommenge sind dem Netzbetreiber jährlich durch Vorlage der Bescheinigung einer Umweltgutachterin oder eines Umweltgutachters mit einer Zulassung für den Bereich Elektrizitätserzeugung aus erneuerbaren Energien nachzuweisen. Der Nachweis nach Satz 1 Buchstabe b muss den anerkannten Regeln der Technik entsprechen; die Einhaltung der Regeln der Technik wird vermutet, wenn das Gutachten nach dem von der Arbeitsgemeinschaft für Wärme und Heiz-

---

[1] Nr. 35.
[2] Nr. 43.

kraftwirtschaft – AGFW – e.V. herausgegebenen Arbeitsblatt FW 308 – Zertifizierung von KWK-Anlagen – Ermittlung des KWK-Stromes in der jeweils gültigen Fassung erfolgt.

6. Die Vergütung für Strom aus Windenergieanlagen, die nach dem 31. Dezember 2001 und vor dem 1. Januar 2009 in Betrieb genommen worden sind, erhöht sich für die Dauer von fünf Jahren um 0,7 Cent pro Kilowattstunde (Systemdienstleistungs-Bonus), sobald sie infolge einer Nachrüstung vor dem 1. Januar 2011 die Anforderungen der Verordnung nach § 64 Abs. 1 Satz 1 Nr. 1 erstmals einhalten.

(1 a) [1] Anlagen, die vor dem 1. Januar 2009 im Rahmen einer modularen Anlage betrieben wurden, gelten abweichend von § 19 Absatz 1 als einzelne Anlagen. [2] Als modulare Anlage gelten mehrere Anlagen, die

1. aus mehreren Generatoren und

2. jeweils einer diesen Generatoren zugeordneten Energieträgereinrichtung, insbesondere einer Einrichtung zur Erzeugung gasförmiger Biomasse oder zur Lagerung flüssiger Biomasse, bestehen und

3. nicht mit baulichen Anlagen unmittelbar verbunden sind.

(2) Bis zum Erlass einer Rechtsverordnung nach § 64 Abs. 1 Satz 1 Nr. 2 tritt, soweit in diesem Gesetz auf diese Rechtsverordnung verwiesen wird, an deren Stelle die Biomasseverordnung vom 21. Juni 2001 (BGBl. I S. 1234), geändert durch die Verordnung vom 9. August 2005 (BGBl. I S. 2419), in der jeweils geltenden Fassung.

(3) Dieses Gesetz findet keine Anwendung auf Anlagen, die zu über 25 Prozent der Bundesrepublik Deutschland oder einem Land gehören und die vor dem 1. August 2004 in Betrieb genommen worden sind.

(4) Für Strom aus Anlagen nach den §§ 32 und 33 Absatz 2, die vor dem 1. Juli 2010 in Betrieb genommen wurden, gelten, vorbehaltlich des Absatzes 1, die §§ 32 und 33 Absatz 2 in der am 30. Juni 2010 geltenden Fassung.

(5) [1] Unternehmen des produzierenden Gewerbes, die ihren Strom außerhalb eines der allgemeinen Versorgung dienenden Netzes beziehen, können abweichend von § 43 Absatz 1 ihren Antrag nach § 40 Absatz 1 Satz 1 für die Jahre 2009, 2010 und 2011 bis zum 30. September 2010 (Ausschlussfrist) stellen. [2] Bei Antragstellungen für das Jahr 2009 wird das Unternehmen bei der Ermittlung des Verhältnisses der Stromkosten zur Bruttowertschöpfung nach § 41 Absatz 1 Nummer 2 und Absatz 3 so gestellt, als hätte das Elektrizitätsversorgungsunternehmen die für das Jahr 2007 nach § 37 Absatz 1 in Verbindung mit Absatz 3 zu zahlende Vergütung anteilig an das Unternehmen weitergereicht; bei Antragstellungen für das Jahr 2010 gilt dies mit Bezug auf das Jahr 2008 entsprechend. [3] Die Anforderung nach § 41 Absatz 1 Nummer 3 gilt als erfüllt, wenn das Elektrizitätsversorgungsunternehmen die für das Jahr 2009 nach § 37 Absatz 1 in Verbindung mit Absatz 3 zu zahlende Vergütung anteilig an das Unternehmen weitergereicht und das Unternehmen diese Forderung beglichen hat. [4] Die Anforderung nach § 41 Absatz 1 Nummer 4 gilt mit der Maßgabe, dass eine Zertifizierung spätestens bis zum 30. September 2010 erfolgt ist. [5] Die Kosten der Begünstigung sind entgegen § 12 der Verordnung zur Weiterentwicklung des bundesweiten Ausgleichsmechanismus vom 17. Juli 2009 (BGBl. I S. 2101) als Ausgaben im Sinne von

§ 3 Absatz 4 der Verordnung zur Weiterentwicklung des bundesweiten Ausgleichsmechanismus zu berücksichtigen.

(6) [1] Bis zu dem Tag, an dem das Umweltbundesamt oder die vom Umweltbundesamt nach § 64 Absatz 4 Satz 1 Nummer 5 betraute oder beliehene juristische Person ein Herkunftsnachweisregister nach § 55 Absatz 3 in Betrieb genommen hat, erfolgen die Ausstellung, Anerkennung, Übertragung und Entwertung von Herkunftsnachweisen nach § 55 des Erneuerbare-Energien-Gesetzes in der bis zum 30. April 2011 geltenden Fassung. [2] Das Bundesministerium für Umwelt, Naturschutz und Reaktorsicherheit macht den Tag der Inbetriebnahme nach Satz 1 im elektronischen Bundesanzeiger bekannt.

(7) [1] Für Strom aus Anlagen nach § 32, die vor dem 1. September 2011 in Betrieb genommen worden sind, gelten, unbeschadet des Absatzes 1, §§ 20 und 32 in der bis zum 30. April 2011 geltenden Fassung. [2] Für Strom aus Anlagen nach § 33, die vor dem 1. Juli 2011 in Betrieb genommen worden sind, gelten, unbeschadet des Absatzes 1, §§ 20 und 33 in der am 30. April 2011 geltenden Fassung.

(8) Auf Strom, den Elektrizitätsversorgungsunternehmen vor dem 1. Januar 2012 an Letztverbraucherinnen und Letztverbraucher geliefert haben, ist § 37 Absatz 1 Satz 2 in der bis zum 30. April 2011 geltenden Fassung anzuwenden.

Anlage 1

Technologie-Bonus

Der Anspruch auf den Technologie-Bonus nach § 24 Abs. 3, § 25 Abs. 3, § 26 Abs. 3 und § 27 Abs. 4 Nr. 1 besteht für Strom, der in Anlagen mit einer Leistung (im Sinne von § 18) bis einschließlich 5 Megawatt in einem der folgenden innovativen Verfahren erzeugt wird:

I. Gasaufbereitung

1. Anspruchsvoraussetzungen:
Der Anspruch auf den Technologie-Bonus besteht für Strom, soweit das nach § 24 Abs. 2, § 25 Abs. 2 oder § 27 Abs. 2 eingespeiste Gas auf Erdgasqualität aufbereitet und nachgewiesen wurde, dass folgende Voraussetzungen eingehalten wurden:

a) maximale Methanemissionen in die Atmosphäre bei der Aufbereitung von 0,5 Prozent,

b) ein maximaler Stromverbrauch für die Aufbereitung von 0,5 Kilowattstunden pro Normkubikmeter Rohgas,

c) Bereitstellung der Prozesswärme für die Aufbereitung und die Erzeugung des Klär- oder Biogases aus Erneuerbaren Energien, Grubengas oder aus der Abwärme der Gasaufbereitungs- oder Einspeiseanlage ohne den Einsatz zusätzlicher fossiler Energie und

d) maximale Kapazität der Gasaufbereitungsanlage von 700 Normkubikmetern aufbereitetem Rohgas pro Stunde.

2. Bonushöhe
Der Technologie-Bonus beträgt bis zu einer maximalen Kapazität der Gasaufbereitungsanlage von

a) 350 Normkubikmetern aufbereitetem Rohgas pro Stunde 2,0 Cent pro Kilowattstunde und

b) 700 Normkubikmetern aufbereitetem Rohgas pro Stunde 1,0 Cent pro Kilowattstunde.

Für Gasaufbereitungsanlagen gilt § 19 Abs. 1 entsprechend.

II. Innovative Anlagentechnik

1. Anspruchsvoraussetzungen:
Der Anspruch auf den Technologie-Bonus besteht für Strom, soweit er mit einer der folgenden Anlagen oder Techniken oder mit einem der folgenden Verfahren erzeugt worden ist, und dabei auch eine Wärmenutzung nach Anlage 3 erfolgt oder ein elektrischer Wirkungsgrad von mindestens 45 Prozent erreicht wird:

a) Umwandlung der Biomasse durch thermochemische Vergasung,

b) Brennstoffzellen,

c) Gasturbinen,

d) Dampfmotoren,

e) Organic-Rankine-Anlagen,

f) Mehrstoffgemisch-Anlagen, insbesondere Kalina-Cycle-Anlagen,

g) Stirling-Motoren,

h) Techniken zur thermochemischen Konversion ausschließlich von Stroh und anderer halmgutartiger Biomasse oder

i) Anlagen, die ausschließlich Bioabfälle vergären und unmittelbar mit einer Einrichtung zur Nachrotte der festen Gärrückstände verbunden sind, wenn die nachgerotteten Gärrückstände stofflich verwertet werden.

2. Bonushöhe
Der Technologie-Bonus beträgt 2,0 Cent pro Kilowattstunde.

Anlage 2

Bonus für Strom aus nachwachsenden Rohstoffen

I. Anspruchsvoraussetzungen

1. Der Anspruch auf den Bonus für Strom aus nachwachsenden Rohstoffen nach § 27 Abs. 4 Nr. 2 besteht, wenn

a) der Strom ausschließlich aus nachwachsenden Rohstoffen oder, bei anaerober Vergärung der nachwachsenden Rohstoffe oder Gülle (Biogas) in einer Kombination mit rein pflanzlichen Nebenprodukten im Sinne der Positivliste Nummer V gewonnen wird,

b) die Anlagenbetreiberin oder der Anlagenbetreiber durch ein Einsatzstoff-Tagebuch mit Angaben und Belegen über Art, Menge und Einheit sowie Herkunft der eingesetzten Stoffe nachweist, dass keine anderen Stoffe eingesetzt werden und

c) auf demselben Betriebsgelände keine Biomasseanlagen betrieben werden, in denen gleichzeitig Strom aus sonstigen, nicht von Buchstabe a erfassten Stoffen gewonnen wird.

2. Bei Anlagen ab einer Leistung von über 150 Kilowatt besteht der Anspruch nur, wenn ausschließlich gasförmige oder feste Biomasse zur Stromerzeugung eingesetzt wird. Die Verwendung flüssiger Biomasse für die notwendige Zünd- und Stützfeuerung steht dem Anspruch nicht entgegen.

3. Der Anspruch auf den Bonus besteht ausschließlich für den Anteil des Stroms, der aus nachwachsenden Rohstoffen oder Gülle erzeugt worden ist. Bei anaerober Vergärung der nachwachsenden Rohstoffe oder Gülle (Biogas) und Kombination dieser Einsatzstoffe mit rein pflanzlichen Nebenprodukten im Sinne der Positivliste Nummer V ist der Anteil nach Satz 1 auf Grundlage der Standard-Biogaserträge zu ermitteln und nachzuweisen. Der Nachweis ist durch Vorlage eines Gutachtens einer Umweltgutachterin oder eines Umweltgutachters mit einer Zulassung für den Bereich Elektrizitätserzeugung aus erneuerbaren Energien zu führen.

4. Für Strom aus nach dem Bundes-Immissionsschutzgesetz genehmigungsbedürftigen Anlagen, die durch anaerobe Vergärung der nachwachsenden Rohstoffe oder Gülle gewonnenes Gas (Biogas) einsetzen, besteht der Anspruch nur, wenn bei der Erzeugung des Biogases das Gärrestlager gasdicht abgedeckt und zusätzliche Gasverbrauchseinrichtungen für einen Störfall oder für eine Überproduktion verwendet werden.

II. Begriffsbestimmungen

Im Sinne des § 27 Abs. 4 Nr. 2 sind

1. Nachwachsende Rohstoffe: Pflanzen oder Pflanzenbestandteile, die in landwirtschaftlichen, forstwirtschaftlichen oder gartenbaulichen Betrieben oder im Rahmen der Landschaftspflege anfallen und die keiner weiteren als der zur Ernte, Konservierung oder Nutzung in der Biomasseanlage erfolgten Aufbereitung oder Veränderung unterzogen wurden, und

2. Gülle: alle Stoffe, die Gülle im Sinne der Verordnung (EG) Nr. 1774/2002 des Europäischen Parlaments und des Rates vom 3. Oktober 2002 mit Hygienevorschriften für nicht für den menschlichen Verzehr bestimmte tierische Nebenprodukte (ABl. EG Nr. L 273 S. 1), geändert durch die Verordnung (EG) Nr. 2007/2006 der Kommission vom 22. Dezember 2006 (ABl. EU Nr. L 379 S. 98), sind.

III. Positivliste

Als nachwachsende Rohstoffe im Sinne der Nummer I.1.a gelten insbesondere (Positivliste):

1. Aufwuchs von Wiesen und Weiden als Ganzpflanzen in Form von Grüngut, Trockengut und Silage,

2. Ackerfutterpflanzen einschließlich als Ganzpflanzen geerntetes Getreide, Ölsaaten und Leguminosen als Grüngut, Trockengut und Silage,

3. nicht aufbereitete Gemüse-, Heil- und Gewürzpflanzen, Schnittblumen,

4. Körner, Samen, Corn-Cob-Mix, Knollen, Rüben einschließlich Zucker- und Masserüben, Obst, Gemüse, Kartoffelkraut, Rübenblätter, Stroh als Grüngut, Trockengut und Silage,

5. Rapsöl und Sonnenblumenöl, jeweils raffiniert und unraffiniert,

6. Palmöl und Sojaöl, raffiniert und unraffiniert,

7. das bei der Durchforstung und bei der Stammholzernte in forstwirtschaftlichen Betrieben anfallende Waldrestholz, Rinde und Holz aus Kurzumtriebsplantagen,

8. Pflanzen- oder Pflanzenbestandteile, die im Rahmen der Landschaftspflege anfallen, und

9. Kot und Harn einschließlich Einstreu von Nutztieren und Pferden sowie Futterreste, die im landwirtschaftlichen Betrieb anfallen.

IV. Negativliste

Nicht als nachwachsende Rohstoffe im Sinne der Nummer I.1.a gelten (Negativliste):

1. aussortiertes Gemüse, aussortierte Kartoffeln, aussortierte Heil- und Gewürzpflanzen, sowie aussortierte Schnittblumen,

2. Getreideabputz, Rübenkleinteile, Rübenschnitzel als Nebenprodukt der Zuckerproduktion,

3. Gemüseabputz, Kartoffelschalen, Pülpe, Treber, Trester, Presskuchen und Extraktionsschrote aus der Pflanzenölherstellung,

4. Glycerin aus der Verarbeitung von Pflanzenölen,

5. Pflanzenöle, die als Abfall anfallen,

6. *(aufgehoben)*

7. Bioethanol,

8. Schlempe aus der Herstellung von Bioethanol,

9. Säge- und Hobelspäne,

10. Bioabfälle im Sinne der Bioabfallverordnung mit Ausnahme von Tierfäkalien und Abfällen aus der Forstwirtschaft sowie der Landschaftspflege und

11. Kot und Harn von Heimtieren mit Ausnahme von Pferden.

V. Positivliste der rein pflanzlichen Nebenprodukte und ihrer Standard-Biogaserträge

Rein pflanzliche Nebenprodukte	Standard-Biogaserträge [Kilowattstunden (elektrisch) pro Tonne Frischmasse]
Biertreber (frisch oder abgepresst)	231
Gemüseabputz	100
Gemüse (aussortiert)	150
Getreide (Ausputz)	960
Getreideschlempe (Weizen) aus der Alkoholproduktion	68
Getreidestaub	652
Glycerin aus der Verarbeitung von Pflanzenölen	1346
Heil- und Gewürzpflanzen (aussortiert)	220
Kartoffeln (aussortiert)	350
Kartoffeln (gemust, mittlerer Stärkegehalt)	251
Kartoffelfruchtwasser aus der Stärkeproduktion	43
Kartoffelprozesswasser aus der Stärkeproduktion	11
Kartoffelpülpe aus der Stärkeproduktion	229
Kartoffelschalen	251
Kartoffelschlempe aus der Alkoholproduktion	63
Melasse aus der Rübenzucker-Herstellung	629
Obsttrester (frisch, unbehandelt)	187
Rapsextraktionsschrot	1038
Rapskuchen (Restölgehalt ca. 15 Prozent)	1160
Schnittblumen (aussortiert)	210
Zuckerrübenpresskuchen aus der Zuckerproduktion	242
Zuckerrübenschnitzel	242

VI. Bonushöhe

1. Allgemeiner Bonus

   a) Der Bonus nach Nummer I beträgt für Strom aus Anlagen bis einschließlich einer Leistung von

   aa) 500 Kilowatt nach § 27 Abs. 1 Nr. 1 und 2: 6,0 Cent pro Kilowattstunde und

   bb) 5 Megawatt nach § 27 Abs. 1 Nr. 3: 4,0 Cent pro Kilowattstunde.

   b) Abweichend von Buchstabe a Doppelbuchstabe bb beträgt der Bonus 2,5 Cent pro Kilowattstunde, wenn der Strom durch die Verbrennung von Holz gewonnen wird, das die Anspruchsvoraussetzungen nach Nummer I erfüllt und nicht

aa) aus Kurzumtriebsplantagen stammt oder
bb) im Rahmen der Landschaftspflege anfällt.
2. Bonus für Strom aus Biogas
   a) Der Bonus nach Nummer I beträgt abweichend von Nummer 1 für Strom aus Biogasanlagen bis einschließlich einer Leistung von 500 Kilowatt nach § 27 Abs. 1 Nr. 1 und 2: 7,0 Cent pro Kilowattstunde.
   b) Der Bonus nach Buchstabe a erhöht sich für Strom aus Biogasanlagen bis einschließlich einer Leistung von
      aa) 150 Kilowatt nach § 27 Abs. 1 Nr. 1 um 4,0 Cent pro Kilowattstunde,
      bb) 500 Kilowatt nach § 27 Abs. 1 Nr. 2 um 1,0 Cent pro Kilowattstunde,
      wenn der Anteil von Gülle im Sinne der Nummer II.2 jederzeit mindestens 30 Masseprozent beträgt.
      Der Mindestanteil der Gülle ist durch ein Gutachten einer Umweltgutachterin oder eines Umweltgutachters mit einer Zulassung für den Bereich Elektrizitätserzeugung aus erneuerbaren Energien nachzuweisen. Buchstabe b gilt nicht für Anlagen, die aus dem Gasnetz entnommenes Gas im Sinne von § 27 Abs. 2 einsetzen.
   c) Der Bonus nach Buchstabe a erhöht sich für Strom aus Biogasanlagen bis einschließlich einer Leistung von 500 Kilowatt nach § 27 Abs. 1 Nr. 1 und 2 um 2,0 Cent pro Kilowattstunde, wenn zur Stromerzeugung überwiegend Pflanzen oder Pflanzenbestandteile, die im Rahmen der Landschaftspflege anfallen, eingesetzt werden. Der Anteil ist durch ein Gutachten einer Umweltgutachterin oder eines Umweltgutachters mit einer Zulassung für den Bereich Elektrizitätserzeugung aus erneuerbaren Energien nachzuweisen.
3. Die §§ 18 und 20 Abs. 1, 2 Nr. 5 und Absatz 5 gelten entsprechend.

VII. Entstehen und Erlöschen des Anspruchs

1. Der Anspruch auf den Bonus entsteht mit dem Zeitpunkt, zu dem die Voraussetzungen erstmals erfüllt sind.
2. Sobald die Voraussetzungen nicht mehr erfüllt sind, entfällt der Anspruch auf den Bonus endgültig, soweit sich nicht aus der Rechtsverordnung nach § 64 Absatz 2 etwas anderes ergibt. Dies gilt auch in den Zeiträumen, in denen der Strom selbst verbraucht oder nach § 17 an Dritte veräußert wird.

Anlage 3

KWK-Bonus

I. Anspruchsvoraussetzungen

Der Anspruch auf den KWK-Bonus nach § 27 Abs. 4 Nr. 3 besteht bis einschließlich einer Leistung im Sinne von § 18 von 20 Megawatt, soweit

1. es sich um Strom im Sinne von § 3 Abs. 4 des Kraft-Wärme-Kopplungsgesetzes[1] handelt und
2. eine Wärmenutzung im Sinne der Positivliste Nummer III vorliegt oder
3. die Wärmenutzung nachweislich fossile Energieträger in einem mit dem Umfang der fossilen Wärmenutzung vergleichbaren Energieäquivalent ersetzt und die Mehrkosten, die durch die Wärmebereitstellung entstehen, nachweisbar sind und mindestens 100 Euro pro Kilowatt Wärmeleistung betragen.

II. Erforderliche Nachweise

1. Die Voraussetzung nach Nummer I.1 ist dem Netzbetreiber nach den anerkannten Regeln der Technik nachzuweisen; die Einhaltung der anerkannten Regeln der Technik wird vermutet, wenn die Anforderungen des von der Arbeitsgemeinschaft für Wärme und Heizkraftwirtschaft – AGFW – e. V. herausgegebenen Arbeitsblatts FW 308 – Zertifizierung von KWK-Anlagen – Ermittlung des KWK-Stromes in der jeweils geltenden Fassung nachgewiesen werden. Der Nachweis muss jährlich durch Vorlage der Bescheinigung einer Umweltgutachterin oder eines Umweltgutachters mit einer Zulassung für den Bereich Elektrizitätserzeugung aus erneuerbaren Energien erfolgen. Anstelle des Nachweises nach Satz 1 können für serienmäßig hergestellte KWK-Anlagen mit einer Leistung von bis zu 2 Megawatt geeignete Unterlagen des Herstellers vorgelegt werden, aus denen die thermische und elektrische Leistung sowie die Stromkennzahl hervorgehen.
2. Der Nachweis über die Voraussetzungen nach den Nummern I.2 und I.3 ist durch ein Gutachten einer Umweltgutachterin oder eines Umweltgutachters mit einer Zulassung für den Bereich Elektrizitätserzeugung aus erneuerbaren Energien oder für den Bereich Wärmeversorgung zu erbringen, wenn der KWK-Bonus geltend gemacht wird.

III. Positivliste

Als Wärmenutzungen im Sinne der Nummer I.2 gelten:
1. die Beheizung, Warmwasserbereitstellung oder Kühlung von Gebäuden im Sinne von § 1 Abs. 1 Nr. 1 der Energieeinsparverordnung[2] bis zu einem Wärmeeinsatz von 200 Kilowattstunden pro Quadratmeter Nutzfläche im Jahr,
2. die Wärmeeinspeisung in ein Netz mit einer Länge von mindestens 400 Metern und mit Verlusten durch Wärmeverteilung und -übergabe, die unter 25 Prozent des Nutzwärmebedarfs der Wärmekundinnen oder -kunden liegen,
3. die Nutzung als Prozesswärme für industrielle Prozesse im Sinne der Nummern 2 bis 6, 7.2 bis 7.34 sowie 10.1 bis 10.10, 10.20 bis 10.23 der Anlage der Vierten Verordnung zur Durchführung des Bundes-Immissionsschutzgesetzes vom 14. März 1997 (BGBl. I S. 504), die

---

[1] Nr. 43.
[2] Nr. 57.

zuletzt durch Art. 3 des Gesetzes vom 23. Oktober 2007 (BGBl. I S. 2470) geändert worden ist, und die Herstellung von Holzpellets zur Nutzung als Brennstoff,

4. die Beheizung von Betriebsgebäuden für die Geflügelaufzucht, wenn die Voraussetzungen nach Nummer I. 3 erfüllt werden,

5. die Beheizung von Tierställen mit folgenden Obergrenzen:
   a) Geflügelmast: 0,65 Kilowattstunden pro Tier,
   b) Sauenhaltung: 150 Kilowattstunden pro Sau und Jahr sowie 7,5 Kilowattstunden pro Ferkel,
   c) Ferkelaufzucht: 4,2 Kilowattstunden pro Ferkel,
   d) Schweinemast: 4,3 Kilowattstunden pro Mastschwein sowie

6. die Beheizung von Unterglasanlagen für die Aufzucht und Vermehrung von Pflanzen, wenn die Voraussetzungen nach Nummer I.3 erfüllt werden, und

7. die Nutzung als Prozesswärme zur Aufbereitung von Gärresten zum Zweck der Düngemittelherstellung.

IV. Negativliste

Nicht als Wärmenutzungen im Sinne der Nummern I.2 und I.3 gelten:

1. die Beheizung von Gebäuden, die nach § 1 Abs. 2 der Energieeinsparverordnung[1] nicht Gegenstand der Verordnung sind mit Ausnahme der Gebäude, die von den Nummern III.4 bis III.6 erfasst werden,

2. die Abwärmenutzung aus Biomasseanlagen zur Verstromung, insbesondere in Organic-Rankine- und Kalina-Cycle-Prozessen und

3. die Wärmenutzung aus Biomasseanlagen, die fossile Brennstoffe beispielsweise für den Wärmeeigenbedarf einsetzen.

V. Bonushöhe

Der KWK-Bonus beträgt 3,0 Cent pro Kilowattstunde.

VI. Anrechnung der Zuteilung von kostenlosen Berechtigungen nach § 9 des Treibhausgas-Emissionshandelsgesetzes[2]

Der KWK-Bonus nach Nummer V verringert sich für Strom im Sinne von Nummer I.1 aus Anlagen, die nach § 9 des Treibhausgas-Emissionshandelsgesetzes[2] eine Zuteilung von kostenlosen Berechtigungen für die Wärmeproduktion erhalten, um das Wertäquivalent der für die gekoppelte Wärmeproduktion dieser Anlage im Vorjahr zugeteilten kostenlosen Berechtigungen. Die nach § 19 Absatz 1 Nummer 3 des Treibhausgas-Emissionshandelsgesetzes[2] zuständige Behörde weist die Anzahl der Berechtigungen, die der gekoppelten Wärmeproduktion der Anlage zuzurechnen ist, im Zuteilungsbescheid aus. Der Abzug des Wertäquivalents der zugeteilten kostenlosen Berechtigungen erfolgt im Rahmen der Endabrechnung des Vorjahres durch den Netzbetreiber. Als Wertäquivalent einer kostenlosen Berechtigung nach Satz 1 ist der durch-

---
[1] Nr. 57.
[2] Nr. 48.

schnittliche, volumengewichtete Zuschlagspreis aus den Versteigerungen nach § 8 des Treibhausgas-Emissionshandelsgesetzes[1] im zweiten Quartal des Abrechnungsjahres anzusetzen. Das Bundesministerium für Umwelt, Naturschutz und Reaktorsicherheit veröffentlicht das anzusetzende Wertäquivalent für das jeweilige Kalenderjahr bis zum 30. September im elektronischen Bundesanzeiger.

Anlage 4

Wärmenutzungs-Bonus

I. Anspruchsvoraussetzungen

Der Anspruch auf den Wärmenutzungs-Bonus nach § 28 Abs. 2 besteht, soweit

1. mindestens ein Fünftel der verfügbaren Wärmeleistung ausgekoppelt wird und
2. die Wärmenutzung nachweislich fossile Energieträger in einem mit dem Umfang der Wärmenutzung vergleichbaren Energieäquivalent ersetzt.

II. Erforderliche Nachweise

Der Nachweis über die Voraussetzungen nach Nummer I ist durch ein Gutachten einer Umweltgutachterin oder eines Umweltgutachters mit einer Zulassung für den Bereich Elektrizitätserzeugung aus erneuerbaren Energien oder für den Bereich Wärmeversorgung zu erbringen, sobald der Bonus erstmals geltend gemacht wird.

III. Positivliste

Als Wärmenutzungen im Sinne der Nummer I gelten:

1. die Beheizung, Warmwasserbereitstellung oder Kühlung von Gebäuden im Sinne von § 1 Abs. 1 Nr. 1 der Energieeinsparverordnung[2] bis zu einem Wärmeeinsatz von 200 Kilowattstunden pro Quadratmeter Nutzfläche und Jahr,
2. die Wärmeeinspeisung in ein Netz mit einer Länge von mindestens 400 Metern und mit Verlusten durch Wärmeverteilung und -übergabe, die unter 25 Prozent des Nutzwärmebedarfs der Wärmekundinnen und -kunden liegen, und
3. die Nutzung als Prozesswärme für industrielle Prozesse im Sinne der Nummern 2 bis 6, 7.2 bis 7.34 sowie 10.1 bis 10.10, 10.20 bis 10.23 der Anlage der Vierten Verordnung zur Durchführung des Bundes-Immissionsschutzgesetzes, die zuletzt durch Artikel 3 des Gesetzes vom 23. Oktober 2007 (BGBl. I S. 2470) geändert worden ist, und die Herstellung von Holzpellets zur Nutzung als Brennstoff.

---

[1] Nr. **48**.
[2] Nr. **57**.

IV. Negativliste

Nicht als Wärmenutzungen im Sinne von Nummer I gelten:

1. die Beheizung von Gebäuden, die nach § 1 Abs. 2 der Energieeinsparverordnung[1] nicht Gegenstand der Verordnung sind,
2. die Wärmenutzung zur Bereitstellung, Konversion und Rückstandbehandlung von biogenen Rohstoffen, die energetisch genutzt werden mit Ausnahme der Herstellung von Holzpellets zur Nutzung als Brennstoff,
3. die Beladung von Wärmespeichern ohne Nutzungsnachweis gemäß der Positivliste.

Anlage 5

Referenzertrag

1. Eine Referenzanlage ist eine Windenergieanlage eines bestimmten Typs, für die sich entsprechend ihrer von einer dazu berechtigten Institution vermessenen Leistungskennlinie, an dem Referenzstandort ein Ertrag in Höhe des Referenzertrages errechnet.
2. Der Referenzertrag ist die für jeden Typ einer Windenergieanlage einschließlich der jeweiligen Nabenhöhe bestimmte Strommenge, die dieser Typ bei Errichtung an dem Referenzstandort rechnerisch auf Basis einer vermessenen Leistungskennlinie in fünf Betriebsjahren erbringen würde. Der Referenzertrag ist nach den allgemein anerkannten Regeln der Technik zu ermitteln; die Einhaltung der allgemein anerkannten Regeln der Technik wird vermutet, wenn die Verfahren, Grundlagen und Rechenmethoden verwendet worden sind, die enthalten sind in den Technischen Richtlinien für Windenergieanlagen, Teil 5, in der zum Zeitpunkt der Ermittlung des Referenzertrags geltenden Fassung der Fördergesellschaft Windenergie e.V. (FGW)[2].
3. Der Typ einer Windenergieanlage ist bestimmt durch die Typenbezeichnung, die Rotorkreisfläche, die Nennleistung und die Nabenhöhe gemäß den Angaben des Herstellers.
4. Der Referenzstandort ist ein Standort, der bestimmt wird durch eine Rayleigh-Verteilung mit einer mittleren Jahreswindgeschwindigkeit von 5,5 Metern je Sekunde in einer Höhe von 30 Metern über dem Grund, einem logarithmischen Höhenprofil und einer Rauhigkeitslänge von 0,1 Metern.
5. Die Leistungskennlinie ist der für jeden Typ einer Windenergieanlage ermittelte Zusammenhang zwischen Windgeschwindigkeit und Leistungsabgabe unabhängig von der Nabenhöhe. Die Leistungskennlinie ist nach den allgemein anerkannten Regeln der Technik zu ermitteln; die Einhaltung der allgemein anerkannten Regeln der Technik wird vermutet, wenn

---

[1] Nr. **57**.
[2] **Amtl. Anm.**: Zu beziehen bei der Fördergesellschaft Windenergie e.V., Stresemannplatz 4, 24103 Kiel.

die Verfahren, Grundlagen und Rechenmethoden verwendet worden sind, die enthalten sind in den Technischen Richtlinien für Windenergieanlagen, Teil 2, der Fördergesellschaft Windenergie e.V. (FGW)[1] in der zum Zeitpunkt der Ermittlung des Referenzertrags geltenden Fassung. Soweit die Leistungskennlinie nach einem vergleichbaren Verfahren vor dem 1. Januar 2000 ermittelt wurde, kann diese anstelle der nach Satz 2 ermittelten Leistungskennlinie herangezogen werden, soweit im Geltungsbereich dieses Gesetzes nach dem 31. Dezember 2001 nicht mehr mit der Errichtung von Anlagen des Typs begonnen wird, für den sie gelten.

6. Gutachten nach § 29 Abs. 3 zum Nachweis, dass Anlagen am geplanten Standort mindestens 60 Prozent des Referenzertrages erzielen können, müssen physikalische Standortbeschreibungen enthalten, standortspezifische Windmessungen oder extrapolierbare Betriebsdaten eines benachbarten Windparks zu Grunde legen und diese für eine prognostische Bewertung in einen Langzeitbezug zu vorhandenen Winddatenbanken setzen. Maßgeblich für die Energieertragsberechnung ist die freie Anströmung der Windenergieanlage.

7. Zur Vermessung der Leistungskennlinien nach Nummer 5 und zur Berechnung der Referenzerträge von Anlagentypen am Referenzstandort nach Nummer 2 sowie zur Bestimmung der erzielbaren Energieerträge am geplanten Standort nach Nummer 6 sind für die Zwecke dieses Gesetzes die Institutionen berechtigt, die entsprechend der technischen Richtlinie Allgemeine Anforderungen an die Kompetenz von Prüf- und Kalibrierlaboratorien (DIN EN ISO/IEC 17025), Ausgabe April 2000[2], entsprechend von einer staatlich anerkannten oder unter Beteiligung staatlicher Stellen evaluierten Akkreditierungsstelle akkreditiert sind.

8. Bei der Anwendung des Referenzertrages zur Bestimmung des verlängerten Zeitraums der Anfangsvergütung ist die Leistung im Sinne des § 3 Nr. 6 zu berücksichtigen, höchstens jedoch diejenige Leistung, die die Anlage aus genehmigungsrechtlichen Gründen nach dem Bundes-Immissionsschutzgesetz maximal erbringen darf. Temporäre Leistungsreduzierungen sind nicht zu berücksichtigen.

---

[1] **Amtl. Anm.:** Zu beziehen bei der Fördergesellschaft Windenergie e.V., Stresemannplatz 4, 24103 Kiel.
[2] **Amtl. Anm.:** Zu beziehen bei der Beuth Verlag GmbH, 10772 Berlin.

34. Gesetz für den Vorrang Erneuerbarer Energien (Erneuerbare-Energien-Gesetz – EEG)[1)]

Vom 25. Oktober 2008

(BGBl. I S. 2074)

FNA 754-22

zuletzt geänd. durch Art. 1 G zur Änd. des Rechtsrahmens für Strom aus solarer Strahlungsenergie und zu weiteren Änd. im Recht der erneuerbaren Energien v. 17. 8. 2012 (BGBl. I S. 1754)

Inhaltsübersicht

§§

Teil 1. Allgemeine Vorschriften

Zweck des Gesetzes	1
Anwendungsbereich	2
Begriffsbestimmungen	3
Gesetzliches Schuldverhältnis	4

Teil 2. Anschluss, Abnahme, Übertragung und Verteilung

Abschnitt 1. Allgemeine Vorschriften

Anschluss	5
Technische Vorgaben	6
Ausführung und Nutzung des Anschlusses	7
Abnahme, Übertragung und Verteilung	8

Abschnitt 2. Kapazitätserweiterung und Einspeisemanagement

Erweiterung der Netzkapazität	9
Schadensersatz	10
Einspeisemanagement	11
Härtefallregelung	12

Abschnitt 3. Kosten

Netzanschluss	13
Kapazitätserweiterung	14
Vertragliche Vereinbarung	15

Teil 3. Einspeisevergütung

Abschnitt 1. Allgemeine Vergütungsvorschriften

Vergütungsanspruch	16
Verringerung des Vergütungsanspruchs	17
Vergütungsberechnung	18
Vergütung für Strom aus mehreren Anlagen	19
Absenkungen von Vergütungen und Boni	20
Zubaukorridor für geförderte Anlagen zur Erzeugung von Strom aus solarer Strahlungsenergie, Veröffentlichung des Zubaus	20 a
Absenkung der Vergütung für Strom aus solarer Strahlungsenergie	20 b
Vergütungsbeginn und -dauer	21
Aufrechnung	22

Abschnitt 2. Besondere Vergütungsvorschriften

Wasserkraft	23

[1)] Verkündet als Art. 1 G v. 25. 10. 2008 (BGBl. I S. 2074); Inkrafttreten gem. Art. 7 Satz 1 dieses G am 1. 1. 2009.

34 EEG 5. Teil. Umweltschutz

	§§
Deponiegas	24
Klärgas	25
Grubengas	26
Biomasse	27
Vergärung von Bioabfällen	27 a
Vergärung von Gülle	27 b
Gemeinsame Vorschriften für gasförmige Energieträger	27 c
Geothermie	28
Windenergie	29
Windenergie Repowering	30
Windenergie Offshore	31
Solare Strahlungsenergie	32
Marktintegrationsmodell für Anlagen zur Erzeugung von Strom aus solarer Strahlungsenergie	33

Teil 3 a. Direktvermarktung

Abschnitt 1. Allgemeine Vorschriften

Grundsatz, Begriff	33 a
Formen der Direktvermarktung	33 b
Pflichten bei der Direktvermarktung	33 c
Wechsel zwischen verschiedenen Formen	33 d
Verhältnis zur Einspeisevergütung	33 e
Anteilige Direktvermarktung	33 f

Abschnitt 2. Prämien für die Direktvermarktung

Marktprämie	33 g
Anzulegender Wert bei der Marktprämie	33 h
Flexibilitätsprämie	33 i

Teil 4. Ausgleichsmechanismus

Abschnitt 1. Bundesweiter Ausgleich

Weitergabe an den Übertragungsnetzbetreiber	34
Ausgleich zwischen Netzbetreibern und Übertragungsnetzbetreibern	35
Ausgleich zwischen den Übertragungsnetzbetreibern	36
Vermarktung und EEG-Umlage	37
Nachträgliche Korrekturen	38
Verringerung der EEG-Umlage	39

Abschnitt 2. Besondere Ausgleichsregelung für stromintensive Unternehmen und Schienenbahnen

Grundsatz	40
Unternehmen des produzierenden Gewerbes	41
Schienenbahnen	42
Antragsfrist und Entscheidungswirkung	43
Auskunftspflicht	44

Teil 5. Transparenz

Abschnitt 1. Mitteilungs- und Veröffentlichungspflichten

Grundsatz	45
Anlagenbetreiberinnen und -betreiber	46
Netzbetreiber	47
Übertragungsnetzbetreiber	48
Elektrizitätsversorgungsunternehmen	49
Testierung	50
Information der Bundesnetzagentur	51
Information der Öffentlichkeit	52

Abschnitt 2. EEG-Umlage und Stromkennzeichnung

Ausweisung der EEG-Umlage	53
Stromkennzeichnung entsprechend der EEG-Umlage	54

	§§
Abschnitt 3. Herkunftsnachweis und Doppelvermarktungsverbot	
Herkunftsnachweis	55
Doppelvermarktungsverbot	56

Teil 6. Rechtsschutz und behördliches Verfahren

Clearingstelle	57
Verbraucherschutz	58
Einstweiliger Rechtsschutz	59
Nutzung von Seewasserstraßen	60
Aufgaben der Bundesnetzagentur	61
Bußgeldvorschriften	62
Fachaufsicht	63
Gebühren und Auslagen	63 a

Teil 7. Verordnungsermächtigung, Erfahrungsbericht, Übergangsbestimmungen

Verordnungsermächtigung zu Systemdienstleistungen	64
Verordnungsermächtigung zur Stromerzeugung aus Biomasse	64 a
Verordnungsermächtigung zu Nachhaltigkeitsanforderungen für Biomasse	64 b
Verordnungsermächtigung zum Ausgleichsmechanismus	64 c
Verordnungsermächtigung zu Herkunftsnachweisen	64 d
Verordnungsermächtigung zum Anlagenregister	64 e
Weitere Verordnungsermächtigungen	64 f
Verordnungsermächtigung zu Vergütungsbedingungen auf Konversionsflächen	64 g
Gemeinsame Vorschriften für die Verordnungsermächtigungen	64 h
Erfahrungsbericht	65
Monitoringbericht	65 a
Übergangsbestimmungen	66

Anlagen

Anlage 1: Gasaufbereitungs-Bonus
Anlage 2: Erzeugung in Kraft-Wärme-Kopplung
Anlage 3: Referenzertrag
Anlage 4: Höhe der Marktprämie
Anlage 5: Höhe der Flexibilitätsprämie

Teil 1. Allgemeine Vorschriften

§ 1 Zweck des Gesetzes. (1) Zweck dieses Gesetzes ist es, insbesondere im Interesse des Klima- und Umweltschutzes eine nachhaltige Entwicklung der Energieversorgung zu ermöglichen, die volkswirtschaftlichen Kosten der Energieversorgung auch durch die Einbeziehung langfristiger externer Effekte zu verringern, fossile Energieressourcen zu schonen und die Weiterentwicklung von Technologien zur Erzeugung von Strom aus Erneuerbaren Energien zu fördern.

(2) Um den Zweck des Absatzes 1 zu erreichen, verfolgt dieses Gesetz das Ziel, den Anteil erneuerbarer Energien an der Stromversorgung mindestens zu erhöhen auf

1. 35 Prozent spätestens bis zum Jahr 2020,
2. 50 Prozent spätestens bis zum Jahr 2030,
3. 65 Prozent spätestens bis zum Jahr 2040 und
4. 80 Prozent spätestens bis zum Jahr 2050

und diese Strommengen in das Elektrizitätsversorgungssystem zu integrieren.

(3) Das Ziel nach Absatz 2 Nummer 1 dient auch dazu, den Anteil erneuerbarer Energien am gesamten Bruttoendenergieverbrauch bis zum Jahr 2020 auf mindestens 18 Prozent zu erhöhen.

§ 2 Anwendungsbereich. Dieses Gesetz regelt
1. den vorrangigen Anschluss von Anlagen zur Erzeugung von Strom aus Erneuerbaren Energien und aus Grubengas im Bundesgebiet einschließlich der deutschen ausschließlichen Wirtschaftszone (Geltungsbereich des Gesetzes) an die Netze für die allgemeine Versorgung mit Elektrizität,
2. die vorrangige Abnahme, Übertragung, Verteilung und Vergütung dieses Stroms durch die Netzbetreiber einschließlich des Verhältnisses zu Strom aus Kraft-Wärme-Kopplung (KWK) sowie einschließlich Prämien für die Integration dieses Stroms in das Elektrizitätsversorgungssystem,
3. den bundesweiten Ausgleich des abgenommenen Stroms, für den eine Vergütung oder eine Prämie gezahlt worden ist.

§ 3 Begriffsbestimmungen. Im Sinne dieses Gesetzes ist
1. „Anlage" jede Einrichtung zur Erzeugung von Strom aus Erneuerbaren Energien oder aus Grubengas. Als Anlagen zur Erzeugung von Strom aus Erneuerbaren Energien oder aus Grubengas gelten auch solche Einrichtungen, die zwischengespeicherte Energie, die ausschließlich aus Erneuerbaren Energien oder aus Grubengas stammt, aufnehmen und in elektrische Energie umwandeln,
2. „Anlagenbetreiberin oder Anlagenbetreiber", wer unabhängig vom Eigentum die Anlage für die Erzeugung von Strom aus Erneuerbaren Energien oder aus Grubengas nutzt,
2 a. „Bemessungsleistung" einer Anlage der Quotient aus der Summe der in dem jeweiligen Kalenderjahr erzeugten Kilowattstunden und der Summe der vollen Zeitstunden des jeweiligen Kalenderjahres abzüglich der vollen Stunden vor der erstmaligen Erzeugung von Strom aus erneuerbaren Energien durch die Anlage und nach endgültiger Stilllegung der Anlage,
2 b. „Biogas" Gas, das durch anaerobe Vergärung von Biomasse gewonnen wird,
2 c. „Biomethan" Biogas oder sonstige gasförmige Biomasse, das oder die aufbereitet und in das Erdgasnetz eingespeist worden ist,
2 d. „Elektrizitätsversorgungsunternehmen" jede natürliche oder juristische Person, die Elektrizität an Letztverbraucherinnen oder Letztverbraucher liefert,
3. „Erneuerbare Energien" Wasserkraft einschließlich der Wellen-, Gezeiten-, Salzgradienten- und Strömungsenergie, Windenergie, solare Strahlungsenergie, Geothermie, Energie aus Biomasse einschließlich Biogas, Biomethan, Deponiegas und Klärgas sowie aus dem biologisch abbaubaren Anteil von Abfällen aus Haushalten und Industrie,
4. „Generator" jede technische Einrichtung, die mechanische, chemische, thermische oder elektromagnetische Energie direkt in elektrische Energie umwandelt,
4 a. „Gewerbe" ein nach Art und Umfang in kaufmännischer Weise eingerichteter Geschäftsbetrieb, der unter Beteiligung am allgemeinen wirt-

schaftlichen Verkehr nachhaltig mit eigener Gewinnerzielungsabsicht betrieben wird,

4 b. „Gülle" alle Stoffe, die Gülle sind im Sinne der Verordnung (EG) Nr. 1069/2009 des Europäischen Parlaments und des Rates vom 21. Oktober 2009 mit Hygienevorschriften für nicht für den menschlichen Verzehr bestimmte tierische Nebenprodukte und zur Aufhebung der Verordnung (EG) Nr. 1774/2002 (ABl. L 300 vom 14.11.2009, S. 1), die durch die Richtlinie 2010/63/EU (ABl. L 276 vom 20.10.2010, S. 33) geändert worden ist,

4 c. „Herkunftsnachweis" ein elektronisches Dokument, das ausschließlich dazu dient, gegenüber einem Endkunden im Rahmen der Stromkennzeichnung nach § 42 Absatz 1 Nummer 1 des Energiewirtschaftsgesetzes[1]) nachzuweisen, dass ein bestimmter Anteil oder eine bestimmte Menge des Stroms aus Erneuerbaren Energien erzeugt wurde,

5. „Inbetriebnahme" die erstmalige Inbetriebsetzung des Generators der Anlage nach Herstellung der technischen Betriebsbereitschaft der Anlage, unabhängig davon, ob der Generator mit erneuerbaren Energien, Grubengas oder sonstigen Energieträgern in Betrieb gesetzt wurde; die technische Betriebsbereitschaft setzt voraus, dass die Anlage fest an dem für den dauerhaften Betrieb vorgesehenen Ort und dauerhaft mit dem für die Erzeugung von Wechselstrom erforderlichen Zubehör installiert wurde; der Austausch des Generators oder sonstiger technischer oder baulicher Teile nach der erstmaligen Inbetriebnahme führt nicht zu einer Änderung des Zeitpunkts der Inbetriebnahme,

5 a. „KWK-Anlage" eine KWK-Anlage im Sinne von § 3 Absatz 2 des Kraft-Wärme-Kopplungsgesetzes[2]),

6. „installierte Leistung" einer Anlage die elektrische Wirkleistung, die die Anlage bei bestimmungsgemäßem Betrieb ohne zeitliche Einschränkungen unbeschadet kurzfristiger geringfügiger Abweichungen technisch erbringen kann,

7. „Netz" die Gesamtheit der miteinander verbundenen technischen Einrichtungen zur Abnahme, Übertragung und Verteilung von Elektrizität für die allgemeine Versorgung,

8. „Netzbetreiber" die Betreiber von Netzen aller Spannungsebenen für die allgemeine Versorgung mit Elektrizität,

9. „Offshore-Anlage" eine Windenergieanlage, die auf See in einer Entfernung von mindestens drei Seemeilen gemessen von der Küstenlinie aus seewärts errichtet worden ist. Als Küstenlinie gilt die in der Karte Nummer 2920 Deutsche Nordseeküste und angrenzende Gewässer, Ausgabe 1994, XII., sowie in der Karte Nummer 2921 Deutsche Ostseeküste und angrenzende Gewässer, Ausgabe 1994, XII., des Bundesamtes für Seeschifffahrt und Hydrographie im Maßstab 1: 375000[3]) dargestellte Küstenlinie,

9 a. „Speichergas" jedes Gas, das keine erneuerbare Energie ist, aber zum Zweck der Zwischenspeicherung von Strom aus erneuerbaren Energien ausschließlich unter Einsatz von Strom aus erneuerbaren Energien erzeugt wird,

---

[1]) Nr. 1.
[2]) Nr. 43.
[3]) **Amtl. Anm.:** Amtlicher Hinweis: Zu beziehen beim Bundesamt für Seeschifffahrt und Hydrographie, 20359 Hamburg.

10. „Strom aus Kraft-Wärme-Kopplung" Strom im Sinne von § 3 Absatz 4 des Kraft-Wärme-Kopplungsgesetzes,
11. „Übertragungsnetzbetreiber" der regelverantwortliche Netzbetreiber von Hoch- und Höchstspannungsnetzen, die der überregionalen Übertragung von Elektrizität zu nachgeordneten Netzen dienen,
12. „Umweltgutachterin oder Umweltgutachter" eine Person oder Organisation, die nach dem Umweltauditgesetz in der Fassung der Bekanntmachung vom 4. September 2002 (BGBl. I S. 3490), das zuletzt durch Artikel 11 des Gesetzes vom 17. März 2008 (BGBl. I S. 399) geändert worden ist, in der jeweils geltenden Fassung, als Umweltgutachterin, Umweltgutachter oder Umweltgutachterorganisation tätig werden darf,
13. „Unternehmen" die kleinste rechtlich selbständige Einheit,
14. „Unternehmen des produzierenden Gewerbes" jedes Unternehmen, das an der zu begünstigenden Abnahmestelle dem Bergbau, der Gewinnung von Steinen und Erden oder dem verarbeitenden Gewerbe in entsprechender Anwendung der Abschnitte B und C der Klassifikation der Wirtschaftszweige des Statistischen Bundesamtes, Ausgabe 2008[1)] zuzuordnen ist.

§ 4 Gesetzliches Schuldverhältnis. (1) Netzbetreiber dürfen die Erfüllung ihrer Verpflichtungen aus diesem Gesetz nicht vom Abschluss eines Vertrages abhängig machen.

(2) [1]Von den Bestimmungen dieses Gesetzes darf unbeschadet des § 8 Absatz 3 und 3 a nicht zu Lasten der Anlagenbetreiberin, des Anlagenbetreibers oder des Netzbetreibers abgewichen werden. [2]Dies gilt nicht für abweichende vertragliche Vereinbarungen zu den §§ 3 bis 33i, 45, 46, 56 und 66 sowie zu den auf Grund dieses Gesetzes erlassenen Rechtsverordnungen, die
1. Gegenstand eines Prozessvergleichs im Sinne des § 794 Absatz 1 Nummer 1 der Zivilprozessordnung sind,
2. dem Ergebnis eines von den Parteien vor der Clearingstelle durchgeführten Verfahrens nach § 57 Absatz 3 Satz 1 Nummer 1 entsprechen,
3. einer für die Parteien von der Clearingstelle abgegebenen Stellungnahme nach § 57 Absatz 3 Satz 1 Nummer 2 entsprechen oder
4. einer Entscheidung der Bundesnetzagentur nach § 61 entsprechen.

Teil 2. Anschluss, Abnahme, Übertragung und Verteilung

Abschnitt 1. Allgemeine Vorschriften

§ 5 Anschluss. (1) [1]Netzbetreiber sind verpflichtet, Anlagen zur Erzeugung von Strom aus Erneuerbaren Energien und aus Grubengas unverzüglich vorrangig an der Stelle an ihr Netz anzuschließen (Verknüpfungspunkt), die im Hinblick auf die Spannungsebene geeignet ist, und die in der Luftlinie kürzeste Entfernung zum Standort der Anlage aufweist, wenn nicht ein anderes Netz einen technisch und wirtschaftlich günstigeren Verknüpfungspunkt aufweist.

[1)] **Amtl. Anm.:** Amtlicher Hinweis: Zu beziehen beim Statistischen Bundesamt, Gustav-Stresemann-Ring 11, 65189 Wiesbaden; auch zu beziehen über www.destatis.de.

Erneuerbare-Energien-Gesetz § 6 EEG 34

² Bei einer oder mehreren Anlagen mit einer installierten Leistung von insgesamt bis zu 30 Kilowatt, die sich auf einem Grundstück mit bereits bestehendem Netzanschluss befinden, gilt der Verknüpfungspunkt des Grundstücks mit dem Netz als günstigster Verknüpfungspunkt.

(2) Anlagenbetreiberinnen und -betreiber sind berechtigt, einen anderen Verknüpfungspunkt dieses oder eines anderen im Hinblick auf die Spannungsebene geeigneten Netzes zu wählen.

(3) ¹ Der Netzbetreiber ist abweichend von den Absätzen 1 und 2 berechtigt, der Anlage einen anderen Verknüpfungspunkt zuzuweisen. ² Dies gilt nicht, wenn die Abnahme des Stroms aus der betroffenen Anlage nach § 8 Abs. 1 nicht sichergestellt wäre.

(4) Die Pflicht zum Netzanschluss besteht auch dann, wenn die Abnahme des Stroms erst durch die Optimierung, die Verstärkung oder den Ausbau des Netzes nach § 9 möglich wird.

(5) ¹ Netzbetreiber sind verpflichtet, Einspeisewilligen nach Eingang eines Netzanschlussbegehrens unverzüglich einen genauen Zeitplan für die Bearbeitung des Netzanschlussbegehrens zu übermitteln. ² In diesem Zeitplan ist anzugeben:

1. in welchen Arbeitsschritten das Netzanschlussbegehren bearbeitet wird und
2. welche Informationen die Einspeisewilligen aus ihrem Verantwortungsbereich den Netzbetreibern übermitteln müssen, damit die Netzbetreiber den Verknüpfungspunkt ermitteln oder ihre Planungen nach § 9 durchführen können.

(6) ¹ Netzbetreiber sind verpflichtet, Einspeisewilligen nach Eingang der erforderlichen Informationen unverzüglich, spätestens aber innerhalb von acht Wochen, Folgendes zu übermitteln:

1. einen Zeitplan für die unverzügliche Herstellung des Netzanschlusses mit allen erforderlichen Arbeitsschritten,
2. alle Informationen, die Einspeisewillige für die Prüfung des Verknüpfungspunktes benötigen, sowie auf Antrag die für eine Netzverträglichkeitsprüfung erforderlichen Netzdaten,
3. einen nachvollziehbaren und detaillierten Voranschlag der Kosten, die den Anlagenbetreiberinnen oder Anlagenbetreibern durch den Netzanschluss entstehen; dieser Kostenvoranschlag umfasst nur die Kosten, die durch die technische Herstellung des Netzanschlusses entstehen, und insbesondere nicht die Kosten für die Gestattung der Nutzung fremder Grundstücke für die Verlegung der Netzanschlussleitung.

² Das Recht der Anlagenbetreiberinnen oder Anlagenbetreiber nach § 7 Absatz 1 bleibt auch dann unberührt, wenn der Netzbetreiber den Kostenvoranschlag nach Satz 1 Nummer 3 übermittelt hat.

§ 6 Technische Vorgaben. (1) Anlagenbetreiberinnen und Anlagenbetreiber sowie Betreiberinnen und Betreiber von KWK-Anlagen müssen ihre Anlagen mit einer installierten Leistung von mehr als 100 Kilowatt mit technischen Einrichtungen ausstatten, mit denen der Netzbetreiber jederzeit

1. die Einspeiseleistung bei Netzüberlastung ferngesteuert reduzieren kann und
2. die jeweilige Ist-Einspeisung abrufen kann.

(2) Anlagenbetreiberinnen und Anlagenbetreiber von Anlagen zur Erzeugung von Strom aus solarer Strahlungsenergie

1. mit einer installierten Leistung von mehr als 30 Kilowatt und höchstens 100 Kilowatt müssen die Pflicht nach Absatz 1 Nummer 1 erfüllen,
2. mit einer installierten Leistung von höchstens 30 Kilowatt müssen
   a) die Pflicht nach Absatz 1 Nummer 1 erfüllen oder
   b) am Verknüpfungspunkt ihrer Anlage mit dem Netz die maximale Wirkleistungseinspeisung auf 70 Prozent der installierten Leistung begrenzen.

(3) [1] Mehrere Anlagen zur Erzeugung von Strom aus solarer Strahlungsenergie gelten unabhängig von den Eigentumsverhältnissen und ausschließlich zum Zweck der Ermittlung der installierten Leistung im Sinne der Absätze 1 und 2 als eine Anlage, wenn

1. sie sich auf demselben Grundstück oder sonst in unmittelbarer räumlicher Nähe befinden und
2. innerhalb von zwölf aufeinanderfolgenden Kalendermonaten in Betrieb genommen worden sind.

[2] Entsteht eine Pflicht nach den Absätzen 1 und 2 für eine Anlagenbetreiberin oder einen Anlagenbetreiber erst durch den Zubau von Anlagen einer anderen Anlagenbetreiberin oder eines anderen Anlagenbetreibers, kann sie oder er von dieser anderen Anlagenbetreiberin oder diesem anderen Anlagenbetreiber den Ersatz der daraus entstehenden Kosten verlangen.

(4) [1] Anlagenbetreiberinnen und Anlagenbetreiber von Anlagen zur Erzeugung von Strom aus Biogas müssen sicherstellen, dass bei der Erzeugung des Biogases

1. ein neu zu errichtendes Gärrestlager am Standort der Biogaserzeugung technisch gasdicht abgedeckt ist und die hydraulische Verweilzeit in dem gasdichten und an eine Gasverwertung angeschlossenen System mindestens 150 Tage beträgt und
2. zusätzliche Gasverbrauchseinrichtungen zur Vermeidung einer Freisetzung von Biogas verwendet werden.

[2] Die Anforderung nach Satz 1 Nummer 1 gilt nicht, wenn zur Erzeugung des Biogases ausschließlich Gülle im Sinne des § 2 Satz 1 Nummer 4 des Düngegesetzes eingesetzt wird.

(5) Anlagenbetreiberinnen und Anlagenbetreiber von Windenergieanlagen müssen sicherstellen, dass am Verknüpfungspunkt ihrer Anlage mit dem Netz die Anforderungen der Systemdienstleistungsverordnung erfüllt werden.

(6) [1] Die Rechtsfolgen von Verstößen gegen Absatz 1, 2, 4 oder 5 richten sich bei Anlagen, für deren Stromerzeugung dem Grunde nach ein Anspruch auf Vergütung nach § 16 besteht, nach § 17 Absatz 1. [2] Bei den übrigen Anlagen entfällt der Anspruch der Anlagenbetreiberinnen und Anlagenbetreiber auf vorrangige Abnahme, Übertragung und Verteilung nach § 8 für die Dauer des Verstoßes gegen Absatz 1, 2, 4 oder 5; Betreiberinnen und Betreiber von KWK-Anlagen verlieren in diesem Fall ihren Anspruch auf Zuschlagszahlung nach § 4 Absatz 3 des Kraft-Wärme-Kopplungsgesetzes[1]) oder, soweit

---

[1]) Nr. 43.

ein solcher nicht besteht, ihren Anspruch auf vorrangigen Netzzugang nach § 4 Absatz 4 des Kraft-Wärme-Kopplungsgesetzes.

§ 7 Ausführung und Nutzung des Anschlusses. (1) [1]Anlagenbetreiberinnen und -betreiber sind berechtigt, den Anschluss der Anlagen sowie die Einrichtung und den Betrieb der Messeinrichtungen einschließlich der Messung von dem Netzbetreiber oder einer fachkundigen dritten Person vornehmen zu lassen. [2]Für Messstellenbetrieb und Messung gelten die Vorschriften der §§ 21 b bis 21 h des Energiewirtschaftsgesetzes[1]) und der auf Grund von § 21 i des Energiewirtschaftsgesetzes erlassenen Rechtsverordnungen.

(2) Die Ausführung des Anschlusses und die übrigen für die Sicherheit des Netzes notwendigen Einrichtungen müssen den im Einzelfall notwendigen technischen Anforderungen des Netzbetreibers und § 49 des Energiewirtschaftsgesetzes vom 7. Juli 2005 (BGBl. I S. 1970, 3621), das zuletzt durch Artikel 2 des Gesetzes vom 18. Dezember 2007 (BGBl. I S. 2966) geändert worden ist, entsprechen.

(3) Bei der Einspeisung von Strom aus Erneuerbaren Energien oder Grubengas gilt zugunsten der Anlagenbetreiberin oder des Anlagenbetreibers § 18 Abs. 2 der Niederspannungsanschlussverordnung[2]) vom 1. November 2006 (BGBl. I S. 2477) entsprechend.

§ 8 Abnahme, Übertragung und Verteilung. (1) [1]Netzbetreiber sind vorbehaltlich des § 11 verpflichtet, den gesamten angebotenen Strom aus Erneuerbaren Energien und aus Grubengas unverzüglich vorrangig abzunehmen, zu übertragen und zu verteilen. [2]Die Verpflichtung nach Satz 1 und die Verpflichtungen nach § 4 Absatz 1 Satz 1 und Absatz 4 Satz 2 des Kraft-Wärme-Kopplungsgesetzes[3]) sind gleichrangig.

(2) Die Verpflichtungen nach Absatz 1 bestehen auch, wenn die Anlage an das Netz der Anlagenbetreiberin, des Anlagenbetreibers oder einer dritten Person, die nicht Netzbetreiber im Sinne von § 3 Nr. 8 ist, angeschlossen ist und der Strom mittels kaufmännisch-bilanzieller Weitergabe durch dieses Netz in ein Netz nach § 3 Nr. 7 angeboten wird.

(3) Die Verpflichtungen nach Absatz 1 bestehen nicht, soweit Anlagenbetreiberinnen oder -betreiber und Netzbetreiber unbeschadet des § 12 zur besseren Integration der Anlage in das Netz ausnahmsweise vertraglich vereinbaren, vom Abnahmevorrang abzurücken.

(3 a) Die Verpflichtungen nach Absatz 1 bestehen nicht, soweit Anlagenbetreiberinnen oder Anlagenbetreiber und Netzbetreiber ausnahmsweise auf Grund vertraglicher Vereinbarungen vom Abnahmevorrang abweichen und dies durch die Ausgleichsmechanismusverordnung[4]) zugelassen ist.

(4) Die Verpflichtungen zur vorrangigen Abnahme, Übertragung und Verteilung treffen im Verhältnis zum aufnehmenden Netzbetreiber, der nicht Übertragungsnetzbetreiber ist,

---

[1]) Nr. **1**.
[2]) Nr. **25**.
[3]) Nr. **43**.
[4]) Nr. **39**.

1. den vorgelagerten Übertragungsnetzbetreiber,
2. den nächstgelegenen inländischen Übertragungsnetzbetreiber, wenn im Netzbereich des abgabeberechtigten Netzbetreibers kein inländisches Übertragungsnetz betrieben wird, oder,
3. insbesondere im Fall der Weitergabe nach Absatz 2, jeden sonstigen Netzbetreiber.

Abschnitt 2. Kapazitätserweiterung und Einspeisemanagement

§ 9 Erweiterung der Netzkapazität. (1) [1] Netzbetreiber sind auf Verlangen der Einspeisewilligen verpflichtet, unverzüglich ihre Netze entsprechend dem Stand der Technik zu optimieren, zu verstärken und auszubauen, um die Abnahme, Übertragung und Verteilung des Stroms aus Erneuerbaren Energien oder Grubengas sicherzustellen. [2] Dieser Anspruch besteht auch gegenüber Netzbetreibern, an deren Netz die Anlage nicht unmittelbar angeschlossen ist, sondern auch für vorgelagerte Netze mit einer Spannung bis einschließlich 110 Kilovolt, wenn dies erforderlich ist, um die Abnahme, Übertragung und Verteilung des Stroms sicherzustellen.

(2) Die Pflicht erstreckt sich auf sämtliche für den Betrieb des Netzes notwendigen technischen Einrichtungen sowie die im Eigentum des Netzbetreibers stehenden oder in sein Eigentum übergehenden Anschlussanlagen.

(3) Der Netzbetreiber ist nicht zur Optimierung, zur Verstärkung und zum Ausbau seines Netzes verpflichtet, soweit dies wirtschaftlich unzumutbar ist.

(4) Die Verpflichtungen nach § 4 Abs. 6 des Kraft-Wärme-Kopplungsgesetzes[1]) sowie nach § 12 Abs. 3 des Energiewirtschaftsgesetzes[2]) bleiben unberührt.

§ 10 Schadensersatz. (1) [1] Verletzt der Netzbetreiber seine Verpflichtungen aus § 9 Abs. 1, können Einspeisewillige Ersatz des hierdurch entstandenen Schadens verlangen. [2] Die Ersatzpflicht tritt nicht ein, wenn der Netzbetreiber die Pflichtverletzung nicht zu vertreten hat.

(2) [1] Liegen Tatsachen vor, die die Annahme begründen, dass der Netzbetreiber seine Pflicht aus § 9 Abs. 1 nicht erfüllt hat, können Anlagenbetreiberinnen und -betreiber Auskunft von dem Netzbetreiber darüber verlangen, ob und inwieweit der Netzbetreiber seiner Verpflichtung zur Optimierung, zur Verstärkung und zum Ausbau des Netzes nachgekommen ist. [2] Die Auskunft kann verweigert werden, wenn sie zur Feststellung, ob ein Anspruch nach Absatz 1 vorliegt, nicht erforderlich ist.

§ 11 Einspeisemanagement. (1) [1] Netzbetreiber sind unbeschadet ihrer Pflicht nach § 9 ausnahmsweise berechtigt, an ihr Netz unmittelbar oder mittelbar angeschlossene Anlagen und KWK-Anlagen, die mit einer Einrichtung zur ferngesteuerten Reduzierung der Einspeiseleistung bei Netzüberlastung im Sinne von § 6 Absatz 1 Nummer 1, Absatz 2 Nummer 1 oder 2 Buchstabe a ausgestattet sind, zu regeln, soweit

---

[1]) Nr. **43**.
[2]) Nr. **1**.

1. andernfalls im jeweiligen Netzbereich einschließlich des vorgelagerten Netzes ein Netzengpass entstünde,
2. der Vorrang für Strom aus erneuerbaren Energien, Grubengas und Kraft-Wärme-Kopplung gewahrt wird, soweit nicht sonstige Anlagen zur Stromerzeugung am Netz bleiben müssen, um die Sicherheit und Zuverlässigkeit des Elektrizitätsversorgungssystems zu gewährleisten, und
3. sie die verfügbaren Daten über die Ist-Einspeisung in der jeweiligen Netzregion abgerufen haben.

²Bei der Regelung der Anlagen nach Satz 1 sind Anlagen im Sinne des § 6 Absatz 2 erst nachrangig gegenüber den übrigen Anlagen zu regeln. ³Im Übrigen müssen die Netzbetreiber sicherstellen, dass insgesamt die größtmögliche Strommenge aus erneuerbaren Energien und Kraft-Wärme-Kopplung abgenommen wird.

(2) Netzbetreiber sind verpflichtet, Betreiberinnen und Betreiber von Anlagen nach § 6 Absatz 1 spätestens am Vortag, ansonsten unverzüglich über den zu erwartenden Zeitpunkt, den Umfang und die Dauer der Regelung zu unterrichten, sofern die Durchführung der Maßnahme vorhersehbar ist.

(3) ¹Die Netzbetreiber müssen die von Maßnahmen nach Absatz 1 Betroffenen unverzüglich über die tatsächlichen Zeitpunkte, den jeweiligen Umfang, die Dauer und die Gründe der Regelung unterrichten und auf Verlangen innerhalb von vier Wochen Nachweise über die Erforderlichkeit der Maßnahme vorlegen. ²Die Nachweise müssen eine sachkundige dritte Person in die Lage versetzen, ohne weitere Informationen die Erforderlichkeit der Maßnahme vollständig nachvollziehen zu können; zu diesem Zweck sind im Fall eines Verlangens nach Satz 1 letzter Halbsatz insbesondere die nach Absatz 1 Satz 1 Nummer 3 erhobenen Daten vorzulegen. ³Die Netzbetreiber können abweichend von Satz 1 Anlagenbetreiberinnen und Anlagenbetreiber von Anlagen nach § 6 Absatz 2 in Verbindung mit Absatz 3 nur einmal jährlich über die Maßnahmen nach Absatz 1 unterrichten, solange die Gesamtdauer dieser Maßnahmen 15 Stunden pro Anlage im Kalenderjahr nicht überschritten hat; diese Unterrichtung muss bis zum 31. Januar des Folgejahres erfolgen. ⁴§ 13 Absatz 5 Satz 3 des Energiewirtschaftsgesetzes[1] bleibt unberührt.

§ 12 Härtefallregelung. (1) ¹Wird die Einspeisung von Strom aus Anlagen zur Erzeugung von Strom aus erneuerbaren Energien, Grubengas oder Kraft-Wärme-Kopplung wegen eines Netzengpasses im Sinne von § 11 Absatz 1 reduziert, sind die von der Maßnahme betroffenen Betreiberinnen und Betreiber abweichend von § 13 Absatz 4 des Energiewirtschaftsgesetzes[1] für 95 Prozent der entgangenen Einnahmen zuzüglich der zusätzlichen Aufwendungen und abzüglich der ersparten Aufwendungen zu entschädigen. ²Übersteigen die entgangenen Einnahmen nach Satz 1 in einem Jahr 1 Prozent der Einnahmen dieses Jahres, sind die von der Regelung betroffenen Betreiberinnen und Betreiber ab diesem Zeitpunkt zu 100 Prozent zu entschädigen. ³Der Netzbetreiber, in dessen Netz die Ursache für die Regelung nach § 11 liegt, hat die Kosten der Entschädigung zu tragen. ⁴Gegenüber den betroffenen Betreiberinnen und Betreibern haftet er gesamtschuldnerisch mit dem Netzbetreiber, an dessen Netz die Anlage angeschlossen ist.

---

[1] Nr. 1.

(2) ¹Der Netzbetreiber kann die Kosten nach Absatz 1 bei der Ermittlung der Netzentgelte in Ansatz bringen, soweit die Maßnahme erforderlich war und er sie nicht zu vertreten hat. ²Der Netzbetreiber hat sie insbesondere zu vertreten, soweit er nicht alle Möglichkeiten zur Optimierung, zur Verstärkung und zum Ausbau des Netzes ausgeschöpft hat.

(3) Schadensersatzansprüche von Anlagenbetreiberinnen und -betreibern gegen den Netzbetreiber bleiben unberührt.

Abschnitt 3. Kosten

§ 13 Netzanschluss. (1) Die notwendigen Kosten des Anschlusses von Anlagen zur Erzeugung von Strom aus Erneuerbaren Energien oder aus Grubengas an den Verknüpfungspunkt nach § 5 Abs. 1 oder 2 sowie der notwendigen Messeinrichtungen zur Erfassung des gelieferten und des bezogenen Stroms trägt die Anlagebetreiberin oder der Anlagenbetreiber.

(2) Weist der Netzbetreiber den Anlagen nach § 5 Abs. 3 einen anderen Verknüpfungspunkt zu, muss er die daraus resultierenden Mehrkosten tragen.

§ 14 Kapazitätserweiterung. Die Kosten der Optimierung, der Verstärkung und des Ausbaus des Netzes trägt der Netzbetreiber.

§ 15 Vertragliche Vereinbarung. (1) Netzbetreiber können infolge der Vereinbarung nach § 8 Abs. 3 entstandene Kosten im nachgewiesenen Umfang bei der Ermittlung des Netzentgelts in Ansatz bringen, soweit diese Kosten im Hinblick auf § 1 wirtschaftlich angemessen sind.

(2) Die Kosten unterliegen der Prüfung auf Effizienz durch die Regulierungsbehörde nach Maßgabe der Vorschriften des Energiewirtschaftsgesetzes[1]).

Teil 3. Einspeisevergütung

Abschnitt 1. Allgemeine Vergütungsvorschriften

§ 16 Vergütungsanspruch. (1) ¹Netzbetreiber müssen Anlagenbetreiberinnen und Anlagenbetreibern Strom aus Anlagen, die ausschließlich erneuerbare Energien oder Grubengas einsetzen, mindestens nach Maßgabe der §§ 18 bis 33 vergüten. ²Dies gilt nur für Strom, der tatsächlich nach § 8 abgenommen worden ist. ³Auf die zu erwartenden Zahlungen sind monatliche Abschläge in angemessenem Umfang zu leisten.

(2) ¹Die Verpflichtung nach Absatz 1 besteht auch dann, wenn der Strom vor der Einspeisung in das Netz zwischengespeichert worden ist. ²In diesem Fall bezieht sie sich auf die Strommenge, die aus dem Zwischenspeicher in das Netz eingespeist wird. ³Die Vergütungshöhe bestimmt sich nach der Höhe der Vergütung, die der Netzbetreiber nach Absatz 1 bei einer Einspeisung des Stroms in das Netz ohne Zwischenspeicherung an die Anlagenbetreiberin oder den Anlagenbetreiber zahlen müsste. ⁴Die Verpflichtung nach Satz 1 besteht auch bei einem gemischten Einsatz von erneuerbaren Energien und Speichergasen.

---

[1]) Nr. 1.

(3) Anlagenbetreiberinnen und Anlagenbetreiber, die den Vergütungsanspruch nach Absatz 1 für Strom aus einer Anlage geltend machen, sind verpflichtet, ab diesem Zeitpunkt dem Netzbetreiber den gesamten in dieser Anlage erzeugten Strom,

1. für den dem Grunde nach ein Vergütungsanspruch nach Absatz 1 besteht,
2. der nicht von ihnen selbst oder von Dritten in unmittelbarer räumlicher Nähe zur Anlage verbraucht wird und
3. der durch ein Netz durchgeleitet wird,

zur Verfügung zu stellen, und sie dürfen den in der Anlage erzeugten Strom nicht als Regelenergie vermarkten.

§ 17 Verringerung des Vergütungsanspruchs. (1) Der Vergütungsanspruch nach § 16 verringert sich auf Null, solange Anlagenbetreiberinnen und Anlagenbetreiber gegen § 6 Absatz 1, 2, 4 oder 5 verstoßen.

(2) Der Vergütungsanspruch nach § 16 verringert sich auf den tatsächlichen Monatsmittelwert des energieträgerspezifischen Marktwerts nach Nummer 1.1 der Anlage 4 zu diesem Gesetz („MW"),

1. solange Anlagenbetreiberinnen und Anlagenbetreiber von Anlagen zur Erzeugung von Strom aus solarer Strahlungsenergie die Anlage nicht als geförderte Anlage im Sinne des § 20a Absatz 5 registriert und den Standort und die installierte Leistung der Anlage nicht übermittelt haben an

    a) die Bundesnetzagentur mittels der von ihr bereitgestellten Formularvorgaben oder

    b) einen Dritten, der zum Betrieb eines Anlagenregisters abweichend von Buchstabe a durch eine Rechtsverordnung auf Grund von § 64e Nummer 2 verpflichtet worden ist oder der in einer solchen Verordnung als Adressat der Meldungen benannt worden ist, nach Maßgabe dieser Verordnung,

2. solange Anlagenbetreiberinnen und Anlagenbetreiber im Fall der Errichtung eines allgemeinen Anlagenregisters die Eintragung der Anlage in das Anlagenregister nicht nach Maßgabe einer Rechtsverordnung auf Grund von § 64e beantragt haben,
3. solange Anlagenbetreiberinnen und Anlagenbetreiber gegen § 16 Absatz 3 verstoßen, mindestens jedoch für die Dauer des gesamten Kalendermonats, in dem ein solcher Verstoß erfolgt ist, und soweit sie den Strom dem Netzbetreiber zur Verfügung gestellt haben oder
4. soweit die Errichtung oder der Betrieb der Anlage dazu dient, die Vorbildfunktion öffentlicher Gebäude auf Grund einer landesrechtlichen Regelung nach § 3 Absatz 4 Nummer 1 des Erneuerbare-Energien-Wärmegesetzes[1]) zu erfüllen, und wenn die Anlage keine KWK-Anlage ist.

(3) [1]Der Vergütungsanspruch nach § 16 verringert sich ferner auf den tatsächlichen Monatsmittelwert des energieträgerspezifischen Marktwerts nach Nummer 1.1 der Anlage 4 zu diesem Gesetz („MW"), wenn Anlagenbetreiberinnen und Anlagenbetreiber, die ihren Strom direkt vermarktet haben, dem Netzbetreiber den Wechsel in die Vergütung nach § 16 nicht nach Maßgabe

---

[1]) Nr. 42.

des § 33 d Absatz 2 in Verbindung mit § 33 d Absatz 1 Nummer 3 und Absatz 4 übermittelt haben. ²Satz 1 gilt bis zum Ablauf des dritten Kalendermonats, der auf die Beendigung der Direktvermarktung folgt.

§ 18 Vergütungsberechnung. (1) Die Höhe der Vergütung für Strom, der in Abhängigkeit von der Bemessungsleistung oder der installierten Leistung der Anlage vergütet wird, bestimmt sich

1. bei den §§ 23 bis 28 jeweils anteilig nach der Bemessungsleistung der Anlage und
2. bei dem § 32 jeweils anteilig nach der installierten Leistung der Anlage

im Verhältnis zu dem jeweils anzuwendenden Schwellenwert.

(2) In den Vergütungen ist die Umsatzsteuer nicht enthalten.

§ 19 Vergütung für Strom aus mehreren Anlagen. (1) ¹Mehrere Anlagen gelten unabhängig von den Eigentumsverhältnissen und ausschließlich zum Zweck der Ermittlung der Vergütung für den jeweils zuletzt in Betrieb gesetzten Generator als eine Anlage, wenn

1. sie sich auf demselben Grundstück oder sonst in unmittelbarer räumlicher Nähe befinden,
2. sie Strom aus gleichartigen Erneuerbaren Energien erzeugen,
3. der in ihnen erzeugte Strom nach den Regelungen dieses Gesetzes in Abhängigkeit von der Bemessungsleistung oder der installierten Leistung der Anlage vergütet wird und
4. sie innerhalb von zwölf aufeinander folgenden Kalendermonaten in Betrieb genommen worden sind.

²Abweichend von Satz 1 gelten mehrere Anlagen unabhängig von den Eigentumsverhältnissen und ausschließlich zum Zweck der Ermittlung der Vergütung für den jeweils zuletzt in Betrieb gesetzten Generator als eine Anlage, wenn sie Strom aus Biogas mit Ausnahme von Biomethan erzeugen und das Biogas aus derselben Biogaserzeugungsanlage stammt.

(1 a) Unbeschadet von Absatz 1 Satz 1 gelten mehrere Anlagen nach § 32 Absatz 1 Nummer 2 und 3 unabhängig von den Eigentumsverhältnissen und ausschließlich zum Zweck der Ermittlung der Vergütung für den jeweils zuletzt in Betrieb gesetzten Generator als eine Anlage, wenn sie

1. innerhalb derselben Gemeinde errichtet worden sind und
2. innerhalb von 24 aufeinanderfolgenden Kalendermonaten in einem Abstand von bis zu 2 Kilometern in der Luftlinie, gemessen vom äußeren Rand der jeweiligen Anlage, in Betrieb genommen worden sind.

(2) ¹Anlagenbetreiberinnen und -betreiber können Strom aus mehreren Generatoren, die gleichartige Erneuerbare Energien oder Grubengas einsetzen, über eine gemeinsame Messeinrichtung abrechnen. ²In diesem Fall ist für die Berechnung der Vergütungen vorbehaltlich des Absatzes 1 die Bemessungsleistung jeder einzelnen Anlage maßgeblich; bei Anlagen zur Erzeugung von Strom aus solarer Strahlungsenergie ist abweichend von dem ersten Halbsatz die installierte Leistung jeder einzelnen Anlage maßgeblich.

(3) Wenn Strom aus mehreren Windenergieanlagen, für die sich unterschiedliche Vergütungshöhen errechnen, über eine gemeinsame Messeinrich-

Erneuerbare-Energien-Gesetz §§ 20, 20a EEG 34

tung abgerechnet wird, erfolgt die Zuordnung der Strommengen zu den Windenergieanlagen im Verhältnis der jeweiligen Referenzerträge.

§ 20 Absenkungen von Vergütungen und Boni. (1) [1] Die Vergütungen und Boni nach den §§ 23 bis 31 gelten unbeschadet des § 66 für Strom aus Anlagen, die vor dem 1. Januar 2013 in Betrieb genommen werden. [2] Sie gelten ferner für Strom aus Anlagen, die nach dem 31. Dezember 2012 in Betrieb genommen werden, mit der Maßgabe, dass sich die Vergütungen und Boni nach Maßgabe der Absätze 2 und 3 verringern. [3] Die zum jeweiligen Inbetriebnahmezeitpunkt errechneten Vergütungen und Boni gelten jeweils für die gesamte Vergütungsdauer nach § 21 Absatz 2.

(2) Die Vergütungen und Boni verringern sich jährlich zum 1. Januar für Strom aus

1. Wasserkraft (§ 23) ab dem Jahr 2013: um 1,0 Prozent,
2. Deponiegas (§§ 24 und 27c Absatz 2) ab dem Jahr 2013: um 1,5 Prozent,
3. Klärgas (§§ 25 und 27c Absatz 2) ab dem Jahr 2013: um 1,5 Prozent,
4. Grubengas (§ 26) ab dem Jahr 2013: um 1,5 Prozent,
5. Biomasse (§ 27 Absatz 1, §§ 27a, 27b und 27c Absatz 2) ab dem Jahr 2013: um 2,0 Prozent,
6. Geothermie (§ 28) ab dem Jahr 2018: um 5,0 Prozent,
7. Windenergie
   a) aus Offshore-Anlagen (§ 31) ab dem Jahr 2018: um 7,0 Prozent und
   b) aus sonstigen Anlagen (§§ 29 und 30) ab dem Jahr 2013: um 1,5 Prozent.

(3) [1] Die jährlichen Vergütungen und Boni werden nach der Berechnung gemäß den Absätzen 1 und 2 auf zwei Stellen nach dem Komma gerundet. [2] Für die Berechnung der Höhe der Vergütungen und Boni des jeweils darauffolgenden Kalenderjahres sind die ungerundeten Werte des Vorjahres zugrunde zu legen.

§ 20a Zubaukorridor für geförderte Anlagen zur Erzeugung von Strom aus solarer Strahlungsenergie, Veröffentlichung des Zubaus.

(1) Der Korridor für den weiteren Zubau von geförderten Anlagen zur Erzeugung von Strom aus solarer Strahlungsenergie (Zubaukorridor) beträgt 2 500 bis 3 500 Megawatt pro Kalenderjahr.

(2) Die Bundesnetzagentur veröffentlicht auf ihrer Internetseite in nicht personenbezogener Form bis zum 31. August 2012 und danach monatlich bis zum letzten Tag jedes Kalendermonats

1. die im jeweils vorangegangenen Kalendermonat nach § 17 Absatz 2 Nummer 1 Buchstabe a oder b registrierten Anlagen einschließlich der Summe der neu installierten Leistung geförderter Anlagen zur Erzeugung von Strom aus solarer Strahlungsenergie und
2. die Summe der installierten Leistung aller geförderten Anlagen zur Erzeugung von Strom aus solarer Strahlungsenergie, die am letzten Tag des jeweils vorangegangenen Kalendermonats im Geltungsbereich dieses Gesetzes installiert waren; für die Zwecke dieser Veröffentlichung gelten als geförderte Anlagen auch

a) die Anlagen, für die der Standort und die installierte Leistung nach § 16 Absatz 2 Satz 2 des Erneuerbare-Energien-Gesetzes[1]) in der am 31. Dezember 2011 geltenden Fassung oder nach § 17 Absatz 2 Nummer 1 Buchstabe a des Erneuerbare-Energien-Gesetzes in der am 31. März 2012 geltenden Fassung an die Bundesnetzagentur übermittelt worden sind, und

b) die Anlagen, die vor dem 1. Januar 2009 in Betrieb genommen worden sind; die Summe dieser Anlagen ist von der Bundesnetzagentur auf Grundlage der Daten des Statistischen Bundesamtes und der Übertragungsnetzbetreiber zu schätzen.

(3) Die Bundesnetzagentur veröffentlicht ferner auf ihrer Internetseite in nicht personenbezogener Form bis zum

1. 31. Oktober 2012 die Summe der installierten Leistung geförderter Anlagen, die nach dem 30. Juni 2012 und vor dem 1. Oktober 2012 nach § 17 Absatz 2 Nummer 1 registriert worden sind,

2. 31. Januar 2013 die Summe der installierten Leistung geförderter Anlagen, die nach dem 30. Juni 2012 und vor dem 1. Januar 2013 nach § 17 Absatz 2 Nummer 1 registriert worden sind,

3. 30. April 2013 die Summe der installierten Leistung geförderter Anlagen, die nach dem 30. Juni 2012 und vor dem 1. April 2013 nach § 17 Absatz 2 Nummer 1 registriert worden sind,

4. 31. Juli 2013 und danach jeweils bis zum 31. Oktober, 31. Januar, 30. April und 31. Juli jedes Jahres die Summe der installierten Leistung geförderter Anlagen, die innerhalb der jeweils vorangegangenen zwölf Kalendermonate nach § 17 Absatz 2 Nummer 1 registriert worden sind.

(4) [1] Die Veröffentlichungen nach den Absätzen 2 und 3 erfolgen im Einvernehmen mit dem Bundesministerium für Umwelt, Naturschutz und Reaktorsicherheit sowie dem Bundesministerium für Wirtschaft und Technologie. [2] Das Einvernehmen der in Satz 1 genannten Ministerien gilt jeweils als erteilt, wenn es von dem betreffenden Ministerium nicht binnen einer Kalenderwoche nach Eingang des Ersuchens der Bundesnetzagentur verweigert wird.

(5) [1] Geförderte Anlagen sind alle Anlagen zur Erzeugung von Strom aus solarer Strahlungsenergie, deren Anlagenbetreiberinnen und Anlagenbetreiber bei der Registrierung nach § 17 Absatz 2 Nummer 1 übermittelt haben, dass sie für den in der Anlage erzeugten Strom ganz oder teilweise die Vergütung nach § 16 in Anspruch nehmen oder den Strom nach § 33b Nummer 1 oder 2 direkt vermarkten wollen. [2] Bei Anlagen mit einer installierten Leistung von mehr als 10 Megawatt gilt nur der Anteil bis einschließlich 10 Megawatt als geförderte Anlage; § 19 Absatz 1 und 1a ist entsprechend anzuwenden.

§ 20 b Absenkung der Vergütung für Strom aus solarer Strahlungsenergie.

(1) Die Vergütungen nach § 32 verringern sich ab dem 1. Mai 2012 monatlich zum ersten Kalendertag eines Monats um 1,0 Prozent gegenüber den in dem jeweils vorangegangenen Kalendermonat geltenden Vergütungssätzen.

---

[1]) Nr. 34.

(2) Die monatliche Absenkung nach Absatz 1 erhöht sich jeweils zum 1. November 2012, 1. Dezember 2012 und 1. Januar 2013, wenn die nach § 20a Absatz 3 Nummer 1 veröffentlichte Summe der installierten Leistung geförderter Anlagen, multipliziert mit dem Faktor 4, den jährlichen Zubaukorridor nach § 20a Absatz 1

1. um bis zu 1 000 Megawatt überschreitet, um 0,4 Prozentpunkte,
2. um mehr als 1 000 Megawatt überschreitet, um 0,8 Prozentpunkte,
3. um mehr als 2 000 Megawatt überschreitet, um 1,2 Prozentpunkte,
4. um mehr als 3 000 Megawatt überschreitet, um 1,5 Prozentpunkte,
5. um mehr als 4 000 Megawatt überschreitet, um 1,8 Prozentpunkte.

(3) Wenn die nach § 20a Absatz 3 Nummer 1 veröffentlichte Summe der installierten Leistung geförderter Anlagen, multipliziert mit dem Faktor 4, den jährlichen Zubaukorridor nach § 20a Absatz 1

1. um bis zu 500 Megawatt unterschreitet, verringert sich die monatliche Absenkung nach Absatz 1 jeweils zum 1. November 2012, 1. Dezember 2012 und 1. Januar 2013 auf 0,75 Prozent,
2. um bis zu 1 000 Megawatt unterschreitet, verringert sich die monatliche Absenkung nach Absatz 1 jeweils zum 1. November 2012, 1. Dezember 2012 und 1. Januar 2013 auf 0,5 Prozent,
3. um bis zu 1 500 Megawatt unterschreitet, verringert sich die monatliche Absenkung nach Absatz 1 jeweils zum 1. November 2012, 1. Dezember 2012 und 1. Januar 2013 auf Null,
4. um mehr als 1 500 Megawatt unterschreitet, verringert sich die monatliche Absenkung nach Absatz 1 jeweils zum 1. November 2012, 1. Dezember 2012 und 1. Januar 2013 auf Null, und die Vergütungen nach § 32 erhöhen sich einmalig um 1,5 Prozent zum 1. November 2012.

(4) Die monatliche Absenkung nach Absatz 1 erhöht sich jeweils zum 1. Februar 2013, 1. März 2013 und 1. April 2013, wenn die nach § 20a Absatz 3 Nummer 2 veröffentlichte Summe der installierten Leistung geförderter Anlagen, multipliziert mit dem Faktor 2, den jährlichen Zubaukorridor nach § 20a Absatz 1

1. um bis zu 1 000 Megawatt überschreitet, um 0,4 Prozentpunkte,
2. um mehr als 1 000 Megawatt überschreitet, um 0,8 Prozentpunkte,
3. um mehr als 2 000 Megawatt überschreitet, um 1,2 Prozentpunkte,
4. um mehr als 3 000 Megawatt überschreitet, um 1,5 Prozentpunkte,
5. um mehr als 4 000 Megawatt überschreitet, um 1,8 Prozentpunkte.

(5) Wenn die nach § 20a Absatz 3 Nummer 2 veröffentlichte Summe der installierten Leistung geförderter Anlagen, multipliziert mit dem Faktor 2, den jährlichen Zubaukorridor nach § 20a Absatz 1

1. um bis zu 500 Megawatt unterschreitet, verringert sich die monatliche Absenkung nach Absatz 1 jeweils zum 1. Februar 2013, 1. März 2013 und 1. April 2013 auf 0,75 Prozent,
2. um bis zu 1 000 Megawatt unterschreitet, verringert sich die monatliche Absenkung nach Absatz 1 jeweils zum 1. Februar 2013, 1. März 2013 und 1. April 2013 auf 0,5 Prozent,

3. um bis zu 1 500 Megawatt unterschreitet, verringert sich die monatliche Absenkung nach Absatz 1 jeweils zum 1. Februar 2013, 1. März 2013 und 1. April 2013 auf Null,

4. um mehr als 1 500 Megawatt unterschreitet, verringert sich die monatliche Absenkung nach Absatz 1 jeweils zum 1. Februar 2013, 1. März 2013 und 1. April 2013 auf Null, und die Vergütungen nach § 32 erhöhen sich einmalig um 1,5 Prozent zum 1. Februar 2013.

(6) Die monatliche Absenkung nach Absatz 1 erhöht sich jeweils zum 1. Mai 2013, 1. Juni 2013 und 1. Juli 2013, wenn die nach § 20a Absatz 3 Nummer 3 veröffentlichte Summe der installierten Leistung geförderter Anlagen, dividiert durch den Wert 3 und multipliziert mit dem Faktor 4, den jährlichen Zubaukorridor nach § 20a Absatz 1

1. um bis zu 1 000 Megawatt überschreitet, um 0,4 Prozentpunkte,

2. um mehr als 1 000 Megawatt überschreitet, um 0,8 Prozentpunkte,

3. um mehr als 2 000 Megawatt überschreitet, um 1,2 Prozentpunkte,

4. um mehr als 3 000 Megawatt überschreitet, um 1,5 Prozentpunkte,

5. mehr als 4 000 Megawatt überschreitet, um 1,8 Prozentpunkte.

(7) Wenn die nach § 20a Absatz 3 Nummer 3 veröffentlichte Summe der installierten Leistung geförderter Anlagen, dividiert durch den Wert 3 und multipliziert mit dem Faktor 4, den jährlichen Zubaukorridor nach § 20a Absatz 1

1. um bis zu 500 Megawatt unterschreitet, verringert sich die monatliche Absenkung nach Absatz 1 jeweils zum 1. Mai 2013, 1. Juni 2013 und 1. Juli 2013 auf 0,75 Prozent,

2. um bis zu 1 000 Megawatt unterschreitet, verringert sich die monatliche Absenkung nach Absatz 1 jeweils zum 1. Mai 2013, 1. Juni 2013 und 1. Juli 2013 auf 0,5 Prozent,

3. um bis zu 1 500 Megawatt unterschreitet, verringert sich die monatliche Absenkung nach Absatz 1 jeweils zum 1. Mai 2013, 1. Juni 2013 und 1. Juli 2013 auf Null,

4. um mehr als 1 500 Megawatt unterschreitet, verringert sich die monatliche Absenkung nach Absatz 1 jeweils zum 1. Mai 2013, 1. Juni 2013 und 1. Juli 2013 auf Null, und die Vergütungen nach § 32 erhöhen sich einmalig um 1,5 Prozent zum 1. Mai 2013.

(8) Die monatliche Absenkung nach Absatz 1 erhöht sich ab dem 1. August 2013 für die jeweils auf eine vorangegangene Veröffentlichung nach § 20a Absatz 3 Nummer 4 folgenden drei Kalendermonate, wenn die veröffentlichte Summe der installierten Leistung geförderter Anlagen den jährlichen Zubaukorridor nach § 20a Absatz 1

1. um bis zu 1 000 Megawatt überschreitet, um 0,4 Prozentpunkte,

2. um mehr als 1 000 Megawatt überschreitet, um 0,8 Prozentpunkte,

3. um mehr als 2 000 Megawatt überschreitet, um 1,2 Prozentpunkte,

4. um mehr als 3 000 Megawatt überschreitet, um 1,5 Prozentpunkte,

5. um mehr als 4 000 Megawatt überschreitet, um 1,8 Prozentpunkte.

(9) Wenn eine nach § 20a Absatz 3 Nummer 4 veröffentlichte Summe der installierten Leistung geförderter Anlagen den jährlichen Zubaukorridor nach § 20a Absatz 1

1. um bis zu 500 Megawatt unterschreitet, verringert sich die monatliche Absenkung nach Absatz 1 für die jeweils auf die vorangegangene Veröffentlichung folgenden drei Kalendermonate auf 0,75 Prozent,
2. um bis zu 1 000 Megawatt unterschreitet, verringert sich die monatliche Absenkung nach Absatz 1 für die jeweils auf die vorangegangene Veröffentlichung folgenden drei Kalendermonate auf 0,5 Prozent,
3. um bis zu 1 500 Megawatt unterschreitet, verringert sich die monatliche Absenkung nach Absatz 1 für die jeweils auf die vorangegangene Veröffentlichung folgenden drei Kalendermonate auf Null,
4. um mehr als 1 500 Megawatt unterschreitet, verringert sich die monatliche Absenkung nach Absatz 1 für die jeweils auf die vorangegangene Veröffentlichung folgenden drei Kalendermonate auf Null, und die Vergütungen nach § 32 erhöhen sich einmalig um 1,5 Prozent zum ersten Kalendertag des auf die vorangegangene Veröffentlichung folgenden Kalendermonats.

(9a) Wenn die nach § 20a Absatz 2 Nummer 2 veröffentlichte Summe der installierten Leistung aller geförderten Anlagen zur Erzeugung von Strom aus solarer Strahlungsenergie im Geltungsbereich dieses Gesetzes erstmals den Wert 52 000 Megawatt überschreitet, verringern sich die Vergütungen nach § 32 abweichend von den Absätzen 1 bis 9 zum ersten Kalendertag des auf die Veröffentlichung folgenden Monats auf Null.

(10) ¹Die Bundesnetzagentur veröffentlicht im Bundesanzeiger bis zu den in § 20a Absatz 3 festgelegten Zeitpunkten die Vergütungssätze nach § 32, die sich jeweils aus den Absätzen 1 bis 9a für die folgenden drei Kalendermonate ergeben. ² § 20a Absatz 4 gilt für diese Veröffentlichung entsprechend.

(11) § 20 Absatz 1 Satz 3 und Absatz 3 ist entsprechend anzuwenden.

§ 21 Vergütungsbeginn und -dauer. (1) Die Vergütungen sind ab dem Zeitpunkt zu zahlen, ab dem der Generator erstmals Strom ausschließlich aus erneuerbaren Energien oder Grubengas erzeugt und in das Netz nach § 8 Absatz 1 oder 2 eingespeist hat.

(2) Die Vergütungen sind jeweils für die Dauer von 20 Kalenderjahren zuzüglich des Inbetriebnahmejahres zu zahlen. Beginn der Frist nach Satz 1 ist der Zeitpunkt der Inbetriebnahme, soweit sich aus den nachfolgenden Vorschriften nichts anderes ergibt.

§ 22 Aufrechnung. (1) Die Aufrechnung von Vergütungsansprüchen der Anlagenbetreiberin oder des Anlagenbetreibers nach § 16 mit einer Forderung des Netzbetreibers ist nur zulässig, soweit die Forderung unbestritten oder rechtskräftig festgestellt ist.

(2) Das Aufrechnungsverbot des § 23 Abs. 3 der Niederspannungsanschlussverordnung[1]) gilt nicht, soweit mit Ansprüchen aus diesem Gesetz aufgerechnet wird.

---

[1]) Nr. **25**.

Abschnitt 2. Besondere Vergütungsvorschriften

§ 23 Wasserkraft. (1) Für Strom aus Wasserkraft beträgt die Vergütung
1. bis einschließlich einer Bemessungsleistung von 500 Kilowatt 12,7 Cent pro Kilowattstunde,
2. bis einschließlich einer Bemessungsleistung von 2 Megawatt 8,3 Cent pro Kilowattstunde,
3. bis einschließlich einer Bemessungsleistung von 5 Megawatt 6,3 Cent pro Kilowattstunde,
4. bis einschließlich einer Bemessungsleistung von 10 Megawatt 5,5 Cent pro Kilowattstunde,
5. bis einschließlich einer Bemessungsleistung von 20 Megawatt 5,3 Cent pro Kilowattstunde,
6. bis einschließlich einer Bemessungsleistung von 50 Megawatt 4,2 Cent pro Kilowattstunde und
7. ab einer Bemessungsleistung von mehr als 50 Megawatt 3,4 Cent pro Kilowattstunde.

(2) [1] Der Anspruch auf die Vergütung nach Absatz 1 besteht auch für Strom aus Anlagen, die vor dem 1. Januar 2009 in Betrieb genommen wurden, wenn nach dem 31. Dezember 2011
1. die installierte Leistung oder das Leistungsvermögen der Anlage erhöht wurde oder
2. die Anlage mit einer technischen Einrichtung zur ferngesteuerten Reduzierung der Einspeiseleistung nach § 6 Absatz 1 Nummer 1 erstmals nachgerüstet wurde.

[2] Der Anspruch auf die Vergütung nach Satz 1 besteht ab dem Abschluss der Maßnahme für die Dauer von 20 Jahren zuzüglich des restlich verbleibenden Teils des Jahres, in dem die Maßnahme nach Satz 1 abgeschlossen worden ist.

(3) [1] Für Strom aus Wasserkraft, der in Anlagen nach Absatz 2 mit einer installierten Leistung von mehr als 5 Megawatt erzeugt wird, besteht der Anspruch auf Vergütung nach Absatz 1 nur für den Strom, der der Leistungserhöhung nach Absatz 2 Satz 1 Nummer 1 zuzurechnen ist. [2] Wenn die Anlage vor dem 1. Januar 2012 eine installierte Leistung bis einschließlich 5 Megawatt aufwies, besteht für den Strom, der diesem Leistungsanteil entspricht, der Vergütungsanspruch nach der bislang geltenden Regelung.

(4) [1] Der Anspruch auf Vergütung nach den Absätzen 1 und 2 besteht für Anlagen an oberirdischen Gewässern nur, wenn die Wasserkraftnutzung den Anforderungen nach den §§ 33 bis 35 und 6 Absatz 1 Satz 1 Nummer 1 und 2 des Wasserhaushaltsgesetzes entspricht. [2] Als Nachweis der Erfüllung der Voraussetzungen des Satzes 1 gilt für Anlagen nach Absatz 1 und, soweit im Rahmen der Maßnahmen nach Absatz 2 eine Neuzulassung der Wasserkraftnutzung erfolgt ist, für Anlagen nach Absatz 2 die Zulassung der Wasserkraftnutzung. [3] Im Übrigen kann die Erfüllung der Voraussetzungen nach Satz 1 wie folgt nachgewiesen werden:
1. durch eine Bescheinigung der zuständigen Wasserbehörde oder
2. durch ein Gutachten einer Umweltgutachterin oder eines Umweltgutachters mit einer Zulassung für den Bereich Elektrizitätserzeugung aus Wasser-

kraft, das der Bestätigung durch die zuständige Wasserbehörde bedarf; äußert sich die Behörde innerhalb von zwei Monaten nach Vorlage des Gutachtens nicht, gilt die Bestätigung als erteilt; diese Bestätigung darf nur versagt werden, wenn die Behörde erhebliche Zweifel an der Richtigkeit des Gutachtens hat.

(5) Der Anspruch auf Vergütung nach Absatz 1 besteht ferner nur, wenn die Anlage
1. im räumlichen Zusammenhang mit einer ganz oder teilweise bereits bestehenden oder vorrangig zu anderen Zwecken als der Erzeugung von Strom aus Wasserkraft neu zu errichtenden Staustufe oder Wehranlage oder
2. ohne durchgehende Querverbauung

errichtet worden ist.

(6) Der Anspruch auf Vergütung nach Absatz 1 besteht bei Speicherkraftwerken nur, wenn sie an einem bestehenden Speicher oder einem bestehenden Speicherkraftwerk errichtet worden sind.

§ 24 Deponiegas. Für Strom aus Deponiegas beträgt die Vergütung
1. bis einschließlich einer Bemessungsleistung von 500 Kilowatt 8,60 Cent pro Kilowattstunde und
2. bis einschließlich einer Bemessungsleistung von 5 Megawatt 5,89 Cent pro Kilowattstunde.

§ 25 Klärgas. Für Strom aus Klärgas beträgt die Vergütung
1. bis einschließlich einer Bemessungsleistung von 500 Kilowatt 6,79 Cent pro Kilowattstunde und
2. bis einschließlich einer Bemessungsleistung von 5 Megawatt 5,89 Cent pro Kilowattstunde.

§ 26 Grubengas. (1) Für Strom aus Grubengas beträgt die Vergütung
1. bis einschließlich einer Bemessungsleistung von 1 Megawatt 6,84 Cent pro Kilowattstunde,
2. bis einschließlich einer Bemessungsleistung von 5 Megawatt 4,93 Cent pro Kilowattstunde und
3. ab einer Bemessungsleistung von mehr als 5 Megawatt 3,98 Cent pro Kilowattstunde.

(2) Die Pflicht zur Vergütung besteht nur, wenn das Grubengas aus Bergwerken des aktiven oder stillgelegten Bergbaus stammt.

§ 27 Biomasse. (1) [1] Für Strom aus Biomasse im Sinne der Biomasseverordnung[1] beträgt die Vergütung
1. bis einschließlich einer Bemessungsleistung von 150 Kilowatt 14,3 Cent pro Kilowattstunde,
2. bis einschließlich einer Bemessungsleistung von 500 Kilowatt 12,3 Cent pro Kilowattstunde,

---

[1] Nr. 35.

3. bis einschließlich einer Bemessungsleistung von 5 Megawatt 11,0 Cent pro Kilowattstunde und

4. bis einschließlich einer Bemessungsleistung von 20 Megawatt 6,0 Cent pro Kilowattstunde.

²Pflanzenölmethylester gilt in dem Umfang, der zur Anfahr-, Zünd- und Stützfeuerung notwendig ist, als Biomasse.

(2) Die Vergütung nach Absatz 1 erhöht sich,

1. soweit der Strom entsprechend dem jeweiligen Einsatzstoff-Energieertrag aus Einsatzstoffen der Anlage 2 zur Biomasseverordnung erzeugt wird (Einsatzstoffvergütungsklasse I),

    a) bis einschließlich einer Bemessungsleistung von 500 Kilowatt um 6,0 Cent pro Kilowattstunde,

    b) bis einschließlich einer Bemessungsleistung von 750 Kilowatt um 5,0 Cent pro Kilowattstunde und

    c) bis einschließlich einer Bemessungsleistung von 5 Megawatt um 4,0 Cent pro Kilowattstunde oder

    d) im Fall von Strom aus Rinde oder aus Waldrestholz abweichend von den Buchstaben b und c bis einschließlich einer Bemessungsleistung von 5 Megawatt um 2,5 Cent pro Kilowattstunde,

2. soweit der Strom entsprechend dem jeweiligen Einsatzstoff-Energieertrag aus Einsatzstoffen der Anlage 3 zur Biomasseverordnung erzeugt wird (Einsatzstoffvergütungsklasse II),

    a) bis einschließlich einer Bemessungsleistung von 5 Megawatt um 8,0 Cent pro Kilowattstunde oder

    b) im Fall von Strom aus Gülle im Sinne der Nummern 3, 9, 11 bis 15 der Anlage 3 zur Biomasseverordnung abweichend von Buchstabe a

        aa) bis einschließlich einer Bemessungsleistung von 500 Kilowatt um 8,0 Cent pro Kilowattstunde und

        bb) bis einschließlich einer Bemessungsleistung von 5 Megawatt um 6,0 Cent pro Kilowattstunde.

(3) Für Strom aus Anlagen, die Biogas einsetzen und nach dem 31. Dezember 2013 in Betrieb genommen werden, gelten die Absätze 1 und 2 nur, wenn die installierte Leistung der Anlage 750 Kilowatt nicht übersteigt.

(4) Der Vergütungsanspruch nach den Absätzen 1 und 2 besteht in der dort genannten Höhe nur, wenn und solange

1. mindestens

    a) 25 Prozent bis zum Ende des ersten auf die erstmalige Erzeugung von Strom in der Anlage folgenden Kalenderjahres und danach

    b) 60 Prozent

    des in dem jeweiligen Kalenderjahr in der Anlage erzeugten Stroms in Kraft-Wärme-Kopplung nach Maßgabe der Anlage 2 zu diesem Gesetz erzeugt wird; hierbei wird im Fall der Stromerzeugung aus Biogas die Wärme in Höhe von 25 Prozentpunkten des in Kraft-Wärme-Kopplung erzeugten Stroms zur Beheizung des Fermenters angerechnet, oder

2. der Strom in Anlagen erzeugt wird, die Biogas einsetzen, und zur Erzeugung des Biogases in dem jeweiligen Kalenderjahr durchschnittlich ein Anteil von Gülle von mindestens 60 Masseprozent eingesetzt wird.

(5) Der Vergütungsanspruch nach den Absätzen 1 und 2 besteht ferner in der dort genannten Höhe nur, wenn die Anlagenbetreiberin oder der Anlagenbetreiber durch eine Kopie eines Einsatzstoff-Tagebuchs mit Angaben und Belegen über Art, Menge und Einheit sowie Herkunft der eingesetzten Stoffe den Nachweis führt, welche Biomasse eingesetzt wird und dass keine anderen Stoffe eingesetzt werden, und für Strom

1. aus Anlagen, die Biogas einsetzen, nur, wenn der zur Erzeugung des Biogases eingesetzte Anteil von Mais (Ganzpflanze) und Getreidekorn einschließlich Corn-Cob-Mix und Körnermais sowie Lieschkolbenschrot in jedem Kalenderjahr insgesamt höchstens 60 Masseprozent beträgt,
2. aus Anlagen, die Biomethan nach § 27 c Absatz 1 einsetzen, abweichend von Absatz 4 nur, soweit der Strom in Kraft-Wärme-Kopplung nach Maßgabe der Anlage 2 zu diesem Gesetz erzeugt wird,
3. aus Anlagen, die flüssige Biomasse einsetzen, nur für den Stromanteil aus flüssiger Biomasse, die zur Anfahr-, Zünd- und Stützfeuerung notwendig ist; flüssige Biomasse ist Biomasse, die zum Zeitpunkt des Eintritts in den Brenn- oder Feuerraum flüssig ist.

(6) [1] Bei Inanspruchnahme des Vergütungsanspruchs nach § 16 sind ab dem ersten Kalenderjahr, das auf die erstmalige Inanspruchnahme des Vergütungsanspruchs nach § 16 oder die erstmalige Direktvermarktung nach § 33 b Nummer 1 oder 2 folgt, jährlich bis zum 28. Februar eines Jahres jeweils für das vorangegangene Kalenderjahr nachzuweisen

1. die Erfüllung der Voraussetzungen nach Absatz 2 durch Gutachten einer Umweltgutachterin oder eines Umweltgutachters mit einer Zulassung für den Bereich Elektrizitätserzeugung aus erneuerbaren Energien,
2. die Erfüllung der Voraussetzungen nach Absatz 4 Nummer 1 nach Maßgabe der Nummer 2 der Anlage 2 zu diesem Gesetz,
3. die Erfüllung der Voraussetzungen nach Absatz 4 Nummer 2 durch Gutachten einer Umweltgutachterin oder eines Umweltgutachters mit einer Zulassung für den Bereich Elektrizitätserzeugung aus erneuerbaren Energien,
4. die Erfüllung der Voraussetzungen nach Absatz 5 Nummer 1 und den Stromanteil aus flüssiger Biomasse nach Absatz 5 Nummer 3 durch Vorlage einer Kopie eines Einsatzstoff-Tagebuchs,
5. die Erfüllung der Voraussetzungen nach Absatz 5 Nummer 2 nach Maßgabe der Nummer 2 der Anlage 2 zu diesem Gesetz.

[2] Bei der erstmaligen Inanspruchnahme des Vergütungsanspruchs nach § 16 ist ferner die Eignung der Anlage zur Erfüllung der Voraussetzungen im Sinne von Satz 1 Nummer 2, 3 und 5 durch ein Gutachten einer Umweltgutachterin oder eines Umweltgutachters mit einer Zulassung für den Bereich Elektrizitätserzeugung aus erneuerbaren Energien nachzuweisen; die Eignung zur Erfüllung der Voraussetzungen im Sinne von Satz 1 Nummer 2 und 5 kann abweichend von dem ersten Halbsatz auch durch ein Gutachten einer Umweltgutachterin oder eines Umweltgutachters mit einer Zulassung für den Bereich Wärmeversorgung nachgewiesen werden.

(7) [1] Der Vergütungsanspruch nach den Absätzen 1 und 2 verringert sich in dem jeweiligen Kalenderjahr insgesamt auf den tatsächlichen Monatsmittelwert der Stundenkontrakte am Spotmarkt der Strombörse EPEX Spot SE in Leipzig, wenn die Voraussetzungen der Absätze 4 und 5 nicht nachweislich eingehalten werden. [2] Abweichend von Satz 1 verringert sich der Vergütungsanspruch nach Absatz 1 nach dem Ende des fünften auf die erstmalige Geltendmachung des Vergütungsanspruchs nach § 16 folgenden Kalenderjahres auf 80 Prozent der Vergütung für jedes folgende Kalenderjahr, für das die Voraussetzungen nach Absatz 4 nicht nachgewiesen werden, sofern alle übrigen erforderlichen Voraussetzungen nachgewiesen werden.

(8) Soweit nach Absatz 5 oder 6 der Nachweis des Vergütungsanspruchs durch eine Kopie eines Einsatzstoff-Tagebuchs zu führen ist, sind die für den Nachweis nicht erforderlichen personenbezogenen Angaben im Einsatzstoff-Tagebuch von der Anlagenbetreiberin oder dem Anlagenbetreiber zu schwärzen.

§ 27 a Vergärung von Bioabfällen. (1) Für Strom aus Anlagen, die Biogas einsetzen, das durch anaerobe Vergärung von Biomasse im Sinne der Biomasseverordnung[1)] mit einem Anteil von getrennt erfassten Bioabfällen im Sinne der Abfallschlüssel Nummer 20 02 01, 20 03 01 und 20 03 02 der Nummer 1 des Anhangs 1 der Bioabfallverordnung in dem jeweiligen Kalenderjahr von durchschnittlich mindestens 90 Masseprozent gewonnen worden ist, beträgt die Vergütung

1. bis einschließlich einer Bemessungsleistung von 500 Kilowatt 16,0 Cent pro Kilowattstunde und
2. bis einschließlich einer Bemessungsleistung von 20 Megawatt 14,0 Cent pro Kilowattstunde.

(2) Für Strom aus Anlagen, die nach dem 31. Dezember 2013 in Betrieb genommen werden, gilt Absatz 1 nur, wenn die installierte Leistung der Anlage 750 Kilowatt nicht übersteigt.

(3) Der Vergütungsanspruch nach Absatz 1 besteht nur, wenn die Einrichtungen zur anaeroben Vergärung der Bioabfälle unmittelbar mit einer Einrichtung zur Nachrotte der festen Gärrückstände verbunden sind und die nachgerotteten Gärrückstände stofflich verwertet werden.

(4) Die Vergütung nach Absatz 1 kann unbeschadet des § 27 c Absatz 2 nicht mit einer Vergütung nach § 27 kombiniert werden.

(5) Im Rahmen des § 27 a gelten entsprechend
1. die Pflicht zur Nachweisführung, welche Biomasse eingesetzt wird und dass keine anderen Stoffe eingesetzt werden, durch eine Kopie eines Einsatzstoff-Tagebuchs nach § 27 Absatz 5,
2. § 27 Absatz 5 Nummer 2 und 3 einschließlich der Nachweisregelungen nach Absatz 6 Satz 1 Nummer 4 und 5,
3. § 27 Absatz 7 Satz 1 hinsichtlich der Rechtsfolgen bei nicht nachgewiesener Einhaltung der Vergütungsvoraussetzungen des § 27 a,
4. § 27 Absatz 8 und
5. § 27 Absatz 1 Satz 2.

[1)] Nr. 35.

§ 27 b Vergärung von Gülle. (1) Für Strom aus Anlagen, die Biogas einsetzen, das durch anaerobe Vergärung von Biomasse im Sinne der Biomasseverordnung[1] gewonnen worden ist, beträgt die Vergütung 25,0 Cent pro Kilowattstunde, wenn

1. die Stromerzeugung am Standort der Biogaserzeugungsanlage erfolgt,
2. die installierte Leistung am Standort der Biogaserzeugungsanlage insgesamt höchstens 75 Kilowatt beträgt und
3. zur Erzeugung des Biogases in dem jeweiligen Kalenderjahr durchschnittlich ein Anteil von Gülle im Sinne der Nummern 9 und 11 bis 15 der Anlage 3 zur Biomasseverordnung von mindestens 80 Masseprozent eingesetzt wird.

(2) Die Vergütung nach Absatz 1 kann nicht mit einer Vergütung nach § 27 kombiniert werden.

(3) Im Rahmen des § 27 b gelten entsprechend

1. die Pflicht zur Nachweisführung, welche Biomasse eingesetzt wird und dass keine anderen Stoffe eingesetzt werden, durch eine Kopie eines Einsatzstoff-Tagebuchs nach § 27 Absatz 5,
2. § 27 Absatz 5 Nummer 3 einschließlich der Nachweisregelung nach Absatz 6 Satz 1 Nummer 4,
3. § 27 Absatz 7 Satz 1 hinsichtlich der Rechtsfolgen bei nicht nachgewiesener Einhaltung der Vergütungsvoraussetzungen des § 27 b,
4. § 27 Absatz 8 und
5. § 27 Absatz 1 Satz 2.

§ 27 c Gemeinsame Vorschriften für gasförmige Energieträger.

(1) Aus einem Erdgasnetz entnommenes Gas gilt jeweils als Deponiegas, Klärgas, Grubengas, Biomethan oder Speichergas,

1. soweit die Menge des entnommenen Gases im Wärmeäquivalent am Ende eines Kalenderjahres der Menge von Deponiegas, Klärgas, Grubengas, Biomethan oder Speichergas entspricht, die an anderer Stelle im Geltungsbereich dieses Gesetzes in das Erdgasnetz eingespeist worden ist, und
2. wenn für den gesamten Transport und Vertrieb des Gases von seiner Herstellung oder Gewinnung, seiner Einspeisung in das Erdgasnetz und seinem Transport im Erdgasnetz bis zu seiner Entnahme aus dem Erdgasnetz Massenbilanzsysteme verwendet worden sind.

(2) Die Vergütung nach den §§ 24, 25, 27 Absatz 1 und § 27 a Absatz 1 erhöht sich für Strom aus Anlagen, die aus einem Erdgasnetz entnommenes Gas einsetzen, das nach Absatz 1 als Deponiegas, Klärgas oder Biomethan gilt, und das vor der Einspeisung in das Erdgasnetz aufbereitet wurde, nach Maßgabe der Anlage 1 (Gasaufbereitungs- Bonus).

(3) Für Strom aus Anlagen, die aus einem Erdgasnetz entnommenes Gas einsetzen, das nach Absatz 1 als Biomethan gilt, und die nach dem 31. Dezember 2013 in Betrieb genommen werden, gilt Absatz 2 nur, wenn die installierte Leistung der Anlage 750 Kilowatt nicht übersteigt.

---

[1] Nr. 35.

§ 28 Geothermie. (1) Für Strom aus Geothermie beträgt die Vergütung 25,0 Cent pro Kilowattstunde.

(2) Die Vergütung nach Absatz 1 erhöht sich für Strom, der auch durch Nutzung petrothermaler Techniken erzeugt wird, um 5,0 Cent pro Kilowattstunde.

§ 29 Windenergie. (1) Für Strom aus Windenergieanlagen beträgt die Vergütung 4,87 Cent pro Kilowattstunde (Grundvergütung).

(2) [1] Abweichend von Absatz 1 beträgt die Vergütung in den ersten fünf Jahren ab der Inbetriebnahme der Anlage 8,93 Cent pro Kilowattstunde (Anfangsvergütung). [2] Diese Frist verlängert sich um zwei Monate je 0,75 Prozent des Referenzertrags, um den der Ertrag der Anlage 150 Prozent des Referenzertrags unterschreitet. [3] Referenzertrag ist der errechnete Ertrag der Referenzanlage nach Maßgabe der Anlage 3 zu diesem Gesetz. [4] Die Anfangsvergütung erhöht sich für Strom aus Windenergieanlagen, die vor dem 1. Januar 2015 in Betrieb genommen worden sind, um 0,48 Cent pro Kilowattstunde (Systemdienstleistungs-Bonus), wenn sie ab dem Zeitpunkt der Inbetriebnahme die Anforderungen nach § 6 Absatz 5 nachweislich erfüllen.

(3) Anlagen mit einer installierten Leistung bis einschließlich 50 Kilowatt gelten im Sinne des Absatzes 2 als Anlagen mit einem Ertrag von 60 Prozent ihres Referenzertrags.

§ 30 Windenergie Repowering. (1) [1] Für Strom aus Windenergieanlagen, die in ihrem Landkreis oder einem an diesen angrenzenden Landkreis eine oder mehrere bestehende Anlagen endgültig ersetzen (Repowering-Anlagen), erhöht sich die Anfangsvergütung um 0,5 Cent pro Kilowattstunde, wenn

1. die ersetzten Anlagen vor dem 1. Januar 2002 in Betrieb genommen worden sind,
2. für die ersetzten Anlagen dem Grunde nach ein Vergütungsanspruch nach den Vergütungsbestimmungen des Erneuerbare-Energien-Gesetzes in der für die jeweilige Anlage maßgeblichen Fassung besteht,
3. die installierte Leistung der Repowering-Anlage mindestens das Zweifache der ersetzten Anlagen beträgt und
4. die Anzahl der Repowering-Anlagen die Anzahl der ersetzten Anlagen nicht übersteigt.

[2] Im Übrigen gilt § 29 entsprechend.

(2) [1] Eine Anlage wird ersetzt, wenn sie höchstens ein Jahr vor und spätestens ein halbes Jahr nach der Inbetriebnahme der Repowering-Anlage vollständig abgebaut und vor Inbetriebnahme der Repowering- Anlage außer Betrieb genommen wurde. [2] Der Vergütungsanspruch für die ersetzten Anlagen entfällt endgültig.

§ 31 Windenergie Offshore. (1) Für Strom aus Offshore-Anlagen beträgt die Vergütung 3,5 Cent pro Kilowattstunde (Grundvergütung).

(2) [1] In den ersten zwölf Jahren ab der Inbetriebnahme der Offshore-Anlage beträgt die Vergütung 15,0 Cent pro Kilowattstunde (Anfangsvergütung). [2] Der Zeitraum der Anfangsvergütung nach Satz 1 verlängert sich für jede über zwölf Seemeilen hinausgehende volle Seemeile, die die Anlage von der Küs-

tenlinie nach § 3 Nummer 9 Satz 2 entfernt ist, um 0,5 Monate und für jeden über eine Wassertiefe von 20 Metern hinausgehenden vollen Meter Wassertiefe um 1,7 Monate.

(3) ¹ Wenn die Offshore-Anlage vor dem 1. Januar 2018 in Betrieb genommen worden ist und die Anlagenbetreiberin oder der Anlagenbetreiber dies vor Inbetriebnahme der Anlage von dem Netzbetreiber verlangt, erhält sie oder er in den ersten acht Jahren ab der Inbetriebnahme eine erhöhte Anfangsvergütung von 19,0 Cent pro Kilowattstunde. ² In diesem Fall entfällt der Anspruch nach Absatz 2 Satz 1, während der Anspruch auf die Zahlung nach Absatz 2 Satz 2 mit der Maßgabe entsprechend anzuwenden ist, dass die verlängerte Anfangsvergütung 15,0 Cent pro Kilowattstunde beträgt.

(4) Ist die Einspeisung aus einer Offshore-Anlage länger als sieben aufeinanderfolgende Tage nicht möglich, weil die Leitung nach § 17 Absatz 2 a Satz 1 des Energiewirtschaftsgesetzes[1]) nicht rechtzeitig fertiggestellt oder gestört ist und der Netzbetreiber dies nicht zu vertreten hat, verlängert sich die Vergütung nach den Absätzen 2 und 3, beginnend mit dem achten Tag der Störung, um den Zeitraum der Störung.

(5) ¹ Die Absätze 1 bis 3 gelten nicht für Strom aus Offshore-Anlagen, deren Errichtung nach dem 31. Dezember 2004 in einem Gebiet der deutschen ausschließlichen Wirtschaftszone oder des Küstenmeeres genehmigt worden ist, das nach § 57 in Verbindung mit § 32 Absatz 2 des Bundesnaturschutzgesetzes oder nach Landesrecht zu einem geschützten Teil von Natur und Landschaft erklärt worden ist. ² Satz 1 gilt bis zur Unterschutzstellung auch für solche Gebiete, die das Bundesministerium für Umwelt, Naturschutz und Reaktorsicherheit der Europäischen Kommission als Gebiete von gemeinschaftlicher Bedeutung oder als Europäische Vogelschutzgebiete benannt hat.

§ 32 Solare Strahlungsenergie. (1) Für Strom aus Anlagen zur Erzeugung von Strom aus solarer Strahlungsenergie beträgt die Vergütung vorbehaltlich der Absätze 2 und 3 bis einschließlich einer installierten Leistung von 10 Megawatt 13,50 Cent pro Kilowattstunde abzüglich der Verringerung nach § 20 b, wenn die Anlage

1. in, an oder auf einem Gebäude oder einer sonstigen baulichen Anlage angebracht ist und das Gebäude oder die sonstige bauliche Anlage vorrangig zu anderen Zwecken als der Erzeugung von Strom aus solarer Strahlungsenergie errichtet worden ist,
2. auf einer Fläche errichtet worden ist, für die ein Verfahren nach § 38 Satz 1 des Baugesetzbuchs durchgeführt worden ist, oder
3. im Bereich eines beschlossenen Bebauungsplans im Sinne des § 30 des Baugesetzbuchs errichtet worden ist und
   a) der Bebauungsplan vor dem 1. September 2003 aufgestellt und später nicht mit dem Zweck geändert worden ist, eine Anlage zur Erzeugung von Strom aus solarer Strahlungsenergie zu errichten,
   b) der Bebauungsplan vor dem 1. Januar 2010 für die Fläche, auf der die Anlage errichtet worden ist, ein Gewerbe- oder Industriegebiet im Sinne der §§ 8 und 9 der Baunutzungsverordnung ausgewiesen hat, auch wenn

---

[1]) Nr. 1.

die Festsetzung nach dem 1. Januar 2010 zumindest auch mit dem Zweck geändert wurde, eine Anlage zur Erzeugung von Strom aus solarer Strahlungsenergie zu errichten, oder

c) der Bebauungsplan nach dem 1. September 2003 zumindest auch mit dem Zweck der Errichtung einer Anlage zur Erzeugung von Strom aus solarer Strahlungsenergie aufgestellt worden ist und sich die Anlage

aa) auf Flächen befindet, die längs von Autobahnen oder Schienenwegen liegen, und sie in einer Entfernung bis zu 110 Metern, gemessen vom äußeren Rand der befestigten Fahrbahn, errichtet worden ist,

bb) auf Flächen befindet, die zum Zeitpunkt des Beschlusses über die Aufstellung oder Änderung des Bebauungsplans bereits versiegelt waren, oder

cc) auf Konversionsflächen aus wirtschaftlicher, verkehrlicher, wohnungsbaulicher oder militärischer Nutzung befindet und diese Flächen zum Zeitpunkt des Beschlusses über die Aufstellung oder Änderung des Bebauungsplans nicht rechtsverbindlich als Naturschutzgebiet im Sinne des § 23 des Bundesnaturschutzgesetzes oder als Nationalpark im Sinne des § 24 des Bundesnaturschutzgesetzes festgesetzt worden sind.

(2) Für Strom aus Anlagen zur Erzeugung von Strom aus solarer Strahlungsenergie, die ausschließlich in, an oder auf einem Gebäude oder einer Lärmschutzwand angebracht sind, beträgt die Vergütung, jeweils abzüglich der Verringerung nach § 20 b,

1. bis einschließlich einer installierten Leistung von 10 Kilowatt 19,50 Cent pro Kilowattstunde,

2. bis einschließlich einer installierten Leistung von 40 Kilowatt 18,50 Cent pro Kilowattstunde,

3. bis einschließlich einer installierten Leistung von 1 Megawatt 16,50 Cent pro Kilowattstunde und

4. bis einschließlich einer installierten Leistung von 10 Megawatt 13,50 Cent pro Kilowattstunde.

(3) Für Anlagen zur Erzeugung von Strom aus solarer Strahlungsenergie, die ausschließlich in, an oder auf einem Gebäude angebracht sind, das kein Wohngebäude ist und das im Außenbereich nach § 35 des Baugesetzbuchs errichtet wurde, gilt Absatz 2 nur, wenn

1. nachweislich vor dem 1. April 2012

a) für das Gebäude der Bauantrag oder der Antrag auf Zustimmung gestellt oder die Bauanzeige erstattet worden ist,

b) im Fall einer nicht genehmigungsbedürftigen Errichtung, die nach Maßgabe des Bauordnungsrechts der zuständigen Behörde zur Kenntnis zu bringen ist, für das Gebäude die erforderliche Kenntnisgabe an die Behörde erfolgt ist oder

c) im Fall einer sonstigen nicht genehmigungsbedürftigen, insbesondere genehmigungs-, anzeige- und verfahrensfreien Errichtung mit der Bauausführung des Gebäudes begonnen worden ist,

Erneuerbare-Energien-Gesetz **§ 33 EEG 34**

2. das Gebäude im räumlich-funktionalen Zusammenhang mit einer nach dem 31. März 2012 errichteten Hofstelle eines land- oder forstwirtschaftlichen Betriebes steht oder

3. das Gebäude der dauerhaften Stallhaltung von Tieren dient und von der zuständigen Baubehörde genehmigt worden ist;

im Übrigen ist Absatz 1 Nummer 1 anzuwenden.

(4) [1] Gebäude sind selbstständig benutzbare, überdeckte bauliche Anlagen, die von Menschen betreten werden können und vorrangig dazu bestimmt sind, dem Schutz von Menschen, Tieren oder Sachen zu dienen. [2] Wohngebäude sind Gebäude, die nach ihrer Zweckbestimmung überwiegend dem Wohnen dienen, einschließlich Wohn-, Alten- und Pflegeheimen sowie ähnlichen Einrichtungen.

(5) [1] Anlagen zur Erzeugung von Strom aus solarer Strahlungsenergie, die Anlagen zur Erzeugung von Strom aus solarer Strahlungsenergie auf Grund eines technischen Defekts, einer Beschädigung oder eines Diebstahls an demselben Standort ersetzen, gelten abweichend von § 3 Nummer 5 bis zur Höhe der vor der Ersetzung an demselben Standort installierten Leistung von Anlagen zur Erzeugung von Strom aus solarer Strahlungsenergie als zu dem Zeitpunkt in Betrieb genommen, zu dem die ersetzten Anlagen in Betrieb genommen worden sind. [2] Der Vergütungsanspruch für die nach Satz 1 ersetzten Anlagen entfällt endgültig.

§ 33 Marktintegrationsmodell für Anlagen zur Erzeugung von Strom aus solarer Strahlungsenergie. (1) [1] Die Vergütung nach § 32 Absatz 2, auch in Verbindung mit Absatz 3, ist für Strom aus Anlagen ab einer installierten Leistung von mehr als 10 Kilowatt bis einschließlich einer installierten Leistung von 1 Megawatt in jedem Kalenderjahr begrenzt auf 90 Prozent der insgesamt in diesem Kalenderjahr in der Anlage erzeugten Strommenge. [2] Soweit die nach Satz 1 nicht vergütungsfähige Strommenge nicht in der Form des § 33b Nummer 3 direkt vermarktet wird, besteht der Anspruch auf Vergütung nach § 32 Absatz 2, auch in Verbindung mit Absatz 3, nur für die in dem Kalenderjahr jeweils zuerst eingespeiste Strommenge. [3] Die Begrenzung nach Satz 1 ist im gesamten Kalenderjahr bei den monatlichen Abschlägen nach § 16 Absatz 1 Satz 3 zu berücksichtigen.

(2) [1] Für den Strom, der über die vergütungsfähige Strommenge nach Absatz 1 hinaus in einem Kalenderjahr eingespeist wird, verringert sich die Vergütung auf den tatsächlichen Monatsmittelwert des Marktwerts für Strom aus solarer Strahlungsenergie nach Nummer 2.4.2 der Anlage 4 zu diesem Gesetz („MW_{Solar}"). [2] Soweit Anlagen nach Absatz 1 nicht mit technischen Einrichtungen nach § 6 Absatz 1 Nummer 2 ausgestattet sind, verringert sich die Vergütung abweichend von Satz 1 auf den tatsächlichen Jahresmittelwert des Marktwerts für Strom aus solarer Strahlungsenergie („$MW_{Solar(a)}$"); § 17 Absatz 1 bleibt hiervon unberührt. [3] Sind die Werte „MW_{Solar}" oder „$MW_{Solar(a)}$" kleiner Null, werden sie mit dem Wert Null festgesetzt.

(3) Der Wert „$MW_{Solar(a)}$" ist der Quotient aus der Summe der nach Nummer 2.4.2 der Anlage 4 zu diesem Gesetz für die Monate Januar bis Dezember eines Kalenderjahres berechneten tatsächlichen Monatsmittelwerte des Marktwerts für Strom aus solarer Strahlungsenergie („MW_{Solar}") und dem Wert 12.

(4) ¹Anlagenbetreiberinnen und Anlagenbetreiber dürfen Strom aus einer Anlage zur Erzeugung von Strom aus solarer Strahlungsenergie nur mit Strom aus anderen Anlagen über eine gemeinsame Messeinrichtung abrechnen, soweit alle Anlagen jeweils derselben Begrenzung der vergütungsfähigen Strommenge nach Absatz 1 Satz 1 unterliegen. ²Bei Verstößen gegen Satz 1 verringert sich der Vergütungsanspruch für den gesamten Strom, der über die gemeinsame Messeinrichtung abgerechnet wird, auf den Wert „$MW_{Solar(a)}$"; dies gilt bis zum Ablauf des ersten Kalendermonats, der auf die Beendigung des Verstoßes folgt.

(5) Anlagenbetreiberinnen und Anlagenbetreiber müssen die Strommenge, die in ihrer Anlage insgesamt in einem Kalenderjahr erzeugt wird, gegenüber dem Netzbetreiber bis zum 28. Februar des Folgejahres nachweisen; andernfalls gilt die insgesamt in dem jeweiligen Kalenderjahr aus der Anlage tatsächlich in das Netz eingespeiste Strommenge als erzeugte Strommenge im Sinne von Absatz 1 Satz 1.

Teil 3 a. Direktvermarktung

Abschnitt 1. Allgemeine Vorschriften

§ 33 a Grundsatz, Begriff. (1) Anlagenbetreiberinnen und Anlagenbetreiber können Strom aus Anlagen, die ausschließlich erneuerbare Energien oder Grubengas einsetzen, nach Maßgabe der §§ 33 b bis 33 f an Dritte veräußern (Direktvermarktung).

(2) Veräußerungen von Strom an Dritte gelten abweichend von Absatz 1 nicht als Direktvermarktung, wenn Anlagenbetreiberinnen und Anlagenbetreiber Strom aus erneuerbaren Energien oder Grubengas an Dritte veräußern, die den Strom in unmittelbarer räumlicher Nähe zur Anlage verbrauchen, und der Strom nicht durch ein Netz durchgeleitet wird.

§ 33 b Formen der Direktvermarktung. Eine Direktvermarktung nach § 33 a kann in den folgenden Formen erfolgen:
1. als Direktvermarktung zum Zweck der Inanspruchnahme der Marktprämie nach § 33 g oder
2. als Direktvermarktung zum Zweck der Verringerung der EEG-Umlage durch ein Elektrizitätsversorgungsunternehmen nach § 39 Absatz 1 oder
3. als sonstige Direktvermarktung.

§ 33 c Pflichten bei der Direktvermarktung. (1) Anlagenbetreiberinnen und Anlagenbetreiber dürfen Strom, der mit Strom aus mindestens einer anderen Anlage über eine gemeinsame Messeinrichtung abgerechnet wird, nur direkt vermarkten, wenn der gesamte über diese Messeinrichtung abgerechnete Strom an Dritte direkt vermarktet wird.

(2) Anlagenbetreiberinnen und Anlagenbetreiber dürfen Strom in den Formen des § 33 b Nummer 1 oder 2 ferner nur direkt vermarkten, wenn
1. für den direkt vermarkteten Strom
   a) unbeschadet des § 33 e Satz 1 dem Grunde nach ein Vergütungsanspruch nach § 16 besteht, der nicht nach § 17 verringert ist,

Erneuerbare-Energien-Gesetz § 33 d EEG 34

b) kein vermiedenes Netzentgelt nach § 18 Absatz 1 Satz 1 der Stromnetzentgeltverordnung[1]) in Anspruch genommen wird,
2. der direkt vermarktete Strom in einer Anlage erzeugt wird, die mit technischen Einrichtungen im Sinne des § 6 Absatz 1 Nummer 1 und 2 ausgestattet ist,
3. die gesamte Ist-Einspeisung der Anlage in viertelstündlicher Auflösung gemessen und bilanziert wird und
4. der direkt vermarktete Strom in einem Bilanz- oder Unterbilanzkreis bilanziert wird, in dem ausschließlich Strom bilanziert wird, der in derselben Form des § 33 b Nummer 1 oder 2 direkt vermarktet wird.

(3) Anlagenbetreiberinnen und Anlagenbetreiber von Anlagen zur Erzeugung von Strom aus Biomasse dürfen abweichend von Absatz 2 Nummer 1 Buchstabe a Strom auch dann direkt vermarkten, wenn der Vergütungsanspruch nach § 16 nur deshalb nicht besteht, weil die Voraussetzungen nach § 27 Absatz 3 und 4, § 27 a Absatz 2 oder § 27 c Absatz 3 nicht erfüllt sind.

(4) Die Rechtsfolgen von Verstößen gegen die Absätze 1 und 2 richten sich nach § 33 g Absatz 3 und § 39 Absatz 2.

§ 33 d Wechsel zwischen verschiedenen Formen. (1) Anlagenbetreiberinnen und Anlagenbetreiber dürfen zwischen der Vergütung nach § 16 und der Direktvermarktung oder zwischen verschiedenen Formen der Direktvermarktung nur zum ersten Kalendertag eines Monats wechseln; dies gilt für
1. den Wechsel von der Vergütung nach § 16 in die Direktvermarktung nach § 33 a,
2. den Wechsel zwischen verschiedenen Formen der Direktvermarktung nach § 33 b und
3. den Wechsel von der Direktvermarktung nach § 33 a in die Vergütung nach § 16.

(2) [1]Anlagenbetreiberinnen und Anlagenbetreiber müssen einen Wechsel nach Absatz 1 dem Netzbetreiber vor Beginn des jeweils vorangegangenen Kalendermonats mitteilen. [2]In den Fällen des Absatzes 1 Nummer 1 oder Nummer 2 sind auch mitzuteilen:
1. die Form der Direktvermarktung im Sinne des § 33 b, in die gewechselt wird, und
2. der Bilanzkreis im Sinne des § 3 Nummer 10 a des Energiewirtschaftsgesetzes[2]), dem der direkt vermarktete Strom zugeordnet werden soll.

(3) [1]Die Netzbetreiber müssen unverzüglich, spätestens jedoch ab dem 1. Januar 2013, für den Wechsel von Anlagen im Sinne der Absätze 1 und 2 bundesweit einheitliche, massengeschäftstaugliche Verfahren einschließlich Verfahren für die vollständig automatisierte elektronische Übermittlung und Nutzung der Meldungsdaten zur Verfügung stellen, die den Vorgaben des Bundesdatenschutzgesetzes genügen. [2]Für den elektronischen Datenaustausch nach Maßgabe des Bundesdatenschutzgesetzes ist ein einheitliches Datenformat vorzusehen. [3]Die Verbände der Elektrizitätsversorgungsunternehmen sowie der Anlagenbetreiberinnen und Anlagenbetreiber sind an der Entwick-

---
[1]) Nr. **17**.
[2]) Nr. **1**.

lung der Verfahren und Formate für den Datenaustausch angemessen zu beteiligen.

(4) Anlagenbetreiberinnen und Anlagenbetreiber müssen dem Netzbetreiber Mitteilungen nach Absatz 2 in dem Verfahren und Format nach Absatz 3 übermitteln, sobald diese zur Verfügung gestellt worden sind.

(5) [1] Die Rechtsfolgen von Verstößen von Anlagenbetreiberinnen und Anlagenbetreibern gegen Absatz 1 Nummer 1 und 2, Absatz 2 oder 4 richten sich nach § 33 d Absatz 3 und § 39 Absatz 2. [2] Für die Dauer der dort jeweils genannten Rechtsfolgen sind auch die jeweils anderen Ansprüche ausgeschlossen.

§ 33 e Verhältnis zur Einspeisevergütung.
[1] Solange Anlagenbetreiberinnen und Anlagenbetreiber Strom aus ihrer Anlage direkt vermarkten, entfallen der Vergütungsanspruch nach § 16 Absatz 1 und 2 sowie die Pflicht nach § 16 Absatz 3 für den gesamten in der Anlage erzeugten Strom. [2] Dieser Zeitraum wird auf die Vergütungsdauer nach § 21 Absatz 2 angerechnet.

§ 33 f Anteilige Direktvermarktung.
(1) Anlagenbetreiberinnen und Anlagenbetreiber dürfen den in ihrer Anlage erzeugten Strom anteilig auf die Vergütung nach § 16 und die Direktvermarktung nach § 33 a oder auf verschiedene Formen der Direktvermarktung nach § 33 b verteilen, wenn sie

1. dem Netzbetreiber die Prozentsätze, die sie der Vergütung nach § 16 und den verschiedenen Formen der Direktvermarktung nach § 33 b zuordnen, in einer Mitteilung nach § 33 d Absatz 2 übermittelt haben und
2. die Prozentsätze nach Nummer 1 nachweislich jederzeit eingehalten haben.

(2) Der Vergütungsanspruch nach § 16 Absatz 1 und 2 sowie die Pflicht nach § 16 Absatz 3 entfallen bei einer Direktvermarktung nach Absatz 1 abweichend von § 33 e Satz 1 nur in Höhe des Prozentsatzes des direkt vermarkteten Stroms, und die Anlagenbetreiberinnen und Anlagenbetreiber können für den verbleibenden Anteil die Vergütung nach § 16 beanspruchen.

(3) [1] Bei Verstößen gegen Absatz 1 verringert sich der Vergütungsanspruch nach § 16 für den in der Anlage erzeugten Strom, der nicht direkt vermarktet wird, auf den tatsächlichen Monatsmittelwert des energieträgerspezifischen Marktwerts nach Nummer 1.1 der Anlage 4 zu diesem Gesetz (MW). [2] Satz 1 gilt bis zum Ablauf des dritten Kalendermonats, der auf die Beendigung des Verstoßes gegen Absatz 1 folgt. [3] Im Übrigen richten sich die Rechtsfolgen von Verstößen gegen Absatz 1 nach § 33 g Absatz 3 und § 39 Absatz 2.

Abschnitt 2. Prämien für die Direktvermarktung

§ 33 g Marktprämie.
(1) [1] Anlagenbetreiberinnen und Anlagenbetreiber können für Strom aus erneuerbaren Energien oder Grubengas, den sie nach § 33 b Nummer 1 direkt vermarkten, von dem Netzbetreiber eine Marktprämie verlangen. [2] Dies gilt nur für Strom, der tatsächlich eingespeist und von einem Dritten abgenommen worden ist; die Größe dieser Strommenge muss dem Netzbetreiber für jeden Monat bis zum zehnten Werktag des jeweiligen Folgemonats übermittelt werden.

(2) [1] Die Höhe der Marktprämie wird kalendermonatlich berechnet. [2] Die Berechnung erfolgt rückwirkend anhand der für den jeweiligen Kalendermo-

nat tatsächlich festgestellten oder berechneten Werte auf Grund des anzulegenden Werts nach § 33h und nach Maßgabe der Anlage 4 zu diesem Gesetz. ³ Auf die zu erwartenden Zahlungen sind monatliche Abschläge in angemessenem Umfang zu leisten.

(3) ¹ Der Anspruch nach Absatz 1 entfällt, wenn Anlagenbetreiberinnen und Anlagenbetreiber
1. gegen § 33c Absatz 1 oder 2 verstoßen,
2. dem Netzbetreiber den Wechsel in die Form der Direktvermarktung nach § 33b Nummer 1 nicht nach Maßgabe des § 33d Absatz 2 in Verbindung mit Absatz 1 Nummer 1 oder 2 und Absatz 4 übermittelt haben oder
3. gegen § 33f Absatz 1 verstoßen.

² Satz 1 gilt bis zum Ablauf des dritten Kalendermonats, der auf die Beendigung des in Nummer 1, 2 oder 3 benannten Verstoßes folgt.

(4) § 22 gilt entsprechend.

§ 33h Anzulegender Wert bei der Marktprämie. ¹ Die Marktprämie wird berechnet anhand der Höhe der Vergütung nach § 16, die für den direkt vermarkteten Strom bei der konkreten Anlage im Fall einer Vergütung nach den §§ 23 bis 33, auch unter Berücksichtigung der §§ 17 bis 21, tatsächlich in Anspruch genommen werden könnte (anzulegender Wert). ² Bei der Berechnung des anzulegenden Werts sind § 27 Absatz 3 und 4, § 27a Absatz 2 und § 27c Absatz 3 nicht anzuwenden.

§ 33i Flexibilitätsprämie. (1) Anlagenbetreiberinnen und Anlagenbetreiber von Anlagen zur Erzeugung von Strom aus Biogas können ergänzend zur Marktprämie von dem Netzbetreiber eine Prämie für die Bereitstellung zusätzlicher installierter Leistung für eine bedarfsorientierte Stromerzeugung (Flexibilitätsprämie) verlangen,
1. wenn der gesamte in der Anlage erzeugte Strom nach § 33b Nummer 1 oder 3 direkt vermarktet wird und für diesen Strom unbeschadet des § 33e Satz 1 dem Grunde nach ein Vergütungsanspruch nach § 16 besteht, der nicht nach § 17 verringert ist,
2. wenn die Bemessungsleistung der Anlage im Sinne der Nummer 1 der Anlage 5 zu diesem Gesetz mindestens das 0,2fache der installierten Leistung der Anlage beträgt,
3. sobald sie den Standort und die installierte Leistung sowie die Inanspruchnahme der Flexibilitätsprämie gemeldet haben an
    a) die Bundesnetzagentur mittels der von ihr bereitgestellten Formularvorgaben oder
    b) einen Dritten, der zum Betrieb eines allgemeinen Anlagenregisters abweichend von Buchstabe a durch eine Rechtsverordnung auf Grund von § 64e Nummer 2 verpflichtet worden ist oder der in einer solchen Verordnung als Adressat der Meldungen benannt worden ist, nach Maßgabe dieser Rechtsverordnung und
4. sobald eine Umweltgutachterin oder ein Umweltgutachter mit einer Zulassung für den Bereich Elektrizitätserzeugung aus erneuerbaren Energien bescheinigt hat, dass die Anlage für den zum Anspruch auf die Flexibilitätsprämie erforderlichen bedarfsorientierten Betrieb technisch geeignet ist.

(2) ¹Die Höhe der Flexibilitätsprämie wird kalenderjährlich berechnet. ²Die Berechnung erfolgt für die jeweils zusätzlich bereitgestellte installierte Leistung nach Maßgabe der Anlage 5 zu diesem Gesetz. ³Auf die zu erwartenden Zahlungen sind monatliche Abschläge in angemessenem Umfang zu leisten.

(3) Anlagenbetreiberinnen und Anlagenbetreiber müssen dem Netzbetreiber die erstmalige Inanspruchnahme der Flexibilitätsprämie vorab mitteilen.

(4) ¹Die Flexibilitätsprämie ist für die Dauer von zehn Jahren zu zahlen. ²Beginn der Frist ist der erste Tag des zweiten auf die Meldung nach Absatz 3 folgenden Kalendermonats.

(5) § 22 gilt entsprechend.

Teil 4. Ausgleichsmechanismus

Abschnitt 1. Bundesweiter Ausgleich

§ 34 Weitergabe an den Übertragungsnetzbetreiber. Netzbetreiber sind verpflichtet, den nach § 16 vergüteten Strom unverzüglich an den vorgelagerten Übertragungsnetzbetreiber weiterzugeben.

§ 35 Ausgleich zwischen Netzbetreibern und Übertragungsnetzbetreibern. (1) Vorgelagerte Übertragungsnetzbetreiber sind zur Vergütung der von Netzbetreibern nach § 16 vergüteten Strommenge entsprechend den §§ 16 bis 33 verpflichtet.

(1 a) Vorgelagerte Übertragungsnetzbetreiber sind ferner zur Vergütung der Prämien verpflichtet, die Netzbetreiber nach den §§ 33g und 33i gezahlt haben.

(1 b) ¹Übertragungsnetzbetreiber sind verpflichtet, Netzbetreibern 50 Prozent der notwendigen Kosten zu ersetzen, die ihnen durch eine effiziente Nachrüstung von Anlagen zur Erzeugung von Strom aus solarer Strahlungsenergie entstehen, wenn die Netzbetreiber auf Grund einer Verordnung nach § 12 Absatz 3a und § 49 Absatz 4 des Energiewirtschaftsgesetzes[1] zu der Nachrüstung verpflichtet sind. ² § 8 Absatz 4 ist entsprechend anzuwenden.

(2) ¹Netzbetreiber sind verpflichtet, vermiedene Netzentgelte nach § 18 der Stromnetzentgeltverordnung[2], die nach § 18 Absatz 1 Satz 3 Nummer 1 der Stromnetzentgeltverordnung nicht an Anlagenbetreiberinnen und Anlagenbetreiber gewährt werden und nach § 18 Absatz 2 und 3 der Stromnetzentgeltverordnung ermittelt worden sind, an die vorgelagerten Übertragungsnetzbetreiber auszuzahlen. ² § 8 Absatz 4 Nummer 2 gilt entsprechend.

(3) ¹Die Zahlungen nach den Absätzen 1 bis 2 sind zu saldieren. ²Auf die Zahlungen sind monatliche Abschläge in angemessenem Umfang zu entrichten.

(4) ¹Zahlt ein Übertragungsnetzbetreiber dem Netzbetreiber eine höhere als in den §§ 16 bis 18 vorgesehene Vergütung oder eine höhere als in den §§ 33g und 33i vorgesehene Prämie, ist er zur Rückforderung des Mehrbetrages verpflichtet. ²Der Rückforderungsanspruch verjährt mit Ablauf des

---

[1] Nr. 1.
[2] Nr. 17.

Erneuerbare-Energien-Gesetz §§ 36, 37 EEG 34

31. Dezember des zweiten auf die Einspeisung folgenden Kalenderjahres; die Pflicht nach Satz 1 erlischt insoweit. ³Die Sätze 1 und 2 gelten im Verhältnis von aufnehmendem Netzbetreiber und Anlagenbetreiberin oder Anlagenbetreiber entsprechend, es sei denn, die Zahlungspflicht ergibt sich aus einer vertraglichen Vereinbarung. ⁴§ 22 Absatz 1 ist auf Ansprüche nach Satz 3 nicht anzuwenden.

§ 36 Ausgleich zwischen den Übertragungsnetzbetreibern. (1) ¹Die Übertragungsnetzbetreiber sind verpflichtet,

1. den unterschiedlichen Umfang und den zeitlichen Verlauf der nach § 16 vergüteten Strommengen zu speichern,
2. die Zahlungen von Vergütungen nach § 16 zu speichern,
3. die Zahlungen von Prämien nach den §§ 33 g und 33 i zu speichern,
4. die Strommengen nach Nummer 1 unverzüglich untereinander vorläufig auszugleichen,
5. monatliche Abschläge in angemessenem Umfang auf die Zahlungen nach den Nummern 2 und 3 zu entrichten sowie
6. die Strommengen nach Nummer 1 und die Zahlungen nach den Nummern 2 und 3 nach Maßgabe von Absatz 2 abzurechnen.

²Bei der Speicherung und Abrechnung der Zahlungen nach Satz 1 Nummer 2, 3 und 5 sind die Saldierungen auf Grund des § 35 Absatz 3 zugrunde zu legen.

(2) Die Übertragungsnetzbetreiber ermitteln bis zum 31. Juli eines jeden Jahres die Strommenge, die sie im vorangegangenen Kalenderjahr nach § 8 oder § 34 abgenommen und nach § 16 oder § 35 vergütet oder nach den §§ 33 g und 33 i prämiert sowie nach Absatz 1 vorläufig ausgeglichen haben, und den Anteil dieser Menge an der gesamten Strommenge, die Elektrizitätsversorgungsunternehmen im Bereich des jeweiligen Übertragungsnetzbetreibers im vorangegangenen Kalenderjahr an Letztverbraucherinnen und Letztverbraucher geliefert haben.

(3) ¹Übertragungsnetzbetreiber, die größere Mengen abzunehmen hatten, als es diesem durchschnittlichen Anteil entspricht, haben gegen die anderen Übertragungsnetzbetreiber einen Anspruch auf Abnahme und Vergütung nach den §§ 16 bis 33, bis auch diese Netzbetreiber eine Strommenge abnehmen, die dem Durchschnittswert entspricht. ²Übertragungsnetzbetreiber, die, bezogen auf die gesamte von Elektrizitätsversorgungsunternehmen im Bereich des jeweiligen Übertragungsnetzbetreibers im vorangegangenen Kalenderjahr gelieferte Strommenge, einen höheren Anteil der Prämien nach § 35 Absatz 1 a zu vergüten oder einen höheren Anteil der Kosten nach § 35 Absatz 1 b zu ersetzen haben, als es dem durchschnittlichen Anteil aller Übertragungsnetzbetreiber entspricht, haben gegen die anderen Übertragungsnetzbetreiber einen Anspruch auf Erstattung der Prämien oder Kosten, bis die Prämien- oder Kostenbelastung aller Übertragungsnetzbetreiber dem Durchschnittswert entspricht.

§ 37 Vermarktung und EEG-Umlage. (1) Die Übertragungsnetzbetreiber müssen selbst oder gemeinsam den nach den §§ 16 und 35 Absatz 1 vergüteten Strom diskriminierungsfrei, transparent und unter Beachtung der Vorgaben der Ausgleichsmechanismusverordnung vermarkten.

(2) ¹ Die Übertragungsnetzbetreiber können von Elektrizitätsversorgungsunternehmen, die Strom an Letztverbraucherinnen und Letztverbraucher liefern, anteilig zu dem jeweils von den Elektrizitätsversorgungsunternehmen an ihre Letztverbraucherinnen und Letztverbraucher gelieferten Strom die Kosten für die erforderlichen Ausgaben nach Abzug der erzielten Einnahmen und nach Maßgabe der Ausgleichsmechanismusverordnung verlangen (EEG-Umlage). ² Der Anteil ist so zu bestimmen, dass jedes Elektrizitätsversorgungsunternehmen für jede von ihm an eine Letztverbraucherin oder einen Letztverbraucher gelieferte Kilowattstunde Strom dieselben Kosten trägt. ³ Auf die Zahlung der EEG-Umlage sind monatliche Abschläge in angemessenem Umfang zu entrichten.

(3) ¹ Letztverbraucherinnen und Letztverbraucher stehen Elektrizitätsversorgungsunternehmen gleich, wenn sie Strom verbrauchen, der nicht von einem Elektrizitätsversorgungsunternehmen geliefert wird. ² Betreibt die Letztverbraucherin oder der Letztverbraucher die Stromerzeugungsanlage als Eigenerzeuger und verbraucht den erzeugten Strom selbst, so entfällt für diesen Strom der Anspruch der Übertragungsnetzbetreiber auf Zahlung der EEG-Umlage nach Absatz 2 oder Satz 1, sofern der Strom

1. nicht durch ein Netz durchgeleitet wird oder
2. im räumlichen Zusammenhang zu der Stromerzeugungsanlage verbraucht wird.

(4) ¹ Für Strom, der zum Zweck der Zwischenspeicherung an einen elektrischen, chemischen, mechanischen oder physikalischen Stromspeicher geliefert oder geleitet wird, entfällt der Anspruch der Übertragungsnetzbetreiber auf Zahlung der EEG-Umlage nach Absatz 2 oder 3, wenn dem Stromspeicher Energie ausschließlich zur Wiedereinspeisung von Strom in das Netz entnommen wird. ² Satz 1 gilt auch für Strom, der zur Erzeugung von Speichergas eingesetzt wird, das in das Erdgasnetz eingespeist wird, wenn das Speichergas unter Berücksichtigung der Anforderungen nach § 27 c Absatz 1 Nummer 1 und 2 zur Stromerzeugung eingesetzt und der Strom tatsächlich in das Netz eingespeist wird.

(5) ¹ Elektrizitätsversorgungsunternehmen, die ihrer Pflicht zur Zahlung der EEG-Umlage nach Absatz 2 nicht rechtzeitig nachgekommen sind, müssen diese Geldschuld nach § 352 Absatz 2 des Handelsgesetzbuchs ab Eintritt der Fälligkeit verzinsen. ² Satz 1 ist entsprechend anzuwenden, wenn die Fälligkeit nicht eintreten konnte, weil das Elektrizitätsversorgungsunternehmen die von ihm gelieferten Strommengen entgegen § 49 nicht oder nicht rechtzeitig dem Übertragungsnetzbetreiber gemeldet hat; ausschließlich zum Zweck der Verzinsung gilt in diesem Fall die Geldschuld für die Zahlung der EEG-Umlage auf die nach § 49 mitzuteilende Strommenge eines Jahres spätestens am 1. August des Folgejahres als fällig. ³ Die Sätze 1 und 2 sind auf Letztverbraucherinnen und Letztverbraucher, die keine Verbraucher im Sinne des § 13 des Bürgerlichen Gesetzbuchs sind und nach Absatz 3 Satz 1 Elektrizitätsversorgungsunternehmen gleichstehen, für die verbrauchten Strommengen entsprechend anzuwenden.

§ 38 Nachträgliche Korrekturen. Ergeben sich durch
1. Rückforderungen auf Grund von § 35 Absatz 4,
2. eine rechtskräftige Gerichtsentscheidung im Hauptsacheverfahren,

3. ein zwischen den Parteien durchgeführtes Verfahren vor der Clearingstelle nach § 57 Absatz 3 Satz 1 Nummer 1,
4. eine für die Parteien abgegebene Stellungnahme der Clearingstelle nach § 57 Absatz 3 Satz 1 Nummer 2,
5. Entscheidungen der Bundesnetzagentur nach § 61 Absatz 1 a oder
6. einen vollstreckbaren Titel, der erst nach der Abrechnung nach § 36 Absatz 1 ergangen ist,

Änderungen der abzurechnenden Strommenge oder Vergütungs- oder Prämienzahlungen, sind diese Änderungen bei der jeweils nächsten Abrechnung zu berücksichtigen.

§ 39 Verringerung der EEG-Umlage. (1) Die EEG-Umlage verringert sich für Elektrizitätsversorgungsunternehmen in einem Kalenderjahr um 2,0 Cent pro Kilowattstunde, höchstens jedoch in Höhe der EEG-Umlage, wenn

1. der Strom, den sie an ihre gesamten Letztverbraucherinnen und Letztverbraucher liefern, in diesem Kalenderjahr sowie zugleich jeweils in mindestens acht Monaten dieses Kalenderjahres folgende Anforderungen erfüllt:

    a) mindestens 50 Prozent des Stroms ist Strom im Sinne der §§ 23 bis 33 und

    b) mindestens 20 Prozent des Stroms ist Strom im Sinne der §§ 29 bis 33;

    bei der Berechnung der Anteile nach Halbsatz 1 darf Strom im Sinne der §§ 23 bis 33 nur bis zu der Höhe des aggregierten Bedarfs der gesamten belieferten Letztverbraucherinnen und Letztverbraucher, bezogen auf jedes 15-Minuten-Intervall, berücksichtigt werden; bei der Berechnung der Anteile nach dem ersten Halbsatz darf Strom aus Anlagen zur Erzeugung von Strom aus solarer Strahlungsenergie, die nach dem 31. März 2012 in Betrieb genommen worden sind, ferner nur berücksichtigt werden, soweit die Strommenge, die nach § 33 Absatz 1 dem Grunde nach in dem Kalenderjahr vergütungsfähig ist, nicht überschritten worden ist,

2. die Elektrizitätsversorgungsunternehmen ihrem regelverantwortlichen Übertragungsnetzbetreiber die Inanspruchnahme der Verringerung der EEG-Umlage bis zum 30. September des jeweils vorangegangenen Kalenderjahres übermittelt haben; hierbei ist auch die Strommenge anzugeben, die die Elektrizitätsversorgungsunternehmen voraussichtlich in dem Kalenderjahr an ihre gesamten Letztverbraucherinnen und Letztverbraucher liefern werden; diese Menge ist auf Grund der Stromlieferungen der ersten Hälfte des vorangegangenen Kalenderjahres abzuschätzen,

3. die Elektrizitätsversorgungsunternehmen ihrem regelverantwortlichen Übertragungsnetzbetreiber das Vorliegen der Voraussetzungen nach Nummer 1 nach Maßgabe des § 50 nachweisen und

4. gelieferter Strom im Sinne der Nummer 1 Buchstabe a und b gegenüber Letztverbraucherinnen und Letztverbrauchern im Rahmen der Stromkennzeichnung nach § 42 des Energiewirtschaftsgesetzes[1)] nur dann als erneuerbare Energien ausgewiesen wird, wenn die Eigenschaft des Stroms als erneuerbare Energie nicht getrennt von dem Strom, bezogen auf jedes 15-Minuten-Intervall, verwendet worden ist.

[1)] Nr. 1.

34 EEG § 40 5. Teil. Umweltschutz

(2) ¹Für die Berechnung der Strommengen nach Absatz 1 Nummer 1 Buchstabe a und b darf nur Strom aus erneuerbaren Energien und Grubengas angerechnet werden, wenn die jeweiligen Anlagenbetreiberinnen und Anlagenbetreiber

1. den Strom nach § 33 b Nummer 2 direkt vermarkten,
2. nicht gegen § 33 c Absatz 1 oder 2 verstoßen,
3. dem Netzbetreiber den Wechsel in die Form der Direktvermarktung nach § 33 b Nummer 2 nach Maßgabe des § 33 d Absatz 2 in Verbindung mit Absatz 1 Nummer 1 oder 2 und Absatz 4 übermittelt haben und
4. nicht gegen § 33 f Absatz 1 verstoßen.

²Soweit Strom nicht nach Satz 1 angerechnet werden darf, gilt dies bei der jeweiligen Strommenge für den gesamten Kalendermonat, in dem die Voraussetzungen nach Satz 1 ganz oder teilweise nicht erfüllt sind.

(3) Die EEG-Umlage verringert sich ferner für Elektrizitätsversorgungsunternehmen in einem Kalendermonat um 2,0 Cent pro Kilowattstunde, höchstens jedoch in Höhe der EEG-Umlage, wenn

1. der Strom, den sie in diesem Kalendermonat an ihre gesamten Letztverbraucherinnen und Letztverbraucher liefern,
   a) ausschließlich Strom aus Anlagen zur Erzeugung von Strom aus solarer Strahlungsenergie ist und für diesen Strom dem Grunde nach ein Vergütungsanspruch nach § 16 besteht, der nicht nach § 17 verringert ist; § 33 Absatz 1 ist nicht anzuwenden,
   b) von den Letztverbraucherinnen und Letztverbrauchern in unmittelbarer räumlicher Nähe zur Anlage verbraucht und nicht durch ein Netz durchgeleitet wird und
   c) nach § 33 a Absatz 2 an Dritte veräußert und nicht nach § 8 abgenommen worden ist und
2. die Elektrizitätsversorgungsunternehmen ihrem regelverantwortlichen Übertragungsnetzbetreiber die erstmalige Inanspruchnahme der Verringerung der EEG-Umlage vor Beginn des vorangegangenen Kalendermonats übermittelt haben.

(4) ¹Die Übertragungsnetzbetreiber müssen unverzüglich, spätestens jedoch ab dem 1. September 2012, bundesweit einheitliche Verfahren für die vollständig automatisierte elektronische Übermittlung der Daten nach Absatz 1 Nummer 2 oder Absatz 3 Nummer 2 zur Verfügung stellen, die den Vorgaben des Bundesdatenschutzgesetzes genügen. ²Für den elektronischen Datenaustausch nach Maßgabe des Bundesdatenschutzgesetzes ist ein einheitliches Datenformat vorzusehen.

Abschnitt 2. Besondere Ausgleichsregelung für stromintensive Unternehmen und Schienenbahnen

§ 40 Grundsatz. ¹Das Bundesamt für Wirtschaft und Ausfuhrkontrolle begrenzt auf Antrag für eine Abnahmestelle die EEG-Umlage, die von Elektrizitätsversorgungsunternehmen an Letztverbraucher, die stromintensive Unternehmen des produzierenden Gewerbes mit hohem Stromverbrauch oder Schienenbahnen sind, weitergegeben wird, entsprechend der §§ 41 und 42. ²Die Begrenzung erfolgt, um die Stromkosten dieser Unternehmen zu senken

Erneuerbare-Energien-Gesetz §41 EEG 34

und so ihre internationale und intermodale Wettbewerbsfähigkeit zu erhalten, soweit hierdurch die Ziele des Gesetzes nicht gefährdet werden und die Begrenzung mit den Interessen der Gesamtheit der Stromverbraucherinnen und Stromverbraucher vereinbar ist.

§ 41 Unternehmen des produzierenden Gewerbes. (1) Bei einem Unternehmen des produzierenden Gewerbes erfolgt die Begrenzung nur, soweit es nachweist, dass und inwieweit

1. im letzten abgeschlossenen Geschäftsjahr

   a) der von einem Elektrizitätsversorgungsunternehmen bezogene und selbst verbrauchte Strom an einer Abnahmestelle mindestens 1 Gigawattstunde betragen hat,

   b) das Verhältnis der von dem Unternehmen zu tragenden Stromkosten zur Bruttowertschöpfung des Unternehmens nach der Definition des Statistischen Bundesamtes, Fachserie 4, Reihe 4.3, Wiesbaden 2007[1]), mindestens 14 Prozent betragen hat,

   c) die EEG-Umlage anteilig an das Unternehmen weitergereicht wurde und

2. eine Zertifizierung erfolgt ist, mit der der Energieverbrauch und die Potenziale zur Verminderung des Energieverbrauchs erhoben und bewertet worden sind; dies gilt nicht für Unternehmen mit einem Stromverbrauch von unter 10 Gigawattstunden.

(2) [1] Die Erfüllung der Voraussetzungen nach Absatz 1 Nummer 1 ist durch die Stromlieferungsverträge und die Stromrechnungen für das letzte abgeschlossene Geschäftsjahr sowie die Bescheinigung einer Wirtschaftsprüferin, eines Wirtschaftsprüfers, einer Wirtschaftsprüfungsgesellschaft, einer vereidigten Buchprüferin, eines vereidigten Buchprüfers oder einer Buchprüfungsgesellschaft auf Grundlage des Jahresabschlusses für das letzte abgeschlossene Geschäftsjahr nachzuweisen. [2] Für die Bescheinigungen nach Satz 1 gelten § 319 Absatz 2 bis 4, § 319b Absatz 1, § 320 Absatz 2 und § 323 des Handelsgesetzbuches entsprechend. [3] Die Voraussetzung nach Absatz 1 Nummer 2 ist durch die Bescheinigung der Zertifizierungsstelle nachzuweisen.

(2a) [1] Unternehmen, die nach dem 30. Juni des Vorjahres neu gegründet wurden, können abweichend von Absatz 1 Daten über ein Rumpfgeschäftsjahr übermitteln. [2] Absatz 2 gilt entsprechend. [3] Neu gegründete Unternehmen sind nur solche, die unter Schaffung von im Wesentlichen neuem Betriebsvermögen ihre Tätigkeit erstmals aufnehmen; sie dürfen nicht durch Umwandlung entstanden sein. [4] Als Zeitpunkt der Neugründung gilt der Zeitpunkt, an dem erstmals Strom zu Produktions- oder Fahrbetriebszwecken abgenommen wird.

(3) [1] Für Unternehmen, deren Strombezug im Sinne von Absatz 1 Nummer 1 Buchstabe a

1. mindestens 1 Gigawattstunde betragen hat, wird die EEG-Umlage hinsichtlich des an der betreffenden Abnahmestelle im Begrenzungszeitraum selbst verbrauchten Stroms

---

[1]) **Amtl. Anm.:** Amtlicher Hinweis: Zu beziehen beim Statistischen Bundesamt, Gustav-Stresemann-Ring 11, 65189 Wiesbaden; auch zu beziehen über www.destatis.de.

34 EEG §§ 42, 43 5. Teil. Umweltschutz

a) für den Stromanteil bis einschließlich 1 Gigawattstunde nicht begrenzt,
b) für den Stromanteil über 1 bis einschließlich 10 Gigawattstunden auf 10 Prozent der nach § 37 Absatz 2 ermittelten EEG-Umlage begrenzt,
c) für den Stromanteil über 10 bis einschließlich 100 Gigawattstunden auf 1 Prozent der nach § 37 Absatz 2 ermittelten EEG-Umlage begrenzt und
d) für den Stromanteil über 100 Gigawattstunden auf 0,05 Cent je Kilowattstunde begrenzt oder

2. mindestens 100 Gigawattstunden und deren Verhältnis der Stromkosten zur Bruttowertschöpfung mehr als 20 Prozent betragen hat, wird die nach § 37 Absatz 2 ermittelte EEG[1]-Umlage auf 0,05 Cent je Kilowattstunde begrenzt.

² Die Nachweise sind in entsprechender Anwendung des Absatzes 2 zu führen.

(4) Eine Abnahmestelle ist die Summe aller räumlich und physikalisch zusammenhängenden elektrischen Einrichtungen eines Unternehmens, die sich auf einem in sich abgeschlossenen Betriebsgelände befinden und über eine oder mehrere Entnahmepunkte mit dem Netz des Netzbetreibers verbunden sind.

(5) ¹ Die Absätze 1 bis 4 gelten für selbständige Teile des Unternehmens entsprechend. ² Ein selbständiger Unternehmensteil liegt nur vor, wenn es sich um einen eigenen Standort oder einen vom übrigen Unternehmen am Standort abgegrenzten Teilbetrieb mit den wesentlichen Funktionen eines Unternehmens handelt und der Unternehmensteil jederzeit als rechtlich selbständiges Unternehmen seine Geschäfte führen könnte. ³ Für den selbständigen Unternehmensteil sind eine eigene Bilanz und eine eigene Gewinn- und Verlustrechnung in entsprechender Anwendung der für alle Kaufleute geltenden Vorschriften des Handelsgesetzbuches aufzustellen. ⁴ Die Bilanz und die Gewinn- und Verlustrechnung nach Satz 3 sind in entsprechender Anwendung der §§ 317 bis 323 des Handelsgesetzbuches zu prüfen.

§ 42 Schienenbahnen. (1) ¹ Eine Begrenzung der EEG-Umlage für Schienenbahnen ist nur für die Strommenge möglich, die über 10 Prozent des im Begrenzungszeitraum an der betreffenden Abnahmestelle bezogenen oder selbst verbrauchten Stroms hinausgeht. ² Die begrenzte EEG-Umlage beträgt 0,05 Cent pro Kilowattstunde.

(2) Bei Schienenbahnen erfolgt die Begrenzung der EEG-Umlage, sofern diese nachweisen, dass und inwieweit

1. die bezogene Strommenge unmittelbar für den Fahrbetrieb im Schienenbahnverkehr verbraucht wird und mindestens 10 Gigawattstunden beträgt und
2. die EEG-Umlage anteilig an das Unternehmen weitergereicht wurde.

(3) ¹ Abnahmestelle im Sinne des Absatzes 1 ist die Summe der Verbrauchsstellen für den Fahrbetrieb im Schienenbahnverkehr des Unternehmens. ² § 41 Absatz 2 und 2a gilt entsprechend.

§ 43 Antragsfrist und Entscheidungswirkung. (1) ¹ Der Antrag nach § 40 Abs. 1 in Verbindung mit § 41 oder § 42 einschließlich der vollständigen Antragsunterlagen ist jeweils zum 30. Juni des laufenden Jahres zu stellen

---

[1] Nr. 34.

(materielle Ausschlussfrist). ²Die Entscheidung ergeht mit Wirkung gegenüber der antragstellenden Person, dem Elektrizitätsversorgungsunternehmen und dem regelverantwortlichen Übertragungsnetzbetreiber. ³Sie wird zum 1. Januar des Folgejahres mit einer Geltungsdauer von einem Jahr wirksam. ⁴Die durch eine vorangegangene Entscheidung hervorgerufenen Wirkungen bleiben bei der Berechnung des Verhältnisses der Stromkosten zur Bruttowertschöpfung nach § 41 Absatz 1 Nummer 1 Buchstabe b und Absatz 3 außer Betracht.

(2) ¹Neu gegründete Unternehmen im Sinne des § 41 Abs. 2a können den Antrag abweichend von Absatz 1 Satz 1 bis zum 30. September des laufenden Jahres stellen. ²Satz 1 gilt für Schienenbahnunternehmen entsprechend.

(3) Der Anspruch des an der betreffenden Abnahmestelle regelverantwortlichen Übertragungsnetzbetreibers auf Zahlung der EEG-Umlage gegenüber den betreffenden Elektrizitätsversorgungsunternehmen wird entsprechend der Entscheidung des Bundesamtes für Wirtschaft und Ausfuhrkontrolle begrenzt; die Übertragungsnetzbetreiber haben diese Begrenzungen im Rahmen von § 36 zu berücksichtigen.

§ 44 Auskunftspflicht. ¹Die Begünstigten der Entscheidung nach § 40 haben dem Bundesministerium für Umwelt, Naturschutz und Reaktorsicherheit und seinen Beauftragten auf Verlangen Auskunft über alle Tatsachen zu geben, die für die Beurteilung erforderlich sind, ob die Ziele des § 40 Abs. 1 Satz 2 erreicht werden. ²Betriebs- und Geschäftsgeheimnisse werden gewahrt.

Teil 5. Transparenz

Abschnitt 1. Mitteilungs- und Veröffentlichungspflichten

§ 45 Grundsatz. ¹Anlagenbetreiberinnen, Anlagenbetreiber, Netzbetreiber und Elektrizitätsversorgungsunternehmen sind verpflichtet, einander die für den bundesweiten Ausgleich nach den §§ 34 bis 39 jeweils erforderlichen Daten, insbesondere die in den §§ 46 bis 50 genannten, unverzüglich zur Verfügung zu stellen. ² § 38 gilt entsprechend.

§ 46 Anlagenbetreiberinnen und -betreiber. Anlagenbetreiberinnen und -betreiber sind verpflichtet, dem Netzbetreiber

1. den Standort und die installierte Leistung der Anlage mitzuteilen,

2. bei Biomasseanlagen nach den §§ 27 bis 27b die Art und Menge der Einsatzstoffe nach § 27 Absatz 1 und 2, den §§ 27a und 27b sowie Angaben zu Wärmenutzungen und eingesetzten Technologien nach § 27 Absatz 4 Nummer 1 und Absatz 5 Nummer 2 und § 27a Absatz 3 oder zu dem Anteil eingesetzter Gülle nach § 27 Absatz 4 Nummer 2 und § 27b Absatz 1 Nummer 3 in der für die Nachweisführung nach den §§ 27 und 27a vorgeschriebenen Weise zu übermitteln und

3. bis zum 28. Februar eines Jahres die für die Endabrechnung des Vorjahres erforderlichen Daten zur Verfügung zu stellen.

§ 47 Netzbetreiber. (1) Netzbetreiber, die nicht Übertragungsnetzbetreiber sind, sind verpflichtet,

1. ihrem vorgelagerten Übertragungsnetzbetreiber die tatsächlich geleisteten Vergütungszahlungen nach § 16, die Prämien nach den §§ 33 g und 33 i, die von den Anlagenbetreiberinnen und Anlagenbetreibern erhaltenen Meldungen nach § 33 d Absatz 2 (jeweils gesondert für die verschiedenen Formen der Direktvermarktung nach § 33 b), die Kosten für die Nachrüstung nach § 35 Absatz 1 b in Verbindung mit einer Verordnung nach § 12 Absatz 3 a und § 49 Absatz 4 des Energiewirtschaftsgesetzes[1]), die Anzahl der nachgerüsteten Anlagen und die von ihnen erhaltenen Angaben nach § 46 sowie die sonstigen für den bundesweiten Ausgleich erforderlichen Angaben unverzüglich, nachdem sie verfügbar sind, zusammengefasst zu übermitteln und

2. bis zum 31. Mai eines Jahres mittels Formularvorlagen, die der Übertragungsnetzbetreiber auf seiner Internetseite zur Verfügung stellt, in elektronischer Form die Endabrechnung für das Vorjahr sowohl für jede einzelne Anlage als auch zusammengefasst vorzulegen; § 19 Abs. 2 und 3 gilt entsprechend; bis zum 31. Mai eines Jahres ist dem vorgelagerten Übertragungsnetzbetreiber ein Nachweis über die nach § 35 Absatz 1 b Satz 1 zu ersetzenden Kosten vorzulegen; spätere Änderungen der Ansätze sind dem Übertragungsnetzbetreiber unverzüglich mitzuteilen und bei der nächsten Abrechnung zu berücksichtigen.

(2) Für die Ermittlung der auszugleichenden Energiemengen und Vergütungszahlungen nach Absatz 1 sind insbesondere erforderlich

1. die Angabe der Spannungsebene, an die die Anlage angeschlossen ist,
2. die Höhe der vermiedenen Netzentgelte nach § 35 Abs. 2,
3. die Angabe, inwieweit der Netzbetreiber die Energiemengen von einem nachgelagerten Netz abgenommen hat, und
4. die Angabe, inwieweit der Netzbetreiber die Energiemengen nach Nummer 3 an Letztverbraucherinnen, Letztverbraucher, Netzbetreiber oder Elektrizitätsversorgungsunternehmen abgegeben oder sie selbst verbraucht hat.

§ 48 Übertragungsnetzbetreiber. (1) Für Übertragungsnetzbetreiber gilt § 47 entsprechend mit der Maßgabe, dass die Angaben und die Endabrechnung nach § 47 Abs. 1 für Anlagen, die unmittelbar oder mittelbar nach § 8 Abs. 2 an ihr Netz angeschlossen sind, auf ihrer Internetseite zu veröffentlichen sind.

(2) [1] Übertragungsnetzbetreiber sind ferner verpflichtet, den Elektrizitätsversorgungsunternehmen, für die sie regelverantwortlich sind, bis zum 31. Juli eines Jahres die Endabrechnung für die EEG-Umlage des jeweiligen Vorjahres vorzulegen. [2] § 47 Absatz 2 gilt entsprechend.

(3) Die Übertragungsnetzbetreiber sind weiterhin verpflichtet,

1. die Daten für die Berechnung der Marktprämie und den Wert „$MW_{Solar(a)}$" nach Maßgabe der Nummer 3 der Anlage 4 zu diesem Gesetz in nicht personenbezogener Form zu veröffentlichen,

---

[1]) Nr. 1.

2. die Daten für den Ausgleichsmechanismus nach Maßgabe des § 7 der Ausgleichsmechanismusverordnung zu veröffentlichen und der Bundesnetzagentur zu übermitteln.

§ 49 Elektrizitätsversorgungsunternehmen. Elektrizitätsversorgungsunternehmen sind verpflichtet, ihrem regelverantwortlichen Übertragungsnetzbetreiber unverzüglich die an Letztverbraucherinnen oder Letztverbraucher gelieferte Energiemenge elektronisch mitzuteilen und bis zum 31. Mai die Endabrechnung für das Vorjahr vorzulegen.

§ 50 Testierung. [1] Netzbetreiber und Elektrizitätsversorgungsunternehmen können verlangen, dass die Endabrechnungen nach § 47 Absatz 1 Nummer 2, den §§ 48 und 49 bei Vorlage durch eine Wirtschaftsprüferin, einen Wirtschaftsprüfer, eine Wirtschaftsprüfungsgesellschaft, eine vereidigte Buchprüferin, einen vereidigten Buchprüfer oder eine Buchprüfungsgesellschaft geprüft werden. [2] Bei der Prüfung sind die höchstrichterliche Rechtsprechung sowie Entscheidungen der Clearingstelle nach § 57 Absatz 3 Satz 1 Nummer 2, die über den Einzelfall hinausgehende Bedeutung haben, und Entscheidungen nach § 57 Absatz 4 zu berücksichtigen. [3] Für die Prüfung nach Satz 1 gelten § 319 Absatz 2 bis 4, § 319b Absatz 1, § 320 Absatz 2 und § 323 des Handelsgesetzbuches entsprechend.

§ 51 Information der Bundesnetzagentur. (1) Netzbetreiber sind verpflichtet, die Angaben, die sie nach § 46 von den Anlagenbetreiberinnen oder -betreibern erhalten, die Angaben nach § 47 Abs. 2 Nr. 1 und die Endabrechnungen nach § 47 Abs. 1 Nr. 2 sowie § 48 Absatz 2 einschließlich der zu ihrer Überprüfung erforderlichen Daten zum Ablauf der jeweiligen Fristen der Bundesnetzagentur in elektronischer Form vorzulegen; für Elektrizitätsversorgungsunternehmen gilt dies hinsichtlich der Angaben nach § 49 entsprechend.

(2) *(aufgehoben)*

(3) [1] Soweit die Bundesnetzagentur Formularvorlagen bereitstellt, sind Netzbetreiber, Elektrizitätsversorgungsunternehmen, Anlagenbetreiberinnen und -betreiber verpflichtet, die Daten in dieser Form zu übermitteln. [2] Die Daten nach Absatz 1 mit Ausnahme der Strombezugskosten werden dem Bundesministerium für Umwelt, Naturschutz und Reaktorsicherheit und dem Bundesministerium für Wirtschaft und Technologie sowie der Bundesnetzagentur für statistische Zwecke sowie die Evaluation des Gesetzes und die Berichterstattungen nach den §§ 65 und 65a zur Verfügung gestellt.

§ 52 Information der Öffentlichkeit. (1) Netzbetreiber und Elektrizitätsversorgungsunternehmen sind verpflichtet, auf ihren Internetseiten

1. die Angaben nach den §§ 45 bis 49 unverzüglich nach ihrer Übermittlung und

2. einen Bericht über die Ermittlung der von ihnen nach den §§ 45 bis 49 mitgeteilten Daten unverzüglich nach dem 30. September eines Jahres

zu veröffentlichen und bis zum Ablauf des Folgejahres vorzuhalten; § 48 Abs. 1 bleibt unberührt.

(1 a) Die Übertragungsnetzbetreiber sind verpflichtet, die nach § 35 Absatz 1 vergüteten und nach § 37 Absatz 1 vermarkteten Strommengen nach Maßgabe der Ausgleichsmechanismusverordnung auf einer gemeinsamen Internetseite in nicht personenbezogener Form zu veröffentlichen.

(2) Die Angaben und der Bericht müssen eine sachkundige dritte Person in die Lage versetzen, ohne weitere Informationen die ausgeglichenen Energiemengen und Vergütungszahlungen vollständig nachvollziehen zu können.

Abschnitt 2. EEG-Umlage und Stromkennzeichnung

§ 53 Ausweisung der EEG-Umlage. (1) Elektrizitätsversorgungsunternehmen sind berechtigt, die EEG-Umlage gegenüber Letztverbraucherinnen und Letztverbrauchern auszuweisen, soweit für diesen Strom keine Begrenzung der EEG-Umlage nach § 40 erfolgt ist.

(2) ¹Bei der Anzeige der EEG-Umlage ist deutlich sichtbar und in gut lesbarer Schrift anzugeben, wie viele Kilowattstunden Strom aus erneuerbaren Energien und aus Grubengas für die Berechnung der EEG-Umlage zugrunde gelegt wurden. ²Die Berechnung der EEG-Umlage ist so zu begründen, dass sie ohne weitere Informationen nachvollziehbar ist.

§ 54 Stromkennzeichnung entsprechend der EEG-Umlage. (1) Elektrizitätsversorgungsunternehmen sind verpflichtet, gegenüber Letztverbraucherinnen und Letztverbrauchern im Rahmen der Stromkennzeichnung nach § 42 des Energiewirtschaftsgesetzes[1)] den nach Absatz 2 berechneten Wert als Anteil in Prozent für „Erneuerbare Energien, gefördert nach dem Erneuerbare-Energien-Gesetz" auszuweisen.

(2) ¹Der nach Absatz 1 gegenüber ihren Letztverbraucherinnen und Letztverbrauchern auszuweisende Anteil berechnet sich in Prozent, indem die EEG-Umlage, die das Elektrizitätsversorgungsunternehmen tatsächlich für die an ihre Letztverbraucherinnen und Letztverbraucher gelieferte Strommenge in einem Jahr gezahlt hat,
1. mit dem EEG-Quotienten nach Absatz 3 multipliziert,
2. danach durch die gesamte in diesem Jahr an ihre Letztverbraucherinnen und Letztverbraucher gelieferte Strommenge dividiert und
3. anschließend mit Hundert multipliziert

wird. ²Der nach Absatz 1 auszuweisende Anteil ist unmittelbarer Bestandteil der gelieferten Strommenge und kann nicht getrennt ausgewiesen oder weiter vermarktet werden.

(3) ¹Der EEG-Quotient ist das Verhältnis der Summe der Strommenge, für die in dem vergangenen Kalenderjahr eine Vergütung nach § 16 in Anspruch genommen wurde, und der Strommenge, die in der Form des § 33 b Nummer 1 direkt vermarktet wurde, zu den gesamten durch die Übertragungsnetzbetreiber erhaltenen Einnahmen aus der EEG-Umlage für die von den Elektrizitätsversorgungsunternehmen im vergangenen Kalenderjahr gelieferten Strommengen an Letztverbraucherinnen und Letztverbraucher. ²Die Übertragungsnetzbetreiber veröffentlichen auf einer gemeinsamen Internet-

---

[1)] Nr. 1.

Erneuerbare-Energien-Gesetz § 55 EEG 34

plattform in einheitlichem Format bis zum 30. September 2011 und in den folgenden Jahren bis zum 31. Juli den EEG-Quotienten in nicht personenbezogener Form für das jeweils vorangegangene Kalenderjahr.

(4) Die Anteile der nach § 42 Absatz 1 Nummer 1 und Absatz 3 des Energiewirtschaftsgesetzes anzugebenden Energieträger sind mit Ausnahme des Anteils für Strom aus „Erneuerbare Energien, gefördert nach dem Erneuerbare-Energien-Gesetz" entsprechend anteilig für die jeweilige Letztverbraucherin oder den jeweiligen Letztverbraucher um den nach Absatz 1 auszuweisenden Prozentsatz zu reduzieren.

(5) [1] Elektrizitätsversorgungsunternehmen sind verpflichtet, gegenüber Letztverbraucherinnen und Letztverbrauchern, deren Pflicht zur Zahlung der EEG-Umlage nach den §§ 40 bis 43 begrenzt ist, zusätzlich zu dem Gesamtenergieträgermix einen gesonderten nach den Sätzen 3 und 4 zu berechnenden „Energieträgermix für nach dem Erneuerbare-Energien-Gesetz privilegierte Unternehmen" auszuweisen. [2] In diesem Energieträgermix sind die Anteile nach § 42 Absatz 1 Nummer 1 des Energiewirtschaftsgesetzes auszuweisen. [3] Der Anteil in Prozent für „Erneuerbare Energien, gefördert nach dem Erneuerbare-Energien-Gesetz" berechnet sich abweichend von Absatz 2, indem die EEG-Umlage, die das Elektrizitätsversorgungsunternehmen tatsächlich für die in einem Jahr an die jeweilige Letztverbraucherin oder den jeweiligen Letztverbraucher gelieferte Strommenge gezahlt hat,

1. mit dem EEG-Quotienten nach Absatz 3 multipliziert,
2. danach durch die gesamte an die jeweilige Letztverbraucherin oder den jeweiligen Letztverbraucher gelieferte Strommenge dividiert und
3. anschließend mit Hundert multipliziert

wird. [4] Die Anteile der anderen nach § 42 Absatz 1 Nummer 1 des Energiewirtschaftsgesetzes anzugebenden Energieträger sind entsprechend anteilig für die jeweilige Letztverbraucherin oder den jeweiligen Letztverbraucher um den nach Satz 3 berechneten Prozentsatz zu reduzieren.

Abschnitt 3. Herkunftsnachweis und Doppelvermarktungsverbot

§ 55 Herkunftsnachweise. (1) [1] Die zuständige Behörde stellt Anlagenbetreiberinnen und Anlagenbetreibern Herkunftsnachweise für Strom aus erneuerbaren Energien aus. [2] Satz 1 gilt nicht für Strom, der nach § 33b Nummer 1 direkt vermarktet oder für den eine Vergütung nach § 16 in Anspruch genommen wird. [3] Die zuständige Behörde überträgt und entwertet Herkunftsnachweise. [4] Ausstellung, Übertragung und Entwertung erfolgen elektronisch und nach Maßgabe der Rechtsverordnung nach § 64d; sie müssen vor Missbrauch geschützt sein.

(2) [1] Die zuständige Behörde erkennt auf Antrag nach Maßgabe der Rechtsverordnung nach § 64d Herkunftsnachweise für Strom aus erneuerbaren Energien aus dem Ausland an. [2] Das gilt nur für Herkunftsnachweise, die mindestens die Vorgaben des Artikels 15 Absatz 6 und 9 der Richtlinie 2009/28/EG[1]) des Europäischen Parlaments und des Rates vom 23. April 2009 zur Förderung der Nutzung von Energie aus erneuerbaren Quellen und zur Änderung und anschließenden Aufhebung der Richtlinien 2001/77/EG und

---

[1]) Nr. 36.

2003/30/EG (ABl. L 140 vom 5. 6. 2009, S. 16) erfüllen. ³ Strom, für den ein Herkunftsnachweis nach Satz 1 anerkannt worden ist, gilt als Strom, der nach § 33 b Nummer 3 direkt vermarktet wird.

(3) Die zuständige Behörde richtet eine elektronische Datenbank ein, in der die Ausstellung, Anerkennung, Übertragung und Entwertung von Herkunftsnachweisen registriert werden (Herkunftsnachweisregister).

(4) Zuständige Behörde im Sinne der Absätze 1 bis 3 ist das Umweltbundesamt.

(5) Herkunftsnachweise sind keine Finanzinstrumente im Sinne des § 1 Absatz 11 des Kreditwesengesetzes oder des § 2 Absatz 2 b des Wertpapierhandelsgesetzes.

§ 56 Doppelvermarktungsverbot. (1) ¹ Strom aus erneuerbaren Energien und aus Grubengas sowie in ein Gasnetz eingespeistes Deponie- oder Klärgas sowie Gas aus Biomasse dürfen nicht mehrfach verkauft, anderweitig überlassen werden oder entgegen § 34 an eine dritte Person veräußert werden. ² Strom aus erneuerbaren Energien oder aus Grubengas darf insbesondere nicht in mehreren Formen nach § 33 b oder mehrfach in derselben Form nach § 33 b veräußert werden. ³ Die Vermarktung als Regelenergie gilt im Rahmen der Direktvermarktung nicht als mehrfacher Verkauf oder anderweitige Überlassung von Strom.

(2) ¹ Anlagenbetreiberinnen oder Anlagenbetreiber, die eine Vergütung nach § 16 für Strom aus erneuerbaren Energien oder aus Grubengas in Anspruch nehmen oder diesen Strom in den Formen nach § 33 b Nummer 1 direkt vermarkten, dürfen Herkunftsnachweise oder sonstige Nachweise, die die Herkunft des Stroms belegen, für diesen Strom nicht weitergeben. ² Gibt eine Anlagenbetreiberin oder ein Anlagenbetreiber einen Herkunftsnachweis oder sonstigen Nachweis, der die Herkunft des Stroms belegt, für Strom aus erneuerbaren Energien oder aus Grubengas weiter, darf für diesen Strom weder eine Vergütung nach § 16 noch eine Marktprämie nach § 33 g in Anspruch genommen werden.

(3) Solange im Rahmen einer gemeinsamen Projektumsetzung nach dem Projekt-Mechanismen-Gesetz[1)] für die Emissionsminderungen der Anlage Emissionsreduktionseinheiten erzeugt werden können, darf für den Strom aus der betreffenden Anlage weder eine Vergütung nach § 16 noch eine Prämie nach § 33 g oder 33 i in Anspruch genommen werden.

(4) Unbeschadet des § 62 Absatz 1 Nummer 1 gilt bei Verstößen gegen die Absätze 1 bis 3 Folgendes:

1. Der Anspruch auf die Vergütung nach § 16 verringert sich im Fall einer Abnahme des Stroms durch die Netzbetreiber auf den tatsächlichen Monatsmittelwert des energieträgerspezifischen Marktwerts nach Nummer 1.1 der Anlage 4 zu diesem Gesetz („MW"); in sonstigen Fällen entfällt der Anspruch,
2. der Anspruch auf die Marktprämie nach § 33 g entfällt,
3. der Strom darf nicht für die Berechnung der Strommengen nach § 39 Absatz 1 Nummer 1 Buchstabe a und b angerechnet werden,

---

[1)] Nr. **49**.

Erneuerbare-Energien-Gesetz § 57 EEG 34

jeweils für den Zeitraum der Dauer des Verstoßes zuzüglich der darauffolgenden sechs Kalendermonate.

Teil 6. Rechtsschutz und behördliches Verfahren

§ 57 Clearingstelle. (1) Zu diesem Gesetz wird eine Clearingstelle durch eine juristische Person des Privatrechts betrieben, die von dem Bundesministerium für Umwelt, Naturschutz und Reaktorsicherheit hierzu beauftragt worden ist.[1)]

(2) [1] Aufgabe der Clearingstelle ist die Klärung von Fragen und Streitigkeiten zur Anwendung der §§ 3 bis 33i, 45, 46, 56 und 66 sowie der hierzu auf Grund dieses Gesetzes erlassenen Rechtsverordnungen (Anwendungsfragen) nach Maßgabe der Absätze 3 und 4. [2] Bei der Wahrnehmung dieser Aufgaben müssen die Regelungen zum Schutz personenbezogener Daten sowie Entscheidungen der Bundesnetzagentur nach § 61 beachtet werden. [3] Ferner sollen die Empfehlungen der Kommission 98/257/EG vom 30. März 1998 betreffend die Grundsätze für Einrichtungen, die für die außergerichtliche Beilegung von Verbraucherrechtsstreitigkeiten zuständig sind (ABl. L 115 vom 17. 4. 1998, S. 31), und 2001/310/EG vom 4. April 2001 über die Grundsätze für an der einvernehmlichen Beilegung von Verbraucherrechtsstreitigkeiten beteiligte außergerichtliche Einrichtungen (ABl. L 109 vom 19. 4. 2001, S. 56) berücksichtigt werden. [4] Soweit die Clearingstelle Anwendungsfragen geklärt hat und diese Klärung nicht im Widerspruch zu Entscheidungen der Bundesnetzagentur nach § 61 steht, richten sich die Rechtsfolgen nach § 4 Absatz 2, § 38 Nummer 3 und 4 sowie § 50 Satz 2; im Übrigen richten sich die Rechtsfolgen der Entscheidungen der Clearingstelle nach den vertraglichen Vereinbarungen zwischen Anlagenbetreiberinnen und Anlagenbetreibern sowie Netzbetreibern.

(3) [1] Zur Klärung von Anwendungsfragen zwischen Anlagenbetreiberinnen und Anlagenbetreibern sowie Netzbetreibern (Parteien) kann die Clearingstelle

1. Verfahren zur Klärung der Anwendungsfragen zwischen den Parteien auf ihren gemeinsamen Antrag durchführen,
2. Stellungnahmen für die Parteien zu Anwendungsfragen auf ihren gemeinsamen Antrag abgeben oder
3. Stellungnahmen für ordentliche Gerichte, bei denen diese Anwendungsfragen rechtshängig sind, auf deren Ersuchen abgeben.

[2] In den Fällen des Satzes 1 Nummer 1 und 2 findet § 204 Absatz 1 Nummer 11 des Bürgerlichen Gesetzbuchs entsprechende Anwendung. [3] Verfahren nach Satz 1 Nummer 1 können ferner im Einvernehmen der Parteien auch als schiedsrichterliche Verfahren im Sinne des Zehnten Buchs der Zivilprozessordnung durchgeführt werden. [4] Das Recht der Parteien, die ordentlichen Gerichte anzurufen, bleibt unberührt.

(4) [1] Zur Klärung von Anwendungsfragen über den Einzelfall hinaus kann die Clearingstelle Verfahren durchführen, sofern dies mindestens eine Anla-

---

[1)] Die Clearingstelle EEG hat am 15. 10. 2007 ihre Arbeit aufgenommen. Anschrift: Charlottenstraße 65, 10117 Berlin, www.clearingstelle-eeg.de.

genbetreiberin oder ein Anlagenbetreiber, ein Netzbetreiber oder ein betroffener Verband beantragt und ein öffentliches Interesse an der Klärung dieser Anwendungsfragen besteht. [2] Betroffene Verbände sind zu beteiligen.

(5) [1] Die Wahrnehmung der Aufgaben nach den Absätzen 2 bis 4 erfolgt nach Maßgabe der Verfahrensordnung, die sich die Clearingstelle selbst gibt; Erlass und Änderungen der Verfahrensordnung bedürfen der vorherigen Zustimmung des Bundesministeriums für Umwelt, Naturschutz und Reaktorsicherheit. [2] Die Wahrnehmung der Aufgaben steht jeweils unter dem Vorbehalt der vorherigen Zustimmung der Parteien oder sonstigen Verfahrensbeteiligten zu der Verfahrensordnung. [3] Sie ist keine Rechtsdienstleistung im Sinne des § 2 Absatz 1 des Rechtsdienstleistungsgesetzes. [4] Eine Haftung der Betreiberin der Clearingstelle für Vermögensschäden, die aus der Wahrnehmung der Aufgaben entstehen, wird ausgeschlossen; dies gilt nicht für Vorsatz.

(6) [1] Die Clearingstelle muss jährlich einen Tätigkeitsbericht über die Wahrnehmung der Aufgaben nach den Absätzen 2 bis 4 auf ihrer Internetseite in nicht personenbezogener Form veröffentlichen. [2] Berichtspflichten auf Grund anderer Bestimmungen bleiben hiervon unberührt.

(7) [1] Die Clearingstelle kann nach Maßgabe ihrer Verfahrensordnung Entgelte zur Deckung des Aufwands für Handlungen nach Absatz 3 von den Parteien erheben. [2] Verfahren nach Absatz 4 sind unentgeltlich durchzuführen. [3] Für sonstige Handlungen, die im Zusammenhang mit den Aufgaben nach den Absätzen 2 bis 4 stehen, kann die Clearingstelle zur Deckung des Aufwands Entgelte erheben.

§ 58 Verbraucherschutz. Die §§ 8 bis 14 des Gesetzes gegen den unlauteren Wettbewerb gelten für Verstöße gegen die §§ 16 bis 33 entsprechend.

§ 59 Einstweiliger Rechtsschutz. (1) Auf Antrag der Anlagenbetreiberin oder des Anlagenbetreibers kann das für die Hauptsache zuständige Gericht bereits vor Errichtung der Anlage unter Berücksichtigung der Umstände des Einzelfalles durch einstweilige Verfügung regeln, dass die Schuldnerin oder der Schuldner der in den §§ 5, 8, 9 und 16 bezeichneten Ansprüche Auskunft zu erteilen, die Anlage vorläufig anzuschließen, sein Netz unverzüglich zu optimieren, zu verstärken oder auszubauen, den Strom abzunehmen und hierfür einen als billig und gerecht zu erachtenden Betrag als Abschlagszahlung zu leisten hat.

(2) Die einstweilige Verfügung kann erlassen werden, auch wenn die in den §§ 935, 940 der Zivilprozessordnung bezeichneten Voraussetzungen nicht vorliegen.

§ 60 Nutzung von Seewasserstraßen. Solange Anlagenbetreiberinnen oder -betreiber den Vergütungsanspruch nach § 16 geltend machen oder den Strom in der Form nach § 33 b Nummer 1 oder 2 direkt vermarkten, können sie die deutsche ausschließliche Wirtschaftszone oder das Küstenmeer unentgeltlich für den Betrieb der Anlagen nutzen.

§ 61 Aufgaben der Bundesnetzagentur. (1) [1] Die Bundesnetzagentur hat vorbehaltlich weiterer Aufgaben, die ihr in Rechtsverordnungen auf Grund dieses Gesetzes übertragen werden, die Aufgabe, zu überwachen, dass

1. Netzbetreiber nur Anlagen nach § 11 regeln, zu deren Regelung sie berechtigt sind,
2. die Übertragungsnetzbetreiber den nach den §§ 16 und 35 vergüteten Strom entsprechend der Vorschriften des § 37 Absatz 1 in Verbindung mit der Ausgleichsmechanismusverordnung vermarkten, die EEG-Umlage ordnungsgemäß ermitteln, festlegen, veröffentlichen und den Elektrizitätsversorgungsunternehmen berechnen und dass insbesondere den Übertragungsnetzbetreibern nur die Vergütungen nach den §§ 16 bis 33 sowie die Prämien nach den §§ 33 g und 33 i berechnet werden und hierbei die Saldierungen nach § 35 Absatz 3 berücksichtigt worden sind sowie dass sich die EEG-Umlage nur für Elektrizitätsversorgungsunternehmen verringert, die die Voraussetzungen nach § 39 erfüllen,
3. die Daten nach § 51 übermittelt sowie nach § 52 veröffentlicht werden,
4. Dritten die EEG-Umlage nur nach Maßgabe des § 53 angezeigt wird und die Kennzeichnung des nach diesem Gesetz geförderten Stroms nur nach Maßgabe des § 54 erfolgt.

[2] Sie unterstützt das Bundesministerium für Umwelt, Naturschutz und Reaktorsicherheit bei der Evaluierung dieses Gesetzes und der Erstellung des Erfahrungsberichts.

(1 a) [1] Für die Wahrnehmung der Aufgaben nach Absatz 1 Nummer 2 können bei begründetem Verdacht auch bei Anlagenbetreiberinnen und Anlagenbetreibern Kontrollen durchgeführt werden. [2] Das Recht von Anlagenbetreiberinnen und Anlagenbetreibern oder Netzbetreibern, die ordentlichen Gerichte anzurufen oder ein Verfahren vor der Clearingstelle nach § 57 Absatz 3 einzuleiten, bleibt unberührt.

(1 b) Die Bundesnetzagentur kann unter Berücksichtigung des Zwecks und Ziels nach § 1 Festlegungen nach § 29 Absatz 1 des Energiewirtschaftsgesetzes[1]) treffen

1. zu den technischen Einrichtungen nach § 6 Absatz 1 und 2, insbesondere zu den Datenformaten,
2. im Anwendungsbereich des § 11 dazu,
   a) in welcher Reihenfolge die verschiedenen von einer Maßnahme nach § 11 betroffenen Anlagen und KWK-Anlagen geregelt werden,
   b) nach welchen Kriterien der Netzbetreiber über diese Reihenfolge entscheiden muss,
   c) welche Stromerzeugungsanlagen nach § 11 Absatz 1 Satz 1 Nummer 2 auch bei Anwendung des Einspeisemanagements am Netz bleiben müssen, um die Sicherheit und Zuverlässigkeit des Elektrizitätsversorgungssystems zu gewährleisten,
3. zur Übermittlung der Daten nach § 17 Absatz 2 Nummer 1 oder § 33 i Absatz 1 Nummer 3, zur Abwicklung von Wechseln nach § 33 d Absatz 2 und 3, jeweils insbesondere zu Verfahren, Fristen und Datenformaten,
4. zur Berücksichtigung von Strom aus solarer Strahlungsenergie, der selbst verbraucht wird, bei den Veröffentlichungspflichten nach § 48 und bei der Berechnung des tatsächlichen Monatsmittelwerts des Marktwerts von Strom

---

[1]) Nr. 1.

aus solarer Strahlungsenergie nach Nummer 2.4.2.4 der Anlage 4 zu diesem Gesetz, jeweils insbesondere zu Berechnung oder Abschätzung der Strommengen.

(2) Für die Wahrnehmung der Aufgaben nach Absätzen 1 bis 1b gelten die Vorschriften des Teils 8 des Energiewirtschaftsgesetzes mit Ausnahme von § 69 Abs. 1 Satz 2, Abs. 10, der §§ 91, 92 und 95 bis 101 sowie des Abschnitts sechs entsprechend.

(3) Die Entscheidungen der Bundesnetzagentur nach Absatz 2 werden von den Beschlusskammern getroffen; § 59 Abs. 1 Satz 2 und 3, Abs. 2 und 3 sowie § 60 des Energiewirtschaftsgesetzes gelten entsprechend.

§ 62 Bußgeldvorschriften. (1) Ordnungswidrig handelt, wer vorsätzlich oder fahrlässig

1. entgegen § 56 Abs. 1 Strom oder Gas mehrfach verkauft, anderweitig überlässt oder an eine dritte Person veräußert,
2. einer vollziehbaren Anordnung nach § 61 Abs. 2 in Verbindung mit § 65 Abs. 1 oder 2 oder § 69 Abs. 7 Satz 1 oder Abs. 8 Satz 1 des Energiewirtschaftsgesetzes[1]) zuwiderhandelt oder
3. einer Rechtsverordnung
   a) nach § 64b Nummer 3,
   b) nach § 64d Nummer 1,
   c) nach § 64d Nummer 3 oder 4,
   d) nach § 64e Nummer 2, 3 oder 4

oder einer vollziehbaren Anordnung auf Grund einer solchen Rechtsverordnung zuwiderhandelt, soweit die Rechtsverordnung für einen bestimmten Tatbestand auf diese Bußgeldvorschrift verweist.

(2) Die Ordnungswidrigkeit kann in den Fällen des Absatzes 1 Nummer 3 Buchstabe c mit einer Geldbuße bis zu fünfzigtausend Euro und in den übrigen Fällen mit einer Geldbuße bis zu zweihunderttausend Euro geahndet werden.

(3) Verwaltungsbehörde im Sinne des § 36 Absatz 1 Nummer 1 des Gesetzes über Ordnungswidrigkeiten ist

1. in den Fällen des Absatzes 1 Nummer 1 und 2 die Bundesnetzagentur,
2. in den Fällen des Absatzes 1 Nummer 3 Buchstabe a die Bundesanstalt für Landwirtschaft und Ernährung,
3. in den Fällen des Absatzes 1 Nummer 3 Buchstabe b und c das Umweltbundesamt,
4. in den Fällen des Absatzes 1 Nummer 3 Buchstabe d die Behörde nach § 64e Nummer 2.

§ 63 Fachaufsicht. ¹Soweit Bundesbehörden Aufgaben nach diesem Gesetz wahrnehmen, unterliegen sie der Fachaufsicht des Bundesministeriums für Umwelt, Naturschutz und Reaktorsicherheit. ²Dies gilt nicht für die Fachaufsicht über die Bundesnetzagentur.

---

[1]) Nr. 1.

Erneuerbare-Energien-Gesetz §§ 63a, 64 EEG 34

§ 63a Gebühren und Auslagen. (1) ¹Für Amtshandlungen nach diesem Gesetz und den auf diesem Gesetz beruhenden Rechtsverordnungen sowie für die Nutzung des Herkunftsnachweisregisters werden Gebühren und Auslagen erhoben. ²Für die Nutzung des Herkunftsnachweisregisters finden die Vorschriften der Abschnitte 2 und 3 des Verwaltungskostengesetzes entsprechende Anwendung.

(2) ¹Die gebührenpflichtigen Tatbestände und die Gebührensätze sind durch Rechtsverordnung ohne Zustimmung des Bundesrates zu bestimmen. ²Dabei können feste Sätze, auch in Form von Zeitgebühren, oder Rahmensätze vorgesehen und die Erstattung von Auslagen auch abweichend vom Verwaltungskostengesetz geregelt werden. ³Zum Erlass der Rechtsverordnungen sind ermächtigt

1. das Bundesministerium für Wirtschaft und Technologie für Amtshandlungen der Bundesnetzagentur nach § 61 Absatz 2 oder 3 dieses Gesetzes in Verbindung mit § 65 des Energiewirtschaftsgesetzes[1]),

2. das Bundesministerium für Ernährung, Landwirtschaft und Verbraucherschutz im Einvernehmen mit dem Bundesministerium für Umwelt, Naturschutz und Reaktorsicherheit und dem Bundesministerium der Finanzen für Amtshandlungen der Bundesanstalt für Landwirtschaft und Ernährung im Zusammenhang mit der Anerkennung von Systemen oder mit der Anerkennung und Überwachung einer unabhängigen Kontrollstelle nach der Rechtsverordnung auf Grund des § 64b; insoweit werden die Gebühren zur Deckung des Verwaltungsaufwands erhoben,

3. das Bundesministerium für Umwelt, Naturschutz und Reaktorsicherheit für Amtshandlungen der zuständigen Behörde im Zusammenhang mit der Ausstellung, Anerkennung, Übertragung oder Entwertung von Herkunftsnachweisen sowie für die Nutzung des Herkunftsnachweisregisters nach der Rechtsverordnung auf Grund des § 64d; das Bundesministerium für Umwelt, Naturschutz und Reaktorsicherheit kann die Ermächtigung durch Rechtsverordnung ohne Zustimmung des Bundesrates auf das Umweltbundesamt übertragen,

4. das Bundesministerium für Umwelt, Naturschutz und Reaktorsicherheit im Einvernehmen mit dem Bundesministerium für Wirtschaft und Technologie für Amtshandlungen des Bundesamtes für Wirtschaft und Ausfuhrkontrolle im Zusammenhang mit der Begrenzung der EEG-Umlage nach den §§ 40 bis 43.

Teil 7. Verordnungsermächtigung, Erfahrungsbericht, Übergangsbestimmungen

§ 64 Verordnungsermächtigung zu Systemdienstleistungen. ¹Die Bundesregierung wird ermächtigt, durch Rechtsverordnung[2]) ohne Zustimmung des Bundesrates die Anforderungen nach § 6 Absatz 5 und § 66 Absatz 1 Nummer 8 an Windenergieanlagen zur Verbesserung der Netzintegration und zur Befeuerung (Systemdienstleistungen) zu regeln. ²Die Rechtsver-

---
[1]) Nr. **1**.
[2]) Siehe die SystemdienstleistungsVO (Nr. **38**).

ordnung nach Satz 1 soll insbesondere folgende Anforderungen enthalten, soweit deren Umsetzung wirtschaftlich zumutbar ist:

1. für Anlagen nach den §§ 29 und 30 Anforderungen
   a) an das Verhalten der Anlagen im Fehlerfall,
   b) an die Spannungshaltung und Blindleistungsbereitstellung,
   c) an die Frequenzhaltung,
   d) an das Nachweisverfahren,
   e) an den Versorgungswiederaufbau und
   f) bei der Erweiterung bestehender Windparks,
2. für Anlagen nach § 66 Absatz 1 Nummer 8 Anforderungen
   a) an das Verhalten der Anlagen im Fehlerfall,
   b) an die Frequenzhaltung,
   c) an das Nachweisverfahren,
   d) an den Versorgungswiederaufbau und
   e) bei der Nachrüstung von Altanlagen in bestehenden Windparks.

§ 64 a Verordnungsermächtigung zur Stromerzeugung aus Biomasse. (1) Die Bundesregierung wird ermächtigt, durch Rechtsverordnung[1]) ohne Zustimmung des Bundesrates im Anwendungsbereich der §§ 27 bis 27 b zu regeln,

1. welche Stoffe als Biomasse gelten,
2. für welche Stoffe eine zusätzliche einsatzstoffbezogene Vergütung in Anspruch genommen werden kann, welche energetischen Referenzwerte für die Berechnung dieser Vergütung anzuwenden und in welcher Art nachzuweisen sind und wie die einsatzstoffbezogene Vergütung zu berechnen ist,
3. welche technischen Verfahren zur Stromerzeugung angewandt werden dürfen und
4. welche Umwelt- und Naturschutzanforderungen dabei zu erfüllen sind.

(2) Die Bundesregierung wird ferner ermächtigt, durch Rechtsverordnung ohne Zustimmung des Bundesrates im Anwendungsbereich des § 27 c Absatz 1 Nummer 2 Anforderungen an ein Massenbilanzsystem zur Rückverfolgung von aus einem Erdgasnetz entnommenem Gas zu regeln.

§ 64 b Verordnungsermächtigung zu Nachhaltigkeitsanforderungen für Biomasse. Das Bundesministerium für Umwelt, Naturschutz und Reaktorsicherheit wird ermächtigt, im Einvernehmen mit dem Bundesministerium für Ernährung, Landwirtschaft und Verbraucherschutz durch Rechtsverordnung[2]) ohne Zustimmung des Bundesrates

1. zu regeln, dass der Anspruch auf die Vergütung für Strom aus fester, flüssiger oder gasförmiger Biomasse nur besteht, wenn die zur Stromerzeugung eingesetzte Biomasse folgende Anforderungen erfüllt:

---

[1]) Siehe die BiomasseVO (Nr. **35**).
[2]) Siehe die Biomassestrom-NachhaltigkeitsVO (Nr. **37**).

a) bestimmte ökologische und sonstige Anforderungen an einen nachhaltigen Anbau und an die durch den Anbau in Anspruch genommenen Flächen, insbesondere zum Schutz natürlicher Lebensräume, von Grünland mit großer biologischer Vielfalt im Sinne der Richtlinie 2009/28/EG[1)] und von Flächen mit hohem Kohlenstoffbestand,

b) bestimmte ökologische und soziale Anforderungen an eine nachhaltige Herstellung,

c) ein bestimmtes Treibhausgas-Minderungspotenzial, das bei der Stromerzeugung mindestens erreicht werden muss,

2. die Anforderungen nach Nummer 1 einschließlich der Vorgaben zur Ermittlung des Treibhausgas-Minderungspotenzials nach Nummer 1 Buchstabe c zu regeln,

3. festzulegen, wie Anlagenbetreiberinnen und Anlagenbetreiber die Einhaltung der Anforderungen nach den Nummern 1 und 2 nachweisen müssen; dies schließt Regelungen ein

a) zum Inhalt, der Form und der Gültigkeitsdauer dieser Nachweise einschließlich Regelungen zur Anerkennung von Nachweisen, die nach dem Recht der Europäischen Union oder eines anderen Staates als Nachweis über die Erfüllung von Anforderungen nach Nummer 1 anerkannt wurden,

b) zur Einbeziehung von Systemen und unabhängigen Kontrollstellen in die Nachweisführung und

c) zu den Anforderungen an die Anerkennung von Systemen und unabhängigen Kontrollstellen sowie zu den Maßnahmen zu ihrer Überwachung einschließlich erforderlicher Auskunfts-, Einsichts-, Probenentnahmeund Weisungsrechte sowie des Rechts der zuständigen Behörde oder unabhängiger Kontrollstellen, während der Geschäfts- oder Betriebszeit Grundstücke, Geschäfts-, Betriebs- und Lagerräume sowie Transportmittel zu betreten, soweit dies für die Überwachung oder Kontrolle erforderlich ist,

4. die Bundesanstalt für Landwirtschaft und Ernährung mit Aufgaben zu betrauen, die die Einhaltung der in der Rechtsverordnung nach den Nummern 1 bis 3 geregelten Anforderungen sicherstellen, insbesondere mit der näheren Bestimmung der in der Rechtsverordnung auf Grund der Nummern 1 und 2 geregelten Anforderungen sowie mit der Wahrnehmung von Aufgaben nach Nummer 3; im Fall einer solchen Betrauung verbleibt die Fachaufsicht über die Bundesanstalt für Landwirtschaft und Ernährung abweichend von § 63 bei dem Bundesministerium für Ernährung, Landwirtschaft und Verbraucherschutz.

§ 64 c Verordnungsermächtigung zum Ausgleichsmechanismus. Die Bundesregierung wird ermächtigt, zur Weiterentwicklung des bundesweiten Ausgleichsmechanismus durch Rechtsverordnung[2)] ohne Zustimmung des Bundesrates zu regeln,

---

[1)] Nr. 36.
[2)] Siehe die VO zur Weiterentwicklung des bundesweiten Ausgleichsmechanismus (Nr. **39**), und die Ausgleichsmechanismus-AusführungsVO (Nr. **40**).

1. dass Vorgaben zur Vermarktung des nach diesem Gesetz geförderten Stroms gemacht werden können, einschließlich
   a) der Möglichkeit, die Vergütungszahlungen und Transaktionskosten durch finanzielle Anreize abzugelten oder Übertragungsnetzbetreiber an den Gewinnen und Verlusten bei der Vermarktung zu beteiligen,
   b) der Überwachung der Vermarktung,
   c) Anforderungen an die Vermarktung, Kontoführung und Ermittlung der EEG-Umlage einschließlich von Veröffentlichungs- und Transparenzpflichten, Fristen und Übergangsregelungen für den finanziellen Ausgleich,
2. dass die Übertragungsnetzbetreiber berechtigt werden können, mit Anlagenbetreiberinnen und Anlagenbetreibern vertragliche Vereinbarungen zu treffen, die unter angemessener Berücksichtigung des Einspeisevorrangs der Optimierung der Vermarktung des Stroms dienen; dies schließt die Berücksichtigung der durch solche Vereinbarungen entstehenden Kosten im Rahmen des Ausgleichsmechanismus ein, sofern sie volkswirtschaftlich angemessen sind,
3. dass die Übertragungsnetzbetreiber verpflichtet werden können, insbesondere für die Verrechnung der Verkaufserlöse, der notwendigen Transaktionskosten und der Vergütungszahlungen ein gemeinsames transparentes EEG-Konto zu führen,
4. dass die Übertragungsnetzbetreiber verpflichtet werden können, gemeinsam auf Grundlage der prognostizierten Strommengen aus erneuerbaren Energien und Grubengas die voraussichtlichen Kosten und Erlöse einschließlich einer Liquiditätsreserve für das folgende Kalenderjahr und unter Verrechnung des Saldos des EEG-Kontos für das folgende Kalenderjahr eine bundesweit einheitliche EEG-Umlage zu ermitteln und in nicht personenbezogener Form zu veröffentlichen,
5. dass die Aufgaben der Übertragungsnetzbetreiber ganz oder teilweise auf Dritte übertragen werden können; dies schließt Regelungen für das hierfür durchzuführende Verfahren einschließlich der Ausschreibung der von den Übertragungsnetzbetreibern im Rahmen des bundesweiten Ausgleichs erbrachten Dienstleistungen oder der EEG-Strommengen sowie die Möglichkeit ein, die Aufgabenwahrnehmung durch Dritte abweichend von jener durch die Übertragungsnetzbetreiber zu regeln,
6. die erforderlichen Anpassungen an die Regelungen der Direktvermarktung sowie die erforderlichen Anpassungen der besonderen Ausgleichsregelung für stromintensive Unternehmen und Schienenbahnen, der Regelung zur nachträglichen Korrekturmöglichkeit, der Befugnisse der Bundesnetzagentur, der Übermittlungs- und Veröffentlichungspflichten sowie der EEG-Umlage an den weiterentwickelten Ausgleichsmechanismus.

§ 64 d Verordnungsermächtigung zu Herkunftsnachweisen. Das Bundesministerium für Umwelt, Naturschutz und Reaktorsicherheit wird ermächtigt, im Einvernehmen mit dem Bundesministerium für Wirtschaft und Technologie durch Rechtsverordnung[1] ohne Zustimmung des Bundesrates

---

[1] Siehe die HerkunftsnachweisVO v. 28. 11. 2011 (BGBl. I S. 2447), geänd. durch G v. 17. 8. 2012 (BGBl. I S. 1754).

1. die Anforderungen zu regeln an
   a) die Ausstellung, Übertragung und Entwertung von Herkunftsnachweisen nach § 55 Absatz 1,
   b) die Anerkennung, Übertragung und Entwertung von Herkunftsnachweisen, die vor der Inbetriebnahme des Herkunftsnachweisregisters ausgestellt worden sind, sowie
   c) die Anerkennung von Herkunftsnachweisen nach § 55 Absatz 2,
2. den Inhalt, die Form und die Gültigkeitsdauer der Herkunftsnachweise festzulegen,
3. das Verfahren für die Ausstellung, Anerkennung, Übertragung und Entwertung von Herkunftsnachweisen zu regeln sowie festzulegen, wie Antragsteller dabei die Einhaltung der Anforderungen nach Nummer 1 nachweisen müssen,
4. die Ausgestaltung des Herkunftsnachweisregisters nach § 55 Absatz 3 zu regeln sowie festzulegen, welche Angaben an das Herkunftsnachweisregister übermittelt werden müssen und wer zur Übermittlung verpflichtet ist; dies schließt Regelungen zum Schutz personenbezogener Daten ein,
5. abweichend von § 55 Absatz 5 zu regeln, dass Herkunftsnachweise Finanzinstrumente im Sinne des § 1 Absatz 11 des Kreditwesengesetzes oder des § 2 Absatz 2b des Wertpapierhandelsgesetzes sind,
6. abweichend von § 54 im Rahmen der Stromkennzeichnung die Ausweisung von Strom zu regeln, für den eine Vergütung nach § 16 in Anspruch genommen oder der in der Form des § 33b Nummer 1 direkt vermarktet wird; hierbei kann insbesondere abweichend von § 55 Absatz 1 auch die Ausstellung von Herkunftsnachweisen für diesen Strom an die Übertragungsnetzbetreiber geregelt werden,
7. abweichend von § 55 Absatz 4 eine juristische Person des öffentlichen Rechts mit den Aufgaben nach § 55 Absatz 1 bis 3, insbesondere mit der Einrichtung und dem Betrieb des Herkunftsnachweisregisters sowie mit der Ausstellung, Anerkennung, Übertragung oder Entwertung von Herkunftsnachweisen einschließlich der Vollstreckung der hierzu ergehenden Verwaltungsakte zu betrauen oder in entsprechendem Umfang eine juristische Person des Privatrechts zu beleihen und hierzu die Einzelheiten, einschließlich der Rechts- und Fachaufsicht durch das Umweltbundesamt, zu regeln.

§ 64e Verordnungsermächtigung zum Anlagenregister. Das Bundesministerium für Umwelt, Naturschutz und Reaktorsicherheit wird ermächtigt, im Einvernehmen mit dem Bundesministerium für Wirtschaft und Technologie durch Rechtsverordnung ohne Zustimmung des Bundesrates zu regeln:
1. die Einrichtung und den Betrieb eines öffentlichen Verzeichnisses, bei dem Anlagen zu registrieren sind (Anlagenregister),
2. die Verpflichtung von einer oder mehreren juristischen Personen des Privatrechts zum Betrieb dieses Anlagenregisters einschließlich der Überwachung durch die zuständige Bundesoberbehörde und der Vorgaben hierzu sowie der Regelung der zuständigen Bundesoberbehörde,
3. die Ausgestaltung dieses Anlagenregisters; hierbei kann auch festgelegt werden,

a) welche Angaben an das Anlagenregister übermittelt werden müssen, einschließlich der Fristen sowie der Anforderungen an die Art, die Formate, den Umfang und die Aufbereitung der zu liefernden Daten,

b) wer zur Übermittlung verpflichtet ist,

c) dass die Registrierung bei einem Dritten erfolgen muss, der zur Übermittlung an den Betreiber des Anlagenregisters verpflichtet ist,

d) dass die Angaben mit den Daten des Herkunftsnachweisregisters nach § 55 Absatz 3 oder mit anderen Registern abgeglichen werden, die auf Grund dieses Gesetzes oder einer hierauf erlassenen Rechtsverordnung eingerichtet werden,

e) dass im Fall eines Betriebs des Anlagenregisters durch juristische Personen des Privatrechts

aa) die Daten an die Bundesnetzagentur und nach Maßgabe des § 51 Absatz 3 Satz 2 an das Bundesministerium für Umwelt, Naturschutz und Reaktorsicherheit sowie das Bundesministerium für Wirtschaft und Technologie übermittelt werden müssen, soweit dies für die Erfüllung ihrer Aufgaben nach diesem Gesetz erforderlich ist,

bb) Entgelte erhoben werden können, einschließlich Festlegung, Ausgestaltung und Bemessungsgrundlage der Entgelte,

4. die Pflicht der Netzbetreiber, die jeweilige Ist- Einspeisung von Anlagen, die im Anlagenregister registriert sind und die mit technischen Einrichtungen im Sinne von § 6 Absatz 1 Nummer 2 ausgestattet sind, abzurufen und diese Daten an das Anlagenregister zu übermitteln, einschließlich der Fristen sowie der Anforderungen an die Art, die Formate, den Umfang und die Aufbereitung der zu liefernden Daten,

5. Regelungen zum Schutz personenbezogener Daten im Zusammenhang mit den nach den Nummern 3 und 4 zu übermittelnden Daten,

6. das Verhältnis zu den Übermittlungs- und Veröffentlichungspflichten nach den §§ 45 bis 51; hierbei kann insbesondere geregelt werden,

a) in welchem Umfang Daten, die in dem Anlagenregister erfasst und veröffentlicht werden, ab dem Zeitpunkt ihrer Veröffentlichung nicht mehr nach den §§ 45 bis 52 übermittelt und veröffentlicht werden müssen,

b) in welchem Umfang § 51 Absatz 2 auch für Anlagenbetreiberinnen und Anlagenbetreiber gilt, die Strom in den Formen nach § 33b Nummer 1 oder Nummer 3 direkt vermarkten, oder unter welchen Voraussetzungen § 51 Absatz 2 nicht für Anlagenbetreiberinnen und Anlagenbetreiber gilt, die Strom in der Form nach § 33b Nummer 2 direkt vermarkten.

§ 64f Weitere Verordnungsermächtigungen. Die Bundesregierung wird ferner ermächtigt, durch Rechtsverordnung ohne Zustimmung des Bundesrates zu regeln:

1. das Berechnungsverfahren für die Entschädigung nach § 12 Absatz 1, insbesondere ein pauschaliertes Verfahren zur Ermittlung der jeweils entgangenen Einnahmen und ersparten Aufwendungen, sowie ein Nachweisverfahren für die Abrechnung im Einzelfall,

2. eine Erhöhung oder Verringerung der Vergütung nach § 16 für Strom, der zu bestimmten festzulegenden Zeiten eingespeist wird; dies gilt nicht für Strom aus Wasserkraft, Windenergie und solarer Strahlungsenergie; bei der Bestimmung der maßgeblichen Zeiten kann insbesondere an Tageszeiten oder an Zeiten bestimmter Börsenpreise angeknüpft werden,

3. für die Berechnung der Marktprämie nach § 33 g die Höhe der Managementprämie („P_M") abweichend von den Nummern 2.1.2, 2.2.3, 2.3.4 oder 2.4.3 der Anlage 4 zu diesem Gesetz für Strom, der nach dem Inkrafttreten der Rechtsverordnung direkt vermarktet wird, auch aus Anlagen, die bereits vor dem Inkrafttreten der Rechtsverordnung erstmals die Marktprämie in Anspruch genommen haben; hierbei können verschiedene Werte für verschiedene Energieträger oder für Vermarktungen auf verschiedenen Märkten oder auch negative Werte festgesetzt werden, und es kann festgesetzt werden, dass die Daten bei der Veröffentlichung nach § 48 Absatz 3 Nummer 1 in Verbindung mit Nummer 3 der Anlage 4 zu diesem Gesetz zu berücksichtigen sind,

4. für die Flexibilitätsprämie nach § 33 i oder § 66 Absatz 1 Nummer 11:

a) die Höhe und die Berechnung der zusätzlich bereitgestellten installierten Leistung für die bedarfsorientierte Erzeugung von Strom aus Biogas („P_{Zusatz}") einschließlich des Korrekturfaktors („f_{Kor}") abweichend von Nummer 2.2 der Anlage 5 zu diesem Gesetz; hierbei können auch verschiedene Werte für Anlagen, die vor dem 1. Januar 2012 oder nach dem 31. Dezember 2011 in Betrieb genommen wurden, festgesetzt werden,

b) die Höhe der Kapazitätskomponente („KK") abweichend von Nummer 2.3 der Anlage 5 zu diesem Gesetz; hierbei können auch verschiedene Werte für verschiedene Formen von Biomasse oder für Anlagen, die vor dem 1. Januar 2012 oder nach dem 31. Dezember 2011 in Betrieb genommen wurden, festgesetzt werden,

c) die Inanspruchnahme der Flexibilitätsprämie durch Anlagenbetreiberinnen und Anlagenbetreiber, die

aa) ihren Strom abweichend von § 33 i Absatz 1 Nummer 1 in anderen Formen des § 33 b direkt vermarkten oder die die Vergütung nach § 16 in Anspruch nehmen oder

bb) Strom aus anderen Formen von Biomasse als Biogas erzeugen,

jeweils einschließlich Anspruchsvoraussetzungen, Ausgestaltung und Abrechnungsmodalitäten, die von den Bestimmungen des § 33 i oder der Anlage 5 zu diesem Gesetz abweichen können,

5. im Anwendungsbereich des § 39

a) abweichend von § 39 Absatz 1 die Voraussetzungen für die Verringerung der EEG-Umlage, insbesondere abweichend von § 39 Absatz 1 Nummer 1 die Anteile, zu denen der von Elektrizitätsversorgungsunternehmen an ihre Letztverbraucherinnen und Letztverbraucher gelieferte Strom mindestens Strom im Sinne der §§ 23 bis 33 sein muss, damit die Verringerung der EEG-Umlage in Anspruch genommen werden kann; hierbei können verschiedene Anteile für die einzelnen erneuerbaren Energien und Grubengas festgesetzt werden,

b) den Nachweis der Voraussetzungen nach § 39 Absatz 1 Nummer 1,

6. zur weiteren Verbesserung der Integration des Stroms aus erneuerbaren Energien insbesondere:

a) finanzielle Anreize für Anlagenbetreiberinnen und Anlagenbetreiber, Elektrizitätsversorgungsunternehmen, Netzbetreiber oder Dritte, denen die Vermarktung der Strommengen auf Grund der Rechtsverordnung nach § 11 Nummer 4 der Ausgleichsmechanismusverordnung übertragen worden ist, für eine verbesserte Markt-, System- oder Netzintegration von Strom aus erneuerbaren Energien und Grubengas, insbesondere für eine bedarfsgerechte Einspeisung von Strom, der nach § 16 vergütet oder nach § 33 a direkt vermarktet wird,

b) die Anspruchsvoraussetzungen, Ausgestaltung und Abrechnungsmodalitäten der finanziellen Anreize nach Buchstabe a; hierbei kann auch geregelt werden,

aa) unter welchen Voraussetzungen für diesen Strom die Vergütung nach § 16 oder die Marktprämie nach § 33 g ganz oder teilweise in Anspruch genommen werden kann,

bb) unter welchen Voraussetzungen der Strom direkt vermarktet werden kann,

cc) wie der Strom zu kennzeichnen ist, insbesondere inwieweit hierbei Herkunftsnachweise verwendet werden können,

dd) dass von den Voraussetzungen für die Direktvermarktung nach Teil 3 a abgewichen werden kann,

7. ergänzend zu Anlage 3 Vorschriften zur Ermittlung und Anwendung des Referenzertrages.

§ 64 g Verordnungsermächtigung zu Vergütungsbedingungen auf Konversionsflächen. [1] Die Bundesregierung wird ermächtigt, durch Rechtsverordnung mit Zustimmung des Bundesrates die Vergütungsbedingungen von Anlagen zur Erzeugung von Strom aus solarer Strahlungsenergie auf Konversionsflächen aus wirtschaftlicher, verkehrlicher, wohnungsbaulicher oder militärischer Nutzung abweichend von § 32 Absatz 1 und unter Berücksichtigung energiewirtschaftlicher, netztechnischer, naturschutzfachlicher und finanzieller Belange zu verbessern und hierbei insbesondere einen angemessenen Vergütungssatz ab einer installierten Leistung von mehr als 10 Megawatt für Anlagen auf geeigneten Flächen festzulegen. [2] Zu diesem Zweck können in der Verordnung auch die geeigneten Flächen festgelegt werden.

§ 64 h Gemeinsame Vorschriften für die Verordnungsermächtigungen. (1) [1] Die Rechtsverordnungen auf Grund von den §§ 64 a, 64 b, 64 c, 64 d, 64 f und 64 g bedürfen der Zustimmung des Bundestages. [2] Abweichend von Satz 1 bedürfen Änderungen der auf Grund von § 64 b erlassenen Biomassestrom-Nachhaltigkeitsverordnung[1)] nicht der Zustimmung des Bundestages, wenn die Änderungen der Umsetzung von verbindlichen Beschlüssen der Europäischen Kommission nach Artikel 17 Absatz 3 Unterabsatz 2, Artikel 18 Absatz 3 Unterabsatz 3 und Absatz 4 Unterabsatz 1 bis 4 sowie Artikel 19 Absatz 7 und 8 der Richtlinie 2009/28/EG[2)] dienen.

[1)] Nr. 37.
[2)] Nr. 36.

(2) ¹ Wenn Rechtsverordnungen nach Absatz 1 der Zustimmung des Bundestages bedürfen, kann diese Zustimmung davon abhängig gemacht werden, dass dessen Änderungswünsche übernommen werden. ² Übernimmt der Verordnungsgeber die Änderungen, ist eine erneute Beschlussfassung durch den Bundestag nicht erforderlich. ³ Hat sich der Bundestag nach Ablauf von sechs Sitzungswochen seit Eingang der Rechtsverordnung nicht mit ihr befasst, gilt im Fall der §§ 64a, 64b, 64c, 64f Nummer 1, 2, 3 und 7 und 64g seine Zustimmung zu der unveränderten Rechtsverordnung als erteilt.

(3) ¹ Die Ermächtigungen zum Erlass von Rechtsverordnungen auf Grund von den §§ 64c, 64d, 64e und 64f Nummer 6 können, im Fall von §§ 64d und 64e unter Sicherstellung der Einvernehmensregelung, durch Rechtsverordnung auf eine Bundesoberbehörde übertragen werden. ² Absatz 1 Satz 1 findet auf die Übertragung entsprechende Anwendung.

§ 65 Erfahrungsbericht. Die Bundesregierung evaluiert dieses Gesetz und legt dem Bundestag bis zum 31. Dezember 2014 und dann alle vier Jahre einen Erfahrungsbericht vor.

§ 65a Monitoringbericht. ¹ Das Bundesministerium für Umwelt, Naturschutz und Reaktorsicherheit berichtet der Bundesregierung bis zum 31. Dezember 2012 und dann jährlich über

1. den Ausbau der erneuerbaren Energien,
2. die Erreichung der Ziele nach § 1 Absatz 2 und
3. die Herausforderungen, die sich aus den Nummern 1 und 2 ergeben.

² Auf Grundlage des Berichts nach Satz 1 und auf Grundlage des Berichts des Bundesministeriums für Wirtschaft und Technologie nach § 63 Absatz 1 Satz 1 des Energiewirtschaftsgesetzes[1)] berichtet die Bundesregierung dem Bundestag und legt erforderliche Handlungsempfehlungen vor. ³ Im Hinblick auf § 20b Absatz 9a über den erreichten und den weiteren Ausbau der Stromerzeugung aus solarer Strahlungsenergie legt die Bundesregierung rechtzeitig vor Erreichung des Gesamtausbauziels einen Vorschlag für eine Neugestaltung der bisherigen Regelung vor.

§ 66 Übergangsbestimmungen. (1) Für Strom aus Anlagen, die nach dem am 31. Dezember 2011 geltenden Inbetriebnahmebegriff vor dem 1. Januar 2012 in Betrieb genommen worden sind, sind unbeschadet des § 23 Absatz 2 bis 4 die Vorschriften des Erneuerbare-Energien-Gesetzes vom 25. Oktober 2008 (BGBl. I S. 2074) in der am 31. Dezember 2011 geltenden Fassung mit folgenden Maßgaben anzuwenden:

1. Die technischen Vorgaben nach § 6 Absatz 1 müssen ab dem 1. Juli 2012 von Anlagenbetreiberinnen und Anlagenbetreibern von Anlagen zur Erzeugung von Strom aus solarer Strahlungsenergie mit einer installierten Leistung von mehr als 100 Kilowatt eingehalten werden; § 6 Absatz 3 ist anzuwenden.
2. Die technischen Vorgaben nach § 6 Absatz 2 Nummer 1 müssen ab dem 1. Januar 2014 von Anlagenbetreiberinnen und Anlagenbetreibern von Anlagen zur Erzeugung von Strom aus solarer Strahlungsenergie mit einer

---

[1)] Nr. 1.

installierten Leistung von mehr als 30 Kilowatt und höchstens 100 Kilowatt eingehalten werden, die nach dem 31. Dezember 2008 in Betrieb genommen worden sind; § 6 Absatz 3 ist anzuwenden.

3. Die technischen Vorgaben nach § 6 Absatz 4 Satz 1 Nummer 2 müssen von Anlagenbetreiberinnen und Anlagenbetreibern von Anlagen zur Stromerzeugung aus Biogas ab dem 1. Januar 2014 eingehalten werden; dies gilt nicht für Anlagen, die die Voraussetzungen nach Nummer I.4 der Anlage 2 zu dem Erneuerbare-Energien-Gesetz[1]) in der am 31. Dezember 2011 geltenden Fassung erfüllen.

4. Bei Verstößen gegen die Nummern 1 bis 3 ist § 17 Absatz 1 entsprechend anzuwenden.

5. § 11 ist entsprechend auf Anlagen anzuwenden, die vor dem 1. Januar 2012 in Betrieb genommen worden sind,

 a) wenn für diese Anlagen eine Verpflichtung zur Ausrüstung mit einer technischen oder betrieblichen Einrichtung nach § 6 Nummer 1 Buchstabe a des Erneuerbare-Energien-Gesetzes in der am 31. Dezember 2011 geltenden Fassung bestand,

 b) sobald sie nach § 23 Absatz 2 Nummer 2 mit einer technischen Einrichtung zur Reduzierung der Einspeiseleistung ausgestattet sind oder

 c) sobald sie nach den Nummern 1 und 2 verpflichtet sind, die Anforderungen des § 6 Absatz 1 oder Absatz 2 Nummer 1 einzuhalten.

§ 11 Absatz 1 gilt nicht, soweit die Regelung einer Wasserkraftanlage wasserrechtlichen oder anderen rechtlichen Vorgaben widersprechen würde.

5 a. § 12 ist für Strom aus Anlagen und KWK-Anlagen, die bereits vor dem 1. Januar 2012 in Betrieb genommen worden sind, ab dem 1. Juli 2012 mit der Maßgabe anzuwenden, dass die Entschädigung 100 Prozent der entgangenen Einnahmen zuzüglich der zusätzlichen Aufwendungen und abzüglich der ersparten Aufwendungen beträgt.

6. § 16 Absatz 1 Satz 2 und 3, Absatz 2 Satz 2 bis 4 sowie ab dem 1. Juli 2012 Absatz 3 letzter Halbsatz ist ergänzend zu § 16 Absatz 1 und 3 des Erneuerbare-Energien-Gesetzes in der am 31. Dezember 2011 geltenden Fassung anzuwenden. Anstelle des § 16 Absatz 2 Satz 1 des Erneuerbare-Energien-Gesetzes in der am 31. Dezember 2011 geltenden Fassung ist § 17 Absatz 2 Nummer 2 mit der Maßgabe anzuwenden, dass an die Stelle des Vergütungsanspruchs nach § 16 der Vergütungsanspruch des Erneuerbare-Energien-Gesetzes in der für die jeweilige Anlage maßgeblichen Fassung tritt.

7. Für Strom aus Deponiegas, Klärgas oder Biomasse ist anstelle der Nummer I.1 Buchstabe a der Anlage 1 zu dem Erneuerbare-Energien-Gesetz in der am 31. Dezember 2011 geltenden Fassung ab dem 1. Mai 2012 die Nummer 1 Buchstabe a der Anlage 1 zu diesem Gesetz anzuwenden.

8. Die Vergütung für Strom aus Windenergieanlagen, die nach dem 31. Dezember 2001 und vor dem 1. Januar 2009 in Betrieb genommen worden sind, erhöht sich für die Dauer von fünf Jahren um 0,7 Cent pro Kilowattstunde (Systemdienstleistungs-Bonus), sobald sie infolge einer Nachrüs-

---

[1]) Nr. **34**.

Erneuerbare-Energien-Gesetz § 66 EEG 34

tung nach dem 1. Januar 2012 und vor dem 1. Januar 2016 die Anforderungen der Systemdienstleistungsverordnung erstmals einhalten.
9. Für Strom aus Anlagen zur Erzeugung von Strom aus solarer Strahlungsenergie an oder auf Gebäuden oder Lärmschutzwänden, die nach dem 31. Dezember 2008 und vor dem 1. Januar 2012 in Betrieb genommen worden sind und die die Voraussetzungen des § 33 Absatz 2 des Erneuerbare-Energien-Gesetzes in der jeweils zum Zeitpunkt der Inbetriebnahme der Anlage geltenden Fassung erfüllen, besteht ein Anspruch auf Vergütung des verbrauchten Stroms nur, soweit die Anlagenbetreiberin, der Anlagenbetreiber oder Dritte den Strom in unmittelbarer räumlicher Nähe zur Anlage selbst verbrauchen, dies nachweisen und der Strom nicht durch ein Netz durchgeleitet wird.
10. Die §§ 33a bis 33g sind mit der Maßgabe anzuwenden, dass bei der Berechnung der Marktprämie nach § 33g der anzulegende Wert nach § 33h die Höhe der Vergütung in Cent pro Kilowattstunde ist, die für den direkt vermarkteten Strom bei der konkreten Anlage im Fall einer Vergütung nach den Vergütungsbestimmungen des Erneuerbare-Energien-Gesetzes in der für die jeweilige Anlage maßgeblichen Fassung tatsächlich in Anspruch genommen werden könnte. § 17 Absatz 3 ist mit der Maßgabe anzuwenden, dass an die Stelle des Vergütungsanspruchs nach § 16 der Vergütungsanspruch des Erneuerbare-Energien-Gesetzes in der für die jeweilige Anlage maßgeblichen Fassung tritt. § 16 Absatz 5, die §§ 17 und 51 Absatz 2 des Erneuerbare-Energien-Gesetzes in der am 31. Dezember 2011 geltenden Fassung sind ab dem 1. Januar 2012 nicht mehr anzuwenden.
11. § 33i ist vorbehaltlich einer Rechtsverordnung auf Grund von § 64f Nummer 4 auch auf Anlagen zur Erzeugung von Strom aus Biogas anzuwenden, die vor dem 1. Januar 2012 in Betrieb genommen worden sind. Satz 1 gilt nur, wenn für den gesamten in der Anlage erzeugten Strom unbeschadet des § 33e Satz 1 dem Grunde nach ein Vergütungsanspruch nach den Vergütungsbestimmungen des Erneuerbare-Energien-Gesetzes in der für die jeweilige Anlage maßgeblichen Fassung besteht; im Übrigen sind vorbehaltlich einer Rechtsverordnung auf Grund von § 64f Nummer 4, § 33i und die Anlage 5 zu diesem Gesetz anzuwenden.
12. § 32 Absatz 5 findet auch Anwendung auf Anlagen zur Erzeugung von Strom aus solarer Strahlungsenergie, die vor dem 1. Januar 2012 in Betrieb genommen worden sind. Soweit Anlagen zur Erzeugung von Strom aus solarer Strahlungsenergie vor dem 1. Januar 2012 durch Anlagen zur Erzeugung von Strom aus solarer Strahlungsenergie auf Grund eines technischen Defektes, einer Beschädigung oder eines Diebstahls an demselben Standort ersetzt worden sind, gelten diese mit Wirkung ab dem 1. Januar 2012 abweichend von § 3 Nummer 5 bis zur Höhe der vor der Ersetzung an demselben Standort installierten Leistung von Anlagen zur Erzeugung von Strom aus solarer Strahlungsenergie als zu dem Zeitpunkt in Betrieb genommen, zu dem die ersetzten Anlagen in Betrieb genommen worden sind.
13. § 27a Absatz 1, 3, 4 und 5 ist auf Anlagen, die vor dem 1. Januar 2012 in Betrieb genommen worden sind, entsprechend anzuwenden.
14. Für jeden Kalendermonat, in dem Anlagenbetreiberinnen und Anlagenbetreiber ganz oder teilweise Verpflichtungen im Rahmen einer Nach-

rüstung zur Sicherung der Systemstabilität auf Grund einer Verordnung nach § 12 Absatz 3a und § 49 Absatz 4 des Energiewirtschaftsgesetzes[1] nach Ablauf der von den Netzbetreibern nach Maßgabe der Rechtsverordnung gesetzten Frist nicht nachgekommen sind, verringert sich

a) der Vergütungsanspruch oder der Anspruch auf die Marktprämie nach § 33 g für Anlagen, die mit einer technischen Einrichtung nach § 6 Absatz 1 Nummer 2 ausgestattet sind, auf Null oder

b) der in einem Kalenderjahr entstandene Vergütungsanspruch für Anlagen, die nicht mit einer technischen Einrichtung nach § 6 Absatz 1 Nummer 2 ausgestattet sind, um ein Zwölftel.

(2) Für Strom aus Biomasseanlagen, die

1. vor dem 1. Januar 2013 in Betrieb genommen worden sind und Altholz zur Stromerzeugung einsetzen oder

2. Pflanzenölmethylester zur Stromerzeugung einsetzen und vor dem 27. Juni 2004 in Betrieb genommen worden sind oder, sofern es sich um nach den Vorschriften des Bundes-Immissionsschutzgesetzes genehmigungsbedürftige Anlagen handelt, deren Genehmigung nach § 4 in Verbindung mit § 6 oder § 16 des Bundes-Immissionsschutzgesetzes zur Errichtung und zum Betrieb vor dem 27. Juni 2004 erteilt wurde,

gilt die Biomasseverordnung[2] in der am 31. Dezember 2011 geltenden Fassung.

(3) Für Strom aus Biomasseanlagen, die vor dem 1. Januar 2012 in Betrieb genommen worden sind, ist Nummer I.1 Buchstabe c der Anlage 2 zu dem Erneuerbare-Energien-Gesetz in der am 31. Dezember 2011 geltenden Fassung ab dem 1. Januar 2012 nicht mehr anzuwenden.

(4) Für Strom aus Biomasseanlagen, die Biogas zur Stromerzeugung einsetzen, findet § 27 Absatz 5 Nummer 1 keine Anwendung, soweit das Biogas aus Biogaserzeugungsanlagen stammt, die bereits vor dem 1. Januar 2012 Biogas erzeugt haben.

(5) Für Strom aus Anlagen zur Erzeugung von Strom aus Wasserkraft mit einer installierten Leistung von mehr als 500 Kilowatt und höchstens 5 Megawatt, bei denen die Wasserkraftnutzung vor dem 1. Januar 2012 wasserrechtlich zugelassen worden ist und die vor dem 1. Januar 2014 in Betrieb genommen werden, erhält die Anlagenbetreiberin oder der Anlagenbetreiber abweichend von § 23 Absatz 1 und 2 die Vergütung nach § 23 Absatz 1 und 2 des Erneuerbare-Energien-Gesetzes in der am 31. Dezember 2011 geltenden Fassung, wenn sie oder er dies verlangt, bevor der Netzbetreiber zum ersten Mal eine Vergütung für Strom aus dieser Anlage gezahlt hat.

(6) Für Strom aus Anlagen, die

1. Strom aus fester Biomasse erzeugen,

2. nach dem Bundes-Immissionsschutzgesetz genehmigungsbedürftig sind,

3. vor dem 1. Januar 2012 nach dem Bundes-Immissionsschutzgesetz genehmigt worden sind und

4. vor dem 1. Januar 2013 in Betrieb genommen werden,

---

[1] Nr. 1.
[2] Nr. 35.

erhält die Anlagenbetreiberin oder der Anlagenbetreiber abweichend von § 27 die Vergütung nach § 27 des Erneuerbare-Energien-Gesetzes in der am 31. Dezember 2011 geltenden Fassung, wenn sie oder er dies verlangt, bevor der Netzbetreiber zum ersten Mal eine Vergütung für Strom aus dieser Anlage gezahlt hat.

(7) [1] Anlagenbetreiberinnen und Anlagenbetreiber von Anlagen zur Erzeugung von Strom aus solarer Strahlungsenergie müssen die Anforderungen nach § 6 Absatz 2 in Verbindung mit Absatz 3 erst nach dem 31. Dezember 2012 einhalten. [2] Netzbetreiber dürfen diese Anlagen vor dem 1. Januar 2013 nicht nach § 11 regeln.

(8) Auf Strom, den Elektrizitätsversorgungsunternehmen nach dem 31. Dezember 2011 und vor dem 1. Januar 2013 an Letztverbraucherinnen und Letztverbraucher liefern, findet § 39 Absatz 1 mit der Maßgabe Anwendung, dass die Elektrizitätsversorgungsunternehmen ihrem regelverantwortlichen Übertragungsnetzbetreiber die Inanspruchnahme der Verringerung der EEG-Umlage abweichend von § 39 Absatz 1 Nummer 2 bis zum 29. Februar 2012 mitgeteilt haben müssen.

(9) [1] Bis zu dem Tag, an dem das Umweltbundesamt oder die auf Grund einer Rechtsverordnung gemäß § 64 d Nummer 7 betraute oder beliehene juristische Person ein Herkunftsnachweisregister nach § 55 Absatz 3 in Betrieb genommen hat, erfolgen die Ausstellung, Anerkennung, Übertragung und Entwertung von Herkunftsnachweisen nach § 55 des Erneuerbare-Energien-Gesetzes in der am 30. April 2011 geltenden Fassung. [2] Das Bundesministerium für Umwelt, Naturschutz und Reaktorsicherheit macht den Tag der Inbetriebnahme nach Satz 1 im Bundesanzeiger bekannt.

(10) § 27 c Absatz 1 Nummer 2 ist nicht anzuwenden bei Strom, der vor dem 1. Januar 2013 erzeugt worden ist.

(11) Der Vergütungsanspruch für Strom aus Anlagen zur Erzeugung von Strom aus solarer Strahlungsenergie auf Konversionsflächen im Sinne des § 32 Absatz 1 Nummer 3 Buchstabe c Doppelbuchstabe cc besteht auch auf Flächen, die rechtsverbindlich als Naturschutzgebiet im Sinne des § 23 des Bundesnaturschutzgesetzes oder als Nationalpark im Sinne des § 24 des Bundesnaturschutzgesetzes festgesetzt worden sind, wenn die sonstigen Voraussetzungen des § 32 Absatz 1 Nummer 3 erfüllt sind, die Anlagen vor dem 1. Januar 2014 in Betrieb genommen worden sind und der Beschluss über die Aufstellung oder Änderung des Bebauungsplans vor dem 30. Juni 2011 gefasst worden ist.

(12) § 57 gilt auch für Anwendungsfragen zu dem Erneuerbare-Energien-Gesetz in der am 31. Dezember 2011 geltenden Fassung.

(13) § 41 findet für die Antragstellung im Jahr 2012 mit folgenden Maßgaben Anwendung:

1. Unternehmen, die für bestimmte Abnahmestellen im Jahr 2012 erstmals Anträge stellen, weil sie auf Grund der Regelung in § 37 Absatz 3 Nummer 2 erstmals zur Zahlung der EEG-Umlage verpflichtet sind, werden von den Anforderungen des § 41 Absatz 1 Nummer 1 Buchstabe c befreit.

2. Für Unternehmen mit einem Stromverbrauch von mindestens 10 Gigawattstunden gilt anstelle des § 41 Absatz 1 Nummer 2 § 41 Absatz 1 Nummer 4 in der am 31. Dezember 2011 geltenden Fassung.

(13 a) § 41 Absatz 5 Satz 3 und 4 gilt nicht für selbständige Unternehmensteile, bei denen der Anteil der Strommenge nach § 41 des Erneuerbare-Energien-Gesetzes in der am 31. Dezember 2011 geltenden Fassung oder die EEG-Umlage nach Maßgabe des § 6 der Verordnung zur Weiterentwicklung des bundesweiten Ausgleichsmechanismus[1] in der am 31. Dezember 2011 geltenden Fassung bereits vor dem 1. Januar 2012 begrenzt worden ist.

(14) Für Strom aus Anlagen zur Erzeugung von Strom aus Wasserkraft, die vor dem 1. August 2004 in Betrieb genommen worden sind, findet anstelle von § 23 Absatz 2 in Verbindung mit Absatz 4 § 23 Absatz 2 in Verbindung mit Absatz 5 des Erneuerbare-Energien-Gesetzes in der am 31. Dezember 2011 geltenden Fassung Anwendung, wenn die Modernisierung der Anlage vor dem 1. Januar 2014 abgeschlossen ist und die Anlagenbetreiberin oder der Anlagenbetreiber dies verlangt, bevor der Netzbetreiber erstmals die Vergütung nach § 23 Absatz 2 in Verbindung mit Absatz 1 gezahlt hat.

(15) Soweit Letztverbraucherinnen und Letztverbraucher bereits vor dem 1. September 2011 ihren Strom nicht von einem Elektrizitätsversorgungsunternehmen und nicht von einem Dritten bezogen haben und die Stromerzeugungsanlage schon vor dem 1. September 2011 in Betrieb genommen wurde, gilt für den Strom § 37 Absatz 6 in der am 31. Dezember 2011 geltenden Fassung anstelle des § 37 Absatz 3.

(16) Die EEG-Umlage verringert sich unbeschadet des § 39 für Elektrizitätsversorgungsunternehmen, für die bereits vor dem 1. September 2011 die Pflicht zur Vergütung nach § 37 Absatz 1 Satz 2 in Verbindung mit Satz 1 des Erneuerbare-Energien-Gesetzes in der am 31. Dezember 2011 geltenden Fassung verringert war, bei Strom, den sie vor dem 1. Januar 2014 an Letztverbraucherinnen und Letztverbraucher liefern, in einem Kalendermonat auf Null, wenn

1. mindestens 50 Prozent des Stroms, den sie an ihre gesamten Letztverbraucherinnen und Letztverbraucher liefern, in diesem Kalendermonat Strom im Sinne der §§ 23, 24, 25, 27 bis 30, 32 und 33 ist; für die Berechnung dieser Strommenge darf nur Strom aus erneuerbaren Energien angerechnet werden, wenn

   a) für den Strom unbeschadet des § 33 e Satz 1 dem Grunde nach ein Vergütungsanspruch nach § 16 besteht, der nicht nach § 17 verringert ist,

   b) der Strom

      aa) von den Letztverbraucherinnen und Letztverbrauchern in unmittelbarer räumlicher Nähe zur Anlage verbraucht wird oder

      bb) nicht durch ein Netz durchgeleitet wird,

   c) der Strom

      aa) nach § 33 b Nummer 2 direkt vermarktet wird oder

      bb) nach § 33 a Absatz 2 an Dritte veräußert und nicht tatsächlich nach § 8 abgenommen oder nach Maßgabe des § 33 Absatz 2 des Erneuerbare-Energien-Gesetzes in der am 31. März 2012 geltenden Fassung verbraucht worden ist und

---

[1] Nr. 39.

d) die jeweiligen Anlagenbetreiberinnen und Anlagenbetreiber nicht gegen § 33 c Absatz 1 verstoßen;
bei der Berechnung des Anteils ist im Übrigen § 39 Absatz 1 Nummer 1 Halbsatz 2 entsprechend anzuwenden,

2. die Elektrizitätsversorgungsunternehmen ihrem regelverantwortlichen Übertragungsnetzbetreiber die Inanspruchnahme der Verringerung der EEG-Umlage vor Beginn des jeweils vorangegangenen Kalendermonats übermittelt haben und

3. die Anforderungen nach § 39 Absatz 1 Nummer 4 eingehalten werden.

(17) Für Strom aus Biomasseanlagen, die vor dem 1. Januar 2009 in Betrieb genommen worden sind, besteht der Anspruch auf Vergütung abweichend von den Vergütungsbestimmungen des Erneuerbare-Energien-Gesetzes in der für die jeweilige Anlage maßgeblichen Fassung bis einschließlich einer Bemessungsleistung von 20 Megawatt mit Wirkung vom 1. April 2012 auch, wenn die installierte Leistung der Anlage 20 Megawatt überschreitet.

(18) [1] Für Strom aus Anlagen zur Erzeugung von Strom aus solarer Strahlungsenergie, die vor dem 1. April 2012 in Betrieb genommen worden sind, gilt nach dem 31. Dezember 2013 § 33 Absatz 4; im Übrigen gilt das Erneuerbare- Energien-Gesetz in der am 31. März 2012 geltenden Fassung. [2] Satz 1 gilt auch für Strom aus Anlagen zur Erzeugung von Strom aus solarer Strahlungsenergie, die an oder auf Gebäuden oder Lärmschutzwänden, die nach dem 31. März 2012 und vor dem 1. Juli 2012 nach § 3 Nummer 5 in Betrieb genommen worden sind, wenn für die Anlage vor dem 24. Februar 2012 nachweislich ein schriftliches oder elektronisches Netzanschlussbegehren unter Angabe des genauen Standorts und der zu installierenden Leistung der Anlage gestellt worden ist.

(18 a) [1] Für Strom aus Anlagen zur Erzeugung von Strom aus solarer Strahlungsenergie nach § 32 Absatz 1, die nach dem 31. März 2012 und vor dem 1. Juli 2012 nach § 3 Nummer 5 in Betrieb genommen worden sind, gilt nach dem 31. Dezember 2013 § 33 Absatz 4 und im Übrigen, unabhängig von der installierten Leistung und vorbehaltlich des Absatzes 11, das Erneuerbare-Energien-Gesetz in der am 31. März 2012 geltenden Fassung, wenn

1. zur Errichtung der Anlagen ein Bebauungsplan erforderlich ist und der Beschluss über die letzte Änderung des Bebauungsplans, in dessen Geltungsbereich die Anlagen errichtet worden sind, oder, soweit noch keine Änderung dieses Bebauungsplans erfolgt ist, der Beschluss über dessen Aufstellung vor dem 1. März 2012 gefasst worden ist oder

2. in den Fällen des § 32 Absatz 1 Nummer 2 kein Verfahren zur Aufstellung oder Änderung eines Bebauungsplans durchgeführt worden ist und der Antrag auf Einleitung eines Verfahrens nach § 38 Satz 1 des Baugesetzbuchs vor dem 1. März 2012 gestellt worden ist.

[2] Für Strom aus Anlagen nach § 32 Absatz 1 Nummer 3 Buchstabe c Doppelbuchstabe cc, die nach dem 30. Juni 2012 und vor dem 1. Oktober 2012 nach § 3 Nummer 5 in Betrieb genommen worden sind, ist Satz 1 entsprechend anzuwenden mit der Maßgabe, dass die Vergütung 15,95 Cent pro Kilowattstunde beträgt; werden diese Anlagen nach § 17 Absatz 2 Nummer 1 registriert, gelten sie abweichend von § 20 a Absatz 5 Satz 2 unabhängig von der installierten Leistung als geförderte Anlagen im Sinne des § 20 a Absatz 5 Satz 1.

(19) ¹ Für Strom aus Anlagen zur Erzeugung von Strom aus solarer Strahlungsenergie, die nach dem 31. März 2012 und vor dem 1. Januar 2014 in Betrieb genommen worden sind, findet § 33 erst ab dem 1. Januar 2014 Anwendung. ² Satz 1 gilt nicht für Anlagen, die in den Anwendungsbereich der Absätze 18 Satz 2 und 18a fallen; auf diese Anlagen findet § 33 Absatz 1 bis 3 und 5 keine Anwendung.

(20) Für Anlagen, die nach dem 31. Dezember 2011 und vor dem 1. April 2012 nach § 3 Nummer 5 in der am 31. März 2012 geltenden Fassung in Betrieb genommen worden sind, bestimmt sich der Inbetriebnahmezeitpunkt weiterhin nach § 3 Nummer 5 in der am 31. März 2012 geltenden Fassung.

(21) ¹ Für Strom aus Biomasseanlagen, die vor dem 1. Januar 2012 in Betrieb genommen worden sind und nach § 9 des Treibhausgas-Emissionshandelsgesetzes für die Handelsperiode 2013 bis 2020 eine Zuteilung kostenloser Berechtigungen erhalten, ist

1. § 46 Nummer 2 des Erneuerbare-Energien-Gesetzes in der am 31. Dezember 2011 geltenden Fassung mit der Maßgabe anzuwenden, dass Anlagenbetreiberinnen und Anlagenbetreiber dem Netzbetreiber zusätzlich die Anzahl der für die Wärmeproduktion der Anlage zugeteilten kostenlosen Berechtigungen mitteilen müssen, und

2. § 66 Absatz 1 Nummer 3 und 5 des Erneuerbare-Energien-Gesetzes in der am 31. Dezember 2011 geltenden Fassung mit der Maßgabe anzuwenden, dass für die Erhöhung der Vergütung nach § 66 Absatz 1 Nummer 3 Satz 1 und 3 sowie für die Vergütung nach § 66 Absatz 1 Nummer 5 Satz 2 die Anrechnung nach Anlage 3 Nummer VI des Erneuerbare-Energien-Gesetzes in der am 31. Dezember 2011 geltenden Fassung entsprechend gilt.

² Für Strom aus Biomasseanlagen, die vor dem 1. Januar 2009 in Betrieb genommen worden sind und die die Erhöhung der Mindestvergütung nach § 8 Absatz 3 Satz 1 des Erneuerbare- Energien-Gesetzes in der am 31. Dezember 2008 geltenden Fassung in Anspruch nehmen, gilt die Anrechnung nach Anlage 3 Nummer VI des Erneuerbare-Energien-Gesetzes in der am 31. Dezember 2011 geltenden Fassung entsprechend.

(22) § 37 Absatz 5 ist nicht auf Geldschulden anzuwenden, die vor dem 1. Januar 2011 fällig geworden sind oder erstmals als fällig gegolten haben.

Anlage 1

Gasaufbereitungs-Bonus

1. **Anspruchsvoraussetzungen**

   Der Anspruch auf den Gasaufbereitungs-Bonus nach § 27c Absatz 2 besteht für Strom, der in Anlagen mit einer Bemessungsleistung bis einschließlich 5 Megawatt erzeugt wird, soweit das Gas nach § 27c Absatz 1 eingespeist und vor der Einspeisung in das Erdgasnetz aufbereitet wurde und nachgewiesen wird, dass folgende Voraussetzungen eingehalten wurden:

a) Methanemissionen in die Atmosphäre bei der Aufbereitung von höchstens 0,2 Prozent,

b) ein Stromverbrauch für die Aufbereitung von höchstens 0,5 Kilowattstunden pro Normkubikmeter Rohgas,

c) Bereitstellung der Prozesswärme für die Aufbereitung und die Erzeugung des Deponie-, Klär- oder Biogases aus erneuerbaren Energien, Grubengas oder aus der Abwärme der Gasaufbereitungs- oder Einspeiseanlage ohne den Einsatz zusätzlicher fossiler Energie und

d) eine Nennleistung der Gasaufbereitungsanlage von höchstens 1 400 Normkubikmetern aufbereitetem Deponiegas, Klärgas oder Biogas pro Stunde.

2. **Bonushöhe**

Der Gasaufbereitungs-Bonus beträgt bis zu einer maximalen Nennleistung der Gasaufbereitungsanlage von

a) 700 Normkubikmetern aufbereitetem Deponiegas, Klärgas oder Biogas pro Stunde 3,0 Cent pro Kilowattstunde,

b) 1 000 Normkubikmetern aufbereitetem Deponiegas, Klärgas oder Biogas pro Stunde 2,0 Cent pro Kilowattstunde und

c) 1 400 Normkubikmetern aufbereitetem Deponiegas, Klärgas oder Biogas pro Stunde 1,0 Cent pro Kilowattstunde.

Für Gasaufbereitungsanlagen gilt § 19 Absatz 1 Satz 1 entsprechend.

Anlage 2

Erzeugung in Kraft-Wärme-Kopplung

1. **Voraussetzungen der Erzeugung in Kraft-Wärme-Kopplung**

Strom wird in Kraft-Wärme-Kopplung im Sinne des § 27 Absatz 4 Nummer 1 und Absatz 5 Nummer 2 erzeugt, soweit

a) es sich um Strom aus Kraft-Wärme-Kopplung handelt und

b) eine Wärmenutzung im Sinne der Nummer 3 (Positivliste) vorliegt oder

c) die Wärmenutzung nachweislich fossile Energieträger in einem mit dem Umfang der fossilen Wärmenutzung vergleichbaren Energieäquivalent ersetzt.

2. **Erforderliche Nachweise**

2.1 Die Erfüllung der Voraussetzung nach Nummer 1 Buchstabe a ist dem Netzbetreiber nach den anerkannten Regeln der Technik nachzuweisen; die Einhaltung der anerkannten Regeln der Technik wird vermutet, wenn die Anforderungen des von der Arbeitsgemeinschaft für Wärme und Heizkraftwirtschaft – AGFW – e. V. herausgegebenen Arbeitsblatts FW 308 – Zertifizierung von KWK-Anlagen – Ermittlung des KWK-Stroms in der jeweils geltenden Fassung nachgewiesen werden. Der

Nachweis muss durch Vorlage eines Gutachtens einer Umweltgutachterin oder eines Umweltgutachters mit einer Zulassung für den Bereich Elektrizitätserzeugung aus erneuerbaren Energien erfolgen. Anstelle des Nachweises nach Satz 1 können für serienmäßig hergestellte KWK-Anlagen mit einer installierten Leistung von bis zu 2 Megawatt geeignete Unterlagen des Herstellers vorgelegt werden, aus denen die thermische und elektrische Leistung sowie die Stromkennzahl hervorgehen.

2.2 Der Nachweis über die Erfüllung der Voraussetzungen nach Nummer 1 Buchstabe b und c ist durch ein Gutachten einer Umweltgutachterin oder eines Umweltgutachters mit einer Zulassung für den Bereich Elektrizitätserzeugung aus erneuerbaren Energien oder für den Bereich Wärmeversorgung zu erbringen.

3. Positivliste

Als Wärmenutzungen im Sinne der Nummer 1 Buchstabe b gelten:

a) die Beheizung, Warmwasserbereitstellung oder Kühlung von Gebäuden im Sinne von § 1 Absatz 1 Nummer 1 der Energieeinsparverordnung[1]) bis zu einem Wärmeeinsatz von 200 Kilowattstunden pro Quadratmeter Nutzfläche im Jahr, auch wenn der Wärmeeinsatz insgesamt 200 Kilowattstunden pro Quadratmeter Nutzfläche im Jahr übersteigt,

b) die Wärmeeinspeisung in ein Netz mit einer Länge von mindestens 400 Metern; bei der Wärmeeinspeisung werden als Verluste durch die Wärmeverteilung oder Wärmeübergabe höchstens durchschnittliche Verluste von 25 Prozent des Nutzwärmebedarfs der Wärmekundinnen oder Wärmekunden in jedem Kalenderjahr anerkannt,

c) die Nutzung als Prozesswärme für

aa) industrielle Prozesse im Sinne der Nummern 2 bis 6, 7.2 bis 7.34 sowie 10.1 bis 10.10, 10.20 bis 10.23 der Anlage zur Vierten Verordnung zur Durchführung des Bundes-Immissionsschutzgesetzes oder

bb) die Trocknung von Holz zur stofflichen oder energetischen Nutzung bis zu einem Wärmeeinsatz von 0,9 Kilowattstunden je Kilogramm Holz

d) die Beheizung von Betriebsgebäuden für die Geflügelaufzucht, wenn die Voraussetzungen nach Nummer 1 Buchstabe c erfüllt werden,

e) die Beheizung von Tierställen mit folgenden Obergrenzen pro Kalenderjahr:

aa) Geflügelmast: 5 Kilowattstunden pro Tierplatz,

bb) Sauenhaltung: 350 Kilowattstunden pro Tierplatz,

cc) Ferkelaufzucht: 75 Kilowattstunden pro Tierplatz,

dd) Schweinemast: 45 Kilowattstunden pro Tierplatz,

f) die Beheizung von Unterglasanlagen für die Aufzucht und Vermehrung von Pflanzen, wenn die Voraussetzungen nach Nummer 1 Buchstabe c erfüllt sind,

---

[1]) Nr. **58**.

Erneuerbare-Energien-Gesetz **Anl. 3 EEG 34**

g) die Nutzung als Prozesswärme zur Hygienisierung oder Pasteurisierung von Gärresten, die nach geltendem Recht der Hygienisierung oder Pasteurisierung bedürfen,

h) die Nutzung als Prozesswärme zur Aufbereitung von Gärresten zum Zweck der Düngemittelherstellung und

i) die Nutzung der Abwärme aus Biomasseanlagen, um hieraus Strom zu erzeugen, insbesondere in Organic-Rankine- und Kalina-Cycle-Prozessen.

4. **Negativliste**

Nicht als Wärmenutzungen im Sinne der Nummer 1 Buchstabe b und c gelten:

a) die Beheizung von Gebäuden, die nach § 1 Absatz 2 der Energieeinsparverordnung[1] nicht Gegenstand dieser Rechtsverordnung sind, mit Ausnahme der Gebäude, die von Nummer 3 Buchstabe d bis f erfasst werden, und

b) die Wärmenutzung aus Biomasseanlagen, die fossile Brennstoffe insbesondere für den Wärmeeigenbedarf einsetzen.

5. **Biomasseanlagen mit Entnahme- oder Anzapfkondensationsanlagentechnologie**

Abweichend von den Nummern 1 und 2 wird Strom aus Biomasseanlagen mit Entnahme- oder Anzapfkondensationsanlagentechnologie in Kraft-Wärme-Kopplung im Sinne des § 27 Absatz 4 Nummer 1 erzeugt, wenn von der höchstens erreichbaren Nutzwärme im Sinne von § 3 Absatz 6 des Kraft-Wärme-Kopplungsgesetzes[2] in dem jeweiligen Kalenderjahr mindestens

a) 25 Prozent bis zum Ende des ersten auf die erstmalige Erzeugung von Strom in der Anlage folgenden Kalenderjahres und danach

b) 60 Prozent

im Sinne der Nummer 1 Buchstabe b oder c genutzt wird. Die Nummern 2.2, 3 und 4 gelten entsprechend; Nummer 2.2 gilt auch für den Nachweis des nach Satz 1 Buchstabe a und b geforderten Anteils der Nutzwärmenutzung.

Anlage 3

Referenzertrag

1. Eine Referenzanlage ist eine Windenergieanlage eines bestimmten Typs, für die sich entsprechend ihrer von einer dazu berechtigten Institution vermessenen Leistungskennlinie, an dem Referenzstandort ein Ertrag in Höhe des Referenzertrages errechnet.

2. Der Referenzertrag ist die für jeden Typ einer Windenergieanlage einschließlich der jeweiligen Nabenhöhe bestimmte Strommenge, die dieser

---

[1] Nr. **58**.
[2] Nr. **43**.

Typ bei Errichtung an dem Referenzstandort rechnerisch auf Basis einer vermessen Leistungskennlinie in fünf Betriebsjahren erbringen würde. Der Referenzertrag ist nach den allgemein anerkannten Regeln der Technik zu ermitteln; die Einhaltung der allgemein anerkannten Regeln der Technik wird vermutet, wenn die Verfahren, Grundlagen und Rechenmethoden verwendet worden sind, die enthalten sind in den Technischen Richtlinien für Windenergieanlagen, Teil 5, in der zum Zeitpunkt der Ermittlung des Referenzertrags geltenden Fassung der Fördergesellschaft Windenergie e.V. (FGW)[1].

3. Der Typ einer Windenergieanlage ist bestimmt durch die Typenbezeichnung, die Rotorkreisfläche, die Nennleistung und die Nabenhöhe gemäß den Angaben des Herstellers.

4. Der Referenzstandort ist ein Standort, der bestimmt wird durch eine Rayleigh-Verteilung mit einer mittleren Jahreswindgeschwindigkeit von 5,5 Metern je Sekunde in einer Höhe von 30 Metern über dem Grund, einem logarithmischen Höhenprofil und einer Rauhigkeitslänge von 0,1 Metern.

5. Die Leistungskennlinie ist der für jeden Typ einer Windenergieanlage ermittelte Zusammenhang zwischen Windgeschwindigkeit und Leistungsabgabe unabhängig von der Nabenhöhe. Die Leistungskennlinie ist nach den allgemein anerkannten Regeln der Technik zu ermitteln; die Einhaltung der allgemein anerkannten Regeln der Technik wird vermutet, wenn die Verfahren, Grundlagen und Rechenmethoden verwendet worden sind, die enthalten sind in den Technischen Richtlinien für Windenergieanlagen, Teil 2, der Fördergesellschaft Windenergie e.V. (FGW)[1] in der zum Zeitpunkt der Ermittlung des Referenzertrags geltenden Fassung. Soweit die Leistungskennlinie nach einem vergleichbaren Verfahren vor dem 1. Januar 2000 ermittelt wurde, kann diese anstelle der nach Satz 2 ermittelten Leistungskennlinie herangezogen werden, soweit im Geltungsbereich dieses Gesetzes nach dem 31. Dezember 2001 nicht mehr mit der Errichtung von Anlagen des Typs begonnen wird, für den sie gelten.

6. *(aufgehoben)*

7. Zur Vermessung der Leistungskennlinien nach Nummer 5 und zur Berechnung der Referenzerträge von Anlagentypen am Referenzstandort nach Nummer 2 sind für die Zwecke dieses Gesetzes die Institutionen berechtigt, die entsprechend der technischen Richtlinie Allgemeine Anforderungen an die Kompetenz von Prüf- und Kalibrierlaboratorien (DIN EN ISO/IEC 17025), Ausgabe April 2000[2], entsprechend von einer staatlich anerkannten oder unter Beteiligung staatlicher Stellen evaluierten Akkreditierungsstelle akkreditiert sind.

8. Bei der Anwendung des Referenzertrages zur Bestimmung des verlängerten Zeitraums der Anfangsvergütung ist die installierte Leistung zu berücksichtigen, höchstens jedoch diejenige Leistung, die die Anlage aus genehmigungsrechtlichen Gründen nach dem Bundes-Immissionsschutzgesetz maximal erbringen darf. Temporäre Leistungsreduzierungen insbesondere auf Grund einer Regelung der Anlage nach § 11 sind nicht zu berücksichtigen.

---

[1] **Amtl. Anm.:** Zu beziehen bei der Fördergesellschaft Windenergie e.V., Stresemannplatz 4, 24103 Kiel.
[2] **Amtl. Anm.:** Zu beziehen bei dem Beuth Verlag GmbH, 10772 Berlin.

Erneuerbare-Energien-Gesetz **Anl. 4 EEG 34**

Anlage 4

Höhe der Marktprämie

1. **Berechnung der Marktprämie**

1.1 **Im Sinne dieser Anlage ist:**
  - „MP" die Höhe der Marktprämie im Sinne des § 33 g Absatz 2 in Cent pro Kilowattstunde,
  - „EV" der anzulegende Wert nach § 33 h in Cent pro Kilowattstunde,
  - „MW" der jeweilige rückwirkend berechnete tatsächliche Monatsmittelwert des energieträgerspezifischen Marktwerts in Cent pro Kilowattstunde,
  - „P_M" die Prämie für die notwendigen Kosten für die Börsenzulassung, für die Handelsanbindung, für die Transaktionen für die Erfassung der Ist-Werte und die Abrechnung, für die IT-Infrastruktur, das Personal und Dienstleistungen, für die Erstellung der Prognosen und für Abweichungen der tatsächlichen Einspeisung von der Prognose (Managementprämie),
  - „RW" der nach Nummer 2 berechnete energieträgerspezifische Referenzmarktwert in Cent pro Kilowattstunde.

1.2 Die Höhe der Marktprämie nach § 33 g („MP") in Cent pro Kilowattstunde direkt vermarkteten und tatsächlich eingespeisten Stroms wird nach der folgenden Formel berechnet:
$$MP = EV - RW$$
Ergibt sich bei der Berechnung ein Wert kleiner Null, wird abweichend von Satz 1 der Wert „MP" mit dem Wert Null festgesetzt.

2. **Berechnung des energieträgerspezifischen Referenzmarktwerts „RW"**

2.1 **Referenzmarktwert bei Strom aus Wasserkraft, Deponiegas, Klärgas, Grubengas, Biomasse und Geothermie nach den §§ 23 bis 28**

2.1.1 Die Höhe des energieträgerspezifischen Referenzmarktwerts „RW" in Cent pro Kilowattstunde direkt vermarkteten Stroms aus Wasserkraft, Deponiegas, Klärgas, Grubengas, Biomasse und Geothermie wird nach der folgenden Formel berechnet:
$$RW_{Steuerbare} = MW_{EPEX} - P_{M\ (Steuerbare)}$$
Dabei ist „MW_{EPEX}" der tatsächliche Monatsmittelwert der Stundenkontrakte am Spotmarkt der Strombörse EPEX Spot SE in Leipzig in Cent pro Kilowattstunde.

2.1.2 „$P_{M\ (Steuerbare)}$" beträgt vorbehaltlich einer Rechtsverordnung auf Grund von § 64 f Nummer 3 bei Strom, der erzeugt wird
  - im Jahr 2012: 0,30 Cent pro Kilowattstunde
  - im Jahr 2013: 0,275 Cent pro Kilowattstunde,
  - im Jahr 2014: 0,25 Cent pro Kilowattstunde,
  - ab dem Jahr 2015: 0,225 Cent pro Kilowattstunde.

2.2 Referenzmarktwert bei Strom aus Windenergie nach den §§ 29 und 30

2.2.1 Die Höhe des energieträgerspezifischen Referenzmarktwerts „RW" in Cent pro Kilowattstunde direkt vermarkteten Stroms aus Windenergie im Sinne der §§ 29 und 30 wird nach der folgenden Formel berechnet:

$$RW_{\text{Wind Onshore}} = MW_{\text{Wind Onshore}} - P_{M \text{ (Wind Onshore)}}$$

2.2.2 „$MW_{\text{Wind Onshore}}$" ist der tatsächliche Monatsmittelwert des Marktwerts von Strom im Sinne der §§ 29 und 30 am Spotmarkt der Strombörse EPEX Spot SE in Leipzig in Cent pro Kilowattstunde. Dieser Wert wird wie folgt berechnet:

2.2.2.1 Für jede Stunde eines Kalendermonats wird der durchschnittliche Wert der Stundenkontrakte am Spotmarkt der Strombörse EPEX Spot SE in Leipzig mit der Menge des in dieser Stunde tatsächlich erzeugten Stroms im Sinne der §§ 29 und 30 multipliziert.

2.2.2.2 Die Ergebnisse für alle Stunden dieses Kalendermonats werden summiert.

2.2.2.3 Diese Summe wird dividiert durch die Menge des in dem gesamten Kalendermonat erzeugten Stroms im Sinne der §§ 29 und 30.

2.2.2.4 Bei den Berechnungen nach den Nummern 2.2.2.1 und 2.2.2.3 wird sowohl der nach § 16 vergütete als auch der in den Formen des § 33b Nummer 1 oder 2 direkt vermarktete Strom berücksichtigt. Bis zum 31. Dezember 2012 wird hierbei abweichend von den Nummern 2.2.2.1 und 2.2.2.3 auch Strom im Sinne des § 31 einberechnet.

2.2.2.5 Sofern die Menge des tatsächlich erzeugten Stroms im Sinne der §§ 29 und 30 nicht bis zum 31. Januar des Folgejahres verfügbar ist, ist sie für die Zwecke der Berechnung nach den Nummern 2.2.2.1 und 2.2.2.3 jeweils unter Berücksichtigung der Online-Hochrechnung nach Nummer 3.1 zu berechnen.

2.2.3 „$P_{M \text{ (Wind Onshore)}}$" beträgt vorbehaltlich einer Rechtsverordnung auf Grund von § 64f Nummer 3 bei Strom, der erzeugt wird
– im Jahr 2012: 1,20 Cent pro Kilowattstunde,
– im Jahr 2013: 1,00 Cent pro Kilowattstunde,
– im Jahr 2014: 0,85 Cent pro Kilowattstunde,
– ab dem Jahr 2015: 0,70 Cent pro Kilowattstunde.

2.3 Referenzmarktwert bei Strom aus Windenergie nach § 31

2.3.1 Für Strom aus Offshore-Anlagen, der vor dem 1. Januar 2013 erzeugt wird, gilt Nummer 2.2 entsprechend.

2.3.2 Für Strom aus Offshore-Anlagen, der nach dem 31. Dezember 2012 erzeugt wird, wird die Höhe des energieträgerspezifischen Referenzmarktwerts „RW" in Cent pro Kilowattstunde direkt vermarkteten Stroms nach der folgenden Formel berechnet:

$$RW_{\text{Wind Offshore}} = MW_{\text{Wind Offshore}} - P_{M \text{ (Wind Offshore)}}$$

2.3.3 „$MW_{\text{Wind Offshore}}$" ist der tatsächliche Monatsmittelwert des Marktwerts von Strom aus Offshore-Anlagen am Spotmarkt der Strombörse EPEX Spot SE in Leipzig in Cent pro Kilowattstunde. Dieser Wert wird wie folgt berechnet:

Erneuerbare-Energien-Gesetz **Anl. 4 EEG 34**

2.3.3.1 Für jede Stunde eines Kalendermonats wird der durchschnittliche Wert der Stundenkontrakte am Spotmarkt der Strombörse EPEX Spot SE in Leipzig mit der Menge des in dieser Stunde tatsächlich erzeugten Stroms aus Offshore-Anlagen multipliziert.

2.3.3.2 Die Ergebnisse für alle Stunden dieses Kalendermonats werden summiert.

2.3.3.3 Diese Summe wird dividiert durch die Menge des in dem gesamten Kalendermonat erzeugten Stroms aus Offshore-Anlagen.

2.3.3.4 Bei den Berechnungen nach den Nummern 2.3.3.1 und 2.3.3.3 wird sowohl der nach § 16 vergütete als auch der in den Formen des § 33b Nummer 1 oder 2 direkt vermarktete Strom berücksichtigt.

2.3.3.5 Sofern die Menge des tatsächlich erzeugten Stroms aus Offshore-Anlagen nicht bis zum 31. Januar des Folgejahres verfügbar ist, ist sie für die Zwecke der Berechnung nach den Nummern 2.3.3.1 und 2.3.3.3 jeweils unter Berücksichtigung der Online-Hochrechnung nach Nummer 3.1 zu berechnen.

2.3.4 „$P_{M\ (Wind\ Offshore)}$" beträgt vorbehaltlich einer Rechtsverordnung auf Grund von § 64f Nummer 3 bei Strom, der erzeugt wird
– im Jahr 2013: 1,00 Cent pro Kilowattstunde,
– im Jahr 2014: 0,85 Cent pro Kilowattstunde,
– ab dem Jahr 2015: 0,70 Cent pro Kilowattstunde.

2.4 Referenzmarktwert bei Strom aus solarer Strahlungsenergie nach den §§ 32 und 33

2.4.1 Die Höhe des energieträgerspezifischen Referenzmarktwerts „RW" in Cent pro Kilowattstunde direkt vermarkteten Stroms aus solarer Strahlungsenergie wird nach der folgenden Formel berechnet:

$$RW_{Solar} = MW_{Solar} - P_{M\ (Solar)}$$

2.4.2 „MW_{Solar}" ist der tatsächliche Monatsmittelwert des Marktwerts von Strom aus solarer Strahlungsenergie am Spotmarkt der Strombörse EPEX Spot SE in Leipzig in Cent pro Kilowattstunde. Er wird wie folgt berechnet:

2.4.2.1 Für jede Stunde eines Kalendermonats wird der durchschnittliche Wert der Stundenkontrakte am Spotmarkt der Strombörse EPEX Spot SE in Leipzig mit der Menge des in dieser Stunde tatsächlich erzeugten Stroms aus solarer Strahlungsenergie multipliziert.

2.4.2.2 Die Ergebnisse für alle Stunden dieses Kalendermonats werden summiert.

2.4.2.3 Diese Summe wird dividiert durch die Menge des in dem gesamten Kalendermonat erzeugten Stroms aus solarer Strahlungsenergie.

2.4.2.4 Bei den Berechnungen nach den Nummern 2.4.2.1 und 2.4.2.3 wird sowohl der nach § 16 vergütete als auch der in den Formen des § 33b Nummer 1 oder 2 direkt vermarktete Strom aus solarer Strahlungsenergie berücksichtigt.

2.4.2.5 Sofern die Menge des tatsächlich erzeugten Stroms aus solarer Strahlungsenergie nicht bis zum 31. Januar des Folgejahres verfügbar ist, ist sie für die Zwecke der Berechnung nach den Nummern 2.4.2.1 und

2.4.2.3 jeweils unter Berücksichtigung der Online-Hochrechnung nach Nummer 3.1 zu berechnen.

2.4.3 „$P_{M\,(Solar)}$" beträgt vorbehaltlich einer Rechtsverordnung auf Grund von § 64 f Nummer 3 bei Strom, der erzeugt wird

– im Jahr 2012: 1,20 Cent pro Kilowattstunde,
– im Jahr 2013: 1,00 Cent pro Kilowattstunde,
– im Jahr 2014: 0,85 Cent pro Kilowattstunde,
– ab dem Jahr 2015: 0,70 Cent pro Kilowattstunde.

3. Veröffentlichung der Berechnung

3.1 Die Übertragungsnetzbetreiber müssen jederzeit unverzüglich auf einer gemeinsamen Internetseite in einheitlichem Format die auf der Grundlage einer repräsentativen Anzahl von gemessenen Referenzanlagen erstellte Online-Hochrechnung der Menge des tatsächlich erzeugten Stroms aus Windenergie und aus solarer Strahlungsenergie in ihren Regelzonen in mindestens stündlicher Auflösung veröffentlichen.

3.2 Die Übertragungsnetzbetreiber müssen ferner für jeden Kalendermonat bis zum Ablauf des zehnten Werktags des Folgemonats auf einer gemeinsamen Internetseite in einheitlichem Format folgende Daten in nicht personenbezogener Form veröffentlichen:

a) den Wert des Stundenkontraktes am Spotmarkt der Strombörse EPEX Spot SE in Leipzig

  aa) für jeden Kalendertag in stündlicher Auflösung und

  bb) als tatsächlicher Monatsmittelwert („MW_{EPEX}"),

b) die Menge des tatsächlich erzeugten Stroms aus Windenergie in ihren Regelzonen (kumuliert) in stündlicher Auflösung,

c) die Menge des tatsächlich erzeugten Stroms aus solarer Strahlungsenergie in ihren Regelzonen (kumuliert) in stündlicher Auflösung,

d) den tatsächlichen Monatsmittelwert des Marktwerts von Strom aus Windenergie („$MW_{Wind\ Onshore}$", ab 1. Januar 2013 zusätzlich: „$MW_{Wind\ Offshore}$") auf Grund einer Berechnung nach Maßgabe der Nummern 2.1.2 und 2.3.3,

e) den tatsächlichen Monatsmittelwert des Marktwerts von Strom aus solarer Strahlungsenergie („MW_{Solar}") auf Grund einer Berechnung nach Maßgabe der Nummer 2.4.2 und

f) den energieträgerspezifischen Referenzmarktwert („RW") nach Nummer 2, jeweils gesondert nach den verschiedenen Energieträgern:

  aa) Wasserkraft,

  bb) Deponiegas,

  cc) Klärgas,

  dd) Grubengas,

  ee) Biomasse,

  ff) Geothermie,

  gg) Windenergie,

  hh) solare Strahlungsenergie;

Erneuerbare-Energien-Gesetz Anl. 5 EEG 34

solange der Referenzmarktwert für die Energieträger nach den Doppelbuchstaben aa bis ff derselbe Wert ist, kann ein gemeinsamer Referenzmarktwert („$RW_{Steuerbare}$") veröffentlicht werden.

3.3 Die Daten nach Nummer 3.1 und 3.2 Buchstabe b und c müssen den nach § 8 abgenommenen Strom berücksichtigen; ferner ist der in den Formen des § 33 b Nummer 1 oder 2 direkt vermarktete Strom zu berücksichtigen.

3.4 Die Daten für Strom aus Windenergie nach Nummer 3.1 und 3.2 Buchstabe b, d und f Doppelbuchstabe gg sind ab 1. Januar 2013 jeweils gesondert für Strom im Sinne der §§ 29 und 30 und Strom im Sinne des § 31 auszuweisen.

3.5 Soweit die Daten nach Nummer 3.2 nicht bis zum Ablauf des zehnten Werktags des Folgemonats verfügbar sind, sind sie unverzüglich in nicht personenbezogener Form zu veröffentlichen, sobald sie verfügbar sind. Soweit diese Daten bis zum 31. Januar des Folgejahres nicht verfügbar sind, sind sie unter Berücksichtigung der Daten nach Nummer 3.1 zu berechnen und bis zu diesem Datum in nicht personenbezogener Form zu veröffentlichen.

3.6 Die Übertragungsnetzbetreiber müssen ferner bis zum 31. Januar eines Jahres für das jeweils vorangegangene Kalenderjahr den Wert „$MW_{Solar(a)}$" auf einer gemeinsamen Internetseite in einheitlichem Format in nicht personenbezogener Form veröffentlichen.

Anlage 5

Höhe der Flexibilitätsprämie

1. **Begriffsbestimmungen**

   Im Sinne dieser Anlage ist

   – „P_{Bem}" die Bemessungsleistung nach § 3 Nummer 2a in Kilowatt; im ersten und im zehnten Kalenderjahr der Inanspruchnahme der Flexibilitätsprämie ist die Bemessungsleistung nach § 3 Nummer 2a mit der Maßgabe zu berechnen, dass nur die in den Kalendermonaten der Inanspruchnahme der Flexibilitätsprämie erzeugten Kilowattstunden und nur die vollen Zeitstunden dieser Kalendermonate zu berücksichtigen sind; dies gilt nur für die Zwecke der Berechnung der Höhe der Flexibilitätsprämie,

   – „P_{inst}" die installierte Leistung nach § 3 Nummer 6 in Kilowatt,

   – „P_{Zusatz}" die zusätzlich bereitgestellte installierte Leistung für die bedarfsorientierte Erzeugung von Strom in Kilowatt und in dem jeweiligen Kalenderjahr,

   – „f_{Kor}" der Korrekturfaktor für die Auslastung der Anlage,

   – „KK" die Kapazitätskomponente für die Bereitstellung der zusätzlich installierten Leistung in Euro und Kilowatt,

   – „FP" die Flexibilitätsprämie nach § 33 i in Cent pro Kilowattstunde.

2. Berechnung

2.1 Die Höhe der Flexibilitätsprämie nach § 33 i („FP") in Cent pro Kilowattstunde direkt vermarkteten und tatsächlich eingespeisten Stroms wird nach der folgenden Formel berechnet:

$$FP = \frac{P_{Zusatz} \times KK \times 100}{P_{Bem} \times 8760 \frac{h}{a}}$$

2.2 „P_{Zusatz}" wird vorbehaltlich einer Rechtsverordnung auf Grund von § 64 f Nummer 4 Buchstabe a nach der folgenden Formel berechnet:

$$P_{Zusatz} = P_{inst} - (f_{Kor} \times P_{Bem})$$

Dabei beträgt „f_{Kor}" vorbehaltlich einer Rechtsverordnung auf Grund von § 64 f Nummer 4 Buchstabe a

– bei Biomethan: 1,6 und
– bei Biogas, das kein Biomethan ist: 1,1.

Abweichend von Satz 1 wird der Wert „P_{Zusatz}" festgesetzt

– mit dem Wert Null, wenn die Bemessungsleistung die 0,2 fache installierte Leistung unterschreitet,
– mit dem 0,5-fachen Wert der installierten Leistung „P_{inst}", wenn die Berechnung ergibt, dass er größer als der 0,5-fache Wert der installierten Leistung ist.

2.3 „KK" beträgt vorbehaltlich einer Rechtsverordnung auf Grund von § 64 f Nummer 4 Buchstabe b 130 Euro pro Kilowatt.

35. Verordnung über die Erzeugung von Strom aus Biomasse (Biomasseverordnung – BiomasseV)

Vom 21. Juni 2001

(BGBl. I S. 1234)

FNA 754-15-1

zuletzt geänd. durch Art. 5 Abs. 10 G zur Neuordnung des Kreislaufwirtschafts- und Abfallrechts v. 24. 2. 2012 (BGBl. I S. 212)

Auf Grund des § 2 Abs. 1 Satz 2 des Erneuerbare-Energien-Gesetzes[1]) vom 29. März 2000 (BGBl. I S. 305) in Verbindung mit Artikel 56 Abs. 1 des Zuständigkeitsanpassungs-Gesetzes vom 18. März 1975 (BGBl. I S. 705) und dem Organisationserlass des Bundeskanzlers vom 22. Januar 2001 (BGBl. I S. 127) verordnet das Bundesministerium für Umwelt, Naturschutz und Reaktorsicherheit im Einvernehmen mit den Bundesministerien für Verbraucherschutz, Ernährung und Landwirtschaft und für Wirtschaft und Technologie unter Wahrung der Rechte des Bundestages:

§ 1 Aufgabenbereich. Diese Verordnung regelt für den Anwendungsbereich des Erneuerbare-Energien-Gesetzes[2]), welche Stoffe als Biomasse gelten, für welche Stoffe eine zusätzliche einsatzstoffbezogene Vergütung in Anspruch genommen werden kann, welche energetischen Referenzwerte für die Berechnung dieser Vergütung anzuwenden sind, wie die einsatzstoffbezogene Vergütung zu berechnen ist, welche technischen Verfahren zur Stromerzeugung aus Biomasse in den Anwendungsbereich des Gesetzes fallen und welche Umweltanforderungen bei der Erzeugung von Strom aus Biomasse einzuhalten sind.

§ 2 Anerkannte Biomasse. (1) [1]Biomasse im Sinne dieser Verordnung sind Energieträger aus Phyto- und Zoomasse. [2]Hierzu gehören auch aus Phyto- und Zoomasse resultierende Folge- und Nebenprodukte, Rückstände und Abfälle, deren Energiegehalt aus Phyto- und Zoomasse stammt.

(2) Biomasse im Sinne des Absatzes 1 sind insbesondere:

1. Pflanzen und Pflanzenbestandteile,
2. aus Pflanzen oder Pflanzenbestandteilen hergestellte Energieträger, deren sämtliche Bestandteile und Zwischenprodukte aus Biomasse im Sinne des Absatzes 1 erzeugt wurden,
3. Abfälle und Nebenprodukte pflanzlicher und tierischer Herkunft aus der Land-, Forst- und Fischwirtschaft,
4. Bioabfälle im Sinne von § 2 Nr. 1 der Bioabfallverordnung,
5. aus Biomasse im Sinne des Absatzes 1 durch Vergasung oder Pyrolyse erzeugtes Gas und daraus resultierende Folge- und Nebenprodukte,

---

[1]) Nr. 31.
[2]) Nr. 34.

6. aus Biomasse im Sinne des Absatzes 1 erzeugte Alkohole, deren Bestandteile, Zwischen-, Folge- und Nebenprodukte aus Biomasse erzeugt wurden.

(3) Unbeschadet von Absatz 1 gelten als Biomasse im Sinne dieser Verordnung:

1. Treibsel aus Gewässerpflege, Uferpflege und -reinhaltung,
2. durch anaerobe Vergärung erzeugtes Biogas, sofern zur Vergärung nicht Stoffe nach § 3 Nummer 3, 7 oder 9 oder mehr als 10 Gewichtsprozent Klärschlamm eingesetzt werden.

(4) [1] Stoffe, aus denen in Altanlagen im Sinne von § 2 Abs. 3 Satz 4 des Erneuerbare-Energien-Gesetzes[1]) vom 29. März 2000 (BGBl. I S. 305) in der am 31. Juli 2004 geltenden Fassung Strom erzeugt und vor dem 1. April 2000 bereits als Strom aus Biomasse vergütet worden ist, gelten in diesen Anlagen weiterhin als Biomasse. [2] Dies gilt nicht für Stoffe nach § 3 Nr. 4. [3] § 5 Abs. 2 findet keine Anwendung.

§ 2 a Energieerträge anerkannter Biomasse. (1) [1] Der Anspruch auf die einsatzstoffbezogene Vergütung nach § 27 Absatz 2 Nummer 1 (Einsatzstoffvergütungsklasse I) und Nummer 2 (Einsatzstoffvergütungsklasse II) des Erneuerbare-Energien-Gesetzes[2]) besteht für Einsatzstoffe nach Maßgabe der Anlagen 2 und 3 zu dieser Verordnung. [2] Die Berechnung der einsatzstoffbezogenen Vergütung erfolgt für Strom aus jedem Einsatzstoff, für den ein Anspruch auf die einsatzstoffbezogene Vergütung besteht, anteilig anhand seines Anteils an der Stromerzeugung.

(2) [1] Zur Berechnung der einsatzstoffbezogenen Vergütung ist der Anteil eines Einsatzstoffs im Sinne der Einsatzstoffvergütungsklasse I oder II an der Stromerzeugung in der Anlage anhand seines Energieertrags nach Anlage 2 (Einsatzstoffvergütungsklasse I) oder Anlage 3 (Einsatzstoffvergütungsklasse II) zu dieser Verordnung zu ermitteln. [2] Für jeden Einsatzstoff wird dessen Anteil an der gesamten Stromerzeugung errechnet, indem dessen Einsatzstoffmenge mit dem Energieertrag nach Anlage 1, Anlage 2 oder Anlage 3 zu dieser Verordnung multipliziert wird. [3] Für die Berechnung des prozentualen Anteils einer Einsatzstoffvergütungsklasse an der gesamten Stromerzeugung werden die Anteile der Einsatzstoffe einer Einsatzstoffvergütungsklasse an der gesamten Stromerzeugung addiert und ins Verhältnis zur Summe der Anteile aller eingesetzten Einsatzstoffe an der gesamten Stromerzeugung gesetzt. [4] Die Multiplikation des prozentualen Anteils der Einsatzstoffe einer Einsatzstoffvergütungsklasse mit der gesamten Strommenge ergibt den Anteil an der gesamten Stromerzeugung, der die der Einsatzstoffvergütungsklasse zustehende Vergütung erhält. [5] Einsatzstoffe, die keinem der in den Anlagen 1 bis 3 zu dieser Verordnung aufgeführten Stoffe zugeordnet werden können, gelten für die Ermittlung der prozentualen Anteile der Einsatzstoffe an der Stromerzeugung als Einsatzstoff nach Anlage 1 zu dieser Verordnung. [6] Wird zur Anfahr-, Zünd- und Stützfeuerung flüssige Biomasse eingesetzt, so wird der Stromanteil aus dem notwendigen Einsatz flüssiger Biomasse den anderen verwende-

---

[1]) Nr. 31.
[2]) Nr. 34.

Biomasseverordnung § 3 BiomasseV

ten Einsatzstoffen entsprechend ihres prozentualen Anteils an der übrigen Stromerzeugung zugerechnet.

(3) ¹ Wird der Nachweis über den Energieertrag von Einsatzstoffen zur Feststoffverbrennung oder thermochemischen Vergasung (Heizwert Hi,N) durch Vorlage einer Lieferbescheinigung des Einsatzstofflieferanten geführt, so muss die Lieferbescheinigung folgende Informationen enthalten:

1. den Heizwert Hi,N des Einsatzstoffes,
2. den Namen der Prüfstelle, die den Heizwert Hi,N ermittelt hat,
3. die Nummer des Prüfberichts,
4. die Probennummer und
5. das Datum der Probennahme.

² Außerdem muss der Lieferbescheinigung eine Kopie des Analyseergebnisses (Heizwertbestimmung nach DIN EN 14918 (2010:04)) beigefügt werden.[1)]

§ 3 Nicht als Biomasse anerkannte Stoffe. Nicht als Biomasse im Sinne dieser Verordnung gelten:

1. fossile Brennstoffe sowie daraus hergestellte Neben- und Folgeprodukte,
2. Torf,
3. gemischte Siedlungsabfälle aus privaten Haushaltungen sowie ähnliche Abfälle aus anderen Herkunftsbereichen einschließlich aus gemischten Siedlungsabfällen herausgelöste Biomassefraktionen,
4. Altholz mit Ausnahme von Industrierestholz,
5. Papier, Pappe, Karton,
6. Klärschlämme im Sinne der Klärschlammverordnung,
7. Hafenschlick und sonstige Gewässerschlämme und -sedimente,
8. Textilien,
9. tierische Nebenprodukte im Sinne von Artikel 3 Nummer 1 der Verordnung (EG) Nr. 1069/2009 des Europäischen Parlaments und des Rates vom 21. Oktober 2009 mit Hygienevorschriften für nicht für den menschlichen Verzehr bestimmte tierische Nebenprodukte und zur Aufhebung der Verordnung (EG) Nr. 1774/2002 (ABl. L 300 vom 14. 11. 2009, S. 1), die durch die Richtlinie 2010/63/EU (ABl. L 276 vom 20. 10. 2010, S. 33) geändert worden ist, soweit es sich

   a) um Material der Kategorie 1 gemäß Artikel 8 der Verordnung (EG) Nr. 1069/2009 handelt,

   b) um Material der Kategorie 2 gemäß Artikel 9 der Verordnung (EG) Nr. 1069/2009 mit Ausnahme von Gülle, von Magen und Darm getrenntem Magen- und Darminhalt und Kolostrum im Sinne der genannten Verordnung handelt,

   c) um Material der Kategorie 3 gemäß Artikel 10 der Verordnung (EG) Nr. 1069/2009 mit Ausnahme von Häuten, Fellen, Hufen, Federn, Wolle, Hörnern, Haaren und Pelzen nach Artikel 10 Buchstaben b

---

[1)] **Amtl. Anm.**: Amtlicher Hinweis: Zu beziehen bei der Beuth-Verlag GmbH, 10772 Berlin, und archivmäßig gesichert niedergelegt bei der Deutschen Nationalbibliothek in Leipzig.

Unterbuchstaben iii bis v, h und n handelt, und dieses Material durch Verbrennen direkt als Abfall beseitigt wird, oder

d) um Material der Kategorie 3 gemäß Artikel 10 der Verordnung (EG) Nr. 1069/2009 handelt, das in Verarbeitungsbetrieben für Material der Kategorie 1 oder 2 verarbeitet wird, sowie Stoffe, die durch deren dortige Verarbeitung hergestellt worden oder sonst entstanden sind,

10. Deponiegas,
11. Klärgas.

§ 4 Technische Verfahren. (1) Als technische Verfahren zur Erzeugung von Strom aus Biomasse im Sinne dieser Verordnung gelten einstufige und mehrstufige Verfahren der Stromerzeugung durch folgende Arten von Anlagen:

1. Feuerungsanlagen in Kombination mit Dampfturbinen-, Dampfmotor-, Stirlingmotor- und Gasturbinenprozessen, einschließlich Organic-Rankine-Cycle-(ORC)-Prozessen,
2. Verbrennungsmotoranlagen,
3. Gasturbinenanlagen,
4. Brennstoffzellenanlagen,
5. andere Anlagen, die wie die in Nummern 1 bis 4 genannten technischen Verfahren im Hinblick auf das Ziel des Klima- und Umweltschutzes betrieben werden.

(2) Soweit eine Stromerzeugung aus Biomasse im Sinne dieser Verordnung mit einem Verfahren nach Absatz 1 nur durch eine Zünd- oder Stützfeuerung mit anderen Stoffen als Biomasse möglich ist, können auch solche Stoffe eingesetzt werden.

(3) In Anlagen nach Absatz 1 und 2 darf bis zu einem Anteil von 10 vom Hundert des Energiegehalts auch Klärgas oder durch thermische Prozesse unter Sauerstoffmangel erzeugtes Gas (Synthesegas) eingesetzt werden, wenn das Gas (Synthesegas) aus Klärschlamm im Sinne der Klärschlammverordnung erzeugt worden ist.

§ 5 Umweltanforderungen. Zur Vermeidung und Verminderung von Umweltverschmutzungen, zum Schutz und zur Vorsorge vor schädlichen Umwelteinwirkungen und zur Gefahrenabwehr sowie zur Schonung der Ressourcen und zur Sicherung des umweltverträglichen Umgangs mit Abfällen sind die für die jeweiligen technischen Verfahren sowie den Einsatz der betreffenden Stoffe geltenden Vorschriften des öffentlichen Rechts einzuhalten.

§ 6 Inkrafttreten. Diese Verordnung tritt am Tage nach der Verkündung[1] in Kraft.

Der Bundesrat hat zugestimmt.

---

[1] Verkündet am 27. 6. 2001.

Biomasseverordnung

Anlage 1
(zu § 2a Absatz 2)

Einsatzstoffe, die keinen Anspruch auf eine einsatzstoffbezogene Vergütung begründen, und ihr Energieertrag

	Einsatzstoffe zur Biogaserzeugung	Energieertrag (Methanertrag in m³ pro Tonne Frischmasse)
1.	Altbrot	254
2.	Backabfälle	344
3.	Biertreber (frisch/abgepresst)	61
4.	Buttermilch frisch (nicht oder nicht mehr zum Verzehr geeignet)	32
5.	Casein	392
6.	Fettabscheiderinhalte	15
7.	Flotatfette	43
8.	Flotatschlamm	81
9.	Frittierfette	562
10.	Gemüse (aussortiert)	40
11.	Gemüseabputz	26
12.	Getreide (Ausputz)	254
13.	Getreideabfälle	272
14.	Getreideschlempe mit Ausnahme von Nummer 15	22
15.	Getreideschlempe aus der Alkoholproduktion	18
16.	Getreidestaub	172
17.	Glyzerin	421
18.	Grünschnitt aus der privaten und öffentlichen Garten- und Parkpflege	43
19.	Heil- und Gewürzpflanzen (aussortiert)	58
20.	Kartoffelfruchtwasser aus der Stärkeproduktion	11
21.	Kartoffeln (aussortiert)	92
22.	Kartoffeln (gemust, mittlerer Stärkegehalt; nicht oder nicht mehr zum Verzehr geeignet)	66
23.	Kartoffelprozesswasser aus der Stärkeproduktion	3
24.	Kartoffelpülpe aus der Stärkeproduktion	61
25.	Kartoffelschalen	66
26.	Kartoffelschlempe mit Ausnahme von Nummer 27	18
27.	Kartoffelschlempe aus der Alkoholproduktion	17
28.	Kleie	270

35 BiomasseV Anl. 1

Einsatzstoffe zur Biogaserzeugung	Energieertrag (Methanertrag in m³ pro Tonne Frischmasse)
29. Labmolke eingedickt	44
30. Labmolke frisch	18
31. Mageninhalt (Schwein)	27
32. Magermilch frisch (nicht oder nicht mehr zum Verzehr geeignet)	33
33. Magermilch trocken	363
34. Melasse aus der Rübenzuckerherstellung	166
35. Milch (nicht oder nicht mehr zum Verzehr geeignet)	70
36. Milchzucker	378
37. Milchzuckermelasse	91
38. Milchzuckermelasse proteinarm	69
39. Molke mit Ausnahme von Nummer 40	18
40. Molke teilentzuckert trocken	298
41. Obsttrester und Traubentrester (frisch/unbehandelt)	49
42. Panseninhalt	33
43. Quark (nicht oder nicht mehr zum Verzehr geeignet)	92
44. Rapsextraktionsschrot	274
45. Rapskuchen	317
46. Rübenkleinteile (aus der Zuckerverarbeitung)	50
47. Sauermolke eingedickt	42
48. Sauermolke frisch	20
49. Schnittblumen (aussortiert)	55
50. Speisereste	57
51. Straßenbegleitgras	43
52. Tierblut	83
53. Zuckerrübenpresskuchen aus der Zuckerproduktion	64
54. Zuckerrübenschnitzel	64
55. Für Einsatzstoffe zur Biogaserzeugung, die weder in dieser Liste noch in Anlage 2 oder in Anlage 3 genannt werden, ist folgender Energieertrag „E 0" zu verwenden: 110 m³ pro Tonne Frischmasse.	

Einsatzstoffe zur Feststoffverbrennung oder thermochemischen Vergasung (technologieoffen)	Energieertrag (Heizwert Hi,N in GJ pro Tonne Trockenmasse – absolut trocken)
56. Sägenebenprodukte	19
57. Für sonstige Einsatzstoffe zur Feststoffverbrennung oder thermochemischen Vergasung aus Holz, die weder in dieser Liste noch in Anlage 2 oder in Anlage 3 genannt werden, kann die Anlagenbetreiberin oder der Anlagenbetreiber folgenden Energieertrag „H 0" verwenden:	

Biomasseverordnung Anl. 2 BiomasseV 35

	Einsatzstoffe zur Feststoffverbrennung oder thermochemischen Vergasung (technologieoffen)	Energieertrag (Heizwert Hi,N in GJ pro Tonne Trockenmasse – absolut trocken)
	17,2 GJ pro Tonne Frischmasse	
58.	Für Einsatzstoffe zur Feststoffverbrennung oder thermochemischen Vergasung, für die kein unterer Heizwert Hi,N vorhanden ist, kann die Anlagenbetreiberin oder der Anlagenbetreiber den Heizwert Hi,N gemäß DIN EN 14918 (2010:04) bestimmen lassen. Sofern nicht für alle zur Stromerzeugung aus Feststoffverbrennung oder aus thermochemischer Vergasung verwendeten Einsatzstoffe ein unterer Heizwert Hi,N angegeben werden kann, entfällt für die verwendeten Einsatzstoffe der Anspruch auf die einsatzstoffbezogene Vergütung nach § 27 Absatz 2 des Erneuerbare-Energien-Gesetzes[1].	
Die Anlagenbetreiberin oder der Anlagenbetreiber kann anstelle einer Verwendung der Werte nach den Nummern 56 bis 58 den Heizwert nach DIN EN 14918 bestimmen lassen.		

Anlage 2
(zu § 2a Absatz 1 und 2)

Einsatzstoffe der Einsatzstoffvergütungsklasse I und ihr Energieertrag

	Einsatzstoffe zur Biogaserzeugung	Energieertrag (Methanertrag in m³ pro Tonne Frischmasse)
1.	Corn-Cob-Mix (CCM)	242
2.	Futterrübe	52
3.	Futterrübenblatt	38
4.	Getreide (Ganzpflanze)**)	103
5.	Getreidekorn	320
6.	Gras einschließlich Ackergras	100
7.	Grünroggen (Ganzpflanze)**)	72
8.	Hülsenfrüchte (Ganzpflanze)**)	63
9.	Kartoffelkraut	30
10.	Körnermais	324
11.	Lieschkolbenschrot	148
12.	Mais (Ganzpflanze)**)	106
13.	Sonnenblume (Ganzpflanze)**)	67
14.	Sorghum (Ganzpflanze)**)	80
15.	Sudangras	80
16.	Weidelgras	79

[1] Nr. **34**.

35 BiomasseV Anl. 2

Einsatzstoffe zur Biogaserzeugung	Energieertrag (Methanertrag in m³ pro Tonne Frischmasse)
17. Zuckerrüben	75
18. Zuckerrübenblatt mit Anteilen Zuckerrübe	46
19. Für sonstige Pflanzen oder Pflanzenbestandteile zur Biogaserzeugung, die in landwirtschaftlichen, forstwirtschaftlichen oder gartenbaulichen Betrieben anfallen und die keiner weiteren als der zur Ernte, Konservierung oder Nutzung in der Biomasseanlage erfolgten Aufbereitung oder Veränderung unterzogen wurden (nachwachsende Rohstoffe), ist folgender Energieertrag „E I" zu verwenden: 50 m³ pro Tonne Frischmasse.	

**) Amtl. Anm.: Werte für Ganzpflanzen und Gräser gelten für silierte und unsilierte Substrate.

Einsatzstoffe zur Feststoffverbrennung oder thermochemischen Vergasung (technologieoffen)	Energieertrag (Heizwert Hi,N in GJ pro Tonne Trockenmasse – absolut trocken)
20. Getreide (Ganzpflanze)	16,5
21. Gras einschließlich Ackergras	16,1
22. Holz aus Kurzumtriebsplantagen (KUP) mit Ausnahme von Nummer 18 der Anlage 3. Als KUP gelten Anpflanzungen mehrjähriger Gehölzkulturen mit einer Umtriebszeit von mindestens drei und höchstens 20 Jahren auf landwirtschaftlichen Flächen, die allein oder im Rahmen einer agroforstlichen Nutzung der Energieholzgewinnung dienen, und die nicht Wald im Sinne des Bundeswaldgesetzes sind, einschließlich Rinde.	18,6
23. Miscanthus	17,7
24. Rinde	19,1
25. Waldrestholz. Als Waldrestholz gelten das Kronenderbholz, das X-Holz, das zwar bearbeitet wird, jedoch keiner abnehmerorientierten Sortierung entspricht, sowie der oberirdische Bestandteil des Stockholzes, einschließlich Rinde. Nicht als Waldrestholz im Sinne eines vergütungsfähigen Rohstoffs gelten Stubben, Blätter und Nadeln.	19
26. Für sonstige Pflanzen oder Pflanzenbestandteile zur Feststoffverbrennung oder thermochemischen Vergasung, die in landwirtschaftlichen, forstwirtschaftlichen oder gartenbaulichen Betrieben anfallen und die keiner weiteren als der zur Ernte, Konservierung oder Nutzung in der Biomasseanlage erfolgten Aufbereitung oder Veränderung unterzogen wurden (nachwachsende Rohstoffe), kann die Anlagenbetreiberin oder der Anlagenbetreiber folgenden Energieertrag „H I" verwenden: 6,2 GJ pro Tonne Frischmasse.	
Die Anlagenbetreiberin oder der Anlagenbetreiber kann anstelle einer Verwendung der Werte nach den Nummern 20 bis 26 den Heizwert nach DIN EN 14918 bestimmen lassen.	

Biomasseverordnung Anl. 3 BiomasseV 35

Anlage 3
(zu § 2a Absatz 1 und 2)

Einsatzstoffe der Einsatzstoffvergütungsklasse II und ihr Energieertrag

	Einsatzstoffe zur Biogaserzeugung	Energieertrag (Methanertrag in m³ pro Tonne Frischmasse)
1.	Blühstreifen, Blühflächen, Schonstreifen, Ackerrandstreifen, Wildblumenaufwuchs	72
2.	Durchwachsene Silphie	67
3.	Geflügelmist, Geflügeltrockenkot	82
4.	Kleegras (als Zwischenfrucht von Ackerstandorten)	86
5.	Landschaftspflegematerial einschließlich Landschaftspflegegras. Als Landschaftspflegematerial gelten alle Materialien, die bei Maßnahmen anfallen, die vorrangig und überwiegend den Zielen des Naturschutzes und der Landschaftspflege im Sinne des Bundesnaturschutzgesetzes dienen und nicht gezielt angebaut wurden. Marktfrüchte wie Mais, Raps oder Getreide sowie Grünschnitt aus der privaten oder öffentlichen Garten- und Parkpflege oder aus Straßenbegleitgrün, Grünschnitt von Flughafengrünland und Abstandsflächen in Industrie- und Gewerbegebieten zählen nicht als Landschaftspflegematerial. Als Landschaftspflegegras gilt nur Grünschnitt von maximal zweischürigem Grünland.	43
6.	Leguminosen-Gemenge	79
7.	Lupine	80
8.	Luzernegras (als Zwischenfrucht von Ackerstandorten)	79
9.	Pferdemist	35
10.	Phacelia	80
11.	Rinderfestmist	53
12.	Rindergülle	17
13.	Schafmist, Ziegenmist	59
14.	Schweinefestmist	45
15.	Schweinegülle	12
16.	Stroh. Als Stroh gilt das halmgutartige Nebenernteprodukt von Getreide, Ölsaaten oder Körnerleguminosen, wenn das Hauptprodukt (Korn) nicht energetisch genutzt wird und das halmgutartige Nebenernteprodukt vom Korn separiert vorliegt.	161
17.	Winterrübsen	70

	Einsatzstoffe zur Feststoffverbrennung oder thermochemischen Vergasung (technologieoffen)	Energieertrag (Heizwert Hi,N in GJ pro Tonne Trockenmasse – absolut trocken)
18.	Holz aus KUP im Sinne von Nummer 22 Satz 2 der Anlage 2, sofern die KUP nicht auf Grünlandflächen (mit oder ohne Grünlandumbruch), in Naturschutzgebieten, in Natura 2000-Gebieten oder in Nationalparks angepflanzt wurden und sofern keine zusammenhängende Fläche von mehr als 10 ha in Anspruch genommen wurde, einschließlich Rinde.	18,6
19.	Baum- und Strauchschnitt, der bei Maßnahmen anfällt, die nicht vorrangig und überwiegend den Zielen des Naturschutzes und der Landschaftspflege im Sinne des Bundesnaturschutzgesetzes dienen, z.B. Straßenbegleitholz. Nicht hierzu gehören Garten- und Parkabfälle.	19
20.	Landschaftspflegematerial im Sinne der Nummer 5, z.B. Landschaftspflegeholz. Nicht hierzu gehören entsprechend der Nummer 5 insbesondere Garten- und Parkabfälle.	19
21.	Stroh im Sinne der Nummer 16	17,6

Die Anlagenbetreiberin oder der Anlagenbetreiber kann anstelle einer Verwendung der Werte nach den Nummern 18 bis 21 für alle Einsatzstoffe der Anlage 3 einschließlich der Nummern 1 bis 17 den Heizwert nach DIN EN 14918 bestimmen lassen.

36. Richtlinie 2009/28/EG des Europäischen Parlaments und des Rates vom 23. April 2009 zur Förderung der Nutzung von Energie aus erneuerbaren Quellen und zur Änderung und anschließenden Aufhebung der Richtlinien 2001/77/EG und 2003/30/EG

(Text von Bedeutung für den EWR)

(ABl. Nr. L 140 S. 16)
EU-Dok.-Nr. 3 2009 L 0028

Nichtamtliche Inhaltsübersicht

	Art.
Gegenstand und Anwendungsbereich	1
Begriffsbestimmungen	2
Verbindliche nationale Gesamtziele und Maßnahmen auf dem Gebiet der Nutzung von Energie aus erneuerbaren Quellen	3
Nationale Aktionspläne für erneuerbare Energie	4
Berechnung des Anteils von Energie aus erneuerbaren Quellen	5
Statistische Transfers zwischen Mitgliedstaaten	6
Gemeinsame Projekte zwischen Mitgliedstaaten	7
Wirkungen gemeinsamer Projekte zwischen Mitgliedstaaten	8
Gemeinsame Projekte von Mitgliedstaaten und Drittländern	9
Wirkung gemeinsamer Projekte zwischen Mitgliedstaaten und Drittländern	10
Gemeinsame Förderregelungen	11
Kapazitätserhöhungen	12
Verwaltungsverfahren, Rechtsvorschriften und Regelwerke	13
Information und Ausbildung	14
Herkunftsnachweis für Elektrizität, Wärme und Kälte, die aus erneuerbaren Energiequellen erzeugt werden	15
Netzzugang und Betrieb	16
Nachhaltigkeitskriterien für Biokraftstoffe und flüssige Brennstoffe	17
Überprüfung der Einhaltung der Nachhaltigkeitskriterien für Biokraftstoffe und flüssige Biobrennstoffe	18
Berechnung des Beitrags von Biokraftstoffen und flüssigen Biobrennstoffen zum Treibhauseffekt	19
Durchführungsmaßnahmen	20
Besondere Bestimmungen für Energie aus erneuerbaren Quellen im Verkehrssektor	21
Berichterstattung durch die Mitgliedstaaten	22
Überwachung und Berichterstattung durch die Kommission	23
Transparenzplattform	24
Ausschüsse	25
Änderungen und Aufhebung	26
Umsetzung	27
Inkrafttreten	28
Adressaten	29

Anhang I. Nationale Gesamtziele für den Anteil von Energie aus erneuerbaren Quellen am Endenergieverbrauch im Jahr 2020
Anhang II. Normalisierungsregel für die Berücksichtigung von Elektrizität aus Wasserkraft und Windkraft
Anhang III. Energiegehalt von Kraftstoffen
Anhang IV. Zertifizierung von Installateuren

Anhang V. Regeln für die Berechnung des Beitrags von Biokraftstoffen, flüssigen Biobrennstoffen und des entsprechenden Vergleichswerts für fossile Brennstoffe zum Treibhauseffekt
Anhang VI. Mindestanforderungen an die harmonisierte Vorlage für die nationalen Aktionspläne für erneuerbare Energie
Anhang VII. Berücksichtigung von Energie aus Wärmepumpen

DAS EUROPÄISCHE PARLAMENT UND DER RAT DER EUROPÄISCHEN UNION –

gestützt auf den Vertrag zur Gründung der Europäischen Gemeinschaft, insbesondere auf Artikel 175 Absatz 1 und Artikel 95 in Bezug auf die Artikel 17, 18 und 19 dieser Richtlinie,

auf Vorschlag der Kommission,

nach Stellungnahme des Europäischen Wirtschafts- und Sozialausschusses[1],

nach Stellungnahme des Ausschusses der Regionen[2],

gemäß dem Verfahren des Artikels 251 des Vertrags[3],

in Erwägung nachstehender Gründe:

(1) Die Kontrolle des Energieverbrauchs in Europa sowie die vermehrte Nutzung von Energie aus erneuerbaren Energiequellen sind gemeinsam mit Energieeinsparungen und einer verbesserten Energieeffizienz wesentliche Elemente der Maßnahmenbündels, das zur Verringerung der Treibhausgasemissionen und zur Einhaltung des Protokolls von Kyoto zum Rahmenübereinkommen der Vereinten Nationen über Klimaänderungen und weiterer gemeinschaftlicher und internationaler Verpflichtungen zur Senkung der Treibhausgasemissionen über das Jahr 2012 hinaus benötigt wird. Diese Faktoren spielen auch eine wichtige Rolle bei der Stärkung der Energieversorgungssicherheit, der Förderung der technologischen Entwicklung und Innovation sowie der Schaffung von Beschäftigungsmöglichkeiten und von Möglichkeiten der regionalen Entwicklung, vor allem in ländlichen und entlegenen Gebieten.

(2) Insbesondere gehören mehr technische Verbesserungen, Anreize für die Nutzung und den Ausbau öffentlicher Verkehrsmittel, der Einsatz von Energieeffizienztechnologien und die Verwendung von Energie aus erneuerbaren Quellen im Verkehrssektor zu den wirksamsten Mitteln, mit denen die Gemeinschaft ihre Abhängigkeit von Erdöleinfuhren für den Verkehrssektor, in dem das Problem der Energieversorgungssicherheit am akutesten ist, verringern und den Kraftstoffmarkt beeinflussen kann.

(3) Es ist anerkannt, welche Möglichkeiten Innovation und eine nachhaltige, wettbewerbsfördernde Energiepolitik für das Wirtschaftswachstum bieten. Die Energieproduktion aus erneuerbaren Quellen ist oft von den vor Ort oder in der Region angesiedelten kleinen und mittleren Unternehmen (KMU) abhängig. In den Mitgliedstaaten und ihren Regionen ergeben sich aus Investitionen in die lokale und regionale Produktion von Energie aus erneuerbaren Quellen bedeutende Wachstumschancen und Beschäftigungsmöglichkeiten. Die Kommission und die Mitgliedstaaten sollten demnach nationale und regionale Entwicklungsmaßnahmen in diesen Bereichen fördern, den Austausch bewährter Verfahren zur Energieproduktion aus erneuerbaren Quellen zwischen lokalen und regionalen Entwicklungsinitiativen anregen und auf den Einsatz von Strukturfondsmitteln in diesem Bereich drängen.

(4) Bei der Förderung der Entwicklung des Marktes für erneuerbare Energiequellen ist es erforderlich, die positiven Auswirkungen auf regionale und lokale Entwicklungsmöglichkeiten, Exportchancen, sozialen Zusammenhalt und Beschäftigungsmöglichkeiten, besonders für KMU und unabhängige Energieproduzenten, zu berücksichtigen.

(5) Damit der Ausstoß von Treibhausgasen innerhalb der Gemeinschaft gesenkt und ihre Abhängigkeit von Energieimporten verringert wird, sollte der Ausbau der Energie aus erneuerbaren Quellen eng mit einer Steigerung der Energieeffizienz einhergehen.

---

[1] **Amtl. Anm.:** ABl. C 77 vom 31. 3. 2009, S. 43.
[2] **Amtl. Anm.:** ABl. C 325 vom 19. 12. 2008, S. 12.
[3] **Amtl. Anm.:** Stellungnahme des Europäischen Parlaments vom 17. Dezember 2008 (noch nicht im Amtsblatt veröffentlicht) und Beschluss des Rates vom 6. April 2009.

(6) Es ist angebracht, die Demonstrations- und Vermarktungsphase von dezentralen Technologien für erneuerbare Energietechnologien zu unterstützen. Mit der Entwicklung hin zur dezentralisierten Energieerzeugung sind viele Vorteile verbunden, beispielsweise die Nutzung vor Ort verfügbarer Energiequellen, eine bessere lokale Energieversorgungssicherheit, kürzere Transportwege und geringere übertragungsbedingte Energieverluste. Diese Dezentralisierung wirkt sich auch positiv auf die Entwicklung und den Zusammenhalt der Gemeinschaft aus, indem Erwerbsquellen und Arbeitsplätze vor Ort geschaffen werden.

(7) In der Richtlinie 2001/77/EG des Europäischen Parlaments und des Rates vom 27. September 2001 zur Förderung der Stromerzeugung aus erneuerbaren Energiequellen im Elektrizitätsbinnenmarkt[1] und in der Richtlinie 2003/30/EG des Europäischen Parlaments und des Rates vom 8. Mai 2003 zur Förderung der Verwendung von Biokraftstoffen oder anderen erneuerbaren Kraftstoffen im Verkehrssektor[2] wurden für verschiedene Arten von Energie aus erneuerbaren Quellen Begriffsbestimmungen festgelegt. Die Richtlinie 2003/54/EG des Europäischen Parlaments und des Rates vom 26. Juni 2003 über gemeinsame Vorschriften für den Elektrizitätsbinnenmarkt[3] enthält Begriffsbestimmungen für den Elektrizitätssektor im Allgemeinen. Im Interesse der Rechtssicherheit und der Klarheit ist es angebracht, in dieser Richtlinie dieselben oder ähnliche Begriffsbestimmungen zu verwenden.

(8) In der Mitteilung der Kommission vom 10. Januar 2007 „Fahrplan für erneuerbare Energien – Erneuerbare Energien im 21. Jahrhundert: größere Nachhaltigkeit in der Zukunft" wurde dargelegt, dass 20 % als Ziel für den Gesamtanteil von Energie aus erneuerbaren Quellen und 10 % als Ziel für Energie aus erneuerbaren Quellen im Verkehrssektor angemessene und erreichbare Ziele wären und dass ein Rahmen, der verbindliche Ziele enthält, den Unternehmen die langfristige Sicherheit geben dürfte, die sie benötigen, um vernünftige und nachhaltige Investitionen in den Sektor der erneuerbaren Energie zu tätigen, mit denen die Abhängigkeit von importierten fossilen Brennstoffen verringert und die Nutzung neuer Energietechnologien gefördert werden kann. Dabei handelt es sich um Ziele im Zusammenhang mit der Erhöhung der Energieeffizienz um 20 % bis 2020, die gemäß der vom Europäischen Rat im März 2007 und vom Europäischen Parlament in seiner Entschließung vom 31. Januar 2008 zu jenem Aktionsplan gebilligten Mitteilung der Kommission vom 19. Oktober 2006 mit dem Titel „Aktionsplan für Energieeffizienz: das Potenzial ausschöpfen" angestrebt wird.

(9) Auf der Tagung des Europäischen Rates vom März 2007 wurde die Verpflichtung der Gemeinschaft zum gemeinschaftsweiten Ausbau der Energie aus erneuerbaren Quellen über das Jahr 2010 hinaus erneut bekräftigt. Der Rat billigte ein verbindliches Ziel von 20 % für den Anteil von Energie aus erneuerbaren Quellen am Gesamtenergieverbrauch in der Gemeinschaft bis 2020 und ein von allen Mitgliedstaaten zu erreichendes verbindliches Mindestziel von 10 % für den Anteil von Biokraftstoffen am Benzin- und Dieselkraftstoffverbrauch bis 2020, das kosteneffizient verwirklicht werden sollte. Er erklärte, der verbindliche Charakter des Biokraftstoffziels sei angemessen, sofern die Herstellung auf nachhaltige Weise erfolge, Biokraftstoffe der zweiten Generation kommerziell zur Verfügung stünden und die Richtlinie 98/70/EG des Europäischen Parlaments und des Rates vom 13. Oktober 1998 über die Qualität von Otto- und Dieselkraftstoffen[4] geändert würde, um geeignete Beimischungsverhältnisse zu ermöglichen. Der Europäische Rat hat auf seiner Tagung im März 2008 daran erinnert, dass es von wesentlicher Bedeutung ist, wirksame Nachhaltigkeitskriterien für Biokraftstoffe zu entwickeln und zu erfüllen und die kommerzielle Verfügbarkeit von Biokraftstoffen der zweiten Generation zu gewährleisten. Der Europäische Rat hat auf seiner Tagung im Juni 2008 erneut auf die Nachhaltigkeitskriterien und die Entwicklung von Biokraftstoffen der zweiten Generation hingewiesen und betont, dass die möglichen Auswirkungen auf die landwirtschaftliche Lebensmittelproduktion bewertet und gegebenenfalls entsprechende Abhilfemaßnahmen ergriffen werden müssen. Ferner hat er daraufhingewiesen, dass eine weiter gehende Bewertung der ökologischen und sozialen Auswirkungen der Produktion und des Verbrauchs von Biokraftstoffen vorgenommen werden sollte.

(10) In seiner Entschließung vom 25. September 2007 zum Fahrplan für erneuerbare Energien in Europa[5] forderte das Europäische Parlament die Kommission auf, bis Ende 2007 einen Vorschlag für einen Rechtsrahmen für Energie aus erneuerbaren Quellen vorzulegen, und verwies

---

[1] **Amtl. Anm.:** ABl. L 283 vom 27. 10. 2001, S. 33.
[2] **Amtl. Anm.:** ABl. L 123 vom 17. 5. 2003, S. 42.
[3] **Amtl. Anm.:** ABl. L 176 vom 15. 7. 2003, S. 37.
[4] **Amtl. Anm.:** ABl. L 350 vom 28. 12. 1998, S. 58.
[5] **Amtl. Anm.:** ABl. C 219 E vom 28. 8. 2008, S. 82.

dabei darauf, wie wichtig die Festlegung von Zielen für die Anteile von Energie aus erneuerbaren Quellen in der Gemeinschaft und in den einzelnen Mitgliedstaaten sei.

(11) Für die Berechnung des Anteils von Energie aus erneuerbaren Quellen und zur Bestimmung dieser Quellen ist es erforderlich, transparente und eindeutige Regeln festzulegen. Dabei sollte die Energie, die in Meeren und anderen Wasserkörpern in Form von Wellen, Meeresströmungen, Gezeiten und Meeresenergie in Form von Temperaturgradienten oder Salzgradienten vorhanden ist, einbezogen werden.

(12) Die Nutzung landwirtschaftlicher Materialien wie Dung, Gülle sowie anderer tierischer und organischer Abfälle zur Erzeugung von Biogas bietet aufgrund des hohen Einsparpotentials bei Treibhausgasemissionen signifikante Umweltvorteile sowohl bei der Wärme- und Elektrizitätserzeugung als auch bei der Verwendung als Biokraftstoff. Biogasanlagen können aufgrund des dezentralen Charakters und der regionalen Investitionsstruktur einen maßgeblichen Beitrag zur nachhaltigen Entwicklung im ländlichen Raum leisten und Landwirten neue Einkommensperspektiven eröffnen.

(13) In Anbetracht der Standpunkte des Europäischen Parlaments, des Rates und der Kommission ist es angebracht, verbindliche nationale Ziele festzulegen, die damit in Einklang stehen, dass der Anteil von Energie aus erneuerbaren Quellen am Energieverbrauch der Gemeinschaft im Jahr 2020 zu 20 % und im Verkehrssektor am Energieverbrauch der Gemeinschaft zu 10 % durch Energie aus erneuerbaren Quellen gedeckt wird.

(14) Mit den verbindlichen nationalen Zielen wird in erster Linie der Zweck verfolgt, Investitionssicherheit zu schaffen und die kontinuierliche Entwicklung von Technologien für die Erzeugung von Energie aus allen Arten erneuerbarer Quellen zu fördern. Es ist daher nicht angebracht, die Entscheidung über die Verbindlichkeit eines Ziels bis zum Eintritt eines Ereignisses in der Zukunft zu verschieben.

(15) Die Ausgangslage, das Potenzial im Bereich der erneuerbaren Energie und der Energiemix sind in den einzelnen Mitgliedstaaten unterschiedlich. Das Gemeinschaftsziel von 20 % muss daher in Einzelziele für die einzelnen Mitgliedstaaten übersetzt werden, und dies unter gebührender Berücksichtigung einer fairen und angemessenen Aufteilung, die den unterschiedlichen Ausgangslagen und Möglichkeiten der Mitgliedstaaten, einschließlich des bestehenden Anteils von Energie aus erneuerbaren Quellen und des Energiemix, Rechnung trägt. Es ist angebracht, dabei so zu verfahren, dass die geforderte Gesamtsteigerung der Nutzung von Energie aus erneuerbaren Quellen zwischen den Mitgliedstaaten auf der Grundlage einer nach ihrem Bruttoinlandsprodukt gewichteten gleichen Steigerung des Anteils eines jeden Mitgliedstaats, die entsprechend seiner Ausgangslage abgestuft ist, aufgeteilt wird und der Bruttoendenergieverbrauch für die Berechnung der erneuerbaren Energie verwendet wird, wobei bisherige Anstrengungen der Mitgliedstaaten zur Nutzung von Energie aus erneuerbaren Quellen zu berücksichtigen sind.

(16) Dagegen ist es hinsichtlich des 10 %-Ziels für Energie aus erneuerbaren Quellen im Verkehrssektor angebracht, für die einzelnen Mitgliedstaaten denselben Anteil festzulegen, um für Kohärenz bei den Kraftstoffspezifikationen und bei der Verfügbarkeit der Kraftstoffe zu gewährleisten. Da sich Kraftstoffe leicht handeln lassen, können Mitgliedstaaten, die in geringem Maße über die relevanten Ressourcen verfügen, ohne weiteres Biokraftstoffe erneuerbarer Herkunft anderweitig beziehen. Obwohl es für die Gemeinschaft technisch möglich wäre, ihr Ziel für die Nutzung von Energie aus erneuerbaren Quellen im Verkehrsbereich ausschließlich durch die Herstellung in der Gemeinschaft zu erreichen, ist es sowohl wahrscheinlich als auch wünschenswert, dass das Ziel de facto durch eine Kombination aus inländischer Herstellung und Importen erreicht wird. Hierzu sollte die Kommission die Biokraftstoffversorgung des Gemeinschaftsmarkts verfolgen und gegebenenfalls relevante Maßnahmen vorschlagen, um für Ausgewogenheit zwischen heimischer Herstellung und Importen zu sorgen, wobei unter anderem multilaterale und bilaterale Handelsverhandlungen sowie Umwelt-, Sozial- und wirtschaftliche Aspekte und die Energieversorgungssicherheit zu berücksichtigen sind.

(17) Die Verbesserung der Energieeffizienz ist eines der Hauptziele der Gemeinschaft, die eine Steigerung der Energieeffizienz um 20 % bis 2020 anstrebt. Dieses Ziel spielt zusammen mit bestehenden und künftigen Rechtsvorschriften einschließlich der Richtlinie 2002/91/EG des Europäischen Parlaments und des Rates vom 16. Dezember 2002 über die Gesamtenergieeffizienz von Gebäuden[1], der Richtlinie 2005/32/EG des Europäischen Parlaments und des Rates vom 6. Juli 2005 zur Schaffung eines Rahmens für die Festlegung von Anforderungen an die

---

[1] **Amtl. Anm.:** ABl. L 1 vom 4. 1. 2003, S. 65.

umweltgerechte Gestaltung energiebetriebener Produkte[1] und der Richtlinie 2006/32/EG[2] des Europäischen Parlaments und des Rates vom 5. April 2006 über Endenergieeffizienz und Energiedienstleistungen[3] eine maßgebliche Rolle dabei, die klima- und energiepolitischen Ziele mit möglichst geringen Kosten zu erreichen, und kann auch neue Möglichkeiten für die Wirtschaft in der Europäischen Union eröffnen. Konzepte für Energieeffizienz und Energieeinsparung zählen zu den wirksamsten Methoden, mit denen die Mitgliedstaaten den prozentualen Anteil von Energie aus erneuerbaren Quellen steigern und somit die in dieser Richtlinie festgelegten Gesamtziele für Energie aus erneuerbaren Quellen – sowohl das nationale Gesamtziel als auch das Ziel für den Verkehrssektor – leichter erreichen können.

(18) Es obliegt den Mitgliedstaaten, die Energieeffizienz in allen Bereichen erheblich zu verbessern, um ihre Ziele in Bezug auf Energie aus erneuerbaren Quellen, ausgedrückt als Prozentsatz des Bruttoendenergieverbrauchs, leichter zu erreichen. Ein wesentlicher Faktor ist die Energieeffizienz im Verkehrssektor, da das Ziel eines verbindlichen Prozentsatzes für Energie aus erneuerbaren Quellen voraussichtlich immer schwerer dauerhaft zu erreichen sein wird, wenn die Gesamtenergienachfrage für den Verkehr weiter steigt. Das verbindliche Ziel von 10 %, das die Mitgliedstaaten erreichen sollen, sollte daher als der Anteil des Endenergieverbrauchs im Verkehrssektor definiert werden, der insgesamt aus erneuerbaren Quellen zu decken ist und nicht allein aus Biokraftstoffen.

(19) Damit die verbindlichen nationalen Gesamtziele erreicht werden, sollten die Mitgliedstaaten sich an einem indikativen Zielpfad orientieren, der den Weg zur Erreichung ihrer endgültigen verbindlichen Ziele vorzeichnet. Sie sollten nationale Aktionspläne für erneuerbare Energie mit Informationen zu sektorspezifischen Zielen erstellen, wobei sie berücksichtigen sollten, dass es unterschiedliche Nutzungsformen von Biomasse gibt und es daher von grundlegender Bedeutung ist, neue Biomasseressourcen zu mobilisieren. Darüber hinaus sollten die Mitgliedstaaten eigene Maßnahmen zur Verwirklichung dieser Ziele festlegen. Jeder Mitgliedstaat sollte bei der Ermittlung seines nach seinem nationalen Aktionsplan für erneuerbare Energie prognostizierten Bruttoendenergieverbrauchs bewerten, welchen Beitrag Maßnahmen für Energieeffizienz und Energieeinsparung in Bezug auf die nationalen Zielsetzungen leisten können. Die Mitgliedstaaten sollten der optimalen Kombination von Technologien zur Steigerung der Energieeffizienz und Energie aus erneuerbaren Quellen Rechnung tragen.

(20) Damit die Vorteile des technischen Fortschritts und Größenvorteile genutzt werden können, sollte der indikative Zielpfad die Möglichkeit berücksichtigen, dass die Nutzung von Energie aus erneuerbaren Quellen in der Zukunft schneller wächst. Auf diese Weise kann Sektoren besondere Aufmerksamkeit gewidmet werden, die unverhältnismäßig unter fehlendem technischen Fortschritt und fehlenden Größenvorteilen leiden und daher weiterhin unterentwickelt sind, die jedoch in Zukunft nennenswert dazu beitragen könnten, die Ziele für 2020 zu erreichen.

(21) Ausgangspunkt für den indikativen Zielpfad sollte 2005 sein, da dies das letzte Jahr ist, für das zuverlässige Daten über den Anteil von Energie aus erneuerbaren Quellen vorliegen.

(22) Zur Erreichung der Ziele dieser Richtlinie ist es erforderlich, dass die Gemeinschaft und die Mitgliedstaaten beträchtliche Finanzmittel für Forschung und Entwicklung im Bereich der Technologien für erneuerbare Energieträger vorsehen. Insbesondere sollte das Europäische Innovations- und Technologieinstitut der Forschung und Entwicklung im Bereich der Technologien für erneuerbare Energieträger hohe Priorität einräumen.

(23) Die Mitgliedstaaten können lokale und regionale Behörden zur Festlegung von Zielwerten anregen, die über den nationalen Zielen liegen, und sie an der Ausarbeitung nationaler Aktionspläne für erneuerbare Energie und der Sensibilisierung der Öffentlichkeit für die Vorteile von Energie aus erneuerbaren Quellen beteiligen.

(24) Um das Biomassepotenzial voll auszunutzen, sollten die Gemeinschaft und die Mitgliedstaaten eine verstärkte Mobilisierung bestehender Holzreserven und die Entwicklung neuer Waldbausysteme fördern.

(25) Die Mitgliedstaaten haben unterschiedliche Potenziale im Bereich der erneuerbaren Energie und wenden auf nationaler Ebene unterschiedliche Regelungen zur Förderung von Energie aus erneuerbaren Quellen an. Die Mehrheit der Mitgliedstaaten wendet Förderregelungen an, bei

---

[1] **Amtl. Anm.**: ABl. L 191 vom 22. 7. 2005, S. 29.
[2] Nr. **55**.
[3] **Amtl. Anm.**: ABl. L 114 vom 27. 4. 2006, S. 64.

denen Vorteile ausschließlich für in ihrem Hoheitsgebiet erzeugte Energie aus erneuerbaren Quellen gewährt werden. Damit nationale Förderregelungen ungestört funktionieren können, müssen die Mitgliedstaaten deren Wirkung und Kosten entsprechend ihrem jeweiligen Potenzial kontrollieren können. Ein wichtiger Faktor bei der Verwirklichung des Ziels dieser Richtlinie besteht darin, das ungestörte Funktionieren der nationalen Förderregelungen, wie nach der Richtlinie 2001/77/EG, zu gewährleisten, damit das Vertrauen der Investoren erhalten bleibt und die Mitgliedstaaten wirksame nationale Maßnahmen im Hinblick auf die Erfüllung der Ziele konzipieren können. Diese Richtlinie zielt darauf ab, die grenzüberschreitende Förderung von Energie aus erneuerbaren Quellen zu erleichtern, ohne die nationalen Förderregelungen zu beeinträchtigen. Sie führt wahlweise Mechanismen der Zusammenarbeit zwischen Mitgliedstaaten ein, in deren Rahmen die Mitgliedstaaten vereinbaren können, in welchem Maße ein Mitgliedstaat die Energieerzeugung in einem anderen Mitgliedstaat fördert und in welchem Umfang die Erzeugung von Energie aus erneuerbaren Quellen auf die nationalen Gesamtziele des einen oder des anderen Mitgliedstaats angerechnet wird. Um die Wirksamkeit der beiden Maßnahmen zur Zielerfüllung, also der nationalen Förderregelungen und der Mechanismen der Zusammenarbeit, zu gewährleisten, ist es unbedingt notwendig, dass die Mitgliedstaaten die Möglichkeit haben, darüber zu entscheiden, ob und in welchem Umfang ihre nationalen Förderregelungen für in anderen Mitgliedstaaten erzeugte Energie aus erneuerbaren Quellen gelten, und sich durch die Anwendung der in der vorliegenden Richtlinie vorgesehenen Mechanismen der Zusammenarbeit darüber zu einigen.

(26) Es ist anzustreben, dass die Energiepreise die externen Kosten der Energieproduktion und des Energieverbrauchs widerspiegeln, gegebenenfalls einschließlich der Umwelt-, Sozial- und Gesundheitskosten.

(27) Die staatliche Förderung ist notwendig, um die Ziele der Gemeinschaft hinsichtlich der stärkeren Nutzung von Elektrizität aus erneuerbaren Energiequellen zu erreichen, insbesondere solange die Elektrizitätspreise im Binnenmarkt nicht alle Umwelt- und Sozialkosten und Vorteile der genutzten Energiequellen widerspiegeln.

(28) Die Gemeinschaft und die Mitgliedstaaten sollten darauf hinarbeiten, den Gesamtenergieverbrauch im Verkehrssektor zu verringern und seine Energieeffizienz zu verbessern. Die wichtigsten Instrumente zur Verringerung des Energieverbrauchs im Verkehr bestehen in der Verkehrsplanung, der Förderung öffentlicher Verkehrsmittel, der Steigerung des Anteils der Elektrofahrzeuge an den insgesamt hergestellten Fahrzeugen und der Herstellung von energieeffizienteren kleineren Fahrzeugen mit geringerer Motorleistung.

(29) Die Mitgliedstaaten sollten darauf hinarbeiten, den Energiemix aus erneuerbaren Quellen in allen Verkehrssektoren zu diversifizieren. Die Kommission sollte dem Europäischen Parlament und dem Rat bis zum 1. Juni 2015 einen Bericht vorlegen, der einen Überblick über das Potenzial der einzelnen Teilbereiche des Verkehrssektors für eine stärkere Nutzung von Energie aus erneuerbaren Quellen vermittelt.

(30) Bei der Berechnung des Beitrags der Wasserkraft und der Windkraft für die Zwecke dieser Richtlinie sollten die Auswirkungen klimatischer Schwankungen durch die Verwendung einer Normalisierungsregel geglättet werden. Weiterhin sollte Elektrizität, die in Pumpspeicherkraftwerken aus zuvor hochgepumptem Wasser produziert wird, nicht als Elektrizität erachtet werden, die aus erneuerbaren Energiequellen stammt.

(31) Wärmepumpen, die aerothermische, geothermische oder hydrothermische Wärme auf Nutztemperatur nutzen, benötigen Elektrizität oder andere Hilfsenergie für ihren Betrieb. Deshalb sollte die Energie, die zum Antrieb von Wärmepumpen eingesetzt wird, von der gesamten Nutzwärme abgezogen werden. Nur Wärmepumpen, deren Output die zu ihrem Antrieb erforderliche Primärenergie deutlich übersteigt, sollten berücksichtigt werden.

(32) Passive Energiesysteme verwenden die Baukonstruktion, um Energie nutzbar zu machen. Die dergestalt nutzbar gemachte Energie gilt als eingesparte Energie. Zur Vermeidung einer Doppelzählung sollte auf diese Weise nutzbar gemachte Energie für die Zwecke dieser Richtlinie nicht berücksichtigt werden.

(33) Bei einigen Mitgliedstaaten ist der Anteil des Flugverkehrs am Bruttoendenergieverbrauch von Energie hoch. Angesichts der derzeitigen technischen und ordnungspolitischen Grenzen, die dem kommerziellen Einsatz von Biokraftstoffen in der Luftfahrt gesetzt sind, ist es angemessen, eine teilweise Ausnahme für solche Mitgliedstaaten vorzusehen, indem bei der Berechnung ihres Bruttoendenergieverbrauchs im nationalen Flugverkehr diejenige Menge unberücksichtigt bleibt, um die sie den eineinhalbfachen Wert des durchschnittlichen gemeinschaftlichen Bruttoendenergieverbrauchs im Flugverkehr auf Gemeinschaftsebene im Jahr 2005 laut Eurostat

(d. h. 6,18 %) überschreiten. Zypern und Malta sind aufgrund ihrer Lage auf Inseln und in Randgebieten auf den Flugverkehr als unverzichtbares Beförderungsmittel für ihre Bürger und ihre Wirtschaft angewiesen. Das führt dazu, dass Zypern und Malta einen Bruttoendenergieverbrauch im nationalen Flugverkehr haben, der mit dem Dreifachen des Gemeinschaftsdurchschnitts im Jahr 2005 unverhältnismäßig hoch ist, und die deshalb unverhältnismäßig durch die derzeitigen technischen und ordnungspolitischen Grenzen betroffen sind. Für diese Mitgliedstaaten ist es angemessen, vorzusehen, dass die Ausnahme den Betrag umfasst, um den diese Mitgliedstaaten den Gemeinschaftsdurchschnitt für den von Eurostat erfassten gemeinschaftlichen Bruttoendenergieverbrauch im Flugverkehr im Jahr 2005, d.h. 4,12 %, überschreitet.

(34) Um zu einem Energiemodell zu gelangen, das auf Energie aus erneuerbaren Quellen setzt, ist es erforderlich, eine strategische Zusammenarbeit zwischen den Mitgliedstaaten zu fördern und gegebenenfalls Regionen und lokale Behörden einzubeziehen.

(35) Unter gebührender Beachtung der Bestimmungen dieser Richtlinie sollten die Mitgliedstaaten darin bestärkt werden, alle angemessenen Formen der Zusammenarbeit zu nutzen, um die Ziele dieser Richtlinie zu erreichen. Diese Zusammenarbeit kann auf allen Ebenen bilateral oder multilateral erfolgen. Abgesehen von den Mechanismen mit Auswirkungen auf die Zielberechnung und die Zielerfüllung, die ausschließlich in dieser Richtlinie geregelt sind, nämlich die statistischen Transfers zwischen den Mitgliedstaaten, die gemeinsamen Projekte und die gemeinsamen Förderregelungen, kann eine solche Zusammenarbeit beispielsweise auch als Austausch von Informationen und bewährten Verfahrensweisen erfolgen, wie sie insbesondere mit der durch diese Richtlinie geschaffenen Transparenzplattform vorgesehen ist, und durch andere freiwillige Abstimmung zwischen allen Typen von Förderregelungen.

(36) Um Möglichkeiten zur Senkung der Kosten für das Erreichen der Ziele dieser Richtlinie zu schaffen, sollte in den Mitgliedstaaten der Verbrauch von in anderen Mitgliedstaaten aus erneuerbaren Quellen produzierter Energie gefördert werden, und die Mitgliedstaaten sollten Energie aus erneuerbaren Quellen, die in anderen Mitgliedstaaten verbraucht werden, auf ihre eigenen nationalen Ziele anrechnen können. Aus diesem Grund sind Flexibilitätsmaßnahmen erforderlich, jedoch bleiben diese unter mitgliedstaatlicher Kontrolle, um nicht deren Fähigkeit zu beeinträchtigen, ihre nationalen Ziele zu erreichen. Diese Flexibilitätsmaßnahmen sind statistische Transfers, gemeinsame Projekte der Mitgliedstaaten oder gemeinsame Förderregelungen.

(37) Es sollte die Möglichkeit bestehen, importierte, aus erneuerbaren Energiequellen außerhalb der Gemeinschaft produzierte Elektrizität auf die Ziele der Mitgliedstaaten anzurechnen. Um jedoch eine Nettoerhöhung der Treibhausgasemissionen als Folge einer geänderten Nutzung vorhandener erneuerbarer Energiequellen und ihrer vollständigen oder teilweisen Substitution durch konventionelle Energiequellen zu vermeiden, sollte nur Elektrizität angerechnet werden können, die in erneuerbare Energiequellen einsetzenden Anlagen erzeugt wird, die nach dem Inkrafttreten dieser Richtlinie in Betrieb gehen oder mittels der erhöhten Kapazität einer Anlage erzeugt werden, die nach diesem Zeitpunkt aufgerüstet wurde. Um zu gewährleisten, dass die Ersetzung konventioneller Energie durch Energie aus erneuerbaren Quellen sowohl in der Gemeinschaft als auch in Drittländern eine angemessene Wirkung erzielt, ist es angemessen, sicherzustellen, dass diese Einfuhren zuverlässig nachverfolgt und angerechnet werden können. Abkommen mit Drittländern über die Organisation dieses Handels mit Elektrizität aus erneuerbaren Energiequellen werden berücksichtigt. Werden die Vertragsparteien des Vertrags über die Energiegemeinschaft[1)] aufgrund eines nach diesem Vertrag erlassenen diesbezüglichen Beschlusses durch die einschlägigen Bestimmungen dieser Richtlinie gebunden, so gelten die in dieser Richtlinie vorgesehenen Kooperationsmaßnahmen zwischen den Mitgliedstaaten auch für sie.

(38) Wenn die Mitgliedstaaten gemeinsame Projekte mit einem oder mehreren Drittländern zur Produktion von Elektrizität aus erneuerbaren Energiequellen durchführen, sollten diese gemeinsamen Projekte nur neu gebaute Anlagen betreffen oder Anlagen mit in jüngerer Zeit erhöhter Kapazität. Dadurch lässt sich leichter sicherstellen, dass der Anteil von Energie aus erneuerbaren Quellen am Gesamtenergieverbrauch des Drittlands nicht aufgrund der Einfuhr von Energie aus erneuerbaren Quellen in die Gemeinschaft verringert wird. Außerdem sollten es die betreffenden Mitgliedstaaten unterstützen, dass ein Teil der Produktion in den zu dem gemeinsamen Projekt gehörenden Anlagen für den heimischen Verbrauch in dem betreffenden Drittland verwendet wird. Darüber hinaus sollte das beteiligte Drittland von der Kommission

---

[1)] **Amtl. Anm.**: ABl. L 198 vom 20. 7. 2006, S. 18.

und den Mitgliedstaaten ermutigt werden, eine Politik für erneuerbare Energie mit ehrgeizigen Zielen zu entwickeln.

(39) Bei Projekten in Drittländern, die wie das Solarenergieprogramm für den Mittelmeerraum von großem europäischen Interesse sind, sind möglicherweise lange Vorlaufzeiten erforderlich, bis die Verbundfernleitung zum Gemeinschaftsgebiet betriebsbereit ist. Der Aufbau der Leitungen sollte demnach gefördert werden, indem den Mitgliedstaaten für die Dauer der Baumaßnahmen gestattet wird, sich einen begrenzten Betrag der im Rahmen solcher Projekte produzierten Elektrizität für die Erfüllung der nationalen Ziele in Bezug auf die nationalen Ziele anzurechnen.

(40) Das Verfahren, das von der für die Überwachung der Genehmigung, Zertifizierung und Zulassung von Anlagen für erneuerbare Energieträger zuständigen Verwaltungseinheit angewendet wird, muss objektiv, transparent, diskriminierungsfrei und verhältnismäßig sein, wenn die Regelungen auf bestimmte Projekte angewendet werden. Insbesondere ist es angemessen, unnötige Belastungen zu vermeiden, die sich daraus ergeben können, dass Projekte im Bereich der erneuerbaren Energiequellen als Anlagen, die ein Gesundheitsrisiko darstellen, eingestuft werden.

(41) Es hat sich gezeigt, dass aufgrund des Fehlens transparenter Regeln und mangelnder Koordinierung zwischen den verschiedenen Genehmigungsstellen der Einsatz von Energie aus erneuerbaren Quellen behindert wird. Die spezifische Struktur des Sektors der erneuerbaren Energie sollte daher berücksichtigt werden, wenn nationale, regionale und lokale Behörden ihre Verwaltungsverfahren zur Erteilung von Bau- und Betriebsgenehmigungen für Anlagen und von damit verbundenen Übertragungs- und Verteilernetzinfrastrukturen zur Elektrizitäts-, Wärme- und Kälteproduktion aus erneuerbaren Energiequellen oder für Anlagen zur Herstellung von Kraftstoffen aus erneuerbaren Energiequellen überprüfen. Die administrativen Genehmigungsverfahren sollten gestrafft werden und transparente Zeitpläne für die Genehmigung von Anlagen zur Nutzung von Energie aus erneuerbaren Quellen vorsehen. Planungsvorschriften und -leitlinien sollten dahin gehend angepasst werden, dass sie kosteneffiziente und umweltfreundliche Geräte zur Erzeugung von Wärme, Kälte und Elektrizität aus erneuerbaren Energiequellen berücksichtigen.

(42) Im Interesse der raschen Verbreitung von Energie aus erneuerbaren Quellen und im Hinblick auf deren insgesamt große Vorzüge in Bezug auf Nachhaltigkeit und Umweltverträglichkeit sollten die Mitgliedstaaten im Rahmen von Verwaltungsvorgängen, Planungsabläufen und der Gesetzgebung, die für die Zulassung von Anlagen in Bezug auf die Verringerung von Schadstoffen und die Überwachung von Industrieanlagen, die Eindämmung der Luftverschmutzung und die Vermeidung oder Verminderung der Ableitung gefährlicher Stoffe in die Umwelt gelten, dem Beitrag der erneuerbaren Energieträger bei der Umsetzung der Umwelt- und Klimaschutzziele insbesondere im Vergleich zu Anlagen, die keine erneuerbaren Energieträger nutzen, Rechnung tragen.

(43) Um Anreize dafür zu schaffen, dass die einzelnen Bürger zur Erreichung der Ziele dieser Richtlinie beitragen, sollten die zuständigen Behörden die Möglichkeit in Betracht ziehen, Genehmigungen durch eine einfache Mitteilung bei der zuständigen Stelle zu ersetzen, wenn kleine dezentrale Anlagen zur Produktion von Energie aus erneuerbaren Quellen installiert werden.

(44) Die Kohärenz zwischen den Zielen dieser Richtlinie und dem sonstigen Umweltrecht der Gemeinschaft sollte sichergestellt werden. Insbesondere sollten die Mitgliedstaaten bei Bewertungs-, Planungs- oder Zulassungsverfahren für Anlagen zur Nutzung von erneuerbarer Energie dem Umweltrecht der Gemeinschaft Rechnung tragen und den Beitrag berücksichtigen, den erneuerbare Energiequellen vor allem im Vergleich zu Anlagen, die nicht erneuerbare Energie nutzen, bei der Erreichung der Umwelt- und Klimaschutzziele leisten.

(45) Nationale technische Spezifikationen und sonstige Anforderungen, die in den Geltungsbereich der Richtlinie 98/34/EG des Europäischen Parlaments und des Rates vom 22. Juni 1998 über ein Informationsverfahren auf dem Gebiet der Normen und technischen Vorschriften und der Vorschriften für die Dienste der Informationsgesellschaft[1] fallen und zum Beispiel Qualitätsstufen, Prüfverfahren oder Gebrauchsvorschriften betreffen, sollten den Handel mit Geräten und Systemen zur Nutzung erneuerbarer Energie nicht behindern. Regelungen zur Förderung von Energie aus erneuerbaren Quellen sollten daher keine nationalen technischen Spezifikationen vorschreiben, die von vorhandenen Gemeinschaftsnormen abweichen, oder verlangen, dass

---

[1] **Amtl. Anm.**: ABl. L 204 vom 21. 7. 1998, S. 37.

die geförderten Geräte oder Systeme an einem bestimmten Ort oder von einer bestimmten Einrichtung zertifiziert oder geprüft werden.

(46) Die Mitgliedstaaten sollten Mechanismen für die Förderung von Fernwärme/-kälte aus Energie aus erneuerbaren Quellen in Betracht ziehen.

(47) Auf nationaler und regionaler Ebene haben Vorschriften und Verpflichtungen in Bezug auf Mindestanforderungen an die Nutzung von Energie aus erneuerbaren Quellen in neuen und renovierten Gebäuden den Einsatz von Energie aus erneuerbaren Quellen erheblich gesteigert. Diese Maßnahmen sollten in einem breiter gefassten Gemeinschaftsumfeld gefördert werden ebenso wie energieeffiziente, auf erneuerbaren Energiequellen beruhende Anwendungen in Bauvorschriften und Regelwerken.

(48) Um die Festlegung von Mindestwerten für die Nutzung von Energie aus erneuerbaren Quellen in Gebäuden zu fördern und zu beschleunigen, kann es für die Mitgliedstaaten angemessen sein, gegebenenfalls festzulegen, dass bei der Aufstellung dieser Werte ein Faktor für Energie aus erneuerbaren Quellen herangezogen wird, der an den Mindestanforderungen für Energieeffizienz gemäß der Richtlinie 2002/91/EG für die kostenoptimierte Senkung der Kohlendioxidemissionen von Gebäuden ausgerichtet ist.

(49) Informations- und Ausbildungsdefizite, insbesondere im Wärme- und im Kältesektor, sollten im Interesse der Förderung des Einsatzes von Energie aus erneuerbaren Quellen beseitigt werden.

(50) Soweit der Zugang zum Beruf des Installateurs und dessen Ausübung den Regeln für reglementierte Berufe unterliegen, sind die Bedingungen für die Anerkennung der Berufsqualifikationen in der Richtlinie 2005/36/EG des Europäischen Parlaments und des Rates vom 7. September 2005 über die Anerkennung von Berufsqualifikationen[1] festgelegt. Die Anwendung der vorliegenden Richtlinie berührt deshalb nicht die Richtlinie 2005/36/EG.

(51) Wenngleich in der Richtlinie 2005/36/EG Anforderungen an die wechselseitige Anerkennung von Berufsqualifikationen, auch für Architekten, festgelegt sind, muss weiterhin gewährleistet werden, dass Architekten und Planer die optimale Verbindung von Energie aus erneuerbaren Energiequellen und effizienzsteigernden Technologien in ihren Plänen und Entwürfen gebührend berücksichtigen. Die Mitgliedstaaten sollten in dieser Hinsicht daher klare Leitlinien vorgeben, und zwar unbeschadet der Richtlinie 2005/36/EG, insbesondere von deren Artikeln 46 und 49.

(52) Herkunftsnachweise, die für die Zwecke dieser Richtlinie ausgestellt werden, dienen ausschließlich dazu, einem Endkunden gegenüber nachzuweisen, dass ein bestimmter Anteil oder eine bestimmte Menge an Energie aus erneuerbaren Quellen erzeugt wurde. Ein Herkunftsnachweis kann, unabhängig von der Energie, auf die er sich bezieht, von einem Inhaber auf einen anderen übertragen werden. Um sicherzustellen, dass eine aus erneuerbaren Energiequellen erzeugte Elektrizitätseinheit einem Verbraucher gegenüber nur einmal ausgewiesen werden kann, sollte jedoch eine Doppelzählung und doppelte Ausweisung von Herkunftsnachweisen vermieden werden. Energie aus erneuerbaren Quellen, deren begleitender Herkunftsnachweis vom Produzenten separat verkauft wurde, sollte gegenüber dem Endkunden nicht als aus erneuerbaren Quellen erzeugte Energie ausgewiesen oder verkauft werden. Es ist wichtig, dass zwischen grünen Zertifikaten, die für Fördersysteme genutzt werden, und Herkunftsnachweisen unterschieden wird.

(53) Es sollte ermöglicht werden, dass der entstehende Verbrauchermarkt für umweltfreundliche Elektrizität aus erneuerbaren Quellen einen Beitrag zum Bau neuer Anlagen für Energie aus erneuerbaren Quellen leistet. Daher sollten die Mitgliedstaaten von den Elektrizitätsversorgern verlangen können, dass die Angaben zu ihrem Energiemix, die sie gemäß Artikel 3 Absatz 6 der Richtlinie 2003/54/EG gegenüber Endkunden machen, einen Mindestanteil von Herkunftsnachweisen von kürzlich gebauten Anlagen zur Produktion von Energie aus erneuerbaren Quellen enthalten müssen, sofern dieses Erfordernis mit dem Gemeinschaftsrecht in Einklang steht.

(54) Es sollte darüber informiert werden, wie die geförderte Elektrizität den Endverbrauchern gemäß Artikel 3 Absatz 6 der Richtlinie 2003/54/EG zugerechnet wird. Um die Qualität dieser den Verbrauchern bereitgestellten Informationen, insbesondere in Bezug auf den Betrag der in neuen Anlagen aus erneuerbaren Energieträgern gewonnenen Energie, zu verbessern,

---

[1] **Amtl. Anm.:** ABl. L 255 vom 30. 9. 2005, S. 22.

sollte die Kommission die Effizienz der von den Mitgliedstaaten getroffenen Maßnahmen bewerten.

(55) Mit der Richtlinie 2004/8/EG des Europäischen Parlaments und des Rates vom 11. Februar 2004 über die Förderung einer am Nutzwärmebedarf orientierten Kraft-Wärme-Kopplung im Energiebinnenmarkt[1] wurden Herkunftsnachweise eingeführt, um die Herkunft von Elektrizität aus hocheffizienten Kraft-Wärme-Kopplungsanlagen zu belegen. Diese Herkunftsnachweise können nicht als Beleg für die Verwendung von Energie aus erneuerbaren Quellen gemäß Artikel 3 Absatz 6 der Richtlinie 2003/54/EG verwendet werden, da hierdurch die Gefahr einer Doppelzählung und doppelten Bereitstellung entstehen könnte.

(56) Herkunftsnachweise begründen nicht an sich ein Recht auf Inanspruchnahme nationaler Förderregelungen.

(57) Die Einbindung von Energie aus erneuerbaren Quellen in das Übertragungs- und Verteilernetz und der Einsatz von Systemen zur Energiespeicherung für die integrierte Gewinnung diskontinuierlich zur Verfügung stehender Energie aus erneuerbaren Quellen müssen unterstützt werden.

(58) Die Entwicklung von Projekten für erneuerbare Energie, einschließlich „Projekten für erneuerbare Energie von europäischem Interesse" innerhalb des Programms für die transeuropäischen Energienetze (TEN-E), sollte beschleunigt werden. Zu diesem Zweck sollte die Kommission auch prüfen, wie die Finanzierung solcher Projekte verbessert werden kann. Besondere Aufmerksamkeit sollte Projekten für erneuerbare Energie gewidmet werden, die zu einer erheblichen Verbesserung der Energieversorgungssicherheit in der Gemeinschaft und in Nachbarländern beitragen.

(59) Verbindungsleitungen zwischen Ländern erleichtern die Einbindung von Elektrizität aus erneuerbaren Energiequellen. Durch sie werden nicht nur Schwankungen geglättet, sondern können auch die Kosten für den Ausgleich von Mengenabweichungen gesenkt, wahrer Wettbewerb, der zu niedrigeren Preisen führt, gefördert und der Netzausbau unterstützt werden. Außerdem könnte die gemeinsame und optimale Nutzung der Übertragungskapazität dazu beitragen, dass ein übermäßiger Bedarf an neuen Kapazitäten vermieden wird.

(60) Der vorrangige Netzzugang und der garantierte Netzzugang für Elektrizität aus erneuerbaren Energiequellen sind wichtig, um erneuerbare Energiequellen in Einklang mit Artikel 11 Absatz 2 und in Fortentwicklung von Artikel 11 Absatz 3 der Richtlinie 2003/54/EG in den Elektrizitätsbinnenmarkt zu integrieren. Die hinsichtlich der Wahrung der Zuverlässigkeit und der Sicherheit des Netzes und hinsichtlich der Einspeisung zu erfüllenden Anforderungen können je nach den Merkmalen des nationalen Netzes und seines sicheren Betriebs unterschiedlich sein. Der vorrangige Netzzugang gewährleistet, dass angeschlossene Erzeuger von Elektrizität aus erneuerbaren Energiequellen in der Lage sind, die Elektrizität aus erneuerbaren Energiequellen nach den Netzanschlussregeln jederzeit, wann immer die Energiequelle verfügbar ist, zu verkaufen und zu übertragen. Falls die Elektrizität aus erneuerbaren Energiequellen in den Spotmarkt integriert ist, gewährleistet der garantierte Netzzugang, dass die gesamte verkaufte und geförderte Elektrizität Zugang zum Netz erhält, wodurch an das Netz angeschlossene Anlagen eine Höchstmenge an Elektrizität aus erneuerbaren Energiequellen verwenden können. Dies bedeutet jedoch nicht, dass die Mitgliedstaaten verpflichtet sind, Abnahmeverpflichtungen für erneuerbare Energie zu fördern oder einzuführen. Bei anderen Netzen wird ein Festpreis für Elektrizität aus erneuerbaren Energiequellen – gewöhnlich kombiniert mit einer Abnahmeverpflichtung für den Netzbetreiber – festgelegt. In diesem Fall ist der vorrangige Netzzugang bereits gegeben.

(61) Unter bestimmten Umständen können die Übertragung und Verteilung von Elektrizität aus erneuerbaren Energiequellen nicht in vollem Umfang ohne Beeinträchtigung der Zuverlässigkeit oder Sicherheit des Netzes gewährleistet werden. Unter diesen Umständen kann es angebracht sein, diesen Produzenten einen finanziellen Ausgleich zu gewähren. Gleichwohl ist es nach den Zielen dieser Richtlinie erforderlich, die Übertragung und Verteilung von Elektrizität aus erneuerbaren Energiequellen anhaltend zu steigern, ohne dass dabei die Zuverlässigkeit oder Sicherheit des Netzes beeinträchtigt wird. Zu diesem Zweck sollten die Mitgliedstaaten geeignete Maßnahmen ergreifen, um einen höheren Marktanteil von Elektrizität aus erneuerbaren Energiequellen – unter anderem unter Berücksichtigung der Besonderheiten variabler Ressourcen und noch nicht lagerfähiger Ressourcen – zu ermöglichen. Der Anschluss neuer Anlagen für erneuerbare Energie sollte in dem gemäß den Zielen dieser Richtlinie

---

[1] **Amtl. Anm.**: ABl. L 52 vom 21. 2. 2004, S. 50.

geforderten Umfang so schnell wie möglich genehmigt werden. Die Mitgliedstaaten können zur Beschleunigung der Netzanschlussverfahren die Möglichkeit des vorrangigen Netzzugangs oder der Reservierung von Anschlusskapazitäten für neue Anlagen, die Energie aus erneuerbaren Energiequellen erzeugen, vorsehen.

(62) Die Kosten für den Anschluss neuer Produzenten von Elektrizität und Gas aus erneuerbaren Energiequellen an das Elektrizitäts- bzw. Gasnetz sollten objektiv, transparent und nichtdiskriminierend sein, und der Nutzen, den dezentrale Anlagen für die Produktion von Elektrizität aus erneuerbaren Energiequellen und lokale Produzenten von Gas aus erneuerbaren Quellen für das Elektrizitäts- bzw. Gasnetz bringen, sollte gebührend berücksichtigt werden.

(63) Elektrizitätsproduzenten, die das Potenzial von Energie aus erneuerbaren Quellen in den Randgebieten der Gemeinschaft, insbesondere auf Inseln und in Gebieten mit geringer Bevölkerungsdichte, nutzen möchten, sollten nach Möglichkeit angemessene Anschlusskosten gewährt werden, um sicherzustellen, dass sie im Vergleich zu Produzenten, die in zentraler gelegenen, stärker industrialisierten Gebieten mit höherer Bevölkerungsdichte angesiedelt sind, nicht benachteiligt werden.

(64) In der Richtlinie 2001/77/EG ist der Rahmen für die Einbindung von Elektrizität aus erneuerbaren Energiequellen ins Netz festgelegt. Der tatsächliche erreichte Einbindungsgrad schwankt jedoch zwischen den Mitgliedstaaten erheblich. Aus diesem Grund müssen der Rahmen gestärkt und seine Anwendung regelmäßig auf nationaler Ebene überprüft werden.

(65) Die Herstellung von Biokraftstoffen sollte auf nachhaltige Weise erfolgen. Biokraftstoffe, die dafür verwendet werden, die Ziele dieser Richtlinie zu erreichen, und Biokraftstoffe, denen nationale Förderregelungen zugute kommen, sollten daher Nachhaltigkeitskriterien erfüllen müssen.

(66) Die Gemeinschaft sollte im Rahmen dieser Richtlinie angemessene Maßnahmen ergreifen, einschließlich der Förderung von Nachhaltigkeitskriterien für Biokraftstoffe und der Entwicklung von Biokraftstoffen der zweiten und dritten Generation in der Gemeinschaft und weltweit, sowie zur Stärkung der Agrarforschung und Wissensbildung in diesen Bereichen beitragen.

(67) Die Einführung von Nachhaltigkeitskriterien für Biokraftstoffe wird ihr Ziel verfehlen, wenn sie Produkte hervorbringt, die die Kriterien nicht erfüllen und die statt als Biokraftstoffe als flüssige Biobrennstoffe im Wärme- oder im Elektrizitätssektor verwendet werden. Aus diesem Grund sollten die Nachhaltigkeitskriterien auch für flüssige Biobrennstoffe im Allgemeinen gelten.

(68) Der Europäische Rat forderte in seiner Tagung vom März 2007 die Kommission auf, einen Vorschlag für eine umfassende Richtlinie über die Nutzung aller erneuerbaren Energiequellen auszuarbeiten, der Kriterien und Bestimmungen zur Gewährleistung einer nachhaltigen Bereitstellung und Nutzung von Bioenergie enthalten könne. Solche Nachhaltigkeitskriterien sollten kohärenter Bestandteil eines umfassenderen Systems sein, das sich auch auf alle flüssigen Biobrennstoffe und nicht nur auf Biokraftstoffe erstreckt. Solche Nachhaltigkeitskriterien sollten daher in dieser Richtlinie enthalten sein. Um einen kohärenten Ansatz zwischen der Energie- und der Umweltpolitik sicherzustellen und zusätzliche Kosten für Unternehmen und eine hinsichtlich der Umweltstandards uneinheitliche Lage im Zusammenhang mit einer inkohärenten Herangehensweise zu vermeiden, ist es unbedingt notwendig, sowohl für die Zwecke dieser Richtlinie einerseits und der Richtlinie 98/70/EG andererseits dieselben Nachhaltigkeitskriterien für die Nutzung von Biokraftstoffen vorzusehen. Aus denselben Gründen sollte in diesem Zusammenhang eine doppelte Berichterstattung vermieden werden. Darüber hinaus sollten die Kommission und die zuständigen nationalen Behörden ihre Tätigkeiten im Rahmen eines speziell für Nachhaltigkeitsfragen verantwortlichen Ausschusses abstimmen. Darüber hinaus sollte die Kommission im Jahr 2009 die Möglichkeit und die Modalitäten einer Einbeziehung weiterer Biomasseanwendungen überprüfen.

(69) Die wachsende weltweite Nachfrage nach Biokraftstoffen und flüssigen Biobrennstoffen und die durch diese Richtlinie geschaffenen Anreize für deren Nutzung sollten nicht dazu führen, dass die Zerstörung von durch biologische Vielfalt geprägten Flächen gefördert wird. Diese endlichen Ressourcen, deren Wert für die gesamte Menschheit in verschiedenen internationalen Rechtsakten anerkannt wurde, sollten bewahrt werden. Die Verbraucher in der Gemeinschaft würden es außerdem moralisch unakzeptabel finden, wenn die vermehrte Verwendung von Biokraftstoffen und flüssigen Brennstoffen zur Folge haben könnte, dass Flächen zerstört werden, die durch biologische Vielfalt geprägt sind. Daher müssen Nachhaltigkeitskriterien festgelegt werden, die sicherstellen, dass Biokraftstoffe und flüssige Biobrennstoffe nur für

Anreize in Frage kommen, wenn garantiert werden kann, dass sie nicht von durch biologische Vielfalt geprägten Flächen stammen oder im Falle von Gebieten, die zu Naturschutzzwecken oder zum Schutz von seltenen, bedrohten oder gefährdeten Ökosystemen oder Arten ausgewiesen wurden, dass die Erzeugung des Rohstoffs diesen Zwecken nicht entgegensteht, wobei die jeweils zuständige Behörde den rechtlichen Nachweis zu führen hat. Die hierfür gewählten Nachhaltigkeitskriterien sollten davon ausgehen, dass Wald biologisch vielfältig ist, wenn es sich gemäß der Definition der Ernährungs- und Landwirtschaftsorganisation der Vereinten Nationen (FAO) in ihrer globalen Waldbestandsaufnahme („Global Forest Resource Assessment"), die von den Ländern weltweit zur Meldung der Ausdehnung des Primärwaldes genutzt wird, um Primärwald handelt oder wenn Wald zu Naturschutzzwecken durch nationale Rechtsvorschriften geschützt ist. Gebiete, in denen forstliche Produkte außer Holz gesammelt werden, sollten eingeschlossen werden, sofern die menschliche Einwirkung gering ist. Andere Waldarten gemäß der Definition der Ernährungs- und Landwirtschaftsorganisation der Vereinten Nationen, wie z.B. modifizierte Naturwälder, halbnatürliche Wälder und Plantagen, sollten nicht als Primärwald eingestuft werden. Angesichts der großen biologischen Vielfalt, die bestimmte Arten von Grünland in gemäßigten wie auch in tropischen Gebieten aufweisen, einschließlich Savannen, Steppen, Buschland und Prärien mit großer biologischer Vielfalt, ist es überdies angebracht, dass Biokraftstoffe, die aus von solchen Flächen stammenden Rohstoffen hergestellt werden, nicht für die in dieser Richtlinie vorgesehenen Anreize in Frage kommen sollten. Die Kommission sollte geeignete Kriterien und geografische Gebiete festlegen, um im Einklang mit den besten verfügbaren wissenschaftlichen Erkenntnissen und einschlägigen internationalen Standards zu definieren, was unter Grünland mit hoher biologischer Vielfalt zu verstehen ist.

(70) Wenn Flächen mit hohem Kohlenstoffbestand im Boden oder in der Vegetation für den Anbau von Rohstoffen zur Herstellung von Biokraftstoffen oder flüssigen Biobrennstoffen umgewandelt werden, wird in der Regel ein Teil des gespeicherten Kohlenstoffs in die Atmosphäre freigesetzt, was zur Bildung von Kohlendioxid führt. Die daraus resultierenden negativen Auswirkungen auf den Treibhauseffekt können die positiven Auswirkungen auf den Treibhauseffekt der Biokraftstoffe oder der flüssigen Biobrennstoffe aufheben, in einigen Fällen kann die Wirkung deutlich kontraproduktiv sein. Die vollständigen Kohlenstoffauswirkungen einer solchen Umwandlung sollten daher bei der Berechnung der Treibhausgasemissionseinsparung einzelner Biokraftstoffe und flüssiger Biobrennstoffe berücksichtigt werden. Dies ist erforderlich, um sicherzustellen, dass die Berechnung der Treibhausgasemissionseinsparung die Kohlenstoffauswirkungen der Verwendung von Biokraftstoffen und flüssigen Biobrennstoffen in vollem Umfang berücksichtigt.

(71) Bei der Berechnung des Beitrags von Landnutzungsänderungen zum Treibhauseffekt sollten Unternehmen auf die tatsächlichen Werte für den Kohlenstoffbestand zurückgreifen können, der mit der Bezugsflächennutzung und der Landnutzung nach der Umwandlung verbunden ist. Darüber hinaus sollten sie Standardwerte verwenden können. Die Zwischenstaatliche Sachverständigengruppe für Klimaänderungen bietet für solche Standardwerte die geeignete Grundlage. Diese Arbeit liegt zurzeit in keiner Form vor, die unmittelbar von Unternehmen angewendet werden kann. Die Kommission sollte aus diesem Grund Leitlinien aufstellen, wobei sie Bezug auf diese Arbeit nimmt, die für die Zwecke dieser Richtlinie bei der Berechnung der Änderungen des Kohlenstoffbestands als Grundlage dienen soll, auch hinsichtlich bewaldeter Gebiete mit einem Überschirmungsgrad von 10 bis 30 %, Savannen, Buschland und Prärien.

(72) Es ist angemessen, dass die Kommission Methodologien entwickelt, um die Auswirkung der Entwässerung von Torfmoor auf die Treibhausgasemissionen zu bewerten.

(73) Flächen sollten nicht zur Herstellung von Biokraftstoffen und flüssigen Biokraftstoffen umgewandelt werden, wenn der resultierende Kohlenstoffbestandsverlust nicht innerhalb einer angesichts der Dringlichkeit von Klimaschutzmaßnahmen vertretbaren Zeitspanne durch Treibhausgasemissionseinsparung infolge der Herstellung von Biokraftstoffen und flüssigen Biobrennstoffen ausgeglichen werden könnte. Dies würde den Wirtschaftsteilnehmern unnötig aufwändige Forschungsarbeiten ersparen und die Umwandlung von Flächen mit hohem Kohlenstoffbestand vermeiden, die für die Gewinnung von Rohstoffen für Biokraftstoffe und flüssige Biobrennstoffe nicht in Frage kommen. Aus Verzeichnissen der weltweiten Kohlenstoffbestände ergibt sich, dass Feuchtgebiete und kontinuierlich bewaldete Gebiete mit einem Überschirmungsgrad von über 30 % in diese Kategorie aufgenommen werden sollten. Bewaldete Gebiete mit einem Überschirmungsgrad von 10 bis 30 % sollten auch einbezogen werden, es sei denn, es wird der Nachweis erbracht, dass der Kohlenstoffbestand der Flächen niedrig

genug ist, dass eine Flächenumwandlung in Übereinstimmung mit den gemäß dieser Richtlinie geltenden Bestimmungen zu rechtfertigen ist. Bei der Bezugnahme auf Feuchtgebiete sollte die Definition des am 2. Februar 1971 in Ramsar abgeschlossenen Übereinkommens über Feuchtgebiete, insbesondere als Lebensraum für Wasser- und Watvögel, von internationaler Bedeutung zugrunde gelegt werden.

(74) Die in dieser Richtlinie vorgesehenen Anreize werden weltweit einen Produktionsanstieg bei Biokraftstoffen und flüssigen Biobrennstoffen begünstigen. Werden Biokraftstoffe und flüssige Biobrennstoffe aus in der Gemeinschaft produzierten Rohstoffen hergestellt, sollten sie auch die Umwelt- und sozialpolitischen Anforderungen der Gemeinschaft, einschließlich der Vorschriften über die Landwirtschaft und den Schutz der Qualität von Grundwasser und Oberflächengewässern, erfüllen. Es bestehen jedoch Bedenken, dass bei der Produktion von Biokraftstoffen oder flüssigen Biobrennstoffen in bestimmten Drittländern ökologische oder soziale Mindeststandards möglicherweise nicht eingehalten werden. Daher sollten multilaterale und bilaterale Übereinkünfte sowie freiwillige internationale oder nationale Regelungen, die wesentlichen ökologischen und sozialen Erwägungen Rechnung tragen, gefördert werden, um weltweit eine nachhaltige Produktion von Biokraftstoffen und flüssigen Biobrennstoffen zu fördern. Gibt es keine solchen Übereinkünfte oder Regelungen, so sollten die Mitgliedstaaten von den Wirtschaftsbeteiligten Auskünfte zu diesen Fragen verlangen.

(75) Die Anforderungen an ein Nachhaltigkeitskonzept für die energetische Nutzung von Biomasse mit Ausnahme von Biokraftstoffen und flüssigen Biobrennstoffen sollte von der Kommission im Jahr 2009 analysiert werden, wobei zu berücksichtigen ist, dass Biomasseressourcen auf nachhaltige Weise bewirtschaftet werden müssen.

(76) Die Nachhaltigkeitskriterien werden nur wirksam sein, wenn sie zu einem veränderten Verhalten der Marktteilnehmer führen. Diese Änderungen werden nur erfolgen, wenn Biokraftstoffe und flüssige Biobrennstoffe, die die Kriterien erfüllen, gegenüber jenen, die die Kriterien nicht erfüllen, einen Preisaufschlag rechtfertigen. Nach der Massenbilanzmethode zur Überprüfung der Einhaltung der Kriterien gibt es eine konkrete Verbindung zwischen der Herstellung von Biokraftstoffen und flüssigen Biobrennstoffen, die die Nachhaltigkeitskriterien erfüllen, und dem Verbrauch von Biokraftstoffen und flüssigen Biobrennstoffen in der Gemeinschaft, wodurch ein ausgewogenes Verhältnis zwischen Angebot und Nachfrage geschaffen und ein Preisaufschlag gewährleistet wird, der höher ist als in Systemen ohne eine solche Verbindung. Zur Überprüfung der Einhaltung der Kriterien sollte daher die Massenbilanzmethode verwendet werden, damit sichergestellt wird, dass Biokraftstoffe und flüssige Biobrennstoffe, die die Nachhaltigkeitskriterien erfüllen, zu einem höheren Preis verkauft werden können. Dies sollte die Integrität des Systems wahren und gleichzeitig vermeiden, dass der Industrie ein unvertretbarer Aufwand abverlangt wird. Andere Überprüfungsmethoden sollten jedoch geprüft werden.

(77) Die Kommission sollte gegebenenfalls den Millenniums-Bewertungsbericht für Ökosysteme in gebührendem Maße berücksichtigen, da der Bericht nützliche Daten für die Erhaltung zumindest der Flächen, die in kritischen Situationen grundlegende Schutzfunktionen von Ökosystemen – wie etwa Schutz von Wassereinzugsgebieten und Erosionsschutz – erfüllen, enthält.

(78) Die Auswirkungen des Anbaus von Biomasse sollten fortlaufend beobachtet werden; dies betrifft beispielsweise Auswirkungen durch Landnutzungsänderung, einschließlich Verdrängungseffekten, die Einführung invasiver gebietsfremder Arten und sonstige Folgen für die biologische Vielfalt sowie die Folgen für Nahrungsmittelproduktion und lokalen Wohlstand. Die Kommission sollte alle einschlägigen Informationsquellen heranziehen, auch die FAO-Hungerkarte. Biokraftstoffe sollten so gefördert werden, dass Anreize für eine Steigerung der landwirtschaftlichen Produktivität und für die Nutzung degradierter Flächen bestehen.

(79) Die Förderung multilateraler und bilateraler Übereinkünfte sowie freiwilliger internationaler oder nationaler Regelungen, in denen Standards für die nachhaltige Herstellung von Biokraftstoffen und flüssigen Biobrennstoffen festgelegt sind und die bescheinigen, dass die Herstellung von Biokraftstoffen und flüssigen Biobrennstoffen diese Standards erfüllen, ist im Interesse der Gemeinschaft. Daher sollte vorgesehen werden, dass solche Übereinkünfte oder Regelungen zuverlässige Erkenntnisse und Daten hervorbringen, sofern sie angemessene Standards der Zuverlässigkeit, Transparenz und unabhängigen Überprüfung erfüllen.

(80) Für die Berechnung der Treibhausgasemissionen von Biokraftstoffen, flüssigen Biobrennstoffen und ihrer fossilen Vergleichsgrößen müssen klare Regeln festgelegt werden.

(81) Bei der Berechnung der durch die Herstellung und Verwendung von Kraft- und Brennstoffen verursachten Treibhausgasemissionen sollten Nebenerzeugnisse berücksichtigt werden. Die

Substitutionsmethode ist für politische Analysen geeignet, für die Regulierung in Bezug auf einzelne Wirtschafsakteure und einzelne Kraftstofflieferungen jedoch nicht. Für Regulierungszwecke eignet sich die Energieallokationsmethode am besten, da sie leicht anzuwenden und im Zeitablauf vorhersehbar ist, kontraproduktive Anreize auf ein Mindestmaß begrenzt und Ergebnisse hervorbringt, die in der Regel mit den Ergebnissen der Substitutionsmethode vergleichbar sind. Für politische Analysen sollte die Kommission in ihrer Berichterstattung auch die Ergebnisse der Substitutionsmethode heranziehen.

(82) Um einem unverhältnismäßigen administrativen Aufwand vorzubeugen, sollte eine Liste von Standardwerten für verbreitete Biokraftstoff-Herstellungswege festgelegt werden; diese Liste sollte aktualisiert und erweitert werden, sobald weitere zuverlässige Daten vorliegen. Wirtschaftsakteure sollten immer die in dieser Liste angegebenen Einsparwerte für Treibhausgasemissionen für Biokraftstoffe und flüssige Biobrennstoffe für sich in Anspruch nehmen können. Liegt der Standardwert für die Treibhausgasemissionseinsparung eines Herstellungswegs unter dem geforderten Einsparungsmindestwert für Treibhausgasemissionen, sollte von Produzenten, die nachweisen wollen, dass sie diesen Mindestwert einhalten, verlangt werden, dass sie den Nachweis dafür erbringen, dass die aus ihrem Produktionsverfahren resultierenden Emissionen niedriger sind als diejenigen, von denen bei der Berechnung der Standardwerte ausgegangen wurde.

(83) Die Daten, die für die Berechnung dieser Standardwerte verwendet werden, sollten aus unabhängigen, wissenschaftlich erfahrenen Quellen stammen und gegebenenfalls aktualisiert werden, wenn die Arbeit dieser Quellen voranschreitet. Die Kommission sollte diesen Quellen nahelegen, dass sie bei ihren Aktualisierungen auf Folgendes eingehen: Emissionen aus dem Anbau, Auswirkungen regionaler und klimatischer Bedingungen, Auswirkungen des Anbaus nach nachhaltigen landwirtschaftlichen Methoden und Methoden des ökologischen Landbaus und wissenschaftliche Beiträge von Produzenten innerhalb der Gemeinschaft und in Drittländern sowie der Zivilgesellschaft.

(84) Um zu vermeiden, dass der Anbau von Rohstoffen für Biokraftstoffe und flüssige Biobrennstoffe auf Flächen gefördert wird, auf denen hohe Treibhausgasemissionen die Folge wären, sollte die Verwendung von Standardwerten für den Anbau auf Gebiete begrenzt werden, wo eine solche Wirkung zuverlässig ausgeschlossen werden kann. Um einen unverhältnismäßig hohen Verwaltungsaufwand zu vermeiden, sollten die Mitgliedstaaten jedoch nationale oder regionale Durchschnittswerte für die Emissionen aus dem Anbau, einschließlich Emissionen aus dem Düngereinsatz, festlegen.

(85) Weltweit wächst die Nachfrage nach landwirtschaftlichen Rohstoffen. Ein Teil dieser wachsenden Nachfrage wird dadurch gedeckt werden, dass die landwirtschaftlichen Flächen erweitert werden. Eine Möglichkeit zur Erweiterung der für den Anbau verfügbaren Flächen besteht in der Sanierung von Flächen, die stark degradiert oder kontaminiert sind und daher in ihrem derzeitigen Zustand nicht für landwirtschaftliche Zwecke genutzt werden können. Die Nachhaltigkeitsregelung sollte die Nutzung sanierter degradierter Flächen fördern, da die Förderung von Biokraftstoffen und flüssigen Biobrennstoffen zum Anstieg der Nachfrage nach landwirtschaftlichen Rohstoffen beitragen wird. Selbst wenn Biokraftstoffe aus Rohstoffen hergestellt werden, die von bereits landwirtschaftlich genutzten Flächen stammen, könnte die erhöhte Nachfrage nach pflanzlichen Erzeugnissen aufgrund der Förderung von Biokraftstoffen zu einem Nettoanstieg der Anbauflächen führen. Davon könnten Flächen mit hohem Kohlenstoffbestand betroffen sein; in diesem Falle käme es zu schädlichen Kohlenstoffbestandsverlusten. Um dieses Risiko zu verringern, ist es angemessen, in anderen Ländern, in denen Biokraftstoff verbraucht wird, Begleitmaßnahmen einzuführen, durch die Anreize für größere Produktivitätssteigerungen bei bereits ackerbaulich genutzten Flächen, für die Nutzung degradierter Flächen und für die Festlegung von Nachhaltigkeitsanforderungen geschaffen werden, die mit den Anforderungen vergleichbar sind, die in dieser Richtlinie für den Biokraftstoffverbrauch in der Gemeinschaft festgelegt sind. Die Kommission sollte eine konkrete Methodologie entwickeln, um die Treibhausgasemissionen durch indirekte Landnutzungsänderungen zu begrenzen. Dabei sollte die Kommission auf der Grundlage der besten verfügbaren wissenschaftlichen Ergebnisse insbesondere die Aufnahme eines Faktors für indirekte Landnutzungsänderungen in der Berechnung der Treibhausgasemissionen bewerten sowie die Notwendigkeit, Anreize für nachhaltige Biokraftstoffe, die die Auswirkungen der Landnutzungsänderungen begrenzen, zu geben und die Nachhaltigkeit von Biokraftstoffen im Hinblick auf indirekte Landnutzungsänderungen zu verbessern. Bei der Entwicklung dieser Methodologie sollte die Kommission unter anderem auf die Frage der potenziellen indirekten Landnutzungsänderungen eingehen,

die auf Biokraftstoffe zurückzuführen sind, die aus zellulosehaltigem Non-Food-Material und lignozellulosehaltigem Material erzeugt werden.

(86) Damit ein angemessener Marktanteil für Biokraftstoffe erreicht werden kann, muss dafür gesorgt werden, dass höhere als in der Norm EN590/2004 vorgesehene Biodieselkraftstoffbeimischungen in Dieselkraftstoffen in Verkehr gebracht werden.

(87) Um sicherzustellen, dass Biokraftstoffe, die die Bandbreite der eingesetzten Rohstoffe diversifizieren, rentabel werden, sollten sie im Rahmen der nationalen Verpflichtungen zur Nutzung von Biokraftstoffen stärker gewichtet werden.

(88) Eine regelmäßige Berichterstattung ist notwendig, um sicherzustellen, dass eine kontinuierliche Ausrichtung auf die Fortschritte beim Ausbau der Energie aus erneuerbaren Quellen auf nationaler Ebene und auf Gemeinschaftsebene gegeben ist. Für die von den Mitgliedstaaten vorzulegenden nationalen Aktionspläne für erneuerbare Energieträger sollte die Anwendung eines einheitlichen Formats verlangt werden. Solche Pläne könnten eine Kosten-Nutzen-Schätzung der vorgesehenen Maßnahmen, die Maßnahmen in Bezug auf die notwendige Erweiterung und/oder Verstärkung der bestehenden Netzinfrastruktur, eine Kosten-Nutzen-Schätzung der Entwicklung von Energie aus erneuerbaren Quellen über den ihrem indikativen Zielpfad entsprechenden Anteil hinaus, Angaben zu den nationalen Förderregelungen sowie Informationen über die Nutzung von Energie aus erneuerbaren Quellen in neuen oder renovierten Gebäuden enthalten.

(89) Die Mitgliedstaaten können bei der Konzipierung ihrer Förderregelungen die Verwendung von Biokraftstoffen, die zusätzliche Vorteile aufweisen (hierzu gehören auch die Vorteile der Diversifizierung durch Biokraftstoffe, die aus Abfällen, Reststoffen, zellulosehaltigem Non-Food-Material, lignozellulosehaltigem Material oder Algen sowie Pflanzen, die ohne Bewässerung in Trockengebieten zur Eindämmung der Wüstenbildung angebaut werden, hergestellt werden), fördern und dabei die unterschiedlichen Kosten der Energiegewinnung aus herkömmlichen Biokraftstoffen einerseits und aus diesen zusätzliche Vorteile aufweisenden Biokraftstoffen andererseits gebührend berücksichtigen. Die Mitgliedstaaten können Investitionen in die Erforschung und Entwicklung dieser und anderer auf erneuerbarer Energie beruhenden Technologien fördern, die Zeit benötigen, um wettbewerbsfähig zu werden.

(90) Bei der Durchführung dieser Richtlinie sollte gegebenenfalls dem Übereinkommen über den Zugang zu Informationen, die Öffentlichkeitsbeteiligung an Entscheidungsverfahren und den Zugang zu Gerichten in Umweltangelegenheiten Rechnung getragen werden, das insbesondere mit der Richtlinie 2003/4/EG des Europäischen Parlaments und des Rates vom 28. Januar 2003 über den Zugang der Öffentlichkeit zu Umweltinformationen[1] umgesetzt wurde.

(91) Die zur Durchführung dieser Richtlinie erforderlichen Maßnahmen sollten gemäß dem Beschluss 1999/468/EG des Rates vom 28. Juni 1999 zur Festlegung der Modalitäten für die Ausübung der der Kommission übertragenen Durchführungsbefugnisse[2] beschlossen werden.

(92) Die Kommission sollte insbesondere die Befugnis erhalten, die für die Bewertung der Übereinstimmung von Biokraftstoffen und flüssigen Biobrennstoffen mit den Nachhaltigkeitskriterien erforderlichen methodischen Grundsätze und Werte zu ändern und den Energiegehalt von Kraftstoffen dem technischen und wissenschaftlichen Fortschritt anzupassen, Kriterien und geografische Gebiete zur Bestimmung von Grünland mit großer biologischer Vielfalt sowie Definitionen in Bezug auf die Bestimmung stark degradierter oder kontaminierter Flächen festzulegen. Da es sich hierbei um Maßnahmen von allgemeiner Tragweite handelt, die eine Änderung nicht wesentlicher Bestimmungen dieser Richtlinie auch durch Ergänzung um neue nicht wesentliche Elemente, bewirken, sind sie nach dem in Artikel 5a des Beschlusses 1999/468/EG genannten Regelungsverfahren mit Kontrolle zu erlassen.

(93) Die Bestimmungen der Richtlinien 2001/77/EG und 2003/30/EG, die sich mit den Bestimmungen dieser Richtlinie überschneiden, sollten ab dem spätest möglichen Zeitpunkt für die Umsetzung dieser Richtlinie gestrichen werden. Die Bestimmungen, die die Ziele und die Berichterstattung für 2010 betreffen, sollten bis Ende 2011 in Kraft bleiben. Die Richtlinie 2001/77/EG und die Richtlinie 2003/30/EG sollten daher entsprechend geändert werden.

(94) Da die in den Artikeln 17 bis 19 vorgesehenen Maßnahmen durch die Harmonisierung der Nachhaltigkeitsbedingungen, die Biokraftstoffe und flüssige Biobrennstoffe für die Zielanrechnung gemäß dieser Richtlinie erfüllen müssen, sich auch auf das Funktionieren des Binnen-

---

[1] **Amtl. Anm.:** ABl. L 41 vom 14. 2. 2003, S. 26.
[2] **Amtl. Anm.:** ABl. L 184 vom 17. 7. 1999, S. 23.

markts auswirken und so im Einklang mit Artikel 17 Absatz 8 den Handel mit Biokraftstoffen und flüssigen Biobrennstoffen, die diese Bedingungen erfüllen, zwischen den Mitgliedstaaten erleichtern, stützen sich diese Maßnahmen auf Artikel 95 des Vertrags.

(95) Die Nachhaltigkeitsregelung sollte die Mitgliedstaaten nicht daran hindern, in ihren nationalen Förderregelungen die höheren Produktionskosten von Biokraftstoffen und flüssigen Biobrennstoffen zu berücksichtigen, deren Vorteile die in der Nachhaltigkeitsregelung festgelegten Mindestanforderungen übersteigen.

(96) Da die allgemeinen Ziele dieser Richtlinie, nämlich bis 2020 den Bruttoendenergieverbrauch von Energie in der Gemeinschaft zu 20 % durch Energie aus erneuerbaren Quellen und den Energieverbrauch im Verkehrssektor in den einzelnen Mitgliedstaaten zu 10 % aus erneuerbaren Quellen zu decken, auf Ebene der Mitgliedstaaten nicht ausreichend verwirklicht werden können und daher wegen des Umfangs der Maßnahme besser auf Gemeinschaftsebene zu verwirklichen sind, kann die Gemeinschaft im Einklang mit dem in Artikel 5 des Vertrags niedergelegten Subsidiaritätsprinzip tätig werden. Entsprechend dem in demselben Artikel genannten Grundsatz der Verhältnismäßigkeit geht diese Richtlinie nicht über das für die Erreichung dieser Ziele erforderliche Maß hinaus.

(97) Gemäß Nummer 34 der Interinstitutionellen Vereinbarung über bessere Rechtsetzung[1] sind die Mitgliedstaaten aufgefordert, für ihre eigenen Zwecke und im Interesse der Gemeinschaft eigene Tabellen aufzustellen, aus denen im Rahmen des Möglichen die Entsprechungen zwischen dieser Richtlinie und den Umsetzungsmaßnahmen zu entnehmen sind, und diese zu veröffentlichen –

HABEN FOLGENDE RICHTLINIE ERLASSEN:

Art. 1 Gegenstand und Anwendungsbereich. ¹ Mit dieser Richtlinie wird ein gemeinsamer Rahmen für die Förderung von Energie aus erneuerbaren Quellen vorgeschrieben. ² In ihr werden verbindliche nationale Ziele für den Gesamtanteil von Energie aus erneuerbaren Quellen am Bruttoendenergieverbrauch und für den Anteil von Energie aus erneuerbaren Quellen im Verkehrssektor festgelegt. ³ Gleichzeitig werden Regeln für statistische Transfers zwischen Mitgliedstaaten, gemeinsame Projekte zwischen Mitgliedstaaten und mit Drittländern, Herkunftsnachweise, administrative Verfahren, Informationen und Ausbildung und Zugang zum Elektrizitätsnetz für Energie aus erneuerbaren Quellen aufgestellt. ⁴ Ferner werden Kriterien für die Nachhaltigkeit von Biokraftstoffen und flüssigen Biobrennstoffen vorgeschrieben.

Art. 2 Begriffsbestimmungen. Für die Zwecke dieser Richtlinie gelten die Begriffsbestimmungen der Richtlinie 2003/54/EG.

¹ Ferner gelten die folgenden Begriffsbestimmungen. ² Im Sinne dieser Richtlinie bezeichnet der Ausdruck

a) „Energie aus erneuerbaren Quellen" Energie aus erneuerbaren, nichtfossilen Energiequellen, das heißt Wind, Sonne, aerothermische, geothermische, hydrothermische Energie, Meeresenergie, Wasserkraft, Biomasse, Deponiegas, Klärgas und Biogas;

b) „aerothermische Energie" Energie, die in Form von Wärme in der Umgebungsluft gespeichert ist;

c) „geothermische Energie" die Energie, die in Form von Wärme unter der festen Erdoberfläche gespeichert ist;

d) „hydrothermische Energie" Energie, die in Form von Wärme in Oberflächengewässern gespeichert ist;

---

[1] **Amtl. Anm.:** ABl. C 321 vom 31. 12. 2003, S. 1.

e) „Biomasse" den biologisch abbaubaren Teil von Erzeugnissen, Abfällen und Reststoffen der Landwirtschaft mit biologischem Ursprung (einschließlich pflanzlicher und tierischer Stoffe), der Forstwirtschaft und damit verbundener Wirtschaftszweige einschließlich der Fischerei und der Aquakultur sowie den biologisch abbaubaren Teil von Abfällen aus Industrie und Haushalten;

f) „Bruttoendenergieverbrauch" Energieprodukte, die der Industrie, dem Verkehrssektor, Haushalten, dem Dienstleistungssektor einschließlich des Sektors der öffentlichen Dienstleistungen sowie der Land-, Forst- und Fischereiwirtschaft zu energetischen Zwecken geliefert werden, einschließlich des durch die Energiewirtschaft für die Elektrizitäts- und Wärmeerzeugung entstehenden Elektrizitäts- und Wärmeverbrauchs und einschließlich der bei der Verteilung und Übertragung auftretenden Elektrizitäts- und Wärmeverluste;

g) „Fernwärme" oder „Fernkälte" die Verteilung thermischer Energie in Form von Dampf, heißem Wasser oder kalten Flüssigkeiten von einer zentralen Erzeugungsquelle durch ein Netz an mehrere Gebäude oder Anlagen zur Nutzung von Raum- oder Prozesswärme oder -kälte;

h) „flüssige Biobrennstoffe" flüssige Brennstoffe, die aus Biomasse hergestellt werden und für den Einsatz zu energetischen Zwecken, mit Ausnahme des Transports, einschließlich Elektrizität, Wärme und Kälte, bestimmt sind;

i) „Biokraftstoffe" flüssige oder gasförmige Kraftstoffe für den Verkehr, die aus Biomasse hergestellt werden;

j) „Herkunftsnachweis" ein elektronisches Dokument, das gemäß den Anforderungen von Artikel 3 Absatz 6 der Richtlinie 2003/54/EG ausschließlich als Nachweis gegenüber einem Endkunden dafür dient, dass ein bestimmter Anteil oder eine bestimmte Menge an Energie aus erneuerbaren Quellen erzeugt wurde;

k) „Förderregelung" ein Instrument, eine Regelung oder einen Mechanismus, das bzw. die bzw. der von einem Mitgliedstaat oder einer Gruppe von Mitgliedstaaten angewendet wird und die Nutzung von Energie aus erneuerbaren Quellen dadurch fördert, dass die Kosten dieser Energie gesenkt werden, ihr Verkaufspreis erhöht wird oder ihre Absatzmenge durch eine Verpflichtung zur Nutzung erneuerbarer Energie oder auf andere Weise gesteigert wird. Dazu zählen unter anderem Investitionsbeihilfen, Steuerbefreiungen oder -erleichterungen, Steuererstattungen, Förderregelungen, die zur Nutzung erneuerbarer Energiequellen verpflichten, einschließlich solcher, bei denen grüne Zertifikate verwendet werden, sowie direkte Preisstützungssysteme einschließlich Einspeisetarife und Prämienzahlungen;

l) „Verpflichtung zur Nutzung erneuerbarer Energie" eine nationale Förderregelung, durch die Energieproduzenten dazu verpflichtet werden, ihre Erzeugung zu einem bestimmten Anteil durch Energie aus erneuerbaren Quellen zu decken, durch die Energieversorger dazu verpflichtet werden, ihre Versorgung zu einem bestimmten Anteil durch Energie aus erneuerbaren Quellen zu decken, oder durch die Energieverbraucher dazu verpflichtet werden, ihren Verbrauch zu einem bestimmten Anteil durch Energie aus erneuerbaren Quellen zu decken. Dazu zählen auch Regelungen, bei denen derartige Verpflichtungen durch Verwendung grüner Zertifikate erfüllt werden können;

m) „tatsächlicher Wert" die Einsparung an Treibhausgasemissionen bei einigen oder allen Schritten eines speziellen Biokraftstoff-Herstellungsverfahrens, berechnet anhand der Methode in Anhang V Teil C;

n) „typischer Wert" den Schätzwert der repräsentativen Einsparung an Treibhausgasemissionen bei einem bestimmten Biokraftstoff-Herstellungsweg;

o) „Standardwert" den von einem typischen Wert durch Anwendung vorab festgelegter Faktoren abgeleiteten Wert, der unter in dieser Richtlinie festgelegten Bedingungen anstelle eines tatsächlichen Werts verwendet werden kann.

Art. 3 Verbindliche nationale Gesamtziele und Maßnahmen auf dem Gebiet der Nutzung von Energie aus erneuerbaren Quellen. (1) [1] Jeder Mitgliedstaat sorgt dafür, dass sein gemäß den Artikeln 5 bis 11 berechneter Anteil von Energie aus erneuerbaren Quellen am Bruttoendenergieverbrauch im Jahr 2020 mindestens seinem nationalen Gesamtziel für den Anteil von Energie aus erneuerbaren Quellen in diesem Jahr gemäß der dritten Spalte der Tabelle in Anhang I Teil A entspricht. [2] Diese verbindlichen nationalen Gesamtziele müssen mit dem Ziel in Einklang stehen, bis 2020 mindestens 20 % des Bruttoendenergieverbrauchs der Gemeinschaft durch Energie aus erneuerbaren Quellen zu decken. [3] Um die in diesem Artikel aufgestellten Ziele leichter erreichen zu können, fördern die Mitgliedstaaten Energieeffizienz und Energieeinsparungen.

(2) Die Mitgliedstaaten treffen Maßnahmen, um effektiv zu gewährleisten, dass ihr Anteil von Energie aus erneuerbaren Quellen den im indikativen Zielpfad in Anhang I Teil B angegebenen Anteil erreicht oder übersteigt.

(3) Zur Erfüllung der in den Absätzen 1 und 2 genannten Ziele können die Mitgliedstaaten unter anderem folgende Maßnahmen anwenden:

a) Förderregelungen;

b) Maßnahmen zur Kooperation zwischen verschiedenen Mitgliedstaaten und mit Drittländern im Hinblick auf die Erfüllung ihrer nationalen Gesamtziele gemäß den Artikeln 5 bis 11.

Unbeschadet der Artikel 87 und 88 des Vertrags haben die Mitgliedstaaten das Recht, gemäß den Artikeln 5 bis 11 dieser Richtlinie zu entscheiden, in welchem Umfang sie die in einem anderen Mitgliedstaat erzeugte Energie aus erneuerbaren Quellen fördern wollen.

(4) Jeder Mitgliedstaat gewährleistet, dass sein Anteil von Energie aus erneuerbaren Quellen bei allen Verkehrsträgern im Jahr 2020 mindestens 10 % seines Endenergieverbrauchs im Verkehrssektor entspricht.

Für die Zwecke dieses Absatzes gilt Folgendes:

a) Bei der Berechnung des Nenners, das heißt des Gesamtenergieverbrauchs im Verkehrssektor im Sinne von Unterabsatz 1, werden nur Ottokraftstoff, Dieselkraftstoff, im Straßenverkehr und im Schienenverkehr verbrauchter Biokraftstoff und Elektrizität berücksichtigt;

b) bei der Berechnung des Zählers, d.h. der Menge der im Verkehrssektor verbrauchten Energie aus erneuerbaren Quellen im Sinn von Unterabsatz 1, werden alle Arten von Energie aus erneuerbaren Quellen, die bei allen Verkehrsträgern verbraucht werden, berücksichtigt;

c) bei der Berechnung des Beitrags von Elektrizität, die aus erneuerbaren Energiequellen erzeugt und in allen Arten von Fahrzeugen mit Elektroantrieb für die Zwecke der Buchstaben a und b verbraucht wird, haben die Mitgliedstaaten die Wahl zwischen dem durchschnittlichen Anteil von Elektrizität aus erneuerbaren Energiequellen in der Gemeinschaft und dem Anteil von Elektrizität aus erneuerbaren Energiequellen in ihrem eigenen Hoheitsgebiet, gemessen zwei Jahre vor dem betreffenden Jahr; darüber hinaus wird bei der Berechnung der Elektrizitätsmenge, die aus erneuerbaren Energiequellen erzeugt und in Straßenfahrzeugen mit Elektroantrieb verbraucht wird, dieser Verbrauch als der 2,5-fache Energiegehalt der zugeführten Elektrizität aus erneuerbaren Energiequellen angesetzt.

Die Kommission legt, sofern angemessen, bis zum 31. Dezember 2011 einen Vorschlag vor, nach dem es unter bestimmten Bedingungen zulässig ist, die Gesamtelektrizitätsmenge aus erneuerbaren Quellen, die für den Antrieb aller Arten von Fahrzeugen mit Elektroantrieb verwendet wird, zu berücksichtigen.

Die Kommission legt außerdem, sofern angemessen, bis zum 31. Dezember 2011 einen Vorschlag für eine Methodologie zur Berechnung des Anteils des Wasserstoffs aus erneuerbaren Energiequellen am gesamten Kraftstoffmix vor.

Art. 4 Nationale Aktionspläne für erneuerbare Energie.

(1) [1] Jeder Mitgliedstaat verabschiedet einen Aktionsplan für erneuerbare Energie. [2] Die nationalen Aktionspläne für erneuerbare Energiequellen enthalten die nationalen Gesamtziele der Mitgliedstaaten für die Anteile von im Verkehrs-, Elektrizitäts- sowie Wärme- und Kältesektor verbrauchter Energie aus erneuerbaren Quellen im Jahr 2020 – unter Berücksichtigung der Auswirkungen anderer politischer Maßnahmen für Energieeffizienz auf den Endenergieverbrauch –, die für das Erreichen dieser nationalen Gesamtziele zu ergreifenden angemessenen Maßnahmen, wozu auch die Zusammenarbeit zwischen örtlichen, regionalen und gesamtstaatlichen Behörden zählt, die geplanten statistischen Transfers und gemeinsamen Projekte, nationale Strategien zur Entwicklung der vorhandenen Biomasseressourcen und zur Mobilisierung neuer Biomasseressourcen für unterschiedliche Verwendungszwecke sowie die zur Erfüllung der Anforderungen der Artikel 13 bis 19 zu treffenden Maßnahmen.

[1] Die Kommission legt bis zum 30. Juni 2009 ein Muster für die nationalen Aktionspläne für erneuerbare Energie fest. [2] Dieses Muster umfasst die Mindestanforderungen nach Anhang VI. [3] Die Mitgliedstaaten halten sich bei der Vorlage ihrer nationalen Aktionspläne für erneuerbare Energie an dieses Muster.

(2) Die Mitgliedstaaten teilen der Kommission ihre nationalen Aktionspläne für erneuerbare Energie spätestens bis zum 30. Juni 2010 mit.

(3) Jeder Mitgliedstaat veröffentlicht sechs Monate vor dem Termin für die Mitteilung seines nationalen Aktionsplans für erneuerbare Energie eine Vorausschätzung mit folgenden Angaben und setzt die Kommission davon in Kenntnis:

a) geschätzter Überschuss bei der Erzeugung von Energie aus erneuerbaren Quellen im Vergleich zu dem indikativen Zielpfad, der gemäß den Artikeln 6 bis 11 auf andere Mitgliedstaaten übertragen werden könnte, sowie sein geschätztes Potenzial für gemeinsame Projekte bis 2020 und

b) geschätzter Bedarf an Energie aus erneuerbaren Quellen bis 2020, der auf andere Weise als durch heimische Erzeugung gedeckt werden muss.

[1] Diese Angaben können Informationen zu Kosten und Nutzen sowie zur Finanzierung einschließen. [2] Die Voraussschätzung wird in den Berichten der Mitgliedstaaten gemäß Artikel 22 Absatz 1 Buchstaben l und m auf den neuesten Stand gebracht.

(4) Ein Mitgliedstaat, dessen Anteil von Energie aus erneuerbaren Quellen in dem unmittelbar vorhergehenden Zweijahreszeitraum unter dem indikativen Zielpfad in Anhang I Teil B liegt, legt der Kommission bis zum 30. Juni des Folgejahres einen geänderten Aktionsplan für erneuerbare Energie vor, in dem geeignete und verhältnismäßige Maßnahmen festgelegt sind, die bewirken, dass der indikative Zielpfad in Anhang I Teil B innerhalb einer angemessenen Zeitspanne wieder eingehalten wird.

Wenn der Mitgliedstaat nur geringfügig hinter dem indikativen Zielpfad zurückgeblieben ist, kann die Kommission unter Berücksichtigung der laufenden und künftigen Maßnahmen des Mitgliedstaats beschließen, dass der Mitgliedstaat von der Verpflichtung entbunden wird, einen geänderten Aktionsplan für erneuerbare Energie vorzulegen.

(5) [1] Die Kommission beurteilt die nationalen Aktionspläne für erneuerbare Energie und prüft dabei insbesondere die Angemessenheit der von dem jeweiligen Mitgliedstaat gemäß Artikel 3 Absatz 2 vorgesehenen Maßnahmen. [2] Die Kommission kann als Reaktion auf einen nationalen Aktionsplan für erneuerbare Energie oder einen geänderten nationalen Aktionsplan für erneuerbare Energie eine Empfehlung abgeben.

(6) Die Kommission übermittelt dem Europäischen Parlament die nationalen Aktionspläne für erneuerbare Energie und die Voraussschätzungen in der Fassung, in der sie auf der Transparenzplattform gemäß Artikel 24 Absatz 2 veröffentlicht worden sind, sowie Empfehlungen gemäß Absatz 5 dieses Artikels.

Art. 5 Berechnung des Anteils von Energie aus erneuerbaren Quellen.

(1) Der Bruttoendenergieverbrauch aus erneuerbaren Quellen in den einzelnen Mitgliedstaaten wird berechnet als Summe

a) des Bruttoendenergieverbrauchs von Elektrizität aus erneuerbaren Energiequellen,

b) des Bruttoendenergieverbrauchs von Wärme und Kälte aus erneuerbaren Energiequellen und

c) des Endenergieverbrauchs von Energie aus erneuerbaren Energiequellen im Verkehrssektor.

Bei der Berechnung des Anteils von Energie aus erneuerbaren Quellen am Bruttoendenergieverbrauch werden Gas, Elektrizität und Wasserstoff aus erneuerbaren Quellen nur einmal unter Unterabsatz 1 Buchstabe a, Buchstabe b oder Buchstabe c berücksichtigt.

Vorbehaltlich Artikel 17 Absatz 1 Unterabsatz 2 werden Biokraftstoffe und flüssige Biobrennstoffe, die die in Artikel 17 Absätze 2 bis 6 festgelegten Nachhaltigkeitskriterien nicht erfüllen, nicht berücksichtigt.

(2) [1] Ist ein Mitgliedstaat der Ansicht, dass er wegen höherer Gewalt nicht in der Lage ist, seinen in der dritten Spalte der Tabelle in Anhang I festgelegten Anteil von Energie aus erneuerbaren Quellen am Bruttoendenergieverbrauch im Jahr 2020 zu erreichen, so setzt er die Kommission davon so schnell wie möglich in Kenntnis. [2] Die Kommission erlässt eine Entscheidung zu der Frage, ob höhere Gewalt nachgewiesen wurde. [3] Falls die Kommission entscheidet, dass höhere Gewalt nachgewiesen wurde, lässt sie eine zweckmäßige Korrektur des Bruttoendenergieverbrauchs von Energie aus erneuerbaren Quellen zu, der für den Mitgliedstaat für das Jahr 2020 angenommen wurde.

(3) Für die Zwecke des Absatzes 1 Buchstabe a wird der Bruttoendenergieverbrauch von Elektrizität aus erneuerbaren Energiequellen als die Elektrizitätsmenge berechnet, die in einem Mitgliedstaat aus erneuerbaren Energiequellen erzeugt wird, unter Ausschluss der Elektrizitätserzeugung in Pumpspeicherkraftwerken durch zuvor hochgepumptes Wasser.

[1] Bei Hybridanlagen, die sowohl Brennstoffe aus erneuerbaren als auch aus herkömmlichen Energiequellen nutzen, wird nur der aus erneuerbaren Energiequellen erzeugte Elektrizitätsanteil berücksichtigt. [2] Hierfür wird der Anteil der einzelnen Energiequellen auf der Grundlage ihres Energiegehalts berechnet.

Aus Wasserkraft und Windkraft erzeugte Elektrizität wird gemäß den Normalisierungsregeln in Anhang II berücksichtigt.

(4) Für die Zwecke des Absatzes 1 Buchstabe b wird der Bruttoendenergieverbrauch von für Wärme und Kälte genutzter Energie aus erneuerbaren Quellen als die Menge an Fernwärme und Fernkälte berechnet, die in einem Mitgliedstaat aus erneuerbaren Quellen erzeugt wird, zuzüglich des Verbrauchs anderer Energie aus erneuerbaren Quellen in der Industrie, in Haushalten, im Dienstleistungssektor und in der Land-, Forst- und Fischereiwirtschaft zu Heizungs-, Kühlungs- und Prozesszwecken.

[1] Bei Hybridanlagen, die sowohl Brennstoffe aus erneuerbaren als auch aus herkömmlichen Energiequellen nutzen, wird nur der aus erneuerbaren Energiequellen erzeugte Wärme- und Kälteanteil berücksichtigt. [2] Hierfür wird der Anteil der einzelnen Energiequellen auf der Grundlage ihres Energiegehalts berechnet.

[1] Aerothermische, geothermische und hydrothermische Energie, die durch Wärmepumpen brauchbar gemacht wird, wird für die Zwecke des Absatzes 1 Buchstabe b berücksichtigt, sofern der Endenergieoutput den für den Betrieb der Wärmepumpen erforderlichen Primärenergieinput deutlich überschreitet. [2] Die Menge an Wärme, die im Sinne dieser Richtlinie als Energie aus erneuerbaren Quellen betrachtet werden kann, berechnet sich nach der in Anhang VII vorgesehenen Methode.

Thermische Energie, die durch passive Energiesysteme erzeugt wird, bei denen ein niedrigerer Energieverbrauch auf passive Weise durch die Baukonstruktion oder durch aus erneuerbaren Energiequellen erzeugte Wärme erreicht wird, wird für die Zwecke des Absatzes 1 Buchstabe b nicht berücksichtigt.

(5) ¹ Als Energiegehalt der in Anhang III aufgeführten Kraftstoffe wird der in diesem Anhang festgelegte Energiegehalt zugrunde gelegt. ² Anhang III kann an den technischen und wissenschaftlichen Fortschritt angepasst werden. ³ Diese Maßnahmen zur Änderung nicht wesentlicher Bestimmungen dieser Richtlinie werden nach dem in Artikel 25 Absatz 4 genannten Regelungsverfahren mit Kontrolle erlassen.

(6) Der Anteil der Energie aus erneuerbaren Quellen wird als der Bruttoendenergieverbrauch von Energie aus erneuerbaren Quellen, dividiert durch den Bruttoendenergieverbrauch von Energie aus allen Energiequellen, berechnet und als Prozentsatz ausgedrückt.

Für die Zwecke des Unterabsatzes 1 wird die in Absatz 1 genannte Summe gemäß den Artikeln 6, 8, 10 und 11 angepasst.

¹ Bei der Berechnung des Bruttoendenergieverbrauchs eines Mitgliedstaats, durch die festgestellt wird, inwieweit der Mitgliedstaat die in dieser Richtlinie festgelegten Zielvorgaben und indikativen Zielpfade erfüllt, wird davon ausgegangen, dass der Energieverbrauch im Luftverkehr nicht über 6,18 % des Bruttoendenergieverbrauchs dieses Mitgliedstaats liegt. ² Für Zypern und Malta wird davon ausgegangen, dass der Energieverbrauch im Luftverkehr nicht über 4,12 % des Bruttoendenergieverbrauchs dieser Mitgliedstaaten liegt.

(7) Für die Berechnung des Anteils der Energie aus erneuerbaren Quellen werden die Methodik und die Begriffsbestimmungen der Verordnung (EG) Nr. 1099/2008 des Europäischen Parlaments und des Rates vom 22. Oktober 2008 zur Energiestatistik[1]) verwendet.

Die Mitgliedstaaten stellen sicher, dass die für die Berechnung des sektorspezifischen Anteils und des Gesamtanteils verwendeten statistischen Angaben und die der Kommission gemäß der Verordnung (EG) Nr. 1099/2008 übermittelten statistischen Angaben kohärent sind.

Art. 6 Statistische Transfers zwischen Mitgliedstaaten. (1) ¹ Die Mitgliedstaaten können sich einigen auf und können Vereinbarungen treffen über den statistischen Transfer einer bestimmten Menge an Energie aus erneuerbaren Quellen aus einem Mitgliedstaat in einen anderen Mitgliedstaat. ² Die transferierte Menge wird

a) von der Menge an Energie aus erneuerbaren Quellen subtrahiert, die bei der Bewertung der Frage, ob der den Transfer durchführende Mitgliedstaat die Anforderungen des Artikels 3 Absätze 1 und 2 erfüllt, berücksichtigt wird, und

b) zu der Menge an Energie aus erneuerbaren Quellen addiert, die bei der Bewertung der Frage, ob der den Transfer akzeptierende Mitgliedstaat die Anforderungen des Artikels 3 Absätze 1 und 2 erfüllt, berücksichtigt wird.

Ein statistischer Transfer hat die Erreichung des nationalen Ziels des Mitgliedstaats, der den Transfer durchführt, nicht zu beeinträchtigen.

(2) ¹ Die in Absatz 1 genannten Vereinbarungen können für ein oder mehrere Jahre gelten. ² Sie müssen der Kommission spätestens drei Monate nach dem Ende jedes Jahres, in dem sie gültig sind, mitgeteilt werden. ³ Die der

---

[1]) **Amtl. Anm.**: ABl. L 304 vom 14. 11. 2008, S. 1.

Kommission übermittelten Angaben umfassen die Menge und den Preis der betreffenden Energie.

(3) Ein Transfer wird nur wirksam, wenn alle am Transfer beteiligten Mitgliedstaaten der Kommission den Transfer mitgeteilt haben.

Art. 7 Gemeinsame Projekte zwischen Mitgliedstaaten. (1) [1] Zwei oder mehr Mitgliedstaaten können bei allen Arten von gemeinsamen Projekten zur Erzeugung von Elektrizität, Wärme oder Kälte aus erneuerbaren Quellen zusammenarbeiten. [2] Die Zusammenarbeit kann private Betreiber einschließen.

(2) Die Mitgliedstaaten teilen der Kommission den Prozentsatz oder die Menge der Elektrizität, der Wärme oder der Kälte aus erneuerbaren Quellen mit, der bzw. die in einem beliebigen gemeinsamen Projekt in ihrem Hoheitsgebiet, das nach dem 25. Juni 2009 in Betrieb genommen wurde, oder mittels der erhöhten Kapazität einer Anlage, die nach Inkrafttreten dieser Richtlinie umgerüstet wurde, erzeugt wird und für die Zwecke der Bewertung der Einhaltung der Anforderungen dieser Richtlinie als auf das nationale Gesamtziel eines anderen Mitgliedstaats anrechenbar zu betrachten ist.

(3) Die Mitteilung nach Absatz 2 enthält Folgendes:

a) eine Beschreibung der vorgeschlagenen Anlage oder Angaben zur umgerüsteten Anlage,

b) die Angabe des Prozentsatzes oder der Menge der von der Anlage erzeugten Elektrizität oder der von ihr erzeugten Wärme oder Kälte, der bzw. die als auf das nationale Gesamtziel eines anderen Mitgliedstaats anrechenbar zu betrachten ist,

c) die Angabe des Mitgliedstaats, zu dessen Gunsten die Mitteilung erfolgt, und

d) die Angabe des Zeitraums, in dem die von der Anlage aus erneuerbaren Quellen erzeugte Elektrizität oder die von ihr aus erneuerbaren Quellen erzeugte Wärme oder Kälte als auf das nationale Gesamtziel des anderen Mitgliedstaats anrechenbar zu betrachten ist, in vollen Kalenderjahren.

(4) [1] Der in Absatz 3 Buchstabe d genannte Zeitraum darf sich nicht über das Jahr 2020 hinaus erstrecken. [2] Die Laufzeit eines gemeinsamen Projekts darf über das Jahr 2020 hinausgehen.

(5) Eine nach diesem Artikel erfolgte Mitteilung darf nur in gegenseitigem Einvernehmen zwischen dem die Mitteilung machenden Mitgliedstaat und dem gemäß Absatz 3 Buchstabe c angegebenen Mitgliedstaat geändert oder widerrufen werden.

Art. 8 Wirkungen gemeinsamer Projekte zwischen Mitgliedstaaten.

(1) Innerhalb von drei Monaten nach Ablauf jedes in den Zeitraum nach Artikel 7 Absatz 3 Buchstabe d fallenden Jahres versendet der Mitgliedstaat, der die Mitteilung nach Artikel 7 gemacht hat, ein Mitteilungsschreiben mit folgenden Angaben:

a) die Gesamtmenge an Elektrizität oder Wärme oder Kälte, die in dem betreffenden Jahr von der Anlage, die Gegenstand der Mitteilung nach Artikel 7 war, aus erneuerbaren Energiequellen erzeugt wurde, und

b) die Menge an Elektrizität oder Wärme oder Kälte, die in dem betreffenden Jahr von der Anlage aus erneuerbaren Energiequellen erzeugt wurde und gemäß der Mitteilung auf das nationale Gesamtziel eines anderen Mitgliedstaats anzurechnen ist.

(2) Der mitteilende Mitgliedstaat sendet das Mitteilungsschreiben an den Mitgliedstaat, zu dessen Gunsten die Mitteilung erfolgte, und an die Kommission.

(3) Zur Bewertung der Zielerfüllung betreffend die Anforderungen dieser Richtlinie hinsichtlich nationaler Gesamtziele wird die aus erneuerbaren Energiequellen erzeugte Menge an Elektrizität oder Wärme oder Kälte, die gemäß Absatz 1 Buchstabe b mitgeteilt wurde,

a) von der Menge an Elektrizität, Wärme oder Kälte aus erneuerbaren Quellen subtrahiert, die bei der Bewertung der Frage, ob der das Mitteilungsschreiben nach Absatz 1 versendende Mitgliedstaat die Anforderungen erfüllt, berücksichtigt wird, und

b) zu der Menge an Elektrizität, Wärme oder Kälte aus erneuerbaren Quellen addiert, die bei der Bewertung der Frage, ob der das Mitteilungsschreiben gemäß Absatz 2 empfangende Mitgliedstaat die Anforderungen erfüllt, berücksichtigt wird.

Art. 9 Gemeinsame Projekte von Mitgliedstaaten und Drittländern.

(1) [1] Ein oder mehrere Mitgliedstaaten können mit einem oder mehreren Drittländern bei allen Arten gemeinsamer Projekte zur Produktion von Elektrizität aus erneuerbaren Energiequellen zusammenarbeiten. [2] Die Zusammenarbeit kann private Betreiber einschließen.

(2) Aus erneuerbaren Energiequellen in einem Drittland erzeugte Elektrizität wird bei der Bewertung der Erfüllung der die nationalen Gesamtziele betreffenden Anforderungen dieser Richtlinie nur berücksichtigt, wenn die folgenden Bedingungen erfüllt sind:

a) Die Elektrizität wird in der Gemeinschaft verbraucht; diese Anforderung wird als erfüllt angesehen, wenn

  i) eine Elektrizitätsmenge, die der angerechneten Elektrizitätsmenge entspricht, von allen zuständigen Übertragungsnetzbetreibern im Ursprungsland, im Bestimmungsland und, falls relevant, in jedem Transitdrittland zu der jeweils zugeteilten Verbindungskapazität fest zugewiesen wurde;

  ii) eine Elektrizitätsmenge, die der angerechneten Elektrizitätsmenge entspricht, vom zuständigen Übertragungsnetzbetreiber auf der Gemeinschaftsseite einer Verbindungsleitung fest im Elektrizitätsbilanzverzeichnis registriert wurde;

  iii) die ausgewiesene Kapazität und die Erzeugung der Elektrizität aus erneuerbaren Energiequellen durch die in Absatz 2 Buchstabe b genannte Anlage denselben Zeitraum betreffen;

b) die Elektrizität wird im Rahmen eines gemeinsamen Projekts gemäß Absatz 1 in einer neu gebauten Anlage erzeugt, die nach dem 25. Juni 2009 in Betrieb genommen wurde, oder mittels der erhöhten Kapazität einer Anlage, die nach Inkrafttreten dieser Richtlinie umgerüstet wurde; und

c) für die erzeugte und exportierte Elektrizitätsmenge wurden außer Investitionsbeihilfen für die Anlage keine Beihilfen aus einer Förderregelung eines Drittlands gewährt.

(3) Die Mitgliedstaaten können bei der Kommission beantragen, dass für die Zwecke von Artikel 5 Absatz 1 und im Zusammenhang mit der Errichtung einer Verbindungsleitung mit einer sehr langen Vorlaufzeit zwischen einem Mitgliedstaat und einem Drittstaat die aus erneuerbaren Energiequellen kommende und in einem Drittstaat produzierte und konsumierte Elektrizität unter folgenden Bedingungen berücksichtigt wird:

a) Mit dem Bau der Verbindungsleitung muss bis zum 31. Dezember 2016 begonnen worden sein;

b) die Verbindungsleitung kann nicht bis zum 31. Dezember 2020 in Betrieb genommen werden;

c) die Verbindungsleitung kann bis zum 31. Dezember 2022 in Betrieb genommen werden;

d) nach der Inbetriebnahme wird die Verbindungsleitung in Übereinstimmung mit Absatz 2 für den Export von Elektrizität aus erneuerbaren Energiequellen in die Gemeinschaft genutzt;

e) der Antrag bezieht sich auf ein gemeinsames Projekt, das den Kriterien von Absatz 2 Buchstaben b und c entspricht und das die Verbindungsleitung nach ihrer Inbetriebnahme nutzen wird, und auf eine Elektrizitätsmenge, die jene nicht übersteigt, die nach der Inbetriebnahme der Verbindungsleitung in die Gemeinschaft exportiert wird.

(4) ¹Der Prozentsatz oder die Menge der von einer Anlage im Hoheitsgebiet eines Drittlands erzeugten Elektrizität, der bzw. die zum Zweck der Bewertung der Einhaltung des Artikels 3 als auf das nationale Gesamtziel eines oder mehrerer Mitgliedstaaten anrechenbar zu betrachten ist, wird der Kommission mitgeteilt. ²Wenn mehr als ein Mitgliedstaat betroffen ist, wird die Aufteilung dieses Prozentsatzes oder dieser Menge auf die Mitgliedstaaten der Kommission mitgeteilt. ³Dieser Prozentsatz oder diese Menge darf die tatsächlich in die Gemeinschaft ausgeführte und dort verbrauchte Menge nicht überschreiten und muss der Menge gemäß Absatz 2 Buchstabe a Ziffern i und ii entsprechen und die Bedingungen des Absatzes 2 Buchstabe a erfüllen. ⁴Die Mitteilung erfolgt durch jeden Mitgliedstaat, auf dessen nationales Gesamtziel der Prozentsatz oder die Menge der Elektrizität angerechnet werden soll.

(5) Die Mitteilung im Sinne von Absatz 4 enthält Folgendes:

a) eine Beschreibung der vorgeschlagenen Anlage oder Angaben zur umgerüsteten Anlage,

b) die Angabe des Prozentsatzes oder der Menge der von der Anlage erzeugten Elektrizität, der bzw. die als auf das nationale Ziel eines Mitgliedstaats anrechenbar zu betrachten ist, sowie die entsprechenden Finanzvereinbarungen, wobei Vertraulichkeitsanforderungen einzuhalten sind,

c) die Angabe des Zeitraums, in dem die Elektrizität als auf das nationale Gesamtziel des Mitgliedstaats anrechenbar zu betrachten ist, in vollen Kalenderjahren und

d) eine schriftliche Bestätigung der Angaben nach den Buchstaben b und c durch das Drittland, in dessen Hoheitsgebiet die Anlage in Betrieb genommen werden soll, und die Angabe des Anteils oder der Menge der in der

Anlage erzeugten Elektrizität für den heimischen Verbrauch dieses Drittlands.

(6) [1] Der in Absatz 5 Buchstabe c genannte Zeitraum darf sich nicht über das Jahr 2020 hinaus erstrecken. [2] Die Laufzeit eines gemeinsamen Projekts darf über das Jahr 2020 hinausgehen.

(7) Eine nach diesem Artikel erfolgte Mitteilung darf nur in gegenseitigem Einvernehmen zwischen dem die Mitteilung machenden Mitgliedstaat und dem Drittland, das das gemeinsame Projekt gemäß Absatz 5 Buchstabe d bestätigt hat, geändert oder widerrufen werden.

(8) Die Mitgliedstaaten und die Gemeinschaft legen den einschlägigen Gremien des Vertrags über die Energiegemeinschaft nahe, in Einklang mit dem Vertrag über die Energiegemeinschaft die Maßnahmen zu ergreifen, die erforderlich sind, damit die Vertragsparteien die Bestimmungen dieser Richtlinie für die Zusammenarbeit zwischen Mitgliedstaaten anwenden können.

Art. 10 Wirkung gemeinsamer Projekte zwischen Mitgliedstaaten und Drittländern.

(1) Innerhalb von drei Monaten nach Ablauf jedes in den Zeitraum nach Artikel 9 Absatz 5 Buchstabe c fallenden Jahres versendet der Mitgliedstaat, der die Mitteilung nach Artikel 9 gemacht hat, ein Mitteilungsschreiben mit folgendem Inhalt:

a) die Gesamtmenge an Elektrizität, die in dem betreffenden Jahr von der Anlage, die Gegenstand der Mitteilung nach Artikel 9 war, aus erneuerbaren Energiequellen produziert wurde;

b) die Menge an Elektrizität, die in dem betreffenden Jahr von der Anlage aus erneuerbaren Energiequellen erzeugt wurde und gemäß der Mitteilung nach Artikel 9 auf sein nationales Gesamtziel anzurechnen ist;

c) den Nachweis der Einhaltung der in Artikel 9 Absatz 2 genannten Bedingungen.

(2) Die Mitgliedstaaten senden das Mitteilungsschreiben an das Drittland, das das gemeinsame Projekt gemäß Artikel 9 Absatz 5 Buchstabe d bestätigt hat, sowie an die Kommission.

(3) Zur Bewertung der Zielerfüllung hinsichtlich der Anforderungen dieser Richtlinie hinsichtlich der nationalen Gesamtziele wird die aus erneuerbaren Energiequellen produzierte Menge an Elektrizität, die gemäß Absatz 1 Buchstabe b mitgeteilt wurde, der anrechenbaren Menge an Energie aus erneuerbaren Quellen hinzugerechnet, wenn die Einhaltung der Anforderungen durch den Mitgliedstaat, der das Mitteilungsschreiben versendet, bewertet wird.

Art. 11 Gemeinsame Förderregelungen.

(1) [1] Unbeschadet der Pflichten der Mitgliedstaaten nach Artikel 3 können zwei oder mehr Mitgliedstaaten auf freiwilliger Basis beschließen, ihre nationalen Förderregelungen zusammenzulegen oder teilweise zu koordinieren. [2] In solchen Fällen kann eine bestimmte Menge an Energie aus erneuerbaren Quellen, die im Hoheitsgebiet eines teilnehmenden Mitgliedstaats erzeugt wird, auf das nationale Gesamtziel eines anderen teilnehmenden Mitgliedstaats angerechnet werden, wenn die betreffenden Mitgliedstaaten

a) gemäß Artikel 6 einen statistischen Transfer bestimmter Mengen an Energie aus erneuerbaren Quellen von einem Mitgliedstaat auf einen anderen vornehmen oder

b) eine von den teilnehmenden Mitgliedstaaten gebilligte Verteilungsregel festlegen, nach der Mengen an Energie aus erneuerbaren Quellen den beteiligten Mitgliedstaaten zugewiesen werden. Diese Regel ist der Kommission spätestens drei Monate nach dem Ende des ersten Jahres, in dem sie wirksam wird, mitzuteilen.

(2) Innerhalb von drei Monaten nach Ende jedes Jahres versendet jeder Mitgliedstaat, der eine Mitteilung nach Absatz 1 Buchstabe b gemacht hat, ein Mitteilungsschreiben, in dem er die Gesamtmenge an Elektrizität oder Wärme oder Kälte aus erneuerbaren Energiequellen angibt, die in dem Jahr, für das die Verteilungsregel gelten soll, erzeugt wurde.

(3) Zur Bewertung der Erfüllung der die nationalen Gesamtziele betreffenden Anforderungen dieser Richtlinie wird die aus erneuerbaren Energiequellen erzeugte Menge an Elektrizität oder Wärme oder Kälte, die gemäß Absatz 2 mitgeteilt wurde, nach der mitgeteilten Verteilungsregel zwischen den betreffenden Mitgliedstaaten neu aufgeteilt.

Art. 12 Kapazitätserhöhungen. Für die Zwecke des Artikels 7 Absatz 2 und des Artikels 9 Absatz 2 Buchstabe b werden Einheiten von Energie aus erneuerbaren Quellen, die auf die Erhöhung der Kapazität einer Anlage zurückzuführen sind, so behandelt, als seien sie in einer eigenständigen Anlage erzeugt worden, die zum Zeitpunkt der Kapazitätserhöhung in Betrieb genommen wurde.

Art. 13 Verwaltungsverfahren, Rechtsvorschriften und Regelwerke.
(1) Die Mitgliedstaaten stellen sicher, dass einzelstaatliche Vorschriften für die Genehmigungs-, Zertifizierungs- und Zulassungsverfahren, die auf Anlagen zur Erzeugung von Elektrizität, Wärme oder Kälte aus erneuerbaren Energiequellen und die angegliederten Infrastrukturen der Übertragungs- und Verteilernetze sowie auf den Vorgang der Umwandlung von Biomasse in Biokraftstoffe oder sonstige Energieprodukte angewandt werden, verhältnismäßig und notwendig sind.

Die Mitgliedstaaten ergreifen insbesondere angemessene Maßnahmen, um sicherzustellen, dass

a) vorbehaltlich der Unterschiede zwischen den Mitgliedstaaten hinsichtlich ihrer Verwaltungsstruktur und -organisation die entsprechenden Zuständigkeiten der nationalen, regionalen und lokalen Verwaltungsstellen für die Genehmigungs-, Zertifizierungs- und Zulassungsverfahren – auch im Hinblick auf die Raumplanung – eindeutig koordiniert und festgelegt sind und transparente Zeitpläne für Entscheidungen über Planungs- und Bauanträge genau bestimmt sind;

b) auf der geeigneten Ebene umfassende Informationen über die Bearbeitung von Genehmigungs-, Zertifizierungs- und Zulassungsanträgen für Anlagen zur Nutzung von erneuerbarer Energie und über die den Antragstellern zur Verfügung stehende Unterstützung angeboten werden;

c) die Verwaltungsverfahren auf der geeigneten Verwaltungsebene gestrafft und beschleunigt werden;

d) die Vorschriften für Genehmigung, Zertifizierung und Zulassung objektiv, transparent und verhältnismäßig sind, nicht zwischen Antragstellern diskriminieren und den Besonderheiten der einzelnen Technologien für erneuerbare Energie vollständig Rechnung tragen;

e) Verwaltungsgebühren, die die Verbraucher, Planungsbüros, Architekten, Bauunternehmen sowie die Geräte- und Systeminstallateure und -lieferanten entrichten müssen, transparent und kostenbezogen sind; und

f) gegebenenfalls vereinfachte und weniger aufwändige Genehmigungsverfahren, unter anderem der Ersatz des Genehmigungsverfahrens durch eine einfache Mitteilung, falls dies im Rahmen des einschlägigen Rechtsrahmens zulässig ist, für kleinere Projekte und gegebenenfalls für dezentrale Anlagen zur Produktion von Energie aus erneuerbaren Quellen eingeführt werden.

(2) [1] Die Mitgliedstaaten legen eindeutige technische Spezifikationen fest, die Geräte und Systeme, die erneuerbare Energie nutzen, erfüllen müssen, damit ihnen die Förderregelungen zugute kommen. [2] Gibt es europäische Normen, einschließlich Umweltzeichen, Energiezeichen und sonstige von den europäischen Normengremien entwickelte technische Referenzsysteme, werden solche technischen Spezifikationen auf der Grundlage dieser Normen abgefasst. [3] Solche technischen Spezifikationen dürfen nicht vorschreiben, wo die Geräte und Systeme zu zertifizieren sind, und sollten kein Hindernis für das Funktionieren des Binnenmarkts darstellen.

(3) [1] Die Mitgliedstaaten empfehlen allen Akteuren, insbesondere lokalen und regionalen Verwaltungsstellen, sicherzustellen, dass bei der Planung, dem Entwurf, dem Bau und der Renovierung von Industrie- oder Wohngebieten die Installation von Anlagen und Systemen für die Nutzung von Elektrizität, Wärme und Kälte aus erneuerbaren Energiequellen und für Fernwärme und -kälte vorgesehen wird. [2] Insbesondere ermutigen die Mitgliedstaaten lokale und regionale Verwaltungsstellen, Wärme und Kälte aus erneuerbaren Energiequellen, soweit angemessen, in die Planung der städtischen Infrastruktur einzubeziehen.

(4) Die Mitgliedstaaten nehmen in ihre Bauvorschriften und Regelwerke geeignete Maßnahmen auf, um den Anteil aller Arten von Energie aus erneuerbaren Quellen im Gebäudebereich zu erhöhen.

Bei der Ausarbeitung solcher Maßnahmen oder in ihren regionalen Förderregelungen können die Mitgliedstaaten nationale Maßnahmen für eine deutliche Steigerung der Energieeffizienz und in Bezug auf Kraft-Wärme-Kopplung sowie Passiv-, Niedrigenergie- oder Nullenergiehäuser berücksichtigen.

[1] Bis spätestens zum 31. Dezember 2014 schreiben die Mitgliedstaaten in ihren Bauvorschriften und Regelwerken oder auf andere Weise mit vergleichbarem Ergebnis, sofern angemessen, vor, dass in neuen Gebäuden und in bestehenden Gebäuden, an denen größere Renovierungsarbeiten vorgenommen werden, ein Mindestmaß an Energie aus erneuerbaren Quellen genutzt wird. [2] Die Mitgliedstaaten gestatten, dass diese Mindestanforderungen unter anderem durch Fernwärme und Fernkälte erfüllt werden, die zu einem bedeutenden Anteil aus erneuerbaren Quellen erzeugt werden.

Die Anforderungen nach Unterabsatz 1 gelten auch für die Streitkräfte, aber nur soweit ihre Anwendung nicht mit der Art und dem Hauptzweck der Tätigkeit der Streitkräfte kollidiert, und mit Ausnahme von Material, das ausschließlich für militärische Zwecke verwendet wird.

(5) ¹Die Mitgliedstaaten stellen sicher, dass neu errichtete öffentliche Gebäude sowie bestehende öffentliche Gebäude, an denen größere Renovierungsmaßnahmen vorgenommen werden, auf nationaler, regionaler und lokaler Ebene ab dem 1. Januar 2012 eine Vorbildfunktion im Rahmen dieser Richtlinie erfüllen. ²Die Mitgliedstaaten können unter anderem zulassen, dass diese Verpflichtung durch die Einhaltung von Normen für Nullenergiehäuser oder dadurch erfüllt wird, dass die Dächer öffentlicher oder gemischt privat und öffentlich genutzter Gebäude durch Dritte für Anlagen zur Erzeugung von Energie aus erneuerbaren Quellen genutzt werden.

(6) ¹Mit Bezug auf ihre Bauvorschriften und Bauregelwerke fördern die Mitgliedstaaten die Verwendung von Systemen und Anlagen zur Wärme- und Kälteerzeugung aus erneuerbaren Energiequellen, die eine erhebliche Verringerung des Energieverbrauchs erreichen. ²Die Mitgliedstaaten verwenden, sofern vorhanden, Energie- oder Ökozeichen oder sonstige auf nationaler oder Gemeinschaftsebene entwickelte geeignete Zertifikate oder Normen als Grundlage für die Förderung solcher Systeme und Geräte.

Bei Biomasse fördern die Mitgliedstaaten Umwandlungstechnologien, die einen Umwandlungswirkungsgrad von mindestens 85% für Privathaushalts- und kommerzielle Anwendungen und von mindestens 70% für industrielle Anwendungen erreichen.

Bei Wärmepumpen fördern die Mitgliedstaaten solche, die die in der Entscheidung 2007/742/EG der Kommission vom 9. November 2007 zur Festlegung der Umweltkriterien für die Vergabe des EG-Umweltzeichens an Elektro-, Gasmotor- oder Gasabsorptionswärmepumpen[1] festgelegten Mindestanforderungen für die Vergabe des EG-Umweltzeichens erfüllen.

Bei solarthermischer Energie fördern die Mitgliedstaaten zertifizierte Anlagen und Systeme, die – sofern vorhanden – auf europäischen Normen einschließlich Umweltzeichen, Energiezeichen und sonstigen von den europäischen Normungsgremien entwickelten technischen Referenzsystemen beruhen.

Bei der Beurteilung des Umwandlungswirkungsgrads und des Input/Output-Verhältnisses von Systemen und Geräten für die Zwecke dieses Absatzes verwenden die Mitgliedstaaten gemeinschaftliche oder – in Ermangelung dieser – internationale Verfahren, falls es solche Verfahren gibt.

Art. 14 Information und Ausbildung. (1) Die Mitgliedstaaten stellen sicher, dass allen wichtigen Akteuren wie Verbrauchern, Bauunternehmern, Installateuren, Architekten und Lieferanten von Geräten und Systemen für die Erzeugung von Wärme, Kälte und Elektrizität und von Fahrzeugen, die mit Energie aus erneuerbaren Quellen betrieben werden können, Informationen über Fördermaßnahmen zur Verfügung stehen.

(2) Die Mitgliedstaaten sorgen dafür, dass Informationen über die Nettovorteile, die Kosten und die Energieeffizienz von Anlagen und Systemen für die Nutzung von Wärme, Kälte und Elektrizität aus erneuerbaren Energiequellen entweder von dem Lieferanten der Anlage oder des Systems oder von den zuständigen nationalen Behörden bereitgestellt werden.

---

[1] **Amtl. Anm.:** ABl. L 301 vom 20. 11. 2007, S. 14.

(3) ¹Die Mitgliedstaaten stellen sicher, dass bis zum 31. Dezember 2012 Zertifizierungssysteme oder gleichwertige Qualifikationssysteme für Installateure von kleinen Biomassekesseln und -öfen, solaren Fotovoltaik- und Solarwärmesystemen, oberflächennahen geothermischen Systemen und Wärmepumpen zur Verfügung stehen oder stehen werden. ²Diese Systeme können die bestehenden Systeme und Strukturen gegebenenfalls berücksichtigen und sind auf die in Anhang IV festgelegten Kriterien zu stützen. ³Jeder Mitgliedstaat erkennt die von anderen Mitgliedstaaten gemäß diesen Kriterien vorgenommenen Zertifizierungen an.

(4) ¹Die Mitgliedstaaten stellen der Öffentlichkeit Informationen zu den Zertifizierungssystemen oder gleichwertige Qualifikationssystemen gemäß Absatz 3 zur Verfügung. ²Die Mitgliedstaaten können außerdem ein Verzeichnis der gemäß Absatz 3 qualifizierten oder zertifizierten Installateure zur Verfügung stellen.

(5) Die Mitgliedstaaten stellen sicher, dass allen wichtigen Akteuren, insbesondere Planungsbüros und Architekten, Leitlinien zur Verfügung gestellt werden, damit diese in der Lage sind, die optimale Kombination von erneuerbaren Energiequellen, hocheffizienten Technologien und Fernwärme und -kälte bei der Planung, dem Entwurf, dem Bau und der Renovierung von Industrie- oder Wohngebieten sachgerecht in Erwägung zu ziehen.

(6) Die Mitgliedstaaten entwickeln unter Beteiligung lokaler und regionaler Behörden zweckdienliche Informations-, Sensibilisierungs-, Orientierungs- und/oder Ausbildungsprogramme, um die Bürger über die Vorteile des Ausbaus und der Nutzung von Energie aus erneuerbaren Quellen und über die diesbezüglichen praktischen Aspekte zu informieren.

Art. 15 Herkunftsnachweis für Elektrizität, Wärme und Kälte, die aus erneuerbaren Energiequellen erzeugt werden. (1) Zum Zweck des Nachweises gegenüber den Endkunden darüber, welchen Anteil Energie aus erneuerbaren Quellen im Energiemix eines Energieversorgers ausmacht oder in welcher Menge sie darin enthalten ist, der gemäß Artikel 3 Absatz 6 der Richtlinie 2003/54/EG zu erbringen ist, stellen die Mitgliedstaaten sicher, dass die Herkunft von aus erneuerbaren Energiequellen erzeugter Elektrizität als solche im Sinne dieser Richtlinie gemäß objektiven, transparenten und nichtdiskriminierenden Kriterien garantiert werden kann.

(2) ¹Zu diesem Zweck sorgen die Mitgliedstaaten dafür, dass auf Anfrage eines Produzenten von Elektrizität aus erneuerbaren Energiequellen ein Herkunftsnachweis ausgestellt wird. ²Die Mitgliedstaaten können vorsehen, dass Herkunftsnachweise auf Antrag der Produzenten von aus erneuerbaren Energiequellen erzeugter Wärme oder Kälte ausgestellt werden. ³Eine solche Regelung kann von einer Mindestkapazität abhängig gemacht werden. ⁴Ein Herkunftsnachweis gilt standardmäßig für 1 MWh. ⁵Für jede Einheit erzeugte Energie wird nicht mehr als ein Herkunftsnachweis ausgestellt.

Die Mitgliedstaaten stellen sicher, dass dieselbe Einheit von Energie aus erneuerbaren Quellen nur einmal berücksichtigt wird.

Die Mitgliedstaaten können vorsehen, dass einem Produzenten, der für dieselbe aus erneuerbaren Quellen erzeugte Energie einen Herkunftsnachweis erhält, keine Unterstützung gewährt wird.

[1] Der Herkunftsnachweis ist für die Einhaltung des Artikels 3 durch die Mitgliedstaaten nicht zu verwenden. [2] Die Übertragung von Herkunftsnachweisen, sei es gesondert oder zusammen mit der physischen Übertragung von Energie, haben keine Auswirkungen auf die Entscheidung von Mitgliedstaaten, zur Erreichung der Ziele auf statistische Transfers, gemeinsame Projekte oder gemeinsame Förderregelungen zurückzugreifen; ebenso wenig haben sie Auswirkungen auf die Berechnung des gemäß Artikel 5 berechneten Bruttoendenergieverbrauchs von Energie aus erneuerbaren Quellen.

(3) [1] Ein Herkunftsnachweis muss binnen zwölf Monaten nach der Erzeugung der entsprechenden Energieeinheit verwendet werden. [2] Ein Herkunftsnachweis wird nach seiner Verwendung entwertet.

(4) [1] Die Mitgliedstaaten oder benannten zuständigen Stellen überwachen die Ausstellung, Übertragung und Entwertung der Herkunftsnachweise. [2] Die benannten zuständigen Stellen dürfen keine sich geografisch überschneidenden Verantwortlichkeiten haben, und die Stellen müssen von den Bereichen Produktion, Handel und Versorgung unabhängig sein.

(5) Die Mitgliedstaaten oder die benannten zuständigen Stellen schaffen geeignete Mechanismen, um sicherzustellen, dass die Herkunftsnachweise elektronisch ausgestellt, übertragen und entwertet werden und genau, zuverlässig und betrugssicher sind.

(6) Der Herkunftsnachweis enthält mindestens folgende Angaben:

a) Angaben zur Energiequelle, aus der die Energie erzeugt wurde, und zu Beginn und Ende ihrer Erzeugung;

b) Angaben dazu, ob der Herkunftsnachweis

i) Elektrizität oder

ii) Wärme und/oder Kälte betrifft;

c) Bezeichnung, Standort, Typ und Kapazität der Anlage, in der die Energie erzeugt wurde;

d) Angaben dazu, ob und in welchem Umfang die Anlage Investitionsbeihilfen erhalten hat und ob und in welchem Umfang die Energieeinheit in *irgend einer*[1] anderen Weise in den Genuss einer nationalen Förderregelung gelangt ist, und zur Art der Förderregelung;

e) Datum der Inbetriebnahme der Anlage und

f) Ausstellungsdatum und ausstellendes Land und eine eindeutige Kennnummer.

(7) Wird von einem Elektrizitätsversorgungsunternehmen der Nachweis über den Anteil oder die Menge an Energie aus erneuerbaren Quellen an seinem Energiemix für die Zwecke des Artikels 3 Absatz 6 der Richtlinie 2003/54/EG verlangt, so kann es hierfür seine Herkunftsnachweise verwenden.

(8) Die Menge an Energie aus erneuerbaren Quellen, die den Herkunftsnachweisen entspricht, die von einem Elektrizitätsversorger an einen Dritten übertragen wird, ist für die Zwecke des Artikels 3 Absatz 6 der Richtlinie 2003/54/EG von dem Anteil der Energie aus erneuerbaren Quellen an seinem Energiemix abzuziehen.

---

[1] Richtig wohl: „irgendeiner".

(9) ¹ Die Mitgliedstaaten erkennen die von anderen Mitgliedstaaten gemäß dieser Richtlinie ausgestellten Herkunftsnachweise ausschließlich als Nachweis der in Absatz 1 und Absatz 6 Buchstaben a bis f genannten Angaben an. ² Ein Mitgliedstaat kann die Anerkennung eines Herkunftsnachweises nur dann verweigern, wenn er begründete Zweifel an dessen Richtigkeit, Zuverlässigkeit oder Wahrhaftigkeit hat. ³ Der Mitgliedstaat teilt der Kommission eine solche Verweigerung und deren Begründung mit.

(10) Stellt die Kommission fest, dass die Verweigerung eines Herkunftsnachweises unbegründet ist, kann sie eine Entscheidung erlassen, die den betreffenden Mitgliedstaat zur Anerkennung des Herkunftsnachweises verpflichtet.

(11) Ein Mitgliedstaat kann in Einklang mit dem Gemeinschaftsrecht objektive, transparente und diskriminierungsfreie Kriterien für die Verwendung von Herkunftsnachweisen zur Einhaltung der Verpflichtungen nach Artikel 3 Absatz 6 der Richtlinie 2003/54/EG einführen.

(12) In den Fällen, in denen Energieversorger Energie aus erneuerbaren Quellen an Verbraucher mit Bezug zu ökologischen oder sonstigen Vorteilen erneuerbarer Energie vermarkten, können die Mitgliedstaaten verlangen, dass die Energieversorger summarisch Informationen über die Menge oder den Anteil von Energie aus erneuerbaren Quellen aus Anlagen oder Kapazitätserweiterungen, die nach dem 25. Juni 2009 in Betrieb genommen wurden, verfügbar machen.

Art. 16 Netzzugang und Betrieb. (1) ¹ Die Mitgliedstaaten ergreifen geeignete Schritte, um die Übertragungs- und Verteilernetzinfrastruktur, intelligente Netze, Speicheranlagen und das Elektrizitätssystem auszubauen, um den sicheren Betrieb des Elektrizitätssystems zu ermöglichen, während der Weiterentwicklung der Elektrizitätserzeugung aus erneuerbaren Energiequellen Rechnung getragen wird, was die Zusammenschaltung zwischen den Mitgliedstaaten sowie zwischen Mitgliedstaaten und Drittstaaten einschließt. ² Die Mitgliedstaaten ergreifen ferner geeignete Maßnahmen, um die Genehmigungsverfahren für Netzinfrastrukturen zu beschleunigen und die Genehmigung von Netzinfrastrukturen mit Verwaltungs- und Planungsverfahren zu koordinieren.

(2) Vorbehaltlich der zur Wahrung der Zuverlässigkeit und der Sicherheit des Netzes zu erfüllenden Anforderungen, auf der Grundlage transparenter und nichtdiskriminierender Kriterien, die von den zuständigen nationalen Behörden festgelegt werden,

a) gewährleisten die Mitgliedstaaten, dass die Betreiber der Übertragungs- und Verteilernetze in ihrem Hoheitsgebiet die Übertragung und Verteilung von Elektrizität aus erneuerbaren Energiequellen gewährleisten;

b) sehen die Mitgliedstaaten außerdem entweder einen vorrangigen Netzzugang oder einen garantierten Netzzugang für Elektrizität aus erneuerbaren Energiequellen vor;

c) stellen die Mitgliedstaaten sicher, dass die Betreiber der Übertragungsnetze beim Abrufen von Elektrizitätserzeugungsanlagen auf der Grundlage transparenter und nichtdiskriminierender Kriterien Erzeugungsanlagen Vorrang gewähren, in denen erneuerbare Energiequellen eingesetzt werden, soweit der sichere Betrieb des nationalen Elektrizitätssystems dies zulässt. Die

Mitgliedstaaten stellen sicher, dass angemessene netz- und marktbezogene betrieblichen Maßnahmen ergriffen werden, um Beschränkungen der Einspeisung von Elektrizität aus erneuerbaren Energiequellen möglichst gering zu halten. Werden umfassende Maßnahmen zur Beschränkung der Einspeisung aus erneuerbaren Energiequellen ergriffen, um die Sicherheit des nationalen Elektrizitätssystems und die Energieversorgungssicherheit zu gewährleisten, stellen die Mitgliedstaaten sicher, dass die zuständigen Netzbetreiber diese Maßnahmen der zuständigen Regulierungsbehörde melden und angeben, welche Abhilfemaßnahmen sie zu treffen beabsichtigen, um unangemessene Beschränkungen zu vermeiden.

(3) Die Mitgliedstaaten verlangen von den Betreibern der Übertragungs- und Verteilernetze die Aufstellung und Veröffentlichung ihrer Standardregeln für die Übernahme und Teilung der Kosten für technische Anpassungen wie Netzanschlüsse und Netzverstärkungen, verbesserter Netzbetrieb und Regeln für die nichtdiskriminierende Anwendung der Netzkodizes, die zur Einbindung neuer Produzenten, die aus erneuerbaren Energiequellen erzeugte Elektrizität in das Verbundnetz einspeisen, notwendig sind.

[1] Diese Regeln müssen sich auf objektive, transparente und nichtdiskriminierende Kriterien stützen, die insbesondere sämtliche Kosten und Vorteile des Anschlusses dieser Produzenten an das Netz und die besonderen Umstände von Produzenten in Randgebieten und in Gebieten mit niedriger Bevölkerungsdichte berücksichtigen. [2] Diese Regeln können verschiedene Arten von Anschlüssen vorsehen.

(4) [1] Die Mitgliedstaaten können gegebenenfalls von den Betreibern der Übertragungs- und Verteilernetze verlangen, die in Absatz 3 genannten Kosten vollständig oder teilweise zu übernehmen. [2] Die Mitgliedstaaten überprüfen die Rahmenbedingungen und Vorschriften für die Kostenübernahme und -teilung im Sinne von Absatz 3 bis zum 30. Juni 2011 und danach alle zwei Jahre und ergreifen die erforderlichen Maßnahmen, um diese zu verbessern, damit die Einbindung neuer Produzenten im Sinne von Absatz 3 gewährleistet ist.

(5) Die Mitgliedstaaten verlangen von den Betreibern der Übertragungs- und Verteilernetze, jedem neuen Produzenten von Energie aus erneuerbaren Quellen, der an das Netz angeschlossen werden möchte, die gesamten erforderlichen Informationen vorzulegen, einschließlich folgender Dokumente:

a) einen umfassenden und detaillierten Voranschlag der durch den Anschluss entstehenden Kosten,

b) einen angemessenen und genauen Zeitplan für die Entgegennahme und die Bearbeitung des Antrags auf Anschluss an das Netz,

c) einen angemessenen, indikativischen Zeitplan für jeden vorgeschlagenen Netzanschluss.

Die Mitgliedstaaten können Produzenten von Elektrizität aus erneuerbaren Energiequellen, die einen Netzanschluss wollen, gestatten, für die Anschlussarbeiten eine Ausschreibung durchzuführen.

(6) Die in Absatz 3 genannte Kostenteilung wird durch einen Mechanismus sichergestellt, der auf objektiven, transparenten und nichtdiskriminierenden Kriterien basiert und auch die Vorteile berücksichtigt, die den zuerst und den

später angeschlossenen Produzenten sowie Betreibern von Übertragungs- und Verteilernetzen aus den Anschlüssen entstehen.

(7) [1] Die Mitgliedstaaten stellen sicher, dass Elektrizität aus erneuerbaren Energiequellen – darunter insbesondere Elektrizität aus erneuerbaren Energiequellen, die in Randgebieten, beispielsweise Inselregionen, und in Gebieten mit niedriger Bevölkerungsdichte erzeugt wird – bei der Anlastung der Tarife für die Übertragung und Verteilung nicht benachteiligt wird. [2] Die Mitgliedstaaten stellen sicher, dass Gas aus erneuerbaren Energiequellen bei der Erhebung der Tarife für die Übertragung und Verteilung nicht benachteiligt wird.

(8) [1] Die Mitgliedstaaten stellen sicher, dass die von den Betreibern der Übertragungs- und Verteilernetze für die Übertragung und Verteilung von Elektrizität aus Anlagen, die erneuerbare Energiequellen einsetzen, erhobenen Tarife die zu erzielenden Kostenvorteilen aus dem Anschluss der Anlage an das Netz widerspiegeln. [2] Solche Kostenvorteile könnten sich aus der direkten Nutzung des Niederspannungsnetzes ergeben.

(9) Soweit erforderlich, prüfen die Mitgliedstaaten die Notwendigkeit, die bestehende Gasnetzinfrastruktur auszuweiten, um die Einspeisung von Gas aus erneuerbaren Energiequellen zu erleichtern.

(10) [1] Soweit erforderlich, verlangen die Mitgliedstaaten von den Fernleitungsnetz- und den Verteilernetzbetreibern in ihrem Hoheitsgebiet, dass sie technische Vorschriften in Übereinstimmung mit Artikel 6 der Richtlinie 2003/55/EG des Europäischen Parlaments und des Rates vom 26. Juni 2003 über gemeinsame Vorschriften für den Erdgasbinnenmarkt[1]) veröffentlichen; dies betrifft insbesondere Vorschriften für den Netzanschluss, die Anforderungen an die Gasqualität, odoriertes Gas und den Gasdruck beinhalten. [2] Die Mitgliedstaaten verlangen von den Fernleitungsnetz- und den Verteilernetzbetreibern ferner, dass sie die Tarife für den Anschluss erneuerbare Energie nutzender Gasquellen veröffentlichen, wobei sie transparente und nichtdiskriminierende Kriterien zugrunde legen.

(11) [1] In ihren nationalen Aktionsplänen für erneuerbare Energie bewerten die Mitgliedstaaten, ob neue mit erneuerbaren Energiequellen betriebene Fernwärme- und -kälteinfrastrukturen gebaut werden müssen, um das in Artikel 3 Absatz 1 genannte nationale Ziel für 2020 zu erreichen. [2] Auf der Grundlage dieser Bewertung unternehmen die Mitgliedstaaten gegebenenfalls Schritte zur Entwicklung einer Fernwärmeinfrastruktur, mit der der Ausbau der Heizungs- und Kühlungsproduktion aus großen Biomasse-, Solar- und Geothermikanlagen möglich ist.

Art. 17 Nachhaltigkeitskriterien für Biokraftstoffe und flüssige Brennstoffe. (1) Ungeachtet der Frage, ob Rohstoffe innerhalb oder außerhalb der Gemeinschaft angebaut wurden, wird Energie in Form von Biokraftstoffen und flüssigen Biobrennstoffen für die in den Buchstaben a, b und c genannten Zwecke nur dann berücksichtigt, wenn sie die in den Absätzen 2 bis 6 dieses Artikels festgelegten Nachhaltigkeitskriterien erfüllen:

a) Bewertung der Einhaltung der die nationalen Ziele betreffenden Anforderungen der Richtlinie,

---

[1]) **Amtl. Anm.:** ABl. L 176 vom 15. 7. 2003, S. 57.

b) Bewertung der Einhaltung der Verpflichtungen zur Nutzung erneuerbarer Energie,
c) Möglichkeit der finanziellen Förderung für den Verbrauch von Biokraftstoffen und flüssigen Biobrennstoffen.

Aus Abfällen und Reststoffen mit Ausnahme von land- und forstwirtschaftlichen Reststoffen und Reststoffen aus der Aquakultur und Fischerei hergestellte Biokraftstoffe und flüssige Biobrennstoffe müssen jedoch lediglich die in Absatz 2 dieses Artikels festgelegten Nachhaltigkeitskriterien erfüllen, um für die in den Buchstaben a, b und c genannten Zwecke berücksichtigt zu werden.

(2) Die durch die Verwendung von Biokraftstoffen und flüssigen Biobrennstoffen erzielte Minderung der Treibhausgasemissionen, die für die in Absatz 1 Buchstaben a, b und c genannten Zwecke berücksichtigt werden, muss mindestens 35 % betragen.

[1] Ab dem 1. Januar 2017 muss die durch die Verwendung von Biokraftstoffen und flüssigen Biobrennstoffen erzielte Minderung der Treibhausgasemissionen, die für die in Absatz 1 Buchstaben a, b und c genannten Zwecke berücksichtigt wird, mindestens 50 % betragen. [2] Für Biokraftstoffe und flüssige Biobrennstoffe, die in Anlagen hergestellt werden, deren Produktion am oder nach dem 1. Januar 2017 aufgenommen wird, muss diese Minderung der Treibhausgasemissionen ab dem 1. Januar 2018 mindestens 60 % betragen.

Die durch die Verwendung von Biokraftstoffen und flüssigen Biobrennstoffen erzielte Einsparung bei den Treibhausgasemissionen wird im Einklang mit Artikel 19 Absatz 1 berechnet.

Falls Biokraftstoffe und flüssige Biobrennstoffe von Anlagen erzeugt werden, die am 23. Januar 2008 in Betrieb waren, gilt Unterabsatz 1 ab dem 1. April 2013.

(3) Biokraftstoffe und flüssige Biobrennstoffe, die für die in Absatz 1 Buchstaben a, b und c genannten Zwecke berücksichtigt werden, dürfen nicht aus Rohstoffen hergestellt werden, die auf Flächen mit hohem Wert hinsichtlich der biologischen Vielfalt gewonnen werden, das heißt auf Flächen, die im oder nach Januar 2008 folgenden Status hatten, unabhängig davon, ob die Flächen noch diesen Status haben:
a) Primärwald und andere bewaldete Flächen, das heißt Wald und andere bewaldete Flächen mit einheimischen Arten, in denen es kein deutlich sichtbares Anzeichen für menschliche Aktivität gibt und die ökologischen Prozesse nicht wesentlich gestört sind;
b) ausgewiesene Flächen:
i) durch Gesetz oder von der zuständigen Behörde für Naturschutzzwecke oder
ii) für den Schutz seltener, bedrohter oder gefährdeter Ökosysteme oder Arten, die in internationalen Übereinkünften anerkannt werden oder in den Verzeichnissen zwischenstaatlicher Organisationen oder der Internationalen Union für die Erhaltung der Natur aufgeführt sind, vorbehaltlich ihrer Anerkennung gemäß dem Verfahren des Artikels 18 Absatz 4 Unterabsatz 2,

sofern nicht nachgewiesen wird, dass die Gewinnung des Rohstoffs den genannten Naturschutzzwecken nicht zuwiderläuft;

c) Grünland mit großer biologischer Vielfalt, das heißt:

i) natürliches Grünland, das ohne Eingriffe von Menschenhand Grünland bleiben würde und dessen natürliche Artenzusammensetzung sowie ökologische Merkmale und Prozesse intakt sind, oder

ii) künstlich geschaffenes Grünland, das heißt Grünland, das ohne Eingriffe von Menschenhand kein Grünland bleiben würde und das artenreich und nicht degradiert ist, sofern nicht nachgewiesen wird, dass die Ernte des Rohstoffs zur Erhaltung des Grünlandstatus erforderlich ist.

^{1} Zur Bestimmung, welches Grünland unter Unterabsatz 1 Buchstabe c fällt, legt die Kommission Kriterien und geografische Gebiete fest. ^{2} Diese Maßnahmen zur Änderung nicht wesentlicher Bestimmungen dieser Richtlinie werden nach dem in Artikel 25 Absatz 4 genannten Regelungsverfahren mit Kontrolle erlassen.

(4) Biokraftstoffe und flüssige Biobrennstoffe, die für die in Absatz 1 Buchstaben a, b und c genannten Zwecke berücksichtigt werden, dürfen nicht aus Rohstoffen hergestellt werden, die auf Flächen mit hohem Kohlenstoffbestand gewonnen werden, das heißt auf Flächen, die im Januar 2008 einen der folgenden Status hatten, diesen Status aber nicht mehr haben:

a) Feuchtgebiete, d.h. Flächen, die ständig oder für einen beträchtlichen Teil des Jahres von Wasser bedeckt oder durchtränkt sind;

b) kontinuierlich bewaldete Gebiete, d.h. Flächen von mehr als einem Hektar mit über fünf Meter hohen Bäumen und einem Überschirmungsgrad von mehr als 30% oder mit Bäumen, die auf dem jeweiligen Standort diese Werte erreichen können;

c) Flächen von mehr als einem Hektar mit über fünf Meter hohen Bäumen und einem Überschirmungsgrad von 10 bis 30% oder mit Bäumen, die auf dem jeweiligen Standort diese Werte erreichen können, sofern nicht nachgewiesen wird, dass die Fläche vor und nach der Umwandlung einen solchen Kohlenstoffbestand hat, dass unter Anwendung der im Anhang V Teil C beschriebenen Methode die in Absatz 2 dieses Artikels genannten Bedingungen erfüllt wären.

Dieser Absatz findet keine Anwendung, wenn zum Zeitpunkt der Gewinnung des Rohstoffs die Flächen denselben Status hatten wie im Januar 2008.

(5) Biokraftstoffe und flüssige Biobrennstoffe, die für die in Absatz 1 Buchstaben a, b und c genannten Zwecke berücksichtigt werden, dürfen nicht aus Rohstoffen hergestellt werden, die auf Flächen gewonnen werden, die im Januar 2008 Torfmoor waren, sofern nicht nachgewiesen wird, dass der Anbau und die Ernte des betreffenden Rohstoffs keine Entwässerung von zuvor nicht entwässerten Flächen erfordern.

(6) In der Gemeinschaft angebaute landwirtschaftliche Rohstoffe, die für die Herstellung von Biokraftstoffen und flüssigen Biobrennstoffen, die für die in Absatz 1 Buchstaben a, b und c genannten Zwecke berücksichtigt werden, verwendet werden, müssen gemäß den in Anhang II Teil A der Verordnung (EG) Nr. 73/2009 des Rates vom 19. Januar 2009 mit gemeinsamen Regeln für Direktzahlungen im Rahmen der gemeinsamen Agrarpolitik und mit bestimmten Stützungsregelungen für Inhaber landwirtschaftlicher Betriebe[1]

---

[1] **Amtl. Anm.:** ABl. L 30 vom 31. 1. 2009, S. 16.

unter der Überschrift „Umwelt" und den in Anhang II Nummer 9 jener Verordnung genannten Anforderungen und Standards und gemäß den Mindestanforderungen für den guten landwirtschaftlichen und ökologischen Zustand im Sinne von Artikel 6 Absatz 1 jener Verordnung gewonnen werden.

(7) [1] Die Kommission unterbreitet dem Europäischen Parlament und dem Rat in Bezug auf Drittländer und Mitgliedstaaten, die eine bedeutende Quelle für in der Gemeinschaft verbrauchte Biokraftstoffe oder Rohstoffe für Biokraftstoffe darstellen, alle zwei Jahre einen Bericht über die einzelstaatlichen Maßnahmen, die diese Länder zur Einhaltung der in den Absätzen 2 bis 5 genannten Nachhaltigkeitskriterien und zum Schutz von Boden, Wasser und Luft getroffen haben. [2] Der erste Bericht wird 2012 vorgelegt.

[1] Die Kommission berichtet dem Europäischen Parlament und dem Rat alle zwei Jahre über die Folgen einer erhöhten Nachfrage nach Biokraftstoff im Hinblick auf die soziale Tragbarkeit in der Gemeinschaft und in Drittländern sowie über die Folgen der Biokraftstoff-Politik der Gemeinschaft hinsichtlich der Verfügbarkeit von Nahrungsmitteln zu erschwinglichen Preisen, insbesondere für die Menschen in Entwicklungsländern, und über weitergehende entwicklungspolitische Aspekte. [2] In den Berichten ist auf die Wahrung von Landnutzungsrechten einzugehen. [3] Zu Drittländern und zu Mitgliedstaaten, die eine bedeutende Rohstoffquelle für in der Gemeinschaft verbrauchte Biokraftstoffe darstellen, ist in den Berichten jeweils anzugeben, ob das betreffende Land alle der folgenden Übereinkommen der Internationalen Arbeitsorganisation ratifiziert und umgesetzt hat:

– Übereinkommen über Zwangs- oder Pflichtarbeit (Nr. 29),
– Übereinkommen über die Vereinigungsfreiheit und den Schutz des Vereinigungsrechts (Nr. 87),
– Übereinkommen über die Anwendung der Grundsätze des Vereinigungsrechtes und des Rechtes zu Kollektivverhandlungen (Nr. 98),
– Übereinkommen über die Gleichheit des Entgelts männlicher und weiblicher Arbeitskräfte für gleichwertige Arbeit (Nr. 100),
– Übereinkommen über die Abschaffung der Zwangsarbeit (Nr. 105),
– Übereinkommen über die Diskriminierung in Beschäftigung und Beruf (Nr. 111),
– Übereinkommen über das Mindestalter für die Zulassung zur Beschäftigung (Nr. 138),
– Übereinkommen über das Verbot und unverzügliche Maßnahmen zur Beseitigung der schlimmsten Formen der Kinderarbeit (Nr. 182).

Zu Drittländern und zu Mitgliedstaaten, die eine bedeutende Rohstoffquelle für in der Gemeinschaft verbrauchte Biokraftstoffe darstellen, ist in den Berichten jeweils anzugeben, ob das betreffende Land folgende Übereinkommen ratifiziert und umgesetzt hat:

– das Protokoll von Cartagena über die biologische Sicherheit,
– das Übereinkommen über den internationalen Handel mit gefährdeten Arten frei lebender Tiere und Pflanzen.

[1] Der erste Bericht wird 2012 vorgelegt. [2] Die Kommission schlägt gegebenenfalls Korrekturen vor, insbesondere dann, wenn nachgewiesen wird, dass

sich die Biokraftstoffherstellung in erheblichem Maße auf die Nahrungsmittelpreise auswirkt.

(8) Für die Zwecke des Absatzes 1 Buchstaben a, b und c dürfen die Mitgliedstaaten Biokraftstoffe und flüssige Biobrennstoffe, die in Übereinstimmung mit diesem Artikel gewonnen werden, nicht außer Acht lassen.

(9) [1] Die Kommission berichtet über Anforderungen an ein Nachhaltigkeitskonzept für die energetische Nutzung von Biomasse, mit Ausnahme von Biokraftstoffen und flüssigen Biobrennstoffen, bis zum 31. Dezember 2009. [2] Gegebenenfalls fügt sie dem Bericht Vorschläge für ein Nachhaltigkeitskonzept für die sonstige energetische Nutzung von Biomasse für das Europäische Parlament und den Rat bei. [3] Dieser Bericht und die darin enthaltenen Vorschläge müssen auf den besten verfügbaren wissenschaftlichen Erkenntnissen beruhen und neuen Entwicklungen bei innovativen Prozessen Rechnung tragen. [4] Ergibt die zu diesem Zweck durchgeführte Analyse, dass es angebracht wäre, im Zusammenhang mit Forstbiomasse Änderungen an der Berechnungsmethodik in Anhang V oder an den Nachhaltigkeitskriterien für Biokraftstoffe und flüssige Brennstoffe in Bezug auf Kohlenstoffbestände vorzunehmen, legt die Kommission hierfür gegebenenfalls dem Europäischen Parlament und dem Rat gleichzeitig Vorschläge vor.

Art. 18 Überprüfung der Einhaltung der Nachhaltigkeitskriterien für Biokraftstoffe und flüssige Biobrennstoffe. (1) [1] Werden Biokraftstoffe und flüssige Biobrennstoffe für die in Artikel 17 Absatz 1 Buchstaben a, b und c genannten Zwecke berücksichtigt, verpflichten die Mitgliedstaaten die Wirtschaftsteilnehmer nachzuweisen, dass die in Artikel 17 Absätze 2 bis 5 festgelegten Nachhaltigkeitskriterien erfüllt sind. [2] Zu diesem Zweck verpflichten sie die Wirtschaftsteilnehmer zur Verwendung eines Massenbilanzsystems, das

a) es erlaubt, Lieferungen von Rohstoffen oder Biokraftstoffen mit unterschiedlichen Nachhaltigkeitseigenschaften zu mischen,

b) vorschreibt, dass Angaben über die Nachhaltigkeitseigenschaften und den jeweiligen Umfang der unter Buchstabe a genannten Lieferungen weiterhin dem Gemisch zugeordnet sind, und

c) vorsieht, dass die Summe sämtlicher Lieferungen, die dem Gemisch entnommen werden, dieselben Nachhaltigkeitseigenschaften in denselben Mengen hat wie die Summe sämtlicher Lieferungen, die dem Gemisch zugefügt werden.

(2) [1] Die Kommission berichtet dem Europäischen Parlament und dem Rat 2010 und 2012 über das Funktionieren der in Absatz 1 beschriebenen Massenbilanzüberprüfungsmethode und über die Möglichkeit, andere Überprüfungsmethoden in Bezug auf einige oder sämtliche Arten von Rohstoffen, Biokraftstoffen oder flüssigen Biobrennstoffen zu erlauben. [2] Bei ihrer Bewertung berücksichtigt die Kommission die Überprüfungsmethoden, in denen Angaben über Nachhaltigkeitseigenschaften nicht physisch bei speziellen Lieferungen oder Gemischen verbleiben müssen. [3] Bei der Bewertung wird berücksichtigt, dass es notwendig ist, zum einen die Integrität und die Effektivität des Überprüfungssystems zu sichern und zum anderen eine unverhältnismäßige Belastung der Industrie zu vermeiden. [4] Gegebenenfalls werden dem

Bericht Vorschläge an das Europäische Parlament und den Rat über mögliche andere Überprüfungsmethoden beigefügt.

(3) ¹ Die Mitgliedstaaten treffen Maßnahmen, um sicherzustellen, dass die Wirtschaftsteilnehmer dazu verlässliche Informationen vorlegen und dem Mitgliedstaat auf Anfrage die Daten zur Verfügung zu stellen, die zur Zusammenstellung der Informationen verwendet wurden. ² Die Mitgliedstaaten verpflichten die Wirtschaftsteilnehmer, für eine angemessene unabhängige Überprüfung der von ihnen vorgelegten Informationen zu sorgen und nachzuweisen, dass eine solche Überprüfung erfolgt ist. ³ Die Überprüfung erstreckt sich auf die Frage, ob die von den Wirtschaftsteilnehmern verwendeten Systeme genau, verlässlich und vor Betrug geschützt sind. ⁴ Ferner werden die Häufigkeit und Methodik der Probenahme sowie die Zuverlässigkeit der Daten bewertet.

Die in Unterabsatz 1 genannten Informationen erstrecken sich insbesondere auf die Einhaltung der in Artikel 17 Absätze 2 bis 5 genannten Nachhaltigkeitskriterien, auf sachdienliche und aussagekräftige Informationen über die Maßnahmen, die zum Schutz von Boden, Wasser und Luft, zur Sanierung von degradierten Flächen und zur Vermeidung eines übermäßigen Wasserverbrauchs in Gebieten mit Wasserknappheit getroffen wurden, und auf sachdienliche und aussagekräftige Informationen über die Maßnahmen, die zur Berücksichtigung der in Artikel 17 Absatz 7 Unterabsatz 2 genannten Aspekte getroffen wurden.

¹ Die Kommission erstellt nach dem in Artikel 25 Absatz 3 genannten Beratungsverfahren die Liste der in den Unterabsätzen 1 und 2 des vorliegenden Absatzes genannten sachdienlichen und aussagekräftigen Angaben. ² Sie stellt insbesondere sicher, dass die Bereitstellung dieser Angaben keinen unverhältnismäßigen administrativen Aufwand für die Wirtschaftsteilnehmer im Allgemeinen oder für Kleinbauern, Produzentenorganisationen und Genossenschaften im Besonderen darstellt.

Die Verpflichtungen nach diesem Absatz gelten sowohl für in der Gemeinschaft erzeugte als auch für importierte Biokraftstoffe und flüssige Biobrennstoffe.

Die Mitgliedstaaten übermitteln die Angaben nach Unterabsatz 1 in aggregierter Form der Kommission, die sie unter Wahrung der Vertraulichkeit wirtschaftlich sensibler Informationen in zusammengefasster Form auf der in Artikel 24 genannten Transparenzplattform veröffentlicht.

(4) ¹ Die Gemeinschaft bemüht sich, bilaterale oder multilaterale Übereinkünfte mit Drittländern zu schließen, die Bestimmungen über Nachhaltigkeitskriterien enthalten, die den Bestimmungen dieser Richtlinie entsprechen. ² Hat die Gemeinschaft Übereinkünfte geschlossen, die Bestimmungen zu den Aspekten enthalten, die mit den in Artikel 17 Absätze 2 bis 5 aufgeführten Nachhaltigkeitskriterien erfasst werden, so kann die Kommission beschließen, dass diese Übereinkünfte als Nachweis dafür herangezogen werden dürfen, dass Biokraftstoffe und flüssige Biobrennstoffe, die aus in diesen Ländern angebauten Rohstoffen hergestellt werden, mit den besagten Nachhaltigkeitskriterien übereinstimmen. ³ Beim Abschluss dieser Übereinkünfte wird den Maßnahmen, die zur Erhaltung von Flächen, die in kritischen Situationen grundlegende Schutzfunktionen von Ökosystemen erfüllen (wie etwa Schutz von Wassereinzugsgebieten und Erosionsschutz), zum Schutz von Boden,

Wasser und Luft, zu indirekten Landnutzungsänderungen, zur Sanierung von degradierten Flächen und zur Vermeidung eines übermäßigen Wasserverbrauchs in Gebieten mit Wasserknappheit getroffen wurden, sowie den in Artikel 17 Absatz 7 Unterabsatz 2 genannten Aspekten besondere Aufmerksamkeit gewidmet.

[1] Die Kommission kann beschließen, dass freiwillige nationale oder internationale Regelungen, in denen Normen für die Herstellung von Biomasseerzeugnissen vorgegeben werden, genaue Daten für die Zwecke des Artikels 17 Absatz 2 enthalten oder als Nachweis dafür herangezogen werden dürfen, dass Lieferungen von Biokraftstoff mit den in Artikel 17 Absätze 3 bis 5 aufgeführten Nachhaltigkeitskriterien übereinstimmen. [2] Die Kommission kann beschließen, dass diese Regelungen genaue Daten im Hinblick auf die Angaben zu Maßnahmen, die zur Erhaltung von Flächen, die in kritischen Situationen grundlegende Schutzfunktionen von Ökosystemen erfüllen (wie etwa Schutz von Wassereinzugsgebieten und Erosionsschutz), zum Schutz von Boden, Wasser und Luft, zur Sanierung von degradierten Flächen und zur Vermeidung eines übermäßigen Wasserverbrauchs in Gebieten mit Wasserknappheit getroffen wurden, und im Hinblick auf die in Artikel 17 Absatz 7 Unterabsatz 2 erwähnten Aspekte enthalten. [3] Die Kommission kann auch Flächen zum Schutz von seltenen, bedrohten oder gefährdeten Ökosystemen oder Arten, die in internationalen Übereinkünften anerkannt werden oder in den Verzeichnissen zwischenstaatlicher Organisationen oder der Internationalen Union für die Erhaltung der Natur aufgeführt sind, für die Zwecke des Artikels 17 Absatz 3 Buchstabe b Ziffer ii anerkennen.

Die Kommission kann beschließen, dass freiwillige nationale oder internationale Regelungen, mit denen die Treibhausgasemissionseinsparung gemessen wird, für präzise Daten für die Zwecke des Artikels 17 Absatz 2 herangezogen werden dürfen.

Die Kommission kann beschließen, dass Flächen, die in ein nationales oder regionales Programm zur Umstellung von stark degradierten oder kontaminierten Flächen aufgenommen wurden, die in Anhang V Teil C Nummer 9 genannten Kriterien erfüllen.

(5) [1] Die Kommission kann nur dann Beschlüsse im Sinne von Absatz 4 fassen, wenn die betreffende Übereinkunft oder Regelung angemessenen Standards der Zuverlässigkeit, Transparenz und unabhängigen Überprüfung entspricht. [2] Bei Regelungen, mit denen die Treibhausgasemissionseinsparung gemessen wird, müssen zudem die methodischen Anforderungen des Anhangs V eingehalten werden. [3] Im Falle von Flächen im Sinne des Artikels 17 Absatz 3 Buchstabe b Ziffer ii, die einen hohen Wert hinsichtlich der biologischen Vielfalt haben, müssen die Verzeichnisse dieser Flächen angemessenen Standards der Objektivität und Kohärenz mit international anerkannten Standards entsprechen, wobei geeignete Beschwerdeverfahren vorzusehen sind.

(6) [1] Beschlüsse im Sinne von Absatz 4 werden gemäß dem in Artikel 25 Absatz 3 genannten Verfahren gefasst. [2] Solche Beschlüsse gelten für höchstens fünf Jahre.

(7) Wenn ein Wirtschaftsteilnehmer Nachweise oder Daten vorlegt, die gemäß einer Übereinkunft oder einer Regelung eingeholt wurden, die Gegenstand eines Beschlusses im Sinne von Absatz 4 ist, darf ein Mitgliedstaat, soweit dieser Beschluss dies vorsieht, von dem Lieferanten keine weiteren

Nachweise für die Einhaltung der Nachhaltigkeitskriterien gemäß Artikel 17 Absätze 2 bis 5 oder Angaben zu den in Absatz 3 Unterabsatz 2 genannten Maßnahmen verlangen.

(8) Auf Ersuchen eines Mitgliedstaats oder auf eigene Veranlassung prüft die Kommission die Anwendung von Artikel 17 in Bezug auf eine Quelle für Biokraftstoff oder einen flüssigen Biobrennstoff, und sie entscheidet innerhalb von sechs Monaten nach Eingang eines Ersuchens und nach dem in Artikel 25 Absatz 3 genannten Beratungsverfahren, ob der betreffende Mitgliedstaat Biokraftstoff oder flüssigen Biobrennstoff aus dieser Quelle für die in Artikel 17 Absatz 1 Buchstaben a, b und c genannten Zwecke berücksichtigen darf.

(9) Spätestens bis zum 31. Dezember 2012 berichtet die Kommission dem Europäischen Parlament und dem Rat

a) über die Wirksamkeit der für die Vorlage der Informationen zu den Nachhaltigkeitskriterien eingeführten Regelung und

b) darüber, ob die Einführung verpflichtender Anforderungen in Bezug auf den Schutz von Luft, Boden oder Wasser unter Berücksichtigung neuester wissenschaftlicher Erkenntnisse und der internationalen Verpflichtungen der Gemeinschaft durchführbar und angezeigt ist.

Die Kommission schlägt gegebenenfalls Abhilfemaßnahmen vor.

Art. 19 Berechnung des Beitrags von Biokraftstoffen und flüssigen Biobrennstoffen zum Treibhauseffekt.

(1) Für die Zwecke des Artikels 17 Absatz 2 wird die durch die Verwendung von Biokraftstoffen und flüssigen Biobrennstoffen erzielte Einsparung bei den Treibhausgasemissionen wie folgt berechnet:

a) ist in Anhang V Teil A oder Teil B ein Standardwert für die Treibhausgasemissionseinsparung für den Herstellungsweg festgelegt und ist der gemäß Anhang V Teil C Nummer 7 berechnete e_l-Wert für diese Biokraftstoffe oder flüssigen Biobrennstoffe kleiner oder gleich null, durch Verwendung dieses Standardwerts,

b) durch Verwendung eines tatsächlichen Werts, der gemäß der in Anhang V Teil C festgelegten Methodologie berechnet wird, oder

c) durch Verwendung eines Werts, der berechnet wird als Summe der in der Formel in Anhang V Teil C Nummer 1 genannten Faktoren, wobei die in Anhang V Teil D oder Teil E angegebenen disaggregierten Standardwerte für einige Faktoren verwendet werden können, und der nach der Methodologie in Anhang V Teil C berechneten tatsächlichen Werte für alle anderen Faktoren.

(2) ¹ Spätestens bis zum 31. März 2010 unterbreiten die Mitgliedstaaten der Kommission einen Bericht mit einer Liste der Gebiete ihres Hoheitsgebiets, die als Regionen der Ebene 2 der „Systematik der Gebietseinheiten für die Statistik" (NUTS) oder als stärker disaggregierte NUTS-Ebenen im Einklang mit der Verordnung (EG) Nr. 1059/2003 des Europäischen Parlaments und des Rates vom 26. Mai 2003 über die Schaffung einer gemeinsamen Klassifikation der Gebietseinheiten für die Statistik (NUTS)[1] eingestuft sind und in denen die typischen Treibhausgasemissionen aus dem Anbau von landwirt-

---

[1] **Amtl. Anm.:** ABl. L 154 vom 21. 6. 2003, S. 1.

schaftlichen Rohstoffen voraussichtlich höchstens den unter der Überschrift „Disaggregierte Standardwerte für den Anbau" in Anhang V Teil D dieser Richtlinie angegebenen Emissionen entsprechen, samt einer Beschreibung der Methoden und Daten, die zur Erstellung dieser Liste verwendet wurden. ² Diese Methode berücksichtigt Bodeneigenschaften, Klima und voraussichtliche Rohstoffernteerträge.

(3) Die Standardwerte in Anhang V Teil A für Biokraftstoffe und die disaggregierten Standardwerte für den Anbau in Anhang V Teil D für Biokraftstoffe und flüssige Biobrennstoffe gelten nur, wenn die entsprechenden Rohstoffe

a) außerhalb der Gemeinschaft angebaut werden,

b) in der Gemeinschaft in Gebieten angebaut werden, die in den in Absatz 2 genannten Listen aufgeführt sind, oder

c) Abfälle oder Reststoffe mit Ausnahme von landwirtschaftlichen Reststoffen und Reststoffen aus der Aquakultur und der Fischerei sind.

Bei Biokraftstoffen und flüssigen Biobrennstoffen, die nicht unter die Buchstaben a, b oder c fallen, werden die tatsächlichen Werte für den Anbau verwendet.

(4) ¹ Bis zum 31. März 2010 unterbreitet die Kommission dem Europäischen Parlament und dem Rat einen Bericht darüber, ob eine Liste von Gebieten in Drittländern erstellt werden kann, in denen die typischen Treibhausgasemissionen aus dem Anbau von landwirtschaftlichen Rohstoffen erwartungsgemäß niedriger sind als die gemäß Anhang V Teil D unter der Rubrik „Anbau" angegebenen Emissionen oder diesen entsprechen; sofern dies möglich ist, fügt sie solche Listen bei und gibt an, welche Methode und welche Daten für die Erstellung der Listen verwendet wurden. ² Der Bericht enthält gegebenenfalls entsprechende Vorschläge.

(5) ¹ Die Kommission berichtet bis zum 31. Dezember 2012 und anschließend alle zwei Jahre über die geschätzten typischen Werte und die Standardwerte in Anhang V Teil B und Teil E, wobei sie die Emissionen aus dem Verkehrssektor und der Verarbeitung besonders berücksichtigt, und beschließt bei Bedarf, die Werte zu korrigieren. ² Diese Maßnahmen zur Änderung nicht wesentlicher Bestimmungen dieser Richtlinie werden nach dem in Artikel 25 Absatz 4 genannten Regelungsverfahren mit Kontrolle erlassen.

(6) ¹ Die Kommission legt dem Europäischen Parlament und dem Rat bis zum 31. Dezember 2010 einen Bericht vor, in dem sie die Auswirkungen indirekter Landnutzungsänderungen auf die Treibhausgasemissionen prüft und Möglichkeiten untersucht, wie diese Auswirkungen verringert werden können. ² Diesem Bericht ist gegebenenfalls ein Vorschlag beigefügt, der auf den besten verfügbaren wissenschaftlichen Erkenntnissen beruht und eine konkrete Methodologie zur Berücksichtigung der Emissionen aus Kohlenstoffbestandsänderungen infolge indirekter Landnutzungsänderungen enthält, die die Einhaltung dieser Richtlinie, insbesondere von Artikel 17 Absatz 2, sicherstellt.

¹ Der Vorschlag enthält die erforderlichen Garantien, um Sicherheit für Investitionen zu bieten, die vor Anwendung dieser Methodologie getätigt wurden. ² Was die Anlagen betrifft, in denen vor Ende 2013 Biokraftstoffe erzeugt werden, so führt die Anwendung der in Unterabsatz 1 genannten

Maßnahmen bis zum 31. Dezember 2017 nicht dazu, dass in diesen Anlagen hergestellte Biokraftstoffe als nicht mit den Nachhaltigkeitskriterien dieser Richtlinie vereinbar gelten, wenn sie sie andernfalls eingehalten hätten, sofern diese Biokraftstoffe eine Treibhausgasemissionseinsparung von mindestens 45% ermöglichen. [3] Dies gilt für die Ende 2012 bestehenden Kapazitäten von Biokraftstoffanlagen.

Das Europäische Parlament und der Rat sind bestrebt, bis zum 31. Dezember 2012 über derartige von der Kommission vorgelegte Vorschläge zu entscheiden.

(7) [1] Anhang V kann, unter anderem durch Hinzufügung von Werten für weitere Biokraftstoff-Herstellungswege für die gleichen oder andere Rohstoffe und durch Änderung der Methodik nach Teil C, an den technischen und wissenschaftlichen Fortschritt angepasst werden. [2] Diese Maßnahmen zur Änderung nicht wesentlicher Bestimmungen dieser Richtlinie auch durch Ergänzung werden nach dem in Artikel 25 Absatz 4 genannten Regelungsverfahren mit Kontrolle erlassen.

Hinsichtlich der Standardwerte und der Methodologie nach Anhang V ist insbesondere Folgendes zu beachten:
– die Methode zur Berücksichtigung von Abfällen und Reststoffen,
– die Methode zur Berücksichtigung der Nebenprodukte,
– die Methode zur Berücksichtigung der Kraft-Wärme-Kopplung und
– der Status, der Ernterückständen als Nebenprodukten gegeben wird.

Die Standardwerte für Biodiesel aus pflanzlichem oder tierischem Abfallöl werden so bald wie möglich überprüft.

Bei einer solchen Anpassung oder Ergänzung der Standardwerte in Anhang V ist Folgendes einzuhalten:
a) Ist der Beitrag eines Faktors zu den Gesamtemissionen gering oder gibt es eine begrenzte Abweichung oder ist es kostspielig oder schwierig, die tatsächlichen Werte zu bestimmen, müssen die Standardwerte typisch für normale Herstellungsverfahren sein;
b) in allen anderen Fällen müssen die Standardwerte im Vergleich zu normalen Herstellungsverfahren konservativ sein.

(8) [1] Für die in Anhang V Teil C Nummer 9 enthaltenen Kategorien werden die erforderlichen genauen Definitionen einschließlich technischer Spezifikationen festgelegt. [2] Diese Maßnahmen zur Änderung nicht wesentlicher Bestimmungen dieser Richtlinie durch Ergänzung werden nach dem in Artikel 25 Absatz 4 genannten Regelungsverfahren mit Kontrolle erlassen.

Art. 20 Durchführungsmaßnahmen. Die in Artikel 17 Absatz 3 Unterabsatz 2, Artikel 18 Absatz 3 Unterabsatz 3, Artikel 18 Absatz 6, Artikel 18 Absatz 8, Artikel 19 Absatz 5, Artikel 19 Absatz 7 Unterabsatz 1 und Artikel 19 Absatz 8 genannten Durchführungsmaßnahmen berücksichtigen vollständig die Zwecke des Artikels 7a der Richtlinie 98/70/EG.

Art. 21 Besondere Bestimmungen für Energie aus erneuerbaren Quellen im Verkehrssektor. (1) [1] Die Mitgliedstaaten stellen sicher, dass die Öffentlichkeit über die Verfügbarkeit und die ökologischen Vorteile aller erneuerbaren Energiequellen für den Verkehrssektor informiert wird. [2] Übersteigt der Anteil von Biokraftstoffbeimischungen in Mineralölderivaten den Grenzwert von 10 Volumenprozent, verlangen die Mitgliedstaaten, dass dies an den Verkaufsstellen angegeben wird.

(2) Zum Zweck des Nachweises der Einhaltung von nationalen Verpflichtungen der Betreiber zur Nutzung erneuerbarer Energie und des in Artikel 3 Absatz 4 genannten Ziels für die Nutzung von Energie aus erneuerbaren Quellen für alle Verkehrsträger wird der Beitrag von Biokraftstoffen, die aus Abfällen, Reststoffen, zellulosehaltigem Non-Food-Material und lignozellulosehaltigem Material hergestellt werden, doppelt gewichtet gegenüber dem sonstiger Biokraftstoffe.

Art. 22 Berichterstattung durch die Mitgliedstaaten. (1) [1] Die Mitgliedstaaten legen der Kommission einen Bericht über die Fortschritte bei der Förderung und Nutzung von Energie aus erneuerbaren Quellen bis zum 31. Dezember 2011 und danach alle zwei Jahre vor. [2] Die Berichterstattungspflicht endet mit dem sechsten Bericht, der bis zum am 31. Dezember 2021 vorzulegen ist.

Dieser Bericht enthält insbesondere folgende Angaben:
a) die sektorspezifischen (Elektrizität, Wärme und Kälte sowie Verkehr) und die Gesamtanteile von Energie aus erneuerbaren Quellen in den vorangegangenen zwei Kalenderjahren und die Maßnahmen, die auf einzelstaatlicher Ebene ergriffen oder geplant worden sind, um den Zuwachs an Energie aus erneuerbaren Quellen unter Berücksichtigung des indikativen Zielpfades in Anhang I Teil B gemäß Artikel 5 zu fördern;
b) die Einführung und die Funktionsweise von Förderregelungen und sonstiger Maßnahmen zur Förderung von Energie aus erneuerbaren Quellen sowie jegliche Entwicklungen bei den Maßnahmen, die hinsichtlich der in dem nationalen Aktionsplan für erneuerbare Energie des Mitgliedstaats festgelegten Maßnahmen angewandt werden, und Angaben dazu, wie geförderte Elektrizität gemäß Artikel 3 Absatz 6 der Richtlinie 2003/54/EG den Endverbrauchern zugeteilt wird;
c) soweit einschlägig, eine Beschreibung dessen, wie der Mitgliedstaat seine Förderregelungen aufgebaut hat, um Formen der Nutzung von erneuerbarer Energie zu berücksichtigen, die zusätzliche Vorteile im Verhältnis zu anderen, vergleichbaren Nutzungsformen haben, aber höhere Kosten verursachen, einschließlich Biokraftstoffen, die aus Abfällen, Reststoffen, zellulosehaltigem Non-Food-Material und lignozellulosehaltigem Material hergestellt werden;
d) die Funktionsweise des Systems der Herkunftsnachweise für Elektrizität sowie Wärme und Kälte aus erneuerbaren Energiequellen und die Maßnahmen, die zur Gewährleistung der Zuverlässigkeit und zum Schutz des Systems vor Betrug ergriffen werden;
e) Fortschritte bei der Bewertung und der Verbesserung der Verwaltungsverfahren zur Beseitigung rechtlicher und sonstiger Hindernisse für den Ausbau der Energie aus erneuerbaren Energiequellen;
f) Maßnahmen zur Gewährleistung der Übertragung und Verteilung von Elektrizität aus erneuerbaren Energiequellen und zur Verbesserung der Rahmenbedingungen oder Vorschriften für die Kostenübernahme und -teilung im Sinne von Artikel 16 Absatz 3;

g) Entwicklungen bei der Verfügbarkeit und der Nutzung von Biomasseressourcen zu energetischen Zwecken;
h) mit der verstärkten Nutzung von Biomasse und sonstigen Formen von Energie aus erneuerbaren Quellen zur Energieerzeugung verbundene Rohstoffpreis- und Landnutzungsänderungen in den Mitgliedstaaten;
i) die Entwicklung und den Anteil von Biokraftstoffen, die aus Abfällen, Reststoffen, zellulosehaltigem Non-Food-Material und lignozellulosehaltigem Material hergestellt werden;
j) die voraussichtlichen Auswirkungen der Herstellung von Biokraftstoffen und flüssigen Biobrennstoffen auf die biologische Vielfalt, die Wasserressourcen sowie die Wasser- und Bodenqualität in dem Mitgliedstaat;
k) die voraussichtlichen Netto-Treibhausgasemissionseinsparung aufgrund der Nutzung von Energie aus erneuerbaren Quellen;
l) den geschätzten Überschuss bei der Produktion von Energie aus erneuerbaren Quellen im Vergleich zum indikativen Zielpfad, der auf andere Mitgliedstaaten übertragen werden könnte, sowie das geschätzte Potenzial für gemeinsame Projekte bis 2020;
m) die geschätzte Nachfrage an Energie aus erneuerbaren Quellen, die auf andere Weise als durch heimische Erzeugung bis 2020 gedeckt werden muss; und
n) Angaben dazu, wie der für die Energieproduktion genutzte Anteil biologisch abbaubarer Abfälle geschätzt wurde und welche Schritte zur Verbesserung und Überprüfung dieser Schätzungen unternommen wurden.

(2) Bei der Veranschlagung der durch die Verwendung von Biokraftstoffen erzielten Netto-Treibhausgasemissionseinsparung können die Mitgliedstaaten für die Zwecke der in Absatz 1 genannten Berichte die in Anhang V Teile A und B angegebenen typischen Werte verwenden.

(3) In ihrem ersten Bericht legen die Mitgliedstaaten dar, ob sie beabsichtigen,

a) eine einzige Verwaltungsstelle einzurichten, die für die Bearbeitung von Genehmigungs-, Zertifizierungs- und Zulassungsanträgen für Anlagen zur Nutzung von erneuerbarer Energie und die Unterstützung von Antragstellern zuständig ist;
b) die automatische Genehmigung von Planungs- und Genehmigungsanträgen für Anlagen, in denen erneuerbare Energie eingesetzt wird, vorzusehen, wenn die Genehmigungsbehörde nicht innerhalb der vorgegebenen Fristen geantwortet hat; oder
c) die geografischen Standorte zu benennen, die für die Nutzung von Energie aus erneuerbaren Quellen bei der Landnutzungsplanung und für die Einrichtung von Anlagen für Fernwärme und Fernkälte geeignet sind.

(4) Die Mitgliedstaaten haben die Möglichkeit, in jedem Bericht die Daten der vorangegangenen Berichte zu korrigieren.

Art. 23 Überwachung und Berichterstattung durch die Kommission.

(1) ^{1}Die Kommission überwacht die Herkunft von Biokraftstoffen und flüssigen Biobrennstoffen, die in der Gemeinschaft verbraucht werden, und die Auswirkungen ihrer Herstellung – einschließlich der Auswirkungen von

Verdrängungseffekten – auf die Flächennutzung in der Gemeinschaft und in den wichtigsten Lieferdrittländern. ²Die Überwachung stützt sich auf die gemäß Artikel 22 Absatz 1 vorgelegten Berichte der Mitgliedstaaten, einschlägiger Drittländer und zwischenstaatlicher Organisationen sowie auf wissenschaftliche Studien und alle sonstigen relevanten Informationen. ³Die Kommission überwacht auch die mit der energetischen Nutzung von Biomasse verbundenen Rohstoffpreisänderungen sowie damit verbundene positive und negative Folgen für die Nahrungsmittelsicherheit. ⁴Die Kommission überwacht alle Anlagen, auf die Artikel 19 Absatz 6 Anwendung findet.

(2) ¹Die Kommission pflegt einen Dialog und einen Informationsaustausch mit Drittländern, Biokraftstoffproduzenten, Biokraftstoffverbraucherorganisationen sowie mit der Zivilgesellschaft über die allgemeine Durchführung der Maßnahmen dieser Richtlinie in Bezug auf Biokraftstoffe und flüssige Biobrennstoffe. ²Den etwaigen Auswirkungen der Biokraftstoffherstellung auf die Nahrungsmittelpreise widmet sie hierbei besondere Aufmerksamkeit.

(3) ¹Auf der Grundlage der von den Mitgliedstaaten gemäß Artikel 22 Absatz 1 vorgelegten Berichte und der Überwachung und Analyse im Sinne von Absatz 1 legt die Kommission dem Europäischen Parlament und dem Rat alle zwei Jahre einen Bericht vor. ²Der erste Bericht wird 2012 vorgelegt.

(4) Bei der Berichterstattung über die durch die Verwendung von Biokraftstoffen erzielte Treibhausgasemissionseinsparung verwendet die Kommission die von den Mitgliedstaaten gemeldeten Werte und beurteilt, ob und wie sich die Schätzung verändern würde, wenn die Nebenerzeugnisse bei Anwendung des Substitutionskonzepts berücksichtigt würden.

(5) In ihren Berichten analysiert die Kommission insbesondere

a) die relativen ökologischen Vorteile und Kosten verschiedener Biokraftstoffe, die Folgen der Importstrategien der Gemeinschaft hierfür, die Implikationen für die Energieversorgungssicherheit und die Möglichkeiten, ein ausgewogenes Konzept zwischen inländischer Produktion und Importen zu erreichen;

b) die Auswirkungen einer gesteigerten Nachfrage nach Biokraftstoffen auf die Nachhaltigkeit in der Gemeinschaft und in Drittländern unter Berücksichtigung wirtschaftlicher und ökologischer Auswirkungen einschließlich der Folgen für die biologische Vielfalt;

c) die Möglichkeiten einer wissenschaftlich objektiven Ermittlung von geografischen Gebieten mit einem hohen Wert hinsichtlich der biologischen Vielfalt, die nicht unter Artikel 17 Absatz 3 fallen;

d) die Auswirkungen einer gesteigerten Nachfrage nach Biomasse auf die Sektoren, die Biomasse einsetzen;

e) die Verfügbarkeit von Biokraftstoffen, die aus Abfällen, Reststoffen, zellulosehaltigem Non-Food-Material und lignozellulosehaltigem Material hergestellt werden; und

f) die indirekten Landnutzungsänderungen im Zusammenhang mit allen Herstellungswegen.

Die Kommission schlägt gegebenenfalls Abhilfemaßnahmen vor.

(6) Auf der Grundlage der von den Mitgliedstaaten gemäß Artikel 22 Absatz 3 vorgelegten Berichte analysiert die Kommission die Wirksamkeit der von den Mitgliedstaaten getroffenen Maßnahmen zur Einrichtung einer ein-

zigen Verwaltungsstelle, die für die Bearbeitung von Genehmigungs-, Zertifizierungs- und Zulassungsanträgen und die Unterstützung von Antragstellern zuständig ist.

(7) Um die Finanzierung und die Koordinierung in Bezug auf die Erreichung des 20%-Ziels nach Artikel 3 Absatz 1 zu verbessern, legt die Kommission bis zum 31. Dezember 2010 eine Analyse und einen Aktionsplan für erneuerbare Energie vor, die insbesondere auf Folgendes abstellen:

a) die bessere Nutzung der Strukturfonds und der Rahmenprogramme,

b) die bessere und stärkere Nutzung von Mitteln der Europäischen Investitionsbank und anderer öffentlicher Finanzinstitute und

c) den besseren Zugang zu Risikokapital insbesondere durch Prüfung der Machbarkeit einer Finanzierungsfazilität mit Risikoteilung für Investitionen in Energie aus erneuerbaren Quellen in der Gemeinschaft nach dem Vorbild der Initiative für einen globalen Dachfonds für Energieeffizienz und erneuerbare Energie, die sich an Drittländer richtet,

d) den besser koordinierten Einsatz der Finanzmittel der Gemeinschaft und der Mitgliedstaaten und anderer Förderinstrumente und

e) die bessere Koordinierung bei der Förderung von Initiativen für Energie aus erneuerbaren Quellen, deren Erfolg von Maßnahmen verschiedener Akteure in mehreren Mitgliedstaaten abhängt.

(8) Bis zum 31. Dezember 2014 legt die Kommission einen Bericht vor, in dem sie insbesondere auf folgende Elemente eingeht:

a) eine Überprüfung der ab den in Artikel 17 Absatz 2 Unterabsatz 2 genannten Zeitpunkten zu erzielenden Mindesteinsparung an Treibhausgasemissionen auf der Grundlage einer Folgenabschätzung, bei der insbesondere die technologischen Entwicklungen, die verfügbaren Technologien und die Verfügbarkeit von Biokraftstoffen der ersten und der zweiten Generation, die hohe Einsparung an Treibhausgasemissionen ermöglichen, berücksichtigt werden;

b) in Bezug auf das Ziel gemäß Artikel 3 Absatz 4 eine Überprüfung

i) der Wirtschaftlichkeit der zum Erreichen dieser Zielvorgabe zu treffenden Maßnahmen;

ii) der Beurteilung der Möglichkeit der Verwirklichung dieses Ziels bei gleichzeitiger Gewährleistung der Nachhaltigkeit der Produktion von Biokraftstoffen in der Gemeinschaft und in Drittstaaten, und zwar unter Berücksichtigung der Auswirkungen auf Wirtschaft, Umwelt und Gesellschaft, einschließlich indirekter Folgen und Auswirkungen auf die biologische Vielfalt, sowie der kommerziellen Verfügbarkeit von Biokraftstoffen der zweiten Generation;

iii) der Auswirkungen des Erreichens der Zielvorgaben auf die Verfügbarkeit von Lebensmitteln zu erschwinglichen Preisen;

iv) der kommerziellen Verfügbarkeit von Fahrzeugen mit Elektro-, Hybrid- und Wasserstoffantrieb sowie der für die Berechnung des Anteils von im Verkehrssektor verbrauchten Energie aus erneuerbaren Quellen gewählten Methodologie;

v) der Bewertung der spezifischen Marktlage unter Berücksichtigung insbesondere von Märkten, in denen Verkehrskraftstoffe mehr als die

Hälfte des Endenergieverbrauchs ausmachen, und Märkten, die vollständig von importierten Biokraftstoffen abhängen;

c) eine Bewertung der Umsetzung der vorliegenden Richtlinie, insbesondere im Hinblick auf die Mechanismen der Zusammenarbeit, um sicherzustellen, dass die Mitgliedstaaten – die nach wie vor die Möglichkeit haben, die in Artikel 3 Absatz 3 erwähnten nationalen Förderregelungen zu nutzen – durch diese Mechanismen die nationalen Ziele gemäß Anhang I auf der besten Kosten-Nutzen-Basis erreichen können; ferner eine Bewertung der technologischen Entwicklungen und die Schlussfolgerungen, die in Bezug auf die Verwirklichung des Ziels, auf Gemeinschaftsebene 20 % der Energie aus erneuerbaren Quellen zu gewinnen, zu ziehen sind.

Auf der Grundlage dieses Berichts legt die Kommission dem Europäischen Parlament und dem Rat gegebenenfalls Vorschläge vor, die sich auf oben genannte Elemente beziehen und insbesondere Folgendes beinhalten:

– in Bezug auf das Element gemäß Buchstabe a eine Änderung der in jenem Buchstaben genannten Mindesteinsparung an Treibhausgasemissionen und

– in Bezug auf das Element gemäß Buchstabe c angemessene Anpassungen der Maßnahmen der Zusammenarbeit, die in dieser Richtlinie vorgesehen sind, um deren Wirksamkeit im Hinblick auf das Erreichen des Ziels von 20 % zu verbessern. Solch ein Vorschlag darf sich weder auf das Ziel von 20 % noch auf die Kontrolle der Mitgliedstaaten über nationale Förderregelungen und Maßnahmen der Zusammenarbeit auswirken.

(9) Im Jahr 2018 legt die Kommission einen Fahrplan für erneuerbare Energie für den Zeitraum nach 2020 vor.

[1] Diesem Fahrplan sind erforderlichenfalls Vorschläge an das Europäische Parlament und den Rat für die Zeit nach 2020 beigefügt. [2] Zu diesem Zweck werden in dem Fahrplan die Erfahrungen mit der Umsetzung dieser Richtlinie und die technologischen Entwicklungen im Bereich der Energie aus erneuerbaren Quellen berücksichtigt.

(10) [1] Im Jahr 2021 legt die Kommission einen Bericht mit einer Überprüfung der Anwendung dieser Richtlinie vor. [2] Dieser Bericht befasst sich insbesondere mit der Frage, wie die folgenden Aspekte es den Mitgliedstaaten ermöglicht haben, die in Anhang I festgelegten nationalen Ziele auf der besten Kosten-Nutzen-Basis zu erreichen:

a) die Ausarbeitung von Prognosen und der nationalen Aktionspläne für erneuerbare Energie,

b) die Wirksamkeit der Mechanismen der Zusammenarbeit,

c) technologische Entwicklungen im Bereich der Energie aus erneuerbaren Quellen einschließlich der Entwicklung der Nutzung von Biokraftstoffen in der kommerziellen Luftfahrt,

d) die Wirksamkeit der nationalen Förderregelungen und

e) die Schlussfolgerungen aus den in den Absätzen 8 und 9 genannten Berichten der Kommission.

Art. 24 Transparenzplattform. (1) [1] Die Kommission richtet eine öffentliche Online-Transparenzplattform ein. [2] Diese Plattform dient dazu, die Transparenz zu erhöhen und die Zusammenarbeit zwischen den Mitgliedstaaten, insbesondere in Bezug auf statistische Transfers gemäß Artikel 6 und gemeinsame Projekte gemäß den Artikeln 7 und 9, zu erleichtern und zu fördern. ³ Ferner kann die Plattform genutzt werden, um einschlägige Informationen zu veröffentlichen, die nach Auffassung der Kommission oder eines Mitgliedstaats für die vorliegende Richtlinie und das Erreichen ihrer Ziele von entscheidender Bedeutung sind.

(2) Die Kommission veröffentlicht auf der Transparenzplattform folgende Informationen, gegebenenfalls in aggregierter Form, und wahrt dabei die Vertraulichkeit wirtschaftlich sensibler Informationen:

a) nationale Aktionspläne für erneuerbare Energie der Mitgliedstaaten;

b) Vorausschätzungen der Mitgliedstaaten gemäß Artikel 4 Absatz 3, die so rasch wie möglich durch die Zusammenfassung des Überschusses bei der Erzeugung und des geschätzten Bedarfs an Einfuhren ergänzt werden, die die Kommission erstellt;

c) Angebote der Mitgliedstaaten in Bezug auf die Zusammenarbeit bei statistischen Transfers oder gemeinsamen Projekten, auf Ersuchen des betreffenden Mitgliedstaats;

d) die Angaben gemäß Artikel 6 Absatz 2 über die statistischen Transfers zwischen Mitgliedstaaten;

e) die Informationen gemäß Artikel 7 Absätze 2 und 3 sowie Artikel 9 Absätze 4 und 5 über gemeinsame Projekte;

f) die nationalen Berichte der Mitgliedstaaten gemäß Artikel 22;

g) die Berichte der Kommission gemäß Artikel 23 Absatz 3.

Auf Verlangen des Mitgliedstaats, der die Informationen vorgelegt hat, veröffentlicht die Kommission jedoch nicht die Vorausschätzungen der Mitgliedstaaten gemäß Artikel 4 Absatz 3 oder die Informationen in den nationalen Berichten der Mitgliedstaaten gemäß Artikel 22 Absatz 1 Buchstaben l und m.

Art. 25 Ausschüsse. (1) Mit Ausnahme der in Absatz 2 genannten Fälle wird die Kommission vom Ausschuss für erneuerbare Energiequellen unterstützt.

(2) Für Fragen hinsichtlich der Nachhaltigkeit von Biokraftstoffen und flüssigen Brennstoffen wird die Kommission vom Ausschuss für die Nachhaltigkeit von Biokraftstoffen und flüssigen Brennstoffen unterstützt.

(3) Wird auf diesen Absatz Bezug genommen, so gelten die Artikel 3 und 7 des Beschlusses 1999/468/EG unter Beachtung von dessen Artikel 8.

(4) Wird auf diesen Absatz Bezug genommen, so gelten Artikel 5 a Absätze 1 bis 4 und Artikel 7 des Beschlusses 1999/468/EG unter Beachtung von dessen Artikel 8.

Art. 26 Änderungen und Aufhebung. (1) In der Richtlinie 2001/77/EG werden Artikel 2, Artikel 3 Absatz 2 und die Artikel 4 bis 8 mit Wirkung vom 1. April 2010 aufgehoben.

(2) In der Richtlinie 2003/30/EG werden Artikel 2, Artikel 3 Absätze 2, 3 und 5 und die Artikel 5 und 6 mit Wirkung vom 1. April 2010 aufgehoben.

(3) Die Richtlinie 2001/77/EG und die Richtlinie 2003/30/EG werden mit Wirkung vom 1. Januar 2012 aufgehoben.

Art. 27 Umsetzung. (1) Unbeschadet des Artikels 4 Absätze 1, 2 und 3 setzen die Mitgliedstaaten die erforderlichen Rechts- und Verwaltungsvorschriften in Kraft, um dieser Richtlinie bis zum 5. Dezember 2010 nachzukommen.

¹ Beim Erlass von Maßnahmen nehmen die Mitgliedstaaten in den Maßnahmen selbst oder durch einen Hinweis bei der amtlichen Veröffentlichung auf diese Richtlinie Bezug. ² Die Mitgliedstaaten regeln die Einzelheiten der Bezugnahme.

(2) Die Mitgliedstaaten teilen der Kommission den Wortlaut der wichtigsten innerstaatlichen Rechtsvorschriften mit, die sie auf dem unter diese Richtlinie fallenden Gebiet erlassen.

Art. 28 Inkrafttreten. Diese Richtlinie tritt am zwanzigsten Tag nach ihrer Veröffentlichung[1] im *Amtsblatt der Europäischen Union* in Kraft.

Art. 29 Adressaten. Diese Richtlinie ist an die Mitgliedstaaten gerichtet.

Anhang I. Nationale Gesamtziele für den Anteil von Energie aus erneuerbaren Quellen am Endenergieverbrauch im Jahr 2020[2]

A. Nationale Gesamtziele

	Anteil von Energie aus erneuerbaren Quellen am Bruttoendenergieverbrauch 2005 (S_{2005})	Zielwert für den Anteil von Energie aus erneuerbaren Quellen am Bruttoendenergieverbrauch im Jahr 2020 (S_{2020})
Belgien	2,2 %	13 %
Bulgarien	9,4 %	16 %
Tschechische Republik	6,1 %	13 %
Dänemark	17,0 %	30 %
Deutschland	5,8 %	18 %
Estland	18,0 %	25 %
Irland	3,1 %	16 %
Griechenland	6,9 %	18 %
Spanien	8,7 %	20 %
Frankreich	10,3 %	23 %
Italien	5,2 %	17 %
Zypern	2,9 %	13 %
Lettland	32,6 %	40 %

---

[1] Veröffentlicht am 5. 6. 2009.
[2] **Amtl. Anm.**: Mit Blick auf die Erreichung der in diesem Anhang festgelegten nationalen Ziele ist hervorzuheben, dass in den Leitlinien für staatliche Beihilfen für den Umweltschutz die weitere Notwendigkeit von nationalen Fördermaßnahmen für die Förderung von Energie aus erneuerbaren Quellen anerkannt wird.

EU-RL Erneuerbare Energien   **Anh. II   EERL 36**

	Anteil von Energie aus erneuerbaren Quellen am Bruttoendenergieverbrauch 2005 (S_{2005})	Zielwert für den Anteil von Energie aus erneuerbaren Quellen am Bruttoendenergieverbrauch im Jahr 2020 (S_{2020})
Litauen	15,0 %	23 %
Luxemburg	0,9 %	11 %
Ungarn	4,3 %	13 %
Malta	0,0 %	10 %
Niederlande	2,4 %	14 %
Österreich	23,3 %	34 %
Polen	7,2 %	15 %
Portugal	20,5 %	31 %
Rumänien	17,8 %	24 %
Slowenien	16,0 %	25 %
Slowakische Republik	6,7 %	14 %
Finnland	28,5 %	38 %
Schweden	39,8 %	49 %
Vereinigtes Königreich	1,3 %	15 %

B. Indikativer Zielpfad

Der in Artikel 3 Absatz 2 genannte indikative Zielpfad gibt die folgenden Anteile für Energie aus erneuerbaren Quellen vor:

S_{2005} + 0,20 (S_{2020} - S_{2005}), als Durchschnittswert für die beiden Jahre 2011 und 2012;

S_{2005} + 0,30 (S_{2020} - S_{2005}), als Durchschnittswert für die beiden Jahre 2013 und 2014;

S_{2005} + 0,45 (S_{2020} - S_{2005}), als Durchschnittswert für die beiden Jahre 2015 und 2016 sowie

S_{2005} + 0,65 (S_{2020} - S_{2005}), als Durchschnittswert für die beiden Jahre 2017 und 2018.

Dabei sind:

S_{2005} = der Anteil für den betreffenden Mitgliedstaat im Jahr 2005 gemäß der Tabelle in Teil A

und

S_{2020} = der Anteil für den betreffenden Mitgliedstaat im Jahr 2020 gemäß der Tabelle in Teil A.

Anhang II. Normalisierungsregel für die Berücksichtigung von Elektrizität aus Wasserkraft und Windkraft

Für die Berücksichtigung der in einem bestimmten Mitgliedstaat aus Wasserkraft erzeugten Elektrizität gilt folgende Normalisierungsregel:

$$Q_{N(norm)} = C_N \times \left[\sum_{i=N-14}^{N} \frac{Q_i}{C_i} \right] / 15$$

Dabei sind:

N = Bezugsjahr;
$Q_{N(norm)}$ = normalisierte Menge der von sämtlichen Wasserkraftwerken des Mitgliedstaats im Jahr N erzeugten Elektrizität, zum Zweck der Berücksichtigung;
Q_i = im Jahr i von sämtlichen Wasserkraftwerken des Mitgliedstaats tatsächlich erzeugte Elektrizitätsmenge in GWh unter Ausschluss der Elektrizitätserzeugung durch Pumpspeicherkraftwerke, bei der zuvor hochgepumptes Wasser genutzt wird;
C_i = installierte Gesamtkapazität nach Abzug der Pumpspeicherung sämtlicher Wasserkraftwerke des Mitgliedstaats am Ende des Jahres i in MW.

Die in einem gegebenen Mitgliedstaat aus Windkraft gewonnene Elektrizität wird wie folgt berechnet:

$$Q_{N(norm)} = \frac{C_N + C_{N-1}}{2} \times \frac{\sum_{i=N-n}^{N} Q_i}{\sum_{j=N-n}^{N} \left(\frac{C_j + C_{j-1}}{2} \right)}$$

Dabei sind:

N = Bezugsjahr;
$Q_{N(norm)}$ = normalisierte Menge der von sämtlichen Windkraftwerken des Mitgliedstaats im Jahr N erzeugten Elektrizität zum Zweck der Berücksichtigung;
Q_i = im Jahr i von sämtlichen Windkraftwerken des Mitgliedstaats tatsächlich erzeugte Elektrizitätsmenge in GWh;
C_j = installierte Gesamtkapazität sämtlicher Windkraftwerke des Mitgliedstaats am Ende des Jahres j in MW;
n = 4 bzw. Anzahl der Jahre vor dem Jahr N, für welche im betreffenden Mitgliedstaat Daten über die Produktionskapazität und -mengen verfügbar sind, je nachdem, welche Zahl niedriger ist.

Anhang III. Energiegehalt von Kraftstoffen

Kraftstoff	Gewichtsspezifischer Energiegehalt (unterer Heizwert in MJ/kg)	Volumenspezifischer Energiegehalt (unterer Heizwert in MJ/l)
Bioethanol (aus Biomasse hergestelltes Ethanol)	27	21
Bio-ETBE (auf der Grundlage von Bioethanol hergestellter Ethyl-Tertiär-Butylether)	36 (davon 37 % aus erneuerbaren Quellen)	27 (davon 37 % aus erneuerbaren Quellen)
Biomethanol (aus Biomasse hergestelltes Methanol zur Verwendung als Biokraftstoff)	20	16

EU-RL Erneuerbare Energien Anh. IV EERL 36

Kraftstoff	Gewichtsspezifischer Energiegehalt (unterer Heizwert in MJ/kg)	Volumenspezifischer Energiegehalt (unterer Heizwert in MJ/l)
Bio-MTBE (auf der Grundlage von Bioethanol hergestellter Methyl-Tertiär-Butylether)	35 (davon 22 % aus erneuerbaren Quellen)	26 (davon 22 % aus erneuerbaren Quellen)
Bio-DME (aus Biomasse hergestellter Dimethylether zur Verwendung als Biokraftstoff)	28	19
Bio-TAEE (auf der Grundlage von Bioethanol hergestellter Tertiär-Amyl-Ethyl-Ether)	38 (davon 29 % aus erneuerbaren Quellen)	29 (davon 29 % aus erneuerbaren Quellen)
Biobutanol (aus Biomasse hergestelltes Butanol zur Verwendung als Biokraftstoff)	33	27
Biodiesel (Methylester eines pflanzlichen oder tierischen Öls mit Dieselkraftstoffqualität zur Verwendung als Biokraftstoff)	37	33
Fischer-Tropsch-Diesel (aus Biomasse hergestellter/s synthetischer/s Kohlenwasserstoff(gemisch))	44	34
Hydriertes Pflanzenöl (thermochemisch mit Wasserstoff behandeltes Pflanzenöl)	44	34
Reines Pflanzenöl (durch Auspressen, Extraktion oder vergleichbare Verfahren aus Ölsaaten gewonnenes Öl, roh oder raffiniert, jedoch chemisch unverändert, sofern es für den betreffenden Motorentyp geeignet ist und die entsprechenden Emissionsanforderungen erfüllt)	37	34
Biogas (aus Biomasse und/oder aus dem biologisch abbaubaren Teil von Abfällen hergestelltes Brenngas, das durch Reinigung Erdgasqualität erreichen kann und für die Verwendung als Biokraftstoff bestimmt ist, oder Holzgas)	50	–
Ottokraftstoff	43	32
Dieselkraftstoff	43	36

Anhang IV. Zertifizierung von Installateuren

Für die in Artikel 14 Absatz 3 genannten Zertifizierungssysteme und für gleichwertige Qualifizierungssysteme gelten folgende Kriterien:

1. Das Zertifizierungs- bzw. Qualifizierungsverfahren muss transparent und vom Mitgliedstaat oder der benannten Verwaltungsstelle klar festgelegt sein.
2. Die Zertifizierung von Installateuren von Biomasseanlagen, Wärmepumpen, oberflächennahen Geothermieanlagen, Fotovoltaik- und Solarwärmeanlagen erfolgt mittels eines zugelassenen Ausbildungsprogramms oder durch eine zugelassene Ausbildungseinrichtung.
3. Die Zulassung des Ausbildungsprogramms bzw. der Ausbildungseinrichtung wird von den Mitgliedstaaten oder den von ihnen benannten Verwaltungsstellen vorgenommen. Die Zulassungsstelle gewährleistet, dass das von der

Ausbildungseinrichtung angebotene Ausbildungsprogramm kontinuierlich sowie regional oder national flächendeckend angeboten wird. Die Ausbildungseinrichtung muss über angemessene technische Anlagen zur Bereitstellung der praktischen Ausbildung verfügen; dazu gehören bestimmte Laboreinrichtungen oder entsprechende Anlagen für praktische Ausbildungsmaßnahmen. Neben der Grundausbildung muss die Ausbildungseinrichtung kürzere Auffrischungskurse zu bestimmten Themen (beispielsweise neue Technologien) anbieten, um zu den Anlagen ständige Fortbildungen zu ermöglichen. Ausbildungseinrichtung kann der Hersteller der betreffenden Geräte bzw. Systeme oder auch ein Institut oder Verband sein.

4. Die Ausbildung, die zur Zertifizierung oder Qualifizierung als Installateur führt, muss sowohl theoretische als auch praktische Teile enthalten. Nach Abschluss der Ausbildung muss der Installateur in der Lage sein, die betreffenden Geräte und Systeme entsprechend den Kundenanforderungen an deren Leistung und Zuverlässigkeit fachmännisch und unter Einhaltung sämtlicher einschlägigen Vorschriften und Normen, darunter jener zur Energieeffizienz und Umweltverträglichkeit, zu installieren.

5. Der Ausbildungsgang muss mit einer Prüfung abschließen, über die eine Bescheinigung ausgestellt wird oder die zu einer Qualifizierung führt. Im Rahmen der Prüfung ist die Fähigkeit zur erfolgreichen Installation von Biomassekesseln oder -öfen, Wärmepumpen, oberflächennahen Geothermieanlagen, Fotovoltaik- oder Solarwärmeanlagen praktisch zu prüfen.

6. Die in Artikel 14 Absatz 3 genannten Zertifizierungssysteme bzw. gleichwertigen Qualifizierungssysteme berücksichtigen die folgenden Leitlinien:

a) Zugelassene Ausbildungsprogramme sollten Installateuren mit praktischer Erfahrung angeboten werden, welche die folgenden Ausbildungen absolviert haben oder durchlaufen:

i) Installateure von Biomassekesseln und -öfen: Eine Ausbildung zum Klempner, Rohrschlosser, Heizungsinstallateur oder Heizungs- oder Kälte- und Sanitärtechniker ist Voraussetzung;

ii) Installateure von Wärmepumpen: Eine Ausbildung zum Klempner oder Kältetechniker sowie grundlegende Fertigkeiten auf dem Gebiet der Elektrotechnik und Klempnerei (Schneiden von Rohren, Schweißen und Kleben von Rohrverbindungen, Ummantelung, Abdichtung von Armaturen, Prüfung auf Dichtheit und Installation von Heizungs- oder Kühlanlagen) sind Voraussetzung. [1)]

iii) Installateure von Fotovoltaik- und Solarwärmeanlagen: Eine Ausbildung als Klempner oder Elektrotechniker sowie Fertigkeiten auf dem Gebiet der Klempnerei, Elektrotechnik und Dachdeckerei (Schweißen und Kleben von Rohrverbindungen, Abdichtung von Armaturen, Prüfung auf Dichtheit) sowie die Fähigkeit zur Vornahme von Kabelanschlüssen, Vertrautheit mit den wichtigsten Dachmaterialien sowie Dichtungs- und Dämmmethoden sind Voraussetzung;

iv) eine Berufsausbildung, die einem Installateur angemessene Fertigkeiten vermittelt, einer dreijährigen Ausbildung in den unter den Buchstaben a, b oder c genannten Berufen entspricht und sowohl theoretische als auch praktische Ausbildungsmaßnahmen umfasst.

[1)] Zeichensetzung amtlich.

b) Der theoretische Teil der Ausbildung zum Installateur von Biomasseöfen und -kesseln sollte einen Überblick über die Marktsituation von Biomasse geben und sich auf folgende Themen erstrecken: ökologische Aspekte, Brennstoffe aus Biomasse, Logistik, Brandschutz, einschlägige Subventionen, Verbrennungstechniken, Feuerungssysteme, optimale Hydrauliklösungen, Kosten- und Wirtschaftlichkeitsvergleich sowie Bauart, Installation und Instandhaltung von Biomassekesseln und -öfen. Daneben sollte die Ausbildung gute Kenntnisse über etwaige europäische Normen für Biomassetechnologie und Biomassebrennstoffe (z.B. Pellets) sowie einschlägiges nationales Recht und Gemeinschaftsrecht vermitteln.

c) Der theoretische Teil der Ausbildung zum Installateur von Wärmepumpen sollte einen Überblick über die Marktsituation von Wärmepumpen geben und sich auf folgende Themen erstrecken: geothermische Ressourcen, Bodenquellentemperaturen verschiedener Regionen, Bestimmung von Böden und Gesteinen im Hinblick auf deren Wärmeleitfähigkeit, Vorschriften zur Nutzung geothermischer Ressourcen, Nutzbarkeit von Wärmepumpen in Gebäuden, Ermittlung der jeweils zweckmäßigsten Wärmepumpensysteme und technische Anforderungen derselben, Sicherheit, Luftfilterung, Anschluss an die Wärmequelle und Systemkonzeption. Daneben sollte die Ausbildung gute Kenntnisse über etwaige europäische Normen für Wärmepumpen sowie einschlägiges nationales Recht und Gemeinschaftsrecht vermitteln. Der Installateur sollte folgende Kernkompetenzen nachweisen:

i) fundamentales Verständnis der physikalischen Grundlagen und der Funktionsweise einer Wärmepumpe sowie der Prinzipien des Wärmepumpenkreislaufs: Zusammenhang zwischen niedrigen Temperaturen des Kondensators, hohen Temperaturen des Verdampfers und der Systemeffizienz, Ermittlung der Leistungszahl und des jahreszeitenbedingten Leistungsfaktors;

ii) Verständnis der Bauteile – Kompressor, Expansionsventil, Verdampfer, Kondensator, Zubehör, Schmieröl, Kühlmittel, Überhitzung und Unterkühlung sowie Kühlmöglichkeiten mit Wärmepumpen – sowie deren Funktion im Wärmepumpenkreislauf;

iii) Fähigkeit zur Auswahl und Dimensionierung der Bauteile in typischen Fällen, Ermittlung der typischen Wärmelastwerte unterschiedlicher Gebäude und für die Warmwasserbereitung auf Grundlage des Energieverbrauchs, Ermittlung der Wärmepumpenkapazität anhand der Wärmelast für die Warmwasserbereitung, der Speichermasse des Gebäudes und bei diskontinuierlicher Elektrizitätsversorgung; Ermittlung des Pufferbehälters und dessen Volumens, Integration eines zweiten Heizungssystems.

d) Der theoretische Teil der Ausbildung zum Installateur von Fotovoltaik- und Solarwärmeanlagen sollte einen Überblick über die Marktsituation von Solarenergieanlagen und den Kosten- und Wirtschaftlichkeitsvergleich geben und sich auf folgende Themen erstrecken: ökologische Aspekte, Bauteile, Eigenschaften und Dimensionierung von Solarwärmesystemen, korrekte Auswahl von Systemen und Dimensionierung von Bauteilen, Ermittlung des Wärmebedarfs, Brandschutz, einschlägige Subventionen, Verbrennungstechniken, Feuerungssysteme, optimale Hydrauliklösungen, Bauart, Installation und Instandhaltung von Fotovoltaik-

und Solarwärmeanlagen. Daneben sollte die Ausbildung gute Kenntnisse über etwaige europäische Normen für Solartechnologie und die Zertifizierung (z.B. Solar Keymark) sowie einschlägiges nationales Recht und Gemeinschaftsrecht europäische Rechtsvorschriften vermitteln. Der Installateur sollte folgende Kernkompetenzen nachweisen:

i) Fähigkeit zum sicheren Arbeiten unter Verwendung der notwendigen Werkzeuge und Geräte und unter Einhaltung von Sicherheitsvorschriften und -normen sowie Fähigkeit zur Ermittlung der mit Solaranlagen verbundenen Risiken im Hinblick auf Heiz- und Sanitäranlagen, Elektrik usw.;

ii) Fähigkeit zur Bestimmung von Systemen und ihrer für aktive und passive Systeme spezifischen Bauteile (z.B. mechanische Auslegung) sowie zur Bestimmung der Bauteilposition, der Systemkonzeption und -konfiguration;

iii) Fähigkeit zur Ermittlung der notwendigen Installationsfläche für die Fotovoltaik- und Solarwärmeanlage sowie deren Orientierung und Neigung unter Berücksichtigung von Beschattung und Sonnenexposition, struktureller Integrität, Eignung der Anlage für das betreffende Gebäude oder Klima sowie Ermittlung unterschiedlicher Installationsmethoden für verschiedene Dachtypen und Ausgewogenheit der für die Installation nötigen Systemausrüstung;

iv) für Fotovoltaiksysteme insbesondere die Fähigkeit zur Anpassung der elektrotechnischen Auslegung, also z.B. Ermittlung der Nennströme, Auswahl geeigneter Leiter und Nennleistungen für sämtliche Elektrizitätskreise, Ermittlung der zweckmäßigen Dimension, Nennleistung und Platzierung von Zubehör und Teilsystemen sowie Wahl eines geeigneten Zusammenschaltungspunkts.

e) Die Zertifizierung als Installateur sollte befristet werden, so dass für eine dauerhafte Zertifizierung die Teilnahme an Auffrischungsseminaren oder -veranstaltungen notwendig ist.

Anhang V. Regeln für die Berechnung des Beitrags von Biokraftstoffen, flüssigen Biobrennstoffen und des entsprechenden Vergleichswerts für fossile Brennstoffe zum Treibhauseffekt

A. Typische Werte und Standardwerte für Biokraftstoffe bei Herstellung ohne Netto-CO_2-Emissionen infolge von Landnutzungsänderungen

Herstellungsweg des Biokraftstoffs	Typische Werte für die Minderung von Treibhausgasemissionen	Standardwerte für die Minderung von Treibhausgasemissionen
Ethanol aus Zuckerrüben	61%	52%
Ethanol aus Weizen (Prozessbrennstoff nicht spezifiziert)	32%	16%
Ethanol aus Weizen (Braunkohle als Prozessbrennstoff in KWK-Anlage)	32%	16%
Ethanol aus Weizen (Erdgas als Prozessbrennstoff in konventioneller Anlage)	45%	34%

Herstellungsweg des Biokraftstoffs	Typische Werte für die Minderung von Treibhausgasemissionen	Standardwerte für die Minderung von Treibhausgasemissionen
Ethanol aus Weizen (Erdgas als Prozessbrennstoff in KWK-Anlage)	53 %	47 %
Ethanol aus Weizen (Stroh als Prozessbrennstoff in KWK-Anlage)	69 %	69 %
Ethanol aus Mais, in der Gemeinschaft erzeugt (Erdgas als Prozessbrennstoff in KWK-Anlage)	56 %	49 %
Ethanol aus Zuckerrohr	71 %	71 %
Ethyl-Tertiär-Butylether (ETBE), Anteil aus erneuerbaren Quellen	Wie beim Herstellungsweg für Ethanol	
Tertiär-Amyl-Ethyl-Ether (TAEE), Anteil aus erneuerbaren Quellen	Wie beim Herstellungsweg für Ethanol	
Biodiesel aus Raps	45 %	38 %
Biodiesel aus Sonnenblumen	58 %	51 %
Biodiesel aus Sojabohnen	40 %	31 %
Biodiesel aus Palmöl (Prozessbrennstoff nicht spezifiziert)	36 %	19 %
Biodiesel aus Palmöl (Verarbeitung mit Methanbindung an der Ölmühle)	62 %	56 %
Biodiesel aus pflanzlichem oder tierischem Abfallöl[*]	88 %	83 %
Hydriertes Rapsöl	51 %	47 %
Hydriertes Sonnenblumenöl	65 %	62 %
Hydriertes Palmöl (Prozess nicht spezifiziert)	40 %	26 %
Hydriertes Palmöl (Verarbeitung mit Methanbindung an der Ölmühle)	68 %	65 %
Reines Rapsöl	58 %	57 %
Biogas aus organischen Siedlungsabfällen als komprimiertes Erdgas	80 %	73 %
Biogas aus Gülle als komprimiertes Erdgas	84 %	81 %
Biogas aus Trockenmist als komprimiertes Erdgas	86 %	82 %

[*] **Amtl. Anm.**: Mit Ausnahme von tierischen Ölen aus tierischen Nebenprodukten, die in der Verordnung (EG) Nr. 1774/2002 des Europäischen Parlaments und des Rates vom 3. Oktober 2002 mit Hygienevorschriften für nicht für den menschlichen Verzehr bestimmte tierische Nebenprodukte (ABl. L 273 vom 10. 10. 2002, S. 1) als Material der Kategorie 3 eingestuft werden.

B. Geschätzte typische Werte und Standardwerte für künftige Biokraftstoffe, die im Januar 2008 nicht oder nur in vernachlässigbaren Mengen auf dem Markt waren, bei Herstellung ohne Netto-CO_2-Emission infolge von Landnutzungsänderungen

Herstellungsweg des Biokraftstoffs	Typische Werte für die Minderung von Treibhausgasemissionen	Standardwerte für die Minderung von Treibhausgasemissionen
Ethanol aus Weizenstroh	87 %	85 %
Ethanol aus Abfallholz	80 %	74 %
Ethanol aus Kulturholz	76 %	70 %

Herstellungsweg des Biokraftstoffs	Typische Werte für die Minderung von Treibhausgasemissionen	Standardwerte für die Minderung von Treibhausgasemissionen
Fischer-Tropsch-Diesel aus Abfallholz	95 %	95 %
Fischer-Tropsch-Diesel aus Kulturholz	93 %	93 %
Dimethylether (DME) aus Abfallholz	95 %	95 %
DME aus Kulturholz	92 %	92 %
Methanol aus Abfallholz	94 %	94 %
Methanol aus Kulturholz	91 %	91 %
Methyl-Tertiär-Butylether (MTBE), Anteil aus erneuerbaren Quellen	Wie beim Herstellungsweg für Methanol	

C. Methodologie

1. Die Treibhausgasemissionen bei der Herstellung und Verwendung von Kraftstoffen, Biokraftstoffen und flüssigen Biobrennstoffen werden wie folgt berechnet:
$$E = e_{ec} + e_l + e_p + e_{td} + e_u - e_{sca} - e_{ccs} - e_{ccr} - e_{ee},$$
wobei:

E	=	Gesamtemissionen bei der Verwendung des Kraftstoffs;
e_{ec}	=	Emissionen bei der Gewinnung oder beim Anbau der Rohstoffe;
e_l	=	auf das Jahr umgerechnete Emissionen aufgrund von Kohlenstoffbestandsänderungen infolge von Landnutzungsänderungen;
e_p	=	Emissionen bei der Verarbeitung;
e_{td}	=	Emissionen bei Transport und Vertrieb;
e_u	=	Emissionen bei der Nutzung des Kraftstoffs;
e_{sca}	=	Emissionseinsparung durch Akkumulierung von Kohlenstoff im Boden infolge besserer landwirtschaftlicher Bewirtschaftungspraktiken;
e_{ccs}	=	Emissionseinsparung durch Abscheidung und geologische Speicherung von Kohlendioxid;
e_{ccr}	=	Emissionseinsparung durch Abscheidung und Ersetzung von Kohlendioxid und
e_{ee}	=	Emissionseinsparung durch überschüssige Elektrizität aus Kraft-Wärme-Kopplung.

Die mit der Herstellung der Anlagen und Ausrüstungen verbundenen Emissionen werden nicht berücksichtigt.

2. Die durch Kraftstoffe verursachten Treibhausgasemissionen (E) werden in $gCO_{2\,eq}/MJ$ (Gramm CO_2-Äquivalent pro Megajoule Kraftstoff) angegeben.

3. Abweichend von Nummer 2 können für Kraftstoffe die in $gCO_{2\,eq}/MJ$ berechneten Werte so angepasst werden, dass Unterschiede zwischen Kraftstoffen bei der in km/MJ ausgedrückten geleisteten Nutzarbeit berücksichtigt werden. Derartige Anpassungen sind nur zulässig, wenn Belege für die Unterschiede bei der geleisteten Nutzarbeit angeführt werden.

4. Die durch die Verwendung von Biokraftstoffen und flüssigen Biobrennstoffen erzielte Einsparung bei den Treibhausgasemissionen wird wie folgt berechnet:
$$EINSPARUNG = (E_F - E_B)/E_F$$

EU-RL Erneuerbare Energien   Anh. V   EERL 36

dabei sind:

E_B = Gesamtemissionen bei der Verwendung des Biokraftstoffs oder flüssigen Biobrennstoffs;

E_F = Gesamtemissionen des Komparators für Fossilbrennstoffe.

5. Die für die unter Nummer 1 genannten Zwecke berücksichtigten Treibhausgase sind CO_2, N_2O und CH_4. Zur Berechnung der CO_2-Äquivalenz werden diese Gase wie folgt gewichtet:

CO_2: 1
N_2O: 296
CH_4: 23

6. Die Emissionen bei der Gewinnung oder beim Anbau der Rohstoffe (e_{ec}) schließen die Emissionen des Gewinnungs- oder Anbauprozesses selbst, beim Sammeln der Rohstoffe, aus Abfällen und Leckagen sowie bei der Herstellung der zur Gewinnung oder zum Anbau verwendeten Chemikalien ein. Die CO_2-Bindung beim Anbau der Rohstoffe wird nicht berücksichtigt. Zertifizierte Reduktionen von Treibhausgasemissionen aus dem Abfackeln an Ölförderstätten in allen Teilen der Welt werden abgezogen. Alternativ zu den tatsächlichen Werten können für die Emissionen beim Anbau Schätzungen aus den Durchschnittswerten abgeleitet werden, die für kleinere als die bei der Berechnung der Standardwerte herangezogenen geografischen Gebiete berechnet wurden.

7. Die auf Jahresbasis umgerechneten Emissionen aus Kohlenstoffbestandsänderungen infolge geänderter Landnutzung (e_l) werden durch gleichmäßige Verteilung der Gesamtemissionen über 20 Jahre berechnet. Diese Emissionen werden wie folgt berechnet:

$e_l = (CS_R - CS_A) \times 3{,}664 \times 1/20 \times 1/P - e_B$[1)]

dabei sind:

e_l = auf das Jahr umgerechnete Treibhausgasemissionen aus Kohlenstoffbestandsänderungen infolge von Landnutzungsänderungen (gemessen als Masse an CO_2-Äquivalent pro Biokraftstoff-Energieeinheit);

CS_R = der mit der Bezugsfläche verbundene Kohlenstoffbestand pro Flächeneinheit (gemessen als Masse an Kohlenstoff pro Flächeneinheit einschließlich Boden und Vegetation). Die Landnutzung der Bezugsflächen ist die Landnutzung im Januar 2008 oder 20 Jahre vor der Gewinnung des Rohstoffs, je nachdem, welcher Zeitpunkt der spätere ist;

CS_A = der mit der tatsächlichen Landnutzung verbundene Kohlenstoffbestand pro Flächeneinheit (gemessen als Masse an Kohlenstoff pro Flächeneinheit einschließlich Boden und Vegetation). Wenn sich der Kohlenstoffbestand über mehr als ein Jahr akkumuliert, gilt als CS_A-Wert der geschätzte Kohlenstoffbestand pro Flächeneinheit nach 20 Jahren oder zum Zeitpunkt der Reife der Pflanzen, je nachdem, welcher Zeitpunkt der frühere ist;

P = die Pflanzenproduktivität (gemessen als Energie des Biokraftstoffs oder flüssigen Biobrennstoffs pro Flächeneinheit pro Jahr) und

e_B = Bonus von 29 $gCO_{2\,eq}$/MJ Biokraftstoff oder flüssiger Biobrennstoff, wenn die Biomasse unter den in Nummer 8 genannten Bedingungen auf wiederhergestellten degradierten Flächen gewonnen wird.

[1)] **Amtl. Anm.:** Der durch Division des Molekulargewichts von CO_2 (44,010 g/mol) durch das Molekulargewicht von Kohlenstoff (12,011 g/mol) gewonnene Quotient ist gleich 3,664.

8. Der Bonus von 29 gCO_{2eq}/MJ wird gewährt, wenn der Nachweis erbracht wird, dass die betreffende Fläche
   a) im Januar 2008 nicht landwirtschaftlich oder zu einem anderen Zweck genutzt wurde und
   b) unter eine der folgenden zwei Kategorien fällt:
      i) stark degradierte Flächen einschließlich früherer landwirtschaftlicher Nutzflächen,
      ii) stark verschmutzte Flächen.

   Der Bonus von 29 gCO_{2eq}/MJ gilt für einen Zeitraum von bis zu 10 Jahren ab dem Zeitpunkt der Umwandlung der Fläche in eine landwirtschaftliche Nutzfläche, sofern ein kontinuierlicher Anstieg des Kohlenstoffbestands und ein nennenswerter Rückgang der Erosion auf unter Ziffer i fallenden Flächen gewährleistet werden und die Bodenverschmutzung auf unter Ziffer ii fallenden Flächen gesenkt wird.

9. Die in Nummer 8 Buchstabe b genannten Kategorien werden wie folgt definiert:
   a) „stark degradierte Flächen" sind Flächen, die während eines längeren Zeitraums entweder in hohem Maße versalzt wurden oder die einen besonders niedrigen Gehalt an organischen Stoffen aufweisen und stark erodiert sind;
   b) „stark verschmutzte Flächen" sind Flächen, die aufgrund der Bodenverschmutzung ungeeignet für den Anbau von Lebens- und Futtermitteln sind.

   Dazu gehören auch Flächen, die Gegenstand eines Beschlusses der Kommission gemäß Artikel 18 Absatz 4 Unterabsatz 4 sind.

10. Die Kommission erstellt auf der Basis von Band 4 der IPCC-Leitlinien für nationale Treibhausgasinventare aus dem Jahr 2006 bis spätestens 31. Dezember 2009 Leitlinien für die Berechnung des Bodenkohlenstoffbestands. Die Leitlinien der Kommission werden Grundlage der Berechnung des Bodenkohlenstoffbestands für die Zwecke dieser Richtlinie sein.

11. Die Emissionen bei der Verarbeitung (e_p) schließen die Emissionen bei der Verarbeitung selbst, aus Abfällen und Leckagen sowie bei der Herstellung der zur Verarbeitung verwendeten Chemikalien oder sonstigen Produkte ein.
    Bei der Berücksichtigung des Verbrauchs an nicht in der Anlage zur Kraftstoffherstellung erzeugter Elektrizität wird angenommen, dass die Treibhausgasemissionsintensität bei Erzeugung und Verteilung dieser Elektrizität der durchschnittlichen Emissionsintensität bei der Produktion und Verteilung von Elektrizität in einer bestimmten Region entspricht. Abweichend von dieser Regel gilt: Die Produzenten können für die von einer einzelnen Elektrizitätserzeugungsanlage erzeugte Elektrizität einen Durchschnittswert verwenden, falls diese Anlage nicht an das Elektrizitätsnetz angeschlossen ist.

12. Die Emissionen beim Transport und Vertrieb (e_{td}) schließen die beim Transport und der Lagerung von Rohstoffen und Halbfertigerzeugnissen sowie bei der Lagerung und dem Vertrieb von Fertigerzeugnissen anfallenden Emissionen ein. Die Emissionen beim Transport und Vertrieb, die unter Nummer 6 berücksichtigt werden, fallen nicht unter diese Nummer.

13. Die Emissionen bei der Nutzung des Kraftstoffs (e_u) werden für Biokraftstoffe und flüssige Biobrennstoffe mit null angesetzt.

14. Die Emissionseinsparung durch Abscheidung und geologische Speicherung von Kohlendioxid (e_{ccs}), die nicht bereits in e_p berücksichtigt wurde, wird auf die durch Abscheidung und Sequestrierung von emittiertem CO_2 vermiedenen Emissionen begrenzt, die unmittelbar mit der Gewinnung, dem Transport, der Verarbeitung und dem Vertrieb von Kraftstoff verbunden sind.

15. Die Emissionseinsparung durch CO_2-Abscheidung und -ersetzung (e_{ccr}) wird begrenzt auf die durch Abscheidung von CO_2 vermiedenen Emissionen, wobei der Kohlenstoff aus Biomasse stammt und anstelle des auf fossile Brennstoffe zurückgehenden Kohlendioxids für gewerbliche Erzeugnisse und Dienstleistungen verwendet wird.

16. Die Emissionseinsparung durch überschüssige Elektrizität aus Kraft-Wärme-Kopplung (e_{ee}) wird im Verhältnis zu dem von Kraftstoffherstellungssystemen mit Kraft-Wärme-Kopplung, welche als Brennstoff andere Nebenerzeugnisse als Ernterückstände einsetzen, erzeugten Elektrizitätsüberschuss berücksichtigt. Für die Berücksichtigung dieses Elektrizitätsüberschusses wird davon ausgegangen, dass die Größe der KWK-Anlage der Mindestgröße entspricht, die erforderlich ist, um die für die Kraftstoffherstellung benötigte Wärme zu liefern. Die mit diesem Elektrizitätsüberschuss verbundene Minderung an Treibhausgasemissionen werden der Treibhausgasmenge gleichgesetzt, die bei der Erzeugung einer entsprechenden Elektrizitätsmenge in einem Kraftwerk emittiert würde, das den gleichen Brennstoff einsetzt wie die KWK-Anlage.

17. Werden bei einem Kraftstoffherstellungsverfahren neben dem Kraftstoff, für den die Emissionen berechnet werden, weitere Erzeugnisse („Nebenerzeugnisse") hergestellt, so werden die anfallenden Treibhausgasemissionen zwischen dem Kraftstoff oder dessen Zwischenerzeugnis und den Nebenerzeugnissen nach Maßgabe ihres Energiegehalts (der bei anderen Nebenerzeugnissen als Elektrizität durch den unteren Heizwert bestimmt wird) aufgeteilt.

18. Für die Zwecke der Berechnung nach Nummer 17 sind die aufzuteilenden Emissionen e_{ec} + e_l +die Anteile von e_p, e_{td} und e_{ee}, die bis einschließlich zu dem Verfahrensschritt anfallen, bei dem ein Nebenerzeugnis erzeugt wird. Wurden in einem früheren Verfahrensschritt Emissionen Nebenerzeugnissen zugewiesen, so wird für diesen Zweck anstelle der Gesamtemissionen der Bruchteil dieser Emissionen verwendet, der im letzten Verfahrensschritt dem Zwischenerzeugnis zugeordnet wird.
Im Falle von Biokraftstoffen und flüssigen Brennstoffen werden sämtliche Nebenerzeugnisse, einschließlich nicht unter Nummer 16 fallender Elektrizität, für die Zwecke der Berechnung berücksichtigt, mit Ausnahme von Ernterückständen wie Stroh, Bagasse, Hülsen, Maiskolben und Nussschalen. Für die Zwecke der Berechnung wird der Energiegehalt von Nebenerzeugnissen mit negativem Energiegehalt auf null festgesetzt.
Die Lebenszyklus-Treibhausgasemissionen von Abfällen, Ernterückständen wie Stroh, Bagasse, Hülsen, Maiskolben und Nussschalen sowie Produktionsrückständen einschließlich Rohglycerin (nicht raffiniertes Glycerin) werden bis zur Sammlung dieser Materialien auf null angesetzt.

Bei Kraft- und Brennstoffen, die in Raffinerien hergestellt werden, ist die Analyseeinheit für die Zwecke der Berechnung nach Nummer 17 die Raffinerie.

19. Bei Biokraftstoffen ist für die Zwecke der Berechnung nach Nummer 4 die fossile Vergleichsgröße E_F der gemäß Richtlinie 98/70/EG gemeldete letzte verfügbare tatsächliche Durchschnitt der Emissionen aus dem fossilen Otto- und Dieselkraftstoffverbrauch in der Gemeinschaft. Liegen diese Daten nicht vor, so ist der Wert 83,8 $gCO_{2\,eq}$/MJ zu verwenden.

Bei flüssigen Biobrennstoffen, die zur Elektrizitätserzeugung verwendet werden, ist für die Zwecke der Berechnung nach Nummer 4 der Vergleichswert für fossile Brennstoffe E_F 91 $gCO_{2\,eq}$/MJ.

Bei flüssigen Biobrennstoffen, die zur Wärmeerzeugung verwendet werden, ist für die Zwecke der Berechnung nach Nummer 4 der Vergleichswert für fossile Brennstoffe E_F 77 $gCO_{2\,eq}$/MJ.

Bei flüssigen Biobrennstoffen, die für die KWK verwendet werden, ist für die Zwecke der Berechnung nach Absatz 4 der Vergleichswert für fossile Brennstoffe E_F 85 $gCO_{2\,eq}$/MJ.

D. Disaggregierte Standardwerte für Biokraftstoffe und flüssige Biobrennstoffe

Disaggregierte Standardwerte für den Anbau: „e_{ec}" gemäß Definition in Teil C dieses Anhangs

Herstellungsweg der Biokraftstoffe und flüssigen Biobrennstoffe	Typische Treibhausgasemissionen ($gCO_{2\,eq}$/MJ)	Standardtreibhausgasemissionen ($gCO_{2\,eq}$/MJ)
Ethanol aus Zuckerrüben	12	12
Ethanol aus Weizen	23	23
Ethanol aus Mais, in der Gemeinschaft erzeugt	20	20
Ethanol aus Zuckerrohr	14	14
ETBE, Anteil aus erneuerbaren Quellen	Wie beim Herstellungsweg für Ethanol	
TAEE, Anteil aus erneuerbaren Quellen	Wie beim Herstellungsweg für Ethanol	
Biodiesel aus Raps	29	29
Biodiesel aus Sonnenblumen	18	18
Biodiesel aus Sojabohnen	19	19
Biodiesel aus Palmöl	14	14
Biodiesel aus pflanzlichem oder tierischem[*] Abfallöl	0	0
Hydriertes Rapsöl	30	30
Hydriertes Sonnenblumenöl	18	18
Hydriertes Palmöl	15	15
Reines Rapsöl	30	30
Biogas aus organischen Siedlungsabfällen als komprimiertes Erdgas	0	0
Biogas aus Gülle als komprimiertes Erdgas	0	0
Biogas aus Trockenmist als komprimiertes Erdgas	0	0

---

[*] **Amtl. Anm.:** Mit Ausnahme von tierischen Ölen aus tierischen Nebenprodukten, die in der Verordnung (EG) Nr. 1774/2002 als Material der Kategorie 3 eingestuft werden.

Anh. V EERL 36

Disaggregierte Standardwerte für die Verarbeitung (einschl. Elektrizitätsüberschuss): „$e_p - e_{ee}$" gemäß Definition in Teil C dieses Anhangs

Herstellungsweg der Biokraftstoffe und flüssigen Biobrennstoffe	Typische Treibhausgasemissionen (gCO_{2eq}/MJ)	Standardtreibhausgasemissionen (gCO_{2eq}/MJ)
Ethanol aus Zuckerrüben	19	26
Ethanol aus Weizen (Prozessbrennstoff nicht spezifiziert)	32	45
Ethanol aus Weizen (Braunkohle als Prozessbrennstoff in KWK-Anlage)	32	45
Ethanol aus Weizen (Erdgas als Prozessbrennstoff in konventioneller Anlage)	21	30
Ethanol aus Weizen (Erdgas als Prozessbrennstoff in KWK-Anlage)	14	19
Ethanol aus Weizen (Stroh als Prozessbrennstoff in KWK-Anlage)	1	1
Ethanol aus Mais, in der Gemeinschaft erzeugt (Erdgas als Prozessbrennstoff in KWK-Anlage)	15	21
Ethanol aus Zuckerrohr	1	1
ETBE, Anteil aus erneuerbaren Quellen	Wie beim Herstellungsweg für Ethanol	
TAEE, Anteil aus erneuerbaren Quellen	Wie beim Herstellungsweg für Ethanol	
Biodiesel aus Raps	16	22
Biodiesel aus Sonnenblumen	16	22
Biodiesel aus Sojabohnen	18	26
Biodiesel aus Palmöl (Prozessbrennstoff nicht spezifiziert)	35	49
Biodiesel aus Palmöl (Verarbeitung mit Methanbindung an der Ölmühle)	13	18
Biodiesel aus pflanzlichem oder tierischem Abfallöl	9	13
Hydriertes Rapsöl	10	13
Hydriertes Sonnenblumenöl	10	13
Hydriertes Palmöl (Prozess nicht spezifiziert)	30	42
Hydriertes Palmöl (Verarbeitung mit Methanbindung an der Ölmühle)	7	9
Reines Rapsöl	4	5
Biogas aus organischen Siedlungsabfällen als komprimiertes Erdgas	14	20
Biogas aus Gülle als komprimiertes Erdgas	8	11
Biogas aus Trockenmist als komprimiertes Erdgas	8	11

Disaggregierte Standardwerte für Transport und Vertrieb: „e_{td}" gemäß Definition in Teil C dieses Anhangs

Herstellungsweg der Biokraftstoffe und flüssigen Biobrennstoffe	Typische Treibhausgasemissionen (gCO_{2eq}/MJ)	Standardtreibhausgasemissionen (gCO_{2eq}/MJ)
Ethanol aus Zuckerrüben	2	2
Ethanol aus Weizen	2	2
Ethanol aus Mais, in der Gemeinschaft erzeugt	2	2
Ethanol aus Zuckerrohr	9	9

Herstellungsweg der Biokraftstoffe und flüssigen Biobrennstoffe	Typische Treibhausgasemissionen (gCO$_{2\,eq}$/MJ)	Standardtreibhausgasemissionen (gCO$_{2\,eq}$/MJ)
ETBE, Anteil aus erneuerbaren Quellen	Wie beim Herstellungsweg für Ethanol	
TAEE, Anteil aus erneuerbaren Quellen	Wie beim Herstellungsweg für Ethanol	
Biodiesel aus Raps	1	1
Biodiesel aus Sonnenblumen	1	1
Biodiesel aus Sojabohnen	13	13
Biodiesel aus Palmöl	5	5
Biodiesel aus pflanzlichem oder tierischem Abfallöl	1	1
Hydriertes Rapsöl	1	1
Hydriertes Sonnenblumenöl	1	1
Hydriertes Palmöl	5	5
Reines Rapsöl	1	1
Biogas aus organischen Siedlungsabfällen als komprimiertes Erdgas	3	3
Biogas aus Gülle als komprimiertes Erdgas	5	5
Biogas aus Trockenmist als komprimiertes Erdgas	4	4

Insgesamt für Anbau, Verarbeitung, Transport und Vertrieb

Herstellungsweg der Biokraftstoffe und flüssigen Biobrennstoffe	Typische Treibhausgasemissionen (gCO$_{2\,eq}$/MJ)	Standardtreibhausgasemissionen (gCO$_{2\,eq}$/MJ)
Ethanol aus Zuckerrüben	33	40
Ethanol aus Weizen (Prozessbrennstoff nicht spezifiziert)	57	70
Ethanol aus Weizen (Braunkohle als Prozessbrennstoff in KWK-Anlage)	57	70
Ethanol aus Weizen (Erdgas als Prozessbrennstoff in konventioneller Anlage)	46	55
Ethanol aus Weizen (Erdgas als Prozessbrennstoff in KWK-Anlage)	39	44
Ethanol aus Weizen (Stroh als Prozessbrennstoff in KWK-Anlage)	26	26
Ethanol aus Mais, in der Gemeinschaft erzeugt (Erdgas als Prozessbrennstoff in KWK-Anlage)	37	43
Ethanol aus Zuckerrohr	24	24
ETBE, Anteil aus erneuerbaren Quellen	Wie beim Herstellungsweg für Ethanol	
TAEE, Anteil aus erneuerbaren Quellen	Wie beim Herstellungsweg für Ethanol	
Biodiesel aus Raps	46	52
Biodiesel aus Sonnenblumen	35	41
Biodiesel aus Sojabohnen	50	58
Biodiesel aus Palmöl (Prozessbrennstoff nicht spezifiziert)	54	68
Biodiesel aus Palmöl (Verarbeitung mit Methanbindung an der Ölmühle)	32	37
Biodiesel aus pflanzlichem oder tierischem Abfallöl	10	14
Hydriertes Rapsöl	41	44
Hydriertes Sonnenblumenöl	29	32

EU-RL Erneuerbare Energien Anh. V EERL 36

Herstellungsweg der Biokraftstoffe und flüssigen Biobrennstoffe	Typische Treibhausgasemissionen (gCO_{2eq}/MJ)	Standardtreibhausgasemissionen (gCO_{2eq}/MJ)
Hydriertes Palmöl (Prozess nicht spezifiziert)	50	62
Hydriertes Palmöl (Verarbeitung mit Methanbindung an der Ölmühle)	27	29
Reines Rapsöl	35	36
Biogas aus organischen Siedlungsabfällen als komprimiertes Erdgas	17	23
Biogas aus Gülle als komprimiertes Erdgas	13	16
Biogas aus Trockenmist als komprimiertes Erdgas	12	15

E. Geschätzte disaggregierte Standardwerte für künftige Biokraftstoffe und flüssige Biobrennstoffe, die im Januar 2008 nicht oder nur in vernachlässigbaren Mengen auf dem Markt waren

Disaggregierte Standardwerte für den Anbau: „e_{ec}" gemäß Definition in Teil C dieses Anhangs

Herstellungsweg der Biokraftstoffe und flüssigen Biobrennstoffe	Typische Treibhausgasemissionen (gCO_{2eq}/MJ)	Standardtreibhausgasemissionen (gCO_{2eq}/MJ)
Ethanol aus Weizenstroh	3	3
Ethanol aus Holz	1	1
Ethanol aus Kulturholz	6	6
Fischer-Tropsch-Diesel aus Abfallholz	1	1
Fischer-Tropsch-Diesel aus Kulturholz	4	4
DME aus Abfallholz	1	1
DME aus Kulturholz	5	5
Methanol aus Abfallholz	1	1
Methanol aus Kulturholz	5	5
MTBE, Anteil aus erneuerbaren Quellen	Wie beim Herstellungsweg für Methanol	

Disaggregierte Standardwerte für die Verarbeitung (einschl. Elektrizitätsüberschuss): „$e_p - e_{ee}$" gemäß Definition in Teil C dieses Anhangs

Herstellungsweg der Biokraftstoffe und flüssigen Biobrennstoffe	Typische Treibhausgasemissionen (gCO_{2eq}/MJ)	Standardtreibhausgasemissionen (gCO_{2eq}/MJ)
Ethanol aus Weizenstroh	5	7
Ethanol aus Holz	12	17
Fischer-Tropsch-Diesel aus Holz	0	0
DME aus Holz	0	0
Methanol aus Holz	0	0
MTBE, Anteil aus erneuerbaren Quellen	Wie beim Herstellungsweg für Methanol	

**Disaggregierte Standardwerte für den Transport und Vertrieb: „e_{td}"
gemäß Definition in Teil C dieses Anhangs**

Herstellungsweg der Biokraftstoffe und flüssigen Biobrennstoffe	Typische Treibhausgasemissionen (gCO_{2eq}/MJ)	Standardtreibhausgasemissionen (gCO_{2eq}/MJ)
Ethanol aus Weizenstroh	2	2
Ethanol aus Abfallholz	4	4
Ethanol aus Kulturholz	2	2
Fischer-Tropsch-Diesel aus Abfallholz	3	3
Fischer-Tropsch-Diesel aus Kulturholz	2	2
DME aus Abfallholz	4	4
DME aus Kulturholz	2	2
Methanol aus Abfallholz	4	4
Methanol aus Kulturholz	2	2
MTBE, Anteil aus erneuerbaren Quellen	Wie beim Herstellungsweg für Methanol	

Insgesamt für Anbau, Verarbeitung, Transport und Vertrieb

Herstellungsweg der Biokraftstoffe und flüssigen Biobrennstoffe	Typische Treibhausgasemissionen (gCO_{2eq}/MJ)	Standardtreibhausgasemissionen (gCO_{2eq}/MJ)
Ethanol aus Weizenstroh	11	13
Ethanol aus Abfallholz	17	22
Ethanol aus Kulturholz	20	25
Fischer-Tropsch-Diesel aus Abfallholz	4	4
Fischer-Tropsch-Diesel aus Kulturholz	6	6
DME aus Abfallholz	5	5
DME aus Kulturholz	7	7
Methanol aus Abfallholz	5	5
Methanol aus Kulturholz	7	7
MTBE, Anteil aus erneuerbaren Quellen	Wie beim Herstellungsweg für Methanol	

Anhang VI. Mindestanforderungen an die harmonisierte Vorlage für die nationalen Aktionspläne für erneuerbare Energie

1. Erwarteter Endenergieverbrauch:
   Bruttoendenergieverbrauch bei der Elektrizitätsversorgung, bei Heizung und Kühlung sowie im Verkehr im Jahr 2020 unter Berücksichtigung der Auswirkungen der Energieeffizienzmaßnahmen.
2. Nationale sektorspezifische Ziele für 2020 und geschätzte Anteile von Energie aus erneuerbaren Quellen bei der Elektrizitätsversorgung, bei Heizung und Kühlung sowie im Verkehr:
   a) Ziel für den Anteil von Energie aus erneuerbaren Quellen am Elektrizitätsverbrauch im Jahr 2020;
   b) geschätzte Etappenziele für den Anteil von Energie aus erneuerbaren Quellen am Elektrizitätsverbrauch;

c) Ziel für den Anteil von Energie aus erneuerbaren Quellen an der Heizung und Kühlung im Jahr 2020;

d) geschätzte Etappenziele für den Anteil von Energie aus erneuerbaren Quellen an der Heizung und Kühlung;

e) geschätzter Zielpfad für den Anteil von Energie aus erneuerbaren Quellen im Verkehr;

f) nationaler indikativer Zielpfad gemäß Artikel 3 Absatz 2 und Anhang I Teil B.

3. Maßnahmen zur Erreichung der Ziele

a) Übersichtstabelle über alle Maßnahmen zur Förderung der Nutzung von Energie aus erneuerbaren Quellen;

b) spezifische Maßnahmen zur Erfüllung der Anforderungen gemäß den Artikeln 13, 14 und 16 einschließlich des notwendigen Ausbaus bzw. der notwendigen Stärkung der bestehenden Infrastrukturen zur Erleichterung der Integration der Mengen an Energie aus erneuerbaren Quellen, die zur Erreichung des nationalen Ziels für 2020 notwendig sind, Maßnahmen zur Beschleunigung der Genehmigungsverfahren, Maßnahmen zur Beseitigung der nicht technischen Hemmnisse und Maßnahmen im Zusammenhang mit den Artikeln 17 bis 21;

c) Programme der Mitgliedstaaten oder einer Gruppe von Mitgliedstaaten zur Förderung der Nutzung von Energie aus erneuerbaren Quellen bei der Elektrizitätserzeugung;

d) Programme der Mitgliedstaaten oder einer Gruppe von Mitgliedstaaten zur Förderung der Nutzung von Energie aus erneuerbaren Quellen bei der Heizung und Kühlung;

e) Programme der Mitgliedstaaten oder einer Gruppe von Mitgliedstaaten zur Förderung der Nutzung von Energie aus erneuerbaren Quellen im Verkehr;

f) spezifische Maßnahmen zur Förderung der Nutzung von Energie aus Biomasse, insbesondere zur Mobilisierung neuer Biomasseressourcen unter Berücksichtigung der folgenden Grundsätze:

  i) Verfügbarkeit von Biomasse im In- und Ausland,

  ii) Maßnahmen im Interesse einer besseren Verfügbarkeit von Biomasse unter Berücksichtigung anderer Biomassenutzer (auf Land- und Forstwirtschaft basierende Sektoren);

g) geplante statistische Übertragungen zwischen den Mitgliedstaaten und geplante gemeinsame Vorhaben mit anderen Mitgliedstaaten und mit Drittstaaten:

  i) geschätzter Überschuss an Energie aus erneuerbaren Quellen gegenüber dem indikativen Zielpfad, der in andere Mitgliedstaaten übertragen werden kann,

  ii) geschätztes Potenzial für gemeinsame Vorhaben,

  iii) geschätzte Nachfrage nach Energie aus erneuerbaren Quellen, die nicht durch die inländische Erzeugung gedeckt werden kann.

4. Bewertungen:
   a) der von den einzelnen Technologien zur Nutzung erneuerbarer Energieträger erwartete Gesamtbeitrag zum Erreichen der verbindlichen Ziele für 2020 sowie der indikative Zielpfad für die Anteile von Energie aus erneuerbaren Quellen bei der Elektrizitätsversorgung, bei Heizung und Kühlung sowie im Verkehr;
   b) der von den Maßnahmen zur Förderung der Energieeffizienz und von Energieeinsparungen erwartete Gesamtbeitrag zum Erreichen der verbindlichen Ziele für 2020 sowie der indikative Zielpfad für die Anteile von Energie aus erneuerbaren Quellen bei der Elektrizitätsversorgung, bei Heizung und Kühlung sowie im Verkehr.

Anhang VII. Berücksichtigung von Energie aus Wärmepumpen

Die Menge der durch Wärmepumpen gebundenen aerothermischen, geothermischen oder hydrothermischen Energie, die für die Zwecke dieser Richtlinie als Energie aus erneuerbaren Quellen betrachtet wird, E_{RES}, wird nach folgender Formel berechnet:

$$E_{RES} = Q_{usable} * (1-1/SPF)$$

Dabei sind:

- Q_{usable} = die geschätzte, durch Wärmepumpen, die die in Artikel 5 Absatz 4 genannten Kriterien erfüllen, erzeugte gesamte Nutzwärme, wie folgt umgesetzt: Nur Wärmepumpen, für die $SPF > 1,15 * 1/\eta$, werden berücksichtigt;
- SPF = der geschätzte jahreszeitbedingte Leistungsfaktor für diese Wärmepumpen;
- η[1]) die Ratio zwischen der gesamten *Bruttoselektrizitätserzeugung*[2]) und dem Primärenergieverbrauch für die Elektrizitätserzeugung; sie wird als ein EU-Durchschnitt auf der Grundlage von Eurostat-Daten berechnet.

Spätestens am 1. Januar 2013 erstellt die Kommission Leitlinien, wie die Mitgliedstaaten die Werte Q_{usable} und SPF für die verschiedenen Wärmepumpen-Technologien und Anwendungen schätzen sollen, wobei Unterschiede der klimatischen Bedingungen, insbesondere sehr kaltes Klima, berücksichtigt werden.

---

[1]) Richtig wohl: „η =".
[2]) Richtig wohl: „Bruttoelektrizitätserzeugung".

37. Verordnung über Anforderungen an eine nachhaltige Herstellung von flüssiger Biomasse zur Stromerzeugung (Biomassestrom-Nachhaltigkeitsverordnung – BioSt-NachV)[1)]

Vom 23. Juli 2009
(BGBl. I S. 2174)

FNA 754-22-3

zuletzt geänd. durch Art. 2 Abs. 70 G zur Änd. von Vorschriften über Verkündung und Bekanntmachungen sowie der ZPO, des EGZPO und der AO v. 22. 12. 2011 (BGBl. I S. 3044)

Es verordnen auf Grund

– des § 64 Absatz 1 Satz 1 Nummer 9 des Erneuerbare-Energien-Gesetzes[2)] vom 25. Oktober 2008 (BGBl. I S. 2074) die Bundesregierung sowie

– des § 64 Absatz 2 Nummer 1 des Erneuerbare-Energien-Gesetzes[2)] das Bundesministerium für Umwelt, Naturschutz und Reaktorsicherheit im Einvernehmen mit dem Bundesministerium für Ernährung, Landwirtschaft und Verbraucherschutz mit Zustimmung des Bundestages:

Inhaltsübersicht

§§

Teil 1. Allgemeine Bestimmungen

Anwendungsbereich	1
Begriffsbestimmungen	2

Teil 2. Nachhaltigkeitsanforderungen

Anforderungen für die Vergütung	3
Schutz von Flächen mit hohem Naturschutzwert	4
Schutz von Flächen mit hohem Kohlenstoffbestand	5
Schutz von Torfmoor	6
Nachhaltige landwirtschaftliche Bewirtschaftung	7
Treibhausgas-Minderungspotenzial	8
(weggefallen)	9
Bonus für nachwachsende Rohstoffe	10

[1)] **Amtl. Anm.:** Diese Verordnung dient der Umsetzung der Richtlinie 2009/28/EG [Nr. 36] des Europäischen Parlaments und des Rates vom 23. April 2009 zur Förderung der Nutzung von Energie aus erneuerbaren Quellen und zur Änderung und anschließenden Aufhebung der Richtlinien 2001/77/EG und 2003/30/EG (ABl. L 140 vom 5. 6. 2009, S. 16). Die Verpflichtungen aus der Richtlinie 98/34/EG des Europäischen Parlaments und des Rates vom 22. Juni 1998 über ein Informationsverfahren auf dem Gebiet der Normen und technischen Vorschriften und der Vorschriften für die Dienste der Informationsgesellschaft (ABl. L 204 vom 21. 7. 1998, S. 37), die zuletzt durch die Richtlinie 2006/96/EG (ABl. L 363 vom 20. 12. 2006, S. 81) geändert worden ist, sind beachtet worden.

[2)] Nr. 34.

Teil 3. Nachweis

Abschnitt 1. Allgemeine Bestimmungen

	§§
Nachweis über die Erfüllung der Anforderungen für die Vergütung	11
Weitere Nachweise	12
Übermittlung der Nachweise an die zuständige Behörde	13

Abschnitt 2. Nachhaltigkeitsnachweise

Anerkannte Nachweise	14
Ausstellung von Nachhaltigkeitsnachweisen	15
Ausstellung auf Grund von Massenbilanzsystemen	16
Lieferung auf Grund von Massenbilanzsystemen	17
Inhalt und Form der Nachhaltigkeitsnachweise	18
Nachtrag fehlender Angaben	19
Unwirksamkeit von Nachhaltigkeitsnachweisen	20
Weitere Folgen fehlender oder nicht ausreichender Angaben	21
Anerkannte Nachhaltigkeitsnachweise auf Grund der Biokraftstoff-Nachhaltigkeitsverordnung	22
Weitere anerkannte Nachhaltigkeitsnachweise	23
Nachhaltigkeits-Teilnachweise	24

Abschnitt 3. Zertifikate für Schnittstellen

Anerkannte Zertifikate	25
Ausstellung von Zertifikaten	26
Inhalt der Zertifikate	27
Folgen fehlender Angaben	28
Gültigkeit der Zertifikate	29
Anerkannte Zertifikate auf Grund der Biokraftstoff-Nachhaltigkeitsverordnung	30
Weitere anerkannte Zertifikate	31

Abschnitt 4. Zertifizierungssysteme

Anerkannte Zertifizierungssysteme	32
Anerkennung von Zertifizierungssystemen	33
Verfahren zur Anerkennung	34
Inhalt der Anerkennung	35
Nachträgliche Änderungen der Anerkennung	36
Erlöschen der Anerkennung	37
Widerruf der Anerkennung	38
Berichte und Mitteilungen	39
Anerkannte Zertifizierungssysteme auf Grund der Biokraftstoff-Nachhaltigkeitsverordnung	40
Weitere anerkannte Zertifizierungssysteme	41

Abschnitt 5. Zertifizierungsstellen

Unterabschnitt 1. Anerkennung von Zertifizierungsstellen

Anerkannte Zertifizierungsstellen	42
Anerkennung von Zertifizierungsstellen	43
Verfahren zur Anerkennung	44
Inhalt der Anerkennung	45
Erlöschen der Anerkennung	46
Widerruf der Anerkennung	47

Unterabschnitt 2. Aufgaben von Zertifizierungsstellen

Führen von Schnittstellenverzeichnissen	48
Kontrolle der Schnittstellen	49
Kontrolle des Anbaus	50
Kontrolle des Anbaus bei nachhaltiger landwirtschaftlicher Bewirtschaftung	51
Berichte über Kontrollen	52
Weitere Berichte und Mitteilungen	53
Aufbewahrung, Umgang mit Informationen	54

Biomassestrom-Nachhaltigkeitsverordnung **§§ 1, 2 BioSt-NachV** 37

	§§
Unterabschnitt 3. Überwachung von Zertifizierungsstellen	
Kontrollen und Maßnahmen	55
Unterabschnitt 4. Weitere anerkannte Zertifizierungsstellen	
Anerkannte Zertifizierungsstellen auf Grund der Biokraftstoff-Nachhaltigkeitsverordnung	56
Weitere anerkannte Zertifizierungsstellen	57
Abschnitt 6. Besondere und Übergangsbestimmungen zum Nachweis	
Nachweis über die Erfüllung der Anforderungen für den Bonus für nachwachsende Rohstoffe	58
Nachweis durch Umweltgutachterinnen und Umweltgutachter	59
Nachweis durch vorläufige Anerkennungen	60
Teil 4. Zentrales Anlagen- und Informationsregister	
Anlagenregister	61
Registrierungspflicht	62
Inhalt der Registrierung	63
Zeitpunkt der Registrierung	64
Verspätete Registrierung	65
Informationsregister	66
Datenabgleich	67
Maßnahmen der zuständigen Behörde	68
Clearingstelle	69
Teil 5. Datenerhebung und -verarbeitung, Berichtspflichten, behördliches Verfahren	
Auskunftsrecht der zuständigen Behörde	70
Berichtspflicht der zuständigen Behörde	71
Berichtspflicht des Bundesministeriums für Umwelt, Naturschutz und Reaktorsicherheit	72
Datenübermittlung	73
Zuständigkeit	74
Verfahren vor der zuständigen Behörde	75
Muster und Vordrucke	76
Außenverkehr	77
Teil 6. Übergangs- und Schlussbestimmungen	
Übergangsbestimmung	78
Inkrafttreten	79

Anlage 1 (zu § 8 Absatz 3): Methode zur Berechnung des Treibhausgas-Minderungspotenzials anhand tatsächlicher Werte
Anlage 2 (zu § 8 Absatz 4): Standardwerte zur Berechnung des Treibhausgas-Minderungspotenzials
Anlage 3 (zu § 18 Absatz 2): Muster eines Nachhaltigkeitsnachweises
Anlage 4 (zu § 24 Absatz 1): Muster eines Nachhaltigkeits-Teilnachweises
Anlage 5 (zu § 33 Absatz 1, § 43 Absatz 1): Inhaltliche Anforderungen an Zertifizierungssysteme

Teil 1. Allgemeine Bestimmungen

§ 1 Anwendungsbereich. Diese Verordnung gilt für flüssige Biomasse, die nach dem Erneuerbare-Energien-Gesetz[1]) zur Erzeugung von Strom eingesetzt wird, mit Ausnahme von flüssiger Biomasse, die nur zur Anfahr-, Zünd- oder Stützfeuerung eingesetzt wird.

§ 2 Begriffsbestimmungen. (1) ¹Biomasse im Sinne dieser Verordnung ist Biomasse im Sinne der Biomasseverordnung[2]) vom 21. Juni 2001 (BGBl. I S. 1234), die durch die Verordnung vom 9. August 2005 (BGBl. I S. 2419)

---
[1]) Nr. 34.
[2]) Nr. 35.

geändert worden ist, in der jeweils geltenden Fassung. ²Flüssige Biomasse ist Biomasse nach Satz 1, die zum Zeitpunkt des Eintritts in den Brenn- oder Feuerraum flüssig ist.

(2) Herstellung im Sinne dieser Verordnung umfasst alle Arbeitsschritte von dem Anbau der erforderlichen Biomasse, insbesondere der Pflanzen, bis zur Aufbereitung der flüssigen Biomasse auf die Qualitätsstufe, die für den Einsatz in Anlagen zur Stromerzeugung erforderlich ist.

(3) Schnittstellen im Sinne dieser Verordnung sind

1. die Betriebe und Betriebsstätten (Betriebe), die die Biomasse, die für die Herstellung der flüssigen Biomasse erforderlich ist, erstmals von den Betrieben, die diese Biomasse anbauen und ernten, zum Zweck des Weiterhandelns aufnehmen,

2. Ölmühlen und

3. Raffinerien sowie sonstige Betriebe zur Aufbereitung der flüssigen Biomasse auf die Qualitätsstufe, die für den Einsatz in Anlagen zur Stromerzeugung erforderlich ist.

(4) Umweltgutachterinnen und Umweltgutachter im Sinne dieser Verordnung sind

1. Personen oder Organisationen, die nach dem Umweltauditgesetz in der Fassung der Bekanntmachung vom 4. September 2002 (BGBl. I S. 3490), das zuletzt durch Artikel 11 des Gesetzes vom 17. März 2008 (BGBl. I S. 399) geändert worden ist, in der jeweils geltenden Fassung für den Bereich Land- oder Forstwirtschaft als Umweltgutachterin, Umweltgutachter oder Umweltgutachterorganisation tätig werden dürfen, und

2. sonstige Umweltgutachterinnen, Umweltgutachter und Umweltgutachterorganisationen, sofern sie in einem anderen Mitgliedstaat der Europäischen Union oder in einem anderen Vertragsstaat des Abkommens über den Europäischen Wirtschaftsraum für den Bereich Land- oder Forstwirtschaft oder einen vergleichbaren Bereich zugelassen sind, nach Maßgabe des § 18 des Umweltauditgesetzes.

(5) Zertifikate im Sinne dieser Verordnung sind Konformitätsbescheinigungen darüber, dass Schnittstellen einschließlich aller von ihnen mit der Herstellung oder dem Transport und Vertrieb (Lieferung) der Biomasse unmittelbar oder mittelbar befassten Betriebe die Anforderungen nach dieser Verordnung erfüllen.

(6) Zertifizierungsstellen im Sinne dieser Verordnung sind unabhängige natürliche oder juristische Personen, die in einem anerkannten Zertifizierungssystem

1. Zertifikate für Schnittstellen ausstellen, wenn diese die Anforderungen nach dieser Verordnung erfüllen, und

2. die Erfüllung der Anforderungen nach dieser Verordnung durch Betriebe, Schnittstellen und Lieferanten kontrollieren.

(7) Zertifizierungssysteme im Sinne dieser Verordnung sind Systeme, die die Erfüllung der Anforderungen nach dieser Verordnung für die Herstellung und Lieferung der Biomasse organisatorisch sicherstellen und insbesondere Standards zur näheren Bestimmung der Anforderungen nach dieser Verordnung, zum Nachweis ihrer Erfüllung sowie zur Kontrolle dieses Nachweises enthalten.

Teil 2. Nachhaltigkeitsanforderungen

§ 3 Anforderungen für die Vergütung. (1) Für Strom aus flüssiger Biomasse besteht der Anspruch auf Vergütung nach § 27 Absatz 1 des Erneuerbare-Energien-Gesetzes[1)] nur, wenn
1. die Anforderungen an
   a) den Schutz natürlicher Lebensräume nach den §§ 4 bis 6 und
   b) eine nachhaltige landwirtschaftliche Bewirtschaftung nach § 7
   erfüllt worden sind,
2. die eingesetzte flüssige Biomasse das Treibhausgas-Minderungspotenzial nach § 8 aufweist und
3. die Betreiberin oder der Betreiber der Anlage, in der die flüssige Biomasse zur Stromerzeugung eingesetzt wird, die Registrierung dieser Anlage im Anlagenregister nach den §§ 61 bis 63 beantragt hat.

(2) [1]Für die Beurteilung der Anforderungen an den Schutz natürlicher Lebensräume nach den §§ 4 bis 6 ist Referenzzeitpunkt der 1. Januar 2008. [2]Sofern keine hinreichenden Daten vorliegen, mit denen die Erfüllung der Anforderungen für diesen Tag nachgewiesen werden kann, kann als Referenzzeitpunkt ein anderer Tag im Januar 2008 gewählt werden.

(3) Absatz 1 gilt sowohl für flüssige Biomasse, die in den Mitgliedstaaten der Europäischen Union hergestellt wird, als auch für flüssige Biomasse, die aus Staaten, die nicht Mitgliedstaaten der Europäischen Union sind (Drittstaaten), importiert wird, soweit sich aus den folgenden Bestimmungen nichts anderes ergibt.

(4) Absatz 1 Nummer 1 gilt nicht für flüssige Biomasse, die aus Abfall oder aus Reststoffen hergestellt worden ist, es sei denn, die Reststoffe stammen aus der Land-, Forst- oder Fischwirtschaft oder aus Aquakulturen.

§ 4 Schutz von Flächen mit hohem Naturschutzwert. (1) Biomasse, die zur Herstellung von flüssiger Biomasse verwendet wird, darf nicht von Flächen mit einem hohen Wert für die biologische Vielfalt stammen.

(2) Als Flächen mit einem hohen Wert für die biologische Vielfalt gelten alle Flächen, die zum Referenzzeitpunkt oder später folgenden Status hatten, unabhängig davon, ob die Flächen diesen Status noch haben:
1. bewaldete Flächen nach Absatz 3,
2. Naturschutzzwecken dienende Flächen nach Absatz 4 oder
3. Grünland mit großer biologischer Vielfalt nach Absatz 5.

(3) Bewaldete Flächen sind
1. Primärwälder und
2. sonstige naturbelassene Flächen,
   a) die mit einheimischen Baumarten bewachsen sind,
   b) in denen es kein deutlich sichtbares Anzeichen für menschliche Aktivität gibt und
   c) in denen die ökologischen Prozesse nicht wesentlich gestört sind.

[1)] Nr. 34.

(4) ¹Naturschutzzwecken dienende Flächen sind Flächen, die durch Gesetz oder von der zuständigen Behörde für Naturschutzwecke ausgewiesen worden sind. ²Sofern die Kommission der Europäischen Gemeinschaften auf Grund des Artikels 18 Absatz 4 Unterabsatz 2 Satz 3 der Richtlinie 2009/28/EG[1)] des Europäischen Parlaments und des Rates vom 23. April 2009 zur Förderung der Nutzung von Energie aus erneuerbaren Quellen und zur Änderung und anschließenden Aufhebung der Richtlinien 2001/77/EG und 2003/30/EG (ABl. L 140 vom 5. 6. 2009, S. 16) Flächen für den Schutz seltener, bedrohter oder gefährdeter Ökosysteme oder Arten, die

1. in internationalen Übereinkünften anerkannt werden oder

2. in den Verzeichnissen zwischenstaatlicher Organisationen oder der Internationalen Union für die Erhaltung der Natur aufgeführt sind,

für die Zwecke des Artikels 17 Absatz 3 Buchstabe b Nummer ii dieser Richtlinie anerkennt, gelten diese Flächen auch als Naturschutzzwecken dienende Flächen. ³Absatz 1 gilt nicht, sofern Anbau und Ernte der Biomasse den genannten Naturschutzzwecken nicht zuwiderlaufen.

(5) ¹Grünland mit großer biologischer Vielfalt ist Grünland, das ohne Eingriffe von Menschenhand

1. Grünland bleiben würde und dessen natürliche Artenzusammensetzung sowie ökologische Merkmale und Prozesse intakt sind (natürliches Grünland) oder

2. kein Grünland bleiben würde und das artenreich und nicht degradiert ist (künstlich geschaffenes Grünland), es sei denn, dass die Ernte der Biomasse zur Erhaltung des Grünlandstatus erforderlich ist.

²Als Grünland mit großer biologischer Vielfalt gelten insbesondere Gebiete, die die Kommission der Europäischen Gemeinschaften auf Grund des Artikels 17 Absatz 3 Unterabsatz 2 der Richtlinie 2009/28/EG als solche festgelegt hat. ³Die von der Kommission zur Bestimmung von natürlichem oder künstlich geschaffenem Grünland auf Grund des Artikels 17 Absatz 3 Unterabsatz 2 der Richtlinie 2009/28/EG festgelegten Kriterien sind bei der Auslegung des Satzes 1 zu berücksichtigen.

§ 5 Schutz von Flächen mit hohem Kohlenstoffbestand.

(1) Biomasse, die zur Herstellung von flüssiger Biomasse verwendet wird, darf nicht von Flächen mit einem hohen oberirdischen oder unterirdischen Kohlenstoffbestand stammen.

(2) Als Flächen mit einem hohen oberirdischen oder unterirdischen Kohlenstoffbestand gelten alle Flächen, die zum Referenzzeitpunkt oder später folgenden Status hatten und diesen Status zum Zeitpunkt von Anbau und Ernte der Biomasse nicht mehr haben:

1. Feuchtgebiete nach Absatz 3 oder

2. kontinuierlich bewaldete Gebiete nach Absatz 4.

(3) ¹Feuchtgebiete sind Flächen, die ständig oder für einen beträchtlichen Teil des Jahres von Wasser bedeckt oder durchtränkt sind. ²Als Feuchtgebiete gelten insbesondere alle Feuchtgebiete, die in die Liste international bedeutender Feuchtgebiete nach Artikel 2 Absatz 1 des Übereinkommens vom

---

[1)] Nr. 36.

2. Februar 1971 über Feuchtgebiete, insbesondere als Lebensraum für Wasser- und Watvögel, von internationaler Bedeutung (BGBl. 1976 II S. 1266) aufgenommen worden sind.

(4) Kontinuierlich bewaldete Gebiete sind Flächen von mehr als 1 Hektar mit über 5 Meter hohen Bäumen und

1. mit einem Überschirmungsgrad von mehr als 30 Prozent oder mit Bäumen, die auf dem jeweiligen Standort diese Werte erreichen können, oder
2. mit einem Überschirmungsgrad von 10 bis 30 Prozent oder mit Bäumen, die auf dem jeweiligen Standort diese Werte erreichen können, es sei denn, dass die Fläche vor und nach der Umwandlung einen solchen Kohlenstoffbestand hat, dass die flüssige Biomasse das Treibhausgas-Minderungspotenzial nach § 8 Absatz 1 auch bei einer Berechnung nach § 8 Absatz 3 aufweist.

§ 6 Schutz von Torfmoor. (1) Biomasse, die zur Herstellung von flüssiger Biomasse verwendet wird, darf nicht von Flächen stammen, die zum Referenzzeitpunkt oder später Torfmoor waren.

(2) Absatz 1 gilt nicht, wenn Anbau und Ernte der Biomasse keine Entwässerung von Flächen erfordert haben.

§ 7 Nachhaltige landwirtschaftliche Bewirtschaftung. Der Anbau von Biomasse zum Zweck der Herstellung von flüssiger Biomasse muss bei landwirtschaftlichen Tätigkeiten in einem Mitgliedstaat der Europäischen Union

1. gemäß den Bestimmungen, die in Anhang II Nummer 1 bis 5 und 9 der Verordnung (EG) Nr. 73/2009 des Rates vom 19. Januar 2009 mit gemeinsamen Regeln für Direktzahlungen im Rahmen der Gemeinsamen Agrarpolitik und mit bestimmten Stützungsregelungen für Inhaber landwirtschaftlicher Betriebe (ABl. L 30 vom 31. 1. 2009, S. 16) aufgeführt sind, und
2. im Einklang mit den Mindestanforderungen an den guten landwirtschaftlichen und ökologischen Zustand im Sinne von Artikel 6 Absatz 1 der Verordnung (EG) Nr. 73/2009

erfolgen.

§ 8 Treibhausgas-Minderungspotenzial. (1) [1] Die eingesetzte flüssige Biomasse muss ein Treibhausgas-Minderungspotenzial von mindestens 35 Prozent aufweisen. [2] Dieser Wert erhöht sich

1. am 1. Januar 2017 auf mindestens 50 Prozent und
2. am 1. Januar 2018 auf mindestens 60 Prozent, sofern die Schnittstelle nach § 2 Absatz 3 Nummer 2 nach dem 31. Dezember 2016 in Betrieb genommen worden ist.

(2) Absatz 1 Satz 1 ist erst ab dem 1. April 2013 einzuhalten, sofern die Schnittstelle nach § 2 Absatz 3 Nummer 2 vor dem 23. Januar 2008 in Betrieb genommen worden ist.

(3) [1] Die Berechnung des Treibhausgas-Minderungspotenzials erfolgt anhand tatsächlicher Werte nach der in Anlage 1 festgelegten Methode. [2] Die tatsächlichen Werte der Treibhausgasemissionen sind anhand genau zu messender Daten zu bestimmen. [3] Messungen von Daten werden als genau anerkannt, wenn sie insbesondere nach Maßgabe

1. eines nach dieser Verordnung anerkannten Zertifizierungssystems oder
2. einer Regelung, die
   a) die Kommission der Europäischen Gemeinschaften auf Grund des Artikels 18 Absatz 4 Unterabsatz 2 Satz 1 oder Unterabsatz 3 der Richtlinie 2009/28/EG[1]) oder
   b) die zuständige Behörde
   als Grundlage für die Messung genauer Daten anerkannt hat,

durchgeführt werden. [4]Die zuständige Behörde macht die Regelungen nach Satz 3 Nummer 2 durch gesondertes Schreiben im Bundesanzeiger bekannt.

(4) [1]Bei der Berechnung des Treibhausgas-Minderungspotenzials nach Absatz 3 können die in Anlage 2 aufgeführten Standardwerte ganz oder teilweise für die Formel in Anlage 1 Nummer 1 herangezogen werden. [2]Satz 1 gilt für die Teilstandardwerte in Anlage 2 Nummer 1 Buchstabe a nur, wenn
1. die Biomasse
   a) außerhalb der Mitgliedstaaten der Europäischen Union oder
   b) in den Mitgliedstaaten der Europäischen Union in Gebieten, die in einer Liste nach Artikel 19 Absatz 2 der Richtlinie 2009/28/EG aufgeführt sind,
   angebaut worden ist oder
2. die flüssige Biomasse aus Abfall oder aus Reststoffen hergestellt worden ist, es sei denn, die Reststoffe stammen aus der Land- oder Fischwirtschaft oder aus Aquakulturen.

(5) Sofern die Kommission der Europäischen Gemeinschaften den Anhang V Teil C oder D der Richtlinie 2009/28/EG auf Grund des Artikels 19 Absatz 7 dieser Richtlinie an den technischen und wissenschaftlichen Fortschritt anpasst, sind die Änderungen auch bei der Berechnung des Treibhausgas-Minderungspotenzials nach den Absätzen 3 und 4 anzuwenden.

§ 9 (weggefallen)

§ 10 Bonus für nachwachsende Rohstoffe. Für Strom aus flüssiger Biomasse besteht der Anspruch auf den Bonus für nachwachsende Rohstoffe nach § 27 Absatz 4 Nummer 2 des Erneuerbare-Energien-Gesetzes[2]) in der am 31. Dezember 2011 geltenden Fassung nur, wenn die Anforderungen nach den §§ 3 bis 8 erfüllt werden, wobei § 8 Absatz 2 nicht anzuwenden ist.

Teil 3. Nachweis

Abschnitt 1. Allgemeine Bestimmungen

§ 11 Nachweis über die Erfüllung der Anforderungen für die Vergütung. [1]Anlagenbetreiberinnen und Anlagenbetreiber müssen gegenüber dem Netzbetreiber nachweisen, dass die Anforderungen für die Vergütung nach § 3 Absatz 1 erfüllt sind. [2]Die Nachweisführung erfolgt

---

[1]) Nr. **36**.
[2]) Nr. **34**.

Biomassestrom-Nachhaltigkeitsverordnung §§ 12–15 BioSt-NachV 37

1. für § 3 Absatz 1 Nummer 1 und 2 in Verbindung mit den §§ 4 bis 8 durch die Vorlage eines Nachweises nach § 14 und
2. für § 3 Absatz 1 Nummer 3 in Verbindung mit den §§ 61 bis 63 durch die Vorlage der Bescheinigung der zuständigen Behörde nach § 64 Absatz 4.

§ 12 Weitere Nachweise. [1] Weitere Nachweise darüber, dass die Anforderungen nach § 3 Absatz 1 erfüllt sind, können für die Vergütung nach § 27 Absatz 1 des Erneuerbare-Energien-Gesetzes[1)] nicht verlangt werden. [2] § 58 bleibt unberührt.

§ 13 Übermittlung der Nachweise an die zuständige Behörde. [1] Anlagenbetreiberinnen und Anlagenbetreiber müssen Kopien der Nachweise nach § 11 Satz 2 Nummer 1, die sie dem Netzbetreiber für die Nachweisführung vorlegen, unverzüglich auch an die zuständige Behörde schriftlich übermitteln. [2] Den Kopien ist im Fall des § 27 Absatz 3 Nummer 2 des Erneuerbare-Energien-Gesetzes[1)] in der am 31. Dezember 2011 geltenden Fassung eine Kopie des Einsatzstoff-Tagebuches beizufügen.

Abschnitt 2. Nachhaltigkeitsnachweise

§ 14 Anerkannte Nachweise. Anerkannte Nachweise über die Erfüllung der Anforderungen nach den §§ 4 bis 8 sind:
1. Nachhaltigkeitsnachweise, solange und soweit sie nach § 15 oder § 24 ausgestellt worden sind,
2. Nachhaltigkeitsnachweise nach § 22,
3. Nachhaltigkeitsnachweise nach § 23 und
4. Bescheinigungen von Umweltgutachterinnen und Umweltgutachtern nach § 59 Absatz 1.

§ 15 Ausstellung von Nachhaltigkeitsnachweisen. (1) Schnittstellen können für flüssige Biomasse, die sie hergestellt haben, einen Nachhaltigkeitsnachweis ausstellen, wenn
1. sie ein Zertifikat haben, das nach dieser Verordnung anerkannt ist und das zu dem Zeitpunkt der Ausstellung des Nachhaltigkeitsnachweises gültig ist,
2. ihnen ihre vorgelagerten Schnittstellen
   a) jeweils eine Kopie ihrer Zertifikate vorlegen, die nach dieser Verordnung anerkannt sind und die zu dem Zeitpunkt des in der Schnittstelle vorgenommenen Herstellungs-, Verarbeitungs- oder sonstigen Arbeitsschrittes der Biomasse gültig waren,
   b) bestätigen, dass die Anforderungen nach den §§ 4 bis 7 bei der Herstellung der Biomasse erfüllt worden sind, und
   c) jeweils in Gramm Kohlendioxid-Äquivalent je Megajoule Biomasse (g $CO_{2\,eq}$/MJ) die Treibhausgasemissionen angeben, die durch sie und alle von ihnen mit der Herstellung oder Lieferung der Biomasse unmittelbar oder mittelbar befassten Betriebe, die nicht selbst eine Schnittstelle sind, bei der Herstellung und Lieferung der Biomasse verursacht worden sind,

---
[1)] Nr. 34.

soweit sie für die Berechnung des Treibhausgas-Minderungspotenzials nach § 8 berücksichtigt werden müssen,
3. die Herkunft der Biomasse von ihrem Anbau bis zu der Schnittstelle mindestens mit einem Massenbilanzsystem nachgewiesen ist, das die Anforderungen nach § 16 erfüllt, und
4. die Biomasse das Treibhausgas-Minderungspotenzial nach § 8 aufweist.

(2) Die Ausstellung muss in einem Zertifizierungssystem erfolgen, das nach dieser Verordnung anerkannt ist.

(3) Zur Ausstellung von Nachhaltigkeitsnachweisen sind nur Schnittstellen berechtigt, denen keine weitere Schnittstelle nachgelagert ist.

§ 16 Ausstellung auf Grund von Massenbilanzsystemen. (1) Um die Herkunft der Biomasse lückenlos für die Herstellung nachzuweisen, müssen Massenbilanzsysteme verwendet werden, die mindestens die Anforderungen nach Absatz 2 erfüllen.

(2) Massenbilanzsysteme müssen sicherstellen, dass

1. im Fall einer Vermischung der Biomasse mit anderer Biomasse, die nicht die Anforderungen dieser Verordnung erfüllt,

    a) die Menge der Biomasse, die die Anforderungen nach dieser Verordnung erfüllt und diesem Gemisch beigefügt wird, vorab erfasst wird und

    b) die Menge der Biomasse, die dem Gemisch entnommen wird und als Biomasse nach dieser Verordnung dienen soll, nicht höher ist als die Menge nach Buchstabe a und

2. im Fall einer Vermischung verschiedener Mengen von

    a) flüssiger Biomasse, für die bereits Nachhaltigkeitsnachweise ausgestellt worden sind und die unterschiedliche Treibhausgas-Minderungspotenziale aufweisen, diese Treibhausgas-Minderungspotenziale nur saldiert werden, wenn alle Mengen, die dem Gemisch beigefügt werden, vor der Vermischung das Treibhausgas-Minderungspotenzial nach § 8 aufgewiesen haben, oder

    b) Biomasse, die zur Herstellung von flüssiger Biomasse nach dieser Verordnung verwendet werden und für die noch keine Nachhaltigkeitsnachweise ausgestellt worden sind und die unterschiedliche Treibhausgasemissionen aufweisen, diese Treibhausgasemissionen nur saldiert werden, wenn alle Mengen, die dem Gemisch beigefügt werden, vor der Vermischung den Wert aufgewiesen haben, der für diesen Arbeitsschritt der Herstellung festgelegt worden ist

    aa) von der Kommission der Europäischen Gemeinschaften oder

    bb) von dem Bundesministerium für Umwelt, Naturschutz und Reaktorsicherheit.

(3) [1]Die Werte nach Absatz 2 Nummer 2 Buchstabe b Doppelbuchstabe bb sind aus den Standardwerten nach Anlage 2 abzuleiten und durch gesondertes Schreiben im Bundesanzeiger bekannt zu machen. [2]Sie gelten nur, sofern nicht die Kommission der Europäischen Gemeinschaften Werte für den jeweiligen Arbeitsschritt der Herstellung im Amtsblatt der Europäischen Union veröffentlicht hat.

(4) Weiter gehende Anforderungen in Zertifizierungssystemen, die die Vermischung der flüssigen Biomasse mit anderer Biomasse ganz oder teilweise ausschließen, bleiben unberührt.

§ 17 Lieferung auf Grund von Massenbilanzsystemen. (1) Um die Herkunft der flüssigen Biomasse von der Schnittstelle, die den Nachhaltigkeitsnachweis ausgestellt hat, nachzuweisen, muss

1. die flüssige Biomasse von dieser Schnittstelle bis zu der Anlagenbetreiberin oder dem Anlagenbetreiber ausschließlich durch Lieferanten geliefert werden, die die Lieferung der Biomasse in einem Massenbilanzsystem dokumentieren, das die Anforderungen nach § 16 Absatz 2 erfüllt, und

2. die Kontrolle der Erfüllung der Anforderung nach Nummer 1 sichergestellt sein.

(2) Die Anforderungen nach Absatz 1 gelten als erfüllt, wenn

1. sich alle Lieferanten verpflichtet haben, die Anforderungen eines nach dieser Verordnung anerkannten Zertifizierungssystems zu erfüllen, sofern dieses auch Anforderungen an die Lieferung flüssiger Biomasse enthält,

2. alle Lieferanten den Erhalt und die Weitergabe der flüssigen Biomasse einschließlich der Angaben des Nachhaltigkeitsnachweises sowie des Orts und des Datums, an dem sie diese Biomasse erhalten oder weitergegeben haben, in einer der folgenden elektronischen Datenbanken dokumentiert haben:

a) der Datenbank eines Zertifizierungssystems, sofern sich die Anerkennung des Zertifizierungssystems nach § 33 Absatz 2 auch auf den Betrieb oder die Nutzung dieser Datenbank bezieht, oder

b) der Datenbank einer Zertifizierungsstelle oder einer anderen juristischen oder einer natürlichen Person, sofern sie von der zuständigen Behörde im Bundesanzeiger als anerkannter Nachweis der Erfüllung der Anforderungen nach Absatz 1 bekannt gemacht worden ist;

bei öffentlichem Interesse kann eine Datenbank auch von der zuständigen Behörde betrieben werden; die berechtigten Interessen der Wirtschaftsteilnehmer, insbesondere ihre Geschäfts- und Betriebsgeheimnisse, sind zu wahren, oder

3. die Erfüllung der Anforderungen an die Lieferung von Biomasse in einem Massenbilanzsystem nach Maßgabe einer Verordnung über Anforderungen an eine nachhaltige Herstellung von Biomasse zur Verwendung als Biokraftstoff kontrolliert wird, die auf Grund des § 37 d Absatz 2 Nummer 3 und 4 sowie Absatz 3 Nummer 2 des Bundes-Immissionsschutzgesetzes in der Fassung der Bekanntmachung vom 26. September 2002 (BGBl. I S. 3830), der zuletzt durch Artikel 1 des Gesetzes vom 15. Juli 2009 (BGBl. I S. 1804) geändert worden ist, und des § 66 Absatz 1 Nummer 11 a Buchstabe a und b des Energiesteuergesetzes[1]) vom 15. Juli 2006 (BGBl. I S. 1534), der zuletzt durch Artikel 2 des Gesetzes vom 15. Juli 2009 (BGBl. I S. 1804) geändert worden ist, in ihrer jeweils geltenden Fassung, erlassen worden ist.

---

[1]) Nr. 46.

(3) Die Erfüllung der Anforderungen nach Absatz 1 ist von dem Lieferanten, der die flüssige Biomasse an die Anlagenbetreiberin oder den Anlagenbetreiber liefert, in dem Nachhaltigkeitsnachweis zu bestätigen.

§ 18 Inhalt und Form der Nachhaltigkeitsnachweise. (1) Nachhaltigkeitsnachweise müssen mindestens die folgenden Angaben enthalten:
1. den Namen und die Anschrift der ausstellenden Schnittstelle,

1 a. das Datum der Ausstellung,

2. eine einmalige Nachweisnummer, die sich mindestens aus der Zertifikatsnummer der ausstellenden Schnittstelle und einer von dieser Schnittstelle einmalig zu vergebenden Nummer zusammensetzt,
3. den Namen des Zertifizierungssystems, in dem der Nachhaltigkeitsnachweis ausgestellt worden ist,
4. die Menge und die Art der flüssigen Biomasse, auf die sich der Nachhaltigkeitsnachweis bezieht,
5. die Bestätigung, dass die flüssige Biomasse, auf die sich der Nachhaltigkeitsnachweis bezieht, die Anforderungen nach den §§ 4 bis 8 erfüllt, einschließlich

   a) im Fall des § 8 Absatz 2 der Angabe, dass die Schnittstelle nach § 2 Absatz 3 Nummer 2 vor dem 23. Januar 2008 in Betrieb genommen worden ist, oder

   b) der folgenden Angaben:

   aa) der Energiegehalt der flüssigen Biomasse in Megajoule,

   bb) die Treibhausgasemissionen der Herstellung und Lieferung der flüssigen Biomasse in Gramm Kohlendioxid-Äquivalent je Megajoule flüssiger Biomasse ($g\ CO_{2\,eq}/MJ$),

   cc) der Vergleichswert für Fossilbrennstoffe, der für die Berechnung des Treibhausgas-Minderungspotenzials nach Anlage 1 verwendet worden ist, und

   dd) die Länder oder Staaten, in denen die flüssige Biomasse eingesetzt werden kann; diese Angabe kann das gesamte Gebiet umfassen, in das die flüssige Biomasse geliefert und in dem sie eingesetzt werden kann, ohne dass die Treibhausgasemissionen der Herstellung und Lieferung das Treibhausgas-Minderungspotenzial nach § 8 unterschreiten würden,
6. den Namen und die Anschrift des Lieferanten, an den die Biomasse weitergegeben wird, und
7. die Bestätigung des letzten Lieferanten nach § 17 Absatz 3.

(2) Nachhaltigkeitsnachweise müssen in schriftlicher Form nach dem Muster der Anlage 3 ausgestellt werden.

(3) Nachhaltigkeitsnachweise müssen dem Netzbetreiber in deutscher Sprache vorgelegt werden.

§ 19 Nachtrag fehlender Angaben. Angaben, die entgegen § 18 Absatz 1 nicht in einem Nachhaltigkeitsnachweis enthalten sind, können nur nachgetragen werden

1. durch die Schnittstelle, die den Nachhaltigkeitsnachweis ausgestellt hat, oder
2. durch eine Zertifizierungsstelle, die nach dieser Verordnung anerkannt ist.

§ 20 Unwirksamkeit von Nachhaltigkeitsnachweisen.
(1) Nachhaltigkeitsnachweise sind unwirksam, wenn
1. sie eine oder mehrere Angaben nach § 18 Absatz 1 mit Ausnahme von Nummer 5 Buchstabe b Doppelbuchstabe dd nicht enthalten,
2. sie gefälscht sind oder eine unrichtige Angabe enthalten,
3. das Zertifikat der ausstellenden Schnittstelle zum Zeitpunkt der Ausstellung des Nachhaltigkeitsnachweises nicht oder nicht mehr gültig war,
4. der Nachhaltigkeitsnachweis oder das Zertifikat der ausstellenden Schnittstelle in einem Zertifizierungssystem ausgestellt worden ist, das zum Zeitpunkt der Ausstellung des Nachhaltigkeitsnachweises oder des Zertifikates nicht oder nicht mehr nach dieser Verordnung anerkannt war, oder
5. das Zertifikat der ausstellenden Schnittstelle von einer Zertifizierungsstelle ausgestellt worden ist, die zum Zeitpunkt der Ausstellung des Zertifikates nicht oder nicht mehr nach dieser Verordnung anerkannt war.

(2) [1] Sofern der Nachhaltigkeitsnachweis ausschließlich nach Absatz 1 Nummer 2 unwirksam ist, entfällt der Anspruch auf die Vergütung und Boni nach § 27 des Erneuerbare-Energien-Gesetzes[1] für den Strom aus der Menge flüssiger Biomasse, auf die sich der unwirksame Nachhaltigkeitsnachweis bezieht. [2] Der Anspruch auf den Bonus für Strom aus nachwachsenden Rohstoffen nach § 27 Absatz 4 Nummer 2 des Erneuerbare-Energien-Gesetzes in der am 31. Dezember 2011 geltenden Fassung entfällt darüber hinaus endgültig, wenn
1. der Anlagenbetreiberin oder dem Anlagenbetreiber die Gründe für die Unwirksamkeit des Nachhaltigkeitsnachweises zum Zeitpunkt des Einsatzes der Menge flüssiger Biomasse, auf die sich der unwirksame Nachhaltigkeitsnachweis bezieht, bekannt waren oder sie oder er bei Anwendung der im Verkehr üblichen Sorgfalt die Unwirksamkeit hätte erkennen können oder
2. das Zertifikat der Schnittstelle, die den Nachhaltigkeitsnachweis ausgestellt hat, zum Zeitpunkt der Ausstellung des Nachhaltigkeitsnachweises ungültig war.

§ 21 Weitere Folgen fehlender oder nicht ausreichender Angaben.
(1) [1] Enthält ein Nachhaltigkeitsnachweis bei den Angaben zum Treibhausgas-Minderungspotenzial nicht den Vergleichswert für die Verwendung, zu dessen Zweck die flüssige Biomasse eingesetzt wird, muss die Anlagenbetreiberin oder der Anlagenbetreiber gegenüber dem Netzbetreiber nachweisen, dass die flüssige Biomasse das Treibhausgas-Minderungspotenzial auch bei dieser Verwendung aufweist. [2] Die zuständige Behörde kann eine Methode zur Umrechnung des Treibhausgas-Minderungspotenzials für unterschiedliche Verwendungen im Bundesanzeiger bekannt machen.

(2) Enthält ein Nachhaltigkeitsnachweis keine Angabe nach § 18 Absatz 1 Nummer 5 Buchstabe b Doppelbuchstabe dd oder wird die Anlage zur

---

[1] Nr. 34.

Stromerzeugung nicht in dem Land oder Staat nach § 18 Absatz 1 Nummer 5 Buchstabe b Doppelbuchstabe dd betrieben, muss die Anlagenbetreiberin oder der Anlagenbetreiber gegenüber dem Netzbetreiber nachweisen, dass die flüssige Biomasse das Treibhausgas-Minderungspotenzial auch bei einem Betrieb in diesem Land oder Staat aufweist.

§ 22 Anerkannte Nachhaltigkeitsnachweise auf Grund der Biokraftstoff-Nachhaltigkeitsverordnung. (1) Nachhaltigkeitsnachweise gelten auch als anerkannt, solange und soweit sie auf Grund einer Verordnung über Anforderungen an eine nachhaltige Herstellung von Biomasse zur Verwendung als Biokraftstoff anerkannt sind, die auf Grund des § 37d Absatz 2 Nummer 3 und 4 sowie Absatz 3 Nummer 2 des Bundes-Immissionsschutzgesetzes und des § 66 Absatz 1 Nummer 11a Buchstabe a und b des Energiesteuergesetzes[1]) in ihrer jeweils geltenden Fassung erlassen worden ist.

(2) Abweichend von Absatz 1 gelten Nachhaltigkeitsnachweise nicht als anerkannt, sobald für sie eine Anerkennung nach den Bestimmungen der in Absatz 1 genannten Verordnung bei dem zuständigen Hauptzollamt beantragt wird, das für die Steuerentlastung nach § 50 des Energiesteuergesetzes zuständig ist, es sei denn, dass für die Biomasse, auf die sich der Nachhaltigkeitsnachweis bezieht, eine gleichzeitige Förderung nach dem Erneuerbare-Energien-Gesetz[2]) und dem Energiesteuergesetz möglich ist.

(3) Die §§ 20 und 21 sind entsprechend anzuwenden.

§ 23 Weitere anerkannte Nachhaltigkeitsnachweise. (1) Nachhaltigkeitsnachweise gelten auch als anerkannt, solange und soweit sie nach dem Recht der Europäischen Union oder eines anderen Mitgliedstaates der Europäischen Union oder eines anderen Vertragsstaates des Abkommens über den Europäischen Wirtschaftsraum als Nachweis darüber anerkannt werden, dass die Anforderungen nach Artikel 17 Absatz 2 bis 6 der Richtlinie 2009/28/EG[3]) erfüllt wurden, und wenn sie in dem anderen Mitgliedstaat ausgestellt worden sind

1. von der Behörde, die in diesem Mitgliedstaat für die Nachweisführung zuständig ist,
2. von der Stelle, die von der nach Nummer 1 zuständigen Behörde für die Nachweisführung anerkannt worden ist, oder
3. von einer sonstigen Stelle, die bei der nationalen Akkreditierungsstelle des Mitgliedstaates auf Grund allgemeiner Kriterien für Stellen, die Produkte zertifizieren, für die Nachweisführung akkreditiert ist.

(2) [1] Soweit die Kommission der Europäischen Gemeinschaften auf Grund des Artikels 18 Absatz 4 Unterabsatz 1 Satz 2 der Richtlinie 2009/28/EG beschließt, dass die Nachhaltigkeitsanforderungen an die Herstellung von Biomasse in einem bilateralen oder multilateralen Vertrag, den die Europäische Gemeinschaft mit einem Drittstaat geschlossen hat, den Nachhaltigkeitsanforderungen nach Artikel 17 Absatz 2 bis 5 der Richtlinie 2009/28/EG entsprechen, kann die Erfüllung der Anforderungen nach den §§ 4 bis 8 auch

---

[1]) Nr. 46.
[2]) Nr. 34.
[3]) Nr. 36.

durch einen Nachhaltigkeitsnachweis nachgewiesen werden, der belegt, dass die Biomasse in diesem Drittstaat hergestellt worden ist. ²Im Übrigen sind die Bestimmungen des bilateralen oder multilateralen Vertrages für den Nachweis zu beachten.

(3) ¹Unabhängig von Absatz 2 kann bei der Herstellung der Biomasse in einem Drittstaat, der mit der Europäischen Gemeinschaft einen bilateralen oder multilateralen Vertrag über die nachhaltige Erzeugung von Biomasse abgeschlossen hat, die Erfüllung der Anforderungen nach den §§ 4 bis 8 auch durch Nachhaltigkeitsnachweise der in dem Vertrag benannten Stelle nachgewiesen werden, wenn und soweit der Vertrag die Erfüllung der Anforderungen des Artikels 17 Absatz 2 bis 5 der Richtlinie 2009/28/EG feststellt oder eine solche Feststellung ermöglicht. ²Sofern in diesem Vertrag keine Stelle benannt ist, werden als Nachweis Bescheinigungen anerkannt, die von den Stellen des Drittstaates entsprechend Absatz 1 Nummer 1 bis 3 ausgestellt worden sind.

(4) § 21 ist entsprechend anzuwenden.

§ 24 Nachhaltigkeits-Teilnachweise. (1) ¹Die zuständige Behörde stellt für Teilmengen von flüssiger Biomasse, für die bereits ein Nachhaltigkeitsnachweis ausgestellt worden ist, auf Antrag der Inhaberin oder des Inhabers des Nachhaltigkeitsnachweises Nachhaltigkeits-Teilnachweise aus. ²Der Antrag ist elektronisch zu stellen. ³Die Nachhaltigkeits-Teilnachweise werden unverzüglich und elektronisch nach Vorlage des Nachhaltigkeitsnachweises, der in Teilnachweise aufgeteilt werden soll, ausgestellt. ⁴§ 18 Absatz 1 ist entsprechend anzuwenden. ⁵Die Teilnachweise werden nach dem Muster der Anlage 4 ausgestellt.

(2) Absatz 1 ist für Teilmengen von flüssiger Biomasse, für die bereits ein Nachhaltigkeits-Teilnachweis ausgestellt worden ist, entsprechend anzuwenden.

(3) ¹Werden Treibhausgas-Minderungspotenziale oder Werte für Treibhausgasemissionen verschiedener Mengen von flüssiger Biomasse, für die Nachhaltigkeitsnachweise oder Nachhaltigkeits-Teilnachweise ausgestellt worden sind, nach Maßgabe des § 16 Absatz 2 Nummer 2 Buchstabe a saldiert, stellt die zuständige Behörde auf Antrag der Inhaberin oder des Inhabers des Nachhaltigkeitsnachweises oder Nachhaltigkeits-Teilnachweises einen Nachhaltigkeits-Teilnachweis aus, der die Werte enthält, die sich aus der Saldierung ergeben. ²Absatz 1 Satz 2 bis 5 ist entsprechend anzuwenden.

(4) ¹Im Fall eines Nachhaltigkeitsnachweises nach § 15 oder § 22 muss die zuständige Behörde eine Kopie des Nachhaltigkeits-Teilnachweises unverzüglich und elektronisch nach der Ausstellung an die Zertifizierungsstelle übermitteln, die der Schnittstelle, die den Nachhaltigkeitsnachweis ausgestellt hat, das Zertifikat ausgestellt hat. ²Im Fall eines Nachhaltigkeitsnachweises nach § 23 kann sie eine Kopie des Nachhaltigkeits-Teilnachweises an die Behörde oder Stelle elektronisch übermitteln, die den Nachhaltigkeitsnachweis ausgestellt hat.

(5) ¹Nachhaltigkeits-Teilnachweise nach den Absätzen 1 bis 3 können bei flüssiger Biomasse, die durch Lieferanten geliefert wird, die den Erhalt und die Weitergabe der Biomasse in einer elektronischen Datenbank nach § 17 Absatz 2 Nummer 2 dokumentieren, auch durch den Betreiber der elektro-

nischen Datenbank ausgestellt werden. ² Im Fall des Satzes 1 hat der Betreiber der Datenbank der zuständigen Behörde eine Kopie des Nachhaltigkeits-Teilnachweises unverzüglich und elektronisch zu übermitteln; Absatz 4 ist nicht anzuwenden. ³ Weiter gehende Anforderungen in der Anerkennung der elektronischen Datenbank oder in Zertifizierungssystemen bleiben unberührt.

(6) Für die nach den Absätzen 1 bis 3 und 5 ausgestellten Nachhaltigkeits-Teilnachweise sind die Bestimmungen dieses Abschnitts entsprechend anzuwenden, soweit sich aus den Absätzen 1 bis 3 oder 5 nichts anderes ergibt.

Abschnitt 3. Zertifikate für Schnittstellen

§ 25 Anerkannte Zertifikate. Anerkannte Zertifikate im Sinne dieser Verordnung sind:
1. Zertifikate, solange und soweit sie nach § 26 ausgestellt worden sind,
2. Zertifikate nach § 30 und
3. Zertifikate nach § 31.

§ 26 Ausstellung von Zertifikaten. (1) Schnittstellen kann auf Antrag ein Zertifikat ausgestellt werden, wenn
1. sie sich verpflichtet haben, bei der Herstellung von Biomasse im Anwendungsbereich dieser Verordnung mindestens die Anforderungen eines Zertifizierungssystems zu erfüllen, das nach dieser Verordnung anerkannt ist,
2. sie sich im Fall von Schnittstellen nach § 15 Absatz 3 verpflichtet haben,
   a) bei der Ausstellung von Nachhaltigkeitsnachweisen die Anforderungen nach den §§ 15 und 18 Absatz 1 und 2 zu erfüllen,
   b) Kopien aller Nachhaltigkeitsnachweise, die sie auf Grund dieser Verordnung ausgestellt haben, unverzüglich der Zertifizierungsstelle zu übermitteln, die das Zertifikat ausgestellt hat, und
   c) diese Nachhaltigkeitsnachweise sowie alle für ihre Ausstellung erforderlichen Dokumente mindestens zehn Jahre aufzubewahren,
3. sie sicherstellen, dass sich alle von ihnen mit der Herstellung oder Lieferung der Biomasse unmittelbar oder mittelbar befassten Betriebe, die nicht selbst eine Schnittstelle sind, verpflichtet haben, bei der Herstellung von Biomasse im Anwendungsbereich dieser Verordnung mindestens die Anforderungen eines nach dieser Verordnung anerkannten Zertifizierungssystems zu erfüllen, und diese Anforderungen auch tatsächlich erfüllen,
4. sie sich verpflichtet haben, Folgendes zu dokumentieren:
   a) die Erfüllung der Anforderungen nach den §§ 4 bis 7 durch die Schnittstellen und alle von ihnen mit der Herstellung oder Lieferung der Biomasse unmittelbar oder mittelbar befassten Betriebe, die nicht selbst eine Schnittstelle sind, in dem Zertifizierungssystem,
   b) die Menge und die Art der zur Herstellung eingesetzten Biomasse,
   c) im Fall der Schnittstellen nach § 2 Absatz 3 Nummer 1 den Ort des Anbaus der Biomasse, als Polygonzug in geografischen Koordinaten mit einer Genauigkeit von 20 Metern für jeden Einzelpunkt, und
   d) jeweils in Gramm Kohlendioxid-Äquivalent je Megajoule Biomasse (g CO_{2eq}/MJ) die Treibhausgasemissionen, die durch die Schnittstellen und

alle von ihnen mit der Herstellung oder Lieferung der Biomasse unmittelbar oder mittelbar befassten Betriebe, die nicht selbst eine Schnittstelle sind, bei der Herstellung und Lieferung der Biomasse verursacht worden sind, soweit sie für die Berechnung des Treibhausgas-Minderungspotenzials nach § 8 berücksichtigt werden müssen, und

5. die Erfüllung der Anforderungen nach den Nummern 1 bis 4 von der Zertifizierungsstelle kontrolliert worden ist.

(2) Nach Ablauf der Gültigkeit eines Zertifikates kann Schnittstellen auf Antrag ein neues Zertifikat nur ausgestellt werden, wenn

1. sie die Anforderungen nach Absatz 1 Nummer 1 bis 4 während der Dauer der Gültigkeit des vorherigen Zertifikates erfüllt haben,

2. die Dokumentation nach Absatz 1 Nummer 4 nachvollziehbar ist und

3. die Kontrollen nach § 49 keine anderslautenden Erkenntnisse erbracht haben.

Wenn eine Schnittstelle die Anforderungen nach Absatz 1 Nummer 1 bis 4 während der Dauer der Gültigkeit des vorherigen Zertifikates nicht erfüllt hat und der Umfang der Unregelmäßigkeiten und Verstöße nicht erheblich ist, kann abweichend von Satz 1 Nummer 1 ein neues Zertifikat auch ausgestellt werden, wenn die Schnittstelle die Anforderungen weder vorsätzlich noch grob fahrlässig nicht erfüllt hat und die Erfüllung der Anforderungen für die Dauer der Gültigkeit des neuen Zertifikates sichergestellt ist.

(3) Die Absätze 1 und 2 berühren nicht das Recht der Schnittstelle, auch Roh-, Brenn- oder Kraftstoffe herzustellen, die nicht als flüssige Biomasse nach dieser Verordnung gelten.

(4) Zur Ausstellung von Zertifikaten nach den Absätzen 1 und 2 sind nur Zertifizierungsstellen berechtigt, die nach dieser Verordnung anerkannt sind und die von dem Zertifizierungssystem nach Absatz 1 Nummer 1 benannt worden sind; die Zertifikate müssen in diesem Zertifizierungssystem ausgestellt werden.

§ 27 Inhalt der Zertifikate. Zertifikate müssen folgende Angaben enthalten:

1. eine einmalige Zertifikatsnummer, die sich mindestens aus der Registriernummer des Zertifizierungssystems, der Registriernummer der Zertifizierungsstelle sowie einer von der Zertifizierungsstelle einmalig zu vergebenden Nummer zusammensetzt,

2. das Datum der Ausstellung und

3. den Namen des Zertifizierungssystems, in dem das Zertifikat ausgestellt worden ist.

§ 28 Folgen fehlender Angaben. Zertifikate sind unwirksam, wenn sie eine oder mehrere Angaben nach § 27 nicht enthalten.

§ 29 Gültigkeit der Zertifikate. Zertifikate sind für einen Zeitraum von zwölf Monaten ab dem Datum der Ausstellung des Zertifikates gültig.

§ 30 Anerkannte Zertifikate auf Grund der Biokraftstoff-Nachhaltigkeitsverordnung. (1) Zertifikate gelten auch als anerkannt, solange und soweit sie auf Grund einer Verordnung über Anforderungen an eine nachhaltige Herstellung von Biomasse zur Verwendung als Biokraftstoff anerkannt sind, die auf Grund des § 37d Absatz 2 Nummer 3 und 4 sowie Absatz 3 Nummer 2 des Bundes-Immissionsschutzgesetzes und des § 66 Absatz 1 Nummer 11a Buchstabe a und b des Energiesteuergesetzes[1)] in ihrer jeweils geltenden Fassung erlassen worden ist.

(2) § 28 ist entsprechend anzuwenden.

§ 31 Weitere anerkannte Zertifikate.
(1) Zertifikate gelten auch als anerkannt, solange und soweit sie nach dem Recht der Europäischen Union oder eines anderen Mitgliedstaates der Europäischen Union oder eines anderen Vertragsstaates des Abkommens über den Europäischen Wirtschaftsraum als Nachweis darüber anerkannt werden, dass eine oder mehrere Schnittstellen die Anforderungen nach Artikel 17 Absatz 2 bis 6 der Richtlinie 2009/28/EG[2)] erfüllen, und wenn sie in dem anderen Mitgliedstaat ausgestellt worden sind

1. von der Behörde, die in diesem Mitgliedstaat für die Nachweisführung zuständig ist,
2. von der Stelle, die von der nach Nummer 1 zuständigen Behörde für die Nachweisführung anerkannt worden ist, oder
3. von einer sonstigen Stelle, die bei der nationalen Akkreditierungsstelle des Mitgliedstaates auf Grund allgemeiner Kriterien für Stellen, die Produkte zertifizieren, für die Nachweisführung akkreditiert ist.

(2) § 23 Absatz 2 und 3 ist entsprechend anzuwenden.

Abschnitt 4. Zertifizierungssysteme

§ 32 Anerkannte Zertifizierungssysteme.
Anerkannte Zertifizierungssysteme im Sinne dieser Verordnung sind:
1. Zertifizierungssysteme, solange und soweit sie nach § 33 oder § 60 Absatz 1 anerkannt sind,
2. Zertifizierungssysteme nach § 40 und
3. Zertifizierungssysteme nach § 41.

§ 33 Anerkennung von Zertifizierungssystemen.
(1) Zertifizierungssysteme werden auf Antrag anerkannt, wenn
1. für sie folgende Angaben benannt sind:
   a) eine natürliche oder juristische Person, die organisatorisch verantwortlich ist,
   b) eine zustellungsfähige Anschrift in einem Mitgliedstaat der Europäischen Union oder in einem anderen Vertragsstaat des Abkommens über den Europäischen Wirtschaftsraum,
   c) Zertifizierungsstellen, die nach dieser Verordnung anerkannt sind und die das jeweilige Zertifizierungssystem verwenden, und
   d) die Länder oder Staaten, auf die sie sich beziehen,

[1)] Nr. **46**.
[2)] Nr. **36**.

2. sie geeignet sind sicherzustellen, dass die Anforderungen nach den Artikeln 17 bis 19 der Richtlinie 2009/28/EG[1]), wie sie in dieser Verordnung näher bestimmt werden, erfüllt werden,

3. sie genau, verlässlich und vor Missbrauch geschützt sind und die Häufigkeit und Methode der Probenahme sowie die Zuverlässigkeit der Daten bewerten,

4. sie eine angemessene und unabhängige Überprüfung der Daten sicherstellen und nachweisen, dass eine solche Überprüfung erfolgt ist, und

5. sie zu diesem Zweck Standards enthalten, die mindestens den Anforderungen nach Anhang III zu dem Übereinkommen über technische Handelshemmnisse (ABl. L 336 vom 23. 12. 1994, S. 86) und den Anforderungen nach Anlage 5 entsprechen.

(2) Sofern das Zertifizierungssystem eine elektronische Datenbank zum Zweck des Nachweises darüber betreibt oder nutzt, dass bei der Lieferung der flüssigen Biomasse die Anforderungen nach § 17 Absatz 1 erfüllt werden, kann sich die Anerkennung auch hierauf beziehen.

(3) [1] Der Nachweis darüber, dass die in Absatz 1 genannten Anforderungen erfüllt werden, ist durch Vorlage geeigneter Unterlagen zu führen. [2] Die zuständige Behörde kann über die vorgelegten Unterlagen hinaus weitere Unterlagen anfordern und im Rahmen des Anerkennungsverfahrens bei den Zertifizierungssystemen Prüfungen vor Ort vornehmen, soweit dies zur Entscheidung über den Antrag nach Absatz 1 erforderlich ist. [3] Eine Prüfung vor Ort in einem anderen Mitgliedstaat der Europäischen Union oder einem Drittstaat wird nur durchgeführt, wenn der andere Staat dieser Prüfung zustimmt.

(4) Die Anerkennung kann Änderungen oder Ergänzungen des Zertifizierungssystems, insbesondere der Standards zur näheren Bestimmung der Anforderungen nach den §§ 4 bis 8, enthalten oder auch nachträglich mit Auflagen versehen werden, wenn dies erforderlich ist, um die Anforderungen nach Absatz 1 zu erfüllen.

(5) Die Anerkennung kann mit einer Anerkennung nach einer Verordnung über Anforderungen an eine nachhaltige Herstellung von Biomasse zur Verwendung als Biokraftstoff kombiniert werden, die auf Grund des § 37 d Absatz 2 Nummer 3 und 4 sowie Absatz 3 Nummer 2 des Bundes-Immissionsschutzgesetzes und des § 66 Absatz 1 Nummer 11 a Buchstabe a und b des Energiesteuergesetzes[2]) in ihrer jeweils geltenden Fassung erlassen worden ist.

(6) [1] Die Anerkennung kann beschränkt werden auf

1. einzelne Arten von Biomasse,
2. einzelne Länder oder Staaten,
3. einzelne Anforderungen nach den §§ 4 bis 8 oder
4. den Betrieb einer elektronischen Datenbank zum Zweck des Nachweises darüber, dass bei der Lieferung der flüssigen Biomasse die Anforderungen nach § 17 Absatz 1 erfüllt werden.

---

[1]) Nr. **36**.
[2]) Nr. **46**.

² Im Fall einer Beschränkung nach Satz 1 Nummer 3 oder 4 kann die zuständige Behörde bestimmen, dass das Zertifizierungssystem nur in Kombination mit einem anderen Zertifizierungssystem als anerkannt gilt.

§ 34[1] **Verfahren zur Anerkennung.** (1) ¹ Bei der Anerkennung von Zertifizierungssystemen ist die Öffentlichkeit durch die zuständige Behörde zu beteiligen. ² Der Entwurf des Zertifizierungssystems sowie Informationen über das Anerkennungsverfahren sind im Bundesanzeiger zu veröffentlichen. ³ Natürliche und juristische Personen sowie sonstige Vereinigungen, insbesondere Vereinigungen zur Förderung des Umweltschutzes, haben innerhalb einer Frist von sechs Wochen ab Veröffentlichung Gelegenheit zur schriftlichen Stellungnahme gegenüber der zuständigen Behörde. ⁴ Der Zeitpunkt des Fristablaufs ist bei der Veröffentlichung nach Satz 2 mitzuteilen. ⁵ Fristgemäß eingegangene Stellungnahmen der Öffentlichkeit werden von der zuständigen Behörde bei der Entscheidung über die Anerkennung des Zertifizierungssystems angemessen berücksichtigt.

(2) Das Anerkennungsverfahren kann über eine einheitliche Stelle nach den Vorschriften des Verwaltungsverfahrensgesetzes abgewickelt werden.

(3) Hat die zuständige Behörde nicht innerhalb einer Frist von sechs Monaten entschieden, gilt die Anerkennung als erteilt.

(4) ¹ Unbeschadet der Bekanntgabe gegenüber dem Antragsteller ist die Anerkennung im Bundesanzeiger bekannt zu machen. ² Bei der Bekanntmachung ist in zusammengefasster Form über den Ablauf des Anerkennungsverfahrens und über die Gründe und Erwägungen zu unterrichten, auf denen die Anerkennung beruht. ³ Die berechtigten Interessen des Antragstellers sind zu wahren.

§ 35 Inhalt der Anerkennung. Die Anerkennung eines Zertifizierungssystems muss die folgenden Angaben enthalten:
1. eine einmalige Registriernummer,
2. das Datum der Anerkennung,
3. im Fall des § 33 Absatz 2 den Namen der elektronischen Datenbank, die zum Zweck des Nachweises darüber, dass die Anforderungen nach § 17 Absatz 1 erfüllt werden, genutzt werden muss, und
4. Beschränkungen nach § 33 Absatz 6.

§ 36 Nachträgliche Änderungen der Anerkennung. ¹ Änderungen eines anerkannten Zertifizierungssystems sind der zuständigen Behörde anzuzeigen. ² Wesentliche Änderungen eines anerkannten Zertifizierungssystems bedürfen der Anerkennung; die §§ 33 und 34 sind entsprechend anzuwenden.

§ 37 Erlöschen der Anerkennung. (1) Die Anerkennung eines Zertifizierungssystems erlischt, wenn sie zurückgenommen, widerrufen, anderweitig aufgehoben oder durch Zeitablauf oder auf andere Weise erledigt ist.

(2) Das Erlöschen der Anerkennung und der Grund für das Erlöschen nach Absatz 1 sind von der zuständigen Behörde im Bundesanzeiger bekannt zu machen.

---

[1] Beachte zum Inkrafttreten (1. 1. 2010) § 79 Abs. 1.

Biomassestrom-Nachhaltigkeitsverordnung §§ 38–41 BioSt-NachV 37

§ 38 Widerruf der Anerkennung. ¹Die Anerkennung eines Zertifizierungssystems soll widerrufen werden, wenn die Gewähr für eine ordnungsgemäße Durchführung der Aufgaben nach dieser Verordnung nicht mehr gegeben ist. ²Die Anerkennung soll insbesondere widerrufen werden, wenn

1. eine Voraussetzung nach § 33 Absatz 1 nicht oder nicht mehr erfüllt ist oder

2. das Zertifizierungssystem seine Pflichten nach § 39 nicht, nicht richtig, nicht vollständig oder nicht rechtzeitig erfüllt.

³Die Anerkennung kann auch widerrufen werden, wenn eine Kontrolle vor Ort nicht sichergestellt ist. ⁴Bei der Prüfung nach Satz 2 Nummer 1 können insbesondere die Erfahrungen der Zertifizierungsstellen und Schnittstellen mit dem Zertifizierungssystem und die Berichte nach § 52 und § 53 Absatz 2 Nummer 3 berücksichtigt werden. ⁵Die Vorschriften des Verwaltungsverfahrensgesetzes über die Rücknahme und den Widerruf von Verwaltungsakten bleiben im Übrigen unberührt.

§ 39 Berichte und Mitteilungen. (1) Zertifizierungssysteme müssen der zuständigen Behörde für jedes Kalenderjahr bis zum 28. Februar des folgenden Kalenderjahres und im Übrigen auf Verlangen folgende Informationen elektronisch übermitteln:

1. eine Liste aller Schnittstellen, Betriebe und Lieferanten, die bei der Herstellung oder Lieferung von Biomasse nach dieser Verordnung dieses Zertifizierungssystem verwenden, einschließlich der Angabe, von welcher Zertifizierungsstelle sie kontrolliert werden, und

2. eine Liste aller Maßnahmen, die gegenüber Schnittstellen, Betrieben oder Lieferanten ergriffen worden sind, die die Anforderungen nach dieser Verordnung oder nach dem Zertifizierungssystem nicht oder nicht mehr erfüllt haben.

(2) Zertifizierungssysteme müssen Veränderungen der Listen nach Absatz 1 der zuständigen Behörde monatlich elektronisch mitteilen.

(3) Zertifizierungssysteme müssen alle Zertifikate von Schnittstellen, die ihre Vorgaben verwenden, auf ihren Internetseiten veröffentlichen.

§ 40 Anerkannte Zertifizierungssysteme auf Grund der Biokraftstoff-Nachhaltigkeitsverordnung. Zertifizierungssysteme gelten auch als anerkannt, solange und soweit sie auf Grund einer Verordnung über Anforderungen an eine nachhaltige Herstellung von Biomasse zur Verwendung als Biokraftstoff anerkannt sind, die auf Grund des § 37 d Absatz 2 Nummer 3 und 4 sowie Absatz 3 Nummer 2 des Bundes-Immissionsschutzgesetzes und des § 66 Absatz 1 Nummer 11 a Buchstabe a und b des Energiesteuergesetzes[1]) in ihrer jeweils geltenden Fassung erlassen worden ist.

§ 41 Weitere anerkannte Zertifizierungssysteme. Zertifizierungssysteme gelten auch als anerkannt, solange und soweit sie

---

[1]) Nr. 46.

1. von der Kommission der Europäischen Gemeinschaften auf Grund des Artikels 18 Absatz 4 Unterabsatz 2 Satz 1 der Richtlinie 2009/28/EG[1]) oder
2. in einem bilateralen oder multilateralen Vertrag, den die Europäische Gemeinschaft mit einem Drittstaat abgeschlossen hat,

als Zertifizierungssystem zur näheren Bestimmung der Anforderungen nach Artikel 17 Absatz 2 bis 6 der Richtlinie 2009/28/EG anerkannt sind.

Abschnitt 5. Zertifizierungsstellen

Unterabschnitt 1. Anerkennung von Zertifizierungsstellen

§ 42 Anerkannte Zertifizierungsstellen. Anerkannte Zertifizierungsstellen im Sinne dieser Verordnung sind:

1. Zertifizierungsstellen, solange und soweit sie nach § 43 Absatz 1 oder § 60 Absatz 1 anerkannt sind,
2. Zertifizierungsstellen nach § 56 und
3. Zertifizierungsstellen nach § 57.

§ 43 Anerkennung von Zertifizierungsstellen. (1) Zertifizierungsstellen werden auf Antrag anerkannt, wenn sie

1. folgende Angaben benennen:

   a) die Namen und Anschriften der verantwortlichen Personen sowie

   b) die Länder oder Staaten, in denen sie Aufgaben nach dieser Verordnung wahrnehmen,

2. nachweisen, dass sie

   a) über die Fachkunde, Ausrüstung und Infrastruktur verfügen, die zur Wahrnehmung ihrer Tätigkeiten erforderlich sind,

   b) über eine ausreichende Zahl entsprechend qualifizierter und erfahrener Mitarbeiterinnen und Mitarbeiter verfügen und

   c) im Hinblick auf die Durchführung der ihnen übertragenen Aufgaben unabhängig von den Zertifizierungssystemen, Schnittstellen, Betrieben und Lieferanten sowie frei von jeglichem Interessenkonflikt sind,

3. die Anforderungen der DIN EN 45011, Ausgabe März 1998, erfüllen, ihre Konformitätsbewertungen nach den Standards der ISO/IEC Guide 60, Ausgabe September 2004, durchführen und ihre Kontrollen den Anforderungen der DIN EN ISO 19011, Ausgabe Dezember 2002, genügen[2]),

4. sich entsprechend der Anlage 5 Nummer 1 Buchstabe e schriftlich verpflichtet haben und

5. eine zustellungsfähige Anschrift in einem Mitgliedstaat der Europäischen Union oder in einem anderen Vertragsstaat des Abkommens über den Europäischen Wirtschaftsraum haben.

---

[1]) Nr. 36.
[2]) **Amtl. Anm.:** Sämtliche DIN-, ISO/IEC- und DIN EN ISO-Normen, auf die in dieser Verordnung verwiesen wird, sind bei der Beuth-Verlag GmbH, Berlin, zu beziehen und beim Deutschen Patent- und Markenamt in München archivmäßig gesichert niedergelegt.

(2) ¹Der Nachweis darüber, dass die in Absatz 1 genannten Anforderungen erfüllt werden, ist durch Vorlage geeigneter Unterlagen über die betriebliche Ausstattung der jeweiligen Zertifizierungsstelle, ihren Aufbau und ihre Mitarbeiterinnen und Mitarbeiter zu führen. ²Bei Zertifizierungsstellen, die von mindestens zwei Umweltgutachterinnen oder Umweltgutachtern betrieben werden, gelten die Anforderungen nach Absatz 1 Nummer 3 als erfüllt. ³Die zuständige Behörde kann über die vorgelegten Unterlagen hinaus weitere Unterlagen anfordern und im Rahmen des Anerkennungsverfahrens bei den Zertifizierungsstellen Prüfungen vor Ort vornehmen, soweit dies zur Entscheidung über den Antrag nach Absatz 1 erforderlich ist. ⁴ § 33 Absatz 3 Satz 3 ist entsprechend anzuwenden.

(3) Die Anerkennung kann auch nachträglich mit Auflagen versehen werden, wenn dies zur ordnungsgemäßen Durchführung der Tätigkeiten einer Zertifizierungsstelle erforderlich ist.

(4) Die Anerkennung kann mit einer Anerkennung nach einer Verordnung über Anforderungen an eine nachhaltige Herstellung von Biomasse zur Verwendung als Biokraftstoff kombiniert werden, die auf Grund des § 37d Absatz 2 Nummer 3 und 4 sowie Absatz 3 Nummer 2 des Bundes-Immissionsschutzgesetzes und des § 66 Absatz 1 Nummer 11a Buchstabe a und b des Energiesteuergesetzes¹⁾ in ihrer jeweils geltenden Fassung erlassen worden ist.

(5) Die Anerkennung kann beschränkt werden auf

1. einzelne Arten von Biomasse oder

2. einzelne Länder oder Staaten.

§ 44 Verfahren zur Anerkennung. ¹Auf das Anerkennungsverfahren ist § 34 Absatz 2 und 3 entsprechend anzuwenden. ²Die Anerkennung ist von der zuständigen Behörde im Bundesanzeiger bekannt zu machen.

§ 45 Inhalt der Anerkennung. Die Anerkennung einer Zertifizierungsstelle muss die folgenden Angaben enthalten:

1. eine einmalige Registriernummer,

2. das Datum der Anerkennung und

3. Beschränkungen nach § 43 Absatz 5.

§ 46 Erlöschen der Anerkennung. (1) ¹Die Anerkennung einer Zertifizierungsstelle erlischt, wenn sie zurückgenommen, widerrufen, anderweitig aufgehoben oder durch Zeitablauf oder auf andere Weise erledigt ist. ²Sie erlischt auch, wenn die Zertifizierungsstelle ihre Tätigkeit nicht innerhalb eines Jahres nach Erteilung der ersten Anerkennung aufgenommen oder seit Aufnahme der Tätigkeit mehr als ein Jahr nicht mehr ausgeübt hat.

(2) Das Erlöschen der Anerkennung und der Grund für das Erlöschen nach Absatz 1 sind von der zuständigen Behörde im Bundesanzeiger bekannt zu machen.

---

¹⁾ Nr. 46.

§ 47 Widerruf der Anerkennung. ¹Die Anerkennung einer Zertifizierungsstelle soll widerrufen werden, wenn die Gewähr für eine ordnungsgemäße Durchführung der Aufgaben nach dieser Verordnung nicht mehr gegeben ist. ²Die Anerkennung soll insbesondere widerrufen werden, wenn

1. eine Voraussetzung nach § 43 Absatz 1 nicht oder nicht mehr erfüllt ist oder
2. die Zertifizierungsstelle ihre Pflichten nach den §§ 48 bis 54 nicht, nicht richtig, nicht vollständig oder nicht rechtzeitig erfüllt.

³Die Anerkennung kann auch widerrufen werden, wenn eine Kontrolle vor Ort nicht sichergestellt ist. ⁴Die Vorschriften des Verwaltungsverfahrensgesetzes über die Rücknahme und den Widerruf von Verwaltungsakten bleiben im Übrigen unberührt.

Unterabschnitt 2. Aufgaben von Zertifizierungsstellen

§ 48 Führen von Schnittstellenverzeichnissen. ¹Die Zertifizierungsstellen müssen ein Verzeichnis aller Schnittstellen, denen sie Zertifikate ausgestellt haben, führen. ²Das Verzeichnis muss mindestens den Namen, die Anschrift und die Registriernummer der Schnittstellen enthalten. ³Die Zertifizierungsstellen müssen das Verzeichnis laufend aktualisieren.

§ 49 Kontrolle der Schnittstellen. (1) ¹Die Zertifizierungsstellen kontrollieren spätestens sechs Monate nach Ausstellung des ersten Zertifikates und im Übrigen mindestens einmal im Jahr, ob die Schnittstellen die Voraussetzungen für die Ausstellung eines Zertifikates nach § 26 weiterhin erfüllen. ²Die zuständige Behörde kann bei begründetem Verdacht, insbesondere auf Grund der Berichte nach § 52, bestimmen, dass eine Schnittstelle in kürzeren Zeitabschnitten kontrolliert werden muss; dies gilt auch in den Fällen des § 26 Absatz 2 Satz 2.

(2) ¹Die Mitarbeiterinnen und Mitarbeiter von Zertifizierungsstellen sind befugt, während der Geschäfts- oder Betriebszeit Grundstücke, Geschäfts-, Betriebs- und Lagerräume sowie Transportmittel zu betreten, soweit dies für die Kontrolle nach Absatz 1 erforderlich ist. ²Diese Befugnis bezieht sich auf alle Orte im Geltungsbereich dieser Verordnung, an denen die Schnittstelle im Zusammenhang mit der Herstellung oder Lieferung von Biomasse, für die ein Nachhaltigkeitsnachweis nach dieser Verordnung ausgestellt wird, Tätigkeiten ausübt.

(3) Die Schnittstellen im Geltungsbereich dieser Verordnung sind verpflichtet, die Kontrollen nach Absatz 1 und 2 zu dulden.

§ 50 Kontrolle des Anbaus. ¹Die Zertifizierungsstellen, die Schnittstellen nach § 2 Absatz 3 Nummer 1 ein Zertifikat ausstellen, kontrollieren auf Grund geeigneter Kriterien, ob die von den Schnittstellen benannten Betriebe, in denen die Biomasse zum Zweck der Herstellung flüssiger Biomasse angebaut oder geerntet wird, die Anforderungen nach den §§ 4 bis 7 erfüllen. ²Art und Häufigkeit der Kontrollen nach Satz 1 müssen sich insbesondere auf der Grundlage einer Bewertung des Risikos, ob in Bezug auf die Erfüllung dieser Anforderungen Unregelmäßigkeiten und Verstöße auftreten, bestimmen. ³Es sind mindestens 5 Prozent der Betriebe jährlich zu kontrollieren. ⁴§ 49 Absatz 2 und 3 ist entsprechend anzuwenden.

§ 51 Kontrolle des Anbaus bei nachhaltiger landwirtschaftlicher Bewirtschaftung. ¹ Wird Biomasse zum Zweck der Herstellung von flüssiger Biomasse im Rahmen von landwirtschaftlichen Tätigkeiten in einem Mitgliedstaat der Europäischen Union angebaut, gilt die Erfüllung der Anforderungen nach § 7 als nachgewiesen, wenn Betriebe

1. Direktzahlungen nach der Verordnung (EG) Nr. 73/2009 oder Beihilfen für flächenbezogene Maßnahmen nach Artikel 36 Buchstabe a Nummer i bis v und Buchstabe b Nummer i, iv und v der Verordnung (EG) Nr. 1698/2005 des Rates vom 20. September 2005 über die Förderung der Entwicklung des ländlichen Raums durch den Europäischen Landwirtschaftsfonds für die Entwicklung des ländlichen Raums (ELER) (ABl. L 277 vom 21. 10. 2005, S. 1) erhalten, die zur Erfüllung der Anforderungen der Cross Compliance verpflichten, oder

2. als Organisation nach der Verordnung (EG) Nr. 761/2001 des Europäischen Parlaments und des Rates vom 19. März 2001 über die freiwillige Beteiligung von Organisationen an einem Gemeinschaftssystem für das Umweltmanagement und die Umweltbetriebsprüfung (EMAS) (ABl. L 114 vom 24. 4. 2001, S. 1) in der jeweils geltenden Fassung registriert sind.

² Von diesen Betrieben müssen nur 3 Prozent jährlich nach § 50 kontrolliert werden; die Kontrolle beschränkt sich darauf, ob diese Betriebe die Anforderungen nach den §§ 4 bis 6 erfüllen.

§ 52 Berichte über Kontrollen. ¹ Zertifizierungsstellen müssen nach Abschluss jeder Kontrolle einen Bericht erstellen, der insbesondere das Kontrollergebnis enthält. ² Sofern die Kontrolle ergeben hat, dass die Schnittstelle, der Betrieb oder der Lieferant die Anforderungen nach dieser Verordnung nicht erfüllt hat, ist der Bericht der zuständigen Behörde unverzüglich nach Abschluss der Kontrolle und elektronisch zu übermitteln.

§ 53 Weitere Berichte und Mitteilungen. (1) ¹ Zertifizierungsstellen müssen der zuständigen Behörde unverzüglich und elektronisch Kopien von folgenden Nachweisen übermitteln:

1. Nachhaltigkeitsnachweise aller von ihnen zertifizierten Schnittstellen,

2. Nachträge nach § 19,

3. Zertifikate nach § 26 Absatz 1 und 2 und

4. Bescheinigungen nach § 58 Nummer 1 Buchstabe b.

² Zertifizierungsstellen können die Pflicht, Kopien der Nachhaltigkeitsnachweise nach Satz 1 Nummer 1 der zuständigen Behörde zu übermitteln, auf die Schnittstelle übertragen.

(2) Zertifizierungsstellen müssen der zuständigen Behörde für jedes Kalenderjahr bis zum 28. Februar des folgenden Kalenderjahres und im Übrigen auf Verlangen folgende Berichte und Informationen elektronisch übermitteln:

1. einen Auszug aus dem Schnittstellenverzeichnis nach § 48 sowie eine Liste aller weiteren Betriebe und Lieferanten, die sie kontrollieren, aufgeschlüsselt nach Zertifizierungssystemen,

2. eine Liste aller Kontrollen, die sie in dem Kalenderjahr bei Schnittstellen, Betrieben und Lieferanten vorgenommen haben, aufgeschlüsselt nach Zer-

tifizierungssystemen, mit Ausnahme der Kontrollen, über die nach § 52 Satz 2 berichtet worden ist, und

3. einen Bericht über ihre Erfahrungen mit den von ihnen angewendeten Zertifizierungssystemen; dieser Bericht muss alle Tatsachen umfassen, die für die Beurteilung wesentlich sein könnten, ob die Zertifizierungssysteme die Voraussetzungen für die Anerkennung nach § 33 weiterhin erfüllen.

§ 54 Aufbewahrung, Umgang mit Informationen. (1) Zertifizierungsstellen müssen die Kontrollergebnisse und Kopien aller Zertifikate, die sie auf Grund dieser Verordnung ausstellen, mindestens zehn Jahre aufbewahren.

(2) Soweit Zertifizierungsstellen Aufgaben nach dieser Verordnung wahrnehmen, gelten sie als informationspflichtige Stellen nach § 2 Absatz 1 Nummer 2 des Umweltinformationsgesetzes vom 22. Dezember 2004 (BGBl. I S. 3704) im Geltungsbereich des Umweltinformationsgesetzes.

Unterabschnitt 3. Überwachung von Zertifizierungsstellen

§ 55 Kontrollen und Maßnahmen. (1) [1] Die zuständige Behörde überwacht die nach dieser Verordnung anerkannten Zertifizierungsstellen. [2] § 33 Absatz 3 Satz 3 ist entsprechend anzuwenden.

(1 a) [1] Die Mitarbeiterinnen und Mitarbeiter sowie die Beauftragten der zuständigen Behörde sind befugt, während der Geschäfts- oder Betriebszeit Grundstücke, Geschäfts-, Betriebs- und Lagerräume sowie Transportmittel zu betreten, soweit dies für die Überwachung nach Absatz 1 erforderlich ist. [2] § 49 Absatz 2 Satz 2 und Absatz 3 ist entsprechend anzuwenden.

(2) [1] Die zuständige Behörde kann gegenüber Zertifizierungsstellen die Anordnungen treffen, die notwendig sind, um festgestellte Mängel zu beseitigen und künftige Mängel zu verhüten. [2] Insbesondere kann sie anordnen, dass eine Mitarbeiterin oder ein Mitarbeiter einer Zertifizierungsstelle wegen fehlender Unabhängigkeit, Fachkunde oder Zuverlässigkeit nicht mehr kontrollieren darf, ob die Anforderungen nach dieser Verordnung erfüllt werden.

(3) Sofern Umweltgutachterinnen oder Umweltgutachter als Zertifizierungsstellen nach dieser Verordnung anerkannt sind, bleiben Befugnisse der Zulassungsstelle nach § 28 des Umweltauditgesetzes von den Absätzen 1 und 2 unberührt.

Unterabschnitt 4. Weitere anerkannte Zertifizierungsstellen

§ 56 Anerkannte Zertifizierungsstellen auf Grund der Biokraftstoff-Nachhaltigkeitsverordnung. (1) Zertifizierungsstellen gelten auch als anerkannt, solange und soweit sie auf Grund einer Verordnung über Anforderungen an eine nachhaltige Herstellung von Biomasse zur Verwendung als Biokraftstoff anerkannt sind, die auf Grund des § 37 d Absatz 2 Nummer 3 und 4 sowie Absatz 3 Nummer 2 des Bundes-Immissionsschutzgesetzes und des § 66 Absatz 1 Nummer 11 a Buchstabe a und b des Energiesteuergesetzes[1]) in ihrer jeweils geltenden Fassung erlassen worden ist.

---

[1]) Nr. 46.

(2) Die Unterabschnitte 2 und 3 dieses Abschnitts sind entsprechend anzuwenden, soweit sich aus der in Absatz 1 genannten Verordnung nichts anderes ergibt.

§ 57 Weitere anerkannte Zertifizierungsstellen. (1) Zertifizierungsstellen gelten auch als anerkannt, solange und soweit sie

1. von der Kommission der Europäischen Gemeinschaften,
2. von einem anderen Mitgliedstaat der Europäischen Union oder
3. in einem bilateralen oder multilateralen Vertrag, den die Europäische Gemeinschaft mit einem Drittstaat abgeschlossen hat,

als Zertifizierungsstellen zur verbindlichen Überwachung der Erfüllung der Anforderungen nach Artikel 17 Absatz 2 bis 6 der Richtlinie 2009/28/EG[1] anerkannt sind und sie Aufgaben nach dieser Verordnung auch in einem Zertifizierungssystem wahrnehmen, das nach dieser Verordnung anerkannt ist.

(2) Die Unterabschnitte 2 und 3 dieses Abschnitts sind nur entsprechend anzuwenden, soweit dies mit den Bestimmungen der Kommission der Europäischen Gemeinschaften oder des jeweiligen bilateralen oder multilateralen Vertrages vereinbar ist.

Abschnitt 6. Besondere und Übergangsbestimmungen zum Nachweis

§ 58 Nachweis über die Erfüllung der Anforderungen für den Bonus für nachwachsende Rohstoffe. Anerkannte Nachweise über die Erfüllung der Anforderungen nach § 10 sind:

1. Nachhaltigkeitsnachweise, die nach § 14 Absatz 1 bis 3 anerkannt sind, sofern
   a) sie die Angaben nach § 18 Absatz 1 Nummer 5 Buchstabe b enthalten oder
   b) diese Angaben durch eine zusätzliche Bescheinigung
      aa) der Schnittstelle nach § 15 Absatz 3 oder
      bb) einer Zertifizierungsstelle, die nach dieser Verordnung anerkannt ist,
   nachgewiesen werden; wenn diese Bescheinigung von einer Schnittstelle ausgestellt wird, unterliegt diese der Kontrolle nach § 49, oder
2. Bescheinigungen von Umweltgutachterinnen und Umweltgutachtern nach § 59 Absatz 1.

§ 59 Nachweis durch Umweltgutachterinnen und Umweltgutachter.

(1) Die Erfüllung der Anforderungen nach dieser Verordnung kann bei flüssiger Biomasse, die bis zum 31. Dezember 2011 zur Stromerzeugung eingesetzt wird, gegenüber dem Netzbetreiber auch durch eine Bescheinigung einer Umweltgutachterin oder eines Umweltgutachters nachgewiesen werden.

---

[1] Nr. 36.

(2) Die Bescheinigung nach Absatz 1 muss die folgenden Angaben enthalten:
1. eine Bestätigung, dass die Anforderungen nach den §§ 4 bis 8 und im Fall, dass der Anspruch auf den Bonus für nachwachsende Rohstoffe geltend gemacht wird, auch nach § 10 erfüllt werden,
2. eine lückenlose Dokumentation der Herstellung und Lieferung und die Bestätigung, dass die Herkunft der flüssigen Biomasse nach Maßgabe des § 16 nachgewiesen worden ist,
3. den Energiegehalt der Menge der flüssigen Biomasse in Megajoule,
4. das Treibhausgas-Minderungspotenzial der flüssigen Biomasse in Gramm Kohlendioxid-Äquivalent je Megajoule flüssiger Biomasse (g $CO_{2\,eq}$/MJ) und
5. im Fall einer Berechnung des Treibhausgas-Minderungspotenzials nach § 8 Absatz 3 die tatsächlichen Werte, getrennt nach den einzelnen Arbeitsschritten der Herstellung und Lieferung in Gramm Kohlendioxid-Äquivalent je Megajoule flüssiger Biomasse (g $CO_{2\,eq}$/MJ).

(3) Sofern die zuständige Behörde Zertifizierungssysteme nach dieser Verordnung anerkannt hat, sollen die Umweltgutachterinnen und Umweltgutachter bei der Ausstellung von Bescheinigungen nach Absatz 1 die Standards eines Zertifizierungssystems verwenden.

(4) [1] Das erstmalige Ausstellen einer Bescheinigung nach Absatz 1 muss die Umweltgutachterin oder der Umweltgutachter der zuständigen Behörde anzeigen. [2] Vor dem erstmaligen Ausstellen einer Bescheinigung für Biomasse, die außerhalb der Mitgliedstaaten der Europäischen Union und der anderen Vertragsstaaten des Abkommens über den Europäischen Wirtschaftsraum angebaut wird, muss die Umweltgutachterin oder der Umweltgutachter zusätzlich gegenüber der zuständigen Behörde schriftlich das Einverständnis erklären, eine Beaufsichtigung bei der Durchführung von Kontrollen auch außerhalb der Mitgliedstaaten der Europäischen Union nach Maßgabe des Umweltauditgesetzes zu dulden. [3] § 33 Absatz 3 Satz 3 ist entsprechend anzuwenden.

§ 60 Nachweis durch vorläufige Anerkennungen. (1) [1] Die zuständige Behörde kann Zertifizierungssysteme und Zertifizierungsstellen vorläufig anerkennen, wenn eine abschließende Prüfung der Voraussetzungen nach § 33 Absatz 1 oder § 43 Absatz 1 nicht möglich ist, die Voraussetzungen jedoch mit hinreichender Wahrscheinlichkeit erfüllt sein werden. [2] Bei der vorläufigen Anerkennung von Zertifizierungssystemen bleibt § 33 Absatz 1 Nummer 1 unberührt; § 34 Absatz 1 ist nicht anzuwenden und § 34 Absatz 3 ist mit der Maßgabe anzuwenden, dass die Frist drei Monate beträgt. [3] Bei der vorläufigen Anerkennung von Zertifizierungsstellen bleibt § 43 Absatz 1 Nummer 1, 4 und 5 unberührt.

(2) Die vorläufige Anerkennung ist auf zwölf Monate befristet.

(3) Ein Rechtsanspruch auf vorläufige Anerkennung besteht nicht.

(4) Zertifizierungssysteme und Zertifizierungsstellen können aus einer vorläufigen Anerkennung keine Rechtsansprüche ableiten.

Teil 4. Zentrales Anlagen- und Informationsregister

§ 61 Anlagenregister. Die zuständige Behörde führt ein zentrales Register über alle Anlagen, in denen flüssige Biomasse zur Stromerzeugung eingesetzt wird (Anlagenregister).

§ 62 Registrierungspflicht. Anlagenbetreiberinnen und Anlagenbetreiber, die flüssige Biomasse zur Stromerzeugung einsetzen, müssen ihre Anlage im Anlagenregister registrieren lassen.

§ 63 Inhalt der Registrierung. Der Antrag zur Registrierung der Anlage muss die folgenden Angaben enthalten:
1. den Namen und die Anschrift der Anlagenbetreiberin oder des Anlagenbetreibers,
2. den Standort der Anlage,
3. die elektrische und thermische Leistung der Anlage,
4. das Datum der geplanten oder tatsächlichen Inbetriebnahme der Anlage,
5. die Art und die Menge der geplanten oder tatsächlich eingesetzten flüssigen Biomasse und
6. den Namen und die Anschrift des Netzbetreibers, an dessen Netz die Anlage zur Stromerzeugung angeschlossen worden ist oder wird.

§ 64 Zeitpunkt der Registrierung. (1) Die Registrierung im Anlagenregister muss vor der Inbetriebnahme der Anlage beantragt werden.

(2) Abweichend von Absatz 1 muss die Registrierung von Anlagen, die vor dem 1. Januar 2011 in Betrieb genommen worden sind, bis zum 31. Dezember 2010 beantragt werden.

(3) Maßgeblicher Zeitpunkt nach den Absätzen 1 und 2 ist das Datum, an dem der vollständige Antrag bei der zuständigen Behörde eingeht.

(4) Die zuständige Behörde bescheinigt der Anlagenbetreiberin oder dem Anlagenbetreiber den Zeitpunkt nach Absatz 3 unverzüglich nach Eingang des vollständigen Antrages.

§ 65 Verspätete Registrierung. ¹ Für Strom aus Anlagen, deren Registrierung erst nach dem in § 64 benannten Zeitpunkt beantragt wird, besteht für den Zeitraum bis zur Antragstellung weder ein Anspruch auf die Vergütung nach § 27 Absatz 1 des Erneuerbare-Energien-Gesetzes[1] noch ein Anspruch auf den Bonus für nachwachsende Rohstoffe nach § 27 Absatz 4 Nummer 2 des Erneuerbare-Energien-Gesetzes in der am 31. Dezember 2011 geltenden Fassung. ² Die verspätete Beantragung führt nicht dazu, dass der Bonus für nachwachsende Rohstoffe nach Nummer VII.1 der Anlage 2 zum Erneuerbare-Energien-Gesetz in der am 31. Dezember 2011 geltenden Fassung endgültig entfällt.

---

[1] Nr. 34.

§ 66 Informationsregister. Die zuständige Behörde führt ein zentrales Register über alle Zertifizierungssysteme, Zertifizierungsstellen, Zertifikate, Nachweise, Bescheinigungen und Berichte im Zusammenhang mit der Nachweisführung nach dieser Verordnung (Informationsregister).

§ 67 Datenabgleich. (1) Die zuständige Behörde gleicht die Daten im Anlagen- und Informationsregister sowohl untereinander als auch mit allen Daten ab, die der für Biokraftstoffe zuständigen Stelle nach § 37 d Absatz 1 des Bundes-Immissionsschutzgesetzes vorliegen.

(2) [1] Bei Nachhaltigkeitsnachweisen nach § 23 kann die zuständige Behörde Daten mit der Behörde oder Stelle, die diese Nachweise ausgestellt hat, abgleichen. [2] § 77 Satz 2 bleibt davon unberührt.

§ 68 Maßnahmen der zuständigen Behörde. Die zuständige Behörde muss dem Netzbetreiber, an dessen Netz die Anlage zur Stromerzeugung angeschlossen ist, Folgendes mitteilen, soweit es sich auf die in dieser Anlage eingesetzte flüssige Biomasse bezieht:
1. Verstöße gegen die Mitteilungspflicht nach § 13,
2. Widersprüche zwischen verschiedenen Daten, die im Rahmen des Datenabgleichs bekannt geworden sind, und
3. sonstige Zweifel an
   a) der Wirksamkeit eines Nachhaltigkeitsnachweises, eines Zertifikates oder einer Bescheinigung oder
   b) der Richtigkeit der darin nachgewiesenen Tatsachen.

§ 69 Clearingstelle. (1) Wenden sich die Anlagenbetreiberin oder der Anlagenbetreiber und der Netzbetreiber zur Klärung von Streitigkeiten über die Wirksamkeit eines Nachweises nach dieser Verordnung an die Clearingstelle nach § 57 des Erneuerbare-Energien-Gesetzes[1], soll die Clearingstelle eine Stellungnahme der zuständigen Behörde einholen.

(2) [1] Die Clearingstelle berichtet in ihren Tätigkeitsberichten nach § 57 Absatz 6 Satz 1 des Erneuerbare-Energien-Gesetzes über die Verfahren nach Absatz 1. [2] Die berechtigten Interessen der Verfahrensbeteiligten sind zu wahren.

Teil 5. Datenerhebung und -verarbeitung, Berichtspflichten, behördliches Verfahren

§ 70 Auskunftsrecht der zuständigen Behörde. Die zuständige Behörde kann von Anlagenbetreiberinnen und Anlagenbetreibern, Zertifizierungsstellen, Schnittstellen, im Fall von Zertifizierungssystemen von den Personen nach § 33 Absatz 1 Nummer 1 Buchstabe a und im Fall von § 59 von Umweltgutachterinnen und Umweltgutachtern weitere Informationen verlangen, soweit dies erforderlich ist, um
1. die Aufgaben nach dieser Verordnung zu erfüllen,

---

[1] Nr. 34.

2. zu überwachen, ob die Anforderungen nach dieser Verordnung erfüllt werden, oder

3. die Berichtspflichten der Bundesrepublik Deutschland gegenüber den Organen der Europäischen Union zu erfüllen.

§ 71 Berichtspflicht der zuständigen Behörde. Die zuständige Behörde evaluiert diese Verordnung regelmäßig und legt der Bundesregierung erstmals zum 31. Dezember 2010 und sodann jedes Jahr einen Erfahrungsbericht vor.

§ 72 Berichtspflicht des Bundesministeriums für Umwelt, Naturschutz und Reaktorsicherheit. ¹ Auf der Grundlage der Berichte nach § 71 berichtet das Bundesministerium für Umwelt, Naturschutz und Reaktorsicherheit der Kommission der Europäischen Gemeinschaften im Rahmen der Berichte nach Artikel 22 der Richtlinie 2009/28/EG[1)] über

1. die Erfüllung der Anforderungen nach dieser Verordnung sowie

2. die Auswirkungen der Herstellung der in der Bundesrepublik Deutschland zur Stromerzeugung eingesetzten flüssigen Biomasse auf die Nachhaltigkeit.

² Im Bericht muss bewertet werden, ob der Einsatz flüssiger Biomasse für die Stromerzeugung sozial zu vertreten ist.

§ 73 Datenübermittlung. (1) Soweit dies zur Durchführung der Verordnung erforderlich ist, darf die zuständige Behörde Informationen übermitteln an

1. folgende Bundesbehörden:

   a) das Bundesministerium der Finanzen,

   b) das Bundesministerium für Ernährung, Landwirtschaft und Verbraucherschutz,

   c) das Bundesministerium für Umwelt, Naturschutz und Reaktorsicherheit und

   d) die nachgeordneten Behörden dieser Ministerien, insbesondere an die für Biokraftstoffe zuständige Stelle nach § 37 d Absatz 1 des Bundes-Immissionsschutzgesetzes,

2. Behörden von anderen Mitgliedstaaten der Europäischen Union sowie von Drittstaaten und ihre sonstigen Stellen nach § 23 Absatz 1 Nummer 1 bis 3 und

3. Organe der Europäischen Union.

(1 a) Soweit dies zum Abgleich der Daten eines auf Grund des § 64 e des Erneuerbare-Energien-Gesetzes[2)] eingerichteten Anlagenregisters mit dem Anlagenregister nach § 61 erforderlich ist, darf die zuständige Behörde Informationen an die in einer Rechtsverordnung auf Grund des § 64 e des Erneuerbare-Energien-Gesetzes benannte Stelle übermitteln.

(2) ¹ Die Übermittlung personenbezogener Daten an die Stellen nach Absatz 1 Nummer 1 ist nur zulässig unter den Voraussetzungen des § 15 des Bundesdatenschutzgesetzes. ² Die Übermittlung dieser Daten an die Stellen

---

[1)] Nr. 36.
[2)] Nr. 34.

nach Absatz 1 Nummer 2 und 3 ist nur unter den Voraussetzungen der §§ 4 b und 4 c des Bundesdatenschutzgesetzes zulässig.

§ 74 Zuständigkeit. (1) Die Bundesanstalt für Landwirtschaft und Ernährung ist zuständig für

1. die Anerkennung von Regelungen nach § 8 Absatz 3 Satz 3 Nummer 2 Buchstabe b, ihre Bekanntmachung nach § 8 Absatz 3 Satz 4 und die Bekanntmachung nach Anlage 1 Nummer 10 Satz 2,
2. die Entgegennahme von Nachweisen nach § 13,
3. die Bekanntmachung einer elektronischen Datenbank und, sofern die Datenbank nicht von einer Zertifizierungsstelle oder einer anderen juristischen oder einer natürlichen Person betrieben wird, den Betrieb dieser Datenbank nach § 17 Absatz 2 Nummer 2,
4. die Bekanntmachung nach § 21 Absatz 1 Satz 2,
5. die Ausstellung von Nachhaltigkeits-Teilnachweisen nach § 24,
6. die Anerkennung und Überwachung von Zertifizierungssystemen nach Teil 3 Abschnitt 4 und nach § 60,
7. die Anerkennung und Überwachung von Zertifizierungsstellen nach Teil 3 Abschnitt 5 Unterabschnitt 1 bis 3 und § 60,
8. die Entgegennahme von Anzeigen und Erklärungen nach § 59 Absatz 4,
9. das Führen des zentralen Anlagen- und Informationsregisters nach Teil 4,
10. das Einholen von Auskünften nach § 70,
11. die Berichte nach § 71,
12. die Übermittlung von Daten nach § 73,
13. die Veröffentlichung von Mustern und Vordrucken nach § 76 Absatz 2 und
14. den Vollzug dieser Verordnung im Übrigen mit Ausnahme von § 4 Absatz 4 Satz 1 Variante 2.

(2) [1] Die Rechts- und Fachaufsicht über die Bundesanstalt für Landwirtschaft und Ernährung obliegt dem Bundesministerium für Ernährung, Landwirtschaft und Verbraucherschutz. [2] Fragen von grundsätzlicher Bedeutung sind mit dem Bundesministerium der Finanzen abzustimmen und es ist das Einvernehmen mit dem Bundesministerium für Umwelt, Naturschutz und Reaktorsicherheit herzustellen.

§ 75 Verfahren vor der zuständigen Behörde. [1] Die Amtssprache ist deutsch. [2] Alle Anträge, die bei der zuständigen Behörde gestellt werden, und alle Nachweise, Bescheinigungen, Berichte und sonstigen Unterlagen, die der zuständigen Behörde übermittelt werden, müssen in deutscher Sprache verfasst oder mit einer Übersetzung in die deutsche Sprache versehen sein. [3] § 23 Absatz 2 Satz 2 bis 4 des Verwaltungsverfahrensgesetzes ist entsprechend anzuwenden.

§ 76 Muster und Vordrucke. (1) Unbeschadet des § 18 Absatz 2 und des § 24 Absatz 1 Satz 5 sind auch für die folgenden Dokumente Vordrucke und Muster zu verwenden:

1. die Zertifikate nach § 26,

Biomassestrom-NachhaltigkeitsV §§ 77–79, Anl. 1 BioSt-NachV 37

2. die Berichte und Mitteilungen nach den §§ 52 und 53 sowie
3. die Bescheinigungen nach § 58 Nummer 1 Buchstabe b und § 59 Absatz 1.

(2) ¹Die zuständige Behörde veröffentlicht die Vordrucke und Muster sowie das Datensatzformat einer elektronischen Datenübermittlung im Bundesanzeiger sowie auf ihrer Internetseite. ²Sie kann für Nachhaltigkeitsnachweise und Nachhaltigkeits-Teilnachweise, die nach dem Muster der Anlage 3 oder 4 in englischer oder einer anderen Sprache ausgestellt worden sind, eine Übersetzung im Bundesanzeiger sowie auf ihrer Internetseite veröffentlichen.

§ 77 Außenverkehr. ¹Der Verkehr mit den Behörden anderer Mitgliedstaaten der Europäischen Union und Drittstaaten sowie mit den Organen der Europäischen Union obliegt dem Bundesministerium für Umwelt, Naturschutz und Reaktorsicherheit. ²Es kann den Verkehr mit den zuständigen Ministerien und Behörden anderer Mitgliedstaaten der Europäischen Union und Drittstaaten sowie den Organen der Europäischen Union im Einvernehmen mit dem Bundesministerium für Ernährung, Landwirtschaft und Verbraucherschutz auf die Bundesanstalt für Landwirtschaft und Ernährung übertragen.

Teil 6. Übergangs- und Schlussbestimmungen

§ 78 Übergangsbestimmung. Diese Verordnung ist nicht auf flüssige Biomasse anzuwenden, die vor dem 1. Januar 2011 zur Stromerzeugung eingesetzt wird.

§ 79 Inkrafttreten. (1) Die §§ 24 und 34 Absatz 2 treten am 1. Januar 2010 in Kraft.

(2) Im Übrigen tritt diese Verordnung am 24. August 2009 in Kraft.

Anlage 1
(zu § 8 Absatz 3)

Methode zur Berechnung des Treibhausgas-Minderungspotenzials anhand tatsächlicher Werte

1. Die Treibhausgasemissionen bei der Herstellung, Lieferung und Verwendung von flüssigen Brennstoffen (flüssige Biomasse und Fossilbrennstoffe) werden wie folgt berechnet:

$$E = e_{ec} + e_l + e_p + e_{td} + e_u - e_{sca} - e_{ccs} - e_{ccr} - e_{ee}$$

Dabei sind:

E = Gesamtemissionen bei der Verwendung des flüssigen Brennstoffs,

e_{ec} = Emissionen bei der Gewinnung der Rohstoffe, insbesondere bei Anbau und Ernte der Biomasse, aus der die flüssige Biomasse hergestellt wird,

e_l = auf das Jahr umgerechnete Emissionen auf Grund von Kohlenstoffbestandsänderungen infolge von Landnutzungsänderungen,

e_p = Emissionen bei der Verarbeitung,

e_{td} = Emissionen bei der Lieferung,

e_u = Emissionen bei der Nutzung des flüssigen Brennstoffs,

e_{sca} = Emissionseinsparungen durch Anreicherung von Kohlenstoff im Boden infolge besserer landwirtschaftlicher Bewirtschaftungspraktiken,

e_{ccs} = Emissionseinsparungen durch Abscheidung und geologische Speicherung von Kohlendioxid,

e_{ccr} = Emissionseinsparungen durch Abscheidung und Ersetzung von Kohlendioxid,

e_{ee} = Emissionseinsparungen durch überschüssigen Strom aus Kraft-Wärme-Kopplung.

Die mit der Herstellung der Anlagen und Ausrüstungen verbundenen Emissionen werden nicht berücksichtigt.

2. Die durch flüssige Brennstoffe verursachten Treibhausgasemissionen (E) werden in Gramm Kohlendioxid-Äquivalent je Megajoule flüssiger Brennstoff (g $CO_{2\,eq}$/MJ) angegeben.

3. (nicht belegt).

4. Die durch die Verwendung von flüssiger Biomasse erzielten Einsparungen bei den Treibhausgasemissionen werden wie folgt berechnet:

   $EINSPARUNG$ = $(E_F - E_B)/E_F$

   Dabei sind:

   E_B = Gesamtemissionen bei der Verwendung der flüssigen Biomasse,

   E_F = Gesamtemissionen des Vergleichswerts für Fossilbrennstoffe.

5. Die für die in Nummer 1 genannten Zwecke berücksichtigten Treibhausgase sind Kohlendioxid (CO_2), Distickstoffoxid (N_2O) und Methan (CH_4). Zur Berechnung der CO_2-Äquivalenz werden diese Gase wie folgt gewichtet:

   CO_2: 1
   N_2O: 296
   CH_4: 23

6. Die Emissionen bei der Gewinnung oder beim Anbau der Biomasse (e_{ec}) schließen die Emissionen des Gewinnungs- oder Anbauprozesses selbst, beim Sammeln der Rohstoffe, aus Abfällen und Leckagen sowie bei der Herstellung der zur Gewinnung oder zum Anbau verwendeten Chemikalien ein. Die Kohlendioxid-Bindung beim Anbau der Biomasse wird nicht berücksichtigt. Alternativ zu den tatsächlichen Werten können für die Emissionen beim Anbau Schätzungen aus den Durchschnittswerten abgeleitet werden, die für kleinere als die bei der Berechnung der Standardwerte herangezogenen geografischen Gebiete berechnet wurden.

7. Die auf Jahresbasis umgerechneten Emissionen aus Kohlenstoffbestandsänderungen infolge von Landnutzungsänderungen (e_l) werden durch gleichmäßige Verteilung der Gesamtemissionen über 20 Jahre berechnet. Diese Emissionen werden wie folgt berechnet:

   e_l = $(CS_R - CS_A) \times 3664 \times 1/20 \times 1/P - e_B$

Dabei sind:

e_l = auf das Jahr umgerechnete Treibhausgasemissionen aus Kohlenstoffbestandsänderungen infolge von Landnutzungsänderungen (gemessen als Masse an Kohlendioxid-Äquivalent je Energieeinheit der flüssigen Biomasse),

$C\text{-}S_R$ = der mit der Bezugsfläche verbundene Kohlenstoffbestand je Flächeneinheit (gemessen als Masse an Kohlenstoff je Flächeneinheit einschließlich Boden und Vegetation). Die Landnutzung der Bezugsflächen ist die Landnutzung zum Referenzzeitpunkt oder 20 Jahre vor der Gewinnung des Rohstoffes, je nachdem, welcher Zeitpunkt der spätere ist,

$C\text{-}S_A$ = der mit der tatsächlichen Landnutzung verbundene Kohlenstoffbestand je Flächeneinheit (gemessen als Masse an Kohlenstoff je Flächeneinheit einschließlich Boden und Vegetation). Wenn sich der Kohlenstoffbestand über mehr als ein Jahr anreichert, gilt als CS_A-Wert der geschätzte Kohlenstoffbestand je Flächeneinheit nach 20 Jahren oder zum Zeitpunkt der Reife der Pflanzen, je nachdem, welcher Zeitpunkt der frühere ist,

P = die Pflanzenproduktivität (gemessen als Energie der flüssigen Biomasse je Flächeneinheit je Jahr) und

e_B = Bonus von 29 g $CO_{2\,eq}$/MJ flüssiger Biomasse, wenn die Biomasse nach Maßgabe der Nummer 8 auf wiederhergestellten degradierten Flächen angebaut wird.

8. Der Bonus von 29 g $CO_{2\,eq}$/MJ wird gewährt, wenn der Nachweis erbracht wird, dass die betreffende Fläche

a) zum Referenzzeitpunkt nicht landwirtschaftlich oder zu einem anderen Zweck genutzt wurde und

b) unter eine der folgenden zwei Kategorien fällt:

aa) stark degradierte Flächen einschließlich früherer landwirtschaftlicher Flächen oder

bb) stark verschmutzte Flächen.

Der Bonus von 29 g $CO_{2\,eq}$/MJ gilt für einen Zeitraum von bis zu zehn Jahren ab dem Zeitpunkt der Umwandlung der Fläche in eine landwirtschaftliche Nutzfläche, sofern ein kontinuierlicher Anstieg des Kohlenstoffbestands und ein nennenswerter Rückgang der Erosion auf Flächen nach Satz 1 Buchstabe b Doppelbuchstabe aa gewährleistet werden und die Bodenverschmutzung auf Flächen nach Doppelbuchstabe bb gesenkt wird.

9. Die Kategorien nach Nummer 8 Satz 1 Buchstabe b werden wie folgt definiert:

a) stark degradierte Flächen sind Flächen,

aa) die während eines längeren Zeitraums versalzt wurden oder

bb) denen sehr wenige organische Substanzen zugeführt wurden

und die stark erodiert sind, und

b) stark verschmutzte Flächen sind Flächen, die auf Grund der Bodenverschmutzung ungeeignet für den Anbau von Lebens- und Futtermitteln sind.

Als Flächen nach Nummer 8 Satz 1 Buchstabe b gelten auch alle Flächen, die durch eine Entscheidung der Kommission der Europäischen Gemeinschaften auf Grund des Artikels 18 Absatz 4 Unterabsatz 4 der Richtlinie 2009/28/EG[1)] als stark geschädigte oder stark verschmutzte Flächen anerkannt worden sind.

[1)] Nr. 36.

10. Sobald die Kommission der Europäischen Gemeinschaften auf Grund des Anhangs V Teil C Nummer 10 Satz 1 der Richtlinie 2009/28/EG[1]) Leitlinien für die Berechnung des Bodenkohlenstoffbestands erstellt hat, sind diese der Berechnung des Bodenkohlenstoffbestands nach dieser Anlage zugrunde zu legen. Die zuständige Behörde macht den Inhalt dieser Leitlinien im Bundesanzeiger bekannt.

11. Die Emissionen bei der Verarbeitung (e_p) schließen die Emissionen bei der Verarbeitung selbst, aus Abfällen und Leckagen sowie bei der Herstellung der zur Verarbeitung verwendeten Chemikalien oder sonstigen Produkte ein. Bei der Berücksichtigung des Verbrauchs an Strom, der nicht in der Anlage zur Herstellung des flüssigen Brennstoffes erzeugt wurde, wird angenommen, dass die Treibhausgasemissionsintensität bei Erzeugung und Verteilung dieses Stroms der durchschnittlichen Emissionsintensität bei Erzeugung und Verteilung von Strom in einer bestimmten Region entspricht. Abweichend von Satz 2 können die Hersteller für den von einer einzelnen Stromerzeugungsanlage erzeugten Strom einen Durchschnittswert verwenden, sofern diese Anlage nicht an das Stromnetz angeschlossen ist.

12. Die Emissionen bei der Lieferung (e_{td}) schließen die bei dem Transport und der Lagerung von Rohstoffen und Halbfertigerzeugnissen sowie bei der Lagerung und dem Vertrieb von Fertigerzeugnissen anfallenden Emissionen ein. Satz 1 gilt nicht für die Emissionen beim Transport und Vertrieb, die nach Nummer 6 berücksichtigt werden.

13. Die Emissionen bei der Nutzung des flüssigen Brennstoffs (e_u) werden für flüssige Biomasse auf null festgesetzt.

14. Die Emissionseinsparungen durch Abscheidung und geologische Speicherung von Kohlendioxid (e_{ccs}), die noch nicht in e_p berücksichtigt wurden, werden begrenzt auf die Emissionen, die durch Abscheidung und Sequestrierung von emittiertem Kohlendioxid vermieden wurden und die unmittelbar mit der Gewinnung, dem Transport, der Verarbeitung und dem Vertrieb des flüssigen Brennstoffes verbunden sind.

15. Die Emissionseinsparungen durch Abscheidung und Ersetzung von Kohlendioxid (e_{ccr}) werden begrenzt auf die durch Abscheidung von Kohlendioxid vermiedenen Emissionen, bei denen der Kohlenstoff aus Biomasse stammt und anstelle des auf fossile Brennstoffe zurückgehenden Kohlendioxids für gewerbliche Erzeugnisse und Dienstleistungen verwendet wird.

16. Die Emissionseinsparungen durch überschüssigen Strom aus Kraft-Wärme-Kopplung (e_{ee}) werden im Verhältnis zu dem von Brennstoffherstellungssystemen mit Kraft-Wärme-Kopplung, welche als Brennstoff andere Nebenerzeugnisse als Ernterückstände einsetzen, erzeugten Stromüberschuss berücksichtigt. Für die Berücksichtigung dieses Stromüberschusses wird davon ausgegangen, dass die Größe der Kraft-Wärme-Kopplungs-(KWK-)Anlage der Mindestgröße entspricht, die erforderlich ist, um die für die Herstellung des flüssigen Brennstoffs benötigte Wärme zu liefern. Die mit diesem Stromüberschuss verbundenen Minderungen an Treibhausgasemissionen werden der Treibhausgasmenge gleichgesetzt, die bei der Erzeugung einer entsprechenden Strommenge in einem Kraftwerk emittiert würde, das den gleichen Brennstoff einsetzt wie die KWK-Anlage.

---

[1]) Nr. 36.

17. Werden bei einem Verfahren zur Herstellung flüssiger Brennstoffe neben dem Brennstoff, für den die Emissionen berechnet werden, weitere Erzeugnisse (Nebenerzeugnisse) hergestellt, so werden die anfallenden Treibhausgasemissionen zwischen dem flüssigen Brennstoff oder dessen Zwischenerzeugnis und den Nebenerzeugnissen nach Maßgabe ihres Energiegehalts aufgeteilt. Der Energiegehalt wird bei anderen Nebenerzeugnissen als Strom durch den unteren Heizwert bestimmt.
18. Für die Zwecke der Berechnung nach Nummer 17 sind die aufzuteilenden Emissionen e_{ec} + e_l + die Anteile von e_p, e_{td} und $e_{ee'}$ die bis einschließlich zu dem Verfahrensschritt anfallen, bei dem ein Nebenerzeugnis erzeugt wird. Wurden Emissionen in einem früheren Verfahrensschritt Nebenerzeugnissen zugewiesen, so wird für diesen Zweck anstelle der Gesamtemissionen der Bruchteil dieser Emissionen verwendet, der im letzten Verfahrensschritt dem Zwischenerzeugnis zugeordnet wird.
Im Fall von flüssiger Biomasse werden sämtliche Nebenerzeugnisse einschließlich des Stroms, der nicht unter Nummer 16 fällt, für die Zwecke der Berechnung berücksichtigt, mit Ausnahme von Ernterückständen wie Stroh, Bagasse, Hülsen, Maiskolben und Nussschalen. Für die Zwecke der Berechnung wird der Energiegehalt von Nebenerzeugnissen mit negativem Energiegehalt mit null angesetzt.
Die Lebenszyklus-Treibhausgasemissionen von Abfällen, Ernterückständen wie Stroh, Bagasse, Hülsen, Maiskolben und Nussschalen sowie Produktionsrückständen einschließlich Rohglycerin (nicht raffiniertes Glycerin) werden bis zur Sammlung dieser Materialien mit null festgesetzt.
Bei flüssigen Brennstoffen, die in Raffinerien hergestellt werden, ist die Analyseeinheit für die Zwecke der Berechnung nach Nummer 17 die Raffinerie.
19. Bei flüssiger Biomasse, die zur Stromerzeugung verwendet wird, ist für die Zwecke der Berechnung nach Nummer 4 der Vergleichswert für Fossilbrennstoffe E_F 91 g $CO_{2\,eq}$/MJ.
Bei flüssiger Biomasse, die zur Stromerzeugung in Kraft-Wärme-Kopplung verwendet wird, ist für die Zwecke der Berechnung nach Nummer 4 der Vergleichswert für Fossilbrennstoffe E_F 85 g $CO_{2\,eq}$/MJ.

Anlage 2
(zu § 8 Absatz 4)

Standardwerte zur Berechnung des Treibhausgas-Minderungspotenzials

1. Standardwerte für flüssige Biomasse

a) **Teilstandardwerte für den Anbau (e_{ec} gemäß Definition in Anlage 1):**

Herstellungsweg der flüssigen Biomasse	Standard-treibhausgasemissionen (g $CO_{2\,eq}$/MJ)
aa) Ethanol aus Zuckerrüben	12
bb) Ethanol aus Weizen	23

37 BioSt-NachV Anl. 2

	Herstellungsweg der flüssigen Biomasse	Standard-treibhausgas-emissionen (g CO_{2eq}/MJ)
cc)	Ethanol aus Mais, in einem Mitgliedstaat der Europäischen Union hergestellt	20
dd)	Ethanol aus Zuckerrohr	14
ee)	Biodiesel aus Raps	29
ff)	Biodiesel aus Sonnenblumen	18
gg)	Biodiesel aus Sojabohnen	19
hh)	Biodiesel aus Palmöl	14
ii)	Biodiesel aus pflanzlichem oder tierischem Abfallöl mit Ausnahme von tierischen Ölen aus tierischen Nebenprodukten, die in der Verordnung (EG) Nr. 1774/2002 des Europäischen Parlaments und des Rates vom 3. Oktober 2002 mit Hygienevorschriften für nicht für den menschlichen Verzehr bestimmte tierische Nebenprodukte (ABl. L 273 vom 10. 10. 2002, S. 1) als Material der Kategorie 3 eingestuft werden	0
jj)	hydriertes Rapsöl	30
kk)	hydriertes Sonnenblumenöl	18
ll)	hydriertes Palmöl	15
mm)	reines Rapsöl	30

b) Teilstandardwerte für die Verarbeitung einschließlich Stromüberschuss (e_p - e_{ee} gemäß Definition in Anlage 1):

	Herstellungsweg der flüssigen Biomasse	Standard-treibhausgas-emissionen (g CO_{2eq}/MJ)
aa)	Ethanol aus Zuckerrüben	26
bb)	Ethanol aus Weizen (Prozessbrennstoff nicht spezifiziert)	45
cc)	Ethanol aus Weizen (Braunkohle als Prozessbrennstoff in KWK-Anlage)	45
dd)	Ethanol aus Weizen (Erdgas als Prozessbrennstoff in konventioneller Anlage)	30
ee)	Ethanol aus Weizen (Erdgas als Prozessbrennstoff in KWK-Anlage)	19
ff)	Ethanol aus Weizen (Stroh als Prozessbrennstoff in KWK-Anlage)	1
gg)	Ethanol aus Mais, in einem Mitgliedstaat der Europäischen Union hergestellt (Erdgas als Prozessbrennstoff in KWK-Anlage)	21
hh)	Ethanol aus Zuckerrohr	1
ii)	Biodiesel aus Raps	22
jj)	Biodiesel aus Sonnenblumen	22
kk)	Biodiesel aus Sojabohnen	26
ll)	Biodiesel aus Palmöl (Prozessbrennstoff nicht spezifiziert)	49

Biomassestrom-Nachhaltigkeitsverordnung   Anl. 2   BioSt-NachV 37

	Herstellungsweg der flüssigen Biomasse	Standard-treibhausgas-emissionen (g $CO_{2\,eq}$/MJ)
mm)	Biodiesel aus Palmöl (Verarbeitung mit Methanbindung an der Ölmühle)	18
nn)	Biodiesel aus pflanzlichem oder tierischem Abfallöl	13
oo)	hydriertes Rapsöl	13
pp)	hydriertes Sonnenblumenöl	13
qq)	hydriertes Palmöl (Prozess nicht spezifiziert)	42
rr)	hydriertes Palmöl (Verarbeitung mit Methanbindung an der Ölmühle)	9
ss)	reines Rapsöl	5

c) **Teilstandardwerte für die Lieferung (e_{td} gemäß Definition in Anlage 1):**

	Herstellungsweg der flüssigen Biomasse	Standard-treibhausgas-emissionen (g $CO_{2\,eq}$/MJ)
aa)	Ethanol aus Zuckerrüben	2
bb)	Ethanol aus Weizen	2
cc)	Ethanol aus Mais, in einem Mitgliedstaat der Europäischen Union hergestellt	2
dd)	Ethanol aus Zuckerrohr	9
ee)	Biodiesel aus Raps	1
ff)	Biodiesel aus Sonnenblumen	1
gg)	Biodiesel aus Sojabohnen	13
hh)	Biodiesel aus Palmöl	5
ii)	Biodiesel aus pflanzlichem oder tierischem Abfallöl	1
jj)	hydriertes Rapsöl	1
kk)	hydriertes Sonnenblumenöl	1
ll)	hydriertes Palmöl	5
mm)	reines Rapsöl	1

d) **Gesamtstandardwerte für Herstellung und Lieferung:**

	Herstellungsweg der flüssigen Biomasse	Standard-treibhausgas-emissionen (g $CO_{2\,eq}$/MJ)
aa)	Ethanol aus Zuckerrüben	40
bb)	Ethanol aus Weizen (Prozessbrennstoff nicht spezifiziert)	70
cc)	Ethanol aus Weizen (Braunkohle als Prozessbrennstoff in KWK-Anlage)	70

	Herstellungsweg der flüssigen Biomasse	Standard-treibhausgas-emissionen (g $CO_{2\,eq}$/ MJ)
dd)	Ethanol aus Weizen (Erdgas als Prozessbrennstoff in konventioneller Anlage)	55
ee)	Ethanol aus Weizen (Erdgas als Prozessbrennstoff in KWK-Anlage)	44
ff)	Ethanol aus Weizen (Stroh als Prozessbrennstoff in KWK-Anlage)	26
gg)	Ethanol aus Mais, in einem Mitgliedstaat der Europäischen Union hergestellt (Erdgas als Prozessbrennstoff in KWK-Anlage)	43
hh)	Ethanol aus Zuckerrohr	24
ii)	Biodiesel aus Raps	52
jj)	Biodiesel aus Sonnenblumen	41
kk)	Biodiesel aus Sojabohnen	58
ll)	Biodiesel aus Palmöl (Prozessbrennstoff nicht spezifiziert)	68
mm)	Biodiesel aus Palmöl (Verarbeitung mit Methanbindung an der Ölmühle)	37
nn)	Biodiesel aus pflanzlichem oder tierischem Abfallöl	14
oo)	hydriertes Rapsöl	44
pp)	hydriertes Sonnenblumenöl	32
qq)	hydriertes Palmöl (Prozess nicht spezifiziert)	62
rr)	hydriertes Palmöl (Verarbeitung mit Methanbindung an der Ölmühle)	29
ss)	reines Rapsöl	36

2. Geschätzte Standardwerte für künftige flüssige Biomasse, die zum Referenzzeitpunkt nicht oder nur in vernachlässigbaren Mengen auf dem Markt war

a) Teilstandardwerte für den Anbau (e_{ec} gemäß Definition in Anlage 1):

	Herstellungsweg der flüssigen Biomasse	Standard-treibhausgas-emissionen (g $CO_{2\,eq}$/ MJ)
aa)	Ethanol aus Weizenstroh	3
bb)	Ethanol aus Holz	1
cc)	Ethanol aus Kulturholz	6
dd)	Fischer-Tropsch-Diesel aus Abfallholz	1
ee)	Fischer-Tropsch-Diesel aus Kulturholz	4
ff)	Dimethylether (DME) aus Abfallholz	1
gg)	DME aus Kulturholz	5
hh)	Methanol aus Abfallholz	1
ii)	Methanol aus Kulturholz	5

b) **Teilstandardwerte für die Verarbeitung einschließlich Stromüberschuss (e_p - e_{ee} gemäß Anlage 1):**

	Herstellungsweg der flüssigen Biomasse	Standard-treibhausgas-emissionen (g $CO_{2\,eq}$/ MJ)
aa)	Ethanol aus Weizenstroh	7
bb)	Ethanol aus Holz	17
cc)	Fischer-Tropsch-Diesel aus Holz	0
dd)	DME aus Holz	0
ee)	Methanol aus Holz	0

c) **Teilstandardwerte für die Lieferung (e_{td} gemäß Definition in Anlage 1):**

	Herstellungsweg der flüssigen Biomasse	Standard-treibhausgas-emissionen (g $CO_{2\,eq}$/ MJ)
aa)	Ethanol aus Weizenstroh	2
bb)	Ethanol aus Abfallholz	4
cc)	Ethanol aus Kulturholz	2
dd)	Fischer-Tropsch-Diesel aus Abfallholz	3
ee)	Fischer-Tropsch-Diesel aus Kulturholz	2
ff)	DME aus Abfallholz	4
gg)	DME aus Kulturholz	2
hh)	Methanol aus Abfallholz	4
ii)	Methanol aus Kulturholz	2

d) **Gesamtstandardwerte für Herstellung und Lieferung:**

	Herstellungsweg der flüssigen Biomasse	Standard-treibhausgas-emissionen (g $CO_{2\,eq}$/ MJ)
aa)	Ethanol aus Weizenstroh	13
bb)	Ethanol aus Abfallholz	22
cc)	Ethanol aus Kulturholz	25
dd)	Fischer-Tropsch-Diesel aus Abfallholz	4
ee)	Fischer-Tropsch-Diesel aus Kulturholz	6
ff)	DME aus Abfallholz	5
gg)	DME aus Kulturholz	7
hh)	Methanol aus Abfallholz	5
ii)	Methanol aus Kulturholz	7

Anlage 3

(zu § 18 Absatz 2)

Muster eines Nachhaltigkeitsnachweises

NACHHALTIGKEITSNACHWEIS
für flüssige Biomasse nach den §§ 15 ff. Biomassestrom-Nachhaltigkeitsverordnung (BioSt-NachV)

Nummer:

Schnittstelle:
(Name, Adresse, Zertifikatsnummer)

Nachweis-Empfänger:
(Name, Adresse)

Zertifizierungssystem:
(Name, Internetseite*, Registriernummer)

---

1. Allgemeine Angaben zur Biomasse:

Art (z.B. Palmöl): Anbauland*:
Menge (t oder m³): Energiegehalt (MJ):

Die flüssige Biomasse ist aus Abfall oder aus Reststoffen hergestellt worden, und die Reststoffe stammen nicht aus der Land-, Forst- oder Fischwirtschaft oder aus Aquakulturen. ☐ ja ☐ nein
Hinweis: Falls ja, sind keine Angaben unter 2. erforderlich.

2. Nachhaltiger Anbau der Biomasse nach den §§ 4 – 7 BioSt-NachV:

Die Biomasse erfüllt die Anforderungen nach den §§ 4 – 7 BioSt-NachV. ☐ ja ☐ nein

3. Treibhausgas-Minderungspotenzial nach § 8 BioSt-NachV:

☐ Das Treibhausgas-Minderungspotenzial ist wie folgt erfüllt:
- Treibhausgasemissionen (g CO_{2eq}/MJ): Vergleichswert für Fossilbrennstoffe (g CO_{2eq}/MJ):
- Erfüllung des Minderungspotenzials* ☐ zur Stromerzeugung ☐ als Kraftstoff
  bei einem Einsatz ☐ in Kraft-Wärme-Kopplung ☐ zur Wärmeerzeugung
- Erfüllung des Minderungspotenzials bei einem Einsatz
  in folgenden Ländern/Regionen (z.B. Deutschland, EU):

Die Berechnung des Minderungspotenzials erfolgte ganz oder teilweise
anhand von Standardwerten nach Anlage 2 der BioSt-NachV. ☐ ja ☐ nein

☐ Die Biomasse stammt aus einer Ölmühle, die vor dem 23. Januar 2008 in Betrieb genommen worden ist.

Der Nachhaltigkeitsnachweis ist auch ohne Unterschrift gültig. Für die Richtigkeit des Nachweises ist die ausstellende Schnittstelle verantwortlich. Die Identifizierung des Nachweises erfolgt über seine einmalig vergebene Nummer.

Ort und Datum der Ausstellung:

Lieferung auf Grund eines Massenbilanzsystems nach § 17 BioSt-NachV **:

Die Lieferung ist in einem Massenbilanzsystem dokumentiert worden. ☐ ja ☐ nein

☐ Die Dokumentation erfolgte nach den Anforderungen
  des folgenden Zertifizierungssystems:
☐ Die Dokumentation erfolgte in der folgenden elektronischen Datenbank:
☐ Die Dokumentation erfolgte auf die folgende andere Art:

Letzter Lieferant (Name, Adresse):

Ort und Datum:

---

* freiwillige Angabe ** **Hinweis:** auszufüllen vom letzten Lieferanten

Vordruck der Bundesanstalt für Landwirtschaft und Ernährung

Anlage 4
(zu § 24 Absatz 1)

Muster eines Nachhaltigkeits-Teilnachweises

NACHHALTIGKEITS-TEILNACHWEIS
für flüssige Biomasse nach den §§ 15 ff. Biomassestrom-Nachhaltigkeitsverordnung (BioSt-NachV)

Nummer des Teilnachweises: **Nummer des aufgeteilten Nachweises:**

Aussteller:

Schnittstelle*:	Teilnachweis-Empfänger:	Zertifizierungssystem*:
(Name, Adresse, Zertifikatsnummer)	(Name, Adresse)	(Name, Internetseite**, Registriernummer)

---

1. Allgemeine Angaben zur Biomasse*:

Art (z.B. Palmöl):   Anbauland**:
Menge (t oder m^3):   Energiegehalt (MJ):

Die flüssige Biomasse ist aus Abfall oder aus Reststoffen hergestellt worden, und die Reststoffe stammen nicht aus der Land-, Forst- oder Fischwirtschaft oder aus Aquakulturen.   ☐ ja   ☐ nein
Hinweis: Falls ja, sind keine Angaben unter 2. erforderlich.

2. Nachhaltiger Anbau der Biomasse nach den §§ 4 – 7 BioSt-NachV:

Die Biomasse erfüllt die Anforderungen nach den §§ 4 – 7 BioSt-NachV.   ☐ ja   ☐ nein

3. Treibhausgas-Minderungspotenzial nach § 8 BioSt-NachV:

☐ Das Treibhausgas-Minderungspotenzial ist wie folgt erfüllt:
- Treibhausgasemissionen (g $CO_{2äq}$/MJ):   Vergleichswert für Fossilbrennstoffe (g $CO_{2äq}$/MJ):
- Erfüllung des Minderungspotenzials**   ☐ zur Stromerzeugung   ☐ als Kraftstoff
  bei einem Einsatz   ☐ in Kraft-Wärme-Kopplung   ☐ zur Wärmeerzeugung
- Erfüllung des Minderungspotenzials bei einem Einsatz
  in folgenden Ländern/Regionen (z.B. Deutschland, EU):

Die Berechnung des Minderungspotenzials erfolgte ganz oder teilweise
anhand von Standardwerten nach Anlage 2 der BioSt-NachV*.   ☐ ja   ☐ nein

☐ Die Biomasse stammt aus einer Ölmühle, die vor dem 23. Januar 2008 in Betrieb genommen worden ist.

Der Nachhaltigkeits-Teilnachweis wurde elektronisch erstellt und ist ohne Unterschrift gültig. Die Identifizierung des Teilnachweises erfolgt über seine einmalig vergebene Nummer.

Ort und Datum der Ausstellung:

Lieferung auf Grund eines Massenbilanzsystems nach § 17 BioSt-NachV * :**

Die Lieferung ist in einem Massenbilanzsystem dokumentiert worden.   ☐ ja   ☐ nein

☐ Die Dokumentation erfolgte nach den Anforderungen
   des folgenden Zertifizierungssystems:

☐ Die Dokumentation erfolgte in der folgenden elektronischen Datenbank:

☐ Die Dokumentation erfolgte auf die folgende andere Art:

Letzter Lieferant (Name, Adresse):

Ort und Datum:

---

* **Hinweis:** Bei der Vermischung verschiedener Mengen flüssiger Biomasse genügen die Angaben zu den zwei größten Mengen im Gemisch.
** **freiwillige Angabe**   *** **Hinweis:** auszufüllen vom letzten Lieferanten
Vordruck der Bundesanstalt für Landwirtschaft und Ernährung

Anlage 5
(zu § 33 Absatz 1, § 43 Absatz 1)

Inhaltliche Anforderungen an Zertifizierungssysteme

1. Zertifizierungssysteme enthalten mindestens Regelungen darüber,
   a) wie die Anforderungen nach den §§ 4 bis 8 für die Herstellung und Lieferung der flüssigen Biomasse unter Berücksichtigung eines Massenbilanzsystems nach Maßgabe des § 16 näher bestimmt, umgesetzt und bei den Schnittstellen, den Anbau- und sonstigen Betrieben sowie den Lieferanten kontrolliert werden;
   b) welche Anforderungen die Schnittstellen einschließlich aller von ihnen mit der Herstellung oder Lieferung der Biomasse unmittelbar oder mittelbar befassten Betriebe, die nicht selbst eine Schnittstelle sind, für die Ausstellung eines Zertifikates erfüllen müssen, insbesondere
      aa) welche Unterlagen sie der Zertifizierungsstelle zum Nachweis darüber vorlegen müssen, dass sie die Anforderungen nach den §§ 4 bis 8 erfüllen,
      bb) welchen Inhalt und Umfang die Dokumentation nach § 26 Absatz 1 Nummer 4 haben muss, wie das Risiko einer fehlerhaften Dokumentation in den Stufen „hoch", „mittel" und „niedrig" bewertet wird und wie die Schnittstellen und sonstigen Betriebe unabhängig von § 39 Absatz 3 verpflichtet werden, die Dokumentation vertraulich zu behandeln und Dritten nicht zugänglich zu machen,
      cc) welche Daten für die Berechnung des Treibhausgas-Minderungspotenzials nach § 8 gemessen werden müssen und wie genau diese Daten sein müssen,
      dd) wie in dem Fall, dass eine Zertifizierungsstelle feststellt, dass ein Betrieb oder eine Schnittstelle die Anforderungen nach dieser Verordnung nicht oder nicht mehr erfüllt, gewährleistet wird, dass der Betrieb oder die Schnittstelle durch geeignete Maßnahmen sanktioniert wird; als geeignete Sanktion kann insbesondere die Informierung aller weiteren Zertifizierungsstellen und Schnittstellen, für die diese Information wesentlich ist, vorgesehen werden, und
      ee) welches Verfahren Schnittstellen nach § 15 Absatz 3 zur Ausstellung von Nachhaltigkeitsnachweisen anwenden müssen;
   c) welche Anforderungen die Zertifizierungsstellen, die zur Kontrolle der Anforderungen dieses Zertifizierungssystems benannt worden sind, erfüllen müssen, insbesondere
      aa) wie sie die Erfüllung der Anforderungen nach § 43 Absatz 1 Nummer 2 nachweisen müssen,
      bb) welches Verfahren sie zur Ausstellung von Zertifikaten anwenden müssen und
      cc) wie sie die Schnittstellen, die Betriebe, in denen die Biomasse angebaut oder geerntet wird, und die Lieferanten nach den §§ 49 bis 51 kontrollieren müssen;

d) welche weiteren Maßnahmen zur Transparenz und zur Vorsorge gegen Missbrauch und Betrug vorgesehen sind;
e) dass sich die Zertifizierungsstellen schriftlich verpflichten,
   aa) die Anforderungen dieses Zertifizierungssystems zu erfüllen,
   bb) die Kontrollen und Maßnahmen nach § 55 zu dulden und
   cc) für alle Orte, an denen sie nach dieser Verordnung Tätigkeiten ausüben und die nicht im Geltungsbereich dieser Verordnung liegen, der zuständigen Behörde eine dem § 55 entsprechende Kontroll- und Betretungsmöglichkeit zu gewähren,
f) dass sich die Schnittstellen, die sich zur Erfüllung der Anforderungen dieses Zertifizierungssystems verpflichtet haben, einschließlich aller von ihnen mit der Herstellung oder Lieferung der flüssigen Biomasse unmittelbar oder mittelbar befassten Betriebe, die nicht selbst eine Schnittstelle sind, schriftlich verpflichten,
   aa) die Anforderungen dieses Zertifizierungssystems und die Anforderungen nach § 26 Absatz 1 zu erfüllen,
   bb) die Kontrolle nach den §§ 49 und 50 zu dulden und
   cc) für alle Orte, an denen sie nach dieser Verordnung Tätigkeiten ausüben und die nicht im Geltungsbereich dieser Verordnung liegen, der Zertifizierungsstelle eine den §§ 49 und 50 entsprechende Kontroll- und Betretungsmöglichkeit zu gewähren,
g) auf welche Länder oder Staaten sich die in den Buchstaben a bis f genannten Anforderungen beziehen.
2. Zertifizierungssysteme müssen sicherstellen, dass die Erfüllung der Anforderungen nach dieser Verordnung keine unverhältnismäßigen Kosten für kleinbäuerliche Betriebe, Produzentenorganisationen und Genossenschaften verursacht. Sie können zu diesem Zweck in begründeten Fällen von den Anforderungen nach Teil 4 dieser Verordnung abweichen.
3. Zertifizierungssysteme können Regelungen über die Verwendung einer elektronischen Datenbank für den Nachweis der Erfüllung der Anforderungen nach den §§ 16 und 17 enthalten.
4. Das Bundesministerium für Umwelt, Naturschutz und Reaktorsicherheit kann die in den Nummern 1 bis 3 genannten Anforderungen im Einvernehmen mit dem Bundesministerium für Ernährung, Landwirtschaft und Verbraucherschutz durch ein Referenzsystem näher bestimmen und als Verwaltungsvorschrift im Bundesanzeiger bekannt machen. Satz 1 gilt nicht für die Angaben, die von der Kommission der Europäischen Gemeinschaften auf Grund des Artikels 18 Absatz 3 Unterabsatz 3 der Richtlinie 2009/28/EG[1] zu dem Zweck festgelegt werden, dass die Wirtschaftsteilnehmer diese Angaben an die Mitgliedstaaten der Europäischen Union übermitteln sollen.

---

[1] Nr. 36.

38. Verordnung zu Systemdienstleistungen durch Windenergieanlagen (Systemdienstleistungsverordnung – SDLWindV)

Vom 3. Juli 2009

(BGBl. I S. 1734)

FNA 754-22-1

zuletzt geänd. durch Art. 4 G zur Neuregelung des Rechtsrahmens für die Förderung der Stromerzeugung aus erneuerbaren Energien v. 28. 7. 2011 (BGBl. I S. 1634)

Auf Grund des § 64 Absatz 1 Satz 1 Nummer 1 des Erneuerbare-Energien-Gesetzes[1)] vom 25. Oktober 2008 (BGBl. I S. 2074) verordnet die Bundesregierung:

Teil 1. Allgemeine Vorschriften

§ 1 Anwendungsbereich. Diese Verordnung regelt

1. die technischen und betrieblichen Vorgaben nach § 6 Absatz 5 des Erneuerbare-Energien-Gesetzes[1)] und

2. die Anforderungen an den Systemdienstleistungs-Bonus nach § 66 Absatz 1 Nummer 8 des Erneuerbare-Energien-Gesetzes und wie der Nachweis zu führen ist.

Teil 2. Neue Windenergieanlagen

§ 2 Anschluss an das Mittelspannungsnetz. (1) Betreiberinnen und Betreiber von Windenergieanlagen nach § 29 und § 30 des Erneuerbare-Energien-Gesetzes[1)], die an das Mittelspannungsnetz angeschlossen werden, müssen am Netzverknüpfungspunkt einzeln oder gemeinsam mit anderen Anlagen oder durch zusätzliche technische oder betriebliche Einrichtungen die Anforderungen der technischen Richtlinie des Bundesverbandes der Energie- und Wasserwirtschaft „Erzeugungsanlagen am Mittelspannungsnetz", Ausgabe Juni 2008 (Mittelspannungsrichtlinie 2008) (BAnz. Nr. 67a vom 6. Mai 2009) in Verbindung mit „Regelungen und Übergangsfristen für bestimmte Anforderungen in Ergänzung zur technischen Richtlinie: Erzeugungsanlagen am Mittelspannungsnetz", Stand 15. Februar 2011 (Ergänzung vom 15. Februar 2011) (BAnz. Nr. 51 vom 31. März 2011, S. 1189) erfüllen, soweit in dieser Verordnung nichts Abweichendes geregelt ist.

(2) Abschnitt 2.5.1.2 der Mittelspannungsrichtlinie 2008 in Verbindung mit der Ergänzung vom 15. Februar 2011 gilt mit der Maßgabe, dass während eines Netzfehlers die Netzspannung durch Einspeisung eines Blindstroms in

---

[1)] Nr. 34.

das Netz gemäß Nummer II.12.d und Nummer II.12.e der Anlage 1 sichergestellt werden muss.

§ 3 Anschluss an das Hoch- und Höchstspannungsnetz. Betreiberinnen und Betreiber von Windenergieanlagen nach § 29 und § 30 des Erneuerbare-Energien-Gesetzes[1], die an das Hoch- und Höchstspannungsnetz angeschlossen werden, müssen am Netzverknüpfungspunkt einzeln oder gemeinsam mit anderen Anlagen oder durch zusätzliche technische oder betriebliche Einrichtungen die Anforderungen des „TransmissionCodes 2007 – Netz- und Systemregeln der deutschen Übertragungsnetzbetreiber", Ausgabe Version 1.1 August 2007 (TransmissionCode 2007) (BAnz. Nr. 67 a vom 6. Mai 2009) nach Maßgabe der Anlage 1 erfüllen.

§ 4 Anschluss verschiedener Anlagen an einem Netzverknüpfungspunkt. Die technischen und betrieblichen Vorgaben nach § 6 Absatz 5 des Erneuerbare-Energien-Gesetzes[1] gelten als erfüllt, wenn mehrere Windenergieanlagen an einen Netzverknüpfungspunkt angeschlossen werden, von denen mindestens eine bis zum 31. März 2011 in Betrieb genommen wurde, und die Anforderungen nach § 2 oder § 3 mit Maßgabe der folgenden Anforderungen erfüllt werden:

1. die Anforderungen an die verfügbare Blindleistungsbereitstellung auch nach Maßgabe der Anlage 2 und
2. die Anforderungen an die Blindstrombereitstellung zur dynamischen Netzstützung nach Maßgabe des TransmissionCodes 2007 auch an der Unterspannungsseite des Maschinentransformators oder einem in der Wirkung vergleichbaren Bezugspunkt.

Teil 3. Alte Windenergieanlagen

§ 5 Voraussetzungen für den Systemdienstleistungs-Bonus. Betreiberinnen und Betreiber derjenigen Windenergieanlagen, die nach dem 31. Dezember 2001 und vor dem 1. Januar 2009 in Betrieb genommen worden sind, haben Anspruch auf den Systemdienstleistungs-Bonus nach § 66 Absatz 1 Nummer 8 des Erneuerbare-Energien-Gesetzes[1], wenn sie nach dem 31. Dezember 2011 und vor dem 1. Januar 2016 erstmals die in Anlage 3 festgelegten Anforderungen am Netzverknüpfungspunkt oder an einem anderen zwischen Netzverknüpfungspunkt und Windenergieanlage gelegenen Punkt erfüllen.

Teil 4. Nachweis und Schlussbestimmungen

§ 6 Zertifikate, Sachverständigengutachten und Prototypen. (1) ¹Der Nachweis, dass die Voraussetzungen der §§ 2 bis 4 in Verbindung mit den Anlagen[2] 1 und 2 am Netzverknüpfungspunkt eingehalten werden, ist durch die Vorlage von Einheitenzertifikaten nach dem Verfahren des Kapitels 6.1 der Mittelspannungsrichtlinie 2008 in Verbindung mit der Ergänzung vom 15. Februar 2011 und durch das Gutachten einer oder eines Sachverständigen zu erbringen. ² Treten bei der Berechnung nach Nummer 2.3 der Ergänzung

---
[1] Nr. 34.
[2] Nr. 38.

vom 15. Februar 2011 mehr als sechs Überschreitungen auf, gelten die Anforderungen dieser Verordnung solange als erfüllt, wie die für diesen Fall dort vorgesehenen Anforderungen eingehalten und dies nach dem dort beschriebenem Verfahren nachgewiesen wird. ³ Für Anlagen im Sinne der Übergangsbestimmung des § 8 Absatz 1 gilt Nummer 2.3 der Ergänzung vom 15. Februar 2011 mit der Maßgabe, dass die Fristen nicht mit der Inbetriebsetzung der Anlage, sondern dem 1. April 2012 zu Laufen beginnen. ⁴ Die Erstellung der Zertifikate und die Begutachtung müssen nach dem Stand der Technik durchgeführt werden. ⁵ Zertifizierer müssen nach DIN EN 45011:1998[1] akkreditiert sein.

(2) ¹ Der Nachweis, dass die Voraussetzungen des § 5 in Verbindung mit Anlage 3 am Netzverknüpfungspunkt eingehalten werden, kann durch Einheitenzertifikate und durch das Gutachten einer oder eines Sachverständigen erbracht werden. ² Absatz 1 Satz 2 und 3 gelten entsprechend.

(3) ¹ Ist eine Windenergieanlage ein Prototyp, so gelten die Anforderungen der §§ 2 bis 4 in Verbindung mit den Anlagen 1 und 2 in einem Zeitraum von zwei Jahren ab der Inbetriebnahme der Anlage für den Vergütungsanspruch nach § 16 Absatz 6 in Verbindung mit § 6 Nummer 2 des Erneuerbare-Energien-Gesetzes[2] als erfüllt. ² Abweichend von Absatz 1 muss für den Prototyp der Nachweis, dass die Voraussetzungen der §§ 2 bis 4 in Verbindung mit den Anlagen 1 und 2 am Netzverknüpfungspunkt eingehalten werden, binnen zwei Jahren nach der Inbetriebnahme erbracht werden. ³ Wird der Nachweis nach Satz 2 erbracht, gelten die Anforderungen dieser Verordnung als seit der Inbetriebnahme der Anlage erfüllt. ⁴ Prototypen sind die erste Windenergieanlage eines Typs, der wesentliche technische Weiterentwicklungen oder Neuerungen aufweist, und alle weiteren Windenergieanlagen dieses Typs, die innerhalb von zwei Jahren nach der Inbetriebnahme der ersten Windenergieanlage dieses Typs in Betrieb genommen werden. ⁵ Dass eine wesentliche technische Weiterentwicklung oder Neuerung vorliegt, muss durch einen Zertifizierer bestätigt werden.

§ 7 Mehrere Windenergieanlagen. Bei einem Anschluss mehrerer Windenergieanlagen an einen Netzverknüpfungspunkt gilt für die Zuordnung des Systemdienstleistungs-Bonus § 19 Absatz 3 des Erneuerbare-Energien-Gesetzes[2] entsprechend.

§ 8 Übergangsbestimmungen. (1) Für Strom aus Anlagen, die vor dem 1. Januar 2012 in Betrieb genommen worden sind, ist die Systemdienstleistungsverordnung vom 3. Juli 2009 (BGBl. I S. 1734) in der am 31. Dezember 2011 geltenden Fassung anzuwenden.

(2) Absatz 1 ist nicht auf Anlagen im Sinne des § 66 Absatz 1 Nummer 8 des Erneuerbare-Energien-Gesetzes[2] anzuwenden.

§ 9 Inkrafttreten. Diese Verordnung tritt am Tag nach der Verkündung[3] in Kraft.

---

[1] **Amtl. Anm.:** Zu beziehen bei der Beuth Verlag GmbH, Berlin, und beim Deutschen Patent- und Markenamt in München archiviert.
[2] Nr. **34**.
[3] Verkündet am 10. 7. 2009.

Systemdienstleistungsverordnung **Anl. 1 SDLWindV 38**

Anlage 1

I. Der TransmissionCode 2007 muss am Netzverknüpfungspunkt mit folgenden Maßgaben eingehalten werden:
  1. Die Wörter „Erzeugungseinheit" und „Erzeugungseinheit mit regenerativen Energiequellen" sind durch das Wort „*Windenergie-Erzeugungsanlage*" zu ersetzen.
  2. Die Wörter „Energieerzeugungseinheiten" und „EEG-Erzeugungseinheiten" sind durch das Wort „*Windenergie-Erzeugungsanlagen*" zu ersetzen.
  3. Die Wörter „des Generators" sind durch die Wörter „der *Windenergie-Erzeugungseinheit*" zu ersetzen.
  4. Die Wörter „Erzeugungseinheiten vom Typ 1" sind durch die Wörter „*Windenergie-Erzeugungsanlagen, die Windenergie-Erzeugungseinheiten vom Typ 1 enthalten,*" zu ersetzen.
  5. Die Wörter „Erzeugungseinheiten vom Typ 2" sind durch die Wörter „*Windenergie-Erzeugungsanlagen, die Windenergie-Erzeugungseinheiten vom Typ 2 enthalten,*" zu ersetzen.
  6. Das Wort „Netzanschlusspunkt" ist durch das Wort „*Netzverknüpfungspunkt*" zu ersetzen.

II. Kapitel 3 des TransmissionCodes 2007 gilt mit folgenden Maßgaben:
  1. In Abschnitt 3.3.6 werden in Bild 3.2 die Wörter „oberhalb der Kurve Anforderungen P = P_n" durch die Wörter „oberhalb der Kurve Anforderungen $P = P_{vb}$" ersetzt.
  2. Abschnitt 3.3.7.1 ist nicht anzuwenden.
  3. Vor dem Abschnitt 3.3.8.1 werden folgende Absätze eingefügt:
  (1) Die Blindleistung bezieht sich auf die Mitsystemkomponente der Strom-/Spannungs-Grundschwingung gemäß IEC 61400-21 Ed. 2[1]) Annex C.
  (2) Die Anforderung an die netzseitige Blindleistungsbereitstellung entspricht einer langsamen Blindleistungsregelung im Minutenbereich.
  4. Abschnitt 3.3.8.1 wird wie folgt gefasst:

3.3.8.1. Blindleistungsbereitstellung bei Nennwirkleistung

(1) Jede anzuschließende neue *Windenergie-Erzeugungsanlage* muss im *Nennbetriebspunkt* ($P_{mom} = P_{bb\ inst}$) die Anforderungen am *Netzverknüpfungspunkt* nach einer Variante von Bild 3.3 (3.3 a, 3.3 b oder 3.3 c) erfüllen.

(2) Der Übertragungsnetzbetreiber wählt auf Grund der jeweiligen Netzanforderungen eine der möglichen Varianten aus. Der vereinbarte Blindleistungsbereich muss innerhalb von maximal vier Minuten vollständig durchfahren werden können und ist im Betriebspunkt $P_{mom} = P_{bb\ inst}$ zu erbringen. Änderungen der Blindleistungsvorgaben innerhalb des vereinbarten Blindleistungsbereiches müssen jederzeit möglich sein.

---

[1]) **Amtl. Anm.:** Amtlicher Hinweis: Zu beziehen bei IEC International Electrotechnical Commission, ISBN 2-8318-9938-9, www.iec.ch.

(3) Der Netzbetreiber muss sich zum Zeitpunkt des Netzanschlusses der *Windenergie-Erzeugungsanlage* auf Grund der jeweiligen Netzanforderungen auf eine der drei Varianten nach den Bildern 3.3 a bis 3.3 c festlegen. Falls der Netzbetreiber zu einem späteren Zeitpunkt eine andere als die vereinbarte Variante fordert, bleibt der Anspruch auf den Systemdienstleistungs-Bonus davon unberührt.

Bild 3.3a: Mindestanforderung an die netzseitige Blindleistungsbereitstellung von *Windenergie-Erzeugungsanlagen* für das Netz (Variante 1)

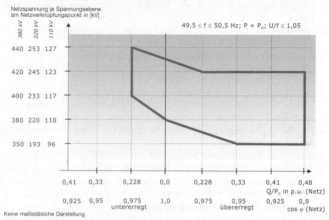

Bild 3.3b: Mindestanforderung an die netzseitige Blindleistungsbereitstellung von *Windenergie-Erzeugungsanlagen* für das Netz (Variante 2)

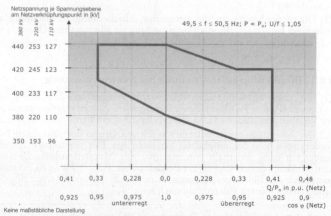

Systemdienstleistungsverordnung **Anl. 1 SDLWindV 38**

Bild 3.3c: Mindestanforderung an die netzseitige Blindleistungsbereitstellung von *Windenergie-Erzeugungsanlagen* für das Netz (Variante 3)

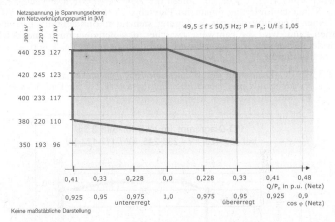

5. Abschnitt 3.3.8.2 wird wie folgt gefasst:

Abschnitt 3.3.8.2. Blindleistungsbereitstellung im Teillastbetrieb

(1) Neben den Anforderungen für die Blindleistungsbereitstellung im *Nennbetriebspunkt der Windenergie-Erzeugungsanlage* (P_{mom} = $P_{bb\ inst}$) bestehen auch Anforderungen an den Betrieb mit einer *Momentanen Wirkleistung* P_{mom}, die kleiner als die *Betriebsbereite installierte Wirkleistung* $P_{bb\ inst}$ (P_{vb} < $P_{bb\ inst}$) ist.

(2) Dabei muss die *Windenergie-Erzeugungsanlage* in jedem möglichen Arbeitspunkt gemäß Leistungsdiagramm betrieben werden können. Die Bilder 3.3 d bis 3.3 f zeigen die Mindestanforderung an die Blindleistungsbereitstellung im Teillastbetrieb ($10\ \% \le P_{mom}/|P_{bb\ inst}| < 100\ \%$) am *Netzverknüpfungspunkt*. Die PQ-Diagramme sind den Bildern 3.3 a bis 3.3 c zugeordnet. In diesen Bildern sind jeweils der größte abzudeckende Blindleistungsbereich und das zugehörige Spannungsband angegeben. Die Abszisse gibt die zur Verfügung zu stellende *Blindleistung* Q_{vb}, bezogen auf den Betrag der *Betriebsbereiten installierten Wirkleistung* $P_{bb\ inst}$ in Prozent, an. Die Ordinate gibt die *Momentane Wirkleistung* P_{mom} (im *Verbraucherzählpfeilsystem* negativ) bezogen auf den Betrag der *Betriebsbereiten installierten Wirkleistung* $P_{bb\ inst}$ in Prozent an.

(3) Jeder Punkt innerhalb der umrandeten Bereiche in den Bildern 3.3 d, 3.3 e oder 3.3 f muss innerhalb von vier Minuten angefahren werden können. Die Anforderung dazu kann sich je nach der Situation im Netz ergeben und eine vorrangige Bereitstellung von Blindleistung vor der Wirkleistungsabgabe bedeuten. Die Fahrweise wird zwischen den Betreiberinnen und Betreibern der *Windenergie-Erzeugungsanlage* und dem Betreiber des Übertragungsnetzes abgestimmt. In dem Bereich $0\ \% < P_{mom}/|P_{bb\ inst}| < 10\ \%$ darf die *Windenergie-Erzeugungsanlage* nicht mehr Blindleistung als 10 % des Betrags der

vereinbarten Anschlusswirkleistung P_{AV} aufnehmen (untererregter Betrieb) oder abgeben (übererregter Betrieb). Sofern die *Windenergie-Erzeugungsanlage* über diese Mindestanforderung hinaus im Bereich 0 % < $P_{mom}/\ |P_{bb\ inst}|$ < 10 % mit einer Regelung der zur Verfügung stehenden Blindleistung betrieben werden kann, wird die Fahrweise zwischen den Betreiberinnen und Betreibern der *Windenergie-Erzeugungsanlage* und dem Betreiber des Übertragungsnetzes abgestimmt.

Bild 3.3 d: PQ-Diagramm der *Windenergie-Erzeugungsanlage* am *Netzverknüpfungspunkt* im *Verbraucherzählpfeilsystem (VZS)* für Bild 3.3 a (Variante 1)

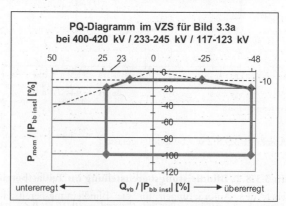

Bild 3.3 e: PQ-Diagramm der *Windenergie-Erzeugungsanlage* am *Netzverknüpfungspunkt* im *Verbraucherzählpfeilsystem (VZS)* für Bild 3.3 b (Variante 2)

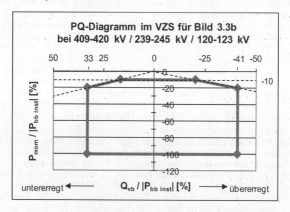

Bild 3.3 f: PQ-Diagramm der *Windenergie-Erzeugungsanlage* am *Netzverknüpfungspunkt* im *Verbraucherzählpfeilsystem (VZS)* für Bild 3.3 c (Variante 3)

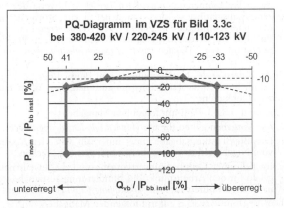

6. Abschnitt 3.3.9 wird wie folgt gefasst:

3.3.9. Überspannungskonzept der Maschinentransformatoren

(1) Das Überspannungskonzept des Maschinentransformators ist mit dem Übertragungsnetzbetreiber abzustimmen.

7. Abschnitt 3.3.10 ist auf *Windenergie-Erzeugungsanlagen* nicht anzuwenden.
8. Abschnitt 3.3.12 gilt mit folgenden Maßgaben:
   a. Absatz 1 ist auf *Windenergie-Erzeugungsanlagen* nicht anzuwenden.
   b. Abschnitt 3.3.12.1 gilt mit der Maßgabe, dass die Vorschrift für symmetrische und unsymmetrische (1,2- und 3-polige) Netzkurzschlüsse anwendbar ist und dass die Wirkstromeinspeisung während des Fehlers zugunsten der Blindstromeinspeisung sowie zur Sicherung der Stabilität der *Windenergie-Erzeugungseinheiten* abgesenkt werden muss.
   c. Abschnitt 3.3.12.2 gilt nur für *Windenergie-Erzeugungsanlagen*, die *Windenergie-Erzeugungseinheiten* vom Typ 1 enthalten.
9. Abschnitt 3.3.13.1 ist auf *Windenergie-Erzeugungsanlagen* nicht anzuwenden.
10. Abschnitt 3.3.13.3 gilt mit folgenden Maßgaben:
    a. In Bild 3.4 entsprechen die Wörter „P_m Momentane verfügbare Leistung" den Wörtern „*Momentane Wirkleistung P_{mom}* ohne Wirkleistungsreduktion bei Überfrequenz".
    b. In Absatz 3 wird der Satz „Diese Regelung wird dezentral (an jedem einzelnen Generator) ausgeführt" gestrichen.

c. Absatz 4 wird durch die folgenden Absätze 4 und 5 ersetzt: (4) Die Regelung nach Bild 3.4 und die Regelung zur Wiederkehr von Wirkleistung nach Rückkehr der Frequenz auf einen Wert f ≤ 50,05 Hz können im *ungestörten Betrieb* wahlweise dezentral oder zentral ausgeführt werden. Für den Fall von Störungen innerhalb der übergeordneten Regelung der *Windenergie-Erzeugungsanlage* sind bei Überfrequenz geeignete Maßnahmen zur Wirkleistungsreduktion von *Windenergie-Erzeugungseinheiten* dezentral bereitzuhalten.

(5) Auf Anforderung des Netzbetreibers (zum Beispiel per Funkrundsteuerung oder Ähnlichem) ist die Funktion zum automatischen Wiederankoppeln an das Netz zu blockieren.

11. Abschnitt 3.3.13.4 gilt mit folgenden Maßgaben:

   a. Die Vorgaben gelten für alle *Windenergie-Erzeugungsanlagen*.

   b. Die Blindleistungsabgabe muss innerhalb von vier Minuten dem vom Netzbetreiber vorgegebenen Sollwert entsprechen.

   c. Im Fall einer Online-Sollwertvorgabe sind die jeweils neuen Vorgaben für den Arbeitspunkt des Blindleistungsaustausches spätestens nach vier Minuten am *Netzverknüpfungspunkt* zu realisieren.

12. Der Abschnitt 3.3.13.5 gilt mit folgenden Maßgaben:

   a. Vor Absatz 1 werden folgende Absätze eingefügt:

(i) Die Blindleistung bezieht sich auf die Mitsystemkomponente der Strom-/Spannungs-Grundschwingung gemäß IEC 61400-21 Ed. 2[1]) Annex C.

(ii) Die Mindestanforderung entspricht der Erfüllung der nach den Absätzen 2, 7, 8, 11 und 17 festgelegten Anforderungen an der Unterspannungsseite des Maschinentransformators.

(iii) Es ist zulässig, diese Anforderungen unter Verwendung eines anderen Bezugspunkts (zum Beispiel der Oberspannungsseite des Maschinentransformators) zu erfüllen, wenn das gleiche Betriebsverhalten am *Netzanschlusspunkt* nachgewiesen wird.

   b. Absatz 8 wird Absatz 8a. Nach Absatz 8a wird folgender Absatz 8b eingefügt:

(8 b) Die Bildunterschrift zu Bild 3.1, nach der Spannungsgradienten von kleiner/gleich 5 Prozent pro Minute innerhalb der im Bild 3.1 angegebenen Spannungsbänder zulässig sind und nicht zur Trennung der *Windenergie-Erzeugungsanlagen* führen dürfen, gilt auch hier.

   c. Absatz 13 wird wie folgt gefasst:

(13) Einpolige, zweipolige und dreipolige Kurzschlüsse (jeweils mit und ohne Erdberührung) oder störungsbedingte symmetrische und unsymmetri-

---

[1]) **Amtl. Anm.**: Amtlicher Hinweis: Zu beziehen bei IEC International Electrotechnical Commission, ISBN 2-8318-9938-9, www.iec.ch.

Systemdienstleistungsverordnung **Anl. 1 SDLWindV 38**

sche Spannungseinbrüche dürfen oberhalb der Grenzlinie 1 in Bild 3.5 nicht zur Instabilität der *Windenergie-Erzeugungsanlage* oder zu ihrer Trennung vom Netz führen. Der Spannungswert bezieht sich, wie in Bild 3.5 dargestellt, auf den größten Wert der drei verketteten Netzspannungen.

d. Absatz 17 wird wie folgt gefasst:

(17) Spannungsstützung bei Netzfehlern durch Blindstromeinspeisung

    a) Geltungsbereich

        i. Bei einem Verlauf des größten Wertes der drei verketteten Netzspannungen oberhalb der Grenzlinie 1 in Bild 3.5 müssen von allen *Windenergie-Erzeugungseinheiten* die Anforderungen an die Spannungsstützung bei Netzfehlern durch Blindstromeinspeisung nach den folgenden Buchstaben b und c erbracht werden.

       ii. Bei einem Verlauf des größten Wertes der drei verketteten Netzspannungen unterhalb der Grenzlinie 1 und oberhalb der Grenzlinie 2 in Bild 3.5 darf von den Anforderungen an die Spannungsstützung bei Netzfehlern nach den folgenden Buchstaben b und c in folgender Weise abgewichen werden:

- Die folgenden Anforderungen an die Spannungsstützung bei Netzfehlern durch Blindstromeinspeisung müssen nur so weit erfüllt werden, wie es das Netzanschlusskonzept der *Windenergie-Erzeugungseinheit* ermöglicht.

- Sollte beim Durchfahren des Fehlers die einzelne *Windenergie-Erzeugungseinheit* instabil werden oder der Generatorschutz ansprechen, ist in Abstimmung mit dem jeweiligen Netzbetreiber eine kurzzeitige Trennung der *Windenergie-Erzeugungsanlage* (KTE) vom Netz erlaubt.

      iii. Bei einem Verlauf des größten Wertes der drei verketteten Netzspannungen unterhalb der Grenzlinie 2 in Bild 3.5 ist eine KTE vom Netz immer erlaubt. Die Anforderungen nach den folgenden Buchstaben b und c an die Spannungsstützung bei Netzfehlern durch Blindstromeinspeisung müssen nur so weit erfüllt werden, wie es das Netzanschlusskonzept der *Windenergie-Erzeugungseinheit* ermöglicht.

    b) Grundsätzliches Verhalten:

        i. Bei Auftreten einer *Signifikanten Spannungsabweichung* müssen die *Windenergie-Erzeugungseinheiten* die Spannung durch Anpassung (Erhöhung oder Absenkung) des *Blindstroms* I_B stützen.

       ii. Die *Blindstromabweichung* (ΔI_B) der *Windenergie-Erzeugungseinheit* muss dabei proportional zur *Relevanten Spannungsabweichung* ΔU_r ($\Delta I_B / I_N = K * \Delta U_r / U_N$) sein und in dem Bereich (definiert durch $0 \leq K \leq 10$) liegen, die in Bild 3.6 gezeigt wird.

      iii. Die Konstante K muss zwischen 0 und 10 einstellbar sein.

iv. Die Schwankungsbreite des eingespeisten Blindstroms, der sich aus der eingestellten Blindstrom-Spannungscharakteristik ergibt, muss zwischen -10 Prozent und +20 Prozent des Nennstroms liegen.

v. An die Höhe des *Blindstroms* I_B werden folgende Anforderungen gestellt:

   a. 3-polige Fehler: *Windenergie-Erzeugungseinheiten* müssen technisch in der Lage sein, einen *Blindstrom* I_B von mindestens 100 Prozent des Nennstroms einzuspeisen.

   b. 1,2-polige Fehler: *Windenergie-Erzeugungseinheiten* müssen technisch in der Lage sein, einen *Blindstrom* I_B von mindestens 40 Prozent des Nennstroms einzuspeisen. Die Einspeisung des Blindstroms darf die Anforderungen an das Durchfahren von Netzfehlern nicht gefährden.

vi. Während *Signifikanter Spannungsabweichungen* U_s kann der *Wirkstrom* I_W zugunsten der Blindstromeinspeisung und zur Sicherung der Anlagenstabilität ausreichend abgesenkt werden.

c) Zeitverlauf:

i. Das dynamische Verhalten der Blindstromstützung wird durch die *Sprungantwort des Blindstroms* charakterisiert, wie sie näherungsweise infolge von Netzkurzschlüssen auftreten kann.

ii. Im Fall einer *Signifikanten Spannungsabweichung* muss die *Sprungantwort des Blindstroms* folgende Werte einhalten:

   a) *Anschwingzeit*: 30 ms

   b) *Einschwingzeit*: 60 ms

iii. Bei stetigem Spannungsverlauf darf der Blindstrom keine Unstetigkeiten aufweisen, die nicht durch die Blindstrom-Spannungscharakteristik nach Bild 3.6 vorgesehen sind und die die Netzqualität in negativer Weise beeinflussen können. Dies gilt insbesondere auch für den Übergang zwischen dem Betrieb bei *Spannungsabweichungen* ΔU innerhalb des *Spannungstotbands* U_t und dem Betrieb bei *Signifikanter Spannungsabweichung* U_s.

Systemdienstleistungsverordnung Anl. 1 SDLWindV 38

Bild 3.6: Prinzip der Spannungsstützung bei Netzfehlern bei *Windenergie-Erzeugungseinheiten*

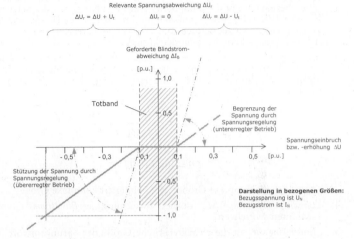

e. Absatz 18 ist nicht anzuwenden.

f. Absatz 19 ist nicht anzuwenden.

g. Absatz 20 wird wie folgt gefasst:

Bei Entfernungen zwischen den *Windenergie-Erzeugungseinheiten* der *Windenergie-Erzeugungsanlage* und dem *Netzverknüpfungspunkt*, die zu einer Unwirksamkeit der Spannungsregelung führen, kann der Netzbetreiber von den Betreiberinnen und Betreibern der *Windenergie-Erzeugungsanlage* fordern, dass der Spannungseinbruch am *Netzverknüpfungspunkt* gemessen und die Spannung an demselben Punkt abhängig von diesem Messwert geregelt wird. Die *Windenergie-Erzeugungseinheiten* müssen daher in der Lage sein, statt der Spannung an der Unterspannungsseite des Maschinentransformators eine Bezugsspannung zu verwenden, die außerhalb der *Windenergie-Erzeugungseinheit* liegt. Diese kann messtechnisch oder in geeigneter Weise in Abstimmung mit dem Netzbetreiber rechnerisch ermittelt werden.

h. Abschnitt 3.3.13.6 ist nicht anzuwenden.

i. Abschnitt 3.3.13.7 ist nicht anzuwenden.

III. An Kapitel 9.2 werden folgende Definitionen angefügt:

1. „*Anschwingzeit*" ist die charakteristische Größe der Sprungantwort. Es handelt sich um die Zeit zwischen sprunghaftem Eintritt einer *Signifikanten Spannungsabweichung* U_s und erstmaligem Erreichen des Toleranzbandes um den *Stationären Endwert des Blindstroms* I_B. Die *Anschwingzeit* umfasst die Zeit des Erkennens einer *Signifikanten Spannungsabweichung* sowie die Anregelzeit der Blindstrom-Regelung.

2. „*Betriebsbereite installierte Wirkleistung* $P_{bb\ inst}$", auch als „Nennwirkleistung" bezeichnet, ist die Summe der Nennwirkleistungen der betriebsbereiten *Windenergie-Erzeugungseinheiten* innerhalb einer *Windenergie-Erzeugungsanlage*. Ausgenommen sind *Windenergie-Erzeugungseinheiten*, die sich in Revision befinden oder defekt sind.

3. „*Blindstrom* I_B" ist der gesamte Blindstrom, der aus den Mitsystemkomponenten (Indizierung mit „1") des Grundschwingungsanteils von Strom und Spannung auf der Niederspannungsseite des Maschinentransformators ermittelt wird:

mit
$$I_B = \frac{Q1}{\sqrt{3} \cdot U1}$$

$$Q1 = \mathrm{Im}\{\underline{U}1 \cdot \underline{I}1^*\};$$

unterstrichen: komplexe Größe; „*": konjugiert komplexe Größe.

4. „*Blindstromabweichung* ΔI_B" ist die Abweichung des *Blindstroms* I_B vom 1-Minuten-Mittelwert.

5. „*Einschwingzeit*" ist die charakteristische Größe der Sprungantwort. Es handelt sich um die Zeit zwischen dem sprunghaften Eintritt einer *Signifikanten Spannungsabweichung* U_s bis zu dem Zeitpunkt, an dem die Einschwingvorgänge so weit abgeklungen sind, dass der *Blindstrom* I_B im Toleranzband um den *Stationären Endwert* liegt und dort verbleibt.

6. „*Gestörter Betrieb*" ist ein Betriebszustand der *Windenergie-Erzeugungsanlage*, bei dem ein oder mehrere ihrer Systeme nicht konzeptgemäß arbeiten.

7. „*Installierte Wirkleistung* P_{inst}" ist die Summe der Nennwirkleistungen der *Windenergie-Erzeugungseinheiten* innerhalb einer *Windenergie-Erzeugungsanlage*.

8. „*Leistungsdiagramm*" ist das Wirkleistungs-Blindleistungs-Diagramm (PQ-Diagramm) der *Windenergie-Erzeugungsanlage* am *Netzverknüpfungspunkt*.

9. „*Momentane Blindleistung* Q_{mom}" ist der momentane Wert der Blindleistung einer *Windenergie-Erzeugungsanlage* am *Netzverknüpfungspunkt* im *Verbraucherzählpfeilsystem*.

10. „*Momentane Wirkleistung* P_{mom}" ist der momentane Wert der am Netzverknüpfungspunkt eingespeisten Wirkleistung.

11. „*Nennbetriebspunkt einer Windenergie-Erzeugungsanlage*" ist der Betrieb einer *Windenergie-Erzeugungsanlage* unter Abgabe von *Betriebsbereiter installierter Wirkleistung* $P_{bb\ inst}$ bei Nennspannung und Nennfrequenz im *Ungestörten Betrieb*.

12. „*Netzverknüpfungspunkt*" ist der Netzpunkt, an dem die *Windenergie-Anschlussanlage* an das Netz des Netzbetreibers angeschlossen ist.

13. „*Relevante Spannungsabweichung* ΔU_r" ist der Anteil der *Spannungsabweichung* ΔU, mit dem die *Spannung* $U1$ über die Grenzen des *Spannungs-*

Systemdienstleistungsverordnung **Anl. 1 SDLWindV 38**

totbands U_t hinaus abweicht. Innerhalb des *Spannungstotbands* U_t ist die *Relevante Spannungsabweichung (ΔU_r)* gleich null:
- Wenn: $\Delta U > U_t$: $\Delta U_r = \Delta U - U_t$
- Wenn: $\Delta U < - U_t$: $\Delta U_r = \Delta U + U_t$
- Sonst: $\Delta U_r = 0$

14. „*Signifikante Spannungsabweichung* ΔU_s" ist eine *Spannungsabweichung* ΔU mit einem Betrag, der größer als das *Spannungstotband* U_t ist.

15. „*Spannung U1*" ist die Spannung, die aus den Mitsystemkomponenten des Grundschwingungsanteils von Strom und Spannung auf der Niederspannungsseite des Maschinentransformators ermittelt wird.

16. „*Spannungsabweichung* ΔU" ist die Abweichung der *Spannung U1* vom 1-Minuten-Mittelwert. Eine Spannungsabweichung mit negativem Vorzeichen entspricht einem Spannungseinbruch. Eine Spannungsabweichung mit positivem Vorzeichen entspricht einer Spannungserhöhung.

17. „*Spannungstotband* U_t" entspricht 10 % der Nennspannung, kann aber mit Einverständnis des Netzbetreibers, zum Beispiel bei Anwendung einer kontinuierlichen Spannungsregelung, auch reduziert beziehungsweise gleich null gesetzt werden.

18. „*Sprungantwort des Blindstroms* I_B" ist der zeitliche Verlauf des *Blindstroms* I_B infolge einer sprunghaften Änderung der *Spannung U1*.

19. „*Stationärer Endwert*" des *Blindstroms* I_B ist der Wert des *Blindstroms* I_B in Abhängigkeit der *Spannung U1* im eingeschwungenen Zustand.

20. „*Statische Blindleistungskompensation*" ist eine nicht rotierende Einrichtung, die als geregelte Blindleistungsquelle oder Blindleistungssenke eingesetzt werden kann.

21. „*Strom I1*" ist eine Mitsystemkomponente des Strangstroms an der Niederspannungsseite des Maschinentransformators.

22. „*Ungestörter Betrieb*" ist ein Betriebszustand der *Windenergie-Erzeugungsanlage*, bei dem alle Systeme der *Windenergie-Erzeugungsanlage* konzeptgemäß arbeiten.

23. „*Verbraucherzählpfeilsystem (VZS)*" ist ein einheitliches Zählpfeilsystem für Verbraucherinnen und Verbraucher sowie Erzeugerinnen und Erzeuger.

24. „*Vereinbarte Anschlusswirkleistung* P_{AV}" ist die zwischen Netzbetreiber und Anschlussnehmer vereinbarte Wirkleistung.

25. „*Verfügbare Blindleistung* Q_{vb}" ist der maximal mögliche Wert der Blindleistung, den eine *Windenergie-Erzeugungsanlage* am *Netzverknüpfungspunkt* sowohl übererregt als auch untererregt zur Verfügung stellen kann; sie ist abhängig vom Betriebspunkt (*Momentane Wirkleistung* P_{mom} und Spannung am *Netzverknüpfungspunkt*).

26. „*Verfügbare Wirkleistung* P_{vb}" ist der maximal mögliche Wert der Wirkleistungseinspeisung der *Windenergie-Erzeugungsanlage* am *Netzanschlusspunkt*.

27. „*Windenergie-Anschlussanlage*" ist die Gesamtheit aller Betriebsmittel, die erforderlich sind, um eine oder mehrere Einheiten zur Erzeugung

elektrischer Energie aus Windenergie an das Netz eines Netzbetreibers anzuschließen.

28. „*Windenergie-Erzeugungsanlage*" ist eine Anlage, in der sich eine oder mehrere Einheiten zur Erzeugung elektrischer Energie aus Windenergie (*Windenergie-Erzeugungseinheit*) befinden. Dies umfasst auch die Anschlussanlage und alle zum Betrieb erforderlichen elektrischen Einrichtungen. *Windenergie-Erzeugungsanlagen* sind Einheiten zur Erzeugung elektrischer Energie aus Windenergie. Diese können entweder einzeln oder über eine interne Windparkverkabelung verbunden an ein Netz angeschlossen werden. Eine *Windenergie-Erzeugungsanlage* kann aus unterschiedlichen Typen von *Windenergie-Erzeugungseinheiten* bestehen.

29. „*Windenergie-Erzeugungseinheit*" ist eine einzelne Anlage zur Erzeugung elektrischer Energie aus Windenergie. Eine *Windenergie-Erzeugungseinheit* vom Typ 1 liegt vor, wenn ein Synchrongenerator direkt mit dem Netz gekoppelt ist. Eine *Windenergie-Erzeugungseinheit* vom Typ 2 liegt vor, wenn diese Bedingung nicht erfüllt ist.

30. „*Wirkstrom I_W*" ist der gesamte Wirkstrom, der aus den Mitsystemkomponenten (Indizierung mit „1") des Grundschwingungsanteils von Strom und Spannung ermittelt wird:

$$I_W = \frac{P1}{\sqrt{3} \cdot U1}$$

mit

$$P1 = \mathrm{Re}\{\underline{U}1 \cdot \underline{I}1^*\};$$

<u>unterstrichen</u>: komplexe Größe; „*": konjugiert komplexe Größe.

Anlage 2

$$\sum_{i}^{N_{neu}} P_{bb\,inst,i}$$

mit N_{neu} = Anzahl aller neu errichteten oder repowerten *Windenergie-Erzeugungseinheiten* und der gesamten *Betriebsbereiten installierten Wirkleistung*.

$$\sum_{j}^{N_{WEA}} P_{bb\,inst,j}$$

mit N_{WEA} = Anzahl aller alten und neuen *Windenergie-Erzeugungseinheiten* in der erweiterten *Windenergie-Erzeugungsanlage*.

$Q_{vb,\,gefordert}$ ist die gemäß §§ 2 und 3 geforderte *Verfügbare Blindleistung* Q_{vb}, wenn eine *Windenergie-Erzeugungsanlage* ausschließlich aus neu errichteten oder repowerten *Windenergie-Erzeugungseinheiten* bestehen würde.

Systemdienstleistungsverordnung **Anl. 3 SDLWindV 38**

$Q_{vb,\,anteilig,\,NAP}$ ist die anteilig am *Netzverknüpfungspunkt* geforderte *Verfügbare Blindleistung* Q_{vb}, wenn eine erweiterte *Windenergie-Erzeugungsanlage* sowohl aus neu errichteten als auch aus alten *Windenergie-Erzeugungseinheiten* besteht:

$$Q_{vb,anteilig,NAP} = Q_{vb,gefordert} \frac{\sum_{i}^{N_{neu}} P_{bb\,inst,i}}{\sum_{j}^{N_{WEA}} P_{bb\,inst,j}}$$

Anlage 3

1. Die Definitionen der Anlage 1 Nummer III sind auch im Rahmen der Anlage 3 anzuwenden.
2. Symmetrische und unsymmetrische Fehler mit einem Spannungseinbruch oberhalb der Grenzlinie 1, die nach Bild 3.5 im Abschnitt 3.3.13.5 des TransmissionCodes 2007 (für Anlagen des Typs 2) beschrieben sind, müssen ohne Netztrennung durchfahren werden.
Der Blindleistungsbezug darf nicht zur Auslösung des Blindleistungs-Unterspannungsschutzes führen.
Nicht eingehalten werden muss die Anforderung im Abschnitt 3.3.13.5 Absatz 2 des TransmissionCodes 2007, dass von den Aus-Hilfskontakten der Leistungsschalter auf der Ober- oder der Unterspannungsseite des Netztransformators ein Abfahr- und Ausschaltbefehl auf alle einzelnen Generatoren der Anlage gegeben wird, so dass der Inselbetrieb spätestens nach drei Sekunden beendet ist.
3. Ein Blindleistungs-Unterspannungsschutz (Q → & U<) muss vorhanden sein. Seine Einstellwerte werden gemäß Mittelspannungsrichtlinie 2008 in Verbindung mit der Ergänzung vom 15. Februar 2011 festgelegt.
4. Eine Trennung vom Netz bei Frequenzen zwischen 47,5 Hz und 51,0 Hz ist nicht erlaubt.
5. Bei einer *Verfügbaren Wirkleistung* P_{vb} von größer oder gleich der Hälfte der *Verfügbaren installierten Wirkleistung* ($P_{vb} \geq 50\,\%\ P_{bb\,inst}$), bei einer Frequenz von mehr als 50,2 Hz und weniger als 51,0 Hz muss die *Momentane Wirkleistung* P_{mom} jeder einzelnen *Windenergie-Erzeugungseinheit* mit einem Gradienten von 40 % der *Verfügbaren Wirkleistung* P_{vb} der *Windenergie-Erzeugungseinheiten* je Hz abgesenkt werden können.
Zwischen 51,0 Hz und 51,5 Hz sind die Überfrequenzschutzeinrichtungen der einzelnen *Einheiten* einer *Windenergie-Erzeugungsanlage* unter Ausnutzung des ganzen Bereichs gestaffelt so einzustellen, dass bei einer Frequenz von 51,5 Hz alle *Windenergie-Erzeugungseinheiten* vom Netz getrennt worden sind.
6. Auf Anforderung des Netzbetreibers (zum Beispiel per Funkrundsteuerung oder Ähnlichem) ist die Funktion zum automatischen Wiederankoppeln an das Netz zu blockieren.
7. Die zu ändernden Einstellungen des Entkupplungsschutzes werden vom Netzbetreiber vorgegeben.

39. Verordnung zur Weiterentwicklung des bundesweiten Ausgleichsmechanismus (Ausgleichsmechanismusverordnung – AusglMechV)

Vom 17. Juli 2009
(BGBl. I S. 2101)
FNA 754-22-2

zuletzt geänd. durch Art. 2 G zur Änd. des Rechtsrahmens für Strom aus solarer Strahlungsenergie und zu weiteren Änd. im Recht der erneuerbaren Energien v. 17. 8. 2012 (BGBl. I S. 1754)

Nichtamtliche Inhaltsübersicht

	§§
(aufgehoben)	1
Vermarktung	2
EEG-Umlage	3
Prognose der Einnahmen und Ausgaben	4
Beweislast	5
(aufgehoben)	6
Übermittlungs- und Veröffentlichungspflichten der Übertragungsnetzbetreiber	7
(aufgehoben)	8
Evaluierung	9
Bilanz der Wälzung durch die Bundesnetzagentur	10
Verordnungsermächtigung	11
Übergangsbestimmungen	12
Inkrafttreten	13

Auf Grund des § 64 Absatz 3 des Erneuerbare-Energien-Gesetzes[1]) vom 25. Oktober 2008 (BGBl. I S. 2074) verordnet die Bundesregierung mit Zustimmung des Bundestages:

§ 1 *(aufgehoben)*

§ 2 Vermarktung. ¹Die Übertragungsnetzbetreiber dürfen den nach den §§ 16 bis 33 des Erneuerbare-Energien-Gesetzes[1]) vergüteten Strom nur am vortägigen oder untertägigen Spotmarkt einer Strombörse vermarkten. ²Sie haben zur bestmöglichen Vermarktung des Stroms die Sorgfalt eines ordentlichen und gewissenhaften Händlers anzuwenden. ³Dabei sind die Vorgaben der Bundesnetzagentur insbesondere zu Vermarktung, Handelsplatz, Prognoseerstellung, Beschaffung der Ausgleichsenergie, Transparenz- und Übermittlungspflichten einzuhalten.

§ 3 EEG-Umlage. (1) Die Übertragungsnetzbetreiber berechnen die EEG-Umlage nach § 37 Absatz 2 des Erneuerbare-Energien-Gesetzes[1]) transparent aus

---

[1]) Nr. 34.

1. der Differenz zwischen den prognostizierten Einnahmen nach Absatz 3 Nummer 1 und 3 für das folgende Kalenderjahr und den prognostizierten Ausgaben nach Absatz 4 für das folgende Kalenderjahr und
2. dem Differenzbetrag zwischen den tatsächlichen Einnahmen nach Absatz 3 und den tatsächlichen Ausgaben nach Absatz 4 zum Zeitpunkt der Berechnung.

(2) Die EEG-Umlage für das folgende Kalenderjahr ist bis zum 15. Oktober eines Kalenderjahres auf den Internetseiten der Übertragungsnetzbetreiber in nicht personenbezogener Form zu veröffentlichen und in Cent pro an Letztverbraucherinnen und Letztverbraucher gelieferter Kilowattstunde anzugeben; § 43 Absatz 3 des Erneuerbare-Energien-Gesetzes gilt entsprechend.

(3) Einnahmen sind
1. Einnahmen aus der vortägigen und untertägigen Vermarktung nach § 2,
2. Einnahmen aus Zahlungen der EEG-Umlage,
2 a. Einnahmen aus Zahlungen nach § 35 Absatz 2 des Erneuerbare-Energien-Gesetzes, soweit die Saldierung nach § 35 Absatz 3 des Erneuerbare-Energien-Gesetzes für den Übertragungsnetzbetreiber einen positiven Saldo ergeben hat,
3. Einnahmen aus Zinsen nach Absatz 5,
4. Einnahmen aus der Abrechnung der Ausgleichsenergie für den EEG-Bilanzkreis und
5. Einnahmen nach § 35 Absatz 4 oder § 38 des Erneuerbare-Energien-Gesetzes und Absatz 6.

(4) Ausgaben sind
1. Vergütungszahlungen nach § 16 oder § 35 Absatz 1 des Erneuerbare-Energien-Gesetzes,
1 a. Zahlungen von Prämien nach § 33 g oder § 33 i oder § 35 Absatz 1 a des Erneuerbare-Energien-Gesetzes,
1 b. Zahlungen nach § 35 Absatz 1 b des Erneuerbaren-Energien-Gesetzes,
2. Rückzahlungen nach Absatz 6,
3. Zahlungen für Zinsen nach Absatz 5,
4. notwendige Kosten für den untertägigen Ausgleich,
5. notwendige Kosten aus der Abrechnung der Ausgleichsenergie für den EEG-Bilanzkreis,
6. notwendige Kosten für die Erstellung von vortägigen und untertägigen Prognosen sowie
7. notwendige Kosten für die Einrichtung und den Betrieb eines Anlagenregisters, sofern die Übertragungsnetzbetreiber zum Betrieb dieses Anlagenregisters auf Grund einer Verordnung nach § 64 e Nummer 2 des Erneuerbare-Energien-Gesetzes verpflichtet worden sind.

(5) [1] Differenzbeträge zwischen Einnahmen und Ausgaben sind zu verzinsen. [2] Der Zinssatz beträgt für den Kalendermonat 0,3 Prozentpunkte über dem Monatsdurchschnitt des Euro Interbank Offered Rate-Satzes für die Beschaffung von Einmonatsgeld von ersten Adressen in den Teilnehmerstaaten der Europäischen Währungsunion (EURIBOR) mit einer Laufzeit von einem Monat.

(6) Entstehen in Folge von Abweichungen zwischen den monatlichen Abschlagszahlungen nach § 37 Absatz 2 Satz 3 des Erneuerbare-Energien-Gesetzes und der Endabrechnung nach § 48 Absatz 2 des Erneuerbare-Energien-Gesetzes Zahlungsansprüche, müssen diese bis zum 30. September des auf die Einspeisung folgenden Jahres ausgeglichen werden.

(7) ¹ Die Übertragungsnetzbetreiber können bei der Berechnung der EEG-Umlage hinsichtlich der Prognose der Einnahmen und Ausgaben nach Absatz 1 Nummer 1 zusätzlich eine Liquiditätsreserve vorsehen. ² Sie darf 10 Prozent des Differenzbetrages nach Absatz 1 Nummer 1 nicht überschreiten.

§ 4[1]) Prognose der Einnahmen und Ausgaben. ¹ Die Prognosen nach § 3 sind nach dem Stand von Wissenschaft und Technik zu erstellen. ² Für die Prognose der Einnahmen nach § 3 Absatz 3 Nummer 1 ist der durchschnittliche Preis für das Produkt Phelix Baseload Year Future an der Strombörse EPEX Spot SE in Leipzig für das folgende Kalenderjahr zu Grunde zu legen. ³ Maßgeblich ist dabei der Handelszeitraum zwischen dem 1. Oktober des vorangegangenen Kalenderjahres und dem 30. September des laufenden Kalenderjahres.

§ 5 Beweislast. Ist die Erforderlichkeit oder die Höhe der Aufwendungen nach § 3 streitig, trifft die Beweislast die Übertragungsnetzbetreiber.

§ 6 *(aufgehoben)*

§ 7 Übermittlungs- und Veröffentlichungspflichten der Übertragungsnetzbetreiber. (1) Die Übertragungsnetzbetreiber müssen unverzüglich auf einer gemeinsamen Internetseite in einheitlichem Format folgende Angaben in nicht personenbezogener Form veröffentlichen:

1. die nach § 3 Absatz 3 Nummer 1 bis 5 und Absatz 4 Nummer 1 bis 7 jeweils aufgeschlüsselten monatlichen und jährlichen Einnahmen und Ausgaben; Einnahmen und Ausgaben, die aus der Vermarktung des Stroms resultieren, sind nach vortägiger und untertägiger Vermarktung aufzuschlüsseln; ferner ist die Liquiditätsreserve nach § 3 Absatz 7 gesondert auszuweisen, und

2. die am vortägigen Spotmarkt einer Börse vermarkteten Strommengen aufgeschlüsselt nach den Technologiegruppen Wind, solare Strahlungsenergie, Biomasse und Sonstige; ab dem 1. Januar 2013 ist zudem bei der Technologiegruppe Wind zwischen Strom nach den §§ 29 und 30 des Erneuerbare-Energien-Gesetzes[2]) und Strom nach § 31 des Erneuerbare-Energien-Gesetzes aufzuschlüsseln.

(2) Die Übertragungsnetzbetreiber müssen ferner der Bundesnetzagentur die nach § 3 Absatz 3 Nummer 1 bis 5 und Absatz 4 Nummer 1 bis 7 jeweils aufgeschlüsselten Einnahmen und Ausgaben des Vorjahres übermitteln.

§ 8 *(aufgehoben)*

---

[1]) § 4 tritt bereits am 25. 7. 2009 in Kraft; vgl. § 13 Abs. 1.
[2]) Nr. **34**.

§ 9[1] **Evaluierung.** Die Bundesnetzagentur legt dem Bundesministerium für Umwelt, Naturschutz und Reaktorsicherheit und dem Bundesministerium für Wirtschaft und Technologie bis zum 31. Dezember 2011 einen Bericht mit einer Evaluierung und Vorschlägen zur weiteren Ausgestaltung des Ausgleichsmechanismus nach dieser Verordnung vor, insbesondere zur Übertragung der Aufgabe der Vermarktung auf Dritte.

§ 10 Bilanz der Wälzung durch die Bundesnetzagentur. Die Bundesnetzagentur erstellt für die Angaben nach § 7 Absatz 2 eine zusammengefasste Bilanz und veröffentlicht diese in nicht personenbezogener Form auf ihren Internetseiten.

§ 11[1] **Verordnungsermächtigung.** Die Bundesnetzagentur wird ermächtigt, durch Rechtsverordnung[2] im Einvernehmen mit dem Bundesministerium für Umwelt, Naturschutz und Reaktorsicherheit und dem Bundesministerium für Wirtschaft und Technologie

1. die Anforderungen an die Vermarktung der Strommengen, insbesondere den Handelsplatz, die Prognoseerstellung, die Beschaffung der Ausgleichsenergie, die Transparenz- und die Mitteilungspflichten,
2. die Bestimmung der Positionen, die als Einnahmen oder Ausgaben nach § 3 gelten, und des anzuwendenden Zinssatzes,
3. die Anreize zur bestmöglichen Vermarktung des Stroms und
4. im Anschluss an die Erstellung des Berichts nach § 9 die Übertragung der Aufgabe der Vermarktung auf Dritte in einem transparenten und diskriminierungsfreien Verfahren, insbesondere die Einzelheiten der Ausschreibung und die Rechtsbeziehungen der Dritten zu den Übertragungsnetzbetreibern,

zu regeln.

§ 12[1] **Übergangsbestimmungen.** Diese Verordnung findet keine Anwendung auf Strommengen und Vergütungszahlungen, die sich aus den Abrechnungen nach § 37 Absatz 4 des Erneuerbare-Energien-Gesetzes[3] für die Kalenderjahre 2008 und 2009 ergeben.

§ 13[1] **Inkrafttreten.** (1) Die §§ 3, 4, 6 Absatz 1 Nummer 1 und 3, Absatz 2 und die §§ 7 bis 13 treten am Tag nach der Verkündung[4] in Kraft.

(2) Im Übrigen tritt diese Verordnung am 1. Januar 2010 in Kraft.

---

[1] §§ 9–13 treten bereits am 25. 7. 2009 in Kraft; vgl. § 13 Abs. 1.
[2] Siehe die Ausgleichsmechanismus-AusführungsVO (Nr. **40**).
[3] Nr. **34**.
[4] Verkündet am 24. 7. 2009.

40. Verordnung zur Ausführung der Verordnung zur Weiterentwicklung des bundesweiten Ausgleichsmechanismus (Ausgleichsmechanismus-Ausführungsverordnung – AusglMechAV)

Vom 22. Februar 2010
(BGBl. I S. 134)

FNA 754-22-5

zuletzt geänd. durch Art. 3 G zur Änd. des Rechtsrahmens für Strom aus solarer Strahlungsenergie und zu weiteren Änd. im Recht der erneuerbaren Energien v. 17. 8. 2012 (BGBl. I S. 1754)

Auf Grund des § 64 Absatz 3 Nummer 7 des Erneuerbare-Energien-Gesetzes[1] vom 25. Oktober 2008 (BGBl. I S. 2074) in Verbindung mit § 11 Nummer 1 bis 3 der Verordnung zur Weiterentwicklung des bundesweiten Ausgleichsmechanismus[2] vom 17. Juli 2009 (BGBl. I S. 2101) verordnet die Bundesnetzagentur für Elektrizität, Gas, Telekommunikation, Post und Eisenbahnen im Einvernehmen mit dem Bundesministerium für Umwelt, Naturschutz und Reaktorsicherheit und dem Bundesministerium für Wirtschaft und Technologie:

§ 1 Vortägige und untertägige Vermarktung. (1) [1] Über den vortägigen Spotmarkt einer Strombörse ist für jede Stunde des Folgetages die gemäß Vortagesprognose vorhergesagte Einspeiseleistung des nach § 16 oder § 35 Absatz 1 des Erneuerbare-Energien-Gesetzes[1] zu vergütenden Stroms zu veräußern. [2] Sämtliche Verkaufsangebote sind preisunabhängig einzustellen.

(2) Die Abweichungen zwischen den sich aus den untertägigen Prognosen ergebenden Einspeiseleistungen und den auf Basis der Vortagesprognose bereits veräußerten Strommengen sind über den untertägigen Spotmarkt einer Strombörse zu erwerben oder zu veräußern.

(3) Die vortägigen und untertägigen Prognosen des nach § 16 oder § 35 Absatz 1 des Erneuerbare-Energien-Gesetzes zu vergütenden Stroms sind nach dem Stand von Wissenschaft und Technik zu erstellen.

(4) *(aufgehoben)*

(5) Eine gemeinsame Vermarktung nach § 2 Absatz 1 Satz 1 der Ausgleichsmechanismusverordnung[2] schließt die Möglichkeit ein, Vermarktungstätigkeiten auf einen anderen Übertragungsnetzbetreiber im Rahmen eines Dienstleistungsverhältnisses zu übertragen.

§ 2 Transparenz der Vermarktungstätigkeiten. Die Übertragungsnetzbetreiber sind verpflichtet, folgende Daten ergänzend zu den Daten nach Nummer 3 der Anlage 4 zum Erneuerbare-Energien-Gesetz[1] auf einer ge-

---

[1] Nr. 34.
[2] Nr. 39.

meinsamen Internetseite in einheitlichem Format in nicht personenbezogener Form zu veröffentlichen:
1. die Vortagesprognose der erwarteten Einspeisung aus Windenergie und aus solarer Strahlungsenergie in ihrer Regelzone in mindestens stündlicher Auflösung; sie ist spätestens bis 18 Uhr zu veröffentlichen;
2. die für jede Stunde am untertägigen Spotmarkt einer Strombörse beschaffte oder veräußerte Strommenge; sie ist spätestens am Folgetag bis 18 Uhr zu veröffentlichen;
3. die Differenz zwischen den gemäß der jeweils aktuellen Einspeiseprognose insgesamt zu veräußernden Strommengen und den hierfür insgesamt über den vor- und untertägigen Spotmarkt beschafften oder veräußerten Strommengen; sie ist in stündlicher Auflösung spätestens am Folgetag bis 18 Uhr zu veröffentlichen;
4. die in Anspruch genommene Ausgleichsenergie zum Ausgleich des EEG-Bilanzkreises in viertelstündlicher Auflösung; sie ist unverzüglich nach Vorlage der Bilanzkreisabrechnung zu veröffentlichen.

§ 3 Transparenz der EEG-Umlage. (1) ¹Die Pflicht zur Veröffentlichung und Vorhaltung der jeweils aufgeschlüsselten monatlichen und jährlichen Einnahmen und Ausgaben gemäß § 7 Absatz 1 Nummer 1 der Ausgleichsmechanismusverordnung[1]) umfasst auch die nach § 6 Absatz 1 und 3 als Einnahmen und Ausgaben geltenden Positionen. ²Die aufgeschlüsselten monatlichen Einnahmen und Ausgaben sind in Form der tatsächlichen Einnahmen und Ausgaben laut dem am letzten Tag des Monats aktuellen Kontostand unverzüglich, spätestens jedoch am dritten Werktag des Folgemonats, zu veröffentlichen.

(2) ¹Die Übertragungsnetzbetreiber sind verpflichtet, bis zum 15. Oktober eines Kalenderjahres die Ermittlung der EEG-Umlage für das folgende Kalenderjahr transparent zu veröffentlichen. ²Die Angaben müssen einen sachkundigen Dritten in die Lage versetzen, ohne weitere Informationen die Ermittlung der EEG-Umlage vollständig nachzuvollziehen. ³Die Veröffentlichungspflicht umfasst insbesondere die Datengrundlagen, Annahmen, Rechenwege, Berechnungen und Endwerte, die in die Ermittlung eingeflossen sind.

(3) ¹Die Übertragungsnetzbetreiber sind verpflichtet, bis zum 15. November eines Kalenderjahres die realistische Bandbreite der EEG-Umlage des übernächsten Jahres zu prognostizieren und die Prognose zu veröffentlichen. ²Absatz 2 Satz 2 und 3 gilt entsprechend. ³Die Prognose ist nach dem Stand von Wissenschaft und Technik zu erstellen. ⁴Die verwendeten Prämissen sind anzugeben.

(4) ¹Die Übertragungsnetzbetreiber sind verpflichtet, eine Prognose für die folgenden fünf Kalenderjahre bis zum 15. November eines Kalenderjahres nach folgenden Maßgaben zu erstellen und zu veröffentlichen. ²Die Entwicklung der installierten Leistung, der Volllaststunden, der eingespeisten Jahresarbeit, der durchschnittlich an die Anlagenbetreiber zu zahlenden Vergütungen sowie der Höhe der vermiedenen Netzentgelte ist getrennt für die nach dem Erneuerbare-Energien-Gesetz geförderten Energieträger zu prognostizieren und zu veröffentlichen. ³Die Strommengen, die voraussichtlich nach

---

[1]) Nr. 39.

§ 33b des Erneuerbare-Energien-Gesetzes[1]) direkt vermarktet werden, sind zu berücksichtigen. ⁴Die Energieträger sind mindestens wie folgt zu differenzieren:

1. Windenergie
   a) nach den §§ 29 und 30 des Erneuerbare-Energien-Gesetzes,
   b) nach § 31 des Erneuerbare-Energien-Gesetzes;
2. Geothermie nach § 28 des Erneuerbare-Energien-Gesetzes;
3. solare Strahlungsenergie
   a) nach § 32 Absatz 2 Nummer 1 bis 3 des Erneuerbare-Energien-Gesetzes unter Angabe der Annahmen bezüglich des Eigenverbrauchs nach § 33 Absatz 2 des Erneuerbare-Energien-Gesetzes in der am 31. März 2012 geltenden Fassung,
   b) nach § 32 Absatz 1 und 2 Nummer 4 des Erneuerbare-Energien-Gesetzes;
4. Biomasse nach § 27 des Erneuerbare-Energien-Gesetzes;
5. Wasserkraft nach § 23 des Erneuerbare-Energien-Gesetzes;
6. Gase nach den §§ 24 bis 26 des Erneuerbare-Energien-Gesetzes.

⁵Darüber hinaus sind der Letztverbraucherabsatz sowie der privilegierte Letztverbraucherabsatz zu prognostizieren und zu veröffentlichen. ⁶Die Prognose ist nach dem Stand von Wissenschaft und Technik zu erstellen. ⁷Die verwendeten Prämissen sind anzugeben.

(5) ¹Die Veröffentlichungen nach den vorhergehenden Absätzen und nach § 7 Absatz 1 Nummer 1 der Ausgleichsmechanismusverordnung sind auf einer gemeinsamen Internetseite in einheitlichem Format vorzunehmen. ²Eine Veröffentlichung zusammengefasster Werte mehrerer Übertragungsnetzbetreiber ist zulässig.

§ 4 Mitteilungspflichten. (1) Die Pflicht zur Mitteilung der jeweils aufgeschlüsselten Einnahmen und Ausgaben des Vorjahres gemäß § 7 Absatz 2 der Ausgleichsmechanismusverordnung[2]) umfasst auch die nach § 6 Absatz 1 und 3 als Einnahmen und Ausgaben geltenden Positionen.

(2) ¹Die Übertragungsnetzbetreiber sind verpflichtet, der Bundesnetzagentur bis zum 15. Oktober eines Kalenderjahres die Ermittlung der EEG-Umlage für das folgende Kalenderjahr transparent mitzuteilen. ²Die Mitteilungspflicht umfasst insbesondere die Datengrundlagen, Annahmen, Rechenwege, Berechnungen und Endwerte, die in die Ermittlung eingeflossen sind.

(3) Die Übertragungsnetzbetreiber sind verpflichtet, auf Aufforderung der Bundesnetzagentur, jedenfalls aber bis zum 31. März eines Kalenderjahres, für das Vorjahr die Preise, Mengen und Stunden des im börslichen Handel beschafften oder veräußerten Stroms zu übermitteln.

(4) ¹Die Übertragungsnetzbetreiber sind verpflichtet, die nach den Absätzen 2 und 3 und die nach § 7 Absatz 2 der Ausgleichsmechanismusverordnung mitzuteilenden Daten einschließlich der zu ihrer Überprüfung notwendigen Daten elektronisch zu übermitteln. ²Soweit die Bundesnetzagentur Formularvorlagen bereitstellt, sind sie verpflichtet, die Daten in dieser Form

---

[1]) Nr. 34.
[2]) Nr. 39.

zu übermitteln. ³ Die Angaben müssen einen sachkundigen Dritten in die Lage versetzen, ohne weitere Informationen die Ermittlung vollständig nachzuvollziehen.

§ 5 Gesonderte Buchführung und Rechnungslegung sowie Führung gesonderter Bankkonten. (1) ¹ Die Übertragungsnetzbetreiber sind jeweils verpflichtet, spätestens ab dem 1. April 2010 ein separates Bankkonto für die Aufgaben nach der Ausgleichsmechanismusverordnung[1]) und für die Aufgaben nach der vorliegenden Verordnung zu führen. ² Sämtliche zahlungswirksamen Einnahmen und Ausgaben nach § 3 Absatz 3 und 4 der Ausgleichsmechanismusverordnung und § 6 Absatz 1 und 3 der vorliegenden Verordnung sind ab diesem Zeitpunkt über dieses Bankkonto abzuwickeln. ³ Die Einnahmen und Ausgaben im Sinne von Satz 2, die bis zu der Einrichtung des separaten Bankkontos anfallen, sind nach der Einrichtung unverzüglich valutagerecht auf das Konto zu überführen. ⁴ Die bis zur Einrichtung des separaten Bankkontos anfallenden Einnahmen und Ausgaben im Sinne von Satz 2 sind so zu dokumentieren, dass im Rahmen der Mitteilungen nach § 4 Absatz 2 und nach § 7 Absatz 2 der Ausgleichsmechanismusverordnung geeignete Nachweise zur Verfügung stehen.

(2) ¹ Die Einnahmen und Ausgaben nach § 3 Absatz 3 und 4 der Ausgleichsmechanismusverordnung und nach § 6 Absatz 1 und 3 dieser Verordnung sind von den sonstigen Tätigkeitsbereichen des Übertragungsnetzbetreibers eindeutig abzugrenzen. ² Hierzu sind eine gesonderte Buchführung und Rechnungslegung einzurichten. ³ Diese müssen es ermöglichen, diejenigen Einnahmen und Ausgaben nach § 3 Absatz 3 und 4 der Ausgleichsmechanismusverordnung und nach § 6 Absatz 1 und 3 dieser Verordnung, bei denen es sich um nicht zahlungswirksame Kosten handelt, nachvollziehbar abzuleiten. ⁴ Zu den nicht zahlungswirksamen Kosten zählen insbesondere Abschreibungen für Infrastruktur der Informationstechnologie und Zuführungen zu Pensionsrückstellungen.

(3) ¹ Die Kontoauszüge und die Daten der gesonderten Buchführung und Rechnungslegung sind der Bundesnetzagentur auf Anforderung vorzulegen. ² § 4 Absatz 4 gilt entsprechend.

§ 6 Einnahmen und Ausgaben im Sinne der EEG-Umlage. (1) Als Ausgaben im Sinne von § 3 Absatz 4 der Ausgleichsmechanismusverordnung[1]) gelten auch folgende Positionen, soweit sie zur Erfüllung der Aufgaben nach der Ausgleichsmechanismusverordnung und dieser Verordnung erforderlich sind:
1. notwendige Kosten für die Börsenzulassung und Handelsanbindung,
2. notwendige Kosten der Transaktionen für die Erfassung der Ist-Werte, die Abrechnung und den Horizontalen Belastungsausgleich,
3. notwendige Kosten für die IT-Infrastruktur, das Personal und Dienstleistungen,
4. notwendige Kosten für die Erstellung der Prognosen nach § 3 Absatz 3 und 4 und für die Ermittlung der EEG-Umlage nach § 3 Absatz 1 der Ausgleichsmechanismusverordnung,

---
[1]) Nr. 39.

5. notwendige Zahlungen von Zinsen zur Finanzierung von Differenzbeträgen im Sinne von § 3 Absatz 5 Satz 1 der Ausgleichsmechanismusverordnung, soweit der tatsächlich angefallene Soll-Zinssatz den in § 3 Absatz 5 Satz 2 der Ausgleichsmechanismusverordnung vorgesehenen Zinssatz übersteigt,

6. notwendige Kosten für Abweichungen zwischen den nach § 3 Absatz 5 Satz 2 der Ausgleichsmechanismusverordnung anzusetzenden Erträgen aus Haben-Zinsen und den tatsächlich angefallenen Erträgen aus Haben-Zinsen,

7. notwendige Zahlungen für die Bereitstellung von Kreditlinien zur Finanzierung von Differenzbeträgen im Sinne von § 3 Absatz 5 Satz 1 der Ausgleichsmechanismusverordnung,

8. Bonuszahlungen nach § 7 Absatz 7 bis 9.

(1 a) Als Einnahmen im Sinne von § 3 Absatz 3 der Ausgleichsmechanismusverordnung gelten auch Einnahmen aus Zinsen auf Differenzbeträge im Sinne von § 3 Absatz 5 Satz 1 der Ausgleichsmechanismusverordnung, soweit der tatsächliche Zinssatz den in § 3 Absatz 5 Satz 2 der Ausgleichsmechanismusverordnung vorgesehenen Zinssatz übersteigt.

(2) [1] Bevor bei der Ermittlung der EEG-Umlage Ausgaben nach Absatz 1 Nummer 5, 6 und 7 angesetzt werden, ist der Bundesnetzagentur rechtzeitig die Richtigkeit und Notwendigkeit dieser Positionen nachzuweisen. [2] § 4 Absatz 4 gilt entsprechend. [3] Die Nachweispflicht umfasst insbesondere die Übermittlung der den Ausgaben zugrunde liegenden Verträge einschließlich aller für die wirtschaftliche Bewertung wesentlichen Angaben. [4] Zu den wesentlichen Angaben zählen insbesondere die Kreditlinie, die Zinssatzhöhe, die Konditionen der Bereitstellungsprovision, der Anwendungsbereich, die Laufzeit, die Zeiten und Höhe der Inanspruchnahme, Kündigungsregelungen und Sicherheiten. [5] Es ist sicherzustellen und nachzuweisen, dass die geltend gemachten Verträge ausschließlich der Verzinsung und Finanzierung von Differenzbeträgen nach § 3 Absatz 5 Satz 1 der Ausgleichsmechanismusverordnung dienen. [6] Auf Aufforderung der Bundesnetzagentur hat der Übertragungsnetzbetreiber seine sonstigen Vertragsbeziehungen, die der Verzinsung oder Finanzierung dienen, einschließlich der für die wirtschaftliche Bewertung wesentlichen Angaben nachzuweisen und die entsprechenden Verträge vorzulegen.

(3) [1] Als Einnahmen und Ausgaben im Sinne von § 3 Absatz 3 und 4 der Ausgleichsmechanismusverordnung gelten auch Differenzbeträge zwischen der EEG-Umlage in der vereinnahmten Höhe und der nach Maßgabe einer vollziehbaren Entscheidung der Bundesnetzagentur nach § 61 Absatz 1 Nummer 3 und 4 des Erneuerbare-Energien-Gesetzes[1)] zulässigen Höhe. [2] Die Differenzbeträge sind ab dem Zeitpunkt ihrer Vereinnahmung entsprechend § 3 Absatz 5 der Ausgleichsmechanismusverordnung zu verzinsen. [3] Diese Zinsen gelten ebenfalls als Einnahmen und Ausgaben im Sinne von § 3 Absatz 3 und 4 der Ausgleichsmechanismusverordnung. [4] Soweit die Entscheidung der Bundesnetzagentur eine anderweitige Abhilfemaßnahme vorsieht, finden die Sätze 1 und 2 keine Anwendung. [5] Soweit die Entscheidung der Bundesnetzagentur anschließend geändert oder aufgehoben wird, finden die

---

[1)] Nr. 34.

Sätze 1 bis 3 entsprechende Anwendung auf Differenzbeträge zwischen der EEG-Umlage in der vereinnahmten Höhe und der nach bestandskräftiger Entscheidung maßgeblichen Höhe.

(4) ¹Bei der Ermittlung der EEG-Umlage nach § 3 Absatz 1 der Ausgleichsmechanismusverordnung dürfen diejenigen Einnahmen und Ausgaben, die bereits im Rahmen der Bestimmung der Erlösobergrenzen nach § 4 Absatz 2 der Anreizregulierungsverordnung[1]) oder einer späteren Änderung der Erlösobergrenzen Berücksichtigung gefunden haben, nicht angesetzt werden. ²Hiervon ausgenommen sind Einnahmen und Ausgaben, soweit sie aufgrund der Ausgleichsmechanismusverordnung zusätzlich entstehen. ³Zusätzliche Einnahmen und Ausgaben im Sinne von Satz 2 sind gegenüber der Bundesnetzagentur nachzuweisen. ⁴§ 4 Absatz 4 gilt entsprechend.

§ 7 Anreize zur bestmöglichen Vermarktung. (1) Um Anreize zu schaffen, den nach § 16 oder § 35 Absatz 1 des Erneuerbare-Energien-Gesetzes[2]) vergüteten Strom bestmöglich zu vermarkten, werden je Kalenderjahr (Anreizjahr) und Übertragungsnetzbetreiber die individuellen beeinflussbaren Ausgaben und Einnahmen pro zu vermarktender Menge des nach § 16 oder § 35 Absatz 1 des Erneuerbare-Energien-Gesetzes vergüteten Stroms mit einem individuellen Basiswert verglichen.

(2) Als beeinflussbare Ausgaben im Sinne von Absatz 1 gelten

1. die tatsächlichen Ausgaben nach § 3 Absatz 4 Nummer 4 und 5 der Ausgleichsmechanismusverordnung[3]) pro zu vermarktender Menge des nach § 16 oder § 35 Absatz 1 des Erneuerbare-Energien-Gesetzes vergüteten Stroms und

2. die tatsächlichen als Ausgaben geltenden Positionen nach § 6 Absatz 1 Nummer 1 bis 3 sowie Nummer 4 zweite Alternative pro zu vermarktender Menge des nach § 16 oder § 35 Absatz 1 des Erneuerbare-Energien-Gesetzes vergüteten Stroms.

(3) Als beeinflussbare Einnahmen im Sinne von Absatz 1 gelten

1. die tatsächlichen Einnahmen aus der untertägigen Vermarktung nach § 3 Absatz 3 Nummer 1 zweite Alternative der Ausgleichsmechanismusverordnung pro zu vermarktender Menge des nach § 16 oder § 35 Absatz 1 des Erneuerbare-Energien-Gesetzes vergüteten Stroms und

2. die tatsächlichen Einnahmen gemäß § 3 Absatz 3 Nummer 4 der Ausgleichsmechanismusverordnung pro zu vermarktender Menge des nach § 16 oder § 35 Absatz 1 des Erneuerbare-Energien-Gesetzes vergüteten Stroms.

(4) ¹Zum Ausgleich etwaiger Schwankungen der Preise für Ausgleichsenergie werden die Ausgaben nach § 3 Absatz 4 Nummer 5 der Ausgleichsmechanismusverordnung und die Einnahmen nach § 3 Absatz 3 Nummer 4 der Ausgleichsmechanismusverordnung mit dem Quotienten

---

[1]) Nr. 20.
[2]) Nr. 34.
[3]) Nr. 39.

$$\left(\frac{P_{2010}}{P_t}\right)$$

multipliziert und auf diese Weise gewichtet. ²Der durchschnittliche Preis für Ausgleichsenergie des Jahres 2010 *(P₂₀₁₀)* stellt dabei stets den Zähler des Quotienten dar. ³Der durchschnittliche Preis für Ausgleichsenergie des in Bezug genommenen Jahres *(Pₜ)* bildet den Nenner des Quotienten. ⁴Die durchschnittlichen Preise für Ausgleichsenergie berechnen sich für jeden Übertragungsnetzbetreiber aus seinen durchschnittlichen Preisen der viertelstündlichen Beschaffung von Ausgleichsenergie für das in Bezug genommene Jahr. ⁵Bei der Berechnung sind die auf den Internetseiten der Übertragungsnetzbetreiber veröffentlichten Werte heranzuziehen.

(5) ¹Zum Ausgleich etwaiger Schwankungen der Preise für die untertägige Vermarktung des nach § 16 oder § 35 Absatz 1 des Erneuerbare-Energien-Gesetzes vergüteten Stroms werden die Ausgaben nach § 3 Absatz 4 Nummer 4 der Ausgleichsmechanismusverordnung und die Einnahmen nach § 3 Absatz 3 Nummer 1 zweite Alternative der Ausgleichsmechanismusverordnung mit dem Quotienten

$$\left(\frac{Q_{2010}}{Q_t}\right)$$

multipliziert und auf diese Weise gewichtet. ²Der durchschnittliche untertägige Stromhandelspreis der von dem Übertragungsnetzbetreiber am meisten genutzten Strombörse für das Jahr 2010 *(Q₂₀₁₀)* stellt dabei stets den Zähler dar. ³Der durchschnittliche untertägige Stromhandelspreis der von dem Übertragungsnetzbetreiber am meisten genutzten Strombörse des in Bezug genommenen Jahres *(Qₜ)* bildet den Nenner des Quotienten. ⁴Die durchschnittlichen untertägigen Stromhandelspreise berechnen sich für das in Bezug genommene Jahr aus den von der von dem Übertragungsnetzbetreiber am meisten genutzten Strombörse veröffentlichten gemittelten Stundenpreisen für den untertägigen Handel.

(6) ¹Der individuelle Basiswert im Sinne von Absatz 1 bezeichnet den bisher niedrigsten Saldo eines Jahres aus beeinflussbaren Ausgaben und beeinflussbaren Einnahmen im Sinne von Absatz 1 pro zu vermarktender Menge des nach § 16 oder § 35 Absatz 1 des Erneuerbare-Energien-Gesetzes vergüteten Stroms. ²Für das Anreizjahr 2010 beträgt der Basiswert 384,5 Millionen Euro, wobei die Aufteilung dieser Kostenposition der Übertragungsnetzbetreiber entsprechend ihrem jeweiligen Anteil an der zu vermarktenden Menge des nach § 16 oder § 35 Absatz 1 des Erneuerbare-Energien-Gesetzes vergüteten Stroms erfolgt.

(7) ¹Ist bei einem Übertragungsnetzbetreiber der Saldo aus beeinflussbaren Ausgaben und beeinflussbaren Einnahmen im Sinne von Absatz 1 des Anreizjahres geringer als der Basiswert, so steht ihm ein Bonus zu. ²Zur Berechnung des Bonus werden 25 Prozent der erreichten Reduktion mit der von dem jeweiligen Übertragungsnetzbetreiber zu vermarktenden Menge des nach

Ausgleichsmechanismus-AusführungsV § 8 AusglMechAV 40

§ 16 oder § 35 Absatz 1 des Erneuerbare-Energien-Gesetzes vergüteten Stroms des Anreizjahres multipliziert.

(8) ¹ In dem auf das Anreizjahr folgenden Jahr verbuchen die Übertragungsnetzbetreiber die etwaige Bonuszahlung im Rahmen der Ermittlung der EEG-Umlage als prognostizierte Ausgabeposition nach § 3 Absatz 1 der Ausgleichsmechanismusverordnung in Verbindung mit § 6 Absatz 1 Nummer 8. ² Übertragungsnetzbetreiber, die einen Bonus geltend machen, müssen dies der Bundesnetzagentur – beginnend mit dem Jahr 2011 – jeweils bis zum 31. März des auf das Anreizjahr folgenden Jahres anzeigen und die sachliche Richtigkeit der Berechnung nachweisen. ³ § 4 Absatz 4 gilt entsprechend.

(9) ¹ Die Vereinnahmung des Bonus erfolgt in zwölf gleichmäßig verteilten Monatsraten. ² Sie beginnt zum Anfang des übernächsten Jahres bezogen auf das Anreizjahr.

[§ 8 bis 28. 2. 2013:]

§ 8 Preislimitierung in Ausnahmefällen. (1) ¹ Der Übertragungsnetzbetreiber kann für diejenigen Stunden des folgenden Tages, für die im Fall von negativen Preisen an der EPEX Spot ein Aufruf zur zweiten Auktion ergeht, von der Verpflichtung abweichen, die vollständige in der Vortagesprognose vorhergesagte Einspeisung zu preisunabhängigen Geboten an dem vortägigen Spotmarkt einer Strombörse nach § 1 Absatz 1 zu veräußern. ² Der Übertragungsnetzbetreiber hat der Bundesnetzagentur die konkreten Stunden, in denen er von der Befugnis nach Satz 1 Gebrauch macht, unverzüglich anzuzeigen.

(2) ¹ In den Fällen des Absatzes 1 ist der Übertragungsnetzbetreiber berechtigt, preislimitierte Gebote am vortägigen Spotmarkt einer Strombörse abzugeben. ² Die zu veräußernde Strommenge ist in zehn gleich große Tranchen aufzuteilen und jeweils mit einem eigenen Preislimit anzubieten. ³ Die Preislimits müssen bei mindestens −350 Euro je Megawattstunde und höchstens −150 Euro je Megawattstunde liegen. ⁴ Jeder Betrag in Schritten von je einem Euro innerhalb dieses Rahmens wird zufallsgesteuert mit gleicher Wahrscheinlichkeit als Preislimit gesetzt. ⁵ Die Preislimits müssen für jeden Fall des Absatzes 1 neu bestimmt werden. ⁶ Die Preislimits sind bis zur Veröffentlichung nach Satz 7 vertraulich zu behandeln. ⁷ Der Übertragungsnetzbetreiber ist verpflichtet, zwei Werktage nach Ende der Auktion am vortägigen Spotmarkt auf seiner Internetseite Folgendes bekannt zu geben:

1. Stunden, für die er ein preislimitiertes Gebot abgegeben hat;
2. Höhe der Preislimits jeder Tranche;
3. am vortägigen Spotmarkt unverkaufte Energiemenge.

(3) ¹ Kann im Falle von preislimitierten Angeboten die nach der Vortagesprognose zu erwartende Strommenge nicht oder nicht vollständig veräußert werden, weil der börslich gebildete negative Preis unterhalb des negativen Preislimits liegt, hat eine notwendige anderweitige Veräußerung dieser Strommenge soweit möglich am untertägigen Spotmarkt einer Strombörse zu erfolgen. ² Der Übertragungsnetzbetreiber ist verpflichtet, gleichzeitig mit der Bekanntgabe nach Absatz 2 Satz 7 auf seiner Internetseite bekannt zu geben:

1. Stunden, für welche Energie am untertägigen Spotmarkt unverkauft geblieben ist;
2. die Menge der in der jeweiligen Stunde unverkauften Energie.

(4) ¹ Ist aufgrund nachprüfbarer Tatsachen zu erwarten, dass eine Veräußerung nach Absatz 3 nicht oder nur zu Preisen möglich sein wird, die deutlich unterhalb der nach Absatz 2 gesetzten negativen Preislimits liegen würden, kann der Übertragungsnetzbetreiber zur Stützung der börslichen Preise Vereinbarungen nutzen, in denen sich Stromerzeuger freiwillig verpflichten, auf Aufforderung des Übertragungsnetzbetreibers die Einspeisung von Strom ganz oder teilweise zu unterlassen oder in denen sich Stromverbraucher freiwillig verpflichten, auf Aufforderung des Übertragungsnetzbetreibers ihren Stromverbrauch in bestimmtem Ausmaß zu erhöhen. ² Die für freiwillige Maßnahmen nach Satz 1 gezahlten Preise dürfen nicht höher sein als die Preise, die sich am vortägigen Spotmarkt für die betreffende Stunde eingestellt hätten, wenn die im Rahmen freiwilliger Vereinbarungen von allen Übertragungsnetzbetreibern abgerufenen Mengen bereits als Nachfrage in die Preisbildung des vortägigen Spotmarkts eingegangen wären. ³ Freiwillige Abregelungsvereinbarungen mit Stromerzeugern, die im Falle der Einspeisung eine Vergütung nach dem Erneuerbare-Energien-Gesetz erhielten, dürfen erst genutzt werden, wenn Vereinbarungen mit anderen Stromerzeugern oder Stromverbrauchern vollständig ausgenutzt wurden. ⁴ Der Übertragungsnetzbetreiber hat eine Verfahrensanweisung zu entwickeln, in welchen Fällen und in welcher Weise er von den Vorschriften dieses Absatzes Gebrauch machen wird. ⁵ Die Verfahrensanweisung und etwaige Änderungen derselben sind der Bundesnetzagentur vor der erstmaligen Anwendung anzuzeigen. ⁶ Die in diesem Absatz genannten Vereinbarungen sind der Bundesnetzagentur auf Verlangen jederzeit vorzulegen. ⁷ Der Übertragungsnetzbetreiber ist verpflichtet, gleichzeitig mit der Bekanntgabe nach Absatz 2 Satz 7 auf seiner Internetseite bekannt zu geben, für welche Stunden und für welche Energiemenge in der jeweiligen Stunde er von Vereinbarungen im Sinne des Satzes 1 Gebrauch gemacht hat.

(5) ¹ Die durch die in Absatz 4 genannten Maßnahmen entstehenden Kosten gelten als Kosten für den untertägigen Ausgleich im Sinne von § 3 Absatz 4 Nummer 4 der Ausgleichsmechanismusverordnung[1]). ² Sie können nur dann in die EEG-Umlage einkalkuliert werden, wenn die in den vorstehenden Absätzen enthaltenen Vorschriften oder die in Aufsichtsmaßnahmen der Bundesnetzagentur enthalten Maßgaben eingehalten wurden.

[§ 8 ab 1. 3. 2013:]
§ 8 *(aufgehoben)*

§ 9 Inkrafttreten, Außerkrafttreten. ¹ Diese Verordnung tritt am Tag nach der Verkündung[2]) in Kraft. ² § 1 Absatz 4 tritt mit Abschluss des Jahres 2010 außer Kraft. ³ § 8 tritt am 28. Februar 2013 außer Kraft.

---

[1]) Nr. **39**.
[2]) Verkündet am 26. 2. 2010.

41. Gesetz zur Errichtung eines Sondervermögens „Energie- und Klimafonds" (EKFG)

Vom 8. Dezember 2010
(BGBl. I S. 1807)
FNA 707-26
geänd. durch Art. 1 ÄndG v. 29. 7. 2011 (BGBl. I S. 1702)

Der Bundestag hat das folgende Gesetz beschlossen:

§ 1 Errichtung des Sondervermögens. Es wird zum 1. Januar 2011 ein Sondervermögen des Bundes mit der Bezeichnung „Energie- und Klimafonds" errichtet.

§ 2 Zweck des Sondervermögens. (1) [1]Das Sondervermögen ermöglicht zusätzliche Programmausgaben zur Förderung einer umweltschonenden, zuverlässigen und bezahlbaren Energieversorgung sowie zum Klimaschutz. [2]Darüber hinaus werden im Sondervermögen alle Programmausgaben für die Entwicklung der Elektromobilität zusammengefasst. [3]Aus dem Sondervermögen können Maßnahmen in folgenden Bereichen finanziert werden:

– Energieeffizienz,

– erneuerbare Energien,

– Energiespeicher- und Netztechnologien,

– energetische Gebäudesanierung,

– nationaler Klimaschutz,

– internationaler Klima- und Umweltschutz,

– Entwicklung der Elektromobilität.

[4]Zudem können aus dem Sondervermögen ab 2013 Zuschüsse in Höhe von bis zu 500 Millionen Euro jährlich an stromintensive Unternehmen zum Ausgleich von emissionshandelsbedingten Strompreiserhöhungen auf der Grundlage von Artikel 10a Absatz 6 der Richtlinie 2003/87/EG des Europäischen Parlaments und des Rates vom 13. Oktober 2001 über ein System für den Handel mit Treibhausgasemissionszertifikaten in der Gemeinschaft und zur Änderung der Richtlinie 96/61/EG des Rates (ABl. L 275 vom 25. 10. 2003, S. 32), die zuletzt durch die Richtlinie 2009/29/EG (ABl. L 140 vom 5. 6. 2009, S. 63) geändert worden ist, gezahlt werden. [5]Die Programmausgaben für die Entwicklung der Elektromobilität sind vom Wirtschaftsplanjahr 2014 an auf einen Betrag von 300 Millionen Euro begrenzt.

(2) Maßnahmen im Sinne des Absatzes 1 Satz 1 sind zusätzlich, wenn sie nicht bereits im Bundeshaushalt oder in der Finanzplanung des Bundes berücksichtigt sind.

§ 3 Stellung im Rechtsverkehr. (1) [1]Das Sondervermögen ist nicht rechtsfähig. [2]Es kann unter seinem Namen im Rechtsverkehr handeln, klagen und verklagt werden. [3]Der allgemeine Gerichtsstand des Sondervermögens ist der Sitz der Bundesregierung. [4]Das Bundesministerium der Finanzen verwaltet das Sondervermögen. ⁵ Es kann sich hierzu einer anderen Bundesbehörde oder eines Dritten bedienen.

(2) Das Sondervermögen ist von dem übrigen Vermögen des Bundes, seinen Rechten und Verbindlichkeiten getrennt zu halten.

§ 4 Einnahmen des Sondervermögens und Ermächtigungen. (1) Dem Sondervermögen fließen folgende Einnahmen zu:

1. die Einnahmen aus der Versteigerung von Berechtigungen zur Emission von Treibhausgasen im Jahr 2012 nach Maßgabe des Gesetzes über den nationalen Zuteilungsplan für Treibhausgas-Emissionsberechtigungen in der Zuteilungsperiode 2008 bis 2012 vom 7. August 2007 (BGBl. I S. 1788) und ab dem Jahr 2013 nach Maßgabe der im Treibhausgas-Emissionshandelsgesetz[1)] für die Versteigerung geltenden Regeln, soweit diese nicht zur Finanzierung der Deutschen Emissionshandelsstelle benötigt werden,
2. Einnahmen aus der Auszahlung der bei der Kreditanstalt für Wiederaufbau treuhänderisch verwalteten Mittel für etwaige Ausfälle im Zusammenhang mit Förderprogrammen, die aus Mitteln des Sondervermögens finanziert werden,
3. sonstige Einnahmen aus der Verzinsung von Mitteln des Sondervermögens und aus Rückflüssen,
4. Zuführungen aus dem Bundeshaushalt nach Maßgabe der Absätze 3 und 4.

(2) Die Bundesregierung wird ermächtigt, durch Rechtsverordnung, die nicht der Zustimmung des Bundesrates bedarf, nähere Einzelheiten zu den Einnahmen nach Absatz 1 Nummer 1 zu regeln.

(3) Der Bund kann dem Sondervermögen im Wirtschaftsplanjahr 2011 zum Ausgleich eines Finanzierungsdefizits unter den Voraussetzungen des § 37 Absatz 1 der Bundeshaushaltsordnung eine Zuweisung bis zu einer Obergrenze von 225 Millionen Euro gewähren.

(4) ¹ Eine Kreditaufnahme des Sondervermögens am Kreditmarkt ist nicht zulässig. ² Vom Wirtschaftsplanjahr 2012 an kann das Sondervermögen zum Ausgleich eines Finanzierungsdefizits unter den Voraussetzungen des § 37 Absatz 1 der Bundeshaushaltsordnung ein verzinsliches, spätestens im übernächsten Jahr vollständig zurückzuzahlendes Liquiditätsdarlehen aus dem Bundeshaushalt bis zur Höhe von 10 Prozent des Gesamtvolumens des Wirtschaftsplans des laufenden Jahres erhalten. ³ Die Summe aller Darlehensverbindlichkeiten darf zu keinem Zeitpunkt höher sein als 20 Prozent des Gesamtvolumens des Wirtschaftsplans des laufenden Jahres.

§ 5 Rücklagen. Das Sondervermögen kann zur Erfüllung des gesetzlichen Zwecks Rücklagen bilden.

§ 6 Wirtschaftsplan und Haushaltsrecht. ¹ Alle Einnahmen und Ausgaben des Sondervermögens werden in einem jährlichen Wirtschaftsplan veranschlagt. ² Der Wirtschaftsplan ist in Einnahmen und Ausgaben auszugleichen. ³ Er bestimmt sich für 2011 nach der Anlage zu diesem Gesetz und wird in den Folgejahren mit dem Haushaltsgesetz festgestellt. ⁴ Im Übrigen ist § 113 der Bundeshaushaltsordnung anzuwenden.

[1)] Nr. 48.

Energie- und Klimafonds-Finanzierungsgesetz §§ 7–10, Anl. EKFG 41

§ 7 Rechnungslegung. ¹Das Bundesministerium der Finanzen stellt für das Sondervermögen am Schluss eines jeden Rechnungsjahres die Haushaltsrechnung (Rechnung über die Einnahmen und Ausgaben nach der Bundeshaushaltsordnung) sowie die Vermögensrechnung (Bilanz und Gewinn- und Verlustrechnung nach den Vorschriften des Handelsgesetzbuchs) auf. ²Die Rechnungen sind als Übersichten der Haushaltsrechnung des Bundes beizufügen.

§ 8 Berichtspflichten. Die Bundesregierung berichtet dem Haushaltsausschuss des Deutschen Bundestages jährlich bis zum 31. März über die zweckentsprechende Verwendung der im Vorjahr verausgabten Mittel.

§ 9 Verwaltungskosten. Die Kosten für die Verwaltung des Sondervermögens trägt der Bund.

§ 10 Inkrafttreten. Dieses Gesetz tritt am Tag nach der Verkündung[1)] in Kraft.

Anlage
(zu § 6 Satz 3)

Wirtschaftsplan des Energie- und Klimafonds

Titel Funktion	Zweckbestimmung	Soll 2011 1 000 €	Soll 2010 1 000 €	Ist 2009 1 000 €
	Vorbemerkung			
	Am 28. September 2010 hat die Bundesregierung ihr langfristig angelegtes Energiekonzept beschlossen. Deutschland will danach in Zukunft bei wettbewerbsfähigen Energiepreisen und hohem Wohlstandsniveau eine Vorreiterrolle hinsichtlich Energieeffizienz und Umweltschonung anstreben. Ein hohes Maß an Versorgungssicherheit, ein wirksamer Klima- und Umweltschutz sowie eine wirtschaftlich tragfähige Energieversorgung sind zugleich wichtige Voraussetzungen dafür, dass Deutschland auch langfristig ein wettbewerbsfähiger Industriestandort bleibt. Ab dem Jahr 2011 werden auf der Grundlage des Energiekonzeptes zusätzliche Mittel aus Förderbeiträgen der Betreibergesellschaften der deutschen Kernkraftwerke und aus den in § 4 Absatz 1 Nummer 3 des Gesetzes zur Errichtung eines Sondervermögens „Energie- und Klimafonds" genannten Mehrerlösen aus der Versteigerung der Berechtigungen zur Emission von Treibhausgasen bereitgestellt. Zur Umsetzung der Zweckbestimmung des „Energie- und Klimafonds" wird ein jährlicher Wirtschaftsplan aufgestellt. Im Jahr 2011 fließen dem Sondervermögen Einnahmen in Höhe von 300 Mio. € zu.			
	Einnahmen			
	Verwaltungseinnahmen			
119 99 -960	Vermischte Einnahmen	–		

[1)] Verkündet am 13. 12. 2010.

41 EKFG Anl.

5. Teil. Umweltschutz

Titel Funktion	Zweckbestimmung	Soll 2011 1 000 €	Soll 2010 1 000 €	Ist 2009 1 000 €

Übrige Einnahmen

162 01
-960
Erträge aus der Anlage der vertraglich vereinbarten Zahlungen der Betreibergesellschaften der deutschen Kernkraftwerke

Haushaltsvermerk:
Mehreinnahmen dienen zur Deckung von Mehrausgaben bei folgendem Titel: 919 01.

282 01
-873
Vertraglich vereinbarte Zahlungen der Betreibergesellschaften der deutschen Kernkraftwerke

300 000

359 01
-950
Entnahme aus Rücklage —

Ausgaben

Haushaltsvermerk:
1. Die Ausgaben sind übertragbar.
2. Einsparungen bei den Titeln 683 01, 683 02, 686 01, 686 03, 686 04, 686 05, 687 01 und 687 02 dienen zur Deckung von Mehrausgaben bei folgendem Titel: 919 01.

Zuweisungen und Zuschüsse (ohne Investitionen)

661 07
-411
Förderung von Maßnahmen zur energetischen Gebäudesanierung „CO_2-Gebäudesanierungsprogramm" der KfW Förderbank

Verpflichtungsermächtigung ..... 500 000 T€
davon fällig:
im Haushaltsjahr 2012 bis zu... 60 000 T€
im Haushaltsjahr 2013 bis zu... 80 000 T€
im Haushaltsjahr 2014 bis zu... 80 000 T€
im Haushaltsjahr 2015 bis zu... 50 000 T€
im Haushaltsjahr 2016 bis zu... 45 000 T€
im Haushaltsjahr 2017 bis zu... 40 000 T€
im Haushaltsjahr 2018 bis zu... 40 000 T€
im Haushaltsjahr 2019 bis zu... 35 000 T€
im Haushaltsjahr 2020 bis zu... 35 000 T€
im Haushaltsjahr 2021 bis zu... 35 000 T€

Erläuterungen
Das Förderprogramm 2011 umfasst ein Volumen von 500 Mio. €.

Energie- und Klimafonds-Finanzierungsgesetz **Anl. EKFG 41**

Mehrjährige Maßnahmen (davon neue Maßnahmen in Fettdruck)	Gesamtausgaben des Bundes	Verausgabt bis 2009	Bewilligt 2010	Nach 2010 übertragene Ausgabereste	Veranschlagt 2011	Vorbehalten für 2012 ff
	1 000 €	1 000 €	1 000 €	1 000 €	1 000 €	1 000 €
1	2	3	4	5	6	7
Förderprogramm 2011	500 000	–	–	–	–	500 000

Titel Funktion	Zweckbestimmung	Soll 2011 1 000 €	Soll 2010 1 000 €	Ist 2009 1 000 €
683 01 -171	Forschungs- und Entwicklungsvorhaben: Erneuerbare Energien	40 000		

Verpflichtungsermächtigung ..... 400 000 T€
davon fällig:
im Haushaltsjahr 2012 bis zu... 25 000 T€
im Haushaltsjahr 2013 bis zu... 100 000 T€
im Haushaltsjahr 2014 bis zu... 125 000 T€
im Haushaltsjahr 2015 bis zu... 150 000 T€

Erläuterungen:

Bezeichnung	1 000 €
1. Anwendungsorientierte Forschung	31 000
2. Grundlagenforschung	9 000
Zusammen	40 000

Titel Funktion	Zweckbestimmung	Soll 2011	Soll 2010	Ist 2009
683 02 -171	Forschungs- und Entwicklungsvorhaben: Energieeffizienz	28 000		

Verpflichtungsermächtigung ..... 400 000 T€
davon fällig:
im Haushaltsjahr 2012 bis zu... 25 000 T€
im Haushaltsjahr 2013 bis zu... 100 000 T€
im Haushaltsjahr 2014 bis zu... 125 000 T€
im Haushaltsjahr 2015 bis zu... 150 000 T€

Erläuterungen:

Bezeichnung	1 000 €
1. Anwendungsorientierte Forschung	22 000
2. Grundlagenforschung	6 000
Zusammen	28 000

Titel Funktion	Zweckbestimmung	Soll 2011	Soll 2010	Ist 2009
686 01 -790	Klimaschonende Mobilität	20 000		

41 EKFG Anl. 5. Teil. Umweltschutz

Titel Funktion	Zweckbestimmung	Soll 2011 1 000 €	Soll 2010 1 000 €	Ist 2009 1 000 €
686 03 -629	Förderung der rationellen und sparsamen Energieverwendung – Energieeffizienzfonds	90 000		

Verpflichtungsermächtigung ..... 820 000 T€
davon fällig:
im Haushaltsjahr 2012 bis zu... 70 000 T€
im Haushaltsjahr 2013 bis zu... 200 000 T€
im Haushaltsjahr 2014 bis zu... 250 000 T€
im Haushaltsjahr 2015 bis zu... 300 000 T€

Erläuterungen:
1. Energie- und Stromsparchecks für private Haushalte
2. Verbraucherinformationen zum Energiesparen sowie Öffentlichkeitsarbeit
3. Unterstützung der Markteinführung hoch effizienter Querschnittstechnologien (z.B. Motoren, Pumpen, Kälteanlagen, Green-IT) durch direkte Zuschüsse an KMU
4. Förderung von Energiemanagementsystemen
5. Modernisierungsoffensive für innovative Netze
6. Förderung energieeffizienter und klimaschonender Produktionsprozesse
7. Förderung von hocheffizienten Kraftwerkstechnologien gemäß EU-ETS-Richtlinie und gemäß Energiekonzept der Bundesregierung
8. Unterstützung und Entwicklung sonstiger Effizienzmaßnahmen

| 686 04 -629 | Markteinführungsprogramm zur Förderung des Einsatzes erneuerbarer Energien | 40 000 | | |

Verpflichtungsermächtigung ..... 330 000 T€
davon fällig:
im Haushaltsjahr 2012 bis zu... 30 000 T€
im Haushaltsjahr 2013 bis zu... 80 000 T€
im Haushaltsjahr 2014 bis zu... 100 000 T€
im Haushaltsjahr 2015 bis zu... 120 000 T€

Erläuterungen:
Förderung von innovativen Technologien zum Einsatz erneuerbarer Energien (insbesondere zur Wärme- und Kälteerzeugung in Wohngebäuden und Nichtwohngebäuden).

| 686 05 -332 | Nationale Klimaschutzinitiative | 40 000 | | |

Verpflichtungsermächtigung ..... 330 000 T€
davon fällig:
im Haushaltsjahr 2012 bis zu... 30 000 T€

Energie- und Klimafonds-Finanzierungsgesetz **Anl. EKFG 41**

Titel Funktion	Zweckbestimmung	Soll 2011 1 000 €	Soll 2010 1 000 €	Ist 2009 1 000 €
	im Haushaltsjahr 2013 bis zu... 80 000 T€ im Haushaltsjahr 2014 bis zu... 100 000 T€ im Haushaltsjahr 2015 bis zu... 120 000 T€			
	Erläuterungen: 1. Modellprojekte für den Klimaschutz 2. Förderung innovativer Technologien, Klimaschutz, Energie- und Ressourceneffizienz 3. Klimaschutzkonzepte 4. Informations- und Qualifikationsmaßnahmen zum Klimaschutz 5. Klimaschutzmaßnahmen in Kommunen (z.B. Erstellung von Klimaschutzkonzepten)			
687 01 -332	Internationaler Klima- und Umweltschutz	35 000		
	Verpflichtungsermächtigung ..... 980 000 T€ davon fällig: im Haushaltsjahr 2012 bis zu... 30 000 T€ im Haushaltsjahr 2013 bis zu... 300 000 T€ im Haushaltsjahr 2014 bis zu... 300 000 T€ im Haushaltsjahr 2015 bis zu... 200 000 T€ im Haushaltsjahr 2016 bis zu... 100 000 T€ im Haushaltsjahr 2017 bis zu... 50 000 T€			
	Haushaltsvermerk: 1. **Die Verpflichtungsermächtigung ist in Höhe von 950 000 T€ gesperrt.** **Haushaltsjahr 2012** .... 25 000 T€ **Haushaltsjahr 2013** .... 295 000 T€ **Haushaltsjahr 2014** .... 295 000 T€ **Haushaltsjahr 2015** .... 195 000 T€ **Haushaltsjahr 2016** .... 95 000 T€ **Haushaltsjahr 2017** .... 45 000 T€ **Die Aufhebung der Sperre bedarf der Einwilligung des Haushaltsausschusses des Deutschen Bundestages.** 2. **Die Erläuterungen zu Nr. 2 sind verbindlich.**			
	Erläuterungen: 1. Es sollen u.a. Maßnahmen zur Anpassung an die Folgen des Klimawandels, zum Schutz und zur nachhaltigen Nutzung von Kohlenstoffsenken sowie zur Minderung von Treibhausgasemissionen in Entwicklungs- und Schwellenländern gefördert werden. Aus den Ausgaben sind 4 Mio. € für die Entwicklung eines globalen Kohlenstoffmarktes vorgesehen.			

41 EKFG Anl.   5. Teil. Umweltschutz

Titel Funktion	Zweckbestimmung	Soll 2011 1 000 €	Soll 2010 1 000 €	Ist 2009 1 000 €
	2. Die Ausgaben und Verpflichtungsermächtigungen müssen mindestens zu 90 Prozent ODA-anrechenbar sein.			
687 02 -629	Internationale Energie- und Rohstoffpartnerschaften	7 000		
	Ausgaben für Investitionen			
871 01 -680	Entschädigungen und Kosten aus Deckungszusagen des Bundes gegenüber der KfW für Maßnahmen der KfW zur Förderung der ersten zehn Offshore-Windparks	–		
	Erläuterungen: Soweit Schadensfälle nicht aus Einnahmen der KfW, die im Zusammenhang mit der Durchführung der Maßnahmen angefallen sind, abgedeckt werden können, sind diese aus Mitteln des Sondervermögens zu decken.			
	Besondere Finanzierungsausgaben			
919 01 -950	Zuführungen an Rücklage	–		
	Haushaltsvermerk: 1. **Mehrausgaben dürfen bis zur Höhe der Einsparungen bei folgenden Titeln geleistet werden: 683 01, 683 02, 686 01, 686 03, 686 04, 686 05, 687 01 und 687 02.** 2. **Mehrausgaben dürfen bis zur Höhe der Mehreinnahmen bei folgendem Titel geleistet werden: 162 01.**			

Abschluss der Anlage

Einnahmen

Verwaltungseinnahmen	–	–
Übrige Einnahmen	300 000	–
Gesamteinnahmen	300 000	–

Ausgaben

Zuweisungen und Zuschüsse (ohne Investitionen)	300 000	–
Ausgaben für Investitionen	–	–
Besondere Finanzierungsausgaben	–	–
Gesamtausgaben	300 000	–

42. Gesetz zur Förderung Erneuerbarer Energien im Wärmebereich (Erneuerbare-Energien-Wärmegesetz – EEWärmeG)[1)][2)]

Vom 7. August 2008

(BGBl. I S. 1658)

FNA 754-21

zuletzt geänd. durch Art. 2 Abs. 68 G zur Änd. von Vorschriften über Verkündung und Bekanntmachungen sowie der ZPO, des EGZPO und der AO v. 22. 12. 2011 (BGBl. I S. 3044)

Der Bundestag hat das folgende Gesetz beschlossen:

Inhaltsübersicht

§§

Teil 1. Allgemeine Bestimmungen

Zweck und Ziel des Gesetzes	1
Vorbildfunktion öffentlicher Gebäude	1 a
Begriffsbestimmungen	2

Teil 2. Nutzung Erneuerbarer Energien

Nutzungspflicht	3
Geltungsbereich der Nutzungspflicht	4
Anteil Erneuerbarer Energien bei neuen Gebäuden	5
Anteil Erneuerbarer Energien bei grundlegend renovierten öffentlichen Gebäuden	5 a
Versorgung mehrerer Gebäude	6
Ersatzmaßnahmen	7
Kombination	8
Ausnahmen	9
Nachweise	10
Information über die Vorbildfunktion	10 a
Überprüfung	11
Zuständigkeit	12

Teil 3. Finanzielle Förderung

Fördermittel	13
Geförderte Maßnahmen	14
Verhältnis zu Nutzungspflichten	15

Teil 4. Schlussbestimmungen

Anschluss- und Benutzungszwang	16
Installateure für Erneuerbare Energien	16 a

[1)] **Amtl. Anm.**: Die Verpflichtungen aus der Richtlinie 98/34/EG des Europäischen Parlaments und des Rates vom 22. Juni 1998 über ein Informationsverfahren auf dem Gebiet der Normen und technischen Vorschriften und den Vorschriften für die Dienste der Informationsgesellschaft (ABl. EG Nr. L 204 S. 37), geändert durch die Richtlinie 98/48/EG des Europäischen Parlaments und des Rates vom 20. Juli 1998 (ABl. EG Nr. L 217 S. 18), sind beachtet worden.
[2)] Zu abweichendem Landesrecht siehe:
– **Bayern** Abweichungen im G über die Zuständigkeiten zum Vollzug wirtschaftsrechtlicher Vorschriften mWv 1. 1. 2011, vgl. Hinweis v. 27. 1. 2011 (BGBl. I S. 64).
– **Bremen** Abweichungen in der VO zur Durchführung der EnEV und des EEWärmeG mWv 29. 12. 2010, vgl. Hinweis v. 27. 1. 2011 (BGBl. I S. 63).

	§§
Bußgeldvorschriften	17
Erfahrungsbericht	18
Berichte der Länder	18a
Übergangsvorschriften	19
Inkrafttreten	20

Anlage. Anforderungen an die Nutzung von Erneuerbaren Energien und Ersatzmaßnahmen

Teil 1. Allgemeine Bestimmungen

§ 1 Zweck und Ziel des Gesetzes. (1) Zweck dieses Gesetzes ist es, insbesondere im Interesse des Klimaschutzes, der Schonung fossiler Ressourcen und der Minderung der Abhängigkeit von Energieimporten, eine nachhaltige Entwicklung der Energieversorgung zu ermöglichen und die Weiterentwicklung von Technologien zur Erzeugung von Wärme und Kälte aus Erneuerbaren Energien zu fördern.

(2) Um den Zweck des Absatzes 1 unter Wahrung der wirtschaftlichen Vertretbarkeit zu erreichen, verfolgt dieses Gesetz das Ziel, dazu beizutragen, den Anteil Erneuerbarer Energien am Endenergieverbrauch für Wärme und Kälte bis zum Jahr 2020 auf 14 Prozent zu erhöhen.

§ 1a Vorbildfunktion öffentlicher Gebäude. [1] Öffentlichen Gebäuden kommt eine Vorbildfunktion im Rahmen des Zwecks und Ziels nach § 1 zu. [2] Diese Vorbildfunktion kommt auch öffentlichen Gebäuden im Ausland zu, die sich im Eigentum der öffentlichen Hand befinden.

§ 2 Begriffsbestimmungen. (1) Erneuerbare Energien im Sinne dieses Gesetzes sind

1. die dem Erdboden entnommene Wärme (Geothermie),
2. die der Luft oder dem Wasser entnommene und technisch nutzbar gemachte Wärme mit Ausnahme von Abwärme (Umweltwärme),
3. die durch Nutzung der Solarstrahlung zur Deckung des Wärmeenergiebedarfs technisch nutzbar gemachte Wärme (solare Strahlungsenergie),
4. die aus fester, flüssiger und gasförmiger Biomasse erzeugte Wärme. Die Abgrenzung erfolgt nach dem Aggregatszustand zum Zeitpunkt des Eintritts der Biomasse in den Apparat zur Wärmeerzeugung. Als Biomasse im Sinne dieses Gesetzes werden nur die folgenden Energieträger anerkannt:
   a) Biomasse im Sinne der Biomasseverordnung in der bis zum 31. Dezember 2011 geltenden Fassung,
   b) biologisch abbaubare Anteile von Abfällen aus Haushalten und Industrie,
   c) Deponiegas,
   d) Klärgas,
   e) Klärschlamm im Sinne der Klärschlammverordnung vom 15. April 1992 (BGBl. I S. 912), zuletzt geändert durch Artikel 4 der Verordnung vom 20. Oktober 2006 (BGBl. I S. 2298, 2007 I S. 2316), in der jeweils geltenden Fassung und
   f) Pflanzenölmethylester, und

5. die dem Erdboden oder dem Wasser entnommene und technisch nutzbar gemachte oder aus Wärme nach den Nummern 1 bis 4 technisch nutzbar gemachte Kälte (Kälte aus Erneuerbaren Energien).

(2) Im Sinne dieses Gesetzes ist

1. Abwärme die Wärme, die aus technischen Prozessen und baulichen Anlagen stammenden Abluft- und Abwasserströmen entnommen wird,
2. Fernwärme oder Fernkälte die Wärme oder Kälte, die in Form von Dampf, heißem Wasser oder kalten Flüssigkeiten durch ein Wärme- oder Kältenetz verteilt wird,
3. grundlegende Renovierung jede Maßnahme, durch die an einem Gebäude in einem zeitlichen Zusammenhang von nicht mehr als zwei Jahren

    a) ein Heizkessel ausgetauscht oder die Heizungsanlage auf einen anderen fossilen Energieträger umgestellt wird und

    b) mehr als 20 Prozent der Oberfläche der Gebäudehülle renoviert werden,

4. Nutzfläche

    a) bei Wohngebäuden die Gebäudenutzfläche nach § 2 Nr. 14 der Energieeinsparverordnung[1]) vom 24. Juli 2007 (BGBl. I S. 1519) in der jeweils geltenden Fassung,

    b) bei Nichtwohngebäuden die Nettogrundfläche nach § 2 Nr. 15 der Energieeinsparverordnung,

5. öffentliches Gebäude jedes Nichtwohngebäude, das

    a) sich im Eigentum oder Besitz der öffentlichen Hand befindet und

    b) genutzt wird

       aa) für Aufgaben der Gesetzgebung,

       bb) für Aufgaben der vollziehenden Gewalt,

       cc) für Aufgaben der Rechtspflege oder

       dd) als öffentliche Einrichtung.

    Ausgenommen sind Gebäude von öffentlichen Unternehmen, wenn sie Dienstleistungen im freien Wettbewerb mit privaten Unternehmen erbringen, insbesondere öffentliche Unternehmen zur Abgabe von Speisen und Getränken, zur Produktion, zur Lagerung und zum Vertrieb von Gütern, Unternehmen der Land- und Forstwirtschaft oder des Gartenbaus sowie Unternehmen zur Versorgung mit Energie oder Wasser. Auch Gebäude der Bundeswehr, die der Lagerung von militärischen oder zivilen Gütern dienen, sind von Satz 1 ausgenommen. Gemischt genutzte Gebäude sind öffentliche Gebäude, wenn sie überwiegend für Aufgaben oder Einrichtungen nach Maßgabe der Sätze 1 bis 3 genutzt werden,

6. öffentliche Hand

    a) jede inländische Körperschaft, Personenvereinigung oder Vermögensmasse des öffentlichen Rechts mit Ausnahme von Religionsgemeinschaften und

---

[1]) Nr. 57.

b) jede Körperschaft, Personenvereinigung oder Vermögensmasse des Privatrechts, wenn an ihr eine Person nach Buchstabe a allein oder mehrere Personen nach Buchstabe a zusammen unmittelbar oder mittelbar

aa) die Mehrheit des gezeichneten Kapitals besitzen,

bb) über die Mehrheit der mit den Anteilen verbundenen Stimmrechte verfügen oder

cc) mehr als die Hälfte der Mitglieder des Verwaltungs-, Leitungs- oder Aufsichtsorgans bestellen können,

7. Sachkundiger jede Person, die

a) nach § 21 der Energieeinsparverordnung berechtigt ist, Energieausweise auszustellen, jeweils entsprechend der Berechtigung, die für Wohn- oder Nichtwohngebäude gilt, oder

b) zertifiziert ist

aa) nach Fortbildungsprüfungsregelungen der Handwerkskammern nach Maßgabe des § 16 a oder

bb) nach einem Zertifizierungs- oder gleichwertigen Qualifikationssystem in einem anderen Mitgliedstaat der Europäischen Union oder einem anderen Vertragsstaat des Abkommens über den Europäischen Wirtschaftsraum nach Maßgabe des Artikels 14 Absatz 3 der Richtlinie 2009/28/EG[1]) des Europäischen Parlaments und des Rates vom 23. April 2009 zur Förderung der Nutzung von Energie aus erneuerbaren Quellen und zur Änderung und anschließenden Aufhebung der Richtlinien 2001/77/EG und 2003/30/EG (ABl. L 140 vom 5. 6. 2009, S. 16),

8. Verpflichteter jede Person, die zur Nutzung Erneuerbarer Energien nach § 3 Absatz 1 oder 2 verpflichtet ist,

9. Wärme- und Kälteenergiebedarf die Summe

a) der zur Deckung des Wärmebedarfs für Heizung und Warmwasserbereitung jährlich benötigten Wärmemenge und

b) der zur Deckung des Kältebedarfs für Raumkühlung jährlich benötigten Kältemenge,

jeweils einschließlich des thermischen Aufwands für Übergabe, Verteilung und Speicherung. Der Wärme- und Kälteenergiebedarf wird nach den technischen Regeln berechnet, die den Anlagen 1 und 2 zur Energieeinsparverordnung zugrunde gelegt werden. Soweit diese Anlagen keine technischen Regeln für die Berechnung bestimmter Anteile des Wärme- und Kälteenergiebedarfs enthalten, wird der Wärme- und Kälteenergiebedarf nach den anerkannten Regeln der Technik berechnet; das Bundesministerium für Umwelt, Naturschutz und Reaktorsicherheit kann im Einvernehmen mit dem Bundesministerium für Verkehr, Bau und Stadtentwicklung durch Bekanntmachung im Bundesanzeiger auf Veröffentlichungen sachverständiger Stellen über diese anerkannten Regeln der Technik hinweisen,

---

[1]) Nr. 36.

10. a) Wohngebäude jedes Gebäude, das nach seiner Zweckbestimmung überwiegend dem Wohnen dient, einschließlich Wohn-, Alten- und Pflegeheimen sowie ähnlichen Einrichtungen und
b) Nichtwohngebäude jedes andere Gebäude.

Teil 2. Nutzung Erneuerbarer Energien

§ 3 Nutzungspflicht. (1) ¹ Die Eigentümer von Gebäuden nach § 4, die neu errichtet werden, müssen den Wärme- und Kälteenergiebedarf durch die anteilige Nutzung von Erneuerbaren Energien nach Maßgabe der §§ 5 und 6 decken. ² Satz 1 gilt auch für die öffentliche Hand, wenn sie öffentliche Gebäude nach § 4 im Ausland neu errichtet.

(2) ¹ Die öffentliche Hand muss den Wärme- und Kälteenergiebedarf von bereits errichteten öffentlichen Gebäuden nach § 4, die sich in ihrem Eigentum befinden und grundlegend renoviert werden, durch die anteilige Nutzung von Erneuerbaren Energien nach Maßgabe der §§ 5a und 6 Absatz 2 decken. ² Satz 1 gilt auch für die öffentliche Hand, wenn sie öffentliche Gebäude nach § 4 im Ausland grundlegend renoviert.

(3) ¹ Die öffentliche Hand muss sicherstellen, dass auch bereits errichteten öffentlichen Gebäuden nach § 4, die sich in ihrem Besitz, aber nicht in ihrem Eigentum befinden, im Zuge einer grundlegenden Renovierung eine Vorbildfunktion zukommt, die den Anforderungen nach Absatz 2 entspricht.
² Bei der Anmietung oder Pachtung von Gebäuden wird dies sichergestellt, wenn

1. in erster Linie Gebäude angemietet oder gepachtet werden, bei denen bereits die Anforderungen nach Absatz 2 erfüllt werden,
2. in zweiter Linie Gebäude angemietet oder gepachtet werden, deren Eigentümer sich verpflichten, die Anforderungen nach Absatz 2 im Falle einer grundlegenden Renovierung zu erfüllen.

³ Satz 2 gilt nicht, wenn Gebäude von der öffentlichen Hand nur übergangsweise angemietet oder gepachtet werden.

(4) Die Länder können

1. für bereits errichtete öffentliche Gebäude, mit Ausnahme der öffentlichen Gebäude des Bundes, eigene Regelungen zur Erfüllung der Vorbildfunktion nach § 1a treffen und zu diesem Zweck von den Vorschriften dieses Gesetzes abweichen und
2. für bereits errichtete Gebäude, die keine öffentlichen Gebäude sind, eine Pflicht zur Nutzung von Erneuerbaren Energien festlegen.

§ 4 Geltungsbereich der Nutzungspflicht. Die Pflicht nach § 3 Absatz 1 oder 2 gilt für alle Gebäude mit einer Nutzfläche von mehr als 50 Quadratmetern, die unter Einsatz von Energie beheizt oder gekühlt werden, mit Ausnahme von

1. Betriebsgebäuden, die überwiegend zur Aufzucht oder zur Haltung von Tieren genutzt werden,
2. Betriebsgebäuden, soweit sie nach ihrem Verwendungszweck großflächig und lang anhaltend offen gehalten werden müssen,

3. unterirdischen Bauten,
4. Unterglasanlagen und Kulturräumen für Aufzucht, Vermehrung und Verkauf von Pflanzen,
5. Traglufthallen und Zelten,
6. Gebäuden, die dazu bestimmt sind, wiederholt aufgestellt und zerlegt zu werden, und provisorischen Gebäuden mit einer geplanten Nutzungsdauer von bis zu zwei Jahren,
7. Gebäuden, die dem Gottesdienst oder anderen religiösen Zwecken gewidmet sind,
8. Wohngebäuden, die für eine Nutzungsdauer von weniger als vier Monaten jährlich bestimmt sind,
9. sonstigen Betriebsgebäuden, die nach ihrer Zweckbestimmung auf eine Innentemperatur von weniger als 12 Grad Celsius oder jährlich weniger als vier Monate beheizt sowie jährlich weniger als zwei Monate gekühlt werden,
10. Gebäuden, die Teil oder Nebeneinrichtung einer Anlage sind, die vom Anwendungsbereich des Treibhausgas-Emissionshandelsgesetzes[1)] vom 21. Juli 2011 (BGBl. I S. 1475) in der jeweils geltenden Fassung erfasst ist, und
11. Gebäuden der Bundeswehr, soweit die Erfüllung der Pflicht nach § 3 Absatz 1 oder 2 der Art und dem Hauptzweck der Tätigkeit der Bundeswehr entgegensteht.

§ 5 Anteil Erneuerbarer Energien bei neuen Gebäuden. (1) Bei Nutzung von solarer Strahlungsenergie nach Maßgabe der Nummer I der Anlage zu diesem Gesetz wird die Pflicht nach § 3 Abs. 1 dadurch erfüllt, dass der Wärme- und Kälteenergiebedarf zu mindestens 15 Prozent hieraus gedeckt wird.

(2) Bei Nutzung von gasförmiger Biomasse nach Maßgabe der Nummer II.1 der Anlage zu diesem Gesetz wird die Pflicht nach § 3 Abs. 1 dadurch erfüllt, dass der Wärme- und Kälteenergiebedarf zu mindestens 30 Prozent hieraus gedeckt wird.

(3) Bei Nutzung von
1. flüssiger Biomasse nach Maßgabe der Nummer II.2 der Anlage zu diesem Gesetz und
2. fester Biomasse nach Maßgabe der Nummer II.3 der Anlage zu diesem Gesetz

wird die Pflicht nach § 3 Abs. 1 dadurch erfüllt, dass der Wärme- und Kälteenergiebedarf zu mindestens 50 Prozent hieraus gedeckt wird.

(4) Bei Nutzung von Geothermie und Umweltwärme nach Maßgabe der Nummer III der Anlage zu diesem Gesetz wird die Pflicht nach § 3 Abs. 1 dadurch erfüllt, dass der Wärme- und Kälteenergiebedarf zu mindestens 50 Prozent aus den Anlagen zur Nutzung dieser Energien gedeckt wird.

(5) [1] Bei Nutzung von Kälte aus Erneuerbaren Energien nach Maßgabe der Nummer IV der Anlage zu diesem Gesetz wird die Pflicht nach § 3 Absatz 1

[1)] Nr. 48.

dadurch erfüllt, dass der Wärme- und Kälteenergiebedarf mindestens in Höhe des Anteils nach Satz 2 hieraus gedeckt wird. ²Maßgeblicher Anteil ist der Anteil, der nach den Absätzen 1 bis 4 für diejenige Erneuerbare Energie gilt, aus der die Kälte erzeugt wird. ³Wird die Kälte mittels einer thermischen Kälteerzeugungsanlage durch die direkte Zufuhr von Wärme erzeugt, gilt der Anteil, der auch im Falle einer reinen Wärmeerzeugung (ohne Kälteerzeugung) aus dem gleichen Energieträger gilt. Wird die Kälte unmittelbar durch Nutzung von Geothermie oder Umweltwärme bereitgestellt, so gilt der auch bei Wärmeerzeugung aus diesen Energieträgern geltende Anteil von 50 Prozent am Wärme- und Kälteenergiebedarf.

§ 5 a Anteil Erneuerbarer Energien bei grundlegend renovierten öffentlichen Gebäuden. (1) Bei Nutzung von gasförmiger Biomasse nach Maßgabe der Nummer II.1 der Anlage zu diesem Gesetz wird die Pflicht nach § 3 Absatz 2 dadurch erfüllt, dass der Wärme- und Kälteenergiebedarf zu mindestens 25 Prozent hieraus gedeckt wird.

(2) Bei Nutzung sonstiger Erneuerbarer Energien nach Maßgabe der Nummern I bis IV der Anlage zu diesem Gesetz wird die Pflicht nach § 3 Absatz 2 dadurch erfüllt, dass der Wärme- und Kälteenergiebedarf zu mindestens 15 Prozent hieraus gedeckt wird.

§ 6 Versorgung mehrerer Gebäude. (1) ¹Die Pflicht nach § 3 Abs. 1 kann auch dadurch erfüllt werden, dass Verpflichtete, deren Gebäude in räumlichem Zusammenhang stehen, ihren Wärme- und Kälteenergiebedarf insgesamt in einem Umfang decken, der der Summe der einzelnen Verpflichtungen nach § 5 entspricht. ²Betreiben Verpflichtete zu diesem Zweck eine oder mehrere Anlagen zur Erzeugung von Wärme oder Kälte aus Erneuerbaren Energien, so können sie von den Nachbarn verlangen, dass diese zum Betrieb der Anlagen in dem notwendigen und zumutbaren Umfang die Benutzung ihrer Grundstücke, insbesondere das Betreten, und gegen angemessene Entschädigung die Führung von Leitungen über ihre Grundstücke dulden.

(2) Bei öffentlichen Gebäuden kann die Pflicht nach § 3 Absatz 1 oder 2 auch dadurch erfüllt werden, dass Verpflichtete, deren Gebäude in einer Liegenschaft stehen, ihren Wärme- und Kälteenergiebedarf insgesamt in einem Umfang decken, der der Summe der einzelnen Verpflichtungen nach § 5 oder § 5 a entspricht.

§ 7 Ersatzmaßnahmen. (1) Die Pflicht nach § 3 Absatz 1 oder 2 gilt als erfüllt, wenn Verpflichtete

1. den Wärme- und Kälteenergiebedarf zu mindestens 50 Prozent
    a) aus Anlagen zur Nutzung von Abwärme nach Maßgabe der Nummer V der Anlage zu diesem Gesetz oder
    b) aus Kraft-Wärme-Kopplungsanlagen (KWK-Anlagen) nach Maßgabe der Nummer VI der Anlage zu diesem Gesetz
    decken; § 5 Absatz 5 Satz 3, § 6 Absatz 1 Satz 1 und § 6 Absatz 2 gelten entsprechend,
2. Maßnahmen zur Einsparung von Energie nach Maßgabe der Nummer VII der Anlage zu diesem Gesetz treffen oder

3. Fernwärme oder Fernkälte nach Maßgabe der Nummer VIII der Anlage zu diesem Gesetz beziehen und den Wärme- und Kälteenergiebedarf insgesamt mindestens in Höhe des Anteils nach den Sätzen 2 und 3 hieraus decken. Maßgeblicher Anteil ist der Anteil, der nach § 5, § 5a oder nach Nummer 1 für diejenige Energie gilt, aus der die Fernwärme oder Fernkälte ganz oder teilweise stammt. Bei der Berechnung nach Satz 1 wird nur die bezogene Menge der Fernwärme oder Fernkälte angerechnet, die rechnerisch aus Erneuerbaren Energien, aus Anlagen zur Nutzung von Abwärme oder aus KWK-Anlagen stammt.

(2) Die Pflicht nach § 3 Absatz 2 gilt auch dann als erfüllt, wenn auf dem Dach des öffentlichen Gebäudes solarthermische Anlagen nach Maßgabe der Nummer I der Anlage zu diesem Gesetz von dem Eigentümer oder einem Dritten betrieben werden, wenn die mit diesen Anlagen erzeugte Wärme oder Kälte Dritten zur Deckung des Wärme- und Kälteenergiebedarfs von Gebäuden zur Verfügung gestellt wird und von diesen Dritten nicht zur Erfüllung einer Pflicht nach § 3 Absatz 1 bis 4 genutzt wird.

§ 8 Kombination. (1) Erneuerbare Energien und Ersatzmaßnahmen nach § 7 können zur Erfüllung der Pflicht nach § 3 Absatz 1 oder 2 untereinander und miteinander kombiniert werden.

(2) Die prozentualen Anteile der tatsächlichen Nutzung der einzelnen Erneuerbaren Energien und Ersatzmaßnahmen im Sinne des Absatzes 1 im Verhältnis zu der jeweils nach diesem Gesetz vorgesehenen Nutzung müssen in der Summe 100 ergeben.

§ 9 Ausnahmen. (1) Die Pflicht nach § 3 Abs. 1 entfällt, wenn
1. ihre Erfüllung und die Durchführung von Ersatzmaßnahmen nach § 7
   a) anderen öffentlich-rechtlichen Pflichten widersprechen oder
   b) im Einzelfall technisch unmöglich sind oder
2. die zuständige Behörde den Verpflichteten auf Antrag von ihr befreit. Von der Pflicht nach § 3 Abs. 1 ist zu befreien, soweit ihre Erfüllung und die Durchführung von Ersatzmaßnahmen nach § 7 im Einzelfall wegen besonderer Umstände durch einen unangemessenen Aufwand oder in sonstiger Weise zu einer unbilligen Härte führen.

(2) Die Pflicht nach § 3 Absatz 2 entfällt,
1. wenn ihre Erfüllung und die Durchführung von Ersatzmaßnahmen nach § 7
   a) denkmalschutzrechtlichen oder anderen öffentlich-rechtlichen Pflichten widersprechen oder
   b) im Einzelfall technisch unmöglich sind oder
2. soweit ihre Erfüllung und die Durchführung von Ersatzmaßnahmen nach § 7 im Einzelfall wegen besonderer Umstände durch einen unangemessenen Aufwand oder in sonstiger Weise zu einer unbilligen Härte führen. Dies gilt insbesondere, wenn jede Maßnahme, mit der die Pflicht nach § 3 Absatz 2 erfüllt werden kann, mit Mehrkosten nach Maßgabe der Sätze 3 und 4 verbunden ist und diese Mehrkosten nicht unerheblich sind. Bei diesen Mehrkosten handelt es sich um die Differenz zwischen den Kosten der grundlegenden Renovierung unter Berücksichtigung der Vorbildfunk-

tion und den Kosten der grundlegenden Renovierung ohne Berücksichtigung der Vorbildfunktion. Bei der Berechnung sind alle Kosten und Einsparungen zu berücksichtigen, auch solche, die innerhalb der üblichen Nutzungsdauer der Anlagen oder Gebäudeteile zu erwarten sind.

(2a) Die Pflicht nach § 3 Absatz 2 entfällt bei öffentlichen Gebäuden im Eigentum oder Besitz einer Gemeinde oder eines Gemeindeverbandes ferner, wenn

1. diese Gemeinde oder dieser Gemeindeverband zum Zeitpunkt des Beginns der grundlegenden Renovierung überschuldet ist oder durch die Erfüllung der Pflicht nach § 3 Absatz 2 und die Durchführung von Ersatzmaßnahmen nach § 7 überschuldet würde,

2. jede Maßnahme, mit der die Pflicht nach § 3 Absatz 2 erfüllt werden kann, mit Mehrkosten verbunden ist; im Übrigen gilt Absatz 2 Nummer 2 Satz 3 und 4 entsprechend, und

3. die Gemeinde oder der Gemeindeverband durch Beschluss das Vorliegen der Voraussetzungen nach Nummer 2 feststellt; die jeweiligen Regelungen zur Beschlussfassung bleiben unberührt.

(3) Die Pflicht nach § 3 Absatz 1 oder 2 entfällt bei öffentlichen Gebäuden im Ausland ferner, soweit ihrer Erfüllung und der Durchführung von Ersatzmaßnahmen nach § 7 im Einzelfall überwiegende Gründe am Belegenheitsort entgegenstehen.

§ 10 Nachweise. (1) [1] Die Verpflichteten müssen

1. die Erfüllung des in § 5 Abs. 2 und 3 vorgesehenen Mindestanteils für die Nutzung von Biomasse und die Anforderungen an gelieferte Biomasse nach Maßgabe des Absatzes 2,

2. die Erfüllung der sonstigen Anforderungen nach den Nummern I bis VIII der Anlage zu diesem Gesetz nach Maßgabe des Absatzes 3,

3. das Vorliegen einer Ausnahme nach § 9 Absatz 1 Nummer 1 nach Maßgabe des Absatzes 4

nachweisen. [2] Im Falle von öffentlichen Gebäuden müssen die Pflichten nach Satz 1 nicht erfüllt werden. [3] Im Falle des § 6 gelten die Pflichten nach Satz 1 Nr. 1 und 2 als erfüllt, wenn sie bei mehreren Verpflichteten bereits durch einen Verpflichteten erfüllt werden. [4] Im Falle des § 8 müssen die Pflichten nach Satz 1 Nr. 1 und 2 für die jeweils genutzten Erneuerbaren Energien oder durchgeführten Ersatzmaßnahmen erfüllt werden.

(2) Die Verpflichteten müssen bei Nutzung von gelieferter

1. gasförmiger und flüssiger Biomasse die Abrechnungen des Brennstofflieferanten nach Maßgabe der Nummer II.4 der Anlage zu diesem Gesetz

  a) für die ersten fünf Kalenderjahre ab dem Inbetriebnahmejahr der Heizungsanlage der zuständigen Behörde bis zum 30. Juni des jeweiligen Folgejahres vorlegen,

  b) für die folgenden zehn Kalenderjahre

    aa) jeweils mindestens fünf Jahre ab dem Zeitpunkt der Lieferung aufbewahren und

    bb) der zuständigen Behörde auf Verlangen vorlegen,

2. fester Biomasse die Abrechnungen des Brennstofflieferanten für die ersten 15 Jahre ab dem Inbetriebnahmejahr der Heizungsanlage

   a) jeweils mindestens fünf Jahre ab dem Zeitpunkt der Lieferung aufbewahren und

   b) der zuständigen Behörde auf Verlangen vorlegen.

(3) [1] Die Verpflichteten müssen zum Nachweis der Erfüllung der Anforderungen nach den Nummern I bis VIII der Anlage zu diesem Gesetz die Nachweise nach Satz 2

1. der zuständigen Behörde innerhalb von drei Monaten ab dem Inbetriebnahmejahr der Heizungsanlage des Gebäudes und danach auf Verlangen vorlegen und

2. mindestens fünf Jahre ab dem Inbetriebnahmejahr der Heizungsanlage aufbewahren, wenn die Nachweise nicht bei der Behörde verwahrt werden.

[2] Nachweise nach Satz 1 sind die in den Nummern I.2, II.5, III.3, IV.2, V.5, VI.3, VII.5 und VIII.2 der Anlage zu diesem Gesetz jeweils angegebenen Nachweise, sofern die Rechtsverordnung nach Absatz 6 Satz 3 Nummer 3 keine abweichenden Nachweise festlegt; Herkunftsnachweise für Wärme oder Kälte aus Erneuerbaren Energien nach Artikel 15 der Richtlinie 2009/28/EG[1]) gelten nicht als Nachweise nach Satz 1. [3] Satz 1 gilt nicht, wenn die Tatsachen, die mit den Nachweisen nachgewiesen werden sollen, der zuständigen Behörde bereits bekannt sind.

(4) [1] Die Verpflichteten müssen im Falle des Vorliegens einer Ausnahme nach § 9 Absatz 1 Nummer 1 der zuständigen Behörde innerhalb von drei Monaten ab der Inbetriebnahme der Heizungsanlage anzeigen, dass die Erfüllung der Pflicht nach § 3 Abs. 1 und die Durchführung von Ersatzmaßnahmen nach § 7 öffentlich-rechtlichen Vorschriften widerspricht oder technisch unmöglich sind. [2] Im Falle eines Widerspruchs zu öffentlich-rechtlichen Pflichten gilt dies nicht, wenn die zuständige Behörde bereits Kenntnis von den Tatsachen hat, die den Widerspruch zu diesen Pflichten begründen. [3] Im Falle einer technischen Unmöglichkeit ist der Behörde mit der Anzeige eine Bescheinigung eines Sachkundigen vorzulegen.

(5) Es ist verboten, in einem Nachweis, einer Anzeige oder einer Bescheinigung nach den Absätzen 2 bis 4 unrichtige oder unvollständige Angaben zu machen.

(6) [1] Das Bundesministerium für Umwelt, Naturschutz und Reaktorsicherheit wird ermächtigt, zur Vereinfachung und Vereinheitlichung des Nachweisverfahrens im Einvernehmen mit dem Bundesministerium für Verkehr, Bau und Stadtentwicklung durch Rechtsverordnung mit Zustimmung des Bundesrates Formulare für Nachweise, Anzeigen oder Bescheinigungen nach den Absätzen 2 bis 4 einzuführen. [2] Dies gilt nicht für Nachweise nach Nummer VII.5 der Anlage zu diesem Gesetz. [3] In der Rechtsverordnung nach Satz 1 kann vorgesehen werden, dass

1. über die Nachweise, Anzeigen oder Bescheinigungen nach den Absätzen 2 bis 4 hinaus weitere Daten gegenüber der Behörde nachgewiesen werden müssen, soweit dies für die Überwachung der Pflicht nach § 3 Absatz 1 oder

---

[1]) Nr. 36.

für ihr Entfallen nach § 9 Absatz 1 Nummer 1 erforderlich ist; dies schließt Regelungen zum Schutz personenbezogener Daten ein,

2. in den Nachweisen der Anteil der Erneuerbaren Energien am Wärme- und Kälteenergiebedarf des Gebäudes ausgewiesen werden muss; werden Wärmepumpen genutzt, ist der Anteil nach Maßgabe des Anhangs VII der Richtlinie 2009/28/EG zu berechnen,
3. abweichend von den Nachweisen, die in den Nummern I.2, II.5, III.3, IV.2, V.5, VI.3 und VIII.2 der Anlage zu diesem Gesetz jeweils angegeben sind, andere Nachweise nach Absatz 3 der zuständigen Behörde vorgelegt und aufbewahrt werden müssen.

§ 10 a Information über die Vorbildfunktion. [1] Die öffentliche Hand muss über die Erfüllung der Vorbildfunktion im Internet oder auf sonstige geeignete Weise informieren; dies kann auch im Rahmen der aktiven und systematischen Information der Öffentlichkeit nach den Bestimmungen des Bundes und der Länder über den Zugang zu Umweltinformationen geschehen. [2] Die öffentliche Hand muss insbesondere über Folgendes informieren:

1. im Falle der Nutzung von Biomasse über die Erfüllung des in § 5 Absatz 2 oder Absatz 3 oder § 5 a vorgesehenen Mindestanteils in den ersten 15 Kalenderjahren ab dem Jahr der Inbetriebnahme der Heizungsanlage oder des Abschlusses der grundlegenden Renovierung,
2. im Falle der Ausnahme nach § 9 Absatz 2 Nummer 2 über die Berechnung und die Annahmen, die der Berechnung zugrunde gelegt worden sind.

§ 11 Überprüfung. (1) Die zuständigen Behörden müssen zumindest durch geeignete Stichprobenverfahren die Erfüllung der Pflicht nach § 3 Abs. 1 und die Richtigkeit der Nachweise nach § 10 kontrollieren.

(2) [1] Die mit dem Vollzug dieses Gesetzes beauftragten Personen sind berechtigt, in Ausübung ihres Amtes Grundstücke und bauliche Anlagen einschließlich der Wohnungen zu betreten. [2] Das Grundrecht der Unverletzlichkeit der Wohnung (Artikel 13 des Grundgesetzes) wird insoweit eingeschränkt.

§ 12 Zuständigkeit. Die Zuständigkeit der Behörden richtet sich nach Landesrecht.

Teil 3. Finanzielle Förderung

§ 13 Fördermittel. [1] Die Nutzung Erneuerbarer Energien für die Erzeugung von Wärme oder Kälte wird durch den Bund bedarfsgerecht in den Jahren 2009 bis 2012 mit bis zu 500 Millionen Euro pro Jahr gefördert. [2] Einzelheiten werden durch Verwaltungsvorschriften des Bundesministeriums für Umwelt, Naturschutz und Reaktorsicherheit im Einvernehmen mit dem Bundesministerium der Finanzen geregelt.

§ 14 Geförderte Maßnahmen. (1) Gefördert werden können Maßnahmen für die Erzeugung von Wärme oder Kälte, insbesondere die Errichtung oder Erweiterung von

1. solarthermischen Anlagen,
2. Anlagen zur Nutzung von Biomasse,
3. Anlagen zur Nutzung von Geothermie und Umweltwärme sowie
4. Wärmenetzen, Speichern und Übergabestationen für Wärmenutzer, wenn sie auch aus Anlagen nach den Nummern 1 bis 3 gespeist werden.

(2) Vorbehaltlich weitergehender Anforderungen an die Förderung in den Verwaltungsvorschriften nach § 13 Satz 2 sind

1. solarthermische Anlagen mit Flüssigkeiten als Wärmeträger nur förderfähig, wenn sie mit dem europäischen Prüfzeichen „Solar Keymark" zertifiziert sind. Die Zertifizierung muss nach DIN EN 12975-1 (2006-06), 12975-2 (2006-06), 12976-1 (2006-04) und 12976-2 (2006-04) erfolgen[1]),

2. Anlagen zur Nutzung von fester Biomasse nur förderfähig, wenn der Umwandlungswirkungsgrad mindestens folgende Werte erreicht:

   a) 89 Prozent bei Anlagen zur Heizung oder Warmwasserbereitung, die der Erfüllung der Pflicht nach § 3 Absatz 1 oder 2 dienen,

   b) 85 Prozent bei Anlagen zur Heizung oder Warmwasserbereitung, die nicht der Erfüllung der Pflicht nach § 3 Absatz 1 oder 2 dienen, und

   c) 70 Prozent bei Anlagen, die nicht der Heizung oder Warmwasserbereitung dienen.

   Der Umwandlungswirkungsgrad ist im Falle von Biomassekesseln der nach DIN EN 303-5 (1999-06) ermittelte Kesselwirkungsgrad, im Falle von Biomasseöfen der nach DIN EN 14785 (2006-09) ermittelte feuerungstechnische Wirkungsgrad und in den übrigen Fällen der nach den anerkannten Regeln der Technik berechnete Wirkungsgrad. Die Verwaltungsvorschriften nach § 13 Satz 2 können abweichend von Satz 1 Buchstabe b für die dort genannten Anlagen auch einen niedrigeren Mindestumwandlungswirkungsgrad festlegen, wenn diese Anlagen besondere Umweltanforderungen erfüllen,

3. Wärmepumpen zur Nutzung von Geothermie, Umweltwärme oder Abwärme nur förderfähig, wenn sie mit einem der folgenden Zeichen ausgezeichnet sind:

   a) dem gemeinschaftlichen Umweltzeichen „Euroblume"[2]),

   b) dem Umweltzeichen „Blauer Engel"[3]) oder

---

[1]) **Amtl. Anm.:** Amtlicher Hinweis: Alle zitierten DIN-Normen sind im Beuth Verlag GmbH, Berlin und Köln, veröffentlicht und beim Deutschen Patent- und Markenamt in München archiviert.

[2]) **Amtl. Anm.:** Amtlicher Hinweis: Das gemeinschaftliche Umweltzeichen „Euroblume" wird vergeben nach der Entscheidung 2007/742/EG der Kommission vom 9. November 2007 zur Festlegung der Umweltkriterien für die Vergabe des EG-Umweltzeichens an Elektro-, Gasmotor- oder Gasabsorptionswärmepumpen (ABl. L 301 vom 20.11.2007, S. 14).

[3]) **Amtl. Anm.:** Amtlicher Hinweis: Das Umweltzeichen „Blauer Engel" wird vergeben nach den Vergabegrundlagen RAL-UZ 118 „Energiesparende Wärmepumpen nach dem Absorptionsprinzip, dem Adsorptionsprinzip oder mit verbrennungsmotorisch angetriebenen Verdichtern" (2008-03) und RAL-UZ 121 „Energiesparende Wärmepumpen mit elektrisch angetriebenen Verdichtern" (2008-05). Die Vergabegrundlagen können bei dem RAL Deutschen Institut für Gütesicherung und Kennzeichnung e. V., Sankt Augustin, bezogen werden.

c) dem Prüfzeichen „European Quality Label for Heat Pumps" (Version 1.3)[1].

Die Verwaltungsvorschriften nach § 13 Satz 2 können abweichend von Satz 1 für die dort genannten Zeichen festlegen, dass die Zeichen im Falle von Änderungen ihrer Vergabegrundlagen nach diesen neuen Vergabegrundlagen vergeben worden sein müssen. Die Verwaltungsvorschriften können abweichend von Satz 1 ferner festlegen, dass Wärmepumpen auch förderfähig sind, wenn sie Anforderungen nach anderen europäischen oder gemeinschaftlichen Normen erfüllen, sofern diese den Anforderungen an die Vergabe der Zeichen nach Satz 1 entsprechen.

§ 15 Verhältnis zu Nutzungspflichten. (1) Maßnahmen können nicht gefördert werden, soweit sie der Erfüllung der Pflicht nach § 3 Absatz 1, der Pflicht nach § 3 Absatz 2 oder einer landesrechtlichen Pflicht nach § 3 Absatz 4 Nummer 2 dienen.

(2) Absatz 1 gilt nicht bei den folgenden Maßnahmen:

1. Maßnahmen, die technische oder sonstige Anforderungen erfüllen, die
   a) im Falle des § 3 Absatz 1 oder 2 anspruchsvoller als die Anforderungen nach den Nummern I bis VI der Anlage zu diesem Gesetz oder
   b) im Falle des § 3 Absatz 4 Nummer 2 anspruchsvoller als die Anforderungen nach der landesrechtlichen Pflicht
   sind,
2. Maßnahmen, die den Wärme- und Kälteenergiebedarf zu einem Anteil decken, der
   a) im Falle des § 3 Absatz 1 oder 2 um 50 Prozent höher als der Mindestanteil nach § 5 oder § 5 a oder
   b) im Falle des § 3 Absatz 4 Nummer 2 höher als der landesrechtlich vorgeschriebene Mindestanteil
   ist,
3. Maßnahmen, die mit weiteren Maßnahmen zur Steigerung der Energieeffizienz verbunden werden,
4. Maßnahmen zur Nutzung solarthermischer Anlagen auch für die Heizung eines Gebäudes und
5. Maßnahmen zur Nutzung von Tiefengeothermie.

(3) Die Förderung kann in den Fällen des Absatzes 2 auf die Gesamtmaßnahme bezogen werden.

(4) Einzelheiten werden in den Verwaltungsvorschriften nach § 13 Satz 2 geregelt.

(5) Fördermaßnahmen durch das Land oder durch ein Kreditinstitut, an dem der Bund oder das Land beteiligt sind, bleiben unberührt.

---

[1] **Amtl. Anm.:** Amtlicher Hinweis: Das Prüfzeichen „European Quality Label for Heat Pumps" wird vergeben nach den Vergabegrundlagen der „European Heat Pump Association" (EHPA) für Wärmepumpen mit Direktverdampfung des Kältemittels (Version 1.3, 2009-02), für Wasser/Wasser- und Sole/Wasser-Wärmepumpen (Version 1.3, 2010-02) sowie für Luft/Wasser-Wärmepumpen (Version 1.3, 2010-02). Die Vergabegrundlagen können bei dem EHPA, Rue d'Arlon 63-67, B-1040 Brüssel oder über die Internetseite www.ehpa.org bezogen werden.

Teil 4. Schlussbestimmungen

§ 16 Anschluss- und Benutzungszwang. Die Gemeinden und Gemeindeverbände können von einer Bestimmung nach Landesrecht, die sie zur Begründung eines Anschluss- und Benutzungszwangs an ein Netz der öffentlichen Fernwärme- oder Fernkälteversorgung ermächtigt, auch zum Zwecke des Klima- und Ressourcenschutzes Gebrauch machen.

§ 16a Installateure für Erneuerbare Energien. Zur Fortbildung von Installateuren für den Einbau von Wärmepumpen oder von Anlagen zur Erzeugung von Strom, Wärme oder Kälte aus Biomasse, solarer Strahlungsenergie oder Geothermie können die Handwerkskammern Fortbildungsprüfungsregelungen nach § 42a der Handwerksordnung und nach Maßgabe des Anhangs IV der Richtlinie 2009/28/EG[1] erlassen.

§ 17 Bußgeldvorschriften. (1) Ordnungswidrig handelt, wer vorsätzlich oder leichtfertig

1. entgegen § 3 Abs. 1 den Wärme- und Kälteenergiebedarf nicht oder nicht richtig mit Erneuerbaren Energien deckt,
2. entgegen § 10 Abs. 1 Satz 1 einen Nachweis nicht, nicht richtig, nicht vollständig oder nicht rechtzeitig erbringt,
3. entgegen § 10 Abs. 2 Nr. 1 Buchstabe b Doppelbuchstabe aa oder Nr. 2 Buchstabe a oder Abs. 3 Satz 1 Nr. 2 einen Nachweis nicht oder nicht mindestens fünf Jahre aufbewahrt oder
4. entgegen § 10 Abs. 5 eine unrichtige oder unvollständige Angabe macht.

(2) Die Ordnungswidrigkeit kann in den Fällen des Absatzes 1 Nr. 1, 2 und 4 mit einer Geldbuße bis zu fünfzigtausend Euro und im Falle des Absatzes 1 Nr. 3 mit einer Geldbuße bis zu zwanzigtausend Euro geahndet werden.

§ 18 Erfahrungsbericht. [1] Die Bundesregierung hat dem Deutschen Bundestag bis zum 31. Dezember 2011 und danach alle vier Jahre einen Erfahrungsbericht zu diesem Gesetz vorzulegen. [2] Sie soll insbesondere über

1. den Stand der Markteinführung von Anlagen zur Erzeugung von Wärme und Kälte aus Erneuerbaren Energien im Hinblick auf die Erreichung des Zwecks und Ziels nach § 1,
2. die technische Entwicklung, die Kostenentwicklung und die Wirtschaftlichkeit dieser Anlagen,
3. die eingesparte Menge Mineralöl und Erdgas sowie die dadurch reduzierten Emissionen von Treibhausgasen und
4. den Vollzug dieses Gesetzes

berichten. [3] Der Erfahrungsbericht macht Vorschläge zur weiteren Entwicklung des Gesetzes.

---

[1] Nr. 36.

§ 18 a Berichte der Länder. ¹Damit die Bundesregierung die Berichte nach Artikel 22 der Richtlinie 2009/28/EG¹⁾ und den Erfahrungsbericht nach § 18 erstellen kann, berichten ihr die Länder erstmals bis zum 30. Juni 2011, dann bis zum 30. April 2013 und danach alle zwei Jahre über

1. die Erfahrungen mit der Vorbildfunktion nach § 1 a,

2. die getroffenen oder geplanten Regelungen zur Förderung der Erzeugung von Wärme und Kälte aus Erneuerbaren Energien, insbesondere Regelungen nach § 3 Absatz 4, und

3. den Vollzug dieses Gesetzes.

²Satz 1 Nummer 1 gilt nicht für den Bericht, der bis zum 30. Juni 2011 vorzulegen ist. ³Die Berichte nach Satz 1 dürfen keine personenbezogenen Daten enthalten.

§ 19 Übergangsvorschriften. (1) § 3 Absatz 1 Satz 1 ist nicht anzuwenden auf die Errichtung von Gebäuden, wenn für das Vorhaben vor dem 1. Januar 2009 der Bauantrag oder der Antrag auf Zustimmung gestellt oder die Bauanzeige erstattet ist.

(2) ¹ § 3 Absatz 1 Satz 1 ist nicht anzuwenden auf die nicht genehmigungsbedürftige Errichtung von Gebäuden, die nach Maßgabe des Bauordnungsrechts der zuständigen Behörde zur Kenntnis zu bringen sind, wenn die erforderliche Kenntnisgabe an die Behörde vor dem 1. Januar 2009 erfolgt ist. ² Auf sonstige nicht genehmigungsbedürftige, insbesondere genehmigungs-, anzeige- und verfahrensfreie Errichtungen von Gebäuden ist § 3 Absatz 1 Satz 1 nicht anzuwenden, wenn vor dem 1. Januar 2009 mit der Bauausführung begonnen worden ist.

(3) ¹ § 3 Absatz 1 Satz 2, § 3 Absatz 2 und Nummer VII.2 der Anlage zu diesem Gesetz sind nicht anzuwenden auf die Errichtung oder grundlegende Renovierung von öffentlichen Gebäuden, wenn für das Vorhaben vor dem 1. Juli 2011 der Bauantrag oder der Antrag auf Zustimmung gestellt oder die Bauanzeige erstattet ist. Auf die nicht genehmigungsbedürftige Errichtung oder grundlegende Renovierung von öffentlichen Gebäuden, die nach Maßgabe des Bauordnungsrechts der zuständigen Behörde zur Kenntnis zu bringen sind, sind § 3 Absatz 1 Satz 2, § 3 Absatz 2 und Nummer VII.2 der Anlage zu diesem Gesetz nicht anzuwenden, wenn die erforderliche Kenntnisgabe an die Behörde vor dem 1. Juli 2011 erfolgt ist. ² Auf sonstige nicht genehmigungsbedürftige, insbesondere genehmigungs-, anzeige- und verfahrensfreie Errichtungen und grundlegende Renovierungen von öffentlichen Gebäuden sind § 3 Absatz 1 Satz 2, § 3 Absatz 2 und Nummer VII.2 der Anlage zu diesem Gesetz nicht anzuwenden, wenn vor dem 1. Januar 2012 mit der Bauausführung begonnen worden ist.

(4) § 3 Absatz 3 ist auf die grundlegende Renovierung von öffentlichen Gebäuden, die von der öffentlichen Hand auf Grund eines am 1. Mai 2011 bestehenden Miet- oder Pachtverhältnisses genutzt werden, bis zum Ablauf dieses Miet- oder Pachtverhältnisses nicht anzuwenden.

---

¹⁾ Nr. 36.

(5) ¹Im Übrigen ist dieses Gesetz auf die Errichtung von Gebäuden in der Fassung anzuwenden, die zum Zeitpunkt der Bau- oder der Zustimmungsantragstellung oder der Bauanzeige gilt. ²Auf die nicht genehmigungsbedürftige Errichtung von Gebäuden, die nach Maßgabe des Bauordnungsrechts der zuständigen Behörde zur Kenntnis zu bringen sind, ist dieses Gesetz in der Fassung anzuwenden, die zum Zeitpunkt der Kenntnisgabe an die zuständige Behörde gilt. ³Auf sonstige nicht genehmigungsbedürftige, insbesondere genehmigungs-, anzeige- und verfahrensfreie Errichtungen von Gebäuden ist dieses Gesetz in der Fassung anzuwenden, die zum Zeitpunkt des Beginns der Bauausführung gilt.

§ 20 Inkrafttreten. Dieses Gesetz tritt am 1. Januar 2009 in Kraft.

Anlage
(zu den §§ 5, 7, 10 und 15)

Anforderungen an die Nutzung von Erneuerbaren Energien und Ersatzmaßnahmen

I. Solare Strahlungsenergie

1. Sofern solare Strahlungsenergie durch solarthermische Anlagen genutzt wird, gilt

   a) der Mindestanteil nach § 5 Abs. 1 als erfüllt, wenn

   aa) bei Wohngebäuden mit höchstens zwei Wohnungen solarthermische Anlagen mit einer Fläche von mindestens 0,04 Quadratmetern Aperturfläche je Quadratmeter Nutzfläche und

   bb) bei Wohngebäuden mit mehr als zwei Wohnungen solarthermische Anlagen mit einer Fläche von mindestens 0,03 Quadratmetern Aperturfläche je Quadratmeter Nutzfläche

   installiert werden; die Länder können insoweit höhere Mindestflächen festlegen,

   b) die Nutzung nur dann als Ersatzmaßnahme nach § 7 Absatz 2, wenn solarthermische Anlagen mit einer Fläche von mindestens 0,06 Quadratmetern Aperturfläche je Quadratmeter Nutzfläche installiert werden,

   c) eine Nutzung von solarthermischen Anlagen mit Flüssigkeiten als Wärmeträger nur dann als Erfüllung der Pflicht nach § 3 Absatz 1 oder 2 oder als Ersatzmaßnahme nach § 7 Absatz 2, wenn die Anlagen mit dem europäischen Prüfzeichen „Solar Keymark" zertifiziert sind; § 14 Absatz 2 Nummer 1 Satz 2 gilt entsprechend.

2. Nachweis im Sinne des § 10 Abs. 3 ist für Nummer 1 Buchstabe c das Zertifikat „Solar Keymark".

II. Biomasse

1. Gasförmige Biomasse

   a) Die Nutzung von gasförmiger Biomasse gilt nur dann als Erfüllung der Pflicht nach § 3 Abs. 1, wenn die Nutzung in einer KWK-Anlage erfolgt.

   b) Die Nutzung von gasförmiger Biomasse gilt nur dann als Erfüllung der Pflicht nach § 3 Absatz 2, wenn die Nutzung in einem Heizkessel, der der besten verfügbaren Technik entspricht, oder in einer KWK-Anlage erfolgt.

   c) Die Nutzung von gasförmiger Biomasse, die aufbereitet und in das Erdgasnetz eingespeist worden ist (Biomethan), gilt unbeschadet der Buchstaben a und b nur dann als Erfüllung der Pflicht nach § 3 Absatz 1 oder 2, wenn

   aa) bei der Aufbereitung und Einspeisung des Biomethans die Voraussetzungen nach Nummer 1 Buchstabe a bis c der Anlage 1 zum Erneuerbare-Energien-Gesetz[1]) vom 25. Oktober 2008 (BGBl. I S. 2074), das zuletzt durch Artikel 1 des Gesetzes vom 28. Juli 2011 (BGBl. I S. 1634) geändert worden ist, in der jeweils geltenden Fassung eingehalten worden sind und

   bb) die Menge des entnommenen Biomethans im Wärmeäquivalent am Ende eines Kalenderjahres der Menge von Gas aus Biomasse entspricht, das an anderer Stelle in das Gasnetz eingespeist worden ist, und wenn für den gesamten Transport und Vertrieb des Biomethans von seiner Herstellung, seiner Einspeisung in das Erdgasnetz und seinem Transport im Erdgasnetz bis zu seiner Entnahme aus dem Erdgasnetz Massenbilanzsysteme verwendet worden sind.

2. Flüssige Biomasse

   a) Die Nutzung von flüssiger Biomasse gilt nur dann als Erfüllung der Pflicht nach § 3 Absatz 1 oder 2, wenn die Nutzung in einem Heizkessel erfolgt, der der besten verfügbaren Technik entspricht.

   b) Die Nutzung von flüssiger Biomasse gilt unbeschadet des Buchstaben a nur dann als Erfüllung der Pflicht nach § 3 Absatz 1 oder 2, wenn die zur Wärmeerzeugung eingesetzte Biomasse die folgenden Anforderungen erfüllt:

   aa) die Anforderungen an einen nachhaltigen Anbau und eine nachhaltige Herstellung, die die Biomassestrom-Nachhaltigkeitsverordnung[2]) vom 23. Juli 2009 (BGBl. I S. 2174), die zuletzt durch Artikel 5 des Gesetzes vom 12. April 2011 (BGBl. I S. 619) geändert worden ist, in der jeweils geltenden Fassung stellt, und

   bb) das Treibhausgas-Minderungspotenzial, das bei der Wärmeerzeugung in entsprechender Anwendung des § 8 der Biomassestrom-Nachhaltigkeitsverordnung[2]) mindestens erreicht werden muss. § 10 der Biomassestrom-Nachhaltigkeitsverordnung[2]) ist nicht anzuwenden. Bei der Berechnung des Treibhausgas-Min-

---

[1]) Nr. 34.
[2]) Nr. 37.

derungspotenzials ist der Vergleichswert für Fossilbrennstoffe (E_F) nach Nummer 4 der Anlage 1 zur Biomassestrom-Nachhaltigkeitsverordnung[1])
- für flüssige Biomasse, die zur Wärmeerzeugung verwendet wird, 77 g $CO_{2\,eq}$/MJ und
- für flüssige Biomasse, die zur Wärmeerzeugung in Kraft-Wärme-Kopplung verwendet wird, 85 g $CO_{2\,eq}$/MJ.

3. Feste Biomasse

a) Die Nutzung von fester Biomasse gilt nur dann als Erfüllung der Pflicht nach § 3 Absatz 1 oder 2, wenn der entsprechend § 14 Absatz 2 Nummer 2 Satz 2 berechnete Umwandlungswirkungsgrad folgende Werte nicht unterschreitet:

aa) 86 Prozent bei Anlagen zur Heizung oder Warmwasserbereitung mit einer Leistung bis einschließlich 50 Kilowatt,

bb) 88 Prozent bei Anlagen zur Heizung oder Warmwasserbereitung mit einer Leistung über 50 Kilowatt oder

cc) 70 Prozent bei Anlagen, die nicht der Heizung oder Warmwasserbereitung dienen.

b) Die Nutzung von fester Biomasse beim Betrieb von Feuerungsanlagen im Sinne der Verordnung über kleine und mittlere Feuerungsanlagen vom 26. Januar 2010 (BGBl. I S. 38) in der jeweils geltenden Fassung gilt unbeschadet des Buchstaben a nur dann als Erfüllung der Pflicht nach § 3 Absatz 1 oder 2, wenn

aa) die Nutzung erfolgt in einem
- Biomassekessel oder
- automatisch beschickten Biomasseofen mit Wasser als Wärmeträger,

bb) die Anforderungen der Verordnung über kleine und mittlere Feuerungsanlagen erfüllt werden und

cc) ausschließlich Biomasse nach § 3 Absatz 1 Nummer 4, 5, 5a oder 8 dieser Verordnung eingesetzt wird.

4. Nachweis der Anforderungen an gelieferte Biomasse
Die Abrechnungen der Brennstofflieferanten, mit denen die Erfüllung der in § 5 Absatz 2 und Absatz 3 Nummer 1 vorgesehenen Mindestanteile nach § 10 Absatz 2 Nummer 1 nachgewiesen wird, müssen die folgenden Bescheinigungen enthalten:

a) im Falle der Nutzung von gasförmiger Biomasse die Bescheinigung, dass die Anforderungen nach Nummer 1 Buchstabe c erfüllt sind,

b) im Falle der Nutzung von flüssiger Biomasse einen anerkannten Nachweis nach § 14 der Biomassestrom-Nachhaltigkeitsverordnung[1]). Enthält dieser Nachweis bei den Angaben zum Treibhausgas-Minderungspotenzial nicht den Vergleichswert für die Verwendung, für die die flüssige Biomasse eingesetzt wird, müssen die

---

[1]) Nr. 37.

Verpflichteten nachweisen, dass die eingesetzte flüssige Biomasse das Treibhausgas-Minderungspotenzial auch bei dieser Verwendung aufweist. Dies kann durch die Stelle, die den Nachweis ausgestellt hat, oder durch eine Zertifizierungsstelle, die nach § 42 der Biomassestrom-Nachhaltigkeitsverordnung[1] anerkannt ist, bescheinigt werden. Sofern die Bundesanstalt für Landwirtschaft und Ernährung eine Methode zur Umrechnung des Treibhausgas-Minderungspotenzials für unterschiedliche Verwendungen im Bundesanzeiger nach § 21 Absatz 1 Satz 2 der Biomassestrom-Nachhaltigkeitsverordnung[1] bekannt macht, kann auch dies als Nachweis nach Satz 1 dienen.

5. Nachweis der sonstigen Anforderungen
Nachweis im Sinne des § 10 Absatz 3 darüber, dass die Anforderungen nach Nummer 1 Buchstabe a, Nummer 2 Buchstabe a oder Nummer 3 Buchstabe a und b erfüllt sind, ist die Bescheinigung eines Sachkundigen, des Anlagenherstellers oder des Fachbetriebs, der die Anlage eingebaut hat.

III. Geothermie und Umweltwärme

1. a) Sofern Geothermie und Umweltwärme durch elektrisch angetriebene Wärmepumpen genutzt werden, gilt diese Nutzung nur dann als Erfüllung der Pflicht nach § 3 Absatz 1 oder 2, wenn
   - die nutzbare Wärmemenge mindestens mit der Jahresarbeitszahl nach Buchstabe b bereitgestellt wird,
   - die Wärmepumpe über die Zähler nach Buchstabe c verfügt und
   - die Wärmepumpe mit dem gemeinschaftlichen Umweltzeichen „Euroblume", dem Umweltzeichen „Blauer Engel" oder dem Prüfzeichen „European Quality Label for Heat Pumps" (Version 1.3) ausgezeichnet ist oder Anforderungen nach europäischen oder gemeinschaftlichen Normen erfüllt, die den Anforderungen für die Vergabe dieser Zeichen entsprechen und in den Verwaltungsvorschriften nach § 13 Satz 2 genannt sind.

   b) Die Jahresarbeitszahl beträgt bei
   - Luft/Wasser- und Luft/Luft-Wärmepumpen 3,5 und
   - allen anderen Wärmepumpen 4,0.

   Wenn die Warmwasserbereitung des Gebäudes durch die Wärmepumpe oder zu einem wesentlichen Anteil durch andere Erneuerbare Energien erfolgt, beträgt die Jahresarbeitszahl abweichend von Satz 1 bei
   - Luft/Wasser- und Luft/Luft-Wärmepumpen 3,3 und
   - allen anderen Wärmepumpen 3,8.

   Die Jahresarbeitszahl nach Satz 1 oder 2 verringert sich ferner bei Wärmepumpen in bereits errichteten Gebäuden, mit denen die Pflicht nach § 3 Absatz 2 erfüllt werden soll, um den Wert 0,2. Die Jahresarbeitszahl nach den Sätzen 1 bis 3 wird nach den anerkannten

---

[1] Nr. 37.

Regeln der Technik berechnet. Die Berechnung ist mit der Leistungszahl der Wärmepumpe, mit dem Pumpstrombedarf für die Erschließung der Wärmequelle, mit der Auslegungs-Vorlauf- und bei Luft/Luft-Wärmepumpen mit der Auslegungs-Zulauftemperatur für die jeweilige Heizungsanlage, bei Sole/Wasser-Wärmepumpen mit der Soleeintritts-Temperatur, bei Wasser/Wasser-Wärmepumpen mit der primärseitigen Wassereintritts-Temperatur und bei Luft/Wasser- und Luft/Luft-Wärmepumpen zusätzlich unter Berücksichtigung der Klimaregion durchzuführen.

c) Die Wärmepumpen müssen über einen Wärmemengen- und Stromzähler verfügen, deren Messwerte die Berechnung der Jahresarbeitszahl der Wärmepumpen ermöglichen. Satz 1 gilt nicht bei Sole/Wasser- und Wasser/Wasser-Wärmepumpen, wenn die Vorlauftemperatur der Heizungsanlage nachweislich bis zu 35 Grad Celsius beträgt.

2. Sofern Geothermie und Umweltwärme durch mit fossilen Brennstoffen angetriebene Wärmepumpen genutzt werden, gilt diese Nutzung nur dann als Erfüllung der Pflicht nach § 3 Absatz 1 oder 2, wenn
 – die nutzbare Wärmemenge mindestens mit der Jahresarbeitszahl von 1,2 bereitgestellt wird; Nummer 1 Buchstabe b Satz 4 und 5 gilt entsprechend, und
 – die Wärmepumpe über einen Wärmemengen- und Brennstoffzähler verfügt, deren Messwerte die Berechnung der Jahresarbeitszahl der Wärmepumpe ermöglichen; Nummer 1 Buchstabe c Satz 2 gilt entsprechend, und
 – die Wärmepumpe mit dem gemeinschaftlichen Umweltzeichen „Euroblume" oder dem Umweltzeichen „Blauer Engel" ausgezeichnet ist oder Anforderungen nach europäischen oder gemeinschaftlichen Normen erfüllt, die den Anforderungen für die Vergabe dieser Zeichen entsprechen und in den Verwaltungsvorschriften nach § 13 Satz 2 genannt sind.

3. Nachweise im Sinne des § 10 Absatz 3 sind ist die Bescheinigung eines Sachkundigen und das Umweltzeichen „Euroblume", das Umweltzeichen „Blauer Engel", das Prüfzeichen „European Quality Label for Heat Pumps" oder ein gleichwertiger Nachweis.

IV. Kälte aus Erneuerbaren Energien

1. Die Nutzung von Kälte aus Erneuerbaren Energien gilt nur dann als Erfüllung der Pflicht nach § 3 Absatz 1 oder 2, wenn
 a) die Kälte technisch nutzbar gemacht wird
  aa) durch unmittelbare Kälteentnahme aus dem Erdboden oder aus Grund- oder Oberflächenwasser oder
  bb) durch thermische Kälteerzeugung mit Wärme aus Erneuerbaren Energien im Sinne des § 2 Absatz 1 Nummer 1 bis 4,
 b) die Kälte zur Deckung des Kältebedarfs für Raumkühlung nach § 2 Absatz 2 Nummer 9 Buchstabe b genutzt wird und

c) der Endenergieverbrauch für die Erzeugung der Kälte, die Rückkühlung und die Verteilung der Kälte nach der jeweils besten verfügbaren Technik gesenkt worden ist.

Die technischen Anforderungen nach den Nummern I bis III gelten entsprechend. Die für die Erfüllung der Pflicht nach § 3 Absatz 1 oder 2 anrechenbare Kältemenge umfasst die für die Zwecke des Satz 1 Buchstabe b nutzbar gemachte Kälte, nicht jedoch die zum Antrieb thermischer Kälteerzeugungsanlagen genutzte Wärme.

2. Nachweis im Sinne des § 10 Absatz 3 ist die Bescheinigung eines Sachkundigen.

V. Abwärme

1. Sofern Abwärme durch Wärmepumpen genutzt wird, gelten die Nummern III.1 und III.2 entsprechend.

2. Sofern Abwärme durch raumlufttechnische Anlagen mit Wärmerückgewinnung genutzt wird, gilt diese Nutzung nur dann als Ersatzmaßnahme nach § 7 Absatz 1 Nummer 1 Buchstabe a, wenn

   a) der Wärmerückgewinnungsgrad der Anlage mindestens 70 Prozent und

   b) die Leistungszahl, die aus dem Verhältnis von der aus der Wärmerückgewinnung stammenden und genutzten Wärme zum Stromeinsatz für den Betrieb der raumlufttechnischen Anlage ermittelt wird, mindestens 10

   betragen.

3. Sofern Kälte genutzt wird, die durch Anlagen technisch nutzbar gemacht wird, denen unmittelbar Abwärme zugeführt wird, gilt Nummer IV.1 mit Ausnahme von Satz 1 Buchstabe a entsprechend.

4. Sofern Abwärme durch andere Anlagen genutzt wird, gilt diese Nutzung nur dann als Ersatzmaßnahme nach § 7 Absatz 1 Nummer 1 Buchstabe a, wenn sie nach dem Stand der Technik erfolgt.

5. Nachweis im Sinne des § 10 Absatz 3 sind

   a) für Nummer 1 die Bescheinigung eines Sachkundigen und das Umweltzeichen „Euroblume", das Umweltzeichen „Blauer Engel", das Prüfzeichen „European Quality Label for Heat Pumps" oder ein gleichwertiger Nachweis,

   b) für Nummer 2 die Bescheinigung eines Sachkundigen oder die Bescheinigung des Anlagenherstellers oder des Fachbetriebs, der die Anlage eingebaut hat,

   c) für die Nummern 3 und 4 die Bescheinigung eines Sachkundigen.

VI. Kraft-Wärme-Kopplung

1. Die Nutzung von Wärme aus KWK-Anlagen gilt nur dann als Erfüllung der Pflicht nach § 3 Absatz 1 oder 2 und als Ersatzmaßnahme nach § 7 Absatz 1 Nummer 1 Buchstabe b, wenn die KWK-Anlage hocheffizient im Sinne der Richtlinie 2004/8/EG des Europäischen Parlaments und des Rates vom 11. Februar 2004 über die Förderung einer am Nutzwärmebedarf orientierten Kraft-Wärme-Kopplung im

Energiebinnenmarkt und zur Änderung der Richtlinie 92/94/EWG (ABl. EU Nr. L 52 S. 50) ist. KWK-Anlagen mit einer elektrischen Leistung unter einem Megawatt sind hocheffizient, wenn sie Primärenergieeinsparungen im Sinne von Anhang III der Richtlinie 2004/8/EG erbringen.

2. Die Pflicht nach § 3 Absatz 1 oder 2 und die Ersatzmaßnahme nach § 7 Absatz 1 Nummer 1 Buchstabe b gelten auch dann als erfüllt, sofern Kälte genutzt wird, die durch Anlagen technisch nutzbar gemacht wird, denen unmittelbar Wärme aus einer KWK-Anlage im Sinne der Nummer 1 zugeführt wird. Nummer IV.1 gilt mit Ausnahme von Satz 1 Buchstabe a entsprechend.

3. Nachweis im Sinne des § 10 Abs. 3 ist bei Nutzung von Wärme oder Kälte aus KWK-Anlagen,

    a) die der Verpflichtete selbst betreibt, die Bescheinigung eines Sachkundigen, des Anlagenherstellers oder des Fachbetriebs, der die Anlage eingebaut hat,

    b) die der Verpflichtete nicht selbst betreibt, die Bescheinigung des Anlagenbetreibers.

VII. Maßnahmen zur Einsparung von Energie

1. Maßnahmen zur Einsparung von Energie gelten nur dann als Ersatzmaßnahme nach § 7 Absatz 1 Nummer 2, wenn damit bei der Errichtung von Gebäuden

    a) der jeweilige Höchstwert des Jahres-Primärenergiebedarfs und

    b) die jeweiligen für das konkrete Gebäude zu erfüllenden Anforderungen an die Wärmedämmung der Gebäudehülle

    nach der Energieeinsparverordnung[1]) in der jeweils geltenden Fassung um mindestens 15 Prozent unterschritten werden.

2. Maßnahmen zur Einsparung von Energie gelten bei öffentlichen Gebäuden vorbehaltlich des § 19 Absatz 3 nur dann als Ersatzmaßnahme nach § 7 Absatz 1 Nummer 2, wenn damit

    a) bei der Errichtung öffentlicher Gebäude abweichend von Nummer 1 der Transmissionswärmetransferkoeffizient um mindestens 30 Prozent oder

    b) bei der grundlegenden Renovierung öffentlicher Gebäude der 1,4fache Wert des Transmissionswärmetransferkoeffizienten um mindestens 20 Prozent

    unterschritten wird. Transmissionswärmetransferkoeffizient im Sinne des Satzes 1 ist der spezifische, auf die wärmeübertragende Umfassungsfläche bezogene Transmissionswärmetransferkoeffizient des Referenzgebäudes gleicher Geometrie, Nettogrundfläche, Ausrichtung und Nutzung einschließlich der Anordnung der Nutzungseinheiten nach Anlage 2, Tabelle 1 der Energieeinsparverordnung[1]) in der am 1. Mai 2011 geltenden Fassung. Der Transmissionswärmetransferkoeffizient wird nach Nummer 6.2 der DIN V 18599-2 (2007-02), die wär-

---

[1]) Nr. 57.

meübertragende Umfassungsfläche wird nach DIN EN ISO 13789 (1999-10), Fall „Außenabmessung", ermittelt, so dass alle thermisch konditionierten Räume des Gebäudes von dieser Fläche umschlossen werden. Bei der grundlegenden Renovierung öffentlicher Gebäude gilt Satz 1 Buchstabe b auch dann als erfüllt, wenn das öffentliche Gebäude nach der grundlegenden Renovierung die Anforderungen an zu errichtende Gebäude nach § 4 der Energieeinsparverordnung[1]) in der am 1. Mai 2011 geltenden Fassung erfüllt.
3. Maßnahmen zur Einsparung von Energie, bei denen ganz oder teilweise Erneuerbare Energien, Abwärme oder Wärme aus Kraft-Wärme-Kopplung genutzt werden, um den Wärme- und Kälteenergiebedarf zu decken, gelten unbeschadet der Nummern 1 oder 2 nur dann als Ersatzmaßnahme nach § 7 Absatz 1 Nummer 2, wenn sie die Anforderungen nach den Nummern I bis VI erfüllen.
4. Soweit andere Rechtsvorschriften höhere Anforderungen an den baulichen Wärmeschutz als die Energieeinsparverordnung stellen, treten diese Anforderungen an die Stelle der Anforderungen nach der Energieeinsparverordnung in Nummer 1.
5. Nachweis im Sinne des § 10 Abs. 3 ist der Energieausweis nach § 18 der Energieeinsparverordnung[1]).

VIII. Fernwärme oder Fernkälte

1. Die Nutzung von Fernwärme oder Fernkälte gilt nur dann als Ersatzmaßnahme nach § 7 Absatz 1 Nummer 3, wenn die in dem Wärme- oder Kältenetz insgesamt verteilte Wärme oder Kälte

   a) zu einem wesentlichen Anteil aus Erneuerbaren Energien,

   b) zu mindestens 50 Prozent aus Anlagen zur Nutzung von Abwärme,

   c) zu mindestens 50 Prozent aus KWK-Anlagen oder

   d) zu mindestens 50 Prozent durch eine Kombination der in den Buchstaben a bis c genannten Maßnahmen

   stammt. Die Nummern I bis VI gelten entsprechend.

2. Nachweis im Sinne des § 10 Abs. 3 ist die Bescheinigung des Wärme- oder Kältenetzbetreibers.

---

[1]) Nr. 57.

43. Gesetz für die Erhaltung, die Modernisierung und den Ausbau der Kraft-Wärme-Kopplung (Kraft-Wärme-Kopplungsgesetz)

Vom 19. März 2002
(BGBl. I S. 1092)
FNA 754-18
zuletzt geänd. durch Art. 1 ÄndG v. 12. 7. 2012 (BGBl. I S. 1494)

Inhaltsübersicht

	§§
Zweck des Gesetzes	1
Anwendungsbereich	2
Begriffsbestimmungen	3
Anschluss-, Abnahme- und Vergütungspflicht	4
Kategorien der zuschlagberechtigten KWK-Anlagen	5
Zuschlagberechtigter Neu- und Ausbau von Wärme- und Kältenetzen	5a
Zuschlagberechtigter Neu- und Ausbau von Wärme- und Kältespeichern	5b
Zulassung von KWK-Anlagen	6
Zulassung des Neu- und Ausbaus von Wärme- und Kältenetzen	6a
Zulassung des Neu- und Ausbaus von Wärme- und Kältespeichern	6b
Höhe des Zuschlags und Dauer der Zahlung	7
Zuschlagzahlung für den Neu- und Ausbau von Wärme- und Kältenetzen	7a
Zuschlagzahlung für den Neu- und Ausbau von Wärme- und Kältespeichern	7b
Nachweis des eingespeisten KWK-Stroms	8
Belastungsausgleich	9
Herkunftsnachweis für Strom aus hocheffizienter Kraft-Wärme-Kopplung	9a
Zuständigkeit	10
Kosten	11
Zwischenüberprüfung	12
Übergangsbestimmungen	13

Der Bundestag hat das folgende Gesetz beschlossen:

§ 1 Zweck des Gesetzes. Zweck des Gesetzes ist es, im Interesse der Energieeinsparung, des Umweltschutzes und der Erreichung der Klimaschutzziele der Bundesregierung einen Beitrag zur Erhöhung der Stromerzeugung aus Kraft-Wärme-Kopplung in der Bundesrepublik Deutschland auf 25 Prozent bis zum Jahr 2020 durch die Förderung der Modernisierung und des Neubaus von Kraft-Wärme-Kopplungsanlagen (KWK-Anlagen), die Unterstützung der Markteinführung der Brennstoffzelle und die Förderung des Neu- und Ausbaus von Wärme- und Kältenetzen sowie des Neu- und Ausbaus von Wärme- und Kältespeichern, in die Wärme oder Kälte aus KWK-Anlagen eingespeist wird, zu leisten.

§ 2 Anwendungsbereich. ¹Dieses Gesetz regelt die Abnahme und die Vergütung von Kraft-Wärme-Kopplungsstrom (KWK-Strom) aus Kraftwerken mit KWK-Anlagen auf Basis von Steinkohle, Braunkohle, Abfall, Abwärme, Biomasse, gasförmigen oder flüssigen Brennstoffen sowie Zuschläge für den

Neu- und Ausbau von Wärme- und Kältenetzen sowie Zuschläge für den Neu- und Ausbau von Wärme- und Kältespeichern, sofern die KWK-Anlagen, die Wärmenetze und die Wärmespeicher sowie die Kältenetze und die Kältespeicher im Geltungsbereich dieses Gesetzes gelegen sind. ²KWK-Strom, der nach § 16 des Erneuerbare-Energien-Gesetzes[1]) vergütet oder in den Formen des § 33 b Nummer 1 oder 2 des Erneuerbare-Energien-Gesetzes in der jeweils geltenden Fassung direkt vermarktet wird, fällt nicht in den Anwendungsbereich dieses Gesetzes.

§ 3 Begriffsbestimmungen. (1) ¹Kraft-Wärme-Kopplung ist die gleichzeitige Umwandlung von eingesetzter Energie in elektrische Energie und in Nutzwärme in einer ortsfesten technischen Anlage. ²Als ortsfest gilt auch eine Anlage, die zur Erzielung einer höheren Auslastung für eine abwechselnde Nutzung an zwei Standorten errichtet worden ist. ³Kraft-Wärme-Kälte-Kopplung (KWKK) im Sinne dieses Gesetzes ist die Umwandlung von Nutzwärme aus KWK in Nutzkälte durch thermisch angetriebene Kältemaschinen. ⁴Bei thermisch angetriebenen Kältemaschinen wird Wärme auf einem hohen Temperaturniveau (zum Beispiel Wasserdampf, Heißwasser, Warmwasser) gezielt zum Antrieb eines Prozesses oder mehrerer Prozesse zur Kälteerzeugung eingesetzt.

(2) ¹KWK-Anlagen im Sinne dieses Gesetzes sind Feuerungsanlagen mit Dampfturbinen-Anlagen (Gegendruckanlagen, Entnahme- und Anzapfkondensationsanlagen) oder Dampfmotoren, Gasturbinen-Anlagen (mit Abhitzekessel oder mit Abhitzekessel und Dampfturbinen-Anlage), Verbrennungsmotoren-Anlagen, Stirling-Motoren, ORC (Organic Rankine Cycle)-Anlagen sowie Brennstoffzellen-Anlagen, in denen Strom und Nutzwärme erzeugt werden. ²Bei KWKK-Anlagen werden die KWK-Anlagen durch eine thermisch angetriebene Kältemaschine ergänzt.

(3) ¹Kleine KWK-Anlagen sind Anlagen nach Absatz 2, mit Ausnahme von Brennstoffzellen-Anlagen, mit einer installierten elektrischen Leistung von bis zu 2 Megawatt. ²Mehrere unmittelbar miteinander verbundene kleine KWK-Anlagen an einem Standort gelten in Bezug auf die in Satz 1 sowie in den §§ 5 und 7 genannten Leistungsgrenzen als eine KWK-Anlage, soweit sie innerhalb von zwölf aufeinanderfolgenden Kalendermonaten in Dauerbetrieb genommen worden sind.

(3 a) Hauptbestandteile sind wesentliche die Effizienz bestimmende Anlagenteile.

(4) ¹KWK-Strom ist das rechnerische Produkt aus Nutzwärme und Stromkennzahl der KWK-Anlage. ²Bei Anlagen, die nicht über Vorrichtungen zur Abwärmeabfuhr verfügen, ist die gesamte Nettostromerzeugung KWK-Strom.

(5) Nettostromerzeugung ist die an den Generatorklemmen gemessene Stromerzeugung einer Anlage abzüglich des für ihren Betrieb erforderlichen Eigenverbrauchs.

(6) Nutzwärme ist die aus einem KWK-Prozess ausgekoppelte Wärme, die außerhalb der KWK-Anlage für die Raumheizung, die Warmwasserbereitung, die Kälteerzeugung oder als Prozesswärme verwendet wird.

---

[1]) Nr. 34.

(7) ¹ Stromkennzahl ist das Verhältnis der KWK-Nettostromerzeugung zur KWK-Nutzwärmeerzeugung in einem bestimmten Zeitraum. ² Die KWK-Nettostromerzeugung entspricht dabei dem Teil der Nettostromerzeugung, der physikalisch unmittelbar mit der Erzeugung der Nutzwärme gekoppelt ist.

(8) Vorrichtungen zur Abwärmeabfuhr im Sinne dieses Gesetzes sind Kondensations-, Kühl- oder Bypass-Einrichtungen, in denen die Strom- und Nutzwärmeerzeugung entkoppelt werden können.

(9) Netzbetreiber sind die Betreiber von Netzen aller Spannungsebenen für die allgemeine Versorgung mit Elektrizität.

(10) ¹ Betreiber von KWK-Anlagen im Sinne dieses Gesetzes sind diejenigen, die den Strom in eines der in Absatz 9 genannten Netze einspeisen oder für die Eigenversorgung bereitstellen. ² Die Betreibereigenschaft ist unabhängig von der Eigentümerstellung des Anlagenbetreibers. ³ Eigenversorgung ist die unmittelbare Versorgung eines Letztverbrauchers aus der für seinen Eigenbedarf errichteten Eigenanlage oder aus einer KWK-Anlage, die von einem Dritten ausschließlich oder überwiegend für die Versorgung bestimmbarer Letztverbraucher errichtet und betrieben wird.

(11) Eine KWK-Anlage ist hocheffizient im Sinne dieses Gesetzes, sofern sie hocheffizient im Sinne der Richtlinie 2004/8/EG des Europäischen Parlaments und des Rates vom 11. Februar 2004 über die Förderung einer am Nutzwärmebedarf orientierten Kraft-Wärme-Kopplung im Energiebinnenmarkt und zur Änderung der Richtlinie 92/42/EWG (ABl. EU Nr. L 52 S. 50) ist.

(12) Die Anzahl der Vollbenutzungsstunden ist der Quotient aus der jährlichen KWK-Nettostromerzeugung und der maximalen KWK-Nettostromerzeugung im Auslegungszustand während einer Betriebsstunde.

(13) ¹ Wärmenetze im Sinne dieses Gesetzes sind Einrichtungen zur leitungsgebundenen Versorgung mit Wärme, die eine horizontale Ausdehnung über die Grundstücksgrenze des Standorts der einspeisenden KWK-Anlage hinaus haben und an die als öffentliches Netz eine unbestimmte Anzahl von Abnehmenden angeschlossen werden kann. ² An das Wärmenetz muss mindestens ein Abnehmender angeschlossen sein, der nicht gleichzeitig Eigentümer oder Betreiber der in das Wärmenetz einspeisenden KWK-Anlage ist.

(14) ¹ Wärmenetzbetreiber im Sinne dieses Gesetzes sind diejenigen, die Wärme über das Wärmenetz verteilen und verantwortlich sind für den Betrieb, die Wartung und den Ausbau des Wärmenetzes. ² Die Betreibereigenschaft setzt nicht das Eigentum am Wärmenetz voraus.

(14 a) Für Kältenetze und Kältenetzbetreiber gelten die Absätze 13 und 14 entsprechend.

(15) Trasse ist die Gesamtheit aller Komponenten, die zur Übertragung von Wärme und Kälte vom Standort der einspeisenden KWK-Anlagen bis zum Verbraucherabgang notwendig sind.

(16) Verarbeitendes Gewerbe sind Unternehmen, die den Abschnitten B und C der Klassifikation der Wirtschaftszweige 2008 (WZ 2008) zuzuordnen sind.

(17) Verbraucherabgang ist die Übergabestelle nach § 10 Absatz 1 der Verordnung über Allgemeine Bedingungen für die Versorgung mit Fernwärme[1]) vom 20. Juni 1980 (BGBl. I S. 742), die zuletzt durch Artikel 20 des Gesetzes vom 9. Dezember 2004 (BGBl. I S. 3214) geändert worden ist.

(18) [1] Wärmespeicher im Sinne dieses Gesetzes sind technische Vorrichtungen zur zeitlich befristeten Speicherung von Nutzwärme gemäß Absatz 6 einschließlich aller technischen Vorrichtungen zur Be- und Entladung des Wärmespeichers. [2] Mehrere unmittelbar miteinander verbundene Wärmespeicher an einem Standort gelten in Bezug auf die in § 7b genannte Begrenzung des Zuschlags als ein Wärmespeicher. [3] Absatz 3 Satz 2 ist entsprechend anzuwenden.

(19) [1] Kältespeicher im Sinne dieses Gesetzes sind Anlagen zur Speicherung von Kälte, die direkt oder über ein Kältenetz mit einer KWK-KAnlage verbunden sind. [2] Mehrere unmittelbar miteinander verbundene Kältespeicher an einem Standort gelten in Bezug auf die in § 7b genannte Begrenzung des Zuschlags als ein Kältespeicher. [3] Absatz 3 Satz 2 ist entsprechend anzuwenden.

(20) [1] Betreiber von Wärme- oder Kältespeichern im Sinne dieses Gesetzes sind diejenigen, welche die Speicherung von Wärme oder Kälte aus KWK-Anlagen in Speichern wahrnehmen und die für dessen Betrieb verantwortlich sind. [2] Die Betreibereigenschaft setzt nicht das Eigentum am Wärme- oder Kältespeicher oder an der einspeisenden KWK-Anlage voraus.

(21) Wasseräquivalent ist die Wärmekapazität eines Speichermediums, die der eines Kubikmeters Wassers im flüssigen Zustand bei Normaldruck entspricht.

§ 4 Anschluss-, Abnahme- und Vergütungspflicht.

(1) [1] Netzbetreiber sind verpflichtet, hocheffiziente KWK-Anlagen im Sinne dieses Gesetzes an ihr Netz unverzüglich vorrangig anzuschließen und den in diesen Anlagen erzeugten KWK-Strom unverzüglich vorrangig abzunehmen, zu übertragen und zu verteilen. [2] § 5 des Erneuerbare-Energien-Gesetzes[2]) in der jeweils geltenden Fassung ist auf den vorrangigen Netzanschluss und die §§ 6, 8 Absatz 4, die §§ 11 und 12 des Erneuerbare-Energien-Gesetzes in der jeweils geltenden Fassung sind auf den vorrangigen Netzzugang entsprechend anzuwenden. [3] Die Verpflichtung nach Satz 1 und die Verpflichtung nach dem Erneuerbare-Energien-Gesetz zur Abnahme von Strom aus erneuerbaren Energien und aus Grubengas sind gleichrangig.

(1 a) Bei Neuanschlüssen und Anschlussveränderungen von KWK-Anlagen finden die Regelungen nach § 8 der Kraftwerks-Netzanschlussverordnung[3]) für Anlagen unterhalb 100 Megawatt ungeachtet der Spannungsebene entsprechend Anwendung.

(2) Netzbetreiber können den aufgenommenen KWK-Strom verkaufen oder zur Deckung ihres eigenen Strombedarfs verwenden.

(2 a) [1] Der Netzbetreiber ist verpflichtet, auf Wunsch des Anlagenbetreibers nach einer eigenen Vermarktung den eingespeisten Strom direkt dem Bilanz-

---
[1]) Nr. 29.
[2]) Nr. 34.
[3]) Nr. 30.

kreis des Anlagenbetreibers oder dem eines Dritten zuzuordnen. ²Für den vom Anlagenbetreiber nach Satz 1 vermarkteten Strom entfällt die Ankaufs- und die Vergütungspflicht des Netzbetreibers hinsichtlich des eingespeisten Stroms, jedoch nicht die Pflicht zur Zahlung der Zuschläge gemäß § 7. ³Verzichtet der Anlagenbetreiber auf eine solche Bilanzkreiszuordnung nach Satz 1, ist der Netzbetreiber verpflichtet, den eingespeisten Strom in einen eigenen Bilanzkreis aufzunehmen.

(2 b) ¹Die Netzbetreiber müssen für den Bilanzkreiswechsel von Anlagen im Sinne des Absatzes 2 a ab dem 1. Januar 2013 bundesweit einheitliche Verfahren zur Verfügung stellen, die den Vorgaben des Bundesdatenschutzgesetzes genügen. ²Einheitliche Verfahren nach Satz 1 beinhalten auch Verfahren für die vollständig automatisierte elektronische Übermittlung der für den Bilanzkreiswechsel erforderlichen Daten und deren Nutzung für die Durchführung des Bilanzkreiswechsels. ³Die Netzbetreiber sind befugt, die für die Durchführung des Bilanzkreiswechsels erforderlichen Daten bei den Anlagenbetreibern zu erheben, zu speichern und hierfür zu nutzen. ⁴Für den elektronischen Datenaustausch ist dabei unter Beachtung von § 9 des Bundesdatenschutzgesetzes und der Anlage zu § 9 Satz 1 des Bundesdatenschutzgesetzes ein einheitliches Datenformat vorzusehen. ⁵Die Verbände der Energiewirtschaft sind an der Entwicklung der Verfahren und Formate für den Datenaustausch angemessen zu beteiligen.

(3) ¹Für den aufgenommenen KWK-Strom gemäß Absatz 2 sind der Preis, den der Betreiber der KWK-Anlage und der Netzbetreiber vereinbaren, und ein Zuschlag zu entrichten. ²Kommt eine Vereinbarung nicht zustande, gilt der übliche Preis als vereinbart, zuzüglich dem nach den maßgeblichen Rechtsvorschriften, ansonsten nach den anerkannten Regeln der Technik berechneten Teil der Netznutzungsentgelte, der durch die dezentrale Einspeisung durch diese KWK-Anlage vermieden wird. ³Als üblicher Preis gilt für KWK-Anlagen mit einer elektrischen Leistung von bis zu zwei Megawatt der durchschnittliche Preis für Grundlaststrom an der Strombörse EEX in Leipzig im jeweils vorangegangenen Quartal. ⁴Weist der Betreiber der KWK-Anlage dem Netzbetreiber einen Dritten nach, der bereit ist, den eingespeisten KWK-Strom zu kaufen, ist der Netzbetreiber verpflichtet, den KWK-Strom vom Betreiber der KWK-Anlage zu dem vom Dritten angebotenen Strompreis abzunehmen. ⁵Der Dritte ist verpflichtet, den KWK-Strom zum Preis seines Angebotes an den Betreiber der KWK-Anlage vom Netzbetreiber abzunehmen. ⁶Für vor dem 1. April 2002 abgeschlossene Verträge zwischen dem Betreiber der KWK-Anlage und einem Dritten gilt Satz 4 entsprechend.

(3 a) ¹Ein Zuschlag ist auch für KWK-Strom zu entrichten, der nicht in ein Netz für die allgemeine Versorgung eingespeist wird. ²Die Verpflichtung zur Zahlung des Zuschlags trifft den Betreiber eines Netzes für die allgemeine Versorgung, mit dessen Netz die in Satz 1 genannte KWK-Anlage unmittelbar oder mittelbar verbunden ist. ³Absatz 1 Satz 3 gilt entsprechend.

(3 b) ¹Anschlussnehmer im Sinne des § 1 Abs. 2 der Niederspannungsanschlussverordnung[1]), in deren elektrische Anlage hinter der Hausanschlusssicherung Strom aus KWK-Anlagen eingespeist wird, haben Anspruch auf einen abrechnungsrelevanten Zählpunkt gegenüber dem Netzbetreiber, an

---

[1]) Nr. 25.

Kraft-Wärme-Kopplungsgesetz **§ 5 KWKG 43**

dessen Netz ihre elektrische Anlage angeschlossen ist. ²Bei Belieferung der Letztverbraucher durch Dritte findet eine Verrechnung der Zählwerte über Unterzähler statt.

(4) ¹Die Verpflichtung zur Abnahme und zur Vergütung von KWK-Strom aus KWK-Anlagen mit einer elektrischen Leistung größer 50 Kilowatt entfällt, wenn der Netzbetreiber nicht mehr zur Zuschlagszahlung nach Absatz 3 Satz 1 verpflichtet ist. ²Betreibern von KWK-Anlagen steht jedoch unabhängig vom Bestehen der Pflicht zur Zuschlagzahlung ein Anspruch auf physische Aufnahme des KWK-Stroms durch den Netzbetreiber und auf vorrangigen Netzzugang im Sinne des Absatzes 1 zu.

(5) Netzbetreiber müssen für die Zuschlagszahlungen getrennte Konten führen; § 10 Abs. 3 des Energiewirtschaftsgesetzes[1]) gilt entsprechend.

(6) Die Bundesregierung wird ermächtigt, durch Rechtsverordnung ohne Zustimmung des Bundesrates Grundlagen und Berechnungsgrundsätze zur Bestimmung des Vergütungsanspruchs für aufgenommenen KWK-Strom nach Absatz 3 Satz 1 näher zu bestimmen.

§ 5 Kategorien der zuschlagberechtigten KWK-Anlagen. (1) ¹Anspruch auf Zahlung des Zuschlags besteht für KWK-Strom aus folgenden hocheffizienten Anlagen, die nach dem 1. Januar 2009 und bis zum 31. Dezember 2020 in Dauerbetrieb genommen sind:

1. kleinen KWK-Anlagen mit fabrikneuen Hauptbestandteilen, soweit sie nicht eine bereits bestehende Fernwärmeversorgung aus KWK-Anlagen verdrängen, und

2. Brennstoffzellen-Anlagen.

²Eine Verdrängung von Fernwärmeversorgung liegt nicht vor, wenn der Umfang der Wärmeeinspeisung aus KWK-Anlagen nicht mehr den Anforderungen nach § 5a Absatz 1 Nummer 2 Buchstabe b entspricht oder wenn eine bestehende KWK-Anlage vom selben Betreiber oder im Einvernehmen mit diesem durch eine oder mehrere neue KWK-Anlagen ersetzt wird. ³Die bestehende KWK-Anlage muss nicht stillgelegt werden.

(2) ¹Anspruch auf Zahlung des Zuschlags besteht ferner für KWK-Strom aus KWK-Anlagen mit fabrikneuen Hauptbestandteilen mit einer elektrischen Leistung von mehr als 2 Megawatt, die ab dem 1. Januar 2009 und bis zum 31. Dezember 2020 in Dauerbetrieb genommen worden sind, sofern die Anlage hocheffizient ist und keine bereits bestehende Fernwärmeversorgung aus KWK-Anlagen verdrängt wird. ²Absatz 1 Satz 2 und 3 gilt entsprechend.

(3) ¹Anspruch auf Zahlung des Zuschlags besteht für KWK-Strom aus Anlagen, die modernisiert oder durch eine neue Anlage ersetzt und ab dem 1. Januar 2009 bis zum 31. Dezember 2020 wieder in Dauerbetrieb genommen worden sind, sofern die modernisierte KWK-Anlage oder die Ersatzanlage hocheffizient ist. ²Eine Modernisierung liegt vor, wenn wesentliche die Effizienz bestimmende Anlagenteile erneuert worden sind und die Kosten der Erneuerung mindestens 25 Prozent der Kosten für die Neuerrichtung der KWK-Anlage betragen. ³Für neue hocheffiziente KWK-Anlagen, die eine bestehende KWK-Anlage ersetzen und ab dem 1. Januar 2009 in Dauer-

---

[1]) Nr. 1.

betrieb genommen werden, gelten die Regelungen zum Verbot der Verdrängung einer bestehenden Fernwärmeversorgung aus KWK-Anlagen nach Absatz 1 Satz 2 und 3.

(4) [1] Anspruch auf Zahlung des Zuschlags besteht für KWK-Strom aus Anlagen der ungekoppelten Strom- oder Wärmeerzeugung, bei denen Komponenten zur Strom- oder Wärmeauskopplung nachgerüstet werden, wenn die nachgerüstete Anlage eine elektrische Leistung von mehr als 2 Megawatt hat, hocheffizient ist und ab dem 19. Juli 2012 bis zum 31. Dezember 2020 wieder in Dauerbetrieb genommen wird, sofern keine bereits bestehende Fernwärmeversorgung aus KWK-Anlagen verdrängt wird. [2] Im Hinblick auf die Verdrängung gelten die entsprechenden Regelungen nach Absatz 1 Satz 2 und 3.

§ 5 a Zuschlagberechtigter Neu- und Ausbau von Wärme- und Kältenetzen.

(1) [1] Wärmenetzbetreiber haben für den Neu- oder Ausbau von Wärmenetzen gegenüber dem Netzbetreiber Anspruch auf Zahlung eines Zuschlags, wenn

1. der Neu- oder Ausbau ab dem 1. Januar 2009 begonnen wird und die Inbetriebnahme des neuen oder ausgebauten Wärmenetzes spätestens bis zum 31. Dezember 2020 erfolgt,
2. die Versorgung der an das neue oder ausgebaute Wärmenetz angeschlossenen Abnehmenden

   a) überwiegend mit Wärme aus KWK-Anlagen im Anwendungsbereich dieses Gesetzes gemäß § 2 erfolgt und für den geplanten Endausbau des Netzbereichs für die Wärmeeinspeisung aus KWK-Anlagen im Anwendungsbereich dieses Gesetzes gemäß § 2 mindestens ein Anteil von 60 Prozent nachgewiesen wird oder

   b) für den geplanten Endausbau des Netzbereichs für die Wärmeeinspeisung aus KWK-Anlagen im Anwendungsbereich dieses Gesetzes gemäß § 2 mindestens ein Anteil von 60 Prozent innerhalb von 24 Monaten ab Aufnahme des Dauerbetriebs nachgewiesen wird,
3. eine Zulassung gemäß § 6 a erteilt wurde.

[2] Industrielle Abwärme, die ohne zusätzlichen Brennstoffeinsatz bereitgestellt wird, gilt als Wärme aus KWK-Anlagen im Sinne von Satz 1 Nummer 2.

(2) Neubau ist die erstmalige Errichtung eines Wärmenetzes einschließlich aller Komponenten, die zur Übertragung von Wärme vom Standort der einspeisenden KWK-Anlage bis zum Verbraucherabgang erforderlich sind, in einem Gebiet, in dem zuvor keine Versorgung mit Wärme durch Wärmenetze erfolgte.

(3) [1] Ausbau ist die Erweiterung eines bestehenden Wärmenetzes zum Anschluss bisher nicht durch Wärmenetze versorgter Abnehmender durch die Errichtung neuer Wärmenetzbestandteile mit allen Komponenten, die zur Übertragung von Wärme vom bestehenden Wärmenetz bis zum Verbraucherabgang erforderlich sind. [2] Gleichgestellt sind Netzverstärkungsmaßnahmen, die zu einer Erhöhung der transportierbaren Wärmemenge von mindestens 50 Prozent im betreffenden Trassenabschnitt führen, und der Zusammenschluss bestehender Wärmenetze. [3] Gleichgestellt ist auch der Umbau der bestehen-

den Wärmenetze für die Umstellung von Heizdampf auf Heizwasser, sofern dies zu einer Erhöhung der transportierbaren Wärmemenge von mindestens 50 Prozent im betreffenden Trassenabschnitt führt.

(4) ¹ Erstreckt sich das neue oder ausgebaute Wärmenetz über das Gebiet mehrerer Netzbetreiber, ist derjenige Netzbetreiber zur Zahlung an den Wärmenetzbetreiber verpflichtet, an dessen Netz die KWK-Anlage mit der größten elektrischen Leistung angeschlossen ist, die in das Wärmenetz einspeist. ² § 4 Abs. 3 a Satz 2 gilt entsprechend. ³ Bei mehreren gleich großen KWK-Anlagen ist diejenige maßgeblich, die als erste in Betrieb genommen wurde.

(5) Die Absätze 1 bis 4 gelten für den Kältenetzausbau entsprechend.

§ 5 b Zuschlagberechtigter Neu- und Ausbau von Wärme- und Kältespeichern. (1) Betreiber von Wärmespeichern haben für den Neu- und Ausbau von Wärmespeichern mit einer Kapazität von mindestens 1 Kubikmeter Wasseräquivalent oder mindestens 0,3 Kubikmeter pro Kilowatt der installierten elektrischen Leistung der KWK-Anlage gegenüber dem Netzbetreiber Anspruch auf Zahlung eines Zuschlags, wenn

1. der Neu- oder Ausbau ab dem 19. Juli 2012 begonnen wird und die Inbetriebnahme des neuen oder ausgebauten Wärmespeichers bis zum 31. Dezember 2020 erfolgt. Als Inbetriebnahme gilt der Zeitpunkt der ersten Befüllung nach Abschluss des Probebetriebs;
2. die Wärme des Wärmespeichers überwiegend aus KWK-Anlagen stammt, die an das Netz für die allgemeine Versorgung nach § 3 Absatz 9 angeschlossen sind und die in dieses Netz nach § 4 Absatz 1 einspeisen oder einspeisen können;
3. die mittleren Wärmeverluste bezogen auf die durchschnittliche Jahrestemperatur für die Klimazone Deutschland weniger als 15 Watt pro Quadratmeter Behälteroberfläche betragen;
4. die KWK-Anlage über Informations- und Kommunikationstechnik verfügt, um Signale des Strommarktes zu empfangen und technisch in der Lage ist, auf diese zu reagieren und
5. eine Zulassung gemäß § 6 b erteilt wurde.

(2) Neubau ist die erstmalige Errichtung eines Wärmespeichers aus fabrikneuen Komponenten. Ausbau ist die Erweiterung einer bestehenden Anlage aus fabrikneuen Komponenten.

(3) § 5 a Absatz 4 gilt entsprechend.

(4) Die Absätze 1 bis 3 gelten für den Neu- und Ausbau von Kältespeichern entsprechend.

§ 6 Zulassung von KWK-Anlagen. (1) ¹ Voraussetzung für den Anspruch auf Zahlung des Zuschlags ist die Zulassung als KWK-Anlage im Sinne des § 5. ² Die Zulassung ist zu erteilen, wenn die KWK-Anlage die Voraussetzungen nach § 5 erfüllt. ³ Der Antrag muss enthalten:

1. Angaben zum Anlagenbetreiber,
2. Angaben und Nachweise über den Zeitpunkt der Aufnahme des Dauerbetriebs sowie über die sonstigen Voraussetzungen für eine Zulassung nach Satz 2,

3. Angaben zum Anschluss an das Netz für die allgemeine Versorgung oder, soweit erforderlich, an ein Netz im Sinne von § 110 Abs. 1 des Energiewirtschaftsgesetzes[1)],

4. ein nach den anerkannten Regeln der Technik erstelltes Sachverständigengutachten über die Eigenschaften der Anlage, die für die Feststellung des Vergütungsanspruchs von Bedeutung sind; die Einhaltung der allgemein anerkannten Regeln der Technik wird vermutet, wenn das Sachverständigengutachten nach den Grundlagen und Rechenmethoden der AGFW | Der Energieeffizienzverband für Wärme, Kälte und KWK e. V. in Nummer 4 bis 6 des Arbeitsblattes FW 308 „Zertifizierung von KWK-Anlagen – Ermittlung des KWK-Stroms" in der jeweils gültigen Fassung erstellt wurde. Ergänzend dazu ist das Sachverständigengutachten für KWK-Anlagen gemäß § 5 Abs. 1 Nr. 4, Abs. 2 und 3, die nach dem 1. Januar 2009 in Dauerbetrieb genommen worden sind, zu erstellen. Dabei sind die Anhänge II und III der Richtlinie 2004/8/EG des Europäischen Parlaments und des Rates vom 11. Februar 2004 über die Förderung einer am Nutzwärmebedarf orientierten Kraft-Wärme-Kopplung im Energiebinnenmarkt und zur Änderung der Richtlinie 92/42/ EWG (ABl. EU Nr. L 52 S. 50) sowie die dazu erlassenen Leitlinien zu beachten. Anstelle des Gutachtens nach Satz 1 und Satz 2 können für serienmäßig hergestellte kleine KWK-Anlagen geeignete Unterlagen des Herstellers vorgelegt werden, aus denen die thermische und elektrische Leistung sowie die Stromkennzahl hervorgehen.

(2) [1]Die Zulassung wird rückwirkend zum Zeitpunkt der Aufnahme des Dauerbetriebs der Anlage erteilt, wenn der Antrag in demselben Kalenderjahr gestellt worden ist. [2]Wird der Antrag später gestellt, so wird die Zulassung rückwirkend zum 1. Januar des Kalenderjahres erteilt, in dem der Antrag gestellt worden ist. [3]Bei Wiederaufnahme des Dauerbetriebs der Anlage nach Änderung oder Modernisierung gelten die Sätze 1 und 2 entsprechend.

(3) Die Zulassung erlischt, wenn Eigenschaften der Anlage im Sinne des Absatzes 1 Satz 3 Nr. 4 verändert werden.

(4) Die von der zuständigen Stelle beauftragten Personen sind berechtigt, während der üblichen Geschäftszeiten Betriebsgrundstücke, Geschäftsräume und Einrichtungen des Betreibers der KWK-Anlage zu betreten, dort Prüfungen vorzunehmen und die betrieblichen Unterlagen des Betreibers der KWK-Anlage einzusehen, soweit dies für die Überprüfung der Zulassungsvoraussetzungen erforderlich ist.

(5) Der Netzbetreiber kann von dem Betreiber der KWK-Anlage Einsicht in die Zulassung und die Antragsunterlagen verlangen, soweit dies für die Prüfung der Ansprüche des Betreibers der KWK-Anlage erforderlich ist.

(6) [1]Die zuständige Stelle kann Zulassungen für kleine KWK-Anlagen sowie von Brennstoffzellen mit einer elektrischen Leistung bis 50 Kilowatt in Form der Allgemeinverfügung (§ 35 Satz 2 des Verwaltungsverfahrensgesetzes) von Amts wegen erteilen. [2]Die Allgemeinverfügung nach Satz 1 kann mit Auflagen verbunden werden.

[1)] Nr. 1.

Kraft-Wärme-Kopplungsgesetz §§ 6a, 6b KWKG 43

§ 6a Zulassung des Neu- und Ausbaus von Wärme- und Kältenetzen. (1) ¹Die Zulassung ist dem Wärmenetzbetreiber zu erteilen, wenn der Neu- oder Ausbau des Wärmenetzes die Voraussetzungen nach § 5a Absatz 1 Nummer 1 und 2 erfüllt. ²Sein Antrag muss enthalten:

1. die für die Entscheidung über die nach Satz 1 beantragte Zulassung erforderlichen Angaben zu Antragsteller und Netzbetreiber,
2. eine detaillierte Beschreibung des Projekts einschließlich Angaben über die Länge des neu- oder ausgebauten Wärmenetzes (Trassenlänge) sowie eine Auflistung der Investitionskosten und das Datum der Inbetriebnahme,
3. eine Bescheinigung eines Wirtschaftsprüfers oder einer Wirtschaftsprüferin oder eines vereidigten Buchprüfers oder einer vereidigten Buchprüferin über das Vorliegen der Voraussetzungen nach § 5a Abs. 1 Nr. 1 und 2 sowie über die Angaben nach § 7a Abs. 1 Satz 2 und 3 und die Abzugsbeträge nach § 7a Absatz 3.

(2) ¹Der Antrag auf Zulassung kann nach der Inbetriebnahme des neu- oder ausgebauten Wärmenetzes bis zum 1. Juli des auf die Inbetriebnahme folgenden Kalenderjahres gestellt werden. ²Als Inbetriebnahme gilt der Zeitpunkt der erstmaligen Aufnahme einer dauerhaften Versorgung mit Wärme.

(3) § 6 Abs. 4 und 5 gilt entsprechend.

(4) Die Absätze 1 bis 3 gelten für den Neu- und Ausbau von Kältenetzen entsprechend.

§ 6b Zulassung des Neu- und Ausbaus von Wärme- und Kältespeichern. (1) ¹Die Zulassung ist dem Betreiber des Wärmespeichers zu erteilen, wenn der Neubau des Wärmespeichers die Voraussetzungen nach § 5b Absatz 1 Nummer 1 bis 4 erfüllt. ²Sein Antrag muss enthalten:

1. die für die Entscheidung über die nach Satz 1 beantragte Zulassung erforderlichen Angaben zu Antragsteller und Netzbetreiber,
2. eine detaillierte Beschreibung des Projektes einschließlich Angaben über das Wärmespeichervolumen, die jährlichen Wärmeverluste sowie eine Auflistung der Investitionskosten und das Datum der Inbetriebnahme,
3. bei Anträgen für den Neubau von Wärmespeichern mit einem Volumen von mehr als 50 Kubikmetern Wasseräquivalent eine Bescheinigung eines Wirtschaftsprüfers oder einer Wirtschaftsprüferin oder eines vereidigten Buchprüfers oder einer vereidigten Buchprüferin über das Vorliegen der Voraussetzungen nach § 5b Absatz 1 Nummer 1 bis 4 sowie über die Angaben nach § 7b Absatz 1,
4. bei Anträgen für den Neubau von Wärmespeichern mit einem Volumen bis zu 50 Kubikmetern Wasseräquivalent geeignete Nachweise über das Vorliegen der Voraussetzungen nach § 5b Absatz 1 Nummer 1 bis 4 sowie über die Angaben nach § 7b Absatz 1.

(2) ¹Der Antrag auf Zulassung kann nach der Inbetriebnahme des neu gebauten Wärmespeichers bis zum 1. Juli des auf die Inbetriebnahme folgenden Kalenderjahres gestellt werden. ²Als Inbetriebnahme gilt der Zeitpunkt der ersten Befüllung nach Abschluss des Probebetriebs.

(3) § 6 Absatz 4 und 5 gilt entsprechend.

(4) Die Absätze 1 bis 3 gelten für den Neu- und Ausbau von Kältespeichern entsprechend.

(5) ¹ Die zuständige Stelle kann Zulassungen für Speicher mit einem Volumen bis 5 Kubikmeter Wasseräquivalent in Form der Allgemeinverfügung (§ 35 Satz 2 des Verwaltungsverfahrensgesetzes) von Amts wegen erteilen. ² Die Allgemeinverfügung nach Satz 1 kann mit Auflagen verbunden werden.

§ 7 Höhe des Zuschlags und Dauer der Zahlung. (1) ¹ Betreiber kleiner KWK-Anlagen mit einer elektrischen Leistung bis 50 Kilowatt nach § 5 Absatz 1 Satz 1 Nummer 1 sowie Betreiber von Brennstoffzellen nach § 5 Absatz 1 Satz 1 Nummer 2, die nach dem 19. Juli 2012 und bis zum 31. Dezember 2020 in Dauerbetrieb genommen worden sind, haben für KWK-Strom einen Anspruch auf Zahlung eines Zuschlags in Höhe von 5,41 Cent pro Kilowattstunde wahlweise für einen Zeitraum von zehn Jahren oder für die Dauer von 30 000 Vollbenutzungsstunden ab Aufnahme des Dauerbetriebs der Anlage. ² Das Recht zur Wahl zwischen einer an Jahren und einer an Vollbenutzungsstunden orientierten Förderung im Sinne von Satz 1 erlischt mit der Stellung des Antrags auf Zahlung bei der zuständigen Stelle oder im Fall der Zulassung durch Allgemeinverfügung mit der Anzeige unter Nutzung einer der genannten Optionen.

(2) ¹ Betreiber kleiner KWK-Anlagen nach § 5 Absatz 1 Satz 1 Nummer 1 mit einer elektrischen Leistung von mehr als 50 Kilowatt, die nach dem 19. Juli 2012 und bis zum 31. Dezember 2020 in Dauerbetrieb genommen worden sind, haben ab Aufnahme des Dauerbetriebs einen Anspruch auf Zahlung eines Zuschlags für KWK-Strom für 30 000 Vollbenutzungsstunden. ² Kleine KWK-Anlagen nach Satz 1 mit einer elektrischen Leistung von mehr als 50 Kilowatt bis zu 2 Megawatt erhalten für den Leistungsanteil bis 50 Kilowatt einen Zuschlag in Höhe von 5,41 Cent pro Kilowattstunde, für den Leistungsanteil zwischen 50 und 250 Kilowatt einen Zuschlag in Höhe von 4 Cent pro Kilowattstunde und für den Leistungsanteil über 250 Kilowatt einen Zuschlag von 2,4 Cent pro Kilowattstunde.

(3) ¹ Betreiber sehr kleiner KWK-Anlagen sowie Betreiber von Brennstoffzellen mit einer elektrischen Leistung von bis zu 2 Kilowatt, die ab dem Inkrafttreten dieses Gesetzes in Betrieb genommen werden, können sich auf Antrag vom Netzbetreiber vorab eine pauschalierte Zahlung der Zuschläge für die Erzeugung von KWK-Strom für die Dauer von 30 000 Vollbenutzungsstunden auszahlen lassen. ² Der Netzbetreiber ist in diesem Fall verpflichtet, die entsprechende Summe innerhalb von zwei Monaten nach Antragstellung auszuzahlen. ³ Mit Antragstellung erlischt die Möglichkeit des Betreibers zur Einzelabrechnung der erzeugten Strommenge.

(4) ¹ Betreiber von hocheffizienten Neuanlagen nach § 5 Absatz 2, die nach dem 19. Juli 2012 und bis zum 31. Dezember 2020 in Dauerbetrieb genommen worden sind, haben ab Aufnahme des Dauerbetriebs einen Anspruch auf Zahlung eines Zuschlags für KWK-Strom für 30 000 Vollbenutzungsstunden. ² Der Zuschlag beträgt für den Leistungsanteil bis 50 Kilowatt 5,41 Cent pro Kilowattstunde, für den Leistungsanteil zwischen 50 und 250 Kilowatt 4 Cent pro Kilowattstunde, für den Leistungsanteil von 250 Kilowatt bis 2 Megawatt 2,4 Cent pro Kilowattstunde und für den Leistungsanteil über 2 Megawatt 1,8 Cent pro Kilowattstunde. ³ Ab dem 1. Januar 2013 erhöht sich der Zuschlag

Kraft-Wärme-Kopplungsgesetz **§ 7 KWKG 43**

für KWK-Anlagen im Anwendungsbereich des Treibhausgas-Emissionshandelsgesetzes[1]), die ab diesem Datum in Dauerbetrieb genommen worden sind, um weitere 0,3 Cent pro Kilowattstunde.

(5) [1] Betreiber von modernisierten hocheffizienten KWK-Anlagen nach § 5 Absatz 3 mit einer elektrischen Leistung bis 50 Kilowatt, die nach dem 19. Juli 2012 und bis zum 31. Dezember 2020 in Dauerbetrieb genommen worden sind, haben ab Aufnahme des Dauerbetriebs einen Anspruch auf Zahlung eines Zuschlags in Höhe von 5,41 Cent pro Kilowattstunde wahlweise für die Dauer von fünf Jahren oder für die Dauer von 15 000 Vollbenutzungsstunden; die Dauer beträgt wahlweise zehn Jahre oder 30 000 Vollbenutzungsstunden, wenn die Kosten der Erneuerung mindestens 50 Prozent der Kosten für die Neuerrichtung der KWK-Anlage betragen; für die Wahl zwischen einer an Jahren und einer an Vollbenutzungsstunden orientierten Förderung gilt Absatz 1 Satz 1. [2] KWK-Anlagen mit einer elektrischen Leistung von über 50 Kilowatt, die nach dem 19. Juli 2012 und bis zum 31. Dezember 2020 in Dauerbetrieb genommen worden sind, haben ab Aufnahme des Dauerbetriebs einen Anspruch auf Zahlung eines Zuschlags für die Dauer von

1. 30 000 Vollbenutzungsstunden, wenn die Kosten der Modernisierung mindestens 50 Prozent der Kosten für die Neuerrichtung der KWK-Anlage betragen. Der Zuschlag ermittelt sich nach Absatz 4,

2. 15 000 Vollbenutzungsstunden, wenn die Kosten der Modernisierung mindestens 25 Prozent der Kosten für die Neuerrichtung der KWK-Anlage betragen. Der Zuschlag ermittelt sich nach Absatz 4.

(6) Betreiber von hocheffizienten nachgerüsteten KWK-Anlagen nach § 5 Absatz 4 haben ab Aufnahme des Dauerbetriebs einen Anspruch auf Zahlung eines Zuschlags

1. für 30 000 Vollbenutzungsstunden, wenn die Kosten der Nachrüstung mindestens 50 Prozent der Kosten für die Neuerrichtung der KWK-Anlage betragen. Der Zuschlag ermittelt sich nach Absatz 4,

2. für 15 000 Vollbenutzungsstunden, wenn die Kosten der Nachrüstung mindestens 25 Prozent der Kosten für die Neuerrichtung der KWK-Anlage betragen. Der Zuschlag ermittelt sich nach Absatz 4,

3. für 10 000 Vollbenutzungsstunden, wenn die Kosten der Nachrüstung weniger als 25, mindestens aber 10 Prozent der Kosten für die Neuerrichtung der KWK-Anlage betragen. Der Zuschlag ermittelt sich nach Absatz 4.

(7) [1] Die Zuschlagzahlungen für KWK-Strom aus KWK-Anlagen dürfen insgesamt 750 Millionen Euro pro Kalenderjahr abzüglich des Jahresbetrags der Zuschlagzahlungen für Wärme- und Kältenetze sowie Wärme- und Kältespeicher nach § 7 a Absatz 5 nicht überschreiten. [2] Überschreiten die Zuschlagzahlungen die Obergrenze nach Satz 1, werden die Zuschlagzahlungen für KWK-Anlagen nach § 5 Absatz 2, 3 und 4 mit einer elektrischen Leistung von mehr als 10 Megawatt entsprechend gekürzt. [3] Die Übertragungsnetzbetreiber übermitteln der zuständigen Stelle die zur Ermittlung der Kürzung erforderlichen Daten bis zum 30. April des Folgejahres in nicht personenbezogener Form. [4] Die zuständige Stelle veröffentlicht den entsprechenden Kürzungssatz im Bundesanzeiger. [5] Die gekürzten Zuschlagzahlungen werden in den Folge-

---

[1]) Nr. **48**.

jahren in der Reihenfolge der Zulassung vollständig nachgezahlt. [6] Die Nachzahlungen erfolgen vorrangig vor den Ansprüchen auf KWK-Zuschlag der KWK-Anlagen nach Satz 2 aus dem vorangegangenen Kalenderjahr.

§ 7 a Zuschlagzahlung für den Neu- und Ausbau von Wärme- und Kältenetzen.

(1) [1] Die zuständige Stelle legt den Zuschlag für den Neu- und Ausbau von Wärmenetzen nach § 5 a fest. [2] Der Zuschlag beträgt

1. für neu verlegte Wärmeleitungen mit einem mittleren Nenndurchmesser bis zu 100 Millimeter (DN 100) 100 Euro je laufender Meter der neu verlegten Wärmeleitung, höchstens aber 40 Prozent der ansatzfähigen Investitionskosten,
2. für neu verlegte Wärmeleitungen mit einem mittleren Nenndurchmesser von mehr als 100 Millimeter (DN 100) 30 Prozent der ansatzfähigen Investitionskosten des Neu- oder Ausbaus.

[3] Maßgeblich für die Zuordnung nach Satz 2 Nummer 1 oder 2 ist ein mittlerer Durchmesser, der auf Grundlage der Leitungslänge des Projektes bestimmt wird. [4] Der Zuschlag nach Satz 1 darf insgesamt 10 Millionen Euro je Projekt nicht überschreiten. [5] Die Sätze 1 bis 4 gelten für den Umbau durch die Umstellung von Heizdampf auf Heizwasser entsprechend.

(2) [1] Ansatzfähige Investitionskosten sind alle Kosten, die für erforderliche Leistungen Dritter im Rahmen des Neu- oder Ausbaus von Wärmenetzen tatsächlich angefallen sind. [2] Nicht dazu gehören insbesondere interne Kosten für Konstruktion und Planung, kalkulatorische Kosten, Grundstücks-, Versicherungs- und Finanzierungskosten. [3] Gewährte Bundes-, Länder- und Gemeindezuschüsse müssen abgesetzt werden, wenn sie nicht ausdrücklich zusätzlich zum Zuschlag nach Absatz 1 gewährt werden.

(3) Der Anteil des Zuschlages, der auf die Verbindung des Verteilungsnetzes mit dem Verbraucherabgang entfällt, ist von dem Betrag, der dem Verbraucher für die Anschlusskosten in Rechnung gestellt wird, in Abzug zu bringen.

(4) Die Absätze 1 bis 3 gelten für den Neu- und Ausbau von Kältenetzen entsprechend.

(5) [1] Die Summe der Zuschlagzahlungen für Wärme- und Kältenetze sowie Wärme- und Kältespeicher darf 150 Millionen Euro je Kalenderjahr nicht überschreiten. [2] Die jährlichen Zuschlagzahlungen erfolgen in der Reihenfolge der Zulassung nach § 6 a Absatz 1 bis zu dem in Satz 1 genannten Betrag. [3] Darüber hinausgehende Beträge werden unter Berücksichtigung von Satz 2 in den Folgejahren ausgezahlt.

§ 7 b Zuschlagzahlungen für den Neu- und Ausbau von Wärme- und Kältespeichern.

(1) [1] Die zuständige Stelle legt den Zuschlag für den Neu- und Ausbau von Wärmespeichern nach § 5 b fest. [2] Der Zuschlag beträgt 250 Euro pro Kubikmeter Wasseräquivalent des Wärmespeichervolumens, bei Speichern mit einem Volumen von mehr als 50 Kubikmeter Wasseräquivalent höchstens aber 30 Prozent der Investitionskosten. [3] Der Zuschlag nach Satz 1 darf insgesamt 5 Millionen Euro je Projekt nicht überschreiten.

(2) [1] Ansatzfähige Investitionskosten sind alle Kosten, die für erforderliche Leistungen Dritter im Rahmen des Neubaus von Wärmespeichern tatsächlich

angefallen sind. ² Nicht dazugehören insbesondere interne Kosten für Konstruktion und Planung, kalkulatorische Kosten, Grundstücks-, Versicherungs- und Finanzierungskosten. ³ Gewährte Bundes-, Länder- und Gemeindezuschüsse müssen abgesetzt werden, wenn sie nicht ausdrücklich zusätzlich zum Zuschlag nach Absatz 1 gewährt werden.

(3) Die Absätze 1 bis 3 gelten für den Neu- und Ausbau von Kältespeichern entsprechend.

(4) § 7a Absatz 5 gilt entsprechend für die Begrenzung der Summe der Zuschlagzahlungen für Wärme- und Kältespeicher.

§ 8 Nachweis des eingespeisten KWK-Stroms. (1) ¹ Der Betreiber einer KWK-Anlage oder ein von ihm beauftragter Dritter macht der zuständigen Stelle und dem Netzbetreiber monatlich Mitteilung über die in das Netz für die allgemeine Versorgung eingespeiste KWK-Strommenge und die im Sinne von § 4 Abs. 3a Satz 1 gelieferte KWK-Strommenge. ² Zur Feststellung der eingespeisten Strommenge und der abgegebenen Nutzwärmemenge hat der Netzbetreiber auf Kosten des Betreibers der KWK-Anlage Messeinrichtungen anzubringen, die den eichrechtlichen Vorschriften entsprechen. ³ Im Falle von § 4 Abs. 3a Satz 1 trifft die Verpflichtung nach Satz 2 unmittelbar den Betreiber der KWK-Anlage. ⁴ Betreiber von KWK-Anlagen mit einer elektrischen Leistung bis einschließlich 100 Kilowatt sind abweichend von Satz 2 selbst zur Anbringung der Messeinrichtungen berechtigt. ⁵ Die Feststellung der eingespeisten Strommenge sowie die Anbringung der Messeinrichtungen zu diesem Zweck kann auch durch einen Dritten im Sinne des § 21b des Energiewirtschaftsgesetzes[1]) in der jeweils geltenden Fassung erfolgen. ⁶ Für den Messstellenbetrieb und die Messung gelten die Vorschriften der §§ 21b bis 21h des Energiewirtschaftsgesetzes in der jeweils geltenden Fassung und der auf Grund von § 21i des Energiewirtschaftsgesetzes ergangenen Rechtsverordnungen in der jeweils geltenden Fassung. ⁷ Der Betreiber der KWK-Anlage hat Beauftragten des Netzbetreibers auf Verlangen Zutritt zu den Messeinrichtungen zu gewähren. ⁸ Der Betreiber der KWK-Anlage legt der zuständigen Stelle und dem Netzbetreiber bis zum 31. März eines jeden Jahres eine nach den anerkannten Regeln der Technik erstellte Abrechnung vor; die Einhaltung der allgemein anerkannten Regeln der Technik wird vermutet, wenn das Sachverständigengutachten nach den Grundlagen und Rechenmethoden der AGFW | Der Energieeffizienzverband für Wärme, Kälte und KWK e. V. in Nummer 4 bis 6 des Arbeitsblattes FW 308 „Zertifizierung von KWK-Anlagen – Ermittlung des KWK-Stromes" in der jeweils gültigen Fassung erstellt wurde. ⁹ Die Abrechnung betrifft die KWK-Strommenge, die im vorangegangenen Kalenderjahr in das Netz für die allgemeine Versorgung eingespeist wurde, und die im Sinne von § 4 Abs. 3a Satz 1 gelieferte KWK-Strommenge. ¹⁰ Sie muss von einem Wirtschaftsprüfer oder einer Wirtschaftsprüferin oder einem vereidigten Buchprüfer oder einer vereidigten Buchprüferin testiert sein. ¹¹ Ergänzend zu Satz 1 muss die Abrechnung Angaben zur KWK-Nettostromerzeugung, zur KWK-Nutzwärmeerzeugung, zu Brennstoffart und -einsatz sowie bei den Anlagen nach § 5 Absatz 2, 3 und 4 (Neuanlagen, modernisierte KWK-Anlagen und nachgerüstete KWK-Anlagen) Angaben zu den seit Aufnahme des Dauerbetriebs erreichten Vollbenutzungsstunden ent-

---

[1]) Nr. 1.

halten. [12] Die Abrechnung muss die Empfänger und Empfängerinnen als sachkundige Dritte in die Lage versetzen, ohne weitere Informationen die Ermittlung der KWK-Strommengen im Hinblick auf § 7 Absatz 7 und § 9 nachzuvollziehen.

(2) [1] Der Betreiber einer kleinen KWK-Anlage, die nicht über Vorrichtungen zur Abwärmeabfuhr verfügt, ist von den Mitteilungspflichten nach Absatz 1 Satz 1 und der Messung der abgegebenen Nutzwärme befreit. [2] Abweichend von Absatz 1 Satz 8 teilt der Betreiber einer kleinen KWK-Anlage der zuständigen Stelle und dem Netzbetreiber bis zum 31. März eines jeden Jahres die im vorangegangenen Kalenderjahr eingespeiste KWK-Strommenge und, sofern es sich um eine Anlage mit einer elektrischen Leistung von mehr als 50 Kilowatt handelt, die ab dem 1. Januar 2009 und bis zum 31. Dezember 2020 in Dauerbetrieb genommen worden ist, die Anzahl der Vollbenutzungsstunden seit der Aufnahme des Dauerbetriebs mit. [3] Der Betreiber einer kleinen KWK-Anlage macht der zuständigen Stelle darüber hinaus bis zum 31. März eines jeden Jahres Angaben zu Brennstoffart und -einsatz. [4] Betreiber kleiner KWK-Anlagen mit einer elektrischen Leistung bis 50 Kilowatt sind gegenüber der zuständigen Stelle auch von den in den Sätzen 2 und 3 genannten Mitteilungspflichten befreit.

(3) [1] Bei begründeten Zweifeln an der Richtigkeit der Mitteilung nach Absatz 1 Satz 1, der Abrechnung beziehungsweise den Angaben nach Absatz 1 Satz 8, 9 und 10 oder der Mitteilung nach Absatz 2 Satz 2 und 3 kann die zuständige Stelle Maßnahmen zur Überprüfung ergreifen. [2] § 6 Abs. 4 gilt entsprechend.

(4) Vor der Vorlage der Abrechnung nach Absatz 1 Satz 8 oder der Mitteilung nach Absatz 2 Satz 2 kann der Betreiber der KWK-Anlage monatliche Abschlagszahlungen vom Netzbetreiber verlangen, wenn die Anlage zugelassen ist oder der Antrag auf Zulassung gestellt worden ist.

(5) [1] Die zuständige Stelle übermittelt jährlich die nach § 6 Abs. 1 Nr. 1 bis 4 anfallenden Daten der KWK-Anlagen sowie die KWK-Nettostromerzeugung, die KWK-Nutzwärmeerzeugung und die eingespeiste KWK-Strommenge und die Angaben zu Brennstoffart und -einsatz an das Statistische Bundesamt zum Zwecke der Aufbereitung von Bundesergebnissen sowie zur Erfüllung von Mitteilungspflichten der Bundesrepublik Deutschland gegenüber supra- und internationalen Organisationen. [2] Für die zu übermittelnden Daten gelten die Regelungen zur Geheimhaltung gemäß § 16 des Bundesstatistikgesetzes.

§ 9 Belastungsausgleich. (1) Netzbetreiber, die im Kalenderjahr Zuschläge zu leisten haben, können finanziellen Ausgleich von dem vorgelagerten Übertragungsnetzbetreiber für diese Zahlungen verlangen.

(2) Übertragungsnetzbetreiber ermitteln bis zum 30. Juni eines jeden Jahres die von ihnen im vorangegangenen Kalenderjahr geleisteten Zuschlags- und Ausgleichszahlungen und die von ihnen oder anderen Netzbetreibern im Bereich ihres Übertragungsnetzes an Letztverbraucher im Sinne des Absatzes 7 Satz 2, des Absatzes 7 Satz 3 und an andere Letztverbraucher ausgespeisten Strommengen.

(3) [1] Übertragungsnetzbetreiber sind verpflichtet, den unterschiedlichen Umfang ihrer Zuschlagszahlungen und ihrer Ausgleichszahlungen nach Maß-

gabe der von ihnen oder anderen Netzbetreibern im Bereich ihres Übertragungsnetzes an Letztverbraucher im Sinne des Absatzes 7 Satz 2, des Absatzes 7 Satz 3 und an andere Letztverbraucher gelieferten Strommengen über eine finanzielle Verrechnung untereinander auszugleichen. ²Die Übertragungsnetzbetreiber ermitteln hierfür die Belastungen, die sie gemessen an den Strommengen nach Absatz 2 und den Belastungsgrenzen nach Absatz 7 Satz 2 und 3 zu tragen hätten. ³Übertragungsnetzbetreiber, die bezogen auf die Stromabgabe an Letztverbraucher im Bereich ihres Netzes höhere Zahlungen zu leisten hatten oder größere Strommengen an Letztverbraucher im Sinne des Absatzes 7 Satz 2 und 3 abgegeben haben, als es dem Durchschnitt aller Übertragungsnetzbetreiber entspricht, haben einen finanziellen Anspruch auf Belastungsausgleich, bis alle Übertragungsnetzbetreiber eine Belastung tragen, die dem Durchschnittswert für jede Letztverbrauchergruppe entspricht.

(4) Übertragungsnetzbetreiber haben einen Anspruch auf Belastungsausgleich gegen die ihnen unmittelbar oder mittelbar nachgelagerten Netzbetreiber, bis alle Netzbetreiber gleiche Belastungen nach Absatz 3 tragen.

(5) Auf die zu erwartenden Ausgleichsbeträge sind monatliche Abschläge zu zahlen.

(6) ¹Jeder Netzbetreiber ist verpflichtet, den anderen Netzbetreibern die für die Berechnung des Belastungsausgleichs erforderlichen Daten rechtzeitig zur Verfügung zu stellen. ²Jeder Netzbetreiber kann verlangen, dass die anderen ihre Angaben durch einen im gegenseitigen Einvernehmen bestellten Wirtschaftsprüfer oder vereidigten Buchprüfer testieren lassen.

(7) ¹Netzbetreiber sind berechtigt, geleistete Zuschlagszahlungen, soweit sie nicht erstattet worden sind, und Ausgleichszahlungen bei der Berechnung der Netznutzungsentgelte in Ansatz zu bringen, sofern sie die Zahlungen durch Testat eines Wirtschaftsprüfers oder vereidigten Buchprüfers nachweisen. ²Für Letztverbraucher, deren Jahresverbrauch an einer Abnahmestelle mehr als 100 000 Kilowattstunden beträgt, darf sich das Netznutzungsentgelt für über 100 000 Kilowattstunden hinausgehende Strombezüge aus dem Netz für die allgemeine Versorgung an dieser Abnahmestelle höchstens um 0,05 Cent pro Kilowattstunde erhöhen. ³Sind Letztverbraucher Unternehmen des Produzierenden Gewerbes, deren Stromkosten im vorangegangenen Kalenderjahr 4 Prozent des Umsatzes überstiegen, darf sich das Netznutzungsentgelt für über 100 000 Kilowattstunden hinausgehende Lieferungen höchstens um die Hälfte des Betrages nach Satz 2 erhöhen. ⁴Letztverbraucher nach Satz 3 haben dem Netzbetreiber auf Verlangen durch Testat eines Wirtschaftsprüfers oder vereidigten Buchprüfers den Stromkostenanteil am Umsatz nachzuweisen. ⁵Die Sätze 2 und 3 gelten entsprechend für Unternehmen des schienengebundenen Verkehrs sowie Eisenbahninfrastrukturunternehmen; beim schienengebundenen Verkehr ist für die Zuordnung zum Übertragungsnetzbereich auf die Einspeisestelle in das Bahnstromnetz bzw. die Unterwerke abzustellen. ⁶Werden Netznutzungsentgelte nicht gesondert in Rechnung gestellt, können die Zahlungen nach Satz 1 bei dem Gesamtpreis für den Strombezug entsprechend in Ansatz gebracht werden.

§ 9 a Herkunftsnachweis für Strom aus hocheffizienter Kraft-Wärme-Kopplung. (1) Betreiber von hocheffizienten KWK-Anlagen können für Strom, der in Kraft-Wärme-Kopplung erzeugt wurde, bei der zuständigen Stelle schriftlich die Ausstellung eines Herkunftsnachweises beantragen.

(2) Der Antrag nach Absatz 1 muss mindestens die folgenden Angaben enthalten:
1. den Namen und die Anschrift des Anlagenbetreibers,
2. den Standort, die elektrische und die thermische Leistung und den Zeitpunkt der Inbetriebnahme der Anlage,
3. den Nutzungsgrad der Anlage und die Stromkennzahl,
4. die in der Anlage erzeugte Gesamtstrommenge und den Zeitraum, in dem der Strom erzeugt wurde,
5. die in der Anlage erzeugte KWK-Strommenge, den Zeitraum, in dem der Strom erzeugt wurde, und die gleichzeitig erzeugte Nutzwärmemenge,
6. den oder die eingesetzten Energieträger sowie deren unteren Heizwert,
7. die Verwendung der Nutzwärme und
8. die Primärenergieeinsparung nach Anhang III der Richtlinie 2004/8/EG.

(3) [1] Der Herkunftsnachweis ist von der zuständigen Stelle auszustellen, sofern die KWK-Anlage hocheffizient ist und die Angaben nach Absatz 2 vorliegen, sie nachvollziehbar und nicht fehlerhaft sind. [2] Der Herkunftsnachweis muss die Angaben nach Absatz 2 enthalten. [3] Die zuständige Stelle kann weitere Angaben verlangen, wenn dies zur Erfüllung der gemeinschaftsrechtlichen Vorgaben erforderlich ist.

§ 10 Zuständigkeit. (1) Zuständig für die Durchführung dieses Gesetzes ist das Bundesamt für Wirtschaft und Ausfuhrkontrolle, soweit im Gesetz nichts Abweichendes bestimmt ist.

(2) Das Bundesministerium für Wirtschaft und Technologie wird ermächtigt, die Durchführung der Aufgaben nach den §§ 6 und 8 durch Rechtsverordnung ohne Zustimmung des Bundesrates ganz oder teilweise auf eine juristische Person des privaten Rechts zu übertragen, soweit deren Bereitschaft und Eignung zur ordnungsgemäßen Erfüllung der Aufgaben gegeben ist.

§ 11 Kosten. (1) Für Amtshandlungen nach diesem Gesetz werden Kosten (Gebühren und Auslagen) erhoben.

(2) [1] Das Bundesministerium für Wirtschaft und Technologie wird ermächtigt, durch Rechtsverordnung[1]) ohne Zustimmung des Bundesrates die gebührenpflichtigen Tatbestände und die Gebührenhöhe zu bestimmen. [2] Die Rechtsverordnung nach Satz 1 kann für die Einlegung eines Widerspruchs Gebühren vorsehen.

§ 12 Zwischenüberprüfung. Das Bundesministerium für Wirtschaft und Technologie führt im Jahr 2014 gemeinsam mit dem Bundesministerium für Umwelt, Naturschutz und Reaktorsicherheit unter Mitwirkung von Verbänden der deutschen Wirtschaft und Energiewirtschaft unter Berücksichtigung bereits eingetretener und sich abzeichnender Entwicklungen bei der KWK-Stromerzeugung eine Zwischenüberprüfung über die Entwicklung der KWK-Stromerzeugung in Deutschland, insbesondere mit Blick auf die Errei-

---

[1]) Siehe die VO über Gebühren und Auslagen des Bundesamtes für Wirtschaft und Ausfuhrkontrolle bei der Durchführung des Kraft-Wärme-KopplungsG v. 2. 4. 2002 (BGBl. I S. 1231), geänd. durch VO v. 23. 2. 2009 (BGBl. I S. 402).

chung der energie- und klimapolitischen Ziele der Bundesregierung und dieses Gesetzes, der Rahmenbedingungen für den wirtschaftlichen Betrieb von KWK-Anlagen und der jährlichen Zuschlagzahlungen durch.

§ 13 Übergangsbestimmungen. (1) Für Ansprüche der Betreiber von KWK-Anlagen, die bis zum 19. Juli 2012 in Dauerbetrieb genommen wurden, auf Zahlung eines Zuschlags sind die §§ 5 und 7 in der bis zum 19. Juli 2012 geltenden Fassung anzuwenden.

(2) Für Ansprüche der Wärmenetzbetreiber, wenn die Inbetriebnahme eines neuen oder ausgebauten Wärmenetzes bis zum 31. Dezember 2011 erfolgt ist, auf Zahlung eines Zuschlags sind die §§ 5a und 7a in der bis zum 19. Juli 2012 geltenden Fassung anzuwenden.

44. Stromsteuergesetz (StromStG)[1)]

Vom 24. März 1999
(BGBl. I S. 378)
FNA 612-30

zuletzt geänd. durch Art. 2 G zur Änd. des Energiesteuer- und des StromsteuerG v. 1. 3. 2011
(BGBl. I S. 282 iVm Bek. v. 3. 8. 2011, BGBl. I S. 1726)

Der Bundestag hat das folgende Gesetz beschlossen:

§ 1 Steuergegenstand, Steuergebiet. (1) [1] Elektrischer Strom (Strom) der Position 2716 der Kombinierten Nomenklatur unterliegt im Steuergebiet der Stromsteuer. [2] Steuergebiet ist das Gebiet der Bundesrepublik Deutschland ohne das Gebiet von Büsingen und ohne die Insel Helgoland. [3] Die Stromsteuer ist eine Verbrauchsteuer im Sinne der Abgabenordnung.

(2) Kombinierte Nomenklatur im Sinne dieses Gesetzes ist die Warennomenklatur nach Artikel 1 der Verordnung (EWG) Nr. 2658/87 des Rates vom 23. Juli 1987 über die zolltarifliche und statistische Nomenklatur sowie den Gemeinsamen Zolltarif (ABl. EG Nr. L 256 S. 1, Nr. L 341 S. 38, Nr. L 378 S. 120, 1988 Nr. L 130 S. 42) in der am 1. Januar 2002 geltenden Fassung.

§ 2 Begriffsbestimmungen. Im Sinne dieses Gesetzes sind
1. Versorger: Derjenige, der Strom leistet;
2. Eigenerzeuger: derjenige, der Strom zum Selbstverbrauch erzeugt;
2 a. Klassifikation der Wirtschaftszweige: die vom Statistischen Bundesamt in 65189 Wiesbaden, Gustav-Stresemann-Ring 11, herausgegebene Klassifikation der Wirtschaftszweige, Ausgabe 2003 (WZ 2003), auch zu beziehen über www-ec.destatis.de;
3. Unternehmen des Produzierenden Gewerbes: Unternehmen, die dem Abschnitt C (Bergbau und Gewinnung von Steinen und Erden), D (Verarbeitendes Gewerbe), E (Energie- und Wasserversorgung) oder F (Baugewerbe) der Klassifikation der Wirtschaftszweige zuzuordnen sind, sowie die anerkannten Werkstätten für behinderte Menschen im Sinne des § 136 des Neunten Buches Sozialgesetzbuch, wenn sie überwiegend eine wirtschaftliche Tätigkeit ausüben, die den vorgenannten Abschnitten der Klassifikation der Wirtschaftszweige zuzuordnen ist;
4. Unternehmen im Sinne der Nummer 3: Kleinste rechtlich selbständige Einheit sowie kommunale Eigenbetriebe, die auf Grundlage der Eigenbetriebsgesetze oder Eigenbetriebsverordnungen der Länder geführt werden;
5. Unternehmen der Land- und Forstwirtschaft: Unternehmen, die dem Abschnitt A (Land- und Forstwirtschaft) oder der Klasse 05.02 (Teichwirt-

---

[1)] Verkündet als Art. 1 G zum Einstieg in die ökolog. Steuerreform v. 24. 3. 1999 (BGBl. I S. 378); Inkrafttreten gem. Art. 3 Satz 2 dieses G am 1. 4. 1999 mit Ausnahme des § 11, der gem. Art. 3 Satz 1 am 30. 3. 1999 in Kraft getreten ist.

schaft und Fischzucht) der Klassifikation der Wirtschaftszweige zuzuordnen sind, sowie die anerkannten Werkstätten für behinderte Menschen im Sinne des § 136 des Neunten Buches Sozialgesetzbuch, wenn sie überwiegend eine wirtschaftliche Tätigkeit ausüben, die dem Abschnitt A oder der Klasse 05.02 der Klassifikation der Wirtschaftszweige zuzuordnen ist;
6. Unternehmen im Sinne der Nummer 5: Wirtschaftliche, finanzielle und rechtliche Einheit, die unter einheitlicher und selbständiger Führung steht;
7. Strom aus erneuerbaren Energieträgern: Strom, der ausschließlich aus Wasserkraft, Windkraft, Sonnenenergie, Erdwärme, Deponiegas, Klärgas oder aus Biomasse erzeugt wird, ausgenommen Strom aus Wasserkraftwerken mit einer installierten Generatorleistung über zehn Megawatt.

§ 3 Steuertarif. Die Steuer beträgt 20,50 Euro für eine Megawattstunde.

§ 4 Erlaubnis. (1) [1] Wer als Versorger mit Sitz im Steuergebiet Strom leisten oder als Eigenerzeuger Strom zum Selbstverbrauch entnehmen oder als Letztverbraucher Strom aus einem Gebiet außerhalb des Steuergebiets beziehen will, bedarf der Erlaubnis. [2] Einer Erlaubnis als Eigenerzeuger bedarf es nicht, wenn der Eigenerzeuger Inhaber einer Erlaubnis als Versorger ist oder soweit der Eigenerzeuger Strom zum Selbstverbrauch entnimmt, der nach § 9 Abs. 1 Nr. 3 Buchstabe a, Nr. 4 oder Nr. 5 von der Steuer befreit ist.

(2) [1] Die Erlaubnis wird auf Antrag vom Hauptzollamt unter Widerrufsvorbehalt Personen erteilt, die ordnungsgemäß kaufmännische Bücher führen, rechtzeitig Jahresabschlüsse aufstellen und gegen deren steuerliche Zuverlässigkeit keine Bedenken bestehen. [2] Das Hauptzollamt kann nach Absatz 1 erlaubnispflichtige Versorger, Eigenerzeuger oder Letztverbraucher, die weder nach dem Handelsgesetzbuch noch nach der Abgabenordnung zur Führung von kaufmännischen Büchern oder zur Aufstellung von Jahresabschlüssen verpflichtet sind, von diesen Erfordernissen befreien, soweit Steuerbelange dadurch nicht gefährdet werden.

(3) Vor Erteilung der Erlaubnis kann das Hauptzollamt Sicherheit für die voraussichtlich während zweier Monate entstehende Steuer verlangen, wenn Anzeichen für eine Gefährdung der Steuer erkennbar sind.

(4) Die Erlaubnis ist zu widerrufen, wenn eine der Voraussetzungen nach Absatz 2 nicht mehr erfüllt ist oder eine angeforderte Sicherheit nicht geleistet wird.

§ 5 Entstehung der Steuer, Steuerschuldner. (1) [1] Die Steuer entsteht dadurch, daß vom im Steuergebiet ansässigen Versorger geleisteter Strom durch Letztverbraucher im Steuergebiet aus dem Versorgungsnetz entnommen wird, oder dadurch, daß der Versorger dem Versorgungsnetz Strom zum Selbstverbrauch entnimmt. [2] Bei Eigenerzeugern entsteht die Steuer vorbehaltlich Satz 1 mit der Entnahme von Strom zum Selbstverbrauch im Steuergebiet.

(2) Steuerschuldner ist in den Fällen des Absatzes 1 Satz 1 der Versorger und im Falle des Absatzes 1 Satz 2 der Eigenerzeuger.

(3) [1] Strom gilt mit der Leistung an einen Versorger, der nicht Inhaber einer nach § 4 Abs. 1 erforderlichen Erlaubnis als Versorger ist, als durch einen

Letztverbraucher im Steuergebiet aus dem Versorgungsnetz entnommen, wenn die Leistung des Stroms in der Annahme erfolgt, dass eine Steuer nach Absatz 1 Satz 1 entstanden sei. [2] Eine Steuerentstehung durch die tatsächliche Entnahme des Stroms aus dem Versorgungsnetz bleibt dadurch unberührt.
[3] Dem Versorger ohne Erlaubnis wird die durch den an ihn leistenden Versorger entrichtete Steuer auf Antrag vergütet, soweit er nachweist, dass die durch die tatsächliche Entnahme des Stroms entstandene Steuer entrichtet worden ist, für den Strom keine Steuer entstanden ist oder der Strom steuerfrei entnommen worden ist.

§ 6 Widerrechtliche Entnahme von Strom. [1] Die Steuer entsteht auch dadurch, daß widerrechtlich Strom aus dem Versorgungsnetz entnommen wird. [2] Steuerschuldner ist, wer widerrechtlich Strom entnimmt.

§ 7 Leistung von Strom in das Steuergebiet. [1] Bezieht ein Letztverbraucher Strom aus einem Gebiet außerhalb des Steuergebiets, entsteht die Steuer dadurch, daß der Strom durch den Letztverbraucher im Steuergebiet aus dem Versorgungsnetz entnommen wird. [2] Steuerschuldner ist der Letztverbraucher.

§ 8 Steueranmeldung, Fälligkeit der Steuer. (1) Der Steuerschuldner hat für Strom, für den die Steuer nach § 5 Abs. 1 oder § 7 entstanden ist, vorbehaltlich Absatz 9 eine Steuererklärung abzugeben und darin die Steuer selbst zu berechnen (Steueranmeldung).

(2) [1] Der Steuerschuldner kann zwischen monatlicher und jährlicher Steueranmeldung wählen. [2] Das Wahlrecht kann nur für jeweils ein Kalenderjahr ausgeübt werden. [3] Es ist durch eine Erklärung auszuüben, die spätestens am 31. Dezember des Vorjahres beim Hauptzollamt eingegangen sein muß. [4] Wird die Erklärung nicht rechtzeitig abgegeben, ist die Steuer jährlich anzumelden und zu entrichten.

(3) Bei monatlicher Anmeldung ist die Steuer für jeden Kalendermonat (Veranlagungsmonat) bis zum 15. Kalendertag des folgenden Kalendermonats anzumelden und bis zum 25. Kalendertag dieses Kalendermonats an das Hauptzollamt zu entrichten.

(4) Bei jährlicher Anmeldung ist die Steuer für jedes Kalenderjahr (Veranlagungsjahr) bis zum 31. Mai des folgenden Kalenderjahres anzumelden und unter Anrechnung der geleisteten monatlichen Vorauszahlungen nach Absatz 7 bis zum 25. Juni dieses Kalenderjahres an das Hauptzollamt zu entrichten.

(4 a) [1] Wird die Leistung von Strom oder die Entnahme von Strom zum Selbstverbrauch nach Ablesezeiträumen abgerechnet oder ermittelt, die mehrere Veranlagungsmonate oder mehrere Veranlagungsjahre betreffen, ist insoweit eine sachgerechte, von einem Dritten nachvollziehbare Schätzung zur Aufteilung der im gesamten Ablesezeitraum entnommenen Menge auf die betroffenen Veranlagungszeiträume zulässig. [2] Sofern Ablesezeiträume später enden als der jeweilige Veranlagungszeitraum, ist für diese Ablesezeiträume die voraussichtlich im Veranlagungszeitraum entnommene Menge zur Versteuerung anzumelden. [3] Nachdem ein solcher Ablesezeitraum beendet ist, hat der Steuerschuldner die nach Satz 2 angemeldete Menge und die darauf entfallende Steuer entsprechend Satz 1 zu berichtigen. [4] Die Berichtigung ist für den Veranlagungszeitraum vorzunehmen, in dem der Ablesezeitraum endet. [5] Die

Steuer oder der Erstattungsanspruch für die Differenzmenge zwischen der angemeldeten und der berichtigten Menge gilt insoweit in dem Zeitpunkt als entstanden, in dem der Ablesezeitraum endet. [6] Die Sätze 1 bis 5 gelten für Steuerschuldner nach § 7 Satz 2 sinngemäß.

(5) [1] Scheidet ein Steuerschuldner während des Veranlagungsjahres aus der Steuerpflicht aus, ist die Höhe der zu entrichtenden Steuer bis zum Ablauf des fünften Kalendermonats, der dem Ende der Steuerpflicht folgt, anzumelden. [2] Ein sich unter Anrechnung der geleisteten monatlichen Vorauszahlungen nach Absatz 7 ergebender Restbetrag ist bis zum 25. Kalendertag des Folgemonats an das Hauptzollamt zu zahlen.

(6) [1] Bei jährlicher Anmeldung sind auf die Steuerschuld monatliche Vorauszahlungen zu leisten. [2] Die Höhe der monatlichen Vorauszahlungen wird durch das Hauptzollamt festgesetzt und beträgt ein Zwölftel der Steuer, die im vorletzten dem Veranlagungsjahr vorhergehenden Kalenderjahr entstanden ist. [3] Das Hauptzollamt kann die monatlichen Vorauszahlungen abweichend festsetzen, wenn die Summe der vom Steuerschuldner zu leistenden Vorauszahlungen erheblich von der zu erwartenden Jahressteuerschuld abweichen würde.

(7) Die Vorauszahlungen für den einzelnen Kalendermonat sind jeweils bis zum 25. Kalendertag des folgenden Kalendermonats an das Hauptzollamt zu entrichten.

(8) *(aufgehoben)*

(9) [1] Wird Strom ohne Erlaubnis nach § 4 Abs. 1 oder steuerbegünstigt an einen Nichtberechtigten nach § 9 Abs. 8 geleistet oder ohne Erlaubnis nach § 4 Abs. 1 zum Selbstverbrauch, widerrechtlich nach § 6 oder zweckwidrig nach § 9 Abs. 6 entnommen, hat der Steuerschuldner unverzüglich eine Steuererklärung abzugeben und darin die Steuer selbst zu berechnen (Steueranmeldung). [2] Die Steuer ist sofort zu entrichten. [3] Die Sätze 1 und 2 gelten im Falle des § 9 Abs. 8 nur für den Nichtberechtigten.

(10) Für die nach § 5 oder § 7 entstehende Steuer kann das Hauptzollamt im Voraus Sicherheit verlangen, wenn Anzeichen für eine Gefährdung der Steuer erkennbar sind.

§ 9 Steuerbefreiungen, Steuerermäßigungen. (1) Von der Steuer ist befreit:

1. Strom aus erneuerbaren Energieträgern, wenn dieser aus einem ausschließlich mit Strom aus erneuerbaren Energieträgern gespeisten Netz oder einer entsprechenden Leitung entnommen wird;

2. Strom, der zur Stromerzeugung entnommen wird;

3. Strom, der in Anlagen mit einer elektrischen Nennleistung von bis zu zwei Megawatt erzeugt wird und

   a) vom Betreiber der Anlage als Eigenerzeuger im räumlichen Zusammenhang zu der Anlage zum Selbstverbrauch entnommen wird oder

   b) von demjenigen, der die Anlage betreibt oder betreiben lässt, an Letztverbraucher geleistet wird, die den Strom im räumlichen Zusammenhang zu der Anlage entnehmen;

4. Strom, der in Anlagen erzeugt wird, soweit diese der vorübergehenden Stromversorgung im Falle des Ausfalls oder der Störung der sonst üblichen Stromversorgung dienen (Notstromanlagen);
5. Strom, der auf Wasserfahrzeugen oder in Luftfahrzeugen erzeugt und eben dort verbraucht wird, sowie Strom, der in Schienenfahrzeugen im Schienenbahnverkehr erzeugt und zu begünstigten Zwecken nach Absatz 2 entnommen wird.

(2) Strom unterliegt einem ermäßigten Steuersatz von 11,42 Euro für eine Megawattstunde, wenn er im Verkehr mit Oberleitungsomnibussen oder für den Fahrbetrieb im Schienenbahnverkehr, mit Ausnahme der betriebsinternen Werkverkehre und Bergbahnen, entnommen wird und nicht gemäß Absatz 1 von der Steuer befreit ist.

(2 a) *(aufgehoben)*

(3) Strom unterliegt einem ermäßigten Steuersatz von 0,50 Euro für eine Megawattstunde, wenn er im Fall einer landseitigen Stromversorgung von Wasserfahrzeugen für die Schifffahrt, mit Ausnahme der privaten nichtgewerblichen Schifffahrt, verbraucht wird.

(4) [1] Wer nach Absatz 1 Nr. 2 von der Steuer befreiten oder nach Absatz 2 oder Absatz 3 begünstigten Strom entnehmen will, bedarf der Erlaubnis. [2] Die Erlaubnis wird auf Antrag unter Widerrufsvorbehalt Personen erteilt, gegen deren steuerliche Zuverlässigkeit keine Bedenken bestehen. [3] Sie ist zu widerrufen, wenn die Voraussetzung nach Satz 2 nicht mehr erfüllt ist.

(5) *(aufgehoben)*

(6) [1] Der Erlaubnisinhaber darf den steuerbegünstigt bezogenen Strom nur zu dem in der Erlaubnis genannten Zweck entnehmen. [2] Die Steuer entsteht für Strom, der zu anderen als in der Erlaubnis genannten Zwecken entnommen wird, nach dem Steuersatz des § 3. [3] Besteht die Steuerbegünstigung in einer Steuerermäßigung, gilt Satz 2 nur für den ermäßigten Teil der Steuer. [4] Steuerschuldner ist der Erlaubnisinhaber.

(7) *(aufgehoben)*

(8) [1] Wird Strom steuerbegünstigt an einen Nichtberechtigten geleistet, entsteht die Steuer auch in der Person des Nichtberechtigten. [2] Mehrere Steuerschuldner sind Gesamtschuldner.

§ 9 a Erlass, Erstattung oder Vergütung der Steuer für bestimmte Prozesse und Verfahren. (1) Auf Antrag wird die Steuer für nachweislich versteuerten Strom erlassen, erstattet oder vergütet, den ein Unternehmen des Produzierenden Gewerbes

1. für die Elektrolyse,
2. für die Herstellung von Glas und Glaswaren, keramischen Erzeugnissen, keramischen Wand- und Bodenfliesen und -platten, Ziegeln und sonstiger Baukeramik, Zement, Kalk und gebranntem Gips, Erzeugnissen aus Beton, Zement und Gips, keramisch gebundenen Schleifkörpern, mineralischen Isoliermaterialien, Asphalt, Waren aus Graphit oder anderen Kohlenstoffen, Erzeugnissen aus Porenbetonerzeugnissen und mineralischen Düngemitteln zum Trocknen, Brennen, Schmelzen, Erwärmen, Warmhalten, Entspannen, Tempern oder Sintern der vorgenannten Erzeugnisse oder der zu ihrer Herstellung verwendeten Vorprodukte,

Stromsteuergesetz **§§ 9 b–10 StromStG 44**

3. für die Metallerzeugung und -bearbeitung sowie im Rahmen der Herstellung von Metallerzeugnissen für die Herstellung von Schmiede-, Press-, Zieh- und Stanzteilen, gewalzten Ringen und pulvermetallurgischen Erzeugnissen und zur Oberflächenveredlung und Wärmebehandlung jeweils zum Schmelzen, Erwärmen, Warmhalten, Entspannen oder sonstigen Wärmebehandlung oder

4. für chemische Reduktionsverfahren

entnommen hat.

(2) Erlass-, erstattungs- oder vergütungsberechtigt ist das Unternehmen des Produzierenden Gewerbes, das den Strom entnommen hat.

§ 9 b Steuerentlastung für Unternehmen. (1) ¹Eine Steuerentlastung wird auf Antrag gewährt für nachweislich nach § 3 versteuerten Strom, den ein Unternehmen des Produzierenden Gewerbes oder ein Unternehmen der Land- und Forstwirtschaft für betriebliche Zwecke entnommen hat und der nicht nach § 9 Absatz 1 von der Steuer befreit ist. ²Die Steuerentlastung wird jedoch für die Entnahme von Strom zur Erzeugung von Licht, Wärme, Kälte, Druckluft und mechanischer Energie nur gewährt, soweit die vorgenannten Erzeugnisse nachweislich durch ein Unternehmen des Produzierenden Gewerbes oder ein Unternehmen der Land- und Forstwirtschaft genutzt worden sind. ³Abweichend von Satz 2 wird die Steuerentlastung auch für Strom zur Erzeugung von Druckluft gewährt, soweit diese in Druckflaschen oder anderen Behältern abgegeben wird.

(2) ¹Die Steuerentlastung beträgt 5,13 Euro für eine Megawattstunde. ²Eine Steuerentlastung wird nur gewährt, soweit der Entlastungsbetrag nach Satz 1 im Kalenderjahr den Betrag von 250 Euro übersteigt.

(3) Entlastungsberechtigt ist derjenige, der den Strom entnommen hat.

§ 9 c[1] **Steuerentlastung für die Herstellung bestimmter Erzeugnisse.**

(1) Auf Antrag wird eine Steuerentlastung für nachweislich versteuerten Strom gewährt, den ein Unternehmen des Produzierenden Gewerbes für die Herstellung eines Industriegases entnommen hat, wenn die Stromkosten im Kalenderjahr 50 Prozent der Kosten für die Herstellung dieses Gases übersteigen.

(2) Entlastungsberechtigt ist das Unternehmen des Produzierenden Gewerbes, das den Strom entnommen hat.

§ 10 Erlass, Erstattung oder Vergütung in Sonderfällen. (1) ¹Die Steuer für nachweislich versteuerten Strom, den ein Unternehmen des Produzierenden Gewerbes für betriebliche Zwecke, ausgenommen solche nach § 9 Absatz 2 und Absatz 3, entnommen hat, wird auf Antrag nach Maßgabe des Absatzes 2 erlassen, erstattet oder vergütet, soweit die Steuer im Kalenderjahr den Betrag von 1 000 Euro übersteigt. ²Eine nach § 9 b mögliche Steuerentlastung wird dabei abgezogen. ³Die Steuer für Strom, der zur Erzeugung von

---

[1] § 9 c eingef. durch G v. 1. 3. 2011 (BGBl. I S. 282); § 9 c tritt gem. Art. 5 Abs. 6 des G v. 1. 3. 2011 (BGBl. I S. 282) vorbehaltlich der hierzu erforderlichen beihilferechtlichen Genehmigung durch die Europäische Kommission mit Wirkung vom 1. Januar 2011 in Kraft. Der Zeitpunkt der Genehmigung sowie der Tag des Inkrafttretens sind vom Bundesministerium der Finanzen im Bundesgesetzblatt gesondert bekannt zu geben.

Licht, Wärme, Kälte, Druckluft und mechanischer Energie entnommen worden ist, wird jedoch nur erlassen, erstattet oder vergütet, soweit die vorgenannten Erzeugnisse nachweislich durch ein Unternehmen des Produzierenden Gewerbes genutzt worden sind. ⁴ Abweichend von Satz 3 wird die Steuer auch in dem in § 9b Absatz 1 Satz 3 genannten Fall erlassen, erstattet oder vergütet. ⁵ Erlass-, erstattungs- oder vergütungsberechtigt ist das Unternehmen des Produzierenden Gewerbes, das den Strom entnommen hat.

(1a) ¹ Der Erlass, die Erstattung und die Vergütung der Steuer werden bis zum 31. Dezember 2009 gewährt. Abweichend davon wird die Steuer über den 31. Dezember 2009 hinaus erlassen, erstattet oder vergütet

1. bis zum 31. Dezember 2010, wenn

   a) die Bundesregierung im Jahr 2009 feststellt, dass zu erwarten ist, dass die in der Vereinbarung zwischen der Regierung der Bundesrepublik Deutschland und der deutschen Wirtschaft zur Klimavorsorge vom 9. November 2000 (Klimaschutzvereinbarung) genannten Ziele zur Verringerung von Treibhausgasen (Emissionsminderungsziele) bis zum 31. Dezember 2009 in Höhe von 96 Prozent und bis zum 31. Dezember 2012 in Höhe von 100 Prozent erreicht werden, und

   b) die Feststellung nach Buchstabe a bis zum 31. Dezember 2009 im Bundesgesetzblatt bekannt gemacht wird[1]);

2. bis zum 31. Dezember 2011, wenn

   a) die Voraussetzungen nach Nummer 1 vorliegen,

   b) die Bundesregierung im Jahr 2010 feststellt, dass die in der Klimaschutzvereinbarung genannten Emissionsminderungsziele bis zum 31. Dezember 2009 in Höhe von 96 Prozent erfüllt wurden und zu erwarten ist, dass sie bis zum 31. Dezember 2012 in Höhe von 100 Prozent erreicht werden, und

   c) die Feststellung nach Buchstabe b bis zum 31. Dezember 2010 im Bundesgesetzblatt bekannt gemacht wird;

3. bis zum 31. Dezember 2012, wenn

   a) die Voraussetzungen nach Nummer 2 vorliegen,

   b) die Bundesregierung im Jahr 2011 feststellt, dass zu erwarten ist, dass die in der Klimaschutzvereinbarung genannten Emissionsminderungsziele bis zum 31. Dezember 2012 in Höhe von 100 Prozent erfüllt werden, und

   c) die Feststellung nach Buchstabe b bis zum 31. Dezember 2011 im Bundesgesetzblatt bekannt gemacht wird.

² Die Bundesregierung hat ihre Feststellungen zur Erreichung der in der Klimaschutzvereinbarung genannten Emissionsminderungsziele jeweils auf der Grundlage eines von einem unabhängigen wirtschaftswissenschaftlichen Instituts erstellten Berichts zu treffen.

(2) ¹ Erlassen, erstattet oder vergütet werden für ein Kalenderjahr 90 Prozent der Steuer, jedoch höchstens 90 Prozent des Betrags, um den die Steuer im Kalenderjahr den Unterschiedsbetrag übersteigt zwischen

---

[1]) Erlass, Erstattung und Vergütung der Steuer nach § 10 werden bis zum 31. Dezember 2010 gewährt; vgl. Bek. v. 17. 9. 2009 (BGBl. I S. 3139).

Stromsteuergesetz **§ 11 StromStG 44**

1. dem Arbeitgeberanteil an den Rentenversicherungsbeiträgen, der sich für das Unternehmen errechnet, wenn in dem Kalenderjahr, für das der Antrag gestellt wird (Antragsjahr), der Beitragssatz in der allgemeinen Rentenversicherung 20,3 Prozent und in der knappschaftlichen Rentenversicherung 26,9 Prozent betragen hätte, und
2. dem Arbeitgeberanteil an den Rentenversicherungsbeiträgen, der sich für das Unternehmen errechnet, wenn im Antragsjahr der Beitragssatz in der allgemeinen Rentenversicherung 19,5 Prozent und in der knappschaftlichen Rentenversicherung 25,9 Prozent betragen hätte.

² Sind die Beitragssätze in der Rentenversicherung im Antragsjahr niedriger als die in Satz 1 Nr. 2 genannten Beitragssätze, so sind die niedrigeren Beitragssätze für die Berechnung des Arbeitgeberanteils nach Satz 1 Nr. 2 maßgebend. ³ Abweichend von Satz 1 wird im Fall des Absatzes 1 a Satz 2 Nummer 3 die Steuer für das Jahr 2012 nur in Höhe von 80 Prozent des nach den Sätzen 1 und 2 berechneten Betrages erlassen, erstattet oder vergütet, es sei denn, die Bundesregierung stellt auf Grundlage eines Berichts nach Absatz 1 a Satz 3 im Jahr 2013 fest, dass die in der Klimaschutzvereinbarung genannten Emissionsminderungsziele bis zum 31. Dezember 2012 in Höhe von 100 Prozent erfüllt wurden, und diese Feststellung bis zum 31. Dezember 2013 im Bundesgesetzblatt bekannt gemacht wird.

§ 11 Ermächtigungen. Das Bundesministerium der Finanzen wird ermächtigt, zur Durchführung dieses Gesetzes durch Rechtsverordnung[1]

1. die nach § 1 Abs. 2 anzuwendende Fassung der Kombinierten Nomenklatur neu zu bestimmen und den Wortlaut dieses Gesetzes sowie der Durchführungsverordnungen an die geänderte Nomenklatur anzupassen, soweit sich hieraus steuerliche Änderungen nicht ergeben;
2. zur Steuervereinfachung vorzusehen, dass derjenige, der Strom an seine Mieter, Pächter oder vergleichbare Vertragspartner leistet, nicht als Versorger gilt;
3. zur Sicherung des Steueraufkommens und zur Verfahrensvereinfachung den Begriff des Versorgers abweichend von § 2 Nr. 1 zu bestimmen;
4. die Zuordnung von Unternehmen zu einem Abschnitt oder einer Klasse der Klassifikation der Wirtschaftszweige zu regeln (§ 2 Nr. 3 und 5);
5. zur Sicherung des Steueraufkommens und der Gleichmäßigkeit der Besteuerung das Erlaubnisverfahren nach § 4 einschließlich des Verfahrens der Sicherheitsleistung näher zu regeln;
6. zur Verfahrensvereinfachung vorzusehen, dass Versorger Strom als Letztverbraucher im Sinne von § 5 Abs. 1 Satz 1 beziehen können, und die dafür erforderlichen Bestimmungen zu erlassen;
7. Verfahrensvorschriften zu § 8 zu erlassen, insbesondere zur Steueranmeldung, zur Berechnung und Entrichtung der Steuer sowie zur Berechnung und Festsetzung der monatlichen Vorauszahlungen;
8. zur Sicherung der Gleichmäßigkeit der Besteuerung, zur Verfahrensvereinfachung und zur Vermeidung unangemessener wirtschaftlicher Belastungen Bestimmungen zu § 9 zu erlassen und dabei insbesondere

---

[1] Siehe Stromsteuer-Durchführungsverordnung (Nr. 45).

a) die Voraussetzungen für die steuerbegünstigte Entnahme von Strom einschließlich der Begriffe näher zu bestimmen sowie das Erlaubnisverfahren zu regeln und die Erlaubnis allgemein zu erteilen. Dabei kann es anordnen, dass die Steuer in Person des Erlaubnisinhabers entsteht, wenn die Voraussetzungen der Steuerbegünstigung nicht oder nicht mehr vorliegen, und das erforderliche Verfahren regeln;

b) statt der Steuerbegünstigung eine Steuerentlastung durch Erlass, Erstattung oder Vergütung der Steuer anzuordnen und das dafür erforderliche Verfahren regeln. Dabei kann es anordnen, dass der Anspruch auf Erlass, Erstattung oder Vergütung der Steuer innerhalb bestimmter Fristen geltend zu machen ist;

c) vorzusehen, dass Inhaber von Erlaubnissen zur steuerbegünstigten Entnahme von Strom, die Strom auch zu anderen Zwecken entnehmen oder Strom sowohl entnehmen als auch an Dritte leisten, auf Antrag den zu anderen Zwecken entnommenen oder den an Dritte geleisteten Strom mit dem Unterschiedsbetrag zwischen den jeweiligen Steuersätzen versteuern können; dabei kann es die dafür erforderlichen Bestimmungen erlassen;

9. zur Sicherung der Gleichmäßigkeit der Besteuerung auf das Erfordernis der Ausschließlichkeit in § 2 Nr. 7 bei aus Deponie-, Klärgas oder Biomasse erzeugtem Strom zu verzichten, wenn die Zuführung anderer Energieträger technisch zwingend erforderlich ist. Dabei kann es bestimmen, dass der aus den zugeführten anderen Energieträgern erzeugte Strom nicht steuerfrei nach § 9 Abs. 1 Nr. 1 entnommen werden kann und Regelungen zur Ermittlung und zum Verfahren des Nachweises des aus den anderen Energieträgern erzeugten Stroms erlassen;

10. zur Sicherung des Steueraufkommens und der Gleichmäßigkeit der Besteuerung die Voraussetzungen für die Steuerentlastungen nach den §§ 9 a bis 10 einschließlich der Begriffe näher zu bestimmen und das Verfahren der Steuerentlastung zu regeln sowie Vorschriften über Angaben und Nachweise zu erlassen, die zum Zwecke der Steuerentlastung erforderlich sind. Dabei kann es zur Verwaltungsvereinfachung anordnen, dass der Anspruch auf Erlass, Erstattung oder Vergütung der Steuer innerhalb bestimmter Fristen geltend zu machen ist;

11. zur Sicherung des Steueraufkommens und der Gleichmäßigkeit der Besteuerung Regelungen zur Ermittlung der steuerrelevanten Strommengen zu erlassen und dabei aus Vereinfachungsgründen Mengenschätzungen durch den Steuerpflichtigen zuzulassen, soweit eine genaue Ermittlung nur mit unvertretbarem Aufwand möglich ist;

12. Bestimmungen zu erlassen zur Umsetzung der Steuerbefreiungen nach

a) Artikel XI des Abkommens vom 19. Juni 1951 zwischen den Parteien des Nordatlantikvertrages über die Rechtsstellung ihrer Truppen (BGBl. 1961 II S. 1183, 1190) in der jeweils geltenden Fassung und den Artikeln 65 bis 67 des Zusatzabkommens vom 3. August 1959 zu dem Abkommen vom 19. Juni 1951 zwischen den Parteien des Nordatlantikvertrages über die Rechtsstellung ihrer Truppen hinsichtlich der in der Bundesrepublik Deutschland stationierten ausländischen Truppen (BGBl. 1961 II S. 1183, 1218) in der jeweils geltenden Fassung,

b) Artikel 15 des Abkommens vom 13. März 1967 zwischen der Bundesrepublik Deutschland und dem Obersten Hauptquartier der Alliierten Mächte, Europa, über die besonderen Bedingungen für die Einrichtung und den Betrieb internationaler militärischer Hauptquartiere in der Bundesrepublik Deutschland (BGBl. 1969 II S. 1997, 2009) in der jeweils geltenden Fassung und

c) den Artikeln III bis V des Abkommens zwischen der Bundesrepublik Deutschland und den Vereinigten Staaten von Amerika vom 15. Oktober 1954 über die von der Bundesrepublik zu gewährenden Abgabenvergünstigungen für die von den Vereinigten Staaten im Interesse der gemeinsamen Verteidigung geleisteten Ausgaben (BGBl. 1955 II S. 821, 823) in der jeweils geltenden Fassung.

Dabei kann es anordnen, dass bei einem Missbrauch für alle daran Beteiligten die Steuer entsteht.

§ 12 Erlaß von Rechtsverordnungen, Verwaltungsvorschriften.

(1) Rechtsverordnungen, die auf Grund der in diesem Gesetz enthaltenen Ermächtigungen erlassen werden, bedürfen nicht der Zustimmung des Bundesrates.

(2) Das Bundesministerium der Finanzen erläßt die allgemeinen Verwaltungsvorschriften zur Durchführung dieses Gesetzes und der auf Grund dieses Gesetzes erlassenen Rechtsverordnungen.

§ 13 Anwendungsvorschriften.

Nach § 9 Absatz 4 in Verbindung mit § 9 Absatz 3 dieses Gesetzes in der am 31. Dezember 2010 geltenden Fassung erteilte Erlaubnisse und den Inhabern dieser Erlaubnisse erteilte Zulassungen nach § 16 Absatz 1 der Stromsteuer-Durchführungsverordnung in der am 31. Dezember 2010 geltenden Fassung erlöschen mit Ablauf des 31. Dezember 2010.

45. Verordnung zur Durchführung des Stromsteuergesetzes (Stromsteuer-Durchführungsverordnung – StromStV)

Vom 31. Mai 2000

(BGBl. I S. 794)

FNA 612-30-1

zuletzt geänd. durch Art. 2 VO zur Änd. der EnergieStV und der StromStV v. 20. 9. 2011 (BGBl. I S. 1890)

Inhaltsübersicht

§§

Allgemeines

Zuständiges Hauptzollamt	1

Zu § 2 des Gesetzes

Versorger	1 a
Strom aus erneuerbaren Energieträgern	1 b

Zu § 4 des Gesetzes

Antrag auf Erlaubnis	2
Erteilung der Erlaubnis	3
Pflichten des Versorgers, Eigenerzeugers oder erlaubnispflichtigen Letztverbrauchers	4

Zu § 8 des Gesetzes

Anmeldung der Steuer	5
Vorauszahlungen	6
Mengenermittlung	7

Zu § 9 des Gesetzes

Antrag auf Erteilung einer Erlaubnis zur steuerbegünstigten Entnahme	8
Erteilung der Erlaubnis	9
Allgemeine Erlaubnis	10
Pflichten des Erlaubnisinhabers	11
Strom zur Stromerzeugung	12
Steuerentlastung für Strom zur Stromerzeugung	12 a
Anlage zur Stromerzeugung und elektrische Nennleistung	12 b
Verkehr mit Oberleitungsomnibussen oder Schienenbahnen	13
Differenzversteuerung	13 a
Wasserfahrzeuge und Schifffahrt	14
Steuerentlastung für die Landstromversorgung	14 a

Zu § 2 Nummer 3 bis 6 und den §§ 9 a bis 10 des Gesetzes

Zuordnung von Unternehmen	15
(weggefallen)	16
(aufgehoben)	17

Zu § 9 a des Gesetzes

Erlass, Erstattung oder Vergütung der Steuer für bestimmte Prozesse und Verfahren	17 a

Zu § 9 b des Gesetzes

Steuerentlastung für Unternehmen	17 b
Verwendung von Nutzenergie durch andere Unternehmen	17 c

Stromsteuer-Durchführungsverordnung §§ 1, 1a StromStV 45

	§§
Zu § 9 c des Gesetzes	
Steuerentlastung für die Herstellung bestimmter Erzeugnisse	17 d
Zu § 10 des Gesetzes	
Erlass, Erstattung oder Vergütung der Steuer in Sonderfällen	18
Zu § 381 Absatz 1 der Abgabenordnung	
Ordnungswidrigkeiten	19

Auf Grund des § 11 Nr. 1 bis 6 und 11 bis 14 des Stromsteuergesetzes[1]) vom 24. März 1999 (BGBl. I S. 378, 2000 I S. 147), von denen § 11 Nr. 2 bis 4 durch Artikel 2 Nr. 7 Buchstabe a bis c des Gesetzes vom 16. Dezember 1999 (BGBl. I S. 2432, 2000 I S. 440) geändert und § 11 Nr. 11 bis 14 durch Artikel 2 Nr. 7 Buchstabe d des Gesetzes vom 16. Dezember 1999 (BGBl. I S. 2432, 2000 I S. 440) angefügt worden sind, verordnet das Bundesministerium der Finanzen:

Allgemeines

§ 1 Zuständiges Hauptzollamt. [1] Soweit in dieser Verordnung nichts anderes bestimmt ist, ist für den Anwendungsbereich dieser Verordnung das Hauptzollamt örtlich zuständig, von dessen Bezirk aus die in den einzelnen Vorschriften jeweils bezeichnete Person ihr Unternehmen betreibt oder, falls sie kein Unternehmen betreibt, in dessen Bezirk sie ihren Wohnsitz hat. [2] Für Unternehmen, die von einem Ort außerhalb des Steuergebiets betrieben werden, oder für Personen ohne Wohnsitz im Steuergebiet ist das Hauptzollamt örtlich zuständig, in dessen Bezirk sie erstmalig steuerlich in Erscheinung treten.

Zu § 2 des Gesetzes

§ 1a Versorger. (1) [1] Wer ausschließlich nach § 3 des Gesetzes zu versteuernden Strom bezieht und diesen ausschließlich an seine Mieter, Pächter oder vergleichbare Vertragsparteien als Letztverbraucher leistet, gilt nicht als Versorger, sondern als Letztverbraucher im Sinne von § 5 Abs. 1 Satz 1 des Gesetzes. [2] Dies gilt jedoch nur dann, wenn er ausschließlich von einem im Steuergebiet ansässigen Versorger bezogenen Strom an seine Vertragsparteien leistet. [3] Die §§ 9a bis 10 des Gesetzes bleiben dadurch unberührt.

(2) [1] Das Hauptzollamt kann in anderen Fällen als nach Absatz 1 auf Antrag zulassen, dass derjenige, der Strom leistet, nicht als Versorger, sondern als Letztverbraucher im Sinne von § 5 Abs. 1 Satz 1 des Gesetzes gilt, soweit er nach § 3 des Gesetzes zu versteuernden Strom an seine Mieter, Pächter oder vergleichbare Vertragsparteien leistet und ihm dieser Strom als Letztverbraucher von einem im Steuergebiet ansässigen Versorger geleistet wird. [2] Die Zulassung wird nur dann erteilt, wenn die nach § 3 des Gesetzes zu versteu-

---

[1]) Nr. 44.

ernde Strommenge durch den letztgenannten Versorger ermittelt wird. ³Die §§ 9a bis 10 des Gesetzes bleiben dadurch unberührt.

(3) Versorger gelten als Letztverbraucher im Sinne von § 5 Abs. 1 Sat 1 des Gesetzes, soweit sie Strom zum Selbstverbrauch entnehmen, ihnen dieser Strom als Letztverbraucher von einem im Steuergebiet ansässigen Versorger geleistet wird und die entsprechende Strommenge getrennt nach den Steuersätzen und den jeweiligen Steuerbegünstigungen der §§ 3 und 9 des Gesetzes durch den letztgenannten Versorger ermittelt wird.

(4) ¹Wer Strom in Anlagen mit einer elektrischen Nennleistung von bis zu zwei Megawatt erzeugt aus ausschließlich diesen Strom leistet, ist nur dann Versorger, wenn er den Strom an Letztverbraucher leistet und dieser Strom nicht nach § 9 Abs. 1 Nr. 1 des Gesetzes von der Steuer befreit ist. ²Wer Strom leistet, der nach § 9 Abs. 1 Nr. 4 oder Nr. 5 des Gesetzes von der Steuer befreit ist, gilt insoweit nicht als Versorger.

§ 1 b Strom aus erneuerbaren Energieträgern. Soweit eine Stromerzeugung aus Deponiegas, Klärgas oder Biomasse nur durch eine Zünd- oder Stützfeuerung mit anderen als den vorgenannten Stoffen technisch möglich ist, wird auf das Erfordernis der Ausschließlichkeit in § 2 Nummer 7 des Gesetzes verzichtet.

Zu § 4 des Gesetzes

§ 2 Antrag auf Erlaubnis. (1) ¹Die Erlaubnis nach § 4 Absatz 1 des Gesetzes ist schriftlich beim zuständigen Hauptzollamt zu beantragen. ²Darin sind Name, Geschäfts- oder Wohnsitz, Rechtsform, bei jährlicher Steueranmeldung die voraussichtlich zu erwartende Jahressteuerschuld, die voraussichtlich zu erwartende Jahressteuerschuld, die Steuernummer beim zuständigen Finanzamt und - sofern erteilt - die Umsatzsteuer-Identifikationsnummer anzugeben.

(2) Dem Antrag sind beizufügen:

1. von Unternehmen, die in das Handels-, Genossenschafts- oder Vereinsregister eingetragen sind, ein Registerauszug nach dem neuesten Stand;
2. ein Verzeichnis der Betriebstätten im Steuergebiet nach § 12 der Abgabenordnung;
3. eine Darstellung der Mengenermittlung und Mengenabrechnung;
4. wenn der Strom nach § 9 Abs. 1 Nr. 1 des Gesetzes steuerfrei zum Selbstverbrauch oder durch Letztverbraucher entnommen werden soll, eine Betriebserklärung, in der die Anlage zur Erzeugung von Strom beschrieben und das Versorgungsnetz oder die entsprechende Leitung dargestellt sind, bei Wasserkraftwerken ist die installierte Generatorleistung anzugeben;
5. wenn der Strom nach § 9 Abs. 1 Nr. 3 des Gesetzes steuerfrei entnommen werden soll, eine Betriebserklärung, in der die Anlage zur Erzeugung von Strom unter Angabe der Nennleistung beschrieben und der räumliche Zusammenhang dargestellt wird sowie ein Nachweis, dass der Antragsteller die Anlage betreibt oder betreiben lässt;

6. gegebenenfalls eine Erklärung über die Bestellung eines Beauftragten nach § 214 der Abgabenordnung.

(3) ¹ Das Hauptzollamt kann vom Antragsteller weitere Angaben und Unterlagen verlangen, wenn sie zur Sicherung des Steueraufkommens oder für die Steueraufsicht erforderlich erscheinen. ² Es kann auf Angaben und Unterlagen verzichten, soweit die Steuerbelange dadurch nicht beeinträchtigt werden.

§ 3 Erteilung der Erlaubnis. ¹ Das Hauptzollamt erteilt die Erlaubnis schriftlich und stellt Versorgern einen Erlaubnisschein als Nachweis über die erteilte Erlaubnis aus. ² Die Erlaubnis kann mit Nebenbestimmungen nach § 120 Absatz 2 der Abgabenordnung verbunden werden.

§ 4 Pflichten des Versorgers, Eigenerzeugers oder erlaubnispflichtigen Letztverbrauchers. (1) Der Versorger hat ein Belegheft zu führen. Das Hauptzollamt kann dazu Anordnungen treffen.

(2) ¹ Der Versorger hat zur Ermittlung der Steuer und der Grundlagen ihrer Berechnung gemäß Satz 2 und Absatz 3 Aufzeichnungen zu führen. ² Aus den Aufzeichnungen müssen für den Veranlagungszeitraum ersichtlich sein:

1. der geleistete, durch Letztverbraucher im Steuergebiet entnommene Strom, getrennt nach den Steuersätzen und den jeweiligen Steuerbegünstigungen der §§ 3 und 9 des Gesetzes sowie bei steuerbegünstigten Entnahmen getrennt nach den jeweiligen Letztverbrauchern. Bei steuerbegünstigten Entnahmen durch Inhaber einer förmlichen Einzelerlaubnis nach § 9 ist die Erlaubnisscheinnummer anzugeben;
2. der an andere Versorger unversteuert geleistete Strom getrennt nach Versorgern;
3. die Entnahmen von Strom zum Selbstverbrauch getrennt nach den Steuersätzen und den jeweiligen Steuerbegünstigungen der §§ 3 und 9 des Gesetzes;
4. der Betrag der anzumeldenden und zu entrichtenden Steuer.

³ Das Hauptzollamt kann weitere Aufzeichnungen vorschreiben, wenn sie zur Sicherung des Steueraufkommens oder für die Steueraufsicht erforderlich erscheinen. ⁴ Es kann einfachere Aufzeichnungen oder einen belegmäßigen Nachweis zulassen, wenn die Steuerbelange dadurch nicht beeinträchtigt werden.

(3) Die Aufzeichnungen und der belegmäßige Nachweis nach Absatz 2 müssen so beschaffen sein, dass es einem sachverständigen Dritten innerhalb einer angemessenen Frist möglich ist, die Grundlagen für die Steuerberechnung festzustellen.

(4) Der Versorger hat dem Hauptzollamt Änderungen der nach § 2 angegebenen Verhältnisse sowie Überschuldung, drohende oder eingetretene Zahlungsunfähigkeit, Zahlungseinstellung und Stellung des Antrags auf Eröffnung eines Insolvenzverfahrens unverzüglich schriftlich anzuzeigen, soweit das Hauptzollamt nicht darauf verzichtet.

(5) ¹ Der Versorger hat den Erlaubnisschein dem Hauptzollamt unverzüglich zurückzugeben, wenn die Erlaubnis erlischt oder die Leistung von Strom nicht nur vorübergehend eingestellt wird. ² Geht der Erlaubnisschein verloren, hat

der Versorger dies dem Hauptzollamt unverzüglich anzuzeigen. ³Das Hauptzollamt stellt auf Antrag einen neuen Erlaubnisschein aus.

(6) Die Absätze 1 bis 4 gelten sinngemäß für Eigenerzeuger und Letztverbraucher nach § 4 Abs. 1 des Gesetzes.

Zu § 8 des Gesetzes

§ 5 Anmeldung der Steuer. Die Steueranmeldung ist nach amtlich vorgeschriebenem Vordruck abzugeben.

§ 6 Vorauszahlungen. (1) ¹Die Festsetzung der Vorauszahlungen erfolgt durch Vorauszahlungsbescheid. ² Ist die Steuer nur in einem Teil des vorletzten dem Veranlagungsjahr vorhergehenden Kalenderjahres entstanden, ist die tatsächlich entstandene Steuer in eine Jahressteuerschuld umzurechnen. ³ Ist die Steuer erstmals im vorangegangenen oder laufenden Kalenderjahr oder bisher noch nicht entstanden, ist die voraussichtlich zu erwartende Jahressteuerschuld maßgebend.

(2) Das Hauptzollamt kann auf Antrag bei der Festsetzung der Höhe der Vorauszahlungen die voraussichtlich dem Steuerschuldner im gleichen Zeitraum nach den §§ 9a, 9b und 10 des Gesetzes zu erlassende, zu erstattende oder zu vergütende Steuer berücksichtigen, soweit die Steuerbelange dadurch nicht gefährdet sind.

(3) Beträgt die Höhe der monatlichen Vorauszahlungen nicht mehr als 200 Euro, kann das Hauptzollamt auf die Festsetzung von Vorauszahlungen verzichten.

§ 7 Mengenermittlung. Wird die durch Mieter, Pächter oder vergleichbare Vertragsparteien des Versorgers entnommene Strommenge nicht ermittelt, ist eine sachgerechte, von einem Dritten nachvollziehbare Schätzung zulässig, soweit eine genaue Ermittlung nur mit unvertretbarem Aufwand möglich ist.

Zu § 9 des Gesetzes

§ 8 Antrag auf Erteilung einer Erlaubnis zur steuerbegünstigten Entnahme. (1) ¹ Wer Strom steuerbegünstigt entnehmen will, hat die Erlaubnis nach § 9 Abs. 4 des Gesetzes, soweit sie nicht nach § 10 allgemein erteilt ist, schriftlich beim zuständigen Hauptzollamt zu beantragen. ² Darin sind Name, Geschäfts- oder Wohnsitz, Rechtsform, die Steuernummer beim zuständigen Finanzamt und – sofern erteilt – die Umsatzsteuer-Identifikationsnummer anzugeben.

(2) Dem Antrag sind beizufügen:
1. von Unternehmen, die in das Handels-, Genossenschafts- oder Vereinsregister eingetragen sind, ein Registerauszug nach dem neuesten Stand;
2. eine Betriebserklärung, in der die steuerbegünstigten Zwecke genau beschrieben sind;
3. eine Erklärung, ob die zu steuerbegünstigten Zwecken entnommene Verbrauchsmenge durch separate Zähl- oder Messeinrichtungen ermittelt wird;

4. ein Verzeichnis der Betriebstätten nach § 12 der Abgabenordnung, in denen Strom steuerbegünstigt entnommen werden soll;
5. gegebenenfalls eine Erklärung über die Bestellung eines Beauftragten nach § 214 der Abgabenordnung.

(3) [1] Das Hauptzollamt kann vom Antragsteller weitere Angaben und Unterlagen verlangen, wenn sie zur Sicherung des Steueraufkommens oder für die Steueraufsicht erforderlich erscheinen. [2] Es kann auf Angaben und Unterlagen verzichten, soweit die Steuerbelange dadurch nicht beeinträchtigt werden.

§ 9 Erteilung der Erlaubnis. [1] Das zuständige Hauptzollamt erteilt die Erlaubnis nach § 9 Absatz 4 des Gesetzes schriftlich (förmliche Einzelerlaubnis) und stellt als Nachweis der Bezugsberechtigung einen Erlaubnisschein aus. [2] Die Erlaubnis kann mit Nebenbestimmungen nach § 120 Absatz 2 der Abgabenordnung verbunden werden.

§ 10 Allgemeine Erlaubnis. [1] Unter Verzicht auf eine förmliche Einzelerlaubnis (§ 9) ist die Entnahme von Strom für steuerbegünstigte Zwecke nach § 9 Absatz 3 des Gesetzes allgemein erlaubt. [2] Dies gilt nicht für die Entnahme von Strom für Wasserfahrzeuge der Haupterwerbsfischerei auf Binnengewässern und für Wasserfahrzeuge der Position 8903 der Kombinierten Nomenklatur (§ 1 Absatz 2 des Gesetzes).

§ 11 Pflichten des Erlaubnisinhabers. (1) [1] Der Erlaubnisinhaber hat ein Belegheft zu führen. [2] Das Hauptzollamt kann dazu Anordnungen treffen.

(2) [1] Der Erlaubnisinhaber hat Aufzeichnungen über die im Kalenderjahr steuerbegünstigt entnommenen Strommengen zu führen sowie die steuerbegünstigten Zwecke nachprüfbar aufzuzeichnen. [2] Das Hauptzollamt kann einfachere Aufzeichnungen oder einen belegmäßigen Nachweis zulassen, wenn die Steuerbelange dadurch nicht beeinträchtigt werden.

(3) Die Aufzeichnungen und der belegmäßige Nachweis nach Absatz 2 müssen so beschaffen sein, dass es einem sachverständigen Dritten innerhalb einer angemessenen Frist möglich ist zu prüfen, ob der Strom zu dem in der Erlaubnis genannten Zweck entnommen wurde.

(4) Der Erlaubnisinhaber hat dem Hauptzollamt Änderungen der nach § 8 Absatz 1 und 2 Nummer 2 bis 5 angemeldeten Verhältnisse unverzüglich schriftlich anzuzeigen, soweit das Hauptzollamt nicht darauf verzichtet.

(5) [1] Der Erlaubnisinhaber hat den Erlaubnisschein dem Hauptzollamt unverzüglich zurückzugeben, wenn die Erlaubnis erlischt oder die steuerbegünstigte Entnahme von Strom nicht nur vorübergehend eingestellt wird. [2] Geht der Erlaubnisschein verloren, hat der Erlaubnisinhaber dies dem Hauptzollamt unverzüglich anzuzeigen. [3] Das Hauptzollamt stellt auf Antrag einen neuen Erlaubnisschein aus.

(6) [1] Die Absätze 1 bis 5 gelten nicht für den Inhaber einer allgemeinen Erlaubnis nach § 10. [2] Das zuständige Hauptzollamt kann jedoch Überwachungsmaßnahmen anordnen, wenn diese zur Sicherung der Steuerbelange erforderlich erscheinen. [3] Insbesondere kann das Hauptzollamt anordnen, dass der Erlaubnisinhaber Aufzeichnungen über die zu steuerbegünstigten Zwecken entnommenen Strommengen führt und die Aufzeichnungen dem Hauptzollamt vorlegt.

§ 12 Strom zur Stromerzeugung. (1) Zur Stromerzeugung entnommen im Sinne von § 9 Abs. 1 Nr. 2 des Gesetzes wird Strom,

1. der in den Neben- und Hilfsanlagen einer Stromerzeugungseinheit insbesondere zur Wasseraufbereitung, Dampferzeugerwasserspeisung, Frischluftversorgung, Brennstoffversorgung oder Rauchgasreinigung oder
2. der in Pumpspeicherkraftwerken von den Pumpen zum Fördern der Speichermedien

zur Erzeugung von Strom im technischen Sinne verbraucht wird.

(2) Soweit die Verbrauchsmenge nach Absatz 1 wegen des Nichtvorhandenseins von Mess- oder Zähleinrichtungen nicht ermittelt werden kann, ist eine sachgerechte, von einem Dritten nachvollziehbare Schätzung zulässig.

§ 12 a Steuerentlastung für Strom zur Stromerzeugung. (1) [1] Auf Antrag wird eine Steuerentlastung für nachweislich nach § 3 des Gesetzes versteuerten Strom gewährt, der zu dem in § 9 Absatz 1 Nummer 2 des Gesetzes genannten Zweck entnommen worden ist. [2] § 12 gilt entsprechend.

(2) Entlastungsberechtigt ist derjenige, der den Strom entnommen hat.

(3) [1] Die Steuerentlastung ist bei dem für den Antragsteller zuständigen Hauptzollamt mit einer Anmeldung nach amtlich vorgeschriebenem Vordruck für den Strom zu beantragen, der innerhalb eines Entlastungsabschnitts entnommen worden ist. [2] Der Antragsteller hat in der Anmeldung alle Angaben zu machen, die für die Bemessung der Steuerentlastung erforderlich sind, und die Steuerentlastung selbst zu berechnen. [3] Die Steuerentlastung wird nur gewährt, wenn der Antrag spätestens bis zum 31. Dezember des Jahres, das auf das Kalenderjahr folgt, in dem der Strom entnommen wurde, beim Hauptzollamt gestellt wird. [4] Erfolgt die Festsetzung der Steuer erst, nachdem der Strom entnommen worden ist, wird abweichend von Satz 3 die Steuerentlastung gewährt, wenn der Antrag spätestens bis zum 31. Dezember des Jahres gestellt wird, das auf das Kalenderjahr folgt, in dem die Steuer festgesetzt worden ist.

(4) [1] Entlastungsabschnitt ist nach Wahl des Antragstellers ein Zeitraum von einem Kalendervierteljahr, einem Kalenderhalbjahr oder einem Kalenderjahr. [2] Das Hauptzollamt kann auf Antrag einen Zeitraum von einem Kalendermonat als Entlastungsabschnitt zulassen oder in Einzelfällen die Steuerentlastung unverzüglich gewähren.

(5) Der Antragsteller hat einen buchmäßigen Nachweis zu führen, aus dem sich für den Entlastungsabschnitt die Menge und der genaue Verwendungszweck des Stroms ergeben müssen.

§ 12 b Anlage zur Stromerzeugung und elektrische Nennleistung.
(1) [1] Mehrere unmittelbar miteinander verbundene Stromerzeugungseinheiten an einem Standort gelten als eine Anlage zur Stromerzeugung nach § 9 Abs. 1 Nr. 3 des Gesetzes. [2] Als unmittelbar miteinander verbunden gelten insbesondere auch Anlagen in Modulbauweise, die sich im selben baulichen Objekt befinden.

(2) Stromerzeugungseinheiten an unterschiedlichen Standorten gelten als eine Anlage zur Stromerzeugung nach § 9 Absatz 1 Nummer 3 des Gesetzes, sofern die einzelnen Stromerzeugungseinheiten zentral gesteuert werden, der

Betreiber zugleich der Eigentümer der Stromerzeugungseinheiten ist, er die ausschließliche Entscheidungsgewalt über die Einheiten besitzt und der erzeugte Strom zumindest teilweise in das Versorgungsnetz eingespeist werden soll.

(3) In den Fällen der Absätze 1 und 2 gilt die Summe der elektrischen Nennleistungen der einzelnen Stromerzeugungseinheiten als elektrische Nennleistung im Sinn des § 9 Absatz 1 Nummer 3 des Gesetzes.

§ 13 Verkehr mit Oberleitungsomnibussen oder Schienenbahnen. Für steuerbegünstigte Zwecke im Sinne von § 9 Absatz 2 des Gesetzes entnommen wird Strom, der im Verkehr mit Oberleitungsomnibussen oder Schienenbahnen zum Antrieb der Fahrzeuge sowie zum Betrieb ihrer sonstigen elektrischen Anlagen und der im Verkehr mit Schienenbahnen für die Zugbildung, Zugvorbereitung sowie für die Bereitstellung und Sicherung der Fahrtrassen und Fahrwege verbraucht wird.

§ 13 a Differenzversteuerung. (1) ¹Das Hauptzollamt kann auf Antrag zulassen, dass Inhaber von Erlaubnissen zur steuerbegünstigten Entnahme von Strom steuerbegünstigt nach § 9 Absatz 2 des Gesetzes bezogenen Strom

1. zu steuerbegünstigten Zwecken nach § 9 Absatz 2 des Gesetzes oder

2. unter Versteuerung mit dem Unterschiedsbetrag der jeweils gültigen Steuersätze nach § 9 Absatz 2 und § 3 des Gesetzes für nicht steuerbegünstigte Zwecke

an ihre Mieter, Pächter oder an vergleichbare Vertragsparteien leisten. ²Der Erlaubnisinhaber gilt insoweit nicht als Versorger, sondern als Letztverbraucher im Sinn des § 5 Absatz 1 Satz 1 des Gesetzes. ³§ 9 Absatz 6 Satz 2 und 3 des Gesetzes gilt sinngemäß. ⁴Steuerschuldner für den Unterschiedsbetrag ist der Erlaubnisinhaber, dem die Zulassung nach Satz 1 erteilt wurde. ⁵Die für die Vertragsparteien des Erlaubnisinhabers geltenden Bestimmungen des Gesetzes und dieser Verordnung bleiben dadurch unberührt.

(2) ¹Das Hauptzollamt kann auf Antrag zulassen, dass Inhaber von Erlaubnissen zur steuerbegünstigten Entnahme von Strom steuerbegünstigt nach § 9 Absatz 2 des Gesetzes bezogenen Strom unter Versteuerung mit dem Unterschiedsbetrag der jeweils gültigen Steuersätze nach § 9 Absatz 2 und § 3 des Gesetzes für nicht steuerbegünstigte Zwecke entnehmen. ²§ 9 Absatz 6 Satz 2 und 3 des Gesetzes gilt sinngemäß. ³Steuerschuldner für den Unterschiedsbetrag ist der Erlaubnisinhaber, dem die Zulassung nach Satz 1 erteilt wurde.

(3) ¹Der Steuerschuldner nach Absatz 1 oder Absatz 2 hat für Strom, für den die Steuer entstanden ist, eine Steuererklärung abzugeben und darin die Steuer selbst zu berechnen (Steueranmeldung). ²§ 8 Absatz 2 bis 7 und 10 des Gesetzes sowie § 4 Absatz 2 bis 4 gelten sinngemäß.

§ 14 Wasserfahrzeuge und Schifffahrt. (1) Als Wasserfahrzeuge im Sinn des § 9 Absatz 1 Nummer 5 und Absatz 3 des Gesetzes gelten alle im Kapitel 89 der Kombinierten Nomenklatur (§ 1 Absatz 2 des Gesetzes) erfassten Fahrzeuge und schwimmenden Vorrichtungen mit eigenem motorischen Antrieb zur Fortbewegung.

(2) Als Schifffahrt im Sinn des § 9 Absatz 3 des Gesetzes gilt nicht die stationäre Nutzung eines Wasserfahrzeugs als Wohnschiff, Hotelschiff oder zu ähnlichen Zwecken.

(3) Private nichtgewerbliche Schifffahrt im Sinn des § 9 Absatz 3 des Gesetzes ist die Nutzung eines Wasserfahrzeugs durch seinen Eigentümer oder den durch Anmietung oder aus sonstigen Gründen Nutzungsberechtigten zu anderen Zwecken als

1. zur gewerbsmäßigen Beförderung von Personen oder Sachen,
2. zur gewerbsmäßigen Erbringung von Dienstleistungen, ausgenommen die Nutzung von Wasserfahrzeugen der Position 8903 der Kombinierten Nomenklatur auf Binnengewässern,
3. zur Durchführung von Werkverkehr, ausgenommen die Nutzung von Wasserfahrzeugen der Position 8903 der Kombinierten Nomenklatur,
4. zur Seenotrettung durch Seenotrettungsdienste,
5. zu Forschungszwecken,
6. zur dienstlichen Nutzung durch Behörden oder
7. zur Haupterwerbsfischerei.

(4) Gewerbsmäßigkeit im Sinn des Absatzes 3 Nummer 1 und 2 liegt vor, wenn die mit Wasserfahrzeugen gegen Entgelt ausgeübte Tätigkeit mit Gewinnerzielungsabsicht betrieben wird und der Unternehmer auf eigenes Risiko und eigene Verantwortung handelt.

(5) Binnengewässer im Sinn des Absatzes 3 Nummer 2 sind die Binnenwasserstraßen nach § 1 Absatz 1 Nummer 1 des Bundeswasserstraßengesetzes in der Fassung der Bekanntmachung vom 23. Mai 2007 (BGBl. I S. 962; 2008 I S. 1980), das zuletzt durch § 2 der Verordnung vom 27. April 2010 (BGBl. I S. 540) geändert worden ist, in der jeweils geltenden Fassung und die sonstigen im Binnenland gelegenen Gewässer, die für die Schifffahrt geeignet und bestimmt sind, mit Ausnahme

1. der Seeschifffahrtsstraßen gemäß § 1 Absatz 1 der Seeschifffahrtsstraßen-Ordnung in der Fassung der Bekanntmachung vom 22. Oktober 1998 (BGBl. I S. 3209; 1999 I S. 193), die zuletzt durch Artikel 1 der Verordnung vom 7. April 2010 (BGBl. I S. 399) geändert worden ist, in der jeweils geltenden Fassung,
2. der Ems und der Leda in den Grenzen, die in § 1 Absatz 1 Satz 1 Nummer 2 der Verordnung zur Einführung der Schifffahrtsordnung Emsmündung vom 8. August 1989 (BGBl. I S. 1583), die zuletzt durch Artikel 3 § 17 der Verordnung vom 19. Dezember 2008 (BGBl. I S. 2868; 2010 I S. 380) geändert worden ist, in der jeweils geltenden Fassung genannt werden, und
3. der Elbe von Kilometer 607,5 bis Kilometer 639 und des Hamburger Hafens in den Grenzen, die in § 1 Absatz 2 des Hafenverkehrs- und Schifffahrtsgesetzes vom 3. Juli 1979 (HmbGVBl. I S. 177), das zuletzt durch Artikel 4 des Gesetzes vom 6. Oktober 2005 (HmbGVBl. I S. 424) geändert worden ist, in der jeweils geltenden Fassung genannt werden.

§ 14a Steuerentlastung für die Landstromversorgung. (1) [1] Auf Antrag wird eine Steuerentlastung für nachweislich nach § 3 des Gesetzes versteuerten Strom gewährt, der zu dem in § 9 Absatz 3 des Gesetzes genannten Zweck verbraucht worden ist. ²Die Steuerentlastung beträgt 20 Euro je Megawattstunde. ³§ 14 gilt entsprechend.

(2) Entlastungsberechtigt ist
1. im Fall einer Leistung des Stroms unmittelbar zu dem in § 9 Absatz 3 des Gesetzes genannten Zweck derjenige, der den Strom geleistet hat,
2. andernfalls derjenige, der den Strom entnommen hat.

(3) ¹Die Steuerentlastung ist bei dem für den Antragsteller zuständigen Hauptzollamt mit einer Anmeldung nach amtlich vorgeschriebenem Vordruck für den Strom zu beantragen, der innerhalb eines Entlastungsabschnitts entnommen worden ist. ²Der Antragsteller hat in der Anmeldung alle Angaben zu machen, die für die Bemessung der Steuerentlastung erforderlich sind, und die Steuerentlastung selbst zu berechnen. ³Die Steuerentlastung wird nur gewährt, wenn der Antrag spätestens bis zum 31. Dezember des Jahres, das auf das Kalenderjahr folgt, in dem der Strom entnommen worden ist, beim Hauptzollamt gestellt wird. ⁴Erfolgt die Festsetzung der Steuer erst, nachdem der Strom entnommen worden ist, wird abweichend von Satz 3 die Steuerentlastung gewährt, wenn der Antrag spätestens bis zum 31. Dezember des Jahres gestellt wird, das auf das Kalenderjahr folgt, in dem die Steuer festgesetzt worden ist.

(4) ¹Entlastungsabschnitt ist nach Wahl des Antragstellers ein Zeitraum von einem Kalendervierteljahr, einem Kalenderhalbjahr oder einem Kalenderjahr. ²Das Hauptzollamt kann auf Antrag einen Zeitraum von einem Kalendermonat als Entlastungsabschnitt zulassen oder in Einzelfällen die Steuerentlastung unverzüglich gewähren.

Zu § 2 Nummer 3 bis 6 und den §§ 9a bis 10 des Gesetzes

§ 15 Zuordnung von Unternehmen. (1) ¹Das Hauptzollamt entscheidet über die Zuordnung eines Unternehmens nach § 2 Nummer 3 und 5 des Gesetzes zu einem Abschnitt oder einer Klasse der Klassifikation der Wirtschaftszweige. ²Für die Zuordnung sind die Abgrenzungsmerkmale maßgebend, die in der Klassifikation der Wirtschaftszweige und in deren Vorbemerkungen genannt sind, soweit die folgenden Absätze nichts anderes bestimmen.

(2) Die Zuordnung eines Unternehmens zu einem Abschnitt oder einer Klasse der Klassifikation der Wirtschaftszweige erfolgt nach den wirtschaftlichen Tätigkeiten des Unternehmens im maßgebenden Zeitraum.

(3) ¹Vorbehaltlich der Sätze 2 und 3 ist maßgebender Zeitraum das Kalenderjahr, das dem Kalenderjahr vorhergeht, für das eine Steuerentlastung beantragt wird. ²Abweichend von Satz 1 kann das Unternehmen als maßgebenden Zeitraum das Kalenderjahr wählen, für das eine Steuerentlastung beantragt wird. ³Das Kalenderjahr nach Satz 2 ist maßgebender Zeitraum, wenn das Unternehmen die wirtschaftlichen Tätigkeiten, die dem Produzierenden Gewerbe oder der Land- und Forstwirtschaft im Sinn des § 2 Nummer 3 oder Nummer 5 des Gesetzes zuzuordnen sind, im vorhergehenden Kalenderjahr eingestellt und bis zu dessen Ende nicht wieder aufgenommen hat.

(4) ¹ Unternehmen, die im maßgebenden Zeitraum mehrere wirtschaftliche Tätigkeiten ausüben, die entweder nicht alle dem Produzierenden Gewerbe oder nicht alle der Land- und Forstwirtschaft im Sinn des § 2 Nummer 3 oder Nummer 5 des Gesetzes zuzuordnen sind, sind nach dem Schwerpunkt ihrer wirtschaftlichen Tätigkeit einem Abschnitt der Klassifikation der Wirtschaftszweige zuzuordnen. ² Der Schwerpunkt der wirtschaftlichen Tätigkeit wird nach Wahl des Unternehmens durch den Abschnitt der Klassifikation der Wirtschaftszweige bestimmt,

1. auf dessen Tätigkeiten im maßgebenden Zeitraum der größte Anteil der Bruttowertschöpfung zu Herstellungspreisen im Sinne der Vorbemerkungen zur Klassifikation der Wirtschaftszweige entfiel,

2. auf dessen Tätigkeiten im maßgebenden Zeitraum der größte Anteil der Wertschöpfung entfiel,

3. in dessen Tätigkeiten im maßgebenden Zeitraum im Durchschnitt die meisten Personen tätig waren oder

4. in dessen Tätigkeiten im maßgebenden Zeitraum der höchste steuerbare Umsatz im Sinne von § 1 Abs. 1 Nr. 1 des Umsatzsteuergesetzes erzielt wurde. Als steuerbarer Umsatz gilt dabei auch das den Leistungen von juristischen Personen des öffentlichen Rechts und kommunalen Eigenbetrieben zuzurechnende Aufkommen aus Beiträgen und Gebühren.

³ Das Hauptzollamt kann die Wahl des Unternehmens zurückweisen, wenn diese offensichtlich nicht geeignet ist, den Schwerpunkt der wirtschaftlichen Tätigkeit des Unternehmens zu bestimmen.

(5) Ist ein Unternehmen dem Abschnitt B der Klassifikation der Wirtschaftszweige zuzuordnen, gilt für die Zuordnung zu einer Klasse dieses Abschnitts Absatz 4 sinngemäß.

(6) ¹ Die Wertschöpfungsanteile nach Absatz 4 Satz 2 Nummer 2 ergeben sich als Differenz zwischen der Summe aus dem steuerbaren Umsatz nach § 1 Abs. 1 Nr. 1 des Umsatzsteuergesetzes, den nicht steuerbaren Lieferungen und sonstigen Leistungen, der Bestandsmehrung an unfertigen und fertigen Erzeugnissen sowie den Herstellungskosten für selbst erstellte Anlagen in den jeweiligen Abschnitten einerseits und der Summe aus den Vorleistungen, den linearen und degressiven Abschreibungen sowie der Bestandsminderung an unfertigen und fertigen Erzeugnissen andererseits. ² Vorleistungen sind die Kosten für Rohstoffe, Hilfsstoffe, Betriebsstoffe, Handelswaren und Fremdleistungen, nicht jedoch Löhne, Gehälter, Mieten, Pachten und Fremdkapitalzinsen.

(7) ¹ Als Zahl der im Durchschnitt tätigen Personen nach Absatz 4 Satz 2 Nummer 3 gilt die Summe der Zahlen der am 15. Tag eines jeden Kalendermonats tätigen Personen geteilt durch die Anzahl der entsprechenden Monate.
² Tätige Personen sind:

1. Personen, die in einem Arbeitsverhältnis zum Unternehmen stehen, auch wenn sie vorübergehend abwesend sind, nicht jedoch im Ausland tätige Personen;

2. tätige Inhaber und tätige Mitinhaber von Personengesellschaften;

3. unbezahlt mithelfende Familienangehörige, soweit sie mindestens ein Drittel der üblichen Arbeitszeit im Unternehmen tätig sind;

4. Arbeitskräfte, die von anderen Unternehmen gegen Entgelt gemäß dem Arbeitnehmerüberlassungsgesetz zur Arbeitsleistung überlassen wurden.

(8) Unternehmen oder Unternehmensteile im Vertrieb und in der Produktion von Gütern ohne eigene Warenproduktion (Converter) sind abweichend von Abschnitt 3.4 der Vorbemerkungen zur Klassifikation der Wirtschaftszweige auch dann, wenn sie die gewerblichen Schutzrechte an den Produkten besitzen, nicht so zu klassifizieren, als würden sie die Waren selbst herstellen.

(9) Die Absätze 1 bis 8 gelten sinngemäß, wenn ein Unternehmen für andere Rechtsvorschriften dem Produzierenden Gewerbe oder der Land- und Forstwirtschaft nach § 2 Nummer 3 oder Nummer 5 des Gesetzes zuzuordnen ist.

§ 16 *(aufgehoben)*

§ 17 *(aufgehoben)*

Zu § 9a des Gesetzes

§ 17a Erlass, Erstattung oder Vergütung der Steuer für bestimmte Prozesse und Verfahren. (1) ^{1} Der Erlass, die Erstattung oder die Vergütung der Steuer nach § 9a des Gesetzes ist bei dem für den Antragsteller zuständigen Hauptzollamt mit einer Anmeldung nach amtlich vorgeschriebenem Vordruck für innerhalb eines Erlass-, Erstattungs- oder Vergütungsabschnitts entnommenen Strom zu beantragen. ^{2} Der Antragsteller hat in der Anmeldung alle für die Bemessung des Erlasses, der Erstattung oder der Vergütung erforderlichen Angaben zu machen und den Erlass, die Erstattung oder die Vergütung selbst zu berechnen. ^{3} Der Erlass, die Erstattung oder die Vergütung wird nur gewährt, wenn der Antrag spätestens bis zum 31. Dezember des Jahres, das auf das Kalenderjahr folgt, in dem der Strom entnommen wurde, beim Hauptzollamt gestellt wird. ^{4} Erfolgt die Festsetzung der Steuer erst, nachdem der Strom entnommen worden ist, wird abweichend von Satz 3 die Steuerentlastung gewährt, wenn der Antrag spätestens bis zum 31. Dezember des Jahres gestellt wird, das auf das Kalenderjahr folgt, in dem die Steuer festgesetzt worden ist.

(2) ^{1} Erlass-, Erstattungs- oder Vergütungsabschnitt ist das Kalenderjahr. ^{2} Bestimmt sich der maßgebende Zeitraum für die Zuordnung des Unternehmens zum Produzierenden Gewerbe nach § 15 Absatz 3 Satz 1, kann der Antragsteller das Kalendervierteljahr oder das Kalenderhalbjahr als Erlass-, Erstattungs- oder Vergütungsabschnitt wählen. ^{3} Das Hauptzollamt kann im Fall des Satzes 2 auf Antrag auch den Kalendermonat als Erlass-, Erstattungs- oder Vergütungsabschnitt zulassen.

(3) ^{1} Dem Antrag sind beizufügen:
1. eine Beschreibung der wirtschaftlichen Tätigkeiten des Unternehmens im maßgebenden Zeitraum nach amtlich vorgeschriebenem Vordruck, die dem Hauptzollamt eine Zuordnung des Unternehmens zu einem Abschnitt oder gegebenenfalls einer Klasse der Klassifikation der Wirtschaftszweige ermöglicht, es sei denn, die Beschreibung liegt dem Hauptzollamt für den maßgebenden Zeitraum bereits vor,

2. bei erstmaliger Antragstellung eine Betriebserklärung, in der die Verwendung des Stroms genau beschrieben ist.

[2] Weiteren Anträgen muss eine Betriebserklärung nur beigefügt werden, wenn sich Änderungen gegenüber der dem Hauptzollamt bereits vorliegenden Betriebserklärung ergeben haben. [3] Der Antragsteller hat die Änderungen besonders kenntlich zu machen.

(4) Der Antragsteller hat einen buchmäßigen Nachweis zu führen, aus dem sich für den Entlastungsabschnitt die Menge und der genaue Verwendungszweck des Stroms ergeben müssen.

(5) Das Laden und das Wiederaufladen von Batterien und Akkumulatoren gelten nicht als Elektrolyse oder chemisches Reduktionsverfahren im Sinn des § 9 a Absatz 1 Nummer 1 oder Nummer 4 des Gesetzes.

Zu § 9 b des Gesetzes

§ 17 b Steuerentlastung für Unternehmen. (1) [1] Die Steuerentlastung nach § 9 b des Gesetzes ist bei dem für den Antragsteller zuständigen Hauptzollamt mit einer Anmeldung nach amtlich vorgeschriebenem Vordruck für den Strom zu beantragen, der innerhalb eines Entlastungsabschnitts entnommen worden ist. [2] Der Antragsteller hat in der Anmeldung alle Angaben zu machen, die für die Bemessung der Steuerentlastung erforderlich sind, und die Steuerentlastung selbst zu berechnen. [3] Die Steuerentlastung wird nur gewährt, wenn der Antrag spätestens bis zum 31. Dezember des Jahres, das auf das Kalenderjahr folgt, in dem der Strom entnommen worden ist, beim Hauptzollamt gestellt wird. [4] Erfolgt die Festsetzung der Steuer erst, nachdem der Strom entnommen worden ist, wird abweichend von Satz 3 die Steuerentlastung gewährt, wenn der Antrag spätestens bis zum 31. Dezember des Jahres gestellt wird, das auf das Kalenderjahr folgt, in dem die Steuer festgesetzt worden ist.

(2) [1] Entlastungsabschnitt ist das Kalenderjahr. [2] Bestimmt sich der maßgebende Zeitraum für die Zuordnung eines Unternehmens zum Produzierenden Gewerbe oder zur Land- und Forstwirtschaft nach § 15 Absatz 3 Satz 1, kann der Antragsteller abweichend von Satz 1 das Kalendervierteljahr oder das Kalenderhalbjahr als Entlastungsabschnitt wählen. [3] Das Hauptzollamt kann im Fall des Satzes 2 auf Antrag auch den Kalendermonat als Entlastungsabschnitt zulassen. [4] Eine Steuerentlastung wird in den Fällen der Sätze 2 und 3 jedoch nur gewährt, wenn der Entlastungsbetrag den Betrag nach § 9 b Absatz 2 Satz 2 des Gesetzes bereits im jeweils ersten Entlastungsabschnitt eines Kalenderjahres überschreitet.

(3) [1] Der Antragsteller hat dem Antrag eine Beschreibung seiner wirtschaftlichen Tätigkeiten im maßgebenden Zeitraum nach amtlich vorgeschriebenem Vordruck beizufügen, es sei denn, die Beschreibung liegt dem Hauptzollamt bereits vor. [2] Die Beschreibung muss es dem Hauptzollamt ermöglichen, das Unternehmen einem Abschnitt oder einer Klasse der Klassifikation der Wirtschaftszweige zuzuordnen.

(4) Eine Schätzung der jeweils selbst oder von einem anderen Unternehmen (§ 17 c) des Produzierenden Gewerbes oder der Land- und Forstwirt-

schaft verwendeten Nutzenergiemengen und der für die Erzeugung der Nutzenergie entnommenen Strommengen ist zulässig, soweit
1. eine genaue Ermittlung der Mengen nur mit unvertretbarem Aufwand möglich wäre und
2. die Schätzung nach allgemein anerkannten Regeln der Technik erfolgt und für nicht sachverständige Dritte jederzeit nachprüf- und nachvollziehbar ist.

(5) Der Antragsteller hat einen buchmäßigen Nachweis zu führen, aus dem sich für den jeweiligen Entlastungsabschnitt ergeben müssen:
1. die Menge des vom Antragsteller verbrauchten Stroms,
2. der genaue Verwendungszweck des Stroms,
3. soweit die erzeugte Nutzenergie durch ein anderes Unternehmen des Produzierenden Gewerbes oder der Land- und Forstwirtschaft verwendet worden ist (§ 17 c):
   a) der Name und die Anschrift dieses anderen Unternehmens sowie
   b) die Nutzenergiemengen, die durch dieses andere Unternehmen jeweils verwendet worden sind, sowie die für die Erzeugung der Nutzenergie jeweils entnommenen Strommengen.

(6) Nutzenergie sind Licht, Wärme, Kälte, mechanische Energie und Druckluft, ausgenommen Druckluft, die in Druckflaschen oder anderen Behältern abgegeben wird.

§ 17 c Verwendung von Nutzenergie durch andere Unternehmen.

(1) [1] Soweit eine Steuerentlastung für die Erzeugung von Nutzenergie, die durch ein anderes Unternehmen des Produzierenden Gewerbes oder der Land- und Forstwirtschaft im Sinn des § 2 Nummer 3 oder Nummer 5 des Gesetzes verwendet worden ist, beantragt wird, sind dem Antrag nach § 17 b Absatz 1 zusätzlich beizufügen:
1. für jedes die Nutzenergie verwendende andere Unternehmen des Produzierenden Gewerbes oder der Land- und Forstwirtschaft eine Selbsterklärung dieses anderen Unternehmens nach Absatz 2 und
2. eine Aufstellung, in der die für die Nutzenergieerzeugung entnommenen Strommengen diesen anderen Unternehmen jeweils zugeordnet werden.

[2] Die Vorlage einer Selbsterklärung nach Satz 1 Nummer 1 ist nicht erforderlich, wenn diese für das Kalenderjahr, für das die Steuerentlastung beantragt wird, dem Hauptzollamt bereits vorliegt.

(2) [1] Die Selbsterklärung ist gemäß Satz 2 und 3 nach amtlich vorgeschriebenem Vordruck abzugeben. [2] Darin hat das andere Unternehmen des Produzierenden Gewerbes oder der Land- und Forstwirtschaft insbesondere seine wirtschaftlichen Tätigkeiten im maßgebenden Zeitraum zu beschreiben. [3] § 17 b Absatz 3 Satz 2 gilt entsprechend. [4] Auf die Beschreibung der wirtschaftlichen Tätigkeiten wird verzichtet, wenn dem für das andere Unternehmen des Produzierenden Gewerbes oder der Land- und Forstwirtschaft zuständigen Hauptzollamt eine Beschreibung der wirtschaftlichen Tätigkeiten für den maßgebenden Zeitraum bereits vorliegt. [5] Die Selbsterklärung gilt als Steuererklärung im Sinn der Abgabenordnung.

(3) [1] Der Antragsteller hat sich die von einem anderen Unternehmen des Produzierenden Gewerbes oder der Land- und Forstwirtschaft jeweils verwen-

deten Nutzenergiemengen bestätigen zu lassen. ²Soweit die jeweils bezogene Nutzenergiemenge von einem anderen Unternehmen des Produzierenden Gewerbes oder der Land- und Forstwirtschaft vollständig selbst verwendet worden ist, reicht eine Bestätigung über die vollständige Verwendung der Nutzenergie ohne Angabe der Menge aus. ³Die vollständige oder anteilige Verwendung der Nutzenergie durch ein anderes Unternehmen des Produzierenden Gewerbes oder der Land- und Forstwirtschaft muss sich eindeutig und leicht nachprüfbar aus den bei dem Antragsteller vorhandenen Belegen ergeben. ⁴Der Antragsteller nimmt die Bestätigungen zu seinen steuerlichen Aufzeichnungen.

(4) ¹Wer eine Bestätigung nach Absatz 3 ausstellt, hat gemäß Satz 2 Aufzeichnungen zu führen, aus denen sich die insgesamt bezogenen, die selbst verwendeten und die an Dritte abgegebenen Nutzenergiemengen herleiten lassen. ²Die Aufzeichnungen müssen so beschaffen sein, dass es einem sachverständigen Dritten innerhalb einer angemessenen Frist möglich ist, die Aufzeichnungen zu prüfen. ³§ 17b Absatz 4 gilt entsprechend. ⁴Das andere Unternehmen unterliegt im Entlastungsverfahren der Steueraufsicht nach § 209 Absatz 3 der Abgabenordnung.

(5) Vom Antragsteller erzeugte Nutzenergie gilt nicht als durch ein anderes Unternehmen verwendet, wenn

1. dieses andere Unternehmen die Nutzenergie im Betrieb des Antragstellers verwendet,
2. solche Nutzenergie üblicherweise nicht gesondert abgerechnet wird und
3. der Empfänger der unter Verwendung der Nutzenergie erbrachten Leistungen der Antragsteller ist.

Zu § 9 c des Gesetzes

§ 17 d Steuerentlastung für die Herstellung bestimmter Erzeugnisse.

(1) ¹Die Steuerentlastung nach § 9c des Gesetzes ist bei dem für den Antragsteller zuständigen Hauptzollamt mit einer Anmeldung nach amtlich vorgeschriebenem Vordruck für den Strom zu beantragen, der innerhalb eines Kalenderjahres entnommen worden ist. ²Der Antragsteller hat in der Anmeldung alle Angaben zu machen, die für die Bemessung der Steuerentlastung erforderlich sind, und die Steuerentlastung selbst zu berechnen. ³Die Steuerentlastung wird nur gewährt, wenn der Antrag spätestens bis zum 31. Dezember des Jahres, das auf das Kalenderjahr folgt, in dem der Strom entnommen worden ist, beim Hauptzollamt gestellt wird. ⁴Erfolgt die Festsetzung der Steuer erst, nachdem der Strom entnommen worden ist, wird abweichend von Satz 3 die Steuerentlastung gewährt, wenn der Antrag spätestens bis zum 31. Dezember des Jahres gestellt wird, das auf das Kalenderjahr folgt, in dem die Steuer festgesetzt worden ist.

(2) ¹Dem Antrag sind beizufügen:
1. eine Beschreibung der wirtschaftlichen Tätigkeiten des Unternehmens im maßgebenden Zeitraum nach amtlich vorgeschriebenem Vordruck, es sei denn, die Beschreibung liegt dem Hauptzollamt bereits vor; die Beschreibung muss es dem Hauptzollamt ermöglichen, das Unternehmen einem

Abschnitt oder einer Klasse der Klassifikation der Wirtschaftszweige zuzuordnen,
2. bei erstmaliger Antragstellung eine Betriebserklärung, in der die Verwendung des Stroms zur Herstellung eines Industriegases genau beschrieben ist,
3. eine nachvollziehbare Berechnung, aus der hervorgeht, dass die Kosten des für die Herstellung eines Industriegases entnommenen Stroms im Kalenderjahr 50 Prozent der Herstellungskosten für dieses Industriegas jeweils übersteigen.

[2] Weiteren Anträgen muss eine Betriebserklärung nur beigefügt werden, wenn sich Änderungen gegenüber der dem Hauptzollamt bereits vorliegenden Betriebserklärung ergeben haben. [3] Der Antragsteller hat die Änderungen kenntlich zu machen.

(3) Der Antragsteller hat einen buchmäßigen Nachweis zu führen, aus dem sich für das jeweilige Kalenderjahr ergeben müssen:
1. die Art und die Menge des hergestellten Industriegases sowie die darauf entfallenden Herstellungskosten,
2. die Menge des für die Herstellung des Industriegases entnommenen Stroms sowie die darauf entfallenden Stromkosten.

(4) Eine Schätzung der jeweils für die Herstellung des Industriegases entnommenen Strommengen ist zulässig, soweit
1. eine genaue Ermittlung der Mengen nur mit unvertretbarem Aufwand möglich wäre und
2. die Schätzung nach allgemein anerkannten Regeln der Technik erfolgt und für nicht sachverständige Dritte jederzeit nachprüf- und nachvollziehbar ist.

(5) Industriegase im Sinn des § 9c des Gesetzes sind Edelgase, Wasserstoff, Stickstoff, Sauerstoff, gasförmige anorganische Sauerstoffverbindungen der Nichtmetalle (ohne Schwefeldioxid) und flüssige Luft.

(6) [1] Die Kosten für die Herstellung eines Industriegases sind die Aufwendungen, die durch den Verbrauch von Gütern und die Inanspruchnahme von Diensten für die Herstellung des Industriegases entstehen. [2] Dazu gehören
1. die Materialkosten und angemessene Teile der Materialgemeinkosten,
2. die Fertigungskosten und angemessene Teile der Fertigungsgemeinkosten,
3. die Sonderkosten der Fertigung sowie
4. angemessene Teile des Werteverzehrs des Anlagevermögens, soweit dieser durch die Fertigung veranlasst ist.

Zu § 10 des Gesetzes

§ 18 Erlass, Erstattung oder Vergütung der Steuer in Sonderfällen.

(1) [1] Der Erlass, die Erstattung oder die Vergütung der Steuer nach § 10 des Gesetzes ist bei dem für den Antragsteller zuständigen Hauptzollamt nach amtlich vorgeschriebenem Vordruck für den Strom zu beantragen, der innerhalb eines Kalenderjahres (Abrechnungszeitraum) entnommen worden ist. [2] Die Steuerentlastung wird nur gewährt, wenn der Antrag spätestens bis zum 31. Dezember des Jahres, das auf das Kalenderjahr folgt, in dem der Strom entnommen worden ist, beim Hauptzollamt gestellt wird. [3] Erfolgt die Fest-

setzung der Steuer erst, nachdem der Strom entnommen worden ist, wird abweichend von Satz 2 die Steuerentlastung gewährt, wenn der Antrag spätestens bis zum 31. Dezember des Jahres gestellt wird, das auf das Kalenderjahr folgt, in dem die Steuer festgesetzt worden ist.

(2) [1] Bestimmt sich der maßgebende Zeitraum für die Zuordnung des Unternehmens zum Produzierenden Gewerbe nach § 15 Absatz 3 Satz 1, kann das Hauptzollamt unbeschadet des § 6 Abs. 2 auf Antrag einen vorläufigen Erlass-, Erstattungs- oder Vergütungszeitraum von einem Kalendermonat, einem Kalendervierteljahr oder einem Kalenderhalbjahr (vorläufiger Abrechnungszeitraum) zulassen und die Steuer für innerhalb eines vorläufigen Abrechnungszeitraumes entnommenen Strom erlassen, erstatten oder vergüten. [2] Zur Errechnung der Höhe des Erlasses, der Erstattung oder der Vergütung ist § 10 des Gesetzes sinngemäß auf den vorläufigen Abrechnungszeitraum anzuwenden. [3] Die Steuer wird nur dann nach Satz 1 erlassen, erstattet oder vergütet, wenn die Steuer nach § 10 Absatz 1 Satz 1 bis 4 des Gesetzes bereits im ersten vorläufigen Abrechnungszeitraum im Kalenderjahr den Unterschiedsbetrag in der Rentenversicherung (§ 10 Absatz 2 Satz 1 Nummer 1 und 2 des Gesetzes) für diesen Zeitraum übersteigt.

(3) [1] Wurde die voraussichtlich zu erlassende, zu erstattende oder zu vergütende Steuer bei der Berechnung der Höhe der Vorauszahlungen nach § 6 Abs. 2 berücksichtigt oder die Steuer für innerhalb eines vorläufigen Abrechnungszeitraumes entnommenen Strom nach Absatz 2 erlassen, erstattet oder vergütet, hat der Antragsteller einen zusammenfassenden Antrag nach Absatz 1 für das Kalenderjahr bis zum 31. Juli des folgenden Kalenderjahres abzugeben. [2] Wird der zusammenfassende Antrag nicht oder nicht rechtzeitig abgegeben, fordert das Hauptzollamt die nach Absatz 2 erlassene, erstattete oder vergütete Steuer zurück.

(4) § 17 b Absatz 3 bis 6 und § 17 c gelten entsprechend.

Zu § 381 Absatz 1 der Abgabenordnung

§ 19 Ordnungswidrigkeiten. Ordnungswidrig im Sinn des § 381 Absatz 1 Nummer 1 der Abgabenordnung handelt, wer vorsätzlich oder leichtfertig

1. entgegen § 4 Absatz 2 Satz 1, auch in Verbindung mit § 4 Absatz 6 oder § 13 a Absatz 3 Satz 2, entgegen § 11 Absatz 2 Satz 1 oder entgegen § 17 c Absatz 4 Satz 1, auch in Verbindung mit § 18 Absatz 4, eine Aufzeichnung nicht, nicht richtig oder nicht vollständig führt,

2. entgegen § 4 Absatz 4, auch in Verbindung mit § 4 Absatz 6 oder § 13 a Absatz 3 Satz 2, entgegen § 4 Absatz 5 Satz 2, entgegen § 11 Absatz 4 oder entgegen § 11 Absatz 5 Satz 2 eine Anzeige nicht, nicht richtig, nicht vollständig, nicht in der vorgeschriebenen Weise oder nicht rechtzeitig erstattet,

3. entgegen § 4 Absatz 5 Satz 1 oder entgegen § 11 Absatz 5 Satz 1 einen Erlaubnisschein nicht oder nicht rechtzeitig zurückgibt oder

4. entgegen § 17 c Absatz 2 Satz 1, auch in Verbindung mit § 18 Absatz 4, eine Selbsterklärung nicht richtig oder nicht vollständig abgibt.

46. Energiesteuergesetz (EnergieStG)[1]

Vom 15. Juli 2006
(BGBl. I S. 1534)
FNA 612-20
zuletzt geänd. durch Art. 1 G zur Änd. des Energiesteuer- und des StromsteuerG v. 1. 3. 2011
(BGBl. I S. 282 iVm Bek. v. 3. 8. 2011, BGBl. I S. 1726)

Inhaltsübersicht

§§

Kapitel 1. Allgemeine Bestimmungen

Steuergebiet, Energieerzeugnisse	1
Sonstige Begriffsbestimmungen	1 a
Steuertarif	2
Begünstigte Anlagen	3
Sonstige begünstigte Anlagen	3 a

Kapitel 2. Bestimmungen für Energieerzeugnisse außer Kohle und Erdgas

Abschnitt 1. Steueraussetzung

Anwendungsbereich	4
Steueraussetzungsverfahren	5
Herstellungsbetriebe für Energieerzeugnisse	6
Lager für Energieerzeugnisse	7
Entstehung der Steuer bei Entnahme in den steuerrechtlich freien Verkehr	8
Herstellung außerhalb eines Herstellungsbetriebes	9
Registrierte Empfänger	9 a
Registrierte Versender	9 b
Begünstigte	9 c
Beförderungen (Allgemeines)	9 d
Beförderungen im Steuergebiet	10
Beförderungen aus anderen und in andere Mitgliedstaaten	11
(weggefallen)	12
Ausfuhr	13
Unregelmäßigkeiten während der Beförderung	14

Abschnitt 2. Verbringen von Energieerzeugnissen des steuerrechtlich freien Verkehrs

Verbringen zu gewerblichen Zwecken	15
Verbringen zu privaten Zwecken	16
Entnahme aus Hauptbehältern	17
Versandhandel	18
Unregelmäßigkeiten während der Beförderung im steuerrechtlich freien Verkehr	18 a

Abschnitt 2 a. Einfuhr von Energieerzeugnissen aus Drittländern oder Drittgebieten

Einfuhr	19
Unregelmäßigkeiten im zollrechtlichen Nichterhebungsverfahren	19 a
Steuerentstehung, Steuerschuldner	19 b

Abschnitt 3. Steuerrechtlich freier Verkehr in sonstigen Fällen

Differenzversteuerung	20
Entstehung der Steuer für gekennzeichnete Energieerzeugnisse	21

---

[1] Verkündet als Art. 1 G v. 15. 7. 2006 (BGBl. I S. 1534); Inkrafttreten gem. Art. 3 Abs. 1 Satz 1 dieses G am 1. 8. 2006 mit Ausnahme von § 66, der gem. Art. 3 Abs. 2 dieses G bereits am 20. 7. 2006 in Kraft tritt.

	§§
Entstehung der Steuer für Energieerzeugnisse im Sinn des § 4, Auffangtatbestand	22
Entstehung der Steuer für sonstige Energieerzeugnisse	23

Abschnitt 4. Steuerbefreiungen

Begriffsbestimmungen, Erlaubnis	24
Steuerbefreiung für Verwendungen zu anderen Zwecken	25
Steuerbefreiung, Eigenverbrauch	26
Steuerbefreiung, Schiff- und Luftfahrt	27
Steuerbefreiung für gasförmige Energieerzeugnisse	28
(weggefallen)	29
Zweckwidrigkeit	30

Kapitel 3. Bestimmungen für Kohle

Begriffsbestimmungen, Anmeldung, Erlaubnis	31
Entstehung der Steuer	32
Steueranmeldung, Fälligkeit	33
Verbringen in das Steuergebiet	34
Einfuhr	35
Steuerentstehung, Auffangtatbestand	36
Steuerbefreiung, Erlaubnis, Zweckwidrigkeit	37

Kapitel 4. Bestimmungen für Erdgas

Entstehung der Steuer	38
Steueranmeldung, Fälligkeit	39
Nicht leitungsgebundenes Verbringen	40
Nicht leitungsgebundene Einfuhr	41
Differenzversteuerung	42
Steuerentstehung, Auffangtatbestand	43
Steuerbefreiung, Erlaubnis, Zweckwidrigkeit	44

Kapitel 5. Steuerentlastung

Begriffsbestimmung	45
Steuerentlastung beim Verbringen aus dem Steuergebiet	46
Steuerentlastung bei Aufnahme in Betriebe und bei steuerfreien Zwecken	47
Steuerentlastung bei Vermischungen von gekennzeichnetem mit anderem Gasöl	48
Steuerentlastung für zum Verheizen oder in begünstigten Anlagen verwendete Energieerzeugnisse	49
Steuerentlastung für Biokraftstoffe	50
Steuerentlastung für bestimmte Prozesse und Verfahren	51
Steuerentlastung für die Schiff- und Luftfahrt	52
Steuerentlastung für die Stromerzeugung und die gekoppelte Erzeugung von Kraft und Wärme	53
Steuerentlastung für Unternehmen	54
Steuerentlastung für Unternehmen in Sonderfällen	55
Steuerentlastung für den Öffentlichen Personennahverkehr	56
Steuerentlastung für Betriebe der Land- und Forstwirtschaft	57
Steuerentlastung für Gewächshäuser	58
Steuerentlastung für Diplomatenbenzin und -dieselkraftstoff	59
Steuerentlastung bei Zahlungsausfall	60

Kapitel 6. Schlussbestimmungen

Steueraufsicht	61
Steuerliche Betriebsleiter, Steuerhilfspersonen	62
Geschäftsstatistik	63
Bußgeldvorschriften	64
Sicherstellung	65
Ermächtigungen	66
Gebühren und Auslagen; Verordnungsermächtigung	66 a
Anwendungsvorschriften	67

Kapitel 1. Allgemeine Bestimmungen

§ 1 Steuergebiet, Energieerzeugnisse. (1) [1] Energieerzeugnisse unterliegen im Steuergebiet der Energiesteuer. [2] Steuergebiet im Sinne dieses Gesetzes ist das Gebiet der Bundesrepublik Deutschland ohne das Gebiet von Büsingen und ohne die Insel Helgoland. [3] Die Energiesteuer ist eine Verbrauchsteuer im Sinne der Abgabenordnung.

(2) Energieerzeugnisse im Sinne dieses Gesetzes sind:
1. Waren der Positionen 1507 bis 1518 der Kombinierten Nomenklatur, die dazu bestimmt sind, als Kraft- oder Heizstoff verwendet zu werden,
2. Waren der Positionen 2701, 2702 und 2704 bis 2715 der Kombinierten Nomenklatur,
3. Waren der Positionen 2901 und 2902 der Kombinierten Nomenklatur,
4. Waren der Unterposition 2905 11 00 der Kombinierten Nomenklatur, die nicht von synthetischer Herkunft sind und die dazu bestimmt sind, als Kraft- oder Heizstoff verwendet zu werden,
5. Waren der Positionen 3403, 3811 und 3817 der Kombinierten Nomenklatur,
6. Waren der Unterposition 3824 90 99 der Kombinierten Nomenklatur, die dazu bestimmt sind, als Kraft- oder Heizstoff verwendet zu werden.

(3) [1] Als Energieerzeugnisse im Sinne dieses Gesetzes gelten mit Ausnahme von Torf und Waren der Positionen 4401 und 4402 der Kombinierten Nomenklatur auch:
1. andere als die in Absatz 2 genannten Waren, die zur Verwendung als Kraftstoff oder als Zusatz oder Verlängerungsmittel von Kraftstoffen bestimmt sind oder als solche zum Verkauf angeboten oder verwendet werden,
2. andere als die in Absatz 2 genannten Waren, ganz oder teilweise aus Kohlenwasserstoffen, die zur Verwendung als Heizstoff bestimmt sind oder als solche zum Verkauf angeboten oder verwendet werden.

[2] Satz 1 gilt nicht für Waren, die sich in einem Steueraussetzungsverfahren nach den Vorschriften des Gesetzes über das Branntweinmonopol in der im Bundesgesetzblatt Teil III, Gliederungsnummer 612-7, veröffentlichten bereinigten Fassung, zuletzt geändert durch Artikel 5 des Gesetzes vom 21. Juli 2004 (BGBl. I S. 1753), in der jeweils geltenden Fassung befinden.

(4)–(11) *(aufgehoben)*

§ 1 a Sonstige Begriffsbestimmungen. [1] Im Sinn dieses Gesetzes ist oder sind:
1. Systemrichtlinie: die Richtlinie 2008/118/EG des Rates vom 16. Dezember 2008 über das allgemeine Verbrauchsteuersystem und zur Aufhebung der Richtlinie 92/12/EWG (ABl. L 9 vom 14.1.2009, S. 12) in der jeweils geltenden Fassung;
2. Kombinierte Nomenklatur: die Warennomenklatur nach Artikel 1 der Verordnung (EWG) Nr. 2658/87 des Rates vom 23. Juli 1987 über die zolltarifliche und statistische Nomenklatur sowie den Gemeinsamen Zolltarif (ABl. L 256 vom 7.9.1987, S. 1, L 341 vom 3.12.1987, S. 38, L 378

vom 31.12.1987, S. 120, L 130 vom 26.5.1988, S. 42), die zuletzt durch die Verordnung (EG) Nr. 1031/2008 (ABl. L 291 vom 31.10.2008, S. 1) geändert worden ist, in der am 1. Januar 2002 geltenden Fassung;
3. Zollkodex: die Verordnung (EWG) Nr. 2913/92 des Rates vom 12. Oktober 1992 zur Festlegung des Zollkodex der Gemeinschaften (ABl. L 302 vom 19.10.1992, S. 1, L 79 vom 1.4.1993, S. 84, L 97 vom 18.4.1996, S. 38), die zuletzt durch die Verordnung (EG) Nr. 1791/2006 (ABl. L 363 vom 20.12.2006, S. 1) geändert worden ist;
4. Verbrauchsteuergebiet der Europäischen Gemeinschaft: das Gebiet, in dem die Systemrichtlinie gilt;
5. andere Mitgliedstaaten oder Gebiete anderer Mitgliedstaaten: das Verbrauchsteuergebiet der Europäischen Gemeinschaft ohne das Steuergebiet;
6. Drittgebiete: die Gebiete, die außerhalb des Verbrauchsteuergebiets der Europäischen Gemeinschaft liegen, aber zum Zollgebiet der Gemeinschaft gehören;
7. Drittländer: die Gebiete, die außerhalb des Verbrauchsteuergebiets der Europäischen Gemeinschaft liegen und nicht zum Zollgebiet der Gemeinschaft gehören;
8. Zollgebiet der Gemeinschaft: das Gebiet nach Artikel 3 des Zollkodex;
9. Ort der Einfuhr:
    a) beim Eingang von Energieerzeugnissen aus Drittländern der Ort, an dem sich die Energieerzeugnisse bei ihrer Überführung in den zollrechtlich freien Verkehr nach Artikel 79 des Zollkodex befinden,
    b) beim Eingang von Energieerzeugnissen aus Drittgebieten der Ort, an dem die Energieerzeugnisse in sinngemäßer Anwendung von Artikel 40 des Zollkodex zu gestellen sind;
10. steuerrechtlich freier Verkehr: weder ein Verfahren der Steueraussetzung (§ 5) noch ein zollrechtliches Nichterhebungsverfahren (§ 19 Absatz 2);
11. Personen: natürliche und juristische Personen sowie Personenvereinigungen ohne eigene Rechtspersönlichkeit;
12. Verheizen: das Verbrennen von Energieerzeugnissen zur Erzeugung von Wärme;
13. Kohle: Waren der Positionen 2701, 2702 und 2704 der Kombinierten Nomenklatur;
13 a. Biokraft- und Bioheizstoffe: Unbeschadet der Sätze 2 bis 5 sind Biokraft- und Bioheizstoffe Energieerzeugnisse ausschließlich aus Biomasse im Sinne der Biomasseverordnung[1]) vom 21. Juni 2001 (BGBl. I S. 1234), die durch die Verordnung vom 9. August 2005 (BGBl. I S. 2419) geändert worden ist, in der jeweils geltenden Fassung. Energieerzeugnisse, die anteilig aus Biomasse hergestellt werden, gelten in Höhe dieses Anteils als Biokraft- oder Bioheizstoffe. Fettsäuremethylester gelten in vollem Umfang als Biokraft- oder Bioheizstoffe, wenn sie durch Veresterung von pflanzlichen oder tierischen Ölen oder Fetten gewonnen werden, die selbst Biomasse im Sinne der Biomasseverordnung sind, und wenn ihre Eigenschaften mindestens den Anforderungen für Biodiesel nach der Ver-

---

[1]) Nr. 35.

ordnung über die Beschaffenheit und die Auszeichnung der Qualitäten von Kraft- und Brennstoffen in der jeweils geltenden Fassung entsprechen. Bioethanol gilt nur dann als Biokraftstoff, wenn es sich um Ethylalkohol ex Unterposition 2207 10 00 der Kombinierten Nomenklatur handelt und seine Eigenschaften im Fall von Bioethanol, das dem Ottokraftstoff beigemischt wird, mindestens den Anforderungen der DIN EN 15376, Ausgabe März 2008 oder Ausgabe November 2009, entsprechen und im Fall von Bioethanol, das im Ethanolkraftstoff (E85) enthalten ist, die Eigenschaften des Ethanolkraftstoffs (E85) mindestens den Anforderungen für Ethanolkraftstoff (E85) nach der Verordnung über die Beschaffenheit und die Auszeichnung der Qualitäten von Kraft- und Brennstoffen entsprechen. Für Energieerzeugnisse, die anteilig aus Bioethanol bestehen, gilt für den Bioethanolanteil Satz 4 sinngemäß. Pflanzenöl gilt nur dann als Biokraftstoff, wenn seine Eigenschaften mindestens den Anforderungen für Pflanzenölkraftstoff nach der Verordnung über die Beschaffenheit und die Auszeichnung der Qualitäten von Kraft- und Brennstoffen entsprechen. Den Energieerzeugnissen nach den Sätzen 1 bis 6 sind solche Energieerzeugnisse gleichgestellt, die einer anderen Norm oder technischen Spezifikation entsprechen, die in einem anderen Mitgliedstaat der Europäischen Union oder in einem anderen Vertragsstaat des Abkommens über den Europäischen Wirtschaftsraum (EWR-Abkommen) vom 3. Januar 1994 (ABl. L 1 vom 3.1.1994, S. 3), das zuletzt durch den Beschluss Nr. 54/2009 (ABl. L 162 vom 25.6.2009, S. 36) geändert worden ist, in der jeweils geltenden Fassung in Kraft ist, soweit diese Norm oder technische Spezifikation mit den in den Sätzen 1 bis 6 genannten Normen übereinstimmt und ein gleichwertiges Niveau der Beschaffenheit für die gleichen klimatischen Anforderungen sicherstellt;

14. Erdgas: Waren der Unterpositionen 2711 11 und 2711 21 der Kombinierten Nomenklatur und gasförmige Energieerzeugnisse, die beim Kohleabbau aufgefangen werden, ohne gasförmige Biokraft- und Bioheizstoffe;

15. Flüssiggase: Waren der Unterpositionen 2711 12 bis 2711 19 der Kombinierten Nomenklatur;

16. Gasförmige Kohlenwasserstoffe: Waren der Unterposition 2711 29 der Kombinierten Nomenklatur einschließlich gasförmiger Biokraft- und Bioheizstoffe;

17. Liter (l): das Liter bei + 15 Grad Celsius;

18. Megawattstunde (MWh): die Messeinheit der Energie der Gase, ermittelt aus dem Normvolumen (V_n) und dem Brennwert ($H_{o,n}$);

19. Gigajoule (GJ): die Messeinheit der Energie der Energieerzeugnisse nach § 2 Absatz 1 Nummer 9 und 10 und Absatz 4a, ermittelt aus dem Wägewert und dem Heizwert (H_u);

20. Kilogramm (kg): der Wägewert (Gewicht in Luft); das Gewicht der Umschließungen gehört nicht zum Gewicht der Energieerzeugnisse im Sinn dieses Gesetzes.

[2] DIN- und DIN-EN-Normen, auf die in diesem Gesetz verwiesen wird, sind im Beuth Verlag, Berlin, erschienen und beim Deutschen Patent- und Markenamt in München archivmäßig gesichert niedergelegt.

§ 2 Steuertarif. (1) Die Steuer beträgt
1. für 1 000 l Benzin der Unterpositionen 2710 11 41 bis 2710 11 49 der Kombinierten Nomenklatur
   a) mit einem Schwefelgehalt von mehr als 10 mg/kg   669,80 EUR,
   b) mit einem Schwefelgehalt von höchstens 10 mg/kg   654,50 EUR,
2. für 1 000 l Benzin der Unterpositionen 2710 11 31, 2710 11 51 und 2710 11 59 der Kombinierten Nomenklatur   721,00 EUR,
3. für 1 000 l mittelschwere Öle der Unterpositionen 2710 19 21 und 2710 19 25 der Kombinierten Nomenklatur   654,50 EUR,
4. für 1 000 l Gasöle der Unterpositionen 2710 19 41 bis 2710 19 49 der Kombinierten Nomenklatur
   a) mit einem Schwefelgehalt von mehr als 10 mg/kg   485,70 EUR,
   b) mit einem Schwefelgehalt von höchstens 10 mg/kg   470,40 EUR,
5. für 1 000 kg Heizöle der Unterpositionen 2710 19 61 bis 2710 19 69 der Kombinierten Nomenklatur   130,00 EUR,
6. für 1 000 l Schmieröle und andere Öle der Unterpositionen 2710 19 81 bis 2710 19 99 der Kombinierten Nomenklatur   485,70 EUR,
7. für 1 MWh Erdgas und 1 MWh gasförmige Kohlenwasserstoffe   31,80 EUR,
8. für 1 000 kg Flüssiggase
   a) unvermischt mit anderen Energieerzeugnissen   409,00 EUR,
   b) andere   1 217,00 EUR,
9. für 1 GJ Kohle   0,33 EUR,
10. für 1 GJ Petrolkoks der Position 2713 der Kombinierten Nomenklatur   0,33 EUR.

(2) Abweichend von Absatz 1 beträgt die Steuer
1. für 1 MWh Erdgas und 1 MWh gasförmige Kohlenwasserstoffe bis zum 31. Dezember 2018   13,90 EUR,
2. für 1 000 kg Flüssiggase unvermischt mit anderen Energieerzeugnissen bis zum 31. Dezember 2018   180,32 EUR.

(3) [1] Abweichend von den Absätzen 1 und 2 beträgt die Steuer
1. für 1 000 l ordnungsgemäß gekennzeichnete Gasöle der Unterpositionen 2710 19 41 bis 2710 19 49 der Kombinierten Nomenklatur

Energiesteuergesetz § 3 EnergieStG 46

a) mit einem Schwefelgehalt von mehr als 50 mg/kg	76,35 EUR,
b) mit einem Schwefelgehalt von höchstens 50 mg/kg	61,35 EUR,
2. für 1 000 kg Heizöle der Unterpositionen 2710 19 61 bis 2710 19 69 der Kombinierten Nomenklatur	25,00 EUR,
3. für 1 000 l Schmieröle und andere Öle der Unterpositionen 2710 19 81 bis 2710 19 99 der Kombinierten Nomenklatur	61,35 EUR,
4. für 1 MWh Erdgas und 1 MWh gasförmige Kohlenwasserstoffe	5,50 EUR,
5. für 1 000 kg Flüssiggase	60,60 EUR,

wenn sie zum Verheizen oder zum Antrieb von Gasturbinen und Verbrennungsmotoren in begünstigten Anlagen nach den §§ 3 und 3a verwendet oder zu diesen Zwecken abgegeben werden.[2] Nach Satz 1 versteuerte Energieerzeugnisse können auch aus dem Steuergebiet verbracht oder zu den in § 25 Abs. 1, den §§ 26, 27 Abs. 1 und § 44 Abs. 2 genannten steuerfreien Zwecken abgegeben oder verwendet werden, soweit die Energieerzeugnisse von diesen Vorschriften erfasst werden.

(4) [1] Andere als die in den Absätzen 1 bis 3 genannten Energieerzeugnisse unterliegen der gleichen Steuer wie die Energieerzeugnisse, denen sie nach ihrer Beschaffenheit und ihrem Verwendungszweck am nächsten stehen. [2] Werden Ölabfälle der Unterpositionen 2710 91 und 2710 99 der Kombinierten Nomenklatur oder andere vergleichbare Abfälle zu den in Absatz 3 genannten Zwecken verwendet oder abgegeben, sind abweichend von Satz 1 für den Vergleich mit der Beschaffenheit ausschließlich die in Absatz 1 Nummer 9 und 10 und Absatz 3 Satz 1 genannten Energieerzeugnisse heranzuziehen. [3] Der Steuersatz nach Absatz 3 Satz 1 Nummer 1 kommt nur bei einer ordnungsgemäßen Kennzeichnung der Energieerzeugnisse zur Anwendung. [4] Satz 3 gilt nicht für Biokraft- und Bioheizstoffe sowie Abfälle im Sinn des Satzes 2.

(4a) Abweichend von Absatz 4 Satz 1 und 2 beträgt die Steuer für 1 Gigajoule feste Energieerzeugnisse 0,33 Euro, soweit diese auf Grund ihrer Beschaffenheit keinem der in Absatz 1 genannten Energieerzeugnisse sinnvoll zugeordnet werden können.

(5) Das zuständige Hauptzollamt kann in Einzelfällen auf Antrag die Steuer für Leichtöle und mittelschwere Öle bis auf 20 Euro für 1 000 Liter ermäßigen, wenn diese Öle bei der Herstellung oder beim Verbrauch von Energieerzeugnissen angefallen sind und im Betrieb verheizt werden, weil sie zur Verwendung als Kraftstoff oder zu einer steuerfreien Verwendung im Betrieb nicht geeignet sind.

(6), (7) *(aufgehoben)*

§ 3 Begünstigte Anlagen. (1) [1] Begünstigte Anlagen sind ortsfeste Anlagen,
1. deren mechanische Energie ausschließlich der Stromerzeugung dient oder

2. die ausschließlich der gekoppelten Erzeugung von Kraft und Wärme dienen und nicht von Nummer 1 erfasst werden oder
3. die ausschließlich dem leitungsgebundenen Gastransport oder der Gasspeicherung dienen.

² Im Falle der Nummer 2 ist weitere Voraussetzung, dass ein Jahresnutzungsgrad von mindestens 60 Prozent erreicht wird.

(2) ¹ Ortsfest im Sinn dieses Gesetzes sind Anlagen, die während des Betriebs ausschließlich an ihrem geografischen Standort verbleiben und nicht auch dem Antrieb von Fahrzeugen dienen. ² Der geografische Standort im Sinn des Satzes 1 ist ein durch geografische Koordinaten bestimmter Punkt.

(3) Jahresnutzungsgrad im Sinne dieses Gesetzes ist der Quotient aus der Summe der genutzten erzeugten mechanischen und thermischen Energie in einem Kalenderjahr und der Summe der zugeführten Energie aus Energieerzeugnissen in derselben Berichtszeitspanne.

(4) Wer Anlagen nach Absatz 1 Satz 1 Nr. 2 betreiben will, hat sie vor der erstmaligen Inbetriebnahme dem zuständigen Hauptzollamt anzumelden.

§ 3 a[1]**) Sonstige begünstigte Anlagen.** (1) Sonstige begünstigte Anlagen sind Arbeitsmaschinen und Fahrzeuge, die ausschließlich dem Güterumschlag in Seehäfen dienen.

(2) Als Arbeitsmaschinen und Fahrzeuge im Sinne des Absatzes 1 gelten ausschließlich solche, die bestimmungsgemäß abseits von öffentlichen Straßen eingesetzt werden oder über keine Genehmigung für die überwiegende Verwendung auf öffentlichen Straßen verfügen.

Kapitel 2. Bestimmungen für Energieerzeugnisse außer Kohle und Erdgas

Abschnitt 1. Steueraussetzung

§ 4 Anwendungsbereich. Die folgenden Energieerzeugnisse unterliegen dem Steueraussetzungsverfahren (§ 5):
1. Waren der Positionen 1507 bis 1518 der Kombinierten Nomenklatur, die dazu bestimmt sind, als Kraft- oder Heizstoff verwendet zu werden,
2. Waren der Unterpositionen 2707 10, 2707 20, 2707 30 und 2707 50 der Kombinierten Nomenklatur,
3. Waren der Unterpositionen 2710 11 bis 2710 19 69 der Kombinierten Nomenklatur; für die Beförderung unter Steueraussetzung gilt dies für Waren der Unterpositionen 2710 11 21, 2710 11 25 und 2710 19 29 der Kombinierten Nomenklatur nur dann, wenn sie als lose Ware befördert werden,
4. Waren der Position 2711 der Kombinierten Nomenklatur mit Ausnahme der Unterpositionen 2711 11, 2711 21 und 2711 29 der Kombinierten Nomenklatur,
5. Waren der Unterposition 2901 10 der Kombinierten Nomenklatur,

---

[1]) § 3 a ist gemäß Bek. v. 7. 4. 2008 (BGBl. I S. 660) mWv 1. 4. 2008 in Kraft getreten.

Energiesteuergesetz **§§ 5, 6 EnergieStG 46**

6. Waren der Unterpositionen 2902 20, 2902 30, 2902 41, 2902 42, 2902 43 und 2902 44 der Kombinierten Nomenklatur,
7. Waren der Unterposition 2905 11 00 der Kombinierten Nomenklatur, die nicht von synthetischer Herkunft sind und die dazu bestimmt sind, als Kraft- oder Heizstoff verwendet zu werden,
8. Waren der Unterposition 3824 90 99 der Kombinierten Nomenklatur, die dazu bestimmt sind, als Kraft- oder Heizstoff verwendet zu werden.

§ 5 Steueraussetzungsverfahren. (1) Die Steuer ist ausgesetzt (Steueraussetzungsverfahren) für Energieerzeugnisse im Sinn des § 4, die

1. sich in einem Steuerlager befinden,
2. nach den §§ 10 bis 13 befördert werden.

(2) Steuerlager sind

1. Herstellungsbetriebe für Energieerzeugnisse (§ 6),
2. Lager für Energieerzeugnisse (§ 7).

(3) Steuerlagerinhaber im Sinn dieses Gesetzes sind Personen, denen die Erlaubnis erteilt worden ist, Energieerzeugnisse im Sinn des § 4 unter Steueraussetzung herzustellen (§ 6 Absatz 3) oder unter Steueraussetzung zu lagern (§ 7 Absatz 2).

§ 6 Herstellungsbetriebe für Energieerzeugnisse. (1) [1] Herstellungsbetriebe im Sinne dieses Gesetzes sind vorbehaltlich der Absätze 2 und 3 Betriebe, in denen Energieerzeugnisse im Sinn des § 4 hergestellt werden. [2] Herstellungshandlungen sind das Gewinnen oder Bearbeiten und in den Fällen von § 4 Nr. 1, 7 und 8 das Bestimmen der Waren zur Verwendung als Kraft- oder Heizstoff.

(2) Für Betriebe, die nicht schon aus einem anderen Grunde Herstellungsbetriebe sind, gelten nicht als Herstellung von Energieerzeugnissen

1. das Mischen von Energieerzeugnissen miteinander,
2. das Mischen von Energieerzeugnissen mit anderen Stoffen
   a) im Lager für Energieerzeugnisse,
   b) zum Kennzeichnen von Energieerzeugnissen,
3. das Trocknen oder bloße mechanische Reinigen von Energieerzeugnissen vor der ersten Verwendung sowie die Entnahme von Energieerzeugnissen aus Waren der Abschnitte XVI und XVII der Kombinierten Nomenklatur,
4. das Gewinnen von Energieerzeugnissen
   a) in Vorrichtungen zur Reinigung oder Reinhaltung von Gewässern und in Wasseraufbereitungsanlagen,
   b) beim Reinigen von Putzstoffen, Arbeitskleidung oder Altpapier,
5. das Gewinnen und Bearbeiten von Energieerzeugnissen durch Aufbereiten von Ölabfällen der Unterpositionen 2710 91 und 2710 99 der Kombinierten Nomenklatur und von anderen mit diesen vergleichbaren gebrauchten Energieerzeugnissen in den Betrieben, in denen sie angefallen sind,
6. das Gewinnen und Bearbeiten von Energieerzeugnissen, die zuvor steuerfrei verwendet worden sind, in dem Betrieb des Verwenders.

(3) ¹ Wer Energieerzeugnisse unter Steueraussetzung herstellen will, bedarf der Erlaubnis. ² Sie wird auf Antrag unter Widerrufsvorbehalt Personen erteilt, gegen deren steuerliche Zuverlässigkeit keine Bedenken bestehen und die – soweit nach dem Handelsgesetzbuch oder der Abgabenordnung dazu verpflichtet – ordnungsmäßig kaufmännische Bücher führen und rechtzeitig Jahresabschlüsse aufstellen. ³ Vor der Erteilung ist Sicherheit für die Steuer zu leisten, die voraussichtlich während zweier Monate für aus dem Herstellungsbetrieb in den freien Verkehr entnommene Energieerzeugnisse entsteht (§ 8), wenn Anzeichen für eine Gefährdung der Steuer erkennbar sind.

(4) ¹ Die Erlaubnis ist zu widerrufen, wenn eine der Voraussetzungen nach Absatz 3 Satz 2 nicht mehr erfüllt ist oder eine angeforderte Sicherheit nicht geleistet wird. ² Die Erlaubnis kann widerrufen werden, wenn eine geleistete Sicherheit nicht mehr ausreicht.

§ 7 Lager für Energieerzeugnisse. (1) ¹ Lager für Energieerzeugnisse im Sinne dieses Gesetzes sind vorbehaltlich Absatz 2 Betriebe, in denen Energieerzeugnisse im Sinn des § 4 unter Steueraussetzung gelagert werden. ² Das Lager muss dem Großhandel, dem Großhandelsvertrieb durch Hersteller, dem Mischen von Energieerzeugnissen, der Versorgung von Verwendern mit steuerfreien Energieerzeugnissen oder der Abgabe von Energieerzeugnissen nach § 2 Abs. 1 Nr. 8 Buchstabe a, Abs. 2 Nr. 2 oder Abs. 3 dienen. ³ Energieerzeugnisse dürfen im Lager miteinander oder mit anderen Stoffen gemischt werden, wenn das Gemisch ein Energieerzeugnis im Sinn des § 4 ist.

(2) ¹ Wer Energieerzeugnisse unter Steueraussetzung lagern will, bedarf der Erlaubnis. ² Sie wird auf Antrag unter Widerrufsvorbehalt Personen erteilt, gegen deren steuerliche Zuverlässigkeit keine Bedenken bestehen und die – soweit nach dem Handelsgesetzbuch oder der Abgabenordnung dazu verpflichtet – ordnungsmäßig kaufmännische Bücher führen und rechtzeitig Jahresabschlüsse aufstellen. ³ Vor der Erteilung ist Sicherheit für die Steuer zu leisten, die voraussichtlich während zweier Monate für aus dem Lager in den freien Verkehr entnommene Energieerzeugnisse in Person des Antragstellers entsteht (§ 8), wenn Anzeichen für eine Gefährdung der Steuer erkennbar sind.

(3) ¹ Die Erlaubnis ist zu widerrufen, wenn eine der Voraussetzungen nach Absatz 2 Satz 2 nicht mehr erfüllt ist oder eine angeforderte Sicherheit nicht geleistet wird. ² Die Erlaubnis kann widerrufen werden, wenn eine geleistete Sicherheit nicht mehr ausreicht.

(4) ¹ Das Lager kann auch der Einlagerung von Energieerzeugnissen durch Dritte (Einlagerer) dienen. ² Will der Einlagerer Steuerschuldner nach § 8 Abs. 2 Satz 2 werden, muss ihm zuvor eine Erlaubnis erteilt worden sein (zugelassener Einlagerer). ³ Diese wird auf Antrag erteilt, wenn die Einlagerung durch den Einlagerer dem Großhandel oder dem Großhandelsvertrieb durch Hersteller dient und der Einlagerer die eingelagerten Energieerzeugnisse im eigenen Namen vertreibt. ⁴ Die Erlaubnis wird nicht erteilt, wenn die Energieerzeugnisse ausschließlich nach § 2 Abs. 1 Nr. 8 Buchstabe a, Abs. 2 Nr. 2 oder Abs. 3 versteuert oder zu steuerfreien Zwecken entnommen werden sollen. ⁵ Absatz 2 Satz 2 und 3 und Absatz 3 gelten entsprechend.

(5) Abweichend von den Absätzen 1 und 2 kann das Hauptzollamt auf Antrag für Flüssiggase, ordnungsgemäß gekennzeichnete Gasöle der Unter-

Energiesteuergesetz **§ 8 EnergieStG 46**

positionen 2710 19 41 bis 2710 19 49 der Kombinierten Nomenklatur und Heizöle der Unterpositionen 2710 19 61 bis 2710 19 69 der Kombinierten Nomenklatur, die nach § 2 Abs. 1 Nr. 8 Buchstabe a, Abs. 2 Nr. 2 oder Abs. 3 versteuert oder zu steuerfreien Zwecken nach den §§ 25, 26 oder § 27 Abs. 1 abgegeben werden sollen oder die unter Steueraussetzung in ein anderes Steuerlager im Steuergebiet verbracht werden sollen, auch dann eine Erlaubnis nach Absatz 2 erteilen, wenn das Lager keine Lagerstätten besitzt.

(6) Auf Antrag des Erdölbevorratungsverbandes nach § 2 Abs. 1 des Erdölbevorratungsgesetzes in der Fassung der Bekanntmachung vom 6. April 1998 (BGBl. I S. 679), zuletzt geändert durch Artikel 129 der Verordnung vom 25. November 2003 (BGBl. I S. 2304), in der jeweils geltenden Fassung ist zuzulassen, dass Energieerzeugnisse zur Erfüllung der Verbandszwecke unter Steueraussetzung gelagert werden.

§ 8 Entstehung der Steuer bei Entnahme in den steuerrechtlich freien Verkehr. (1) [1] Die Steuer entsteht dadurch, dass Energieerzeugnisse im Sinn des § 4 aus dem Steuerlager entfernt werden, ohne dass sich ein weiteres Steueraussetzungsverfahren anschließt, oder dass sie zum Ge- oder Verbrauch innerhalb des Steuerlagers entnommen werden (Entnahme in den steuerrechtlich freien Verkehr). [2] Schließt sich an die Entnahme in den steuerrechtlich freien Verkehr ein Verfahren der Steuerbefreiung (§ 24 Abs. 1) an, kommt es zu keiner Steuerentstehung.

(1 a) [1] Die Steuer entsteht nicht, wenn die Energieerzeugnisse auf Grund ihrer Beschaffenheit oder infolge unvorhersehbarer Ereignisse oder höherer Gewalt vollständig zerstört oder unwiederbringlich verloren gegangen sind. [2] Energieerzeugnisse gelten dann als vollständig zerstört oder unwiederbringlich verloren gegangen, wenn sie als solche nicht mehr genutzt werden können. [3] Die vollständige Zerstörung sowie der unwiederbringliche Verlust der Energieerzeugnisse sind hinreichend nachzuweisen.

(2) [1] Steuerschuldner ist vorbehaltlich Satz 2

1. der Steuerlagerinhaber,

2. daneben im Fall einer unrechtmäßigen Entnahme

 a) die Person, die die Energieerzeugnisse in den steuerrechtlich freien Verkehr entnommen hat oder in deren Namen die Energieerzeugnisse entnommen worden sind,

 b) jede Person, die an der unrechtmäßigen Entnahme beteiligt war.

[2] Der zugelassene Einlagerer (§ 7 Abs. 4 Satz 2) wird für die von ihm oder auf seine Veranlassung aus dem Steuerlager entfernten Energieerzeugnisse Steuerschuldner. [3] Bestehen Zweifel an der Zuordnung der Entnahme, so ist der Steuerlagerinhaber Steuerschuldner. [4] Werden Energieerzeugnisse zu steuerfreien Zwecken an einen Nichtberechtigten abgegeben, ist neben dem Inhaber des Steuerlagers auch der Nichtberechtigte Steuerschuldner. [5] Mehrere Steuerschuldner sind Gesamtschuldner.

(3) Der Steuerschuldner hat für Energieerzeugnisse, für die in einem Monat die Steuer entstanden ist, vorbehaltlich des Absatzes 4 bis zum 15. Tag des folgenden Monats eine Steuererklärung abzugeben und darin die Steuer selbst zu berechnen (Steueranmeldung).

(4) ¹ Für Energieerzeugnisse, für die die Steuer in der Zeit vom 1. bis 18. Dezember entstanden ist, hat der Steuerschuldner bis zum 22. Dezember eine Steuererklärung abzugeben und darin die Steuer selbst zu berechnen (Steueranmeldung). ² Dies gilt nicht für Unternehmen, die im vorangegangenen Kalenderjahr weniger als 60 Millionen Euro Energiesteuer entrichtet haben. ³ Das Bundesministerium der Finanzen kann im Verwaltungswege zulassen, dass statt der nach Satz 1 anzumeldenden Steuer ein Durchschnittsbetrag angemeldet wird. ⁴ Für die Anmeldung von Energieerzeugnissen, für die die Steuer in der Zeit vom 19. bis 31. Dezember entstanden ist, gilt Absatz 3 sinngemäß. ⁵ Ist die Anmeldung eines Durchschnittsbetrages zugelassen worden, hat der Steuerschuldner die Anmeldung der Steuer nach Satz 1 in der nach Satz 4 abzugebenden Steueranmeldung nachzuholen.

(5) Die Steuer, die in einem Monat entstanden ist, ist vorbehaltlich des Absatzes 6 am zehnten Tag des zweiten auf die Entstehung folgenden Monats fällig.

(6) ¹ Abweichend von Absatz 5 ist die Steuer, die im November entstanden ist, am 27. Dezember fällig. ² Säumniszuschläge werden abweichend von § 240 Abs. 3 der Abgabenordnung nur dann nicht erhoben, wenn die Steuer spätestens am letzten Werktag des Kalenderjahres entrichtet worden ist, wobei der Sonnabend nicht als Werktag gilt. ³ Die Sätze 1 und 2 gelten auch für die Steuer, die in der Zeit vom 1. bis 18. Dezember entstanden und nach Absatz 4 in voller Höhe oder als Durchschnittsbetrag anzumelden ist. ⁴ Ist ein Durchschnittsbetrag entrichtet worden, ist der Unterschiedsbetrag zwischen dem Durchschnittsbetrag und der angemeldeten Steuer am 10. Februar des folgenden Jahres fällig.

(6 a) ¹ Abweichend von den Absätzen 3 bis 6 haben Steuerschuldner nach Absatz 2 Satz 1 Nummer 2 Buchstabe a und b unverzüglich eine Steueranmeldung abzugeben. ² Die Steuer ist sofort fällig.

(7) Für die nach Absatz 1 entstehende Steuer ist im Voraus Sicherheit zu leisten, wenn Anzeichen für eine Gefährdung der Steuer erkennbar sind.

§ 9 Herstellung außerhalb eines Herstellungsbetriebes. (1) Werden Energieerzeugnisse im Sinn des § 4 außerhalb eines Herstellungsbetriebes hergestellt, entsteht die Steuer mit der Herstellung, es sei denn, es schließt sich ein Verfahren der Steuerbefreiung (§ 24 Absatz 1) an.

(1 a) Wer Energieerzeugnisse im Sinn des § 4 außerhalb eines Herstellungsbetriebs herstellen will, hat dies dem Hauptzollamt vorher anzuzeigen.

(2) ¹ Steuerschuldner ist der Hersteller und, falls keine Anzeige nach Absatz 1 a erstattet worden ist, jede an der Herstellung beteiligte Person; mehrere Steuerschuldner sind Gesamtschuldner. ² Der Steuerschuldner hat für Energieerzeugnisse, für die die Steuer entstanden ist, unverzüglich eine Steuererklärung abzugeben und darin die Steuer selbst zu berechnen (Steueranmeldung). ³ Die Steuer ist sofort fällig. ⁴ Das Hauptzollamt kann auf Antrag eine § 8 Abs. 3 bis 6 entsprechende Regelung treffen; § 6 Abs. 3 Satz 2 und 3 und § 8 Abs. 7 gelten sinngemäß.

§ 9 a Registrierte Empfänger. (1) ¹ Registrierte Empfänger sind Personen, die Energieerzeugnisse unter Steueraussetzung
1. nicht nur gelegentlich oder
2. im Einzelfall

in ihren Betrieben im Steuergebiet zu gewerblichen Zwecken empfangen dürfen, wenn die Energieerzeugnisse aus einem Steuerlager in einem anderen Mitgliedstaat oder von einem Ort der Einfuhr in einem anderen Mitgliedstaat versandt wurden. ² Der Empfang durch Einrichtungen des öffentlichen Rechts steht dem Empfang zu gewerblichen Zwecken gleich.

(2) ¹ Registrierte Empfänger bedürfen der Erlaubnis. ² Sie wird auf Antrag unter Widerrufsvorbehalt Personen erteilt, gegen deren steuerliche Zuverlässigkeit keine Bedenken bestehen und die – soweit nach dem Handelsgesetzbuch oder der Abgabenordnung dazu verpflichtet – ordnungsmäßig kaufmännische Bücher führen und rechtzeitig Jahresabschlüsse aufstellen. ³ In den Fällen des Absatzes 1 Satz 1 Nummer 1 ist vor Erteilung der Erlaubnis Sicherheit für die voraussichtlich während zweier Monate entstehende Steuer zu leisten. ⁴ In den Fällen des Absatzes 1 Satz 1 Nummer 2 ist vor Erteilung der Erlaubnis Sicherheit in Höhe der im Einzelfall entstehenden Steuer zu leisten sowie die Erlaubnis auf eine bestimmte Menge, einen einzigen Versender und einen bestimmten Zeitraum zu beschränken. ⁵ Die Voraussetzungen der Sätze 2, 3 und 4 erster Halbsatz gelten nicht für die Erlaubnis, die einer Einrichtung des öffentlichen Rechts erteilt wird.

(3) Die Erlaubnis ist zu widerrufen, wenn eine der in Absatz 2 Satz 2 genannten Voraussetzungen nicht mehr erfüllt ist oder eine geleistete Sicherheit nicht mehr ausreicht.

(4) ¹ Die Steuer entsteht für Energieerzeugnisse, die in den Betrieb eines registrierten Empfängers aufgenommen werden, mit der Aufnahme in den Betrieb, es sei denn, es schließt sich ein Verfahren der Steuerbefreiung (§ 24 Absatz 1) an. ² Steuerschuldner ist der registrierte Empfänger.

(5) ¹ Der Steuerschuldner hat für Energieerzeugnisse, für die in einem Monat die Steuer entstanden ist, eine Steuererklärung abzugeben und darin die Steuer selbst zu berechnen (Steueranmeldung). ² Für die Fristen zur Abgabe der Steuererklärung und die Fälligkeit der Steuer gilt § 8 Absatz 3 bis 6 entsprechend.

§ 9 b Registrierte Versender. (1) Registrierte Versender sind Personen, die Energieerzeugnisse vom Ort der Einfuhr unter Steueraussetzung versenden dürfen.

(2) ¹ Registrierte Versender bedürfen der Erlaubnis. ² Sie wird auf Antrag unter Widerrufsvorbehalt Personen erteilt, gegen deren steuerliche Zuverlässigkeit keine Bedenken bestehen und die – soweit nach dem Handelsgesetzbuch oder der Abgabenordnung dazu verpflichtet – ordnungsmäßig kaufmännische Bücher führen und rechtzeitig Jahresabschlüsse aufstellen. ³ Die Erlaubnis ist bei Beförderungen nach § 11 Absatz 1 Nummer 1 und bei der Ausfuhr (§ 13) über Gebiete anderer Mitgliedstaaten davon abhängig, dass Sicherheit nach § 11 Absatz 2 oder § 13 Absatz 2 Satz 1 geleistet worden ist.

(3) Die Erlaubnis ist zu widerrufen, wenn eine der in Absatz 2 Satz 2 genannten Voraussetzungen nicht mehr erfüllt ist oder eine geleistete Sicherheit nicht mehr ausreicht.

§ 9 c Begünstigte. (1) Begünstigte, die Energieerzeugnisse im Sinn des § 4 unter Steueraussetzung im Steuergebiet empfangen dürfen, sind vorbehaltlich des Absatzes 2

46 EnergieStG § 9 c   5. Teil. Umweltschutz

1. die ausländische Truppe und deren ziviles Gefolge im Sinn von Artikel 1 des Abkommens vom 19. Juni 1951 zwischen den Parteien des Nordatlantikvertrages über die Rechtsstellung ihrer Truppen (BGBl. 1961 II S. 1183, 1190) in der jeweils geltenden Fassung (NATO-Truppenstatut);

2. in der Bundesrepublik Deutschland errichtete internationale militärische Hauptquartiere nach Artikel 1 des Protokolls über die Rechtsstellung der auf Grund des Nordatlantikvertrages errichteten internationalen militärischen Hauptquartiere vom 28. August 1952 (BGBl. 1969 II S. 2000) in der jeweils geltenden Fassung (Hauptquartierprotokoll) sowie Artikel 1 des Abkommens vom 13. März 1967 zwischen der Bundesrepublik Deutschland und dem Obersten Hauptquartier der Alliierten Mächte, Europa, über die besonderen Bedingungen für die Einrichtung und den Betrieb internationaler militärischer Hauptquartiere in der Bundesrepublik Deutschland (BGBl. 1969 II S. 1997, 2009) in der jeweils geltenden Fassung (Ergänzungsabkommen);

3. Stellen der Vereinigen Staaten von Amerika oder anderer von den Vereinigten Staaten bezeichneten Regierungen in der Bundesrepublik Deutschland nach dem Abkommen zwischen der Bundesrepublik Deutschland und den Vereinigten Staaten vom 15. Oktober 1954 über die von der Bundesrepublik zu gewährenden Abgabenvergünstigungen für die von den Vereinigten Staaten im Interesse der gemeinsamen Verteidigung geleisteten Ausgaben (BGBl. 1955 II S. 821, 823) in der jeweils geltenden Fassung;

4. diplomatische Missionen und konsularische Vertretungen;

5. die in internationalen Übereinkommen vorgesehenen internationalen Einrichtungen.

(2) Ein Empfang unter Steueraussetzung ist nur möglich, wenn

1. im Fall des Absatzes 1 Nummer 1 die Voraussetzungen für die Steuerbefreiung nach Artikel XI des NATO-Truppenstatuts und den Artikeln 65 bis 67 des Zusatzabkommens vom 3. August 1959 zu dem Abkommen vom 19. Juni 1951 zwischen den Parteien des Nordatlantikvertrages über die Rechtsstellung ihrer Truppen hinsichtlich der in der Bundesrepublik Deutschland stationierten ausländischen Truppen (BGBl. 1961 II S. 1183, 1218) in der jeweils geltenden Fassung für die ausländische Truppe und deren ziviles Gefolge vorliegen,

2. im Fall des Absatzes 1 Nummer 2 die Voraussetzungen für die Steuerbefreiung nach Artikel XI des NATO-Truppenstatuts und Artikel 15 des Ergänzungsabkommens für die in der Bundesrepublik Deutschland errichteten internationalen militärischen Hauptquartiere vorliegen,

3. im Fall des Absatzes 1 Nummer 3 die Voraussetzungen für die Steuerbefreiung nach Artikel III Nummer 2 und den Artikeln IV bis VI des unter Absatz 1 Nummer 3 genannten Abkommens vom 15. Oktober 1954 für die Stellen der Vereinigten Staaten von Amerika oder anderen von den Vereinigten Staaten bezeichneten Regierungen in der Bundesrepublik Deutschland vorliegen,

4. es sich im Fall des Absatzes 1 Nummer 4 bei den Energieerzeugnissen um Kraftstoff (Benzin oder Dieselkraftstoff) handelt, der für die in § 59 Absatz 2 und 3 bezeichneten Dienststellen oder Personen zum Betrieb ihrer Kraft-

Energiesteuergesetz §§ 9 d–11 EnergieStG 46

fahrzeuge bestimmt ist, und für den jeweiligen Kraftstoff eine Steuerbefreiung auf Gegenseitigkeit besteht,
5. im Fall des Absatzes 1 Nummer 5 die Voraussetzungen für eine Steuerbefreiung nach den jeweiligen internationalen Übereinkommen für die internationalen Einrichtungen vorliegen.

§ 9 d Beförderungen (Allgemeines). (1) Beförderungen gelten, soweit in diesem Gesetz oder den dazu ergangenen Rechtsverordnungen keine Ausnahmen vorgesehen sind, nur dann als unter Steueraussetzung durchgeführt, wenn sie mit einem elektronischen Verwaltungsdokument nach Artikel 21 der Systemrichtlinie erfolgen.

(2) [1] Unbeschadet Absatz 1 gelten in den Fällen des § 10 Absatz 1 Nummer 2 und des § 11 Absatz 1 Nummer 1 Buchstabe c Beförderungen nur dann als unter Steueraussetzung durchgeführt, wenn dem Inhaber des abgebenden Steuerlagers oder dem registrierten Versender eine Freistellungsbescheinigung nach Artikel 13 Absatz 1 der Systemrichtlinie vorliegt. [2] Die Freistellungsbescheinigung ist während der Beförderung mitzuführen. [3] Satz 2 gilt auch in den Fällen des § 11 Absatz 1 Nummer 2 Buchstabe c.

§ 10 Beförderungen im Steuergebiet. (1) Energieerzeugnisse im Sinn des § 4 dürfen unter Steueraussetzung, auch über Drittländer oder Drittgebiete, befördert werden aus Steuerlagern im Steuergebiet oder von registrierten Versendern vom Ort der Einfuhr im Steuergebiet
1. in andere Steuerlager im Steuergebiet oder
2. zu Begünstigten (§ 9 c) im Steuergebiet.

(2) [1] Wenn Steuerbelange gefährdet erscheinen, hat der Steuerlagerinhaber als Versender oder der registrierte Versender Sicherheit für die Beförderung zu leisten. [2] Werden die Energieerzeugnisse über das Gebiet eines anderen Mitgliedstaats in ein anderes Steuerlager im Steuergebiet oder zu einem Begünstigten (§ 9 c) im Steuergebiet befördert, hat der Steuerlagerinhaber als Versender oder der registrierte Versender abweichend von Satz 1 für die Beförderung unter Steueraussetzung eine in allen Mitgliedstaaten gültige Sicherheit zu leisten. [3] Das Hauptzollamt kann in den Fällen der Sätze 1 und 2 auf Antrag zulassen, dass die Sicherheit durch den Eigentümer, den Beförderer oder den Empfänger der Energieerzeugnisse geleistet wird.

(3) Die Energieerzeugnisse sind unverzüglich
1. vom Inhaber des empfangenden Steuerlagers in sein Steuerlager aufzunehmen oder
2. vom Begünstigten (§ 9 c) zu übernehmen.

(4) [1] Die Beförderung unter Steueraussetzung beginnt, wenn die Energieerzeugnisse das abgebende Steuerlager verlassen oder am Ort der Einfuhr in den zollrechtlich freien Verkehr überführt worden sind. [2] Sie endet mit der Aufnahme der Energieerzeugnisse in das empfangende Steuerlager oder mit der Übernahme der Energieerzeugnisse durch den Begünstigten (§ 9 c).

§ 11 Beförderungen aus anderen und in andere Mitgliedstaaten.
(1) Energieerzeugnisse im Sinn des § 4 dürfen unter Steueraussetzung, auch über Drittländer oder Drittgebiete, befördert werden

1. aus Steuerlagern im Steuergebiet oder von registrierten Versendern vom Ort der Einfuhr im Steuergebiet
   a) in Steuerlager,
   b) in Betriebe von registrierten Empfängern,
   c) zu Begünstigten im Sinn des Artikels 12 Absatz 1 der Systemrichtlinie in anderen Mitgliedstaaten;
2. aus Steuerlagern in anderen Mitgliedstaaten oder von registrierten Versendern vom Ort der Einfuhr in anderen Mitgliedstaaten
   a) in Steuerlager,
   b) in Betriebe von registrierten Empfängern,
   c) zu Begünstigten (§ 9 c)
   im Steuergebiet;
3. durch das Steuergebiet.

(2) ¹ In den Fällen des Absatzes 1 Nummer 1 hat der Steuerlagerinhaber als Versender oder der registrierte Versender eine in allen Mitgliedstaaten gültige Sicherheit zu leisten. ² Das Hauptzollamt kann auf Antrag zulassen, dass die Sicherheit durch den Eigentümer, den Beförderer oder den Empfänger der Energieerzeugnisse geleistet wird. ³ Werden die Energieerzeugnisse auf dem Seeweg oder durch feste Rohrleitungen befördert, kann der Steuerlagerinhaber oder der registrierte Versender von der Sicherheitsleistung befreit werden, wenn Steuerbelange nicht gefährdet erscheinen und die anderen betroffenen Mitgliedstaaten damit einverstanden sind.

(3) Die Energieerzeugnisse sind unverzüglich
1. vom Inhaber des abgebenden Steuerlagers, vom registrierten Versender oder vom Empfänger, wenn dieser die Energieerzeugnisse im Steuergebiet in Besitz genommen hat, aus dem Steuergebiet in den anderen Mitgliedstaat zu befördern,
2. vom Inhaber des empfangenden Steuerlagers in sein Steuerlager oder vom registrierten Empfänger in seinen Betrieb im Steuergebiet aufzunehmen oder
3. vom Begünstigten (§ 9 c) zu übernehmen.

(4) ¹ In den Fällen des Absatzes 1 Nummer 1 beginnt die Beförderung unter Steueraussetzung, wenn die Energieerzeugnisse das abgebende Steuerlager verlassen oder am Ort der Einfuhr in den zollrechtlich freien Verkehr überführt worden sind. ² In den Fällen des Absatzes 1 Nummer 2 endet die Beförderung unter Steueraussetzung mit der Aufnahme der Energieerzeugnisse in das empfangende Steuerlager oder den Betrieb des registrierten Empfängers oder mit der Übernahme der Energieerzeugnisse durch den Begünstigten (§ 9 c).

§ 12 *(aufgehoben)*

§ 13 Ausfuhr. (1) Energieerzeugnisse im Sinn des § 4 dürfen unter Steueraussetzung, auch über Drittländer oder Drittgebiete, aus Steuerlagern im Steuergebiet oder von registrierten Versendern vom Ort der Einfuhr im Steuergebiet zu einem Ort befördert werden, an dem die Energieerzeugnisse das Verbrauchsteuergebiet der Europäischen Gemeinschaft verlassen.

Energiesteuergesetz **§ 14 EnergieStG 46**

(2) ¹ Werden Energieerzeugnisse über Gebiete anderer Mitgliedstaaten ausgeführt, hat der Steuerlagerinhaber als Versender oder der registrierte Versender für die Beförderung unter Steueraussetzung eine in allen Mitgliedstaaten gültige Sicherheit zu leisten. ² Das Hauptzollamt kann auf Antrag zulassen, dass die Sicherheit durch den Beförderer oder den Eigentümer der Energieerzeugnisse geleistet wird. ³ Werden die Energieerzeugnisse auf dem Seeweg oder durch feste Rohrleitungen ausgeführt, kann der Steuerlagerinhaber oder der registrierte Versender von der Sicherheitsleistung befreit werden, wenn Steuerbelange nicht gefährdet erscheinen und die anderen betroffenen Mitgliedstaaten damit einverstanden sind. ⁴ Werden Energieerzeugnisse nicht über Gebiete anderer Mitgliedstaaten befördert, hat der Steuerlagerinhaber oder der registrierte Versender Sicherheit zu leisten, wenn Steuerbelange gefährdet erscheinen.

(3) Die Energieerzeugnisse sind unverzüglich vom Inhaber des abgebenden Steuerlagers, vom registrierten Versender oder vom Empfänger, falls dieser die Energieerzeugnisse bereits im Steuergebiet in Besitz genommen hat, aus dem Steuergebiet auszuführen.

(4) ¹ Die Beförderung unter Steueraussetzung beginnt, wenn die Energieerzeugnisse das abgebende Steuerlager verlassen oder am Ort der Einfuhr in den zollrechtlich freien Verkehr überführt worden sind. ² Sie endet, wenn die Energieerzeugnisse das Verbrauchsteuergebiet der Europäischen Gemeinschaft verlassen.

§ 14 Unregelmäßigkeiten während der Beförderung. (1) Als Unregelmäßigkeit gilt ein während der Beförderung unter Steueraussetzung eintretender Fall, mit Ausnahme der in § 8 Absatz 1a geregelten Fälle, auf Grund dessen die Beförderung oder ein Teil der Beförderung nicht ordnungsgemäß beendet werden kann.

(2) Tritt während der Beförderung von Energieerzeugnissen nach den §§ 10, 11 und 13 im Steuergebiet eine Unregelmäßigkeit ein, entsteht die Steuer, es sei denn, dass die Energieerzeugnisse nachweislich an Personen im Steuergebiet abgegeben worden sind, die zum Bezug von Energieerzeugnissen unter Steueraussetzung oder von steuerfreien Energieerzeugnissen berechtigt sind.

(3) Wird während der Beförderung unter Steueraussetzung aus einem Steuerlager in einem anderen Mitgliedstaat oder von einem Ort der Einfuhr in einem anderen Mitgliedstaat im Steuergebiet festgestellt, dass eine Unregelmäßigkeit eingetreten ist und kann nicht ermittelt werden, wo die Unregelmäßigkeit eingetreten ist, so gilt sie als im Steuergebiet und zum Zeitpunkt der Feststellung eingetreten.

(4) ¹ Sind Energieerzeugnisse unter Steueraussetzung aus dem Steuergebiet in einen anderen Mitgliedstaat befördert worden (§ 11 Absatz 1 Nummer 1, § 13 Absatz 1) und nicht an ihrem Bestimmungsort eingetroffen, ohne dass während der Beförderung eine Unregelmäßigkeit festgestellt worden ist, so gilt die Unregelmäßigkeit nach Absatz 1 als im Steuergebiet zum Zeitpunkt des Beginns der Beförderung eingetreten, es sei denn, der Versender führt innerhalb einer Frist von vier Monaten nach Beginn der Beförderung den hinreichenden Nachweis, dass die Energieerzeugnisse

1. am Bestimmungsort eingetroffen sind und die Beförderung ordnungsgemäß beendet wurde oder
2. auf Grund einer außerhalb des Steuergebiets eingetretenen Unregelmäßigkeit nicht am Bestimmungsort eingetroffen sind.

²Hatte die Person, die Sicherheit geleistet hat (§ 11 Absatz 2, § 13 Absatz 2), keine Kenntnis davon, dass die Energieerzeugnisse nicht an ihrem Bestimmungsort eingetroffen sind, und konnte sie auch keine Kenntnis davon haben, so hat sie innerhalb einer Frist von einem Monat ab Übermittlung dieser Information durch das Hauptzollamt die Möglichkeit, den Nachweis nach Satz 1 zu führen.

(5) Werden Energieerzeugnisse über das Gebiet eines anderen Mitgliedstaats in ein anderes Steuerlager im Steuergebiet oder zu einem Begünstigten (§ 9 c) im Steuergebiet befördert, gelten die Absätze 2 bis 4 sinngemäß.

(6) ¹Steuerschuldner ist
1. der Steuerlagerinhaber als Versender,
2. der registrierte Versender,
3. jede andere Person als unter Nummer 1 und 2, die Sicherheit geleistet hat,
4. die Person, die die Energieerzeugnisse aus der Beförderung entnommen hat oder in deren Namen die Energieerzeugnisse entnommen wurden,
5. jede Person, die an der Entnahme aus der Beförderung beteiligt war und wusste oder vernünftigerweise hätte wissen müssen, dass die Entnahme unrechtmäßig war.

²Mehrere Steuerschuldner sind Gesamtschuldner.

(7) ¹Der Steuerschuldner hat für die Energieerzeugnisse, für die die Steuer entstanden ist, unverzüglich eine Steuererklärung abzugeben und darin die Steuer selbst zu berechnen (Steueranmeldung). ²Die Steuer ist sofort fällig.

(8) Wird in den Fällen der Absätze 3 bis 5 vor Ablauf einer Frist von drei Jahren ab dem Tag, an dem die Beförderung begonnen hat, festgestellt, dass die Unregelmäßigkeit in einem anderen Mitgliedstaat eingetreten und die Steuer in diesem Mitgliedstaat nachweislich erhoben worden ist, wird die im Steuergebiet entrichtete Steuer auf Antrag erstattet.

Abschnitt 2. Verbringen von Energieerzeugnissen des steuerrechtlich freien Verkehrs

§ 15 Verbringen zu gewerblichen Zwecken. (1) ¹Werden Energieerzeugnisse im Sinn des § 4 aus dem steuerrechtlich freien Verkehr eines Mitgliedstaats zu gewerblichen Zwecken bezogen, entsteht die Steuer dadurch, dass der Bezieher
1. die Energieerzeugnisse im Steuergebiet in Empfang nimmt oder
2. die außerhalb des Steuergebiets in Empfang genommenen Energieerzeugnisse in das Steuergebiet verbringt oder verbringen lässt.

²Schließt sich an die Empfangnahme oder das Verbringen ein Verfahren der Steuerbefreiung (§ 24 Abs. 1) an, kommt es zu keiner Steuerentstehung. ³Steuerschuldner ist der Bezieher. ⁴Der Bezug durch eine Einrichtung des öffentlichen Rechts steht dem Bezug zu gewerblichen Zwecken gleich.

Energiesteuergesetz **§ 16 EnergieStG 46**

(2) ¹ Werden Energieerzeugnisse im Sinn des § 4 aus dem steuerrechtlich freien Verkehr eines Mitgliedstaats in anderen als den in Absatz 1 Satz 1 Nr. 1 und 2 genannten Fällen in das Steuergebiet verbracht, entsteht die Steuer dadurch, dass sie erstmals im Steuergebiet zu gewerblichen Zwecken in Besitz gehalten oder verwendet werden. ² Dies gilt nicht, wenn die in Besitz gehaltenen Energieerzeugnisse für einen anderen Mitgliedstaat bestimmt sind und unter zulässiger Verwendung eines Begleitdokuments nach Artikel 34 der Systemrichtlinie durch das Steuergebiet befördert werden. ³ Steuerschuldner ist, wer die Energieerzeugnisse versendet, in Besitz hält oder verwendet. ⁴ Schließt sich an die Inbesitznahme ein Verfahren der Steuerbefreiung an (§ 24 Abs. 1) oder werden die Energieerzeugnisse in einem solchen Verfahren verwendet, kommt es zu keiner Steuerentstehung.

(2 a) § 8 Absatz 1 a gilt entsprechend.

(3) Wer Energieerzeugnisse nach Absatz 1 oder 2 beziehen, in Besitz halten oder verwenden will, hat dies dem Hauptzollamt vorher anzuzeigen und für die Steuer Sicherheit zu leisten.

(4) Die Absätze 1 bis 3 gelten nicht

1. für Kraftstoffe in Hauptbehältern von Fahrzeugen, Spezialcontainern, Arbeitsmaschinen und -geräten sowie Kühl- und Klimaanlagen,
2. für Kraftstoffe, die in Reservebehältern eines Fahrzeugs bis zu einer Gesamtmenge von 20 Litern mitgeführt werden,
3. für Heizstoffe im Vorratsbehälter der Standheizung eines Fahrzeugs.

(5) ¹ Der Steuerschuldner hat für Energieerzeugnisse, für die die Steuer entstanden ist, unverzüglich eine Steuererklärung abzugeben und darin die Steuer selbst zu berechnen (Steueranmeldung). ² Die Steuer ist am 25. Tag des auf die Entstehung folgenden Monats fällig. ³ Wird das Verfahren nach Absatz 3 nicht eingehalten, ist die Steuer sofort fällig. ⁴ Das Hauptzollamt kann zur Steuervereinfachung zulassen, dass der Steuerschuldner abweichend von Satz 1 die Steueranmeldung für Energieerzeugnisse, für die die Steuer in einem Monat entstanden ist, bis zum 15. Tag des auf die Entstehung folgenden Monats abgibt.

§ 16 Verbringen zu privaten Zwecken. (1) ¹ Energieerzeugnisse im Sinn des § 4, die eine Privatperson für ihren Eigenbedarf in einem anderen Mitgliedstaat im steuerrechtlich freien Verkehr erwirbt und selbst in das Steuergebiet befördert, sind steuerfrei. ² Die Steuerfreiheit ist jedoch ausgeschlossen für

1. flüssige Heizstoffe, ausgenommen Flüssiggase in Flaschen, und
2. Kraftstoffe, die in anderen Behältnissen als dem Hauptbehälter des Fahrzeugs befördert werden, ausgenommen in Reservebehältern des Fahrzeugs bis zu einer Gesamtmenge von 20 Litern.

(2) ¹ Die Steuer für Energieerzeugnisse, die nach Absatz 1 Satz 2 nicht steuerfrei sind oder die auf Rechnung der Privatperson befördert werden, entsteht mit dem Verbringen in das Steuergebiet. ² Steuerschuldner ist die Privatperson.

(3) ¹ Für Energieerzeugnisse, für die die Steuer entstanden ist, hat der Steuerschuldner unverzüglich eine Steuererklärung abzugeben und darin die Steuer selbst zu berechnen (Steueranmeldung). ² Die Steuer ist sofort fällig.

§ 17 Entnahme aus Hauptbehältern. (1) [1] Für Energieerzeugnisse, für die auf Grund der Ausnahmeregelungen des § 15 Abs. 4 Nr. 1 oder Abs. 4 Nr. 3 keine Steuer nach § 15 Abs. 1 oder 2 entstanden ist oder die nach § 16 Abs. 1 in Hauptbehältern von Fahrzeugen unversteuert in das Steuergebiet verbracht worden sind, entsteht die Steuer dadurch, dass sie

1. aus dem Hauptbehälter oder dem Vorratsbehälter ohne technische Notwendigkeit entnommen oder nach der Entnahme abgegeben oder verwendet werden, soweit die Steuer nicht nach § 21 Abs. 1 entsteht,
2. zur stationären Nutzung eines Wasserfahrzeugs als Wohn-, Hotelschiff oder zu ähnlichen Zwecken verwendet werden.

[2] Steuerschuldner ist, wer eine der genannten Handlungen vornimmt. [3] Mehrere Steuerschuldner sind Gesamtschuldner.

(2) [1] Der Steuerschuldner hat für Energieerzeugnisse, für die die Steuer entstanden ist, unverzüglich eine Steuererklärung abzugeben und darin die Steuer selbst zu berechnen (Steueranmeldung). [2] Die Steuer ist sofort fällig. [3] Das Hauptzollamt kann auf Antrag im Einzelfall abweichende Fristen bestimmen; § 8 Abs. 7 gilt sinngemäß.

§ 18 Versandhandel. (1) [1] Versandhandel betreibt, wer Energieerzeugnisse im Sinn des § 4 aus dem steuerrechtlich freien Verkehr des Mitgliedstaates, in dem er seinen Sitz hat, an Privatpersonen in anderen Mitgliedstaaten liefert und den Versand der Energieerzeugnisse an den Erwerber selbst durchführt oder durch andere durchführen lässt (Versandhändler). [2] Als Privatpersonen gelten alle Erwerber, die sich gegenüber dem Versandhändler nicht als Abnehmer ausweisen, deren innergemeinschaftliche Erwerbe nach den Vorschriften des Umsatzsteuergesetzes der Umsatzsteuer unterliegen.

(2) Werden Energieerzeugnisse nach Absatz 1 durch einen Versandhändler mit Sitz in einem anderen Mitgliedstaat in das Steuergebiet geliefert, entsteht die Steuer mit der Auslieferung der Energieerzeugnisse an die Privatperson im Steuergebiet.

(2a) § 8 Absatz 1a gilt entsprechend.

(3) [1] Wer als Versandhändler Energieerzeugnisse in das Steuergebiet liefern will, hat dies vorher anzuzeigen und eine im Steuergebiet ansässige Person als Beauftragten zu benennen. [2] Die Anzeige und die Benennung haben gegenüber dem für den Beauftragten zuständigen Hauptzollamt zu erfolgen. [3] Der Beauftragte bedarf der Erlaubnis. [4] Sie wird auf Antrag unter Widerrufsvorbehalt Personen erteilt, gegen deren steuerliche Zuverlässigkeit keine Bedenken bestehen und die – soweit nach dem Handelsgesetzbuch oder der Abgabenordnung dazu verpflichtet – ordnungsmäßig kaufmännische Bücher führen und rechtzeitig Jahresabschlüsse aufstellen. [5] Der Beauftragte hat dem Hauptzollamt jede Lieferung unter Angabe der für die Versteuerung maßgebenden Merkmale vorher anzuzeigen und für die entstehende Steuer Sicherheit zu leisten sowie Aufzeichnungen über die Lieferungen des Versandhändlers in das Steuergebiet zu führen.

(4) [1] Steuerschuldner ist der Beauftragte. [2] Er hat für Energieerzeugnisse, für die die Steuer entstanden ist, unverzüglich eine Steuererklärung abzugeben und darin die Steuer selbst zu berechnen (Steueranmeldung). [3] Die Steuer ist am 25. Tag des auf die Entstehung der Steuer folgenden Monats fällig. [4] Werden Energieerzeugnisse nicht nur gelegentlich im Versandhandel geliefert,

kann das Hauptzollamt auf Antrag des Beauftragten zulassen, dass der Beauftragte abweichend von Satz 2 die Steueranmeldung für Energieerzeugnisse, für die die Steuer in einem Monat entstanden ist, bis zum 15. Tag des auf die Entstehung der Steuer folgenden Monats abgibt, und dass die fristgerechte Abgabe der Steueranmeldung der Anzeige nach Absatz 3 Satz 5 gleichsteht.
[5] Voraussetzung dafür ist, dass der Beauftragte Sicherheit in Höhe der während eines Monats entstehenden Steuer leistet. [6] Wird das Verfahren nach Absatz 3 nicht eingehalten, ist der Versandhändler Steuerschuldner. [7] Er hat unverzüglich eine Steueranmeldung abzugeben. [8] Die Steuer ist sofort fällig.

(5) Die Erlaubnis des Beauftragten ist zu widerrufen, wenn eine der in Absatz 3 Satz 4 und 5 genannten Voraussetzungen nicht mehr erfüllt ist oder eine geleistete Sicherheit nicht mehr ausreicht.

(6) [1] Wer als Versandhändler mit Sitz im Steuergebiet Energieerzeugnisse des steuerrechtlich freien Verkehrs in einen anderen Mitgliedstaat liefern will, hat dies vorher dem zuständigen Hauptzollamt anzuzeigen. [2] Er hat Aufzeichnungen über die gelieferten Energieerzeugnisse zu führen und die von dem Mitgliedstaat geforderten Voraussetzungen für die Lieferung zu erfüllen.

§ 18 a Unregelmäßigkeiten während der Beförderung im steuerrechtlich freien Verkehr. (1) [1] Tritt während der Beförderung von Energieerzeugnissen nach § 15 Absatz 1 und 2 oder § 18 Absatz 2 im Steuergebiet eine Unregelmäßigkeit ein, entsteht die Steuer, es sei denn, die Energieerzeugnisse sind nachweislich an Personen im Steuergebiet abgegeben worden, die zum Bezug von steuerfreien Energieerzeugnissen berechtigt sind.
[2] Dies gilt auch, wenn während der Beförderung im Steuergebiet eine Unregelmäßigkeit festgestellt wurde, ohne dass sich der Ort, an dem sie begangen wurde, bestimmen lässt.

(2) Als Unregelmäßigkeit gilt ein während der Beförderung eintretender Fall, mit Ausnahme der in § 8 Absatz 1 a geregelten Fälle, auf Grund dessen die Beförderung oder ein Teil der Beförderung nicht ordnungsgemäß beendet werden kann.

(3) [1] Steuerschuldner ist derjenige, der die Sicherheit nach § 15 Absatz 3 oder § 18 Absatz 3 Satz 5 geleistet hat und im Fall des § 15 Absatz 2 Satz 2 die Person, die die Energieerzeugnisse in Besitz hält. [2] Der Steuerschuldner hat für Energieerzeugnisse, für die die Steuer entstanden ist, unverzüglich eine Steueranmeldung abzugeben. [3] Die Steuer ist sofort fällig.

(4) Wird im Fall des Absatzes 1 Satz 2 vor Ablauf einer Frist von drei Jahren nach Beginn der Beförderung der Energieerzeugnisse der Ort der Unregelmäßigkeit festgestellt und liegt dieser in einem anderen Mitgliedstaat, wird die nach Absatz 3 erhobene Steuer auf Antrag des Steuerschuldners erlassen oder erstattet, wenn er den Nachweis über die Entrichtung der Steuer in diesem Mitgliedstaat vorlegt.

Abschnitt 2 a. Einfuhr von Energieerzeugnissen aus Drittländern oder Drittgebieten

§ 19 Einfuhr. (1) Einfuhr ist
1. der Eingang von Energieerzeugnissen aus Drittländern oder Drittgebieten in das Steuergebiet, es sei denn, die Energieerzeugnisse befinden sich beim Eingang in einem zollrechtlichen Nichterhebungsverfahren;

2. die Entnahme von Energieerzeugnissen aus einem zollrechtlichen Nichterhebungsverfahren im Steuergebiet, es sei denn, es schließt sich ein weiteres zollrechtliches Nichterhebungsverfahren an.

(2) Zollrechtliche Nichterhebungsverfahren sind

1. beim Eingang von Energieerzeugnissen im zollrechtlichen Status als Nichtgemeinschaftswaren aus Drittländern und Drittgebieten:

   a) die nach Titel III Kapitel 1 bis 4 des Zollkodex vorgesehenen besonderen Verfahren der Zollüberwachung beim Eingang in das Zollgebiet der Gemeinschaft,

   b) die vorübergehende Verwahrung nach Titel III Kapitel 5 des Zollkodex,

   c) die Verfahren in Freizonen oder Freilagern nach Titel IV Kapitel 3 Abschnitt 1 des Zollkodex,

   d) alle in Artikel 84 Absatz 1 Buchstabe a des Zollkodex genannten Verfahren,

   e) das nationale Zollverfahren der Truppenverwendung nach § 2 des Truppenzollgesetzes vom 19. Mai 2009 (BGBl. I S. 1090) in der jeweils geltenden Fassung,

   und die dazu ergangenen Vorschriften;

2. beim Eingang von Energieerzeugnissen im zollrechtlichen Status als Gemeinschaftswaren aus Drittgebieten in sinngemäßer Anwendung die nach Titel III Kapitel 1 bis 4 des Zollkodex vorgesehenen besonderen Verfahren der Zollüberwachung beim Eingang in das Zollgebiet der Gemeinschaft.

§ 19 a Unregelmäßigkeiten im zollrechtlichen Nichterhebungsverfahren. Tritt in einem zollrechtlichen Nichterhebungsverfahren, in dem sich die Energieerzeugnisse im Sinn des § 4 befinden, eine Unregelmäßigkeit ein, gilt Artikel 215 des Zollkodex sinngemäß.

§ 19 b Steuerentstehung, Steuerschuldner. (1) [1] Die Steuer entsteht zum Zeitpunkt der Überführung der Energieerzeugnisse im Sinn des § 4 in den steuerrechtlich freien Verkehr durch die Einfuhr, es sei denn, die Energieerzeugnisse werden unmittelbar am Ort der Einfuhr in ein Verfahren der Steueraussetzung (§ 5) oder ein Verfahren der Steuerbefreiung (§ 24 Absatz 1) überführt. [2] Die Steuer entsteht nicht, wenn die Energieerzeugnisse unter Steueraussetzung aus dem Steuergebiet oder einem anderen Mitgliedstaat über Drittländer oder Drittgebiete in das Steuergebiet befördert wurden.

(2) [1] Steuerschuldner ist

1. die Person, die nach den Zollvorschriften verpflichtet ist, die Energieerzeugnisse anzumelden oder in deren Namen die Energieerzeugnisse angemeldet werden,

2. jede andere Person, die an einer unrechtmäßigen Einfuhr beteiligt war.

[2] Mehrere Steuerschuldner sind Gesamtschuldner.

(3) [1] Für die Fälligkeit, den Zahlungsaufschub, das Erlöschen, ausgenommen das Erlöschen durch Einziehung, das Steuerverfahren sowie die Nacherhebung, den Erlass und die Erstattung in anderen Fällen als nach Artikel 220 Absatz 2 Buchstabe b und Artikel 239 des Zollkodex gelten die Zollvorschrif-

ten sinngemäß. ²Abweichend von Satz 1 bleiben die §§ 163 und 227 der Abgabenordnung unberührt.

(4) Für Energieerzeugnisse, die in der Truppenverwendung (§ 19 Absatz 2 Nummer 1 Buchstabe e) zweckwidrig verwendet werden, finden abweichend von den Absätzen 1 bis 3 die Vorschriften des Truppenzollgesetzes Anwendung.

Abschnitt 3. Steuerrechtlich freier Verkehr in sonstigen Fällen

§ 20 Differenzversteuerung. (1) ¹Werden nach § 2 Abs. 3 Satz 1 versteuerte Energieerzeugnisse, ausgenommen Erdgas, nicht zu den in § 2 Abs. 3 Satz 1 und 2 genannten Zwecken abgegeben oder verwendet, entsteht vorbehaltlich Absatz 3 und § 21 die Steuer in Höhe der Differenz zu dem zutreffenden Steuersatz des § 2 Abs. 1 oder 2. ²Kann der Verbleib der Energieerzeugnisse nicht festgestellt werden, gilt Satz 1 entsprechend.

(2) ¹Werden nach § 2 Abs. 1 Nr. 8 Buchstabe a oder Abs. 2 Nr. 2 versteuerte Flüssiggase nicht unvermischt mit anderen Energieerzeugnissen abgegeben oder verwendet, entsteht die Steuer in Höhe der Differenz zu dem Steuersatz des § 2 Abs. 1 Nr. 8 Buchstabe b. ²Satz 1 gilt entsprechend, wenn der Verbleib der Energieerzeugnisse nicht festgestellt werden kann.

(3) ¹Die Steuer entsteht nicht, wenn die Energieerzeugnisse untergegangen sind. ²Schwund steht dem Untergang gleich. ³Darüber hinaus entsteht keine Steuer, wenn Energieerzeugnisse im Sinn des § 4 an ein Steuerlager abgegeben werden.

(4) ¹Steuerschuldner ist, wer eine der genannten Handlungen vornimmt. ²Mehrere Steuerschuldner sind Gesamtschuldner. ³Der Steuerschuldner hat für Energieerzeugnisse, für die die Steuer entstanden ist, unverzüglich eine Steuererklärung abzugeben und darin die Steuer selbst zu berechnen (Steueranmeldung). ⁴Die Steuer ist sofort fällig.

§ 21 Entstehung der Steuer für gekennzeichnete Energieerzeugnisse.

(1) ¹Die Steuer entsteht für Energieerzeugnisse, die zugelassene Kennzeichnungsstoffe enthalten und die als Kraftstoff bereitgehalten, abgegeben, mitgeführt oder verwendet werden, in Höhe des Steuersatzes nach § 2 Abs. 1 Nr. 4 Buchstabe a. ²Satz 1 gilt nicht in den Fällen nach den §§ 3, 3a, 17 Abs. 1 Satz 1 Nr. 2, §§ 26, 27 Abs. 1 sowie in den nach § 66 Abs. 1 Nr. 12 zugelassenen Fällen. ³Zu versteuern ist abweichend von Satz 1

1. mindestens die Menge, die dem Fassungsvermögen des jeweiligen Hauptbehälters entspricht, wenn die genannten Handlungen bei der Überprüfung von Fahrzeugen oder Anlagen, in denen Energieerzeugnisse als Kraftstoff verwendet werden, festgestellt werden,

2. nur die in den Rohrleitungen, Armaturen oder im Abgabeschlauch eines Transportmittels verbliebene Restmenge an gekennzeichnetem Gasöl in dem Fall, dass ein Gemisch dadurch entstanden ist, dass die Restmenge beim Abgabevorgang eines nicht gekennzeichneten Energieerzeugnisses diesem zugegeben wurde.

(2) ¹Steuerschuldner ist, wer eine der genannten Handlungen vornimmt. ²Mehrere Steuerschuldner sind Gesamtschuldner. ³Im Falle des Absatzes 1 bleiben Steuern, die auf Grund von anderen als den dort genannten Tat-

beständen entstanden sind, unberührt. [4] Der Steuerschuldner hat für Energieerzeugnisse, für die die Steuer entstanden ist, unverzüglich eine Steuererklärung abzugeben und darin die Steuer selbst zu berechnen (Steueranmeldung). [5] Die Steuer ist sofort fällig.

§ 22 Entstehung der Steuer für Energieerzeugnisse im Sinn des § 4, Auffangtatbestand. (1) [1] Ist für Energieerzeugnisse im Sinn des § 4 eine Steuer nicht auf Grund einer sonstigen Bestimmung dieses Gesetzes entstanden, so entsteht sie dadurch, dass die Energieerzeugnisse als Kraft- oder Heizstoff oder als Zusatz oder Verlängerungsmittel von Kraft- oder Heizstoffen abgegeben oder verwendet werden. [2] Satz 1 gilt nicht für Gemische, die bei den in § 6 Abs. 2 Nr. 1 und 2 genannten Mischvorgängen entstanden sind.

(2) [1] Steuerschuldner ist, wer eine der genannten Handlungen vornimmt. [2] Mehrere Steuerschuldner sind Gesamtschuldner. [3] Der Steuerschuldner hat für Energieerzeugnisse, für die die Steuer entstanden ist, unverzüglich eine Steuererklärung abzugeben und darin die Steuer selbst zu berechnen (Steueranmeldung). [4] Die Steuer ist sofort fällig. [5] Das Hauptzollamt kann auf Antrag eine § 8 Absatz 3 bis 6 entsprechende Regelung treffen; § 6 Absatz 3 Satz 2 und 3 und § 8 Absatz 7 gelten sinngemäß.

§ 23 Entstehung der Steuer für sonstige Energieerzeugnisse. (1) [1] Für andere als in § 4 genannte Energieerzeugnisse, ausgenommen Kohle und Erdgas, entsteht die Steuer vorbehaltlich § 20 Abs. 1 dadurch, dass sie
1. erstmals im Steuergebiet als Kraft- oder Heizstoff oder als Zusatz oder Verlängerungsmittel von Kraft- oder Heizstoffen abgegeben werden,
2. im Steuergebiet als Kraft- oder Heizstoff verwendet werden, wenn eine Steuer nicht nach Nummer 1 entstanden ist,
3. mit Energieerzeugnissen im Sinn des § 4 außerhalb eines Steuerlagers gemischt werden, wenn das Gemisch ein Energieerzeugnis im Sinn des § 4 ist und als Kraft- oder Heizstoff oder als Zusatz oder Verlängerungsmittel von Kraft- oder Heizstoffen abgegeben oder verwendet wird, oder
4. mit versteuertem Erdgas gemischt werden, wenn das Gemisch Erdgas ist und als Kraft- oder Heizstoff oder als Zusatz oder Verlängerungsmittel von Kraft- oder Heizstoffen abgegeben oder verwendet wird.

[2] Nachweisliche Vorversteuerungen sind anzurechnen. [3] Die Steuer entsteht nicht, wenn die Voraussetzungen eines Verfahrens der Steuerbefreiung (§ 24 Abs. 1) vorliegen.

(2) Absatz 1 gilt nicht
1. für Schmierstoffe zur Herstellung von Zweitaktergemischen,
2. für Wasser zur Herstellung von Diesel-Wasser-Gemischen und
3. für Kraft- und Heizstoffadditive der Position 3811 der Kombinierten Nomenklatur und andere Energieerzeugnisse, die zur Verwendung als Zusatz oder Verlängerungsmittel von Kraft- oder Heizstoffen bestimmt sind, wenn sie an ein Steuerlager abgegeben, aus dem Steuergebiet verbracht oder ausgeführt werden.

(3) Steuerschuldner ist
1. im Falle des Absatzes 1 Satz 1 Nr. 1 derjenige, der die Energieerzeugnisse abgibt, wenn dieser im Steuergebiet ansässig ist, andernfalls der Empfänger,
2. im Übrigen derjenige, der eine der genannten Handlungen vornimmt.

Energiesteuergesetz §§ 24, 25 EnergieStG 46

(4) [1] Wer Energieerzeugnisse nach Absatz 1 abgeben, beziehen oder verwenden will, hat dies dem zuständigen Hauptzollamt vorher anzuzeigen. [2] Erfolgen die Handlungen nicht nur gelegentlich, kann das Hauptzollamt auf weitere Anzeigen verzichten.

(5) Für die nach Absatz 1 entstehende Steuer ist im Voraus Sicherheit zu leisten, wenn Anzeichen für eine Gefährdung der Steuer erkennbar sind.

(6) [1] Der Steuerschuldner hat für Energieerzeugnisse, für die in einem Monat die Steuer entstanden ist, eine Steuererklärung abzugeben und darin die Steuer selbst zu berechnen (Steueranmeldung). [2] Für die Fristen zur Abgabe der Steuererklärung und die Fälligkeit der Steuer gilt § 8 Abs. 3 bis 6 entsprechend. [3] Wird das Verfahren nach Absatz 4 nicht eingehalten oder eine nach Absatz 5 angeforderte Sicherheit nicht geleistet, hat der Steuerschuldner für die entstandene Steuer unverzüglich eine Steuererklärung abzugeben und darin die Steuer selbst zu berechnen (Steueranmeldung). [4] Die Steuer ist sofort fällig.

Abschnitt 4. Steuerbefreiungen

§ 24 Begriffsbestimmungen, Erlaubnis. (1) [1] Verfahren der Steuerbefreiung sind die steuerfreie Verwendung und die steuerfreie Verteilung. [2] Energieerzeugnisse, die nach den §§ 25 bis 29 steuerfrei verwendet werden dürfen, können zu diesen Zwecken steuerfrei abgegeben werden.

(2) [1] Wer Energieerzeugnisse steuerfrei in den Fällen der §§ 25 bis 29 verwenden will, bedarf der Erlaubnis als Verwender. [2] Wer Energieerzeugnisse steuerfrei in den Fällen der §§ 25 bis 29 abgeben will, bedarf vorbehaltlich Absatz 3 der Erlaubnis als Verteiler.

(3) [1] Einer Erlaubnis als Verteiler bedarf nicht der Inhaber eines Steuerlagers, soweit er Energieerzeugnisse aus dem Steuerlager zu steuerfreien Zwecken abgibt. [2] In diesem Fall befinden sich die Energieerzeugnisse mit der Entfernung aus dem Steuerlager im Verfahren der Steuerbefreiung des Empfängers.

(4) Inhabern einer Erlaubnis nach Absatz 2 kann auch die Ausfuhr und das Verbringen von Energieerzeugnissen aus dem Steuergebiet erlaubt werden, sofern Steuerbelange nicht beeinträchtigt sind.

(5) [1] Die Erlaubnis nach Absatz 2 und 4 wird auf Antrag unter Widerrufsvorbehalt Personen erteilt, gegen deren steuerliche Zuverlässigkeit keine Bedenken bestehen. [2] Sie ist zu widerrufen, wenn die Voraussetzung nach Satz 1 nicht mehr erfüllt ist.

(6) [1] Der Erlaubnisinhaber hat die Energieerzeugnisse, soweit er sie in seinem Betrieb verwenden will, unverzüglich aufzunehmen. [2] Die Energieerzeugnisse dürfen nur zu dem in der Erlaubnis genannten Zweck verwendet oder abgegeben werden.

§ 25 Steuerbefreiung für Verwendungen zu anderen Zwecken.

(1) [1] Energieerzeugnisse im Sinn des § 4 dürfen steuerfrei verwendet werden zu anderen Zwecken als

1. zur Verwendung als Kraft- oder Heizstoff,
2. zur Herstellung von in § 4 genannten Kraft- oder Heizstoffen.

² Eine steuerfreie Verwendung ist ausgeschlossen, wenn in der Verwendung eine Herstellung nach § 6 liegt. ³ Satz 2 gilt nicht, wenn zur Herstellung eines Energieerzeugnisses im Sinn des § 4 Waren der Unterpositionen 2710 11 21, 2710 11 25 oder 2710 19 29 der Kombinierten Nomenklatur eingesetzt werden und diese im Sinn des § 4 Nr. 3 nicht unter Steueraussetzung befördert werden können.

(2) Energieerzeugnisse dürfen steuerfrei verwendet werden als Probe zu Untersuchungszwecken.

§ 26[1]**) Steuerbefreiung, Eigenverbrauch.** (1) ¹ Auf dem Betriebsgelände eines Betriebs, der Energieerzeugnisse herstellt, dürfen zur Aufrechterhaltung des Betriebs andere Energieerzeugnisse als Kohle und Erdgas vom Inhaber des Betriebs steuerfrei verwendet werden, jedoch nicht für den Antrieb von Fahrzeugen. ² § 1 Absatz 3 Satz 2 gilt nicht.

(2) Absatz 1 gilt für Kohlebetriebe (§ 31 Absatz 1 Satz 1) nur unter der Voraussetzung, dass die verwendeten Energieerzeugnisse auf dem Betriebsgelände des Kohlebetriebs hergestellt wurden.

(3) Die Absätze 1 und 2 gelten nicht für die in § 6 Absatz 2 genannten Vorgänge, es sei denn, diese Vorgänge finden in einem Herstellungsbetrieb (§ 6) oder in einem Gasgewinnungsbetrieb (§ 44 Absatz 3) statt.

§ 27 Steuerbefreiung, Schiff- und Luftfahrt. (1) ¹ Energieerzeugnisse der Unterpositionen 2710 19 41 bis 2710 19 99 der Kombinierten Nomenklatur dürfen steuerfrei verwendet werden in Wasserfahrzeugen

1. für die Schifffahrt mit Ausnahme der privaten nichtgewerblichen Schifffahrt,
2. bei der Instandhaltung von Wasserfahrzeugen nach Nummer 1 und
3. bei der Herstellung von Wasserfahrzeugen.

² Dies gilt für Energieerzeugnisse der Unterpositionen 2710 19 41 bis 2710 19 49 der Kombinierten Nomenklatur nur, wenn sie ordnungsgemäß gekennzeichnet sind.

(2) Flugbenzin der Unterposition 2710 11 31 der Kombinierten Nomenklatur, dessen Researchoktanzahl den Wert von 100 nicht unterschreitet, und Flugturbinenkraftstoff der Unterposition 2710 19 21 der Kombinierten Nomenklatur dürfen steuerfrei verwendet werden in Luftfahrzeugen

1. für die Luftfahrt mit Ausnahme der privaten nichtgewerblichen Luftfahrt,
2. bei der Instandhaltung von Luftfahrzeugen nach Nummer 1 sowie
3. bei der Entwicklung und Herstellung von Luftfahrzeugen.

(3) Die in Absatz 2 genannten Energieerzeugnisse dürfen steuerfrei verwendet werden in für Luftfahrzeuge bestimmten Triebwerken und Motoren bei deren Entwicklung und Herstellung.

---

[1] § 26 neu gef. durch G v. 1. 3. 2011 (BGBl. I S. 282). Gem. Art. 5 Abs. 2 a des G v. 1. 3. 2011 (BGBl. I S. 282) tritt § 26 vorbehaltlich der hierzu erforderlichen beihilferechtlichen Genehmigung durch die Europäische Kommission mWv 1. Januar 2011 in Kraft. Der Zeitpunkt der Genehmigung sowie der Tag des Inkrafttretens sind vom Bundesministerium der Finanzen im Bundesgesetzblatt gesondert bekannt zu geben.

Energiesteuergesetz §§ 28–31 EnergieStG 46

§ 28[1]) **Steuerbefreiung für gasförmige Energieerzeugnisse.** [1] Zu den in § 2 Abs. 3 Satz 1 genannten Zwecken dürfen steuerfrei verwendet werden:
1. gasförmige Biokraft- und Bioheizstoffe, unvermischt mit anderen Energieerzeugnissen, und gasförmige Kohlenwasserstoffe, die aus dem biologisch abbaubaren Anteil von Abfällen gewonnen werden und bei der Lagerung von Abfällen oder bei der Abwasserreinigung anfallen,
2. Energieerzeugnisse der Position 2705 der Kombinierten Nomenklatur.

[2] Ein Mischen mit anderen Energieerzeugnissen im Betrieb des Verwenders unmittelbar vor der Verwendung schließt für den eingesetzten Anteil an Energieerzeugnissen nach Satz 1 die Steuerbefreiung nicht aus. [3] Satz 1 Nr. 2 gilt nicht für Energieerzeugnisse der Position 2705 der Kombinierten Nomenklatur, soweit diese Waren der Position 2710 oder 2711 der Kombinierten Nomenklatur, die nicht nach Satz 1 steuerfrei sind, durch Beimischung enthalten oder aus diesen Waren erzeugt worden sind.

§ 29 *(aufgehoben)*

§ 30 Zweckwidrigkeit. (1) [1] Die Steuer entsteht vorbehaltlich § 21 nach dem zutreffenden Steuersatz des § 2, wenn die Energieerzeugnisse entgegen der in der Erlaubnis genannten Zweckbestimmung verwendet oder abgegeben werden, nicht in den Betrieb aufgenommen werden oder der Verbleib der Energieerzeugnisse nicht festgestellt werden kann. [2] Die Steuer entsteht nicht, wenn die Energieerzeugnisse untergegangen oder an Personen abgegeben worden sind, die zum Bezug von steuerfreien Energieerzeugnissen berechtigt sind. [3] Darüber hinaus entsteht auch keine Steuer, wenn Energieerzeugnisse im Sinn des § 4 an Steuerlagerinhaber abgegeben werden. [4] Schwund steht dem Untergang gleich.

(2) [1] Steuerschuldner ist der Erlaubnisinhaber, wenn er vor Entstehung der Steuer Besitz an den Energieerzeugnissen erlangt hat, sonst der Steuerlagerinhaber. [2] Werden Energieerzeugnisse zu steuerfreien Zwecken an einen Nichtberechtigten abgegeben, ist daneben auch der Nichtberechtigte Steuerschuldner. [3] Mehrere Steuerschuldner sind Gesamtschuldner. [4] Der Steuerschuldner hat für Energieerzeugnisse, für die die Steuer entstanden ist, unverzüglich eine Steuererklärung abzugeben und darin die Steuer selbst zu berechnen (Steueranmeldung). [5] Die Steuer ist sofort fällig.

Kapitel 3. Bestimmungen für Kohle

§ 31 Begriffsbestimmungen, Anmeldung, Erlaubnis. (1) [1] Kohlebetriebe im Sinne dieses Gesetzes sind vorbehaltlich Absatz 2 Betriebe, in denen Kohle gewonnen oder bearbeitet wird. [2] Kohlelieferer im Sinne dieses Gesetzes ist, wer Kohle gewerbsmäßig liefert.

---

[1]) § 28 Satz 1 Nr. 1 neu gef., Satz 2 geänd. mWv 1. 4. 2011 durch G v. 1. 3. 2011 (BGBl. I S. 282). Gem. Art. 5 Abs. 5 a des G v. 1. 3. 2011 (BGBl. I S. 282) tritt § 28 Satz 1 Nr. 1 vorbehaltlich der hierzu erforderlichen beihilferechtlichen Genehmigung durch die Europäische Kommission mWv. 1. April 2011 in Kraft. Der Zeitpunkt der Genehmigung sowie der Tag des Inkrafttretens sind vom Bundesministerium der Finanzen im Bundesgesetzblatt gesondert bekannt zu geben.

(2) Für Betriebe, die nicht schon aus anderen Gründen Kohlebetriebe sind, gelten das Mischen, Trocknen und Zerkleinern von Kohle nicht als Bearbeiten von Kohle.

(3) Wer Kohle gewinnen oder bearbeiten will, hat dies dem zuständigen Hauptzollamt vor Eröffnung des Betriebes anzumelden.

(4) [1] Wer als Inhaber eines Kohlebetriebes oder als Kohlelieferer Kohle unversteuert beziehen will, bedarf der Erlaubnis. [2] Sie wird auf Antrag unter Widerrufsvorbehalt Personen erteilt, gegen deren steuerliche Zuverlässigkeit keine Bedenken bestehen und die – soweit nach dem Handelsgesetzbuch oder der Abgabenordnung dazu verpflichtet – ordnungsmäßig kaufmännische Bücher führen und rechtzeitig Jahresabschlüsse aufstellen. [3] Vor der Erteilung ist Sicherheit für die Steuer zu leisten, die voraussichtlich während zweier Monate entsteht (§ 32), wenn Anzeichen für eine Gefährdung der Steuer erkennbar sind.

(5) [1] Die Erlaubnis ist zu widerrufen, wenn eine der Voraussetzungen nach Absatz 4 Satz 2 nicht mehr erfüllt ist oder eine angeforderte Sicherheit nicht geleistet wird. [2] Die Erlaubnis kann widerrufen werden, wenn eine geleistete Sicherheit nicht mehr ausreicht.

§ 32 Entstehung der Steuer. (1) [1] Die Steuer entsteht vorbehaltlich der §§ 34 und 35 dadurch, dass

1. Kohle im Steuergebiet erstmals an Personen geliefert wird, die die Kohle nicht als Inhaber einer Erlaubnis nach § 31 Abs. 4 oder § 37 Abs. 1 beziehen,
2. Kohle im Steuergebiet durch Inhaber einer Erlaubnis nach § 31 Abs. 4 verwendet wird,
3. selbst gewonnene oder bearbeitete Kohle im Steuergebiet verwendet wird, soweit die Steuer nicht nach Nummer 2 entsteht.

[2] Satz 1 Nr. 2 und 3 gilt nicht, wenn zugleich die Voraussetzungen des § 37 Abs. 1 und 2 vorliegen.

(2) [1] Steuerschuldner ist

1. im Falle des Absatzes 1 Satz 1 Nr. 1 der Kohlelieferer, wenn dieser im Steuergebiet ansässig ist, andernfalls der Empfänger,
2. im Falle des Absatzes 1 Satz 1 Nr. 2 der Inhaber der Erlaubnis,
3. im Falle des Absatzes 1 Satz 1 Nr. 3 derjenige, der die Kohle verwendet.

[2] Wird Kohle zu steuerfreien Zwecken an einen Nichtberechtigten geliefert, ist im Falle der Nummer 1 neben dem Kohlelieferer auch der Nichtberechtigte Steuerschuldner.

(3) Für die nach Absatz 1 entstehende Steuer ist im Voraus Sicherheit zu leisten, wenn Anzeichen für eine Gefährdung der Steuer erkennbar sind.

(4) [1] Die Kohle gilt als geliefert im Sinne des Absatzes 1 Nr. 1, wenn deren Verbleib bei der Beförderung im Steuergebiet nicht festgestellt werden kann. [2] Dies gilt nicht für untergegangene Kohle. [3] Schwund steht dem Untergang gleich. [4] Neben dem Steuerschuldner nach Absatz 2 Satz 1 Nr. 1 ist derjenige Steuerschuldner, der die Kohle verwendet. [5] Mehrere Steuerschuldner sind Gesamtschuldner.

Energiesteuergesetz   **§§ 33–37 EnergieStG** 46

§ 33 Steueranmeldung, Fälligkeit. (1) ¹Der Steuerschuldner hat für Kohle, für die in einem Monat die Steuer nach § 32 Abs. 1 entstanden ist, bis zum 15. Tag des folgenden Monats eine Steuererklärung abzugeben und darin die Steuer selbst zu berechnen (Steueranmeldung). ²Die Steuer, die in einem Monat entstanden ist, ist am 25. Tag des folgenden Monats fällig.

(2) ¹In den Fällen des § 32 Abs. 4 hat der Steuerschuldner unverzüglich eine Steuererklärung abzugeben und darin die Steuer selbst zu berechnen (Steueranmeldung). ²Die Steuer ist sofort fällig.

§ 34 Verbringen in das Steuergebiet. ¹Wird Kohle aus einem Mitgliedstaat in das Steuergebiet verbracht, gelten die §§ 15, 16 Abs. 1 Satz 1 und Abs. 2 und § 18 sinngemäß, es sei denn, dass im Falle des § 15 die Kohle durch den Inhaber einer Erlaubnis nach § 31 Abs. 4 oder § 37 Abs. 1 bezogen, in Besitz gehalten oder verwendet wird. ²Abweichend von § 15 Absatz 2 Satz 2 muss bei der Beförderung von Kohle das dort genannte Begleitdokument nicht mitgeführt werden.

§ 35 Einfuhr. Wird Kohle in das Steuergebiet eingeführt (§ 19), gelten die §§ 19a und 19b mit der Maßgabe sinngemäß, dass die Steuer nicht entsteht, wenn die Einfuhr durch den Inhaber einer Erlaubnis nach § 31 Absatz 4 oder § 37 Absatz 1 erfolgt oder sich die Abgabe an einen solchen unmittelbar an die Einfuhr anschließt.

§ 36 Steuerentstehung, Auffangtatbestand. (1) Ist für Kohle eine Steuer nicht auf Grund einer sonstigen Bestimmung dieses Gesetzes entstanden, so entsteht sie dadurch, dass die Kohle im Steuergebiet als Kraft- oder Heizstoff verwendet wird.

(2) ¹Steuerschuldner ist derjenige, der die Kohle verwendet. ²Der Steuerschuldner hat für Kohle, für die die Steuer entstanden ist, unverzüglich eine Steuererklärung abzugeben und darin die Steuer selbst zu berechnen (Steueranmeldung). ³Die Steuer ist sofort fällig.

§ 37 Steuerbefreiung, Erlaubnis, Zweckwidrigkeit. (1) ¹Wer Kohle steuerfrei in den Fällen des Absatzes 2 verwenden will, bedarf der Erlaubnis. ²Sie wird auf Antrag unter Widerrufsvorbehalt Personen erteilt, gegen deren steuerliche Zuverlässigkeit keine Bedenken bestehen. ³Die Erlaubnis ist zu widerrufen, wenn die Voraussetzung nach Satz 2 nicht mehr erfüllt ist.

(2) ¹Kohle darf steuerfrei verwendet werden

1. zu anderen Zwecken als zur Verwendung als Kraft- oder Heizstoff,
2. auf dem Betriebsgelände eines Kohlebetriebes (§ 31 Abs. 1 Satz 1) vom Inhaber des Betriebes zur Aufrechterhaltung des Betriebes,
3. als Kraft- oder Heizstoff zur Stromerzeugung,
4. als Heizstoff für Prozesse und Verfahren nach § 51,
5. als Probe zu betrieblich erforderlichen Untersuchungen und Prüfungen oder zu Zwecken der Steuer- oder Gewerbeaufsicht,
6. bis zum 31. Dezember 2010 von privaten Haushalten als Heizstoff zur Deckung des eigenen Wärmebedarfs.

² Wenn im Falle von Satz 1 Nr. 3 die erzeugte mechanische Energie neben der Stromerzeugung auch anderen Zwecken dient, ist nur der auf die Stromerzeugung entfallende Anteil an Kohle von der Steuer befreit. ³ Das Hauptzollamt kann auf Antrag in den Fällen des Satzes 1 Nr. 3 und 4 zulassen, dass Kohle aus betrieblichen Gründen auch zu anderen als den dort genannten Zwecken steuerfrei bezogen werden kann. ⁴ Für diese Kohle entsteht die Steuer mit der Verwendung als Kraft- oder Heizstoff. ⁵ Steuerschuldner ist der Inhaber der Erlaubnis. ⁶ Für die Steueranmeldung und die Fälligkeit gilt § 33 Abs. 1 entsprechend.

(3) ¹ Die Kohle darf nur zu den in der Erlaubnis genannten Zwecken verwendet werden. ² Die Steuer entsteht für Kohle, die entgegen der in der Erlaubnis genannten Zweckbestimmung verwendet wird oder deren Verbleib nicht festgestellt werden kann. ³ Die Steuer entsteht nicht für Kohle, die untergegangen ist. ⁴ Schwund steht dem Untergang gleich. ⁵ Steuerschuldner ist der Erlaubnisinhaber. ⁶ Der Steuerschuldner hat für Energieerzeugnisse, für die die Steuer entstanden ist, unverzüglich eine Steuererklärung abzugeben und darin die Steuer selbst zu berechnen (Steueranmeldung). ⁷ Die Steuer ist sofort fällig.

(4) ¹ Kohle gilt als entgegen der in der Erlaubnis genannten Zweckbestimmung verwendet (Absatz 3), soweit die Erlaubnis zur steuerfreien Verwendung von Kohle nach § 37 Absatz 2 Satz 1 Nummer 4 in Verbindung mit § 51 Absatz 1 Nummer 1 oder der Fortbestand einer solchen Erlaubnis durch Angaben erwirkt worden ist, die in wesentlicher Hinsicht unrichtig oder unvollständig waren. ² Abweichend von Absatz 3 Satz 6 und 7 bestimmt das Hauptzollamt die Frist für die Abgabe der Steueranmeldung und den Zeitpunkt der Fälligkeit der Steuer.

Kapitel 4. Bestimmungen für Erdgas

§ 38 Entstehung der Steuer. (1) ¹ Die Steuer entsteht dadurch, dass geliefertes oder selbst erzeugtes Erdgas im Steuergebiet zum Verbrauch aus dem Leitungsnetz entnommen wird, es sei denn, es schließt sich eine steuerfreie Verwendung (§ 44) an. ² Gasgewinnungsbetriebe und Gaslager gelten mit der Maßgabe als dem Leitungsnetz zugehörig, dass ein dortiger Verbrauch von Erdgas als Entnahme aus dem Leitungsnetz gilt. ³ Die Entnahme aus dem Leitungsnetz zur nicht leitungsgebundenen Weitergabe gilt als Entnahme zum Verbrauch.

(2) Steuerschuldner ist
1. der Lieferer, wenn dieser im Steuergebiet ansässig ist und das gelieferte Erdgas nicht durch einen anderen Lieferer aus dem Leitungsnetz entnommen wird,
2. andernfalls derjenige, der das Erdgas aus dem Leitungsnetz entnimmt.

(3) Wer mit Sitz im Steuergebiet Erdgas liefern, selbst erzeugtes Erdgas zum Selbstverbrauch im Steuergebiet entnehmen oder Erdgas von einem nicht im Steuergebiet ansässigen Lieferer zum Verbrauch beziehen will, hat dies vorher beim Hauptzollamt anzumelden.

(4) ¹ Das Hauptzollamt kann auf Antrag zulassen, dass derjenige, der Erdgas an seine Mieter, Pächter oder vergleichbare Vertragsparteien liefert, nicht als

anderer Lieferer (Absatz 2 Nr. 1) gilt. ² An den Inhaber der Zulassung geliefertes Erdgas gilt dann mit der Lieferung an ihn als aus dem Leitungsnetz entnommen. ³ § 42 bleibt dadurch unberührt.

(5) ¹ Erdgas gilt mit der Lieferung an einen Lieferer, der entgegen Absatz 3 nicht angemeldet ist, als im Steuergebiet zum Verbrauch aus dem Leitungsnetz entnommen, wenn die Lieferung des Erdgases in der Annahme erfolgt, dass eine Steuer nach Absatz 1 entstanden sei. ² Eine Steuerentstehung durch die tatsächliche Entnahme des Erdgases aus dem Leitungsnetz bleibt dadurch unberührt. ³ Dem nicht angemeldeten Lieferer wird auf Antrag die Steuer, die er ihn beliefernde Lieferer entrichtet hat, vergütet, soweit er nachweist, dass die durch die tatsächliche Entnahme des Erdgases entstandene Steuer entrichtet worden ist, für das Erdgas keine Steuer entstanden ist oder das Erdgas steuerfrei entnommen worden ist.

(6) Für die nach Absatz 1 entstehende Steuer ist im Voraus Sicherheit zu leisten, wenn Anzeichen für eine Gefährdung der Steuer erkennbar sind.

§ 39 Steueranmeldung, Fälligkeit. (1) ¹ Der Steuerschuldner hat für Erdgas, für das in einem Monat (Veranlagungsmonat) die Steuer nach § 38 Abs. 1 entstanden ist, bis zum 15. Tag des folgenden Monats eine Steuererklärung abzugeben und darin die Steuer selbst zu berechnen (Steueranmeldung). ² Die Steuer, die in einem Monat entstanden ist, ist am 25. Tag des folgenden Monats fällig.

(2) ¹ Abweichend von Absatz 1 kann der Steuerschuldner die Steuer auch jährlich anmelden. ² Das Wahlrecht kann nur für volle Kalenderjahre ausgeübt werden. ³ Es ist durch eine schriftliche Erklärung auszuüben, die dem Hauptzollamt vor Beginn des Kalenderjahres, ab dem die Steuer jährlich angemeldet werden soll, vorliegen muss. ⁴ Entsteht die Steuer in der Person eines Steuerschuldners erstmals innerhalb eines Kalenderjahres, hat dieser das Wahlrecht spätestens bis zum Ablauf des zweiten Kalendermonats auszuüben, der dem Monat folgt, in dem die Steuer erstmals entstanden ist. ⁵ Das Wahlrecht kann nur vom Beginn eines Kalenderjahres an widerrufen werden. ⁶ Der Widerruf ist vor Beginn des Kalenderjahres, für den er gelten soll, gegenüber dem Hauptzollamt schriftlich zu erklären.

(3) Bei jährlicher Anmeldung ist die Steuer für jedes Kalenderjahr (Veranlagungsjahr) bis zum 31. Mai des folgenden Kalenderjahres anzumelden und unter Anrechnung der geleisteten monatlichen Vorauszahlungen nach Absatz 5 am 25. Juni dieses Kalenderjahres fällig.

(4) ¹ Scheidet ein Steuerschuldner während des Veranlagungsjahres aus der Steuerpflicht aus, ist die Höhe der zu entrichtenden Steuer bis zum Ablauf des fünften Kalendermonats, der dem Ende der Steuerpflicht folgt, anzumelden. ² Ein sich unter Anrechnung der geleisteten monatlichen Vorauszahlungen nach Absatz 6 ergebender Restbetrag ist am 25. Kalendertag des Folgemonats fällig.

(5) ¹ Bei jährlicher Anmeldung sind auf die Steuerschuld monatliche Vorauszahlungen zu leisten. ² Die Vorauszahlungen für den einzelnen Kalendermonat sind jeweils am 25. Kalendertag des folgenden Kalendermonats fällig. ³ Die Höhe der monatlichen Vorauszahlungen wird durch das Hauptzollamt festgesetzt und beträgt grundsätzlich ein Zwölftel der Steuer, die im vorletzten dem Veranlagungsjahr vorhergehenden Kalenderjahr entstanden ist. ⁴ Das

Hauptzollamt kann die monatlichen Vorauszahlungen abweichend festsetzen, wenn die Summe der vom Steuerschuldner zu leistenden Vorauszahlungen von der voraussichtlich zu erwartenden Jahressteuerschuld abweichen würde. [5] Der Steuerschuldner hat mit der Ausübung des Wahlrechts nach Absatz 2 oder auf Anforderung dem Hauptzollamt die voraussichtlich zu erwartende Jahressteuerschuld mitzuteilen. [6] Kommt der Steuerschuldner den Verpflichtungen nach Satz 5 nicht nach, kann das Hauptzollamt ihn von dem Verfahren nach Absatz 2 ausschließen.

(6) [1] Wird die Lieferung oder der Verbrauch von Erdgas nach Ablesezeiträumen abgerechnet oder ermittelt, die mehrere Veranlagungsmonate oder mehrere Veranlagungsjahre betreffen, ist insoweit eine sachgerechte, von einem Dritten nachvollziehbare Schätzung zur Aufteilung der im gesamten Ablesezeitraum entnommenen Erdgasmenge auf die betroffenen Veranlagungszeiträume zulässig. [2] Sofern Ablesezeiträume später enden als der jeweilige Veranlagungszeitraum, ist für diese Ablesezeiträume die voraussichtlich im Veranlagungszeitraum entnommene Erdgasmenge zur Versteuerung anzumelden. [3] Nachdem ein solcher Ablesezeitraum beendet ist, hat der Steuerschuldner die nach Satz 2 angemeldete Erdgasmenge und die darauf entfallende Steuer entsprechend Satz 1 zu berichtigen. [4] Die Berichtigung ist für den Veranlagungszeitraum vorzunehmen, in dem der Ablesezeitraum endet. [5] Die Steuer oder der Erstattungsanspruch für die Differenzmenge zwischen der angemeldeten und der berichtigten Menge gilt insoweit in dem Zeitpunkt als entstanden, in dem der Ablesezeitraum endet.

(7) [1] Erfolgt die Anmeldung nach § 38 Abs. 3 nicht oder wird eine nach § 38 Abs. 6 angeforderte Sicherheit nicht geleistet, hat der Steuerschuldner unverzüglich eine Steuererklärung abzugeben und darin die Steuer selbst zu berechnen (Steueranmeldung). [2] Die Steuer ist sofort fällig.

§ 40 Nicht leitungsgebundenes Verbringen. (1) [1] Wird Erdgas nicht leitungsgebunden aus einem Mitgliedstaat in das Steuergebiet verbracht, gelten die §§ 15, 16 Abs. 1 Satz 1 und Abs. 2 und § 18 sinngemäß. [2] Abweichend von § 15 Absatz 2 Satz 2 muss bei der Beförderung von Erdgas das dort genannte Begleitdokument nicht mitgeführt werden.

(2) Absatz 1 gilt nicht für verflüssigtes Erdgas, das im Anschluss an das Verbringen in das Steuergebiet in eine Anlage zur Wiederverdampfung von verflüssigtem Erdgas aufgenommen wird.

§ 41 Nicht leitungsgebundene Einfuhr. (1) Wird Erdgas nicht leitungsgebunden in das Steuergebiet eingeführt (§ 19), gelten die §§ 19a und 19b sinngemäß.

(2) Absatz 1 gilt nicht für verflüssigtes Erdgas, dass im Anschluss an die Einfuhr in eine Anlage zur Wiederverdampfung von verflüssigtem Erdgas aufgenommen wird.

§ 42 Differenzversteuerung. (1) [1] Wird nach § 2 Abs. 3 Satz 1 Nr. 4 versteuertes Erdgas nicht zu den in § 2 Abs. 3 Satz 1 und 2 genannten Zwecken abgegeben oder verwendet, entsteht die Steuer in Höhe der Differenz zu dem zutreffenden Steuersatz des § 2 Abs. 1 Nr. 7 oder Abs. 2 Nr. 1. [2] Kann der Verbleib des Erdgases nicht festgestellt werden, gilt Satz 1 entsprechend.

(2) [1] Steuerschuldner ist, wer eine der genannten Handlungen vornimmt. [2] Der Steuerschuldner hat für Erdgas, für das die Steuer entstanden ist, unverzüglich eine Steuererklärung abzugeben und darin die Steuer selbst zu berechnen (Steueranmeldung). [3] Die Steuer ist sofort fällig. [4] Das Hauptzollamt kann im Einzelfall auf Antrag eine § 39 entsprechende Regelung treffen.

§ 43 Steuerentstehung, Auffangtatbestand. (1) [1] Ist für Erdgas eine Steuer nicht auf Grund einer sonstigen Bestimmung dieses Gesetzes entstanden, so entsteht sie dadurch, dass das Erdgas als Kraft- oder Heizstoff oder als Zusatz oder Verlängerungsmittel von Kraft- oder Heizstoffen abgegeben oder verwendet wird. [2] Satz 1 gilt nicht für Gemische, die bei Mischvorgängen entstanden sind, die nach § 44 Abs. 3 Satz 2 nicht als Erdgasherstellung gelten.

(2) [1] Steuerschuldner ist, wer eine der genannten Handlungen vornimmt. [2] Mehrere Steuerschuldner sind Gesamtschuldner. [3] Der Steuerschuldner hat für Erdgas, für das die Steuer entstanden ist, unverzüglich eine Steuererklärung abzugeben und darin die Steuer selbst zu berechnen (Steueranmeldung). [4] Die Steuer ist sofort fällig.

§ 44 Steuerbefreiung, Erlaubnis, Zweckwidrigkeit. (1) [1] Wer Erdgas steuerfrei nach Absatz 2 oder Absatz 2a verwenden will, bedarf der Erlaubnis. [2] Die Erlaubnis wird auf Antrag unter Widerrufsvorbehalt Personen erteilt, gegen deren steuerliche Zuverlässigkeit keine Bedenken bestehen. [3] Sie ist zu widerrufen, wenn die Voraussetzung nach Satz 2 nicht mehr erfüllt ist.

(2) Auf dem Betriebsgelände eines Gasgewinnungsbetriebes (Absatz 3) darf Erdgas vom Inhaber des Betriebes steuerfrei zur Aufrechterhaltung des Betriebes verwendet werden, jedoch nicht zum Antrieb von Fahrzeugen.

(2a) Erdgas, das beim Kohleabbau aufgefangen wird, darf steuerfrei zum Antrieb von Gasturbinen und Verbrennungsmotoren in begünstigten Anlagen nach § 3 verwendet werden.

(3) [1] Gasgewinnungsbetriebe im Sinne dieses Gesetzes sind Betriebe, in denen Erdgas gewonnen oder bearbeitet (hergestellt) wird. [2] § 6 Abs. 2 gilt mit der Maßgabe sinngemäß, dass für Betriebe, die nicht schon aus einem anderen Grunde Gasgewinnungsbetriebe sind, auch das Beimischen von Kleinstmengen anderer Stoffe zum Verbessern oder zum Riechbarmachen (Odorieren) von Erdgas nicht als Erdgasherstellung gilt.

(4) [1] Das Erdgas darf nur zu dem in der Erlaubnis genannten Zweck verwendet werden. [2] Wird Erdgas entgegen der in der Erlaubnis genannten Zweckbestimmung verwendet, gilt § 30 sinngemäß.

Kapitel 5. Steuerentlastung

§ 45 Begriffsbestimmung. Die Steuerentlastung im Sinne dieses Gesetzes umfasst den Erlass, die Erstattung und die Vergütung einer entstandenen Steuer.

§ 46 Steuerentlastung beim Verbringen aus dem Steuergebiet.

(1) ¹ Eine Steuerentlastung wird auf Antrag gewährt für

1. nachweislich versteuerte, nicht gebrauchte Energieerzeugnisse im Sinn des § 4, die zu gewerblichen Zwecken oder im Versandhandel in einen anderen Mitgliedstaat verbracht worden sind,
2. nachweislich versteuerte Kohle, die zu gewerblichen Zwecken aus dem Steuergebiet verbracht oder ausgeführt worden ist,
3. nachweislich versteuertes Erdgas, das zu gewerblichen Zwecken aus dem Steuergebiet verbracht oder ausgeführt worden ist,
4. nachweislich versteuerte, nicht gebrauchte Energieerzeugnisse, die zu gewerblichen Zwecken aus dem Steuergebiet verbracht oder ausgeführt worden sind, ausgenommen Energieerzeugnisse im Sinn des § 4 sowie Kohle und Erdgas.

² Satz 1 gilt nicht für Kraftstoffe in Hauptbehältern von Fahrzeugen, Spezialcontainern, Arbeitsmaschinen und -geräten sowie Kühl- und Klimaanlagen, für Kraftstoffe in Reservebehältern von Fahrzeugen und für Heizstoffe im Vorratsbehälter der Standheizung von Fahrzeugen.

(2) Die Steuerentlastung wird im Fall des Absatzes 1 Satz 1 Nummer 1 nur gewährt, wenn

1. der Entlastungsberechtigte den Nachweis erbringt, dass die Steuer für die Energieerzeugnisse in dem anderen Mitgliedstaat entrichtet worden ist, oder
2. der Entlastungsberechtigte

   a) den Antrag auf Steuerentlastung vor dem Verbringen der Energieerzeugnisse beim Hauptzollamt stellt und die Energieerzeugnisse auf Verlangen vorführt,

   b) die Energieerzeugnisse mit den Begleitpapieren nach Artikel 34 der Systemrichtlinie befördert und

   c) eine ordnungsgemäße Empfangsbestätigung sowie eine amtliche Bestätigung des anderen Mitgliedstaats darüber vorlegt, dass die Energieerzeugnisse dort ordnungsgemäß steuerlich erfasst worden sind.

(2 a) Die Steuerentlastung wird im Fall des Absatzes 1 Satz 1 Nummer 1 auch gewährt, wenn die Energieerzeugnisse nicht am Bestimmungsort angekommen sind, die Steuer jedoch in einem anderen Mitgliedstaat auf Grund einer dort festgestellten Unregelmäßigkeit nachweislich erhoben worden ist.

(3) Entlastungsberechtigt ist derjenige, der die Energieerzeugnisse aus dem Steuergebiet verbracht oder ausgeführt hat.

§ 47 Steuerentlastung bei Aufnahme in Betriebe und bei steuerfreien Zwecken.

(1) Eine Steuerentlastung wird auf Antrag gewährt

1. für nachweislich versteuerte, nicht gebrauchte Energieerzeugnisse im Sinn des § 4, die in ein Steuerlager aufgenommen worden sind,
2. für den Kohlenwasserstoffanteil in gasförmigen Gemischen aus nachweislich versteuerten, nicht gebrauchten Energieerzeugnissen und anderen Stoffen, die bei der Lagerung oder Verladung von Energieerzeugnissen, beim Betanken von Kraftfahrzeugen oder bei der Entgasung von Transportmitteln aufgefangen worden sind, wenn

a) die Gemische unter den Voraussetzungen des § 25 oder des § 26 zu den dort genannten Zwecken verwendet worden sind oder

b) aus den Gemischen auf dem Betriebsgelände eines Steuerlagers Energieerzeugnisse im Sinne des § 4 hergestellt werden,

3. für nachweislich versteuerte Schweröle, Erdgase, Flüssiggase und gasförmige Kohlenwasserstoffe sowie ihnen nach § 2 Absatz 4 und 4a gleichgestellte Energieerzeugnisse, die zu den in § 25 genannten Zwecken verwendet worden sind,

4. für nachweislich versteuerte Schweröle, Erdgase, Flüssiggase und gasförmige Kohlenwasserstoffe sowie ihnen nach § 2 Absatz 4 und 4a gleichgestellte Energieerzeugnisse, die unter den Voraussetzungen des § 26 zu den dort genannten Zwecken verwendet worden sind,

5. für nachweislich versteuerte Kohle, die

a) in einen Kohlebetrieb aufgenommen worden ist oder

b) unter den Voraussetzungen des § 37 Abs. 2 Satz 1 Nr. 1 und 2 zu den dort genannten Zwecken verwendet worden ist,

6. für nachweislich versteuertes Erdgas, das in ein Leitungsnetz für unversteuertes Erdgas eingespeist wird.

(2) [1] Entlastungsberechtigt ist

1. in den Fällen des Absatzes 1 Nr. 1 und 2 Buchstabe b der Inhaber des Steuerlagers oder der zugelassene Einlagerer,

2. im Falle des Absatzes 1 Nr. 5 Buchstabe a der Inhaber des Kohlebetriebes,

2a. im Fall des Absatzes 1 Nummer 6 derjenige, der das Erdgas eingespeist hat,

3. im Übrigen derjenige, der die Energieerzeugnisse verwendet hat.

[2] Der zugelassene Einlagerer ist im Falle der Nummer 1 nur entlastungsberechtigt, soweit der Inhaber des Steuerlagers gegenüber dem Hauptzollamt schriftlich seinen Verzicht auf den Steuerentlastungsanspruch erklärt.

§ 48 Steuerentlastung bei Vermischungen von gekennzeichnetem mit anderem Gasöl. (1) [1] Eine Steuerentlastung wird auf Antrag gewährt für nachweislich versteuerte Anteile in Gemischen aus ordnungsgemäß gekennzeichnetem Gasöl und anderem Gasöl bis auf den Betrag nach dem Steuersatz des § 2 Abs. 3 Satz 1 Nr. 1, wenn die Gemische

1. bei vom Hauptzollamt bewilligten Spülvorgängen oder bei vom Antragsteller nachzuweisenden versehentlichen Vermischungen entstanden und

2. nachweislich verheizt oder nach § 2 Abs. 3 Satz 1 Nr. 1 versteuertem Gasöl zugeführt worden sind.

[2] Dies gilt nicht für die Anteile von Gemischen, die bei Kraftstoffkontrollen in Fahrzeugen oder Antriebsanlagen festgestellt worden sind.

(2) Entlastungsberechtigt ist der Inhaber des Betriebes, der vom Hauptzollamt zum Spülen zugelassen ist, für versehentlich entstandene Gemische der Verfügungsberechtigte.

§ 49 Steuerentlastung für zum Verheizen oder in begünstigten Anlagen verwendete Energieerzeugnisse. (1) Eine Steuerentlastung wird auf Antrag gewährt für nachweislich nach § 2 Abs. 1 Nr. 4 versteuerte Gasöle bis auf den Betrag nach dem Steuersatz des § 2 Abs. 3 Satz 1 Nr. 1, soweit sie nachweislich verheizt worden sind und ein besonderes wirtschaftliches Bedürfnis für die Verwendung von nicht gekennzeichnetem Gasöl zum Verheizen vorliegt.

(2) Eine Steuerentlastung wird auf Antrag gewährt für nachweislich nach § 2 Abs. 2 Nr. 2 versteuerte Flüssiggase bis auf den Betrag nach dem Steuersatz des § 2 Abs. 3 Satz 1 Nr. 5, soweit sie nachweislich zu den in § 2 Abs. 3 Satz 1 genannten Zwecken abgegeben worden sind.

(2 a) [1] Eine Steuerentlastung wird auf Antrag gewährt für nachweislich nach § 2 Absatz 1 Nummer 1 bis 3 versteuerte Energieerzeugnisse bis auf den Betrag nach dem Steuersatz des § 2 Absatz 3 Satz 1 Nummer 1 Buchstabe b, soweit sie zu gewerblichen Zwecken nachweislich verheizt oder zum Antrieb von Gasturbinen und Verbrennungsmotoren in begünstigten Anlagen nach § 3 verwendet worden sind. [2] Die Steuerentlastung wird nur gewährt, wenn der Entlastungsbetrag mindestens 50 Euro im Kalenderjahr beträgt.

(3) Entlastungsberechtigt ist, wer die Energieerzeugnisse nach Absatz 1 oder Absatz 2 a verwendet oder die Flüssiggase nach Absatz 2 abgegeben hat.

§ 50 Steuerentlastung für Biokraftstoffe. (1) [1] Auf Antrag wird dem Steuerschuldner eine Steuerentlastung gewährt

1. für nachweislich nach den Steuersätzen des § 2 Abs. 1 versteuerte Biokraftstoffe, unvermischt mit anderen Energieerzeugnissen, ausgenommen Biokraftstoffen oder Additiven der Position 3811 der Kombinierten Nomenklatur,

2. für nachweislich nach den Steuersätzen des § 2 Abs. 1 versteuerte Energieerzeugnisse, die besonders förderungswürdige Biokraftstoffe nach Absatz 4 Nr. 3 sind,

3. für nachweislich nach den Steuersätzen des § 2 Abs. 1 versteuerte Energieerzeugnisse, die besonders förderungswürdige Biokraftstoffe nach Absatz 4 Nr. 1 oder Nr. 2 sind oder enthalten,

4. für nachweislich nach den Steuersätzen des § 2 Abs. 2 versteuerte Energieerzeugnisse, die durch Vergärung oder synthetisch aus Biomasse erzeugtes und auf Erdgasqualität aufbereitetes Biogas (Biomethan) sind oder enthalten, vorausgesetzt, das so erzeugte Biomethan entspricht den Anforderungen für Erdgas nach der Verordnung über die Beschaffenheit und die Auszeichnung der Qualitäten von Kraft- und Brennstoffen in der jeweils geltenden Fassung.

[2] Die Steuerentlastung wird vorbehaltlich der Absätze 2 und 3 bis zum 31. Dezember 2009 gewährt. [3] Der Steuerentlastungsanspruch entsteht in dem Zeitpunkt, in dem für die Energieerzeugnisse die Steuer nach den Steuersätzen des § 2 in Person des Entlastungsberechtigten entsteht. [4] In den Fällen des Satzes 1 Nr. 1, 2 und 4 wird eine Steuerentlastung nur gewährt, soweit die Energieerzeugnisse nicht dazu dienen, Verpflichtungen nach § 37 a Abs. 1 Satz 1 und 2 in Verbindung mit § 37 a Abs. 3 und 3 a des Bundes-Immissionsschutzgesetzes zu erfüllen. [5] Eine Steuerentlastung wird nicht gewährt, sofern der Biokraftstoff bereits zuvor eine anderweitige direkte staatliche Förderung im In- oder Ausland erhalten hat und keine Ausgleichs- oder Antidumpingzölle erhoben wurden. [6] Das Bundesministerium der Finanzen gibt die konkreten staatlichen Förderungen im Sinne des Satzes 5, die zu einem Ausschluss

der Steuerentlastung führen, im Bundesanzeiger bekannt. ⁷ Satz 5 gilt nicht für diejenigen Mengen von dort genannten Energieerzeugnissen aus Bezugsverträgen, die Hersteller von Biodiesel sowie Steuerschuldner vor dem 25. September 2008 abgeschlossen hatten und deren Nichtabnahme zudem zu vertraglich festgelegten finanziellen Belastungen für die Unternehmen führt. ⁸ Im Fall von Satz 1 Nummer 1 und 2 wird eine Steuerentlastung nur gewährt, soweit der in § 37a Absatz 3 Satz 3 des Bundes-Immissionsschutzgesetzes genannte Mindestanteil an Biokraftstoff überschritten wird.

(2) Abweichend von Absatz 1 Satz 2 wird die Steuerentlastung nach Absatz 1 Satz 1 Nr. 2 bis 4 auch über den 31. Dezember 2009 hinaus bis zum 31. Dezember 2015 gewährt.

(3) ¹ Die Steuerentlastung nach Absatz 1 Satz 1 Nummer 1 und 4 wird in Höhe der Steuer gewährt, die auf den Biokraftstoffanteil entfällt. ² Die Steuerentlastung nach Absatz 1 Satz 1 Nummer 2 und 3 wird in Höhe der Steuer gewährt, die auf den Anteil an besonders förderungswürdigen Biokraftstoffen entfällt. ³ Abweichend von Satz 1 wird für Fettsäuremethylester und Pflanzenöl, die nach den Steuersätzen des § 2 Abs. 1 Nr. 4 versteuert worden sind, nur eine teilweise Steuerentlastung gewährt. ⁴ Diese beträgt

1. für 1 000 l Fettsäuremethylester
   bis 31. Dezember 2007   399,40 EUR,
   vom 1. Januar 2008
   bis 31. Dezember 2008   336,40 EUR,
   vom 1. Januar 2009
   bis 31. Dezember 2012   303,40 EUR,
   ab 1. Januar 2013   21,40 EUR,
2. für 1 000 l Pflanzenöl
   bis 31. Dezember 2007   470,40 EUR,
   vom 1. Januar 2008
   bis 31. Dezember 2008   388,90 EUR,
   vom 1. Januar 2009
   bis 31. Dezember 2012   304,90 EUR,
   ab 1. Januar 2013   21,40 EUR.

⁵ Für andere als die in Satz 2 genannten Biokraftstoffe, die nach den Steuersätzen des § 2 Abs. 1 Nr. 4 versteuert worden sind, gelten die Sätze 1 und 3 Nr. 1 entsprechend, soweit es sich dabei nicht um besonders förderungswürdige Biokraftstoffe nach Absatz 4 Nummer 1 oder Nummer 2 handelt.

(4) Besonders förderungswürdige Biokraftstoffe sind

1. synthetische Kohlenwasserstoffe oder synthetische Kohlenwasserstoffgemische, die durch thermochemische Umwandlung von Biomasse gewonnen werden,
2. Alkohole, die durch biotechnologische Verfahren zum Aufschluss von Zellulose gewonnen werden, oder
3. Energieerzeugnisse, die einen Bioethanolanteil von mindestens 70 Volumenprozent enthalten, hinsichtlich des Bioethanolanteils.

(5) ¹ Die Steuerentlastung darf nicht zu einer Überkompensation der Mehrkosten im Zusammenhang mit der Erzeugung der in Absatz 1 Satz 1 Num-

mer 1 bis 4 genannten Biokraftstoffe führen; zu diesem Zweck hat das Bundesministerium der Finanzen unter Beteiligung des Bundesministeriums für Ernährung, Landwirtschaft und Verbraucherschutz, des Bundesministeriums für Wirtschaft und Technologie und des Bundesministeriums für Umwelt, Naturschutz und Reaktorsicherheit dem Bundestag jährlich bis zum 1. September einen Bericht über die Markteinführung der Biokraftstoffe und die Entwicklung der Preise für Biomasse und Rohöl sowie die Kraft- und Heizstoffpreise vorzulegen und darin – im Falle einer Überkompensation – eine Anpassung der Steuerbegünstigung für Biokraftstoffe entsprechend der Entwicklung der Rohstoffpreise an die Marktlage vorzuschlagen. ^{2} Hierbei sind die Effekte für den Klima- und Umweltschutz, der Schutz natürlicher Ressourcen, die externen Kosten der verschiedenen Kraftstoffe, die Versorgungssicherheit und die Realisierung eines Mindestanteils an Biokraftstoffen und anderen erneuerbaren Kraftstoffen gemäß der Richtlinie 2003/30/EG des Europäischen Parlaments und des Rates vom 8. Mai 2003 zur Förderung der Verwendung von Biokraftstoffen oder anderen erneuerbaren Kraftstoffen im Verkehrssektor (ABl. EU Nr. L 123 S. 42) zu berücksichtigen. ^{3} Für besonders förderungswürdige Biokraftstoffe nach Absatz 4 Nummer 1 und 2 ist zur Feststellung einer Überkompensation ein Vergleich dieser Biokraftstoffe mit vergleichbaren, nicht besonders förderungswürdigen Biokraftstoffen vorzunehmen. ^{4} Werden Biokraftstoffe neu in den Markt eingeführt, hat das Bundesministerium der Finanzen unter Beteiligung der in Satz 1 genannten obersten Bundesbehörden eine erste Analyse der Mehrkosten in Relation zu der Steuerbegünstigung vorzunehmen.

(6) ^{1} Unternehmen, die Biokraftstoffe herstellen, sind verpflichtet, die für den Bericht nach Absatz 5 Satz 1 erforderlichen Daten für eine zollamtliche Überprüfung bereitzuhalten und auf Anforderung dem Hauptzollamt vorzulegen. ^{2} Sie sind, wenn sie über eine jährliche Produktionskapazität von mindestens 1 000 Tonnen verfügen, ferner verpflichtet, der zuständigen Stelle im Sinne des § 37d Abs. 1 des Bundes-Immissionsschutzgesetzes bis zum 31. März jeden Jahres ihre Produktionskapazität und die produzierte Menge an Biokraftstoffen des Vorjahres zu melden. ^{3} Das Hauptzollamt ist befugt, zu diesen Zwecken die Vorlage von Beweismitteln zu verlangen und jede Art von Überprüfung der Buchführung des Unternehmens oder sonstige von ihm für zweckdienlich erachtete Kontrollen durchzuführen. ^{4} Die §§ 193 bis 203 der Abgabenordnung gelten entsprechend.

(7) Im Falle von Störungen des deutschen Biokraftstoffmarktes oder des Biokraftstoffmarktes in der Europäischen Union, die durch Einfuhren aus Drittländern hervorgerufen werden, wird die Bundesregierung bei der Kommission der Europäischen Union die Einleitung geeigneter Schutzmaßnahmen beantragen.

§ 51 Steuerentlastung für bestimmte Prozesse und Verfahren. (1) Eine Steuerentlastung wird auf Antrag gewährt für Energieerzeugnisse, die nachweislich nach § 2 Absatz 1 Nummer 9 und 10, Absatz 3 Satz 1 oder Absatz 4a versteuert worden sind und

1. von einem Unternehmen des Produzierenden Gewerbes im Sinne des § 2 Nr. 3 des Stromsteuergesetzes[1)] vom 24. März 1999 (BGBl. I S. 378, 2000 I

[1)] Nr. 44.

S. 147), das zuletzt durch Artikel 2 des Gesetzes vom 1. März 2011 (BGBl. I S. 282) geändert worden ist, in der jeweils geltenden Fassung

a) für die Herstellung von Glas und Glaswaren, keramischen Erzeugnissen, keramischen Wand- und Bodenfliesen und -platten, Ziegeln und sonstiger Baukeramik, Zement, Kalk und gebranntem Gips, Erzeugnissen aus Beton, Zement und Gips, keramisch gebundenen Schleifkörpern, mineralischen Isoliermaterialien, Asphalt, Waren aus Graphit oder anderen Kohlenstoffen, Erzeugnissen aus Porenbetonerzeugnissen und mineralischen Düngemitteln zum Trocknen, Brennen, Schmelzen, Erwärmen, Warmhalten, Entspannen, Tempern oder Sintern der vorgenannten Erzeugnisse oder der zu ihrer Herstellung verwendeten Vorprodukte,

b) für die Metallerzeugung und -bearbeitung sowie im Rahmen der Herstellung von Metallerzeugnissen für die Herstellung von Schmiede-, Press-, Zieh- und Stanzteilen, gewalzten Ringen und pulvermetallurgischen Erzeugnissen und zur Oberflächenveredlung und Wärmebehandlung,

c) für chemische Reduktionsverfahren,

d) gleichzeitig zu Heizzwecken und zu anderen Zwecken als als Heiz- oder Kraftstoff,

2. für die thermische Abfall- oder Abluftbehandlung

verwendet worden sind.

(1 a) [1] Abweichend von Absatz 1 beträgt die Steuerentlastung ab dem 1. Januar 2009 für nachweislich nach § 2 Abs. 3 Satz 1 Nr. 1 Buchstabe a versteuerte Energieerzeugnisse 61,35 Euro für 1 000 Liter. [2] Eine weitere Steuerentlastung kann für diese Energieerzeugnisse nicht gewährt werden.

(2) Entlastungsberechtigt ist derjenige, der die Energieerzeugnisse verwendet hat.

§ 52 Steuerentlastung für die Schiff- und Luftfahrt. (1) [1] Eine Steuerentlastung wird auf Antrag gewährt für nachweislich versteuerte Energieerzeugnisse, die zu den in § 27 genannten Zwecken verwendet worden sind. [2] In den Fällen des § 27 Abs. 1 Satz 1 Nr. 1 und 2 wird die Steuerentlastung für Energieerzeugnisse der Unterpositionen 2710 19 41 bis 2710 19 49 der Kombinierten Nomenklatur nur gewährt, wenn diese ordnungsgemäß gekennzeichnet sind.

(2) Entlastungsberechtigt ist derjenige, der die Energieerzeugnisse verwendet hat.

§ 53[1]) **Steuerentlastung für die Stromerzeugung und die gekoppelte Erzeugung von Kraft und Wärme.** (1) [1] Eine Steuerentlastung wird auf Antrag vorbehaltlich Absatz 2 gewährt für Energieerzeugnisse, die nachweis-

---

[1]) § 53 Abs. 1 a eingef. mWv 1. 1. 2007 durch G v. 18. 12. 2006 (BGBl. I S. 3180); Abs. 1 einl. Satzteil geänd., Abs. 1 a Satz 2 angef. mWv 1. 4. 2011 durch G v. 1. 3. 2011 (BGBl. I S. 282). Gem. Art. 5 Abs. 2 des G v. 1. 3. 2011 (BGBl. I S. 282) tritt Art. 1 Nr. 17 Buchstabe a (betrifft Änd. in Abs. 1) vorbehaltlich hierzu erforderlichen beihilferechtlichen Genehmigung durch die Europäische Kommission mWv 1. April 2011 in Kraft. Der Zeitpunkt der Genehmigung sowie der Tag des Inkrafttretens sind vom Bundesministerium der Finanzen im Bundesgesetzblatt gesondert bekannt zu geben.

lich nach § 2 Absatz 1 Nummer 9 und 10, Absatz 3 Satz 1 oder Absatz 4a versteuert worden sind und die

1. zur Stromerzeugung in ortsfesten Anlagen oder
2. zur gekoppelten Erzeugung von Kraft und Wärme in ortsfesten Anlagen mit einem Monats- oder Jahresnutzungsgrad von mindestens 70 Prozent

verwendet worden sind. ² Wenn im Falle von Satz 1 Nr. 1 die in der Anlage erzeugte mechanische Energie neben der Stromerzeugung auch anderen Zwecken dient, wird nur für den auf die Stromerzeugung entfallenden Anteil an Energieerzeugnissen eine Steuerentlastung gewährt.

(1a) ¹ Abweichend von Absatz 1 beträgt die Steuerentlastung ab dem 1. Januar 2009 für nachweislich nach § 2 Abs. 3 Satz 1 Nr. 1 Buchstabe a versteuerte Energieerzeugnisse 61,35 Euro für 1 000 Liter. ² Eine weitere Steuerentlastung kann für diese Energieerzeugnisse nicht gewährt werden.

(2) Absatz 1 Satz 1 Nr. 1 gilt nur für Anlagen mit einer elektrischen Nennleistung von mehr als zwei Megawatt.

(3) Entlastungsberechtigt ist derjenige, der die Energieerzeugnisse verwendet hat.

(4) Für die Berechnung des Monatsnutzungsgrades gilt § 3 Abs. 3 sinngemäß.

(5) Die Steuerentlastung nach Absatz 1 Satz 1 Nr. 2 wird nur für den Monat oder das Jahr gewährt, in dem die dort genannten Nutzungsgrade erreicht wurden.

§ 54 Steuerentlastung für Unternehmen. (1) ¹ Eine Steuerentlastung wird auf Antrag gewährt für Energieerzeugnisse, die nachweislich nach § 2 Absatz 3 Satz 1 Nummer 1, 3 bis 5 versteuert worden sind und von einem Unternehmen des Produzierenden Gewerbes im Sinne des § 2 Nr. 3 des Stromsteuergesetzes[1]) oder von einem Unternehmen der Land- und Forstwirtschaft im Sinne des § 2 Nr. 5 des Stromsteuergesetzes zu betrieblichen Zwecken verheizt oder in begünstigten Anlagen nach § 3 verwendet worden sind. ² Eine Steuerentlastung für Energieerzeugnisse, die zur Erzeugung von Wärme verwendet worden sind, wird jedoch nur gewährt, soweit die erzeugte Wärme nachweislich durch ein Unternehmen des Produzierenden Gewerbes oder ein Unternehmen der Land- und Forstwirtschaft genutzt worden ist.

(2) Die Steuerentlastung beträgt

1. für 1 000 l nach § 2 Absatz 3 Satz 1 Nummer 1 oder Nummer 3 versteuerte Energieerzeugnisse   15,34 EUR,
2. für 1 MWh nach § 2 Absatz 3 Satz 1 Nummer 4 versteuerte Energieerzeugnisse   1,38 EUR,
3. für 1 000 kg nach § 2 Absatz 3 Satz 1 Nummer 5 versteuerte Energieerzeugnisse   15,15 EUR.

(3) Eine Steuerentlastung wird nur gewährt, soweit der Entlastungsbetrag nach Absatz 2 im Kalenderjahr den Betrag von 250 Euro übersteigt.

(4) Entlastungsberechtigt ist derjenige, der die Energieerzeugnisse verwendet hat.

---

[1]) Nr. 44.

§ 55 Steuerentlastung für Unternehmen in Sonderfällen. (1) ¹Eine Steuerentlastung wird auf Antrag gewährt für Energieerzeugnisse, die nachweislich nach § 2 Absatz 3 Satz 1 Nummer 1, 3 bis 5 versteuert worden sind und die von einem Unternehmen des Produzierenden Gewerbes im Sinne des § 2 Nr. 3 des Stromsteuergesetzes[1)] zu betrieblichen Zwecken verheizt oder in begünstigten Anlagen nach § 3 verwendet worden sind. ²Eine Steuerentlastung für Energieerzeugnisse, die zur Erzeugung von Wärme verwendet worden sind, wird jedoch nur gewährt, soweit die erzeugte Wärme nachweislich durch ein Unternehmen des Produzierenden Gewerbes genutzt worden ist.

(1 a)[2)] ¹Die Steuerentlastung wird bis zum 31. Dezember 2009 gewährt. ²Abweichend davon wird die Steuerentlastung über den 31. Dezember 2009 hinaus gewährt

1. bis zum 31. Dezember 2010, wenn

   a) die Bundesregierung im Jahr 2009 feststellt, dass zu erwarten ist, dass die in der Vereinbarung zwischen der Regierung der Bundesrepublik Deutschland und der deutschen Wirtschaft zur Klimavorsorge vom 9. November 2000 (Klimaschutzvereinbarung) genannten Ziele zur Verringerung von Treibhausgasen (Emissionsminderungsziele) bis zum 31. Dezember 2009 in Höhe von 96 Prozent und bis zum 31. Dezember 2012 in Höhe von 100 Prozent erreicht werden, und

   b) die Feststellung nach Buchstabe a bis zum 31. Dezember 2009 im Bundesgesetzblatt bekannt gemacht wird;

2. bis zum 31. Dezember 2011, wenn

   a) die Voraussetzungen nach Nummer 1 vorliegen,

   b) die Bundesregierung im Jahr 2010 feststellt, dass die in der Klimaschutzvereinbarung genannten Emissionsminderungsziele bis zum 31. Dezember 2009 in Höhe von 96 Prozent erfüllt wurden und zu erwarten ist, dass sie bis zum 31. Dezember 2012 in Höhe von 100 Prozent erreicht werden, und

   c) die Feststellung nach Buchstabe b bis zum 31. Dezember 2010 im Bundesgesetzblatt bekannt gemacht wird;

3. bis zum 31. Dezember 2012, wenn

   a) die Voraussetzungen nach Nummer 2 vorliegen,

   b) die Bundesregierung im Jahr 2011 feststellt, dass zu erwarten ist, dass die in der Klimaschutzvereinbarung genannten Emissionsminderungsziele bis zum 31. Dezember 2012 in Höhe von 100 Prozent erfüllt werden, und

   c) die Feststellung nach Buchstabe b bis zum 31. Dezember 2011 im Bundesgesetzblatt bekannt gemacht wird.

³Die Bundesregierung hat ihre Feststellungen zur Erreichung der in der Klimaschutzvereinbarung genannten Emissionsminderungsziele jeweils auf der Grundlage eines von einem unabhängigen wirtschaftswissenschaftlichen Instituts erstellten Berichts zu treffen.

[1)] Nr. 44.
[2)] Gem. der Bek. v. 1. 12. 2011 (BGBl. I S. 2423) wird nach § 55 Absatz 1a Satz 2 Nummer 3 Buchstabe c bekannt gemacht, dass die Bundesregierung die nach § 55 Absatz 1a Satz 2 Nummer 3 Buchstabe b erforderliche Feststellung am 30. November 2011 getroffen hat und dass die Steuerentlastung nach § 55 des Energiesteuergesetzes damit bis zum 31. Dezember 2012 gewährt wird.

46 EnergieStG § 56 5. Teil. Umweltschutz

(2) ¹Die Steuerentlastung beträgt für ein Kalenderjahr 90 Prozent des Steueranteils nach Absatz 3, jedoch höchstens 90 Prozent des Betrags, um den die Summe aus dem Steueranteil nach Absatz 3 und der Stromsteuer nach § 10 Absatz 1 Satz 1 bis 4 des Stromsteuergesetzes im Kalenderjahr den Unterschiedsbetrag übersteigt zwischen

1. dem Arbeitgeberanteil an den Rentenversicherungsbeiträgen, der sich für das Unternehmen errechnet, wenn in dem Kalenderjahr, für das der Antrag gestellt wird (Antragsjahr), der Beitragssatz in der allgemeinen Rentenversicherung 20,3 Prozent und in der knappschaftlichen Rentenversicherung 26,9 Prozent betragen hätte, und

2. dem Arbeitgeberanteil an den Rentenversicherungsbeiträgen, der sich für das Unternehmen errechnet, wenn im Antragsjahr der Beitragssatz in der allgemeinen Rentenversicherung 19,5 Prozent und in der knappschaftlichen Rentenversicherung 25,9 Prozent betragen hätte.

²Sind die Beitragssätze in der Rentenversicherung im Antragsjahr niedriger als die in Satz 1 Nr. 2 genannten Beitragssätze, so sind die niedrigeren Beitragssätze für die Berechnung des Arbeitgeberanteils nach Satz 1 Nr. 2 maßgebend. ³Abweichend von Satz 1 wird im Fall des Absatzes 1a Satz 2 Nummer 3 die Steuerentlastung für das Jahr 2012 nur in Höhe von 80 Prozent des nach den Sätzen 1 und 2 berechneten Betrages gewährt, es sei denn, die Bundesregierung stellt auf der Grundlage eines Berichts nach Absatz 1a Satz 3 im Jahr 2013 fest, dass die in der Klimaschutzvereinbarung genannten Emissionsminderungsziele bis zum 31. Dezember 2012 in Höhe von 100 Prozent erfüllt wurden, und diese Feststellung bis zum 31. Dezember 2013 im Bundesgesetzblatt bekannt gemacht wird.

(3) Der Steueranteil (Absatz 2) beträgt

1. für 1 MWh nach § 2 Absatz 3 Satz 1 Nummer 4 versteuerte Energieerzeugnisse 2,28 EUR,
2. für 1 000 kg nach § 2 Absatz 3 Satz 1 Nummer 5 versteuerte Energieerzeugnisse 19,89 EUR,
3. für 1 000 l nach § 2 Absatz 3 Satz 1 Nummer 1 oder Nummer 3 versteuerte Energieerzeugnisse 5,11 EUR,

vermindert um 750 Euro.

(4) Entlastungsberechtigt ist das Unternehmen des Produzierenden Gewerbes, das die Energieerzeugnisse verwendet hat.

§ 56 Steuerentlastung für den Öffentlichen Personennahverkehr.

(1) ¹Eine Steuerentlastung wird auf Antrag gewährt für Benzine nach § 2 Abs. 1 Nr. 1, Gasöle nach § 2 Abs. 1 Nr. 4, Erdgas, Flüssiggase und gasförmige Kohlenwasserstoffe sowie ihnen nach § 2 Abs. 4 gleichgestellte Energieerzeugnisse, die nachweislich nach § 2 Abs. 1 Nr. 1, 4 oder Abs. 2 versteuert worden sind und die

1. in zur allgemein zugänglichen Beförderung von Personen bestimmten Schienenbahnen mit Ausnahme von Bergbahnen oder
2. in Kraftfahrzeugen im genehmigten Linienverkehr nach den §§ 42 und 43 des Personenbeförderungsgesetzes in der Fassung der Bekanntmachung vom 8. August 1990 (BGBl. I S. 1690), das zuletzt durch Artikel 2 Abs. 7 des

Gesetzes vom 7. Juli 2005 (BGBl. I S. 1954) geändert worden ist, in der jeweils geltenden Fassung oder

3. in Kraftfahrzeugen in Verkehren nach § 1 Nr. 4 Buchstabe d, g und i der Freistellungs-Verordnung vom 30. August 1962 (BGBl. I S. 601), die zuletzt durch Artikel 1 der Verordnung vom 30. Juni 1989 (BGBl. I S. 1273) geändert worden ist, in der jeweils geltenden Fassung

verwendet worden sind, wenn in der Mehrzahl der Beförderungsfälle eines Verkehrsmittels die gesamte Reiseweite 50 Kilometer oder die gesamte Reisezeit eine Stunde nicht übersteigt. ² Satz 1 gilt nicht für die Steuer nach § 21. ³ Satz 1 gilt nicht, soweit für die Energieerzeugnisse eine vollständige Steuerentlastung nach § 50 gewährt wird. ⁴ Die Steuerentlastung wird nur für Energieerzeugnisse oder den Anteil der Energieerzeugnisse nach Satz 1 gewährt, die im Steuergebiet nach § 1 Absatz 1 Satz 2 verwendet worden sind.

(2) ¹ Die Steuerentlastung beträgt

1. für 1 000 l Benzine nach § 2 Abs. 1 Nr. 1 oder
1 000 l Gasöle nach § 2 Abs. 1 Nr. 4   54,02 EUR,

2. für 1 000 kg Flüssiggase nach § 2 Abs. 2 Nr. 2
bis zum 31. Dezember 2018   13,37 EUR,

3. für 1 MWh Erdgas oder 1 MWh gasförmige
Kohlenwasserstoffe nach § 2 Abs. 2 Nr. 1 bis
zum 31. Dezember 2018   1,00 EUR.

² Satz 1 gilt für Energieerzeugnisse nach § 2 Abs. 4 sinngemäß.

(3) Ein Steuerentlastung wird nur gewährt, wenn der Entlastungsbetrag nach Absatz 2 mindestens 50 Euro im Kalenderjahr beträgt.

(4) Entlastungsberechtigt ist derjenige, der die Energieerzeugnisse verwendet hat.

§ 57 Steuerentlastung für Betriebe der Land- und Forstwirtschaft.

(1) ¹ Eine Steuerentlastung wird auf Antrag gewährt für nachweislich nach § 2 Abs. 1 Nr. 4 versteuerte Energieerzeugnisse, die in Betrieben der Land- und Forstwirtschaft zum Betrieb von

1. Ackerschleppern,

2. standfesten oder beweglichen Arbeitsmaschinen und Motoren oder

3. Sonderfahrzeugen

bei der Ausführung von Arbeiten zur Gewinnung pflanzlicher oder tierischer Erzeugnisse durch Bodenbewirtschaftung oder durch mit Bodenbewirtschaftung verbundene Tierhaltung verwendet worden sind. ² Soweit die Energieerzeugnisse für die Ausführung forstwirtschaftlicher Arbeiten verwendet worden sind, wird eine Steuerentlastung gewährt, wenn und soweit sie unter den Voraussetzungen der Verordnung (EG) Nr. 1998/2006 der Kommission vom 15. Dezember 2006 über die Anwendung der Artikel 87 und 88 EG-Vertrag auf „De-minimis"-Beihilfen (ABl. L 379 vom 28.12.2006, S. 5) zulässig ist. ³ Eine Steuerentlastung wird abweichend von Satz 1 ebenfalls gewährt, wenn Gasöle in Betrieben der Imkerei zum Betrieb auch anderer als der dort aufgeführten Fahrzeuge verwendet worden sind. ⁴ Eine Steuerentlastung wird jährlich für höchstens 15 Liter Gasöl je Bienenvolk gewährt.

(2) Betriebe der Land- und Forstwirtschaft im Sinne des Absatzes 1 sind
1. Betriebe, die durch Bodenbewirtschaftung oder durch mit Bodenbewirtschaftung verbundene Tierhaltung pflanzliche oder tierische Erzeugnisse gewinnen und

   a) aus denen natürliche Personen Einkünfte nach § 13 Abs. 1 Nr. 1 des Einkommensteuergesetzes erzielen oder

   b) deren Inhaber eine nichtrechtsfähige Personenvereinigung, eine juristische Person des privaten Rechts oder eine Hauberg-, Wald-, Forst- oder Laubgenossenschaft oder eine ähnliche Realgemeinde im Sinne des § 13 Abs. 1 Nr. 4 des Einkommensteuergesetzes ist und bei denen im Falle der Gewinnung tierischer Erzeugnisse die mit der Bodenbewirtschaftung verbundene Tierhaltung die Grenzen des § 51 des Bewertungsgesetzes in der Fassung der Bekanntmachung vom 1. Februar 1991 (BGBl. I S. 230), das zuletzt durch Artikel 14 des Gesetzes vom 20. Dezember 2001 (BGBl. I S. 3794) geändert worden ist, in der jeweils geltenden Fassung nicht überschreitet oder

   c) deren Inhaber eine Körperschaft, Personenvereinigung oder Vermögensmasse ist, die ausschließlich und unmittelbar kirchliche, gemeinnützige oder mildtätige Zwecke verfolgt,

2. Imkereien, aus denen natürliche Personen Einkünfte nach § 13 Abs. 1 Nr. 2 des Einkommensteuergesetzes erzielen oder deren Inhaber eine nichtrechtsfähige Personenvereinigung oder eine juristische Person des privaten Rechts ist,

3. Wanderschäfereien und Teichwirtschaften,

4. Schöpfwerke zur Be- und Entwässerung land- und forstwirtschaftlich genutzter Grundstücke,

5. Betriebe, insbesondere Lohnbetriebe, Betriebe von Genossenschaften und Maschinengemeinschaften, Wasser- und Bodenverbände und Teilnehmergemeinschaften nach dem Flurbereinigungsgesetz in der Fassung der Bekanntmachung vom 16. März 1976 (BGBl. I S. 546), zuletzt geändert durch Artikel 2 Abs. 23 des Gesetzes vom 12. August 2005 (BGBl. I S. 2354), soweit diese für die in den Nummern 1 bis 3 bezeichneten Betriebe Arbeiten zur Gewinnung pflanzlicher oder tierischer Erzeugnisse durch Bodenbewirtschaftung oder durch mit Bodenbewirtschaftung verbundene Tierhaltung ausführen.

(3) Als Arbeitsmaschinen oder Sonderfahrzeuge im Sinne des Absatzes 1 Satz 1 Nr. 2 und 3 gelten Maschinen und Fahrzeuge, die in Betrieben der Land- und Forstwirtschaft verwendet werden und nach ihrer Bauart und ihren Vorrichtungen für die Verwendung in diesen Betrieben geeignet und bestimmt sind.

(4) Als Ausführung von Arbeiten zur Gewinnung pflanzlicher oder tierischer Erzeugnisse durch Bodenbewirtschaftung oder durch mit Bodenbewirtschaftung verbundene Tierhaltung gelten auch

1. die in Betrieben der Land- und Forstwirtschaft übliche Beförderung von land- und forstwirtschaftlichen Bedarfsgütern oder gewonnenen Erzeugnissen durch den Betrieb selbst oder durch andere Betriebe der Land- und Forstwirtschaft,

Energiesteuergesetz **§ 57 EnergieStG 46**

2. die Durchführung von Meliorationen auf Flächen, die zu einem bereits vorhandenen Betrieb der Land- und Forstwirtschaft gehören,

3. die Unterhaltung von Wirtschaftswegen, deren Eigentümer Inhaber eines Betriebes der Land- und Forstwirtschaft ist,

4. die Beförderung von Bienenvölkern zu den Trachten und Heimatständen sowie Fahrten zur Betreuung der Bienen.

(5) Die Steuerentlastung beträgt

1.	für 1 000 l Gasöle nach § 2 Abs. 1 Nr. 4	214,80 EUR,
2.	für 1 000 l Biokraftstoffe	
	a) nach § 50 Abs. 3 Satz 3 Nummer 1	
	bis 31. Dezember 2007	90,00 EUR,
	vom 1. Januar 2008 bis 31. Dezember 2008	150,00 EUR,
	vom 1. Januar 2009 bis 31. Dezember 2009	182,92 EUR,
	vom 1. Januar 2010 bis 31. Dezember 2012	185,96 EUR,
	ab 1. Januar 2013	450,33 EUR,
	b) nach § 50 Abs. 3 Satz 3 Nummer 2	
	bis 31. Dezember 2007	23,52 EUR,
	vom 1. Januar 2008 bis 31. Dezember 2008	100,00 EUR,
	vom 1. Januar 2009 bis 31. Dezember 2009	180,00 EUR,
	vom 1. Januar 2010 bis 31. Dezember 2012	184,55 EUR,
	ab 1. Januar 2013	450,00 EUR,

jeweils unvermischt mit anderen Energieerzeugnissen, ausgenommen Biokraftstoffen oder Additiven der Position 3811 der Kombinierten Nomenklatur.

(6) *(aufgehoben)*

(7) Eine Steuerentlastung wird nur gewährt, wenn der Entlastungsbetrag nach den Absätzen 5 und 6 mindestens 50 Euro im Kalenderjahr beträgt.

(8) Entlastungsberechtigt ist

1. im Falle des Absatzes 5 Nr. 1 der Betrieb der Land- und Forstwirtschaft nach Absatz 2 Nr. 1 bis 4, der die Gasöle verwendet hat. Dabei gelten Gasöle, die durch Betriebe nach Absatz 2 Nr. 5 bei der Ausführung von Arbeiten nach Absatz 1 Satz 1 für einen Betrieb der Land- und Forstwirtschaft nach Absatz 2 Nr. 1 bis 4 verwendet wurden, als durch den Betrieb der Land- und Forstwirtschaft verwendet, für den die Arbeiten ausgeführt wurden,

2. im Falle des Absatzes 5 Nr. 2 der Betrieb der Land- und Forstwirtschaft nach Absatz 2, der die Biokraftstoffe verwendet hat.

§ 58[1] **Steuerentlastung für Gewächshäuser.** (1) Eine Steuerentlastung wird auf Antrag gewährt für ordnungsgemäß gekennzeichnete Gasöle nach § 2 Abs. 3 Satz 1 Nr. 1 sowie für Erdgas, Flüssiggase und gasförmige Kohlenwasserstoffe, die nachweislich nach § 2 Abs. 3 Satz 1 versteuert worden sind und die von Unternehmen der Land- und Forstwirtschaft im Sinne des § 2 Nr. 5 des Stromsteuergesetzes[2] bis zum 31. Dezember 2006 zum Beheizen von Gewächshäusern oder geschlossenen Kulturräumen zur Pflanzenproduktion verwendet worden sind.

(2) Die Steuerentlastung beträgt

1. für 1 000 l Gasöle nach § 2 Abs. 3 Satz 1 Nr. 1   40,90 EUR,
2. für 1 MWh Erdgas oder 1 MWh gasförmige Kohlenwasserstoffe nach § 2 Abs. 3 Satz 1 Nr. 4   3,00 EUR,
3. für 1 000 kg Flüssiggase nach § 2 Abs. 3 Satz 1 Nr. 5   38,90 EUR.

(3) Entlastungsberechtigt ist derjenige, der die Energieerzeugnisse verwendet hat.

§ 59 Steuerentlastung für Diplomatenbenzin und -dieselkraftstoff.

(1) Unter der Voraussetzung der Gegenseitigkeit wird den in Absatz 2 aufgeführten Dienststellen und Personen auf Antrag die Steuer für Benzin und Dieselkraftstoff vergütet, die sie als Kraftstoff für den Betrieb ihrer Kraftfahrzeuge aus öffentlichen Tankstellen erworben haben.

(2) Begünstigt im Sinne des Absatzes 1 sind

1. die diplomatischen und konsularischen Vertretungen in der Bundesrepublik Deutschland, ausgenommen Wahlkonsulate,
2. die Leiter der in Nummer 1 genannten Vertretungen, ihre diplomatischen Mitglieder, Konsularbeamte, Mitglieder ihres Verwaltungs- und technischen Personals und ihr dienstliches Hauspersonal sowie die Familienmitglieder dieser Personen. Familienmitglieder im Sinne dieser Bestimmung sind der Ehegatte, die unverheirateten Kinder und die Eltern, wenn sie von diesen Personen wirtschaftlich abhängig sind und in ihrem Haushalt leben.

(3) Nicht begünstigt sind

1. Deutsche oder solche Staatenlose und Ausländer, die ihren ständigen Wohnsitz im Geltungsbereich dieses Gesetzes hatten, ehe sie zu den in Absatz 2 Nr. 2 genannten Personen gehörten,
2. Personen, die im Geltungsbereich dieses Gesetzes eine private Erwerbstätigkeit ausüben.

---

[1] Gem. Bek. v. 8. 5. 2008 (BGBl. I S. 838) hat die EG-Kommission am 11. 3. 2008 die nach Art. 3 Abs. 3 Satz 1 des G v. 15. 7. 2006 (BGBl. I S. 1534) erforderliche Genehmigung nach folgender Maßgabe erteilt: „§ 58 des Energiesteuergesetzes vom 15. Juli 2006 (BGBl. I S. 1534) ist hinsichtlich des Teils der Steuerermäßigung, der nicht über das ursprüngliche Steuerniveau von 40,90 Euro/1 000 l für Heizöl, von 1,84 Euro/MWh für Erdgas und von 25,26 Euro/1 000 kg Flüssiggas hinausgeht, mit dem Gemeinsamen Markt vereinbar." § 58 ist damit im vorgenannten Umfang am 11. 3. 2008 in Kraft getreten.
[2] Nr. 44.

§ 60 Steuerentlastung bei Zahlungsausfall. (1) Eine Steuerentlastung wird auf Antrag dem Verkäufer von nachweislich nach § 2 Abs. 1 Nr. 1 bis 4 versteuerten Energieerzeugnissen für die im Verkaufspreis enthaltene Steuer gewährt, die beim Warenempfänger wegen Zahlungsunfähigkeit ausfällt, wenn

1. der Steuerbetrag bei Eintritt der Zahlungsunfähigkeit 5 000 Euro übersteigt,
2. keine Anhaltspunkte dafür vorliegen, dass die Zahlungsunfähigkeit im Einvernehmen mit dem Verkäufer herbeigeführt worden ist,
3. der Zahlungsausfall trotz vereinbarten Eigentumsvorbehalts, laufender Überwachung der Außenstände, rechtzeitiger Mahnung bei Zahlungsverzug unter Fristsetzung und gerichtlicher Verfolgung des Anspruchs nicht zu vermeiden war,
4. Verkäufer und Warenempfänger nicht wirtschaftlich miteinander verbunden sind; sie gelten auch als verbunden, wenn sie Teilhaber oder Gesellschafter desselben Unternehmens oder Angehörige im Sinne des § 15 der Abgabenordnung sind oder wenn Verkäufer oder Warenempfänger der Leitung des Geschäftsbetriebs des jeweils anderen angehören.

(2) [1] Die Steuerentlastung hängt davon ab, dass sie bis zum Ablauf des Jahres, das dem Jahr folgt, in dem die Zahlungsunfähigkeit des Warenempfängers eingetreten ist, schriftlich beantragt wird. [2] Dem Antrag sind beizufügen:

1. Unterlagen über die Beschaffenheit, Herkunft und Versteuerung des Mineralöls,
2. Nachweise über den Verkauf an den Warenempfänger,
3. Nachweise über die eingetretene Zahlungsunfähigkeit des Warenempfängers.

(3) [1] Die Steuerentlastung erfolgt unter der auflösenden Bedingung einer nachträglichen Leistung des Warenempfängers. [2] Der Verkäufer hat dem Hauptzollamt nachträgliche Leistungen des Warenempfängers unverzüglich anzuzeigen. [3] Führt die Leistung nicht zum Erlöschen der Forderung des Verkäufers, vermindert sich die Erstattung oder Vergütung um den Teil der Teilleistung, der dem Steueranteil an der ausgefallenen Forderung entspricht. [4] Das Hauptzollamt kann anordnen, dass der Verkäufer seine Forderung gegen den Warenempfänger in Höhe des ausgefallenen Steuerbetrages an die Bundesrepublik Deutschland (Bundesfinanzverwaltung) abtritt.

Kapitel 6. Schlussbestimmungen

§ 61 Steueraufsicht. (1) Der Steueraufsicht im Sinne von § 209 der Abgabenordnung unterliegt,

1. wer Energieerzeugnisse herstellt, in das Steuergebiet verbringt, vertreibt, lagert, kennzeichnet, befördert oder verwendet,
2. wer als Beauftragter nach § 18 Absatz 3 tätig ist.

(2) [1] Die Amtsträger sind befugt, im öffentlichen Verkehr jederzeit, in Betriebsräumen und auf Betriebsgrundstücken während der Geschäfts- und Arbeitszeit unentgeltliche Proben aus Kraftfahrzeugtanks oder anderen Behältnissen zu entnehmen. [2] Zur Probenahme dürfen die Amtsträger Fahrzeuge anhalten. [3] Auf Verlangen haben die Betroffenen sich auszuweisen, die Her-

kunft des Energieerzeugnisses anzugeben und bei der Probenahme die erforderliche Hilfe zu leisten.

§ 62 Steuerliche Betriebsleiter, Steuerhilfspersonen. (1) [1]Der Steuerpflichtige kann sich zur Erfüllung seiner steuerlichen Pflichten Personen bedienen, die dem Betrieb oder dem Unternehmen nicht angehören (Steuerliche Betriebsleiter). [2]Die Bestellung des steuerlichen Betriebsleiters wird erst wirksam, nachdem das Hauptzollamt zugestimmt hat.

(2) [1]Auf Antrag des Steuerpflichtigen kann das Hauptzollamt Personen, die von der Besteuerung nicht selbst betroffen werden, als Steuerhilfspersonen bestellen. [2]Ihnen darf nur die Aufgabe übertragen werden, Tatsachen festzustellen, die für die Besteuerung erheblich sein können.

§ 63 Geschäftsstatistik. (1) Nach näherer Bestimmung des Bundesministeriums der Finanzen stellen die Hauptzollämter für statistische Zwecke Erhebungen an und teilen die Ergebnisse dem Statistischen Bundesamt zur Auswertung mit.

(2) Die Bundesfinanzbehörden können auch bereits aufbereitete Daten dem Statistischen Bundesamt zur Darstellung und Veröffentlichung für allgemeine Zwecke übermitteln.

§ 64 Bußgeldvorschriften. Ordnungswidrig im Sinne des § 381 Abs. 1 Nr. 1 der Abgabenordnung handelt, wer vorsätzlich oder leichtfertig

1. entgegen § 3 Abs. 4 eine begünstigte Anlage nicht, nicht richtig oder nicht rechtzeitig anmeldet,
2. entgegen § 9 Absatz 1 a, § 15 Abs. 3, § 18 Abs. 3 Satz 1 oder Abs. 6 Satz 1, jeweils auch in Verbindung mit § 34 oder § 40 Abs. 1, oder § 23 Abs. 4 Satz 1 eine Anzeige nicht, nicht richtig, nicht vollständig oder nicht rechtzeitig erstattet,
3. entgegen § 10 Absatz 3, § 11 Absatz 3 oder § 13 Absatz 3 Energieerzeugnisse nicht oder nicht rechtzeitig aufnimmt, nicht oder nicht rechtzeitig übernimmt, nicht oder nicht rechtzeitig befördert oder nicht oder nicht rechtzeitig ausführt,
4. entgegen § 31 Abs. 3 oder § 38 Abs. 3 eine Anmeldung nicht, nicht richtig oder nicht rechtzeitig abgibt oder
5. entgegen § 61 Abs. 2 Satz 3 sich nicht, nicht richtig oder nicht rechtzeitig ausweist, eine Angabe nicht, nicht richtig, nicht vollständig oder nicht rechtzeitig macht oder nicht, nicht richtig, nicht vollständig oder nicht rechtzeitig Hilfe leistet.

§ 65 Sicherstellung. (1) Sichergestellt werden können
1. Energieerzeugnisse, für die eine Steuer nach § 21 Abs. 1 entstanden ist,
2. Energieerzeugnisse, aus denen zugelassene Kennzeichnungsstoffe zu Unrecht entfernt oder bei denen diese in ihrer Wirksamkeit beeinträchtigt worden sind,
3. Energieerzeugnisse, die entgegen einem nach § 66 Abs. 1 Nr. 12 erlassenen Verbot zugelassene Kennzeichnungsstoffe oder andere rot färbende Stoffe enthalten.

(2) Energieerzeugnisse, die ein Amtsträger in Mengen und unter Umständen vorfindet, die auf eine gewerbliche Zweckbestimmung hinweisen, und für die der Nachweis nicht erbracht werden kann, dass sie
1. sich im Steueraussetzungsverfahren befinden oder
2. im Steuergebiet ordnungsgemäß versteuert worden oder zur ordnungsgemäßen Versteuerung angemeldet sind,

können sichergestellt werden.

(3) Die §§ 215 und 216 der Abgabenordnung gelten sinngemäß.

§ 66 Ermächtigungen. (1) Das Bundesministerium der Finanzen wird ermächtigt, zur Durchführung dieses Gesetzes durch Rechtsverordnung ohne Zustimmung des Bundesrates
1. die nach § 1 a Nummer 2 anzuwendende Fassung der Kombinierten Nomenklatur neu zu bestimmen und den Wortlaut dieses Gesetzes sowie der Durchführungsverordnungen der geänderten Nomenklatur anzupassen, soweit sich hieraus steuerliche Änderungen nicht ergeben,

1 a. den Wortlaut dieses Gesetzes an geänderte Fassungen oder Neufassungen des Zollkodex anzupassen, soweit sich hieraus steuerliche Änderungen nicht ergeben,

2. im Einvernehmen mit dem Bundesministerium für Umwelt, Naturschutz und Reaktorsicherheit zu regeln, dass die Hauptzollämter im Verwaltungswege eine Steuerbegünstigung oder eine Steuerentlastung für Energieerzeugnisse gewähren können, die bei Pilotprojekten zur technologischen Entwicklung umweltverträglicherer Produkte oder in Bezug auf Kraftstoffe aus erneuerbaren Rohstoffen verwendet werden,

3. zur Verfahrensvereinfachung, zur Vermeidung unangemessener wirtschaftlicher Belastungen sowie zur Sicherung der Gleichmäßigkeit der Besteuerung und des Steueraufkommens Bestimmungen zu den §§ 1 bis 3 a zu erlassen und dabei insbesondere

   a) die Begriffe der §§ 1 bis 2 näher zu bestimmen sowie Bestimmungen zu den in § 1 a genannten Bemessungsgrundlagen zu erlassen,

   b) für Energieerzeugnisse nach § 1 Abs. 3 unter Berücksichtigung der Heizwertunterschiede abweichend von § 2 Abs. 4 besondere Steuersätze festzusetzen,

   c) Näheres zu den begünstigten Anlagen nach § 3 einschließlich der Ermittlung des Jahresnutzungsgrades und zur Anmeldepflicht zu bestimmen und Betreibern von solchen Anlagen Pflichten zum Nachweis der dort genannten Voraussetzungen aufzuerlegen,

   d) Näheres zu den sonstigen begünstigten Anlagen nach § 3 a zu bestimmen und Betreibern von solchen Anlagen Pflichten zum Nachweis der dort genannten Voraussetzungen aufzuerlegen,

4. zur Verfahrensvereinfachung, zur Vermeidung unangemessener wirtschaftlicher Belastungen sowie zur Sicherung der Gleichmäßigkeit der Besteuerung und des Steueraufkommens Bestimmungen zu den §§ 4 bis 9 zu erlassen und dabei insbesondere

   a) das Erlaubnis- und das Steuerlagerverfahren näher zu regeln,

b) die Lager- und Herstellungshandlungen näher zu umschreiben sowie zu bestimmen, welche Räume, Flächen, Anlagen und Betriebsteile in das Steuerlager einzubeziehen sind,

c) für die Lagerung von Energieerzeugnissen unter Steueraussetzung in einer Freizone abweichend von § 7 geringere Anforderungen zu stellen, wenn dies wegen der besonderen Verhältnisse in der Freizone erforderlich erscheint und die Steuerbelange gesichert sind,

d) dem Hersteller für die Herstellung von Energieerzeugnissen außerhalb eines Herstellungsbetriebes besondere Pflichten aufzuerlegen,

5. zur Verfahrensvereinfachung, zur Vermeidung unangemessener wirtschaftlicher Belastungen sowie zur Sicherung der Gleichmäßigkeit der Besteuerung und des Steueraufkommens Bestimmungen zu den §§ 9a bis 14 zu erlassen und dabei insbesondere

a) das Erlaubnisverfahren sowie das Verfahren des Bezugs von Energieerzeugnissen als registrierter Empfänger näher zu regeln,

b) das Erlaubnisverfahren sowie das Verfahren des Versands von Energieerzeugnissen durch registrierte Versender näher zu regeln und dabei vorzusehen, den Versand vom Ort der Einfuhr nur dann zuzulassen, wenn steuerliche Belange dem nicht entgegenstehen,

c) das Verfahren der Beförderung von Energieerzeugnissen unter Steueraussetzung unter Berücksichtigung der Artikel 21 bis 31 der Systemrichtlinie und den dazu ergangenen Verordnungen sowie das Verfahren der Übermittlung des elektronischen Verwaltungsdokuments und den dazu erforderlichen Datenaustausch zu regeln und dabei das Verfahren abweichend von § 9d zu regeln sowie für Beförderungen unter Steueraussetzung im Steuergebiet Vereinfachungen zuzulassen,

d) zur Durchführung von Artikel 13 der Systemrichtlinie das Verfahren zum Bezug, zur Beförderung und zur Abgabe von Energieerzeugnissen mit Freistellungsbescheinigung näher zu regeln und bei Beförderungen im Steuergebiet anstelle der Freistellungsbescheinigung andere Dokumente vorzusehen,

e) Inhabern von Steuerlagern und registrierten Empfängern zu erlauben, Energieerzeugnisse allein durch Inbesitznahme in das Steuerlager oder den Betrieb aufzunehmen,

6. zur Verfahrensvereinfachung, zur Vermeidung unangemessener wirtschaftlicher Belastungen sowie zur Sicherung der Gleichmäßigkeit der Besteuerung und des Steueraufkommens Bestimmungen zu den §§ 15 bis 19b zu erlassen und dabei insbesondere

a) das Verfahren des Verbringens von Energieerzeugnissen zu gewerblichen Zwecken näher zu regeln,

b) die Begriffe Haupt- und Reservebehälter näher zu bestimmen,

c) das Verfahren des Versandhandels näher zu regeln,

d) die Anwendung der Zollvorschriften (§ 19b Absatz 3) näher zu regeln,

7. zur Verfahrensvereinfachung, zur Vermeidung unangemessener wirtschaftlicher Belastungen sowie zur Sicherung der Gleichmäßigkeit der Besteuerung und des Steueraufkommens Bestimmungen zu den §§ 20 bis 23 zu erlassen und dabei insbesondere

a) die Begriffe des § 23 näher zu bestimmen,

b) Näheres über die Anzeigepflicht nach § 23 Abs. 4 zu regeln und besondere Pflichten für die Anzeigepflichtigen vorzusehen,

8. zur Verfahrensvereinfachung, zur Vermeidung unangemessener wirtschaftlicher Belastungen sowie zur Sicherung der Gleichmäßigkeit der Besteuerung und des Steueraufkommens Bestimmungen zu den §§ 24 bis 30 zu erlassen und dabei insbesondere

a) die Voraussetzungen für die Steuerbefreiungen einschließlich der Begriffe näher zu bestimmen sowie das Erlaubnisverfahren und das Verfahren der Steuerbefreiung zu regeln und Pflichten für die Abgabe, den Bezug, die Lagerung und die Verwendung der Energieerzeugnisse vorzusehen,

b) die Verwendung, die Verteilung, das Verbringen und die Ausfuhr aus dem Steuergebiet von steuerfreien Energieerzeugnissen unter Verzicht auf eine förmliche Einzelerlaubnis allgemein zu erlauben,

c) zuzulassen, dass Energieerzeugnisse, die Erlaubnisinhaber in Besitz genommen haben, als in den Betrieb aufgenommen gelten,

d) die Teile des Betriebes zu bestimmen, in denen nach § 26 Energieerzeugnisse zur Aufrechterhaltung des Betriebes steuerfrei verwendet werden können,

e) die steuerfreie Verwendung nach § 27 Abs. 1 für den Bereich der Binnengewässer einzuschränken,

f) vorzusehen, dass Erlaubnisinhaber, die Energieerzeugnisse für Zwecke nach § 27 Abs. 1 steuerfrei verwenden, diese Energieerzeugnisse für nicht steuerfreie Zwecke mit der Maßgabe verwenden dürfen, dass bei ihnen eine Steuer nach dem zutreffenden Steuersatz des § 2 entsteht, und das dafür erforderliche Verfahren einschließlich des Verfahrens der Steuererhebung zu regeln,

g) die steuerfreie Verwendung nach § 27 Abs. 2 Nr. 2 und 3 und Abs. 3 auf Betriebe zu beschränken, die durch näher zu bezeichnende Behörden genehmigt wurden, sowie die steuerfreie Verwendung nach § 27 Abs. 3 auch für andere als in § 27 Abs. 2 genannte Energieerzeugnisse zuzulassen,

9. zur Verfahrensvereinfachung, zur Vermeidung unangemessener wirtschaftlicher Belastungen sowie zur Sicherung der Gleichmäßigkeit der Besteuerung und des Steueraufkommens Bestimmungen zu den §§ 31 bis 37 zu erlassen und dabei insbesondere

a) das Erlaubnisverfahren für Kohlebetriebe und Kohlelieferer sowie die Anmeldepflicht nach § 31 Abs. 3 näher zu regeln und besondere Pflichten für Inhaber von Kohlebetrieben und Kohlelieferer vorzusehen,

b) die sinngemäße Anwendung der beim Verbringen von Kohle in das Steuergebiet anzuwendenden Vorschriften und die anzuwendenden Verfahren näher zu regeln,

c) die sinngemäße Anwendung der bei der Einfuhr von Kohle in das Steuergebiet anzuwendenden Vorschriften und die anzuwendenden Verfahren näher zu regeln,

d) die Voraussetzungen für die steuerfreie Verwendung einschließlich der Begriffe näher zu bestimmen sowie das Erlaubnisverfahren und das Verfahren der steuerfreien Verwendung zu regeln und dabei Pflichten für die Abgabe, den Bezug, die Lagerung und die Verwendung der Kohle vorzusehen,

e) die Verwendung von steuerfreier Kohle unter Verzicht auf eine förmliche Einzelerlaubnis allgemein zu erlauben,

f) die Teile des Betriebes zu bestimmen, in denen nach § 37 Abs. 2 Satz 1 Nr. 2 Kohle zur Aufrechterhaltung des Betriebes steuerfrei verwendet werden kann,

10. zur Verfahrensvereinfachung, zur Vermeidung unangemessener wirtschaftlicher Belastungen sowie zur Sicherung der Gleichmäßigkeit der Besteuerung und des Steueraufkommens Bestimmungen zu den §§ 38 bis 44 zu erlassen und dabei insbesondere

a) das Nähere über die Anmeldepflicht nach § 38 Abs. 3 zu regeln und besondere Pflichten für die Anmeldepflichtigen vorzusehen,

b) die sinngemäße Anwendung der beim Verbringen von Erdgas in das Steuergebiet anzuwendenden Vorschriften und die anzuwendenden Verfahren näher zu regeln,

c) die sinngemäße Anwendung der bei der nicht leitungsgebundenen Einfuhr von Erdgas in das Steuergebiet anzuwendenden Vorschriften und die anzuwendenden Verfahren näher zu regeln,

d) die Voraussetzungen für die steuerfreie Verwendung einschließlich der Begriffe näher zu bestimmen sowie das Erlaubnisverfahren und das Verfahren der steuerfreien Verwendung zu regeln und dabei Pflichten für die Abgabe, den Bezug, die Lagerung und die Verwendung des Erdgases vorzusehen,

e) die Teile des Betriebes zu bestimmen, in denen nach § 44 Abs. 2 Erdgas zur Aufrechterhaltung des Betriebes steuerfrei verwendet werden kann,

11. zur Verfahrensvereinfachung, zur Vermeidung unangemessener wirtschaftlicher Belastungen sowie zur Sicherung der Gleichmäßigkeit der Besteuerung und des Steueraufkommens Bestimmungen zu den §§ 45 bis 60 zu erlassen und dabei insbesondere

a) die Voraussetzungen für die Gewährung der Steuerentlastungen einschließlich der Begriffe näher zu bestimmen und das Verfahren der Steuerentlastung zu regeln sowie Vorschriften über die zum Zwecke der Steuerentlastung erforderlichen Angaben und Nachweise einschließlich ihrer Aufbewahrung zu erlassen,

b) zu bestimmen, dass der Anspruch auf Steuerentlastung innerhalb bestimmter Fristen geltend zu machen ist,

c) abweichend von § 52 Abs. 1 Satz 2 für näher zu bestimmende Einzelfälle auch eine Entlastungsmöglichkeit für nicht gekennzeichnete Energieerzeugnisse vorzusehen,

d) Näheres zur Ermittlung der Nutzungsgrade und der elektrischen Nennleistung (§ 53) zu bestimmen,

e) im Einvernehmen mit dem Bundesministerium für Ernährung, Landwirtschaft und Verbraucherschutz zu § 57 Näheres zur Art der begünstigten Arbeiten, der Fahrzeuge und Maschinen und zur Abgrenzung des Kreises der Berechtigten zu regeln,

f) abweichend von § 59 Absatz 1 zu bestimmen, dass die Steuerentlastung dem Lieferer der Energieerzeugnisse gewährt wird, sowie das dafür erforderliche Verfahren zu regeln,

11 a. im Einvernehmen mit dem Bundesministerium für Ernährung, Landwirtschaft und Verbraucherschutz, dem Bundesministerium für Umwelt, Naturschutz und Reaktorsicherheit, dem Bundesministerium für Verkehr, Bau und Stadtentwicklung und dem Bundesministerium für Wirtschaft und Technologie Bestimmungen zu § 50 zu erlassen und dabei

a) vorzuschreiben, dass für Biokraftstoffe eine Entlastung nach § 50 nur dann in Anspruch genommen werden kann, wenn bei der Erzeugung der eingesetzten Biomasse nachweislich bestimmte ökologische und soziale Anforderungen an eine nachhaltige Produktion der Biomasse sowie zum Schutz natürlicher Lebensräume erfüllt werden und wenn der Biokraftstoff eine bestimmte Treibhausgasminderung aufweist,

b) die Anforderungen im Sinne des Buchstaben a festzulegen,

c) unter Berücksichtigung der technischen Entwicklung auch in Abweichung von § 1 a Satz 1 Nummer 13 a Energieerzeugnisse als Biokraftstoffe zu bestimmen oder in Abweichung von § 1 a Satz 1 Nummer 13 a festzulegen, dass bestimmte Energieerzeugnisse nicht oder nicht mehr in vollem Umfang als Biokraftstoffe gelten,

d) die besonders förderungswürdigen Biokraftstoffe nach § 50 Absatz 4 näher zu bestimmen,

e) auch in Abweichung von § 50 Absatz 4 andere als die dort genannten Energieerzeugnisse als besonders förderungswürdige Biokraftstoffe zu bestimmen, sofern sie ein hohes CO_2-Verminderungspotenzial aufweisen und bei ihrer Herstellung auf eine breitere biogene Rohstoffgrundlage zurückgegriffen werden kann als bei herkömmlichen Biokraftstoffen,

11 b. im Einvernehmen mit dem Bundesministerium für Umwelt, Naturschutz und Reaktorsicherheit nähere Bestimmungen zur Durchführung des § 50 sowie der auf Nummer 11 a beruhenden Rechtsverordnungen zu erlassen und dabei insbesondere die erforderlichen Nachweise und die Überwachung der Einhaltung der Anforderungen an Biokraftstoffe sowie die hierfür erforderlichen Probenahmen näher zu regeln,

12. zur Sicherung der Gleichmäßigkeit der Besteuerung und des Steueraufkommens Regelungen zur Kennzeichnung von Energieerzeugnissen und zum Umgang mit gekennzeichneten Energieerzeugnissen zu erlassen sowie zur Verfahrensvereinfachung in bestimmten Fällen zu regeln, dass gekennzeichnete Energieerzeugnisse als Kraftstoff mitgeführt, bereitgehalten, abgegeben oder verwendet werden dürfen,

13. zur Sicherung der Gleichmäßigkeit der Besteuerung und zur Vermeidung von Wettbewerbsverzerrungen zu bestimmen, dass Energieerzeugnisse bestimmten chemisch-technischen Anforderungen genügen müssen, wenn sie nicht zum höchsten in Betracht kommenden Steuersatz versteuert werden, und dass für steuerliche Zwecke Energieerzeugnisse sowie Zusätze nach bestimmten Verfahren zu untersuchen und zu messen sind,

14. Verfahrensvorschriften zur Festsetzung und Erhebung der Steuer zu erlassen, insbesondere zur Steueranmeldung, zur Berechnung und Entrichtung der Steuer sowie zur Berechnung und Festsetzung der monatlichen Vorauszahlungen,

15. die Voraussetzungen für eine Sicherheitsleistung näher zu bestimmen und das Verfahren der Sicherheitsleistung zu regeln, soweit in diesem Gesetz die Leistung einer Sicherheit vorgesehen ist,

16. zur Sicherung der Gleichmäßigkeit der Besteuerung und des Steueraufkommens anzuordnen, dass Energieerzeugnisse in bestimmter Weise behandelt, bezeichnet, gelagert, versandt, befördert oder verwendet werden müssen und dass im Umgang mit Energieerzeugnissen besondere Pflichten zu erfüllen sind,

17. zur Sicherung der Gleichmäßigkeit der Besteuerung und des Steueraufkommens zu bestimmen, dass beim Mischen von Energieerzeugnissen, die verschiedenen Steuersätze unterliegen oder für die eine Steuerentlastung nach § 50 gewährt wird, vor Abgabe in Haupt- und Reservebehälter von Motoren in der Person des Mischenden eine Steuer entsteht und das Verfahren der Steuererhebung zu regeln,

18. Bestimmungen zu erlassen zur Umsetzung der Steuerbefreiungen nach

    a) Artikel XI des Abkommens vom 19. Juni 1951 zwischen den Parteien des Nordatlantikvertrages über die Rechtsstellung ihrer Truppen (BGBl. 1961 II S. 1183, 1190) in der jeweils geltenden Fassung und den Artikeln 65 bis 67 des Zusatzabkommens vom 3. August 1959 zu dem Abkommen vom 19. Juni 1951 zwischen den Parteien des Nordatlantikvertrages über die Rechtsstellung ihrer Truppen hinsichtlich der in der Bundesrepublik Deutschland stationierten ausländischen Truppen (BGBl. 1961 II S. 1183, 1218) in der jeweils geltenden Fassung,

    b) Artikel 15 des Abkommens vom 13. März 1967 zwischen der Bundesrepublik Deutschland und dem Obersten Hauptquartier der Alliierten Mächte, Europa, über die besonderen Bedingungen für die Einrichtung und den Betrieb internationaler militärischer Hauptquartiere in der Bundesrepublik Deutschland (BGBl. 1969 II S. 1997, 2009) in der jeweils geltenden Fassung und

    c) den Artikeln III bis V des Abkommens zwischen der Bundesrepublik Deutschland und den Vereinigten Staaten von Amerika vom 15. Oktober 1954 über die von der Bundesrepublik zu gewährenden Abgabenvergünstigungen für die von den Vereinigten Staaten im Interesse der gemeinsamen Verteidigung geleisteten Ausgaben (BGBl. 1955 II S. 821, 823) in der jeweils geltenden Fassung.

    Dabei kann es anordnen, dass bei einem Missbrauch für alle daran Beteiligten die Steuer entsteht und dass bei der Lieferung von versteuerten Energieerzeugnissen dem Lieferer die entrichtete Steuer erstattet oder vergütet wird,

19. im Fall der Einfuhr Steuerfreiheit für Energieerzeugnisse, soweit dadurch nicht unangemessene Steuervorteile entstehen, unter den Voraussetzungen anzuordnen, unter denen sie nach der Verordnung (EG) Nr. 1186/2009 des Rates vom 16. November 2009 über das gemeinschaftliche System der Zollbefreiungen (ABl. L 324 vom 10.12.2009, S. 23) in der jeweils gelten-

den Fassung und anderen von den Europäischen Gemeinschaften oder der Europäischen Union erlassenen Rechtsvorschriften vom Zoll befreit werden können, und die notwendigen Vorschriften zu erlassen und zur Sicherung des Steueraufkommens anzuordnen, dass bei einem Missbrauch für alle daran Beteiligten die Steuer entsteht,

20. zur Erleichterung und zur Vereinfachung des automatisierten Besteuerungsverfahrens zu bestimmen, dass Steuererklärungen, Steueranmeldungen oder sonstige für das Besteuerungsverfahren erforderliche Daten durch Datenfernübertragung übermittelt werden können, und dabei insbesondere

a) die Voraussetzungen für die Anwendung des Verfahrens,

b) das Nähere über Form, Inhalt, Verarbeitung und Sicherung der zu übermittelnden Daten,

c) die Art und Weise der Übermittlung der Daten,

d) die Zuständigkeit für die Entgegennahme der zu übermittelnden Daten,

e) die Mitwirkungspflichten Dritter und deren Haftung für Steuern oder Steuervorteile, die auf Grund unrichtiger Erhebung, Verarbeitung oder Übermittlung der Daten verkürzt oder erlangt werden,

f) den Umfang und die Form der für dieses Verfahren erforderlichen besonderen Erklärungspflichten des Anmelde- oder Steuerpflichtigen

zu regeln sowie

g) im Benehmen mit dem Bundesministerium des Innern anstelle der qualifizierten elektronischen Signatur ein anderes sicheres Verfahren, das die Authentizität und die Integrität des übermittelten elektronischen Dokuments sicherstellt, und

h) Ausnahmen von der Pflicht zur Verwendung einer qualifizierten elektronischen Signatur oder eines anderen sicheren Verfahrens nach Buchstabe g

zuzulassen. Zur Regelung der Datenübermittlung kann in der Rechtsverordnung auf Veröffentlichungen sachverständiger Stellen verwiesen werden; hierbei sind das Datum der Veröffentlichung, die Bezugsquelle und eine Stelle zu bezeichnen, bei der die Veröffentlichung archivmäßig gesichert niedergelegt ist.

(2) Das Bundesministerium der Finanzen wird ermächtigt, mit anderen Mitgliedstaaten Vereinbarungen zu schließen, durch die

1. für alle oder einige der in § 4 genannten Energieerzeugnisse, soweit sie nicht von § 2 Abs. 1 Nr. 1 bis 5 und 8 erfasst werden, die Kontrollmaßnahmen für die verbrauchsteuerrechtliche Überwachung der innergemeinschaftlichen Beförderung von Energieerzeugnissen ganz oder teilweise ausgesetzt werden,

2. für häufig und regelmäßig wiederkehrende Fälle der Beförderung von Energieerzeugnissen des freien Verkehrs im Transitweg durch das Gebiet eines anderen Mitgliedstaates Verfahrensvereinfachungen bei den Kontrollmaßnahmen für die verbrauchsteuerrechtliche Überwachung der innergemeinschaftlichen Beförderung von Energieerzeugnissen vorgesehen werden,

3. für häufig und regelmäßig stattfindende Beförderungen von Energieerzeugnissen in einem Verfahren der Steueraussetzung zwischen den Gebieten von zwei oder mehr Mitgliedstaaten vereinfachte Verfahren festgelegt werden,
4. vereinfachte Verfahren für Beförderungen von Energieerzeugnissen in festen Rohrleitungen in einem Verfahren der Steueraussetzung zwischen den Gebieten von zwei oder mehreren Mitgliedstaaten festgelegt werden,
5. auf eine Sicherheitsleistung in einem Verfahren der Steueraussetzung bei Beförderungen von Energieerzeugnissen auf dem Seeweg oder durch feste Rohrleitungen zwischen den Gebieten von zwei oder mehreren Mitgliedstaaten verzichtet wird.

(3) In Rechtsverordnungen, die auf Grund der in diesem Gesetz enthaltenen Ermächtigungen erlassen werden, kann auf Veröffentlichungen sachverständiger Stellen verwiesen werden; hierbei sind das Datum der Veröffentlichung, die Bezugsquelle und eine Stelle zu bezeichnen, bei der die Veröffentlichung archivmäßig gesichert niedergelegt ist.

(4) Das Bundesministerium der Finanzen erlässt die allgemeinen Verwaltungsvorschriften zur Durchführung dieses Gesetzes und der auf Grund dieses Gesetzes erlassenen Rechtsverordnungen.

§ 66 a Gebühren und Auslagen; Verordnungsermächtigung. (1) Für Amtshandlungen, die auf Rechtsverordnungen auf der Grundlage des § 66 Abs. 1 Nr. 11 a Buchstabe a beruhen und die in Zusammenhang mit der Anerkennung von Systemen oder mit der Anerkennung und Überwachung einer unabhängigen Kontrollstelle stehen, werden zur Deckung des Verwaltungsaufwands Gebühren und Auslagen erhoben.

(2) [1] Das Bundesministerium der Finanzen wird ermächtigt, im Einvernehmen mit dem Bundesministerium für Umwelt, Naturschutz und Reaktorsicherheit und dem Bundesministerium für Ernährung, Landwirtschaft und Verbraucherschutz durch Rechtsverordnung ohne Zustimmung des Bundesrates die gebührenpflichtigen Tatbestände und die Gebührensätze zu bestimmen und dabei feste Sätze, auch in Form von Zeitgebühren oder Rahmensätzen, vorzusehen. [2] In der Rechtsverordnung kann die Erstattung von Auslagen auch abweichend vom Verwaltungskostengesetz geregelt werden.

§ 67 Anwendungsvorschriften. (1) [1] Eine Steuerentlastung wird auf Antrag gewährt für Erdgas, das nachweislich nach § 3 Abs. 1 Nr. 2 oder § 3 Abs. 2 Nr. 3 Buchstabe a des Mineralölsteuergesetzes in der am 31. Juli 2006 geltenden Fassung versteuert wurde und sich am 1. August 2006, 0 Uhr, im Leitungsnetz befindet. [2] Der Steuerentlastungsanspruch entsteht am 1. August 2006. [3] Entlastungsberechtigt ist, wer in diesem Zeitpunkt Eigentümer des Erdgases ist. [4] Der Entlastungsberechtigte hat die Steuerentlastung mit einer Anmeldung nach amtlich vorgeschriebenem Vordruck zu beantragen und in ihr alle für die Bemessung der Entlastung erforderlichen Angaben zu machen sowie die Höhe der Entlastung darin selbst zu berechnen.

(2) Für Anlagen nach § 3 Abs. 1 Satz 1 Nr. 2, die erstmalig vor dem 1. August 2006 in Betrieb genommen worden sind, gilt § 3 Abs. 4 und für Kohlebetriebe, die vor dem 1. August 2006 eröffnet worden sind, gilt § 31 Abs. 3 sinngemäß.

(3) Nach § 6 Abs. 2, § 7 Abs. 2, § 7 a Abs. 2 und § 15 Abs. 3 des Mineralölsteuergesetzes in der am 31. Juli 2006 geltenden Fassung erteilte Erlaubnisse gelten bis zum 31. Dezember 2006 als nach § 6 Abs. 3, § 7 Abs. 2 oder Abs. 4 oder § 11 Abs. 4 dieses Gesetzes erteilte Erlaubnisse fort.

(4) Nach § 12 des Mineralölsteuergesetzes in der am 31. Juli 2006 geltenden Fassung erteilte Erlaubnisse gelten bis zum 31. Dezember 2006 als nach § 24 Abs. 2 oder § 44 Abs. 1 dieses Gesetzes erteilte Erlaubnisse mit der Maßgabe fort, dass die §§ 30 und 44 Abs. 4 anzuwenden sind, wenn die Energieerzeugnisse für andere als die in den §§ 24 bis 29 und 44 Abs. 2 genannten steuerfreien Zwecke verwendet werden.

(5) Abweichend von § 27 Abs. 1 Satz 2 dürfen Energieerzeugnisse der Unterpositionen 2710 19 41 bis 2710 19 49 der Kombinierten Nomenklatur bis zum 30. April 2007 auch nicht gekennzeichnet steuerfrei zu den in § 27 Abs. 1 Satz 1 genannten Zwecken abgegeben oder verwendet werden.

(6) Bis zum 31. Oktober 2006 sind der unversteuerte Bezug von Kohle nach § 31 Abs. 4 und die steuerfreie Verwendung von Kohle nach § 37 Abs. 2 Nr. 2, 3 und 4 allgemein erlaubt.

(7) Abweichend von § 32 Abs. 1 und § 36 Abs. 1 entsteht keine Steuer für am 1. August 2006, 0 Uhr, vorhandene Bestände an Kohle im unmittelbaren Besitz von Personen, wenn der Bestand 100 Tonnen nicht übersteigt.

(8) [1] Soweit im Kalenderjahr 2007 ein Steuerentlastungsanspruch nach § 55 für Schweröle nach § 2 Absatz 3 Satz 1 Nummer 1 oder Nummer 3 entstanden ist, beginnt die Festsetzungsfrist für diesen Anspruch mit Ablauf des 31. Dezember 2008. [2] Antragsfristen in einer auf Grund des § 66 Absatz 1 Nummer 11 Buchstabe b ergangenen Verordnung sind insoweit nicht anwendbar.

(9) Für Beförderungen unter Steueraussetzung, die vor dem 1. Januar 2011 begonnen worden sind, gelten dieses Gesetz und die Energiesteuer-Durchführungsverordnung[1]) in der jeweils am 31. März 2010 geltenden Fassung fort, es sei denn, die Beförderungen sind mit einem elektronischen Verwaltungsdokument (§ 9 d Absatz 1) eröffnet worden.

---

[1]) Nr. 47.

47. Verordnung zur Durchführung des Energiesteuergesetzes (Energiesteuer-Durchführungsverordnung – EnergieStV)[1)]

Vom 31. Juli 2006
(BGBl. I S. 1753)
FNA 612-20-1

zuletzt geänd. durch Art. 5 Abs. 4 G zur Neuordnung des Kreislaufwirtschafts- und Abfallrechts v. 24. 2. 2012 (BGBl. I S. 212)

Inhaltsübersicht

§§

Allgemeines

Begriffsbestimmungen	1
Zuständiges Hauptzollamt	1 a

Zu den §§ 1 bis 2 des Gesetzes

Ergänzende Begriffsbestimmungen zum Gesetz	1 b
Steuertarif für schwefelhaltige Energieerzeugnisse	1 c

Zu § 2 Abs. 3 und 4, § 27 Abs. 1, § 48 Abs. 1, § 52 Abs. 1 und § 66 Abs. 1 Nr. 12 des Gesetzes

Ordnungsgemäße Kennzeichnung	2
Antrag auf Zulassung von Kennzeichnungseinrichtungen	3
Zulassung von Kennzeichnungseinrichtungen	4
Antrag auf Bewilligung des Kennzeichnungsbetriebs	5
Bewilligung des Kennzeichnungsbetriebs	6
Pflichten des Inhabers des Kennzeichnungsbetriebs	7
Andere Energieerzeugnisse als Gasöle	8

Zu den §§ 3 und 53 des Gesetzes

Anmeldung von begünstigten Anlagen	9
Anlagenbegriff und Ermittlung der Nutzungsgrade	10
Nachweis des Jahresnutzungsgrads	11

Zu § 3 a des Gesetzes

Güterumschlag in Seehäfen	11 a

Zu § 6 des Gesetzes

Antrag auf Herstellererlaubnis	12
Einrichtung des Herstellungsbetriebs	13
Erteilung und Erlöschen der Herstellererlaubnis	14
Pflichten des Herstellers, Steueraufsicht	15

Zu § 7 des Gesetzes

Antrag auf Lagererlaubnis	16
Einrichtung des Lagers	17
Erteilung und Erlöschen der Lagererlaubnis	18
Pflichten des Lagerinhabers, Steueraufsicht	19
Lagerbehandlung	20
Zugelassener Einlagerer, Erlaubnis und Pflichten	21
Lager ohne Lagerstätten	22

[1)] Verkündet als Art. 1 VO v. 31. 7. 2006 (BGBl. I S. 1753); Inkrafttreten gem. Art. 4 dieser VO am 4. 8. 2006.

Energiesteuer-Durchführungsverordnung EnergieStV 47

§§

Zu § 8 des Gesetzes
Entfernung und Entnahme von Energieerzeugnissen 23

Zu den §§ 8, 9, 9 a, 14, 15, 16, 22 und 23 des Gesetzes
Steueranmeldung .... 23 a

Zu § 9 des Gesetzes
Herstellung außerhalb eines Herstellungsbetriebs 24

Zu den §§ 6 bis 9, 23, 31, 32 und 38 des Gesetzes
Anzeichen für eine Gefährdung der Steuer.. 25

Zu § 9 a des Gesetzes
Registrierter Empfänger 26

Zu § 9 b des Gesetzes
Registrierter Versender... 27

Zu den §§ 9 c und 9 d Absatz 2 des Gesetzes
Begünstigte, Freistellungsbescheinigung 28

Zu den §§ 9 d bis 13 des Gesetzes
Teilnahme am EDV-gestützten Beförderungs- und Kontrollsystem........................ 28 a
Erstellen des elektronischen Verwaltungsdokuments, Mitführen eines Ausdrucks........ 28 b
Unbestimmter Empfänger.. 28 c
Art und Höhe der Sicherheitsleistung... 29
Annullierung des elektronischen Verwaltungsdokuments 30
Änderung des Bestimmungsorts bei Verwendung des elektronischen Verwaltungsdokuments .. 31
Aufteilung von Warensendungen während der Beförderung................................. 32
Beförderung aus anderen Mitgliedstaaten und Beendigung von Beförderungen unter Steueraussetzung.. 33
Eingangs- und Ausfuhrmeldung bei Verwendung des elektronischen Verwaltungsdokuments.. 34
Beförderung im Steuergebiet ohne elektronisches Verwaltungsdokument................. 35
Beginn der Beförderung im Ausfallverfahren... 36
Annullierung im Ausfallverfahren... 36 a
Änderung des Bestimmungsorts im Ausfallverfahren .... 36 b
Eingangs- und Ausfuhrmeldung im Ausfallverfahren .... 36 c
Ersatznachweise für die Beendigung der Beförderung 37

Zu § 14 des Gesetzes
Unregelmäßigkeiten während der Beförderung unter Steueraussetzung..................... 37 a

Zu § 15 des Gesetzes
Anzeige und Zulassung... 38
Beförderung.. 39
Pflichten des Anzeigepflichtigen, Steueraufsicht... 40

Zu den §§ 15 bis 17, 21 und 46 des Gesetzes
Hauptbehälter 41

Zu § 18 des Gesetzes
Versandhandel, Beauftragter 42

Zu § 18 a des Gesetzes
Unregelmäßigkeiten während der Beförderung von Energieerzeugnissen des steuerrechtlich freien Verkehrs anderer Mitgliedstaaten... 42 a

Zu den §§ 19 bis 19 b des Gesetzes
Einfuhr von Energieerzeugnissen aus Drittländern und Drittgebieten....................... 43

1145

47 EnergieStV

5. Teil. Umweltschutz

§§

Zu § 66 Abs. 1 Nr. 16 des Gesetzes

Verbringen von Energieerzeugnissen des freien Verkehrs zu gewerblichen Zwecken in andere Mitgliedstaaten	44
Beförderungen von Energieerzeugnissen des steuerrechtlich freien Verkehrs durch einen anderen Mitgliedstaat	45

Zu den §§ 21, 65 Abs. 1 und § 66 Abs. 1 Nr. 12 des Gesetzes

Verkehrs-, Verbringungs- und Verwendungsbeschränkungen	46
Vermischungen in Kennzeichnungs- und anderen Betrieben	47
Vermischungen bei der Abgabe aus Transportmitteln	48
Spülvorgänge und sonstige Vermischungen	49

Zu § 23 des Gesetzes

Abgabe von sonstigen Energieerzeugnissen	49 a
Anzeige	50
Pflichten, Steueraufsicht	51

Zu den §§ 24 bis 30 des Gesetzes

Antrag auf Erlaubnis als Verwender oder Verteiler	52
Erteilung der Erlaubnis	53
Erlöschen der Erlaubnis	54
Allgemeine Erlaubnis	55
Pflichten des Erlaubnisinhabers, Steueraufsicht	56
Bezug und Abgabe von steuerfreien Energieerzeugnissen	57

Zu § 25 des Gesetzes

Verwendung zu anderen Zwecken	58

Zu § 26 des Gesetzes

Eigenverbrauch	59

Zu den §§ 17 und 27 des Gesetzes

Schiff- und Luftfahrt	60
Versteuerung von Energieerzeugnissen in Wasserfahrzeugen	61

Zu § 31 des Gesetzes

Anmeldung des Kohlebetriebs	62
Einrichtung des Kohlebetriebs	63
Pflichten des Betriebsinhabers	64
Antrag auf Erlaubnis für Kohlebetriebe und Kohlelieferer	65
Erteilung und Erlöschen der Erlaubnis	66
Pflichten des Erlaubnisinhabers	67
Bezug und Lagerung von unversteuerter Kohle	68
Lieferung von unversteuerter Kohle	69

Zu § 34 des Gesetzes

Verbringen von Kohle in das Steuergebiet	70

Zu § 35 des Gesetzes

Einfuhr von Kohle	71

Zu § 37 des Gesetzes

Antrag auf Erlaubnis als Kohleverwender	72
Erteilung und Erlöschen der Erlaubnis	73
Allgemeine Erlaubnis	74
Pflichten des Erlaubnisinhabers	75
Bezug und Lagerung von steuerfreier Kohle	76
Eigenverbrauch	77

Zu § 38 des Gesetzes

Anmeldung für Lieferer, Entnehmer und Beziehen von Erdgas	78
Pflichten	79

Zu § 39 des Gesetzes
Vorauszahlungen 80

Zu § 40 des Gesetzes
Nicht leitungsgebundenes Verbringen 81

Zu § 41 des Gesetzes
Nicht leitungsgebundene Einfuhr 82

Zu § 44 des Gesetzes
Antrag auf Erlaubnis als Erdgasverwender 83
Erteilung und Erlöschen der Erlaubnis 84
Allgemeine Erlaubnis .... 84 a
Pflichten des Erlaubnisinhabers 85
Eigenverbrauch 86

Zu § 46 des Gesetzes
Steuerentlastung beim Verbringen aus dem Steuergebiet 87

Zu § 47 des Gesetzes
Steuerentlastung bei Aufnahme in Steuerlager 88
Steuerentlastung für Kohlenwasserstoffanteile 89
Steuerentlastung bei steuerfreien Zwecken 90
Steuerentlastung für Kohle 91
Steuerentlastung für Erdgas bei Einspeisung .... 91 a

Zu § 48 des Gesetzes
Steuerentlastung bei Spülvorgängen und versehentlichen Vermischungen 92

Zu § 49 des Gesetzes
Steuerentlastung für zum Verheizen oder in begünstigten Anlagen verwendete Energieerzeugnisse 93

Zu § 50 des Gesetzes
Steuerentlastung für Biokraftstoffe 94

Zu § 51 des Gesetzes
Steuerentlastung für bestimmte Prozesse und Verfahren 95

Zu § 52 des Gesetzes
Steuerentlastung für die Schifffahrt 96
Steuerentlastung für die Luftfahrt 97

Zu § 53 des Gesetzes
Steuerentlastung für die Stromerzeugung und die gekoppelte Erzeugung von Kraft und Wärme 98
Anlage zur Stromerzeugung und elektrische Nennleistung 99

Zu § 54 des Gesetzes
Steuerentlastung für Unternehmen 100
Verwendung von Wärme durch andere Unternehmen .... 100 a

Zu § 55 des Gesetzes
Steuerentlastung für Unternehmen in Sonderfällen 101

Zu § 56 des Gesetzes
Steuerentlastung für den öffentlichen Personennahverkehr, Allgemeines 102
Steuerentlastung für den öffentlichen Personennahverkehr mit Schienenbahnen .... 102 a
Steuerentlastung für den öffentlichenn Personennahverkehr mit Kraftfahrzeugen ..... 102 b

	§§
Zu § 57 des Gesetzes	
Steuerentlastung für Betriebe der Land- und Forstwirtschaft	103
Zu § 59 des Gesetzes	
Steuerentlastung für Diplomatenbenzin und -dieselkraftstoff	104
Zu § 66 Abs. 1 Nr. 2 des Gesetzes	
Steuerbegünstigung für Pilotprojekte	105
Zu § 66 Absatz 1 Nummer 18 des Gesetzes	
Steuerentlastung für ausländische Streitkräfte und Hauptquartiere	105 a
Zu den §§ 61 und 66 Abs. 1 Nr. 16 des Gesetzes	
Steueraufsicht, Pflichten	106
Hinweispflichten bei Abgabe von Energieerzeugnissen	107
Zu den §§ 65 und 66 Abs. 1 Nr. 16 des Gesetzes	
Kontrollen, Sicherstellung	108
Zu § 66 Abs. 1 Nr. 17 des Gesetzes	
Vermischungen von versteuerten Energieerzeugnissen	109
Zu § 66 Abs. 1 Nr. 13 des Gesetzes	
Normen	110
Zu § 381 Abs. 1 der Abgabenordnung	
Ordnungswidrigkeiten	111
Schlussbestimmungen	
Übergangsregelung	112

Allgemeines

§ 1 Begriffsbestimmungen. [1] Im Sinne dieser Verordnung ist oder sind:

1. zugelassene Kennzeichnungsstoffe:
die in § 2 Abs. 1 genannten Rotfarbstoffe und der Markierstoff Solvent Yellow 124 sowie die nach § 2 Abs. 2 und 3 anzuerkennenden ausländischen Kennzeichnungsstoffe;

2. Kennzeichnungslösungen:
Lösungen der in § 2 Abs. 1 aufgeführten Kennzeichnungsstoffe in Energieerzeugnissen oder anderen Lösungsmitteln, die zum Kennzeichnen von Gasölen oder ihnen gleichgestellten Energieerzeugnissen nach § 2 Abs. 4 des Gesetzes bestimmt sind;

3. Kennzeichnungseinrichtungen:
Anlagen, in denen die Kennzeichnungslösung durch eine von einer Messeinrichtung gesteuerten Pumpe oder Regeleinrichtung in einem bestimmten Verhältnis dem zu kennzeichnenden Energieerzeugnis zugegeben oder in anderer Weise mengenproportional zugeführt und darin gleichmäßig verteilt wird. Eine Kennzeichnungseinrichtung umfasst auch das erforderliche Zubehör und Leitungen;

4. wesentliche Bauteile von Kennzeichnungseinrichtungen:
   Regel- und Messeinrichtungen, Mengen- und Messwerterfassungssysteme, Sicherungseinrichtungen, Impfstellen und Behälter für Kennzeichnungslösung;
5. Kennzeichnungsbetriebe:
   Betriebe, deren Inhabern die Kennzeichnung von Energieerzeugnissen nach § 6 bewilligt ist;
6. leichtes Heizöl:
   Gasöle der Unterpositionen 2710 19 41 bis 2710 19 49 der Kombinierten Nomenklatur (§ 1 Abs. 4 des Gesetzes), die nach § 2 Abs. 1 gekennzeichnet sind oder nach § 2 Abs. 2 und 3 als gekennzeichnet gelten;
7. Lagerstätten für Energieerzeugnisse:
   Räume, Gefäße und Lagerplätze, in oder auf denen Energieerzeugnisse gelagert werden;
8. EDV-gestütztes Beförderungs- und Kontrollsystem:
   System, über das Personen, die an Beförderungen unter Steueraussetzung beteiligt sind, elektronische Meldungen über Bewegungen von Energieerzeugnissen mit der Zollverwaltung austauschen; das System dient der Kontrolle dieser Bewegungen;
9. elektronisches Verwaltungsdokument:
   der Entwurf des elektronischen Verwaltungsdokuments nach amtlich vorgeschriebenem Datensatz, der mit einem eindeutigen Referenzcode versehen ist;
10 Ausfallverfahren:
   Verfahren, das zu Beginn, während oder nach Beendigung der Beförderung von Energieerzeugnissen unter Steueraussetzung verwendet wird, wenn das EDV-gestützte Beförderungs- und Kontrollsystem nicht zur Verfügung steht;
11. Ausgangszollstelle:
   a) für im Eisenbahnverkehr, mit der Post, im Luft- oder im Seeverkehr beförderte Energieerzeugnisse die Zollstelle, die für den Ort zuständig ist, an dem die Energieerzeugnisse von Eisenbahngesellschaften, Postdiensten, Luftverkehrs- oder Schifffahrtsgesellschaften im Rahmen eines durchgehenden Beförderungsvertrags zur Beförderung mit Bestimmung in ein Drittland oder Drittgebiet übernommen werden,
   b) für in Rohrleitungen beförderte Energieerzeugnisse die von dem Mitgliedstaat, in dessen Gebiet der Ausführer ansässig ist, bezeichnete Zollstelle,
   c) für in sonstiger Weise oder unter anderen als in Buchstabe a und b genannten Umständen beförderte Energieerzeugnisse die letzte Zollstelle vor dem Ausgang der Energieerzeugnisse aus dem Verbrauchsteuergebiet der Europäischen Gemeinschaft;
12. vereinfachtes Begleitdokument:
   Versanddokument nach Artikel 2 Abs. 1 in Verbindung mit dem Anhang der Verordnung (EWG) Nr. 3649/92 der Kommission vom 17. Dezember 1992 über ein vereinfachtes Begleitdokument für die Beförderung von verbrauchsteuerpflichtigen Waren, die sich bereits im steuerrechtlich freien Verkehr des Abgangsmitgliedstaats befinden (ABl. EG Nr. L 369 S. 17),

in der jeweils geltenden Fassung. Als vereinfachtes Begleitdokument gelten auch Handelsdokumente, wenn sie die gleichen Angaben unter Hinweis auf das entsprechende Feld im Vordruck des vereinfachten Begleitdokuments enthalten und an gut sichtbarer Stelle mit dem Aufdruck „Vereinfachtes Begleitdokument (verbrauchsteuerpflichtige Waren) zu verbrauchsteuerlichen Kontrollzwecken" versehen sind;

13. Zollkodex-Durchführungsverordnung:
die Verordnung (EWG) Nr. 2454/93 der Kommission vom 2. Juli 1993 mit Durchführungsvorschriften zu der Verordnung (EWG) Nr. 2913/92 des Rates zur Festlegung des Zollkodex der Gemeinschaften (ABl. EG Nr. L 253 S. 1, 1994 Nr. L 268 S. 32, 1996 Nr. L 180 S. 34, 1997 Nr. L 156 S. 59, 1999 Nr. L 111 S. 88), die zuletzt durch die Verordnung (EU) Nr. 1063/2010 (ABl. L 307 vom 23.11.2010, S. 1) geändert worden ist, in der jeweils geltenden Fassung;

14. Stromsteuer-Durchführungsverordnung:
die Stromsteuer-Durchführungsverordnung vom 31. Mai 2000 (BGBl. I S. 794), die zuletzt durch Artikel 2 der Verordnung vom 20. September 2011 (BGBl. I S. 1890) geändert worden ist, in der jeweils geltenden Fassung;

15. lose Ware:
unverpackte Energieerzeugnisse in einem Behältnis, das entweder Bestandteil des Beförderungsmittels oder ein ISO-Tankcontainer ist, sowie unverpackte Energieerzeugnisse in anderen Behältnissen mit einem Volumen von mehr als 210 Litern Inhalt.

²Die Begriffsbestimmung nach Satz 1 Nummer 1 gilt für § 21 Absatz 1 Satz 1 und § 65 Absatz 1 Satz 1 Nummer 2 und 3 des Gesetzes entsprechend und die Begriffsbestimmung nach Satz 1 Nummer 15 gilt für § 4 Nummer 3 des Gesetzes entsprechend.

§ 1 a Zuständiges Hauptzollamt. ¹Soweit in dieser Verordnung nichts anderes bestimmt ist, ist für den Anwendungsbereich dieser Verordnung das Hauptzollamt örtlich zuständig, von dessen Bezirk aus die in den einzelnen Vorschriften jeweils bezeichnete Person ihr Unternehmen betreibt oder, falls sie kein Unternehmen betreibt, in dessen Bezirk sie ihren Wohnsitz hat. ²Für Unternehmen, die von einem Ort außerhalb des Steuergebiets betrieben werden, oder für Personen ohne Wohnsitz im Steuergebiet ist das Hauptzollamt örtlich zuständig, in dessen Bezirk sie erstmalig steuerlich in Erscheinung treten.

Zu den §§ 1 bis 2 des Gesetzes

§ 1 b Ergänzende Begriffsbestimmungen zum Gesetz. (1) Als andere Waren im Sinn des § 1 Absatz 3 Satz 1 Nummer 2 des Gesetzes, die ganz oder teilweise aus Kohlenwasserstoffen bestehen, gelten nicht:

1. Klärschlamm nach § 2 Absatz 2 Satz 1 und 4 der Klärschlammverordnung vom 15. April 1992 (BGBl. I S. 912), die zuletzt durch Artikel 9 der Verordnung vom 9. November 2010 (BGBl. I S. 1504) geändert worden ist, in der jeweils geltenden Fassung,

2. Siedlungsabfälle des Abfallschlüssels 20 03 nach der Anlage zu § 2 Absatz 1 der Abfallverzeichnis-Verordnung vom 10. Dezember 2001 (BGBl. I S. 3379), die zuletzt durch Artikel 7 des Gesetzes vom 15. Juli 2006 (BGBl. I S. 1619) geändert worden ist, in der jeweils geltenden Fassung und

3.[1] andere Abfälle nach der Anlage zu § 2 Absatz 1 der Abfallverzeichnis-Verordnung, in der jeweils geltenden Fassung, die im Durchschnitt einen Heizwert von höchstens 18 Megajoule je Kilogramm haben. Die Ermittlung des durchschnittlichen Heizwerts erfolgt

   a) monatlich je Verbrennungslinie oder

   b) bezogen auf einzelne oder mehrere Abfalllieferungen, wenn der Heizwert durch repräsentative Referenzanalysen nachgewiesen ist.

(2) Eine Verwendung von Energieerzeugnissen zum Verheizen im Sinn des § 1 a Satz 1 Nummer 12 des Gesetzes liegt nicht vor, wenn das Energieerzeugnis ausschließlich zur Beseitigung seines Schadstoffpotenzials oder aus Sicherheitsgründen verbrannt wird oder wenn Energieerzeugnisse ausschließlich aus Sicherheitsgründen zum Betrieb von Zünd- oder Lockflammen verwendet werden.

(3) Im Sinn des § 1 a Satz 1 Nummer 14 des Gesetzes gelten nur solche gasförmigen Energieerzeugnisse als beim Kohleabbau aufgefangen, die aus aktiven oder stillgelegten Kohlebergwerken stammen.

(4) [1] Als andere vergleichbare Abfälle im Sinn des § 2 Absatz 4 Satz 2 des Gesetzes gelten Energieerzeugnisse, die gebraucht oder verunreinigt sind und somit nicht mehr ohne weitere Aufbereitung zu ihrem ursprünglichen Verwendungszweck eingesetzt werden können. [2] Andere vergleichbare Abfälle nach § 2 Absatz 4 Satz 2 des Gesetzes sind auch Rückstände aus der Alkoholgewinnung und Alkoholrektifikation, die zu den in § 2 Absatz 3 des Gesetzes genannten Zwecken verwendet oder abgegeben werden.

§ 1 c Steuertarif für schwefelhaltige Energieerzeugnisse. Energieerzeugnisse nach § 2 Absatz 4 Satz 2 des Gesetzes werden bei einem Schwefelgehalt von mehr als 50 Milligramm je Kilogramm abweichend von § 2 Absatz 3 Satz 1 Nummer 1 Buchstabe a des Gesetzes ausschließlich nach dem Steuersatz des § 2 Absatz 3 Satz 1 Nummer 1 Buchstabe b des Gesetzes versteuert.

Zu § 2 Abs. 3 und 4, § 27 Abs. 1, § 48 Abs. 1, § 52 Abs. 1 und § 66 Abs. 1 Nr. 12 des Gesetzes

§ 2 Ordnungsgemäße Kennzeichnung. (1) Gasöle der Unterpositionen 2710 19 41 bis 2710 19 49 der Kombinierten Nomenklatur sind dann ordnungsgemäß gekennzeichnet im Sinne von § 2 Abs. 3 Satz 1 Nr. 1, § 27

---

[1] Nach Art. 3 Abs. 2 Satz 2 der VO zur Änd. der Energiesteuer- und der Stromsteuer-Durchführungsverordnung v. 20. September 2011 (BGBl. I S. 1890) wird hiermit bekannt gemacht, dass die in Art. 3 Abs. 2 Satz 1 der VO genannte Genehmigung der Europäischen Kommission nicht erforderlich ist und dass damit § 1 b Abs. 1 Nr. 3 der Energiesteuer-Durchführungsverordnung in der Fassung v. 20. September 2011 (BGBl. I S. 1890) mWv 1. Januar 2012 in Kraft getreten ist.

Abs. 1 Satz 2, § 48 Abs. 1 Satz 1 und § 52 Abs. 1 Satz 2 des Gesetzes, wenn sie im Steuergebiet vor der erstmaligen Abgabe in einem Kennzeichnungsbetrieb unter Verwendung von zugelassenen Kennzeichnungseinrichtungen mit 4,1 g N-Ethyl-1-(4-phenylazophenylazo)naphthyl-2-amin oder 5,3 g N-Ethylhexyl-1-(tolylazotolylazo)naphthyl-2-amin oder 6,1 g N-Tridecyl-1-(tolylazotolylazo)naphthyl-2-amin oder einem in der Farbwirkung äquivalenten Gemisch aus diesen Farbstoffen (Rotfarbstoffe) und 6,0 g N-Ethyl-N-[2-(1-isobutoxyethoxy)ethyl]-4-(phenylazo)-anilin (Solvent Yellow 124 – Markierstoff) auf 1000 Liter bei 15 Grad Celsius gleichmäßig vermischt (gekennzeichnet) wurden.

(2) [1] Werden Gasöle der Unterpositionen 2710 19 41 bis 2710 19 49 der Kombinierten Nomenklatur aus einem anderen Mitgliedstaat (§ 1a Satz 1 Nummer 5 des Gesetzes), einem Drittgebiet (§ 1a Satz 1 Nummer 6 des Gesetzes) oder einem Drittland (§ 1a Satz 1 Nummer 7 des Gesetzes) in das Steuergebiet verbracht oder eingeführt, gelten sie vorbehaltlich gegenteiliger Feststellung als ordnungsgemäß gekennzeichnet, wenn eine Bescheinigung in einer Amtssprache der Europäischen Gemeinschaft der für den Lieferer zuständigen Verbrauchsteuerverwaltung, des Herstellers oder des ausländischen Kennzeichners darüber vorgelegt wird, dass das Gasöl außerhalb des Steuergebiets gekennzeichnet worden ist und nach Art und Menge mindestens den Gehalt der in Absatz 1 genannten Kennzeichnungsstoffe und höchstens 9,0 g Solvent Yellow 124 auf 1000 Liter bei 15 Grad Celsius gleichmäßig verteilt enthält. [2] Wird ein zu geringer Anteil an Kennzeichnungsstoffen festgestellt, gilt § 7 Abs. 2 Satz 5 bis 7 sinngemäß.

(3) [1] Gasöle der Unterpositionen 2710 19 41 bis 2710 19 49 der Kombinierten Nomenklatur, die aus einem anderen Mitgliedstaat in das Steuergebiet verbracht werden und neben der nach Absatz 2 Satz 1 vorgeschriebenen Menge Solvent Yellow 124 andere als in Absatz 1 genannte Kennzeichnungsstoffe enthalten, gelten vorbehaltlich gegenteiliger Feststellung als ordnungsgemäß gekennzeichnet, wenn diese Kennzeichnungsstoffe in gleicher Weise (Rotfärbung) und mit vergleichbarer Zuverlässigkeit wie die in Absatz 1 genannten Kennzeichnungsstoffe das Erkennen als gekennzeichnetes Energieerzeugnis und die Unterscheidung von anderen Energieerzeugnissen ermöglichen. [2] Das Bundesministerium der Finanzen bestimmt im Verwaltungswege, welche der in den anderen Mitgliedstaaten zugelassenen Kennzeichnungsverfahren die Voraussetzungen erfüllen. [3] Weitere Voraussetzung ist, dass eine Bescheinigung in einer Amtssprache der Europäischen Gemeinschaft der für den Lieferer zuständigen Verbrauchsteuerverwaltung, des Herstellers oder des ausländischen Kennzeichners darüber vorgelegt wird, dass das Gasöl nach dem Recht des anderen Mitgliedstaats ordnungsgemäß gekennzeichnet ist.

§ 3 Antrag auf Zulassung von Kennzeichnungseinrichtungen.

(1) [1] Die Zulassung von vollständigen Kennzeichnungseinrichtungen eines Herstellers sowie neuer wesentlicher Bauteile ist bei dem Hauptzollamt schriftlich zu beantragen, das für den Hersteller zuständig ist. [2] Die Zulassung von Kennzeichnungseinrichtungen aus Teilen verschiedener Hersteller sowie der Umbau bestehender Einrichtungen ist bei dem Hauptzollamt schriftlich zu beantragen, das für die Bewilligung des Kennzeichnungsbetriebs zuständig ist.

(2) Dem Antrag sind beizufügen:

1. eine genaue Beschreibung der Kennzeichnungseinrichtung oder der wesentlichen Bauteile und ihrer Arbeitsweise; dabei ist auch anzugeben, in welcher Konzentration Kennzeichnungslösungen zugegeben werden sollen,
2. eine schematische Darstellung der Kennzeichnungseinrichtung oder der wesentlichen Bauteile.

(3) Der Antragsteller hat auf Verlangen des Hauptzollamts weitere Angaben zu machen, wenn sie für die Zulassung erforderlich erscheinen.

§ 4 Zulassung von Kennzeichnungseinrichtungen. (1) [1] Das Hauptzollamt lässt Kennzeichnungseinrichtungen unter Widerrufsvorbehalt schriftlich zu, wenn sie den folgenden Anforderungen entsprechen:

1. Sie müssen übersichtlich sein und gut zugänglich eingebaut werden können,
2. Es muss gewährleistet sein, dass der Kennzeichnungsvorgang nicht beeinträchtigt und die Kennzeichnungslösung nicht abgeleitet werden kann,
3. Sie müssen mit Messeinrichtungen ausgestattet sein, die die Menge leichten Heizöls oder – bei Zugabe der Kennzeichnungslösung hinter der Messeinrichtung – das zu kennzeichnende Gasöl mit einem besonderen, nicht verstellbaren Zählwerk anzeigen oder bei denen ein entsprechend gesichertes Zählwerk die gemessene Menge unter Angabe der Art des Messgutes und der Reihenfolge der Abgabe fortlaufend dokumentiert; die Zugabe von Kennzeichnungslösung hinter dem Zählwerk ist nur zulässig, wenn ihre zur ordnungsgemäßen Kennzeichnung erforderliche Menge 0,01 Raumhundertteile nicht übersteigt,
4. Sie müssen mit technischen Vorrichtungen ausgestattet sein, die für die Verladung, Abgabe oder besondere Mengenerfassung von leichtem Heizöl bestimmte Vorrichtungen abstellen oder blockieren, wenn der Kennzeichnungsvorgang unterbrochen wird,
5. Störungen müssen durch Warneinrichtungen angezeigt und dokumentiert werden,
6. Sie müssen sicher gegen unbefugte Eingriffe sein oder hiergegen durch Anlegen von Verschlüssen gesichert werden können,
7. Sie müssen eine Vermischung von leichtem Heizöl mit nicht gekennzeichnetem Gasöl ausschließen.

[2] Die Zulassung kann mit Nebenbestimmungen nach § 120 Absatz 2 der Abgabenordnung verbunden werden. [3] Die Zulassung ist zu widerrufen, wenn eine der in Satz 1 Nr. 1 bis 7 genannten Voraussetzungen nicht mehr erfüllt ist.

(2) Das Hauptzollamt kann auf einzelne Anforderungen verzichten, wenn die Steuerbelange auf andere Weise ausreichend gesichert sind.

(3) [1] Hersteller von zugelassenen Kennzeichnungseinrichtungen haben dem Hauptzollamt Änderungen an den Kennzeichnungseinrichtungen vor ihrer Durchführung schriftlich anzuzeigen. [2] Die veränderten Einrichtungen dürfen erst nach erneuter Zulassung in Betrieb genommen werden. [3] Das Hauptzollamt kann hiervon Ausnahmen zulassen, wenn die Änderungen aus betrieb-

lichen Unterlagen jederzeit erkennbar sind und die Steuerbelange nicht beeinträchtigt werden.

(4) Für die Zulassung von wesentlichen Bauteilen gelten die Absätze 1 bis 3 sinngemäß.

§ 5 Antrag auf Bewilligung des Kennzeichnungsbetriebs. (1) Inhaber von Betrieben, in denen Gasöle der Unterpositionen 2710 19 41 bis 2710 19 49 der Kombinierten Nomenklatur gekennzeichnet werden sollen, haben die Bewilligung spätestens sechs Wochen vor der beabsichtigten Aufnahme der Kennzeichnung beim Hauptzollamt schriftlich zu beantragen.

(2) Dem Antrag sind beizufügen:

1. eine Darstellung des gesamten technischen Ablaufs der Kennzeichnung einschließlich der vorgesehenen Kennzeichnungseinrichtungen, -stoffe und -lösungen,
2. die Zulassung der Kennzeichnungseinrichtungen (§ 4) und die Erklärung des Antragstellers oder des Herstellers der Kennzeichnungseinrichtungen darüber, dass die eingebauten oder einzubauenden Kennzeichnungseinrichtungen der Zulassung entsprechen,
3. eine Darstellung der für die Mengenermittlung des leichten Heizöls vorgesehenen Einrichtungen,
4. eine Zeichnung und Beschreibung der Lagerstätten für Gasöl, aus denen dieses den für die Kennzeichnung bestimmten Einrichtungen zugeführt und in denen es nach der Kennzeichnung als leichtes Heizöl gelagert oder aus Zapfstellen abgegeben werden soll,
5. ein Gesamtplan der Rohrleitungen mit allen Abzweigungen, der Lagerbehälter, der Kennzeichnungseinrichtungen, der Zapfstellen und der Entnahmestellen, in dem alle Einrichtungen, aus denen Gasöl, leichtes Heizöl oder Kennzeichnungslösung entnommen werden können, besonders zu bezeichnen sind,
6. eine Darstellung der Maßnahmen zur Sicherung der Kennzeichnungseinrichtungen und damit zusammenhängender Anlagen gegen unbefugte Eingriffe,
7. gegebenenfalls eine Erklärung über die Bestellung eines Beauftragten nach § 214 der Abgabenordnung oder eines Betriebsleiters nach § 62 Abs. 1 des Gesetzes, in der dieser sein Einverständnis erklärt hat.

(3) [1] Der Antragsteller hat auf Verlangen des Hauptzollamts weitere Angaben zu machen, wenn sie für die Erteilung der Bewilligung erforderlich erscheinen. [2] Das Hauptzollamt kann auf einzelne Anforderungen verzichten, wenn sie zur Darstellung des Ablaufs der Kennzeichnung nicht erforderlich sind oder wenn im Fall des Absatzes 2 Nr. 5 ein Gesamtplan schon vorliegt.

§ 6 Bewilligung des Kennzeichnungsbetriebs. (1) [1] Das Hauptzollamt bewilligt Inhabern von Steuerlagern, die Gasöle der Unterpositionen 2710 19 41 bis 2710 19 49 der Kombinierten Nomenklatur unter Steueraussetzung beziehen und lagern dürfen, und Dienstleistungsbetrieben, die unter Steueraussetzung stehendes Gasöl Dritter für diese lagern, unter Widerrufsvorbehalt schriftlich die Kennzeichnung, wenn die folgenden Voraussetzungen erfüllt sind:

1. Gegen die steuerliche Zuverlässigkeit des Antragstellers dürfen keine Bedenken bestehen,
2. Die Kennzeichnungseinrichtungen müssen zugelassen sein und entsprechend der Zulassung installiert und verwendet werden,
3. Die Kennzeichnungseinrichtung und andere Anlagenteile, in denen der Ablauf des Kennzeichnungsvorgangs beeinflusst werden kann, müssen durch amtliche Verschlüsse gegen unbefugte Eingriffe gesichert sein. Wenn eine Gefährdung der Steuerbelange nicht zu befürchten ist, kann das Hauptzollamt Firmenverschlüsse zulassen oder darüber hinaus auf Verschlüsse verzichten, soweit durch bauliche oder andere Einrichtungen sichergestellt ist, dass der Kennzeichnungsvorgang nicht unbefugt beeinflusst werden kann,
4. Eine Vermischung von leichtem Heizöl mit nicht gekennzeichnetem Gasöl muss ausgeschlossen sein; § 47 bleibt unberührt,
5. Die Kennzeichnungsstoffe müssen auch in der kleinsten nach den betrieblichen Verhältnissen in Betracht kommenden Abgabemenge an leichtem Heizöl in dem nach § 2 Abs. 1 bestimmten Mengenverhältnis gleichmäßig verteilt enthalten sein.

[2] Die Bewilligung ist zu widerrufen, wenn eine der in Satz 1 Nr. 1 bis 5 genannten Voraussetzungen nicht mehr erfüllt ist.

(2) Das Hauptzollamt kann die Bewilligung der Kennzeichnung mit Nebenbestimmungen nach § 120 Absatz 2 der Abgabenordnung versehen, die eine Gefährdung der Steuerbelange ausschließen sollen.

§ 7 Pflichten des Inhabers des Kennzeichnungsbetriebs.
(1) [1] Der Inhaber des Kennzeichnungsbetriebs hat eine ordnungsgemäße Kennzeichnung im Sinne von § 2 Abs. 1 vorzunehmen und zu überwachen. [2] Die in § 2 Abs. 1 genannten Mengen an Kennzeichnungsstoffen dürfen dabei höchstens um 20 Prozent überschritten werden. [3] Er hat dem Hauptzollamt unverzüglich anzuzeigen, wenn der zulässige Höchstgehalt überschritten wird. [4] Das Hauptzollamt kann Ausnahmen von Satz 1 und 2 zulassen, wenn eine Gefährdung der Steuerbelange nicht zu befürchten ist oder wenn das leichte Heizöl unmittelbar an Verwender geliefert wird.

(2) [1] Der Inhaber des Kennzeichnungsbetriebs hat auf Verlangen des Hauptzollamts innerhalb von vorgegebenen Fristen Proben des leichten Heizöls zu entnehmen und sie auf die ordnungsgemäße Kennzeichnung zu untersuchen. [2] Störungen in der Kennzeichnungsanlage, die zu einer fehlerhaften Kennzeichnung geführt haben, und Unterschreitungen des Mindestgehalts an Kennzeichnungsstoffen in nicht ordnungsgemäß gekennzeichnetem Gasöl hat er dem Hauptzollamt unverzüglich anzuzeigen. [3] Zur Fortführung des Betriebs kann das Hauptzollamt in solchen Fällen zusätzliche Überwachungsmaßnahmen anordnen. [4] Der Inhaber des Kennzeichnungsbetriebs darf amtliche Verschlüsse nur mit Zustimmung des Hauptzollamts entfernen. [5] Das Hauptzollamt kann zulassen, dass Gasöl mit zu geringem Gehalt an Kennzeichnungsstoffen nachgekennzeichnet oder leichtem Heizöl beigemischt wird. [6] Es kann auf eine Nachkennzeichnung verzichten und zulassen, dass das Gasöl unter Versteuerung nach dem Steuersatz des § 2 Abs. 3 Satz 1 Nr. 1 des Gesetzes zu den in § 2 Abs. 3 Satz 1, § 25 Abs. 1, § 26 oder § 27 Abs. 1 des Gesetzes genannten Zwecken abgegeben wird, wenn eine Nachkennzeichnung aus wirtschaftlichen Gründen nicht zumutbar ist und ungerechtfertigte Steuer-

vorteile auszuschließen sind. ⁷ Die Sätze 5 und 6 gelten sinngemäß auch für Fälle, in denen Gasöl vor Feststellung seiner fehlerhaften Kennzeichnung zu den in § 2 Abs. 3 Satz 1, § 25 Abs. 1, § 26 oder § 27 Abs. 1 des Gesetzes genannten Zwecken abgegeben worden ist.

(3) Der Inhaber des Kennzeichnungsbetriebs hat

1. die bezogenen und verwendeten Kennzeichnungsstoffe und Kennzeichnungslösungen nach Zeitpunkt und Menge, Kennzeichnungslösungen auch nach Gehalt an Kennzeichnungsstoffen, beim Bezug, beim Mischen untereinander und bei der Verwendung zur Kennzeichnung in zugelassenen Aufzeichnungen und

2. die Menge an selbst gekennzeichnetem leichten Heizöl nach Weisung des Hauptzollamts gesondert im Herstellungs- oder Lagerbuch oder in den an ihrer Stelle zugelassenen Aufzeichnungen oder – soweit er Inhaber eines Dienstleistungsbetriebs nach § 6 Abs. 1 Satz 1 ist – in anderen zugelassenen Aufzeichnungen

zu erfassen.

(4) ¹ Der Inhaber des Kennzeichnungsbetriebs hat Änderungen an Anlagen oder im technischen Ablauf dem Hauptzollamt vor ihrer Durchführung schriftlich anzuzeigen. ² Er darf geänderte Anlagen erst benutzen oder geänderte technische Abläufe erst anwenden, wenn das Hauptzollamt zugestimmt hat. ³ Das Hauptzollamt kann hiervon Ausnahmen zulassen, wenn die Änderungen aus betrieblichen Unterlagen jederzeit erkennbar sind und die Steuerbelange nicht beeinträchtigt werden.

§ 8 Andere Energieerzeugnisse als Gasöle. (1) ¹ Für andere Energieerzeugnisse als Gasöle, die nach § 2 Abs. 4 des Gesetzes einer ordnungsgemäßen Kennzeichnung bedürfen, gelten die §§ 2 bis 7 sinngemäß. ² Werden Energieerzeugnisse trotz des Verzichts auf eine Kennzeichnung (§ 2 Absatz 4 Satz 4 des Gesetzes) gekennzeichnet, sind sie ordnungsgemäß zu kennzeichnen; die §§ 2 bis 7 gelten sinngemäß.

(2) ¹ Auf Antrag kann das Hauptzollamt zulassen, dass Heizöladditive der Position 3811 der Kombinierten Nomenklatur abweichend von § 2 Abs. 3 Satz 1 und Abs. 4 des Gesetzes nicht gekennzeichnet werden, wenn nach den Umständen eine Verwendung der Additive als Kraftstoff oder zur Herstellung oder Verbesserung von Kraftstoff nicht anzunehmen ist. ² Die Zulassung kann mit Nebenbestimmungen (§ 120 der Abgabenordnung) versehen werden.

Zu den §§ 3 und 53 des Gesetzes

§ 9 Anmeldung von begünstigten Anlagen. (1) Die Anmeldung nach § 3 Absatz 4 des Gesetzes ist bei dem Hauptzollamt abzugeben, das für den Anlagenbetreiber zuständig ist.

(2) In der Anmeldung sind anzugeben:

1. Name und Anschrift des Betreibers der Anlage,
2. Standort der Anlage,
3. eine technische Beschreibung der Anlage unter Angabe des Durchschnittsverbrauchs pro Betriebsstunde,

4. eine Beschreibung der installierten und betriebsfähigen Vorrichtungen zur Kraft- und Wärmenutzung,

5. eine vorläufige Nutzungsgradberechnung,

6. Angaben über die Art der Mengenermittlung sowohl der eingesetzten Energieerzeugnisse als auch der erzeugten genutzten thermischen und mechanischen Energie.

(3) [1] Der Anmeldepflichtige hat auf Verlangen des Hauptzollamts weitere Angaben zu machen, wenn sie zur Sicherung des Steueraufkommens oder für die Steueraufsicht erforderlich erscheinen. [2] Das Hauptzollamt kann auf Angaben verzichten, soweit die Steuerbelange dadurch nicht beeinträchtigt werden.

(4) Der Betreiber hat dem Hauptzollamt Änderungen der nach Absatz 2 angegebenen Verhältnisse innerhalb von vier Wochen schriftlich anzuzeigen.

§ 10 Anlagenbegriff und Ermittlung der Nutzungsgrade. (1) [1] Zur Bestimmung des Jahresnutzungsgrads sind die Mengen der eingesetzten Energieerzeugnisse und gegebenenfalls weiterer eingesetzter Brennstoffe sowie die eingesetzten Hilfsenergien zu messen. [2] Dies gilt auch für die genutzte erzeugte thermische und mechanische Energie. [3] Das zuständige Hauptzollamt kann auf Antrag andere Ermittlungsmethoden zulassen, wenn die steuerlichen Belange nicht beeinträchtigt werden. [4] Bei in sich geschlossenen Anlagen zur gekoppelten Erzeugung von Kraft und Wärme, die ausschließlich wärmegeführt betrieben werden und über keinen Notkühler verfügen, kann der Nutzungsgrad den technischen Beschreibungen entnommen werden. [5] Unabhängige technische Gutachten über die Eigenschaften der Anlagen können zur Beurteilung herangezogen werden.

(2) [1] Erzeugte thermische Energie gilt insbesondere dann als genutzt, wenn die Wärme außerhalb des Kraft-Wärme-Kopplungsprozesses für Raumheizung, Warmwasserbereitung, Kälteerzeugung oder als Prozesswärme verwendet wird. [2] Abwärme gilt nicht als genutzte thermische Energie im Sinne von Satz 1. [3] Abwärme ist insbesondere thermische Energie in Form von Strahlungswärme, die ungenutzt an die Umgebung abgegeben wird.

(3) [1] Der Berechnung des Nutzungsgrads von Anlagen zur gekoppelten Erzeugung von Kraft und Wärme wird ein Kraft-Wärme-Kopplungsprozess zugrunde gelegt, der alle Wärmekraftmaschinen einschließt, die an einem Standort in Kraft-Wärme-Kopplung (KWK) betrieben werden und miteinander verbunden sind. [2] Zum Kraft-Wärme-Kopplungsprozess nach Satz 1 gehören nicht:

1. Dampfturbinen (Wärmekraftmaschinen), die im Kondensationsbetrieb gefahren werden,

2. nachgeschaltete Dampferzeuger, die hinter der KWK-Kraftmaschine Dampf direkt in ein mit der KWK-Anlage gemeinsam genutztes Netz einspeisen,

3. nachgeschaltete Abluftbehandlungsanlagen,

4. Zusatzfeuerungen, soweit die damit erzeugte thermische Energie nicht in mechanische Energie umgewandelt wird, sondern vor der Wärmekraftmaschine ausgekoppelt wird,

5. Zusatzfeuerungen, soweit die damit erzeugte thermische Energie zwar in mechanische Energie umgewandelt wird, aber keine Nutzung der dabei anfallenden Restwärme stattfindet, und

6. Hilfskessel, die die Dampfversorgung beim Ausfall einer Kraftmaschine (Motor oder Gasturbine) sicherstellen.

[3] Abluftbehandlungsanlagen im Sinn des Satzes 2 Nummer 3 sind insbesondere Rauchgasentschwefelungsanlagen, Rauchgasentstickungsanlagen sowie Kombinationen davon. [4] Wärmekraftmaschinen im Sinn des Satzes 2 Nummer 4 sind insbesondere Dampfturbinen und Stirlingmotoren. [5] Zur Berechnung des Jahresnutzungsgrads ist die als Brennstoffwärme verwendete Energie aus Energieerzeugnissen heranzuziehen, die vor der Erzeugung mechanischer Energie zugeführt wird. [6] Dabei ist auf den Heizwert (H_i) abzustellen.

(4) [1] Mehrere unmittelbar miteinander verbundene Module zur gekoppelten Erzeugung von Kraft und Wärme an einem Standort gelten als eine Anlage zur gekoppelten Erzeugung von Kraft und Wärme nach § 3 Abs. 1 Satz 1 Nr. 2 und § 53 Abs. 1 Satz 1 Nr. 2 des Gesetzes. [2] Als unmittelbar miteinander verbunden gelten insbesondere auch Anlagen in Modulbauweise, die sich im selben baulichen Objekt befinden. [3] Im Fall von Satz 1 ist ein Gesamtjahresnutzungsgrad zu ermitteln. [4] Sofern die einzelnen Module mit Messvorrichtungen zur Erfassung der eingesetzten Energieerzeugnisse und der erzeugten genutzten mechanischen und thermischen Energie ausgestattet sind, kann das Hauptzollamt abweichend von Satz 3 auf Antrag zulassen, dass die Module kalenderjährlich einzeln abgerechnet werden. [5] Im Fall des Satzes 4 müssen die Messvorrichtungen zur Erfassung der eingesetzten Energieerzeugnisse geeicht sein.

(4 a) [1] Einheiten zur gekoppelten Erzeugung von Kraft und Wärme an unterschiedlichen Standorten, auch im Verbund mit anderen Stromerzeugungseinheiten und Einheiten zur ausschließlichen Erzeugung von Wärme, gelten als eine Anlage zur gekoppelten Erzeugung von Kraft und Wärme nach § 3 Absatz 1 Satz 1 Nummer 1 und 2 und § 53 Absatz 1 Satz 1 Nummer 1 und 2 des Gesetzes, sofern die Steuerung der Anlagen zur gekoppelten Erzeugung von Kraft und Wärme sowie der anderen möglichen Stromerzeugungseinheiten und Wärmeerzeugungseinheiten zentral erfolgt, der Betreiber zugleich der Eigentümer der Einheiten zur gekoppelten Erzeugung von Kraft und Wärme ist, er die ausschließliche Entscheidungsgewalt über die Einheiten besitzt und der erzeugte Strom zumindest teilweise in das Versorgungsnetz eingespeist werden soll. [2] Im Fall des Satzes 1 ist ein Gesamtjahresnutzungsgrad für alle zur Anlage gehörenden Einheiten zur gekoppelten Erzeugung von Kraft und Wärme zu ermitteln. [3] Eine Abrechnung im Sinn des Absatzes 4 Satz 4 ist nicht zulässig.

(5) Die Absätze 1 bis 4 Satz 1 bis 3 und Absatz 4 a gelten für die Ermittlung des Monatsnutzungsgrads (§ 53 Abs. 1 Satz 1 Nr. 2 des Gesetzes) sinngemäß.

(6) [1] Eine Entlastung wird nur gewährt, soweit die eingesetzten Energieerzeugnisse auch tatsächlich zur gekoppelten Erzeugung von Kraft und Wärme verwendet worden sind. [2] Energieerzeugnisse, die in den in Absatz 3 Satz 2 genannten technischen Einrichtungen verwendet werden, sind nicht entlastungsfähig.

§ 11 Nachweis des Jahresnutzungsgrads. ¹Der Betreiber einer Anlage nach § 3 Abs. 1 Satz 1 Nr. 2 des Gesetzes hat den Jahresnutzungsgrad der Anlage jährlich bis zum 31. März für das vorangegangene Kalenderjahr nachzuweisen. ²Der Nachweis ist dem zuständigen Hauptzollamt vorzulegen.

Zu § 3 a des Gesetzes

§ 11 a Güterumschlag in Seehäfen. (1) Seehäfen im Sinn des § 3a Absatz 1 des Gesetzes sind Häfen oder Teile von Hafengebieten mit Güterumschlag, die an Wasserflächen liegen oder angrenzen, die vom Geltungsbereich der Seeschiffahrtsstraßen-Ordnung in der Fassung der Bekanntmachung vom 22. Oktober 1998 (BGBl. I S. 3209; 1999 I S. 193), die zuletzt durch Artikel 1 der Verordnung vom 7. April 2010 (BGBl. I S. 399) geändert worden ist, in der jeweils geltenden Fassung erfasst werden.

(2) Der Güterumschlag in Seehäfen im Sinn des § 3a Absatz 1 des Gesetzes umfasst folgende Tätigkeiten durch Lade- und Löschunternehmen:

1. den Frachtumschlag,

2. die Lagerei und

3. Hilfs- und Nebentätigkeiten bei der Beförderung von Gütern zu Wasser.

(3) ¹Als Frachtumschlag gilt die Stauerei sowie das Be- und Entladen von Gütern Dritter, unabhängig von der Art des benutzten Beförderungsmittels. ²Die Lagerei umfasst den Betrieb von Lagereinrichtungen für alle Arten von Gütern Dritter, wie zum Beispiel Getreidesilos, Lagerhäuser, Lagertanks oder Kühlhäuser. ³Unter Hilfs- und Nebentätigkeiten bei der Beförderung von Gütern Dritter zu Wasser ist der Betrieb von Abfertigungseinrichtungen in Seehäfen zu verstehen, deren Aufgabe es ist, Schiffen beim Fest- und Losmachen behilflich zu sein. ⁴Lade- und Löschunternehmen sind solche, die Tätigkeiten nach Absatz 2 für Dritte ausüben. ⁵In Seehäfen liegende Produktions-, Betriebs- oder Lagerstätten von Unternehmen des Produzierenden Gewerbes, von anderen produzierenden Unternehmen als solchen des Produzierenden Gewerbes oder von Unternehmen des Handels sind jedoch keine Lade- und Löschunternehmen nach Satz 4. ⁶Andere als die in Absatz 2 genannten Tätigkeiten sind von dieser Begünstigung ausgeschlossen, auch wenn sie von Lade- und Löschunternehmen in Seehäfen ausgeübt werden.

(4) Güter Dritter gemäß Absatz 3 sind Waren, an denen Lade- und Löschunternehmen vorübergehend oder auf Dauer kein Nutzungsrecht haben.

(5) Als Güterumschlag in Seehäfen im Sinn des § 3a Absatz 1 des Gesetzes gilt nicht der Betrieb von

1. Service- und Wartungsfahrzeugen,

2. Bau- und Instandhaltungsfahrzeugen sowie

3. Fahrzeugen, die dem Personentransport in Seehäfen dienen.

(6) Als Fahrzeuge im Sinn des § 3a Absatz 1 des Gesetzes gelten

1. Kraftfahrzeuge,

2. schienengebundene Fahrzeuge und

3. Kombinationen aus Kraftfahrzeugen und schienengebundenen Fahrzeugen.

Zu § 6 des Gesetzes

§ 12 Antrag auf Herstellererlaubnis. (1) ¹Wer Energieerzeugnisse unter Steueraussetzung herstellen will, hat die Erlaubnis nach § 6 Absatz 3 Satz 1 des Gesetzes vor Eröffnung des Betriebs nach amtlich vorgeschriebenem Vordruck beim Hauptzollamt zu beantragen. ²Dem Antrag sind beizufügen:

1. eine Beschreibung der Herstellungsanlagen, der Lagerstätten, der Zapfstellen und der mit ihnen in Verbindung stehenden oder an sie angrenzenden Räume sowie in zweifacher Ausfertigung ein Lage- und Rohrleitungsplan;
2. eine Betriebserklärung; darin sind allgemeinverständlich zu beschreiben
   a) das Herstellungsverfahren,
   b) die zu bearbeitenden Rohstoffe,
   c) die herzustellenden Erzeugnisse sowie deren für die Steuer maßgebenden Merkmale,
   d) die Nebenerzeugnisse und Abfälle;
   die Betriebserklärung ist durch eine schematische Darstellung zu ergänzen, soweit dies zu ihrem Verständnis erforderlich ist;
3. eine Darstellung der Mengenermittlung und der Fabrikationsbuchführung;
4. von Unternehmen, die in das Handels-, Genossenschafts- oder Vereinsregister eingetragen sind, ein aktueller Registerauszug.

(2) ¹Der Antragsteller hat auf Verlangen des Hauptzollamts weitere Angaben zu machen, wenn sie zur Sicherung des Steueraufkommens oder für die Steueraufsicht erforderlich erscheinen. ²Das Hauptzollamt kann auf Angaben verzichten, soweit die Steuerbelange dadurch nicht beeinträchtigt werden.

(3) Beabsichtigt der Inhaber des Herstellungsbetriebs weitere Herstellungsbetriebe zu betreiben, beantragt er in entsprechender Anwendung der Absätze 1 und 2 eine Erweiterung der Erlaubnis.

§ 13 Einrichtung des Herstellungsbetriebs. (1) ¹Der Herstellungsbetrieb muss so eingerichtet sein, dass die mit der Steueraufsicht betrauten Amtsträger den Gang der Herstellung und den Verbleib der Erzeugnisse im Betrieb verfolgen können. ²Das Hauptzollamt kann besondere Anforderungen stellen, die im Interesse der Steueraufsicht erforderlich erscheinen.

(2) ¹Die Lagertanks für Energieerzeugnisse im Herstellungsbetrieb müssen eichamtlich vermessen und die Zapfstellen zur Entnahme von Energieerzeugnissen mit geeichten Messeinrichtungen versehen sein. ²Das Hauptzollamt kann Ausnahmen zulassen, wenn die Steuerbelange dadurch nicht beeinträchtigt werden.

(3) Die Lagerstätten für Energieerzeugnisse und die Zapfstellen zur Entnahme von Energieerzeugnissen bedürfen der Zulassung durch das Hauptzollamt.

(4) Der Inhaber des Herstellungsbetriebs darf Energieerzeugnisse nur in den angemeldeten Betriebsanlagen herstellen, nur in den zugelassenen Lagerstätten lagern und nur an den zugelassenen Zapfstellen entnehmen.

§ 14 Erteilung und Erlöschen der Herstellererlaubnis. (1) ¹Das Hauptzollamt erteilt schriftlich die Erlaubnis. ²Es kann die Erlaubnis schon vor

Abschluss einer Prüfung des Antrags erteilen, wenn Sicherheit in Höhe der Steuer geleistet ist, die voraussichtlich entstehen wird. [3] Die Erlaubnis kann mit Nebenbestimmungen nach § 120 Absatz 2 der Abgabenordnung verbunden werden. [4] In den Fällen des § 12 Absatz 3 wird die Erlaubnis erweitert.

(1 a) [1] Mit der Erlaubnis werden nach einer Verwaltungsvorschrift des Bundesministeriums der Finanzen für den Inhaber des Herstellungsbetriebs und für jeden Herstellungsbetrieb Verbrauchsteuernummern vergeben. [2] Wurde dem Inhaber des Herstellungsbetriebs bereits eine Verbrauchsteuernummer als Inhaber eines Lagers für Energieerzeugnisse erteilt (§ 18 Absatz 1 a), gilt diese Verbrauchsteuernummer auch für ihn als Inhaber des Herstellungsbetriebs.

(2) Die Erlaubnis zur Herstellung erlischt

1. durch Widerruf,
2. durch Verzicht,
3. durch Fristablauf,
4. durch Übergabe des Herstellungsbetriebs an Dritte,
5. durch Tod des Inhabers der Erlaubnis,
6. durch Auflösung der juristischen Person oder Personenvereinigung ohne Rechtspersönlichkeit, der die Erlaubnis erteilt worden ist,
7. durch Eröffnung des Insolvenzverfahrens über das Vermögen des Inhabers der Erlaubnis oder durch Abweisung der Eröffnung mangels Masse

im Zeitpunkt des maßgebenden Ereignisses, soweit die folgenden Absätze nichts anderes bestimmen.

(3) Das Hauptzollamt kann beim Erlöschen der Erlaubnis eine angemessene Frist für die Räumung des Herstellungsbetriebs gewähren, wenn keine Anzeichen für eine Gefährdung der Steuer erkennbar sind.

(4) Beantragen in den Fällen des Absatzes 2 Nr. 5 bis 7 die Erben, die Liquidatoren oder der Insolvenzverwalter innerhalb eines Monats nach dem maßgebenden Ereignis die Fortführung des Herstellungsbetriebs bis zur Erteilung der Erlaubnis für Erben oder einen Erwerber oder bis zur Abwicklung des Herstellungsbetriebs, gilt die Erlaubnis für die Antragsteller fort und erlischt nicht vor Ablauf einer angemessenen Frist, die das Hauptzollamt festsetzt.

(5) Energieerzeugnisse, die sich im Zeitpunkt des Erlöschens der Erlaubnis im Betrieb befinden, gelten als im Zeitpunkt des Erlöschens in den steuerrechtlich freien Verkehr entnommen (§ 8 Abs. 1 Satz 1 des Gesetzes).

§ 15 Pflichten des Herstellers, Steueraufsicht. (1) [1] Der Inhaber des Herstellungsbetriebs hat ein Belegheft zu führen. [2] Das Hauptzollamt kann dazu Anordnungen treffen.

(2) [1] Der Inhaber des Herstellungsbetriebs hat über den Zugang und den Abgang an Energieerzeugnissen und anderen Stoffen im Herstellungsbuch nach amtlich vorgeschriebenem Vordruck zu führen. [2] Das Hauptzollamt kann dazu Anordnungen treffen. [3] Der Inhaber des Herstellungsbetriebs hat auf Verlangen des Hauptzollamts weitere Aufzeichnungen zu führen und Art und Menge der aus dem Herstellungsbetrieb entfernten Energieerzeugnisse unter Angabe der Verkaufspreise, gewährter Preisnachlässe und der Lieferungs- und Zahlungsbedingungen dem Hauptzollamt am Tag nach der Entfernung anzu-

zeigen. ⁴ Das Hauptzollamt kann anstelle des Herstellungsbuchs betriebliche Aufzeichnungen zulassen, wenn die Steuerbelange dadurch nicht beeinträchtigt werden. ⁵ Das Herstellungsbuch ist jeweils für ein Kalenderjahr zu führen und spätestens am 31. Januar des folgenden Jahres abzuschließen. ⁶ Der Inhaber des Herstellungsbetriebs hat dem Hauptzollamt auf Verlangen das abgeschlossene Herstellungsbuch abzuliefern.

(3) ¹ Der Inhaber des Herstellungsbetriebs hat dem Hauptzollamt auf Verlangen Zusammenstellungen über die Abgabe von steuerfreien Energieerzeugnissen vorzulegen. ² Er hat dem zuständigen Hauptzollamt bis zum 15. Februar jeden Jahres andere als die in § 28 des Gesetzes genannten Energieerzeugnisse anzumelden, die er im abgelaufenen Kalenderjahr zu den in der Anlage 1 aufgeführten steuerfreien Zwecken abgegeben hat.

(4) ¹ Der Inhaber des Herstellungsbetriebs hat einmal im Kalenderjahr den Bestand an Energieerzeugnissen und anderen Stoffen aufzunehmen und ihn gleichzeitig mit dem Sollbestand dem Hauptzollamt spätestens sechs Wochen nach der Bestandsaufnahme nach amtlich vorgeschriebenem Vordruck anzumelden. ² Er hat den Zeitpunkt der Bestandsaufnahme dem Hauptzollamt drei Wochen vorher anzuzeigen. ³ Das Hauptzollamt kann auf die Anzeige verzichten, wenn die Steuerbelange dadurch nicht beeinträchtigt werden. ⁴ Die mit der Steueraufsicht betrauten Amtsträger können an der Bestandsaufnahme teilnehmen.

(5) ¹ Auf Anordnung des Hauptzollamts sind im Herstellungsbetrieb die Bestände an Energieerzeugnissen und anderen Stoffen amtlich festzustellen. ² Dazu hat der Inhaber des Herstellungsbetriebs das Herstellungsbuch oder die an seiner Stelle zugelassenen Aufzeichnungen aufzurechnen und auf Verlangen des Hauptzollamts die Bestände nach amtlich vorgeschriebenem Vordruck anzumelden. ³ Der Inhaber des Herstellungsbetriebs hat auf Verlangen des Hauptzollamts auch andere Energieerzeugnisse, mit denen er handelt, die er lagert oder verwendet, in die Bestandsaufnahme oder Anmeldung einzubeziehen.

(6) Die mit der Steueraufsicht betrauten Amtsträger können für steuerliche Zwecke unentgeltlich Proben von Energieerzeugnissen und von Stoffen, die zu ihrer Herstellung bestimmt sind oder als Nebenerzeugnisse bei der Herstellung anfallen, zur Untersuchung entnehmen.

(7) Der Inhaber des Herstellungsbetriebs hat dem Hauptzollamt auf Verlangen für die Steueraufsicht wichtige Betriebsvorgänge schriftlich anzumelden und Zwischenabschlüsse zu fertigen.

(8) Der Inhaber des Herstellungsbetriebs hat dem Hauptzollamt vorbehaltlich Absatz 9 Änderungen der nach § 12 angegebenen Verhältnisse sowie Überschuldung, drohende oder eingetretene Zahlungsunfähigkeit, Zahlungseinstellung und Stellung des Antrags auf Eröffnung eines Insolvenzverfahrens unverzüglich schriftlich anzuzeigen.

(9) ¹ Beabsichtigt der Inhaber des Herstellungsbetriebs, die angemeldeten Räume, Anlagen, Lagerstätten oder Zapfstellen oder die in der Betriebserklärung dargestellten Verhältnisse zu ändern, hat er dies dem Hauptzollamt mindestens eine Woche vorher schriftlich anzuzeigen. ² Er darf die Änderung erst durchführen, wenn das Hauptzollamt zugestimmt hat. ³ Das Hauptzollamt kann auf Antrag auf die Anzeige verzichten, wenn die Änderung auf andere Weise jederzeit erkennbar ist und der Inhaber des Herstellungsbetriebs sich

verpflichtet, die Änderung unverzüglich rückgängig zu machen, wenn die nachträgliche Zustimmung des Hauptzollamts nicht erteilt wird. [4] Das Hauptzollamt kann den Verzicht außerdem davon abhängig machen, dass über die An- und Abmeldung von Lagerstätten besondere Aufzeichnungen oder Verzeichnisse geführt werden. [5] Der Inhaber des Herstellungsbetriebs hat auf Verlangen des Hauptzollamts die Unterlagen nach § 12 Absatz 1 Satz 2 neu zu erstellen, wenn sie unübersichtlich geworden sind.

(10) Die Erben haben den Tod des Inhabers des Herstellungsbetriebs, die Liquidatoren haben den Auflösungsbeschluss, der Inhaber des Herstellungsbetriebs und der Insolvenzverwalter haben die Eröffnung des Insolvenzverfahrens jeweils dem Hauptzollamt unverzüglich schriftlich anzuzeigen.

(11) Der Inhaber des Herstellungsbetriebs hat dem Hauptzollamt die Einstellung des Betriebs unverzüglich, die Wiederaufnahme des Betriebs mindestens eine Woche vorher schriftlich anzuzeigen.

Zu § 7 des Gesetzes

§ 16 Antrag auf Lagererlaubnis. (1) [1] Wer Energieerzeugnisse unter Steueraussetzung lagern will, hat die Erlaubnis nach § 7 Absatz 2 Satz 1 des Gesetzes nach amtlich vorgeschriebenem Vordruck beim Hauptzollamt zu beantragen. [2] Dem Antrag sind beizufügen:
1. eine Beschreibung der Lagerstätten, der Zapfstellen und der mit ihnen in Verbindung stehenden oder an sie angrenzenden Räume sowie in zweifacher Ausfertigung ein Lage- und Rohrleitungsplan,
2. eine Darstellung der Mengenermittlung und der Buchführung,
3. von Unternehmen, die in das Handels-, Genossenschafts- oder Vereinsregister eingetragen sind, ein aktueller Registerauszug.

(2) [1] Der Antragsteller hat auf Verlangen des Hauptzollamts weitere Angaben zu machen, wenn sie zur Sicherung des Steueraufkommens oder für die Steueraufsicht erforderlich erscheinen. [2] Das Hauptzollamt kann auf Angaben verzichten, soweit die Steuerbelange dadurch nicht beeinträchtigt werden.

(3) Beabsichtigt der Inhaber des Lagers weitere Lager zu betreiben, beantragt er in entsprechender Anwendung der Absätze 1 und 2 eine Erweiterung der Erlaubnis.

§ 17 Einrichtung des Lagers. (1) Die Lagerstätten eines Lagers für Energieerzeugnisse müssen so beschaffen sein, dass Energieerzeugnisse verschiedener Art voneinander getrennt und übersichtlich gelagert werden können.

(2) [1] Lagertanks für Energieerzeugnisse im Lager müssen eichamtlich vermessen und die Zapfstellen zur Entnahme von Energieerzeugnissen mit geeichten Messeinrichtungen versehen sein. [2] Das Hauptzollamt kann Ausnahmen zulassen, wenn die Steuerbelange dadurch nicht beeinträchtigt werden.

(3) Die Lagerstätten für Energieerzeugnisse und die Zapfstellen zur Entnahme von Energieerzeugnissen bedürfen der Zulassung durch das Hauptzollamt.

(4) Der Inhaber des Lagers darf Energieerzeugnisse nur in den zugelassenen Lagerstätten lagern und nur an den zugelassenen Zapfstellen entnehmen.

§ 18 Erteilung und Erlöschen der Lagererlaubnis.

(1) ¹Das Hauptzollamt erteilt schriftlich die Erlaubnis. ²Es kann die Erlaubnis schon vor Abschluss einer Prüfung des Antrags erteilen, wenn Sicherheit in Höhe der Steuer geleistet ist, die voraussichtlich entstehen wird. ³Die Erlaubnis kann mit Nebenbestimmungen nach § 120 Absatz 2 der Abgabenordnung verbunden werden. ⁴In den Fällen des § 16 Absatz 3 wird die Erlaubnis erweitert.

(1 a) ¹Mit der Erlaubnis werden nach einer Verwaltungsvorschrift des Bundesministeriums der Finanzen für den Inhaber des Lagers und für jedes Lager Verbrauchsteuernummern vergeben. ²Wurde dem Inhaber des Lagers bereits eine Verbrauchsteuernummer als Inhaber eines Herstellungsbetriebs erteilt (§ 14 Absatz 1 a), gilt diese Verbrauchsteuernummer auch für ihn als Inhaber des Lagers.

(2) Für das Erlöschen der Erlaubnis gilt § 14 Abs. 2 bis 5 sinngemäß.

§ 19 Pflichten des Lagerinhabers, Steueraufsicht.

(1) ¹Der Inhaber des Lagers hat ein Belegheft zu führen. ²Das Hauptzollamt kann dazu Anordnungen treffen.

(2) ¹Der Inhaber des Lagers hat über den Zugang und den Abgang an Energieerzeugnissen und anderen Stoffen, die zum Vermischen mit Energieerzeugnissen in das Lager aufgenommen werden, ein Lagerbuch nach amtlich vorgeschriebenem Vordruck zu führen. ²Das Hauptzollamt kann dazu Anordnungen treffen. ³Der Inhaber des Lagers hat auf Verlangen des Hauptzollamts weitere Aufzeichnungen zu führen und Art und Menge der aus dem Lager entfernten Energieerzeugnisse unter Angabe der Verkaufspreise, gewährter Preisnachlässe und der Lieferungs- und Zahlungsbedingungen dem Hauptzollamt am Tag nach der Entfernung anzuzeigen. ⁴Das Hauptzollamt kann anstelle des Lagerbuchs betriebliche Aufzeichnungen zulassen, wenn die Steuerbelange dadurch nicht beeinträchtigt werden. ⁵Das Lagerbuch ist jeweils für ein Kalenderjahr zu führen und spätestens am 31. Januar des folgenden Jahres abzuschließen. ⁶Der Inhaber des Lagers hat dem Hauptzollamt auf Verlangen das abgeschlossene Lagerbuch abzuliefern.

(3) ¹Der Inhaber des Lagers hat dem Hauptzollamt auf Verlangen Zusammenstellungen über die Abgabe von steuerfreien Energieerzeugnissen vorzulegen. ²Er hat dem zuständigen Hauptzollamt bis zum 15. Februar jeden Jahres andere als die in § 28 des Gesetzes genannten Energieerzeugnisse anzumelden, die er im abgelaufenen Kalenderjahr zu den in der Anlage 1 aufgeführten steuerfreien Zwecken abgegeben hat.

(4) ¹Der Inhaber des Lagers hat einmal im Kalenderjahr den Bestand an Energieerzeugnissen und anderen Stoffen aufzunehmen und ihn gleichzeitig mit dem Sollbestand dem Hauptzollamt spätestens sechs Wochen nach der Bestandsaufnahme nach amtlich vorgeschriebenem Vordruck anzumelden. ²Der Inhaber des Lagers hat den Zeitpunkt der Bestandsaufnahme dem Hauptzollamt drei Wochen vorher anzuzeigen. ³Das Hauptzollamt kann auf die Anzeige verzichten, wenn die Steuerbelange dadurch nicht beeinträchtigt werden. ⁴Die mit der Steueraufsicht betrauten Amtsträger können an der Bestandsaufnahme teilnehmen.

(5) ¹Auf Anordnung des Hauptzollamts sind im Lager die Bestände an Energieerzeugnissen und anderen Stoffen amtlich festzustellen. ²Dazu hat der Inhaber des Lagers das Lagerbuch oder die an seiner Stelle zugelassenen

Aufzeichnungen aufzurechnen und auf Verlangen des Hauptzollamts die Bestände nach amtlich vorgeschriebenem Vordruck anzumelden. ³ Der Inhaber des Lagers hat auf Verlangen des Hauptzollamts auch andere Energieerzeugnisse, mit denen er handelt, die er lagert oder verwendet, in die Bestandsaufnahme oder Anmeldung einzubeziehen.

(6) Die mit der Steueraufsicht betrauten Amtsträger können für steuerliche Zwecke unentgeltlich Proben von Energieerzeugnissen und anderen im Lager befindlichen Erzeugnissen zur Untersuchung entnehmen.

(7) Der Inhaber des Lagers hat dem Hauptzollamt auf Verlangen für die Steueraufsicht wichtige Betriebsvorgänge schriftlich anzumelden und Zwischenabschlüsse zu fertigen.

(8) Der Inhaber des Lagers hat dem Hauptzollamt vorbehaltlich Absatz 9 Änderungen der nach § 16 Abs. 2 angegebenen Verhältnisse sowie Überschuldung, drohende oder eingetretene Zahlungsunfähigkeit, Zahlungseinstellung und Stellung des Antrags auf Eröffnung eines Insolvenzverfahrens unverzüglich schriftlich anzuzeigen.

(9) ¹ Beabsichtigt der Inhaber des Lagers, die angemeldeten Lagerstätten oder Zapfstellen oder die in der Betriebserklärung dargestellten Verhältnisse zu ändern, hat er dies dem Hauptzollamt mindestens eine Woche vorher schriftlich anzuzeigen. ² Er darf die Änderung erst durchführen, wenn das Hauptzollamt zugestimmt hat. ³ Das Hauptzollamt kann auf Antrag auf die Anzeige verzichten, wenn die Änderung auf andere Weise jederzeit erkennbar ist und der Inhaber des Lagers sich verpflichtet, die Änderungen unverzüglich rückgängig zu machen, wenn die nachträgliche Zustimmung des Hauptzollamts nicht erteilt wird. ⁴ Das Hauptzollamt kann den Verzicht außerdem davon abhängig machen, dass über die An- und Abmeldung von Lagerstätten besondere Aufzeichnungen oder Verzeichnisse geführt werden. ⁵ Der Inhaber des Lagers hat auf Verlangen des Hauptzollamts die Unterlagen nach § 16 Absatz 1 Satz 2 neu zu erstellen, wenn sie unübersichtlich geworden sind.

(10) Die Erben haben den Tod des Inhabers des Lagers, die Liquidatoren haben den Auflösungsbeschluss, der Inhaber des Lagers und der Insolvenzverwalter haben die Eröffnung des Insolvenzverfahrens jeweils dem Hauptzollamt unverzüglich schriftlich anzuzeigen.

§ 20 Lagerbehandlung. (1) Energieerzeugnisse dürfen im Lager miteinander oder mit anderen Stoffen gemischt werden, wenn das Gemisch ein Energieerzeugnis im Sinn des § 4 des Gesetzes ist.

(2) ¹ Energieerzeugnisse dürfen im Lager umgepackt, umgefüllt und in jeder anderen Weise behandelt werden, die sie vor Schaden durch die Lagerung schützen soll. ² Das Hauptzollamt kann weitere Behandlungen zulassen, wenn die Steuerbelange dadurch nicht beeinträchtigt werden.

(3) ¹ Kohlenwasserstoffhaltige Dämpfe, die im Lager aufgefangen werden bei

a) der Lagerung,

b) der Verladung von Energieerzeugnissen oder

c) der Entgasung von Transportmitteln,

dürfen im Lager verflüssigt werden. ²Der Lagerinhaber hat über die aufgefangenen Dämpfe und die verflüssigten Mengen Aufzeichnungen zu führen; die verflüssigten Mengen sind als Zugang im Lagerbuch zu führen.

§ 21 Zugelassener Einlagerer, Erlaubnis und Pflichten. (1) ¹Die Erlaubnis nach § 7 Abs. 4 Satz 2 des Gesetzes ist nach amtlich vorgeschriebenem Vordruck bei dem Hauptzollamt zu beantragen, das die Erlaubnis für das Lager erteilt hat. ²Mit dem Antrag ist die schriftliche Zustimmung des Inhabers des Lagers zur Einlagerung vorzulegen. ³Der Antragsteller hat sich schriftlich damit einverstanden zu erklären, dass dem Inhaber des Lagers im Rahmen der Durchführung von Besteuerung, Außenprüfung und Steueraufsicht Sachverhalte, die für die ordnungsgemäße Besteuerung des Einlagerers erforderlich sind, bekannt werden. ⁴Im Übrigen gilt § 16 Absatz 1 Satz 2 und Absatz 2 sinngemäß; auf bereits beim Hauptzollamt vorliegende Unterlagen kann Bezug genommen werden. ⁵Das Hauptzollamt erteilt die Erlaubnis schriftlich.

(2) ¹Für das Erlöschen der Erlaubnis gilt § 14 Abs. 2 und 4 sinngemäß. ²Daneben erlischt die Erlaubnis auch durch Erlöschen der Erlaubnis für das Lager.

(3) ¹Der Einlagerer hat über die von ihm oder auf seine Veranlassung eingelagerten und aus dem Lager entnommenen Energieerzeugnisse Aufzeichnungen zu führen. ²Der Einlagerer hat auf Verlangen des Hauptzollamts weitere Aufzeichnungen zu führen. ³Mit Zustimmung des Hauptzollamts können die Aufzeichnungen auch vom Inhaber des Lagers geführt werden. ⁴§ 19 Abs. 1, 8 und 10 gilt sinngemäß.

§ 22 Lager ohne Lagerstätten. Für den Antrag, die Erteilung und das Erlöschen der Erlaubnis für ein Lager ohne Lagerstätten (§ 7 Abs. 5 des Gesetzes) gelten die §§ 16 und 18, für die Pflichten des Inhabers des Lagers gilt § 19 sinngemäß.

Zu § 8 des Gesetzes

§ 23 Entfernung und Entnahme von Energieerzeugnissen. Energieerzeugnisse gelten als aus dem Steuerlager entfernt oder als innerhalb des Steuerlagers entnommen, sobald sie aus den zugelassenen Lagerstätten entnommen sind.

Zu den §§ 8, 9, 9a, 14, 15, 16, 22 und 23 des Gesetzes

§ 23 a Steueranmeldung. Die Steueranmeldungen nach § 8 Absatz 3 und 4, § 9 Absatz 2, § 9a Absatz 5, § 14 Absatz 7 Satz 1, § 15 Absatz 5, § 16 Absatz 3, § 22 Absatz 2 Satz 3 und § 23 Absatz 6 des Gesetzes sind nach amtlich vorgeschriebenem Vordruck und, soweit sie Kraftstoffe betreffen, die nach § 2 Absatz 1 Nummer 1 und 4 des Gesetzes zu versteuern sind, in doppelter Ausfertigung abzugeben.

Zu § 9 des Gesetzes

§ 24 Herstellung außerhalb eines Herstellungsbetriebs. (1) Die Anzeige nach § 9 Absatz 1 a des Gesetzes ist schriftlich bei dem für den Hersteller zuständigen Hauptzollamt zu erstatten.

(2) Das Hauptzollamt kann vom Hersteller die für den Antrag auf Erteilung einer Herstellererlaubnis (§ 12 Absatz 1) erforderlichen sowie weitere Angaben und Unterlagen fordern und ihm die in § 15 genannten sowie weitere Pflichten auferlegen, soweit dies zur Sicherung des Steueraufkommens oder für die Steueraufsicht erforderlich erscheint.

Zu den §§ 6 bis 9, 23, 31, 32 und 38 des Gesetzes

§ 25 Anzeichen für eine Gefährdung der Steuer. Als Anzeichen für eine Gefährdung der Steuer nach § 6 Abs. 3, § 7 Abs. 2, § 8 Abs. 7, auch in Verbindung mit § 9 Abs. 2, § 23 Abs. 5, § 31 Abs. 4, § 32 Abs. 3 und § 38 Abs. 6 des Gesetzes ist insbesondere anzusehen, wenn Antragsteller oder Steuerpflichtige

1. Auskünfte über ihre wirtschaftliche Lage einschließlich der Herkunft des Betriebskapitals verweigern, die Prüfung ihrer wirtschaftlichen Lage ablehnen oder die für die Prüfung erforderlichen Bilanzen, Inventare, Bücher und Aufzeichnungen nicht, nicht rechtzeitig oder nicht mit richtigem Inhalt vorlegen,
2. zur Zahlung fälliger Energiesteuer nicht oder nur teilweise gedeckte Schecks vorlegen oder vorlegen lassen,
3. die Steuer mehrfach innerhalb der Frist nach § 240 Abs. 3 der Abgabenordnung oder nach deren Ablauf gezahlt haben,
4. die Steuer mehrmals durch einen Dritten entrichten lassen, ohne dass sie Ansprüche auf die Zahlung durch den Dritten aus einem wirtschaftlich begründeten gegenseitigen Vertrag nachweisen können,
5. Forderungen gegen Abnehmer fortlaufend abgetreten haben und zugleich Energieerzeugnisse an andere Abnehmer auf Kredit liefern, ohne dass der Zahlungseingang gesichert ist,
6. Energieerzeugnisse längere Zeit unter Einstandspreisen mit Verlust ohne begründete Aussicht auf Ausgleich des Verlusts, insbesondere unter Absatzausweitung verkaufen,
7. wirtschaftlich von einem Dritten abhängig sind oder fortlaufend Energieerzeugnisse eines Dritten in erheblichem Umfang herstellen oder lagern, ohne für den Eingang der zur Entrichtung der Steuer erforderlichen Mittel gesichert zu sein,
8. nicht übersehbare Unternehmensbeteiligungen oder -verbindungen, insbesondere im Ausland, eingehen oder
9. Personen maßgeblich am Kapital des Unternehmens oder an der Geschäftsabwicklung beteiligen, die Energiesteuer vorsätzlich oder leichtfertig verkürzt haben, vorsätzlich oder leichtfertig an einer Verkürzung beteiligt waren, die nach den im Einzelfall vorliegenden tatsächlichen Anhaltspunk-

ten mit Wahrscheinlichkeit Täter oder Teilnehmer einer Steuerstraftat sind, oder die in einen Fall von Zahlungsunfähigkeit verwickelt sind oder waren, auf Grund dessen Energiesteuer nicht in voller Höhe vereinnahmt werden konnte.

Zu § 9 a des Gesetzes

§ 26 Registrierter Empfänger. (1) ¹ Wer als registrierter Empfänger Energieerzeugnisse unter Steueraussetzung nicht nur gelegentlich empfangen will (§ 9 a Absatz 1 Satz 1 Nummer 1 des Gesetzes), hat die Erlaubnis nach § 9 a Absatz 2 Satz 1 des Gesetzes im Voraus beim Hauptzollamt nach amtlich vorgeschriebenem Vordruck zu beantragen. ² Dem Antrag sind beizufügen:

1. von Unternehmen, die in das Handels-, Genossenschafts- oder Vereinsregister eingetragen sind, ein aktueller Registerauszug,
2. ein Lageplan mit dem beantragten Empfangsort im Betrieb mit Angabe der Anschrift,
3. eine Darstellung der Aufzeichnungen über den Empfang und den Verbleib der Energieerzeugnisse,
4. eine Darstellung der Mengenermittlung, wenn die Energieerzeugnisse nach § 2 des Gesetzes versteuert werden sollen.

(2) ¹ Der Antragsteller hat auf Verlangen des Hauptzollamts weitere Angaben zu machen, wenn diese zur Sicherung des Steueraufkommens oder für die Steueraufsicht erforderlich erscheinen. ² Das Hauptzollamt kann auf Angaben nach Absatz 1 verzichten, soweit die Steuerbelange dadurch nicht beeinträchtigt werden.

(3) ¹ Das Hauptzollamt erteilt schriftlich die Erlaubnis als registrierter Empfänger. ² Mit der Erlaubnis wird nach einer Verwaltungsvorschrift des Bundesministeriums der Finanzen für jeden Empfangsort eine Verbrauchsteuernummer vergeben. ³ Für die Sicherheitsleistung gilt § 29 sinngemäß. ⁴ Die Erlaubnis kann mit Nebenbestimmungen nach § 120 Absatz 2 der Abgabenordnung verbunden werden.

(4) ¹ Der registrierte Empfänger hat Aufzeichnungen über die in seinen Betrieb aufgenommenen Energieerzeugnisse sowie ein Belegheft zu führen. ² Das Hauptzollamt kann dazu Anordnungen treffen. ³ Registrierte Empfänger, die empfangenen Energieerzeugnisse im Rahmen einer förmlichen Einzelerlaubnis verwenden oder verteilen, haben den Empfang nur im Verwendungsbuch oder in den an seiner Stelle zugelassenen Aufzeichnungen nachzuweisen.

(5) Die mit der Steueraufsicht betrauten Personen können für steuerliche Zwecke unentgeltlich Proben von Energieerzeugnissen und anderen Erzeugnissen zur Untersuchung entnehmen, die sich im Betrieb des registrierten Empfängers befinden.

(6) Beabsichtigt der registrierte Empfänger, die nach Absatz 1 angegebenen Verhältnisse zu ändern, hat er dies dem Hauptzollamt unverzüglich schriftlich anzuzeigen.

(7) Für das Erlöschen der Erlaubnis gilt § 14 Absatz 2 und 4 sinngemäß.

(8) ¹ Wer als registrierter Empfänger im Einzelfall Energieerzeugnisse unter Steueraussetzung empfangen will (§ 9 a Absatz 1 Satz 1 Nummer 2 des Gesetzes), hat die Erlaubnis nach § 9 a Absatz 2 Satz 1 des Gesetzes im Voraus beim Hauptzollamt nach amtlich vorgeschriebenem Vordruck zu beantragen. ² Der Antragsteller hat auf Verlangen des Hauptzollamts weitere Angaben zu machen, wenn diese zur Sicherung des Steueraufkommens oder für die Steueraufsicht erforderlich erscheinen. ³ Für die Erteilung der Erlaubnis gilt Absatz 3 entsprechend mit der Maßgabe, dass die Erlaubnis auf die beantragte Menge, den angegebenen Versender und auf einen bestimmten Zeitraum zu beschränken ist. ⁴ Der registrierte Empfänger im Einzelfall hat auf Verlangen des Hauptzollamts Aufzeichnungen über die in seinen Betrieb aufgenommenen Energieerzeugnisse zu führen.

Zu § 9 b des Gesetzes

§ 27 Registrierter Versender. (1) ¹ Wer als registrierter Versender Energieerzeugnisse vom Ort der Einfuhr unter Steueraussetzung versenden will (§ 9 b Absatz 1 des Gesetzes), hat die Erlaubnis nach § 9 b Absatz 2 Satz 1 des Gesetzes im Voraus beim Hauptzollamt nach amtlich vorgeschriebenem Vordruck zu beantragen. ² Dem Antrag sind beizufügen:

1. von Unternehmen, die in das Handels-, Genossenschafts- oder Vereinsregister eingetragen sind, ein aktueller Registerauszug,
2. eine Aufstellung mit den Orten der Einfuhr beim Eingang der Energieerzeugnisse aus Drittländern und Drittgebieten (§ 1 a Satz 1 Nummer 6, 7 und 9 des Gesetzes),
3. eine Darstellung der Aufzeichnungen über den Versand und den Verbleib der Energieerzeugnisse.

(2) ¹ Der Antragsteller hat auf Verlangen des Hauptzollamts weitere Angaben zu machen, wenn diese zur Sicherung des Steueraufkommens oder für die Steueraufsicht erforderlich erscheinen. ² Das Hauptzollamt kann auf Angaben nach Absatz 1 verzichten, soweit die Steuerbelange dadurch nicht beeinträchtigt werden.

(3) ¹ Das Hauptzollamt erteilt schriftlich die Erlaubnis als registrierter Versender. ² Mit der Erlaubnis wird nach einer Verwaltungsvorschrift des Bundesministeriums der Finanzen für den registrierten Versender eine Verbrauchsteuernummer vergeben. ³ Für die Sicherheitsleistung gilt § 29 sinngemäß. ⁴ Die Erlaubnis kann mit Nebenbestimmungen nach § 120 Absatz 2 der Abgabenordnung verbunden werden.

(4) ¹ Die Erlaubnis als registrierter Versender gilt nicht für die Orte der Einfuhr, an denen die Energieerzeugnisse nach den Artikeln 263 bis 267 der Zollkodex-Durchführungsverordnung oder aus einem Zolllager des Typs D im Sinn des Artikels 525 Absatz 2 Buchstabe a der Zollkodex-Durchführungsverordnung in den zollrechtlich freien Verkehr überführt werden. ² Hiervon ausgenommen sind die Fälle, in denen das Hauptzollamt die Überlassung der Energieerzeugnisse zum zollrechtlich freien Verkehr prüft und gegenüber dem Beteiligten erklärt.

(5) ¹ Der registrierte Versender hat Aufzeichnungen über die unter Steueraussetzung versandten Energieerzeugnisse sowie ein Belegheft zu führen. ² Das

Hauptzollamt kann dazu Anordnungen treffen. [3] Die unter Steueraussetzung versandten Energieerzeugnisse sind vom registrierten Versender unverzüglich aufzuzeichnen.

(6) Beabsichtigt der registrierte Versender, die nach Absatz 1 angegebenen Verhältnisse zu ändern, hat er dies dem Hauptzollamt unverzüglich schriftlich anzuzeigen.

(7) Für das Erlöschen der Erlaubnis gilt § 14 Absatz 2 und 4 sinngemäß.

Zu den §§ 9 c und 9 d Absatz 2 des Gesetzes

§ 28 Begünstigte, Freistellungsbescheinigung. (1) [1] Ein Begünstigter, der Energieerzeugnisse unter Steueraussetzung empfangen will, hat vor Beginn der Beförderung eine Freistellungsbescheinigung nach der Verordnung (EG) Nr. 31/96 der Kommission vom 10. Januar 1996 über die Verbrauchsteuerfreistellungsbescheinigung (ABl. L 8 vom 11.1.1996, S. 11) in der jeweils geltenden Fassung in Verbindung mit Artikel 13 der Systemrichtlinie in drei Exemplaren auszufertigen und dem zuständigen Hauptzollamt zur Bestätigung in Feld 6 vorzulegen. [2] Der Begünstigte hat die mit Bestätigungsvermerk des Hauptzollamts versehene erste und zweite Ausfertigung dem Steuerlagerinhaber als Versender oder dem registrierten Versender auszuhändigen. [3] Die dritte Ausfertigung verbleibt beim Hauptzollamt. [4] Die zweite Ausfertigung hat der Beförderer während der Beförderung der Energieerzeugnisse mitzuführen. [5] Die erste Ausfertigung hat der Versender im Steuergebiet zu seinen steuerlichen Aufzeichnungen zu nehmen. [6] Nach der Übernahme der Energieerzeugnisse verbleibt die zweite Ausfertigung der Freistellungsbescheinigung beim Begünstigten.

(2) Zuständiges Hauptzollamt ist für Begünstigte

1. nach § 9 c Absatz 1 Nummer 1 bis 3 des Gesetzes das Hauptzollamt, in dessen Bezirk sich der Sitz der amtlichen Beschaffungsstelle oder der Organisation der ausländischen Streitkräfte befindet, die zur Erteilung des Auftrags berechtigt ist,
2. nach § 9 c Absatz 1 Nummer 4 des Gesetzes das Hauptzollamt, bei dem die Anträge auf Steuerentlastung nach § 59 des Gesetzes zu stellen sind,
3. nach § 9 c Absatz 1 Nummer 5 des Gesetzes das Hauptzollamt, in dessen Bezirk sich der Sitz der internationalen Einrichtung befindet.

(3) [1] Von der Bestätigung nach Absatz 1 Satz 1 in Feld 6 der Freistellungsbescheinigung wird abgesehen, wenn eine ausländische Truppe (§ 9 c Absatz 1 Nummer 1 des Gesetzes) Energieerzeugnisse unter Steueraussetzung empfängt. [2] An ihre Stelle tritt eine Eigenbestätigung der ausländischen Truppe.

(4) [1] Werden Energieerzeugnisse unter Steueraussetzung von Begünstigten im Sinn des § 9 c Absatz 1 Nummer 1 bis 3 des Gesetzes aus Steuerlagern im Steuergebiet oder von registrierten Versendern vom Ort der Einfuhr im Steuergebiet empfangen, kann anstelle der Freistellungsbescheinigung ein Abwicklungsschein nach § 73 Absatz 1 Nummer 1 der Umsatzsteuer-Durchführungsverordnung verwendet werden. [2] Die zweite Ausfertigung des Abwicklungsscheins hat der Versender im Steuergebiet zu seinen steuerlichen Aufzeichnungen zu nehmen.

Zu den §§ 9 d bis 13 des Gesetzes

§ 28 a Teilnahme am EDV-gestützten Beförderungs- und Kontrollsystem. ¹ Das Bundesministerium der Finanzen legt durch eine Verfahrensanweisung fest, unter welchen Voraussetzungen und Bedingungen Personen, die für Beförderungen unter Steueraussetzung das elektronische Verwaltungsdokument verwenden, mit den Zollbehörden elektronisch Nachrichten über das EDV-gestützte Beförderungs- und Kontrollsystem austauschen. ² Um auf diese Weise elektronisch Nachrichten austauschen zu können, bedarf es der vorherigen Anmeldung bei einer vom Bundesministerium der Finanzen in der Verfahrensanweisung bekannt gegebenen Stelle. ³ Die Verfahrensanweisung wird vom Bundesministerium der Finanzen im Internet unter www.zoll.de veröffentlicht. ⁴ Die Personen nach Satz 1 und ihre IT-Dienstleister sind verpflichtet, die in der Verfahrensanweisung festgelegten Voraussetzungen und Bedingungen einzuhalten.

§ 28 b Erstellen des elektronischen Verwaltungsdokuments, Mitführen eines Ausdrucks. (1) Sollen Energieerzeugnisse unter Steueraussetzung aus einem Steuerlager im Steuergebiet oder vom Ort der Einfuhr im Steuergebiet

1. in ein Steuerlager oder zu einem Begünstigten im Steuergebiet befördert werden (§ 10 Absatz 1 des Gesetzes),
2. in ein Steuerlager, in den Betrieb eines registrierten Empfängers oder zu einem Begünstigten in einem anderen Mitgliedstaat befördert werden (§ 11 Absatz 1 Nummer 1 des Gesetzes) oder
3. zu einem Ort, an dem die Energieerzeugnisse das Verbrauchsteuergebiet der Europäischen Gemeinschaft verlassen, befördert werden (§ 13 Absatz 1 des Gesetzes),

hat der Steuerlagerinhaber als Versender oder der registrierte Versender dem für ihn zuständigen Hauptzollamt vor Beginn der Beförderung unter Verwendung des EDV-gestützten Beförderungs- und Kontrollsystems den Entwurf des elektronischen Verwaltungsdokuments nach amtlich vorgeschriebenem Datensatz zu übermitteln.

(2) ¹ Das Hauptzollamt überprüft automatisiert die Angaben in dem Entwurf des elektronischen Verwaltungsdokuments. ² Bei Beförderungen vom Ort der Einfuhr erfolgt zusätzlich ein Abgleich mit der Zollanmeldung. ³ Gibt es keine Beanstandungen, wird der Entwurf des elektronischen Verwaltungsdokuments mit einem eindeutigen Referenzcode versehen und dem Versender als elektronisches Verwaltungsdokument übermittelt. ⁴ Beanstandungen werden dem Versender mitgeteilt.

(3) ¹ Der Beförderer hat während der Beförderung einen Ausdruck des vom Hauptzollamt übermittelten elektronischen Verwaltungsdokuments mitzuführen. ² Anstelle des ausgedruckten elektronischen Verwaltungsdokuments kann ein Handelspapier mitgeführt werden, wenn dieses dieselben Daten enthält oder wenn aus diesem der eindeutige Referenzcode hervorgeht.

(4) ¹ Der Versender hat auf Verlangen des Hauptzollamts die Energieerzeugnisse unverändert vorzuführen. ² Dabei kann das Hauptzollamt Verschlussmaßnahmen anordnen.

(5) ¹ Ist der Empfänger im Fall des Absatzes 1 Nummer 1 ein Steuerlagerinhaber, leitet das für diesen zuständige Hauptzollamt das elektronische Verwaltungsdokument an ihn weiter. ² Dies gilt auch für Beförderungen über das Gebiet eines anderen Mitgliedstaats. ³ Ein elektronisches Verwaltungsdokument, das von den zuständigen Behörden eines anderen Mitgliedstaats übermittelt wurde, wird vom zuständigen Hauptzollamt an den Empfänger im Steuergebiet weitergeleitet, wenn dieser ein Steuerlagerinhaber oder ein registrierter Empfänger ist.

§ 28 c Unbestimmter Empfänger. (1) Stehen in den Fällen des § 10 Absatz 1 des Gesetzes oder des § 11 Absatz 1 des Gesetzes zu Beginn einer Beförderung im Seeverkehr oder auf Binnenwasserstraßen der Empfänger und der Bestimmungsort noch nicht endgültig fest, kann das Hauptzollamt auf Antrag des Steuerlagerinhabers als Versender oder des registrierten Versenders unter Widerrufsvorbehalt zulassen, diese Angaben im Entwurf des elektronischen Verwaltungsdokuments wegzulassen.

(2) Der Steuerlagerinhaber als Versender oder der registrierte Versender hat den zu Beginn der Beförderung noch nicht festgelegten Empfänger und Bestimmungsort während der Beförderung der Energieerzeugnisse über das EDV-gestützte Beförderungs- und Kontrollsystem zu ergänzen, sobald er Kenntnis über die Angaben zum Empfänger und zum zugelassenen Bestimmungsort hat, spätestens jedoch zum Ende der Beförderung.

(3) Für die Datenübermittlung mittels des EDV-gestützten Beförderungs- und Kontrollsystems gilt § 31 entsprechend.

§ 29 Art und Höhe der Sicherheitsleistung. (1) Die Sicherheit für die Beförderung von Energieerzeugnissen unter Steueraussetzung kann für mehrere Verfahren als Gesamtbürgschaft oder für jedes Verfahren einzeln als Einzelbürgschaft oder als Barsicherheit geleistet werden.

(2) ¹ Die Sicherheit als Gesamtbürgschaft oder Einzelbürgschaft wird durch eine selbstschuldnerische Bürgschaft eines tauglichen Steuerbürgen nach § 244 der Abgabenordnung geleistet. ² Die Bürgschaft ist in einer Urkunde nach amtlich vorgeschriebenem Vordruck bei dem für den Versender zuständigen Hauptzollamt zu leisten.

(3) ¹ Das zuständige Hauptzollamt bestimmt die Bürgschaftssumme und die Höhe der Barsicherheit insbesondere unter Berücksichtigung der Steuer, die bei der Überführung der Energieerzeugnisse in den steuerrechtlich freien Verkehr entstehen würde. ² Die Angemessenheit der Bürgschaftssumme ist im Fall der Gesamtbürgschaft regelmäßig zu überprüfen.

§ 30 Annullierung des elektronischen Verwaltungsdokuments.

(1) Der Versender kann das elektronische Verwaltungsdokument annullieren, solange die Beförderung der Energieerzeugnisse noch nicht begonnen hat.

(2) Um das elektronische Verwaltungsdokuments zu annullieren, hat der Steuerlagerinhaber als Versender oder der registrierte Versender dem für ihn zuständigen Hauptzollamt unter Verwendung des EDV-gestützten Beförderungs- und Kontrollsystems vor Beginn der Beförderung den Entwurf der elektronischen Annullierungsmeldung nach amtlich vorgeschriebenem Datensatz zu übermitteln.

(3) ¹Das Hauptzollamt überprüft automatisiert die Angaben in der Annullierungsmeldung. ²Gibt es keine Beanstandungen, wird dies dem Versender unter Angabe des Datums und der Zeit der Prüfung mitgeteilt. ³Beanstandungen werden dem Versender ebenfalls mitgeteilt.

(4) Ist ein elektronisches Verwaltungsdokument für die Beförderung von Energieerzeugnissen unter Steueraussetzung annulliert worden, die für einen Empfänger im Steuergebiet bestimmt waren, der entweder ein Steuerlagerinhaber oder ein registrierter Empfänger ist, leitet das für den Empfänger zuständige Hauptzollamt die eingehende Annullierungsmeldung an diesen weiter.

§ 31 Änderung des Bestimmungsorts bei Verwendung des elektronischen Verwaltungsdokuments. (1) ¹Während der Beförderung der Energieerzeugnisse unter Steueraussetzung kann der Steuerlagerinhaber als Versender oder der registrierte Versender den Bestimmungsort ändern und einen anderen zulässigen Bestimmungsort (§ 10 Absatz 1 Nummer 1, § 11 Absatz 1 Nummer 1 Buchstabe a und b, § 13 Absatz 1 des Gesetzes) angeben. ²Satz 1 gilt auch für Energieerzeugnisse, die nicht vom Empfänger aufgenommen oder übernommen oder nicht ausgeführt werden.

(2) Um den Bestimmungsort zu ändern, hat der Steuerlagerinhaber als Versender oder der registrierte Versender dem für ihn zuständigen Hauptzollamt unter Verwendung des EDV-gestützten Beförderungs- und Kontrollsystems den Entwurf der elektronischen Änderungsmeldung nach amtlich vorgeschriebenem Datensatz zu übermitteln.

(3) ¹Das Hauptzollamt überprüft automatisiert die Angaben in dem Entwurf der elektronischen Änderungsmeldung. ²Gibt es keine Beanstandungen, wird dem Entwurf der Änderungsmeldung eine fortlaufende Vorgangsnummer zugewiesen und dem Versender als Änderungsmeldung zum ursprünglichen elektronischen Verwaltungsdokument übermittelt. ³Beanstandungen werden dem Versender mitgeteilt.

(4) Wird durch eine Aktualisierung eines elektronischen Verwaltungsdokuments der darin angegebene Empfänger geändert, der entweder ein Steuerlagerinhaber im Steuergebiet oder ein registrierter Empfänger im Steuergebiet ist, gilt für die Weiterleitung des aktualisierten elektronischen Verwaltungsdokuments § 28b Absatz 5 entsprechend.

(5) Ändert sich der im elektronischen Verwaltungsdokument angegebene Empfänger, wird der ursprüngliche Empfänger, der entweder ein Steuerlagerinhaber im Steuergebiet oder ein registrierter Empfänger im Steuergebiet ist, von dem für ihn zuständigen Hauptzollamt durch eine entsprechende Meldung unterrichtet.

(6) Wird durch eine Aktualisierung eines elektronischen Verwaltungsdokuments das darin angegebene Steuerlager des Empfängers geändert, so leitet das für den Empfänger zuständige Hauptzollamt die Änderungsmeldung an diesen weiter.

§ 32 Aufteilung von Warensendungen während der Beförderung.
(1) Während der Beförderung von Energieerzeugnissen unter Steueraussetzung im Steuergebiet (§ 10 des Gesetzes) kann der Steuerlagerinhaber als

Versender oder der registrierte Versender die Energieerzeugnisse im Steuergebiet in zwei oder mehrere Warensendungen aufteilen, wenn
1. sich die Gesamtmenge der beförderten Energieerzeugnisse dadurch nicht ändert,
2. es sich bei den anschließenden Beförderungen ebenfalls um Beförderungen unter Steueraussetzungen im Steuergebiet handelt und
3. die in der Verfahrensanweisung (§ 28 a) festgelegten Bedingungen eingehalten werden.

(2) [1] Während der Beförderung von Energieerzeugnissen unter Steueraussetzung in andere Mitgliedstaaten (§ 11 Absatz 1 Nummer 1 des Gesetzes) kann der Steuerlagerinhaber als Versender oder der registrierte Versender die Energieerzeugnisse im Steuergebiet in zwei oder mehrere Warensendungen aufteilen, wenn die Voraussetzungen nach Absatz 1 Nummer 1 und 3 vorliegen. [2] Um Energieerzeugnisse aufteilen zu können, hat der Steuerlagerinhaber als Versender oder der registrierte Versender dem für ihn zuständigen Hauptzollamt den Entwurf der Aufteilungsmitteilung nach amtlich vorgeschriebenem Datensatz unter Verwendung des EDV-gestützten Beförderungs- und Kontrollsystems zu übermitteln.

(3) [1] Während der Beförderung von Energieerzeugnissen unter Steueraussetzung in andere Mitgliedstaaten (§ 11 Absatz 1 Nummer 1 des Gesetzes) kann der Steuerlagerinhaber als Versender oder der registrierte Versender die Energieerzeugnisse außerhalb des Steuergebiets in zwei oder mehrere Warensendungen aufteilen, wenn die Voraussetzungen nach Absatz 1 Nummer 1 und 3 vorliegen und der Mitgliedstaat, in dem die Energieerzeugnisse aufgeteilt werden, eine solche Aufteilung auf seinem Gebiet zulässt. [2] Um Energieerzeugnisse aufteilen zu können, hat der Steuerlagerinhaber als Versender oder der registrierte Versender dem für ihn zuständigen Hauptzollamt den Entwurf der Aufteilungsmitteilung nach amtlich vorgeschriebenem Datensatz unter Verwendung des EDV-gestützten Beförderungs- und Kontrollsystems zu übermitteln.

(4) [1] Während der Beförderung von Energieerzeugnissen unter Steueraussetzung aus anderen Mitgliedstaaten (§ 11 Absatz 1 Nummer 2 und 3 des Gesetzes) kann der Versender die Energieerzeugnisse im Steuergebiet in zwei oder mehrere Warensendungen aufteilen, wenn die Voraussetzungen nach Absatz 1 Nummer 1 und 3 vorliegen. [2] Der Versender hat die Zollverwaltung rechtzeitig darüber zu unterrichten, wo die Energieerzeugnisse im Steuergebiet aufgeteilt werden sollen, und Kontrollen zu dulden.

(5) [1] Wenn Steuerbelange gefährdet erscheinen, kann das zuständige Hauptzollamt die Aufteilung der Energieerzeugnisse nach den Absätzen 1 bis 4 versagen. [2] Es hat den Versandmitgliedstaat und den Versender über diese Entscheidung zu informieren.

(6) [1] Eine Aufteilung von Energieerzeugnissen nach den Absätzen 1 bis 4 ist jeweils erst ab dem Zeitpunkt möglich, zu dem das EDV-gestützte Beförderungs- und Kontrollsystem dies zulässt. [2] Abweichend davon können Energieerzeugnisse nach Absatz 1 aufgeteilt werden, wenn die dafür in der Verfahrensanweisung aufgeführten Vorschriften eingehalten werden.

§ 33 Beförderung aus anderen Mitgliedstaaten und Beendigung von Beförderungen unter Steueraussetzung. (1) Werden Energieerzeugnisse unter Steueraussetzung aus anderen Mitgliedstaaten zu einem Empfänger im

Steuergebiet oder durch das Steuergebiet befördert, hat der Beförderer während der Beförderung einen Ausdruck des elektronischen Verwaltungsdokuments oder ein entsprechendes Handelsdokument für die Energieerzeugnisse mitzuführen.

(2) Ein elektronisches Verwaltungsdokument, das von den zuständigen Behörden eines anderen Mitgliedstaats übermittelt wurde, wird an den Empfänger im Steuergebiet von dem für ihn zuständigen Hauptzollamt weitergeleitet, wenn dieser ein Steuerlagerinhaber oder ein registrierter Empfänger ist.

(3) Der Steuerlagerinhaber hat die unter Steueraussetzung bezogenen Energieerzeugnisse nach der Aufnahme in sein Steuerlager unverzüglich in das Herstellungs- oder Lagerbuch einzutragen oder in den an ihrer Stelle zugelassenen Aufzeichnungen zu erfassen.

(4) Der registrierte Empfänger hat die bezogenen Energieerzeugnisse nach der Aufnahme in seinen Betrieb unverzüglich in seinen Aufzeichnungen zu erfassen.

(5) [1] Auf Antrag kann das Hauptzollamt unter Widerrufsvorbehalt zulassen, dass der Steuerlagerinhaber Energieerzeugnisse unter Steueraussetzung nur durch Inbesitznahme in sein Steuerlager aufnimmt, wenn die Energieerzeugnisse wie folgt abgegeben werden:

1. unter Steueraussetzung an ein anderes Steuerlager im Steuergebiet oder an einen Begünstigten im Sinn des § 9 c des Gesetzes im Steuergebiet,

2. zu steuerfreien Zwecken oder

3. nach § 2 Absatz 1 Nummer 8 Buchstabe a, Absatz 2 Nummer 2 oder Absatz 3 des Gesetzes versteuert.

[2] Werden die Energieerzeugnisse außerhalb des Steuergebiets in Besitz genommen, ist die Aufnahme durch Inbesitznahme jedoch erst bewirkt, wenn der Steuerlagerinhaber erstmals im Steuergebiet Besitz an den Energieerzeugnissen ausübt. [3] In den Fällen der Nummern 1 und 2 gilt die Inbesitznahme der Energieerzeugnisse durch den empfangenden Steuerlagerinhaber, im Fall der Nummer 3 gilt die Inbesitznahme durch denjenigen, an den die Energieerzeugnisse abgegeben werden, als Entfernung aus dem Steuerlager (§ 8 Absatz 1 Satz 1 des Gesetzes).

(6) [1] Auf Antrag kann das Hauptzollamt zulassen, dass der registrierte Empfänger Energieerzeugnisse unter Steueraussetzung nur durch Inbesitznahme in seinen Betrieb aufnimmt. [2] Werden die Energieerzeugnisse außerhalb des Steuergebiets in Besitz genommen, ist die Aufnahme durch Inbesitznahme jedoch erst bewirkt, wenn der registrierte Empfänger erstmals im Steuergebiet Besitz an den Energieerzeugnissen ausübt. [3] Die Sätze 1 und 2 gelten nicht für registrierte Empfänger im Einzelfall.

(7) [1] Für Lager ohne Lagerstätten (§ 7 Absatz 5 des Gesetzes) gilt die Inbesitznahme der Energieerzeugnisse durch den empfangenden Steuerlagerinhaber als Aufnahme in das Steuerlager und die Inbesitznahme durch denjenigen, an den die Energieerzeugnisse abgegeben werden, als Entfernung aus dem Steuerlager. [2] Werden die Energieerzeugnisse außerhalb des Steuergebiets in Besitz genommen, ist die Aufnahme durch Inbesitznahme jedoch erst bewirkt, wenn der Steuerlagerinhaber erstmals im Steuergebiet Besitz an den Energieerzeugnissen ausübt.

§ 34 Eingangs- und Ausfuhrmeldung bei Verwendung des elektronischen Verwaltungsdokuments. (1) [1] Nach der Aufnahme der Energieerzeugnisse, auch von Teilmengen, an einem Bestimmungsort, der in § 10 Absatz 1 oder § 11 Absatz 1 Nummer 2 Buchstabe a und b des Gesetzes genannt ist, hat der Empfänger dem für ihn zuständigen Hauptzollamt unter Verwendung des EDV-gestützten Beförderungs- und Kontrollsystems unverzüglich, spätestens jedoch fünf Werktage nach Beendigung der Beförderung, eine Eingangsmeldung nach amtlich vorgeschriebenem Datensatz zu übermitteln. [2] Das Hauptzollamt kann zur Vermeidung unbilliger Härten auf Antrag des Empfängers die Frist nach Satz 1 verlängern.

(2) [1] Das für den Empfänger zuständige Hauptzollamt überprüft automatisiert die Angaben in der Eingangsmeldung. [2] Gibt es keine Beanstandungen, wird dies dem Empfänger mitgeteilt. [3] Beanstandungen werden dem Empfänger ebenfalls mitgeteilt. [4] Das für den Versender zuständige Hauptzollamt übermittelt dem Versender die Eingangsmeldung, wenn dieser ein Steuerlagerinhaber im Steuergebiet oder ein registrierter Versender im Steuergebiet ist. [5] Eine Eingangsmeldung, die von den zuständigen Behörden eines anderen Mitgliedstaats übermittelt wurde, wird an den Versender im Steuergebiet von dem für ihn zuständigen Hauptzollamt weitergeleitet.

(3) [1] Ist der Empfänger ein Begünstigter (§ 9 c Absatz 1 des Gesetzes), hat er dem zuständigen Hauptzollamt nach der Übernahme der Energieerzeugnisse, auch von Teilmengen, die Daten, die für die Eingangsmeldung nach Absatz 1 erforderlich sind, und eine Kopie der ihm vorliegenden Ausfertigung der Freistellungsbescheinigung innerhalb der dort genannten Frist schriftlich zu übermitteln. [2] Das Hauptzollamt erstellt nach Prüfung der Angaben die Eingangsmeldung nach Absatz 1. [3] Absatz 2 Satz 4 gilt entsprechend.

(4) Der Empfänger hat auf Verlangen des Hauptzollamts die Energieerzeugnisse unverändert vorzuführen.

(5) [1] In den Fällen des § 13 des Gesetzes erstellt das für den Versender zuständige Hauptzollamt auf Grundlage der von der Ausgangszollstelle übermittelten Ausgangsbestätigung eine Ausfuhrmeldung, mit der bestätigt wird, dass die Energieerzeugnisse das Verbrauchsteuergebiet der Europäischen Gemeinschaft verlassen haben. [2] Dies gilt auch bei der Ausfuhr von Teilmengen. [3] Das Hauptzollamt übermittelt die Ausfuhrmeldung an den Steuerlagerinhaber als Versender im Steuergebiet oder an den registrierten Versender im Steuergebiet. [4] Ausfuhrmeldungen, die von den zuständigen Behörden eines anderen Mitgliedstaats übermittelt wurden, werden an den Versender im Steuergebiet von dem für ihn zuständigen Hauptzollamt weitergeleitet.

(6) [1] Die Eingangsmeldung nach Absatz 1 oder die Ausfuhrmeldung nach Absatz 5 gilt als Nachweis, dass die Beförderung der Energieerzeugnisse beendet wurde. [2] Die Ausfuhrmeldung gilt nicht als Nachweis, wenn nachträglich festgestellt wird, dass die Energieerzeugnisse das Verbrauchsteuergebiet der Europäischen Gemeinschaft nicht verlassen haben.

§ 35 Beförderung im Steuergebiet ohne elektronisches Verwaltungsdokument. [1] Auf Antrag des Versenders kann das Hauptzollamt, wenn die Steuerbelange dadurch nicht gefährdet sind, anstelle des EDV-gestützten Beförderungs- und Kontrollsystems vereinfachte Verfahren zulassen für Beförderungen

1. von Energieerzeugnissen zwischen Steuerlagern desselben Steuerlagerinhabers im Steuergebiet,
1 a. von Energieerzeugnissen, die zwischen einem Ort der Einfuhr im Steuergebiet und einem Steuerlager befördert werden, wenn der registrierte Versender gleichzeitig Inhaber des Steuerlagers ist,
2. von Flüssiggasen, leichtem Heizöl oder Heizölen der Unterpositionen 2710 19 61 bis 2710 19 69 der Kombinierten Nomenklatur im Steuergebiet,
3. von Energieerzeugnissen in Rohrleitungen im Steuergebiet.

² Dies gilt nicht, wenn die Energieerzeugnisse über das Gebiet eines anderen Mitgliedstaats befördert werden.

§ 36 Beginn der Beförderung im Ausfallverfahren. (1) Steht das EDV-gestützte Beförderungs- und Kontrollsystem nicht zur Verfügung, kann der Steuerlagerinhaber als Versender oder der registrierte Versender abweichend von § 28 b nur dann eine Beförderung von Energieerzeugnissen unter Steueraussetzung beginnen, wenn ein Ausfalldokument nach amtlich vorgeschriebenem Vordruck verwendet wird.

(2) ¹ Der Versender hat vor Beginn der ersten Beförderung im Ausfallverfahren das für ihn zuständige Hauptzollamt schriftlich über den Ausfall des EDV-gestützten Beförderungs- und Kontrollsystems zu unterrichten. ² Eine Unterrichtung ist nicht erforderlich, wenn es sich um einen von der Zollverwaltung veranlassten Ausfall handelt.

(3) ¹ Der Versender hat das Ausfalldokument in drei Exemplaren auszufertigen. ² Er hat die erste Ausfertigung zu seinen Aufzeichnungen zu nehmen. ³ Die zweite Ausfertigung hat er unverzüglich dem für ihn zuständigen Hauptzollamt zu übermitteln. ⁴ Der Beförderer der Energieerzeugnisse hat während der Beförderung die dritte Ausfertigung mitzuführen. ⁵ Abweichend von Satz 3 kann das Hauptzollamt Ausnahmen von der unverzüglichen Übermittlung sowie weitere Verfahrensvereinfachungen zulassen, wenn die Steuerbelange dadurch nicht beeinträchtigt werden.

(4) ¹ Der Versender hat auf Verlangen des Hauptzollamts jede Beförderung im Ausfallverfahren vor Beginn anzuzeigen. ² Daneben hat er auf Verlangen des Hauptzollamts die zweite Ausfertigung des Ausfalldokuments bereits vor Beginn der Beförderung zu übermitteln. ³ § 28 b Absatz 4 gilt entsprechend.

(5) ¹ Steht das EDV-gestützte Beförderungs- und Kontrollsystem wieder zur Verfügung, hat der Versender dem für ihn zuständigen Hauptzollamt unverzüglich für alle im Ausfallverfahren durchgeführten Beförderungen unter Verwendung des EDV-gestützten Beförderungs- und Kontrollsystems den Entwurf des elektronischen Verwaltungsdokuments zu übermitteln, der dieselben Daten wie das Ausfalldokument nach Absatz 1 enthält und in dem auf die Verwendung des Ausfallverfahrens hingewiesen wird. ² § 28 b Absatz 2 und 5 gilt entsprechend.

(6) ¹ Das Ausfallverfahren gilt bis zur Übermittlung des elektronischen Verwaltungsdokuments durch das Hauptzollamt. ² Nach der Übermittlung tritt das elektronische Verwaltungsdokument an die Stelle des Ausfalldokuments.

(7) ¹ Der mit dem elektronischen Verwaltungsdokument übermittelte eindeutige Referenzcode ist vom Versender auf der ersten Ausfertigung des

Ausfalldokuments in dem dafür vorgesehenen Feld einzutragen. ²Ist die Beförderung noch nicht beendet, ist der Referenzcode dem Beförderer der Energieerzeugnisse mitzuteilen und von diesem auf der dritten Ausfertigung des Ausfalldokuments in dem dafür vorgesehenen Feld einzutragen, wenn ihm kein Ausdruck des elektronischen Verwaltungsdokuments übermittelt wurde. ³Die mit dem Referenzcode versehene dritte Ausfertigung des Ausfalldokuments gilt als Papier im Sinn des § 28 b Absatz 3 Satz 1. ⁴Für die Eingangs- und Ausfuhrmeldung ist § 34 anzuwenden.

§ 36 a Annullierung im Ausfallverfahren. (1) Steht das EDV-gestützte Beförderungs- und Kontrollsystem nicht zur Verfügung, kann der Steuerlagerinhaber als Versender oder der registrierte Versender das elektronische Verwaltungsdokument abweichend von § 30 oder das Ausfalldokument nach amtlich vorgeschriebenem Vordruck annullieren (Annullierungsdokument), solange die Beförderung der Energieerzeugnisse noch nicht begonnen hat.

(2) ¹Der Versender hat das Annullierungsdokument in zwei Exemplaren auszufertigen. ²Er hat die erste Ausfertigung zu seinen Aufzeichnungen zu nehmen. ³Mit der zweiten Ausfertigung hat er unverzüglich das für ihn zuständige Hauptzollamt zu unterrichten.

(3) ¹Steht das EDV-gestützte Beförderungs- und Kontrollsystem wieder zur Verfügung und liegt dem Versender das elektronische Verwaltungsdokument vor, hat er dem für ihn zuständigen Hauptzollamt unverzüglich unter Verwendung des EDV-gestützten Beförderungs- und Kontrollsystems den Entwurf einer elektronischen Annullierungsmeldung nach § 30 Absatz 2 zu übermitteln. ² § 30 Absatz 3 und 4 gilt entsprechend.

§ 36 b Änderung des Bestimmungsorts im Ausfallverfahren.

(1) ¹Steht das EDV-gestützte Beförderungs- und Kontrollsystem nicht zur Verfügung, kann der Steuerlagerinhaber als Versender oder der registrierte Versender den Bestimmungsort während der Beförderung der Energieerzeugnisse abweichend von § 30 nach amtlich vorgeschriebenem Vordruck ändern (Änderungsdokument). ²Satz 1 gilt auch für Energieerzeugnisse, die nicht vom Empfänger aufgenommen oder übernommen oder nicht ausgeführt werden.

(2) ¹Der Versender hat das Änderungsdokument in zwei Exemplaren auszufertigen. ²Er hat die erste Ausfertigung zu seinen Aufzeichnungen zu nehmen. ³Die zweite Ausfertigung hat er dem für ihn zuständigen Hauptzollamt unverzüglich zu übermitteln. ⁴Er hat den Beförderer unverzüglich über die geänderten Angaben im elektronischen Verwaltungsdokument oder im Ausfalldokument zu unterrichten. ⁵Der Beförderer hat die Angaben unverzüglich auf der Rückseite des mitgeführten Dokuments zu vermerken, wenn ihm nicht das Änderungsdokument übermittelt wurde.

(3) ¹Steht das EDV-gestützte Beförderungs- und Kontrollsystem wieder zur Verfügung, hat der Versender für alle im Ausfallverfahren durchgeführten Änderungen des Bestimmungsorts dem für ihn zuständigen Hauptzollamt unverzüglich unter Verwendung des EDV-gestützten Beförderungs- und Kontrollsystems den Entwurf einer elektronischen Änderungsmeldung nach § 31 Absatz 2 zu übermitteln, der dieselben Daten wie das Änderungsdokument nach Absatz 1 enthält. ² § 31 Absatz 3 bis 6 gilt entsprechend.

(4) Für die Unterrichtung über den Ausfall des EDV-gestützten Beförderungs- und Kontrollsystems, die Anzeigepflicht bei jeder Änderung des Bestimmungsorts sowie die Übermittlung der zweiten Ausfertigung des Änderungsdokuments gilt § 36 Absatz 2 und 4 Satz 1 und 2 entsprechend.

§ 36 c Eingangs- und Ausfuhrmeldung im Ausfallverfahren.

(1) [1] Kann der Empfänger die Eingangsmeldung nach § 34 Absatz 1 nach Beendigung einer Beförderung unter Steueraussetzung nicht innerhalb der dort festgelegten Frist übermitteln, weil entweder das EDV-gestützte Beförderungs- und Kontrollsystem nicht zur Verfügung steht oder ihm das elektronische Verwaltungsdokument oder die Änderungsmeldung nach § 30 Absatz 6 nicht zugeleitet wurde, hat er dem für ihn zuständigen Hauptzollamt ein Eingangsdokument nach amtlich vorgeschriebenem Vordruck vorzulegen, mit dem er den Empfang der Energieerzeugnisse bestätigt. [2] Für die Frist zur Vorlage des Eingangsdokuments und deren Verlängerung gilt § 34 Absatz 1 entsprechend.

(2) [1] Der Empfänger hat das Eingangsdokument in drei Exemplaren auszufertigen. [2] Das Hauptzollamt bestätigt die drei Exemplare und gibt dem Empfänger die erste Ausfertigung zurück. [3] Der Empfänger hat diese Ausfertigung zu seinen Aufzeichnungen zu nehmen. [4] Wird die Eingangsmeldung nicht innerhalb der in § 34 Absatz 1 genannten Frist vom Empfänger übermittelt, übersendet das für den Empfänger zuständige Hauptzollamt die zweite Ausfertigung des Eingangsdokuments dem für den Versender zuständigen Hauptzollamt, das diese an den Versender weiterleitet. [5] Eingangsdokumente, die von den zuständigen Behörden eines anderen Mitgliedstaats übersendet wurden, werden an den Versender im Steuergebiet von dem für ihn zuständigen Hauptzollamt weitergeleitet.

(3) [1] Steht das EDV-gestützte Beförderungs- und Kontrollsystem wieder zur Verfügung und liegt das elektronische Verwaltungsdokument oder die Meldung nach § 31 Absatz 5 oder Absatz 6 dem Empfänger vor, hat dieser dem für ihn zuständigen Hauptzollamt unverzüglich für das im Ausfallverfahren erstellte Eingangsdokument unter Verwendung des EDV-gestützten Beförderungs- und Kontrollsystems eine Eingangsmeldung nach § 34 Absatz 1 zu übermitteln, die dieselben Daten wie das Eingangsdokument nach Absatz 1 enthält. [2] § 34 Absatz 2 gilt entsprechend.

(4) [1] Kann nach Beendigung einer Beförderung von Energieerzeugnissen unter Steueraussetzung die Ausfuhrmeldung nach § 34 Absatz 5 nicht erstellt werden, weil entweder das EDV-gestützte Beförderungs- und Kontrollsystem nicht zur Verfügung steht oder das elektronische Verwaltungsdokument nicht übermittelt wurde, so erstellt das Hauptzollamt ein Ausfuhrdokument, in dem bestätigt wird, dass die Energieerzeugnisse das Verbrauchsteuergebiet der Europäischen Gemeinschaft verlassen haben. [2] Dies gilt auch bei der Ausfuhr von Teilmengen. [3] Das Hauptzollamt übersendet dem Versender eine Ausfertigung dieses Ausfuhrdokuments, wenn die Energieerzeugnisse aus dem Steuergebiet versendet wurden. [4] In den Fällen, in denen ein entsprechendes Ausfuhrdokument von den zuständigen Behörden eines anderen Mitgliedstaats übermittelt wurde, übersendet das Hauptzollamt dem Versender eine Ausfertigung.

(5) [1] Steht das EDV-gestützte Beförderungs- und Kontrollsystem wieder zur Verfügung und liegt das elektronische Verwaltungsdokument vor, erstellt das zuständige Hauptzollamt eine Ausfuhrmeldung nach § 34 Absatz 5 Satz 1. [2] § 34 Absatz 5 Satz 2 und 3 gilt entsprechend.

§ 37 Ersatznachweise für die Beendigung der Beförderung. ¹ Liegt kein Nachweis nach § 34 Absatz 6 vor, bestätigt das für den Empfänger zuständige Hauptzollamt oder das Hauptzollamt, in dessen Bezirk sich die Ausgangszollstelle befindet, in den Fällen, in denen keine Eingangs- oder Ausfuhrmeldung nach § 36c vorliegt, die Beendigung der Beförderung unter Steueraussetzung, wenn hinreichend belegt ist, dass die Energieerzeugnisse den angegebenen Bestimmungsort erreicht oder das Verbrauchsteuergebiet der Europäischen Gemeinschaft verlassen haben (Ersatznachweis). ² Als hinreichender Beleg im Sinn von Satz 1 gilt insbesondere ein vom Empfänger vorgelegtes Dokument, das dieselben Angaben enthält wie die Eingangsmeldung und in dem dieser den Empfang der Energieerzeugnisse bestätigt.

Zu § 14 des Gesetzes

§ 37a Unregelmäßigkeiten während der Beförderung unter Steueraussetzung. Sind Energieerzeugnisse während der Beförderung unter Steueraussetzung infolge unvorhersehbarer Ereignisse oder höherer Gewalt vollständig zerstört oder unwiederbringlich verloren gegangen, hat der Beförderer dies dem Hauptzollamt unverzüglich anzuzeigen und durch geeignete Unterlagen nachzuweisen.

Zu § 15 des Gesetzes

§ 38 Anzeige und Zulassung. (1) ¹ Die Anzeige nach § 15 Absatz 3 des Gesetzes ist nach amtlich vorgeschriebenem Vordruck bei dem für den Anzeigepflichtigen zuständigen Hauptzollamt zu erstatten. ² Sollen die bezogenen Energieerzeugnisse in ein Verfahren der Steuerbefreiung (§ 24 Absatz 1 des Gesetzes) überführt werden, ist der Erlaubnisschein beizufügen, soweit die Erlaubnis nicht allgemein erteilt ist.

(2) ¹ Der Anzeigepflichtige hat auf Verlangen des Hauptzollamts weitere Angaben zu machen, wenn sie zur Sicherung des Steueraufkommens oder für die Steueraufsicht erforderlich erscheinen. ² Das Hauptzollamt kann auf Angaben verzichten, soweit die Steuerbelange dadurch nicht beeinträchtigt werden.

(3) ¹ Das Hauptzollamt erteilt schriftlich die Zulassung zum Bezug, zum Inbesitzhalten oder zur Verwendung der Energieerzeugnisse, wenn der Anzeigepflichtige Sicherheit in Höhe der Steuer geleistet hat, die voraussichtlich entsteht. ² Für die Sicherheitsleistung gilt § 29, für das Erlöschen der Zulassung § 14 Abs. 2 und 4 sinngemäß. ³ Die Zulassung kann mit Nebenbestimmungen nach § 120 Absatz 2 der Abgabenordnung verbunden werden.

§ 39 Beförderung. (1) ¹ Werden Energieerzeugnisse im Sinn des § 4 des Gesetzes in anderen als den in § 15 Absatz 4 des Gesetzes genannten Fällen aus dem steuerrechtlich freien Verkehr eines anderen Mitgliedstaats zu gewerblichen Zwecken in das Steuergebiet verbracht, hat der Beförderer während der Beförderung die zweite und dritte Ausfertigung des vereinfachten Begleitdokuments mitzuführen, das für die Energieerzeugnisse ordnungsgemäß ausgefertigt wurde. ² Dies gilt für Energieerzeugnisse der Unterpositionen 2710 11 21, 2710 11 25 und 2710 19 29 der Kombinierten Nomenklatur jedoch nur, soweit sie als lose Ware verbracht werden.

(2) [1] Der Anzeigepflichtige im Sinn des § 15 Absatz 3 des Gesetzes hat dem Hauptzollamt mit der Steueranmeldung die mit seiner Empfangsbestätigung versehene zweite und dritte Ausfertigung des vereinfachten Begleitdokuments vorzulegen. [2] Auf Antrag bestätigt das Hauptzollamt die Anmeldung oder Entrichtung der Steuer. [3] Ist bei der Beförderung eine Empfangsbestätigung nach Artikel 4 Satz 4 der Verordnung (EWG) Nr. 3649/92 erforderlich, hat der Anzeigepflichtige die für den Lieferer bestimmte Ausfertigung des vereinfachten Begleitdokuments mit der vom Abgangsmitgliedstaat vorgesehenen Empfangsbestätigung unverzüglich an den Lieferer zurückzusenden.

§ 40 Pflichten des Anzeigepflichtigen, Steueraufsicht. (1) [1] Der Anzeigepflichtige hat ein Empfangsbuch über den Bezug, die Lieferung, die Lagerung oder die Verwendung der Energieerzeugnisse zu führen, aus dem jeweils Art, Kennzeichnung und Menge der Energieerzeugnisse, der Lieferer, der Empfänger und die Reihenfolge der Lieferungen hervorgehen. [2] Das Hauptzollamt kann dazu Anordnungen treffen. [3] Anzeigepflichtige, die die Energieerzeugnisse im Rahmen einer förmlichen Einzelerlaubnis verwenden oder verteilen, haben den Bezug und den weiteren Verbleib der Energieerzeugnisse nur im Verwendungsbuch nachzuweisen. [4] Der Anzeigepflichtige hat auf Verlangen des Hauptzollamts weitere Aufzeichnungen zu führen. [5] Das Hauptzollamt kann einfachere Aufzeichnungen zulassen, wenn die Steuerbelange dadurch nicht beeinträchtigt werden. [6] Das Empfangsbuch ist jeweils für ein Kalenderjahr zu führen und spätestens am 31. Januar des folgenden Jahres abzuschließen. [7] Der Anzeigepflichtige hat dem Hauptzollamt auf Verlangen das abgeschlossene Empfangsbuch abzuliefern.

(2) [1] Auf Anordnung des Hauptzollamts sind im Betrieb des Anzeigepflichtigen die Bestände an Energieerzeugnissen amtlich festzustellen. [2] Dazu hat der Anzeigepflichtige das Empfangsbuch oder die an seiner Stelle zugelassenen Aufzeichnungen aufzurechnen und auf Verlangen des Hauptzollamts die Bestände nach amtlich vorgeschriebenem Vordruck anzumelden. [3] Der Anzeigepflichtige hat auf Verlangen des Hauptzollamts auch andere Energieerzeugnisse, mit denen er handelt, die er lagert oder verwendet, oder auch andere Stoffe in die Bestandsaufnahme oder Anmeldung einzubeziehen.

(3) Die mit der Steueraufsicht betrauten Amtsträger können für steuerliche Zwecke unentgeltlich Proben von Energieerzeugnissen und anderen im Betrieb des Anzeigepflichtigen befindlichen Erzeugnissen zur Untersuchung entnehmen.

(4) Absatz 2 gilt nicht, wenn der Anzeigepflichtige bereits als Inhaber einer förmlichen Einzelerlaubnis die in § 56 genannten Pflichten zu erfüllen hat.

Zu den §§ 15 bis 17, 21 und 46 des Gesetzes

§ 41 Hauptbehälter. [1] Hauptbehälter im Sinn des § 15 Absatz 4 Nummer 1, § 16 Absatz 1 Satz 2 Nummer 2, § 21 Absatz 1 Satz 3 Nummer 1 und § 46 Absatz 1 Satz 2 des Gesetzes sind:

1. die vom Hersteller für alle Fahrzeuge desselben Typs fest eingebauten Behälter, die die unmittelbare Verwendung des Kraftstoffs für den Antrieb der Fahrzeuge und gegebenenfalls für den Betrieb der Kühlanlage oder sonstigen Anlagen während der Beförderung ermöglichen,
2. die vom Hersteller in alle Container desselben Typs fest eingebauten Behälter, die die unmittelbare Verwendung des Kraftstoffs für den Betrieb der Kühlanlage oder sonstiger Anlagen von Spezialcontainern während der Beförderung ermöglichen.

²Besteht ein Hauptbehälter aus mehr als einem Kraftstoffbehälter, ist ein Absperrventil in der Leitung zwischen zwei Kraftstoffbehältern unschädlich.

Zu § 18 des Gesetzes

§ 42 Versandhandel, Beauftragter. (1) Die Anzeige nach § 18 Absatz 3 Satz 1 des Gesetzes ist nach amtlich vorgeschriebenem Vordruck bei dem für den Beauftragten zuständigen Hauptzollamt zu erstatten.

(2) ¹Der Beauftragte des Versandhändlers hat die Erlaubnis nach § 18 Absatz 3 Satz 3 des Gesetzes nach amtlich vorgeschriebenem Vordruck vor Aufnahme seiner Tätigkeit bei dem für ihn zuständigen Hauptzollamt zu beantragen. ²Dem Antrag ist von Unternehmen, die in das Handels-, Genossenschafts- oder Vereinsregister eingetragen sind, ein aktueller Registerauszug beizufügen. ³Der Antragsteller hat auf Verlangen des Hauptzollamts weitere Angaben zu machen, wenn diese zur Sicherung des Steueraufkommens oder für die Steueraufsicht erforderlich erscheinen.

(3) ¹Das Hauptzollamt erteilt dem Beauftragten des Versandhändlers schriftlich die Erlaubnis, wenn der Beauftragte Sicherheit nach § 18 Absatz 3 Satz 5 oder Absatz 4 Satz 5 des Gesetzes geleistet hat. ²Für die Sicherheitsleistung gilt § 29, für das Erlöschen der Erlaubnis gilt § 14 Absatz 2 und 4 sinngemäß. ³Die Erlaubnis kann mit Nebenbestimmungen nach § 120 Absatz 2 der Abgabenordnung verbunden werden.

(4) ¹Der Beauftragte hat ein Belegheft zu führen. ²Er hat in den Anzeigen nach § 18 Absatz 3 Satz 5 des Gesetzes die Art der Energieerzeugnisse nach der Bezeichnung im Gesetz, den voraussichtlichen Lieferumfang und, soweit sie zum Zeitpunkt der Anzeige bereits bekannt sind, Name und Anschrift des Empfängers oder der Empfänger sowie den Tag der jeweiligen Lieferung anzugeben. ³Das Hauptzollamt kann dazu sowie zu den vom Beauftragten zu führenden Aufzeichnungen weitere Anordnungen treffen. ⁴Der Beauftragte hat dem Hauptzollamt Änderungen der die Erlaubnis betreffenden Verhältnisse unverzüglich schriftlich anzuzeigen.

Zu § 18 a des Gesetzes

§ 42 a Unregelmäßigkeiten während der Beförderung von Energieerzeugnissen des steuerrechtlich freien Verkehrs anderer Mitgliedstaaten. ¹Stellt der Empfänger der Energieerzeugnisse Abweichungen gegenüber den Angaben im vereinfachten Begleitdokument fest, hat er dies dem für ihn zuständigen Hauptzollamt unverzüglich schriftlich anzuzeigen. ²§ 37a Absatz 1 gilt entsprechend.

Zu den §§ 19 bis 19 b des Gesetzes

§ 43 Einfuhr von Energieerzeugnissen aus Drittländern und Drittgebieten. [1] Energieerzeugnisse aus Drittländern und Drittgebieten sind in den Fällen des § 19 b Absatz 3 des Gesetzes nach den Zollvorschriften mit den für die Besteuerung maßgeblichen Merkmalen anzumelden. [2] Die Steuererklärung ist in der Zollanmeldung oder nach amtlich vorgeschriebenem Vordruck abzugeben.

Zu § 66 Abs. 1 Nr. 16 des Gesetzes

§ 44 Verbringen von Energieerzeugnissen des steuerrechtlich freien Verkehrs zu gewerblichen Zwecken in andere Mitgliedstaaten. [1] Wer in § 4 des Gesetzes genannte Energieerzeugnisse des steuerrechtlich freien Verkehrs zu gewerblichen Zwecken in andere Mitgliedstaaten verbringen will, hat das vereinfachte Begleitdokument auszufertigen. [2] Dies gilt für Energieerzeugnisse der Unterpositionen 2710 11 21, 2710 11 25 und 2710 19 29 der Kombinierten Nomenklatur jedoch nur, soweit sie als lose Ware verbracht werden. [3] Der Lieferer hat die erste Ausfertigung des Begleitdokuments zu seinen Aufzeichnungen zu nehmen. [4] Der Beförderer hat die zweite und dritte Ausfertigung des Begleitdokuments bei der Beförderung der Energieerzeugnisse mitzuführen.

§ 45 Beförderungen von Energieerzeugnissen des steuerrechtlich freien Verkehrs durch einen anderen Mitgliedstaat. (1) [1] Werden die in § 4 des Gesetzes genannten Energieerzeugnisse des steuerrechtlich freien Verkehrs durch das Gebiet eines anderen Mitgliedstaats an einen Empfänger im Steuergebiet befördert, hat der Versender das vereinfachte Begleitdokument auszufertigen. [2] Dies gilt für Energieerzeugnisse der Unterpositionen 2710 11 21, 2710 11 25 und 2710 19 29 der Kombinierten Nomenklatur jedoch nur, soweit sie als lose Ware befördert werden. [3] Der Versender hat in Feld 3 des vereinfachten Begleitdokuments den Hinweis

„Transit/Energieerzeugnisse des steuerrechtlich freien Verkehrs"

anzubringen sowie die Anschrift des für ihn zuständigen Hauptzollamts zu vermerken.

(2) [1] Der Versender hat das vereinfachte Begleitdokument in drei Exemplaren auszufertigen. [2] Er hat die erste Ausfertigung des vereinfachten Begleitdokuments spätestens am Versandtag dem für ihn zuständigen Hauptzollamt zu übermitteln. [3] Der Beförderer hat während der Beförderung der Energieerzeugnisse die zweite und dritte Ausfertigung des vereinfachten Begleitdokuments mitzuführen. [4] Er hat die Energieerzeugnisse auf dem kürzesten zumutbaren Weg durch das Gebiet des anderen Mitgliedstaats (Transitmitgliedstaat) zu befördern. [5] Nach Beendigung der Beförderung hat der Empfänger die Übernahme der Energieerzeugnisse auf der dritten Ausfertigung des vereinfachten Begleitdokuments zu bestätigen und sie dem für den Versender zuständigen Hauptzollamt zu übermitteln.

(3) ¹ Tritt während der Beförderung auf dem Gebiet des Transitmitgliedstaats eine Unregelmäßigkeit ein, hat der Beförderer die zuständige Steuerbehörde des Mitgliedstaats und das für den Versender zuständige Hauptzollamt unverzüglich zu unterrichten. ² § 18 a Absatz 2 des Gesetzes gilt entsprechend.

Zu den §§ 21, 65 Abs. 1 und § 66 Abs. 1 Nr. 12 des Gesetzes

§ 46 Verkehrs-, Verbringungs- und Verwendungsbeschränkungen.

(1) ¹ Energieerzeugnisse, die zugelassene Kennzeichnungsstoffe enthalten, dürfen nicht mit anderen Energieerzeugnissen gemischt sowie nicht als Kraftstoff bereitgehalten, abgegeben, mitgeführt oder verwendet werden, es sei denn, die Vermischung ist nach § 47 Abs. 2 oder Abs. 3, § 48 Abs. 1 oder § 49 zulässig oder das Bereithalten, Abgeben, Mitführen oder die Verwendung als Kraftstoff erfolgt zu den in § 2 Abs. 3 Satz 1, § 26 oder § 27 Abs. 1 des Gesetzes genannten Zwecken oder ist nach § 47 Abs. 5, § 48 Abs. 5, § 61 oder Absatz 2 Satz 2 zulässig. ² Die Kennzeichnungsstoffe dürfen nicht entfernt oder in ihrer Wirksamkeit beeinträchtigt werden. ³ Dies gilt nicht für die Aufarbeitung in Herstellungsbetrieben.

(2) ¹ Gasöle der Unterpositionen 2710 19 41 bis 2710 19 49 der Kombinierten Nomenklatur und einem gleichgestellte Energieerzeugnisse nach § 2 Abs. 4 des Gesetzes dürfen nur dann mit zugelassenen Kennzeichnungsstoffen oder anderen rot färbenden Stoffen vermischt in das Steuergebiet verbracht, in den Verkehr gebracht oder verwendet werden, wenn sie zu den in § 2 Abs. 3 Satz 1, § 25 Abs. 1, § 26 oder § 27 Abs. 1 des Gesetzes genannten Zwecken bestimmt sind; das Hauptzollamt kann in besonders gelagerten Einzelfällen Ausnahmen zulassen. ² Abweichend von Satz 1 dürfen Energieerzeugnisse, die zugelassene Kennzeichnungsstoffe oder andere rot färbende Stoffe enthalten, als Kraftstoff in das Steuergebiet verbracht und verwendet werden, wenn sie in Hauptbehältern von Fahrzeugen, Spezialcontainern, Arbeitsmaschinen und -geräten sowie Kühl- und Klimaanlagen enthalten sind und wenn die Verwendung der Energieerzeugnisse als Kraftstoff

1. in Fahrzeugen, ausgenommen Wasserfahrzeuge der privaten nicht gewerblichen Schifffahrt im Sinn des § 60 Absatz 3, in dem Land der Fahrzeugzulassung erlaubt ist,
2. in Wasserfahrzeugen der privaten nicht gewerblichen Schifffahrt im Sinn des § 60 Absatz 3 in dem Land der Betankung erlaubt ist,
3. in Spezialcontainern, Arbeitsmaschinen und -geräten sowie Kühl- und Klimaanlagen in dem Land, in dem der Besitzer seinen Firmensitz hat, erlaubt ist und sie nach ihrem Arbeitseinsatz regelmäßig dorthin zurückkehren.

§ 47 Vermischungen in Kennzeichnungs- und anderen Betrieben.

(1) Werden aus Kennzeichnungs- oder anderen Betrieben leichtes Heizöl und nicht gekennzeichnete Gasöle der Unterpositionen 2710 19 41 bis 2710 19 49 der Kombinierten Nomenklatur in wechselnder Folge abgegeben, sind Vermischungen nicht zulässig, wenn sie durch zumutbaren Aufwand vermieden werden können.

Energiesteuer-Durchführungsverordnung § 48 EnergieStV 47

(2) ¹ Unbeschadet des Absatzes 1 darf der Inhaber eines Betriebs leichtes Heizöl und nicht gekennzeichnete Gasöle der Unterpositionen 2710 19 41 bis 2710 19 49 der Kombinierten Nomenklatur in wechselnder Folge unter Vermischung nur abgeben, wenn dabei der Anteil der für die jeweilige Abgabe nicht bestimmten Energieerzeugnisart 1 Prozent der in ein Behältnis abzugebenden Menge nicht übersteigt; er darf jedoch höchstens 60 Liter betragen. ² Eine größere Menge als 60 Liter ist zulässig, wenn der Anteil der für die Abgabe nicht bestimmten Energieerzeugnisart nach Absatz 1 0,5 Prozent der in ein Behältnis abzugebenden Menge nicht übersteigt. ³ Vermischungen nach den Sätzen 1 und 2 sind nur zulässig, wenn bei aufeinander folgenden Wechseln das nicht zur Abgabe bestimmte Energieerzeugnis in gleicher Menge abgegeben und dadurch ein Steuervorteil ausgeschlossen wird. ⁴ Der nach den Sätzen 1 und 2 zulässige Anteil verringert sich nach Maßgabe des Absatzes 3.

(3) ¹ Sind Vermischungen von Energieerzeugnissen nach Absatz 1 schon bei der Einlagerung oder Umlagerung in Kennzeichnungs- oder anderen Betrieben nicht vermeidbar, darf der Anteil der für die Abgabe nicht vorgesehenen Energieerzeugnisart im Gemisch 0,5 Prozent nicht übersteigen. ² Kommt es in solchen Betrieben bei der Auslagerung oder Abgabe von Energieerzeugnissen erneut zu einer Vermischung, darf der in diesem Betrieb insgesamt entstandene Anteil der für die Abgabe nicht bestimmten Energieerzeugnisart 0,5 Prozent, im Fall des Absatzes 2 Satz 1 1 Prozent der jeweiligen Abgabemenge nicht übersteigen. ³ Absatz 2 Satz 3 gilt sinngemäß.

(4) Für die Fälle von Vermischungen nach den Absätzen 2 und 3 kann das Hauptzollamt mit dem Inhaber des Betriebs das nach den betrieblichen Verhältnissen zumutbare Verfahren vereinbaren.

(5) Gemische, die bei zulässigen Vermischungen nach den Absätzen 2 und 3 entstanden sind und in denen der Anteil der für die jeweilige Abgabe nicht bestimmten Energieerzeugnisart aus leichtem Heizöl besteht, dürfen als Kraftstoff bereitgehalten, abgegeben, mitgeführt und verwendet werden.

§ 48 Vermischungen bei der Abgabe aus Transportmitteln. (1) ¹ Wer leichtes Heizöl, nicht gekennzeichnete Gasöle der Unterpositionen 2710 19 41 bis 2710 19 49 der Kombinierten Nomenklatur und ihnen gleichgestellte Energieerzeugnisse nach § 2 Abs. 4 des Gesetzes aus verschiedenen Kammern eines Transportmittels in wechselnder Folge nach Beladung eines Transportmittels mit dem jeweils anderen Energieerzeugnis abgibt, darf das Energieerzeugnis, das in den Rohrleitungen, in den Armaturen und im Abgabeschlauch oder in einzelnen dieser Teile des Transportmittels von der vorhergehenden Abgabe verblieben ist (Restmenge), nur beimischen, wenn

1. folgende Mindestabgabemengen eingehalten werden:

   a) das Einhundertfache der Restmenge bei der Abgabe an Verwender oder an Einrichtungen, aus denen Kraftfahrzeuge oder Motoren unmittelbar mit Kraftstoff versorgt werden,

   b) das Zweihundertfache der Restmenge in anderen Fällen,

2. die Mindestabgabemenge in ein Behältnis abgegeben wird und

3. das Beimischen der Restmenge zu Beginn des Abgabevorgangs erfolgt.

² Das Beimischen der Restmenge zu dem bereits abgegebenen Energieerzeugnis ist nicht zulässig. ³ Bei der wechselseitigen Abgabe ist darauf zu achten, dass keine ungerechtfertigten Steuervorteile entstehen.

(2) Der Beförderer hat zur Wahrung der Steuerbelange auf Verlangen des Hauptzollamts für Transportmittel Aufzeichnungen über Reihenfolge, Art, Menge und Empfänger der im einzelnen Fall abgegebenen Energieerzeugnisse zu führen, soweit sich dies nicht aus betrieblichen Unterlagen ergibt.

(3) An den Abgabevorrichtungen von Tankkraftfahrzeugen und Schiffen, die für den Transport der in Absatz 1 genannten Energieerzeugnisse bestimmt sind, hat der Beförderer deutlich sichtbar das auf jeweils zehn Liter nach unten gerundete Einhundert- und Zweihundertfache der Restmengen nach Absatz 1 als die bei wechselweiser Abgabe oder Ladungswechsel zulässigen geringsten steuerlichen Abgabemengen anzugeben.

(4) Beschränkungen für das Vermischen von leichtem Heizöl mit nicht gekennzeichneten Gasölen der Unterpositionen 2710 19 41 bis 2710 19 49 der Kombinierten Nomenklatur und ihnen gleichgestellten Energieerzeugnissen nach § 2 Abs. 4 des Gesetzes nach anderen als energiesteuerrechtlichen Vorschriften bleiben unberührt.

(5) Gemische, die bei zulässigen Vermischungen nach Absatz 1 entstanden sind und in denen der Anteil der Restmenge aus leichtem Heizöl besteht, dürfen als Kraftstoff bereitgehalten, abgegeben, mitgeführt und verwendet werden.

§ 49 Spülvorgänge und sonstige Vermischungen. (1) ¹ Auf Antrag kann das Hauptzollamt zulassen, dass in Betrieben bei der Reinigung von Transportmitteln, Lagerbehältern und Rohrleitungen leichtes Heizöl und nicht gekennzeichnete Energieerzeugnisse in der notwendigen Menge miteinander vermischt werden. ² Das Bundesministerium der Finanzen legt im Verwaltungswege fest, mit welchen Auflagen und Nebenbestimmungen im Sinne des § 120 der Abgabenordnung die Zulassung zu versehen ist. ³ Der Inhaber des Betriebs hat über die vermischten Energieerzeugnisse Aufzeichnungen zu führen. ⁴ § 7 Abs. 2 Satz 5 und 6 gilt sinngemäß.

(2) Auf Antrag des Verwenders kann das Hauptzollamt zulassen, dass leichtes Heizöl mit nicht gekennzeichneten Energieerzeugnissen oder Wasser vermischt wird, wenn das Gemisch zu Zwecken nach § 2 Abs. 3 Satz 1 des Gesetzes verwendet wird, die Vermischung im Hauptbehälter der jeweiligen Anlage erfolgt und eine andere Verwendung oder die Abgabe des Gemisches nicht zu befürchten ist.

(3) Heizöladditive der Position 3811 der Kombinierten Nomenklatur, auf deren Kennzeichnung verzichtet worden ist (§ 8 Abs. 2), dürfen mit leichtem Heizöl gemischt werden.

(4) Ist leichtes Heizöl versehentlich mit nicht gekennzeichneten Gasölen der Unterpositionen 27101941 bis 27101949 der Kombinierten Nomenklatur vermischt worden, gilt § 7 Abs. 2 Satz 5 bis 7 sinngemäß.

(5) Die Absätze 1 bis 4 gelten sinngemäß für gekennzeichnete Energieerzeugnisse nach § 2 Abs. 4 des Gesetzes.

Zu § 23 des Gesetzes

§ 49 a Abgabe von sonstigen Energieerzeugnissen. ¹Andere als in § 4 des Gesetzes genannte Energieerzeugnisse gelten als erstmals im Steuergebiet als Kraft- oder Heizstoff oder als Zusatz oder Verlängerungsmittel von Kraft- oder Heizstoffen abgegeben, wenn der Abgebende einen nach außen hin objektiv erkennbaren Willen offenbart, ein Energieerzeugnis zu den genannten Zwecken abzugeben. ²Eine erstmalige Abgabe als Heizstoff im Sinn des § 23 Absatz 1 Satz 1 Nummer 1 des Gesetzes liegt bei Energieerzeugnissen nach § 1 Absatz 3 Satz 1 Nummer 2 des Gesetzes dann nicht vor, wenn die Energieerzeugnisse zur Abfallentsorgung ausgesondert oder geliefert werden und nicht ausdrücklich eine Bestimmung als Heizstoff vorgenommen wird.

§ 50 Anzeige. (1) Die Anzeige nach § 23 Absatz 4 Satz 1 des Gesetzes ist schriftlich bei dem für den Anzeigepflichtigen zuständigen Hauptzollamt zu erstatten.

(2) ¹In der Anzeige sind anzugeben: Name, Geschäfts- oder Wohnsitz, Rechtsform, die Steuernummer beim zuständigen Finanzamt und – falls erteilt – die Umsatzsteuer-Identifikationsnummer (§ 27 a des Umsatzsteuergesetzes) sowie die Art der Energieerzeugnisse nach der Bezeichnung im Gesetz und die voraussichtliche Höhe der durchschnittlich in einem Kalendermonat entstehenden Steuer. ²Der Anzeige sind beizufügen:

1. ein Verzeichnis der Betriebsstätten im Steuergebiet nach § 12 der Abgabenordnung, aus oder in denen die Energieerzeugnisse abgegeben oder verwendet werden,
2. eine Darstellung der Mengenermittlung einschließlich der Messvorrichtungen,
3. von Unternehmen, die in das Handels-, Genossenschafts- oder Vereinsregister eingetragen sind, ein Registerauszug nach dem neuesten Stand,
4. gegebenenfalls eine Erklärung über die Bestellung eines Beauftragten nach § 214 der Abgabenordnung oder eines Betriebsleiters nach § 62 Abs. 1 des Gesetzes, in der dieser sein Einverständnis erklärt hat.

(3) ¹Auf Verlangen des Hauptzollamts hat der Anzeigepflichtige weitere Angaben zu machen, wenn sie zur Sicherung des Steueraufkommens oder für die Steueraufsicht erforderlich erscheinen. ²Es kann auf Angaben verzichten, soweit die Steuerbelange dadurch nicht beeinträchtigt werden.

(4) Eine Anzeige ist in den Fällen des § 23 Abs. 2 Nr. 1 und 2 des Gesetzes nicht erforderlich.

§ 51 Pflichten, Steueraufsicht. (1) ¹Der Anzeigepflichtige hat ein Belegheft zu führen. ²Das Hauptzollamt kann dazu Anordnungen treffen.

(2) ¹Der Anzeigepflichtige hat Aufzeichnungen zu führen, aus denen unter Angabe der für die Versteuerung maßgeblichen Merkmale ersichtlich sein müssen:

1. die Art und die Menge der als Kraft- oder Heizstoff oder als Zusatz oder Verlängerungsmittel von Kraft- oder Heizstoffen abgegebenen Energieerzeugnisse sowie der Tag der Abgabe; im Fall des § 23 Abs. 2 Nr. 3 des

Gesetzes muss den Aufzeichnungen bei der Abgabe an ein Steuerlager zusätzlich die Bezeichnung und die Anschrift dieses Betriebs zu entnehmen sein,

2. die Art und die Menge der als Kraft- oder Heizstoff verwendeten Energieerzeugnisse, für die die Steuer nach § 23 Absatz 1 Satz 1 Nummer 2 des Gesetzes entstanden ist, sowie der Tag der Verwendung,
3. die Art und die Menge der Energieerzeugnisse, für die die Steuer nach § 23 Abs. 1 Satz 1 Nr. 3 oder Nr. 4 des Gesetzes entstanden ist, sowie der Tag der Abgabe oder der Verwendung,
4. die Art und die Menge der als Kraft- oder Heizstoff abgegebenen oder verwendeten Energieerzeugnisse, für die die Voraussetzungen eines Verfahrens der Steuerbefreiung vorliegen, sowie im Fall der Abgabe den Namen und die Anschrift des Empfängers sowie dessen Bezugsberechtigung,
5. der Betrag der anzumeldenden und zu entrichtenden Steuer.

² Die Aufzeichnungen müssen so beschaffen sein, dass es einem sachverständigen Dritten innerhalb einer angemessenen Frist möglich ist, die Grundlagen für die Besteuerung festzustellen. ³ Das Hauptzollamt kann weitere Aufzeichnungen vorschreiben oder besondere Anordnungen zu den Aufzeichnungen treffen, wenn dies zur Sicherung des Steueraufkommens oder für die Steueraufsicht erforderlich erscheint. ⁴ Es kann einfachere Aufzeichnungen zulassen oder auf Aufzeichnungen verzichten, wenn die Steuerbelange dadurch nicht beeinträchtigt werden.

(3) Die mit der Steueraufsicht betrauten Amtsträger können für steuerliche Zwecke unentgeltlich Proben von Energieerzeugnissen zur Untersuchung entnehmen.

(4) Der Anzeigepflichtige hat dem Hauptzollamt Änderungen der nach § 50 Abs. 2 angegebenen Verhältnisse sowie Überschuldung, drohende oder eingetretene Zahlungsunfähigkeit, Zahlungseinstellung und Stellung des Antrags auf Eröffnung eines Insolvenzverfahrens unverzüglich schriftlich anzuzeigen, soweit das Hauptzollamt nicht darauf verzichtet.

Zu den §§ 24 bis 30 des Gesetzes

§ 52 Antrag auf Erlaubnis als Verwender oder Verteiler. (1) ¹ Die Erlaubnis als Verwender nach § 24 Absatz 2 Satz 1 des Gesetzes und die Erlaubnis als Verteiler nach § 24 Absatz 2 Satz 2 des Gesetzes sind, soweit sie nicht allgemein erteilt sind (§ 55), bei dem für den Verwender oder den Verteiler zuständigen Hauptzollamt schriftlich zu beantragen. ² In den Fällen des § 27 Abs. 2 Nr. 1 des Gesetzes ist der Antrag nach amtlich vorgeschriebenem Vordruck abzugeben.

(2) ¹ In dem Antrag sind die Art der Energieerzeugnisse nach der Bezeichnung im Gesetz und der Verwendungszweck anzugeben; dabei ist auch anzugeben, ob gleichartige versteuerte Energieerzeugnisse gehandelt, gelagert oder verwendet werden. ² Dem Antrag sind beizufügen:

1. eine Beschreibung der Betriebs- und Lagerräume und der mit ihnen in Verbindung stehenden oder an sie angrenzenden Räume sowie in zweifacher Ausfertigung ein Plan der Betriebsanlage, in dem die Lagerstätte für die Energieerzeugnisse kenntlich gemacht ist,

2. eine Betriebserklärung, in der die Verwendung der Energieerzeugnisse genau beschrieben ist; darin ist anzugeben, ob und wie bei der Verwendung nicht aufgebrauchte Energieerzeugnisse weiter verwendet werden sollen sowie ob bei der Verwendung Energieerzeugnisse gewonnen oder wiedergewonnen werden und wie sie verwendet werden sollen,
3. eine Darstellung der Buchführung über die Verwendung oder Verteilung der steuerfreien Energieerzeugnisse,
4. in den Fällen des § 27 Abs. 2 Nr. 1 des Gesetzes
   a) in den Fällen einer gewerbsmäßigen Beförderung von Personen oder Sachen die erforderliche Genehmigung als Luftfahrtunternehmen, alle nachträglichen Änderungen und alle auf das Unternehmen bezogenen Verfügungen der Luftfahrtbehörde, in anderen Fällen eine Beschreibung des Gegenstands des Dienstleistungsbetriebs und ein Nachweis der Gewerbsmäßigkeit,
   b) eine Erklärung, in der anzugeben ist, welche Luftfahrzeuge, gegliedert nach Luftfahrzeugmuster und Kennzeichen, ausschließlich zu steuerfreien Zwecken nach § 27 Abs. 2 Nr. 1 des Gesetzes eingesetzt werden sollen,
   c) der Nachweis der Nutzungsberechtigung und
   d) die Lufttüchtigkeitszeugnisse der Luftfahrzeuge,
5. in den Fällen des § 27 Abs. 2 Nr. 2, 3 und Abs. 3 des Gesetzes die Genehmigung des Luftfahrt-Bundesamts, der zuständigen Europäischen Agentur für Flugsicherheit oder des Bundesamts für Wehrtechnik und Beschaffung,
6. von Unternehmen, die in das Handels-, Genossenschafts- oder Vereinsregister eingetragen sind, ein Registerauszug nach dem neuesten Stand,
7. gegebenenfalls eine Erklärung über die Bestellung eines Beauftragten nach § 214 der Abgabenordnung oder eines Betriebsleiters nach § 62 Abs. 1 des Gesetzes, in der dieser sein Einverständnis erklärt hat.

(3) [1] Der Antragsteller hat auf Verlangen des Hauptzollamts weitere Angaben zu machen, wenn sie für die Steueraufsicht erforderlich erscheinen. [2] Das Hauptzollamt kann auf Angaben verzichten, soweit die Steuerbelange dadurch nicht beeinträchtigt werden.

(4) Wer als Erlaubnisinhaber steuerfreie Energieerzeugnisse aus dem Steuergebiet verbringen will, hat die Erlaubnis nach § 24 Abs. 4 des Gesetzes, soweit sie nicht allgemein erteilt ist, schriftlich bei dem für ihn zuständigen Hauptzollamt zu beantragen.

§ 53 Erteilung der Erlaubnis. [1] Das Hauptzollamt erteilt schriftlich die Erlaubnis nach § 52 Abs. 1 oder Abs. 4 (förmliche Einzelerlaubnis) und stellt einen Erlaubnisschein als Nachweis der Bezugsberechtigung aus. [2] Die Erlaubnis kann mit Nebenbestimmungen nach § 120 Absatz 2 der Abgabenordnung verbunden werden.

§ 54 Erlöschen der Erlaubnis. (1) Die förmliche Einzelerlaubnis erlischt
1. durch Widerruf,
2. durch Verzicht,
3. durch Fristablauf,
4. durch Übergabe des Betriebs an Dritte,

5. durch Tod des Erlaubnisinhabers,
6. durch Auflösung der juristischen Person oder Personenvereinigung ohne Rechtspersönlichkeit, der die Erlaubnis erteilt worden ist,
7. durch Eröffnung des Insolvenzverfahrens über das Vermögen des Erlaubnisinhabers oder durch Abweisung der Eröffnung mangels Masse

im Zeitpunkt des maßgebenden Ereignisses, soweit die Absätze 2, 3 und 5 nichts anderes bestimmen.

(2) [1] Beantragen in den Fällen des Absatzes 1 Nr. 5 bis 7 die Erben, die Liquidatoren oder der Insolvenzverwalter innerhalb von drei Monaten nach dem maßgebenden Ereignis die Fortführung des Betriebs bis zu seinem endgültigen Übergang auf einen anderen Inhaber oder bis zur Abwicklung des Betriebs, gilt die Erlaubnis für die Rechtsnachfolger oder die anderen Antragsteller entgegen Absatz 1 fort. [2] Sie erlischt nicht vor Ablauf einer angemessenen Frist, die das Hauptzollamt festsetzt. [3] Absatz 1 Nr. 1 bleibt unberührt.

(3) [1] Beantragen in den Fällen des Absatzes 1 Nr. 4 und 5 der neue Inhaber oder die Erben innerhalb von drei Monaten nach dem maßgebenden Ereignis eine neue Erlaubnis, gilt die Erlaubnis des Rechtsvorgängers für die Antragsteller entgegen Absatz 1 fort. [2] Sie erlischt nicht vor Eintritt der Rechtskraft der Entscheidung über den Antrag. [3] Absatz 1 Nr. 1 bleibt unberührt.

(4) Macht der Erlaubnisinhaber innerhalb eines Zeitraums von zwei Jahren keinen Gebrauch von der Erlaubnis, ist die Erlaubnis zu widerrufen.

(5) Soll im Fall des Absatzes 1 Nr. 3 ein beim Ablauf der Frist vorhandener Bestand an Energieerzeugnissen noch aufgebraucht werden, kann dafür das Hauptzollamt die Gültigkeitsfrist der Erlaubnis auf Antrag angemessen verlängern.

(6) In den Fällen des Absatzes 1 Nr. 2 und 4 bis 7 haben der Erlaubnisinhaber den Nichtgebrauch, der neue Inhaber die Übergabe des Betriebs, die Erben den Tod des Erlaubnisinhabers, die Liquidatoren und der Insolvenzverwalter jeweils die Eröffnung des Insolvenzverfahrens oder die Abweisung der Eröffnung des Insolvenzverfahrens dem Hauptzollamt unverzüglich schriftlich anzuzeigen.

§ 55 Allgemeine Erlaubnis. Unter Verzicht auf eine förmliche Einzelerlaubnis werden nach Maßgabe der Anlage 1 zu dieser Verordnung die Verwendung und die Verteilung von steuerfreien Energieerzeugnissen sowie das Verbringen von steuerfreien Energieerzeugnissen aus dem Steuergebiet allgemein erlaubt.

§ 56 Pflichten des Erlaubnisinhabers, Steueraufsicht. (1) [1] Die Lagerstätte für steuerfreie Energieerzeugnisse ist möglichst in einem besonderen Raum unterzubringen. [2] Sie bedarf der Zulassung durch das Hauptzollamt.

(2) [1] Der Erlaubnisinhaber hat ein Belegheft zu führen. [2] Das Hauptzollamt kann dazu Anordnungen treffen.

(3) [1] Der Erlaubnisinhaber hat ein Verwendungsbuch nach amtlich vorgeschriebenem Vordruck zu führen. [2] Das Hauptzollamt kann dazu Anordnungen treffen. [3] Der Erlaubnisinhaber hat auf Verlangen des Hauptzollamts weitere Aufzeichnungen zu führen, wenn Steuerbelange dies erfordern. [4] Das Hauptzollamt kann anstelle des Verwendungsbuchs betriebliche Aufzeich-

nungen zulassen, wenn die Steuerbelange dadurch nicht beeinträchtigt werden. ⁵ Inhaber von Herstellungsbetrieben, die Energieerzeugnisse im eigenen Herstellungsbetrieb steuerfrei verwenden, haben den Verbleib der Energieerzeugnisse nur im Herstellungsbuch nachzuweisen. ⁶ Verteiler haben dem Hauptzollamt auf Verlangen Zusammenstellungen über die Abgabe von Energieerzeugnissen zu steuerfreien Zwecken an bestimmte Empfänger vorzulegen.

(4) ¹ Das Verwendungsbuch ist spätestens zwei Monate nach Erlöschen der Erlaubnis abzuschließen. ² Der Erlaubnisinhaber hat dem Hauptzollamt auf Verlangen das abgeschlossene Verwendungsbuch abzuliefern.

(5) ¹ Der Erlaubnisinhaber hat dem zuständigen Hauptzollamt bis zum 15. Februar jeden Jahres andere als die in § 28 des Gesetzes genannten Energieerzeugnisse anzumelden, die er im abgelaufenen Kalenderjahr

1. als Verwender bezogen,

2. als Verteiler zu den in der Anlage 1 aufgeführten steuerfreien Zwecken abgegeben oder

3. als Verwender oder Verteiler aus dem Steuergebiet verbracht

hat. ² Das Hauptzollamt kann Ausnahmen zulassen.

(6) ¹ Der Erlaubnisinhaber hat einmal im Kalenderjahr den Bestand an steuerfreien Energieerzeugnissen aufzunehmen und ihn gleichzeitig mit dem Sollbestand dem Hauptzollamt spätestens sechs Wochen nach der Bestandsaufnahme nach amtlich vorgeschriebenem Vordruck anzumelden. ² Der Erlaubnisinhaber hat den Zeitpunkt der Bestandsaufnahme dem Hauptzollamt drei Wochen vorher anzuzeigen. ³ Das Hauptzollamt kann auf die Bestandsaufnahme, die Anmeldung und die Anzeige verzichten, wenn die Steuerbelange dadurch nicht beeinträchtigt werden. ⁴ Die mit der Steueraufsicht betrauten Amtsträger können an der Bestandsaufnahme teilnehmen.

(7) ¹ Auf Anordnung des Hauptzollamts sind die Bestände amtlich festzustellen. ² Dazu hat der Erlaubnisinhaber das Verwendungsbuch oder die an seiner Stelle zugelassenen Aufzeichnungen aufzurechnen und auf Verlangen des Hauptzollamts die Bestände nach amtlich vorgeschriebenem Vordruck anzumelden. ³ Der Erlaubnisinhaber hat auf Verlangen des Hauptzollamts auch andere Energieerzeugnisse, mit denen er handelt, die er lagert oder verwendet, oder auch andere Stoffe in die Bestandsaufnahme oder Anmeldung einzubeziehen.

(8) Treten Verluste an steuerfreien Energieerzeugnissen ein, die die betriebsüblichen unvermeidbaren Verluste übersteigen, hat der Erlaubnisinhaber dies dem Hauptzollamt unverzüglich anzuzeigen.

(9) Die mit der Steueraufsicht betrauten Amtsträger können für steuerliche Zwecke unentgeltlich Proben von Energieerzeugnissen und von den steuerfrei hergestellten Erzeugnissen zur Untersuchung entnehmen.

(10) ¹ Der Erlaubnisinhaber hat dem Hauptzollamt Änderungen der nach § 52 Abs. 2 angegebenen Verhältnisse unverzüglich schriftlich anzuzeigen. ² Versteuert der Erlaubnisinhaber Energieerzeugnisse nach § 61, hat er dem Hauptzollamt außerdem Überschuldung, drohende oder eingetretene Zahlungsunfähigkeit, Zahlungseinstellung und Stellung des Antrags auf Eröffnung eines Insolvenzverfahrens unverzüglich schriftlich anzuzeigen.

(11) Der Erlaubnisinhaber hat den Erlaubnisschein dem Hauptzollamt unverzüglich zurückzugeben, wenn die Erlaubnis erlischt (§ 54) oder die Verwendung oder Verteilung von steuerfreien Energieerzeugnissen eingestellt wird.

(12) ¹ Geht der Erlaubnisschein verloren, hat der Erlaubnisinhaber dies dem Hauptzollamt unverzüglich anzuzeigen. ² Das Hauptzollamt stellt auf Antrag einen neuen Erlaubnisschein aus, es sei denn, die Erlaubnis ist zu widerrufen.

(13) ¹ Die Absätze 1 bis 7 und 10 bis 12 gelten nicht für den Inhaber einer allgemeinen Erlaubnis (§ 55). ² Das zuständige Hauptzollamt kann jedoch Überwachungsmaßnahmen anordnen, wenn sie zur Sicherung der Steuerbelange erforderlich erscheinen. ³ Insbesondere kann es anordnen, dass

1. der Inhaber der allgemeinen Erlaubnis über den Bezug, die Verwendung und die Abgabe der steuerfreien Energieerzeugnisse Aufzeichnungen führt und sie dem Hauptzollamt vorlegt und
2. die Bestände amtlich festzustellen sind.

§ 57 Bezug und Abgabe von steuerfreien Energieerzeugnissen.

(1) Werden steuerfreie Energieerzeugnisse aus einem Steuerlager an einen Erlaubnisinhaber abgegeben, hat der Inhaber des abgebenden Steuerlagers vorbehaltlich des § 45 die einzelnen Lieferungen durch Empfangsbestätigungen des Empfängers oder mit Zulassung des Hauptzollamts durch betriebliche Versandpapiere nachzuweisen, die den Namen und die Anschrift des Empfängers sowie Art, Menge und steuerlichen Zustand der Energieerzeugnisse und den Zeitpunkt der Lieferung enthalten.

(2) *(aufgehoben)*

(3) Der Versender hat die abgegebenen Energieerzeugnisse unverzüglich in das Herstellungs- oder Lagerbuch einzutragen oder in den an ihrer Stelle zugelassenen Aufzeichnungen zu erfassen.

(4) ¹ Der Versender darf steuerfreie Energieerzeugnisse nur übergeben, wenn ihm oder seinem Beauftragten ein gültiger Erlaubnisschein des Empfängers vorliegt oder spätestens bei der Übergabe vorgelegt wird. ² Bei Liefergeschäften über einen oder mehrere Verteiler (Zwischenhändler), die die Energieerzeugnisse nicht selbst in Besitz nehmen (Streckengeschäft), genügt die Vorlage des gültigen Erlaubnisscheins des ersten Zwischenhändlers beim Versender, wenn jedem Zwischenhändler der gültige Erlaubnisschein des nachfolgenden Zwischenhändlers und dem letzten Zwischenhändler der gültige Erlaubnisschein des Empfängers vorliegt.

(5) ¹ Sollen Energieerzeugnisse im Anschluss an die Einfuhr in den Betrieb eines Erlaubnisinhabers befördert werden, ist dies mit der Zollanmeldung schriftlich zu beantragen. ² Dem Antrag ist der Erlaubnisschein beizufügen, soweit die Erlaubnis nicht allgemein erteilt ist.

(6) *(aufgehoben)*

(7) ¹ Der Erlaubnisinhaber hat steuerfreie Energieerzeugnisse, die er in Besitz genommen hat, unverzüglich in das Verwendungsbuch einzutragen oder in den an seiner Stelle zugelassenen Aufzeichnungen zu erfassen. ² Mit der Inbesitznahme gelten die Energieerzeugnisse als in den Betrieb aufgenommen.

(8) [1] Das Hauptzollamt kann auf Antrag zulassen, dass steuerfreie Energieerzeugnisse zusammen mit anderen gleichartigen Energieerzeugnissen gelagert werden, wenn dafür ein Bedürfnis besteht, Steuerbelange nicht gefährdet werden und Steuervorteile nicht entstehen. [2] Das Gemisch wird in diesem Fall so behandelt, als ob die Energieerzeugnisse getrennt gehalten worden wären. [3] Die entnommenen Energieerzeugnisse werden je nach Wahl des Erlaubnisinhabers als aus einem der Gemischanteile stammend behandelt.

(9) Für die Verteilung von steuerfreien Energieerzeugnissen gelten die Absätze 1 bis 4 sinngemäß.

(10) [1] Wer als Erlaubnisinhaber steuerfreie Energieerzeugnisse nach § 4 des Gesetzes in ein Drittland ausführen will, hat das vereinfachte Begleitdokument auszufertigen. [2] Dies gilt für Energieerzeugnisse der Unterpositionen 2710 11 21, 2710 11 25 und 2710 19 29 der Kombinierten Nomenklatur jedoch nur, soweit sie als lose Ware ausgeführt werden. [3] An die Stelle des Empfängers tritt die Zollstelle, an der die Energieerzeugnisse das Verbrauchsteuergebiet der Europäischen Gemeinschaft verlassen. [4] Der Beförderer hat die zweite und dritte Ausfertigung des vereinfachten Begleitdokuments bei der Beförderung der Energieerzeugnisse mitzuführen.

(11) [1] Werden die Energieerzeugnisse von einer Eisenbahngesellschaft, einem Postdienst oder einer Luftverkehrsgesellschaft im Rahmen eines durchgehenden Beförderungsvertrags zur Beförderung aus dem Verbrauchsteuergebiet der Europäischen Gemeinschaft übernommen, gelten die Energieerzeugnisse vorbehaltlich gegenteiliger Feststellung mit der Bestätigung der Übernahme als ausgeführt. [2] Wird der Beförderungsvertrag mit der Folge geändert, dass eine Beförderung, die außerhalb des Verbrauchsteuergebiets der Europäischen Gemeinschaft enden sollte, innerhalb dieses Gebiets endet, erteilt die zuständige Zollstelle (Ausgangszollstelle im Sinne des Artikels 793 Abs. 2 Buchstabe a der Zollkodex-Durchführungsverordnung) die Zustimmung zur Änderung nach Artikel 796 Abs. 2 der Zollkodex-Durchführungsverordnung nur, wenn gewährleistet ist, dass die Energieerzeugnisse im Verbrauchsteuergebiet der Europäischen Gemeinschaft ordnungsgemäß steuerlich erfasst werden.

(12) [1] Der Erlaubnisinhaber hat im Fall des Absatzes 11 den Inhalt der Sendung auf dem Beförderungspapier gut sichtbar mit der Kurzbezeichnung „VSt" als verbrauchsteuerpflichtige Ware zu kennzeichnen, die Sendung in ein Eisenbahn-, Post- oder Luftfrachtausgangsbuch nach amtlich vorgeschriebenem Vordruck einzutragen und das Buch dem Beförderer zur Bestätigung der Übernahme der Sendung vorzulegen. [2] Das Hauptzollamt kann anstelle des Eisenbahn-, Post- oder Luftfrachtausgangsbuchs andere Aufzeichnungen zulassen, wenn die Steuerbelange dadurch nicht gefährdet werden.

(13) Das Hauptzollamt kann den Erlaubnisinhaber auf Antrag von dem Verfahren nach Absatz 10 oder Absatz 11 freistellen, wenn die Energieerzeugnisse unmittelbar ausgeführt werden und die Ausfuhr der Energieerzeugnisse nach dem Ermessen des Hauptzollamts zweifelsfrei nachgewiesen werden kann.

(14) Das Bundesministerium der Finanzen kann im Verwaltungswege zulassen, dass andere als die in § 2 Abs. 1 Nr. 1 bis 5 und 8 des Gesetzes genannten Energieerzeugnisse oder Energieerzeugnisse, deren Verwendung, Verteilung oder Verbringen aus dem Steuergebiet allgemein erlaubt ist, unter Verzicht auf

das Verfahren nach Absatz 10 oder Absatz 11 ausgeführt werden, wenn die Steuerbelange dadurch nicht beeinträchtigt werden.

(15) Der Erlaubnisinhaber hat die nach den Absätzen 10 bis 14 aus dem Steuergebiet verbrachten Energieerzeugnisse unverzüglich in das Verwendungsbuch einzutragen oder in den an seiner Stelle zugelassenen Aufzeichnungen zu erfassen.

(16) [1] Der Erlaubnisinhaber darf die steuerfreien Energieerzeugnisse
1. an den Versender oder Verteiler zurückgeben,
2. unmittelbar oder über eine abfallrechtlich genehmigte Sammelstelle in ein Steuerlager verbringen oder
3. an andere Personen nur abgeben, wenn dies durch das Hauptzollamt zugelassen worden ist.

[2] Die Absätze 1 bis 3 gelten sinngemäß.

(17) Die Absätze 4 und 7 Satz 1 sowie die Absätze 9 und 15 gelten nicht für den Inhaber einer allgemeinen Erlaubnis.

Zu § 25 des Gesetzes

§ 58 Verwendung zu anderen Zwecken. (1) Die Verwendung von Schmierstoffen zur Herstellung von Zweitaktergemischen ist keine Verwendung im Sinne des § 25 Abs. 1 Satz 1 Nr. 2 des Gesetzes.

(2) Eine Untersuchung im Sinne des § 25 Abs. 2 des Gesetzes ist nur die im Laboratorium übliche chemisch-technische Prüfung.

Zu § 26 des Gesetzes

§ 59 Eigenverbrauch. [1] Teile des Herstellungs-, Gasgewinnungs- oder sonstigen Betriebs, in denen nach § 26 des Gesetzes Energieerzeugnisse zur Aufrechterhaltung des Betriebs steuerfrei verwendet werden können, sind
1. Anlagen zur Gewinnung oder Bearbeitung von Energieerzeugnissen,
1 a. Anlagen zur Erzeugung von Hilfsstoffen für die Energieerzeugnisherstellung, die mit den Anlagen nach Nummer 1 räumlich zusammenhängen, soweit die Hilfsstoffe für die Herstellung von Energieerzeugnissen im Betrieb verwendet werden,
2. Lagerstätten für die hergestellten Energieerzeugnisse und für die Roh- und Hilfsstoffe, Zwischen- und Nebenerzeugnisse der Energieerzeugnisherstellung, die mit den Anlagen nach Nummer 1 räumlich zusammenhängen,
3. Rohrleitungen, Pump-, Transport- und Beheizungsanlagen, die mit den in den Nummern 1, 1 a, 2, 4, 5 und 6 bezeichneten Anlagen räumlich zusammenhängen und die dem Entladen und Verladen der hergestellten Energieerzeugnisse und von Roh- und Hilfsstoffe, Zwischen- und Nebenerzeugnissen der Energieerzeugnisherstellung oder zu deren Beförderung zu den oder innerhalb der bezeichneten Anlagen dienen,

4. Anlagen zur Reinigung oder Beseitigung von Abwässern der Energieerzeugnisherstellung,

5. Bewetterungs- und Entwässerungsanlagen,

6. zum Betrieb gehörige Anlagen zur Energiegewinnung, die mit den Anlagen nach Nummer 1 räumlich zusammenhängen, soweit sie Energie zum Verbrauch im Betrieb abgeben; wird in den Anlagen Energie aus Energieerzeugnissen und anderen Stoffen gewonnen und den Verbrauchsstellen über ein einheitliches Leitungssystem zugeleitet, gilt die Energie aus Energieerzeugnissen in dem Umfang als zum Verbrauch im Betrieb abgegeben, in dem dort Energie zur Aufrechterhaltung des Betriebs verbraucht wird.

²Die in den Betriebsteilen nach Satz 1 verwendeten Energieerzeugnisse sind nur insoweit von der Steuer befreit, als die weiteren Voraussetzungen des § 26 des Gesetzes gegeben sind.

Zu den §§ 17 und 27 des Gesetzes

§ 60 Schiff- und Luftfahrt. (1) Als Schifffahrt im Sinne des § 27 Abs. 1 des Gesetzes gilt nicht die stationäre Nutzung eines Wasserfahrzeugs als Wohnschiff, Hotelschiff oder zu ähnlichen Zwecken.

(2) Als Wasserfahrzeuge im Sinn des § 17 Absatz 1 Satz 3 Nummer 2 und des § 27 Absatz 1 des Gesetzes gelten alle im Kapitel 89 der Kombinierten Nomenklatur erfassten Fahrzeuge und schwimmenden Vorrichtungen mit eigenem motorischen Antrieb zur Fortbewegung.

(3) Private nichtgewerbliche Schifffahrt im Sinne des § 27 Abs. 1 Satz 1 Nr. 1 des Gesetzes ist die Nutzung eines Wasserfahrzeugs durch seinen Eigentümer oder den durch Anmietung oder aus sonstigen Gründen Nutzungsberechtigten zu anderen Zwecken als

1. zur gewerbsmäßigen Beförderung von Personen oder Sachen,

2. zur gewerbsmäßigen Erbringung von Dienstleistungen, ausgenommen die Nutzung von Wasserfahrzeugen der Position 8903 der Kombinierten Nomenklatur auf Binnengewässern,

3. zur Durchführung von Werkverkehr, ausgenommen die Nutzung von Wasserfahrzeugen der Position 8903 der Kombinierten Nomenklatur,

4. zur Seenotrettung durch Seenotrettungsdienste,

5. zu Forschungszwecken,

6. zur dienstlichen Nutzung durch Behörden oder

7. zur Haupterwerbsfischerei.

(4) Private nichtgewerbliche Luftfahrt im Sinne des § 27 Abs. 2 Nr. 1 des Gesetzes ist die Nutzung eines Luftfahrzeugs durch seinen Eigentümer oder den durch Anmietung oder aus sonstigen Gründen Nutzungsberechtigten zu anderen Zwecken als

1. zur gewerbsmäßigen Beförderung von Personen oder Sachen durch Luftfahrtunternehmen oder in einem Luftsportgerät,

2. zur gewerbsmäßigen Erbringung von Dienstleistungen,

3. zur Luftrettung durch Luftrettungsdienste,

4. zu Forschungszwecken,
5. zur dienstlichen Nutzung durch Behörden.

(5) Gewerbsmäßigkeit liegt vor, wenn die mit Luft- oder Wasserfahrzeugen gegen Entgelt ausgeübte Tätigkeit mit Gewinnerzielungsabsicht betrieben wird und der Unternehmer auf eigenes Risiko und eigene Verantwortung handelt.

(6) Binnengewässer im Sinn des Absatzes 3 Nummer 2 sind die Binnenwasserstraßen nach § 1 Absatz 1 Nummer 1 des Bundeswasserstraßengesetzes in der Fassung der Bekanntmachung vom 23. Mai 2007 (BGBl. I S. 962; 2008 I S. 1980), das zuletzt durch § 2 der Verordnung vom 27. April 2010 (BGBl. I S. 540) geändert worden ist, in der jeweils geltenden Fassung und die sonstigen im Binnenland gelegenen Gewässer, die für die Schifffahrt geeignet und bestimmt sind, mit Ausnahme

1. der Seeschifffahrtsstraßen gemäß § 1 Absatz 1 der Seeschifffahrtsstraßen-Ordnung in der Fassung der Bekanntmachung vom 22. Oktober 1998 (BGBl. I S. 3209; 1999 I S. 193), die zuletzt durch Artikel 1 der Verordnung vom 7. April 2010 (BGBl. I S. 399) geändert worden ist, in der jeweils geltenden Fassung,
2. der Ems und der Leda in den Grenzen, die in § 1 Absatz 1 Satz 1 Nummer 2 der Verordnung zur Einführung der Schifffahrtsordnung Emsmündung vom 8. August 1989 (BGBl. I S. 1583), die zuletzt durch Artikel 3 § 17 der Verordnung vom 19. Dezember 2008 (BGBl. I S. 2868; 2010 I S. 380) geändert worden ist, in der jeweils geltenden Fassung genannt werden, und
3. der Elbe von Kilometer 607,5 bis Kilometer 639 und des Hamburger Hafens in den Grenzen, die in § 1 Absatz 2 des Hafenverkehrs- und Schifffahrtsgesetzes vom 3. Juli 1979 (Hamburgisches Gesetz- und Verordnungsblatt Teil I Seite 177), das zuletzt durch Artikel 4 des Gesetzes vom 6. Oktober 2005 (Hamburgisches Gesetz- und Verordnungsblatt Teil I Seite 424) geändert worden ist, in der jeweils geltenden Fassung genannt werden.

(7) Die Verwendung von steuerfreien Energieerzeugnissen in Luftfahrzeugen für die Luftfahrt mit Ausnahme der privaten nichtgewerblichen Luftfahrt und in Wasserfahrzeugen für die Schifffahrt mit Ausnahme der privaten nichtgewerblichen Schifffahrt wird vorbehaltlich des § 61 nur erlaubt, wenn diese ausschließlich zu steuerfreien Zwecken nach § 27 des Gesetzes eingesetzt werden.

(8) Die Verwendung von steuerfreien Energieerzeugnissen in den Fällen des § 27 Abs. 2 Nr. 2 und 3 und Abs. 3 des Gesetzes wird nur erlaubt, wenn die Energieerzeugnisse in Instandhaltungs-, Entwicklungs- und Herstellungsbetrieben verwendet werden, die vom Luftfahrt-Bundesamt, von der zuständigen Europäischen Agentur für Flugsicherheit oder vom Bundesamt für Wehrtechnik und Beschaffung genehmigt worden sind.

§ 61 Versteuerung von Energieerzeugnissen in Wasserfahrzeugen.

(1) [1] Inhaber von Erlaubnissen zur steuerfreien Verwendung von Energieerzeugnissen nach § 27 Abs. 1 des Gesetzes dürfen die Energieerzeugnisse unter Versteuerung nach dem jeweils zutreffenden Steuersatz des § 2 des Gesetzes in Wasserfahrzeugen verwenden, die vorübergehend stationär als

Wohnschiff, Hotelschiff oder zu ähnlichen Zwecken genutzt werden. ²Der Erlaubnisinhaber hat dem zuständigen Hauptzollamt die Verwendung der Energieerzeugnisse zu den nicht steuerfreien Zwecken unverzüglich anzuzeigen. ³Das Bundesministerium der Finanzen kann im Verwaltungswege eine Frist für die Abgabe der Anzeige bestimmen.

(2) In begründeten Ausnahmefällen kann das Hauptzollamt auf Antrag zulassen, dass Inhaber von Erlaubnissen zur steuerfreien Verwendung von Energieerzeugnissen nach § 27 Abs. 1 des Gesetzes die Energieerzeugnisse unter Versteuerung nach dem jeweils zutreffenden Steuersatz des § 2 des Gesetzes zu nicht steuerfreien Zwecken verwenden.

(3) ¹Die Steuer entsteht in den Fällen der Absätze 1 und 2 mit der Verwendung der Energieerzeugnisse zu den nicht steuerfreien Zwecken. ²Steuerschuldner ist der Erlaubnisinhaber.

(4) ¹Der Steuerschuldner hat für Energieerzeugnisse, für die die Steuer entstanden ist, eine Steuererklärung abzugeben und darin die Steuer selbst zu berechnen (Steueranmeldung). ²Den Zeitraum, für den die Steuererklärung abzugeben ist, die Frist für die Abgabe der Steuererklärung und den Zeitpunkt der Fälligkeit der Steuer bestimmt das Hauptzollamt. ³Wird die Anzeige nach Absatz 1 Satz 2 nicht oder nicht rechtzeitig erstattet, ist die Steueranmeldung unverzüglich abzugeben und die Steuer sofort fällig.

Zu § 31 des Gesetzes

§ 62 Anmeldung des Kohlebetriebs. (1) Wer Kohle gewinnen oder bearbeiten will, hat die Anmeldung nach § 31 Absatz 3 des Gesetzes vor der Eröffnung des Betriebs schriftlich beim Hauptzollamt abzugeben.

(2) ¹In der Anmeldung sind anzugeben: Name, Geschäftssitz (§ 23 Abs. 2 der Abgabenordnung), Rechtsform, die Steuernummer beim Finanzamt und – falls erteilt – die Umsatzsteuer-Identifikationsnummer (§ 27a des Umsatzsteuergesetzes). ²Der Anmeldung sind beizufügen:

1. eine Beschreibung der Gewinnungs- und Bearbeitungsvorgänge unter Angabe der der Lagerung dienenden Einrichtungen und der Verladestellen, über die die Kohle den Kohlebetrieb verlässt oder zum Eigenverbrauch entnommen wird. ²Die Beschreibung ist durch eine schematische Darstellung zu ergänzen, soweit dies zu ihrem Verständnis erforderlich ist,

2. eine Aufstellung der zu gewinnenden oder zu bearbeitenden Erzeugnisse unter Darstellung der für die Steuer maßgeblichen Merkmale und der gegebenenfalls anfallenden Nebenerzeugnisse und Abfälle,

3. eine Darstellung der Mengenermittlung und der Fabrikationsbuchführung,

4. von Unternehmen, die in das Handels-, Genossenschafts- oder Vereinsregister eingetragen sind, ein Registerauszug nach dem neuesten Stand.

(3) ¹Der Anmeldepflichtige hat auf Verlangen des Hauptzollamts weitere Angaben zu machen, wenn sie zur Sicherung des Steueraufkommens oder für die Steueraufsicht erforderlich erscheinen. ²Das Hauptzollamt kann auf Angaben verzichten, soweit die Steuerbelange dadurch nicht beeinträchtigt werden.

(4) Das Hauptzollamt bestätigt schriftlich die Anmeldung des Kohlebetriebs.

§ 63 Einrichtung des Kohlebetriebs. [1] Der Kohlebetrieb muss so eingerichtet sein, dass die mit der Steueraufsicht betrauten Amtsträger den Gang der Gewinnung und Bearbeitung und den Verbleib der Erzeugnisse im Betrieb verfolgen können. [2] Das Hauptzollamt kann besondere Anforderungen stellen, die im Interesse der Steueraufsicht erforderlich erscheinen.

§ 64 Pflichten des Betriebsinhabers. (1) [1] Der Inhaber des Kohlebetriebs hat ein Belegheft zu führen. [2] Das Hauptzollamt kann dazu Anordnungen treffen.

(2) [1] Der Inhaber des Kohlebetriebs hat Aufzeichnungen zu führen, aus denen für den jeweiligen Abrechnungszeitraum unter Angabe der für die Besteuerung maßgeblichen Merkmale ersichtlich sein müssen:
1. die Menge der Kohle, für die die Steuer nach § 32 Abs. 1 Satz 1 Nr. 1 oder Nr. 3 des Gesetzes entstanden ist,
2. die Menge der unversteuert an Inhaber einer Erlaubnis nach § 31 Abs. 4 oder § 37 Abs. 1 des Gesetzes gelieferten Kohle unter Angabe des Namens und der Anschrift des Empfängers sowie dessen Bezugsberechtigung,
3. die Menge der unversteuert aus dem Steuergebiet verbrachten oder ausgeführten Kohle unter Angabe des Namens und der Anschrift des Empfängers.

[2] Die Aufzeichnungen müssen so beschaffen sein, dass es einem sachverständigen Dritten innerhalb einer angemessenen Frist möglich ist, die Grundlagen für die Besteuerung festzustellen. [3] Das Hauptzollamt kann weitere Aufzeichnungen vorschreiben oder besondere Anordnungen zu den Aufzeichnungen treffen, wenn dies zur Sicherung des Steueraufkommens oder für die Steueraufsicht erforderlich erscheint. [4] Es kann einfachere Aufzeichnungen zulassen, soweit die Steuerbelange dadurch nicht beeinträchtigt werden.

(3) [1] Das Hauptzollamt kann eine Bestandsaufnahme anordnen. [2] Es trifft in diesem Fall besondere Regelungen.

(4) Die mit der Steueraufsicht betrauten Amtsträger können für steuerliche Zwecke unentgeltlich Proben von Kohle zur Untersuchung entnehmen.

(5) Der Inhaber des Kohlebetriebs hat dem Hauptzollamt Änderungen der nach § 62 Abs. 2 angegebenen Verhältnisse, Überschuldung, drohende oder eingetretene Zahlungsunfähigkeit, Zahlungseinstellung und Stellung des Antrags auf Eröffnung eines Insolvenzverfahrens unverzüglich schriftlich anzuzeigen.

§ 65 Antrag auf Erlaubnis für Kohlebetriebe und Kohlelieferer.
(1) Wer als Inhaber eines Kohlebetriebs oder als Kohlelieferer Kohle unversteuert beziehen will, hat die Erlaubnis nach § 31 Absatz 4 des Gesetzes schriftlich beim Hauptzollamt zu beantragen.

(2) [1] In dem Antrag ist anzugeben, ob auch versteuerte Kohle gehandelt, gelagert oder verwendet wird. [2] Dem Antrag sind beizufügen:
1. eine Beschreibung der Betriebs- und Lagerräume und der mit ihnen in Verbindung stehenden oder an sie angrenzenden Räume sowie in zweifa-

cher Ausfertigung ein Plan der Betriebsanlage, in dem die Einrichtungen für die Lagerung von unversteuerter Kohle kenntlich gemacht sind,
2. eine Darstellung der Buchführung über den Bezug und die Abgabe der Kohle,
3. eine Darstellung der Mengenermittlung,
4. von Unternehmen, die in das Handels-, Genossenschafts- oder Vereinsregister eingetragen sind, ein Registerauszug nach dem neuesten Stand,
5. gegebenenfalls die Erklärung über die Bestellung eines Beauftragten nach § 214 der Abgabenordnung oder eines Betriebsleiters nach § 62 des Gesetzes, in der dieser sein Einverständnis erklärt hat.

(3) [1] Der Antragsteller hat auf Verlangen des Hauptzollamts weitere Angaben zu machen, wenn sie zur Sicherung des Steueraufkommens oder für die Steueraufsicht erforderlich erscheinen. [2] Das Hauptzollamt kann auf Angaben verzichten, soweit die Steuerbelange dadurch nicht beeinträchtigt werden.

§ 66 Erteilung und Erlöschen der Erlaubnis. (1) [1] Das Hauptzollamt erteilt schriftlich die Erlaubnis nach § 31 Abs. 4 des Gesetzes und stellt einen Erlaubnisschein als Nachweis der Bezugsberechtigung aus. [2] Die Erlaubnis kann mit Nebenbestimmungen nach § 120 Absatz 2 der Abgabenordnung verbunden werden.

(2) Für das Erlöschen der Erlaubnis gilt § 14 Abs. 2 bis 5 sinngemäß.

§ 67 Pflichten des Erlaubnisinhabers. (1) [1] Der Erlaubnisinhaber hat ein Belegheft zu führen. [2] Das Hauptzollamt kann dazu Anordnungen treffen.

(2) [1] Der Erlaubnisinhaber hat Aufzeichnungen zu führen, aus denen für den jeweiligen Abrechnungszeitraum unter Angabe der für die Besteuerung maßgeblichen Merkmale ersichtlich sein müssen:
1. die Mengen der unversteuert und versteuert bezogenen Kohle,
2. die Menge der Kohle, für die die Steuer nach § 32 Absatz 1 Satz 1 Nummer 1 oder Nummer 2 des Gesetzes entstanden ist,
3. die Menge der unversteuert an Inhaber einer Erlaubnis nach § 31 Abs. 4 oder § 37 Abs. 1 des Gesetzes gelieferten Kohle unter Angabe des Namens und der Anschrift des Empfängers sowie dessen Bezugsberechtigung,
4. die Menge der unversteuert aus dem Steuergebiet verbrachten oder ausgeführten Kohle unter Angabe des Namens und der Anschrift des Empfängers,
5. der Betrag der anzumeldenden und zu entrichtenden Steuer.
[2] Die Aufzeichnungen müssen so beschaffen sein, dass es einem sachverständigen Dritten innerhalb einer angemessenen Frist möglich ist, die Grundlagen für die Besteuerung festzustellen. [3] Das Hauptzollamt kann weitere Aufzeichnungen vorschreiben oder besondere Anordnungen zu den Aufzeichnungen treffen, wenn dies zur Sicherung des Steueraufkommens oder für die Steueraufsicht erforderlich erscheint. [4] Es kann einfachere Aufzeichnungen zulassen, soweit die Steuerbelange dadurch nicht beeinträchtigt werden.

(3) [1] Das Hauptzollamt kann eine Bestandsaufnahme anordnen. [2] Es trifft in diesem Fall besondere Regelungen.

(4) Treten Verluste an unversteuerter Kohle ein, die die betriebsüblichen unvermeidbaren Verluste übersteigen, hat der Erlaubnisinhaber dies dem Hauptzollamt unverzüglich anzuzeigen.

(5) Die mit der Steueraufsicht betrauten Amtsträger können für steuerliche Zwecke unentgeltlich Proben von Kohle zur Untersuchung entnehmen.

(6) Der Erlaubnisinhaber hat dem Hauptzollamt Änderungen der nach § 65 Abs. 2 angegebenen Verhältnisse, Überschuldung, drohende oder eingetretene Zahlungsunfähigkeit, Zahlungseinstellung und Stellung des Antrags auf Eröffnung eines Insolvenzverfahrens unverzüglich schriftlich anzuzeigen.

(7) Der Erlaubnisinhaber hat den Erlaubnisschein dem Hauptzollamt unverzüglich zurückzugeben, wenn die Erlaubnis erlischt oder der Bezug von unversteuerter Kohle eingestellt wird.

(8) [1] Geht der Erlaubnisschein verloren, hat der Erlaubnisinhaber dies dem Hauptzollamt unverzüglich anzuzeigen. [2] Das Hauptzollamt stellt auf Antrag einen neuen Erlaubnisschein aus, es sei denn, die Erlaubnis ist zu widerrufen.

§ 68 Bezug und Lagerung von unversteuerter Kohle. (1) [1] Der Erlaubnisinhaber hat unversteuerte Kohle, die er in Besitz genommen hat, unverzüglich in seinen Aufzeichnungen zu erfassen. [2] Mit der Inbesitznahme gilt die Kohle als in seinen Betrieb aufgenommen.

(2) [1] Der Erlaubnisinhaber darf versteuerte und unversteuerte Kohle als Gemisch lagern. [2] Das Gemisch wird in diesem Fall so behandelt, als ob die Kohle getrennt gehalten worden wäre. [3] Aus dem Gemisch entnommene Kohle wird je nach Wahl des Erlaubnisinhabers als aus einem der Gemischanteile stammend behandelt.

§ 69 Lieferung von unversteuerter Kohle. (1) Wird Kohle unversteuert an den Inhaber einer Erlaubnis nach § 31 Abs. 4 oder § 37 Abs. 1 des Gesetzes geliefert, hat der Kohlelieferer die einzelnen Lieferungen durch betriebliche Versandpapiere nachzuweisen, die den Namen und die Anschrift des Empfängers sowie Art, Menge und Zeitpunkt der Lieferung enthalten.

(2) Der Kohlelieferer hat die nach Absatz 1 gelieferte Kohle unverzüglich in seinen Aufzeichnungen zu erfassen.

(3) Der Kohlelieferer darf unversteuerte Kohle an den Inhaber einer Erlaubnis nach § 31 Abs. 4 oder § 37 Abs. 1 des Gesetzes nur übergeben, wenn ihm oder seinem Beauftragten dessen gültiger Erlaubnisschein vorliegt oder spätestens bei der Übergabe vorgelegt wird, es sei denn, die Lieferung erfolgt auf Grund einer allgemeinen Erlaubnis.

(4) Wird unversteuerte Kohle in einen anderen Mitgliedstaat verbracht, gelten die Absätze 1 und 2 sinngemäß.

(5) Wird unversteuerte Kohle in ein Drittland ausgeführt, gelten die Absätze 1 und 2 sinngemäß mit der Maßgabe, dass die Ausfuhr durch eine Bestätigung der Ausgangszollstelle oder durch andere geeignete Unterlagen nachzuweisen ist.

Zu § 34 des Gesetzes

§ 70 Verbringen von Kohle in das Steuergebiet. Wird Kohle aus einem anderen Mitgliedstaat in das Steuergebiet verbracht, finden sinngemäß Anwendung

1. die §§ 38 und 40 in den Fällen, in denen § 15 des Gesetzes nach § 34 des Gesetzes sinngemäß gilt,
2. § 42 in den Fällen, in denen § 18 des Gesetzes nach § 34 des Gesetzes sinngemäß gilt.

Zu § 35 des Gesetzes

§ 71 Einfuhr von Kohle. (1) ¹Kohle aus Drittländern und Drittgebieten ist in den Fällen des § 35 des Gesetzes in Verbindung mit § 19b Absatz 3 des Gesetzes nach den Zollvorschriften mit den für die Besteuerung maßgeblichen Merkmalen anzumelden. ²Die Steuererklärung ist in der Zollanmeldung oder nach amtlich vorgeschriebenem Vordruck abzugeben.

(2) ¹Soll Kohle im Anschluss an die Überführung in den steuerrechtlich freien Verkehr in den Betrieb des Inhabers einer Erlaubnis nach § 31 Absatz 4 oder § 37 Absatz 1 des Gesetzes befördert werden, ist dies mit der Zollanmeldung schriftlich zu beantragen. ²Dem Antrag ist, soweit die Erlaubnis nicht allgemein erteilt ist, der Erlaubnisschein beizufügen.

Zu § 37 des Gesetzes

§ 72 Antrag auf Erlaubnis als Kohleverwender. (1) Wer Kohle steuerfrei verwenden will, hat die Erlaubnis nach § 37 Absatz 1 des Gesetzes, soweit sie nicht allgemein erteilt ist (§ 74), schriftlich beim Hauptzollamt zu beantragen.

(2) ¹In dem Antrag ist der Verwendungszweck anzugeben und ob versteuerte Kohle gelagert oder verwendet wird. ²Dem Antrag sind beizufügen:

1. eine Beschreibung der Betriebs- und Lagerräume und der mit ihnen in Verbindung stehenden oder an sie angrenzenden Räume sowie in zweifacher Ausfertigung ein Plan der Betriebsanlage, in dem die Einrichtungen für die Lagerung steuerfreier Kohle kenntlich gemacht sind,
2. eine Betriebserklärung, in der die Verwendung der Kohle genau beschrieben ist,
2a. eine Beschreibung der wirtschaftlichen Tätigkeiten des Unternehmens nach amtlich vorgeschriebenem Vordruck, wenn im Fall des § 37 Absatz 2 Satz 1 Nummer 4 des Gesetzes Kohle steuerfrei für Prozesse und Verfahren nach § 51 Absatz 1 Nummer 1 des Gesetzes verwendet werden soll; die Beschreibung muss es dem Hauptzollamt ermöglichen, das Unternehmen dem Produzierenden Gewerbe zuzuordnen; der maßgebende Zeitraum für die Zuordnung des Unternehmens zum Produzierenden Gewerbe bestimmt sich nach § 15 Absatz 3 Satz 1 der Stromsteuer-Durchführungsverordnung[1]),

---

[1]) Nr. 45.

47 EnergieStV §§ 73–75 5. Teil. Umweltschutz

3. eine Darstellung der Buchführung über den Bezug und die Verwendung der steuerfreien Kohle,
4. von Unternehmen, die in das Handels-, Genossenschafts- oder Vereinsregister eingetragen sind, ein Registerauszug nach dem neuesten Stand,
5. gegebenenfalls die Erklärung über die Bestellung eines Beauftragten nach § 214 der Abgabenordnung oder eines Betriebsleiters nach § 62 des Gesetzes, in der dieser sein Einverständnis erklärt hat.

(3) [1] Der Antragsteller hat auf Verlangen des Hauptzollamts weitere Angaben zu machen, wenn sie zur Sicherung des Steueraufkommens oder für die Steueraufsicht erforderlich erscheinen. [2] Das Hauptzollamt kann auf Angaben verzichten, soweit die Steuerbelange dadurch nicht beeinträchtigt werden.

§ 73 Erteilung und Erlöschen der Erlaubnis. (1) [1] Das Hauptzollamt erteilt schriftlich die Erlaubnis nach § 37 Abs. 1 des Gesetzes (förmliche Einzelerlaubnis) und stellt einen Erlaubnisschein als Nachweis der Bezugsberechtigung aus. [2] Die Erlaubnis kann mit Nebenbestimmungen nach § 120 Absatz 2 der Abgabenordnung verbunden werden.

(2) Für das Erlöschen der Erlaubnis gilt § 54 sinngemäß.

(3) [1] Unbeschadet Absatz 2 ist die Erlaubnis zur steuerfreien Verwendung von Kohle nach § 37 Abs. 2 Satz 1 Nr. 4 in Verbindung mit § 51 Abs. 1 Nr. 1 des Gesetzes zu widerrufen, wenn das Unternehmen auf Grund der nach § 75 Abs. 2 a jährlich vorzulegenden Beschreibung dem Produzierenden Gewerbe zugeordnet werden kann. [2] Legt der Erlaubnisinhaber die Beschreibung nach Satz 1 nicht oder nicht fristgerecht vor, kann das Hauptzollamt die Erlaubnis unmittelbar widerrufen.

(4) [1] Wird die Erlaubnis nach Absatz 3 Satz 1 oder Satz 2 widerrufen, gilt die auf Grund der Erlaubnis seit 1. Januar des Kalenderjahres, in dem die Beschreibung nach § 75 Abs. 2 a vorzulegen war, steuerfrei bezogene Kohle als entgegen der Zweckbestimmung verwendet (§ 37 Abs. 3 des Gesetzes). [2] Abweichend von § 37 Abs. 3 des Gesetzes bestimmt das Hauptzollamt die Frist für die Abgabe der Steueranmeldung und den Zeitpunkt der Fälligkeit der Steuer.

§ 74 Allgemeine Erlaubnis. Unter Verzicht auf eine förmliche Einzelerlaubnis wird nach Maßgabe der Anlage 1 zu dieser Verordnung die steuerfreie Verwendung von Kohle allgemein erlaubt.

§ 75 Pflichten des Erlaubnisinhabers. (1) [1] Der Erlaubnisinhaber hat ein Belegheft zu führen. [2] Das Hauptzollamt kann dazu Anordnungen treffen.

(2) [1] Der Erlaubnisinhaber hat Aufzeichnungen zu führen, aus denen für den jeweiligen Abrechnungszeitraum unter Angabe der für die Besteuerung maßgeblichen Merkmale ersichtlich sein müssen:

1. die Menge der steuerfrei bezogenen Kohle und
2. die Menge der steuerfrei verwendeten Kohle getrennt nach den jeweiligen Verwendungszwecken,
3. die Menge der Kohle, für die die Steuer nach § 37 Absatz 2 Satz 4 des Gesetzes entstanden ist.

² Die Aufzeichnungen müssen so beschaffen sein, dass es einem sachverständigen Dritten innerhalb einer angemessenen Frist möglich ist zu prüfen, ob die Kohle zu dem in der Erlaubnis genannten Zweck verwendet wurde. ³ Das Hauptzollamt kann weitere Aufzeichnungen vorschreiben oder besondere Anordnungen zu den Aufzeichnungen treffen, wenn dies zur Sicherung des Steueraufkommens oder für die Steueraufsicht erforderlich erscheint. ⁴ Es kann einfachere Aufzeichnungen zulassen, wenn die Steuerbelange dadurch nicht beeinträchtigt werden.

(2 a) Der Inhaber einer Erlaubnis zur steuerfreien Verwendung von Kohle nach § 37 Abs. 2 Satz 1 Nr. 4 in Verbindung mit § 51 Abs. 1 Nr. 1 des Gesetzes hat dem Hauptzollamt nach Ablauf jeden Kalenderjahres bis zum 31. März des folgenden Kalenderjahres eine Beschreibung der wirtschaftlichen Tätigkeiten nach § 72 Abs. 2 Nr. 2 a für das abgelaufene Kalenderjahr erneut vorzulegen.

(3) ¹ Das Hauptzollamt kann eine Bestandsaufnahme anordnen. ² Es trifft in diesem Fall besondere Regelungen.

(4) Treten Verluste an steuerfreier Kohle ein, die die betriebsüblichen unvermeidbaren Verluste übersteigen, hat der Erlaubnisinhaber dies dem Hauptzollamt unverzüglich anzuzeigen.

(5) Die mit der Steueraufsicht betrauten Amtsträger können für steuerliche Zwecke unentgeltlich Proben von Kohle und von den steuerfrei hergestellten Erzeugnissen zur Untersuchung entnehmen.

(6) ¹ Der Erlaubnisinhaber hat dem Hauptzollamt Änderungen der nach § 72 Abs. 2 Satz 1 und 2 Nr. 1, 2 und 3 bis 5 angegebenen Verhältnisse unverzüglich schriftlich anzuzeigen. ² Versteuert der Erlaubnisinhaber Kohle nach § 37 Abs. 2 Satz 3 bis 6 des Gesetzes, hat er dem Hauptzollamt außerdem Überschuldung, drohende oder eingetretene Zahlungsunfähigkeit, Zahlungseinstellung und Stellung des Antrags auf Eröffnung eines Insolvenzverfahrens unverzüglich schriftlich anzuzeigen.

(7) Der Erlaubnisinhaber hat den Erlaubnisschein dem Hauptzollamt unverzüglich zurückzugeben, wenn die Erlaubnis erloschen ist oder die Verwendung von steuerfreier Kohle eingestellt wird.

(8) ¹ Geht der Erlaubnisschein verloren, hat der Erlaubnisinhaber dies dem Hauptzollamt unverzüglich anzuzeigen. ² Das Hauptzollamt stellt auf Antrag einen neuen Erlaubnisschein aus, es sei denn, die Erlaubnis ist zu widerrufen.

(9) ¹ Die Absätze 1 bis 3 und 6 bis 8 gelten nicht für den Inhaber einer allgemeinen Erlaubnis. ² Das zuständige Hauptzollamt kann jedoch Überwachungsmaßnahmen anordnen, wenn sie zur Sicherung der Steuerbelange erforderlich erscheinen. ³ Insbesondere kann es anordnen, dass

1. der Inhaber der allgemeinen Erlaubnis über den Bezug und die Verwendung der steuerfreien Kohle Aufzeichnungen führt und sie dem Hauptzollamt vorlegt,
2. die Bestände aufzunehmen sind.

§ 76 Bezug und Lagerung von steuerfreier Kohle. (1) ¹ Der Erlaubnisinhaber hat steuerfreie Kohle, die er in Besitz genommen hat, unverzüglich in seinen Aufzeichnungen zu erfassen. ² Mit der Inbesitznahme gilt die Kohle als in seinen Betrieb aufgenommen.

(2) ¹ Der Erlaubnisinhaber darf versteuerte und steuerfreie Kohle als Gemisch lagern. ² Das Gemisch wird in diesem Fall so behandelt, als ob die Kohle getrennt gehalten worden wäre. ³ Aus dem Gemisch entnommene Kohle wird je nach Wahl des Erlaubnisinhabers als aus einem der Gemischanteile stammend behandelt.

(3) ¹ Der Erlaubnisinhaber darf steuerfreie Kohle in begründeten Ausnahmefällen an Dritte nur liefern, wenn dies durch das Hauptzollamt zugelassen worden ist. ² § 69 Abs. 1 und 2 gilt sinngemäß.

(4) Die Absätze 1 und 2 gelten nicht für Inhaber einer allgemeinen Erlaubnis.

§ 77 Eigenverbrauch. Für die Teile des Kohlebetriebs, in denen Kohle nach § 37 Abs. 2 Satz 1 Nr. 2 des Gesetzes steuerfrei zur Aufrechterhaltung des Betriebs verwendet werden kann, gilt § 59 sinngemäß.

Zu § 38 des Gesetzes

§ 78 Anmeldung für Lieferer, Entnehmer und Bezieher von Erdgas.

(1) Die Anmeldung nach § 38 Absatz 3 des Gesetzes ist schriftlich bei dem für den Anmeldepflichtigen zuständigen Hauptzollamt abzugeben.

(2) ¹ In der Anmeldung sind anzugeben: Name, Geschäfts- oder Wohnsitz, Rechtsform, bei jährlicher Steueranmeldung die voraussichtlich zu erwartende Jahressteuerschuld, die Steuernummer beim Finanzamt und – falls erteilt – die Umsatzsteuer-Identifikationsnummer (§ 27 a des Umsatzsteuergesetzes). ² Der Anmeldung sind beizufügen:
1. ein Verzeichnis der Betriebsstätten im Steuergebiet nach § 12 der Abgabenordnung,
2. eine Darstellung der Mengenermittlung und -abrechnung,
3. von Unternehmen, die in das Handels-, Genossenschafts- oder Vereinsregister eingetragen sind, ein Registerauszug nach dem neuesten Stand,
4. gegebenenfalls eine Erklärung über die Bestellung eines Beauftragten nach § 214 der Abgabenordnung oder eines Betriebsleiters nach § 62 Abs. 1 des Gesetzes, in der dieser sein Einverständnis erklärt hat.

(3) ¹ Der Anmeldepflichtige hat auf Verlangen des Hauptzollamts weitere Angaben zu machen, wenn sie zur Sicherung des Steueraufkommens oder für die Steueraufsicht erforderlich erscheinen. ² Das Hauptzollamt kann auf Angaben verzichten, soweit die Steuerbelange dadurch nicht beeinträchtigt werden.

(4) Das Hauptzollamt erteilt Lieferern von Erdgas einen schriftlichen Nachweis über die erfolgte Anmeldung.

§ 79 Pflichten. (1) ¹ Der Anmeldepflichtige nach § 38 Abs. 3 des Gesetzes hat ein Belegheft zu führen. ² Das Hauptzollamt kann dazu Anordnungen treffen.

(2) ¹ Der Anmeldepflichtige hat Aufzeichnungen zu führen, aus denen für den jeweiligen Veranlagungszeitraum unter Angabe der für die Besteuerung maßgeblichen Merkmale ersichtlich sein müssen:

1. bei Lieferern die Menge des unversteuert bezogenen Erdgases,
2. bei Lieferern die Menge des gelieferten Erdgases, für das der Lieferer Steuerschuldner nach § 38 Abs. 2 Nr. 1 des Gesetzes ist, getrennt nach den unterschiedlichen Steuersätzen des § 2 des Gesetzes,
3. die Menge des Erdgases, für das der Anmeldepflichtige Steuerschuldner nach § 38 Abs. 2 Nr. 2 ist, getrennt nach den unterschiedlichen Steuersätzen des § 2 des Gesetzes,
4. bei Lieferern die Menge des unversteuert gelieferten Erdgases unter Angabe des Namens oder der Firma und der Anschrift des Empfängers,
5. der Betrag der anzumeldenden und zu entrichtenden Steuer.

²Die Aufzeichnungen müssen so beschaffen sein, dass es einem sachverständigen Dritten innerhalb einer angemessenen Frist möglich ist, die Grundlagen für die Besteuerung festzustellen. ³Das Hauptzollamt kann weitere Aufzeichnungen vorschreiben oder besondere Anordnungen zu den Aufzeichnungen treffen, wenn dies zur Sicherung des Steueraufkommens oder für die Steueraufsicht erforderlich erscheint. ⁴Es kann einfachere Aufzeichnungen zulassen, wenn die Steuerbelange dadurch nicht beeinträchtigt werden.

(3) Der Anmeldepflichtige hat dem Hauptzollamt Änderungen der nach § 78 Abs. 2 angegebenen Verhältnisse sowie Überschuldung, drohende oder eingetretene Zahlungsunfähigkeit, Zahlungseinstellung und Stellung des Antrags auf Eröffnung eines Insolvenzverfahrens unverzüglich schriftlich anzuzeigen, soweit das Hauptzollamt nicht darauf verzichtet.

Zu § 39 des Gesetzes

§ 80 Vorauszahlungen. (1) ¹Die Festsetzung der Vorauszahlungen erfolgt durch Vorauszahlungsbescheid. ²Ist die Steuer nur in einem Teil des vorletzten dem Veranlagungsjahr vorhergehenden Kalenderjahres entstanden, ist die tatsächlich entstandene Steuer in eine Jahressteuerschuld umzurechnen. ³Ist die Steuer erstmals im vorangegangenen oder laufenden Kalenderjahr oder bisher noch nicht entstanden, ist die voraussichtlich zu erwartende Jahressteuerschuld maßgebend.

(2) Das Hauptzollamt kann auf Antrag bei der Festsetzung der Höhe der Vorauszahlungen dem Steuerschuldner voraussichtlich im gleichen Zeitraum zu gewährende Steuerentlastungen berücksichtigen, soweit die Steuerbelange dadurch nicht gefährdet sind.

(3) Beträgt die Höhe der monatlichen Vorauszahlungen nicht mehr als 200 Euro, kann das Hauptzollamt auf die Festsetzung von Vorauszahlungen verzichten.

Zu § 40 des Gesetzes

§ 81 Nicht leitungsgebundenes Verbringen. Wird Erdgas nicht leitungsgebunden aus einem anderen Mitgliedstaat in das Steuergebiet verbracht, finden sinngemäß Anwendung

1. die §§ 38 und 40 in den Fällen, in denen § 15 des Gesetzes nach § 40 des Gesetzes sinngemäß gilt,
2. § 42 in den Fällen, in denen § 18 des Gesetzes nach § 40 des Gesetzes sinngemäß gilt.

Zu § 41 des Gesetzes

§ 82 Nicht leitungsgebundene Einfuhr. ¹ Erdgas aus Drittländern und Drittgebieten ist in den Fällen des § 41 Absatz 1 des Gesetzes in Verbindung mit § 19 b Absatz 3 des Gesetzes nach den Zollvorschriften mit den für die Besteuerung maßgeblichen Merkmalen anzumelden. ² Die Steuererklärung ist in der Zollanmeldung oder nach amtlich vorgeschriebenem Vordruck abzugeben.

Zu § 44 des Gesetzes

§ 83 Antrag auf Erlaubnis als Erdgasverwender. (1) Wer Erdgas steuerfrei nach § 44 Absatz 2 des Gesetzes verwenden will, hat die Erlaubnis nach § 44 Absatz 1 Satz 1 des Gesetzes, sofern sie nicht allgemein erteilt ist, schriftlich beim Hauptzollamt zu beantragen.

(2) ¹ In dem Antrag sind anzugeben: Name, Geschäfts- oder Wohnsitz, Rechtsform, die Steuernummer beim Finanzamt und – falls erteilt – die Umsatzsteuer-Identifikationsnummer (§ 27 a des Umsatzsteuergesetzes). ² Dem Antrag sind beizufügen:
1. eine Betriebserklärung, in der die Verwendung des Erdgases genau beschrieben ist,
2. eine Darstellung der Buchführung über die Verwendung des steuerfreien Erdgases,
3. von Unternehmen, die in das Handels-, Genossenschafts- oder Vereinsregister eingetragen sind, ein Registerauszug nach dem neuesten Stand,
4. gegebenenfalls eine Erklärung über die Bestellung eines Beauftragten nach § 214 der Abgabenordnung oder eines Betriebsleiters nach § 62 Abs. 1 des Gesetzes.

(3) ¹ Der Antragsteller hat auf Verlangen des Hauptzollamts weitere Angaben zu machen, wenn sie zur Sicherung des Steueraufkommens oder für die Steueraufsicht erforderlich erscheinen. ² Das Hauptzollamt kann auf Angaben verzichten, soweit die Steuerbelange dadurch nicht beeinträchtigt werden.

§ 84 Erteilung und Erlöschen der Erlaubnis. (1) ¹ Das Hauptzollamt erteilt die Erlaubnis nach § 44 Abs. 1 des Gesetzes schriftlich (förmliche Einzelerlaubnis) und stellt auf Antrag als Nachweis der Bezugsberechtigung einen Erlaubnisschein aus. ² Die Erlaubnis kann mit Nebenbestimmungen nach § 120 Absatz 2 der Abgabenordnung verbunden werden.

(2) Für das Erlöschen der Erlaubnis gilt § 54 sinngemäß.

§ 84 a Allgemeine Erlaubnis. Unter Verzicht auf eine förmliche Einzelerlaubnis wird die steuerfreie Verwendung von Erdgas nach Maßgabe der Anlage 1 zu dieser Verordnung allgemein erlaubt.

§ 85 Pflichten des Erlaubnisinhabers. (1) [1] Der Erlaubnisinhaber hat ein Belegheft zu führen. [2] Das Hauptzollamt kann dazu Anordnungen treffen.

(2) [1] Der Erlaubnisinhaber hat Aufzeichnungen zu führen, aus denen unter Angabe der für die Besteuerung maßgeblichen Merkmale ersichtlich sein müssen:

1. die Menge des steuerfrei bezogenen Erdgases und

2. die Menge des steuerfrei verwendeten Erdgases sowie der genaue Verwendungszweck.

[2] Die Aufzeichnungen müssen so beschaffen sein, dass es einem sachverständigen Dritten innerhalb einer angemessenen Frist möglich ist zu prüfen, ob das Erdgas zu dem in der Erlaubnis genannten Zweck verwendet wurde. [3] Das Hauptzollamt kann weitere Aufzeichnungen vorschreiben oder besondere Anordnungen zu den Aufzeichnungen treffen, wenn dies zur Sicherung des Steueraufkommens oder für die Steueraufsicht erforderlich erscheint. [4] Es kann einfachere Aufzeichnungen zulassen, wenn die Steuerbelange dadurch nicht beeinträchtigt werden.

(3) Der Erlaubnisinhaber hat dem zuständigen Hauptzollamt bis zum 15. Februar jeden Jahres das im abgelaufenen Kalenderjahr steuerfrei verwendete Erdgas anzumelden.

(4) Der Erlaubnisinhaber hat dem Hauptzollamt Änderungen der nach § 83 Abs. 2 angegebenen Verhältnisse unverzüglich schriftlich anzuzeigen, soweit das Hauptzollamt nicht darauf verzichtet.

(5) Der Erlaubnisinhaber hat den Erlaubnisschein dem Hauptzollamt unverzüglich zurückzugeben, wenn die Erlaubnis erlischt oder die Verwendung von steuerfreiem Erdgas eingestellt wird.

(6) [1] Geht der Erlaubnisschein verloren, hat der Erlaubnisinhaber dies dem Hauptzollamt unverzüglich anzuzeigen. [2] Das Hauptzollamt stellt auf Antrag einen neuen Erlaubnisschein aus, es sei denn, die Erlaubnis ist zu widerrufen.

(7) [1] Die Absätze 1 bis 6 gelten nicht für den Inhaber einer allgemeinen Erlaubnis (§ 84a). [2] Das zuständige Hauptzollamt kann jedoch Überwachungsmaßnahmen anordnen, wenn sie zur Sicherung der Steuerbelange erforderlich erscheinen. [3] Insbesondere kann das Hauptzollamt anordnen, dass der Inhaber der allgemeinen Erlaubnis über den Bezug und die Verwendung des Erdgases Aufzeichnungen führt und die Aufzeichnungen dem Hauptzollamt vorlegt.

§ 86 Eigenverbrauch. Für die Teile des Gasgewinnungsbetriebs (§ 44 Abs. 3 des Gesetzes), in denen Erdgas steuerfrei nach § 44 Abs. 2 des Gesetzes verwendet werden kann, gilt § 59 sinngemäß.

Zu § 46 des Gesetzes

§ 87 Steuerentlastung beim Verbringen aus dem Steuergebiet.

(1) ¹ Die Steuerentlastung nach § 46 des Gesetzes ist, ausgenommen in den Fällen des § 46 Absatz 2 Nummer 2 des Gesetzes, bei dem für den Antragsteller zuständigen Hauptzollamt mit einer Anmeldung nach amtlich vorgeschriebenem Vordruck für alle Energieerzeugnisse zu beantragen, die innerhalb eines Entlastungsabschnitts aus dem Steuergebiet verbracht oder ausgeführt worden sind. ² Der Antragsteller hat in der Anmeldung alle für die Bemessung der Steuerentlastung erforderlichen Angaben zu machen und die Steuerentlastung selbst zu berechnen. ³ Die Steuerentlastung wird nur gewährt, wenn der Antrag spätestens bis zum 31. Dezember des Jahres, das auf das Kalenderjahr folgt, in dem die Energieerzeugnisse aus dem Steuergebiet verbracht oder ausgeführt worden sind, beim Hauptzollamt gestellt wird. ⁴ Erfolgt die Festsetzung der Steuer erst, nachdem die Energieerzeugnisse verbracht oder ausgeführt worden sind, wird abweichend von Satz 3 die Steuerentlastung gewährt, wenn der Antrag spätestens bis zum 31. Dezember des Jahres gestellt wird, das auf das Kalenderjahr folgt, in dem die Steuer festgesetzt worden ist.

(2) ¹ Entlastungsabschnitt ist nach Wahl des Antragstellers ein Zeitraum von einem Kalendervierteljahr, einem Kalenderhalbjahr oder einem Kalenderjahr. ² Das Hauptzollamt kann auf Antrag einen Zeitraum von einem Kalendermonat als Entlastungsabschnitt zulassen oder in Einzelfällen die Steuerentlastung unverzüglich gewähren.

(3) ¹ Im Fall des § 46 Absatz 1 Satz 1 Nummer 1 des Gesetzes in Verbindung mit § 46 Absatz 2 Nummer 2 des Gesetzes ist die Steuerentlastung bei dem für den Antragsteller zuständigen Hauptzollamt mit einer Anmeldung nach amtlich vorgeschriebenem Vordruck für alle Energieerzeugnisse zu beantragen, die aus dem Steuergebiet verbracht oder ausgeführt werden sollen. ² Der Antragsteller hat in der Anmeldung alle für die Bemessung der Steuerentlastung erforderlichen Angaben zu machen und die Steuerentlastung selbst zu berechnen.

(4) ¹ Dem Antrag ist im Fall des § 46 Absatz 1 Satz 1 Nummer 1 des Gesetzes der Versteuerungsnachweis nach § 46 Absatz 2 Nummer 1 des Gesetzes beizufügen oder eine amtliche Bestätigung nach § 46 Absatz 2 Nummer 2 Buchstabe c oder Absatz 2 a des Gesetzes nachzureichen. ² In den Fällen des § 46 Absatz 1 Satz 1 Nummer 2, 3 und 4 des Gesetzes hat der Antragsteller das Verbringen oder die Ausfuhr durch eindeutige, leicht nachprüfbare Belege nachzuweisen.

Zu § 47 des Gesetzes

§ 88 Steuerentlastung bei Aufnahme in Steuerlager. (1) ¹ Die Steuerentlastung nach § 47 Abs. 1 Nr. 1 des Gesetzes ist bei dem für den Antragsteller zuständigen Hauptzollamt mit einer Anmeldung nach amtlich vorgeschriebenem Vordruck für alle Energieerzeugnisse zu beantragen, die innerhalb eines Entlastungsabschnitts in das Steuerlager aufgenommen worden sind.

² Der Antragsteller hat in der Anmeldung alle für die Bemessung der Steuerentlastung erforderlichen Angaben zu machen und die Steuerentlastung selbst zu berechnen. ³ Die Steuerentlastung wird nur gewährt, wenn der Antrag spätestens bis zum 31. Dezember des Jahres, das auf das Kalenderjahr folgt, in dem die Energieerzeugnisse in das Steuerlager aufgenommen worden sind, beim Hauptzollamt gestellt wird. ⁴ Erfolgt die Festsetzung der Steuer erst, nachdem die Energieerzeugnisse in das Steuerlager aufgenommen worden sind, wird abweichend von Satz 3 die Steuerentlastung gewährt, wenn der Antrag spätestens bis zum 31. Dezember des Jahres gestellt wird, das auf das Kalenderjahr folgt, in dem die Steuer festgesetzt worden ist.

(2) ¹ Entlastungsabschnitt ist ein Zeitraum von einem Kalendermonat. ² Das Hauptzollamt kann auf Antrag einen längeren Zeitraum, höchstens jedoch ein Kalenderjahr, als Entlastungsabschnitt zulassen, außerdem die Steuerentlastung in Einzelfällen unverzüglich gewähren.

(3) Der Entlastungsberechtigte hat auf Verlangen des Hauptzollamts über die einzelnen Mengen an versteuerten, nicht gebrauchten Energieerzeugnissen, die in das Steuerlager aufgenommen werden, besondere Aufzeichnungen zu führen.

§ 89 Steuerentlastung für Kohlenwasserstoffanteile. (1) ¹ Die Steuerentlastung nach § 47 Abs. 1 Nr. 2 des Gesetzes ist bei dem für den Antragsteller zuständigen Hauptzollamt mit einer Anmeldung nach amtlich vorgeschriebenem Vordruck für alle Gemische zu beantragen, die innerhalb eines Entlastungsabschnitts verwendet oder aus denen innerhalb eines Entlastungsabschnitts Energieerzeugnisse im Sinn des § 4 des Gesetzes hergestellt worden sind. ² Der Antragsteller hat in der Anmeldung alle für die Bemessung der Steuerentlastung erforderlichen Angaben zu machen und die Steuerentlastung selbst zu berechnen. ³ Die Steuerentlastung wird nur gewährt, wenn der Antrag spätestens bis zum 31. Dezember des Jahres, das auf das Kalenderjahr folgt, in dem die Gemische verwendet oder aus ihnen Energieerzeugnisse im Sinn des § 4 des Gesetzes hergestellt worden sind, beim Hauptzollamt gestellt wird. ⁴ Erfolgt die Festsetzung der Steuer erst, nachdem die Gemische verwendet oder aus ihnen Energieerzeugnisse im Sinn des § 4 des Gesetzes hergestellt worden sind, wird abweichend von Satz 3 die Steuerentlastung gewährt, wenn der Antrag spätestens bis zum 31. Dezember des Jahres gestellt wird, das auf das Kalenderjahr folgt, in dem die Steuer festgesetzt worden ist.

(2) ¹ Entlastungsabschnitt ist ein Zeitraum von einem Kalendermonat. ² Das Hauptzollamt kann auf Antrag einen längeren Zeitraum, höchstens jedoch ein Kalenderjahr, als Entlastungsabschnitt zulassen, außerdem die Steuerentlastung in Einzelfällen unverzüglich gewähren.

(3) Der Antragsteller hat einen buchmäßigen Nachweis zu führen, aus dem sich für den Entlastungsabschnitt folgende Angaben ergeben müssen:

1. im Fall des § 47 Abs. 1 Nr. 2 Buchstabe a des Gesetzes die Art, die Menge und die Herkunft der Gemische, die zu den dort genannten Zwecken verwendet worden sind,
2. im Fall des § 47 Abs. 1 Nr. 2 Buchstabe b des Gesetzes die Art, die Menge und die Herkunft der Gemische, aus denen Energieerzeugnisse im Sinn des § 4 des Gesetzes hergestellt worden sind, sowie die Art und die Menge der aus den Gemischen hergestellten Energieerzeugnisse.

(4) Das Bundesministerium der Finanzen kann zur steuerlichen Vereinfachung im Verwaltungswege pauschale Sätze für die in den gasförmigen Gemischen enthaltenen Kohlenwasserstoffanteile festlegen.

§ 90 Steuerentlastung bei steuerfreien Zwecken. (1) ¹Die Steuerentlastung nach § 47 Abs. 1 Nr. 3 und 4 des Gesetzes ist bei dem für den Antragsteller zuständigen Hauptzollamt mit einer Anmeldung nach amtlich vorgeschriebenem Vordruck für alle Energieerzeugnisse zu beantragen, die innerhalb eines Entlastungsabschnitts verwendet worden sind. ²Der Antragsteller hat in der Anmeldung alle für die Bemessung der Steuerentlastung erforderlichen Angaben zu machen und die Steuerentlastung selbst zu berechnen. ³Die Steuerentlastung wird nur gewährt, wenn der Antrag spätestens bis zum 31. Dezember des Jahres, das auf das Kalenderjahr folgt, in dem die Energieerzeugnisse verwendet worden sind, beim Hauptzollamt gestellt wird. ⁴Erfolgt die Festsetzung der Steuer erst, nachdem die Energieerzeugnisse verwendet worden sind, wird abweichend von Satz 3 die Steuerentlastung gewährt, wenn der Antrag spätestens bis zum 31. Dezember des Jahres gestellt wird, das auf das Kalenderjahr folgt, in dem die Steuer festgesetzt worden ist.

(2) ¹Entlastungsabschnitt ist nach Wahl des Antragstellers ein Zeitraum von einem Kalendervierteljahr, einem Kalenderhalbjahr oder einem Kalenderjahr. ²Das Hauptzollamt kann auf Antrag einen Zeitraum von einem Kalendermonat als Entlastungsabschnitt zulassen oder in Einzelfällen die Steuerentlastung unverzüglich gewähren.

(3) ¹Bei erstmaliger Antragstellung ist dem Antrag eine Betriebserklärung beizufügen, in der die Verwendung der Energieerzeugnisse genau beschrieben ist. ²Weiteren Anträgen muss eine Betriebserklärung nur beigefügt werden, wenn sich Änderungen gegenüber der dem Hauptzollamt bereits vorliegenden Betriebserklärung ergeben haben. ³Der Antragsteller hat die Änderungen besonders kenntlich zu machen.

(4) Der Antragsteller hat einen buchmäßigen Nachweis zu führen, aus dem sich für den Entlastungsabschnitt die Art, die Menge, die Herkunft und der genaue Verwendungszweck der Energieerzeugnisse ergeben müssen.

§ 91 Steuerentlastung für Kohle. (1) ¹Die Steuerentlastung nach § 47 Abs. 1 Nr. 5 des Gesetzes ist bei dem für den Antragsteller zuständigen Hauptzollamt mit einer Anmeldung nach amtlich vorgeschriebenem Vordruck für Kohle zu beantragen, die innerhalb eines Entlastungsabschnitts in den Kohlebetrieb aufgenommen oder verwendet worden ist. ²Der Antragsteller hat in der Anmeldung alle für die Bemessung der Steuerentlastung erforderlichen Angaben zu machen und die Steuerentlastung selbst zu berechnen. ³Die Steuerentlastung wird nur gewährt, wenn der Antrag spätestens bis zum 31. Dezember des Jahres, das auf das Kalenderjahr folgt, in dem die Kohle in den Kohlebetrieb aufgenommen oder nachdem sie verwendet worden ist, beim Hauptzollamt gestellt wird. ⁴Erfolgt die Festsetzung der Steuer erst, nachdem die Kohle in den Kohlebetrieb aufgenommen oder verwendet worden ist, wird abweichend von Satz 3 die Steuerentlastung gewährt, wenn der Antrag spätestens bis zum 31. Dezember des Jahres gestellt wird, das auf das Kalenderjahr folgt, in dem die Steuer festgesetzt worden ist.

(2) ¹Entlastungsabschnitt ist nach Wahl des Antragstellers ein Zeitraum von einem Kalendervierteljahr, einem Kalenderhalbjahr oder einem Kalenderjahr.

Energiesteuer-Durchführungsverordnung   §§ 91 a, 92   EnergieStV   47

² Das Hauptzollamt kann auf Antrag einen Zeitraum von einem Kalendermonat als Entlastungsabschnitt zulassen oder in Einzelfällen die Steuerentlastung unverzüglich gewähren.

(3) ¹ Bei erstmaliger Antragstellung ist dem Antrag im Fall des § 47 Abs. 1 Nr. 5 Buchstabe b des Gesetzes eine Betriebserklärung beizufügen, in der die Verwendung der Kohle genau beschrieben ist. ² Weiteren Anträgen muss eine Betriebserklärung nur beigefügt werden, wenn sich Änderungen gegenüber der dem Hauptzollamt bereits vorliegenden Betriebserklärung ergeben haben. ³ Der Antragsteller hat die Änderungen besonders kenntlich zu machen.

(4) Der Antragsteller hat einen buchmäßigen Nachweis zu führen, aus dem sich für den Entlastungsabschnitt ergeben müssen:

1. im Fall des § 47 Abs. 1 Nr. 5 Buchstabe a des Gesetzes die Art, die Menge und die Herkunft der in den Kohlebetrieb aufgenommenen Kohle,
2. im Fall des § 47 Abs. 1 Nr. 5 Buchstabe b des Gesetzes die Art, die Menge, die Herkunft und der genaue Verwendungszweck der Kohle.

§ 91 a Steuerentlastung für Erdgas bei Einspeisung. (1) ¹ Die Steuerentlastung nach § 47 Absatz 1 Nummer 6 des Gesetzes ist bei dem für den Antragsteller zuständigen Hauptzollamt mit einer Anmeldung nach amtlich vorgeschriebenem Vordruck für Erdgas zu beantragen, das innerhalb eines Entlastungsabschnitts in ein Leitungsnetz für unversteuertes Erdgas eingespeist worden ist. ² Der Antragsteller hat in der Anmeldung alle für die Bemessung der Steuerentlastung erforderlichen Angaben zu machen und die Steuerentlastung selbst zu berechnen. ³ Die Steuerentlastung wird nur gewährt, wenn der Antrag spätestens bis zum 31. Dezember des Jahres, das auf das Kalenderjahr folgt, in dem das Erdgas in ein Leitungsnetz für unversteuertes Erdgas eingespeist worden ist, beim Hauptzollamt gestellt wird. ⁴ Erfolgt die Festsetzung der Steuer erst, nachdem das Erdgas in ein Leitungsnetz für unversteuertes Erdgas eingespeist worden ist, wird abweichend von Satz 3 die Steuerentlastung gewährt, wenn der Antrag spätestens bis zum 31. Dezember des Jahres gestellt wird, das auf das Kalenderjahr folgt, in dem die Steuer festgesetzt worden ist.

(2) ¹ Entlastungsabschnitt ist nach Wahl des Antragstellers ein Zeitraum von einem Kalendervierteljahr, einem Kalenderhalbjahr oder einem Kalenderjahr. ² Das Hauptzollamt kann auf Antrag einen Zeitraum von einem Kalendermonat als Entlastungsabschnitt zulassen oder in Einzelfällen die Steuerentlastung unverzüglich gewähren.

(3) Der Antragsteller hat einen buchmäßigen Nachweis zu führen, aus dem sich für den Entlastungsabschnitt die Herkunft und die eingespeisten Mengen des versteuerten Erdgases ergeben müssen.

Zu § 48 des Gesetzes

§ 92 Steuerentlastung bei Spülvorgängen und versehentlichen Vermischungen. (1) Bewilligte Spülvorgänge im Sinne des § 48 Abs. 1 Satz 1 Nr. 1 des Gesetzes sind die vom Hauptzollamt nach § 49 Abs. 1 zugelassenen Vermischungen von leichtem Heizöl und Gasölen der Unterpositionen 2710 19 41 bis 2710 19 49 der Kombinierten Nomenklatur.

47 EnergieStV § 93

(2) ¹ Die Steuerentlastung nach § 48 des Gesetzes ist bei dem für den Antragsteller zuständigen Hauptzollamt mit einer Anmeldung nach amtlich vorgeschriebenem Vordruck zu beantragen, wobei im Fall der Steuerentlastung für bewilligte Spülvorgänge alle Spülvorgänge eines Entlastungsabschnitts in einer Anmeldung zusammenzufassen sind. ² Der Antragsteller hat in der Anmeldung alle für die Bemessung der Steuerentlastung erforderlichen Angaben zu machen und die Steuerentlastung selbst zu berechnen. ³ Die Steuerentlastung wird nur gewährt, wenn der Antrag für Gemische, die bei bewilligten Spülvorgängen angefallen sind, spätestens bis zum 31. Dezember des Jahres, das auf das Kalenderjahr folgt, in dem die Energieerzeugnisse vermischt wurden, und für Gemische, die versehentlich entstanden sind, unmittelbar nach Feststellung der Vermischung beim Hauptzollamt gestellt wird. ⁴ Erfolgt die Festsetzung der Steuer erst, nachdem Gemische, die bei bewilligten Spülvorgängen angefallen sind, vermischt worden sind oder nachdem Gemische, die versehentlich entstanden sind, festgestellt worden sind, wird abweichend von Satz 3 die Steuerentlastung gewährt, wenn der Antrag spätestens bis zum 31. Dezember des Jahres gestellt wird, das auf das Kalenderjahr folgt, in dem die Steuer festgesetzt worden ist.

(3) ¹ Entlastungsabschnitt ist im Fall der Steuerentlastung für bewilligte Spülvorgänge nach Wahl des Antragstellers ein Zeitraum von einem Kalendervierteljahr, einem Kalenderhalbjahr oder einem Kalenderjahr. ² Das Hauptzollamt kann auf Antrag einen Zeitraum von einem Kalendermonat als Entlastungsabschnitt zulassen oder in Einzelfällen die Steuerentlastung unverzüglich gewähren.

(4) Dem Antrag sind Unterlagen über die Versteuerung und die Herkunft der Gemischanteile beizufügen.

Zu § 49 des Gesetzes

§ 93 Steuerentlastung für zum Verheizen oder in begünstigten Anlagen verwendete Energieerzeugnisse. (1) ¹ Die Steuerentlastung nach § 49 des Gesetzes ist bei dem für den Antragsteller zuständigen Hauptzollamt mit einer Anmeldung nach amtlich vorgeschriebenem Vordruck für alle Energieerzeugnisse zu beantragen, die innerhalb eines Entlastungsabschnitts verwendet oder abgegeben worden sind. ² Der Antragsteller hat in der Anmeldung alle für die Bemessung der Steuerentlastung erforderlichen Angaben zu machen und die Steuerentlastung selbst zu berechnen. ³ Die Steuerentlastung wird nur gewährt, wenn der Antrag spätestens bis zum 31. Dezember des Jahres, das auf das Kalenderjahr folgt, in dem die Energieerzeugnisse verwendet oder abgegeben worden sind, beim Hauptzollamt gestellt wird. ⁴ Erfolgt die Festsetzung der Steuer erst, nachdem die Energieerzeugnisse verwendet oder abgegeben worden sind, wird abweichend von Satz 3 die Steuerentlastung gewährt, wenn der Antrag spätestens bis zum 31. Dezember des Jahres gestellt wird, das auf das Kalenderjahr folgt, in dem die Steuer festgesetzt worden ist.

(2) ¹ Entlastungsabschnitt ist nach Wahl des Antragstellers ein Zeitraum von einem Kalendervierteljahr, einem Kalenderhalbjahr oder einem Kalenderjahr. ² Das Hauptzollamt kann auf Antrag einen Zeitraum von einem Kalendermo-

nat als Entlastungsabschnitt zulassen oder in Einzelfällen die Steuerentlastung unverzüglich gewähren.

(3) Der Antragsteller hat einen buchmäßigen Nachweis zu führen, aus dem sich für den Entlastungsabschnitt ergeben müssen:
1. im Fall des § 49 Abs. 1 des Gesetzes die Menge, die Herkunft und der genaue Verwendungszweck der Gasöle,
2. im Fall des § 49 Abs. 2 des Gesetzes die Menge und die Herkunft der Flüssiggase,
3. im Fall des § 49 Absatz 2 a des Gesetzes die Menge, die Herkunft und der genaue Verwendungszweck der Energieerzeugnisse.

(3 a) Energieerzeugnisse, für die eine Steuerentlastung nach § 49 des Gesetzes gewährt wird, gelten als Energieerzeugnisse, die nach § 2 Absatz 3 des Gesetzes versteuert worden sind.

(4) § 107 Abs. 2 gilt im Fall des § 49 Abs. 2 des Gesetzes sinngemäß.

Zu § 50 des Gesetzes

§ 94 Steuerentlastung für Biokraftstoffe. (1) [1] Die Steuerentlastung nach § 50 des Gesetzes ist bei dem für den Antragsteller zuständigen Hauptzollamt mit einer Anmeldung nach amtlich vorgeschriebenem Vordruck in doppelter Ausfertigung für alle Energieerzeugnisse zu beantragen, für die innerhalb eines Entlastungsabschnitts der Steuerentlastungsanspruch entstanden ist. [2] Der Antragsteller hat in der Anmeldung alle für die Bemessung der Steuerentlastung erforderlichen Angaben zu machen, die Steuerentlastung selbst zu berechnen und zu erklären, dass die Biokraftstoffe, für die die Entlastung beantragt wird, nicht der Erfüllung einer Verpflichtung nach § 37 a Abs. 1 Satz 1 und 2 in Verbindung mit § 37 a Abs. 3 des Bundes-Immissionsschutzgesetzes in der Fassung der Bekanntmachung vom 26. September 2002 (BGBl. I S. 3830), das zuletzt durch Artikel 3 des Gesetzes vom 1. März 2011 (BGBl. I S. 282) geändert worden ist, in der jeweils geltenden Fassung dienen. [3] Bei der Berechnung der Steuerentlastung je Entlastungsabschnitt für die in § 50 Abs. 1 Satz 1 Nr. 1 oder Nr. 2 des Gesetzes genannten Biokraftstoffe sind die in § 37 a Absatz 3 Satz 3 des Bundes-Immissionsschutzgesetzes festgelegten Mindestanteile, bezogen auf die jeweilige Menge des Biokraftstoffs, vermindernd zu berücksichtigen. [4] Die Steuerentlastung wird nur gewährt, wenn der Antrag spätestens bis zum 31. Dezember des Jahres, das auf das Kalenderjahr folgt, in dem der Steuerentlastungsanspruch entstanden ist, beim Hauptzollamt gestellt wird.

(2) [1] Entlastungsabschnitt ist ein Zeitraum von einem Kalendermonat. [2] Das Hauptzollamt kann auf Antrag einen längeren Zeitraum, höchstens jedoch ein Kalenderjahr, als Entlastungsabschnitt zulassen, außerdem die Steuerentlastung in Einzelfällen unverzüglich gewähren.

(3) [1] Der Antragsteller hat die Biokraftstoffeigenschaft sicherzustellen und diese neben Art und Menge des Biokraftstoffs nachzuweisen. [2] Der Nachweis ist durch eine Herstellererklärung oder mit Zustimmung des Hauptzollamts in anderer geeigneter Form zu führen und diesem auf Verlangen vorzulegen. [3] Daneben hat er auf Verlangen des Hauptzollamts Proben zu entnehmen,

diese auf die aus der Anlage 1 a zu dieser Verordnung ersichtlichen Normparameter zu untersuchen und dem Hauptzollamt die entsprechenden Analysezertifikate oder Untersuchungsergebnisse vorzulegen. ⁴ Soweit Analysezertifikate oder Untersuchungsergebnisse vorliegen, die auf Grund anderer rechtlicher Bestimmungen gefordert sind, können diese anerkannt werden.

(4) Der Entlastungsberechtigte hat auf Verlangen des Hauptzollamts über die einzelnen Mengen an Biokraftstoffen, für die eine Steuerentlastung beantragt wird, besondere Aufzeichnungen zu führen.

(5) ¹ Die Steuerentlastung nach § 50 des Gesetzes kann zurückgezahlt werden. ² Die Rückzahlung der Steuerentlastung nach § 50 des Gesetzes ist bis zum 1. April des auf die Steuerentstehung folgenden Jahres nach amtlich vorgeschriebenem Vordruck in doppelter Ausfertigung anzumelden und unverzüglich nach der Anmeldung zu entrichten.

Zu § 51 des Gesetzes

§ 95 Steuerentlastung für bestimmte Prozesse und Verfahren.

(1) ¹ Die Steuerentlastung nach § 51 des Gesetzes ist bei dem für den Antragsteller zuständigen Hauptzollamt mit einer Anmeldung nach amtlich vorgeschriebenem Vordruck für alle Energieerzeugnisse zu beantragen, die innerhalb eines Entlastungsabschnitts verwendet worden sind. ² Der Antragsteller hat in der Anmeldung alle für die Bemessung der Steuerentlastung erforderlichen Angaben zu machen und die Steuerentlastung selbst zu berechnen. ³ Die Steuerentlastung wird nur gewährt, wenn der Antrag spätestens bis zum 31. Dezember des Jahres, das auf das Kalenderjahr folgt, in dem die Energieerzeugnisse verwendet worden sind, beim Hauptzollamt gestellt wird. ⁴ Erfolgt die Festsetzung der Steuer erst, nachdem die Energieerzeugnisse verwendet worden sind, wird abweichend von Satz 3 die Steuerentlastung gewährt, wenn der Antrag spätestens bis zum 31. Dezember des Jahres gestellt wird, das auf das Kalenderjahr folgt, in dem die Steuer festgesetzt worden ist.

(2) ¹ Entlastungsabschnitt für Anträge auf Gewährung einer Steuerentlastung nach § 51 Absatz 1 Nummer 1 des Gesetzes ist das Kalenderjahr. ² Bestimmt sich der maßgebende Zeitraum für die Zuordnung des Unternehmens zum Produzierenden Gewerbe nach § 15 Absatz 3 Satz 2 der Stromsteuer-Durchführungsverordnung¹⁾, kann der Antragsteller abweichend von Satz 1 das Kalendervierteljahr oder das Kalenderhalbjahr als Entlastungsabschnitt wählen. ³ Das Hauptzollamt kann im Fall des Satzes 2 auf Antrag auch einen Zeitraum von einem Kalendermonat als Entlastungsabschnitt zulassen oder in Einzelfällen die Steuerentlastung unverzüglich gewähren.

(2 a) ¹ Entlastungsabschnitt für Anträge auf Gewährung der Steuerentlastung nach § 51 Absatz 1 Nummer 2 des Gesetzes ist nach Wahl des Antragstellers ein Zeitraum von einem Kalendervierteljahr, einem Kalenderhalbjahr oder einem Kalenderjahr. ² Das Hauptzollamt kann auf Antrag einen Zeitraum von einem Kalendermonat als Entlastungsabschnitt zulassen oder in Einzelfällen die Steuerentlastung unverzüglich gewähren.

---

¹⁾ Nr. 45.

(3) ¹ Dem Antrag sind beizufügen:
1. im Fall des § 51 Absatz 1 Nummer 1 des Gesetzes eine Beschreibung der wirtschaftlichen Tätigkeiten des Antragstellers im maßgebenden Zeitraum nach amtlich vorgeschriebenem Vordruck, es sei denn, die Beschreibung liegt dem Hauptzollamt für den maßgebenden Zeitraum bereits vor; die Beschreibung muss es dem Hauptzollamt ermöglichen zu prüfen, ob die Energieerzeugnisse durch ein Unternehmen des Produzierenden Gewerbes verwendet worden sind,
2. bei erstmaliger Antragstellung eine Betriebserklärung, in der die Verwendung der Energieerzeugnisse genau beschrieben ist.

² Weiteren Anträgen muss eine Betriebserklärung nur beigefügt werden, wenn sich Änderungen gegenüber der dem Hauptzollamt bereits vorliegenden Betriebserklärung ergeben haben. ³ Der Antragsteller hat die Änderungen besonders kenntlich zu machen.

(4) Der Antragsteller hat einen buchmäßigen Nachweis zu führen, aus dem sich für den Entlastungsabschnitt die Art, die Menge, die Herkunft und der genaue Verwendungszweck der Energieerzeugnisse ergeben müssen.

Zu § 52 des Gesetzes

§ 96 Steuerentlastung für die Schifffahrt. (1) Abweichend von § 52 Abs. 1 Satz 2 des Gesetzes wird eine Steuerentlastung auch für nicht gekennzeichnete Energieerzeugnisse der Unterpositionen 2710 19 41 bis 2710 19 49 der Kombinierten Nomenklatur gewährt, wenn das Wasserfahrzeug sowohl zu steuerfreien Zwecken nach § 27 Abs. 1 Satz 1 Nr. 1 oder Nr. 2 des Gesetzes als auch zu nicht steuerfreien Zwecken eingesetzt wird oder wenn glaubhaft gemacht wird, dass eine Betankung unvermeidlich war und ordnungsgemäß gekennzeichnete Energieerzeugnisse der Unterpositionen 2710 19 41 bis 2710 19 49 der Kombinierten Nomenklatur kurzfristig nicht verfügbar waren.

(2) ¹ Die Steuerentlastung nach § 52 des Gesetzes für in Wasserfahrzeugen verwendete Energieerzeugnisse ist bei dem für den Antragsteller zuständigen Hauptzollamt mit einer Anmeldung nach amtlich vorgeschriebenem Vordruck für alle Energieerzeugnisse zu beantragen, die innerhalb eines Entlastungsabschnitts verwendet worden sind. ² Der Antragsteller hat in der Anmeldung alle für die Bemessung der Steuerentlastung erforderlichen Angaben zu machen und die Steuerentlastung selbst zu berechnen. ³ Die Steuerentlastung wird nur gewährt, wenn der Antrag spätestens bis zum 31. Dezember des Jahres, das auf das Kalenderjahr folgt, in dem die Energieerzeugnisse verwendet worden sind, beim Hauptzollamt gestellt wird. ⁴ Erfolgt die Festsetzung der Steuer erst, nachdem die Energieerzeugnisse verwendet worden sind, wird abweichend von Satz 3 die Steuerentlastung gewährt, wenn der Antrag spätestens bis zum 31. Dezember des Jahres gestellt wird, das auf das Kalenderjahr folgt, in dem die Steuer festgesetzt worden ist.

(3) ¹ Entlastungsabschnitt ist nach Wahl des Antragstellers ein Zeitraum von einem Kalendervierteljahr, einem Kalenderhalbjahr oder einem Kalenderjahr. ² Das Hauptzollamt kann auf Antrag einen Zeitraum von einem Kalendermonat als Entlastungsabschnitt zulassen oder in Einzelfällen die Steuerentlastung unverzüglich gewähren.

(4) ¹Dem Antrag sind beizufügen:
1. für jedes Wasserfahrzeug ein buchmäßiger Nachweis mit folgenden Angaben:

   a) Tag und Art der Fahrt,

   b) Abgangs- und Zielhafen, weitere Anlegestellen,

   c) Fahrtdauer und gegebenenfalls Betriebsstunden des Antriebsmotors und der Hilfsaggregate,

   d) gegebenenfalls Art und Mengen der außerhalb des Steuergebiets bezogenen Energieerzeugnisse,

   e) Art und Mengen der im Steuergebiet bezogenen und zu begünstigten Fahrten verwendeten Energieerzeugnisse,

2. Nachweise, dass das Wasserfahrzeug zu den in § 27 Abs. 1 des Gesetzes genannten Zwecken eingesetzt wurde,

3. Unterlagen über die Versteuerung der Energieerzeugnisse.

²Das zuständige Hauptzollamt kann auf Antrag unter Auflagen von den Pflichten nach Satz 1 befreien, soweit die Steuerbelange dadurch nicht beeinträchtigt werden.

(5) ¹Werden versteuerte Energieerzeugnisse für die Herstellung oder im Rahmen von Instandhaltungsmaßnahmen von Wasserfahrzeugen bezogen, kann das zuständige Hauptzollamt andere als die in Absatz 4 genannten Nachweise zulassen, wenn die Steuerbelange dadurch nicht beeinträchtigt werden. ²Absatz 4 Satz 2 gilt sinngemäß.

§ 97 Steuerentlastung für die Luftfahrt. (1) ¹Die Steuerentlastung nach § 52 des Gesetzes für Energieerzeugnisse, die zu den in § 27 Abs. 2 oder Abs. 3 des Gesetzes genannten Zwecken verwendet worden sind, ist bei dem für den Antragsteller zuständigen Hauptzollamt mit einer Anmeldung nach amtlich vorgeschriebenem Vordruck für alle innerhalb eines Entlastungsabschnitts verwendeten Energieerzeugnisse zu beantragen. ²Der Antragsteller hat in der Anmeldung alle für die Bemessung der Steuerentlastung erforderlichen Angaben zu machen und die Steuerentlastung selbst zu berechnen. ³Die Steuerentlastung wird nur gewährt, wenn der Antrag spätestens bis zum 31. Dezember des Jahres, das auf das Kalenderjahr folgt, in dem die Energieerzeugnisse verwendet worden sind, beim Hauptzollamt gestellt wird. ⁴Erfolgt die Festsetzung der Steuer erst, nachdem die Energieerzeugnisse verwendet worden sind, wird abweichend von Satz 3 die Steuerentlastung gewährt, wenn der Antrag spätestens bis zum 31. Dezember des Jahres gestellt wird, das auf das Kalenderjahr folgt, in dem die Steuer festgesetzt worden ist.

(2) ¹Entlastungsabschnitt ist nach Wahl des Antragstellers ein Zeitraum von einem Kalendervierteljahr, einem Kalenderhalbjahr oder einem Kalenderjahr. ²Das Hauptzollamt kann auf Antrag einen Zeitraum von einem Kalendermonat als Entlastungsabschnitt zulassen oder in Einzelfällen die Steuerentlastung unverzüglich gewähren.

(3) ¹Dem Antrag sind im Fall des § 27 Abs. 2 des Gesetzes beizufügen:
1. die in § 52 Abs. 2 Satz 2 Nr. 4 Buchstabe a, c und d bezeichneten Unterlagen,

2. für jedes Luftfahrzeug ein buchmäßiger Nachweis mit folgenden Angaben:
   a) Tag und Art des Fluges,
   b) Start- und Bestimmungsflugplatz, Ort der Zwischenlandung,
   c) Flugdauer,
   d) Art und Mengen der übernommenen und verbrauchten Energieerzeugnisse,
3. Nachweise, dass das Luftfahrzeug zu den in § 27 Abs. 2 des Gesetzes genannten Zwecken eingesetzt wurde,
4. Unterlagen über die Versteuerung der Energieerzeugnisse.

[2] Das zuständige Hauptzollamt kann auf Antrag unter Auflagen von den Pflichten nach Satz 1 befreien, soweit die Steuerbelange dadurch nicht beeinträchtigt werden.

(4) [1] Werden versteuerte Energieerzeugnisse für die Entwicklung und Herstellung von Luftfahrzeugen oder im Rahmen von Instandhaltungsmaßnahmen von Luftfahrzeugen durch die in § 60 Abs. 8 genannten Betriebe bezogen, kann das zuständige Hauptzollamt andere als die in Absatz 3 genannten Nachweise zulassen, wenn die Steuerbelange dadurch nicht beeinträchtigt werden. [2] Zusätzlich ist die in § 52 Abs. 2 Satz 2 Nr. 5 bezeichnete Genehmigung vorzulegen. [3] Absatz 3 Satz 2 gilt sinngemäß.

Zu § 53 des Gesetzes

§ 98 Steuerentlastung für die Stromerzeugung und die gekoppelte Erzeugung von Kraft und Wärme. (1) [1] Die Steuerentlastung nach § 53 des Gesetzes ist bei dem für den Antragsteller zuständigen Hauptzollamt mit einer Anmeldung nach amtlich vorgeschriebenem Vordruck für alle Energieerzeugnisse zu beantragen, die innerhalb eines Entlastungsabschnitts verwendet worden sind. [2] Der Antragsteller hat in der Anmeldung alle für die Bemessung der Steuerentlastung erforderlichen Angaben zu machen und die Steuerentlastung selbst zu berechnen. [3] Die Steuerentlastung wird nur gewährt, wenn der Antrag spätestens bis zum 31. Dezember des Jahres, das auf das Kalenderjahr folgt, in dem die Energieerzeugnisse verwendet worden sind, beim Hauptzollamt gestellt wird. [4] Erfolgt die Festsetzung der Steuer erst, nachdem die Energieerzeugnisse verwendet worden sind, wird abweichend von Satz 3 die Steuerentlastung gewährt, wenn der Antrag spätestens bis zum 31. Dezember des Jahres gestellt wird, das auf das Kalenderjahr folgt, in dem die Steuer festgesetzt worden ist.

(2) [1] Entlastungsabschnitt ist nach Wahl des Antragstellers ein Zeitraum von einem Kalendervierteljahr, einem Kalenderhalbjahr oder einem Kalenderjahr. [2] Das Hauptzollamt kann auf Antrag einen Zeitraum von einem Kalendermonat als Entlastungsabschnitt zulassen oder in Einzelfällen die Steuerentlastung unverzüglich gewähren. [3] Abweichend davon ist im Fall des § 53 Abs. 1 Satz 1 Nr. 2 des Gesetzes Entlastungsabschnitt ein Zeitraum von einem Kalenderjahr, falls als Entlastungsvoraussetzung ein Jahresnutzungsgrad von mindestens 70 Prozent maßgebend ist. [4] Das Hauptzollamt kann jedoch auf Antrag einen kürzeren Zeitraum, mindestens jedoch einen Kalendermonat, als vorläufigen

Entlastungsabschnitt zulassen, wenn die steuerlichen Belange dadurch nicht beeinträchtigt werden.

(3) Bei erstmaliger Antragstellung sind anzugeben oder dem Antrag beizufügen:

1. Name und Anschrift des Betreibers der Anlage,
2. Standort der Anlage,
3. im Fall des § 53 Abs. 1 Satz 1 Nr. 1 des Gesetzes eine technische Beschreibung der Anlage unter Angabe der elektrischen Nennleistung und des Durchschnittsverbrauchs pro Betriebsstunde sowie eine Darstellung der Mengenermittlung der eingesetzten Energieerzeugnisse,
4. im Fall des § 53 Abs. 1 Satz 1 Nr. 2 eine Beschreibung der installierten und betriebsfähigen Vorrichtungen zur Kraft- und Wärmenutzung einschließlich einer Nutzungsgradberechnung sowie eine Darstellung der Mengenermittlung sowohl der eingesetzten Energieerzeugnisse als auch der erzeugten genutzten thermischen und mechanischen Energie.

(4) [1] Im Fall des § 53 Abs. 1 Satz 1 Nr. 2 ist jedem weiteren Antrag eine Nutzungsgradberechnung für den jeweiligen Entlastungsabschnitt beizufügen. [2] Im Übrigen hat der Antragsteller Änderungen der nach Absatz 3 angegebenen Verhältnisse dem Hauptzollamt bei jedem weiteren Antrag mitzuteilen.

§ 99 Anlage zur Stromerzeugung und elektrische Nennleistung.

(1) [1] Mehrere unmittelbar miteinander verbundene Stromerzeugungseinheiten an einem Standort gelten als eine Anlage zur Stromerzeugung nach § 53 Abs. 1 Satz 1 Nr. 1 des Gesetzes. [2] Als unmittelbar miteinander verbunden gelten insbesondere auch Anlagen in Modulbauweise, die sich im selben baulichen Objekt befinden. [3] Die Summe der elektrischen Nennleistungen der Stromerzeugungseinheiten gilt dann als elektrische Nennleistung im Sinne von § 53 Abs. 2 des Gesetzes.

(2) [1] Stromerzeugungseinheiten in ortsfesten Anlagen an unterschiedlichen Standorten gelten als eine Anlage zur Stromerzeugung nach § 3 Absatz 1 Satz 1 Nummer 1 und 2 und § 53 Absatz 1 Satz 1 Nummer 1 und 2 des Gesetzes, sofern die einzelnen Einheiten zur Stromerzeugung zentral gesteuert werden, der Betreiber zugleich der Eigentümer der Stromerzeugungseinheiten ist, der die ausschließliche Entscheidungsgewalt über die Einheiten besitzt und der erzeugte Strom zumindest teilweise in das Versorgungsnetz eingespeist werden soll. [2] Für die elektrische Nennleistung gilt Absatz 1 Satz 3 sinngemäß.

Zu § 54 des Gesetzes

§ 100 Steuerentlastung für Unternehmen.
(1) [1] Die Steuerentlastung nach § 54 des Gesetzes ist bei dem für den Antragsteller zuständigen Hauptzollamt mit einer Anmeldung nach amtlich vorgeschriebenem Vordruck für alle Energieerzeugnisse zu beantragen, die innerhalb eines Entlastungsabschnitts verwendet worden sind. [2] Der Antragsteller hat in der Anmeldung alle für die Bemessung der Steuerentlastung erforderlichen Angaben zu machen und die Steuerentlastung selbst zu berechnen. [3] Die Steuerentlastung

Energiesteuer-Durchführungsverordnung **§ 100 EnergieStV** 47

wird nur gewährt, wenn der Antrag spätestens bis zum 31. Dezember des Jahres, das auf das Kalenderjahr folgt, in dem die Energieerzeugnisse verwendet worden sind, beim Hauptzollamt gestellt wird. ⁴Erfolgt die Festsetzung der Steuer erst, nachdem die Energieerzeugnisse verwendet worden sind, wird abweichend von Satz 3 die Steuerentlastung gewährt, wenn der Antrag spätestens bis zum 31. Dezember des Jahres gestellt wird, das auf das Kalenderjahr folgt, in dem die Steuer festgesetzt worden ist.

(2) ¹Entlastungsabschnitt ist das Kalenderjahr. ²Bestimmt sich der maßgebende Zeitraum für die Zuordnung eines Unternehmens zum Produzierenden Gewerbe oder zur Land- und Forstwirtschaft nach § 15 Absatz 3 Satz 1 der Stromsteuer-Durchführungsverordnung[1]), kann der Antragsteller abweichend von Satz 1 das Kalendervierteljahr oder das Kalenderhalbjahr als Entlastungsabschnitt wählen. ³Das Hauptzollamt kann im Fall des Satzes 2 auf Antrag auch den Kalendermonat als Entlastungsabschnitt zulassen. ⁴Eine Steuerentlastung wird in den Fällen der Sätze 2 und 3 jedoch nur gewährt, wenn der Entlastungsbetrag den Betrag nach § 54 Absatz 3 des Gesetzes bereits im jeweils ersten Entlastungsabschnitt eines Kalenderjahres überschreitet.

(3) ¹Der Antragsteller hat dem Antrag eine Beschreibung seiner wirtschaftlichen Tätigkeiten im maßgebenden Zeitraum gemäß § 15 Absatz 3 der Stromsteuer-Durchführungsverordnung nach amtlich vorgeschriebenem Vordruck beizufügen, es sei denn, die Beschreibung liegt dem Hauptzollamt bereits vor. ²Die Beschreibung muss es dem Hauptzollamt ermöglichen zu prüfen, ob die Energieerzeugnisse durch ein Unternehmen im Sinn des § 2 Nummer 3 oder Nummer 5 des Stromsteuergesetzes[2]) verwendet worden sind.

(4) Eine Schätzung der jeweils selbst oder von einem anderen Unternehmen (§ 100a) desProduzierenden Gewerbes oder der Land- und Forstwirtschaft verwendeten Wärmemengen und der für die Erzeugung der Wärme verbrauchten Energieerzeugnisse ist zulässig, soweit

1. eine genaue Ermittlung der Mengen nur mit unvertretbarem Aufwand möglich wäre und

2. die Schätzung nach allgemein anerkannten Regeln der Technik erfolgt und für nicht sachverständige Dritte jederzeit nachprüf- und nachvollziehbar ist.

(5) Der Antragsteller hat einen buchmäßigen Nachweis zu führen, aus dem sich für den jeweiligen Entlastungsabschnitt ergeben müssen:

1. die Art, die Menge, die Herkunft und der genaue Verwendungszweck der verbrauchten Energieerzeugnisse,

2. soweit die erzeugte Wärme durch ein anderes Unternehmen des Produzierenden Gewerbes oder der Land- und Forstwirtschaft verwendet worden ist (§ 100a):

   a) der Name und die Anschrift dieses anderen Unternehmens sowie

   b) die Wärmemengen, die durch dieses andere Unternehmen jeweils verwendet worden sind, sowie die Menge der für die Erzeugung der Wärme jeweils verbrauchten Energieerzeugnisse.

---
[1]) Nr. 45.
[2]) Nr. 44.

§ 100 a Verwendung von Wärme durch andere Unternehmen.

(1) ¹ Soweit eine Steuerentlastung für die Erzeugung von Wärme, die durch ein anderes Unternehmen des Produzierenden Gewerbes oder der Land- und Forstwirtschaft im Sinn des § 2 Nummer 3 oder Nummer 5 des Stromsteuergesetzes[1]) verwendet worden ist, beantragt wird, sind dem Antrag nach § 100 Absatz 1 zusätzlich beizufügen:

1. für jedes die Wärme verwendende andere Unternehmen des Produzierenden Gewerbes oder der Land- und Forstwirtschaft eine Selbsterklärung dieses anderen Unternehmens nach Absatz 2 und
2. eine Aufstellung, in der die für die Wärmeerzeugung verwendeten Energieerzeugnisse diesen anderen Unternehmen jeweils zugeordnet werden.

² Die Vorlage einer Selbsterklärung nach Satz 1 Nummer 1 ist nicht erforderlich, wenn diese dem zuständigen Hauptzollamt für das Kalenderjahr, für das die Steuerentlastung beantragt wird, bereits vorliegt.

(2) ¹ Die Selbsterklärung ist gemäß Satz 2 und 3 nach amtlich vorgeschriebenem Vordruck abzugeben. ² Darin hat das andere Unternehmen des Produzierenden Gewerbes oder der Land- und Forstwirtschaft insbesondere seine wirtschaftlichen Tätigkeiten im maßgebenden Zeitraum zu beschreiben. ³ § 100 Absatz 3 Satz 2 gilt entsprechend. ⁴ Auf die Beschreibung der wirtschaftlichen Tätigkeiten wird verzichtet, wenn dem für das andere Unternehmen des Produzierenden Gewerbes oder der Land- und Forstwirtschaft zuständigen Hauptzollamt eine Beschreibung der wirtschaftlichen Tätigkeiten für den maßgebenden Zeitraum bereits vorliegt. ⁵ Die Selbsterklärung gilt als Steuererklärung im Sinn der Abgabenordnung.

(3) ¹ Der Antragsteller hat sich die von einem anderen Unternehmen des Produzierenden Gewerbes oder der Land- und Forstwirtschaft jeweils verwendeten Wärmemengen bestätigen zu lassen. ² Soweit die jeweils bezogene Wärmemenge von einem anderen Unternehmen des Produzierenden Gewerbes oder der Land- und Forstwirtschaft vollständig selbst verwendet worden ist, reicht eine Bestätigung des anderen Unternehmens über die vollständige Verwendung der Wärme ohne Angabe der Menge aus. ³ Die vollständige oder anteilige Nutzung durch ein anderes Unternehmen des Produzierenden Gewerbes oder der Land- und Forstwirtschaft muss sich eindeutig und leicht nachprüfbar aus den bei dem Antragsteller vorhandenen Belegen ergeben. ⁴ Der Antragsteller nimmt die Bestätigungen zu seinen steuerlichen Aufzeichnungen.

(4) ¹ Wer eine Bestätigung nach Absatz 3 ausstellt, hat gemäß Satz 2 Aufzeichnungen zu führen, aus denen sich die insgesamt bezogenen, die selbst verwendeten und die an Dritte abgegebenen Wärmemengen herleiten lassen. ² Die Aufzeichnungen müssen so beschaffen sein, dass es einem sachverständigen Dritten innerhalb einer angemessenen Frist möglich ist, die Aufzeichnungen zu prüfen. ³ § 100 Absatz 4 gilt entsprechend. ⁴ Das andere Unternehmen unterliegt im Entlastungsverfahren der Steueraufsicht nach § 209 Absatz 3 der Abgabenordnung.

(5) Vom Antragsteller erzeugte Wärme gilt nicht als durch ein anderes Unternehmen verwendet, wenn

---

[1]) Nr. 44.

1. dieses andere Unternehmen die Wärme im Betrieb des Antragstellers verwendet,
2. solche Wärme üblicherweise nicht gesondert abgerechnet wird und
3. der Empfänger der unter Verwendung der Wärme erbrachten Leistungen der Antragsteller ist.

Zu § 55 des Gesetzes

§ 101 Steuerentlastung für Unternehmen in Sonderfällen. (1) ¹Die Steuerentlastung nach § 55 des Gesetzes ist bei dem für den Antragsteller zuständigen Hauptzollamt nach amtlich vorgeschriebenem Vordruck für alle Energieerzeugnisse zu beantragen, die innerhalb eines Kalenderjahres (Abrechnungszeitraum) verwendet worden sind. ²Die Steuerentlastung wird nur gewährt, wenn der Antrag spätestens bis zum 31. Dezember des Jahres, das auf das Kalenderjahr folgt, in dem die Energieerzeugnisse verwendet worden sind, bei dem für den Antragsteller zuständigen Hauptzollamt gestellt wird. ³Erfolgt die Festsetzung der Steuer erst, nachdem die Energieerzeugnisse verwendet worden sind, wird abweichend von Satz 2 die Steuerentlastung gewährt, wenn der Antrag spätestens bis zum 31. Dezember des Jahres gestellt wird, das auf das Kalenderjahr folgt, in dem die Steuer festgesetzt worden ist.

(2) ¹Bestimmt sich der maßgebende Zeitraum für die Zuordnung eines Unternehmens zum Produzierenden Gewerbe nach § 15 Absatz 3 Satz 1 der Stromsteuer-Durchführungsverordnung[1]), kann das Hauptzollamt auf Antrag einen vorläufigen Entlastungszeitraum von einem Kalendermonat, einem Kalendervierteljahr oder einem Kalenderhalbjahr (vorläufiger Abrechnungszeitraum) zulassen und die Steuerentlastung für innerhalb eines vorläufigen Abrechnungszeitraums verwendete Energieerzeugnisse gewähren. ²Zur Errechnung der Höhe der Steuerentlastung ist § 55 des Gesetzes sinngemäß auf den vorläufigen Abrechnungszeitraum anzuwenden. ³Eine Steuerentlastung nach Satz 1 wird nur dann gewährt, wenn die Summe aus dem Steueranteil nach § 55 Absatz 3 des Gesetzes und der Stromsteuer nach § 10 Absatz 1 Satz 1 bis 4 des Stromsteuergesetzes[2]) bereits im ersten vorläufigen Abrechnungszeitraum im Kalenderjahr den Unterschiedsbetrag in der Rentenversicherung (§ 55 Absatz 2 Satz 1 Nummer 1 und 2 des Gesetzes) für diesen Zeitraum übersteigt.

(3) ¹Wurde eine Steuerentlastung für innerhalb eines vorläufigen Abrechnungszeitraums verwendete Energieerzeugnisse nach Absatz 2 gewährt, hat der Antragsteller einen zusammenfassenden Antrag nach Absatz 1 für das Kalenderjahr bis zum 31. Juli des folgenden Kalenderjahres abzugeben. ²Wird der zusammenfassende Antrag nicht oder nicht rechtzeitig abgegeben, fordert das Hauptzollamt die nach Absatz 2 gewährte Steuerentlastung zurück.

(4) § 100 Absatz 3 bis 5 und § 100a gelten entsprechend.

---
[1]) Nr. 45.
[2]) Nr. 44.

Zu § 56 des Gesetzes

§ 102 Steuerentlastung für den öffentlichen Personennahverkehr, Allgemeines. (1) ¹Die Steuerentlastung nach § 56 des Gesetzes ist bei dem für den Antragsteller zuständigen Hauptzollamt mit einer Anmeldung nach amtlich vorgeschriebenem Vordruck für alle Energieerzeugnisse zu beantragen, die innerhalb eines Entlastungsabschnitts verwendet worden sind. ²Der Antragsteller hat in der Anmeldung alle für die Bemessung der Steuerentlastung erforderlichen Angaben zu machen und die Steuerentlastung selbst zu berechnen. ³Die Steuerentlastung wird nur gewährt, wenn der Antrag spätestens bis zum 31. Dezember des Jahres, das auf das Kalenderjahr folgt, in dem die Energieerzeugnisse verwendet worden sind, beim Hauptzollamt gestellt wird. ⁴Erfolgt die Festsetzung der Steuer erst, nachdem die Energieerzeugnisse verwendet worden sind, wird abweichend von Satz 3 die Steuerentlastung gewährt, wenn der Antrag spätestens bis zum 31. Dezember des Jahres gestellt wird, das auf das Kalenderjahr folgt, in dem die Steuer festgesetzt worden ist.

(2) ¹Entlastungsabschnitt ist nach Wahl des Antragstellers ein Zeitraum von einem Kalendervierteljahr, einem Kalenderhalbjahr oder einem Kalenderjahr. ²Das Hauptzollamt kann auf Antrag einen Zeitraum von einem Kalendermonat als Entlastungsabschnitt zulassen oder in Einzelfällen die Steuerentlastung unverzüglich gewähren.

(3) ¹Unternehmen mit Geschäftssitz im Ausland wird eine Steuerentlastung nur gewährt, wenn nachgewiesen ist, dass eine den begünstigten Beförderungen entsprechende Menge Kraftstoff verwendet wurde, die im Steuergebiet des Energiesteuergesetzes durch das Unternehmen versteuert worden ist oder versteuert bezogen worden ist. ²Das Hauptzollamt kann Regelungen über die Art des Nachweises festlegen.

(4) Weicht der ermittelte Entlastungsbetrag erheblich von dem Entlastungsbetrag ab, der für einen vergleichbaren vorhergehenden Entlastungsabschnitt gewährt worden ist, sind die Abweichungen zu erläutern.

(5) ¹Dem Antrag müssen die tatsächlich zurückgelegten begünstigten Strecken zugrunde gelegt werden, wie sie sich aus dem buchmäßigen Nachweis ergeben. ²Pauschalansätze sind nicht zulässig.

(6) ¹Der öffentliche Personennahverkehr mit Schienenbahnen oder mit Kraftfahrzeugen umfasst auch die damit zusammenhängenden notwendigen Betriebsfahrten. ²Notwendige Betriebsfahrten sind

1. An- und Abfahrten

   a) von und zu der Einsatzstelle,

   b) von und zu dem Betriebshof,

   c) von der und zu der Wohnung des Fahrzeugführers; dies umfasst auch Sammeltransporte mit Fahrzeugen, die nicht im genehmigten Linienverkehr eingesetzt sind,

   d) vom Endhaltepunkt einer Linie oder Strecke zum Anfangspunkt der nächsten Linie oder Strecke,

2. Fahrten zur Sicherstellung von Betriebsumläufen und Fahrplanwechseln, zum Beispiel Rangierfahrten,

3. Werkstattfahrten,

4. Ersatzwagengestellfahrten,
5. Hilfszugeinsatzfahrten,
6. Überführungsfahrten,
7. Lehr- und Schulungsfahrten zur Einweisung von Fahrzeugführern sowie
8. Lehr- und Schulungsfahrten zur Aus-, Fort- und Weiterbildung, nicht jedoch zur Erlangung einer Fahrerlaubnis.

³ Keine notwendigen Fahrten im Sinn des Satzes 1 sind Fahrten
1. zu Dienst- und Einsatzbesprechungen,
2. zum Austausch von Fahrplänen an Haltestellen,
3. von Werkstatt- und Servicefahrzeugen sowie
4. zur Beförderung von Personal und Material für unternehmenseigene Zwecke.

⁴ Dabei ist es unerheblich, ob diese Fahrten mit Kraftfahrzeugen oder Schienenfahrzeugen durchgeführt werden. ⁵ Beförderungen von Personal und Material für unternehmenseigene Zwecke sind insbesondere Fahrten für den Streckenunterhalt und zur Sicherung des Fahrbetriebs.

§ 102 a Steuerentlastung für den öffentlichen Personennahverkehr mit Schienenbahnen. (1) Der erstmalige Antrag auf Steuerentlastung muss – soweit zutreffend – folgende Angaben enthalten:
1. den Namen und den Zweck des Unternehmens,
2. den Namen des Betriebsinhabers (außer bei Kapitalgesellschaften) und, sofern ein solcher bestellt ist, des Betriebsleiters und gegebenenfalls seines Stellvertreters; bei juristischen Personen und Personengesellschaften sind die nach Gesetz, Gesellschaftsvertrag oder Satzung zur Vertretung berechtigten Personen anzugeben,
3. die Bezeichnung der mit Schienenbahnen befahrenen Strecken (zum Beispiel Strecken-Nummer) und die Länge der befahrenen Strecken in Kilometern,
4. die Angabe des Rechtsverhältnisses, sofern der Antragsteller für einen anderen Verkehrsunternehmer Beförderungen im öffentlichen Personennahverkehr durchführt,
5. ein Verzeichnis der im Schienenverkehr eingesetzten Fahrzeuge, für deren Verbrauch an Kraftstoffen die Entlastung beansprucht wird, unter Angabe des Typs und der Baureihe, der Motornummer, der Fabriknummer und der installierten Leistung in Kilowatt sowie
6. den spezifischen Kraftstoffverbrauch je Motortyp in Gramm je Kilowattstunde.

(2) Änderungen der nach Absatz 1 maßgeblichen betrieblichen Verhältnisse sind dem Hauptzollamt spätestens mit dem nächsten Antrag auf Steuerentlastung anzuzeigen.

(3) ¹ Der Antragsteller hat in den Fällen des § 56 Absatz 1 Satz 1 Nummer 1 des Gesetzes für jedes Schienenfahrzeug, in dem die Energieerzeugnisse verwendet worden sind, einen buchmäßigen Nachweis mit folgenden Angaben zu führen:
1. der Betriebsbezeichnung (Typ oder Baureihe) des Schienenfahrzeugs,

2. dem Tag des Einsatzes,
3. der Zahl der einsatztäglich gefahrenen Kilometer, gegebenenfalls aufgeteilt nach begünstigten und nicht begünstigten Verkehrsleistungen,
4. der Menge des getankten Kraftstoffs.

² Der nach Satz 1 zu führende buchmäßige Nachweis ist entsprechend dem jeweiligen Entlastungsabschnitt (§ 102 Absatz 2) abzuschließen. ³ Werden betriebliche Aufzeichnungen geführt, die den Nachweis des begünstigten Kraftstoffverbrauchs für jeden Entlastungsabschnitt auf andere Weise erbringen, so können diese Aufzeichnungen auf Antrag vom zuständigen Hauptzollamt als buchmäßiger Nachweis zugelassen werden.

§ 102 b Steuerentlastung für den öffentlichen Personennahverkehr mit Kraftfahrzeugen. (1) Der erstmalige Antrag auf Steuerentlastung muss – soweit zutreffend – folgende Angaben enthalten:

1. den Namen und den Zweck des Unternehmens,
2. den Namen des Betriebsinhabers (außer bei Kapitalgesellschaften) und, sofern ein solcher bestellt ist, des Betriebsleiters und seines Stellvertreters; bei juristischen Personen und Personengesellschaften sind die nach Gesetz, Gesellschaftsvertrag oder Satzung zur Vertretung berechtigten Personen anzugeben,
3. ein Verzeichnis der dem Antragsteller selbst genehmigten Linien und solcher Linien, für die ihm die Rechte und Pflichten übertragen worden sind, die aus der Genehmigung erwachsen (Genehmigungsübertragung), sowie derjenigen Linien, die der Antragsteller auf Grund einer Übertragung der Betriebsführung bedient; bei sämtlichen Linien sind die Linienlänge (längster Linienweg) und die Behörde anzugeben, die
    a) die Genehmigung für den Linienverkehr nach den §§ 42 und 43 des Personenbeförderungsgesetzes in der Fassung der Bekanntmachung vom 8. August 1990 (BGBl. I S. 1690), das zuletzt durch Artikel 4 des Gesetzes vom 5. April 2011 (BGBl. I S. 544) geändert worden ist, in der jeweils geltenden Fassung, erteilt hat,
    b) die Übertragung der aus der Genehmigung erwachsenden Rechte und Pflichten genehmigt hat oder
    c) die Übertragung der Betriebsführung nach § 2 Absatz 2 Nummer 3 des Personenbeförderungsgesetzes bewilligt hat,
4. ein Verzeichnis der vom Antragsteller in eigenem Namen, in eigener Verantwortung und für eigene Rechnung oder im Auftrag durchgeführten Beförderungen nach § 1 Nummer 4 Buchstabe d, g und i der Freistellungs-Verordnung in der im Bundesgesetzblatt Teil III, Gliederungsnummer 9240-1-1, veröffentlichten bereinigten Fassung, die durch Artikel 1 der Verordnung vom 30. Juni 1989 (BGBl. I S. 1273) geändert worden ist, in der jeweils geltenden Fassung, unter Angabe des Schulträgers oder der jeweiligen Einrichtung,
5. die Angabe des Rechtsverhältnisses, sofern der Antragsteller für ein anderes Verkehrsunternehmen Beförderungen im öffentlichen Personennahverkehr durchführt,
6. eine Erklärung, dass auf den einzelnen Linien oder Strecken, für die eine Entlastung beantragt wird, in der Mehrzahl der Beförderungsfälle die ge-

samte Reichweite 50 Kilometer oder die gesamte Reisezeit eine Stunde nicht übersteigt,

7. ein Verzeichnis der Verkehrsunternehmen, die im Auftrag des Antragstellers begünstigte Beförderungen durchführen, unter Angabe der übertragenen Linien und Strecken.

(2) Änderungen der für die Angaben nach Absatz 1 maßgeblichen betrieblichen Verhältnisse sind dem Hauptzollamt spätestens mit dem nächsten Antrag auf Steuerentlastung anzuzeigen.

(3) ¹ Die für jeden Entlastungsabschnitt nach § 102 Absatz 2 zu erstellenden Berechnungsbögen zum Antrag auf Steuerentlastung müssen folgende Angaben enthalten:

1. entweder für alle Fahrzeuge, für die eine Entlastung beantragt wird, gemeinsam (Berechnungsbogen A) oder für jede Fahrzeuggruppe (Berechnungsbogen B) oder für jedes Fahrzeug einzeln (Berechnungsbogen C)

a) die sich aus dem buchmäßigen Nachweis nach Absatz 4 ergebenden im Entlastungszeitraum insgesamt gefahrenen Kilometer und die im Rahmen von begünstigten Beförderungen zurückgelegten Kilometer,

b) die Menge des insgesamt getankten Kraftstoffs in Litern, in Kilogramm oder in Kilowattstunden; Bruchteile eines Liters, eines Kilogramms oder einer Kilowattstunde sind auf den nächsten vollen Liter, das nächste volle Kilogramm oder die nächste volle Kilowattstunde aufzurunden,

c) den Durchschnittsverbrauch je 100 Kilometer Fahrleistung, der sich aus den Angaben zu den Buchstaben a und b ergibt, auf drei Dezimalstellen gerundet, wobei Teile von weniger als 0,0005 entfallen und Teile von 0,0005 und mehr als ein Tausendstel anzusetzen sind,

d) den Verbrauch bei den begünstigten Beförderungen, errechnet aus dem Durchschnittsverbrauch nach Buchstabe c und der Kilometerleistung für die begünstigten Beförderungen nach Buchstabe a, auf volle Liter, auf volle Kilogramm oder auf volle Kilowattstunden gerundet, wobei Teile von weniger als 0,5 entfallen und Teile von 0,5 oder mehr als volle Einheit anzusetzen sind;

2. für Kraftfahrzeuge, deren buchmäßiger Nachweis nach Absatz 4 Satz 2 geführt wird (Berechnungsbogen D für Taxen und Mietwagen im Anrufsammelverkehr, Berechnungsbogen E für sonstige im genehmigten Linienverkehr eingesetzte Kraftfahrzeuge)

a) die sich aus dem buchmäßigen Nachweis nach Absatz 4 Satz 2 ergebenden Kilometer, die im Rahmen von begünstigten Beförderungen zurückgelegt wurden,

b) den pauschalierten Durchschnittsverbrauch je 100 Kilometer Fahrleistung nach Absatz 4 Satz 2 Nummer 5,

c) den Verbrauch bei den begünstigten Beförderungen, errechnet aus dem Durchschnittsverbrauch nach Buchstabe b und der Kilometerleistung für die begünstigten Beförderungen nach Buchstabe a, auf volle Liter, auf volle Kilogramm oder auf volle Kilowattstunden gerundet, wobei Teile von weniger als 0,5 entfallen und Teile von 0,5 oder mehr als volle Einheit anzusetzen sind

² Bei der Ermittlung des pauschalierten Durchschnittsverbrauchs nach Satz 1 Nummer 2 Buchstabe b ist nur auf eine Dezimalstelle zu runden. ³ Hierbei sind die kaufmännischen Rundungsregeln anzuwenden.

(4) ¹ Der Antragsteller hat in den Fällen des § 56 Absatz 1 Nummer 2 und 3 des Gesetzes für jedes Fahrzeug, in dem die Energieerzeugnisse verwendet worden sind, einen buchmäßigen Nachweis mit folgenden Angaben zu führen:
1. dem amtlichen Kennzeichen des Fahrzeugs,
2. dem Tag des Einsatzes,
3. der Zahl der einsatztäglich gefahrenen Kilometer, aufgeteilt nach begünstigten und nicht begünstigten Beförderungen,
4. der Menge und der Art des getankten Kraftstoffs.

² Der buchmäßige Nachweis kann alternativ mit folgenden Angaben geführt werden:
1. dem amtlichen Kennzeichen des Kraftfahrzeugs,
2. den begünstigungsfähigen Einsatztagen während des jeweiligen Entlastungsabschnitts,
3. der Zahl der während des Entlastungsabschnitts im Rahmen begünstigter Beförderungen gefahrenen Kilometer,
4. dem Nachweis des Einsatzes für begünstigte Beförderungen im öffentlichen Personennahverkehr,
5. der Menge des während des Entlastungsabschnitts im Rahmen begünstigter Beförderungen verbrauchten Kraftstoffs; für die Mengenermittlung kann der Durchschnittsverbrauch je 100 Kilometer Fahrleistung nach den Fahrzeugunterlagen zuzüglich eines pauschalen Zuschlags in Höhe von 20 Prozent des Durchschnittsverbrauchs zugrunde gelegt werden.

³ Der nach Satz 1 und 2 zu führende buchmäßige Nachweis ist entsprechend dem jeweiligen Entlastungsabschnitt (§ 102 Absatz 2) abzuschließen. ⁴ Werden betriebliche Aufzeichnungen geführt, die den Nachweis des begünstigten Kraftstoffverbrauchs für jeden Entlastungsabschnitt auf andere Weise erbringen, so können diese Aufzeichnungen auf Antrag vom zuständigen Hauptzollamt als buchmäßiger Nachweis zugelassen werden.

Zu § 57 des Gesetzes

§ 103 Steuerentlastung für Betriebe der Land- und Forstwirtschaft.

(1) ¹ Der Antrag nach § 57 des Gesetzes ist bei dem für den Betrieb des Antragstellers zuständigen Hauptzollamt zu stellen. ² Hat der Inhaber eines Betriebs nach § 57 Abs. 2 des Gesetzes seinen Wohnsitz nicht im Steuergebiet und führt er im Steuergebiet Arbeiten im Sinne des § 57 Abs. 1 des Gesetzes aus, so ist der Antrag bei dem Hauptzollamt zu stellen, das für die Steuerentlastung nach § 57 des Gesetzes in der Gemeinde, in der die Arbeiten überwiegend ausgeführt werden, zuständig ist.

(2) ¹ Die Steuerentlastung ist mit einer Anmeldung nach amtlich vorgeschriebenem Vordruck für die innerhalb eines Kalenderjahrs (Entlastungsabschnitt) zu begünstigten Zwecken nach § 57 Abs. 1 des Gesetzes verwende-

ten Energieerzeugnisse (begünstigter Verbrauch) zu beantragen. ²Die elektronische Übermittlung der Antragsdaten ist zugelassen, soweit für die Datenübermittlung und den Ausdruck des Entlastungsantrags (komprimierter Vordruck) die von der Finanzverwaltung hierfür zur Verfügung gestellten elektronischen Komponenten genutzt werden. ³Der Antragsteller hat in der Anmeldung alle für die Bemessung der Steuerentlastung erforderlichen Angaben zu machen und die Steuerentlastung selbst zu berechnen. ⁴Die Steuerentlastung wird nur gewährt, wenn der Antrag bis zum 30. September des Jahres, das dem Kalenderjahr folgt, in dem die Energieerzeugnisse verwendet worden sind, beim zuständigen Hauptzollamt gestellt wird. ⁵Bei einer elektronischen Übermittlung der Antragsdaten gilt der Antrag erst als gestellt, wenn dem zuständigen Hauptzollamt zusätzlich zu den elektronisch übermittelten Daten der unterschriebene komprimierte Vordruck zugeht. ⁶Für die Fristwahrung ist allein der Eingang des unterschriebenen komprimierten Vordrucks maßgeblich. ⁷Bei erstmaliger Antragstellung sind dem Antrag beizufügen:

1. Quittungen oder Lieferbescheinigungen nach Absatz 4 über im Entlastungsabschnitt insgesamt bezogene Gasöle und Biokraftstoffe,

2. die Aufzeichnungen nach Absatz 5, soweit der Antragsteller zu deren Führung verpflichtet ist,

3. von Betrieben der Imkerei ein Nachweis über die Anzahl der Bienenvölker (Völkermeldung) und

4. Bescheinigungen nach Absatz 6 über das im Entlastungsabschnitt von Betrieben im Sinne des § 57 Abs. 2 Nr. 5 des Gesetzes verbrauchte Gasöl.

⁸Bei Folgeanträgen hat der Antragsteller die in Satz 7 genannten Unterlagen lediglich auf Verlangen des Hauptzollamts vorzulegen.

(3) ¹Antragsberechtigt ist der Inhaber eines Betriebs im Sinne des § 57 Abs. 2 des Gesetzes (Begünstigter). ²Wechselt innerhalb eines Entlastungsabschnitts der Inhaber eines Betriebs, so bleibt der bisherige Inhaber für die Zeit bis zum Inhaberwechsel Begünstigter.

(4) ¹Der Begünstigte hat sich Quittungen oder Lieferbescheinigungen über die im Entlastungsabschnitt insgesamt für begünstigte und nicht begünstigte Zwecke bezogenen Gasöle und Biokraftstoffe ausstellen zu lassen, welche die Anschriften des Empfängers und des Lieferers, das Datum der Lieferung, die gelieferte Menge und den zu zahlenden Betrag enthalten. ²Tankbelege gelten auch ohne die Anschrift des Empfängers als Lieferbescheinigung, wenn sie die übrigen Angaben nach Satz 1 enthalten. ³Der Antragsteller hat die Belege nach § 147 Abs. 1 und 3 der Abgabenordnung aufzubewahren.

(5) ¹Inhaber von Betrieben im Sinne des § 57 Abs. 2 Nr. 5 des Gesetzes haben für jedes oder jede der in § 57 Abs. 1 des Gesetzes genannten Fahrzeuge, Geräte und Maschinen geeignete Aufzeichnungen zu führen, aus denen das Datum und der Umfang der ausgeführten Arbeiten sowie die Raummenge der beim Betrieb verbrauchten Energieerzeugnisse ersichtlich sein müssen. ²Die Aufzeichnungen sind am Schluss des Kalenderjahrs abzuschließen.

(6) Für Arbeiten, die ein in § 57 Abs. 2 Nr. 5 des Gesetzes genannter Betrieb im Betrieb des Begünstigten unter Verwendung von selbst bezogenem Gasöl ausgeführt hat, hat sich der Begünstigte Bescheinigungen ausstellen zu

lassen, welche seine Anschrift, die des ausführenden Betriebs, das Datum sowie Art und Umfang der ausgeführten Arbeiten, die hierfür verbrauchte Gasölmenge und den hierfür zu zahlenden Geldbetrag enthalten.

(7) Der Steuerentlastungsanspruch nach § 57 des Gesetzes entsteht mit Ablauf des Entlastungsabschnitts (Absatz 2 Satz 1).

Zu § 59 des Gesetzes

§ 104 Steuerentlastung für Diplomatenbenzin und -dieselkraftstoff.

(1) [1] Die Vergütung nach § 59 des Gesetzes ist bei dem Hauptzollamt, das für den Dienstsitz der ausländischen Vertretung zuständig ist, nach amtlich vorgeschriebenem Vordruck zu beantragen. [2] Dem Antrag sind die Rechnungen des Lieferers über die Abgabe von Benzin oder Dieselkraftstoff an den Begünstigten beizufügen; darin müssen der Tag der Lieferung, die gelieferte Menge und die Anschrift des Lieferers angegeben sein.

(2) [1] Die Steuer wird nur vergütet, wenn der Leiter der ausländischen Vertretung oder sein Stellvertreter den Antrag selbst stellt, bei anderen Begünstigten nur, wenn dem Hauptzollamt vor oder mit dem ersten Vergütungsantrag eine vom Antragsteller selbst unterschriebene und vom Leiter der ausländischen Vertretung oder seinem Stellvertreter unter Beifügung des Dienststempelabdrucks bescheinigte Erklärung übergeben wird, aus der hervorgeht, dass sie zu den nach § 59 Abs. 2 Nr. 2 des Gesetzes begünstigten Personen gehören und Gründe, die die Begünstigung nach § 59 Abs. 3 des Gesetzes ausschließen, nicht vorliegen. [2] Die Steuer wird nicht vergütet für Benzin und Dieselkraftstoff, die in Fahrzeugen verbraucht worden sind, die für eine ausländische Vertretung oder für andere Begünstigte zugelassen, jedoch nicht begünstigte Dritten zur ständigen Benutzung überlassen worden sind. [3] Eine entsprechende Erklärung ist mit jedem Antrag abzugeben.

(3) [1] Die Vergütung soll, wenn nicht besondere Gründe eine Ausnahme rechtfertigen, erst beantragt werden, wenn die vergütungsfähige Menge 300 Liter erreicht. [2] Sie muss jedoch spätestens in dem auf den Bezug folgenden Kalenderjahr beantragt werden. [3] Der Antrag muss alle im Abrechnungszeitraum entstandenen Vergütungsansprüche umfassen. [4] Ist über ihn entschieden, können weitere Ansprüche für den gleichen Zeitraum nicht mehr geltend gemacht werden. [5] Vergütungen werden nicht gewährt für den Abrechnungszeitraum, für den eine gefälschte, verfälschte oder für andere als die angegebenen Fahrzeuge erteilte Rechnung vorgelegt wird.

Zu § 66 Abs. 1 Nr. 2 des Gesetzes

§ 105 Steuerbegünstigung für Pilotprojekte. [1] Das zuständige Hauptzollamt kann auf Antrag im Verwaltungswege eine Steuerbegünstigung (Steuerbefreiung, Steuerermäßigung) gewähren für Energieerzeugnisse, die bei Pilotprojekten zur technologischen Entwicklung umweltverträglicher Produkte oder in Bezug auf Kraftstoffe aus erneuerbaren Rohstoffen verwendet werden. [2] Die §§ 24 und 30 des Gesetzes und die §§ 52 bis 57 gelten sinngemäß. [3] Das Hauptzollamt kann die Steuerbegünstigung für nachweislich versteuerte Energieerzeugnisse auch im Wege einer Steuerentlastung gewähren.

Zu § 66 Absatz 1 Nummer 18 des Gesetzes

§ 105 a Steuerentlastung für ausländische Streitkräfte und Hauptquartiere. (1) ¹ Eine Steuerentlastung wird auf Antrag gewährt für nachweislich versteuerte Energieerzeugnisse, die an die ausländischen Streitkräfte oder Hauptquartiere geliefert werden. ² Artikel 67 Absatz 3 Buchstabe a Ziffer i des Zusatzabkommens vom 3. August 1959 (§ 66 Nummer 18 Satz 1 Buchstabe a des Gesetzes), Artikel 15 des Abkommens vom 13. März 1967 (§ 66 Nummer 18 Satz 1 Buchstabe b des Gesetzes) und Artikel III des Abkommens vom 15. Oktober 1954 (§ 66 Nummer 18 Satz 1 Buchstabe c des Gesetzes) gelten auch für diese Steuerentlastung. ³ Entlastungsberechtigt ist derjenige, der die Energieerzeugnisse geliefert hat.

(2) Der Lieferung an die ausländischen Streitkräfte oder Hauptquartiere steht die Abgabe an zum Bezug berechtigte Mitglieder der ausländischen Streitkräfte oder der Hauptquartiere gegen besondere Gutscheine oder im Rahmen eines Tankkartenverfahrens gleich.

(3) Ausländische Streitkräfte, Hauptquartiere und Mitglieder der ausländischen Streitkräfte oder der Hauptquartiere sind ausländische Streitkräfte, Hauptquartiere und Mitglieder der ausländischen Streitkräfte oder der Hauptquartiere im Sinn des Truppenzollgesetzes vom 19. Mai 2009 (BGBl. I S. 1090), das durch Artikel 8 des Gesetzes vom 15. Juli 2009 (BGBl. I S. 1870) geändert worden ist, in der jeweils geltenden Fassung.

(4) ¹ Die Steuerentlastung ist bei dem für den Antragsteller zuständigen Hauptzollamt mit einer Anmeldung nach amtlich vorgeschriebenem Vordruck für alle Energieerzeugnisse zu beantragen, die innerhalb eines Entlastungsabschnitts geliefert worden sind. ² Der Antragsteller hat in der Anmeldung alle Angaben zu machen, die für die Bemessung der Steuerentlastung erforderlich sind, und die Steuerentlastung selbst zu berechnen. ³ Die Steuerentlastung wird nur gewährt, wenn der Antrag spätestens bis zum 31. Dezember des Jahres, das auf das Kalenderjahr folgt, in dem die Energieerzeugnisse geliefert oder abgegeben worden sind, beim Hauptzollamt gestellt wird. ⁴ Erfolgt die Festsetzung der Steuer erst, nachdem die Energieerzeugnisse geliefert oder abgegeben worden sind, wird abweichend von Satz 3 die Steuerentlastung gewährt, wenn der Antrag spätestens bis zum 31. Dezember des Jahres gestellt wird, das auf das Kalenderjahr folgt, in dem die Steuer festgesetzt worden ist.

(5) ¹ Entlastungsabschnitt ist nach Wahl des Antragstellers der Zeitraum von einem Kalendervierteljahr, einem Kalenderhalbjahr oder einem Kalenderjahr. ² Das Hauptzollamt kann auf Antrag einen Zeitraum von einem Kalendermonat als Entlastungsabschnitt zulassen oder in Einzelfällen die Steuerentlastung unverzüglich gewähren.

(6) ¹ Dem Antrag sind die Abwicklungsscheine nach § 73 Absatz 1 Nummer 1 der Umsatzsteuer-Durchführungsverordnung beizufügen. ² Das Hauptzollamt kann auf Abwicklungsscheine verzichten, wenn die vorgeschriebenen Angaben anderen Belegen und den Aufzeichnungen des Antragstellers eindeutig und leicht nachprüfbar zu entnehmen sind.

(7) Der Antragsteller hat einen buchmäßigen Nachweis zu führen, dem für jede Lieferung oder Abgabe im Entlastungsabschnitt die Art, die Menge, die Herkunft und der Empfänger der Energieerzeugnisse zu entnehmen sein müssen.

Zu den §§ 61 und 66 Abs. 1 Nr. 16 des Gesetzes

§ 106 Steueraufsicht, Pflichten. [1] Wer der Steueraufsicht unterliegt (§ 61 des Gesetzes), hat auf Verlangen des Hauptzollamts über den Bezug, den Vertrieb, den Transport, die Lagerung und die Verwendung von Energieerzeugnissen besondere Aufzeichnungen zu führen, aus denen jeweils Art, Kennzeichnung und Menge der Energieerzeugnisse, der Lieferer, der Empfänger und die Reihenfolge der Lieferungen hervorgehen, wenn diese Angaben aus den betrieblichen Unterlagen nicht ersichtlich sind. [2] Darüber hinaus kann das Hauptzollamt weitere Überwachungsmaßnahmen anordnen, wenn sie zur Sicherung der Steuerbelange erforderlich erscheinen.

§ 107 Hinweispflichten bei Abgabe von Energieerzeugnissen.
(1) Wer Energieerzeugnisse nach § 1 Abs. 2 Nr. 1, 4, 6 oder § 1 Abs. 3 des Gesetzes, für die die Steuer nach den Steuersätzen des § 2 Abs. 1 des Gesetzes entstanden ist, im Steuergebiet an Dritte abgibt, hat die für den Empfänger bestimmten Belege (Rechnungen, Lieferscheine, Lieferverträge oder dergleichen) mit einem Hinweis zu versehen, dass es sich bei den abgegebenen Waren um Energieerzeugnisse im Sinne des Energiesteuergesetzes[1]) handelt.

(2) [1] Wer Energieerzeugnisse, für die die Steuer nach den Steuersätzen des § 2 Abs. 3 des Gesetzes entstanden ist, im Steuergebiet an Dritte abgibt, hat die für den Empfänger bestimmten Belege (Rechnungen, Lieferscheine, Lieferverträge oder dergleichen) mit folgendem Hinweis zu versehen:
„Steuerbegünstigtes Energieerzeugnis! Darf nicht als Kraftstoff verwendet werden, es sei denn, eine solche Verwendung ist nach dem Energiesteuergesetz oder der Energiesteuer-Durchführungsverordnung[2]) zulässig. Jede andere Verwendung als Kraftstoff hat steuer- und strafrechtliche Folgen! In Zweifelsfällen wenden Sie sich bitte an Ihr zuständiges Hauptzollamt."
[2] Der Hinweis kann bei der Abgabe von Flüssiggasen in Kleinflaschen oder Kartuschen mit einem Füllgewicht bis 5 Kilogramm entfallen. [3] Bei anderen Flaschen mit einem Füllgewicht bis 11 Kilogramm kann der Hinweis auch in Form eines Aufdrucks oder Aufklebers auf der Flüssiggasflasche angebracht werden.

Zu den §§ 65 und 66 Abs. 1 Nr. 16 des Gesetzes

§ 108 Kontrollen, Sicherstellung. [1] In Fahrzeugen mitgeführte oder in Behältern von Antriebsanlagen enthaltene Energieerzeugnisse hat der Fahrzeugführer oder der für den Betrieb der Antriebsanlage Verantwortliche zur

---

[1]) Nr. 46.
[2]) Nr. 47.

Sicherstellung nach § 65 des Gesetzes aus den Behältern abzulassen, wenn die mit der Steueraufsicht betrauten Amtsträger dies verlangen. ² Über die Sicherstellung ist eine Bescheinigung zu erteilen. ³ Die Amtsträger können die Energieerzeugnisse in den Behältern sicherstellen oder von einer Sicherstellung absehen, wenn ein unverzüglicher Austausch der Energieerzeugnisse den öffentlichen Verkehr stören würde. ⁴ Sie können auch zulassen, dass der Fahrzeugführer die Energieerzeugnisse bis zum Erreichen der nächsten Gelegenheit zum Ablassen, jedoch längstens 24 Stunden, weiterverwendet. ⁵ In diesem Fall hat der Fahrzeugführer das Fahrzeug nach dem Ablassen der nicht verwendeten Energieerzeugnisse unverzüglich einer von den Amtsträgern bestimmten Zollstelle zur erneuten Prüfung vorzuführen. ⁶ Den Rest der Energieerzeugnisse hat der Fahrzeugführer auf Verlangen der Amtsträger bei der Zollstelle oder einer von ihr bestimmten Stelle abzuliefern. ⁷ Eine zugelassene Weiterverwendung gilt nicht als Verwendung im Sinne des § 21 Abs. 1 Satz 1 des Gesetzes.

Zu § 66 Abs. 1 Nr. 17 des Gesetzes

§ 109 Vermischungen von versteuerten Energieerzeugnissen.

(1) ¹ Werden Energieerzeugnisse, die nach verschiedenen Steuersätzen des § 2 Abs. 1 des Gesetzes, auch in Verbindung mit § 2 Abs. 4 des Gesetzes, versteuert worden sind, vor der Abgabe in Haupt- oder Reservebehälter von Motoren miteinander gemischt, entsteht für die niedriger belasteten Anteile eine Steuer, wenn das Gemisch ein Benzin nach § 2 Abs. 1 Nr. 1 oder Nr. 2 des Gesetzes oder ein Kraftstoff nach § 2 Abs. 4 des Gesetzes ist, der nach seiner Beschaffenheit dem Benzin entspricht. ² Dies gilt nicht für niedriger belastete Anteile, die eine Menge von 300 Litern nicht übersteigen, wenn sie in Transportmitteln, beim Entleeren von Transportmitteln, beim Spülen von Tankstellenbehältern, bei der Herstellung von Zweitaktergemischen oder durch Endverwender vermischt werden.

(2) Die Steuer beträgt,

1. falls das Gemisch ein Benzin nach § 2 Abs. 1 Nr. 1 Buchstabe a des Gesetzes oder ein entsprechender Kraftstoff nach § 2 Abs. 4 des Gesetzes ist,

   a) für 1000 l Energieerzeugnisse
   nach § 2 Abs. 1 Nr. 3 des Gesetzes   15,30 EUR,

   b) für 1000 l Energieerzeugnisse
   nach § 2 Abs. 1 Nr. 4 Buchstabe a des Gesetzes   184,10 EUR,

   c) für 1000 l Energieerzeugnisse
   nach § 2 Abs. 1 Nr. 4 Buchstabe b des Gesetzes   199,40 EUR,

   d) für 1000 l Energieerzeugnisse
   nach § 2 Abs. 1 Nr. 6 des Gesetzes   184,10 EUR;

2. falls das Gemisch ein Benzin nach § 2 Abs. 1 Nr. 1 Buchstabe b des Gesetzes oder ein entsprechender Kraftstoff nach § 2 Abs. 4 des Gesetzes ist,

   a) für 1000 l Energieerzeugnisse
   nach § 2 Abs. 1 Nr. 4 Buchstabe a des Gesetzes   168,80 EUR,

   b) für 1000 l Energieerzeugnisse
   nach § 2 Abs. 1 Nr. 4 Buchstabe b des Gesetzes   184,10 EUR,

47 EnergieStV § 110 5. Teil. Umweltschutz

    c) für 1000 l Energieerzeugnisse
       nach § 2 Abs. 1 Nr. 6 des Gesetzes   168,80 EUR;

3. falls das Gemisch ein Benzin nach § 2 Abs. 1 Nr. 2 des Gesetzes oder ein entsprechender Kraftstoff nach § 2 Abs. 4 des Gesetzes ist,
   - a) für 1000 l Energieerzeugnisse
     nach § 2 Abs. 1 Nr. 1 Buchstabe a des Gesetzes   51,20 EUR,
   - b) für 1000 l Energieerzeugnisse
     nach § 2 Abs. 1 Nr. 1 Buchstabe b des Gesetzes   66,50 EUR,
   - c) für 1000 l Energieerzeugnisse
     nach § 2 Abs. 1 Nr. 3 des Gesetzes   66,50 EUR,
   - d) für 1000 l Energieerzeugnisse
     nach § 2 Abs. 1 Nr. 4 Buchstabe a des Gesetzes   235,30 EUR,
   - e) für 1000 l Energieerzeugnisse
     nach § 2 Abs. 1 Nr. 4 Buchstabe b des Gesetzes   250,60 EUR,
   - f) für 1000 l Energieerzeugnisse
     nach § 2 Abs. 1 Nr. 6 des Gesetzes   235,30 EUR.

(3) [1] Werden Energieerzeugnisse, für die eine Steuerentlastung nach § 50 Abs. 1 Satz 1 Nr. 1 oder Nr. 2 des Gesetzes vorgesehen ist, vor der Abgabe in Haupt- oder Reservebehälter von Motoren mit anderen Energieerzeugnissen, ausgenommen Biokraftstoffen oder Additiven der Position 3811 der Kombinierten Nomenklatur, gemischt, entsteht für den enthaltenen Anteil Biokraftstoffs eine Steuer in Höhe der vorgesehenen Steuerentlastung. [2] Dies gilt nicht für Energieerzeugnisse, die durch Endverwender zum Eigenverbrauch vermischt werden und für Energieerzeugnisse, die eine Menge von 300 Litern nicht übersteigen, wenn sie in Transportmitteln, beim Entleeren von Transportmitteln oder beim Spülen von Tankstellenbehältern vermischt werden.

(4) [1] Steuerschuldner ist, wer die Energieerzeugnisse mischt. [2] Dieser hat für Energieerzeugnisse, für die in einem Monat die Steuer entstanden ist, bis zum 15. Tag des folgenden Monats eine Steuererklärung abzugeben und darin die Steuer selbst zu berechnen (Steueranmeldung). [3] Für die Fälligkeit der Steuer gilt § 8 Abs. 5 und 6 des Gesetzes sinngemäß.

(5) [1] Wer Energieerzeugnisse nach Absatz 1 Satz 1 mischen will, hat dies dem zuständigen Hauptzollamt drei Wochen vorher schriftlich anzumelden. [2] § 12 Absatz 1 Satz 2 und Absatz 2 sowie die §§ 13 und 15 Absatz 1, 2 und 4 bis 11 gelten sinngemäß.

Zu § 66 Abs. 1 Nr. 13 des Gesetzes

§ 110 Normen. [1] Es gelten
1. für die Ermittlung der Menge von Energieerzeugnissen die DIN 51650 (Ausgabe Juli 2006), soweit die Energieerzeugnisse durch diese Norm erfasst werden,
2. für die Bestimmung des Normvolumens von Erdgas und gasförmigen Kohlenwasserstoffen die DIN 1343 (Ausgabe Januar 1990),

3. für die Bestimmung des Brennwerts von Erdgas und gasförmigen Kohlenwasserstoffen die DIN 5499 (Ausgabe Januar 1972),
4. für die Bestimmung des Bleigehalts von Benzin nach § 2 Abs. 1 Nr. 1 und 2 des Gesetzes die DIN EN 13723 (Ausgabe Oktober 2002),
5. für die Bestimmung des Schwefelgehalts von Energieerzeugnissen nach § 2 Absatz 1 Nummer 1 und 4 und Absatz 3 Satz 1 Nummer 1 des Gesetzes, in Abhängigkeit von dem in der jeweiligen Norm vorgesehenen Anwendungsbereich,

   a) die DIN EN ISO 8754, Ausgabe Dezember 2003,

   b) die DIN EN ISO 14596, Ausgabe Dezember 2007,

   c) die DIN EN ISO 20846, Ausgabe Juli 2004,

   d) die DIN EN ISO 20884, Ausgabe Juli 2004, und

   e) die DIN EN 24260, Ausgabe Mai 1994,
6. für die Bestimmung des Heizwerts von Energieerzeugnissen nach § 2 Abs. 1 Nr. 9 und 10 des Gesetzes die DIN 5499 (Ausgabe Januar 1972),

6 a. für die Bestimmung des Heizwerts von Energieerzeugnissen nach § 2 Absatz 4 a des Gesetzes und anderen Abfällen nach § 1 b Absatz 1 Nummer 3 die DIN EN 15400, Ausgabe Mai 2011,
7. für die Bestimmung des Gehalts der in § 2 Absatz 1 genannten Rotfarbstoffe das in der Anlage 2 dieser Verordnung genannte Verfahren (Hochdruckflüssigkeitschromatographie) oder, sofern die Bestimmung nicht durch Biokomponenten gestört wird, die DIN 51426, Ausgabe März 2002; im Streitfall ist das Ergebnis der Untersuchung nach dem in der Anlage 2 dieser Verordnung genannten Verfahren maßgeblich,
8. für die Bestimmung des Gehalts des in § 2 Absatz 1 genannten Markierstoffs Solvent Yellow 124 das in der Anlage 3 dieser Verordnung genannte Verfahren (Euromarker-Referenzanalyseverfahren),
9. für die Bestimmung des Färbeäquivalents von Gemischen der in § 2 Abs. 1 genannten Rotfarbstoffe die Anlage 4 zu dieser Verordnung.

[2] DIN- und ISO/IEC-Normen, auf die in dieser Verordnung verwiesen wird, sind im Beuth-Verlag GmbH, Berlin, erschienen und bei der Deutschen Nationalbibliothek archivmäßig gesichert niedergelegt.

Zu § 381 Abs. 1 der Abgabenordnung

§ 111 Ordnungswidrigkeiten. (1) Ordnungswidrig im Sinne des § 381 Abs. 1 Nr. 1 der Abgabenordnung handelt, wer vorsätzlich oder leichtfertig

1. entgegen § 4 Abs. 3 Satz 1, auch in Verbindung mit § 4 Abs. 4, entgegen § 7 Abs. 1 Satz 3, Abs. 2 Satz 2 oder Abs. 4 Satz 1, jeweils auch in Verbindung mit § 8 Abs. 1, entgegen § 9 Abs. 4, § 15 Abs. 2 Satz 2, Abs. 4 Satz 2, Abs. 8, 9 Satz 1, Abs. 10 oder Abs. 11, jeweils auch in Verbindung mit § 109 Abs. 5 Satz 2, entgegen § 19 Abs. 2 Satz 3, Abs. 4 Satz 2 oder Abs. 9 Satz 1, jeweils auch in Verbindung mit § 22, entgegen § 19 Abs. 8 oder Abs. 10, jeweils auch in Verbindung mit § 21 Abs. 3 Satz 3 oder § 22, entgegen § 26 Absatz 6, § 27 Absatz 6, § 36 Absatz 4 Satz 1, auch in Verbindung mit § 36 b Absatz 4, § 37 a, § 42 Absatz 4 Satz 4, § 42 a

47 EnergieStV § 111

Satz 1, § 51 Abs. 4, § 54 Abs. 6, auch in Verbindung mit § 73 Abs. 2 oder § 84 Abs. 2, § 56 Abs. 6 Satz 2, Abs. 8 oder Abs. 10, § 61 Abs. 1 Satz 2, § 64 Abs. 5, § 67 Abs. 4, 6 oder Abs. 8 Satz 1, § 75 Abs. 4, 6 oder Abs. 8 Satz 1, § 79 Abs. 3 oder § 85 Abs. 4 oder Abs. 6 Satz 1 eine Anzeige nicht, nicht richtig, nicht vollständig, nicht in der vorgeschriebenen Weise oder nicht rechtzeitig erstattet,

2. entgegen § 7 Abs. 3, auch in Verbindung mit § 8 Abs. 1, § 15 Abs. 2 Satz 3, auch in Verbindung mit § 109 Abs. 5 Satz 2, § 19 Abs. 2 Satz 3, auch in Verbindung mit § 22, § 26 Absatz 4 Satz 1 oder Absatz 8 Satz 4, § 27 Absatz 5 Satz 1, § 40 Abs. 1 Satz 4, § 48 Abs. 2, § 51 Abs. 2 Satz 1 oder Satz 3, § 64 Abs. 2 Satz 1 oder Satz 3, § 67 Abs. 2 Satz 1 oder Satz 3, § 75 Abs. 2 Satz 1 oder Satz 3, § 79 Abs. 2 Satz 1 oder Satz 3, § 85 Abs. 2 Satz 1 oder Satz 3, § 100 a Absatz 4 Satz 1, auch in Verbindung mit § 101 Absatz 4, oder § 106 Satz 1 eine Aufzeichnung nicht, nicht richtig oder nicht vollständig führt,

3. entgegen § 15 Abs. 2 Satz 1, auch in Verbindung mit § 109 Abs. 5 Satz 2, § 19 Abs. 2 Satz 1, auch in Verbindung mit § 22, § 40 Abs. 1 Satz 1 oder § 56 Abs. 3 Satz 1 ein Buch nicht oder nicht richtig führt,

4. entgegen § 15 Abs. 2 Satz 6, auch in Verbindung mit § 109 Abs. 5 Satz 2, § 19 Abs. 2 Satz 6, auch in Verbindung mit § 22, § 40 Abs. 1 Satz 7 oder § 56 Abs. 4 Satz 2 ein Buch nicht oder nicht rechtzeitig abliefert,

5. entgegen § 15 Abs. 3 Satz 1, § 19 Abs. 3 Satz 1, auch in Verbindung mit § 22, oder § 56 Abs. 3 Satz 6 eine Zusammenstellung nicht, nicht richtig oder nicht rechtzeitig vorlegt,

6. entgegen § 15 Absatz 3 Satz 2, § 15 Abs. 4 Satz 1, auch in Verbindung mit § 109 Abs. 5 Satz 2, § 19 Abs. 3 Satz 2 oder Abs. 4 Satz 1, jeweils auch in Verbindung mit § 22, § 56 Abs. 5 Satz 1 oder Abs. 6 Satz 1 oder § 109 Abs. 5 Satz 1 eine Anmeldung nicht, nicht richtig oder nicht rechtzeitig abgibt,

7. entgegen § 15 Abs. 5 Satz 2 oder Satz 3, jeweils auch in Verbindung mit § 109 Abs. 5 Satz 2, § 19 Abs. 5 Satz 2 oder Satz 3, jeweils auch in Verbindung mit § 22, § 40 Abs. 2 Satz 2 oder Satz 3 oder § 56 Abs. 7 Satz 2 oder Satz 3 ein Buch oder eine Aufzeichnung nicht, nicht richtig oder nicht rechtzeitig aufrechnet, einen Bestand nicht, nicht richtig oder nicht rechtzeitig anmeldet oder ein anderes Energieerzeugnis nicht, nicht richtig oder nicht vollständig einbezieht,

8. entgegen § 27 Absatz 5 Satz 3, § 33 Absatz 3 oder Absatz 4, § 36 Absatz 7 Satz 1 oder Satz 2, § 36 b Absatz 2 Satz 5, § 57 Absatz 3, auch in Verbindung mit § 57 Absatz 9, § 57 Absatz 7 Satz 1 oder Absatz 15, § 68 Absatz 1 Satz 1, § 69 Absatz 2, auch in Verbindung mit § 69 Absatz 4, 5 oder § 76 Absatz 3 Satz 2, oder § 76 Absatz 1 Satz 1 eine Eintragung, eine Aufzeichnung oder einen Vermerk nicht, nicht richtig, nicht in der vorgeschriebenen Weise oder nicht rechtzeitig vornimmt,

9. entgegen § 28 Absatz 1 Satz 4, § 28 b Absatz 3, § 33 Absatz 1, § 36 Absatz 3 Satz 4, § 39 Absatz 1 Satz 1, § 44 Satz 4, § 45 Absatz 2 Satz 3 oder § 57 Absatz 10 Satz 4 ein Dokument nicht mitführt,

10. entgegen § 28 b Absatz 4 Satz 1, auch in Verbindung mit § 36 Absatz 4 Satz 3, oder § 34 Absatz 4 Energieerzeugnisse nicht, nicht vollständig oder nicht rechtzeitig vorführt,

Energiesteuer-Durchführungsverordnung **§ 111 EnergieStV 47**

11. entgegen § 32 Absatz 4 Satz 2, § 36 Absatz 2 Satz 1, auch in Verbindung mit § 36 b Absatz 4, § 36 a Absatz 2 Satz 3, § 36 b Absatz 2 Satz 4 oder § 45 Absatz 3 Satz 1 eine Unterrichtung nicht, nicht richtig, nicht in der vorgeschriebenen Weise oder nicht rechtzeitig vornimmt,
12. entgegen § 34 Absatz 1 Satz 1, § 36 Absatz 3 Satz 3, Absatz 4 Satz 2, auch in Verbindung mit § 36 b Absatz 4, Absatz 5 Satz 1 oder Absatz 7 Satz 2, § 36 a Absatz 3 Satz 1, § 36 b Absatz 2 Satz 3 oder Absatz 3 Satz 1, § 36 c Absatz 3 Satz 1 eine Übermittlung oder Mitteilung nicht, nicht richtig, nicht in der vorgeschriebenen Weise oder nicht rechtzeitig vornimmt,
13. entgegen § 36 c Absatz 1 Satz 1 oder Absatz 2 Satz 1 oder § 39 Absatz 2 Satz 1 ein Dokument nicht, nicht richtig oder nicht rechtzeitig vorlegt,
14. entgegen § 39 Absatz 2 Satz 3 eine Ausfertigung nicht oder nicht rechtzeitig zurücksendet,
15. entgegen § 44 Satz 1, § 45 Absatz 1 Satz 1 oder § 57 Absatz 10 Satz 1 ein Dokument nicht, nicht richtig, nicht in der vorgeschriebenen Weise oder nicht rechtzeitig ausfertigt,
16. entgegen § 56 Abs. 11, § 67 Abs. 7 oder § 85 Abs. 5 den Erlaubnisschein nicht oder nicht rechtzeitig zurückgibt oder
17. entgegen § 100 a Absatz 2 Satz 1, auch in Verbindung mit § 101 Absatz 4, eine Selbsterklärung nicht richtig oder nicht vollständig abgibt.

(2) Ordnungswidrig im Sinne des § 381 Abs. 1 Nr. 2 der Abgabenordnung handelt, wer vorsätzlich oder leichtfertig

1. entgegen § 7 Abs. 1 Satz 1, auch in Verbindung mit § 8 Abs. 1, eine Kennzeichnung nicht oder nicht richtig vornimmt,
2. entgegen § 7 Abs. 2 Satz 1, auch in Verbindung mit § 8 Abs. 1, eine Probe nicht oder nicht rechtzeitig untersucht,
3. entgegen § 7 Abs. 4 Satz 2, auch in Verbindung mit § 8 Abs. 1, eine Anlage benutzt oder einen technischen Ablauf anwendet,
4. entgegen § 13 Abs. 4, auch in Verbindung mit § 109 Abs. 5 Satz 2, oder § 17 Abs. 4 ein Energieerzeugnis herstellt, lagert oder entnimmt,
5. entgegen § 57 Abs. 12 Satz 1 den Inhalt einer Sendung nicht oder nicht richtig kennzeichnet,
6. entgegen § 46 Abs. 1 Satz 1 Energieerzeugnisse mischt oder sie als Kraftstoff bereithält, abgibt, mitführt oder verbraucht,
7. entgegen § 46 Abs. 1 Satz 2 einen Kennzeichnungsstoff entfernt oder in seiner Wirksamkeit beeinträchtigt,
8. entgegen § 46 Abs. 2 Satz 1 ein Energieerzeugnis in das Steuergebiet verbringt, in den Verkehr bringt oder verwendet,
9. entgegen § 47 Abs. 2 Satz 1 ein dort genanntes Energieerzeugnis abgibt,
10. entgegen § 47 Abs. 2 Satz 3 Energieerzeugnisse vermischt,
11. entgegen § 48 Abs. 1 Satz 1 oder Satz 2 eine Restmenge beimischt,
12. entgegen § 48 Abs. 3 eine Angabe nicht, nicht richtig oder nicht vollständig macht,
13. entgegen § 57 Abs. 4 Satz 1, auch in Verbindung mit § 57 Abs. 9, oder § 69 Abs. 3 ein Energieerzeugnis übergibt oder verteilt,
14. entgegen § 57 Abs. 16 Satz 1 Nr. 3 oder § 76 Abs. 3 Satz 1 ein Energieerzeugnis abgibt oder liefert,

15. entgegen § 107 Abs. 1 oder Abs. 2 Satz 1 einen Hinweis nicht oder nicht richtig gibt,
16. entgegen § 108 Satz 1 ein Energieerzeugnis nicht oder nicht rechtzeitig ablässt,
17. entgegen § 108 Satz 5 ein Fahrzeug nicht oder nicht rechtzeitig vorführt oder
18. entgegen § 108 Satz 6 ein Energieerzeugnis nicht oder nicht rechtzeitig abliefert.

Schlussbestimmungen

§ 112 Übergangsregelung. [1] Für Beförderungen
1. von Energieerzeugnissen unter Steueraussetzung im Steuergebiet, die vor dem 1. Januar 2012 begonnen worden sind,
2. von Energieerzeugnissen, die unter Steueraussetzung unmittelbar aus dem Steuergebiet in Drittländer oder Drittgebiete ausgeführt werden und deren Beförderungen vor dem 1. Januar 2012 begonnen worden sind,

ist diese Verordnung in der bis zum 31. März 2010 geltenden Fassung weiter anzuwenden, es sei denn, die Beförderungen sind mit einem elektronischen Verwaltungsdokument begonnen worden. [2] Für die Ausfuhrförmlichkeiten ist in den Fällen des Satzes 1 Nummer 2 ab dem 1. Januar 2011 der Artikel 793 c der Zollkodex-Durchführungsverordnung in der bis zum 31. Dezember 2010 geltenden Fassung weiter anzuwenden.

Anlage 1
(zu den §§ 55, 74 und 84 a)

Verzicht auf förmliche Einzelerlaubnis

Die Verwendung und die Verteilung von steuerfreien Energieerzeugnissen oder das Verbringen aus dem Steuergebiet ist in den nachstehenden Fällen unter Verzicht auf eine förmliche Einzelerlaubnis allgemein erlaubt:

Nr.	a) Art des Energieerzeugnisses b) Personenkreis	Begünstigung	Voraussetzungen
1	a) Flüssiggase		
1.1	a) Flüssiggase der Unterposition 2711 14 00 der Kombinierten Nomenklatur (KN) b) Verteiler, Verwender	Verteilung und Verwendung zu steuerfreien Zwecken nach § 25 Absatz 1 des Gesetzes, ausgenommen zur Herstellung von Kraft- oder Heizstoffen	Jeder Lieferer hat die in die Hand des Empfängers übergehenden Rechnungen, Lieferscheine, Lieferverträge oder dergleichen mit folgendem Hinweis zu versehen: „Steuerfreies Energieerzeugnis! Darf nicht als Kraft- oder Heizstoff oder zur Herstellung solcher Stoffe verwendet werden!"

Energiesteuer-Durchführungsverordnung **Anl. 1 EnergieStV 47**

Nr.	a) Art des Energieerzeugnisses b) Personenkreis	Begünstigung	Voraussetzungen
1.2	a) wie Nummer 1 b) Beförderer, Empfänger	Beförderung	nicht entleerbare Restmengen in Druckbehältern von Tankwagen, Kesselwagen und Schiffen
2	a) Spezialbenzine der Unterpositionen 2710 11 21 und 2710 11 25 und entsprechende Erzeugnisse der Unterpositionen 2707 10 bis 2707 30 und 2707 50 der KN; mittelschwere Öle der Position 2710 und entsprechende Erzeugnisse der Unterpositionen 2707 10 bis 2707 30 und 2707 50 der KN; Gasöle der Position 2710 der KN; Energieerzeugnisse der Unterpositionen 2901 10 und 2902 20 bis 2902 44 der KN; Energieerzeugnisse mit Pharmakopoe- oder Analysenbezeichnung		
2.1	a) wie Nummer 2 b) Verteiler, Verwender	Verteilung und Verwendung nach § 25 Absatz 1 des Gesetzes als Schmierstoffe (auch zur Herstellung von Zweitaktergemischen), Formenöl, Stanzöl, Schalungs- und Entschalungsöl, Trennmittel, Gaswaschöl, Rostlösungs- und Korrosionsschutzmittel, Konservierungs- und Entkonservierungsmittel, Reinigungsmittel, Bindemittel, Presswasserzusatz, Imprägniermittel, Isolieröl und -mittel, Fußboden-, Leder- und Hufpflegemittel, Weichmacher – auch zur Plastifizierung der Beschichtungsmassen von Farbschichtenpapier –, Saturierungs- und Schaumdämpfungsmittel, Schädlingsbekämpfungs- und Pflanzenschutzmittel oder Trägerstoffe dafür, Vergüteöl, Materialbearbeitungsöl, Brünierungsöl, Wärmeübertragungsöl und Wärmeträgeröl, Hydrauliköl, Dichtungsschmieren, Tränköl, Schmälz-, Hechel- und Batschöl, Textil- und Lederhilfsmittel	Jeder Lieferer hat die in die Hand des Empfängers übergehenden Rechnungen, Lieferscheine, Lieferverträge oder dergleichen mit folgendem Hinweis zu versehen: „Steuerfreies Energieerzeugnis! Darf nicht als Kraft- oder Heizstoff oder zur Herstellung solcher Stoffe verwendet werden!" Bei Packungen für den Einzelverkauf genügt der Hinweis auf den inneren Umschließungen. Er kann bei Packungen bis zu 5 l oder 5 kg entfallen.

47 EnergieStV Anl. 1

Nr.	a) Art des Energieerzeugnisses b) Personenkreis	Begünstigung	Voraussetzungen
2.2	a) wie Nummer 2 b) Verteiler, Verwender	Verteilung und Verwendung zu anderen als den in Nummer 2.1 genannten, nach § 25 Absatz 1 des Gesetzes steuerfreien Zwecken, ausgenommen zur Herstellung von Kraft- oder Heizstoffen	Gasöl in Ampullen bis zu 250 ccm; andere in handelsüblichen Behältern bis zu 220 l Nenninhalt. Jeder Lieferer hat die in die Hand des Empfängers übergehenden Rechnungen, Lieferscheine, Lieferverträge oder dergleichen mit folgendem Hinweis zu versehen: „Steuerfreies Energieerzeugnis! Darf nicht als Kraft- oder Heizstoff oder zur Herstellung solcher Stoffe verwendet werden!" Bei Packungen für den Einzelverkauf genügt der Hinweis auf den inneren Umschließungen. Er kann bei Packungen bis zu 5 l oder 5 kg entfallen.
3	a) Energieerzeugnisse nach § 27 Absatz 1 des Gesetzes	Verwendung für die Schifffahrt nach § 27 Absatz 1 Satz 1 Nummer 1 des Gesetzes; auch bei Instandhaltungen nach § 27 Absatz 1 Satz 1 Nummer 2 des Gesetzes	
3.1	a) wie Nummer 3 b) Nutzungsberechtigte nach § 60 Abs. 3	Verwendung in Wasserfahrzeugen ausschließlich zu den in Nummer 3 genannten Zwecken auf Meeresgewässern; ausgenommen sind Wasserfahrzeuge der Position 8903 der KN	Die Energieerzeugnisse müssen sich in Tankanlagen befinden, die mit dem Wasserfahrzeug fest verbunden sind.
3.2	a) wie Nummer 3 b) Nutzungsberechtigte nach § 60 Abs. 3; mit Ausnahme der Haupterwerbsfischer	Verwendung in Wasserfahrzeugen ausschließlich zu den in Nummer 3 genannten Zwecken auf Binnengewässern; ausgenommen sind Wasserfahrzeuge der Position 8903 der KN	Die Energieerzeugnisse müssen sich in Tankanlagen befinden, die mit dem Wasserfahrzeug fest verbunden sind.
3.3	a) wie Nummer 3 b) Bundeswehr sowie in- und ausländische Behördenschiffe	Verwendung für die Schifffahrt, ausschließlich für dienstliche Zwecke	
4	a) Flugbenzin und Flugturbinenkraftstoff nach § 27 Absatz 2 des Gesetzes	Verwendung für die Luftfahrt nach § 27 Absatz 2 Nummer 1 des Gesetzes, auch bei Instandhaltungen nach § 27 Absatz 2 Nummer 2 des Gesetzes	

Nr.	a) Art des Energieerzeugnisses b) Personenkreis	Begünstigung	Voraussetzungen
4.1	a) wie Nummer 4 b) Nutzungsberechtigte nach § 60 Abs. 4	Verwendung in Luftfahrzeugen mit einem Höchstgewicht von mehr als 12 t, ausschließlich zu den in Nummer 4 genannten Zwecken	Die Energieerzeugnisse müssen sich in Tankanlagen befinden, die mit dem Luftfahrzeug fest verbunden sind.
4.2	a) wie Nummer 4 b) Luftrettungsdienste	Verwendung für Primär- und Sekundäreinsätze der Luftrettung	
4.3	a) wie Nummer 4 b) Bundeswehr sowie in- und ausländische Behörden	Verwendung für die Luftfahrt, ausschließlich für dienstliche Zwecke	
5	a) gasförmige Kohlenwasserstoffe nach § 28 Satz 1 Nummer 1 des Gesetzes und Energieerzeugnisse der Position 2705 der KN b) Verteiler, Verwender	Verteilung und Verwendung zu steuerfreien Zwecken nach § 28 des Gesetzes	Jeder Lieferer hat die in die Hand des Empfängers übergehenden Rechnungen, Lieferscheine, Lieferverträge oder dergleichen mit folgendem Hinweis zu versehen: „Steuerfreies Energieerzeugnis! Darf nicht als Kraftstoff verwendet werden, es sei denn, eine solche Verwendung ist nach dem Energiesteuergesetz[1] oder der Energiesteuer-Durchführungsverordnung[2] zulässig. Jede andere Verwendung als Kraftstoff hat steuer- und strafrechtliche Folgen! In Zweifelsfällen wenden Sie sich bitte an Ihr zuständiges Hauptzollamt."
6	a) Erdgas, das beim Kohleabbau aufgefangen wird b) Verwender	Verwendung zu steuerfreien Zwecken nach § 44 Absatz 2 a des Gesetzes	
7	a) Heizöle der Position 2710 der KN b) Beförderer	Beförderung	Nicht entleerbare Restmengen (sog. Slops) in Tankschiffen. Die Restmengen sind unter der Bezeichnung „Slop" im Schiffsbedarfsbuch aufzuführen. Sie können bei den nach dem Kreislaufwirtschaftsgesetz genehmigten oder zugelassenen Sammelstellen oder Abfallentsorgungsanlagen abgeliefert werden. Die Empfangsbescheinigung ist dem Schiffsbedarfsbuch beizufügen. Die Unterla-

[1] Nr. 46.
[2] Nr. 47.

Nr.	a) Art des Energieerzeugnisses b) Personenkreis	Begünstigung	Voraussetzungen
			gen sind den Bediensteten der Zollverwaltung auf Verlangen vorzulegen. Das Verbringen aus dem Steuergebiet steht dem Abliefern gleich.
8	a) Kohle b) Verwender	Verwendung zu steuerfreien Zwecken nach § 37 Absatz 2 Satz 1 Nummer 1 des Gesetzes	Jeder Lieferer hat die in die Hand des Empfängers übergehenden Rechnungen, Lieferscheine, Lieferverträge oder dergleichen mit folgendem Hinweis zu versehen: „Steuerfreie Kohle! Darf nicht als Kraft- oder Heizstoff oder zur Herstellung solcher Stoffe verwendet werden!"
9	a) alle Energieerzeugnisse nach § 1 Absatz 2 und 3 des Gesetzes, ausgenommen Erdgas b) Verteiler, Verwender	Verwendung als Probe nach § 25 Absatz 2 oder § 37 Absatz 2 Satz 1 Nummer 5 des Gesetzes	
10	a) alle Energieerzeugnisse, die nach den Nummern 1 bis 5 im Rahmen einer allgemeinen Erlaubnis verteilt oder verwendet werden dürfen b) Verteiler, Verwender	Ausfuhr und Verbringen aus dem Steuergebiet	
11	a) alle Energieerzeugnisse nach § 4 des Gesetzes b) Verteiler, Verwender	thermische Vernichtung im Sinn des § 1 b Absatz 2	

Anlage 1 a
(zu § 94 Absatz 3)

Nachweis der Einhaltung der Normen

Auf Verlangen des Hauptzollamts hat der Verpflichtete Proben auf folgende Parameter der jeweils für das Energieerzeugnis gemäß
- § 1 a Nummer 13 a des Energiesteuergesetzes[1] in Verbindung mit den Vorschriften
- der Verordnung über die Beschaffenheit und die Auszeichnung der Qualitäten von Kraft- und Brennstoffen vom 8. Dezember 2010 (BGBl. I S. 1849) in der jeweils geltenden Fassung

geltenden Norm zu untersuchen:

---

[1] Nr. **46**.

Energiesteuer-Durchführungsverordnung **Anl. 2 EnergieStV 47**

Energieerzeugnis	Normparameter
Fettsäuremethylester	Dichte bei 15 °C Schwefelgehalt Wassergehalt Monoglycerid-Gehalt Diglycerid-Gehalt Triglycerid-Gehalt Gehalt an freiem Glycerin Gehalt an Alkali Gehalt an Erdalkali Phosphorgehalt CFPP Jodzahl
Pflanzenöl	Dichte bei 15 °C Schwefelgehalt Wassergehalt Säurezahl Phosphorgehalt Summengehalt Magnesium/Calcium Jodzahl
Ethanolkraftstoff (E 85)	Ethanolgehalt Wassergehalt Methanol Ethergehalt (5 oder mehr C-Atome) Höhere Alkohole C3-C5
Bioethanol	Ethanolgehalt Wassergehalt

Anlage 2
(zu § 110 Satz 1 Nr. 7)

Verfahren zur Bestimmung des Rotfarbstoffgehalts in leichtem Heizöl oder in Gemischen von leichtem Heizöl mit nicht gekennzeichnetem Gasöl mittels Hochdruckflüssigkeitschromatographie (HPLC-Verfahren)

1 **Zweck und Anwendungsbereich**
Das HPLC-Verfahren dient der quantitativen Bestimmung der in § 2 Abs. 1 genannten Rotfarbstoffe in leichtem Heizöl und in Gemischen von leichtem Heizöl mit nicht gekennzeichneten Gasölen der Unterpositionen 2710 19 41 bis 2710 19 49 der Kombinierten Nomenklatur.

2 **Begriffsbestimmung**
Als Farbstoffgehalt der in Abschnitt 1 genannten Energieerzeugnisse gilt der nach dem nachstehend beschriebenen Verfahren ermittelte Gehalt an Farbstoffen.

3 Kurzbeschreibung des Verfahrens

Die zu untersuchende Probe wird auf eine mit Kieselgel gefüllte Säule für die Hochdruckflüssigkeitschromatographie gegeben. Durch Elution mit einem Lösemittel werden die Farbstoffe von den anderen Bestandteilen der Probe getrennt und treten am Ende der Säule aus. Die Farbintensität dieser Lösung wird mit einem Spektralphotometer bei 535 nm gemessen. Die Auswertung erfolgt mit Hilfe eines Integrators.

4 Geräte

4.1 Hochdruckflüssigkeitschromatographie-System, bestehend aus:

4.1.1 Hochdruckpumpe,

4.1.2 Injektionssystem mit Probenschleife 20 µl bis 50 µl,

4.1.3 Vorsäule: Länge mindestens 30 mm, Innendurchmesser 4,0 mm oder 4,6 mm, gefüllt mit gebrochenem Kieselgel von 5 µm Korngröße,

4.1.4 Trennsäule aus Stahl: Länge mindestens 100 mm, Innendurchmesser mindestens 4,0 mm, gefüllt mit sphärischem Kieselgel von 5 µm Korngröße,

4.1.5 UV/VIS-Detektor für Messungen bei 535 nm,

4.1.6 Integrator mit Schreiber und Einrichtung zur rechnergestützten Auswertung von Chromatogrammen,

4.2 250-ml- und 1000-ml-Messkolben der Güteklasse A, mit Konformitätszeichen,

4.3 10-ml-Vollpipette der Güteklasse AS, mit Konformitätszeichen.

5 Chemikalien

5.1 Toluol, zur Analyse,

5.2 n-Heptan, zur Analyse,

5.3 Dichlormethan, zur Analyse,

5.4 N-Ethyl-1-(4-phenylazophenylazo)naphthyl-2-amin (Standard-Farbstoff)[1]

5.5 Lösemittel zur Säulenregenerierung nach jeweiliger Vorschrift.

6 Vorbereitung

6.1 Vorbereitung der Probe

Wasserhaltige Proben sind unter Verwendung von wasserfreiem Natriumsulfat zu entwässern. Verschmutzte Proben werden vor der Farbstoffgehaltsbestimmung filtriert.

6.2 Herstellung der Standard-Farbstofflösung

0,125 g Standard-Farbstoff (vgl. Unterabschnitt 5.4) werden auf 0,0001 g genau in den 250-ml-Messkolben eingewogen und nach dem Temperieren auf 20 Grad Celsius mit Toluol bis zur Ringmarke

---

[1] **Amtl. Anm.**: Über die Bezugsquellen gibt Auskunft:
DIN-Bezugsquellen für normgerechte Erzeugnisse im DIN Deutsches Institut für Normung e.V., Burggrafenstraße 6, 10787 Berlin.

aufgefüllt. Von dieser Lösung werden mit der Vollpipette 10 ml in den 1000-ml-Messkolben gegeben und mit Toluol bis zur Ringmarke aufgefüllt. Die Massenkonzentration an Farbstoff in dieser Lösung beträgt 5 mg/l.

6.3 Herstellung des Elutionsmittels

Als Elutionsmittel wird ein Gemisch aus vier Volumenteilen n-Heptan (vgl. Unterabschnitt 5.2) und einem Volumenteil Dichlormethan (vgl. Unterabschnitt 5.3) verwendet.

6.4 Vorbereitung der Säule

Zur Konditionierung lässt man durch die Säule bei einer Flussrate von 2 ml/min Elutionsmittel (vgl. Unterabschnitt 6.3) strömen. Die Konditionierung ist beendet, wenn bei drei aufeinander folgenden Messungen der Standard-Farbstofflösung (vgl. Unterabschnitt 6.2) die Retentionszeiten des Farbstoffs um nicht mehr als 5 Prozent vom Mittelwert abweichen.

6.5 Ermittlung des Flächenfaktors aus den Peakflächen der Chromatogramme des Standard-Farbstoffs

Der für die Berechnung des Farbstoffgehalts in den Proben erforderliche Faktor wird ermittelt, indem mit der Standard-Farbstofflösung (vgl. Unterabschnitt 6.2) drei Messungen unter den gleichen Bedingungen wie bei der späteren Messung der Proben durchgeführt werden. Aus den dabei erhaltenen Peakflächen für den Standard-Farbstoff bildet man den Mittelwert und berechnet den Faktor nach folgender Formel:

$$f_s = \frac{C_s}{A_s}$$

Darin bedeuten:

f_s = Flächenfaktor
C_s = Massenkonzentration der Standard-Farbstofflösung (5 mg/l)
A_s = Mittelwert der Peakfläche des Standard-Farbstoffs aus drei Messungen

7 Durchführung der Messung

Die Probenschleife des Einlassventils der vorbereiteten Säule (vgl. Unterabschnitt 6.4) wird mit der Probe gefüllt. Durch Umschalten des Ventils wird die Probe auf die Säule gegeben. Gleichzeitig wird der Integrator gestartet. Die Flächenauswertung des Integrators ist so zu wählen, dass alle möglichen Farbstoffpeaks ausgewertet werden. Bei den zurzeit gesetzlich zugelassenen Farbstoffen können dies bis zu sieben Peaks sein. Dabei ist zu beachten, dass sowohl bei der Standard-Farbstofflösung als auch bei der zu untersuchenden Probe je nach Trennvermögen der Säule zuerst zwischen zwei bis fünf (beim Öl) Peaks auftreten, die auf den Toluol- oder Ölgehalt der Standard-Farbstofflösung oder der zu untersuchenden Probe zurückzuführen sind und nicht in die Auswertung durch den Integrator mit einbezogen werden dürfen. Nach Erscheinen des letzten Farbstoffpeaks, der vom Standard-Farbstoff hervorgerufen wird, ist die Messung beendet.

8 Auswertung

Zur Auswertung wird die Flächensumme aller Farbstoffpeaks gebildet. Daraus berechnet man den Farbstoffgehalt in mg/l nach der folgenden Formel:

$$mg/l\ Farbstoff = A_p \cdot f_s$$

Darin bedeuten:

A_p = Flächensumme der Farbstoffpeaks
f_s = Flächenfaktor nach Unterabschnitt 6.5

9 Angabe des Ergebnisses

Der Farbstoffgehalt wird in mg/l auf 0,1 mg/l gerundet angegeben. Beim Runden auf die letzte anzugebende Stelle ist die DIN 1333 (Ausgabe Februar 1992) zu berücksichtigen.

10 Präzision des Verfahrens

(nach DIN 51848 Teil 1, Ausgabe Dezember 1981)

Wiederholbarkeit mg/l	Vergleichbarkeit mg/l
0,1	0,2

Anlage 3
(zu § 110 Satz 1 Nr. 8)

Harmonisiertes Euromarker – Referenzanalyseverfahren der Gemeinschaft zur Ermittlung des Markierstoffs Solvent Yellow 124 in Gasölen

Für ein reibungsloses Funktionieren des Binnenmarktes und insbesondere zur Vermeidung von Steuerhinterziehung wurde durch die Richtlinie 95/60/EG des Rates vom 27. November 1995 über die steuerliche Kennzeichnung von Gasölen und Kerosin (ABl. EG Nr. L 291 S. 46) ein gemeinsames System zur Kennzeichnung von Gasöl und Kerosin eingeführt, die einem ermäßigten Verbrauchsteuersatz unterliegen. Mit der Entscheidung 2001/574/EG der Kommission vom 13. Juli 2001 zur Bestimmung eines gemeinsamen Stoffs zur steuerlichen Kennzeichnung von Gasölen und Kerosin (ABl. EG Nr. L 203 S. 20, Nr. L 208 S. 48) wurde Solvent Yellow 124 (systematischer Name gemäß IUPAC: N-Ethyl-N-[2-(1-isobutoxyethoxy)ethyl]-4-(phenylazo)anilin); CAS-Nr.: 34432-92-3) als gemeinsamer Stoff zur steuerlichen Kennzeichnung von Gasölen und Kerosin bestimmt. Diese Anlage enthält ein Verfahren zur Ermittlung von Solvent Yellow 124 in Gasöl und Kerosin, welches auf der Methode 455 MAD, Rev. 1 (HPLC) basiert. Das Verfahren ist nach der Leitlinie des Verbrauchsteuerausschusses der Kommission der Europäischen Gemeinschaften vom 13. Januar 2005 (CED Nr. 494 Rev.1) in Streitfällen als Referenzverfahren zur Untersuchung von gekennzeichneten, einem ermäßigten Verbrauchsteuersatz unterliegenden Energieerzeugnissen und Dieselkraftstoffgemischen anzuwenden.

Energiesteuer-Durchführungsverordnung **Anl. 3 EnergieStV 47**

1 Zweck und Anwendungsbereich

1.1 Erläuterung

Das Verfahren beschreibt die Ermittlung von Solvent Yellow 124 in einem Konzentrationsbereich zwischen der Nachweisgrenze bis 10 mg Solvent Yellow 124 pro Liter. Liegt die Konzentration über 10 mg/l, wird zur genauen Ermittlung der Konzentration eine Verdünnung mit Xylol (Unterabschnitt 3.3) erforderlich.

1.2 Nachweisgrenze

Die Nachweisgrenze bei Gasöl und Kerosin liegt bei 0,02 mg/l.

1.3 Quantifizierungsgrenze (Bestimmungsgrenze)

Die Quantifizierungsgrenze bei Gasöl und Kerosin liegt bei 0,07 mg/l.

2 Prinzip und Reaktionen

Die Probe wird in ein kleines Probengefäß gefüllt. Das Produkt wird mittels Normalphasenchromatographie getrennt und mittels UV/Vis-Nachweis bei 450 nm bestimmt. Um weitere Informationen zu erhalten, kann eine Analyse der Proben mittels Diodenarraydetektor durchgeführt werden, und zwar ebenfalls bei 410 nm. Externe Kalibrierung wird verwendet, die Reinheit des verwendeten Solvent Yellow 124 sollte berücksichtigt werden.

3 Reagenzien und andere Materialien

Verwenden Sie ausschließlich Reagenzien anerkannter Qualität.

3.1 Solvent Yellow 124,

3.2 Toluol, für Flüssigchromatographie,

3.3 o-Xylol, p.a.,

3.4 Ethylacetat, p.a.

4 Geräte

4.1 Übliche Laborglaswaren. Messkolben (2000 ml und 100 ml) sowie Pipetten (1 ml, 5 ml und 10 ml) der Klasse B oder besser,

4.2 HPLC-Gerät, ausgerüstet mit:

4.2.1 HPLC-Pumpe, die pulsationsfrei arbeitet und einen konstanten Fluss bei dem erforderlichen Durchflussvolumen,

4.2.2 Probengeber mit Schleifeninjektor (manuell oder Teil eines automatischen Probengebers) mit einer Kapazität von 20 µl,

4.2.3 Säule, 5 µm Siliciumdioxid Länge 200 bis 250 mm, Innendurchmesser 3,0 bis 5,0 mm, zum Beispiel Waters Spherisorb 5 µm oder Luna 5 µm Silica Phenomenex,

4.2.4 Vorsäule, Siliciumdioxid zum Beispiel Spherisorb S5 W Waters. Verwendung ratsam, aber nicht obligatorisch,

4.2.5 Säulenofen: Sollte verwendet werden, wenn die Retentionszeit der Solvent Yellow 124-Peaks von Durchlauf zu Durchlauf nicht stabil ist. Temperatur 40 Grad Celsius,

4.2.6 Detektor: UV 450 nm oder bei Verwendung eines Diodenarray 410 nm und 450 nm,

4.2.7 Integrationssystem mit elektronischem Integrator mit Rechen- und Berichtfunktion, kompatibel mit dem Ausgang des Nachweisinstruments.

5 Ablauf

5.1 Allgemein
Entnehmen Sie eine repräsentative Probe des zu analysierenden Produkts.

5.2 Vorbehandlung der Probe
Übertragen Sie die Probe in ein kleines Probengefäß. Sollte die Probe Schmutz enthalten, filtern Sie sie mittels eines Spritzenfilters, zum Beispiel 0,45 µm PTFE.

5.3 Mobile Phase
Elutionsmittel: Mischen Sie 40 ml Ethylacetat (Unterabschnitt 3.4) und 1960 ml Toluol (Unterabschnitt 3.2) in einem 2000-ml-Messkolben und homogenisieren Sie das Gemisch.

5.4 Referenzstammlösung
Stellen Sie eine Referenzstammlösung aus Solvent Yellow 124 von 100 mg/l her durch Verwiegung der erforderlichen Menge Solvent Yellow 124 (Unterabschnitt 3.1) in einem 500-ml-Messkolben und Auffüllen mit Xylol (Unterabschnitt 3.3) bei einer Temperatur von 20 ± 1 Grad Celsius. Notieren Sie das Gewicht mit vier Nachkommastellen. Die Reinheit des verwendeten Solvent Yellow 124 sollte berücksichtigt werden. Gründlich vermischen, eine Nacht stehen lassen. Dann erneut gründlich vermischen und die Kalibrierlösungen vorbereiten.

5.5 Kalibrierlösungen

Konzentration	Volumen Referenzstammlösung	Endvolumen-Messkolben
ungefähr 10 mg/l	10 ml	100 ml
ungefähr 5 mg/l	5 ml	100 ml
ungefähr 1 mg/l	1 ml	100 ml

5.6 Systemkontrolle
Vor Analyse der Proben müssen die Stabilität des HPLC-Systems und die Retention des Solvent Yellow 124 geprüft werden. Injizieren Sie die Kalibrierlösung mit einer Konzentration von 10 mg/l dreimal und führen Sie jeweils eine Chromatographie durch. Die relative Standardabweichung der Peakfläche bei den drei Injektionen sollte unter 1 Prozent liegen. Die Retentionszeit des Solvent Yellow 124 muss zwei- bis viermal länger sein als die Zeitspanne bis zum Erscheinen des Signals für das Leervolumen t_0. Die relative Standardabweichung der Retentionszeit des Solvent Yellow 124 sollte unter 2 Prozent liegen. Bei zu kurzer oder zu langer Retentionszeit muss das Elutionsmittel angepasst werden. Durch Zufügen von Ethylacetat zum Elutionsmittel verkürzt sich die Retentionszeit.

5.7 Bestimmung

Proben und Kalibriersubstanzen werden zweimal analysiert. Beginnen Sie mit den drei Kalibrierlösungen. Es können höchstens zwölf Proben zweimal analysiert werden, dann wird eine neue Kalibrierung erforderlich. Die Sequenz wird immer mit drei Kalibrierlösungen abgeschlossen. Die Kalibrierkurve wird durch den Nullpunkt gezwungen. Liegt der Korrelationskoeffizient der linearen Regression aller Kalibrierpunkte über 0,999, ist die Kalibrierung angemessen. Liegt der Korrelationskoeffizient unter 0,999, muss die Leistung des Systems überprüft und, wenn möglich, verbessert werden.

6 Auswertung

Zur Auswertung wird nach Unterabschnitt 5.7 aus den Mittelwerten der Peakflächen der zusammengehörigen Kalibrierlösungen A_s und deren Konzentration C_s ein Flächenfaktor a wie folgt ermittelt:

$$a = \frac{C_s}{A_s}$$

Bei der Konzentration des Standards in mg/l ist seine Reinheit zu berücksichtigen.

Aus den Flächen der Solvent Yellow 124-Peaks der Proben berechnet man die Konzentration wie folgt:

$$c = A_P \cdot a$$

Darin bedeuten:

c = Konzentration des Solvent Yellow 124 in der Probe in mg/l
A_P = Fläche des Solvent Yellow 124-Peaks
a = Flächenfaktor

7 Angabe des Ergebnisses

Bei einem Gehalt an Solvent Yellow 124 bis 0,3 mg/l ist der Gehalt in mg/l mit zwei Nachkommastellen, bei höheren Gehalten mit einer Nachkommastelle anzugeben. Beim Runden auf die letzte anzugebende Stelle ist die DIN 1333 (Ausgabe Februar 1992) zu berücksichtigen.

8 Präzision

8.1 Wiederholbarkeit

Unterschiede zwischen den Ergebnissen zweier Ermittlungen, die in kurzem Abstand nacheinander von derselben Person unter denselben Umständen mit identischem Probengut durchgeführt werden, dürfen bei 95 Prozent der Analysen die nachstehenden Werte nicht übersteigen:

Probeninhalt, Bereich	Wiederholbarkeit
0,12 bis 0,27 mg/l	0,03 mg/l
4 bis 10 mg/l	0,16 mg/l

8.2 Vergleichbarkeit

Unterschiede zwischen den Ergebnissen zweier voneinander unabhängiger Ermittlungen, die zwei verschiedene Personen in verschiedenen Labors unter verschiedenen Umständen mit identischem Probengut durchführen, dürfen bei 95 Prozent der Analysen die nachstehenden Werte nicht übersteigen:

Probeninhalt, Bereich	Vergleichbarkeit
0,12 bis 0,27 mg/l	0,05 mg/l
4 bis 10 mg/l	0,10 X

Dabei bedeutet X den Durchschnitt der beiden Ergebnisse.

8.3 Messunsicherheit

Die Messunsicherheit kann aufgrund der Daten zur Vergleichbarkeit geschätzt werden, nachdem bestätigt ist, dass das eigene Labor ebenso gut arbeitet wie die an der Validierungsstudie beteiligten Labors. Die Kalibrierungenauigkeit ist in den Daten zur Vergleichbarkeit nicht enthalten und kommt daher noch hinzu. Die Messunsicherheit wird dann folgendermaßen geschätzt:

$$U = k \cdot c \sqrt{u_R^2 + u_{st}^2}$$

Darin bedeuten:

U = erweiterte Messunsicherheit
k = Erweiterungsfaktor (für ein Vertrauensintervall von 95 Prozent, k = 2)
c = Konzentration, für die die Messunsicherheit berechnet werden soll
u_R = relative Messunsicherheit aufgrund der Vergleichbarkeit
u_{st} = relative Messunsicherheit des Kalibrierstandards (in erster Linie Reinheit); kann ignoriert werden, wenn < 1/3 u_R

9 Anmerkungen

Die Vergleichbarkeit ist in der Methode nur für die Bereiche 0,12 bis 0,27 mg/l und 4 bis 10 mg/l angegeben. Die für den oberen Bereich angegebene Formel (R = 0,1 x) wird auf den Bereich von 0,28 bis 3,9 mg/l extrapoliert.

Anlage 4
(zu § 110 Satz 1 Nr. 9)

Verfahren zur Bestimmung des Färbeäquivalents von Kennzeichnungsstoffen

Das Färbeäquivalent von Gemischen der in § 2 Abs. 1 genannten Rotfarbstoffe ist spektralphotometrisch durch Vergleich der Extinktionen in Toluol zu ermitteln. Äquivalenz liegt vor, wenn sich die Extinktionskurve des Farbstoffgemisches und die Extinktionskurve von 5 g N-Ethyl-1-(4-phenylazophenylazo)-naphthyl-2-amin (Standard-Farbstoff) unter gleichen Messbedingungen im Maximum decken.

48. Gesetz über den Handel mit Berechtigungen zur Emission von Treibhausgasen (Treibhausgas-Emissionshandelsgesetz – TEHG)[1)2)]

Vom 21. Juli 2011
(BGBl. I S. 1475)
FNA 2129-55

zuletzt geänd. durch Art. 2 Abs. 24 G zur Änd. von Vorschriften über Verkündung und Bekanntmachungen sowie der ZPO, des EGZPO und der AO v. 22. 12. 2011 (BGBl. I S. 3044)

Inhaltsübersicht

§§

Abschnitt 1. Allgemeine Vorschriften

Zweck des Gesetzes	1
Anwendungsbereich	2
Begriffsbestimmungen	3

Abschnitt 2. Genehmigung und Überwachung von Emissionen

Emissionsgenehmigung	4
Ermittlung von Emissionen und Emissionsbericht	5
Überwachungsplan	6

Abschnitt 3. Berechtigungen und Zuteilung

Berechtigungen	7
Versteigerung von Berechtigungen	8
Zuteilung von kostenlosen Berechtigungen an Anlagenbetreiber	9
Rechtsverordnung über Zuteilungsregeln	10
Regelzuteilung von kostenlosen Berechtigungen an Luftfahrzeugbetreiber	11
Zuteilung von kostenlosen Berechtigungen aus der Sonderreserve	12
Antrag auf Zuteilung aus der Sonderreserve	13
Ausgabe von Berechtigungen	14
Durchsetzung von Rückgabeverpflichtungen	15
Anerkennung von Berechtigungen und Emissionsgutschriften	16
Emissionshandelsregister	17
Umtausch von Emissionsgutschriften in Berechtigungen	18

Abschnitt 4. Gemeinsame Vorschriften

Zuständigkeiten	19
Überwachung	20
Sachverständige Stellen	21
Gebühren für Amtshandlungen von Bundesbehörden	22
Elektronische Kommunikation	23
Einheitliche Anlage	24

[1)] **Amtl. Anm.:** Dieses Gesetz dient der Umsetzung der Richtlinie 2003/87/EG des Europäischen Parlaments und des Rates vom 13. Oktober 2003 über ein System für den Handel mit Treibhausgasemissionszertifikaten in der Gemeinschaft und zur Änderung der Richtlinie 96/61/EG des Rates (ABl. L 275 vom 25. 10. 2003, S. 32), die zuletzt durch die Richtlinie 2009/29/EG (ABl. L 140 vom 5. 6. 2009, S. 63) geändert worden ist, und der Richtlinie 2006/123/EG des Europäischen Parlaments und des Rates vom 12. Dezember 2006 über Dienstleistungen im Binnenmarkt (ABl. L 376 vom 27. 12. 2006, S. 36).
[2)] Verkündet als Art. 1 G v. 21. 7. 2011 (BGBl. I S. 1475); Inkrafttreten gem. Art. 15 Abs. 2 Satz 1 dieses G am 28. 7. 2011.

	§§
Änderung der Identität oder Rechtsform des Betreibers	25
Ausschluss der aufschiebenden Wirkung	26
Befreiung für Kleinemittenten	27
Verordnungsermächtigungen	28

Abschnitt 5. Sanktionen

Durchsetzung der Berichtspflicht	29
Durchsetzung der Abgabepflicht	30
Betriebsuntersagung gegen Luftfahrzeugbetreiber	31
Bußgeldvorschriften	32

Abschnitt 6. Übergangsregelungen

Allgemeine Übergangsregelung	33
Übergangsregelung für Anlagenbetreiber	34
Übergangsregelung für Luftfahrzeugbetreiber	35

Anhang 1. Einbezogene Tätigkeiten und Treibhausgase
Anhang 2. Anforderungen an die Vorlage und Genehmigung von Überwachungsplänen nach den §§ 6 und 13 sowie an die Ermittlung von Emissionen und die Berichterstattung nach § 5
Anhang 3. Anforderungen an die Verifizierung
Anhang 4. Anforderungen an sachverständige Stellen
Anhang 5. Berechnung der spezifischen Emissionsminderung sowie des Ausgleichsbetrages bei Nichterfüllung der Selbstverpflichtung nach § 27 Absatz 4

Abschnitt 1. Allgemeine Vorschriften

§ 1 Zweck des Gesetzes. Zweck dieses Gesetzes ist es, für die in Anhang 1 Teil 2 genannten Tätigkeiten, durch die in besonderem Maße Treibhausgase emittiert werden, die Grundlagen für den Handel mit Berechtigungen zur Emission von Treibhausgasen in einem gemeinschaftsweiten Emissionshandelssystem zu schaffen, um damit durch eine kosteneffiziente Verringerung von Treibhausgasen zum weltweiten Klimaschutz beizutragen.

§ 2 Anwendungsbereich. (1) ¹Dieses Gesetz gilt für die Emission der in Anhang 1 Teil 2 genannten Treibhausgase durch die dort genannten Tätigkeiten. ²Für die in Anhang 1 Teil 2 genannten Anlagen gilt dieses Gesetz auch dann, wenn sie Teile oder Nebeneinrichtungen einer Anlage sind, die nicht in Anhang 1 Teil 2 aufgeführt ist.

(2) ¹Der Anwendungsbereich dieses Gesetzes erstreckt sich bei den in Anhang 1 Teil 2 Nummer 2 bis 31 genannten Anlagen auf alle
1. Anlagenteile und Verfahrensschritte, die zum Betrieb notwendig sind, und
2. Nebeneinrichtungen, die mit den Anlagenteilen und Verfahrensschritten nach Nummer 1 in einem räumlichen und betriebstechnischen Zusammenhang stehen und die für das Entstehen von den in Anhang 1 Teil 2 genannten Treibhausgasen von Bedeutung sein können.

²Satz 1 gilt für Verbrennungseinheiten nach Anhang 1 Teil 2 Nummer 1 entsprechend.

(3) ¹Die in Anhang 1 bestimmten Voraussetzungen liegen auch vor, wenn mehrere Anlagen derselben Art in einem engen räumlichen und betrieblichen Zusammenhang stehen und zusammen die nach Anhang 1 maßgeblichen Leistungsgrenzen oder Anlagengrößen erreichen oder überschreiten werden.

Treibhausgas-Emissionshandelsgesetz § 2 TEHG 48

² Ein enger räumlicher und betrieblicher Zusammenhang ist gegeben, wenn die Anlagen

1. auf demselben Betriebsgelände liegen,
2. mit gemeinsamen Betriebseinrichtungen verbunden sind und
3. einem vergleichbaren technischen Zweck dienen.

(4) ¹ Bedürfen Anlagen nach Anhang 1 Teil 2 Nummer 2 bis 30 einer Genehmigung nach § 4 Absatz 1 Satz 3 des Bundes-Immissionsschutzgesetzes, so sind hinsichtlich der Abgrenzung der Anlagen nach den Absätzen 2 und 3 die Festlegungen in der immissionsschutzrechtlichen Genehmigung für die Anlage maßgeblich. ² Satz 1 gilt für Verbrennungseinheiten nach Anhang 1 Teil 2 Nummer 1 entsprechend. ³ In den Fällen des Absatzes 1 Satz 2 gilt Satz 1 hinsichtlich der Festlegungen in der immissionsschutzrechtlichen Genehmigung zu den Anlagenteilen oder Nebeneinrichtungen entsprechend.

(5) Dieses Gesetz gilt nicht für:

1. Anlagen oder Anlagenteile, soweit sie der Forschung oder der Entwicklung oder Erprobung neuer Einsatzstoffe, Brennstoffe, Erzeugnisse oder Verfahren im Labor- oder Technikumsmaßstab dienen; hierunter fallen auch solche Anlagen im Labor- oder Technikumsmaßstab, in denen neue Erzeugnisse in der für die Erprobung ihrer Eigenschaften durch Dritte erforderlichen Menge vor der Markteinführung hergestellt werden, soweit die neuen Erzeugnisse noch weiter erforscht oder entwickelt werden,
2. Anlagen, die nach § 4 Absatz 1 Satz 3 des Bundes-Immissionsschutzgesetzes genehmigungsbedürftig sind und bei denen nach ihrer immissionsschutzrechtlichen Genehmigung außer für Zwecke der Zünd- und Stützfeuerung als Brennstoff nur Klärgas, Deponiegas, Biogas oder Biomasse im Sinne des Artikels 2 Absatz 2 Satz 2 Buchstabe a und e der Richtlinie 2009/28/EG[1]) des Europäischen Parlaments und des Rates vom 23. April 2009 zur Förderung der Nutzung von Energie aus erneuerbaren Quellen und zur Änderung und anschließenden Aufhebung der Richtlinien 2001/77/EG und 2003/30/EG (ABl. L 140 vom 5. 6. 2009, S. 16) in der jeweils geltenden Fassung eingesetzt werden darf und
3. Anlagen oder Verbrennungseinheiten nach Anhang 1 Teil 2 Nummer 1 bis 6 zur Verbrennung von gefährlichen Abfällen oder Siedlungsabfällen, die nach Nummer 8.1 oder Nummer 8.2 des Anhangs der Verordnung über genehmigungsbedürftige Anlagen genehmigungsbedürftig sind.

(6) ¹ Bei Luftverkehrstätigkeiten erstreckt sich der Anwendungsbereich dieses Gesetzes auf alle Emissionen eines Luftfahrzeugs, die durch den Verbrauch von Treibstoffen entstehen. ² Zum Treibstoffverbrauch eines Luftfahrzeugs zählt auch der Treibstoffverbrauch von Hilfsmotoren. ³ Dieses Gesetz gilt nur für Luftverkehrstätigkeiten, die von Luftfahrzeugbetreibern durchgeführt werden,

1. die eine gültige deutsche Betriebsgenehmigung im Sinne des Artikels 3 der Verordnung (EG) Nr. 1008/2008 des Europäischen Parlaments und des Rates vom 24. September 2008 über gemeinsame Vorschriften für die Durchführung von Luftverkehrsdiensten in der Gemeinschaft (ABl. L 293 vom 31. 10. 2008, S. 3) in der jeweils geltenden Fassung besitzen oder

---

[1]) Nr. 36.

2. die der Bundesrepublik Deutschland als zuständigem Verwaltungsmitgliedstaat zugewiesen sind nach der Verordnung (EG) Nr. 748/2009 der Kommission vom 5. August 2009 über die Liste der Luftfahrzeugbetreiber, die am oder nach dem 1. Januar 2006 einer Luftverkehrstätigkeit im Sinne von Anhang I der Richtlinie 2003/87/EG nachgekommen sind, mit Angabe des für die einzelnen Luftfahrzeugbetreiber zuständigen Verwaltungsmitgliedstaats (ABl. L 219 vom 22. 8. 2009, S. 1), die durch die Verordnung (EU) Nr. 82/2010 (ABl. L 25 vom 29. 1. 2010, S. 12) geändert worden ist, in der jeweils geltenden Fassung, und keine gültige Betriebsgenehmigung eines anderen Vertragsstaats des Abkommens über den Europäischen Wirtschaftsraum besitzen.

[4] Alle Luftverkehrstätigkeiten, die der Luftfahrzeugbetreiber ab Beginn des Kalenderjahres durchführt, in dem die Voraussetzungen nach Satz 3 erstmals erfüllt sind, fallen in den Anwendungsbereich dieses Gesetzes.

§ 3 Begriffsbestimmungen. Für dieses Gesetz gelten die folgenden Begriffsbestimmungen:

1. Anlage
   eine Betriebsstätte oder sonstige ortsfeste Einrichtung;
2. Anlagenbetreiber
   eine natürliche oder juristische Person oder Personengesellschaft, die die unmittelbare Entscheidungsgewalt über eine Anlage innehat, in der eine Tätigkeit nach Anhang 1 Teil 2 Nummer 1 bis 32 durchgeführt wird, und die dabei die wirtschaftlichen Risiken trägt; wer im Sinne des Bundes-Immissionsschutzgesetzes eine genehmigungsbedürftige Anlage betreibt, in der eine Tätigkeit nach Anhang 1 Teil 2 Nummer 1 bis 30 durchgeführt wird, ist Anlagenbetreiber nach Halbsatz 1;
3. Berechtigung
   die Befugnis zur Emission von einer Tonne Kohlendioxidäquivalent in einem bestimmten Zeitraum; eine Tonne Kohlendioxidäquivalent ist eine Tonne Kohlendioxid oder die Menge eines anderen Treibhausgases, die in ihrem Potenzial zur Erwärmung der Atmosphäre einer Tonne Kohlendioxid entspricht;
4. Betreiber
   ein Anlagenbetreiber oder Luftfahrzeugbetreiber;
5. Emission
   die Freisetzung von Treibhausgasen durch eine Tätigkeit nach Anhang 1 Teil 2; die Weiterleitung von Treibhausgasen steht nach Maßgabe der Monitoring-Verordnung der Freisetzung gleich;
6. Emissionsreduktionseinheit
   eine Einheit im Sinne des § 2 Nummer 20 des Projekt-Mechanismen-Gesetzes[1];
7. Luftfahrzeugbetreiber
   eine natürliche oder juristische Person oder Personengesellschaft, die die unmittelbare Entscheidungsgewalt über ein Luftfahrzeug zu dem Zeitpunkt innehat, zu dem mit diesem eine Luftverkehrstätigkeit durchgeführt

---

[1] Nr. 49.

wird, und die dabei die wirtschaftlichen Risiken der Luftverkehrstätigkeit trägt, oder, wenn die Identität dieser Person nicht bekannt ist oder vom Luftfahrzeugeigentümer nicht angegeben wird, der Eigentümer des Luftfahrzeugs;

8. Luftverkehrsberechtigung
eine Berechtigung, die ausschließlich Luftfahrzeugbetreibern die Befugnis zur Emission von einer Tonne Kohlendioxidäquivalent in einem bestimmten Zeitraum verleiht;

9. Luftverkehrstätigkeit
eine Tätigkeit nach Anhang 1 Teil 2 Nummer 33;

10. Monitoring-Verordnung
die Verordnung der Europäischen Kommission nach Artikel 14 Absatz 1 der Richtlinie 2003/87/EG des Europäischen Parlaments und des Rates vom 13. Oktober 2003 über ein System für den Handel mit Treibhausgasemissionszertifikaten in der Gemeinschaft und zur Änderung der Richtlinie 96/61/EG des Rates (ABl. L 275 vom 25. 10. 2003, S. 32), die zuletzt durch die Richtlinie 2009/29/EG (ABl. L 140 vom 5. 6. 2009, S. 63) geändert worden ist, in der jeweils geltenden Fassung;

11. Produktionsleistung
die tatsächlich und rechtlich maximal mögliche Produktionsmenge pro Jahr;

12. Tätigkeit
eine in Anhang 1 Teil 2 genannte Tätigkeit;

13. Transportleistung
das Produkt aus Flugstrecke und Nutzlast;

14. Treibhausgase
Kohlendioxid (CO_2), Methan (CH_4), Distickstoffoxid (N_2O), teilfluorierte Kohlenwasserstoffe (HFKW), perfluorierte Kohlenwasserstoffe (PFC) und Schwefelhexafluorid (SF_6);

15. Überwachungsplan
eine Darstellung der Methode, die ein Betreiber anwendet, um seine Emissionen zu ermitteln und darüber Bericht zu erstatten;

16. zertifizierte Emissionsreduktion
eine Einheit im Sinne des § 2 Nummer 21 des Projekt-Mechanismen-Gesetzes.

Abschnitt 2. Genehmigung und Überwachung von Emissionen

§ 4 Emissionsgenehmigung. (1) ¹Der Anlagenbetreiber bedarf zur Freisetzung von Treibhausgasen durch eine Tätigkeit nach Anhang 1 Teil 2 Nummer 1 bis 32 einer Genehmigung. ²Die Genehmigung ist auf Antrag des Anlagenbetreibers von der zuständigen Behörde zu erteilen, wenn die zuständige Behörde auf der Grundlage der vorgelegten Antragsunterlagen die Angaben nach Absatz 3 feststellen kann.

(2) Der Antragsteller hat dem Genehmigungsantrag insbesondere folgende Angaben beizufügen:

1. Name und Anschrift des Anlagenbetreibers,

2. eine Beschreibung der Tätigkeit, des Standorts und der Art und des Umfangs der dort durchgeführten Verrichtungen und der verwendeten Technologien,
3. in den Fällen des § 2 Absatz 1 Satz 2 eine Beschreibung der räumlichen Abgrenzung der Anlagenteile, Verfahrensschritte und Nebeneinrichtungen nach § 2 Absatz 2,
4. die Quellen von Emissionen und
5. den Zeitpunkt, zu dem die Anlage in Betrieb genommen worden ist oder werden soll.

(3) Die Genehmigung enthält folgende Angaben:
1. Name und Anschrift des Anlagenbetreibers,
2. eine Beschreibung der Tätigkeit und des Standorts, an dem die Tätigkeit durchgeführt wird,
3. in den Fällen des § 2 Absatz 1 Satz 2 eine Beschreibung der räumlichen Abgrenzung der einbezogenen Anlagenteile, Verfahrensschritte und Nebeneinrichtungen nach § 2 Absatz 2 und
4. eine Auflistung der einbezogenen Quellen von Emissionen.

(4) [1] Bei Anlagen, die vor dem 1. Januar 2013 nach den Vorschriften des Bundes-Immissionsschutzgesetzes genehmigt worden sind, ist die immissionsschutzrechtliche Genehmigung die Genehmigung nach Absatz 1. [2] Der Anlagenbetreiber kann aber auch im Fall des Satzes 1 eine gesonderte Genehmigung nach Absatz 1 beantragen. [3] In diesem Fall ist Satz 1 nur bis zur Erteilung der gesonderten Genehmigung anwendbar.

(5) [1] Der Anlagenbetreiber ist verpflichtet, der zuständigen Behörde eine geplante Änderung der Tätigkeit in Bezug auf die Angaben nach Absatz 3 mindestens einen Monat vor ihrer Verwirklichung vollständig und richtig anzuzeigen, soweit diese Änderung Auswirkungen auf die Emissionen haben kann. [2] Die zuständige Behörde ändert die Genehmigung entsprechend. [3] Die zuständige Behörde überprüft unabhängig von Satz 2 mindestens alle fünf Jahre die Angaben nach Absatz 3 und ändert die Genehmigung im Bedarfsfall entsprechend. [4] Für die genannten Änderungen der Genehmigung gilt Absatz 4 Satz 3 entsprechend.

(6) In den Verfahren zur Erteilung oder Änderung der Emissionsgenehmigung nach den Absätzen 1 und 5 ist der nach § 19 Absatz 1 Nummer 3 zuständigen Behörde Gelegenheit zur Stellungnahme in angemessener Frist zu geben.

§ 5 Ermittlung von Emissionen und Emissionsbericht. (1) Der Betreiber hat die durch seine Tätigkeit in einem Kalenderjahr verursachten Emissionen nach Maßgabe des Anhangs 2 Teil 2 zu ermitteln und der zuständigen Behörde bis zum 31. März des Folgejahres über die Emissionen zu berichten.

(2) Die Angaben im Emissionsbericht nach Absatz 1 müssen von einer sachverständigen Stelle, die nach § 21 durch die zuständige Behörde bekannt gegeben worden ist, nach Anhang 3 verifiziert worden sein.

§ 6 Überwachungsplan. (1) [1] Der Betreiber ist verpflichtet, bei der zuständigen Behörde für jede Handelsperiode einen Überwachungsplan für die Emissionsermittlung und Berichterstattung nach § 5 Absatz 1 einzureichen. [2] Dabei hat er die in Anhang 2 Teil 1 Nummer 1 genannten Fristen einzuhalten.

(2) ¹Der Überwachungsplan bedarf der Genehmigung. ²Die Genehmigung ist zu erteilen, wenn der Überwachungsplan den Vorgaben der Monitoring-Verordnung, der Rechtsverordnung nach § 28 Absatz 2 Nummer 1 und, soweit diese keine Regelungen treffen, des Anhangs 2 Teil 2 Satz 3 entspricht. ³Entspricht ein vorgelegter Überwachungsplan nicht diesen Vorgaben, ist der Betreiber verpflichtet, die festgestellten Mängel innerhalb einer von der zuständigen Behörde festzusetzenden Frist zu beseitigen und den geänderten Überwachungsplan vorzulegen. ⁴Im Verfahren zur Genehmigung des Überwachungsplans ist in den Fällen des § 19 Absatz 1 Nummer 1 der danach zuständigen Behörde Gelegenheit zur Stellungnahme zu geben. ⁵Die zuständige Behörde kann die Genehmigung mit Auflagen für die Überwachung von und Berichterstattung über Emissionen verbinden.

(3) ¹Der Betreiber ist verpflichtet, den Überwachungsplan innerhalb einer Handelsperiode unverzüglich anzupassen, soweit sich folgende Änderungen bezüglich der Anforderungen an die Emissionsermittlung oder an ihre Berichterstattung ergeben:
1. Änderung der Vorgaben nach Absatz 2 Satz 2,
2. Änderung seiner Emissionsgenehmigung oder
3. sonstige Änderung seiner Tätigkeit.

²Die zuständige Behörde kann nachträgliche Anordnungen treffen, um die Erfüllung der Pflicht nach Satz 1 sicherzustellen. ³Für den angepassten Überwachungsplan nach Satz 1 gelten Absatz 1 Satz 1 und Absatz 2 entsprechend.

Abschnitt 3. Berechtigungen und Zuteilung

§ 7 Berechtigungen. (1) ¹Der Betreiber hat jährlich bis zum 30. April an die zuständige Behörde eine Anzahl von Berechtigungen abzugeben, die den durch seine Tätigkeit im vorangegangenen Kalenderjahr verursachten Emissionen entspricht. ²Anlagenbetreiber können ihre Verpflichtung nach Satz 1 nicht durch die Abgabe von Luftverkehrsberechtigungen erfüllen.

(2) ¹Die Berechtigungen gelten jeweils für eine der nachfolgend genannten Handelsperioden:
1. die Handelsperiode für Tätigkeiten nach Anhang 1 des Treibhausgas-Emissionshandelsgesetzes vom 8. Juli 2004 (BGBl. I S. 1578), das zuletzt durch Artikel 9 des Gesetzes vom 11. August 2010 (BGBl. I S. 1163) geändert worden ist, die am 1. Januar 2008 begonnen hat, endet am 31. Dezember 2012 (Handelsperiode 2008 bis 2012);
2. die erste Handelsperiode für Luftverkehrstätigkeiten, die am 1. Januar 2012 beginnt, endet am 31. Dezember 2012 (Handelsperiode 2012);
3. die Handelsperiode für alle Tätigkeiten, die am 1. Januar 2013 beginnt, endet am 31. Dezember 2020 (Handelsperiode 2013 bis 2020);
4. die sich an die Handelsperiode 2013 bis 2020 anschließenden Handelsperioden umfassen einen Zeitraum von jeweils acht Jahren.

²Berechtigungen einer abgelaufenen Handelsperiode werden vier Monate nach Ende dieser Handelsperiode gelöscht und von der zuständigen Behörde durch Berechtigungen der laufenden Handelsperiode ersetzt. ³Der Inhaber von Berechtigungen kann jederzeit auf sie verzichten und ihre Löschung verlangen.

(3) ¹ Berechtigungen sind übertragbar. ² Die Übertragung von Berechtigungen erfolgt durch Einigung und Eintragung auf dem Konto des Erwerbers im Emissionshandelsregister nach § 17. ³ Die Eintragung erfolgt auf Anweisung des Veräußerers an die kontoführende Stelle, Berechtigungen von seinem Konto auf das Konto des Erwerbers zu übertragen.

(4) ¹ Soweit für jemanden eine Berechtigung in das Emissionshandelsregister eingetragen ist, gilt der Inhalt des Registers als richtig. ² Dies gilt nicht für den Empfänger ausgegebener Berechtigungen, wenn ihm die Unrichtigkeit bei Ausgabe bekannt ist.

(5) Berechtigungen sind keine Finanzinstrumente im Sinne des § 1 Absatz 11 des Kreditwesengesetzes oder des § 2 Absatz 2 b des Wertpapierhandelsgesetzes.

§ 8 Versteigerung von Berechtigungen. (1) ¹ Alle der Bundesrepublik Deutschland durch die Europäische Kommission nach der Richtlinie 2003/87/EG in der jeweils geltenden Fassung zur Versteigerung zugewiesenen Berechtigungen werden versteigert. ² Die Versteigerung erfolgt nach den Regeln der Verordnung (EU) Nr. 1031/2010 der Kommission vom 12. November 2010 über den zeitlichen und administrativen Ablauf sowie sonstige Aspekte der Versteigerung von Treibhausgasemissionszertifikaten gemäß der Richtlinie 2003/87/EG des Europäischen Parlaments und des Rates über ein System für den Handel mit Treibhausgasemissionszertifikaten in der Gemeinschaft (ABl. L 302 vom 18. 11. 2010, S. 1) in der jeweils geltenden Fassung.

(2) Das Bundesministerium für Umwelt, Naturschutz und Reaktorsicherheit beauftragt im Einvernehmen mit dem Bundesministerium der Finanzen und dem Bundesministerium für Wirtschaft und Technologie eine geeignete Stelle mit der Durchführung der Versteigerung.

(3) ¹ Die Erlöse aus der Versteigerung der Berechtigungen nach Absatz 1 stehen dem Bund zu. ² Die Kosten, die dem Bund durch die Wahrnehmung der ihm im Rahmen des Emissionshandels zugewiesenen Aufgaben entstehen und nicht durch Gebühren nach § 22 gedeckt sind, werden aus den Erlösen nach Satz 1 gedeckt.

(4) ¹ Zur Gebotseinstellung auf eigene Rechnung oder im Namen der Kunden ihres Hauptgeschäftes bedürfen die in § 2 a Absatz 1 Nummer 9 des Wertpapierhandelsgesetzes genannten Unternehmen einer Erlaubnis der Bundesanstalt für Finanzdienstleistungsaufsicht (Bundesanstalt). ² Für Berechtigungen, die nicht in Form eines Finanzinstruments gemäß Artikel 38 Absatz 3 der Verordnung (EG) Nr. 1287/2006 der Kommission vom 10. August 2006 zur Durchführung der Richtlinie 2004/39/EG des Europäischen Parlaments und des Rates betreffend die Aufzeichnungspflichten für Wertpapierfirmen, die Meldung von Geschäften, die Markttransparenz, die Zulassung von Finanzinstrumenten zum Handel und bestimmte Begriffe im Sinne dieser Richtlinie (ABl. L 241 vom 2. 9. 2006, S. 1) versteigert werden, bedürfen zur Gebotseinstellung im Namen der Kunden ihres Hauptgeschäftes auch

1. Institute im Sinne des § 1 Absatz 1 b des Kreditwesengesetzes, denen eine Erlaubnis nach § 32 des Kreditwesengesetzes erteilt worden ist, und

2. nach § 53 Absatz 1 Satz 1 des Kreditwesengesetzes tätige Unternehmen, denen eine Erlaubnis nach § 32 des Kreditwesengesetzes erteilt worden ist,

einer Erlaubnis der Bundesanstalt. ²Die Erlaubnis wird erteilt, sofern das Unternehmen die Bedingungen des Artikels 59 Absatz 5 der Verordnung (EU) Nr. 1031/2010 erfüllt. ³Die Bundesanstalt kann die Erlaubnis außer nach den Vorschriften des Verwaltungsverfahrensgesetzes aufheben, wenn ihr Tatsachen bekannt werden, welche eine Erteilung der Erlaubnis nach Satz 3 ausschließen würden.

§ 9 Zuteilung von kostenlosen Berechtigungen an Anlagenbetreiber.

(1) Anlagenbetreiber erhalten eine Zuteilung von kostenlosen Berechtigungen nach Maßgabe der Grundsätze des Artikels 10a Absatz 1 bis 5, 7 und 11 bis 20 der Richtlinie 2003/87/EG in der jeweils geltenden Fassung und des Beschlusses 2011/278/EU der Kommission vom 27. April 2011 zur Festlegung EU-weiter Übergangsvorschriften zur Harmonisierung der kostenlosen Zuteilung von Emissionszertifikaten gemäß Artikel 10a der Richtlinie 2003/87/EG (ABl. L 130 vom 17. 5. 2011, S. 1).

(2) ¹Die Zuteilung setzt einen Antrag bei der zuständigen Behörde voraus. ²Der Antrag auf Zuteilung von kostenlosen Berechtigungen ist innerhalb einer Frist, die von der zuständigen Behörde mindestens drei Monate vor ihrem Ablauf im Bundesanzeiger bekannt gegeben wird, zu stellen. ³Die Bekanntgabe der Frist erfolgt frühestens nach Inkrafttreten der Rechtsverordnung über Zuteilungsregeln gemäß § 10. ⁴Bei verspätetem Antrag besteht kein Anspruch auf kostenlose Zuteilung. ⁵Dem Antrag sind die zur Prüfung des Anspruchs erforderlichen Unterlagen beizufügen. ⁶Soweit in der Verordnung nach § 10 nichts anderes bestimmt ist, müssen die tatsächlichen Angaben im Zuteilungsantrag von einer sachverständigen Stelle, die nach § 21 durch die zuständige Behörde bekannt gegeben worden ist, verifiziert worden sein.

(3) ¹Die zuständige Behörde berechnet die vorläufigen Zuteilungsmengen, veröffentlicht eine Liste aller unter den Anwendungsbereich dieses Gesetzes fallenden Anlagen und der vorläufigen Zuteilungsmengen im Bundesanzeiger und meldet die Liste der Europäischen Kommission. ²Bei der Berechnung der vorläufigen Zuteilungsmengen werden nur solche Angaben des Betreibers berücksichtigt, deren Richtigkeit ausreichend gesichert ist. ³Rechtsbehelfe im Hinblick auf die Meldung der Zuteilungsmengen können nur gleichzeitig mit den gegen die Zuteilungsentscheidung zulässigen Rechtsbehelfen geltend gemacht werden.

(4) ¹Die zuständige Behörde entscheidet vor Beginn der Handelsperiode über die Zuteilung von kostenlosen Berechtigungen für eine Anlage an Anlagenbetreiber, die innerhalb der nach Absatz 2 Satz 2 bekannt gegebenen Frist einen Antrag gestellt haben. ²Im Übrigen gelten für das Zuteilungsverfahren die Vorschriften des Verwaltungsverfahrensgesetzes.

(5) Bedeutete eine Zuteilung nach den Zuteilungsregeln nach § 10 eine unzumutbare Härte für den Anlagenbetreiber und für ein mit diesem verbundenes Unternehmen, das mit seinem Kapital aus handels- oder gesellschaftsrechtlichem Rechtsgrund für die wirtschaftlichen Risiken des Anlagenbetriebes einstehen muss, teilt die zuständige Behörde auf Antrag des Betreibers zusätzliche Berechtigungen in der für einen Ausgleich angemessenen Menge zu, soweit die Europäische Kommission diese Zuteilung nicht nach Artikel 11 Absatz 3 der Richtlinie 2003/87/EG ablehnt.

(6) ¹ Die Zuteilungsentscheidung ist aufzuheben, soweit sie auf Grund eines Rechtsakts der Europäischen Union nachträglich geändert werden muss. ² Die §§ 48 und 49 des Verwaltungsverfahrensgesetzes bleiben im Übrigen unberührt.

§ 10 Rechtsverordnung über Zuteilungsregeln. ¹ Die Bundesregierung wird ermächtigt, nach Maßgabe der Richtlinie 2003/87/EG in der jeweils geltenden Fassung und des Beschlusses 2011/278/EU der Kommission vom 27. April 2011 zur Festlegung EU-weiter Übergangsvorschriften zur Harmonisierung der kostenlosen Zuteilung von Emissionszertifikaten gemäß Artikel 10a der Richtlinie 2003/87/EG (ABl. L 130 vom 17. 5. 2011, S. 1) nach Anhörung der beteiligten Kreise die Einzelheiten der Zuteilung von kostenlosen Berechtigungen an Anlagenbetreiber durch Rechtsverordnung, die nicht der Zustimmung des Bundesrates bedarf, zu bestimmen. ² In dieser Rechtsverordnung kann die Bundesregierung insbesondere regeln:

1. die Produkte, für die die Berechtigungen kostenlos zugeteilt werden,
2. die Berechnung der Anzahl zuzuteilender Berechtigungen,
3. die Erhebung von Daten über die Emissionen und die Produktion von Anlagen und sonstiger für das Zuteilungsverfahren relevanter Daten,
4. die Bestimmung der Produktionsmenge oder sonstiger Größen, die zur Berechnung der Zuteilungsmenge erforderlich sind,
5. Emissionswerte je erzeugter Produkteinheit,
6. die Fälle, in denen von einer Zuteilung auf Grundlage von Emissionswerten je erzeugter Produkteinheit ausnahmsweise abgesehen wird oder in denen gesonderte Zuteilungsregeln bestehen, sowie die Methoden, die in diesen Fällen zur Anwendung kommen,
7. die Basisperiode, deren Daten für die Zuteilung von kostenlosen Berechtigungen maßgeblich sind, sowie Fälle, in denen von dieser Basisperiode abgewichen werden kann,
8. die Zuteilung für Neuanlagen und Kapazitätserweiterungen, einschließlich der Bestimmung der Kapazität und der Auslastung von Neuanlagen,
9. die Bestimmung der jährlich auszugebenden Mengen von kostenlosen Berechtigungen in der Zuteilungsentscheidung,
10. Festlegungen zu den Anteilen der Wärmeproduktion an den Emissionswerten nach Nummer 5,
11. die im Antrag nach § 9 Absatz 2 Satz 1
    a) erforderlichen Angaben und
    b) erforderlichen Unterlagen sowie die Art der beizubringenden Nachweise,
12. Anforderungen an die Verifizierung von Zuteilungsanträgen nach § 9 Absatz 2 Satz 5 sowie Ausnahmen von der Verifizierungspflicht und
13. die Voraussetzungen und das Verfahren der Bekanntgabe der sachverständigen Stelle durch die zuständige Behörde.

³ Die Rechtsverordnung nach den Sätzen 1 und 2 bedarf der Zustimmung des Bundestages. ⁴ Der Bundestag kann diese Zustimmung davon abhängig machen, ob Änderungswünsche übernommen werden. ⁵ Übernimmt die Bundesregierung die Änderungen, ist eine erneute Beschlussfassung durch den

Bundestag nicht erforderlich. ⁶ Hat sich der Bundestag nach Ablauf von sechs Sitzungswochen seit Eingang der Rechtsverordnung nicht mit ihr befasst, gilt seine Zustimmung zu der unveränderten Rechtsverordnung als erteilt.

§ 11 Regelzuteilung von kostenlosen Berechtigungen an Luftfahrzeugbetreiber. (1) Luftfahrzeugbetreiber erhalten für eine Handelsperiode eine Anzahl von kostenlosen Luftverkehrsberechtigungen zugeteilt, die dem Produkt aus ihrer Transportleistung im Basisjahr in Tonnenkilometern und dem Richtwert entspricht, der in der Entscheidung der Europäischen Kommission nach Artikel 3e Absatz 3 Satz 1 Buchstabe e und Satz 2 der Richtlinie 2003/87/EG bestimmt wird.

(2) ¹ Das Basisjahr für die Transportleistung ist das Kalenderjahr, das 24 Monate vor Beginn der Handelsperiode endet, auf die sich die Zuteilung bezieht. ² Für die Handelsperiode 2012 und die Handelsperiode 2013 bis 2020 ist das Jahr 2010 das Basisjahr.

(3) ¹ Die Zuteilung für eine Handelsperiode setzt einen Antrag bei der zuständigen Behörde voraus, der spätestens 21 Monate vor Beginn der jeweiligen Handelsperiode gestellt werden muss. ² Bei einem verspäteten Antrag besteht kein Anspruch auf Zuteilung kostenloser Luftverkehrsberechtigungen mehr. ³ Die Sätze 1 und 2 gelten nicht für die Handelsperiode 2012 und die Handelsperiode 2013 bis 2020.

(4) ¹ In dem Antrag muss der Antragsteller die nach den Anforderungen der Monitoring-Verordnung ermittelte Transportleistung angeben, die er im Basisjahr durch seine Luftverkehrstätigkeit erbracht hat. ² Hat der Luftfahrzeugbetreiber einen Bericht über Flugstrecke und Nutzlast nach § 5 Absatz 1 Satz 1 der Datenerhebungsverordnung 2020[1]) abgegeben, so gilt dieser Bericht als Antrag auf Zuteilung für die Handelsperiode 2012 und die Handelsperiode 2013 bis 2020, sofern der Luftfahrzeugbetreiber dem nicht innerhalb eines Monats nach Inkrafttreten dieses Gesetzes widerspricht. ³ Im Fall des Widerspruchs besteht kein Anspruch auf kostenlose Zuteilung nach Absatz 1. ⁴ Die Angaben zur Transportleistung sind entsprechend § 5 Absatz 2 zu verifizieren. ⁵ Dies gilt nicht, soweit ein Bericht über Flugstrecke und Nutzlast bereits nach § 11 der Datenerhebungsverordnung 2020 geprüft worden ist.

(5) ¹ Die zuständige Behörde übermittelt die Anträge spätestens 18 Monate vor Beginn der Handelsperiode an die Europäische Kommission. ² Die zuständige Behörde überprüft die Angaben des Antragstellers zur Transportleistung und übermittelt nur solche Angaben an die Europäische Kommission, deren Richtigkeit zum Ablauf der Übermittlungsfrist ausreichend gesichert ist. ³ Sofern die zuständige Behörde zur Prüfung des Antrags und der darin gemachten Angaben zusätzliche Angaben oder Nachweise benötigt, ist der Luftfahrzeugbetreiber verpflichtet, diese auf Verlangen der zuständigen Behörde innerhalb einer von dieser festzusetzenden Frist zu übermitteln.

(6) ¹ Die zuständige Behörde teilt die kostenlosen Berechtigungen innerhalb von drei Monaten zu, nachdem die Europäische Kommission den Richtwert gemäß Artikel 3e Absatz 3 der Richtlinie 2003/87/EG bekannt gegeben hat. ² Die zuständige Behörde veröffentlicht eine Liste mit den Namen der Luftfahrzeugbetreiber und der Höhe der Zuteilungen im Bundesanzeiger.

---

[1]) Nr. 52.

§ 12 Zuteilung von kostenlosen Berechtigungen aus der Sonderreserve.
(1) [1] Luftfahrzeugbetreiber erhalten für eine Handelsperiode eine Zuteilung von kostenlosen Luftverkehrsberechtigungen aus der Sonderreserve, wenn

1. sie erstmals nach Ablauf des Basisjahres nach § 11 Absatz 2 eine Luftverkehrstätigkeit neu aufgenommen haben oder
2. die im Rahmen ihrer Luftverkehrstätigkeit erbrachte Transportleistung in Tonnenkilometern im Zeitraum zwischen dem Basisjahr und dem Ende des zweiten Kalenderjahres der laufenden Handelsperiode durchschnittlich um mehr als 18 Prozent jährlich angestiegen ist.

[2] Weiterhin setzt eine Zuteilung nach Satz 1 voraus, dass der Luftfahrzeugbetreiber durch die neu aufgenommene Tätigkeit oder durch die angestiegene Transportleistung keine zuvor von einem anderen Unternehmen durchgeführte Tätigkeit ganz oder teilweise fortführt. [3] Satz 1 gilt nicht für die Handelsperiode 2012.

(2) Im Fall der Neuaufnahme einer Tätigkeit entspricht die Anzahl der zuzuteilenden Luftverkehrsberechtigungen dem Produkt aus der im zweiten Kalenderjahr der Handelsperiode erbrachten Transportleistung und dem Richtwert, der in der Entscheidung der Europäischen Kommission nach Artikel 3 f Absatz 5 der Richtlinie 2003/87/EG bestimmt wird.

(3) [1] Im Fall der angestiegenen Transportleistung nach Absatz 1 Satz 1 Nummer 2 entspricht die Anzahl der zuzuteilenden Luftverkehrsberechtigungen dem Produkt aus dem Anstieg der Transportleistung in Tonnenkilometern, soweit der Anstieg den in Absatz 1 Satz 1 Nummer 2 genannten prozentualen Anstieg in Tonnenkilometern übersteigt, und dem Richtwert, der in der Entscheidung der Europäischen Kommission nach Artikel 3 f Absatz 5 der Richtlinie 2003/87/EG bestimmt wird. [2] Die Zuteilung nach Satz 1 beträgt höchstens 1 Million Luftverkehrsberechtigungen pro Luftfahrzeugbetreiber.

(4) [1] Die zuständige Behörde teilt die kostenlosen Berechtigungen innerhalb von drei Monaten zu, nachdem die Europäische Kommission den Richtwert gemäß Artikel 3 f Absatz 5 der Richtlinie 2003/87/EG bekannt gegeben hat. [2] Sie weist dabei die Zuteilung für eine gesamte Handelsperiode und für die einzelnen verbleibenden vollen Jahre dieser Handelsperiode aus. [3] Die zuständige Behörde veröffentlicht eine Liste mit den Namen der Luftfahrzeugbetreiber und der Höhe der Zuteilungen im Bundesanzeiger.

§ 13 Antrag auf Zuteilung aus der Sonderreserve.
(1) [1] Die Zuteilung aus der Sonderreserve setzt einen Antrag bei der zuständigen Behörde voraus, der spätestens bis zum 30. Juni des dritten Jahres der jeweils laufenden Handelsperiode gestellt werden muss. [2] Bei einem verspäteten Antrag besteht kein Anspruch auf Zuteilung kostenloser Luftverkehrsberechtigungen mehr.

(2) [1] Der Antragsteller hat in dem Antrag nach Absatz 1 das Vorliegen der in § 12 Absatz 1 aufgeführten Zuteilungsvoraussetzungen nachzuweisen. [2] Ein Antrag nach § 12 Absatz 1 Satz 1 Nummer 2 muss insbesondere jeweils bezogen auf den Zeitraum zwischen dem Basisjahr und dem zweiten Kalenderjahr der laufenden Handelsperiode folgende Angaben enthalten:

1. den prozentualen Anstieg der Transportleistung des Antragstellers seit dem Basisjahr,

2. den absoluten Anstieg der Transportleistung des Antragstellers seit dem Basisjahr in Tonnenkilometern und

3. den Anteil des absoluten Anstiegs nach Nummer 2, der den in § 12 Absatz 1 Satz 1 Nummer 2 genannten prozentualen Anstieg in Tonnenkilometern überschreitet.

[3] Die zuständige Behörde übermittelt die Anträge spätestens sechs Monate nach Ablauf der Frist nach Absatz 1 Satz 1 an die Europäische Kommission. [4] § 5 Absatz 2 und § 11 Absatz 5 Satz 2 und 3 gelten entsprechend.

(3) In dem Antrag nach Absatz 1 Satz 1 ist die nach den Anforderungen der Monitoring-Verordnung ermittelte Transportleistung anzugeben, die der Antragsteller im zweiten Kalenderjahr der laufenden Handelsperiode durch seine Luftverkehrstätigkeit erbracht hat.

(4) Zur Ermittlung und Angabe der Transportleistung nach Absatz 3 hat der Luftfahrzeugbetreiber einen Tonnenkilometer-Überwachungsplan zu erstellen und bei der zuständigen Behörde innerhalb der in Anhang 2 Teil 1 Nummer 2 genannten Frist zur Genehmigung einzureichen.

(5) [1] Die Genehmigung nach Absatz 4 ist zu erteilen, wenn der Überwachungsplan den Vorgaben der Monitoring-Verordnung entspricht. [2] § 6 Absatz 2 Satz 3 und 5 gilt entsprechend.

§ 14 Ausgabe von Berechtigungen. (1) Die zuständige Behörde gibt die nach § 9 Absatz 4 zugeteilten Berechtigungen nach Maßgabe der Zuteilungsentscheidung bis zum 28. Februar eines Jahres, für das Berechtigungen abzugeben sind, aus.

(2) [1] Abweichend von Absatz 1 werden für Anlagen, die nach Beginn der Handelsperiode in Betrieb genommen wurden, für das erste Betriebsjahr zugeteilte Berechtigungen unverzüglich nach der Zuteilungsentscheidung ausgegeben. [2] Ergeht die Zuteilungsentscheidung vor dem 28. Februar eines Kalenderjahres, so werden Berechtigungen nach Satz 1 erstmals zum 28. Februar desselben Jahres ausgegeben.

(3) [1] Bei der Regelzuteilung für Luftfahrzeugbetreiber nach § 11 gibt die zuständige Behörde die für eine Handelsperiode insgesamt zugeteilte Menge an Luftverkehrsberechtigungen in den Jahren der Handelsperiode jeweils bis zum 28. Februar in jährlich gleichen Teilmengen aus. [2] Bei der Zuteilung aus der Sonderreserve nach § 12 gibt die zuständige Behörde die für eine Handelsperiode insgesamt zugeteilte Menge an Luftverkehrsberechtigungen in den auf die Zuteilungsentscheidung folgenden Kalenderjahren der Handelsperiode in jährlich gleichen Teilmengen aus.

§ 15 Durchsetzung von Rückgabeverpflichtungen. [1] Soweit der Betreiber im Fall der Aufhebung der Zuteilungsentscheidung zur Rückgabe zu viel ausgegebener Berechtigungen verpflichtet ist, kann die zuständige Behörde diese Verpflichtung nach den Vorschriften des Verwaltungs-Vollstreckungsgesetzes durchsetzen. [2] Die Höhe des Zwangsgeldes beträgt bis zu 500 000 Euro.

§ 16 Anerkennung von Berechtigungen und Emissionsgutschriften.
(1) Berechtigungen, die von anderen Mitgliedstaaten der Europäischen Union in Anwendung der Richtlinie 2003/87/EG für die laufende Handels-

periode ausgegeben worden sind, stehen Berechtigungen gleich, die in der Bundesrepublik Deutschland ausgegeben worden sind.

(2) Die Vorschriften über Berechtigungen nach § 7 Absatz 3 bis 5 und § 17 gelten für Emissionsreduktionseinheiten, zertifizierte Emissionsreduktionen und Emissionsgutschriften, die in einer Rechtsverordnung nach § 28 Absatz 1 Nummer 3 anerkannt sind, entsprechend.

(3) Berechtigungen, die von Drittländern ausgegeben werden, mit denen Abkommen über die gegenseitige Anerkennung von Berechtigungen gemäß Artikel 25 Absatz 1 der Richtlinie 2003/87/EG geschlossen wurden, werden von der zuständigen Behörde nach Maßgabe der auf Grundlage von Artikel 25 Absatz 2 der Richtlinie 2003/87/EG erlassenen Vorschriften in Berechtigungen überführt.

§ 17 Emissionshandelsregister. Berechtigungen werden in einem Emissionshandelsregister nach der Verordnung gemäß Artikel 19 Absatz 3 der Richtlinie 2003/87/EG gehalten und übertragen.

§ 18 Umtausch von Emissionsgutschriften in Berechtigungen. (1) Auf Antrag des Betreibers tauscht die zuständige Behörde Emissionsreduktionseinheiten, zertifizierte Emissionsreduktionen oder andere Gutschriften für Emissionsminderungen nach Maßgabe der Absätze 2 und 3 in Berechtigungen für die Handelsperiode 2013 bis 2020 um.

(2) Der Umtausch ist in der Handelsperiode 2013 bis 2020 vorbehaltlich einer Erhöhung durch eine Rechtsverordnung nach § 28 Absatz 1 Nummer 3 auf folgende Höchstmengen beschränkt:

1. für eine Anlage, für die der Anlagenbetreiber in der Handelsperiode 2008 bis 2012 eine Zuteilung nach den §§ 6 bis 9 oder § 12 des Zuteilungsgesetzes 2012[1)] erhalten hat, auf 22 Prozent dieser Zuteilungsmenge, soweit dieser Anteil nicht zur Erfüllung der Abgabepflicht für die Emissionen in der Handelsperiode 2008 bis 2012 genutzt wurde;
2. für eine Anlage, die nicht von Nummer 1 erfasst ist, auf eine Menge, die 4,5 Prozent der nach § 7 Absatz 1 für die Emissionen in der Handelsperiode 2013 bis 2020 insgesamt abzubudenden Menge an Berechtigungen entspricht;
3. für Luftfahrzeugbetreiber auf eine Menge, die 1,5 Prozent der vom jeweiligen Luftfahrzeugbetreiber nach § 7 Absatz 1 für die Emissionen in der Handelsperiode 2013 bis 2020 insgesamt abzubudenden Menge an Berechtigungen entspricht; diese Menge erhöht sich um eine Menge, die 15 Prozent der Menge an Berechtigungen entspricht, die der jeweilige Luftfahrzeugbetreiber für die Handelsperiode 2012 abzugeben hatte, soweit der Luftfahrzeugbetreiber diesen Anteil nicht zur Erfüllung dieser Abgabepflicht genutzt hat.

(3) [1] Folgende Emissionsreduktionseinheiten oder zertifizierte Emissionsreduktionen sind vorbehaltlich einer Einschränkung durch eine Rechtsverordnung nach § 28 Absatz 1 Nummer 3 umtauschbar:

[1)] Nr. **50**.

1. Emissionsreduktionseinheiten oder zertifizierte Emissionsreduktionen für Emissionsminderungen, die vor dem Jahr 2013 erbracht wurden;
2. zertifizierte Emissionsreduktionen aus Projekten, die vor dem Jahr 2013 von dem Exekutivrat im Sinne des § 2 Nummer 22 des Projekt-Mechanismen-Gesetzes[1]) registriert wurden.

²Satz 1 gilt nur für Emissionsreduktionseinheiten und zertifizierte Emissionsreduktionen, die aus Projekttypen stammen, deren Gutschriften auch in der Handelsperiode 2008 bis 2012 genutzt werden durften.

Abschnitt 4. Gemeinsame Vorschriften

§ 19 Zuständigkeiten. (1) Zuständige Behörde ist

1. für den Vollzug des § 4 bei genehmigungsbedürftigen Anlagen nach § 4 Absatz 1 Satz 3 des Bundes-Immissionsschutzgesetzes die nach Landesrecht für den Vollzug des § 4 zuständige Behörde,
2. für den Vollzug des § 31 Absatz 2 im Fall eines gewerblichen Luftfahrzeugbetreibers das Luftfahrt-Bundesamt,
3. im Übrigen das Umweltbundesamt.

(2) ¹Ist für Streitigkeiten nach diesem Gesetz der Verwaltungsrechtsweg gegeben, so ist bei Anfechtungsklagen gegen Verwaltungsakte des Umweltbundesamtes das Gericht örtlich zuständig, in dessen Bezirk der Verwaltungsakt erlassen wurde. ²Satz 1 gilt entsprechend für Verpflichtungsklagen sowie für Klagen auf Feststellung der Nichtigkeit von Verwaltungsakten.

§ 20 Überwachung. (1) Die nach § 19 jeweils zuständige Behörde hat die Durchführung dieses Gesetzes und der auf dieses Gesetz gestützten Rechtsverordnungen zu überwachen.

(2) ¹Betreiber sowie Eigentümer und Besitzer von Luftfahrzeugen oder von Grundstücken, auf denen sich Luftfahrzeuge befinden oder auf denen Anlagen betrieben werden, sind verpflichtet, den Angehörigen der zuständigen Behörde und deren Beauftragten unverzüglich

1. den Zutritt zu den Anlagen, Luftfahrzeugen oder Grundstücken zu den Geschäftszeiten zu gestatten,
2. die Vornahme von Prüfungen einschließlich der Ermittlung von Emissionen zu den Geschäftszeiten zu gestatten sowie
3. auf Anforderung die Auskünfte zu erteilen und die Unterlagen vorzulegen, die zur Erfüllung ihrer Aufgaben erforderlich sind.

²Im Rahmen der Pflichten nach Satz 1 haben die Betreiber Arbeitskräfte sowie Hilfsmittel bereitzustellen.

(3) Für die zur Auskunft verpflichtete Person gilt § 55 der Strafprozessordnung entsprechend.

§ 21 Sachverständige Stellen. (1) Die Bekanntgabe als sachverständige Stelle mit Geltung für das gesamte Bundesgebiet erfolgt durch die zuständige

---

[1]) Nr. 49.

Behörde auf Antrag, sofern der Antragsteller die Anforderungen nach Anhang 4 sowie die Anforderungen der Verordnung der Europäischen Kommission nach Artikel 15 Absatz 3 und 4 der Richtlinie 2003/87/EG erfüllt.

(2) Vorbehaltlich weitergehender Anforderungen an die Akkreditierung und Bekanntgabe von sachverständigen Stellen in der Verordnung der Europäischen Kommission nach Artikel 15 Absatz 3 und 4 der Richtlinie 2003/87/EG werden folgende Personen oder Organisationen ohne weitere Prüfung auf Antrag bekannt gegeben:

1. unabhängige Umweltgutachter oder Umweltgutachterorganisationen, die nach dem Umweltauditgesetz tätig werden dürfen und für ihren jeweiligen Zulassungsbereich zur Prüfung von Erklärungen der Betreiber berechtigt sind, und
2. Personen, die nach § 36 Absatz 1 der Gewerbeordnung zur Prüfung von Emissionsberichten öffentlich als Sachverständige bestellt worden sind.

(3) [1] Weiterhin werden Personen, die entsprechend den vergleichbaren Vorgaben eines anderen Mitgliedstaats zur Prüfung von Emissionsberichten im gemeinschaftsweiten Emissionshandelssystem bestellt worden sind und die erforderlichen Sprach- und Rechtskenntnisse besitzen, als sachverständige Stelle bekannt gegeben. [2] Die Behörde kann verlangen, dass Kopien von Nachweisen beglaubigt werden. [3] Sie kann darüber hinaus verlangen, dass für Nachweise in einer fremden Sprache eine beglaubigte deutsche Übersetzung vorgelegt wird.

(4) [1] Über den Antrag ist innerhalb einer Frist von drei Monaten zu entscheiden. [2] § 42 a Absatz 2 Satz 2 bis 4 des Verwaltungsverfahrensgesetzes ist anzuwenden.

§ 22 Gebühren für Amtshandlungen von Bundesbehörden.

(1) Für die Verwaltung eines Personen- oder Händlerkontos in dem Emissionshandelsregister erhebt die zuständige Behörde von dem Kontoinhaber eine Gebühr von 400 Euro pro Handelsperiode.

(2) [1] Wird ein Widerspruch gegen Entscheidungen nach diesem Gesetz vollständig oder teilweise zurückgewiesen, mit Ausnahme des Widerspruchs gegen Entscheidungen nach § 4, beträgt die Gebühr entsprechend dem entstandenen Verwaltungsaufwand 50 bis 2 000 Euro. [2] Dies gilt nicht, wenn der Widerspruch nur deshalb keinen Erfolg hat, weil die Verletzung einer Verfahrens- oder Formvorschrift nach § 45 des Verwaltungsverfahrensgesetzes unbeachtlich ist. [3] Wird der Widerspruch nach Beginn der sachlichen Bearbeitung jedoch vor deren Beendigung zurückgenommen, ermäßigt sich die Gebühr um mindestens 25 Prozent.

(3) Die Befugnis der Länder zur Erhebung von Gebühren und Auslagen für Amtshandlungen nach § 4 bleibt unberührt.

§ 23 Elektronische Kommunikation.

[1] Die zuständige Behörde kann für die in Satz 3 genannten Dokumente, für die Bekanntgabe von Entscheidungen und für die sonstige Kommunikation die Verwendung der Schriftform oder der elektronischen Form vorschreiben. [2] Wird die elektronische Form vorgeschrieben, kann die zuständige Behörde eine bestimmte Verschlüsselung sowie die Eröffnung eines Zugangs für die Übermittlung elektronischer Dokumente vorschreiben. [3] Die zuständige Behörde kann auch vorschreiben, dass

Betreiber zur Erstellung von Überwachungsplänen oder Berichten oder zur Stellung von Anträgen nur die auf ihrer Internetseite zur Verfügung gestellten elektronischen Formularvorlagen zu benutzen und die ausgefüllten Formularvorlagen in elektronischer Form sowie unter Verwendung einer qualifizierten Signatur nach dem Signaturgesetz vom 16. Mai 2001 (BGBl. I S. 876), das zuletzt durch Artikel 4 des Gesetzes vom 17. Juli 2009 (BGBl. I S. 2091) geändert worden ist, zu übermitteln haben. [4] Wenn die Benutzung elektronischer Formatvorlagen vorgeschrieben ist, ist die Übermittlung zusätzlicher Dokumente als Ergänzung der Formatvorlagen unter Beachtung der Formvorschriften des Satzes 3 möglich. [5] Soweit das Umweltbundesamt zuständige Behörde ist, werden Anordnungen nach den Sätzen 1 bis 3 im Bundesanzeiger bekannt gemacht; im Übrigen werden sie im amtlichen Veröffentlichungsblatt der zuständigen Behörde bekannt gemacht.

§ 24 Einheitliche Anlage. Auf Antrag stellt die zuständige Behörde fest, dass das Betreiben mehrerer Anlagen im Sinne von Anhang 1 Teil 2 Nummer 7 sowie Nummer 8 bis 11, die von demselben Betreiber an demselben Standort in einem technischen Verbund betrieben werden, zur Anwendung der §§ 5 bis 7 und 9 als Betrieb einer einheitlichen Anlage gilt, wenn die erforderliche Genauigkeit bei der Ermittlung der Emissionen gewährleistet ist.

§ 25 Änderung der Identität oder Rechtsform des Betreibers.

(1) [1] Ändert sich die Identität oder die Rechtsform eines Betreibers, so hat der neue Betreiber dies unverzüglich nach der Änderung der Behörde anzuzeigen, die für den Vollzug von § 6 Absatz 3 Satz 1 zuständig ist, und bei immissionsschutzrechtlich genehmigten Anlagen der Behörde, die für den Vollzug von § 4 Absatz 5 Satz 1 zuständig ist. [2] Der neue Betreiber übernimmt die noch nicht erfüllten Pflichten des ursprünglichen Betreibers nach den §§ 5 und 7.

(2) [1] Ein Wechsel des Betreibers im Verlauf der Handelsperiode lässt die Zuteilungsentscheidung unberührt. [2] Noch nicht ausgegebene Berechtigungen werden ab dem Nachweis des Betreiberwechsels an den neuen Betreiber ausgegeben, soweit er die Tätigkeit übernommen hat.

§ 26 Ausschluss der aufschiebenden Wirkung. Widerspruch und Anfechtungsklage gegen Zuteilungsentscheidungen oder Entscheidungen nach § 29 Satz 1 oder § 31 Absatz 2 Satz 1 haben keine aufschiebende Wirkung.

§ 27 Befreiung für Kleinemittenten. (1) [1] Die zuständige Behörde befreit den Betreiber einer Anlage für die Handelsperiode 2013 bis 2020 von der Pflicht nach § 7 Absatz 1, sofern

1. die Anlage in den Jahren 2008 bis 2010 jeweils weniger als 25 000 Tonnen Kohlendioxidäquivalent emittiert hat und

2. die Europäische Kommission keine Einwände nach Artikel 27 Absatz 2 der Richtlinie 2003/87/EG gegen die Befreiung erhebt.

[2] Bei Anlagen der in Anhang 1 Teil 2 Nummer 2 bis 6 genannten Tätigkeiten ist eine Befreiung nach Satz 1 ausgeschlossen, sofern die Feuerungswärmeleistung der Anlage 35 Megawatt oder mehr beträgt; dies gilt für die Gesamtfeuerungswärmeleistung von Verbrennungseinheiten nach Anhang 1 Teil 2

Nummer 1 in einer Anlage entsprechend. ³Für die Dauer der Befreiung besteht kein Anspruch auf eine Zuteilung von kostenlosen Berechtigungen nach § 9 Absatz 1.

(2) ¹Die Befreiung nach Absatz 1 setzt einen Antrag des Betreibers bei der zuständigen Behörde voraus, der nur zusammen mit dem Antrag nach § 9 Absatz 2 gestellt werden kann. ²Er ist für die Handelsperiode 2013 bis 2020 mit der Auswahl einer der beiden Maßnahmen nach Satz 3 zu verbinden. ³Als Ausgleich für die Pflichtenbefreiung nach Absatz 1 unterliegt der Betreiber für die Handelsperiode 2013 bis 2020 einer der nachfolgenden gleichwertigen Maßnahmen:

1. Zahlung eines Ausgleichsbetrages für ersparte Kosten des Erwerbs von Emissionsberechtigungen für die Berichtsjahre der Handelsperiode 2013 bis 2020 nach Maßgabe des Absatzes 3;
2. Selbstverpflichtung zu spezifischen Emissionsminderungen der Anlage in der Handelsperiode 2013 bis 2020 nach Maßgabe des Absatzes 4.

(3) ¹Der nach Absatz 2 Satz 3 Nummer 1 letztendlich zu zahlende Ausgleichsbetrag ergibt sich aus der berechneten Zahlungsverpflichtung, vermindert um einen Betrag, der sich aus der Anwendung eines Kürzungsfaktors auf die Ausgleichszahlung ergibt. ²Der Kürzungsfaktor entspricht dem Verhältnis der erreichten Reduzierung des spezifischen Emissionswertes in Prozentpunkten zu 1,74 Prozentpunkten. ³Die Zahlungsverpflichtung ist das Produkt aus der anzusetzenden Menge an Emissionsberechtigungen, die dem Zukaufbedarf für das jeweilige Berichtsjahr der Handelsperiode 2013 bis 2020 entspricht, und dem durchschnittlichen, volumengewichteten Zuschlagspreis der Versteigerungen nach § 8 im Berichtsjahr oder dem Kalenderjahr vor dem Berichtsjahr, je nachdem, welcher der beiden Zuschlagspreise der geringere ist; für das Berichtsjahr 2013 ist nur der Zuschlagspreis dieses Berichtsjahres maßgeblich. ⁴Der Zukaufbedarf einer Anlage entspricht der Differenz zwischen der Emissionsmenge des Vorjahres und der sich aus den Berechnungsvorschriften der Rechtsverordnung nach § 10 ergebenden Menge an Berechtigungen. ⁵Die Einnahmen aus der Ausgleichszahlung stehen dem Bund zu und fließen in das Sondervermögen „Energie- und Klimafonds".

(4) ¹Gegenstand der Selbstverpflichtung zu spezifischen Emissionsminderungen der Anlage nach Absatz 2 Nummer 2 ist die Reduzierung des anlagenspezifischen Emissionswertes pro Produkteinheit gegenüber dem Emissionswert der Basisperiode um jährlich 1,74 Prozent. ²Für die Berechnung der erforderlichen, spezifischen Emissionsminderung sind die Vorgaben des Anhangs 5 Teil 1 maßgeblich. ³Der Betreiber ist verpflichtet, der zuständigen Behörde jeweils bis zum 31. März eines Jahres die Produktionsmenge des Vorjahres zu berichten. ⁴Erfüllt ein Betreiber die Verpflichtung nach Satz 1 in drei aufeinanderfolgenden Berichtsjahren der Handelsperiode 2013 bis 2020 nicht, so unterliegt er für jedes dieser Berichtsjahre der Ausgleichszahlung nach Absatz 2 Nummer 1 bis zum Beginn des Berichtsjahres, in dem die Verpflichtung wieder erfüllt wird. ⁵Der Betreiber unterliegt der Ausgleichszahlung auch, wenn er seine Verpflichtung nach Satz 1 im Berichtsjahr 2020 oder in den beiden Berichtsjahren 2019 und 2020 nicht erfüllt. ⁶Für die Berechnung der Ausgleichszahlung in den Fällen der Sätze 4 und 5 sind die Vorgaben des Anhangs 5 Teil 2 maßgeblich.

Treibhausgas-Emissionshandelsgesetz **§ 28 TEHG 48**

(5) ¹Für Anlagen, die in den Jahren 2008 bis 2010 oder in den drei Kalenderjahren vor dem Berichtsjahr jeweils weniger als 20 000 Tonnen Kohlendioxidäquivalent emittiert haben, gilt die Pflicht zur Emissionsermittlung und Berichterstattung nach § 5 mit der Maßgabe, dass ein vereinfachter Emissionsbericht jeweils einen Zeitraum von zwei Berichtsjahren umfasst. ²Sofern sich bei diesen Anlagen aus dem Emissionsbericht Gesamtemissionen in einem Berichtsjahr von mehr als 20 000 Tonnen Kohlendioxidäquivalent ergeben, kann die zuständige Behörde die Vorlage jährlicher Emissionsberichte anordnen.

(6) ¹Die Befreiung erlischt, wenn die Anlage in einem Jahr der Handelsperiode 2013 bis 2020 25 000 Tonnen Kohlendioxidäquivalent oder mehr emittiert. ²In diesem Fall unterliegt der Betreiber ab dem Jahr der Überschreitung der Emissionsgrenze bis zum Jahr 2020 der Pflicht nach § 7 Absatz 1 und erhält eine Zuteilung gemäß § 9.

§ 28 Verordnungsermächtigungen. (1) Die Bundesregierung wird ermächtigt, durch Rechtsverordnung[1], die nicht der Zustimmung des Bundesrates bedarf,

1. die Kohlendioxidäquivalente im Sinne des § 3 Absatz 1 Nummer 3 für die einzelnen Treibhausgase nach Maßgabe internationaler Standards zu bestimmen;

2. Einzelheiten für die Versteigerung nach § 8 vorzusehen; dabei kann die Bundesregierung insbesondere Vorschriften erlassen über die Zulassung von Stellen, die Versteigerungen durchführen, über die Aufsicht über diese Stellen sowie über die Zulassung von weiteren Bietern;

3. Einzelheiten zum Umtausch von Emissionsreduktionseinheiten, zertifizierten Emissionsreduktionen oder anderen Emissionsgutschriften in Berechtigungen nach § 18 und weitere Formen der Nutzung dieser Gutschriften zu regeln; dabei kann die Bundesregierung insbesondere

   a) vorsehen, dass nach den Vorgaben von Maßnahmen der Europäischen Kommission nach Artikel 11a Absatz 8 Unterabsatz 4 bis 6 der Richtlinie 2003/87/EG zusätzliche Mengen von Gutschriften in Berechtigungen umgetauscht werden können, die von den in § 18 Absatz 2 genannten Werten abweichen,

   b) Anforderungen an das Umtauschverfahren sowie Antragsfristen festlegen,

   c) Umtausch und Nutzung für weitere Arten von Gutschriften für Emissionsminderungen zur Umsetzung von Artikel 11a Absatz 4 bis 6 der Richtlinie 2003/87/EG zulassen und

   d) Projekttypen festlegen, deren Gutschriften durch Maßnahmen nach Artikel 11a Absatz 9 der Richtlinie 2003/87/EG in der Handelsperiode 2013 bis 2020 einer Verwendungsbeschränkung unterliegen, sowie den Zeitpunkt, ab dem die Verwendungsbeschränkung beginnt;

4. Einzelheiten zur Anwendung des § 24 für Anlagen, die von demselben Betreiber am gleichen Standort in einem technischen Verbund betrieben werden, zu regeln; dies umfasst insbesondere Regelungen, dass

---

[1] Siehe die ZuteilungsVO 2020 v. 26. 9. 2011 (BGBl. I S. 1921).

a) der Antrag nach § 24 auch zulässig ist für einheitliche Anlagen aus Anlagen nach Anhang 1 Teil 2 Nummer 1 bis 6 und anderen Anlagen nach Anhang 1 Teil 2,

b) bei Anlagen nach Anhang 1 Teil 2 Nummer 8 bis 11 die Produktionsmengen der in den einbezogenen Anlagen hergestellten Produkte anzugeben sind,

c) Anlagen nach Anhang 1 Teil 2 Nummer 7 mit sonstigen in Anhang 1 Teil 2 aufgeführten Anlagen als einheitliche Anlage gelten;

5. Einzelheiten zur Ausgestaltung der Pflichtenfreistellung nach § 27 zu regeln, insbesondere Bestimmungen zu erlassen über

a) Angaben im Befreiungsantrag nach § 27 Absatz 2,

b) Anforderungen an den vereinfachten Emissionsbericht nach § 27 Absatz 5 Satz 1 sowie zusätzliche Erleichterungen bei der Berichterstattung nach § 5 für Anlagen, die in den Jahren 2008 bis 2010 oder in den drei Kalenderjahren vor dem Berichtsjahr jeweils weniger als 5 000 Tonnen Kohlendioxidäquivalent emittiert haben,

c) Anforderungen an den Nachweis des anlagenspezifischen Emissionswertes,

d) die Berücksichtigung der gekoppelten Produktion von Strom und Wärme sowie die Berücksichtigung mehrerer Einzelelemente der Zuteilung bei der Berechnung der spezifischen Emissionsminderung,

e) Anforderungen an die gemeinsame Nachweisführung nach Anhang 5 Teil 1 Nummer 1 Buchstabe b und

f) gesonderte Fristen für die Erfüllung der Pflichten nach den §§ 5 und 7 in Fällen des § 27 Absatz 6.

(2) Das Bundesministerium für Umwelt, Naturschutz und Reaktorsicherheit wird ermächtigt, durch Rechtsverordnung, die nicht der Zustimmung des Bundesrates bedarf,

1. Einzelheiten zur Ermittlung von und Berichterstattung über Emissionen nach § 5 Absatz 1 sowie zur Verifizierung nach § 5 Absatz 2 zu regeln, soweit diese Sachverhalte nicht den Vollzug des § 4 betreffen und weder in der Monitoring-Verordnung noch der Verordnung der Europäischen Kommission nach Artikel 15 Absatz 3 und 4 der Richtlinie 2003/87/EG abschließend geregelt sind;

2. im Einvernehmen mit dem Bundesministerium für Wirtschaft und Technologie Einzelheiten zur Überführung von Berechtigungen, die von Drittländern ausgegeben werden, nach § 16 Absatz 3 zu regeln;

3. Einzelheiten zur Einrichtung und Führung eines Emissionshandelsregisters nach § 17 zu regeln, insbesondere die in der Verordnung nach Artikel 19 Absatz 3 der Richtlinie 2003/87/EG aufgeführten Sachverhalte zur ergänzenden Regelung durch die Mitgliedstaaten.

(3) [1] Das Bundesministerium für Umwelt, Naturschutz und Reaktorsicherheit wird ermächtigt, durch Rechtsverordnung, die nicht der Zustimmung des Bundesrates bedarf, eine juristische Person des Privatrechts mit der Wahrnehmung aller oder eines Teils der Aufgaben des Umweltbundesamtes nach diesem Gesetz und den hierfür erforderlichen hoheitlichen Befugnissen zu beleihen, wenn diese Gewähr dafür bietet, dass die übertragenen Aufgaben

ordnungsgemäß und zentral für das Bundesgebiet erfüllt werden. [2] Dies gilt nicht für Befugnisse nach § 20 Absatz 2 Nummer 1 und 2 und Abschnitt 5 dieses Gesetzes sowie für Maßnahmen nach dem Verwaltungs-Vollstreckungsgesetz. [3] Eine juristische Person bietet Gewähr im Sinne des Satzes 1, wenn

1. diejenigen, die die Geschäftsführung oder die Vertretung der juristischen Person wahrnehmen, zuverlässig und fachlich geeignet sind,
2. die juristische Person über die zur Erfüllung ihrer Aufgaben notwendige Ausstattung und Organisation verfügt und ein ausreichendes Anfangskapital hat und
3. eine wirtschaftliche oder organisatorische Nähe zu Personen ausgeschlossen ist, die dem Anwendungsbereich dieses Gesetzes unterfallen.

[4] Die Beliehene untersteht der Aufsicht des Umweltbundesamtes.

Abschnitt 5. Sanktionen

§ 29 Durchsetzung der Berichtspflicht. [1] Kommt ein Betreiber seiner Berichtspflicht nach § 5 Absatz 1 nicht nach, so verfügt die zuständige Behörde die Sperrung seines Kontos. [2] Die Sperrung ist unverzüglich aufzuheben, sobald der Betreiber der zuständigen Behörde einen den Anforderungen nach § 5 entsprechenden Bericht vorlegt oder eine Schätzung der Emissionen nach § 30 Absatz 2 Satz 1 erfolgt.

§ 30 Durchsetzung der Abgabepflicht. (1) [1] Kommt ein Betreiber seiner Pflicht nach § 7 Absatz 1 nicht nach, so setzt die zuständige Behörde für jede emittierte Tonne Kohlendioxidäquivalent, für die der Betreiber keine Berechtigungen abgegeben hat, eine Zahlungspflicht von 100 Euro fest. [2] Die Zahlungspflicht erhöht sich entsprechend dem Anstieg des Europäischen Verbraucherpreisindex für das Berichtsjahr gegenüber dem Bezugsjahr 2012; diese Jahresindizes werden vom Statistischen Amt der Europäischen Union (Eurostat) veröffentlicht. [3] Die Festsetzung einer Zahlungspflicht nach Satz 1 ist nur innerhalb eines Jahres ab dem Pflichtenverstoß zulässig. [4] Von der Festsetzung einer Zahlungspflicht kann abgesehen werden, wenn der Betreiber seiner Pflicht nach § 7 Absatz 1 auf Grund höherer Gewalt nicht nachkommen konnte.

(2) [1] Soweit ein Betreiber nicht ordnungsgemäß über die durch seine Tätigkeit verursachten Emissionen berichtet hat, schätzt die zuständige Behörde die durch die Tätigkeit verursachten Emissionen entsprechend den Vorgaben des Anhangs 2 Teil 2. [2] Die Schätzung ist Basis für die Verpflichtung nach § 7 Absatz 1. [3] Die Schätzung unterbleibt, wenn der Betreiber im Rahmen der Anhörung zum Festsetzungsbescheid nach Absatz 1 seiner Berichtspflicht ordnungsgemäß nachkommt.

(3) [1] Der Betreiber bleibt verpflichtet, die fehlenden Berechtigungen bis zum 31. Januar des Folgejahres abzugeben; sind die Emissionen nach Absatz 2 geschätzt worden, so sind die Berechtigungen nach Maßgabe der erfolgten Schätzung abzugeben. [2] Gibt der Betreiber die fehlenden Berechtigungen nicht bis zum 31. Januar des Folgejahres ab, so werden Berechtigungen, auf deren Zuteilung oder Ausgabe der Betreiber einen Anspruch hat, auf seine Verpflichtung nach Satz 1 angerechnet.

(4) ¹Die Namen der Betreiber, die gegen ihre Verpflichtung nach § 7 Absatz 1 verstoßen, werden im Bundesanzeiger veröffentlicht. ²Die Veröffentlichung setzt einen bestandskräftigen Zahlungsbescheid voraus.

§ 31 Betriebsuntersagung gegen Luftfahrzeugbetreiber. (1) ¹Erfüllt ein Luftfahrzeugbetreiber seine Pflichten aus diesem Gesetz nicht und konnte die Einhaltung der Vorschriften nicht durch andere Durchsetzungsmaßnahmen gewährleistet werden, so kann die zuständige Behörde die Europäische Kommission ersuchen, eine Betriebsuntersagung für den betreffenden Luftfahrzeugbetreiber zu beschließen. ²Die zuständige Behörde hat dabei eine Empfehlung für den Geltungsbereich der Betriebsuntersagung und für Auflagen, die zu erfüllen sind, abzugeben. ³Die zuständige Behörde hat bei dem Ersuchen im Fall eines gewerblichen Luftfahrzeugbetreibers Einvernehmen mit dem Luftfahrt-Bundesamt herzustellen.

(2) ¹Hat die Europäische Kommission gemäß Artikel 16 Absatz 10 der Richtlinie 2003/87/EG die Verhängung einer Betriebsuntersagung gegen einen Luftfahrzeugbetreiber beschlossen, so ergreift im Fall eines gewerblichen Luftfahrzeugbetreibers das Luftfahrt-Bundesamt und im Fall eines nichtgewerblichen Luftfahrzeugbetreibers das Umweltbundesamt die zur Durchsetzung dieses Beschlusses erforderlichen Maßnahmen. ²Dazu können sie insbesondere

1. ein Startverbot verhängen,
2. ein Einflugverbot verhängen und
3. die Erlaubnis nach § 2 Absatz 7 des Luftverkehrsgesetzes oder die Betriebsgenehmigung nach § 20 Absatz 4 oder § 21 a des Luftverkehrsgesetzes, soweit vorhanden, widerrufen.

§ 32 Bußgeldvorschriften. (1) Ordnungswidrig handelt, wer

1. entgegen § 5 Absatz 1 in Verbindung mit Anhang 2 Teil 2 Satz 1 der Behörde nicht richtig berichtet,
2. einer Rechtsverordnung nach § 10 Satz 3 Nummer 11 Buchstabe a oder einer vollziehbaren Anordnung auf Grund einer solchen Rechtsverordnung zuwiderhandelt, soweit die Rechtsverordnung für einen bestimmten Tatbestand auf diese Bußgeldvorschrift verweist,
3. entgegen § 11 Absatz 4 Satz 1 eine Angabe nicht richtig macht oder
4. entgegen § 11 Absatz 5 Satz 3, auch in Verbindung mit § 13 Absatz 2 Satz 4, eine Angabe oder einen Nachweis nicht richtig übermittelt.

(2) Ordnungswidrig handelt, wer eine in Absatz 1 bezeichnete Handlung fahrlässig begeht.

(3) Ordnungswidrig handelt, wer vorsätzlich oder fahrlässig

1. ohne Genehmigung nach § 4 Absatz 1 Satz 1 Treibhausgase freisetzt,
2. entgegen § 4 Absatz 2 eine Angabe nicht richtig oder nicht vollständig beifügt,
3. entgegen § 4 Absatz 5 Satz 1 oder § 25 Absatz 1 Satz 1 eine Anzeige nicht, nicht richtig, nicht vollständig oder nicht rechtzeitig erstattet,
4. entgegen § 6 Absatz 1 einen Überwachungsplan nicht oder nicht rechtzeitig einreicht,

5. einer vollziehbaren Anordnung nach § 6 Absatz 3 Satz 2 zuwiderhandelt,
6. einer Rechtsverordnung nach § 10 Satz 3 Nummer 3 oder Nummer 11 Buchstabe b oder einer vollziehbaren Anordnung auf Grund einer solchen Rechtsverordnung zuwiderhandelt, soweit die Rechtsverordnung für einen bestimmten Tatbestand auf diese Bußgeldvorschrift verweist, oder
7. entgegen § 20 Absatz 2 eine dort genannte Handlung nicht gestattet, eine Auskunft nicht, nicht richtig, nicht vollständig oder nicht rechtzeitig erteilt, eine Unterlage nicht, nicht richtig oder nicht rechtzeitig vorlegt oder eine Arbeitskraft oder ein Hilfsmittel nicht oder nicht rechtzeitig bereitstellt.

(4) Die Ordnungswidrigkeit kann in den Fällen des Absatzes 1 mit einer Geldbuße bis zu fünfhunderttausend Euro und in den Fällen der Absätze 2 und 3 mit einer Geldbuße bis zu fünfzigtausend Euro geahndet werden.

(5) Die zuständige Behörde soll in den Fällen des Absatzes 1 Nummer 1 von einer Ahndung absehen, wenn der Betreiber infolge des nicht richtigen Berichts gegen die Abgabepflicht nach § 7 Absatz 1 Satz 1 verstößt und wegen dieser Handlung eine Zahlungspflicht nach § 30 Absatz 1 Satz 1 festgesetzt wird.

Abschnitt 6. Übergangsregelungen

§ 33 Allgemeine Übergangsregelung. (1) § 18 findet ab dem 1. Januar 2013 Anwendung.

(2) § 13 Absatz 2, § 19 Absatz 1 Nummer 4 und § 27 des Treibhausgas-Emissionshandelsgesetzes vom 8. Juli 2004 (BGBl. I S. 1578), das zuletzt durch Artikel 9 des Gesetzes vom 11. August 2010 (BGBl. I S. 1163) geändert worden ist, gelten für Rechte und Pflichten, die sich auf Emissionen aus der Handelsperiode 2008 bis 2012 beziehen, fort.

(3) [1] § 22 Absatz 1 gilt für die Erhebung von Gebühren für die Verwaltung von Konten ab der Handelsperiode 2013 bis 2020. [2] § 22 Absatz 1 des Treibhausgas-Emissionshandelsgesetzes[1] vom 8. Juli 2004 (BGBl. I S. 1578), das zuletzt durch Artikel 9 des Gesetzes vom 11. August 2010 (BGBl. I S. 1163) geändert worden ist, gilt für Gebührentatbestände, die bis Ende des Jahres 2012 erfüllt sind.

§ 34 Übergangsregelung für Anlagenbetreiber. (1) [1] Für die Freisetzung von Treibhausgasen durch Tätigkeiten im Sinne des Anhangs 1 des Treibhausgas-Emissionshandelsgesetzes vom 8. Juli 2004 (BGBl. I S. 1578), das zuletzt durch Artikel 9 des Gesetzes vom 11. August 2010 (BGBl. I S. 1163) geändert worden ist, sind in Bezug auf die Handelsperiode 2008 bis 2012 die §§ 1 bis 25 des Treibhausgas-Emissionshandelsgesetzes vom 8. Juli 2004 (BGBl. I S. 1578), das zuletzt durch Artikel 9 des Gesetzes vom 11. August 2010 (BGBl. I S. 1163) geändert worden ist, weiter anzuwenden. [2] Dies gilt auch, wenn die Anlage, in der die Tätigkeit ausgeübt wird, erst zwischen dem 28. Juli 2011 und dem 31. Dezember 2012 in Betrieb genommen wird.

---

[1] Nr. 48.

(2) ¹ Auf Anlagenbetreiber sind die Pflichten nach den §§ 4, 5 sowie 7 erst ab dem 1. Januar 2013 anzuwenden; soweit sich diese Vorschriften auf Emissionen beziehen, sind sie für Treibhausgase, die ab diesem Datum freigesetzt werden, anzuwenden. ² Die §§ 9 und 14 sind erst auf die Zuteilung und die Ausgabe von Berechtigungen, die für die Handelsperiode 2013 bis 2020 sowie für nachfolgende Handelsperioden gelten, anzuwenden. ³ § 24 ist auf die Feststellung einheitlicher Anlagen ab der Handelsperiode 2013 bis 2020 anzuwenden. ⁴ Die zuständige Behörde kann Feststellungen nach § 25 des Treibhausgas-Emissionshandelsgesetzes vom 8. Juli 2004 (BGBl. I S. 1578), das zuletzt durch Artikel 9 des Gesetzes vom 11. August 2010 (BGBl. I S. 1163) geändert worden ist, mit Wirkung ab der Handelsperiode 2013 bis 2020 widerrufen, sofern diese Feststellungen nach § 24 oder der Rechtsverordnung nach § 28 Absatz 1 Nummer 4 nicht getroffen werden durften.

§ 35 Übergangsregelung für Luftfahrzeugbetreiber. (1) Für Luftfahrzeugbetreiber sind die Pflichten nach den §§ 5 und 7 auf Emissionen anzuwenden, die ab dem 1. Januar 2012 freigesetzt werden.

(2) ¹ Die Pflicht nach § 6 Absatz 1 Satz 1 gilt in der Handelsperiode 2012 nicht für Luftfahrzeugbetreiber, die bereits über einen genehmigten Überwachungsplan für ihre Emissionsberichterstattung nach § 27 Absatz 4 des Treibhausgas-Emissionshandelsgesetzes vom 8. Juli 2004 (BGBl. I S. 1578), das zuletzt durch Artikel 9 des Gesetzes vom 11. August 2010 (BGBl. I S. 1163) geändert worden ist, verfügen. ² Reicht ein Luftfahrzeugbetreiber einen Überwachungsplan für die Handelsperiode 2012 ein, so sind für die Genehmigung abweichend von Absatz 2 Satz 2 nicht die Vorgaben der Monitoring-Verordnung, sondern die Vorgaben der Entscheidung 2007/589/EG der Kommission vom 18. Juli 2007 zur Festlegung von Leitlinien für die Überwachung und Berichterstattung betreffend Treibhausgasemissionen im Sinne der Richtlinie 2003/87/EG des Europäischen Parlaments und des Rates (Monitoring-Leitlinien) (ABl. L 229 vom 31. 8. 2007, S. 1), die zuletzt durch den Beschluss 2010/345/EU (ABl. L 155 vom 22. 6. 2010, S. 34) geändert worden ist, maßgeblich.

(3) ¹ Luftfahrzeugbetreiber können die Abgabepflicht nach § 7 Absatz 1 Satz 1 in der Handelsperiode 2012 durch Abgabe von Emissionsreduktionseinheiten oder zertifizierten Emissionsreduktionen bis zu einem Anteil von höchstens 15 Prozent der Menge der abzugebenden Berechtigungen erfüllen. ² § 6 Absatz 1 c des Treibhausgas-Emissionshandelsgesetzes vom 8. Juli 2004 (BGBl. I S. 1578), das zuletzt durch Artikel 9 des Gesetzes vom 11. August 2010 (BGBl. I S. 1163) geändert worden ist, gilt entsprechend.

(4) Ist ein Luftfahrzeugbetreiber nach § 2 Absatz 6 Satz 2 Nummer 2 der Bundesrepublik Deutschland als zuständigem Verwaltungsmitgliedstaat zugewiesen nach der Verordnung (EG) Nr. 748/2009 (ABl. L 219 vom 22. 8. 2009, S. 1), die durch die Verordnung (EU) Nr. 82/2010 (ABl. L 25 vom 29. 1. 2010, S. 12) geändert worden ist, und wird dieser Luftfahrzeugbetreiber durch eine neue Fassung der Verordnung einem anderen Verwaltungsmitgliedstaat zugewiesen, so bleibt dieses Gesetz auf ihn hinsichtlich des Zuteilungsverfahrens nach § 11 mit Ausnahme der Zuteilungsentscheidung nach § 11 Absatz 6 anwendbar.

Treibhausgas-Emissionshandelsgesetz **Anh. 1 TEHG 48**

Anhang 1
(zu § 1, § 2 Absatz 1 bis 3 Satz 1, Absatz 4 Satz 1, Absatz 5 Nummer 3, § 3 Absatz 1 Nummer 2, 5, 9 und 12, § 4 Absatz 1 Satz 1, § 7 Absatz 2 Satz 1 Nummer 1, § 24, § 27 Absatz 1 Satz 2 und § 28 Absatz 1 Nummer 4)

Einbezogene Tätigkeiten und Treibhausgase

Teil 1. Grundsätze

1. Zur Berechnung der Gesamtfeuerungswärmeleistung einer in Teil 2 Nummer 2 bis 6, 11, 13, 19 und 22 genannten Anlage oder der Gesamtfeuerungswärmeleistung der Verbrennungseinheiten einer Anlage nach Teil 2 Nummer 1 werden die Feuerungswärmeleistungen aller technischen Einheiten addiert, die Bestandteil der Anlage sind und in denen Brennstoffe verbrannt werden. Bei diesen Einheiten handelt es sich insbesondere um alle Arten von Heizkesseln, Turbinen, Erhitzern, Industrieöfen, Verbrennungsöfen, Kalzinierungsöfen, Brennöfen, sonstigen Öfen, Trocknern, Motoren, Brennstoffzellen, Fackeln und thermischen oder katalytischen Nachbrennern. Einheiten mit einer Feuerungswärmeleistung von weniger als 3 Megawatt (MW), Notfackeln zur Anlagenentlastung bei Betriebsstörungen, Notstromaggregate und Einheiten, die ausschließlich Biomasse nutzen, werden bei dieser Berechnung nicht berücksichtigt. Ist der Schwellenwert für die Gesamtfeuerungswärmeleistung überschritten, sind alle Einheiten erfasst, in denen Brennstoffe verbrannt werden.
2. Für die Zuordnung einer Anlage, die sowohl einer Tätigkeit mit einem als Produktionsleistung angegebenen Schwellenwert als auch einer Tätigkeit mit einem als Gesamtfeuerungswärmeleistung angegebenen Schwellenwert zugeordnet werden kann, gilt Folgendes:
   a) Wenn die Anlage sowohl den Schwellenwert der Produktionsleistung als auch den Schwellenwert der Gesamtfeuerungswärmeleistung erreicht oder überschreitet, so ist die Anlage derjenigen Tätigkeit zuzuordnen, für die der Schwellenwert als Produktionsleistung angegeben ist.
   b) Wenn die Anlage entweder nur den Schwellenwert der Gesamtfeuerungswärmeleistung oder nur den Schwellenwert der Produktionsleistung erreicht oder überschreitet, ist sie derjenigen Tätigkeit zuzuordnen, deren Schwellenwert sie erreicht.

Teil 2. Tätigkeiten

Nr.	Tätigkeiten	Treibhausgas
1	Verbrennungseinheiten zur Verbrennung von Brennstoffen mit einer Gesamtfeuerungswärmeleistung von insgesamt 20 MW oder mehr in einer Anlage, soweit nicht von einer der nachfolgenden Nummern erfasst	CO_2
2	Anlagen zur Erzeugung von Strom, Dampf, Warmwasser, Prozesswärme oder erhitztem Abgas durch den Einsatz von Brennstoffen in einer Verbrennungseinrichtung (wie Kraftwerk, Heizkraftwerk, Heizwerk, Gasturbinenanlage, Verbrennungsmotoranlage, sonstige Feuerungsanlage), einschließlich zugehöriger Dampfkessel, mit einer Feuerungswärmeleistung von 50 MW oder mehr	CO_2

Nr.	Tätigkeiten	Treibhausgas
3	Anlagen zur Erzeugung von Strom, Dampf, Warmwasser, Prozesswärme oder erhitztem Abgas durch den Einsatz von Kohle, Koks, einschließlich Petrolkoks, Kohlebriketts, Torfbriketts, Brenntorf, naturbelassenem Holz, emulgiertem Naturbitumen, Heizölen, gasförmigen Brennstoffen (insbesondere Koksofengas, Grubengas, Stahlgas, Raffineriegas, Synthesegas, Erdölgas aus der Tertiärförderung von Erdöl, Klärgas, Biogas), Methanol, Ethanol, naturbelassenen Pflanzenölen, Pflanzenölmethylestern, naturbelassenem Erdgas, Flüssiggas, Gasen der öffentlichen Gasversorgung oder Wasserstoff mit einer Feuerungswärmeleistung von mehr als 20 MW bis weniger als 50 MW in einer Verbrennungseinrichtung (wie Kraftwerk, Heizkraftwerk, Heizwerk, Gasturbinenanlage, Verbrennungsmotoranlage, sonstige Feuerungsanlage), einschließlich zugehöriger Dampfkessel	CO_2
4	Anlagen zur Erzeugung von Strom, Dampf, Warmwasser, Prozesswärme oder erhitztem Abgas durch den Einsatz anderer als in Nummer 3 genannter fester oder flüssiger Brennstoffe in einer Verbrennungseinrichtung (wie Kraftwerk, Heizkraftwerk, Heizwerk, Gasturbinenanlage, Verbrennungsmotoranlage, sonstige Feuerungsanlage), einschließlich zugehöriger Dampfkessel, mit einer Feuerungswärmeleistung von mehr als 20 MW bis weniger als 50 MW	CO_2
5	Verbrennungsmotoranlagen zum Antrieb von Arbeitsmaschinen für den Einsatz von Heizöl EL, Dieselkraftstoff, Methanol, Ethanol, naturbelassenen Pflanzenölen, Pflanzenölmethylestern oder gasförmigen Brennstoffen (insbesondere Koksofengas, Grubengas, Stahlgas, Raffineriegas, Synthesegas, Erdölgas aus der Tertiärförderung von Erdöl, Klärgas, Biogas, naturbelassenem Erdgas, Flüssiggas, Gasen der öffentlichen Gasversorgung, Wasserstoff) mit einer Feuerungswärmeleistung von 20 MW oder mehr	CO_2
6	Gasturbinenanlagen zum Antrieb von Arbeitsmaschinen für den Einsatz von Heizöl EL, Dieselkraftstoff, Methanol, Ethanol, naturbelassenen Pflanzenölen, Pflanzenölmethylestern oder gasförmigen Brennstoffen (insbesondere Koksofengas, Grubengas, Stahlgas, Raffineriegas, Synthesegas, Erdölgas aus der Tertiärförderung von Erdöl, Klärgas, Biogas, naturbelassenem Erdgas, Flüssiggas, Gasen der öffentlichen Gasversorgung, Wasserstoff) mit einer Feuerungswärmeleistung von mehr als 20 MW	CO_2
7	Anlagen zur Destillation oder Raffination oder sonstigen Weiterverarbeitung von Erdöl oder Erdölerzeugnissen in Mineralöl- oder Schmierstoffraffinerien	CO_2
8	Anlagen zur Trockendestillation von Steinkohle oder Braunkohle (Kokereien)	CO_2
9	Anlagen zum Rösten, Schmelzen, Sintern oder Pelletieren von Metallerzen	CO_2
10	Anlagen zur Herstellung oder zum Erschmelzen von Roheisen oder Stahl einschließlich Stranggießen, auch soweit Konzentrate oder sekundäre Rohstoffe eingesetzt werden, mit einer Schmelzleistung von 2,5 Tonnen oder mehr je Stunde, auch soweit in integrierten Hüttenwerken betrieben	CO_2
11	Anlagen zur Herstellung oder Verarbeitung von Eisenmetallen (einschließlich Eisenlegierung) bei Betrieb von Verbrennungseinheiten mit einer Gesamtfeuerungswärmeleistung von 20 MW oder mehr, soweit nicht von Nummer 10 erfasst; die Verarbeitung umfasst insbesondere Walzwerke, Öfen zum Wiederaufheizen, Glühöfen, Schmiedewerke, Gießereien, Beschichtungs- und Beizanlagen	CO_2
12	Anlagen zur Herstellung von Primäraluminium	CO_2, PFC
13	Anlagen zum Schmelzen, zum Legieren oder zur Raffination von Nichteisenmetallen bei Betrieb von Verbrennungseinheiten mit einer Gesamtfeuerungswärmeleistung (einschließlich der als Reduktionsmittel verwendeten Brennstoffe) von 20 MW oder mehr	CO_2

Treibhausgas-Emissionshandelsgesetz — Anh. 1 TEHG 48

Nr.	Tätigkeiten	Treibhausgas
14	Anlagen zur Herstellung von Zementklinker mit einer Produktionsleistung von mehr als 500 Tonnen je Tag in Drehrohröfen oder mehr als 50 Tonnen je Tag in anderen Öfen	CO_2
15	Anlagen zum Brennen von Kalkstein, Magnesit oder Dolomit mit einer Produktionsleistung von mehr als 50 Tonnen Branntkalk, gebranntem Magnesit oder gebranntem Dolomit je Tag	CO_2
16	Anlagen zur Herstellung von Glas, auch soweit es aus Altglas hergestellt wird, einschließlich Anlagen zur Herstellung von Glasfasern, mit einer Schmelzleistung von mehr als 20 Tonnen je Tag	CO_2
17	Anlagen zum Brennen keramischer Erzeugnisse mit einer Produktionsleistung von mehr als 75 Tonnen je Tag	CO_2
18	Anlagen zum Schmelzen mineralischer Stoffe, einschließlich Anlagen zur Herstellung von Mineralfasern, mit einer Schmelzleistung von mehr als 20 Tonnen je Tag	CO_2
19	Anlagen zum Trocknen oder Brennen von Gips oder zur Herstellung von Gipskartonplatten und sonstigen Gipserzeugnissen bei Betrieb von Verbrennungseinheiten mit einer Gesamtfeuerungswärmeleistung von 20 MW oder mehr	CO_2
20	Anlagen zur Gewinnung von Zellstoff aus Holz, Stroh oder ähnlichen Faserstoffen	CO_2
21	Anlagen zur Herstellung von Papier, Karton oder Pappe mit einer Produktionsleistung von mehr als 20 Tonnen je Tag	CO_2
22	Anlagen zur Herstellung von Industrieruß bei Betrieb von Verbrennungseinheiten mit einer Gesamtfeuerungswärmeleistung von 20 MW oder mehr	CO_2
23	Anlagen zur Herstellung von Salpetersäure	CO_2, N_2O
24	Anlagen zur Herstellung von Adipinsäure	CO_2, N_2O
25	Anlagen zur Herstellung von Glyoxal oder Glyoxylsäure	CO_2, N_2O
26	Anlagen zur Herstellung von Ammoniak	CO_2
27	Anlagen zur Herstellung organischer Grundchemikalien (Alkene und chlorierte Alkene; Alkine; Aromaten und alkylierte Aromaten; Phenole, Alkohole; Aldehyde, Ketone; Carbonsäuren, Dicarbonsäuren, Carbonsäureanhydride und Dimethylterephthalat; Epoxide; Vinylacetat, Acrylnitril; Caprolactam und Melamin) mit einer Produktionsleistung von über 100 Tonnen je Tag	CO_2
28	Anlagen zur Herstellung von Wasserstoff oder Synthesegas durch Reformieren, partielle Oxidation, Wassergas-Shiftreaktion oder ähnliche Verfahren mit einer Produktionsleistung von mehr als 25 Tonnen je Tag	CO_2
29	Anlagen zur Herstellung von Natriumkarbonat und Natriumhydrogenkarbonat	CO_2
30	Anlagen zur Abscheidung von Treibhausgasen aus Anlagen nach den Nummern 1 bis 29 zum Zwecke der Beförderung und geologischen Speicherung in einer in Übereinstimmung mit der Richtlinie 2009/31/EG des Europäischen Parlaments und des Rates vom 23. April 2009 über die geologische Speicherung von Kohlendioxid und zur Änderung der Richtlinie 85/337/EWG des Rates sowie der Richtlinien 2000/60/EG, 2001/80/EG, 2004/35/EG, 2006/12/EG und 2008/1/EG des Europäischen Parlaments und des Rates sowie der Verordnung (EG) Nr. 1013/2006 (ABl. L 140 vom 5. 6. 2009, S. 114) zugelassenen Speicherstätte	CO_2

Nr.	Tätigkeiten	Treibhausgas
31	Rohrleitungsanlagen zur Beförderung von Treibhausgasen zum Zwecke der geologischen Speicherung in einer in Übereinstimmung mit der Richtlinie 2009/31/EG zugelassenen Speicherstätte	CO_2
32	Speicherstätte zur geologischen Speicherung von Treibhausgasen, die in Übereinstimmung mit der Richtlinie 2009/31/EG zugelassen ist	CO_2

33	Flüge, die von einem Flugplatz abgehen oder auf einem Flugplatz enden, der sich in einem Hoheitsgebiet eines Vertragsstaats des Abkommens über den Europäischen Wirtschaftsraum befindet, bei Mitgliedstaaten der Europäischen Union jedoch nur, soweit der Vertrag über die Europäische Union in dem Gebiet Anwendung findet.
	Nicht unter diese Tätigkeit fallen:
	a) Flüge, die ausschließlich durchgeführt werden, um
	    aa) regierende Monarchinnen und Monarchen und ihre unmittelbaren Familienangehörigen,
	    bb) Staatschefinnen und Staatschefs, Regierungschefinnen und Regierungschefs und zur Regierung gehörende Ministerinnen und Minister
	eines Nichtmitgliedstaats des Abkommens über den Europäischen Wirtschaftsraum in offizieller Mission zu befördern, soweit dies durch einen entsprechenden Statusindikator im Flugplan vermerkt ist;
	b) Militärflüge in Militärluftfahrzeugen sowie Zoll- und Polizeiflüge;
	c) Flüge im Zusammenhang mit Such- und Rettungseinsätzen, Löschflüge, Flüge im humanitären Einsatz sowie Ambulanzflüge in medizinischen Notfällen, soweit eine Genehmigung der jeweils zuständigen Behörde vorliegt;
	d) Flüge, die ausschließlich nach Sichtflugregeln im Sinne der §§ 28 und 31 bis 34 der Luftverkehrs-Ordnung durchgeführt werden;
	e) Flüge, bei denen das Luftfahrzeug ohne Zwischenlandung wieder zum Ausgangsflugplatz zurückkehrt;
	f) Übungsflüge, die ausschließlich zum Erwerb eines Pilotenscheins oder einer Berechtigung für die Cockpit-Besatzung durchgeführt werden, sofern dies im Flugplan vermerkt ist; diese Flüge dürfen nicht zur Beförderung von Fluggästen oder Fracht oder zur Positionierung oder Überführung von Luftfahrzeugen dienen;
	g) Flüge, die ausschließlich der wissenschaftlichen Forschung oder der Kontrolle, Erprobung oder Zulassung von Luftfahrzeugen oder Ausrüstung dienen, unabhängig davon, ob es sich um Bord- oder Bodenausrüstung handelt;
	h) Flüge von Luftfahrzeugen mit einer höchstzulässigen Startmasse von weniger als 5 700 Kilogramm;
	i) Flüge im Rahmen von gemeinwirtschaftlichen Verpflichtungen nach Maßgabe des Artikels 16 der Verordnung (EG) Nr. 1008/2008 auf Routen innerhalb von Gebieten in äußerster Randlage im Sinne des Artikels 349 des Vertrags über die Arbeitsweise in der Europäischen Union oder auf Routen mit einer angebotenen Kapazität von höchstens 30 000 Sitzplätzen pro Jahr sowie
	j) Flüge, die nicht bereits von den Buchstaben a bis i erfasst sind und von einem Luftfahrzeugbetreiber durchgeführt werden, der gegen Entgelt Linien- oder Bedarfsflugverkehrsleistungen für die Öffentlichkeit erbringt, bei denen er Fluggäste, Fracht oder Post befördert (gewerblicher Luftfahrzeugbetreiber), sofern
	    aa) dieser Luftfahrzeugbetreiber innerhalb eines Kalenderjahrs jeweils weniger als 243 solcher Flüge in den Zeiträumen Januar bis April, Mai bis August und September bis Dezember durchführt oder
	    bb) die jährlichen Gesamtemissionen solcher Flüge dieses Luftfahrzeugbetreibers weniger als 10 000 Tonnen betragen;
		CO_2

Treibhausgas-Emissionshandelsgesetz **Anh. 2 TEHG 48**

Nr.	Tätigkeiten	Treib-hausgas
	diese Ausnahme gilt nicht für Flüge, die ausschließlich zur Beförderung von regierenden Monarchinnen und Monarchen und ihren unmittelbaren Familienangehörigen sowie von Staatschefinnen und Staatschefs, Regierungschefinnen und Regierungschefs und zur Regierung gehörenden Ministerinnen und Ministern eines Mitgliedstaats des Abkommens über den Europäischen Wirtschaftsraum in Ausübung ihres Amtes durchgeführt werden.	

Anhang 2
(zu § 5 Absatz 1, § 6 Absatz 1 Satz 2, Absatz 2 Satz 2, § 13 Absatz 4, § 30 Absatz 2 Satz 1 und § 32 Absatz 1 Nummer 1)

Anforderungen an die Vorlage und Genehmigung von Überwachungsplänen nach den §§ 6 und 13 sowie an die Ermittlung von Emissionen und die Berichterstattung nach § 5

Teil 1. Fristen für die Vorlage eines Überwachungsplans

1. Für die Einreichung eines Überwachungsplans nach § 6 Absatz 1 Satz 1 gelten folgende Fristen:

    a) Für Betreiber von Anlagen, die spätestens zehn Monate vor Beginn einer Handelsperiode in Betrieb genommen wurden, endet die Frist fünf Monate vor Beginn der Handelsperiode;

    b) Betreiber von Anlagen, die später als zehn Monate vor Beginn einer Handelsperiode in Betrieb genommen wurden, müssen den Überwachungsplan vor Inbetriebnahme der Anlage vorlegen;

    c) Luftfahrzeugbetreiber, die ihre Tätigkeit bis zum 28. Juli 2011 aufgenommen haben, müssen unverzüglich nach dem 28. Juli 2011 einen Überwachungsplan über die Emissionsberichterstattung für die Jahre 2010 bis 2012 vorlegen;

    d) Luftfahrzeugbetreiber, die ihre Tätigkeit nach dem unter Buchstabe c genannten Zeitpunkt aufnehmen, müssen unverzüglich nach diesem Zeitpunkt einen Überwachungsplan über die Emissionsberichterstattung für die Jahre 2010 bis 2012, soweit diese noch nicht abgelaufen sind, vorlegen;

    e) Luftfahrzeugbetreiber, die ihre Tätigkeit bis zum 31. August 2012 aufnehmen, müssen bis zum 30. September 2012 einen Überwachungsplan über die Emissionsberichterstattung für die Handelsperiode 2013 bis 2020 vorlegen;

    f) Luftfahrzeugbetreiber, die ihre Tätigkeit nach den unter Buchstabe e genannten Zeitpunkten aufnehmen, müssen unverzüglich nach diesem Zeitpunkt einen Überwachungsplan über die Emissionsberichterstattung für die Handelsperiode 2013 bis 2020, soweit diese noch nicht abgelaufen ist, vorlegen.

2. Luftfahrzeugbetreiber müssen den Überwachungsplan zur Ermittlung und Berichterstattung der Transportleistung für das zweite Kalenderjahr der laufenden Handelsperiode nach § 13 Absatz 4 spätestens drei Monate vor Beginn des zweiten Kalenderjahres der laufenden Handelsperiode vorlegen.

Teil 2. Anforderungen an die Ermittlung von Emissionen und die Emissionsberichterstattung

Ein Betreiber hat seine Emissionen nach seinem genehmigten Überwachungsplan zu ermitteln. Soweit dieser Überwachungsplan keine Regelungen trifft, hat er die Emissionen nach der Monitoring-Verordnung und der Rechtsverordnung nach § 28 Absatz 2 Nummer 1 zu ermitteln und darüber zu berichten. Soweit diese keine Regelungen treffen, sind die folgenden Regelungen zu beachten:

1. Bei Oxidationsprozessen ist ein Oxidationsfaktor von 1 zugrunde zu legen; eine unvollständige Verbrennung bleibt auch bei der Bestimmung des Emissionsfaktors unberücksichtigt.

2. Die CO_2-Emissionen von Anlagen im Sinne des Anhangs 1 Teil 2 Nummer 8 bis 10 sind über die Bilanzierung und Saldierung der Kohlenstoffgehalte der CO_2-relevanten Inputs und Outputs zu erfassen, soweit diese Anlagen nach § 24 als einheitliche Anlage gelten; Verbundkraftwerke am Standort von Anlagen zur Eisen- und Stahlerzeugung dürfen nicht gemeinsam mit den übrigen Anlagen bilanziert werden.

Abweichend von Satz 2 haben Luftfahrzeugbetreiber die Emissionen des Jahres 2012 nach der Entscheidung 2007/589/EG der Kommission zu ermitteln.

Anhang 3
(zu § 5 Absatz 2)

Anforderungen an die Verifizierung

Teil 1. Emissionsberichterstattung

Die Angaben in Emissionsberichten müssen nach der Verordnung der Europäischen Kommission nach Artikel 15 Absatz 3 und 4 der Richtlinie 2003/87/EG und der Rechtsverordnung nach § 28 Absatz 2 Nummer 1 verifiziert werden. Soweit diese keine Regelungen treffen, gelten die folgenden Anforderungen:

A. Allgemeine Grundsätze

1. Die Emissionen aus allen in Anhang 1 Teil 2 aufgeführten Tätigkeiten unterliegen einer Verifizierung.

2. Im Rahmen des Verifizierungsverfahrens wird auf den Emissionsbericht nach § 5 Absatz 1 und auf die Emissionsermittlung im Vorjahr eingegangen. Geprüft werden ferner die Zuverlässigkeit, Glaubhaftigkeit und Genauigkeit der Überwachungssysteme sowie die übermittelten Daten und Angaben zu den Emissionen, insbesondere

a) die übermittelten Tätigkeitsdaten und damit verbundenen Messungen und Berechnungen,

b) Wahl und Anwendung der Emissionsfaktoren,

c) die Berechnungen für die Bestimmung der Gesamtemissionen und

d) bei Messungen die Angemessenheit der Wahl und Anwendung des Messverfahrens.

3. Die Validierung der Angaben zu den Emissionen setzt zuverlässige und glaubhafte Daten und Informationen voraus, die eine Bestimmung der Emissionen mit einem hohen Zuverlässigkeitsgrad gestatten. Ein hoher Zuverlässigkeitsgrad verlangt vom Betreiber den Nachweis, dass

a) die übermittelten Daten zuverlässig sind,

b) die Erhebung der Daten in Übereinstimmung mit geltenden wissenschaftlichen Standards erfolgt ist und

c) die einschlägigen Angaben über die Anlage oder die Luftfahrzeuge, mit denen die Tätigkeit durchgeführt wird, vollständig und schlüssig sind.

4. Die sachverständige Stelle erhält Zugang zu allen Standorten und zu allen Informationen, die mit dem Gegenstand der Prüfung im Zusammenhang stehen.

5. Die sachverständige Stelle berücksichtigt, ob es sich bei der Anlage oder dem Luftfahrzeugbetreiber um einen registrierten Standort nach Artikel 13 oder 14 der Verordnung (EG) Nr. 1221/2009 des Europäischen Parlaments und des Rates vom 25. November 2009 über die freiwillige Teilnahme von Organisationen an einem Gemeinschaftssystem für Umweltmanagement und Umweltbetriebsprüfung (EMAS) (ABl. L 342 vom 22. 12. 2009, S. 1) in der jeweils geltenden Fassung handelt.

6. Die sachverständige Stelle muss unabhängig von dem Betreiber sein, dessen Erklärung sie verifiziert.

B. Methodik

Strategische Analyse

7. Die Prüfung basiert auf einer strategischen Analyse aller Tätigkeiten, die in der Anlage durchgeführt werden, oder aller Luftverkehrstätigkeiten, die von dem Bericht umfasst sind. Dazu benötigt die sachverständige Stelle einen Überblick über alle Tätigkeiten und ihre Bedeutung für die Emissionen.

Prozessanalyse

8. Die Prüfung der übermittelten Informationen erfolgt bei Bedarf am Standort der Anlage oder an den Standorten, die der Luftfahrzeugbetreiber zur Durchführung der unter den Bericht fallenden Luftverkehrstätigkeiten nutzt. Die sachverständige Stelle führt Stichproben durch, um die Zuverlässigkeit der übermittelten Daten und Informationen zu ermitteln.

Risikoanalyse

9. Die sachverständige Stelle unterzieht alle Daten über Quellen von Emissionen in der Anlage oder über Luftfahrzeuge einer Bewertung in Bezug auf ihre Zuverlässigkeit.

10. Anhand dieser Analyse ermittelt die sachverständige Stelle ausdrücklich die Quellen oder Luftfahrzeuge, die ein hohes Risiko aufweisen, fehlerhafte Daten zu liefern, und andere Aspekte des Überwachungs- und

Berichterstattungsverfahrens, die zu Fehlern bei der Bestimmung der Gesamtemissionen führen können. Hier sind insbesondere die Wahl der Emissionsfaktoren und die Berechnungen zur Bestimmung der Emissionen einzelner Emissionsquellen oder Luftfahrzeuge zu nennen. Besondere Aufmerksamkeit ist Quellen oder Luftfahrzeugen, die ein hohes Risiko aufweisen, fehlerhafte Daten zu liefern, und den genannten anderen Aspekten des Überwachungsverfahrens zu widmen.

11. Die sachverständige Stelle berücksichtigt etwaige effektive Verfahren zur Beherrschung der Risiken, die der Betreiber anwendet, um Unsicherheiten so gering wie möglich zu halten.

C. Bericht

12. Die sachverständige Stelle erstellt einen Bericht über die Prüfung, in dem angegeben wird, ob der Emissionsbericht nach § 5 Absatz 1 zufriedenstellend ist. In diesem Bericht sind alle für die durchgeführten Arbeiten relevanten Aspekte aufzuführen. Der Emissionsbericht ist als zufriedenstellend zu bewerten, wenn die sachverständige Stelle zu der Ansicht gelangt, dass zu den Gesamtemissionen keine wesentlich falschen Angaben gemacht wurden. Stellt die sachverständige Stelle falsche Angaben fest, hat sie in ihrem Bericht darauf hinzuweisen und den Fehler zu benennen sowie die daraus resultierenden Auswirkungen auf die Gesamtemissionen der Anlage zu schätzen.

D. Zusätzliche Bestimmungen für die Prüfung von Emissionsberichten des Luftverkehrs

13. Die sachverständige Stelle stellt insbesondere sicher, dass

    a) alle Flüge berücksichtigt werden, die unter eine der Luftverkehrstätigkeiten gemäß Anhang 1 Teil 2 Nummer 33 fallen. Die sachverständige Stelle verwendet hierzu Flugplandaten und sonstige Daten über den Flugbetrieb des Betreibers, einschließlich Daten von Eurocontrol, die der Betreiber angefordert hat;

    b) insgesamt Widerspruchsfreiheit besteht zwischen den Daten über den Gesamttreibstoffverbrauch und den Daten über den Treibstoffkauf oder die anderweitige Treibstoffversorgung des für die Luftverkehrstätigkeit eingesetzten Luftfahrzeugs.

Teil 2. Angaben zur Transportleistung

1. Die in diesem Anhang festgelegten allgemeinen Grundsätze und Methoden für die Prüfung von Emissionsberichten gemäß § 5 Absatz 2 finden auf die Prüfung von Tonnenkilometerdaten zum Zwecke der Zuteilung gemäß § 11 oder § 12 entsprechende Anwendung.

2. Die sachverständige Stelle stellt insbesondere sicher, dass im Antrag des Betreibers gemäß § 11 Absatz 3 Satz 1 oder § 13 Absatz 1 Satz 1 nur Flüge berücksichtigt werden, die tatsächlich durchgeführt wurden und die unter eine der Luftverkehrstätigkeiten gemäß Anhang 1 Teil 2 Nummer 33 fallen, für die der Betreiber verantwortlich ist. Die sachverständige Stelle verwendet hierzu Daten über den Flugbetrieb des Betreibers, einschließlich Daten von Eurocontrol, die der Betreiber angefordert hat. Die sachverständige Stelle stellt ferner sicher, dass die vom Betreiber mitgeteilte Nutzlast den Nutzlastdaten entspricht, die der Betreiber aus Sicherheitsgründen verwahrt.

Anhang 4
(zu § 21 Absatz 1)

Anforderungen an sachverständige Stellen

Die sachverständige Stelle muss
1. die Voraussetzungen dafür bieten, ihre Aufgaben professionell und objektiv auszuführen und
2. vertraut sein mit
   a) den Anforderungen dieses Gesetzes sowie den Normen und Leitlinien, die von der Europäischen Kommission zur Konkretisierung der Anforderungen des § 5 verabschiedet werden,
   b) den Rechts- und Verwaltungsvorschriften, die für die zu prüfenden Tätigkeiten von Belang sind, und
   c) der Gewinnung aller Informationen über die einzelnen Emissionsquellen in der Anlage oder den Luftfahrzeugen, insbesondere im Hinblick auf Sammlung, messtechnische Erhebung, Berechnung und Übermittlung von Daten.

Anhang 5
(zu § 27 Absatz 4 und § 28 Absatz 1 Nummer 5 Buchstabe e)

Berechnung der spezifischen Emissionsminderung sowie des Ausgleichsbetrages bei Nichterfüllung der Selbstverpflichtung nach § 27 Absatz 4

Teil 1. Berechnung der spezifischen Emissionsminderung nach § 27 Absatz 4

1. Anlagenspezifischer Emissionswert für die Berechnung der spezifischen Emissionsminderung

a) Der anlagenspezifische Emissionswert für den Ausgangswert der Berechnung der spezifischen Emissionsminderung ist der Quotient aus der Emissionsmenge und der Produktionsmenge der betreffenden Anlage in der für die Zuteilung nach § 9 maßgeblichen Basisperiode; für die Berechnung des Emissionswertes sind die im Zuteilungsverfahren verwendeten Daten maßgeblich. Die jährliche erforderliche Minderung des spezifischen Emissionswertes der Anlage um 1,74 Prozent beginnt erstmals 2010.

b) Der Nachweis der erforderlichen Minderung des anlagenspezifischen Emissionswertes kann auch gemeinsam für mehrere Anlagen geführt werden, die der Verpflichtung nach § 27 Absatz 2 Nummer 2 unterliegen, sofern in den Befreiungsanträgen alle Anlagen benannt sind, für die ein gemeinsamer Nachweis geführt wird. In diesen Fällen werden die nach Buchstabe a ermittelten Minderungsbeiträge der einzelnen Anlagen nach Formel 7 entsprechend dem Anteil der Emissionsmenge jeder einzelnen Anlage an den Gesamtemissionen aller in den gemeinsamen Nachweis einbezogenen Anlagen in der für die Zuteilung nach § 9 maßgeblichen Basisperiode gewichtet.

2. Berechnungsformeln

a) Berechnungsformeln für Einzelanlagen-Nachweis

Formel 1	(Erfüllung der Minderungspflicht):	E-Mind-Ist(n) ≥ E-Mind-Soll(n)
Formel 2	(Notwendiger Minderungsprozentsatz):	E-Mind-Soll(n) = 1,74 × (n − 2009)
Formel 3	(Erreichter Minderungsprozentsatz):	E-Mind-Ist(n) = 100 − (E(n) × 100) / EBas)

b) Berechnungsformeln für gemeinsamen Nachweis

Formel 4	(Erfüllung der Minderungspflicht):	EPool-Ist(n) ≥ EPool-Soll(n)
Formel 5	(Notwendiger Minderungsprozentsatz):	EPool-Soll(n) = 1,74 × (n − 2009)
Formel 6	(Erreichter Minderungsprozentsatz der Einzelanlage):	EPool-Ist-Sg(a, n) = 100 − (E(a, n) × 100) / (EBas(a))
Formel 7	(Gewichtung der Minderungsbeiträge bei gemeinsamem Nachweis):	$\text{EPool} - \text{Ist}(n) = \sum_a \text{EPool} - \text{Ist} - \text{Sg}(a, n) \times W(a)$

Erläuterung der Abkürzungen:

Formeln 1 bis 3:

n	Index des Berichtsjahres in der Handelsperiode 2013 − 2020
EMind-Ist(n)	Erreichte Minderung des anlagenspezifischen Emissionswertes für das Berichtsjahr n in Prozent
EMind-Soll(n)	Erforderliche Minderung des anlagenspezifischen Emissionswertes für das Berichtsjahr n in Prozent
E(n)	Im Berichtsjahr n erreichter anlagenspezifischer Emissionswert in t CO_2Äq pro Produkteinheit
EBas	In der für die Zuteilungsentscheidung nach § 9 maßgeblichen Basisperiode erreichter anlagenspezifischer Emissionswert in t CO_2Äq

Formeln 4 bis 7:

a	Index der Anlagen bei gemeinsamem Nachweis
n	Index des Berichtsjahres in der Handelsperiode 2013 − 2020
EPool-Ist(n)	Erreichte Minderung des Emissionswertes aller in den gemeinsamen Nachweis einbezogenen Anlagen für das Berichtsjahr n in Prozent
EPool-Soll(n)	Erforderliche Minderung des Emissionswertes für das Berichtsjahr n in Prozent
EPool-Ist-Sg(a, n)	Erreichte Minderung des spezifischen Emissionswertes der Anlage a für das Berichtsjahr n in Prozent
E(a, n)	Im Berichtsjahr n erreichter anlagenspezifischer Emissionswert in t CO_2Äq pro Produkteinheit
EBas(a)	In der für die Zuteilungsentscheidung nach § 9 maßgeblichen Basisperiode erreichter anlagenspezifischer Emissionswert in t CO_2Äq
W(a)	Gewichtungsfaktor des Minderungsbeitrags einer Anlage a entsprechend Nummer 1 Buchstabe b in Prozent

Teil 2. Berechnung des Ausgleichsbetrages bei Nichterfüllung der Selbstverpflichtung nach § 27 Absatz 4 Satz 4 und 5

Sofern im Fall des § 27 Absatz 4 Satz 4 in einem Zeitraum von jeweils drei aufeinanderfolgenden Berichtsjahren die Pflicht nach § 27 Absatz 4 Satz 1 nicht erfüllt wurde, ergibt sich der Ausgleichsbetrag aus der berechneten Zahlungsverpflichtung vermindert um einen Betrag, der sich aus der Anwendung eines Kürzungsfaktors auf die berechnete Zahlungsverpflichtung ergibt. Der Kürzungsfaktor entspricht dem Verhältnis der im Dreijahreszeitraum erreichten Reduzierung des spezifischen Emissionswertes in Prozentpunkten zu 5,22 Prozentpunkten. Der Betrag der Zahlungsverpflichtung berechnet sich nach § 27 Absatz 3. Für die in § 27 Absatz 4 Satz 5 geregelten Fälle gelten die Sätze 2 bis 4 entsprechend, wobei die maßgeblichen Werte an die verkürzten Zeiträume anzupassen sind.

49. Gesetz über projektbezogene Mechanismen nach dem Protokoll von Kyoto zum Rahmenübereinkommen der Vereinten Nationen über Klimaänderungen vom 11. Dezember 1997 (Projekt-Mechanismen-Gesetz – ProMechG)[1]

Vom 22. September 2005

(BGBl. I S. 2826)

FNA 2129-44

zuletzt geänd. durch Art. 2 Abs. 22 G zur Änd. von Vorschriften über Verkündung und Bekanntmachungen sowie der ZPO, des EGZPO und der AO v. 22. 12. 2011 (BGBl. I S. 3044)

Inhaltsübersicht

§§

Teil 1. Allgemeine Vorschriften

Anwendungsbereich	1
Begriffsbestimmungen	2

Teil 2. Gemeinsame Projektumsetzung

Abschnitt 1. Projekttätigkeiten außerhalb des Bundesgebiets

Zustimmung	3
Überprüfung der Verifizierung	4

Abschnitt 2. Projekttätigkeiten im Bundesgebiet

Zustimmung und Registrierung	5
Bestätigung des Verifizierungsberichts	6

Abschnitt 3. Sachverständige Stellen

Sachverständige Stellen	7

Teil 3. Mechanismus für umweltverträgliche Entwicklung

Zustimmung	8
Überprüfungsgesuch	9

Teil 4. Gemeinsame Vorschriften

Zuständige Behörde; Aufgabenübertragung	10
Benennung eines Bevollmächtigten	11
Mengenbeobachtung	12
Rechtsverordnung zu Zustimmungsvoraussetzungen	13
Kosten	14
Bußgeldvorschriften	15

Anhang

---

[1] Verkündet als Art. 1 des G zur Einführung der projektbezogenen Mechanismen nach dem Protokoll von Kyoto v. 22. 9. 2005 (BGBl. I S. 2826); Inkrafttreten gem. Art. 4 dieses G am 30. 9. 2005.

Teil 1. Allgemeine Vorschriften

§ 1 Anwendungsbereich. (1) Dieses Gesetz gilt für die Erzeugung von Emissionsreduktionseinheiten und zertifizierten Emissionsreduktionen aus der Durchführung von Projekttätigkeiten im Sinne der Artikel 6 und 12 des Protokolls, an denen die Bundesrepublik Deutschland als Investor- oder Gastgeberstaat beteiligt werden soll.

(2) Dieses Gesetz gilt nicht für die Erzeugung von Emissionsreduktionseinheiten und zertifizierten Emissionsreduktionen aus der Durchführung von Projekttätigkeiten, die Nuklearanlagen zum Gegenstand haben.

§ 2 Begriffsbestimmungen. Im Sinne dieses Gesetzes ist

1. Übereinkommen: das Rahmenübereinkommen der Vereinten Nationen über Klimaänderungen vom 9. Mai 1992 (BGBl. 1993 II S. 1784),
2. Protokoll: das Protokoll von Kyoto zum Rahmenübereinkommen der Vereinten Nationen über Klimaänderungen vom 11. Dezember 1997 (BGBl. 2002 II S. 967),
3. Emissionshandelsrichtlinie: die Richtlinie 2003/87/EG des Europäischen Parlaments und des Rates vom 13. Oktober 2003 über ein System für den Handel mit Treibhausgasemissionszertifikaten in der Gemeinschaft und zur Änderung der Richtlinie 96/61/EG des Rates, geändert durch die Richtlinie 2004/101/EG des Europäischen Parlaments und des Rates vom 27. Oktober 2004 (ABl. EU Nr. L 338 S. 18),
4. Emission: die Freisetzung von in Anlage A des Protokolls aufgeführten Treibhausgasen,
5. Emissionsminderung: die Minderung der Emission aus Quellen, nicht hingegen die Verstärkung des Abbaus von Treibhausgasen durch Senken in den Bereichen Landnutzung, Landnutzungsänderung und Forstwirtschaft,
6. zusätzliche Emissionsminderung: eine Emissionsminderung, soweit sie diejenige Menge an Emissionen unterschreitet, die ohne die Durchführung der Projekttätigkeit entstanden wäre (Referenzfallemissionen),
7. Gemeinsame Projektumsetzung: ein projektbezogener Mechanismus im Sinne des Artikels 6 des Protokolls,
8. Mechanismus für umweltverträgliche Entwicklung: ein projektbezogener Mechanismus im Sinne des Artikels 12 des Protokolls,
9. Gastgeberstaat: der Staat, auf dessen Staatsgebiet oder in dessen ausschließlicher Wirtschaftszone die Projekttätigkeit durchgeführt werden soll,
10. Investorstaat: der Staat, der ohne Gastgeberstaat zu sein, die Billigung im Sinne des Artikels 6 Abs. 1 Buchstabe a und des Artikels 12 Abs. 5 Buchstabe a des Protokolls erteilt,
11. Projektträger: die natürliche oder juristische Person, die die Entscheidungsgewalt über eine Projekttätigkeit innehat oder die an der Durchführung der Projekttätigkeit beteiligt ist; Projektträger können auch mehrere Personen gemeinschaftlich sein,
12. Projekttätigkeit: die Entwicklung und Durchführung eines Projektes entsprechend den Voraussetzungen des Artikels 6 oder Artikels 12 des Pro-

tokolls und den im Anhang zu diesem Gesetz abgedruckten Beschlüssen 16/CP.7 oder 17/CP.7 der Konferenz der Vertragsparteien des Übereinkommens,
13. Projektdokumentation: die Dokumentation des Projektträgers zur Beschreibung der geplanten Durchführung der Projekttätigkeit,
14. Überwachungsplan: der Teil der Projektdokumentation, der Art und Umfang der während des Projektverlaufs, insbesondere zur Ermittlung der Emissionen der Projekttätigkeit, zu erhebenden Daten festlegt,
15. Überwachungsbericht: der Bericht des Projektträgers über die nach den Vorgaben des Überwachungsplans ermittelten Daten,
16. Zustimmung: die Anerkennung der nach diesem Gesetz zuständigen Behörde, dass für eine Emissionsminderung durch eine validierte Projekttätigkeit auf der Grundlage der in der Projektdokumentation getroffenen Festlegungen, insbesondere von bestimmten Referenzfallemissionen, Emissionsreduktionseinheiten oder zertifizierte Emissionsreduktionen ausgestellt werden können; sie umfasst die Billigung im Sinne des Artikels 6 Abs. 1 Buchstabe a und des Artikels 12 Abs. 5 Buchstabe a des Protokolls sowie die Ermächtigung des Projektträgers im Sinne des Artikels 6 Abs. 3 und des Artikels 12 Abs. 9 des Protokolls,
17. Registrierung: die Eintragung einer Projekttätigkeit, die im Bundesgebiet durchgeführt wird, in ein nationales Verzeichnis,
18. Validierungsbericht: der Bericht einer sachverständigen Stelle darüber, ob ein Projekt die im Einzelfall für die Zustimmung maßgeblichen Voraussetzungen dieses Gesetzes erfüllt,
19. Verifizierungsbericht: der Bericht und die Zertifizierung einer sachverständigen Stelle darüber, in welchem Umfang die im Überwachungsbericht angegebene Emissionsminderung aus der Projekttätigkeit im Prüfungszeitraum eingetreten ist,
20. Emissionsreduktionseinheit: eine nach Artikel 6 des Protokolls und dem Beschluss 16/CP.7 der Konferenz der Vertragsparteien des Übereinkommens ausgestellte Einheit, die einer Tonne Kohlendioxidäquivalent entspricht,
21. zertifizierte Emissionsreduktion: eine nach Artikel 12 des Protokolls und dem Beschluss 17/CP.7 der Konferenz der Vertragsparteien des Übereinkommens ausgestellte Einheit, die einer Tonne Kohlendioxidäquivalent entspricht,
22. Exekutivrat: das von der Konferenz der Vertragsparteien des Übereinkommens eingesetzte Aufsichtsgremium im Sinne des Artikels 12 Abs. 4 des Protokolls,
23. Aufsichtsausschuss: das von der Konferenz der Vertragsparteien des Übereinkommens eingesetzte Aufsichtsgremium im Sinne des Artikel 6 des Protokolls,
24. Verzeichnis über den Teilnahmestatus: das Verzeichnis, das von dem nach Artikel 8 des Übereinkommens eingesetzten Sekretariat über den Teilnahmestatus der Vertragsparteien des Protokolls nach Nummer 27 des Abschnitts D der Anlage des Beschlusses 16/CP.7 und nach Nummer 34 des Abschnitts F der Anlage des Beschlusses 17/CP.7 der Konferenz der Vertragsparteien des Übereinkommens geführt wird.

Teil 2. Gemeinsame Projektumsetzung

Abschnitt 1. Projekttätigkeiten außerhalb des Bundesgebiets

§ 3 Zustimmung. (1) ¹Im Rahmen der Gemeinsamen Projektumsetzung außerhalb des Bundesgebiets hat die zuständige Behörde die Zustimmung zu erteilen, wenn

1. die den Anforderungen des Absatzes 4 entsprechende Projektdokumentation und der sach- und fachgerecht erstellte Validierungsbericht ergeben, dass die Projekttätigkeit eine zusätzliche Emissionsminderung erwarten lässt und
2. die Projekttätigkeit keine schwerwiegenden nachteiligen Umweltauswirkungen verursacht.

²Für Projekttätigkeiten zur Erzeugung von Elektrizität aus Wasserkraft mit einer Erzeugungskapazität über 20 Megawatt ist zusätzlich erforderlich, dass die in Artikel 11 b Abs. 6 der Emissionshandelsrichtlinie genannten internationalen Kriterien und Leitlinien eingehalten werden. ³Wird die Projekttätigkeit in den Mitgliedstaaten der Europäischen Union durchgeführt, so ist bei der Berechnung der zu erwartenden zusätzlichen Emissionsminderung im Sinne der Nummer 1 zu gewährleisten, dass die festgelegten Referenzfallemissionen mindestens den Anforderungen des Gemeinschaftsrechts unbeschadet der Ausnahmevorschriften in den Beitrittsverträgen entsprechen.

(2) Die Zustimmung ist zu versagen, wenn

1. Tatsachen die Annahme rechtfertigen, dass der Projektträger nicht die notwendige Gewähr für die ordnungsgemäße Durchführung der Projekttätigkeit, insbesondere die Erfüllung der Pflichten nach diesem Gesetz bietet oder
2. eine Projekttätigkeit zu einer unmittelbaren oder mittelbaren Minderung von Emissionen aus einer Anlage führt, die der Emissionshandelsrichtlinie unterliegt, und der Gastgeberstaat keine § 5 Abs. 1 Satz 3 entsprechende Regelung oder vergleichbare Maßnahme zum Ausgleich der Doppelzählung einer Emissionsminderung vorsieht.

(3) ¹Die Zustimmung wird entsprechend der vom Projektträger beantragten Laufzeit befristet. ²Die einmalige Laufzeit darf den Zeitraum von zehn Jahren nicht überschreiten. ³Beträgt die Erstlaufzeit höchstens sieben Jahre, kann für dieselbe Projekttätigkeit auf Antrag zweimal erneut eine Zustimmung mit einer jeweiligen Befristung auf höchstens sieben Jahre erteilt werden. ⁴Soweit die Laufzeit über den 31. Dezember 2012 hinausgeht, wird die Zustimmung unter der Bedingung erteilt, dass die Gemeinsame Projektumsetzung nach Ablauf der Verpflichtungsperiode aus Artikel 3 Abs. 1 des Protokolls auf der Grundlage eines von der Konferenz der Vertragsparteien des Protokolls gefassten Beschlusses fortgeführt wird.

(4) ¹Die Zustimmung erfolgt auf schriftlichen Antrag des Projektträgers bei der zuständigen Behörde. ²Dem Antrag hat der Projektträger folgende Dokumente beizufügen:

1. die Projektdokumentation,
2. den Validierungsbericht und
3. ein Befürwortungsschreiben des Gastgeberstaates, falls ein solches ausgestellt worden ist.

³ Die Projektdokumentation einschließlich des Überwachungsplans ist nach den formalen und inhaltlichen Anforderungen des Anhangs B zur Anlage des Beschlusses 16/CP.7 der Konferenz der Vertragsparteien des Übereinkommens zu erstellen. ⁴ Das Bundesministerium für Umwelt, Naturschutz und Reaktorsicherheit kann im Einvernehmen mit dem Bundesministerium für Wirtschaft und Technologie die formalen und inhaltlichen Anforderungen an die Projektdokumentation einschließlich derer für den Überwachungsplan unter Beachtung der Anhänge B und C zur Anlage des Beschlusses 17/CP.7 sowie des Anhangs B zur Anlage des Beschlusses 16/CP.7 der Konferenz der Vertragsparteien des Übereinkommens durch Rechtsverordnung, die nicht der Zustimmung des Bundesrates bedarf, regeln. ⁵ In der Rechtsverordnung können für kleine und mittlere Projekttätigkeiten vereinfachte Anforderungen an die Antragsunterlagen und den Nachweis der zu erwartenden zusätzlichen Emissionsminderung festgelegt werden. ⁶ Die zuständige Behörde hat dem Projektträger den Eingang des Antrags und der beigefügten Unterlagen unverzüglich schriftlich zu bestätigen. ⁷ Sie teilt dem Projektträger innerhalb von zwei Wochen mit, welche zusätzlichen Unterlagen und Angaben sie für ihre Entscheidung benötigt.

(5) Die zuständige Behörde soll innerhalb von zwei Monaten nach Eingang der vollständigen Antragsunterlagen abschließend über den Antrag entscheiden.

(6) ¹ Die zuständige Behörde soll auf Antrag des Projektträgers mit einem Befürwortungsschreiben die Entwicklung einer Projekttätigkeit unterstützen, wenn die Zustimmung zu der Projekttätigkeit wahrscheinlich ist. ² Dieses Befürwortungsschreiben erlangt keine rechtliche Verbindlichkeit; es beinhaltet insbesondere keine Zusicherung einer Zustimmung nach Absatz 1.

§ 4 Überprüfung der Verifizierung. ¹ Die zuständige Behörde soll, soweit nach Bekanntgabe des Verifizierungsberichts begründete Zweifel an der Richtigkeit oder Vollständigkeit dieses Berichts bestehen, die durch den Projektträger nicht ausgeräumt werden können, unverzüglich ein Überprüfungsgesuch bei der zuständigen Behörde des Gaststaates oder bei dem Aufsichtsausschuss einreichen. ² Der Projektträger ist hiervon unverzüglich zu unterrichten.

Abschnitt 2. Projekttätigkeiten im Bundesgebiet

§ 5 Zustimmung und Registrierung. (1) ¹ Im Rahmen einer Gemeinsamen Projektumsetzung im Bundesgebiet hat die zuständige Behörde die Zustimmung zu erteilen, wenn

1. die den Anforderungen des Absatzes 4 entsprechende Projektdokumentation und der sach- und fachgerecht erstellte Validierungsbericht ergeben, dass die Projekttätigkeit eine zusätzliche Emissionsminderung erwarten lässt und
2. die Projekttätigkeit keine schwerwiegenden nachteiligen Umweltauswirkungen verursacht.

² § 3 Abs. 1 Satz 2 gilt entsprechend. ³ Führt eine Projekttätigkeit zu einer unmittelbaren oder mittelbaren Minderung von Emissionen aus einer Anlage, die der Emissionshandelsrichtlinie unterliegt, so ist diese Emissionsminderung bei der Berechnung der im Sinne der Nummer 1 zu erwartenden zusätzlichen Emissionsminderung Bestandteil der Referenzfallemissionen. ⁴ Wird eine Pro-

jekttätigkeit durch öffentliche Fördermittel finanziert, ist der Anteil derjenigen Emissionsminderung der Projekttätigkeit, der durch öffentliche Fördermittel finanziert wird, Bestandteil der Referenzfallemissionen; dies gilt nicht, wenn die öffentlichen Fördermittel der Absicherung von Investitionen dienen. ⁵ Wird mit der Projekttätigkeit zugleich Strom erzeugt, der die Voraussetzungen des § 16 Abs. 1 des Erneuerbare-Energien-Gesetzes oder des § 5 des Kraft-Wärme-Kopplungsgesetzes erfüllt, ist eine Zustimmung nach Satz 1 ausgeschlossen.

(2) Die Zustimmung ist zu versagen, wenn

1. Tatsachen die Annahme rechtfertigen, dass der Projektträger nicht die notwendige Gewähr für die ordnungsgemäße Durchführung der Projekttätigkeit, insbesondere die Erfüllung der Pflichten nach diesem Gesetz bietet oder
2. keine Bereitschaft des Investorstaates besteht, unter vergleichbaren Bedingungen Projekttätigkeiten auf seinem Staatsgebiet zuzulassen.

(3) ¹ Die Zustimmung wird entsprechend der vom Projektträger beantragten Laufzeit befristet. ² Die Laufzeit darf nicht über den 31. Dezember 2012 hinausgehen.

(4) ¹ Die Zustimmung erfolgt auf schriftlichen Antrag des Projektträgers bei der zuständigen Behörde. ² Dem Antrag hat der Projektträger folgende Dokumente beizufügen:

1. die Projektdokumentation und
2. den Validierungsbericht.

³ § 3 Abs. 4 Satz 3 gilt entsprechend. ⁴ Das Bundesministerium für Umwelt, Naturschutz und Reaktorsicherheit kann im Einvernehmen mit dem Bundesministerium für Wirtschaft und Technologie die formalen und inhaltlichen Anforderungen an die Projektdokumentation einschließlich derer für den Überwachungsplan unter Beachtung der Anhänge B und C zur Anlage des Beschlusses 17/CP.7 sowie des Anhangs B zur Anlage des Beschlusses 16/CP.7 der Konferenz der Vertragsparteien des Übereinkommens durch Rechtsverordnung, die nicht der Zustimmung des Bundesrates bedarf, regeln. ⁵ In der Rechtsverordnung können für kleine und mittlere Projekttätigkeiten vereinfachte Anforderungen an die Antragsunterlagen und den Nachweis der zu erwartenden zusätzlichen Emissionsminderung festgelegt werden. ⁶ § 3 Abs. 4 Satz 6 und 7 gilt entsprechend.

(5) ¹ Der Antragsteller hat die Projektdokumentation und die Adresse der von ihm mit der Validierung beauftragten Stelle unverzüglich nach Erstellung der zuständigen Behörde zuzuleiten. ² Die zugeleiteten Informationen sind nach § 10 des Umweltinformationsgesetzes zu veröffentlichen.

(6) Die Zustimmung nach Absatz 1 umfasst nicht die sonstigen behördlichen Entscheidungen, die nach anderen öffentlich-rechtlichen Vorschriften zur Durchführung der Projekttätigkeit erforderlich sind.

(7) Die Zustimmung enthält die Festlegung, dass Emissionsreduktionseinheiten nur für ab 1. Januar 2008 erzielte Emissionsminderungen ausgestellt werden können.

(8) ¹ Die zuständige Behörde führt nach Maßgabe des Artikels 24 Abs. 1 Satz 2 der Verordnung (EG) Nr. 2216/2004 der Kommission vom 21. Dezember 2004 über ein standardisiertes und sicheres Registrierungssystem

gemäß der Richtlinie 2003/87/EG sowie der Entscheidung 280/2004/EG des Europäischen Parlaments und des Rates (ABl. EU Nr. L 386 S. 1) ein nationales Verzeichnis über Projekttätigkeiten im Rahmen der Gemeinsamen Projektumsetzung im Bundesgebiet. [2] Die zuständige Behörde nimmt die Registrierung der Projekttätigkeit vor, sobald die Zustimmung nach Absatz 1 erteilt wurde und ihr die Billigung des Investorstaates vorliegt.

(9) § 3 Abs. 5 und 6 gilt entsprechend.

§ 6 Bestätigung des Verifizierungsberichts. (1) [1] Die zuständige Behörde hat den Verifizierungsbericht zu bestätigen, wenn

1. die registrierte Projekttätigkeit entsprechend der Projektdokumentation, die der Zustimmung zu Grunde lag, durchgeführt wurde, insbesondere der Überwachungsbericht den Vorgaben des validierten Überwachungsplans entspricht,
2. der Verifizierungsbericht sach- und fachgerecht erstellt wurde und
3. der Verfizierungsbericht ergibt, dass Doppelzählungen auf Grund unmittelbarer oder mittelbarer Emissionsminderungen oder Doppelbegünstigungen ausgeschlossen sind.

[2] Bevor die zuständige Behörde die Bestätigung des Verifizierungsberichts ablehnt, ist dem Projektträger und der mit der Verifizierung beauftragten sachverständigen Stelle Gelegenheit zu geben, sich zu den für die Entscheidung erheblichen Tatsachen zu äußern.

(2) [1] Die Bestätigung erfolgt auf schriftlichen Antrag des Projektträgers bei der zuständigen Behörde. [2] Dem Antrag hat der Projektträger folgende Dokumente beizufügen:

1. den Überwachungsbericht und
2. den Verifizierungsbericht.

[3] Der Projektträger ist verpflichtet, im Überwachungsbericht richtige und vollständige Angaben zu machen. [4] § 3 Abs. 4 Satz 6 und 7 gilt entsprechend.

(3) [1] Die zuständige Behörde unterrichtet unverzüglich nach der Bestätigung des Verifizierungsberichts den Registerführer im Sinne des Artikels 2 Buchstabe q der Verordnung (EG) Nr. 2216/2004. [2] Der Registerführer überträgt die Anzahl von Emissionsreduktionseinheiten, die der verifizierten Menge an Emissionsminderungen in Tonnen Kohlendioxidäquivalent entspricht, auf das vom Projektträger benannte Konto.

Abschnitt 3. Sachverständige Stellen

§ 7 Sachverständige Stellen. (1) [1] Zur Validierung und Verifizierung sind nur solche sachverständigen Stellen befugt, die durch den Exekutivrat oder den Aufsichtsausschuss akkreditiert und bekannt gegeben worden sind. [2] Die sachverständigen Stellen werden vom Projektträger beauftragt. [3] Sie sind verpflichtet, die Angaben des Projektträgers auf Richtigkeit und Vollständigkeit zu überprüfen sowie richtige und vollständige Angaben im Validierungs- und Verifizierungsbericht zu machen.

(2) Das Bundesministerium für Umwelt, Naturschutz und Reaktorsicherheit kann im Einvernehmen mit dem Bundesministerium für Wirtschaft und Technologiet durch Rechtsverordnung, die nicht der Zustimmung des Bun-

desrates bedarf, unter Berücksichtigung der in Anhang A des Beschlusses 16/ CP.7 der Konferenz der Vertragsparteien des Übereinkommens aufgestellten Anforderungen festlegen, dass auch andere als die in Absatz 1 genannten Stellen zur Validierung und Verifizierung befugt sind.

(3) [1] Bei der sach- und fachgerechten Erstellung des Validierungs- und Verifizierungsberichts sind die Vorgaben des Abschnitts E der Anlage des Beschlusses 16/CP.7 und die Abschnitte E, G und I der Anlage des Beschlusses 17/CP.7 der Konferenz der Vertragsparteien des Übereinkommens zu beachten. [2] Das Bundesministerium für Umwelt, Naturschutz und Reaktorsicherheit kann im Einvernehmen mit dem Bundesministerium für Wirtschaft und Technologie die Voraussetzungen und das Verfahren durch Rechtsverordnung, die nicht der Zustimmung des Bundesrates bedarf, regeln. [3] Dabei ist sicherzustellen, dass bei der Verifizierung Doppelzählungen auf Grund unmittelbarer oder mittelbarer Emissionsminderungen und Doppelbegünstigungen ausgeschlossen werden.

Teil 3. Mechanismus für umweltverträgliche Entwicklung

§ 8 Zustimmung. (1) [1] Im Rahmen des Mechanismus für umweltverträgliche Entwicklung hat die zuständige Behörde die Zustimmung zu erteilen, wenn

1. die den Anforderungen des Absatzes 3 entsprechende Projektdokumentation und der sach- und fachgerecht erstellte Validierungsbericht ergeben, dass die Projekttätigkeit eine zusätzliche Emissionsminderung erwarten lässt, und die Projekttätigkeit

2. keine schwerwiegenden nachteiligen Umweltauswirkungen verursacht und

3. der nachhaltigen Entwicklung des Gastgeberstaates in wirtschaftlicher, sozialer und ökologischer Hinsicht, insbesondere vorhandenen nationalen Nachhaltigkeitsstrategien, nicht zuwiderläuft.

[2] § 3 Abs. 1 Satz 2 gilt entsprechend.

(2) Die Zustimmung ist zu versagen, wenn

1. Tatsachen die Annahme rechtfertigen, dass der Projektträger nicht die notwendige Gewähr für die ordnungsgemäße Durchführung der Projekttätigkeit, insbesondere die Erfüllung der Pflichten nach diesem Gesetz bietet oder

2. sich aus dem Verzeichnis über den Teilnahmestatus ergibt, dass die Bundesrepublik Deutschland als möglicher Investorstaat die Teilnahmevoraussetzung der Nummer 31 oder der mögliche Gastgeberstaat die Teilnahmevoraussetzung der Nummer 30 des Abschnitts F der Anlage des Beschlusses 17/CP.7 der Konferenz der Vertragsparteien des Übereinkommens nicht erfüllt.

(3) [1] Die Zustimmung erfolgt auf schriftlichen Antrag des Projektträgers bei der zuständigen Behörde. [2] Dem Antrag hat der Projektträger folgende Dokumente beizufügen:

1. die Projektdokumentation,

2. den Validierungsbericht und

3. ein Befürwortungsschreiben des Gastgeberstaates, falls ein solches ausgestellt worden ist.

³ Die Projektdokumentation einschließlich des Überwachungsplans ist nach den formalen und inhaltlichen Anforderungen des Anhangs B sowie dem Abschnitt H zur Anlage des Beschlusses 17/CP.7 der Konferenz der Vertragsparteien des Übereinkommens zu erstellen. ⁴ Aus der Projektdokumentation muss sich ergeben, dass eine Öffentlichkeitsbeteiligung entsprechend den Anforderungen nach Nummer 40 des Abschnitts G der Anlage des Beschlusses 17/CP.7 der Konferenz der Vertragsparteien des Übereinkommens stattgefunden hat.

(4) ¹ Die zuständige Behörde kann den Projektträger zum Nachweis, dass die Anforderung der Nummer 2 des Absatzes 1 erfüllt ist, zur Durchführung einer Umweltverträglichkeitsprüfung verpflichten, wenn sie insbesondere auf Grund der in der validierten Projektdokumentation beschriebenen Projekttätigkeit und der dort dargestellten Umweltauswirkungen zu der Einschätzung gelangt, dass nach Umfang, Standort und Folgen der Projekttätigkeit erhebliche nachteilige Umweltauswirkungen wahrscheinlich sind. ² Das Bundesministerium für Umwelt, Naturschutz und Reaktorsicherheit kann im Einvernehmen mit dem Bundesministerium für Wirtschaft und Technologie und dem Bundesministerium für wirtschaftliche Zusammenarbeit und Entwicklung durch Rechtsverordnung, die nicht der Zustimmung des Bundesrates bedarf, festlegen, welche Anforderungen im Einzelnen an die Umweltverträglichkeitsprüfung nach Satz 1 zu stellen sind. ³ Dabei sind vorhandene internationale Standards, die ökologische und gesellschaftliche Belange aufnehmen, zu berücksichtigen.

(5) § 3 Abs. 4 Satz 6 und 7, Abs. 5 und 6 gilt entsprechend.

(6) Die zuständige Behörde hat auf Antrag des Projektträgers eine natürliche oder juristische Person im Sinne des Artikels 12 Abs. 9 des Protokolls zu ermächtigen, sich an der Projekttätigkeit zu beteiligen, der nach Absatz 1 zugestimmt wurde.

§ 9 Überprüfungsgesuch. ¹ Die zuständige Behörde kann, soweit die Voraussetzungen der Nummer 41 des Abschnitts G oder der Nummer 65 des Abschnitts J der Anlage des Beschlusses 17/CP.7 der Konferenz der Vertragsparteien des Übereinkommens vorliegen, ein Überprüfungsgesuch beim Exekutivrat einreichen. ² Der Projektträger ist hiervon unverzüglich zu unterrichten.

Teil 4. Gemeinsame Vorschriften

§ 10 Zuständige Behörde; Aufgabenübertragung. (1) Zuständige Behörde im Sinne dieses Gesetzes ist das Umweltbundesamt.

(2) ¹ Die nach Absatz 1 zuständige Behörde kann die Aufgaben und Befugnisse mit Ausnahme der Zuständigkeit für die Verfolgung und Ahndung von Ordnungswidrigkeiten nach § 15 ganz oder teilweise auf eine juristische Person übertragen, wenn diese die Gewähr dafür bietet, dass die übertragenen Aufgaben ordnungsgemäß und zentral für das Bundesgebiet erfüllt werden. ² Die Beliehene untersteht der Aufsicht der nach Absatz 1 zuständigen Behörde. ³ Bei einer Aufgabenübertragung auf eine juristische Person des öffentlichen Rechts gilt Satz 2 entsprechend.

§ 11 Benennung eines Bevollmächtigten. ¹ Wird ein Antrag im Sinne dieses Gesetzes von mehreren natürlichen oder juristischen Personen gestellt, haben diese der zuständigen Behörde eine natürliche Person als gemeinsamen Bevollmächtigten mit Zustelladresse im Inland zu benennen. ² Hat der Projektträger seinen Firmensitz im Ausland und keine Zweigniederlassung in der Bundesrepublik Deutschland, hat er eine im Inland ansässige Person als Empfangsberechtigten für Zustellungen zu benennen.

§ 12 Mengenbeobachtung. (1) Die zuständige Behörde hat der Bundesregierung erstmals zum 31. Dezember 2006 und danach jährlich über die Anzahl der tatsächlichen und für den folgenden Berichtszeitraum absehbaren Registrierungen im Sinne des § 5 Abs. 8 zu berichten.

(2) ¹ Ist nach dem Bericht der zuständigen Behörde nach Absatz 1 eine Gefährdung der Einhaltung der Reserve für den Verpflichtungszeitraum im Sinne der Nummer 6 der Anlage des im Anhang zu diesem Gesetz abgedruckten Beschlusses 18/CP.7 der Konferenz der Vertragsparteien des Übereinkommens zu besorgen, kann die Bundesregierung durch Rechtsverordnung, die nicht der Zustimmung des Bundesrates bedarf, eine Begrenzung der Menge von Emissionsreduktionseinheiten, die durch Projekttätigkeiten im Bundesgebiet erzeugt werden, beschließen. ² Die Bundesregierung legt zugleich den Umfang und Zeitpunkt des Wirksamwerdens dieser Mengenbegrenzung fest und gibt dies im Bundesanzeiger bekannt.

(3) ¹ Ab dem Zeitpunkt, zu dem die Bundesregierung nach Absatz 2 die Einführung einer Mengenbegrenzung beschlossen hat, bedarf die Registrierung gemäß § 5 Abs. 8 einer Vorregistrierung. ² Die Vorregistrierung einer Projekttätigkeit im Rahmen einer Gemeinsamen Projektumsetzung im Bundesgebiet erfolgt durch die zuständige Behörde.

(4) ¹ Das Bundesministerium für Umwelt, Naturschutz und Reaktorsicherheit wird ermächtigt, durch Rechtsverordnung, die nicht der Zustimmung des Bundesrates bedarf, das Verfahren der Vorregistrierung nach Absatz 3 und die Maßnahmen zu regeln, die die Einhaltung der Mengenbegrenzung gewährleisten. ² Dabei ist sicherzustellen, dass eine Vorregistrierung gelöscht wird, soweit die betreffende Projekttätigkeit nicht innerhalb von zwei Jahren ab Vorregistrierung nach § 5 Abs. 8 registriert wird.

§ 13 Rechtsverordnung zu Zustimmungsvoraussetzungen. Das Bundesministerium für Umwelt, Naturschutz und Reaktorsicherheit kann im Einvernehmen mit dem Bundesministerium für Wirtschaft und Technologie und dem Bundesministerium für wirtschaftliche Zusammenarbeit und Entwicklung unter Beachtung der Beschlüsse 16/CP.7 und 17/CP.7 der Konferenz der Vertragsparteien des Übereinkommens durch Rechtsverordnung, die nicht der Zustimmung des Bundesrates bedarf, regeln, welche Anforderungen an das Vorliegen der einzelnen Zustimmungsvoraussetzungen des § 3 Abs. 1, des § 5 Abs. 1 und des § 8 Abs. 1 und Versagungsgründe des § 3 Abs. 2, des § 5 Abs. 2 und des § 8 Abs. 2 zu stellen sind.

§ 14 Kosten. ¹ Für Amtshandlungen nach diesem Gesetz und den zur Durchführung dieses Gesetzes erlassenen Rechtsverordnungen erhebt die zuständige Behörde Gebühren und Auslagen. ² Das Bundesministerium für Umwelt, Naturschutz und Reaktorsicherheit bestimmt durch Rechtsverordnung, die nicht der Zustimmung des Bundesrates bedarf, die gebührenpflichtigen Tatbestände, die Höhe der Gebühren und die zu erstattenden Auslagen für Amtshandlungen nach diesem Gesetz und nach den auf Grund dieses Gesetzes erlassenen Rechtsverordnungen. ³ Die Gebühr beträgt mindestens 20 Euro; sie darf im Einzelfall 600 Euro nicht übersteigen. ⁴ Bei der Bemessung der Gebühren sind die Anzahl der aus der Durchführung der Projekttätigkeiten erzeugten Emissionsreduktionseinheiten und zertifizierten Emissionsreduktionen sowie der mit der Amtshandlung verbundene Verwaltungsaufwand zu berücksichtigen.

§ 15 Bußgeldvorschriften. (1) Ordnungswidrig handelt, wer vorsätzlich oder leichtfertig entgegen § 6 Abs. 2 Satz 3 oder § 7 Abs. 1 Satz 3

1. im Überwachungsbericht oder im Validierungsbericht oder
2. im Verifizierungsbericht

eine Angabe nicht richtig oder nicht vollständig macht.

(2) Die Ordnungswidrigkeit kann in den Fällen des Absatzes 1 Nr. 2 mit einer Geldbuße bis zu hunderttausend Euro, in den übrigen Fällen mit einer Geldbuße bis zu fünfzigtausend Euro geahndet werden.

Anhang
Bericht der Konferenz der Vertragsparteien über ihre siebte Tagung in Marrakesch vom 29. Oktober bis 10. November 2001
(Übersetzung)

Addendum

Teil Zwei. Von der Konferenz der Vertragsparteien ergriffene Maßnahmen

Band II

Inhalt

II. Die Vereinbarungen von Marrakesch (Fortsetzung)

15/CP.7	Grundsätze, Merkmale und Geltungsbereich der Mechanismen nach den Artikeln 6, 12 und 17 des Protokolls von Kyoto
16/CP.7	Leitlinien für die Durchführung des Artikels 6 des Protokolls von Kyoto
17/CP.7	Modalitäten und Verfahren für einen Mechanismus für umweltverträgliche Entwicklung im Sinne des Artikels 12 des Protokolls von Kyoto
18/CP.7	Modalitäten, Regeln und Leitlinien für den Handel mit Emissionen nach Artikel 17 des Protokolls von Kyoto
19/CP.7	Modalitäten für die Abrechnung über die zugeteilten Mengen nach Artikel 7 Absatz 4 des Protokolls von Kyoto

50. Gesetz über den nationalen Zuteilungsplan für Treibhausgas-Emissionsberechtigungen in der Zuteilungsperiode 2008 bis 2012 (Zuteilungsgesetz 2012 – ZuG 2012)[1)][2)]

Vom 7. August 2007

(BGBl. I S. 1788)

FNA 2129-50

zuletzt geänd. durch Art. 2 Abs. 23 G zur Änd. von Vorschriften über Verkündung und Bekanntmachungen sowie der ZPO, des EGZPO und der AO v. 22. 12. 2011 (BGBl. I S. 3044)

Inhaltsverzeichnis

§§

Abschnitt 1. Allgemeine Vorschriften

Zweck des Gesetzes	1
Anwendungsbereich	2
Begriffsbestimmungen	3

Abschnitt 2. Mengenplanung

Nationale Emissionsziele	4
Reserve	5

Abschnitt 3. Zuteilungsregeln

Zuteilung für bestehende Industrieanlagen mit Inbetriebnahme bis zum 31. Dezember 2002	6
Zuteilung für bestehende Anlagen der Energiewirtschaft mit Inbetriebnahme bis zum 31. Dezember 2002	7
Zuteilung für bestehende Anlagen mit Inbetriebnahme in den Jahren 2003 bis 2007	8
Zuteilung für Neuanlagen	9
Einstellung des Betriebes von Anlagen	10
Kuppelgas	11
Besondere Härtefallregelung	12
Nähere Bestimmung der Berechnung der Zuteilung	13
Antragsfristen	14
Überprüfung von Angaben	15
Kosten der Zuteilung	16

Abschnitt 4. Ausgabe und Abgabe von Berechtigungen

Ausgabe	17
Erfüllung der Abgabepflicht	18

Abschnitt 5. Veräußerung von Berechtigungen

Umfang und Verwendung	19
Aufkommen	20
Verfahren	21

[1)] **Amtl. Anm.:** Dieses Gesetz dient der Umsetzung der Richtlinie 2003/87/EG des Europäischen Parlaments und des Rates vom 13. Oktober 2003 über ein System für den Handel mit Treibhausgasemissionszertifikaten in der Gemeinschaft und zur Änderung der Richtlinie 96/61/EG des Rates (ABl. EU Nr. L 275 S. 32).
[2)] Verkündet als Art. 1 G v. 7. 8. 2007 (BGBl. I S. 1788); Inkrafttreten gem. Art. 4 dieses G am 11. 8. 2007.

Abschnitt 6. Gemeinsame Vorschriften

§§

Bußgeldvorschriften 22
Zuständige Behörde... 23
Anhang 1 bis 5

Abschnitt 1. Allgemeine Vorschriften

§ 1 Zweck des Gesetzes. Zweck dieses Gesetzes ist es, im Hinblick auf die Zuteilungsperiode 2008 bis 2012 nationale Ziele für die Emission von Treibhausgasen in Deutschland sowie Regeln für die Zuteilung, die Ausgabe und die Veräußerung von Emissionsberechtigungen festzulegen.

§ 2 Anwendungsbereich. ¹ Dieses Gesetz gilt für diejenige Freisetzung von Treibhausgasen durch Anlagen, welche dem Anwendungsbereich des Treibhausgas-Emissionshandelsgesetzes vom 8. Juli 2004 (BGBl. I S. 1578), das zuletzt durch Artikel 9 des Gesetzes vom 11. August 2010 (BGBl. I S. 1163) geändert worden ist, unterliegt. ² Soweit nichts anderes bestimmt ist, gilt es für die Zuteilungsperiode 2008 bis 2012. ³ Soweit sich Regelungen des Zuteilungsgesetzes 2007 über die Zuteilungsperiode 2005 bis 2007 hinaus erstrecken, werden sie durch die Regelungen dieses Gesetzes ersetzt.

§ 3 Begriffsbestimmungen. (1) Soweit nichts anderes bestimmt ist, gelten die Begriffsbestimmungen des Treibhausgas-Emissionshandelsgesetzes[1)].

(2) Im Sinne dieses Gesetzes sind

1. Neuanlagen: Anlagen, deren Inbetriebnahme nach dem 31. Dezember 2007 erfolgt,
2. Inbetriebnahme: die erstmalige Aufnahme des Regelbetriebes nach Abschluss des Probebetriebes,
3. Probebetrieb: der zeitweilige Betrieb einer Anlage zur Prüfung ihrer Betriebstüchtigkeit entsprechend dem vorgesehenen Ablauf der Inbetriebsetzung,
4. Produktionsmenge: die Menge der je Jahr in einer Anlage erzeugten Produkteinheiten,
5. Kapazität: die tatsächlich und rechtlich maximal mögliche Produktionsmenge pro Jahr,
6. Kapazitätserweiterung: eine Erhöhung der Kapazität aufgrund einer immissionsschutzrechtlich genehmigten Änderung der Anlage,
7. Inbetriebnahme einer Kapazitätserweiterung: die Aufnahme des Regelbetriebs der Anlage mit der erweiterten Kapazität,
8. Standardauslastungsfaktor: der Quotient aus den nach Anhang 4 für die jeweiligen Tätigkeiten festgelegten Vollbenutzungsstunden und der Anzahl der genehmigten maximalen Vollbenutzungsstunden pro Jahr; für die Berechnung des Standardauslastungsfaktors ist Anhang 4 maßgeblich,

---

[1)] Nr. 48.

9. Kuppelgas: als Nebenprodukt bei der Erzeugung von Grundstoffen entstehendes Gicht-, Kokerei- oder Konvertergas oder eine Mischung aus diesen Gasen.

Abschnitt 2. Mengenplanung

§ 4 Nationale Emissionsziele. (1) [1] Es wird eine Gesamtmenge für die Emission von Treibhausgasen in Deutschland festgelegt, welche die Einhaltung der Minderungsverpflichtung der Bundesrepublik Deutschland nach der Entscheidung des Rates 2002/358/EG vom 25. April 2002 über die Genehmigung des Protokolls von Kyoto zum Rahmenübereinkommen der Vereinten Nationen über Klimaänderungen im Namen der Europäischen Gemeinschaft sowie die gemeinsame Erfüllung der daraus erwachsenden Verpflichtungen (ABl. EG Nr. L 130 S. 1, Nr. L 176 S. 47) gewährleistet. [2] In der Zuteilungsperiode 2008 bis 2012 beträgt die Gesamtmenge 973,6 Millionen Tonnen Kohlendioxid-Äquivalente je Jahr.

(2) [1] Die Gesamtmenge der zuteilbaren Berechtigungen in der Zuteilungsperiode 2008 bis 2012 beträgt 442,07 Millionen Berechtigungen pro Jahr zuzüglich einer Menge von bis zu 11 Millionen Berechtigungen pro Jahr für die Zuteilungen an Anlagen, auf die § 26 Abs. 1 des Treibhausgas-Emissionshandelsgesetzes vom 8. Juli 2004 (BGBl. I S. 1578), das zuletzt durch Artikel 9 des Gesetzes vom 11. August 2010 (BGBl. I S. 1163) geändert worden ist, Anwendung findet. [2] Diese Gesamtmenge umfasst auch die Berechtigungen, die als Reserve nach § 5 Abs. 1 und für eine Veräußerung nach § 19 zurückbehalten werden.

(3) [1] Übersteigt die Gesamtmenge der nach den Vorschriften dieses Gesetzes mit Ausnahme der nach § 9 für Neuanlagen zuzuteilenden Berechtigungen die Menge von 379,07 Millionen Berechtigungen je Jahr zuzüglich der Menge von Berechtigungen, die an Anlagen zuzuteilen sind, auf die § 26 Abs. 1 des Treibhausgas-Emissionshandelsgesetzes vom 8. Juli 2004 (BGBl. I S. 1578), das zuletzt durch Artikel 9 des Gesetzes vom 11. August 2010 (BGBl. I S. 1163) geändert worden ist, Anwendung findet, werden die Zuteilungen für Anlagen nach Anhang 1 Ziffern I bis V des Treibhausgas-Emissionshandelsgesetzes vom 8. Juli 2004 (BGBl. I S. 1578), das zuletzt durch Artikel 9 des Gesetzes vom 11. August 2010 (BGBl. I S. 1163) geändert worden ist, nach den §§ 7 und 8 entsprechend dem Effizienzstandard der Anlage nach Maßgabe von Anhang 5 anteilig gekürzt. [2] Bei einer Unterschreitung des Wertes nach Satz 1 fließen die verbleibenden Berechtigungen der Reserve zu. [3] Von der anteiligen Kürzung ausgenommen sind Zuteilungen an Anlagen, die in der Zuteilungsperiode 2005 bis 2007 eine Zuteilung nach § 12 Abs. 1 des Zuteilungsgesetzes 2007 erhalten haben, soweit der Zeitraum von zwölf auf den Abschluss der Modernisierungsmaßnahme folgenden Kalenderjahren in die Zuteilungsperiode 2008 bis 2012 hineinreicht oder der Nachweis nach § 12 Abs. 1 Satz 5 des Zuteilungsgesetzes 2007 erbracht wurde.

§ 5 Reserve. (1) 23 Millionen Berechtigungen pro Jahr werden als Reserve für die Zuteilungsperiode 2008 bis 2012 zurückbehalten.

(2) Die Reserve dient vorbehaltlich des Absatzes 3 der Erfüllung von Ansprüchen:

1. auf Zuteilung von Berechtigungen
   a) für Neuanlagen nach § 9,
   b) in den Fällen, in denen die Ansprüche nach Abschluss des Zuteilungsverfahrens rechtskräftig festgestellt worden sind und soweit diese Ansprüche über die ursprüngliche Zuteilungsmenge hinausgehen, sowie
2. auf Zuweisung von Berechtigungen nach § 6 Abs. 3 Satz 2 des Zuteilungsgesetzes 2007.

(3) [1] Die Kosten, die dem Bund durch die Wahrnehmung der ihm im Rahmen des Emissionshandels zugewiesenen Aufgaben entstehen, werden in der Zuteilungsperiode 2008 bis 2012 durch Veräußerung von Berechtigungen aus der Reserve gedeckt. [2] Satz 1 gilt auch für nicht anderweitig gedeckte Kosten, die dem Bund vor der Zuteilungsperiode 2008 bis 2012 für die Wahrnehmung der in Satz 1 genannten Aufgaben entstanden sind. [3] § 21 gilt entsprechend. [4] Die Erhebung von Verwaltungsgebühren bleibt hiervon unberührt.

(4) [1] Soweit Berechtigungen in Folge der Aufhebung oder Änderung von Zuteilungsentscheidungen zurückgegeben oder nicht ausgegeben werden, fließen sie der Reserve zu. [2] Berechtigungen in der Reserve, die bis zum Ende der Zuteilungsperiode 2008 bis 2012 nicht für in den Absätzen 1 bis 3 genannte Zwecke benötigt werden, können veräußert, nach Maßgabe von § 6 Abs. 4 Satz 4 des Treibhausgas-Emissionshandelsgesetzes vom 8. Juli 2004 (BGBl. I S. 1578), das zuletzt durch Artikel 9 des Gesetzes vom 11. August 2010 (BGBl. I S. 1163) geändert worden ist, in die nachfolgende Zuteilungsperiode überführt oder gelöscht werden.

(5) [1] Soweit es zur Erfüllung der in Absatz 2 Nr. 1 genannten Ansprüche oder zur Deckung der Kosten nach Absatz 3 erforderlich ist, beauftragt das Bundesministerium für Umwelt, Naturschutz und Reaktorsicherheit im Einvernehmen mit dem Bundesministerium der Finanzen eine Stelle, auf eigene Rechnung Berechtigungen zu kaufen und diese der zuständigen Behörde kostenlos zur Verfügung zu stellen. [2] Zum Ausgleich erhält die beauftragte Stelle die Beschaffungskosten sowie den mit der Beschaffung verbundenen Aufwand erstattet.

Abschnitt 3. Zuteilungsregeln

§ 6 Zuteilung für bestehende Industrieanlagen mit Inbetriebnahme bis zum 31. Dezember 2002. (1) [1] Für Anlagen nach Anhang 1 Ziffern VI bis XVIII des Treibhausgas-Emissionshandelsgesetzes vom 8. Juli 2004 (BGBl. I S. 1578), das zuletzt durch Artikel 9 des Gesetzes vom 11. August 2010 (BGBl. I S. 1163) geändert worden ist,, deren Inbetriebnahme bis zum 31. Dezember 2002 erfolgte, werden auf Antrag Berechtigungen in einer Anzahl zugeteilt, die dem rechnerischen Produkt aus den durchschnittlichen jährlichen Kohlendioxid-Emissionen der Anlage in einer Basisperiode, einem Erfüllungsfaktor von 0,9875 und der Anzahl der Jahre der Zuteilungsperiode 2008 bis 2012 entspricht. [2] Die durchschnittlichen jährlichen Kohlendioxid-Emissionen einer Anlage werden bestimmt nach Absatz 5 und den Vorschriften einer Rechtsverordnung nach § 13. [3] Die Emissionsmenge, für die Berechtigungen nach Satz 1 zuzuteilen sind, errechnet sich nach Formel 1 des Anhangs 1 sowie nach den Vorschriften einer Rechtsverordnung nach § 13.

(2) Für Anlagen, deren Inbetriebnahme bis zum 31. Dezember 1999 erfolgte, ist Basisperiode der Zeitraum vom 1. Januar 2000 bis zum 31. Dezember 2005.

(3) Für Anlagen, deren Inbetriebnahme im Zeitraum vom 1. Januar 2000 bis zum 31. Dezember 2002 erfolgte, ist Basisperiode der Zeitraum vom 1. Januar des Jahres, das auf das Jahr der Inbetriebnahme folgt, bis zum 31. Dezember 2005.

(4) Sofern die Kapazitäten einer Anlage zwischen dem 1. Januar 2000 und dem 31. Dezember 2002 erweitert oder verringert wurden, ist für die Bestimmung der Basisperiode der Zeitpunkt der letztmaligen Erweiterung oder Verringerung von Kapazitäten der Anlage nach ihrer Inbetriebnahme maßgeblich.

(5) [1] Für die Bestimmung der durchschnittlichen jährlichen Kohlendioxid-Emissionen nach Absatz 1 Satz 1 in der Basisperiode sind die Daten maßgeblich,

1. die der Zuteilungsentscheidung für die Handelsperiode 2005 bis 2007 durch die zuständige Behörde zugrunde gelegt wurden,

2. die der Betreiber auf Grundlage der Datenerhebungsverordnung 2012 mitgeteilt hat oder die bei nicht rechtzeitiger Mitteilung durch den Betreiber von der zuständigen Behörde im Rahmen der Auswertung der Datenerhebung zugrunde gelegt wurden und

3. die der Betreiber für das Jahr 2005 nach § 5 Abs. 1 des Treibhausgas-Emissionshandelsgesetzes vom 8. Juli 2004 (BGBl. I S. 1578), das zuletzt durch Artikel 9 des Gesetzes vom 11. August 2010 (BGBl. I S. 1163) geändert worden ist, berichtet hat.

[2] Die zuständige Behörde kann für die Zuteilungsentscheidung die Datenbasis nach Satz 1 korrigieren, soweit die Angaben des Betreibers nicht den für die Ermittlung und Mitteilung von Daten jeweils geltenden Anforderungen nach § 5 des Treibhausgas-Emissionshandelsgesetzes vom 8. Juli 2004 (BGBl. I S. 1578), das zuletzt durch Artikel 9 des Gesetzes vom 11. August 2010 (BGBl. I S. 1163) geändert worden ist, der Zuteilungsverordnung 2007 oder der Datenerhebungsverordnung 2012 entsprechen. [3] Satz 2 gilt nicht für Daten nach Satz 1 Nr. 1, soweit der Zuteilungsbescheid bestandskräftig ist, sowie ebenfalls nicht für Daten nach Satz 1 Nr. 3, soweit die zuständige Behörde kein Verfahren zur Schätzung der Emissionen nach § 18 Abs. 2 des Treibhausgas-Emissionshandelsgesetzes vom 8. Juli 2004 (BGBl. I S. 1578), das zuletzt durch Artikel 9 des Gesetzes vom 11. August 2010 (BGBl. I S. 1163) geändert worden ist, eingeleitet hat. [4] Rechtsbehelfe gegen Entscheidungen nach Satz 2 können nur mit den gegen die Zuteilungsentscheidung zulässigen Rechtsbehelfen geltend gemacht werden. [5] Auf Verlangen der zuständigen Behörde hat der Betreiber einer Anlage die für die Bestimmung der durchschnittlichen jährlichen Kohlendioxid-Emissionen in der Basisperiode zusätzlich erforderlichen Angaben unverzüglich zu übermitteln. [6] Die Sätze 1 bis 5 gelten nur für Anlagen, auf die das Zuteilungsgesetz 2007 Anwendung findet.

(6) Bedeutete eine Zuteilung nach den vorstehenden Absätzen eine unzumutbare Härte für den Anlagenbetreiber und für ein mit diesem verbundenes

Unternehmen, das mit seinem Kapital aus handels- oder gesellschaftsrechtlichem Rechtsgrund für die wirtschaftlichen Risiken des Anlagenbetriebes einstehen muss, teilt die zuständige Behörde auf Antrag des Betreibers zusätzliche Berechtigungen in der für einen Ausgleich angemessenen Menge zu.

(7) Für bestehende Anlagen mit einer Kapazitätserweiterung in den Jahren 2003 bis 2007 erfolgt die Zuteilung für die Anlage nach § 8 Abs. 2.

(8) Für Anlagen, die eine Zuteilung nach § 12 Abs. 1 des Zuteilungsgesetzes 2007 in der Zuteilungsperiode 2005 bis 2007 erhalten haben, findet diese Regelung auf Antrag bei der Zuteilung entsprechende Anwendung.

(9) [1] Für Anlagen, deren jahresdurchschnittliche Emissionsmenge 25 000 Tonnen Kohlendioxid in der Basisperiode nicht überschreitet, wird bei der Berechnung der Zuteilungsmenge nach Absatz 1 kein Erfüllungsfaktor angewendet. [2] Die Emissionsmenge, für die Berechtigungen zuzuteilen sind, errechnet sich nach Formel 2 des Anhangs 1. [3] Für Anlagen mit einer höheren Emissionsmenge beträgt die Mindestzuteilungsmenge 25 000 Berechtigungen pro Jahr.

(10) [1] Für Anlagen, auf die das Zuteilungsgesetz 2007 keine Anwendung findet, muss der Antrag auf Zuteilung nach § 10 Abs. 1 des Treibhausgas-Emissionshandelsgesetzes vom 8. Juli 2004 (BGBl. I S. 1578), das zuletzt durch Artikel 9 des Gesetzes vom 11. August 2010 (BGBl. I S. 1163) geändert worden ist, die nach den vorstehenden Absätzen erforderlichen Angaben über die durchschnittlichen jährlichen Kohlendioxid-Emissionen der Anlage in der jeweils gültigen Basisperiode enthalten, soweit diese Angaben nicht bereits Gegenstand der Datenmitteilung nach § 2 Abs. 2 Nr. 2 der Datenerhebungsverordnung 2012 waren. [2] § 12 Abs. 1 bis 4 des Zuteilungsgesetzes 2007 findet für diese Anlagen entsprechende Anwendung.

§ 7 Zuteilung für bestehende Anlagen der Energiewirtschaft mit Inbetriebnahme bis zum 31. Dezember 2002. (1) [1] Für Anlagen nach Anhang 1 Ziffern I bis V des Treibhausgas-Emissionshandelsgesetzes vom 8. Juli 2004 (BGBl. I S. 1578), das zuletzt durch Artikel 9 des Gesetzes vom 11. August 2010 (BGBl. I S. 1163) geändert worden ist, deren Inbetriebnahme bis zum 31. Dezember 2002 erfolgte, werden auf Antrag Berechtigungen in einer Anzahl zugeteilt, die dem rechnerischen Produkt aus der durchschnittlichen jährlichen Produktionsmenge der Anlage in einer Basisperiode, dem Emissionswert je erzeugter Produkteinheit nach Anhang 3 oder den Vorschriften einer Rechtsverordnung nach § 13 und der Anzahl der Jahre der Zuteilungsperiode 2008 bis 2012 entspricht. [2] Für die Bestimmung der Basisperiode gilt § 6 Abs. 2 bis 4 entsprechend. [3] Für die Ermittlung der durchschnittlichen jährlichen Produktionsmenge einer Anlage sind die Vorschriften einer Rechtsverordnung nach § 13 maßgeblich. [4] Die Emissionsmenge, für die Berechtigungen nach Satz 1 zuzuteilen sind, errechnet sich nach Formel 3 des Anhangs 1 sowie nach den Vorschriften einer Rechtsverordnung nach § 13.

(2) [1] Sofern in einer Anlage mehrere Brennstoffe eingesetzt werden konnten, errechnet sich der Emissionswert je erzeugter Produkteinheit nach Absatz 1 mit der Maßgabe, dass eine Zuordnung zu den brennstoffdifferenzierten Emissionswerten je erzeugter Produkteinheit entsprechend den Anteilen der Brennstoffenergie der in den Jahren 2005 und 2006 eingesetzten Brennstoffe an der Gesamtbrennstoffenergie dieser Jahre erfolgt. [2] In diesem Fall errechnet

sich der Emissionswert je erzeugter Produkteinheit nach Formel 4 des Anhangs 1.

(3) ¹ Bei Kraft-Wärme-Kopplungsanlagen nach Absatz 1 erfolgt eine Zuteilung unter Zugrundelegung einer technisch vergleichbaren Anlage zur ausschließlichen Erzeugung von Strom und mechanischer Arbeit; daneben erfolgt eine Zuteilung nach Absatz 1 unter Zugrundelegung einer technisch vergleichbaren Anlage zur ausschließlichen Erzeugung von Wärme. ² Abweichend von Absatz 1 Satz 4 errechnet sich die Emissionsmenge, für die Berechtigungen zuzuteilen sind, nach Formel 5 des Anhangs 1.

(4) Anlagen, deren jahresdurchschnittliche Emissionsmenge 25 000 Tonnen Kohlendioxid in der Basisperiode nicht überschreitet, erhalten abweichend von Absatz 1 eine Zuteilung nach § 6 ohne Anwendung eines Erfüllungsfaktors.

(5) § 6 Abs. 6 und 7 gilt entsprechend.

§ 8 Zuteilung für bestehende Anlagen mit Inbetriebnahme in den Jahren 2003 bis 2007. (1) ¹ Für Anlagen, deren Inbetriebnahme im Zeitraum vom 1. Januar 2003 bis zum 31. Dezember 2007 erfolgte, werden auf Antrag Berechtigungen in einer Anzahl zugeteilt, die dem rechnerischen Produkt aus der Kapazität der Anlage, dem für die Anlage maßgeblichen Standardauslastungsfaktor, dem Emissionswert je erzeugter Produkteinheit und der Anzahl der Jahre der Zuteilungsperiode 2008 bis 2012 entspricht. ² Für die Bestimmung des Emissionswertes je erzeugter Produkteinheit gilt § 9 Abs. 2 bis 4 entsprechend. ³ Die Emissionsmenge, für die Berechtigungen nach Satz 1 zuzuteilen sind, errechnet sich nach Formel 6 des Anhangs 1. ⁴ Bei Kraft-Wärme-Kopplungsanlagen errechnet sich die Zuteilungsmenge nach Formel 7 des Anhangs 1.

(2) ¹ Bei Inbetriebnahme einer Kapazitätserweiterung einer bestehenden Anlage zwischen dem 1. Januar 2003 und dem 31. Dezember 2007 werden auf Antrag Berechtigungen für die gesamte Anlage nach Maßgabe der Sätze 2 bis 4 zugeteilt. ² Bei der Berechnung der Zuteilungsmenge für die Kapazitätserweiterung findet Absatz 1 entsprechende Anwendung. ³ Bei einer Anlage nach § 6 werden für die Anlage im Übrigen zusätzlich Berechtigungen nach § 6 Abs. 1 zugeteilt; dabei sind bei Inbetriebnahme einer Kapazitätserweiterung zwischen dem 1. Januar 2003 und dem 31. Dezember 2005 zur Ermittlung der durchschnittlichen jährlichen Kohlendioxid-Emissionen von den gesamten Kohlendioxid-Emissionen der Anlage in der Basisperiode abzuziehen:

1. die der Kapazitätserweiterung im Zeitraum von der Inbetriebnahme bis zum Ende der Basisperiode nach Maßgabe von Absatz 1 Satz 1 anteilig zuzurechnende Emissionsmenge sowie
2. die Kohlendioxid-Emissionen, die durch die Kapazitätserweiterung bis zu deren Inbetriebnahme entstanden sind.

⁴ Bei einer Anlage nach § 7 werden für die Anlage im Übrigen zusätzlich Berechtigungen nach § 7 Abs. 1 zugeteilt; dabei sind bei Inbetriebnahme einer Kapazitätserweiterung zwischen dem 1. Januar 2003 und dem 31. Dezember 2005 zur Ermittlung der durchschnittlichen jährlichen Produktionsmenge von der gesamten Produktionsmenge der Anlage in der Basisperiode abzuziehen:

1. die der Kapazitätserweiterung im Zeitraum von der Inbetriebnahme bis zum Ende der Basisperiode nach Maßgabe von Absatz 1 Satz 1 anteilig zuzurechnende Produktionsmenge sowie
2. die Produktionsmenge der Kapazitätserweiterung bis zu deren Inbetriebnahme.

(3) ¹ Bei Anlagen, deren Inbetriebnahme in der Zuteilungsperiode 2005 bis 2007 erfolgte, umfasst die Inbetriebnahme im Sinne dieser Vorschrift auch den Probebetrieb. ² Abweichend von Absatz 1 erhalten Ersatzanlagen nach § 10 des Zuteilungsgesetzes 2007, deren Emissionswert je erzeugter Produkteinheit den nach § 9 Abs. 2 bis 4 maßgeblichen Emissionswert nicht überschreitet, für einen Zeitraum von insgesamt vier Betriebsjahren ab der Inbetriebnahme der Neuanlage Berechtigungen in einem Umfang, wie er sich aus der Zuteilungsentscheidung für die Ersatzanlage aus der Zuteilungsperiode 2005 bis 2007 ergibt, soweit dieser Zeitraum in die Zuteilungsperiode 2008 bis 2012 hineinreicht.

§ 9 Zuteilung für Neuanlagen. (1) ¹ Für Neuanlagen werden auf Antrag Berechtigungen für die Jahre 2008 bis 2012 in einer Anzahl zugeteilt, die dem rechnerischen Produkt aus der Kapazität der Anlage, dem für die jeweilige Anlage maßgeblichen Standardauslastungsfaktor, dem Emissionswert je erzeugter Produkteinheit sowie der Anzahl der Kalenderjahre in der Zuteilungsperiode seit Inbetriebnahme entspricht. ² Sofern die Neuanlage nicht vom Beginn eines Kalenderjahres an betrieben worden ist, sind für das Kalenderjahr der Inbetriebnahme für jeden Tag des Betriebes ein Dreihundertfünfundsechzigstel in Ansatz zu bringen. ³ Die Emissionsmenge, für die Berechtigungen nach Satz 1 zuzuteilen sind, errechnet sich nach Formel 8 des Anhangs 1. ⁴ Für die Dauer eines Probebetriebes werden Berechtigungen in einer Anzahl zugeteilt, die dem rechnerischen Produkt aus dem Emissionswert je erzeugter Produkteinheit und den während des Probebetriebes hergestellten Produkteinheiten entspricht.

(2) ¹ Die Emissionswerte je erzeugter Produkteinheit sind in Anhang 3 festgelegt. ² Die Bundesregierung kann Emissionswerte für weitere Produkte sowie für die Zuordnung anderer als der in Anhang 3 Teil A Nr. I genannten Brennstoffe zu den jeweiligen Emissionswerten durch Rechtsverordnung festlegen.

(3) ¹ Soweit einer Neuanlage kein Emissionswert je erzeugter Produkteinheit nach Anhang 3 oder aufgrund einer Rechtsverordnung nach Absatz 2 zuzuordnen ist, bestimmt sich dieser nach dem Emissionswert, der bei Anwendung der besten verfügbaren Techniken zur Herstellung einer Produkteinheit in den nach Maßgabe von Anhang 2 vergleichbaren Anlagen erreichbar ist. ² Sofern in der Anlage unterschiedliche Produkte hergestellt werden, bestimmt sich der für die Anwendung von Absatz 1 Satz 1 maßgebliche Emissionswert als Durchschnitt der Emissionswerte der Einzelprodukte entsprechend des Anteils der Einzelprodukte an der Gesamtproduktionsmenge. ³ Für die Bestimmung des Emissionswertes nach den vorstehenden Sätzen sind die näheren Festlegungen in einer Rechtsverordnung nach § 13 maßgeblich.

(4) ¹ Bei Kraft-Wärme-Kopplungsanlagen erfolgt eine Zuteilung nach Absatz 1 unter Zugrundelegung einer technisch vergleichbaren Anlage zur ausschließlichen Erzeugung von Strom und mechanischer Arbeit; daneben erfolgt

eine Zuteilung nach Absatz 1 unter Zugrundelegung einer technisch vergleichbaren Anlage zur ausschließlichen Erzeugung von Wärme. ² Abweichend von Absatz 1 Satz 3 errechnet sich die Emissionsmenge, für die Berechtigungen zuzuteilen sind, nach Formel 9 des Anhangs 1.

(5) ¹ Bei der Inbetriebnahme einer Kapazitätserweiterung einer bestehenden Anlage nach dem 31. Dezember 2007 finden die Absätze 1 bis 4 für die neuen Kapazitäten entsprechende Anwendung. ² Die Zuteilung für die Anlage im Übrigen bleibt unberührt.

§ 10 Einstellung des Betriebes von Anlagen. (1) ¹ Wird der Betrieb einer Anlage vor oder innerhalb der Zuteilungsperiode 2008 bis 2012 eingestellt, so widerruft die zuständige Behörde die Zuteilungsentscheidung. ² In diesem Fall hat der Betreiber bis zum 31. Mai des auf den Widerruf folgenden Jahres die für das Jahr der Betriebseinstellung zuviel ausgegebenen Berechtigungen zurückzugeben.

(2) Der Betreiber einer Anlage hat der zuständigen Behörde die Einstellung des Betriebes einer Anlage nach Absatz 1 unverzüglich anzuzeigen.

(3) ¹ Die zuständige Behörde kann den fortdauernden Betrieb einer Anlage überprüfen. ² § 21 des Treibhausgas-Emissionshandelsgesetzes vom 8. Juli 2004 (BGBl. I S. 1578), das zuletzt durch Artikel 9 des Gesetzes vom 11. August 2010 (BGBl. I S. 1163) geändert worden ist, findet insoweit entsprechende Anwendung.

(4) ¹ Der Widerruf nach Absatz 1 Satz 1 unterbleibt, wenn der Betreiber beantragt, die Produktion der Anlage von einer oder mehrerer seiner Anlagen nach § 6 oder § 7 zu übernehmen, und er jeweils bis zum 31. Januar eines Jahres nachweist, dass die tatsächliche Mehrproduktion aufgrund der Produktionsübernahme insgesamt mindestens 80 Prozent der jahresdurchschnittlichen Produktionsmenge der übernommenen Anlage in der Basisperiode beträgt. ² Der Nachweis nach Satz 1 ist erstmals für das auf die Anzeige der Produktionsübernahme folgende Kalenderjahr zu erbringen. ³ Wird der nach Satz 1 erforderliche Nachweis nicht erbracht, wird die Zuteilung der Anlage, deren Betrieb eingestellt wurde, mit Wirkung für die Zukunft widerrufen.

(5) ¹ Für Anlagen, deren Betrieb bis zum 31. Dezember 2007 eingestellt wird, werden keine Berechtigungen zugeteilt. ² Satz 1 gilt auch für Anlagen, deren durchschnittliche jährliche Kohlendioxid-Emissionen in dem Zeitraum vom 1. Januar 2005 bis zum 31. Dezember 2006 infolge von Produktionsrückgängen weniger als 25 Prozent der durchschnittlichen jährlichen Kohlendioxid-Emissionen in dem Zeitraum vom 1. Januar 2000 bis 31. Dezember 2004 betragen haben, soweit die Produktionsrückgänge nicht nachweislich auf Stillstandszeiten der Anlage wegen der Durchführung von Modernisierungsmaßnahmen oder Reparaturarbeiten beruhen.

(6) ¹ Sofern eine Anlage bis zum Ablauf der Frist nach § 14 Abs. 1 ihren Betrieb eingestellt hat und die Voraussetzungen für eine Produktionsübernahme nach § 9 Abs. 4 Satz 1 des Zuteilungsgesetzes 2007 vorliegen, werden auf Antrag für die übernehmende Anlage zusätzlich zu der Zuteilung nach § 6 oder § 7 auf Antrag Berechtigungen in einer Anzahl zugeteilt, die dem rechnerischen Produkt aus dem Emissionswert je erzeugter Produkteinheit, der nachgewiesenen und auf ein Betriebsjahr bezogenen Mehrproduktion der

übernehmenden Anlage seit der Betriebseinstellung sowie der Anzahl der Kalenderjahre in der Zuteilungsperiode entspricht. ² Für die Bestimmung des Emissionswertes je erzeugter Produkteinheit gilt § 9 Abs. 2 bis 4 entsprechend. ³ Für den Nachweis der Mehrproduktion sind die näheren Festlegungen in einer Rechtsverordnung nach § 13 maßgeblich.

§ 11 Kuppelgas. (1) ¹ Für Anlagen im Sinne von Anhang 1 Nr. VII, IX oder IXa des Treibhausgas-Emissionshandelsgesetzes vom 8. Juli 2004 (BGBl. I S. 1578), das zuletzt durch Artikel 9 des Gesetzes vom 11. August 2010 (BGBl. I S. 1163) geändert worden ist, bei denen im Rahmen des Produktionsverfahrens Kuppelgase anfallen (Kuppelgas erzeugende Anlage), sowie für andere Anlagen im Anwendungsbereich des Treibhausgas-Emissionshandelsgesetzes vom 8. Juli 2004 (BGBl. I S. 1578), das zuletzt durch Artikel 9 des Gesetzes vom 11. August 2010 (BGBl. I S. 1163) geändert worden ist, die Kuppelgase verwerten, erfolgt die Zuteilung nach Maßgabe der Absätze 2 bis 6. ² Diese Zuteilung lässt die Zuordnung der Pflichten nach den §§ 5 und 6 des Treibhausgas-Emissionshandelsgesetzes vom 8. Juli 2004 (BGBl. I S. 1578), das zuletzt durch Artikel 9 des Gesetzes vom 11. August 2010 (BGBl. I S. 1163) geändert worden ist, unberührt.

(2) ¹ Im Rahmen der Zuteilung von Berechtigungen nach § 6 an Kuppelgas erzeugende Anlagen werden zu den nach § 6 Abs. 5 maßgeblichen Emissionen die Emissionen hinzugerechnet, die aus der Verwertung der weitergeleiteten Kuppelgase in Anlagen im Sinne von Anhang 1 des Treibhausgas-Emissionshandelsgesetzes vom 8. Juli 2004 (BGBl. I S. 1578), das zuletzt durch Artikel 9 des Gesetzes vom 11. August 2010 (BGBl. I S. 1163) geändert worden ist, resultieren. ² Bei Anlagen, die weitergeleitete Kuppelgase verwertet haben und eine Zuteilung nach § 6 erhalten, werden von den nach § 6 Abs. 5 maßgeblichen Emissionen die Emissionen abgezogen, die aus der Verwertung der weitergeleiteten Kuppelgase resultieren. ³ § 6 Abs. 9 findet keine Anwendung.

(3) ¹ Im Rahmen der Zuteilung von Berechtigungen nach § 7 an Anlagen, die weitergeleitete Kuppelgase verwertet haben, wird von der für die Zuteilung maßgeblichen Produktionsmenge die Produktionsmenge abgezogen, die dem Einsatz der weitergeleiteten Kuppelgase zuzurechnen ist. ² Bei der Ermittlung des Emissionswertes je erzeugter Produkteinheit der Anlage bleibt der Kuppelgaseinsatz unberücksichtigt. ³ § 7 Abs. 4 findet keine Anwendung.

(4) ¹ Bei der Zuteilung von Berechtigungen nach den §§ 8 und 9 an Kuppelgas erzeugende Anlagen hat die zuständige Behörde den Emissionswert je erzeugter Produkteinheit entsprechend der Zuordnung von Kuppelgasen nach Absatz 2 Satz 1 festzusetzen. ² Im Falle von Kapazitätserweiterungen gilt Satz 1 entsprechend.

(5) ¹ Für die Zuteilung von Berechtigungen nach den §§ 8 und 9 für Anlagen, die weitergeleitete Kuppelgase verwerten und für die ein Emissionswert je erzeugter Produkteinheit nach § 9 Abs. 2 festgelegt ist, wird bei der Berechnung des Standardauslastungsfaktors an Stelle der in Anhang 4 festgelegten Vollbenutzungsstunden ein Wert von 400 Vollbenutzungsstunden zugrunde gelegt. ² Soweit kein Emissionswert je erzeugter Produkteinheit nach § 9 Abs. 2 festgelegt ist, bleibt der Kuppelgaseinsatz bei der Bestimmung

des Emissionswertes je erzeugter Produkteinheit unberücksichtigt. ³ Im Falle von Kapazitätserweiterungen gelten die Sätze 1 und 2 entsprechend.

(6) ¹ Für die Hinzurechnung und den Abzug nach Absatz 2, für die Bestimmung der dem Kuppelgaseinsatz zuzurechnenden Produktionsmenge nach Absatz 3 sowie für die Neuberechnung nach den Absätzen 3 bis 5 sind die näheren Festlegungen in einer Rechtsverordnung nach § 13 maßgeblich. ² Sind für Berechnungen nach den Absätzen 2 bis 5 zusätzliche Angaben oder Daten erforderlich, ist der Betreiber verpflichtet, diese auf Verlangen der zuständigen Behörde unverzüglich zu übermitteln.

(7) Betreiber der Kuppelgas erzeugenden Anlage sind verpflichtet, den Betreibern der Anlagen, die das weitergeleitete Kuppelgas verwerten, jeweils bis zum 1. März eines Jahres, erstmals im Jahr 2009, eine Anzahl von Berechtigungen kostenlos zu übertragen, die dem Kohlendioxid-Äquivalent der im vorangegangenen Kalenderjahr verwerteten Kuppelgasmenge entspricht.

§ 12 Besondere Härtefallregelung. (1) ¹ Wurde durch die Gesamtheit der von demselben Unternehmen betriebenen und nach Maßgabe des Anhangs 2 vergleichbaren Anlagen nach den § 6 oder § 7 im Durchschnitt der Kalenderjahre 2005 und 2006 mindestens 10 Prozent mehr produziert als im Durchschnitt der Kalenderjahre 2000 bis 2004, so wird auf Antrag für jede dieser Anlagen abweichend von den § 6 oder § 7 eine Anzahl an Berechtigungen zugeteilt, die dem rechnerischen Produkt aus der durchschnittlichen jährlichen Produktionsmenge der Anlage in den Kalenderjahren 2005 und 2006, dem für eine entsprechende Neuanlage nach § 9 Abs. 2 bis 4 geltenden Emissionswert je erzeugter Produkteinheit und der Anzahl der Kalenderjahre in der Zuteilungsperiode 2008 bis 2012 entspricht. ² Anlagen nach § 7 unterliegen der anteiligen Kürzung nach § 4 Abs. 3. ³ Bei Anlagen nach § 6 wird der Erfüllungsfaktor angewendet.

(2) ¹ Absatz 1 findet keine Anwendung auf nach Anhang 2 vergleichbare Anlagen eines Unternehmens, deren Kohlendioxid-Emissionen im Kalenderjahr 2005 insgesamt mehr als eine Million Tonnen betrugen, es sei denn, der Umsatz des Unternehmens betrug im letzten Geschäftsjahr vor dem 1. Januar 2007 weniger als 250 Millionen Euro. ² Sofern die Gesamtsumme der Zuteilungen nach Absatz 1 gegenüber den Zuteilungen für die betroffenen Anlagen nach den § 6 oder § 7 den Gegenwert von acht Millionen Tonnen Kohlendioxid für die Zuteilungsperiode 2008 bis 2012 übersteigt, wird die über die Zuteilungen nach den § 6 oder § 7 hinausgehende Zuteilungsmenge anteilig gekürzt.

(3) ¹ War das betreibende Unternehmen zum Abschluss des maßgeblichen Geschäftsjahres nach Absatz 2 ein abhängiges Unternehmen im Sinne von § 17 des Aktiengesetzes oder ein Konzernunternehmen im Sinne von § 18 des Aktiengesetzes, sind die so verbundenen Unternehmen für die Anwendung dieser Vorschrift als einheitliches Unternehmen anzusehen. ² Wirken mehrere Unternehmen derart zusammen, dass sie gemeinsam einen beherrschenden Einfluss auf ein anderes Unternehmen ausüben können, gilt jedes von ihnen als herrschendes. ³ Steht einer Person oder Personenvereinigung, die nicht Unternehmen ist, die Mehrheitsbeteiligung an einem Unternehmen zu, gilt sie als Unternehmen.

§ 13 Nähere Bestimmung der Berechnung der Zuteilung. Die Bundesregierung wird ermächtigt, durch Rechtsverordnung[1] ohne Zustimmung des Bundesrates Vorschriften zu erlassen für

1. die Bestimmung der durchschnittlichen jährlichen Kohlendioxid-Emissionen sowie Festlegungen zur Vereinheitlichung der anzuwendenden Berechnungsgrößen zur Berechnung der Anzahl zuzuteilender Berechtigungen nach § 6 Abs. 1;
2. die Bestimmung der durchschnittlichen jährlichen Produktionsmenge und für die Berechnung der Anzahl zuzuteilender Berechtigungen nach § 7 Abs. 1;
3. die Festlegung zusätzlicher Emissionswerte je erzeugter Produkteinheit und die Zuordnung von Brennstoffen zu den Emissionswerten je erzeugter Produkteinheit nach § 9 Abs. 2;
4. die Bestimmung der Kapazität einer Neuanlage und des Emissionswertes je erzeugter Produkteinheit, die bei der Berechnung zuzuteilender Berechtigungen nach § 9 zugrunde zu legen ist;
5. die nähere Bestimmung des maßgeblichen Standardauslastungsfaktors nach § 3 Nr. 8;
6. die Hinzurechnung und den Abzug nach § 11 Abs. 2, für die Bestimmung der dem Kuppelgaseinsatz zuzurechnenden Produktionsmenge nach § 11 Abs. 3 sowie für die Neuberechnung nach § 11 Abs. 3 bis 5;
7. die von Anhang 3 Teil A Nr. I abweichende Zuordnung eines Emissionswertes je erzeugter Produkteinheit, soweit Anlagen nach § 7 Abs. 1 Synthesegas aus Kohlevergasung einsetzen, sowie für Anforderungen an den Nachweis des Synthesegaseinsatzes;
8. die von Anhang 5 Nr. 2 abweichende Zuordnung eines Produktstandards, soweit Anlagen nach § 7 Abs. 1 Synthesegas aus Kohlevergasung einsetzen;
9. den Nachweis der Mehrproduktion im Falle der Produktionsübernahme nach § 10 Abs. 6.

§ 14 Antragsfristen. (1) Anträge auf Zuteilungen nach den §§ 6 bis 8 oder § 12 sind innerhalb von drei Monaten nach Inkrafttreten der Verordnung nach § 13 zu stellen.

(2) Anträge auf Zuteilungen nach § 9 sind spätestens bis zur Inbetriebnahme der Neuanlage zu stellen.

§ 15 Überprüfung von Angaben. ¹ Die zuständige Behörde überprüft die nach diesem Gesetz oder aufgrund einer Rechtsverordnung nach § 10 Abs. 5 Nr. 1 des Treibhausgas-Emissionshandelsgesetzes vom 8. Juli 2004 (BGBl. I S. 1578), das zuletzt durch Artikel 9 des Gesetzes vom 11. August 2010 (BGBl. I S. 1163) geändert worden ist, erforderlichen Angaben des Betreibers. ² Sie kann zur Überprüfung der Angaben des Betreibers nach § 9 Abs. 3 einen Sachverständigen beauftragen. ³ Die zuständige Behörde teilt Berechtigungen nur zu, soweit die Richtigkeit der Angaben ausreichend gesichert ist.

---

[1] Siehe die ZuV 2012 (Nr. 51).

§ 16 Kosten der Zuteilung. ¹ Von der zuständigen Behörde nach den §§ 6 bis 9 zugeteilte Berechtigungen sind kostenlos. ² Die Erhebung von Gebühren nach § 22 des Treibhausgas-Emissionshandelsgesetzes vom 8. Juli 2004 (BGBl. I S. 1578), das zuletzt durch Artikel 9 des Gesetzes vom 11. August 2010 (BGBl. I S. 1163) geändert worden ist, bleibt hiervon unberührt.

Abschnitt 4. Ausgabe und Abgabe von Berechtigungen

§ 17 Ausgabe. (1) Die zugeteilten Berechtigungen werden zu den Terminen nach § 9 Abs. 2 Satz 3 des Treibhausgas-Emissionshandelsgesetzes vom 8. Juli 2004 (BGBl. I S. 1578), das zuletzt durch Artikel 9 des Gesetzes vom 11. August 2010 (BGBl. I S. 1163) geändert worden ist, in jeweils gleich großen Teilmengen ausgegeben.

(2) ¹ Abweichend von Absatz 1 werden in den Fällen des § 9 für das erste Betriebsjahr zugeteilte Berechtigungen unverzüglich nach der Zuteilungsentscheidung ausgegeben, sofern diese nicht vor dem 28. Februar eines Kalenderjahres erfolgt ist. ² Ergeht die Zuteilungsentscheidung vor dem 28. Februar eines Kalenderjahres, so werden Berechtigungen nach Satz 1 erstmals zum 28. Februar desselben Jahres ausgegeben.

§ 18 Erfüllung der Abgabepflicht. Bei der Erfüllung der Abgabepflicht nach § 6 Abs. 1 des Treibhausgas-Emissionshandelsgesetzes vom 8. Juli 2004 (BGBl. I S. 1578), das zuletzt durch Artikel 9 des Gesetzes vom 11. August 2010 (BGBl. I S. 1163) geändert worden ist, durch die Abgabe von Emissionsreduktionseinheiten gemäß § 2 Nr. 20 des Projekt-Mechanismen-Gesetzes[1)] oder zertifizierten Emissionsreduktionen gemäß § 2 Nr. 21 des Projekt-Mechanismen-Gesetzes darf die Anzahl der innerhalb der Zuteilungsperiode 2008 bis 2012 für eine Anlage abgegebenen Emissionsreduktionseinheiten oder zertifizierten Emissionsreduktionen insgesamt nicht höher sein als 22 Prozent der für die Zuteilungsperiode 2008 bis 2012 dem Betreiber zugeteilten Menge an Berechtigungen.

Abschnitt 5. Veräußerung von Berechtigungen

§ 19 Umfang und Verwendung. ¹ In der Zuteilungsperiode 2008 bis 2012 werden unbeschadet des § 5 Abs. 3 40 Millionen Berechtigungen pro Jahr nach Maßgabe der §§ 20 und 21 veräußert. ² Die Erlöse aus der Veräußerung stehen dem Bund zu. ³ Über die Verwendung der Erlöse wird im Rahmen des jährlichen Haushaltsgesetzes entschieden.

§ 20 Aufkommen. Zur Erzielung des Berechtigungsaufkommens für die Veräußerung wird bei Anlagen nach Anhang 1 Ziffern I bis V des Treibhausgas-Emissionshandelsgesetzes[2)], die eine Zuteilung nach den §§ 7 bis 9 oder nach § 12 erhalten, die auf die Produktion von Strom entfallende Zuteilungsmenge um einen Faktor verringert, der dem Verhältnis von 38 Millionen

---
[1)] Nr. 49.
[2)] Nr. 48.

Berechtigungen pro Jahr zur gesamten jährlichen Zuteilung für die Stromproduktion an bestehende Anlagen nach den §§ 7, 8 und 12 entspricht.

§ 21 Verfahren. (1) [1] Die Berechtigungen werden entweder an den Handelsplätzen für Berechtigungen zum Marktpreis verkauft oder spätestens ab dem Jahr 2010 im Rahmen einer Versteigerung abgegeben. [2] Im Falle des Verkaufs werden die Berechtigungen mit dem Ziel einer möglichst geringen Beeinflussung des Marktes kontinuierlich an den Handelsplätzen für Berechtigungen angeboten. [3] Im Falle der Versteigerung wird die in den Jahren 2008 bis 2012 zur Verfügung stehende Menge von 40 Millionen Berechtigungen pro Jahr in regelmäßigen Abständen in gleichen Teilmengen angeboten.

(2) [1] Die Bundesregierung wird ermächtigt, durch Rechtsverordnung ohne Zustimmung des Bundesrates ein Versteigerungsverfahren vorzusehen. [2] Die Rechtsverordnung bedarf der Zustimmung des Bundestages. [3] In der Rechtsverordnung sind die zuständige Stelle und die Regeln für die Durchführung des Versteigerungsverfahrens festzulegen; diese müssen objektiv, nachvollziehbar und diskriminierungsfrei sein und Vorkehrungen gegen die Beeinflussung der Preisbildung durch das Verhalten einzelner Bieter treffen.

(3) [1] Das Bundesministerium für Umwelt, Naturschutz und Reaktorsicherheit beauftragt im Einvernehmen mit dem Bundesministerium der Finanzen eine geeignete Stelle mit der Abwicklung des Verfahrens nach Absatz 1 Satz 1. [2] Im Falle der Versteigerung macht das Bundesministerium für Umwelt, Naturschutz und Reaktorsicherheit die Versteigerungstermine nach Absatz 1 Satz 3 spätestens zwei Monate im Voraus im Bundesanzeiger bekannt; bei der Festlegung der Versteigerungstermine sollen Überschneidungen mit Versteigerungsterminen in anderen Mitgliedstaaten der Europäischen Union vermieden werden.

Abschnitt 6. Gemeinsame Vorschriften

§ 22 Bußgeldvorschriften. (1) Ordnungswidrig handelt, wer vorsätzlich oder fahrlässig

1. entgegen § 10 Abs. 2 eine Anzeige nicht, nicht richtig oder nicht rechtzeitig erstattet oder

2. entgegen § 10 Abs. 3 Satz 2 in Verbindung mit § 21 Abs. 2 Satz 1 Nr. 1 oder 2 des Treibhausgas-Emissionshandelsgesetzes vom 8. Juli 2004 (BGBl. I S. 1578), das zuletzt durch Artikel 9 des Gesetzes vom 11. August 2010 (BGBl. I S. 1163) geändert worden ist, eine dort genannte Maßnahme nicht gestattet.

(2) Die Ordnungswidrigkeit kann mit einer Geldbuße bis zu fünfzigtausend Euro geahndet werden.

§ 23 Zuständige Behörde. Zuständige Behörde im Sinne dieses Gesetzes ist die Behörde nach § 20 Abs. 1 Satz 2 des Treibhausgas-Emissionshandelsgesetzes vom 8. Juli 2004 (BGBl. I S. 1578), das zuletzt durch Artikel 9 des Gesetzes vom 11. August 2010 (BGBl. I S. 1163) geändert worden ist.

Anhang 1

Berechnungsformeln

Formel 1

Zuteilung für Anlagen nach Anhang 1 Ziffern VI bis XVIII des Treibhausgas-Emissionshandelsgesetzes vom 8. Juli 2004 (BGBl. I S. 1578), das zuletzt durch Artikel 9 des Gesetzes vom 11. August 2010 (BGBl. I S. 1163) geändert worden ist, die bis zum 31. Dezember 2002 in Betrieb gegangen sind

$$EB = EM_{BP} * EF * t_p$$

Formel 2

Zuteilung für Anlagen nach Anhang 1 Ziffern VI bis XVIII des Treibhausgas-Emissionshandelsgesetzes vom 8. Juli 2004 (BGBl. I S. 1578), das zuletzt durch Artikel 9 des Gesetzes vom 11. August 2010 (BGBl. I S. 1163) geändert worden ist, mit durchschnittlichen jährlichen Emissionen von weniger als 25 000 t CO_2, die bis zum 31. Dezember 2002 in Betrieb gegangen sind

$$EB = EM_{BP} * t_p$$

Formel 3

Zuteilung vor Anwendung einer anteiligen Kürzung für Anlagen nach Anhang 1 Ziffern I bis V des Treibhausgas-Emissionshandelsgesetzes vom 8. Juli 2004 (BGBl. I S. 1578), das zuletzt durch Artikel 9 des Gesetzes vom 11. August 2010 (BGBl. I S. 1163) geändert worden ist, die bis zum 31. Dezember 2002 in Betrieb gegangen sind

a) für Anlagen zur Stromerzeugung

$$EB = P_{BP} * BM * t_p * KF_{Ver}$$

b) für sonstige Anlagen

$$EB = P_{BP} * BM * t_p$$

Formel 4

Ermittlung des Emissionswertes je erzeugter Produkteinheit in den Fällen des § 7 Abs. 2

$$BM = \frac{W_g * BM_g + W_s * BM_s}{W_g + W_s}$$

Formel 5

Zuteilung für Anlagen nach Anhang 1 Ziffern I bis V des Treibhausgas-Emissionshandelsgesetzes vom 8. Juli 2004 (BGBl. I S. 1578), das zuletzt durch Artikel 9 des Gesetzes vom 11. August 2010 (BGBl. I S. 1163) geändert worden ist, mit Kraft-Wärme-Kopplung, die bis zum 31. Dezember 2002 in Betrieb gegangen sind, vor Anwendung einer anteiligen Kürzung

$$EB = \left(P_{BP-A} * BM_A * KF_{Ver} + P_{BP-Q} * BM_Q + BM_W * P_{BP-W}\right) * t_P$$

Formel 6

Zuteilung für Anlagen, die zwischen dem 1. Januar 2003 und dem 31. Dezember 2007 in Betrieb gegangen sind, vor Anwendung einer anteiligen Kürzung

a) für Anlagen zur Stromerzeugung

$$EB = K * S * BM * t_P * KF_{Ver}$$

b) für sonstige Anlagen

$$EB = K * S * BM * t_P$$

Formel 7

Zuteilung für Anlagen mit Kraft-Wärme-Kopplung, die zwischen dem 1. Januar 2003 und dem 31. Dezember 2007 in Betrieb gegangen sind, vor Anwendung einer anteiligen Kürzung

$$EB = \left(K_A * BM_A * KF_{Ver} + K_Q * BM_Q + K_W * BM_W\right) * S * t_P$$

Formel 8

Zuteilung für Anlagen mit Inbetriebnahme ab dem 1. Januar 2008
a) für Anlagen zur Stromerzeugung

$$EB = K * S * BM * \frac{RT_I}{GT_P} * t_P * KF_{Ver}$$

b) für sonstige Anlagen

$$EB = K * S * BM * \frac{RT_I}{GT_P} * t_P$$

Formel 9

Zuteilung für Anlagen mit Kraft-Wärme-Kopplung mit Inbetriebnahme ab dem 1. Januar 2008

$$EB = \left(K_A * BM_A * KF_{Ver} + K_Q * BM_Q + K_W * BM_W \right) * S * \frac{RT_I}{GT_P} * t_P$$

Erläuterung der Abkürzungen

BM	Emissionswert (benchmark) je erzeugter Produkteinheit (z.B. in t CO_2-Äquiv./MWh oder t CO_2-Äquiv./t)
BM_A	Emissionswert (benchmark) je erzeugter Produkteinheit für Stromerzeugung (in t CO_2-Äquiv./MWh)
BM_Q	Emissionswert (benchmark) je erzeugter Produkteinheit für Wärmeerzeugung (in t CO_2-Äquiv./MWh)
BM_W	Emissionswert (benchmark) je erzeugter Produkteinheit für Wellenarbeit (in t CO_2-Äquiv./MWh)
BM_g	Emissionswert (benchmark) je erzeugter Produkteinheit für den Einsatz gasförmiger Brennstoffe (in t CO_2-Äquiv./MWh)
BM_s	Emissionswert (benchmark) je erzeugter Produkteinheit für den Einsatz sonstiger Brennstoffe (in t CO_2-Äquiv./MWh)
EB	Menge der Emissionsberechtigungen für die Zuteilungsperiode nach Anwendung der für die Anlage maßgeblichen Zuteilungsregel (in t CO_2-Äquiv.)

EF	Erfüllungsfaktor für die Zuteilungsperiode für Anlagen nach Anhang 1 Nr. VI bis XVIII des TEHG vom 8. Juli 2004 (BGBl. I S. 1578), das zuletzt durch Artikel 9 des Gesetzes vom 11. August 2010 (BGBl. I S. 1163) geändert worden ist
EM_{BP}	Durchschnittliche jährliche Emissionen der Anlage in der Basisperiode
GT_P	Gesamtanzahl der Tage der jeweiligen Zuteilungsperiode (Gesamttage)
K	Kapazität der Anlage (z.B. in MWh pro Jahr oder t pro Jahr)
K_A	Kapazität der Nettostromerzeugung der KWK-Anlage (in MWh pro Jahr)
K_Q	Kapazität der Nettowärmeerzeugung der KWK-Anlage (in MWh pro Jahr)
K_W	Kapazität der Nettoerzeugung von Wellenarbeit der KWK-Anlage (in MWh pro Jahr)
KF_{Ver}	Kürzungsfaktor nach § 20 zur Erzielung des Berechtigungsaufkommens für die Veräußerung
P_{BP}	Durchschnittliche jährliche Nettoproduktion der Anlage in der Basisperiode (in MWh pro Jahr)
$P_{BP\text{-}A}$	Durchschnittliche jährliche Nettostromproduktion der Anlage in der Basisperiode (in MWh pro Jahr)
$P_{BP\text{-}Q}$	Durchschnittliche jährliche Nettowärmeproduktion der Anlage in der Basisperiode (in MWh pro Jahr)
$P_{BP\text{-}W}$	Durchschnittliche jährliche Nettoproduktion von Wellenarbeit der Anlage in der Basisperiode (in MWh pro Jahr)
RT_I	Anzahl der Tage von der Inbetriebnahme der Anlage bis zum Ende der Zuteilungsperiode (Resttage)
S	Standardauslastungsfaktor
tp	Anzahl der Jahre der Zuteilungsperiode
W_g	Brennstoffenergie der eingesetzten gasförmigen Brennstoffe in den Jahren 2005 und 2006 (in MWh pro Jahr)
W_s	Brennstoffenergie der eingesetzten sonstigen Brennstoffe in den Jahren 2005 und 2006 (in MWh pro Jahr)

Anhang 2
(zu § 9 Abs. 3 und § 12 Abs. 1)

Vergleichbarkeit von Anlagen

Anlagen sind vergleichbar, wenn sie derselben der nachfolgenden Kategorien zuzuordnen ist.

Kategorie 1: Anlagen zur Erzeugung von Strom einschließlich Kraft-Wärme-Kopplungs-Anlagen, die dem Treibhausgas-Emissionshandelsgesetz vom 8. Juli 2004 (BGBl. I S. 1578), das zuletzt durch Artikel 9 des Gesetzes vom 11. August 2010 (BGBl. I

S. 1163) geändert worden ist, nach dessen Anhang 1, Nummern I bis III unterliegen.

Kategorie 2: Anlagen zur Erzeugung von Dampf, Warmwasser, Prozesswärme oder erhitztem Abgas einschließlich zugehöriger Dampfkessel einschließlich Kraft-Wärme-Kopplungs-Anlagen, die dem Treibhausgas-Emissionshandelsgesetz vom 8. Juli 2004 (BGBl. I S. 1578), das zuletzt durch Artikel 9 des Gesetzes vom 11. August 2010 (BGBl. I S. 1163) geändert worden ist, nach dessen Anhang 1, Nummern I bis III unterliegen.

Kategorie 3: Verbrennungsmotoranlagen und Gasturbinenanlagen zum Antrieb von Arbeitsmaschinen, die dem Treibhausgas-Emissionshandelsgesetz vom 8. Juli 2004 (BGBl. I S. 1578), das zuletzt durch Artikel 9 des Gesetzes vom 11. August 2010 (BGBl. I S. 1163) geändert worden ist, nach dessen Anhang 1, Nummern IV und V unterliegen.

Kategorie 4: Anlagen zur Destillation oder Raffination oder sonstiger Weiterverarbeitung von Erdöl oder Erdölerzeugnissen in Mineralöl- oder Schmierstoffraffinerien, die dem Treibhausgas-Emissionshandelsgesetz vom 8. Juli 2004 (BGBl. I S. 1578), das zuletzt durch Artikel 9 des Gesetzes vom 11. August 2010 (BGBl. I S. 1163) geändert worden ist, nach dessen Anhang 1, Nummer VI unterliegen.

Kategorie 5: Anlagen zur Trockendestillation von Steinkohle oder Braunkohle (Kokereien), die dem Treibhausgas-Emissionshandelsgesetz vom 8. Juli 2004 (BGBl. I S. 1578), das zuletzt durch Artikel 9 des Gesetzes vom 11. August 2010 (BGBl. I S. 1163) geändert worden ist, nach dessen Anhang 1, Nummer VII unterliegen.

Kategorie 6: Anlagen zum Rösten, Schmelzen oder Sintern von Eisenerzen, die dem Treibhausgas-Emissionshandelsgesetz vom 8. Juli 2004 (BGBl. I S. 1578), das zuletzt durch Artikel 9 des Gesetzes vom 11. August 2010 (BGBl. I S. 1163) geändert worden ist, nach dessen Anhang 1, Nummer VIII unterliegen.

Kategorie 7: Anlagen zur Herstellung oder zum Erschmelzen von Roheisen oder Stahl einschließlich Stranggießen, soweit die Anlagen nicht in integrierten Hüttenwerken betrieben werden, die dem Treibhausgas-Emissionshandelsgesetz vom 8. Juli 2004 (BGBl. I S. 1578), das zuletzt durch Artikel 9 des Gesetzes vom 11. August 2010 (BGBl. I S. 1163) geändert worden ist, nach dessen Anhang 1, Nummer IX unterliegen, sowie Anlagen, als integrierte Hüttenwerke betrieben, zur Gewinnung von Roheisen und zur Weiterverarbeitung zu Rohstahl, bei denen sich Gewinnungs- und Weiterverarbeitungseinheiten nebeneinander befinden und in funktioneller Hinsicht miteinander verbunden sind, die dem Treibhausgas-Emissionshandelsgesetz vom 8. Juli 2004 (BGBl. I S. 1578), das zuletzt durch Artikel 9 des Gesetzes vom 11. August 2010 (BGBl. I S. 1163) geändert worden ist, nach dessen Anhang 1, Nummer IXa unterliegen.

Kategorie 8:	Anlagen zur Herstellung von Zementklinker, die dem Treibhausgas-Emissionshandelsgesetz vom 8. Juli 2004 (BGBl. I S. 1578), das zuletzt durch Artikel 9 des Gesetzes vom 11. August 2010 (BGBl. I S. 1163) geändert worden ist, nach dessen Anhang 1, Nummer X unterliegen.
Kategorie 9:	Anlagen zum Brennen von Kalkstein oder Dolomit, die dem Treibhausgas-Emissionshandelsgesetz vom 8. Juli 2004 (BGBl. I S. 1578), das zuletzt durch Artikel 9 des Gesetzes vom 11. August 2010 (BGBl. I S. 1163) geändert worden ist, nach dessen Anhang 1, Nummer XI unterliegen.
Kategorie 10:	Anlagen zur Herstellung von Glas, auch soweit Altglas hergestellt wird, einschließlich Anlagen zur Herstellung von Glasfasern, die dem Treibhausgas-Emissionshandelsgesetz vom 8. Juli 2004 (BGBl. I S. 1578), das zuletzt durch Artikel 9 des Gesetzes vom 11. August 2010 (BGBl. I S. 1163) geändert worden ist, nach dessen Anhang 1, Nummer XII unterliegen.
Kategorie 11:	Anlagen zum Schmelzen mineralischer Stoffe einschließlich Anlagen zur Herstellung von Mineralfasern, die dem Treibhausgas-Emissionshandelsgesetz vom 8. Juli 2004 (BGBl. I S. 1578), das zuletzt durch Artikel 9 des Gesetzes vom 11. August 2010 (BGBl. I S. 1163) geändert worden ist, nach dessen Anhang 1, Nummer XIIa unterliegen.
Kategorie 12:	Anlagen zum Brennen keramischer Erzeugnisse, die dem Treibhausgas-Emissionshandelsgesetz vom 8. Juli 2004 (BGBl. I S. 1578), das zuletzt durch Artikel 9 des Gesetzes vom 11. August 2010 (BGBl. I S. 1163) geändert worden ist, nach dessen Anhang 1, Nummer XIII unterliegen.
Kategorie 13:	Anlagen zur Gewinnung von Zellstoff aus Holz, Stroh oder ähnlichen Faserstoffen, die dem Treibhausgas-Emissionshandelsgesetz vom 8. Juli 2004 (BGBl. I S. 1578), das zuletzt durch Artikel 9 des Gesetzes vom 11. August 2010 (BGBl. I S. 1163) geändert worden ist, nach dessen Anhang 1, Nummer XIV unterliegen.
Kategorie 14:	Anlagen zur Herstellung von Papier, Karton oder Pappe, die dem Treibhausgas-Emissionshandelsgesetz vom 8. Juli 2004 (BGBl. I S. 1578), das zuletzt durch Artikel 9 des Gesetzes vom 11. August 2010 (BGBl. I S. 1163) geändert worden ist, nach dessen Anhang 1, Nummer XV unterliegen.
Kategorie 15:	Anlagen zur Herstellung von Propylen oder Ethylen, die dem Treibhausgas-Emissionshandelsgesetz vom 8. Juli 2004 (BGBl. I S. 1578), das zuletzt durch Artikel 9 des Gesetzes vom 11. August 2010 (BGBl. I S. 1163) geändert worden ist, nach dessen Anhang 1, Nummer VI oder XVI unterliegen.
Kategorie 16:	Anlagen zur Herstellung von Ruß, die dem Treibhausgas-Emissionshandelsgesetz vom 8. Juli 2004 (BGBl. I S. 1578), das zuletzt durch Artikel 9 des Gesetzes vom 11. August 2010 (BGBl. I S. 1163) geändert worden ist, nach dessen Anhang 1, Nummer XVII unterliegen.

Kategorie 17: Anlagen zum Abfackeln von gasförmigen Stoffen in See-/ Land-Übergabestationen für Mineralöl oder Gas, die dem Treibhausgas-Emissionshandelsgesetz vom 8. Juli 2004 (BGBl. I S. 1578), das zuletzt durch Artikel 9 des Gesetzes vom 11. August 2010 (BGBl. I S. 1163) geändert worden ist, nach dessen Anhang 1, Nummer XVIII unterliegen.

Anhang 3
(zu § 7 Abs. 1 und 2, § 8 Abs. 1 und § 9 Abs. 2 Satz 1)

Teil A:
Produktbezogene Emissionswerte

I. **Anlagen zur Stromproduktion, zur Erzeugung von Wellenarbeit und zur Erzeugung von Wärme (thermische Energie)**

Als Emissionswert je erzeugter Produkteinheit gilt

1. bei Anlagen zur Stromproduktion

   a) 365 Gramm Kohlendioxid je Kilowattstunde Nettostromerzeugung, sofern gasförmige Brennstoffe verwendet werden können und in der Rechtsverordnung nach § 13 nichts anderes bestimmt ist; andernfalls

   b) 750 Gramm Kohlendioxid je Kilowattstunde Nettostromerzeugung;

2. bei Anlagen zur Erzeugung von Wellenarbeit einheitlich 530 Gramm Kohlendioxid je Kilowattstunde;

3. bei Anlagen zur Erzeugung von Wärme

   a) 225 Gramm Kohlendioxid je Kilowattstunde, sofern gasförmige Brennstoffe verwendet werden können und in der Rechtsverordnung nach § 13 nichts anderes bestimmt ist; andernfalls

   b) 345 Gramm Kohlendioxid je Kilowattstunde;

II. **Neuanlagen zur Herstellung von Zement und zur Herstellung von Glas**

Als Emissionswert je Produkteinheit gilt

1. bei Anlagen zur Herstellung von Zement oder Zementklinkern in Produktionsanlagen mit

   a) drei Zyklonen 845 Gramm Kohlendioxid je erzeugtem Kilogramm Zementklinker,

   b) vier Zyklonen 815 Gramm Kohlendioxid je erzeugtem Kilogramm Zementklinker,

   c) fünf oder sechs Zyklonen 805 Gramm Kohlendioxid je erzeugtem Kilogramm Zementklinker;

2. bei Anlagen zur Herstellung von Glas

   a) für Behälterglas 330 Gramm Kohlendioxid je erzeugtem Kilogramm Glas und

   b) für Flachglas 670 Gramm Kohlendioxid je erzeugtem Kilogramm Glas.

III. Neuanlagen zur Herstellung von Keramik

Als energiebedingter Emissionswert je Produkteinheit bei Anlagen zur Herstellung von Keramik gilt

a) für Vormauerziegel 115 Gramm Kohlendioxid je erzeugtem Kilogramm Ziegel,

b) für Hintermauerziegel 68 Gramm Kohlendioxid je erzeugtem Kilogramm Ziegel,

c) für Dachziegel (U-Kassette) 130 Gramm Kohlendioxid je erzeugtem Kilogramm Ziegel und

d) für Dachziegel (H-Kassette) 158 Gramm Kohlendioxid je erzeugtem Kilogramm Ziegel.

Zu diesem Emissionswert für kommerzielle und nicht-kommerzielle Brennstoffe ist ein den Emissionen aus Karbonaten und aus fossilem organischem Kohlenstoff entsprechender Wert hinzuzurechnen.

Teil B:
Anwendungsregeln für die Zuteilung nach den §§ 8 und 9

I. Die genehmigungsrechtlich zulässige Möglichkeit, gasförmige Brennstoffe zu verwenden, bleibt bei der Festlegung des Emissionswertes nur unberücksichtigt, soweit sie ausschließlich zum Zwecke der notwendigen Zünd- und Stützfeuerung erfolgt.

II. Sofern die Anlage als gemeinsame Anlage aus mehreren, ansonsten selbständig genehmigungsbedürftigen Teilanlagen besteht, gilt die Zuordnung nach Teil A für jede Teilanlage gesondert.

Anhang 4
(zu § 3 Abs. 2 Nr. 7 in Verbindung mit § 8 und § 9)

Vollbenutzungsstunden

I. Vollbenutzungsstunden

Tätigkeit	Vollbenutzungsstunden pro Jahr
Energieumwandlung und -umformung: Tätigkeiten nach Anhang 1, Nr. I bis V des Treibhausgas-Emissionshandelsgesetzes vom 8. Juli 2004 (BGBl. I S. 1578), das zuletzt durch Artikel 9 des Gesetzes vom 11. August 2010 (BGBl. I S. 1163) geändert worden ist,	
Kondensationskraftwerke	7 500
Kondensationskraftwerke zum Einsatz von Braunkohle	8 250
Gasturbinenanlagen als „Offene Gasturbine"	1 000

Tätigkeit	Vollbenutzungsstunden pro Jahr
Anlagen zur Verdichtung von Erdgas zu Transportzwecken	4 200
Anlagen zur Verdichtung von Erdgas zur Untergrundspeicherung	3 100
Kraft-Wärme-Kopplungsanlagen zur Versorgung der Papier-, Zellstoff-, Mineralöl- oder chemischen Industrie sowie zur Versorgung von Anlagen zur Herstellung von Bioethanol	8 000
Sonstige Kraft-Wärme-Kopplungsanlagen	7 500
Prozesswärmeanlagen zur Versorgung der Papier-, Mineralöl- und chemischen Industrie	8 000
Heizwerke der öffentlichen Fernwärme	2 500
Prozesswärmeanlagen zur Versorgung der Nahrungsmittel- und Zuckerindustrie, Wärmeanlagen zur Versorgung des Sektors Gewerbe, Handel und Dienstleistungen, der sonstigen Industrie und von Krankenhäusern	7 500
Tätigkeiten nach Anhang 1, Nr. VI bis XVIII des Treibhausgas-Emissionshandelsgesetzes vom 8. Juli 2004 (BGBl. I S. 1578), das zuletzt durch Artikel 9 des Gesetzes vom 11. August 2010 (BGBl. I S. 1163) geändert worden ist,	
Anlagen der Mineralölindustrie	8 000
Kokereien	8 300
Sinteranlagen	8 300
Anlagen zur Eisenmetallerzeugung und -verarbeitung	8 300
Anlagen zur Herstellung von Zement	7 500
Produktion von Kalk in Anlagen der Kalkindustrie	7 500
Produktion von Kalk in Anlagen der Zuckerindustrie	2 500
Anlagen zur Herstellung von Glas	8 500
Anlagen zum Brennen keramischer Erzeugnisse	7 500
Anlagen zur Gewinnung von Zellstoff	8 000
Anlagen zur Herstellung von Papier oder Pappe	8 000
Anlagen zur Herstellung von Propylen oder Ethylen	8 500
Anlagen zur Herstellung von Ruß	8 000
Anlagen zum Abfackeln von gasförmigen Stoffen in See-/Land-Übergabestationen für Mineralöl oder Gas	500

II. Berechnung des Standardauslastungsfaktors und Zuordnung von Vollbenutzungsstunden

1. Sofern für die Anlage keine Beschränkung der immissionsschutzrechtlich genehmigten maximalen Vollbenutzungsstunden pro Jahr vorliegt, berechnet sich der Standardauslastungsfaktor als Quotient aus den Vollbenutzungsstunden nach Nummer I und 8 760. Ansonsten berechnet er sich als Quotient aus den Vollbenutzungsstunden nach Nummer I und den genehmigten maximalen Vollbenutzungsstunden pro Jahr. Liegt eine produktionsbezogene Beschränkung der genehmigten Kapazität vor, so ist diese auf eine entsprechende Beschränkung der maximal zulässigen Vollbenutzungsstunden, die eine äquivalente Beschränkung der maximalen Produktionsmenge bewirken würde, umzurechnen. Hierzu ist der Quotient aus der maximal zulässigen Produktionsmenge und der sich bei 8 760 Vollbenutzungsstunden ergebenden Produktionsmenge mit 8 760 zu multiplizieren.

2. Für den Standardauslastungsfaktor gilt ein Höchstwert von 1.

3. Sofern die tatsächlich mögliche Produktionsmenge aufgrund beschränkter Weiterverarbeitungskapazitäten, durch Einschränkungen der für den Absatz der Produktionsmenge erforderlichen technischen Infrastruktur oder durch witterungsabhängigen Anlagenbetrieb nicht erreicht wird, kann die zuständige Behörde die Anzahl der Vollbenutzungsstunden nach Nummer I entsprechend reduzieren.

4. Sofern die Anlage als gemeinsame Anlage aus mehreren, ansonsten selbständig genehmigungsbedürftigen Teilanlagen besteht, gilt die Zuordnung nach Nummer I für jede Teilanlage gesondert.

5. Kraftwerke gelten auch dann als Kondensationskraftwerke, wenn sie Nutzwärme auskoppeln, sofern der Quotient aus der Kapazität der Wärmeerzeugung in Kraft-Wärme-Kopplung und der tatsächlich und rechtlich maximal möglichen gesamten Brennstoffwärme der Anlage im Jahr der Beantragung der Zuteilung einen Wert von 0,1 nicht überschreitet.

6. Sind für die Zuordnung von Vollbenutzungsstunden Abnehmer der erzeugten Produkte einer Neuanlage maßgeblich, so ist im Fall mehrerer möglicher Abnehmer für die Zuordnung von Vollbenutzungsstunden der Hauptabnehmer maßgeblich.

Anhang 5
(zu § 4 Abs. 3)

Anteilige Kürzung der Zuteilungsmenge entsprechend dem Effizienzstandard der Anlage

1. Grundsatz

Die anteilige Kürzung erfolgt durch Anwendung eines Kürzungsfaktors auf die Zuteilungsmenge, die sich aus der Anwendung der für die Anlage maßgeblichen Zuteilungsregel ergibt. Die Zuteilungsmenge nach Anwendung der anteiligen Kürzung berechnet sich nach Formel 1 dieses Anhangs. Der Umfang der anteiligen Kürzung berechnet sich in Abhängigkeit vom Effizienzstandard der Anlage und dem Anpassungsfaktor. Die anteilige Kürzung berechnet sich nach Formel 2 dieses Anhangs.

a) Bestimmung des Effizienzstandards der Anlage
Der Effizienzstandard der Anlage entspricht dem Verhältnis der Emissionsmenge, die sich aus der Multiplikation der Produktionsmenge der Anlage im Referenzjahr und dem Produktstandard nach Nummer 2 ergibt, zu den Emissionen der Anlage im Referenzjahr.
Stellt eine Anlage mehrere Produkte her, erfolgt die Berechnung für die Produkte Strom, Wärme und Wellenarbeit; maßgeblich ist dabei die Summe der für die Einzelprodukte berechneten Emissionen. Der Höchstwert für den Effizienzstandard der Anlage beträgt 1. Der Effizienzstandard berechnet sich nach Formel 3 dieses Anhangs.

b) Bestimmung des Anpassungsfaktors
Soweit die Summe aller entsprechend dem Effizienzstandard berechneten Kürzungen von dem Gesamtminderungsbedarf abweicht, der durch die anteilige Kürzung insgesamt zu erbringen ist, werden die einzelnen Kürzungen durch Anwendung eines Anpassungsfaktors korrigiert. Der Anpassungsfaktor entspricht dem Verhältnis zwischen dem Gesamtminderungsbedarf und der Summe aller entsprechend dem Effizienzstandard berechneten Kürzungen. Die Summe der entsprechend dem Effizienzstandard berechneten Kürzungen berechnet sich aus der Differenz der Summe aller Zuteilungen und der Summe aller Zuteilungen nach Anwendung des Effizienzstandards. Der Anpassungsfaktor berechnet sich nach Formel 4 dieses Anhangs.

2. **Produktstandards für die Berechnung der anteiligen Kürzung**

    a) Erzeugung von Strom:

    aa) 365 Gramm Kohlendioxid je Kilowattstunde Nettostromerzeugung, sofern im Referenzjahr gasförmige Brennstoffe eingesetzt wurden und in der Rechtsverordnung nach § 13 nichts anderes bestimmt ist,

    bb) 990 Gramm Kohlendioxid je Kilowattstunde Nettostromerzeugung, sofern im Referenzjahr Braunkohle eingesetzt wurde mit dem beim Abnahmeversuch der Anlage ermittelten Wirkungsgrad und der am Standort nutzbaren Braunkohle, ansonsten

    cc) 750 Gramm Kohlendioxid je Kilowattstunde Nettostromerzeugung

    b) Erzeugung von Wärme:

    aa) 225 Gramm Kohlendioxid je Kilowattstunde, sofern im Referenzjahr gasförmige Brennstoffe eingesetzt wurden und in der Rechtsverordnung nach § 13 nichts anderes bestimmt ist, ansonsten

    bb) 400 Gramm Kohlendioxid je Kilowattstunde;

    c) Erzeugung von Wellenarbeit
    530 Gramm Kohlendioxid je Kilowattstunde.

Sofern in einer Anlage im Referenzjahr mehrere Brennstoffe eingesetzt wurden, errechnet sich der Produktstandard mit der Maßgabe, dass eine Zuordnung zu den Produktstandards entsprechend den Anteilen der Brennstoffenergie der im Referenzjahr eingesetzten Brennstoffe an der Gesamtbrennstoffenergie dieses Jahres erfolgt.

3. Bestimmung des Referenzjahres

Für Anlagen mit Inbetriebnahme bis zum 31. Dezember 2004 ist Referenzjahr das Jahr 2005. Für Anlagen mit Inbetriebnahme im Jahr 2005 ist Referenzjahr das Jahr 2006. Für Anlagen mit Inbetriebnahme nach dem 31. Dezember 2005 ist Referenzjahr das Jahr, das dem Jahr der Inbetriebnahme folgt; abweichend von Nummer 1 Buchstabe a sind dabei die für das Referenzjahr prognostizierten Produktionsmengen und Emissionen maßgeblich.

4. Berechnungsformeln

Formel 1
Berechnung der Zuteilungsmenge nach Anwendung der anteiligen Kürzung

$$EB_{end} = EB * AK$$

Formel 2
Berechnung der anteiligen Kürzung

$$AK = 1 - AF * (1 - ES)$$

Formel 3
Bestimmung des Effizienzstandards

$$ES = \frac{(PS_Q * P_Q) + (PS_A * P_A) + (PS_W * P_W)}{EM_{RJ}}$$

Formel 4
Bestimmung des Anpassungsfaktors

$$AF = \frac{\left(\sum EB\right) - BU}{\sum EB - \sum (ES * EB)}$$

Erläuterung der Abkürzungen

AK	Anteilige Kürzung der Zuteilungsmenge
AF	Anpassungsfaktor
BU	Gesamtzuteilungsmenge für Bestandsanlagen in der Zuteilungsperiode
EB	Menge der Emissionsberechtigungen nach Anwendung der für die Anlage maßgeblichen Zuteilungsregel
EB_{end}	Menge der Emissionsberechtigungen für die Zuteilungsperiode nach anteiliger Kürzung
EM_{RJ}	Emissionen der Anlage im Referenzjahr
ES	Effizienzstandard der Anlage
P_A	Nettowärmeproduktion der Anlage im Referenzjahr (in MWh)
P_Q	Nettostromproduktion der Anlage im Referenzjahr (in MWh)
P_W	Nettoproduktion von Wellenarbeit der Anlage im Referenzjahr (in MWh)
PS_A	Produktstandard für die Erzeugung von Wärme
PS_Q	Produktstandard für die Erzeugung von Strom
PS_W	Produktstandard für die Erzeugung von Wellenarbeit

# 51. Verordnung über die Zuteilung von Treibhausgas-Emissionsberechtigungen in der Zuteilungsperiode 2008 bis 2012
(Zuteilungsverordnung 2012 – ZuV 2012)

Vom 13. August 2007
(BGBl. I S. 1941)
FNA 2129-50-1

geänd. durch Art. 11 G zur Anpassung der Rechtsgrundlagen für die Fortentwicklung des Emissionshandels v. 21. 7. 2011 (BGBl. I S. 1475)

Auf Grund
- des § 6 Abs. 1 Satz 2 und 3, § 7 Abs. 1 Satz 1, 3 und 4, § 9 Abs. 2 Satz 2, Abs. 3 Satz 3, § 10 Abs. 6 Satz 3, § 11 Abs. 6 Satz 1, jeweils in Verbindung mit § 13 des Zuteilungsgesetzes 2012[1]) vom 7. August 2007 (BGBl. I S. 1788), und
- des § 10 Abs. 5 Nr. 1 und 2 des Treibhausgas-Emissionshandelsgesetzes vom 8. Juli 2004 (BGBl. I S. 1578)

verordnet die Bundesregierung:

Inhaltsübersicht

§§

Abschnitt 1. Allgemeine Vorschriften

Anwendungsbereich und Zweck	1
Begriffsbestimmungen	2
Allgemeine Anforderungen an die Zuteilungsanträge	3

Abschnitt 2. Allgemeine Regeln zur Bestimmung der Kohlendioxid-Emissionen

Nutzung einheitlicher Stoffwerte	4
Bestimmung von Emissionsfaktoren, unteren Heizwerten und Kohlenstoffgehalten	5
Bestimmung der Kohlendioxid-Emissionen	6
Emissionsberechnung auf der Grundlage einer Bilanzierung des Kohlenstoffgehalts	7
Messung der Kohlendioxid-Emissionen	8

Abschnitt 3. Besondere Antragserfordernisse und Regeln der Berechnung der Kohlendioxid-Emissionen

Kohlendioxid-Emissionen aus der Regeneration von Katalysatoren und aus der Kalzinierung von Petrolkoks	9
Ermittlung der Produktionsmenge	10
Bestimmung des Emissionswertes	11
Zuteilung für Industrieanlagen mit Inbetriebnahme bis 31. Dezember 2002	12
Zuteilung für Anlagen der Energiewirtschaft mit Inbetriebnahme bis 31. Dezember 2002	13
Zuteilung für Anlagen mit Inbetriebnahme in den Jahren 2003 bis 2007	14
Zuteilungen für Neuanlagen	15
Zuteilung nach § 10 Abs. 6 des Zuteilungsgesetzes 2012	16
Bestimmung des Effizienzstandards	17
Frühzeitige Emissionsminderungen	18
Kuppelgas	19

---

[1]) Nr. **50**.

Abschnitt 4. Gemeinsame Vorschriften

Anforderungen an die Verifizierung der Zuteilungsanträge 20
Ordnungswidrigkeiten 21
Inkrafttreten 22
Anhang 1. Einheitliche Stoffwerte für Emissionsfaktoren, Heizwerte und Kohlenstoffgehalte für Brennstoffe, Rohstoffe und Produkte
Anhang 2. Bestimmung des spezifischen Kohlendioxid-Emissionsfaktors für Vollwert-Steinkohle über den unteren Heizwert
Anhang 3. Ermittlung der Kohlendioxid-Emissionen aus der Regeneration von Katalysatoren und aus der Kalzinierung von Petrolkoks
Anhang 4. Berechnungsvorschriften für Abzug und Hinzurechnung der Kuppelgasemissionen

Abschnitt 1. Allgemeine Vorschriften

§ 1 Anwendungsbereich und Zweck. [1] Diese Verordnung gilt innerhalb des Anwendungsbereichs des Treibhausgas-Emissionshandelsgesetzes vom 8. Juli 2004 (BGBl. I S. 1578), das zuletzt durch Artikel 9 des Gesetzes vom 11. August 2010 (BGBl. I S. 1163) geändert worden ist, für die Zuteilungsperiode 2008 bis 2012. [2] Sie dient der näheren Bestimmung der Berechnung der Zuteilung von Berechtigungen zur Emission von Treibhausgasen, der im Zuteilungsverfahren nach § 10 Abs. 1 des Treibhausgas-Emissionshandelsgesetzes vom 8. Juli 2004 (BGBl. I S. 1578), das zuletzt durch Artikel 9 des Gesetzes vom 11. August 2010 (BGBl. I S. 1163) geändert worden ist, zu fordernden Angaben und der Art der beizubringenden Nachweise sowie deren Überprüfung. [3] Soweit nichts anderes bestimmt ist, findet die Zuteilungsverordnung 2007 keine Anwendung.

§ 2 Begriffsbestimmungen. Im Sinne dieser Verordnung sind:
1. Produktionsmenge: die Menge der je Jahr in einer Anlage erzeugten Produkteinheiten, bezogen auf die jährliche Nettomenge verkaufsfertiger Produkte;
2. Aktivitätsrate: die eingesetzte Menge eines Stoffs pro Kalenderjahr;
3. unterer Heizwert: die Wärmemenge, die bei vollständiger Verbrennung einer definierten Menge Brennstoffs entsteht, sofern der Wassergehalt des Brennstoffs und das Wasser, das bei der Verbrennung entsteht, sich in gasförmigem Zustand befinden, wobei die Wärmerückgewinnung durch die Kondensierung des Wasserdampfes im Abgas nicht mitgerechnet wird;
4. Emissionsfaktor: Quotient aus der bei der Handhabung eines Stoffs freigesetzten Menge nicht biogenen Kohlendioxids und der eingesetzten Menge dieses Stoffs. Dabei bezieht sich der Emissionsfaktor eines Brennstoffs auf den unteren Heizwert des Brennstoffs;
5. biogene Kohlendioxid-Emissionen: Emissionen aus der Oxidation von nicht fossilem Kohlenstoff zu Kohlendioxid;
6. Brennstoff: Stoff, der vorrangig zum Zweck der Energiewandlung eingesetzt wird;
7. Rohstoff: in einer Anlage eingesetzter Stoff, der kein Brennstoff ist;
8. Konversionsfaktor: Koeffizient, der den Grad der Umwandlung des in den Brennstoffen oder Rohstoffen enthaltenen Kohlenstoffs zu Kohlendioxid

angibt. Bei vollständiger Umwandlung ist der Konversionsfaktor eins. Bei Verbrennungsprozessen entspricht der Konversionsfaktor dem Oxidationsfaktor; bei Nicht-Verbrennungsprozessen entspricht der Konversionsfaktor dem Umsetzungsfaktor;

9. Gichtgas: das bei der Roheisenerzeugung aus dem Hochofen an der Gicht (oberer Abschluss des Hochofens) austretende Gasgemisch;
10. Konvertergas: das bei der Rohstahlerzeugung nach dem Sauerstoffblasverfahren aus dem Konverter austretende Gasgemisch;
11. Kokereigas: das bei der Trockendestillation insbesondere von Braunkohle oder Steinkohle aus der Koksofenkammer austretende Gasgemisch.

§ 3 Allgemeine Anforderungen an die Zuteilungsanträge. (1) [1] Soweit die Vorschriften der Abschnitte 2 und 3 keine abweichenden Regelungen enthalten, sind die für die Zuteilung von Emissionsberechtigungen im Zuteilungsantrag nach § 10 Abs. 1 des Treibhausgas-Emissionshandelsgesetzes vom 8. Juli 2004 (BGBl. I S. 1578), das zuletzt durch Artikel 9 des Gesetzes vom 11. August 2010 (BGBl. I S. 1163) geändert worden ist, anzugebenden Daten und Informationen, im Einklang mit der Entscheidung 2004/156/EG der Kommission vom 29. Januar 2004 zur Festlegung von Leitlinien für Überwachung und Berichterstattung betreffend Treibhausgasemissionen gemäß der Richtlinie 2003/87/EG des Europäischen Parlaments und des Rates (ABl. EU Nr. L 59 S. 1, Nr. L 177 S. 4) zu erheben und anzugeben. [2] Soweit die Anforderungen in Satz 1 genannten Leitlinien nicht eingehalten werden können, sind die Daten und Informationen mit dem im Einzelfall höchsten erreichbaren Grad an Genauigkeit und Vollständigkeit zu erheben und anzugeben.

(2) [1] Der Antragsteller ist verpflichtet, die nach § 6 Abs. 5 Satz 2, § 7 Abs. 2, § 8 Abs. 3, § 9 Abs. 2, § 11 Abs. 2 bis 4, § 12 Abs. 1 und 2, § 13, § 14, § 15, § 16 Abs. 2 und 3, § 17 und § 19 Abs. 1 erforderlichen Angaben in den Zuteilungsanträgen zu machen. [2] Soweit diese Angaben die vorherige Durchführung von Berechnungen voraussetzen, ist neben den geforderten Angaben jeweils auch die angewandte Berechnungsmethode zu erläutern und die Ableitung der Angaben nachvollziehbar darzustellen. [3] Der Betreiber ist verpflichtet, die den Angaben zugrunde liegenden Einzelnachweise auf Verlangen der zuständigen Behörde vorzuweisen.

Abschnitt 2. Allgemeine Regeln zur Bestimmung der Kohlendioxid-Emissionen

§ 4 Nutzung einheitlicher Stoffwerte. (1) Bei Anlagen, die eine Zuteilung nach § 6 des Zuteilungsgesetzes 2012[1)] erhalten, erfolgt die Ermittlung der Zuteilungsmenge für diejenigen Brennstoffe, Rohstoffe und Produkte, für die in Anhang 1 einheitliche Emissionsfaktoren, untere Heizwerte und Kohlenstoffgehalte festgelegt sind, auf Grundlage dieser Werte.

(2) Bei Verbrennungsprozessen ist ein Oxidationsfaktor von eins zugrunde zu legen.

[1)] Nr. 50.

§ 5 Bestimmung von Emissionsfaktoren, unteren Heizwerten und Kohlenstoffgehalten. (1) ¹Soweit nach § 4 keine einheitlichen Stoffwerte gelten, erfolgt die Angabe dieser Stoffwerte auf der Grundlage der spezifischen Eigenschaften der eingesetzten Stoffe. ²Dabei sind die Genauigkeitsgrade nach dem Ebenenkonzept der Entscheidung 2004/156/EG zu wählen. ³Soweit die Anforderungen dieser Leitlinien aus technischen Gründen nicht eingehalten werden können oder der erforderliche Mehraufwand wirtschaftlich nicht vertretbar ist, können die in Anhang 1 genannten einheitlichen Stoffwerte verwendet werden. ⁴Der einheitliche Emissionsfaktor und untere Heizwert nach Anhang 1 sind für einen Brennstoff immer gemeinsam anzuwenden.

(2) ¹Die Emissionsfaktoren von Brennstoffen berechnen sich als Quotient aus dem Kohlenstoffgehalt und dem unteren Heizwert des Brennstoffs sowie der anschließenden Umrechnung in Kohlendioxid durch die Multiplikation mit dem Quotienten aus 44 und zwölf. ²Dabei sind der Kohlenstoffgehalt und der untere Heizwert nach den allgemein anerkannten Regeln der Technik zu bestimmen. ³Eine unvollständige Verbrennung bleibt bei der Bestimmung des Emissionsfaktors unberücksichtigt.

(3) ¹Eine Berechnung des Kohlenstoffgehalts aus dem unteren Heizwert der Brennstoffe über statistische Methoden ist grundsätzlich nicht zulässig. ²Soweit bei dem Brennstoff Vollwert-Steinkohle keine Angaben über den Kohlenstoffgehalt des Brennstoffs vorliegen und das Gemisch der Brennstoffchargen wegen spezifischer örtlicher Umstände nicht bekannt ist, kann ausnahmsweise eine statistische Methode nach der Formel in Anhang 2 angewandt werden, wenn die Methodenkonsistenz zwischen der Ermittlung der Emissionsfaktoren für den Zuteilungsantrag und für die Berichterstattung nach § 5 des Treibhausgas-Emissionshandelsgesetzes vom 8. Juli 2004 (BGBl. I S. 1578), das zuletzt durch Artikel 9 des Gesetzes vom 11. August 2010 (BGBl. I S. 1163) geändert worden ist, sichergestellt ist. ³Satz 2 gilt nicht für Anthrazit.

(4) ¹Die Emissionsfaktoren von Rohstoffen ermitteln sich aus dem Kohlenstoffgehalt und der anschließenden Umrechnung in Kohlendioxid durch Multiplikation mit dem Quotienten aus 44 und zwölf. ²Dabei ist der Kohlenstoffgehalt nach den allgemein anerkannten Regeln der Technik zu bestimmen. ³Eine unvollständige Umsetzung bleibt bei der Bestimmung des Emissionsfaktors unberücksichtigt.

§ 6 Bestimmung der Kohlendioxid-Emissionen. (1) ¹Die Kohlendioxid-Emissionen einer Anlage pro Jahr entsprechen der Summe der Kohlendioxid-Emissionen aus dem Einsatz von Brenn- und Rohstoffen. ²Die Emissionen einer einheitlichen Anlage im Sinne von § 25 des Treibhausgas-Emissionshandelsgesetzes vom 8. Juli 2004 (BGBl. I S. 1578), das zuletzt durch Artikel 9 des Gesetzes vom 11. August 2010 (BGBl. I S. 1163) geändert worden ist, werden im Rahmen des Zuteilungsantrags gemeinsam ermittelt.

(2) ¹Die Kohlendioxid-Emissionen aus dem Einsatz von Brennstoffen entsprechen dem rechnerischen Produkt aus der Aktivitätsrate des Brennstoffs, dem unteren Heizwert, dem heizwertbezogenen Emissionsfaktor und dem Oxidationsfaktor des Brennstoffs. ²Wird mehr als ein Brennstoff in der Anlage eingesetzt, so sind die jährlichen Kohlendioxid-Emissionen je Brennstoff zu ermitteln und zu addieren.

(3) ¹In die Berechnung der Emissionen aus dem Einsatz von Rohstoffen sind alle Freisetzungen von Kohlendioxid in die Atmosphäre einzubeziehen, bei denen das Kohlendioxid als unmittelbares Produkt einer chemischen Reaktion entsteht, die keine Verbrennung ist, oder im direkten technologischen Verbund mittelbar und unvermeidbar aus dieser chemischen Reaktion resultiert. ²Die Ermittlung dieser Kohlendioxid-Emissionen erfolgt in der Regel über den für die Emission von Kohlendioxid relevanten Rohstoffeinsatz. ³Die Kohlendioxid-Emissionen entsprechen dem rechnerischen Produkt aus der Aktivitätsrate des Rohstoffs, dem Emissionsfaktor und dem Umsetzungsfaktor des Rohstoffs. ⁴Wird mehr als ein emissionsrelevanter Rohstoff in der Anlage eingesetzt, so sind die jährlichen Kohlendioxid-Emissionen je Rohstoff zu ermitteln und zu addieren.

(4) ¹Die Ermittlung der Kohlendioxid-Emissionen aus dem Einsatz von Rohstoffen bei der Produktion von Zementklinker, Branntkalk und Dolomit und bei der Herstellung von Keramik kann abweichend von Absatz 3 über die Produktionsmenge erfolgen. ²Die Emissionen entsprechen dem rechnerischen Produkt aus der hergestellten Menge des emissionsrelevanten Produktes pro Jahr und folgenden Emissionswerten:

1. 0,525 Tonnen Kohlendioxid je Tonne Zementklinker,
2. 1,092 Tonnen Kohlendioxid je Tonne Magnesiumoxid,
3. 0,785 Tonnen Kohlendioxid je Tonne Branntkalk oder
4. 0,913 Tonnen Kohlendioxid je Tonne Dolomit.

³Bei Keramikprodukten erfolgt die Berechnung auf Basis der Gehalte der emissionsrelevanten Metalloxide im Produkt.

(5) ¹Die Ermittlung der Kohlendioxid-Emissionen erfolgt auf Basis der vorliegenden Daten nach § 6 Abs. 5 Satz 1 Nr. 1 bis 3 des Zuteilungsgesetzes 2012[1]) und der Anwendung von § 4. ²Im Übrigen muss der Zuteilungsantrag die nach den vorstehenden Absätzen erforderlichen Angaben enthalten über:

1. die Aktivitätsraten der Brennstoffe einschließlich kohlenstofffreier Brennstoffe,
2. die Aktivitätsraten der emissionsrelevanten Rohstoffe oder in Fällen von Absatz 4 die Produktionsmenge,
3. die heizwertbezogenen Emissionsfaktoren der Brennstoffe,
4. die Emissionsfaktoren der Rohstoffe mit Ausnahme der Fälle von Absatz 4,
5. die Umsetzungsfaktoren der Rohstoffe mit Ausnahme der Fälle von Absatz 4,
6. die unteren Heizwerte der Brennstoffe und
7. die Anteile des biogenen Kohlenstoffs am Gesamtkohlenstoffgehalt der Brenn- und Rohstoffe.

§ 7 Emissionsberechnung auf der Grundlage einer Bilanzierung des Kohlenstoffgehalts. (1) ¹Abweichend von § 6 kann die Ermittlung der Kohlendioxid-Emissionen auf Basis einer Bilanzierung des Kohlenstoffgehalts des Brenn- und Rohstoffeinsatzes sowie des aus den Brenn- und Rohstoffen

---

¹⁾ Nr. 50.

stammenden Kohlenstoffs in den Produkten erfolgen. ²Produkte umfassen hierbei auch Nebenprodukte und Abfälle. ³Die jährlichen durchschnittlichen Emissionen ergeben sich aus der Differenz zwischen dem Gesamtkohlenstoffgehalt des jährlichen Brenn- und Rohstoffeinsatzes und dem Gesamtkohlenstoffgehalt in den in der Anlage hergestellten Produkten sowie der anschließenden Umrechnung des in Kohlendioxid überführten Kohlenstoffs mit dem Quotienten aus 44 und zwölf.

(2) Für die Ermittlung der Kohlendioxid-Emissionen nach Absatz 1 muss der Zuteilungsantrag Angaben enthalten über:

1. die Aktivitätsraten der Brenn- und Rohstoffe sowie die Produktionsmengen,

2. die Kohlenstoffgehalte der Brenn- und Rohstoffe und der Produkte,

3. die unteren Heizwerte der Brennstoffe und

4. die Anteile des biogenen Kohlenstoffs am Gesamtkohlenstoffgehalt der Brenn- und Rohstoffe und der Produkte.

§ 8 Messung der Kohlendioxid-Emissionen. (1) ¹Abweichend von den §§ 6 und 7 können Kohlendioxid-Emissionen durch Messung direkt ermittelt werden, wenn diese Messung nachweislich ein genaueres Ergebnis bringt als die Emissionsermittlung über Aktivitätsraten, untere Heizwerte sowie Emissions- und Konversionsfaktoren oder über eine Bilanzierung des Kohlenstoffgehalts. ²Die Messung ist auch zulässig, soweit die Bestimmung der Kohlendioxid-Emissionen nach den Verfahren der §§ 6 und 7 aus technischen Gründen nicht erfolgen kann oder zu einem unverhältnismäßigen Mehraufwand führen würde, wenn gewährleistet ist, dass die Messung ein hinreichend genaues Ergebnis bringt. ³Dabei müssen die direkt bestimmten Emissionen unmittelbar einer in den Anwendungsbereich des Treibhausgas-Emissionshandelsgesetzes vom 8. Juli 2004 (BGBl. I S. 1578), das zuletzt durch Artikel 9 des Gesetzes vom 11. August 2010 (BGBl. I S. 1163) geändert worden ist, fallenden Anlage zugeordnet werden können. ⁴Der Betreiber muss die Messungen anhand flankierender Emissionsberechnungen bestätigen.

(2) Im Hinblick auf die für die direkte Ermittlung der Emissionen anzuwendenden Messverfahren gilt § 3 entsprechend.

(3) Für die Emissionsermittlung nach Absatz 1 muss der Zuteilungsantrag die nach Absatz 1 erforderlichen Angaben enthalten über:

1. die Gründe für die bessere Eignung der Messung gegenüber den Verfahren der §§ 6 und 7,

2. die Methode und die hinreichende Genauigkeit des Messverfahrens,

3. die gesamten direkt ermittelten jährlichen Kohlendioxid-Emissionen in Tonnen,

4. die flankierende Berechnung im Sinne von Absatz 1 Satz 4 nach Maßgabe der §§ 6 und 7 und

5. im Fall des Absatzes 1 Satz 2 die technische Unmöglichkeit oder den unverhältnismäßigen Mehraufwand einer Bestimmung nach den §§ 6 und 7.

Abschnitt 3. Besondere Antragserfordernisse und Regeln der Berechnung der Kohlendioxid-Emissionen

§ 9 Kohlendioxid-Emissionen aus der Regeneration von Katalysatoren und aus der Kalzinierung von Petrolkoks. (1) [1] Für die Regeneration von Katalysatoren und die Kalzinierung von Petrolkoks werden die Kohlendioxid-Emissionen pro Jahr bestimmt durch:

1. Messung des Kohlenstoffgehalts des Katalysators vor und nach dem Regenerationsprozess und stöchiometrische Berechnung der Kohlendioxid-Emissionen nach Formel 1 des Anhangs 3; im Fall der Kalzinierung von Petrolkoks Messung des Kohlenstoffgehalts des Kokses vor und nach der Kalzinierung,

2. rechnerische Bestimmung des bei der Kalzinierung oder im Regenerationsprozess oxidierten Kohlenstoffs über eine Energie- und Massenbilanz und die stöchiometrische Berechnung der Kohlendioxid-Emissionen nach Formel 2 des Anhangs 3 oder

3. Bestimmung der Kohlendioxid-Emissionen durch Messung der Konzentration im Abgasstrom und die Bestimmung der Gesamtmenge des Abgasstroms nach der Formel 3 des Anhangs 3.

[2] Die Berechnung der trockenen Abgasmenge kann alternativ auch aus der zugeführten Luftmenge erfolgen. [3] Dabei beträgt der Anteil der Inertgase in der zugeführten Luft konstant 79,07 Volumenprozent. [4] Die Berechnung der trockenen Abgasmenge bestimmt sich nach Formel 4 des Anhangs 3.

(2) [1] Für die Ermittlung der Kohlendioxid-Emissionen nach Absatz 1 Satz 1 Nr. 1 und 2 muss der Zuteilungsantrag die nach Absatz 1 erforderlichen Angaben enthalten über

1. die Aktivitätsraten der Koksmengen auf dem Katalysator vor und nach dem Regenerationsprozess in Tonnen; im Fall der Kalzinierung von Petrolkoks die Aktivitätsraten der Koksmengen vor und nach der Kalzinierung in Tonnen, und

2. den Kohlenstoffgehalt des Kokses.

[2] Für die Ermittlung der Kohlendioxid-Emissionen nach Absatz 1 Satz 1 Nr. 3 muss der Zuteilungsantrag Angaben enthalten über die gesamten direkt ermittelten jährlichen Kohlendioxid-Emissionen in Tonnen.

§ 10 Ermittlung der Produktionsmenge. (1) [1] Produktionsmengen sind nach den anerkannten Regeln der Technik mit dem höchsten erreichbaren Grad an Genauigkeit zu erheben und anzugeben. [2] Ungenauigkeiten sind zu beziffern und zu belegen.

(2) Soweit die Angaben nach Absatz 1 die vorherige Durchführung von Berechnungen voraussetzen, ist neben den geforderten Angaben im Zuteilungsantrag jeweils auch die angewandte Berechnungsmethode zu erläutern und die Ableitung der Angaben nachvollziehbar darzustellen.

(3) Bei der Ermittlung der Produktionsmenge sind nur diejenigen Produktionsmengen zu berücksichtigen, die auf eine Oxidation eines Brennstoffs oder eine Umsetzung eines Rohstoffs in der Anlage zurückzuführen sind.

(4) Bei Anlagen nach Anhang 1 Nr. VI des Treibhausgas-Emissionshandelsgesetzes vom 8. Juli 2004 (BGBl. I S. 1578), das zuletzt durch Artikel 9 des Gesetzes vom 11. August 2010 (BGBl. I S. 1163) geändert worden ist, kann zur Ermittlung der Produktionsmenge abweichend von Absatz 1 und § 2 Nr. 1 auf die eingesetzte Rohstoffmenge abgestellt werden.

§ 11 Bestimmung des Emissionswertes. (1) Bei einer Zuteilung nach § 7 des Zuteilungsgesetzes 2012[1]) gelten die Emissionswerte für gasförmige Brennstoffe nach Anhang 3 Teil A Nr. I des Zuteilungsgesetzes 2012 nicht für die Verwendung von Synthesegas aus Kohlevergasung.

(2) ¹ Bei einer Anlage, für deren Produkt kein Emissionswert in Anhang 3 des Zuteilungsgesetzes 2012 festgelegt ist, gibt der Betreiber den Emissionswert je Produkteinheit an, der bei Anwendung der besten verfügbaren Techniken zur Herstellung einer Produkteinheit in den nach Maßgabe von Anhang 2 des Zuteilungsgesetzes 2012 vergleichbaren Anlagen erreichbar ist. ² Der Emissionswert je Produkteinheit entspricht dabei dem Quotienten aus den Kohlendioxid-Emissionen und der Produktionsmenge eines Jahres. ³ Unwesentliche Abweichungen der Produktspezifikation gegenüber den in vergleichbaren Anlagen hergestellten Produkten sind unbeachtlich. ⁴ Der Betreiber hat darzulegen, dass der in Ansatz gebrachte Emissionswert für Kohlendioxid der Wert ist, der bei Anwendung der besten verfügbaren Techniken erreichbar ist. ⁵ Die Begründung muss hinreichend genaue Angaben enthalten über:

1. die nach Anhang 2 des Zuteilungsgesetzes 2012 vergleichbaren Anlagen, die das Produkt herstellen, sowie die für diese Gruppe von Anlagen besten verfügbaren Produktionsverfahren und -techniken,

2. die Möglichkeiten weiterer Effizienzverbesserungen und

3. die Informationsquellen, nach denen der Emissionswert ermittelt wurde.

(3) ¹ Bei der Herstellung mehrerer Produkte in einer Anlage sind mehrere Emissionswerte zu bilden, sofern eine hinreichend genaue Zuordnung der Kohlendioxid-Emissionen zu den Produkteinheiten möglich ist. ² Mehrere in einer Anlage erzeugte vergleichbare Produkte können zu Produktgruppen zusammengefasst werden, sofern die Emissionswerte der einzelnen Produkte innerhalb einer Produktgruppe nicht mehr als zehn Prozent voneinander abweichen. ³ Dabei ist der Emissionswert für die Produktgruppen gewichtet nach dem jeweiligen Anteil der Produkte in der Produktgruppe zu ermitteln. ⁴ Die Berechnung des Emissionswertes ist im Zuteilungsantrag zu erläutern und die Ableitung der Angaben nachvollziehbar darzustellen.

(4) ¹ Werden in einer Anlage unterschiedliche Produkte hergestellt und ist die Bildung eines Emissionswertes je Produkteinheit nach Absatz 3 nicht möglich, so können die durchschnittlich jährlichen Emissionen auf eine andere Bezugsgröße bezogen werden. ² Dabei ist Voraussetzung, dass die Bezugsgröße in einem festen Verhältnis zur Produktionsmenge steht und somit Veränderungen der Produktionsmenge aufgrund geringerer oder höherer Kapazitätsauslastungen der Anlage und dadurch bedingten Veränderungen der durchschnittlichen jährlichen Kohlendioxid-Emissionen hinreichend genau abgebildet werden. ³ Als Bezugsgröße kommt vor allem die Menge der vor-

---

[1]) Nr. 50.

gesehenen Rohstoffe in Betracht. ⁴ Das Verhältnis der Bezugsgröße zur gesamten masse- oder volumenbezogenen Produktionsmenge ist anzugeben. ⁵ Die fehlende Möglichkeit der Bildung eines Emissionswertes je Produkteinheit ist hinreichend genau zu begründen.

(5) Werden in einer Anlage nach Anhang 1 Nr. VI bis XVIII des Treibhausgas-Emissionshandelsgesetzes vom 8. Juli 2004 (BGBl. I S. 1578), das zuletzt durch Artikel 9 des Gesetzes vom 11. August 2010 (BGBl. I S. 1163) geändert worden ist, neben dem die Haupttätigkeit bestimmenden Produkt auch Produkte anderer Tätigkeiten hergestellt, bleibt bei der Zuteilung für die Produkte anderer Tätigkeiten die Produktionsmenge außer Betracht, die zur Herstellung des Produktes der Haupttätigkeit verwendet wird.

§ 12 Zuteilung für Industrieanlagen mit Inbetriebnahme bis 31. Dezember 2002. (1) Für die Zuteilung von Berechtigungen nach § 6 Abs. 1 des Zuteilungsgesetzes 2012[1]) muss der Zuteilungsantrag Angaben enthalten über

1. das Datum der Inbetriebnahme und
2. im Fall von § 6 Abs. 4 des Zuteilungsgesetzes 2012 das Datum der letztmaligen Erweiterung oder Verringerung von Kapazitäten der Anlage nach ihrer Inbetriebnahme.

(2) ¹ Für Anlagen im Sinne von § 6 Abs. 10 des Zuteilungsgesetzes 2012, bei denen eine Datenmitteilung nach § 2 Abs. 2 Nr. 2 der Datenerhebungsverordnung 2012 vom 11. Juli 2006 (BGBl. I S. 1572) vorliegt, gilt Absatz 1 entsprechend, sofern der Antragsteller im Zuteilungsantrag auf diese Datenmitteilung abstellt. ² Sofern die Kohlendioxid-Emissionen des Jahres 2005 weniger als 50 Prozent der durchschnittlichen Kohlendioxid-Emissionen der Jahre 2000 bis 2004 betrugen, muss der Zuteilungsantrag zusätzlich die nach Maßgabe des Abschnitts 2 ermittelten Kohlendioxid-Emissionen des Jahres 2006 enthalten.

(3) ¹ Bei Anlagen im Sinne von § 6 Abs. 10 des Zuteilungsgesetzes 2012, bei denen der Antragsteller nicht auf eine Datenmitteilung nach § 2 Abs. 2 Nr. 2 der Datenerhebungsverordnung 2012 abstellt, berechnen sich die Kohlendioxid-Emissionen pro Jahr nach den Vorschriften des Abschnitts 2 unter Zugrundelegung der jeweiligen Basisperiode nach § 6 des Zuteilungsgesetzes 2012. ² Dabei werden die durchschnittlichen jährlichen Kohlendioxid-Emissionen aus dem rechnerischen Mittel der Kohlendioxid-Emissionen pro Jahr in den in Ansatz zu bringenden Jahren errechnet. ³ Absatz 2 Satz 2 gilt entsprechend.

§ 13 Zuteilung für Anlagen der Energiewirtschaft mit Inbetriebnahme bis 31. Dezember 2002. (1) Für die Zuteilung von Berechtigungen nach § 7 Abs. 1 des Zuteilungsgesetzes 2012[1]) muss der Zuteilungsantrag Angaben enthalten über:

1. die jährlichen Produktionsmengen der Anlage in der nach § 6 Abs. 2 bis 4 des Zuteilungsgesetzes 2012 jeweils geltenden Basisperiode,
2. die in der Anlage mit Inbetriebnahme bis zum 31. Dezember 2002 in den Jahren 2005 und 2006 eingesetzten Brennstoffe, deren Aktivitätsraten, Emissionsfaktoren, untere Heizwerte und die Anteile des biogenen Kohlen-

---
[1]) Nr. 50.

stoffs am Gesamtkohlenstoffgehalt, soweit diese der zuständigen Behörde nicht vorliegen,
3. das Datum der Inbetriebnahme,
4. im Fall von § 7 Abs. 1 des Zuteilungsgesetzes 2012 in Verbindung mit § 6 Abs. 4 des Zuteilungsgesetzes 2012 das Datum der letztmaligen Erweiterung oder Verringerung von Kapazitäten der Anlage nach ihrer Inbetriebnahme und
5. die Kapazität der Anlage mit Inbetriebnahme bis zum 31. Dezember 2002.

(2) Bei Anlagen nach § 7 Abs. 4 des Zuteilungsgesetzes 2012 gilt § 12 Abs. 1 entsprechend.

§ 14 Zuteilung für Anlagen mit Inbetriebnahme in den Jahren 2003 bis 2007. (1) Für die Zuteilung von Berechtigungen nach § 8 Abs. 1 des Zuteilungsgesetzes 2012[1)] muss der Zuteilungsantrag Angaben enthalten über:
1. die Kapazität der Anlage,
2. den Emissionswert je Produkteinheit,
3. bei Anlagen nach Anhang 1 Nr. I bis V des Treibhausgas-Emissionshandelsgesetzes vom 8. Juli 2004 (BGBl. I S. 1578), das zuletzt durch Artikel 9 des Gesetzes vom 11. August 2010 (BGBl. I S. 1163) geändert worden ist, die eingesetzten Brennstoffe und deren Aktivitätsraten seit Inbetriebnahme sowie die nach der immissionsschutzrechtlichen Genehmigung einsetzbaren Brennstoffe,
4. bei Anlagen nach Anhang 1 Nr. VI bis XVIII des Treibhausgas-Emissionshandelsgesetzes vom 8. Juli 2004 (BGBl. I S. 1578), das zuletzt durch Artikel 9 des Gesetzes vom 11. August 2010 (BGBl. I S. 1163) geändert worden ist, soweit für deren Produkte in Anhang 3 des Zuteilungsgesetzes 2012 keine Emissionswerte festgelegt sind, die Angaben nach Nummer 3 sowie die in der Anlage eingesetzten Rohstoffe und deren Aktivitätsraten,
5. die maßgebliche Tätigkeit nach Anhang 4 Abschnitt I des Zuteilungsgesetzes 2012,
6. im Fall einer Beschränkung der immissionsschutzrechtlich genehmigten maximalen Vollbenutzungsstunden oder einer produktionsbezogenen Beschränkung der genehmigten Kapazität die sich aus dieser Beschränkung ergebenden maximalen Vollbenutzungsstunden,
7. den Umfang etwaiger Beschränkungen im Sinne von Anhang 4 Abschnitt II Nr. 3 des Zuteilungsgesetzes 2012 sowie die sich daraus ergebenden tatsächlichen Vollbenutzungsstunden,
8. den Einsatz von Kuppelgasen,
9. das Datum der Inbetriebnahme und
10. im Fall von § 11 Abs. 5 die Produktionsmengen anderer Tätigkeiten, die nicht für die Herstellung der Produkte der Haupttätigkeit verwendet werden.

(2) ¹Bei Kapazitätserweiterungen bestehender Anlagen nach Anhang 1 Nr. I bis V des Treibhausgas-Emissionshandelsgesetzes vom 8. Juli 2004 (BGBl. I S. 1578), das zuletzt durch Artikel 9 des Gesetzes vom 11. August

---

[1)] Nr. 50.

2010 (BGBl. I S. 1163) geändert worden ist, in den Jahren 2003 bis 2007 muss der Zuteilungsantrag für die Zuteilung von Berechtigungen nach § 8 Abs. 2 des Zuteilungsgesetzes 2012 Angaben enthalten über:

1. die Produktionsmengen der Anlage einschließlich aller nach dem 31. Dezember 2002 erfolgten Kapazitätserweiterungen in der nach § 6 Abs. 2 bis 4 des Zuteilungsgesetzes 2012 jeweils geltenden Basisperiode,

2. im Fall einer Kapazitätserweiterung zwischen dem 1. Januar 2003 und 31. Dezember 2005 die Produktionsmengen für den Zeitraum des Probebetriebs.

² Im Übrigen gilt für die Kapazitätserweiterung Absatz 1 und für den vor dem Jahr 2003 in Betrieb genommenen Teil der Anlage § 13 entsprechend.

(3) ¹ Bei Kapazitätserweiterungen bestehender Anlagen nach Anhang 1 Nr. VI bis XVIII des Treibhausgas-Emissionshandelsgesetzes vom 8. Juli 2004 (BGBl. I S. 1578), das zuletzt durch Artikel 9 des Gesetzes vom 11. August 2010 (BGBl. I S. 1163) geändert worden ist, in den Jahren 2003 bis 2007 muss der Zuteilungsantrag für die Zuteilung von Berechtigungen nach § 8 Abs. 2 des Zuteilungsgesetzes 2012 Angaben enthalten über:

1. die jährlichen Emissionsmengen der Anlage einschließlich aller nach dem 31. Dezember 2002 erfolgten Kapazitätserweiterungen in der nach § 6 Abs. 2 bis 4 des Zuteilungsgesetzes 2012 jeweils geltenden Basisperiode,

2. im Fall einer Kapazitätserweiterung zwischen dem 1. Januar 2003 und 31. Dezember 2005 die jährlichen Emissionsmengen für den Zeitraum des Probebetriebs,

3. bei Herstellung unterschiedlicher Produkte in der Anlage den Anteil der Einzelprodukte an der Gesamtproduktionsmenge.

² Im Übrigen gilt für die Kapazitätserweiterung Absatz 1 und für den vor dem Jahr 2003 in Betrieb genommenen Teil der Anlage § 12 entsprechend.

(4) Besteht die Anlage nach § 8 des Zuteilungsgesetzes 2012 oder die Kapazitätserweiterung aus mehreren, selbständig genehmigungsbedürftigen Teilanlagen einer gemeinsamen Anlage, so sind die Angaben nach Absatz 1, Absatz 2 Satz 1 Nr. 2 und Absatz 3 Satz 1 Nr. 2 für jede Teilanlage gesondert zu machen, sofern den Teilanlagen unterschiedliche Emissionswerte nach Anhang 3 des Zuteilungsgesetzes 2012 oder unterschiedliche Vollbenutzungsstunden nach Anhang 4 des Zuteilungsgesetzes 2012 zuzuordnen sind.

§ 15 Zuteilungen für Neuanlagen. (1) Für die Zuteilung von Berechtigungen nach § 9 Abs. 1 des Zuteilungsgesetzes 2012[1)] muss der Zuteilungsantrag Angaben enthalten über:

1. die Kapazität der Anlage oder im Fall von § 9 Abs. 5 des Zuteilungsgesetzes 2012 der Kapazitätserweiterung,

2. den Emissionswert je Produkteinheit,

3. bei Anlagen nach Anhang 1 Nr. I bis V des Treibhausgas-Emissionshandelsgesetzes vom 8. Juli 2004 (BGBl. I S. 1578), das zuletzt durch Artikel 9 des Gesetzes vom 11. August 2010 (BGBl. I S. 1163) geändert

---

[1)] Nr. **50**.

worden ist, die nach der immissionsschutzrechtlichen Genehmigung einsetzbaren Brennstoffe sowie deren maximal mögliche Aktivitätsraten,

4. bei Anlagen nach Anhang 1 Nr. VI bis XVIII des Treibhausgas-Emissionshandelsgesetzes vom 8. Juli 2004 (BGBl. I S. 1578), das zuletzt durch Artikel 9 des Gesetzes vom 11. August 2010 (BGBl. I S. 1163) geändert worden ist,, soweit für deren Produkte in Anhang 3 des Zuteilungsgesetzes 2012 keine Emissionswerte festgelegt sind, die nach der immissionsschutzrechtlichen Genehmigung einsetzbaren Brennstoffe und deren maximal mögliche Aktivitätsraten sowie die einsetzbaren Rohstoffe und deren maximal mögliche Aktivitätsraten,

5. die maßgebliche Tätigkeit nach Anhang 4 Abschnitt I des Zuteilungsgesetzes 2012,

6. im Fall einer Beschränkung der immissionsschutzrechtlich genehmigten maximalen Vollbenutzungsstunden oder einer produktionsbezogenen Beschränkung der genehmigten Kapazität die sich aus dieser Beschränkung ergebenden maximalen Vollbenutzungsstunden,

7. den Umfang etwaiger Beschränkungen im Sinne von Anhang 4 Abschnitt II Nr. 3 des Zuteilungsgesetzes 2012 sowie die sich daraus ergebenden tatsächlichen Vollbenutzungsstunden,

8. den Einsatz von Kuppelgasen,

9. das Datum der Aufnahme des Probebetriebes und das Datum der Inbetriebnahme,

10. die während des Probebetriebes hergestellten Produkteinheiten und

11. im Fall von § 11 Abs. 5 die Produktionsmengen anderer Tätigkeiten, die nicht für die Herstellung der Produkte der Haupttätigkeit verwendet werden.

(2) Für die Zuteilung von Berechtigungen nach § 9 Abs. 1 des Zuteilungsgesetzes 2012 muss der Zuteilungsantrag für Anlagen nach Anhang 1 Nr. VI bis XVIII des Treibhausgas-Emissionshandelsgesetzes vom 8. Juli 2004 (BGBl. I S. 1578), das zuletzt durch Artikel 9 des Gesetzes vom 11. August 2010 (BGBl. I S. 1163) geändert worden ist, bei Herstellung unterschiedlicher Produkte in der Anlage Angaben enthalten über den Anteil der Einzelprodukte an der Gesamtproduktionsmenge.

(3) Besteht die Neuanlage oder die Kapazitätserweiterung aus mehreren, selbständig genehmigungsbedürftigen Teilanlagen einer gemeinsamen Anlage, so sind die Angaben nach den vorstehenden Absätzen für jede Teilanlage gesondert zu machen, sofern den Teilanlagen unterschiedliche Emissionswerte nach Anhang 3 des Zuteilungsgesetzes 2012 oder unterschiedliche Vollbenutzungsstunden nach Anhang 4 des Zuteilungsgesetzes 2012 zuzuordnen sind.

§ 16 Zuteilung nach § 10 Abs. 6 des Zuteilungsgesetzes 2012.

(1) [1] Die Mehrproduktion errechnet sich aus der Differenz der Produktionsmengen der übernehmenden Anlage für das Betriebsjahr ab Produktionsübernahme nach § 9 Abs. 4 des Zuteilungsgesetzes 2007 und der Produktionsmenge der übernehmenden Anlage aus dem letzten Kalenderjahr vor einer Produktionsübernahme. [2] Die Mehrproduktion ist beschränkt auf die Produktionsmenge der stillgelegten Anlage im Kalenderjahr vor der Produktionsübernahme.

(2) Erfolgt die Produktionsübernahme weniger als ein Betriebsjahr vor Ablauf der Frist nach § 14 Abs. 1 des Zuteilungsgesetzes 2012[1], hat der Betreiber zur Ermittlung der Differenz der Produktionsmengen die Produktion seit dem Zeitpunkt der Produktionsübernahme nach Anhang 8 der Zuteilungsverordnung 2007 auf ein volles Betriebsjahr hochzurechnen.

(3) Der Zuteilungsantrag für die übernehmende Anlage muss Angaben enthalten über

1. den Emissionswert je Produkteinheit für jedes übernommene Produkt,
2. das Datum der Produktionsübernahme,
3. das Aktenzeichen der zuständigen Behörde für die Anlage, deren Betrieb eingestellt worden ist,
4. die Produktionsmengen für das letzte Kalenderjahr vor dem Jahr der Produktionsübernahme,
5. die Produktionsmengen für das Betriebsjahr nach Produktionsübernahme und
6. die Produktionsmengen aller von dem Betreiber betriebenen, der übernehmenden Anlage vergleichbaren Anlagen im Sinne von Anhang 2 des Zuteilungsgesetzes 2012 für das nach Nummer 5 maßgebliche Betriebsjahr und
7. die Mehrproduktion je Betriebsjahr.

§ 17 Bestimmung des Effizienzstandards. (1) Der Zuteilungsantrag muss bei Anlagen nach Anhang 1 Nr. I bis V des Treibhausgas-Emissionshandelsgesetzes vom 8. Juli 2004 (BGBl. I S. 1578), das zuletzt durch Artikel 9 des Gesetzes vom 11. August 2010 (BGBl. I S. 1163) geändert worden ist, im Fall der Inbetriebnahme im Jahr 2005 Angaben enthalten über die Produktionsmenge des Jahres 2006 sowie für Anlagen mit Inbetriebnahme ab dem 1. Januar 2006 Angaben über die prognostizierten Produktionsmengen und Emissionen für das nach Anhang 5 Nr. 3 des Zuteilungsgesetzes 2012[1] maßgebliche Referenzjahr.

(2) Die Produktstandards für gasförmige Brennstoffe nach Anhang 5 Nr. 2 des Zuteilungsgesetzes 2012 gelten nicht für die Verwendung von Synthesegas aus Kohlevergasung.

§ 18 Frühzeitige Emissionsminderungen. Für die Berechnung frühzeitiger Emissionsminderungen bei Anlagen im Sinne von § 6 Abs. 10 des Zuteilungsgesetzes 2012[1] gilt § 13 Abs. 1 bis 5 der Zuteilungsverordnung 2007 mit Ausnahme von § 13 Abs. 2 Satz 2 bis 4 und § 13 Abs. 6 Satz 4 der Zuteilungsverordnung 2007 entsprechend.

§ 19 Kuppelgas. (1) Für die Zuteilung von Berechtigungen an Kuppelgas erzeugende Anlagen im Sinne von § 11 Abs. 2 des Zuteilungsgesetzes 2012[1] muss der Zuteilungsantrag ergänzend zu den Angaben nach Abschnitt 2 Angaben enthalten über die durchschnittlichen jährlichen Kohlendioxid-Emissionen aus den Kuppelgasmengen, die an Anlagen weitergeleitet wurden, die nicht dem Anwendungsbereich des Treibhausgas-Emissionshandelsgesetzes

---
[1] Nr. 50.

vom 8. Juli 2004 (BGBl. I S. 1578), das zuletzt durch Artikel 9 des Gesetzes vom 11. August 2010 (BGBl. I S. 1163) geändert worden ist, unterliegen.

(2) Die Emissionsmenge von Anlagen im Sinne von § 11 Abs. 2 des Zuteilungsgesetzes 2012, für die Berechtigungen zuzuteilen sind, errechnet sich nach den Formeln 1 und 2 des Anhangs 4.

(3) Die für die Zuteilung von Berechtigungen maßgebliche Produktionsmenge von Anlagen im Sinne von § 11 Abs. 3 des Zuteilungsgesetzes 2012 berechnet sich nach Formel 3 des Anhangs 4.

(4) Bei der Bestimmung des Emissionswertes für die Zuteilung von Berechtigungen an Anlagen im Sinne von § 11 Abs. 4 des Zuteilungsgesetzes 2012 bleiben die Kohlendioxid-Emissionen aus Kuppelgasen unberücksichtigt, die an Anlagen weitergeleitet wurden, die nicht dem Anwendungsbereich des Treibhausgas-Emissionshandelsgesetzes vom 8. Juli 2004 (BGBl. I S. 1578), das zuletzt durch Artikel 9 des Gesetzes vom 11. August 2010 (BGBl. I S. 1163) geändert worden ist, unterliegen.

Abschnitt 4. Gemeinsame Vorschriften

§ 20 Anforderungen an die Verifizierung der Zuteilungsanträge.

(1) [1] Der Sachverständige hat im Rahmen der Verifizierung der Zuteilungsanträge nach § 10 Abs. 1 Satz 3 des Treibhausgas-Emissionshandelsgesetzes vom 8. Juli 2004 (BGBl. I S. 1578), das zuletzt durch Artikel 9 des Gesetzes vom 11. August 2010 (BGBl. I S. 1163) geändert worden ist, die tatsachenbezogenen Angaben im Zuteilungsantrag auf ihre Richtigkeit hin zu überprüfen. [2] Abweichend von Satz 1 bedürfen Zuteilungsanträge, für die ausschließlich die Angaben nach § 12 Abs. 1 erforderlich sind, keiner Verifizierung.

(2) [1] Der Sachverständige hat die Prüfungsrichtlinie zur Verifizierung von Datenmitteilungen nach der Datenerhebungsverordnung 2012 (BAnz. vom 23. August 2006 S. 5848) zu beachten. [2] Die dort genannten Anforderungen gelten für die Verifizierung von Zuteilungsanträgen entsprechend.

(3) [1] Von der Verifizierung ausgenommen sind Bewertungen mit erheblichem Beurteilungsspielraum; der Sachverständige überprüft dabei nur die tatsachenbezogenen Angaben, auf die der Betreiber in seiner jeweiligen Herleitung verweist. [2] Im Fall des § 11 Abs. 2 hat der Sachverständige zu bestätigen, dass nach seiner Einschätzung der im Zuteilungsantrag ausgewiesene Emissionswert für Kohlendioxid der Wert ist, der bei Zugrundelegung der besten verfügbaren Techniken erreichbar ist.

(4) [1] Für die Überprüfung der Richtigkeit hat der Sachverständige die im Zuteilungsantrag gemachten Angaben und deren Herleitung mit den vom Betreiber vorzulegenden Nachweisen sowie der Genehmigung nach § 4 des Bundes-Immissionsschutzgesetzes und nach § 4 des Treibhausgas-Emissionshandelsgesetzes vom 8. Juli 2004 (BGBl. I S. 1578), das zuletzt durch Artikel 9 des Gesetzes vom 11. August 2010 (BGBl. I S. 1163) geändert worden ist, abzugleichen. [2] Der Sachverständige hat über die Prüfung der tatsachenbezogenen Angaben hinaus den Zuteilungsantrag als Ganzes sowie die ihm vorgelegten Nachweise jeweils auf ihre innere Schlüssigkeit und Glaubhaftigkeit zu überprüfen.

(5) ¹Der Sachverständige hat wesentliche Prüftätigkeiten selbst auszuführen. ²Soweit er Hilfstätigkeiten delegiert, hat er dies in seinem Prüfbericht anzuzeigen.

(6) ¹Der Prüfbericht muss in nachvollziehbarer Weise Inhalt und Ergebnis der Prüfung erkennen lassen. ²Er muss Angaben zu sämtlichen im elektronischen Format zur Ausfüllung durch den Sachverständigen vorgesehenen Feldern enthalten. ³Im elektronischen Format sind die jeweils zutreffenden Prüfvermerke auszuwählen. ⁴Hat der Sachverständige in den Antragsangaben Fehler oder Abweichungen von den rechtlichen Anforderungen festgestellt, muss er im Prüfbericht darauf hinweisen und erläutern, warum er das Testat trotzdem erteilen konnte. ⁵Soweit dem Sachverständigen eine Überprüfung nicht oder nur eingeschränkt möglich ist, hat er in seinem Prüfbericht zu vermerken, inwieweit ein Nachweis geführt wurde, und zu begründen, warum die eingeschränkte Prüfbarkeit der Erteilung des Testats nicht entgegenstand.

(7) Der Sachverständige hat in seinem Prüfbericht an Eides statt zu versichern, dass bei der Verifizierung des Zuteilungsantrags die Unabhängigkeit seiner Tätigkeit nach den jeweiligen Regelungen seiner Zulassung als Umweltgutachter oder seiner Bestellung als Sachverständiger gemäß § 36 der Gewerbeordnung gewahrt war und er bei der Erstellung des Zuteilungsantrags nicht mitgewirkt hat.

(8) ¹Bei der Prüfung von Angaben zur Produktionsmenge einer Anlage nach § 10 hat der Sachverständige darüber hinaus in seinem Prüfbericht zu bestätigen, dass die Angaben entsprechend dem höchsterreichbaren Grad an Genauigkeit ermittelt wurden und diese auf eine Oxidation eines Brennstoffs oder einer Umsetzung eines Rohstoffs in der Anlage zurückzuführen sind. ²Ferner ist die angegebene Ungenauigkeit der Bestimmungsmethode zu bestätigen.

§ 21 Ordnungswidrigkeiten. Ordnungswidrig im Sinne des § 19 Abs. 1 Nr. 4 des Treibhausgas-Emissionshandelsgesetzes vom 8. Juli 2004 (BGBl. I S. 1578), das zuletzt durch Artikel 9 des Gesetzes vom 11. August 2010 (BGBl. I S. 1163) geändert worden ist, handelt, wer vorsätzlich oder fahrlässig entgegen § 3 Abs. 2 Satz 1 eine Angabe nicht richtig macht.

§ 22 Inkrafttreten. Diese Verordnung tritt am 18. August 2007 in Kraft.

Anhang 1
(zu §§ 4 und 5)

Einheitliche Stoffwerte für Emissionsfaktoren, Heizwerte und Kohlenstoffgehalte für Brennstoffe, Rohstoffe und Produkte

Brennstoff	Emissionsfaktor	Heizwert	
	t CO_2/GJ	GJ/t	GJ/1 000 Nm^3
Anthrazit (Wärmeerzeugung)	0,098	31,5	
Braunkohlenbrikett Lausitz	0,101	19,4	

Zuteilungsverordnung 2012 Anh. 1 ZuV 2012 51

Brennstoff	Emissionsfaktor	Heizwert	
	t CO$_2$/GJ	GJ/t	GJ/1 000 Nm^3
Braunkohlenbrikett Rheinland	0,099	19,7	
Braunkohlenstaub Lausitz	0,099	21,6	
Braunkohlenstaub Mitteldeutschland	0,098	19,1	
Braunkohlenstaub Rheinland	0,098	22,0	
Erdgas Altmark	0,056		11,7
Erdgas H	0,056		36,0
Erdgas L	0,056		33,0
Flüssiggas	0,064	45,6	
Grubengas	0,055		17,8
Heizöl EL nach DIN 51603, Teil 1*)	0,074	42,6	
Heizöl S nach DIN 51603, Teil 3*)	0,078	39,5	
Rohbraunkohle Helmstedt	0,099	10,2	
Rohbraunkohle Lausitz	0,113	8,8	
Rohbraunkohle Mitteldeutschland	0,104	10,7	
Rohbraunkohle Rheinland	0,114	8,9	
Steinkohlenkoks	0,105	27,6	
Vollwertkohle Deutschland	0,093	28,3	
Vollwertkohle Import Australien	0,095	25,4	
Vollwertkohle Import China	0,095	25,5	
Vollwertkohle Import Indonesien	0,095	25,3	
Vollwertkohle Import Kanada	0,095	26,1	
Vollwertkohle Import Kolumbien	0,094	25,2	
Vollwertkohle Import Polen	0,094	27,5	
Vollwertkohle Import Russland	0,095	25,6	
Vollwertkohle Import Norwegen	0,094	28,6	
Vollwertkohle Import Südafrika	0,096	25,2	
Vollwertkohle Import USA	0,094	27,8	
Vollwertkohle Import Venezuela	0,093	27,8	
Wirbelschicht-Braunkohle Lausitz	0,101	19,4	
Wirbelschicht-Braunkohle Rheinland	0,098	21,6	

Stoff – Rohstoff	Emissionsfaktor
	t CO$_2$/t
BaCO$_3$	0,223
CaCO$_3$	0,440

Dolomit (50 % CaCO$_3$, 50 % MgCO$_3$)	0,477
Elektrodenabbrand (98 % C-Gehalt)	3,591
K$_2$CO$_3$	0,318
MgCO$_3$	0,522
Na$_2$CO$_3$	0,415
NaHCO$_3$	0,524
SrCO$_3$	0,298
Li$_2$CO$_3$	0,596
TC, TIC, TOC im Materialstrom (bezogen auf C)	3,664

Stoff – Produkt	Emissionsfaktor
	t CO$_2$/t
Produktion von Branntkalk (bezogen auf CaO)	0,785
Produktion von Dolomitkalk (bezogen auf 50 % CaO und 50 % MgO)	0,913
Produktion von Magnesiumoxid (aus MgCO$_3$ bezogen auf MgO)	1,092
Produktion von Zementklinker	0,525
Gips aus REA-Anlagen (bezogen auf CaCO$_3$-Einsatz) CaSO$_4$·2 H$_2$O	0,256

Stoff – Kohlenstoffbilanz	Kohlenstoffgehalt
	t C/t
Benzol (100 % Reinheit)	0,923
Dieselkraftstoff	0,868
Eisenschwamm	0,020
Elektrodenabbrand (98 % C-Gehalt)	0,980
Flüssiggas (Butan 100 % Reinheit)	0,828
Flüssiggas (Propan 100 % Reinheit)	0,818
Heizöl, leicht	0,862
Heizöl, schwer	0,872
Methanol (100 % Reinheit)	0,375
Roheisen	0,047
Rohöl	0,932
Stahl (auch Stahlschrott)	0,0015
Teer	0,883
Polystyrol (geschäumt)	0,923

---

*) **Amtl. Anm.:** Die aufgeführten DIN-Normen sind im Beuth-Verlag, Berlin, erschienen und beim Deutschen Patent- und Markenamt in München archivmäßig gesichert und niedergelegt.

Anhang 2
(zu § 5 Abs. 3)

Bestimmung des spezifischen Kohlendioxid-Emissionsfaktors für Vollwert-Steinkohle über den unteren Heizwert

Formel

$$EF = \frac{0,054829 + H_u \cdot 0,023736}{H_u} \cdot \frac{44}{12}$$

EF   Heizwertbezogener CO_2-Emissionsfaktor in t CO_2/GJ
H_u Unterer Heizwert des Brennstoffs in GJ/t

Anhang 3
(zu § 9)

Ermittlung der Kohlendioxid-Emissionen aus der Regeneration von Katalysatoren und aus der Kalzinierung von Petrolkoks

Formel 1

$$E_{ges.} = \left(C_{gem;t0} - C_{gem;t1}\right) \cdot \frac{44}{12}$$

$E_{ges.}$ Gesamte Kohlendioxid-Emissionen in t CO_2
$C_{gem;t0}$ Gemessener Kohlenstoffgehalt des Katalysators unmittelbar vor dem Regenerationsprozess in t; im Fall der Kalzinierung gemessener Kohlenstoffgehalt des Kokses vor der Kalzinierung in t
$C_{gem;t1}$ Gemessener Kohlenstoffgehalt des Katalysators unmittelbar nach dem Regenerationsprozess in t; im Fall der Kalzinierung gemessener Kohlenstoffgehalt des Kokses nach der Kalzinierung in t

Formel 2

$$E_{ges.} = \left(C_{ber;t0} - C_{ber;t1}\right) \cdot \frac{44}{12}$$

$E_{ges.}$ Gesamte Kohlendioxid-Emissionen in t CO_2
$C_{ber;t0}$ Berechneter Kohlenstoffgehalt des Katalysators unmittelbar vor dem Regenerationsprozess in t; im Fall der Kalzinierung berechneter Kohlenstoffgehalt des Kokses vor der Kalzinierung in t
$C_{ber;t1}$ Berechneter Kohlenstoffgehalt des Katalysators unmittelbar nach dem Regenerationsprozess in t; im Fall der Kalzinierung berechneter Kohlenstoffgehalt des Kokses nach der Kalzinierung in t

Formel 3

$$E_{ges.} = V_{ber} \times a_{CO2} \times \frac{44}{22,4 \cdot 1000}$$

$E_{ges.}$ Gesamte Kohlendioxid-Emissionen in t CO_2
V_{ber} Aus der Mengenmessung des Gasstroms bestimmter Jahresvolumenstrom des Abgases (umgerechnet in trockenes Abgas) in Nm^3
a_{CO2} Gemessener Kohlendioxidgehalt des trockenen Abgases in Vol-%

Wenn eine Messung des Kohlenmonoxids vor der Umwandlung in Kohlendioxid erfolgt, ist das Kohlenmonoxid in die Rechnung einzubeziehen. Dabei wird unterstellt, dass das Kohlenmonoxid vollständig zu Kohlendioxid umgesetzt wird.

Formel 4

Berechnung der trockenen Abgasmenge aus der zugeführten Luftmenge bei konstantem Inertgasanteil von 79,07 Volumenprozent.

$$V_{ber} = \frac{V_{Luft,tr} \cdot 79,07}{100 - a_{CO2} - b_{CO} - c_{O2}}$$

$V_{luft,tr}$ Volumenstrom der zugeführten Luft (umgerechnet in getrocknete Luft) in Nm^3 pro Zeiteinheit
a_{CO2} Gemessener Kohlendioxidgehalt des trockenen Abgases in Vol-%
b_{CO} Gemessener Kohlenmonoxidgehalt des trockenen Abgases in Vol-%
c_{O2} Gemessener Sauerstoffgehalt des trockenen Abgases in Vol-%

Anhang 4
(zu § 19)

Berechnungsvorschriften für Abzug und Hinzurechnung der Kuppelgasemissionen

Formel 1

Zuteilung für Kuppelgas erzeugende Anlagen nach Anhang 1 Nr. VII bis IXb des Treibhausgas-Emissionshandelsgesetzes vom 8. Juli 2004 (BGBl. I S. 1578), das zuletzt durch Artikel 9 des Gesetzes vom 11. August 2010 (BGBl. I S. 1163) geändert worden ist, die bis zum 31. Dezember 2002 in Betrieb gegangen sind.

$$EB = (EM_{BP} + EM_{WL}) \cdot EF \cdot t_p$$

Zuteilungsverordnung 2012 **Anh. 4 ZuV 2012 51**

Formel 2

Zuteilung für Kuppelgas verwertende Anlagen nach Anhang 1 Nr. VI bis XVIII des Treibhausgas-Emissionshandelsgesetzes vom 8. Juli 2004 (BGBl. I S. 1578), das zuletzt durch Artikel 9 des Gesetzes vom 11. August 2010 (BGBl. I S. 1163) geändert worden ist, die bis zum 31. Dezember 2002 in Betrieb gegangen sind.

$$EB = \left(EM_{BP} - EM_{KG}\right) \cdot EF \cdot t_p$$

Formel 3

Produktionsmenge von Kuppelgas verwertenden Anlagen nach Anhang 1 Nr. I bis V des Treibhausgas-Emissionshandelsgesetzes vom 8. Juli 2004 (BGBl. I S. 1578), das zuletzt durch Artikel 9 des Gesetzes vom 11. August 2010 (BGBl. I S. 1163) geändert worden ist, die bis zum 31. Dezember 2002 in Betrieb gegangen sind.

$$P_{BP(KGKW)} = P_{BP} \cdot \frac{\left(W_{BP(gesamt)} - W_{BP(KG)}\right)}{W_{BP(gesamt)}}$$

EB	Menge der Emissionsberechtigungen für die Zuteilungsperiode nach Anwendung der für die Anlage maßgeblichen Zuteilungsregel (in t CO_2-Äquiv.)
EF	Erfüllungsfaktor für die Zuteilungsperiode für Anlagen nach Anhang 1 Nr. VI bis XVIII des Treibhausgas-Emissionshandelsgesetzes vom 8. Juli 2004 (BGBl. I S. 1578), das zuletzt durch Artikel 9 des Gesetzes vom 11. August 2010 (BGBl. I S. 1163) geändert worden ist
EM_{BP}	Durchschnittliche jährliche Kohlendioxid-Emissionen der Anlage in der Basisperiode
EM_{KG}	Durchschnittliche jährliche Emissionen in der Basisperiode aus der Verwertung von Kuppelgasen
EM_{WL}	Durchschnittliche jährliche Emissionen in der Basisperiode aus Kuppelgasen, die an Anlagen weitergeleitet wurden, die dem Anwendungsbereich des Treibhausgas-Emissionshandelsgesetzes vom 8. Juli 2004 (BGBl. I S. 1578), das zuletzt durch Artikel 9 des Gesetzes vom 11. August 2010 (BGBl. I S. 1163) geändert worden ist, unterliegen
P_{BP}	Durchschnittliche jährliche Produktion der Anlage in der Basisperiode (in MWh pro Jahr)
$P_{BP(KGKW)}$	Produktionsmenge von Kuppelgas verwertenden Anlagen nach Anhang 1 Nr. I bis V des Treibhausgas-Emissionshandelsgesetzes vom 8. Juli 2004 (BGBl. I S. 1578), das zuletzt durch Artikel 9 des Gesetzes vom 11. August 2010 (BGBl. I S. 1163) geändert worden ist
t_p	Anzahl der Jahre der Zuteilungsperiode

$W_{BP(KG)}$ Brennstoffenergie der eingesetzten Kuppelgase in der Basisperiode
$W_{BP(gesamt)}$ Brennstoffenergie aller eingesetzten Brennstoffe in der Basisperiode

52. Verordnung über die Zuteilung von Treibhausgas-Emissionsberechtigungen in der Handelsperiode 2013 bis 2020 (Zuteilungsverordnung 2020 – ZuV 2020)

Vom 26. September 2011
(BGBl. I S. 1921)
FNA 2129-55-1

Auf Grund der §§ 10 und 28 Absatz 1 Nummer 2, 4 und 5 des Treibhausgas-Emissionshandelsgesetzes[1)] vom 21. Juli 2011 (BGBl. I S. 1475), hinsichtlich des § 10 nach Anhörung der beteiligten Kreise und unter Wahrung der Rechte des Bundestages, verordnet die Bundesregierung:

Inhaltsübersicht

§§

Abschnitt 1. Allgemeine Vorschriften

Anwendungsbereich und Zweck	1
Begriffsbestimmungen	2

Abschnitt 2. Zuteilungsregeln für Bestandsanlagen

Unterabschnitt 1. Allgemeine Zuteilungsregeln

Bildung von Zuteilungselementen	3
Bestimmung der installierten Anfangskapazität von Bestandsanlagen	4
Erhebung von Bezugsdaten	5
Bestimmung von Bezugsdaten	6
Anforderungen an die Verifizierung von Zuteilungsanträgen	7
Maßgebliche Aktivitätsrate	8
Zuteilung für Bestandsanlagen	9

Unterabschnitt 2. Besondere Zuteilungsregeln

Zuteilungsregel für die Wärmeversorgung von Privathaushalten	10
Zuteilungsregel für die Herstellung von Zellstoff	11
Zuteilungsregel für Steamcracking-Prozesse	12
Zuteilungsregel für Vinylchlorid-Monomer	13
Wärmeflüsse zwischen Anlagen	14
Austauschbarkeit von Brennstoff und Strom	15

Abschnitt 3. Neue Marktteilnehmer

Antrag auf kostenlose Zuteilung von Berechtigungen	16
Aktivitätsraten neuer Marktteilnehmer	17
Zuteilung für neue Marktteilnehmer	18

Abschnitt 4. Kapazitätsverringerungen und Betriebseinstellungen

Wesentliche Kapazitätsverringerung	19
Betriebseinstellungen	20
Teilweise Betriebseinstellungen	21
Änderungen des Betriebs einer Anlage	22

[1)] Nr. 48.

§§
Abschnitt 5. Befreiung von Kleinemittenten
Angaben im Antrag auf Befreiung für Kleinemittenten 23
Bestimmung des Emissionswertes der Anlage in der Basisperiode 24
Nachweis anlagenspezifischer Emissionsminderungen 25
Ausgleichszahlungs- und Abgabepflicht.. 26
Öffentlichkeitsbeteiligung... 27
Erleichterungen bei der Emissionsberichterstattung von Kleinemittenten 28

Abschnitt 6. Sonstige Regelungen
Einheitliche Anlagen.. 29
Auktionierung.. 30
Ordnungswidrigkeiten 31
Inkrafttreten 32

Anhang 1. Anwendung besonderer Zuteilungsregeln
  Teil 1. Zuteilung für Steamcracking-Prozesse nach § 12
  Teil 2. Zuteilung für Vinylchlorid-Monomer nach § 13
  Teil 3. Zuordnung der Eingangsströme und Emissionen bei der Erzeugung von Wärme in Kraft-Wärme-Kopplung

Anhang 2. Anforderungen an die sachverständigen Stellen und die Prüfung
  Teil 1. Anforderungen an die sachverständigen Stellen
  Teil 2. Anforderungen an die Prüfung
    I. Allgemeine Grundsätze
    II. Methodik
    III. Bericht

Abschnitt 1. Allgemeine Vorschriften

§ 1 Anwendungsbereich und Zweck. ¹Diese Verordnung gilt im Anwendungsbereich des Treibhausgas-Emissionshandelsgesetzes[1]). ²Sie dient

1. der nationalen Umsetzung des Beschlusses 2011/278/EU der Kommission vom 27. April 2011 zur Festlegung EU-weiter Übergangsvorschriften zur Harmonisierung der kostenlosen Zuteilung von Emissionszertifikaten gemäß Artikel 10a der Richtlinie 2003/87/EG des Europäischen Parlaments und des Rates (ABl. L 130 vom 17. 5. 2011, S. 1) sowie der Festlegung der Angaben, die im Zuteilungsverfahren nach § 9 des Treibhausgas-Emissionshandelsgesetzes zu fordern sind, und

2. der Konkretisierung der Anforderungen nach den §§ 8, 24 und 27 des Treibhausgas-Emissionshandelsgesetzes.

§ 2 Begriffsbestimmungen. ¹Für diese Verordnung gelten neben den Begriffsbestimmungen des § 3 des Treibhausgas-Emissionshandelsgesetzes[1]) die folgenden Begriffsbestimmungen:

1. Aufnahme des geänderten Betriebs
   der erste Tag eines durchgängigen 90-Tage-Zeitraums oder, falls der übliche Produktionszyklus in dem betreffenden Sektor keine durchgängige Produktion vorsieht, der erste Tag eines in sektorspezifische Produktionszyklen unterteilten 90-Tage-Zeitraums, in dem im Fall einer Kapazitätserweiterung die zusätzliche Produktionsleistung oder im Fall einer

---
[1]) Nr. 48.

Kapazitätsverringerung die verbleibende verringerte Produktionsleistung des geänderten Zuteilungselements mit durchschnittlich mindestens 40 Prozent arbeitet, gegebenenfalls unter Berücksichtigung der für das geänderte Zuteilungselement spezifischen Betriebsbedingungen;
2. Aufnahme des Regelbetriebs
der erste Tag eines durchgängigen 90-Tage-Zeitraums oder, falls der übliche Produktionszyklus in dem betreffenden Sektor keine durchgängige Produktion vorsieht, der erste Tag eines in sektorspezifische Produktionszyklen unterteilten 90-Tage-Zeitraums, in dem die Anlage mit durchschnittlich mindestens 40 Prozent der Produktionsleistung arbeitet, für die sie ausgelegt ist, gegebenenfalls unter Berücksichtigung der anlagenspezifischen Betriebsbedingungen;
3. Bestandsanlage
eine Anlage, die eine oder mehrere der in Anhang 1 des Treibhausgas-Emissionshandelsgesetzes aufgeführten Tätigkeiten durchführt und der vor dem 1. Juli 2011 eine Genehmigung zur Emission von Treibhausgasen erteilt wurde;
4. einheitliche EU-Zuteilungsregeln
Beschluss 2011/278/EU der Kommission vom 27. April 2011 zur Festlegung EU-weiter Übergangsvorschriften zur Harmonisierung der kostenlosen Zuteilung von Emissionszertifikaten gemäß Artikel 10a der Richtlinie 2003/87/EG des Europäischen Parlaments und des Rates (ABl. L 130 vom 17. 5. 2011, S. 1);
5. installierte Kapazität nach einer wesentlichen Kapazitätsänderung
der Durchschnitt der zwei höchsten Monatsproduktionsmengen innerhalb der ersten sechs Monate nach Aufnahme des geänderten Betriebs, hochgerechnet auf ein Kalenderjahr;
6. messbare Wärme
ein über einen Wärmeträger, beispielsweise Dampf, Heißluft, Wasser, Öl, Flüssigmetalle oder Salze, durch Rohre oder Leitungen transportierter Nettowärmefluss, für den ein Wärmezähler installiert wurde oder installiert werden könnte;
7. Monitoring-Leitlinien
die Entscheidung 2007/589/EG der Kommission vom 18. Juli 2007 zur Festlegung von Leitlinien für die Überwachung und Berichterstattung betreffend Treibhausgasemissionen im Sinne der Richtlinie 2003/87/EG des Europäischen Parlaments und des Rates (Monitoring-Leitlinien) (ABl. L 229 vom 31. 8. 2007, S. 1), die zuletzt durch den Beschluss 2010/345/EU (ABl. L 155 vom 22. 6. 2010, S. 34) geändert worden ist;
8. NACE-Code Rev 1.1
statistische Systematik der Wirtschaftszweige in der Europäischen Gemeinschaft „NACE Rev 1.1" nach Anhang I der Verordnung (EWG) Nr. 3037/90 des Rates vom 9. Oktober 1990 betreffend die statistische Systematik der Wirtschaftszweige in der Europäischen Gemeinschaft (ABl. L 293 vom 24. 10. 1990, S. 1), die zuletzt durch die Verordnung (EG) Nr. 1893/2006 (ABl. L 393 vom 30. 12. 2006, S. 1) geändert worden ist;
9. NACE-Code Rev 2
statistische Systematik der Wirtschaftszweige in der Europäischen Gemeinschaft „NACE Rev 2" nach Anhang I der Verordnung (EG) Nr.

1893/2006 des Europäischen Parlaments und des Rates vom 20. Dezember 2006 zur Aufstellung der statistischen Systematik der Wirtschaftszweige NACE Revision 2 und zur Änderung der Verordnung (EWG) Nr. 3037/90 des Rates sowie einiger Verordnungen der EG über bestimmte Bereiche der Statistik (ABl. L 393 vom 30. 12. 2006, S. 1), die durch die Verordnung (EG) Nr. 295/2008 (ABl. L 97 vom 9. 4. 2008, S. 13) geändert worden ist;

10. Neuanlagen
alle neuen Marktteilnehmer gemäß Artikel 3 Buchstabe h erster Gedankenstrich der Richtlinie 2003/87/EG;

11. nicht messbare Wärme
jede Wärme mit Ausnahme messbarer Wärme;

12. Privathaushalt
Gebäude, die überwiegend zu Wohnzwecken genutzt werden, oder anteilig andere Gebäude, soweit sie zu Wohnzwecken genutzt werden;

13. Prodcom-Code 2007
Code gemäß Anhang der Verordnung (EG) Nr. 1165/2007 der Kommission vom 3. September 2007 zur Erstellung der „Prodcom-Liste" der Industrieprodukte für 2007 gemäß der Verordnung (EWG) Nr. 3924/91 des Rates (ABl. L 268 vom 12. 10. 2007, S. 1);

14. Prodcom-Code 2010
Code gemäß Anhang der Verordnung (EU) Nr. 860/2010 der Kommission vom 10. September 2010 zur Erstellung der „Prodcom-Liste" der Industrieprodukte für 2010 gemäß der Verordnung (EWG) Nr. 3924/91 des Rates (ABl. L 262 vom 5. 10. 2010, S. 1);

15. Produkt-Emissionswert
in Anhang I Nummer 1 Spalte 5 und Nummer 2 Spalte 5 der einheitlichen EU-Zuteilungsregeln unter der Bezeichnung „Benchmarkwert" angegebene Anzahl Berechtigungen pro Produkteinheit;

16. Produktionsmenge
die Menge erzeugter Produkteinheiten je Jahr, bei den in Anhang I oder Anhang II der einheitlichen EU-Zuteilungsregeln genannten Produkten bezogen auf die dort angegebenen Produktspezifikationen, im Übrigen bezogen auf die jährliche Nettomenge marktfähiger Produkteinheiten;

17. Restgas
eine Mischung von Gasen, die unvollständig oxidierten Kohlenstoff als Nebenprodukt aus Prozessen gemäß Nummer 29 Buchstabe b enthält, so dass der chemische Energieinhalt ausreicht, um eigenständig ohne zusätzliche Brennstoffzufuhr zu verbrennen oder im Fall der Vermischung mit Brennstoffen mit höherem Heizwert signifikant zu der gesamten Energiezufuhr beizutragen;

18. Richtlinie 2003/87/EG
Richtlinie 2003/87/EG des Europäischen Parlaments und des Rates vom 13. Oktober 2003 über ein System für den Handel mit Treibhausgasemissionszertifikaten in der Gemeinschaft und zur Änderung der Richtlinie 96/61/EG des Rates (ABl. L 275 vom 25. 10. 2003, S. 32), die zuletzt durch die Richtlinie 2009/29/EG (ABl. L 140 vom 5. 6. 2009, S. 63) geändert worden ist, in der jeweils geltenden Fassung;

19. Sektor mit Verlagerungsrisiko
Sektor oder Teilsektor, der einem erheblichen Risiko der Verlagerung von Kohlendioxid-Emissionen ausgesetzt ist, entsprechend den Festlegungen im Anhang des Beschlusses 2010/2/EU der Kommission vom 24. Dezember 2009 zur Festlegung eines Verzeichnisses der Sektoren und Teilsektoren, von denen angenommen wird, dass sie einem erheblichen Risiko einer Verlagerung von CO_2-Emissionen ausgesetzt sind, gemäß der Richtlinie 2003/87/EG des Europäischen Parlaments und des Rates (ABl. L 1 vom 5. 1. 2010, S. 10) in der jeweils geltenden Fassung;

20. stillgelegte Kapazität
die Differenz zwischen der installierten Anfangskapazität eines Zuteilungselements und der installierten Kapazität dieses Elements nach einer wesentlichen Kapazitätsverringerung;

21. Stromerzeuger
Anlage, die nach dem 31. Dezember 2004 Strom erzeugt und an Dritte verkauft hat und in der ausschließlich eine Tätigkeit gemäß Anhang 1 Teil 2 Nummer 1 bis 4 des Treibhausgas-Emissionshandelsgesetzes durchgeführt wird;

22. Wärmezähler
ein Gerät zur Messung und Aufzeichnung der erzeugten Wärmemenge auf der Basis des Durchflusses und der Temperatur, insbesondere Wärmezähler im Sinne des Anhangs MI-004 der Richtlinie 2004/22/EG des Europäischen Parlaments und des Rates vom 31. März 2004 über Messgeräte (ABl. L 135 vom 30. 4. 2004, S. 1), die zuletzt durch die Richtlinie 2009/137/EG (ABl. L 294 vom 11. 11. 2009, S. 7) geändert worden ist;

23. wesentliche Kapazitätsänderung
wesentliche Kapazitätserweiterung oder wesentliche Kapazitätsverringerung;

24. wesentliche Kapazitätserweiterung
wesentliche Erhöhung der installierten Anfangskapazität eines Zuteilungselements, bei der folgende Merkmale vorliegen:

a) eine oder mehrere bestimmbare physische Änderungen der technischen Konfiguration des Zuteilungselements und seines Betriebs, ausgenommen der bloße Ersatz einer existierenden Produktionslinie, und

b) eine Erhöhung

aa) der Kapazität des Zuteilungselements um mindestens 10 Prozent gegenüber seiner installierten Anfangskapazität vor der Änderung oder

bb) der Aktivitätsrate des von der physischen Änderung im Sinne des Buchstaben a betroffenen Zuteilungselements in erheblichem Maß, die bei entsprechender Anwendung der für neue Marktteilnehmer geltenden Zuteilungsregel zu einer zusätzlichen Zuteilung von mehr als 50 000 Berechtigungen pro Jahr führen würde, sofern diese Anzahl Berechtigungen mindestens 5 Prozent der vorläufigen jährlichen Anzahl zuzuteilender Berechtigungen für dieses Zuteilungselement vor der Änderung entspricht;

25. wesentliche Kapazitätsverringerung
eine oder mehrere bestimmbare physische Änderungen, die eine wesentliche Verringerung der installierten Anfangskapazität eines Zuteilungselements oder seiner Aktivitätsrate in derselben Größenordnung wie eine wesentliche Kapazitätserweiterung bewirken;

26. zusätzliche Kapazität
die Differenz zwischen der installierten Kapazität nach einer wesentlichen Kapazitätserweiterung und der installierten Anfangskapazität eines Zuteilungselements;

27. Zuteilungselement mit Brennstoff-Emissionswert
Zusammenfassung von nicht von einem Zuteilungselement nach Nummer 28 oder Nummer 30 umfassten Eingangsströmen, Ausgangsströmen und diesbezüglichen Emissionen für Fälle der Erzeugung von nicht messbarer Wärme durch Brennstoffverbrennung, soweit die nicht messbare Wärme

a) zur Herstellung von Produkten, zur Erzeugung mechanischer Energie, zur Heizung oder zur Kühlung verbraucht wird oder

b) durch Sicherheitsfackeln erzeugt wird, soweit die damit verbundene Verbrennung von Pilotbrennstoffen und sehr variablen Mengen an Prozess- oder Restgasen genehmigungsrechtlich zur ausschließlichen Anlagenentlastung bei Betriebsstörungen oder anderen außergewöhnlichen Betriebszuständen vorgesehen ist;

hiervon jeweils ausgenommen ist nicht messbare Wärme, die zur Stromerzeugung verbraucht oder für die Stromerzeugung exportiert wird;

28. Zuteilungselement mit Produkt-Emissionswert
Zusammenfassung von Eingangsströmen, Ausgangsströmen und diesbezüglichen Emissionen im Zusammenhang mit der Herstellung eines Produktes, für das in Anhang I der einheitlichen EU-Zuteilungsregeln ein Emissionswert festgesetzt ist;

29. Zuteilungselement mit Prozessemissionen
Zusammenfassung von

a) Emissionen anderer Treibhausgase als Kohlendioxid, die außerhalb der Systemgrenzen eines Zuteilungselements mit Produkt-Emissionswert auftreten;

b) Kohlendioxid-Emissionen, die außerhalb der Systemgrenzen eines Zuteilungselements mit Produkt-Emissionswert auftreten, die aus einem der nachstehenden Prozesse resultieren:

aa) chemische oder elektrolytische Reduktion von Metallverbindungen in Erzen, Konzentraten und Sekundärstoffen;

bb) Entfernung von Unreinheiten aus Metallen und Metallverbindungen;

cc) Zersetzung von Karbonaten, ausgenommen Karbonate für die Abgasreinigung;

dd) chemische Synthesen, bei denen das kohlenstoffhaltige Material an der Reaktion teilnimmt und deren Hauptzweck nicht die Wärmeerzeugung ist;

ee) Verwendung kohlenstoffhaltiger Zusatzstoffe oder Rohstoffe, deren Hauptzweck nicht die Wärmeerzeugung ist;

ff) chemische oder elektrolytische Reduktion von Halbmetalloxiden oder Nichtmetalloxiden wie Siliziumoxiden und Phosphaten;

c) Emissionen aus der Verbrennung von unvollständig oxidiertem Kohlenstoff, der im Rahmen der unter Buchstabe b genannten Prozesse entsteht und zur Erzeugung von messbarer Wärme, nicht messbarer Wärme oder Strom genutzt wird, sofern Emissionen abgezogen werden, die bei der Verbrennung einer Menge Erdgas entstanden wären, die dem technisch nutzbaren Energiegehalt des unvollständig oxidierten Kohlenstoffs entspricht,

30. Zuteilungselement mit Wärme-Emissionswert
Zusammenfassung von nicht von einem Zuteilungselement nach Nummer 28 umfassten Eingangsströmen, Ausgangsströmen und diesbezüglichen Emissionen im Zusammenhang mit der Erzeugung messbarer Wärme oder deren Import aus einer unter den Anwendungsbereich des Treibhausgas-Emissionshandelsgesetzes fallenden Anlage, soweit die Wärme nicht aus Strom erzeugt oder bei der Herstellung von Salpetersäure angefallen ist und nicht zur Stromerzeugung verbraucht oder für die Stromerzeugung exportiert wird und die Wärme

a) in der Anlage außerhalb eines Zuteilungselements nach Nummer 28 zur Herstellung von Produkten, zur Erzeugung mechanischer Energie, zur Heizung oder Kühlung verbraucht wird oder

b) an Anlagen und andere Einrichtungen, die nicht unter den Anwendungsbereich des Treibhausgas-Emissionshandelsgesetzes fallen, abgegeben wird.

Abschnitt 2. Zuteilungsregeln für Bestandsanlagen

Unterabschnitt 1. Allgemeine Zuteilungsregeln

§ 3 Bildung von Zuteilungselementen. (1) Im Antrag auf kostenlose Zuteilung von Berechtigungen für eine Anlage ist die Gesamtheit der für die Zuteilung relevanten Eingangsströme, Ausgangsströme und diesbezüglichen Emissionen in dem nach § 8 Absatz 1 festgelegten Bezugszeitraum folgenden Zuteilungselementen zuzuordnen:

1. einem Zuteilungselement oder mehreren Zuteilungselementen mit Produkt-Emissionswert nach § 2 Nummer 28,

2. einem Zuteilungselement mit Wärme-Emissionswert nach § 2 Nummer 30, soweit nicht von Zuteilungselementen nach Nummer 1 umfasst,

3. einem Zuteilungselement mit Brennstoff-Emissionswert nach § 2 Nummer 27, soweit nicht von Zuteilungselementen nach den Nummern 1 und 2 umfasst, und

4. einem Zuteilungselement mit Prozessemissionen nach § 2 Nummer 29, soweit nicht von Zuteilungselementen nach den Nummern 1 bis 3 umfasst.

(2) [1] Für die Bestimmung des Zuteilungselements nach Absatz 1 Nummer 2 gilt die Abgabe von messbarer Wärme an ein Wärmeverteilnetz als Abgabe an eine andere Einrichtung nach § 2 Nummer 30 Buchstabe b. [2] Abweichend

von Satz 1 gilt die an ein Wärmeverteilnetz abgegebene Wärme als an einen an das Wärmeverteilnetz angeschlossenen Wärmeverbraucher abgegeben, soweit dieser Wärmeverbraucher nachweist, dass die Wärme auf Grundlage eines direkten Versorgungsvertrages mit dem Wärmeerzeuger in das Wärmeverteilnetz abgegeben wurde.

(3) [1] Bei Zuteilungselementen nach Absatz 1 Nummer 2 bis 4 hat der Antragsteller getrennte Zuteilungselemente zu bilden für Prozesse zur Herstellung von Produkten, die Sektoren mit Verlagerungsrisiko betreffen, und solchen Prozessen, auf die dieses nicht zutrifft. [2] Abweichend von Satz 1 ist die Bildung getrennter Zuteilungselemente ausgeschlossen, soweit der Antragsteller

1. den Nachweis erbringt, dass mindestens 95 Prozent der Aktivitätsrate dieses Zuteilungselements Sektoren mit Verlagerungsrisiko betreffen, oder
2. nicht den Nachweis erbringt, dass mindestens 5 Prozent der Aktivitätsrate des Zuteilungselements Sektoren mit Verlagerungsrisiko betreffen.

(4) [1] Bei Zuteilungselementen mit Wärme-Emissionswert gilt für die Zuordnung zu den getrennten Zuteilungselementen nach Absatz 3 Folgendes:

1. Bei der direkten Abgabe von Wärme an einen Abnehmer, der nicht unter den Anwendungsbereich des Treibhausgas-Emissionshandelsgesetzes fällt, ist diese Wärme den Sektoren mit Verlagerungsrisiko zuzurechnen, soweit der Betreiber nachweist, dass der Abnehmer einem Sektor mit Verlagerungsrisiko angehört; im Übrigen ist diese Wärme den Sektoren ohne Verlagerungsrisiko zuzuordnen;
2. Bei Abgabe der Wärme an Wärmeverteilnetze ist der Anteil an der insgesamt abgegebenen Wärmemenge den Sektoren mit Verlagerungsrisiko zuzurechnen, der dem Verhältnis der vom Wärmenetzbetreiber an Abnehmer in Sektoren mit Verlagerungsrisiko zur insgesamt von ihm abgegebenen Wärmemenge in dem nach § 8 Absatz 1 maßgeblichen Bezugszeitraum entspricht; im Übrigen ist diese Wärme den Sektoren ohne Verlagerungsrisiko zuzuordnen.

[2] Für die Zuordnung nach Satz 1 Nummer 1 hat der Antragsteller im Antrag zusätzlich die jeweiligen Prodcom-Code 2007 und 2010 sowie den jeweiligen NACE-Code Rev 1.1 und Rev 2 der abnehmenden Anlagen oder Einrichtungen und die zugehörigen Wärmemengen anzugeben. [3] Bei Abgabe der Wärme an ein Wärmeverteilnetz hat der Antragsteller die Gesamtmenge an Wärme anzugeben, die der Wärmenetzbetreiber innerhalb des nach § 8 Absatz 1 gewählten Bezugszeitraums abgegeben hat, sowie die Menge an Wärme, die der Wärmenetzbetreiber in diesem Zeitraum an Sektoren mit Verlagerungsrisiko abgegeben hat. [4] Die Daten des Wärmenetzbetreibers sind zu verifizieren.

§ 4 Bestimmung der installierten Anfangskapazität von Bestandsanlagen. (1) Zur Bestimmung der installierten Anfangskapazität eines Zuteilungselements mit Produkt-Emissionswert ist der Durchschnitt der zwei höchsten Monatsproduktionsmengen in den Kalendermonaten im Zeitraum vom 1. Januar 2005 bis 31. Dezember 2008 auf ein Kalenderjahr hochzurechnen; dabei wird davon ausgegangen, dass das Zuteilungselement mit dieser Auslastung 720 Stunden pro Monat und zwölf Monate pro Jahr in Betrieb war.

(2) ¹ Soweit der Antragsteller belegt, dass die installierte Anfangskapazität für Zuteilungselemente mit Produkt-Emissionswert mangels vorhandener Daten oder bei einem Betrieb des Zuteilungselements von weniger als zwei Monaten in dem Zeitraum nach Absatz 1 nicht bestimmt werden kann, wird als Anfangskapazität die Produktionsmenge des Zuteilungselements unter Aufsicht und nach Prüfung durch eine sachverständige Stelle nach Maßgabe folgender Merkmale experimentell bestimmt:

1. Ermittlung der Menge verkaufsfertiger Produkte anhand eines ununterbrochenen, für den bestimmungsgemäßen stationären Betrieb repräsentativen Testlaufs von 48 Stunden,
2. Ermittlung der Produktionsmenge anhand eines ununterbrochenen Testlaufs über 48 Stunden,
3. Berücksichtigung früherer Produktionsmengen des Zuteilungselements,
4. Berücksichtigung sektortypischer Werte und Normen,
5. Berücksichtigung der Produktqualität der tatsächlich verkauften Produkte.

² Die durchschnittliche monatliche Kapazität des Zuteilungselements errechnet sich aus der nach vorstehenden Merkmalen bestimmten durchschnittlichen täglichen Produktionsmenge multipliziert mit 30, die installierte Anfangskapazität durch eine Multiplikation dieses Wertes mit zwölf.

(3) ¹ Für ein Zuteilungselement mit einer wesentlichen Kapazitätsänderung im Zeitraum vom 1. Januar 2005 bis zum 30. Juni 2011 ist abweichend von Absatz 1 der Zeitraum vom 1. Januar 2005 bis zum Zeitpunkt der Aufnahme des geänderten Betriebs maßgeblich. ² Bei Kapazitätserweiterungen im Jahr 2005 gilt Absatz 1 im Fall eines Antrags nach § 8 Absatz 8 Satz 3 erster Halbsatz. ³ Für Anlagen mit Aufnahme des Regelbetriebs nach dem 1. Januar 2007 ist abweichend von Absatz 1 der Zeitraum von der Aufnahme des Regelbetriebs bis zum 30. Juni 2011 maßgeblich.

(4) Zur Bestimmung der installierten Anfangskapazität für ein Zuteilungselement gemäß § 2 Nummer 27, 29 oder Nummer 30 gelten die Absätze 1 bis 3 entsprechend.

(5) ¹ Für Zuteilungselemente von Bestandsanlagen, die bis zum 30. Juni 2011 ihren Regelbetrieb noch nicht aufgenommen haben, beträgt die installierte Anfangskapazität null. ² Dies gilt bei wesentlichen Kapazitätserweiterungen mit Aufnahme des geänderten Betriebs nach dem 30. Juni 2011 auch für die zusätzliche Kapazität.

§ 5 Erhebung von Bezugsdaten. (1) Der Anlagenbetreiber ist verpflichtet, im Antrag auf kostenlose Zuteilung für Bestandsanlagen insbesondere folgende Angaben zu machen:

1. Allgemeine Angaben zu der Anlage:
   a) die Bezeichnung der Tätigkeit nach Anhang 1 Teil 2 des Treibhausgas-Emissionshandelsgesetzes[1]),
   b) die NACE-Codes Rev 2 und Rev 1.1 der Anlage,
   c) eine Beschreibung der Anlage, ihrer wesentlichen Anlagenteile und Nebeneinrichtungen sowie der Betriebsart,

---
[1]) Nr. 48.

d) eine Beschreibung der angewandten Erhebungsmethodik, der verschiedenen Datenquellen und der angewandten Berechnungsschritte,

e) die Gesamtfeuerungswärmeleistung, soweit für die Tätigkeit in Anhang 1 Teil 2 des Treibhausgas-Emissionshandelsgesetzes ein Schwellenwert als Feuerungswärmeleistung angegeben ist,

f) sofern es sich um einen Stromerzeuger handelt, eine Bezeichnung als solcher,

g) die Bezeichnung der für die Genehmigung nach § 4 Absatz 1 Satz 1 des Treibhausgas-Emissionshandelsgesetzes zuständigen Behörde, deren Genehmigungsaktenzeichen, das Datum der Genehmigung, die zu dem Zeitpunkt gegolten hat, zu dem die Anlage erstmals unter den Anwendungsbereich des Treibhausgas-Emissionshandelsgesetzes gefallen ist, und das Datum der letztmaligen Änderung der Genehmigung,

h) die für die Zuteilung maßgeblichen Zuteilungselemente,

i) Veränderungen der Angaben zu den Buchstaben a bis h in den Kalenderjahren 2005 bis 2010;

2. Zusätzliche Angaben zu der Anlage:

a) sämtliche zuteilungsrelevanten Ein- und Ausgangsströme,

b) im Fall des Austausches von messbarer Wärme, Restgasen oder Treibhausgasen mit anderen Anlagen oder Einrichtungen auch die Angabe, in welcher Menge und mit welchen Anlagen oder Einrichtungen dieser Austausch stattfand, im Fall von Anlagen nach Anhang 1 Teil 2 des Treibhausgas-Emissionshandelsgesetzes zusätzlich die Genehmigungskennungen dieser Anlagen aus dem Emissionshandelsregister,

c) im Fall von Anlagen, die Strom erzeugen, eine Bilanz der elektrischen Energie der Anlage und die Mengen an Emissionen und Wärme sowie die Energien der Brennstoffe, die der Stromerzeugung zuzuordnen sind;

3. Allgemeine Angaben zu jedem Zuteilungselement:

a) die installierte Anfangskapazität nach § 4; für Zuteilungselemente mit Produkt-Emissionswert zusätzlich der Durchschnitt der zwei höchsten Monatsproduktionsmengen in den Kalendermonaten im Zeitraum vom 1. Januar 2005 bis 31. Dezember 2008,

b) die anteilig zuzuordnenden Emissionen und Energien der eingesetzten Brennstoffe,

c) die anteilig zuzuordnenden Eingangs- und Ausgangsströme nach Nummer 2 Buchstabe a, sofern für die Anlage mindestens zwei Zuteilungselemente gebildet wurden und davon mindestens ein Zuteilungselement dem § 3 Absatz 1 Nummer 2 bis 4 unterfällt,

d) die maßgebliche Aktivitätsrate nach § 8,

e) bei Produkten, die in Anhang I Nummer 2 Spalte 2 der einheitlichen EU-Zuteilungsregeln aufgeführt sind, den maßgeblichen Stromverbrauch für die Herstellung des betreffenden Produktes innerhalb der Systemgrenzen nach Anhang I Nummer 2 Spalte 3 der einheitlichen EU-Zuteilungsregeln,

f) die Bezeichnung der hergestellten Produkte mit deren Prodcom-Codes 2007 und 2010 und NACE-Codes Rev 1.1 und Rev 2 und die produzierten Mengen;

Zuteilungsverordnung 2020 **§ 5 ZuV 2020 52**

4. Zusätzliche Angaben zu Zuteilungselementen in Sonderfällen:
    a) bei Aufnahme des Regelbetriebs zwischen dem 1. Januar 2005 und dem 30. Juni 2011 das Datum der Aufnahme des Regelbetriebs,
    b) bei Zuteilungselementen, deren Kapazität zwischen dem 1. Januar 2005 und dem 30. Juni 2011 wesentlich geändert wurde, zusätzlich zu der installierten Anfangskapazität die installierte Kapazität nach jeder wesentlichen Kapazitätsänderung und das Datum der Aufnahme des geänderten Betriebs,
    c) bei Zuteilungselementen, die in den Jahren 2005 bis 2010 messbare Wärme bezogen haben, die Menge an messbarer Wärme sowie die Menge, die von nicht dem Emissionshandel unterliegenden Anlagen oder anderen Einrichtungen bezogen wurde,
    d) bei Zuteilungselementen, die in den Jahren 2005 bis 2010 messbare Wärme abgegeben haben, die Bezeichnung der Anlagen oder anderen Einrichtungen, an die die messbare Wärme abgegeben wurde, bei Anlagen nach Anhang 1 Teil 2 des Treibhausgas-Emissionshandelsgesetzes mit Angabe der Genehmigungskennung des Emissionshandelsregisters sowie Angaben über die an die einzelnen Anlagen oder andere Einrichtungen abgegebene Menge an Wärme,
    e) bei Zuteilungselementen mit Wärme-Emissionswert für die in gekoppelter Produktion erzeugte Wärme eine Zuordnung der Eingangsströme und der diesbezüglichen Emissionen zu den in gekoppelter Produktion hergestellten Produkten nach Maßgabe von Anhang 1 Teil 3 sowie die hierfür zusätzlich erforderlichen Angaben nach Anhang 1 Teil 3 Nummer 4,
    f) bei Produkten nach Anhang III der einheitlichen EU-Zuteilungsregeln die dort genannten Daten,
    g) bei Prozessen zur Herstellung von Synthesegas und Wasserstoff in Anlagen im Sinne des Anhangs 1 Teil 2 Nummer 7 des Treibhausgas-Emissionshandelsgesetzes die Daten entsprechend Anhang III Nummer 6 und 7 der einheitlichen EU-Zuteilungsregeln,
    h) bei der Herstellung von Produkten nach Anhang I der einheitlichen EU-Zuteilungsregeln die Menge der eingesetzten Zwischenprodukte im Sinne des § 9 Absatz 5 Satz 2 und aus dem Emissionshandelsregister die Genehmigungskennung der Anlage, von der das Zwischenprodukt bezogen wird,
    i) bei Abgabe eines Zwischenproduktes im Sinne des § 9 Absatz 5 Satz 2 an eine andere Anlage im Anwendungsbereich des Treibhausgas-Emissionshandelsgesetzes die Menge der abgegebenen Zwischenprodukte und aus dem Emissionshandelsregister die Genehmigungskennung der Anlage, an die das Produkt oder Zwischenprodukt abgegeben wird,
    j) bei Anlagen, die durch den Einsatz von Biomasse messbare Wärme in gekoppelter Produktion mit einer nach dem Erneuerbare-Energien-Gesetz vergüteten Strommenge erzeugt haben, die Angabe dieser in gekoppelter Produktion erzeugten Wärmemenge.

(2) [1] Angaben zu Absatz 1 Nummer 2 bis 4 sind mit Ausnahme der Angaben zu Absatz 1 Nummer 3 Buchstabe a und Nummer 4 Buchstabe a und b erforderlich für jedes der Kalenderjahre in dem vom Antragsteller nach § 8

Absatz 1 gewählten Bezugszeitraum. ²Von Satz 1 erfasst sind alle Kalenderjahre, in denen die Anlage in Betrieb war, auch wenn sie nur gelegentlich oder saisonal betrieben oder in Reserve oder in Bereitschaft gehalten wurde. ³Im Fall des Austausches von messbarer Wärme, Zwischenprodukten, Restgasen oder Treibhausgasen zwischen Anlagen nach Anhang 1 Teil 2 des Treibhausgas-Emissionshandelsgesetzes sind die Angaben für jedes der Kalenderjahre 2005 bis 2010 erforderlich. ⁴Bei Anlagen mit mindestens einem Zuteilungselement mit Produkt-Emissionswert, für die als maßgeblicher Bezugszeitraum die Jahre 2009 und 2010 gewählt wurden, sind die Angaben auch für jedes der Kalenderjahre 2005 bis 2008 erforderlich.

(3) ¹Der Antragsteller kann auf Angaben zu den Eingangs- und Ausgangsströmen der Anlage nach Absatz 1 Nummer 2 Buchstabe a verzichten, soweit er diese Angaben für die gesamte Anlage, wie sie zum Zeitpunkt der Antragstellung der Emissionshandelspflicht unterliegt, bereits im Rahmen der Emissionsberichterstattung oder im Rahmen der Datenerhebung auf Grund der Datenerhebungsverordnung 2020 für die Jahre 2005 bis 2010 mitgeteilt hat. ²Verzichtet der Antragsteller auf die Angaben im Zuteilungsantrag, werden auch die auf der Basis einheitlicher Stoffwerte mitgeteilten Emissionsdaten übernommen.

§ 6 Bestimmung von Bezugsdaten. (1) ¹Aktivitätsraten, Eingangs- und Ausgangsströme, zu denen nur für die Gesamtanlage Daten vorliegen, werden den jeweiligen Zuteilungselementen auf Basis der nachstehenden Methoden anteilig durch den Antragsteller zugeordnet:

1. soweit an derselben Produktionslinie nacheinander unterschiedliche Produkte hergestellt werden, werden Aktivitätsraten, Eingangs- und Ausgangsströme auf Basis der Nutzungszeit pro Jahr und Zuteilungselement zugeordnet;
2. soweit Aktivitätsraten, Eingangs- und Ausgangsströme nicht gemäß Nummer 1 zugeordnet werden können, erfolgt die Zuordnung auf Basis
   a) der Masse oder des Volumens der jeweils hergestellten Produkte,
   b) von Schätzungen, die sich auf die freien Reaktionsenthalpien der betreffenden chemischen Reaktionen stützen, oder
   c) eines anderen geeigneten wissenschaftlich fundierten Verteilungsschlüssels.

²Bei dieser Zuordnung darf die Summe der Emissionen aller Zuteilungselemente die Gesamtemissionen der Gesamtanlage nicht überschreiten. ³Die Annahmen und Methoden, die der Zuordnung der Emissionen zu den jeweiligen Zuteilungselementen zugrunde gelegt worden sind, sind in der in § 5 Absatz 1 Nummer 1 Buchstabe c und d genannten Beschreibung der Anlage darzustellen.

(2) ¹Soweit die Angaben im Zuteilungsantrag die Durchführung von Berechnungen voraussetzen, ist neben den geforderten Angaben jeweils auch die angewandte Berechnungsmethode zu erläutern und die Ableitung der Angaben in der Beschreibung der Anlage nach § 5 Absatz 1 Nummer 1 Buchstabe c und d darzustellen. ²Soweit die zuständige Behörde für die Berechnungen Formulare vorgibt, sind diese zu verwenden. ³Der Betreiber ist verpflichtet, die den Angaben zugrunde liegenden Einzelnachweise auf Verlangen der zuständigen Behörde vorzuweisen.

(3) ¹Soweit diese Verordnung keine abweichenden Regelungen enthält, sind die im Zuteilungsantrag anzugebenden Daten und Informationen im Einklang mit den Monitoring-Leitlinien zu erheben und anzugeben. ²Soweit die Anforderungen der Monitoring-Leitlinien nicht eingehalten werden können oder keine Regelungen enthalten, sind Daten und Informationen mit dem im Einzelfall höchsten erreichbaren Grad an Genauigkeit und Vollständigkeit zu erheben und anzugeben. ³Dabei darf es weder zu Überschneidungen noch zu Doppelzählungen zwischen den Zuteilungselementen kommen.

(4) ¹Wenn Daten fehlen, ist der Grund dafür anzugeben. ²Fehlende Daten sind durch konservative Schätzungen zu ersetzen, die insbesondere auf bewährter Industriepraxis und auf aktuellen wissenschaftlichen und technischen Informationen beruhen. ³Liegen Daten teilweise vor, so bedeutet konservative Schätzung, dass der zur Füllung von Datenlücken geschätzte Wert maximal 90 Prozent des Wertes beträgt, der bei Verwendung der verfügbaren Daten erzielt wurde. ⁴Liegen für ein Zuteilungselement mit Wärme-Emissionswert keine Daten über messbare Wärmeflüsse vor, so kann ein Ersatzwert abgeleitet werden. ⁵Dieser errechnet sich durch Multiplikation des entsprechenden Energieeinsatzes mit dem Nutzungsgrad der Anlage zur Wärmeerzeugung, der von einer sachverständigen Stelle geprüft wurde. ⁶Liegen keine Daten zur Bestimmung des Nutzungsgrades vor, so wird auf den entsprechenden Energieeinsatz für die Erzeugung messbarer Wärme als Bezugseffizienzwert ein Nutzungsgrad von 70 Prozent angewendet.

(5) Soweit im Rahmen der Berechnung der vorläufigen Zuteilungsmenge die Verwendung eines Oxidationsfaktors von Bedeutung ist, wird generell ein Oxidationsfaktor von 1 angewendet.

(6) Soweit bei einem Zuteilungselement mit Wärme-Emissionswert die Wärme in gekoppelter Produktion erzeugt wurde, sind die Eingangsströme und die diesbezüglichen Emissionen den in gekoppelter Produktion hergestellten Produkten nach Maßgabe von Anhang 1 Teil 3 zuzuordnen.

§ 7 Anforderungen an die Verifizierung von Zuteilungsanträgen.

(1) ¹Die tatsachenbezogenen Angaben im Zuteilungsantrag sowie die Erhebungsmethodik sind von einer sachverständigen Stelle im Sinne des § 21 des Treibhausgas-Emissionshandelsgesetzes[1)] im Rahmen der Verifizierung des Zuteilungsantrags nach § 9 Absatz 2 Satz 6 des Treibhausgas-Emissionshandelsgesetzes zu überprüfen. ²Die Prüfung betrifft insbesondere die Zuverlässigkeit, Glaubhaftigkeit und Genauigkeit der von den Anlagenbetreibern übermittelten Daten. ³Dabei ist die Aufteilung der Anlage in Zuteilungselemente gesondert zu bestätigen.

(2) Die sachverständige Stelle muss im Prüfbericht darlegen, ob der Antrag und die darin enthaltenen Daten mit hinreichender Sicherheit frei von wesentlichen Falschangaben und Abweichungen von den Anforderungen des Treibhausgas-Emissionshandelsgesetzes und dieser Verordnung sind.

(3) ¹Die sachverständige Stelle muss die in Anhang 2 Teil 1 geregelten Anforderungen erfüllen. ²Unbeschadet der Anforderungen der Monitoring-Leitlinien gelten für die sachverständige Stelle im Rahmen der Prüfung nach Absatz 1 die in Anhang 2 Teil 2 näher geregelten Anforderungen.

[1)] Nr. 48.

(4) ¹ Die sachverständige Stelle hat in ihrem externen Prüfbericht an Eides statt zu versichern, dass

1. bei der Verifizierung des Zuteilungsantrags die Unabhängigkeit und Unparteilichkeit ihrer Tätigkeit nach den jeweiligen Regelungen ihrer Zulassung als Umweltgutachter oder ihrer Bestellung als Sachverständiger gemäß § 36 der Gewerbeordnung gewahrt war und

2. sie bei der Erstellung des Zuteilungsantrags oder der Entwicklung der Erhebungsmethodik nicht mitgewirkt hat.

² Für Sachverständige, die auf Grund der Gleichwertigkeit ihrer Akkreditierung in einem anderen Mitgliedstaat nach § 21 Absatz 3 Satz 1 des Treibhausgas-Emissionshandelsgesetzes bekannt gegeben wurden, gilt Satz 1 entsprechend.

(5) Die sachverständige Stelle hat im externen Prüfbericht zu bestätigen, dass der geprüfte Antrag weder Überschneidungen zwischen Zuteilungselementen noch Doppelzählungen enthält.

§ 8 Maßgebliche Aktivitätsrate. (1) Für Bestandsanlagen bestimmt sich die maßgebliche Aktivitätsrate auf Basis der gemäß § 5 erhobenen Daten nach Wahl des Antragstellers einheitlich für alle Zuteilungselemente der Anlage entweder nach dem Bezugszeitraum vom 1. Januar 2005 bis einschließlich 31. Dezember 2008 oder nach dem Bezugszeitraum vom 1. Januar 2009 bis einschließlich 31. Dezember 2010.

(2) ¹ Die maßgebliche Aktivitätsrate ist für jedes Produkt der Anlage, für das ein Zuteilungselement im Sinne des § 3 Absatz 1 Nummer 1 zu bilden ist, der Medianwert aller Jahresmengen dieses Produktes in dem nach Absatz 1 gewählten Bezugszeitraum. ² Abweichend von Satz 1 bestimmt sich die Aktivitätsrate für die in Anhang III der einheitlichen EU-Zuteilungsregeln genannten Produkte nach den dort für diese Produkte festgelegten Formeln.

(3) Die maßgebliche Aktivitätsrate für ein Zuteilungselement mit Wärme-Emissionswert ist der in Gigawattstunden pro Jahr angegebene Medianwert aller Jahresmengen der nach § 2 Nummer 30 einbezogenen Wärme in dem nach Absatz 1 gewählten Bezugszeitraum.

(4) Die maßgebliche Aktivitätsrate für ein Zuteilungselement mit Brennstoff-Emissionswert ist der in Gigajoule pro Jahr angegebene Medianwert aller Jahresenergiemengen der für die Zwecke nach § 2 Nummer 27 verbrauchten Brennstoffe als Produkt von Brennstoffmenge und unterem Heizwert in dem nach Absatz 1 gewählten Bezugszeitraum.

(5) Die maßgebliche Aktivitätsrate für ein Zuteilungselement mit Prozessemissionen ist der Medianwert der in Tonnen Kohlendioxid-Äquivalent angegebenen Jahreswerte der nach § 2 Nummer 29 einbezogenen Prozessemissionen in dem nach Absatz 1 gewählten Bezugszeitraum.

(6) ¹ Zur Bestimmung der Medianwerte nach den Absätzen 2 bis 5 werden nur die Kalenderjahre berücksichtigt, in denen die Anlage an mindestens einem Tag in Betrieb war. ² Abweichend hiervon werden für die Bestimmung der Medianwerte bei Anlagen auch die Kalenderjahre berücksichtigt, in denen die Anlage während des Bezugszeitraums nicht an mindestens einem Tag in Betrieb war, soweit

1. die Anlage gelegentlich genutzt wird, insbesondere als Bereitschafts- oder Reservekapazität, oder als Anlage mit saisonalem Betrieb regelmäßig in Betrieb ist,

2. die Anlage über eine Genehmigung zur Emission von Treibhausgasen sowie über alle anderen vorgeschriebenen Betriebsgenehmigungen verfügt und regelmäßig gewartet wird und

3. es technisch möglich ist, die Anlage kurzfristig in Betrieb zu nehmen.

(7) Abweichend von den Absätzen 2 bis 5 werden die Aktivitätsraten berechnet auf der Basis der installierten Anfangskapazität jedes Zuteilungselements, multipliziert mit dem gemäß § 17 Absatz 2 bestimmten, maßgeblichen Auslastungsfaktor, sofern

1. der Zeitraum von der Inbetriebnahme einer Anlage bis zum Ende des nach Absatz 1 gewählten Bezugszeitraums weniger als zwei volle Kalenderjahre beträgt,

2. auf Grund von Absatz 6 Satz 1 die Aktivitätsraten der Zuteilungselemente von weniger als zwei Kalenderjahren des Bezugszeitraums zu berücksichtigen sind oder

3. der Betrieb einer Anlage nach Anhang 1 Teil 2 Nummer 7 bis 29 des Treibhausgas-Emissionshandelsgesetzes[1)] in dem nach Absatz 1 gewählten Bezugszeitraum länger als ein Kalenderjahr unterbrochen war und die Anlage nicht als Bereitschafts- oder Reservekapazität vorgehalten oder saisonal betrieben wird.

(8) [1] Bei wesentlichen Kapazitätserweiterungen zwischen dem 1. Januar 2005 und dem 30. Juni 2011 entspricht die maßgebliche Aktivitätsrate des Zuteilungselements der Summe des nach den Absätzen 2 bis 5 bestimmten Medianwertes ohne die wesentliche Kapazitätserweiterung und der Aktivitätsrate der zusätzlichen Kapazität. [2] Die Aktivitätsrate der zusätzlichen Kapazität entspricht dabei der Differenz zwischen der installierten Kapazität des Zuteilungselements nach der Kapazitätserweiterung und der installierten Anfangskapazität des geänderten Zuteilungselements bis zur Aufnahme des geänderten Betriebs, multipliziert mit der durchschnittlichen Kapazitätsauslastung des betreffenden Zuteilungselements im Zeitraum vom 1. Januar 2005 bis zum Ende des Kalenderjahres vor Aufnahme des geänderten Betriebs. [3] Bei wesentlichen Kapazitätserweiterungen im Jahr 2005 werden diese auf Antrag des Betreibers als nicht wesentliche Kapazitätserweiterungen behandelt; ansonsten ist in diesen Fällen für die Bestimmung der durchschnittlichen Kapazitätsauslastung des betreffenden Zuteilungselements die durchschnittliche monatliche Kapazitätsauslastung im Jahr 2005 bis zum Kalendermonat vor Aufnahme des geänderten Betriebs maßgeblich. [4] Bei mehreren Kapazitätserweiterungen ist die durchschnittliche Kapazitätsauslastung des betreffenden Zuteilungselements vor der Aufnahme des Betriebs der ersten Änderung maßgeblich.

(9) [1] Bei wesentlichen Kapazitätsverringerungen zwischen dem 1. Januar 2005 und dem 30. Juni 2011 entspricht die maßgebliche Aktivitätsrate des Zuteilungselements der Differenz des gemäß den Absätzen 2 bis 5 bestimmten Medianwertes ohne die wesentliche Kapazitätsverringerung und der Aktivitätsrate der stillgelegten Kapazität. [2] Die Aktivitätsrate der stillgelegten Kapazi-

---

[1)] Nr. 48.

tät entspricht dabei der Differenz zwischen der installierten Anfangskapazität des geänderten Zuteilungselements bis zum Kalenderjahr vor Aufnahme des geänderten Betriebs und der installierten Kapazität des Zuteilungselements nach der Kapazitätsverringerung, multipliziert mit der durchschnittlichen Kapazitätsauslastung des betreffenden Zuteilungselements im Zeitraum vom 1. Januar 2005 bis zum Ende des Kalenderjahres vor Aufnahme des geänderten Betriebs. ³Bei mehreren Kapazitätsverringerungen ist die durchschnittliche Kapazitätsauslastung des betreffenden Zuteilungselements vor der Aufnahme des Betriebs der ersten Kapazitätsverringerung maßgeblich. ⁴Bei wesentlichen Kapazitätsverringerungen im Jahr 2005 gilt Absatz 8 Satz 3 zweiter Halbsatz entsprechend.

§ 9 Zuteilung für Bestandsanlagen. (1) ¹Zur Ermittlung der kostenlosen Zuteilungsmenge für Bestandsanlagen wird zunächst für jedes Zuteilungselement die vorläufige jährliche Anzahl Berechtigungen nach Maßgabe der Absätze 2 bis 4 errechnet. ²Die Summe der vorläufigen jährlichen Anzahl Berechtigungen, die allen Zuteilungselementen kostenlos zuzuteilen sind, bildet die vorläufige Zuteilungsmenge für die Anlage. ³Die zuständige Behörde meldet die vorläufigen Zuteilungsmengen für alle Anlagen nach § 9 Absatz 3 des Treibhausgas-Emissionshandelsgesetzes[1)] an die Europäische Kommission.

(2) Die vorläufige jährliche Anzahl Berechtigungen für ein Zuteilungselement ergibt sich

1. für jedes Zuteilungselement mit Produkt-Emissionswert aus dem Produkt-Emissionswert multipliziert mit der maßgeblichen produktbezogenen Aktivitätsrate nach § 8 Absatz 2,

2. für
    a) Zuteilungselemente mit Wärme-Emissionswert aus dem Emissionswert für messbare Wärme gemäß Anhang I der einheitlichen EU-Zuteilungsregeln multipliziert mit der wärmebezogenen Aktivitätsrate nach § 8 Absatz 3,
    b) Zuteilungselemente mit Brennstoff-Emissionswert aus dem Brennstoff-Emissionswert gemäß Anhang I der einheitlichen EU-Zuteilungsregeln multipliziert mit der brennstoffbezogenen Aktivitätsrate nach § 8 Absatz 4,
    c) Zuteilungselemente mit Prozessemissionen aus der prozessbezogenen Aktivitätsrate nach § 8 Absatz 5 multipliziert mit dem Faktor 0,97.

(3) ¹Auf die nach den Regeln dieser Verordnung für jedes Zuteilungselement für das betreffende Jahr ermittelte vorläufige jährliche Anzahl kostenlos zuzuteilender Berechtigungen werden die jeweiligen jährlichen Faktoren gemäß Anhang VI der einheitlichen EU-Zuteilungsregeln angewandt. ²Betreffen die in diesen Zuteilungselementen hergestellten Produkte Sektoren mit Verlagerungsrisiko, so ist für die Jahre 2013 und 2014 sowie für die Jahre 2015 bis 2020 der Faktor 1 anzuwenden. ³Bei Änderungen der gemäß Artikel 10a Absatz 13 der Richtlinie 2003/87/EG durch die Europäische Kommission festgelegten Sektoren oder Teilsektoren für die Jahre 2013 und 2014

[1)] Nr. **48**.

oder für die Jahre 2015 bis 2020 ist die Zuteilungsentscheidung insoweit von Amts wegen zu widerrufen und anzupassen.

(4) Die vorläufige jährliche Anzahl Berechtigungen für Zuteilungselemente mit Produkt-Emissionswert, welche messbare Wärme aus Zuteilungselementen bezogen haben, die Produkte herstellen, welche unter die Salpetersäure-Emissionswerte gemäß Anhang I der einheitlichen EU-Zuteilungsregeln fallen, wird um die Anzahl Berechtigungen gekürzt, die dem Produkt aus dem Jahresverbrauch dieser Wärme während der Jahre, die den Medianwert für die Zuteilung nach dem Salpetersäure-Emissionswert bilden, und dem Wert des Wärme-Emissionswertes für diese messbare Wärme gemäß Anhang I der einheitlichen EU-Zuteilungsregeln entspricht.

(5) [1] Bei der Berechnung der vorläufigen Zuteilungsmenge für die Anlage dürfen Eingangs- und Ausgangsströme sowie Emissionen nicht doppelt gezählt werden. [2] Stellt eine Anlage Zwischenprodukte her, die von dem Produkt-Emissionswert eines Produktes gemäß den jeweiligen Systemgrenzen nach Spalte 3 des Anhangs I der einheitlichen EU-Zuteilungsregeln umfasst sind, erhält die Anlage für die Zwischenprodukte keine Zuteilung, soweit diese Zwischenprodukte von einer Anlage aufgenommen werden und dort bei der Zuteilung berücksichtigt sind.

(6) [1] Die endgültige Zuteilungsmenge für die Anlage entspricht dem Produkt aus der nach den Absätzen 1 bis 5 berechneten vorläufigen Zuteilungsmenge für die Anlage und dem von der Europäischen Kommission gemäß Artikel 15 Absatz 3 der einheitlichen EU-Zuteilungsregeln festgesetzten sektorübergreifenden Korrekturfaktor. [2] Bei der Zuteilung für die Wärmeerzeugung bei Stromerzeugern wird statt des in Satz 1 genannten Korrekturfaktors der lineare Faktor gemäß Artikel 10a Absatz 4 der Richtlinie 2003/87/EG angewandt, ausgehend von der vorläufigen jährlichen Anzahl Berechtigungen, die dem betreffenden Stromerzeuger für das Jahr 2013 kostenlos zuzuteilen sind.

(7) Soweit die Europäische Kommission die vorläufige Zuteilungsmenge für eine Anlage ablehnt, lehnt die zuständige Behörde die beantragte Zuteilung ab.

Unterabschnitt 2. Besondere Zuteilungsregeln

§ 10 Zuteilungsregel für die Wärmeversorgung von Privathaushalten.

(1) Soweit messbare Wärme an Privathaushalte abgegeben wird und sofern der auf die Produktion dieser Wärme entfallende Teil der nach § 9 Absatz 2 Nummer 2 Buchstabe a bestimmten vorläufigen jährlichen Anzahl Berechtigungen für 2013 niedriger ist als der für den Zeitraum vom 1. Januar 2005 bis zum 31. Dezember 2008 berechnete Medianwert der jährlichen Emissionen des Zuteilungselements, die aus der Produktion messbarer Wärme resultieren, die an Privathaushalte abgegeben worden ist, wird auf Antrag die vorläufige jährliche Anzahl Berechtigungen für 2013 um die Differenz erhöht.

(2) [1] In jedem der Jahre 2014 bis 2020 wird die nach Absatz 1 festgestellte vorläufige jährliche Anzahl Berechtigungen so angepasst, dass sie für das betreffende Jahr einem Prozentsatz des Medianwertes der jährlichen Emissionen nach Absatz 1 entspricht. [2] Dieser Prozentsatz beträgt 90 Prozent im Jahr 2014 und verringert sich in jedem der Folgejahre um 10 Prozentpunkte. [3] Die

Anpassung nach den Sätzen 1 und 2 unterbleibt, sobald der auf die Produktion dieser Wärme entfallende Teil der nach § 9 Absatz 2 Nummer 2 Buchstabe a bestimmten vorläufigen jährlichen Anzahl Berechtigungen für das betreffende Jahr unterschritten würde.

(3) ¹ Im Antrag nach Absatz 1 hat der Antragsteller zusätzlich die anteiligen Treibhausgasemissionen anzugeben, die der Produktion von messbarer Wärme in den Jahren 2005 bis 2008, die an Privathaushalte abgegeben worden ist, zuzurechnen sind; bei gekoppelter Wärmeproduktion sind die anteiligen Treibhausgasemissionen nach Maßgabe von Anhang 1 Teil 3 zu ermitteln und anzugeben. ² Weiterhin anzugeben sind:

1. der Anteil der an Privathaushalte abgegebenen Wärmemenge an der Wärmemenge, die jährlich insgesamt an Anlagen und Einrichtungen abgegeben wird, die nicht dem Anwendungsbereich des Treibhausgas-Emissionshandelsgesetzes unterliegen, jeweils gesondert für die Jahre 2005 bis 2008, oder
2. die Menge der abgegebenen Wärme mit einer Vorlauftemperatur von weniger als 130 Grad Celsius im Auslegungszustand.

(4) ¹ Im Fall von Absatz 3 Satz 2 Nummer 1 und der Wärmeabgabe an ein Wärmeverteilnetz hat der Antragsteller die Gesamtmenge an Wärme anzugeben, die der Wärmenetzbetreiber abgegeben hat, sowie die Menge an Wärme, die der Wärmenetzbetreiber an Privathaushalte abgegeben hat. ² Die Daten des Wärmenetzbetreibers sind zu verifizieren. ³ Für den Antragsteller bestimmt sich die an Privathaushalte abgegebene Wärmemenge anhand des Verhältnisses der vom Wärmenetzbetreiber an Privathaushalte abgegebenen Wärmemenge zur insgesamt von ihm abgegebenen Wärmemenge.

(5) Im Fall von Absatz 3 Satz 2 Nummer 2 und der Wärmeabgabe an ein Wärmeverteilnetz gelten 39 Prozent dieser Wärme als an Privathaushalte abgegeben.

§ 11 Zuteilungsregel für die Herstellung von Zellstoff. Besteht eine Anlage aus Zuteilungselementen, in denen Zellstoff hergestellt wird, unabhängig davon, ob dieser Zellstoff unter einen Produkt-Emissionswert fällt, und wird aus diesen Zuteilungselementen messbare Wärme an andere Zuteilungselemente abgegeben, so wird für die Berechnung der vorläufigen Zuteilungsmenge dieser Anlage gemäß § 9 Absatz 1 Satz 2 die vorläufige jährliche Anzahl Berechtigungen für das Zellstoff herstellende Zuteilungselement nur berücksichtigt, soweit die von diesem Zuteilungselement hergestellten Zellstoffprodukte in den Verkehr gebracht und nicht in derselben Anlage oder in anderen, technisch angeschlossenen Anlagen zu Papier verarbeitet werden.

§ 12 Zuteilungsregel für Steamcracking-Prozesse. Abweichend von § 9 Absatz 2 Nummer 1 berechnet sich die vorläufige jährliche Anzahl Berechtigungen, die einem Zuteilungselement mit Produkt-Emissionswert für die Herstellung chemischer Wertprodukte zuzuteilen sind, nach Maßgabe von Anhang 1 Teil 1.

§ 13 Zuteilungsregel für Vinylchlorid-Monomer. ¹ Abweichend von § 9 Absatz 2 Nummer 1 berechnet sich die vorläufige jährliche Anzahl der einem Zuteilungselement für die Herstellung von Vinylchlorid-Monomer zuzuteilenden Berechtigungen nach Anhang 1 Teil 2. ² Bei diesen Zuteilungselementen muss der Zuteilungsantrag ergänzend zu den sonstigen Bestimmungen dieser Verordnung Angaben enthalten über den Wasserstoff, der für die Herstellung von Vinylchlorid-Monomer als Brennstoff verwendet wurde.

§ 14 Wärmeflüsse zwischen Anlagen. Soweit in einem Zuteilungselement mit Produkt-Emissionswert messbare Wärme aus einer nicht unter den Anwendungsbereich des Treibhausgas-Emissionshandelsgesetzes fallenden Anlage oder anderen Einrichtung bezogen wurde, wird die nach § 9 Absatz 2 Nummer 1 berechnete vorläufige jährliche Anzahl dem betreffenden Zuteilungselement mit Produkt-Emissionswert zuzuteilenden Berechtigungen gekürzt um die Anzahl Berechtigungen, die dem Produkt entspricht aus

1. der Wärmemenge, die in den die Aktivitätsrate des Zuteilungselements bestimmenden Jahren des nach § 8 Absatz 1 gewählten Bezugszeitraums bezogen wurde, und

2. dem Wärme-Emissionswert für messbare Wärme gemäß Anhang I der einheitlichen EU-Zuteilungsregeln.

§ 15 Austauschbarkeit von Brennstoff und Strom. (1) Für jedes Zuteilungselement mit Produkt-Emissionswert, bei dem die Austauschbarkeit von Brennstoff und Strom nach Anhang I Nummer 2 der einheitlichen EU-Zuteilungsregeln berücksichtigt wird, entspricht die vorläufige jährliche Anzahl Berechtigungen nach § 9 Absatz 2 Nummer 1 dem mit der produktbezogenen Aktivitätsrate multiplizierten Wert des maßgeblichen Produkt-Emissionswertes, multipliziert mit dem Quotienten aus den in Tonnen Kohlendioxid-Äquivalent angegebenen gesamten direkten Emissionen nach Absatz 4 und der in Tonnen Kohlendioxid-Äquivalent angegebenen Summe der direkten Emissionen und der nach Absatz 2 zu berechnenden indirekten Emissionen während des Bezugszeitraums.

(2) Für die Berechnung nach Absatz 1 beziehen sich die maßgeblichen indirekten Emissionen auf den in Megawattstunden angegebenen maßgeblichen Stromverbrauch im Sinne der Definition der Prozesse und Emissionen der in Anhang I Nummer 2 der einheitlichen EU-Zuteilungsregeln aufgeführten Produkte für die Herstellung des betreffenden Produktes während des Bezugszeitraums gemäß § 8 Absatz 1, multipliziert mit 0,465 Tonnen Kohlendioxid pro Megawattstunde Strom und ausgedrückt als Tonnen Kohlendioxid.

(3) Für die Berechnung nach Absatz 1 beziehen sich die Emissionen aus dem Nettowärmebezug auf die für die Herstellung des betreffenden Produktes benötigte Menge an messbarer Wärme, die während des nach § 8 Absatz 1 gewählten Bezugszeitraums bezogen wurde, multipliziert mit dem Wärme-Emissionswert gemäß Anhang I Nummer 3 der einheitlichen EU-Zuteilungsregeln.

(4) [1] Die direkten Emissionen beinhalten die nach Absatz 3 zu berechnenden Emissionen aus der bezogenen Nettowärme während des nach § 8 Absatz 1 gewählten Bezugszeitraums. [2] Nicht enthalten sind die Emissionen aus der Stromproduktion sowie aus messbarer Wärme, die über die Systemgrenzen des Zuteilungselements hinaus abgegeben wurde. [3] Die Emissionen aus der gekoppelten Erzeugung von Strom und Wärme werden nach Maßgabe von Anhang 1 Teil 3 aufgeteilt.

Abschnitt 3. Neue Marktteilnehmer

§ 16 Antrag auf kostenlose Zuteilung von Berechtigungen. (1) Anträge auf kostenlose Zuteilung für neue Marktteilnehmer sind innerhalb eines Jahres nach Aufnahme des Regelbetriebs der Anlage zu stellen, bei wesentlichen Kapazitätserweiterungen innerhalb eines Jahres nach Aufnahme des geänderten Betriebs.

(2) Der Anlagenbetreiber ist verpflichtet, im Antrag folgende Angaben zu machen:

1. Allgemeine Angaben zu der Anlage:
   a) die Bezeichnung der Tätigkeit im Sinne des Anhangs 1 Teil 2 des Treibhausgas-Emissionshandelsgesetzes[1],
   b) die NACE-Codes Rev 2 und Rev 1.1 der Anlage, dem die Tätigkeit zuzuordnen ist,
   c) eine Beschreibung der Anlage, ihrer wesentlichen Anlagenteile und Nebeneinrichtungen sowie der Betriebsart,
   d) eine Beschreibung der angewandten Erhebungsmethodik, der verschiedenen Datenquellen und der angewandten Berechnungsschritte,
   e) die Gesamtfeuerungswärmeleistung, soweit für die Tätigkeit in Anhang 1 Teil 2 des Treibhausgas-Emissionshandelsgesetzes ein Schwellenwert als Feuerungswärmeleistung angegeben ist,
   f) sofern es sich um einen Stromerzeuger handelt, eine Bezeichnung als solcher,
   g) die Bezeichnung der für die Genehmigung nach § 4 Absatz 1 Satz 1 des Treibhausgas-Emissionshandelsgesetzes zuständigen Behörde, deren Genehmigungsaktenzeichen, das Datum der Genehmigung zu dem Zeitpunkt, zu dem die Anlage erstmals unter den Anwendungsbereich des Treibhausgas-Emissionshandelsgesetzes gefallen ist, und gegebenenfalls das Datum der letzten Änderung der Genehmigung,
   h) bei Neuanlagen das Datum der Aufnahme des Regelbetriebs sowie die Emissionen der Anlage bis zu diesem Zeitpunkt,
   i) die für die Zuteilung maßgeblichen Zuteilungselemente;
2. Angaben für die Anlage bis einschließlich des vorletzten Kalendermonats vor der Antragstellung:
   a) sämtliche zuteilungsrelevanten Eingangs- und Ausgangsströme,
   b) im Fall des Austausches von messbarer Wärme, Restgasen oder Treibhausgasen mit anderen Anlagen oder Einrichtungen Angaben, in welcher Menge und mit welchen Anlagen oder Einrichtungen dieser Austausch stattfand; bei einem Austausch mit Anlagen nach Anhang 1 Teil 2 des Treibhausgas-Emissionshandelsgesetzes zusätzlich die Angabe der Genehmigungskennungen dieser Anlagen aus dem Emissionshandelsregister,
   c) im Fall von Anlagen, die Strom erzeugen, eine Bilanz der elektrischen Energie der Anlage und die Mengen an Emissionen und Wärme sowie die Energie der Brennstoffe, die der Stromerzeugung zuzuordnen sind;

---

[1] Nr. **48**.

3. Angaben zu jedem Zuteilungselement:

   a) die installierte Anfangskapazität,

   b) bei einer wesentlichen Kapazitätserweiterung eines Zuteilungselements nach dem 30. Juni 2011 das Datum der Aufnahme des geänderten Betriebs, die zusätzliche Kapazität und die installierte Kapazität nach der wesentlichen Kapazitätserweiterung sowie die Nachweise, dass die Kriterien für eine wesentliche Kapazitätserweiterung nach § 2 Nummer 24 erfüllt sind,

   c) zusätzliche Angaben nach § 17 Absatz 2;

4. Angaben zu jedem Zuteilungselement bis einschließlich des vorletzten Kalendermonats vor der Antragstellung:

   a) die anteilig zuzuordnenden Emissionen und Energien der eingesetzten Brennstoffe,

   b) die anteilig zuzuordnenden Eingangs- und Ausgangsströme nach Nummer 2 Buchstabe a, sofern für die Anlage mindestens zwei Zuteilungselemente gebildet wurden und davon mindestens ein Zuteilungselement unter § 3 Absatz 1 Nummer 2 bis 4 fällt,

   c) die durchschnittliche Kapazitätsauslastung des Zuteilungselements,

   d) bei Produkten, die in Anhang I Nummer 2 der einheitlichen EU-Zuteilungsregeln aufgeführt sind, den maßgeblichen Stromverbrauch für die Herstellung des betreffenden Produktes im Sinne der Definition der Prozesse und Emissionen der in Anhang I Nummer 2 der einheitlichen EU-Zuteilungsregeln aufgeführten Produkte,

   e) die Bezeichnung der hergestellten Produkte mit deren Prodcom-Code 2007 und 2010 und NACE-Code Rev 1.1 und Rev 2 und den produzierten Mengen;

5. Zusätzliche Angaben zu Zuteilungselementen in Sonderfällen bis einschließlich des vorletzten Kalendermonats vor der Antragstellung:

   a) bei Zuteilungselementen, die messbare Wärme beziehen, die Menge an messbarer Wärme sowie die Menge, die von nicht dem Emissionshandel unterliegenden Anlagen oder Einrichtungen bezogen wird,

   b) bei Zuteilungselementen, die messbare Wärme abgeben, die Bezeichnung der Anlagen oder anderen Einrichtungen, an die die messbare Wärme abgegeben wird; wird die Wärme an Anlagen nach Anhang 1 Teil 2 des Treibhausgas-Emissionshandelsgesetzes abgegeben, so sind zusätzlich die Genehmigungskennungen dieser Anlagen aus dem Emissionshandelsregister sowie die Wärmemengen anzugeben, die an die einzelnen Anlagen oder Einrichtungen abgegeben werden,

   c) bei Zuteilungselementen mit Wärme-Emissionswert für die in gekoppelter Produktion erzeugte Wärme eine Zuordnung der Eingangsströme und der diesbezüglichen Emissionen zu den in gekoppelter Produktion hergestellten Produkten nach Maßgabe von Anhang 1 Teil 3 sowie die hierfür zusätzlich erforderlichen Angaben nach Anhang 1 Teil 3 Nummer 4,

   d) bei Produkten nach Anhang III der einheitlichen EU-Zuteilungsregeln die nach den dort angegebenen Formeln zu ermittelnden Daten,

e) bei Prozessen zur Herstellung von Synthesegas und Wasserstoff in Anlagen im Sinne des Anhangs 1 Teil 2 Nummer 7 des Treibhausgas-Emissionshandelsgesetzes die entsprechend den in Anhang III Nummer 6 und 7 der einheitlichen EU-Zuteilungsregeln angegebenen Formeln zu ermittelnden Daten,

f) bei der Herstellung von Produkten nach Anhang I der einheitlichen EU-Zuteilungsregeln die Menge der eingesetzten Zwischenprodukte im Sinne des § 9 Absatz 5 Satz 2 und aus dem Emissionshandelsregister die Genehmigungskennung der Anlage, von der das Zwischenprodukt bezogen wird,

g) bei Abgabe eines Zwischenproduktes im Sinne des § 9 Absatz 5 Satz 2 an eine andere Anlage im Anwendungsbereich des Treibhausgas-Emissionshandelsgesetzes die jeweilige Menge der abgegebenen Zwischenprodukte und aus dem Emissionshandelsregister die Genehmigungskennung der Anlage, an die das Produkt oder Zwischenprodukt abgegeben wird.

(3) § 6 gilt entsprechend.

(4) Die installierte Anfangskapazität für Neuanlagen entspricht für jedes Zuteilungselement abweichend von § 4 dem Durchschnitt der zwei höchsten Monatsproduktionsmengen innerhalb des durchgängigen 90-Tage-Zeitraums, auf dessen Grundlage die Aufnahme des Regelbetriebs bestimmt wird, hochgerechnet auf ein Kalenderjahr.

(5) [1] Die zuständige Behörde bestätigt unverzüglich den Eingang des Antrags und der beigefügten Unterlagen und Nachweise. [2] Im Fall einer durch die zuständige Behörde vorgeschriebenen elektronischen Übermittlung des Antrags genügt die automatisch erzeugte Eingangsbestätigung. [3] Die zuständige Behörde teilt dem Antragsteller innerhalb von sechs Wochen mit, welche zusätzlichen Angaben, Unterlagen und Nachweise für die Berechnung der vorläufigen Jahresgesamtzuteilungsmenge benötigt werden.

(6) Die zuständige Behörde soll innerhalb von drei Monaten nach Eingang der vollständigen Antragsunterlagen die vorläufige Jahresgesamtzuteilungsmenge ermitteln und an die Europäische Kommission melden.

§ 17 Aktivitätsraten neuer Marktteilnehmer. (1) Für die nach § 3 zu bestimmenden Zuteilungselemente von Neuanlagen bestimmen sich die für die Zuteilung von Berechtigungen maßgeblichen Aktivitätsraten wie folgt:

1. die produktbezogene Aktivitätsrate für ein Zuteilungselement mit Produkt-Emissionswert entspricht der installierten Anfangskapazität des betreffenden Zuteilungselements für die Herstellung dieses Produktes multipliziert mit dem von der Kommission hierfür nach Artikel 18 Absatz 2 Satz 1 der einheitlichen EU-Zuteilungsregeln veröffentlichten Standardauslastungsfaktor;

2. die wärmebezogene Aktivitätsrate für ein Zuteilungselement mit Wärme-Emissionswert entspricht der installierten Anfangskapazität des betreffenden Zuteilungselements multipliziert mit dem maßgeblichen Auslastungsfaktor;

3. die brennstoffbezogene Aktivitätsrate für ein Zuteilungselement mit Brennstoff-Emissionswert entspricht der installierten Anfangskapazität des betreffenden Zuteilungselements multipliziert mit dem maßgeblichen Auslastungsfaktor;

4. die auf Prozessemissionen bezogene Aktivitätsrate für ein Zuteilungselement mit Prozessemissionen entspricht der installierten Anfangskapazität des betreffenden Zuteilungselements multipliziert mit dem maßgeblichen Auslastungsfaktor.

(2) Der maßgebliche Auslastungsfaktor gemäß Absatz 1 Nummer 2 bis 4 wird bestimmt auf der Grundlage der Angaben des Antragstellers über

1. den tatsächlichen Betrieb des Zuteilungselements bis zur Antragstellung und den geplanten Betrieb der Anlage oder des Zuteilungselements, ihrer geplanten Wartungszeiträume und Produktionszyklen,
2. den Einsatz energie- und treibhausgaseffizienter Techniken, die den maßgeblichen Auslastungsfaktor der Anlage beeinflussen können,
3. die typische Auslastung innerhalb der betreffenden Sektoren.

(3) Für Zuteilungselemente, deren Kapazität nach dem 30. Juni 2011 wesentlich erweitert wurde, sind die Aktivitätsraten nach Absatz 1 nur für die zusätzliche Kapazität der Zuteilungselemente zu bestimmen, auf die sich die wesentliche Kapazitätserweiterung bezieht.

§ 18 Zuteilung für neue Marktteilnehmer. (1) Für die Zuteilung von Berechtigungen für Neuanlagen berechnet die zuständige Behörde die vorläufige jährliche Anzahl der bei Aufnahme des Regelbetriebs der Anlage für die verbleibenden Jahre der Handelsperiode 2013 bis 2020 kostenlos zuzuteilenden Berechtigungen wie folgt und für jedes Zuteilungselement separat:

1. für jedes Zuteilungselement mit Produkt-Emissionswert entspricht die vorläufige jährliche Anzahl der kostenlos zuzuteilenden Berechtigungen dem Produkt aus dem jeweiligen Produkt-Emissionswert und der produktbezogenen Aktivitätsrate;
2. für jedes Zuteilungselement mit Wärme-Emissionswert entspricht die vorläufige jährliche Anzahl der kostenlos zuzuteilenden Berechtigungen dem Produkt aus dem Emissionswert für messbare Wärme und der wärmebezogenen Aktivitätsrate;
3. für jedes Zuteilungselement mit Brennstoff-Emissionswert entspricht die vorläufige jährliche Anzahl der kostenlos zuzuteilenden Berechtigungen dem Produkt aus dem Brennstoff-Emissionswert und der brennstoffbezogenen Aktivitätsrate;
4. für jedes Zuteilungselement mit Prozessemissionen entspricht die vorläufige jährliche Anzahl der kostenlos zuzuteilenden Berechtigungen der prozessbezogenen Aktivitätsrate multipliziert mit dem Faktor 0,97.

(2) [1] Für die Berechnung der vorläufigen jährlichen Anzahl Berechtigungen gemäß Absatz 1 gelten § 3 Absatz 3, § 9 Absatz 3 bis 5 sowie die §§ 11 bis 15 entsprechend. [2] Dabei ist der in den §§ 11 bis 15 maßgebliche Zeitraum derjenige, welcher zur Bestimmung der installierten Anfangskapazität für Neuanlagen oder zur Bestimmung der installierten Kapazität nach einer wesentlichen Kapazitätsänderung herangezogen wurde. [3] Für das Kalenderjahr, in dem die Neuanlage ihren Regelbetrieb aufgenommen hat, ist die Zuteilungsmenge tagaliteilig zu kürzen.

(3) Wurde die Kapazität eines Zuteilungselements nach dem 30. Juni 2011 wesentlich erweitert, so berechnet die zuständige Behörde auf Antrag des Anlagenbetreibers und unbeschadet der Zuteilung für die Anlage gemäß § 9

die Anzahl der für die zusätzliche Kapazität kostenlos zuzuteilenden Berechtigungen entsprechend den Zuteilungsregeln nach Absatz 1.

(4) Für Emissionen der Zuteilungselemente, die vor Aufnahme des Regelbetriebs erfolgt sind, werden für die Neuanlage auf Basis dieser in Tonnen Kohlendioxid-Äquivalent angegebenen Emissionen zusätzliche Berechtigungen zugeteilt.

(5) Die vorläufige Jahresgesamtmenge der kostenlos zuzuteilenden Berechtigungen entspricht der Summe der nach den Absätzen 1 und 2 oder nach Absatz 3 berechneten vorläufigen jährlichen Anzahl der allen Zuteilungselementen kostenlos zuzuteilenden Berechtigungen und der zusätzlichen Berechtigungen gemäß Absatz 4.

(6) [1] Die vorläufige Jahresgesamtmenge wird ab 2014 jährlich um den Kürzungsfaktor nach Artikel 10a Absatz 7 der Richtlinie 2003/87/EG gekürzt. [2] Daraus ergibt sich die endgültige Jahresgesamtmenge. [3] § 9 Absatz 7 gilt entsprechend.

(7) Zur Bewertung weiterer Kapazitätsänderungen legt die zuständige Behörde nach einer wesentlichen Kapazitätsänderung die installierte Kapazität des Zuteilungselements nach dieser wesentlichen Kapazitätsänderung gemäß § 2 Nummer 5 als installierte Anfangskapazität des Zuteilungselements zugrunde.

Abschnitt 4. Kapazitätsverringerungen und Betriebseinstellungen

§ 19 Wesentliche Kapazitätsverringerung. (1) [1] Im Fall einer wesentlichen Kapazitätsverringerung eines Zuteilungselements ab dem 30. Juni 2011 ist die Anzahl der für eine Anlage kostenlos zugeteilten Berechtigungen um die der Kapazitätsverringerung entsprechenden Menge zu kürzen. [2] Für die Berechnung der zu kürzenden Menge an Berechtigungen gilt § 18 Absatz 3 entsprechend. [3] Dabei sind in entsprechender Anwendung von § 17 Absatz 1 die Aktivitätsraten für die stillgelegte Kapazität der Zuteilungselemente zu bestimmen, auf die sich die wesentliche Kapazitätsverringerung bezieht.

(2) [1] Die Zuteilungsentscheidung für die Anlage ist ab dem Jahr, das auf das Jahr der Kapazitätsverringerung folgt, von Amts wegen aufzuheben und anzupassen, bei wesentlichen Kapazitätsverringerungen vor dem 1. Januar 2013 ab dem Jahr 2013. [2] Die Aufhebung der Zuteilungsentscheidung steht unter der auflösenden Bedingung einer Ablehnung durch die Europäische Kommission.

(3) Zur Bewertung anschließender wesentlicher Kapazitätsänderungen legt die zuständige Behörde die installierte Kapazität des Zuteilungselements nach der wesentlichen Kapazitätsverringerung als installierte Anfangskapazität des Zuteilungselements zugrunde.

§ 20 Betriebseinstellungen. (1) Der Betrieb einer Anlage gilt als eingestellt, wenn eine oder mehrere der folgenden Bedingungen gegeben sind:
1. die Genehmigung zur Emission von Treibhausgasen ist erloschen;
2. die Genehmigung zur Emission von Treibhausgasen wurde aufgehoben;
3. der Betrieb der Anlage ist aus technischer Sicht unmöglich;

4. die Anlage ist nicht in Betrieb, war jedoch zuvor in Betrieb, und der Betrieb kann aus technischen Gründen nicht wieder aufgenommen werden;
5. die Anlage ist nicht in Betrieb, war jedoch zuvor in Betrieb, und der Anlagenbetreiber kann nicht garantieren, dass diese Anlage ihren Betrieb innerhalb von maximal sechs Monaten nach der Betriebseinstellung wieder aufnehmen wird; die zuständige Behörde kann auf Antrag diese Frist auf bis zu 18 Monate verlängern, wenn der Anlagenbetreiber nachweisen kann, dass die Anlage den Betrieb innerhalb von sechs Monaten nicht wieder aufnehmen kann auf Grund außergewöhnlicher und unvorhersehbarer Umstände, die selbst bei aller gebührenden Sorgfalt nicht hätten verhindert werden können und die außerhalb der Kontrolle des Betreibers der betreffenden Anlage liegen, insbesondere auf Grund von Umständen wie Naturkatastrophen, Krieg, Kriegsdrohungen, Terroranschlägen, Revolutionen, Unruhen, Sabotageakten oder Sachbeschädigungen.

(2) Absatz 1 Nummer 5 gilt weder für Anlagen, die in Reserve oder Bereitschaft gehalten werden, noch für Saisonanlagen, soweit die Anlage über eine Genehmigung zur Emission von Treibhausgasen sowie über alle anderen vorgeschriebenen Betriebsgenehmigungen verfügt, regelmäßig gewartet wird und es technisch möglich ist, die Anlage kurzfristig in Betrieb zu nehmen, ohne dass hierzu physische Änderungen erforderlich sind.

(3) [1] Im Fall der Betriebseinstellung nach Absatz 1 hebt die zuständige Behörde ab dem Jahr, das auf das Jahr der Betriebseinstellung folgt, die Zuteilungsentscheidung von Amts wegen auf und stellt die Ausgabe von Berechtigungen an diese Anlage ein. [2] Die Aufhebung der Zuteilungsentscheidung steht unter der auflösenden Bedingung einer Ablehnung durch die Europäische Kommission.

§ 21 Teilweise Betriebseinstellungen. (1) Es wird davon ausgegangen, dass eine Anlage ihren Betrieb teilweise eingestellt hat, wenn ein Zuteilungselement, auf das mindestens 30 Prozent der der Anlage endgültig jährlich kostenlos zugeteilten Berechtigungen entfallen oder für das jährlich mehr als 50 000 Berechtigungen zugeteilt wurden, seine Aktivitätsrate in einem Kalenderjahr gegenüber der in der Zuteilung nach den §§ 9, 18 oder 19 zugrunde gelegten Aktivitätsrate (Anfangsaktivitätsrate) um mindestens 50 Prozent verringert.

(2) [1] Die zuständige Behörde hebt die Zuteilungsentscheidung von Berechtigungen an eine Anlage, die ihren Betrieb teilweise einstellt, ab dem auf die teilweise Betriebseinstellung folgenden Kalenderjahr, bei teilweiser Betriebseinstellung vor dem 1. Januar 2013 ab dem Jahr 2013, von Amts wegen auf und passt die Zuteilungsentscheidung wie folgt an:
1. verringert sich die Aktivitätsrate des Zuteilungselements gegenüber der Anfangsaktivitätsrate um 50 bis 75 Prozent, so erhält das Zuteilungselement die Hälfte der zugeteilten Berechtigungen;
2. verringert sich die Aktivitätsrate des Zuteilungselements gegenüber der Anfangsaktivitätsrate um 75 bis 90 Prozent, so erhält das Zuteilungselement 25 Prozent der zugeteilten Berechtigungen;
3. verringert sich die Aktivitätsrate des Zuteilungselements gegenüber der Anfangsaktivitätsrate um 90 Prozent oder mehr, so werden diesem Zuteilungselement keine Berechtigungen zugeteilt.

² Die zuständige Behörde kann bei Zuteilungselementen mit Produkt-Emissionswert im Rahmen der Berechnung der prozentualen Verringerung nach Satz 1 eine Verringerung der Aktivitätsrate unberücksichtigt lassen, soweit diese Verringerung durch eine Mehrproduktion eines vergleichbaren Produktes mit Produkt-Emissionswert in derselben Produktionslinie der Anlage kompensiert wird.

(3) Erreicht das Zuteilungselement nach einer Anpassung der Zuteilung nach Absatz 2 in einem der auf die teilweise Betriebseinstellung folgenden Kalenderjahre eine Aktivitätsrate von über 50 Prozent der Anfangsaktivitätsrate, so teilt die zuständige Behörde der betreffenden Anlage ab dem Jahr, das auf das Kalenderjahr folgt, in dem die Aktivitätsrate des Zuteilungselements den Schwellenwert von 50 Prozent überschritten hat, die ihr vor der Anpassung der Zuteilung nach Absatz 2 zugeteilten Berechtigungen von Amts wegen zu.

(4) Erreicht das Zuteilungselement nach einer Anpassung der Zuteilung nach Absatz 2 Nummer 2 oder Nummer 3 in einem der auf die teilweise Betriebseinstellung folgenden Kalenderjahre eine Aktivitätsrate von über 25 Prozent der Anfangsaktivitätsrate, so teilt die zuständige Behörde der betreffenden Anlage ab dem Jahr, das auf das Kalenderjahr folgt, in dem die Aktivitätsrate des Zuteilungselements den Schwellenwert von 25 Prozent überschritten hat, die Hälfte der ihr vor der Anpassung der Zuteilung nach Absatz 2 zugeteilten Berechtigungen von Amts wegen zu.

(5) Die Anpassungen von Zuteilungsentscheidungen nach den Absätzen 2 bis 4 stehen unter der auflösenden Bedingung einer Ablehnung durch die Europäische Kommission.

(6) Bei Zuteilungselementen mit Wärme-Emissionswert bleibt bei der Bestimmung der Aktivitätsraten nach den vorstehenden Absätzen unberücksichtigt:
1. die an andere Anlagen im Anwendungsbereich des Treibhausgas-Emissionshandelsgesetzes[1)] abgegebene Wärme und
2. die aufgenommene Wärme von anderen Anlagen, die nicht dem Anwendungsbereich des Treibhausgas-Emissionshandelsgesetzes unterliegen.

§ 22 Änderungen des Betriebs einer Anlage. (1) Der Anlagenbetreiber hat der zuständigen Behörde alle relevanten Informationen über geplante oder tatsächliche Änderungen der Kapazität, der Aktivitätsraten und des Betriebs der Anlage bis zum 31. Januar des Folgejahres, erstmals zum 31. Januar 2013, mitzuteilen.

(2) ¹ Im Fall einer wesentlichen Kapazitätsverringerung nach § 19 ist der Anlagenbetreiber verpflichtet, der zuständigen Behörde die stillgelegte Kapazität und die installierte Kapazität des Zuteilungselements nach der wesentlichen Kapazitätsverringerung unverzüglich mitzuteilen. ² Im Fall einer Betriebseinstellung nach § 20 Absatz 1 ist der Anlagenbetreiber verpflichtet, der zuständigen Behörde das Datum der Betriebseinstellung unverzüglich mitzuteilen.

[1)] Nr. **48**.

Abschnitt 5. Befreiung von Kleinemittenten

§ 23 Angaben im Antrag auf Befreiung für Kleinemittenten. (1) Im Rahmen der Antragstellung nach § 27 Absatz 2 Satz 1 des Treibhausgas-Emissionshandelsgesetzes[1)] kann der Anlagenbetreiber im Fall der Auswahl des Ausgleichsbetrages als gleichwertige Maßnahme auf die Anrechnung des Kürzungsfaktors nach § 27 Absatz 3 Satz 2 des Treibhausgas-Emissionshandelsgesetzes verzichten; in diesem Fall sind die zusätzlich erforderlichen Angaben nach den Absätzen 3 und 4 sowie § 25 entbehrlich.

(2) Der Antrag muss folgende Angaben enthalten:
1. die jährlichen Emissionen der Anlage in den Kalenderjahren 2008 bis 2010 und
2. bei Anlagen nach Anhang 1 Teil 2 Nummer 1 bis 6 des Treibhausgas-Emissionshandelsgesetzes die Feuerungswärmeleistung der Anlage.

(3) Zusätzlich sind als Grundlage für den Nachweis spezifischer Emissionsminderungen folgende Angaben erforderlich:
1. die Produktionsmenge der Anlage nach § 24 in der Basisperiode;
2. die durch die Produktion nach Nummer 1 verursachten Emissionen in der Basisperiode;
3. für Anlagen nach Anhang 1 Teil 2 Nummer 7 bis 29 des Treibhausgas-Emissionshandelsgesetzes die Mengen an Strom und messbarer Wärme, die in der Basisperiode von anderen Anlagen bezogen oder an andere Anlagen abgegeben wurden, und
4. im Fall des gemeinsamen Minderungsnachweises nach Anhang 5 Teil 1 Nummer 1 Buchstabe b des Treibhausgas-Emissionshandelsgesetzes die Bezeichnung der einbezogenen Anlagen sowie der Name für den gemeinsamen Anlagenverbund.

(4) [1] Für Anlagen nach Anhang 1 Teil 2 Nummer 1 bis 6 des Treibhausgas-Emissionshandelsgesetzes sind die auf die Erzeugung von Strom, Wärme und mechanische Arbeit entfallenden Emissionen getrennt anzugeben. [2] Für die Zuordnung der Emissionen zu den in gekoppelter Produktion hergestellten Produkten Strom und Wärme gilt Anhang 1 Teil 3; im Fall gekoppelter Produktion von mechanischer Arbeit und Wärme gilt Anhang 1 Teil 3 entsprechend.

(5) [1] Bei der Bestimmung von Emissionen nach den Absätzen 2 bis 4 sind die Vorgaben der Datenerhebungsverordnung 2020[2)] zu beachten. [2] § 5 Absatz 3 gilt entsprechend. [3] Produktionsmengen sind bezogen auf die jährliche Nettomenge marktfähiger Produkteinheiten anzugeben, für Anlagen nach Anhang 1 Teil 2 Nummer 1 bis 6 des Treibhausgas-Emissionshandelsgesetzes in Megawattstunden und für andere Anlagen bezogen auf die Gesamtheit der unter der jeweiligen Tätigkeit hergestellten Produkte in Tonnen.

(6) [1] Basisperiode ist der nach § 8 Absatz 1 gewählte Bezugszeitraum. [2] Für Anlagen, die im Jahr 2007 oder 2008 in Betrieb genommen wurden und als Bezugszeitraum nach § 8 Absatz 1 nicht die Jahre 2009 und 2010 gewählt

---

[1)] Nr. 48.
[2)] Nr. 53.

haben, besteht die Basisperiode aus den zwei auf das Jahr der Inbetriebnahme folgenden Jahren.

§ 24 Bestimmung des Emissionswertes der Anlage in der Basisperiode.

(1) ¹Der Emissionswert der Anlage bezieht sich

1. bei Anlagen nach Anhang 1 Teil 2 Nummer 1 bis 6 des Treibhausgas-Emissionshandelsgesetzes[1)] auf die Emissionsmenge je Produkteinheit für die Produkte Strom, Wärme oder mechanische Arbeit, jeweils getrennt nach gekoppelter und nicht gekoppelter Produktion;
2. bei Anlagen nach Anhang 1 Teil 2 Nummer 7 bis 29 des Treibhausgas-Emissionshandelsgesetzes auf die Emissionsmenge je Produkteinheit für die Gesamtheit der unter der jeweiligen Tätigkeit hergestellten Produkte.

² Der Emissionswert der Anlage je Produkteinheit in der Basisperiode ergibt sich nach Maßgabe der nachfolgenden Absätze aus der Division der jahresdurchschnittlichen Emissionen der Anlage in der Basisperiode durch die jahresdurchschnittliche Produktionsmenge der Anlage in der Basisperiode.

(2) ¹Stellt eine Anlage nach Absatz 1 Satz 1 Nummer 1 mehrere der dort genannten Produkte her, so werden zur Bestimmung des Emissionswertes der Anlage in der Basisperiode die Emissionswerte der einzelnen Produkte entsprechend dem jahresdurchschnittlichen Anteil der dem jeweiligen Produkt zuzuordnenden Emissionsmenge an den jahresdurchschnittlichen Gesamtemissionen der Anlage in der Basisperiode gewichtet. ² § 23 Absatz 4 Satz 2 gilt entsprechend. ³ Werden in einer unter Absatz 1 Satz 1 Nummer 2 fallenden Anlage mehrere der in Anhang 1 Teil 2 Nummer 7 bis 29 des Treibhausgas-Emissionshandelsgesetzes genannten Tätigkeiten durchgeführt, gilt Satz 1 entsprechend.

(3) ¹Soweit eine Anlage in der Basisperiode Strom oder messbare Wärme von anderen Anlagen bezogen hat, sind die auf diese Mengen entfallenden Emissionen bei der Bestimmung des Emissionswertes der Anlage hinzuzurechnen. ²Die Emissionen, die auf den aus einer anderen Anlage bezogenen Strom entfallen, werden bestimmt, indem die jahresdurchschnittlich bezogene Strommenge mit einem Emissionswert von 0,465 Tonnen Kohlendioxid pro Megawattstunde multipliziert wird. ³Die auf den Bezug messbarer Wärme entfallenden Emissionen werden bestimmt, indem die jahresdurchschnittlich bezogene Wärmemenge mit einem Emissionswert von 62,3 Tonnen Kohlendioxid pro Terajoule multipliziert wird.

(4) Soweit eine Anlage nach Anhang 1 Teil 2 Nummer 7 bis 29 des Treibhausgas-Emissionshandelsgesetzes in der Basisperiode Strom oder messbare Wärme an eine andere Anlage abgegeben hat, werden die jahresdurchschnittlichen Emissionen, die der Produktion des abgegebenen Stroms oder der abgegebenen Wärme nach Absatz 3 Satz 2 und 3 zuzurechnen sind, bei der Bestimmung des Emissionswertes der Anlage von der Emissionsmenge abgezogen.

(5) Im Fall des gemeinsamen Minderungsnachweises nach Anhang 5 Teil 1 Nummer 1 Buchstabe b des Treibhausgas-Emissionshandelsgesetzes werden zur Bestimmung des Emissionswertes des Verbundes in der Basisperiode die Emissionswerte aller einbezogenen Anlagen in entsprechender Anwendung von Absatz 2 Satz 1 gewichtet.

[1)] Nr. 48.

§ 25 Nachweis anlagenspezifischer Emissionsminderungen. (1) Für die anlagenspezifische Emissionsminderung ist die Reduzierung des Emissionswertes der Anlage in einem Berichtsjahr der Handelsperiode 2013 bis 2020 gegenüber dem nach § 24 bestimmten Emissionswert der Anlage in der Basisperiode maßgeblich.

(2) [1] Der Emissionswert der Anlage je Produkteinheit in einem Berichtsjahr der Handelsperiode 2013 bis 2020 ergibt sich aus der Division der Emissionen der Anlage in diesem Berichtsjahr und der Produktionsmenge der Anlage in diesem Berichtsjahr. [2] § 24 Absatz 2 bis 5 gilt entsprechend.

(3) Der Anlagenbetreiber muss für jedes Berichtsjahr der Handelsperiode 2013 bis 2020 berichten über

1. die Produktionsmenge der nach § 24 bestimmten Produkte der Anlage und
2. die Mengen an Strom und messbarer Wärme, die von anderen Anlagen bezogen oder an andere Anlagen abgegeben wurden.

(4) [1] Die Mengen, über die nach Absatz 3 zu berichten ist, sind durch die kaufmännische Buchführung nachzuweisen. [2] Die Nachweise sind zehn Jahre aufzubewahren.

(5) Wird in einem Berichtsjahr eines der Produkte nicht hergestellt, bleibt es bei der Bestimmung der anlagenspezifischen Emissionsminderung in diesem Jahr unberücksichtigt.

(6) [1] Bei gemeinsamer Nachweisführung nach Anhang 5 Teil 1 Nummer 1 Buchstabe b des Treibhausgas-Emissionshandelsgesetzes[1)] sind die Überwachungs- und Berichtspflichten nach dem Treibhausgas-Emissionshandelsgesetz und dieser Verordnung für jede Anlage gesondert zu erfüllen. [2] In den Überwachungsplänen und Berichten sind der Name des Verbunds und die gemeinsamen Ansprechpersonen zu benennen. [3] Anlagen, die in einem Jahr keine Produktionsleistung erbracht haben, bleiben bei der Bestimmung der Emissionsminderung unberücksichtigt.

§ 26 Ausgleichszahlungs- und Abgabepflicht. (1) [1] Bei Ermittlung des Ausgleichsbetrages nach § 27 Absatz 3 des Treibhausgas-Emissionshandelsgesetzes[1)] für ein Berichtsjahr der Handelsperiode 2013 bis 2020 ist eine Anzahl kostenloser Berechtigungen zugrunde zu legen, die sich für die Anlage ohne eine Befreiung aus der Anwendung von § 9 Absatz 1 des Treibhausgas-Emissionshandelsgesetzes und den Zuteilungsregeln dieser Verordnung für dieses Berichtsjahr ergeben würde. [2] Dies gilt auch für Änderungen der Anlage oder ihrer Betriebsweise.

(2) [1] In den Fällen nach § 27 Absatz 6 des Treibhausgas-Emissionshandelsgesetzes ist es dem Anlagenbetreiber gestattet, Berechtigungen für das Kalenderjahr, in dem er erstmals die dort genannte Emissionsschwelle erreicht hat, bis zum 30. April des übernächsten Jahres abzugeben. [2] Abweichend davon muss der Anlagenbetreiber für das Kalenderjahr 2020 Berechtigungen bis zum 30. April 2021 abgeben.

[1)] Nr. 48.

§ 27 Öffentlichkeitsbeteiligung. (1) Die zuständige Behörde gibt auf ihrer Internetseite folgende Informationen bekannt:
1. die Namen der Anlagen, für die eine Befreiung nach § 27 des Treibhausgas-Emissionshandelsgesetzes[1)] beantragt wurde;
2. für jede dieser Anlagen die festgelegte gleichwertige Maßnahme nach § 27 Absatz 2 des Treibhausgas-Emissionshandelsgesetzes und
3. für jede dieser Anlagen die jährlich zwischen 2008 und 2010 verursachten Treibhausgasemissionen.

(2) [1]Nach Bekanntgabe hat die Öffentlichkeit vier Wochen Gelegenheit, zu den beabsichtigten Befreiungen Stellung zu nehmen. [2]Nach Ablauf der Frist teilt die zuständige Behörde der Europäischen Kommission das Ergebnis der Öffentlichkeitsbeteiligung mit. [3]Diese Mitteilung macht die zuständige Behörde auf ihrer Internetseite bekannt.

§ 28 Erleichterungen bei der Emissionsberichterstattung von Kleinemittenten. (1) Für Betreiber von Anlagen, die in den Jahren 2008 bis 2010 oder in den drei Kalenderjahren vor dem Berichtsjahr jeweils weniger als 5 000 Tonnen Kohlendioxid-Äquivalent emittiert haben, gelten bei der Ermittlung von Emissionen und der Emissionsberichterstattung nach § 5 des Treibhausgas-Emissionshandelsgesetzes[1)] folgende Erleichterungen:
1. Emissionsfaktoren, Heizwerte und Kohlenstoffgehalte von Brennstoffen und Materialien können durch Lieferantenangaben bestimmt werden, soweit für die betreffenden Brennstoffe keine entsprechenden standardisierten Parameter durch Rechtsvorschrift bestimmt sind; eines Nachweises der Unsicherheit, mit der die einzelnen Parameter ermittelt wurden, bedarf es nicht.
2. Bestimmt der Betreiber die Parameter in eigener Verantwortung oder durch Beauftragung eines Dritten, genügt der Nachweis, dass normierte Verfahren zur Beprobung und Analyse der einzelnen Stoffparameter angewendet und Herstellerhinweise zum Betrieb der verwendeten Messgeräte beachtet wurden; die in Anspruch genommenen Laboratorien müssen nicht akkreditiert sein; Vergleichsuntersuchungen sind entbehrlich.
3. Für die Überwachung von und die Berichterstattung über Aktivitätsdaten gelten die Nummern 1 und 2 entsprechend.
4. Die fossilen Anteile von Stoffen gleicher Herkunft mit überwiegend biogenem Kohlenstoffanteil müssen vierteljährlich nur einmal durch repräsentative Probenahme und Analyse ermittelt werden; von gleicher Herkunft kann ausgegangen werden, wenn auf Grund des Ursprungs der Stoffe nur eine unwesentlich verschiedene Zusammensetzung anzunehmen ist.
5. Im Überwachungsplan ist eine Beschreibung der Verfahren zur Festlegung von Verantwortlichkeiten und Kompetenzen entbehrlich.
6. Eine Beschreibung des Verfahrens zur regelmäßigen Revision des Überwachungsplans ist entbehrlich.
7. In den Überwachungsplan ist ein nachvollziehbares Datenflussdiagramm aufzunehmen; eine verbale Beschreibung der Datenerhebung und -verwaltung ist daneben entbehrlich.

[1)] Nr. 48.

8. Informationen zu anderen in der Anlage angewandten Umweltmanagementsystemen sind nicht erforderlich.

9. Im Rahmen der Verifizierung des Emissionsberichts ist es ausreichend, wenn die sachverständige Stelle die berichteten Sachverhalte alle vier Jahre mit den Verhältnissen vor Ort abgleicht, soweit die Methode zur Überwachung der Aktivitätsdaten oder Stoffparameter nicht geändert wurde.

(2) Für andere Anlagen nach § 27 Absatz 5 Satz 1 des Treibhausgas-Emissionshandelsgesetzes gilt bei der Ermittlung von Emissionen und der Emissionsberichterstattung Absatz 1 Nummer 1 bis 6 und 8 entsprechend.

Abschnitt 6. Sonstige Regelungen

§ 29 Einheitliche Anlagen. (1) Auf Antrag des Betreibers stellt die zuständige Behörde fest, dass Anlagen nach Anhang 1 Teil 2 Nummer 1 bis 6 des Treibhausgas-Emissionshandelsgesetzes gemeinsam mit anderen Anlagen nach Anhang 1 Teil 2 Nummer 12 bis 22 des Treibhausgas-Emissionshandelsgesetzes[1)] eine einheitliche Anlage bilden, sofern die Voraussetzungen des § 24 des Treibhausgas-Emissionshandelsgesetzes[2)] erfüllt sind.

(2) Betreiber von Anlagen im Sinne des Anhangs 1 Teil 2 Nummer 8 bis 11 des Treibhausgas-Emissionshandelsgesetzes, die nach § 24 des Treibhausgas-Emissionshandelsgesetzes als einheitliche Anlage gelten, sind verpflichtet, im Rahmen der Emissionsberichterstattung auch die Produktionsmengen der in den einbezogenen Anlagen hergestellten Produkte anzugeben.

(3) Anlagen nach Anhang 1 Teil 2 Nummer 7 des Treibhausgas-Emissionshandelsgesetzes gelten gemeinsam mit sonstigen in Anhang 1 Teil 2 des Treibhausgas-Emissionshandelsgesetzes aufgeführten Anlagen als einheitliche Anlage, sofern sie von demselben Anlagenbetreiber an demselben Standort in einem technischen Verbund betrieben werden.

(4) Die zuständige Behörde hat Feststellungen nach § 24 des Treibhausgas-Emissionshandelsgesetzes zu widerrufen, soweit nachträglich unmittelbar geltende Rechtsakte der Europäischen Union der Bildung einer solchen einheitlichen Anlage entgegenstehen.

§ 30 Auktionierung. (1) Anbieter der gemäß § 8 Absatz 1 Satz 1 des Treibhausgas-Emissionshandelsgesetzes[2)] zu versteigernden Berechtigungen ist das Umweltbundesamt oder ein von ihm beauftragter Dritter.

(2) [1] Erlöse gemäß § 8 Absatz 3 Satz 1 des Treibhausgas-Emissionshandelsgesetzes sind die Einnahmen nach Abzug der Umsatzsteuer (Nettoerlöse). [2] Im Rahmen des § 8 Absatz 3 Satz 2 des Treibhausgas-Emissionshandelsgesetzes sind Überdeckungen und Unterdeckungen der entstandenen Kosten der Deutschen Emissionshandelsstelle im Umweltbundesamt auf den Refinanzierungsbedarf des darauffolgenden Jahres anzurechnen.

§ 31 Ordnungswidrigkeiten. (1) Ordnungswidrig im Sinne des § 32 Absatz 1 Nummer 2 und Absatz 2 des Treibhausgas-Emissionshandelsgesetzes[2)]

[1)] Nr. 52.
[2)] Nr. 48.

handelt, wer vorsätzlich oder fahrlässig entgegen § 5 Absatz 1, § 6 Absatz 4 Satz 1, § 10 Absatz 3 Satz 1 erster Halbsatz oder Satz 2 oder § 16 Absatz 2 eine Angabe nicht richtig macht.

(2) Ordnungswidrig im Sinne des § 32 Absatz 3 Nummer 6 des Treibhausgas-Emissionshandelsgesetzes handelt, wer vorsätzlich oder fahrlässig

1. entgegen § 6 Absatz 2 Satz 3 einen Einzelnachweis nicht, nicht richtig oder nicht rechtzeitig vorweist,
2. entgegen § 22 Absatz 1 eine Mitteilung über Aktivitätsraten der Anlage nicht, nicht richtig, nicht vollständig oder nicht rechtzeitig macht,
3. entgegen § 22 Absatz 2 eine Mitteilung nicht, nicht richtig, nicht vollständig oder nicht rechtzeitig macht oder
4. entgegen § 29 Absatz 2 eine Angabe nicht, nicht richtig oder nicht vollständig macht.

§ 32 Inkrafttreten. Diese Verordnung tritt am Tag nach der Verkündung[1]) in Kraft.

Anhang 1

(zu § 5 Absatz 1 Nummer 4 Buchstabe e, § 6 Absatz 6, § 10 Absatz 3 Satz 1, §§ 12, 13 Satz 1, § 15 Absatz 4 Satz 3, § 16 Absatz 2 Nummer 5 Buchstabe c, § 23 Absatz 4 Satz 2)

Anwendung besonderer Zuteilungsregeln

Teil 1. Zuteilung für Steamcracking-Prozesse nach § 12

Die vorläufige jährliche Anzahl Berechtigungen, die einem Zuteilungselement mit Produkt-Emissionswert für die Herstellung chemischer Wertprodukte zuzuteilen sind, berechnet sich nach folgender Formel:

$$F_{cWP} = \frac{Em_{direkt}}{Em_{direkt} + Em_{indirekt}} \cdot BM_{Steamcracken} \cdot MEDIAN(HAR_{cWP, insg., k} - HZE_{H,k} - HZE_{E,k} - HZE_{O,k}) + 1{,}78 \cdot MEDIAN(HZE_{H,k}) + 0{,}24 \cdot MEDIAN(HZE_{E,k}) + 0{,}16 \cdot MEDIAN(HZE_{O,k})$$

Erläuterung der Abkürzungen

F_{cWP} vorläufige jährliche Zuteilung für ein Zuteilungselement, das die Produktion von chemischen Wertprodukten durch Steamcracken abbildet, in Anzahl Berechtigungen;

$BM_{Steamcracken}$ Produkt-Emissionswert für Steamcracken;

Em_{direkt} direkte Emissionen nach Maßgabe des § 15 Absatz 4. Die in den direkten Emissionen enthaltenen Emissionen aus allen Nettoimporten messbarer Wärme werden nach § 15 Absatz 3 berechnet;

$Em_{indirekt}$ indirekte Emissionen aus dem Verbrauch von Strom innerhalb der Systemgrenzen des Steamcrackens während des gewählten Bezugszeitraums, berechnet anhand des Emissionsfaktors nach § 15 Absatz 2;

$HAR_{cWP, insg., k}$ historische Aktivitätsrate für die Gesamtproduktion an chemischen Wertprodukten im Jahr k des gewählten Bezugszeitraums, ausgedrückt in Tonnen chemische Wertprodukte;

---

[1]) Verkündet am 29. 9. 2011.

Zuteilungsverordnung 2020 **Anh. 1 ZuV 2020 52**

$HZE_{H,k}$ historische Wasserstoff-Produktion aus zusätzlichen Einsatzstoffen im Jahr k des gewählten Bezugszeitraums, ausgedrückt in Tonnen Wasserstoff;

$HZE_{E,k}$ historische Ethen-Produktion aus zusätzlichen Einsatzstoffen im Jahr k des gewählten Bezugszeitraums, ausgedrückt in Tonnen Ethen;

$HZE_{O,k}$ historische Produktion anderer chemischer Wertprodukte aus zusätzlichen Einsatzstoffen im Jahr k des gewählten Bezugszeitraums, ausgedrückt in Tonnen anderer chemischer Wertprodukte, hier als Summe der Massen von Ethin, Propen, Butadien und Benzol.

Teil 2. Zuteilung für Vinylchlorid-Monomer nach § 13

Die vorläufige jährliche Anzahl Berechtigungen, die einem Zuteilungselement mit Produkt-Emissionswert für die Herstellung von Vinylchlorid-Monomer zuzuteilen sind, berechnet sich nach folgender Formel:

$$F_{VCM} = \frac{Em_{direkt}}{Em_{direkt} + Em_{Wasserstoff}} \cdot BM_{VCM} \cdot HAR_{VCM}$$

Erläuterung der Abkürzungen

F_{VCM} vorläufige jährliche Zuteilung für die Produktion von Vinylchlorid-Monomer, in Anzahl Berechtigungen;

BM_{VCM} Produkt-Emissionswert für Vinylchlorid-Monomer;

HAR_{VCM} historische Aktivitätsrate für die Produktion von Vinylchlorid-Monomer als Median der jährlichen Produktionsmengen während des jeweiligen Bezugszeitraums, ausgedrückt in Tonnen Vinylchlorid (Chlorethylen);

Em_{direkt} historische direkte Emissionen nach Maßgabe von § 15 Absatz 4 aus der Produktion von Vinylchlorid-Monomer, einschließlich Emissionen aus dem Nettowärmeimport während des jeweiligen Bezugszeitraums, ausgedrückt in Tonnen Kohlendioxid-Äquivalent; die in den direkten Emissionen enthaltenen Emissionen aus allen Nettoimporten messbarer Wärme berechnen sich nach § 15 Absatz 3;

$Em_{Wasserstoff}$ historische virtuelle Emissionen aus der Verbrennung von Wasserstoff zur Produktion von Vinylchlorid-Monomer während des jeweiligen Bezugszeitraums, berechnet als historischer Wasserstoffverbrauch multipliziert mit 56,1 Tonnen Kohlendioxid pro Terajoule, ausgedrückt in Tonnen Kohlendioxid-Äquivalent.

Teil 3. Zuordnung der Eingangsströme und Emissionen bei der Erzeugung von Wärme in Kraft-Wärme-Kopplung

1. Für die Zuordnung der Eingangsströme und Emissionen bei der Erzeugung von Wärme in Kraft-Wärme-Kopplung auf die in gekoppelter Produktion hergestellten Produkte ist folgende Formel maßgeblich:

$$E_O = E_{KWK} \cdot \frac{\dfrac{\eta_O}{\eta_{O,ref}}}{\dfrac{\eta_{el}}{\eta_{el,ref}} + \dfrac{\eta_O}{\eta_{O,ref}}}$$

Erläuterung der Abkürzungen

E_Q die auf die in gekoppelter Erzeugung von Wärme entfallende Emissionsmenge in Tonnen Kohlendioxid-Äquivalente oder die auf die in gekoppelter Erzeugung von Wärme entfallenden Stoffströme, bezogen auf ein Zuteilungselement;

η_Q Wirkungsgrad der Wärmeerzeugung in gekoppelter Wärmeproduktion;

$\eta_{Q,ref}$ Referenzwirkungsgrad der Wärmeerzeugung in gekoppelter Wärmeproduktion;

1375

η_{el} Wirkungsgrad der Stromproduktion in gekoppelter Stromerzeugung;

$\eta_{el,ref}$ Referenzwirkungsgrad der Stromproduktion in gekoppelter Stromerzeugung;

E_{KWK} die auf die in gekoppelter Erzeugung von elektrischer und thermischer Energie entfallende Emissionsmenge in Tonnen Kohlendioxid-Äquivalente oder die auf die in gekoppelter Erzeugung von elektrischer und thermischer Energie entfallenden Stoffströme.

2. Zur Anwendung der Formel nach Nummer 1 sind die Wirkungsgrade für die Strom- und Wärmeproduktion entweder aus den Auslegungsparametern der Anlage anzugeben oder durch verifizierte Messungen zu ermitteln; alternativ zur Angabe der Wirkungsgrade können auch die Nutzungsgrade angegeben werden.

Für die Ermittlung der Wirkungsgrade durch verifizierte Messungen sind folgende Formeln maßgeblich:

$$\eta_Q = \frac{Q_W}{Q_{Br}} \text{ bzw. } \eta_{el} = \frac{Q_{el}}{Q_{Br}}$$

Erläuterung der Abkürzungen

Q_W die auf die in gekoppelter Erzeugung von elektrischer und thermischer Energie entfallende Wärmemenge, ausgedrückt in Gigajoule;

Q_{Br} die für die gekoppelte Erzeugung von elektrischer und thermischer Energie benötigte Brennstoffmenge, ausgedrückt in Gigajoule;

Q_{el} die auf die in gekoppelter Erzeugung von elektrischer und thermischer Energie entfallende Strommenge, ausgedrückt in Gigajoule.

Sofern diese Angaben nicht vorliegen oder nicht ermittelt werden können, ist für η_Q ein Wert von 0,7, für η_{el} ein Wert von 0,525 anzunehmen.

3. Zur Anwendung der Formel nach Nummer 1 gelten für $\eta_{Q,ref}$ und $\eta_{el,ref}$ die folgenden Referenzwirkungsgrad-Werte der getrennten Strom- und Wärmeerzeugung:

	Steinkohle, Koks und sonstige feste Brennstoffe	Braunkohle, Braunkohlebriketts	Gasöl, Heizöl, Flüssiggas und sonstige flüssige Brennstoffe	Erdgas und weitere gasförmige Brennstoffe
Strom	44,2 %	41,8 %	44,2 %	52,5 %
Wärme	88 %	86 %	89 %	90 %

Werden in einem Zuteilungselement mehrere Brennstoffe eingesetzt, so ist ein Mischwert für den Referenzwirkungsgrad auf Basis einer Gewichtung nach Brennstoffenergie zu bilden.

4. Zusätzliche Angaben im Zuteilungsantrag
Soweit Regelungen dieser Verordnung auf diesen Teil des Anhangs 1 verweisen, sind im Zuteilungsantrag folgende Angaben zu den Verbrennungseinheiten der Anlage zusätzlich erforderlich:

a) die Bezeichnung der Verbrennungseinheit,

b) die Feuerungswärmeleistung zum Zeitpunkt der Antragstellung,

c) die zugehörigen Zuteilungselemente,

d) Veränderungen der Angaben zu den Buchstaben a bis c in den Kalenderjahren 2005 bis 2010.

Anhang 2
(zu § 7 Absatz 3)

Anforderungen an die sachverständigen Stellen und die Prüfung

Teil 1. Anforderungen an die sachverständigen Stellen

Die sachverständige Stelle muss vom Anlagenbetreiber unabhängig sein, ihre Aufgabe objektiv und unparteiisch ausführen und vertraut sein mit

1. den für die zu prüfenden Tätigkeiten relevanten Rechts- und Verwaltungsvorschriften, insbesondere mit der Richtlinie 2003/87/EG, den Monitoring-Leitlinien, den einheitlichen EU-Zuteilungsregeln, dem Treibhausgas-Emissionshandelsgesetz[1], der Datenerhebungsverordnung 2020[2] sowie dieser Verordnung und den einschlägigen Normen;
2. dem Zustandekommen aller Informationen über die einzelnen Parameter und Emissionsquellen in der Anlage, insbesondere im Hinblick auf Erfassung, messtechnische Erhebung, Berechnung und Übermittlung von Daten.

Teil 2. Anforderungen an die Prüfung

I. Allgemeine Grundsätze

1. Planung und Durchführung der Prüfung müssen unter Beachtung professioneller Skepsis erfolgen und insbesondere solche Umstände berücksichtigen, die zu wesentlichen Fehlern und Falschangaben der vorgelegten Informationen und Daten führen könnten.
2. Im Rahmen des Verifizierungsverfahrens dürfen vom Anlagenbetreiber mitgeteilte Parameter und Daten nur validiert werden, wenn sie mit einem hohen Grad an Sicherheit bestimmt werden konnten. Zur Gewährleistung eines hohen Grades an Sicherheit muss die sachverständige Stelle bei der Prüfung der vom Anlagenbetreiber vorgelegten Nachweise zur Überzeugung gelangen, dass

   a) die mitgeteilten Parameter und Daten zuverlässig und schlüssig sind,

   b) die Daten in Übereinstimmung mit den geltenden Normen, Leitlinien und wissenschaftlichen Standards erhoben worden sind und

   c) die einschlägigen Aufzeichnungen und Dokumentationen der Anlage vollständig und schlüssig sind.
3. Die sachverständige Stelle erhält Zugang zu allen Standorten und zu allen Informationen, die mit dem Gegenstand der Prüfung in Zusammenhang stehen.

II. Methodik

1. Die Prüfung basiert auf einer strategischen Analyse aller Tätigkeiten, die in der Anlage durchgeführt werden. Dazu verschafft sich die sachverständige Stelle insbesondere ein vollständiges und detailliertes Verständnis sämtlicher relevanter Tätigkeiten und ihrer Bedeutung für die Zuteilung.

---

[1] Nr. 48.
[2] Nr. 53.

2. Bei der Prüfung sind sämtliche relevanten Informationen der Emissionsgenehmigung, der immissionsschutzrechtlichen Genehmigung oder sonstiger Betriebsgenehmigungen zu berücksichtigen. Dies gilt insbesondere auch hinsichtlich der Bewertung der installierten Anfangskapazität von Zuteilungselementen.
3. Im Rahmen einer Risikoanalyse sind die inhärenten Risiken und die Kontrollrisiken, die sich jeweils aus dem Umfang und der Komplexität der Tätigkeiten des Anlagenbetreibers und den Zuteilungsparametern ergeben und zu wesentlichen Falschangaben führen könnten, sowie die Entdeckungsrisiken zu untersuchen und zu bewerten. Basierend auf den Ergebnissen der strategischen Analyse und der Risikoanalyse ist der Prüfplan aufzustellen.
4. Für die Prüfung ist sowohl eine technische Vor-Ort-Besichtigung der Anlage als auch eine Vor-Ort-Einsichtnahme in Nachweise und Belege erforderlich, um das Funktionieren von Zählern und Überwachungssystemen zu kontrollieren, Interviews durchzuführen, Stichproben und hinreichende Informationen zu erheben sowie Belege zu überprüfen. Die sachverständige Stelle kann auf eine Vor-Ort-Besichtigung verzichten, soweit die in Satz 1 genannten Umstände bereits Gegenstand einer nicht länger als zwei Jahre zurückliegenden Vor-Ort-Überprüfung durch die sachverständige Stelle waren.
5. Bei der Umsetzung des Prüfplans sind anhand der vorgesehenen Probenahmeverfahren, Durchgangstests, Dokumentenprüfungen, Analyseverfahren und Datenprüfungen sämtliche Daten zu erheben und Informationen einzuholen, auf die das spätere Prüfgutachten gestützt wird.
6. Die sachverständige Stelle fordert den Anlagenbetreiber auf, alle fehlenden Daten oder fehlende Teile des Prüfpfads zu vervollständigen, Abweichungen bei den Parametern oder Emissionsdaten zu erklären sowie Berechnungen erneut durchzuführen oder mitgeteilte Daten anzupassen.
7. Der Sachverständige hat wesentliche Prüftätigkeiten selbst auszuführen. Soweit er Hilfstätigkeiten delegiert, hat er dies in seinem externen Prüfbericht zu vermerken.

III. Bericht

1. Die sachverständige Stelle erstellt einen internen Prüfbericht, in dem dokumentiert und nachgewiesen wird, dass die strategische Analyse, die Risikoanalyse und der Prüfplan vollständig durchgeführt und umgesetzt wurden. Der interne Prüfbericht muss hinreichende Informationen zu den tragenden Erwägungen des Prüfgutachtens enthalten. Der interne Prüfbericht dient auch dazu, der zuständigen Behörde und der Aufsichtsbehörde eine etwaige Bewertung der Prüfung zu erleichtern.
2. Die Entscheidung, ob die mitgeteilten Parameter wesentliche Falschangaben enthalten oder irgendwelche anderen Fragen offengeblieben sind, die für das Prüfgutachten von Belang sind, ist auf der Grundlage der Ergebnisse und Feststellungen des internen Prüfberichts zu treffen.
3. Prüfmethode, Feststellungen und Prüfgutachten sind in einem externen Prüfbericht zusammenzufassen, welcher durch den Betreiber zusammen mit dem Zuteilungsantrag an die zuständige Behörde übermittelt wird. Der externe Prüfbericht muss in nachvollziehbarer Weise Inhalt und Ergebnis

der Prüfung erkennen lassen. Er muss Angaben zu sämtlichen Feldern enthalten, die in der elektronischen Formatvorlage zur Ausfüllung durch die sachverständige Stelle vorgesehen sind. Im elektronischen Format sind die jeweils zutreffenden Prüfvermerke auszuwählen. Hat die sachverständige Stelle in den Antragsangaben Fehler oder Abweichungen von den rechtlichen Anforderungen festgestellt, so muss sie im externen Prüfbericht darauf hinweisen und erläutern, warum sie das Testat trotzdem erteilen konnte. Soweit eine Überprüfung nicht oder nur bedingt möglich ist, ist im externen Prüfbericht zu vermerken, inwieweit der Nachweis geführt werden konnte. Es ist zu begründen, warum die eingeschränkte Prüfbarkeit der Erteilung des Testats nicht entgegenstand.

53. Verordnung über die Erhebung von Daten zur Einbeziehung des Luftverkehrs sowie weiterer Tätigkeiten in den Emissionshandel (Datenerhebungsverordnung 2020 – DEV 2020)[1)]

Vom 22. Juli 2009

(BGBl. I S. 2118)

FNA 2129-40-3

zuletzt geänd. durch Art. 2 Abs. 21 G zur Änd. von Vorschriften über Verkündung und Bekanntmachungen sowie der ZPO, des EGZPO und der AO v. 22. 12. 2011 (BGBl. I S. 3044)

Auf Grund des § 27 Absatz 2, 3 und 6 Satz 2 des Treibhausgas-Emissionshandelsgesetzes, der durch Artikel 1 Nummer 4 des Gesetzes vom 16. Juli 2009 (BGBl. I S. 1954) eingefügt worden ist, verordnet die Bundesregierung:

Abschnitt 1. Allgemeine Vorschriften

§ 1 Anwendungsbereich. (1) Diese Verordnung gilt für Tätigkeiten innerhalb des sachlichen Anwendungsbereichs des Anhangs I der Richtlinie 2003/87/EG des Europäischen Parlaments und des Rates vom 13. Oktober 2003 über ein System für den Handel mit Treibhausgasemissionszertifikaten in der Gemeinschaft und zur Änderung der Richtlinie 96/61/EG des Rates (ABl. L 275 vom 25. 10. 2003, S. 32), die zuletzt durch die Richtlinie 2009/29/EG (ABl. L 140 vom 5. 6. 2009, S. 63) geändert worden ist, soweit diese Tätigkeiten nicht von Anhang 1 des Treibhausgas-Emissionshandelsgesetzes vom 8. Juli 2004 (BGBl. I S. 1578), das zuletzt durch Artikel 9 des Gesetzes vom 11. August 2010 (BGBl. I S. 1163) geändert worden ist, erfasst sind.

(2) [1] Diese Verordnung gilt abweichend von Absatz 1 für Flüge, die von einem Flugplatz abgehen oder auf einem Flugplatz enden, der sich in dem Hoheitsgebiet eines Mitgliedstaats der Europäischen Union befindet, auf das der Vertrag zur Gründung der Europäischen Gemeinschaft Anwendung findet, und die von Luftfahrzeugbetreibern durchgeführt werden, die

1. durch die nach § 27 Absatz 3 Satz 1 zweiter Halbsatz des Treibhausgas-Emissionshandelsgesetzes vom 8. Juli 2004 (BGBl. I S. 1578), das zuletzt durch Artikel 9 des Gesetzes vom 11. August 2010 (BGBl. I S. 1163) geänderten worden ist, im Bundesanzeiger bekannt gemachte Liste der Kommission nach Artikel 18a Absatz 3 der Richtlinie 2003/87/EG der Bundesrepublik Deutschland als zuständigem Verwaltungsmitgliedstaat zugewiesen sind oder

---

[1)] **Amtl. Anm.:** Diese Verordnung dient der Umsetzung der Richtlinie 2003/87/EG des Europäischen Parlaments und des Rates vom 13. Oktober 2003 über ein System für den Handel mit Treibhausgasemissionszertifikaten in der Gemeinschaft und zur Änderung der Richtlinie 96/61/EG des Rates (ABl. L 275 vom 25. 10. 2003, S. 32), die zuletzt durch die Richtlinie 2009/29/EG (ABl. L 140 vom 5. 6. 2009, S. 63) geändert worden ist.

2. auf dieser Liste keinem Verwaltungsmitgliedstaat zugewiesen sind, sofern sie eine gültige deutsche Betriebsgenehmigung im Sinne des Artikels 3 der Verordnung (EG) Nr. 1008/2008 des Europäischen Parlaments und des Rates vom 24. September 2008 über gemeinsame Vorschriften für die Durchführung von Luftverkehrsdiensten in der Gemeinschaft (ABl. L 293 vom 31. 10. 2008, S. 3) besitzen und nicht nur privilegierte Flüge nach Anlage 1 durchführen.

² Ist ein Luftfahrzeugbetreiber nach Satz 1 Nummer 1 der Bundesrepublik Deutschland als zuständigem Verwaltungsmitgliedstaat zugewiesen nach der Liste der Kommission nach Artikel 18a Absatz 3 der Richtlinie 2003/87/EG in der Fassung der Verordnung (EG) Nr. 748/2009 (ABl. L 219 vom 22. 8. 2009, S. 1), die durch die Verordnung (EU) Nr. 82/2010 (ABl. L 25 vom 29. 1. 2010, S. 12) geändert worden ist, und wird dieser Luftfahrzeugbetreiber durch eine neue Fassung der Verordnung (EG) Nr. 748/2009 einem anderen Verwaltungsmitgliedstaat zugewiesen, so bleibt die vorliegende Verordnung auf ihn anwendbar, bis er seine Pflichten nach § 4 hinsichtlich der Emissionen des Jahres 2010 und seine Pflichten nach § 5 erfüllt hat.

§ 2 Begriffsbestimmungen. (1) Für diese Verordnung gelten folgende Begriffsbestimmungen:

1. Inbetriebnahme: die erstmalige Aufnahme des Regelbetriebes nach Abschluss des Probebetriebes;

2. Kapazität: die tatsächlich und rechtlich maximal mögliche Produktionsmenge pro Jahr;

3. Luftfahrzeugbetreiber: natürliche oder juristische Person, die ein Luftfahrzeug zu dem Zeitpunkt betreibt, zu dem eine Luftverkehrstätigkeit durchgeführt wird, oder, wenn die Identität dieser Person unbekannt ist oder vom Luftfahrzeugeigentümer nicht angegeben wird, der Eigentümer des Luftfahrzeugs;

4. Luftverkehrstätigkeit: dem Anwendungsbereich dieser Verordnung unterfallende Flüge;

5. Monitoring-Leitlinien: die Entscheidung 2007/589/EG der Kommission vom 18. Juli 2007 zur Festlegung von Leitlinien für die Überwachung und Berichterstattung betreffend Treibhausgasemissionen im Sinne der Richtlinie 2003/87/EG des Europäischen Parlaments und des Rates (Monitoring-Leitlinien) (ABl. L 229 vom 31. 8. 2007, S. 1), die zuletzt durch die Entscheidung 2009/399/EG (ABl. L 103 vom 23. 4. 2009, S. 10) geändert worden ist;

6. Probebetrieb: der zeitweilige Betrieb einer Anlage zur Prüfung ihrer Betriebstüchtigkeit entsprechend dem vorgesehenen Ablauf der Inbetriebsetzung;

7. Produktionsmenge: die Menge der pro Jahr in einer Anlage erzeugten Produkteinheiten, bezogen auf die jährliche Nettomenge verkaufsfertiger Produkte;

8. Überwachungsplan: ein Monitoringkonzept nach Anhang I Abschnitt 4.3. der Monitoring-Leitlinien;

9. Verantwortlicher für eine weitere Tätigkeit: natürliche oder juristische Person, die die unmittelbare Entscheidungsgewalt über eine weitere Tä-

tigkeit innehat und dabei die wirtschaftlichen Risiken der Tätigkeit trägt; bei genehmigungsbedürftigen Anlagen im Sinne von § 4 Absatz 1 Satz 3 des Bundes-Immissionsschutzgesetzes ist Verantwortlicher für eine weitere Tätigkeit der Betreiber der Anlage;

10. weitere Tätigkeit: Tätigkeit im Sinne des Anhangs I der Richtlinie 2003/87/EG in ortsfesten Anlagen, soweit die Tätigkeit nicht oder nicht in diesem Umfang in Anhang 1 des Treibhausgas-Emissionshandelsgesetzes vom 8. Juli 2004 (BGBl. I S. 1578), das zuletzt durch Artikel 9 des Gesetzes vom 11. August 2010 (BGBl. I S. 1163) geändert worden ist, aufgeführt ist und soweit es sich nicht um eine Luftverkehrstätigkeit handelt.

(2) Im Übrigen gelten die Begriffsbestimmungen aus Anhang I Abschnitt 2 Nummer 1 bis 5 der Monitoring-Leitlinien.

§ 3 Allgemeine Anforderungen an die Ermittlung von Daten und deren Berichterstattung. (1) [1] Luftfahrzeugbetreiber sowie Verantwortliche für eine weitere Tätigkeit sind verpflichtet, Daten und Informationen nach Maßgabe der Vorschriften dieser Verordnung zu ermitteln und mitzuteilen. [2] Soweit die Vorschriften dieser Verordnung keine abweichenden Regelungen enthalten, müssen die Daten entsprechend den Anforderungen der Monitoring-Leitlinien ermittelt und berichtet werden.

(2) [1] Soweit Angaben die Durchführung von Berechnungen oder von Messungen voraussetzen, sind der Luftfahrzeugbetreiber sowie der Verantwortliche für eine weitere Tätigkeit verpflichtet, die angewandte Berechnungs- und Messmethode zu erläutern und die Ableitung der Angaben nachvollziehbar darzustellen. [2] Die zugrunde liegenden Einzelnachweise sind auf Verlangen der zuständigen Behörde unverzüglich vorzulegen.

Abschnitt 2. Berichtspflichten für Luftfahrzeugbetreiber

§ 4 Ermittlung von Emissionsdaten, Berichterstattung sowie Erstellung des Überwachungsplans. (1) [1] Der Luftfahrzeugbetreiber hat einen Überwachungsplan zur Überwachung und Berichterstattung der durch seine Luftverkehrstätigkeit ab dem 1. Januar 2010 verursachten Kohlendioxid-Emissionen, über die er nach Absatz 5 zu berichten hat, nach Anhang I und XIV der Monitoring-Leitlinien zu erstellen und bei der zuständigen Behörde zur Genehmigung einzureichen. [2] Sofern die in § 1 Absatz 2 Nummer 1 genannte Liste bis zum 25. Juli 2009 im Bundesanzeiger bekannt gemacht wird, ist der späteste Zeitpunkt für die Einreichung des Überwachungsplans nach Anhang XIV Abschnitt 6 Absatz 1 der Monitoring-Leitlinien der 31. August 2009; ansonsten endet die Frist zur Einreichung des Überwachungsplans sechs Wochen nach der Bekanntmachung dieser Liste.

(2) Stellt der Luftfahrzeugbetreiber bis zu dem nach Absatz 1 Satz 2 maßgeblichen Zeitpunkt einen Antrag nach § 6 Absatz 1 und wird dieser Antrag abgelehnt, beträgt die Frist zur Einreichung des Überwachungsplans sechs Wochen, beginnend ab der Bekanntgabe der Entscheidung.

(3) [1] Hat der Luftfahrzeugbetreiber bis zu dem nach Absatz 1 Satz 2 maßgeblichen Zeitpunkt keinen Überwachungsplan eingereicht und keinen Antrag nach § 6 Absatz 1 gestellt, ist er verpflichtet, den Überwachungsplan

innerhalb einer von der zuständigen Behörde festzusetzenden Frist nachzureichen. ² Sofern die zuständige Behörde zur Prüfung des eingereichten Überwachungsplans zusätzliche Angaben benötigt, ist der Luftfahrzeugbetreiber verpflichtet, diese Angaben auf Verlangen der zuständigen Behörde innerhalb einer von der zuständigen Behörde festzusetzenden Frist zu übermitteln. ³ Genügt ein Überwachungsplan den Anforderungen dieser Verordnung nicht, ist der Luftfahrzeugbetreiber verpflichtet, die festgestellten Mängel innerhalb einer von der zuständigen Behörde festzusetzenden Frist zu beseitigen und einen Überwachungsplan vorzulegen, der den Anforderungen dieser Verordnung entspricht.

(4) ¹ Soweit ein Luftfahrzeugbetreiber erst nach dem 25. Juli 2009 eine Luftverkehrstätigkeit aufnimmt oder nicht mehr nach § 6 befreit ist, ist er verpflichtet, den Überwachungsplan nach Absatz 1 Satz 1 unverzüglich bei der zuständigen Behörde einzureichen. ² Absatz 3 gilt entsprechend.

(5) ¹ Der Luftfahrzeugbetreiber hat ab dem 1. Januar 2010 die durch seine Luftverkehrstätigkeit in den Kalenderjahren 2010 und 2011 verursachten Kohlendioxid-Emissionen nach Maßgabe der Anhänge I und XIV der Monitoring-Leitlinien auf der Grundlage eines genehmigten Überwachungsplans für jedes der beiden Kalenderjahre zu ermitteln und der zuständigen Behörde jeweils bis zum 31. März des Folgejahres über die Emissionen zu berichten. ² Die Pflicht nach Satz 1 umfasst nicht die Emissionen privilegierter Flüge nach Anlage 1.

(6) Sofern ein Luftfahrzeugbetreiber erst nach dem 25. Juli 2009 dem Anwendungsbereich dieser Verordnung unterfällt, beziehen sich die Ermittlungs- und Berichtspflichten nach Absatz 5 jeweils auf das gesamte Kalenderjahr, in dem dieses Ereignis eintritt.

(7) ¹ Werden die Monitoring-Leitlinien nach dem 25. Juli 2009 geändert und bestimmt die Kommission hierbei für die Einreichung des Überwachungsplans einen späteren als den nach Absatz 1 Satz 2 maßgeblichen Zeitpunkt, so ist dieser Termin der nach Absatz 1 Satz 2 maßgebliche Zeitpunkt. ² Soweit die Monitoring-Leitlinien nach dem 25. Juli 2009 geändert werden und sich diese Änderungen auf die Ermittlung der in Absatz 1 Satz 1 und Absatz 5 Satz 1 genannten Emissionen beziehen, hat der Luftfahrzeugbetreiber nach Maßgabe der geänderten Monitoring-Leitlinien den Überwachungsplan zu erstellen sowie die Emissionen zu ermitteln und über sie zu berichten. ³ Das Bundesministerium für Umwelt, Naturschutz und Reaktorsicherheit gibt die für den Luftfahrzeugbetreiber maßgeblichen Änderungen nach Satz 1 und 2 im Bundesanzeiger bekannt.

§ 5 Ermittlung von Flugstrecke und Nutzlast, Berichterstattung sowie Erstellung des Überwachungsplans.

(1) ¹ Der Luftfahrzeugbetreiber hat die durch seine Luftverkehrstätigkeit, soweit sie nicht unter die privilegierten Flüge nach Anlage 1 fällt, in dem Kalenderjahr 2010 zurückgelegte Flugstrecke und die in diesem Jahr transportierte Nutzlast nach den Anhängen I und XV der Monitoring-Leitlinien zu ermitteln und der zuständigen Behörde bis zum 31. März 2011 darüber zu berichten. ² Sofern die zuständige Behörde zur Prüfung des Berichts nach Satz 1 zusätzliche Angaben benötigt, ist der Luftfahrzeugbetreiber verpflichtet, diese Angaben auf Verlangen der zuständigen Behörde innerhalb einer von der zuständigen Behörde festzusetzenden Frist zu übermitteln.

(2) ¹Zum Zweck der Ermittlung und Berichterstattung nach Absatz 1 Satz 1 hat der Luftfahrzeugbetreiber nach Anhang I und XV der Monitoring-Leitlinien einen Überwachungsplan zu erstellen und bei der zuständigen Behörde zur Genehmigung einzureichen. ²Sofern die in § 1 Absatz 2 Nummer 1 genannte Liste bis zum 25. Juli 2009 im Bundesanzeiger bekannt gemacht ist, ist der späteste Zeitpunkt für die Einreichung des Überwachungsplans nach Anhang XV Abschnitt 3 Absatz 2 der Monitoring-Leitlinien der 31. August 2009; ansonsten endet die Frist zur Einreichung des Überwachungsplans sechs Wochen nach der Bekanntmachung dieser Liste.

(3) ¹§ 4 Absatz 2 bis 4 und 6 gilt entsprechend. ²§ 4 Absatz 7 gilt entsprechend mit der Maßgabe, dass sich die Änderungen der Monitoring-Leitlinien auf den nach Absatz 2 Satz 2 maßgeblichen Zeitpunkt sowie auf die zurückgelegte Flugstrecke und die transportierte Nutzlast beziehen.

(4) Die Pflichten nach den Absätzen 1 und 2 entfallen, wenn der Luftfahrzeugbetreiber gegenüber der zuständigen Behörde in einer unwiderruflichen, schriftlichen Erklärung auf seinen künftigen Anspruch auf kostenlose Zuteilung von Berechtigungen für die Zuteilungsperiode 2012 und für die Zuteilungsperiode 2013 bis 2020 verzichtet.

§ 6 Befreiung für gelistete Luftfahrzeugbetreiber mit privilegierten Flügen. (1) Auf Antrag eines Luftfahrzeugbetreibers, der durch die Liste der Kommission nach Artikel 18a Absatz 3 der Richtlinie 2003/87/EG der Bundesrepublik Deutschland als zuständigem Verwaltungsmitgliedstaat zugewiesen ist, befreit die zuständige Behörde diesen Luftfahrzeugbetreiber von den Pflichten nach den §§ 4 und 5, sofern

1. der Luftfahrzeugbetreiber im Kalenderjahr 2008 nur privilegierte Flüge nach Anlage 1 durchgeführt hat oder

2. zu erwarten ist, dass der Luftfahrzeugbetreiber in den Kalenderjahren 2010 oder 2011 nur privilegierte Flüge nach Anlage 1 durchführen wird; die Befreiung gilt für das Kalenderjahr, für das zu erwarten ist, dass der Luftfahrzeugbetreiber die Voraussetzung erfüllt.

(2) Im Fall des Absatzes 1 Nummer 2 hat der Antragsteller die Veränderungen gegenüber dem bisher ausgeübten Umfang oder der Art der Luftverkehrstätigkeit anzugeben, auf deren Grundlage zu erwarten ist, dass er nur privilegierte Flüge nach Anlage 1 durchführen wird.

(3) ¹Die Befreiung erlischt, wenn der Luftfahrzeugbetreiber in einem Kalenderjahr, für das die Befreiung erteilt wurde, auch Flüge durchführt, die nicht nach Anlage 1 privilegiert sind. ²In diesem Fall beziehen sich die Ermittlungs- und Berichtspflichten nach § 4 Absatz 5 und § 5 Absatz 1 Satz 1 jeweils auf das gesamte Kalenderjahr, in dem die Befreiung nach Satz 1 erloschen ist.

Abschnitt 3. Mitteilungspflichten für die Verantwortlichen weiterer Tätigkeiten

§ 7 Ermittlung und Mitteilung von Daten. (1) ¹Der Verantwortliche für eine weitere Tätigkeit hat die durch seine Tätigkeit in den Kalenderjahren 2005 bis 2008 verursachten jährlichen Emissionen zu ermitteln und der zuständigen Behörde bis zum 31. März 2010 mitzuteilen. ²Bei Inbetriebnahme einer neuen Anlage im Zeitraum 2005 bis 2008 gilt die Verpflichtung nach Satz 1 ab dem Zeitpunkt der Inbetriebnahme.

(2) Die Ermittlungs- und Mitteilungspflicht bezieht sich bei der jeweiligen weiteren Tätigkeit auf diejenigen Treibhausgase, die in Spalte 2 der Tabelle in Anhang I der Richtlinie 2003/87/EG aufgeführt sind.

(3) ¹Entstehen bei einer weiteren Tätigkeit Emissionen aus der Verbrennung, so sind diese nach Anhang II der Monitoring-Leitlinien zu ermitteln und mitzuteilen. ²Bei denjenigen weiteren Tätigkeiten, bezüglich derer die Anhänge III bis XI und XIII der Monitoring-Leitlinien oder diese Verordnung in den §§ 8 und 9 tätigkeitsspezifische Regelungen vorsehen, sind diese Regelungen neben den allgemeinen Regelungen des Anhangs I der Monitoring-Leitlinien bei der Ermittlung und Mitteilung der Emissionen zugrunde zu legen. ³Bei denjenigen weiteren Tätigkeiten, bezüglich derer die Monitoring-Leitlinien in den Anhängen oder diese Verordnung keine tätigkeitsspezifischen Regelungen vorsehen, sind die allgemeinen Regelungen des Anhangs I der Monitoring-Leitlinien bei der Ermittlung und Mitteilung der Emissionen zugrunde zu legen. ⁴Anhang 2 Teil I Nummer 2 des Treibhausgas-Emissionshandelsgesetzes vom 8. Juli 2004 (BGBl. I S. 1578), das zuletzt durch Artikel 9 des Gesetzes vom 11. August 2010 (BGBl. I S. 1163) geändert worden ist, gilt entsprechend.

(4) ¹Soweit in den Monitoring-Leitlinien oder in dieser Verordnung keine tätigkeitsspezifischen Anforderungen festgelegt sind oder der Verantwortliche für die weitere Tätigkeit die dort festgelegten Anforderungen nicht einhalten kann, sind die Daten mit dem am höchsten erreichbaren Grad an Genauigkeit und Vollständigkeit zu ermitteln und mitzuteilen. ²Der Verantwortliche für die weitere Tätigkeit hat in diesem Fall darzulegen, auf welcher Grundlage die Angaben beruhen und welcher Grad an Genauigkeit insofern erzielt worden ist.

(5) Der Verantwortliche für eine weitere Tätigkeit ist verpflichtet, folgende Daten anzugeben:

1. die Bezeichnung der weiteren Tätigkeit;
2. eine textliche und, soweit vorhanden, bildliche Beschreibung der zu überwachenden Anlage, der dort durchgeführten Tätigkeiten und der in der Anlage erzeugten Produkte;
3. die Kapazität der Anlage für den jeweiligen Erhebungszeitraum;
4. das Datum der Inbetriebnahme der Anlage;
5. die Gesamtfeuerungswärmeleistung, unterteilt nach den einzelnen Einheiten der Anlage, soweit für die Tätigkeit in Anhang I der Richtlinie 2003/87/EG ein Schwellenwert als Feuerungswärmeleistung angegeben ist;
6. die Einstufung der weiteren Tätigkeit entsprechend der für die Anlage maßgeblichen Nummerierung im Anhang zur Verordnung über genehmigungsbedürftige Anlagen, bei abweichender Nummerierung in der immissionsschutzrechtlichen Genehmigung auch diese;
7. der NACE-Code, dem die weitere Tätigkeit zuzuordnen ist, nach Anhang I der Verordnung (EG) Nr. 1893/2006 des Europäischen Parlaments und des Rates vom 20. Dezember 2006 zur Aufstellung der statistischen Systematik der Wirtschaftszweige NACE Revision 2 und zur Änderung der Verord-

nung (EWG) Nr. 3037/90 des Rates sowie einiger Verordnungen der EG über bestimmte Bereiche der Statistik (ABl. Nr. L 393 vom 30. 12. 2006, S. 1);

8. die in den Monitoring-Leitlinien genannten Daten unter Anhang I Abschnitt 8 – mit Ausnahme der Absätze vor Nummer 1 – sowie Abschnitt 14 und

9. im Fall der Weiterleitung von Kuppelgasen, Synthesegasen oder Treibhausgasen an andere Anlagen Angaben, in welcher Menge und an welche Anlagen diese Gase weitergeleitet wurden; im Fall des Bezugs weitergeleiteter Kuppelgase, Synthesegase oder Treibhausgase die Angaben über Menge und Herkunft der Gase.

§ 8 Besondere Anforderungen an die Ermittlung und Mitteilung von perfluorierten Kohlenwasserstoffen (PFC). (1) [1] Unter den perfluorierten Kohlenwasserstoffen sind Tetrafluormethan und Hexafluorethan nach Anlage 2 zu ermitteln und die Emissionsmengen für jedes Jahr der Kalenderjahre 2005 bis 2008 mitzuteilen. [2] Die Emissionsmengen von Tetrafluormethan und Hexafluorethan sind getrennt anzugeben. [3] Dabei kann die Emissionsmenge von Hexafluorethan rechnerisch aus der Emissionsmenge von Tetrafluormethan ermittelt werden. [4] Bei der Mitteilung von Tetrafluormethan und Hexafluorethan ist keine Umrechnung in Kohlenstoffdioxid-Äquivalente vorzunehmen.

(2) Der Verantwortliche für eine weitere Tätigkeit ist verpflichtet, zusätzlich zu den Daten nach § 7 folgende Daten mitzuteilen:

1. die jährliche Produktionsmenge Aluminium je Zelltyp;
2. die Angabe der Zelltypen;
3. die für jede Anlage zelltypspezifisch ermittelten Steigungskoeffizienten sowie das Datum der Bestimmung bei Erfassung nach Formel 2 gemäß Anlage 2;
4. die Dauer des Anodeneffekts bei Erfassung nach Formel 2 gemäß Anlage 2; die Methode der Erfassung der Anodeneffekt-Dauer ist zu beschreiben;
5. die Überspannungskoeffizienten sowie das Datum der Bestimmung bei Erfassung nach Formel 3 gemäß Anlage 2;
6. die Werte der Anodeneffekt-Überspannung bei Erfassung nach Formel 3 gemäß Anlage 2; die Methode der Erfassung der Überspannung ist zu beschreiben;
7. die Stromeffizienz bei der Aluminiumproduktion bei Erfassung nach Formel 3 gemäß Anlage 2; die Methode der Erfassung der Stromeffizienz ist zu beschreiben;
8. die bei der Ermittlung der Emissionsmenge von Hexafluorethan nach Formel 5 verwendeten Gewichtungsfaktoren.

§ 9 Besondere Anforderungen an die Ermittlung und Mitteilung von Distickstoffoxid (N_2O). (1) [1] Bei der Ermittlung und Mitteilung von Distickstoffoxid gilt bezüglich der einzuhaltenden Mindestgenauigkeit Ebene 2 des Anhangs XIII Abschnitt 2.2. der Monitoring-Leitlinien. [2] Für die im Rahmen der Ermittlung der Emissionsmengen notwendigen Angaben zur Produktionsmenge gilt § 10 Absatz 1 und 2 der Zuteilungsverordnung 2012[1]) entsprechend.

(2) Der Verantwortliche für die weitere Tätigkeit ist verpflichtet, zusätzlich zu den Daten nach § 7 die in Anhang XIII Abschnitt 9 Buchstabe a bis g der Monitoring-Leitlinien genannten Daten anzugeben.

(3) Werden Daten zu Distickstoffoxid nach Anhang XIII Abschnitt 2.6. oder Abschnitt 6.3. der Monitoring-Leitlinien ermittelt und mitgeteilt, so hat der Verantwortliche für die weitere Tätigkeit darzulegen, auf welcher Grundlage die Ermittlung beruht und welcher Grad an Genauigkeit erzielt worden ist.

Abschnitt 4. Verfahren

§ 10 Elektronische Kommunikation. ¹ Die zuständige Behörde kann vorschreiben, dass Luftfahrzeugbetreiber sowie Verantwortliche für eine weitere Tätigkeit die auf der Internetseite der zuständigen Behörde zur Verfügung gestellten elektronischen Formularvorlagen zu benutzen haben und die ausgefüllten Formularvorlagen in elektronischer Form zu übermitteln sind. ² Sie gibt Anordnungen nach Satz 1 mindestens einen Monat vor Ablauf der festgelegten Übermittlungsfrist im Bundesanzeiger bekannt.

§ 11 Prüfung. (1) ¹ Die Berichte nach den §§ 4 und 5 sowie die Datenmitteilungen nach den §§ 7 bis 9 müssen vor ihrer Abgabe von einer durch die zuständige Behörde bekannt gegebenen sachverständigen Stelle geprüft werden. ² Die Anforderungen nach Anhang V der Richtlinie 2003/87/EG gelten entsprechend.

(2) Bei der Prüfung der Datenmitteilungen von Verantwortlichen für eine weitere Tätigkeit bei Anlagen mit Kohlendioxid-Emissionen von durchschnittlich weniger als 25 000 Tonnen pro Jahr in den Kalenderjahren 2005 bis 2008 kann die sachverständige Stelle auf eine Besichtigung der Anlage vor Ort verzichten.

(3) Die zuständige Behörde macht die sachverständigen Stellen entsprechend den Vorgaben des § 5 Absatz 3 Satz 2 bis 9 des Treibhausgas-Emissionshandelsgesetzes vom 8. Juli 2004 (BGBl. I S. 1578), das zuletzt durch Artikel 9 des Gesetzes vom 11. August 2010 (BGBl. I S. 1163) geändert worden ist, bekannt.

Abschnitt 5. Sanktionen und Inkrafttreten

§ 12 Ordnungswidrigkeiten. Ordnungswidrig im Sinne des § 19 Absatz 1 Nummer 4 des Treibhausgas-Emissionshandelsgesetzes vom 8. Juli 2004 (BGBl. I S. 1578), das zuletzt durch Artikel 9 des Gesetzes vom 11. August 2010 (BGBl. I S. 1163) geändert worden ist, handelt, wer vorsätzlich oder fahrlässig

---

[1]) Nr. 51.

1. entgegen § 4 Absatz 3 Satz 1, auch in Verbindung mit Absatz 4 Satz 2, einen Überwachungsplan nicht oder nicht rechtzeitig nachreicht,
2. entgegen § 4 Absatz 3 Satz 2, auch in Verbindung mit Absatz 4 Satz 2, eine Angabe nicht, nicht richtig, nicht vollständig oder nicht rechtzeitig übermittelt,
3. entgegen § 4 Absatz 5 Satz 1 der zuständigen Behörde nicht oder nicht rechtzeitig berichtet,
4. entgegen § 5 Absatz 1 Satz 2 eine Angabe nicht richtig oder nicht vollständig übermittelt oder
5. entgegen § 7 Absatz 1 Satz 1 in Verbindung mit § 7 Absatz 5, § 8 Absatz 2 oder § 9 Absatz 2 eine Mitteilung nicht, nicht richtig, nicht vollständig oder nicht rechtzeitig macht.

§ 13 Zuständige Behörde. Zuständige Behörde im Sinne dieser Verordnung ist das Umweltbundesamt.

§ 14 Inkrafttreten. Diese Verordnung tritt am Tag nach der Verkündung[1] in Kraft.

Anlage 1
(zu § 1 Absatz 2 Nummer 2, § 4 Absatz 5 Satz 2, § 5 Absatz 1 Satz 1 und § 6)

Privilegierte Flüge

1. Flüge, die ausschließlich durchgeführt werden, um folgende Personen in offizieller Mission zu befördern:

    a) regierende Monarchinnen und Monarchen und ihre unmittelbaren Familienangehörigen,

    b) Staatschefinnen und Staatschefs, Regierungschefinnen und Regierungschefs und zur Regierung gehörende Ministerinnen und Minister

    eines Nichtmitgliedstaats der Europäischen Union, soweit dies durch einen entsprechenden Statusindikator im Flugplan vermerkt ist;

2. Militärflüge in Militärluftfahrzeugen sowie Zoll- und Polizeiflüge;
3. Flüge im Zusammenhang mit Such- und Rettungseinsätzen, Löschflüge, Flüge im humanitären Einsatz sowie Ambulanzflüge in medizinischen Notfällen, soweit eine Genehmigung der jeweils zuständigen Behörde vorliegt;
4. Flüge, die ausschließlich nach Sichtflugregeln im Sinne der §§ 28 und 31 bis 34 der Luftverkehrs-Ordnung durchgeführt werden;
5. Flüge, bei denen das Luftfahrzeug ohne Zwischenlandung wieder zum Ausgangsflugplatz zurückkehrt;

---

[1] Verkündet am 24. 7. 2009.

Datenerhebungsverordnung 2020 Anl. 2 DEV 2020 53

6. Übungsflüge, die ausschließlich zum Erwerb eines Pilotenscheins oder einer Berechtigung für die Cockpit-Besatzung durchgeführt werden, sofern dies im Flugplan vermerkt ist; diese Flüge dürfen nicht zur Beförderung von Fluggästen oder Fracht oder zur Positionierung oder Überführung von Luftfahrzeugen dienen;

7. Flüge, die ausschließlich der wissenschaftlichen Forschung oder der Kontrolle, Erprobung oder Zulassung von Luftfahrzeugen oder Ausrüstung dienen, unabhängig davon, ob es sich um Bord- oder Bodenausrüstung handelt;

8. Flüge von Luftfahrzeugen mit einer höchstzulässigen Startmasse von weniger als 5 700 Kilogramm;

9. Flüge im Rahmen von gemeinwirtschaftlichen Verpflichtungen nach Maßgabe des Artikels 16 der Verordnung (EG) Nr. 1008/2008 auf Routen innerhalb von Gebieten in äußerster Randlage im Sinne von Artikel 299 Absatz 2 des Vertrags zur Gründung der Europäischen Gemeinschaft oder auf Routen mit einer angebotenen Kapazität von höchstens 30 000 Sitzplätzen pro Jahr sowie

10. Flüge nach § 1 Absatz 2, die nicht bereits von den Nummern 1 bis 9 erfasst sind und von einem Luftfahrzeugbetreiber durchgeführt werden, der gegen Entgelt Linien- oder Bedarfsflugverkehrsleistungen für die Öffentlichkeit erbringt, bei denen er Fluggäste, Fracht oder Post befördert (gewerblicher Luftfahrzeugbetreiber), sofern dieser Betreiber entweder

a) weniger als 243 solcher Flüge in jedem von drei aufeinander folgenden Viermonatszeiträumen durchführt oder

b) die jährlichen Gesamtemissionen solcher Flüge dieses Luftfahrzeugbetreibers weniger als 10 000 Tonnen betragen;

diese Privilegierung gilt nicht für Flüge, die ausschließlich zur Beförderung von regierenden Monarchinnen und Monarchen und ihren unmittelbaren Familienangehörigen, sowie von Staatschefinnen und Staatschefs, Regierungschefinnen und Regierungschefs und zur Regierung gehörenden Ministerinnen und Ministern eines Mitgliedstaats der Europäischen Union in Ausübung ihres Amtes durchgeführt werden.

Anlage 2
(zu § 8 Absatz 1 Satz 1 und Absatz 2 Nummer 3 bis 8)

Ermittlung und Berichterstattung von perfluorierten Kohlenwasserstoffen (PFC)

Teil 1. Bestimmung der Emissionen von Tetrafluormethan (CF_4)

1. Die Gesamtemissionen von Tetrafluormethan sind nach Formel 1 zu bestimmen. Dabei sind die für jede Anlage zelltypspezifisch ermittelten Emissionsmengen $E_{CF_4, i}$ in Abhängigkeit von der Prozessführung entweder nach Formel 2 oder nach Formel 3 zu bestimmen. Für die im Rahmen der Ermittlung der Emissionsmengen notwendigen Angaben zur Produktions-

menge in Tonnen Aluminium gilt § 10 Absatz 1 und 2 der Zuteilungsverordnung 2012[1]) entsprechend.

2. Wurde in einem Berichtsjahr nach einem anerkannten Messverfahren ein Steigungskoeffizient für einen Zelltyp ermittelt, der höchstens eine Ungenauigkeit von 15 Prozent aufweist, ist dieser Steigungskoeffizient in Formel 2 für das betreffende Berichtsjahr und den betreffenden Zelltyp zu verwenden. Sofern nicht in jedem Jahr des Zeitraums 2005 bis 2008 eine solche Ermittlung stattfand, kann für einen Zelltyp ein Steigungskoeffizient aus einem anderen Berichtsjahr angesetzt werden, vorausgesetzt es liegt höchstens eine Ungenauigkeit von 15 Prozent vor. Sofern bei einer Ermittlung nach Satz 1 und 2 die Ungenauigkeit eines ermittelten Steigungskoeffizienten höher ist als 15 Prozent oder sofern in keinem Jahr des Zeitraums 2005 bis 2008 ein Steigungskoeffizient nach einem anerkannten Messverfahren für einen betreffenden Zelltyp ermittelt wurde, ist für das Jahr 2009 ein Steigungskoeffizient nach einem anerkannten Messverfahren für jeden Zelltyp zu bestimmen und auf alle Jahre der Datenmitteilung anzuwenden. Wenn infolge von Betriebsunterbrechungen, Prozessstörungen oder aus anderen technischen Gründen im Jahr 2009 bei der Bestimmung eines Steigungskoeffizienten die Ungenauigkeit von 15 Prozent überschritten wird, ist der jeweilige Standardfaktor aus der Tabelle in Teil 3 zu verwenden. Die Anwendung eines Standardfaktors ist zu begründen.

3. Für die in Formel 3 anzusetzenden Überspannungskoeffizienten gelten die Anforderungen nach Nummer 2 entsprechend.

Teil 2. Bestimmung der Emissionen von Hexafluorethan (C_2F_6)

1. Die Gesamtemissionen von Hexafluorethan sind nach Formel 4 zu bestimmen. Dabei sind die zelltypbezogenen Emissionsmengen von C_2F_6 anhand von Formel 5 zu bestimmen.

2. Für den Gewichtungsfaktor können die Standardfaktoren aus Spalte 4 der Tabelle in Teil 3 verwendet werden. Im Fall einer Messung gelten die Anforderungen unter Teil 1 Nummer 2 entsprechend.

Teil 3. Formeln und Tabelle

Formel 1. (Gesamtemissionen von CF_4)

$$\text{EMIS}_{CF4} = \sum_i E_{CF4, i}$$

mit   i   Index für den Zelltyp
     EMIS_{CF4} Gesamtemissionsmenge von CF_4 in kg CF_4
     $E_{CF4, i}$ Emissionsmenge von CF_4 in kg CF_4 je Zelltyp i

Formel 2. (Emissionsmengen von CF_4 je Zelltyp über die Dauer der Anodeneffekte)

$E_{CF4, i} = S_{CF4, i} \star \text{AEM}_i \star \text{MP}_i$

---

[1]) Nr. 51.

Datenerhebungsverordnung 2020   **Anl. 2   DEV 2020   53**

mit	$E_{CF_4, i}$	Emissionsmenge CF_4 für Zelltyp i in kg CF_4
	$S_{CF_4, i}$	Steigungskoeffizient für Zelltyp i in (kg CF_4/Tonne Al)/(AE-Min/Zelltag)
	AEM_i	Dauer des Anodeneffekts für Zelltyp i je Zelltag in AE-Min/Zelltag
	MP_i	Produktionsmenge in Tonnen Al für Zelltyp i

Formel 3. (Emissionsmengen von CF_4 je Zelltyp über die Höhe der Überspannungseffekte)

$$E_{CF_4, i} = OVC_i * AEO_i * MP_i / CE_i * 100\%$$

mit	$E_{CF_4, i}$	Emissionsmenge CF_4 für Zelltyp i in kg CF_4
	OVC_i	Überspannungskoeffizient für Zelltyp i in (kg CF_4/Tonne Al)/mV
	AEO_i	Anodeneffekt-Überspannung von Zelltyp i in mV
	CE_i	Stromeffizienz je Zelltyp der Aluminiumproduktion in Prozent (z.B. 95 %)
	MP_i	Produktionsmenge in Tonnen Al für Zelltyp i

Formel 4. (Berechnung der Gesamtemissionen von C_2F_6)

$$EMIS_{C2F6} = \sum_i E_{C2F6, i}$$

mit	i	Index für den Zelltyp
	$EMIS_{C2F6}$	Gesamtemissionsmenge von C_2F_6 in kg C_2F_6
	$E_{C2F6, i}$	Emissionsmenge von C_2F_6 je Zelltyp i

Formel 5. (Berechnung der Emissionsmengen von C_2F_6 je Zelltyp)

$$E_{C2F6, i} = E_{CF_4, i} * F_{C2F6/CF4, i}$$

mit	$E_{C2F6, i}$	Emissionsmenge C_2F_6 für Zelltyp i gemessen in kg C_2F_6
	$E_{CF_4, i}$	Emissionsmenge CF_4 für Zelltyp i gemessen in kg CF_4
	$F_{C2F6/CF4, i}$	Gewichtungsfaktor, welcher das Verhältnis von E_{C2F6} zu E_{CF4} in kg C_2F_6/kg CF_4 für Zelltyp i angibt

Tabelle

Zelltyp	Standardfaktor Steigungskoeffizient ($S_{CF4, i}$)	Standardfaktor Überspannungskoeffizient (OVC_i)	Standardfaktor Gewichtungsfaktor ($F_{C2F6/CF4, i}$)
Mittenbedienter Ofen mit vorgebrannten Anoden	0,143	1,16	0,121
Seitenbedienter Ofen mit vorgebrannten Anoden	0,272	3,65	0,252
Søderberg-Zelle mit vertikaler Anodenanordnung	0,092	n.r.[*]	0,053
Søderberg-Zelle mit horizontaler Anodenanordnung	0,099	n.r.[*]	0,085

[*] **Amtl. Anm.:** n.r. = nicht relevant

54. Verordnung über die Versteigerung von Emissionsberechtigungen nach dem Zuteilungsgesetz 2012 (Emissionshandels-Versteigerungsverordnung 2012 – EHVV 2012)

Vom 17. Juli 2009

(BGBl. I S. 2048)

FNA 2129-50-2

geänd. durch Art. 5 G zur Anpassung der Rechtsgrundlagen für die Fortentwicklung des Emissionshandels v. 21. 7. 2011 (BGBl. I S. 1475)

Auf Grund des § 21 Absatz 2 des Zuteilungsgesetzes 2012[1]) vom 7. August 2007 (BGBl. I S. 1788) verordnet die Bundesregierung mit Zustimmung des Bundestages:

§ 1 Anwendungsbereich. Diese Verordnung regelt die Versteigerung von Berechtigungen im Sinne des § 3 Absatz 4 des Treibhausgas-Emissionshandelsgesetzes vom 8. Juli 2004 (BGBl. I S. 1578), das zuletzt durch Artikel 9 des Gesetzes vom 11. August 2010 (BGBl. I S. 1163) geändert worden ist, ab dem 1. Januar 2010.

§ 2 Versteigerungsmenge, Versteigerungstermine. (1) Pro Jahr wird folgende Gesamtmenge an Berechtigungen durch Geschäfte zur sofortigen Erfüllung (Spothandel) sowie durch Geschäfte zur Lieferung auf Termin (Terminhandel) versteigert:

1. 40 Millionen Berechtigungen nach § 19 Satz 1 des Zuteilungsgesetzes 2012[1]) sowie

2. die zur Deckung der Kosten nach § 5 Absatz 3 Satz 1 des Zuteilungsgesetzes 2012 erforderliche Menge an Berechtigungen.

(2) ¹ Zur Versteigerung der Gesamtmenge nach Absatz 1 findet ab Jahresbeginn jeweils einmal wöchentlich eine Versteigerung statt, bis die Gesamtmenge versteigert ist. ² In den Jahren 2010 und 2011 betragen die wöchentlichen Versteigerungsmengen 870 000 Berechtigungen und im Jahr 2012 sind es 945 000 Berechtigungen. ³ Zur Aufteilung der Versteigerungsmengen nach Satz 2 werden bei den wöchentlichen Versteigerungsterminen in den Jahren 2010 und 2011 jeweils 570 000 Berechtigungen pro Termin und im Jahr 2012 jeweils 645 000 Berechtigungen pro Termin in den Monaten Januar bis Oktober im Terminhandel zur Lieferung im Dezember des laufenden Jahres angeboten; im Übrigen werden die Berechtigungen im Spothandel angeboten. ⁴ Sinkt die verbliebene Versteigerungsmenge unter die in Satz 2 genannte Menge, wird im folgenden Versteigerungstermin die verbleibende Menge angeboten.

---

[1]) Nr. 50.

(3) ¹ Sofern das Handelssystem zu einem der vorgesehenen Versteigerungstermine wegen einer technischen Störung nicht zur Verfügung steht oder in einem Versteigerungstermin die Gesamtgebotsmenge hinter der angebotenen Versteigerungsmenge zurückbleibt, findet die Versteigerung an dem vorgesehenen Versteigerungstermin nicht statt. ² Für den ausgefallenen Versteigerungstermin wird innerhalb der folgenden 15 Handelstage ein Ersatztermin festgesetzt. ³ Die zuständige Stelle stellt sicher, dass der Ersatztermin nach Satz 2 börsenüblich bekannt gemacht wird.

(4) ¹ Für die Bestimmung der erforderlichen Menge an Berechtigungen nach Absatz 1 Nummer 2 sind die Nettoerlöse aus der Versteigerung einer Anzahl von Berechtigungen maßgeblich, die zum Ausgleich der nicht durch Gebühreneinnahmen gedeckten Kosten der Deutschen Emissionshandelsstelle beim Umweltbundesamt für das jeweilige Haushaltsjahr erforderlich sind; diese Kosten ergeben sich aus dem Bundeshaushaltsplan, Einzelplan des Bundesministeriums für Umwelt, Naturschutz und Reaktorsicherheit, Kapitel 1605 „Umweltbundesamt". ² Überdeckungen und Unterdeckungen sind auf den zukünftigen Refinanzierungsbedarf anzurechnen. ³ Im Jahr 2012 erhöht sich die Menge an Berechtigungen nach Absatz 1 Nummer 2 insgesamt um eine Anzahl an Berechtigungen, deren Nettoerlöse aus der Versteigerung die Gesamtausgaben des Umweltbundesamtes im Zusammenhang mit der Rückerstattung der Allgemeinen Emissionshandelsgebühr nach der Emissionshandels-Kostenverordnung 2007 decken. ⁴ Der Refinanzierungsbedarf nach den Sätzen 1 und 3 wird anteilig aus den Nettoerlösen der Versteigerungen in den Monaten Januar bis Oktober eines Jahres gedeckt.

§ 3 Versteigerungsverfahren. (1) Die Durchführung der Versteigerung erfolgt jeweils getrennt entsprechend der Aufteilung nach § 2 Absatz 2 Satz 2 als Bestandteil des Börsenhandels an einem staatlich beaufsichtigten Markt, an dem ein Markt für den Spothandel und den Terminhandel mit Berechtigungen besteht (durchführende Börse).

(2) ¹ Berechtigt zur Teilnahme als Bieter an der Versteigerung im Spothandel oder im Terminhandel sind alle an der durchführenden Börse für den jeweiligen Handel mit Berechtigungen zugelassenen Handelsteilnehmer. ² Anbieter der zu versteigernden Berechtigungen ist die zuständige Stelle.

(3) ¹ Die Mindestgebotsmenge beträgt bei der Versteigerung im Spothandel 500 Berechtigungen, ansonsten 1 000 Berechtigungen. ² Höhere Gebotsmengen müssen einem ganzzahligen Vielfachen der Mindestgebotsmenge entsprechen. ³ Der Gebotspreis muss in Euro mit zwei Dezimalstellen angegeben sein.

(4) ¹ Das Versteigerungsverfahren erfolgt nach dem Einheitspreisverfahren mit einer Bieterrunde pro Versteigerung. ² Jeder Bieter kann jeweils nur die eigenen abgegebenen Gebote einsehen (geschlossenes Orderbuch).

(5) ¹ Zum festgesetzten Zeitpunkt werden die abgegebenen Gebote nach der Höhe des Gebotspreises gereiht, bei gleichem Gebotspreis nach der zeitlichen Reihenfolge des Zugangs der Gebote. ² Die in den Geboten dargelegten Gebotsmengen werden aufsummiert, beginnend bei dem höchsten Gebotspreis. ³ Der Preis des Gebotes, bei dem die aufsummierten Gebotsmengen die angebotene Menge an Berechtigungen erreichen oder überschreiten, ist der Zuschlagspreis. ⁴ Alle Gebote, die in die Summenbildung eingegangen sind, werden entsprechend der Höhe des Zuschlagspreises zugeteilt. ⁵ Dem letzten erfolgreichen Gebot wird die verbleibende Menge an Berechtigungen zugeschlagen.

§ 4 Abwicklung. (1) Die Abwicklung der erfolgreichen Gebote der Versteigerung im Spothandel und im Terminhandel unterliegt jeweils denselben Bedingungen, wie sie an der durchführenden Börse für die Abwicklung des entsprechenden Handels mit Berechtigungen gelten.

(2) [1] Für das Einstellen und Ändern der Gebote sowie für die Feststellung der erfolgreichen Gebote darf die durchführende Börse von den Teilnehmern keine höheren Gebühren oder Entgelte verlangen als beim jeweils entsprechenden Handel mit Berechtigungen. [2] Dies gilt auch für die Abwicklung der Erfüllungsgeschäfte bei den erfolgreichen Geboten (Clearing) durch die durchführende Börse oder eine angeschlossene Institution.

§ 5 Berichtspflichten, Überwachung. (1) [1] Die durchführende Börse unterrichtet die zuständige Stelle nach jedem Versteigerungstermin über den Zuschlagspreis, in anonymisierter Form über die Verteilung der Gebote sowie über Kennziffern der Versteigerung, insbesondere die Gesamtzahl der Bieter, die Zahl der erfolgreichen Bieter, das Verhältnis der gesamten Gebotsmenge zur Versteigerungsmenge sowie die Spanne der Gebotspreise. [2] Die zuständige Stelle stellt sicher, dass der Zuschlagspreis zeitnah und börsenüblich bekannt gemacht wird.

(2) [1] Die durchführende Börse ist verpflichtet, das Bieterverhalten kontinuierlich zu beobachten. [2] Sofern es Anzeichen für ein Bieterverhalten gibt, das auf eine Verzerrung des Zuschlagspreises gerichtet ist, ergreift die durchführende Börse die erforderlichen Gegenmaßnahmen; anschließend erfolgt die Ermittlung des Zuschlagspreises nach § 3 Absatz 5. [3] Die durchführende Börse informiert die börsenrechtlich zuständige Aufsichtsbehörde sowie die zuständige Stelle über die ergriffenen Maßnahmen. [4] Die aufsichtsrechtlichen Bestimmungen, die für den jeweiligen Handelsplatz gelten, bleiben unberührt.

(3) [1] Im Fall einer Information nach Absatz 2 Satz 2 kann die zuständige Stelle die Gesamtgebotsmenge je Bieter auf jeweils 100 000 Berechtigungen pro Versteigerung im Spothandel und Terminhandel beschränken oder sonstige bei Versteigerungen von Berechtigungen übliche Gegenmaßnahmen festlegen. [2] Die aufsichtsrechtlichen Bestimmungen, die für den jeweiligen Handelsplatz gelten, bleiben unberührt. [3] Die zuständige Stelle stellt sicher, dass die Maßnahmen nach Satz 1 jeweils börsenüblich bekannt gemacht werden.

(4) Die zuständige Stelle veröffentlicht jeweils bis zum 5. November eines Jahres die nach § 2 Absatz 1 Nummer 2 versteigerte Menge an Berechtigungen.

§ 6 Versteigerungen im Auftrag anderer Mitgliedstaaten. [1] Die durchführende Börse kann Versteigerungen von Berechtigungen im Auftrag anderer Mitgliedstaaten der Europäischen Union durchführen. [2] Mit Zustimmung der zuständigen Stelle ist bei gleichartigen Versteigerungsbedingungen eine Zusammenlegung der Versteigerungsmengen in einem Versteigerungstermin möglich.

§ 7 Zuständige Stelle. Zuständige Stelle nach dieser Verordnung ist das Umweltbundesamt.

§ 8 Inkrafttreten. Diese Verordnung tritt am Tag nach der Verkündung[1]) in Kraft.

---

[1]) Verkündet am 22. 7. 2009.

55. Richtlinie 2006/32/EG des Europäischen Parlaments und des Rates vom 5. April 2006 über Endenergieeffizienz und Energiedienstleistungen und zur Aufhebung der Richtlinie 93/76/EWG des Rates

(Text von Bedeutung für den EWR)

(ABl. Nr. L 114 S. 64)

Celex-Nr. 3 2006 L 0032

geänd. durch Anh. Nr. 9.14 ÄndVO (EG) 1137/2008 v. 22. 10. 2008 (ABl.Nr. L 311 S. 1)

DAS EUROPÄISCHE PARLAMENT UND DER RAT DER EUROPÄISCHEN UNION –

gestützt auf den Vertrag zur Gründung der Europäischen Gemeinschaft, insbesondere Artikel 175 Absatz 1,

auf Vorschlag der Kommission,

nach Stellungnahme des Europäischen Wirtschafts- und Sozialausschusses[1],

nach Stellungnahme des Ausschusses der Regionen[2],

gemäß dem Verfahren des Artikels 251 des Vertrags[3],

in Erwägung nachstehender Gründe:

(1) In der Europäischen Gemeinschaft besteht die Notwendigkeit, die Endenergieeffizienz zu steigern, die Energienachfrage zu steuern und die Erzeugung erneuerbarer Energie zu fördern, da es kurz- bis mittelfristig verhältnismäßig wenig Spielraum für eine andere Einflussnahme auf die Bedingungen der Energieversorgung und -verteilung, sei es durch den Aufbau neuer Kapazitäten oder durch die Verbesserung der Übertragung und Verteilung, gibt. Diese Richtlinie trägt daher zu einer Verbesserung der Versorgungssicherheit bei.

(2) Eine verbesserte Endenergieeffizienz wird auch zur Senkung des Primärenergieverbrauchs, zur Verringerung des Ausstoßes von CO_2 und anderen Treibhausgasen und somit zur Verhütung eines gefährlichen Klimawandels beitragen. Diese Emissionen nehmen weiter zu, was die Einhaltung der in Kyoto eingegangenen Verpflichtungen immer mehr erschwert. Menschliche Tätigkeiten, die dem Energiebereich zuzuordnen sind, verursachen 78 % der Treibhausgasemissionen der Gemeinschaft. In dem durch den Beschluss Nr. 1600/2002/EG des Europäischen Parlaments und des Rates[4] aufgestellten Sechsten Umweltaktionsprogramm der Gemeinschaft werden weitere Emissionsminderungen für erforderlich erachtet, um das langfristige Ziel der Klimarahmenkonvention der Vereinten Nationen zu erreichen, nämlich eine Stabilisierung der Konzentration von Treibhausgasen in der Atmosphäre auf einem Niveau, das gefährliche anthropogene Störungen des Klimasystems ausschließt. Deshalb sind konkrete Konzepte und Maßnahmen erforderlich.

(3) Eine verbesserte Endenergieeffizienz wird eine kostenwirksame und wirtschaftlich effiziente Nutzung der Energieeinsparpotenziale ermöglichen. Maßnahmen zur Verbesserung der Energieeffizienz könnten diese Energieeinsparungen herbeiführen und der Europäischen Gemeinschaft dadurch helfen, ihre Abhängigkeit von Energieimporten zu verringern. Außerdem kann

---

[1] **Amtl. Anm.:** ABl. C 120 vom 20. 5. 2005, S. 115.
[2] **Amtl. Anm.:** ABl. C 318 vom 22. 12. 2004, S. 19.
[3] **Amtl. Anm.:** Stellungnahme des Europäischen Parlaments vom 7. Juni 2005 (noch nicht im Amtsblatt veröffentlicht), Gemeinsamer Standpunkt des Rates vom 23. September 2005 (ABl. C 275 E vom 8. 11. 2005, S. 19) und Standpunkt des Europäischen Parlaments vom 13. Dezember 2005 (noch nicht im Amtsblatt veröffentlicht). Beschluss des Rates vom 14. März 2006.
[4] **Amtl. Anm.:** ABl. L 242 vom 10. 9. 2002, S. 1.

die Einführung von energieeffizienteren Technologien die Innovations- und Wettbewerbsfähigkeit der Europäischen Gemeinschaft steigern, wie in der Lissabonner Strategie hervorgehoben wird.

(4) In der Mitteilung der Kommission über die Durchführung der ersten Phase des Europäischen Programms zur Klimaänderung wurde eine Richtlinie zum Energienachfragemanagement als eine der vorrangigen Maßnahmen hinsichtlich des Klimawandels genannt, die auf Gemeinschaftsebene zu treffen sind.

(5) Diese Richtlinie steht in Einklang mit der Richtlinie 2003/54/EG des Europäischen Parlaments und des Rates vom 26. Juni 2003 über gemeinsame Vorschriften für den Elektrizitätsbinnenmarkt[1] sowie der Richtlinie 2003/55/EG des Europäischen Parlaments und des Rates vom 26. Juni 2003 über gemeinsame Vorschriften für den Erdgasbinnenmarkt[2], die die Möglichkeit bieten, Energieeffizienz und Nachfragesteuerung als Alternative zu neuen Lieferkapazitäten und für Zwecke des Umweltschutzes zu nutzen, so dass es den Behörden der Mitgliedstaaten unter anderem möglich ist, neue Kapazitäten auszuschreiben oder sich für Energieeffizienzmaßnahmen und nachfrageseitige Maßnahmen, einschließlich Systemen für Einsparzertifikate, zu entscheiden.

(6) Diese Richtlinie lässt Artikel 3 der Richtlinie 2003/54/EG unberührt, wonach die Mitgliedstaaten sicherstellen müssen, dass alle Haushalts-Kunden und, soweit die Mitgliedstaaten dies für angezeigt halten, Kleinunternehmen über eine Grundversorgung verfügen, d.h. in ihrem Hoheitsgebiet das Recht auf Versorgung mit Elektrizität einer bestimmten Qualität zu angemessenen, leicht und eindeutig vergleichbaren und transparenten Preisen haben.

(7) Ziel dieser Richtlinie ist es daher nicht nur, die Angebotsseite von Energiedienstleistungen weiter zu fördern, sondern auch stärkere Anreize für die Nachfrageseite zu schaffen. Aus diesem Grund sollte in jedem Mitgliedstaat der öffentliche Sektor mit gutem Beispiel hinsichtlich Investitionen, Instandhaltung und anderer Ausgaben für Energie verbrauchende Geräte, Energiedienstleistungen und andere Energieeffizienzmaßnahmen vorangehen. Der öffentliche Sektor sollte deshalb aufgefordert werden, dem Aspekt der Energieeffizienzverbesserung bei seinen Investitionen, Abschreibungsmöglichkeiten und Betriebshaushalten Rechnung zu tragen. Außerdem sollte der öffentliche Sektor bestrebt sein, Energieeffizienzkriterien bei öffentlichen Ausschreibungsverfahren anzuwenden, was gemäß der Richtlinie 2004/17/EG des Europäischen Parlaments und des Rates vom 31. März 2004 zur Koordinierung der Zuschlagserteilung durch Auftraggeber im Bereich der Wasser-, Energie- und Verkehrsversorgung sowie der Postdienste[3] sowie aufgrund der Richtlinie 2004/18/EG des Europäischen Parlaments und des Rates vom 31. März 2004 über die Koordinierung der Verfahren zur Vergabe öffentlicher Bauaufträge, Lieferaufträge und Dienstleistungsaufträge[4] zulässig ist; diese Praxis wird grundsätzlich durch das Urteil des Gerichtshofs der Europäischen Gemeinschaften vom 17. September 2002 in der Rechtssache C-513/99[5] bestätigt. In Anbetracht der sehr unterschiedlichen Verwaltungsstrukturen in den einzelnen Mitgliedstaaten sollten die verschiedenen Arten von Maßnahmen, die der öffentliche Sektor ergreifen kann, auf der geeigneten nationalen, regionalen und/oder lokalen Ebene getroffen werden.

(8) Der öffentliche Sektor kann auf vielerlei Weise seiner Vorbildfunktion gerecht werden: Neben den in den Anhängen III und VI genannten Maßnahmen kann er beispielsweise Pilotprojekte im Bereich der Energieeffizienz initiieren oder energieeffizientes Verhalten von Bediensteten fördern usw. Zur Erzielung des erwünschten Multiplikatoreffekts sollten dem einzelnen Bürger und/oder Unternehmen auf wirksame Weise einige solcher Maßnahmen unter Hervorhebung der Kostenvorteile zur Kenntnis gebracht werden.

(9) Die Liberalisierung der Einzelhandelsmärkte für Endkunden in den Bereichen Elektrizität, Erdgas, Steinkohle und Braunkohle, Brennstoffe und in einigen Fällen auch Fernheizung und -kühlung haben fast ausschließlich zu Effizienzverbesserungen und Kostensenkungen bei der

---

[1] **Amtl. Anm.:** ABl. L 176 vom 15. 7. 2003, S. 37. Geändert durch die Richtlinie 2004/85/EG des Rates (ABl. L 236 vom 7. 7. 2004, S. 10).
[2] **Amtl. Anm.:** ABl. L 176 vom 15. 7. 2003, S. 57.
[3] **Amtl. Anm.:** ABl. L 134 vom 30. 4. 2004, S. 1. Zuletzt geändert durch die Verordnung (EG) Nr. 2083/2005 der Kommission (ABl. L 333 vom 20. 12. 2005, S. 28).
[4] **Amtl. Anm.:** ABl. L 134 vom 30. 4. 2004, S. 114. Zuletzt geändert durch die Verordnung (EG) Nr. 2083/2005.
[5] **Amtl. Anm.:** C-513/99: Concordia Bus Finland Oy Ab, früher Stagecoach Finland Oy Ab gegen Helsingin kaupunki und HKL-Bussiliikenne Slg. 2002, I-7213.

Energieerzeugung, -umwandlung und -verteilung geführt. Die Liberalisierung hat nicht zu wesentlichem Wettbewerb bei Produkten und Dienstleistungen geführt, der eine höhere Energieeffizienz auf der Nachfrageseite hätte bewirken können.

(10) In seiner Entschließung vom 7. Dezember 1998 über Energieeffizienz in der Europäischen Gemeinschaft[1] hat der Rat für die Gemeinschaft als Ganzes die Zielvorgabe der Verbesserung der Energieintensität des Endverbrauchs bis zum Jahr 2010 um einen zusätzlichen Prozentpunkt jährlich gebilligt.

(11) Die Mitgliedstaaten sollten daher nationale Richtziele festlegen, um die Endenergieeffizienz zu fördern und das weitere Wachstum und die Bestandsfähigkeit des Markts für Energiedienstleistungen zu gewährleisten und dadurch zur Umsetzung der Lissabonner Strategie beizutragen. Die Festlegung nationaler Richtziele zur Förderung der Endenergieeffizienz sorgt für effektive Synergien mit anderen Rechtsvorschriften der Gemeinschaft, die bei ihrer Umsetzung zur Erreichung dieser nationalen Zielvorgaben beitragen werden.

(12) Diese Richtlinie erfordert Maßnahmen der Mitgliedstaaten, wobei die Erreichung ihrer Ziele davon abhängt, wie sich solche Maßnahmen auf die Endverbraucher auswirken. Das Endergebnis der von den Mitgliedstaaten getroffenen Maßnahmen hängt von vielen externen Faktoren ab, die das Verhalten der Verbraucher hinsichtlich ihres Energieverbrauchs und ihrer Bereitschaft, Energiesparmethoden anzuwenden und energiesparende Geräte zu verwenden, beeinflussen. Selbst wenn die Mitgliedstaaten sich verpflichten, Anstrengungen zur Erreichung des festgelegten Richtwerts von 9 % zu unternehmen, handelt es sich bei dem nationalen Energieeinsparziel lediglich um ein Richtziel, das für die Mitgliedstaaten keine rechtlich erzwingbare Verpflichtung zur Erreichung dieses Zielwerts beinhaltet.

(13) Im Rahmen ihrer Anstrengungen zur Erzielung ihres nationalen Richtziels können die Mitgliedstaaten sich selbst ein höheres Ziel als 9 % setzen.

(14) Ein Austausch von Informationen, Erfahrungen und vorbildlichen Praktiken auf allen Ebenen, einschließlich insbesondere des öffentlichen Sektors, wird einer erhöhten Energieeffizienz zugute kommen. Daher sollten die Mitgliedstaaten die im Zusammenhang mit dieser Richtlinie ergriffenen Maßnahmen auflisten und deren Wirkungen so weit wie möglich in Energieeffizienz-Aktionsplänen überprüfen.

(15) Bei der Steigerung der Energieeffizienz durch technische, wirtschaftliche und/oder Verhaltensänderungen sollten größere Umweltbelastungen vermieden und soziale Prioritäten beachtet werden.

(16) Die Finanzierung des Angebots und die Kosten für die Nachfrageseite spielen für die Energiedienstleistungen eine wichtige Rolle. Die Schaffung von Fonds, die die Durchführung von Energieeffizienzprogrammen und anderen Energieeffizienzmaßnahmen subventionieren und die Entwicklung eines Marktes für Energiedienstleistungen fördern, ist daher ein wichtiges Instrument zur diskriminierungsfreien Anschubfinanzierung eines solchen Marktes.

(17) Eine bessere Endenergieeffizienz kann erreicht werden, indem die Verfügbarkeit und die Nachfrage von Energiedienstleistungen gesteigert oder andere Energieeffizienzverbesserungsmaßnahmen getroffen werden.

(18) Damit das Energiesparpotenzial in bestimmten Marktsegmenten wie z.B. Haushalten, für die im Allgemeinen keine Energieaudits gewerblich angeboten werden, ausgeschöpft werden kann, sollten die Mitgliedstaaten für die Verfügbarkeit von Energieaudits sorgen.

(19) In den Schlussfolgerungen des Rates vom 5. Dezember 2000 wird die Förderung der Energiedienstleistungen durch die Entwicklung einer Gemeinschaftsstrategie als vorrangiger Bereich für Maßnahmen zur Verbesserung der Energieeffizienz genannt.

(20) Energieverteiler, Verteilernetzbetreiber und Energieeinzelhandelsunternehmen können die Energieeffizienz in der Gemeinschaft verbessern, wenn die von ihnen angebotenen Energiedienstleistungen sich auf einen effizienten Endverbrauch erstrecken, wie etwa in den Bereichen Gebäudeheizung, Warmwasserbereitung, Kühlung, Produktherstellung, Beleuchtung und Antriebstechnik. Die Gewinnmaximierung wird für Energieverteiler, Verteilernetzbetreiber und Energieeinzelhandelsunternehmen damit eher mit dem Verkauf von Energiedienstleistungen an möglichst viele Kunden verknüpft, statt mit dem Verkauf von möglichst viel Energie an den einzelnen Kunden. Die Mitgliedstaaten sollten bestrebt sein, jegliche Wettbewerbsverzerrung in diesem Bereich zu vermeiden, um allen Anbietern von Energiedienstleistungen gleiche

---

[1] **Amtl. Anm.:** ABl. C 394 vom 17. 12. 1998, S. 1.

Voraussetzungen zu bieten; sie können mit dieser Aufgabe jedoch die jeweilige einzelstaatliche Regulierungsbehörde beauftragen.

(21) Um die Durchführung von Energiedienstleistungen und Energieeffizienzmaßnahmen nach dieser Richtlinie zu erleichtern, sollten die Mitgliedstaaten unter umfassender Berücksichtigung der nationalen Gliederung der Marktteilnehmer im Energiesektor entscheiden können, ob sie den Energieverteilern, den Verteilernetzbetreibern oder den Energieeinzelhandelsunternehmen oder gegebenenfalls zwei oder allen drei dieser Marktteilnehmer die Erbringung dieser Dienstleistungen und die Mitwirkung an diesen Maßnahmen vorschreiben.

(22) Die Inanspruchnahme von Drittfinanzierungen ist eine praktische Innovation, die gefördert werden sollte. Hierbei vermeidet der Nutzer eigene Investitionskosten, indem er einen Teil des Geldwerts der mit der Drittfinanzierung erzielten Energieeinsparungen zur Begleichung der von dritter Seite getragenen Investitionskosten und des Zinsaufwands verwendet.

(23) Um die Tarife und sonstigen Regulierungen für netzgebundene Energie so zu gestalten, dass ein effizienter Energieendverbrauch stärker gefördert wird, sollten ungerechtfertigte Anreize für einen höheren Energieverbrauch beseitigt werden.

(24) Die Förderung des Marktes für Energiedienstleistungen kann durch vielerlei Mittel, einschließlich solcher nichtfinanzieller Art, erreicht werden.

(25) Die Energiedienstleistungen, Energieeffizienzprogramme und anderen Energieeffizienzmaßnahmen, die zur Erreichung der Energieeinsparziele eingerichtet werden, können durch freiwillige Vereinbarungen zwischen den Beteiligten und von den Mitgliedstaaten benannten öffentlichen Stellen unterstützt und/oder durchgeführt werden.

(26) Die unter diese Richtlinie fallenden freiwilligen Vereinbarungen sollten transparent sein und gegebenenfalls Informationen zumindest zu den folgenden Punkten enthalten: quantifizierte und zeitlich gestaffelte Ziele, Überwachung und Berichterstattung.

(27) Die Bereiche Kraftstoff und Verkehr müssen ihren besonderen Verpflichtungen für Energieeffizienz und Energieeinsparungen gerecht werden.

(28) Bei der Festlegung von Energieeffizienzmaßnahmen sollten Effizienzsteigerungen infolge der allgemeinen Verwendung kosteneffizienter technologischer Innovationen (z.B. elektronischer Messgeräte) berücksichtigt werden. Im Rahmen dieser Richtlinie gehören zu individuellen Zählern zu wettbewerbsorientierten Preisen auch exakte Wärmemesser.

(29) Damit die Endverbraucher besser fundierte Entscheidungen in Bezug auf ihren individuellen Energieverbrauch treffen können, sollten sie mit ausreichenden Informationen über diesen Verbrauch und mit weiteren zweckdienlichen Informationen versorgt werden, wie etwa Informationen über verfügbare Energieeffizienzmaßnahmen, Endverbraucher-Vergleichsprofilen oder objektiven technischen Spezifikationen für energiebetriebene Geräte, einschließlich „Faktor-Vier"-Systemen oder ähnlichen Einrichtungen. Es wird daran erinnert, dass einige solcher nützlichen Informationen den Endkunden bereits gemäß Artikel 3 Absatz 6 der Richtlinie 2003/54/EG zur Verfügung gestellt werden sollten. Die Verbraucher sollten zusätzlich aktiv ermutigt werden, ihre Zählerstände regelmäßig zu überprüfen.

(30) Alle Arten von Informationen im Hinblick auf die Energieeffizienz sollten bei den einschlägigen Zielgruppen in geeigneter Form, auch über die Abrechnungen, weite Verbreitung finden. Dazu können auch Informationen über den finanziellen und rechtlichen Rahmen, Aufklärungs- und Werbekampagnen und der umfassende Austausch vorbildlicher Praktiken auf allen Ebenen gehören.

(31) Mit Erlass dieser Richtlinie werden alle substanziellen Bestimmungen der Richtlinie 93/76/EWG des Rates vom 13. September 1993 zur Begrenzung der Kohlendioxidemissionen durch eine effizientere Energienutzung (SAVE)[1]) von anderen gemeinschaftlichen Rechtsvorschriften abgedeckt, so dass die Richtlinie 93/76/EWG aufgehoben werden sollte.

(32) Da die Ziele dieser Richtlinie, nämlich die Förderung der Endenergieeffizienz und die Entwicklung eines Markts für Energiedienstleistungen, auf Ebene der Mitgliedstaaten nicht ausreichend erreicht werden können und daher besser auf Gemeinschaftsebene zu erreichen sind, kann die Gemeinschaft im Einklang mit dem Subsidiaritätsprinzip nach Artikel 5 des Vertrags tätig werden. Entsprechend dem in demselben Artikel genannten Grundsatz der Verhältnismäßigkeit geht diese Richtlinie nicht über das für die Erreichung dieser Ziele erforderliche Maß hinaus.

---

[1]) **Amtl. Anm.:** ABl. L 237 vom 22. 9. 1993, S. 28.

(33) Die zur Durchführung dieser Richtlinie erforderlichen Maßnahmen sollten gemäß dem Beschluss 1999/468/EG des Rates vom 28. Juni 1999 zur Festlegung der Modalitäten für die Ausübung der der Kommission übertragenen Durchführungsbefugnisse[1] erlassen werden –

HABEN FOLGENDE RICHTLINIE ERLASSEN:

Kapitel I. Gegenstand und Anwendungsbereich

Art. 1 Zweck. Zweck dieser Richtlinie ist es, die Effizienz der Endenergienutzung in den Mitgliedstaaten durch folgende Maßnahmen kostenwirksam zu steigern:

a) Festlegung der erforderlichen Richtziele sowie der erforderlichen Mechanismen, Anreize und institutionellen, finanziellen und rechtlichen Rahmenbedingungen zur Beseitigung vorhandener Markthindernisse und -mängel, die der effizienten Endenergienutzung entgegenstehen;

b) Schaffung der Voraussetzungen für die Entwicklung und Förderung eines Markts für Energiedienstleistungen und für die Erbringung von anderen Maßnahmen zur Verbesserung der Energieeffizienz für die Endverbraucher.

Art. 2 Anwendungsbereich. Diese Richtlinie gilt für

a) Anbieter von Energieeffizienzmaßnahmen, Energieverteiler, Verteilernetzbetreiber und Energieeinzelhandelsunternehmen. Die Mitgliedstaaten können jedoch kleine Energieverteiler, kleine Verteilernetzbetreiber und kleine Energieeinzelhandelsunternehmen von der Anwendung der Artikel 6 und 13 ausnehmen;

b) Endkunden. Diese Richtlinie gilt jedoch nicht für diejenigen Unternehmen, die an den in Anhang I der Richtlinie 2003/87/EG des Europäischen Parlaments und des Rates vom 13. Oktober 2003 über ein System für den Handel mit Treibhausgasemissionszertifikaten in der Gemeinschaft[2] aufgelisteten Kategorien von Tätigkeiten beteiligt sind;

c) die Streitkräfte, aber nur soweit ihre Anwendung nicht mit der Art und dem Hauptzweck der Tätigkeit der Streitkräfte kollidiert, und mit Ausnahme von Material, das ausschließlich für militärische Zwecke verwendet wird.

Art. 3 Begriffsbestimmungen. Im Sinne dieser Richtlinie gelten folgende Begriffsbestimmungen:

a) „Energie": alle handelsüblichen Energieformen, einschließlich Elektrizität, Erdgas (einschließlich verflüssigtem Erdgas) und Flüssiggas, Brennstoff für Heiz- und Kühlzwecke (einschließlich Fernheizung und -kühlung), Stein- und Braunkohle, Torf, Kraftstoffe (ausgenommen Flugzeugtreibstoffe und Bunkeröle für die Seeschifffahrt) und Biomasse im Sinne der Richtlinie 2001/77/EG des Europäischen Parlaments und des Rates vom 27. September 2001 zur Förderung der Stromerzeugung aus erneuerbaren Energien im Elektrizitätsbinnenmarkt[3];

---

[1] **Amtl. Anm.:** ABl. L 184 vom 17. 7. 1999, S. 23.
[2] **Amtl. Anm.:** ABl. L 275 vom 25. 10. 2003, S. 32. Geändert durch die Richtlinie 2004/101/EG (ABl. L 338 vom 13. 11. 2004, S. 18).
[3] **Amtl. Anm.:** ABl. L 283 vom 27. 10. 2001, S. 33. Geändert durch die Beitrittsakte von 2003.

55 EEffizRL Art. 3

b) „Energieeffizienz": das Verhältnis von Ertrag an Leistung, Dienstleistungen, Waren oder Energie zu Energieeinsatz;

c) „Energieeffizienzverbesserung": die Steigerung der Endenergieeffizienz durch technische, wirtschaftliche und/oder Verhaltensänderungen;

d) „Energieeinsparungen": die eingesparte Energiemenge, die durch Messung und/oder Schätzung des Verbrauchs vor und nach der Umsetzung einer oder mehrerer Energieeffizienzmaßnahmen und bei gleichzeitiger Normalisierung zur Berücksichtigung der den Energieverbrauch negativ beeinflussenden äußeren Bedingungen ermittelt wird;

e) „Energiedienstleistung": der physikalische Nutzeffekt, der Nutzwert oder die Vorteile als Ergebnis der Kombination von Energie mit energieeffizienter Technologie und/oder mit Maßnahmen, die die erforderlichen Betriebs-, Instandhaltungs- und Kontrollaktivitäten zur Erbringung der Dienstleistung beinhalten können; sie wird auf der Grundlage eines Vertrags erbracht und führt unter normalen Umständen erwiesenermaßen zu überprüfbaren und mess- oder schätzbaren Energieeffizienzverbesserungen und/oder Primärenergieeinsparungen;

f) „Energieeffizienzmechanismen": von Regierungen oder öffentlichen Stellen eingesetzte allgemeine Instrumente zur Schaffung flankierender Rahmenbedingungen oder von Anreizen für Marktteilnehmer bei Erbringung und Inanspruchnahme von Energiedienstleistungen und anderen Energieeffizienzmaßnahmen;

g) „Energieeffizienzprogramme": Tätigkeiten, die auf bestimmte Gruppen von Endkunden gerichtet sind und in der Regel zu überprüfbaren und mess- oder schätzbaren Energieeffizienzverbesserungen führen;

h) „Energieeffizienzmaßnahmen": alle Maßnahmen, die in der Regel zu überprüfbaren und mess- oder schätzbaren Energieeffizienzverbesserungen führen;

i) „Energiedienstleister": eine natürliche oder juristische Person, die Energiedienstleistungen und/oder andere Energieeffizienzmaßnahmen in den Einrichtungen oder Räumlichkeiten eines Verbrauchers erbringt bzw. durchführt und dabei in gewissem Umfang finanzielle Risiken trägt. Das Entgelt für die erbrachten Dienstleistungen richtet sich (ganz oder teilweise) nach der Erzielung von Energieeffizienzverbesserungen und der Erfüllung der anderen vereinbarten Leistungskriterien;

j) „Energieleistungsvertrag": eine vertragliche Vereinbarung zwischen dem Nutzer und dem Erbringer (normalerweise einem Energiedienstleister) einer Energieeffizienzmaßnahme, wobei die Erstattung der Kosten der Investitionen in eine derartige Maßnahme im Verhältnis zu dem vertraglich vereinbarten Umfang der Energieeffizienzverbesserung erfolgt;

k) „Drittfinanzierung": eine vertragliche Vereinbarung, an der neben dem Energielieferanten und dem Nutzer einer Energieeffizienzmaßnahme ein Dritter beteiligt ist, der die Finanzmittel für diese Maßnahme bereitstellt und dem Nutzer eine Gebühr berechnet, die einem Teil der durch die Energieeffizienzmaßnahme erzielten Energieeinsparungen entspricht. Dritter kann auch der Energiedienstleister sein;

l) „Energieaudit": ein systematisches Verfahren zur Erlangung ausreichender Informationen über das bestehende Energieverbrauchsprofil eines Gebäudes oder einer Gebäudegruppe, eines Betriebsablaufs in der Industrie und/ oder einer Industrieanlage oder privater oder öffentlicher Dienstleistungen, zur Ermittlung und Quantifizierung der Möglichkeiten für kostenwirksame Energieeinsparungen und Erfassung der Ergebnisse in einem Bericht;

m) „Finanzinstrumente für Energieeinsparungen": alle Finanzierungsinstrumente wie Fonds, Subventionen, Steuernachlässe, Darlehen, Drittfinanzierungen, Energieleistungsverträge, Verträge über garantierte Energieeinsparungen, Energie-Outsourcing und andere ähnliche Verträge, die von öffentlichen oder privaten Stellen zur teilweisen bzw. vollen Deckung der anfänglichen Projektkosten für die Durchführung von Energieeffizienzmaßnahmen auf dem Markt bereitgestellt werden;

n) „Endkunde": eine natürliche oder juristische Person, die Energie für den eigenen Endverbrauch kauft;

o) „Energieverteiler": eine natürliche oder juristische Person, die für den Transport von Energie zur Abgabe an Endkunden und an Verteilerstationen, die Energie an Endkunden verkaufen, verantwortlich ist. Von dieser Definition sind die von Buchstabe p erfassten Verteilernetzbetreiber im Elektrizitäts- und Erdgassektor ausgenommen;

p) „Verteilernetzbetreiber": eine natürliche oder juristische Person, die für den Betrieb, die Wartung sowie erforderlichenfalls den Ausbau des Verteilernetzes für Elektrizität oder Erdgas in einem bestimmten Gebiet und gegebenenfalls der Verbindungsleitungen zu anderen Netzen verantwortlich ist sowie für die Sicherstellung der langfristigen Fähigkeit des Netzes, eine angemessene Nachfrage nach Verteilung von Elektrizität oder Erdgas zu befriedigen;

q) „Energieeinzelhandelsunternehmen": eine natürliche oder juristische Person, die Energie an Endkunden verkauft;

r) „Kleinversorger, kleiner Verteilernetzbetreiber und kleines Energieeinzelhandelsunternehmen": eine natürliche oder juristische Person, die Endkunden mit Energie versorgt oder Energie an Endkunden verkauft und dabei einen Umsatz erzielt, der unter dem Äquivalent von 75 GWh an Energie pro Jahr liegt, oder weniger als zehn Personen beschäftigt oder dessen Jahresumsatz und/oder Jahresbilanz 2 000 000 EUR nicht übersteigt;

s) „Einsparzertifikate": von unabhängigen Zertifizierungsstellen ausgestellte Zertifikate, die die von Marktteilnehmern aufgrund von Energieeffizienzmaßnahmen geltend gemachten Energieeinsparungen bestätigen.

Kapitel II. Energieeinsparziel

Art. 4 Allgemeines Ziel. (1) ¹Die Mitgliedstaaten legen für das neunte Jahr der Anwendung dieser Richtlinie einen generellen nationalen Energieeinsparrichtwert von 9 % fest, der aufgrund von Energiedienstleistungen und anderen Energieeffizienzmaßnahmen zu erreichen ist, und streben dessen Verwirklichung an. ²Die Mitgliedstaaten erlassen kostenwirksame, praktikable und angemessene Maßnahmen, die zur Erreichung dieses Ziels beitragen sollen.

¹ Dieser nationale Energieeinsparrichtwert ist gemäß den Vorschriften und der Methodik in Anhang I festzulegen und zu berechnen. ² Zum Vergleich der Energieeinsparungen und zur Umrechnung in vergleichbare Einheiten sind die Umrechnungsfaktoren in Anhang II zu verwenden, sofern nicht für die Verwendung anderer Umrechnungsfaktoren triftige Gründe vorliegen. ³ Beispiele für geeignete Energieeffizienzmaßnahmen sind in Anhang III aufgeführt. ⁴ Ein allgemeiner Rahmen für die Messung und Überprüfung von Energieeinsparungen ist in Anhang IV vorgegeben. ⁵ Die nationalen Energieeinsparungen im Vergleich zum nationalen Energieeinsparrichtwert sind vom 1. Januar 2008 an zu messen.

(2) ¹ Im Hinblick auf den ersten gemäß Artikel 14 vorzulegenden Energieeffizienz-Aktionsplan (EEAP) legt jeder Mitgliedstaat für das dritte Jahr der Anwendung dieser Richtlinie einen nationalen Energieeinsparrichtwert als Zwischenziel und eine Übersicht über ihre Strategie zur Erreichung der Zwischenziele und der generellen Richtwerte fest. ² Dieses Zwischenziel muss realistisch und mit dem in Absatz 1 genannten generellen nationalen Energieeinsparrichtwert vereinbar sein.

Die Kommission gibt eine Stellungnahme dazu ab, ob der als Zwischenziel gesetzte nationale Richtwert realistisch erscheint und im Einklang mit dem generellen Richtwert ist.

(3) Jeder Mitgliedstaat legt Programme und Maßnahmen zur Verbesserung der Energieeffizienz fest.

(4) ¹ Die Mitgliedstaaten übertragen einer oder mehreren neuen oder bestehenden Behörden oder Stellen die Gesamtkontrolle und Gesamtverantwortung für die Aufsicht über den in Bezug auf das Ziel von Absatz 1 festgelegten Rahmen. ² Diese Stellen überprüfen danach die Energieeinsparungen, die aufgrund von Energiedienstleistungen und anderen Energieeffizienzmaßnahmen, einschließlich bereits getroffener nationaler Energieeffizienzmaßnahmen, erzielt wurden und erfassen die Ergebnisse in einem Bericht.

(5) Nach Überprüfung und entsprechender Berichterstattung über die ersten drei Jahre der Anwendung dieser Richtlinie prüft die Kommission, ob ein Vorschlag für eine Richtlinie vorgelegt werden sollte, um das Marktkonzept der Energieeffizienzverbesserung durch „Einsparzertifikate" weiter zu entwickeln.

Art. 5 Endenergieeffizienz im öffentlichen Sektor. (1) ¹ Die Mitgliedstaaten stellen sicher, dass der öffentliche Sektor eine Vorbildfunktion im Zusammenhang mit dieser Richtlinie übernimmt. ² Zu diesem Zweck unterrichten sie in wirksamer Weise die Bürger und/oder gegebenenfalls Unternehmen über die Vorbildfunktion und die Maßnahmen des öffentlichen Sektors.

¹ Die Mitgliedstaaten sorgen dafür, dass der öffentliche Sektor Energieeffizienzmaßnahmen ergreift, deren Schwerpunkt auf kostenwirksamen Maßnahmen liegt, die in kürzester Zeit zu den umfassendsten Energieeinsparungen führen. ² Diese Maßnahmen werden auf der geeigneten nationalen, regionalen und/oder lokalen Ebene getroffen und können in Gesetzgebungsinitiativen und/oder freiwilligen Vereinbarungen gemäß Artikel 6 Absatz 2 Buchstabe b oder anderen Vorhaben mit gleichwertiger Wirkung bestehen. ³ Unbeschadet des nationalen und gemeinschaftlichen Vergaberechts

– werden aus der in Anhang VI aufgeführten Liste zumindest zwei Maßnahmen herangezogen;
– erleichtern die Mitgliedstaaten diesen Prozess, indem sie Leitlinien zur Energieeffizienz und zu Energieeinsparungen als mögliches Bewertungskriterium bei der Ausschreibung öffentlicher Aufträge veröffentlichen.

Die Mitgliedstaaten erleichtern und ermöglichen den Austausch vorbildlicher Praktiken zwischen den Einrichtungen des öffentlichen Sektors, beispielsweise zu energieeffizienten öffentlichen Beschaffungspraktiken, und zwar sowohl auf nationaler wie internationaler Ebene; zu diesem Zweck arbeitet die in Absatz 2 genannte Stelle mit der Kommission im Hinblick auf den Austausch der vorbildlichen Praxis gemäß Artikel 7 Absatz 3 zusammen.

(2) ¹Die Mitgliedstaaten übertragen einer oder mehreren neuen oder bestehenden Stellen die Verantwortung für die Verwaltung, Leitung und Durchführung der Aufgaben zur Einbeziehung von Energieeffizienzbelangen gemäß Absatz 1. ²Dabei kann es sich um die gleichen Behörden oder Stellen wie in Artikel 4 Absatz 4 handeln.

Kapitel III. Förderung von Endenergieeffizienz und Energiedienstleistungen

Art. 6 Energieverteiler, Verteilernetzbetreiber und Energieeinzelhandelsunternehmen. (1) Die Mitgliedstaaten stellen sicher, dass Energieverteiler, Verteilernetzbetreiber und/oder Energieeinzelhandelsunternehmen

a) den in Artikel 4 Absatz 4 genannten Behörden oder Stellen oder einer anderen benannten Stelle auf Ersuchen – jedoch höchstens einmal pro Jahr – aggregierte statistische Daten über ihre Endkunden bereitstellen, sofern die letztgenannte Stelle die erhaltenen Daten an die zuerst genannten Behörden oder Stellen weiterleitet. Diese Daten müssen ausreichen, um Energieeffizienzprogramme ordnungsgemäß zu gestalten und durchzuführen und um Energiedienstleistungen und andere Energieeffizienzmaßnahmen zu fördern und zu überwachen. Sie können vergangenheitsbezogene Informationen umfassen und müssen aktuelle Informationen zum Endkundenverbrauch und gegebenenfalls Lastprofilen, Kundensegmentierung und Kundenstandorten umfassen, wobei die Integrität und Vertraulichkeit von Angaben privaten Charakters bzw. von schützenswerten Geschäftsinformationen unter Beachtung des geltenden Gemeinschaftsrechts zu wahren ist;

b) alle Handlungen unterlassen, die die Nachfrage nach Energiedienstleistungen und anderen Energieeffizienzmaßnahmen und deren Erbringung bzw. Durchführung behindern oder die Entwicklung von Märkten für Energiedienstleistungen und andere Energieeffizienzmaßnahmen beeinträchtigen könnten. Die betroffenen Mitgliedstaaten ergreifen die erforderlichen Maßnahmen, um solche Handlungen bei deren Auftreten zu unterbinden.

(2) Die Mitgliedstaaten

a) wählen eine oder mehrere der folgenden, von den Energieverteilern, Verteilernetzbetreibern und/oder Energieeinzelhandelsunternehmen entweder unmittelbar und/oder mittelbar über andere Erbringer von Energiedienstleistungen oder Energieeffizienzmaßnahmen einzuhaltenden Vorgaben aus:

55 EEffizRL Art. 7

i) Förderung von Energiedienstleistungen mit wettbewerbsorientierter Preisgestaltung und Sicherstellung des entsprechenden Angebots für ihre Endkunden oder

ii) Förderung von unabhängig durchgeführten Energieaudits mit wettbewerbsorientierter Preisgestaltung und/oder von Energieeffizienzmaßnahmen im Einklang mit Artikel 9 Absatz 2 und Artikel 12 und Sicherstellung der entsprechenden Verfügbarkeit für ihre Endkunden oder

iii) Beteiligung an den Fonds und Finanzierungsverfahren des Artikels 11. Die Höhe dieser Beteiligung muss zumindest den geschätzten Kosten eines der Leistungsangebote nach diesem Absatz entsprechen und mit den in Artikel 4 Absatz 4 genannten Behörden oder Stellen vereinbart werden; und/oder

b) stellen sicher, dass freiwillige Vereinbarungen und/oder andere marktorientierte Instrumente wie Einsparzertifikate bestehen oder geschlossen werden, die eine gleichwertige Wirkung wie eine oder mehrere der Vorgaben gemäß Buchstabe a entfalten. Freiwillige Vereinbarungen unterliegen der Beurteilung, Aufsicht und fortlaufenden Kontrolle der Mitgliedstaaten, damit gewährleistet ist, dass sie in der Praxis eine gleichwertige Wirkung wie eine oder mehrere der Vorgaben gemäß Buchstabe a entfalten.

Zu diesem Zweck werden in den freiwilligen Vereinbarungen klare und eindeutige Ziele sowie Überwachungs- und Berichtserstattungsanforderungen genannt, und zwar im Zusammenhang mit Verfahren, aus denen sich überarbeitete und/oder zusätzliche Maßnahmen ergeben können, wenn die Ziele nicht – oder voraussichtlich nicht – erreicht werden. Zur Gewährleistung der Transparenz werden die freiwilligen Vereinbarungen, bevor sie Anwendung finden, öffentlich zugänglich gemacht und veröffentlicht, soweit geltende Vertraulichkeitsbestimmungen dies zulassen, und mit einer Aufforderung an die Betroffenen zur Abgabe von Kommentaren versehen.

(3) Die Mitgliedstaaten stellen sicher, dass ausreichende Anreize, gleiche Wettbewerbsbedingungen und faire Voraussetzungen für andere Marktteilnehmer als Energieverteiler, Verteilernetzbetreiber und Energieeinzelhandelsunternehmen wie Energiedienstleister, Energieanlagenbauer und Energieberater bestehen, damit die in Absatz 2 Buchstabe a Ziffern i und ii genannten Energiedienstleistungen, Energieaudits und Energieeffizienzmaßnahmen unabhängig angeboten und erbracht werden können.

(4) Die Mitgliedstaaten können Verteilernetzbetreibern gemäß den Absätzen 2 und 3 nur dann Zuständigkeiten übertragen, wenn dies mit den Vorschriften über die Entflechtung der Rechnungslegung gemäß Artikel 19 Absatz 3 der Richtlinie 2003/54/EG und Artikel 17 Absatz 3 der Richtlinie 2003/55/EG im Einklang steht.

(5) Die Umsetzung dieses Artikels lässt gemäß den Richtlinien 2003/54/EG und 2003/55/EG gewährte abweichende Regelungen oder Ausnahmen unberührt.

Art. 7 Verfügbarkeit von Informationen. (1) Die Mitgliedstaaten stellen sicher, dass die Informationen über Energieeffizienzmechanismen und die zur Erreichung der nationalen Energieeinsparrichtwerte festgelegten finanziellen und rechtlichen Rahmenbedingungen transparent sind und den relevanten Marktteilnehmern umfassend zur Kenntnis gebracht werden.

(2) ¹Die Mitgliedstaaten sorgen dafür, dass größere Anstrengungen zur Förderung der Endenergieeffizienz unternommen werden. ²Sie schaffen geeignete Bedingungen und Anreize, damit die Marktbeteiligten den Endkunden mehr Information und Beratung über Endenergieeffizienz zur Verfügung zu stellen.

(3) Die Kommission sorgt dafür, dass Informationen über vorbildliche Energieeinsparpraxis in den Mitgliedstaaten ausgetauscht werden und umfassend Verbreitung finden.

Art. 8 Verfügbarkeit von Qualifikations-, Zulassungs- und Zertifizierungssystemen. Soweit die Mitgliedstaaten es für notwendig erachten, stellen sie zur Erreichung eines hohen Niveaus an technischer Kompetenz, Objektivität und Zuverlässigkeit sicher, dass geeignete Qualifikations-, Zulassungs- und/oder Zertifizierungssysteme für die Anbieter der in Artikel 6 Absatz 2 Buchstabe a Ziffern i und ii genannten Energiedienstleistungen, Energieaudits und anderen Energieeffizienzmaßnahmen bereitstehen.

Art. 9 Finanzinstrumente für Energieeinsparungen. (1) Die Mitgliedstaaten heben nicht eindeutig dem Steuerrecht zuzuordnende nationale Rechtsvorschriften auf oder ändern sie, wenn diese die Nutzung von Finanzinstrumenten auf dem Markt für Energiedienstleistungen und andere Energieeffizienzmaßnahmen unnötigerweise oder unverhältnismäßig behindern oder beschränken.

(2) ¹Die Mitgliedstaaten stellen vorhandenen oder potenziellen Abnehmern von Energiedienstleistungen und anderen Energieeffizienzmaßnahmen aus dem öffentlichen und privaten Sektor Musterverträge für diese Finanzinstrumente zur Verfügung. ²Diese können von der in Artikel 4 Absatz 4 genannten Behörde oder Stelle ausgegeben werden.

Art. 10 Energieeffizienztarife und sonstige Regelungen für netzgebundene Energie. (1) ¹Die Mitgliedstaaten stellen sicher, dass in Übertragungs- und Verteilungstarifen enthaltene Anreize, die das Volumen verteilter oder übertragener Energie unnötig erhöhen, beseitigt werden. ²In diesem Zusammenhang können die Mitgliedstaaten nach Artikel 3 Absatz 2 der Richtlinie 2003/54/EG und Artikel 3 Absatz 2 der Richtlinie 2003/55/EG Elektrizitäts- bzw. Gasunternehmen gemeinwirtschaftliche Verpflichtungen in Bezug auf die Energieeffizienz auferlegen.

(2) Die Mitgliedstaaten können Systemkomponenten und Tarifstrukturen, mit denen soziale Ziele verfolgt werden, genehmigen, sofern alle störenden Auswirkungen auf das Übertragungs- und Verteilungssystem auf das erforderliche Mindestmaß begrenzt werden und in keinem unangemessenen Verhältnis zu den sozialen Zielen stehen.

Art. 11 Fonds und Finanzierungsverfahren. (1) ¹Unbeschadet der Artikel 87 und 88 des Vertrags können die Mitgliedstaaten einen oder mehrere Fonds einrichten, die die Durchführung von Energieeffizienzprogrammen und anderen Energieeffizienzmaßnahmen subventionieren und die Entwicklung eines Markts für Energieeffizienzmaßnahmen fördern. ²Zu diesen Maßnahmen zählen auch die Förderung von Energieaudits, von Finanzinstrumenten für Energieeinsparungen und gegebenenfalls einer verbesserten Verbrauchserfassung und informativen Abrechnung. ³ Zielgruppen für die Fonds sind auch Endnutzersektoren mit höheren Transaktionskosten und höherem Risiko.

(2) Werden Fonds eingerichtet, so können daraus Zuschüsse, Darlehen, Bürgschaften und/oder andere Arten der Finanzierung, die mit einer Ergebnisgarantie verbunden sind, bereitgestellt werden.

(3) ¹ Die Fonds stehen allen Anbietern von Energieeffizienzmaßnahmen, wie Energiedienstleistern, unabhängigen Energieberatern, Energieverteilern, Verteilernetzbetreibern, Energieeinzelhandelsunternehmen und Anlagenbauern offen. ² Die Mitgliedstaaten können entscheiden, ob sie die Fonds allen Endkunden zugänglich machen. ³ Ausschreibungen oder gleichwertige Verfahren, bei denen völlige Transparenz gewährleistet ist, sind unter umfassender Beachtung der geltenden vergaberechtlichen Vorschriften durchzuführen. ⁴ Die Mitgliedstaaten stellen sicher, dass diese Fonds in Ergänzung und nicht in Konkurrenz zu gewerblich finanzierten Energieeffizienzmaßnahmen eingesetzt werden.

Art. 12 Energieaudits. (1) Die Mitgliedstaaten stellen sicher, dass wirksame, hochwertige Energieauditprogramme, mit denen mögliche Energieeffizienzmaßnahmen ermittelt werden sollen und die von unabhängigen Anbietern durchgeführt werden, für alle Endverbraucher, einschließlich kleinerer Haushalte und gewerblicher Abnehmer und kleiner und mittlerer Industriekunden, zur Verfügung stehen.

(2) ¹ Marktsegmente, in denen höhere Transaktionskosten anfallen, und nicht komplexe Anlagen können durch andere Maßnahmen, z.B. durch Fragebögen und über das Internet verfügbare und/oder per Post an die Kunden gesandte Computerprogramme abgedeckt werden. ² Die Mitgliedstaaten sorgen unter Berücksichtigung von Artikel 11 Absatz 1 für die Verfügbarkeit von Energieaudits für Marktsegmente, für die keine Energieaudits gewerblich angeboten werden.

(3) ¹ Bei Zertifizierungen gemäß Artikel 7 der Richtlinie 2002/91/EG des Europäischen Parlaments und des Rates vom 16. Dezember 2002 über die Gesamtenergieeffizienz von Gebäuden[1]) ist davon auszugehen, dass sie Energieaudits, die die Anforderungen der Absätze 1 und 2 des vorliegenden Artikels erfüllen und Energieaudits nach Anhang VI Buchstabe e der vorliegenden Richtlinie gleichzusetzen sind. ² Darüber hinaus ist bei Audits, die im Rahmen von Regelungen auf der Grundlage freiwilliger Vereinbarungen zwischen Organisationen von Betroffenen und einer von dem jeweiligen Mitgliedstaat benannten und seiner Aufsicht und fortlaufenden Kontrolle gemäß Artikel 6 Absatz 2 Buchstabe b der vorliegenden Richtlinie unterliegenden Stelle zustande kommen, gleichermaßen davon auszugehen, dass sie die Anforderungen der Absätze 1 und 2 des vorliegenden Artikels erfüllen.

Art. 13 Erfassung und informative Abrechnung des Energieverbrauchs. (1) Soweit es technisch machbar, finanziell vertretbar und im Vergleich zu den potenziellen Energieeinsparungen angemessen ist, stellen die Mitgliedstaaten sicher, dass, alle Endkunden in den Bereichen Strom, Erdgas,

---

¹⁾ **Amtl. Anm.:** ABl. L 1 vom 4. 1. 2003, S. 65.

Fernheizung und/oder -kühlung und Warmbrauchwasser individuelle Zähler zu wettbewerbsorientierten Preisen erhalten, die den tatsächlichen Energieverbrauch des Endkunden und die tatsächliche Nutzungszeit widerspiegeln.

[1] Soweit bestehende Zähler ersetzt werden, sind stets solche individuellen Zähler zu wettbewerbsorientierten Preisen zu liefern, außer in Fällen, in denen dies technisch nicht machbar oder im Vergleich zu den langfristig geschätzten potenziellen Einsparungen nicht kostenwirksam ist. [2] Soweit neue Gebäude mit neuen Anschlüssen ausgestattet oder soweit Gebäude größeren Renovierungen im Sinne der Richtlinie 2002/91/EG unterzogen werden, sind stets solche individuellen Zähler zu wettbewerbsorientierten Preisen zu liefern.

(2) [1] Die Mitgliedstaaten stellen gegebenenfalls sicher, dass die von den Energieverteilern, Verteilernetzbetreibern und Energieeinzelhandelsunternehmen vorgenommene Abrechnung den tatsächlichen Energieverbrauch auf klare und verständliche Weise wiedergibt. [2] Mit der Abrechnung werden geeignete Angaben zur Verfügung gestellt, die dem Endkunden ein umfassendes Bild der gegenwärtigen Energiekosten vermitteln. [3] Die Abrechnung auf der Grundlage des tatsächlichen Verbrauchs wird so häufig durchgeführt, dass die Kunden in der Lage sind, ihren eigenen Energieverbrauch zu steuern.

(3) Die Mitgliedstaaten stellen sicher, dass Energieverteiler, Verteilernetzbetreiber oder Energieeinzelhandelsunternehmen den Endkunden in oder zusammen mit Abrechnungen, Verträgen, Transaktionen und/oder an Verteilerstationen ausgestellten Quittungen folgende Informationen auf klare und verständliche Weise zur Verfügung stellen:

a) geltende tatsächliche Preise und tatsächlicher Energieverbrauch;

b) Vergleich des gegenwärtigen Energieverbrauchs des Endkunden mit dem Energieverbrauch im selben Zeitraum des Vorjahres, vorzugsweise in grafischer Form;

c) soweit dies möglich und von Nutzen ist, Vergleich mit einem normierten oder durch Vergleichstests ermittelten Durchschnittsenergieverbraucher derselben Verbraucherkategorie;

d) Kontaktinformationen für Verbraucherorganisationen, Energieagenturen oder ähnliche Einrichtungen, einschließlich Internetadressen, von denen Angaben über angebotene Energieeffizienzmaßnahmen, Endverbraucher-Vergleichsprofile und/oder objektive technische Spezifikationen von energiebetriebenen Geräten erhalten werden können.

Kapitel IV. Schlussbestimmungen

Art. 14 Berichterstattung. (1) [1] Mitgliedstaaten, die bei Inkrafttreten dieser Richtlinie – gleichviel zu welchem Zweck – bereits Berechnungsmethoden zur Bestimmung von Energieeinsparungen anwenden, die den in Anhang IV beschriebenen Berechnungsarten ähneln, können der Kommission angemessen detaillierte Informationen darüber übermitteln. [2] Diese Übermittlung erfolgt so früh wie möglich, vorzugsweise bis zum 17. November 2006. [3] Diese Informationen ermöglichen der Kommission die gebührende Berücksichtigung bestehender Verfahrensweisen.

(2) Die Mitgliedstaaten legen der Kommission die folgenden EEAP vor:
– einen ersten EEAP spätestens zum 30. Juni 2007;
– einen zweiten EEAP spätestens zum 30. Juni 2011;
– einen dritten EEAP spätestens zum 30. Juni 2014.

In allen EEAP werden die Energieeffizienzmaßnahmen dargelegt, die vorgesehen sind, um die in Artikel 4 Absätze 1 und 2 genannten Ziele zu erreichen und die Bestimmungen über die Vorbildfunktion des öffentlichen Sektors sowie über die Bereitstellung von Information und die Beratung für die Endkunden gemäß Artikel 5 Absatz 1 und Artikel 7 Absatz 2 zu erfüllen.

Der zweite und dritte EEAP

– enthält eine sorgfältige Analyse und Bewertung des vorangegangenen Aktionsplans;
– enthält eine Aufstellung der Endergebnisse bezüglich des Erreichens der in Artikel 4 Absätze 1 und 2 genannten Energieeinsparziele;
– enthält Pläne für zusätzliche Maßnahmen, mit denen einer feststehenden oder erwarteten Nichterfüllung der Zielvorgabe begegnet wird, und Angaben über die erwarteten Auswirkungen solcher Maßnahmen;
– verwendet zunehmend gemäß Artikel 15 Absatz 4 harmonisierte Effizienz-Indikatoren und -Benchmarks sowohl bei der Bewertung bisheriger Maßnahmen als auch bei der Schätzung der Auswirkungen geplanter künftiger Maßnahmen;
– beruht auf verfügbaren Daten, die durch Schätzwerte ergänzt werden.

(3) Spätestens am 17. Mai 2008 veröffentlicht die Kommission eine Kosten-Nutzen-Bewertung, in der die Berührungspunkte zwischen den auf Endenergieeffizienz bezogenen Normen, Rechtsvorschriften, Konzepten und Maßnahmen der EU untersucht werden.

(4) Die EEAP werden nach dem in Artikel 16 Absatz 2 genannten Verfahren bewertet:
– Der erste EEAP wird vor dem 1. Januar 2008 überprüft;
– der zweite EEAP wird vor dem 1. Januar 2012 überprüft;
– der dritte EEAP wird vor dem 1. Januar 2015 überprüft.

(5) [1] Auf der Grundlage der EEAP bewertet die Kommission, welche Fortschritte die Mitgliedstaaten bei der Erfüllung ihrer nationalen Energieeinsparrichtwerte erreicht haben. [2] Die Kommission veröffentlicht einen Bericht mit ihren Schlussfolgerungen
– zu den ersten EEAP vor dem 1. Januar 2008;
– zu den zweiten EEAP vor dem 1. Januar 2012;
– zu den dritten EEAP vor dem 1. Januar 2015.

[1] Diese Berichte enthalten Informationen über einschlägige Maßnahmen auf Gemeinschaftsebene einschließlich der geltenden und der künftigen Rechtsvorschriften. [2] In den Berichten wird das in Artikel 15 Absatz 4 genannte Benchmarking-System berücksichtigt und die vorbildliche Praxis aufgezeigt, und es werden Fälle aufgeführt, in denen die Mitgliedstaaten und/oder die Kommission nicht ausreichende Fortschritte erzielen; die Berichte können Empfehlungen enthalten.

¹ Auf den zweiten Bericht folgen, soweit angemessen und erforderlich, Vorschläge an das Europäische Parlament und den Rat für zusätzliche Maßnahmen, einschließlich einer etwaigen Verlängerung der Dauer der Anwendung der Ziele. ² Falls der Bericht zu dem Ergebnis kommt, dass nicht ausreichende Fortschritte im Hinblick auf das Erreichen der nationalen Richtziele gemacht worden sind, gehen diese Vorschläge auf die Ziele unter quantitativem und qualitativem Aspekt ein.

Art. 15 Überprüfung und Anpassung an den technischen Fortschritt.

(1) ¹ Die in den Anhängen II bis V dieser Richtlinie genannten Werte und Berechnungsmethoden werden an den technischen Fortschritt angepasst. ² Diese Maßnahmen zur Änderung nicht wesentlicher Bestimmungen dieser Richtlinie werden nach dem in Artikel 16 Absatz 3 genannten Regelungsverfahren mit Kontrolle erlassen.

(2) ¹ Vor dem 1. Januar 2010 nimmt die Kommission bei Bedarf eine Präzisierung und Ergänzung der Nummern 2 bis 6 des Anhangs IV vor und berücksichtigt dabei den in diesem Anhang niedergelegten allgemeinen Rahmen. ² Diese Maßnahmen zur Änderung nicht wesentlicher Bestimmungen dieser Richtlinie, auch durch Ergänzung, werden nach dem in Artikel 16 Absatz 3 genannten Regelungsverfahren mit Kontrolle erlassen.

(3) ¹ Die Kommission erhöht vor dem 1. Januar 2012 den im harmonisierten Rechenmodell nach Anhang IV Nummer 1 verwendeten Prozentsatz der harmonisierten Bottom-up-Berechnungen unbeschadet der von den Mitgliedstaaten verwendeten nationalen Modelle, in denen bereits ein höherer Prozentsatz Anwendung findet. ² Diese Maßnahme zur Änderung nicht wesentlicher Bestimmungen dieser Richtlinie wird nach dem in Artikel 16 Absatz 3 genannten Regelungsverfahren mit Kontrolle erlassen. ³ Das neue harmonisierte Rechenmodell mit einem signifikant höheren Prozentanteil an Bottom-up-Berechnungen wird erstmals ab dem 1. Januar 2012 angewandt.

Soweit praktisch durchführbar, wird bei der Ermittlung der gesamten Einsparungen während der gesamten Geltungsdauer dieser Richtlinie das in Unterabsatz 1 genannte neue harmonisierte Rechenmodell verwendet, jedoch unbeschadet der von den Mitgliedstaaten verwendeten nationalen Modelle, in denen ein höherer Prozentanteil an Bottom-up-Berechnungen verwendet wird.

(4) ¹ Bis zum 1. Januar 2010 erarbeitet die Kommission harmonisierte Energieeffizienz-Indikatoren und auf diesen beruhende Benchmarks und berücksichtigt dabei verfügbare Daten oder Daten, die sich für alle Mitgliedstaaten kostengünstig erfassen lassen. ² Diese Maßnahmen zur Änderung nicht wesentlicher Bestimmungen dieser Richtlinie durch Ergänzung werden nach dem in Artikel 16 Absatz 3 genannten Regelungsverfahren mit Kontrolle erlassen. ³ Bei der Ausarbeitung dieser harmonisierten Energieeffizienz-Indikatoren und -Benchmarks zieht die Kommission als Bezugspunkt die als Orientierung dienende Liste in Anhang V heran. ⁴ Die Mitgliedstaaten beziehen diese Indikatoren und Benchmarks stufenweise in die statistischen Daten ein, die sie in ihre EEAP gemäß Artikel 14 aufnehmen, und benutzen sie als eines ihrer Instrumente für Entscheidungen über künftige vorrangige Bereiche der EEAP.

Die Kommission unterbreitet dem Europäischen Parlament und dem Rat spätestens am 17. Mai 2011 einen Bericht über die Fortschritte bei der Festlegung von Indikatoren und Benchmarks.

Art. 16 Ausschussverfahren. (1) Die Kommission wird von einem Ausschuss unterstützt.

(2) Wird auf diesen Absatz Bezug genommen, so gelten die Artikel 5 und 7 des Beschlusses 1999/468/EG unter Beachtung von dessen Artikel 8.

Der Zeitraum nach Artikel 5 Absatz 6 des Beschlusses 1999/468/EG wird auf drei Monate festgesetzt.

(3) Wird auf diesen Absatz Bezug genommen, so gelten Artikel 5 a Absätze 1 bis 4 und Artikel 7 des Beschlusses 1999/468/EG unter Beachtung von dessen Artikel 8.

Art. 17 Aufhebung. Die Richtlinie 93/76/EWG wird aufgehoben.

Art. 18 Umsetzung. (1) [1] Die Mitgliedstaaten setzen die Rechts- und Verwaltungsvorschriften in Kraft, die erforderlich sind, um dieser Richtlinie bis 17. Mai 2008 nachzukommen, mit Ausnahme der Bestimmungen von Artikel 14 Absätze 1, 2 und 4, deren Umsetzung spätestens am 17. Mai 2006 erfolgt. [2] Sie setzen die Kommission unverzüglich davon in Kenntnis.

[1] Wenn die Mitgliedstaaten diese Vorschriften erlassen, nehmen sie in den Vorschriften selbst oder durch einen Hinweis bei der amtlichen Veröffentlichung auf diese Richtlinie Bezug. [2] Die Mitgliedstaaten regeln die Einzelheiten der Bezugnahme.

(2) Die Mitgliedstaaten teilen der Kommission den Wortlaut der wichtigsten innerstaatlichen Rechtsvorschriften mit, die sie auf dem unter diese Richtlinie fallenden Gebiet erlassen.

Art. 19 Inkrafttreten. Diese Richtlinie tritt am zwanzigsten Tag nach ihrer Veröffentlichung[1] im *Amtsblatt der Europäischen Union* in Kraft.

Art. 20 Adressaten. Diese Richtlinie ist an die Mitgliedstaaten gerichtet.

Anhang I. Methodik zur Berechnung des nationalen Energieeinsparrichtwerts

Der nationale Energieeinsparrichtwert gemäß Artikel 4 wird nach folgender Methodik berechnet:

1. Zur Berechnung eines jährlichen Durchschnittsverbrauchs verwenden die Mitgliedstaaten den jährlichen inländischen Endenergieverbrauch aller von

---

[1] Veröffentlicht am 27. 4. 2006.

dieser Richtlinie erfassten Energieverbraucher in den letzten fünf Jahren vor Umsetzung dieser Richtlinie, für die amtliche Daten vorliegen. Dieser Endenergieverbrauch entspricht der Energiemenge, die während des Fünfjahreszeitraums an Endkunden verteilt oder verkauft wurde und zwar ohne Bereinigung nach Gradtagen, Struktur- oder Produktionsänderungen.
Der nationale Energieeinsparrichtwert wird ausgehend von diesem jährlichen Durchschnittsverbrauch einmal berechnet; die als absoluter Wert ermittelte angestrebte Energieeinsparung gilt dann für die gesamte Geltungsdauer dieser Richtlinie.
Für den nationalen Energieeinsparrichtwert gilt Folgendes:

a) Er beträgt 9 % des genannten jährlichen Durchschnittsverbrauchs;

b) er wird nach dem neunten Jahr der Anwendung der Richtlinie gemessen;

c) er ergibt sich aus den kumulativen jährlichen Energieeinsparungen, die während des gesamten Neunjahreszeitraums der Anwendung der Richtlinie erzielt wurden;

d) er muss aufgrund von Energiedienstleistungen und anderen Energieeffizienzmaßnahmen erreicht werden.

Mit dieser Methodik zur Messung von Energieeinsparungen wird sichergestellt, dass die in dieser Richtlinie festgelegten Gesamtenergieeinsparungen einen festen Wert darstellen und daher vom künftigen BIP-Wachstum und von künftigen Zunahmen des Energieverbrauchs nicht beeinflusst werden.

2. Der nationale Energieeinsparrichtwert wird in absoluten Zahlen in GWh oder einem Äquivalent angegeben und gemäß Anhang II berechnet.

3. Energieeinsparungen, die sich in einem bestimmten Jahr nach Inkrafttreten dieser Richtlinie aufgrund von Energieeffizienzmaßnahmen ergeben, die in einem früheren Jahr, frühestens 1995, eingeleitet wurden und dauerhafte Auswirkungen haben, können bei der Berechnung der jährlichen Energieeinsparungen berücksichtigt werden. In bestimmten Fällen können, wenn die Umstände dies rechtfertigen, vor 1995, jedoch frühestens 1991 eingeleitete Maßnahmen Berücksichtigung finden. Maßnahmen technischer Art sollten entweder zur Berücksichtigung des technologischen Fortschritts aktualisiert worden sein oder anhand des Benchmarks für solche Maßnahmen bewertet werden. Die Kommission stellt Leitlinien dafür auf, wie die Auswirkungen aller derartigen Maßnahmen zur Verbesserung der Energieeffizienz zu quantifizieren bzw. zu schätzen sind, und stützt sich dabei, soweit möglich, auf geltende gemeinschaftliche Rechtsvorschriften, wie die Richtlinie 2004/8/EG des Europäischen Parlaments und des Rates vom 11. Februar 2004 über die Förderung einer am Nutzwärmebedarf orientierten Kraft-Wärme-Kopplung im Energiebinnenmarkt[1]) und die Richtlinie 2002/91/EG.

In allen Fällen müssen die sich ergebenden Energieeinsparungen dem allgemeinen Rahmen in Anhang IV entsprechend noch überprüfbar und messbar oder schätzbar sein.

---

[1]) **Amtl. Anm.**: ABl. L 52 vom 21. 2. 2004, S. 50.

Anhang II. Energiegehalt ausgewählter Brennstoffe für den Endverbrauch – Umrechnungstabelle[1]

Brennstoff	kJ (Nettowärmeinhalt)	kg Öläquivalent (OE) (Nettowärmeinhalt)	kWh (Nettowärmeinhalt)
1 kg Koks	28500	0,676	7,917
1 kg Steinkohle	17200 – 30700	0,411 – 0,733	4,778 – 8,528
1 kg Braunkohlenbriketts	20000	0,478	5,556
1 kg Hartbraunkohle	10500 – 21000	0,251 – 0,502	2,917 – 5,833
1 kg Braunkohle	5600 – 10500	0,134 – 0,251	1,556 – 2,917
1 kg Ölschiefer	8000 – 9000	0,191 – 0,215	2,222 – 2,500
1 kg Torf	7800 – 13800	0,186 – 0,330	2,167 – 3,833
1 kg Torfbriketts	16000 – 16800	0,382 – 0,401	4,444 – 4,667
1 kg Rückstandsheizöl (Schweröl)	40000	0,955	11,111
1 kg leichtes Heizöl	42300	1,010	11,750
1 kg Motorkraftstoff (Vergaserkraftstoff)	44000	1,051	12,222
1 kg Paraffin	40000	0,955	11,111
1 kg Flüssiggas	46000	1,099	12,778
1 kg Erdgas ([1])	47200	1,126	13,10
1 kg Flüssigerdgas	45190	1,079	12,553
1 kg Holz (25% Feuchte) ([2])	13800	0,330	3,833
1 kg Pellets/Holzbriketts	16800	0,401	4,667
1 kg Abfall	7400 – 10700	0,177 – 0,256	2,056 – 2,972
1 MJ abgeleitete Wärme	1000	0,024	0,278
1 kWh elektrische Energie	3600	0,086	1 ([3])

Quelle: Eurostat.

([1]) 93% Methan.

([2]) Die Mitgliedstaaten können je nach der im jeweiligen Mitgliedstaat am meisten verwendeten Holzsorte andere Werte verwenden.

([3]) Bei Einsparungen von Elektrizität in kWh können die Mitgliedstaaten standardmäßig einen Faktor von 2,5 anwenden, der dem auf 40% geschätzten durchschnittlichen Wirkungsgrad der Erzeugung in der EU während der Zielperiode entspricht. Die Mitgliedstaaten können andere Koeffizienten verwenden, wenn hierfür triftige Gründe vorliegen.

---

[1] **Amtl. Anm.:** Die Mitgliedstaaten können andere Umrechnungsfaktoren verwenden, wenn hierfür triftige Gründe vorliegen.

Anhang III
Als Orientierung dienende Liste mit Beispielen für geeignete Energieeffizienzmaßnahmen

In diesem Anhang sind Beispiele für Bereiche aufgeführt, in denen Energieeffizienzprogramme und andere Energieeffizienzmaßnahmen im Rahmen von Artikel 4 entwickelt und durchgeführt werden können. Diese Energieeffizienzmaßnahmen werden bei der Anrechnung nur dann berücksichtigt, wenn sie zu Energieeinsparungen führen, die sich gemäß den Leitlinien in Anhang IV eindeutig messen und überprüfen oder schätzen lassen, und wenn ihre Energieeinsparwirkungen nicht bereits im Rahmen anderer Maßnahmen angerechnet worden sind. Die nachstehende Liste ist nicht erschöpfend, sondern dient der Orientierung.
Beispiele für geeignete Energieeffizienzmaßnahmen:

Wohn- und Tertiärsektor

a) Heizung und Kühlung (z.B. Wärmepumpen, neue Kessel mit hohem Wirkungsgrad, Einbau/Modernisierung von Fernheizungs-/Fernkühlungssystemen);

b) Isolierung und Belüftung (z.B. Hohlwanddämmung und Dachisolierung, Doppel-/Dreifach-Verglasung von Fenstern, passive Heizung und Kühlung);

c) Warmwasser (z.B. Installation neuer Geräte, unmittelbare und effiziente Nutzung in der Raumheizung, Waschmaschinen);

d) Beleuchtung (z.B. neue effiziente Leuchtmittel und Vorschaltgeräte, digitale Steuersysteme, Verwendung von Bewegungsmeldern für Beleuchtungssysteme in gewerblich genutzten Gebäuden);

e) Kochen und Kühlen (z.B. neue energieeffiziente Geräte, Systeme zur Wärmerückgewinnung);

f) sonstige Ausrüstungen und Geräte (z.B. KWK-Anlagen, neue effiziente Geräte, Zeitsteuerung für eine optimierte Energieverwendung, Senkung der Energieverluste im Bereitschaftsmodus, Einbau von Kondensatoren zur Begrenzung der Blindleistung, verlustarme Transformatoren);

g) Einsatz erneuerbarer Energien in Haushalten, wodurch die Menge der zugekauften Energie verringert wird (z.B. solarthermische Anwendungen, Erzeugung von Warmbrauchwasser, solarunterstützte Raumheizung und -kühlung);

Industriesektor

h) Fertigungsprozesse (z.B. effizienter Einsatz von Druckluft, Kondensat sowie Schaltern und Ventilen, Einsatz automatischer und integrierter Systeme, energieeffizienter Betriebsbereitschaftsmodus);

i) Motoren und Antriebe (z.B. vermehrter Einsatz elektronischer Steuerungen, Regelantriebe, integrierte Anwendungsprogramme, Frequenzwandler, hocheffiziente Elektromotoren);

j) Lüfter, Regelantriebe und Lüftung (z.B. neue Geräte/Systeme, Einsatz natürlicher Lüftung);
k) Bedarfsmanagement (z.B. Lastmanagement, Regelsysteme für Spitzenlastabbau);
l) hocheffiziente Kraft-Wärme-Kopplung (z.B. KWK-Anlagen);

Verkehrssektor

m) Verkehrsträgernutzung (z.B. Förderung verbrauchsarmer Fahrzeuge, energieeffizienter Einsatz von Fahrzeugen einschließlich Reifendruckregelsysteme, verbrauchsenkende Fahrzeugausstattung und -zusatzausstattung, verbrauchsenkende Kraftstoffzusätze, Leichtlauföle, Leichtlaufreifen);
n) Verkehrsverlagerung auf andere Verkehrsträger (z.B. Regelungen für autofreies Wohnen/Arbeiten, Fahrgemeinschaften (Car-Sharing), Umstieg auf andere Verkehrsträger, d.h. von energieintensiven Verkehrsarten auf solche mit niedrigerem Energieverbrauch pro Personen- bzw. Tonnenkilometer);
o) autofreie Tage;

Sektorübergreifende Maßnahmen

p) Standards und Normen, die hauptsächlich auf die Erhöhung der Energieeffizienz von Erzeugnissen und Dienstleistungen, einschließlich Gebäuden, abzielen;
q) Energieetikettierungsprogramme;
r) Verbrauchserfassung, intelligente Verbrauchsmesssysteme, wie z.B. Einzelmessgeräte mit Fernablesung bzw. -steuerung, und informative Abrechnung;
s) Schulungs- und Aufklärungsmaßnahmen zur Förderung der Anwendung energieeffizienter Technologien und/oder Verfahren;

Übergeordnete Maßnahmen

t) Vorschriften, Steuern usw., die eine Verringerung des Endenergieverbrauchs bewirken;
u) gezielte Aufklärungskampagnen, die auf die Verbesserung der Energieeffizienz und auf energieeffizienzsteigernde Maßnahmen abzielen.

Anhang IV
Allgemeiner Rahmen für die Messung und Überprüfung von Energieeinsparungen

1. Messung und Berechnung von Energieeinsparungen und deren Normalisierung

1.1. *Messung von Energieeinsparungen*

Allgemeines

Bei der Messung der erzielten Energieeinsparungen nach Artikel 4 zur Erfassung der Gesamtverbesserung der Energieeffizienz und zur Überprüfung der Auswirkung einzelner Maßnahmen ist ein harmonisiertes Berechnungsmodell mit einer Kombination von Top-down- und Bottom-up-Berechnungsmethoden zu verwenden, um die jährlichen Verbesserungen der Energieeffizienz für die in Artikel 14 genannten EEAP zu messen.

Bei der Entwicklung des harmonisierten Berechnungsmodells nach Artikel 15 Absatz 2 muss der Ausschuss das Ziel verfolgen, so weit wie möglich Daten zu verwenden, die bereits routinemäßig von Eurostat und/oder den nationalen statistischen Ämtern bereitgestellt werden.

Top-down-Berechnungen

Unter einer Top-down-Berechnungsmethode ist zu verstehen, dass die nationalen oder stärker aggregierten sektoralen Einsparungen als Ausgangspunkt für die Berechnung des Umfangs der Energieeinsparungen verwendet werden. Anschließend werden die jährlichen Daten um Fremdfaktoren wie Gradtage, strukturelle Veränderungen, Produktmix usw. bereinigt, um einen Wert abzuleiten, der ein getreues Bild der Gesamtverbesserung der Energieeffizienz (wie in Nummer 1.2 beschrieben) vermittelt. Diese Methode liefert keine genauen Detailmessungen und zeigt auch nicht die Kausalzusammenhänge zwischen den Maßnahmen und den daraus resultierenden Energieeinsparungen auf. Sie ist jedoch in der Regel einfacher und kostengünstiger und wird oft als „Energieeffizienzindikator" bezeichnet, weil sie Entwicklungen anzeigt.

Bei der Entwicklung der für dieses harmonisierte Berechnungsmodell verwendeten Top-down-Berechnungsmethode muss sich der Ausschuss so weit wie möglich auf bestehende Methoden wie das Modell ODEX[1] stützen.

Bottom-up-Berechnungen

Unter einer Bottom-up-Berechnungsmethode ist zu verstehen, dass die Energieeinsparungen, die mit einer bestimmten Energieeffizienzmaßnahme erzielt werden, in Kilowattstunden (kWh), in Joules (J) oder in Kilogramm Öläquivalent (kg OE) zu messen sind und mit Energieeinsparungen aus anderen spezifischen Energieeffizienzmaßnahmen zusammengerechnet werden. Die in Artikel 4 Absatz 4 genannten Behörden oder Stellen gewährleisten, dass eine doppelte Zählung von Energieeinsparungen, die sich aus einer Kombination von Energieeffizienzmaßnahmen (einschließlich Energieeffizienzmechanismen) ergeben, vermieden wird. Für die Bottom-up-Berechnungsmethode können die in den Nummern 2.1 und 2.2 genannten Daten und Methoden verwendet werden.

Die Kommission entwickelt vor dem 1. Januar 2008 ein harmonisiertes Bottom-up-Modell. Dieses Modell erfasst zwischen 20 und 30 % des jährlichen inländischen Endenergieverbrauchs in den unter diese Richtlinie fallenden Sektoren, und zwar unter gebührender Berücksichtigung der in den Buchstaben a, b und c genannten Faktoren.

Bis zum 1. Januar 2012 entwickelt die Kommission dieses harmonisierte Bottom-up-Modell weiter; es soll einen signifikant höheren Anteil

---

[1] **Amtl. Anm.**: SAVE-Programm - Projekt ODYSSEE-MURE (Kommission, 2005).

des jährlichen inländischen Energieverbrauchs auf Sektoren abdecken, die unter diese Richtlinie fallen, und zwar unter gebührender Berücksichtigung der unter den Buchstaben a, b und c genannten Faktoren.

Bei der Entwicklung des harmonisierten Bottom-up-Modells berücksichtigt die Kommission die nachstehenden Faktoren und begründet ihre Entscheidung entsprechend:

a) Erfahrungen aus den ersten Jahren der Anwendung des harmonisierten Rechenmodells;

b) erwartete potenzielle Zunahme der Genauigkeit dank einem höheren Anteil an Bottom-up-Berechnungen;

c) geschätzte potenziell hinzukommende Kosten und/oder Verwaltungsbelastungen.

Bei der Entwicklung dieses Bottom-up-Modells nach Artikel 15 Absatz 2 verfolgt der Ausschuss das Ziel, standardisierte Methoden anzuwenden, die ein Minimum an Verwaltungsaufwand und Kosten verursachen, wobei insbesondere die in den Nummern 2.1 und 2.2 genannten Messmethoden angewendet werden und der Schwerpunkt auf die Sektoren gelegt wird, in denen das harmonisierte Bottom-up-Modell am kostenwirksamsten angewendet werden kann.

Die Mitgliedstaaten, die dies wünschen, können zusätzlich zu dem durch das harmonisierte Bottom-up-Modell zu erfassenden Teil weitere Bottom-up-Messungen verwenden, wenn die Kommission nach dem in Artikel 16 Absatz 2 genannten Verfahren einer von dem betreffenden Mitgliedstaat vorgelegten Methodenbeschreibung zugestimmt hat.

Sind für bestimmte Sektoren keine Bottom-up-Berechnungen verfügbar, so sind in den der Kommission zu übermittelnden Berichten Top-down-Indikatoren oder Kombinationen aus Top-down- und Bottom-up-Berechnungen zu verwenden, sofern die Kommission nach dem in Artikel 16 Absatz 2 genannten Verfahren ihre Zustimmung erteilt hat. Die Kommission muss insbesondere dann eine angemessene Flexibilität walten lassen, wenn sie entsprechende Anträge anhand des in Artikel 14 Absatz 2 genannten ersten EEAP beurteilt. Einige Top-down-Berechnungen werden erforderlich sein, um die Auswirkungen der Maßnahmen zu messen, die nach 1995 (und in einigen Fällen ab 1991) durchgeführt wurden und sich weiterhin auswirken.

1.2. *Normalisierung der Messung der Energieeinsparungen*

Energieeinsparungen sind durch Messung und/oder Schätzung des Verbrauchs vor und nach Durchführung der Maßnahme zu ermitteln, wobei Bereinigungen und Normalisierungen für externe Bedingungen vorzunehmen sind, die den Energieverbrauch in der Regel beeinflussen. Die Bedingungen, die den Energieverbrauch in der Regel beeinflussen, können sich im Laufe der Zeit ändern. Dazu können die wahrscheinlichen Auswirkungen eines oder mehrerer plausibler Faktoren gehören, wie etwa:

a) Wetterbedingungen, z.B. Gradtage;

b) Belegungsniveau;

c) Öffnungszeiten von Gebäuden, die nicht Wohnzwecken dienen;

d) Intensität der installierten Ausrüstung (Anlagendurchsatz); Produktmix;

e) Anlagendurchsatz, Produktionsniveau, Volumen oder Mehrwert, einschließlich Veränderungen des BIP;

f) zeitliche Nutzung von Anlagen und Fahrzeugen;

g) Beziehung zu anderen Einheiten.

2. **Verwendbare Daten und Methoden (Messbarkeit)**

   Für die Erhebung von Daten zur Messung und/oder Abschätzung von Energieeinsparungen gibt es verschiedene Methoden. Zum Zeitpunkt der Bewertung einer Energiedienstleistung oder einer Energieeffizienzmaßnahme ist es oft nicht möglich, sich nur auf Messungen zu stützen. Es wird daher eine Unterscheidung getroffen zwischen Methoden zur Messung von Energieeinsparungen und Methoden zur Schätzung von Energieeinsparungen, wobei die zuletzt genannten Methoden gebräuchlicher sind.

2.1. *Daten und Methoden bei Zugrundelegung von Messungen*

Abrechnungen von Versorgern oder Einzelhandelsunternehmen

Energierechnungen mit Verbrauchserfassung können die Grundlage für die Messung für einen repräsentativen Zeitraum vor der Einführung der Energieeffizienzmaßnahme bilden. Diese Abrechnungen können dann mit den ebenfalls in einem repräsentativen Zeitraum nach Einführung und Durchführung der Maßnahme erstellten Verbrauchsabrechnungen verglichen werden. Die Ergebnisse sollten nach Möglichkeit auch mit einer Kontrollgruppe (keine Teilnehmergruppe) verglichen oder alternativ dazu wie in Nummer 1.2 beschrieben normalisiert werden.

Energieverkaufsdaten

Der Verbrauch verschiedener Energiearten (z.B. Strom, Gas, Heizöl) kann ermittelt werden, indem die Verkaufsdaten des Einzelhändlers oder Versorgers vor Einführung der Energieeffizienzmaßnahmen mit den Verkaufsdaten nach Einführung der Maßnahme verglichen werden. Zu diesem Zweck können eine Kontrollgruppe verwendet oder die Daten normalisiert werden.

Verkaufszahlen zu Ausrüstungen und Geräten

Die Leistung von Ausrüstungen und Geräten kann auf der Grundlage von Informationen, die unmittelbar vom Hersteller eingeholt werden, berechnet werden. Verkaufszahlen zu Ausrüstungen und Geräten können in der Regel von den Einzelhändlern eingeholt werden. Es können auch besondere Umfragen und Erhebungen vorgenommen werden. Die zugänglichen Daten können anhand der Umsatzzahlen überprüft werden, um das Ausmaß der Einsparungen zu bestimmen. Bei der Anwendung dieser Methode sollten Bereinigungen vorgenommen werden, um Änderungen bei der Nutzung von Ausrüstungen und Geräten zu berücksichtigen.

Endverbrauchslast-Daten

Der Energieverbrauch eines Gebäudes oder einer Einrichtung kann vollständig überwacht werden, um den Energiebedarf vor und nach Einführung einer Energieeffizienzmaßnahme aufzuzeichnen. Wichtige relevante Faktoren (z.b. Produktionsprozess, Spezialausrüstung, Wärmeanlagen) können genauer erfasst werden.

2.2. *Daten und Methoden bei Zugrundelegung von Schätzungen*

Schätzdaten aufgrund einfacher technischer Begutachtung ohne Inspektion

Die Datenschätzung aufgrund einfacher technischer Begutachtung ohne Inspektion am Ort ist die gebräuchlichste Methode zur Gewinnung von Daten für die Messung vermuteter Energieeinsparungen. Die Schätzung kann dabei unter Anwendung ingenieurtechnischer Prinzipien erfolgen, ohne dass am Ort erhobene Daten vorliegen, wobei sich die Annahmen auf Gerätespezifikationen, Leistungsmerkmale, Betriebsprofile der durchgeführten Maßnahmen und Statistiken usw. stützen.

Schätzdaten aufgrund erweiterter technischer Begutachtung mit Inspektion

Energiedaten können auf der Grundlage von Informationen berechnet werden, die von einem externen Sachverständigen während eines Audits oder sonstigen Besuchs einer oder mehrerer der ins Auge gefassten Anlagen ermittelt wurden. Auf dieser Grundlage könnten komplexere Algorithmen/Simulationsmodelle entwickelt und auf eine größere Zahl von Anlagen (z.b. Gebäude, Einrichtungen, Fahrzeuge) angewendet werden. Diese Art der Messung kann häufig dazu verwendet werden, die bei einfacher technischer Begutachtung gewonnenen Schätzdaten zu vervollständigen und zu kalibrieren.

3. Handhabung der Unsicherheit

Alle in Nummer 2 aufgeführten Methoden können einen gewissen Grad an Unsicherheit aufweisen. Eine Unsicherheit kann aus folgenden Quellen herrühren[1]:

a) Messgerätefehler: tritt typischerweise aufgrund von Fehlern in Spezifikationen des Produktherstellers auf;

b) Modellfehler: bezieht sich typischerweise auf Fehler in dem Modell, das zur Abschätzung von Parametern für die gesammelten Daten benutzt wird;

c) Stichprobenfehler: bezieht sich typischerweise auf Fehler aufgrund der Tatsache, dass an einer Stichprobe Beobachtungen vorgenommen wurden, statt die Grundgesamtheit aller Einheiten zu beobachten.

---

[1] **Amtl. Anm.:** Ein Modell für die Festlegung eines Niveaus quantifizierbarer Unsicherheit auf der Grundlage dieser drei Fehler enthält Anhang B des Internationalen Protokolls für Leistungsmessung und -überprüfung (International Performance Measurement and Verification Protocol, IPMVP).

Eine Unsicherheit kann sich auch aus geplanten und ungeplanten Annahmen ergeben; dies ist typischerweise mit Schätzungen, Vorgaben und/oder der Verwendung technischer Daten verbunden. Das Auftreten von Fehlern steht auch mit der gewählten Methode der Datensammlung in Zusammenhang, die in den Nummern 2.1 und 2.2 skizziert ist. Eine weitere Spezifizierung der Unsicherheit ist anzuraten.

Die Mitgliedstaaten können sich auch dafür entscheiden, die Unsicherheit zu quantifizieren, wenn sie über die Erreichung der in dieser Richtlinie festgelegten Ziele berichten. Die quantifizierte Unsicherheit ist dann auf statistisch sinnvolle Weise unter Angabe sowohl der Genauigkeit als auch des Konfidenzniveaus auszudrücken. Beispiel: „Das Konfidenzintervall (90 %) des quantifizierbaren Fehlers liegt bei ± 20 %."

Wird die Methode der quantifizierten Unsicherheit angewendet, tragen die Mitgliedstaaten auch der Tatsache Rechnung, dass das akzeptable Unsicherheitsniveau bei der Berechnung der Einsparungen eine Funktion des Niveaus der Energieeinsparungen und der Kostenwirksamkeit abnehmender Unsicherheit ist.

4. Harmonisierte Laufzeiten von Energieeffizienzmaßnahmen in Bottom-up-Berechnungen

Einige Energieeffizienzmaßnahmen sind auf mehrere Jahrzehnte angelegt, andere hingegen haben kürzere Laufzeiten. Nachstehend sind einige Beispiele für durchschnittliche Laufzeiten von Energieeffizienzmaßnahmen aufgelistet:

Dachgeschossisolierung (privat genutzte Gebäude)	30 Jahre
Hohlwanddämmung (privat genutzte Gebäude)	40 Jahre
Verglasung (von E nach C) (in m²)	20 Jahre
Heizkessel (von B nach A)	15 Jahre
Heizungsregelung – Nachrüstung mit Ersatz des Kessels	15 Jahre
Kompakte Fluoreszenzleuchten (handelsübliche Leuchten)	16 Jahre

Quelle: Energy Efficiency Commitment 2005 – 2008 (Vereinigtes Königreich)

Damit gewährleistet ist, dass alle Mitgliedstaaten für ähnliche Maßnahmen die gleichen Laufzeiten zugrunde legen, werden die Laufzeiten europaweit harmonisiert. Die Kommission, die von dem nach Artikel 16 eingesetzten Ausschuss unterstützt wird, ersetzt deshalb spätestens am 17. November 2006 die vorstehende Liste durch eine vereinbarte vorläufige Liste mit den durchschnittlichen Laufzeiten verschiedener Energieeffizienzmaßnahmen.

5. Umgang mit den Multiplikatoreffekten von Energieeinsparungen und Vermeidung einer doppelten Erfassung bei kombinierter Top-down- und Bottom-up-Berechnung

Die Durchführung einer einzigen Energieeffizienzmaßnahme, wie etwa der Isolierung des Warmwasserspeichers und der Warmwasserrohre in einem Gebäude, oder einer anderen Maßnahme mit gleicher Wirkung kann Multiplikatoreffekte im Markt auslösen, so dass der Markt eine Maßnahme automatisch ohne weitere Beteiligung der in Artikel 4 Absatz 4 genannten Behörden oder Stellen oder eines privatwirtschaftlichen Energiedienstleisters umsetzt. Eine Maßnahme mit Multiplikatorpotenzial wäre in den meisten Fällen kostenwirksamer als Maßnahmen, die regelmäßig wiederholt werden müssen. Die Mitgliedstaaten müssen das Energiesparpotenzial derartiger Maßnahmen einschließlich ihrer Multiplikatoreffekte abschätzen und die gesamten Auswirkungen im Rahmen einer Ex-post-Evaluierung, für die gegebenenfalls Indikatoren zu verwenden sind, überprüfen.

Bei der Evaluierung von horizontalen Maßnahmen können Energieeffizienz-Indikatoren herangezogen werden, sofern die Entwicklung, die die Indikatoren ohne die horizontalen Maßnahmen genommen hätten, bestimmt werden kann. Doppel-Zählungen mit Einsparungen durch gezielte Energieeffizienz-Programme, Energiedienstleistungen und andere Politikinstrumente müssen dabei jedoch so weit wie möglich ausgeschlossen werden können. Dies gilt insbesondere für Energie- oder CO_2-Steuern und Informationskampagnen.

Für doppelt erfasste Energieeinsparungen sind entsprechende Korrekturen vorzunehmen. Es sollten Matrizen verwendet werden, die die Summierung der Auswirkungen von Maßnahmen ermöglichen.

Potenzielle Energieeinsparungen, die sich erst nach der Zielperiode ergeben, dürfen nicht berücksichtigt werden, wenn die Mitgliedstaaten über die Erreichung der allgemeinen Zielvorgabe nach Artikel 4 berichten. Maßnahmen, die langfristige Auswirkungen auf den Markt haben, sollten in jedem Fall gefördert werden, und Maßnahmen, die bereits energiesparende Multiplikatoreffekte ausgelöst haben, sollten bei der Berichterstattung über die Erreichung der in Artikel 4 festgelegten Ziele berücksichtigt werden, sofern sie anhand der Leitlinien dieses Anhangs gemessen und überprüft werden können.

6. Überprüfung der Energieeinsparungen

Die Energieeinsparungen, die durch eine bestimmte Energiedienstleistung oder eine andere Energieeffizienzmaßnahme erzielt wurden, sind durch einen Dritten zu überprüfen, wenn dies als kostenwirksam und erforderlich erachtet wird. Dies kann durch unabhängige Berater, Energiedienstleister oder andere Marktteilnehmer erfolgen. Die in Artikel 4 Absatz 4 genannten zuständigen Behörden oder Stellen des Mitgliedstaats können weitere Anweisungen dazu herausgeben.

Quellen: A European Ex-post Evaluation Guidebook for DSM and EE Service Programmes; IEA, INDEEP-Datenbank; IPMVP, Band 1 (Ausgabe März 2002).

Anhang V. [Benchmarks für Energieverbrauchsumstellung]

Als Orientierung dienende Liste der Märkte und Teilmärkte für Energieverbrauchsumstellung, bei denen Benchmarks ausgearbeitet werden können:

1. Markt für Haushaltsgeräte/Informationstechnik und Beleuchtung:
   1.1. Küchengeräte (Weiße Ware);
   1.2. Unterhaltungs-/Informationstechnik;
   1.3. Beleuchtung.

EndenergieeffizienzRL **Anh. VI EEffizRL 55**

2. Markt für Hauswärmetechnik:
   2.1. Heizung;
   2.2. Warmwasserbereitung;
   2.3. Klimaanlagen;
   2.4. Lüftung;
   2.5. Wärmedämmung;
   2.6. Fenster.
3. Markt für Industrieöfen.
4. Markt für motorische Antriebe in der Industrie.
5. Markt der öffentlichen Einrichtungen:
   5.1. Schulen/Behörden;
   5.2. Krankenhäuser;
   5.3. Schwimmbäder;
   5.4. Straßenbeleuchtung.
6. Markt für Verkehrsdienstleistungen.

Anhang VI. Liste der förderungsfähigen Maßnahmen im Bereich der energieeffizienten öffentlichen Beschaffung

Unbeschadet der nationalen und gemeinschaftlichen Rechtsvorschriften für das öffentliche Beschaffungswesen sorgen die Mitgliedstaaten dafür, dass der öffentliche Sektor im Rahmen seiner in Artikel 5 genannten Vorbildfunktion mindestens zwei der Anforderungen anwendet, die in der nachstehenden Liste aufgeführt sind:

a) Anforderungen hinsichtlich des Einsatzes von Finanzinstrumenten für Energieeinsparungen, einschließlich Energieleistungsverträgen, die die Erbringung messbarer und im Voraus festgelegter Energieeinsparungen (auch in Fällen, in denen öffentliche Verwaltungen Zuständigkeiten ausgegliedert haben) vorschreiben;

b) Anforderungen, wonach die zu beschaffenden Ausrüstungen und Fahrzeuge aus Listen energieeffizienter Produkte auszuwählen sind, die Spezifikationen für verschiedene Kategorien von Ausrüstungen und Fahrzeugen enthalten und von den in Artikel 4 Absatz 4 genannten Behörden oder Stellen erstellt werden, wobei gegebenenfalls eine Analyse minimierter Lebenszykluskosten oder vergleichbare Methoden zur Gewährleistung der Kostenwirksamkeit zugrunde zu legen sind;

c) Anforderungen, die den Kauf von Ausrüstungen vorschreiben, die in allen Betriebsarten – auch in Betriebsbereitschaft – einen geringen Energieverbrauch aufweisen, wobei gegebenenfalls eine Analyse minimierter Lebenszykluskosten oder vergleichbare Methoden zur Gewährleistung der Kostenwirksamkeit zugrunde zu legen sind;

d) Anforderungen, die das Ersetzen oder Nachrüsten vorhandener Ausrüstungen und Fahrzeuge durch die bzw. mit den unter den Buchstaben b und c genannten Ausrüstungen vorschreiben;

e) Anforderungen, die die Durchführung von Energieaudits und die Umsetzung der daraus resultierenden Empfehlungen hinsichtlich der Kostenwirksamkeit vorschreiben;

f) Anforderungen, die den Kauf oder die Anmietung von energieeffizienten Gebäuden oder Gebäudeteilen bzw. den Ersatz oder die Nachrüstung von gekauften oder angemieteten Gebäuden oder Gebäudeteilen vorschreiben, um ihre Energieeffizienz zu verbessern.

56. Gesetz über Energiedienstleistungen und andere Energieeffizienzmaßnahmen (EDL-G)[1)]

Vom 4. November 2010

(BGBl. I S. 1483)

FNA 754-23

§ 1 Anwendungsbereich. Dieses Gesetz findet Anwendung auf

1. Anbieter von Energieeffizienzmaßnahmen und Energieunternehmen,
2. Endkunden mit Ausnahme von Verantwortlichen nach § 3 Absatz 7 des Treibhausgas-Emissionshandelsgesetzes[2)] vom 8. Juli 2004 (BGBl. I S. 1578), das zuletzt durch Artikel 9 des Gesetzes vom 11. August 2010 (BGBl. I S. 1163) geändert worden ist, hinsichtlich ihrer Tätigkeiten nach Anhang 1 zum Treibhausgas-Emissionshandelsgesetz,
3. die öffentliche Hand einschließlich der Bundeswehr, soweit die Anwendung dieses Gesetzes nicht der Art und dem Hauptzweck der Tätigkeit der Streitkräfte entgegensteht, und mit Ausnahme von Material, das ausschließlich für militärische Zwecke verwendet wird.

§ 2 Begriffsbestimmungen. Im Sinne dieses Gesetzes sind

1. Drittfinanzierung: eine vertragliche Vereinbarung, an der neben dem Energielieferanten und dem Nutzer einer Energieeffizienzmaßnahme ein Dritter beteiligt ist, der die Finanzmittel für diese Maßnahme bereitstellt und dem Nutzer ein Entgelt berechnet, das einem Teil der durch die Energieeffizienzmaßnahme erzielten Energieeinsparungen entspricht, wobei Dritter auch der Energiedienstleister sein kann;
2. Endkunde: eine natürliche oder juristische Person, die Energie für den eigenen Endverbrauch kauft;
3. Energie: alle handelsüblichen Energieformen einschließlich Elektrizität, Erdgas und Flüssiggas, Brennstoff für Heiz- und Kühlzwecke einschließlich Fernheizung und -kühlung, Stein- und Braunkohle, Torf, Kraftstoffe und Biomasse im Sinne der Biomasseverordnung[3)] vom 21. Juni 2001 (BGBl. I S. 1234), die durch die Verordnung vom 9. August 2005 (BGBl. I S. 2419) geändert worden ist, ausgenommen Flugzeugtreibstoffe und Bunkeröle für die Seeschifffahrt;
4. Energieaudit: ein systematisches Verfahren zur Erlangung ausreichender Informationen über das bestehende Energieverbrauchsprofil eines Gebäudes oder einer Gebäudegruppe, eines Betriebsablaufs in der Industrie oder einer Industrieanlage oder privater oder öffentlicher Dienstleistungen, zur Ermittlung und Quantifizierung der Möglichkeiten für wirtschaftliche Energieeinsparungen und Erfassung der Ergebnisse in einem Bericht;

[1)] Verkündet als Art. 1 G zur Umsetzung der EU-RL über Endenergieeffizienz und Energiedienstleistungen v. 4. 11. 2010 (BGBl. I S. 1483); Inkrafttreten gem. Art. 6 dieses G am 12. 11. 2010.
[2)] Nr. **48**.
[3)] Nr. **35**.

5. Energiedienstleister: eine natürliche oder juristische Person, die Energiedienstleistungen oder andere Energieeffizienzmaßnahmen für Endkunden erbringt oder durchführt und dabei in gewissem Umfang finanzielle Risiken trägt, wobei sich das Entgelt für die erbrachten Dienstleistungen ganz oder teilweise nach der Erzielung von Energieeffizienzverbesserungen und der Erfüllung der anderen vereinbarten Leistungskriterien richtet;
6. Energiedienstleistung: Tätigkeit, die auf der Grundlage eines Vertrags erbracht wird und in der Regel zu überprüfbaren und mess- oder schätzbaren Energieeffizienzverbesserungen oder Primärenergieeinsparungen sowie zu einem physikalischen Nutzeffekt, einem Nutzwert oder zu Vorteilen als Ergebnis der Kombination von Energie mit energieeffizienter Technologie oder mit Maßnahmen wie beispielsweise Betriebs-, Instandhaltungs- und Kontrollaktivitäten führt;
7. Energieeffizienz: das Verhältnis von Ertrag an Leistung, Dienstleistungen, Waren oder Energie zum Energieeinsatz;
8. Energieeffizienzmaßnahmen: alle Maßnahmen, die in der Regel zu überprüfbaren und der Höhe nach mess- oder schätzbaren Energieeffizienzverbesserungen führen;
9. Energieeffizienzmechanismen: allgemeine Instrumente zur Schaffung von Rahmenbedingungen oder von Anreizen für Marktteilnehmer bei Erbringung und Inanspruchnahme von Energiedienstleistungen und anderen Energieeffizienzmaßnahmen, die von der öffentlichen Hand, insbesondere von der Bundesstelle für Energieeffizienz eingesetzt werden;
10. Energieeffizienzverbesserung: die Steigerung der Endenergieeffizienz durch technische, wirtschaftliche oder Verhaltensänderungen;
11. Energieeinsparungen: die eingesparte Energiemenge, die durch Messung oder berechnungsbasierte Schätzung des Verbrauchs vor und nach der Umsetzung einer oder mehrerer Energieeffizienzmaßnahmen oder Verhaltensänderungen ermittelt wird, wobei äußere Bedingungen, die den Energieverbrauch negativ beeinflussen, durch Bildung eines Normalwerts zu berücksichtigen sind;
12. Energielieferant: eine natürliche oder juristische Person, die Energie an Endkunden verkauft und deren Umsatz dem Äquivalent von 75 Gigawattstunden an Energie pro Jahr entspricht oder darüberliegt oder die zehn oder mehr Personen beschäftigt oder deren Jahresumsatz und Jahresbilanz 2 Millionen Euro übersteigt;
13. Energieunternehmen: Energieverteiler, Verteilernetzbetreiber und Energielieferanten, deren Umsatz dem Äquivalent von 75 Gigawattstunden an Energie pro Jahr entspricht oder darüberliegt oder die zehn oder mehr Personen beschäftigen oder deren Jahresumsatz und Jahresbilanz 2 Millionen Euro übersteigt;
14. Energieverteiler: eine natürliche oder juristische Person, die für den Transport von Energie zur Abgabe an Endkunden und an Energielieferanten verantwortlich ist, ausgenommen Verteilernetzbetreiber gemäß Nummer 16;
15. Finanzinstrumente für Energieeinsparungen: alle Instrumente zur teilweisen oder vollen Deckung der anfänglichen Projektkosten für die Durchführung von Energieeffizienzmaßnahmen wie Finanzhilfen, Steuerver-

günstigungen, Darlehen, Drittfinanzierungen, entsprechend gestaltete Energieleistungsverträge und andere ähnliche Verträge, die auf dem Markt bereitgestellt werden;

16. Verteilernetzbetreiber: eine natürliche oder juristische Person, die verantwortlich ist für den Betrieb, die Wartung, erforderlichenfalls den Ausbau des Verteilernetzes für Elektrizität oder Erdgas in einem bestimmten Gebiet und gegebenenfalls der Verbindungsleitungen zu anderen Netzen sowie für die Sicherstellung der langfristigen Fähigkeit des Netzes, eine angemessene Nachfrage nach Verteilung von Elektrizität oder Erdgas zu befriedigen.

§ 3 Energieeinsparziele. (1) [1] Ziel der Maßnahmen nach diesem Gesetz ist es, die Effizienz der Energienutzung durch Endkunden in Deutschland mit Energiedienstleistungen und anderen Energieeffizienzmaßnahmen kostenwirksam zu steigern. [2] Dazu legt die Bundesregierung Energieeinsparrichtwerte fest, die als Energieeinsparziel bis zum Mai des Jahres 2017 und als Zwischenziel bis zum Mai des Jahres 2011 erreicht werden sollen, sowie eine Strategie zur Erreichung dieser Ziele. [3] Die Berechnung des Richtwerts erfolgt nach den Anhängen I, II und IV der Richtlinie 2006/32/EG[1]) des Europäischen Parlaments und des Rates vom 5. April 2006 über Endenergieeffizienz und Energiedienstleistungen und zur Aufhebung der Richtlinie 93/76/EWG des Rates (ABl. L 114 vom 27. 4. 2006, S. 64).

(2) [1] Die Energieeinsparrichtwerte sollen durch wirtschaftliche und angemessene Maßnahmen erreicht werden. [2] Maßnahmen sind wirtschaftlich, wenn generell die erforderlichen Aufwendungen innerhalb der üblichen Nutzungsdauer durch die eintretenden Einsparungen erwirtschaftet werden können. [3] Bei Maßnahmen im Bestand ist die noch zu erwartende Nutzungsdauer zu berücksichtigen. [4] Zur Erreichung der Energieeinsparrichtwerte sollen insbesondere:

1. die erforderlichen Energieeffizienzmechanismen, Anreize und institutionellen, finanziellen und rechtlichen Rahmenbedingungen geschaffen sowie Markthemmnisse beseitigt werden, die der effizienten Energienutzung durch Endkunden entgegenstehen;
2. die Voraussetzungen für die Entwicklung und Förderung eines Marktes für Energiedienstleistungen und für die Erbringung von anderen Energieeffizienzmaßnahmen für die Endkunden geschaffen werden.

(3) [1] Der öffentlichen Hand kommt bei der Energieeffizienzverbesserung eine Vorbildfunktion zu. [2] Hierzu nimmt die öffentliche Hand Energiedienstleistungen in Anspruch und führt andere Energieeffizienzmaßnahmen durch, deren Schwerpunkt in besonderer Weise auf wirtschaftlichen Maßnahmen liegt, die in kurzer Zeit zu Energieeinsparungen führen. [3] Die öffentliche Hand wird insbesondere bei ihren Baumaßnahmen unter Beachtung der Wirtschaftlichkeit nicht unwesentlich über die Anforderungen zur Energieeffizienz in der Energieeinsparverordnung[2]) in der jeweils geltenden Fassung hinausgehen. [4] Über Maßnahmen nach den Sätzen 2 und 3 ist die Öffentlichkeit zu unterrichten.

---

[1]) Nr. 55.
[2]) Nr. 58.

(4) Die Bundesregierung legt dem Deutschen Bundestag bis zum 30. Juni 2011 und bis zum 30. Juni 2014 jeweils einen Energieeffizienz-Aktionsplan vor.

§ 4 Information und Beratung der Endkunden; Verordnungsermächtigung. (1) ¹ Energielieferanten unterrichten ihre Endkunden mindestens jährlich in geeigneter Form über die Wirksamkeit von Energieeffizienzmaßnahmen sowie über die für sie verfügbaren Angebote, die durch

1. Energiedienstleister,

2. Anbieter von Energieaudits, die unabhängig von den Energieunternehmen sind, und

3. Anbieter von Energieeffizienzmaßnahmen

mit wettbewerbsorientierter Preisgestaltung durchgeführt werden. ² Diese Informationen können im Rahmen der Abrechnung des Energieverbrauchs durch ausdrücklichen Hinweis auf die Anbieterliste nach § 7 Absatz 1 Satz 1 oder eine Anbieterliste, auf die die Bundesstelle für Energieeffizienz nach § 7 Absatz 1 Satz 3 hinweist, sowie auf die Berichte nach § 6 Absatz 1 gegeben werden.

(2) Energieunternehmen stellen den Endkunden zusammen mit Verträgen, Vertragsänderungen, Abrechnungen oder Quittungen in klarer und verständlicher Form Kontaktinformationen zu Verbraucherorganisationen, Energieagenturen oder ähnlichen Einrichtungen, einschließlich Internetadressen, zur Verfügung, von denen sie Angaben über angebotene Energieeffizienzmaßnahmen, Endkunden-Vergleichsprofile sowie gegebenenfalls technische Spezifikationen von energiebetriebenen Geräten erhalten können.

(3) Zur Information der Endkunden über Maßnahmen zur Energieeffizienzverbesserung wird die Bundesregierung ermächtigt, durch Rechtsverordnung ohne Zustimmung des Bundesrates zu bestimmen, welche Art von Informationen und Beratungsangeboten über Energieeffizienz den Endkunden von den Marktteilnehmern zur Verfügung zu stellen sind.

§ 5 Sorgepflicht der Energieunternehmen; Verordnungsermächtigung. (1) Für den Fall, dass den Endkunden keine als Voraussetzung für die Entwicklung und Förderung eines Markts im Hinblick auf die Deckung der Nachfrage ausreichende Zahl von Anbietern von Energieaudits mit wettbewerbsorientierter Preisgestaltung zur Verfügung steht, tragen die Energieunternehmen für die Verfügbarkeit eines solchen Angebots auf eigene Kosten Sorge.

(2) ¹ Stellt die Bundesstelle für Energieeffizienz im Rahmen ihrer Aufgabe nach § 9 Absatz 2 Satz 2 Nummer 9 fest, dass keine ausreichende Zahl von Anbietern im Sinne des Artikels 6 Absatz 2 Buchstabe a Ziffer ii der Richtlinie 2006/32/EG[1)] des Europäischen Parlaments und des Rates vom 5. April 2006 über Endenergieeffizienz und Energiedienstleistungen und zur Aufhebung der Richtlinie 93/76/EWG des Rates (ABl. L 114 vom 27. 4. 2006, S. 64) erreicht wird, verpflichtet sie die Energieunternehmen, in angemessener Frist geeignete und erforderliche Maßnahmen zu ergreifen, um ein solches Angebot verfügbar zu machen. ² Ergreifen die Energieunternehmen diese Maßnah-

---

[1)] Nr. 55.

men nicht innerhalb der gesetzten Frist, kann die Bundesstelle für Energieeffizienz die Maßnahmen selbst vornehmen und den Energieunternehmen die Kosten der Maßnahmen in Rechnung stellen.

(3) Die Bundesregierung regelt durch Rechtsverordnung ohne Zustimmung des Bundesrates,

1. welche Zahl von Anbietern nach Absatz 2 als ausreichend anzusehen ist,
2. auf welche Weise für ein ausreichendes Angebot zu sorgen ist und
3. auf welche Weise einzelne Energieunternehmen in der Region, wo sie über Endkunden verfügen, unter Berücksichtigung ihrer etwaigen Leistungen für die Förderung und Entwicklung des Angebots zu den Kosten der Sorge für die Verfügbarkeit eines ausreichenden Angebots heranzuziehen sind.

(4) Energieunternehmen haben alle Handlungen zu unterlassen, die die Nachfrage nach Energiedienstleistungen und anderen Energieeffizienzmaßnahmen oder deren Erbringung oder Durchführung behindern oder die Entwicklung von Märkten für Energiedienstleistungen und andere Energieeffizienzmaßnahmen beeinträchtigen könnten.

§ 6 Information der Marktteilnehmer. (1) [1] Die Bundesstelle für Energieeffizienz sorgt dafür, dass die Informationen über Energieeffizienzmechanismen und die zur Erreichung der Energieeinsparrichtwerte nach § 3 Absatz 1 festgelegten finanziellen und rechtlichen Rahmenbedingungen transparent sind und den Marktteilnehmern umfassend zur Kenntnis gebracht werden. [2] Sie veröffentlicht hierzu fortlaufend, mindestens alle zwei Jahre, Berichte.

(2) [1] Zu Finanzinstrumenten für Energieeinsparungen, insbesondere zu Drittfinanzierungen durch Energiedienstleister, veröffentlicht die Bundesstelle für Energieeffizienz geeignete Musterverträge zur Information auf ihrer Internetseite. [2] Die Bundesstelle für Energieeffizienz übernimmt nur in Fällen von Vorsatz oder grober Fahrlässigkeit eine Haftung für die Richtigkeit und Vollständigkeit der Musterverträge.

§ 7 Anbieterliste; Verordnungsermächtigung. (1) [1] Anbieter von Energiedienstleistungen, Energieaudits oder Energieeffizienzmaßnahmen können sich vorbehaltlich der Absätze 2 und 3 in eine bei der Bundesstelle für Energieeffizienz öffentlich geführte Anbieterliste eintragen lassen. [2] Von den Energieunternehmen unabhängige Anbieter sind kenntlich zu machen. [3] Die Angebotseintragung kann auf bestimmte Länder, Landkreise oder kreisfreie Städte beschränkt werden. [4] Die Bundesstelle für Energieeffizienz kann ergänzend zu der nach Satz 1 zu führenden Liste auf nach Zweck und Inhalt vergleichbare Listen qualifizierter Anbieter hinweisen.

(2) [1] Voraussetzung für eine Eintragung nach Absatz 1 ist, dass die Anbieter zuverlässig und fachkundig sind. [2] Die Fachkunde eines Anbieters wird vermutet, wenn er in den letzten drei Jahren Energiedienstleistungen, Energieaudits oder Energieeffizienzmaßnahmen für mindestens zehn Endkunden durchgeführt hat. [3] Anbieter von Energieaudits müssen zudem in unabhängiger Weise beraten.

(3) Die Bundesregierung wird ermächtigt, durch Rechtsverordnung ohne Zustimmung des Bundesrates ergänzend zu Absatz 2 festzulegen, welche Anforderungen an Anbieter hinsichtlich der Zuverlässigkeit, Fachkunde und der

Fähigkeit zur unabhängigen Beratung zu stellen sind, welche Nachweise die Anbieter erbringen müssen, um in die Anbieterliste eingetragen zu werden, welche Kosten hierfür erhoben werden können und unter welchen Voraussetzungen eine Löschung aus der Anbieterliste erfolgt.

§ 8 Energieaudits. ¹Die Bundesstelle für Energieeffizienz wirkt zur Unterstützung der Umsetzung der Sorgepflicht der Energieunternehmen nach § 5 Absatz 1 darauf hin, dass allen Endkunden wirksame, hochwertige Energieaudits zur Verfügung stehen, die von Anbietern durchgeführt werden, die den Anforderungen des § 7 Absatz 2 Satz 1 und 3 genügen. ²Sofern hierfür keine ausreichende Zahl unabhängiger Anbieter tätig ist, ergreift die Bundesstelle für Energieeffizienz Maßnahmen, um das Tätigwerden unabhängiger Anbieter zu entwickeln und zu fördern.

§ 9 Bundesstelle für Energieeffizienz. (1) Das Bundesamt für Wirtschaft und Ausfuhrkontrolle nimmt die Aufgaben der Bundesstelle für Energieeffizienz wahr.

(2) ¹Die Bundesstelle für Energieeffizienz erledigt in eigener Zuständigkeit Verwaltungsaufgaben auf dem Gebiet der Energieeffizienz, die ihr durch dieses Gesetz oder andere Bundesgesetze zugewiesen werden. ²Die Bundesstelle für Energieeffizienz hat insbesondere folgende Aufgaben:

1. Berechnung der Energieeinsparrichtwerte nach § 3 Absatz 1 Satz 2 und die Anpassung der hierzu erforderlichen Werte und Berechnungsverfahren an den technischen Fortschritt im Einklang mit den Vorgaben der Europäischen Kommission;
2. Erfassung und Unterstützung der Erreichung der Energieeinsparrichtwerte nach § 3 Absatz 1 Satz 2 und der Umsetzung der dazu festgelegten Strategie sowie des Erfolgs der Maßnahmen nach § 3 Absatz 3;
3. Vorbereitung der Energieeffizienz-Aktionspläne nach § 3 Absatz 4 für die Bundesregierung;
4. Feststellung der Energieeinsparungen, die mit Energiedienstleistungen und anderen Energieeffizienzmaßnahmen erreicht wurden, und Erfassung der Ergebnisse in einem Bericht;
5. Beobachtung des Marktes für Energiedienstleistungen, Energieaudits und andere Energieeffizienzmaßnahmen und Erarbeitung von Vorschlägen zur weiteren Entwicklung;
6. Unterrichtung der Öffentlichkeit über Maßnahmen, die die öffentliche Hand auf dem Gebiet der Energieeffizienz zur Wahrnehmung ihrer Vorbildfunktion nach § 3 Absatz 3 ergreift;
7. Vermittlung des Erfahrungsaustausches zwischen öffentlichen Stellen in Deutschland und anderen Mitgliedstaaten der Europäischen Union in Zusammenarbeit mit der Europäischen Kommission;
8. Veröffentlichung von Empfehlungen zur Erfüllung der Aufgaben von Energieunternehmen nach § 4 Absatz 1 und 2, § 5 und, falls eine Rechtsverordnung nach § 4 Absatz 3 erlassen worden ist, hinsichtlich der Aufgaben nach dieser Rechtsverordnung;

Energiedienstleistungsgesetz §10 EDL-G 56

9. Feststellung, ob eine ausreichende Zahl von Anbietern im Sinne des Artikels 6 Absatz 2 Buchstabe a Ziffer ii der Richtlinie 2006/32/EG[1)] des Europäischen Parlaments und des Rates vom 5. April 2006 über Endenergieeffizienz und Energiedienstleistungen und zur Aufhebung der Richtlinie 93/76/EWG des Rates (ABl. L 114 vom 27. 4. 2006, S. 64) zur Verfügung steht, Ergreifen erforderlicher Maßnahmen im Sinne von § 5 Absatz 2, gegebenenfalls Umlage der Kosten und Durchführung der Zwischenüberprüfung nach § 13;

10. Unterrichtung der Öffentlichkeit und der Marktteilnehmer über Energieeffizienzmechanismen und die zur Erreichung der Energieeinsparrichtwerte festgelegten Rahmenbedingungen nach § 6 Absatz 1 sowie Veröffentlichung von Musterverträgen nach § 6 Absatz 2;

11. öffentliches Führen der Anbieterliste nach § 7;

12. Entwicklung und Durchführung von Maßnahmen nach § 8 Satz 2;

13. Erstellung und Veröffentlichung von Listen mit Energieeffizienzkriterien für technische Spezifikationen verschiedener Produktkategorien, wobei für die Erstellung dieser Listen gegebenenfalls eine Analyse minimierter Lebenszykluskosten oder vergleichbare Methoden zur Gewährleistung der Wirtschaftlichkeit zugrunde zu legen sind;

14. Unterstützung der in § 98 Nummer 1 bis 4 des Gesetzes gegen Wettbewerbsbeschränkungen[2)] bezeichneten Stellen bei der Ergreifung von Energieeffizienzmaßnahmen;

15. wissenschaftliche Unterstützung des Bundesministeriums für Wirtschaft und Technologie in allen Angelegenheiten der Energieeinsparung und Energieeffizienz.

(3) Die Bundesstelle für Energieeffizienz untersteht der Rechts- und Fachaufsicht des Bundesministeriums für Wirtschaft und Technologie.

§ 10 Beirat. (1) [1] Bei der Bundesstelle für Energieeffizienz wird ein Beirat für Fragen der Energieeffizienz gebildet, in dem Energiedienstleister, Anbieter von Energieaudits und Energieeffizienzmaßnahmen, Endkunden, Energieunternehmen und unabhängige Personen mit besonderer Fachkunde auf dem Gebiet der Energieeffizienz vertreten sind. [2] Der Beirat berät die Bundesstelle für Energieeffizienz bei der Erfüllung ihrer Aufgaben nach diesem Gesetz.

(2) [1] Das Bundesministerium für Wirtschaft und Technologie beruft im Einvernehmen mit dem Bundesministerium für Verkehr, Bau und Stadtentwicklung, dem Bundesministerium für Umwelt, Naturschutz und Reaktorsicherheit und dem Bundesministerium für Ernährung, Landwirtschaft und Verbraucherschutz die Mitglieder des Beirats für zwei Jahre. [2] Wiederholte Bestellung ist zulässig. [3] Die Gesamtzahl der Mitglieder des Beirats soll zwölf Personen nicht überschreiten.

(3) Der Beirat gibt sich eine Geschäftsordnung, die der Zustimmung des Bundesministeriums für Wirtschaft und Technologie bedarf.

[1)] Nr. 55.
[2)] Nr. 11.

§ 11 Datenerhebung; Verordnungsermächtigung. (1) ¹ Zur Erfüllung ihrer Aufgaben kann die Bundesstelle für Energieeffizienz von Energieunternehmen die Übermittlung zusammengefasster Daten über deren Endkunden in anonymisierter Form verlangen, insbesondere zum Verbrauch der Endkunden, zu Art und Umfang der jeweiligen Kundengruppen, zum Kundenstandort und zu Lastprofilen. ² Daten, die Betriebs- oder Geschäftsgeheimnisse darstellen, hat das übermittelnde Unternehmen als vertraulich zu kennzeichnen.

(2) Die Bundesregierung regelt durch Rechtsverordnung ohne Zustimmung des Bundesrates

1. die Einzelheiten der Datenerhebung nach Absatz 1, insbesondere

   a) welche Datenarten erhoben werden dürfen,

   b) wann und wie die Daten zu übermitteln sind und

2. die Verwendung der Daten.

§ 12 Bußgeldvorschriften. (1) Ordnungswidrig handelt, wer vorsätzlich oder fahrlässig einer Rechtsverordnung nach § 11 Absatz 2 Nummer 1 Buchstabe b oder einer vollziehbaren Anordnung auf Grund einer solchen Rechtsverordnung zuwiderhandelt, soweit die Rechtsverordnung für einen bestimmten Tatbestand auf diese Bußgeldvorschrift verweist.

(2) Die Ordnungswidrigkeit kann mit einer Geldbuße bis zu fünfzigtausend Euro geahndet werden.

(3) Verwaltungsbehörde im Sinne des § 36 Absatz 1 Nummer 1 des Gesetzes über Ordnungswidrigkeiten ist die Bundesstelle für Energieeffizienz.

§ 13 Zwischenüberprüfung. ¹ Die Bundesstelle für Energieeffizienz führt Mitte 2012 unter Mitwirkung von Verbänden der

1. Anbieter von Energiedienstleistungen, Energieaudits und Energieeffizienzmaßnahmen,

2. Endkunden und

3. Energieunternehmen

eine Zwischenüberprüfung über die Erreichung der Marktentwicklungs- und -förderziele nach § 3 Absatz 2 Satz 4 durch. ² Soweit nach dem Ergebnis der Zwischenüberprüfung die genannten Ziele nicht erreicht werden, schlägt die Bundesstelle für Energieeffizienz der Bundesregierung geeignete Maßnahmen vor.

57. Gesetz zur Einsparung von Energie in Gebäuden (Energieeinsparungsgesetz – EnEG)[1)]

In der Fassung der Bekanntmachung vom 1. September 2005[2)]
(BGBl. I S. 2684)

FNA 754-4

geänd. durch Art. 1 Drittes ÄndG v. 28. 3. 2009 (BGBl. I S. 643)

Nichtamtliche Inhaltsübersicht

	§§
Energiesparender Wärmeschutz bei zu errichtenden Gebäuden	1
Energiesparende Anlagentechnik bei Gebäuden	2
Energiesparender Betrieb von Anlagen	3
Verteilung der Betriebskosten	3 a
Sonderregelungen und Anforderungen an bestehende Gebäude	4
Gemeinsame Voraussetzungen für Rechtsverordnungen	5
Energieausweise	5 a
Maßgebender Zeitpunkt	6
Überwachung	7
Bestätigung durch Private	7 a
Bußgeldvorschriften	8
(gegenstandslos)	9, 10
(Inkrafttreten)	11

§ 1 Energiesparender Wärmeschutz bei zu errichtenden Gebäuden.

(1) Wer ein Gebäude errichtet, das seiner Zweckbestimmung nach beheizt oder gekühlt werden muss, hat, um Energie zu sparen, den Wärmeschutz nach Maßgabe der nach Absatz 2 zu erlassenden Rechtsverordnung so zu entwerfen und auszuführen, dass beim Heizen und Kühlen vermeidbare Energieverluste unterbleiben.

(2) ¹Die Bundesregierung wird ermächtigt, durch Rechtsverordnung[3)] mit Zustimmung des Bundesrates Anforderungen an den Wärmeschutz von Gebäuden und ihren Bauteilen festzusetzen. ²Die Anforderungen können sich auf die Begrenzung des Wärmedurchgangs sowie der Lüftungswärmeverluste und auf ausreichende raumklimatische Verhältnisse beziehen. ³Bei der Begrenzung des Wärmedurchgangs ist der gesamte Einfluss der die beheizten oder gekühlten Räume nach außen und zum Erdreich abgrenzenden sowie derjenigen Bauteile zu berücksichtigen, die diese Räume gegen Räume abweichender Temperatur abgrenzen. ⁴Bei der Begrenzung von Lüftungswärmeverlusten ist der gesamte Einfluss der Lüftungseinrichtungen, der Dichtheit von Fenstern und Türen sowie der Fugen zwischen einzelnen Bauteilen zu berücksichtigen.

[1)] **Amtl. Anm.:** Dieses Gesetz dient der Umsetzung der Richtlinie 2002/91/EG des Europäischen Parlaments und des Rates vom 16. Dezember 2002 über die Gesamtenergieeffizienz von Gebäuden (ABl. EG 2003 Nr. L 1 S. 65).
[2)] Neubekanntmachung des EnEG v. 22. 7. 1976 (BGBl. I S. 1873) in der ab 8. 9. 2005 geltenden Fassung.
[3)] Siehe die EnergieeinsparVO (Nr. 58).

(3) Soweit andere Rechtsvorschriften höhere Anforderungen an den baulichen Wärmeschutz stellen, bleiben sie unberührt.

§ 2 Energiesparende Anlagentechnik bei Gebäuden. (1) Wer Heizungs-, raumlufttechnische, Kühl-, Beleuchtungs- sowie Warmwasserversorgungsanlagen oder -einrichtungen in Gebäude einbaut oder einbauen lässt oder in Gebäuden aufstellt oder aufstellen lässt, hat bei Entwurf, Auswahl und Ausführung dieser Anlagen und Einrichtungen nach Maßgabe der nach den Absätzen 2 und 3 zu erlassenden Rechtsverordnungen dafür Sorge zu tragen, dass nicht mehr Energie verbraucht wird, als zur bestimmungsgemäßen Nutzung erforderlich ist.

(2) [1] Die Bundesregierung wird ermächtigt, durch Rechtsverordnung[1]) mit Zustimmung des Bundesrates vorzuschreiben, welchen Anforderungen die Beschaffenheit und die Ausführung der in Absatz 1 genannten Anlagen und Einrichtungen genügen müssen, damit vermeidbare Energieverluste unterbleiben. [2] Für zu errichtende Gebäude können sich die Anforderungen beziehen auf

1. den Wirkungsgrad, die Auslegung und die Leistungsaufteilung der Wärme- und Kälteerzeuger,
2. die Ausbildung interner Verteilungsnetze,
3. die Begrenzung der Warmwassertemperatur,
4. die Einrichtungen der Regelung und Steuerung der Wärme- und Kälteversorgungssysteme,
5. den Einsatz von Wärmerückgewinnungsanlagen,
6. die messtechnische Ausstattung zur Verbrauchserfassung,
7. die Effizienz von Beleuchtungssystemen, insbesondere den Wirkungsgrad von Beleuchtungseinrichtungen, die Verbesserung der Tageslichtnutzung, die Ausstattung zur Regelung und Abschaltung dieser Systeme,
8. weitere Eigenschaften der Anlagen und Einrichtungen, soweit dies im Rahmen der Zielsetzung des Absatzes 1 auf Grund der technischen Entwicklung erforderlich wird.

(3) [1] Die Absätze 1 und 2 gelten entsprechend, soweit in bestehende Gebäude bisher nicht vorhandene Anlagen oder Einrichtungen eingebaut oder vorhandene ersetzt, erweitert oder umgerüstet werden. [2] Bei wesentlichen Erweiterungen oder Umrüstungen können die Anforderungen auf die gesamten Anlagen oder Einrichtungen erstreckt werden. [3] Außerdem können Anforderungen zur Ergänzung der in Absatz 1 genannten Anlagen und Einrichtungen mit dem Ziel einer nachträglichen Verbesserung des Wirkungsgrades und einer Erfassung des Energieverbrauchs gestellt werden.

(4) Soweit andere Rechtsvorschriften höhere Anforderungen an die in Absatz 1 genannten Anlagen und Einrichtungen stellen, bleiben sie unberührt.

§ 3 Energiesparender Betrieb von Anlagen. (1) Wer Heizungs-, raumlufttechnische, Kühl-, Beleuchtungs- sowie Warmwasserversorgungsanlagen

---

[1]) Siehe die HeizkostenVO idF der Bek. v. 5. 10. 2009 (BGBl. I S. 3250) und die EnergieeinsparVO (Nr. **58**).

Energieeinsparungsgesetz §§ 3a, 4 EnEG 57

oder -einrichtungen in Gebäuden betreibt oder betreiben lässt, hat dafür Sorge zu tragen, dass sie nach Maßgabe der nach Absatz 2 zu erlassenden Rechtsverordnung so instandgehalten und betrieben werden, dass nicht mehr Energie verbraucht wird, als zu ihrer bestimmungsgemäßen Nutzung erforderlich ist.

(2) ¹Die Bundesregierung wird ermächtigt, durch Rechtsverordnung[1] mit Zustimmung des Bundesrates vorzuschreiben, welchen Anforderungen der Betrieb der in Absatz 1 genannten Anlagen und Einrichtungen genügen muss, damit vermeidbare Energieverluste unterbleiben. ²Die Anforderungen können sich auf die sachkundige Bedienung, Instandhaltung, regelmäßige Wartung, Inspektion und auf die bestimmungsgemäße Nutzung der Anlagen und Einrichtungen beziehen.

(3) Soweit andere Rechtsvorschriften höhere Anforderungen an den Betrieb der in Absatz 1 genannten Anlagen und Einrichtungen stellen, bleiben sie unberührt.

§ 3a Verteilung der Betriebskosten. Die Bundesregierung wird ermächtigt, durch Rechtsverordnung mit Zustimmung des Bundesrates vorzuschreiben, dass

1. der Energieverbrauch der Benutzer von heizungs- oder raumlufttechnischen oder der Versorgung mit Warmwasser dienenden gemeinschaftlichen Anlagen oder Einrichtungen erfasst wird,
2. die Betriebskosten dieser Anlagen oder Einrichtungen so auf die Benutzer zu verteilen sind, dass dem Energieverbrauch der Benutzer Rechnung getragen wird.

§ 4 Sonderregelungen und Anforderungen an bestehende Gebäude.
(1) ¹Die Bundesregierung wird ermächtigt, durch Rechtsverordnung[2] mit Zustimmung des Bundesrates von den nach den §§ 1 bis 3 zu erlassenden Rechtsverordnungen Ausnahmen zuzulassen und abweichende Anforderungen für Gebäude und Gebäudeteile vorzuschreiben, die nach ihrem üblichen Verwendungszweck

1. wesentlich unter oder über der gewöhnlichen, durchschnittlichen Heizdauer beheizt werden müssen,
2. eine Innentemperatur unter 15 Grad Celsius erfordern,
3. den Heizenergiebedarf durch die im Innern des Gebäudes anfallende Abwärme überwiegend decken,
4. nur teilweise beheizt werden müssen,
5. eine überwiegende Verglasung der wärmeübertragenden Umfassungsflächen erfordern,
6. nicht zum dauernden Aufenthalt von Menschen bestimmt sind,
7. sportlich, kulturell, zu religiösen Zwecken oder zu Versammlungen genutzt werden,

---
[1] Siehe die HeizkostenVO idF der Bek. v. 5. 10. 2009 (BGBl. I S. 3250) und die EnergieeinsparVO (Nr. **58**).
[2] Siehe die EnergieeinsparVO (Nr. **58**).

8. zum Schutze von Personen oder Sachwerten einen erhöhten Luftwechsel erfordern oder

9. nach der Art ihrer Ausführung für eine dauernde Verwendung nicht geeignet sind,

soweit der Zweck des Gesetzes, vermeidbare Energieverluste zu verhindern, dies erfordert oder zulässt; Halbsatz 1 gilt entsprechend für besonders erhaltenswerte Gebäude. ²Satz 1 gilt entsprechend für die in § 2 Abs. 1 genannten Anlagen und Einrichtungen in solchen Gebäuden oder Gebäudeteilen.

(2) Die Bundesregierung wird ermächtigt, durch Rechtsverordnung mit Zustimmung des Bundesrates zu bestimmen, dass die nach den §§ 1 bis 3 und nach Absatz 1 festzulegenden Anforderungen auch bei wesentlichen Änderungen von Gebäuden einzuhalten sind.

(3) ¹Die Bundesregierung wird ermächtigt, durch Rechtsverordnung mit Zustimmung des Bundesrates zu bestimmen, dass

1. für bestehende Gebäude, Anlagen oder Einrichtungen einzelne Anforderungen entsprechend den §§ 1 und 2 Abs. 1 und 2 gestellt werden können,

2. in bestehenden Gebäuden elektrische Speicherheizsysteme und Heizkessel, die bei bestimmungsgemäßer Nutzung wesentlich mehr Energie verbrauchen als andere marktübliche Anlagen und Einrichtungen gleicher Funktion, außer Betrieb zu nehmen sind, wenn weniger belastende Maßnahmen, wie eine Pflicht zur nachträglichen Anpassung solcher Anlagen und Einrichtungen an den Stand der Technik, nicht zu einer vergleichbaren Energieeinsparung führen,

auch wenn ansonsten für das Gebäude, die Anlage oder die Einrichtung keine Änderung durchgeführt würde. ²Die Maßnahmen nach Satz 1 müssen generell zu einer wesentlichen Verminderung der Energieverluste beitragen, und die Aufwendungen müssen durch die eintretenden Einsparungen innerhalb angemessener Fristen erwirtschaftet werden können. ³Die Sätze 1 und 2 sind in Fällen des Absatzes 1 entsprechend anzuwenden.

§ 5 Gemeinsame Voraussetzungen für Rechtsverordnungen.

(1) ¹Die in den Rechtsverordnungen nach den §§ 1 bis 4 aufgestellten Anforderungen müssen nach dem Stand der Technik erfüllbar und für Gebäude gleicher Art und Nutzung wirtschaftlich vertretbar sein. ²Anforderungen gelten als wirtschaftlich vertretbar, wenn generell die erforderlichen Aufwendungen innerhalb der üblichen Nutzungsdauer durch die eintretenden Einsparungen erwirtschaftet werden können. ³Bei bestehenden Gebäuden ist die noch zu erwartende Nutzungsdauer zu berücksichtigen.

(2) In den Rechtsverordnungen ist vorzusehen, dass auf Antrag von den Anforderungen befreit werden kann, soweit diese im Einzelfall wegen besonderer Umstände durch einen unangemessenen Aufwand oder in sonstiger Weise zu einer unbilligen Härte führen.

(3) In den Rechtsverordnungen kann wegen technischer Anforderungen auf Bekanntmachungen sachverständiger Stellen unter Angabe der Fundstelle verwiesen werden.

(4) In den Rechtsverordnungen nach den §§ 1 bis 4 können die Anforderungen und – in den Fällen des § 3a – die Erfassung und Kostenverteilung abweichend von Vereinbarungen der Benutzer und von Vorschriften des

Wohnungseigentumsgesetzes geregelt und näher bestimmt werden, wie diese Regelungen sich auf die Rechtsverhältnisse zwischen den Beteiligten auswirken.

(5) In den Rechtsverordnungen nach den §§ 1 bis 4 können sich die Anforderungen auch auf den Gesamtenergiebedarf oder -verbrauch der Gebäude und die Einsetzbarkeit alternativer Systeme beziehen sowie Umwandlungsverluste der Anlagensysteme berücksichtigen (Gesamtenergieeffizienz).

§ 5a Energieausweise. [1] Die Bundesregierung wird ermächtigt, zur Umsetzung oder Durchführung von Rechtsakten der Europäischen Gemeinschaften durch Rechtsverordnung mit Zustimmung des Bundesrates Inhalte und Verwendung von Energieausweisen auf Bedarfs- und Verbrauchsgrundlage vorzugeben und dabei zu bestimmen, welche Angaben und Kennwerte über die Energieeffizienz eines Gebäudes, eines Gebäudeteils oder in § 2 Abs. 1 genannter Anlagen oder Einrichtungen darzustellen sind. [2] Die Vorgaben können sich insbesondere beziehen auf

1. die Arten der betroffenen Gebäude, Gebäudeteile und Anlagen oder Einrichtungen,
2. die Zeitpunkte und Anlässe für die Ausstellung und Aktualisierung von Energieausweisen,
3. die Ermittlung, Dokumentation und Aktualisierung von Angaben und Kennwerten,
4. die Angabe von Referenzwerten, wie gültige Rechtsnormen und Vergleichskennwerte,
5. begleitende Empfehlungen für kostengünstige Verbesserungen der Energieeffizienz,
6. die Verpflichtung, Energieausweise Behörden und bestimmten Dritten zugänglich zu machen,
7. den Aushang von Energieausweisen für Gebäude, in denen Dienstleistungen für die Allgemeinheit erbracht werden,
8. die Berechtigung zur Ausstellung von Energieausweisen einschließlich der Anforderungen an die Qualifikation der Aussteller sowie
9. die Ausgestaltung der Energieausweise.

[3] Die Energieausweise dienen lediglich der Information.

§ 6 Maßgebender Zeitpunkt. Für die Unterscheidung zwischen zu errichtenden und bestehenden Gebäuden im Sinne dieses Gesetzes ist der Zeitpunkt der Erteilung der Baugenehmigung oder der bauaufsichtlichen Zustimmung, im Übrigen der Zeitpunkt maßgeblich, zu dem nach Maßgabe des Bauordnungsrechts mit der Bauausführung begonnen werden durfte.

§ 7 Überwachung. (1) Die zuständigen Behörden haben darüber zu wachen, dass die in den Rechtsverordnungen nach diesem Gesetz festgesetzten Anforderungen erfüllt werden, soweit die Erfüllung dieser Anforderungen nicht schon nach anderen Rechtsvorschriften im erforderlichen Umfang überwacht wird.

(2) [1] Die Landesregierungen oder die von ihnen bestimmten Stellen werden vorbehaltlich des Absatzes 3 ermächtigt, durch Rechtsverordnung die Über-

wachung hinsichtlich der in den Rechtsverordnungen nach den §§ 1 und 2 und 5 a Satz 2 Nr. 8 festgesetzten Anforderungen ganz oder teilweise auf geeignete Stellen, Fachvereinigungen oder Sachverständige zu übertragen. ² Soweit sich § 4 auf die §§ 1 und 2 bezieht, gilt Satz 1 entsprechend.

(3) ¹ Die Bundesregierung wird ermächtigt, durch Rechtsverordnung mit Zustimmung des Bundesrates die Überwachung hinsichtlich der durch Rechtsverordnung nach § 3 festgesetzten Anforderungen auf geeignete Stellen, Fachvereinigungen oder Sachverständige zu übertragen. ² Soweit sich § 4 auf § 3 bezieht, gilt Satz 1 entsprechend. ³ Satz 1 gilt auch für die Überwachung von in Rechtsverordnungen nach § 2 Abs. 3 und § 4 Abs. 3 Satz 1 und 3 festgesetzten Anforderungen an Heizungs- sowie Warmwasserversorgungsanlagen und -einrichtungen. ⁴ Im Zusammenhang mit Regelungen zur Überwachung nach Satz 3 können ergänzend Bestimmungen über die Erteilung weitergehender Empfehlungen getroffen werden.

(4) ¹ In den Rechtsverordnungen nach den Absätzen 2 und 3 kann die Art und das Verfahren der Überwachung geregelt werden; ferner können Anzeige- und Nachweispflichten vorgeschrieben werden. ² Es ist vorzusehen, dass in der Regel Anforderungen auf Grund der §§ 1 und 2 nur einmal und Anforderungen auf Grund des § 3 höchstens einmal im Jahr überwacht werden; bei Anlagen in Einfamilienhäusern, kleinen und mittleren Mehrfamilienhäusern und vergleichbaren Nichtwohngebäuden ist eine längere Überwachungsfrist vorzusehen.

(5) In der Rechtsverordnung nach Absatz 3 ist vorzusehen, dass
1. eine Überwachung von Anlagen mit einer geringen Wärmeleistung entfällt,
2. die Überwachung der Erfüllung von Anforderungen sich auf die Kontrolle von Nachweisen beschränkt, soweit die Wartung durch eigenes Fachpersonal oder auf Grund von Wartungsverträgen durch Fachbetriebe sichergestellt ist.

(6) In Rechtsverordnungen nach § 4 Abs. 3 kann vorgesehen werden, dass die Überwachung ihrer Einhaltung entfällt.

§ 7 a Bestätigung durch Private. (1) ¹ Die Bundesregierung wird ermächtigt, durch Rechtsverordnung mit Zustimmung des Bundesrates vorzusehen, dass private Fachbetriebe hinsichtlich der von ihnen durchgeführten Arbeiten, soweit sie bestehende Gebäude betreffen, die Einhaltung der durch Rechtsverordnung nach § 2 Abs. 3 und den §§ 3 und 4 Abs. 2 und 3 festgelegten Anforderungen bestätigen müssen; in Fällen der Durchführung von Arbeiten durch Fachbetriebe vor dem 2. April 2009 oder der Eigenleistung, auch nach dem 1. April 2009, kann eine Erklärungspflicht des Eigentümers vorgesehen werden. ² In der Rechtsverordnung nach Satz 1 kann vorgesehen werden, dass die zuständige Behörde oder ein mit der Wahrnehmung der öffentlichen Aufgabe Beliehener sich die Bestätigungen oder die Erklärungen zum Zwecke der Überwachung vorlegen lässt. ³ Soweit sich § 4 Abs. 1 auf bestehende Gebäude bezieht, gelten die Sätze 1 und 2 entsprechend.

(2) ¹ Die Landesregierungen werden ermächtigt, durch Rechtsverordnung vorzusehen, dass private Fachbetriebe hinsichtlich der von ihnen durchgeführten Arbeiten, soweit sie zu errichtende Gebäude betreffen, die Einhaltung der durch Rechtsverordnung nach den §§ 1 sowie 2 Abs. 1 und 2 festgelegten Anforderungen bestätigen müssen; in Fällen der Eigenleistung kann eine

Erklärungspflicht des Bauherrn oder des Eigentümers vorgesehen werden.
² Absatz 1 Satz 2 ist entsprechend anzuwenden. ³ Soweit sich § 4 Abs. 1 auf zu errichtende Gebäude bezieht, gelten die Sätze 1 und 2 entsprechend.

§ 8 Bußgeldvorschriften. (1) Ordnungswidrig handelt, wer vorsätzlich oder leichtfertig einer Rechtsverordnung

1. nach § 1 Abs. 2 Satz 1 oder 2, § 2 Abs. 2 auch in Verbindung mit Abs. 3, § 3 Abs. 2 oder § 4 Abs. 1, 2 oder Abs. 3 Satz 1, auch in Verbindung mit Satz 3,
2. nach § 5 a Satz 1 oder
3. nach § 7 Abs. 4 Satz 1 oder § 7 a

oder einer vollziehbaren Anordnung auf Grund einer solchen Rechtsverordnung zuwiderhandelt, soweit die Rechtsverordnung für einen bestimmten Tatbestand auf diese Bußgeldvorschrift verweist.

(2) Die Ordnungswidrigkeit kann in den Fällen des Absatzes 1 Nr. 1 mit einer Geldbuße bis zu fünfzigtausend Euro, in den Fällen des Absatzes 1 Nr. 2 mit einer Geldbuße bis zu fünfzehntausend Euro und in den übrigen Fällen mit einer Geldbuße bis zu fünftausend Euro geahndet werden.

§§ 9, 10 (gegenstandslos)

§ 11 (Inkrafttreten)

58. Verordnung über energiesparenden Wärmeschutz und energiesparende Anlagentechnik bei Gebäuden (Energieeinsparverordnung – EnEV)[1)]

Vom 24. Juli 2007

(BGBl. I S. 1519)

FNA 754-4-10

geänd. durch Art. 1 ÄndVO v. 29. 4. 2009 (BGBl. I S. 954)

Auf Grund des § 1 Abs. 2, des § 2 Abs. 2 und 3, des § 3 Abs. 2, des § 4, jeweils in Verbindung mit § 5, sowie des § 5a Satz 1 und 2 des Energieeinsparungsgesetzes[2)] in der Fassung der Bekanntmachung vom 1. September 2005 (BGBl. I S. 2684) verordnet die Bundesregierung:

Inhaltsübersicht

§§

Abschnitt 1. Allgemeine Vorschriften

Anwendungsbereich	1
Begriffsbestimmungen	2

Abschnitt 2. Zu errichtende Gebäude

Anforderungen an Wohngebäude	3
Anforderungen an Nichtwohngebäude	4
Anrechnung von Strom aus erneuerbaren Energien	5
Dichtheit, Mindestluftwechsel	6
Mindestwärmeschutz, Wärmebrücken	7
Anforderungen an kleine Gebäude und Gebäude aus Raumzellen	8

Abschnitt 3. Bestehende Gebäude und Anlagen

Änderung, Erweiterung und Ausbau von Gebäuden	9
Nachrüstung bei Anlagen und Gebäuden	10
Außerbetriebnahme von elektrischen Speicherheizsystemen	10a
Aufrechterhaltung der energetischen Qualität	11
Energetische Inspektion von Klimaanlagen	12

Abschnitt 4. Anlagen der Heizungs-, Kühl- und Raumlufttechnik sowie der Warmwasserversorgung

Inbetriebnahme von Heizkesseln und sonstigen Wärmeerzeugersystemen	13
Verteilungseinrichtungen und Warmwasseranlagen	14
Klimaanlagen und sonstige Anlagen der Raumlufttechnik	15

[1)] **Amtl. Anm.:** Die §§ 1 bis 5, 8, 9, 11 Abs. 3, §§ 12, 15 bis 22, § 24 Abs. 1, §§ 26, 27 und 29 dienen der Umsetzung der Richtlinie 2002/91/EG des Europäischen Parlaments und des Rates vom 16. Dezember 2002 über die Gesamtenergieeffizienz von Gebäuden (ABl. EG Nr. L 1 S. 65). § 13 Abs. 1 bis 3 und § 27 dienen der Umsetzung der Richtlinie 92/42/EWG des Rates vom 21. Mai 1992 über die Wirkungsgrade von mit flüssigen oder gasförmigen Brennstoffen beschickten neuen Warmwasserheizkesseln (ABl. EG Nr. L 167 S. 17, L 195 S. 32), zuletzt geändert durch die Richtlinie 2005/32/EG des Europäischen Parlaments und des Rates vom 6. Juli 2005 (ABl. EU Nr. L 191 S. 29).

[2)] Nr. 57.

Energieeinsparverordnung § 1 EnEV 58

§§

Abschnitt 5. Energieausweise und Empfehlungen für die Verbesserung der Energieeffizienz

Ausstellung und Verwendung von Energieausweisen 16
Grundsätze des Energieausweises 17
Ausstellung auf der Grundlage des Energiebedarfs 18
Ausstellung auf der Grundlage des Energieverbrauchs 19
Empfehlungen für die Verbesserung der Energieeffizienz 20
Ausstellungsberechtigung für bestehende Gebäude 21

Abschnitt 6. Gemeinsame Vorschriften, Ordnungswidrigkeiten

Gemischt genutzte Gebäude.. 22
Regeln der Technik.. 23
Ausnahmen... 24
Befreiungen 25
Verantwortliche... 26
Private Nachweise .... 26 a
Aufgaben des Bezirksschornsteinfegermeisters.. 26 b
Ordnungswidrigkeiten 27

Abschnitt 7. Schlussvorschriften

Allgemeine Übergangsvorschriften 28
Übergangsvorschriften für Energieausweise und Aussteller................................ 29
aufgehoben.. 30
Inkrafttreten, Außerkrafttreten 31

Anlagen:

Anlage 1. Anforderungen an Wohngebäude
Anlage 2. Anforderungen an Nichtwohngebäude
Anlage 3. Anforderungen bei Änderung von Außenbauteilen und bei Errichtung kleiner Gebäude; Randbedingungen und Maßgaben für die Bewertung bestehender Wohngebäude
Anlage 4. Anforderungen an die Dichtheit und den Mindestluftwechsel
Anlage 4 a. Anforderungen an die Inbetriebnahme von Heizkesseln und sonstigen Wärmeerzeugersystemen
Anlage 5. Anforderungen an die Wärmedämmung von Rohrleitungen und Armaturen
Anlage 6. Muster Energieausweis Wohngebäude
Anlage 7. Muster Energieausweis Nichtwohngebäude
Anlage 8. Muster Aushang Energieausweis auf der Grundlage des Energiebedarfs
Anlage 9. Muster Aushang Energieausweis auf der Grundlage des Energieverbrauchs
Anlage 10. Muster Modernisierungsempfehlungen
Anlage 11. Anforderungen an die Inhalte der Fortbildung

Abschnitt 1. Allgemeine Vorschriften

§ 1 Anwendungsbereich. (1) [1] Diese Verordnung gilt

1. für Gebäude, soweit sie unter Einsatz von Energie beheizt oder gekühlt werden, und

2. für Anlagen und Einrichtungen der Heizungs-, Kühl-, Raumluft- und Beleuchtungstechnik sowie der Warmwasserversorgung von Gebäuden nach Nummer 1.

[2] Der Energieeinsatz für Produktionsprozesse in Gebäuden ist nicht Gegenstand dieser Verordnung.

(2) ¹ Mit Ausnahme der §§ 12 und 13 gilt diese Verordnung nicht für
1. Betriebsgebäude, die überwiegend zur Aufzucht oder zur Haltung von Tieren genutzt werden,
2. Betriebsgebäude, soweit sie nach ihrem Verwendungszweck großflächig und lang anhaltend offen gehalten werden müssen,
3. unterirdische Bauten,
4. Unterglasanlagen und Kulturräume für Aufzucht, Vermehrung und Verkauf von Pflanzen,
5. Traglufthallen und Zelte,
6. Gebäude, die dazu bestimmt sind, wiederholt aufgestellt und zerlegt zu werden, und provisorische Gebäude mit einer geplanten Nutzungsdauer von bis zu zwei Jahren,
7. Gebäude, die dem Gottesdienst oder anderen religiösen Zwecken gewidmet sind,
8. Wohngebäude, die für eine Nutzungsdauer von weniger als vier Monaten jährlich bestimmt sind, und
9. sonstige handwerkliche, landwirtschaftliche, gewerbliche und industrielle Betriebsgebäude, die nach ihrer Zweckbestimmung auf eine Innentemperatur von weniger als 12 Grad Celsius oder jährlich weniger als vier Monate beheizt sowie jährlich weniger als zwei Monate gekühlt werden.

² Auf Bestandteile von Anlagensystemen, die sich nicht im räumlichen Zusammenhang mit Gebäuden nach Absatz 1 Satz 1 Nr. 1 befinden, ist nur § 13 anzuwenden.

§ 2 Begriffsbestimmungen. Im Sinne dieser Verordnung
1. sind Wohngebäude Gebäude, die nach ihrer Zweckbestimmung überwiegend dem Wohnen dienen, einschließlich Wohn-, Alten- und Pflegeheimen sowie ähnlichen Einrichtungen,
2. sind Nichtwohngebäude Gebäude, die nicht unter Nummer 1 fallen,
3. sind kleine Gebäude Gebäude mit nicht mehr als 50 Quadratmetern Nutzfläche,
3 a. sind Baudenkmäler nach Landesrecht geschützte Gebäude oder Gebäudemehrheiten,
4. sind beheizte Räume solche Räume, die auf Grund bestimmungsgemäßer Nutzung direkt oder durch Raumverbund beheizt werden,
5. sind gekühlte Räume solche Räume, die auf Grund bestimmungsgemäßer Nutzung direkt oder durch Raumverbund gekühlt werden,
6. sind erneuerbare Energien solare Strahlungsenergie, Umweltwärme, Geothermie, Wasserkraft, Windenergie und Energie aus Biomasse,
7. ist ein Heizkessel der aus Kessel und Brenner bestehende Wärmeerzeuger, der zur Übertragung der durch die Verbrennung freigesetzten Wärme an den Wärmeträger Wasser dient,
8. sind Geräte der mit einem Brenner auszurüstende Kessel und der zur Ausrüstung eines Kessels bestimmte Brenner,

Energieeinsparverordnung **§§ 3, 4 EnEV 58**

9. ist die Nennleistung die vom Hersteller festgelegte und im Dauerbetrieb unter Beachtung des vom Hersteller angegebenen Wirkungsgrades als einhaltbar garantierte größte Wärme- oder Kälteleistung in Kilowatt,
10. ist ein Niedertemperatur-Heizkessel ein Heizkessel, der kontinuierlich mit einer Eintrittstemperatur von 35 bis 40 Grad Celsius betrieben werden kann und in dem es unter bestimmten Umständen zur Kondensation des in den Abgasen enthaltenen Wasserdampfes kommen kann,
11. ist ein Brennwertkessel ein Heizkessel, der für die Kondensation eines Großteils des in den Abgasen enthaltenen Wasserdampfes konstruiert ist,
11 a. sind elektrische Speicherheizsysteme Heizsysteme mit vom Energielieferanten unterbrechbarem Strombezug, die nur in den Zeiten außerhalb des unterbrochenen Betriebes durch eine Widerstandsheizung Wärme in einem geeigneten Speichermedium speichern,
12. ist die Wohnfläche die nach der Wohnflächenverordnung oder auf der Grundlage anderer Rechtsvorschriften oder anerkannter Regeln der Technik zur Berechnung von Wohnflächen ermittelte Fläche,
13. ist die Nutzfläche die Nutzfläche nach anerkannten Regeln der Technik, die beheizt oder gekühlt wird,
14. ist die Gebäudenutzfläche die nach Anlage 1 Nummer 1.3.3 berechnete Fläche,
15. ist die Nettogrundfläche die Nettogrundfläche nach anerkannten Regeln der Technik, die beheizt oder gekühlt wird.

Abschnitt 2. Zu errichtende Gebäude

§ 3 Anforderungen an Wohngebäude. (1) Zu errichtende Wohngebäude sind so auszuführen, dass der Jahres-Primärenergiebedarf für Heizung, Warmwasserbereitung, Lüftung und Kühlung den Wert des Jahres-Primärenergiebedarfs eines Referenzgebäudes gleicher Geometrie, Gebäudenutzfläche und Ausrichtung mit der in Anlage 1 Tabelle 1 angegebenen technischen Referenzausführung nicht überschreitet.

(2) Zu errichtende Wohngebäude sind so auszuführen, dass die Höchstwerte des spezifischen, auf die wärmeübertragende Umfassungsfläche bezogenen Transmissionswärmeverlusts nach Anlage 1 Tabelle 2 nicht überschritten werden.

(3) [1] Für das zu errichtende Wohngebäude und das Referenzgebäude ist der Jahres-Primärenergiebedarf nach einem der in Anlage 1 Nummer 2 genannten Verfahren zu berechnen. [2] Das zu errichtende Wohngebäude und das Referenzgebäude sind mit demselben Verfahren zu berechnen.

(4) Zu errichtende Wohngebäude sind so auszuführen, dass die Anforderungen an den sommerlichen Wärmeschutz nach Anlage 1 Nummer 3 eingehalten werden.

§ 4 Anforderungen an Nichtwohngebäude. (1) Zu errichtende Nichtwohngebäude sind so auszuführen, dass der Jahres-Primärenergiebedarf für Heizung, Warmwasserbereitung, Lüftung, Kühlung und eingebaute Beleuchtung den Wert des Jahres-Primärenergiebedarfs eines Referenzgebäudes gleicher Geometrie, Nettogrundfläche, Ausrichtung und Nutzung einschließlich der Anordnung der Nutzungseinheiten mit der in Anlage 2 Tabelle 1 angegebenen technischen Referenzausführung nicht überschreitet.

(2) Zu errichtende Nichtwohngebäude sind so auszuführen, dass die Höchstwerte der mittleren Wärmedurchgangskoeffizienten der wärmeübertragenden Umfassungsfläche nach Anlage 2 Tabelle 2 nicht überschritten werden.

(3) [1] Für das zu errichtende Nichtwohngebäude und das Referenzgebäude ist der Jahres-Primärenergiebedarf nach einem der in Anlage 2 Nummer 2 oder 3 genannten Verfahren zu berechnen. [2] Das zu errichtende Nichtwohngebäude und das Referenzgebäude sind mit demselben Verfahren zu berechnen.

(4) Zu errichtende Nichtwohngebäude sind so auszuführen, dass die Anforderungen an den sommerlichen Wärmeschutz nach Anlage 2 Nummer 4 eingehalten werden.

§ 5 Anrechnung von Strom aus erneuerbaren Energien.
[1] Wird in zu errichtenden Gebäuden Strom aus erneuerbaren Energien eingesetzt, darf der Strom in den Berechnungen nach § 3 Absatz 3 und § 4 Absatz 3 von dem Endenergiebedarf abgezogen werden, wenn er

1. im unmittelbaren räumlichen Zusammenhang zu dem Gebäude erzeugt und

2. vorrangig in dem Gebäude selbst genutzt und nur die überschüssige Energiemenge in ein öffentliches Netz eingespeist

wird. [2] Es darf höchstens die Strommenge nach Satz 1 angerechnet werden, die dem berechneten Strombedarf der jeweiligen Nutzung entspricht.

§ 6 Dichtheit, Mindestluftwechsel.
(1) [1] Zu errichtende Gebäude sind so auszuführen, dass die wärmeübertragende Umfassungsfläche einschließlich der Fugen dauerhaft luftundurchlässig entsprechend den anerkannten Regeln der Technik abgedichtet ist. [2] Die Fugendurchlässigkeit außen liegender Fenster, Fenstertüren und Dachflächenfenster muss den Anforderungen nach Anlage 4 Nr. 1 genügen. [3] Wird die Dichtheit nach den Sätzen 1 und 2 überprüft, kann der Nachweis der Luftdichtheit bei der nach § 3 Absatz 3 und § 4 Absatz 3 erforderlichen Berechnung berücksichtigt werden, wenn die Anforderungen nach Anlage 4 Nummer 2 eingehalten sind.

(2) Zu errichtende Gebäude sind so auszuführen, dass der zum Zwecke der Gesundheit und Beheizung erforderliche Mindestluftwechsel sichergestellt ist.

§ 7 Mindestwärmeschutz, Wärmebrücken.
(1) [1] Bei zu errichtenden Gebäuden sind Bauteile, die gegen die Außenluft, das Erdreich oder Gebäudeteile mit wesentlich niedrigeren Innentemperaturen abgrenzen, so auszuführen, dass die Anforderungen des Mindestwärmeschutzes nach den anerkannten Regeln der Technik eingehalten werden. [2] Ist bei zu errichtenden Gebäuden die Nachbarbebauung bei aneinandergereihter Bebauung nicht gesichert, müssen die Gebäudetrennwände den Mindestwärmeschutz nach Satz 1 einhalten.

(2) Zu errichtende Gebäude sind so auszuführen, dass der Einfluss konstruktiver Wärmebrücken auf den Jahres-Heizwärmebedarf nach den aner-

kannten Regeln der Technik und den im jeweiligen Einzelfall wirtschaftlich vertretbaren Maßnahmen so gering wie möglich gehalten wird.

(3) [1] Der verbleibende Einfluss der Wärmebrücken bei der Ermittlung des Jahres-Primärenergiebedarfs ist nach Maßgabe des jeweils angewendeten Berechnungsverfahrens zu berücksichtigen. [2] Soweit dabei Gleichwertigkeitsnachweise zu führen wären, ist dies für solche Wärmebrücken nicht erforderlich, bei denen die angrenzenden Bauteile kleinere Wärmedurchgangskoeffizienten aufweisen, als in den Musterlösungen der DIN 4108 Beiblatt 2 : 2006-03 zugrunde gelegt sind.

§ 8 Anforderungen an kleine Gebäude und Gebäude aus Raumzellen.
[1] Werden bei zu errichtenden kleinen Gebäuden die in Anlage 3 genannten Werte der Wärmedurchgangskoeffizienten der Außenbauteile eingehalten, gelten die übrigen Anforderungen dieses Abschnitts als erfüllt. [2] Satz 1 ist auf Gebäude entsprechend anzuwenden, die für eine Nutzungsdauer von höchstens fünf Jahren bestimmt und aus Raumzellen von jeweils bis zu 50 Quadratmetern Nutzfläche zusammengesetzt sind.

Abschnitt 3. Bestehende Gebäude und Anlagen

§ 9 Änderung, Erweiterung und Ausbau von Gebäuden. (1) [1] Änderungen im Sinne der Anlage 3 Nummer 1 bis 6 bei beheizten oder gekühlten Räumen von Gebäuden sind so auszuführen, dass die in Anlage 3 festgelegten Wärmedurchgangskoeffizienten der betroffenen Außenbauteile nicht überschritten werden. [2] Die Anforderungen des Satzes 1 gelten als erfüllt, wenn

1. geänderte Wohngebäude insgesamt den Jahres-Primärenergiebedarf des Referenzgebäudes nach § 3 Absatz 1 und den Höchstwert des spezifischen, auf die wärmeübertragende Umfassungsfläche bezogenen Transmissionswärmeverlusts nach Anlage 1 Tabelle 2,

2. geänderte Nichtwohngebäude insgesamt den Jahres-Primärenergiebedarf des Referenzgebäudes nach § 4 Absatz 1 und die Höchstwerte der mittleren Wärmedurchgangskoeffizienten der wärmeübertragenden Umfassungsfläche nach Anlage 2 Tabelle 2

um nicht mehr als 40 vom Hundert überschreiten.

(2) [1] In Fällen des Absatzes 1 Satz 2 sind die in § 3 Absatz 3 sowie in § 4 Absatz 3 angegebenen Berechnungsverfahren nach Maßgabe der Sätze 2 und 3 und des § 5 entsprechend anzuwenden. [2] Soweit

1. Angaben zu geometrischen Abmessungen von Gebäuden fehlen, können diese durch vereinfachtes Aufmaß ermittelt werden;

2. energetische Kennwerte für bestehende Bauteile und Anlagenkomponenten nicht vorliegen, können gesicherte Erfahrungswerte für Bauteile und Anlagenkomponenten vergleichbarer Altersklassen verwendet werden;

hierbei können anerkannte Regeln der Technik verwendet werden; die Einhaltung solcher Regeln wird vermutet, soweit Vereinfachungen für die Datenaufnahme und die Ermittlung der energetischen Eigenschaften sowie gesicherte Erfahrungswerte verwendet werden, die vom Bundesministerium für Verkehr, Bau und Stadtentwicklung im Einvernehmen mit dem Bundesministerium für Wirtschaft und Technologie im Bundesanzeiger bekannt gemacht worden sind. [3] Bei Anwendung der Verfahren nach § 3 Absatz 3 sind die Randbedingungen und Maßgaben nach Anlage 3 Nr. 8 zu beachten.

(3) Absatz 1 ist nicht anzuwenden auf Änderungen von Außenbauteilen, wenn die Fläche der geänderten Bauteile nicht mehr als 10 vom Hundert der gesamten jeweiligen Bauteilfläche des Gebäudes betrifft.

(4) Bei der Erweiterung und dem Ausbau eines Gebäudes um beheizte oder gekühlte Räume mit zusammenhängend mindestens 15 und höchstens 50 Quadratmetern Nutzfläche sind die betroffenen Außenbauteile so auszuführen, dass die in Anlage 3 festgelegten Wärmedurchgangskoeffizienten nicht überschritten werden.

(5) Ist in Fällen des Absatzes 4 die hinzukommende zusammenhängende Nutzfläche größer als 50 Quadratmeter, sind die betroffenen Außenbauteile so auszuführen, dass der neue Gebäudeteil die Vorschriften für zu errichtende Gebäude nach § 3 oder § 4 einhält.

§ 10 Nachrüstung bei Anlagen und Gebäuden. (1) [1] Eigentümer von Gebäuden dürfen Heizkessel, die mit flüssigen oder gasförmigen Brennstoffen beschickt werden und vor dem 1. Oktober 1978 eingebaut oder aufgestellt worden sind, nicht mehr betreiben. [2] Satz 1 ist nicht anzuwenden, wenn die vorhandenen Heizkessel Niedertemperatur-Heizkessel oder Brennwertkessel sind, sowie auf heizungstechnische Anlagen, deren Nennleistung weniger als vier Kilowatt oder mehr als 400 Kilowatt beträgt, und auf Heizkessel nach § 13 Absatz 3 Nummer 2 bis 4.

(2) Eigentümer von Gebäuden müssen dafür sorgen, dass bei heizungstechnischen Anlagen bisher ungedämmte, zugängliche Wärmeverteilungs- und Warmwasserleitungen sowie Armaturen, die sich nicht in beheizten Räumen befinden, nach Anlage 5 zur Begrenzung der Wärmeabgabe gedämmt sind.

(3) [1] Eigentümer von Wohngebäuden sowie von Nichtwohngebäuden, die nach ihrer Zweckbestimmung jährlich mindestens vier Monate und auf Innentemperaturen von mindestens 19 Grad Celsius beheizt werden, müssen dafür sorgen, dass bisher ungedämmte, nicht begehbare, aber zugängliche oberste Geschossdecken beheizter Räume so gedämmt sind, dass der Wärmedurchgangskoeffizient der Geschossdecke 0,24 Watt/(m²·K) nicht überschreitet. [2] Die Pflicht nach Satz 1 gilt als erfüllt, wenn anstelle der Geschossdecke das darüber liegende, bisher ungedämmte Dach entsprechend gedämmt ist.

(4) Auf begehbare, bisher ungedämmte oberste Geschossdecken beheizter Räume ist Absatz 3 nach dem 31. Dezember 2011 entsprechend anzuwenden.

(5) [1] Bei Wohngebäuden mit nicht mehr als zwei Wohnungen, von denen der Eigentümer eine Wohnung am 1. Februar 2002 selbst bewohnt hat, sind die Pflichten nach den Absätzen 1 bis 4 erst im Falle eines Eigentümerwechsels nach dem 1. Februar 2002 von dem neuen Eigentümer zu erfüllen. [2] Die Frist zur Pflichterfüllung beträgt zwei Jahre ab dem ersten Eigentumsübergang. [3] Sind im Falle eines Eigentümerwechsels vor dem 1. Januar 2010 noch keine zwei Jahre verstrichen, genügt es, die obersten Geschossdecken beheizter Räume so zu dämmen, dass der Wärmedurchgangskoeffizient der Geschossdecke 0,30 Watt/(m²·K) nicht überschreitet.

(6) Die Absätze 2 bis 5 sind nicht anzuwenden, soweit die für die Nachrüstung erforderlichen Aufwendungen durch die eintretenden Einsparungen nicht innerhalb angemessener Frist erwirtschaftet werden können.

§ 10 a Außerbetriebnahme von elektrischen Speicherheizsystemen.

(1) ¹ In Wohngebäuden mit mehr als fünf Wohneinheiten dürfen Eigentümer elektrische Speicherheizsysteme nach Maßgabe des Absatzes 2 nicht mehr betreiben, wenn die Raumwärme in den Gebäuden ausschließlich durch elektrische Speicherheizsysteme erzeugt wird. ² Auf Nichtwohngebäude, die nach ihrer Zweckbestimmung jährlich mindestens vier Monate und auf Innentemperaturen von mindestens 19 Grad Celsius beheizt werden, ist Satz 1 entsprechend anzuwenden, wenn mehr als 500 Quadratmeter Nutzfläche mit elektrischen Speicherheizsystemen beheizt werden. ³ Auf elektrische Speicherheizsysteme mit nicht mehr als 20 Watt Heizleistung pro Quadratmeter Nutzfläche einer Wohnungs-, Betriebs- oder sonstigen Nutzungseinheit sind die Sätze 1 und 2 nicht anzuwenden.

(2) ¹ Vor dem 1. Januar 1990 eingebaute oder aufgestellte elektrische Speicherheizsysteme dürfen nach dem 31. Dezember 2019 nicht mehr betrieben werden. ² Nach dem 31. Dezember 1989 eingebaute oder aufgestellte elektrische Speicherheizsysteme dürfen nach Ablauf von 30 Jahren nach dem Einbau oder der Aufstellung nicht mehr betrieben werden. ³ Wurden die elektrischen Speicherheizsysteme nach dem 31. Dezember 1989 in wesentlichen Bauteilen erneuert, dürfen sie nach Ablauf von 30 Jahren nach der Erneuerung nicht mehr betrieben werden. ⁴ Werden mehrere Heizaggregate in einem Gebäude betrieben, ist bei Anwendung der Sätze 1, 2 oder 3 insgesamt auf das zweitälteste Heizaggregat abzustellen.

(3) ¹ Absatz 1 ist nicht anzuwenden, wenn

1. andere öffentlich-rechtliche Pflichten entgegenstehen,
2. die erforderlichen Aufwendungen für die Außerbetriebnahme und den Einbau einer neuen Heizung auch bei Inanspruchnahme möglicher Fördermittel nicht innerhalb angemessener Frist durch die eintretenden Einsparungen erwirtschaftet werden können oder
3. wenn

    a) für das Gebäude der Bauantrag nach dem 31. Dezember 1994 gestellt worden ist,

    b) das Gebäude schon bei der Baufertigstellung das Anforderungsniveau der Wärmeschutzverordnung vom 16. August 1994 (BGBl. I S. 2121) eingehalten hat oder

    c) das Gebäude durch spätere Änderungen mindestens auf das in Buchstabe b bezeichnete Anforderungsniveau gebracht worden ist.

² Bei der Ermittlung der energetischen Eigenschaften des Gebäudes nach Satz 1 Nummer 3 Buchstabe b und c können die Bestimmungen über die vereinfachte Datenerhebung nach § 9 Absatz 2 Satz 2 und die Datenbereitstellung durch den Eigentümer nach § 17 Absatz 5 entsprechend angewendet werden. ³ § 25 Absatz 1 und 2 bleibt unberührt.

§ 11 Aufrechterhaltung der energetischen Qualität. (1) ¹ Außenbauteile dürfen nicht in einer Weise verändert werden, dass die energetische Qualität des Gebäudes verschlechtert wird. ²Das Gleiche gilt für Anlagen und Einrichtungen nach dem Abschnitt 4, soweit sie zum Nachweis der Anforderungen energieeinsparrechtlicher Vorschriften des Bundes zu berücksichtigen waren.

(2) ¹Energiebedarfssenkende Einrichtungen in Anlagen nach Absatz 1 sind vom Betreiber betriebsbereit zu erhalten und bestimmungsgemäß zu nutzen. ²Eine Nutzung und Erhaltung im Sinne des Satzes 1 gilt als gegeben, soweit der Einfluss einer energiebedarfssenkenden Einrichtung auf den Jahres-Primärenergiebedarf durch andere anlagentechnische oder bauliche Maßnahmen ausgeglichen wird.

(3) ¹Anlagen und Einrichtungen der Heizungs-, Kühl- und Raumlufttechnik sowie der Warmwasserversorgung sind vom Betreiber sachgerecht zu bedienen. ²Komponenten mit wesentlichem Einfluss auf den Wirkungsgrad solcher Anlagen sind vom Betreiber regelmäßig zu warten und instand zu halten. ³Für die Wartung und Instandhaltung ist Fachkunde erforderlich. ⁴Fachkundig ist, wer die zur Wartung und Instandhaltung notwendigen Fachkenntnisse und Fertigkeiten besitzt.

§ 12 Energetische Inspektion von Klimaanlagen. (1) Betreiber von in Gebäude eingebauten Klimaanlagen mit einer Nennleistung für den Kältebedarf von mehr als zwölf Kilowatt haben innerhalb der in den Absätzen 3 und 4 genannten Zeiträume energetische Inspektionen dieser Anlagen durch berechtigte Personen im Sinne des Absatzes 5 durchführen zu lassen.

(2) ¹Die Inspektion umfasst Maßnahmen zur Prüfung der Komponenten, die den Wirkungsgrad der Anlage beeinflussen, und der Anlagendimensionierung im Verhältnis zum Kühlbedarf des Gebäudes. ²Sie bezieht sich insbesondere auf

1. die Überprüfung und Bewertung der Einflüsse, die für die Auslegung der Anlage verantwortlich sind, insbesondere Veränderungen der Raumnutzung und -belegung, der Nutzungszeiten, der inneren Wärmequellen sowie der relevanten bauphysikalischen Eigenschaften des Gebäudes und der vom Betreiber geforderten Sollwerte hinsichtlich Luftmengen, Temperatur, Feuchte, Betriebszeit sowie Toleranzen, und

2. die Feststellung der Effizienz der wesentlichen Komponenten.

³Dem Betreiber sind Ratschläge in Form von kurz gefassten fachlichen Hinweisen für Maßnahmen zur kostengünstigen Verbesserung der energetischen Eigenschaften der Anlage, für deren Austausch oder für Alternativlösungen zu geben. ⁴Die inspizierende Person hat dem Betreiber die Ergebnisse der Inspektion unter Angabe ihres Namens sowie ihrer Anschrift und Berufsbezeichnung zu bescheinigen.

(3) ¹Die Inspektion ist erstmals im zehnten Jahr nach der Inbetriebnahme oder der Erneuerung wesentlicher Bauteile wie Wärmeübertrager, Ventilator oder Kältemaschine durchzuführen. ²Abweichend von Satz 1 sind die am 1. Oktober 2007 mehr als vier und bis zu zwölf Jahre alten Anlagen innerhalb von sechs Jahren, die über zwölf Jahre alten Anlagen innerhalb von vier Jahren und die über 20 Jahre alten Anlagen innerhalb von zwei Jahren nach dem 1. Oktober 2007 erstmals einer Inspektion zu unterziehen.

(4) Nach der erstmaligen Inspektion ist die Anlage wiederkehrend mindestens alle zehn Jahre einer Inspektion zu unterziehen.

Energieeinsparverordnung § 13 EnEV 58

(5) [1] Inspektionen dürfen nur von fachkundigen Personen durchgeführt werden. [2] Fachkundig sind insbesondere
1. Personen mit berufsqualifizierendem Hochschulabschluss in den Fachrichtungen Versorgungstechnik oder Technische Gebäudeausrüstung mit mindestens einem Jahr Berufserfahrung in Planung, Bau, Betrieb oder Prüfung raumlufttechnischer Anlagen,
2. Personen mit berufsqualifizierendem Hochschulabschluss in
   a) den Fachrichtungen Maschinenbau, Elektrotechnik, Verfahrenstechnik, Bauingenieurwesen oder
   b) einer anderen technischen Fachrichtung mit einem Ausbildungsschwerpunkt bei der Versorgungstechnik oder der Technischen Gebäudeausrüstung
   mit mindestens drei Jahren Berufserfahrung in Planung, Bau, Betrieb oder Prüfung raumlufttechnischer Anlagen.
[3] Gleichwertige Ausbildungen, die in einem anderen Mitgliedstaat der Europäischen Union, einem anderen Vertragsstaat des Abkommens über den Europäischen Wirtschaftsraum oder der Schweiz erworben worden sind und durch einen Ausbildungsnachweis belegt werden können, sind den in Satz 2 genannten Ausbildungen gleichgestellt.

(6) Der Betreiber hat die Bescheinigung über die Durchführung der Inspektion der nach Landesrecht zuständigen Behörde auf Verlangen vorzulegen.

Abschnitt 4. Anlagen der Heizungs-, Kühl- und Raumlufttechnik sowie der Warmwasserversorgung

§ 13 Inbetriebnahme von Heizkesseln und sonstigen Wärmeerzeugersystemen. (1) [1] Heizkessel, die mit flüssigen oder gasförmigen Brennstoffen beschickt werden und deren Nennleistung mindestens vier Kilowatt und höchstens 400 Kilowatt beträgt, dürfen zum Zwecke der Inbetriebnahme in Gebäuden nur eingebaut oder aufgestellt werden, wenn sie mit der CE-Kennzeichnung nach § 5 Abs. 1 und 2 der Verordnung über das Inverkehrbringen von Heizkesseln und Geräten nach dem Bauproduktengesetz vom 28. April 1998 (BGBl. I S. 796) oder nach Artikel 7 Abs. 1 Satz 2 der Richtlinie 92/42/EWG des Rates vom 21. Mai 1992 über die Wirkungsgrade von mit flüssigen oder gasförmigen Brennstoffen beschickten neuen Warmwasserheizkesseln (ABl. EG Nr. L 167 S. 17, L 195 S. 32), die zuletzt durch die Richtlinie 2005/32/EG des Europäischen Parlaments und des Rates vom 6. Juli 2005 (ABl. EU Nr. L 191 S. 29) geändert worden ist, versehen sind. [2] Satz 1 gilt auch für Heizkessel, die aus Geräten zusammengefügt werden, soweit dabei die Parameter beachtet werden, die sich aus der den Geräten beiliegenden EG-Konformitätserklärung ergeben.

(2) [1] Heizkessel dürfen in Gebäuden nur dann zum Zwecke der Inbetriebnahme eingebaut oder aufgestellt werden, wenn die Anforderungen nach Anlage 4a eingehalten werden. [2] In Fällen der Pflicht zur Außerbetriebnahme elektrischer Speicherheizsysteme nach § 10a sind die Anforderungen nach Anlage 4a auch auf sonstige Wärmeerzeugersysteme anzuwenden, deren

Heizleistung größer als 20 Watt pro Quadratmeter Nutzfläche ist. ³ Ausgenommen sind bestehende Gebäude, wenn deren Jahres-Primärenergiebedarf den Wert des Jahres-Primärenergiebedarfs des Referenzgebäudes um nicht mehr als 40 vom Hundert überschreitet.

(3) Absatz 1 ist nicht anzuwenden auf

1. einzeln produzierte Heizkessel,
2. Heizkessel, die für den Betrieb mit Brennstoffen ausgelegt sind, deren Eigenschaften von den marktüblichen flüssigen und gasförmigen Brennstoffen erheblich abweichen,
3. Anlagen zur ausschließlichen Warmwasserbereitung,
4. Küchenherde und Geräte, die hauptsächlich zur Beheizung des Raumes, in dem sie eingebaut oder aufgestellt sind, ausgelegt sind, daneben aber auch Warmwasser für die Zentralheizung und für sonstige Gebrauchszwecke liefern,
5. Geräte mit einer Nennleistung von weniger als sechs Kilowatt zur Versorgung eines Warmwasserspeichersystems mit Schwerkraftumlauf.

(4) Heizkessel, deren Nennleistung kleiner als vier Kilowatt oder größer als 400 Kilowatt ist, und Heizkessel nach Absatz 3 dürfen nur dann zum Zwecke der Inbetriebnahme in Gebäuden eingebaut oder aufgestellt werden, wenn sie nach anerkannten Regeln der Technik gegen Wärmeverluste gedämmt sind.

§ 14 Verteilungseinrichtungen und Warmwasseranlagen. (1) ¹ Zentralheizungen müssen beim Einbau in Gebäude mit zentralen selbsttätig wirkenden Einrichtungen zur Verringerung und Abschaltung der Wärmezufuhr sowie zur Ein- und Ausschaltung elektrischer Antriebe in Abhängigkeit von

1. der Außentemperatur oder einer anderen geeigneten Führungsgröße und
2. der Zeit

ausgestattet werden. ² Soweit die in Satz 1 geforderten Ausstattungen bei bestehenden Gebäuden nicht vorhanden sind, muss der Eigentümer sie nachrüsten. ³ Bei Wasserheizungen, die ohne Wärmeübertrager an eine Nah- oder Fernwärmeversorgung angeschlossen sind, gilt Satz 1 hinsichtlich der Verringerung und Abschaltung der Wärmezufuhr auch ohne entsprechende Einrichtungen in den Haus- und Kundenanlagen als eingehalten, wenn die Vorlauftemperatur des Nah- oder Fernwärmenetzes in Abhängigkeit von der Außentemperatur und der Zeit durch entsprechende Einrichtungen in der zentralen Erzeugungsanlage geregelt wird.

(2) ¹ Heizungstechnische Anlagen mit Wasser als Wärmeträger müssen beim Einbau in Gebäude mit selbsttätig wirkenden Einrichtungen zur raumweisen Regelung der Raumtemperatur ausgestattet werden. ² Satz 1 gilt nicht für Einzelheizgeräte, die zum Betrieb mit festen oder flüssigen Brennstoffen eingerichtet sind. ³ Mit Ausnahme von Wohngebäuden ist für Gruppen von Räumen gleicher Art und Nutzung eine Gruppenregelung zulässig. ⁴ Fußbodenheizungen in Gebäuden, die vor dem 1. Februar 2002 errichtet worden sind, dürfen abweichend von Satz 1 mit Einrichtungen zur raumweisen Anpassung der Wärmeleistung an die Heizlast ausgestattet werden. ⁵ Soweit die in Satz 1 bis 3 geforderten Ausstattungen bei bestehenden Gebäuden nicht vorhanden sind, muss der Eigentümer sie nachrüsten.

(3) In Zentralheizungen mit mehr als 25 Kilowatt Nennleistung sind die Umwälzpumpen der Heizkreise beim erstmaligen Einbau und bei der Ersetzung so auszustatten, dass die elektrische Leistungsaufnahme dem betriebsbedingten Förderbedarf selbsttätig in mindestens drei Stufen angepasst wird, soweit sicherheitstechnische Belange des Heizkessels dem nicht entgegenstehen.

(4) Zirkulationspumpen müssen beim Einbau in Warmwasseranlagen mit selbsttätig wirkenden Einrichtungen zur Ein- und Ausschaltung ausgestattet werden.

(5) Beim erstmaligen Einbau und bei der Ersetzung von Wärmeverteilungs- und Warmwasserleitungen sowie von Armaturen in Gebäuden ist deren Wärmeabgabe nach Anlage 5 zu begrenzen.

(6) Beim erstmaligen Einbau von Einrichtungen, in denen Heiz- oder Warmwasser gespeichert wird, in Gebäude und bei deren Ersetzung ist deren Wärmeabgabe nach anerkannten Regeln der Technik zu begrenzen.

§ 15 Klimaanlagen und sonstige Anlagen der Raumlufttechnik.

(1) [1] Beim Einbau von Klimaanlagen mit einer Nennleistung für den Kältebedarf von mehr als zwölf Kilowatt und raumlufttechnischen Anlagen, die für einen Volumenstrom der Zuluft von wenigstens 4 000 Kubikmeter je Stunde ausgelegt sind, in Gebäude sowie bei der Erneuerung von Zentralgeräten oder Luftkanalsystemen solcher Anlagen müssen diese Anlagen so ausgeführt werden, dass

1. die auf das Fördervolumen bezogene elektrische Leistung der Einzelventilatoren oder
2. der gewichtete Mittelwert der auf das jeweilige Fördervolumen bezogenen elektrischen Leistungen aller Zu- und Abluftventilatoren

bei Auslegungsvolumenstrom den Grenzwert der Kategorie SFP 4 nach DIN EN 13779 : 2007-09 nicht überschreitet. [2] Der Grenzwert für die Klasse SFP 4 kann um Zuschläge nach DIN EN 13779 : 2007-09 Abschnitt 6.5.2 für Gas- und HEPA-Filter sowie Wärmerückführungsbauteile der Klassen H2 oder H1 nach DIN EN 13053 erweitert werden.

(2) [1] Beim Einbau von Anlagen nach Absatz 1 Satz 1 in Gebäude und bei der Erneuerung von Zentralgeräten solcher Anlagen müssen, soweit diese Anlagen dazu bestimmt sind, die Feuchte der Raumluft unmittelbar zu verändern, diese Anlagen mit selbsttätig wirkenden Regelungseinrichtungen ausgestattet werden, bei denen getrennte Sollwerte für die Be- und die Entfeuchtung eingestellt werden können und als Führungsgröße mindestens die direkt gemessene Zu- oder Abluftfeuchte dient. [2] Sind solche Einrichtungen in bestehenden Anlagen nach Absatz 1 Satz 1 nicht vorhanden, muss der Betreiber sie bei Klimaanlagen innerhalb von sechs Monaten vor Ablauf der jeweiligen Frist des § 12 Absatz 3, bei sonstigen raumlufttechnischen Anlagen in entsprechender Anwendung der jeweiligen Fristen des § 12 Absatz 3, nachrüsten.

(3) [1] Beim Einbau von Anlagen nach Absatz 1 Satz 1 in Gebäude und bei der Erneuerung von Zentralgeräten oder Luftkanalsystemen solcher Anlagen müssen diese Anlagen mit Einrichtungen zur selbsttätigen Regelung der Volumenströme in Abhängigkeit von den thermischen und stofflichen Lasten oder

zur Einstellung der Volumenströme in Abhängigkeit von der Zeit ausgestattet werden, wenn der Zuluftvolumenstrom dieser Anlagen je Quadratmeter versorgter Nettogrundfläche, bei Wohngebäuden je Quadratmeter versorgter Gebäudenutzfläche neun Kubikmeter pro Stunde überschreitet. [2] Satz 1 gilt nicht, soweit in den versorgten Räumen auf Grund des Arbeits- oder Gesundheitsschutzes erhöhte Zuluftvolumenströme erforderlich sind oder Laständerungen weder messtechnisch noch hinsichtlich des zeitlichen Verlaufes erfassbar sind.

(4) Werden Kälteverteilungs- und Kaltwasserleitungen und Armaturen, die zu Anlagen im Sinne des Absatzes 1 Satz 1 gehören, erstmalig in Gebäude eingebaut oder ersetzt, ist deren Wärmeaufnahme nach Anlage 5 zu begrenzen.

(5) [1] Werden Anlagen nach Absatz 1 Satz 1 in Gebäude eingebaut oder Zentralgeräte solcher Anlagen erneuert, müssen diese mit einer Einrichtung zur Wärmerückgewinnung ausgestattet sein, die mindestens der Klassifizierung H3 nach DIN EN 13053 : 2007-09 entspricht. [2] Für die Betriebsstundenzahl sind die Nutzungsrandbedingungen nach DIN V 18599-10 : 2007-02 und für den Luftvolumenstrom der Außenluftvolumenstrom maßgebend.

Abschnitt 5. Energieausweise und Empfehlungen für die Verbesserung der Energieeffizienz

§ 16 Ausstellung und Verwendung von Energieausweisen. (1) [1] Wird ein Gebäude errichtet, hat der Bauherr sicherzustellen, dass ihm, wenn er zugleich Eigentümer des Gebäudes ist, oder dem Eigentümer des Gebäudes ein Energieausweis nach dem Muster der Anlage 6 oder 7 unter Zugrundelegung der energetischen Eigenschaften des fertig gestellten Gebäudes ausgestellt wird. [2] Satz 1 ist entsprechend anzuwenden, wenn

1. an einem Gebäude Änderungen im Sinne der Anlage 3 Nr. 1 bis 6 vorgenommen oder
2. die Nutzfläche der beheizten oder gekühlten Räume eines Gebäudes um mehr als die Hälfte erweitert wird

und dabei unter Anwendung des § 9 Absatz 1 Satz 2 für das gesamte Gebäude Berechnungen nach § 9 Abs. 2 durchgeführt werden. [3] Der Eigentümer hat den Energieausweis der nach Landesrecht zuständigen Behörde auf Verlangen vorzulegen.

(2) [1] Soll ein mit einem Gebäude bebautes Grundstück, ein grundstücksgleiches Recht an einem bebauten Grundstück oder Wohnungs- oder Teileigentum verkauft werden, hat der Verkäufer dem potenziellen Käufer einen Energieausweis mit dem Inhalt nach dem Muster der Anlage 6 oder 7 zugänglich zu machen, spätestens unverzüglich, nachdem der potenzielle Käufer dies verlangt hat. [2] Satz 1 gilt entsprechend für den Eigentümer, Vermieter, Verpächter und Leasinggeber bei der Vermietung, der Verpachtung oder beim Leasing eines Gebäudes, einer Wohnung oder einer sonstigen selbständigen Nutzungseinheit.

(3) [1] Für Gebäude mit mehr als 1 000 Quadratmetern Nutzfläche, in denen Behörden und sonstige Einrichtungen für eine große Anzahl von Menschen öffentliche Dienstleistungen erbringen und die deshalb von diesen Menschen

häufig aufgesucht werden, sind Energieausweise nach dem Muster der Anlage 7 auszustellen. ²Der Eigentümer hat den Energieausweis an einer für die Öffentlichkeit gut sichtbaren Stelle auszuhängen; der Aushang kann auch nach dem Muster der Anlage 8 oder 9 vorgenommen werden.

(4) ¹Auf kleine Gebäude sind die Vorschriften dieses Abschnitts nicht anzuwenden. ²Auf Baudenkmäler sind die Absätze 2 und 3 nicht anzuwenden.

§ 17 Grundsätze des Energieausweises. (1) ¹Der Aussteller hat Energieausweise nach § 16 auf der Grundlage des berechneten Energiebedarfs oder des erfassten Energieverbrauchs nach Maßgabe der Absätze 2 bis 6 sowie der §§ 18 und 19 auszustellen. ²Es ist zulässig, sowohl den Energiebedarf als auch den Energieverbrauch anzugeben.

(2) ¹Energieausweise dürfen in den Fällen des § 16 Abs. 1 nur auf der Grundlage des Energiebedarfs ausgestellt werden. ²In den Fällen des § 16 Abs. 2 sind ab dem 1. Oktober 2008 Energieausweise für Wohngebäude, die weniger als fünf Wohnungen haben und für die der Bauantrag vor dem 1. November 1977 gestellt worden ist, auf der Grundlage des Energiebedarfs auszustellen. ³Satz 2 gilt nicht, wenn das Wohngebäude

1. schon bei der Baufertigstellung das Anforderungsniveau der Wärmeschutzverordnung vom 11. August 1977 (BGBl. I S. 1554) eingehalten hat oder
2. durch spätere Änderungen mindestens auf das in Nummer 1 bezeichnete Anforderungsniveau gebracht worden ist.

⁴Bei der Ermittlung der energetischen Eigenschaften des Wohngebäudes nach Satz 3 können die Bestimmungen über die vereinfachte Datenerhebung nach § 9 Abs. 2 Satz 2 und die Datenbereitstellung durch den Eigentümer nach Absatz 5 angewendet werden.

(3) ¹Energieausweise werden für Gebäude ausgestellt. ²Sie sind für Teile von Gebäuden auszustellen, wenn die Gebäudeteile nach § 22 getrennt zu behandeln sind.

(4) ¹Energieausweise müssen nach Inhalt und Aufbau den Mustern in den Anlagen 6 bis 9 entsprechen und mindestens die dort für die jeweilige Ausweisart geforderten, nicht als freiwillig gekennzeichneten Angaben enthalten; sie sind vom Aussteller unter Angabe von Name, Anschrift und Berufsbezeichnung eigenhändig oder durch Nachbildung der Unterschrift zu unterschreiben. ²Zusätzliche Angaben können beigefügt werden.

(5) ¹Der Eigentümer kann die zur Ausstellung des Energieausweises nach § 18 Absatz 1 Satz 1 oder Absatz 2 Satz 1 in Verbindung mit den Anlagen 1, 2 und 3 Nummer 8 oder nach § 19 Absatz 1 Satz 1 und 3, Absatz 2 Satz 1 oder 3 und Absatz 3 Satz 1 erforderlichen Daten bereitstellen. ²Der Eigentümer muss dafür Sorge tragen, dass die vom Eigentümer nach Satz 1 bereitgestellten Daten richtig sind. ³Der Aussteller darf die vom Eigentümer bereitgestellten Daten seinen Berechnungen nicht zugrunde legen, soweit begründeter Anlass zu Zweifeln an deren Richtigkeit besteht. ⁴Soweit der Aussteller des Energieausweises die Daten selbst ermittelt hat, ist Satz 2 entsprechend anzuwenden.

(6) ¹Energieausweise sind für eine Gültigkeitsdauer von zehn Jahren auszustellen. ²Unabhängig davon verlieren Energieausweise ihre Gültigkeit, wenn nach § 16 Absatz 1 ein neuer Energieausweis erforderlich wird.

§ 18 Ausstellung auf der Grundlage des Energiebedarfs.

(1) ¹ Werden Energieausweise für zu errichtende Gebäude auf der Grundlage des berechneten Energiebedarfs ausgestellt, sind die Ergebnisse der nach den §§ 3 bis 5 erforderlichen Berechnungen zugrunde zu legen. ² Die Ergebnisse sind in den Energieausweisen anzugeben, soweit ihre Angabe für Energiebedarfswerte in den Mustern der Anlagen 6 bis 8 vorgesehen ist.

(2) ¹ Werden Energieausweise für bestehende Gebäude auf der Grundlage des berechneten Energiebedarfs ausgestellt, ist auf die erforderlichen Berechnungen § 9 Abs. 2 entsprechend anzuwenden. ² Die Ergebnisse sind in den Energieausweisen anzugeben, soweit ihre Angabe für Energiebedarfswerte in den Mustern der Anlagen 6 bis 8 vorgesehen ist.

§ 19 Ausstellung auf der Grundlage des Energieverbrauchs.

(1) ¹ Werden Energieausweise für bestehende Gebäude auf der Grundlage des erfassten Energieverbrauchs ausgestellt, ist der witterungsbereinigte Energieverbrauch (Energieverbrauchskennwert) nach Maßgabe der Absätze 2 und 3 zu berechnen. ² Die Ergebnisse sind in den Energieausweisen anzugeben, soweit ihre Angabe für Energieverbrauchskennwerte in den Mustern der Anlagen 6, 7 und 9 vorgesehen ist. ³ Die Bestimmungen des § 9 Abs. 2 Satz 2 über die vereinfachte Datenerhebung sind entsprechend anzuwenden.

(2) ¹ Bei Wohngebäuden ist der Energieverbrauch für Heizung und zentrale Warmwasserbereitung zu ermitteln und in Kilowattstunden pro Jahr und Quadratmeter Gebäudenutzfläche anzugeben. ² Die Gebäudenutzfläche kann bei Wohngebäuden mit bis zu zwei Wohneinheiten mit beheiztem Keller pauschal mit dem 1,35-fachen Wert der Wohnfläche, bei sonstigen Wohngebäuden mit dem 1,2-fachen Wert der Wohnfläche angesetzt werden. ³ Bei Nichtwohngebäuden ist der Energieverbrauch für Heizung, Warmwasserbereitung, Kühlung, Lüftung und eingebaute Beleuchtung zu ermitteln und in Kilowattstunden pro Jahr und Quadratmeter Nettogrundfläche anzugeben. ⁴ Der Energieverbrauch für Heizung ist einer Witterungsbereinigung zu unterziehen.

(3) ¹ Zur Ermittlung des Energieverbrauchs sind

1. Verbrauchsdaten aus Abrechnungen von Heizkosten nach der Heizkostenverordnung für das gesamte Gebäude,
2. andere geeignete Verbrauchsdaten, insbesondere Abrechnungen von Energielieferanten oder sachgerecht durchgeführte Verbrauchsmessungen, oder
3. eine Kombination von Verbrauchsdaten nach den Nummern 1 und 2

zu verwenden; dabei sind mindestens die Abrechnungen aus einem zusammenhängenden Zeitraum von 36 Monaten zugrunde zu legen, der die jüngste vorliegende Abrechnungsperiode einschließt. ² Bei der Ermittlung nach Satz 1 sind längere Leerstände rechnerisch angemessen zu berücksichtigen. ³ Der maßgebliche Energieverbrauch ist der durchschnittliche Verbrauch in dem zugrunde gelegten Zeitraum. ⁴ Für die Witterungsbereinigung des Energieverbrauchs ist ein den anerkannten Regeln der Technik entsprechendes Verfahren anzuwenden. ⁵ Die Einhaltung der anerkannten Regeln der Technik wird vermutet, soweit bei der Ermittlung von Energieverbrauchskennwerten Vereinfachungen verwendet werden, die vom Bundesministerium für Verkehr, Bau und Stadtentwicklung im Einvernehmen mit dem Bundesministerium für

Wirtschaft und Technologie im Bundesanzeiger bekannt gemacht worden sind.

(4) Als Vergleichswerte für Energieverbrauchskennwerte eines Nichtwohngebäudes sind in den Energieausweis die Werte einzutragen, die jeweils vom Bundesministerium für Verkehr, Bau und Stadtentwicklung im Einvernehmen mit dem Bundesministerium für Wirtschaft und Technologie im Bundesanzeiger bekannt gemacht worden sind.

§ 20 Empfehlungen für die Verbesserung der Energieeffizienz.

(1) [1] Sind Maßnahmen für kostengünstige Verbesserungen der energetischen Eigenschaften des Gebäudes (Energieeffizienz) möglich, hat der Aussteller des Energieausweises dem Eigentümer anlässlich der Ausstellung eines Energieausweises entsprechende, begleitende Empfehlungen in Form von kurz gefassten fachlichen Hinweisen auszustellen (Modernisierungsempfehlungen). [2] Dabei kann ergänzend auf weiterführende Hinweise in Veröffentlichungen des Bundesministeriums für Verkehr, Bau und Stadtentwicklung im Einvernehmen mit dem Bundesministerium für Wirtschaft und Technologie oder von ihnen beauftragter Dritter Bezug genommen werden. [3] Die Bestimmungen des § 9 Abs. 2 Satz 2 über die vereinfachte Datenerhebung sind entsprechend anzuwenden. [4] Sind Modernisierungsempfehlungen nicht möglich, hat der Aussteller dies dem Eigentümer anlässlich der Ausstellung des Energieausweises mitzuteilen.

(2) [1] Die Darstellung von Modernisierungsempfehlungen und die Erklärung nach Absatz 1 Satz 4 müssen nach Inhalt und Aufbau dem Muster in Anlage 10 entsprechen. [2] § 17 Abs. 4 und 5 ist entsprechend anzuwenden.

(3) Modernisierungsempfehlungen sind dem Energieausweis mit dem Inhalt nach den Mustern der Anlagen 6 und 7 beizufügen.

§ 21 Ausstellungsberechtigung für bestehende Gebäude. (1) [1] Zur Ausstellung von Energieausweisen für bestehende Gebäude nach § 16 Abs. 2 und 3 und von Modernisierungsempfehlungen nach § 20 sind nur berechtigt

1. Personen mit berufsqualifizierendem Hochschulabschluss in
   a) den Fachrichtungen Architektur, Hochbau, Bauingenieurwesen, Technische Gebäudeausrüstung, Physik, Bauphysik, Maschinenbau oder Elektrotechnik oder
   b) einer anderen technischen oder naturwissenschaftlichen Fachrichtung mit einem Ausbildungsschwerpunkt auf einem unter Buchstabe a genannten Gebiet,
2. Personen im Sinne der Nummer 1 Buchstabe a im Bereich Architektur der Fachrichtung Innenarchitektur,
3. Personen, die für ein zulassungspflichtiges Bau-, Ausbau- oder anlagentechnisches Gewerbe oder für das Schornsteinfegerwesen die Voraussetzungen zur Eintragung in die Handwerksrolle erfüllen, sowie Handwerksmeister der zulassungsfreien Handwerke dieser Bereiche und Personen, die auf Grund ihrer Ausbildung berechtigt sind, ein solches Handwerk ohne Meistertitel selbständig auszuüben,
4. staatlich anerkannte oder geprüfte Techniker, deren Ausbildungsschwerpunkt auch die Beurteilung der Gebäudehülle, die Beurteilung von Hei-

zungs- und Warmwasserbereitungsanlagen oder die Beurteilung von Lüftungs- und Klimaanlagen umfasst,

5. Personen, die nach bauordnungsrechtlichen Vorschriften der Länder zur Unterzeichnung von bautechnischen Nachweisen des Wärmeschutzes oder der Energieeinsparung bei der Errichtung von Gebäuden berechtigt sind, im Rahmen der jeweiligen Nachweisberechtigung,

wenn sie mit Ausnahme der in Nummer 5 genannten Personen mindestens eine der in Absatz 2 genannten Voraussetzungen erfüllen. ²Die Ausstellungsberechtigung nach Satz 1 Nr. 2 bis 4 in Verbindung mit Absatz 2 bezieht sich nur auf Energieausweise für bestehende Wohngebäude einschließlich Modernisierungsempfehlungen im Sinne des § 20. ³Satz 2 gilt entsprechend für in Satz 1 Nummer 1 genannte Personen, die die Voraussetzungen des Absatzes 2 Nummer 1 oder 3 nicht erfüllen, deren Fortbildung jedoch den Anforderungen des Absatzes 2 Nummer 2 Buchstabe b genügt.

(2) Voraussetzung für die Ausstellungsberechtigung nach Absatz 1 Satz 1 Nummer 1 bis 4 ist

1. während des Studiums ein Ausbildungsschwerpunkt im Bereich des energiesparenden Bauens oder nach einem Studium ohne einen solchen Schwerpunkt eine mindestens zweijährige Berufserfahrung in wesentlichen bau- oder anlagentechnischen Tätigkeitsbereichen des Hochbaus,

2. eine erfolgreiche Fortbildung im Bereich des energiesparenden Bauens, die

a) in Fällen des Absatzes 1 Satz 1 Nr. 1 den wesentlichen Inhalten der Anlage 11,

b) in Fällen des Absatzes 1 Satz 1 Nr. 2 bis 4 den wesentlichen Inhalten der Anlage 11 Nr. 1 und 2

entspricht, oder

3. eine öffentliche Bestellung als vereidigter Sachverständiger für ein Sachgebiet im Bereich des energiesparenden Bauens oder in wesentlichen bau- oder anlagentechnischen Tätigkeitsbereichen des Hochbaus.

(3) § 12 Abs. 5 Satz 3 ist auf Ausbildungen im Sinne des Absatzes 1 entsprechend anzuwenden.

Abschnitt 6. Gemeinsame Vorschriften, Ordnungswidrigkeiten

§ 22 Gemischt genutzte Gebäude. (1) Teile eines Wohngebäudes, die sich hinsichtlich der Art ihrer Nutzung und der gebäudetechnischen Ausstattung wesentlich von der Wohnnutzung unterscheiden und die einen nicht unerheblichen Teil der Gebäudenutzfläche umfassen, sind getrennt als Nichtwohngebäude zu behandeln.

(2) Teile eines Nichtwohngebäudes, die dem Wohnen dienen und einen nicht unerheblichen Teil der Nettogrundfläche umfassen, sind getrennt als Wohngebäude zu behandeln.

(3) Für die Berechnung von Trennwänden und Trenndecken zwischen Gebäudeteilen gilt in Fällen der Absätze 1 und 2 Anlage 1 Nr. 2.6 Satz 1 entsprechend.

Energieeinsparverordnung **§§ 23–25 EnEV 58**

§ 23 Regeln der Technik. (1) Das Bundesministerium für Verkehr, Bau und Stadtentwicklung kann im Einvernehmen mit dem Bundesministerium für Wirtschaft und Technologie durch Bekanntmachung im Bundesanzeiger auf Veröffentlichungen sachverständiger Stellen über anerkannte Regeln der Technik hinweisen, soweit in dieser Verordnung auf solche Regeln Bezug genommen wird.

(2) Zu den anerkannten Regeln der Technik gehören auch Normen, technische Vorschriften oder sonstige Bestimmungen anderer Mitgliedstaaten der Europäischen Union und anderer Vertragsstaaten des Abkommens über den Europäischen Wirtschaftsraum sowie der Türkei, wenn ihre Einhaltung das geforderte Schutzniveau in Bezug auf Energieeinsparung und Wärmeschutz dauerhaft gewährleistet.

(3) [1] Soweit eine Bewertung von Baustoffen, Bauteilen und Anlagen im Hinblick auf die Anforderungen dieser Verordnung auf Grund anerkannter Regeln der Technik nicht möglich ist, weil solche Regeln nicht vorliegen oder wesentlich von ihnen abgewichen wird, sind der nach Landesrecht zuständigen Behörde die erforderlichen Nachweise für eine anderweitige Bewertung vorzulegen. [2] Satz 1 gilt nicht für Baustoffe, Bauteile und Anlagen,

1. die nach dem Bauproduktengesetz oder anderen Rechtsvorschriften zur Umsetzung des europäischen Gemeinschaftsrechts, deren Regelungen auch Anforderungen zur Energieeinsparung umfassen, mit der CE-Kennzeichnung versehen sind und nach diesen Vorschriften zulässige und von den Ländern bestimmte Klassen und Leistungsstufen aufweisen, oder
2. bei denen nach bauordnungsrechtlichen Vorschriften über die Verwendung von Bauprodukten auch die Einhaltung dieser Verordnung sichergestellt wird.

(4) Das Bundesministerium für Verkehr, Bau und Stadtentwicklung und das Bundesministerium für Wirtschaft und Technologie oder in deren Auftrag Dritte können Bekanntmachungen nach dieser Verordnung neben der Bekanntmachung im Bundesanzeiger auch kostenfrei in das Internet einstellen.

(5) Verweisen die nach dieser Verordnung anzuwendenden datierten technischen Regeln auf undatierte technische Regeln, sind diese in der Fassung anzuwenden, die dem Stand zum Zeitpunkt der Herausgabe der datierten technischen Regel entspricht.

§ 24 Ausnahmen. (1) Soweit bei Baudenkmälern oder sonstiger besonders erhaltenswerter Bausubstanz die Erfüllung der Anforderungen dieser Verordnung die Substanz oder das Erscheinungsbild beeinträchtigen oder andere Maßnahmen zu einem unverhältnismäßig hohen Aufwand führen, kann von den Anforderungen dieser Verordnung abgewichen werden.

(2) Soweit die Ziele dieser Verordnung durch andere als in dieser Verordnung vorgesehene Maßnahmen im gleichen Umfang erreicht werden, lassen die nach Landesrecht zuständigen Behörden auf Antrag Ausnahmen zu.

§ 25 Befreiungen. (1) [1] Die nach Landesrecht zuständigen Behörden haben auf Antrag von den Anforderungen dieser Verordnung zu befreien, soweit die Anforderungen im Einzelfall wegen besonderer Umstände durch einen unangemessenen Aufwand oder in sonstiger Weise zu einer unbilligen Härte führen. [2] Eine unbillige Härte liegt insbesondere vor, wenn die erforderlichen

1455

Aufwendungen innerhalb der üblichen Nutzungsdauer, bei Anforderungen an bestehende Gebäude innerhalb angemessener Frist durch die eintretenden Einsparungen nicht erwirtschaftet werden können.

(2) Eine unbillige Härte im Sinne des Absatzes 1 kann sich auch daraus ergeben, dass ein Eigentümer zum gleichen Zeitpunkt oder in nahem zeitlichen Zusammenhang mehrere Pflichten nach dieser Verordnung oder zusätzlich nach anderen öffentlich-rechtlichen Vorschriften aus Gründen der Energieeinsparung zu erfüllen hat und ihm dies nicht zuzumuten ist.

(3) Absatz 1 ist auf die Vorschriften des Abschnitts 5 nicht anzuwenden.

§ 26 Verantwortliche. (1) Für die Einhaltung der Vorschriften dieser Verordnung ist der Bauherr verantwortlich, soweit in dieser Verordnung nicht ausdrücklich ein anderer Verantwortlicher bezeichnet ist.

(2) Für die Einhaltung der Vorschriften dieser Verordnung sind im Rahmen ihres jeweiligen Wirkungskreises auch die Personen verantwortlich, die im Auftrag des Bauherrn bei der Errichtung oder Änderung von Gebäuden oder der Anlagentechnik in Gebäuden tätig werden.

§ 26 a Private Nachweise. (1) Wer geschäftsmäßig an oder in bestehenden Gebäuden Arbeiten

1. zur Änderung von Außenbauteilen im Sinne des § 9 Absatz 1 Satz 1,
2. zur Dämmung oberster Geschossdecken im Sinne von § 10 Absatz 3 und 4, auch in Verbindung mit Absatz 5, oder
3. zum erstmaligen Einbau oder zur Ersetzung von Heizkesseln und sonstigen Wärmeerzeugersystemen nach § 13, Verteilungseinrichtungen oder Warmwasseranlagen nach § 14 oder Klimaanlagen oder sonstigen Anlagen der Raumlufttechnik nach § 15

durchführt, hat dem Eigentümer unverzüglich nach Abschluss der Arbeiten schriftlich zu bestätigen, dass die von ihm geänderten oder eingebauten Bau- oder Anlagenteile den Anforderungen dieser Verordnung entsprechen (Unternehmererklärung).

(2) [1] Mit der Unternehmererklärung wird die Erfüllung der Pflichten aus den in Absatz 1 genannten Vorschriften nachgewiesen. [2] Die Unternehmererklärung ist von dem Eigentümer mindestens fünf Jahre aufzubewahren. [3] Der Eigentümer hat die Unternehmererklärungen der nach Landesrecht zuständigen Behörde auf Verlangen vorzulegen.

§ 26 b Aufgaben des Bezirksschornsteinfegermeisters. (1) Bei heizungstechnischen Anlagen prüft der Bezirksschornsteinfegermeister als Beliehener im Rahmen der Feuerstättenschau, ob

1. Heizkessel, die nach § 10 Absatz 1, auch in Verbindung mit Absatz 5, außer Betrieb genommen werden mussten, weiterhin betrieben werden und
2. Wärmeverteilungs- und Warmwasserleitungen sowie Armaturen, die nach § 10 Absatz 2, auch in Verbindung mit Absatz 5, gedämmt werden mussten, weiterhin ungedämmt sind.

(2) Bei heizungstechnischen Anlagen, die in bestehende Gebäude eingebaut werden, prüft der Bezirksschornsteinfegermeister als Beliehener im Rahmen der ersten Feuerstättenschau nach dem Einbau außerdem, ob

Energieeinsparverordnung § 27 EnEV 58

1. Zentralheizungen mit einer zentralen selbsttätig wirkenden Einrichtung zur Verringerung und Abschaltung der Wärmezufuhr sowie zur Ein- und Ausschaltung elektrischer Antriebe nach § 14 Absatz 1 ausgestattet sind,
2. Umwälzpumpen in Zentralheizungen mit Vorrichtungen zur selbsttätigen Anpassung der elektrischen Leistungsaufnahme nach § 14 Absatz 3 ausgestattet sind,
3. bei Wärmeverteilungs- und Warmwasserleitungen sowie Armaturen die Wärmeabgabe nach § 14 Absatz 5 begrenzt ist.

(3) ¹ Der Bezirksschornsteinfegermeister weist den Eigentümer bei Nichterfüllung der Pflichten aus den in den Absätzen 1 und 2 genannten Vorschriften schriftlich auf diese Pflichten hin und setzt eine angemessene Frist zu deren Nacherfüllung. ² Werden die Pflichten nicht innerhalb der festgesetzten Frist erfüllt, unterrichtet der Bezirksschornsteinfegermeister unverzüglich die nach Landesrecht zuständige Behörde.

(4) ¹ Die Erfüllung der Pflichten aus den in den Absätzen 1 und 2 genannten Vorschriften kann durch Vorlage der Unternehmererklärungen gegenüber dem Bezirksschornsteinfegermeister nachgewiesen werden. ² Es bedarf dann keiner weiteren Prüfung durch den Bezirksschornsteinfegermeister.

(5) Eine Prüfung nach Absatz 1 findet nicht statt, soweit eine vergleichbare Prüfung durch den Bezirksschornsteinfegermeister bereits auf der Grundlage von Landesrecht für die jeweilige heizungstechnische Anlage vor dem 1. Oktober 2009 erfolgt ist.

§ 27 Ordnungswidrigkeiten. (1) Ordnungswidrig im Sinne des § 8 Abs. 1 Nr. 1 des Energieeinsparungsgesetzes[1] handelt, wer vorsätzlich oder leichtfertig

1. entgegen § 3 Absatz 1 ein Wohngebäude nicht richtig errichtet,
2. entgegen § 4 Absatz 1 ein Nichtwohngebäude nicht richtig errichtet,
3. entgegen § 9 Absatz 1 Satz 1 Änderungen ausführt,
4. entgegen § 12 Abs. 1 eine Inspektion nicht oder nicht rechtzeitig durchführen lässt,
5. entgegen § 12 Abs. 5 Satz 1 eine Inspektion durchführt,
6. entgegen § 13 Abs. 1 Satz 1, auch in Verbindung mit Satz 2, einen Heizkessel einbaut oder aufstellt,
7. entgegen § 14 Abs. 1 Satz 1, Abs. 2 Satz 1 oder Abs. 3 eine Zentralheizung, eine heizungstechnische Anlage oder eine Umwälzpumpe nicht oder nicht rechtzeitig ausstattet oder
8. entgegen § 14 Abs. 5 die Wärmeabgabe von Wärmeverteilungs- oder Warmwasserleitungen oder Armaturen nicht oder nicht rechtzeitig begrenzt.

(2) Ordnungswidrig im Sinne des § 8 Abs. 1 Nr. 2 des Energieeinsparungsgesetzes handelt, wer vorsätzlich oder leichtfertig

1. entgegen § 16 Abs. 2 Satz 1, auch in Verbindung mit Satz 2, einen Energieausweis nicht, nicht vollständig oder nicht rechtzeitig zugänglich macht,

---
[1] Nr. 57.

58 EnEV §§ 28, 29   5. Teil. Umweltschutz

2. entgegen § 17 Absatz 5 Satz 2, auch in Verbindung mit Satz 4, nicht dafür Sorge trägt, dass die bereitgestellten Daten richtig sind,
3. entgegen § 17 Absatz 5 Satz 3 bereitgestellte Daten seinen Berechnungen zugrunde legt oder
4. entgegen § 21 Abs. 1 Satz 1 einen Energieausweis oder Modernisierungsempfehlungen ausstellt.

(3) Ordnungswidrig im Sinne des § 8 Absatz 1 Nummer 3 des Energieeinsparungsgesetzes handelt, wer vorsätzlich oder leichtfertig entgegen § 26 a Absatz 1 eine Bestätigung nicht, nicht richtig oder nicht rechtzeitig vornimmt.

Abschnitt 7. Schlussvorschriften

§ 28 Allgemeine Übergangsvorschriften. (1) Auf Vorhaben, welche die Errichtung, die Änderung, die Erweiterung oder den Ausbau von Gebäuden zum Gegenstand haben, ist diese Verordnung in der zum Zeitpunkt der Bauantragstellung oder der Bauanzeige geltenden Fassung anzuwenden.

(2) Auf nicht genehmigungsbedürftige Vorhaben, die nach Maßgabe des Bauordnungsrechts der Gemeinde zur Kenntnis zu geben sind, ist diese Verordnung in der zum Zeitpunkt der Kenntnisgabe gegenüber der zuständigen Behörde geltenden Fassung anzuwenden.

(3) Auf sonstige nicht genehmigungsbedürftige, insbesondere genehmigungs-, anzeige- und verfahrensfreie Vorhaben ist diese Verordnung in der zum Zeitpunkt des Beginns der Bauausführung geltenden Fassung anzuwenden.

(4) Auf Verlangen des Bauherrn ist abweichend von Absatz 1 das neue Recht anzuwenden, wenn über den Bauantrag oder nach einer Bauanzeige noch nicht bestandskräftig entschieden worden ist.

§ 29 Übergangsvorschriften für Energieausweise und Aussteller.

(1) [1] Energieausweise für Wohngebäude der Baufertigstellungsjahre bis 1965 müssen in Fällen des § 16 Abs. 2 erst ab dem 1. Juli 2008, für später errichtete Wohngebäude erst ab dem 1. Januar 2009 zugänglich gemacht werden. [2] Satz 1 ist nicht auf Energiebedarfsausweise anzuwenden, die für Wohngebäude nach § 13 Abs. 1 oder 2 der Energieeinsparverordnung in einer vor dem 1. Oktober 2007 geltenden Fassung ausgestellt worden sind.

(2) [1] Energieausweise für Nichtwohngebäude müssen erst ab dem 1. Juli 2009

1. in Fällen des § 16 Abs. 2 zugänglich gemacht und
2. in Fällen des § 16 Abs. 3 ausgestellt und ausgehängt werden.

[2] Satz 1 Nr. 1 ist nicht auf Energie- und Wärmebedarfsausweise anzuwenden, die für Nichtwohngebäude nach § 13 Abs. 1, 2 oder 3 der Energieeinsparverordnung in einer vor dem 1. Oktober 2007 geltenden Fassung ausgestellt worden sind.

(3) ¹ Energie- und Wärmebedarfsausweise nach vor dem 1. Oktober 2007 geltenden Fassungen der Energieeinsparverordnung sowie Wärmebedarfsausweise nach § 12 der Wärmeschutzverordnung vom 16. August 1994 (BGBl. I S. 2121) gelten als Energieausweise im Sinne des § 16 Abs. 1 Satz 3, Abs. 2 und 3; die Gültigkeitsdauer dieser Ausweise beträgt zehn Jahre ab dem Tag der Ausstellung. ² Das Gleiche gilt für Energieausweise, die vor dem 1. Oktober 2007

1. von Gebietskörperschaften oder auf deren Veranlassung von Dritten nach einheitlichen Regeln oder

2. in Anwendung der in dem von der Bundesregierung am 25. April 2007 beschlossenen Entwurf dieser Verordnung (Bundesrats-Drucksache 282/07) enthaltenen Bestimmungen

ausgestellt worden sind.

(4) Zur Ausstellung von Energieausweisen für bestehende Wohngebäude nach § 16 Abs. 2 und von Modernisierungsempfehlungen nach § 20 sind ergänzend zu § 21 auch Personen berechtigt, die vor dem 25. April 2007 nach Maßgabe der Richtlinie des Bundesministeriums für Wirtschaft und Technologie über die Förderung der Beratung zur sparsamen und rationellen Energieverwendung in Wohngebäuden vor Ort vom 7. September 2006 (BAnz. S. 6379) als Antragsberechtigte beim Bundesamt für Wirtschaft und Ausfuhrkontrolle registriert worden sind.

(5) ¹ Zur Ausstellung von Energieausweisen für bestehende Wohngebäude nach § 16 Abs. 2 und von Modernisierungsempfehlungen nach § 20 sind ergänzend zu § 21 auch Personen berechtigt, die am 25. April 2007 über eine abgeschlossene Berufsausbildung im Baustoff-Fachhandel oder in der Baustoffindustrie und eine erfolgreich abgeschlossene Weiterbildung zum Energiefachberater im Baustoff-Fachhandel oder in der Baustoffindustrie verfügt haben. ² Satz 1 gilt entsprechend für Personen, die eine solche Weiterbildung vor dem 25. April 2007 begonnen haben, nach erfolgreichem Abschluss der Weiterbildung.

(6) ¹ Zur Ausstellung von Energieausweisen für bestehende Wohngebäude nach § 16 Abs. 2 und von Modernisierungsempfehlungen nach § 20 sind ergänzend zu § 21 auch Personen berechtigt, die am 25. April 2007 über eine abgeschlossene Weiterbildung zum Energieberater des Handwerks verfügt haben. ² Satz 1 gilt entsprechend für Personen, die eine solche Weiterbildung vor dem 25. April 2007 begonnen haben, nach erfolgreichem Abschluss der Weiterbildung.

§ 30 *(aufgehoben)*

§ 31 **Inkrafttreten, Außerkrafttreten.** ¹ Diese Verordnung tritt am 1. Oktober 2007 in Kraft. ² Gleichzeitig tritt die Energieeinsparverordnung in der Fassung der Bekanntmachung vom 2. Dezember 2004 (BGBl. I S. 3146) außer Kraft.

Anlage 1
(zu den §§ 3 und 9)

Anforderungen an Wohngebäude

1 Höchstwerte des Jahres-Primärenergiebedarfs und des spezifischen Transmissionswärmeverlusts für zu errichtende Wohngebäude (zu § 3 Absatz 1 und 2)

1.1 Höchstwerte des Jahres-Primärenergiebedarfs

Der Höchstwert des Jahres-Primärenergiebedarfs eines zu errichtenden Wohngebäudes ist der auf die Gebäudenutzfläche bezogene, nach einem der in Nr. 2.1 angegebenen Verfahren berechnete Jahres-Primärenergiebedarf eines Referenzgebäudes gleicher Geometrie, Gebäudenutzfläche und Ausrichtung wie das zu errichtende Wohngebäude, das hinsichtlich seiner Ausführung den Vorgaben der Tabelle 1 entspricht.

Soweit in dem zu errichtenden Wohngebäude eine elektrische Warmwasserbereitung ausgeführt wird, darf diese anstelle von Tabelle 1 Zeile 6 als wohnungszentrale Anlage ohne Speicher gemäß den in Tabelle 5.1-3 der DIN V 4701-10 : 2003-08, geändert durch A1 : 2006-12, gegebenen Randbedingungen berücksichtigt werden. Der sich daraus ergebende Höchstwert des Jahres-Primärenergiebedarfs ist in Fällen des Satzes 2 um 10,9 kWh/(m²·a) zu verringern; dies gilt nicht bei Durchführung von Maßnahmen zur Einsparung von Energie nach § 7 Nummer 2 in Verbindung mit Nummer VI.1 der Anlage des Erneuerbare-Energien-Wärmegesetzes.

Tabelle 1. Ausführung des Referenzgebäudes

Zeile	Bauteil/System	Referenzausführung/Wert (Maßeinheit)	
		Eigenschaft (zu Zeilen 1.1 bis 3)	
1.1	Außenwand, Geschossdecke gegen Außenluft	Wärmedurchgangskoeffizient	$U = 0{,}28$ W/(m²·K)
1.2	Außenwand gegen Erdreich, Bodenplatte, Wände und Decken zu unbeheizten Räumen (außer solche nach Zeile 1.1)	Wärmedurchgangskoeffizient	$U = 0{,}35$ W/(m²·K)
1.3	Dach, oberste Geschossdecke, Wände zu Abseiten	Wärmedurchgangskoeffizient	$U = 0{,}20$ W/(m²·K)
1.4	Fenster, Fenstertüren	Wärmedurchgangskoeffizient	$U_w = 1{,}30$ W/(m²·K)
		Gesamtenergiedurchlassgrad der Verglasung	$g_\perp = 0{,}60$
1.5	Dachflächenfenster	Wärmedurchgangskoeffizient	$U_w = 1{,}40$ W/(m²·K)
		Gesamtenergiedurchlassgrad der Verglasung	$g_\perp = 0{,}60$

Anl. 1 EnEV 58

Zeile	Bauteil/System	Referenzausführung/Wert (Maßeinheit)	
		Eigenschaft (zu Zeilen 1.1 bis 3)	
1.6	Lichtkuppeln	Wärmedurchgangskoeffizient	$U_w = 2{,}70$ W/(m²·K)
		Gesamtenergiedurchlassgrad der Verglasung	$g_\perp = 0{,}64$
1.7	Außentüren	Wärmedurchgangskoeffizient	$U = 1{,}80$ W/(m²·K)
2	Bauteile nach den Zeilen 1.1 bis 1.7	Wärmebrückenzuschlag	$\Delta U_{WB} = 0{,}05$ W/(m²·K)
3	Luftdichtheit der Gebäudehülle	Bemessungswert n_{50}	Bei Berechnung nach • DIN V 4108-6 : 2003-06: mit Dichtheitsprüfung • DIN V 18599-2 : 2007-02: nach Kategorie I
4	Sonnenschutzvorrichtung	keine Sonnenschutzvorrichtung	

5	Heizungsanlage	• Wärmeerzeugung durch Brennwertkessel (verbessert), Heizöl EL, Aufstellung:
		  – für Gebäude bis zu 2 Wohneinheiten innerhalb der thermischen Hülle
		  – für Gebäude mit mehr als 2 Wohneinheiten außerhalb der thermischen Hülle
		• Auslegungstemperatur 55/45 °C, zentrales Verteilsystem innerhalb der wärmeübertragenden Umfassungsfläche, innen liegende Stränge und Anbindeleitungen, Pumpe auf Bedarf ausgelegt (geregelt, Δp konstant), Rohrnetz hydraulisch abgeglichen, Wärmedämmung der Rohrleitungen nach Anlage 5
		• Wärmeübergabe mit freien statischen Heizflächen, Anordnung an normaler Außenwand, Thermostatventile mit Proportionalbereich 1 K	

6	Anlage zur Warmwasserbereitung	• zentrale Warmwasserbereitung
		• gemeinsame Wärmebereitung mit Heizungsanlage nach Zeile 5
		• Solaranlage (Kombisystem mit Flachkollektor) entsprechend den Vorgaben nach DIN V 4701-10 : 2003-08 oder DIN V 18599-5 : 2007-02
		• Speicher, indirekt beheizt (stehend), gleiche Aufstellung wie Wärmeerzeuger, Auslegung nach DIN V 4701-10 : 2003-08 oder DIN V 18599-5 : 2007-02 als
		  – kleine Solaranlage bei $A_N < 500$ m² (bivalenter Solarspeicher)
		  – große Solaranlage bei $A_N \geq 500$ m²
		• Verteilsystem innerhalb der wärmeübertragenden Umfassungsfläche, innen liegende Stränge, gemeinsame Installationswand, Wärmedämmung der Rohrleitungen nach Anlage 5, mit	

Zeile	Bauteil/System	Referenzausführung/Wert (Maßeinheit)	
		Eigenschaft (zu Zeilen 1.1 bis 3)	
		Zirkulation, Pumpe auf Bedarf ausgelegt (geregelt, Δp konstant)	
7	Kühlung	keine Kühlung	
8	Lüftung	zentrale Abluftanlage, bedarfsgeführt mit geregeltem DC-Ventilator	

1.2 Höchstwerte des spezifischen, auf die wärmeübertragende Umfassungsfläche bezogenen Transmissionswärmeverlusts

Der spezifische, auf die wärmeübertragende Umfassungsfläche bezogene Transmissionswärmeverlust eines zu errichtenden Wohngebäudes darf die in Tabelle 2 angegebenen Höchstwerte nicht überschreiten.

Tabelle 2. Höchstwerte des spezifischen, auf die wärmeübertragende Umfassungsfläche bezogenen Transmissionswärmeverlusts

Zeile	Gebäudetyp		Höchstwert des spezifischen Transmissionswärmeverlusts
1	Freistehendes Wohngebäude	mit $A_N \leq 350$ m²	$H'_T = 0{,}40$ W/(m²·K)
		mit $A_N > 350$ m²	$H'_T = 0{,}50$ W/(m²·K)
2	Einseitig angebautes Wohngebäude		$H'_T = 0{,}45$ W/(m²·K)
3	Alle anderen Wohngebäude		$H'_T = 0{,}65$ W/(m²·K)
4	Erweiterungen und Ausbauten von Wohngebäuden gemäß § 9 Absatz 5		$H'_T = 0{,}65$ W/(m²·K)

1.3 Definition der Bezugsgrößen

1.3.1 Die wärmeübertragende Umfassungsfläche A eines Wohngebäudes in m² ist nach Anhang B der DIN EN ISO 13789 : 1999-10, Fall „Außenabmessung", zu ermitteln. Die zu berücksichtigenden Flächen sind die äußere Begrenzung einer abgeschlossenen beheizten Zone. Außerdem ist die wärmeübertragende Umfassungsfläche A so festzulegen, dass ein in DIN V 18599-1 : 2007-02 oder in DIN EN 832: 2003-06 beschriebenes Ein-Zonen-Modell entsteht, das mindestens die beheizten Räume einschließt.

1.3.2 Das beheizte Gebäudevolumen V_e in m³ ist das Volumen, das von der nach Nr. 1.3.1 ermittelten wärmeübertragenden Umfassungsfläche A umschlossen wird.

1.3.3 Die Gebäudenutzfläche A_N in m² wird bei Wohngebäuden wie folgt ermittelt:
$A_N = 0{,}32$ m⁻¹·V_e

mit A_N Gebäudenutzfläche in m²
        V_e beheiztes Gebäudevolumen in m³.

Beträgt die durchschnittliche Geschosshöhe h_G eines Wohngebäudes, gemessen von der Oberfläche des Fußbodens zur Oberfläche des Fußbodens des darüber liegenden Geschosses, mehr als 3 m oder weniger als 2,5 m, so ist die Gebäudenutzfläche A_N abweichend von Satz 1 wie folgt zu ermitteln:

$$A_N = \left(\frac{1}{h_G} - 0{,}04\,\text{m}^{-1}\right) \cdot V_e$$

mit A_N Gebäudenutzfläche in m²
 h_G Geschossdeckenhöhe in m
 V_e beheiztes Gebäudevolumen in m³.

2 Berechnungsverfahren für Wohngebäude (zu § 3 Absatz 3, § 9 Absatz 2 und 5)

2.1 Berechnung des Jahres-Primärenergiebedarfs

2.1.1 Der Jahres-Primärenergiebedarf Q_P ist nach DIN V 18599 : 2007-02 für Wohngebäude zu ermitteln. Als Primärenergiefaktoren sind die Werte für den nicht erneuerbaren Anteil nach DIN V 18599-1: 2007-02 zu verwenden. Dabei sind für flüssige Biomasse der Wert für den nicht erneuerbaren Anteil „Heizöl EL" und für gasförmige Biomasse der Wert für den nicht erneuerbaren Anteil „Erdgas H" zu verwenden. Für flüssige oder gasförmige Biomasse im Sinne des § 2 Absatz 1 Nummer 4 des Erneuerbare-Energien-Wärmegesetzes kann für den nicht erneuerbaren Anteil der Wert 0,5 verwendet werden, wenn die flüssige oder gasförmige Biomasse im unmittelbaren räumlichen Zusammenhang mit dem Gebäude erzeugt wird. Satz 4 ist entsprechend auf Gebäude anzuwenden, die im räumlichen Zusammenhang zueinander stehen und unmittelbar gemeinsam mit flüssiger oder gasförmiger Biomasse im Sinne des § 2 Absatz 1 Nummer 4 des Erneuerbare-Energien-Wärmegesetzes versorgt werden. Für elektrischen Strom ist abweichend von Satz 2 als Primärenergiefaktor für den nicht erneuerbaren Anteil der Wert 2,6 zu verwenden. Bei der Berechnung des Jahres-Primärenergiebedarfs des Referenzwohngebäudes und des Wohngebäudes sind die in Tabelle 3 genannten Randbedingungen zu verwenden.

Tabelle 3. Randbedingungen für die Berechnung des Jahres-Primärenergiebedarfs

Zeile	Kenngröße	Randbedingungen
1	Verschattungsfaktor F_S	$F_S = 0{,}9$ soweit die baulichen Bedingungen nicht detailliert berücksichtigt werden.
2	Solare Wärmegewinne über opake Bauteile	– Emissionsgrad der Außenfläche für Wärmestrahlung: $\varepsilon = 0{,}8$ – Strahlungsabsorptionsgrad an opaken Oberflächen: $\alpha = 0{,}5$

Zeile	Kenngröße	Randbedingungen	
		− für dunkle Dächer kann abweichend angenommen werden.	$\alpha = 0{,}8$

2.1.2 Alternativ zu Nr. 2.1.1 kann der Jahres-Primärenergiebedarf Q_P für Wohngebäude nach DIN EN 832 : 2003-06 in Verbindung mit DIN V 4108-6 : 2003-06[1]) und DIN V 4701-10 : 2003-08, geändert durch A1 : 2006-12, ermittelt werden; § 23 Absatz 3 bleibt unberührt. Als Primärenergiefaktoren sind die Werte für den nicht erneuerbaren Anteil nach DIN V 4701-10 : 2003-08, geändert durch A1 : 2006-12, zu verwenden. Nummer 2.1.1 Satz 3 bis 6 ist entsprechend anzuwenden. Der in diesem Rechengang zu bestimmende Jahres-Heizwärmebedarf Q_h ist nach dem Monatsbilanzverfahren nach DIN EN 832 : 2003-06 mit den in DIN V 4108-6 : 2003-06[1]) Anhang D.3 genannten Randbedingungen zu ermitteln. In DIN V 4108-6 : 2003-06[1]) angegebene Vereinfachungen für den Berechnungsgang nach DIN EN 832 : 2003-06 dürfen angewendet werden. Zur Berücksichtigung von Lüftungsanlagen mit Wärmerückgewinnung sind die methodischen Hinweise unter Nr. 4.1 der DIN V 4701-10 : 2003-08, geändert durch A1 : 2006-12, zu beachten.

2.1.3 Werden in Wohngebäude bauliche oder anlagentechnische Komponenten eingesetzt, für deren energetische Bewertung keine anerkannten Regeln der Technik oder gemäß § 9 Absatz 2 Satz 2 Halbsatz 3 bekannt gemachte gesicherte Erfahrungswerte vorliegen, so sind hierfür Komponenten anzusetzen, die ähnliche energetische Eigenschaften aufweisen.

2.2 Berücksichtigung der Warmwasserbereitung

Bei Wohngebäuden ist der Energiebedarf für Warmwasser in der Berechnung des Jahres-Primärenergiebedarfs wie folgt zu berücksichtigen:

a) Bei der Berechnung gemäß Nr. 2.1.1 ist der Nutzenergiebedarf für Warmwasser nach Tabelle 3 der DIN V 18599-10 : 2007-02 anzusetzen.

b) Bei der Berechnung gemäß Nr. 2.1.2 ist der Nutzwärmebedarf für die Warmwasserbereitung Q_W im Sinne von DIN V 4701-10 : 2003-08, geändert durch A1 : 2006-12, mit 12,5 kWh/(m²·a) anzusetzen.

2.3 Berechnung des spezifischen Transmissionswärmeverlusts

Der spezifische, auf die wärmeübertragende Umfassungsfläche bezogene Transmissionswärmeverlust H'_T in W/(m·K) ist wie folgt zu ermitteln:

$$H'_T = \frac{H_T}{A} \text{ in W/(m}^2\cdot\text{K)}$$

---

[1]) **Amtl. Anm.:** Geändert durch DIN V 4108-6 Berichtigung 1 2004-03.

Energieeinsparverordnung **Anl. 1 EnEV 58**

mit

H_T nach DIN EN 832 : 2003-06 mit den in DIN V 4108-6 : 2003-06[1] Anhang D genannten Randbedingungen berechneter Transmissionswärmeverlust in W/K.
In DIN V 4108-6 : 2003-06[1] angegebene Vereinfachungen für den Berechnungsgang nach DIN EN 832 : 2003-06 dürfen angewendet werden;

A wärmeübertragende Umfassungsfläche nach Nr. 1.3.1 in m².

2.4 Beheiztes Luftvolumen

Bei der Berechnung des Jahres-Primärenergiebedarfs nach Nr. 2.1.1 ist das beheizte Luftvolumen V in m³ gemäß DIN V 18599-1 : 2007-02, bei der Berechnung nach Nr. 2.1.2 gemäß DIN EN 832 : 2003-06 zu ermitteln. Vereinfacht darf es wie folgt berechnet werden:

– $V = 0{,}76 \cdot V_e$ in m³ bei Wohngebäuden bis zu drei Vollgeschossen

– $V = 0{,}80 \cdot V_e$ in m³ in den übrigen Fällen

mit V_e beheiztes Gebäudevolumen nach Nr. 1.3.2 in m³.

2.5 Ermittlung der solaren Wärmegewinne bei Fertighäusern und vergleichbaren Gebäuden

Werden Gebäude nach Plänen errichtet, die für mehrere Gebäude an verschiedenen Standorten erstellt worden sind, dürfen bei der Berechnung die solaren Gewinne so ermittelt werden, als wären alle Fenster dieser Gebäude nach Osten oder Westen orientiert.

2.6 Aneinandergereihte Bebauung

Bei der Berechnung von aneinandergereihten Gebäuden werden Gebäudetrennwände

a) zwischen Gebäuden, die nach ihrem Verwendungszweck auf Innentemperaturen von mindestens 19 Grad Celsius beheizt werden, als nicht wärmedurchlässig angenommen und bei der Ermittlung der wärmeübertragenden Umfassungsfläche A nicht berücksichtigt,

b) zwischen Wohngebäuden und Gebäuden, die nach ihrem Verwendungszweck auf Innentemperaturen von mindestens 12 Grad Celsius und weniger als 19 Grad Celsius beheizt werden, bei der Berechnung des Wärmedurchgangskoeffizienten mit einem Temperatur-Korrekturfaktor F_{nb} nach DIN V 18599-2 : 2007-02 oder nach DIN V 4108-6 : 2003-06[1] gewichtet und

c) zwischen Wohngebäuden und Gebäuden mit wesentlich niedrigeren Innentemperaturen im Sinne von DIN 4108-2 : 2003-07 bei der Berechnung des Wärmedurchgangskoeffizienten mit einem Temperatur-Korrekturfaktor $F_u = 0{,}5$ gewichtet.

Werden beheizte Teile eines Gebäudes getrennt berechnet, gilt Satz 1 Buchstabe a sinngemäß für die Trennflächen zwischen den Gebäudeteilen. Werden aneinandergereihte Wohngebäude gleichzeitig erstellt, dürfen sie hinsichtlich der Anforderungen des § 3 wie ein Gebäude behandelt werden. Die Vorschriften des Abschnitts 5 bleiben unberührt.

---

[1] **Amtl. Anm.:** Geändert durch DIN V 4108-6 Berichtigung 1 2004-03.

2.7 Anrechnung mechanisch betriebener Lüftungsanlagen

Im Rahmen der Berechnung nach Nr. 2 ist bei mechanischen Lüftungsanlagen die Anrechnung der Wärmerückgewinnung oder einer regelungstechnisch verminderten Luftwechselrate nur zulässig, wenn

a) die Dichtheit des Gebäudes nach Anlage 4 Nr. 2 nachgewiesen wird und

b) der mit Hilfe der Anlage erreichte Luftwechsel § 6 Absatz 2 genügt.

Die bei der Anrechnung der Wärmerückgewinnung anzusetzenden Kennwerte der Lüftungsanlagen sind nach anerkannten Regeln der Technik zu bestimmen oder den allgemeinen bauaufsichtlichen Zulassungen der verwendeten Produkte zu entnehmen. Lüftungsanlagen müssen mit Einrichtungen ausgestattet sein, die eine Beeinflussung der Luftvolumenströme jeder Nutzeinheit durch den Nutzer erlauben. Es muss sichergestellt sein, dass die aus der Abluft gewonnene Wärme vorrangig vor der vom Heizsystem bereitgestellten Wärme genutzt wird.

2.8 Energiebedarf der Kühlung

Wird die Raumluft gekühlt, sind der nach DIN V 18599-1 : 2007-02 oder der nach DIN V 4701-10 : 2003-08, geändert durch A1 : 2006-12, berechnete Jahres-Primärenergiebedarf und die Angabe für den Endenergiebedarf (elektrische Energie) im Energieausweis nach § 18 nach Maßgabe der zur Kühlung eingesetzten Technik je m² gekühlter Gebäudenutzfläche wie folgt zu erhöhen:

a) bei Einsatz von fest installierten Raumklimageräten (Split-, Multisplit- oder Kompaktgeräte) der Energieeffizienzklassen A, B oder C nach der Richtlinie 2002/31/EG der Kommission zur Durchführung der Richtlinie 92/75/EWG des Rates betreffend die Energieetikettierung für Raumklimageräte vom 22. März 2002 (ABl. L 86 vom 3. 4. 2002, S. 26) sowie bei Kühlung mittels Wohnungslüftungsanlagen mit reversibler Wärmepumpe
der Jahres-Primärenergiebedarf um 16,2 kWh/(m²·a) und der Endenergiebedarf um 6 kWh/(m²·a),

b) bei Einsatz von Kühlflächen im Raum in Verbindung mit Kaltwasserkreisen und elektrischer Kälteerzeugung, z.B. über reversible Wärmepumpe,
der Jahres-Primärenergiebedarf um 10,8 kWh/(m²·a) und der Endenergiebedarf um 4 kWh/(m²·a),

c) bei Deckung des Energiebedarfs für Kühlung aus erneuerbaren Wärmesenken (wie Erdsonden, Erdkollektoren, Zisternen)
der Jahres-Primärenergiebedarf um 2,7 kWh/(m²·a) und der Endenergiebedarf um 1 kWh/(m²·a),

d) bei Einsatz von Geräten, die nicht unter den Buchstaben a bis c aufgeführt sind,

Energieeinsparverordnung **Anl. 2 EnEV 58**

der Jahres-Primärenergiebedarf um 18,9 kWh/(m²·a) und der Endenergiebedarf um 7 kWh/(m²·a).

3 Sommerlicher Wärmeschutz (zu § 3 Absatz 4)

3.1 Als höchstzulässige Sonneneintragskennwerte nach § 3 Absatz 4 sind die in DIN 4108-2 : 2003-07 Abschnitt 8 festgelegten Werte einzuhalten.

3.2 Der Sonneneintragskennwert ist nach dem in DIN 4108-2 : 2003-07 Abschnitt 8 genannten Verfahren zu bestimmen. Wird zur Berechnung nach Satz 1 ein ingenieurmäßiges Verfahren (Simulationsrechnung) angewendet, so sind abweichend von DIN 4108-2 : 2003-07 Randbedingungen zu beachten, die die aktuellen klimatischen Verhältnisse am Standort des Gebäudes hinreichend gut wiedergeben.

Anlage 2
(zu den §§ 4 und 9)

Anforderungen an Nichtwohngebäude

1 Höchstwerte des Jahres-Primärenergiebedarfs und der Wärmedurchgangskoeffizienten für zu errichtende Nichtwohngebäude (zu § 4 Absatz 1 und 2)

1.1 Höchstwerte des Jahres-Primärenergiebedarfs

1.1.1 Der Höchstwert des Jahres-Primärenergiebedarfs eines zu errichtenden Nichtwohngebäudes ist der auf die Nettogrundfläche bezogene, nach dem in Nr. 2 oder 3 angegebenen Verfahren berechnete Jahres-Primärenergiebedarf eines Referenzgebäudes gleicher Geometrie, Nettogrundfläche, Ausrichtung und Nutzung wie das zu errichtende Nichtwohngebäude, das hinsichtlich seiner Ausführung den Vorgaben der Tabelle 1 entspricht. Die Unterteilung hinsichtlich der Nutzung sowie der verwendeten Berechnungsverfahren und Randbedingungen muss beim Referenzgebäude mit der des zu errichtenden Gebäudes übereinstimmen; bei der Unterteilung hinsichtlich der anlagentechnischen Ausstattung und der Tageslichtversorgung sind Unterschiede zulässig, die durch die technische Ausführung des zu errichtenden Gebäudes bedingt sind.

1.1.2 Die Ausführungen zu den Zeilen Nr. 1.13 bis 7 der Tabelle 1 sind beim Referenzgebäude nur insoweit und in der Art zu berücksichtigen, wie beim Gebäude ausgeführt. Die dezentrale Ausführung des Warmwassersystems (Zeile 4.2 der Tabelle 1) darf darüber hinaus nur für solche Gebäudezonen berücksichtigt werden, die einen Warmwasserbedarf von höchstens 200 Wh/(m²·d) aufweisen.

Tabelle 1. Ausführung des Referenzgebäudes

Zeile	Bauteil/System	Eigenschaft (zu Zeilen 1.1 bis 1.13)	Referenzausführung/Wert (Maßeinheit)	
			Raum-Solltemperaturen im Heizfall ≥ 19 °C	Raum-Solltemperaturen im Heizfall von 12 bis < 19 °C
1.1	Außenwand, Geschossdecke gegen Außenluft	Wärmedurchgangskoeffizient	U = 0,28 W/(m²·K)	U = 0,35 W/(m²·K)
1.2	Vorhangfassade (siehe auch Zeile 1.14)	Wärmedurchgangskoeffizient	U = 1,40 W/(m²·K)	U = 1,90 W/(m²·K)
		Gesamtenergiedurchlassgrad der Verglasung	$g_\perp = 0{,}48$	$g_\perp = 0{,}60$
		Lichttransmissionsgrad der Verglasung	$\tau_{D65} = 0{,}72$	$\tau_{D65} = 0{,}78$
1.3	Wand gegen Erdreich, Bodenplatte, Wände und Decken zu unbeheizten Räumen (außer Bauteile nach Zeile 1.4)	Wärmedurchgangskoeffizient	U = 0,35 W/(m²·K)	U = 0,35 W/(m²·K)
1.4	Dach (soweit nicht unter Zeile 1.5), oberste Geschossdecke, Wände zu Abseiten	Wärmedurchgangskoeffizient	U = 0,20 W/(m²·K)	U = 0,35 W/(m²·K)
1.5	Glasdächer	Wärmedurchgangskoeffizient	U_W = 2,70 W/(m²·K)	U_W = 2,70 W/(m²·K)
		Gesamtenergiedurchlassgrad der Verglasung	$g_\perp = 0{,}63$	$g_\perp = 0{,}63$
		Lichttransmissionsgrad der Verglasung	$\tau_{D65} = 0{,}76$	$\tau_{D65} = 0{,}76$
1.6	Lichtbänder	Wärmedurchgangskoeffizient	U_W = 2,4 W/(m²·K)	U_W = 2,4 W/(m²·K)
		Gesamtenergiedurchlassgrad der Verglasung	$g_\perp = 0{,}55$	$g_\perp = 0{,}55$
		Lichttransmissionsgrad der Verglasung	$\tau_{D65} = 0{,}48$	$\tau_{D65} = 0{,}48$
1.7	Lichtkuppeln	Wärmedurchgangskoeffizient	U_W = 2,70 W/(m²·K)	U_W = 2,70 W/(m²·K)
		Gesamtenergiedurchlassgrad der Verglasung	$g_\perp = 0{,}64$	$g_\perp = 0{,}64$

Energieeinsparverordnung Anl. 2 EnEV 58

Zeile	Bauteil/System	Eigenschaft (zu Zeilen 1.1 bis 1.13)	Referenzausführung/Wert (Maßeinheit)	
			Raum-Solltemperaturen im Heizfall $\geq 19\,°C$	Raum-Solltemperaturen im Heizfall von 12 bis $< 19\,°C$
1.8	Fenster, Fenstertüren (siehe auch Zeile 1.14)	Lichttransmissionsgrad der Verglasung	$\tau_{D65} = 0{,}59$	$\tau_{D65} = 0{,}59$
		Wärmedurchgangskoeffizient	$U_W = 1{,}30\ W/(m^2{\cdot}K)$	$U_W = 1{,}90\ W/(m^2{\cdot}K)$
		Gesamtenergiedurchlassgrad der Verglasung	$g_\perp = 0{,}60$	$g_\perp = 0{,}60$
1.9	Dachflächenfenster (siehe auch Zeile 1.14)	Lichttransmissionsgrad der Verglasung	$\tau_{D65} = 0{,}78$	$\tau_{D65} = 0{,}78$
		Wärmedurchgangskoeffizient	$U_W = 1{,}40\ W/(m^2{\cdot}K)$	$U_W = 1{,}90\ W/(m^2{\cdot}K)$
		Gesamtenergiedurchlassgrad der Verglasung	$g_\perp = 0{,}60$	$g_\perp = 0{,}60$
		Lichttransmissionsgrad der Verglasung	$\tau_{D65} = 0{,}78$	$\tau_{D65} = 0{,}78$
1.10	Außentüren	Wärmedurchgangskoeffizient	$U = 1{,}80\ W/(m^2{\cdot}K)$	$U = 2{,}90\ W/(m^2{\cdot}K)$
1.11	Bauteile in Zeilen 1.1 und 1.3 bis 1.10	Wärmebrückenzuschlag	$\Delta U_{WB} = 0{,}05\ W/(m^2{\cdot}K)$	$\Delta U_{WB} = 0{,}1\ W/(m^2{\cdot}K)$
1.12	Gebäudedichtheit	Bemessungswert n_{50}	Kategorie I (nach Tabelle 4 der DIN V 18599-2 : 2007-02)	Kategorie I (nach Tabelle 4 der DIN V 18599-2 : 2007-02)
1.13	Tageslichtversorgung bei Sonnen- und/oder Blendschutz	Tageslichtversorgungsfaktor $C_{TL,Vers,SA}$ nach DIN V 18599-4 : 2007-02	• kein Sonnen- oder Blendschutz vorhanden: 0,70 • Blendschutz vorhanden: 0,15	

1.14	Sonnenschutzvorrichtung		Für das Referenzgebäude ist die tatsächliche Sonnenschutzvorrichtung des zu errichtenden Gebäudes anzunehmen; sie ergibt sich ggf. aus den Anforderungen zum sommerlichen Wärmeschutz nach Nr. 4.
			
			Soweit hierfür Sonnenschutzverglasung zum Einsatz kommt, sind für diese Verglasung folgende Kennwerte anzusetzen:
			• anstelle der Werte der Zeile 1.2
			  – Gesamtenergiedurchlassgrad der Verglasung $g_\perp$ $\quad g_\perp = 0{,}35$
			  – Lichttransmissionsgrad der Verglasung τ_{D65} $\quad \tau_{D65} = 0{,}58$	

58 EnEV Anl. 2

Zeile	Bauteil/System	Eigenschaft (zu Zeilen 1.1 bis 1.13)	Referenzausführung/Wert (Maßeinheit)	
			Raum-Solltemperaturen im Heizfall $\geq 19\,°C$	Raum-Solltemperaturen im Heizfall von 12 bis $< 19\,°C$
		• anstelle der Werte der Zeilen 1.8 und 1.9: – Gesamtenergiedurchlassgrad der Verglasung $g_\perp$ – Lichttransmissionsgrad der Verglasung τ_{D65}	$g_\perp = 0{,}35$ $\tau_{D65} = 0{,}62$	
2.1	Beleuchtungsart	– in Zonen der Nutzungen 6 und 7[*1)]: wie beim ausgeführten Gebäude – ansonsten: direkt/indirekt jeweils mit elektronischem Vorschaltgerät und stabförmiger Leuchtstofflampe		
2.2	Regelung der Beleuchtung	Präsenzkontrolle: – in Zonen der Nutzungen 4, 15 bis 19, 21 und 31[*1)] – ansonsten tageslichtabhängige Kontrolle: Konstantlichtregelung (siehe Tabelle 3 Zeile 6) – in Zonen der Nutzungen 1 bis 3, 8 bis 10, 28, 29 und 31[*1)]: – ansonsten	mit Präsenzmelder manuell manuell vorhanden keine	
3.1	Heizung (Raumhöhen ≤ 4 m) – Wärmeerzeuger	Brennwertkessel „verbessert" nach DIN V 18599-5 : 2007-02, Gebläsebrenner, Heizöl EL, Aufstellung außerhalb der thermischen Hülle, Wasserinhalt > 0,15 l/kW		
3.2	Heizung (Raumhöhen ≤ 4 m) – Wärmeverteilung	– <u>bei statischer Heizung und Umluftheizung (dezentrale Nachheizung in RLT-Anlage):</u> Zweirohrnetz, außen liegende Verteilleitungen im unbeheizten Bereich, innen liegende Steigstränge, innen liegende Anbindeleitungen, Systemtemperatur 55/45 °C, hydraulisch abgeglichen, Δp konstant, Pumpe auf Bedarf ausgelegt, Pumpe mit intermittierendem Betrieb, keine Überströmventile, für den Referenzfall sind die Rohrleitungslänge mit 70 vom Hundert der Standardwerte und die Umgebungstemperaturen gemäß den Standardwerten nach DIN V 18599-5 : 2007-02 zu ermitteln. – <u>bei zentralem RLT-Gerät:</u> Zweirohrnetz, Systemtemperatur 70/55 °C, hydraulisch abgeglichen, Δp konstant, Pumpe auf Bedarf ausgelegt, für den Referenzfall sind die Rohrleitungslänge und die Lage der Rohrleitungen wie beim zu errichtenden Gebäude anzunehmen.		

Zeile	Bauteil/System	Eigenschaft (zu Zeilen 1.1 bis 1.13)	Referenzausführung/Wert (Maßeinheit)	
			Raum-Solltemperaturen im Heizfall $\geq 19\,°C$	Raum-Solltemperaturen im Heizfall von 12 bis $< 19\,°C$
3.3	Heizung (Raumhöhen $\leq$ 4 m) – Wärmeübergabe	– bei statischer Heizung: freie Heizflächen an der Außenwand mit Glasfläche mit Strahlungsschutz, P-Regler (1 K), keine Hilfsenergie – bei Umluftheizung (dezentrale Nachheizung in RLT-Anlage): Regelgröße Raumtemperatur, hohe Regelgüte.		
3.4	Heizung (Raumhöhen > 4 m)	Heizsystem: Warmluftheizung mit normalem Induktionsverhältnis, Luftauslass seitlich, P-Regler (1 K) (nach DIN V 18599-5 : 2007-02)		
4.1	Warmwasser – zentrales System	Wärmeerzeuger: Solaranlage nach DIN V 18599-8 : 2007-02 Nr. 6.4.1, mit – Flachkollektor: $A_C = 0{,}09 \cdot (1{,}5 \cdot A_{NGF})^{0,8}$ – Volumen des (untenliegenden) Solarteils des Speichers: – $V_{s,sol} = 2 \cdot (1{,}5 \cdot A_{NGF})^{0,9}$ – bei $A_{NGF} > 500\ m^2$ „große Solaranlage" (A_{NGF}: Nettogrundfläche der mit zentralem System versorgten Zonen) Restbedarf über den Wärmeerzeuger der Heizung Wärmespeicherung: indirekt beheizter Speicher (stehend), Aufstellung außerhalb der thermischen Hülle Wärmeverteilung: mit Zirkulation, Δp konstant, Pumpe auf Bedarf ausgelegt, für den Referenzfall sind die Rohrleitungslänge und die Lage der Rohrleitungen wie beim zu errichtenden Gebäude anzunehmen.		
4.2	Warmwasser – dezentrales System	elektrischer Durchlauferhitzer, eine Zapfstelle und 6 m Leitungslänge pro Gerät		
5.1	Raumlufttechnik – Abluftanlage	spezifische Leistungsaufnahme Ventilator $P_{SFP} = 1{,}0\ kW/(m^3/s)$		
5.2	Raumlufttechnik – Zu- und Abluftanlage ohne Nachheiz- und Kühlfunktion	spezifische Leistungsaufnahme – Zuluftventilator $P_{SFP} = 1{,}5\ kW/(m^3/s)$ – Abluftventilator $P_{SFP} = 1{,}0\ kW/(m^3/s)$ Zuschläge nach DIN EN 13779 : 2007-04 Abschnitt 6.5.2 können nur für den Fall von HEPA-Filtern, Gasfiltern oder Wärmerückführungsklassen H2 oder H1 angerechnet werden. – Wärmerückgewinnung über Plattenwärmeübertrager (Kreuzgegenstrom)		

Zeile	Bauteil/System	Eigenschaft (zu Zeilen 1.1 bis 1.13)	Referenzausführung/Wert (Maßeinheit)	
			Raum-Solltemperaturen im Heizfall ≥ 19 °C	Raum-Solltemperaturen im Heizfall von 12 bis < 19 °C
5.3	Raumlufttechnik – Zu- und Abluftanlage mit geregelter Luftkonditionierung	Rückwärmzahl	$\eta_t = 0{,}6$	
		Druckverhältniszahl	$f_P = 0{,}4$	
		Luftkanalführung: innerhalb des Gebäudes		
		spezifische Leistungsaufnahme		
		– Zuluftventilator	$P_{SFP} = 1{,}5$ kW/(m³/s)	
		– Abluftventilator	$P_{SFP} = 1{,}0$ kW/(m³/s)	
		Zuschläge nach DIN EN 13779 : 2007-04 Abschnitt 6.5.2 können nur für den Fall von HEPA-Filtern, Gasfiltern oder Wärmerückführungsklassen H2 oder H1 angerechnet werden		
		– Wärmerückgewinnung über Plattenwärmeübertrager (Kreuzgegenstrom)		
		Rückwärmzahl	$\eta_t = 0{,}6$	
		Zulufttemperatur	18 °C	
		Druckverhältniszahl	$f_P = 0{,}4$	
		Luftkanalführung: innerhalb des Gebäudes		
5.4	Raumlufttechnik – Luftbefeuchtung	für den Referenzfall ist die Einrichtung zur Luftbefeuchtung wie beim zu errichtenden Gebäude anzunehmen		
5.5	Raumlufttechnik – Nur-Luft-Klimaanlagen	als Variabel-Volumenstrom-System ausgeführt:		
		Druckverhältniszahl	$f_P = 0{,}4$	
		Luftkanalführung: innerhalb des Gebäudes		
6	Raumkühlung	– Kältesystem:		
		Kaltwasser Fan-Coil, Brüstungsgerät		
		Kaltwassertemperatur	14/18 °C	
		– Kaltwasserkreis Raumkühlung:		
		Überströmung	10 %	
		spezifische elektrische Leistung der Verteilung hydraulisch abgeglichen, geregelte Pumpe, Pumpe hydraulisch entkoppelt, saisonale sowie Nacht- und Wochenendabschaltung	$P_{d,spez} = 30$ $W_{el}/kW_{Kälte}$	
7	Kälteerzeugung	Erzeuger:		
		Kolben/Scrollverdichter mehrstufig schaltbar,		
		R134a, luftgekühlt		

Energieeinsparverordnung   Anl. 2   EnEV 58

Zeile	Bauteil/System	Eigenschaft (zu Zeilen 1.1 bis 1.13)	Referenzausführung/Wert (Maßeinheit)	
			Raum-Solltemperaturen im Heizfall ≥ 19 °C	Raum-Solltemperaturen im Heizfall von 12 bis < 19 °C
		Kaltwassertemperatur:		
		– bei mehr als 5 000 m² mittels Raumkühlung konditionierter Nettogrundfläche, für diesen Konditionierungsanteil		14/18 °C
		– ansonsten		6/12 °C
		Kaltwasserkreis Erzeuger inklusive RLT-Kühlung:		
		Überströmung		30 %
		spezifische elektrische Leistung der Verteilung hydraulisch abgeglichen, ungeregelte Pumpe, Pumpe hydraulisch entkoppelt, aisonale sowie Nacht- und Wochenendabschaltung, Verteilung außerhalb der konditionierten Zone. Der Primärenergiebedarf für das Kühlsystem und die Kühlfunktion der raumlufttechnischen Anlage darf für Zonen der Nutzungen 1 bis 3, 8, 10, 16 bis 20 und 31*[1]) nur zu 50 % angerechnet werden.		$P_{d,spez} = 20\ W_{el}/kW_{Kälte}$

*[1]) **Amtl. Anm.**: Nutzungen nach Tabelle 4 der DIN V 18599-10 : 2007-02

1.2 Flächenangaben

Bezugsfläche der energiebezogenen Angaben ist die Nettogrundfläche gemäß § 2 Nummer 15.

1.3 Höchstwerte der Wärmedurchgangskoeffizienten

Die Wärmedurchgangskoeffizienten der wärmeübertragenden Umfassungsfläche eines zu errichtenden Nichtwohngebäudes dürfen die in Tabelle 2 angegebenen Werte nicht überschreiten. Satz 1 ist auf Außentüren nicht anzuwenden.

Tabelle 2. Höchstwerte der Wärmedurchgangskoeffizienten der wärmeübertragenden Umfassungsfläche von Nichtwohngebäuden

Zeile	Bauteil	Höchstwerte der Wärmedurchgangskoeffizienten, bezogen auf den Mittelwert der jeweiligen Bauteile	
		Zonen mit Raum-Solltemperaturen im Heizfall ≥ 19 °C	Zonen mit Raum-Solltemperaturen im Heizfall von 12 bis < 19 °C
1	Opake Außenbauteile, soweit nicht in Bauteilen der Zeilen 3 und 4 enthalten	$\overline{U} = 0{,}35$ W/(m²·K)	$\overline{U} = 0{,}50$ W/(m²·K)
2	Transparente Außenbauteile, soweit nicht in Bauteilen der Zeilen 3 und 4 enthalten	$\overline{U} = 1{,}90$ W/(m²·K)	$\overline{U} = 2{,}80$ W/(m²·K)
3	Vorhangfassade	$\overline{U} = 1{,}90$ W/(m²·K)	$\overline{U} = 3{,}00$ W/(m²·K)
4	Glasdächer, Lichtbänder, Lichtkuppeln	$\overline{U} = 3{,}10$ W/(m²·K)	$\overline{U} = 3{,}10$ W/(m²·K)

2   **Berechnungsverfahren für Nichtwohngebäude (zu § 4 Absatz 3 und § 9 Absatz 2 und 5)**

2.1   **Berechnung des Jahres-Primärenergiebedarfs**

2.1.1   Der Jahres-Primärenergiebedarf Q_P für Nichtwohngebäude ist nach DIN V 18599-1 : 2007-02 zu ermitteln. Als Primärenergiefaktoren sind die Werte für den nicht erneuerbaren Anteil nach DIN V 18599-1 : 2007-02 anzusetzen. Anlage 1 Nr. 2.1.1 Satz 3 bis 6 ist entsprechend anzuwenden.

2.1.2   Als Randbedingungen zur Berechnung des Jahres-Primärenergiebedarfs sind die in den Tabellen 4 bis 8 der DIN V 18599-10 : 2007-02 aufgeführten Nutzungsrandbedingungen und Klimadaten zu verwenden. Die Nutzungen 1 und 2 nach Tabelle 4 der DIN V 18599-10 : 2007-02 dürfen zur Nutzung 1 zusammengefasst werden. Darüber hinaus brauchen Energiebedarfsanteile nur unter folgenden Voraussetzungen in die Ermittlung des Jahres-Primärenergiebedarfs einer Zone einbezogen zu werden:

a) Der Primärenergiebedarf für das Heizungssystem und die Heizfunktion der raumlufttechnischen Anlage ist zu bilanzieren, wenn die Raum-Solltemperatur des Gebäudes oder einer Gebäudezone für den Heizfall mindestens 12 Grad Celsius beträgt und eine durchschnittliche Nutzungsdauer für die Gebäudeheizung auf Raum-Solltemperatur von mindestens vier Monaten pro Jahr vorgesehen ist.

b) Der Primärenergiebedarf für das Kühlsystem und die Kühlfunktion der raumlufttechnischen Anlage ist zu bilanzieren, wenn für das Gebäude oder eine Gebäudezone für den Kühlfall der Einsatz von Kühltechnik und eine durchschnittliche Nutzungsdauer für Gebäudekühlung auf Raum-Solltemperatur von mehr als zwei Monaten pro Jahr und mehr als zwei Stunden pro Tag vorgesehen sind.

c) Der Primärenergiebedarf für die Dampfversorgung ist zu bilanzieren, wenn für das Gebäude oder eine Gebäudezone eine solche Versorgung wegen des Einsatzes einer raumlufttechnischen Anlage nach Buchstabe b für durchschnittlich mehr als zwei Monate pro Jahr und mehr als zwei Stunden pro Tag vorgesehen ist.

d) Der Primärenergiebedarf für Warmwasser ist zu bilanzieren, wenn ein Nutzenergiebedarf für Warmwasser in Ansatz zu bringen ist und der durchschnittliche tägliche Nutzenergiebedarf für Warmwasser wenigstens 0,2 kWh pro Person und Tag oder 0,2 kWh pro Beschäftigtem und Tag beträgt.

e) Der Primärenergiebedarf für Beleuchtung ist zu bilanzieren, wenn in einem Gebäude oder einer Gebäudezone eine Beleuchtungsstärke von mindestens 75 lx erforderlich ist und eine durchschnittliche Nutzungsdauer von mehr als zwei Monaten pro Jahr und mehr als zwei Stunden pro Tag vorgesehen ist.

f) Der Primärenergiebedarf für Hilfsenergien ist zu bilanzieren, wenn er beim Heizungssystem und der Heizfunktion der raumlufttechnischen Anlage, beim Kühlsystem und der Kühlfunktion der raumlufttechnischen Anlage, bei der Dampfversorgung, bei der Warmwasseranlage und der Beleuchtung auftritt. Der Anteil des Primärenergiebedarfs für Hilfsenergien für Lüftung ist zu bilanzieren, wenn eine durchschnittliche Nutzungsdauer der Lüftungsanlage von mehr als zwei Monaten pro Jahr und mehr als zwei Stunden pro Tag vorgesehen ist.

2.1.3 Abweichend von DIN V 18599-10 : 2007-02 Tabelle 4 darf bei Zonen der Nutzungen 6 und 7 die tatsächlich auszuführende Beleuchtungsstärke angesetzt werden, jedoch für die Nutzung 6 mit nicht mehr als 1 500 lx und für die Nutzung 7 mit nicht mehr als 1 000 lx. Beim Referenzgebäude ist der Primärenergiebedarf für Beleuchtung mit dem Tabellenverfahren nach DIN V 18599-4 : 2007-02 zu berechnen.

2.1.4 Abweichend von DIN V 18599-2 : 2007-02 darf für opake Bauteile, die an Außenluft grenzen, ein flächengewichteter Wärmedurchgangskoeffizient für das ganze Gebäude gebildet und bei der zonenweisen Berechnung nach DIN V 18599-02 : 2007-02 verwendet werden.

2.1.5 Werden in Nichtwohngebäude bauliche oder anlagentechnische Komponenten eingesetzt, für deren energetische Bewertung keine anerkannten Regeln der Technik oder gemäß § 9 Absatz 2 Satz 2 Halbsatz 3 bekannt gemachte gesicherte Erfahrungswerte vorliegen, so sind hierfür Komponenten anzusetzen, die ähnliche energetische Eigenschaften aufweisen.

2.1.6 Bei der Berechnung des Jahres-Primärenergiebedarfs des Referenzgebäudes und des Nichtwohngebäudes sind ferner die in Tabelle 3 genannten Randbedingungen zu verwenden.

Tabelle 3. Randbedingungen für die Berechnung des Jahres-Primärenergiebedarfs

Zeile	Kenngröße	Randbedingungen
1	Verschattungsfaktor F_S	$F_S = 0{,}9$ soweit die baulichen Bedingungen nicht detailliert berücksichtigt werden.
2	Verbauungsindex I_V	$I_V = 0{,}9$ Eine genaue Ermittlung nach DIN V 18599-4 : 2007-02 ist zulässig.
3	Heizunterbrechung	– Heizsysteme in Raumhöhen ≤ 4 m: Absenkbetrieb mit Dauer gemäß den Nutzungsrandbedingungen in Tabelle 4 der DIN V 18599-10 : 2007-02 – Heizsysteme in Raumhöhen > 4 m: Abschaltbetrieb mit Dauer gemäß den Nutzungsrandbedingungen in Tabelle 4 der DIN V 18599-10 : 2007-02
4	Solare Wärmegewinne über opake Bauteile	– Emissionsgrad der Außenfläche für Wärmestrahlung: $\varepsilon = 0{,}8$ – Strahlungsabsorptionsgrad an opaken Oberflächen: $\alpha = 0{,}5$ für dunkle Dächer kann abweichend $\alpha = 0{,}8$ angenommen werden.
5	Wartungsfaktor der Beleuchtung	Der Wartungsfaktor WF ist wie folgt anzusetzen: – in Zonen der Nutzungen 14, 15 und 22[*1)] mit 0,6 – ansonsten mit 0,8 Dementsprechend ist der Energiebedarf für einen Berechnungsbereich im Tabellenverfahren nach DIN V 18599-4 : 2007-02 Nr. 5.4.1 Gleichung (10) mit dem folgenden Faktor zu multiplizieren: – für die Nutzungen 14, 15 und 22[*1)] mit 1,12 – ansonsten mit 0,84.
6	Berücksichtigung von Konstantlichtregelung	Bei Einsatz einer Konstantlichtregelung ist der Energiebedarf für einen Berechnungsbereich nach DIN V 18599-4 : 2007-02 Nr. 5.1 Gleichung (2) mit dem folgenden Faktor zu multiplizieren: – für die Nutzungen 14,15 und 22[*1)] mit 0,8 – ansonsten mit 0,9.

[*1)] **Amtl. Anm.**: Nutzungen nach Tabelle 4 der DIN V 18599-10 : 2007-02

2.2 Zonierung

2.2.1 Soweit sich bei einem Gebäude Flächen hinsichtlich ihrer Nutzung, ihrer technischen Ausstattung, ihrer inneren Lasten oder ihrer Versorgung mit Tageslicht wesentlich unterscheiden, ist das Gebäude nach Maßgabe der DIN V 18599-1 : 2007-02 in Ver-

Energieeinsparverordnung **Anl. 2 EnEV 58**

bindung mit DIN V 18599-10 : 2007-02 und den Vorgaben in Nr. 1 dieser Anlage in Zonen zu unterteilen. Die Nutzungen 1 und 2 nach Tabelle 4 der DIN V 18599-10 : 2007-02 dürfen zur Nutzung 1 zusammengefasst werden.

2.2.2 Für Nutzungen, die nicht in DIN V 18599-10 : 2007-02 aufgeführt sind, kann

a) die Nutzung 17 der Tabelle 4 in DIN V 18599-10 : 2007-02 verwendet werden oder

b) eine Nutzung auf der Grundlage der DIN V 18599-10 : 2007-02 unter Anwendung gesicherten allgemeinen Wissensstandes individuell bestimmt und verwendet werden.

In Fällen des Buchstabens b sind die gewählten Angaben zu begründen und dem Nachweis beizufügen.

2.3 Berechnung des Mittelwerts des Wärmedurchgangskoeffizienten

Bei der Berechnung des Mittelwerts des jeweiligen Bauteils sind die Bauteile nach Maßgabe ihres Flächenanteils zu berücksichtigen. Die Wärmedurchgangskoeffizienten von Bauteilen gegen unbeheizte Räume oder Erdreich sind zusätzlich mit dem Faktor 0,5 zu gewichten. Bei der Berechnung des Mittelwerts der an das Erdreich angrenzenden Bodenplatten dürfen die Flächen unberücksichtigt bleiben, die mehr als 5 m vom äußeren Rand des Gebäudes entfernt sind. Die Berechnung ist für Zonen mit unterschiedlichen Raum-Solltemperaturen im Heizfall getrennt durchzuführen. Für die Bestimmung der Wärmedurchgangskoeffizienten der verwendeten Bauausführungen gelten die Fußnoten zu Anlage 3 Tabelle 1 entsprechend.

3 Vereinfachtes Berechnungsverfahren für Nichtwohngebäude (zu § 4 Absatz 3 und § 9 Absatz 2 und 5)

3.1 Zweck und Anwendungsvoraussetzungen

3.1.1 Im vereinfachten Verfahren sind die Bestimmungen der Nr. 2 nur insoweit anzuwenden, als Nr. 3 keine abweichenden Bestimmungen trifft.

3.1.2 Im vereinfachten Verfahren darf der Jahres-Primärenergiebedarf des Nichtwohngebäudes abweichend von Nr. 2.2 unter Verwendung eines Ein-Zonen-Modells ermittelt werden.

3.1.3 Das vereinfachte Verfahren gilt für

a) Bürogebäude, ggf. mit Verkaufseinrichtung, Gewerbebetrieb oder Gaststätte,

b) Gebäude des Groß- und Einzelhandels mit höchstens 1 000 m² Nettogrundfläche, wenn neben der Hauptnutzung nur Büro-, Lager-, Sanitär- oder Verkehrsflächen vorhanden sind,

c) Gewerbebetriebe mit höchstens 1 000 m² Nettogrundfläche, wenn neben der Hauptnutzung nur Büro-, Lager-, Sanitär- oder Verkehrsflächen vorhanden sind,

d) Schulen, Turnhallen, Kindergärten und -tagesstätten und ähnliche Einrichtungen,
e) Beherbergungsstätten ohne Schwimmhalle, Sauna oder Wellnessbereich und
f) Bibliotheken.

In Fällen des Satzes 1 kann das vereinfachte Verfahren angewendet werden, wenn
a) die Summe der Nettogrundflächen aus der Hauptnutzung gemäß Tabelle 4 Spalte 3 und den Verkehrsflächen des Gebäudes mehr als zwei Drittel der gesamten Nettogrundfläche des Gebäudes beträgt,
b) in dem Gebäude die Beheizung und die Warmwasserbereitung für alle Räume auf dieselbe Art erfolgen,
c) das Gebäude nicht gekühlt wird,
d) höchstens 10 vom Hundert der Nettogrundfläche des Gebäudes durch Glühlampen, Halogenlampen oder durch die Beleuchtungsart „indirekt" nach DIN V 18599-4 : 2007-02 beleuchtet werden und
e) außerhalb der Hauptnutzung keine raumlufttechnische Anlage eingesetzt wird, deren Werte für die spezifische Leistungsaufnahme der Ventilatoren die entsprechenden Werte in Tabelle 1 Zeilen 5.1 und 5.2 überschreiten.

Abweichend von Satz 2 Buchstabe c kann das vereinfachte Verfahren auch angewendet werden, wenn
a) nur ein Serverraum gekühlt wird und die Nennleistung des Gerätes für den Kältebedarf 12 kW nicht übersteigt oder
b) in einem Bürogebäude eine Verkaufseinrichtung, ein Gewerbebetrieb oder eine Gaststätte gekühlt wird und die Nettogrundfläche der gekühlten Räume jeweils 450 m² nicht übersteigt.

3.2 Besondere Randbedingungen und Maßgaben

3.2.1 Abweichend von Nr. 2.2.1 ist bei der Berechnung des Jahres-Primärenergiebedarfs die entsprechende Nutzung nach Tabelle 4 Spalte 4 zu verwenden. Der Nutzenergiebedarf für Warmwasser ist mit dem Wert aus Spalte 5 in Ansatz zu bringen.

Tabelle 4. Randbedingungen für das vereinfachte Verfahren für die Berechnungen des Jahres-Primärenergiebedarfs

Zeile	Gebäudetyp	Hauptnutzung	Nutzung (Nr. gemäß DIN V 18599-10 : 2007-02 Tabelle 4)	Nutzenergiebedarf Warmwasser[1]
1	2	3	4	5
1	Bürogebäude	Einzelbüro (Nr. 1) Gruppenbüro (Nr. 2) Groß-	Einzelbüro (Nr. 1)	0

Zeile	Gebäudetyp	Hauptnutzung	Nutzung (Nr. gemäß DIN V 18599-10 : 2007-02 Tabelle 4)	Nutzenergiebedarf Warmwasser[*1)]
1	2	3	4	5
		raumbüro (Nr. 3) Besprechung, Sitzung, Seminar (Nr. 4)		
1.1	Bürogebäude mit Verkaufseinrichtung oder Gewerbebetrieb	wie Zeile 1	Einzelbüro (Nr. 1)	0
1.2	Bürogebäude mit Gaststätte	wie Zeile 1	Einzelbüro (Nr. 1)	1,5 kWh je Sitzplatz in der Gaststätte und Tag
2	Gebäude des Groß- und Einzelhandels bis 1 000 m² NGF	Groß-, Einzelhandel/Kaufhaus	Einzelhandel/ Kaufhaus (Nr. 6)	0
3	Gewerbebetriebe bis 1 000 m² NGF	Gewerbe	Werkstatt, Montage, Fertigung (Nr. 22)	1,5 kWh je Beschäftigten und Tag
4	Schule, Kindergarten und -tagesstätte, ähnliche Einrichtungen	Klassenzimmer, Aufenthaltsraum	Klassenzimmer/Gruppenraum (Nr. 8)	ohne Duschen: 85 Wh/(m²·d) mit Duschen: 250 Wh/(m²·d)
5	Turnhalle	Turnhalle	Turnhalle (Nr. 31)	1,5 kWh je Person und Tag
6	Beherbergungsstätte ohne Schwimmhalle, Sauna oder Wellnessbereich	Hotelzimmer	Hotelzimmer (Nr. 11)	250 Wh/(m²·d)
7	Bibliothek	Lesesaal, Freihandbereich	Bibliothek, Lesesaal (Nr. 28)	30 Wh/(m²·d)

[*1)] **Amtl. Anm.:** Die flächenbezogenen Werte beziehen sich auf die gesamte Nettogrundfläche des Gebäudes.

3.2.2 Bei Anwendung der Nr. 3.1.3 sind der Höchstwert und der Referenzwert des Jahres-Primärenergiebedarfs wie folgt zu erhöhen:

a) in Fällen der Nr. 3.1.3 Satz 3 Buchstabe a pauschal um 650 kWh/(m²·a) je m² gekühlte Nettogrundfläche des Serverraums,

b) in Fällen der Nr. 3.1.3 Satz 3 Buchstabe b pauschal um 50 kWh/(m²·a) je m² gekühlte Nettogrundfläche der Verkaufseinrichtung, des Gewerbebetriebes oder der Gaststätte.

3.2.3 Der Jahres-Primärenergiebedarf für Beleuchtung darf vereinfacht für den Bereich der Hauptnutzung berechnet werden, der die geringste Tageslichtversorgung aufweist.

3.2.4 Der ermittelte Jahres-Primärenergiebedarf ist sowohl für den Höchstwert des Referenzgebäudes nach Nr. 1.1 als auch für den Höchstwert des Gebäudes um 10 vom Hundert zu erhöhen.

4 Sommerlicher Wärmeschutz (zu § 4 Absatz 4)

4.1 Als höchstzulässige Sonneneintragskennwerte nach § 4 Absatz 4 sind die in DIN 4108-2 : 2003-07 Abschnitt 8 festgelegten Werte einzuhalten.

4.2 Der Sonneneintragskennwert des zu errichtenden Nichtwohngebäudes ist für jede Gebäudezone nach dem dort genannten Verfahren zu bestimmen. Wird zur Berechnung nach Satz 1 ein ingenieurmäßiges Verfahren (Simulationsrechnung) angewendet, so sind abweichend von DIN 4108-2 : 2003-07 Randbedingungen anzuwenden, die die aktuellen klimatischen Verhältnisse am Standort des Gebäudes hinreichend gut wiedergeben.

Anlage 3
(zu den §§ 8 und 9)

Anforderungen bei Änderung von Außenbauteilen und bei Errichtung kleiner Gebäude; Randbedingungen und Maßgaben für die Bewertung bestehender Wohngebäude

1 Außenwände

Soweit bei beheizten oder gekühlten Räumen Außenwände

a) ersetzt, erstmalig eingebaut

oder in der Weise erneuert werden, dass

b) Bekleidungen in Form von Platten oder plattenartigen Bauteilen oder Verschalungen sowie Mauerwerks-Vorsatzschalen angebracht werden,

c) Dämmschichten eingebaut werden oder

d) bei einer bestehenden Wand mit einem Wärmedurchgangskoeffizienten größer 0,9 W/(m² · K) der Außenputz erneuert wird,

sind die jeweiligen Höchstwerte der Wärmedurchgangskoeffizienten nach Tabelle 1 Zeile 1 einzuhalten. Bei einer Kerndämmung von mehrschaligem Mauerwerk gemäß Buchstabe d gilt die Anforderung als erfüllt, wenn der bestehende Hohlraum zwischen den Schalen vollständig mit Dämmstoff ausgefüllt wird. Beim Einbau von innenraumseitigen Dämmschichten gemäß Buchstabe c gelten die Anforderungen des Satzes 1 als erfüllt, wenn der Wärmedurchgangskoeffizient des entstehenden Wandaufbaus 0,35 W/(m²·K) nicht überschreitet. Werden bei Außenwänden in Sichtfachwerkbauweise, die der Schlagregenbeanspruchungsgruppe I nach DIN 4108-3 : 2001-06 zuzuordnen sind und in besonders geschützten Lagen liegen, Maßnahmen gemäß Buchstabe a, c oder d durchgeführt, gelten die Anforderungen gemäß Satz 1 als erfüllt, wenn der Wärmedurchgangskoeffizient des entstehenden Wandaufbaus 0,84 W/(m²·K) nicht überschreitet; im Übrigen gelten bei Wänden in Sichtfachwerkbauweise die Anforderungen nach Satz 1 nur in Fällen von Maßnahmen nach Buchstabe b. Werden Maßnahmen nach Satz 1 ausgeführt und ist die Dämmschichtdicke im Rahmen dieser Maßnahmen aus technischen Gründen begrenzt, so gelten die Anforderungen als erfüllt, wenn die nach anerkannten Regeln der Technik höchstmögliche Dämmschichtdicke (bei einem Bemessungswert der Wärmeleitfähigkeit λ = 0,040 W/(m·K)) eingebaut wird.

2 Fenster, Fenstertüren, Dachflächenfenster und Glasdächer

Soweit bei beheizten oder gekühlten Räumen außen liegende Fenster, Fenstertüren, Dachflächenfenster und Glasdächer in der Weise erneuert werden, dass

a) das gesamte Bauteil ersetzt oder erstmalig eingebaut wird,

b) zusätzliche Vor- oder Innenfenster eingebaut werden oder

c) die Verglasung ersetzt wird,

sind die Anforderungen nach Tabelle 1 Zeile 2 einzuhalten. Satz 1 gilt nicht für Schaufenster und Türanlagen aus Glas. Bei Maßnahmen gemäß Buchstabe c gilt Satz 1 nicht, wenn der vorhandene Rahmen zur Aufnahme der vorgeschriebenen Verglasung ungeeignet ist. Werden Maßnahmen nach Buchstabe c ausgeführt und ist die Glasdicke im Rahmen dieser Maßnahmen aus technischen Gründen begrenzt, so gelten die Anforderungen als erfüllt, wenn eine Verglasung mit einem Wärmedurchgangskoeffizienten von höchstens 1,30 W/(m²·K) eingebaut wird. Werden Maßnahmen nach Buchstabe c an Kasten- oder Verbundfenstern durchgeführt, so gelten die Anforderungen als erfüllt, wenn eine Glastafel mit einer infrarotreflektierenden Beschichtung mit einer Emissivität $\varepsilon_n \leq 0,2$ eingebaut wird. Werden bei Maßnahmen nach Satz 1

1. Schallschutzverglasungen mit einem bewerteten Schalldämmmaß der Verglasung von $R_{w,R} \geq 40$ dB nach DIN EN ISO 717-1 : 1997-01 oder einer vergleichbaren Anforderung oder

2. Isolierglas-Sonderaufbauten zur Durchschusshemmung, Durchbruchhemmung oder Sprengwirkungshemmung nach anerkannten Regeln der Technik oder

3. Isolierglas-Sonderaufbauten als Brandschutzglas mit einer Einzelelementdicke von mindestens 18 mm nach DIN 4102-13 : 1990-05 oder einer vergleichbaren Anforderung

verwendet, sind abweichend von Satz 1 die Anforderungen nach Tabelle 1 Zeile 3 einzuhalten.

3 Außentüren

Bei der Erneuerung von Außentüren dürfen nur Außentüren eingebaut werden, deren Türfläche einen Wärmedurchgangskoeffizienten von 2,9 W/(m² · K) nicht überschreitet. Nr. 2 Satz 2 bleibt unberührt.

4 Decken, Dächer und Dachschrägen

4.1 Steildächer

Soweit bei Steildächern Decken unter nicht ausgebauten Dachräumen sowie Decken und Wände (einschließlich Dachschrägen), die beheizte oder gekühlte Räume nach oben gegen die Außenluft abgrenzen,

a) ersetzt, erstmalig eingebaut

oder in der Weise erneuert werden, dass

b) die Dachhaut bzw. außenseitige Bekleidungen oder Verschalungen ersetzt oder neu aufgebaut werden,

c) innenseitige Bekleidungen oder Verschalungen aufgebracht oder erneuert werden,

d) Dämmschichten eingebaut werden,

e) zusätzliche Bekleidungen oder Dämmschichten an Wänden zum unbeheizten Dachraum eingebaut werden,

sind für die betroffenen Bauteile die Anforderungen nach Tabelle 1 Zeile 4 a einzuhalten. Wird bei Maßnahmen nach Buchstabe b oder d der Wärmeschutz als Zwischensparrendämmung ausgeführt und ist die Dämmschichtdicke wegen einer innenseitigen Bekleidung oder der Sparrenhöhe begrenzt, so gilt die Anforderung als erfüllt, wenn die nach anerkannten Regeln der Technik höchstmögliche Dämmschichtdicke eingebaut wird. Die Sätze 1 und 2 gelten nur für opake Bauteile.

4.2 Flachdächer

Soweit bei beheizten oder gekühlten Räumen Flachdächer

a) ersetzt, erstmalig eingebaut

oder in der Weise erneuert werden, dass

b) die Dachhaut bzw. außenseitige Bekleidungen oder Verschalungen ersetzt oder neu aufgebaut werden,

c) innenseitige Bekleidungen oder Verschalungen aufgebracht oder erneuert werden,

d) Dämmschichten eingebaut werden,

sind die Anforderungen nach Tabelle 1 Zeile 4 b einzuhalten. Werden bei der Flachdacherneuerung Gefälledächer durch die keilförmige Anordnung einer Dämmschicht aufgebaut, so ist der Wärmedurchgangskoeffizient nach DIN EN ISO 6946 : 1996-11 Anhang C zu ermitteln. Der Bemessungswert des Wärmedurchgangswiderstandes am tiefsten Punkt der neuen Dämmschicht muss den Mindestwärmeschutz nach § 7 Abs. 1 gewährleisten. Werden Maßnahmen nach Satz 1 ausgeführt und ist die Dämmschichtdicke im Rahmen dieser Maßnahmen aus technischen Gründen begrenzt, so gelten die Anforderungen als erfüllt, wenn die nach anerkannten Regeln der Technik höchstmögliche Dämmschichtdicke (bei einem Bemessungswert der Wärmeleitfähigkeit

Energieeinsparverordnung Anl. 3   EnEV 58

$\lambda = 0{,}040$ W/(m·K)) eingebaut wird. Die Sätze 1 bis 4 gelten nur für opake Bauteile.

5   **Wände und Decken gegen unbeheizte Räume, Erdreich und nach unten an Außenluft**

Soweit bei beheizten Räumen Decken oder Wände, die an unbeheizte Räume, an Erdreich oder nach unten an Außenluft grenzen,

a) ersetzt, erstmalig eingebaut

oder in der Weise erneuert werden, dass

b) außenseitige Bekleidungen oder Verschalungen, Feuchtigkeitssperren oder Drainagen angebracht oder erneuert,

c) Fußbodenaufbauten auf der beheizten Seite aufgebaut oder erneuert,

d) Deckenbekleidungen auf der Kaltseite angebracht oder

e) Dämmschichten eingebaut werden,

sind die Anforderungen nach Tabelle 1 Zeile 5 einzuhalten, wenn die Änderung nicht von Nr. 4.1 erfasst wird. Werden Maßnahmen nach Satz 1 ausgeführt und ist die Dämmschichtdicke im Rahmen dieser Maßnahmen aus technischen Gründen begrenzt, so gelten die Anforderungen als erfüllt, wenn die nach anerkannten Regeln der Technik höchstmögliche Dämmschichtdicke (bei einem Bemessungswert der Wärmeleitfähigkeit $\lambda = 0{,}040$ W/(m·K)) eingebaut wird.

6   **Vorhangfassaden**

Soweit bei beheizten oder gekühlten Räumen Vorhangfassaden in der Weise erneuert werden, dass das gesamte Bauteil ersetzt oder erstmalig eingebaut wird, sind die Anforderungen nach Tabelle 1 Zeile 2 d einzuhalten. Werden bei Maßnahmen nach Satz 1 Sonderverglasungen entsprechend Nr. 2 Satz 2 verwendet, sind abweichend von Satz 1 die Anforderungen nach Tabelle 1 Zeile 3 c einzuhalten.

7   **Anforderungen**

Tabelle 1. Höchstwerte der Wärmedurchgangskoeffizienten bei erstmaligem Einbau, Ersatz und Erneuerung von Bauteilen

Zeile	Bauteil	Maßnahme nach	Wohngebäude und Zonen von Nichtwohngebäuden mit Innentemperaturen $\geq 19\,°C$	Zonen von Nichtwohngebäuden mit Innentemperaturen von 12 bis < 19 °C
			Höchstwerte der Wärmedurchgangskoeffizienten U_{max}[1]	
1	2	3	\multicolumn{2}{l}{4}
1	Außenwände	Nr. 1 a bis d	0,24 W/(m²·K)	0,35 W/(m²·K)
2 a	Außen liegende Fenster, Fenstertüren	Nr. 2 a und b	1,30 W/(m²·K)[2]	1,90 W/(m²·K)[2]

Zeile	Bauteil	Maßnahme nach	Wohngebäude und Zonen von Nichtwohngebäuden mit Innentemperaturen ≥ 19 °C	Zonen von Nichtwohngebäuden mit Innentemperaturen von 12 bis < 19 °C
			Höchstwerte der Wärmedurchgangskoeffizienten U_{max} [*1)]	
	1	2	3	4
2b	Dachflächenfenster	Nr. 2a und b	1,40 W/(m²·K) [*2)]	1,90 W/(m²·K) [*2)]
2c	Verglasungen	Nr. 2c	1,10 W/(m²·K) [*3)]	keine Anforderung
2d	Vorhangfassaden	Nr. 6 Satz 1	1,50 W/(m²·K) [*4)]	1,90 W/(m²·K) [*4)]
2e	Glasdächer	Nr. 2a und c	2,00 W/(m²·K) [*3)]	2,70 W/(m²·K) [*3)]
3a	Außen liegende Fenster, Fenstertüren, Dachflächenfenster mit Sonderverglasungen	Nr. 2a und b	2,00 W/(m²·K) [*2)]	2,80 W/(m²·K) [*2)]
3b	Sonderverglasungen	Nr. 2c	1,60 W/(m²·K) [*3)]	keine Anforderung
3c	Vorhangfassaden mit Sonderverglasungen	Nr. 6 Satz 2	2,30 W/(m²·K) [*4)]	3,00 W/(m²·K) [*4)]
4a	Decken, Dächer und Dachschrägen	Nr. 4.1	0,24 W/(m²·K)	0,35 W/(m²·K)
4b	Flachdächer	Nr. 4.2	0,20 W/(m²·K)	0,35 W/(m²·K)
5a	Decken und Wände gegen unbeheizte Räume oder Erdreich	Nr. 5a b, d und e	0,30 W/(m²·K)	keine Anforderung
5b	Fußbodenaufbauten	Nr. 5c	0,50 W/(m²·K)	keine Anforderung
5c	Decken nach unten an Außenluft	Nr. 5a bis e	0,24 W/(m²·K)	0,35 W/(m²·K)

[*1)] **Amtl. Anm.:** Wärmedurchgangskoeffizient des Bauteils unter Berücksichtigung der neuen und der vorhandenen Bauteilschichten; für die Berechnung opaker Bauteile ist DIN EN ISO 6946 : 1996-11 zu verwenden.

[*2)] **Amtl. Anm.:** Bemessungswert des Wärmedurchgangskoeffizienten des Fensters; der Bemessungswert des Wärmedurchgangskoeffizienten des Fensters ist technischen Produkt-Spezifikationen zu entnehmen oder gemäß den nach den Landesbauordnungen bekannt gemachten energetischen Kennwerten für Bauprodukte zu bestimmen. Hierunter fallen insbesondere energetische Kennwerte aus europäischen technischen Zulassungen sowie energetische Kennwerte der Regelungen nach der Bauregelliste A Teil 1 und auf Grund von Festlegungen in allgemeinen bauaufsichtlichen Zulassungen.

[*3)] **Amtl. Anm.:** Bemessungswert des Wärmedurchgangskoeffizienten der Verglasung; der Bemessungswert des Wärmedurchgangskoeffizienten der Verglasung ist technischen Produkt-Spezifikationen zu entnehmen oder gemäß den nach den Landesbauordnungen bekannt gemachten energetischen Kennwerten für Bauprodukte zu bestimmen. Hierunter fallen insbesondere energetische Kennwerte aus europäischen technischen Zulassungen

Energieeinsparverordnung Anl. 4 EnEV 58

sowie energetische Kennwerte der Regelungen nach der Bauregelliste A Teil 1 und auf Grund von Festlegungen in allgemeinen bauaufsichtlichen Zulassungen.
[*4)] **Amtl. Anm.:** Wärmedurchgangskoeffizient der Vorhangfassade; er ist nach anerkannten Regeln der Technik zu ermitteln.

8 Randbedingungen und Maßgaben für die Bewertung bestehender Wohngebäude (zu § 9 Absatz 2)

Die Berechnungsverfahren nach Anlage 1 Nr. 2 sind bei bestehenden Wohngebäuden mit folgenden Maßgaben anzuwenden:

8.1 Wärmebrücken sind in dem Falle, dass mehr als 50 vom Hundert der Außenwand mit einer innen liegenden Dämmschicht und einbindender Massivdecke versehen sind, durch Erhöhung der Wärmedurchgangskoeffizienten um $\Delta U_{WB} = 0{,}15$ W/(m²·K) für die gesamte wärmeübertragende Umfassungsfläche zu berücksichtigen.

8.2 Die Luftwechselrate ist bei der Berechnung abweichend von DIN V 4108-6 : 2003-06[1)] Tabelle D.3 Zeile 8 bei offensichtlichen Undichtheiten, wie bei Fenstern ohne funktionstüchtige Lippendichtung oder bei beheizten Dachgeschossen mit Dachflächen ohne luftdichte Ebene, mit 1,0 h^{-1} anzusetzen.

8.3 Bei der Ermittlung der solaren Gewinne nach DIN V 18599 : 2007-02 oder DIN V 4108-6 : 2003-06[1)] Abschnitt 6.4.3 ist der Minderungsfaktor für den Rahmenanteil von Fenstern mit $F_F = 0{,}6$ anzusetzen.

Anlage 4
(zu § 6)

Anforderungen an die Dichtheit und den Mindestluftwechsel

1 Anforderungen an außen liegende Fenster, Fenstertüren und Dachflächenfenster

Außen liegende Fenster, Fenstertüren und Dachflächenfenster müssen den Klassen nach Tabelle 1 entsprechen.

Tabelle 1. Klassen der Fugendurchlässigkeit von außen liegenden Fenstern, Fenstertüren und Dachflächenfenstern

Zeile	Anzahl der Vollgeschosse des Gebäudes	Klasse der Fugendurchlässigkeit nach DIN EN 12207-1 : 2000-06
1	bis zu 2	2
2	mehr als 2	3

2 Nachweis der Dichtheit des gesamten Gebäudes

Wird bei Anwendung des § 6 Absatz 1 Satz 3 eine Überprüfung der Anforderungen nach § 6 Abs. 1 durchgeführt, darf der nach DIN EN 13829 : 2001-02 bei einer Druckdifferenz zwischen innen und außen von

---

[1)] **Amtl. Anm.:** Geändert durch DIN V 4108-6 Berichtigung 1 2004-03.

58 EnEV Anl. 4a, Anl. 5

50 Pa gemessene Volumenstrom – bezogen auf das beheizte oder gekühlte Luftvolumen – bei Gebäuden
- ohne raumlufttechnische Anlagen 3,0 h^{-1} und
- mit raumlufttechnischen Anlagen 1,5 h^{-1}

nicht überschreiten.

Anlage 4a
(zu § 13 Absatz 2)

Anforderungen an die Inbetriebnahme von Heizkesseln und sonstigen Wärmeerzeugersystemen

In Fällen des § 13 Absatz 2 sind der Einbau und die Aufstellung zum Zwecke der Inbetriebnahme nur zulässig, wenn das Produkt aus Erzeugeraufwandszahl e_g und Primärenergiefaktor f_p nicht größer als 1,30 ist. Die Erzeugeraufwandszahl e_g ist nach DIN V 4701-10 : 2003-08 Tabellen C.3-4b bis C.3-4f zu bestimmen. Soweit Primärenergiefaktoren nicht unmittelbar in dieser Verordnung festgelegt sind, ist der Primärenergiefaktor f_p für den nicht erneuerbaren Anteil nach DIN V 4701-10 : 2003-08, geändert durch A1 : 2006-12, zu bestimmen. Werden Niedertemperatur-Heizkessel oder Brennwertkessel als Wärmeerzeuger in Systemen der Nahwärmeversorgung eingesetzt, gilt die Anforderung des Satzes 1 als erfüllt.

Anlage 5
(zu § 10 Absatz 2, § 14 Absatz 5 und § 15 Absatz 4)

Anforderungen an die Wärmedämmung von Rohrleitungen und Armaturen

1 In Fällen des § 10 Absatz 2 und des § 14 Absatz 5 sind die Anforderungen der Zeilen 1 bis 7 und in Fällen des § 15 Absatz 4 der Zeile 8 der Tabelle 1 einzuhalten, soweit sich nicht aus anderen Bestimmungen dieser Anlage etwas anderes ergibt.

Tabelle 1. Wärmedämmung von Wärmeverteilungs- und Warmwasserleitungen, Kälteverteilungs- und Kaltwasserleitungen sowie Armaturen

Zeile	Art der Leitungen/Armaturen	Mindestdicke der Dämmschicht, bezogen auf eine Wärmeleitfähigkeit von 0,035 W/(m·K)
1	Innendurchmesser bis 22 mm	20 mm
2	Innendurchmesser über 22 mm bis 35 mm	30 mm
3	Innendurchmesser über 35 mm bis 100 mm	gleich Innendurchmesser

Energieeinsparverordnung **Anl. 5 EnEV 58**

Zeile	Art der Leitungen/Armaturen	Mindestdicke der Dämmschicht, bezogen auf eine Wärmeleitfähigkeit von 0,035 W/(m·K)
4	Innendurchmesser über 100 mm	100 mm
5	Leitungen und Armaturen nach den Zeilen 1 bis 4 in Wand- und Deckendurchbrüchen, im Kreuzungsbereich von Leitungen, an Leitungsverbindungsstellen, bei zentralen Leitungsnetzverteilern	1/2 der Anforderungen der Zeilen 1 bis 4
6	Leitungen von Zentralheizungen nach den Zeilen 1 bis 4, die nach dem 31. Januar 2002 in Bauteilen zwischen beheizten Räumen verschiedener Nutzer verlegt werden	1/2 der Anforderungen der Zeilen 1 bis 4
7	Leitungen nach Zeile 6 im Fußbodenaufbau	6 mm
8	Kälteverteilungs- und Kaltwasserleitungen sowie Armaturen von Raumlufttechnik- und Klimakältesystemen	6 mm

Soweit in Fällen des § 14 Absatz 5 Wärmeverteilungs- und Warmwasserleitungen an Außenluft grenzen, sind diese mit dem Zweifachen der Mindestdicke nach Tabelle 1 Zeile 1 bis 4 zu dämmen.

2   In Fällen des § 14 Absatz 5 ist Tabelle 1 nicht anzuwenden, soweit sich Leitungen von Zentralheizungen nach den Zeilen 1 bis 4 in beheizten Räumen oder in Bauteilen zwischen beheizten Räumen eines Nutzers befinden und ihre Wärmeabgabe durch frei liegende Absperreinrichtungen beeinflusst werden kann. In Fällen des § 10 Absatz 2 und des § 14 Absatz 5 ist Tabelle 1 nicht anzuwenden auf Warmwasserleitungen bis zu einer Länge von 4 m, die weder in den Zirkulationskreislauf einbezogen noch mit elektrischer Begleitheizung ausgestattet sind (Stichleitungen).

3   Bei Materialien mit anderen Wärmeleitfähigkeiten als 0,035 W/(m·K) sind die Mindestdicken der Dämmschichten entsprechend umzurechnen. Für die Umrechnung und die Wärmeleitfähigkeit des Dämmmaterials sind die in anerkannten Regeln der Technik enthaltenen Berechnungsverfahren und Rechenwerte zu verwenden.

4   Bei Wärmeverteilungs- und Warmwasserleitungen sowie Kälteverteilungs- und Kaltwasserleitungen dürfen die Mindestdicken der Dämmschichten nach Tabelle 1 insoweit vermindert werden, als eine gleichwertige Begrenzung der Wärmeabgabe oder der Wärmeaufnahme auch bei anderen Rohrdämmstoffanordnungen und unter Berücksichtigung der Dämmwirkung der Leitungswände sichergestellt ist.

58 EnEV Anl. 6   5. Teil. Umweltschutz

Anlage 6
(zu § 16)

Muster Energieausweis Wohngebäude

ENERGIEAUSWEIS für Wohngebäude
gemäß den §§ 16 ff. Energieeinsparverordnung (EnEV)

Gültig bis: **1**

Gebäude

Gebäudetyp	
Adresse	
Gebäudeteil	
Baujahr Gebäude	
Baujahr Anlagentechnik[1])	
Anzahl Wohnungen	**Gebäudefoto (freiwillig)**
Gebäudenutzfläche (A_N)	
Erneuerbare Energien	
Lüftung	

Anlass der Ausstellung des Energieausweises	☐ Neubau ☐ Vermietung / Verkauf	☐ Modernisierung (Änderung / Erweiterung)	☐ Sonstiges (freiwillig)

Hinweise zu den Angaben über die energetische Qualität des Gebäudes

Die energetische Qualität eines Gebäudes kann durch die Berechnung des **Energiebedarfs** unter standardisierten Randbedingungen oder durch die Auswertung des **Energieverbrauchs** ermittelt werden. Als Bezugsfläche dient die energetische Gebäudenutzfläche nach der EnEV, die sich in der Regel von den allgemeinen Wohnflächenangaben unterscheidet. Die angegebenen Vergleichswerte sollen überschlägige Vergleiche ermöglichen (**Erläuterungen – siehe Seite 4**).

☐ Der Energieausweis wurde auf der Grundlage von Berechnungen des **Energiebedarfs** erstellt. Die Ergebnisse sind auf **Seite 2** dargestellt. Zusätzliche Informationen zum Verbrauch sind freiwillig.

☐ Der Energieausweis wurde auf der Grundlage von Auswertungen des **Energieverbrauchs** erstellt. Die Ergebnisse sind auf **Seite 3** dargestellt.

Datenerhebung Bedarf/Verbrauch durch   ☐ Eigentümer   ☐ Aussteller

☐ Dem Energieausweis sind zusätzliche Informationen zur energetischen Qualität beigefügt (freiwillige Angabe).

Hinweise zur Verwendung des Energieausweises

Der Energieausweis dient lediglich der Information. Die Angaben im Energieausweis beziehen sich auf das gesamte Wohngebäude oder den oben bezeichneten Gebäudeteil. Der Energieausweis ist lediglich dafür gedacht, einen überschlägigen Vergleich von Gebäuden zu ermöglichen.

Aussteller

Datum   Unterschrift des Ausstellers

[1]) Mehrfachangaben möglich

Energieeinsparverordnung **Anl. 6 EnEV 58**

ENERGIEAUSWEIS für Wohngebäude
gemäß den §§ 16 ff. Energieeinsparverordnung (EnEV)

Berechneter Energiebedarf des Gebäudes Adresse, Gebäudeteil ②

Energiebedarf

CO_2-Emissionen [1] kg/(m²·a)

Endenergiebedarf dieses Gebäudes
kWh/(m²·a)

| 0 | 50 | 100 | 150 | 200 | 250 | 300 | 350 | ≥400 |

kWh/(m²·a)
Primärenergiebedarf dieses Gebäudes
(„Gesamtenergieeffizienz")

Anforderungen gemäß EnEV [2]   **Für Energiebedarfsberechnungen verwendetes Verfahren**

Primärenergiebedarf
Ist-Wert _____ kWh/(m²·a) Anforderungswert _____ kWh/(m²·a)   ☐ Verfahren nach DIN V 4108-6 und DIN V 4701-10
Energetische Qualität der Gebäudehülle H'$_T$:
Ist-Wert _____ W/(m²·K) Anforderungswert _____ W/(m²·K)   ☐ Verfahren nach DIN V 18599
Sommerlicher Wärmeschutz (bei Neubau) ☐ eingehalten   ☐ Vereinfachungen nach § 9 Abs. 2 EnEV

Endenergiebedarf

Energieträger	Jährlicher Endenergiebedarf in kWh/(m²·a) für			Gesamt in kWh/(m²·a)
	Heizung	Warmwasser	Hilfsgeräte [4]	

Ersatzmaßnahmen [3]

Anforderungen nach § 7 Nr. 2 EEWärmeG
☐ Die um 15 % verschärften Anforderungswerte sind eingehalten.

Anforderungen nach § 7 Nr. 2 i. V. m. § 8 EEWärmeG
Die Anforderungswerte der EnEV sind um _____ % verschärft.
Primärenergiebedarf
Verschärfter Anforderungswert: _____ kWh/(m²·a).
Transmissionswärmeverlust H'$_T$:
Verschärfter Anforderungswert: _____ W/(m²·K).

Vergleichswerte Endenergiebedarf

| 0 | 50 | 100 | 150 | 200 | 250 | 300 | 350 | ≥400 |

Passivhaus, MFH Neubau, EFH Neubau, EFH energetisch gut modernisiert, Durchschnitt Wohngebäude, MFH energetisch nicht wesentlich modernisiert, EFH energetisch nicht wesentlich modernisiert

[5]

Erläuterungen zum Berechnungsverfahren

Die Energieeinsparverordnung lässt für die Berechnung des Energiebedarfs zwei alternative Berechnungsverfahren zu, die im Einzelfall zu unterschiedlichen Ergebnissen führen können. Insbesondere wegen standardisierter Randbedingungen erlauben die angegebenen Werte keine Rückschlüsse auf den tatsächlichen Energieverbrauch. Die ausgewiesenen Bedarfswerte sind spezifische Werte nach der EnEV pro Quadratmeter Gebäudenutzfläche (A_N).

[1] freiwillige Angabe [2] bei Neubau sowie bei Modernisierung im Falle des § 16 Abs. 1 Satz 2 EnEV
[3] nur bei Neubau im Falle der Anwendung von § 7 Nr. 2 Erneuerbare-Energien-Wärmegesetz   [4] ggf. einschließlich Kühlung
[5] EFH: Einfamilienhäuser, MFH: Mehrfamilienhäuser

58 EnEV Anl. 6

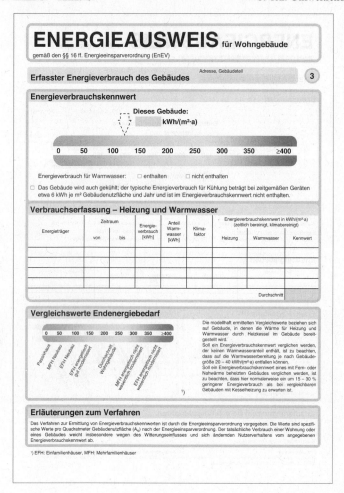

ENERGIEAUSWEIS für Wohngebäude

gemäß den §§ 16 ff. Energieeinsparverordnung (EnEV)

Erläuterungen

Energiebedarf – Seite 2
Der Energiebedarf wird in diesem Energieausweis durch den Jahres-Primärenergiebedarf und den Endenergiebedarf dargestellt. Diese Angaben werden rechnerisch ermittelt. Die angegebenen Werte werden auf der Grundlage der Bauunterlagen bzw. gebäudebezogener Daten und unter Annahme von standardisierten Randbedingungen (z. B. standardisierte Klimadaten, definiertes Nutzerverhalten, standardisierte Innentemperatur und innere Wärmegewinne usw.) berechnet. So lässt sich die energetische Qualität des Gebäudes unabhängig vom Nutzerverhalten und der Wetterlage beurteilen. Insbesondere wegen standardisierter Randbedingungen erlauben die angegebenen Werte keine Rückschlüsse auf den tatsächlichen Energieverbrauch.

Primärenergiebedarf – Seite 2
Der Primärenergiebedarf bildet die Gesamtenergieeffizienz eines Gebäudes ab. Er berücksichtigt neben der Endenergie auch die so genannte „Vorkette" (Erkundung, Gewinnung, Verteilung, Umwandlung) der jeweils eingesetzten Energieträger (z. B. Heizöl, Gas, Strom, erneuerbare Energien etc.). Kleine Werte signalisieren einen geringen Bedarf und damit eine hohe Energieeffizienz und eine die Ressourcen und die Umwelt schonende Energienutzung. Zusätzlich können die mit dem Energiebedarf verbundenen CO_2-Emissionen des Gebäudes freiwillig angegeben werden.

Energetische Qualität der Gebäudehülle – Seite 2
Angegeben ist der spezifische, auf die wärmeübertragende Umfassungsfläche bezogene Transmissionswärmeverlust (Formelzeichen in der EnEV H'_T). Er ist ein Maß für die durchschnittliche energetische Qualität aller wärmeübertragenden Umfassungsflächen (Außenwände, Decken, Fenster etc.) eines Gebäudes. Kleine Werte signalisieren einen guten baulichen Wärmeschutz. Außerdem stellt die EnEV Anforderungen an den sommerlichen Wärmeschutz (Schutz vor Überhitzung) eines Gebäudes.

Endenergiebedarf – Seite 2
Der Endenergiebedarf gibt die nach technischen Regeln berechnete, jährlich benötigte Energiemenge für Heizung, Lüftung und Warmwasserbereitung an. Er wird unter Standardklima- und Standardnutzungsbedingungen errechnet und ist ein Maß für die Energieeffizienz eines Gebäudes und seiner Anlagentechnik. Der Endenergiebedarf ist die Energiemenge, die dem Gebäude bei standardisierten Bedingungen unter Berücksichtigung der Energieverluste zugeführt werden muss, damit die standardisierte Innentemperatur, der Warmwasserbedarf und die notwendige Lüftung sichergestellt werden können. Kleine Werte signalisieren einen geringen Bedarf und damit eine hohe Energieeffizienz.

Die Vergleichswerte für den Energiebedarf sind modellhaft ermittelte Werte und sollen Anhaltspunkte für grobe Vergleiche der Werte dieses Gebäudes mit den Vergleichswerten ermöglichen. Es sind ungefähre Bereiche angegeben, in denen die Werte für die einzelnen Vergleichskategorien liegen. Im Einzelfall können diese Werte auch außerhalb der angegebenen Bereiche liegen.

Energieverbrauchskennwert – Seite 3
Der ausgewiesene Energieverbrauchskennwert wird für das Gebäude auf der Basis der Abrechnung von Heiz- und ggf. Warmwasserkosten nach der Heizkostenverordnung und/oder auf Grund anderer geeigneter Verbrauchsdaten ermittelt. Dabei werden die Energieverbrauchsdaten des gesamten Gebäudes und nicht der einzelnen Wohn- oder Nutzeinheiten zugrunde gelegt. Über Klimafaktoren wird der erfasste Energieverbrauch für die Heizung hinsichtlich der konkreten örtlichen Wetterdaten auf einen deutschlandweiten Mittelwert umgerechnet. So führen beispielsweise hohe Verbräuche in einem einzelnen harten Winter nicht zu einer schlechteren Beurteilung des Gebäudes. Der Energieverbrauchskennwert gibt Hinweise auf die energetische Qualität des Gebäudes und seiner Heizungsanlage. Kleine Werte signalisieren einen geringen Verbrauch. Ein Rückschluss auf den künftig zu erwartenden Verbrauch ist jedoch nicht möglich; insbesondere können die Verbrauchsdaten einzelner Wohneinheiten stark differieren, weil sie von deren Lage im Gebäude, von der jeweiligen Nutzung und vom individuellen Verhalten abhängen.

Gemischt genutzte Gebäude
Für Energieausweise bei gemischt genutzten Gebäuden enthält die Energieeinsparverordnung besondere Vorgaben. Danach sind - je nach Fallgestaltung - entweder ein gemeinsamer Energieausweis für alle Nutzungen oder zwei getrennte Energieausweise für Wohnungen und die übrigen Nutzungen auszustellen; dies ist auf Seite 1 der Ausweise erkennbar (ggf. Angabe „Gebäudeteil").

Anlage 7
(zu § 16)

Muster Energieausweis Nichtwohngebäude

ENERGIEAUSWEIS für Nichtwohngebäude
gemäß den §§ 16 ff. Energieeinsparverordnung (EnEV)

Gültig bis: 1

Gebäude

Hauptnutzung / Gebäudekategorie	
Adresse	
Gebäudeteil	
Baujahr Gebäude	
Baujahr Wärmeerzeuger [1]	
Baujahr Klimaanlage [1]	
Nettogrundfläche [2]	
Erneuerbare Energien	
Lüftung	

Gebäudefoto (freiwillig)

Anlass der Ausstellung des Energieausweises
- ☐ Neubau
- ☐ Vermietung / Verkauf
- ☐ Modernisierung (Änderung / Erweiterung)
- ☐ Aushang b. öff. Gebäuden
- ☐ Sonstiges (freiwillig)

Hinweise zu den Angaben über die energetische Qualität des Gebäudes

Die energetische Qualität eines Gebäudes kann durch die Berechnung des **Energiebedarfs** unter standardisierten Randbedingungen oder durch die Auswertung des **Energieverbrauchs** ermittelt werden. **Als Bezugsfläche dient die Nettogrundfläche**.

☐ Der Energieausweis wurde auf der Grundlage von Berechnungen des **Energiebedarfs** erstellt. Die Ergebnisse sind auf **Seite 2** dargestellt. Zusätzliche Informationen zum Verbrauch sind freiwillig. Diese Art der Ausstellung ist Pflicht bei Neubauten und bestimmten Modernisierungen. Die angegebenen Vergleichswerte sind die Anforderungen der EnEV zum Zeitpunkt der Erstellung des Energieausweises **(Erläuterungen – siehe Seite 4)**.

☐ Der Energieausweis wurde auf der Grundlage von Auswertungen des **Energieverbrauchs** erstellt: Die Ergebnisse sind auf **Seite 3** dargestellt. Die Vergleichswerte beruhen auf statistischen Auswertungen.

Datenerhebung Bedarf/Verbrauch durch   ☐ Eigentümer   ☐ Aussteller

☐ Dem Energieausweis sind zusätzliche Informationen zur energetischen Qualität beigefügt (freiwillige Angabe).

Hinweise zur Verwendung des Energieausweises

Der Energieausweis dient lediglich der Information. Die Angaben im Energieausweis beziehen sich auf das gesamte Gebäude oder den oben bezeichneten Gebäudeteil. Der Energieausweis ist lediglich dafür gedacht, einen überschlägigen Vergleich von Gebäuden zu ermöglichen.

Aussteller

Datum   Unterschrift des Ausstellers

[1]) Mehrfachangaben möglich   [2]) Nettogrundfläche ist im Sinne der EnEV ausschließlich der beheizte / gekühlte Teil der Nettogrundfläche

Energieeinsparverordnung **Anl. 7 EnEV 58**

ENERGIEAUSWEIS für Nichtwohngebäude
gemäß den §§ 16 ff. Energieeinsparverordnung (EnEV)

Adresse, Gebäudeteil

Berechneter Energiebedarf des Gebäudes (2)

Primärenergiebedarf „Gesamtenergieeffizienz"

CO_2-Emissionen [1] kg/(m²·a)

Dieses Gebäude: kWh/(m²·a)

0 100 200 300 400 500 600 700 800 900 ≥1000

EnEV-Anforderungswert Neubau (Vergleichswert)
EnEV-Anforderungswert modernisierter Altbau (Vergleichswert)

Anforderungen gemäß EnEV [2]

Primärenergiebedarf
Ist-Wert ____ kWh/(m²·a) Anforderungswert ____ kWh/(m²·a)

Mittlere Wärmedurchgangskoeffizienten ☐ eingehalten
Sommerlicher Wärmeschutz (bei Neubau) ☐ eingehalten

Für Energiebedarfsberechnungen verwendetes Verfahren

☐ Verfahren nach Anlage 2 Nr. 2 EnEV
☐ Verfahren nach Anlage 2 Nr. 3 EnEV („Ein-Zonen-Modell")
☐ Vereinfachungen nach § 9 Abs. 2 EnEV

Endenergiebedarf

Energieträger	Jährlicher Endenergiebedarf in kWh/(m²·a) für					
	Heizung	Warmwasser	Eingebaute Beleuchtung	Lüftung [4]	Kühlung einschl. Befeuchtung	Gebäude insgesamt

Aufteilung Energiebedarf

[kWh/(m²·a)]	Heizung	Warmwasser	Eingebaute Beleuchtung	Lüftung [4]	Kühlung einschl. Befeuchtung	Gebäude insgesamt
Nutzenergie						
Endenergie						
Primärenergie						

Ersatzmaßnahmen [3]

Anforderungen nach § 7 Nr. 2 EEWärmeG
☐ Die um 15 % verschärften Anforderungswerte sind eingehalten.

Anforderungen nach § 7 Nr. 2 i. V. m. § 8 EEWärmeG
Die Anforderungswerte der EnEV sind um ____ % verschärft.

Primärenergiebedarf
Verschärfter Anforderungswert ____ kWh/(m²·a).

Wärmeschutzanforderungen
☐ Die verschärften Anforderungswerte sind eingehalten.

Gebäudezonen

Nr.	Zone	Fläche [m²]	Anteil [%]
1			
2			
3			
4			
5			
6			
☐	weitere Zonen in Anlage		

Erläuterungen zum Berechnungsverfahren

Die Energieeinsparverordnung lässt für die Berechnung des Energiebedarfs in vielen Fällen neben dem Berechnungsverfahren alternative Vereinfachungen zu, die im Einzelfall zu unterschiedlichen Ergebnissen führen können. Insbesondere wegen standardisierter Randbedingungen erlauben die angegebenen Werte keine Rückschlüsse auf den tatsächlichen Energieverbrauch. Die ausgewiesenen Bedarfswerte sind spezifische Werte nach der EnEV pro Quadratmeter beheizte / gekühlte Nettogrundfläche.

[1] freiwillige Angabe [2] bei Neubau sowie bei Modernisierung im Falle des § 16 Abs. 1 Satz 2 EnEV
[3] nur bei Neubau im Falle der Anwendung von § 7 Nr. 2 Erneuerbare-Energien-Wärmegesetz [4] nur Hilfsenergiebedarf

ENERGIEAUSWEIS für Nichtwohngebäude

gemäß den §§ 16 ff. Energieeinsparverordnung (EnEV)

Adresse, Gebäudeteil

Erfasster Energieverbrauch des Gebäudes ③

Heizenergieverbrauchskennwert (einschließlich Warmwasser)

Dieses Gebäude: kWh/(m²·a)

0   100   200   300   400   500   600   700   800   900   ≥1000

↑ Vergleichswert dieser Gebäudekategorie für Heizung und Warmwasser ¹)

Stromverbrauchskennwert

Dieses Gebäude: kWh/(m²·a)

0   100   200   300   400   500   600   700   800   900   ≥1000

↑ Vergleichswert dieser Gebäudekategorie für Strom ¹)

Der Wert enthält den Stromverbrauch für
☐ Zusatzheizung   ☐ Warmwasser   ☐ Lüftung   ☐ eingebaute Beleuchtung   ☐ Kühlung   ☐ Sonstiges:

Verbrauchserfassung – Heizung und Warmwasser

Energieträger	Zeitraum von	Zeitraum bis	Energieverbrauch [kWh]	Anteil Warmwasser [kWh]	Klimafaktor	Energieverbrauchskennwert in kWh/(m²·a) (zeitlich bereinigt, klimabereinigt)		
						Heizung	Warmwasser	Kennwert
								Durchschnitt

Verbrauchserfassung – Strom

Zeitraum von	bis	Ablesewert [kWh]	Kennwert [kWh/(m²·a)]

Gebäudenutzung

Gebäudekategorie oder Nutzung, ggf. mit Prozentanteil	%
	%
	%
Sonderzonen	

Erläuterungen zum Verfahren

Das Verfahren zur Ermittlung von Energieverbrauchskennwerten ist durch die Energieeinsparverordnung vorgegeben. Die Werte sind spezifische Werte pro Quadratmeter beheizte / gekühlte Nettogrundfläche. Der tatsächliche Verbrauch eines Gebäudes weicht insbesondere wegen des Witterungseinflusses und sich ändernden Nutzerverhaltens von den angegebenen Kennwerten ab.

¹) veröffentlicht im Bundesanzeiger / Internet durch das Bundesministerium für Verkehr, Bau und Stadtentwicklung und das Bundesministerium für Wirtschaft und Technologie

ENERGIEAUSWEIS für Nichtwohngebäude

gemäß den §§ 16 ff. Energieeinsparverordnung (EnEV)

Erläuterungen

Energiebedarf – Seite 2
Der Energiebedarf wird in diesem Energieausweis durch den Jahres-Primärenergiebedarf und den Endenergiebedarf für die Anteile Heizung, Warmwasser, eingebaute Beleuchtung, Lüftung und Kühlung dargestellt. Diese Angaben werden rechnerisch ermittelt. Die angegebenen Werte werden auf der Grundlage der Bauunterlagen bzw. gebäudebezogener Daten und unter Annahme von standardisierten Randbedingungen (z. B. standardisierte Klimadaten, definiertes Nutzerverhalten, standardisierte Innentemperatur und innere Wärmegewinne usw.) berechnet. So lässt sich die energetische Qualität des Gebäudes unabhängig vom Nutzerverhalten und der Witterung beurteilen. Insbesondere wegen standardisierter Randbedingungen erlauben die angegebenen Werte keine Rückschlüsse auf den tatsächlichen Energieverbrauch.

Primärenergiebedarf – Seite 2
Der Primärenergiebedarf bildet die Gesamtenergieeffizienz eines Gebäudes ab. Er berücksichtigt neben der Endenergie auch die so genannte „Vorkette" (Erkundung, Gewinnung, Verteilung, Umwandlung) der jeweils eingesetzten Energieträger (z. B. Heizöl, Gas, Strom, erneuerbare Energien etc.). Kleine Werte signalisieren einen geringen Bedarf und damit eine hohe Energieeffizienz und eine die Ressourcen und die Umwelt schonende Energienutzung.
Die angegebenen Vergleichswerte geben für das Gebäude die Anforderungen der Energieeinsparverordnung an, die zum Zeitpunkt der Erstellung des Energieausweises galt. Sie sind im Falle eines Neubaus oder der Modernisierung des Gebäudes nach § 9 Abs. 1 Satz 2 EnEV einzuhalten. Bei Bestandsgebäuden dienen sie der Orientierung hinsichtlich der energetischen Qualität des Gebäudes. Zusätzlich können die mit dem Energiebedarf verbundenen CO_2-Emissionen des Gebäudes freiwillig angegeben werden.
Der Skalenendwert des Bandtachometers beträgt, auf die Zehnerstelle gerundet, das Dreifache des Vergleichswerts „EnEV Anforderungswert modernisierter Altbau" (140 % des „EnEV Anforderungswerts Neubau").

Wärmeschutz – Seite 2
Die Energieeinsparverordnung stellt bei Neubauten und bestimmten baulichen Änderungen auch Anforderungen an die energetische Qualität aller wärmeübertragenden Umfassungsflächen (Außenwände, Decken, Fenster etc.) sowie bei Neubauten an den sommerlichen Wärmeschutz (Schutz vor Überhitzung) eines Gebäudes.

Endenergiebedarf – Seite 2
Der Endenergiebedarf gibt die nach technischen Regeln berechnete, jährlich benötigte Energiemenge für Heizung, Warmwasser, eingebaute Beleuchtung, Lüftung und Kühlung an. Er wird unter Standardklima und Standardnutzungsbedingungen errechnet und ist ein Maß für die Energieeffizienz eines Gebäudes und seiner Anlagentechnik. Der Endenergiebedarf ist die Energiemenge, die dem Gebäude bei standardisierten Bedingungen unter Berücksichtigung der Energieverluste zugeführt werden muss, damit die standardisierte Innentemperatur, der Warmwasserbedarf und die notwendige Lüftung und eingebaute Beleuchtung sichergestellt werden können. Kleine Werte signalisieren einen geringen Bedarf und damit eine hohe Energieeffizienz.

Heizenergie- und Stromverbrauchskennwert (Energieverbrauchskennwerte) – Seite 3
Der Heizenergieverbrauchskennwert (einschließlich Warmwasser) wird für das Gebäude auf der Basis der Erfassung des Verbrauchs ermittelt. Das Verfahren zur Ermittlung von Energieverbrauchskennwerten ist durch die Energieeinsparverordnung vorgegeben. Die Werte sind spezifische Werte pro Quadratmeter Nettogrundfläche nach der Energieeinsparverordnung. Über Klimafaktoren wird der erfasste Energieverbrauch hinsichtlich der örtlichen Wetterdaten auf ein standardisiertes Klima für Deutschland umgerechnet. Der ausgewiesene Stromverbrauchskennwert wird für das Gebäude auf der Basis der Erfassung des Verbrauchs oder der entsprechenden Abrechnung ermittelt. Die Energieverbrauchskennwerte geben Hinweise auf die energetische Qualität des Gebäudes. Kleine Werte signalisieren einen geringen Verbrauch. Ein Rückschluss auf den künftig zu erwartenden Verbrauch ist jedoch nicht möglich. Der tatsächliche Verbrauch einer Nutzungseinheit oder eines Gebäudes weicht insbesondere wegen des Witterungseinflusses und sich ändernden Nutzerverhaltens oder sich ändernder Nutzungen vom angegebenen Energieverbrauchskennwert ab.
Die Vergleichswerte ergeben sich durch die Beurteilung gleichartiger Gebäude. Kleinere Verbrauchswerte als der Vergleichswert signalisieren eine gute energetische Qualität im Vergleich zum Gebäudebestand dieses Gebäudetyps. Die Vergleichswerte werden durch das Bundesministerium für Verkehr, Bau und Stadtentwicklung im Einvernehmen mit dem Bundesministerium für Wirtschaft und Technologie bekannt gegeben.
Die Skalenendwerte der Bandtachometer betragen, auf die Zehnerstelle gerundet, das Doppelte des jeweiligen Vergleichswerts.

58 EnEV Anl. 8   5. Teil. Umweltschutz

Anlage 8
(zu § 16)

Muster Aushang Energieausweis auf der Grundlage des Energiebedarfs

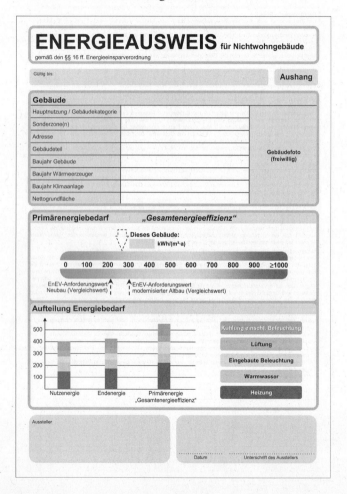

Energieeinsparverordnung Anl. 9 EnEV 58

Anlage 9
(zu § 16)

Muster Aushang Energieausweis auf der Grundlage des Energieverbrauchs

ENERGIEAUSWEIS für Nichtwohngebäude
gemäß den §§ 16 ff. Energieeinsparverordnung

Gültig bis: **Aushang**

Gebäude

Hauptnutzung / Gebäudekategorie	
Sonderzone(n)	
Adresse	
Gebäudeteil	
Baujahr Gebäude	
Baujahr Wärmeerzeuger	
Baujahr Klimaanlage	
Nettogrundfläche	

Gebäudefoto (freiwillig)

Heizenergieverbrauchskennwert

Dieses Gebäude: ___ kWh/(m²·a)

0 100 200 300 400 500 600 700 800 900 ≥1000

↑ Vergleichswert dieser Gebäudekategorie für Heizung und Warmwasser

☐ Warmwasser enthalten

Stromverbrauchskennwert

Dieses Gebäude: ___ kWh/(m²·a)

0 100 200 300 400 500 600 700 800 900 ≥1000

↑ Vergleichswert dieser Gebäudekategorie für Strom

Der Wert enthält den Stromverbrauch für
☐ Zusatzheizung ☐ Warmwasser ☐ Lüftung ☐ Eingebaute Beleuchtung ☐ Kühlung ☐ Sonstiges:

Aussteller

Datum Unterschrift des Ausstellers

58 EnEV Anl. 10 5. Teil. Umweltschutz

Anlage 10
(zu § 20)

Muster Modernisierungsempfehlungen

Modernisierungsempfehlungen zum Energieausweis
gemäß § 20 Energieeinsparverordnung

Gebäude

Adresse	Hauptnutzung / Gebäudekategorie

Empfehlungen zur kostengünstigen Modernisierung

Maßnahmen zur kostengünstigen Verbesserung der Energieeffizienz sind ☐ möglich ☐ nicht möglich

Empfohlene Modernisierungsmaßnahmen

Nr.	Bau- oder Anlagenteile	Maßnahmenbeschreibung

☐ weitere Empfehlungen auf gesondertem Blatt

Hinweis: Modernisierungsempfehlungen für das Gebäude dienen lediglich der Information. Sie sind nur kurz gefasste Hinweise und kein Ersatz für eine Energieberatung.

Beispielhafter Variantenvergleich (Angaben freiwillig)

	Ist-Zustand	Modernisierungsvariante 1	Modernisierungsvariante 2
Modernisierung gemäß Nummern:			
Primärenergiebedarf [kWh/(m²·a)]			
Einsparung gegenüber Ist-Zustand [%]			
Endenergiebedarf [kWh/(m²·a)]			
Einsparung gegenüber Ist-Zustand [%]			
CO_2-Emissionen [kg/(m²·a)]			
Einsparung gegenüber Ist-Zustand [%]			

Aussteller

Datum   Unterschrift des Ausstellers

Energieeinsparverordnung Anl. 11 EnEV 58

Anlage 11
(zu § 21 Abs. 2 Nr. 2)

Anforderungen an die Inhalte der Fortbildung

1 Zweck der Fortbildung

Die nach § 21 Abs. 2 Nr. 2 verlangte Fortbildung soll die Aussteller von Energieausweisen für bestehende Gebäude nach § 16 Abs. 2 und 3 und von Modernisierungsempfehlungen nach § 20 in die Lage versetzen, bei der Ausstellung solcher Energieausweise und Modernisierungsempfehlungen die Vorschriften dieser Verordnung einschließlich des technischen Regelwerks zum energiesparenden Bauen sachgemäß anzuwenden. Die Fortbildung soll praktische Übungen einschließen und insbesondere die im Folgenden genannten Fachkenntnisse vermitteln.

2 Inhaltliche Schwerpunkte der Fortbildung zu bestehenden Wohngebäuden

2.1 Bestandsaufnahme und Dokumentation des Gebäudes, der Baukonstruktion und der technischen Anlagen

Ermittlung, Bewertung und Dokumentation des Einflusses der geometrischen und energetischen Kennwerte der Gebäudehülle einschließlich aller Einbauteile und Wärmebrücken, der Luftdichtheit und Erkennen von Leckagen, der bauphysikalischen Eigenschaften von Baustoffen und Bauprodukten einschließlich der damit verbundenen konstruktivstatischen Aspekte, der energetischen Kennwerte von anlagentechnischen Komponenten einschließlich deren Betriebseinstellung und Wartung, der Auswirkungen des Nutzerverhaltens und von Leerstand und von Klimarandbedingungen und Witterungseinflüssen auf den Energieverbrauch.

2.2 Beurteilung der Gebäudehülle

Ermittlung von Eingangs- und Berechnungsgrößen für die energetische Berechnung, wie z.B. Wärmeleitfähigkeit, Wärmedurchlasswiderstand, Wärmedurchgangskoeffizient, Transmissionswärmeverlust, Lüftungswärmebedarf und nutzbare interne und solare Wärmegewinne. Durchführung der erforderlichen Berechnungen nach DIN V 18599 oder DIN V 4108-6 sowie Anwendung vereinfachter Annahmen und Berechnungs- und Beurteilungsmethoden. Berücksichtigung von Maßnahmen des sommerlichen Wärmeschutzes und Berechnung nach DIN 4108-2, Kenntnisse über Luftdichtheitsmessungen und die Ermittlung der Luftdichtheitsrate.

2.3 Beurteilung von Heizungs- und Warmwasserbereitungsanlagen

Detaillierte Beurteilung von Komponenten einer Heizungsanlage zur Wärmeerzeugung, Wärmespeicherung, Wärmeverteilung und Wärmeabgabe. Kenntnisse über die Interaktion von Gebäudehülle und Anlagentechnik, Durchführung der Berechnungen nach DIN V 18599 oder DIN V 4701-10, Beurteilung von Systemen der alternativen und erneuerbaren Energie- und Wärmeerzeugung.

2.4 Beurteilung von Lüftungs- und Klimaanlagen

Bewertung unterschiedlicher Arten von Lüftungsanlagen und deren Konstruktionsmerkmalen, Berücksichtigung der Brand- und Schallschutzanforderungen für lüftungstechnische Anlagen, Durchführung der Berechnungen nach DIN V 18599 oder DIN V 4701-10, Grundkenntnisse über Klimaanlagen.

2.5 Erbringung der Nachweise

Kenntnisse über energetische Anforderungen an Wohngebäude und das Bauordnungsrecht (insbesondere Mindestwärmeschutz), Durchführung der Nachweise und Berechnungen des Jahres-Primärenergiebedarfs, Ermittlung des Energieverbrauchs und seine rechnerische Bewertung einschließlich der Witterungsbereinigung, Ausstellung eines Energieausweises.

2.6 Grundlagen der Beurteilung von Modernisierungsempfehlungen einschließlich ihrer technischen Machbarkeit und Wirtschaftlichkeit

Kenntnisse und Erfahrungswerte über Amortisations- und Wirtschaftlichkeitsberechnung für einzelne Bauteile und Anlagen einschließlich Investitionskosten und Kosteneinsparungen, über erfahrungsgemäß wirtschaftliche (rentable), im Allgemeinen verwirklichungsfähige Modernisierungsempfehlungen für kostengünstige Verbesserungen der energetischen Eigenschaften des Wohngebäudes, über Vor- und Nachteile bestimmter Verbesserungsvorschläge unter Berücksichtigung bautechnischer und rechtlicher Rahmenbedingungen (z.B. bei Wechsel des Heizenergieträgers, Grenzbebauung, Grenzabstände), über aktuelle Förderprogramme, über tangierte bauphysikalische und statischkonstruktive Einflüsse, wie z. B. Wärmebrücken, Tauwasseranfall (Kondensation), Wasserdampftransport, Schimmelpilzbefall, Bauteilanschlüsse und Vorschläge für weitere Abdichtungsmaßnahmen, über die Auswahl von Materialien zur Herstellung der Luftdichtheit (Verträglichkeit, Wirksamkeit, Dauerhaftigkeit) und über Auswirkungen von wärmeschutztechnischen Maßnahmen auf den Schall- und Brandschutz. Erstellung erfahrungsgemäß wirtschaftlicher (rentabler), im Allgemeinen verwirklichungsfähiger Modernisierungsempfehlungen für kostengünstige Verbesserungen der energetischen Eigenschaften.

3 Inhaltliche Schwerpunkte der Fortbildung zu bestehenden Nichtwohngebäuden

Zusätzlich zu den unter Nr. 2 aufgeführten Schwerpunkten soll die Fortbildung insbesondere die nachfolgenden Fachkenntnisse zu Nichtwohngebäuden vermitteln.

3.1 Bestandsaufnahme und Dokumentation des Gebäudes, der Baukonstruktion und der technischen Anlagen

Energetische Modellierung eines Gebäudes (beheiztes/gekühltes Volumen, konditionierte/nicht konditionierte Räume, Versorgungsbereich der Anlagentechnik), Ermittlung der Systemgrenze und Einteilung des Gebäudes in Zonen nach entsprechenden Nutzungsrandbedingungen, Zuordnung von geometrischen und energetischen Kenngrößen zu den Zonen und Versorgungsbereichen, Zusammenwirken von Gebäude und Anlagentechnik (Verrechnung von Bilanzanteilen), Anwendung vereinfachter Verfahren (z.B. Ein-Zonen-Modell), Bestimmung von Wärmequellen und -senken und des Nutzenergiebedarfs von Zonen, Ermittlung, Bewertung und Dokumentation der energetischen Kennwerte von raumlufttechnischen Anlagen, insbesondere von Klimaanlagen, und Beleuchtungssystemen.

3.2 Beurteilung der Gebäudehülle

Ermittlung von Eingangs- und Berechnungsgrößen und energetische Bewertung von Fassadensystemen, insbesondere von Vorhang- und Glasfassaden, Bewertung von Systemen für den sommerlichen Wärmeschutz und von Verbauungs- und Verschattungssituationen.

3.3 Beurteilung von Heizungs- und Warmwasserbereitungsanlagen

Berechnung des Endenergiebedarfs für Heizungs- und Warmwasserbereitung einschließlich der Verluste in den technischen Prozessschritten nach DIN V 18599-5 und DIN V 18599-8, Beurteilung von Kraft-Wärme-Kopplungsanlagen nach DIN V 18599-9, Bilanzierung von Nah- und Fernwärmesystemen und der Nutzung erneuerbarer Energien.

3.4 Beurteilung von raumlufttechnischen Anlagen und sonstigen Anlagen zur Kühlung

Berechnung des Kühlbedarfs von Gebäuden (Nutzkälte) und der Nutzenergie für die Luftaufbereitung, Bewertung unterschiedlicher Arten von raumlufttechnischen Anlagen und deren Konstruktionsmerkmalen, Berücksichtigung der Brand- und Schallschutzanforderungen für diese Anlagen, Berechnung des Energiebedarfs für die Befeuchtung mit einem Dampferzeuger, Ermittlung von Übergabe- und Verteilverlusten, Bewertung von Bauteiltemperierungen, Durchführung der Berechnungen nach DIN V 18599-2, DIN V 18599-3 und DIN V 18599-7 und der Nutzung erneuerbarer Energien.

3.5 Beurteilung von Beleuchtungs- und Belichtungssystemen

Berechnung des Endenergiebedarfs für die Beleuchtung nach DIN V 18599-4, Bewertung der Tageslichtnutzung (Fenster, Tageslichtsysteme, Beleuchtungsniveau, Wartungswert der Beleuchtungsstärke etc.), der tageslichtabhängigen Kunstlichtregelung (Art, Kontrollstrategie, Funktionsumfang, Schaltsystem etc.) und der Kunstlichtbeleuchtung (Lichtquelle, Vorschaltgeräte, Leuchten etc.).

3.6 Erbringung der Nachweise

Kenntnisse über energetische Anforderungen an Nichtwohngebäude und das Bauordnungsrecht (insbesondere Mindestwärmeschutz), Durchführung der Nachweise und Berechnungen des Jahres-Primärenergiebedarfs, Ermittlung des Energieverbrauchs und seine rechnerische Bewertung einschließlich der Witterungsbereinigung, Ausstellung eines Energieausweises.

3.7 Grundlagen der Beurteilung von Modernisierungsempfehlungen einschließlich ihrer technischen Machbarkeit und Wirtschaftlichkeit

Erstellung von erfahrungsgemäß wirtschaftlichen (rentablen), im Allgemeinen verwirklichungsfähigen Modernisierungsempfehlungen für kostengünstige Verbesserungen der energetischen Eigenschaften für Nichtwohngebäude.

4 Umfang der Fortbildung

Der Umfang der Fortbildung insgesamt sowie der einzelnen Schwerpunkte soll dem Zweck und den Anforderungen dieser Anlage sowie der Vorbildung der jeweiligen Teilnehmer Rechnung tragen.

59. Gesetz zur Kennzeichnung von energieverbrauchsrelevanten Produkten, Kraftfahrzeugen und Reifen mit Angaben über den Verbrauch an Energie und an anderen wichtigen Ressourcen (Energieverbrauchskennzeichnungsgesetz – EnVKG)[1]

Vom 10. Mai 2012

(BGBl. I S. 1070)

FNA 754-25

Inhaltsübersicht

	§§
Anwendungsbereich	1
Begriffsbestimmungen	2
Allgemeine Anforderungen an die Verbrauchskennzeichnung, an sonstige Produktinformationen sowie an Informationen in der Werbung und in sonstigen Werbeinformationen	3
Ermächtigung zum Erlass von Rechtsverordnungen	4
Zuständigkeit für die Marktüberwachung und Zusammenarbeit; Verordnungsermächtigung	5
Marktüberwachungskonzept	6
Vermutungswirkung	7
Stichprobenkontrollen und Marktüberwachungsmaßnahmen	8
Adressaten der Stichprobenkontrollen und Marktüberwachungsmaßnahmen	9
Betretensrechte, Befugnisse und Duldungspflichten	10
Meldeverfahren	11
Berichtspflichten	12
Beauftragte Stelle	13
Aufgaben der beauftragten Stelle	14
Bußgeldvorschriften; Verordnungsermächtigung	15

§ 1 Anwendungsbereich. (1) ¹Dieses Gesetz gilt für die Kennzeichnung von Produkten mit Angaben über den Verbrauch an Energie und an anderen wichtigen Ressourcen sowie CO_2-Emissionen mittels Verbrauchskennzeichnung, sonstigen Produktinformationen und Angaben in der Werbung und in sonstigen Werbeinformationen. ²Neben den Angaben im Sinne des Satzes 1 sind auch Angaben über die Auswirkungen von Produkten auf den Verbrauch an Energie und auf andere wichtige Ressourcen vom Anwendungsbereich dieses Gesetzes erfasst.

---

[1] Verkündet als Art. 1 G v. 10. 5. 2012 (BGBl. I 2012 S. 1070); Inkrafttreten gem. Art. 5 dieses G am 17. 5. 2012.

Amtl. Anm. am Titel des VerkündungsG: Dieses Gesetz dient der Umsetzung der Richtlinie 2010/30/EU des Europäischen Parlaments und des Rates vom 19. Mai 2010 über die Angabe des Verbrauchs an Energie und anderen Ressourcen durch energieverbrauchsrelevante Produkte mittels einheitlicher Etiketten und Produktinformationen (ABl. L 153 vom 18. 6. 2010, S. 1). Die Richtlinie 2010/30/EU ersetzt die Richtlinie 92/75/EWG des Rates vom 22. September 1992 über die Angabe des Verbrauchs an Energie und anderen Ressourcen durch Haushaltsgeräte mittels einheitlicher Etiketten und Produktinformationen (ABl. L 297 vom 13. 10. 1992, S. 16).

(2) Dieses Gesetz gilt nicht für

1. gebrauchte Produkte,
2. Etiketten, Beschriftungen, Leistungsschilder oder sonstige Informationen und Zeichen, die aus Sicherheitsgründen an Produkten angebracht werden und
3. Produkte, die ausschließlich zur Verwendung für militärische Zwecke bestimmt sind.

§ 2 Begriffsbestimmungen. Im Sinne dieses Gesetzes

1. ist Produkt der Oberbegriff für
    a) energieverbrauchsrelevante Produkte; dies umfasst Gegenstände, deren Nutzung den Verbrauch von Energie beeinflusst und die in Verkehr gebracht oder in Betrieb genommen werden, einschließlich Produktteile, die
        aa) zum Einbau in ein energieverbrauchsrelevantes Produkt bestimmt sind,
        bb) als Einzelteile für Endverbraucher in Verkehr gebracht werden oder in Betrieb genommen werden und
        cc) getrennt auf ihre Umweltverträglichkeit geprüft werden können;
    b) Kraftfahrzeuge im Sinne des Artikels 2 Nummer 1 der Richtlinie 1999/94/EG des Europäischen Parlaments und des Rates vom 13. Dezember 1999 über die Bereitstellung von Verbraucherinformationen über den Kraftstoffverbrauch und CO_2-Emissionen beim Marketing für neue Personenkraftwagen (ABl. L 12 vom 18. 1. 2000, S. 16), die zuletzt durch die Verordnung (EG) Nr. 1137/2008 (ABl. L 311 vom 21. 11. 2008, S. 1) geändert worden ist;
    c) Reifen im Sinne der Artikel 2 und 3 Nummer 1 der Verordnung (EG) Nr. 1222/2009 des Europäischen Parlaments und des Rates vom 25. November 2009 über die Kennzeichnung von Reifen in Bezug auf die Kraftstoffeffizienz und andere wesentliche Parameter (ABl. L 342 vom 22. 12. 2009, S. 46), die zuletzt durch die Verordnung (EU) Nr. 228/2011 (ABl. L 62 vom 9. 3. 2011, S. 1) geändert worden ist;
2. ist Verordnung der Europäischen Union
    a) ein delegierter Rechtsakt in der Rechtsform der Verordnung im Sinne des Artikels 10 der Richtlinie 2010/30/EU des Europäischen Parlaments und des Rates vom 19. Mai 2010 über die Angabe des Verbrauchs an Energie und anderen Ressourcen durch energieverbrauchsrelevante Produkte mittels einheitlicher Etiketten und Produktinformationen (ABl. L 153 vom 18. 6. 2010, S. 1) oder
    b) die Verordnung (EG) Nr. 1222/2009;
3. ist Verbrauchskennzeichnung
    die Kennzeichnung von Produkten mit Angaben über den Verbrauch an Energie und an anderen wichtigen Ressourcen sowie über CO_2-Emissionen und mit sonstigen zusätzlichen Angaben mittels einheitlicher Etiketten, Aufkleber oder Hinweise;

4. sind sonstige Produktinformationen
   Materialien, wie Datenblätter, Aushänge am Verkaufsort oder Leitfäden, die Informationen über den Verbrauch an Energie und an anderen wichtigen Ressourcen sowie über CO_2-Emissionen oder zusätzliche Angaben enthalten;
5. sind zusätzliche Angaben
   weitere Angaben über die Leistung und die Merkmale eines Produkts, die sich auf dessen Verbrauch an Energie, den Verbrauch an anderen wichtigen Ressourcen oder den CO_2-Ausstoß beziehen oder die für die Beurteilung des Verbrauchers von Nutzen sind und auf messbaren Daten beruhen;
6. sind sonstige Werbeinformationen
   a) technische Werbematerialien im Sinne des Artikels 3 Nummer 4 der Verordnung (EG) Nr. 1222/2009;
   b) die in einer Rechtsverordnung nach § 4 geregelten technischen Werbeschriften, Werbematerialien und Werbeschriften;
7. gilt als Wirtschaftsakteur
   der Lieferant, der Hersteller des Kraftfahrzeugs, deren Bevollmächtigter oder bevollmächtigter Vertreter, der Importeur und der Händler von Produkten;
8. gilt als Lieferant
   der Hersteller oder dessen Bevollmächtigter in der Europäischen Union oder im Europäischen Wirtschaftsraum oder der Importeur, der das energieverbrauchsrelevante Produkt oder den Reifen in der Europäischen Union oder im Europäischen Wirtschaftsraum in Verkehr bringt oder das energieverbrauchsrelevante Produkt in Betrieb nimmt; in Ermangelung dessen gilt als Lieferant jede natürliche oder juristische Person, die das energieverbrauchsrelevante Produkt oder den Reifen in Verkehr bringt oder das energieverbrauchsrelevante Produkt in Betrieb nimmt;
9. ist Hersteller des Kraftfahrzeugs
   der in der Zulassungsbescheinigung Teil I genannte Hersteller oder, wenn dieser nicht in Deutschland ansässig ist, dessen bevollmächtigter Vertreter;
10. ist Bevollmächtigter oder bevollmächtigter Vertreter
    jede in der Europäischen Union oder einem Vertragsstaat des Europäischen Wirtschaftsraums ansässige natürliche oder juristische Person, die der Hersteller schriftlich beauftragt hat, in seinem Namen bestimmte Aufgaben wahrzunehmen, um seine Verpflichtungen nach diesem Gesetz und der einschlägigen Gesetzgebung der Europäischen Union zu erfüllen;
11. ist Importeur
    jede in der Europäischen Union oder einem Vertragsstaat des Europäischen Wirtschaftsraums ansässige natürliche oder juristische Person, die ein Produkt aus einem Staat, der nicht der Europäischen Union oder dem Europäischen Wirtschaftsraum angehört, in Verkehr bringt;
12. ist Händler
    a) jede natürliche oder juristische Person, die ein energieverbrauchsrelevantes Produkt dem Endverbraucher zum Kauf, zum Abschluss eines Mietvertrages oder ähnlicher entgeltlicher Gebrauchsüberlassung anbietet oder ausstellt;

b) jede natürliche oder juristische Person in der Lieferkette, die Reifen im Sinne des Artikels 3 Nummer 9 der Verordnung (EG) Nr. 1222/2009 auf dem Markt bereitstellt, mit Ausnahme des Lieferanten oder des Importeurs;

c) jede natürliche oder juristische Person, die in Deutschland neue Kraftfahrzeuge im Sinne von Nummer 1 Buchstabe b ausstellt oder zum Kauf oder Leasing anbietet;

13. ist Bereitstellung auf dem Markt
jede entgeltliche oder unentgeltliche Abgabe eines Produkts zum Vertrieb, Verbrauch oder zur Verwendung auf dem Markt der Europäischen Union oder eines Vertragsstaates des Abkommens über den Europäischen Wirtschaftsraum im Rahmen einer Geschäftstätigkeit;

14. ist Inverkehrbringen
die erstmalige entgeltliche oder unentgeltliche Bereitstellung eines Produkts auf dem Markt der Europäischen Union oder in einem der Vertragsstaaten des Europäischen Wirtschaftsraums zum Vertrieb oder zur Verwendung des Produkts innerhalb der Europäischen Union, unabhängig von der Art des Vertriebs;

15. ist Anbieten
das Anbieten eines Produkts zum Kauf, zum Abschluss eines Mietvertrages oder ähnlicher entgeltlicher Gebrauchsüberlassung an den Endverbraucher;

16. ist Ausstellen
das Aufstellen oder Vorführen von Produkten für den Endverbraucher am Verkaufsort zu Werbezwecken;

17. ist Rückruf
jede Maßnahme, die darauf abzielt, die Rückgabe eines dem Endverbraucher bereitgestellten Produkts zu erwirken;

18. ist Rücknahme
jede Maßnahme, mit der verhindert werden soll, dass ein Produkt, das sich in der Lieferkette befindet, auf dem Markt bereitgestellt wird;

19. ist Marktüberwachung
jede von den zuständigen Behörden durchgeführte Tätigkeit und von ihnen getroffene Maßnahme, durch die sichergestellt werden soll, dass ein Produkt mit den Anforderungen dieses Gesetzes übereinstimmt;

20. ist Marktüberwachungsbehörde
jede Behörde, die für die Durchführung der Marktüberwachung zuständig ist;

21. ist akkreditierte Konformitätsbewertungsstelle
eine Stelle, die Konformitätsbewertungen einschließlich Kalibrierungen, Prüfungen, Zertifizierungen und Inspektionen durchführt und über eine Akkreditierung einer nationalen Akkreditierungsstelle nach Artikel 4 Absatz 1 der Verordnung (EG) Nr. 765/2008 des Europäischen Parlaments und des Rates vom 9. Juli 2008 über die Vorschriften für die Akkreditierung und Marktüberwachung im Zusammenhang mit der Vermarktung von Produkten und zur Aufhebung der Verordnung (EWG) Nr. 339/93 des Rates (ABl. L 218 vom 13. 8. 2008, S. 30) verfügt;

Energieverbrauchskennzeichnungsgesetz § 3 EnVKG 59

22. ist notifizierte Stelle
eine Stelle, die Konformitätsbewertungen durchführt und der Europäischen Kommission von einem Mitgliedstaat der Europäischen Union oder einem anderen Vertragsstaat des Abkommens über den Europäischen Wirtschaftsraum auf Grund eines europäischen Rechtsaktes mitgeteilt worden ist;

23. sind öffentlich bestellte und vereidigte Sachverständige
Sachverständige im Sinne der §§ 36 und 36 a der Gewerbeordnung;

24. sind die für die Kontrolle der Außengrenzen zuständigen Behörden
die Zollbehörden gemäß § 17 Absatz 2 Satz 2 des Zollverwaltungsgesetzes.

§ 3 Allgemeine Anforderungen an die Verbrauchskennzeichnung, an sonstige Produktinformationen sowie an Informationen in der Werbung und in sonstigen Werbeinformationen. (1) Ein Produkt darf nur dann angeboten oder ausgestellt werden, wenn

1. die nach einer Rechtsverordnung gemäß § 4 oder einer Verordnung der Europäischen Union erforderlichen Angaben über den Verbrauch an Energie und an anderen wichtigen Ressourcen sowie CO_2-Emissionen und gegebenenfalls diesbezügliche zusätzliche Angaben dem Endverbraucher mittels Verbrauchskennzeichnung beim Anbieten oder Ausstellen des Produkts zur Kenntnis gebracht werden, indem

   a) der Händler die Verbrauchskennzeichnung an der in einer Rechtsverordnung nach § 4 oder einer Verordnung der Europäischen Union vorgeschriebenen Stelle deutlich sichtbar anbringt,

   b) der Hersteller des Kraftfahrzeugs oder der Lieferant die Verbrauchskennzeichnung nach Maßgabe einer Rechtsverordnung nach § 4 oder einer Verordnung der Europäischen Union mitliefert, anbringt, dem Händler zur Verfügung stellt oder dem Händler die erforderlichen Angaben zur Verfügung stellt;

2. Informationen über den Verbrauch an Energie und an anderen wichtigen Ressourcen sowie CO_2-Emissionen und gegebenenfalls diesbezügliche zusätzliche Angaben vom Hersteller des Kraftfahrzeugs, vom Lieferanten oder vom Händler nach Maßgabe einer Rechtsverordnung nach § 4 oder einer Verordnung der Europäischen Union mittels Verbrauchskennzeichnung oder in anderer Form in den Fällen bereitgestellt werden, in denen der Endverbraucher das Produkt nicht ausgestellt sieht; dies umfasst insbesondere das Anbieten von Produkten über den Versandhandel, in Katalogen, über das Internet oder Telefonmarketing.

(2) Sind in einer Rechtsverordnung nach § 4 oder einer Verordnung der Europäischen Union Anforderungen an sonstige Produktinformationen festgelegt, haben der Hersteller des Kraftfahrzeugs, der Lieferant oder der Händler diese in der vorgeschriebenen Form und zu dem vorgeschriebenen Zeitpunkt bereitzustellen, indem

a) der Lieferant produktbezogene Datenblätter bereitstellt oder diese in Produktbroschüren aufnimmt,

59 EnVKG § 4 5. Teil. Umweltschutz

b) der Lieferant und der Händler Informationen im Sinne von Artikel 5 Absatz 3 und Artikel 6 der Verordnung (EG) Nr. 1222/2009 zur Verfügung stellen,

c) der Händler einen Aushang am Verkaufsort anbringt und der Hersteller des Kraftfahrzeugs und der Händler einen Leitfaden am Verkaufsort auf Anfrage unverzüglich und unentgeltlich aushändigen.

(3) [1] Soweit in einer Rechtsverordnung nach § 4 oder einer Verordnung der Europäischen Union Anforderungen an die Werbung festgelegt sind, haben der Hersteller des Kraftfahrzeugs, der Lieferant und der Händler die hierin genannten Angaben zu machen. [2] Das gilt entsprechend für sonstige Werbeinformationen.

§ 4 Ermächtigung zum Erlass von Rechtsverordnungen. (1) Das Bundesministerium für Wirtschaft und Technologie wird ermächtigt, in Rechtsverordnungen mit Zustimmung des Bundesrates Folgendes festzulegen:

1. produktspezifische Anforderungen an die Kennzeichnung von Produkten mit Angaben über den Verbrauch an Energie und an anderen wichtigen Ressourcen sowie über CO_2-Emissionen und zusätzliche Angaben,

2. Anforderungen zur Umsetzung, Konkretisierung und Durchführung der von der Europäischen Union auf dem Gebiet der Verbrauchskennzeichnung erlassenen Rechtsvorschriften,

um Verbraucher besser zu informieren und sie dadurch zu sparsamerem Verbrauch an Energie und an anderen wichtigen Ressourcen sowie zur Reduktion der CO_2-Emissionen anzuhalten.

(2) Durch Rechtsverordnung nach Absatz 1 kann bestimmt werden, dass

1. bei energieverbrauchsrelevanten Produkten und Bestandteilen von energieverbrauchsrelevanten Produkten Angaben über den Verbrauch an Energie und an anderen wichtigen Ressourcen oder Angaben über die Auswirkungen dieser Produkte auf den Verbrauch an Energie und auf andere wichtige Ressourcen sowie zusätzliche Angaben über die energieverbrauchsrelevanten Produkte zu machen sind,

2. bei Kraftfahrzeugen Angaben über den Kraftstoffverbrauch und die CO_2-Emissionen, über den Verbrauch an Energie und an anderen wichtigen Ressourcen und zusätzliche Angaben über die Kraftfahrzeuge zu machen sind,

3. bei Reifen Angaben in Bezug auf die Kraftstoffeffizienz und zusätzliche Angaben zu machen sind.

(3) Rechtsverordnungen nach den Absätzen 1 und 2 können insbesondere Folgendes regeln:

1. die Arten der erfassten energieverbrauchsrelevanten Produkte, Kraftfahrzeuge und Reifen,

2. bei energieverbrauchsrelevanten Produkten

  a) Inhalt und Form der Verbrauchskennzeichnung, der sonstigen Produktinformationen, der zusätzlichen Angaben sowie sonstiger Nachweise,

  b) Aufbewahrungs- und Mitteilungspflichten von technischen Dokumentationen,

c) die Angaben, die nach Absatz 2 in der Werbung und in technischen Werbeschriften zu machen sind,

3. bei Kraftfahrzeugen Inhalt und Form der Verbrauchskennzeichnung, der sonstigen Produktinformationen und der zusätzlichen Angaben wie

a) Hinweisschilder oder Bildschirmanzeigen am Kraftfahrzeug oder in dessen Nähe am Angebots- oder Verkaufsort,

b) Zusammenstellung von Angaben über verschiedene Kraftfahrzeuge oder Kraftfahrzeuggruppen durch Aushänge, Schautafeln oder Bildschirmanzeigen am Angebots- oder Verkaufsort,

c) Zusammenstellung von Angaben über am Markt angebotene Kraftfahrzeuge in regelmäßigen Abständen sowie deren Veröffentlichung und Verteilung,

d) die Angaben, die nach Absatz 2 in der Werbung und in sonstigen Werbeinformationen zu machen sind,

4. bei Reifen

a) Inhalt und Form der Verbrauchskennzeichnung, der sonstigen Produktinformationen, der zusätzlichen Angaben sowie sonstiger Nachweise,

b) Aufbewahrungs- und Mitteilungspflichten von technischen Unterlagen,

c) die Angaben, die nach Absatz 2 in technischem Werbematerial zu machen sind,

5. die Messnormen und -verfahren, die zur Feststellung und Überprüfung der Konformität der nach den Absätzen 2 und 3 Nummer 1 bis 4 gemachten Angaben anzuwenden sind, sowie die vom jeweils betroffenen Wirtschaftsakteur bereitzuhaltenden Unterlagen,

6. die Bestimmung von zuständigen Stellen und Behörden sowie deren Befugnisse, insbesondere Befugnisse zur Verhinderung einer missbräuchlichen Verwendung von Bezeichnungen,

7. die Festlegung der Pflichten der Wirtschaftsakteure, die im Zusammenhang mit dem Inverkehrbringen von Produkten, der Bereitstellung von Produkten auf dem Markt oder der Inbetriebnahme von Produkten sowie beim Anbieten oder Ausstellen von Produkten einzuhalten sind.

(4) Rechtsverordnungen über die Verbrauchskennzeichnung ergehen

1. bei energieverbrauchsrelevanten Produkten im Einvernehmen mit dem Bundesministerium für Arbeit und Soziales, dem Bundesministerium für Umwelt, Naturschutz und Reaktorsicherheit sowie dem Bundesministerium für Verkehr, Bau und Stadtentwicklung,

2. bei Kraftfahrzeugen im Einvernehmen mit dem Bundesministerium für Umwelt, Naturschutz und Reaktorsicherheit sowie dem Bundesministerium für Verkehr, Bau und Stadtentwicklung.

§ 5 Zuständigkeit für die Marktüberwachung und Zusammenarbeit; Verordnungsermächtigung. (1) [1]Die Marktüberwachung obliegt vorbehaltlich des Satzes 3 den nach Landesrecht zuständigen Behörden. [2]Im Anwendungsbereich der Pkw-Energieverbrauchskennzeichnungsverordnung vom 28. Mai 2004 (BGBl. I S. 1037), die zuletzt durch Artikel 1 der Verordnung vom 22. August 2011 (BGBl. I S. 1756, 2095) geändert worden ist, hat das Kraftfahrt-Bundesamt den zuständigen Marktüberwachungsbehörden die für die Marktüberwachung erforderlichen Informationen auf Anfrage zu übermitteln. ³ Zuständigkeiten des Kraftfahrt-Bundesamtes nach dem Gesetz über die Errichtung eines Kraftfahrt-Bundesamtes in der im Bundesgesetzblatt Teil III, Gliederungsnummer 9230-1, veröffentlichten bereinigten Fassung, das zuletzt durch Artikel 26 des Gesetzes vom 8. November 2011 (BGBl. I S. 2178) geändert worden ist, bleiben unberührt.

(2) ¹ Die in Absatz 1 genannten Marktüberwachungsbehörden arbeiten mit den für die Kontrolle der Außengrenzen zuständigen Behörden gemäß Kapitel III Abschnitt 3 der Verordnung (EG) Nr. 765/2008 zusammen. ² Im Rahmen dieser Zusammenarbeit können die für die Kontrolle der Außengrenzen zuständigen Behörden auf Ersuchen den Marktüberwachungsbehörden die Informationen, die sie bei der Überführung von Produkten in den zollrechtlich freien Verkehr erlangt haben und die für die Aufgabenerfüllung der Marktüberwachungsbehörden erforderlich sind, übermitteln.

(3) Die Marktüberwachungsbehörden und die für die Kontrolle der Außengrenzen zuständigen Behörden wahren Betriebs- und Geschäftsgeheimnisse und unterliegen den für sie geltenden Vorschriften zum Schutz personenbezogener Daten.

(4) ¹ Die Marktüberwachungsbehörden können, soweit das Landesrecht nichts Gegenteiliges bestimmt, für Aufgaben bei der Durchführung von Verfahren zur Feststellung der Übereinstimmung mit den Anforderungen dieses Gesetzes, einer Rechtsverordnung nach § 4 oder einer Verordnung der Europäischen Union folgende Stellen und Personen heranziehen oder beauftragen:
1. akkreditierte Konformitätsbewertungsstellen,
2. nach anderen Rechtsvorschriften notifizierte Stellen,
3. sonstige in gleicher Weise kompetente Stellen,
4. öffentlich bestellte und vereidigte Sachverständige oder
5. sonstige in gleicher Weise geeignete Sachverständige.
² Absatz 1 Satz 2 sowie die Absätze 2 und 3 gelten für die in Absatz 4 genannten Stellen entsprechend.

(5) Die Landesregierungen werden ermächtigt, durch Rechtsverordnung die in Absatz 4 Nummer 1 bis 5 genannten Stellen mit der teilweisen oder vollständigen Überwachung der Anforderungen dieses Gesetzes, einer Rechtsverordnung nach § 4 oder einer Verordnung der Europäischen Union zu beleihen.

§ 6 Marktüberwachungskonzept. (1) ¹ Die Marktüberwachungsbehörden haben für die in einer Rechtsverordnung nach § 4 oder einer Verordnung der Europäischen Union genannten Produkte in Bezug auf die in diesen Rechtsvorschriften genannten Anforderungen und den Anforderungen dieses Gesetzes eine wirksame Marktüberwachung auf der Grundlage eines Marktüberwachungskonzepts zu gewährleisten. ² Das Marktüberwachungskonzept soll insbesondere Folgendes umfassen:
1. die Erhebung und Auswertung von Informationen zur Ermittlung von Mängelschwerpunkten und Warenströmen,
2. die Aufstellung, regelmäßige Anpassung und Durchführung von Marktüberwachungsprogrammen, auf deren Grundlage die Produkte überprüft werden können, und

3. die regelmäßige, mindestens alle vier Jahre erfolgende Überprüfung und Bewertung der Wirksamkeit des Überwachungskonzepts.

(2) Die zuständigen obersten Landesbehörden stellen die Koordinierung der Marktüberwachung sowie die Entwicklung und Fortschreibung des Marktüberwachungskonzepts sicher.

(3) Die Länder stellen die Marktüberwachungsprogramme nach Absatz 1 Nummer 2 der Öffentlichkeit in nicht personenbezogener Form auf elektronischem Weg und gegebenenfalls in anderer Form zur Verfügung.

§ 7 Vermutungswirkung. Werden die in diesem Gesetz, einer Rechtsverordnung nach § 4 oder einer Verordnung der Europäischen Union festgelegten Verbrauchskennzeichnungen für Produkte und sonstige Produktinformationen verwendet, so wird bis zum Beweis des Gegenteils vermutet, dass diese den dort genannten Anforderungen entsprechen.

§ 8 Stichprobenkontrollen und Marktüberwachungsmaßnahmen.

(1) [1] Die Marktüberwachungsbehörden kontrollieren anhand angemessener Stichproben auf geeignete Weise und in angemessenem Umfang, ob die Anforderungen dieses Gesetzes, einer Rechtsverordnung nach § 4 oder einer Verordnung der Europäischen Union an die Verbrauchskennzeichnung, sonstige Produktinformationen sowie an die Werbung und sonstige Werbeinformationen erfüllt sind. [2] Sofern es im Einzelfall angezeigt und erforderlich ist, überprüfen die Marktüberwachungsbehörden die erforderlichen Unterlagen oder führen physische Kontrollen und Laborprüfungen durch. [3] Weitergehende Marktüberwachungsmaßnahmen in anderen Rechtsvorschriften bleiben unberührt.

(2) [1] Die Marktüberwachungsbehörden treffen die erforderlichen Maßnahmen, wenn sie den begründeten Verdacht haben, dass die Verbrauchskennzeichnung oder sonstige Produktinformationen nicht die Anforderungen dieses Gesetzes, einer Rechtsverordnung nach § 4 oder einer Verordnung der Europäischen Union erfüllen. [2] Sie sind insbesondere befugt,

1. anzuordnen, dass ein Produkt von einer der in § 5 Absatz 4 Nummer 1 bis 5 genannten Stellen oder Personen überprüft wird,
2. für den zur Prüfung zwingend erforderlichen Zeitraum vorübergehend zu verbieten, dass ein Produkt angeboten oder ausgestellt wird, sofern dies nach der Art des Produkts und dem Ausmaß der zu erwartenden wirtschaftlichen Einbußen zumutbar ist.

[3] Die Marktüberwachungsbehörde widerruft oder ändert eine Maßnahme nach den Sätzen 1 und 2, wenn der Wirtschaftsakteur nachweist, dass er wirksame Maßnahmen ergriffen hat.

(3) [1] Stellen die Marktüberwachungsbehörden anhand der nach Absatz 1 oder 2 oder § 10 erfolgten Überprüfungen fest, dass die Verbrauchskennzeichnung oder sonstige Produktinformationen nicht den Anforderungen dieses Gesetzes, einer Rechtsverordnung nach § 4 oder einer Verordnung der Europäischen Union entsprechen, so treffen sie die erforderlichen Maßnahmen. [2] Sie sind insbesondere befugt,

1. Maßnahmen anzuordnen, die gewährleisten, dass eine unrichtige oder unvollständige Verbrauchskennzeichnung oder sonstige Produktinformationen korrigiert werden,
2. Maßnahmen anzuordnen, die gewährleisten, dass ein Produkt erst dann angeboten oder ausgestellt wird, wenn die in einer Rechtsverordnung nach § 4 oder in einer Verordnung der Europäischen Union festgelegten Anforderungen erfüllt sind.

[3] Die Marktüberwachungsbehörde widerruft oder ändert eine Maßnahme nach den Sätzen 1 und 2, wenn der Wirtschaftsakteur nachweist, dass er wirksame Maßnahmen ergriffen hat.

(4) [1] Bei Fortdauern des nach Absatz 3 festgestellten Verstoßes treffen die Marktüberwachungsbehörden die erforderlichen Maßnahmen. [2] Sie sind insbesondere befugt

1. das Anbieten oder Ausstellen eines Produkts zu untersagen,
2. das Inverkehrbringen eines Produkts zu untersagen,
3. die Rücknahme oder den Rückruf eines Produkts anzuordnen oder diese sicherzustellen,
4. zu untersagen, dass ein energieverbrauchsrelevantes Produkt im Sinne des § 2 Nummer 4 der Energieverbrauchskennzeichnungsverordnung vom 30. Oktober 1997 (BGBl. I S. 2616), die zuletzt durch Artikel 2 des Gesetzes vom 10. Mai 2012 (BGBl. I S. 1070) geändert worden ist, in Betrieb genommen wird.

[3] Die Marktüberwachungsbehörde widerruft oder ändert eine Maßnahme nach den Sätzen 1 und 2, wenn der Wirtschaftsakteur nachweist, dass er wirksame Maßnahmen ergriffen hat.

(5) Beschließt die Marktüberwachungsbehörde, ein Produkt, das in einem anderen Mitgliedstaat der Europäischen Union oder einem Vertragsstaat des Abkommens über den Europäischen Wirtschaftsraum hergestellt wurde, vom Markt zu nehmen, das Inverkehrbringen oder die Inbetriebnahme des Produkts zu untersagen oder dessen Anbieten oder Ausstellen zu untersagen, so hat sie den betroffenen Wirtschaftsakteur hiervon in Kenntnis zu setzen.

(6) Die Marktüberwachungsbehörden informieren und unterstützen sich gegenseitig bei Marktüberwachungsmaßnahmen nach den Absätzen 1 bis 4.

§ 9 Adressaten der Stichprobenkontrollen und Marktüberwachungsmaßnahmen. (1) Die Stichprobenkontrollen und Maßnahmen der Marktüberwachungsbehörden im Sinne des § 8 Absatz 1 bis 4 sind gegen den jeweils betroffenen Wirtschaftsakteur gerichtet.

(2) [1] Der nach Absatz 1 betroffene Wirtschaftsakteur ist vor Erlass einer Maßnahme nach § 8 Absatz 2 bis 4 gemäß § 28 des Verwaltungsverfahrensgesetzes mit der Maßgabe anzuhören, dass die Anhörungsfrist nicht kürzer als zehn Tage sein darf. [2] Wurde eine Maßnahme getroffen, ohne dass der Wirtschaftsakteur gehört wurde, wird ihm so schnell wie möglich Gelegenheit gegeben, sich zu äußern. [3] Die Maßnahme wird daraufhin umgehend überprüft.

(3) Für alle Marktüberwachungsmaßnahmen nach § 8 Absatz 2 bis 4 gilt § 59 der Verwaltungsgerichtsordnung entsprechend.

§ 10 Betretensrechte, Befugnisse und Duldungspflichten. (1) Die Marktüberwachungsbehörden und ihre Beauftragten sind, soweit dies zur Erfüllung ihrer Aufgaben erforderlich ist, befugt, zu den üblichen Betriebs- und Geschäftszeiten Geschäftsräume oder Betriebsgrundstücke zu betreten, in oder auf denen im Rahmen einer Geschäftstätigkeit Produkte im Anwendungsbereich dieses Gesetzes

1. hergestellt werden,
2. zum Zwecke der Bereitstellung auf dem Markt lagern,
3. angeboten werden oder
4. ausgestellt sind.

(2) ¹Die Marktüberwachungsbehörden und ihre Beauftragten sind befugt, die Produkte zu besichtigen, zu prüfen oder prüfen zu lassen. ²Hat die Prüfung ergeben, dass die Anforderungen an die Verbrauchskennzeichnung oder an sonstige Produktinformationen im Sinne dieses Gesetzes, einer Rechtsverordnung nach § 4 oder einer Verordnung der Europäischen Union nicht erfüllt sind, so können die Marktüberwachungsbehörden die Kosten für Besichtigungen und Prüfungen vom jeweils betroffenen Wirtschaftsakteur verlangen, der das Produkt herstellt, zum Zwecke der Bereitstellung auf dem Markt lagert, anbietet oder ausstellt.

(3) ¹Die Marktüberwachungsbehörden und ihre Beauftragten können Proben entnehmen, Muster verlangen und die für ihre Aufgabenerfüllung erforderlichen Unterlagen und Informationen anfordern. ²Die Proben, Muster, Unterlagen und Informationen sind unentgeltlich zur Verfügung zu stellen. ³Ist die unentgeltliche Überlassung wirtschaftlich nicht zumutbar, ist auf Verlangen eine angemessene Entschädigung zu leisten.

(4) ¹Der betroffene Wirtschaftsakteur hat die Maßnahmen nach den Absätzen 1 und 2 zu dulden und die Marktüberwachungsbehörden sowie deren Beauftragte zu unterstützen. ²Er ist verpflichtet, den Marktüberwachungsbehörden auf Verlangen die Auskünfte zu erteilen, die zur Erfüllung ihrer Aufgaben erforderlich sind. ³Er kann die Auskunft zu Fragen verweigern, deren Beantwortung ihn oder einen seiner in § 383 Absatz 1 Nummer 1 bis 3 der Zivilprozessordnung bezeichneten Angehörigen der Gefahr aussetzen würde, wegen einer Straftat oder Ordnungswidrigkeit verfolgt zu werden. ⁴Er ist über sein Recht zur Auskunftsverweigerung zu belehren.

(5) Die Absätze 1 bis 4 gelten entsprechend für Geschäftsräume oder Betriebsgrundstücke, in oder auf denen im Rahmen einer Geschäftstätigkeit energieverbrauchsrelevante Produkte im Sinne des § 2 Nummer 4 der Energieverbrauchskennzeichnungsverordnung in Betrieb genommen werden.

§ 11 Meldeverfahren. (1) Trifft die Marktüberwachungsbehörde Maßnahmen nach § 8 Absatz 4, durch die das Anbieten oder Ausstellen eines Produkts untersagt wird, informiert sie hierüber unter Angabe der Gründe und soweit erforderlich einschließlich personenbezogener Daten

1. für den Bereich der Verbrauchskennzeichnung von energieverbrauchsrelevanten Produkten die beauftragte Stelle im Sinne des § 13 und
2. für den Bereich der Verbrauchskennzeichnung von Kraftfahrzeugen und Reifen das Bundesministerium für Wirtschaft und Technologie.

(2) ¹ Für den Bereich der Verbrauchskennzeichnung von energieverbrauchsrelevanten Produkten überprüft die beauftragte Stelle im Sinne des § 13 die eingegangene Meldung nach Absatz 1 Nummer 1 auf Vollständigkeit und Schlüssigkeit und informiert soweit erforderlich einschließlich personenbezogener Daten das Bundesministerium für Wirtschaft und Technologie über die Meldung nach Absatz 1 Nummer 1 und leitet diese soweit erforderlich einschließlich personenbezogener Daten unverzüglich der Europäischen Kommission und den Mitgliedstaaten der Europäischen Union und den Vertragsstaaten des Abkommens über den Europäischen Wirtschaftsraum zu. ² Die beauftragte Stelle informiert soweit erforderlich einschließlich personenbezogener Daten das Bundesministerium für Wirtschaft und Technologie und die Marktüberwachungsbehörden über Meldungen der Kommission oder eines anderen Mitgliedstaates der Europäischen Union oder eines Vertragsstaates des Abkommens über den Europäischen Wirtschaftsraum.

(3) ¹ Für den Bereich der Verbrauchskennzeichnung von Kraftfahrzeugen und Reifen überprüft das Bundesministerium für Wirtschaft und Technologie die nach Absatz 1 Nummer 2 eingegangene Meldung auf Vollständigkeit und Schlüssigkeit und leitet diese soweit erforderlich einschließlich personenbezogener Daten unverzüglich der Europäischen Kommission und den Mitgliedstaaten der Europäischen Union und den Vertragsstaaten des Abkommens über den Europäischen Wirtschaftsraum zu. ² Das Bundesministerium für Wirtschaft und Technologie informiert soweit erforderlich einschließlich personenbezogener Daten die Marktüberwachungsbehörden über Meldungen der Kommission oder eines anderen Mitgliedstaates der Europäischen Union oder eines Vertragsstaates des Abkommens über den Europäischen Wirtschaftsraum.

(4) Für den Informationsaustausch sind so weit wie möglich elektronische Kommunikationsmittel zu benutzen.

§ 12 Berichtspflichten. (1) ¹ Die zuständigen obersten Landesbehörden berichten jährlich in nicht personenbezogener Form über die ergriffenen Vollzugsmaßnahmen und Tätigkeiten zur Durchsetzung der in diesem Gesetz oder auf Grund dieses Gesetzes festgelegten Anforderungen. ² Sie übermitteln diese Berichte
1. der beauftragten Stelle im Sinne des § 13 für den Bereich der Verbrauchskennzeichnung von energieverbrauchsrelevanten Produkten,
2. dem Bundesministerium für Wirtschaft und Technologie für den Bereich der Verbrauchskennzeichnung von Kraftfahrzeugen und Reifen.

(2) Die zuständigen obersten Landesbehörden überprüfen regelmäßig die Funktionsweise der Marktüberwachungstätigkeiten und informieren hierüber in nicht personenbezogener Form
1. die beauftragte Stelle im Sinne des § 13 für den Bereich der Verbrauchskennzeichnung von energieverbrauchsrelevanten Produkten,
2. das Bundesministerium für Wirtschaft und Technologie für den Bereich der Verbrauchskennzeichnung von Kraftfahrzeugen und Reifen.

(3) Die beauftragte Stelle im Sinne des § 13 erstellt alle vier Jahre einen Bericht, in dem sie in nicht personenbezogener Form Folgendes zusammenfasst:

Energieverbrauchskennzeichnungsgesetz §§ 13–15 EnVKG 59

1. die ihr übermittelten Informationen über die ergriffenen Vollzugsmaßnahmen sowie
2. die Überprüfung und Bewertung der Funktionsweise der Überwachungstätigkeiten für den Bereich der Verbrauchskennzeichnung von energieverbrauchsrelevanten Produkten.

(4) [1] Die beauftragte Stelle übermittelt den Bericht an die Europäische Kommission und stellt ihn der Öffentlichkeit in nicht personenbezogener Form auf elektronischem Weg und gegebenenfalls in anderer Form zur Verfügung. [2] Der erste Bericht muss spätestens bis zum 19. Juni 2014 der Europäischen Kommission übermittelt werden.

§ 13 Beauftragte Stelle. Beauftragte Stelle für die Verbrauchskennzeichnung von energieverbrauchsrelevanten Produkten im Anwendungsbereich der Energieverbrauchskennzeichnungsverordnung ist die Bundesanstalt für Materialforschung und -prüfung.

§ 14 Aufgaben der beauftragten Stelle. (1) Die Aufgaben der beauftragten Stelle umfassen

1. das Meldeverfahren im Sinne des § 11 Absatz 2,
2. die Berichtspflichten im Sinne des § 12 Absatz 3 und 4.

(2) Die beauftragte Stelle unterstützt die Marktüberwachungsbehörden bei der Entwicklung und Durchführung des Überwachungskonzepts nach § 6 Absatz 1 sowie bei technischen oder wissenschaftlichen Fragestellungen für den Bereich der Verbrauchskennzeichnung von energieverbrauchsrelevanten Produkten.

(3) Die beauftragte Stelle stellt ein umfassendes Informationsangebot zu den Anforderungen an die Energieverbrauchskennzeichnung zusammen mit dem Ziel, die Wirtschaft, insbesondere kleine und mittlere Unternehmen sowie Kleinstunternehmen, dabei zu unterstützen, die Anforderungen einer Rechtsverordnung nach § 4 oder einer Verordnung der Europäischen Union zu erfüllen.

(4) Die beauftragte Stelle unterstützt das Bundesministerium für Wirtschaft und Technologie im Prozess der Verabschiedung von Verordnungen der Europäischen Union auf der Grundlage des Artikels 10 der Richtlinie 2010/30/EU.

§ 15 Bußgeldvorschriften; Verordnungsermächtigung. (1) Ordnungswidrig handelt, wer vorsätzlich oder fahrlässig

1. einer Rechtsverordnung nach § 4 oder einer vollziehbaren Anordnung auf Grund einer solchen Rechtsverordnung zuwiderhandelt, soweit die Rechtsverordnung für einen bestimmten Tatbestand auf diese Bußgeldvorschrift verweist,
2. einer vollziehbaren Anordnung nach § 10 Absatz 3 Satz 1 zuwiderhandelt,
3. entgegen § 10 Absatz 4 Satz 1 eine Maßnahme nicht duldet,
4. entgegen § 10 Absatz 4 Satz 2 eine Auskunft nicht, nicht richtig, nicht vollständig oder nicht rechtzeitig erteilt, oder
5. einer unmittelbar geltenden Vorschrift in Rechtsakten der Europäischen Gemeinschaft oder der Europäischen Union zuwiderhandelt, die inhaltlich

einer Regelung entspricht, zu der die in Nummer 1 genannten Vorschriften ermächtigen, soweit eine Rechtsverordnung nach Absatz 3 für einen bestimmten Tatbestand auf diese Bußgeldvorschrift verweist.

(2) Die Ordnungswidrigkeit kann mit einer Geldbuße bis zu fünfzigtausend Euro geahndet werden.

(3) Das Bundesministerium für Wirtschaft und Technologie wird ermächtigt, soweit dies zur Durchsetzung der Rechtsakte der Europäischen Gemeinschaft oder der Europäischen Union erforderlich ist, durch Rechtsverordnung mit Zustimmung des Bundesrates die Tatbestände zu bezeichnen, die als Ordnungswidrigkeit nach Absatz 1 Nummer 5 geahndet werden können.

Sachverzeichnis

Die fetten Zahlen bezeichnen die Ordnungsnummern, welche die Gesetze in dieser Ausgabe erhalten haben, die mageren Zahlen bezeichnen deren Artikel oder Paragraphen. Die römischen Zahlen verweisen auf die Seitenzahlen der Einführung. Die Buchstaben ä, ö und ü sind wie a, o und u in das Alphabet eingeordnet.

AAU, Ausstellung **49** Anh. B 19; Begriff **49** Anh. B 16, Anh. B 17, Anh. B 19; Bewertung **49** Anh. B 19; nationale Register **49** Anh. B 19; Transaktionsverfahren **49** Anh. B 19; Übertrag **49** Anh. B 19; Übertragung, Erwerb, Löschung, Ausbuchung und Übertrag **49** Anh. B 19; *siehe auch Assigned Amount Units*
Abgabepflicht, Durchsetzung **48** 30; Erfüllung **50** 18
Ablesung 24 11; **26** 11; Fernwärme **29** 20
Abnahmepflicht 31 11; **32** 4; **33** 8; **34** 8; KWK-Strom **43** 4
Abnehmer, Begriff **13** 1
Abrechnung 24 12; **26** 12; analytisches Lastprofilverfahren **18** 29; synthetisches Lastprofilverfahren **18** 29
Abrechnung der Energielieferung 24 11 ff.; **26** 11 ff.; Ablesung **24** 11; **26** 11; Abrechnung **24** 12; **26** 12; Abschlagszahlungen **24** 13; **26** 13; Berechnungsfehler **24** 18; **26** 18; Rechnungen und Abschläge **24** 16; **26** 16; Sicherheitsleistung **24** 15; **26** 15; Vorauszahlungen **24** 14; **26** 14; Zahlung, Verzug **24** 17; **26** 17
Abrechnung der Fernwärme 29 24
Absatzdichte 19 23
Absatzstruktur 17 Anl. 5; Begriff **17** 2
Abschlagszahlung 4 5; **24** 13; **26** 13; **33** 39; Fernwärme **29** 25
Abwärme 42 Anl.
ACERVO 7; Ziel **7** Erw.gr. (29)
aerothermische Energie, Begriff **36** 2
AGB 23 305 ff.; Einbeziehung Vertrag **23** 305, 305 a, 306; Fernwärme **29** 1 ff.; Individualabrede **23** 305 b; Inhaltskontrolle **23** 307; Klauselverbote **23** 308, 309; mehrdeutige Klausel **23** 305 c; überraschende Klausel **23** 305 c; *siehe auch Allgemeine Geschäftsbedingungen*
Agentur 7 Erw.gr. (5) f.; Aufgaben **7** 5 ff.; Befreiung **7** 27; Beobachtungsfunktion **7** Erw.gr. (8); Beratungsfunktion **7** Erw.gr. (11); Beschwerdeausschuss **7** 18; Beteiligung von Drittländern **7** 31; Betrugsbekämpfungsmaßnahmen **7** 26; Direktor **7** 16; ENTSO Gas **7** 6, Erw.gr. (7); **21** 9; ENTSO Strom **7** 6, Erw.gr. (7); **8** 9; Gebühren **7** 22; Haftung **7** 29; Haushaltsplan **7** 21; Konsultation **7** 10; Leitlinien für die transeuropäischen Energienetze **7** Erw.gr. (14); nationale Regulierungsbehörden **7** 7; Organisation **7** 12 ff.; Personal **7** 28; Rahmenleitlinien **7** Erw.gr. (9); Rechtsstellung **7** 2; Regulierungsaufgabe **7** Erw.gr. (6); Regulierungsrat **7** 14; sonstige **7** 9; Sprachenregelung **7** 33; Tätigkeiten **7** 4; Transparenz **7** 10; Verwaltungsrat **7** 12; Vorrecht **7** 27; Zugang zu Dokumenten **7** 30; Zugang zu grenzüberschreitenden Infrastrukturen **7** 8; Zweck **7** 1
Akteneinsicht 1 84
Aktionsplan, Internet **18** 20
Aktionsplan, nationaler, Erneuerbare Energien **36** 4; Mindestanforderungen **36** Anh. VI
Aktivitätsrate, Begriff **51** 2; maßgebliche **52** 8; neue Marktteilnehmer **52** 17
Allgemeine Bedingungen 1 36
Allgemeine Bedingungen für den Netzanschluss 1 18
Allgemeine Geschäftsbedingungen 23 305 ff.; *siehe auch AGB*
allgemeine Preise 1 36
allgemeine Preise und Versorgungsbedingungen 1 39
allgemeine Versorgung 1 3; **31** 2, 10
allgemeine Zusammenarbeitspflichten 16 16
Allgemeininteresse 11 98
Allokation, Begriff **18** 2
Allokationsregeln, Zuteil **18** 25
alternative Energieversorgungssysteme 58 5
Altholz 35 6; anerkannte Biomasse **35** 2; nicht anerkannte Biomasse **35** 3
analytisches Lastprofilverfahren 18 29
Anbieterliste 56 7
Änderungen der ergänzenden Bedingungen, Wirksamwerden **25** 4; **28** 4
Anerkennung, vorläufige, Nachweis **37** 60
Anforderungen an Kapazitätsanfrage 18 16
Anforderungen der DIN 18012 25 6
Angaben, Überprüfung **50** 15

1517

Sachverzeichnis

fette Zahlen = Ordnungsnummern

Anhörung 1 67
Anlage 17 Anl. 1; Anschluss Netzverknüpfungspunkt **38** 4; Begriff **18** 41 b; **32** 3; **33** 3; **34** 3; **47** 10; **48** 3; begünstigte **46** 3; Bestimmung Emissionswert **52** 24; Betrieb/Änderung **52** 22; Brauwasser **57** 2, 3; einheitliche **48** 24; **52** 29; Einstellung des Betriebes **50** 10; Erweiterung, Änderung **24** 7; **26** 7; Fernleitungsnetzbetreiber **6** 17; heizungs- und raumlufttechnische **57** 2, 3; der Heizungstechnik etc. **58** 1, 11, 13 ff.; heizungstechnische **58** 14; Nachrüstung **58** 10; ortsfeste **58** 3; sonstige begünstigte **46** 3 a; zur Stromerzeugung **45** 12 b; Übertragungsnetzbetreiber **5** 17; Vergleichbarkeit **50** Anh. 2; Zuteilung **51** 14
Anlage, begünstigte, Anmeldung **47** 9
Anlage, bestehende 58 9
Anlage der Energiewirtschaft, Zuteilung **51** 13
Anlage, sonstige der Raumlufttechnik **58** 15
Anlage zur Eigenbedarfsdeckung 1 18; Grundversorgung **1** 37; Reserveversorgung **1** 37
Anlagenbetreiber, Begriff **32** 3; **33** 3; **34** 3; **48** 3; Mitteilungs- und Veröffentlichungspflichten **32** 14 a; Mitteilungspflichten **33** 46; **34** 46; Veröffentlichungspflichten **33** 46; **34** 46
Anlagenbetrieb 25 19 ff.; **28** 19 ff.; Betrieb einer elektrischen Anlage und Verbrauchsgeräten **25** 19; Betrieb von Gasanlagen und Verbrauchsgeräten **28** 19; Eigenerzeugung **25** 19; **28** 19; Mess- und Steuereinrichtungen **25** 22; Messeinrichtungen **28** 22; Technische Anschlussbedingungen **25** 20; **28** 20; Zutrittsrecht **25** 21; **28** 21
Anlagengruppen 19 Anl. 1; allgemeine Anlagen **19** Anl. 1; Anlagen **17** Anl. 1; Erdgasverdichteranlagen **19** Anl. 1; Erzeugungsanlagen **17** Anl. 1; Fernwirkanlagen **19** Anl. 1; Fortleitungs- und Verteilungsanlagen **17** Anl. 1; Gasbehälter **19** Anl. 1; Mess-, Regel- und Zähleranlagen **19** Anl. 1; Rohrleitungen/Hausanschlussleitungen **19** Anl. 1
Anlagenregister 20 14; **37** 61; Verordnungsermächtigung **34** 64 e
Anmelde- und Anzeigepflicht 11 39
Anordnung der sofortigen Vollziehung 1 77; **11** 65
Anreizregulierung 1 54; allgemeine Vorschriften **20** 3 ff.; Anwendungsbereich **20** 1; Beginn des Verfahrens **20** 2; besondere Vorschriften **20** 22 ff.; Netzentgelte **17** 7; **19** 7; Netzzugangsentgelte **1** 21 a; Übergangsregelung **20** 34; Vorgaben **1** 21 a
Anreizregulierungsverordnung 20
Anschluss, Ausführung **33** 7; **34** 7
Anschluss neuer Kraftwerke 5 23
Anschluss- und Benutzungszwang 42 16
Anschlussbedingungen, technische **29** 17
Anschlussnehmer, Begriff **18** 41 b; **25** 1; **28** 1; **30** 2; besondere Einrichtungen **28** 10; Druckregelgeräte **28** 10; Grundstücksbenutzung **25** 12; **28** 12; Kostentragung **30** 8; Netzanschlussbegehren **30** 3; Transformatorenanlage **25** 10; Verlegung der Einrichtungen **25** 10; **28** 10; Vorschusszahlung **30** 3
Anschlussnutzer, Begriff **25** 1; **28** 1
Anschlussnutzung 25 16 ff.; **28** 16 ff.; fristlose Beendigung **25** 27; **28** 27; Haftung bei Störungen **25** 18; **28** 18; Inhalt **25** 3; **28** 3; Netzbetreiber **25** 16; **28** 16; Pflicht **25** 16; Pflicht zur Benachrichtigung **25** 17; **28** 17; Unterbrechung **25** 17; **28** 17; Voraussetzung **25** 16
Anschlussnutzungsverhältnis 25 3; **28** 3; Beendigung **25** 26; Kündigung **28** 26
Anschlusspflicht 33 5; **34** 5; allgemein **1** 18; KWK-Strom **43** 4
Anschlussvoraussetzung 33 6; **34** 6
Anschlusszusage, Netzbetreiber **30** 4; Prüfungsergebnis **30** 4; Reservierung des Netzanschlusspunktes **30** 4; Reservierungsgebühr **30** 4
Anspruch auf bevorzugten Netzzugang 30 7
Anspruch auf rechtliches Gehör, Abhilfe bei Verletzung **1** 83 a
Antrag nach § 40 Abs. 1 EEG, Antragsfrist **33** 43; **34** 43; Ausschlussfrist **33** 43; **34** 43; Entscheidungswirkung **33** 43; **34** 43
Antragsfrist 50 14
Antragskonferenz 15 7, 20
Anwaltszwang 1 80
Anwendungsbereich 24 1; **25** 1; **26** 1; **28** 1
Arbeitsweise, Europäische Union **12** 1
Areal-/Objektnetz *siehe auch geschlossene Verteilernetze*
Art der Versorgung 24 5; **26** 5
Assigned Amount Units, Begriff **49** Anh. B 16; *siehe auch AAU*
Aufbewahrung, Anforderungen **6** Erw.gr. (38)
Aufbewahrungsanforderungen 5 Erw.gr. (40)
Aufbewahrungspflicht 5 40; **6** 44
Aufgaben, Beirat **2** 7; Grundversorger **24** 8 ff.; **26** 8 ff.; Grundversorger: Messein-

1518

magere Zahlen = Artikel bzw. Paragraphen

Sachverzeichnis

richtungen 24 8; 26 8; Grundversorger: Vertragsstrafe 24 10; 26 10; Grundversorger: Zutrittsrecht 24 9; 26 9; Länderausschuss 2 10
Aufgabendurchführung 2 2
Aufnahme des geänderten Betriebs, Begriff 52 2
Aufnahme des Regelbetriebs, Begriff 52 2
Aufrechnung 33 22; 34 22; Fernwärme 29 31
aufschiebende Wirkung 1 76; 11 64; Anordnung der sofortigen Vollziehung 1 77; Ausschluss 48 26
Aufsichtsausschuss betreffend Art. 6 KP 49 Anh. B 16; Mitglieder 49 Anh. B 16
Aufsichtsmaßnahmen 1 65
Aufsichtsorgan, Fernleitungsnetzbetreiber 6 20; Übertragungsnetzbetreiber 5 20
Aufteilung der Gesamtkosten 19 15
Auftraggeber 11 98
aufwandsgleiche Kostenposition 17 5; 19 5
Aufwandsparameter 20 13
Aufzeichnungspflichten und gemeinsame Veröffentlichungspflichten 18 22; Bulletin Board 18 22; Gasnetzkarte 18 22
Auktion, elektronische 11 101
Auktionierung 52 30
Ausfallverfahren 47 36 ff.; Begriff 47 1
Ausfuhr 10 2; Energieerzeugnisse 46 13
Ausgangsbedingung, gleiche 5 43; 6 47
Ausgangszollstelle, Begriff 47 1
Ausgleichsabgabe 12 44
Ausgleichsbetrag 52 26; Berechnung 48 Anh. 5
Ausgleichsenergie, Begriff 18 2; Preise 40 7
Ausgleichsentgelt 21 21
Ausgleichsleistung 1 24; 16 6 ff.; Beschaffung der Energie 1 22; Betreiber von Energieversorgungsnetzen 1 22 f.
Ausgleichsmechanismus 33 34 ff.; 34 34 ff.; grenzüberschreitender Stromfluss 8 1; Leitlinien 8 18; Übertragungsnetzbetreiber 8 13; Verordnungsermächtigung 34 64 c
Ausgleichsmechanismus, bundesweiter 39; 40; nach EnLAG 20 11
Ausgleichsmechanismus-Ausführungsverordnung 40; Übergangsregelungen 40 8
Ausgleichsmechanismusverordnung 39
Ausgleichsperiode, Begriff 21 2
Ausgleichsregelung 21 21; 31 11 a; besondere 32 16; bundesweite 32 14
Ausgleichsvergütung, Abschlagszahlung 33 39

Ausgleichszahlung, Begriff 1 3
Aushändigen der Allgemeinen Bedingungen 24 2; 25 4; 26 2; 28 4
Auskunft 11 39 f., 59, 81
Auskunftspflicht 1 69; 33 44; 34 44; Netzbetreiber 20 27
Auskunftsverlangen 1 69
Auslobungsverfahren, Begriff 11 99
Ausnahmen GWB Anwendungsbereich, für nicht sektorspezifische und verteidigungsrelevate Aufträge 11 100 a; Sektorenbereich 11 100 b; Verteidigungs-/Sicherheitsbereich 11 100 c
Ausnahmeregelung 5 44; 6 48
Ausschreibung, Erzeugungskapazität 1 53; neue Kapazitäten 5 8
Ausschreibungsverfahren, Begriff 5 2
Außenbauteile, Anforderungen 58 Anl. 3; energetische Qualität 58 11
Außerbetriebnahme 59 4; Heizkessel 58 10
Ausspeicherleistung, Begriff 21 2
Ausspeisekapazität 18 6; Begriff 1 3
Ausspeiseleistung, Begriff 18 2
Ausspeisepunkt, Ausspeisekapazitäten 18 6; Begriff 1 3
Ausspeisevertrag 1 20

Bahnstromfernleitung 1 43
Bankkonto, gesondertes 40 5
Basisbilanzausgleich 18 26, 30; Toleranzgrenze 18 30
Basisjahr 20 6
Basiswert, individueller 40 7
Bauauftrag, Begriff 11 99
Baukonzession, Begriff 11 99
Baukostenzuschuss 25 11; 28 11; Auflösung 20 11; Fernwärme 29 9; Leistungsanforderung 25 11; 28 11
Bedarfsdeckung 24 4; 26 4; Fernwärme 29 3
Bedarfsplan, Energieleitungsausbau 14 1; Prüfung Anpassung 14 3
Bedarfssteuerungsmaßnahme 9 7 (3) c
Beendigung, Anschlussnutzung 25 27; 28 27
Beendigung der Rechtsverhältnisse 25 23 ff.; 28 23 ff.; Beendigung 25 26, 27; 28 26, 27; fristlose Kündigung 25 27; 28 27; Kündigung 25 25; 28 25; Unterbrechung des Anschlusses und der Anschlussnutzung 25 24; 28 24; Zahlung, Verzug 25 23; 28 23
Beendigung des Anschlussnutzungsverhältnisses 25 26; 28 26
Beendigung des Grundversorgungsverhältnisses 24 19 ff.; 26 19 ff.; fristlose Kündigung 24 21; 26 21; Kündigung 24

1519

Sachverzeichnis

fette Zahlen = Ordnungsnummern

20; **26** 20; Unterbrechung der Versorgung **24** 19; **26** 19
Beförderung 47 39; Ware **47** 32 ff.
Begleitdokument, vereinfachtes, Begriff **47** 1
Begrenzung der Strommengen, Abnahmestelle **33** 40
Begünstigte 47 28
begünstigte Anlage 46 3; sonstige **46** 3 a
Behandlung von Netzverlusten 17 10
Behörde 1 54 ff.; **4** 6; **11** 81; Bundesbehörde **1** 59 ff.; Bundesnetzagentur **1** 55; i. S. v. § 2 EG-Verbraucherschutzdurchsetzungsgesetz **11** 50 c; Kartellbehörde **1** 58; Landesregulierungsbehörde **1** 55
Behördenzusammenarbeit 11 50 c
Beihilfe, staatliche 12 107 ff.; Maßnahmen **12** 108
Beirat 2 5; Aufgaben **2** 7; Beschlüsse **2** 6; Geschäftsordnung **2** 6; Sitzungen **2** 6; Vorsitz **2** 6
Bekanntmachung, Veröffentlichung **11** 27
Belastungsausgleich, KWK-Zuschlag **43** 9; Übertragungsnetzbetreiber **43** 9
Bemessungsleistung, Begriff **34** 3
benannte Prüfeinrichtung 49 Anh. B 17; Projektdokumentation **49** Anh. B 17; Validierungsbericht **49** Anh. B 17
Benutzungsdauer, Begriff **17** 2
Beobachtung, Erdgassektor **7** 11
Berechnungsfehler 24 18; **26** 18; **29** 21
Berechnungsformeln 50 Anh. 1
Berechtigung 48 7 ff.; Anerkennung **48** 16; Aufkommen **50** 20; Ausgabe **48** 14; **50** 17; Ausgabe und Abgabe **50** 17 f.; Begriff **48** 3; zur Emission von Treibhausgasen **51** 1; Umfang und Verwendung **48** 19; Umtausch **48** 18; Veräußerung **50** 19 ff.; Verfahren **50** 21; Versteigerung **41** 4; **48** 8
Berechtigung, kostenlose, an Luftverkehrsbetreiber **48** 11; Sonderreserve **48** 12; Zuteilung **48** 9
bereinigter Effizienzwert 20 15
Bericht 8 24; Energieeinsparrichtwerte **55** 14
Bericht zum Investitionsverhalten, Netzbetreiber **20** 21
Berichte der Länder 42 18 a
Berichterstattung 53 3, 4 f.; Bundesministerium für Wirtschaft und Arbeit **1** 63; Bundesnetzagentur **1** 63; Fortschrittsbericht **5** 47; **6** 52; Statistisches Bundesamt **1** 63; Stromsektor **7** 11
Berichtspflicht, Durchsetzung **48** 29; Sondervermögen **41** 8
Berlin-Klausel, Fernwärme **29** 36
Beschaffung von Regelenergie, Grundsätze **16** 6

Beschlagnahme 1 70; **11** 58; Ermittlung **1** 70
Beschränkung, nicht freigestellte **13** 5; vertikale, Begriff **13** 1
Beschwerde 1 75 ff.; **11** 55, 57 f., 63, 65 f.; Akteneinsicht **1** 84; Anwaltszwang **1** 80; aufschiebende Wirkung **1** 76; Beteiligte **1** 79; Entscheidung **1** 83; Frist **1** 78; Geltung von Vorschriften des GVG und der ZPO **1** 85; Kostentragung und -festsetzung **1** 90; mündliche Verhandlung **1** 81; Untersuchungsgrundsatz **1** 82
Beschwerde, sofortige 11 116 ff.; Wirkung **11** 118
Beschwerdeausschuss 7 18
Beschwerdeentscheidung 11 123
Beschwerdeverfahren 11 64, 119
Besitzeinweisung, vorzeitige 15 27
Besitzeinweisungsbeschluss 15 27
besondere Einrichtungen 28 10
Bestandsanlage, Begriff **52** 2; Bezugsdaten **52** 5; installierte Anfangskapazität **52** 4; Zuteilung **52** 9
Bestätigung des Netzbetreibers 25 4; **28** 4; notwendige Angaben **25** 4; **28** 4
bestehende Anlagen, Zuteilung **50** 8
bestehende Anlagen der Energiewirtschaft, Zuteilung **50** 7
bestehende Industrieanlagen, Zuteilung **50** 6
bestehende Transportverträge, Anpassung **18** 12
bestehende Verträge, Energielieferverträge Haushaltskunden **1** 115; Energielieferverträge Letztverbraucher **1** 115; Netzanschlussverträge **1** 115; Netznutzungsverträge **1** 115
Bestimmung der Erlösobergrenze, allgemeine Vorgaben **20** 4 ff.; Regulierungsformel **20** 7; Verfahren **20** 3
Bestimmungen, Leitlinien **8** Anh. I
Beteiligtenfähigkeit 1 89
Beteiligung von Drittländern 7 31
Betreiber, Änderung Identität/Rechtsform **48** 25; Begriff **48** 3
Betreiber eines Transportnetzes 1 4 a ff.; *siehe auch Transportnetzbetreiber*
Betreiber von Elektrizitätsversorgungsnetzen, Begriff **1** 3; Bericht über Ermittlung der Netzentgelte **17** 28; periodenübergreifende Saldierung **17** 11; technische Voraussetzungen **1** 19; Vergleichsverfahren **17** 22; Veröffentlichungspflichten **17** 27
Betreiber von Elektrizitätsverteilernetzen, Aufgaben **1** 14; Begriff **1** 3; Entgelt für dezentrale Einspeisung **17** 18
Betreiber von Energieversorgungsnetzen, Ausgleichsleistung **1** 22, 23; Begriff **1**

1520

magere Zahlen = Artikel bzw. Paragraphen   **Sachverzeichnis**

3; besondere Missbrauchsverfahren **1** 31; Meldepflichten **1** 52; Messeinrichtungen **1** 21 b; Missbrauch der Marktstellung **1** 30; Netzzugang **1** 20; Vergleichsverfahren **1** 21; Versorgungsstörung **1** 52; Zugang **1** 20
Betreiber von Fernleitungsnetzen 19 3, 28; Aufgaben **1** 15, *siehe auch Fernleitungsnetzbetreiber;* Begriff **1** 3; nationaler Effizienzvergleich **20** 22; Systemverantwortung **1** 16
Betreiber von Gasversorgungsnetzen 19 14, 26; Aufteilung der Gesamtkosten **19** 15; Begriff **1** 3; Bericht über Netzentgeltermittlung **19** 28; periodenübergreifende Saldierung **19** 10; Regulierungsbehörde **19** 23; technische Voraussetzungen **1** 19; Veröffentlichungspflichten **19** 27
Betreiber von Gasverteilernetzen, Aufgaben **1** 16 a; Begriff **1** 3
Betreiber von LNG-Anlagen, Aufgaben **6** 13; Begriff **1** 3; Benennung **6** 12
Betreiber von örtlichen Verteilernetzen, Kapazitätsanfrage **18** 15; standardisiertes Formular **18** 8
Betreiber von Speicheranlagen, Begriff **1** 3; **6** 2
Betreiber von Übergangsnetzen, internationaler Effizienzvergleich **20** 22
Betreiber von überregionalen Gasfernleitungsnetzen 19 3
Betreiber von Übertragungs- und Fernleitungsnetzen Sondervorschriften Effizienzvergleich **20** 22
Betreiber von Übertragungsnetzen, allgemeine Zusammenarbeitspflichten **16** 16; anonymisierte Ausschreibung über Internetplattform **16** 6; Aufgaben **1** 12; Ausschreibungsverfahren **16** 10; Begriff **1** 3; Beschaffung von Regelenergie **1** 22; Betrieb von Mess- und Steuereinrichtungen **16** 19; Bilanzkreis **16** 10, 11; Datenaustausch **16** 22; Differenzbilanzkreis **16** 12; Engpassmanagement **16** 15; Lieferantenwechsel **16** 14; Messung **16** 18; Nachprüfung von Messeinrichtungen **16** 20; Prognose über den Jahresverbrauch **16** 13; sonstige Pflichten **16** 14 ff.; standardisierte Lastprofile **16** 12; Systemverantwortung **1** 13, *siehe auch Übertragungsnetzbetreiber;* Veröffentlichungspflichten **16** 17; Vorgehen bei Messfehlern **16** 21
Betretungsrecht 1 69
Betrieb von elektrischen Anlagen und Verbrauchsgeräten 25 19
Betrieb von Gasanlagen und Verbrauchsgeräten 28 19
Betrieb von Mess- und Steuereinrichtungen 16 19; **18** 39

Betriebs- oder Geschäftsgeheimnisse 1 71
Betriebseinstellung 52 20; teilweise **52** 21
Betriebsführung, wirtschaftliche **31** 8
Betriebssicherheit 5 5; **6** 8
Betriebssicherheit Netz 9 4 ff.; Begriff **9** 2 c; Berichterstattung **9** 7
Betriebsstätte 4 2
Betriebsuntersagung, Luftfahrzeugbetrieber **48** 31
Betroffene, Begriff **49** Anh. B 16, Anh. B 17
Betrugsbekämpfungsmaßnahmen 7 26
bevorzugter Netzzugang, Anspruch **30** 7
bewaldete Flächen 37 4
Beweiserhebung 11 57
Beweismittel, Ermittlung **1** 70
Bezugsdaten, Bestandsanlage **52** 5; Bestimmung **52** 6
Bilanz der Wälzung 39 10
Bilanzausgleich 18 26 ff.; Basisbilanzausgleich **18** 30; Bilanzkreisbildung und Abrechnung mit Transportkunden **18** 31; Bilanzkreisvertrag **18** 32; Datenbereitstellung **18** 33; erweiterter **18** 41 e; Grundsätze **18** 26; Nominierungsersatzverfahren **18** 28; Nominierungsverfahren **18** 27; Standardlastprofile **18** 29
Bilanzierungsbericht 49 Anh. B 19
Bilanzkonto 18 25
Bilanzkreis, Ausgleich von Abweichungen **18** 31; Begriff **1** 3; **18** 2; Betreiber von Übertragungsnetzen **16** 10; Bilanzkonto **18** 31; Energien nach EEG **16** 11; Regelzone **16** 4
Bilanzkreisbildung und Abrechnung mit Transportkunden 18 31
Bilanzkreissystem 16 4 f.
Bilanzkreisverantwortlicher 18 31 f.; Begriff **18** 2
Bilanzkreisvertrag 18 32; Bilanzkreisverantwortlicher **18** 26
Bilanzzone, Begriff **1** 3; Teilnetz **18** 31
Bildung der Ausspeiseentgelte, betriebswirtschaftliches Verfahren **19** 15
Binnenmarkt, freier Verkehr **12** 26; Funktionieren **12** 26; Versorgungssicherheit **8** Erw.gr. (1)
Bioabfälle, Vergärung **34** 27 a
Biogas 1 3; **6** Erw.gr. (26); **33** 27; **34** 27; anerkannte Biomasse **35** 2; Begriff **1** 3; **32** 3; **34** 3; Einspeisung **18** 41 a ff.; Qualitätsanforderung **18** 41 f; vorrangiger Netzzugang **18** 41 d
biogene Kohlendioxid-Emissionen, Begriff **51** 2
Bioheizstoff, Begriff **46** 1 a; Steuerentlastung **46** 50

1521

Sachverzeichnis

fette Zahlen = Ordnungsnummern

Biokraftstoff 36 17 ff.; Begriff **36** 2; **46** 1 a; Steuerentlastung **46** 50
Biomasse 31 2, 5; **33** 27; **34** 27; **35** 1; **42** Anl.; **46** 50; anerkannte Energieträger **32** 2 a; Anerkennung **35** 2; Begriff **36** 2; **37** 2; Stoffe ohne Anerkennung **35** 3
Biomasse, flüssige, Treibhausgas-Minderungspotenzial **37** 8; Vergütung **37** 3; Verordnung **37** 1
Biomassestrom-Nachhaltigkeitsverordnung 37; Anwendungsbereich **37** 1; Inkrafttreten **37** 79; Übergangsbestimmungen **37** 78
Biomasseverordnung 35
Biomethan 1 3; Begriff **34** 3
Blindleistungseinspeisung 1 13
Boni, Absenkung **34** 20
Bonus für nachwachsende Rohstoffe 33 27; **37** 10; Anspruch, Entstehen **33** Anl. 2, Erlöschen **33** Anl. 2; Anspruchsvoraussetzungen **33** Anl. 2; Begriffsbestimmungen **33** Anl. 2; Bonushöhe **33** Anl. 2; Nachweis **37** 58; Negativliste **33** Anl. 2; Positivliste **33** Anl. 2; Positivliste der rein pflanzlichen Nebenprodukte **33** Anl. 2
Bottom-up-Berechnung 55 Anh. 4
Boykottverbot 11 21
Brauchwasseranlage 57 2, 3
Brennstoff 51 Anh. 1; Begriff **51** 2
Brennstoffe, flüssige 36 17 ff.
Brennstofflieferant 42 10
Brennstoffzelle, Markteinführung **43** 1
Brennstoffzellen-Anlage 43 5
Brennwert „H$_{s, n}$", Begriff **18** 2
Brennwertkessel 58 10; Begriff **58** 2
Bruttoendenergieverbrauch, Begriff **36** 2; Erneuerbare Energien **36** 3
Buchführung 10 3; gesonderte **40** 5
Buchung, Begriff **18** 2
Bulletin Board 18 22
Bundesamt für Wirtschaft und Ausfuhrkontrolle 32 16; Begrenzung der Strommenge **33** 40
Bundesanstalt für Finanzdienstleistung 11 50 c
Bundesanzeiger 11 27, 43, 52, 61 f.
Bundesbehörde 1 59 ff.
Bundesfachplanung, Abschluss **15** 12; Antrag **15** 6; Bekanntgabe/Veröffentlichung Entscheidung **15** 13; Bindungswirkung **15** 15; Einwendungen Länder **15** 14; Festlegung Untersuchungsrahmen **15** 7; Inhalt **15** 5; Veränderungssperren **15** 16; vereinfachtes Verfahren **15** 11; Zweck **15** 4
Bundesfachplanungsbeirat 15 32
Bundeskartellamt 1 58; **11** 36 f., 39 ff., 48 ff., 50 b, 59 f., 63, 66, 131

Bundesministerium für Umwelt, Naturschutz und Reaktorsicherheit 31 2
Bundesministerium für Verbraucherschutz, Ernährung und Landwirtschaft 31 2, 12
Bundesministerium für Wirtschaft und Arbeit 2 3, 4, 5; Elektrizitätsversorgung **1** 63; Erdgasversorgung **1** 63; Monitoring **1** 51; Monitoring der Versorgungssicherheit **1** 63; Veröffentlichung allgemeiner Weisungen **1** 61
Bundesministerium für Wirtschaft und Technologie 31 2, 7, 10, 12
Bundesnetzagentur 1 54, 55, 57, 58, 64 a; **2** 1; **23** 305 a; Aufgaben **32** 19 a; **33** 61; **34** 61; Aufgaben des Beirates **1** 60; Aufgaben des Länderausschusses **1** 60 a; Auswertung der Berichte **1** 63; Beirat **2** 5; Beitrag **1** 92; Bericht **20** 33; Bericht über Ergebnis der Monitoring-Tätigkeit **1** 63; Bericht über Marktbeherrschung, Verdrängungspraktiken und wettbewerbsfeindlichem Verhalten **1** 63; Bericht über Tätigkeit, Lage und Entwicklung **1** 63; Bericht zur Einführung einer Anreizregulierung **1** 112 a; Bilanz der Wälzung **39** 10; Evaluierung **20** 33; Gebühren und Auslagen **1** 91; Mitteilung Verwaltungskosten **1** 93; Organisation **1** 59; Tätigwerden beim Vollzug des Europarechts **1** 56; wissenschaftliche Beratung **1** 64
Bundesnetzagenturgesetz 2
Bundesnetzplan 15 12, 17, 26
Bundesrat 10 3; **11** 97
Bundesregierung, Bericht über Erfahrungen und Ergebnisse der Regulierung **1** 112
Bundesstelle für Energieeffizienz, Aufgabe **56** 9; Beirat **56** 10; Datenerhebung **56** 11; Zwischenprüfung **56** 13
Bundestarifordnung Elektrizität 4 2
Bundesumweltministerium, Außenverkehr **37** 77; Berichtspflicht **37** 72
bundesweiter Ausgleich 33 34 ff.; **34** 34 ff.
bürgerliche Rechtsstreitigkeiten, Zuständigkeit **1** 102 f.
Bußgeldverfahren 1 94 ff.; **11** 81; Bußgeldvorschriften **1** 95; Zwangsgeld **1** 94
Bußgeldvorschrift 11 81; **32** 19 b; **48** 32; **56** 12; nach GasNZV **18** 44

CDM 49 Anh. B 17; Begriff **49** 2; *siehe auch Clean Development Mechanism*
CDM-Projektmaßnahme 49 Anh. B 17; Referenzszenarium **49**; Registrierung **49**; Validierung **49**; Verfahren in Kleinprojekte **49**; Voraussetzungen Teilnahme **49**; *siehe auch Clean Development Mechanism*

magere Zahlen = Artikel bzw. Paragraphen **Sachverzeichnis**

CDM-Register 49 Anh. B 17; *siehe auch Clean Development Mechanism*
CER, Begriff 49 2, Anh. B 16, Anh. B 17, Anh. B 19; Bewertung **49** Anh. B 19; nationale Register **49** Anh. B 19; Transaktionsverfahren **49** Anh. B 19; Übertrag **49** Anh. B 19; Übertragung, Erwerb, Löschung, Ausbuchung und Übertrag **49** Anh. B 19; *siehe auch Certified Emission Reduction*
Certified Emission Reduction, Begriff 49 2; *siehe auch CER*
Clean Development Mechanism, Begriff 49 2; *siehe auch CDM*
Clearing 54 4
Clearingstelle 31 10; **32** 19; **33** 57; **34** 57; **37** 69
CO_2-Ausstoß, Verringerung **55** Erw.gr. (2)
CO_2-Emissionen 59 1
COP/MOP 49 Anh. B 16, Anh. B 17

Daten, Anforderungen **53** 3; Ermittlung **53** 3; fehlende **20** 30; unzureichende **20** 30; Veröffentlichung **1** 5 a; **20** 31
Datenabgleich 37 67
Datenaustausch 16 22
Datenbereitstellung, Datenübertragungssystem **18** 33
Dateneinhüllungsanalyse 20 Anl. 3
Datenerhebung 20 27; **56** 11
Datenerhebungsverordnung 53; Anwendungsbereich **53** 1; Inkrafttreten **53** 14; Sanktionen **53** 12; zuständige Behörde **53** 13
Datenübermittlung, Muster/Vordrucke **37** 76
Datenübertragungssystem 18 33
Degression 33 20
deklarierte Ausfuhr, Begriff 8 2
deklarierte Einfuhr, Begriff 8 2
deklarierter Transfer, Begriff 8 2
Deponiegas 1 3; **31** 2, 4; **33** 24; **34** 24; Begriff **32** 3; nicht anerkannte Biomasse **35** 3
Deutsche Bundesbank 11 50 c, 130
dezentrale Energieversorgungssysteme 58 5
dezentrale Erzeugung 9 3
dezentrale Erzeugungsanlage, Begriff 1 3; **5** 2
Dichtheit 58 6; Anforderungen **58** Anl. 4
Dienstleistung, kurzfristige, Begriff **21** 2; langfristige, Begriff **21** 2; unterbrechbare, Begriff **21** 2; verbindliche, Begriff **21** 2
Dienstleistungen von allgemeinem wirtschaftlichen Interesse 12 106
Dienstleistungsauftrag, Begriff 11 99

Dienstleistungsverkehr, freier **12** 56
Differenzkosten 32 15, 16; **33** 53 f.; Abrechnung **33** 54; Anzeige **33** 53; Begriff **33** 53
Differenzversteuerung 45 13 a; **46** 20; Erdgas **46** 42
Direktleitung 5 34; Begriff **1** 3; **5** 2; **6** 2
Direktor 7 16; Aufgaben **7** 16
Direktvermarktung 33 17; **34** 33 a ff.; anteilige **34** 33 f; Begriff **34** 33 a; Formen **34** 33 b; Grundsatz **34** 33 a; Pflichten **34** 33 c; Prämien **34** 33 g ff.; Verhältnis zur Einspeisevergütung **34** 33 e; Wechsel zw. verschiedenen Formen **34** 33 d
Diskriminierung 12 18
Diskriminierungsverbot 11 20
Distickstoffoxid, Anforderungen Ermittlung/Mitteilung **53** 9
Diversifizierung 9 3
Dokumentation 17 28; **19** 28
Doppelvermarktungsverbot 32 18; **33** 56; **34** 56
Drittfinanzierung, Begriff 55 3 k; **56** 2
Drittgebiete, Begriff 46 1 a
Drittländer, Begriff **46** 1 a; Zertifizierung **5** 11; **6** 11
Druckregelgeräte 28 10
durchführende Börse 54 3; Berichterstattung **54** 5; Überwachung **54** 5; Versteigerungen im Auftrag anderer Mitgliedstaaten **54** 6
Durchleitung, Strom, Gas **4** 2
Durchleitungsentgelt 4 2
Durchsuchung 1 69

EDV-gestütztes Beförderungs- und Kontrollsystem, Begriff 47 1
EEAP 55 4, 14
EEG-Reserve 40 1
EEG-Umlage 34 53 ff.; Ausgaben **39** 3; **40** 6; Ausweisung **34** 53; Beweislast **39** 5; Einnahmen **39** 3; **40** 6; Grundsatz **34** 40; nachträgliche Korrekturen **34** 38; Schienenbahnen **34** 42; Transparenz **40** 3; Unternehmen des produzierenden Gewerbes **34** 41; Vermarktung **34** 37; Verringerung **34** 39
Effizienz, Kosten-Nutzen-Bewertung **55** 14
Effizienzgrenze 20 Anl. 3
Effizienzstandards, Bestimmung **51** 17
Effizienzvergleich 20 12; Aufwandsparameter **20** 13; Bestimmung der Kosten zur Durchführung **20** 14; Methoden **20** Anl. 3; Parameter **20** 13; Sondervorschriften **20** 22; Vergleichsparameter **20** 13
Effizienzvorgaben 1 21 a; **20** 16; individuelle **20** 16

Sachverzeichnis

fette Zahlen = Ordnungsnummern

Effizienzwert 20 12; Mitwirkungspflichten **20** 12
Eigenanlage, Begriff **1** 3; Errichtung **25** 19; **28** 19
Eigenerzeuger 44 2; Begriff **44** 2; Erlaubnis **44** 4; Pflichten **45** 4
Eigenerzeugung 25 19; **28** 19
Eigenkapitalverzinsung, betriebsnotwendiges Eigenkapital Altanlage **17** 7; **19** 7; betriebsnotwendiges Eigenkapital Neuanlage **17** 7; **19** 7
Eigenverbrauch 47 59; Erdgas **47** 86; Steuerbefreiung **46** 26
Eigenversorgung, betriebliche, Kundenanlage **1** 3
Einbeziehung AGB 23 305 a, 306
Einfuhr, Energieerzeugnisse **46** 12, 19; Erdöl, Erdölerzeugnisse, unmittelbare Gefährdung, Störung **10** 1 ff.; Kohle **46** 35; nicht leitungsgebundene, Erdgas **46** 41; nicht leitungsgebundene **47** 82
Einfuhr, Ort, Begriff **46** 1 a
einheitliche EU-Zuteilungsregeln, Begriff **52** 2
einheitliche Stoffwerte 51 Anh. 1; Nutzung **51** 4
Einlagerer, zugelassener **47** 21
Einlagerung, Energieerzeugnisse **46** 7
Einrichtungen der Heizungstechnik etc. **58** 1
Einsparung Energie, Gebäude **57** 1 ff.; Maßnahmen **42**
Einsparzertifikate 55 4, 6; Begriff **55** 3 s
Einspeicherleistung, Begriff **21** 2
Einspeise- oder Ausspeisevertrag, Bilanzkreisvertrag **18** 3; Kapazitätsvertrag **18** 3; Portfoliovertrag **18** 3
Einspeisekapazität 18 6; Begriff **1** 3
Einspeiseleistung, Begriff **18** 2
Einspeisemanagement 33 9 ff., 11; **34** 9 ff.; Härtefallregelung **33** 12; **34** 12
Einspeisepunkt, Begriff **1** 3; Einspeisekapazitäten **18** 6
Einspeiser, Begriff **18** 41 b
Einspeisevergütung 34 16 ff.; Verhältnis zur Direktvermarktung **34** 33 e
Einspeisevertrag 1 20
Einstandspreis 11 20
Einstweilige Anordnung 11 60
Einstweilige Maßnahmen 11 32 a
Einstweiliger Rechtsschutz 33 59; **34** 59
Einwohnerzahl 4 2, 7
elektrische Anlage, Anlagenteile **25** 13; Inbetriebsetzung **25** 14; Überprüfung **25** 15
Elektrizität 4 2, 8
Elektrizitäts- und Gasversorgung, Tätigkeit: Begriff **11** Anl.

Elektrizitätsbinnenmarkt 5 Erw.gr. (6); Fortschrittsbericht **5** 47; **6** 52; funktionieren **9** 1, Erw.gr. (1); Schaffung **9** Erw.gr. (1); Verwirklichung **7** Erw.gr. (1); Wettbewerb **5** Erw.gr. (20)
Elektrizitätsbinnenmarktrichtlinie 5; Anwendungsbereich **5** 1
Elektrizitätsderivat 5 2
Elektrizitätseinfuhren 1 63
Elektrizitätsunternehmen 5 2
Elektrizitätsunternehmen, integriertes, Begriff **5** 2
Elektrizitätsversorgung, sichere **9** Erw.gr. (18); Sicherheit **9,** 1, Erw.gr. (12), Begriff **9** 2 b; unterbrechungsfreie, Gewährleistung **9** 3
Elektrizitätsversorgungsnetz, Ausgestaltung **1** 20; Gefährdung/Störung **1** 14
Elektrizitätsversorgungsunternehmen, Begriff **34** 3; Mitteilungs- und Veröffentlichungspflichten **32** 14 a; Mitteilungspflichten **33** 49; **34** 49; Veröffentlichungspflichten **33** 49; **34** 49
Elektrizitätsversorgungsvertrag 5 2
Elektrizitätsverteilernetz, Zugang **16** 12 f.
elektronische Auktion 11 101
elektronische Dokumentenübermittlung 1 90 a
elektronische Kommunikation 48 23; **53** 10
Emission, Begriff **48** 3; **49** 2; Ermittlung **48** 5, Anh. 2; Genehmigung **48** 4 f.; Genehmigungsantrag **48** 4 f.; Überwachung **48** 4 f.
Emission Reduction Unit, Begriff **49** 2; siehe auch ERU
Emissionsberechnung 51 7
Emissionsberechtigung, Versteigerung **54**
Emissionsbericht 48 5
Emissionsberichterstattung 48 Anh. 2; Anforderung an Verifizierung **48** Anh. 3; Kleinemittenten **52** 28
Emissionsdaten, Ermittlung **53** 4
Emissionsfaktor 51 Anh. 1; Begriff **51** 2; Bestimmung **51** 5
Emissionsgenehmigung 48 4
Emissionsgutschrift, Anerkennung **48** 16; Umtausch **48** 18
Emissionshandel 53
Emissionshandelsregister 48 17
Emissionshandelsrichtlinie, Begriff **49** 2
Emissionshandels-Versteigerungsverordnung 54; Anwendungsbereich **54** 1
Emissionsminderung, Begriff **49** 2; Nachweis **52** 25
Emissionsminderungen, spezifische, Berechnung **48** Anh. 5

magere Zahlen = Artikel bzw. Paragraphen **Sachverzeichnis**

Emissionsminderungsziele 43 10
Emissionsrechte, Bilanzdatenbank **49** Anh. B 19
Emissionsreduktion, zertifizierte, Begriff **48** 3
Emissionsreduktionseinheit 49 1, 12, Anh. B 15; Begriff **48** 3; **49** 2, Anh. B 16, Anh. B 17, Anh. B 19; *siehe auch ERU*
Emissionsverzeichnis, Bilanzierung **49** Anh. B 19
Emissionswert, Bestimmung **51** 11; **52** 24
Empfänger, registrierter **47** 26
Empfänger, unbestimmter 47 28 c
Endabrechnung 33 47; **34** 47
Endenergieeffizienz 55; Förderung **55** 7; nationale Richtziele **55** Erw.gr. (11); öffentlicher Sektor **55** 5 ff.
Endenergieeffizienznutzung 55 1
Endkunde, Begriff **5** 2; **6** 2; **55** 3 n; **56** 2; Beratung **56** 4; Information **56** 4
Endkundenmarkt 5 41; **6** 45
Endverbraucher 13 4
energetische Inspektion von Klimaanlagen **58** 12
energetische Qualität, Aufrechterhaltung **58** 11
Energie 12 194; **31** 10; Begriff **1** 3; **55** 3 a; **56** 2; lebenswichtiger Bedarf **10** 1; Maßnahmen **12** 194
Energie aus Biomasse, Begriff **32** 3
Energie- und Klimafonds, Wirtschaftsplan **41** Anl., *siehe auch Sondervermögen*
Energie- und Klimafondsgesetz 41 1 ff.; *siehe auch Sondervermögen*
Energieanlagen, Anforderungen **1** 49; Begriff **1** 3; Erneuerbare Energien **1** 49
Energiearmut 5 3; **6** 3; Bekämpfung **6** Erw.gr. (50)
Energieart 4 3
Energieaudit 55 11, 12 ff.; **56** 8; Begriff **55** 31; **56** 2
Energieausweis 58 16; Aussteller **58** 29; Ausstellung **58** 16; Ausstellung aufgrund Energiebedarf **58** 18; Ausstellung aufgrund Energieverbrauch **58** 19; Ausstellungsberechtigung **58** 21; Grundsätze **58** 17; Muster aufgrund Energiebedarf **58** Anl. 8; Muster aufgrund Energieverbrauch **58** Anl. 9; Muster Nichtwohngebäude **58** Anl. 7; Muster Wohngebäude **58** Anl. 6; Übergangsvorschriften **58** 29; Verwendung **58** 16
Energiebedarf, Berechnung **58** 18
energiebedarfssenkende Einrichtungen 58 11
Energiebelieferung, Anzeige **1** 5
Energiederivat, Begriff **1** 3
Energiedienstleister, Begriff **55** 3; **56** 2

Energiedienstleistung 55, Erw.gr. (25); **56;** Angebotsseite **55** Erw.gr. (7); Anreize für die Nachfrageseite **55** Erw.gr. (7); Begriff **55** 3; **56** 2; Förderung **55** 6 ff.; Marktentwicklung/-förderung **55** 1 b
Energiedienstleistungsgesetz 56; Anwendungsbereich **56** 1; Ziel **56** 3
Energieeffizienz 5 3; **6** 3; **41** 3; Begriff **5** 2; **55** 3; **56** 2; Bericht **55** 4; Empfehlung für Verbesserung **58** 16, 20; Förderung **9** 3; **55** 6 ff.; Kraftstoff **55** Erw.gr. (27); Programme/Maßnahmen **55** 4; Steigerung **55** Erw.gr. (1); Verkehr **55** Erw.gr. (27); Wohngebäude **6** Erw.gr. (50)
Energieeffizienz-Aktionsplan 55 4, Erw. gr. (14); **56** 3; *siehe auch EEAP*
Energieeffizienz-Benchmark 55 15
Energieeffizienz-Indikatoren 55 15
Energieeffizienzmaßnahme 55 Erw.gr. (25); **56;** Begriff **1** 3; **55** 3; **56** 2; EEAP **55** 14; Energieauditprogramme **55** 12; geeignete **55** Anh. 3
Energieeffizienzmechanismus, Begriff **55** 3; **56** 2; Transparenz **55** 7
Energieeffizienz-Nachfragesteuerungsmaßnahme 5 3
Energieeffizienzprogramme 55 Erw.gr. (25); Begriff **55** 3; Fonds **55** 11
Energieeffizienztarife 55 10 ff.
Energieeffizienzverbesserung, Begriff **55** 3; **56** 2; öffentlicher Sektor **55** Erw.gr. (7)
Energieeinsparpotenziale 55 Erw.gr. (3)
Energieeinsparrichtwert 55 4; **56** 3; Methodik Berechnung **55** Anh. 1
Energieeinsparung 36 Erw.gr. (1) ff.; **43** 1; **59** 1 ff.; Begriff **55** 3 d; **56** 2; Bottom-up-Berechnungen **55** Anh. 4; Finanzinstrumente **55** 9 ff., 11; Messbarkeit **55** Anh. 4; Messung **55** Anh. 4; Rahmen für die Messung und Überprüfung **55** Anh. 4; Stand der Technik **59** 4; Top-down-Berechnungen **55** Anh. 4; Überprüfung **55** Anh. 4
Energieeinsparung Gebäude 57 1 ff.
Energieeinsparungsarbeiten, Bestätigung durch Private **59** 7 a
Energieeinsparungsgesetz 57
Energieeinsparverordnung 58, 1 ff.; Anwendungsbereich **58** 1; Ausnahmen **58** 1, 24; Befreiung **58** 25; Ordnungswidrigkeiten **58** 27; Verantwortliche **58** 26
Energieeinsparziel 55 4 ff., Erw.gr. (25)
Energieeinzelhandelsunternehmen, Begriff **55** 3; Daten Energieeffizienz **55** 6; kleines, Begriff **55** 3
Energieerzeugnisse 46 1; Abgabe **47** 49 a; andere als Gasöle **47** 8; Ausfuhr **46** 13;

Sachverzeichnis

fette Zahlen = Ordnungsnummern

Beförderung **47** 42 a ff.; Begriff/ergänzend **47** 1 b; Differenzversteuerung **46** 20; Einfuhr **46** 15 ff., 19; **47** 43; Einlagerung **46** 7; Entfernung/Entnahme **47** 23; Entnahme aus Hauptbehältern **46** 17; gekennzeichnete, Steuerentstehung **46** 21; Herstellung außerhalb Herstellungsbetrieb **46** 9; Herstellung unter Steueraussetzung **46** 6; Herstellungsbetrieb **46** 6; Hinweispflichten **47** 107; Lager **46** 7; sonstige, Steuerentstehung **46** 23; Steueraussetzung **46** 4 ff.; Steuerbefreiung **46** 24; Steuerentlastung **46** 46; Steuerentstehung **46** 22; Steuerentstehung bei Entnahme in den freien Verkehr **46** 8; steuerfreie **47** 57; Unregelmäßigkeiten im Verkehr unter Steueraussetzung **46** 14; Verbringen **46** 15 ff.; **47** 44; Verbringen nach Einfuhr **46** 12; Verbringen zu gewerblichen Zwecken **46** 15; Verbringen zu privaten Zwecken **46** 16; Verkehr im Steuergebiet **46** 10; Verkehr mit anderen Mitgliedstaaten **46** 11; Vermischung **47** 109; Versandhandel **46** 18; in Wasserfahrzeugen **47** 61

Energieerzeugnisse, schwefelhaltige, Steuertarif **47** 1 c

Energiegehalt ausgewählter Brennstoffe 55 Anh. 2

Energieimporte, Abhängigkeit **55** Erw.gr. (3)

Energiekonzept, kommunales, regionales **4** 3

Energieleistungsvertrag, Begriff **55** 3

Energieleitungen, Ausbau **14** 1 ff.

Energieleitungsausbau, Bedarfsplan **14** 1

Energielieferant, Begriff **56** 2

Energielieferung, Letztverbraucher **1** 36 ff.

Energieliefervertrag, Haushaltskunden **1** 41

Energiemengen, Ermittlung **32** 14 a

Energien aus erneuerbaren Quellen 36, 1; Begriff **36** 2; Berechnung des Anteils **36** 5; Berichterstattung **36** 22; Kapazitätserhöhung **36** 18; nationale Gesamtziele **36** Anh. I; statistischer Transfer **36** 6; Verkehrssektor **36** 3, 21; *siehe auch Erneuerbare Energien*

Energienachfrage, Steuerung **55** Erw.gr. (1)

Energienachfragemanagement 55 Erw. gr. (4)

Energiepolitik, Ziele **12** 194

Energiequelle, erneuerbare **9** 3, Erw.gr. (5), Begriff **5** 2; regenerative **24** 3

Energieregulierungsbehörde, Zusammenarbeit **7**

Energiesektor, Marktkrise **5** 42; **6** 46

Energiesicherungsgesetz 10

energiesparender Wärmeschutz 57 1
Energiesparrichtwert 55 4
Energiespeicher- und Netztechnologie 41 3
Energiesteuer, allgemeine Bestimmungen **46** 1
Energiesteuergesetz 46
Energieträger 40 3
Energieunternehmen, Begriff **56** 2; Sorgepflicht **56** 5
Energieverbrauch 29 24; **36** Erw.gr. (1) ff.; Erfassung und informative Abrechnung **55** 13 ff.; Ermittlung **58** 19
Energieverbrauchskennzeichnung 59 1 ff.
Energieverbrauchskennzeichnungsgesetz 59
Energieverbrauchsumstellung, Benchmark **55** Anh. 5
Energieverlust, Verminderung **59** 4
Energieversorgung 31 1; Anwendungsbereich GWB **11** 100; öffentlicher Auftrag **11** 99; Sicherheit **5** Erw.gr. (25); **6** Erw.gr. (22); Sicherheit und Zuverlässigkeit **1** 49 ff.; Sicherung **10** 1; Vorratshaltung zur Sicherung **1** 50
Energieversorgungsnetz, Begriff **1** 3; Betrieb **1** 11; Zugang **1** 20
Energieversorgungsnetze der allgemeinen Versorgung, Begriff **1** 3
Energieversorgungsnetze für Gemeindegebiete, Anschlusspflicht **1** 18
Energieversorgungssicherheit 36 Erw.gr. (1) ff.; Verbesserung **7** Erw.gr. (15)
Energieversorgungssysteme, alternative **58** 5; dezentrale **58** 5
Energieversorgungsunternehmen 4 1; Aufgaben **1** 2; Begriff **1** 3; Grundversorgung **1** 36; Haushaltskunden Erdgasversorgung **1** 53 a
Energieversorgungsvertrag, Begriff **1** 3
Energieverteiler, Begriff **55** 3 o; **56** 2; Daten Energieeffizienz **55** 6
Energiewirtschaft 11 29
Energiewirtschaftsgesetz 1; **4** 6; Verhältnis zum Eisenbahnrecht **1** 3 a; Zweck des Gesetzes **1** 1
Energiewirtschaftskostenverordnung 3; Anwendungsbereich **3** 1
Engpass, Begriff **8** 2; physischer, Begriff **21** 2; vertraglich bedingter, Begriff **21** 2
Engpasserlös, Leitlinien **8** Anh. I
Engpassmanagement 9 Erw.gr. (4); **21** 1; allgemeine Grundsätze **8** 16; Begriff **21** 2; Berichterstattung **9** 7; Fernleitungsnetzbetreiber **21** 16; LNG-Anlage **21** 17
Engpassmanagementmethode, Leitlinien **8** Anh. I

magere Zahlen = Artikel bzw. Paragraphen **Sachverzeichnis**

Engpassmanagementverfahren, Leitlinien **21** Anh. I
Enteignung 15 27; Errichtung von Energieanlagen **1** 45; Parallelführung Planfeststellung **1** 45 b; Planfeststellung **1** 45
Enteignungsbeschluss 15 27
Enteignungsverfahren, vorzeitiges **15** 27
Entflechtung 1 54; **5** Erw.gr. (9), (10), (11); **11** 41; Anwendungsbereich **1** 6; eigentumsrechtliche **1** 8; **5** Erw.gr. (14), (15); **6** Erw.gr. (8), (11) f., (14) f.; Fernleitungsnetz **6** 9; Fernleitungsnetzbetreiber **6** 9; Fernleitungsnetzeigentümer **6** 15; Fortschrittsbericht **5** 47; **6** 52; funktionale **6** Erw.gr. (7); Rechnungslegung/Buchführung **1** 6 b; rechtliche **1** 7; **6** Erw.gr. (7); Speicheranlagenbetreiber **1** 7 ff.; **6** 15; Übertragungsnetzeigentümer **5** 14; Verteilernetzbetreiber **5** 26; Verteiler-/Transportnetzbetreiber **1** 6 ff.; Verwendung von Informationen **1** 6 a; wirksame **6** Erw.gr. (6), (8); Ziel **1** 6
Entflechtungsbestimmungen, Wirksamwerden **1** 114
Entflechtungssystem 5 Erw.gr. (12); **6** Erw.gr. (9)
Entgelt 4 3; angemessenes **11** 19; grenzüberschreitende Übertragung **8** 1; Messstellenbetrieb **17** 17; **19** 15
Entgelt für dezentrale Einspeisung 17 18; Vermeidungsarbeit **17** 18; Vermeidungsleistung **17** 18
Entgeltbestimmung, Grundsätze **17** 3, 15; **19** 3
Entgeltbildung, kostenorientierte **1** 21 a; Netzzugangsmodell **19** 13; transaktionsunabhängiges Punktmodell **17** 15; **19** 18
Entgelte für feste Kapazitäten **19** 13; für unterbrechbare Kapazitäten **19** 13
Entgeltermittlung, Grundsätze **19** 13
Entnahme von Strom, widerrechtliche **44** 6
Entnahmestelle 16 14; Begriff **17** 2
Entry-Exit-System 1 20
ENTSO Gas 7 Erw.gr. (7); **21** Erw.gr. (16) ff.; Agentur **7** 6; **21** 9; Aufgaben **21** 8; Europäisches Netz **21** 4; Gründung **21** 5; Konsultation **21** 10; Kosten **21** 11
ENTSO Strom 7 Erw.gr. (7); **8** Erw.gr. (7) f.; Agentur **7** 6; **8** 9; Aufgaben **8** 8; Gründung **7** 5; Konsultation **8** 10; Kosten **8** 11; Übertragungsnetzbetreiber **8** 12
Entsprechungstabelle, EltRL 2003 **5** Anh. II; ErdgasZVO 2005 **21** Anh. II; GasRL 2003 **6** Anh. II; StromhandelZVO 2003 **6** Anh. II
entstehender Markt 6 49; Begriff **6** 2
Entwicklung, Berichterstattung **9** 7

Erdgas 1 3; Anmeldung **47** 78 ff.; Auffangtatbestand **46** 43; Begriff **46** 1 a; Differenzversteuerung **46** 42; Erlaubnis **46** 44; Fälligkeit **46** 39; nicht leistungsgebundene Einfuhr **46** 41; nicht leistungsgebundenes Verbringen **46** 40; Steueranmeldung **46** 39; Steuerbefreiung **46** 44; Steuerentlastung **46** 46; Steuerentstehung **46** 38 ff., 43; Zweckwidrigkeit **46** 44
Erdgasbinnenmarkt 21 Erw.gr. (1); Verwirklichung **7** Erw.gr. (1); Vollendung **21** Erw.gr. (12) f.; Wettbewerb **6** Erw.gr. (17)
Erdgasfernleitungsnetz, Zugang **21**, 1
Erdgasregulierungsforum, europäisches **20** Erw.gr. (3)
Erdgassektor, Beobachtung **7** 11; Berichterstattung **7** 11
Erdgasunternehmen, Begriff **6** 2; integriert, Begriff **6** 2
Erdgasverwender, Erlaubnis etc. **47** 83 ff.
Erdgaszugangsverordnung 21; Anwendungsbereich **21** 1; Bericht **21** 29; Leitlinien **21** 23; Regulierungsbehörde **21** 24; Sanktion **21** 27; Erw.gr. (37)
Erdkabel 1 21 a; Erweiterungsinvestition **20** 23; auf Höchstspannungsebene **14** 2; Mehrkosten **14** 2; **20** 11
Erfahrungsbericht 32 20; **33** 65; **34** 65; **42** 18
Erfüllung öffentlicher Aufgaben 10 1
ERGEG 7 Erw.gr. (2)
Erlass, Stromsteuer **44** 10
Erlaubnis, allgemeine **45** 10; Antrag **45** 2; Energieerzeugnisse **47** 52 ff.; Erteilung **45** 3, 9; Strom leisten, entnehmen, beziehen **44** 4
Erlaubnisinhaber, Pflichten **45** 11
Erlösobergrenze 20 4; Anpassung **20** 4; Antrag des Netzbetreibers **20** 4; Bestimmung des Ausgangsniveaus **20** 6; Festsetzung **20** Anl. 1; Regulierungsformel **20** 7
Ermittlung 1 68; **11** 57; Beschlagnahme **1** 70
Ermittlung der Effizienzwerte 20 Anl. 3
Ermittlung der Netzentgelte 17 17; Kostenartenrechnung **17** 4 ff.; **19** 4 ff.; Kostenstellenrechnung **17** 12 ff.; **19** 11 ff.; Kostenträgerrechnung **17** 15 ff.; **19** 13 ff.; Methode **17** 4 ff.; **19** 4 ff.
Ermittlung der Netzkosten, aufwandsgleiche Kostenposition **17** 5; **19** 5; Behandlung von Netzverlusten **17** 10; Grundsätze **17** 4; kalkulatorische Abschreibung **17** 6; **19** 6; kalkulatorische Eigenkapitalverzinsung **17** 7; **19** 7; kalkulatorische Rechnung **17** 4; **19** 4; kalkulatorische Steuern **17** 8; **19** 8; kostenmindernde Er-

Sachverzeichnis

fette Zahlen = Ordnungsnummern

löse und Erträge **17** 9; **19** 9; periodenübergreifende Saldierung **17** 11; **19** 10
Erneuerbare Energien 9 3; **31** 1; **36** Erw. gr. (1) ff.; **41** 3; Anteil **33** 5; **34** 5; Begriff **1** 3; **32** 3; **33** 3; **34** 3; **58** 2; Differenzkosten **32** 15; Förderung Erzeugung **55** Erw.gr. (1); Herkunftsnachweis **32** 17; **36** 15; Installateure **42** 16 a; Kombination **42** 8; nationaler Aktionsplan **36** 4; Netzanschlusskosten **32** 13; Netzausbaukosten **32** 13; Nutzung **42** 3 ff., Fördermittel **42** 13; Stromeinspeisung, geringer Umfang **1** 117 a; Transparenz **32** 15; Vergütungspflicht **32** 5
Erneuerbare Energiequelle 9 3, Erw.gr. (5); Begriff **5** 2
Erneuerbare Energieträger 44 9; **58** 5
Erneuerbare-Energien-Gesetz 33; **35** 1; Anwendungsbereich **32** 2; **33** 2; **34** 2; gesetzliches Schuldverhältnis **33** 4; **34** 4; Übergangsbestimmungen **33** 66; Verordnungsermächtigung **33** 64; Zweck **32** 2; **33** 1; **34** 1
Erneuerbare-Energien-Gesetz 2000 31
Erneuerbare-Energien-Gesetz 2004 32
Erneuerbare-Energien-Gesetz 2012 34
Erneuerbare-Energien-Strom, Steuerbefreiung **44** 9
Erneuerbare-Energien-Wärmegesetz 42; finanzielle Förderung **42** 13 ff.; Ziel **42** 1; Zuständigkeit **42** 12; Zweck **42** 1
Errichtung von Energieanlagen, Planfeststellungsverfahren **1** 43
Ersatzmaßnahmen 42 7; Kombination **42** 8
Ersatzpflicht 25 18; **28** 18
Ersatzversorgung 24 3; **26** 3; Energie **1** 38
Erstattung, Stromsteuer **44** 10
Erträge 11 38
ERU, Ausstellung **49** Anh. B 19; Begriff **49** 2, Anh. B 16, Anh. B 17, Anh. B 19; Bewertung Erfüllung Verpflichtungen **49** Anh. B 19; nationale Register **49** Anh. B 19; Transaktionsverfahren **49** Anh. B 19; Übertrag **49** Anh. B 19; Übertragung, Erwerb, Löschung, Ausbuchung und Übertrag **49** Anh. B 19; *siehe auch Emissionsreduktionseinheit*
erweiterter Bilanzausgleich 18 41 e
Erweiterungsfaktor, Ermittlung **20** 10, Anl. 2; Versorgungsaufgabe **20** 10
Erzeuger, Begriff **5** 2
Erzeugung 5 7 f.; **12** 101 f.; **31** 2 f., 9, 12; Begriff **5** 2
Erzeugung in KWK 34 Anl. 2
Erzeugung Strom aus Biomasse, technisches Verfahren **35** 4
Erzeugung von Kraft und Wärme 46 53

Erzeugungsanlage 17 Anl. 1; Bau **5** 7; Bedingungen für den Netzanschluss **30** 1; dezentrale, Begriff **5** 2
Erzeugungskapazität 9 1; Ausschreibung **1** 53; Investitionen **9** 3
Erzeugungskapazitätsreserven 9 3, Erw. gr. (10); Ausgleichszwecke **9** 5
Europäische Gemeinschaft 10 2; **11** 39, 50
Europäische Kommission, marktbeherrschende Stellung **12** 105; Wettbewerb **12** 103
Europäische Union, Arbeitsweise **12** 1; Zuständigkeit **12** 2
Europäisches Erdgasregulierungsforum 20 Erw.gr. (3)
Europäisches Netz, Übertragungsnetzbetreiber **7** 4
Europäisches Recht, Vollzug **11** 50
Europäisches Wettbewerbsrecht 11 22
Evaluierung 1 112 ff.; **39** 9; Evaluierungsbericht **1** 112
Exekutivrat 49 7, Anh. B 17; Akkreditierung **49** Anh. B 17; Begriff **49** 2; Prüfeinrichtung **49** Anh. B 17; Überprüfungsgesuch **49** 9
Exklusivitätsklausel 5 Erw.gr. (20); **6** Erw. gr. (17)

Fachaufsicht 33 63; **34** 63
Fahrplan, Begriff **16** 2
Fahrplanabwicklung und untertäglicher Handel, Grundsätze **16** 5
Fälligkeit 24 17; **25** 23 ff.; **26** 17; **28** 23 ff.; Beendigung **25** 26, 27; **28** 26, 27; fristlose Kündigung **25** 27; **28** 27; Kündigung **25** 25; **28** 25; Stromsteuer **44** 8; Unterbrechung des Anschlusses und der Anschlussnutzung **25** 24; **28** 24; Zahlung, Verzug **25** 23; **28** 23
fehlende Daten 20 30
Fern- und Blockheizung 58 5
Fern- und Blockkühlung 58 5
Fernkälte, Begriff **36** 2; **42** 2
Fernleitung 6 1, 9 ff.; Begriff **1** 3; **6** 2; **21** 2
Fernleitungsnetz, Entflechtung **6** 9; Gefährdung **1** 16; Störung **1** 16
Fernleitungsnetzbetreiber, Aufbewahrungspflicht **21** 20; Aufgaben **6** 13; Aufsichtsorgan **6** 20; Begriff **6** 2; Benennung **6** 10; Engpassmanagement **21** 16; Entflechtung **6** 9; Europäisches Netz **21** 4; Gleichbehandlungsprogramm **6** 21; Kapazitätszuweisungsmechanismus **21** 16; LNG-Wiederverdampfungsanlagen **6** 23; Netzentwicklungsplan **1** 15 a; **6** 22, *siehe auch Betreiber von Fernleitungsnetzen;* regionale Zusammenarbeit **21** 12; Speicher-

1528

magere Zahlen = Artikel bzw. Paragraphen

Sachverzeichnis

anlagen **6** 23; Transparenz **21** 18; Unabhängigkeit **6** 18, 52; Unabhängigkeit Personal **6** 19; Unabhängigkeit Unternehmensleitung **6** 19; Vertraulichkeitsanforderungen **6** 16; Zertifizierung **6** 10; **21** 3; Zugang Dritter **21** 14; Zusammenarbeit **21** Erw.gr. (15)
Fernleitungsnetzbetreiber, unabhängiger 6 17 ff., Erw.gr. (13), (16)
Fernleitungsnetzeigentümer, Entflechtung **6** 15; Vertraulichkeitsanforderungen **6** 16
Fernwärme 29 1 ff.; Art der Versorgung **29** 4; Aufrechnung **29** 31; AVB **29** 1 ff.; Baukostenzuschuss **29** 9; Bedarfsdeckung **29** 3; Begriff **36** 2; **42** 2; Berlin-Klausel **29** 36; Grundstücksbenutzung Leitungsverlegung **29** 8; Hausanschluss **29** 10; Kundenanlage **29** 12; Kündigung **29** 32 f.; Messung/Ablesung **29** 18 ff.; öffentlich-rechtliche Versorgung **29** 35; Preisänderungsklauseln **29** 24; Sicherheitsleistungen **29** 29; Übergabestation **29** 11; Versorgungseinstellung **29** 33; Versorgungsunterbrechung **29** 5; Versorgungsvertrag, Laufzeit **29** 32; Verträge **29** 1 ff.; Vertragsschluss **29** 2; Verzug **29** 27; Zahlungen/Verzug **29** 25 ff.; Zahlungsverweigerung **29** 30
Fernwärmeversorgungsunternehmen, Abrechnung **29** 24
Feuchtgebiet 37 5
Finanzinstrument 1 3; Energieeinsparung **55** 9 ff., 11
Finanzinstrumente für Einsparungen, Begriff **55** 3
Finanzinstrumente für Energieeinsparungen, Begriff **56** 2
Flächen, Kohlenstoffbestand **37** 5; Naturschutzwert **37** 4
Flexibilitätsdienstleistungen 18 34
Flexibilitätsdienstleistungen und Gasbeschaffenheit 18 34 f.
Flexibilitätsprämie 34 33 i; Höhe **34** Anl. 5
Flugstrecke, Ermittlung **53** 5
flüssige Biobrennstoffe, Begriff **36** 2
Flüssiggas 1 3; Begriff **46** 1 a; Steuerentlastung **46** 49
Folgen von Zuwiderhandlungen 25 23 ff.; **28** 23 ff.; Beendigung **25** 26, 27; **28** 26, 27; fristlose Kündigung **25** 27; **28** 27; Kündigung **25** 25; **28** 25; Unterbrechung des Anschlusses und der Anschlussnutzung **25** 24; **28** 24; Zahlung, Verzug **25** 23; **28** 23
Fonds, Energieeffizienzprogramme **55** 11 ff.
Förderregelung, Begriff **36** 2
Forstwirtschaft, Steuerentlastung **46** 57

Fortleitungs- und Verteilungsanlagen 17 Anl. 1
Fortschrittsbericht, Elektrizitätsbinnenmarkt **5** 47; Entflechtung **5** 47; **6** 52; Erdgasbinnenmarkt **6** 52; Kapazität **5** 47; **6** 52; Nachfragespitzen **5** 47; **6** 52; Tarifierung **5** 47; **6** 52
fossile Brennstoffe, nicht anerkannte Biomasse **35** 3
frei zuordenbare Kapazitäten 18 4; Ermittlung **18** 6
freie Kapazität, Begriff **18** 2
Freigabe, Widerruf/Änderung **11** 40
Freigabepflicht ungenutzter Kapazitäten 18 13
freigestellte Vereinbarung 11 2
Freistellung 11 60, 62, 64, 131; **13** 2 ff.; Entzug **11** 32 d
Freistellungsbescheinigung 47 28
fristlose Beendigung, Anschlussnutzung **25** 27; **28** 27
fristlose Kündigung 24 21; **26** 21; Netzanschlussverhältnis **25** 27; **28** 27
frühzeitige Emissionsminderungen 51 18

Gas 1 3; Begriff **1** 3
Gas aus Biomasse 1 3; **6** Erw.gr. (26)
Gasanlage, Anlagenteile **28** 13; Inbetriebsetzung **28** 14; Überprüfung **28** 15
Gasaufbereitungs-Bonus 34 Anl. 1
Gasbeschaffenheit 18 35
Gasbinnenmarktrichtlinie 6
Gasderivat, Begriff **6** 2
gasförmig Energieträger 34 27 c
gasförmige Energieerzeugnisse, Steuerbefreiung **46** 28
Gasgrundversorgungsverordnung 26; Abrechnung der Energielieferung **26** 11 ff.; allgemeine Bestimmungen **26** 1 ff.; Aufgaben und Rechte des Grundversorgers **26** 8 ff.; Beendigung des Grundversorgungsverhältnisses **26** 19 ff.; Versorgung **26** 4 ff.
Gashochdruckleitung, allgemeine Anforderungen **27** 2; Änderung an Leitung **27** 8; Anforderungen Betrieb **27** 4; Anforderungen Errichtung **27** 3; Auskunfts-/Anzeigepflicht **27** 9; Begriff **27** 5; bestehende **27** 20; Betriebseinstellung/Stilllegung **27** 7; Druckabsenkung **27** 7; Inbetriebnahme **27** 6; Prüfungen **27** 10; Sachverständige **27** 11 ff., 17 f.; Übergangsvorschriften **27** 15; Untersagung Betrieb **27** 7; Verfahren zur Prüfung Leitungsvorhaben **27** 5
Gashochdruckleitungsverordnung 27; Geltungsbereich **27** 1
Gaslieferant, Begriff **1** 3

1529

Sachverzeichnis

fette Zahlen = Ordnungsnummern

Gasnetz, Zugang **6** Erw.gr. (41)
Gasnetzentgeltverordnung 19; Anwendungsbereich **19** 1
Gasnetzkarte 18 22
Gasnetzzugangsverordnung 18; Anwendungsbereich **18** 1
Gasöle 47 2; Steuerentlastung **46** 49
Gasqualität, Umstellung **1** 19 a
Gasrechnung 1 40
Gastgeberstaat, Begriff **49** 2
Gasversorgungsleitung 1 43; Planfeststellung **1** 43
Gasversorgungsnetz 18 3; Ausgestaltung **1** 20; Begriff **1** 3; Zugang **1** 20
Gasversorgungsunternehmen, Begriff **6** 2; Regulierungsbehörde **18** 36
Gaswirtschaftsjahr, Begriff **19** 2
Gebäude, Änderungen **58** 10; Energiebeheizte **58** 1; Nachrüstung **58** 10; zu errichtende **58** 3
Gebäude, bestehende 58 9; Energieausweis Ausstellungsberechtigung **58** 21; Wärmeschutz **57** 4
Gebäude, gemisch genutzte 58 22
Gebäude, grundlegend renovierte öffentliche, Anteil Erneuerbarer Energien **42** 5 a
Gebäude, kleine, Anforderungen **58** 8, Anl. 3; Begriff **58** 2
Gebäude, neue, Anteil Erneuerbarer Energien **42** 5
Gebäude, öffentliches, Begriff **42** 2; Vorbildfunktion **42** 1 a
Gebäudenutzfläche, Begriff **58** 2
Gebäudesanierung, energetische **41** 3
Gebühren, Amtshandlungen von Bundesbehörden **48** 22
Gebühren/Auslagen 34 63 a
Gebührenhöhe 3 2
Gebührenverzeichnis 3 2, Anl.
geförderte Maßnahmen 42 14; Verhältnis zu Nutzungspflichten **42** 15
Gegenseitigkeit 5 33; **6** 37
Geldwertentwicklung, Verbraucherpreisgesamtindex **20** 8
Geltungsbereich, Unternehmen der öffentlichen Hand **1** 109
Gemeindegebiet 4 1
Gemeinsame Projektumsetzung, Begriff **49** 2; Zustimmung **49** 3 ff.; Zustimmung und Registrierung **49** 5; *siehe auch Joint Implementation*
gemeinwirtschaftliche Verpflichtungen 5 3, Erw.gr. (46), (50); **6** 3, Erw.gr. (44), (47); Erfüllung, Fortschrittsbericht **5** 47; **6** 52; Klimaschutz **6** 3; Preis **6** 3; Qualität **6** 3; Regelmäßigkeit **6** 3; Versorgungssicherheit **6** 3

gemischte Siedlungsabfälle, nicht anerkannte Biomasse **35** 3
gemittelter Effizienzwert 20 24
Genehmigung 11 57
Genehmigungssystem 6 4
Genehmigungsverfahren 5 Erw.gr. (31); **6** 4; neue Kapazitäten **5** 7
Generator, Begriff **33** 3; **34** 3
genereller sektoraler Produktivitätsfaktor 1 21 a; **20** 9, 27, 31; Ermittlung **20** 9
Geothermie 31 2, 6; **33** 28; **34** 28; **42** Anl.; Begriff **32** 3; **42** 2
geothermische Energie, Begriff **36** 2
Geräte, Begriff **58** 2; Energieeinsparung **59** 1 ff.
gerichtliches Bußgeldverfahren, Zuständigkeit **1** 97
gerichtliches Verfahren 1 106 ff.; gemeinsame Bestimmungen **1** 106 ff.; zuständiger Senat beim BGH **1** 107; zuständiger Senat beim OLG **1** 106
Gerichtsstand 24 22; **25** 28; **26** 22; **28** 28
Gesamtenergieträgermix 1 42; **5** 3
Geschäftsbedingungen, Begriff **18** 2; für den Gastransport **18** 3, 19, 27, 29
Geschäftsordnung 2 6, 9
geschlossene Verteilernetze 1 110; **5** 28; **6** 28
geschlossenes Orderbuch 54 3
Gesetz gegen Wettbewerbsbeschränkungen 11, 131
gesicherte Stromversorgung 5 Erw.gr. (5)
Gewerbe, Begriff **34** 3
Gezeitenenergie, Begriff **32** 3
Gichtgas, Begriff **51** 2
Gigajoule, Begriff **46** 1 a
Gleichbehandlung 12 8
Gleichbehandlungsbeauftragter 1 10 e; Aufgaben **5** 21; **6** 21
Gleichbehandlungsprogramm 1 10 e; **5** 6, 14, 21; **6** 7, 21; Verteilernetzbetreiber **5** 26; **6** 26
Gleichstrom-Hochspannungsleitungen, grenzüberschreitende, Planfeststellung **1** 43
Gleichstrom-Verbindungsleitung 8 17
Gleichzeitigkeitsfunktion und -grad 17 Anl. 4
Gleichzeitigkeitsgrad 17 16
grenzüberschreitende Verbindungskapazität 9 7
grenzüberschreitender Stromfluss, Begriff **8** 2
Großhandelsmarkt, liquider, Förderung Schaffung **9** 3
Großhändler, Begriff **1** 3; **5** 2; **6** 2
Grubengas 1 3; **31** 2, 4; **33** 26; **34** 26; Begriff **32** 3

magere Zahlen = Artikel bzw. Paragraphen **Sachverzeichnis**

Grundstücksbenutzung 25 12; 28 12; Fernwärme 29 8
Grundversorger, Begriff 24 1; 26 1; Wechsel 1 36
Grundversorgungspflicht 1 36; Anlage zur Eigenbedarfsdeckung 1 37; Ausnahmen 1 37
Grundversorgungsvertrag, Kündigung, Frist 24 20; Kündigungsfrist 24 20; 26 20; Mitteilungspflicht 24 2; 26 2; notwendige Angaben 24 2; 26 2
Grünland 37 4
Gruppenfreistellung, Beschränkung 13 4
Gruppenfreistellungsverordnung 11 2, 32 d; **13**; Nichtanwendung 13 6; Übergangsbestimmungen 13 9
Gülle, Begriff 34 3; Vergärung 34 27 b
Gutachter, Netzdaten 30 5
Güterumschlag in Seehäfen 47 11 a
Gutschrift aus Senken, Begriff 49 Anh. B 16, Anh. B 17, Anh. B 19; *siehe auch RMU*

Hafenschlick, nicht anerkannte Biomasse 35 3
Haftung, Versorgungsstörung 29 6
Haftung dritter Netzbetreiber 25 18; 28 18
Handel, grenzüberschreitender 9 7
Handel mit Emissionen, Leitlinien 49 Anh. B 18; Modalitäten 49 Anh. B 18; Regeln 49 Anh. B 18
Handel mit Kapazitätsrechten 18 14
Handelsgesetzbuch 11 38; 24 34
Handelsplattform, Kosten 18 14
Händler-Investitionen 9 6
Härtefallregelung 31 11 a; 33 12; 34 12; 50 12
Haupt- und Nebenkosten 19 Anl. 2
Haupt- und Nebenkostenstellen 17 Anl. 2
Hauptbehälter 47 41
Hauptkosten 19 12
Hauptkostenstellen 17 13; 19 3
Hauptzollamt, zuständiges 45 1; 47 1 a
Hausanschluss, Fernwärme 29 10, 12
Haushaltskunden, Begriff 1 3; 5 2; 6 2; Energielieferverträge 1 41; Grundversorgung 1 36; Sicherstellung der Erdgasversorgung 1 53 a; Wechsel der Grundversorger 1 36
Haushaltsplan 7 21; Aufstellung 7 23; Ausführung 7 24; Kontrolle 7 24
Heizkessel, Außerbetriebnahme 58 10; Begriff 58 2; Inbetriebnahme 58 13
Heizöl, leichtes, Begriff 47 1
Heizwert 51 Anl. 1
Herkunftsnachweis 32 17; 33 55; 34 55; 36 15; Antrag 43 9 a; Strom aus hocheffi-

zienter KWK 43 9 a; Verordnungsermächtigung 34 64 d
Hersteller, Pflichten 47 15
Herstellererlaubnis, Antrag 47 12; Erteilung/Erlöschen 47 14
Herstellung, Begriff 37 2
Herstellungsbetrieb 46 6; Einrichtung 47 13; Herstellung außerhalb 47 24
Hexafluorethan 53 Anl. 2, Anl. 3
Hilfsdienste 18 4; Begriff 1 3; 5 2; 6 2; erforderliche Systemdienstleistungen 18 5; sonstige erforderliche Hilfsdienste 18 5
Hochdruckfernleitungen 21 Erw.gr. (6)
hocheffiziente Anlage 43 3, 4, 5
Hochspannungsfreileitung 1 43
Hochspannungs(frei)leitungen, Planfeststellung 1 43
Hochspannungsgleichstrom-Übertragungssystem, Investition 20 23
Hochspannungsleitung, Erweiterungsinvestition 20 23
Hochspannungsnetz, Ausbau 1 43 h
Hochspannungsverbundnetz 1 3
Höchstspannungsleitungen, Ausbau 15 1 ff.
Höchstspannungsnetz, Ausbau 14 1 ff.
Höchstspannungsverbundnetz, Begriff 1 3
horizontal integriertes Unternehmen, Begriff 5 2; 6 2
horizontale Vereinbarung 13 2
hydrothermische Energie, Begriff 36 2

Importleitung 1 3
Inbetriebnahme, Begriff 32 3; 33 3; 34 3; 50 3; 53 2
Inbetriebnahme einer Kapazitätserweiterung, Begriff 50 3
Inbetriebsetzung, elektrische Anlage 25 14; Gasanlage 28 14; Kostenerstattung 25 14; 28 14
Individualabrede 23 305 b
Industrieanlagen, Zuteilung 51 12
Industriekunden, Anschluss 6 23
Industriesektor, geeignete Energieeffizienzmaßnahmen 55 Anl. 3
Ineffizienz, Ermittlung 20 15
Information der Bundesnetzagentur 33 51; 34 51; der Öffentlichkeit 33 52; 34 52
Informationspflichten 30 5
Informationsregister 37 66
Informations-/Wartepflichten, öffentliche Auftragsvergabe 11 101 a
Infrastruktur, Investitionen 9, 5; Kapazitätsaufstockung 1 28 a; neue 6 36
Infrastruktur, neue, Begriff 1 3
Infrastruktureinrichtung 11 19
Inhaltskontrolle, AGB 23 306

1531

Sachverzeichnis

fette Zahlen = Ordnungsnummern

installierte Kapazität nach einer wesentlichen Kapazitätsänderung, Begriff **52** 2
installierte Leistung, Begriff **34** 3
integriertes Elektrizitätsunternehmen, Begriff **5** 2
integriertes Erdgasunternehmen, Begriff **6** 2
intelligente Messsysteme 5 Erw.gr. (55)
internationale Verpflichtung, Erfüllung **10** 2
internationaler Effizienzvergleich 20 22
interne Buchführung 1 114
Interoperabilität der Netze 1 19
Investitionen, Binnenmarkt **8** Erw.gr. (23); Netz **9** 6 ff.; in neue Verbindungsleitungen **9** Erw.gr. (12)
Investitionsabsichten 9 7; Berichterstattung **9** 7
Investitionsentscheidung 5 22; **6** 22
Investitionsmaßnahme 20 23; Antrag auf Genehmigung **20** 23; Bundesnetzagentur **20** 23; Engpassmanagement **20** 23
Investitionsplan 5 21; **6** 21
Investitionszuschlag, pauschalierter **20** 11, 25
Investorstaat, Begriff **49** 2
ISO 5 13, Erw.gr. (19); **6** 14, Erw.gr. (13)
isolierte Märkte 6 49
isoliertes Kleinstnetz, Begriff **5** 2
ITO 5 17 ff., Erw.gr. (19); **6** 17 ff., Erw.gr. (13)

Jahresabschluss 5 31; **6** 31
Jahreshöchstlast, Begriff **17** 2
Jahresmehr- und Jahresmindermenge, Begriff **16** 2; ungewollte Mehrmenge **16** 13; ungewollte Mindermenge **16** 13
Jahresnutzungsgrad 46 3; Nachweis **47** 11
Jahres-Primärenergiebedarf 58 3 f.
Jahres-Primärenergieverbrauch, Nichtwohngebäude **58** Anl. 2; Wohngebäude **58** Anl. 1
Joint Implementation (JI), Begriff **49** 2

Kalkulationsperiode, Begriff **17** 2; **19** 2
kalkulatorische Abschreibung 17 6; **19** 6; Altanlage **17** 6; **19** 6, Eigenkapitalquote **17** 6, historische Anschaffungs- und Herstellungskosten **17** 6; **19** 6, Tagesneuwert **17** 6; **19** 6; Neuanlage **17** 6; **19** 6, historische Anschaffungs- und Herstellungskosten **17** 6; **19** 6
kalkulatorische Eigenkapitalverzinsung 19 7; Abzugskapital **17** 7; **19** 7; betriebsnotwendiges Eigenkapital **17** 7; **19** 7
kalkulatorische Steuern 17 8; **19** 8
Kälteenergiebedarf, Begriff **42** 2

Kältenetz 43 1, 2; Ausbau, Begriff **43** 5 a; Begriff **43** 3; Neubau, Begriff **43** 5 a; Neubau Zulassung **43** 6 a; Neubau/Ausbau, Zuschlagszahlung **43** 7 a; zuschlagsberechtigter Neu- und Ausbau **43** 5 a
Kältenetzbetreiber, Begriff **43** 3
Kältespeicher 43 1, 2; Begriff **43** 3; Neu-/Ausbau, Zuschlagszahlung **43** 7 b; Neubau, Zulassung **43** 6 b; zuschlagsberechtigter Neu- und Ausbau **43** 5 b
Kapazität, Ausgleich **5** 15; Begriff **21** 2; **50** 3; **53** 2; nach Buchung, Reduzierung **18** 11; feste **18** 4; Fortschrittsbericht **5** 47; **6** 52; Inanspruchnahme **5** 15; kontraktierte, Begriff **21** 2; LNG-Anlage, Begriff **21** 2; stillgelegte **52** 2; technische, Begriff **21** 2; unterbrechbare **18** 4, Begriff **21** 2; verbindliche, Begriff **21** 2; verfügbare, Begriff **21** 2
Kapazität (installiert), nach einer wesentlichen Kapazitätsänderung **52** 2
Kapazitätsänderung, wesentliche **52** 2
Kapazitätsanfrage, Bearbeitung **18** 17; Betreiber von örtlichen Verteilernetzen **18** 15
Kapazitätsberechnung, Transparenz **9** Erw.gr. (14)
Kapazitätsentgelt 19 13
Kapazitätserweiterung 33 9 ff.; **34** 9 ff.; Begriff **50** 3; Schadensersatz **33** 10; **34** 10; Vergütung **33** 14; **34** 14; wesentliche **52** 2
Kapazitätshandel 21 1
Kapazitätsportfolio 18 7
Kapazitätsrechte 18 4; Handel **21** 22; primäre, Handel **21** Erw.gr. (29)
Kapazitätsvergabe 8 Erw.gr. (10)
Kapazitätsverringerung, wesentliche **52** 2, 19
Kapazitätsvertrag, Laufzeit **18** 16
Kapazitätszuteilung, Transparenz **9** Erw.gr. (14)
Kapazitätszuweisung 6 7; **21** 1
Kapazitätszuweisungsmechanismus, Fernleitungsnetzbetreiber **21** 16; Leitlinien **21** Anh. I; Speicheranlage **21** 17
Kartellbehörde 1 58; **11** 21, 24 ff., 32 ff., 39, 48, 50 a, 50 c; Durchführung Untersuchung **11** 32 e; einstweilige Anordnung **11** 60 ff.; einstweilige Maßnahmen **11** 32 a; Entzug der Freistellung **11** 32 d; Verfahren **11** 54 ff.; Verfahren, Vorabentscheidung über Zuständigkeit, Ermittlung, Beweiserhebung, Beschlagnahme, Auskunftsverlangen, Einstweilige Anordnung, Verfügung **11** 131; Verpflichtungszusage **11** 32 b; Vorteilsabschöpfung **11** 34; Zuwiderhandlung **11** 32
Kartellverbot 11 1
Kartellverordnung 11 50, 50 a

1532

magere Zahlen = Artikel bzw. Paragraphen **Sachverzeichnis**

Karton, nicht anerkannte Biomasse **35** 3
Kennzahlenvorgaben, Ermittlung **20** 20; Regulierungsformel **20** 19
Kennzahlenwert 20 20
Kennzeichnung, ordnungsgemäße **47** 2
Kennzeichnungsbetrieb, Begriff **47** 1; Bewilligung **47** 5 f.; Pflichten Inhaber **47** 6
Kennzeichnungseinrichtung, Begriff **47** 1; Zulassung **47** 3 f.
Kennzeichnungslösung, Begriff **47** 1
Kennzeichnungsstoffe, zugelassene, Begriff **47** 1
Kernbeschränkung 13 4
Kilogramm, Begriff **46** 1 a
Klärgas 1 3; **31** 2, 4; **33** 25; **34** 25; Begriff **32** 3; nicht anerkannte Biomasse **35** 3
Klärschlamm, nicht anerkannte Biomasse **35** 3
Klausel, mehrdeutige **23** 305 c; überraschende **23** 305 c
Klauselverbot, mit Wertungsmöglichkeiten **23** 308; ohne Wertungsmöglichkeiten **23** 309
kleine Netzbetreiber, besondere Vorschriften **20** 24; vereinfachtes Verfahren **20** 24
Kleinemittenten, Antrag auf Befreiung **52** 23; Befreiung **48** 27; Emissionsberichterstattung **52** 28
Kleinprojekte 49 Anh. B 17
Kleinstnetz, isoliert, Begriff **5** 2
Kleinversorger, Begriff **55** 3 r
Klimaanlage 58 15; energetische Inspektion **58** 12
Klimaschutz 5 3; **6** 3; **41** 3; **48** 1
Klimaschutzvereinbarung 43 10
Klimaschutzziel 43 1
Klimawandel 55 Erw.gr. (2); Bekämpfung **5** Erw.gr. (5)
Know-how 13 5; Begriff **13** 1
Kohle, Anmeldung **46** 31 ff.; Auffangtatbestand **46** 36; Begriff **46** 1 a, 31 ff.; Einfuhr **46** 35; **47** 71; Erlaubnis **46** 31 ff.; Fälligkeit **46** 33; Steueranmeldung **46** 33; Steuerbefreiung **46** 37; Steuerentlastung **46** 46; Steuerentstehung **46** 32, 36; unversteuerte **47** 68 f.; Verbringen in das Steuergebiet **46** 34; Verbringen ins Steuergebiet **47** 70
Kohlebetrieb 46 31; Anmeldung etc. **47** 62 ff.
Kohlendioxid-Emissionen 1 42; besondere Antragserfordernisse **51** 9 f.; Bestimmung **51** 4 ff., 6; Ermittlung **51** Anh. 3; Kalzinierung von Petrolkoks **51** 9, Anh. 3; Messung **51** 8; Regeln der Berechnung **51** 9 ff.; Regeneration von Katalysatoren **51** 9, Anh. 3

Kohlendioxid-Emissionsfaktor, Bestimmung **51** Anh. 2
Kohlenstoffbestand, Flächen **37** 5; oberirdisch **37** 5; unterirdisch **37** 5
Kohlenstoffgehalt 51 Anh. 1; Bestimmung **51** 5
Kohlenwasserstoff, gasförmiger, Begriff **46** 1 a
Kohleverwender, Erlaubnis etc. **47** 72 ff.
Kokereigas, Begriff **51** 2
Kombinationsnetzbetreiber 1 6 d; **5** 29; **6** 29
Kommission 11 35, 39, 50
Konferenz der Vertragsparteien 49 Anh. B 16; *siehe auch COP/MOP*
Konsultation, Agentur **7** 10
kontrahierte Kapazität, Begriff **21** 2
Kontrolle, Begriff **6** 2
Konversionsfaktor, Begriff **51** 2
Konvertergas, Begriff **51** 2
Konzessionsabgaben 4 1, 2 ff., 8 f.; Verkehrsweg **1** 48; Wasserversorgung **1** 117
Konzessionsabgabenverordnung 4
Koordinierung, Leitlinien **8** Anh. I
Korrekturmechanismus der Kommission 11 129
Kosten, Umlage **19** 20 b
Kostenanteile, beeinflussbare, Begriff **20** 11
Kostenanteile, nicht beeinflussbare, Anpassung Erlösobergrenzen **20** 4; Auflösung Baukostenzuschüsse **20** 11; Begriff **20** 11; Bundesweiter Ausgleichsmechanismus nach EnLAG **20** 11; dauerhaft **20** 11; Investitionszuschlag **20** 11; Mehrkosten Erdkabel **20** 11; pauschalierter Investitionszuschlag **20** 11; vorübergehende **20** 11
Kostenartenrechnung, aufwandsgleiche Kostenposition **17** 5; **19** 5; Behandlung von Netzverlusten **17** 10; kalkulatorische Abschreibung **17** 6; **19** 6; kalkulatorische Eigenkapitalverzinsung **17** 7; **19** 7; kalkulatorische Steuern **17** 8; **19** 8; kostenmindernde Erlöse und Erträge **17** 9; **19** 9; Netzkostenermittlung **17** 4 ff.; **19** 4; periodenübergreifende Saldierung **17** 11; **19** 10
Kostenerstattung für die Herstellung 25 9; **28** 9
Kostenerstattungsregelungen, Wirksamwerden **25** 4; **28** 4
kostenmindernde Erlöse und Erträge 17 9; **19** 9
Kostenprüfung 20 6
Kostenstellen, Hauptkosten **19** 12; Hauptkostenstellen **17** 13; Nebenkosten **19** 12; Nebenkostenstellen **17** 13

Sachverzeichnis

fette Zahlen = Ordnungsnummern

Kostenstellenrechnung 17 12 ff.; **19** 11 f.; Kostenstellen **17** 13; **19** 12; Kostenverteilung **17** 12; **19** 11; Kostenwälzung **17** 14
Kostenstruktur 17 25; **19** 24
Kostenträger 17 14, Anl. 3
Kostenträgerrechnung 17 15 ff.; Änderungen der Netzentgelte **17** 21; **19** 17; Entgelt für dezentrale Einspeisung **17** 18; Entgeltbestimmung **17** 15; Entgeltermittlung **19** 13 ff.; Ermittlung der Netzentgelte **17** 17; **19** 15; Gleichzeitigkeitsgrad **17** 16; Regeln für Fernleitungsnetze **19** 19; Regeln für örtliche Verteilernetze **19** 18; Sonderformen der Netzentgelte **17** 19; Sonderformen der Netznutzung **19** 20; Teilnetze **19** 14; Verprobung **17** 20; **19** 16
Kostentragung, Anschlussnehmer **30** 8
Kostentragung und -festsetzung 1 90
Kostenverteilung, Grundsätze **17** 12; **19** 11
Kostenwälzung 17 14
Kraftfahrzeug, Energieeinsparung **59** 1 ff.
Kraft-Wärme-Kopplung 9 3; **42** Anl.; **58** 5; Begriff **43** 3; Stromeinspeisung, geringer Umfang **1** 117 a; Zuordnung Eingangsströme/Emissionen **52** Anh. 1
Kraft-Wärme-Kopplungsgesetz 43; Anwendungsbereich **43** 2; Zweck **43** 1
Kraftwerksanschluss-Register 30 9
Kraftwerks-Netzanschlussverordnung 30; allgemeine Vorschriften **30** 1 ff.; Anwendungsbereich **30** 1; sonstige Bestimmungen **30** 9 f.
Kunde, Begriff **1** 3; **5** 2; **6** 2; **24** 1; **26** 1; Kundengruppen **13** 4; schutzbedürftige **5** 3; Sondervertragskunde, Sonderkundenverträge **4** 2
Kunde des Abnehmers, Begriff **13** 1
Kunde, zugelassener, Begriff **5** 2; **6** 2
Kundenanlage, Begriff **1** 3; Betrieb, Erweiterung, Änderung **29** 15; zur betrieblichen Eigenversorgung **1** 3; Fernwärme **29** 12 ff.; Inbetriebsetzung **29** 13; Überprüfung **29** 14
Kundenschutz 5 3; **6** 3
Kündigung, Frist **26** 20; **28** 25
Kündigung Vertrag, Fernwärme **29** 32
Kuppelgas 50 11; **51** 19; Begriff **50** 3
Kuppelgasemissionen, Berechnungsvorschriften **51** Anh. 4
kurzfristige Dienstleistungen, Begriff **21** 2
Kurzstreckenentgelt 19 20
KWK, Erzeugung **34** Anl. 2, siehe auch Kraft-Wärme-Kopplung
KWK-Anlage, Begriff **34** 3; **43** 3; hocheffiziente, Begriff **43** 3, 4 f.; kleine **43** 5, Begriff **43** 3; Zulassung **43** 6; zuschlagsberechtigte **43** 5

KWK-Anlagenbetreiber, Begriff **43** 3; Übergangsbestimmung **43** 13
KWK-Strom 43 7; Begriff **43** 3; eingespeister **43** 8
KWK-Zuschlag, Belastungsausgleich **43** 9; Zuschlag **43** 4
Kyoto Protokoll 49; Begriff **49** 2

Lager, Errichtung **47** 17; ohne Lagerstätten **47** 22
Lager für Energieerzeugnisse 46 7
Lagerbehandlung 47 20
Lagererlaubnis, Antrag **47** 16; Erteilung/Erlöschen **47** 18
Lagerinhaber, Pflichten **47** 19
Lagerstätten für Energieerzeugnisse, Begriff **47** 1
Lagerung, steuerfreie Kohle **47** 76
Land- und Forstwirtschaft, Unternehmen **44** 2
Länderausschuss 2 8; Aufgaben **2** 10; Geschäftsordnung **2** 9; Sitzungen des Länderausschusses **2** 9; Vorsitz **2** 9
Landesbehörde 11 42, 48 f., 54, 59
Landesmedienanstalten 11 50 c
Landesregulierungsbehörde 1 54 f., 64 a
Landwirtschaft, Steuerentlastung **46** 57
langfristige Dienstleistungen, Begriff **21** 2
langfristige Planung, Begriff **5** 2; **6** 2
Lastflusssimulation 18 6
Lastgang, Begriff **16** 2
Lastprofil, Begriff **16** 2
Laufwasserkraftanlage 32 6
Leistung einer Anlage, Begriff **32** 3; **33** 3
Leistung von Strom 44 7
Leistungsfähigkeit 10 1
Leistungskennlinie 31 7, Anh.
Leiterseil-Temperaturmonitoring, Investition **20** 23
Leitlinien 21 23; Ausgleichsmechanismus **8** 18; Bestimmungen **8** Anh. I; Einhaltung **5** 39; **6** 43; Engpasserlös **8** Anh. I; Engpassmanagementmethoden **8** Anh. I; Engpassmanagementverfahren **21** Anh. I; für die Durchführung Art. 6 KP **49** Anh. B 16; Grundsätze Kapazitätszuweisungsmechanismen **20** Anh. I; Kapazitätsvergabe **8** Erw.gr. (24); Koordinierung **8** Anh. I; Tarifierung **8** Erw.gr. (24); Übertragungsnetzbetreiber **8** 18; Zugang Dritter **21** Anh. I
Leitlinien für die transeuropäischen Energienetze 7 Erw.gr. (14)
Leitungsverlegung, Fernwärme **29** 8
Letztverbraucher 4 2; **31** 11; Begriff **1** 3; Energielieferung **1** 36 ff.
Letztverbraucher, erlaubnispflichtige, Pflichten **45** 4

magere Zahlen = Artikel bzw. Paragraphen **Sachverzeichnis**

Lieferant, Begriff **16** 2; Weitergabe von Strom **33** 37
Lieferantenrahmenvertrag 1 20; **16** 3; Lieferanten **16** 25
Lieferantenwechsel 1 20 a; **16** 14; **18** 9; einheitliches Verfahren **18** 37; elektronischer Datenaustausch **18** 37; Netzbetreiber **18** 37
Lieferung 4 8; **6** 1
Lieferverträge, Begriff **11** 99; unterbrechbare **5** Erw.gr. (41)
Liter, Begriff **46** 1 a
LNG 6 9
LNG- und Speicheranlage, Ausnahme Netzzugangsbestimmung **1** 28 a
LNG-Anlage, Aufbewahrungspflicht **21** 20; Begriff **1** 3; **6** 2; Betreiber, Begriff **6** 2; Engpassmanagement **21** 17; Transparenz **21** 19; Zugang **21** Erw.gr. (27); Zugang Dritter **21** 15
LNG-Wiederverdampfungsanlagen, Anschluss **6** 23
Luftfahrt 47 60; Steuerbefreiung **46** 27; Steuerentlastung **46** 52
Luftfahrzeugbetreiber, Begriff **48** 3; **53** 2; Berichtspflicht **53** 4 ff.; Betriebsunersagung **48** 31
Luftfahrzeugbetreiber, gelistete, Befreiung **53** 6
Luftverkehrsberechtigung, Begriff **48** 3
Luftverkehrsbetreiber, Zuteilung **48** 11
Luftverkehrstätigkeit, Begriff **48** 3; **53** 2

Markt, räumlich **11** 19; sachlich **11** 19; vor- und nachgelagerter **11** 19
Marktanteile, Berechnung **11** 38; Umsatzerlöse **11** 38
Marktanteilsschwelle 13 3; Nichtanwendung **13** 7
marktbeherrschende Stellung, Behörde **12** 104; Entstehung, Verstärkung **11** 19, 36; Missbrauch **12** 102; Versorgungsunternehmen **11** 29
marktbeherrschendes Unternehmen 11 19
Marktgebietsübergangspunkte 1 3
Marktöffnung 5 33; **6** 37
Marktprämie 34 33 g; anzulegender Wert **34** 33 h; Höhe **34** Anl. 4
Marktteilnehmer, Information **56** 6
Marktzugang 5 Erw.gr. (35); effektiver **6** Erw.gr. (31)
Massenbilanzsysteme, Ausstellung **37** 16; Lieferung **37** 17
Mechanismen, Grundsätze, Merkmale und Geltungsbereich **49** Anh. B 15, *siehe auch* CDM

Mechanismus für umweltverträgliche Entwicklung 49 Anh. B 17; Begriff **49** 2; Modalitäten und Verfahren **49** Anh. B 17; Zustimmung **49** 8 ff.
Megawattstunde, Begriff **46** 1 a
Meldepflichten, Versorgungsstörung **1** 52
Mengenabweichungen, Regeln für Ausgleich **21** 1
Mengenermittlung 45 7
mengenmäßige Beschränkung, Diskriminierung **12** 36 f.; Verbot **12** 34 ff.
Mengenplanung 50 4 f.
Mess- und Steuereinrichtung 16 19; **18** 39; **25** 22; eichrechtliche Vorschriften **22** 8
messbare Wärme, Begriff **52** 2
Messdaten 22 4, 12; Übermittlung **18** 33
Messdienstleister 18 38; **25** 21; **28** 21; Ausfall **22** 7; Wechsel **22** 5
Messeinrichtung 1 21 b; **22** 1; **26** 22; **29** 19; **43** 8; Ablesung **29** 20; Austausch **25** 17, 21; Berechnungsfehler **29** 21; Datenaustausch und Nachprüfung **22** 12; Einbau: Anzeige Energieverbrauch **25** 22; **28** 22; Fernwärme **29** 11; für Gas **1** 21 f; Manipulation **29** 23; Nachprüfung **24** 8; **26** 8; **29** 19
Messstellenbetreiber 18 38, 39; Ausfall **22** 7; Begriff **1** 3; Betrieb von Mess- und Steuereinrichtungen **16** 19; Informationspflichten **1** 21 h; Wechsel **22** 5; **25** 21; **28** 21
Messstellenbetrieb 1 21 b; **19** 13; **22** 8; Begriff **1** 3; Festlegungen Regulierungsbehörde **22** 13; Übergang **22** 6; Übergangsregelungen **22** 14; vertragliche Grundlagen **22** 2
Messstellenvertrag 22 2, 3; Inhalt **22** 4
Messsysteme 1 21 d f.; Daten **1** 21 g; Einbau **1** 21 c; intelligente **6** Erw.gr. (52)
Messung 1 21 b; **16** 18, 18 b, 38 b; **38** ff.; **22** 1, 9; **34** 7; $^{1}/_{4}$-h-Leistungsmessung **16** 18; Art bei Gasnetzzugang **22** 11; Art bei Stromnetzzugang **22** 10; Begriff **1** 3; Fernwärme **29** 18; kontinuierliche Erfassung **18** 38; vertragliche Grundlagen **22** 2
Messvertrag 22 2, 3; Inhalt **22** 4
Messwesen, Übergangsregelung **1** 118 b
Methan 1 3; synthetisch erzeugt **1** 3
Mindestanforderungen an Geschäftsbedingungen 18 13
Mindestluftwechsel 58 6; Anforderungen **58** Anl. 4
Mindestvergütung 32 7, 8, 11
Mindestwärmeschutz 58 7
Ministererlaubnis 11 42 f.
Minutenreserve 16 6, 7; Begriff **16** 2
Missbrauch 12 102; von marktbeherrschenden Stellungen **11** 19

1535

Sachverzeichnis

fette Zahlen = Ordnungsnummern

Missbrauch Marktstellung, Betreiber von Energieversorgungsnetzen **1** 30
Missbrauchs- und Aufsichtsverfahren 1 111 c
Missbrauchsaufsicht 1 54
Missbrauchsverfahren, besondere, Regulierungsbehörde **1** 31
Mitgliedstaat 10 2
Mitgliedstaaten, andere, Begriff **46** 1 a
Mitteilung, Nutzung des Netzanschlusses **24** 3; **26** 3
Mitteilungen gegenüber Regulierungsbehörde 17 29; **19** 29
Mitteilungs- und Veröffentlichungspflichten 32 14 a
Mitteilungspflicht 20 28; **24** 2, 7; **26** 2, 7; **40** 4; Kundenanlage, Verbrauchseinrichtungen **29** 15
mittelständische Interessen 11 97
Mittelstandskartelle 11 3
Modernisierungsempfehlung, Muster **58** Anl. 10
Monitoring 1 35; Bundesministerium für Wirtschaft und Arbeit **1** 51; Markttransparenz **1** 35; Sonderregelung Biogas **18** 41 g; Strom- und Gasmärkte **11** 48; Versorgungssicherheit **1** 51
Monitoringbericht 11 53; **34** 65 a
Monitoring-Leitlinien, Begriff **52** 2; **53** 2
Monitoring-Verordnung, Begriff **48** 3
Monopolkommission, Gutachten **1** 62
mündliche Verhandlung 1 67

NACE-Code Rev 1.1, Begriff **52** 2
NACE-Code Rev 2, Begriff **52** 2
Nachfragespitzen, Fortschrittsbericht **5** 47; **6** 52
Nachfragesteuerung, Begriff **5** 2
nachhaltige landwirtschaftliche Bewirtschaftung 37 7
Nachhaltigkeit 21 Erw.gr. (1); Biokraftstoffe **36** 17 ff.; flüssige Brennstoffe **36** 17 ff.
Nachhaltigkeitsanforderung Biomasse 37 3 ff.; Verordnungsermächtigung **34** 64 b
Nachhaltigkeitsnachweis 37 14 ff.; anerkannte **37** 14; Ausstellung **37** 15; fehlende Angaben **37** 19; Folgen **37** 21; Form **37** 18; Inhalt **37** 18; Muster **37** Anl. 3; Unwirksamkeit **37** 20
Nachhaltigkeitsnachweis, anerkannter 37 23; Biomassestrom-Nachhaltigkeitsverordnung **37** 22
Nachhaltigkeits-Teilnachweis 37 24; Muster **37** Anl. 4
Nachprüfung von Messeinrichtungen 16 20; Kosten **18** 40
Nachprüfungsverfahren 11 101 b

Nachrüstung bei Anlagen, Gebäuden **58** 10
Nachweis 37 11 ff.; **42** 10; abgegebene Nutzwärmemenge **43** 8; Anforderungen für die Vergütung **37** 11; eingespeiste KWK-Strommenge **43** 8; Übermittlung zuständige Behörde **37** 13; Überprüfung **42** 11
nationale Emissionsziele 50 4
nationale Register 49 Anh. B 19; öffentlich zugängliche Informationen **49** Anh. B 19
nationale Regulierungsbehörden, Agentur **7** 7
nationaler Effizienzvergleich 20 22
Naturschutzwert, Flächen **37** 4
Nebenkosten 19 12
Nebenkostenstellen 17 13
Nennleistung, Begriff **58** 2
Nettogrundfläche, Begriff **58** 2
Nettostromerzeugung, Begriff **43** 3
Netz, Begriff **6** 2; **32** 3; **33** 3; **34** 3; Betriebssicherheit **9** 4 ff., Begriff **9** 2, Berichterstattung **9** 7; Erhaltung Leistungsfähigkeit **9** 3; klein, isoliert, Ausnahmeregelung **5** 44, Begriff **5** 2; transeuropäisches **9** Erw.gr. (4); Übertragungsnetz **31** 3
Netzanschluss 1 17 ff., 54; **25** 1, 5 ff.; **28** 1, 5 ff.; **30** 6; Änderung **25** 8, 9; **28** 8, 9; Art **25** 7; **28** 7; Baukostenzuschüsse **25** 11; **28** 11; Begriff **18** 41 b; **30** 2; Beschädigung **25** 8; **28** 8; besondere Einrichtungen **28** 10; Betrieb **25** 8; **28** 8; Druckregelgeräte **28** 10; elektrische Anlage **25** 13; Gasanlage **28** 13; Grundstücksbenutzung **25** 12; **28** 12; Herstellung **25** 6; **28** 6; Inbetriebsetzung der elektrischen Anlage **25** 14; Inbetriebsetzung der Gasanlage **28** 14; Kosten **33** 13; **34** 13; Kostenerstattung für die Herstellung **25** 9; **28** 9; Offshore-Anlage **1** 17; technische Voraussetzungen **1** 19; Transformatorenanlage **28** 10; Überprüfung der elektrischen Anlage **28** 15; Überprüfung der Gasanlage **28** 15; Verweigerung **1** 17
Netzanschlussbegehren 30 3
Netzanschlusspflicht 18 41 c
Netzanschlussverhältnis 25 1, 2; **28** 1, 2; fristlose Kündigung **25** 27; **28** 27; Kündigung, Frist **25** 25; Kündigungsfrist **25** 25; **28** 25
Netzanschlussvertrag 30 4; Inhalt **25** 4; **28** 4; Mindestregelungen **30** 4; notwendige Angaben **25** 4; **28** 4; Realisierungsfahrplan **30** 4; Verhandlungsfahrplan **30** 4
Netzaufspaltungen, Erlösobergrenzen **20** 26
Netzausbau 5 22; **6** 22; **15** 1 ff.; Anwendungsbereich **15** 2; Behörden-/Öffent-

magere Zahlen = Artikel bzw. Paragraphen **Sachverzeichnis**

lichkeitsbeteiligung **15** 9; Bundesfachplanung **15** 4 ff.; Erneuerbare Energien **36** 16; Planfeststellungsbeschluss **15** 24; Projektmanager **1** 43 g; **15** 29; Raumordnungsverfahren **15** 28; Umweltverträglichkeitsprüfung **15** 23; unwesentliche Änderung **1** 43 f; Verordnungsermächtigung **15** 2; zuständige Behörde **15** 31

Netzausbaubeschleunigungsgesetz Übertragungsnetz 15

Netzausbaumaßnahmen 1 12 b

Netzausbauplanung, Bericht **1** 14

Netzbenutzer, Begriff **5** 2; **6** 2

Netzbereich 31 3

Netzbetreiber 4 2; **31** 2 ff., 10 f.; Ampelsystem **18** 10; Änderung des Netzanschlusses **25** 9; **28** 9; Aufgaben **1** 11; Auskunftspflicht **20** 27; Baukostenzuschuss **25** 11; **28** 11; Begriff **1** 3; **25** 1; **28** 1; **30** 2; **32** 3; **33** 3; **34** 3; **43** 3; Bericht zum Investitionsverfahren **20** 21; Bestätigung **25** 4; **28** 4; Dokumentation **17** 28; **19** 28; Einrichtung **5** Erw.gr. (16); feste Kapazität **18** 9; Gasnetzkarte in elektronischer Form **18** 22; Handelsplattform **18** 14; Hilfsdienste **18** 3; Informationspflichten **30** 5; Informationssystem über Kapazitätsauslastung **18** 10; Kapazitäten **18** 3; Kapazitätsanfrage standardisierte Formulare **18** 15; Kostenerstattung für die Herstellung **25** 9; **28** 9; Lieferantenwechsel **18** 37; missbräuchliche Kapazitätshortung **18** 13; missbräuchliches Verhalten **1** 30; Mitteilungen gegenüber Regulierungsbehörde **17** 29; **19** 29; Mitteilungs- und Veröffentlichungspflichten **32** 14 a; Mitteilungspflicht **20** 28; **33** 47; **34** 47; Netzdaten **30** 5; Pflichten **17** 27 ff.; **19** 27 ff.; Rechte **25** 19 ff.; unterbrechbare Kapazität **18** 9; Veröffentlichungspflichten **17** 27; **19** 27; **33** 47; **34** 47; Zutrittsrecht **25** 21; **28** 21

Netzbetreiber, kleine, besondere Vorschriften **20** 24; vereinfachtes Verfahren **20** 24

Netzbetreiber, unabhängiger 5 13, Erw.gr. (19); **6** 14, Erw.gr. (13), (16)

Netzbetrieb, Genehmigung **1** 4; Regulierung **1** 11 ff.

Netzdaten 30 5; Gutachter **30** 5

Netze, kleine 5 Erw.gr. (28)

Netzebene, Begriff **17** 2

Netzentgelte 1 71 a; **4** 4; **19** 3; Änderungen **17** 21; **19** 17; Anpassung **20** 17; Anreizregulierung **17** 7; **19** 7; Entnahmestelle **17** 17; Ermittlung **17** 3; **19** 15; **20** 17; Kalkulation **19** 15; Netzkosten **17** 3; Veröffentlichung im Internet **1** 20

Netzentwicklungsplan 1 15 a; **7** Erw.gr. (14); **8** Erw.gr. (9); ENTSO Gas **21** Erw. gr. (18); gemeinschaftsweiter **8** 8; Zweck **5** 22; **6** 22

Netzentwicklungsplanung, Szenariorahmen **1** 12 a ff.

Netzinfrastruktur, Aufbau/Erhalt **5** Erw. gr. (44); **6** Erw.gr. (40)

Netzintegrität, Begriff **21** 2

Netzinvestitionen 9 6 ff.

Netzkapazität 33 9; **34** 9

Netzkodex 8 Erw.gr. (6); **21** 8; Änderung **8** 7; **21** 7; Festlegung **7** 6; **21** 6

Netzkopplungsvertrag, Allokationsregeln **18** 25; Ziel **18** 25

Netzkosten 17 4; **19** 3; **32** 13

Netzkostenermittlung, Grundsätze **19** 4

Netznutzer, Anspruch auf Abschluss eines Netznutzungsvertrages **16** 24; Begriff **1** 3; **21** 2; Nachprüfung von Messeinrichtungen **16** 20

Netznutzung, Sonderformen **17** 3, 19; **19** 20

Netznutzungsentgelt 4 2; **8** 14; **31** 10

Netznutzungsvertrag 1 20; **16** 3; Begriff **16** 2; Netznutzer **16** 24

Netzpufferung 6 33; Begriff **1** 3; **6** 2

Netzschemaplan, Begriff **30** 2

Netzsicherheit 9 Erw.gr. (7); Leistungsziele **9** 4; Mindestbetriebsregeln und -verpflichtungen **9** 4; Übertragungsnetzbetreiber **9** 4

Netzverknüpfungspunkt 14 1

Netzverlust 17 4

Netzzugang 1 20 ff.; allgemeine Bestimmungen **18** 18; Anbahnung **18** 15 ff.; Anforderungen an Kapazitätsanfrage **18** 16; Bearbeitung der Kapazitätsanfrage **18** 17; Bedingungen **1** 21; Berechnung der Tarife **21** Erw.gr. (8); Betreiber von Energieversorgungsnetzen **1** 20; Entgelte **1** 20; Erneuerbare Energien **36** 16; Grundlagen **16** 3; **18** 3; Lieferantenrahmenvertrag **16** 3; Netznutzungsvertrag **16** 3; Netzzugangsberechtigte **16** 23; Organisation **5** 32 ff.; **6** 32 ff.; **18** 3 ff.; Tarif **21** 13; Tarife **5** Erw.gr. (32); Verfahren für Kapazitätsanfrage und Buchung **18** 15; vertragliche Ausgestaltung **16** 23; **18** 18 f.; Verweigerung nach § 25 EnWG **18** 36

Netzzugang bei Engpässen, Anspruch **30** 7

Netzzugang Verwirklichung, Überprüfungsverfahren **18** 5

Netzzugangsbedingung 1 24

Netzzugangsentgelte 1 20, 24, 54; Anreizregulierung **1** 21 a; Effizienzvorgaben **1** 21 a; Genehmigung **1** 23 a; Obergrenze **1**

Sachverzeichnis

fette Zahlen = Ordnungsnummern

21 a; Rechnungslegung **1** 42; Vergleichsverfahren **1** 21
Netzzugangsmodell 19 13
Netzzusammenschlüsse, Erlösobergrenzen **20** 26
Netzzustand, Bericht **1** 14
Netzzuverlässigkeit 20 19; Bewertung **20** 20
Neuanlagen, Begriff **50** 3; **52** 2; Zuteilung **50** 9; **51** 15
neue Infrastruktur, Ausnahme **1** 28 a; Begriff **6** 2
neue Kapazitäten, Ausschreibung **5** 8; Genehmigungsverfahren **5** 7
neue Verbindungsleitung 8 17; Begriff **8** 2
nicht genutzte Kapazität, Begriff **21** 2
nicht messbare Wärme, Begriff **52** 2
Nichtdiskriminierung 12 18
Nicht-Haushaltskunden, Begriff **5** 2; **6** 2
Nichtwohngebäude 58 22; Anforderungen **58** Anl. 2; Anforderungen Jahres-Primärenergiebedarf **58** 4; Begriff **58** 2
Nichtzulassungsbeschwerde 1 87
Niederdruckanschlussverordnung 28; allgemeine Bedingungen **28** 1 ff.; Anlagenbetrieb **28** 19 ff.; Anschlussnutzung **28** 16 ff.; Beendigung der Rechtsverhältnisse **28** 23 ff.; Fälligkeit **28** 23 ff.; Folgen bei Zuwiderhandlungen **28** 23 ff.; gemeinsame Vorschriften **28** 19 ff.; Netzanschluss **28** 5 ff.; Rechte des Netzbetreibers **28** 19 ff.
Niederspannungsanschlussverordnung 25; allgemeine Vorschriften **25** 1 ff.; Anlagenbetrieb **25** 19 ff.; Anschlussnutzung **25** 16 ff.; Beendigung der Rechtsverhältnisse **25** 23 ff.; Fälligkeit **25** 23 ff.; Folge von Zuwiderhandlungen **25** 23 ff.; Netzanschluss **25** 5 ff.; Rechte des Netzbetreibers **25** 19 ff.
Niederspannungsnetz 4 2; Allgemeine Bedingungen **25** 1
Niedertemperatur-Heizkessel 58 10; Begriff **58** 2
Nomenklatur, kombinierte, Begriff **46** 1 a
Nominierung, Begriff **21** 2; Bilanzkreisverantwortlicher **18** 27
Nominierung mit Zeitversatz 18 28
Nominierungsersatzverfahren 18 28
Nominierungsverfahren 18 27
Normkubikmeter, Begriff **18** 2
Notfallmaßnahmen 6 6
Notstromaggregate 1 37
Null-Nominierung 18 13
Nutzenergie-Verwendung durch andere Unternehmen **45** 17 c
Nutzfläche, Begriff **58** 2

Nutzkälte 43 3
Nutzlast, Ermittlung **53** 5
Nutzung des Anschlusses 33 7; **34** 7
Nutzung mehrerer Netze 18 23 ff.; Netzkopplungsvertrag **18** 25; Vertragsgestaltung **18** 24; Zusammenarbeitspflichten **18** 23
Nutzung von Seewasserstraßen 33 60; **34** 60
Nutzungsgrad, Ermittlung **47** 10
Nutzungspflicht 42 3; Ausnahmen **42** 9; Ersatzmaßnahmen **42** 7; Geltungsbereich **42** 4; Überprüfung **42** 11; Versorgung mehrerer Gebäude **42** 6
Nutzwärme, Begriff **43** 3

Obergrenze 1 21 a
öffentliche Aufträge, Begriff **11** 99; Korrekturmechanismus der Kommission **11** 129; Regelungen nach dem Bundesberggesetz **11** 129 b; Unterrichtungspflichten der Nachprüfungsinstanzen **11** 129 a
öffentliche Auftragsvergabe, Informations-/Wartepflichten **11** 101 a; Nachprüfung **11** 104; Unwirksamkeit **11** 101 b
öffentliche Beschaffung, energieeffiziente, förderungsfähige Maßnahmen **55** Anh. 6
öffentliche Hand, Begriff **42** 2
öffentliche Interessen 11 65
öffentliche Unternehmen 12 106
öffentliche Verkehrswege 4 3
öffentlicher Personennahverkehr, Steuerentlastung **46** 56
öffentlicher Sektor, Endenergieeffizienz **55** 5 ff.; Energieeffizienz **55** 14; Energieeffizienzverbesserung **55** Erw.gr. (7)
öffentlich-rechtliche Versorgung, Fernwärme **29** 35
öffentlich-rechtliches Amtsverhältnis 2 4
Offshore-Anlage 33 31; **34** 31; Begriff **33** 3; **34** 3; Investition, Netzanbindung **20** 23; Netzanschluss **1** 17; Übergangsregelung **1** 118
Online-Buchungsverfahren 18 9, 15; Begriff **18** 2
Ordnungswidrigkeit 1 95; **11** 59, 81; **27** 19; nach EnWG **1** 98; nach GasNEV **19** 31; nach StromNEV **17** 31; nach StromNZV **16** 29; Zuständigkeit **1** 98
Organe, Präsident **2** 3; Vizepräsident **2** 3
örtliches Verteilernetz, Begriff **1** 3
ortsfeste Anlage 46 3

Papier, nicht anerkannte Biomasse **35** 3
Pappe, nicht anerkannte Biomasse **35** 3
pauschalierter Investitionszuschlag, Verlangen des Netzbetreiber **20** 25

magere Zahlen = Artikel bzw. Paragraphen **Sachverzeichnis**

perfluorierte Kohlenwasserstoffe, Anforderungen Ermittlung/Mitteilung **53** 8; Berichterstattung **53** Anl. 2, Anl. 3; Ermittlung **53** Anl. 2, Anl. 3
periodenübergreifende Saldierung 17 11; **19** 10; Betreiber von Gasversorgungsnetzen **19** 10
Personal, Fernleitungsnetzbetreiber **6** 17; Übertragungsnetzbetreiber **5** 17
Personalleasingverbot, Fernleitungsnetzbetreiber **6** 17; Übertragungsnetzbetreiber **5** 17
Personen, Begriff **46** 1 a
Pflanzenölmethylester, anerkannte Biomasse **35** 2
Pflicht zur Benachrichtigung 25 17; **28** 17
physischer Engpass, Begriff **21** 2
Phytomasse, anerkannte Biomasse **35** 2
Planänderung vor Fertigstellung 1 43 d
Planfeststellung 1 43 ff.; **15** 12, 18 ff.; Anhörungsverfahren **1** 43 a; **15** 22; Einreichung Plan **15** 21; Enteignung **1** 45; Entschädigungsverfahren **1** 45 a; Erfordernis **1** 43; **15** 18; Gasversorgungsleitungen **1** 43; Grenzüberschreitende Gleichstrom-Hochspannungsleitungen **1** 43; Hochspannungs(frei)leitungen **1** 43; Parallelführung Enteignung **1** 45 b; Rechtsbehelfe **1** 43 e; Rechtswidrigkeit **1** 43 c; Übergangsregelung **1** 118; Veränderungssperre/Vorkaufsrecht **1** 44 a; Vorarbeiten **1** 44; vorzeitige Besitzeinweisung **1** 44 b
Planfeststellungsbehörde, Festlegung Untersuchungsrahmen **15** 20
Planfeststellungsbeschluss 1 43 b; **15** 19; Netzausbau **15** 24
Planfeststellungsverfahren, Errichtung von Energieanlagen **1** 43
Plangenehmigung 1 43, 43 b
Planung, langfristige, Begriff **5** 2; **6** 2
Portfolio 18 7
Portfoliovertrag, Ein- und Ausspeisepunkt **18** 7
Präqualifikationssystem 11 97
Präsident 2 3, 6, 9; Rechtsverhältnis **2** 4
Preisänderungsklauseln, Fernwärme **29** 24
Preise 10 1; **11** 20
Primärmarkt, Begriff **21** 2
Primärregelung 16 6, 7; Begriff **16** 2
Privathaushalt, Begriff **52** 2
privilegierte Flüge 53 Anl. 1
Probebetrieb, Begriff **50** 3; **53** 2
Prodcom-Code 2007, Begriff **52** 2
Prodcom-Code 2010, Begriff **52** 2
produktbezogene Emissionswerte 50 Anh. 3

Produkt-Emissionswert, Begriff **52** 2
Produktionsleistung, Begriff **48** 3
Produktionsmenge, Begriff **50** 3; **51** 2; **52** 2; **53** 2; Ermittlung **51** 10
produzierendes Gewerbe, Erlass, Erstattung oder Vergütung der Steuer für bestimmte Prozesse und Verfahren **44** 9 a; Unternehmen **44** 2
Prognose, Ausgaben **39** 4; Einnahmen **39** 4
Projekt, Voraussetzungen Teilnahme **49** Anh. B 16
projektbezogene Mechanismen 49
Projektdokumentation 49 3, 5, 8, Anh. B 16, Anh. B 17; Begriff **49** 2; benannte Prüfeinrichtung **49** Anh. B 17; Überwachungsplan **49** Anh. B 16, Anh. B 17
Projektmaßnahme 49 Anh. B 17; geplante, Überwachungsplan **49** Anh. B 17
Projektmaßnahme, geplante, Überwachungsplan **49** Anh. B 17
Projekttätigkeit, außerhalb Bundesgebiet **49** 3 ff.; Begriff **49** 2; innerhalb Bundesgebiet **49** 5 ff.
Projektträger 49 7; Begriff **49** 2; Benennung eines Bevollmächtigten **49** 11
Prototypen 38 6
Prüfeinrichtung, Akkreditierung, Maßstäbe **49** Anh. B 17; Akkreditierung und Benennung **49** Anh. B 17; benannte **49** Anh. B 17, Projektdokumentation **49** Anh. B 17, Validierungsbericht **49** Anh. B 17; unabhängige, Akkreditierung **49** Anh. B 16
Prüfung, Daten **53** 11; Netzbetreiber **30** 3
Prüfungsergebnis 30 3

Qualitätselement 20 19; Bestimmung **20** 20
Qualitätsvorgaben 20 18 ff.; Berichtspflichten **20** 18; Qualitätselemente **20** 18

Rahmenleitlinien 7 Erw.gr. (9); **8** Erw.gr. (6)
Räume, beheizte, Begriff **58** 2
Räume, gekühlte, Begriff **58** 2
Raumordnungsverfahren 15 28
Raumverträglichkeit 15 12
Realisierungsfahrplan 30 4; Festlegung von Zeitpunkten **30** 4; Regulierungsbehörde **30** 4
Rechnung, Pflichtangaben **1** 40; **29** 24; Strom und Gas **1** 40
Rechnungen und Abschläge 24 16; **26** 16
Rechnungslegung 1 114; Entflechtung **5** 30 f., 31; **6** 30 f., 31; gesonderte **40** 5; interne **5** 31; **6** 31; Recht auf Einsichtnahme **5** 30; **6** 30; Transparenz **5** 30 f.; **6** 30 f.

1539

Sachverzeichnis

fette Zahlen = Ordnungsnummern

Rechte des Netzbetreibers 25 19 ff.; 28 19 ff.; Betrieb von elektrischen Anlagen und Verbrauchsgeräten 25 19; Betrieb von Gasanlagen und Verbrauchsgeräten 28 19; Eigenerzeugung 25 19; 28 19; Mess- und Steuereinrichtungen 25 22; Messeinrichtungen 28 22; Technische Anschlussbedingungen 25 20; 28 20; Zutrittsrecht 25 21; 28 21
Rechtsbeschwerde 1 86 ff.; Beschwerdeberechtigte 1 88; BGH 1 99; Form 1 88; Frist 1 88; Gründe 1 86; Nichtzulassungsbeschwerde 1 87
Rechtsbeschwerdegründe 1 86
Rechtsform 2 1
Rechtsverordnung 10 1 ff.; 31 2, 7
Referenzanlage 31 7; 32 10, Anl.
Referenzertrag 32 10, Anl.; 33 Anl. 3; 34 Anl. 3
Referenznetz 20 22
Referenznetzanalyse 20 23
Referenzszenarium, Bestimmung 49 Anh. B 17; CDM-Projektmaßnahme 49 Anh. B 17; Grundsätze Festlegung Methoden 49 Anh. B 17; Kriterien Bestimmung 49 Anh. B 16
Regelenergie, Abrechnung 16 8; Ausschreibung 1 22; Begriff 16 2; Beschaffung 1 22; 16 8; Erbringung 16 7; Inanspruchnahme 16 8; Regulierungsbehörde 16 27; Transparenz der Ausschreibung 16 8
Regelenergiearten, Minutenreserve 16 6, 7; Primärregelung 16 6, 7; Sekundärregelung 16 6, 7
Regeln der Technik 58 23
Regeln für Fernleitungsnetze, Bildung der Ein- und Ausspeiseentgelte 19 19; Vergleichsverfahren 19 19
Regeln für örtliche Verteilernetze 18 8; transaktionsunabhängiges Punktmodell 19 18; Transportvertrag 18 8; Zugang 18 8
Regelverantwortung 1 12
Regelzone, Begriff 1 3; Bilanzkreis 16 4
regionale Solidarität 6 6
regionale Zusammenarbeit, Förderung 6 7
Register, nationale 49 Anh. B 19
Registrierung, Anlage, Inhalt 37 63, verspätet 37 65, Zeitpunkt 37 64; Begriff 49 2
Registrierungspflicht 37 62
Regulierungsaufgaben 5 35; 6 39
Regulierungsbehörde 1 29 ff., 54, 97; 5 Erw.gr. (34); 6 Erw.gr. (30), (33) f.; 8 19; 11 50 c; 17 24; 18 6, 37; 19 13, 18, 19; 21 24; Aktionsplan 18 20; Anhörung 1 67; Aufgaben 5 37; 6 41; Aufsichtsmaßnahmen 1 65; Aufteilung der Gesamtkosten 19 15; Ausgangsniveau 20 6; Auskunftsverlangen 1 69; Befugnisse 1 29 ff.; 6 41; 16 27 f.; 18 42 f.; Begriff 8 2; 9 2 a; Begründung der Entscheidung 1 73; Benachrichtigung durch Gericht 1 104; Benennung 5 35; 6 39; Beschlagnahme 1 70; Beschwerde 1 75 ff.; Beschwerdeberechtigte 1 88; Beschwerdefrist 1 78; besondere Missbrauchsverfahren 1 31; Beteiligtenfähigkeit 1 89; Betreiber von Elektrizitätsversorgungsnetzen 17 26; Betreiber von Gasversorgungsnetzen 19 23; Betretungsrecht 1 69; Bilanzkreisvertrag 18 43; Eigenkapitalverzinsung 19 7; Eigenkapitalzinssatz 17 7; Einleitung Verfahren 1 66; Erlösobergrenze 20 6; Ermittlung 1 68; Festlegungen 16 27; 17 30; 18 42; 19 30; 20 32; 30 10; Festsetzung einer Geldbuße 1 96; Form 1 88; Frist 1 88; gebührenpflichtige Handlungen 1 91; Genehmigung 20 32; gesonderte Netzentgelte 19 20; individuelle Netzentgelte 17 19; Kostenstruktur 17 25; 19 24; Mitteilungspflichten 17 26; 19 25; Monitoring 1 35; mündliche Verhandlung 1 67; nationale 5 35 ff.; 6 39 ff.; Regelenergie 16 27; Sanktionen 1 29 ff.; 5 Erw.gr. (37) f.; Standardangebote 16 28; standardisierte Lastprofile 16 27; standardisiertes Verfahren 18 23; Strukturklassen 17 24; 19 23; Tarifgenehmigung 5 Erw.gr. (36); Unabhängigkeit 5 35; § 6 39; Verfahren zur Festlegung und Genehmigung 1 29; Verfahren zur Vereinheitlichung von vertraglichen Netzzugangsbedingungen 18 43; Verfahrensabschluss 1 73; Vergleich der Fernleitungsnetzbetreiber 19 26; Vergleichsverfahren 17 22; 19 21; Veröffentlichung von Verfahrenseinleitungen und Entscheidungen 1 74; Verweigerung 19 10; Verweigerung nach § 25 EnWG 18 36; Vorabentscheidung 1 66 a; vorläufige Anordnung 1 72; Vorteilsabschöpfung 1 33; Ziele 5 36; 6 40; Zusammenarbeit 5 38; Zusammenarbeit mit anderen Mitgliedstaaten etc. 1 57; Zusammenarbeit zwischen Bundesministerien für Wirtschaft und Arbeit und Landesregulierungsbehörde 1 64 a; Zustellung 1 73
Regulierungsformel 20 7, 19
Regulierungskonto, Ausgleich des Saldos 20 5; Regulierungsbehörde 20 5
Regulierungsperiode 1 21 a; Beginn 20 3; Dauer 20 3
Regulierungsrat 7 14; Aufgaben 7 15
Regulierungssystem 5 38; 6 42
Regulierungsvorgaben, Anreize für eine effiziente Leistungserbringung 1 21 a

magere Zahlen = Artikel bzw. Paragraphen **Sachverzeichnis**

relative Referenznetzanalyse, Betreiber von Fernleitungsnetzen **20** 22; Betreiber von Übergangsnetzen **20** 22
Removal Units, Begriff **49** Anh. B 16, *siehe auch RMU*
Renommierung 18 27; Begriff **21** 2
Renovierung, grundlegende, Begriff **42** 2
Repowering-Anlagen 33 30; **34** 30
Reserve, Berechtigung **50** 5
Reservebetrieb Erzeugungsanlagen, Übergangsregelung **1** 118 a
Reserveversorgung, Anlage zur Eigenbedarfsdeckung **1** 37; Energieversorgungsunternehmen **1** 37
Reservierung des Netzanschlusspunktes 30 4
Reservierungsgebühr 30 4
Restgas, Begriff **52** 2
Richtlinie 2003/87/EG, Begriff **52** 2
RMU, Ausstellung **49** Anh. B 19; Begriff **49** Anh. B 16, Anh. B 17, Anh. B 19; Bewertung **49** Anh. B 19; nationale Register **49** Anh. B 19; Transaktionsverfahren **49** Anh. B 19; Übertragung, Erwerb, Löschung, Ausbuchung und Übertrag **49** Anh. B 19; *siehe auch Removal Units*
Rohrleitungsnetz, vorgelagertes, Begriff **6** 2, Zugang **6** 34
Rohstoff 51 Anh. 1; Begriff **51** 2
Rückgabeverpflichtung, Durchsetzung **48** 15
Rüge 1 83 a

Sachkundiger, Begriff **42** 2
sachverständige Stellen 48 21; **52** Anh. 2; Anforderungen **48** Anh. 4
Sachverständigengutachten 38 6
Sachverständiger 27 11 ff.; Meldepflichten **27** 17 f.
Salzgradientenenergie, Begriff **32** 3; **33** 3; **34** 3
Sanktion 1 94 ff.; **8** 22; **21** 27
Schadensersatz 33 10; **34** 10
Schadensersatzpflicht 1 32; **11** 33
Schienenbahnen 33 42; besondere Ausgleichsregelung **32** 16; **33** 40 ff.; EEG-Umlage **34** 42
Schifffahrt 45 14; **47** 60; Steuerbefreiung **46** 27; Steuerentlastung **46** 52
Schlichtungsstelle 1 111 b
Schlichtungsverfahren 1 111 c
Schnittstelle, Begriff **37** 2
Schnittstellenverzeichnis 37 48
Schutz der Kunden 6 3; Maßnahmen **5** Anh. I; **6** Anh. I
Schutzmaßnahmen 5 42; **6** 46
Schwellenwerte 11 100

Sektor mit Verlagerungsrisiko, Begriff **52** 2
Sektorenverordnung, Kosten Gutachten/Stellungnahmen **11** 127 a
Sekundärmarkt, Begriff **21** 2
Sekundärregelung 16 6, 7; Begriff **16** 2
Selbstablesung 24 11; **26** 11
Selbstverpflichtung, Nichterfüllung **48** Anh. 5
selektives Vertriebssystem 13 4; Begriff **13** 1
Senken 49 Anh. B 15; Gutschrift aus, Begriff **49** Anh. B 17; *siehe auch RMU*
Sicherheit 5 3; Begriff **5** 2; **6** 2
Sicherheitsleistung, Art/Höhe **47** 29; Barsicherheiten **24** 15; **26** 15; Fernwärme **29** 29
Sitzungen des Beirates 2 6
Sitzungen des Länderausschusses 2 9
solare Strahlungsenergie 33 32; **34** 32; **42** Anl.
solare Strahlungsenergie an oder auf Gebäuden 33 33; **34** 33
Sonderfälle, Erlass/Erstattung/Vergütung **45** 18
Sonderregelung, Einspeisung von Biogas **18** 41 a ff.
Sonderregelung Biogas 18 41 a ff.; Monitoring **18** 41 g; Zweck **18** 41 a
Sondervermögen, Einnahmen **41** 4; Ermächtigungen **41** 1; Errichtung **41** 1; Rücklagen **41** 5; Zweck **41** 2
Speicheranlage, Anschluss **6** 23; Aufbewahrungspflicht **21** 20; Begriff **1** 3; **6** 2; Kapazitätszuweisungsmechanismus **21** 17; Transparenz **21** 19; Veröffentlichung im Internet **1** 28; Verweigerung **1** 28; wesentliche Geschäftsbedingungen **1** 28; Zugang **1** 26 ff.; **6** 33; Zugang Dritter **21** 15
Speicheranlage, Betreiber, Aufgaben **6** 13; Begriff **6** 2; Benennung **6** 12; Entflechtung **1** 7 ff.; **6** 15
Speicherkapazität, Begriff **21** 2
Speicherpflichten, Daten **1** 5 a
Speicherung 6 1, 9
Spothandel 54 2
Stand der Technik, Energieeinsparung **59** 4
Standardangebote 16 28
Standardauslastungsfaktor, Begriff **50** 3
standardisierte Lastprofile/Standardlastprofile 16 12; Bandlastkunden **16** 12; Gewerbe **16** 12; **18** 29; Haushalte **16** 12; **18** 29; Heizwärmespeicher **16** 12; Landwirtschaft **16** 12; Regulierungsbehörde **16** 27; unterbrechbare Verbrauchseinrichtungen **16** 12
Standard-Lastprofilkunde 16 13

Sachverzeichnis

fette Zahlen = Ordnungsnummern

Standardnominierungsverfahren 18 28
Standardwert, Begriff **36** 2
statistische Transfers, Erneuerbare Energien **36** 6
Statistisches Bundesamt, Elektrizitätseinfuhr **1** 63
Steamcracking-Prozess, Zuteilung **52** Anh. 1
Steuer, Entstehung **44** 5, 6; Gefährdung **47** 25
Steuer für bestimmte Prozesse/Verfahren, Erlass/Erstattung/Vergütung **45** 17a
Steueranmeldung 44 8; **45** 5; **47** 23a
Steueraufsicht 46 61; **47** 40, 106; Hersteller **47** 15; Lager **47** 19
Steueraussetzung, Energieerzeugnisse **46** 4; Unregelmäßigkeiten im Verkehr **46** 14
Steueraussetzungsverfahren 46 5
Steuerbefreiung 46 8, 25; Begriffsbestimmungen **46** 24 ff.; Eigenverbrauch **46** 26; Erdgas **46** 44; Erlaubnis **46** 24 ff.; Erneuerbare-Energien-Strom **44** 9; für gasförmige Energieerzeugnisse **46** 28; für im Betrieb angefallene Energieerzeugnisse **46** 29; Kohle **46** 37; Schiff- und Luftfahrt **46** 27; Strom der in den Anlagen bis zu 2 MW erzeugt wird **44** 9; Strom zur Stromerzeugung entnommen **44** 9; Stromsteuer **44** 9
steuerbegünstigte Entnahme, Antrag auf Erteilung einer Erlaubnis **45** 8
Steuerbegünstigung 47 105
Steuerentlastung 47 87 ff.; Begriff **46** 45 ff.; bei Aufnahme in Betriebe und für steuerfreien Zwecken **46** 47; bei Vermischungen von gekennzeichnetem mit anderem Gasöl **46** 48; beim Verbringen aus dem Steuergebiet **46** 46; bestimmte Erzeugnisse **44** 9 c; Bioheizstoffe **46** 50; Biokraftstoffe **44;** Flüssiggase **46** 49; für bestimmte Prozesse und Verfahren **46** 51; für Diplomatenbenzin und -dieselkraftstoff **46** 59; für Gewächshäuser **46** 58; für ÖPNV **46** 56; für Unternehmen **46** 54; für Unternehmen in Sonderfällen **46** 55; für Zahlungsausfall **46** 60; Gasöle **46** 49; Land- und Forstwirtschaft **46** 57; Schiff- und Luftfahrt **46** 52; Strom zur Stromerzeugung **45** 12a; Stromerzeugung **46** 53; für Unternehmen **45** 17b; Unternehmen des produzierenden Gewerbes **44** 9b
Steuerentstehung, Erdgas **46** 38, 43; Kohle **46** 32
Steuerentstehung bei Entnahme in den freien Verkehr 46 8
Steuerermäßigung, Stromsteuer **44** 9
Steuerersatz, ermäßigt **44** 9
Steuergebiet 44 1
Steuergegenstand 44 1

steuerrechtlich freier Verkehr, Begriff **46** 1a
Steuerschuldner 44 5; **46** 8
Steuertarif 44 3; **46** 2
stillgelegte Kapazität, Begriff **52** 2
stochastische Effizienzgrenzanalyse 20 Anlage 3
Strahlungsenergie 31 2, 8; Begriff **32** 3; **33** 3; **34** 3
Streitbeilegungsverfahren 5 3; **6** 3; Verbraucher **5** Erw.gr. (54)
Streitbelegungsverfahren 6 Erw.gr. (51)
Streitwertanpassung 1 105
Strom, Erlass, Erstattung oder Vergütung der Steuer für bestimmte Prozesse und Verfahren **44** 9 a; zur Stromerzeugung **45** 12
Strom aus Anlagen zur Erzeugung von Strom aus solarer Strahlungsenergie, Übergangsbestimmungen **32** 21
Strom aus Biomasse, Bonus für nachwachsende Rohstoffe **33** 27; KWK-Bonus **33** 27; Technologie-Bonus **33** 27; Vergütung **32** 8
Strom aus Biomasseanlagen, Übergangsbestimmungen **32** 21
Strom aus Deponiegas 34 24; Technologie-Bonus **33** 24; Vergütung **32** 7
Strom aus erneuerbaren Energieträgern 45 1b
Strom aus flüssiger Biomasse, Anforderungen **37** 3; Vergütung **37** 3
Strom aus Geothermie 34 28; Vergütung **32** 9; Wärmenutzungs-Bonus **33** 28
Strom aus Grubengas 34 26; Technologie-Bonus **33** 26; Vergütung **32** 7
Strom aus hocheffizienter KWK, Herkunftsnachweis **43** 9a
Strom aus Klärgas 34 25; Technologie-Bonus **33** 25; Vergütung **32** 7
Strom aus Kraft-Wärme-Kopplung, Begriff **33** 3; **34** 3
Strom aus Laufwasserkraftanlagen, Übergangsbestimmungen **32** 21; **33** 21
Strom aus mehreren Anlagen, Vergütung **33** 19; **34** 19
Strom aus Offshore-Anlagen 34 31; Anfangsvergütung **33** 31; Grundvergütung **33** 31
Strom aus solarer Strahlungsenergie 33 32; **34** 32; Absenkung Vergütung **34** 20 b; Vergütung **32** 11
Strom aus Wasserkraft 33 23; **34** 23; Vergütung **32** 6
Strom aus Wasserkraftanlagen, Übergangsbestimmungen **32** 21; **33** 21
Strom aus Windenergie, Vergütung **32** 10; **33** 10; **34** 10

magere Zahlen = Artikel bzw. Paragraphen **Sachverzeichnis**

Strom aus Windenergieanlagen 33 30; 34 29, 30; Anfangsvergütung 33 29; Übergangsbestimmungen 32 21
Stromeinspeisung, geringer Umfang 1 117 a
Stromentlastung, Erzeugung von Kraft und Wärme 46 3
Stromerzeuger, Begriff 52 2
Stromerzeugung 46 53; flüssige Biomasse 37
Stromerzeugung aus Biomasse, Verordnungsermächtigung 34 64 a
Stromgrundversorgungsverordnung 24; Abrechnung der Energielieferung 24 11 ff.; allgemeine Bestimmungen 24 1 ff.; Aufgaben und Rechte des Grundversorgers 24 8 ff.; Beendigung des Grundversorgungsverhältnisses 24 19 ff.; Versorgung 24 4 ff.
Stromhandel, grenzüberschreitender 5 Erw.gr. (63); 8 1; 9 Erw.gr. (4)
Stromhandelzugangsverordnung 8; Anwendungsbereich 8 1; Bericht 8 24; Leitlinien 8 18; Regulierungsbehörde 8 19; Sanktion 8 22; Ziel 8 Erw.gr. (30)
stromintensive Unternehmen, besondere Ausgleichsregelung 33 40 ff.
Stromkennzahl, Begriff 43 3
Stromkennzeichnung 1 42; 34 53 ff.; entsprechende EEG-Umlage 34 54
Strommenge, nachträgliche Korrekturen 33 38
Stromnetzentgeltverordnung 17; Anwendungsbereich 17 1
Stromnetzzugangsverordnung 16; Anwendungsbereich 16 1
Stromrechnung 1 40; Transparenz 1 42
Stromsektor, Beobachtung 7 11; Berichterstattung 7 11
Stromsteuer, Fälligkeit 44 8
Stromsteuer-Durchführungsverordnung 45; Begriff 47 1
Stromsteuergesetz 44
Strömungsenergie, Begriff 32 3
Strukturklassen, Absatzdichte 17 24; 19 23; Ost 17 24; 19 23; West 17 24; 19 23
synthetisches Lastprofilverfahren 18 29
Systemdienstleistung, Verordnungsermächtigung 34 64
Systemdienstleistungs-Bonus 33 64; 38 1; Voraussetzungen 38 5; Windenergieanlage, alte 38 5
Systemdienstleistungsverordnung 38; Anwendungsbereich 38 1; Übergangsbestimmungen 38 8
Systemrichtlinie, Begriff 46 1 a
Systemspeicher 18 34
Systemstabilität 1 12

Systemverantwortung 1 54
Szenariorahmen 1 12 a

Tarif 4 8; allgemeiner 4 4; Strom und Gas 1 40
Tarifgenehmigung 4 4
Tarifierung, Fortschrittsbericht 5 47; 6 52; Grundsätze 8 Erw.gr. (10)
Tarifkundenverträge, bisherige 1 116
Tätigkeiten, Begriff 48 3; Postrecht 2 2; Recht der leitungsgebundenen Versorgung 2 2; Recht des Zugangs zur Eisenbahninfrastruktur 2 2; Telekommunikationsrecht 2 2
Tätigkeiten, einbezogene 48 Anh. 1
Tätigkeiten, weitere, Begriff 53 2
tatsächlicher Wert, Begriff 36 2
Technische Anschlussbedingungen 25 20; 28 20; Wirksamwerden 25 4; 28 4
technische Kapazität, Berechnung 18 2; 21 2
technische Vorschriften 5 5; 6 8; Interoperabilität der Netze 6 8
technisches Verfahren, Stromerzeugung Biomasse 35 1
Technologie-Bonus 33 24, 25, 26, 27, Anl. 1; 34 26
Teilnetz 19 14; Begriff 1 3; Betreiber von Gasversorgungsnetzen 19 14; frei zuordenbare Kapazitäten 18 6; Systemdienstleistungen 19 14
Terminhandel 54 2
Testierung 33 50; 34 50
Tetrafluormethan 53 Anl. 2, Anl. 3
Textilien, nicht anerkannte Biomasse 35 3
Tierkörper, nicht anerkannte Biomasse 35 3
Toleranzgrenze 18 30
Top-down-Berechnung 55 Anl. 4
Torf, nicht anerkannte Biomasse 35 3
Torfmoor 37 6
transaktionsunabhängiges Punktmodell 17 15; 19 18
transeuropäische Netze 9 Erw.gr. (4); 12 170 f.; Auf-/Ausbau 12 170; Ziele 12 170 f.
Transformatorenanlage 25 10
Transparenz 32 15; 33 45 ff.; 34 45 ff.; Agentur 7 10
Transparenzplattform 36 24; *siehe auch statistische Transfers, nationale Aktionspläne*
Transportkapazitäten, Berechnung 18 6
Transportkunde 18 3, 15; Anspruch auf Einspeise- oder Ausspeisevertrag 18 3; Begriff 1 3; missbräuchliche Kapazitätshortung 18 13; Nachprüfung von Messeinrichtungen 18 40
Transportkunde Biogas, pauschales Entgelt 19 20 a

Sachverzeichnis

fette Zahlen = Ordnungsnummern

Transportleistung, Angaben **48** Anh. 1, Anh. 3; Begriff **48** 3
Transportnetz, Begriff **1** 3
Transportnetzbetreiber, Begriff **1** 3; Entflechtung **1** 6 ff.; Pflichten **1** 4 c; unabhängiger **1** 10 ff.; Zertifizierung/Benennung **1** 4 a ff.
Transportnetzeigentümer, Entflechtung **1** 7 b
Transportvertrag 18 18; **21** Erw.gr. (20); Begriff **18** 2; **21** 2
Trasse, Begriff **43** 3
Trassenkorridor 15 12; Begriff **15** 3
Treibhausgas 48 Anh. 1; Begriff **48** 3; Minderungsverpflichtung der Bundesrepublik Deutschland **50** 4
Treibhausgasemissionen, Verringerung **36** Erw.gr. (1) ff.
Treibhausgas-Emissionshandelsgesetz 48; Anwendungsbereich **48** 2; Zweck **48** 1
Treibhausgas-Minderungspotenzial, Berechnung **37** 8; Berechnungsmethode **37** Anl. 1; Biomasse, flüssige **37** 8; Standardwert **37** Anl. 2
Treibsel, anerkannte Biomasse **35** 2
Trinkwasserversorgung, Anwendungsbereich GWB **11** 100; öffentlicher Auftrag **11** 99; Tätigkeit: Begriff **11** Anl.

typischer Wert, Begriff **36** 2

Übereinkommen, Begriff **49** 2
Übergabestation, Fernwärme **29** 11
Übergang von Netzen, Erlösobergrenzen **20** 26
Übergangsregelung 24 23; **25** 29; **26** 23; **28** 29; Anreizregulierung **20** 34; Offshore-Anlage **1** 118; Planfeststellung **1** 118
Übergangsvorschrift 33 19; **34** 19; **48** 33 ff.
Übermittlung von Daten 20 29
Übermittlungspflicht, Übertragungsnetzbetreiber **39** 7
Überprüfung, elektrische Anlage **25** 15; Gasanlage **28** 15
Überprüfungsgesuch 49 9
Überprüfungsverfahren 1 57 a; **6** 50
überregionales Gasfernleitungsnetz, Begriff **19** 2
Übertragung, Begriff **1** 3; **5** 2
Übertragungskapazität 9 Erw.gr. (7); Bestimmen **9** Erw.gr. (14)
Übertragungskapazitätsreserve 9 3, 4
Übertragungsnetz 31 3; Betrieb **5** 9 ff.; Gefährdung/Störung **1** 13; Schutz **1** 12 g; Szenariorahmen **1** 12 a; Zugang **16** 4 ff.
Übertragungsnetzbetreiber 31 3; **32** 14 a; Anschluss neuer Kraftwerke **5** 23; Aufgaben **1** 12; **5** 12, *siehe auch Betreiber von Übertragungsnetzen;* Aufsichtorgan **5** 20; Ausgleich der Strommengen **33** 36; Ausgleich mit Netzbetreiber **34** 35; Ausgleich untereinander **34** 36; Ausgleichsmechanismus **8** 13; Begriff **5** 2; **33** 3; **34** 3; Belastungsausgleich **43** 9; Benennung **5** 10; Bericht Leistungsbilanz **1** 12; Betriebssicherheit des Netzes **9** 4; Einrichtung **5** Erw.gr. (16); Entflechtung **5** 9; Gleichbehandlungsprogramm **5** 21; Information **8** 15; Leitlinien **8** 18; Mitteilungspflichten **33** 48; **34** 48; Netzanschluss Offshore-Anlage **1** 17; Netzentwicklungsplan **5** 22; regionale Zusammenarbeit **8** 12; Übermittlungspflicht **39** 7; Unabhängigkeit **5** 18, 47; Unabhängigkeit Personal **5** 19; Unabhängigkeit Unternehmensleitung **5** 19; Vergütung **33** 35; **34** 35; Veröffentlichungspflicht **39** 7; Veröffentlichungspflichten **33** 48; **34** 48; Vertraulichkeitsanforderung **5** 16; Weitergabe von Strom **33** 34; **34** 34; Zertifizierung **5** 10; **8** 3; Zusammenarbeit **8** Erw.gr. (6); zusammengeschaltet **9** 4
Übertragungsnetzbetreiber Strom, Europäisches Netz **7** 4
Übertragungsnetzbetreiber, unabhängiger 5 17 ff., Erw.gr. (19)
Übertragungsnetzeigentümer, Entflechtung **5** 14; Vertraulichkeitsanforderung **5** 16
Übertragungspflicht 32 4; **33** 8; **34** 8
Überwachung 48 20
Überwachungsbericht, Begriff **49** 2
Überwachungsplan 48 6, Anh. 2; **49** 3; **53** 4 f.; Begriff **48** 3; **49** 2; **53** 2
UCTE 9 Erw.gr. (8)
Umfang der Grundversorgung 24 6; **26** 6
Umsatzschwelle, Anwendung **13** 8
Umsatzsteuer 4 2; **11** 38
Umsetzung Richtlinie 5 49; **6** 54
Umspannebene, Begriff **17** 2
Umweltanforderung 35 5; Strom aus Biomasse **35** 1
Umweltgutachter/in, Begriff **33** 3; **34** 3; **37** 2; Nachweis **37** 59
Umweltschutz 5 3, Erw.gr. (43); **6** 3; **12** 11; **31** 1; **41** 3; **43** 1
Umweltverträglichkeit, Begriff **1** 3
Umweltverträglichkeitsprüfung, Netzausbau **15** 23
Umweltwärme 42 Anl.
unabhängige Systembetreiber 1 9
unbillige Behinderung, Verbot **11** 20
unerlaubte Handlung 29 6
ungewollte Mehrmenge 16 13
ungewollte Mindermenge 16 13

magere Zahlen = Artikel bzw. Paragraphen **Sachverzeichnis**

Unterbilanzkreis, Begriff **16** 2
unterbrechbare Dienstleistungen, Begriff **21** 2
unterbrechbare Kapazität, Begriff **21** 2
unterbrechbare Verbrauchseinrichtungen in Niederspannung 1 14 a
Unterbrechung, Austausch Messeinrichtung **25** 17; **28** 17
Unterbrechung der Versorgung, Zuwiderhandlungen **24** 19; **26** 19
Unterbrechung des Anschlusses und der Anschlussnutzung 25 24; **28** 24
unterer Heizwert, Begriff **51** 2; Bestimmung **51** 5
Unterlassungsanspruch 1 32; **11** 33
Unternehmen, Begriff **34** 3; horizontal integriert, Begriff **5** 2; **6** 2; Land- und Forstwirtschaft **44** 2; produzierendes Gewerbe **33** 41; **44** 2; verbundene, Begriff **5** 2; **6** 2; **13** 1; verbundene oder assoziierte **4** 2; vertikal integriert, Begriff **5** 2; **6** 2; Zuordnung **45** 15
Unternehmen des produzierenden Gewerbes, Begriff **34** 3; EEG-Umlage **34** 41
Unternehmensidentität, Fernleitungsnetzbetreiber **6** 17; Übertragungsnetzbetreiber **5** 17
Unternehmensleitung, Begriff **1** 3
Unternehmensleitung, oberste, Begriff **1** 3
Untersagung 11 40 f.
Untersuchung 11 32 e
Untersuchungsgrundsatz 1 82
unzureichende Daten 20 30

Validierung, sachverständige Stellen **49** 7
Validierungsbericht 49 3, 5, 8; Begriff **49** 2; benannte Prüfeinrichtung **49** Anh. B 17
Verantwortlicher für weitere Tätigkeiten, Begriff **53** 2; Ermittlungspflicht **53** 7; Mitteilungspflicht **53** 7 ff.
verbindliche Dienstleistungen, Begriff **21** 2
verbindliche Kapazität, Begriff **21** 2
Verbindungsleistungen, grenzüberschreitende **9** 7
Verbindungsleitung, Ausnahme Netzzugangsbestimmung **1** 28 a; Begriff **1** 3; **5** 2; **6** 2; **8** 2; bestehende, effiziente Nutzung **9** 3; grenzüberschreitende **1** 3; Investitionen **9** 6, 7; neue, angemessenes Gleichgewicht **9** 3
Verbot, Boykott **11** 21; sonstiges wettbewerbsbeschränkendes Verhalten **11** 21
Verbraucherbeschwerden 1 111 a
Verbraucherpreisgesamtindex 20 8; Anpassung Erlösobergrenzen **20** 4

Verbraucherrecht 5 Erw.gr. (51); **6** Erw.gr. (48)
Verbraucherschutz 5 Erw.gr. (51); **6** 3, Erw.gr. (48); **33** 58; **34** 58
Verbraucherschutzeinrichtung 5 3
Verbraucherverbände, Antrag auf Verhaltensüberprüfung **1** 31
Verbraucherzentrale 11 54; Antrag auf Verhaltensüberprüfung **1** 31
Verbrauchseinrichtungen, Betrieb, Erweiterung, Änderung **29** 15
Verbrauchsgebiet der EU, Begriff **46** 1 a
Verbrauchsgeräte, Erweiterung, Änderung **24** 7; **26** 7
Verbrauchshöchstwerte 59 1
Verbrauchskennzeichnung 59 1
Verbringen, nicht leitungsgebundenes **47** 81
Verbringungsbeschränkung, Energieerzeugnisse **47** 46
verbundenes Unternehmen 11 39; Begriff **5** 2; **6** 2; **13** 1
Verbundnetz, Begriff **1** 3; **5** 2; **6** 2
Vereinbarung, freigestellte **11** 2
Vereinbarungen von Marrakesch 49 Anh.
vereinfachtes Verfahren, Antrag **20** 24; Effizienzvergleich **20** 24
Vereinigungen, Begriff **15** 3
Verfahren 1 65 ff.; **17** 22; **53** 10 f.; Angaben **30** 3; Anhörung **1** 67; Auskunftsverlangen **1** 69; behördliches **1** 65 ff.; Beschlagnahme **1** 70; Beteiligte **1** 66; Betretungsrecht **1** 69; Bußgeldverfahren **1** 94 ff.; elektronische Kommunikation **53** 10; Ermittlung **1** 68; Festsetzung einer Geldbuße gegen eine juristische Person **1** 96; für Kapazitätsanfrage und Buchung **18** 15; kostenorientierte Ermittlung der Netzentgelte **19** 21; mündliche Verhandlung **1** 67; technisches, Stromerzeugung Biomasse **35** 4; Verweigerung nach § 25 EnWG **18** 36; Wiederaufnahmeverfahren gegen Bußgeldbescheid **1** 100
Verfahren zur Vereinheitlichung von vertraglichen Netzzugangsbedingungen 18 43
verfügbare Kapazität, Begriff **21** 2
Vergabe, Arten **11** 101; Kosten des Verfahrens **11** 128 f.; Nachprüfungsverfahren **11** 102 ff.; sofortige Beschwerde **11** 116 ff.; Unwirksamkeit Vertrag **11** 101 b; Vergabeverfahren **11** 97 ff.
Vergabekammer 11 104
Vergärung 34 27 a f.
Vergleich der Fernleitungsnetzbetreiber **19** 26; Grundsätze **17** 23; **19** 22
Vergleichbarkeitsrechnung 20 14

Sachverzeichnis

fette Zahlen = Ordnungsnummern

Vergleichsparameter 20 13
Vergleichsverfahren 17 22 ff.; **19** 21 ff.; Betreiber von Elektrizitätsversorgungsnetzen **17** 22; Ermittlung der Netzentgelte **19** 26, Vergleich der Fernleitungsnetzbetreiber **19** 26; kostenorientierte Ermittlung der Netzentgelte **19** 21 ff., Kostenstruktur **19** 24, Mitteilungspflichten **19** 25, Strukturklassen **19** 23, Verfahren **19** 21
Vergütung 4 3; **31** 4 ff.; **33** 14 ff.; **34** 14 ff.; Absenkung **34** 20; Anforderungen **37** 3; Strom aus mehreren Anlagen **33** 19; **34** 19; Stromsteuer **44** 10
Vergütung und Boni 33 20
Vergütungsanspruch 33 16; **34** 16; Aufrechnung **33** 22; **34** 22; Verringerung **34** 17
Vergütungsbeginn 33 21; **34** 21
Vergütungsberechnung 33 18; **34** 18
Vergütungsdauer 33 21; **34** 21
Vergütungspflicht 32 5; KWK-Strom **43** 4
Vergütungszahlung, Ermittlung **32** 14 a; nachträgliche Korrekturen **33** 38
Verhandlung, mündliche **11** 56
Verhandlungsfahrplan 30 4; Regulierungsbehörde **30** 4
Verheizen 46 1 a; Begriff **46** 1 a
Verifizierung 49 Anh. B 17; Anforderungen **51** 20; sachverständige Stellen **49** 7; Überprüfung **49** 4; Überwachungsbericht **49** Anh. B 17; Zuteilungsanträge **52** 7
Verifizierungsbericht, Begriff **49** 2; Bestätigung **49** 6
Verifizierungsverfahren 49 Anh. B 16
Verjährung 11 81
Verkehr mit Oberleitungsomnibussen/Schienenbahnen **45** 13; Tätigkeit: Begriff **11** Anl.
Verkehrsbeschränkung, Energieerzeugnisse **47** 46
Verkehrssektor, geeignete Energieeffizienzmaßnahmen **55** Anh. 3
Verkehrsweg, Benutzung **1** 48; Konzessionsabgaben **1** 48; Wegenutzungsvertrag **1** 46
Verknüpfungspunkt 33 5; **34** 5
Verlustenergie 17 10; Ausschreibungsverfahren **16** 10; Begriff **16** 2; Betreiber von Übertragungsnetzen **16** 10; Bilanzkreis **16** 10
Vermarktung 39 2; untertägig **40** 1; vortägig **40** 1
Vermarktung, bestmögliche, Anreize **40** 7
Vermarktungstätigkeit, Transparenz **40** 2
Vermögenswerte, Fernleitungsnetzbetreiber **6** 17; Übertragungsnetzbetreiber **5** 17

Veröffentlichung, Bekanntmachungen **11** 27; netzbezogener Daten, Internet **18** 20; netznutzungsrelevanter Informationen, Internet **18** 21; Wettbewerbsregeln **11** 27
Veröffentlichung von Daten 20 31
Veröffentlichungs- und Informationspflichten 18 20 ff.; Aufzeichnungspflichten und gemeinsame Veröffentlichungspflichten **18** 22; Veröffentlichung netzbezogener Daten **18** 20; Veröffentlichung netznutzungsrelevanter Informationen **18** 21
Veröffentlichungspflichten 16 17; **17** 27; **19** 27; Übertragungsnetzbetreiber **39** 7
Verordnungsermächtigung 44 11; **48** 28
Verpflichtete, Begriff **42** 2 f.; Ersatzmaßnahmen **42** 7; Nachweise **42** 10; Versorgung mehrerer Gebäude **42** 6
Verpflichtung zur Nutzung erneuerbarer Energien, Begriff **36** 2
Verpflichtungen, gemeinwirtschaftliche **6** 3
Verpflichtungszusage 11 32 b
Verprobung 17 20; Bericht **17** 20; **19** 16
Versandhandel 47 42
Verschiebungsfaktor 25 16
Versender, registrierter **47** 27
Versorger 45 1 a; Begriff **44** 2; Pflichten **45** 4
Versorgung 4 9; **6** 24 ff.; **24** 4 ff.; **26** 4 ff.; Art **24** 5; **26** 5; Bedarfsdeckung **24** 4; **26** 4; Begriff **1** 3; **5** 2; **6** 2; Erweiterung und Änderung von Anlagen und Verbrauchsgeräten **24** 7; **26** 7; Mitteilungspflichten **24** 7; **26** 7; öffentliche **11** 131; Umfang der Grundversorgung **24** 6; **26** 6
Versorgung Letztverbraucher 1 36 ff.; Energielieferverträge **1** 41; Ersatzversorgung **1** 38; Grundversorgung **1** 36 f.; Preise und Versorgungsbedingungen **1** 39; Stromkennzeichnung **1** 42; Transparenz Stromrechnung **1** 42
Versorgung mehrerer Gebäude 42 6
Versorgungsart, Fernwärme **29** 4
Versorgungsaufgabe, Parameter **20** 10
Versorgungseinstellung, Fernwärme **29** 33
Versorgungsgebiet 4 4
Versorgungskürzungen 9 4
Versorgungsleitung 4 3
Versorgungsqualität 17 4
Versorgungssicherheit 5 3, Erw.gr. (43) f.; **6** 3, 7, Erw.gr. (40), (55); **9** Erw.gr. (1); **21** Erw.gr. (1); Ausschreibung neuer Erzeugungskapazitäten **1** 53; Beobachtung **5** 4; **6** 5; Bericht **9** Erw.gr. (16); Monitoring **1** 51; Verbesserung **55** Erw.gr. (1)
Versorgungsstörung 1 52; Fernwärme **29** 6; Haftung **29** 6

magere Zahlen = Artikel bzw. Paragraphen   **Sachverzeichnis**

Versorgungsumfang, Fernwärme 29 5
Versorgungsunterbrechung 1 52; 9 Erw. gr. (9); Fernwärme 29 5
Versorgungsunternehmen 11 29; Begriff 6 2
Versorgungsvertrag, Laufzeit, Fernwärme 29 32
Versteigerung, Abwicklung 54 4
Versteigerungsmenge 54 2
Versteigerungstermin 54 2
Versteigerungsverfahren 18 10; 54 3
Verteiler, Erlaubnis 47 52 ff.
Verteilernetz, Betrieb 5 24 ff.; geschlossenes 1 110; Modernisierung 5 Erw.gr. (27); nichtdiskriminierender Zugang 5 Erw.gr. (26); 6 Erw.gr. (25)
Verteilernetzbetreiber, Aufgaben 5 25; 6 25; Begriff 5 2; 6 2; 55 3; 56 2; Benennung 6 24; Daten Energieeffizienz 55 6; Entflechtung 1 6 ff.; 5 26; 6 26; Ernennung 5 24; Gleichbehandlungsprogramm 5 26; 6 26; große 6 Erw.gr. (28); kleine 6 Erw.gr. (27); kleiner, Begriff 55 3; operationelle Entflechtung 1 7 a; rechtliche Entflechtung 1 7; Vertraulichkeitsanforderungen 5 27; Vertraulichkeitspflichten 6 27; zusammengeschaltet 9 4
Verteilernetzbetreiber, kleine 5 Erw.gr. (29)
Verteilerunternehmen 4 3
Verteilung 6 1, 24 ff.; 10 1; Begriff 1 3; 5 2; 6 2
Verteilungseinrichtungen 58 14
Verteilungspflicht 33 8; 34 8
vertikal integrierte Unternehmen, Begriff 5 2; 6 2; Rechte/Pflichten 1 10 b; weniger als 100.000 Kunden 1 7 f.
vertikal integriertes Energieversorgungsunternehmen, Begriff 1 3
vertikale Beschränkung 13 2; Begriff 13 1
vertikale Netzlast 16 17
vertikale Vereinbarung 13 2; Begriff 13 1
Vertrag über die Arbeitsweise der Europäischen Union 12
vertragliche bedingter Engpass, Begriff 21 2
vertragliche Kapazitätenengpässe, Auswahlverfahren 18 10
vertragliche Vereinbarung, Vergütung 33 15; 34 15
Vertragsanpassung, öffentliche Bekanntgabe und Veröffentlichung 24 23; 26 23
Vertragsbedingungen, Fernwärme 29 1 ff.
Vertragsbeziehungen 16 23 ff.; Bilanzkreisvertrag 16 26; Lieferantenrahmenvertrag 16 25; Netznutzungsvertrag 16 24; vertragliche Ausgestaltung 16 23
Vertragsgestaltung 18 24

Vertragsmuster, Fernwärme 29 1 ff.
Vertragsschluss 24 2; 26 2; Fernwärme 29 2
Vertragsstrafe 24 10; 26 10; 29 23
Vertraulichkeitsanforderung, Fernleitungsnetzeigentümer 6 16; Speicheranlagenbetreiber 6 16; Übertragungsnetzbetreiber 5 16; Übertragungsnetzeigentümer 5 16
Vertraulichkeitsanforderungen, Verteilernetzbetreiber 5 27
Vertraulichkeitspflichten, Verteilernetzbetreiber 6 27
Vertriebssystem, selektives, Begriff 13 1
Verwahrnahme Gegenstände/Unterlagen 1 69
Verwaltungsdokument, elektronisches 47 30 ff.; Begriff 47 1
Verwaltungsrat 7 12; Aufgaben 7 13; Finanzregelung 7 25
Verweigerung, Zugang 6 35
Verwender, Erlaubnis 47 52 ff.
Verwendungsbeschränkung, Energieerzeugnisse 47 46
Verwirklichung, Elektrizitätsbinnenmarkt 7 Erw.gr. (1); Erdgasbinnenmarkt 7 Erw. gr. (1)
Verzeichnis über den Teilnahmestatus, Begriff 49 2
Verzug, Fernwärme 29 27
Vinylclorid-Monomer, Zuteilung 52 Anh. 1
Vizepräsident 2 3, 4
Vollbenutzungsstunde 50 Anh. 4; Begriff 43 3
Vollstreckung 1 101
Vollzugsverbot 11 41
Volumen, Begriff 21 2
Vorabentscheidung über Zuständigkeit 1 66 a
Vorarbeiten, Errichtung von Energieanlagen 1 44; Planfeststellung 1 44
Vorauszahlungen 24 14; 26 14; 45 6; 47 80; Fernwärme 29 28
Vorbildfunktion, Informationen 42 10 a; öffentliche Gebäude 42 1 a
Vorgehen bei Messfehlern 16 21; 18 41
vorgelagerte Netzebenen 1 71 a
vorgelagertes Rohrleitungsnetz, Begriff 1 3; 6 2; Zugang 1 26 ff., 27; 6 34
Vorhabenträger, Begriff 15 3
Vorrichtung Abwärmeabfuhr, Begriff 43 3
Vorschriften, technische 5 5; 6 8
Vorsitz 2 6, 9
Vorteilsabschöpfung 1 33, 54; Kartellbehörde 11 34; Verbände/Einrichtungen 11 34

1547

Sachverzeichnis

fette Zahlen = Ordnungsnummern

Währungspolitik 12 119
Ware, lose, Begriff **47** 1
Warenverkehr, freier **12** 28 f.
Wärme, messbare **52** 2; nicht messbare **52** 2
Wärmeabgabe, Begrenzung, Anforderungen **58** Anl. 5
Wärmebedarf 29 3
Wärmebrücke 58 7
Wärmeenergiebedarf, Begriff **42** 2
Wärmemessung 29 18
Wärmenetz 42 Anl.; **43** 1, 2; Ausbau, Begriff **43** 5 a, Zuschlagszahlung **43** 7 a; Begriff **43** 3; Neubau, Begriff **43** 5 a, Zulassung **43** 6 a; zuschlagberechtigter Neu- und Ausbau **43** 5 a
Wärmenetzbetreiber, Begriff **43** 3; Übergangsbestimmung **43** 13
Wärmenutzungs-Bonus 33 28; Anspruchsvoraussetzung **33** Anl. 4; erforderliche Nachweise **33** Anl. 4; Negativliste **33** Anl. 4; Positivliste **33** Anl. 4
Wärmepumpe 36 Anh. VII; **58** 5
Wärmeschutz, energiesparender **57** 1
Wärmespeicher 43 1, 2; Begriff **43** 3; Neu-/Ausbau: Zuschlagszahlung **43** 7 b; Neubau: Zulassung **43** 6 b; zuschlagberechtigter Neu- und Ausbau **43** 5 b
Wärmeversorgung, Tätigkeit: Begriff **11** Anl.
Wärmeverwendung 29 22
Wärmezähler, Begriff **52** 2
Warmwasseranlagen 58 14
Wasserfahrzeug 45 14
Wasserkraft, Begriff **32** 3; **33** 23; **34** 23
Wasserstoff 1 3
Wasserversorgung, Konzessionsabgaben **1** 117
Wechsel des Gaslieferanten 18 37
Wechselstrom-Verbindungsleitung 8 17
Wegenutzung 1 43 ff.
Wegenutzungsvertrag, laufender **1** 113; Verkehrsweg **1** 46
Wegerecht, einfach, ausschließlich **4** 3
Weiterverteiler 4 3
Wellenenergie, Begriff **32** 3; **33** 3; **34** 3
Werktag, Begriff **18** 2
wesentliche Kapazitätsänderung, Begriff **52** 2
wesentliche Kapazitätserweiterung, Begriff **52** 2
wesentliche Kapazitätsverringerung, Begriff **52** 2
Wettbewerb, Verhinderung, Einschränkung, Verfälschung **11** 1; **12** 101
Wettbewerber 11 19 f.; Begriff **13** 1
Wettbewerbsbehörden, ausländische **11** 50 b; europäische **11** 50 a

wettbewerbsbeschränkende Vereinbarung und Verhaltensweise 12 101
Wettbewerbsrecht, europäisches **11** 22
Wettbewerbsregeln, Veröffentlichung **11** 27
Wettbewerbsverbot 13 5; Begriff **13** 1
Wiederaufnahmeverfahren gegen Bußgeldbescheid **1** 100
Windenergie 33 29; **34** 29; Begriff **32** 3
Windenergie Offshore 34 31
Windenergie Repowering 33 30; **34** 30
Windenergieanlage, Prototyp **38** 6; Systemdienstleistungen **38**
Windenergieanlage, alte 38 5; Nachweis **38** 6
Windenergieanlage, mehrere, Systemdienstleistungs-Bonus **38** 7
Windenergieanlage, neue 38 2 ff.; Anschluss Hoch-/Höchstspannungsnetz **38** 3; Anschluss Mittelspannungsnetz **38** 2; Nachweis **38** 6
Windenergie-Offshore *siehe Offshore-Anlagen*
Windkraft 31 2, 7
Windkraftanlage 31 9, 12
Wirkleistungseinspeisung 1 13
Wirkungsgrade 35 6
wirtschaftlich sensible Informationen, Missbrauchsverbot **5** 16; **6** 16; Vertraulichkeitsanforderungen **5** 27; **6** 16; Vertraulichkeitspflichten **6** 27
wirtschaftlich zumutbare Maßnahmen 18 6
wirtschaftlicher Vorrang, Begriff **5** 2
Wirtschaftspolitik 12 119
Wohn- und Tertiärsektor, geeignete Energieeffizienzmaßnahmen **55** Anh. 3
Wohnfläche, Begriff **58** 2
Wohngebäude, Anforderungen **58** Anl. 1; Anforderungen Jahres-Primärenergiebedarf **58** 3; Begriff **58** 2

Zählpunkt, Begriff **16** 2; Verwaltung **22** 4
Zahlungsaufschub 24 17; **25** 23; **26** 17; **28** 23
Zahlungsverweigerung 24 17; **25** 23; **26** 17; **28** 23; Fernwärme **29** 30
Zahlungsverzug 25 23; **28** 23
zeitgleiche Jahreshöchstlast, Begriff **17** 2
Zentralheizungen 58 14
Zertifikate 38 6; Ausstellung **37** 26; Begriff **37** 2; Folgen **37** 28; Gültigkeit **37** 29; Inhalt **37** 27; Schnittstellen **37** 25 ff.
Zertifikate, anerkannte 37 25, 31; Biomassestrom-Nachhaltigkeitsverordnung **37** 30
zertifizierte Emissionsreduktion, Ausstellung **49** Anh. B 17; Begriff **49** 2, Anh. B 16, Anh. B 17, Anh. B 19; *siehe auch CER*

magere Zahlen = Artikel bzw. Paragraphen **Sachverzeichnis**

Zertifizierung, Fernleitungsnetzbetreiber 21 3; Übertragungsnetzbetreiber 8 3
Zertifizierungsstelle 37 42 ff.; Anerkennung 37 42 ff., 43; Aufgaben 37 48 ff.; Begriff 37 2; Bericht 37 52 f.; Erlöschen 37 46; Inhalt 37 45; Kontrolle 37 49 ff., Aufbewahrung 37 54; Mitteilung 37 53; Überwachung 37 55; Verfahren 37 44; Widerruf 37 47
Zertifizierungsstelle, anerkannte 37 42, 57; Biomassestrom-Nachhaltigkeitsverordnung 37 56
Zertifizierungssysteme 37 32 ff.; Änderungen 37 36; Anerkennung 37 33; Begriff 37 2; Bericht 37 39; Erlöschen 37 37; Inhalt 37 35; inhaltliche Anforderungen 37 Anl. 5; Mitteilung 37 39; Verfahren 37 34; Widerruf 37 38
Zertifizierungssysteme, anerkannte 37 32, 41; Biomassestrom-Nachhaltigkeitsverordnung 37 40
Zertifizierungsverfahren 6 10
Zirkulationspumpen 58 14
Zollgebiet der Gemeinschaft, Begriff 46 1 a
Zollkodex, Begriff 46 1 a
Zollkodex-Durchführungsverordnung, Begriff 47 1
Zoomasse, anerkannte Biomasse 35 2
Zubaukorridor 34 20 a
Zugang, Verweigerung 6 35
Zugang Dritter 5 32; 6 32; Fernleitungsnetzbetreiber 21 14; Leitlinien 21 Anh. I; Mindeststandard 21 Erw.gr. (10)
Zugang grenzüberschreitende Infrastrukturen, Agentur 7 8
Zugang zu Gasversorgungsnetzen, Ausnahme 1 25
zugelassener Kunde, Begriff 5 2; 6 2
zugeteilte Menge, Begriff 49 Anh. B 16, Anh. B 17, Anh. B 19, *siehe auch AAU;* Berechnung 49 Anh. B 19; Bilanzierung 49 Anh. B 19; Erfassung 49 Anh. B 19; Modalitäten Abrechnung 49 Anh. B 19; Rechenschaftslegung 49 Anh. B 19
Zulassung, KWK-Anlage 43 6
Zusammenarbeit, regionale 5 6
Zusammenarbeitspflichten, standardisiertes Verfahren 18 23
Zusammenschluss 11 35 ff.
Zusammenschlusskontrolle, Verfahren 11 40
zusätzliche Emissionsminderung 49 3, 5, 8; Begriff 49 2
zusätzliche Kapazität, Begriff 52 2
Zuschlag, Vorabentscheidung 11 121
Zuschlag (KWK), Dauer der Zahlung 43 7; Höhe 43 7

zuständige Behörde, Auskunftsrecht 37 70; Berichtspflicht 37 71; Datenübermittlung 37 73
Zuständigkeit, Binnenmarkt 12 3 f.; Energie 12 4; Europäische Union 12 2; transeuropäische Netze 12 4; Umwelt 12 4; Verbraucherschutz 12 4; Verkehr 12 4; Wettbewerb 12 3
Zuständigkeiten 48 19
Zustimmung, Begriff 49 2
Zuteilung 48 7 ff.; Anlagen 51 14; Anlagen der Energiewirtschaft 51 13; Anwendungsregeln 50 Anh. 3; aus Sonderreserve 48 12 f.; Bestandsanlage 52 9; bestehende Anlagen 50 8; bestehende Anlagen der Energiewirtschaft 50 7; bestehende Industrieanlagen 50 6; Bestimmung der Berechnung 50 13; Industrieanlagen 51 12; Kosten 50 16; kostenlose 52 16; nach Zuteilungsgesetz 2012 51 16; Neuanlagen 50 9; 51 15; neue Marktteilnehmer 52 18; Steamcracking-Prozess 52 Anh. 1; Vinylclorid-Monomer 52 Anh. 1
Zuteilung von Ein- und Ausspeisekapazität, Grundsätze 18 9
Zuteilungsanträge, allgemeine Anforderungen 51 3; Anforderungen an Verifizierung 51 20; Verifizierung 52 7
Zuteilungselement mit Brennstoff-Emissionswert, Begriff 52 2
Zuteilungselement mit Produkt-Emissionswert, Austauschbarkeit Brennstoff/Strom 52 15; Begriff 52 2; Wärmeflüsse zwischen Anlagen 52 14
Zuteilungselement mit Prozessemissionen, Begriff 52 2
Zuteilungselement mit Wärme-Emissionswert, Begriff 52 2
Zuteilungsgesetz 2012 50; Anwendungsbereich 50 2; Zweck 50 1
Zuteilungsmenge, anteilige Kürzung 50 Anh. 5
Zuteilungsregeln 50 6 ff.; besondere 52 Anh. 1; einheitliche/EU 52 2; Herstellung Zellstoff 52 11; Steamcracking-Prozesse 52 12; über Rechtsverordnung 48 10; Vinylclorid-Monomer 52 13; Wärmeversorung 52 10
Zuteilungsregeln, einheitliche EU-, Begriff 52 2
Zuteilungsverfahren 51 1
Zuteilungsverordnung 2012 51; Anwendungsbereich 51 1; Zweck 51 1
Zuteilungsverordnung 2020 52
Zutrittsrecht 25 21; 28 21; 29 16; Benachrichtigung 24 9; 25 21; 26 9; 28 21
Zwischenprüfung 43 12; 56 13